Wertpapierinstitutsgesetz (WpIG)

Kommentar

herausgegeben und bearbeitet von

Dr. Till Brocker
Rechtsanwalt, Berlin

Dr. Daniel Radig
Rechtsanwalt und Notar, Berlin

Dr. Konrad Rusch M.jur. (Oxford)
Rechtsanwalt und Notar, Berlin

Dr. Andreas Schwennicke
Rechtsanwalt und Notar a.D., Berlin

bearbeitet von

Moritz Feldmann
Rechtsanwalt, Berlin

Dr. Fedja Hilliger
Rechtsanwalt, Berlin

Dr. Rüdiger Hopfe
Rechtsanwalt, Frankfurt am Main

Dr. Lukas Schlegel
Rechtsanwalt, Berlin

2026

C.H.BECK

Zitiervorschlag:
Brocker/Radig/Rusch/Schwennicke/Bearbeiter WpIG § 1 Rn. 1

beck.de

ISBN PRINT 978 3 406 77803 2

Wilhelmstraße 9, 80801 München
info@beck.de
Druck und Bindung: Friedrich Pustet GmbH & Co. KG
Gutenbergstraße 8, 93051 Regensburg

Satz: Meta Systems Publishing & Printservices GmbH, Wustermark
Umschlag: Druckerei C.H.Beck Nördlingen

chbeck.de/nachhaltig
produktsicherheit.beck.de

Gedruckt auf säurefreiem, alterungsbeständigem Papier
(hergestellt aus chlorfrei gebleichtem Zellstoff)

Inhaltsverzeichnis

Inhaltsverzeichnis

Anhang zu § 18

Abschnitt 2. Geschäftsleiter und Verwaltungs- oder Aufsichtsorgan

Abschnitt 3. Inhaber bedeutender Beteiligungen

Abschnitt 4. Vertraglich gebundene Vermittler, Bezeichnungsschutz und Registervorschriften

Kapitel 3. Informationen über die zuständigen Sicherungseinrichtungen

Kapitel 4. Vorkehrungen zur Verhinderung von Geldwäsche und Terrorismusfinanzierung

Kapitel 5. Beaufsichtigung von Wertpapierinstituten; Solvenzaufsicht

Abschnitt 1. Grundlagen der Solvenzaufsicht

Abkürzungsverzeichnis

aA	anderer Ansicht
ABl.	Amtsblatt der Europäischen Union
aE	am Ende
AEUV	Vertrag über die Arbeitsweise der Europäischen Union
aF	alte Fassung
Abs.	Absatz
Abschn.	Abschnitt
ADR	American Depositary Receipts
AG	Aktiengesellschaft
AG	Amtsgericht
AGB	Allgemeine Geschäftsbedingungen
AIF	Alternative(r) Investmentfonds
AIFM-UG	Gesetz zur Umsetzung der Richtlinie 2011/61/EU über die Verwalter alternativer Investmentfonds (AIFM-Umsetzungsgesetz – AIFM-UmsG) vom 4. Juli 2013, BGBl. I, S. 1981
AIFMD	Directive 2011/61/EU of the European Parliament and of the Council of 8 June 2011 on Alternative Investment Fund Managers and amending Directives 2003/41/EC and 2009/65/EC and Regulations (EC) No 1060/2009 and (EU) No 1095/2010
AktG	Aktiengesetz
(AltZertG	Gesetz über die Zertifizierung von Altersvorsorgeverträgen (Altersvorsorgeverträge-Zertifizierungsgesetz – AltZertG) vom 26. Juni 2001, BGBl. I, S. 1310)
Anh.	Anhang
AnlSchVG	Gesetz zur Verbesserung des Anlegerschutzes
Anm.	Anmerkung
AO	Abgabenordnung
ARTs	Asset-Referenced Token
Art.	Artikel
ASA	assets safeguarded and administered
AT	Allgemeiner Teil der MaRisk
AuA	Auslegungs- und Anwendungshinweise der DK zur Verhinderung von Geldwäsche, Terrorismusfinanzierung und „sonstigen strafbaren Handlungen" Stand: 16. Dezember 2011
Aufl.	Auflage
AufsichtsrechtsanpassungsG	Gesetz zur Anpassung von Gesetzen auf dem Gebiet des Finanzmarktes vom 15. Juli 2014, BGBl. I, S. 934
AUM	assets under manangement
BaFin	Bundesanstalt für Finanzdienstleistungsaufsicht
BAföG	Bundesausbildungsförderungsgesetz
BAIT	BaFin-Rundschreiben 10/2017 (BA) Bankaufsichtliche Anforderungen an die IT v. 6.11.2017 idF v. 16.12.2024
BAKred	(früheres) Bundesaufsichtsamt für das Kreditwesen
BAnz.	Bundesanzeiger
BB	Betriebs-Berater (Jahr, Seite)
BBank	Deutsche Bundesbank

Abkürzungsverzeichnis

BBankG	Gesetz über die Deutsche Bundesbank vom 26. Juli 1957 idF der Bekanntmachung vom 22. Oktober 1992 (BGBl. I, S. 1782)
BBG	Bundesbeamtengesetz
BDSG	Bundesdatenschutzgesetz
BeckRS	Beck-Rechtsprechung (Jahr, Seite)
betr.	Betreffend
BFH	Bundesfinanzhof
BGB	Bürgerliches Gesetzbuch
BGBl.	Bundesgesetzblatt (Teil, Seite)
BGH	Bundesgerichtshof
BGHZ	Entscheidungen des Bundesgerichtshofs in Zivilsachen (Band, Seite)
BilanzRL	Vierte Richtlinie des Rates vom 25. Juli 1978 über den Jahresabschluss von Gesellschaften bestimmter Rechtsformen (78/660/EWG), ABl. EU L 222, S. 11
BImSchG	Bundes-Immissonsschutzgesetz
BKR	Zeitschrift für Bank- und Kapitalmarktrecht (Jahr, Seite)
BMF	Bundesministerium der Finanzen
BMJ	Bundesministerium der Justiz
BNotO	Bundesnotarordnung
BörsG	Börsengesetz vom 16. Juli 2007, BGBl. I, S. 1330
BR	Bundesrat
BRAO	Bundesrechtsanwaltsordnung
Brat	Bundesrat
BR-Drucks.	Bundesrats-Drucksache (Nummer, Jahr)
BReg	Bundesregierung
BRRD	Richtlinie 2014/59/EU des Europäischen Parlaments und des Rates vom 15. Mai 2014 zur Festlegung eines Rahmens für die Sanierung und Abwicklung von Kreditinstituten und Wertpapierfirmen und zur Änderung der Richtlinie 82/891/EWG des Rates, der Richtlinien 2001/24/EG, 2002/47/EG, 2004/25/EG, 2005/56/EG, 2007/36/EG, 2011/35/EU, 2012/30/EU und 2013/36/EU sowie der Verordnungen (EU) Nr. 1093/2010 und (EU) Nr. 648/2012 des Europäischen Parlaments und des Rates Text von Bedeutung für den EWR, ABl. EU L 173, S. 190
BStatistikG	Gesetz über die Statistik für Bundeszwecke (Bundesstatistikgesetz) in der Fassung der Bekanntmachung vom 20. Oktober 2016 (BGBl. I S. 2394), das zuletzt durch Artikel 14 des Gesetzes vom 8. Mai 2024 (BGBl. 2024 I Nr. 152) geändert worden ist
BSIG	Gesetz über das Bundesamt für Sicherheit in der Informationstechnik vom 14. August 2009 (BGBl. I S. 2821)
BSI-KritisV	Verordnung zur Bestimmung Kritischer Infrastrukturen nach dem BSI-Gesetz vom 22. April 2016 (BGBl. I S. 958), die zuletzt durch Artikel 1 der Verordnung vom 29. November 2023 (BGBl. 2023 I Nr. 399) geändert worden ist
BStBl.	Bundessteuerblatt
BT	Bundestag
BT-Drucks.	Bundestags-Drucksache (Wahlperiode, Nummer)
BTR	Anforderungen an die Risikostreuungs- und -controllingprozesse
BuB	Bankrecht und Bankpraxis, hrsg. Hellner/Steuer, Loseblatt
BVerfG	Bundesverfassungsgericht
BVerfGE	Entscheidungen des Bundesverfassungsgerichts (Band, Seite)
BVerwG	Bundesverwaltungsgericht
BVerwGE	Entscheidungen des Bundesverwaltungsgerichts (Band, Seite)

Abkürzungsverzeichnis

BvR	Registerzeichen BVerfG für Verfahren über Verfassungsbeschwerden nach Art. 93 Abs. 1 Nr. 4a GG sowie über Kommunalverfassungsbeschwerden nach Art. 93 Abs. 1 Nr. 4b GG
bzgl.	bezüglich
bzw.	beziehungsweise
CB	Compliance-Berater
CDI	Crest Depository Interests
CDO	Collateralised Debt Obligation
CESR	Committee of European Securities Regulators
CFD	Contracts for Difference
CMH	client money held
COH	client orders handled
CRD IV	Richtlinie des Europäischen Parlaments und des Rates über den Zugang zur Tätigkeit von Kreditinstituten und die Beaufsichtigung von Kreditinstituten und Wertpapierfirmen und zur Änderung der Richtlinie 2002/87/EG des Europäischen Parlaments und des Rates über die zusätzliche Beaufsichtigung der Kreditinstitute, Versicherungsunternehmen und Wertpapierfirmen eines Finanzkonglomerats sowie (künftige) Verordnung des Europäischen Parlaments und des Rates über Aufsichtsanforderungen an Kreditinstitute und Wertpapierfirmen
CRD IV-UG	Gesetz zur Umsetzung der Richtlinie 2013/36/EU über den Zugang zur Tätigkeit von Kreditinstituten und die Beaufsichtigung von Kreditinstituten und Wertpapierfirmen und zur Anpassung des Aufsichtsrechts an die Verordnung (EU) Nr. 575/2013 über Aufsichtsanforderungen an Kreditinstitute und Wertpapierfirmen (CRD IV-Umsetzungsgesetz) vom 28. August 2013, BGBl. I, S. 3395
CRR	Verordnung (EU) Nr. 575/2013 des Europäischen Parlaments und des Rates vom 26. Juni 2013 über Aufsichtsanforderungen an Kreditinstitute und Wertpapierfirmen und zur Änderung der Verordnung (EU) Nr. 646/2012, ABl. EU L 176, S. 1
CSDR (**C**entral **S**ecurities **D**epositories **R**egulation)	Verordnung (EU) Nr. 909/2014 des Europäischen Parlaments und des Rates vom 23. Juli 2014 zur Verbesserung der Wertpapierlieferungen und -abrechnungen in der Europäischen Union und über Zentralverwahrer sowie zur Änderung der Richtlinien 98/26/EG und 2014/65/EU und der Verordnung (EU) Nr. 236/2012, ABl EU L 257, S. 1
DatenschutzVO (VO (EU) 2018/1725)	Verordnung (EU) 2018/1725 des Europäischen Parlaments und des Rates vom 23. Oktober 2018 zum Schutz natürlicher Personen bei der Verarbeitung personenbezogener Daten durch die Organe, Einrichtungen und sonstigen Stellen der Union, zum freien Datenverkehr und zur Aufhebung der Verordnung (EG) Nr. 45/2001 und des Beschlusses Nr. 1247/2002/EG
DelVO	delegierte Verordnung
DepotG	Gesetz über die Verwahrung und Anschaffung von Wertpapieren (Depotgesetz)
dh	das heißt
DK-AuA	Auslegungs- und Anwendungshinweisen der Deutschen Kreditwirtschaft zur Verhinderung von Geldwäsche vom 1.2.2014

Abkürzungsverzeichnis

DORA	Verordnung (EU) 2022/2554 des Europäischen Parlaments und des Rates vom 14.12.2022 über die digitale operationale Resilienz im Finanzsektor und zur Änderung der Verordnungen (EG) Nr. 1060/2009, (EU) Nr. 648/2012, (EU) Nr. 600/2014, (EU) Nr. 909/2014 und (EU) 2016/1011 (Digital Operational Resilience Act)
DÖV	Die öffentliche Verwaltung (Jahr, Seite)
Drucks.	Drucksache
DSGVO	Verordnung (EU) 2016/679 des Europäischen Parlaments und des Rates v. 27. April 2016 zum Schutz natürlicher Personen bei der Verarbeitung personenbezogener Daten, zum freien Datenverkehr und zur Aufhebung der Richtlinie 95/46/EG (Datenschutz-Grundverordnung), ABl EU L 119, S. 1
DStR	Deutsches Steuerrecht, Zeitschrift (Jahr, Seite)
DStRE	Deutsches Steuerrecht – Entscheidungsdienst (Jahr, Seite)
DTF	daily trading flow
DVBl	Deutsches Verwaltungsblatt (Jahr, Seite)
DVO	Durchführungsverordnung
E-Geld-RL	Richtlinie 2000/46/EG des Europäischen Parlaments und des Rates vom 18. September 2000 über die Aufnahme, Ausübung und Beaufsichtigung der Tätigkeit von E-Geld-Instituten, ABl. EU L 275, S. 39
E-Geld-RL, 2.	Richtlinie 2009/110/EG des Europäischen Parlaments und des Rates vom 16. September 2009 über die Aufnahme, Ausübung und Beaufsichtigung der Tätigkeit von E-Geld-Instituten, zur Änderung der Richtlinien 2005/60/EG und 2006/48/EG sowie zur Aufhebung der Richtlinie 2000/46/EG, ABl. EU L 267, S. 7
E-Geld-RLUG, 2.	Gesetz zur Umsetzung der Zweiten E-Geld-Richtlinie vom 1. März 2011, BGBl. I, S. 288
EBA	Europäische Bankaufsichtsbehörde (European Banking Authority)
EBA/GL/2014/03	Guidelines on disclosure of encumbered and unencumbered assets, vom 27. Juni 2014
EBA/GL/2018/04	Leitlinien zu den Stresstests der Industrie, vom 19. Juli 2018
EBA/GL/2021/05	Guidelines on internal governance under Directive 2013/36/EU, vom 2. Juli 2021
EBA/GL/2021/14	Leitlinien zur internen Governance gemäß der Richtlinie (EU) 2019/2034, vom 22.11.2021
EBA/GL/2022/03	Guidelines on common procedures and methodologies fort he supervisory review and evaluation process (SREP) and supervisory stress testing under Directive 2013/36/EU
EBA/GL/2022/09/ESMA35-42-1470 v. 21.7.22	Leitlinien zu gemeinsamen Verfahren und Methoden für den aufsichtlichen Überprüfungs- und Bewertungsprozess (SREP) gemäß Richtlinie (EU) 2019/2034
EBA/ITS/2021/02	Draft Implementing Technical Standards on reporting requirements for investment firms under Article 54 (3) and on disclosures require-

	ments under Article 49 (2) of Regulation (EU) 2019/2033, vom 5. März 2021
EBA/RTS/2020/11	Draft regulatory technical standards related tot he implementation of a new prudential regime for investment firms on the information fort he authorisation of credit institutions under point(a) of Article 8a(6) of Directive 2013/36/EU, – the prudential requirements for investment firms under Articles 7(5), 9 (4) and 13(4), point (a) to (c) of Article 15(5), and Article 23(3) of Regulation (EU) 2019/2033, and the prudential requirements for investment firms under Article 5(6) of Directive (EU) 2019/2034
EBA/RTS/2022/11	Draft regulatory technical standards on specific liquidity measurement for investment firms in accordance with Article 42(6) of Directive (EU) 2019/2034
EBA-VO	Verordnung (EU) Nr. 1093/2010 des Europäischen Parlaments und des Rates vom 24. November 2010 zur Errichtung einer Europäischen Aufsichtsbehörde (Europäische Bankenaufsichtsbehörde), zur Änderung des Beschlusses Nr. 716/2009/EG und zur Aufhebung des Beschlusses 2009/78/EG der Kommission, ABl. EU L 331, S. 12
ECFR	European Company and Financial Law Review
ECSP-VO	Verordnung (EU) Nr. 2020/1503 des Europäischen Parlaments und des Rates vom 7. Oktober 2020 über Europäische Schwarmfinanzierungsdienstleister für Unternehmen und zur Änderung der Verordnung (EU) 2017/1129 und der Richtlinie (EU) 2019/1937
EDR	European Depository Receipts
EDV	Elektronische Datenverarbeitung
EFG	Entscheidung der Finanzgerichte (Jahr, Seite)
EG	Europäische Gemeinschaft
EigenkapitalRL (RL 2006/49/EG)	Richtlinie 2006/49/EG des Europäischen Parlaments und des Rates vom 14. Juni 2006 über die angemessene Eigenkapitalausstattung von Wertpapierfirmen und Kreditinstituten
EinSiG	Einlagensicherungsgesetz vom 28. Mai 2015 (BGBl. I, S. 786)
ElektrizitätsbinnenmarktRL	Richtlinie (EU) 2019/944 des Europäischen Parlaments und des Rates vom 5. Juni 2019 mit gemeinsamen Vorschriften für den Elektrizitätsbinnenmarkt und zur Änderung der Richtlinie 2012/27/EU
EMIR	European Market Infrastructure Regulations
EMIR-VO	Verordnung (EU) Nr. 648/2012 des Europäischen Parlaments und des Rates vom 4. Juli 2012 über OTC-Derivate, zentrale Gegenparteien und Transaktionsregister, ABl. EU L 201, S. 1
Emissionshandelsrichtlinie	Richtlinie 2003/87/EG des Europäischen Parlaments und des Rates vom 13. Oktober 2003 über ein System für den Handel mit Treibhausgasemissionszertifikaten in der Gemeinschaft und zur Änderung der Richtlinie 96/61/EG des Rates, ABl. EU L 275, S. 32
ErbStG	Erbschaftsteuer- und Schenkungssteuergesetz in der Fassung der Bekanntmachung vom 27. Februar 1997 (BGBl. I S. 378), das zuletzt durch Artikel 34 des Gesetzes vom 2. Dezember 2024 (BGBl. 2024 I Nr. 387) geändert worden ist

ESMA	Europäische Wertpapier- und Marktaufsichtsbehörde (European Securities and Markets Authority)
ESMA/2013/600	Guidelines on key concepts of the AIFMD (Directive 2011/61/EU of the European Parliament and the Council of 8 June 211 on Alternative Investment Fund Managers and amending Directives 2003/41/EC and 2009/65/EC and Regulations (EC) No 1060/2009 and (EU) No 1095/2010), vom 24. Mai 2013
ESMA-VO	Verordnung (EU) Nr. 1095/2010 des Europäischen Parlaments und des Rates vom 24. November 2010, zur Errichtung einer Europäischen Aufsichtsbehörde (Europäische Wertpapier- und Marktaufsichtsbehörde), zur Änderung des Beschlusses Nr. 716/2009/EG und zur Aufhebung des Beschlusses 2009/77/EG der Kommission, ABl. EU L 331, S. 84
ESRB	Europäischer Ausschuss für Systemrisiken (European Systemic Risk Board)
ESRB-VO	Verordnung (EU) Nr. 1092/2010 des Europäischen Parlaments und des Rates vom 24. November 2010 über die Finanzaufsicht der Europäischen Union auf Makroebene und zur Errichtung eines Europäischen Ausschusses für Systemrisiken, ABl. EU L 331, S. 1
EStG	Einkommensteuergesetz
ESZB	System der Europäischen Zentralbanken
EU	Europäische Union
EU-APrVO	Verordnung (EU) Nr. 537/2014 des Europäischen Parlaments und des Rates vom 16. April 2014 über spezifische Anforderungen an die Abschlussprüfung bei Unternehmen von öffentlichem Interesse und zur Aufhebung des Beschlusses 2005/909/EG der Kommission
EU-BenchmarkVO	Verordnung (EU) 2016/1011 des Europäischen Parlaments und des Rates vom 8. Juni 2016 über Indizes, die bei Finanzinstrumenten und Finanzkontrakten als Referenzwert oder zur Messung der Wertentwicklung eines Investmentfonds verwendet werden, und zur Änderung der Richtlinien 2008/48/EG und 2014/17/EU sowie der Verordnung (EU) Nr. 596/2014, ABl. EU L 171, S. 1
EU-GeldwäscheRL, 5.	Richtlinie (EU) 2018/843 des Europäischen Parlaments und des Rates vom 30. Mai 2018zur Änderung der Richtlinie (EU) 2015/849 zur Verhinderung der Nutzung des Finanzsystems zum Zwecke der Geldwäsche und der Terrorismusfinanzierung und zur Änderung der Richtlinien 2009/138/EG und 2013/36/EU, ABl. EU L 156, S. 43
EUR	Euro
EU-RechnungslegungsVO	Verordnung (EG) Nr. 1606/2002 des Europäischen Parlaments und des Rates vom 19. Juli 2002 betreffend die Anwendung internationaler Rechnungslegungsstandards
EU-VerbriefungsVO	Verordnung (EU) 2017/2402 des Europäischen Parlaments und des Rates vom 12. Dezember 2017 zur Festlegung eines allgemeinen Rahmens für Verbriefungen und zur Schaffung eines spezifischen Rahmens für einfache, transparente und standardisierte Verbriefung und zur Änderung der Richtlinien 2009/65/EG, 2009/138/EG, 2011/

	61/EU und der Verordnungen (EG) Nr. 1060/2009 und (EU) Nr. 648/2012, ABl. EU L 347, S. 35
EuGH	Europäischer Gerichtshof
EuZW	Europäische Zeitschrift für Wirtschaftsrecht (Jahr, Seite)
EWiR	Entscheidungen zum Wirtschaftsrecht (Jahr, Seite)
eWpG	Gesetz über elektronische Wertpapiere
EWR	Europäischer Wirtschaftsraum
EZB	Europäische Zentralbank
FamFG	Gesetz über das Verfahren in Familiensachen und in den Angelegenheiten der freiwilligen Gerichtsbarkeit
ff.	fortfolgend(e)
FDP	Freie Demokratische Partei
FiFöG	siehe FinFöG
FinalitätsRL	Richtlinie 98/26/EG des Europäischen Parlaments und des Rates vom 19. Mai 1998 über die Wirksamkeit von Abrechnungen in Zahlungs- sowie Wertpapierliefersystemen, ABl. EU L 166, S. 45
FinAnlVermVermAnlG	Gesetz zur Novellierung des Finanzanlagenvermittler- und Vermögensanlagenrechts vom 6. Dezember 2011, BGBl. I, S. 2481
FinAnV	Verordnung über die Analyse von Finanzinstrumenten (Finanzanalyseverordnung) vom 17. Dezember 2004, BGBl. I 2004, S. 3522
FinanzkonglomerateRL	Richtlinie 2002/87/EG des Europäischen Parlaments und des Rates vom 16. Dezember 2002 über die zusätzliche Beaufsichtigung der Kreditinstitute, Versicherungsunternehmen und Wertpapierfirmen eines Finanzkonglomerats und zur Änderung der Richtlinien 73/239/EWG, 79/267/EWG, 92/49/EWG, 92/96/EWG, 93/6/EWG und 93/22/EWG des Rates und der Richtlinien 98/78/EG und 2000/12/EG des Europäischen Parlaments und des Rates, ABl. EU L 35, S. 1
FinanzmarktintegritätsstärkungsG	Gesetz zur Stärkung der Finanzmarktintegrität (Finanzmarktintegritätsstärkungsgesetz)
FinDAG	Gesetz über die integrierte Finanzdienstleistungsaufsicht vom 22. April 2002 (BGBl. I, S. 1310)
FinFöG, 4.	Gesetz zur weiteren Fortentwicklung des Finanzplatzes Deutschland (Viertes Finanzmarktförderungsgesetz) vom 21. Juni 2002 (BGBl. I, S. 2010)
FinmadiG	Finanzmarktdigitalisierungsgesetz
FinMaNoG, 1.	Erstes Gesetz zur Novellierung von Finanzmarktvorschriften auf Grund europäischer Rechtsakte (Erstes Finanzmarktnovellierungsgesetz – 1. FiMaNoG) v. 30. Juni 2016, BGBl. I, S. 1514 (iV mit der Bekanntmachung v. 29. März 2017, BGBl. I, S. 559)
FISG	s. FinanzmarktintegritätsstärkungsG
FKAG	Gesetz zur zusätzlichen Aufsicht über beaufsichtigte Unternehmen eines Finanzkonglomerats (Finanzkonglomerate-Aufsichtsgesetz – FKAG) vom 27. Juni 2013 (BGBl. I, S. 1862)
FMSA	Bundesanstalt für Finanzmarktstabilisierung (Finanzmarktstabilisierungsanstalt)
FMStFG	Gesetz zur Errichtung eines Finanzmarktstabilisierungsfonds vom 17. Oktober 2008 (BGBl. I, S. 1982)
Fn.	Fußnote

Abkürzungsverzeichnis

FOR	Fixed Overhead Requirement
FRUG	Gesetz zur Umsetzung der Richtlinie über Märkte für Finanzinstrumente und der Durchführungsrichtlinie der Kommission (Finanzmarktrichtlinie-Umsetzungsgesetz) vom 16. Juli 2007 (BGBl. I, S. 1330)
G	Gesetz
GbR	Gesellschaft bürgerlichen Rechts
GDR	Global Depositary Receipts
GeldtransferVO	Verordnung (EU) 2015/847 des Europäischen Parlaments und des Rates vom 20. Mai 2015 über die Übermittlung von Angaben bei Geldtransfers und zur Aufhebung der Verordnung (EU) Nr. 1781/2006, ABl. EU L 141, S. 1
GeschGehG	Gesetz zum Schutz von Geschäftsgeheimnissen vom 18. April 2019 (BGBl. I S. 466)
GesR	Gesellschaftsrecht
GewA	Gewerbearchiv (Jahr, Seite)
GewArch	Gewerbearchiv (Jahr, Seite)
gem.	gemäß
GenG	Gesetz betreffend die Erwerbs- und Wirtschaftsgenossenschaften
GewO	Gewerbeordnung
GG	Grundgesetz
ggf.	gegebenenfalls
GmbH	Gesellschaft mit beschränkter Haftung
GmbHG	Gesetz betreffend die Gesellschaften mit beschränkter Haftung
GrS	Großer Senat
GRUR	Gewerblicher Rechtsschutz und Urheberrecht (Jahr, Seite)
GVG	Gerichtsverfassungsgesetz
GwG	Gesetz über das Aufspüren von Gewinnen aus schweren Straftaten (Geldwäschegesetz) vom 23. Juni 2017 (BGBl. I, S. 1822)
GWPräOptG	Gesetz zur Optimierung der Geldwäscheprävention vom 22. Dezember 2012 (BGBl. I, S. 2959)
Gz.	Geschäftszeichen
HandwO	Gesetz zur Ordnung des Handwerks (Handwerksordnung)
Hdb Bankenrestrukturierung	Handbuch Banken-Restrukturierung, hrsg. Frank A. Brogl, 1. Auflage 2011
Hdb Marktmissbrauchsrecht	Handbuch Marktmissbrauchsrecht, hrsg. Andreas Meyer, Rüdiger Veil, Thomas Rönnau, 2. Auflage 2023
HinSchG	Gesetz für einen besseren Schutz hinweisgebender Personen (Hinweisgeberschutzgesetz – HinSchG) vom 31. Mai 2023 (BGBl. 2023 I Nr. 140)
hL	herrschende Lehre
hM	herrschende Meinung
HochfrequenzhandelsG	Hochfrequenzhandelsgesetz
Hs.	Halbsatz
ICAAP	Internes Kapitaladäquanzverfahren/Internal Capital Adequacy Assessment Process
ICARAP	internal capital adequacy assessment process and internal risk-assessment process
ICOs	Initial Coin Offerings

idF	in der Fassung
idR	in der Regel
IDR	International Depository Receipts
IDW	Institut der Wirtschaftsprüfer in Deutschland e. V.
IFD	Richtlinie (EU) 2019/2034 des Europäischen Parlaments und des Rates vom 27. November 2019 über die Beaufsichtigung von Wertpapierfirmen und zur Änderung der Richtlinien 2002/87/EG, 2009/65/EG, 2001/61/EU, 2013/36/EU, 2014/59/EU und 2014/65/EU
IFG	Gesetz zur Regelung des Zugangs zu Informationen des Bundes (Informationsfreiheitsgesetz – IFG) vom 5. September 2005 (BGBl. I, S. 2722)
IFR	Verordnung (EU) 2019/2033 über Aufsichtsanforderungen an Wertpapierfirmen vom 25. Dezember 2019 (Investment Firms Regulation)
IFRS	International Financial Reporting Standards
IKT	Informations- und Kommunikationstechnologie
ILAAP	Internal Liquidity Adequacy Assessment Process
InsO	Insolvenzordnung vom 5. Oktober 1994 (BGBl. I, S. 2866)
InvG	(ehemaliges) Investmentgesetz vom 15. Dezember 2003 (BGBl. I, S. 2676)
iS	im Sinne
iSd	im Sinne des/der
iSv	im Sinne von
iV	in Verbindung
iVm	in Verbindung mit
IT	Informationstechnik
ITS	Technische Durchführungsstandards gemäß BCBS
IWF	Internationaler Währungsfonds
jew.	jeweils
JZ	Juristenzeitung (Jahr, Seite)
K-ASA	Assets Safeguarded and Administered
K-AUM	Assets Under Management
K-CMG	Cleaning Margin Given
K-CMH	Client Money Held
K-COH	Client Orders Handled
K-CON	Concentration Risk
K-DTF	Daily Trading Flow
K-NPR	Net Position Risk
K-TCD	Trading Counterparty Default
KAGB	Kapitalanlagegesetzbuch
KfW	Kreditanstalt für Wiederaufbau
KG	Kommanditgesellschaft; Kammergericht
KleinanlegerschG	Kleinanlegerschutzgesetz
KO	(frühere) Konkursordnung
KreditzweitmarktförderungsG	Gesetz zur Förderung geordneter Kreditzweitmärkte und zur Umsetzung der Richtlinie (EU) 2021/2167 über Kreditdienstleister und Kreditkäufer sowie zur Änderung weiterer finanzrechtlicher Bestimmungen (Kreditzweitmarktförderungsgesetz) vom 29. Dezember 2023 (BGBl. I. Nr. 411)
krit.	kritisch/Kritik
KryptofondsanteileVO	Verordnung über Kryptofondsanteile vom 3. Juni 2022 (BGBl. I S. 868).

Abkürzungsverzeichnis

	Kryptomärkteaufsichtsgesetz: KMAG, Kommentar, 1. Auflage 2025
KWG 1961	Gesetz über das Kreditwesen vom 10. Juli 1961 (BGBl I, S. 881)
KWG-Novelle, 1.	Gesetz zur Änderung des Gesetzes über das Kreditwesen vom 28. Dezember 1971 (BGBl. I, S. 2139)
KWG-Novelle, 2.	Zweites Gesetz zur Änderung des Gesetzes über das Kreditwesen vom 24. März 1976 (BGBl. I, S. 725)
KWG-Novelle, 3.	Drittes Gesetz zur Änderung des Gesetzes über das Kreditwesen vom 20. Dezember 1984 (BGBl. I, S. 1693)
KWG-Novelle, 4.	Gesetz zur Änderung des Gesetzes über das Kreditwesen und anderer Vorschriften über Kreditinstitute vom 21. Dezember 1992 (BGBl. I, S. 2211)
KWG-Novelle, 5.	Gesetz zur Änderung des Gesetzes über das Kreditwesen und anderer Vorschriften über Kreditinstitute vom 28. September 1994 (BGBl. I, S. 2735)
KWG-Novelle, 6.	Art. 1 des Gesetzes zur Umsetzung von EG-Richtlinien zur Harmonisierung bank- und wertpapieraufsichtsrechtlicher Vorschriften vom 22. Oktober 1997 (BGBl. I, S. 2518)
KWG-Novelle, 7.	Gesetz zur Umsetzung der neu gefassten Bankenrichtlinie und der neu gefassten Kapitaladäquanzrichtlinie vom 17. November 2006 (BGBl. I, S. 2606)
KWG-Novelle, 8.	Gesetz zur Umsetzung der geänderten Bankenrichtlinie und der geänderten Kapitaladäquanzrichtlinie vom 19. November 2010 (BGBl. I, S. 1592)
KWGVermV	Verordnung über die vertraglich gebundenen Vermittler und das öffentliche Register nach § 2 Abs. 10 Satz 6 des Kreditwesengesetzes (KWG-Vermittlerverordnung – KWGVermV) vom 4. Dezember 2007 (BGBl. I, S. 2785K)
KWG-WpIG-VermV	Verordnung über die vertraglich gebundenen Vermittler und das öffentliche Register nach § 2 Absatz 10 Satz 5 des Kreditwesengesetzes und nach § 3 Absatz 2 Satz 5 des Wertpapierinstitutsgesetzes
LeerverkaufsVO	Verordnung (EU) Nr. 236/2012 des Europäischen Parlaments und des Rates vom 14. März 2012 über Leerverkäufe und bestimmte Aspekte von Credit Default Swaps vom 14. März 2012, ABl. EU L 86, S. 1
LG	Landgericht
lit.	lat. littera (=Buchstabe)
Lit.	Literatur
LMBG	Lebensmittel-, Bedarfsgegenstände- und Futtermittelgesetzbuch in der Fassung der Bekanntmachung vom 15. September 2021 (BGBl. I S. 4253, 2022 I S. 28), das zuletzt durch Artikel 11 des Gesetzes vom 6. Mai 2024 (BGBl. 2024 I Nr. 149) geändert worden ist
LNSSWW	Günther Luz/Werner Neus/Mathias Schaber/Peter Schneider/Max Weber, KWG Und CRR: Kommentar zu KWG, CRR, SAG, FKAG, SolvV, GroMiKV, LiqV und weiteren aufsichtsrechtlichen Vorschriften, 4. Auflage 2023

LNSSSW .... Günther Luz/Werner Neus/Mathias Schaber/Paul Scharpf/Peter Schneider/Max Weber, Kreditwesengesetz (KWG): Kommentar zum KWG inklusive SolvV, LiqV, GroMiKV, 2. Auflage 2011

m .... mit

M&A .... Mergers and Acquisitions

MaComp .... Rundschreiben 4/2010 (WA) – Mindestanforderungen an die Compliance-Funktion und die weiteren Verhaltens-, Organisations- und Transparenzpflichten nach §§ 31 ff. WpHG für Wertpapierdienstleistungsunternehmen – MaComp, Gz. WA 31-Wp 2002-2009/0010 vom 7. Juni 2010, abgedr. bei *Consbruch/Fischer* G 45.9

MaDepot .... Rundschreiben 07/2019 (WA) – Mindestanforderungen an die ordnungsgemäße Erbringung des Depotgeschäfts und den Schutz von Kundenfinanzinstrumenten für Wertpapierdienstleistungsunternehmen (MaDepot)

MAR (**M**arket **A**buse **R**egulation) .... Verordnung (EU) Nr. 596/2014 des Europäischen Parlaments und des Rates vom 16. April 2014 über Marktmissbrauch (Marktmissbrauchsverordnung) und zur Aufhebung der Richtlinie 2003/6/EG des Europäischen Parlaments und des Rates und der Richtlinien 2003/124/EG, 2003/125/EG und 2004/72/EG der Kommission, ABl EU L 173, S. 1, berichtigt 2016 L 287, S. 320 und 2016 L 348, S. 83

MaRisk .... Rundschreiben 06/2024 (BA) – Mindestanforderungen an das Risikomanagement

MaSanV .... Verordnung zu den Mindestanforderungen an Sanierungspläne für Institute vom 12. März 2020 (BGBl. I S. 644), die zuletzt durch Artikel 1 der Verordnung vom 3. Dezember 2024 (BGBl. 2024 I Nr. 392) geändert worden ist

MiCAR .... Verordnung (EU) 2023/1114 über Märkte für Kryptowerte (Markets in Crypto-Assets Regulation – MiCAR)

MiFID .... Richtlinie 2004/39/EG des Europäischen Parlaments und des Rates vom 21. April 2004 über Märkte für Finanzinstrumente, zur Änderung der Richtlinien 85/611/EWG und 93/6/EWG des Rates und der Richtlinie 2000/12/EG des Europäischen Parlaments und des Rates und zur Aufhebung der Richtlinie 93/22/EWG des Rates, ABl. EU L 145/1, vom 30. April 2004 mit Berichtigung, ABl. EU L 45, S. 18

MiFID II .... Richtlinie 2014/65/EU des Europäischen Parlaments und des Rates vom 15. Mai 2014 über Märkte für Finanzinstrumente sowie zur Änderung der Richtlinien 2002/92/EG und 2011/61/EU, ABl EU L 173, S. 349, ber. ABl EU 2015 L 74, S. 38, ABl EU 2016, L 188, S. 28, ABl EU L 273, S. 35, ABl EU 2017, L 64, S. 116, ABl EU L 278, S. 56

MiFIR .... Verordnung (EU) Nr. 600/2014 des Europäischen Parlaments und des Rates vom 15. Mai 2014 über Märkte für Finanzinstrumente und zur Änderung der Verordnung (EU) Nr. 648/2012, ABl EU L 173, S. 84

MiFID-DRL ...... Delegierte Richtlinie (EU) 2017/593 der Kommission vom 7. April 2016 zur Ergänzung der Richtlinie 2014/65/EU des Europäischen Parlaments und des Rates im Hinblick auf den Schutz der Finanzinstrumente und Gelder von Kunden, Produktüberwachungsplichten und Vorschriften für die Entrichtung beziehungsweise Gewährung oder Entgegennahme von Gebühren, Provisionen oder anderen monetären oder nicht-monetären Vorteilen

mind. .... mindestens
Mio. .... Million
NRAs .... National Resolution Authorities
MREL .... Minimum Requirement for Own Funds and Eligible Liabilities
MTF .... Multilateral Trading Facility = Multilaterales Handelssystem iSv § 1 Abs. 1a Satz 2 Nr. 1b
mW .... mit Wirkung
mwN .... mit weiteren Nachweisen
mWz .... mit Wirkung zum
NFTs .... Non-Fungible Token
NJOZ .... Neue Juristische Online Zeitschrift (Jahr, Seite)
NJW .... Neue Juristische Wochenschrift (Jahr, Seite)
NJW-RR .... Neue Juristische Wochenschrift Rechtsprechungs-Report Zivilrecht (Jahr, Seite)
Nr. .... Nummer
Nrn. .... Nummern
NRP .... net position risk
NVwZ .... Neue Zeitschrift für Verwaltungsrecht (Jahr, Seite)
NVwZ-RR .... Neue Zeitschrift für Verwaltungsrecht Rechtsprechungs-Report (Jahr, Seite)
NZA .... Neue Zeitschrift für Arbeitsrecht (Jahr, Seite)
NZA-RR .... Neue Zeitschrift für Arbeitsrecht-Rechtsprechungs-Report Arbeitsrecht (Jahr, Seite)
NZG .... Neue Zeitschrift für Gesellschaftsrecht (Jahr, Seite)
NZI .... Neue Zeitschrift für Insolvenz- und Sanierungsrecht (Jahr, Seite)
OGAW .... Organismus für gemeinsame Anlagen in Wertpapieren
OHG .... Offene Handelsgesellschaft
OLG .... Oberlandesgericht
OTC .... Over the Counter
OVG .... Oberverwaltungsgericht
Owi .... Ordnungswidrigkeiten
PfandBFG .... Gesetz zur Fortentwicklung des Pfandbriefrechts vom 20. März 2009 (BGBl. I, S. 607)
ProMechG .... Gesetz über projektbezogene Mechanismen nach dem Protokoll von Kyoto zum Rahmenübereinkommen der Vereinten Nationen über Klimaänderungen vom 11. Dezember 1997 (Projekt-Mechanismen-Gesetz – ProMechG) v. 22. September 2005 (BGBl. I S. 2826)
PrüfbV .... Verordnung über die Prüfung der Jahresabschlüsse und Zwischenabschlüsse der Kreditinstitute und Finanzdienstleistungsinstitute und über die Prüfung nach § 12 Abs. 1 Satz 3 des Gesetzes über Kapitalanlagegesellschaften sowie die darüber zu erstellenden Berichte (PrüfungsberichtsVO – PrüfbV) vom 11. Juni 2015 (BGBl. I, S. 930)
P2G .... Pillar 2 Guidance
P2R .... Pillar 2 Requirement
Q&A .... Questions and Answers
RatingVO .... Verordnung (EG) Nr. 1060/2009 des Europäischen Parlaments und des Rates vom 16. September 2009 über Ratingagenturen, ABl. EU Nr. L 302 S. 1
RdF .... Recht der Finanzinstrumente
RechKredV .... Verordnung über die Rechnungslegung der Kreditinstitute und Finanzdienstleistungsinstitute (Kreditinstituts-Rechnungslegungsver-

	ordnung – RechKredV) in der Fassung der Bekanntmachung vom 11. Dezember 1998, BGBl. I, S. 3658
RegBegr.	Regierungsbegründung
RestrukturierungsG	Gesetz zur Restrukturierung und geordneten Abwicklung von Kreditinstituten, zur Errichtung eines Restrukturierungsfonds für Kreditinstitute und zur Verlängerung der Verjährungsfrist der aktienrechtlichen Organhaftung vom 9. Dezember 2010 (BGBl. I, S. 1900)
RisikoreduzierungsG	Gesetz zur Umsetzung der Richtlinien (EU) 2019/878 und (EU) 2019/879 zur Reduzierung von Risiken und zur Stärkung der Proportionalität im Bankensektor vom 9. Dezember 2020 (BGBl. I S. 2773)
RL	Richtlinie
RMBS	Residential Mortgage Backed Securities
Rn.	Randnummer
Rspr.	Rechtsprechung
RtC	Risk-to-Client
RtF	Risk-to-Firm
RtM	Risk-to-Market
RTS	Technische Regulierungsstandards gemäß BCBS
S.	Seite
s.	siehe
SAG	Gesetz zur Sanierung und Abwicklung von Instituten und Finanzgruppen vom 10. Dezember 2014 (BGBl. I S. 2091)
SanktionsdurchsetzungsG	Gesetz zur Durchsetzung von wirtschaftlichen Sanktionsmaßnahmen (Sanktionsdurchsetzungsgesetz) vom 19. Dezember 2022 (BGBl. I S. 2606)
Schwarmfinanzierungs-BegleitG	Gesetz zur begleitenden Ausführung der Verordnung (EU) 2020/1503 und der Umsetzung der Richtlinie EU 2020/1504 zur Regulierung von Schwarmfinanzierungsdienstleistern (Schwarmfinanzierung-Begleitgesetz) und anderer europarechtlicher Finanzmarktvorschriften
SE	Societas Europaea
SFTR (**S**ecurities **F**inancing **T**ransactions **R**egulation)	Verordnung (EU) 2015/2365 des Europäischen Parlaments und des Rates vom 25. November 2015über die Transparenz von Wertpapierfinanzierungsgeschäften und der Weiterverwendung sowie zur Änderung der Verordnung (EU) Nr. 648/2012, ABl. EU L 337, S. 1
SGB	Sozialgesetzbuch
sog	sogenannt(e)
Solvabilität II-RL	Richtlinie 2009/138/EG des Europäischen Parlaments und des Rates vom 25. November 2009 betreffend die Aufnahme und Ausübung der Versicherungs- und der Rückversicherungstätigkeit (Solvabilität II)
SPD	Sozialdemokratische Partei Deutschlands
SREP	Bankaufsichtlicher Überprüfungs- und Evaluierungsprozess (engl.: Supervisory Review and Evaluation Process)
SRM	Single Resolution Mechanism
SRM-VO	Verordnung (EU) Nr. 806/2014 des Europäischen Parlaments und des Rates vom 15. Juli 2014 zur Festlegung einheitlicher Vorschriften und

	eines einheitlichen Verfahrens für die Abwicklung von Kreditinstituten und bestimmten Wertpapierfirmen im Rahmen eines einheitlichen Abwicklungsmechanismus und eines einheitlichen Abwicklungsfonds sowie zur Änderung der Verordnung (EU) Nr. 1093/2010
SSM	Single Supervisory Mechanism (Einheitlicher Bankenaufsichtsmechanismus)
StBerG	Steuerberatungsgesetz
StGB	Strafgesetzbuch
StPO	Strafprozessordnung
TCD	trading counterparties default
TEHG	Treibhausgas-Emissionshandelsgesetz vom 15. Juli 2004 (BGBl. I, S. 1578)
Tz.	Textziffer
ua	unter anderem
UAbs.	Unterabsatz
UG	Umsetzungsgesetz
usw	und so weiter
uU	unter Umständen
UWG	Gesetz gegen den unlauteren Wettbewerb
v.	vom
VAG	Gesetz über die Beaufsichtigung der Versicherungsunternehmen (Versicherungsaufsichtsgesetz – VAG) idF der Bekanntmachung vom 17. Dezember 1992 (BGBl. 1993, S. 2)
VerbriefungsVO	s. EU-VerbriefungsVO
VerkProspG	Wertpapier-Verkaufsprospektgesetz
VermAnlG	Gesetz über Vermögensanlagen (Vermögensanlagengesetz – VermAnlG) vom 6. Dezember 2011 (BGBl. I, S. 2481)
VG	Verwaltungsgericht
VGH	Verwaltungsgerichtshof
vgl.	vergleiche
VO	Verordnung
VO (EU) Nr. 537/2014	Verordnung des Europäischen Parlaments und des Rates vom 16. April 2014 über spezifische Anforderungen an die Abschlussprüfung bei Unternehmen von öffentlichem Interesse und zur Aufhebung des Beschlusses 2005/909/EG der Kommission (Text von Bedeutung für den EWR), Abl. EU L 158, S. 77
VwGO	Verwaltungsgerichtsordnung
VwVfG	Verwaltungsverfahrensgesetz
WA	Wertpapieraufsicht
WaffG	Waffengesetz
WiederaufbaubankG	Gesetz über die Kreditanstalt für Wiederaufbau vom 23. Juni 1969 (BGBl. I, S. 573)
WiGBl.	Gesetzblatt der Verwaltung des Vereinigten Wirtschaftsgebiets
WiPrO	Gesetz über eine Berufsordnung der Wirtschaftsprüfer (Wirtschaftsprüferordnung)
WBRL	Richtlinie (EU) 2019/1937 des Europäischen Parlaments und des Rates vom 23. Oktober 2019 zum Schutz von Personen, die Verstöße gegen das Unionsrecht melden (ABl. L 305 S. 17) Celex-Nr. 3 2019 L 1937
wistra	Zeitung für Wirtschafts- und Steuerstrafrecht

WM	Zeitschrift für Wirtschafts- und Bankrecht (Wertpapier-Mitteilungen), Teil IV (Jahr, Seite)
WpDPV	Verordnung über die Prüfung der Wertpapierdienstleistungsunternehmen nach § 36 des Wertpapierhandelsgesetzes (Wertpapierdienstleistungs-Prüfungsverordnung – WpDPV) vom 16. Dezember 2004 (BGBl. I, S. 3515)
WpDVerOV	Wertpapierdienstleistungs-, Verhaltens- und Organisationsverordnung vom 20. Juli 2007 (BGBl. I, S. 1432) idF vom 21. November 2007 (BGBl. I, S. 2602)
WpI-PrüfBV	Verordnung über die Prüfung der Jahresabschlüsse der Wertpapierinstitute sowie über die zu erstellenden Berichte (Wertpapierinstituts-Prüfungsberichtsverordnung)
WpIAnzV	Verordnung über die Anzeigen und die Vorlage von Unterlagen nach dem Wertpapierinstitutsgesetz vom 7. Dezember 2023 (BGBl. I Nr. 349)
WpIG	Wertpapierinstitutsgesetz
WpI MaRisk	BaFin Rundschreiben Mindestanforderungen an das Risikomanagement von Wertpapierinstituten (Konsultation vom 8. August 2025)
WpIPrüfbV	siehe WpI-PrüfBV
WpHG	Wertpapierhandelsgesetz
WPO	Gesetz über eine Berufsordnung der Wirtschaftsprüfer (Wirtschaftsprüferordnung)
WpPG	Wertpapierprospektgesetz
WpÜG	Wertpapiererwerbs- und Übernahmegesetz vom 20. Dezember 2001 (BGBl. I S. 3822), das zuletzt durch Artikel 8 des Gesetzes vom 11. Dezember 2023 (BGBl. 2023 I Nr. 354) geändert worden ist
WuB	Entscheidungssammlung zum Wirtschafts- und Bankrecht
zB	zum Beispiel
ZAG	Gesetz über die Beaufsichtigung von Zahlungsdiensten vom 25. Juni 2009 (BGBl. I, S. 1506)
ZBB	Zeitschrift für Bankrecht und Bankwirtschaft (Jahr, Seite)
ZHR	Zeitschrift für das gesamte Handelsrecht und Wirtschaftsrecht (Bd., Jahr, Seite)
Ziff.	Ziffer
ZIP	Zeitschrift für Wirtschaftsrecht (Jahr, Seite)
ZPO	Zivilprozessordnung
Zukunftsfinanzierungs G	Gesetz zur Finanzierung von zukunftssichernden Investitionen vom 11. Dezember 2023 (BGBl. I Nr. 354)
ZUR	Zeitschrift für Umweltrecht (Jahr, Seite)
zust	zuständig

Literaturverzeichnis

Assmann/Schlitt/v. Kopp-Colomb	Assmann/Schlitt/von Kopp-Colomb, Prospektrecht Kommentar, 4. Aufl. 2022
Assmann/Schneider/Mülbert	Assmann/Schneider/Mülbert, Wertpapierhandelsrecht, Band 1, 2, 8. Aufl. 2023
Assmann/Schütze/Buck-Heeb KapAnlR-HdB	Assmann/Schütze/Buck-Heeb, Handbuch des Kapitalanlagerechts, 6. Aufl. 2024
Bähre/Schneider	Bähre/Schneider, KWG-Kommentar, 3. Aufl. 1986
Baumbach/Hopt	Baumbach/Hopt, Handelsgesetzbuch: HGB, 40. Aufl. 2021
Beck Bil-Komm.	Grottel/Justenhoven/Schubert/Kliem, Beck'scher Bilanz-Kommentar, 15. Aufl. 2026
Beck Bil-Komm.	Grottel/Justenhoven/Schubert/Kliem, Beck'scher Bilanz-Kommentar, 14. Aufl. 2024
Beck/Samm/Kokemoor	Beck/Samm/Kokemoor, Kreditwesengesetz mit CRR, 245. Aufl. 2025
Beckmann/Bauer	Bankaufsichtsrecht. Loseblatt-Entscheidungssammlung, München, Stand: 1989
BeckOK GG	Epping/Hillgruber, BeckOK Grundgesetz, 65. Edition 2026, Stand: 1.3.2026
BeckOK HGB	Häublein/Hoffmann-Theinert/Poll, BeckOK HGB, 49. Aufl. 2026
BeckOK InfoMedienR	Gersdorf/Paal, BeckOK Informations- und Medienrecht, 51. Aufl. 2026
BeckOK VwVfG	Bader/Ronellenfitsch, BeckOK VwVfG, 71. Ed. 1.1.2026
BeckOK WpHR	Seibt/Buck-Heeb/Harnos, BeckOK Wertpapierhandelsrecht, 19. Aufl. 2026
BeckOK WpHR	Seibt/Buck-Heeb/Harnos, BeckOK Wertpapierhandelsrecht, 18. Aufl. 2026
Binder/Glos/Riepe BankenaufsichtsR-HdB	Binder/Glos/Riepe, Handbuch Bankenaufsichtsrecht, 2. Aufl. 2020
Blömer BankenaufsichtsR	Blömer, Grenzüberschreitende Sachverhalte im Bankenaufsichtsrecht, 1. Aufl. 2010
Brogl Bankenrestrukturierung-HdB	Brogl, Handbuch Bankenrestrukturierung, 1. Aufl. 2011
BuB	Hellner/Steuer, Bankrecht und Bankpraxis, 125. Aufl. 2015
Calliess/Ruffert	Calliess/Ruffert, EUV/AEUV, 6. Aufl. 2022
Casper/Terlau	Casper/Terlau, Zahlungsdiensteaufsichtsgesetz, 3. Aufl. 2023
Consbruch/Fischer	Reinfrid Fischer (Hrsg.), Kreditwesengesetz mit weiteren Vorschriften zum Aufsichtsrecht der Banken, Loseblatt-Textsammlung, begr. von Johannes Consbruch und Annemarie Möller, 144. Aufl. 2026

Literaturverzeichnis

Ellenberger/Bunte BankR-HdB	Ellenberger/Bunte, Bankrechts-Handbuch, 6. Aufl. 2022
Emde/Dornseifer/Dreibus	Emde/Dornseifer/Dreibus, KAGB, 3. Aufl. 2023
Erbs/Kohlhaas	Erbs/Kohlhaas, Strafrechtliche Nebengesetze, 259. Aufl. 2025
Es-Said	Erlaubnispflichten bei grenzüberschreitenden Bankgeschäften, 2009
Fischer/Schäfer/Schulte-Mattler/Schulte-Mattler	Fischer/Schäfer/Schulte-Mattler/Schulte-Mattler, KWG, CRR, 7. Aufl. 2026
Fuchs/Zimmermann	Fuchs/Zimmermann, Wertpapierhandelsrecht, 3. Aufl. 2024
Gottwald/Haas InsR-HdB	Gottwald/Haas, Insolvenzrechts-Handbuch, 6. Aufl. 2020
Grabitz/Hilf/Nettesheim	Grabitz†/Hilf, Das Recht der Europäischen Union, 87. Aufl. 2026
Habersack/Mülbert/Schlitt KapMarktInfo-HdB	Habersack/Mülbert/Schlitt, Handbuch der Kapitalmarktinformation, 4. Aufl. 2025
Hannemann/Biewer/Kocatepe/Zaruk/Weigl	Hannemann/Biewer/Kocatepe/Zaruk/Weigl, Mindestanforderungen an das Risikomanagement (MaRisk), 7. Aufl. 2025
Henssler/Strohn	Henssler/Strohn, Gesellschaftsrecht, 6. Aufl. 2024
Herzog/Barreto da Rosa/El-Ghazi	Herzog/Barreto da Rosa/El-Ghazi, Geldwäscherecht, 6. Aufl. 2026
Hopt	Hopt, Handelsgesetzbuch, 45. Aufl. 2026
Hopt/Binder/Böcking CG-HdB	Hopt/Binder/Böcking, Handbuch Corporate Governance von Banken und Versicherungen, 2. Aufl. 2020
Hornung/Schallbruch IT-SicherheitsR-HdB	Hornung/Schallbruch, IT-Sicherheitsrecht, 2. Aufl. 2024
IDW Rechnungslegung	Institut der Wirtschaftsprüfer (IDW), Rechnungslegung und Prüfung der Versicherungsunternehmen, 5. Aufl. 2011
K. Schmidt InsO	K. Schmidt, Insolvenzordnung, 20. Aufl. 2023
Kalss/Krönke/Völkel	Kalss/Krönke/Völkel, Crypto-Assets, 1. Aufl. 2025
Klöhn	Klöhn, Marktmissbrauchsverordnung, 2. Aufl. 2023
Kümpel/Wittig	Kümpel/Wittig, Bank- und Kapitalmarktrecht, 4 Aufl. 2011
Krimphove/Lüke MaRisk	Krimphove Lüke, MaRisk, 2. Aufl. 2025
Krimphove MaComp	Krimphove, MaComp, 3. Aufl. 2021
Lendermann/Nemeczek/Schroeter	Lendermann/Nemeczek/Schroeter, WpIG, 1. Aufl. 2024
Ludwigs EU-WirtschaftsR-HdB	Ludwigs, Handbuch des EU-Wirtschaftsrechts, 64. Aufl. 2025
Ludwigs EU-WirtschaftsR-HdB	Ludwigs, Handbuch des EU-Wirtschaftsrechts, 65. Aufl. 2026
Luz/Neus/Schaber/Schneider/Wagner/Weber	Luz/Neus/Schaber/Schneider/Wagner/Weber, KWG und CRR, 4. Aufl. 2022

Literaturverzeichnis

MAH BankR	Karper/Fandrich/Edelmann, Münchener Anwalthandbuch Bank- und Kapitalmarktrecht, 3. Aufl. 2024
Maume/Maute Kryptowerte-HdB	Maume/Maute, Rechtshandbuch Kryptowerte, 1. Aufl. 2020
Meyer/Veil/Rönnau MarktmissbrauchsR-HdB	Meyer/Veil/Rönnau, Handbuch zum Marktmissbrauchsrecht, 2. Aufl. 2023
Möslein/Omlor FinTech-HdB	Möslein/Omlor, FinTech-Handbuch, 3. Aufl. 2024
MüKoAktG	Goette/Habersack/Kalss, Münchener Kommentar zum Aktiengesetz, Band 1, 2, 3, 4, 5, 6, 7, 6. Aufl. 2023
MüKoBGB	Säcker/Rixecker/Oetker/Limperg/Schubert, Münchener Kommentar zum BGB, Band 1, 11, 2, 3, 8, 9, 10. Aufl. 2025
MüKoGmbHG	Fleischer/Goette, Münchener Kommentar zum Gesetz betreffend die Gesellschaften mit beschränkter Haftung, Band 1, 2, 3, 5. Aufl. 2025
MüKoHGB	Drescher/Fleischer/K. Schmidt, Münchener Kommentar zum HGB, Band 1, 2, 5, 6. Aufl. 2025
MüKoInsO	Stürner/Eidenmüller/Schoppmeyer, Münchener Kommentar zur Insolvenzordnung, Band 1, 2, 5. Aufl. 2025
NK-VwVfG	Mann/Sennekamp/Uechtritz, Verwaltungsverfahrensgesetz, 3. Aufl. 2025
Noack/Servatius/Haas	Noack/Servatius/Haas, GmbH-Gesetz, 24. Aufl. 2025
Oetker	Oetker, Handelsgesetzbuch, 8. Aufl. 2024
Omlor/Link Kryptowährungen	Omlor/Link, Kryptowährungen und Token, 3. Aufl. 2026
Omlor/Link Kryptowährungen	Omlor/Link, Kryptowährungen und Token, 2. Aufl. 2023
Reischauer/Kleinhans	Reischauer/Kleinhans, Kreditwesengesetz (KWG), 8. Aufl. 2022
Riediger Auslagerungen/Dienstleister-Steuerung	Riediger, Auslagerungen und Dienstleister-Steuerung, 3. Aufl. 2025
Riediger MaRisk	Riediger, MaRisk: Prüfungserkenntnisse aus Praxisfällen, 1. Aufl. 2021
Ruhmannseder/Lehner/Beukelmann Compliance aktuell	Ruhmannseder/Lehner/Beukelmann, Compliance aktuell, 30. Lfrg. 4/2026
Schimansky/Bunte/Lwowski BankR-HdB	Schimansky/Bunte/Lwowski, Bankrechts-Handbuch, Band I, II, 5. Aufl. 2017
Schoch/Schneider	Schoch/Schneider, Verwaltungsrecht, Band VwGO, 48. Aufl. 2025
Schoch/Schneider	Schoch/Schneider, Verwaltungsrecht, Band VwVfG, 7. Aufl. 2025
Schuster/Grützmacher	Schuster/Grützmacher, IT-Recht, 2. Aufl. 2026
Schwark/Zimmer	Schwark/Zimmer, Kapitalmarktrechts-Kommentar, 5. Aufl. 2020

Schwennicke/Auerbach	Schwennicke/Auerbach, Kreditwesengesetz (KWG) mit Zahlungsdiensteaufsichtsgesetz (ZAG), 4. Aufl. 2021
Schwennicke/Auerbach	Schwennicke/Auerbach, Kreditwesengesetz (KWG), 3. Aufl. 2016
Segna/Möslein/Omlor/v. Buttlar	Segna/Möslein/Omlor/von Buttlar, eWpG, 1. Aufl. 2024
Siegmann/Hellner/Steuer BankR	Siegmann/Hellner/Steuer, Bankrecht und Bankpraxis, 168. Aufl. 2024
Skauradszun/Linardatos	Skauradszun/Linardatos, Kryptomärkteaufsichtsgesetz, 2. Aufl. 2025
Stelkens/Bonk/Sachs	Stelkens/Bonk/Sachs, Verwaltungsverfahrensgesetz, 10. Aufl. 2023
Szagunn/Haug/Ergenzinger ...	Szagunn/Haug/Ergenzinger, Gesetz über das Kreditwesen (KWG), 6. Aufl. 1997
Weitnauer Venture Capital-HdB	Weitnauer, Handbuch Venture Capital, 7. Aufl. 2022
Zentes/Glaab	Zentes/Glaab, GwG, 4. Aufl. 2025

Gesetz zur Beaufsichtigung von Wertpapierinstituten (Wertpapierinstitutsgesetz – WpIG)

Vom 12. Mai 2021 (BGBl. I S. 990), zuletzt geändert durch Art. 9 des Gesetzes zur Begrenzung der Risiken durch Investmentfonds und zur Umsetzung der Richtlinie (EU) 2024/927 im Hinblick auf Übertragungsvereinbarungen, Liquiditätsrisikomanagement, die aufsichtliche Berichterstattung, die Erbringung von Verwahr- und Hinterlegungsdienstleistungen und die Kreditvergabe durch alternative Investmentfonds sowie zur Umsetzung der Richtlinie (EU) 2024/2994 im Hinblick auf die Behandlung des Konzentrationsrisikos, das aus Risikopositionen gegenüber zentralen Gegenparteien erwächst, und des Ausfallrisikos bei zentral geclearten Derivategeschäften und zur Änderung weiterer Vorschriften (Fondsrisikobegrenzungsgesetz) vom 9. April 2026, BGBl. 2026 I Nr. 97

Kapitel 1. Allgemeine Vorschriften

Abschnitt 1. Anwendungsbereich und Begriffsbestimmungen

§ 1 Anwendungsbereich

Dieses Gesetz ist auf Wertpapierinstitute und Datenbereitstellungsdienste mit Sitz oder Tätigkeit im Inland anzuwenden.

Literatur: *Blömer,* Grenzüberschreitende Sachverhalte im Bankenaufsichtsrecht, 2010; Borges, Lokalisierung von Angeboten beim Electronic Banking, WM 2001 1542; Christoph, Zulässigkeit grenzüberschreitender Bankenaufsicht nach dem Marktortprinzip, ZBB 2009, 117; *Es-Said,* Erlaubnispflichten bei grenzüberschreitenden Bankgeschäften, 2009; Freiwald, Erlaubnispflicht nach § 32 Abs. 1 KWG für grenzüberschreitende Bank- und Finanzdienstleistungen, WM 2008, 1537; Hanten, Aufsichtsrechtliche Erlaubnispflicht bei grenzüberschreitenden Bankgeschäften und Finanzdienstleistungen, WM 2003, 1412; Ohler, Aufsichtsrechtliche Fragen des electronic banking, WM 2002, 162; Rögner, Zur „Auslegung" des Inlandsbegriffs des § 32 KWG durch die Verwaltungspraxis der Bundesanstalt für Finanzdienstleistungsaufsicht – zugleich Anmerkung zum Beschluss des VGH Kassel vom 21.1.2005, WM 2005, 1123, WM 2006, 745; Schneider, Nichtanwendbarkeit des KWG bzw. des WpHG trotz Erbringung regulierter Tätigkeiten, WM 2008, 285; Schuster/Nemeczek, IFR, IFD und WpIG – Neuer Rechtsrahmen für Wertpapierfirmen (Teil 1), ZBB 2021, 35; Seebach, Die Reichweite des Marktortprinzips im Inlandsmerkmal des § 32 Abs. 1 Satz 1 KWG – zugleich methodische Anmerkungen zu BVerwG WM 2009, 1553, WM 2010, 733; Steck/Campbell, Die Erlaubnispflicht für grenzüberschreitende Bankgeschäfte und Finanzdienstleistungen, ZBB 2006, 354; Voge, Zur Erlaubnispflicht grenzüberschreitend betriebener Bank- und Finanzdienstleistungsgeschäfte – zugleich Anmerkung zum Urteil des EuGH vom 3.10.2006 = WM 2006, 1949, WM 2007, 381; Weber/Grauer/Schmid, Regulierung des Finanzsektors, WPg 2021, 308.

I. Vorbemerkung

1 Das am 26.6.2021 in Kraft getretene WpIG gilt für Wertpapierinstitute mit Sitz oder Tätigkeit im Inland. Das WpIG regelt die Zulassung und die Beaufsichtigung kleiner und mittlerer Wertpapierinstitute. Für alle Wertpapierinstitute geltende Verhaltenspflichten enthält das WpHG. Das WpIG setzt die IFD um (näher Lendermann/Nemeczek/Schroeter/Lendermann/Nemeczek/Schroeter Einl. Rn. 2; Lendermann/Nemeczek/Schroeter/Donner § 1 Rn. 5 ff.). Unmittelbar für alle Wertpapierinstitute geltende Bestimmungen enthält die IFR. Durch das Bankenrichtlinienumsetzungs- und BürokratieentlastungsG (BRUBEG) v. 25.3.2026 (BGBl. 2026 I Nr. 81) wurde der Anwendungsbereich des WpIG mWv 31.3.2026 auf Datenbereitstellungsdienste erweitert und § 1 entsprechend neu gefasst. Zugleich wurden die Zulassung von Datenbereitstellungsdiensten in §§ 78d bis 78f geregelt. Die entsprechenden Bestimmungen dienen der Umsetzung von Art. 27a ff. MiFiR (VO (EU) 600/2014).

2 Die Zulassung und Beaufsichtigung der Wertpapierinstitute (zum Begriff näher → § 2 Rn. 2) war vor Inkrafttreten des WpIG im KWG geregelt, und zwar seit der 6. KWG-Novelle 1998 (näher zur früheren Rechtslage Lendermann/Nemeczek/Schroeter/Lendermann/Nemecek/Schroeter Einl. Rn. 1). Das KWG verwendet für die heutigen Wertpapierinstitute den Begriff des Finanzdienstleistungsinstituts (§ 1 Abs. 1a S. 1 KWG aF, dazu näher Schwennicke/Auerbach/Schwennicke KWG § 1 Rn. 78 ff.), für die von ihnen erbrachten Tätigkeiten den Begriff der Finanzdienstleistung (§ 1 Abs. 1a S. 1 KWG, dazu näher Schwennicke/Auerbach/Schwennicke KWG § 1 Rn. 82 ff.). Für diese Tätigkeiten verwendet das WpIG im Einklang mit dem WpHG die Begriffe der Wertpapierdienstleistung bzw. Wertpapiernebendienstleistung.

3 § 1 regelt den räumlichen Geltungsbereich des WpIG. Parallelnormen für Kreditinstitute und Finanzdienstleistungsinstitute finden sich in § 32 KWG, für Zahlungsinstitute in § 10 ZAG und für E-Geld-Institute in § 11 ZAG. Erläuterungen zum Inlandsbegriff nach § 32 KWG enthält das BaFin-Merkblatt – Hinweise zur Erlaubnispflicht nach § 32 Abs. 1 KWG iVm § 1 Abs. 1 und Abs. 1a KWG von grenzüberschreitend betriebenen Bankgeschäften und/oder grenzüberschreitend erbrachten Finanzdienstleistungen v. 1.4.2005 idF v. 11.3.2019, Consbruch/Fischer B 64.18 = KWG 4.350).

II. Adressaten

4 Wertpapierinstitute sind nach der Definition in § 2 Abs. 1 alle Unternehmen, die gewerbsmäßig oder in einem Umfang, der einen in kaufmännischer Weise eingerichteten Geschäftsbetrieb erfordert, Wertpapierdienstleistungen alleine oder zusammen mit Wertpapiernebendienstleistungen oder Nebengeschäften erbringen **(materieller Wertpapierinstitutsbegriff).** Darauf ob einem Unternehmen einer Erlaubnis nach dem WpIG oder dem KWG erteilt ist oder nicht **(formeller Wertpapierinstitutsbegriff),** kommt es für § 1 nicht an (Lendermann/Nemeczek/Schroeter/Reschke § 2 Rn. 11). **Datenbereitstellungsdienste** sind in Art. 2 Nr. 36a VO (EU) 600/2014 definiert (näher § 78d Rn. 4).

III. Sitz im Inland

5 Dem WpIG unterfallen Wertpapierinstitute und Datenbereitstellungsdienste mit **Sitz** im Inland. Sitz meint den **Verwaltungssitz,** also den Ort der Hauptverwaltung des Unternehmens, an der die Entscheidungen der Geschäftsleitung getroffen werden (so zum KWG Schwennicke/Auerbach/Auerbach KWG § 53 Rn. 8; ähnlich (gewöhnlicher Aufenthaltsort der Geschäftsleiter) Beck/Samm/Kokemoor/Hanten KWG § 53 Rn. 24; aA (Satzungssitz) MüKoBGB/Lehmann Int. Finanzmarktrecht Rn. 215). Ein Verwaltungssitz im Inland ist nach § 18 Abs. 1 auch Voraussetzung für eine Erlaubnis nach § 15.

IV. Betreiben im Inland

6 Das WpIG gilt auch für ausländische Unternehmen, die im Inland Wertpapierdienstleistungen oder Datenbereitstellungsdienste erbringen, ohne hier ihren Verwaltungssitz zu haben.

1. Niederlassung im Inland

7 Unstreitig im Inland werden Geschäfte betrieben, wenn ein Unternehmen Tätigkeiten von einer Zweigniederlassung, einem Betriebsteil oder einer sonstigen Stelle im Inland ausführt (so zum KWG VGH Kassel BKR 2005, 160 (161 f.) Hanten = WM 2005, 1123; VG Berlin Beckmann/Bauer § 1 Abs. 1 S. 2 Nr. 1 KWG Nr. 11; OLG Frankfurt a. M. WM 1987, 899 f. = WuB I G 4.–7.87 Hammen; Beck/Samm/Kokemoor/Müller-Grune KWG § 32 Rn. 44; Schwennicke/Auerbach/Schwennicke KWG § 32 Rn. 7). Ausreichend ist jede Art von physischer Präsenz (so zum KWG Beck/Samm/Kokemoor/Müller-Grune KWG § 32 Rn. 44, 46; Schwennicke/Auerbach/Schwennicke KWG § 32 Rn. 7).

8 Für die Errichtung einer Zweigniederlassung im Inland gilt für inländische Wertpapierinstitute § 70, für Wertpapierinstitute mit Sitz in einem anderen EWR-Mitgliedstaat § 73.

2. Grenzüberschreitende Tätigkeiten

9 Den grenzüberschreitenden Dienstleistungsverkehr durch inländische Wertpapierinstitute regelt § 71, den durch Wertpapierinstitute mit Sitz in einem anderen EWR-Mitgliedstaat § 74. Entsprechende Bestimmungen für Datenbereitstellungsdienste fehlen im WpIG sowie in der MiFiR (VO (EU) 600/2014). Wann eine Tätigkeit als grenzüberschreitender Dienstleistungsverkehr ausländischer Wertpapierinstitute im Inland anzusehen ist und wann es sich um eine bloße, von der inländischen Erlaubnispflicht nicht erfasste Auslandstätigkeit handelt, ist umstritten. Der Streit wird bislang um die Erlaubnispflicht nach dem KWG geführt. Die Argumente für und gegen eine Anwendung von § 32 KWG sind aber auf § 1 WpIG übertragbar.

10 **a) Inlandsbezug.** Nach der früher vertretenen **institutsbezogenen Ansicht** galt eine grenzüberschreitende Tätigkeit nur dann als im Inland ausgeführt, wenn das die Dienstleistung erbringende Unternehmen über eine **physische Präsenz** im Inland verfügte (so zum KWG VGH Kassel BKR 2005, 160 (161 f.) mzustAnm Hanten = WM 2005, 1123; OLG Frankfurt a. M. WM 1987, 899 f. = WuB I G

4.–7.87 Hammen; Bähre/Schneider KWG § 32 Anm. 2 aE, § 53 Anm. 1; Szagunn/Haug/Ergenzinger § 53 Rn. 3; Es-Said, Erlaubnispflichten bei grenzüberschreitenden Bankgeschäften, 2009, 141 ff., 182 ff.; Blömer, Grenzüberschreitende Sachverhalte im Bankenaufsichtsrecht, 2010, 139 ff., 161 f., 187 ff.; Hanten WM 2003, 1412 (1414); Rögner WM 2006, 745 (748 ff.); Steck/Campbell ZBB 2006, 354 (356)).

11 Nach früherer Auffassung der BaFin reichte für eine Tätigkeit im Inland aus, wenn **wesentliche Teilakte** des erlaubnispflichtigen Geschäfts im Inland ausgeführt wurden oder eine inländische Stelle als Stellvertreter oder Empfangsbote des Unternehmens tätig wird, weil dann von einer **fiktiven inländischen Zweigstelle** des Unternehmens ausgegangen wird, auch wenn die Voraussetzungen einer Zweigniederlassung iSv §§ 13 ff. HGB nicht erfüllt sind (so zum KWG VG Berlin Beckmann/Bauer § 53 Abs. 1 KWG Nr. 1; vgl. dazu näher Fischer/Schäfer/Schulte-Mattler/Schulte-Mattler/Vahldiek KWG § 53 Rn. 23 ff., 169 ff.). In diesem Fall musste nach § 53 KWG eine Zweigstellenerlaubnis beantragt werden (Voge WM 2007, 383). Als eine Erlaubnispflicht begründende wesentliche Teilakte galten die Einschaltung in die technische Abwicklung eines Effektengeschäfts (so für § 32 KWG VG Berlin Beckmann/Bauer § 53 Abs. 1 KWG Nr. 11), die Entgegennahme von für die Anlage bestimmten Geldern (so für § 32 KWG VG Berlin Beckmann/Bauer § 53 Abs. 1 KWG Nr. 13) bzw. die Befugnis zum Inkasso solcher Gelder (so für § 32 KWG VG Berlin NJW 1988, 1105 = Beckmann/Bauer § 53 Abs. 1 KWG Nr. 15), die Entgegennahme vom Kunden unterzeichneter Verträge (Szagunn/Haug/Ergenzinger KWG § 32 Rn. 6) sowie die Tätigkeit als Stellvertreter oder als Empfangsbote des Unternehmens (so für § 32 KWG OVG Berlin Beckmann/Bauer § 53 Abs. 1 KWG Nr. 7). Die Teilaktstheorie wurde von Rspr. und Lit. zunächst im Wesentlichen gebilligt, wobei das BVerwG das Prinzip der fiktiven inländischen Zweigstelle ausdrücklich verworfen hat (BVerwGE 133, 358 Rn. 37 f. = WM 2009, 1553 = WuB I L. 1 § 32 KWG 1.10 Hanten – Fidium Finanz AG; Nachweise bei Fischer/Schäfer/Schulte-Mattler/Schulte-Mattler/Vahldiek KWG § 53 Rn. 23 ff.; Beck/Samm/Kokemoor/Müller-Grune KWG § 32 Rn. 47).

12 Nach dem **vertriebsbezogener Ansatz** der BaFin reicht für einen Inlandsbezug ein **zielgerichtetes Angebot an den inländischen Markt** aus (BaFin-Merkblatt (→ Rn. 3); Reischauer/Kleinhans/Albert KWG § 32 Rn. 6 aE und KWG § 53 Rn. 3; Fischer/Schäfer/Schulte-Mattler/Schulte-Mattler/Vahldiek KWG § 53 Rn. 158 f.; Borges WM 2001, 1542 (1544 ff.); Ohler WM 2002, 166 (168 f.); Ohler, EuZW 2006, 691 (693); Voge WM 2007, 381 (383 ff.); Freiwald WM 2008, 1537 (1541 ff.); Christoph ZBB 2009, 117 (118 ff.)). Die BaFin unterscheidet dabei grundsätzlich zwischen Privat- und (Massen-)Geschäftskunden einerseits und großen Geschäftskunden sowie institutionellen Anlegern andererseits. Während im Massengeschäft mit Privat- und Geschäftskunden ein Inlandsbezug vermutet wird, wird bei großen Geschäftskunden sowie institutionellen Anlegern sowie bei auf den Einzelfall zugeschnittenen Dienstleistungen vermutet, dass diese Kunden Angebote ausländischer Anbieter in Wahrnehmung ihrer Dienstleistungsfreiheit aktiv nachgefragt haben (BaFin-Merkblatt (→ Rn. 3)).

13 Die Rspr. und die wohl hL vertreten eine **vermittelnde Ansicht** und lassen eine zielgerichtete Ansprache des deutschen Markts nur dann ausreichen, wenn zumindest die **wesentlichen zum Vertragsschluss hinführenden Schritte** im Inland vorgenommen werden, wozu die Aufforderung zur Abgabe konkreter Angebote sowie die Prüfung bereits abgegebener Angebote rechnen (BVerwGE

133, 358 Rn. 25 = WM 2009, 1553 = WuB I L. 1 § 32 KWG 1.10 Hanten – Fidium Finanz AG; VG Frankfurt a. M. BKR 2007, 341 = EWiR § 32 KWG 2/07, 573 Hanten; VG Frankfurt a. M. NJOZ 2004, 4299 = EWiR § 32 KWG 1/05, 127 Hanten; VG Frankfurt a. M. WM 2004, 1917 = WuB I L 1. § 32 KWG 1.04 Mankowski = ZIP 2004, 1259; OLG München 30.10.2013 – 20 U 603/12 Rn. 24 = BeckRS 2014, 1449; Lendermann/Nemeczek/Schroeter/Donner § 1 Rn. 13; Beck/Samm/Kokemoor/Müller-Grune KWG § 32 Rn. 46; Fischer/Schäfer/Schulte-Mattler/Schulte-Mattler/Fischer/Müller KWG § 32 Rn. 21; Reischauer/Kleinhans/Albert KWG § 32 Rn. 6; Luz/Neus/Schaber/Schneider/Wagner/Weber/v. Goldbeck KWG § 32 Rn. 12; MüKoBGB/Lehmann Int. Finanzmarktrecht Rn. 195; Seebach WM 2010, 733 (737); offen gelassen in BGH WM 2015, 1568 Rn. 25). Die Abgabe rechtsgeschäftlicher Erklärungen oder ein Vertragsabschluss im Inland ist nicht erforderlich (BVerwGE 133, 358 Rn. 26 ff. = WM 2009, 1553 = WuB I L. 1 § 32 KWG 1.10 Hanten – Fidium Finanz AG).

b) Einzelfälle für Inlandsbezug. Von einem zielgerichteten Angebot an den inländischen Markt ist vor allem in folgenden Fällen auszugehen: 14

– Bereitstellung eines Antragsformular für deutsche Kunden auf der Webseite des ausländischen Unternehmens verbunden mit der Erhebung der vertragsrelevanten Daten (BVerwGE 133, 358 Rn. 30 f., 41 = WM 2009, 1553 = WuB I L. 1 § 32 KWG 1.10 Hanten – Fidium Finanz AG);
– Kundenbesuche von (freien) Mitarbeitern eines ausländischen Unternehmens (BaFin-Merkblatt (→ Rn. 3));
– Vermittlung durch inländische Institute oder inländische (freie) Mitarbeiter eines ausländischen Unternehmens (BaFin-Merkblatt (→ Rn. 3));
– Ansprache von Neukunden durch Post/Telefax oder Email (BaFin-Merkblatt (→ Rn. 3));
– auf den deutschen Markt zugeschnittene Internetangebote (BVerwGE 133, 358 Rn. 41 f. = WM 2009, 1553 = WuB I L. 1 § 32 KWG 1.10 Hanten – Fidium Finanz AG; BaFin-Merkblatt (→ Rn. 3));
– Anzeigen, die bereits Aussagen über ein konkretes Produkt oder eine bestimmte Dienstleistung treffen (BaFin-Merkblatt (→ Rn. 3)).

Bei **Internetangeboten** prüft die BaFin im Rahmen einer Gesamtbetrachtung, ob diese sich gezielt an den deutschen Markt wenden. Maßgeblich dafür sind der Inhalt der Homepage sowie der Online-Aktivitäten, ein auf den deutschen Markt abgestimmter Disclaimer, Domainkennzeichnung, Sprache, Produktbeschreibung, länderspezifische Informationen, rechtliche Rahmenbedingungen, Preisangaben, Zahlungsmodalitäten und deutsche Ansprechpartner. 15

Die Unterhaltung eines **inländischen Zahlungskontos** reicht entgegen der Verwaltungspraxis der BaFin für eine inländische Tätigkeit allein nicht aus, wenn sich der Vertragsabschluss zuvor im Ausland vollzogen hat. Auch die Verwendung einer deutschen Bankleitzahl kann allenfalls dann ein Indiz für einen Inlandsbezug sein, wenn andere Elemente des Angebots auf den inländischen Markt zugeschnitten sind (so wohl BVerwGE 133, 358 Rn. 42, = WM 2009, 1553 = WuB I L. 1 § 32 KWG 1.10 Hanten – Fidium Finanz AG). 16

c) Passive Dienstleistungsfreiheit. Nach der ständigen Verwaltungspraxis der BaFin sowie der hL wird durch die Erlaubnispflicht für im Inland erbrachte Dienstleistungen von Wertpapierfirmen das Recht der im Inland ansässigen Personen und Unternehmen, aus eigener Initiative Dienstleistungen eines ausländischen 17

Anbieters nachzufragen, nicht eingeschränkt, das gegenüber Unternehmen aus dem EWR durch die Dienstleistungsfreiheit aus Art. 56 ff. AEUV (früher Art. 49 f. EG) (EuGH WM 2006, 1949 = ZIP 2006, 1899 = WuB I L 1. § 32 KWG 1.07 Hanten = EuZW 2006, 689 Ohler – Fidium Finanz AG) und gegenüber Unternehmen aus Drittstaaten durch das General Agreement on Trade in Services GATS (BGBl. 1994 II 1438, 1643) geschützt ist (BVerwGE 133, 358 Rn. 59 = WM 2009, 1553 = WuB I L. 1 § 32 KWG 1.10 Hanten – Fidium Finanz AG). Diese sog. **passive Dienstleistungsfreiheit (Reverse Solicitation)** ist EU-rechtlich etwa in Art. 42 Abs. 1 S. 1 iVm Erwägungsgrund 111 Satz 1 und 2 MiFID II und sowie Erwägungsgrund 43 Satz 1 und 2 MiFIR (Lendermann/Nemeczek/Schroeter/Donner § 1 Rn. 13) sowie in Art. 61 Abs. 1 iVm Erwägungsgrund 75 MiCAR geregelt (Schwennicke in Omlor/Link, Kryptowährungen und Token, Kap. 8 Rn. 201 ff.). Aufgrund der passiven Dienstleistungsfreiheit führen Geschäfte, die aufgrund der Initiative des Kunden zustande gekommen sind, nicht zur Erlaubnispflicht nach § 15 (Lendermann/Nemeczek/Schroeter/Donner § 1 Rn. 13; so jeweils zu § 32 Abs. 1 KWG das BaFin-Merkblatt (→ Rn. 3); VG Frankfurt a. M. WM 2005, 503 (512) = NJOZ 2004, 4299 = WuB I L 1. § 32 KWG 1.05 J. Marwede = EWiR § 32 KWG 1/05, 127 Hanten; Fischer/Schäfer/Schulte-Mattler/Schulte-Mattler/Vahldiek KWG § 53 Rn. 162; Ohler WM 2002, 162 (165, 168 f.); Voge WM 2007, 381 (382); Freiwald WM 2008, 1537 (1545); Schneider WM 2008, 285 (290); Christoph ZBB 2009, 117 (120); engere Auslegung der passiven Dienstleistungsfreiheit wohl noch bei BVerwGE 133, 358 Rn. 47 = WM 2009, 1553 = WuB I L. 1 § 32 KWG 1.10 Hanten).

18 **d) Einzelfälle für fehlenden Inlandsbezug.** Eine Erlaubnispflicht scheidet nach der BaFin in folgenden Fällen aufgrund der passiven Dienstleistungsfreiheit aus:
- allgemeine Namens- oder Sympathiewerbung ohne konkrete Aussagen über einzelne Dienstleistungen (BaFin-Merkblatt (→ Rn. 3));
- Kommunikation mit Bestandskunden durch Post/Telefax oder Email (BaFin-Merkblatt (→ Rn. 3));
- an Bestandskunden gerichtete Werbemaßnahmen per Post/Telefax oder Email sowie über das Internet (BaFin-Merkblatt (→ Rn. 3));
- eigeninitiave Kontaktaufnahme durch Neukunden durch Post/Telefax oder Email oder über das Internet (BaFin-Merkblatt (→ Rn. 3)).

§ 2 Begriffsbestimmungen

(1) **Ein Wertpapierinstitut ist ein Unternehmen, das gewerbsmäßig oder in einem Umfang, der einen in kaufmännischer Weise eingerichteten Geschäftsbetrieb erfordert, Wertpapierdienstleistungen alleine oder zusammen mit Wertpapiernebendienstleistungen oder Nebengeschäften erbringt.**

(2) **Wertpapierdienstleistungen im Sinne dieses Gesetzes sind**
1. **die Anschaffung oder Veräußerung von Finanzinstrumenten im eigenen Namen für fremde Rechnung (Finanzkommissionsgeschäft),**
2. **die Übernahme von Finanzinstrumenten für eigenes Risiko zur Platzierung oder die Übernahme gleichwertiger Garantien (Emissionsgeschäft),**

3. die Vermittlung von Geschäften über die Anschaffung und die Veräußerung von Finanzinstrumenten (Anlagevermittlung),

4. die Abgabe von persönlichen Empfehlungen im Sinne des Artikels 9 der Delegierten Verordnung (EU) 2017/565 der Kommission vom 25. April 2016 zur Ergänzung der Richtlinie 2014/65/EU des Europäischen Parlaments und des Rates in Bezug auf die organisatorischen Anforderungen an Wertpapierfirmen und die Bedingungen für die Ausübung ihrer Tätigkeit sowie in Bezug auf die Definition bestimmter Begriffe für die Zwecke der genannten Richtlinie (ABl. L 87 vom 31.3.2017, S. 1; L 246 vom 26.9.2017, S. 12; L 82 vom 26.3.2018, S. 18) die zuletzt durch die Delegierte Verordnung (EU) 2019/1011 (ABl. L 165 vom 21.6.2019, S. 1) geändert worden ist, an Kunden oder deren Vertreter, die sich auf Geschäfte mit bestimmten Finanzinstrumenten beziehen, sofern die Empfehlung auf eine Prüfung der persönlichen Umstände des Anlegers gestützt oder als für ihn geeignet dargestellt wird und nicht ausschließlich über Informationsverbreitungskanäle oder für die Öffentlichkeit bekannt gegeben wird (Anlageberatung),

5. die Anschaffung oder Veräußerung von Finanzinstrumenten in fremdem Namen für fremde Rechnung (Abschlussvermittlung),

6. der Betrieb eines multilateralen Systems, das die Interessen einer Vielzahl von Personen am Kauf und Verkauf von Finanzinstrumenten innerhalb des Systems und nach nichtdiskretionären Bestimmungen in einer Weise zusammenbringt, die zu einem Vertrag über den Kauf dieser Finanzinstrumente führt (Betrieb eines multilateralen Handelssystems),

7. der Betrieb eines multilateralen Systems, bei dem es sich nicht um einen organisierten Markt oder ein multilaterales Handelssystem handelt und das die Interessen einer Vielzahl Dritter am Kauf und Verkauf von Schuldverschreibungen, strukturierten Finanzprodukten, Emissionszertifikaten oder Derivaten innerhalb des Systems auf eine Weise zusammenführt, die zu einem Vertrag über den Kauf dieser Finanzinstrumente führt (Betrieb eines organisierten Handelssystems),

8. die Platzierung von Finanzinstrumenten ohne feste Übernahmeverpflichtung (Platzierungsgeschäft),

9. die Verwaltung einzelner oder mehrerer in Finanzinstrumenten angelegter Vermögen für andere mit Entscheidungsspielraum (Finanzportfolioverwaltung),

10. der Eigenhandel durch das

a) kontinuierliche Anbieten des An- und Verkaufs von Finanzinstrumenten an den Finanzmärkten zu selbst gestellten Preisen für eigene Rechnung unter Einsatz des eigenen Kapitals (Market-Making),

b) häufige organisierte und systematische Betreiben von Handel für eigene Rechnung mit Aktien, Aktienzertifikaten, börsengehandelten Fonds, Zertifikaten und anderen vergleichbaren Finanzinstrumenten außerhalb eines organisierten Marktes oder eines multilateralen oder organisierten Handelssystems, wenn Kundenaufträge außerhalb eines geregelten Marktes oder eines multilateralen oder organisierten Handelssystems ausgeführt werden,

ohne dass ein multilaterales Handelssystem betrieben wird (systematische Internalisierung),

c) Anschaffen oder Veräußern von Finanzinstrumenten für eigene Rechnung als Dienstleistung für andere oder

d) Kaufen oder Verkaufen von Finanzinstrumenten für eigene Rechnung als unmittelbarer oder mittelbarer Teilnehmer eines inländischen organisierten Marktes oder eines multilateralen oder organisierten Handelssystems mittels einer hochfrequenten algorithmischen Handelstechnik, die gekennzeichnet ist durch

aa) eine Infrastruktur zur Minimierung von Netzwerklatenzen und anderen Verzögerungen bei der Orderübertragung (Latenzen), die mindestens eine der folgenden Vorrichtungen für die Eingabe algorithmischer Aufträge aufweist:

aaa) Kollokation,

bbb) Proximity Hosting oder

ccc) direkter elektronischer Hochgeschwindigkeitszugang,

bb) die Fähigkeit des Systems, einen Auftrag ohne menschliche Intervention im Sinne des Artikels 18 der Delegierten Verordnung (EU) 2017/565 einzuleiten, zu erzeugen, weiterzuleiten oder auszuführen und

cc) ein hohes untertägiges Mitteilungsaufkommen im Sinne des Artikels 19 der Delegierten Verordnung (EU) 2017/565 in Form von Aufträgen, Kursangaben oder Stornierungen,

auch ohne dass eine Dienstleistung für andere vorliegt (Hochfrequenzhandel). Die Voraussetzungen der systematischen Internalisierung nach Satz 1 Nummer 10 Buchstabe b sind auch dann erfüllt, wenn ein Unternehmen sich freiwillig den für die systematische Internalisierung geltenden Regelungen unterworfen und eine Erlaubnis zum Betreiben der systematischen Internalisierung bei der Bundesanstalt beantragt hat. Dies gilt auch für die systematische Internalisierung von Schuldverschreibungen, strukturierten Finanzprodukten und Emissionszertifikaten sowie von den in Artikel 8a Absatz 2 Satz 1 der Verordnung (EU) Nr. 600/2014 genannten Derivaten.

(3) **Wertpapiernebendienstleistungen im Sinne dieses Gesetzes sind**

1. die Verwahrung und die Verwaltung von Finanzinstrumenten mit Ausnahme von Rechnungseinheiten für andere, einschließlich Depotverwahrung und verbundener Dienstleistungen wie Cash-Management oder die Verwaltung von Sicherheiten mit Ausnahme der Bereitstellung und Führung von Wertpapierkonten auf oberster Ebene (zentrale Kontenführung) gemäß Abschnitt A Nummer 2 des Anhangs zur Verordnung (EU) Nr. 909/2014 des Europäischen Parlaments und des Rates vom 23. Juli 2014 zur Verbesserung der Wertpapierlieferungen und -abrechnungen in der Europäischen Union und über Zentralverwahrer sowie zur Änderung der Richtlinien 98/26/EG und 2014/65/EU und der Verordnung (EU) Nr. 236/2012 (ABl. L 257 vom 28.8.2014, S. 1; L 349 vom 21.12.2016, S. 5), die zuletzt durch die Verordnung (EU) 2016/1033 (ABl. L 175 vom 30.6.2016, S. 1) geändert worden ist,

2. die Gewährung von Darlehen oder anderen Krediten an andere für die Durchführung von Wertpapierdienstleistungen, sofern das Unterneh-

men, das die Kredite oder Darlehen gewährt, an diesen Geschäften beteiligt ist,
3. die Beratung von Unternehmen über die Kapitalstruktur, die industrielle Strategie sowie die Beratung und das Angebot von Dienstleistungen bei Unternehmenskäufen und Unternehmenszusammenschlüssen,
4. Devisengeschäfte, wenn diese im Zusammenhang mit der Erbringung von Wertpapierdienstleistungen stehen,
5. das Erstellen oder Verbreiten von Empfehlungen oder Vorschlägen von Anlagestrategien im Sinne des Artikels 3 Absatz 1 Nummer 34 der Verordnung (EU) Nr. 596/2014 des Europäischen Parlaments und des Rates vom 16. April 2014 über Marktmissbrauch (Marktmissbrauchsverordnung) und zur Aufhebung der Richtlinie 2003/6/EG des Europäischen Parlaments und des Rates und der Richtlinien 2003/124/EG, 2003/125/EG und 2004/72/EG der Kommission (ABl. L 173 vom 12.6.2014, S. 1; L 287 vom 21.10.2016, S. 320; L 306 vom 15.11.2016, S. 43; L 348 vom 21.12.2016, S. 83), die zuletzt durch die Verordnung (EU) 2019/2115 (ABl. L 320 vom 11.12.2019, S. 1) geändert worden ist, (Anlagestrategieempfehlung) oder von Anlageempfehlungen im Sinne des Artikels 3 Absatz 1 Nummer 35 der Verordnung (EU) Nr. 596/2014,
6. Dienstleistungen, die im Zusammenhang mit dem Emissionsgeschäft stehen, und
7. Dienstleistungen, die sich auf einen Basiswert im Sinne des Absatzes 8 Nummer 2 oder 5 beziehen und im Zusammenhang mit Wertpapierdienstleistungen oder Wertpapiernebendienstleistungen stehen.

(4) [1]Nebengeschäfte im Sinne dieses Gesetzes sind
1. die Verwahrung und die Verwaltung von Wertpapieren ausschließlich für alternative Investmentfonds (AIF) im Sinne des § 1 Absatz 3 des Kapitalanlagegesetzbuchs (eingeschränktes Verwahrgeschäft),
2. die Vermittlung von Einlagengeschäften mit Unternehmen mit Sitz außerhalb des Europäischen Wirtschaftsraumes (Drittstaateneinlagenvermittlung),
3. die Verwahrung, Verwaltung und Sicherung kryptografischer Instrumente oder die Sicherung privater kryptografischer Schlüssel für andere, die dazu dienen, kryptografische Instrumente, Kryptowertpapiere im Sinne des § 4 Absatz 3 des Gesetzes über elektronische Wertpapiere oder Kryptofondsanteile im Sinne des § 1 Satz 2 der Verordnung über Kryptofondsanteile, zu speichern oder darüber zu verfügen (qualifiziertes Kryptoverwahrgeschäft) und
4. die Führung eines Kryptowertpapierregisters nach § 16 des Gesetzes über elektronische Wertpapiere (Kryptowertpapierregisterführung).

[2]Kryptografische Instrumente im Sinne dieses Gesetzes sind digitale Darstellungen eines Wertes, der von keiner Zentralbank oder öffentlichen Stelle emittiert wurde oder garantiert wird und nicht den gesetzlichen Status einer Währung oder von Geld besitzt, aber von natürlichen oder juristischen Personen aufgrund einer Vereinbarung oder tatsächlichen Übung als Tausch- oder Zahlungsmittel akzeptiert wird oder Anlagezwecken dient und der auf elektronischem Wege übertragen, gespeichert und

gehandelt werden kann. [3]Keine kryptografischen Instrumente im Sinne dieses Gesetzes ist oder sind

1. **E-Geld im Sinne des § 1 Absatz 2 Satz 3 des Zahlungsdiensteaufsichtsgesetzes,**
2. **monetäre Werte, die die Vorgaben nach § 2 Absatz 1 Nummer 10 des Zahlungsdiensteaufsichtsgesetzes erfüllen oder nur für Zahlungsvorgänge im Sinne des § 2 Absatz 1 Nummer 11 des Zahlungsdiensteaufsichtsgesetzes eingesetzt werden,**
3. **Kryptowerte im Sinne des Artikels 3 Absatz 1 Nummer 5 der Verordnung (EU) 2023/1114 des Europäischen Parlaments und des Rates vom 31. Mai 2023 über Märkte für Kryptowerte und zur Änderung der Verordnungen (EU) Nr. 1093/2010 und (EU) Nr. 1095/2010 sowie der Richtlinien 2013/36/EU und (EU) 2019/1937 (ABl. L 150 vom 9.6.2023, S. 40), die durch die Verordnung (EU) 2023/2869 (ABl. L, 2023/2869, 20.12.2023) geändert worden ist, im Anwendungsbereich der Verordnung (EU) 2023/1114,**
4. **Wertpapiere im Sinne des Depotgesetzes.**

(5) **Finanzinstrumente im Sinne dieses Gesetzes sind**

1. **Aktien und andere Anteile an in- oder ausländischen juristischen Personen, Personengesellschaften und sonstigen Unternehmen, soweit sie Aktien vergleichbar sind, sowie Hinterlegungsscheine, die Aktien oder Aktien vergleichbare Anteile vertreten,**
2. **Vermögensanlagen im Sinne des § 1 Absatz 2 des Vermögensanlagengesetzes mit Ausnahme von Anteilen an einer Genossenschaft im Sinne des § 1 des Genossenschaftsgesetzes,**
3. **Schuldtitel, insbesondere Genussscheine, Inhaberschuldverschreibungen, Orderschuldverschreibungen und diesen Schuldtiteln vergleichbare Rechte, die ihrer Art nach auf den Kapitalmärkten handelbar sind, mit Ausnahme von Zahlungsinstrumenten, sowie Hinterlegungsscheine, die diese Schuldtitel vertreten,**
4. **sonstige Rechte, die zum Erwerb oder zur Veräußerung von Rechten nach den Nummern 1 und 3 berechtigen oder zu einer Barzahlung führen, die in Abhängigkeit von solchen Rechten, von Währungen, Zinssätzen oder anderen Erträgen, von Waren, Indices oder Messgrößen bestimmt wird,**
5. **Anteile an Investmentvermögen im Sinne des § 1 Absatz 1 des Kapitalanlagegesetzbuchs,**
6. **Geldmarktinstrumente,**
7. **Devisen oder Rechnungseinheiten,**
8. **Derivate,**
9. **Berechtigungen nach § 3 Nummer 3 des Treibhausgas-Emissionshandelsgesetzes, Emissionsreduktionseinheiten nach § 2 Nummer 20 des Projekt-Mechanismen-Gesetzes und zertifizierte Emissionsreduktionen nach § 2 Nummer 21 des Projekt-Mechanismen-Gesetzes, soweit diese jeweils im Emissionshandelsregister gehalten werden dürfen (Emissionszertifikate),**
10. **(weggefallen)**
11. **für Schwarmfinanzierungszwecke nach Artikel 2 Absatz 1 Buchstabe n der Verordnung (EU) 2020/1503 des Europäischen Parlaments**

und des Rates vom 7. Oktober 2020 über Europäische Schwarmfinanzierungsdienstleister für Unternehmen und zur Änderung der Verordnung (EU) 2017/1129 und der Richtlinie (EU) 2019/1937 (ABl. L 347 vom 20.10.2020, S. 1), in der jeweils geltenden Fassung, zugelassene Instrumente (Schwarmfinanzierungsinstrumente).

(6) **Hinterlegungsscheine im Sinne dieses Gesetzes sind Wertpapiere, die auf dem Kapitalmarkt handelbar sind, ein Eigentumsrecht an Wertpapieren von Emittenten mit Sitz im Ausland verbriefen, zum Handel auf einem organisierten Markt zugelassen sind und unabhängig von den Wertpapieren des jeweiligen Emittenten mit Sitz im Ausland gehandelt werden können.**

(7) **Geldmarktinstrumente im Sinne dieses Gesetzes sind Instrumente im Sinne des Artikels 11 der Delegierten Verordnung (EU) 2017/565 mit Ausnahme von Zahlungsinstrumenten.**

(8) **Derivate im Sinne dieses Gesetzes sind**
1. **als Kauf, Tausch oder anderweitig ausgestaltete Festgeschäfte oder Optionsgeschäfte, die zeitlich verzögert zu erfüllen sind und deren Wert sich unmittelbar oder mittelbar vom Preis oder Maß eines Basiswertes ableitet (Termingeschäfte) mit Bezug auf die folgenden Basiswerte:**
   a) **Wertpapiere oder Geldmarktinstrumente,**
   b) **Devisen, soweit das Geschäft nicht die Voraussetzungen des Artikels 10 der Delegierten Verordnung (EU) 2017/565 erfüllt, Rechnungseinheiten oder Kryptowerte im Sinne des Artikels 3 Absatz 1 Nummer 5 der Verordnung (EU) 2023/1114 des Europäischen Parlaments und des Rates vom 31. Mai 2023 über Märkte für Kryptowerte und zur Änderung der Verordnungen (EU) Nr. 1093/2010 und (EU) Nr. 1095/2010 sowie der Richtlinien 2013/36/EU und (EU) 2019/1937 (ABl. L 150 vom 9.6.2023, S. 40), ohne Kryptowerte nach Artikel 4 Absatz 3 Buchstabe c der Verordnung (EU) 2023/1114,**
   c) **Zinssätze oder andere Erträge,**
   d) **Indices der Basiswerte der Buchstaben a, b, c oder f und andere Finanzindices oder Finanzmessgrößen,**
   e) **Derivate, oder**
   f) **Emissionszertifikate;**
2. **Termingeschäfte mit Bezug auf Waren, Frachtsätze, Klima- oder andere physikalische Variablen, Inflationsraten oder andere volkswirtschaftliche Variablen oder sonstige Vermögenswerte, Indices oder Messwerte als Basiswerte, sofern sie**
   a) **durch Barausgleich zu erfüllen sind oder einer Vertragspartei das Recht geben, einen Barausgleich zu verlangen, ohne dass dieses Recht durch Ausfall oder ein anderes Beendigungsereignis begründet ist,**
   b) **auf einem organisierten Markt oder in einem multilateralen oder organisierten Handelssystem geschlossen werden, soweit es sich nicht um über ein organisiertes Handelssystem gehandelte Energiegroßhandelsprodukte handelt, die effektiv geliefert werden müssen, oder**

c) die Merkmale anderer Derivatekontrakte im Sinne des Artikels 7 der Delegierten Verordnung (EU) 2017/565 aufweisen und nichtkommerziellen Zwecken dienen, und sofern sie keine Kassageschäfte im Sinne des Artikels 7 der Delegierten Verordnung (EU) 2017/565 sind;
3. finanzielle Differenzgeschäfte;
4. als Kauf, Tausch oder anderweitig ausgestaltete Festgeschäfte oder Optionsgeschäfte, die zeitlich verzögert zu erfüllen sind und dem Transfer von Kreditrisiken dienen (Kreditderivate);
5. Termingeschäfte mit Bezug auf die in Artikel 8 der Delegierten Verordnung (EU) 2017/565 genannten Basiswerte, sofern sie die Bedingungen von Nummer 2 erfüllen.

(9) Anbieter von Nebendienstleistungen im Sinne dieses Gesetzes ist ein Unternehmen, dessen Haupttätigkeit besteht
1. im Besitz oder in der Verwaltung von Immobilien,
2. in der Verwaltung von Datenverarbeitungsdiensten oder
3. in einer den Nummern 1 und 2 ähnlichen Tätigkeit, die im Verhältnis zur Haupttätigkeit einer oder mehrerer Wertpapierinstitute den Charakter einer Nebentätigkeit hat.

(10) Waren- und Emissionszertifikatehändler im Sinne dieses Gesetzes sind Waren- und Emissionszertifikatehändler im Sinne des Artikels 4 Absatz 1 Nummer 150 der Verordnung (EU) Nr. 575/2013 des Europäischen Parlaments und des Rates vom 26. Juni 2013 über Aufsichtsanforderungen an Wertpapierfirmen und zur Änderung der Verordnung (EU) Nr. 648/2012 (ABl. L 176 vom 27.6.2013, S. 1; L 208 vom 2.8.2013; S. 68; L 321 vom 30.11.2013, S. 6; L 193 vom 21.7.2015, S. 166; L 20 vom 25.1.2017, S. 3; L 13 vom 17.1.2020, S. 58; L 335 vom 13.10.2020, S. 20), die zuletzt durch die Verordnung (EU) 2020/873 (ABl. L 204 vom 26.6.2020, S. 4) geändert worden ist.

(11) [1]Zweigniederlassung im Sinne dieses Gesetzes ist eine Betriebsstelle, die
1. nicht die Hauptverwaltung ist,
2. einen rechtlich unselbstständigen Teil eines Wertpapierinstituts bildet, und
3. Wertpapierdienstleistungen, gegebenenfalls auch Wertpapiernebendienstleistungen, erbringt, für die dem Wertpapierinstitut eine Zulassung erteilt wurde.

[2]Alle Betriebsstellen eines Wertpapierinstituts mit Hauptverwaltung in einem anderen Vertragsstaat, die sich in demselben Vertragsstaat befinden, gelten als eine einzige Zweigniederlassung.

(12) Eine enge Verbindung im Sinne dieses Gesetzes liegt vor, wenn mindestens zwei natürliche oder juristische Personen wie folgt miteinander verbunden sind:
1. durch eine Beteiligung in Form des direkten Haltens oder des Haltens im Wege der Kontrolle von mindestens 20 Prozent der Stimmrechte oder der Anteile an einem Unternehmen,
2. durch Kontrolle in Form eines Verhältnisses zwischen Mutter- und Tochterunternehmen in den Fällen des Artikels 22 Absatz 1 und 2 der Richtlinie 2013/34/EU des Europäischen Parlaments und des Rates vom

26. Juni 2013 über den Jahresabschluss, den konsolidierten Abschluss und damit verbundene Berichte von Unternehmen bestimmter Rechtsformen und zur Änderung der Richtlinie 2006/43/EG des Europäischen Parlaments und des Rates und zur Aufhebung der Richtlinien 78/660/EWG und 83/349/EWG des Rates (ABl. L 182 vom 29.6.2013, S. 19; L 369 vom 24.12.2014, S. 79), die zuletzt durch die Richtlinie 2014/102/EU (ABl. L 334 vom 21.11.2014, S. 86) geändert worden ist, oder einem vergleichbaren Verhältnis zwischen einer natürlichen oder juristischen Person und einem Unternehmen; Tochterunternehmen von Tochterunternehmen gelten ebenfalls als Tochterunternehmen des Mutterunternehmens, das an der Spitze dieser Unternehmen steht, oder

3. **durch ein dauerhaftes Kontrollverhältnis von mindestens zwei natürlichen oder juristischen Personen, das zu derselben dritten Person besteht.**

(13) **Zuständige Behörde im Sinne dieses Gesetzes ist im Inland die Bundesanstalt und im Ausland eine nach nationalem Recht offiziell anerkannte Behörde oder öffentliche Stelle eines Vertragsstaats, die nach diesem Recht im Rahmen des in dem betreffenden Vertragsstaat geltenden Aufsichtssystems zur Beaufsichtigung von Wertpapierinstituten gemäß der Richtlinie (EU) 2019/2034 des Europäischen Parlaments und des Rats vom 27. November 2019 über die Beaufsichtigung von Wertpapierfirmen und zur Änderung der Richtlinien 2002/87/EG, 2009/65/EG, 2011/61/EU, 2013/36/EU, 2014/59/EU und 2014/65/EU (ABl. L 314 vom 5.12.2019, S. 64) befugt ist.**

(14) **Einhaltung des Gruppenkapitaltests im Sinne dieses Gesetzes ist die Einhaltung der in Artikel 8 der Verordnung (EU) 2019/2033 des Europäischen Parlaments und des Rats vom 27. November 2019 über Aufsichtsanforderungen an Wertpapierfirmen und zur Änderung der Verordnungen (EU) Nr. 1093/2010, (EU) Nr. 575/2013, (EU) Nr. 600/2014 und (EU) Nr. 806/2014 (ABl. L 314 vom 5.12.2019, S. 1; L 20 vom 24.1.2020, S. 26) genannten Anforderungen durch das Mutterunternehmen einer Wertpapierinstitutsgruppe.**

(15) **Kreditinstitut im Sinne dieses Gesetzes ist ein Kreditinstitut im Sinne des Artikels 4 Absatz 1 Nummer 1 der Verordnung (EU) Nr. 575/2013.**

(16) **Kleines Wertpapierinstitut im Sinne dieses Gesetzes ist ein Wertpapierinstitut, das die Bedingungen des Artikels 12 Absatz 1 der Verordnung (EU) 2019/2033 erfüllt.**

(17) **Mittleres Wertpapierinstitut im Sinne dieses Gesetzes ist ein Wertpapierinstitut,**

das die Bedingungen des Artikels 12 Absatz 1 der Verordnung (EU) 2019/2033 nicht erfüllt.

(18) **Großes Wertpapierinstitut im Sinne dieses Gesetzes ist ein Wertpapierinstitut im Sinne des Absatzes 1, das aufgrund des Artikels 1 Absatz 2 der Verordnung (EU) 2019/2033 oder aufgrund einer Gestattung gemäß Artikel 1 Absatz 5 der Verordnung (EU) 2019/2033 oder nach § 8 verpflichtet ist, die Verordnung (EU) 575/2013 anzuwenden.**

(19) **Herkunftsvertragsstaat eines Wertpapierinstituts ist**
1. **sofern es sich um eine natürliche Person handelt, der Vertragsstaat, in dem sich die Hauptverwaltung des Wertpapierinstituts befindet;**
2. **sofern es sich um eine juristische Person handelt, der Vertragsstaat, in dem sich der Sitz des Wertpapierinstituts befindet; oder**
3. **sofern es sich um eine juristische Person handelt, für die nach dem nationalen Recht, das für das Wertpapierinstitut maßgeblich ist, kein Sitz bestimmt ist, der Vertragsstaat, in dem sich die Hauptverwaltung des Wertpapierinstituts befindet;**

(20) **Aufnahmevertragsstaat eines Wertpapierinstituts ist der Vertragsstaat, in dem das Wertpapierinstitut eine Zweigniederlassung unterhält oder Wertpapierdienstleistungen im Wege des grenzüberschreitenden Dienstleistungsverkehrs erbringt;**

(21) **Systemrisiko im Sinne dieses Gesetzes ist das Risiko einer Störung des Finanzsystems mit möglicherweise schwerwiegenden negativen Auswirkungen auf das Finanzsystem und die Realwirtschaft.**

(22) **Kontrolle im Sinne dieses Gesetzes ist das in Artikel 22 Absatz 1 und 2 der Richtlinie 2013/34/EU oder in den jeweils für das Wertpapierinstitut nach der Verordnung (EG) Nr. 1606/2002 des Europäischen Parlaments und des Rates vom 19. Juli 2002 betreffend die Anwendung internationaler Rechnungslegungsstandards (ABl. L 243 vom 11.9.2002, S. 1), die zuletzt durch die Verordnung (EG) Nr. 297/2008 (ABl. L 97 vom 9.4.2008, S. 62) geändert worden ist, geltenden Rechnungslegungsstandards beschriebene Verhältnis zwischen einem Mutterunternehmen und einem Tochterunternehmen oder ein ähnliches Verhältnis zwischen einer natürlichen oder juristischen Person und einem Unternehmen.**

(23) **Bedeutende Beteiligung im Sinne dieses Gesetzes ist eine qualifizierte Beteiligung**

gemäß Artikel 4 Absatz 1 Nummer 36 der Verordnung (EU) Nr. 575/2013. Für die Berechnung des Anteils der Stimmrechte gelten § 33 Absatz 1 in Verbindung mit einer Rechtsverordnung nach § 33 Absatz 3, § 34 Absatz 1 und 2, § 35 Absatz 1 bis 3 in Verbindung mit einer Rechtsverordnung nach § 35 Absatz 6 und § 36 des Wertpapierhandelsgesetzes entsprechend. Unberücksichtigt bleiben die Stimmrechte oder Kapitalanteile, die Kreditinstitute oder Wertpapierinstitute im Rahmen des Emissionsgeschäfts nach Absatz 2 Nummer 2 halten, vorausgesetzt, diese Rechte werden nicht ausgeübt oder anderweitig genutzt, um in die Geschäftsführung des Emittenten einzugreifen, und sie werden innerhalb eines Jahres nach dem Zeitpunkt des Erwerbs veräußert.

(24) **Gruppe im Sinne dieses Gesetzes ist eine Gruppe im Sinne des Artikels 2 Nummer 11 der Richtlinie 2013/34/EU.**

(25) **Wertpapierinstitutsgruppe ist eine Unternehmensgruppe im Sinne des Artikels 4 Absatz 1 Nummer 25 der Verordnung (EU) 2019/2033.**

(26) **Finanzinstitut im Sinne dieses Gesetzes ist ein Finanzinstitut im Sinne des Artikels 4 Absatz 1 Nummer 14 der Verordnung (EU) 2019/2033.**

(27) **Investmentholdinggesellschaft im Sinne dieses Gesetzes ist ein Finanzinstitut, dessen Tochterunternehmen ausschließlich oder haupt-**

sächlich Wertpapierinstitute oder Finanzinstitute sind, wobei mindestens ein Tochterunternehmen ein Wertpapierinstitut sein muss. Keine Investmentholdinggesellschaft ist eine Finanzholdinggesellschaft im Sinne des Artikels 4 Absatz 1 Nummer 20 der Verordnung (EU) Nr. 575/2013.

(28) **Gemischte Finanzholdinggesellschaft im Sinne dieses Gesetzes ist eine gemischte Finanzholdinggesellschaft im Sinne des Artikels 4 Absatz 1 Nummer 40 der Verordnung (EU) 2019/2033.**

(29) **Gemischte Holdinggesellschaft im Sinne dieses Gesetzes ist ein Mutterunternehmen, das keine Finanzholdinggesellschaft, keine Investmentholdinggesellschaft, kein Kreditinstitut, kein Wertpapierinstitut und keine gemischte Finanzholdinggesellschaft im Sinne dieses Gesetzes ist und zu dessen Tochterunternehmen mindestens ein Wertpapierinstitut gehört.**

(30) **Mutterunternehmen im Sinne dieses Gesetzes ist ein Mutterunternehmen im Sinne des Artikels 2 Nummer 9 und des Artikels 22 der Richtlinie 2013/34/EU.**

(31) **Tochterunternehmen im Sinne dieses Gesetzes ist ein Tochterunternehmen im Sinne des Artikels 2 Nummer 10 und des Artikels 22 der Richtlinie 2013/34/EU, einschließlich aller Tochterunternehmen eines Tochterunternehmens des an der Spitze stehenden Mutterunternehmens.**

(32) **Schwesterunternehmen im Sinne dieses Gesetzes ist ein Schwesterunternehmen im Sinne des § 1 Absatz 7 des Kreditwesengesetzes.**

(33) **EU-Mutterwertpapierinstitut im Sinne dieses Gesetzes ist ein Wertpapierinstitut im Sinne des Artikels 3 Absatz 1 Nummer 31 der Richtlinie (EU) 2019/2034 in Verbindung mit Artikel 4 Absatz 1 Nummer 56 der Verordnung (EU) 2019/2033.**

(34) **EU-Mutterinvestmentholdinggesellschaft im Sinne dieses Gesetzes ist eine Gesellschaft im Sinne des Artikels 4 Absatz 1 Nummer 57 der Verordnung (EU) 2019/2033.**

(35) **Gemischte EU-Mutterfinanzholdinggesellschaft im Sinne dieses Gesetzes ist eine**

Mutterfinanzholdinggesellschaft im Sinne des Artikels 3 Absatz 1 Nummer 33 der Richtlinie (EU) 2019/2034 in Verbindung mit Artikel 4 Absatz 1 Nummer 58 der Verordnung (EU) 2019/2033.

(36) **Geschäftsleiter im Sinne dieses Gesetzes sind diejenigen natürlichen Personen, die nach Gesetz, Satzung oder Gesellschaftsvertrag zur Führung der Geschäfte und zur Vertretung eines Wertpapierinstituts oder eines Unternehmens in der Rechtsform einer juristischen Person oder einer Personenhandelsgesellschaft, die Wertpapierinstitut im Sinne des Absatzes 1 ist, berufen sind.**

(37) **Vertragsstaat im Sinne dieses Gesetzes ist ein Mitgliedstaat der Europäischen Union.**

(38) **Auslagerungsunternehmen im Sinne dieses Gesetzes sind Unternehmen, auf die ein Wertpapierinstitut oder ein übergeordnetes Unternehmen Aktivitäten und Prozesse zur Durchführung von Wertpapierdienstleistungen, Wertpapiernebendienstleistungen oder Nebengeschäften ausgelagert hat, sowie deren Subunternehmen bei Weiterverlagerung von Aktivitäten**

und Prozessen, die für die Durchführung von Wertpapierdienstleistungen, Wertpapiernebendienstleistungen oder Nebengeschäften wesentlich sind.

(39) **Datenbereitstellungsdienste im Sinne dieses Gesetzes sind Datenbereitstellungsdienste im Sinne von § 2 Absatz 40 des Wertpapierhandelsgesetzes.**

(40) **Zentrale Gegenpartei im Sinne dieses Gesetzes in eine CCP im Sinne von Artikel 2 Nummer 1 der Verordnung (EU) Nr. 648/2012.**

Literatur: Auffenberg, Bitcoins als Recheneinheiten, NVwZ 2015, 1184; Behrens/Schadtle, Erlaubnispflichten für Bank- und Finanzdienstleistungen im Zusammenhang mit Kryptowerten nach Umsetzung der Fünften EU-Geldwäscherichtlinie, WM 2019, 2099; Bialluch-v. Allwörden/v. Allwörden, Initial Coin Offerings: Kryptowährungen als Wertpapier oder Vermögensanlage?, WM 2018, 2118; Buck-Heeb, Finfluencer und Anlageberatung – Ist die Beurteilung der BaFin richtig?, BKR 2025, 317; du Buisson, Die Reichweite der Erlaubnistatbestände Emissionsgeschäft und Eigenhandel für andere in § 1 KWG, WM 2003, 1401; Deppmeier/Eßer, Das Finanzkommissionsgeschäft nach § 1 Abs. 1 Satz 2 Nr. 4 KWG – Ein Zwischenruf, BKR 2009, 230; Eßer, Kollektive Anlagemodelle als Finanzportfolioverwaltung, WM 2008, 671; Fromberger/Haffke/Zimmermann, Kryptowerte und Geldwäsche, BKR 2019, 377; Gomber/Nassauer, Neuordnung der Finanzmärkte in Europa durch MiFID II/MiFIR, ZBB 2014, 250; Gstädtner/Elicker, Zur Erlaubnispflicht für kollektive Anlagemodelle nach § 32 KWG – Gerichte widersprechen BaFin-Praxis zu Finanzkommissionsgeschäft und Investmentgeschäft, BKR 2006, 437; Güllner, MiFID II: Die neue Handelsplatzarchitektur in der EU, WM 2017, 938; Hacker/Thomale, Crypto-Securities Regulation: ICOs, Token Sales and Cryptocurrencies under EU Financial Law, ECFR 2018, 645; Hammen, Börsen- und kreditwesengesetzliche Aufsicht über börsenähnliche Handelssysteme, Wertpapierbörsen und Börsenträger, WM 2001, 929; Höhlein/Weiß, Krypto-Assets, ICO und Blockchain: prospektrechtliche Perspektive und aufsichtsrechtliche Praxis, RdF 2019, 116; Jaskulla, Das deutsche Hochfrequenzhandelsgesetz – eine Herausforderung für Handelsteilnehmer, Börsen und Multilaterale Handelssysteme (MTF), BKR 2013, 221; John/Patz, ZuFinG und FinmadiG – eine Neuordnung der Kryptolandschaft, BKR 2023, 849; Jung, Die Auswirkungen der 6. KWG-Novelle auf Anlagevermittler, (Börsen-)Makler und Vermögensverwalter, BB 1998, 649; Kasiske, Marktmißbräuchliche Strategien im Hochfrequenzhandel, WM 2014, 1933; Kaulartz/Matzke, Die Tokenisierung des Rechts, NJW 2018, 3278; Kleinert/Mayer, Elektronische Wertpapiere und Krypto-Token, EuZW 2019, 857; Klöhn/Parhofer, Bitcoins sind keine Rechnungseinheiten, ZIP 2018, 2093; Klöhn/Parhofer/Resas, Initial Coin Offering (ICOs), ZBB 2019, 89; Krimphove, Das Wertpapierinstitutsgesetz – oder die Etablierung eines neuen Aufsichtssystems für Finanzdienstleister, CB 2021, 181; Kobbach, Regulierung des algorithmischen Handels durch das neue Hochfrequenzhandelsgesetz: Praktische Auswirkungen und offene rechtliche Fragen, BKR 2013, 233; Kühne/Eberhardt, Erlaubnispflicht eines „Family Office" unter Berücksichtigung des neuen Finanzdienstleistungstatbestandes der Anlageberatung, BKR 2008, 133; Kusserow, Elektronische Schuldverschreibungen und Blockchain-Anleihen, WM 2020, 586; Lösing/John, Die Regulierung von E-Geld-Token, BKR 2023, 373; Mattig, Kurze Leitungswege für den Handel in Milli- und Mikrosekunden – Zu den latenzminimierenden Infrastrukturen an Börsen und multilateralen Handelssystemen, WM 2014, 1940; Nathmann, Token in der Unternehmensfinanzierung, BKR 2019, 540; Oelkers, Der Begriff des Eigenhandels für andere, WM 2001, 340; Rennig, KWG goes Krypto: Die Aufnahme von Kryptowerten und des Kryptoverwahrgeschäfts in das KWG, BKR 2020, 23; Poelzig, Die gespaltene Auslegung von Verhaltensnormen im Straf- Aufsichts- und Zivilrecht oder wer gibt den Ton an?, ZBB 2019, 1; Rennig, KWG goes Krypto: Die Aufnahme von Kryptowerten und des Kryptoverwahrgeschäfts in das KWG, BKR 2020, 23; Rolker/Strauß, Bitcoin & Co. – Eine angemessene Regulierung auf dem Weg?, WM 2019, 489; Sahavi, Kollektive Anlagemodelle und das Finanzkommissionsgeschäft im Sinne von § 1 Abs. 1 Satz 2 Nr. 4 KWG, ZIP 2005, 929; Schäfer, Der Begriff des Emissionsgeschäfts im KWG – und die Tätigkeiten von Venture-Capital Gesellschaften aus bankaufsichtsrechtlicher Sicht, WM 2002, 361; Schedensack, Zum Anwendungsbereich der ECSP-VO, ZBB 2023, 299; Schultheiß, Die Neuerungen im Hochfrequenzhandel, WM 2013, 596; Schwennicke, Die künftige Beaufsichtigung der Wertpapierfirmen in Deutschland, BKR 2021, 150; Seitz, Die Regulierung von Wertpapierhandelssystemen in der EU, AG 2004, 497; Seitz, Die Beschränkung von Contracts for Difference (CFDs) nach § 4b I WpHG, WM 2017, 1883; Spindler, Elektronische Finanzmärkte und Internet-Börsen, WM 2002, 1325 und 1365; Spindler, Initial Coin Offerings und Prospektpflicht und -haftung, WM 2018, 2019; Spindler/Bille, Rechtsprobleme von Bitcoins als virtuelle Währung, WM 2014, 1357; Teuber, Finanzmarkt-Richtlinie (MiFID) – Auswirkungen auf Anlageberatung und Vermögensverwaltung im Überblick, BKR 2006, 429; Uhlmann, Die Haftung von Finfluencern in Deutschland und den USA, BRK 2026, 241; Veil, Token-Emissionen im europäischen Kapitalmarktrecht, ZHR 118 (2019) 346; Voge, Schuldrechtlich ausgestaltete Anlagemodelle als Finanzkommissionsgeschäft iSd § 1 Abs. 1 Satz 2 Nr. 4 KWG, WM 2007, 1640; Voß, Geschlossene Fonds unter dem Rechtsregime der Finanzmarkt-Richtlinie (MiFID)?, BKR 2007, 45; Weichert/Wenninger, Die Neuregelung der Erkundigungs- und Aufklärungspflichten von Wertpapierdienstleistungsunternehmen gem. Art. 19 RiL 2004/39/EG (MiFID) und Finanzmarkt-Richtlinie-Umsetzungsgesetz, WM 2007, 627; Weitnauer, Initial Coin Offerings (ICOs): Rechtliche Rahmenbedingungen und regulatorische Grenzen, BKR 2018, 231; Wellerdt, FinTech Regulierung – Wie werden innovative Geschäftsmodelle beaufsichtigt? – Am Beispiel der EU-Regulierung von Kryptowerten und Kryptodienstleistungen, WM 2021, 1171; Zerwas/Hanten, Abgrenzungsprobleme und Ausnahmen bei Handelsaktivitäten nach der Sechsten KWG-Novelle, ZBB 2000, 44; Zickgraf, Initial Coin Offerings – Ein Fall für das Kapitalmarktrecht?, AG 2018, 293.

Übersicht

I. Vorbemerkung

1 § 2 enthält für das WpIG insgesamt geltende Begriffsdefinitionen. Vergleichbare Definitionskataloge enthalten § 2 WpHG sowie § 1 KWG.

II. Wertpapierinstitut (Abs. 1)

1. Bedeutung des Begriffs

2 Abs. 1 setzt Art. 3 Nr. 19 IFD um, der auf Art. 4 Abs. 1 Nr. 1 MiFID II verweist. Der Begriff des Wertpapierinstituts ersetzt den durch das CRD IV-UG eingeführten Begriff der CRR-Wertpapierfirma in § 1 Abs. 3d S. 2 KWG aF (Regierungsbegründung WpIG, BT-Drs. 19/26929, 160).

3 Das WpIG unterscheidet nach Abs. 16–18 **kleine, mittlere** und **große** Wertpapierinstitute. Die Geltung einzelner Bestimmungen hängt von der Klassifizierung als kleines, mittleres oder großes Wertpapierinstitut ab, nicht von der Art der betriebenen Geschäfte (näher Schwennicke BKR 2021, 150 (153)). Für **CRR-Kreditinstitute** (Abs. 15), die Wertpapierdienstleistungen erbringen, sowie für iSv § 32 Abs. 1 S. 2 KWG **systemrelevante** Wertpapierinstitute gilt nicht das WpIG, sondern das KWG und die CRR, und zwar auch dann, wenn sie vor allem Wertpapierdienstleistungen und Wertpapiernebendienstleistungen erbringen (Lendermann/Nemeczek/Schroeter/Reschke WpIG § 2 Rn. 6). Im Falle einer Freistellung nach § 2 Abs. 5 S. 1 KWG ist ein Unternehmen auch dann nicht Wertpapierinstitut, wenn es materiell nicht CRR-Kreditinstitut, sondern Wertpapierinstitut ist (Lendermann/Nemeczek/Schroeter/Reschke WpIG § 2 Rn. 9).

2. Tatbestandsmerkmale

4 **a) Unternehmensbegriff.** Unternehmen iSv Abs. 1 Satz 1 ist jede wirtschaftliche Betätigung, die planmäßig und organisatorisch selbständig in einem gewissen Umfang und für einen nicht unerheblichen Zeitraum ausgeübt wird (so zu § 1 KWG OVG Berlin OVGE 12, 217 = Beckmann/Bauer § 1 Abs. 1 S. 2 Nr. 1 KWG Nr. 6; OVG Berlin Beckmann/Bauer § 1 Abs. 1 S. 1 KWG Nr. 29; OLG Stuttgart NJW 1958, 1360 (1361); Beck/Samm/Kokemoor/Reschke KWG § 1 Rn. 47; Fischer/Schäfer/Schulte-Mattler/Schulte-Mattler/Schäfer KWG § 1 Rn. 18; Reischauer/Kleinhans/Brogl KWG § 1 Rn. 9). Eine Gewinnerzielungsabsicht ist nicht erforderlich (Fischer/Schäfer/Schulte-Mattler/Schulte-Mattler/Schäfer KWG § 1 Rn. 18; Beck/Samm/Kokemoor/Reschke KWG § 1 Rn. 48). Für die Erlaubnispflicht ist das Vorliegen eines Unternehmens iSv Satz 1 nicht erforderlich, da nach § 15 Abs. 1 nur an das Betreiben („wer") anknüpft (vgl. → § 15 Rn. 6, 11).

b) Betreiben von Wertpapierdienstleistungen. aa) Gewerbsmäßiges Betreiben. Betreiben verlangt einen auf eine gewisse Dauer angelegten Betrieb (BT-Drs. 13/7142, 62 (zu § 1 Abs. 1 KWG); Lendermann/Nemeczek/Schroeter/Reschke § 2 Rn. 24; Reischauer/Kleinhans/Brogl KWG § 1 Rn. 22). Der Betreiber muss unternehmerisch, dh im eigenen Namen und auf eigene Rechnung tätig werden (Reischauer/Kleinhans/Brogl KWG § 1 Rn. 20). Daran fehlt es, wenn der Betroffene nicht auf eigene Rechnung und für eigenes Risiko, sondern aufgrund eines (vermeintlich legalen) Arbeitsverhältnisses für einen Dritten tätig wird (BGH WM 2018, 610 Rn. 11 ff.). Auf eine gewisse Dauer ist der Betrieb bereits bei einem einzelnen Geschäft angelegt, wenn die Absicht besteht, das Geschäft geschäftsmäßig (wenn auch unregelmäßig) zu wiederholen. 5

„Geschäftsmäßig" ist eine Tätigkeit, wenn ihr die Absicht zugrunde liegt, sie in gleicher Art für die Dauer auszuüben und sie zu einem dauernden regelmäßigen Bestandteil der Beschäftigung zu machen. Ausreichend sind sowohl die wiederholte Tätigkeit als auch die Tätigkeit in Wiederholungsabsicht (Fischer/Schäfer/Schulte-Mattler/Schulte-Mattler/Schäfer KWG § 1 Rn. 28; Reischauer/Kleinhans/Brogl KWG § 1 Rn. 19). Die bloß gelegentliche Vornahme einzelner Geschäfte reicht nicht aus (so zu § 1 Abs. 1 KWG VG Frankfurt a. M. 21.2.2008 – 1 E 5085/06 (1), juris; VGH Kassel NJW-RR 2008, 1011 (1014); OLG Celle BKR 2004, 484; Beck/Samm/Kokemoor/Reschke KWG § 1 Rn. 47; Fischer/Schäfer/Schulte-Mattler/Schulte-Mattler/Schäfer KWG § 1 Rn. 22; Schwennicke WM 2010, 543 ff.). 6

Gewerbsmäßig ist ein auf eine gewisse Dauer angelegter Betrieb, der vom Betreiber mit der Absicht der Gewinnerzielung verfolgt wird (BT-Drs. 13/7142, 62 (zu § 1 Abs. 1 KWG)). Ob tatsächlich Gewinn erzielt wird ist unerheblich (krit. zum Kriterium der Gewinnerzielungsabsicht Lendermann/Nemeczek/Schroeter/Reschke § 2 Rn. 27). 7

bb) Erforderlichkeit eines in kaufmännischer Weise eingerichteten Geschäftsbetriebs. Wertpapierinstitute sind Unternehmen unabhängig von der Gewinnerzielungsabsicht auch dann, wenn die Erbringung von Wertpapierdienstleistungen ihrem Umfang nach einen in kaufmännischer Weise eingerichteten Geschäftsbetrieb erfordert (vgl. § 1 Abs. 2 HGB). Merkmale hierfür sind eine nach kaufmännischen Grundsätzen eingerichtete Buch- und Kassenführung, eine geordnete Aufbewahrung der eingegangenen und der Abschriften ausgegangener Geschäftsbriefe, die regelmäßige Aufstellung einer Inventur und einer Bilanz sowie die Beschäftigung genügenden Personals und dessen geordnete Beaufsichtigung (Lendermann/Nemeczek/Schroeter/Reschke § 2 Rn. 31 f.; so jeweils zu § 1 Abs. 1 KWG OVG Berlin Beckmann/Bauer § 1 Abs. 1 S. 1 KWG Nr. 6; BVerwG Beckmann/Bauer § 1 Abs. 1 S. 1 KWG Nr. 33; Reischauer/Kleinhans/Brogl KWG § 1 Rn. 26). Ob ein kaufmännischer Geschäftsbetrieb erforderlich ist, richtet sich auch nach der Zahl der jeweils unerledigten Geschäfte sowie dem Volumen der einzelnen Zweige von Geschäften. Bringen die Geschäfte regelmäßige Korrespondenzen, Bilanzierung oder die Aufbewahrung steuerlicher Unterlagen mit sich, dann lassen sie sich in geordneter Weise nur mit Hilfe einer kaufmännischen Organisation bewältigen (so zu § 1 Abs. 1 KWG VG Berlin Beckmann/Bauer § 1 Abs. 1 S. 1 KWG Nr. 17; OVG Berlin Beckmann/Bauer § 1 Abs. 1 S. 1 KWG Nr. 27). 8

cc) Mit oder ohne Wertpapiernebendienstleistungen und Nebengeschäfte. Wertpapierinstitute sind alle Unternehmen, die Wertpapierdienstleistun- 9 gen iSv Abs. 2 erbringen. Ob daneben Wertpapiernebendienstleistungen iSv Abs. 3 erbracht oder Nebengeschäfte iSv Abs. 4 betrieben werden ist unerheblich.

10 Unternehmen, die nur Wertpapiernebendienstleistungen erbringen, sind keine Wertpapierinstitute. Sie können aber eine Erlaubnis nach § 32 Abs. 1 KWG benötigen. Unternehmen, die das Depotgeschäft (Abs. 3 Nr. 1) und das Kreditgeschäft (Abs. 3 Nr. 2) betreiben, sind Kreditinstitute iS von § 1 Abs. 1 KWG, da Kreditgeschäft und Depotgeschäfte Bankgeschäfte iSv § 1 Abs. 1 S. 2 Nr. 2 und 5 KWG sind. Devisengeschäfte nach Abs. 3 Nr. 4 KWG können den Tatbestand des Einlagengeschäfts nach § 1 Abs. 1 S. 2 Nr. 1 KWG erfüllen. Abs. 3 enthält somit in der Sache eine **Privilegierung** für Wertpapierinstitute; diese können die in Abs. 3 aufgeführten Tätigkeiten, die Bankgeschäfte iSv § 1 Abs. 1 KWG oder Finanzdienstleistungen iSv § 1 Abs. 1a KWG sind, im Rahmen ihrer Erlaubnis nach dem WpIG mit betreiben, ohne zusätzlich eine Erlaubnis nach dem KWG benötigen. Diese Privilegierung entfällt, wenn nicht eine Erlaubnis für die Erbringung von Wertpapierdienstleistungen nach Abs. 2 erteilt ist.

III. Wertpapierdienstleistungen (Abs. 2)

11 Einen Abs. 2 entsprechenden Katalog enthält § 2 Abs. 8 WpHG. Die Definitionen sind inhaltsgleich, da Art. 3 Abs. 1 Nr. 22 IFD auf Art. 4 Abs. 1 Nr. 2 MiFID II iVm Anhang I Abschnitt A MiFID II verweist (Regierungsbegründung WpIG, BT-Drs. 19/26929, 125). Die in Abs. 2 aufgeführten Wertpapierdienstleistungen sind teilweise zugleich Bankgeschäfte nach § 1 Abs. 1 KWG oder Finanzdienstleistungen nach § 1 Abs. 1a KWG. Sie können mit Erlaubnis nach § 15 Abs. 1 auch dann erbracht werden, wenn sie für sich genommen eine Erlaubnis nach § 32 Abs. 1 KWG erfordern würden (Lendermann/Nemeczek/Schroeter/Reschke § 2 Rn. 37).

1. Finanzkommissionsgeschäft (Nr. 1)

12 Nr. 1 entspricht § 2 Abs. 8 S. 1 Nr. 1 WpHG. Das Finanzkommissionsgeschäft ist daneben auch Bankgeschäft nach § 1 Abs. 1 S. 2 Nr. 4 KWG. Erläuterungen zum inhaltsgleichen Tatbestand des § 1 Abs. 1 S. 2 Nr. 4 KWG finden sich im BaFin-Merkblatt „Hinweise zum Tatbestand des Finanzkommissionsgeschäfts" v. 18.3.2010 idF v. 4.5.2017, Consbruch/Fischer B 52.5.

13 Finanzkommissionsgeschäft iSv Nr. 4 ist die „kommissionsweise" (BT-Drs. 13/7142, 62 (zu § 1 Abs. 1 S. 2 Nr. 4 KWG)) Anschaffung und Veräußerung von Finanzinstrumenten im eigenen Namen für andere.

14 **a) Anschaffung oder Veräußerung von Finanzinstrumenten.** Gegenstand der Tätigkeit müssen **Finanzinstrumente** iSv Abs. 5 sein. Diese müssen im eigenen Namen für fremde Rechnung **angeschafft oder veräußert** werden. Nicht erforderlich ist, dass das Unternehmen sowohl anschafft als auch veräußert (BaFin-Merkblatt (→ Rn. 12); Lendermann/Nemeczek/Schroeter/Reschke § 2 Rn. 39).

15 **b) Tätigkeit im eigenen Namen und für eigene Rechnung.** Die Finanzinstrumente müssen **im eigenen Namen für fremde Rechnung angeschafft** oder veräußert werden Nr. 1 erfasst – wie bereits § 1 Abs. 1 S. 2 Nr. 4 KWG – das Auftreten im Wege der verdeckten Stellvertretung und setzt voraus, dass die Tatbestandsmerkmale eines **Kommissionsgeschäfts** nach den §§ 383 HGB erfüllt sind (so jeweils zu § 1 Abs. 1 S. 2 Nr. 4 KWG BVerwG WM 2008, 1359 = ZIP 2008,

911 mAnm Unzicker; BVerwG ZIP 2009, 1899 = NVwZ-RR 2009, 980; BGH WM 2010, 262 = ZIP 2010, 176; BGH WM 2011, 17 = NJW-RR 2011, 350 Rn. 14; VGH Kassel WM 2014, 206; Fischer/Schäfer/Schulte-Mattler/Schulte-Mattler/Schäfer KWG § 1 Rn. 69, 75; Reischauer/Kleinhans/Brogl KWG § 1 Rn. 89; Schwennicke/Auerbach/Schwennicke KWG § 1 Rn. 44; vgl. auch BT-Drs. 13/7142, 62 und BT-Drs. 15/5852, 17 f.; aA Eßer WM 2008, 677; Sahavi ZIP 2005, 929; Voge WM 2007, 1642: jedes für den Handelnden wirtschaftlich fremde Geschäft; ähnlich Deppmeier/Eßer BKR 2009, 231 f.).

Ein Kommissionsgeschäft iSv § 383 HGB erfordert einen **Kundenauftrag,** der sich auf bestimmte Finanzinstrumente bezieht (so zu § 1 Abs. 1 S. 2 Nr. 4 KWG BVerwG WM 2008, 1359 = ZIP 2008, 911 mAnm Unzicker Rn. 49), und ist typischerweise durch Provisionsabreden, die Bindung an das individuelle Kundeninteresse, Abreden über die „bestmögliche" Ausführung, die Einzelweisungsbefugnis des Kunden (§ 383 Abs. 1 HGB), die Pflicht zur Benachrichtigung und Rechnungslegung über das Ausführungsgeschäft (§ 384 Abs. 2 HGB) sowie die Übertragung der angeschafften Finanzinstrumente vom Kreditinstitut an den Kunden (§ 384 Abs. 2 HGB) gekennzeichnet, wobei das Fehlen einzelner Elemente unerheblich ist, wenn das Rechtsgeschäft eine hinreichende Ähnlichkeit mit dem in §§ 383 ff. HGB geregelten Geschäftstypus aufweist (so zu § 1 Abs. 1 S. 2 Nr. 4 KWG BVerwG WM 2008, 1359 = ZIP 2008, 911 mAnm Unzicker Rn. 51; Beck/Samm/Kokemoor/Reschke KWG § 1 Rn. 344a, 346; Baumbach/Hopt/Hopt HGB § 383 Rn. 7; Voge WM 2007, 1642). 16

c) Abgrenzungsfragen. Nicht unter Nr. 1 fallen mangels Handelns im eigenen Namen die bloße Weiterleitung von Aufträgen als Bote des Anlegers **(Anlagevermittlung iSv Nr. 3)** und das Handeln in offener Stellvertretung im Namen und für Rechnung des Anlegers **(Abschlussvermittlung iSv Nr. 5).** Auch nicht im eigenen, sondern im fremden Namen wird gehandelt bei Anschaffung und Veräußerung von Finanzinstrumenten im Rahmen der individuellen Vermögensverwaltung **(Finanzportfolioverwaltung iSv Nr. 9)** oder der kollektiven Verwaltung fremden Vermögens im Rahmen des KAGB oder der Anlageverwaltung iSv § 1 Abs. 1a S. 2 Nr. 11 KWG oder vergleichbarer ausländischer Gesetze. 17

Nr. 1 ist mangels Handelns für fremde Rechnung nicht anwendbar bei Handel im eigenen Namen und auf eigene Rechnung als Dienstleistung für einen Kunden (zB im Rahmen der Kurspflege) **(Eigenhandel iSv Nr. 10a oder Nr. 10c).** 18

2. Emissionsgeschäft (Nr. 2)

Nr. 2 entspricht § 2 Abs. 8 S. 1 Nr. 5 WpHG. Das Emissionsgeschäft ist zugleich auch Bankgeschäft nach § 1 Abs. 1 S. 2 Nr. 10 KWG. Erläuterungen zu § 1 Abs. 1 S. 2 Nr. 10 KWG enthält das BaFin-Merkblatt „Hinweise zum Tatbestand des Emissionsgeschäfts" v. 7.1.2009 idF v. 24.7.2013, Consbruch/Fischer B 52.10. 19

a) Begriff der Emission. Emission ist die erstmalige Ausgabe einer bestimmten Anzahl von Finanzinstrumenten durch ein Unternehmen (Emittent) unter Einschaltung von Dritten (sog. **Fremdemission,** vgl. Bosch BuB V Rn. 10/65 und 67; Kümpel Rn. 11.2; Fischer/Schäfer/Schulte-Mattler/Schulte-Mattler/Schäfer KWG § 1 Rn. 112). **Nicht** nach Nr. 2 erlaubnispflichtige Wertpapierdienstleistung ist die Platzierung der Wertpapiere unmittelbar durch den Emittenten selbst im Wege der sog. **Eigenemission** (so jeweils zu § 1 Abs. 1 S. 2 Nr. 10 KWG BaFin-Merkblatt (→ Rn. 19); BGH WM 2011, 255; Fischer/Schäfer/Schulte-Mattler/ 20

Schulte-Mattler/Schäfer KWG § 1 Rn. 113, 116; Bosch BuB V Rn. 10/73; Kümpel Rn. 970) und zwar auch dann, wenn der Vertrieb von Aktien durch den Hauptaktionär erfolgt, dessen einzigen Vermögenswert die Beteiligung am Emittenten darstellt (BGH WM 2012, 745).

21 **b) Übernahme von Finanzinstrumenten für eigenes Risiko (Fall 1).** Eine **Übernahme von Finanzinstrumenten für eigenes Risiko** iSv Nr. 2 Fall 1 liegt vor, wenn folgende Voraussetzungen erfüllt sind:

22 **aa) Finanzinstrumente.** Gegenstand der Emission müssen **Finanzinstrumente** iSv Abs. 5 sein. Die Platzierung von anderen Vermögensgegenständen, die keine Finanzinstrumente iSv Abs. 5 sind, fällt nicht unter Nr. 2. Nr. 2 ist folglich nicht erfüllt bei der Platzierung von übernommenen Verpflichtungen aus Konsortialkrediten auf Konsortialbanken oder der Übertragung des Risikos aus diesen Krediten auf Dritte.

23 **bb) Übernahme für eigenes Risiko.** Die Platzierung muss **für eigenes Risiko** des Emissionsbegleiters erfolgen. Nr. 2 erfasst nur das echte „Underwriting", dh die verbindliche Übernahme von Finanzinstrumenten durch ein oder mehrere (idR zu einem **Übernahmekonsortium** verbundene) Kreditinstitute auf eigenes Risiko (BaFin-Merkblatt (→ Rn. 19); Lendermann/Nemeczek/Schroeter/Reschke § 2 Rn. 51 und jeweils zu § 1 Abs. 1 S. 2 Nr. 10 KWG BT-Drs. 13/7142, 62; Beck/Samm/Kokemoor/Demmelmair KWG § 1 Rn. 480; Fischer/Schäfer/Schulte-Mattler/Schulte-Mattler/Schäfer KWG § 1 Rn. 112; Reischauer/Kleinhans/Brogl KWG § 1 Rn. 160). Nr. 2 Fall 1 ist auch erfüllt, wenn die feste Übernahmeverpflichtung nur für einen Teil der zu platzierenden Finanzinstrumente übernommen wird (BaFin-Merkblatt (→ Rn. 19)).

24 **cc) Platzierung.** Die Finanzinstrumente müssen platziert werden. **„Platzieren"** ist die Unterbringung von Finanzinstrumenten im Kapitalmarkt oder bei einem begrenzten Kreis von Personen oder Anlegern im Rahmen der Emission (BaFin-Merkblatt (→ Rn. 19)).

25 Der Platzierung muss eine **Platzierungsabrede** zugrunde liegen (so jew. zu § 1 Abs. 1 S. 2 Nr. 10 KWG BaFin-Merkblatt (→ Rn. 19); Fischer/Schäfer/Schulte-Mattler/Schulte-Mattler/Schäfer KWG § 1 Rn. 117; Beck/Samm/Kokemoor/Demmelmair KWG § 1 Rn. 484). „Platzierungsabrede" ist eine schuldrechtliche Vereinbarung, durch die sich der oder die Emissionsbegleiter gegenüber dem Emittenten verpflichtet bzw. verpflichten, die Finanzinstrumente im Kapitalmarkt oder bei einem begrenzten Kreis von Personen oder Anlegern unterzubringen (BaFin-Merkblatt (→ Rn. 19)). Auf welchem Wege die Platzierung erfolgt und ob die Pflicht zur Veröffentlichung eines Verkaufs- oder Zulassungsprospekts besteht, ist unerheblich. Die Platzierungsabrede kann auch stillschweigend (konkludent) getroffen werden (Lendermann/Nemeczek/Schroeter/Reschke § 2 Rn. 49).

26 Die Platzierungsabrede muss mit dem Emittenten geschlossen werden (Lendermann/Nemeczek/Schroeter/Reschke § 2 Rn. 49). Fehlt eine Platzierungsabrede, kann Finanzkommissionsgeschäft (Nr. 1), Anlagevermittlung (Nr. 3), Abschlussvermittlung (Nr. 5) oder Eigenhandel (Nr. 10) vorliegen (so jeweils zu § 1 Abs. 1 S. 2 Nr. 10 KWG BaFin-Merkblatt (→ Rn. 19); Fischer/Schäfer/Schulte-Mattler/Schulte-Mattler/Schäfer KWG § 1 Rn. 119).

27 Nr. 2 erfasst die Platzierung über die Börse ((Initial) Public Offering), die Platzierung außerhalb der Börse im Wege des öffentlichen Angebots (§ 2 Nr. 4

WpPG) und die außerbörsliche Privatplatzierung (Private Placement, § 3 Abs. 2 WpPG). Auf welche Weise die Preisbildung und die Zuteilung erfolgen, ist für Nr. 2 ohne Bedeutung (BaFin-Merkblatt (→ Rn. 19)).

Ein Unternehmen, das ausschließlich im Auftrag eines Erwerbers Finanzinstrumente aus einer Emission ankauft, betreibt kein Emissionsgeschäft iSv Nr. 2, erfüllt aber ggf. den Tatbestand eines Finanzkommissionsgeschäfts (Nr. 1) oder der Anlagevermittlung (Nr. 3) oder der Abschlussvermittlung (Nr. 5) (BaFin-Merkblatt (→ Rn. 19); Lendermann/Nemeczek/Schroeter/Reschke § 2 Rn. 50). **28**

c) Übernahme gleichwertiger Garantien (Fall 2). Eine **Übernahme gleichwertiger Garantien** iSv Nr. 2 Fall 2 liegt vor, wenn die von einem Emissionsbegleiter dem Emittenten gegenüber im Hinblick auf die Emission übernommenen Verpflichtungen wirtschaftlich einer festen Übernahmeverpflichtung gleichwertig sind und der Emissionsbegleiter in ähnlicher Weise für den Emissionserfolg einsteht (BT-Drs. 13/7142, 62 (zu § 1 Abs. 1 S. 2 Nr. 10 KWG)). **29**

Nr. 2 Fall 2 erfasst etwa die Fälle, in denen ein Begebungs- oder Geschäftsbesorgungskonsortium sich gegenüber dem Emittenten oder einem abgebenden Großaktionär verpflichtet hat, nicht platzierte Finanzinstrumente in den Eigenbestand zu übernehmen (BaFin-Merkblatt (→ Rn. 19); Lendermann/Nemeczek/Schroeter/Reschke § 2 Rn. 52; Beck/Samm/Kokemoor/Demmelmair KWG § 1 Rn. 490; Schäfer WM 2002, 364). Nr. 2 Fall 2 ist auch dann erfüllt, wenn die Garantie nachträglich übernommen wird (Lendermann/Nemeczek/Schroeter/Reschke § 2 Rn. 53). **30**

d) Abgrenzungsfragen. Werden die Finanzinstrumente ohne feste Übernahmeverpflichtung und somit ohne Platzierungs-/Absatzrisiko im eigenen Namen, jedoch für Rechnung des Emittenten platziert und erhalten die Konsorten hierfür eine Platzierungsvergütung, dann liegt ein sog. **Begebungskonsortium** vor, das nicht Emissionsgeschäft nach Nr. 2, sondern **Finanzkommissionsgeschäft iSv Nr. 1** darstellt (so jew. zu § 1 Abs. 1 S. 2 Nr. 10 KWG BT-Drs. 13/7142, 63; BaFin-Merkblatt (→ Rn. 19); Fischer/Schäfer/Schulte-Mattler/Schulte-Mattler/Schäfer KWG § 1 Rn. 115; Reischauer/Kleinhans/Brogl KWG § 1 Rn. 168). **31**

Wird die Emission gegen Vergütung, aber im Namen und auf Rechnung des Emittenten und ohne feste Übernahmeverpflichtung durchgeführt, dann liegt ein sog. **Geschäftsbesorgungskonsortium** vor, das ebenfalls Nr. 2 nicht unterfällt. Es handelt sich dann um **Platzierungsgeschäft iSv Nr. 8** (so jew. zu § 1 Abs. 1 S. 2 Nr. 10 KWG BaFin-Merkblatt (→ Rn. 19); Fischer/Schäfer/Schulte-Mattler/Schulte-Mattler/Schäfer KWG § 1 Rn. 115; aA Reischauer/Kleinhans/Brogl KWG § 1 Rn. 168 (Abschlussvermittlung)). **32**

3. Anlagevermittlung (Nr. 3)

Nr. 3 entspricht § 2 Abs. 8 S. 1 Nr. 4 WpHG. Die Anlagevermittlung ist zugleich auch Finanzdienstleistung iSv § 1 Abs. 1a S. 2 Nr. 1 KWG. Erläuterungen zu § 1 Abs. 1a S. 2 Nr. 1 KWG enthält das BaFin-Merkblatt „Hinweise zum Tatbestand der Anlagevermittlung" v. 17.5.2011 idF v. 13.7.2017, Consbruch/Fischer B 53.1. Der Tatbestand der Anlagevermittlung ist gegeben, wenn folgende Voraussetzungen erfüllt sind: **33**

a) Vermittlung. Vermittlung iSv Nr. 3 ist jede auf den Abschluss eines Geschäfts über die Anschaffung oder Veräußerung von Finanzinstrumenten abzie- **34**

lende Tätigkeit. Nr. 3 ist auch dann erfüllt, wenn Tätigkeit nur entweder die Anschaffung oder die Veräußerung zum Gegenstand hat (Lendermann/Nemeczek/Schroeter/Reschke § 2 Rn. 60). Ausreichend für eine Vermittlungstätigkeit ist nach Auffassung der BaFin jede Tätigkeit, durch die ein Anleger zum Abschluss eines bestimmten Geschäfts bewegt werden soll (BaFin-Merkblatt (→ Rn. 33)). In jedem Fall ist Nr. 3 erfüllt, wenn der Vermittler den Abschluss eines konkreten Geschäfts bereits so umfassend vorbereitet und abgewickelt hat, dass der Kunde den Auftrag nur noch zu unterschreiben und abzusenden hat (so jeweils zu § 1 Abs. 1a S. 2 Nr. 1 KWG VGH Kassel NJW 2003, 3578 = BKR 2004, 457 = GewArch 2003, 423 = ZIP 2003, 1880; BGH WM 2014, 121; Reischauer/Kleinhans/Brogl KWG § 1 Rn. 193) oder wenn der Vermittler als **Bote** für den Käufer oder Verkäufer tätig wird (so jeweils zu § 1 Abs. 1a S. 2 Nr. 1 KWG BaFin-Merkblatt (→ Rn. 33); Beck/Samm/Kokemoor/Reschke KWG § 1 Rn. 528; offen gelassen in BGH WM 2014, 121 Rn. 14). Dazu gehört auch die Weiterleitung von vom Kunden unterschriebenen Orderbelegen nach einer Anlageberatung (Fischer/Schäfer/Schulte-Mattler/Schulte-Mattler/Schäfer KWG § 1 Rn. 122a). Eine Botentätigkeit unterfällt Nr. 3 nur, wenn der Bote erkennen kann, dass eine auf einen Geschäftsabschluss über Finanzinstrumente gerichtete Erklärung übermittelt wird, was beim reinen Brieftransport nicht der Fall ist (BaFin-Merkblatt (→ Rn. 33)). Als Vermittlung sieht die BaFin auch die Bereitstellung von elektronischen Plattformen zur Weiterleitung von Aufträgen über Anschaffung oder Veräußerung von Finanzinstrumenten an (BaFin-Merkblatt (→ Rn. 33)).

35 **Nicht** von Nr. 3 erfasst werden

- Tätigkeiten als Mittelsperson mit Vertretungsmacht des Anlegers; diese können den Tatbestand der Abschlussvermittlung oder der Finanzportfolioverwaltung erfüllen (BaFin-Merkblatt (→ Rn. 33);
- die Tätigkeit des reinen **Nachweismaklers** ohne sonstige Vermittlungstätigkeit oder Anlageberatung (BaFin-Merkblatt (→ Rn. 33); Regierungsbegründung Finanzmarktrichtlinie-Umsetzungsgesetz, BT-Drs. 16/4028, 56 (zu § 2 Abs. 3 Nr. 4 WpHG aF)).

36 **b) Geschäfte über Finanzinstrumente.** Die Gegenstand der Vermittlung muss der Abschluss von **Geschäften über Finanzinstrumente** iSv Abs. 5 sein. Erfasst ist jedes Rechtsgeschäft, das auf den entgeltlichen Erwerb oder den Tausch eines Finanzinstruments abziel, unabhängig davon, ob es sich um ein schuldrechtliches oder dingliches Geschäft handelt. Nicht ausreichend ist die bloße Begründung eines Rechts an einem Finanzinstrument wie zB ein Nießbrauch (aA Lendermann/Nemeczek/Schroeter/Reschke § 2 Rn. 59).

37 Keine Vermittlung eines Geschäfts über Finanzinstrumente ist die Zusammenführung von Parteien, durch die ein Geschäftsabschluss zwischen diesen ermöglicht werden soll **(Vermittlung eines Vermittlers),** weil sie sich auf kein konkretes Finanzinstrument bezieht (EuGH BKR 2017, 475 Rn. 31 ff. (ergangen auf Vorlagebeschluss BGH WM 2016, 32 Rn. 10 f.); BGH WM 2017, 2356 Rn. 9 (Empfehlung eines Anlageverwalters); BaFin-Merkblatt (→ Rn. 33) („Wer dagegen nur den Kontakt zwischen dem Anleger und einem Veräußerer von Finanzinstrumenten herstellt, betreibt nicht die Anlagevermittlung, wenn die Kontaktherstellung sich als bloße Nachweistätigkeit im Sinne des Gewerberechts darstellt"); Lendermann/Nemeczek/Schroeter/Reschke § 2 Rn. 61; Fischer/Schäfer/Schulte-Mattler/Schulte-Mattler/Schäfer KWG § 1 Rn. 136, 144; Reischauer/

Kleinhans/Brogl KWG § 1 Rn. 193; Assmann/Schneider/Mülbert/Assmann WpHG § 2 Rn. 80).

c) Einzelfälle. Einzelfälle: Unter Nr. 3 fallen 38

- Kurs- und Freimakler an Wertpapierbörsen (Lendermann/Nemeczek/Schroeter/Reschke § 2 Rn. 56; Jung BB 1998, 649 (651); Hammen WM 2001, 929 (932)),
- Händler an Warentermin- und Strombörsen (Lendermann/Nemeczek/Schroeter/Reschke § 2 Rn. 56; BaFin Juli 2003, abgedruckt bei Consbruch/Fischer B 64.15; BaFin-Merkblatt „Hinweise zur Erlaubnispflicht von Geschäften im Zusammenhang mit Stromhandelsaktivitäten" v. 24.6.2011, Consbruch/Fischer B 53.17),
- Vermittler von Emissionszertifikaten (BaFin 2.6.2003, Consbruch/Fischer B 64.16; BaFin-Merkblatt „Hinweise zur Erlaubnispflicht nach § 32 Abs. 1 KWG in Verbindung mit § 1 Abs. 1 und Abs. 1a KWG bei Geschäftstätigkeiten im Zusammenhang mit Emissionszertifikaten" v. 28.6.2011, Consbruch/Fischer B 52.10.1),
- Vermittler von Aktienpaketen (Fischer/Schäfer/Schulte-Mattler/Schulte-Mattler/Schäfer KWG § 1 Rn. 135),
- Tätigkeit von Botenbanken und *introducing brokers* (Lendermann/Nemeczek/Schroeter/Reschke § 2 Rn. 56).

Nicht unter Nr. 3 fallen 39

- Börsen und proprietäre Handelssysteme selbst (aA Hammen WM 2001, 929 (932)), oder
- Firmen, die Software für Daytrader bereitstellen (Fischer/Schäfer/Schulte-Mattler/Schulte-Mattler/Schäfer KWG § 1 Rn. 135; Zerwas/Hanten ZBB 2000, 44 (46 f.)).

Sofern der Vermittler seine Tätigkeit nicht gewerbsmäßig, dh gegen Entgelt 40 erbringt, lag nach früherer Aufsichtspraxis zu § 1 Abs. 1a S. 2 Nr. 1 KWG erlaubnispflichtige Anlagevermittlung vor, wenn im Monatsdurchschnitt 25 Transaktionen abgewickelt werden (BAKred 21.9.1998, Consbruch/Fischer Nr. 4.403). Das BaFin-Merkblatt (→ Rn. 33) enthält demgegenüber keine Vorgaben für den erlaubnispflichtigen Umfang der Tätigkeiten, sondern betont nur, dass die Erlaubnispflicht im Einzelfall zu bestimmen sei und sich beim gleichzeitigen Betreiben mehrerer Bank-/Finanzdienstleistungsgeschäfte auch bei einem vergleichsweise geringen Umfang ergeben könne.

d) Abgrenzungsfragen. Abzugrenzen ist die Anlagevermittlung von der 41 **Anlageberatung iSv Nr. 4.** Der Anlageberater nimmt selbst keine Aufträge des Anlegers entgegen und übermittelt diese auch nicht, sondern berät den Anleger lediglich bei der Auswahl von Finanzinstrumenten. Die Erteilung der diesbezüglichen Aufträge erfolgt über Dritte. Typischerweise wird der Anlageberater direkt vom Kunden bezahlt, während der Vermittler eines Finanzinstruments (auch) vom Verkäufer eine Provision erhalten kann (Fischer/Schäfer/Schulte-Mattler/Schulte-Mattler/Schäfer KWG § 1 Rn. 140). Anlagevermittlung liegt auch nicht vor, wenn der beratene Anleger an einen konkreten Anbieter von Finanzinstrumenten verwiesen und diesem als Neukunde zugeführt wird (→ Rn. 37).

4. Anlageberatung (Nr. 4)

Nr. 4 entspricht § 2 Abs. 8 S. 1 Nr. 10 WpHG. Die Anlageberatung ist zugleich 42 Finanzdienstleistung nach § 1 Abs. 1a S. 2 Nr. 1a KWG. Zum Tatbestand der

Anlageberatung nach § 1 Abs. 1a S. 2 Nr. 1a KWG vgl. auch BaFin-Merkblatt Hinweise zum Tatbestand der Anlageberatung v. 10.2.2025, zugänglich unter www.bafin.de. Eine Anlageberatung iSv Nr. 4 liegt vor, wenn folgende Voraussetzungen erfüllt sind:

43 **a) Persönliche Empfehlung.** Eine **„Empfehlung"** setzt voraus, dass einem Kunden zu einem bestimmten Verhalten in seinem Interesse geraten wird (BaFin-Merkblatt (→ Rn. 42); Lendermann/Nemeczek/Schroeter/Reschke § 2 Rn. 63; Fischer/Schäfer/Schulte-Mattler/Schulte-Mattler/Schäfer KWG § 1 Rn. 143). Ob die Empfehlung umgesetzt wird ist unerheblich (BaFin-Merkblatt (→ Rn. 42); Lendermann/Nemeczek/Schroeter/Reschke § 2 Rn. 63).

44 **b) Geschäfte mit bestimmten Finanzinstrumenten.** Die Empfehlung muss sich auf **„Geschäfte mit bestimmten Finanzinstrumenten"** beziehen (BT-Drs. 16/4028, 56, 90). **Geschäfte** sind alle Rechtsgeschäfte über die Anschaffung oder Veräußerung von konkret bezeichneten Finanzinstrumenten wie Kauf, Verkauf, Zeichnung, Tausch, Rückkauf und Übernahme (BaFin-Merkblatt (→ Rn. 42)). Empfehlung kann aber auch der Rat sein, aus einzelnen Finanzinstrumenten herrührende Rechte (zB Bezugsrechte, Optionen, Einlösung) auszuüben oder nicht auszuüben (Beck/Samm/Kokemoor/Reschke § 1 Rn. 545; Luz/Neus/Schaber/Schneider/Wagner/Weber/Weber/Seifert KWG § 1 Rn. 39).

45 **Bestimmt** ist ein Finanzinstrument, wenn es vom Dienstleister konkret benannt wird (BaFin-Merkblatt (→ Rn. 42)). Werden mehrere Finanzinstrumente zur Auswahl gestellt, dann reicht es aus, wenn der Kunde die Auswahl trifft (BaFin-Merkblatt (→ Rn. 42); Kühne/Eberhardt BKR 2008, 135).

46 **Keine** Empfehlung zu Geschäften mit bestimmten Finanzinstrumenten sind:
- allgemeine Aussagen über Marktentwicklungen, zu Gruppen von Anlagegegenständen (Rat, allgemein in Zertifikate oder festverzinsliche Wertpapiere zu investieren), zu bestimmten Branchen („Technologieaktien") oder zur Vermögensstruktur („Aktienquote") (BaFin-Merkblatt (→ Rn. 42); Kühne/Eberhardt BKR 2008, 135; Beck/Samm/Kokemoor/Reschke KWG § 1 Rn. 545a; Fischer/Schäfer/Schulte-Mattler/Schulte-Mattler/Schäfer KWG § 1 Rn. 144);
- bloße Informationen zB über die Zusammensetzung des Vermögens des Kunden, ohne dass damit konkrete Handlungsvorschläge im Hinblick auf die Zusammensetzung des Vermögens oder einzelne Vermögensbestandteile verbunden sind (BaFin-Merkblatt (→ Rn. 42));
- Anlagestrategieempfehlungen iSv § 85 Abs. 1 WpHG bzw. Art. 3 Abs. 1 Nr. 34 MAR (VO (EU) 596/2014) (BaFin-Merkblatt (→ Rn. 42));
- der Vorschlag, sich an einen bestimmten Vermögensverwalter zu wenden oder Geschäfte über ein bestimmtes Unternehmen abzuwickeln (BaFin-Merkblatt (→ Rn. 42)); EuGH BKR 2017, 475 Rn. 31 ff. (ergangen auf Vorlagebeschluss BGH WM 2016, 32 Rn. 10 f.); BGH WM 2017, 2356 Rn. 9 (Empfehlung eines Anlageverwalters); Beck/Samm/Kokemoor/Reschke KWG § 1 Rn. 546; Fischer/Schäfer/Schulte-Mattler/Schulte-Mattler/Schäfer KWG § 1 Rn. 144; Kühne/Eberhardt BKR 2008, 136);
- die M&A-Beratung, deren Schwerpunkt in der Vorbereitung unternehmerischer Entscheidungen liegt, auch wenn deren Umsetzung den Erwerb oder die Veräußerung von Finanzinstrumenten mit sich bringt (BaFin/Merkblatt (→ Rn. 42)); CESR-Paper 10/293 „Questions & Answers Understanding the definition of advice under MiFID" v. 19.4.2010, Tz. 76/87; dem folgend

BaFin-Schreiben v. 4.10.2011 – Q 31-FR 2120-2007/0022; Fischer/Schäfer/Schulte-Mattler/Schulte-Mattler/Schäfer KWG § 1 Rn. 144).

c) An Kunden oder deren Vertreter. Die Empfehlung muss **„an Kunden"** gerichtet sein, dh an natürliche oder juristische Personen in deren Eigenschaft als Anleger oder potentieller Anleger in Finanzinstrumenten oder an den Vertreter solcher Personen (Art. 52 MiFID-DRL; vgl. auch die Legaldefinition des „Kunden" in § 67 Abs. 1 WpHG). Unerheblich ist, ob die Empfehlung auf Wunsch des Kunden oder aus eigener Initiative des Anlageberaters erfolgt (BT-Drs. 16/4028, 56). Unerheblich ist auch, ob die Tätigkeit des Anlageberaters vom Kunden oder von Dritten vergütet wird. Eine Anlageberatung kann sich auch an potentielle Kunden richten (Teuber BKR 2006, 430; Fischer/Schäfer/Schulte-Mattler/Schulte-Mattler/Schäfer KWG § 1 Rn. 145). 47

Die Empfehlung kann auch an **„deren Vertreter"** gerichtet sein und Vermögen Dritter betreffen (BaFin-Merkblatt (→ Rn. 42)); erfasst sind zB professionelle Partner wie Finanzportfolioverwalter (Beck/Samm/Kokemoor/Reschke KWG § 1 Rn. 547, 550) oder Kapitalverwaltungsgesellschaften (BaFin-Merkblatt (→ Rn. 42)). 48

d) Berücksichtigung der persönlichen Umstände des Kunden. Die Empfehlung muss auf die **„persönlichen Umstände des Kunden"** gestützt werden. Hierfür reicht es aus, dass in allgemeiner Form auf die finanzielle Situation des Kunden Bezug genommen wird (BaFin-Merkblatt (→ Rn. 42)); Lendermann/Nemeczek/Schroeter/Reschke § 2 Rn. 75; Fischer/Schäfer/Schulte-Mattler/Schulte-Mattler/Schäfer Rn. 146 f.). 49

Sofern die Empfehlung nicht unter Bezug auf die persönlichen Verhältnisse des Kunden abgegeben wird, reicht es nach dem Auffangtatbestand aus, dass die Empfehlung **„als für ihn geeignet dargestellt"** wird; dies ist immer dann der Fall, wenn der Kunde aufgrund eines vom Unternehmen zurechenbar gesetzten Anscheins davon ausgehen kann, dass die Empfehlung auf einer Berücksichtigung seiner persönlichen Umstände beruht (BaFin-Merkblatt (→ Rn. 42)); Lendermann/Nemeczek/Schroeter/Reschke § 2 Rn. 75; Fischer/Schäfer/Schulte-Mattler/Schulte-Mattler/Schäfer KWG § 1 Rn. 146 f.). In beiden Fällen ist es unerheblich, ob im konkreten Fall tatsächlich eine personalisierte und individualisierte Empfehlung vorliegt, die den Anforderungen des WpHG und den Maßstäben der Rechtsprechung an eine anleger- und anlagegerechte Information und Beratung (vgl. BGHZ 123, 126 ff. = WM 1993, 1455 – Bond) genügt (Kühne/Eberhardt BKR 2008, 135; Weichert/Wenninger WM 2007, 627). Gleichlautende Postsendungen, die an einzelne Personen adressiert sind, können Nr. 4 unterfallen (BaFin-Merkblatt (→ Rn. 42)). Dies setzt voraus, dass die darin enthaltenen Empfehlungen hinreichend auf die individuellen Verhältnisse des Adressaten zugeschnitten sind oder dies vorgeben (Lendermann/Nemeczek/Schroeter/Reschke § 2 Rn. 73). 50

An einer persönlichen Empfehlung fehlt es, wenn weder eine Prüfung der persönlichen Umstände des Kunden erfolgt noch die Empfehlung als für den Kunden geeignet dargestellt wird. Mangels persönlichen Kontakts fällt die Tätigkeit sog. **Finfluencer** idR nicht unter Nr. 4 (BaFin-Merkblatt (→ Rn. 42); Fischer/Schäfer/Schulte-Mattler/Schulte-Mattler/Schäfer KWG § 1 Rn. 146; Buck-Heeb BKR 2025, 317 f.; Uhlmann BKR 2026, 243). Auch Aussagen zu einzelnen Finanzinstrumenten, die deren Erwerb oder Veräußerung empfehlen, ohne dass zuvor Informationen zu den persönlichen Umständen des Anlegers 51 eingeholt wurden, sind keine Anlageberatung iSv Nr. 4 (Lendermann/Nemeczek/Schroeter/Reschke § 2 Rn. 76).

52 **e) Verbreitung nicht ausschließlich über Informationsverbreitungskanäle und die Öffentlichkeit.** Nr. 4 nimmt die Fälle aus, in denen Empfehlungen **„ausschließlich über Informationsverbreitungskanäle und die Öffentlichkeit"** verbreitet werden. Hierdurch werden an das breite Publikum gerichtete Ratschläge wie allgemeine Information von Kunden über bestimmte Arten von Finanzinstrumenten sowie Finanzanalysen, sofern nicht direkt an einzelne Personen gerichtet, aus der Anlageberatung ausgenommen, da es hier typischerweise an einem persönlichen Kontakt mit den Anlegern fehlt, die sich über diese Kanäle informieren (Lendermann/Nemeczek/Schroeter/Reschke § 2 Rn. 71; Fischer/Schäfer/Schulte-Mattler/Schulte-Mattler/Schäfer KWG § 1 Rn. 147). Nicht unter Nr. 4 fallen etwa die Berichterstattung in Zeitungen, im Fernsehen sowie im Internet (Teuber BKR 2006, 430) sowie auch aus diesem Grund die Tätigkeit von Finfluencern (BaFin-Merkblatt (→ Rn. 42)).

53 Von Empfehlungen unterscheiden sich **Finanzanalysen** (§ 34b WpHG aF) dadurch, dass sie sich zwar ebenfalls auf bestimmte Finanzinstrumente beziehen und konkrete Handlungsempfehlungen enthalten, aber an einen unbestimmten Personenkreis gerichtet sind (vgl. BaFin-Schreiben zur Auslegung einzelner Begriffe der §§ 31 Abs. 2 S. 4, 34b Wertpapierhandelsgesetz (WpHG) in Verbindung mit der Verordnung über die Analyse von Finanzinstrumenten (Finanzanalyseverordnung – FinAnV) v. 21.12.2007, zugänglich über www.bafin.de).

54 **f) Abgrenzungsfragen.** Von der Finanzportfolioverwaltung iSv Nr. 9 unterscheidet sich die Anlageberatung dadurch, dass im Falle der Anlageberatung der Anleger den jeweiligen Auftrag zu Erwerb oder Veräußerung von Finanzinstrumenten selbst erteilt. Zu Abgrenzung der Anlageberatung von der Anlagevermittlung iSv Nr. 3 vgl. → Rn. 41.

55 Von Anlagestrategieempfehlungen (Wertpapiernebendienstleistung iSv Abs. 3 Nr. 5) unterscheidet sich die Anlageberatung dadurch, dass ihr Gegenstand konkrete Finanzinstrumente sind (näher → Rn. 190).

5. Abschlussvermittlung (Nr. 5)

56 Nr. 5 entspricht § 2 Abs. 8 S. 1 Nr. 3 WpHG. Die Abschlussvermittlung ist zugleich Finanzdienstleistung nach § 1 Abs. 1a S. 2 Nr. 2 KWG. Erläuterungen zu § 1 Abs. 1a S. 2 Nr. 2 enthält das BaFin-Merkblatt „Hinweise zum Tatbestand der Abschlussvermittlung" v. 7.12.2009 idF v. 11.9.2014, Consbruch/Fischer B 53.5.

57 **a) Anschaffung oder Veräußerung von Finanzinstrumenten. Anschaffung oder Veräußerung** von Finanzinstrumenten ist wie bei Finanzkommissionsgeschäft (Nr. 1) und Anlagevermittlung (Nr. 3) jedes auf abgeleiteten Erwerb gerichtete Rechtsgeschäft unter Lebenden einschließlich Tauschgeschäfte und originärer Bezug iSv Abs. 5 vom Emittenten (BaFin-Merkblatt (→ Rn. 56); Lendermann/Nemeczek/Schroeter/Reschke § 2 Rn. 86; Assmann/Schneider/Mülbert/Assmann WpHG § 2 Rn. 122). Ausreichend sind die Anschaffung **oder** die Veräußerung (BaFin-Merkblatt (→ Rn. 56); Fischer/Schäfer/Schulte-Mattler/Schulte-Mattler/Schäfer KWG § 1 Rn. 157). Erfasst werden sowohl Verpflichtungs- als auch Verfügungsgeschäfte (BaFin-Merkblatt (→ Rn. 56)).

b) Handeln in fremdem Namen. Nr. 5 verlangt weiter ein Handeln **in fremdem Namen.** In fremdem Namen meint das Handeln **in offener Stellvertretung** des Anlegers (§ 164 Abs. 1 S. 1 BGB), soweit dieses sich auf Finanzinstrumente iSv Abs. 5 bezieht. Hierfür muss der Handelnde **Abschlussvollmacht** des Vertretenen besitzen oder den Anschein einer solchen Vollmacht erwecken (Lendermann/Nemeczek/Schroeter/Reschke § 2 Rn. 87); ohne eine solche kann Anlagevermittlung iSv Nr. 3 gegeben sein (Fuchs/Zimmermann WpHG § 2 Rn. 119). Das Handeln im Namen eines Anlegers kann sich auch aus den Umständen ergeben (BaFin-Merkblatt (→ Rn. 56)). Übermittelt der Handelnde eine Erklärung des Anlegers als Bote, dann liegt nicht Abschlussvermittlung, sondern Anlagevermittlung iS von Nr. 3 vor, wobei sich beide Tatbestände gegenseitig ausschließen (BaFin-Merkblatt (→ Rn. 56)). 58

Die organschaftliche Vertretung fällt nicht unter Nr. 5, da das Organhandeln **Eigenhandeln** der vertretenen juristischen Person ist (Lendermann/Nemeczek/Schroeter/Reschke § 2 Rn. 87; Assmann/Schneider/Mülbert/Assmann WpHG § 2 Rn. 122). Auch das Handeln als gesetzlicher Vertreter eines anderen ist keine Tätigkeit in fremdem Namen (Lendermann/Nemeczek/Schroeter/Reschke § 2 Rn. 87). Das Handeln im eigenen Namen grenzt zugleich die Abschlussvermittlung vom Finanzkommissionsgeschäft iSv Nr. 1 und vom Eigenhandel iSv Nr. 10 ab. 59

In fremdem Namen handeln 60

- **Abschlussmakler** iSv § 34c GewO (Regierungsbegründung 6. KWG-Novelle, BT-Drs. 13/7142, 65 (zu § 1 Abs. 1a S. 2 Nr. 2 KWG); BaFin-Merkblatt (→ Rn. 56); Assmann/Schneider/Mülbert/Assmann WpHG § 2 Rn. 122; Reischauer/Kleinhans/Brogl KWG § 1 Rn. 202);
- Unternehmen oder Unternehmenskonsortien, die Finanzinstrumente im Namen und für Rechnung des Emittenten oder eines anderen Anbieters beim Publikum platzieren; diese erfüllen damit zugleich den Tatbestand des Platzierungsgeschäfts iSv Nr. 8 (BaFin-Merkblatt (→ Rn. 56); Assmann/Schneider/Mülbert/Assmann WpHG § 2 Rn. 123);
- **Vermögensverwalter,** die als Stellvertreter auf Weisung des Kunden handeln (BaFin-Merkblatt (→ Rn. 56); Assmann/Schneider/Mülbert/Assmann WpHG § 2 Rn. 123); handeln diese mit Entscheidungsspielraum, dann kann Finanzportfolioverwaltung iSv Nr. 9 vorliegen (Lendermann/Nemeczek/Schroeter/Reschke § 2 Rn. 88; Fuchs/Zimmermann/Fuchs/Zimmermann WpHG § 2 Rn. 119;
- uU Geschäftsführer oder Vorstandsmitglieder von **Investmentclubs** (Fuchs/Zimmermann/Fuchs/Zimmermann WpHG § 2 Rn. 120), abhängig von Größe (mehr als 50 Mitglieder, mehr als 500.000 EUR eingezahltes Kapital) und der konkreten Organisation (keine Selbstorganschaft, keine Bindung an vorherige Entscheidung der Mitglieder, keine Vergütung der Tätigkeit, jederzeitige Austrittsmöglichkeit der Mitglieder); zur Erlaubnispflicht generell BaFin-Merkblatt „Hinweise zur finanzaufsichtsrechtlichen Erlaubnispflicht von Investmentclubs und ihrer Geschäftsführer" v. 9.7.2011 idF v. 18.7.2013, Consbruch/Fischer B 53.11). Zur Frage, wann die Tätigkeit eines Investmentclubs den Tatbestand der Finanzportfolioverwaltung (Nr. 9) erfüllt, näher → Rn. 109)

c) Handeln für fremde Rechnung. Das Unternehmen muss **für fremde Rechnung** handeln. Dies setzt voraus, dass die wirtschaftlichen Folgen des Geschäfts den Kunden treffen, nicht das Unternehmen (BaFin-Merkblatt (→ Rn. 56); Assmann/Schneider/Mülbert/Assmann WpHG § 2 Rn. 122). Dies 61 ist bei der offenen Stellvertretung immer der Fall, da die Rechtsfolgen des Geschäfts in der Person des Vertretenen entstehen und das Geschäft diesen bindet (BaFin-Merkblatt (→ Rn. 56); Lendermann/Nemeczek/Schroeter/Reschke § 2 Rn. 89; Assmann/Schneider/Mülbert/Assmann WpHG § 2 Rn. 122). Fallen die wirtschaftlichen Folgen nicht dem Kunden zur Last, sondern dem Unternehmen, liegt kein Fall der Abschlussvermittlung iSv Nr. 5 vor.

62 **d) Abgrenzungsfragen.** Wird im eigenen Namen für Rechnung eines Dritten gehandelt, kann Finanzkommissionsgeschäft (Nr. 1) oder Eigenhandel für andere (Nr. 10) vorliegen. Handelt der Anleger selbst, dann kann die Einschaltung eines Dritten den Tatbestand der Anlagevermittlung (Nr. 3) erfüllen. Handelt das Unternehmen im Rahmen der erstmaligen Ausgabe von Finanzinstrumenten durch den Emittenten, dann liegt ggf. Platzierungsgeschäft iSv Nr. 8 vor, der als lex specialis Nr. 5 vorgeht. Finanzportfolioverwaltung nach Nr. 9 geht ebenfalls Nr. 5 vor, wenn das Unternehmen über Entscheidungsspielraum verfügt.

6. Betrieb eines multilateralen Handelssystems (Nr. 6)

63 Nr. 6 entspricht § 2 Abs. 8 S. 1 Nr. 8 WpHG. Der Betrieb eines multilateralen Handelssystems ist zugleich Finanzdienstleistung iSv § 1 Abs. 1a S. 2 Nr. 1b KWG. Eine Definition des multilateralen Handelssystems findet sich auch in § 2 Abs. 6 BörsG. Erläuterungen zu § 1 Abs. 1a S. 2 Nr. 1b KWG enthält das BaFin-Merkblatt „Tatbestand des Betriebs eines multilateralen Handelssystems" v. 7.12.2009 idF v. 27.4.2023, Consbruch/Fischer B 53.3. Ein multilaterales Handelssystem liegt vor, wenn folgende Elemente vorhanden sind:

64 **a) System.** Ein **„System"** iSv Nr. 6 setzt ein objektives Regelwerk über die Mitgliedschaft, die Aufnahme des Handels in Finanzinstrumenten, den Handel zwischen den Mitgliedern und Meldungen über abgeschlossene Geschäfte sowie Transparenzpflichten voraus (BT-Drs. 16/4028, 56 (zu § 2 Abs. 3 Nr. 8 WpHG aF); BaFin-Merkblatt (→ Rn. 63); weiterer Begriff des Systems bei Lendermann/Nemeczek/Schroeter/Reschke § 2 Rn. 99: Ausreichend Regeln über Zulassung von Teilnehmern und Meldung von Geschäften). Eine Handelsplattform im technischen Sinne muss nicht bestehen (BT-Drs. 16/4028, 56 (zu § 2 Abs. 3 Nr. 8 WpHG aF); BaFin-Merkblatt (→ Rn. 63); Lendermann/Nemeczek/Schroeter/Reschke § 2 Rn. 99; Fischer/Schäfer/Schulte-Mattler/Schulte-Mattler/Schäfer KWG § 1 Rn. 150; Assmann/Schneider/Mülbert/Assmann WpHG § 2 Rn. 163).

65 **„Multilateral"** ist ein System nach der Definition in Art. 4 Abs. 1 Nr. 19 MiFID II, auf die Art. 3 Abs. 1 Nr. 22 IFD verweist, wenn es die Interessen einer Vielzahl Dritter am Kauf und Verkauf von Finanzinstrumenten innerhalb des Systems zusammenführt (Lendermann/Nemeczek/Schroeter/Reschke § 2 Rn. 99).

66 Wird der Betreiber selbst auch Kontrahent (was nach § 72 Abs. 5 WpHG nicht zulässig ist), dann ist neben Nr. 6 auch der Tatbestand des Eigenhandels in der Form der systematischen Internalisierung (Nr. 10b) erfüllt (BaFin-Merkblatt (→ Rn. 63)). Zur weiten Auslegung des Begriffs des Systems durch die BaFin bei organisierten Handelssystemen (Nr. 7) näher → Rn. 79.

67 **b) Interesse am Kauf und Verkauf von Finanzinstrumenten.** Der Begriff **„Interesse am Kauf und Verkauf"** ist gemäß Erwägungsgrund 5 MiFID weit zu verstehen (BT-Drs. 16/4028, 56 (zu § 2 Abs. 3 Nr. 8 WpHG aF)). Ausreichend sind Interessenbekundungen, Aufträge und Kursofferten (BaFin-Merkblatt

(→ Rn. 63)). Nr. 6 erfasst – anders als im Rahmen des Tatbestands des organisierten Handelssystems iSv Nr. 7 – sämtliche Finanzinstrumente iSv Abs. 5.

c) Vielzahl von Personen. Das System dient einer Vielzahl von Personen, wenn es **„Marktplatzfunktion"** besitzt, dh mehreren Mitgliedern tatsächlich offen steht (Lendermann/Nemeczek/Schroeter/Reschke § 2 Rn. 98; Fuchs/Zimmermann/Zimmermann WpHG § 102 Rn. 5; Güllner WM 2017, 938 (941); krit. zur Unbestimmtheit des Begriffs „Vielzahl von Mitgliedern" Fischer/Schäfer/Schulte-Mattler/Schulte-Mattler/Schäfer KWG § 1 Rn. 152). Da die Regeln für den Zugang mindestens denen nach § 19 Abs. 2 und Abs. 4 S. 1 und 2 BörsG entsprechen müssen, dürfen Teilnehmer nur Unternehmen mit einer Erlaubnis für Finanzkommissionsgeschäft, Abschlussvermittlung oder Eigenhandel sein. Privatanleger müssen als Handelsteilnehmer ausgeschlossen sein (BaFin-Merkblatt (→ Rn. 63)). 68

Nr. 6 unterliegen 69
- der Freiverkehr an den deutschen Wertpapierbörsen gem. § 48 Abs. 1 S. 1 BörsG (Fuchs/Zimmermann/Fuchs/Zimmermann WpHG § 2 Rn. 139; Seifert in Kümpel/Wittig Rn. 4.55; Kobbach BKR 2013, 234);
- uU Dark Pools (Lendermann/Nemeczek/Schroeter/Reschke § 2 Rn. 99; näher Güllner WM 2017, 938 (940)).

Nicht Nr. 6 unterfallen: 70
- **systematische Internalisierung** von Wertpapieraufträgen iSv Nr. 10b (Liersch WM 2003, 473 Rn. 2; v. Rosen in Assmann/Schütze HdB Kapitalanlagerecht § 2 Rn. 281; Seitz AG 2004, 497 (498); Spindler WM 2002, 1325 (1327));
- **bilaterale Handelssysteme (Kontrahentensysteme),** bei denen der Kunde stets mit dem Betreiber des Systems oder einem von ihm bestellten Market Maker abschließt (BaFin-Merkblatt (→ Rn. 63); Lendermann/Nemeczek/Schroeter/Reschke § 2 Rn. 100; Fischer/Schäfer/Schulte-Mattler/Schulte-Mattler/Schäfer § 1 Rn. 151; zum Begriff Schimansky/Bunte/Lwowski BankR-HdB/Bruski Vor § 104 Rn. 41; v. Rosen in Assmann/Schütze HdB Kapitalanlagerecht § 2 Rn. 281); diese können aber den Tatbestand der **systematischen Internalisierung** nach Nr. 10b erfüllen (näher → Rn. 119);
- **Börsen,** die spezialgesetzlich geregelte Sonderfälle von Handelssystemen sind, wenn sie über eine Erlaubnis nach § 4 BörsG verfügen (Lendermann/Nemeczek/Schroeter/Reschke § 2 Rn. 95; Fischer/Schäfer/Schulte-Mattler/Schulte-Mattler/Schäfer § 1 Rn. 149; Assmann/Schneider/Mülbert/Assmann WpHG § 2 Rn. 161; Fuchs/Zimmermann/Fuchs/Zimmermann WpHG § 2 Rn. 140; Schwark/Zimmer/Kumpan WpHG § 2 Rn. 136).

d) Zusammenbringen der Teilnehmer. Das System muss die Teilnehmer **„zusammenbringen" („Matching"),** dh einen zueinander passende Kauf- und Verkaufsordern zusammenführen und damit einen Vertragsabschluss zustandebringen. Nicht erforderlich ist, dass Aufträge automatisiert zusammengebracht und ausgeführt werden (Lendermann/Nemeczek/Schroeter/Reschke § 2 Rn. 99). Ausreichend sind **aktive Inseratsysteme** mit Einstellung verbindlicher Quotes, auf die andere Teilnehmer mit dem Ergebnis eines Vertragsabschlusses zugreifen können (BaFin-Merkblatt (→ Rn. 63)). 71

Kein Matching vermitteln **Order-Routing-Systeme,** die lediglich Aufträge an eine Börse weiterleiten, oder **Informationssysteme (passive Inseratsysteme),** über die keine Annahme eines Angebots möglich ist (Lendermann/ 72

Nemeczek/Schroeter/Reschke § 2 Rn. 101; Schwark/Zimmer/Kumpan WpHG § 2 Rn. 88).

73 **e) nach nichtdiskretionären Bestimmungen.** Zusammenbringen **nach nichtdiskretionären Bestimmungen** setzt voraus, dass die Zusammenführung der Kauf- und Verkaufsaufträge nach vom Betreiber nicht arbiträr veränderbaren Regeln erfolgt und den Parteien kein Spielraum verbleibt, ob sie das Geschäft mit einem bestimmten Handelspartner abschließen (BaFin-Merkblatt (→ Rn. 63)). Wie die Zusammenführung erfolgt ist unerheblich; möglich sind Systemregeln, interne Betriebsverfahren (Software) oder Protokolle (BaFin-Merkblatt (→ Rn. 63)). Das bloß „gelegentliche" Zustandekommen von Geschäften reicht nicht aus (Assmann/Schneider/Mülbert/Assmann WpHG § 2 Rn. 162; Schwark/Zimmer/Kumpan WpHG § 2 Rn. 87, 90).

74 Der mangelnde Spielraum hinsichtlich des Abschlusses unterscheidet multilaterale Handelssysteme von organisierten Handelssystemen iSv Nr. 7, bei dem den Teilnehmern ein Spielraum hinsichtlich des Abschlusses verbleibt.

75 **f) Abschluss innerhalb des Systems?** Nr. 6 verlangt keinen Abschluss der Geschäfte über Finanzinstrumente **innerhalb des Systems.** Ein Abschluss außerhalb des Systems aufgrund von in das System eingestellten indikativen Angeboten **(„Quotes")** reicht aus (BaFin-Merkblatt (→ Rn. 63) unter Berufung auf die ESMA-Opinion „Final Report On ESMA's Opinion on the Trading Venue Parameter v. 2.2.2023" – ESMA70-156-6360, bes. Rn. 22; Schwennicke/Auerbach/Schwennicke KWG § 1 Rn. 102). Nach der früheren Verwaltungspraxis der BaFin sowie der früher ganz hM war als Abgrenzungskriterium zum Betrieb eines organisierten Handelssystems und eines passiven Inseratsystems ein Abschluss innerhalb des Systems erforderlich (Fischer/Schäfer/Schulte-Mattler/Schulte-Mattler/Schäfer KWG § 1 Rn. 149; Schwark/Zimmer/Kumpan WpHG § 2 Rn. 138; näher Lendermann/Nemeczek/Schroeter/Reschke § 2 Rn. 101).

76 Auch die Abwicklung der Geschäfte muss nicht notwendig innerhalb des Systems erfolgen (BaFin-Merkblatt (→ Rn. 63)).

7. Betrieb eines organisierten Handelssystems (Nr. 7)

77 Nr. 7 entspricht § 2 Abs. 8 S. 1 Nr. 9 WpHG und geht auf Art. 3 Abs. 1 Nr. 8 MAR zurück, der auf Art. 4 Abs. 1 Nr. 23 MiFID II verweist. Der Betrieb eines organisierten Handelssystems ist zugleich Finanzdienstleistung iSv § 1 Abs. 1a S. 2 Nr. 1d KWG. Erläuterungen zu § 1 Abs. 1a S. 2 Nr. 1d KWG enthält das BaFin-Merkblatt „Hinweise zum Tatbestand der Tätigkeit des Betriebs eines organisierten Handelssystems" v. 14.5.2021, Consbruch/Fischer B 53.22.

78 Nr. 7 erfasst als Auffangtatbestand zu Nr. 6 Handelsplätze, die wegen der Kombination von bilateralen und multilateralen Elementen sowie wegen eines möglichen Ermessensspielraums des Betreibers bei der Zusammenführung von Geschäften nicht unter die Definition des multilateralen Handelssystems fielen, wie Broker Crossing-Systeme, bei denen Kundenaufträge gegen andere Kundenaufträge oder das eigene Buch ausgeführt werden und Preise von Märkten importiert werden, an denen eine Preisfeststellung stattfindet (Erwägungsgrund 6 MiFIR; BaFin-Merkblatt (→ Rn. 77); Lendermann/Nemeczek/Schroeter/Reschke § 2 Rn. 110; Klöhn MAR Art. 2 Rn. 97; Güllner WM 2017, 938 (940)), sowie *Swap Execution Facilities und* hybride *Electronic/voice Broking Facilities (*Klöhn MAR Art. 2 Rn. 97).

a) Voraussetzungen. aa) System. Es muss ein **System,** also ein Regelwerk über Mitgliedschaft, die Aufnahme des Handels in Finanzinstrumenten, den Handel zwischen den Mitgliedern und Meldungen über abgeschlossene Geschäfte sowie Transparenzpflichten bestehen (vgl. → Rn. 64). Als System iSv Nr. 7 wertet die BaFin auch die systematische Übermittlung der Handelsabsicht eines Kunden an einen anderen Kunden unabhängig von der verwendeten Technik (also auch mündlich oder telefonisch) (BaFin-Merkblatt (→ Rn. 77)). 79

bb) Multilateralität. Das System muss multilateral, dh einer **Vielzahl von Interessenten** zugänglich sein (vgl. → Rn. 65), ohne multilaterales Handelssystem iSv Nr. 6 oder organisierter Markt iSv § 2 Abs. 11 WpHG zu sein, bei denen die Zusammenführung der Handelsinteressen **nichtdiskreditionär** (ohne Ermessen des Betreibers) stattfindet (BaFin-Merkblatt (→ Rn. 77)). Die Handelsabsicht eines Kunden muss nach Maßgabe von § 72 Abs. 1 Nr. 13 WpHG (der auf Art. 18 Abs. 7 MiFID II basiert) mit mindestens zwei anderen Kunden interagieren (BaFin-Merkblatt (→ Rn. 77)). OTC-Transaktionen werden von Nr. 7 nicht erfasst (Klöhn MAR Art. 2 Rn. 97). 80

cc) Zusammenbringen der Teilnehmer. Das System muss **Handelsinteressen zusammenführen** und damit den Abschluss von Verträgen ermöglichen. Die Zusammenführung kann entweder elektronisch innerhalb des Systems oder auf Grundlage des Regelwerks telefonisch erfolgen (BaFin-Merkblatt (→ Rn. 77)). 81

Nicht unter Nr. 7 fallen die bloße Weiterleitung von Aufträgen an andere Handelsplätze, die Orderbestätigung sowie das Bewerben von Kaufs- und Verkaufsinteressen (Klöhn MAR Art. 2 Rn. 97) sowie reine passive Inseratsysteme, bei denen eine Verständigung über einen Vertragsabschluss außerhalb des Systems erfolgen muss (Lendermann/Nemeczek/Schroeter/Reschke § 2 Rn. 110). 82

dd) Kein automatisches Matching. Anders als beim multilateralen Handelssystem nach Nr. 6 muss das Regelwerk nicht vorsehen, dass der Abschluss von Geschäften nach vom Betreiber nicht arbiträr veränderbaren Regeln erfolgt und den Parteien kein Spielraum verbleibt, ob sie das Geschäft mit einem bestimmten Handelspartner abschließen (Assmann/Schneider/Mülbert/Assmann WpHG § 2 Rn. 166). Im Gegenteil räumt Art. 20 Abs. 6 MiFID II dem Betreiber **Ermessen ein, ob und in welchem Umfang der Betreiber Geschäfte von Teilnehmern zusammenführt** (BaFin-Merkblatt (→ Rn. 77); Meyer/Veil/Rönnau MarktmissbrauchsR-HdB/Veil § 4 Rn. 32), ob Teilnehmern der Zugang verwehrt wird oder ob Ordern an andere Markplätze weitergeleitet werden (Commission Staff Working Paper v. 20.11.2011, SEC(2011) 1226 final, S. 23). 83

Das Ermessen des Betreibers entbindet nicht von der Pflicht zur bestmöglichen Ausführung für den Kunden (so unter Verweis auf Erwägungsgrund 9 MiFiR BaFin-Merkblatt (→ Rn. 77)) sowie zur Beachtung von Kundenweisungen (BaFin-Merkblatt (→ Rn. 77)). 84

b) Erfasste Finanzinstrumente. Nr. 7 gilt nur für den Handel in **Schuldverschreibungen** (Abs. 5 Nr. 3), **strukturierten Finanzprodukten, Emissionszertifikaten** (Abs. 5 Nr. 9) oder **Derivaten** (Abs. 5 Nr. 8). Eigenkapitalinstrumente werden von Nr. 7 nicht erfasst (Lendermann/Nemeczek/Schroeter/Reschke § 2 Rn. 111; Meyer/Veil/Rönnau MarktmissbrauchsR-HdB/Veil § 4 Rn. 32; *Gomber/Nassauer* ZBB 2014, 250 (253); *Güllner* WM 2017, 938 (943)); für sie gilt Nr. 6 (Klöhn MAR Art. 2 Rn. 96; Güllner WM 2017, 938 (941)). 85

86 **Strukturierte Finanzprodukte** sind nach der Definition in Art. 2 Nr. 28 MiFIR „Wertpapiere, die zur Besicherung und Übertragung des mit einem Pool an finanziellen Vermögenswerten einhergehenden Kreditrisikos geschaffen wurden und die den Wertpapierinhaber zum Empfang regelmäßiger Zahlungen berechtigen, die vom Cashflow der Basisvermögenswerte abhängen." Erfasst werden etwa Asset Backed Securities oder Mortgaged Backed Securities sowie vergleichbare mit Forderungen gegen öffentliche Schuldner unterlegte Schuldtitel (Lendermann/Nemeczek/Schroeter/Reschke § 2 Rn. 112).

87 **c) Abschluss innerhalb des Systems.** Der Abschluss des Geschäfts muss über das System selbst zustande kommen (BaFin-Merkblatt (→ Rn. 77); Lendermann/Nemeczek/Schroeter/Reschke § 2 Rn. 110). Ein Abschluss außerhalb des Systems aufgrund von in das System eingestellten indikativen Angeboten **(„Quotes")** reicht nicht aus (aA Fischer/Schäfer/Schulte-Mattler/Schulte-Mattler/Schäfer KWG § 1 Rn. 156b). Dagegen ist bei einem multilateralen Handelssystem (Nr. 6) nach neuerer Verwaltungspraxis unerheblich, ob der Abschluss innerhalb des Systems erfolgt (→ Rn. 75).

8. Platzierungsgeschäft (Nr. 8)

88 Nr. 8 entspricht § 2 Abs. 8 S. 1 Nr. 6 WpHG und setzt Art. 4 Abs. 1 Nr. 2 iVm Anhang I Abschnitt A Nr. 4 MiFID II um. Platzierungsgeschäft ist zugleich Finanzdienstleistung iSv § 1 Abs. 1a S. 2 Nr. 1c KWG. Erläuterungen zum § 1 Abs. 1a S. 2 Nr. 1c KWG enthält das BaFin-Merkblatt „Hinweise zum Tatbestand des Platzierungsgeschäfts" v. 10.12.2009 idF v. 25.7.2013, Consbruch/Fischer B 53.4.

89 **a) Voraussetzungen. Platzierung** ist die Veräußerung von Finanzinstrumenten im Rahmen einer Emission im fremden Namen und für fremde Rechnung im Wege der offenen Stellvertretung im Kapitalmarkt oder an einen begrenzten Kreis von Personen oder (institutionellen) Anlegern ohne feste Übernahmeverpflichtung des Platzierenden.

90 **aa) Veräußerung von Finanzinstrumenten.** Gegenstand der Platzierung ist die Veräußerung von **Finanzinstrumenten** iSv Abs. 5.

91 **Veräußerung** ist jedes auf einen abgeleiteten entgeltlichen Erwerb zu Eigentum bzw. bei Rechten auf deren Inhaberschaft gerichtete Rechtsgeschäft unter Lebenden einschließlich von Tauschgeschäften, wobei sowohl Verpflichtungs- als auch Verfügungsgeschäfte erfasst werden (BaFin-Merkblatt (→ Rn. 88); Assmann/Schneider/Mülbert/Assmann WpHG § 2 Rn. 142).

92 Nicht unter Nr. 8 fällt die **Anschaffung** von Finanzinstrumenten. Nr. 8 erfasst daher nicht die Fälle, in denen das Unternehmen als Dienstleister auf Erwerberseite auftritt (BaFin-Merkblatt (→ Rn. 88); Assmann/Schneider/Mülbert/Assmann WpHG § 2 Rn. 142).

93 **bb) im Rahmen einer Emission. „Emission"** ist die erste Ausgabe einer bestimmten Anzahl von Finanzinstrumenten durch einen Emittenten. Hierunter fallen sowohl die einmalige Begebung von Finanzinstrumenten als auch sog. Daueremissionen (BaFin-Merkblatt (→ Rn. 88)). Wird der Platzierende nicht im Rahmen einer Emission tätig, dann liegt ggf. Abschlussvermittlung iSv Nr. 5 vor.

94 **cc) in fremdem Namen und für fremde Rechnung.** Wie bei der Abschlussvermittlung iSv Nr. 5 muss das Unternehmen für den Emittenten im

Wege der **offenen Stellvertretung** handeln (BaFin-Merkblatt (→ Rn. 88); Beck/Samm/Kokemoor/Demmelmair/Reschke KWG § 1 Rn. 574b). Handelt das Unternehmn im eigenen Namen auf Rechnung des Emittenten, liegt kein Platzierungsgeschäft, sondern Finanzkommissionsgeschäft (Nr. 1) vor (BaFin-Merkblatt (→ Rn. 88)).

dd) aufgrund Platzierungsabrede. Der Platzierende muss im Rahmen einer sog. **„Platzierungsabrede"** tätig werden, dh im Auftrag des Emittenten, die Finanzinstrumente im Rahmen der Emission an im Kapitalmarkt oder an einen begrenzten Kreis von Personen oder (institutionellen) Anlegern zu veräußern (BaFin-Merkblatt (→ Rn. 88); krit. Fischer/Schäfer/Schulte-Mattler/Schulte-Mattler/Schäfer KWG § 1 Rn. 155). Wird ein Unternehmen ohne Auftrag des Emittenten nur für Erwerber tätig, dann liegt nicht Platzierungsgeschäft iSv Nr. 8 vor, sondern ggf. Anlagevermittlung (Nr. 3) oder Abschlussvermittlung (Nr. 5) oder Finanzkommissionsgeschäft für den Erwerber (Nr. 1) (BaFin-Merkblatt (→ Rn. 88)). 95

ee) ohne feste Übernahmeverpflichtung. Eine feste **Übernahmeverpflichtung** liegt vor, wenn der Platzierende sich verpflichtet, die Finanzinstrumente ganz oder teilweise zu einem festen Preis oder Kurs zu übernehmen und damit das Absatzrisiko trägt; in diesem Fall liegt Emissionsgeschäft iSv Nr. 2 vor (BaFin-Merkblatt (→ Rn. 88)). Beim Verkauf im eigenen Namen auf best efforts-Basis liegt idR Finanzkommissionsgeschäft iSv Nr. 1 vor (BaFin-Merkblatt (→ Rn. 88)). 96

b) Abgrenzungsfragen. Für Tätigkeiten im Rahmen einer Emission geht das Platzierungsgeschäft dem ebenfalls einschlägigen Tatbestand der Abschlussvermittlung (Nr. 5) als lex specialis vor (BaFin-Merkblatt (→ Rn. 88); Lendermann/Nemeczek/Schroeter/Reschke § 2 Rn. 114). Soweit der Tatbestand der Anlagevermittlung (Nr. 3) einschlägig ist, wird dieser ebenfalls von Nr. 8 verdrängt (Lendermann/Nemeczek/Schroeter/Reschke § 2 Rn. 114). 97

9. Finanzportfolioverwaltung (Nr. 9)

Nr. 9 entspricht § 2 Abs. 8 S. 1 Nr. 7 WpHG. Finanzportfolioverwaltung ist zugleich Finanzdienstleistung iSv § 1 Abs. 1a S. 2 Nr. 3 KWG. Erläuterungen zu § 1 Abs. 1a S. 2 Nr. 3 KWG enthält das BaFin-Merkblatt „Hinweise zum Tatbestand der Finanzportfolioverwaltung" v. 3.1.2011 idF v. 25.7.2018, Consbruch/Fischer B 35.6. Nr. 9 liegt vor, wenn nebeneinander folgende Voraussetzungen gegeben sind: 98

a) einzelne oder mehrere Vermögen. Es müssen in Finanzinstrumenten (Abs. 5) angelegte **Vermögen** oder wesentliche Teile von Vermögen („Portefeuilles") verwaltet werden, wobei die Vermögen nicht ausschließlich aus Finanzinstrumenten bestehen müssen (BaFin-Merkblatt (→ Rn. 98); Lendermann/Nemeczek/Schroeter/Reschke § 2 Rn. 122). Nr. 9 kann auch erfüllt sein, wenn noch keine Finanzinstrumente vorhanden sind, sondern diese vom Verwalter erst für den Anleger im Rahmen einer **Erstanlageentscheidung** angeschafft werden sollen (BaFin-Merkblatt (→ Rn. 98); Lendermann/Nemeczek/Schroeter/Reschke § 2 Rn. 123). 99

Die Verwaltung muss **einzelne oder mehrere** Vermögen betreffen. Unerheblich ist, ob für den jeweiligen Anleger ein getrenntes Portfolio geführt oder ob 100 die Anlagebeträge mehrerer Anleger in einem Portfolio zusammengefasst werden (so jeweils zu § 1 Abs. 1a S. 2 Nr. 3 KWG BT-Drs. 13/7142, 66; BVerwGE 122, 29 (35 f.) = ZIP 2005, 385 = NZG 2005, 265 = EWiR § 1 KWG 1/05, 363 v. Livonius; BaFin-Merkblatt (→ Rn. 98); Reischauer/Kleinhans/Brogl KWG § 1 Rn. 207; Lendermann/Nemeczek/Schroeter/Reschke § 2 Rn. 118, 126; Fischer/Schäfer/Schulte-Mattler/Schulte-Mattler/Schäfer KWG § 1 Rn. 159; Eßer WM 2008, 675). Auch die rechtliche Eingliederung des zu verwaltenden Vermögens in ein Gesamthandsvermögen soll Nr. 9 nicht entgegen stehen (so für § 1 Abs. 1a S. 2 Nr. 3 KWG BVerwG ZIP 2010, 1170; VG Frankfurt a. M., BeckRS 2008, 31443; vgl. aber Bericht Finanzausschuss zum PfandBFG, BT-Drs. 16/11130, 76, wonach § 1 Abs. 1a S. 2 Nr. 11 KWG eingefügt wurde, weil § 1 Abs. 1a S. 2 Nr. 3 KWG nur die Verwaltung auf **Einzelkundenbasis** erfasse).

101 **b) Verwaltung.** Dem Verwalter muss die **rechtsgeschäftliche Befugnis** eingeräumt sein, im eigenen Ermessen Entscheidungen über die Anschaffung oder Veräußerung von Finanzinstrumenten zu treffen. Die Befugnis muss auf eine gewisse Dauer angelegt sein. Nach Auffassung der BaFin soll auch eine einzelne Verwaltungsentscheidung tatbestandsmäßig sein (BaFin-Merkblatt (→ Rn. 98)).

102 Mangels rechtsgeschäftlicher Begründung der Verwaltungsbefugnis scheidet eine Nr. 3 zB bei gesetzlichen Treuhandverhältnissen (Testamentsvollstreckung (§ 2205 BGB), Nachlassverwaltung (§ 1984 BGB), gesetzliche Vertretung Minderjähriger (§ 1629 BGB), Vormundschaft (§§ 1773 ff. BGB), Pflegschaft (§§ 1909 ff. BGB), Betreuung (§§ 1896 ff. BGB), Zwangsverwaltung (§§ 146 ff. ZVG), Insolvenzverwaltung (§ 80 Abs. 1 InsO), Nießbrauchsverwaltung (§ 1052 Abs. 1 S. 1 BGB)) aus (Beck/Samm/Kokemoor/Reschke KWG § 1 Rn. 606 ff.).

103 Finanzportfolioverwaltung liegt nur vor, soweit es um Wertpapiere geht, die der Verwalter auf dem Depotkonto eines Instituts verwahren lässt, das zum Betreiben des Depotgeschäfts befugt ist. Verwahrt der Verwalter die Wertpapiere selbst oder auf einem im Namen des Verwalters eröffneten Depot, dann ist er außerdem Kreditinstitut iSv § 1 Abs. 1 S. 2 Nr. 5 KWG (Fischer/Schäfer/Schulte-Mattler/Schulte-Mattler/Schäfer KWG § 1 Rn. 160), sofern nicht eingeschränktes Verwahrgeschäft iSv § 1 Abs. 1a S. 2 Nr. 12 KWG vorliegt. Indizien für eine Finanzportfolioverwaltung können auch die Vereinbarung einer hohen erfolgsabhängigen Vergütung sowie die Einwerbung von Anlagebeträgen über eine Treuhandgesellschaft sein (so jeweils zu § 1 Abs. 1a S. 2 Nr. 3 KWG BVerwGE 122, 29 = NZG 2005, 265, bestätigt durch BVerfG NZG 2006, 499).

104 **c) für andere.** Die Verwaltung muss **für andere** vorgenommen werden; hierdurch wird die Finanzportfolioverwaltung vom Eigenhandel (Nr. 10) sowie der privaten Vermögensverwaltung abgegrenzt (vgl. für § 1 Abs. 1a S. 2 Nr. 3 KWG BVerwGE 122, 29 = ZIP 2005, 385 = NZG 2005, 265 = EWiR § 1 KWG 1/05, 363 v. Livonius; Eßer WM 2008, 675; BVerwG WM 2008, 1359 = ZIP 2008, 911 mAnm Unzicker).

105 **Nicht** für andere ausgeführt wird die Verwaltungstätigkeit im Rahmen sog. **Family Offices,** wenn der Familienvermögensverwalter seine Dienste nicht am Markt anbietet, sondern sie auf den engsten Familienkreis des Vermögensinhabers beschränkt. Als engster Familienkreis sind im Wesentlichen nahe Angehörige wie Ehegatten, Lebenspartner, Eltern, Geschwister, Kinder, Neffen, Nichten und Enkel, Onkel und Tanten sowie Cousins und Cousinen ersten Grades und die jeweiligen Hinterbliebenen zu verstehen (BaFin-Merkblatt (→ Rn. 98); vgl. auch BaFin-Merkblatt zur Erlaubnispflicht gem. § 32 Abs. 1 KWG für Family Offices

v. 14.5.2014 idF v. 12.7.2018, Consbruch/Fischer B 64.32; Beck/Samm/Kokemoor/Reschke KWG § 1 Rn. 604; die Ausweitung des engsten Familienkreises gegenüber den früheren Fassungen der BaFin-Merkblätter auf Onkel und Tanten sowie Cousins und Cousinen ersten Grades sowie deren Hinterbliebene geht auf die ESMA-Empfehlung 2013/600 „Guidelines on key concepts of the AIFMD", S. 30 zurück).

d) Entscheidungsspielraum. Dem Finanzportfolioverwalter muss ein **selbständiger Entscheidungsspielraum** zustehen, dh der Verwalter darf nicht lediglich auf Weisung des Vermögensinhabers oder eines vom Vermögensinhaber bestellten Dritten oder mit Vetorecht des Vermögensinhabers tätig werden (BaFin-Merkblatt (→ Rn. 98); Lendermann/Nemeczek/Schroeter/Reschke § 2 Rn. 120; Fischer/Schäfer/Schulte-Mattler/Schulte-Mattler/Schäfer KWG § 1 Rn. 159; Eßer WM 2008, 675). Ein Entscheidungsspielraum besteht auch, wenn der Verwalter (wiederholt) vertragliche Zustimmungsvorbehalte oder Vetorechte des Anlegers missachtet, sofern die getroffenen Entscheidungen rechtsverbindlich durchgeführt werden (BaFin-Merkblatt (→ Rn. 98); Lendermann/Nemeczek/Schroeter/Reschke § 2 Rn. 129). 106

Keine Befugnis, im eigenen Ermessen zu handeln, hat ein Verwalter, der vor seinen Anlageentscheidungen erst noch die Entscheidungen eines anderen Gremiums einholen muss, auf dessen Zusammensetzung er keinen Einfluss hat (BAKred v. August 1998, Consbruch/Fischer Nr. 4.307, nicht übernommen in das BaFin-Merkblatt „Hinweise zur finanzaufsichtsrechtlichen Erlaubnispflicht von Investmentclubs und ihrer Geschäftsführer" v. 9.7.2011 idF v. 18.7.2013, Consbruch/Fischer B 53.11). Der Entscheidungsspielraum fehlt aber nur dann, wenn der Verwalter für alle Geschäfte die Weisung des Kunden einholen und beachten muss, nicht bei Weisungen in Einzelfällen (Lendermann/Nemeczek/Schroeter/Reschke § 2 Rn. 130). 107

e) Abgrenzungsfragen. Erteilt der Anleger aufgrund einer Beratung einen konkreten Auftrag und führt der Verwalter diesen aus, dann liegt keine Finanzportfolioverwaltung vor (BaFin-Merkblatt (→ Rn. 98)); in diesem Falle kann Abschlussvermittlung iSv Nr. 5 vorliegen, sofern der Vermittler in fremden Namen und auf fremde Rechnung handelt, bei Handeln im eigenen Namen und für fremde Rechnung Finanzkommissionsgeschäft iSv Nr. 1. 108

Die Tätigkeit eines **Investmentclubs** und seines Geschäftsführers ist nachdem BaFin-Merkblatt zu Investmentclubs (→ Rn. 107) grundsätzlich nach dem KWG erlaubnisfrei, wenn die folgenden Bedingungen kumulativ erfüllt sind: 109

- Der Investmentclub hat maximal 50 Mitglieder;
- die Summe der von allen Mitgliedern jeweils eingezahlten Gelder beträgt maximal 500.000,00 Euro; Kursgewinne oder -verluste und die von den Mitgliedern des Investmentclubs stehen gelassenen Gewinne bleiben außer Betracht;
- der Investmentclub muss Inhaber der Konten und Depots sein;
- der Geschäftsführer ist ehrenamtlich ohne Vergütung tätig;
- dem einzelne Mitglied muss vertraglich jederzeit (außer iSv § 723 Abs. 2 BGB zur Unzeit) die Beendigung seiner Mitgliedschaft auch ohne wichtigen Grund möglich sein;
- jedes Mitglied muss nach den Statuten des Investmentclubs die Namen und Anschriften der anderen Mitglieder des Investmentclubs erfahren können;
- nach den Clubstatuten finden mindestens jährliche Mitgliederversammlungen statt, und

– der Investmentclub darf keine Arbeitnehmer oder freie Mitarbeiter auf Honorarbasis zur Unterstützung des Geschäftsführers bei der Verwaltung des Portfolios beschäftigen.

110 Nach anderer Ansicht ergibt sich aus der durch das Personengesellschaftsrechtsmodernisierungsgesetz (BGBl I, 3436) z. 1.1.2024 eingeführten Rechtsfähigkeit der Außen-GbR, dass der geschäftsführende Gesellschafter für die GbR handelt und damit den Tatbestand der Anlageverwaltung nach § 1 Abs. 1a S. 2 Nr. 11 KWG erfüllt (Fischer/Schäfer/Schulte-Mattler/Schulte-Mattler KWG § 1 Rn. 164, 192 ff.). Zur Erlaubnispflicht eines Investmentclubs nach dem KAGB vgl. näher BaFin-Merkblatt (→ Rn. 107) sowie das BaFin-Auslegungsschreiben zum Anwendungsbereich des KAGB und zum Begriff des „Investmentvermögens" v. 14.6.2013 idF v. 9.3.2015 (Consbruch/Fischer D 41.94), wonach zum Wegfall einer Erlaubnispflicht nach dem KAGB insbesondere erforderlich ist, dass kein Mitglied des Investmentclubs „gewerblich geworben" wurde oder wird, da sonst das Merkmal des „Einsammelns" von Kapital nach § 1 Abs. 1 Nr. 1 KAGB erfüllt ist und ein Investmentvermögen iS dieser Bestimmung vorliegt.

10. Eigenhandel (Nr. 10)

111 Nr. 10 entspricht § 2 Abs. 8 S. 1 Nr. 2 WpHG. Eigenhandel ist zugleich Finanzdienstleistung nach § 1 Abs. 1a S. 2 Nr. 4 KWG. Erläuterungen zu § 1 Abs. 1a S. 2 Nr. 4 KWG enthält das BaFin-Markblatt „Hinweise zu den Tatbeständen des Eigenhandels und des Eigengeschäfts" v. 22.3.2011 idF v. 6.5.2024, Consbruch/Fischer B 53.7. Eigenhandel nach Nr. 10 erfasst folgende vier Untertatbestände.

112 **a) Market Making (Nr. 10a).** Nr. 10a erfasst jede Form der **Marktpflege** einschließlich der Tätigkeit als **Market Maker,** als **Designated Sponsor** sowie der Handel in Finanzinstrumenten, deren Emission das Institut begleitet hat (so zu § 1 Abs. 1a S. 2 Nr. 4a KWG BaFin-Merkblatt (→ Rn. 111); Beck/Samm/Kokemoor/Reschke KWG § 1 Rn. 620a). Nr. 10a ist erfüllt, wenn folgende Voraussetzungen erfüllt sind:

113 **aa) kontinuierliches Anbieten des An- und Verkaufs von Finanzinstrumenten.** Das Unternehmen muss kontinuierlich den An- und Verkauf von Finanzinstrumenten anbieten. Erforderlich ist eine auf eine gewisse Dauer angelegte Tätigkeit. Das BAKred nahm früher einen gewerbsmäßigen und damit erlaubnispflichtigen Betrieb bei 25 Handelsgeschäften pro Monat an (so zu § 1 Abs. 1a S. 2 Nr. 4a KWG BAKred 21.9.1998, Reischauer/Kleinhans Kza. 281 Nr. 42). Gelegenheitsverkäufe von Privatpersonen sowie von Unternehmen außerhalb des Finanzsektors fallen aus dem Anwendungsbereich heraus (so zu § 1 Abs. 1a S. 2 Nr. 4a KWG du Buisson WM 2003, 1401 (1407)). Eine eigene Gewinnerzielungsabsicht ist nicht erforderlich. Irrelevant ist auch, ob das Geschäft kurzfristig ist oder nicht (so zu § 1 Abs. 1a S. 2 Nr. 4a KWG Beck/Samm/Kokemoor/Reschke KWG § 1 Rn. 632b; aA Reischauer/Kleinhans/Brogl KWG § 1 Rn. 217; Schäfer WM 2002, 361 (366)).

114 **Nicht** von Nr. 10a erfasst wird die **Eigenemission** eigener Inhaber- oder Orderschuldverschreibungen und eigener Aktien (so zu § 1 Abs. 1a S. 2 Nr. 4a KWG Beck/Samm/Kokemoor/Reschke KWG § 1 Rn. 633).

115 Das kontinuierliche Stellen von Kursen für Kauf und Verkauf verlangt Nr. 10a nicht (so zu § 1 Abs. 1a S. 2 Nr. 4a KWG Beck/Samm/Kokemoor/Reschke KWG § 1 Rn. 620d).

bb) zu selbst gestellten Preisen. Das Unternehmen muss selbst Kurse stellen. Die Ausführung von Kauf und Verkauf zu von Dritten gestellten Kursen fällt nicht unter Nr. 10a. Auch nicht von Nr. 10a erfasst ist die Ausführung zu Kursen an einer Referenzbörse. 116

cc) für eigene Rechnung. Das Unternehmen muss für eigene Rechnung handeln, dh die wirtschaftlichen Folgen des jeweiligen Kaufs oder Verkaufs der Finanzinstrumente müssen das Unternehmen selbst treffen. 117

dd) unter Einsatz des eigenen Kapitals. Das Unternehmen muss sein eigenes Kapital einsetzen. 118

b) Systematische Internalisierung (Nr. 10b). Systematische Internalisierung von Kundenaufträgen iSv Nr. 10b ist das häufige organisierte und systematische Ausführungen von Kundenaufträgen des Instituts gegen sich selbst für eigene Rechnung in erheblichem Umfang außerhalb eines organisierten Marktes (§ 2 Abs. 11 WpHG) oder eines multilateralen Handelssystems iSv Nr. 6 oder organisierten Handelssystems iSv Nr. 7. Nr. 10b wurde durch das StandortförderungsG v. 4.2.2026 (BGBl. 2026 I Nr. 33) geändert, durch den das Erfordernis des „erheblichem Umfangs" und die Definitionen des erheblichen Umfangs für Nr. 10 Sätze 2 und 3 aF gestrichen wurden. Für das Vorliegen von Nr. 10b soll es nach der Änderung von Art. 4 Abs. 1 Nr. 20 MiFID sowie Erwägungsgrund 7 ÄnderungsRL (EU) 2024/790 nur noch auf eine qualitative Betrachtung ankommen, nicht mehr auf eine aufwändige quantitative Berechnung (Regierungsbegründung StandortförderungsG, BT-Drs. 21/2507, 206 (zur Parallelvorschrift in § 1 Abs. 1a S. 2 Nr. 4b KWG)). 119

Das Handeln für **eigene Rechnung** grenzt die systematische Internalisierung iSv Nr. 10b vom Finanzkommissionsgeschäft (Nr. 1) ab (BaFin-Merkblatt (→ Rn. 111)). 120

Ob ein **häufiger systematischer Handel** vorliegt, richtet sich nach der Neufassung von Nr. 10b durch das StandortförderungsG nicht mehr nach der Häufigkeit der Geschäfte, sondern nach ihrem Gegenstand. Erforderlich und ausreichend ist der häufige organisierte und systematische Handel mit Aktien, Aktienzertifikaten, börsengehandelten Fonds, Zertifikaten und anderen vergleichbaren Finanzinstrumenten. 121

Nach S. 2 sind die Voraussetzungen der systematischen Internalisierung auch dann erfüllt, wenn sich ein Unternehmen freiwillig den für die systematische Internalisierung geltenden Regeln unterworfen und eine Erlaubnis zum Betreiben der systematischen Internalisierung beantragt hat. 122

S. 3 erweitert den Anwendungsbereich von Nr. 10b auf die systematische Internalisierung des Handels mit anderen Finanzinstrumenten als den in Nr. 10b genannten Aktien, Aktienzertifikaten, börsengehandelten Fonds, Zertifikaten und anderen vergleichbaren Finanzinstrumenten. Unklar ist, ob die S. 3 genannten Schuldverschreibungen, strukturierten Finanzprodukte und Emissionszertifikate sowie Derivate iS. von Art. 8a Abs. 2 S. 1 MiFiR (VO (EU) Nr. 600/2014) automatisch als „vergleichbare Finanzinstrumente" unter Nr. 10b fallen oder ob Nr. 10b nur anwendbar ist, wenn ein Unternehmen nach S. 3 optional einen Erlaubnisantrag stellt. Art. 8a Abs. 2 MiFiR gilt für OTC-Derivate, die auf Euro, japanische Yen, US-Dollar oder Pfund Sterling lauten. 123

S. 3 ermöglicht einem Unternehmen jedenfalls, sich freiwillig den für den Handel mit Schuldverschreibungen, Emissionszertifikaten und Derivaten iSv 124

Art. 8a Abs. 2 MiFiR geltenden Bestimmungen zu unterwerfen und eine Erlaubnis zur systematischen Internalisierung des Handels mit solchen Finanzinstrumenten zu beantragen.

125 **c) Handel mit Finanzinstrumenten als Dienstleistung für andere (Nr. 10c). aa) Voraussetzungen.** Für Eigenhandel für andere **iSv Nr. 10c** reicht sowohl die Anschaffung als auch die Veräußerung über den Sekundärmarkt aus (BT-Drs. 13/7142, 66 (zu § 1 Abs. 1a S. 2 Nr. 4a KWG aF)). Nicht erforderlich ist, dass das betreffende Finanzinstrument sowohl angeschafft als auch veräußert wurde (BaFin-Merkblatt (→ Rn. 111); Lendermann/Nemeczek/Schroeter/Reschke § 2 Rn. 169; du Buisson WM 2003, 1401 (1407)); Nr. 10c kann auch vorliegen, wenn das betreffende Finanzinstrument vorübergehend oder dauerhaft im Eigenbestand des Unternehmens gehalten wird (so zu § 1 Abs. 1a S. 2 Nr. 4c KWG Beck/Samm/Kokemoor/Reschke KWG § 1 Rn. 632a; du Buisson WM 2003, 1401 (1408); Zerwas/Hanten ZBB 2000, 44 (46)).

126 Nr. 10c verlangt eine auf eine gewisse Dauer angelegte Tätigkeit. Das BAKred nahm früher einen gewerbsmäßigen und damit erlaubnispflichtigen Betrieb bei 25 Handelsgeschäften pro Monat an (BAKred 21.9.1998, Reischauer/Kleinhans Kza. 281 Nr. 42). Gelegenheitsverkäufe von Privatpersonen sowie von Unternehmen außerhalb des Finanzsektors fallen aus dem Anwendungsbereich des KWG heraus (du Buisson WM 2003, 1401 (1407)).

127 Eine eigene Gewinnerzielungsabsicht schließt Nr. 10c nicht aus. Irrelevant ist auch, ob das Geschäft kurzfristig ist oder nicht (so zu § 1 Abs. 1a S. 2 Nr. 4c KWG Beck/Samm/Kokemoor/Reschke KWG § 1 Rn. 638). Kein Handel mit Finanzinstrumenten liegt in der Überlassung einer Software, mit der die Geschäfte automatisch vom Kunden getätigt werden (OLG Hamm WM 2018, 1738, 1740 (so zu § 1 Abs. 1a S. 2 Nr. 4 KWG aF)).

128 Nr. 10c ist Auffangtatbestand, der nur erfüllt ist, wenn das Geschäft objektiv eine **Dienstleistung für andere** darstellt (Lendermann/Nemeczek/Schroeter/Reschke § 2 Rn. 168; so zu § 1 Abs. 1a S. 2 Nr. 3 KWG jeweils Fischer/Schäfer/Schulte-Mattler/Schulte-Mattler/Schäfer KWG § 1 Rn. 166; Reischauer/Kleinhans/Brogl KWG § 1 Rn. 215; du Buisson WM 2003, 1401 (1407); Zerwas/Hanten ZBB 2000, 44 (46)), was immer dann der Fall ist, wenn ein entsprechender Kundenauftrag vorliegt (BVerwG ZIP 2008, 911 mAnm Unzicker; OLG Frankfurt a. M. BKR 2007, 299 (301); Fischer/Schäfer/Schulte-Mattler/Schulte-Mattler/Schäfer Rn. 166; Reischauer/Kleinhans/Brogl Rn. 215 f.; du Buisson WM 2003, 1401 (1408); Zerwas/Hanten ZBB 2000, 46) oder mit Gewinnerzielungsabsicht am allgemeinen Wirtschaftsverkehr teilgenommen wird, zB bei Erwerb von Wertpapieren in der Absicht, diese in Form eines anderen Wertpapiers (Repackaging) weiter zu verkaufen (Fischer/Schäfer/Schulte-Mattler/Schulte-Mattler/Schäfer KWG § 1 Rn. 166). Indizien für eine Dienstleistung für andere können ein privilegierter Marktzugang sowie ein strukturelles Informationsungleichwicht zwischen Händler und Kunden sein (Beck/Samm/Kokemoor/Reschke KWG § 1 Rn. 621, 629, 631). Die bloß subjektive Absicht, wirtschaftlich für einen Dritten zu handeln, ist nicht ausreichend (so aber Mielk WM 1997, 2200 (2203)).

129 **bb) Einzelfälle.** Eigenhandel für andere ist sind

– das sog. **Festpreisgeschäft** (Lendermann/Nemeczek/Schroeter/Reschke § 2 Rn. 172; so zu § 1 Abs. 1a S. 2 Nr. 4 KWG jeweils BVerwG ZIP 2008, 911 mAnm Unzicker; Fischer/Schäfer/Schulte-Mattler/Schulte-Mattler/Schäfer KWG § 1 Rn. 169; Reischauer/Kleinhans/Brogl KWG § 1 Rn. 216; Zerwas/

Hanten ZBB 2000, 44 (45)), bei dem sich der Eigenhändler verpflichtet, den Kaufvertrag zu einem bestimmten Preis zu erfüllen, und somit das Risiko trägt, sich am Markt zu einem höheren als dem mit dem Kunden vereinbarten Preis mit den gehandelten Finanzinstrumenten eindecken zu müssen oder hierfür einen geringeren Preis am Markt zu erzielen (Fischer/Schäfer/Schulte-Mattler/Schulte-Mattler/Schäfer KWG § 1 Rn. 169; Oelkers WM 2001, 340 (341 f.); Schäfer WM 2002, 361 (365); vgl. VGH Kassel ZIP 2006, 800 = EWiR § 32 KWG 2/06 Hey/Dörre);

- das **Aufgabegeschäft,** bei dem der Händler bei Abschluss die in das Geschäft eintretende Person noch nicht benennt (Lendermann/Nemeczek/Schroeter/Reschke § 2 Rn. 172);
- das **Clearing,** dh die Vermittlung des Abschluss von Geschäften mit der zentralen Gegenpartei durch Institute mit direkter Clearing-Berechtigung (Lendermann/Nemeczek/Schroeter/Reschke § 2 Rn. 172);
- sofern nicht bereits von Nr. 10a oder 10b erfasst, die **Marktpflege** ode **Interesse wahrende Order,** bei der sich der Börsenmakler verpflichtet, ein Finanzinstrument marktschonend zu kaufen oder zu verkaufen (Lendermann/Nemeczek/Schroeter/Reschke § 2 Rn. 172).

Eigenhandel für andere kann auch vorliegen, wenn ein Unternehmen Finanz- 130
instrumente aus eigenen Beständen veräußert oder in den Eigenbestand übernimmt oder wenn sich das Unternehmen nach Ausführung der Kundenorder am Markt eindeckt (Lendermann/Nemeczek/Schroeter/Reschke § 2 Rn. 173; so zu § 1 Abs. 1a S. 2 Nr. 4 KWG OLG Frankfurt a. M. BKR 2007, 299 (301); du Buisson WM 2003, 1401 (1408); Oelkers WM 2001, 340 (345); Zerwas/Hanten ZBB 2000, 44 (46)). Eigenhandel für andere ist auch das Angebot eines Unternehmens, von ihm begebene Inhaberschuldverschreibungen (Zertifikate) vor Fälligkeit börsentäglich zu einem von unabhängigen Dritten ermittelten Tageswert zurück zu erwerben (VG Frankfurt a. M., BeckRS 2003, 156581; Beck/Samm/Kokemoor/Reschke KWG § 1 Rn. 633e).

Kein Eigenhandel „für andere" ist das **Eigengeschäft** ohne Dienstleistungscha- 131
rakter, bei dem ein Händler, ohne dass dem ein entsprechender Kundenauftrag zugrunde läge, Finanzinstrumente für sich kauft oder verkauft (BaFin-Merkblatt (→ Rn. 111); Lendermann/Nemeczek/Schroeter/Reschke § 2 Rn. 173; Assmann/Schneider/Mülbert/Assmann WpHG § 2 Rn. 49; Schwark/Zimmer/Beck WpHG § 2 Rn. 23; Fischer/Schäfer/Schulte-Mattler/Schulte-Mattler/Schäfer KWG § 1 Rn. 203). Wird ein Geschäft in Erwartung eines Kundenauftrags getätigt **(antizipierter Kundenauftrag),** liegt kein Eigengeschäft vor (vgl. Art. 5 Nr. 4 EU-Vorschlag für VO über strukturelle Maßnahmen zur Erhöhung der Widerstandsfähigkeit von Kreditinstituten in der Union v. 29.1.2014, COM(2014) 43 final = BR-Drs. 45/14; Kumpan ZBB 2014, 208 f.).

Keine Tätigkeit für andere ist auch die **Verwaltung eigenen Vermögens,** 132
und zwar auch dann, wenn die Person oder das Unternehmen selbst am Handel mit anderen Marktteilnehmern teilnimmt bzw. über die zum Besuch der Präsenzbörse und zur Teilnahme am Börsenhandel erforderliche Zulassung verfügt (Bsp. bei FG München DStRE 2007, 743 für börslich getätigte Geschäfte durch angestellte Börsenmaklerin) oder wenn ein Daytrader über Depotbanken häufige und hohe Umsätze tätigt (vgl. zu § 1 Abs. 3 Nr. 5 KWG BFH (GrS) BStBl. II 2002, 291 = DStR 2002, 489; BFH WM 2004, 1912 (1916) = BB 2004, 751 = DStR 2004, 598; für Daytrader FG Berlin-Brandenburg DStRE 2008, 208 = EFG 2008, 128; für nach § 1 Abs. 3 Nr. 5 KWG nicht erlaubnispflichtiges Eigengeschäft bei

Anlage von über einen Treuhänder gehaltenen Kommanditeinlagen entsprechend einer von den Treugebern gewählten Form in Finanzinstrumenten und bei Mitspracherechten der Treugeber VGH Kassel ZIP 2006, 800 = EWiR § 32 KWG 2/06 Hey/Dörre; BVerwG BKR 2005, 200 mAnm Frey; VG Frankfurt a. M. BKR 2006, 173 = ZIP 2005, 1500 = EWiR § 1 KWG 2/05, 643 v. Livonius; VG Frankfurt a. M. WM 2005, 2036; Gstädtner/Elicker BKR 2006, 440); bestehen keine Mitspracherechte der Treugeber, dann liegen Einlagengeschäft iSv § 1 Abs. 1 S. 2 Nr. 1 KWG und Finanzportfolioverwaltung iSv Nr. 9 vor.

133 **d) Hochfrequenzhandel (Nr. 10d).** Nr. 10d entspricht dem durch das HochfrequenzhandelG v. 7.5.2013 eingefügten § 1 Abs. 1a S. 2 Nr. 4d KWG (zur Gesetzgebungsgeschichte näher Beck/Samm/Kokemoor/Reschke KWG § 1 Rn. 634 ff.; Jaskulla BKR 2013, 222; Kobbach BKR 2013, 233 f.). Erläuterungen zum Tatbestand des Hochfrequenzhandels finden sich im BaFin-Fragenkatalog „Häufige Fragen und Antworten zum algorithmischen Handel und zum Hochfrequenzhandel (Stand 17.7.2019)" v. 5.11.2013 idF v. 17.7.2019, zugänglich unter www.bafin.de. Nr. 10d ist erfüllt, wenn folgende Voraussetzungen vorliegen:

134 **aa) Kauf und Verkauf von Finanzinstrumenten für eigene Rechnung.** Das Unternehmen muss für eigene Rechnung Finanzinstrumente (Abs. 5) kaufen oder verkaufen (entsprechend dem Anschaffen und Veräußern in Nr. 10c, Lendermann/Nemeczek/Schroeter/Reschke § 2 Rn. 176). Unerheblich ist in Nr. 10d (anders als in Nr. 10a, 10b oder 10c), ob das Unternehmen dabei eine Dienstleistung für andere erbringt oder nicht (so zu § 1 Abs. 1a S. 2 Nr. 4d KWG Reischauer/Kleinhans/Brogl KWG § 1 Rn. 218).

135 **bb) Teilnahme an Handelsplatz.** Das Unternehmen muss unmittelbarer oder mittelbarer Teilnehmer eines inländischen Handelsplatzes iSv § 2 Abs. 22 WpHG (entspricht § 2 Abs. 5 BörsG) sein. Handelsplätze sind organisierte Märkte (§ 2 Abs. 11 WpHG), multilaterale Handelssysteme (Nr. 6) oder organisierte Handelssysteme (Nr. 7). Handelsteilnehmer inländischer organisierter Märkte sind die nach § 19 BörsG zugelassenen Unternehmer, Börsenhändler, Skontroführer und skontroführenden Personen (§ 2 Abs. 8 S. 1 BörsG). **Mittelbarer Teilnehmer** ist nach der Definition in § 2 Abs. 8 S. 2 BörsG, wer nicht direkt an einem Handelsplatz zugelassen ist, aber einem nach zugelassenen Handelsteilnehmer elektronisch Aufträge übermittelt oder wem ein zugelassener Teilnehmer einen direkten elektronischen Zugang ermöglicht, etwa unter Überlassung seiner Handels-ID für die direkte elektronische Übermittlung von Ordern an den Handelsplatz (BaFin-Fragenkatalog (→ Rn. 133); Kobbach BKR 2013, 235; Schultheiß WM 2013, 600). Unerheblich ist, ob der mittelbare Teilnehmer zulässigerweise am Handel teilnimmt (anders wohl Jaskulla BKR 2013, 225 f.).

136 **cc) hochfrequente algorithmische Handelstechnik.** Kauf oder Verkauf müssen durch eine **hochfrequente algorithmische Handelstechnik** ausgelöst werden (zu den Voraussetzungen näher BaFin-Fragenkatalog (→ Rn. 133); Kobbach BKR 2013, 234); diese ist gegeben, wenn die Merkmale in Nr. 10d Unterziffern aa), bb) und cc) sämtlich **kumulativ** vorliegen; nicht ausreichend ist die Erfüllung nur einzelner Merkmale (BaFin-Fragenkatalog (→ Rn. 133); Beck/Samm/Kokemoor/Reschke KWG § 1 Rn. 640; aA wohl Jaskulla BKR 2013, 228 f.).

137 **(1) Latenzen minimierende Infrastruktur (Nr. 10d) aa)).** Es muss **eine** Netzwerklatenzen und anderen Verzögerungen bei der Orderübertragung

(Latenzen) (dh die Zeit zwischen der Übermittlung der Order und der Erfassung durch die EDV des Handelsplatzes) **minimierende Infrastruktur** vorliegen, die, die mindestens eine der folgenden Vorrichtungen für die Eingabe algorithmischer Aufträge aufweist: Kollokation, Proximity Hosting oder direkter elektronischer Hochgeschwindigkeitszugang **(Nr. 10d aa);** dies ist der Fall etwa bei Installation von auftragsgenerierenden Servern in der Nähe des Zentralrechners des Marktbetreibers, oder bei direkten elektronischen Hochgeschwindigkeitszugängen mit einer Bandbreite von mind. 10 Gigabite pro Sekunde (BaFin-Fragenkatalog (→ Rn. 133); Lendermann/Nemeczek/Schroeter/Reschke Rn. 179; Kobbach BKR 2013, 234; zu den damit verbundenen Rechtsfragen näher Kasiske WM 2014, 1937; Mattig WM 2014, 1940 ff.).

(2) Einleitung, Erzeugung, Weiterleitung oder Ausführung von Aufträgen ohne menschliche Intervention (Nr. 10d) bb)). Aufträge müssen **ohne menschliche Intervention für einzelne Geschäfte oder Aufträge** iSv Art. 18 Delegierte VO (EU) 2017/565 eingeleitet, erzeugt, weitergeleitet oder ausgeführt werden **(Nr. 4d bb);** dies ist der Fall, wenn der Computer auf eigene Algorithmen oder Parameter von Algorithmen anderer Systeme reagiert. 138

Gibt das System einem Händler einen Hinweis auf das Vorliegen einer bestimmten Situation (zB durch eine **Chartsoftware**) und muss der Händler dann noch eine Entscheidung treffen, ist Nr. 10d nicht erfüllt (BaFin-Fragenkatalog (→ Rn. 133); Lendermann/Nemeczek/Schroeter/Reschke § 2 Rn. 181). Nr. 10d ist auch nicht erfüllt, wenn das System lediglich zur Weiterleitung nicht vom Unternehmen generierter Aufträge zu einem oder mehreren Handelsplätzen oder zur Bestätigung von Aufträgen verwendet wird (sog. **Order-Routing,** arg. § 33 Abs. 1a S. 1 WpHG aF (jetzt § 82 Abs. 8 WpHG), vgl. Kobbach BKR 2013, 237) oder das System nur einen von mehreren möglichen Handelsplätzen auswählt (sog. **Smart-Routing,** Kobbach BKR 2013, 237). 139

(3) Hohes untertägiges Mittelaufkommen (Nr. 10d) cc)). Nr. 10d verlangt außerdem **ein hohes untertägiges Mitteilungsaufkommen** iSv Art. 19 Delegierte VO (EU) 2017/565 in Form von Aufträgen, Kursangaben oder Stornierungen **(Nr. 4d cc);** als Mitteilung wird jede vom System generierte neue Order oder jeder neue Quote, jede erfolgreiche Änderung einer Order oder eines Quotes und jede erfolgreiche Stornierung verstanden, nicht Mitteilungen, die aufgrund eines technischen Prozesses außerhalb des Systems ohne Einfluss des Händlers entstehen, zB Mitteilungen über Ausführungen von Ordern **(„Matches").** Als **„hoch"** gelten nach Art. 19 Abs. 1 Delegierte VO (EU) 2017/565 durchschnittlich mindestens 2 Mitteilungen pro Sekunde in Bezug auf jedes einzelne Finanzinstrument, das an einem Handelsplatz gehandelt wird, oder mindestens 4 Mitteilungen pro Sekunde in Bezug auf alle Finanzinstrumente, die an einem Handelsplatz gehandelt werden, wobei das Mitteilungsaufkommen jeweils zwei Monate nach Ende eines Kalendermonats auf der Basis aller Mitteilungen der vorangegangenen 12 Monate zu ermitteln ist (Art. 19 Abs. 4 Delegierte VO (EU) 2017/565; Lendermann/Nemeczek/Schroeter/Reschke § 2 Rn. 184). 140

dd) Abgrenzung vom algorithmischen Handel. Algoritmischer Handel liegt nach der Definition in § 80 Abs. 2 WpHG (früher § 33 Abs. 1a WpHG aF), die auf Art. 4 Abs. 1 Nr. 39 MiFID II zurückgeht, dann vor, wenn bei Kauf und Verkauf von Finanzinstrumenten mindestens ein Auftragsparameter wie Zeitpunkt, Preis, Quantität, Orderart und Handelsplatz automatisch bestimmt wird 141

(Schwark/Zimmer/Fett WpHG § 80 Rn. 157). Anders als Hochfrequenzhandel iSv Nr. 4d kann algorithmischer Handel auch dann einschlägig sein, wenn ein Auftrag mit menschlicher Beteiligung generiert wird und kein hohes untertägiges Mitteilungsaufkommen vorliegt. Umgekehrt erfüllt Hochfrequenzhandel immer zugleich den Tatbestand des algorithmischen Handels nach § 80 Abs. 2 WpHG (Schwark/Zimmer/Fett WpHG § 80 Rn. 154; Schultheiß WM 2013, 599 (zu § 33 Abs. 1a WpHG aF); aA Jaskulla BKR 2013, 230 (ebenfalls zu § 33 Abs. 1a WpHG aF)).

142 **e) Abgrenzungsfragen.** Abzugrenzen ist der Eigenhandel für andere von folgenden Fällen:

- Handel im eigenen Namen für fremde Rechnung (verdeckte Stellvertretung); dieser ist **Finanzkommissionsgeschäft** nach Nr. 1.
- Übernahme von Finanzinstrumenten zur Platzierung für andere; diese ist **Emissionsgeschäft** nach Nr. 2, wenn eine Übernahmeverpflichtung eingegangen wird, ansonsten **Platzierungsgeschäft** nach Nr. 8; beim Emissionsgeschäft werden die Finanzinstrumente mit der Vereinbarung übernommen, sie im Wege der gezielten Streuung an interessierte Investoren weiter zu veräußern. Bei Veräußerung ohne Streuungsabrede blockweise nur an einzelne Abnehmer liegt Eigenhandel für andere vor (Beck/Samm/Kokemoor/Reschke KWG § 1 Rn. 656; zur Abgrenzung du Buisson WM 2003, 1401).
- Handel im fremden Namen für fremde Rechnung (offene Stellvertretung); dieser ist **Abschlussvermittlung** nach Nr. 5.
- Handel im eigenen Namen für eigene Rechnung ohne Auftrag eines anderen kann **Eigengeschäft** nach § 1 Abs. 1a S. 3 KWG sein, sofern das Unternehmen Teil einer Institutsgruppe ist, der ein CRR-Kreditinstitut angehört, und gilt dann nach § 1 Abs. 1a S. 4 KWG als Finanzdienstleistung.
- Handel für Rechnung einer Gemeinschaft von Anlegern ist Finanzdienstleistung nach § 1 Abs. 1a S. 2 Nr. 11 KWG **(Anlageverwaltung),** sofern nicht eine Erlaubnispflicht nach dem KAGB besteht.

IV. Wertpapiernebendienstleistungen (Abs. 3)

143 Abs. 3 entspricht § 2 Abs. 9 WpHG und setzt Art. 2 Abs. 1 IFD iVm Art. 4 Abs. 1 Nr. 3 u. Anhang I Abschnitt B MiFID II um (Regierungsbegründung WpIG, BT-Drs. 19/26929, 126). Wertpapiernebendienstleistungen können von Wertpapierinstituten nach § 15 Abs. 2 erbracht werden, solange eine Erlaubnis nach § 15 Abs. 1 besteht, ohne dass hierfür zusätzlich eine Erlaubnis nach § 32 Abs. 1 KWG erforderlich wäre, obwohl Wertpapiernebendienstleistungen teilweise zugleich den Tatbestand von Bankgeschäften iSv § 1 Abs. 1 S. 2 KWG oder Finanzdienstleistungen iSv § 1 Abs. 1a S. 2 KWG erfüllen. Umgekehrt sind Unternehmen, die ausschließlich Wertpapiernebendienstleistungen erbringen, keine Wertpapierinstitute iSv Abs. 1.

144 Abs. 3 beruht darauf, dass Wertpapiernebendienstleistungen typischerweise zusammen mit Wertpapierdienstleistungen erbracht werden. Ein **einzelgeschäftsbezogener sachlicher Zusammenhang** mit einer Wertpapierdienstleistung iSv Abs. 2 ist aber nur dort erforderlich, wo dies der Tatbestand ausdrücklich erfordert (so für § 2 WpHG BT-Drs. 13/7142, 102 (zu § 2 Abs. 3a WpHG aF); Assmann/Schneider/Mülbert/Assmann WpHG § 2 Rn. 179), so in Abs. 3 Nr. 2

(Wertpapierdarlehen), Abs. 3 Nr. 4 (Devisengeschäfte) und Abs. 3 Nr. 6 (Dienstleistungen im Zusammenhang mit dem Emissionsgeschäft).

1. Depotgeschäft (Nr. 1)

Nr. 1 entspricht § 2 Abs. 9 Nr. 1 WpHG, wobei die in § 2 Abs. 9 Nr. 1 WpHG verwendete Legaldefinition „Depotgeschäft" in Nr. 1 fehlt, ohne dass hierfür ein sachlicher Grund ersichtlich ist. Vermutlich handelt es sich um ein **Redaktionsversehen.** Depotgeschäft ist zugleich Bankgeschäft iSv § 1 Abs. 1 S. 2 Nr. 5 KWG. Erläuterungen zu § 1 Abs. 1 S. 2 Nr. 5 KWG finden sich im BaFin-Merkblatt „Hinweise zum Tatbestand des Depotgeschäfts" v. 6.1.2009 idF v. 15.12.2021, Consbruch/Fischer B 52.5. 145

a) Tatbestand. aa) Finanzinstrumente mit Ausnahme von Rechnungseinheiten. Gegenstand der Tätigkeit müssen Finanzinstrumente iSv Abs. 5 mit Ausnahme von Rechnungseinheiten iSv Abs. 5 Nr. 7 sein. Die früher in Nr. 1 enthaltene Ausnahme auch für Kryptowerte iSv Abs. 5 Nr. 10 aF wurde durch das FinmadiG mWz 30.12.2024 aufgehoben. 146

Anders als das Depotgeschäft nach § 1 Abs. 1 S. 2 Nr. 5 KWG verlangt Nr. 1 nicht, dass die verwahrten oder verwalteten Finanzinstrumente Wertpapiere iSv § 1 Abs. 1 DepotG sind (Lendermann/Nemeczek/Schroeter/Reschke § 2 Rn. 186). 147

bb) Verwahrung oder Verwaltung. Verwahrung und Verwaltung müssen aufgrund rechtsgeschäftlicher Vereinbarung (Depotvertrag) erfolgen (BaFin-Merkblatt (→ Rn. 145)). **Kein** Depotgeschäft sind Tätigkeiten aufgrund gesetzlicher Ermächtigung durch Insolvenzverwalter (§ 80 Abs. 1 InsO), Zwangsverwalter (§ 152 ZVG), Nießbrauchsverwalter (§ 1052 BGB), Nachlassverwalter (§ 1984 BGB) und Testamentsvollstrecker (§§ 2197, 2212 BGB) sowie aufgrund elterlicher Sorge (§§ 1626 BGB), Vormundschaft (§§ 1773 ff. BGB), im Rahmen eines Betreuungsverhältnisses (§§ 1896 ff. BGB) oder aufgrund einer Pflegschaft (§§ 1909 ff. BGB) sowie hoheitliche Tätigkeiten durch die Amtsgerichte nach der Hinterlegungsordnung (BaFin-Merkblatt (→ Rn. 145); Schwark/Zimmer/Kumpan WpHG § 2 Rn. 169). 148

„Verwahrung" meint die sog. **offene Verwahrung** von Wertpapieren, bei denen die Verwahrstücke dem Verwahrer zugänglich sind, in den im DepotG geregelten Verwahrungsformen der Sonderverwahrung (§ 2 DepotG), Drittverwahrung (§ 3 DepotG), Sammelverwahrung (§ 5 DepotG), Tauschverwahrung (§ 10 DepotG) und unregelmäßigen Verwahrung (§ 15 DepotG) (BaFin-Merkblatt (→ Rn. 145); Assmann/Schneider/Mülbert/Assmann WpHG § 2 Rn. 182; Beck/Samm/Kokemoor/Reschke KWG § 1 Rn. 362 ff.; Fischer/Schäfer/Schulte-Mattler/Schulte-Mattler/Schäfer KWG § 1 Rn. 79). **Nicht** unter Nr. 1 fällt die **geschlossene Verwahrung,** dh die Annahme von Verwahrstücken in dem Verwahrer unzugänglichen geschlossenen Depots oder Schließfächern sowie die Überlassung von Schrankfächern (BaFin-Merkblatt (→ Rn. 145); Lendermann/Nemeczek/Schroeter/Reschke § 2 Rn. 187; Assmann/Schneider/Mülbert/Assmann WpHG § 2 Rn. 182; Fischer/Schäfer/Schulte-Mattler/Schulte-Mattler/Schäfer KWG § 1 Rn. 82; Reischauer/Kleinhans/Brogl KWG § 1 Rn. 102). 149

„Verwaltung" sind die im Rahmen der depotgeschäftlichen Verwahrung erbrachten Dienstleistungen (dazu näher Decker in BuB IV Rn. 8/145 ff.); hierunter fallen nach Maßgabe des BaFin-Merkblatts (→ Rn. 145) die laufende 150

Wahrnehmung sämtlicher Rechte aus Finanzinstrumenten, ua Inkassotätigkeiten, Benachrichtigungs-, Prüfungs- und Überwachungspflichten bezüglich Mitteilungen von Emittenten, Kündigungen und Verlosungen sowie Ausübung von Stimmrechten und Bezugsrechten und die Einziehung des Gegenwerts bei Fälligkeit (so jeweils zu § 1 Abs. 1 S. 2 Nr. 5 KWG BaFin-Merkblatt (→ Rn. 145); Lendermann/Nemeczek/Schroeter/Reschke § 2 Rn. 188; Fischer/Schäfer/Schulte-Mattler/Schulte-Mattler/Schäfer KWG § 1 Rn. 83; Reischauer/Kleinhans/Brogl KWG § 1 Rn. 103) und des Effektengiroverkehrs (dazu Beck/Samm/Kokemoor/Reschke KWG § 1 Rn. 376).

151 Nr. 1 erfasst als mit der Verwaltung verbundene Dienstleistungen auch das **Cash-Management** und die **Sicherheitenverwaltung.**

152 Nr. 1 ist auch dann erfüllt, wenn Finanzinstrumente nur verwaltet werden, ohne dass eine Verwahrung erfolgt. Jede Variante von Nr. 1 begründet für sich allein das Depotgeschäft (BaFin-Merkblatt (→ Rn. 145) (zu § 1 Abs. 1 S. 2 Nr. 5 KWG); Lendermann/Nemeczek/Schroeter/Reschke § 2 Rn. 186; Assmann/Schneider/Mülbert/Assmann WpHG § 2 Rn. 181).

153 **cc) für andere.** Die Verwahrung muss **„für andere"** erfolgen, dh im überwiegenden Drittinteresse (so zu § 1 Abs. 1 S. 2 Nr. 5 KWG OVG Berlin NJW 1967, 1052). **Kein** Depotgeschäft iSv Nr. 1 ist die unentgeltliche Verwahrung für nahe Angehörige (BaFin-Merkblatt (→ Rn. 145)) sowie wegen des überwiegenden Eigeninteresses die sog. **Pfandverwahrung** (vgl. § 17 DepotG), wenn eine Nichtbank ihr als Sicherheit zur Verfügung gestellte verbriefte Wertpapiere zur Begründung eines Pfandrechts (§§ 1292, 1293 BGB) in ihren Besitz (§§ 1205, 1206 BGB) nimmt; hieran ändert auch die nach § 17 DepotG angeordnete Geltung des DepotG nichts (aA jeweils zu § 1 Abs. 1 S. 2 Nr. 5 KWG BaFin-Merkblatt (→ Rn. 145); Beck/Samm/Kokemoor/Reschke KWG § 1 Rn. 387; Fischer/Schäfer/Schulte-Mattler/Schulte-Mattler/Schäfer KWG § 1 Rn. 80). Auch die Verwaltung von Wertpapierpapieren im Rahmen von Repo- oder Wertpapierpensionsgeschäften fällt nicht unter Nr. 1 (so zu § 1 Abs. 1 S. 2 Nr. 5 KWG BaFin-Merkblatt (→ Rn. 145); Fischer/Schäfer/Schulte-Mattler/Schulte-Mattler/Schäfer KWG § 1 Rn. 82).

154 **b) Abgrenzungsfragen. Keine** Verwahrung ist die Entgegennahme von Wertpapierdarlehen, da diese in den Eigenbestand des Wertpapierdarlehensnehmers übergehen und dem Wertpapierdarlehensgeber keine dinglichen Rechte an den Wertpapieren zustehen (BaFin-Merkblatt (→ Rn. 145); Beck/Samm/Kokemoor/Reschke KWG § 1 Rn. 390; Fischer/Schäfer/Schulte-Mattler/Schulte-Mattler/Schäfer KWG § 1 Rn. 82).

2. Kredite für Durchführung von Wertpapierdienstleistungen (Nr. 2)

155 Nr. 2 entspricht § 2 Abs. 9 Nr. 2 WpHG. Die Vergabe von Darlehen kann generell den Tatbestand des Kreditgeschäfts erfüllen, der Bankgeschäft nach § 1 Abs. 1 S. 2 Nr. 2 KWG ist. Nr. 2 ermöglicht im eingeschränkten Umfang die Kreditvergabe durch Wertpapierinstitute mit Erlaubnis nach § 15, ohne dass zusätzlich eine Erlaubnis nach § 32 Abs. 1 KWG benötigt würde. Erläuterungen zum (weiter gefassten) Tatbestand des Kreditgeschäfts nach § 1 Abs. 1 S. 2 Nr. 2 KWG enthält das BaFin-Merkblatt „Hinweise zum Tatbestand des Kreditgeschäfts" v. 8.1.2009 idF v. 21.4.2023, Consbruch/Fischer B 52.3.

a) Voraussetzungen. aa) Darlehen oder andere Kredite. Nr. 2 erfasst zunächst **Gelddarlehen** iSv § 488 BGB oder vergleichbare Verträge nach ausländischem Recht (so zu § 1 Abs. 1 S. 2 Nr. 2 KWG BaFin-Merkblatt (→ Rn. 155)). 156

Sachdarlehen fallen nicht unter Nr. 3 (BT-Drs. 13/7142, 102 (zu § 2 Abs. 3a Nr. 2 WpHG aF); BaFin-Merkblatt (→ Rn. 155)). Daher wird die Wertpapierleihe von Nr. 2 nicht erfasst. 157

Die Darlehen müssen **rückzahlbar** sein. Mangels Rückzahlbarkeit keine Darlehen sind 158

- verlorene Zuschüsse (so zu § 1 Abs. 1 S. 2 Nr. 2 KWG BaFin-Merkblatt (→ Rn. 155));
- gesellschaftsrechtliche Beteiligungen wie stille Beteiligungen, wenn eine Verlustteilnahme vereinbart ist (so zu § 1 Abs. 1 S. 2 Nr. 2 KWG BaFin-Merkblatt (→ Rn. 155); BGHZ 90, 310 = WM 1984, 957 = NJW 1984, 2691; BGH NZG 2005, 472 (474); Beck/Samm/Kokemoor/Reschke KWG § 1 Rn. 127 f.; Fischer/Schäfer/Schulte-Mattler/Schulte-Mattler/Schäfer KWG § 1 Rn. 62);
- mit qualifiziertem Rangrücktritt zur Verfügung gestellte Geldbeträge (so zu § 1 Abs. 1 S. 2 Nr. 2 KWG BaFin-Merkblatt (→ Rn. 155); BGH WM 2018, 787 = NJW 2018, 1486 Rn. 20 ff.; BGH WM 2018, 1639 Rn. 22; 2019, 2304 Rn. 16; Beck/Samm/Kokemoor/Reschke KWG § 1 Rn. 125 ff., 170i ff.; Fischer/Schäfer/Schulte-Mattler/Schulte-Mattler/Schäfer KWG § 1 Rn. 46; zu AGB-rechtlichen Anforderungen an wirksame qualifizierte Nachrangdarlehensvereinbarung statt aller BGH WM 2019, 2304 Rn. 24 ff.; Poelzig WM 2014, 917, 918; Gehrlein WM 2017, 1385; Veith BKR 2016, 184), wenn diese für den Empfänger keine Einlagen iSv § 1 Abs. 1 S. 2 Nr. 1 KWG wären (näher BaFin-Merkblatt „Hinweise zum Tatbestand des Einlagengeschäfts" v. 11.3.2014 idF v. 20.8.2021, Consbruch/Fischer B 52.1); nach der Verwaltungspraxis der BaFin sollen natürlichen Personen in ihrer Eigenschaft als Verbrauchern zur Verfügung gestellte Darlehensbeträge stets den Tatbestand des Kreditgeschäfts iSv § 1 Abs. 1 S. 2 Nr. 2 KWG erfüllen (BaFin-Merkblatt Kreditgeschäft (→ Rn. 155)). Ob dies in dieser Allgemeinheit richtig ist und auf Nr. 2 übertragbar ist, ist zweifelhaft. Allerdings wird ein Rangrücktritt bei Verbraucherdarlehen iSv § 491 BGB praktisch kaum vorkommen.

Vereinbart sein muss die Rückzahlung **in Geld.** Sind nach der vertraglichen Vereinbarung bei Fälligkeit Wertpapiere, Sachen oder Rechte zu leisten, liegt kein Gelddarlehen vor (so zu § 1 Abs. 1 S. 2 Nr. 2 KWG BaFin-Merkblatt (→ Rn. 155)). Lautet der Rückzahlungsanspruch ursprünglich auf einen Geldbetrag und wird nachträglich eine Sachtilgung vereinbart, lässt dies Nr. 2 nicht rückwirkend entfallen (so zu § 1 Abs. 1 S. 2 Nr. 2 KWG BaFin-Merkblatt (→ Rn. 155)). 159

Unerheblich sind Vereinbarungen über eine Verzinsung (so zu § 1 Abs. 1 S. 2 Nr. 2 KWG BaFin-Merkblatt (→ Rn. 155); VG Berlin WM 1997, 218 = WuB I L 1 § 1 KWG 1.97 Hafke; Beck/Samm/Kokemoor/Reschke KWG § 1 Rn. 209; Fischer/Schäfer/Schulte-Mattler/Schulte-Mattler/Schäfer KWG § 1 Rn. 58), Art und Umfang der Besicherung (so zu § 1 Abs. 1 S. 2 Nr. 2 KWG BaFin-Merkblatt (→ Rn. 155)) sowie die Finanzierung der Geldvergabe durch Eigen- oder Fremdmittel (so zu § 1 Abs. 1 S. 2 Nr. 2 KWG BaFin-Merkblatt (→ Rn. 155); BVerwG Beckmann/Bauer § 1 Abs. 1 S. 1 KWG Nr. 33 = GewArch 1981, 70; VG Frankfurt a. M. WM 2005, 503 (506 f.) = EWiR § 32 KWG 1/05 Hanten; Beck/Samm/Kokemoor/Reschke KWG § 1 Rn. 198; Fischer/Schäfer/Schulte-Matt- 160 ler/Schulte-Mattler/Schäfer KWG § 1 Rn. 59; Reischauer/Kleinhans/Brogl KWG § 1 Rn. 33, 61).

161 **Andere Kredite** iSv Nr. 2 sind alle Geschäfte, die Forderungen des Unternehmens begründen, die einem Adressenausfallrisiko unterliegen. Darunter fallen zB die Stundung von Ansprüchen aus den zugrunde liegenden Geschäften oder zeitlich hinausgeschobene Zahlung von Geldbeträgen (Schwark/Zimmer/Kumpan WpHG § 2 Rn. 172; Assmann/Schneider/Mülbert/Assmann WpHG § 2 Rn. 187) sowie sämtliche Geschäfte, die Finanzierungshilfen iSv § 506 BGB darstellen.

162 **bb) an andere.** Darlehens- und Kreditgewährung **an andere** verlangen einen Kundenbezug. Dies schließt konzerninterne Finanzierungen aus (Assmann/Schneider/Mülbert/Assmann WpHG § 2 Rn. 187).

163 **cc) für die Durchführung von Wertpapierdienstleistungen.** Die kreditierten Beträge müssen für die Durchführung von Wertpapierdienstleistungen bestimmt sein. Dies meint vor allem die Geldmittel, die zum Erwerb der jeweiligen Finanzinstrumente notwendig sind (Assmann/Schneider/Mülbert/Assmann WpHG § 2 Rn. 187), aber auch mit Erwerb oder Veräußerung bzw. Platzierung von Finanzinstrumenten verbundene Provisionen und andere Transaktionskosten (Assmann/Schneider/Mülbert/Assmann WpHG § 2 Rn. 187; Schwark/Zimmer/Kumpan WpHG § 2 Rn. 172).

164 Der Wortlaut von Nr. 2 verlangt nicht, dass der Kreditnehmer mit dem Kunden der Wertpapierdienstleistung identisch ist (BaFin-Merkblatt (Fn. 155); Assmann/Schneider/Mülbert/Assmann WpHG § 2 Rn. 188; Schwark/Zimmer/Kumpan WpHG § 2 Rn. 172). Allerdings sind Fallkonstellation schwer denkbar, in denen diese Beteiligten auseinanderfallen, wenn (nur) der Gegenwert einer Wertpapierdienstleistung oder damit verbundene Gebühren und Auslagen finanziert werden sollen.

165 **dd) Beteiligung an finanzierten Geschäften.** Das kreditgewährende Unternehmen muss an den finanzierten Wertpapierdienstleistungen beteiligt sein, diese aber nicht ausschließlich erbracht haben (Regierungsbegründung FRUG, BT-Drs. 16/4028, 56 (zu § 2 Abs. 3a Nr. 2 WpHG aF); Lendermann/Nemeczek/Schroeter/Reschke § 2 Rn. 192; Assmann/Schneider/Mülbert/Assmann WpHG § 2 Rn. 128). Ausreichend ist, wenn das finanzierende Unternehmen die Wertpapierdienstleistungen zusammen mit anderen Unternehmen erbringt (Assmann/Schneider/Mülbert/Assmann WpHG § 2 Rn. 188; Schwark/Zimmer/Kumpan WpHG § 2 Rn. 172). Erfasst sind etwa die Fälle, in denen das finanzierende Unternehmen die Emission oder Platzierung von Finanzinstrumenten als Teil eines Konsortiums begleitet.

166 **b) Abgrenzungsfragen. Nicht** unter Nr. 2 fallen Kredite mit anderem Verwendungszweck, die lediglich mit Finanzinstrumenten besichert sind.

3. Unternehmensberatung (Nr. 3)

167 **a) Voraussetzungen.** Nr. 3 entspricht § 2 Abs. 9 Nr. 3 WpHG. Eine entsprechende Bestimmung enthält auch § 1 Abs. 3 S. 1 Nr. 7 KWG. Tätigkeiten nach Nr. 3 qualifizieren das sie erbringende Unternehmen als Finanzinstitut iSv § 1 Abs. 3 KWG, lösen aber isoliert keine Erlaubnispflicht nach dem WpIG aus. Auch eine Erlaubnis nach § 32 Abs. 1 KWG ist hierfür nicht erforderlich (Fischer/Schäfer/Schulte-Mattler/Schulte-Mattler/Schäfer KWG § 1 Rn. 223).

Nr. 3 erfasst die Beratung von Unternehmen über die Kapitalstruktur, die industrielle Strategie sowie im Zusammenhang mit Unternehmenskäufen und -zusammenschlüssen (M&A-Beratung) (Lendermann/Nemeczek/Schroeter/Reschke § 2 Rn. 194). Unter Nr. 3 fallen nur allgemeine Beratungstätigkeiten, die keine konkreten Finanzinstrumente zum Gegenstand haben (Assmann/Schneider/Mülbert/Assmann WpHG § 2 Rn. 190). 168

Beratung über die **Kapitalstruktur** meint die Zusammensetzung der einem Unternehmen zur Verfügung stehenden finanziellen Mittel (Eigen- und Fremdkapital) (Lendermann/Nemeczek/Schroeter/Reschke § 2 Rn. 194; Assmann/Schneider/Mülbert/Assmann WpHG § 2 Rn. 190). 169

Beratung über die **industrielle Strategie** meint Fragen der produkt-, fertigungs- und marktbezogenen Entwicklung des Unternehmens und seiner Produkte und Dienstleistungen, die Standortwahl und -änderung sowie die Organisation des Unternehmens (Lendermann/Nemeczek/Schroeter/Reschke § 2 Rn. 194; Assmann/Schneider/Mülbert/Assmann WpHG § 2 Rn. 190). 170

M&A-Beratung ist die Vorbereitung unternehmerischer Entscheidungen. Sie umfasst Hinweise auf potentielle Zielunternehmen oder Betriebe oder Kaufinteressenten für Unternehmensteile sowie die Unterstützung bei der Vorbereitung (Due Diligence, Bewertung) und Durchführung von M&A-Transaktionen unter Ausschluss der Rechtsberatung. Nr. 3 ist auch einschlägig, wenn die Umsetzung der Beratung den Erwerb oder die Veräußerung von Finanzinstrumenten mit sich bringt (CESR-Paper 10/293 „Questions & Answers Understanding the definition of advice under MiFID" v. 19.4.2010, Tz. 76/87 (zugänglich unter www.esma.europa.eu); dem folgend BaFin-Schreiben v. 4.10.2011 – Q 31-FR 2120-2007/0022; Fischer/Schäfer/Schulte-Mattler/Schulte-Mattler/Schäfer KWG § 1 Rn. 144). 171

b) Abgrenzungsfragen. Anlageberatung iSv Abs. 2 Nr. 4 liegt vor, wenn Gegenstand der Beratung die Empfehlung des Erwerbs oder der Veräußerung bestimmter Finanzinstrumente, ohne dass zugleich Erwerb oder Beteiligung an einem Unternehmen als Ganzem beabsichtigt ist. **Anlagevermittlung** iSv Abs. 2 Nr. 3 oder **Abschlussvermittlung** iSv Abs. 2 Nr. 5 liegen vor, wenn der Berater in das Zustandekommen des Erwerbs bzw. der Veräußerung als Makler oder Stellvertreter eingebunden ist. Tritt das Unternehmen als Zwischenerwerber von Unternehmen auf, dann kann **Eigenhandel** iSv Abs. 2 Nr. 10 vorliegen, sofern der Erwerb Finanzinstrumente zum Gegenstand hat (so zu § 1 Abs. 1 S. 2 Nr. 4 KWG Reischauer/Kleinhans/Brogl KWG § 1 Rn. 279; Beck/Samm/Kokemoor/Demmelmair KWG § 1 Rn. 827). 172

4. Devisengeschäfte im Zusammenhang mit Wertpapierdienstleistungen (Nr. 4)

Nr. 4 entspricht § 2 Abs. 9 Nr. 4 WpHG. Finanzdienstdienstleistung ist das Sortengeschäft iSv § 1 Abs. 1a S. 2 Nr. 7 KWG, dh der Austausch von Banknoten oder Münzen, die gesetzliche Zahlungsmittel darstellen, in andere Währungen sowie der Verkauf und Ankauf von Reiseschecks (BT-Drs. 13/7142, 67; Fischer/Schäfer/Schulte-Mattler/Schulte-Mattler/Schäfer KWG § 1 Rn. 177). 173

Erfasst werden alle Geschäfte in **Devisen** iSv Abs. 5 Nr. 7, die in sachlichem Zusammenhang mit einer Wertpapierdienstleistung stehen (Lendermann/Nemeczek/Schroeter/Reschke § 2 Rn. 195; Assmann/Schneider/Mülbert/Assmann WpHG § 2 Rn. 191; enger Fuchs/Zimmermann/Fuchs/Zimmermann 174

WpHG § 2 Rn. 175 (direkter und einzelgeschäftsbezogener Zusammenhang mit einer Wertpapierdienstleistung)). Da Abs. 5 Nr. 7 alle Devisen als Finanzinstrumente einstuft, erfasst Nr. 4 nicht lediglich Devisenkassageschäfte mit Erfüllungszeitpunkt zwei Tagen nach Geschäftsabschluss (so aber Assmann/Schneider/Mülbert/Assmann WpHG § 2 Rn. 191; Fuchs/Zimmermann/Fuchs/Zimmermann WpHG § 2 Rn. 174).

5. Anlagestrategieempfehlungen (Nr. 5)

175 Nr. 5 entspricht inhaltlich § 2 Abs. 9 Nr. 5 WpHG und setzt Art. 3 Abs. 1 Nr. 34 und 35 MAR (VO (EU) Nr. 596/2014) um, auf die ausdrücklich verwiesen wird (Assmann/Schneider/Mülbert/Assmann WpHG § 2 Rn. 192). Eine vergleichbare Definition enthält § 1 Abs. 3 Nr. 6 KWG. Erläuterungen zur MAR enthalten die ESMA-Questions and Answers on the Market Abuse Regulation (MAR), Stand 15.11.2022 (ESMA70-145-11), zugänglich unter www.esma.europa.eu).

176 **a) Voraussetzungen. aa) Anlagestrategieempfehlungen.** Nr. 5 verweist für den Begriff der **„Anlagestrategien“** auf Art. 3 Abs. 1 Nr. 34 MAR, der folgenden Wortlaut hat:

„Empfehlung oder Vorschlag einer Anlagestrategie“ bezeichnet

i) eine von einem unabhängigen Analysten, einer Wertpapierfirma, einem Kreditinstitut oder einer sonstigen Person, deren Haupttätigkeit in der Erstellung von Anlageempfehlungen besteht, oder einer bei den genannten Einrichtungen im Rahmen eines Arbeitsvertrags oder anderweitig tätigen natürlichen Person erstellte Information, die direkt oder indirekt einen bestimmten Anlagevorschlag zu einem Finanzinstrument oder einem Emittenten darstellt;

ii) eine von anderen als den in Ziffer i genannten Personen erstellte Information, die direkt eine bestimmte Anlageentscheidung zu einem Finanzinstrument vorschlägt;

177 Der Begriff der **„Anlagestrategie“** ist im Sinne von Anlageentscheidung zu verstehen (Assmann/Schneider/Mülbert/Koller VO (EU) 596/2014 Art. 20 Rn. 3f, 21).

178 **Bestimmter Anlagevorschlag zu Finanzinstrument oder Emittent** iSv Art. 3 Abs. 1 Nr. 34 lit. i MAR meint das Aufzeigen einer Handlungsoption durch Verbreitung von Informationen in einer dem Empfänger als Empfehlung zum Kauf oder Verkauf oder zum Halten eines bestimmten Finanzinstruments verständlichen Form (Schwark/Zimmer/Kumpan/Schmidt VO (EU) 596/2014 Art. 20 Rn. 41; Assmann/Schneider/Mülbert/Koller VO (EU) 596/2014 Art. 20 Rn. 13). Bezieht sich der Anlagevorschlag auf eine Branche, dann muss ein Bezug zu einem konkreten Finanzinstrument erkennbar sein (Schwark/Zimmer/Kumpan/Schmidt VO (EU) 596/2014 Art. 20 Rn. 41).

179 Da es auf den Empfängerhorizont ankommt, ist es unerheblich, wenn die Information vom Ersteller ausdrücklich als unverbindlich (Assmann/Schneider/Mülbert/Koller VO (EU) 596/2014 Art. 20 Rn. 14) oder als „weder objektiv noch unabhängig“ gekennzeichnet wird und an wen der Anlagevorschlag gerichtet ist (Schwark/Zimmer/Kumpan/Schmidt VO (EU) 596/2014 Art. 20 Rn. 41). Auf die Form des Vorschlags kommt es nicht an; erfasst werden auch informelle Vorschläge (Assmann/Schneider/Mülbert/Koller VO (EU) 596/2014 Art. 20 Rn. 14).

180 **Keine** Anlagevorschläge sind allgemeine Aussagen über Marktentwicklungen oder Indices, Kurscharts ohne Prognose des zukünftigen Kursverlaufs, Beschrei-

bungen der Geschäftstätigkeit von Emittenten, die Verbreitung von Kapitalmarktinformationen eines Unternehmens wie zB Ad-hoc-Mitteilungen (Schwark/Zimmer/Kumpan/Schmidt VO (EU) 596/2014 Art. 20 Rn. 43) sowie rein tatsächliche Informationen über ein Unternehmen (ESMA-Q&A MAR (→ Rn. 175) A 8.5).

Vorschlag einer bestimmten Anlageentscheidung zu einem Finanzinstrument iSv Art. 3 Abs. 1 Nr. 34 lit. ii MAR erfasst als Auffangtatbestand zu Art. 3 Abs. 1 Nr. 34 lit. i MAR isolierte Anlagevorschläge ohne Bezug auf den Emittenten (Schwark/Zimmer/Kumpan/Schmidt VO (EU) 596/2014 Art. 20 Rn. 45) und ohne Vermittlung von Informationen über Finanzinstrument oder Emittenten. 181

bb) Anlageempfehlungen. Nr. 5 verweist für den Begriff der **„Anlageempfehlungen"** auf Art. 3 Abs. 1 Nr. 35 MAR, der folgenden Wortlaut hat: 182

„Anlageempfehlungen" bezeichnet Informationen mit expliziten oder impliziten Empfehlungen oder Vorschlägen zu Anlagestrategien in Bezug auf ein oder mehrere Finanzinstrumente oder Emittenten, die für Verbreitungskanäle oder die Öffentlichkeit vorgesehen sind, einschließlich einer Beurteilung des aktuellen oder künftigen Wertes oder Kurses solcher Instrumente.

Art. 3 Abs. 1 Nr. 35 MAR verwendet anders als Art. 3 Abs. 1 Nr. 34 MAR nicht den Begriff des Anlagevorschlags, sondern den der **Anlageempfehlung.** Inhalt von Anlageempfehlungen und Anlagevorschlägen ist gleichermaßen die Möglichkeit der Beeinflussung des Verhaltens von Anlegern in Bezug auf Finanzinstrumente oder Emittenten unabhängig davon, ob diese auf Informationen gestützt sind oder nicht. Insoweit ist ein inhaltlicher Unterschied zwischen Anlagevorschlägen und Anlageempfehlungen nicht erkennbar (anders wohl Schwark/Zimmer/Kumpan/Schmidt VO (EU) 596/2014 Art. 20 Rn. 41, 52 f.). 183

Die Anlageempfehlung kann sowohl **explizit** (direkt) als auch **implizit** (indirekt) erfolgen. Direkt ist eine konkrete Handlungsempfehlung (Kaufen, Verkaufen, Halten). Indirekt ist eine Information, die für die Öffentlichkeit naheliegenderweise als Empfehlung eines bestimmten Verhaltens zu verstehen ist (Assmann/Schneider/Mülbert/Koller VO (EU) 596/2014 Art. 20 Rn. 17). Maßgeblich ist die Sichtweise eines verständigen Anlegers (ESMA-Q&A MAR (→ Rn. 175) A 8.2). 184

Anlagevorschläge und Anlageempfehlungen unterscheiden sich lediglich hinsichtlich ihrer Verbreitung; Anlageempfehlungen iSv Art. 3 Abs. 1 Nr. 35 MAR sind nur solche, die für Verbreitungskanäle oder die Öffentlichkeit bestimmt sind Schwark/Zimmer/Kumpan/Schmidt VO (EU) 596/2014 Art. 20 Rn. 53), während Anlagevorschläge (auch) individuell übermittelt werden können. 185

Art. 3 Abs. 1 Nr. 35 MAR verlangt – anders als Art. 3 Abs. 1 Nr. 34 MAR – eine **Beurteilung des aktuellen oder künftigen Wertes oder Kurses** von Finanzinstrumenten. Ausreichend sind sowohl die Angabe von Kurszielen, die Kennzeichnung als „unterbewertet" oder „unterbewertet" (ESMA-Q&A MAR (→ Rn. 175) A 8.4), ausdrückliche Kauf- oder Verkaufsempfehlungen („Strong Buy", „Buy", „Hold", „Sell") oder die Angabe der künftigen Entwicklung im Verhältnis zum Kapitalmarkt („Outperformer", „Market Performer", „Underperformer"). 186

cc) Erstellen und Verbreiten. Nr. 5 erfasst das Erstellen und Verbreiten von Empfehlungen. Eine Empfehlung wird **erstellt,** wenn sie inhaltlich oder äußer- 187 lich erarbeitet oder gestaltet oder wesentlich verändert wird (Assmann/Schneider/Mülbert/Assmann WpHG § 2 Rn. 194; Fuchs/Zimmermann/Fuchs/Zimmermann WpHG § 2 Rn. 177; Schwark/Zimmer/Kumpan/Schmidt VO (EU) 596/2014 Art. 20 Rn. 69). Auch das Hinzufügen von Informationen oder das Verbreiten fremder Empfehlungen im eigenen Namen ist „Erstellen" (Schwark/Zimmer/Kumpan/Schmidt VO (EU) 596/2014 Art. 20 Rn. 71).

188 Die Empfehlung muss zur Verbreitung bestimmt sein (Schwark/Zimmer/Kumpan/Schmidt VO (EU) 596/2014 Art. 20 Rn. 69). **Keine** zur Verbreitung bestimmten Empfehlungen iSv Nr. 5 sind Äußerungen im privaten Bereich (Assmann/Schneider/Mülbert/Assmann WpHG § 2 Rn. 194), Empfehlungen nur an einzelne Kunden (Schwark/Zimmer/Kumpan/Schmidt VO (EU) 596/2014 Art. 20 Rn. 71) sowie die unternehmensinterne Kommunikation (Schwark/Zimmer/Kumpan/Schmidt VO (EU) 596/2014 Art. 20 Rn. 70).

189 **Verbreitet** wird eine Empfehlung, wenn sie für eine Vielzahl von Personen bestimmt ist und diesen auch zugänglich gemacht wird (Assmann/Schneider/Mülbert/Assmann WpHG § 2 Rn. 194; Schwark/Zimmer/Kumpan/Schmidt VO (EU) 596/2014 Art. 20 Rn. 74). Die Zahl der erreichten Personen ist unerheblich, solange die Möglichkeit besteht, dass die Empfehlung an die Öffentlichkeit gelangt (Schwark/Zimmer/Kumpan/Schmidt VO (EU) 596/2014 Art. 20 Rn. 74).

190 **b) Abgrenzungsfragen.** Anlagestrategieempfehlungen und Anlageempfehlungen iSv Nr. 5 unterscheiden sich von der Anlageberatung iSv Abs. 2 Nr. 4 dadurch, dass sie **keine persönlichen,** auf eine Prüfung der persönlichen Umstände des Anlegers gestützten Empfehlungen sind (BT-Drs. 16/4028, 57) und dass sie – anders als die Anlageberatung nach Abs. 2 Nr. 4 – typischerweise über Informationsverbreitungskanäle und die Öffentlichkeit bekannt gegeben werden.

6. Dienstleistungen im Zusammenhang mit dem Emissionsgeschäft (Nr. 6)

191 Nr. 6 entspricht § 2 Abs. 9 Nr. 6 WpHG.

192 Nr. 6 erfasst alle Dienstleistungen im Zusammenhang mit dem Emissionsgeschäft, die nicht bereits nach Abs. 2 Nr. 2 erlaubnispflichtig wichtig. Erforderlich sind sowohl ein sachlicher als auch ein zeitlicher Zusammenhang (Assmann/Schneider/Mülbert/Assmann WpHG § 2 Rn. 195). Der Empfänger der Dienstleistungen muss nicht notwendig der Emittent sein (Assmann/Schneider/Mülbert/Assmann WpHG § 2 Rn. 195).

7. Dienstleistungen in Bezug auf Basiswerte iSv § 2 Abs. 8 Nr. 2 oder § 2 Abs. 8 Nr. 5 iVm Art. 8 Delegierte VO (EU) 2017/565 (Nr. 7)

193 Nr. 7 entspricht § 2 Abs. 9 Nr. 7 WpHG.

194 Nr. 7 erfasst Dienstleistungen mit Bezug auf den Basiswert von Warenderivaten (Abs. 8 Nr. 2) oder anderen Spezialderivaten (Abs. 8 Nr. 5), deren Gegenstand nicht selbst Finanzinstrumente iSv Abs. 5 sind. Gemeint sind etwa **Spotgeschäfte** in Waren, die selbst keine Termingeschäfte sind (Regierungsbegründung FRUG, BT-Drs. 16/4028, 57 (zu § 2 Abs. 3a Nr. 7 WpHG aF); Lendermann/Nemeczek/Schroeter/Reschke § 2 Rn. 198; Assmann/Schneider/Mülbert/Assmann WpHG § 2 Rn. 196). Spotgeschäfte in Waren sind nach Art. 3 Abs. 1 Nr. 15 MAR dadurch gekennzeichnet, dass die gehandelte Ware bei Abwicklung des Geschäfts unverzüglich geliefert wird, sowie bei auf Termin abgeschlossenen Kontrakten durch die physische Lieferung des Vertragsgegenstands (der selbst kein Finanzinstrument ist). Als Spotmärkte definiert Art. 3 Abs. 1 Nr. 16 MAR Märkte, auf denen Waren gegen Barzahlung verkauft und bei Abwicklung des Geschäfts unverzüglich geliefert werden, sowie andere Märkte, die keine Finanzmärkte sind, wie Warenterminmärkte.

V. Nebengeschäfte (Abs. 4)

Abs. 4 definiert bestimmte Tätigkeiten als sog. Nebengeschäfte, die von Wert- **195**
papierinstituten im Rahmen ihrer Erlaubnis nach § 15 ausgeführt werden können. Wie Wertpapiernebendienstleistungen iSv Abs. 3 müssen Nebengeschäfte ausdrücklich Gegenstand der Erlaubnis nach § 15 sein (Regierungsbegründung WpIG, BT-Drs. 19/26929, 127). Die in Abs. 4 genannten Nebendienstleistungen sind zugleich Finanzdienstleistungen iSv § 1 Abs. 1a S. 2 Nr. 12 KWG (eingeschränktes Verwahrgeschäft) bzw. § 1 Abs. 1a S. 2 Nr. 5 KWG (Drittstaateneinlagenvermittlung).

1. Eingeschränktes Verwahrgeschäft (Satz 1 Nr. 1)

Nr. 1 entspricht § 1 Abs. 1a S. 2 Nr. 12 KWG. Erläuterungen zu § 1 Abs. 1a **196**
S. 2 Nr. 12 KWG enthält das BaFin-Merkblatt „Hinweise zum Tatbestand des eingeschränkten Verwahrgeschäfts" v. 17.7.2013, Consbruch/Fischer B 53.14. Nr. 1 erfasst ausschließlich die **Verwahrung** und **Verwaltung** (zum Begriff vgl. → Rn. 148 ff.) von Finanzinstrumenten für AIF iSv § 1 Abs. 3 KAGB. Werden solche Dienstleistungen auch für Dritte erbracht, die nicht AIF sind, ist nicht Nr. 1 einschlägig, sondern eine Erlaubnis zum Betreiben des Depotgeschäfts erforderlich (Regierungsentwurf AIFM-UmsG, BT-Drs. 17/12294, 313 (zu § 1 Abs. 1a S. 2 Nr. 12 KWG)), sofern die Tätigkeiten nicht als Wertpapiernebendienstleistung nach Abs. 3 Nr. 1 erbracht werden können.

Das eingeschränkte Verwahrgeschäft nach Nr. 1 ist ein Unterfall des Depotge- **197**
schäfts nach § 2 Abs. 3 Nr. 1 WpIG bzw. nach § 1 Abs. 1 S. 2 Nr. 5 KWG. Wertpapierinstitute, die das Depotgeschäft als Wertpapiernebendienstleistung nach Abs. 3 Nr. 1 betreiben dürfen, benötigen keine zusätzliche Erlaubnis nach Nr. 1 (so zu § 1 Abs. 1a S. 2 Nr. 12 KWG BT-Drs. 17/12294, 232; Reischauer/Kleinhans/Brogl KWG § 1 Rn. 262).

2. Drittstaateneinlagevermittlung (Satz 1 Nr. 2)

Nr. 2 entspricht § 1 Abs. 1a S. 2 Nr. 5 KWG. Erläuterungen enthält das BaFin- **198**
Merkblatt „Hinweise zum Tatbestand der Drittstaateneinlagenvermittlung" v. 8.12.2009, Consbruch/Fischer B 53.8. Nr. 2 enthält folgende Tatbestandsmerkmale:

a) Einlagengeschäfte. Vermittelt werden müssen **„Einlagengeschäfte"** iSv **199**
§ 1 Abs. 1 S. 2 Nr. 1 KWG, dh die Annahme von Geldern als Einlagen oder die Annahme anderer rückzahlbarer Gelder des Publikums durch ausländische Unternehmen (BaFin-Merkblatt (→ Rn. 198); vgl. BGH WM 2011, 20 (zu § 1 Abs. 1a S. 2 Nr. 5 KWG)).

200 **b) Unternehmen in Drittstaaten.** Vertragspartner des Kunden muss ein **Unternehmen mit Sitz außerhalb des EWR** (§ 1 Abs. 5a KWG) sein. Die Vermittlung von Einlagen in andere EU-Mitgliedstaaten oder EWR-Mitgliedstaaten unterfällt Nr. 2 nicht, da hier ein Kundenschutz durch die Harmonisierung des Bankaufsichtsrechts gewährleistet ist (Regierungsbegründung 6. KWG-Novelle, BT-Drs. 13/7142, 66 (zu § 1 Abs. 1a S. 2 Nr. 5 KWG)).

201 **Vermittlung** ist jede Tätigkeit, die auf den Abschluss des konkreten Einlagengeschäfts abzielt (BaFin-Merkblatt (→ Rn. 198); Beck/Samm/Kokemoor/Reschke KWG § 1 Rn. 662b; Schwennicke/Auerbach/Schwennicke KWG § 1 Rn. 131). Dazu gehören als Treuhänder agierende Dritte, die auf Weisung des Kunden als dessen **Boten** tätig werden. Eine bloße Nachweistätigkeit wird nicht erfasst (BaFin-Merkblatt (→ Rn. 198); Beck/Samm/Kokemoor/Reschke KWG § 1 Rn. 662b; Fischer/Schäfer/Schulte-Mattler/Schulte-Mattler/Schäfer KWG § 1 Rn. 175).

202 Der Vermittler muss mit **Gewinnerzielungsabsicht** handeln. Unabhängig von der Gewinnerzielungsabsicht liegt erlaubnispflichtige Drittstaateneinlagenvermittlung bei monatlich 25 Vermittlungen oder einem Gesamtvolumen von 12.500 Euro je Monat vor, sofern sich dieser Betrag aus weniger als 6 einzelnen Transaktionen ergibt (BaFin-Merkblatt (→ Rn. 198); Beck/Samm/Kokemoor/Reschke KWG § 1 Rn. 663c; Fischer/Schäfer/Schulte-Mattler/Schulte-Mattler/Schäfer KWG § 1 Rn. 175; Luz/Neus/Schaber/Schneider/Wagner/Weber/Weber/Seibert KWG § 1 Rn. 69).

203 Handelt der Dritte auf Weisung des ausländischen Unternehmens, dann liegt eine nach § 53 KWG erlaubnispflichtige Zweigstelle des ausländischen Unternehmens vor (BT-Drs. 13/7142, 66 (zu § 1 Abs. 1a S. 2 Nr. 5 KWG); Fischer/Schäfer/Schulte-Mattler/Schulte-Mattler/Schäfer KWG § 1 Rn. 174). Eine Zweigstelle liegt auch vor, wenn eine inländische Stelle am Abschluss rechtlich wesentlicher Teilakte der bankgeschäftlichen Verträge oder deren Abwicklung mitwirkt (BaFin-Merkblatt (→ Rn. 198)); weitergehend geht die BaFin in ihrem Merkblatt zum Einlagengeschäft von einem Betreiben des Einlagengeschäfts durch das ausländische Unternehmen im Inland bereits dann aus, wenn sich das Angebot aus dem Ausland auch und gerade an Personen richtet, die ihren Sitz oder gewöhnlichen Aufenthalt in der Bundesrepublik Deutschland haben (BaFin-Merkblatt Hinweise zum Stand des Einlagengeschäfts v. 11.3.2014 idF v. 20.8.2021, Consbruch/Fischer B 52.1; Beck/Samm/Kokemoor/Reschke KWG § 1 Rn. 663e).

3. Qualifiziertes Kryptoverwahrgeschäft (Satz 1 Nr. 3 iVm Sätze 2 und 3)

204 Satz 1 Nr. 3 sowie die erläuternden Sätze 2 und 3 wurden durch das FinmadiG mit Wirkung z. 30.12.2024 eingefügt. Der Gesetzgeber sieht das „qualifizierte Kryptoverwahrgeschäft" als Auffangregel für alle Sachverhalte, die nach der zuvor geltenden Rechtslage aufsichtsrechtlich erheblich waren und nicht von der MiCAR erfasst werden (Regierungsbegründung FinmadiG, BT-Drs. 20/10280, 163 f. (zur Änderung von § 1 Abs. 11 S. 1 Nr. 10 KWG), 173 (zur Streichung von § 2 Abs. 5 Nr. 10 aF WpIG); krit. zur EU-Rechtskonformität Möslein/Rennig RDi 2024, 150 f.). Die Verwahrung und Verwaltung von Kryptowerten war nach § 1 Abs. 11 S. 1 Nr. 10 KWG aF sowie den erläuternden § 1 Abs. 11 S. 4 und 5 KWG aF, die durch das G z. Umsetzung d. 5. GeldwäscheRL v. 12.12.2019 (BGBl. I 2602) mWz 1.1.2020 eingefügt worden waren, bis zum Inkrafttreten des

FinmadiG als „Kryptoverwahrgeschäft" Finanzdienstleistung, die nur mit Erlaubnis nach § 32 KWG erbracht werden durfte. Erläuterungen zum (früheren) Tatbestand des Kryptoverwahrgeschäfts enthält das BaFin-Merkblatt „Hinweise zum Tatbestand des Kryptoverwahrgeschäfts" v. 2.3.2020 idF v. 25.9.2023, Consbruch/Fischer B 53.21.

Durch das Inkrafttreten der MiCAR wurden Tätigkeiten in Bezug auf die darin definierten Kryptowerte abschließend geregelt, wobei die MiCAR ausdrücklich nicht für Kryptowerte gilt, die Finanzinstrumente iSd MiFID II sind (Art. 2 Abs. 4 lit. a MiCAR). Erläuterungen zu den Voraussetzungen für die Einstufung von Kryptowerten als Finanzinstrumente enthalten die aufgrund Art. 2 Abs. 5 MiCAR erlassenen ESMA-Leitlinien zu den Bedingungen und Kriterien für die Einstufung von Kryptowerten als Finanzinstrumente v. 19.3.2025, zugänglich unter www.esma.europa.eu. 205

a) Voraussetzungen. Gegenstand des qualifizierten Kryptoverwahrgeschäfts sind die Verwaltung, Verwahrung und Sicherung **kryptografischer Instrumente** sowie die Sicherung **kryptografischer Schlüssel,** die dazu dienen, kryptografische Instrumente, Kryptowertpapiere iSv § 4 Abs. 3 eWpG oder Kryptofondsanteile iSv § 1 Abs. 2 KryptofondsanteileVO zu speichern oder darüber zu verfügen. 206

aa) Kryptografische Instrumente (Satz 2). (1) Definition und Erscheinungsformen. „Kryptografische Instrumente" sind nach Satz 2 digitale Darstellungen eines Wertes, der von keiner Zentralbank oder öffentlichen Stelle emittiert wurde oder garantiert wird und nicht den gesetzlichen Status einer Währung oder von Geld besitzt, aber von natürlichen oder juristischen Personen aufgrund einer Vereinbarung oder tatsächlichen Übung als Tausch- oder Zahlungsmittel akzeptiert wird oder Anlagezwecken dient und der auf elektronischem Wege übertragen, gespeichert und gehandelt werden kann. Erfasst werden sollen Kryptowerte iSd bisherigen Definition in § 2 Abs. 5 Nr. 10 WpIG aF iVm § 1 Abs. 11 S. 4 und 5 KWG aF, die nicht durch die MiCAR geregelt werden (Regierungsbegründung FinmadiG, BT-Drs. 20/10280, 164). 207

Satz 2 entspricht inhaltlich im Wesentlichen der Definition in Art. 3 Abs. 1 Nr. 5 MiCAR, der Kryptowerte als digitale Darstellung eines Werts oder eines Rechts, der bzw. das unter Verwendung der Distributed-Ledger-Technologie oder einer ähnlichen Technologie elektronisch übertragen und gespeichert werden kann, definiert. Anders als Art. 3 Abs. 1 Nr. 5 MiCAR verlangt Satz 2 keine Speicherung oder Übertragung mit Hilfe der Distributed Ledger-Technologie, die in Art. 3 Abs. 1 Nr. 1–3 MiCAR näher definiert ist (dazu näher Kalss/Krönke/Völkel/Lehmann/Völkel MiCAR Art. 3 Rn. 15 ff.). 208

„Digitale Darstellungen eines Werts" war bereits Teil der Definition in § 1 Abs. 11 S. 4 KWG aF, die auf Erwägungsgrund 10 sowie die Definition in Art. 3 Nr. 18 d. 5. EU-GeldwäscheRL zurückging. Der Begriff des Werts ist bewusst weiter gefasst als der des „monetären Werts" in der Definition des E-Gelds in § 1 Abs. 2 S. 3 ZAG. Das Gesetz vermeidet eine Kategorisierung und unterscheidet nicht danach, ob die digitalen Wertdarstellungen für Anlage- oder Tauschzwecke verwendet werden sollen. Dies trägt der Beobachtung Rechnung, dass in der Praxis Mischformen vorkommen (BaFin-Merkblatt (→ Rn. 204); Spindler WM 2018, 2110; Rolker/Strauß WM 2019, 493). Digitale Wertdarstellungen werden auch als Crypto Assets oder Virtual Assets bezeichnet (BaFin-Merkblatt (→ Rn. 204)), wobei sich der auch in der MiCAR verwendete Über- 209 begriff **Token** durchgesetzt hat (Fromberger/Zimmermann in Maume/Maute § 1 Rn. 68; Fromberger/Haffke/Zimmermann BKR 2019, 377).

210 Die Verwaltungspraxis der BaFin unterschied von Anfang an für Zahlungen verwendete Token (auch „Virtuelle Währung", „Payment Token" oder „Bare-Bone Token"), für Anlagezwecke verwendete Token (auch „Equity Token", „Security Token", „Investment Token" oder „Asset Token") und für den Zugang zu Waren Dienstleistungen verwendete Token (auch „Utility Token", „App Token" oder „Nutzungstoken") (BaFin-Merkblatt, Zweites Hinweisschreiben zu Prospekt- und Erlaubnispflichten im Zusammenhang mit der Ausgabe sogenannter Krypto-Token, WA 51-Wp 7100-2019/0011 und IF 1-AZB 1505-2019/0003; Kaulartz/Matzke NJW 2018, 3280). In der Praxis haben sich für die drei Grundformen die Begriffe **Currency Token, Investment Token** und **Utility Token** durchgesetzt (Kalss/Krönke/Völkel/Kalss/Aubrunner MiFID II Anhang I Rn. 33; Klöhn in Klöhn MAR Art. 2 Rn. 81 ff.; Eckhold/F. Schäfer in Assmann/Schütze/Buck-Heeb § 17 Rn. 11; Fromberger/Zimmermann in Maume/Maute § 1 Rn. 70, 71, 73; Möslein/Omlor FinTech-HdB/Spindler/Hubert § 27 Rn. 4 ff.; Segna/Möslein/Omlor/v. Buttlar/Sajnovits/Wilhelm Teil 3 Kap. 4 Rn. 55 ff.).

211 Die rechtliche Qualifikation von Mischformen **(Hybrid-Token)** richtet sich nach ihrem konkreten Inhalt (BaFin-Hinweisschreiben, Aufsichtsrechtliche Einordnung von sog. Initial Coin Offerings (ICOs) zugrunde liegenden Token bzw. Kryptowährungen als Finanzinstrumente im Bereich der Wertpapieraufsicht (WA) – WA 11-QB 4100-2017/0010, v. 20.2.2018; Fromberger/Zimmermann in Maume/Maute, Rechtshandbuch Kryptowerte, § 1 Rn. 74; Möslein/Omlor FinTech-HdB/Spindler/Hubert § 27 Rn. 9; Rolker/Strauß WM 2019, 493).

212 **Utility Token** fallen nach Art. 4 Abs. 3 lit. c MiCAR nicht unter die MiCAR, sind nach § 1 Abs. 11 S. 5 KWG keine Kryptowerte iSd KWG und fallen nach dem Verständnis des Gesetzgebers auch nicht unter das WpIG (Regierungsbegründung FinmadiG, BT-Drs. 20/1028, 164). Sonderformen von Utility Token sind sog. **Non-Fungible Token** (NFTs), die einen bestimmten, elektronisch gespeicherten digitalen oder physischen Gegenstand repräsentieren und sich durch ihre Einzigartigkeit auszeichnen. Sie fallen nicht unter Satz 2 und sind nach Art. 2 Abs. 3 iVm Erwägungsgrund 34 MiCAR vor der Anwendung der MiCAR ausgenommen. Sie sind idR auch nicht kryptografische Instrumente iSv Satz 2 (John/Patz BKR 2023, 851), sofern sie nicht in Untereinheiten zerlegt (fragmentalisiert) sind (Lendermann/Nemeczek/Schroeter/Reschke § 2 Rn. 302).

213 Token dürfen nach Satz 2 von keiner Zentralbank oder öffentlichen Stelle emittiert worden sein oder garantiert werden und auch nicht den gesetzlichen Status einer Währung oder von Geld besitzen. Nicht unter Satz 2 fallen fallen daher in- und ausländische gesetzliche Zahlungsmittel (so zu § 1 Abs. 11 S. 1 Nr. 10 KWG aF Regierungsbegründung G z. Umsetzung d. 5. GeldwäscheRL, BT-Drs. 19/13827, 110; BaFin-Merkblatt (→ Rn. 204)).

214 Token müssen nach Satz 2 außerdem von Dritten als **Tausch- oder Zahlungsmittel** oder zu **Anlagezwecken** akzeptiert werden, wobei es unerheblich ist, ob die Akzeptanz auf einer rechtsgeschäftlichen Vereinbarung oder einer tatsächlichen Übung beruht. Damit unterfallen **Utility Token** nicht dem Begriff des kryptografischen Instruments, wenn sie aufgrund ihrer Ausgestaltung keine investorenähnliche Erwartungshaltung an die Wertentwicklung des Gutscheins oder an die allgemeine Unternehmensentwicklung des Emittenten oder eines Dritten wert- oder

rechnungsmäßig abbilden (so im Ergebnis auch Regierungsbegründung FinmadiG, BT-Drs. 20/1028, 164; so für § 1 Abs. 11 S. 4 KWG aF bereits Spindler WM 2018, 2110; Weitnauer BKR 2018, 232; Rolker/Strauß WM 2019, 489; Rennig BKR 2020, 25).

Token müssen nach Satz 2 auf elektronischem Wege übertragen, gespeichert und gehandelt werden können. Eine Speicher- oder Übertragungstechnologie gibt Satz 2 abweichend von Art. 3 Abs. 1 Nr. 5 MiCAR nicht vor. **215**

(2) Vorrangigkeit der MiCAR und Ausnahmen (Satz 3). Satz 2 nimmt die digitalen Werte von der Definition des kryptografischen Instruments aus, die vorrangig in anderen Rechtsvorschriften geregelt sind (krit. zur Regelungstechnik und den Abgrenzungsschwierigkeiten gerade im Hinblick auf die MiCAR zu Recht Möslein/Rennig RDi 2024, 149 ff.). Dies sind: **216**

a) **E-Geld** iSv § 1 Abs. 2 S. 3 ZAG **(Nr. 1);** für die Emission von E-Geld gilt das ZAG, das ua die 2. E-Geld-RL (RL 2009/110) umsetzt; **217**

b) **digitale Gutscheine** iSv § 2 Abs. 1 Nr. 10 ZAG sowie **digitale Zahlungen** als Nebenleistung zu digitalen Übertragungen iSv § 2 Abs. 1 Nr. 11 ZAG **(Nr. 2);** **218**

c) **Kryptowerte** iSv Art. 3 Abs. 1 Nr. 5 MiCAR, sofern es sich nicht nach Art. 3 Abs. 1 Nr. 49 MiCAR zugleich um Finanzinstrumente iSv Art. 4 Abs. 1 Nr. 15 iVm Anhang I Abschnitt C MiFID II handelt, die nach Art. 2 Abs. 4 lit. a MiCAR nicht in den Anwendungsbereich der MiCAR fallen **(Nr. 3).** Maßgeblich für den Umfang der Rückausnahme in Art. 2 Abs. 4 lit. a MiCAR ist nicht der weitere Begriff des Finanzinstruments in KWG, WpHG und WpIG, sondern die abschließende Liste in Anhang I Abschnitt C MiFID II. **219**

Von der Anwendung der MiCAR sind somit Kryptowerte iSv Art. 3 Abs. 1 Nr. 5 MiCAR ausgenommen, die zugleich Aktie oder aktienähnliche Anlage und damit Finanzinstrumente iSv § 2 Abs. 5 Nr. 1 WpIG bzw. § 1 Abs. 11 S. 1 Nr. 1 KWG oder Schuldtitel oder mit solchen vergleichbare Rechte und damit Finanzinstrumente iSv § 2 Abs. 5 Nr. 2 WpIG bzw. § 1 Abs. 11 S. 1 Nr. 2 KWG sind, also die sog. **Investment Token,** die somit die wesentlichste Kategorie von Token sind, die dem Begriff des kryptografischen Instruments iSv Satz 2 unterfallen (John/Patz BKR 2023, 851). Voraussetzung für die Einstufung als Finanzinstrumente sind jeweils die Übertragbarkeit, die Standardisierung sowie die Handelbarkeit auf den Kapitalmärkten (ESMA-Guidelines (→ Rn. 205) Ziff. 15; näher → Rn. 243). **Nicht** in Anhang I Abschnitt C MiFID II aufgeführt sind Vermögensanlagen iSv § 1 Abs. 2 VermAnlG, Devisen oder Rechnungseinheiten iSv § 2 Abs. 5 Nr. 7 WpIG bzw. § 1 Abs. 11 S. 1 Nr. 7 KWG und Schwarmfinanzierungsinstrumente iSv § 2 Abs. 5 Nr. 7 WpIG bzw. § 1 Abs. 11 S. 1 Nr. 11 KWG (Lendermann/Nemeczek/Schroeter/Reschke § 2 Rn. 206). **220**

Keine kryptografischen Instrumente iSv Satz 2 sind die in der MiCAR geregelten Arten von Currency Token, nämlich **221**

– die als **E-Geld-Token (E-Money-Token, EMTs)** bezeichneten **Stablecoins,** dh Kryptowerte, deren Wertstabilität unter Bezugnahme auf den Wert einer amtlichen Währung gewahrt werden soll (Art. 3 Abs. 1 Nr. 7 MiCAR) und die sich von E-Geld iSv § 1 Abs. 2 S. 3 ZAG durch die Art der Speicherung in einem Distributed Ledger sowie dadurch unterscheiden, dass E-Geld nur gegen Zahlung eines Geldbetrags ausgegeben werden darf; Emittenten von E-Geld-Token bedürfen einer Zulassung nach Art. 48 **222**

MiCAR, für deren Erlangung ua ein sog. Kryptowerte-Whitepaper erstellt und veröffentlicht werden muss;

223 – als Sonderform von Stablecoins die sog. **vermögenswertereferenzierten Token (Asset-Referenced Token, ARTs),** dh Kryptowerte, die nicht E-Geld-Token sind und deren Wertstabilität durch Bezugnahme auf einen anderen Wert oder ein anderes Recht oder eine Kombination davon, einschließlich einer oder mehrerer amtlicher Währungen, gewahrt werden soll (Art. 3 Abs. 1 Nr. 6 MiCAR); Emittenten vermögenswertereferenzierter Token bedürfen einer Zulassung nach Art. 16 MiCAR sowie ebenfalls eines Kryptowerte-Whitepapers;

224 – andere als Zahlungsmittel dienende Token ohne Referenzwert **(Cryptocurrencies),** die Kryptowerte iSv Art. 3 Abs. 1 Nr. 5 MiCAR sind, ohne E-Geld-Token oder vermögenswertereferenzierte Token zu sein, wie zB **Bitcoin** oder Ether; sofern diese von einem Emittenten ausgegeben werden, muss vor einem öffentlichen Angebot oder einer Zulassung zum Handel auf einer Handelsplattform für Kryptowerte ein Kryptowerte-Whitepaper veröffentlicht werden (Art. 51 iVm Anhang III MiCAR).

225 d) **Wertpapiere** iSd DepotG **(Nr. 4).**

226 **bb) Kryptografische Schlüssel. „Kryptografische Schlüssel"** sind nur dem Berechtigten bekannte Daten (Schlüssel), die erforderlich sind, um die einer Kontoadresse zugeordneten kryptografische Instrumente, Kryptowertpapiere (§ 4 Abs. 3 eWpG) oder Kryptofondsanteile (§ 1 Abs. 2 KryptofondsanteileVO) zu speichern oder darüber zu verfügen (so zu § 1 Abs. 11 S. 4 KWG aF BaFin-Merkblatt (→ Rn. 204); Möslein/Omlor FinTech-HdB/Terlau § 36 Rn. 192).

227 Anders als das BaFin-Merkblatt (→ Rn. 204), das die Rechtslage vor Inkrafttreten des FinmadiG wiedergibt, erfasst Satz 1 Nr. 3 keine Schlüssel, die zur Speicherung von oder Verfügung über Kryptowerte (iSv Art. 3 Abs. 1 Nr. 5 MiCAR) dienen, die der MiCAR unterfallen. Die Verwahrung von Schlüssel für Kryptowertpapiere, die dem DepotG unterfallen, wird von der Erlaubnis zur Depotgeschäftsführung erfasst und ist kein qualizierten Kryptoverwahrgeschäft (Beschlussempfehlung + Bericht Finanzausschuss z. FinmadiG, BT-Drs. 20/11178, 207 (zu § 1 KWG)).

228 **cc) Verwahrung, Verwaltung und Sicherung. Verwahrung** bedeutet Inobhutnahme von kryptografischen Instrumenten oder kryptografischen Schlüsseln als Dienstleistung für Dritte insbesondere durch Aufbewahrung in einem Sammelbestand ohne Kenntnis der Kunden von den bei der Verwahrung eingesetzten Schlüsseln (BaFin-Merkblatt (→ Rn. 204); Möslein/Omlor FinTech-HdB/Terlau § 36 Rn. 193). Erforderlich ist, dass der Diensteanbieter bestimmungsgemäßen Zugang auf die kryptografischen Instrumente oder kryptografischen Schlüssel hat. Die bloße Verarbeitung zB im Rahmen von **Smart Contracts** reicht nicht aus (Möslein/Omlor FinTech-HdB/Terlau § 36 Rn. 193). Erfasst wird etwa die Verwahrung in **Omnibus-Wallets** (Möslein/Omlor FinTech-HdB/Terlau § 36 Rn. 194). Für die Verwahrung gilt nach § 69a Abs. 1 das Gebot der **Vermögenstrennung.** Außerdem muss das Wertpapierinstitut nach § 69a Abs. 2 sicherstellen, dass über verwahrte kryptografische Instrumente oder Schlüssel für Rechnung des Wertpapierinstituts oder Dritter nur mit ausdrücklicher Einwilligung des Kunden verfügt werden kann.

229 **Verwaltung** ist die laufende Wahrnehmung von Rechten aus kryptografischen Instrumenten (BaFin-Merkblatt (→ Rn. 204)). Unerheblich ist, ob diese Rechte

nur teilweise wahrgenommen werden. Erfasst werden sämtliche technischen Tätigkeiten bei der Organisation eines Bestandes an Kryptowerten (Möslein/Omlor FinTech-HdB/Terlau § 36 Rn. 196).

Unter **Sicherung** ist die digitale Speicherung von Schlüsseln Dritter sowie die Aufbewahrung von Datenträgern zu verstehen, auf denen die Schlüssel gespeichert oder aufgezeichnet sind, unabhängig davon, ob die Aufzeichnung elektronisch oder physisch (zB auf einem Blatt Papier) erfolgt (BaFin-Merkblatt (→ Rn. 204); Möslein/Omlor FinTech-HdB/Terlau § 36 Rn. 197). Dabei muss der Betrieber des Speichermediums bestimmungsgemäßen Zugriff auf die gespeicherten Daten haben (Regierungsbegründung G z. Umsetzung d. 5. GeldwäscheRL, BT-Drs. 19/13827, 109 (zu § 1 Abs. 1a S. 2 Nr. 6 KWG aF); Möslein/Omlor FinTech-HdB/Terlau § 36 Rn. 199). Erfasst werden etwa sog. **Online-Wallets,** dh Server eines Anbieters, auf denen der Nutzer seinen Zugangsschlüssel (Kontonummer/Teilnehmerkennung) speichert (Möslein/Omlor FinTech-HdB/Terlau § 36 Rn. 198). Der Betreiber muss seine Dienste für die Speicherung ausdrücklich anbieten. Nicht ausreichend ist die Zuverfügungstellung von Speicherplatz in der Cloud oder der Vertrieb von Hard- oder Software für die Speicherung (Regierungsbegründung G z. Umsetzung d. 5. GeldwäscheRL, BT-Drs. 19/13827, 109 (zu § 1 Abs. 1a S. 2 Nr. 6 KWG aF); Möslein/Omlor FinTech-HdB/Terlau § 36 Rn. 199). 230

b) Abgrenzungsfragen. Fallen Token, die kryptografische Instrumente sind, unter den Begriff der Wertpapiere nach § 1 Abs. 1 DepotG, wie dies für Kryptowertpapiere und Kryptofondsanteile ausdrücklich in § 1 Abs. 1 S. 3 DepotG angeordnet ist, dann ist ihre Verwahrung Depotgeschäft (John/Patz BKR 2023, 851), das seit der Streichung der Kryptowerte in Abs. 3 Nr. 1 durch das FinmadiG von Wertpapierinstituten als Wertpapiernebendienstleistung mit erbracht werden kann. 231

Sind kryptografische Instrumente zugleich Wertpapiere iSv Art. 2 Abs. 1 Nr. 8 CSDR (VO 2014/909/EU) und wird ein Wertpapierliefer- und abrechnungssystem nach Anhang Abschnitt A CSDR betrieben sowie mindestens eine weitere Kerndienstleistung nach Anhang Abschnitt A CSDR erbracht, dann ist die Verwahrung notwendiger Teil der Tätigkeit eines Zentralverwahrers iSv § 1 Abs. 1 S. 2 Nr. 6 KWG, für die eine Erlaubnis nach Art. 16 Abs. 1 CSDR erforderlich ist (BaFin-Merkblatt (→ Rn. 204)). Auch für die Verwahrung von kryptografischen Schlüssel soll im Einzelfall nach Auffassung der BaFin eine Erlaubnis als Zentralverwahrer erforderlich sein können (BaFin-Merkblatt (→ Rn. 204)). 232

4. Kryptowertpapierregisterführung (Satz 1 Nr. 4)

Satz 1 Nr. 4 wurde ebenfalls durch das FinmadiG mit Wirkung z. 30.12.2024 eingefügt. Erläuterungen enthält das BaFin-Merkblatt „Hinweise zum Tatbestand der Kryptowertpapierregisterführung gemäß § 1 Abs. 1a Satz 2 Nr. 8 KWG“ v. 23.11.2023, Consbruch/Fischer B 53.23. 233

Tatbestandsmäßig ist die Führung eines Kryptowertpapierregisters iSv § 16 eWpG (dazu näher Segna/Möslein/Omlor/v. Buttlar/Lieder eWpG § 1 Rn. 1 ff.). 234

VI. Finanzinstrumente (Abs. 5)

Abs. 5 entspricht § 2 Abs. 4 WpHG und setzt Art. 4 Abs. 1 Nr. 2 iVm Anhang I Abschnitt C MiFID II um (Regierungsbegründung WpIG, BT-Drs. 19/26929, 235

127). Einen vergleichbaren Katalog enthalten § 1 Abs. 11 S. 1 KWG und § 2 Abs. 4 WpHG. Erläuterungen zu § 1 Abs. 11 KWG enthält das BaFin-Merkblatt „Hinweise zu Finanzinstrumenten nach § 1 Abs. 11 Satz 1 bis 5 KWG (Aktien, Vermögensanlagen, Schuldtitel, sonstige Rechte, Anteile an Investmentvermögen, Geldmarktinstrumente, Devisen, Rechnungseinheiten, Emissionszertifikate, Kryptowerte und Schwarmfinanzierungsinstrumente)" v. 20.12.2011 idF v. 1.12.2022, Consbruch/Fischer B 49.1.

1. Aktien und vergleichbare Anteile (Nr. 1)

236 **a) Aktien.** Nr. 1, der Art. 4 Abs. 1 Nr. 44 lit. a MiFID II umsetzt, nennt Aktien und andere Anteile an in- oder ausländischen juristischen Personen, Personengesellschaften und sonstigen Unternehmen, soweit sie Aktien vergleichbar sind, sowie Hinterlegungsscheine, die Aktien oder Aktien vergleichbare Anteile vertreten, zB American Depositary Receipts (ADR) oder Global Depositary Receipts (GDR) (BaFin-Merkblatt (→ Rn. 235); Assmann/Schneider/Mülbert/Assmann WpHG § 2 Rn. 24).

237 Anteile an ausländischen juristischen Personen fallen unter Nr. 1, wenn ihr Gesellschaftsstatut dem einer deutschen Aktiengesellschaft vergleichbar ist (BaFin-Merkblatt (→ Rn. 235)).

238 **b) mit Aktien vergleichbare Anteile.** Mit Aktien vergleichbar sind Anteile, die aktienähnliche Mitgliedschafts- oder Vermögensrechte vermitteln sowie die allgemeinen Kriterien des Wertpapierbegriffs in Art. 4 Abs. 1 Nr. 44 MiFID II (Übertragbarkeit, Standardisierung, Handelbarkeit) erfüllen.

239 **aa) Vermittlung von Mitgliedschafts- oder Vermögensrechten.** Mit Aktien vergleichbar können Anteile an Unternehmen nur sein, wenn sie Mitgliedschaftsrechte an Unternehmen in Form von Verwaltungs- und Vermögensrechten vermitteln (Assmann/Schneider/Mülbert/Assmann WpHG § 2 Rn. 19; Veil ZHR 118 (2019), 358 (zu § 2 WpHG)). Verwaltungsrechte sind im Wesentlichen Stimmrechte, Vermögensrechte sind vor allem die Beteiligung an Gewinn und Liquidationserlös des Emittenten, wobei eine wirtschaftlich vergleichbare Beteiligung ausreicht (Fuchs/Zimmermann/Fuchs/Zimmermann WpHG § 2 Rn. 29; Hacker/Thomale ECFR 15 (2018), 645 (671)). Die rechtliche Organisation des Unternehmens ist grds. unerheblich (Assmann/Schneider/Mülbert/Assmann WpHG § 2 Rn. 19).

240 **bb) Übertragbarkeit.** Für die Vergleichbarkeit mit Aktien iSv Nr. 1 müssen die Anteile außerdem iSv Art. 4 Abs. 1 Nr. 44 MiFID II übertragbar sein (BaFin-Merkblatt (→ Rn. 235); Hacker/Thomale ECFR 15 (2018), 645 (663 f.); Veil ZHR 118 (2019), 355; Zickgraf AG 2018, 293 (299) (bloß rechtsgeschäftlicher Ausschluss der Übertragung ist unerheblich); Höhlein/Weiß RdF 2019, 116 (118)). Eine Vinkulierung ist unerheblich (BaFin-Merkblatt (→ Rn. 235)). Die Übertragbarkeit ist ausgeschlossen, wenn rechtliche oder tatsächliche Hindernisse für die Übertragung bestehen. Wegen § 15 Abs. 4 S. 1 GmbHG sind Geschäftsanteile einer GmbH keine Finanzinstrumente iSv Nr. 1 (Lendermann/Nemeczek/Schroeter/Reschke § 2 Rn. 214). Auch Beteiligungen an Personengesellschaften und Anteile an Genossenschaft sind keine Finanzinstrumente (BaFin-Merkblatt (→ Rn. 235)). Werden die Anteile auf dem Kapitalmarkt tatsächlich gehandelt, dann ist dies ein – unwiderlegliches – Indiz für ihre Übertragbarkeit (Assmann/

Schneider/Mülbert/Assmann WpHG § 2 Rn. 14 hält daher ein selbständiges Kriterium der Übertragbarkeit für verzichtbar).

Eine effektive Verbriefung ist nicht erforderlich, wenn die Anteile tatsächlich handelbar sind (BaFin-Hinweisschreiben „Aufsichtsrechtliche Einordnung von sog. Initial Coin Offerings (ICOs) zugrunde liegenden Token bzw. Kryptowährungen als Finanzinstrumente im Bereich der Wertpapieraufsicht" (WA) Gz: WA 11-QB 4100-2017/0010 v. 20.2.2018, zugänglich unter www.bafin.de; BaFin-Merkblatt „Zweites Hinweisschreiben zu Prospekt- und Erlaubnispflichten im Zusammenhang mit der Ausgabe sogenannter Krypto-Token" – Gz: WA 51-Wp 7100-2019/0011 und IF 1-AZB 1505-2019/0003 v. 16.8.2019, zugänglich unter www.bafin.de; Fuchs/Zimmermann/Fuchs/Zimmermann WpHG § 2 Rn. 14; Schwark/Zimmer/Preuße WpPG § 2 Rn. 5; Weitnauer in Weitnauer Handbuch Venture Capital Teil E Rn. 115; Weitnauer BKR 2018, 231 (233); Spindler WM 2018, 2109 (2112); Höhlein/Weiß RdF 2019, 116 (118); aA *Bialluch-v. Allwörden/v. Allwörden* WM 2018, 2118 (2121); Nathmann BKR 2019, 540 (543); Kusserow WM 2020, 586 (594)). In diesem Fall reicht die Eintragung in ein nach Maßgabe des eWpG geführtes elektronisches Register. 241

cc) Standardisierung. Weitere Voraussetzung für die Vergleichbarkeit mit Aktien ist die **Standardisierung** der Anteile, da Art. 4 Abs. 1 Nr. 44 MiFID II von „Kategorien von Wertpapieren" spricht (Veil ZHR 118 (2019), 355). Die Wertpapiere müssen nach Art und Zahl der Stücke bestimmbar und untereinander austauschbar sein (**Fungibilität)** (BaFin-Merkblatt (→ Rn. 235); Schwark/Zimmer/Kumpan WpHG § 2 Rn. 7; Voß BKR 2007, 50; Hacker/Thomale ECFR 15 (2018), 645 (667); Zickgraf AG 2018, 299; Höhlein/Weiß RdF 2019, 116; 118; aA (Fungibilität nicht erforderlich) Assmann/Schneider/Mülbert/Assmann WpHG § 2 Rn. 13). Dies setzt voraus, dass die Rechte aus einer Gattung von Token allen Investoren in gleicher Weise zustehen (emittentenbezogenes Verständnis, van Aubel in Habersack/Mülbert/Schlitt, Unternehmensfinanzierung am Kapitalmarkt, Rn. 20.97; Veil ZHR 118 (2019), 356; Zickgraf AG 2018, 300). Ausreichend ist die Standardisierung der Essentialia wie Verpflichteter, Laufzeit sowie Art und Umfang des Mitgliedschaftsrechts oder der versprochenen Leistung beschränkt (BaFin-Merkblatt (→ Rn. 235)). 242

dd) Handelbarkeit auf den Kapitalmärkten. Die weitere formelle Voraussetzung ist, dass die Wertpapiere **„auf den Kapitalmärkten gehandelt werden können,"** was voraussetzt, dass ein Instrument seinem Typ nach prinzipiell für den organisierten Handel geeignet ist (BaFin-Merkblatt (→ Rn. 235); krit. zum Kriterium der Handelbarkeit Fischer/Schäfer/Schulte-Mattler/Schulte-Mattler/Schäfer KWG § 1 Rn. 280). Diese Handelbarkeit auf Kapitalmärkten ist auch dann gegeben, wenn der Handel nicht an einem Handelsplatz iSv Art. 4 Abs. 1 Nr. 24 MiFID II (umgesetzt in §§ 2 Abs. 22 WpHG, 2 Abs. 5 BörsG) stattfindet oder stattfinden kann, also außerhalb eines organisierten Markts (§ 2 Abs. 11 WpHG), multilateralen Handelssystems (Nr. 6) oder organisierten Handelssystems (Nr. 7) (Regierungsbegründung FRUG, BT-Drs. 16/4028, 54; Schwark/Zimmer/Kumpan WpHG § 2 Rn. 9; Spindler WM 2018, 2112; Veil ZHR 118 (2019), 356). 243

ee) Einzelfälle. Zu den mit Aktien vergleichbaren Wertpapieren zählen Zwischenscheine nach § 8 Abs. 4 AktG (BaFin-Merkblatt (→ Rn. 235); Lendermann/Nemeczek/Schröder/Reschke § 2 Rn. 212) sowie ggf. **Investment** 244

Token (Regierungsbegründung G. z. Umsetzung d. 5. EU-GeldwäscheRL, BT-Drs. 19/13827, 110 (zu § 1 Abs. 11 S. 1 Nr. 10 KWG); BaFin-Merkblatt (→ Rn. 235); näher → Rn. 220).

2. Vermögensanlagen nach § 1 Abs. 2 VermAnlG (Nr. 2)

245 Finanzinstrumente sind nach Nr. 2 auch Vermögensanlagen iSv § 1 Abs. 2 VermAnlG. Dazu gehören:

246 **a) Unternehmensbeteiligungen (§ 1 Abs. 2 Nr. 1 VermAnlG).** § 1 Abs. 2 Nr. 1 VermAnlG erfasst sämtliche Anteile, die eine Beteiligung am Ergebnis eines Unternehmens gewähren, insbesondere Anteile an Personenhandelsgesellschaften und GmbHs sowie stille Beteiligungen an diesen Gesellschaften und Anteile an unternehmenstragenden GbRs, außerdem vergleichbare Beteiligungen an ausländischen Gesellschaften (BaFin-Merkblatt (→ Rn. 235)), nicht aber partiarische Darlehen (Lendermann/Nemeczek/Schroeter/Reschke § 2 Rn. 223) oder Bruchteilsgemeinschaften (Zwissler in Habersack/Mülbert/Schlitt § 8 Rn. 19).

247 **b) Treuhandvermögen (§ 1 Abs. 2 Nr. 2 VermAnlG).** § 1 Abs. 2 Nr. 2 VermAnlG erfasst Anteile an einem Vermögen, das der Emittent oder ein Dritter in eigenem Namen für fremde Rechnung hält oder verwaltet, und zwar unabhängig davon, ob eine echte Treuhand (Treuhänder wird Rechtsinhaber) oder unechte Treuhand (Treuhänder wird im eigenen Namen im Interesse des Treugebers tätig) vorliegt und unabhängig von der Rechtsform, insbesondere Anteile an Publikumsgesellschaften, die über einen Treuhänder gehalten oder verwaltet werden (Schwark/Zimmer/Kumpan WpHG § 2 Rn. 75; Zwissler in Habersack/Mülbert/Schlitt § 8 Rn. 19).

248 **c) Partiarische Darlehen (§ 1 Abs. 2 Nr. 3 VermAnlG).** § 1 Abs. 2 Nr. 3 VermAnlG erfasst partiarische Darlehen, dh Darlehen iSv § 488 BGB, bei denen eine erfolgsabhängige Verzinsung vereinbart ist, ohne dass wie bei der stillen Gesellschaft Darlehensgeber und Darlehensnehmer einen gemeinsamen Zweck verfolgen und ohne dass der Darlehensgeber am Verlust des Darlehensnehmers rechtlich beteiligt ist (BaFin-Merkblatt (→ Rn. 235); Schwark/Zimmer/Kumpan WpHG § 2 Rn. 76; zur Abgrenzung von der stillen Gesellschaft MüKoHGB/K. Schmidt § 230 Rn. 54 ff.; Servatius in Henssler/Strohn GesR HGB § 230 Rn. 22 ff.; Schubert in Oetker HGB § 230 Rn. 26 ff.). Da partiarische Darlehen grds. Einlagen iSv § 1 Abs. 1 S. 2 Nr. 1 KWG sein können, setzt § 1 Abs. 2 Nr. 3 VermAnlG eine laufende Verlustteilnahme oder einen qualifiziertem Rangrücktritt voraus, wonach eine Geltendmachung der Rückzahlung ausgeschlossen ist, soweit sie einen Insolvenzgrund auslösen würde oder Insolvenzreife bereits eingetreten ist (Lendermann/Nemeczek/Schroeter/Reschke § 2 Rn. 229; Fischer/Schäfer/Schulte-Mattler/Schulte-Mattler/Schäfer KWG § 1 Rn. 46).

249 **d) Nachrangdarlehen (§ 1 Abs. 2 Nr. 4 VermAnlG).** § 1 Abs. 2 Nr. 4 VermAnlG erfasst Nachrangdarlehen, dh Darlehensansprüche, die im Rang nach anderen Gläubigern des Darlehensnehmers befriedigt werden (Schwark/Zimmer/Kumpan WpHG § 2 Rn. 77; Zwissler in Habersack/Mülbert/Schlitt § 8 Rn. 22). Nachrangdarlehen dürfen nicht Einlagen iSv § 1 Abs. 1 S. 2 Nr. 1 KWG sein; dafür ist idR eine laufende Verlustteilnahme oder einen qualifizierten Rangrücktritt erforderlich (Lendermann/Nemeczek/Schroeter/Reschke § 2 Rn. 231; Fischer/Schäfer/Schulte-Mattler/Schulte-Mattler/Schäfer KWG § 1 Rn. 46).

e) Genussrechte (§ 1 Abs. 2 Nr. 5 VermAnlG). § 1 Abs. 2 Nr. 5 VermAnlG erfasst Genussrechte, dh nicht gesellschaftsrechtlich begründete Beteiligungen am Gewinn eines Unternehmens (BaFin-Merkblatt (→ Rn. 235); Schwark/Zimmer/Kumpan WpHG § 2 Rn. 78; Zwissler in Habersack/Mülbert/Schlitt § 8 Rn. 23), wenn diese mangels Verbriefung nicht Schuldtitel iSv § 2 Abs. 5 Nr. 3 sind (→ Rn. 257). 250

f) Namensschuldverschreibungen (§ 1 Abs. 2 Nr. 6 VermAnlG). Namensschuldverschreibungen sind Schuldverschreibungen iSv § 793 BGB, die als Namenspapiere (Rektapapiere) auf den Namen des Berechtigten ausgestellt werden (Lendermann/Nemeczek/Schroeter/Reschke § 2 Rn. 243; Schwark/Zimmer/Kumpan WpHG § 2 Rn. 79) und die nicht nach sachenrechtlichen Grundsätzen nach §§ 929 ff. BGB übertragen werden, sondern als Forderungen durch Abtretung nach §§ 398 ff. BGB (BaFin-Merkblatt (→ Rn. 235); Lendermann/Nemeczek/Schroeter/Reschke § 2 Rn. 243). Vermögensanlagen iSv § 1 Abs. 2 Nr. 6 VermAnlG sind Namensschuldverschreibungen nur, soweit sie nicht aufgrund Standardisierung umlauffähig sind; dann können sie Schuldtitel iSv § 2 Abs. 5 Nr. 3 sein. 251

g) Sonstige Anlagen im Austausch für die zeitweise Überlassung von Geld (§ 1 Abs. 2 Nr. 7 VermAnlG). § 1 Abs. 2 Nr. 7 VermAnlG soll als Auffangtatbestand mögliche Umgehungsstrukturen erfassen. Nach dem Wortlaut können alle Rechtsgeschäfte Vermögensanlagen sein, die einen Anspruch auf Verzinsung und Rückzahlung gewähren oder im Austausch für die zeitweise Überlassung von Geld einen vermögenswerten, auf Barausgleich gerichteten Anspruch vermitteln. Gedacht hat der Gesetzgeber zB an Direktinvestments in Sachgüter wie einzelne Container oder Rohstoffe mit einer zugesagten jährlichen Verzinsung und einer Verpflichtung des Anbieters zum Rückerwerb der Anlage nach einem gewissen Zeitraum (Regierungsbegründung KleinanlegerschG, BT-Drs. 18/3994, 39 (zu § 1 Abs. 2 Nr. 7 VermAnlG)) sowie an den Direktverkauf von verzinslichen (Teil-)Kreditforderungen (BaFin-Merkblatt (→ Rn. 235); Schwark/Zimmer/Kumpan WpHG § 2 Rn. 80). Kaufverträge über nicht verzinsliche Forderungen sowie Spiel- oder Wettverträge iSv § 762 BGB fallen nicht unter Nr. 7 (Schwark/Zimmer/Kumpan WpHG § 2 Rn. 80). 252

h) Sonstige Anlagen im Austausch für die zeitweise Überlassung von Geld oder Edelmetallen (§ 1 Abs. 2 Nr. 8 VermAnlG). § 1 Abs. 2 Nr. 8 VermAnlG erfasst Geschäftsmodelle von Edelmetallanbietern, bei denen nach Ende der Laufzeit Edelmetalle zusammen mit einer Zinszahlung in Geld oder weitere Edelmetalle zumeist als Barren oder Münzen ausgekehrt werden (Regierungsbegründung FISG, BT-Drs. 19/26966, 87). Die in § 1 Abs. 2 Nr. 8a–d VermAnlG aufgezählten Anwendungsfälle (Verzinsung und Rückzahlung (Nr. 8a), Verzinsung und Herausgabe von handelsüblichen Edelmetallen (Nr. 8b), vermögenswerter Barausgleich (Nr. 8c) oder vermögenswerter Ausgleich durch die Herausgabe von handelsüblichen Edelmetallen (Nr. 8d) fallen teilweise bereits unter andere Tatbestände. § 1 Abs. 2 Nr. 8 VermAnlG ist wie Nr. 7 als **Auffangtatbestand** zu verstehen (Lendermann/Nemeczek/Schroeter/Reschke § 2 Rn. 249). 253

Unter Nr. 8 fallen Edelmetalle mit geldähnlicher Bedeutung, die bei Banken und Edelmetallhändlern handelbar sind und Bezug zum Finanz- und Kapitalmarkt haben. Dies sind jedenfalls Gold, Silber, Platin, Palladium, Kupfer, Iridium und Rhodium (BaFin-Merkblatt (→ Rn. 235); Lendermann/Nemeczek/Schroeter/Reschke § 2 Rn. 250). Ausreichend ist, dass die Edelmetalle bereits 254 zu Beginn oder anlässlich der Transaktion gekauft und erst später ausgekehrt werden (Regierungsbegründung FISG, BT-Drs. 19/26966, 87; BaFin-Merkblatt (→ Rn. 235)).

255 **i) Nicht: Genossenschaftsanteile (§ 2 Abs. 1 Nr. 1 VermAnlG). Keine** Finanzinstrumente iSv Nr. 2 sind nach der Bereichsausnahme in Nr. 2 Genossenschaftsanteile, die nach § 2 Abs. 2 Nr. 1 VermAnlG auch dem VermAnlG nicht unterfallen, wenn für ihren Vertrieb keine erfolgsabhängige Vergütung gezahlt wird. Eine entsprechende Ausnahme enthielt bereits § 8f Abs. 2 VerkProspG aF (dazu Maas in Assmann/Schlitt/v. Kopp-Colomb VerkProspG § 8f Rn. 122). Nach Auffassung des Gesetzgebers ist der Anlegerschutz durch die Prüfung durch die genossenschaftlichen Prüfungsverbände (die in §§ 11a, 63e und 64 GenG geregelt ist) gewährleistet (Regierungsbegründung AnlSchVG, BT-Drs. 15/3174, 42, zit. in der Regierungsbegründung zu § 2 VermAnlG, BT-Drs. 17/6051, 32).

256 Nr. 2 enthält keine Bereichsausnahme für partiarische Darlehen, Nachrangdarlehen und sonstige Anlagen iSv § 1 Abs. 2 Nr. 7 VermAnlG, deren Emittent eine Genossenschaft iSv § 1 GenG ist und die ausschließlich den Mitgliedern dieser Genossenschaft angeboten werden. Diese gelten nach der weiteren Bereichsausnahme in § 2 Abs. 1 Nr. 1a VermAnlG nicht als Vermögensanlagen iSv § 1 Abs. 2 VermAnlG, wenn für ihren Vertrieb keine erfolgsabhängige Vergütung gezahlt wird.

3. Schuldtitel (Nr. 3)

257 Nr. 3 erfasst Schuldtitel, dh alle auf den Finanzmärkten handelbaren schuldrechtlichen Ansprüche vermögensrechtlichen Inhalts (Schwark/Zimmer/Kumpan WpHG § 2 Rn. 24). Dazu gehören insbesondere Inhaberschuldverschreibungen, Orderschuldverschreibungen, verbriefte Genussscheine und Zertifikate, die diese Schuldtitel vertreten, Erneuerungs- und Zinsscheine, Sammel- und Einschuldbuchforderungen an Bundes oder Länder sowie vergleichbare ausländische Schuldtitel (BaFin-Merkblatt (→ Rn. 235)). Nr. 3 erfasst auch Hinterlegungsscheine, die dem Handel mit Schuldtiteln ausländischer Emittenten dienen (Schwark/Zimmer/Kumpan WpHG § 2 Rn. 24).

258 Nr. 3 gilt auch dann, wenn ein Schuldtitel nach dem eWpG als Zentralregisterwertpapier (§ 12 iVm § 4 Abs. 2 eWpG) oder Kryptowertpapier (§ 16 iVm § 4 Abs. 3 eWpG) elektronisch verbrieft ist (Lendermann/Nemeczek/Schroeter/Reschke § 2 Rn. 273). Schuldtitel iSv Nr. 3 können auch in einer Blockchain registrierte **Investment Token** sein, wenn sie finanzielle Zahlungsansprüche gegen den Emittenten darstellen, ohne Zahlungsinstrumente zu sein und ohne Mitgliedschaftsrechte zu vermitteln (Lendermann/Nemeczek/Schroeter/Reschke § 2 Rn. 266; Schwark/Zimmer/Kumpan WpHG § 2 Rn. 24; Weitnauer in Weitnauer, Handbuch Venture Capital, 6. Aufl. 2019, Teil E Rn. 115 f.; Veil ZHR 118 (2019), 358). Zur Einordnung von Investment Token als kryptografische Instrumente iSv Abs. 4 Sätze 2 und 3 näher → Rn. 207 ff.

259 **Nicht** unter Nr. 3 fallen **Zahlungsinstrumente;** darunter fallen Zahlungsmittel wie Bargeld und Schecks sowie unbare Zahlungsformen wie Geldkarten oder vorausbezahlte Kreditkarten (Regierungsbegründung AIFM-UG, BT-Drs. 17/12294, 314 (zu § 1 Abs. 11 S. 1 Nr. 2 KWG); Lendermann/Nemeczek/Schroeter/Reschke § 2 Rn. 252), außerdem auch Banküberweisungen, Lastschriften und E-Geld (ESMA-Guidelines (→ Rn. 205) Ziff. 17 m. Fn. 13, zu den Formen von Zahlungsinstrumenten vgl. näher BBank-Monatsbericht Oktober 2012, S. 67 ff.).

4. Derivate auf Aktien, vergleichbare Anteile oder Schuldtitel (Nr. 4)

Nr. 4 erfasst sonstige Wertpapiere, die zum Erwerb oder zur Veräußerung von Rechten nach den Nummern 1 und 3 berechtigen oder zu einer Barzahlung führen, die in Abhängigkeit von Wertpapieren, von Währungen, Zinssätzen oder anderen Erträgen, von Waren, Indices oder Messgrößen bestimmt wird, hierzu gehören alle Formen **standardisierter Optionen** (nicht standardisierte Optionen fallen unter Nr. 8 iVm Abs. 8), Optionsscheine (Regierungsbegründung FRUG, BT-Drs. 16/4028, 55 (zu § 2 Abs. 2 WpHG aF); Lendermann/Nemeczek/Schroeter/Reschke § 2 Rn. 284) sowie Aktienanleihen, Doppelwährungsanleihen und Inflationsanleihen (BaFin-Merkblatt (→ Rn. 235); Lendermann/Nemeczek/Schroeter/Reschke § 2 Rn. 285). 260

5. Anteile an in- und ausländischen Investmentvermögen (Nr. 5)

Unter Nr. 5 fallen Anteile an Investmentvermögen iSv § 1 Abs. 1 KAGB. Erläuterungen enthält das BaFin-Auslegungsschreiben zum Anwendungsbereich des KAGB und zum Begriff des Investmentvermögens v. 14.6.2013 idF v. 9.3.2015, Consbruch/Fischer D 41.94). 261

Nr. 5 erfasst auch Anteile an geschlossenen Fonds (Regierungsbegründung AIFM-UG, BT-Drs. 17/12294, 314 (zu § 1 Abs. 11 S. 1 Nr. 5 KWG); Lendermann/Nemeczek/Schroeter/Reschke § 2 Rn. 286). 262

Nicht erfasst werden nach § 1 Abs. 1 S. 1 KAGB Anteile an operativ tätigen Gesellschaften (Lendermann/Nemeczek/Schroeter/Reschke § 2 Rn. 298). Diese können aber Vermögensanlagen iSv Nr. 2 sein (Assmann/Schneider/Mülbert/Assmann WpHG § 2 Rn. 83). 263

6. Geldmarktinstrumente (Nr. 6)

Nr. 6 zählt Geldmarktinstrumente nur auf. Eine entsprechende Definition enthält § 1 Abs. 11 S. 1 Nr. 6 iVm S. 3 KWG. Die eigentliche Definition erfolgt in Abs. 7 (näher → Rn. 277 ff.). 264

7. Devisen oder Rechnungseinheiten (Nr. 7)

Nr. 7 entspricht § 1 Abs. 11 S. 1 Nr. 7 KWG. Unter den Begriff der **Devisen** fallen auf fremde Währung lautende ausländische Zahlungsmittel mit Ausnahme von Sorten, aber unter Einschluss von Bankguthaben in Fremdwährung. Nach Auffassung der BaFin schließt der Begriff auf ausländische Währung lautende Schecks, Wechsel und Zahlungsanweisungen ein (BaFin-Merkblatt (→ Rn. 235)). Keine Devisen sind Gold oder andere Edelmetalle, sofern sie nicht als gesetzliche Zahlungsmittel geprägt werden (Lendermann/Nemeczek/Schroeter/Reschke § 2 Rn. 300). 265

Der Bezug auf **Rechnungseinheiten** erfasst 266
- die Sonderziehungsrechte des IWF, die Devisen gleich gestellt werden, ohne Zahlungsmittel zu sein (BaFin-Merkblatt (→ Rn. 235));
- der frühere ECU als Vorläufer des Euro (Lendermann/Nemeczek/Schroeter/Reschke § 2 Rn. 304);
- E-Geld (BaFin-Merkblatt (→ Rn. 235));

– andere digitale Zahlungsmittel (BaFin-Merkblatt (→ Rn. 235)), zB Paysafecards (Lendermann/Nemeczek/Schroeter/Reschke § 2 Rn. 306);
– **nicht** Bitcoins und andere Kryptowerte iSv Art. 3 Abs. 1 Nr. 5 MiCAR, die als Zahlungs- und Tauschmittel dienen (Regierungsbegründung FinmadiG, BT-Drs. 20/10280, 167); die früher hM sowie die Verwaltungspraxis der BaFin sahen Bitcoins als Recheneinheiten an (so noch Lendermann/Nemeczek/Schroeter/Reschke § 2 Rn. 301 und jeweils zu § 1 Abs. 11 S. 1 Nr. 7 KWG Regierungsbegründung G. z. Umsetzung d. 5. EU-GeldwäscheRL, BT-Drs. 19/13827, 110; BaFin-Merkblatt (→ Rn. 235); Fischer/Schäfer/Schulte-Mattler/Schulte-Mattler/Schäfer KWG § 1 Rn. 287; Schimansky/Bunte/Lwowski BankR-HdB/Terlau § 55a Rn. 159 ff.; Spindler/Bille WM 2014, 1361 f.; Poelzig ZBB 2019, 1; aA KG BKR 2018, 473 mzustAnm Froitzheim = NJW 2018, 3734 mzustAnm Lehmann = WM 2018, 2083 mablAnm Voß WuB 2019, 226; Auffenberg NVwZ 2015, 1184 ff.; Klöhn/Parhofer ZIP 2018, 2095 ff.).

8. Derivate (Nr. 8)

267 Nr. 8 zählt Derivate nur auf; die eigentliche Definition erfolgt in Abs. 8 (näher → Rn. 281 ff.).

9. Emissionszertifikate (Nr. 9)

268 Unter Nr. 9 fallen sog. **Emissionszertifikate.** Dazu gehören
– Berechtigungen nach § 3 Nr. 3 TEHG,
– Emissionsreduktionseinheiten nach § 2 Nr. 20 ProMechG, und
– zertifizierte Emissionsreduktionen nach § 2 Nr. 21 ProMechG,
soweit diese jeweils im Emissionshandelsregister (§ 17 TEHG), das von der Deutschen Emissionshandelsstelle beim Bundesumweltamt (www.dehst.de) geführt wird, gehalten werden dürfen (BaFin-Merkblatt (→ Rn. 235)).

269 Die Aufzählung in Nr. 9 ist abschließend (Lendermann/Nemeczek/Schroeter/Reschke § 2 Rn. 308).

270 Der Erwerb von Emissionszertifikationen zum Zwecke der Stillegung und späteren Löschung ist grds. nicht erlaubnispflichtig (Lendermann/Nemeczek/Schroeter/Reschke § 2 Rn. 311).

10. Kryptowerte (Nr. 10 aF)

271 Nach Nr. 10 aF sollten auch **Kryptowerte** iSv § 1 Abs. 11 S. 1 Nr. 10 KWG aF Finanzinstrumente iSd WpIG sein. § 1 Abs. 11 S. 1 Nr. 10 KWG aF sowie die erläuternden § 1 Abs. 11 S. 4 und 5 KWG aF waren durch das G z. Umsetzung d. 5. GeldwäscheRL v. 12.12.2019 (BGBl. I 2602) mWz 1.1.2020 eingefügt worden. Der Gesetzgeber hatte auf die durch das Urt. des KG v. 25.9.2018 (BKR 2018, 473) ausgelöste Kontroverse reagieren wollen, ob Kryptowerte wie Bitcoin als Rechnungseinheiten iSv Nr. 7 Finanzinstrumente sind (näher Fischer/Schäfer/Schulte-Mattler/Schulte-Mattler/Schäfer KWG § 1 Rn. 287; Schwennicke/Auerbach/Schwennicke KWG § 1 Rn. 249). § 1 Abs. 11 S. 1 Nr. 10 KWG aF sollte nach dem Willen des Gesetzgebers vor allem als Auffangtatbestand für Sachverhalte dienen, die nicht bereits dem Begriff eines Finanzinstruments nach § 1 Abs. 11 Nr. 1–9 unterfallen (Regierungsbegründung G

z. Umsetzung d. 5. GeldwäscheRL, BT-Drs. 19/13827, 125 (zu § 1 Abs. 11 S. 1 Nr. 10 KWG aF); Rennig BKR 2020, 23 (28)).

Nr. 10 aF wurde durch das FinmadiG aufgehoben, weil die aufsichtsrechtliche Behandlung von Kryptowerten nunmehr in der MiCAR (VO (EU) 2023/1114) sowie im KMAG geregelt ist (Regierungsbegründung FinmadiG, BT-Drs. 20/10280, 163 (zur Änderung von § 1 Abs. 11 S. 1 Nr. 10 KWG), 173 (zur Streichung von § 2 Abs. 5 Nr. 10 aF WpIG)). Art. 3 Abs. 1 Nr. 5 MiCAR enthält nunmehr eine umfassende Definition der Kryptowerte. Gleichzeitig hat das FinmadiG als Auffangbegriff für Kryptowerte, die unter die Definition in Art. 3 Abs. 1 Nr. 5 MiCAR fallen, aber nicht durch die MiCAR geregelt werden, den neuen Begriff des kryptografischen Instruments in Abs. 4 Satz 1 Nr. 3 iVm Sätzen 2 und 3 sowie die neuen Nebengeschäfte des **qualifizierten Kryptoverwahrgeschäft** (Abs. 4 Satz 1 Nr. 3) und der **Kryptowertpapierregisterführung** (Abs. 4 Satz 1 Nr. 4 iVm Sätzen 2 und 3) eingeführt (dazu näher → Rn. 204 ff.). 272

11. Schwarmfinanzierungsinstrumente (Nr. 11)

Nr. 11 wurde durch das Schwarmfinanzierungs-BegleitG v. 3.6.2021 (BGBl. I 1568) mWz 10.11.2021 eingefügt. 273

„Für Schwarmfinanzierungszwecke zugelassene Instrumente" iSd Definition in Art. 2 Abs. 1 lit. n ECSP-VO (SchwarmfinanzierungsVO (EU) 2020/1503) sind Anteile einer Gesellschaft mit beschränkter Haftung, die keinen Beschränkungen unterliegen, durch die eine Übertragung der Anteile effektiv verhindert würde, einschließlich Beschränkungen der Art und Weise, wie diese Anteile öffentlich angeboten oder beworben werden dürfen (BaFin-Merkblatt (→ Rn. 235)). Erfasst sind Aktien, verbriefte Anleihen, elektronische Wertpapiere, Token und Kommanditanteile, nicht GmbH-Geschäftsanteile (zu den in Frage kommenden Anlageformen beim anlagebasierten Crowdfunding näher Schedensack ZBB 2023, 306 ff.). 274

Nr. 11 ist ein Auffangtatbestand für alle gesellschaftsrechtliche oder schuldrechtliche Titel, die für eine Schwarmfinanzierung verwendet werden, ohne bereits Aktien oder vergleichbare Anteile (Nr. 1), Vermögensanlagen (Nr. 2) oder Schuldtitel (Nr. 3) zu sein (Lendermann/Nemeczek/Schroeter/Reschke WpIG § 2 Rn. 327; zu den in Frage kommenden Anlageformen beim kreditbasierten Crowdfunding näher Schedensack ZBB 2023, 302 ff.) 275

VII. Hinterlegungsscheine (Abs. 6)

Abs. 6 entspricht § 2 Abs. 31 WpHG und setzt die Definition der „Aktienzertifikate" (Hinterlegungsscheine) in Art. 4 Abs. 1 Nr. 45 MiFID II um. Eine vergleichbare Definition enthält § 1 Abs. 11 S. 2 KWG. Gemeint sind Wertpapiere, die dem Inhaber bzw. Berechtigten die Stellung eines Inhabers eines Wertpapiers vermitteln, dessen rechtlicher Inhaber ein Dritter ist (BaFin-Merkblatt (→ Rn. 235); Schwark/Zimmer/Kumpan WpHG § 2 Rn. 224). Art. 4 Abs. 1 Nr. 45 MiFID II selbst definiert als Aktienzertifikate „Wertpapiere, die auf dem Kapitalmarkt handelbar sind und ein Eigentumsrecht an Wertpapieren gebietsfremder Emittenten darstellen, wobei sie aber gleichzeitig zum Handel auf einem geregelten Markt zugelassen und unabhängig von den Wertpapieren gebietsfremder Emittenten gehandelt werden." Typische Anwendungsfälle sind American Depositary Receipts (ADR) oder Global Deposi- 276 tary Receipts (GDR), außerdem auch die (weniger gebräuchlichen) European Depository Receipts (EDR), International Depository Receipts (IDR) und Crest Depository Interests (CDI) (BaFin-Merkblatt (→ Rn. 235); Assmann/Schneider/Mülbert/Assmann WpHG § 2 Rn. 24).

VIII. Geldmarktinstrumente (Abs. 7)

277 Abs. 7 entspricht § 2 Abs. 2 WpHG und setzt Art. 4 Abs. 1 Nr. 17 MiFID II um. Eine vergleichbare Definition enthält § 1 Abs. 11 S. 3 KWG.

278 Abs. 7 verweist auf Art. 11 Delegierte VO (EU) 2017/565, wonach gemeinsame Merkmale von Geldmarktinstrumenten sind, dass
– ihr Wert jederzeit bestimmt werden kann,
– es sich nicht um Derivate handelt, und
– ihre Fälligkeit bei Emission maximal 397 Tage beträgt.

279 Der Begriff der **Geldmarktinstrumente** ist Auffangbegriff für alle nicht wertpapiermäßig verbrieften oder als Wertrechte ausgestatteten Forderungsrechte, die übertragbar sind und üblicherweise am Geldmarkt gehandelt werden. Dazu gehören kurzfristige Schuldscheindarlehen, bestimmte kurzlaufende Unternehmensgeldmarktpapiere (Commercial Paper), Deposit Notes, Finanzierungs-Fazilitäten (dh rechtsverbindliche Absprachen zwischen Unternehmen und Kreditinstituten zur Deckung des Finanzbedarfs durch revolvierende Emission von kurz- und mittelfristigen Schuldtiteln (BaFin-Merkblatt (→ Rn. 235)) und Finanzswaps (Regierungsbegründung 6. KWG-Novelle, BT-Drs. 13/7142, 69 (zu § 1 Abs. 11 KWG)). Geldmarktinstrumente iSv Abs. 7 sind auch Wertpapier-Pensionsgeschäfte und Repurchase Agreements, die gleichzeitig Derivate iSv Nr. 8 sind (BaFin-Merkblatt (→ Rn. 235) (zu § 1 Abs. 11 S. 6 KWG)).

280 **Nicht** unter Abs. 7 fallen Tagesgelder, Termingelder und Sparbriefe, wenn sie nicht für den Handel ausgelegt sind (BaFin-Merkblatt (→ Rn. 235); Fischer/Schäfer/Schulte-Mattler/Schulte-Mattler/Schäfer KWG § 1 Rn. 286 (unter Ausschluss auch von Wechseln)).

IX. Derivate (Abs. 8)

281 Abs. 8 entspricht § 2 Abs. 3 WpHG und setzt Art. 4 Abs. 1 Nr. 49 MiFID II um (Regierungsbegründung WpIG, BT-Drs. 19/26929, 127 (dort verschrieben als Art. 4 Abs. 1 Nr. 45 MiFID II)). Art. 4 Abs. 1 Nr. 49). Eine vergleichbare Bestimmung findet sich in § 1 Abs. 11 S. 4 KWG. Erläuterungen zu § 1 Abs. 11 S. 4 KWG enthält das BaFin-Merkblatt „Hinweise zu Finanzinstrumenten nach § 1 Abs. 11 Satz 6 KWG (Derivate)" v. 21.5.2012 idF v. 1.12.2021, Consbruch/Fischer B 49.2.

282 Art. 4 Abs. 1 Nr. 49 MiFID II verweist auf Art. 2 Abs. 1 Nr. 29 MiFIR (VO (EU) Nr. 600/2014), die wiederum auf Anhang I MiFID II verweist.

1. Termingeschäfte (Nr. 1)

283 **a) Begriff.** Abs. 8 Nr. 1 definiert **Termingeschäfte** als Kauf, Tausch oder anderweitig ausgestaltete Festgeschäfte oder Optionsgeschäfte, die zeitlich verzögert zu erfüllen sind und deren Wert sich unmittelbar oder mittelbar vom Preis oder Maß eines Basiswertes ableitet und die **keine Kassageschäfte** sind. Termin-

geschäfte bieten die Möglichkeit, mit verhältnismäßig geringem Kapitaleinsatz überproportional an auftretenden Preisveränderungen teilzuhaben (Hebelwirkung), und beinhalten das Risiko eines Totalverlusts der eingesetzten Geldmittel sowie das Risiko, entgegen der ursprünglichen Absicht zusätzliche Geldmittel (Nachschüsse) zur Erfüllung einer eingegangenen Verbindlichkeit aufbringen zu müssen (BaFin-Merkblatt (→ Rn. 280)).

Als **„Kassageschäfte"** definiert Art. 7 Abs. 2 Delegierte VO (EU) 2017/565 **284** Verkaufsgeschäfte für eine Ware, einen Vermögenswert oder ein Recht, deren Bedingungen zufolge die Lieferung innerhalb von zwei Handelstagen oder einer idR vom Markt für diese Ware, diesen Vermögenswert oder dieses Recht als Standardlieferfrist akzeptierten längeren Frist erfolgt. Kein Kassageschäft liegt vor, wenn unabhängig von seinen ausdrücklichen Bedingungen eine Absprache zwischen den Vertragsparteien besteht, der zufolge die Lieferung des Basiswerts verschoben und nicht in der vorgenannten Frist vorgenommen wird. Kassageschäfte sind auch die im Energiehandel üblichen sog. **Spotgeschäfte** (Regierungsbegründung FRUG, BT-Drs. 16/4028, 55 (zu § 2 Abs. 2 WpHG aF); BaFin-Merkblatt (→ Rn. 280)).

Festgeschäfte sind beiderseits noch nicht erfüllte schwebende Geschäft wie **285** zB Terminkäufe, bei denen zu einem hinausgeschobenen Erfüllungszeitpunkt der Kaufgegenstand geliefert und der Kaufpreis gezahlt wird (BaFin-Merkblatt (→ Rn. 280); Lendermann/Nemeczek/Schroeter/Reschke WpIG § 2 Rn. 352). Als **Futures** werden standardisierte Terminkaufverträge, als **Forwards** nicht standardisierte Terminkaufverträge bezeichnet (BaFin-Merkblatt (→ Rn. 280); Lendermann/Nemeczek/Schroeter/Reschke § 2 Rn. 353). Termingeschäfte können auch aus einer Kombination von Kassageschäften (Erfüllungszeitpunkt maximal zwei Tage nach Geschäftsabschluss) und Rückkauf auf Termin wie beim **echten Pensionsgeschäft** iSv § 340b Abs. 2 HGB bestehen (BaFin-Merkblatt (→ Rn. 280); Lendermann/Nemeczek/Schroeter/Reschke § 2 Rn. 354).

Swaps sind Kombinationen von aufeinanderfolgenden Festgeschäften sind, dh **286** vertragliche Vereinbarungen, mit denen Parteien über einen bestimmten Zeitraum zu bestimmten Zeitpunkten Zahlungsströme tauschen, zB Kapitalbeträge in unterschiedlichen Währungen (Währungsswaps) oder Zahlungen, die sich aus der Aufnahme von Mitteln mit unterschiedlichen Zinssätzen ergeben (Zinsswap) (BaFin-Merkblatt (→ Rn. 280); Lendermann/Nemeczek/Schroeter/Reschke § 2 Rn. 350).

Optionsgeschäfte sind Vereinbarungen zwischen zwei Parteien, die einer Par- **287** tei das Anrecht (Option) einräumen, gegen Zahlung eines Geldbetrages (Optionsprämie) eine bestimmte Menge eines bestimmten Gutes (Underlying, zB Wertpapier) durch einseitige Willenserklärung (Ausübung) zu einem vorher festgelegten Preis (Kurs) zu einem bestimmten Zeitpunkt (europäische Option) bzw. innerhalb eines bestimmten Zeitraums (amerikanische Option) zu kaufen oder zu verkaufen (BaFin-Merkblatt (→ Rn. 280); Lendermann/Nemeczek/Schroeter/Reschke § 2 Rn. 355).

Termingeschäfte können auch aus Kombinationen von Fest- und Optionsge- **288** schäften bestehen. Beispiele sind **Swaptions,** die dem Käufer das Recht geben, zu einem bestimmten Zeitpunkt einen Swap durchzuführen (BaFin-Merkblatt (→ Rn. 280); Lendermann/Nemeczek/Schroeter/Reschke § 2 Rn. 359).

b) mögliche Basiswerte. Termingeschäfte fallen nur unter Nr. 1, wenn sie **289** auf einen der in Nr. 1a–f genannten Basiswerte lauten.

290 **aa) Wertpapiere oder Geldmarktinstrumente (Nr. 1a).** Nr. 1a erfasst ua Aktienoptionen (BaFin-Merkblatt (→ Rn. 280)).

291 **bb) Devisen, Rechnungseinheiten oder Kryptowerte (Nr. 1b).** Nr. 1b erfasst ua Devisentermingeschäfte und Währungsswaps (BaFin-Merkblatt (→ Rn. 280)).

292 Nr. 1b wurde durch das FinmadiG um **Kryptowerte** iSv Art. 3 Abs. 1 Nr. 5 MiCAR als Basiswerte ergänzt. Damit wollte der Gesetzgeber Rechtsunsicherheiten darüber beseitigen, ob Kryptowerte als Rechnungseinheiten eingeordnet werden können (Regierungsbegründung FinmadiG, BT-Drs. 20/1028, 164).

293 **Kryptowerte** sind in Art. 3 Abs. 1 Nr. 5 MiCAR als digitale Darstellungen von Werten oder Rechten definiert, die unter Verwendung der Distributed-Ledger-Technologie oder einer ähnlichen Technologie elektronisch übertragen und gespeichert werden können. Nach Art. 3 Abs. 1 Nr. 1 MiCAR ist die Distributed-Ledger-Technologie als „Technologie, die den Betrieb und die Nutzung von Distributed Ledgern ermöglicht," definiert. Art. 3 Abs. 1 Nr. 2 und 3 MiCAR wiederum definieren die Begriffe Distributed Ledger und Konsensmechanismus. In der Praxis begegnen digitale Wertdarstellungen (meist als **Token** bezeichnet) in den Kategorien Zahlungstoken (auch Currency Token, Payment Token oder „virtuelle Währungen"), wertpapier(ähnliche) Token (auch „Equity Token", „Security Token", „Investment Token" oder „Asset Token") und Utility Token (auch „App Token" oder „Nutzungstoken") (näher → Rn. 210).

294 Keine Basiswerte iSv Nr. 1b sind Kryptowerte iSv Art. 4 Abs. 3 lit. c MiCAR, die als Gegenleistung für die Pflege des Distributed Ledgers oder die Validierung von Transaktionen automatisch geschürft werden.

295 **cc) Zinssätze oder andere Erträge (Nr. 1c).** Nr. 1c erfasst ua Zinsbegrenzungsverträge wie Zinssatz-Swaps, Caps und Floors (BaFin-Merkblatt (→ Rn. 280); Lendermann/Nemeczek/Schroeter/Reschke § 2 Rn. 366). Kombinationen aus Zinscaps und Floors (sog. **Zins-Collars**) fallen unter Nr. 1e.

296 **dd) Indices oder Finanzmessgrößen (Nr. 1d).** Nr. 1d erfasst Termingeschäfte auf Indices von Wertpapieren, Indices von Geldmarktinstrumenten, Indices von Devisen oder Rechnungseinheiten, Indices von Zinssätzen oder anderen Erträgen, andere Finanzindices oder Finanzmessgrößen (BaFin-Merkblatt (→ Rn. 280)).

297 **ee) Derivate (Nr. 1e).** Nr. 1e erfasst ua Swaptions (→ Rn. 286) und Zins-Collars (→ Rn. 293) (BaFin-Merkblatt (→ Rn. 280); Lendermann/Nemeczek/Schroeter/Reschke § 2 Rn. 366). Nicht unter Nr. 1e fallen Index-Zertifikate (BaFin-Merkblatt (→ Rn. 280); Schwark/Zimmer/Kumpan WpHG § 2 Rn. 62) und Aktienanleihen, weil sie keine Termingeschäfte beinhalten (BaFin-Merkblatt (→ Rn. 280); Schwark/Zimmer/Kumpan WpHG § 2 Rn. 61 f.). Sie werden von Abs. 5 Nr. 4 erfasst (BaFin-Merkblatt (→ Rn. 280)).

298 **ff) Emissionszertifikate (Nr. 1f).** Nr. 1f erfasst Termingeschäfte auf Emissionszertifikate iSv Abs. 5 Nr. 9 (→ Rn. 267).

299 **c) Einzelfälle.** Termingeschäfte sind
- Bandbreitenoptionsscheine (Schwark/Zimmer/Kumpan WpHG § 2 Rn. 62);
- Knock-Out oder Turbo-Zertifikate (Schwark/Zimmer/Kumpan WpHG § 2 Rn. 62).

300 **Keine** Termingeschäfte sind
- Wertpapierdarlehen (Schwark/Zimmer/Kumpan WpHG § 2 Rn. 62).

2. Warentermingeschäfte (Nr. 2)

a) Erfasste Basiswerte. Nr. 2 erfasst Termingeschäfte auf folgende Gegenstände (Underlyings): 301
- Waren: gemeint sind vertretbare Sachen nach § 91 BGB und andere Wirtschaftsgüter, die im Verkehr nach Zahl, Maß oder Gewicht bestimmt werden, einschließlich Strom, Gas oder Fernwärme (BaFin-Merkblatt (→ Rn. 280); Lendermann/Nemeczek/Schroeter/Reschke § 2 Rn. 369) sowie Edelmetalle (Regierungsbegründung FRUG, BT-Drs. 16/4028, 55 (zu § 2 Abs. 2 WpHG aF));
- Frachtsätze (Entgelte im Güterverkehr) (BaFin-Merkblatt (→ Rn. 280); Lendermann/Nemeczek/Schroeter/Reschke § 2 Rn. 370);
- Klimavariablen und andere physikalische Variablen (BaFin-Merkblatt (→ Rn. 280); Lendermann/Nemeczek/Schroeter/Reschke § 2 Rn. 371);
- Inflationsraten (Regierungsbegründung FRUG, BT-Drs. 16/4028, 55 (zu § 2 Abs. 2 WpHG aF)) oder andere volkswirtschaftliche Variablen wie zB Arbeitslosenquote oder Bruttoinlandsprodukt (BaFin-Merkblatt (→ Rn. 280)) oder durchschnittliche Lebenserwartung (Lendermann/Nemeczek/Schroeter/Reschke § 2 Rn. 372);
- sonstige Vermögenswerte; diese müssen einen Bezug zur Realwirtschaft aufweisen (Lendermann/Nemeczek/Schroeter/Reschke § 2 Rn. 374);
- sonstige Indices,
- sonstige Messwerte etwa von Behörden hinsichtlich Radioaktivität, Wasserqualität, Luftverschmutzung (BaFin-Merkblatt (→ Rn. 280); Lendermann/Nemeczek/Schroeter/Reschke § 2 Rn. 376).

Nr. 2 ist nur erfüllt, wenn keine Kassageschäfte iSv Art. 7 Abs. 2 Delegierte VO (EU) 2017/565 (→ Rn. 282) vorliegen und die Voraussetzungen mindestens einer der Unterziffern a) bis c) erfüllt sind (BaFin-Merkblatt (→ Rn. 280); Schwark/Zimmer/Kumpan WpHG § 2 Rn. 50): 302

Nach **Nr. 2a** ist ein Termingeschäft bezogen auf eines dieser Underlyings ein Derivat, wenn es durch **Barausgleich** zu erfüllen oder einer Partei das Recht gibt, einen Barausgleich zu verlangen, ohne dass dieses Recht durch Ausfall oder durch ein Beendigungsereignis begründet ist. Gemeint ist zB ein Barausgleich von evtl. Schadensersatzansprüchen, die sich kraft Gesetzes ergeben (BaFin-Merkblatt (→ Rn. 280); Lendermann/Nemeczek/Schroeter/Reschke § 2 Rn. 377). 303

Nach **Nr. 2b** reicht für die Qualifizierung des Termingeschäfts auf Underlyings iSv Nr. 2 als Derivat auch, dass das Geschäft auf einem organisierten Markt oder in einem multilateralen oder organisierten Handelssystem geschlossen wird. Nicht unter Nr. 2b fallen Energiegroßhandelsprodukte, die effektiv geliefert werden müssen, auch wenn sie über ein organisiertes Handelssystem gehandelt werden (BaFin-Merkblatt (→ Rn. 280)). 304

Nach **Nr. 2c** ist ein Termingeschäft auf Underlyings iSv Nr. 2 auch dann Derivat nach Nr. 2, wenn es Merkmale anderer Derivate nach Art. 7 Abs. 1 Delegierte VO (EU) 2017/565 aufweist und nichtkommerziellen (also spekulativen) Zwecken dient und nicht die Voraussetzungen von Art. 7 Abs. 4 Delegierte VO (EU) 2017/565 gegeben sind (BaFin-Merkblatt (→ Rn. 280); Lendermann/Nemeczek/Schroeter/Reschke § 2 Rn. 380): 305
- Handel auf einem Handelsplatz eines Drittlands, der eine einem geregelten Markt oder einem multilateralen Handelssystem ähnliche Aufgabe wahrnimmt, Bestimmung für den Handel an einem geregelten Markt, über ein multilaterales oder organisiertes Handelssystem oder an einem gleichwertigen 306

Handelsplatz eines Drittlands oder Geltung der Regeln eines solchen Marktes oder Systems für das Geschäft oder es ist einem Kontrakt im Hinblick auf Preis, Handelseinheit, Liefertermin oder andere vertragliche Bedingungen gleichwertig, der an einem geregelten Markt, über multilaterales oder organisiertes Handelssystem oder an einem gleichwertigen Handelsplatz eines Drittlands gehandelt wird und es ist so standardisiert, dass der Preis, die Handelseinheit, der Liefertermin und andere Bedingungen hauptsächlich durch Bezugnahme auf regelmäßig veröffentlichte Preise, Standardhandelseinheiten oder Standardliefertermine bestimmt werden (Art. 7 Abs. 1 Delegierte VO (EU) 2017/565).

307 – Das Geschäft dient spekulativen Zwecken, dh, es wird nicht mit oder von einem Betreiber oder einem Verwalter eines Energieübertragungsnetzes, eines Energieausgleichssystems oder eines Rohrleitungsnetzes abgeschlossen und es muss nicht der Ausgleich von Energieangebot und -verbrauch zu einem bestimmten Zeitpunkt aufrecht erhalten werden, einschließlich der Fälle, in denen die Reservekapazität, über die ein Vertrag mit dem Betreiber eines Elektrizitätsübertragungsnetzes gem. Art. 2 Abs. 4 RL 2009/72/EG abgeschlossen wurde, mit der Zustimmung des relevanten Übertragungsnetzbetreibers von einem vorqualifizierten Anbieter von Ausgleichsdienstleistungen auf einen anderen vorqualifizierten Anbieter von Ausgleichsdienstleistungen übertragen wird (Art. 7 Abs. 4 Delegierte VO (EU) 2017/565).

308 – Das Geschäft darf kein Kassageschäft iSv Art. 7 Abs. 2 Delegierte VO (EU) 2017/565 (→ Rn. 282) sein (BaFin-Merkblatt (→ Rn. 280); Schwark/Zimmer/Kumpan WpHG § 2 Rn. 53).

309 **b) Einzelfälle.** Unter Nr. 2 fallen:

- **Stromderivate** wie Strom-Futures (BaFin-Merkblatt (→ Rn. 280); BaFin-Merkblatt „Hinweise zur Erlaubnispflicht von Geschäften im Zusammenhang mit Stromhandelsaktivitäten" v. 24.6.2011, Consbruch/Fischer B 53.17 (zu § 1 Abs. 11 KWG); vgl. die Nachweise bei Fischer/Schäfer/Schulte-Mattler/Schulte-Mattler/Schäfer KWG § 1 Rn. 294); sind sie nicht börslich gehandelt, dann gelten sie als Finanzinstrumente, „wenn sie darauf abzielen, nicht physisch erfüllt zu werden", wenn es sich also um **offene** oder **verdeckte Differenzgeschäfte** handelt (BaFin-Merkblatt v. 24.6.2011, Consbruch/Fischer B 53.17);
- **Wetterderivate** (BaFin-Merkblatt (→ Rn. 280)).

310 Nicht unter Nr. 2 fallen:

- **Energielieferverträge,** die auf physische Lieferung gerichtet sind und die Voraussetzungen von Art. 5 Delegierte VO (EU) 2017/56 erfüllen, auch wenn der Preis an einer Börse oder anhand eines Index ermittelt wird (BaFin-Merkblatt (→ Rn. 280); Schwark/Zimmer/Kumpan WpHG § 2 Rn. 56);
- **Spotgeschäfte** im Energiehandel (Regierungsbegründung FRUG, BT-Drs. 16/4028, 55 (zu § 2 Abs. 2 WpHG aF); BaFin-Merkblatt (→ Rn. 280)).

3. Finanzielle Differenzgeschäfte (Nr. 3)

311 Nr. 3 erfasst Differenzgeschäfte **(contracts for difference, CFD)** dh idR laufzeitunabhängige Verträge (Festgeschäfte oder Optionsgeschäfte) über einen Barausgleich in Höhe der Differenz zwischen den Kurswerten eines als Basiswert gewählten Finanzinstruments zum Zeitpunkt des Kaufs und Verkaufs des Differenzgeschäfts (BaFin-Allgemeinverfügung bezüglich sog. Differenzgeschäfte („Contracts for Difference/CFD") v. 23.7.2019, zugänglich unter www.bafin.de;

BaFin-Merkblatt (→ Rn. 280); Schwark/Zimmer/Kumpan WpHG § 2 Rn. 57; Assmann/Schneider/Mülbert/Assmann WpHG § 2 Rn. 53; Seitz WM 2017, 1883); diese fallen auch bereits unter Nr. 1, 2 oder 5, wenn ihr Wert abhängig von einem dort erfassten Basiswert ermittelt wird (Lendermann/Nemeczek/Schroeter/Reschke § 2 Rn. 382).

4. Kreditderivate (Nr. 4)

Nr. 4 erfasst „als Kauf, Tausch oder anderweitig ausgestaltete Festgeschäfte oder Optionsgeschäfte, die zeitlich verzögert zu erfüllen sind und dem Transfer von Kreditrisiken dienen" (BaFin-Merkblatt (→ Rn. 280); Lendermann/Nemeczek/Schroeter/Reschke § 2 Rn. 386; Schwark/Zimmer/Kumpan WpHG § 2 Rn. 58). Erfasst sind Instrumente zum Transfer von Kreditrisiken, die sich auf die Referenzaktiva Wertpapiere, Anleihen oder Geldmarktinstrumente zurückführen lassen, sowie Verträge, die sich auf bestimmte Darlehen oder Kreditportfolios beziehen (Regierungsbegründung FRUG, BT-Drs. 16/4028, 55 (zu § 2 Abs. 2 WpHG aF)). 312

Zu den Kreditderivaten gehören: 313

- **Credit Default Swaps** (BaFin-Merkblatt (→ Rn. 280), dh Verträge, bei denen der Sicherungsnehmer gegen Zahlung einer Prämie vom eine Ausgleichszahlung erhält, sofern beim Referenzschuldner oder im Referenzportfolio ein Kreditausfallereignis eintritt, und zwar unabhängig davon, ob dem Sicherungsnehmer durch den Ausfall des Referenzschuldners überhaupt ein Schaden entsteht (Schwark/Zimmer/Kumpan WpHG § 2 Rn. 58);
- **Credit Default Options,** dh Optionen auf den Abschluss eines Credit Default Swaps;
- **Credit Linked Notes,** dh Schuldverschreibungen, bei denen Zins- und Tilgungszahlungen ganz oder teilweise vom Nichteintritt bestimmter Kreditereignisse bei einem Referenzschuldner oder Referenzportfolio abhängig sind (Schwark/Zimmer/Kumpan WpHG § 2 Rn. 58); diese können zugleich Schuldtitel iSv Abs. 5 Nr. 3 sein (BaFin-Merkblatt (→ Rn. 280));
- **Credit Spread Options,** dh Verträge auf die Zinsdifferenz zwischen zwei Basiswerten, wenn mindestens einer der Basiswerte ein Kreditrisiko **(„credit spread")** abbildet (BaFin-Merkblatt (→ Rn. 280));
- **Total (Rate of) Return Swaps,** dh Verträge, bei denen der Sicherungsnehmer die Erträge eines Basiswerts (Zinszahlungen und Wertsteigerungen) an den Sicherungsgeber weiterleitet und von diesem Zahlung üblicherweise variabler Zinsen sowie den Ausgleich von Wertverlusten des Basiswerts erhält (BaFin-Merkblatt (→ Rn. 280); Schwark/Zimmer/Kumpan WpHG § 2 Rn. 58).

5. Termingeschäfte auf Basiswerte nach Art. 8 Delegierte VO (EU) 2017/565 (Nr. 5)

Nr. 5 erfasst Termingeschäfte ausschließlich auf die in Art. 8 Delegierte VO (EU) 2017/565 in Bezug genommenen Basiswerte. Die Aufzählung ist abschließend (Regierungsbegründung FRUG, BT-Drs. 16/4028, 55 (zu § 2 Abs. 2 WpHG aF); Schwark/Zimmer/Kumpan WpHG § 2 Rn. 49). Die in Bezug genommenen Basiswerte sind: 314

- Telekommunikations-Bandbreite (Ziff. a), 315
- Lagerkapazität für Waren (Ziff. b), 316

317 – Übertragungs- oder Transportkapazität in Bezug auf Waren, unabhängig davon, ob dies über Kabel, Rohrleitungen oder andere Mittel erfolgt, mit Ausnahme von Übertragungsrechten in Bezug auf die Kapazitäten zur zonenübergreifenden Elektrizitätsübertragung, wenn diese auf dem Primärmarkt mit oder von einem Übertragungsnetzbetreiber oder einer Person, die im eigenen Namen als Dienstleister handelt, und zur Zuweisung der Übertragungskapazitäten vereinbart werden (Ziff. c),

318 – eine Erlaubnis, ein Kredit, eine Zulassung, ein Recht oder ein ähnlicher Vermögenswert, der bzw. die direkt mit der Lieferung, der Verteilung oder dem Verbrauch von Energie aus erneuerbaren Energiequellen verbunden ist, es sei denn, der Kontrakt fällt bereits in den Anwendungsbereich von Anhang I Abschnitt C MiFID II (Ziff. d),

319 – eine geologische, ökologische oder eine sonstige physikalische Variable, es sei denn, der Kontrakt bezieht sich auf Einheiten, deren Übereinstimmung mit den Anforderungen der EmissionshandelsRL (RL 2003/87/EG) anerkannt ist (Ziff. e),

320 – ein sonstiger Vermögenswert oder ein sonstiges Recht fungibler Natur, bei dem es sich nicht um ein Recht auf Dienstleistung handelt, der bzw. das übertragbar ist (Ziff. f),

321 – ein Index oder ein Maßstab, der mit dem Preis, dem Wert oder dem Volumen von Geschäften mit einem Vermögenswert, einem Recht, einer Dienstleistung oder einer Verpflichtung in Verbindung steht (Ziff. g), sowie

322 – ein Index oder ein Maßstab, der auf versicherungsmathematischen Statistiken beruht (Ziff. h); gemeint sind etwa Langlebigkeitsindices von Versicherungen (BaFin-Merkblatt (→ Rn. 280)).

323 Termingeschäfte nach Nr. 5 müssen außerdem eine mindestens eine der Voraussetzungen nach Nr. 2a, b oder c erfüllen (Regierungsbegründung FRUG, BT-Drs. 16/4028, 55 (zu § 2 Abs. 2 WpHG aF); Schwark/Zimmer/Kumpan WpHG § 2 Rn. 50).

X. Anbieter von Nebendienstleistungen (Abs. 9)

324 Abs. 9 setzt Art. 3 Abs. 1 S. 1 IFD um. Erfasst werden Unternehmen, die eine der in Nr. 1–3 genannten Tätigkeiten zu ihrem Hauptgegenstand gemacht haben (Lendermann/Nemeczek/Schroeter/Reschke § 2 Rn. 398).

1. Besitz und Verwaltung von Immobilien (Nr. 1)

325 Nr. 1 erfasst Unternehmen, deren Haupttätigkeit im Besitz oder der Verwaltung von Immobilien liegt.

2. Verwaltung von Datenverarbeitungsdiensten (Nr. 2)

326 Nr. 2 erfasst Unternehmen, deren Haupttätigkeit in der Verwaltung von Datenverarbeitungsdiensten liegt.

3. ähnliche Tätigkeiten (Nr. 3)

327 Nr. 3 erfasst Tätigkeiten, die mit Nr. 1 oder Nr. 2 vergleichbar sind und im Verhältnis zur Haupttätigkeit eines oder mehrerer Wertpapierinstitute den Charakter einer Nebentätigkeit hat.

XI. Weitere Definitionen (Abs. 10–38)

1. Waren- und Emissionszertifikatehändler (Abs. 10)

Abs. 10 setzt Art. 3 Abs. 1 Nr. 6 IFD um, der wiederum auf Art. 4 Abs. 1 Nr. 150 CRR verweist. Erfasst sind Unternehmen, deren Haupttätigkeit ausschließlich darin besteht, Wertpapierdienstleistungen oder Anlagetätigkeiten im Zusammenhang mit den in Anhang I Abschnitt C Nr. 5, 6, 7, 9 und 10 MiFID II genannten Warenderivaten oder Warenderivatkontrakten, den in Anhang I Abschnitt C Nr. 4 MiFID II genannten Derivaten in Bezug auf Emissionszertifikate oder den in Anhang I Abschnitt C Nr. 11 MiFID II genannten Emissionszertifikaten zu erbringen bzw. auszuüben (Lendermann/Nemeczek/Schroeter/Reschke § 2 Rn. 399). 328

2. Zweigniederlassung (Abs. 11)

Abs. 11 setzt Art. 3 Abs. 1 Nr. 3 IFG um, der wiederum auf Art. 4 Abs. 1 Nr. 30 CRR verweist, der folgenden Wortlaut hat. 329

„Zweigniederlassung" eine Betriebsstelle, die nicht die Hauptverwaltung ist, die einen rechtlich unselbstständigen Teil einer Wertpapierfirma bildet und Wertpapierdienstleistungen, gegebenenfalls auch Nebendienstleistungen, erbringt und/oder Anlagetätigkeiten ausübt, für die der Wertpapierfirma eine Zulassung erteilt wurde; alle Geschäftsstellen einer Wertpapierfirma mit Hauptverwaltung in einem anderen Mitgliedstaat, die sich in ein und demselben Mitgliedstaat befinden, gelten als eine einzige Zweigniederlassung;

Abs. 11 entspricht dem in § 13 HGB verwendeten Begriff sowie dem steuerlichen Begriff der Betriebsstätte in § 12 AO und nimmt die Kriterien der EuGH-Entscheidung v. 4.12.1986 (NJW 1987, 572) auf, in der von einer **„ständigen Präsenz"** gesprochen wird. Erforderlich sind 330

- die Zusammenfassung von räumlichen und personellen Mitteln des Unternehmens in einer ortsgebundenen Einrichtung von einer gewissen Dauer („Aufrechterhalten einer ständigen Präsenz"; 331
- eine räumliche Trennung von der Hauptverwaltung, sowie 332
- die rechtliche Unselbständigkeit gegenüber dem Unternehmen. 333

Zweigniederlassung iSv Abs. 11 kann auch ein Büro sein, das von dem eigenen Personal des Unternehmens oder von einer unabhängigen Person geführt wird, die auf Dauer für ein Unternehmen wie eine Agentur zu handeln beauftragt ist (EuGH NJW 1987, 572, Rn. 21 (f. Versicherungsagentur); Schwennicke/Auerbach/Brocker KWG § 24a Rn. 11 u. KWG § 53b Rn. 16). 334

3. Enge Verbindung (Abs. 12)

Abs. 12 setzt Art. 3 Abs. 1 Nr. 4 IFD um, der auf Art. 4 Abs. 1 Nr. 35 MiFID II verweist. Eine entsprechende Definition enthält auch Art. 4 Abs. 1 Nr. 35 CRR, auf den § 1 Abs. 33 KWG verweist. 335

Von der bedeutenden Beteiligung iSv Abs. 23 unterscheidet sich die enge Verbindung in folgenden Punkten: 336

- Für eine bedeutende Beteiligung reicht eine Beteiligungsquote von 10 % des Kapitals oder der Stimmrechte, für eine enge Verbindung sind 20 % erforderlich (Art. 4 Abs. 1 Nr. 35 lit. a MiFID II).

- Zwischen Mutter- und Tochterunternehmen muss ein Kontrollverhältnis bestehen (Art. 4 Abs. 1 Nr. 35 lit. b MiFID II). Es muss eine Verbindung sowohl aus der Sicht des Instituts als auch aus der Sicht des Beteiligungsunternehmens bestehen (Lendermann/Nemeczek/Schroeter/Reschke § 2 Rn. 404; Fischer/Schäfer/Schulte-Mattler/Schulte-Mattler/Schäfer KWG § 1 Rn. 276 (zu § 1 Abs. 10 KWG aF)).
- Nach Art. 4 Abs. 1 Nr. 35 MiFID II lit. c können Kontrollverhältnisse auch über einen Dritten vermittelt werden. Enge Verbindungen können nicht nur wie bei einer bedeutenden Beteiligung vertikal zwischen Mutter- und Tochterunternehmen, sondern auch horizontal zwischen Schwesterunternehmen oder sternförmig sowohl zu Mutter- und Tochterunternehmen als auch zu Schwesterunternehmen bestehen (BT-Drs. 13/7142, 69 (zu § 1 Abs. 10 KWG aF)).

4. Zuständige Behörde (Abs. 13)

337 Art. 13 setzt Art. 3 Abs. 1 Nr. 5 IFD um. Zuständig sind im Inland die BaFin und im Ausland die jeweils für die Beaufsichtigung von Wertpapierinstituten zuständigen Behörden.

5. Einhaltung des Gruppenkapitaltests (Abs. 14)

338 Abs. 14 setzt Art. 3 Abs. 1 Nr. 8 IFD um, der wiederum auf Art. 8 IFR verweist. Von einer weiteren Konkretisierung der Anforderungen aus Art. 8 IFR hat der Gesetzgeber bewusst abgesehen, um der BaFin die Entwicklung einer konsistenten Verwaltungspraxis zu ermöglichen (Regierungsbegründung WpIG, BT-Drs. 19/26929, 127).

6. Kreditinstitut (Abs. 15)

339 Abs. 15 setzt Art. 3 Abs. 1 Nr. 9 IFD um, der wiederum auf Art. 4 Abs. 1 Nr. 1 CRR in der durch Art. 62 Nr. 3a IFR geänderten, ab 26.6.2021 geltenden Fassung verweist. Art. 4 Abs. 1 Nr. 1 unterscheidet zwei Arten von CRR-Kreditinstituten:

340 **a) Größenunabhängig: Betreiben des Einlagengeschäfts und des Kreditgeschäfts (Art. 4 Abs. 1 Nr. 1a CRR).** CRR-Kreditinstitute iSv Art. 4 Abs. 1 Nr. 1a CRR sind Unternehmen, die Einlagen oder andere rückzahlbare Gelder des Publikums entgegennehmen und Kredite für eigene Rechnung gewähren (Art. 4 Abs. 1 Nr. 1a CRR), dh Unternehmen, die gewerbsmäßig oder in einem Umfang, der einen kaufmännisch eingerichteten Geschäftsbetrieb erfordert, das Einlagengeschäft iSv § 1 Abs. 1 S. 2 Nr. 1 KWG oder das Kreditgeschäft iSv § 1 Abs. 1 S. 2 Nr. 2 KWG betreiben. Ob daneben noch andere Bankgeschäfte aus dem Katalog in § 1 Abs. 1 S. 2 KWG betrieben oder Finanzdienstleistungen iSv § 1 Abs. 1a S. 2 KWG erbracht werden ist unerheblich.

341 Dem Betreiben des Einlagengeschäfts steht es gleich, wenn sich ein Institut über die Ausgabe von Inhaber- oder Orderschuldverschreibungen refinanziert, ohne Einlagen anzunehmen (Lendermann/Nemeczek/Schroeter/Reschke § 2 Rn. 412).

342 Als Gewährung von Krediten für eigene Rechnung gilt auch das Betreiben des Pfandbriefgeschäfts (§ 1 Abs. 1 S. 2 Nr. 1a KWG), des Diskontgeschäfts (§ 1 Abs. 1 S. 2 Nr. 3 KWG), des Revolvinggeschäfts (§ 1 Abs. 1 S. 2 Nr. 7 KWG) oder des Garantiegeschäfts (§ 1 Abs. 1 S. 2 Nr. 8 KWG) (Lendermann/Nemeczek/Schroeter/Reschke § 2 Rn. 409).

b) Größenabhängig: Betreiben von Eigenhandel oder Emissionsgeschäft (Art. 4 Abs. 1 Nr. 1b CRR). CRR-Kreditinstitute iSv Art. 4 Abs. 1 Nr. 1b CRR (sind auch Unternehmen, die Handel für eigene Rechnung (Anhang I Abschnitt A Nr. 3 MiFID II) (dh **Eigenhandel** iSv § 2 Abs. 2 Nr. 10 WpIG bzw. § 1 Abs. 1a S. 2 Nr. 4 KWG) oder Übernahme der Emission von Finanzinstrumenten und/oder Platzierung von Finanzinstrumenten mit fester Übernahmeverpflichtung (Anhang I Abschnitt A Nr. 6 MiFID II) (dh **Emissionsgeschäft** iSv § 2 Abs. 2 Nr. 2 WpIG bzw. § 1 Abs. 1 S. 2 Nr. 10 KWG) betreiben, ohne Waren- und Emissionszertifikatehändler, Organismus für gemeinsame Anlagen oder Versicherungsunternehmen zu sein, und die 343

- über eine konsolidierte Bilanzsumme von mindestens 30 Mrd. Euro verfügen (Art. 4 Abs. 1 Nr. 1b i CRR); 344
- zusammen mit anderen Unternehmen der Gruppe, die ebenfalls Handel für eigene Rechnung sowie das Emissions- oder Platzierungsgeschäft mit fester Übernahmeverpflichtung betreiben, über eine konsolidierte Bilanzsumme von mindestens 30 Mrd. Euro verfügen (Art. 4 Abs. 1 Nr. 1b ii CRR), oder 345
- über eine unkonsolidierte Bilanzsumme von weniger als 30 Mrd. Euro verfügen, zusammen mit anderen Unternehmen der Gruppe, die ebenfalls Handel für eigene Rechnung sowie das Emissions- oder Platzierungsgeschäft mit fester Übernahmeverpflichtung betreiben, eine konsolidierte Bilanzsumme von mindestens 30 Mrd. Euro erreichen, wenn die für die konsolidierte Aufsicht zuständige Behörde in einem EU-Mitgliedsstaat eine Beaufsichtigung anordnet, um Umgehungsrisiken und Gefahren für die Finanzstabilität in der EU entgegen zu wirken (Art. 4 Abs. 1 Nr. 1b iii CRR). 346

Ab dem Tag der Überschreitung der Schwellenwerte sind die Geschäfte des Unternehmens nicht mehr durch die Erlaubnis nach § 15 WpIG gedeckt, sondern ist nach § 32 Abs. 1 S. 2 KWG **eine Erlaubnis als Kreditinstitut** nach § 32 Abs. 1 S. 1 KWG erforderlich, wobei der Erlaubnisantrag unverzüglich nachzuholen ist und eine rechtswirksam erteilte Erlaubnis nach § 15 WpIG fortwirkt, bis über den Erlaubnisantrag nach § 32 KWG entschieden ist (§ 32 Abs. 1 S. 3 und 4 KWG). 347

Für CRR-Kreditinstitute gilt das WpIG nicht. Maßgeblich für die Zulassung sowie die laufende Beaufsichtigung von Eigenmittel- und Solvabilitätsanforderungen sind das KWG und die dazu erlassenen Rechtsvorschriften. 348

7. Kleine, Mittlere und Große Wertpapierinstitute (Abs. 16–18)

Abs. 16–18 unterscheiden nach quantitativen und qualitativen Kriterien kleine, mittlere und große Wertpapierinstitute. Nach der Einordnung richtet sich nach Maßgabe des Proportionalitätsgrundsatzes der anzuwendende Aufsichtsrahmen des WpIG. Nicht dem WpIG unterfallen CRR-Kreditinstitute (§ 2 Abs. 15). Für die Zulassung kleiner, mittlerer und großer Wertpapierinstitute gilt ausschließlich das WpIG. Die laufende prudentielle Beaufsichtigung wiederum richtet sich größenabhängig nach Maßgabe von § 4 vorwiegend nach dem KWG und der CRR (große Wertpapierinstitute) bzw. nach dem WpIG und der IFR (mittlere und kleine Wertpapierfirmen). 349

350 **a) Kleine Wertpapierinstitute (Abs. 16).** Kleine Wertpapierinstitute iSd WpIG sind Wertpapierinstitute, die aufgrund ihrer geringen Größe und Komplexität nach dem Proportionalitätsgrundsatz in geringstem Maße der Aufsicht nach dem WpIG bedürfen.

351 Abs. 16 definiert kleine Wertpapierinstitute unter Verweis auf Art. 12 Abs. 1 IFR. Nach Art. 12 Abs. 1 IFR müssen kleine Wertpapierinstitute kumulativ folgende Kriterien erfüllen:

Bedingung	**Kriterium**	**Kriterium zu bestimmen nach**
Art. 12 Abs. 1 S. 1a IFR	AUM (verwaltete und in der Anlageberatung betreute Vermögenswerte von Kunden (assets under management)) < 1,2 Mrd. Euro	Art. 17 IFR
Art. 12 Abs. 1 S. 1b IFR	COH (bearbeitete Kundenaufträge (client orders handled)) liegt unter i) 100 Mio. Euro/Tag für Kassageschäfte, oder ii) 1 Mrd. Euro/Tag für Derivate	Art. 20 IFR
Art. 12 Abs. 1 S. 1c IFR	ASA (verwahrte und verwaltete Vermögenswerte (assets safeguarded and administered)) = 0	Art. 19 IFR
Art. 12 Abs. 1 S. 1d IFR	CMH (gehaltene Kundengelder (client money held)) = 0	Art. 18 IFR
Art. 12 Abs. 1 S. 1e IFR	DTF (täglicher Handelsstrom (daily trading flow)) = 0	Art. 33 IFR
Art. 12 Abs. 1 S. 1f IFR	NRP (Nettopositionsrisiko (net position risk)) und CMG (geleisteter Einschuss für Clearing Geschäfte (clearing margin given)) = 0	Art. 22, 23 IFR
Art. 12 Abs. 1 S. 1g IFR	TCD (Risikoposition bei Ausfall der Handelsgegenparteien eines Wertpapierinstituts (trading counterparties default)) = 0	Art. 26 IFR
Art. 12 Abs. 1 S. 1h IFR	bilanzielle und außerbilanzielle Gesamtsumme der Wertpapierfirma < 100 Mio. Euro	
Art. 12 Abs. 1 S. 1i IFR	jährliche Bruttogesamteinkünfte aus Wertpapierdienstleistungen und Anlagetätigkeiten < 30 Mio. Euro	

352 Für die Bestimmung der Kriterien aus Art. 12 Abs. 1 S. 1 IFR enthalten Art. 12 Abs. 1 S. 2–5 IFR folgende Modifikationen:

– Für Art. 2 Abs. 1 S. 1 lit. a, b, c, e, f IFR – soweit sich dieser auf das Nettopositionsrisiko bezieht – und Art. 2 Abs. 1 S. 1 lit. g IFR sind die Tagesendwerte maßgeblich (Art. 12 Abs. 1 S. 2 IFR).

– Für Art. 2 Abs. 1 S. 1 lit. d IFR gelten (vorbehaltlich Art. 16 Abs. 9 MiFID II und Art. 2 und 4 Delegierte RL (EU) 2017/593) die Innertageswerte, soweit nicht ein Fehler in der Buchführung oder dem Kontenabgleich vorliegt, aufgrund dessen fälschlicherweise angezeigt wurde, dass eine Wertpapierfirma den unter Absatz 1 Buchstabe d dieses Absatzes genannten Schwellenwert von null überschritten hat, und dieser vor Ablauf des Geschäftstags behoben wird, wobei das Unternehmen die BaFin unverzüglich über den Fehler, die Gründe für sein Auftreten und seine Berichtigung unterrichten muss (Art. 12 Abs. 1 S. 3 IFR).
– Für Art. 2 Abs. 1 S. 1 lit. h und i IFR sind die Werte vom Ende des letzten Geschäftsjahres maßgeblich, wenn der Jahresabschluss innerhalb von sechs Monaten nach Geschäftsjahresende erstellt und vom zuständigen Gesellschaftsorgan gebilligt wurde. Liegt ein solcher Jahresabschluss nicht vor, dann muss ein Zwischenabschluss erstellt werden (Art. 12 Abs. 1 S. 4 IFR).
– Die in Art. 12 Abs. 1 lit. a und b IFR genannten Werte können anhand der in Titel II IFR festgelegten Methoden gemessen werden, wobei die Messung jedoch über einen Zeitraum von zwölf Monaten erfolgt und die letzten drei monatlichen Werte in jedem Fall berücksichtigt werden müssen. Die vom einem Wertpapierinstitut verwendeten Messmethode müssen der BaFin mitgeteilt und für einen ununterbrochenen Zeitraum von mindestens zwölf aufeinanderfolgenden Monaten angewandt werden (Art. 12 Abs. 1 S. 5 IFR).

Die Erfüllung der Kriterien aus Art. 12 Abs. 1 IFR muss vom Abschlussprüfer **353** des Wertpapierinstituts nach § 78 WpIG iVm § 19 WpI-PrüfBV im Prüfungsbericht festgestellt werden.

Für kleine Wertpapierinstitute gilt grds. das WpIG. Allerdings sieht das WpIG **354** an zahlreichen Stellen vor, dass Bestimmungen nur auf mittlere und große Wertpapierinstitute anwendbar sind.

b) Mittlere Wertpapierinstitute (Abs. 17). Mittlere Wertpapierinstitute sind **355** Wertpapierinstitute, die eine oder mehrere Schwellenwerte aus Art. 12 Abs. 1 S. 1 IFR überschreiten, ohne große Wertpapierinstitute iSv Abs. 18 zu sein.

Mittlere Wertpapierinstitute sind durch Geschäftsergebnisse (Bilanzsumme, **356** Gewinn) unterhalb bestimmter Schwellenwerte gekennzeichnet sowie dadurch, dass sie Wertpapierdienstleistungen und Wertpapiernebendienstleistungen erbringen, die aufgrund ihrer Risiken verstärkter Aufsicht bedürfen. Daher ist das WpIG auf sie umfassend anwendbar. Dagegen sind mittlere Wertpapierinstitute nicht zur Anwendung der CRR verpflichtet (Regierungsbegründung WpIG, BT-Drs. 19/26929, 128).

c) Große Wertpapierinstitute (Abs. 18). Große Wertpapierinstitute sind **357** nach Abs. 18 iVm Art. 2 IFR Wertpapierinstitute, die **Eigenhandel** iSv § 2 Abs. 2 Nr. 10 oder **Emissionsgeschäft** iSv § 2 Abs. 2 Nr. 2 betreiben und (1) die Schwellenwerte nach Art. 1 Abs. 2 IFR überschreiten, (2) aufgrund Gestattung der zuständigen Aufsichtsbehörde nach Art. 1 Abs. 5 IFR die CRR anwenden oder (3) aufgrund Anordnung der BaFin nach § 8 (der Art. 5 IFD umsetzt) verpflichtet sind, die CRR anzuwenden, weil sie und über den Durchschnitt der letzten zwölf Monate über Vermögenswerte von mehr als 5 Mrd. Euro verfügen. In allen drei Fällen gelten die prudentiellen Anforderungen der CRR.

aa) Überschreitung der Schwellenwerte nach Art. 1 Abs. 2 IFR. Große **358** Wertpapierinstitute sind Unternehmen, die (ohne Waren- und Emissionszertifikatehändler, Organismus für gemeinsame Anlagen oder Versicherungsunternehmen zu sein) **Eigenhandel** iSv § 2 Abs. 2 Nr. 10 oder **Emissionsgeschäft** iSv § 2 Abs. 2 Nr. 2 betreiben, und

359 – deren konsolidierte Bilanzsumme 15 Mrd. EUR oder mehr beträgt, wobei der Durchschnitt der vorausgegangenen zwölf Monate ohne Berücksichtigung der individuellen Vermögenswerte von außerhalb der EU niedergelassenen Tochterunternehmen, die Eigenhandel iSv § 2 Abs. 2 Nr. 10 oder Emissionsgeschäft iSv § 2 Abs. 2 Nr. 2 betreiben, maßgeblich ist **(Art. 1 Abs. 2 S. 1 lit. a IFR);**

360 – deren konsolidierte Bilanzsumme unter 15 Mrd. EUR liegt, wenn sie Teil einer Gruppe sind, deren konsolidierte Bilanzsumme bei Einbeziehung aller Unternehmen der Gruppe, die einzeln über Gesamtvermögenswerte von weniger als 15 Mrd. EUR verfügen und die ihrerseits Eigenhandel iSv § 2 Abs. 2 Nr. 10 oder Emissionsgeschäft iSv § 2 Abs. 2 Nr. 2 betreiben, 15 Mrd. EUR oder mehr beträgt; auch hier ist der Durchschnitt der vorausgegangenen zwölf Monate maßgeblich und sind die individuellen Vermögenswerte von außerhalb der EU niedergelassenen Tochterunternehmen, die Eigenhandel iSv § 2 Abs. 2 Nr. 10 oder Emissionsgeschäft iSv § 2 Abs. 2 Nr. 2 betreiben, nicht zu berücksichtigen **(Art. 1 Abs. 2 S. 1 lit. b IFR),** oder

361 – die von der BaFin als zuständiger Behörde nach Art. 5 IFR aufgrund ihrer Bedeutung für das Finanzsystem als großes Wertpapierinstitut eingestuft wurde **(Art. 1 Abs. 2 S. 1 lit. c IFR);** dies entspricht der Einstufung nach § 8.

362 **bb) Gestattung der Anwendung der CRR nach Art. 1 Abs. 5 IFR.** Nach Art. 1 Abs. 5 IFR kann die BaFin als zuständige Behörde einen nach der MiFID II zugelassenen und beaufsichtigten Unternehmen, das **Eigenhandel** iSv § 2 Abs. 2 Nr. 10 oder **Emissionsgeschäft** iSv § 2 Abs. 2 Nr. 2 betreibt, auch die Anwendung der CRR gestatten, wenn folgende Voraussetzungen kumulativ erfüllt sind:

363 – Das Wertpapierinstitut ist ein in die Beaufsichtigung auf konsolidierter Basis eines Kreditinstituts, einer Finanzholdinggesellschaft (→ Rn. 402) oder einer gemischten Finanzholdinggesellschaft (Abs. 28) nach Teil 1 Titel II Kapitel 2 CRR einbezogenes Tochterunternehmen **(Art. 1 Abs. 5 S. 1 lit. a IFR);**

364 – das Wertpapierinstitut teilt dies der BaFin als zuständiger Behörde und gegebenenfalls der konsolidierenden Aufsichtsbehörde mit **(Art. 1 Abs. 5 S. 1 lit. b IFR);**

365 – die BaFin als zuständige Behörde ist davon überzeugt, dass die Anwendung der Eigenmittelanforderungen der CRR auf Einzelbasis auf das Wertpapierinstitut und gegebenenfalls auf konsolidierter Basis auf die Gruppe aufsichtsrechtlich solide ist, nicht zu einer Verringerung der Eigenmittelanforderungen des Wertpapierinstituts nach der IFR führt und nicht zum Zwecke der Aufsichtsarbitrage erfolgt **(Art. 1 Abs. 5 S. 1 lit. c IFR).**

366 **cc) Einstufung als großes Wertpapierinstitut nach § 8.** Die BaFin kann ein Wertpapierinstitut, das **Eigenhandel** iSv § 2 Abs. 2 Nr. 10 oder **Emissionsgeschäft** iSv § 2 Abs. 2 Nr. 2 betreibt (ohne Waren- und Emissionszertifikatehändler, Organismus für gemeinsame Anlagen oder Versicherungsunternehmen zu sein) und dessen zusammengerechnete Vermögenswerte im Durchschnitt der vorausgegangenen zwölf Monate mehr als 5 Milliarden Euro betragen haben, nach § 8 als großes Wertpapierinstitut einstufen und die Anwendung der CRR anordnen, wenn folgende Voraussetzungen erfüllt sind:

367 – Der Umfang des vom Wertpapierinstitut betriebenen Eigenhandels oder Emissionsgeschäft ist so groß, dass ein Ausfall oder eine Notlage des Wertpapierinstituts zu einer Störung des Finanzsystems mit möglicherweise schwerwiegenden

negativen Auswirkungen auf das Finanzsystem und die Realwirtschaft führen könnte (§ 8 Abs. 1 Nr. 1),
- das Wertpapierinstitut ist Clearing-Mitglied iSv Art. 4 Abs. 1 Nr. 3 IFR iVm Art. 2 Nr. 14 EMIR-VO (§ 8 Abs. 1 Nr. 2), oder 368
- das Wertpapierinstitut hat aufgrund seiner Größe, der Art, des Umfangs und der Komplexität seiner Tätigkeiten oder seiner grenzüberschreitend erbrachten Dienstleistungen erhebliche wirtschaftliche Bedeutung für die Volkswirtschaft der EU oder der Bundesrepublik Deutschland hat oder ist mit dem Finanzsystem der EU oder der Bundesrepublik Deutschland erheblich verbunden (§ 8 Abs. 1 Nr. 3). 369

Die Einstufung ist Verwaltungsakt, der unmittelbar wirkt, wenn er bestandskräftig geworden ist oder wenn die BaFin die sofortige Vollziehung angeordnet hat, was erforderlich ist, da § 8 nicht in § 6 genannt ist (Lendermann/Nemeczek/Schroeter/Reschke WpIG § 2 Rn. 420). 370

Auch nach der Einstufung bleibt die BaFin nach § 5 für die Aufsicht über das Große Wertpapierinstitut zuständig (Lendermann/Nemeczek/Schroeter/Reschke Rn. 423). 371

Die Einstufung ist widerruflich, wenn die Schwellenwerte aus Abs. 1 unterschritten werden oder die Voraussetzungen aus § 8 Abs. 1 Nr. 1–3 nicht mehr vorliegen (§ 8 Abs. 3). 372

8. Herkunftsvertragsstaat (Abs. 19)

Abs. 19 setzt Art. 3 Abs. 1 Nr. 16 IFD um und entspricht dem Begriff des Herkunftsstaats in § 1 Abs. 4 KWG. Gemeint ist der Staat, in dem einem Wertpapierinstitut die Zulassung erteilt wurde. 373

9. Aufnahmevertragsstaat (Abs. 20)

Art. 19 setzt Art. 3 Abs. 1 Nr. 17 IFD um und entspricht dem Begriff des Aufnahmemitgliedsstaats in Art. 4 Abs. 1 Nr. 44 CRR, auf den § 1 Abs. 35 KWG verweist. Gemeint ist der Mitgliedstaats, der nicht der Herkunftsvertragsstaat ist und in dem ein Institut eine Zweigstelle hat oder grenzüberschreitend Dienstleistungen erbringt. 374

10. Systemrisiko (Abs. 21)

Abs. 21 setzt Art. 3 Abs. 1 Nr. 30 IFD um, der auf Art. 3 Abs. 1 Nr. 10 CRD IV verweist. Eine vergleichbare Definition des „systemischen Risikos" enthält § 1 Abs. 33 KWG, der ebenfalls Art. 3 Abs. 1 Nr. 10 CRD IV umsetzt. 375

11. Kontrolle (Abs. 22)

Abs. 22 setzt Art. 3 Abs. 1 Nr. 7 IFD um, der auf Art. 22 BilanzRL (RL 2013/34/EU) (umgesetzt in § 290 HGB) sowie auf die EU-RechnungslegungsVO (VO (EG) Nr. 1606/2002) verweist. 376

Kontrolle über ein Unternehmen besteht, wenn ein anderes Unternehmen Mutterunternehmen (Abs. 30) ist oder eine juristische oder natürliche Person in einem gleichartigen Verhältnis zu einem Unternehmen steht. Dies ist insbesondere der Fall, wenn ein Beherrschungsverhältnis iSv § 290 Abs. 2 HGB besteht. 377

12. Bedeutende Beteiligung (Abs. 23)

378 Abs. 23 verweist für die Definition der bedeutenden Beteiligung auf den Begriff der qualifizierten Beteiligung iSv Art. 4 Abs. 1 Nr. 36 CRR. Eine inhaltsgleiche Definition enthält § 1 Abs. 9 KWG.

379 Art. 4 Abs. 1 Nr. 36 CRR erfasst das direkte oder indirekte Halten von mindestens 10 % des Kapitals oder der Stimmrechte eines Unternehmens oder eine andere Möglichkeit der Wahrnehmung eines maßgeblichen Einflusses auf die Geschäftsführung dieses Unternehmens. Auf den Bilanzausweis der Beteiligung, die Beteiligungsabsicht oder die Beteiligungsdauer kommt es nicht an (Fischer/Schäfer/Schulte-Mattler/Schulte-Mattler/Schäfer KWG § 1 Rn. 272; vgl. auch BAKred-Schreiben v. 3.6.1993, Consbruch/Fischer Nr. 4.248b, Ziff. A.IV (jeweils zu § 1 Abs. 9 KWG)).

380 Eine **„bedeutende Beteiligung"** nach Abs. 23 **S. 1** liegt vor, wenn entweder

a) unmittelbar oder mittelbar über ein oder mehrere Tochterunternehmen oder über ein gleichartiges Verhältnis oder im Zusammenwirken mit anderen Unternehmen oder Personen mindestens **10 % des Kapitals** eines dritten Unternehmens gehalten werden, wobei bei Personengesellschaften das Beteiligungsverhältnis nach dem Gesellschaftsvertrag maßgeblich ist (BaFin-Rundschreiben 1/2007 v. 5.1.2007, Consbruch/Fischer B 63.27 (zu § 1 Abs. 9 KWG); Fischer/Schäfer/Schulte-Mattler/Schulte-Mattler/Schäfer KWG § 1 Rn. 272 (zu § 1 Abs. 9 KWG)).

381 b) unmittelbar oder mittelbar über ein oder mehrere Tochterunternehmen mindestens **10 % der Stimmrechte** gehalten werden, oder

382 c) auf die Geschäftsführung eines Unternehmens ein **maßgeblicher Einfluss** ausgeübt werden kann, wobei „maßgeblicher Einfluss" in § 311 HGB definiert ist (Regierungsentwurf 4. KWG-Novelle, BT-Drs. 12/3377, 26 (zu § 1 Abs. 9 KWG aF)). Ob tatsächlich Einfluss ausgeübt wird, ist unerheblich (so jeweils zu § 1 Abs. 9 KWG Fischer/Schäfer/Schulte-Mattler/Schulte-Mattler/Schäfer KWG § 1 Rn. 274; Beck/Samm/Kokemoor/Reschke KWG § 1 Rn. 967). Ein maßgeblicher Einfluss iSv Abs. 23 S. 1 kann auch dann bestehen, wenn formal keine Anteile an dem Beteiligungsunternehmen gehalten werden (Regierungsentwurf 4. FinFöG, BT-Drs. 14/8017, 112 (zu § 1 Abs. 9 KWG)).

383 **S. 2** verweist für die Berechnung der Stimmrechtsanteile bei Anwendung von S. 1 auf die Zurechnungsvorschriften in §§ 33–36 WpHG iVm den jeweils dazu erlassenen Rechtsverordnungen. Ziel der Bestimmungen des WpHG ist die Erfassung aller Stimmrechte, auf deren Ausübung rechtlich oder faktisch Einfluss besteht oder genommen werden kann (Schneider in Assmann/Schneider WpHG § 22 Rn. 3).

384 Nach **S. 3** liegt keine bedeutende Beteiligung iSv Abs. 23 vor, wenn Stimmrechte im Rahmen des Emissionsgeschäfts erworben und nur vorübergehend und ohne Ausübung unternehmerischen Einflusses auf die Beteiligungsgesellschaft gehalten werden. S. 3 begrenzt die Haltefrist auf maximal 1 Jahr. Nach Ablauf des Jahres ist Satz 3 mit Wirkung **ex nunc** nicht mehr anwendbar (Lendermann/Nemeczek/Schroeter/Reschke WpIG § 2 Rn. 459). Als schädlicher Eingriff in die Geschäftsführung sind jegliche Weisungen an Verwaltungs- oder Aufsichtsorgane außerhalb einer Hauptversammlung zu sehen. Entsprechend zu § 35 Abs. 2 Nr. 2b WpHG muss das Institut durch geeignete organisatorische, schriftlich niedergelegte Maßnahmen sicherstellen, dass kein Einfluss ausgeübt wird.

13. Gruppe (Abs. 24)

Abs. 24 setzt Art. 3 Abs. 1 Nr. 13 IFD um, der auf Art. 2 Nr. 11 BilanzRL (RL 2013/34/EU) verweist. **385**

Nach Art. 2 Nr. 11 BilanzRL umfasst eine Gruppe iSv Abs. 24 ein Mutterunternehmen (Abs. 30) und alle seine Tochterunternehmen (Abs. 31) unabhängig davon, ob die Beteiligung durch zwischengeschaltete Tochterunternehmen vermittelt wird (Lendermann/Nemeczek/Schroeter/Reschke WpIG § 2 Rn. 460). **386**

14. Wertpapierinstitutsgruppe (Abs. 25)

Art. 25 verweist auf den Begriff der Wertpapierfirmengruppe in Art. 4 Abs. 1 Nr. 25 IFR, der wiederum für die Gruppenzugehörigkeit auf Art. 22 BilanzRL (RL 2013/34/EU) weiterverweist, der in § 290 HGB umgesetzt ist. **387**

Wertpapierinstitutsgruppe iSv Abs. 25 ist somit eine aus Mutterunternehmen (Abs. 30) und Tochterunternehmen (Abs. 31) bestehende Gruppe (Abs. 24) von Unternehmen, zu denen mindestens ein Wertpapierinstitut (Abs. 1) gehört. **388**

Gehört zu Gruppe ein CRR-Kreditinstitut, dann liegt keine Wertpapierinstitutsgruppe iSv Abs. 25 vor, sondern eine Institutsgruppe, Finanzholding-Gruppe oder gemischte Finanzholding-Gruppe iSv § 10a KWG oder ein Finanzkonglomerat iSv § 1 Abs. 2 FKAG. **389**

15. Finanzinstitut (Abs. 26)

Abs. 26 verweist auf Art. 4 Abs. 1 Nr. 14 IFR. Eine entsprechende Definition enthält Art. 4 Abs. 1 Nr. 26 CRR, auf den § 1 Abs. 35 KWG verweist. **390**

Als **„Finanzinstitut“** definiert Art. 4 Abs. 1 Nr. 14 IFR ein Unternehmen, das weder Kreditinstitut noch Wertpapierinstitut ist und auch keine reine Industrieholdinggesellschaft, dessen Haupttätigkeit darin besteht, Beteiligungen zu erwerben und zu halten oder eines oder mehrere der in Anhang I Nr. 2–12 und 15 CRD IV genannten Geschäfte zu betreiben. Dies schließt Finanzholdinggesellschaften, gemischte Finanzholdinggesellschaften, Investmentholdinggesellschaften, Zahlungsinstitute sowie Vermögensverwaltungsgesellschaften ein, nicht jedoch Versicherungsholdinggesellschaften und gemischte Versicherungsholdinggesellschaften. **391**

Die in Anh. I Nr. 2–12 und 15 CRD IV aufgeführten Geschäfte sind **392**

„2. Darlehensgeschäfte, insbesondere Konsumentenkredite, Kreditverträge im Zusammenhang mit Immobilien, Factoring mit und ohne Rückgriff, Handelsfinanzierung (einschließlich Forfaitierung)
3. Finanzierungsleasing
4. Zahlungsdienste im Sinne des Artikels 4 Nummer 3 der Richtlinie (EU) 2015/2366 des Europäischen Parlaments und des Rates
5. Ausgabe und Verwaltung anderer Zahlungsmittel (zB Reiseschecks und Bankschecks), soweit diese Tätigkeit nicht unter Nummer 4 fällt
6. Bürgschaften und Kreditzusagen
7. Handel für eigene Rechnung oder im Kundenauftrag mit:
a) Geldmarktinstrumenten (Schecks, Wechsel, Depositenzertifikate usw.)
b) Devisen
c) Finanzterminkontrakten und Optionen
d) Wechselkurs- und Zinssatzinstrumenten
e) Wertpapieren

8. Teilnahme an Wertpapieremissionen und Bereitstellung einschlägiger Dienstleistungen
9. Beratung von Unternehmen über Kapitalstruktur, industrielle Strategie und damit verbundene Fragen sowie Beratung und Dienstleistungen im Zusammenhang mit Unternehmenszusammenschlüssen und -übernahmen
10. Geldmaklergeschäfte
11. Portfolioverwaltung und -beratung
12. Wertpapieraufbewahrung und -verwaltung
[…]
15. Ausgabe von E-Geld.“

393 Der Sitz des maßgeblichen Beteiligungsunternehmens kann sich auch im Ausland befinden (BAKred-Schreiben v. 4.6.1996, Consbruch/Fischer Nr. 4.278; Schäfer in Boos/Fischer/Schäfer/Schulte-Mattler/Schulte-Mattler KWG § 1 Rn. 240 (jeweils zu § 1 Abs. 3a S. 1 KWG aF)).

16. Investmentholdinggesellschaft (Abs. 27)

394 Abs. 27 setzt Art. 3 Abs. 1 Nr. 21 IFD um, der wiederum auf Art. 4 Abs. 1 Nr. 23 IFR verweist.

395 Investmentholdinggesellschaft ist ein Finanzinstitut (Abs. 26), dessen Tochterunternehmen ausschließlich oder hauptsächlich Wertpapierinstitute (Abs. 1) oder Finanzinstitute (Abs. 26) sind, wobei mindestens ein Tochterunternehmen ein Wertpapierinstitut sein muss.

396 Außerdem darf kein Tochterunternehmen der Investmentholdinggesellschaft Institut iSv § 1 Abs. 1b KWG (dh Kreditinstitut oder Finanzdienstleistungsinstitut) sein, da sonst eine Finanzholdinggesellschaft iSv Art. 4 Abs. 1 Nr. 20 CRR vorläge.

17. Gemischte Finanzholdinggesellschaft (Abs. 28)

397 Abs. 28 setzt Art. 3 Abs. 1 Nr. 25 IFD um, der wiederum auf Art. 2 Nr. 15 FinanzkonglomerateRL (RL 2002/87/EG) verweist.

398 Nach Art. 2 Nr. 15 FinanzkonglomerateLG ist gemischte Finanzholdinggesellschaft „ein nicht der Aufsicht unterliegendes Mutterunternehmen […], das zusammen mit seinen Tochterunternehmen, von denen mindestens eines ein beaufsichtigtes Unternehmen mit Sitz in der Gemeinschaft ist, und anderen Unternehmen ein Finanzkonglomerat bildet.“

399 Der Begriff des **Finanzkonglomerats** ist wiederum in § 1 Abs. 2 FKAG definiert.

18. Gemischte Holdinggesellschaft (Abs. 29)

400 Abs. 29 setzt Art. 3 Abs. 1 Nr. 26 IFD um. Durch das KreditzweitmarktförderungsG v. 22.12.2023 (BGBl. 2023 I Nr. 411) wurde der Begriff des gemischten Unternehmens durch den Begriff der gemischten Holdinggesellschaft ersetzt.

401 Nach Abs. 29 ist gemischtes Unternehmen ein Mutterunternehmen (Abs. 30), das keine Finanzholdinggesellschaft iSv Art. 4 Abs. 1 Nr. 20 CRR ist, keine Investmentholdinggesellschaft (→ Rn. 395), kein Kreditinstitut, kein Wertpapierinstitut und keine gemischte Finanzholdinggesellschaft (Abs. 28) ist und zu dessen Tochterunternehmen mindestens ein Wertpapierinstitut gehört.

402 **Finanzholdinggesellschaft** ist nach der Definition in Art. 4 Abs. 1 Nr. 20 CRR (ein Finanzinstitut (Abs. 26), das keine gemischte Finanzholdinggesellschaft

(Abs. 28) ist und dessen Tochterunternehmen ausschließlich oder hauptsächlich Kreditinstitute oder Finanzdienstleistungsinstute nach dem KWG oder Finanzinstitute sind, wobei mindestens eines dieser Tochterunternehmen ein Kredit- oder Finanzdienstleistungsinstitut ist.

19. Mutterunternehmen (Abs. 30)

Abs. 30 setzt Art. 3 Abs. 1 Nr. 28 IFD um, der auf Art. 4 Abs. 1 Nr. 32 MiFID II verweist, der wiederum auf Art. 2 Nr. 9 und Art. 22 BilanzRL (RL 2013/34/EU) weiterverweist, die in § 290 HGB umgesetzt sind. Eine entsprechende Definition enthält Art. 4 Abs. 1 Nr. 15 CRR, auf den § 1 Abs. 35 KWG verweist. **403**

Mutterunternehmen iSv Abs. 30 ist jedes Unternehmen, dass über ein anderes Unternehmen iSv § 290 Abs. 2 HGB Kontrolle ausübt. Rechtsform und Sitz des Mutterunternehmens sind nach Abs. 30 – anders als in § 290 HGB oder § 17 AktG – irrelevant. Mutterunternehmen nach Abs. 30 kann auch eine Personengesellschaft oder eine Genossenschaft sein (so zu § 1 Abs. 6 KWG aF Schäfer in Boos/Fischer/Schäfer/Schulte-Mattler/Schulte-Mattler KWG § 1 Rn. 261). **404**

20. Tochterunternehmen (Abs. 31)

Abs. 31 setzt Art. 3 Abs. 1 Nr. 29 IFD um, der auf Art. 2 Abs. 10 und Art. 22 BilanzRL (RL 2013/34/EU) verweist. Eine entsprechende Definition enthält Art. 4 Abs. 1 Nr. 16 CRR, auf den § 1 Abs. 35 KWG verweist. **405**

Tochterunternehmen iSv Abs. 31 ist somit ein von einem Mutterunternehmen (Abs. 30) iSv § 290 Abs. 2 HGB kontrolliertes Unternehmen, einschließlich jedes mittelbar kontrollierten Tochterunternehmens eines Mutterunternehmens. **406**

21. Schwesterunternehmen (Abs. 32)

Abs. 32 verweist für die Definition des Schwesterunternehmens auf § 1 Abs. 7 KWG. Danach sind **Schwesterunternehmen** Unternehmen mit gemeinsamem Mutterunternehmen (Abs. 30). **407**

22. EU-Mutterwertpapierinstitut (Abs. 33)

Abs. 33 setzt Art. 3 Abs. 1 Nr. 31 IFD um, der wiederum auf Art. 4 Abs. 1 Nr. 56 IFR verweist. **408**

Nach Abs. 33 ist **EU-Mutterwertpapierinstitut** ein Wertpapierinstitut in einem Mitgliedstaat, das Teil einer Gruppe (Abs. 24) ist und ein Wertpapierinstitut ein Finanzinstitut als Tochterunternehmen hat oder eine Beteiligung an einem solchen Wertpapieinstitut oder einem solchen Finanzinstitut hält und nicht selbst Tochterunternehmen eines anderen in einem Mitgliedstaat zugelassenen Wertpapierinstituts oder einer in einem Mitgliedstaat errichteten Mutterinvestmentholdinggesellschaft (Abs. 34) oder gemischten EU-Mutterfinanzholdinggesellschaft (Abs. 35) ist. **409**

23. EU-Mutterinvestmentholdinggesellschaft (Abs. 34)

Abs. 34 verweist auf Art. 3 Abs. 1 Nr. 32 IFD, der wiederum auf Art. 4 Abs. 1 Nr. 57 IFR weiterverweist. **410**

Nach Art. 4 Abs. 1 Nr. 57 IFR ist EU-Mutterinvestmentholdinggesellschaft eine Investmentholdinggesellschaft in einem Mitgliedstaat, die Teil einer Wertpapierfirmengruppe ist und die nicht Tochterunternehmen eines in einem Mitglied- **411** staat zugelassenen Wertpapierinstituts oder einer anderen Investmentholdinggesellschaft in einem Mitgliedstaat ist.

412 **„Investmentholdinggesellschaft"** ist nach Art. 4 Abs. 1 Nr. 22 IFR ein Finanzinstitut, dessen Tochterunternehmen ausschließlich oder hauptsächlich Wertpapierfirmen oder Finanzinstitute (Abs. 26) sind, wobei mindestens ein Tochterunternehmen eine Wertpapierfirma sein muss, und das keine Finanzholdinggesellschaft iSv Art. 4 Abs. 1 Nr. 20 CRR ist.

24. Gemischte EU-Mutterfinanzholdinggesellschaft (Abs. 35)

413 Abs. 35 verweist auf Art. 3 Abs. 1 Nr. 33 IFD, der wiederum auf Art. 4 Abs. 1 Nr. 58 IFR Bezug nimmt, der wiederum auf die Definition in Art. 2 Nr. 15 FinanzkonglomerateRL (RL 2002/87/EG) weiterverweist.

414 **Gemischte EU-Mutterfinanzholdinggesellschaft** ist nach Abs. 35 iVm Art. 3 Abs. 1 Nr. 22 IFD iVm Art. 4 Abs. 1 Nr. 58 IFR das Mutterunternehmen einer Wertpapierfirmengruppe, das eine gemischte Finanzholdinggesellschaft (Abs. 28) ist.

25. Geschäftsleiter (Abs. 36)

415 Abs. 36 entspricht der Definition in § 1 Abs. 2 KWG. Als Geschäftsleiter definiert Abs. 36 diejenigen natürlichen Personen, die nach Gesetz, Satzung oder Gesellschaftsvertrag zur Führung der Geschäfte und zur Vertretung eines Wertpapierinstituts berufen sind, sowie bei juristischen Personen die Mitglieder des Leitungsorgans. Dies sind

- bei einzelkaufmännischen Unternehmen der Inhaber;
- bei Personengesellschaften die persönlich haftenden Gesellschafter;
- bei der GmbH die Geschäftsführer;
- bei AG, dualistischer SE und Genossenschaft die Mitglieder des Vorstands;
- bei der monistischen SE die geschäftsführenden Direktoren.

416 Mitglieder von Kontrollorganen wie Aufsichtsrat und Verwaltungsrat sind nicht Geschäftsleiter.

26. Vertragsstaat (Abs. 37)

417 Vertragsstaaten sind nach Abs. 37 die derzeit 27 EU-Mitgliedstaaten sowie die anderen EWR-Vertragsstaaten (derzeit Island, Liechtenstein, Norwegen). Eine vergleichbare Definition enthält § 1 Abs. 5a KWG.

27. Auslagerungsunternehmen (Abs. 38)

418 Abs. 38 wurde vom Finanzausschuss in Anlehnung an § 1 Abs. 10 KWG in das WpIG eingefügt (Beschlussempfehlung und Bericht, BT-Drs. 19/28480, 220), der seinerseits durch das FinanzmarktintegritätsstärkungsG eingefügt wurde und die früher in § 44 Abs. 1 S. 2 KWG enthaltene Legaldefinition des Auslagerungsunternehmens ersetzen sowie diese und die Eingriffsbefugnisse der BaFin gegenüber Auslagerungsunternehmen erheblich erweitern sollte (Regierungsbegründung FISG, BT-Drs. 19/26966, 90 (zu § 1 Abs. 10 KWG)). Anforderungen zu Auslagerungen nach dem KWG enthalten AT 9 WpI MaRisk, deren Entwurf die BaFin am 6.8.2025 konsultiert hat und die mittlerweile in einer überarbeiteten Entwurfsfassung v. 6.5.2026 vorliegen (zugänglich unter www.bafin.de). Leitlinien zu Auslagerungen an Cloud-Anbieter hat die ESMA am 10.5.2021 verabschiedet (ESMA50-164-4285 DE, zugänglich unter https://www.esma.europa.eu/).

Abs. 38 definiert als **Auslagerungsunternehmen** Unternehmen, auf die ein Wertpapierinstitut oder ein übergeordnetes Unternehmen Aktivitäten und Prozesse zur Durchführung von Wertpapierdienstleistungen, Wertpapiernebendienstleistungen oder Nebengeschäften ausgelagert hat, sowie deren Subunternehmen bei Weiterverlagerung von Aktivitäten und Prozessen, die für die Durchführung von Wertpapierdienstleistungen, Wertpapiernebendienstleistungen oder Nebengeschäften wesentlich sind. 419

„Auslagerung" bedeutet die Erbringung von Aktivitäten und Prozessen zur Durchführung von Wertpapierdienstleistungen, Wertpapiernebendienstleistungen oder Nebengeschäften, die ein Wertpapierinstitut ansonsten selbst erbringen würde, durch Dritte. Auf die Erheblichkeit der Prozesse kommt es nicht an (Regierungsbegründung FISG, BT-Drs. 19/26966, 90 (zu § 1 Abs. 10 KWG)); AT 9 Tz. 1 WpI MaRisk). 420

Keine Auslagerung sind nach den Erläuterungen zu AT 9 WpI MaRisk 421
- der einmalige oder gelegentliche Fremdbezug von Gütern und Dienstleistungen;
- die Inanspruchnahme von Leistungen, die aus tatsächlichen (zB Marktinformationsdienste) oder rechtlichen Gründen (Vertretung vor Gericht) nicht selbst erbracht werden können;
- der isolierte Bezug von Software;
- Unterstützungsdienstleistungen im Zusammenhang mit Software, sofern die Software nicht für das Risikomanagement oder wesentliche Aufgaben der Wertpapierdienstleistung eingesetzt wird.

Auslagerungsunternehmen sind nach Abs. 38 auch **Subunternehmen** des unmittelbaren Auslagerungsunternehmens, wenn diese **wesentliche** Aktivitäten und Prozesse des Wertpapierinstituts übernehmen. Damit sollen auch Unternehmen erfasst werden, die ihre Tätigkeiten nicht unmittelbar gegenüber dem Wertpapierinstitut erbringen, sondern gegenüber einem anderen Auslagerungsunternehmen (Regierungsbegründung FISG, BT-Drs. 19/26966, 90 (zu § 1 Abs. 10 KWG)). 422

Für die **Wesentlichkeit** kommt es auf die Einschätzung des auslagernden Wertpapierinstituts oder übergeordneten Unternehmens an, welche Auslagerungen unter Risikogesichtspunkten wesentlich sind (Regierungsbegründung FISG, BT-Drs. 19/26966, 90 (zu § 1 Abs. 10 KWG); so auch AT 9 Tz. 2 WpI MaRisk). Im Rahmen der Risikoanalyse nach AT 9 Tz. 2 WpI MaRisk sind die für die Wesentlichkeit maßgeblichen Aspekte eigenverantwortlich festzulegen (§ 40 Abs. 1 WpHG iVm Art. 30 Delegierte VO (EU) 2017/65). 423

28. Datenbereitstellungsdienste (Abs. 39)

Ein erster Abs. 39 mit der Definition der Datenbereitstellungsdienste wurde durch das Bankenrichtlinienumsetzungs- und BürokratieentlastungsG (BRUBEG) v. 25.3.2026 (BGBl. 2026 I Nr. 81) mWv 31.3.2026 eingefügt. Durch die Umsetzung von Art. 27a ff MiFiR (VO (EU) 600/2014) in §§ 78d – 78f WpIG wurden die Datenbereitstellungsdienste zugleich aus dem Anwendungsbereich des KWG ausgenommen (Regierungsbegründung BRUBEG, BT-Drs. 21/3058, 297). 424

Der erste Abs. 39 verweist für Datenbereitstellungsdienste auf die Definition in § 2 Abs. 40 WpHG. Danach sind Datenbereitstellungsdienste 425

ein **genehmigtes Veröffentlichungssystem** (§ 2 Abs. 40 Nr. 1 WpHG) (näher → § 78d Rn. 4), sowie 426

ein **genehmigter Meldemechanismus** (§ 2 Abs. 40 Nr. 2 WpHG) (näher → § 78d Rn. 4). 427

29. Zentrale Gegenpartei (Abs. 39)

428 Ein zweiter Abs. 39 mit der Definition der zentralen Gegenpartei wurde durch das FondsrisikobegrenzungsG v. 9.4.2026 (BGBl. 2026 I Nr. 97) mWv 10.4.2026 eingefügt. Dieser zweite Abs. 39 verweist – wie die Parallelvorschrift in § 1 Abs. 31 KWG – auf Art. 2 Nr. 1 EMIR-VO (VO (EU) Nr. 648/2012). Erläuterungen zur Parallelvorschrift in § 1 Abs. 31 KWG enthält das BaFin-Merkblatt „Hinweise zum Tatbestand der Tätigkeit als zentrale Gegenpartei v. 12.8.2013 idF v. 19.9.2013, Consbruch/Fischer B 52.12.

429 Der Tatbestand des (zweiten) Abs. 39 iVm Art. 2 Nr. 1 EMIR-VO ist erfüllt, wenn folgende Voraussetzungen vorliegen:

430 a) Das Unternehmen muss bei Kaufverträgen zwischen Käufer und Verkäufer als Vertragspartner zwischengeschaltet sein: Unmittelbarer Vertragsparter des des jeweiligen Käufers bzw. Verkäufers ist die zentrale Gegenpartei, die dann wiederum mit dem jeweiligen Verkäufer bzw. Käufer abschließt. Käufer und Verkäufer wissen also zunächst nicht, an wen die betreffenden Finanzinstrumente verkauft werden (BaFin-Merkblatt (→ Rn. 428)).

431 b) die Tätigkeit der zentralen Gegenpartei muss Kaufverträge über Finanzinstrumente innerhalb eines oder mehrerer Finanzmärkte (Wertpapierbörsen, Terminbörsen, multilaterales Handelssystem oder außerbörslicher Finanzmarkt) zum Gegenstand haben (BaFin-Merkblatt v. 12.8.2013 (→ Rn. 428)).

432 Rechtsfolge der Tätigkeit als zentrale Gegenpartei ist, dass die Forderungen des Unternehmens aus Kontrahentenausfallrisiken gegenüber allen Teilnehmern an seinen Systemen auf Tagesbasis hinreichend besichert sein müssen. Als Besicherung ist nach Art. 41 EMIR-VO ein Margin-System vorgesehen, bei dem die Handelsvertreter Margin-Beträge an die zentrale Gegenpartei zahlen. Der (zweite) Abs. 39 ist aber unabhängig davon erfüllt, ob die Besicherung tatsächlich erfolgt.

§ 2a Unzuverlässigkeit von sanktionierten Personen

Eine natürliche oder juristische Person oder eine Personengesellschaft gilt als unzuverlässig, wenn nach einem im Amtsblatt der Europäischen Gemeinschaften oder der Europäischen Union veröffentlichten unmittelbar geltenden Rechtsakt der Europäischen Gemeinschaften oder der Europäischen Union, der der Durchführung einer vom Rat der Europäischen Union im Bereich der Gemeinsamen Außen- und Sicherheitspolitik beschlossenen wirtschaftlichen Sanktionsmaßnahme dient, ihre Gelder und wirtschaftlichen Ressourcen eingefroren sind oder ihr weder unmittelbar noch mittelbar Gelder oder wirtschaftliche Ressourcen zur Verfügung gestellt werden oder zu Gute kommen dürfen. Eine natürliche Person gilt in der Regel als unzuverlässig, wenn sie als Geschäftsleiter, Aufsichtsratsmitglied oder in vergleichbarer Position für eine Person oder Personengesellschaft nach Satz 1 tätig ist; dies gilt nicht für Arbeitnehmervertreter. Eine natürliche Person gilt in der Regel auch dann als unzuverlässig, wenn sie die Interessen einer Person oder Personengesellschaft nach Satz 1 als Mitglied eines Aufsichts- oder Verwaltungsrats oder eines vergleichbaren Kontrollgremiums in einem Institut wahrnimmt, das nicht unter Satz 1 fällt.

Literatur: Bayer/München, Internationaler Zahlungsverkehr unter dem Russland-Sanktionsregime, RdZ 2025, 4; Bürkle, Die Neuregelungen für die Bestellung von Sonderbeauftragten der BaFin im Versicherungssektor nach § 307 VAG, VersR 2023, 1257; Busch, Regierungsentwurf des Sanktionsdurchsetzungsgesetzes II, wistra 2022, R7; Grauvogel/von Soest, Erfolg und Grenzen der Sanktionspolitik gegen Russland, APuZ 2023, 33; Herrmann/Abel, Europäisches Rechtsstaatsprinzip und Wirtschaftssanktionen, EuZW 2024, 589; Lange, EU-Sanktionen gegen Individuen – Möglichkeiten und Grenzen, EuR 2024, 3; Lühmann/Rösch/Taufmann, Ausgewählte Konsequenzen der EU-Russlandsanktionen für das Bankwesen, BKR 2025, 18; Pelz, Referentenentwurf eines zweiten Sanktionsdurchsetzungsgesetzes vorgelegt, UKuR 2022, 567; Wegner, EU-Individualsanktionen auf Grund des russischen Angriffskriegs auf die Ukraine, GWUR 2022, 35; Wende/Wegner, Sanktionsdurchsetzungsgesetz II – Die Neuerungen im Überblick, GWUR 2023, 7.

Übersicht

I. Allgemeines

1. Regelungshintergrund

§ 2a ist durch das SanktDG II (Zweites Gesetz zur effektiveren Durchsetzung von Sanktionen (Sanktionsdurchsetzungsgesetz II) vom 19.12.2022, BGBl. 2022 I 2606) mit Wirkung vom 28.12.2022 eingefügt worden. Als Teil des SanktDG II und im Zusammenspiel mit dem SanktDG I (Erstes Gesetz zur effektiveren Durchsetzung von Sanktionen (Sanktionsdurchsetzungsgesetz I) vom 23.5.2022, BGBl. 2022 I 754) gehört § 2a zu einem Regelungspaket, das darauf abzielt **„strukturelle Verbesserungen bei der Sanktionsdurchsetzung"** zu schaffen (BT-Drs. 20/4326, 1; es handelt sich um den Gesetzesentwurf der Regierungsfraktionen des Bundestags, auf den sich die Regierungsbegründung, BT-Drs. 20/4534, in einem eigenen, gleichlautenden Gesetzesentwurf bezieht; Reischauer/Kleinhans/Brogl KWG § 1b Rn. 3; Beck/Samm/Kokemoor/Struckmann KWG § 1b Rn. 5). 1

Entsprechende Regelungen wurden mit dem SankDG II **in zahlreichen anderen Finanzaufsichtsgesetzen** eingefügt, namentlich in § 1b KWG, § 1a ZAG, § 7a VAG, § 2a WpHG, § 1 Abs. 19 Nr. 1a KAGB, § 30 BörsG (Busch wistra 2022, R 7, R 11). § 1b KWG ist gem. § 15 Abs. 1 S. 5 KrZwMG auch auf **Geschäftsleiter von Kreditdienstleistungsinstituten im Sinne des** 2

KrZwMG anwendbar. Die Begründung zum Gesetzesentwurf des SanktDG II enthält nähere Ausführungen nur zu § 1b KWG; diese gelten aber entsprechend für § 2a (BT-Drs. 20/4326, 79).

2. Regelungszweck

3 Nach der Begründung zum Gesetzesentwurf des SanktDG II waren die bislang bestehenden rechtlichen Rahmenbedingungen nicht konkret auf die Sanktionsdurchsetzung ausgerichtet und konnten keine vollumfängliche und effektive Erreichung der Ziele der Sanktionierung gewährleisten. Deshalb sollte – über verschiedene Rechtsbereiche hinweg – ein auf das Anliegen der Sanktionsdurchsetzung abgestimmter Rechtsrahmen geschaffen werden (BT-Drs. 20/4326, 1; Grauvogel/von Soest APuZ 2023, 33 (39): „Schlupflöcher schließen" und den Sanktionsmaßnahmen „noch mehr Biss geben"; zum SankDG II allgemein Wende/Wegner GWUR 2023, 7 ff.).

4 Diese Erwägungen zum **allgemeinen Regelungszweck** leuchten insbesondere dann ein, wenn man sich die Systematik der Sanktionsgesetzgebung und deren Durchsetzung im Zusammenspiel zwischen EU-Gesetzgeber und Mitgliedstaaten vergegenwärtigt: EU-Sanktionen erfordern gem. Art. 29, 31 EUV einen einstimmigen Beschluss des Rates zur gemeinsamen Außen- und Sicherheitspolitik (GASP). Um diesem Beschluss rechtliche Verbindlichkeit nach außen zu verleihen, ist die Umsetzung des GASP-Beschlusses durch eine Verordnung gem. Art. 215 AEUV erforderlich. Solche Sanktionsverordnungen gelten in den Mitgliedstaaten gem. Art. 288 Abs. 2 AEUV unmittelbar. Die Schaffung von Straf- und Ordnungsvorschriften sowie der erforderlichen **Verfahrensvorschriften und -strukturen** bleibt gleichwohl den **Mitgliedstaaten überlassen** (zum europarechtlichen Beschlussverfahren Calliess/Ruffert/Cremer AEUV Art. 215 Rn. 13 ff.; Lange EuR 2024, 3 (5 f.); Herrmann/Abel EuZW 2024, 589 f.). Mit dem SanktDG I und dem SanktDG II wollte der deutsche Gesetzgeber die Schaffung dieser Vorschriften und Strukturen nachholen, um eine **effektive Sanktionsdurchsetzung auf nationaler Ebene** zu gewährleisten. Das gilt umso mehr, als Umfang und Reichweite der Finanzsanktionen der EU infolge des völkerrechtswidrigen Angriffs der Russischen Föderation gegenüber der Ukraine stark zugenommen haben und insofern eine parallele **Erweiterung der rechtlichen Rahmenbedingungen für die Sanktionsdurchsetzung** erforderlich machen (BT-Drs. 20/1740, 14; Assmann/Schneider/Mülbert/Assmann WpHG § 2a Rn. 1; Beck/Samm/Kokemoor/Struckmann KWG § 1b Rn. 4 f.).

5 Darüber hinaus dient § 2a den **konkreten Regelungszwecken** des Umgehungsschutzes und der Vereinfachung aufsichtsrechtlicher Maßnahmen zur Sanktionsdurchsetzung (BT-Drs. 20/4326, 74; Assmann/Schneider/Mülbert/Döhmel WpHG § 102 Rn. 18).

6 Zum **Schutz vor Umgehungen von EU-Sanktionen** sollen sanktionierte Personen nicht mittelbar durch Steuerung oder Einflussnahme auf beaufsichtigte Unternehmen über Gelder und wirtschaftliche Ressourcen, die aufgrund von Sanktionen eingefroren sind, verfügen können bzw. nicht unter dem Deckmantel beaufsichtigter Unternehmen in der Lage sein, Gelder oder wirtschaftliche Ressourcen entgegenzunehmen. Zu den erfassten EU-Sanktionen und den sich hieraus ergebenden Wirkungen von § 2a → Rn. 16 f. und → Rn. 24 ff.

7 Eine **Vereinfachung aufsichtsrechtlicher Maßnahmen zur Sanktionsdurchsetzung** soll dadurch bewirkt werden, dass die Aufsichtsbehörden unter Anwendung von § 2a nicht mehr wie bisher in jedem Einzelfall die Frage der Zuverlässigkeit der sanktionierten Person zeitaufwändig aufklären und bewerten müssen. Es soll dann also keine umfangreiche Sachverhaltsermittlung mehr erforderlich sein, die vor allem bei Auslandssachverhalten schwierig und fehleranfällig sein kann. Schließlich soll sich iRv § 2a auch die Erforderlichkeit einer gesonderten Begründung der Unzuverlässigkeit einschließlich einer negativen Zukunftsprognose erledigen (BT-Drs. 20/4326, 74). Zu Zweifeln an der Effektivität der beabsichtigten Vereinfachung in der Verwaltungspraxis der BaFin → Rn. 22.

8 Die Regelung soll zudem (iVm §§ 18 Abs. 1 Nr. 2, 19 Abs. 2 Nr. 2, 20 Abs. 1 S. 1) verhindern, dass Wertpapierinstitute von sanktionierten Personen geleitet werden. Damit soll zugleich – als **Nebeneffekt** des erläuterten Zwecks einer effektiven Sanktionsdurchsetzung (→ Rn. 3 und → Rn. 6) – der Gefahr entgegengewirkt werden, dass Wertpapierinstitute von Personen geleitet werden, die wesentliche Teile ihrer Aufgaben aufgrund gegen sie bestehender Sanktionen nicht ordnungsgemäß ausüben können (Hopt/Kumpan BörsG § 30 Rn. 1).

3. Systematische Einordnung

9 § 2a gilt allgemein für **sämtliche Zuverlässigkeitsbeurteilungen** nach dem WpIG. Aufgrund dieser beabsichtigten Allgemeingültigkeit wurde die Regelung bei den Begriffsdefinitionen eingefügt (BT-Drs. 20/4326, 79). Diese systematische Einordnung wird kritisiert; eine Einordnung im Zusammenhang mit den aufsichtsrechtlichen Befugnissen der BaFin wird für sinnvoller gehalten (BeckOK WpHR/Harnos WpHG § 2a Rn. 2).

10 In der Tat beinhaltet die Regelung **keine typische Begriffsdefinition.** Das wird daran erkennbar, dass eine Umformulierung in die Form einer Begriffsdefinition (also zB „unzuverlässige Person ist […]“ bzw. „unzuverlässige Personen sind […]“) nicht ohne weiteres gelingen würde. Zudem würde mit einer solchen Formulierung der beabsichtigte (Regel-)Fiktionscharakter (→ Rn. 24 ff.) verloren gehen. Es überrascht insofern, dass die entsprechende Parallelregelung im KAGB in der Tat als eine Begriffsdefinitionsziffer in § 1 Abs. 19 Nr. 1a KAGB konzipiert wurde.

11 Gleichwohl bleibt die Einordnung der Regelung im Zusammenhang mit den Begriffsdefinitionen durchaus sinnvoll, gerade weil dadurch die **Allgemeingültigkeit für alle Zuverlässigkeitsbeurteilungen** im Rahmen des WpIG verdeutlicht wird. Dadurch werden Unklarheiten darüber, welcher Zuverlässigkeitsbegriff bzw. -maßstab einzelnen Normen zugrunde liegen soll, praktisch ausgeschlossen. Solche Unklarheiten werden zB im Hinblick auf die Parallelregelung in § 7a VAG thematisiert (Bürkle VersR 2023, 1257 (1260), der anführt, § 303 Abs. 2 Nr. 1 VAG verweise ausdrücklich nur auf § 24 VAG, nicht aber auf § 7a VAG), dürften sich aber gerade unter Hinweis auf die Allgemeingültigkeit der Regelung eindeutig ausräumen lassen; denn die Regelung des § 7a VAG gilt auch bei der Zuverlässigkeitsbeurteilung iRv § 24 VAG. Das gilt parallel auch für die Regelungen des WpIG: Abberufungsverlangen und Tätigkeitsverbote setzen nach § 22 Abs. 1 iVm §§ 19 Abs. 2 Nr. 2 und 18 Abs. 1 Nr. 2 voraus, dass eine betreffende Person „nicht zuverlässig ist,“ was bei einer sanktionierten Person infolge der Fiktionswirkung von § 2a anzunehmen ist.

II. Anwendungsbereich

12 Im Hinblick auf den Anwendungsbereich von § 2a ist einerseits danach zu fragen, über welche Personen die einzelnen Sätze der Norm eine Aussage treffen (**persönlicher Anwendungsbereich,** → Rn. 13 f.). Andererseits ist danach zu fragen, für welche Momente der Zuverlässigkeitsprüfung und im Hinblick auf welche Sanktionstatbestände die Norm gilt (**sachlicher Anwendungsbereich,** → Rn. 15 ff.).

1. Persönlicher Anwendungsbereich

13 Von § 2a und seiner (Regel-)Fiktionswirkung können in persönlicher Hinsicht grundsätzlich alle **natürlichen Personen, juristischen Personen** (insbesondere AG, KGaA, GmbH, UG (haftungsbeschränkt)) und **Personengesellschaften** (insbesondere OHG, KG, GbR, PartG) betroffen sein. Vergleichbare Gesellschaften ausländischer Rechtsordnungen sind ebenfalls erfasst (BT-Drs. 20/4326, 75). Indem juristische Personen und Personengesellschaften in den Anwendungsbereich mit einbezogen werden, soll die Möglichkeit der Einflussnahme bzw. des Erwerbs bedeutender Anteile effektiver beschränkt werden, insbesondere „ohne Erwägungen zu den dahinterstehenden natürlichen Personen anstellen zu müssen" (BT-Drs. 20/4326, 75).

14 **Natürliche Personen** können **in zweierlei Hinsicht erfasst** sein, nämlich

- entweder von S. 1, wenn sie selbst auf einer relevanten Sanktionsliste aufgeführt sind **(unmittelbare Betroffenheit);**
- oder mittelbar gemäß S. 2 bzw. S. 3, wenn sie – ohne zwingend selbst gelistet zu sein – entweder in führender Position bei einer selbst sanktionierten juristischen Person oder Personengesellschaft tätig sind oder die Interessen einer solchen sanktionierten juristischen Person oder Personengesellschaft innerhalb eines (nicht sanktionierten) Instituts wahrnehmen **(mittelbare Betroffenheit).**

Beide Fälle, unmittelbare und mittelbare Betroffenheit, können auch **gemeinsam auftreten.** Das ist dann der Fall, wenn eine natürliche Person sowohl selbst sanktioniert als auch in führender Position bei einer sanktionierten juristischen Person oder Personengesellschaft tätig ist (BT-Drs. 20/4326, 75; Assmann/Schneider/Mülbert/Assmann WpHG § 2a Rn. 5).

2. Sachlicher Anwendungsbereich

15 § 2a wirkt sich auf **sämtliche Zuverlässigkeitsbeurteilungen** nach dem WpIG und den damit korrespondierenden **Anzeige- und Informationspflichten** aus (daher die systematische Einordnung bei den Begriffsdefinitionen, → Rn. 11). Das betrifft insbesondere:

- § 16 Abs. 2 S. 2: Anhörung zuständiger Stellen des Herkunftsmitgliedstaates durch die BaFin bzgl. der Zuverlässigkeit und fachlichen Eignung der Geschäftsleiter sowie der Zuverlässigkeit der Inhaber einer bedeutenden Beteiligung bei Auslandsbezug in der Kontrollstruktur eines Instituts;
- § 18 Abs. 1 Nr. 2, Nr. 3, Nr. 7: Versagung der Erlaubnis durch die BaFin, wenn Antragsteller oder Geschäftsleiter nicht zuverlässig sind sowie wenn Inhaber bedeutender Beteiligung bzw. deren Vertreter oder die Geschäftsleiter oder Mitglieder des Aufsichtsorgans einer übergeordneten Investmentholdinggesellschaft oder gemischten Finanzholdinggesellschaft nicht zuverlässig sind;

- § 20 Abs. 1 S. 1: Zuverlässigkeitserfordernis für Geschäftsleiter;
- § 20 Abs. 6: Befugnis der Bafin, selbst einen zuverlässigen Geschäftsleiter einzusetzen;
- § 21 Abs. 1 S. 2: Zuverlässigkeitserfordernis für Mitglieder des Verwaltungs- oder Aufsichtsorgans;
- § 22 Abs. 1, Abs. 6 iVm §§ 19 Abs. 2 Nr. 2, 18 Abs. 1 Nr. 2: Abberufungsverlangen und Tätigkeitsverbot bei Unzuverlässigkeit von Geschäftsleitern oder Mitgliedern des Verwaltungs- oder Aufsichtsorgans;
- § 24 Abs. 5: Anzeigepflicht eines Inhabers bedeutender Beteiligungen bzgl. neu bestellter Vertreter/persönlich haftender Gesellschafter mit den für die Beurteilung der Zuverlässigkeit erforderlichen Angaben;
- § 26 Abs. 1 Nr. 1, Nr. 4: Untersagung eines beabsichtigen Erwerbs oder einer beabsichtigten Erhöhung bedeutender Beteiligungen bei Unzuverlässigkeit des Anzeigepflichtigen oder dessen Vertreters bzw. Gesellschafters und bei Unzuverlässigkeit eines zukünftigen Geschäftsleiters;
- § 27 Abs. 2 S. 3: Anordnung der Veräußerung der Anteile eines Inhabers einer bedeutenden Beteiligung durch einen Treuhänder, sofern der Inhaber der bedeutenden Beteiligung keinen zuverlässigen Erwerber nachweist;
- § 28 Abs. 1: Pflicht des Instituts zur Sicherstellung der Zuverlässigkeit eines vertraglich gebundenen Vermittlers;
- § 62: Zuverlässigkeitserfordernis für Geschäftsleiter und Mitglieder von Verwaltungs- oder Aufsichtsorganen bei Investmentholdinggesellschaften oder gemischten Finanzholdinggesellschaften;
- § 64 Abs. 1 Nr. 1: Anzeige- bzw. Informationspflicht bezüglich der Zuverlässigkeit von Personen, die mit Einzelvertretungsbefugnis ausgestattet werden sollen;
- § 65 Abs. 1 Nr. 1: Anzeige- bzw. Informationspflicht bezüglich der Zuverlässigkeit von Personen, die eine Schlüsselfunktion bei Großen Wertpapierinstituten bekleiden sollen;
- § 67 Abs. 2 Nr. 1, Nr. 4: Anzeige- bzw. Informationspflicht bezüglich der Zuverlässigkeit von Personen, die als Geschäftsführer oder (stellvertretende) Mitglieder des Verwaltungs- oder Aufsichtsorgans bei Investmentholdinggesellschaften oder gemischten Finanzholdinggesellschaften bestellt werden sollen.

S. 1 setzt voraus, dass die **maßgebliche Sanktionierung** auf einer Verordnung nach Art. 29, 31 EUV Art. 215 AEUV beruht und ein Ergebnis des oben erläuterten Verfahrens der **gemeinsamen Außen- und Sicherheitspolitik der EU (GASP)** (→ Rn. 4) ist. Erfasst werden **vermögensbezogene und personenbezogene** finanzielle Individualsanktionen, namentlich solche, die entweder ein **Verfügungsverbot/Einfriergebot** oder ein **Bereitstellungsverbot** beinhalten (s. hierzu beispielsweise die Definitionen in Art. 1 lit. d, e und f der Verordnung (EU) 269/2014; Beck/Samm/Kokemoor/Struckmann KWG § 1b Rn. 31 ff.). Die finanziellen Individualsanktionen der EU kombinieren (bislang) stets Verfügungsverbot/Einfriergebot und Bereitstellungsverbot. § 2a würde gleichwohl auch dann greifen, wenn lediglich **entweder** Verfügungsverbot/Einfriergebot **oder** Bereitstellungsverbot in der jeweiligen Sanktionsverordnung geregelt wären (BT-Drs. 20/4326, 55). **Andere Sanktionsmaßnahmen** werden von § 2a nicht in Bezug genommen. Die Norm ist diesbezüglich aber **nicht abschließend,** sodass andere Sanktionsmaßnahmen außerhalb der (Regel-)Fiktionswirkung von § 2a im Rahmen der Zuverlässigkeitsbeurteilung durchaus relevant werden können (Beck/Samm/Kokemoor/Struckmann KWG § 1b Rn. 38 f.). 16

Solche **Individualsanktionen der EU** ergeben sich **beispielsweise** aus: 17

- Art. 2 Abs. 1 (Verfügungsverbot/Einfriergebot) und Art. 2 Abs. 2 (Bereitstellungsverbot) der Verordnung (EU) 269/2014 als Teil des Sanktionsprogramms in Bezug auf die **Russische Föderation** (Überblick bei Lange EuR 2024, 3 (8 ff.); Lühmann/Rösch/Taufmann BKR 2025, 18 ff.; zum internationalen Zahlungsverkehr Bayer/München RdZ 2025, 4 ff.);
- Art. 2 Abs. 1 (Verfügungsverbot/Einfriergebot) und Art. 2 Abs. 2 (Bereitstellungsverbot) der Verordnung (EU) 2024/386 als Teil des Sanktionsprogramms in Bezug auf die **Hamas und den Palästinensischen Islamischen Dschihad;**
- Art. 3 Abs. 1 (Verfügungsverbot/Einfriergebot) und Art. 3 Abs. 2 (Bereitstellungsverbot) der Verordnung (EU) 2020/1998 als Teil des Sanktionsprogramms in Bezug auf **schwere Menschenrechtsverletzungen und -verstöße;**
- Art. 3 Abs. 1 (Verfügungsverbot/Einfriergebot) und Art. 3 Abs. 2 (Bereitstellungsverbot) der Verordnung (EU) 2019/796 als Teil des Sanktionsprogramms in Bezug auf **Cyberangriffe gegen die EU oder ihre Mitgliedstaaten;**
- Art. 34 Abs. 1 (Verfügungsverbot/Einfriergebot) und Art. 34 Abs. 3 (Bereitstellungsverbot) der Verordnung (EU) 2017/1509 als Teil des Sanktionsprogramms in Bezug auf **Nord Korea.**

18 Hilfreich beim praktischen Umgang mit der Prüfung von Sanktionslisten sind insofern die **„Consolidated Financial Sanctions List" (CFSL)** sowie die **„EU Sanctions Map"** (beide abrufbar unter https://data.europa.eu/data/datasets/consolidated-list-of-persons-groups-and-entities-subject-to-eu-financial-sanctions?locale=de, zuletzt aufgerufen: 1.7.2026). Beide Übersichten werden von der EU zur Verfügung gestellt und regelmäßig aktualisiert. Die CFSL listet sanktionierte Personen, für die umfassende Verfügungsverbote/Einfriergebote und Bereitstellungsverbote gelten, namentlich (mit jeweils zahlreichen unterschiedlichen Schreibweisen) auf. Die EU Sanctions Map ermöglicht demgegenüber eine länder- und themenspezifische Suche. Die **Bundesbank** stellt darüber hinaus eine **länder- bzw. themenbezogene Auflistung** der bestehenden Sanktionen im Kapital- und Zahlungsverkehr bereit (abrufbar unter https://www.bundesbank.de/de/service/finanzsanktionen/sanktionsregimes, zuletzt aufgerufen: 1.7.2026).

19 Der Anwendungsbereich von § 2a beschränkt sich ausdrücklich auf **Individualsanktionen der EU.** In der Praxis können **auch vergleichbare Sanktionen nach anderen Rechtsordnungen** bei der Beurteilung der Zuverlässigkeit relevant werden. Ausdrücklich weist die BaFin hierauf im Bereich der Versicherungsaufsicht hin: In der Anlage „Persönliche Erklärung mit Angaben zur Zuverlässigkeit" (Stand: 1.12.2023), die gegenüber der BaFin bei Zuverlässigkeitsprüfungen im Bereich des VAG abzugeben ist (abrufbar unter: https://www.bafin.de/SharedDocs/Downloads/DE/Rundschreiben/dl_rs_231201_anlage_persoenliche_erklaerung_va.html?nn=19643896, zuletzt aufgerufen: 1.7.2026), muss die relevante Person unter Ziff. 6 erklären, dass nach ihrer Kenntnis keine „hoheitlichen Sanktionen" verhängt wurden. In einer Fußnote zum Formular wird erläutert, dass als hoheitliche Sanktionen sowohl „Fälle des § 7a VAG, die zur Unzuverlässigkeit bzw. in der Regel zur Unzuverlässigkeit führen", als auch „vergleichbare Sachverhalte nach anderen Rechtsordnungen" anzugeben sind, so dass „hierunter auch hoheitliche Sanktionen von offiziellen Stellen außerhalb der Europäischen Union", zu verstehen sein sollen. Angesichts des klaren Wortlauts von § 2a S. 1 wird es gleichwohl nicht zulässig sein, die (Regel-)Fiktionswirkung von § 2a ohne weiteres auch auf Sanktionen nach anderen Rechtsordnungen anzuwenden. Inso-

fern werden weiterhin sowohl eine detaillierte Sachverhaltsermittlung als auch eine gesonderte Begründung der Unzuverlässigkeit infolge der bestehenden Sanktion einschließlich einer negativen Zukunftsprognose für jeden Einzelfall erforderlich sein bzw. bleiben. Das bedeutet, dass das Ziel der Norm, eine Erleichterung im Verwaltungsverfahren herbeizuführen (BT-Drs. 20/4326, 74) jedenfalls nicht im Hinblick auf Sanktionen anderer Rechtsordnungen erreicht wird.

III. Rechtsfolgen

1. Allgemeines

Das Aufsichtsrecht kennt im Allgemeinen **keine eigene Definition des Begriffs der (Un-)Zuverlässigkeit.** Maßgeblich ist vielmehr die allgemeine gewerberechtliche und durch die Rechtsprechung des BVerwG (zB NVwZ 1982, 503) konturierte Ausprägung des Begriffs (Reischauer/Kleinhans/Albert/Brogl KWG § 25c Rn. 43 ff.; Lendermann/Nemeczek/Schroeter/Sajnovits § 20 Rn. 41). Der gewerberechtliche Zuverlässigkeitsbegriff wird auch schon bisher im (Bank-)Aufsichtsrecht konkret mit Blick auf den Schutzzweck des KWG bzw. im Hinblick auf die vom jeweiligen Institut betriebenen Geschäfte und den Umfang der beabsichtigten Geschäfte zur Anwendung gebracht (Beck/Samm/Kokemoor/Kleinert KWG § 25c Rn. 24, 28; Schwennicke/Auerbach/Schwennicke KWG § 25c Rn. 3). Für den Bereich des EU-Finanzaufsichtsrechts ist zudem eine richtlinienkonforme Auslegung angezeigt (Lendermann/Nemeczek/Schroeter/Sajnovits § 20 Rn. 41). 20

Grundsätzlich ist danach **von der Zuverlässigkeit einer Person auszugehen, es sei denn** es sind Tatsachen ersichtlich, die die Annahme rechtfertigen, dass die betreffende Person nach dem Gesamtbild ihres Verhaltens nicht die Gewähr dafür bietet, das Geschäft zukünftig ordnungsgemäß und sorgfältig betreiben zu können. Maßgeblich ist also eine **Prognose bezüglich des ordnungsgemäßen Verhaltens in der Zukunft** (Reischauer/Kleinhans/Albert/Brogl KWG § 25c Rn. 43, 44; Beck/Samm/Kokemoor/Kleinert KWG § 25c Rn. 24; Beck/Samm/Kokemoor/Struckmann KWG § 1b Rn. 19 f.). Näher → § 20 Rn. [27 ff.]. 21

§ 2a führt nun erstmals für den Kontext des Finanzaufsichtsrechts und in Abkehr vom bisherigen Regelungsansatz eine **Konkretisierung des (Un-)Zuverlässigkeitsbegriffs** ein. Liegen die sanktionsbezogenen Voraussetzungen vor, ist (stets bzw. regelmäßig) von der Unzuverlässigkeit der betroffenen Personen auszugehen. Damit soll zwar eine **Erleichterung für die Zuverlässigkeitsprüfung** durch die Aufsichtsbehörden einhergehen. (→ Rn. 7). Das dürfte wenigstens für S. 1 auch der Fall sein, da hier eine Sanktionierung ohne weiteres zu einer Abkürzung der von der Aufsicht zu treffenden Entscheidung führt. Damit sich die Wirkung der Regelfiktion gemäß S. 2 und S. 3 entfalten kann, wird aber nach wie vor eine umfassende Prüfung der jeweiligen Verbindungen einzelner Personen zu sanktionierten juristischen Personen und Personengesellschaften – insbesondere auch nach ausländischen Rechtsordnungen (→ Rn. 13) – erfolgen müssen. Zudem müssen auch die gegebenenfalls von der betroffenen Person vorgebrachten Gründe gegen eine Unzuverlässigkeit eingeholt, berücksichtigt und abgewogen werden. Eine effektive Erleichterung ergibt sich dementsprechend hauptsächlich aus der Unzuverlässigkeitsfiktion des S. 1. Der in der Literatur geäußerten Kritik, 22 wonach die Konkretisierung für den seltenen Fall einer Sanktionierung keine effektive Erleichterung darstelle, ist insofern zuzustimmen (Emde/Dornseifer/Dreibus/Verführth/Emde KAGB § 1 Rn. 205b).

23 Gemäß § 149 Abs. 2 S. 1 Nr. 1 lit. a und lit. b GewO sind vollziehbare und bestandskräftige Entscheidungen der BaFin über die Ablehnung eines Erlaubnisantrags oder über die Verhängung eines Tätigkeitsverbots wegen Unzuverlässigkeit **ins Gewerbezentralregister einzutragen** (Beck/Samm/Kokemoor/Müller-Grune KWG § 33 Rn. 50 und § 36 Rn. 166), was für die Rechtsschutzmöglichkeiten gegen Entscheidungen infolge von § 2a relevant ist (→ Rn. 30).

2. Unzuverlässigkeitsfiktion bzgl. sanktionierter Personen und Gesellschaften (S. 1)

24 Nach S. 1 führt allein der Umstand einer Sanktionierung (in Form von Verfügungsverbot/Einfriergebot bzw. Bereitstellungsverbot; zu anderen Sanktionsmaßnahmen bereits → Rn. 16) unmittelbar dazu, dass die **betroffene Person bzw. Gesellschaft als unzuverlässig qualifiziert** wird. Rechtsfolgen, die tatbestandlich (nur) an die Unzuverlässigkeit anknüpfen (→ Rn. 15), werden hierdurch ohne weitere Voraussetzungen und ohne Prüfung der Zuverlässigkeit im Einzelfall ausgelöst. Die BaFin kann betroffene Personen dann ohne Prüfung weiterer Voraussetzungen als unzuverlässig behandeln, zB kann sie einen Erlaubnisantrag ablehnen (§ 18 Abs. 1 Nr. 2, Nr. 3, Nr. 7), eine Bestellung als Geschäftsleiter ablehnen (§ 20), Maßnahmen gegen schon eingesetztes Führungspersonal ergreifen (§ 22) oder den Erwerb einer bedeutenden Beteiligung untersagen (§ 26 Abs. 1 Nr. 1). Insbesondere sind dann auch keine Untersuchungen anzustellen, ob die Person möglicherweise aus anderen Gründen als zuverlässig einzustufen sein könnte (Assmann/Schneider/Mülbert/Assmann WpHG § 2a Rn. 7; Lendermann/Nemeczek/Schroeter/Lösing/Sajnovits § 2a Rn. 18, 23; Emde/Dornseifer/Dreibus/Verfürth/Emde KAGB § 1 Rn. 205b; vgl. auch Pelz UKuR 2022, 567 (568), der die Fiktion mit der Wirkung eines abstrakten Gefährdungsdelikts vergleicht). Auch eine Prüfung anderer persönlicher Voraussetzungen, zB der fachlichen Eignung iSv § 20 Abs. 1 S. 1, erfolgt dann nicht mehr (Assmann/Schneider/Mülbert/Döhmel WpHG § 102 Rn. 18).

25 Hierbei handelt es sich um eine unwiderlegbare und insofern **zwingende Unzuverlässigkeitsfiktion** (begrifflich anders: Beck/Samm/Kokemoor/Struckmann KWG § 1b Rn. 48 f.: unwiderlegliche Vermutung). S. 1 bietet insofern **keinen Beurteilungs- oder Ermessensspielraum;** die BaFin kann nicht selbst entscheiden, die Unzuverlässigkeit anhand anderer Maßstäbe abweichend von S. 1 zu beurteilen; sie kann sich auch nicht dazu entschließen, von der Anwendung von S. 1 abzusehen und die Zuverlässigkeit anhand von anderen Anhaltspunkten eingehend zu prüfen. Relativiert wird dieser zwingende Charakter der Fiktion gleichwohl dadurch, dass die BaFin in zahlreichen Fällen unverändert **Entschließungs- und Auswahlermessen** im Hinblick auf etwa infolge der Unzuverlässigkeit zu ergreifenden Maßnahmen haben wird (für Ermessen auch zB Beck/Samm/Kokemoor/Struckmann KWG § 1b Rn. 51). Dann wird die BaFin ihr maßnahmenbezogenes Ermessen aber nicht rechtmäßig auf Grundlage von Erwägungen darüber, wie zuverlässig bzw. unzuverlässig die betroffene Person oder Gesellschaft ihrer Einschätzung nach tatsächlich (also ungeachtet der Fiktion nach S. 1) ist, ausüben dürfen.

3. Regelfiktion bzgl. natürlicher Personen in bestimmten Positionen (S. 2 und S. 3)

26 S. 2 und S. 3 unterwerfen natürliche Personen in bestimmten Fällen einer Regelfiktion bzw. einer **widerlegbaren Unzuverlässigkeitsvermutung** bzw. **Regelvermutung** (BeckOK WpHR/Harnos WpHG § 2a Rn. 4.2; Lendermann/Nemeczek/Schroeter/Lösing/Sajnovits § 2a Rn. 19). Im Unterschied zur Fiktionswirkung nach S. 1 ist die Vermutung nach S. 2 und S. 3 **widerlegbar.** Den betreffenden Personen steht also die Möglichkeit offen, nachzuweisen, dass sie aufgrund bestimmter tatsächlicher Umstände trotz der Sanktionierung nicht als unzuverlässig einzustufen sind. Die Begründung zum Gesetzesentwurf des SanktDG II spricht insofern von der „Darlegung von Ausnahmegründen" (BT-Drs. 20/4326, 75). Damit kann aber nicht gemeint sein, dass die betroffene Person positiv darzulegen und zu beweisen hätte, dass sie zuverlässig ist (so aber Assmann/Schneider/Mülbert/Assmann WpHG § 2a Rn. 11; Lendermann/Nemeczek/Schroeter/Lösing/Sajnovits § 2a Rn. 24, klarer allerdings bei Rn. 19, wo es heißt: „ausnahmsweise keine Unzuverlässigkeit"). Das widerspräche der bisherigen Konzeption des Begriffs der Zuverlässigkeit (→ Rn. 21). Vom Vorliegen der Zuverlässigkeit ist grundsätzlich auszugehen, wenn nicht konkrete Anhaltspunkte vorliegen, aus denen sich Zweifel ergeben. Dem würde es also widersprechen, den sanktionierten Personen im Rahmen von S. 2 und S. 3 einen positiven Zuverlässigkeitsnachweis abzuverlangen. Erforderlich ist vielmehr grundsätzlich, dass die betroffene Person Gründe dafür vorbringt, warum die Verbindung zur sanktionierten Person oder Personengesellschaft **ausnahmsweise keine Beurteilung als Unzuverlässig** nach sich zieht.

27 Die widerlegbare Unzuverlässigkeitsvermutung gilt gemäß S. 2 für Personen, die als **Geschäftsleiter, Aufsichtsratsmitglieder oder in vergleichbarer Position** für eine sanktionierte juristische Person oder Personengesellschaft tätig sind, mit Ausnahme von Arbeitnehmervertretern. Darin kommt die Vermutung zum Ausdruck, dass die betreffenden Organmitglieder typischerweise im Interesse der Person oder Gesellschaft, für die sie tätig sind, handeln werden bzw. handeln müssen (BT-Drs. 20/4326, 74; Assmann/Schneider/Mülbert/Assmann WpHG § 2a Rn. 11). Geschäftsleiter sind nicht nur Geschäftsleiter iSv § 25c KWG bzw. § 20, sondern generell die Mitglieder eines zur Geschäftsführung berufenen Organs (Assmann/Schneider/Mülbert/Assmann WpHG § 2a Rn. 12). Im Hinblick auf Aufsichtsratsmitglieder sind sowohl Mitglieder gesetzlicher als auch fakultativer Aufsichtsräte erfasst (Assmann/Schneider/Mülbert/Assmann WpHG § 2a Rn. 12). Dementsprechend beziehen sich die in der Begründung zum Gesetzesentwurf des SanktDG II genannten **Beispiele für etwaige Ausnahmegründe** auch auf das **Verhältnis zwischen der jeweiligen Person und der sanktionierten Gesellschaft** sowie auf das sich daraus ergebende Argument, dass der maßgebliche Einfluss nicht wesentlich ist oder (demnächst) nicht mehr besteht (BT-Drs. 20/4326, 74).

28 Schließlich erfasst die widerlegbare Unzuverlässigkeitsvermutung auch **Personen, die Interessen** einer nach S. 1 direkt von Sanktionen erfassten Person oder Personengesellschaft als Mitglied eines Aufsichts- oder Verwaltungsrats (oder eines ähnlichen Gremiums) **bei einem nicht selbst sanktionierten Institut** (iSv § 1 Abs. 1b KWG und § 2 Abs. 1 und Abs. 26) **wahrnehmen.** Die Begründung zum Gesetzesentwurf des SanktDG II nennt hier als Beispiel den Fall, dass eine natürliche Person aufgrund eines satzungsmäßigen Besetzungsrechts als Vertreter

eines sanktionierten Unternehmens einen Sitz im Aufsichtsorgan eines beaufsichtigten Unternehmens wahrnimmt (BT-Drs. 20/4326, 74).

IV. Rechtsschutz

29 Grundsätzlich können betroffene Personen durch Erhebung einer **Individualnichtigkeitsklage** gem. Art. 275 Abs. 2 S. 2, Art. 263 Abs. 4 AEUV vor dem EuG **gegen die Sanktionierung** als solche vorgehen (Grabitz/Hilf/Nettesheim/Dörr AEUV Art. 275 Rn. 21 f.; Lange EuR 2024, 3 (6 f.); Lendermann/Nemeczek/Schroeter/Lösing/Sajnovits § 2a Rn. 23; Beck/Samm/Kokemoor/Struckmann KWG § 1b Rn. 45). Gegen die Wirkung der Unzuverlässigkeitsfiktion bzw. -vermutung an sich bestehen, solange die Sanktionierung besteht, **keine eigenständigen Rechtsschutzmöglichkeiten.** Betroffene Personen und Gesellschaften haben sich gegen die auf die Wirkungen von § 2a gestützten Entscheidungen der Aufsicht zu wehren, insbesondere durch **Widerspruch und Anfechtungsklage.** Aufgrund der sofortigen Vollziehbarkeit von Maßnahmen der BaFin nach § 6, kann auch ein Vorgehen im Wege des **einstweiligen Rechtsschutzes nach § 80 Abs. 5 S. 1 Alt. 1 VwGO** sinnvoll sein, zB wenn die Aufhebung der Sanktionierung kurz bevorsteht oder die nach S. 2 oder S. 3 bedeutsame Verbindung zu einer sanktionieren Person oder Gesellschaft unmittelbar vor der Beendigung steht.

30 Grundsätzlich gilt, dass die **Fiktionswirkung bzw. Vermutungswirkung nach § 2a endet, wenn die Sanktionierung endet.** Das heißt aber nicht, dass dann eine einmal bestandskräftige Entscheidung der BaFin auf Grundlage der Wirkungen von § 2a (zB die Versagung einer Erlaubnis oder die Verhängung eines Tätigkeitsverbots) nachträglich unrechtmäßig werden oder seine Wirkung verlieren würde. Dementsprechend kommt für betroffene Personen ein **Antrag auf Widerruf der Entscheidung nach § 49 Abs. 1 VwVfG** in Betracht. Grundsätzlich liegt die Entscheidung über den Widerruf der Entscheidung im Ermessen der Behörde. In der hier fraglichen Konstellation (nachträglicher Wegfall der Sanktionierung) dürfte gleichwohl eine Ermessensreduzierung auf Null in Frage kommen. In Rechtsprechung und Literatur ist anerkannt, dass es im Ausnahmefall zu einer solchen Ermessensreduzierung kommen kann. Das setzt voraus, dass ein grundrechtsbeschränkender Verwaltungsakt mit Dauerwirkung zu einem späteren Zeitpunkt nicht mehr erlassen werden dürfte, weil sich die Umstände seit seinem Erlass maßgeblich verändert haben (BVerwG NVwZ 2012, 168 Rn. 55; Schoch/Schneider/Schoch VwVfG § 49 Rn. 85; Mann/Sennekamp/Uechtritz/Suerbaum § 49 Rn. 66). Insofern ist auch die Rede davon, dass der Fortbestand des Verwaltungsakts „schlechthin unerträglich" sein müsste (Schoch/Schneider/Schoch VwVfG § 49 Rn. 85; BeckOK VwVfG/Abel VwVfG § 49 Rn. 20). Für die hier diskutierte Konstellation dürfte das durchaus der Fall sein, insbesondere weil die Gesetzesbegründung zum SanktDG II selbst ausdrücklich darauf hinweist, dass „ein über die Nennung auf einer Sanktionsliste […] fortdauernder Makel bei Personen, die unter die Fiktion oder die Regelfiktion fallen, […] nicht intendiert" ist (BT-Drs. 20/4534, 75). Dann ist es nur konsequent, betroffenen Personen durch den Widerruf der Entscheidung die Entfernung der Eintragung im Gewerbezentralregister (→ Rn. 23) gem. § 152 GewO zu ermöglichen, was die Aufhebung des jeweiligen Verwaltungsakts erforderlich macht.

§ 3 Ausnahmen

(1) [1]Als Wertpapierinstitut gelten nicht

1. **die Deutsche Bundesbank und vergleichbare Institutionen in den anderen Staaten der Europäischen Union, die Mitglieder des Europäischen Systems der Zentralbanken sind;**
2. **von zwei oder mehr Mitgliedstaaten der Europäischen Union gegründete internationale Finanzinstitute, die dem Zweck dienen, Finanzmittel zu mobilisieren und ihren Mitgliedern Finanzhilfen zu gewähren, sofern diese von schwerwiegenden Finanzierungsproblemen betroffen sind;**
3. **die Kreditanstalt für Wiederaufbau;**
4. **die öffentliche Schuldenverwaltung des Bundes, eines seiner Sondervermögen, eines Landes, von Sondervermögen der Länder oder eines anderen Vertragsstaates;**
5. **private und öffentlich-rechtliche Versicherungsunternehmen;**
6. **Unternehmen, die Wertpapierdienstleistungen im Sinne des § 2 Absatz 2 ausschließlich für ihre Mutterunternehmen oder ihre Tochter- oder Schwesterunternehmen erbringen;**
7. **Kapitalverwaltungsgesellschaften und extern verwaltete Investmentgesellschaften, sofern sie nur die kollektive Vermögensverwaltung erbringen oder neben der kollektiven Vermögensverwaltung ausschließlich die in § 20 Absatz 2 und 3 des Kapitalanlagegesetzbuchs aufgeführten Dienstleistungen oder Nebendienstleistungen als Wertpapierdienstleistungen erbringen;**
8. **EU-Verwaltungsgesellschaften und ausländische AIF-Verwaltungsgesellschaften, sofern sie nur die kollektive Vermögensverwaltung erbringen oder neben der kollektiven Vermögensverwaltung ausschließlich die in Artikel 6 Absatz 3 der Richtlinie 2009/65/EG des Europäischen Parlaments und des Rates vom 13. Juli 2009 zur Koordinierung der Rechts- und Verwaltungsvorschriften betreffend bestimmte Organismen für gemeinsame Anlagen in Wertpapieren (OGAW) (Neufassung) (ABl. L 302 vom 17.11.2009, S. 32; L 269 vom 13.10.2010, S. 27), die zuletzt durch die Richtlinie (EU) 2019/2162 (ABl. L 328 vom 18.12.2019, S. 29) geändert worden ist, oder die in Artikel 6 Absatz 4 der Richtlinie 2011/61/EU des Europäischen Parlaments und des Rates vom 8. Juni 2011 über die Verwalter alternativer Investmentfonds und zur Änderung der Richtlinien 2003/41/EG und 2009/65/EG und der Verordnungen (EG) Nr. 1060/2009 und (EU) Nr. 1095/2010 (ABl. L 174 vom 1.7.2011, S. 1; L 115 vom 27.4.2012, S. 35), die zuletzt durch die Richtlinie (EU) 2019/2034 (ABl. L 314 vom 5.12.2019, S. 64) geändert worden ist, aufgeführten Dienstleistungen oder Nebendienstleistungen als Wertpapierdienstleistungen erbringen;**
9. **Unternehmen, deren Wertpapierdienstleistung für andere ausschließlich in der Verwaltung eines Systems von Arbeitnehmerbeteiligungen an den eigenen oder an mit ihnen verbundenen Unternehmen besteht;**
10. **Unternehmen, die ausschließlich Wertpapierdienstleistungen im Sinne der Nummer 6 und Nummer 9 erbringen;**

11. Unternehmen, die als Wertpapierdienstleistungen für andere ausschließlich die Anlageberatung und die Anlagevermittlung zwischen Kunden und
a) inländischen Kreditinstituten und Wertpapierinstituten,
b) Kreditinstituten, Wertpapierinstituten oder Finanzunternehmen mit Sitz in einem anderen Staat des Europäischen Wirtschaftsraums, die die Voraussetzungen nach § 53b Absatz 1 Satz 1 oder Absatz 7 des Kreditwesengesetzes erfüllen,
c) Unternehmen, die aufgrund einer Rechtsverordnung nach § 53c des Kreditwesengesetzes gleichgestellt oder freigestellt sind,
d) Kapitalverwaltungsgesellschaften, extern verwalteten Investmentgesellschaften, EU-Verwaltungsgesellschaften oder ausländischen AIF-Verwaltungsgesellschaften oder
e) Anbietern oder Emittenten von Vermögensanlagen im Sinne des § 1 Absatz 1 des Vermögensanlagengesetzes
erbringen, sofern sich diese Wertpapierdienstleistungen auf Anteile oder Aktien an inländischen Investmentvermögen, die von einer Kapitalverwaltungsgesellschaft ausgegeben werden, die eine Erlaubnis nach § 7 oder § 97 Absatz 1 des Investmentgesetzes in der bis zum 31. Juli 2013 geltenden Fassung erhalten hat, die für den in § 345 Absatz 2 Satz 1, Absatz 3 Satz 2, in Verbindung mit Absatz 2 Satz 1, oder Absatz 4 Satz 1 des Kapitalanlagegesetzbuchs vorgesehenen Zeitraum noch fortbesteht, oder eine Erlaubnis nach den §§ 20 und 21 oder den §§ 20 und 22 des Kapitalanlagegesetzbuchs erhalten hat oder die von einer EU-Verwaltungsgesellschaft ausgegeben werden, die eine Erlaubnis nach Artikel 6 der Richtlinie 2009/65/EG oder der Richtlinie 2011/61/EU erhalten hat, oder auf Anteile oder Aktien an EU-Investmentvermögen oder ausländischen AIF, die nach dem Kapitalanlagegesetzbuch vertrieben werden dürfen, mit Ausnahmen solcher AIF, die nach § 330a des Kapitalanlagegesetzbuchs vertrieben werden dürfen, oder auf Vermögensanlagen im Sinne des § 1 Absatz 2 des Vermögensanlagengesetzes, die erstmals öffentlich angeboten werden, beschränken und die Unternehmen nicht befugt sind, sich bei der Erbringung dieser Finanzdienstleistungen Eigentum oder Besitz an Geldern oder Anteilen von Kunden zu verschaffen, es sei denn, das Unternehmen beantragt und erhält eine entsprechende Erlaubnis nach § 15 Absatz 1 oder nach § 32 Absatz 1 des Kreditwesengesetzes; Anteile oder Aktien an Hedgefonds im Sinne des § 283 des Kapitalanlagegesetzbuchs gelten nicht als Anteile an Investmentvermögen im Sinne dieser Vorschrift;

12. Angehörige freier Berufe, die Wertpapierdienstleistungen im Sinne des § 2 Absatz 2 Nummer 3 bis 10 nur gelegentlich im Sinne des Artikels 4 der Delegierten Verordnung (EU) 2017/565 und im Rahmen eines Mandatsverhältnisses als Freiberufler erbringen und einer Berufskammer in der Form der Körperschaft des öffentlichen Rechts angehören, deren Berufsrecht die Erbringung von Finanzdienstleistungen nicht ausschließt;

13. Unternehmen, die außer Wertpapierdienstleistungen im Sinne des § 2 Absatz 2 Nummer 1 bis 9 und 10 Buchstabe a bis c, jeweils ausschließlich mit Warentermingeschäften, Emissionszertifikaten und mit

Derivaten auf Emissionszertifikate, keine Wertpapierdienstleistungen erbringen unter den weiteren Voraussetzungen, dass
a) das Unternehmen nicht Teil einer Unternehmensgruppe ist, die in der Haupttätigkeit Wertpapierdienstleistungen im Sinne des § 2 Absatz 2 erbringt,
b) die Wertpapierdienstleistung in jedem dieser Fälle sowohl auf individueller als auch auf Ebene der Unternehmensgruppe aggregierter Basis eine Nebentätigkeit zur Haupttätigkeit darstellt; die Kriterien, wann eine Nebentätigkeit vorliegt, werden in einem auf der Grundlage von Artikel 2 Absatz 4 und Artikel 89 der Richtlinie 2014/65/EU erlassenen delegierten Rechtsakt der Kommission bestimmt,
c) diese Nebentätigkeit, soweit das Unternehmen nicht die Wertpapierdienstleistung im Sinne des § 2 Absatz 2 Nummer 10 Buchstabe a erbringt, ausschließlich als Dienstleistung für die Kunden oder Zulieferer ihrer Haupttätigkeit betrieben wird,
d) das Unternehmen der Bundesanstalt auf Anforderung die Umstände mitteilt, auf Grund derer es zu der Auffassung gelangt, dass seine Tätigkeit eine Nebentätigkeit zu seiner Haupttätigkeit darstellt;

14. Unternehmen, die das Finanzkommissionsgeschäft ausschließlich als Dienstleistung für Anbieter oder Emittenten von Vermögensanlagen im Sinne des § 1 Absatz 2 des Vermögensanlagengesetzes oder von geschlossenen AIF im Sinne des § 1 Absatz 5 des Kapitalanlagegesetzbuchs betreiben;

15. Unternehmen, die das Emissionsgeschäft ausschließlich als Übernahme gleichwertiger Garantien im Sinne des § 1 Absatz 1 Satz 2 Nummer 10 des Kreditwesengesetzes für Anbieter oder Emittenten von Vermögensanlagen im Sinne des § 1 Absatz 2 des Vermögensanlagengesetzes oder von geschlossenen AIF im Sinne des § 1 Absatz 5 des Kapitalanlagegesetzbuchs betreiben;

16. Unternehmen, die als Wertpapierdienstleistungen im Sinne des § 2 Absatz 2 ausschließlich die Anlageberatung im Rahmen einer anderen beruflichen Tätigkeit erbringen, ohne sich die Anlageberatung besonders vergüten zu lassen;

17. Betreiber organisierter Märkte, die neben dem Betrieb eines multilateralen oder organisierten Handelssystems keine anderen Wertpapierdienstleistungen im Sinne des § 2 Absatz 2 erbringen;

18. Unternehmen, die das Platzierungsgeschäft ausschließlich für Anbieter oder für Emittenten von Vermögensanlagen im Sinne des § 1 Absatz 2 des Vermögensanlagengesetzes oder von geschlossenen AIF im Sinne des § 1 Absatz 5 des Kapitalanlagegesetzbuchs erbringen;

19. Unternehmen, die außer Finanzportfolioverwaltung keine Wertpapierdienstleistungen erbringen, sofern die Finanzportfolioverwaltung nur auf Vermögensanlagen im Sinne des § 1 Absatz 2 des Vermögensanlagengesetzes oder von geschlossenen AIF im Sinne des § 1 Absatz 5 des Kapitalanlagegesetzbuchs beschränkt erbracht werden;

20. soweit sie Wertpapierdienstleistungen im Sinne des § 2 Absatz 2 in Bezug auf Warenderivate erbringen, unter den weiteren Voraussetzungen, dass die Wertpapierdienstleistungen mit der jeweiligen Hauptta-

tigkeit der Unternehmen in Zusammenhang stehen und die Unternehmen weder einen Sekundärmarkt noch eine Plattform für den Sekundärhandel mit finanziellen Übertragungsrechten betreiben:

a) Übertragungsnetzbetreiber im Sinne des Artikels 2 Nummer 4 der Richtlinie 2009/72/EG des Europäischen Parlaments und des Rates vom 13. Juli 2009 über gemeinsame Vorschriften für den Elektrizitätsbinnenmarkt und zur Aufhebung der Richtlinie 2003/54/EG (ABl. L 211 vom 14.8.2009, S. 55; L 72 vom 15.3.2018, S. 42) oder des Artikels 2 Nummer 4 der Richtlinie 2009/73/EG des Europäischen Parlaments und des Rates vom 13. Juli 2009 über gemeinsame Vorschriften für den Erdgasbinnenmarkt und zur Aufhebung der Richtlinie 2003/55/EG (ABl. L 211 vom 14.8.2009, S. 94), die zuletzt durch die Richtlinie (EU) 2019/692 (ABl. L 117 vom 3.5.2019, S. 1) geändert worden ist, wenn sie ihre Aufgaben gemäß diesen Richtlinien, der Verordnung (EU) 2019/943 des Europäischen Parlaments und des Rates vom 5. Juni 2019 über den Elektrizitätsbinnenmarkt (ABl. L 158 vom 14.6.2019, S. 54), der Verordnung (EG) 715/2009 des Europäischen Parlaments und des Rates vom 13. Juli 2009 über die Bedingungen für den Zugang zu den Erdgasfernleitungsnetzen und zur Aufhebung der Verordnung (EG) Nr. 1775/2005 (ABl. L 211 vom 14.8.2009, S. 36; L 229 vom 1.9.2009, S. 29; L 309 vom 24.11.2009, S. 87), die zuletzt durch die Verordnung (EU) 2019/1999 (ABl. L 328 vom 21.12.2018, S. 1) geändert worden ist, oder den nach diesen Verordnungen erlassenen Netzcodes oder Leitlinien wahrnehmen,

b) Personen, die in ihrem Namen als Dienstleister handeln, um die Aufgaben eines Übertragungsnetzbetreibers gemäß der Verordnung (EU) 2019/943, der Verordnung (EG) Nr. 715/2009 oder den nach diesen Verordnungen erlassenen Netzcodes oder Leitlinien wahrnehmen,

c) Betreiber oder Verwalter eines Energieausgleichssystems, eines Rohrleitungsnetzes oder eines Systems zum Ausgleich von Energieangebot und -verbrauch bei der Wahrnehmung solcher Aufgaben;

21. Zentralverwahrer, die gemäß Artikel 16 der Verordnung (EU) 909/2014 zugelassen sind, soweit sie Wertpapierdienstleistungen im Sinne des § 2 Absatz 2 erbringen, sowie

22. Unternehmen mit einer Zulassung als Schwarmfinanzierungsdienstleister gemäß Artikel 12 Absatz 1 der Verordnung (EU) 2020/1503 und der Richtlinie (EU) 2020/1504 des Europäischen Parlaments und des Rates vom 7. Oktober 2020 zur Änderung der Richtlinie 2014/65/EU über Märkte für Finanzinstrumente (ABl. L 347 vom 20.10.2020, S. 50), in der jeweils geltenden Fassung, soweit sie im Rahmen von Schwarmfinanzierungsdienstleistungen im Sinne von Artikel 2 Absatz 1 Buchstabe a der Verordnung (EU) 2020/1503 Wertpapierdienstleistungen im Sinne des § 2 Absatz 2 Nummer 3, 4, 8 oder 9 und darüber hinaus keine anderen Wertpapierdienstleistungen erbringen.

[2]Für Einrichtungen und Unternehmen im Sinne von Satz 1 Nummern 4 und 5 gelten die Vorschriften dieses Gesetzes insoweit, als sie Wertpapier-

dienstleistungen erbringen, die nicht zu den ihnen eigentümlichen Geschäften gehören.

(2) [1]**Ein Unternehmen mit Sitz im Inland, das keine Bankgeschäfte im Sinne des § 1 Absatz 1 Satz 2 des Kreditwesengesetzes betreibt und das als Wertpapierdienstleistung nur die Anlagevermittlung, die Anlageberatung oder das Platzierungsgeschäft erbringt und dies ausschließlich für Rechnung und unter der Haftung eines Wertpapierinstituts, das seinen Sitz im Inland hat oder nach § 73 Absatz 1 im Inland tätig ist (vertraglich gebundener Vermittler), gilt nicht als Wertpapierinstitut, wenn das haftende Wertpapierinstitut dies der Bundesanstalt zuvor angezeigt hat.** [2]**Die Tätigkeit des vertraglich gebundenen Vermittlers wird dem haftenden Wertpapierinstitut zugerechnet.** [3]**Ändern sich die von dem haftenden Wertpapierinstitut angezeigten Verhältnisse, sind die neuen Verhältnisse unverzüglich der Bundesanstalt anzuzeigen.** [4]**Für den Inhalt der Anzeigen nach den Sätzen 1 und 3 und die beizufügenden Unterlagen und Nachweise können durch Rechtsverordnung nach § 14 Absatz 3 Satz 1 nähere Bestimmungen getroffen werden.** [5]**Die Bundesanstalt führt über die ihr angezeigten vertraglich gebundenen Vermittler nach diesem Absatz ein öffentliches Register auf ihrer Internetseite, das das haftende Wertpapierinstitut, die vertraglich gebundenen Vermittler, das Datum des Beginns und des Endes der Tätigkeit nach Satz 1 ausweist.** [6]**Für die Voraussetzungen zur Aufnahme in das Register, den Inhalt und die Führung des Registers können durch Rechtsverordnung nach § 14 Absatz 3 nähere Bestimmungen getroffen werden; insbesondere kann dem haftenden Unternehmen ein schreibender Zugriff auf die für dieses Unternehmen einzurichtende Seite des Registers eingeräumt und ihm die Verantwortlichkeit für die Richtigkeit und Aktualität dieser Seite übertragen werden.**

Literatur: Schedensack, Zum Anwendungsbereich der ECSP-VO, ZBB 2023, 299; Zerwas/Hanten, Abgrenzungsprobleme und Ausnahmen bei Handelsaktivitäten nach der Sechsten KWG-Novelle, ZBB 2000, 44.

Übersicht

I. Vorbemerkung

1 § 3 Abs. 1 setzt die Ausnahmen von Art. 2 MiFID II für den Bereich des WpIG um. Der Aufbau orientiert sich an § 2 KWG (Regierungsbegründung WpIG, BT-Drs. 19/26929, 129). Durch das Schwarmfinanzierungs-BegleitG v. 3.6.2021 (BGBl. I 1568) wurde Abs. 1 Satz 1 Nr. 13 geändert sowie Abs. 1 Satz 1 Nr. 22

eingefügt, durch das KreditzweitmarktförderungsG v. 22.12.2023 (BGBl. 2023 I Nr. 411) wurde Abs. 2 Satz 1 geändert. Abs. 2 wird durch das StandortförderungsG v. 4.2.2026 (BGBl. 2026 I Nr. 33) mWz 10.1.2030 um einen neuen S. 7 ergänzt.

II. Ausnahmen (Abs. 1)

Abs. 1 listet alle Unternehmen und Institutionen auf, die materiell Wertpapierinstitute sind, weil sie Wertpapierdienstleistungen allein oder zusammen mit Wertpapiernebendienstleistungen oder Nebengeschäften erbringen, aber nicht der Aufsicht nach dem WpIG unterliegen. Sind die Voraussetzungen von Abs. 1 erfüllt, benötigen diese Unternehmen weder eine Erlaubnis nach dem WpIG noch eine nach dem KWG und unterliegen auch nicht der laufenden Aufsicht nach dem WpIG und der IFR (Lendermann/Nemeczek/Schroeter/Reschke Rn. 2). 2

Voraussetzung für die Inanspruchnahme der Befreiungen nach Abs. 1 Satz 1 Nr. 4 und 5 ist nach Abs. 1 Satz 2, dass das jeweilige Unternehmen nur die ihm **eigentümlichen Geschäfte** betreibt. Entsprechende Einschränkungen enthalten auch § 2 Abs. 3 und Abs. 6 S. 2 KWG. 3

Abs. 1 gilt unabhängig von den Freistellungen nach § 2 Abs. 1 und 6 KWG. Wenn ein Unternehmen materiell sowohl Kredit- oder Finanzdienstleistungsinstitut iSv § 1 Abs. 1 bzw. Abs. 1a KWG als auch Wertpapierinstitut iSv § 2 Abs. 1 WpIG ist, dann ändert das Vorliegen einer Freistellung nach Abs. 1 nichts daran, dass ggf. weitergehende Voraussetzungen für die Inanspruchnahme einer Befreiung nach § 2 Abs. 1 und 6 KWG ebenfalls erfüllt werden müssen. 4

1. Deutsche Bundesbank und andere Mitglieder des Europäischen Systems der Zentralbanken (Satz 1 Nr. 1)

Nr. 1 setzt Art. 2 Abs. 1 lit. h MiFID II um. Eine entsprechende Freistellung findet sich in § 2 Abs. 1 Nr. 1 und Abs. 6 S. 1 Nr. 1 KWG. 5

Adressaten von Nr. 1 sind die **BBank** (Art. 88 GG, BBankG v. 22.10.1992, BGBl. 1992 I 1782), die selbst Aufsichtsorgan im Rahmen des KWG sowie nach dem BBankG ist, sowie alle Zentralbanken der EU-Mitgliedstaaten (nicht nur die Zentralbanken des Eurosystems), die Mitglieder des durch den Vertrag von Maastricht zum 1.1.1999 geschaffenen und durch Art. 127 ff. AEUV sowie die Satzung des ESZB (ABl. 2012 C 326, 230) geregelten Europäischen Systems der Zentralbanken (ESZB) sind (Lendermann/Nemeczek/Schroeter/Reschke Rn. 5). 6

Die BBank und die anderen Mitglieder des Europäischen Systems der Zentralbanken unterliegen keiner Bestimmung des WpIG. Dies gilt unabhängig davon, welche Geschäfte die BBank oder die anderen unter Nr. 1 fallenden Zentralbanken betreiben. 7

2. Transnationale Finanzinstitute der EU-Mitgliedstaaten (Satz 1 Nr. 2)

Nr. 2 setzt ebenfalls Art. 2 Abs. 1 lit. h MiFID II um. Eine entsprechende Freistellung findet sich in § 2 Abs. 1 Nr. 1b und Abs. 6 S. 1 Nr. 1a KWG. 8

3. Kreditanstalt für Wiederaufbau (Satz 1 Nr. 3)

9 Nr. 3 entspricht den Freistellungen in § 2 Abs. 1 Nr. 2 und Abs. 6 S. 1 Nr. 2 KWG.

10 Die **Kreditanstalt für Wiederaufbau** (KfW) (errichtet durch Gesetz des Wirtschaftsrats des Vereinigten Wirtschaftsgebiets v. 5.11.1948 (WiGBl. 123, neugefasst durch das WiederaufbaubankG v. 23.6.1969, BGBl. 1969 I 573) steht unter Sonderaufsicht der Bundesregierung (§ 12 WiederaufbaubankG) und ist als in enger Zusammenarbeit mit den zuständigen Stellen tätiges Unternehmen aufgrund des gesetzlich begrenzten Umfanges ihrer Geschäfte (vgl. § 2 WiederaufbaubankG) von der Aufsicht freigestellt (so zu § 2 Abs. 1 Nr. 2 und Abs. 6 S. 1 Nr. 2 KWG Regierungsentwurf G z. Änderung des G über die Kreditanstalt für Wiederaufbau und weiterer Gesetze, BT-Drs. 17/13061, 1; Beck/Samm/Kokemoor/Reschke KWG § 2 Rn. 63 ff.; Fischer/Schäfer/Schulte-Mattler/Schulte-Mattler/Schäfer KWG § 2 Rn. 4; Reischauer/Kleinhans/Albert KWG § 2 Rn. 9).

4. Öffentliche Schuldenverwaltung und Sondervermögen (Satz 1 Nr. 4 iVm Satz 2)

11 Nr. 4 setzt Art. 2 Abs. 1 lit. h MiFID II um und entspricht den Freistellungen in § 2 Abs. 1 Nr. 3a und Abs. 6 S. 1 Nr. 3 KWG. Erläuterungen zu § 2 Abs. 1 Nr. 3a und Abs. 6 S. 1 Nr. 3 KWG enthält das BaFin-Merkblatt „Hinweise zur Bereichsausnahme für die öffentliche Schuldenverwaltung" v. 12.11.2010, Consbruch/Fischer B 53.46.

12 Adressaten von Nr. 4 sind die öffentliche Schuldenverwaltung des Bundes, eines seiner Sondervermögen sowie die Schuldenverwaltung eines Landes oder eines anderen EWR-Vertragsstaates.

13 Nr. 4 enthält wie § 2 Abs. 1 Nr. 3a und Abs. 6 S. 1 Nr. 3 KWG lediglich eine **funktionelle Bereichsausnahme.** Nicht eigentümliche Geschäfte sind nach **Abs. 1 Satz 2** ausdrücklich nicht von der Freistellung erfasst. Freigestellt sind nicht die angesprochenen Institutionen als solche, sondern nur die Geschäfte, die im weitesten Sinne mit der Schuldenverwaltung zusammenhängen (BaFin-Merkblatt (→ Rn. 11); Lendermann/Nemeczek/Schroeter/Reschke Rn. 9). Wertpapierdienstleistungen, die nicht zur Schuldenverwaltung gehören, sind nicht durch Nr. 4 freigestellt.

5. Private und öffentlich-rechtliche Versicherungsunternehmen (Satz 1 Nr. 5 iVm Satz 2)

14 Nr. 5 setzt Art. 2 Abs. 1 lit. a MiFID II um und entspricht den Freistellungen in § 2 Abs. 1 Nr. 4 und Abs. 6 S. 1 Nr. 4 KWG. Erläuterungen zu § 2 Abs. 1 Nr. 4 und Abs. 6 S. 1 Nr. 4 KWG enthält das BaFin-Merkblatt „Hinweise zur Bereichsausnahme für Versicherungsunternehmen" v. 15.11.2010 idF v. 25.1.2016, Consbruch/Fischer B 53.48.

15 Adressaten von Nr. 5 sind

– Erst- und Rückversicherungsunternehmen, die den Betrieb von Versicherungsgeschäften zum Gegenstand haben und nicht Träger der Sozialversicherung sind, wobei der Gegenstand eines Rückversicherungsunternehmens ausschließlich die Rückversicherung ist (§ 7 Nr. 33 VAG). Sie werden nicht nach dem WpIG beaufsichtigt, da sie bereits der Aufsicht nach dem VAG unterliegen (vgl.

für § 2 Abs. 1 Nr. 4 und Abs. 6 S. 1 Nr. 4 KWG BaFin-Merkblatt (→ Rn. 14); Lendermann/Nemeczek/Schroeter/Reschke Rn. 11);
- Erst- oder Rückversicherungsunternehmen, die ihren Sitz in einem Drittstaat haben und eine behördliche Zulassung gem. Art. 14 Abs. 1 Solvabilität II-RL (2009/138/EG) benötigen würden, wenn sie ihren Sitz in einem EWR-Vertragsstaat hätten (§ 7 Nr. 34 VAG) (BaFin-Merkblatt (→ Rn. 14));
- Pensionskassen als rechtlich selbständige Lebensversicherungsunternehmen (§ 232 VAG) (BaFin-Merkblatt (→ Rn. 14));
- Pensionsfonds iSv § 236 Abs. 1 VAG (§ 1 Abs. 1 Nr. 5 VAG) (BaFin-Merkblatt (→ Rn. 14)), und
- Versicherungs-Zweckgesellschaften iSv § 168 VAG (§ 1 Abs. 1 Nr. 3 VAG); diese sind zwar keine Versicherungsunternehmen, werden aber auch von Nr. 5 erfasst, da sie der Aufsicht nach dem VAG unterliegen (BaFin-Merkblatt (→ Rn. 14)).

Nr. 5 gilt nur für Versicherungsunternehmen, die erlaubtermaßen im Inland tätig sind, dh mit einer Erlaubnis der BaFin, der zuständigen Landesbehörde oder bei Versicherungsunternehmen mit Sitz in einem anderen EU-Mitgliedstaat oder EWR-Vertragsstaat über eine Erlaubnis der jeweils zuständigen Sitzlandsaufsichtsbehörde (BaFin-Merkblatt (→ Rn. 14); Lendermann/Nemeczek/Schroeter/Reschke Rn. 12). 16

Nr. 5 gilt nach **Abs. 1 Satz 2** nur für Versicherungsunternehmen eigentümliche Wertpapierdienstleistungen. Dem entspricht § 15 Abs. 1 S. 1 VAG, der Versicherungsunternehmen alle Nebengeschäfte verbietet, die nicht mit den Versicherungsgeschäften in unmittelbarem Zusammenhang stehen (BaFin-Merkblatt (→ Rn. 14)). 17

6. Konzernunternehmen (Satz 1 Nr. 6)

Nr. 6 setzt Art. 2 Abs. 1 lit. b MiFID II um und entspricht der Freistellung in § 2 Abs. 6 S. 1 Nr. 5 KWG. Erläuterungen zu § 2 Abs. 6 S. 1 Nr. 5 KWG enthält das BaFin-Merkblatt „Hinweise zur Bereichsausnahme des so genannten Konzernprivilegs" v. 16.8.2011 idF v. 4.7.2018, Consbruch/Fischer B 53.52. 18

Adressaten von Nr. 6 sind Konzerne, die aus Mutterunternehmen (§ 2 Abs. 30) und Tochterunternehmen (§ 2 Abs. 31) bestehen, wobei das Mutterunternehmen Kontrolle (§ 2 Abs. 22) über das Tochterunternehmen iSv § 290 HGB ausüben können muss. Auf die Rechtsform und den Sitz der Unternehmen kommt es nicht an; Mutterunternehmen kann somit insbesondere auch eine natürliche Person sein. Als Tochterunternehmen gelten auch Enkelunternehmen, dh Tochterunternehmen von Tochterunternehmen (BaFin-Merkblatt (→ Rn. 18)). Schwesterunternehmen sind nach § 1 Abs. 7 KWG, auf den § 2 Abs. 32 verweist, Unternehmen mit gemeinsamem Mutterunternehmen. Gleichordnungskonzerne werden von Nr. 6 nicht erfasst (BaFin-Merkblatt (→ Rn. 18)). 19

Die Befreiung nach Nr. 6 kann nur dann in Anspruch genommen werden, wenn keine der vom Unternehmen erbrachten Dienstleistungen einen Bezug zu externen, dh vom Mutter-, Tochter- oder Schwesterunternehmen personenverschiedenen Kunden aufweist. Bei dreiseitigen Rechtsverhältnissen dürfen Auftraggeber und Auftragnehmer des Auftragsverhältnisses nicht konzernfremde Dritte sein (so zu § 2 KWG Fischer/Schäfer/Schulte-Mattler/Schulte-Mattler/Schäfer KWG § 2 Rn. 33; Zerwas/Hanten ZBB 2000, 51). 20

21 Erlaubnisfrei zulässig neben reinen konzerninternen Tätigkeiten ist nach Nr. 10 nur die Verwaltung von Arbeitnehmerbeteiligungen nach Nr. 9. Mit anderen erlaubnispflichtigen Tätigkeiten kann die Befreiung nach Nr. 6 nicht kombiniert werden (Lendermann/Nemeczek/Schroeter/Reschke Rn. 17).

7. Kapitalverwaltungsgesellschaften und extern verwaltete Investmentgesellschaften (Satz 1 Nr. 7)

22 Nr. 7 setzt Art. 2 Abs. 1 lit. i MiFID II um. Entsprechende Freistellungen finden sich in § 2 Abs. 1 Nr. 3b und Abs. 6 S. 1 Nr. 5a KWG. Erläuterungen zu § 2 Abs. 1 Nr. 3b und Abs. 6 S. 1 Nr. 5a KWG enthält das BaFin-Merkblatt „Hinweise zur Bereichsausnahme für Kapitalverwaltungsgesellschaften" v. 23.7.2013 idF v. 30.8.2021, Consbruch/Fischer B 53.58.

23 Adressaten von Nr. 7 sind

- Kapitalverwaltungsgesellschaften (§ 17 Abs. 1 KAGB), die mindestens die Portfolioverwaltung oder das Risikomanagement in eigener Verantwortung betreiben (BaFin-Merkblatt (→ Rn. 22); Lendermann/Nemeczek/Schroeter/Reschke Rn. 31);
- extern verwaltete Investmentgesellschaften (§ 18 KAGB), und
- intern verwaltete Kapitalgesellschaften, die nach Maßgabe von § 20 Abs. 7 KAGB nur die kollektive Vermögensverwaltung ausüben (BaFin-Merkblatt (→ Rn. 22)).

24 Nr. 7 setzt voraus, dass die Adressaten ausschließlich nach § 20 Abs. 2 und 3 KAGB zugelassene Dienstleistungen oder Nebendienstleistungen erbringen. Intern verwaltete Kapitalgesellschaften dürfen wg. Art. 20 Abs. 7 KAGB nur die kollektive Vermögensverwaltung ausüben (BaFin-Merkblatt (→ Rn. 22). Für die nach § 20 Abs. 2 und 3 KAGB zulässigen Dienstleistungen gilt ausschließlich das KAGB, das dem WpIG als lex specialis vorgeht (so für § 2 Abs. 1 Nr. 3b, c und d sowie Abs. 6 S. 1 Nr. 5a und b KWG BaFin (BaFin-Merkblatt (→ Rn. 22)).

8. EU-Verwaltungsgesellschaften und ausländische AIF-Verwaltungsgesellschaften (Satz 1 Nr. 8)

25 Nr. 8 setzt wie Nr. 7 Art. 2 Abs. 1 lit. i MiFID II um. Entsprechende Freistellungen finden sich in § 2 Abs. 1 Nr. 3c und Abs. 6 S. 1 Nr. 5b KWG. Erläuterungen zu § 2 Abs. 1 Nr. 3c und Abs. 6 S. 1 Nr. 5b KWG enthält wiederum das BaFin-Merkblatt (→ Rn. 22).

26 Adressaten von Nr. 8 sind

- EU-Verwaltungsgesellschaften (§ 1 Abs. 17 KAGB), und
- ausländische AIF-Verwaltungsgesellschaften (§ 1 Abs. 18 KAGB).

27 Nr. 8 setzt voraus, dass das jeweilige Unternehmen seine Tätigkeiten zulässigerweise nach Maßgabe des Europäischen Passes (§§ 51, 54 KAGB) im Inland erbringt.

9. Verwaltung von Arbeitnehmerbeteiligungen (Satz 1 Nr. 9)

28 Nr. 9 setzt Art. 2 Abs. 1 lit. f MiFID II um. Eine entsprechende Freistellung enthält § 2 Abs. 6 S. 1 Nr. 6 KWG. Erläuterungen zu § 2 Abs. 6 S. 1 Nr. 6 enthält das BaFin-Merkblatt „Hinweise zur Bereichsausnahme für die Verwaltung eines Systems von Arbeitnehmerbeteiligungen" v. 26.11.2010, Consbruch/Fischer B 53.54.

29 Adressaten von Nr. 9 sind nur Unternehmen, die Wertpapierdienstleistungen ausschließlich zur Verwaltung eines Systems von Beteiligungen an dem eigenen oder an mit ihm verbundenen Unternehmen für die jeweiligen Arbeitnehmer erbringen (so jeweils zu § 2 Abs. 6 S. 1 Nr. 6 KWG Regierungsbegründung 6. KWG-Novelle, BT-Drs. 13/7142, 71; BaFin-Merkblatt (→ Rn. 28)). Im Falle einer Auslagerung von Dienstleistungen auf ein konzernfremdes Unternehmen gilt Nr. 9 nicht (Lendermann/Nemeczek/Schroeter/Reschke Rn. 37).

30 Nr. 9 erlaubt nur die Erbringung von Wertpapierdienstleistungen iSv § 2 Abs. 2 sowie Wertpapiernebendienstleistungen iSv § 2 Abs. 3. Nach dem KWG erlaubnispflichtige Tätigkeiten, die nicht unter § 2 Abs. 2 und 3 fallen, sind von der Freistellung nicht erfasst (vgl. für § 2 Abs. 6 S. 1 Nr. 6 KWG BaFin-Merkblatt (→ Rn. 28)).

31 Nr. 9 lässt § 34c GewO unberührt (so für § 2 Abs. 6 S. 1 Nr. 6 KWG BaFin-Merkblatt (→ Rn. 28)).

10. Verbindung von Tätigkeiten nach Satz 1 Nr. 6 und Nr. 9 (Satz 1 Nr. 10)

32 Nr. 10 setzt Art. 2 Abs. 1 lit. g MiFID II um. Eine entsprechende Freistellung enthält § 2 Abs. 6 S. 1 Nr. 7 KWG. Nr. 10 ermöglicht Unternehmen, ohne Erlaubnis nach § 15 Abs. 1 oder § 32 Abs. 1 KWG gleichzeitig Wertpapierdienstleistungen für konzernangehörige Unternehmen zu erbringen (Nr. 6) und Arbeitnehmerbeteiligungen (Nr. 9) zu verwalten (BaFin-Merkblatt (→ Rn. 28); Lendermann/Nemeczek/Schroeter/Reschke Rn. 38).

11. Vertrieb von Anteilen an Investmentvermögen und Vermögensanlagen (Satz 1 Nr. 11)

33 Nr. 11 macht von der durch Art. 3 Abs. 1 lit. g MiFID II eingeräumten Option Gebrauch. Eine entsprechende Freistellung enthält § 2 Abs. 6 S. 1 Nr. 8 KWG. Erläuterungen zu § 2 Abs. 6 S. 1 Nr. 8 KWG enthält das BaFin-Merkblatt zur Bereichsausnahme für die Vermittlung von Investmentvermögen und Vermögensanlagen v. 16.4.2015 idF v. 2.11.2017, Consbruch/Fischer B 53.44.

34 **a) Zulässige Vermittlungs- und Beratungsgegenstände.** Nr. 11 erlaubt nur Anlageberatung (§ 2 Abs. 2 Nr. 4) und Anlagevermittlung (§ 2 Abs. 2 Nr. 3). Beides darf sich nur beziehen auf die folgenden Anlagekategorien:

35 **aa) Inländische Investmentanteile.** Erfasst sind zunächst Anteile an Investmentvermögen, die von einer inländischen Kapitalverwaltungsgesellschaft ausgegeben werden; unerheblich ist, ob diese Anteile im Inland vertrieben werden dürfen (BaFin-Merkblatt (→ Rn. 33)).

36 Ausdrücklich von Nr. 11 ausgenommen sind Anteile oder Aktien an **Hedgefonds** iSv § 283 KAGB. Die Rückausnahme gilt nur für Single-Hedgefonds iSv § 112 InvG aF. Dach-Hedgefonds können nach Nr. 11 vertrieben werden, wenn sie weder in erheblichem Umfang Leverage einsetzen noch Leerverkäufe tätigen und nicht unter § 283 KAGB fallen (BaFin-Merkblatt (→ Rn. 33); Lendermann/Nemeczek/Schroeter/Reschke Rn. 44).

37 **bb) Ausländische Investmentanteile.** Erfasst sind außerdem Anteile an EU-Investmentvermögen und ausländischen AIF. Anders als für inländische Investmentanteile gilt dies nur für Anteile an EU-Investmentvermögen und ausländi-

schen AIF nur, wenn sie nach dem KAGB vertrieben werden dürfen. Dies setzt voraus, dass das EU-Investmentvermögen oder ausländische AIR eine entsprechende Erlaubnis der zuständigen Behörde des Herkunftsmitgliedstaats nachweisen kann und das nach dem KAGB vorgeschriebene Vertriebsanzeigeverfahren durchlaufen hat (BaFin-Merkblatt (→ Rn. 33)). Ist das Vertriebsanzeigeverfahren nicht durchlaufen, dürfen die Anteile nicht vertrieben werden, und zwar auch dann nicht, wenn dem Vermittler eine Erlaubnis nach § 15 WpIG oder § 32 Abs. 1 KWG erteilt ist (BaFin-Merkblatt (→ Rn. 33)).

38 AIF, die nach § 330a KAGB vertrieben werden dürfen, fallen nicht unter die Bereichsausnahme, weil sie von (nur) registrierungspflichtigen Kapitalverwaltungsgesellschaften verwaltet werden, die Bereichsausnahme aber nur solche Investmentvermögen erfassen soll, deren Verwaltungsgesellschaft einer Aufsicht unterliegt, was bei bloß registrierungspflichtigen Kapitalverwaltungsgesellschaften nicht der Fall ist (BaFin-Merkblatt (→ Rn. 33)).

39 **cc) Vermögensanlagen iSv § 1 Abs. 2 VermAnlG.** Vermögensanlagen iSv § 1 Abs. 2 VermAnlG sind nicht in Wertpapieren iSd WpPG verbriefte und nicht als Anteile an Investmentvermögen iSv § 1 Abs. 1 KAGB ausgestaltete

- Anteile, die eine Beteiligung am Ergebnis eines Unternehmens gewähren (§ 1 Abs. 2 Nr. 1 VermAnlG),
- Anteile an einem Vermögen, das der Emittent oder ein Dritter in eigenem Namen für fremde Rechnung hält oder verwaltet (Treuhandvermögen) (§ 1 Abs. 2 Nr. 2 VermAnlG),
- partiarische Darlehen (§ 1 Abs. 2 Nr. 3 VermAnlG),
- Nachrangdarlehen (§ 1 Abs. 2 Nr. 4 VermAnlG),
- Genussrechte (§ 1 Abs. 2 Nr. 5 VermAnlG),
- Namensschuldverschreibungen (§ 1 Abs. 2 Nr. 6 VermAnlG) und
- sonstige Anlagen, die einen Anspruch auf Verzinsung und Rückzahlung gewähren oder im Austausch für die zeitweise Überlassung von Geld einen vermögenswerten, auf Barausgleich gerichteten Anspruch vermitteln (§ 1 Abs. 2 Nr. 7 VermAnlG),

jeweils sofern die Annahme der Gelder kein Einlagengeschäft iSd § 1 Abs. 2 S. 2 Nr. 1 KWG darstellt.

40 Die Vermögensanlagen müssen „erstmals öffentlich angeboten werden". Eine Anlageberatung oder -vermittlung über Vermögensanlagen im Zweit- oder Drittmarkt wird von Nr. 11 nicht erfasst (so zu § 2 Abs. 6 S. 1 Nr. 8 KWG BaFin-Merkblatt (→ Rn. 33)).

41 **b) Zulässige Vertragsparteien für Kunden.** Nr. 11 erlaubt Tätigkeiten für Kunden nur für die darin aufgeführten Vertragspartner; dies sind

- inländische Kreditinstitute und Wertpapierinstitute; diese müssen über die Erlaubnis zur Tätigkeit im Inland verfügen (BaFin-Merkblatt (→ Rn. 33));
- Kreditinstitute, Wertpapierinstitute oder Finanzunternehmen (§ 1 Abs. 3 KWG) mit Sitz in einem anderen EWR-Vertragsstaat, die aufgrund des Europäischen Passes (§§ 53b Abs. 1 S. 1 oder Abs. 7 KWG) im Inland tätig sein dürfen,
- Unternehmen aus Drittstaaten, denen die Geschäftstätigkeit aufgrund ihrer Herkunftsstaatserlaubnis vom BMF aufgrund einer Rechtsverordnung nach § 53c KWG gestattet ist,
- Kapitalverwaltungsgesellschaften (§ 17 Abs. 1 KAGB), extern verwaltete Investmentgesellschaften (§ 18 KAGB), EU-Verwaltungsgesellschaften (§ 1 Abs. 17

KAGB) oder ausländische AIF-Verwaltungsgesellschaften (§ 1 Abs. 18 KAGB), sowie
- Anbieter oder Emittenten von Vermögensanlagen iSv § 1 Abs. 1 VermAnlG.

c) Reichweite der Freistellung. Nr. 11 gilt nur für Unternehmen, die nicht vertraglich befugt sind, sich bei der Erbringung der Anlageberatung und Anlagevermittlung Eigentum oder Besitz an Geldern oder Anteilen von Kunden zu verschaffen, oder die sich in sonstiger Weise einen solchen Zugriff verschaffen (Lendermann/Nemeczek/Schroeter/Reschke Rn. 40). Entscheidend ist, dass zu keinem Zeitpunkt ein Herausgabeanspruch des Kunden bestehen darf (BaFin-Merkblatt (→ Rn. 33)). 42

Macht ein Unternehmen von der Freistellung nach Nr. 11 Gebrauch, dann ändert diese nichts daran, dass für die freigestellten Tätigkeiten grds. eine Gewerbeerlaubnis nach § 34f Abs. 1 GewO erforderlich ist (Lendermann/Nemeczek/Schroeter/Reschke Rn. 41). Das Recht, in anderen EWR-Vertragsstaaten Zweigniederlassungen errichten oder im Rahmen des grenzüberschreitenden Dienstleistungsverkehrs tätig werden, vermittelt die Erlaubnis nach § 34f Abs. 1 GewO aber nicht (Lendermann/Nemeczek/Schroeter/Reschke Rn. 41). 43

Nr. 11 stellt es Unternehmen frei, die von der Freistellung erfassten Tätigkeiten aufgrund einer Erlaubnis nach § 15 Abs. 1 WpIG oder § 32 Abs. 1 KWG zu erbringen. Ist die Erlaubnis erteilt, dann umfasst diese auch das Recht, nach Maßgabe des Europäischen Passes (§ 24a KWG, §§ 70 ff. WpIG) in anderen EWR-Mitgliedsstaaten tätig zu werden (Lendermann/Nemeczek/Schroeter/Reschke Rn. 42). 44

12. Mandatsbezogene Wertpapierdienstleistungen von Freiberuflern (Satz 1 Nr. 12)

Nr. 12 setzt Art. 2 Abs. 1 lit. c MiFID II um, der durch Art. 4 Delegierte VO (EU) 2017/565 konkretisiert wird. Eine entsprechende Freistellung enthält § 2 Abs. 6 S. 1 Nr. 10 KWG. Erläuterungen zu § 2 Abs. 6 S. 1 Nr. 10 KWG enthält das BaFin-Merkblatt „Hinweise zur Bereichsausnahme für Angehörige freier Berufe" v. 14.2.2012 idF v. 5.9.2014, Consbruch/Fischer B 53.41. 45

„Gelegentlich" wird eine Tätigkeit nach Art. 4 Delegierte VO (EU) 2017/565 erbracht, wenn folgende Voraussetzungen erfüllt sind: 46
- es besteht ein enger und sachlicher Zusammenhang zwischen der beruflichen Tätigkeit und der Erbringung der Wertpapierdienstleistung an den gleichen Kunden, so dass die Wertpapierdienstleistung als Zusatz zur hauptberuflichen Tätigkeit betrachtet werden kann (Art. 4 lit. a Delegierte VO (EU) 2017/565); die BaFin verlangt zusätzlich, dass die Erbringung der Wertpapierdienstleistung im Verhältnis zur übrigen freiberuflichen Tätigkeit nur einen geringen Umfang einnimmt (BaFin-Merkblatt (→ Rn. 45); Beck/Samm/Kokemoor/Reschke KWG § 2 Rn. 501),
- die Erbringung der Wertpapierdienstleistung zielt nicht darauf ab, der Person, welche die berufliche Tätigkeit ausübt, eine systematische Einnahmequelle zu bieten (Art. 4 lit. b Delegierte VO (EU) 2017/565); dh der Freiberufler darf die entsprechenden Tätigkeiten nicht gewerbsmäßig erbringen, was nach den von der Rspr. des BFH zu § 18 Abs. 1 EStG (BFH NJW 1990, 2085) herausgearbeiteten Kriterien für die Abgrenzung von freiberuflichen zu gewerblichen Tätigkeiten zu beurteilen ist, und

– der Freiberufler vermarktet seine Fähigkeit zur Erbringung von Wertpapierdienstleistungen nicht und wirbt nicht anderweitig dafür; dem Kunden darf aber offengelegt werden, dass solche Wertpapierdienstleistungen zusammen mit der hauptberuflichen Tätigkeit angeboten werden (Art. 4 lit. c Delegierte VO (EU) 2017/565).

47 Nach Nr. 12 nach Maßgabe des BaFin-Merkblatts (→ Rn. 45) sind jedenfalls folgende Tätigkeiten freigestellt:
– Anlageberatung im Rahmen steuerlicher Beratungsmandate von Rechtsanwälten, Steuerberatern und Wirtschaftsprüfern;
– Anlageberatung im Rahmen wirtschaftsberatender Tätigkeiten von Steuerberatern und Wirtschaftsprüfern;
– sonstige Tätigkeiten, die unmittelbar Ausfluss des gesetzlichen Mandats sind; dazu gehören **gesetzliche Treuhandverhältnisse** wie Vormundschaft, Pflegschaft, Betreuung, Testamentsvollstreckung, Zwangsverwaltung, Insolvenzverwaltung, Verwaltung von Finanzinstrumenten durch Notare nach § 23 BNotO (so jeweils zu § 2 Abs. 6 S. 1 Nr. 10 KWG BaFin-Merkblatt (→ Rn. 45); Beck/Samm/Kokemoor/Reschke KWG § 2 Rn. 495; Luz/Neus/Schaber/Schneider/Wagner/Weber/Weber/Seifert KWG § 2 Rn. 45).

48 **Nicht** unter Nr. 12 fallen:
– die Vermögensverwaltung auf rechtsgeschäftlicher Grundlage, auch wenn sie durch Wirtschaftsprüfer oder Steuerberater im Rahmen ihrer Aufgaben nach § 2 Abs. 3 Nr. 3 WiPrO bzw. § 57 Abs. 3 StBerG erfolgt, sofern der Beauftragte im Einzelfall nicht unparteilich und unabhängig handelt, sondern Weisungen des Auftraggebers unterliegt (so jeweils zu § 2 Abs. 6 S. 1 Nr. 10 KWG BaFin-Merkblatt (→ Rn. 45)); VG Frankfurt a. M. 28.1.2003 – 9 E 4091/02 (V), (für Tätigkeit eines Rechtsanwalts als Finanzportfolioverwalter ohne unmittelbaren Mandatsbezug), zit. nach BaFin-Merkblatt (→ Rn. 45); VG Frankfurt a. M., BeckRS 2008, 143799; Beck/Samm/Kokemoor/Reschke KWG § 2 Rn. 496, 500);
– die Tätigkeit als Zahlstelle bzw. Treuhänder zB im Rahmen von Bauherrenmodellen, wenn der Freiberufler als Teil eines von einem Dritten initiierten und kontrollierten Gesamtkonzeptes oder Vertragswerks anzusehen ist und der Dritte im Rahmen dieses Konzepts Finanzdienstleistungen erbringt (zur Beteiligung eines Notars an ohne Erlaubnis betriebenem Einlagengeschäft nach § 1 Abs. 1 S. 2 Nr. 1 KWG vgl. BGH WM 2001, 1204 = NJW-RR 2001, 1639, zur Haftung eines Rechtsanwalts als Treuhänder ohne Erlaubnis betriebenen Einlagengeschäfts nach § 1 Abs. 1 S. 2 Nr. 1 KWG vgl. BGH WM 2015, 610);
– die Tätigkeit als Treuhänder durch Wirtschaftsprüfer (§ 2 Abs. 3 Nr. 3 WiPrO), Steuerberater (§ 57 Abs. 3 Nr. 3 StBerG) und Rechtsanwälte (§ 43a Abs. 5 BRAO), wenn ihr Gegenstand Finanzinstrumente sind; für in diesem Zusammenhang erbrachtes Finanzkommissionsgeschäft (§ 2 Abs. 2 Nr. 1) und Depotgeschäft (§ 2 Abs. 3 Nr. 1) gilt Nr. 12 nicht (so jeweils zu §§ 1 Abs. 1 S. 2 Nr. 4 und 5 iVm § 2 Abs. 6 S. 1 Nr. 10 KWG VG Köln 14.11.2002 – 14 L 442/02, zit. nach BaFin-Merkblatt (→ Rn. 45); Beck/Samm/Kokemoor/Reschke KWG § 2 Rn. 502).

13. Wertpapierdienstleistungen in Bezug auf Warentermingeschäfte, Emissionszertifikate und Derivate auf Emissionsgeschäfte (Satz 1 Nr. 13)

49 Nr. 13 setzt Art. 2 Abs. 1 lit. j MiFID II um, der durch die Delegierte VO (EU) 2021/1833 konkretisiert wird. Eine entsprechende Freistellung enthält § 2

Abs. 6 S. 1 Nr. 11 KWG. Erläuterungen zu enthält das BaFin-Merkblatt „Hinweise zu den Nebentätigkeitsausnahmen in § 2 Abs. 1 Nr. 9, Abs. 6 Satz 1 Nr. 11 und § 32 Abs. 1a Satz 3 Nr. 3 KWG“ v. 4.4.2018 idF v. 28.2.2022, Consbruch/Fischer B 53.53.

Adressaten von Nr. 13 sind Unternehmen, die folgende Voraussetzungen erfüllen: 50
- das Unternehmen darf nicht Teil einer Unternehmensgruppe sein, deren Haupttätigkeit aus der Erbringung von Wertpapierdienstleistungen iSv § 2 Abs. 2 besteht (Nr. 13a);
- die vom Unternehmen nach Nr. 13 erbrachten Dienstleistungen müssen Nebentätigkeiten sein (Nr. 13b); dass es sich um Nebentätigkeiten handelt, muss nach Wahl des Unternehmens entweder der De-minimis-Test (Art. 2 Abs. 1 lit. a iVm Art. 3 Delegierte VO (EU) 2021/1833), der Handelstest (Art. 2 Abs. 1 lit. b iVm Art. 4 Delegierte VO (EU) 2021/1833) oder der Kapitaltest (Art. 2 Abs. 1 lit. c iVm Art. 5 Delegierte VO (EU) 2021/1833) ergeben; die Voraussetzungen sind trotz des abweichenden Wortlauts von Nr. 13 aufgrund der vorrangig geltenden Delegierten VO (EU) 2021/1833 jeweils nicht auf Ebene des Einzelunternehmens, sondern nur auf Gruppenebene zu erfüllen (dazu näher BaFin-Merkblatt (→ Rn. 49); Lendermann/Nemeczek/Schroeter/Reschke Rn. 59);
- das Unternehmen darf Dienstleistungen nach Nr. 13 ausschließlich für Kunden oder Zulieferer seiner Haupttätigkeit erbringen, sofern es sich nicht im Market Making iSv § 2 Abs. 2 Nr. 10a handelt (Nr. 13c, dazu näher BaFin-Merkblatt (→ Rn. 49));
- das Unternehmen muss die Inanspruchnahme der Ausnahme der BaFin jährlich anzeigen (Nr. 13d) sowie die Berechnungsgrundlagen zu Art. 2 und 3 Delegierte VO (EU) 2021/1833 mittteilen (Nr. 13e, dazu näher BaFin-Merkblatt (→ Rn. 49)).

Freigestellt sind Wertpapierdienstleistungen in Bezug auf die in Nr. 13 sowie in Art. 1 Delegierte VO (EU) 2021/1833 aufgeführten Finanzinstrumente. Dies sind 51
- Warentermingeschäfte (§ 2 Abs. 8 Nr. 2),
- Emissionszertifikate (§ 2 Abs. 5 Nr. 9), und
- Derivate auf Emissionszertifikate (§ 2 Abs. 8 Nr. 1f).

14. Finanzkommissionsgeschäft ausschließlich für Anbieter oder Emittenten von Vermögensanlagen oder geschlossenen AIF (Satz 1 Nr. 14)

Nr. 14 macht von der Option in Art. 3 Abs. 1 lit. c iv MiFID II Gebrauch. 52
Eine entsprechende Freistellung enthält § 2 Abs. 6 S. 1 Nr. 10 KWG.

Die Freistellung in § 2 Abs. 6 S. 1 Nr. 10 KWG sollte bestimmte bei der Emis- 53
sion und Verwaltung von Vermögensanlagen iSv § 1 Abs. 2 VermAnlG typischerweise durch vom Anbieter oder Emittenten der Vermögensanlagen eingeschaltete Dritte erbrachte Dienstleistungen von einer Erlaubnispflicht ausnehmen und eine durch eine Erlaubnispflicht eintretende unverhältnismäßige Belastung von Fondsanbietern vermeiden (so jeweils zu § 2 Abs. 6 S. 1 Nr. 10 KWG Regierungsbegründung FinAnlVermVermAnlG, BT-Drs. 17/6051, 42 sowie Regierungsbegründung AIFM-UG, BT-Drs. 17/12294, 314).

Die nach Nr. 14 freigestellten Dienstleistungen dürfen nur gegenüber Anbie- 54
tern oder Emittenten der Vermögensanlagen sowie gegenüber anderen Wertpa-

pierinstituten oder Kreditinstituten erbracht werden, nicht gegenüber Anlegern (Lendermann/Nemeczek/Schroeter/Reschke Rn. 72).

15. Emissionsgeschäft durch Übernahme gleichwertiger Garantien ausschließlich für Anbieter oder Emittenten von Vermögensanlagen oder geschlossenen AIF (Satz 1 Nr. 15)

55 Nr. 15 macht wie Nr. 14 von der Option in Art. 3 Abs. 1 lit. c iv MiFID II Gebrauch. Eine entsprechende Freistellung enthält § 2 Abs. 2 Nr. 11 KWG. Hintergrund für die Freistellung ist wie in § 2 Abs. 6 Nr. 11 KWG, dass Fondsanbietern durch eine Erlaubnispflicht nicht übermäßig belastet werden sollten (so jeweils zu § 2 Abs. 6 S. 1 Nr. 11 KWG Regierungsbegründung FinAnlVermVermAnlG, BT-Drs. 17/6051, 42 sowie Regierungsbegründung AIFM-UG, BT-Drs. 17/12294, 314).

56 Wie bei Nr. 14 dürfen die Dienstleistungen nach Nr. 15 nur gegenüber den Anbietern oder Emittenten erbracht werden, nicht gegenüber Anlegern (Lendermann/Nemeczek/Schroeter/Reschke Rn. 72).

16. Anlageberatung im Rahmen einer anderen beruflichen Tätigkeit (Satz 1 Nr. 16)

57 Nr. 16 setzt Art. 2 Abs. 1 lit. k MiFID II um. Eine entsprechende Freistellung enthält § 2 Abs. 6 S. 1 Nr. 15 KWG. Erläuterungen zu § 2 Abs. 6 S. 1 Nr. 15 KWG enthält das BaFin-Merkblatt „Hinweise zur Bereichsausnahme für die Anlageberatung im Rahmen einer anderen beruflichen Tätigkeit" v. 9.11.2010, Consbruch/Fischer B 53.45, das für die Auslegung von Nr. 16 entsprechend herangezogen werden kann.

58 Adressaten von Nr. 16 sind Personen oder Unternehmen, die im Rahmen einer anderen beruflichen Tätigkeit Anlageberatung erbringen. Erforderlich ist ein inhaltlicher Zusammenhang mit der beruflichen Tätigkeit. Dies ist der Fall, wenn diese Tätigkeit typischerweise die Abgabe von Empfehlungen über Geschäfte in Bezug auf Finanzinstrumente mit sich bringt (BaFin-Merkblatt (→ Rn. 57)).

59 Voraussetzung für die Freistellung ist, dass die Anlageberatung nicht gesondert vergütet wird. Eine gesonderte Vergütung liegt nach der Verwaltungspraxis der BaFin vor, wenn
- ein Zeithonorar vereinbart ist, aber im abgerechneten Zeitraum nur die Anlageberatung erbracht wurde (BaFin-Merkblatt (→ Rn. 57)),
- eine Gesamtvergütung vereinbart ist, in der die Anlageberatung gesondert ausgewiesen ist (BaFin-Merkblatt (→ Rn. 57)), oder
- eine Provision für das beratene Geschäft vereinbart ist (BaFin-Merkblatt (→ Rn. 57); Lendermann/Nemeczek/Schroeter/Reschke Rn. 76).

60 Keine gesonderte Vergütung wird für die Anlageberatung geschuldet, wenn eine Gesamtvergütung vereinbart ist, aber mangels Aufschlüsselung offen ist, wie hoch der auf die Anlageberatung entfallende Teil der Gesamtvergütung ist (BaFin-Merkblatt (→ Rn. 57); Lendermann/Nemeczek/Schroeter/Reschke Rn. 75).

17. Betreiber multilateraler oder organisierter Handelssysteme (Satz 1 Nr. 17)

61 Nr. 17 setzt Art. 5 Abs. 2 MiFID II um. Eine entsprechende Freistellung enthält § 2 Abs. 6 S. 1 Nr. 16 KWG. Erläuterungen zu § 2 Abs. 6 S. 1 Nr. 16 KWG enthält das BaFin-Merkblatt „Hinweise zur Bereichsausnahme für Betreiber organisierter Märkte“ v. 9.11.2010, Consbruch/Fischer B 53.43.

Adressaten von Nr. 17 sind Betreiber organisierter Märkte iSv § 2 Abs. 11 WpHG, die ein multilaterales Handelssystem (§ 2 Abs. 2 Nr. 6) oder organisiertes Handelssystem (§ 2 Abs. 2 Nr. 7) betreiben, sowie auch die Träger von Börsen iSv § 2 Abs. 1 BörsG, die ebenfalls Betreiber organisierter Märkte sind (so zu § 2 Abs. 6 S. 1 Nr. 16 KWG jeweils Regierungsbegründung FRUG, BT-Drs. 16/4028, 92; BaFin-Merkblatt (→ Rn. 61); Lendermann/Nemeczek/Schroeter/Reschke Rn. 78). 62

Freigestellt sind sämtliche Wertpapierdienstleistungen einschließlich des Eigengeschäfts (BaFin-Merkblatt (→ Rn. 61)). 63

18. Platzierungsgeschäft ausschließlich für Anbieter oder Emittenten von Vermögensanlagen oder geschlossenen AIF (Satz 1 Nr. 18)

Nr. 18 macht ebenfalls von der Option in Art. 3 Abs. 1 lit. c iv MiFID II Gebrauch. Eine entsprechende Freistellung enthält § 2 Abs. 6 S. 1 Nr. 19 KWG. 64

Wie bei Nr. 14 und Nr. 15 dürfen die Dienstleistungen nur gegenüber den Anbietern oder Emittenten erbracht werden, nicht gegenüber Anlegern (Lendermann/Nemeczek/Schroeter/Reschke Rn. 72). 65

19. Finanzportfolioverwaltung beschränkt auf Vermögensanlagen oder geschlossene AIF (Satz 1 Nr. 19)

Nr. 19 entspricht der Freistellung in § 2 Abs. 6 S. 1 Nr. 20 KWG. 66

Die Freistellung in § 2 Abs. 6 S. 1 Nr. 20 KWG soll ausschließen, dass Zweitmarktfonds aufgrund der Klassifizierung von Vermögensanlagen als Finanzinstrumente die Finanzportfolioverwaltung oder die Anlageverwaltung nach dem KWG erbringen (Bericht Finanzausschuss z. FinAnlVermAnlG, BT-Drs. 17/7453, 74 f. (zu § 2 Abs. 6 S. 1 Nr. 20 KWG)). Nach dem Willen des Gesetzgebers sollte auch die Tätigkeit zB von Treuhändern nicht dem KWG unterfallen (Beschlussempfehlung Finanzausschuss z. AIFM-UG, BT-Drs. 17/13395, 412). Diese Wertungen sind auf Nr. 19 übertragbar. 67

20. Wertpapierdienstleistungen in Bezug auf Warenderivate als Nebengeschäfte von Übertragungsnetzbetreibern, für diese tätige Dienstleister sowie Betreiber und Verwalter sonstiger Energienetze (Satz 1 Nr. 20)

Nr. 20 setzt Art. 2 Abs. 1 lit. n MiFID II um. Eine entsprechende Freistellung enthalten § 2 Abs. 6 S. 1 Nr. 21 KWG sowie § 3 Abs. 1 S. 1 Nr. 15 WpHG. 68

Adressaten von Nr. 20 sind 69

- **Übertragungsnetzbetreiber** iSv Art. 2 Nr. 4 ElektrizitätsbinnenmarktRL (RL 2009/72/EG, ABl. L 211, 55) **(Nr. 20a);** Übertragungsnetzbetreiber ist danach „eine natürliche oder juristische Person, die verantwortlich ist für den Betrieb, die Wartung sowie erforderlichenfalls den Ausbau eines Übertragungsnetzes in einem bestimmten Gebiet und gegebenenfalls der Verbindungsleitungen zu anderen Netzen sowie für die Sicherstellung der langfristigen Fähigkeit des Netzes, eine angemessene Nachfrage nach Übertragung von Elektrizität zu decken“;

– Dienstleister für Übertragungsnetzbetreiber, die nach Maßgabe der ElektrizitätsbinnenmarktVO (VO (EU) 2019/943 (ABl. L 158, 54), der VO (EG) 715/2009 (ABl. L 211, 36, ber. L 229, 29 und L 309, 87) sowie den dazu ergangenen Netzcodes oder Leitlinien tätig sind **(Nr. 20b),** und
– Betreiber oder Verwalter eines Energieausgleichssystems, eines Rohrleitungsnetzes oder eines Systems zum Ausgleich von Energieangebot und -verbrauch bei der Wahrnehmung solcher Aufgaben **(Nr. 20c).**

70 Freigestellt sind Wertpapierdienstleistungen in Bezug auf Warenderivate, die im WpIG selbst nicht definiert sind. Eine Definition von Warenderivaten enthält § 2 Abs. 36 WpHG, der wiederum auf Art. 2 Abs. 1 Nr. 30 MiFiR (VO (EU) 600/2014) verweist, der seinerseits auf Art. 4 Abs. 1 Nr. 44 lit. c MiFID II iVm Anhang I Abschnitt C Ziffern 5, 6, 7 und 10 MiFID II weiterverweist und in § 2 Abs. 8 Nr. 2 umgesetzt ist. Danach gilt die Freistellung für folgende Warenderivate:

– Optionen, Terminkontrakte (Futures), Swaps, Termingeschäfte (Forwards) und alle anderen Derivatkontrakte in Bezug auf Waren, die bar abgerechnet werden müssen oder auf Wunsch einer der Parteien bar abgerechnet werden können, ohne dass ein Ausfall oder ein anderes Beendigungsereignis vorliegt (Anhang I Abschnitt C Ziff. 5 MiFID II);
– Optionen, Terminkontrakte (Futures), Swaps und alle anderen Derivatkontrakte in Bezug auf Waren, die effektiv geliefert werden können, vorausgesetzt, sie werden an einem geregelten Markt, über ein organisiertes Handelssystem oder ein multilaterales Handelssystem gehandelt; ausgenommen davon sind über ein organisiertes Handelssystem gehandelte Energiegroßhandelsprodukte, die effektiv geliefert werden müssen (Anhang I Abschnitt C Ziff. 6 MiFID II);
– Optionen, Terminkontrakte (Futures), Swaps, Termingeschäfte (Forwards) und alle anderen Derivatkontrakte in Bezug auf Waren, die effektiv geliefert werden können, die sonst nicht in Abschnitt C Ziff. 6 MiFID II genannt sind und nicht kommerziellen Zwecken dienen, die die Merkmale anderer derivativer Finanzinstrumente aufweisen (Anhang I Abschnitt C Ziff. 7 MiFID II);
– Optionen, Terminkontrakte (Futures), Swaps, außerbörsliche Zinstermingeschäfte (Forward Rate Agreements) und alle anderen Derivatkontrakte in Bezug auf Klimavariablen, Frachtsätze, Inflationsraten oder andere offizielle Wirtschaftsstatistiken, die bar abgerechnet werden müssen oder auf Wunsch einer der Parteien bar abgerechnet werden können, ohne dass ein Ausfall oder ein anderes Beendigungsereignis vorliegt, sowie alle anderen Derivatkontrakte in Bezug auf Vermögenswerte, Rechte, Obligationen, Indizes und Messgrößen, die sonst nicht in Anhang I Abschnitt C MiFID II genannt sind und die die Merkmale anderer derivativer Finanzinstrumente aufweisen, wobei unter anderem berücksichtigt wird, ob sie auf einem geregelten Markt, einem organisierten Handelssystem oder einem multilateralen Handelssystem gehandelt werden (Anhang I Abschnitt C Ziff. 10 MiFID II).

71 Schließlich müssen die Nr. 20a–20c genannten Unternehmen die Wertpapierdienstleistungen in Bezug auf Warenderivate im Zusammenhang mit ihrer **Haupttätigkeit** betreiben, die nicht in der Erbringung von Wertpapierdienstleistungen bestehen darf. Für die Entscheidung, ob eine Haupttätigkeit vorliegt, sollten wie bei Nr. 13 die Kriterien aus der Delegierten VO (EU) 2021/1833 heranzuziehen sein (näher BaFin-Merkblatt (→ Rn. 49)).

21. Wertpapierdienstleistungen zugelassener Zentralverwahrer (Satz 1 Nr. 21)

Nr. 21 setzt Art. 2 Abs. 1 lit. o MiFID II um. Eine entsprechende Freistellung enthält § 2 Abs. 6 S. 1 Nr. 21 KWG. 72

Adressaten von Nr. 21 sind Zentralverwahrer mit Zulassung nach Art. 16 CSDR (ZentralverwahrerVO (EU) Nr. 909/2014, ABl. L 257, 1, ber. ABl. 2016 L 349, 5). 73

Zentralverwahrer sind nach Art. 2 Abs. 1 CSDR juristische Personen, die ein Wertpapierlieferungs- und abrechnungssystem betreiben und daneben die erstmalige Verbuchung von Wertpapieren im Effektengiro oder die Bereitstellung und Führung von Depotkonten auf oberster Ebene oder beide Dienstleistungen anbieten. 74

22. Schwarmfinanzierungsdienstleister (Satz 1 Nr. 22)

Nr. 22 wurde durch das Schwarmfinanzierungs-BegleitG v. 3.6.2021 (BGBl. I 1568) mWz 10.11.2021 eingefügt und setzt Art. 2 Abs. 1 lit. p MiFID II um, die seinerseits durch die SchwarmfinanzierungsRL (RL (EU) 2020/1504) eingefügt worden war (Regierungsbegründung Schwarmfinanzierungs-BegleitG, BT-Drs. 19/27410, 57). Ohne die Freistellung in Nr. 22 müssten Schwarmfinanzierungsdienstleistungsunternehmen für die Erbringung von Wertpapierdienstleistungen zusätzlich über eine Zulassung als Wertpapierinstitut verfügen. 75

Die Freistellung nach Nr. 22 erfasst ausdrücklich nur die Anlagevermittlung (§ 2 Abs. 2 Nr. 3), die Anlageberatung (§ 2 Abs. 2 Nr. 4), das Platzierungsgeschäft (§ 2 Abs. 2 Nr. 8) sowie die Finanzportfolioverwaltung (§ 2 Abs. 2 Nr. 9). Andere Tätigkeiten, die Wertpapierdienstleistungen iSv § 2 Abs. 2 darstellen, sind nicht freigestellt. 76

Schwarmfinanzierungsdienstleistungsunternehmen iSv Nr. 22 sind Unternehmen, die mit einer Zulassung nach Art. 12 Abs. 1 SchwarmfinanzierungsVO (VO (EU) 2020/1503) Schwarmfinanzierungsdienstleistungen iSv Art. 2 Abs. 1 lit. a SchwarmfinanzierungsVO erbringen. 77

Schwarmfinanzierungsdienstleistungen iSv Art. 2 Abs. 1 lit. a SchwarmfinanzierungsVO sind (jeweils über eine Schwarmfinanzierungsplattform) 78
- die Vermittlung von Krediten (sog. **kreditbasiertes Crowdfunding,** näher Schedensack ZBB 2023, 302 ff.), und
- die Platzierung (ohne feste Übernahmeverpflichtung) von (i) übertragbaren Wertpapieren und (ii) für Schwarmfinanzierungszwecke zugelassenen Instrumenten, die von Projektträgern oder einer Zweckgesellschaft ausgegeben wurden, sowie die Annahme und Übermittlung von Kundenaufträgen in Bezug auf diese übertragbaren Wertpapiere und für Schwarmfinanzierungszwecke zugelassenen Instrumente (sog. **anlagebasiertes Crowfunding,** näher Schedensack ZBB 2023, 306 ff.); diese Instrumente sind in Nr. 22 als **Schwarmfinanzierungsinstrumente** definiert.

Übertragbare Wertpapiere meint die in § 2 Abs. 1 Nr. 1–3 WpHG aufgeführten Finanzinstrumente, die parallel in § 2 Abs. 5 Nr. 1, 3 und 4 WpIG als Finanzinstrumente bezeichnet werden, ohne dass das WpIG für diese den Überbegriff der übertragbaren Wertpapiere verwendet. Gemeint sind 79
- Aktien und andere Anteile an in- oder ausländischen juristischen Personen, Personengesellschaften und sonstigen Unternehmen, soweit sie Aktien ver-

gleichbar sind, sowie Hinterlegungsscheine, die Aktien oder Aktien vergleichbare Anteile vertreten (§ 2 Abs. 5 Nr. 1 WpIG, § 2 Abs. 1 Nr. 1 und 2 WpHG), sowie

– Schuldtitel, insbesondere Genussscheine, Inhaberschuldverschreibungen, Orderschuldverschreibungen und diesen Schuldtiteln vergleichbare Rechte, die ihrer Art nach auf den Kapitalmärkten handelbar sind, mit Ausnahme von Zahlungsinstrumenten, sowie Hinterlegungsscheine, die diese Schuldtitel vertreten (§ 2 Abs. 5 Nr. 3 WpIG, § 2 Abs. 1 Nr. 3 WpHG).

80 Schwarmfinanzierungsinstrumente sind nach § 2 Abs. 5 Nr. 11 WpIG sowie nach § 1 Abs. 11 S. 1 Nr. 11 KWG **Finanzinstrumente.**

III. Vertraglich gebundene Vermittler (Abs. 2)

81 Abs. 2 setzt Art. 29 MiFID II um und steht iVm § 28, der die Pflichten des haftenden Wertpapierinstituts sowie die Befugnisse der BaFin regelt. Der Wortlaut ist an § 2 Abs. 10 KWG orientiert, wobei der Gesetzgeber die dortige Einfügung „sondern als Finanzunternehmen" als EU-rechtlich nicht geboten nicht übernommen hat (Regierungsbegründung WpIG, BT-Drs. 19/26929, 130). Grund für die Freistellung ist wie bei § 2 Abs. 10 KWG die Haftung und die Beaufsichtigung des Unternehmens, für das der Vermittler tätig wird (so zu § 2 Abs. 10 KWG Regierungsbegründung 6. KWG-Novelle, BT-Drs. 13/7142, 72).

82 Ergänzungen zu Abs. 2 enthält die KWG-WpIG-VermV, deren Anwendungsbereich durch Art. 1 VO zur Vornahme von Folgeänderungen in Rechtsverordnungen infolge der Einführung des WertpapierinstitutsG vom 10.11.2022 (BGBl. I 2021) auf Wertpapierinstitute erstreckt wurde.

83 Nach § 34f Abs. 3 Nr. 4 GewO bedürfen vertraglich gebundene Vermittler, die aufgrund § 3 Abs. 1 S. 1 Nr. 11 WpIG oder § 2 Abs. 10 S. 1 KWG tätig sind, keiner Erlaubnis nach § 34f GewO. Grund für die Erlaubnisfreiheit ist die Haftung des Unternehmens, für das der Vermittler tätig wird (so zu § 34c Abs. 5 Nr. 3a GewO aF Regierungsbegründung BegleitG z. 6. KWG-Novelle, BT-Drs. 13/7143, 34). Die Erlaubnisfreiheit setzt die ordnungsgemäße Erstellung der Anzeige nach Satz 1 sowie die Einhaltung der weiteren Voraussetzungen von Abs. 2 voraus (Lendermann/Nemeczek/Schroeter/Reschke Rn. 96).

1. Erfasste Tätigkeiten

84 Abs. 2 erfasst **vertraglich gebundene Vermittler,** die als Unternehmen

– die Anlagevermittlung (§ 2 Abs. 2 Nr. 3),
– die Anlageberatung (§ 2 Abs. 2 Nr. 4), oder
– das Platzierungsgeschäft (§ 2 Abs. 2 Nr. 8)

für Rechnung und unter der zivilrechtlichen Haftung eines Wertpapierinstituts erbringen, das seinen Sitz im Inland hat oder aufgrund des Europäischen Passes im Inland tätig ist.

85 **Nicht** in Abs. 2 aufgeführt ist die Abschlussvermittlung (§ 2 Abs. 2 Nr. 5), da sie in Art. 29 MiFID II nicht aufgeführt ist (so zu § 2 Abs. 10 KWG unter Berufung auf Art. 23 MiFID aF Regierungsbegründung AufsichtsrechtsanpassungsG, BT-Drs. 18/1305, 35)

2. Voraussetzungen für Freistellung (Satz 1)

Satz 1 verlangt eine **Anzeige** des haftenden Wertpapierinstituts an die BaFin. Form und Inhalt der Anzeige sind in §§ 1–3 KWG-WpIG-VermV geregelt. Die Anzeige muss nach § 1 KWG-WpIG-VermV elektronisch eingereicht werden. Nach § 2 KWG-WpIG-VermV muss die Person des Vermittlers sowie der Beginn seiner Tätigkeit für das anzeigende Unternehmen angegeben werden. Außerdem muss die Anzeige nach § 3 KWG-WpIG-VermV eine Erklärung enthalten, dass der Vermittler fachlich geeignet und zuverlässig ist. **86**

Das haftende Wertpapierinstitut muss seinen **Sitz im Inland** haben und dort aufgrund einer Erlaubnis zulässigerweise tätig sein oder ein ausländisches Wertpapierinstitut sein, das aufgrund des **Europäischen Passes** (§ 73 Abs. 1 und § 74 Abs. 1) zulässigerweise im Inland Wertpapierdienstleistungen erbringt. Der Verweis in S. 1 auf § 70 Abs. 1 und § 71 Abs. 4, in denen die grenzüberschreitende Tätigkeit inländischer Wertpapierinstitute in anderen EWR-Vertragsstaaten geregelt ist, ist ein **Redaktionsversehen,** wie der Vergleich mit § 2 Abs. 10 KWG zeigt, der auf § 53b Abs. 1 und 7 KWG verweist, in denen die Tätigkeiten ausländischer Institute im Inland geregelt sind. **87**

Anzeigendes **haftendes Wertpapierinstitut** kann nur ein einziges Wertpapierinstitut sein. Die nach § 2 Abs. 10 KWG aF früher bestehende, durch das FRUG mit Wirkung z. 1.11.2007 beseitigte Möglichkeit des vertraglich gebundenen Vermittlers, für mehrere Unternehmen unter deren gesamtschuldnerischer Haftung tätig zu sein, räumt auch Abs. 2 nicht ein (vgl. zur früheren Rechtslage nach dem KWG näher Regierungsbegründung FRUG, BT-Drs. 16/4028, 93; Beck/Samm/Kokemoor/Reschke KWG § 2 Rn. 605; Schwennicke/Auerbach/Schwennicke KWG § 2 Rn. 89). **88**

Das anzeigende haftende Wertpapierinstitut kann dem vertraglich gebundenen Vermittler den Haftungsschirm nach Abs. 2 jederzeit im Innenverhältnis entziehen (Lendermann/Nemeczek/Schroeter/Reschke Rn. 94). Die Entziehung muss der BaFin unverzüglich angezeigt werden (§ 2 S. 3 KWG-WpIG-VermV). Auch kann die BaFin dem haftenden Institut nach § 28 Abs. 3 untersagen, sich vertraglich gebundener Vermittler zu bedienen (näher → § 28 Rn. 10). **89**

3. Rechtsfolgen der Anzeige (Satz 2)

Satz 2 enthält wie § 2 Abs. 10 S. 2 KWG keine Haftungsgrundlage, sondern setzt diese voraus (so zu § 2 Abs. 10 KWG Lehrl/Wolf BKR 2009, 497 (498)). Die Haftung richtet sich nach allgemeinen zivilrechtlichen Vorschriften und folgt etwa daraus, dass der vertraglich gebundene Vermittler in **offener Stellvertretung** für das anzeigende Unternehmen handelt oder das anzeigende Unternehmen durch Vertrag gegenüber dem Kunden die Haftung übernimmt (so jeweils zu § 2 Abs. 10 S. 2 KWG Beck/Samm/Kokemoor/Reschke KWG § 2 Rn. 598; Reischauer/Kleinhans/Albert KWG § 2 Rn. 163). **90**

4. Änderungen der Verhältnisse (Satz 3)

Nach Satz 3 iVm § 2 S. 2 KWG-WpIG-VermV sind Änderungen der Verhältnisse der BaFin unverzüglich anzuzeigen. Anzuzeigen ist nach § 2 S. 3 KWG-WpIG-VermV auch die Beendigung der Tätigkeit des Vermittlers. Eine bereits **91** erreichte Freistellung entfällt, wenn Änderungen der wesentlichen Verhältnisse nicht unverzüglich nach Satz 3 notifiziert werden.

5. Verordnungsermächtigung (S. 4)

92 Satz 4 verweist für den **Inhalt der Anzeigen** auf die in § 14 Abs. 3 S. 1 enthaltene Rechtsverordnungsermächtigung, die durch die **KWG-WpIG-VermV** ausgenutzt wurde (zur Verwaltungspraxis der BaFin zur Parallelvorschrift in § 2 Abs. 10 KWG vgl. das BaFin-Rundschreiben 10/2007 (WA) – Öffentliche Register vertraglich gebundener Vermittler nach § 2 Abs. 10 S. 6 KWG v. 6.12.2007, Consbruch/Fischer Nr. 4.386, zugänglich auch unter www.bafin.de). Anzeigen, die den in der KWGVermV im Einzelnen aufgezeigten Anforderungen nicht entsprechen, führen nach Auffassung der BaFin nicht zu einer Freistellung. Richtigerweise entfällt die Fiktionswirkung nicht (so zu § 2 Abs. 10 KWG Beck/Samm/Kokemoor/Reschke KWG § 2 Rn. 621, anders aber Lendermann/Nemeczek/Schroeter/Reschke Rn. 96).

6. Register vertraglich gebundener Vermittler (S. 5 und 6)

93 S. 5 und 6 iVm §§ 4 ff. KWG-WpIG-VermV dienen der Umsetzung der Registrierungspflicht aus Art. 29 Abs. 3 MiFID II. Erläuterungen zur Parallelvorschrift in § 2 Abs. 10 KWG enthält das BaFin-Rundschreiben 3/2008 „Hinweise zu den zu schaffenden technischen Voraussetzungen für die Anzeigen an das öffentliche Register vertraglich gebundener Vermittler nach § 2 Abs. 10 S. 6 KWG und zu den auszufüllenden Eingabemasken" v. 27.2.2008 idF v. 18.6.2008, Consbruch/Fischer B 61.60.

§ 4 Gesetzlicher Aufsichtsrahmen für Große Wertpapierinstitute

[1]§ 1 Absatz 3c Satz 1, 2 Nummer 2 und 3, die §§ 2a, 2d, 2e, 3, 6a bis 10e, 10g bis 18, 19 bis 22, 24b bis 25d, 25f, 25g, 25l, 25m, 26 bis 31, 36 bis 38, 44 bis 48t, 49, 54a, 55, 55a, 55b, 56 Absatz 2 Nummer 3 Buchstabe b bis d und f bis n, Absatz 4, 4a, 5 bis 8 und § 60b des Kreditwesengesetzes, einschließlich der aufgrund dieser Bestimmungen erlassenen Rechtsverordnungen, gelten auch für Große Wertpapierinstitute. [2]Die §§ 12, 20 bis 23, 38 bis 54, 55 Nummer 1 und 2 und § 56 bis 63 sowie 76 bis 78 dieses Gesetzes finden auf Große Wertpapierinstitute keine Anwendung.

I. Vorbemerkung

1 § 4 setzt Art. 2 Abs. 2 IFD um, wonach für Große Wertpapierinstitute anstelle der Titel IV und V der IFD die im KWG umgesetzten Titel VII und VIII der CRD IV gelten. Funktion von § 4 ist folglich, Große Wertpapierinstitute (§ 2 Abs. 18) von der Anwendung der entsprechenden Bestimmungen des WpIG freizustellen sowie diese Wertpapierinstitute den entsprechenden Vorschriften des KWG zu unterwerfen (Regierungsbegründung WpIG, BT-Drs. 19/26929, 130). S. 1 wurde mWz 30.12.2026 dahingehend geändert, dass für Große Wertpapierinstitute nicht mehr §§ 10g bis 18 und §§ 19 bis 22 gelten, sondern §§ 10g bis 13, 13c, 15, 17 bis 19 und 21. Die Änderung erfolgte durch das StandortförderG

v. 4.2.206 (BGBl. 2026 I Nr. 33). Die Bezüge auf § 14 KWG sowie § 22 KG wurden wegen der Einstellung des Millionenkreditwesens gestrichen (Regierungsbegründung StandortförderungsG, BT-Drs. 21/2507, 214).

II. Anwendbare Bestimmungen des KWG (S. 1)

Auf Große Wertpapierinstitute sind nach S. 1 folgende Bestimmungen des KWG anzuwenden: 2

Bestimmung	**Inhalt**
§ 1 Abs. 3c S. 1 und S. 2 Nr. 2 und 3	Definition bedeutender Institute
§ 2a	Ausnahmen für gruppenangehörige Institute und Institute, die institutsbezogenen Sicherungssystemen angehören
§ 2d	Leitungsorgane von Finanzholding-Gesellschaften und gemischten Finanzholding-Gesellschaften
§ 2e	Ausnahmen für gemischte Finanzholding-Gesellschaften
§ 3	Verbotene Geschäfte
§ 6a	Besondere Aufgaben
§ 6b	Aufsichtliche Überprüfung und Beurteilung
§ 6c	Zusätzliche Eigenmittelanforderungen
§ 6d	Eigenmittelempfehlung
§ 7	Zusammenarbeit mit der Deutschen Bundesbank
§ 7a	Zusammenarbeit mit der Europäischen Kommission
§ 7b	Zusammenarbeit mit der Europäischen Bankenaufsichtsbehörde, der Europäischen Wertpapier- und Marktaufsichtsbehörde und der Europäischen Aufsichtsbehörde für das Versicherungswesen und die betriebliche Altersversorgung
§ 7d	Zusammenarbeit mit dem Europäischen Ausschuss für Systemrisiken
§ 8	Zusammenarbeit mit anderen Stellen
§ 8a	Besondere Aufgaben bei der Aufsicht auf zusammengefasster Basis
§ 8b	Zuständigkeit für die Aufsicht auf zusammengefasster Basis
§ 8c	Übertragung der Zuständigkeit für die Aufsicht über Institutsgruppen, Finanzholding-Gruppen, gemischte Finanzholding-Gruppen und gruppenangehörige Institute
§ 8e	Aufsichtskollegien
§ 8f	Zusammenarbeit bei der Aufsicht über bedeutende Zweigniederlassungen

Bestimmung	**Inhalt**
§ 8g	Zusammenarbeit bei der Aufsicht über Zweigstellen und Kreditinstitute, die derselben Drittstaatengruppe angehören
§ 8h	Zusammenarbeit mit Abwicklungsbehörden
§ 9	Verschwiegenheitspflicht
§ 10	Ergänzende Anforderungen an die Eigenmittelausstattung von Instituten, Institutsgruppen, Finanzholding-Gruppen und gemischten Finanzholding-Gruppen; Verordnungsermächtigung
§ 10a	Ermittlung der Eigenmittelausstattung von Institutsgruppen, Finanzholding-Gruppen und gemischten Finanzholding-Gruppen; Verordnungsermächtigung
§ 10b	Verhältnis der Kapitalpufferanforderungen zu anderen Kapitalanforderungen und zur Eigenmittelempfehlung
§ 10c	Kapitalerhaltungspuffer
§ 10d	Antizyklischer Kapitalpuffer
§ 10e	Kapitalpuffer für systemische Risiken
§ 10g	Kapitalpuffer für anderweitig systemrelevante Institute
§ 10h	Zusammenwirken der Kapitalpuffer für systemische Risiken, für global systemrelevante Institute und für anderweitig systemrelevante Institute
§ 10i	Kombinierte Kapitalpufferanforderung
§ 10j	Anforderung an den Puffer der Verschuldungsquote
§ 11	Liquidität
§ 12	Potentiell systemrelevante Institute
§ 12a	Begründung von Unternehmensbeziehungen
§ 13	Großkredite; Verordnungsermächtigung
§ 13c	Gruppeninterne Transaktionen mit gemischten Holdinggesellschaften
§ 14	Millionenkredite (nur bis 29.12.2026, näher → Rn. 1)
§ 15	Organkredite
§ 17	Haftungsbestimmung
§ 18	Kreditunterlagen
§ 19	Begriff des Kredits für § 14 und des Kreditnehmers für die §§ 14, 15 und 18
§ 20	Ausnahmen von den Verpflichtungen nach § 14
§ 21	Begriff des Kredits für die §§ 15–18
§ 22	Verordnungsermächtigung für Millionenkredite (nur bis 29.12.2026, näher → Rn. 1)
§ 24b	Teilnahme an Zahlungs- sowie Wertpapierliefer- und -abrechnungssystemen sowie interoperablen Systemen

Bestimmung	**Inhalt**
§ 24c	Automatisierter Abruf von Kontoinformationen
§ 25	Finanzinformationen, Informationen zur Risikotragfähigkeit und zur Liquiditätssteuerung, Refinanzierungspläne; Verordnungsermächtigung
§ 25a	Besondere organisatorische Pflichten, Bestimmungen für Risikoträger; Verordnungsermächtigung
§ 25b	Auslagerung von Aktivitäten und Prozessen; Verordnungsermächtigung
§ 25c	Geschäftsleiter
§ 25d	Verwaltungs- oder Aufsichtsorgan
§ 25f	Besondere Anforderungen an die ordnungsgemäße Geschäftsorganisation von CRR-Kreditinstituten sowie von Institutsgruppen, Finanzholding-Gruppen und gemischten Finanzholding-Gruppen, denen ein CRR-Kreditinstitut angehört; Verordnungsermächtigung
§ 25g	Einhaltung der besonderen organisatorischen Pflichten im bargeldlosen Zahlungsverkehr
§ 25l	Geldwäscherechtliche Pflichten für Finanzholding-Gesellschaften
§ 25m	Verbotene Geschäfte
§ 26	Vorlage von Jahresabschluß, Lagebericht und Prüfungsberichten
§ 26a	Offenlegung durch die Institute
§ 28	Bestellung des Prüfers in besonderen Fällen
§ 29	Besondere Pflichten des Prüfers
§ 30	Bestimmung von Prüfungsinhalten
§ 31	Befreiungen; Verordnungsermächtigung
§ 36	Maßnahmen gegen Geschäftsleiter und Mitglieder des Verwaltungs- oder Aufsichtsorgans
§ 36a	Tätigkeitsverbot für natürliche Personen
§ 37	Einschreiten gegen unerlaubte oder verbotene Geschäfte
§ 38	Folgen der Aufhebung und des Erlöschens der Erlaubnis, Maßnahmen bei der Abwicklung
§ 44	Auskünfte und Prüfungen von Instituten, Anbietern von Nebendienstleistungen, Finanzholding-Gesellschaften, gemischten Finanzholding-Gesellschaften und anderen Unternehmen
§ 44a	Grenzüberschreitende Auskünfte und Prüfungen
§ 44b	Auskünfte und Prüfungen bei Inhabern bedeutender Beteiligungen

Bestimmung	**Inhalt**
§ 44c	Verfolgung unerlaubter Bankgeschäfte und Finanzdienstleistungen
§ 45	Maßnahmen zur Verbesserung der Eigenmittelausstattung und der Liquidität
§ 45a	Maßnahmen gegenüber Finanzholding-Gesellschaften und gemischten Finanzholding-Gesellschaften
§ 45b	Maßnahmen bei organisatorischen Mängeln
§ 45c	Sonderbeauftragter
§ 46	Maßnahmen bei Gefahr
§ 46a	Untersagungs- und Anordnungsbefugnis bei Verwenden externer Ratings
§ 46b	Insolvenzantrag
§ 46c	Insolvenzrechtliche Fristen und Haftungsfragen
§ 46d	Unterrichtung der anderen Staaten des Europäischen Wirtschaftsraums über Sanierungsmaßnahmen
§ 46e	Insolvenzverfahren in den Staaten des Europäischen Wirtschaftsraums
§ 46f	Unterrichtung der Gläubiger im Insolvenzverfahren und Insolvenzrangfolge
§ 46g	Moratorium, Einstellung des Bank- und Börsenverkehrs
§ 46h	Wiederaufnahme des Bank- und Börsenverkehrs
§ 47	Anordnungsbefugnis nach der Verordnung (EU) Nr. 1286/2014
§ 48	Maßnahmen bei Verstößen gegen die Verordnung (EU) 2017/2402
§ 48t	Maßnahmen zur Begrenzung makroprudenzieller oder systemischer Risiken
§ 49	Sofortige Vollziehbarkeit
§ 54a	Strafvorschriften
§ 55	Verletzung der Pflicht zur Anzeige der Zahlungsunfähigkeit oder der Überschuldung
§ 55a	Unbefugte Verwertung von Angaben über Millionenkredite
§ 55b	Unbefugte Offenbarung von Angaben über Millionenkredite
§ 56 Abs. 2 Nr. 3 lit. b–d und f–n, Abs. 4, 4a, 5–8	Bußgeldvorschriften
§ 60b	Bekanntmachung von Maßnahmen

3 Anwendbar sind auch die aufgrund der Ermächtigungen in den genannten Bestimmungen des KWG erlassenen Verordnungen.

Der Verweis in S. 1 auf § 56 Abs. 7 und 8 KWG ist ein (nachträglich eingetretenes) **Redaktionsversehen,** da diese Absätze mWz 9.4.2025 durch das G für dringliche Änderungen im Finanzmarkt- und Steuerbereich v. 28.2.2025 (BGBl. 2025 I Nr. 69) aufgehoben wurden. Darüber hinaus ist der Verweis auf § 56 Abs. 2 Nr. 3 lit. b–d und f–n, Abs. 4, 4a, 5–6f KWG insgesamt unvollständig, da nicht alle Bußgeldbestimmungen in § 56 KWG erfasst sind, die Verstöße gegen nach S. 1 auf Große Kreditinstitute anwendbare Vorschriften sanktionieren (vgl. auch → § 83 Rn. 62 ff.). Auch insoweit handelt es sich um ein **Redaktionsversehen.** Folgende Verweise auf Bußgeldbestimmungen fehlen: 4

Nach S. 1 für Große Wertpapierinstitute anwendbare Bestimmung des KWG	**Inhalt**	**Sanktion im KWG**
§ 10h	Zusammenwirken der Kapitalpuffer für systemische Risiken, für global systemrelevante Institute und für anderweitig systemrelevante Institute	§ 56 Abs. 2 Nr. 4 KWG
§ 12a	Begründung von Unternehmensbeziehungen	§ 56 Abs. 2 Nr. 1c KWG
§ 14	Millionenkredite	§ 56 Abs. 2 Nr. 1d KWG
§ 15	Organkredite	§ 56 Abs. 2 Nr. 1e KWG
§ 18	Kreditunterlagen	§ 56 Abs. 2 Nr. 5 KWG
§ 25	Finanzinformationen, Informationen zur Risikotragfähigkeit und zur Liquiditätssteuerung, Refinanzierungspläne; Verordnungsermächtigung	§ 56 Abs. 2 Nr. 11 KWG
§ 25c	Geschäftsleiter	§ 56 Abs. 4h Nr. 5 und 6 KWG
§ 25g	Einhaltung der besonderen organisatorischen Pflichten im bargeldlosen Zahlungsverkehr	§ 56 Abs. 2 Nr. 11a KWG
§ 25m	Verbotene Geschäfte	§ 56 Abs. 2 Nr. 12 und 13 KWG
§ 26	Vorlage von Jahresabschluß, Lagebericht und Prüfungsberichten	§ 56 Abs. 2 Nr. 11 KWG
§ 28	Bestellung des Prüfers in besonderen Fällen	§ 56 Abs. 2 Nr. 1m KWG

Nach S. 1 für Große Wertpapierinstitute anwendbare Bestimmung des KWG	Inhalt	Sanktion im KWG
§ 44	Auskünfte und Prüfungen von Instituten, Anbietern von Nebendienstleistungen, Finanzholding-Gesellschaften, gemischten Finanzholding-Gesellschaften und anderen Unternehmen	§ 56 Abs. 2 Nr. 16 und 17 KWG
§ 44b	Auskünfte und Prüfungen bei Inhabern bedeutender Beteiligungen	§ 56 Abs. 2 Nr. 15a und Nr. 16c KWG
§ 44c	Verfolgung unerlaubter Bankgeschäfte und Finanzdienstleistungen	§ 56 Abs. 2 Nr. 16d KWG
§ 48t	Maßnahmen zur Begrenzung makroprudenzieller oder systemischer Risiken	§ 56 Abs. 2 Nr. 17a KWG

5 **Die fehlenden Verweise auf die Einzelbestimmungen in § 56 KWG führen dazu, dass Verstöße Großer Wertpapierinstitute gegen §§ 10h, 12a, 14, 15, 18, 25, 25c, 25g, 25m, 26, 28, 44, 44b und 44c KWG bis zu einer Klarstellung durch den Gesetzgeber nicht nach § 56 KWG sanktioniert werden können.** Sofern ein Großes Wertpapierinstitut nach S. 1 einer Norm des KWG unterliegt, die entsprechende Norm des WpIG aber nicht in S. 2 als unanwendbar aufgeführt ist, dürfte auch eine Sanktion nach § 83 nicht in Betracht kommen, da der EU-Richtliniengeber und ihm folgend der deutsche Gesetzgeber klar zum Ausdruck gebracht haben, dass für Große Wertpapierinstitute (nur) die in S. 1 aufgeführten Verhaltensnormen gelten, nicht die Parallelvorschriften im WpIG. Ein Rückgriff auf Parallelvorschriften des WpIG nur zum Zwecke der Ermöglichung der Sanktionierung eines nach dem KWG gebotenen Verhaltens würde dem **strafrechtlichen Bestimmtheitsgrundsatz** widersprechen, der im Ordnungswidrigkeitenrecht ebenfalls gilt (→ § 83 Rn. 37).

III. Nicht anwendbare Bestimmungen des WpIG (S. 2)

6 Für Große Wertpapierinstitute gelten nach S. 2 die folgenden Bestimmungen des WpIG nicht:

Bestimmung	Inhalt
§ 12	Verschwiegenheitspflicht
§ 20	Geschäftsleiter
§ 21	Verwaltungs- oder Aufsichtsorgan

Bestimmung	**Inhalt**
§ 22	Maßnahmen gegen Geschäftsleiter und Mitglieder des Verwaltungs- oder Aufsichtsorgans
§ 23	Tätigkeitsverbote für natürliche Personen, die nicht Geschäftsleiter sind
§ 38	Anwendungsbereich
§ 39	Internes Kapital und liquide Mittel
§ 40	Auslagerung von Aktivitäten und Prozessen; Verordnungsermächtigung
§ 41	Interne Unternehmensführung
§ 42	Länderspezifische Berichterstattung
§ 43	Aufgaben der Geschäftsleiter im Rahmen des Risikomanagements
§ 44	Funktion des Verwaltungs- oder Aufsichtsorgans im Rahmen des Risikomanagements; Ausschussbildung
§ 45	Risikosteuerung
§ 46	Vergütungssystem; Verordnungsermächtigung
§ 47	Aufsichtliche Überprüfung und Bewertung
§ 48	Laufende Überprüfung der Erlaubnis zur Verwendung interner Modelle
§ 49	Besondere Aufsichtsbefugnisse
§ 50	Zusätzliche Eigenmittelanforderungen
§ 51	Vorgaben zu zusätzlichen Eigenmitteln
§ 52	Besondere Liquiditätsanforderungen
§ 53	Zusammenarbeit mit Abwicklungsbehörden
§ 54	Veröffentlichungspflichten
§ 55 Nr. 1 und 2	Pflicht zur Unterrichtung der Europäischen Bankenaufsichtsbehörde
§ 56	Zuständigkeit der Bundesanstalt für die Beaufsichtigung auf konsolidierter Basis und die Überwachung der Einhaltung des Gruppenkapitaltests
§ 57	Informationspflichten in Krisensituationen
§ 58	Aufsichtskollegien
§ 59	Kooperation der Bundesanstalt mit anderen zuständigen Behörden
§ 60	Nachprüfung von Informationen über Unternehmen in anderen Vertragsstaaten
§ 61	Einbezug von Holdinggesellschaften bei der Überwachung der Einhaltung des Gruppenkapitaltests
§ 62	Qualifikation von Geschäftsleitern und Mitgliedern des Verwaltungs- oder Aufsichtsorgans einer Investmenthol-

Bestimmung	Inhalt
	dinggesellschaft oder einer gemischten Finanzholdinggesellschaft; Tätigkeitsuntersagung; Verwarnung
§ 63	Gemischte Finanzholdinggesellschaften
§ 76	Vorlage von Rechnungslegungsunterlagen
§ 77	Prüferbestellung und Anzeige
§ 78	Besondere Pflichten des Prüfers; Verordnungsermächtigung

7 Ein **Redaktionsversehen** dürfte es sein, dass für Maßnahmen bei Gefahr gegen Große Wertpapierinstitute nach S. 1 zwar § 46 KWG gilt, aber die Parallelvorschrift des § 79 in S. 2 nicht aufgeführt ist.

Abschnitt 2. Aufgaben und grundlegende Befugnisse der Bundesanstalt

§ 5 Aufgaben und allgemeine Befugnisse der Bundesanstalt

(1) [1]**Die Bundesanstalt übt die Aufsicht über Wertpapierinstitute, Investmentholdinggesellschaften und gemischte Finanzholdinggesellschaften nach den Vorschriften dieses Gesetzes, den dazu erlassenen Rechtsverordnungen, der Verordnung (EU) 2019/2033 und der auf der Grundlage der Verordnung (EU) 2019/2033 und der Richtlinie (EU) 2019/2034 erlassenen Rechtsakte sowie der Verordnung (EU) 2022/2554 des Europäischen Parlaments und des Rates vom 14. Dezember 2022 über die digitale operationale Resilienz im Finanzsektor und zur Änderung der Verordnung (EG) Nr. 1060/2009, (EU) Nr. 648/2012, (EU) Nr. 600/2014, (EU) Nr. 909/2014 und (EU) 2016/1011 (ABl. L 333 vom 27.12.2022, S. 1) in der jeweils geltenden Fassung und der auf der Grundlage der Verordnung (EU) 2022/2554 erlassenen Rechtsakte aus.** [2]**Die Bundesanstalt ist die zuständige Behörde gemäß Artikel 4 Absatz 1 Satz 1 der Richtlinie (EU) 2019/2034 und nach Artikel 46 der Verordnung (EU) 2022/2554.** [3]**Die Bundesanstalt hat Missständen im Wertpapierwesen entgegenzuwirken, welche die Sicherheit der anvertrauten Vermögenswerte gefährden, die ordnungsmäßige Durchführung der erbrachten Wertpapierdienstleistungen, Wertpapiernebendienstleistungen oder Nebengeschäfte beeinträchtigen oder erhebliche Nachteile für die Gesamtwirtschaft herbeiführen könnten.** [4]**Die Bundesanstalt und die Deutsche Bundesbank arbeiten bei der Durchführung der Aufgaben nach den Artikeln 26 und 27 der Verordnung (EU) 2022/2554 zusammen.** [5]**Die Deutsche Bundesbank nimmt die operativen Aufgaben nach den Artikeln 26 und 27 der Verordnung (EU) 2022/2554 wahr.** [6]**§ 7 Absatz 3 und 4 des Kreditwesengesetzes gilt entsprechend.**

(2) [1]**Die Bundesanstalt kann im Rahmen der ihr gesetzlich zugewiesenen Aufgaben gegenüber Wertpapierinstituten und anderen betroffenen natürlichen und juristischen Personen, insbesondere auch gegenüber**

Geschäftsleitern oder Mitgliedern des Verwaltungs- und Aufsichtsorgans, Anordnungen treffen, die geeignet und erforderlich sind, um Verstöße gegen Bestimmungen der in Absatz 1 Satz 1 genannten Vorschriften oder sonstige aufsichtsrechtliche Bestimmungen oder die in Absatz 1 Satz 2 genannten Missstände zu verhindern oder zu beseitigen. [2]Bei Verstößen gegen die in Absatz 1 Satz 1 genannten Vorschriften sowie gegen vollziehbare Anordnungen der Bundesanstalt kann sie verlangen, dass die den Verstoß begründenden Handlungen oder Verhaltensweisen dauerhaft eingestellt werden. [3]Die Anordnungsbefugnis nach Satz 1 oder 2 besteht insbesondere auch gegenüber Investmentholdinggesellschaften oder gemischten Finanzholdinggesellschaften sowie gegenüber den Personen, die die Geschäfte dieser Gesellschaften tatsächlich führen.

(3) **[1]Bei einem Verstoß gegen die in Absatz 1 Satz 1 genannten Vorschriften oder eine sich auf diese Vorschriften beziehende oder zur Behebung von Missständen erlassene vollziehbare Anordnung der Bundesanstalt kann die Bundesanstalt insbesondere**

1. **auf ihrer Internetseite eine Warnung unter Nennung der natürlichen oder juristischen Person oder der Personenvereinigung, die für den Verstoß verantwortlich ist, sowie der Art des Verstoßes veröffentlichen,**
2. **einem Geschäftsleiter oder Mitglied des Verwaltungs- oder Aufsichtsorgans eines Wertpapierinstituts oder jeder anderen natürlichen Person, die für einen vorsätzlichen Verstoß oder Missstand verantwortlich ist, für einen Zeitraum von bis zu zwei Jahren die Ausübung der Berufstätigkeit bei Unternehmen, die der Aufsicht nach diesem Gesetz oder dem Kreditwesengesetz unterliegen, untersagen.**

[2]Im Falle des Satzes 1 Nummer 1 gilt § 84 Absatz 3 entsprechend.

(4) **[1]Ein Wertpapierinstitut, ein Mutterunternehmen oder ein Auslagerungsunternehmen, dessen Geschäftsleiter oder Mitglieder des Verwaltungs- oder Aufsichtsorgans und dessen Beschäftigte haben der Bundesanstalt, den Personen und Einrichtungen, derer sich die Bundesanstalt bei der Durchführung ihrer Aufgaben bedient, sowie der Deutschen Bundesbank auf Verlangen Auskünfte über alle Geschäftsangelegenheiten zu erteilen, Unterlagen vorzulegen und erforderlichenfalls Kopien anzufertigen und auszuhändigen; Mitglieder eines Organs und Beschäftigte haben auf Verlangen auch nach ihrem Ausscheiden aus dem Organ, dem Wertpapierinstitut oder dem Unternehmen Auskunft zu erteilen und Unterlagen vorzulegen. [2]Die Bundesanstalt kann, auch ohne besonderen Anlass, bei einem Wertpapierinstitut, Mutterunternehmen oder Auslagerungsunternehmen Prüfungen vornehmen und die Durchführung der Prüfungen der Deutschen Bundesbank übertragen. [3]Die Bediensteten der Bundesanstalt, der Deutschen Bundesbank sowie die sonstigen Personen, derer sich die Bundesanstalt oder die Deutsche Bundesbank bei der Durchführung der Prüfungen bedient, können hierzu die Geschäftsräume des Wertpapierinstituts, Mutterunternehmens oder Auslagerungsunternehmens innerhalb der üblichen Betriebs- und Geschäftszeiten betreten und besichtigen. [4]Zur Verhütung dringender Gefahren für die öffentliche Sicherheit sind sie befugt, diese Räume auch außerhalb der üblichen Betriebs- und Geschäftszeiten sowie Räume, die auch als Wohnung dienen, zu betreten und zu besichtigen; das Grundrecht auf Unverletzlichkeit**

der Wohnung (Artikel 13 Absatz 1 des Grundgesetzes) wird insoweit eingeschränkt. [5]Die Betroffenen haben Maßnahmen nach den Sätzen 2 bis 4 zu dulden. [6]Die Sätze 1 bis 5 gelten entsprechend für ein nicht in die Konsolidierung einbezogenes Tochterunternehmen, dessen Tochterunternehmen sowie für ein gemischtes Unternehmen und dessen Tochterunternehmen.

(5) **[1]Die Verpflichtung nach Absatz 4 gegenüber der Bundesanstalt und der Deutschen Bundesbank zur Auskunft und zur Vorlage von Unterlagen gilt auch für**

1. **Personen und Unternehmen, die eine Beteiligungsabsicht nach § 24 anzeigen oder die im Rahmen eines Erlaubnisantrags nach Artikel 3 der Delegierten Verordnung 2017/1943 der Kommission vom 14. Juli 2016 zur Ergänzung der Richtlinie 2014/65/EU des Europäischen Parlaments und des Rates durch technische Regulierungsstandards in Bezug auf Informationen und Anforderungen für die Zulassung von Wertpapierfirmen (ABl. L 276 vom 26.10.2017, S. 4; L 292 vom 10.11.2017, S. 119) als Inhaber bedeutender Beteiligungen angegeben werden,**
2. **die Inhaber einer bedeutenden Beteiligung an dem Wertpapierinstitut und den von ihnen kontrollierten Unternehmen,**
3. **Personen und Unternehmen, bei denen Tatsachen die Annahme rechtfertigen, dass es sich um Personen oder Unternehmen im Sinne der Nummer 2 handelt, und**
4. **Personen und Unternehmen, die mit einer Person oder einem Unternehmen im Sinne der Nummern 1 bis 3 nach § 15 des Aktiengesetzes verbunden sind.**

[2]Die Auskunfts- und Vorlegungspflichten nach Satz 1 bestehen auch für Beschäftigte oder Mitglieder eines Organs einer solchen Person oder eines solchen Unternehmens. [3]Mitglieder eines Organs und Beschäftigte haben auf Verlangen auch nach ihrem Ausscheiden aus dem Organ oder dem Unternehmen Auskunft zu erteilen und Unterlagen vorzulegen. [4]Auf Verlangen der Bundesanstalt hat der Vorlagepflichtige die einzureichenden Unterlagen gemäß § 76 Absatz 1 auf seine Kosten durch einen von der Bundesanstalt zu bestimmenden Wirtschaftsprüfer prüfen zu lassen. [5]Die Bundesanstalt kann Maßnahmen nach Absatz 4 Satz 2 und 3 gegenüber den in Satz 1 genannten Personen und Unternehmen ergreifen, wenn Anhaltspunkte für einen Untersagungsgrund nach § 26 Absatz 1 vorliegen. [6]Die Betroffenen haben diese Maßnahmen zu dulden.

(6) **[1]Wer nach Absatz 4 oder 5 zur Erteilung einer Auskunft verpflichtet ist, kann die Auskunft auf solche Fragen verweigern, deren Beantwortung ihn selbst oder einen der in § 383 Absatz 1 Nummer 1 bis 3 der Zivilprozessordnung bezeichneten Angehörigen der Gefahr strafrechtlicher Verfolgung oder eines Verfahrens nach dem Gesetz über Ordnungswidrigkeiten aussetzen würde. [2]Die betroffene Person ist auf das Recht, die Auskunft zu verweigern, hinzuweisen.**

(7) **[1]Die Bundesanstalt kann zu den Hauptversammlungen, Generalversammlungen oder Gesellschafterversammlungen sowie zu den Sitzungen der Verwaltungs- oder Aufsichtsorgane von Wertpapierinstituten, Finanzholdinggesellschaften oder gemischten Investmentholdinggesellschaften in**

der Rechtsform einer juristischen Person Vertreter entsenden. [2]Diese können in der Versammlung oder Sitzung das Wort ergreifen. [3]Die Betroffenen haben Handlungen nach den Sätzen 1 und 2 zu dulden.

(8) [1]Die Bediensteten der Bundesanstalt und der Deutschen Bundesbank dürfen die Räume der nach der nach Absatz 4 Satz 1 auskunfts- und vorlegungspflichtigen Unternehmen sowie von deren Organmitgliedern auch nach ihrem Ausscheiden durchsuchen, wenn Tatsachen die Annahme rechtfertigen, dass das Unternehmen oder das Organmitglied entgegen einer Bestimmung dieses Gesetzes oder einer vollziehbaren Einzelfallregelung auf Grundlage dieses Gesetzes die Aufklärung eines für die Aufsicht nach Maßgabe dieses Gesetzes entscheidungsrelevanten Sachverhalts beeinträchtigt, gefährdet oder verzögert, dadurch dass sie oder es

1. **Angaben nicht, nicht richtig, nicht vollständig oder nicht rechtzeitig macht oder**
2. **Unterlagen nicht, nicht richtig, nicht vollständig oder nicht rechtzeitig vorlegt.**

[2]Die Durchsuchungen sind, außer bei Gefahr im Verzug, durch den Richter anzuordnen. [3]Bei Gefahr im Verzug kann die Einsatzleitung der Bundesanstalt die Anordnung treffen, soweit nicht lediglich mit einer nur unerheblichen Verzögerung zu rechnen ist. [4]Durchsuchungen von Räumen, die als Wohnung dienen, sind immer durch den Richter anzuordnen. [5]Das Grundrecht auf Unverletzlichkeit der Wohnung (Artikel 13 Absatz 1 des Grundgesetzes) wird insoweit eingeschränkt. [6]Zuständig ist das Amtsgericht, in dessen Bezirk sich die Räume befinden. [7]Gegen die richterliche Entscheidung ist die Beschwerde zulässig; die §§ 306 bis 310 und 311a der Strafprozessordnung gelten entsprechend. [8]Über die Durchsuchung ist eine Niederschrift zu fertigen. [9]Sie muss die verantwortliche Dienststelle, Grund, Zeit und Ort der Durchsuchung und ihr Ergebnis und, falls keine richterliche Anordnung ergangen ist, auch die Tatsachen, welche die Annahme einer Gefahr im Verzug begründet haben, enthalten. [10]Die Betroffenen haben Maßnahmen nach Satz 1 zu dulden.

(9) [1]Die Bediensteten der Bundesanstalt und der Deutschen Bundesbank dürfen Gegenstände sicherstellen, die als Beweismittel für die Ermittlung des Sachverhalts von Bedeutung sein können. [2]Werden die Gegenstände für das Verwaltungsverfahren nicht mehr benötigt, so werden diese an den letzten Gewahrsamsinhaber herausgegeben. [3]Die Betroffenen haben Maßnahmen nach Satz 1 zu dulden.

Literatur: Badenhoop/Stolte, Befugnisse der BaFin zur Verhinderung von Greenwashing, BKR 2025, 532; Nartowska/Knierbein, Ausgewählte Aspekte des „Naming and Shaming" nach § 40c WpHG, NZG 2016, 256.

Übersicht

I. Vorbemerkung

1 § 5 regelt Aufgaben und allgemeine Befugnisse der BaFin. Die Vorschrift übernimmt den Inhalt von Bestimmungen aus §§ 6, 44 und 44b KWG und setzt Art. 4 und 19 IFD um (Regierungsbegründung WpIG, BT-Drs. 19/26929, 130).

Durch das FinmadiG wurden mit Wirkung zum 27.12.2024 in Abs. 1 Satz 1 und 2 der Verweis auf die VO (EU) 2022/2554 (**D**igital **O**perational **R**esilience **A**ct, **DORA**) ergänzt sowie in Abs. 1 die Sätze 4 und 5 angefügt. Durch das Bankenrichtlinienumsetzungs- und Bürokratieentlastungsgesetz (BRUBEG) v. 25.3.2026 (BGBl. 2026 I Nr. 81) wurden mWv 31.3.2026 Abs. 4 und 5 geändert sowie Abs. 8 und 9 eingefügt. 2

II. Aufgaben und Zuständigkeit (Abs. 1)

1. Aufgaben und legislativer Rahmen (S. 1)

S. 1 weist der BaFin die Aufgabe zu, die Einhaltung der darin genannten Bestimmungen durch Wertpapierinstitute (§ 2 Abs. 1), Investmentholdinggesellschaften (§ 2 Abs. 27) und gemischte Finanzholdinggesellschaften (§ 2 Abs. 28) überwachen. 3

S. 1 enthält eine Generalklausel für die Aufsicht, die die Aufsicht über Geschäftsleiter von Wertpapierinstituten sowie Inhaber von bedeutenden Beteiligungen an Wertpapierinstituten einschließt. Darüber hinaus können ausnahmsweise Nichtinstitute der Aufsicht der BaFin nach Abs. 5 unterliegen. 4

Die **Beschränkung der Aufsichtskompetenz** auf die Vorschriften des WpIG, den auf Grundlage des WpIG erlassenen VOen, die IFR und die auf deren Grundlage erlassenen DVOen sowie Regulierungsstandards (Art. 5 Abs. 6 IFD) sowie die VO (EU) 2022/2554 stellt klar, dass die BaFin keine Allzuständigkeit für die öffentlich-rechtliche Aufsicht über Wertpapierinstitute hat (so zur Parallelvorschrift in § 6 Abs. 1 KWG Fischer/Schäfer/Schulte-Mattler/Schulte-Mattler/Schäfer KWG § 6 Rn. 4; Schwennicke/Auerbach/Habetha/Schwennicke KWG § 6 Rn. 6 f.). Von der Zuständigkeit gedeckt ist die Überwachung der organisationsrechtlichen Bestimmungen des Gesellschafts- und Handelsrechts, soweit diese unter aufsichtsrechtlichen Aspekten relevant sind (so für § 6 Abs. 1 KWG Fischer/Schäfer/Schulte-Mattler/Schulte-Mattler/Schäfer KWG § 6 Rn. 37). Die Nichtnennung der auf Große Wertpapierinstitute nach Maßgabe von § 4 anwendbaren Bestimmungen des KWG sowie der CRR in S. 1 dürfte ein **Redaktionsversehen** sein, zumal für Große Wertpapierinstitute § 6 KWG nicht gilt. 5

S. 1 enthält lediglich eine Aufgabenzuweisung. Eine Ermächtigung zum Erlass belastender Verwaltungsakte enthält S. 1 nicht (so für § 6 Abs. 1 KWG Fischer/Schäfer/Schulte-Mattler/Schulte-Mattler/Schäfer KWG § 6 Rn. 6 f.). S. 1 kann aber als Grundlage für den Erlass von normerklärenden Rundschreiben und Merkblättern herangezogen werden (so für § 6 Abs. 1 KWG Fischer/Schäfer/Schulte-Mattler/Schulte-Mattler/Schäfer KWG § 6 Rn. 22). 6

2. Zuständigkeit der BaFin (S. 2)

S. 2 setzt Art. 4 Abs. 1 S. 1 IFD um und bestimmt die BaFin als zuständige Behörde iSd WpIG. Die Benennung als nach Art. 46 DORA (VO (EU) 2022/2554) zuständige Behörde erfolgte durch das FinmadiG mit Wirkung z. 30.12.2024. 7

3. Missstandsaufsicht (S. 3)

S. 3 ist § 6 Abs. 2 KWG nachgebildet. S. 3 ist Spezialvorschrift zu S. 1. 8

a) Vorliegen eines Missstands. Missstand iSd Aufsichtsrechts nach S. 3 ist jede erhebliche, nachhaltige negative Abweichung von Rechtsnormen oder 9 technischen Branchenstandards im Wertpapierwesen (so jew. zu § 6 Abs. 2 KWG Fischer/Schäfer/Schulte-Mattler/Schulte-Mattler/Schäfer KWG § 6 Rn. 35, 47, 48; ähnlich Reischauer/Kleinhans/Albert KWG § 6 Rn. 43, 44; unklar Lendermann/Nemeczek/Schroeter/Schemmel Rn. 10 f.). Erforderlich ist ein **konkreter Missstand** (so zu § 6 Abs. 3 KWG Regierungsbegründung 4. FinFöG, BT-Drs. 14/8017, 116) allgemeine Befürchtungen reichen nicht aus (so zu § 6 KWG Schwennicke/Auerbach/Habetha/Schwennicke KWG § 6 Rn. 30). Ob ein Missstand vorliegt, ist in vollem Umfang gerichtlich nachprüfbar (Lendermann/Nemeczek/Schroeter/Schemmel Rn. 10; so zu § 6 KWG Schwennicke/Auerbach/Habetha/Schwennicke KWG § 6 Rn. 30). Nach Maßgabe von Abs. 2 kann auch ein **künftiger Missstand** Anlass zu Maßnahmen sein, wenn ein Wertpapierinstitut voraussichtlich Rechtsnormen nicht einhalten wird (→ Rn. 25).

10 Maßgebliche Rechtsnormen sind diejenigen, deren Einhaltung nach S. 1 von der BaFin beaufsichtigt wird. Sonstige allgemeine Gesetze und Verordnungen, deren Beaufsichtigung der BaFin nicht speziell zugewiesen sind, sind für die Definition des Standards nur heranzuziehen, wenn und soweit die WpIG-rechtlichen Schutzgüter auch dort zu den geschützten Rechtsgütern gehören. Dies wird in der Regel bei **allgemeinen zivilrechtlichen Normen** außerhalb der handels- und gesellschaftsrechtlichen Institutsverfassung nicht der Fall sein (so zu § 6 Abs. 1 KWG Fischer/Schäfer/Schulte-Mattler/Schulte-Mattler/Schäfer Rn. 37, 38). Erst wenn sich gleichgelagerte Verstöße gegen allgemeine zivilrechtliche Normen zu einer Übung eines einzelnen Instituts oder eine Branche entwickeln oder zu entwickeln drohen, kommt ein Missstand in Betracht (ebenso zum Missstand iSd § 23 KWG Fischer/Schäfer/Schulte-Mattler/Schulte-Mattler/Fischer KWG § 23 Rn. 9, 17).

11 Maßgebliche technische Branchenstandards sind die für Wertpapierinstitute geltenden **internationalen Standards (best practices)** (vgl. zu § 6 KWG Fischer/Schäfer/Schulte-Mattler/Schulte-Mattler/Schäfer KWG § 6 Rn. 35, 47 f.).

12 **Nachhaltig** ist ein Missstand bei dauerhafter negativer Abweichung von Rechtsnormen oder technischen Branchenstandards sowie dann, wenn eine Wiederholungsgefahr (bei demselben Institut) oder Nachahmungsgefahr (bei einem anderen Institut) besteht (so jew. zu § 6 KWG Fischer/Schäfer/Schulte-Mattler/Schulte-Mattler/Schäfer KWG § 6 Rn. 35; Schwennicke/Auerbach/Habetha/Schwennicke KWG § 6 Rn. 18).

13 **b) Erheblichkeit des Missstands.** Der Missstand iSv S. 3 ist nur dann erheblich, wenn er

14 – die **Sicherheit der den Wertpapierinstituten anvertrauten Vermögenswerte** gefährden kann,

15 – die **ordnungsgemäße Durchführung der Wertpapierdienstleistungen, Wertpapiernebendienstleistungen oder Nebengeschäfte beeinträchtigen** kann, oder

16 – **erhebliche Nachteile für die Gesamtwirtschaft** herbeiführen kann.

17 Für die Erfüllung der **Qualifikationsmerkmale** reicht eine **potenzielle Gefahr** aus (so zu § 6 Abs. 2 KWG Fischer/Schäfer/Schulte-Mattler/Schulte-Mattler/Schäfer KWG § 6 Rn. 50).

18 **c) Möglichkeit informellen Verwaltungshandelns.** S. 3 ist keine Befugnisnorm und ermächtigt daher im Rahmen der Missstandsaufsicht nicht zum Erlass belastender Verwaltungsakte (Lendermann/Nemeczek/Schroeter/Schemmel Rn. 14; so für § 6 Abs. 2 KWG Fischer/Schäfer/Schulte-Mattler/Schulte-

Mattler/Schäfer KWG § 6 Rn. 55). Nach S. 3 kann die BaFin lediglich im Wege des **informellen Verwaltungshandelns** tätig werden, etwa durch Hinweise, Belehrungen und Ermahnungen (Lendermann/Nemeczek/Schroeter/Schemmel Rn. 14; so für § 6 Abs. 2 KWG Fischer/Schäfer/Schulte-Mattler/Schulte-Mattler/Schäfer KWG § 6 Rn. 56) sowie durch allgemeine Rundschreiben, Mitteilungen, Verlautbarungen sowie Fragen- und Antwortkataloge (zu den Handlungsformen der BaFin näher zu den Handlungsformen näher Fischer/Schäfer/Schulte-Mattler/Schulte-Mattler/Schäfer KWG § 6 Rn. 9 ff.; Reischauer/Kleinhans/Albert KWG § 6 Rn. 25 ff.). Einzelfallbezogene Anordnungen kann die BaFin nur auf Abs. 2 stützen.

III. Anordnungsbefugnis (Abs. 2)

Abs. 2 setzt Art. 4 Abs. 2 und 3 IFD um und ist § 6 Abs. 3 KWG nachgebildet 19
(Regierungsbegründung WpIG, BT-Drs. 19/26929, 130).

Abs. 2 enthält eine allgemeine Befugnisnorm zum Erlass von Anordnungen 20
gegen Wertpapierinstitute und die anderen in Abs. 2 genannten Adressaten. Abs. 2 ist eine **Auffangnorm,** die besondere in einzelnen Bestimmungen des WpIG übertragene Befugnisse (zB §§ 49–55) und deren Voraussetzungen unberührt lässt, die vorrangig gelten (Lendermann/Nemeczek/Schroeter/Schemmel Rn. 20).

Abs. 2 gilt nur **für auf den Einzelfall bezogene Anordnungen.** Allgemeine 21
Bekanntmachungen, Rundschreiben, Merkblätter, Mitteilungen und Verlautbarungen sind nach Maßgabe von Abs. 1 S. 1 oder 3 zulässig (für Zulässigkeit von Sammel- und Allgemeinverfügungen nach Abs. 2 Lendermann/Nemeczek/Schroeter/Schemmel Rn. 17).

1. Adressaten von Anordnungen (S. 1, 3)

Adressaten von Anordnungen nach Abs. 2 können sein: 22

- Wertpapierinstitute (S. 1),
- Geschäftsleiter von Wertpapierinstituten (S. 1),
- Mitglieder des Verwaltungs- und Aufsichtsorgans von Wertpapierinstituten (S. 1),
- Investmentholdinggesellschaften (S. 3),
- gemischte Finanzholdinggesellschaften (S. 3),
- Personen, die die Geschäfte von Investmentholdinggesellschaften und gemischten Finanzholdinggesellschaften tatsächlich führen (S. 3), sowie
- andere betroffene natürliche und juristische Personen (S. 1).

S. 1 enthält keinen Anhaltspunkt dafür, welche anderen Adressaten als Geschäfts- 23
leiter oder Mitglieder von Kontrollorganen „andere betroffene natürliche oder juristische Personen" sein könnten. Aus dem Zusammenhang mit Abs. 3 S. 1 Nr. 1 ergibt sich, dass wohl Personen gemeint sind, die für Verstöße oder Missstände verantwortlich und damit **Störer** iSd allgemeinen Sicherheitsrechts sind. Ob daneben auch **Nichtstörer** Adressaten sein können (so Lendermann/Nemeczek/Schroeter/Schemmel Rn. 16) ist zweifelhaft.

2. Inhalt von Anordnungen

Anordnungen durch die BaFin gegenüber Wertpapierinstituten und deren 24
Geschäftsleitern sowie Mitgliedern von deren Kontrollorganen bzw. gegenüber

Finanzholding-Gesellschaften oder gemischten Finanzholding-Gesellschaften sowie gegenüber den Personen, die die Geschäfte dieser Gesellschaften tatsächlich führen, sind jeweils nur **im Rahmen der gesetzlich der BaFin zugewiesenen Aufgaben** zulässig. Diese sind in Abs. 1 definiert. Danach sind Anordnungen nach Abs. 2 nur zulässig, um

– Verstöße gegen aufsichtsrechtliche Bestimmungen zu verhindern oder zu unterbinden, oder
– Missstände in einem Wertpapierinstitut iSv Abs. 1 S. 3 (→ Rn. 9) zu verhindern oder zu beseitigen.

25 Missstände können **beseitigt** werden, wenn sie bereits eingetreten sind. **Verhindert** werden können auch noch nicht eingetretene Missstände, wenn vorauszusehen ist, dass ein Wertpapierinstitut künftig gegen einschlägige Vorschriften verstoßen wird (so zu § 6 Abs. 3 KWG Regierungsbegründung CRD-IV-UG, BT-Drs. 17/10974, 73).

26 Hinsichtlich der **Art der zu treffenden Anordnungen** enthält Abs. 2 keine Vorgaben.

27 Bei der Auswahl der zu treffenden Anordnungen muss der **Verhältnismäßigkeitsgrundsatz** beachtet werden (Lendermann/Nemeczek/Schroeter/Schemmel Rn. 18; Regierungsbegründung 2. FiMaNoG, BT-Drs. 18/10936, 263 (zu § 35 KWG, dort als „unionsrechtlich geboten" bezeichnet); Fischer/Schäfer/Schulte-Mattler/Schulte-Mattler/Schäfer KWG § 6 Rn. 57 ff. (zu § 6 KWG)). Vor Erlass einer Anordnung muss die BaFin prüfen, ob die Anordnung geeignet und erforderlich ist, um Verstöße gegen aufsichtsrechtliche Bestimmungen zu verhindern oder zu unterbinden oder um Missstände in einem Wertpapierinstitut zu beseitigen oder zu verhindern. Außerdem ist zu prüfen, ob weniger belastende Maßnahmen ebenfalls geeignet wären (so jew. zu § 36 KWG VGH Kassel WM 2007, 392 = BeckRS 2006, 24464 Rn. 58 = WuB I L 1. § 36 KWG 1.07 Fischer; VG Frankfurt a. M. NVwZ-RR 2012, 466 (469); Fischer/Schäfer/Schulte-Mattler/Schulte-Mattler/Fischer/Krolop KWG § 36 Rn. 6). Schließlich ist bei einem in der Vergangenheit liegenden Verhalten zu prüfen, ob sich der Betroffene in Zukunft gesetzestreu verhalten wird, wofür dieser allerdings darlegungs- und beweispflichtig ist (VG Frankfurt a. M. NVwZ-RR 2012, 466 (468 f.)).

28 **Einzelfälle:**

– zulässige Pflicht zur Vorlage jährlicher Berichte über die Bearbeitung von Kundenbeschwerden (so für die Versicherungsaufsicht BVerwG BeckRS 2021, 21565 Rn. 19 ff. (zu § 298 VAG)).

3. Rechtsschutz gegen Anordnungen und Maßnahmen der BaFin

29 Anordnungen gegenüber einzelnen Wertpapierinstituten oder sonstigen Adressaten nach Abs. 2 sind grundsätzlich **Verwaltungsakte,** die einer Nachprüfung im Widerspruchsverfahren und nachfolgend einer gerichtlichen Überprüfung unterliegen (Lendermann/Nemeczek/Schroeter/Schemmel Rn. 17; so zu § 6 KWG VG Berlin WM 1996, 1309 = WuB I L 1. § 10 KWG 1.96 Gramlich; Fischer/Schäfer/Schulte-Mattler/Schulte-Mattler/Schäfer KWG § 6 Rn. 25). Das Handeln durch Verwaltungsakt soll dem Adressaten ermöglichen, bei Meinungsverschiedenheiten mit der BaFin eine Überprüfung der Entscheidung im Widerspruchsverfahren und notfalls eine gerichtliche Klärung herbeizuführen. Die **Verdrängung informeller Einflussmöglichkeiten** durch die

ausdrückliche Zuweisung der Anordnungskompetenz zur BaFin liegt auch im Interesse des betroffenen Unternehmens und seiner Geschäftsleiter (so zu § 6 Abs. 3 KWG Regierungsbegründung. 6. KWG-Novelle, BT-Drs. 13/7142, 74).

Verwarnungen, dh Anordnungen, ein beanstandetes Verhalten künftig abzustellen bzw. bestimmte Vorkehrungen zu treffen, insbesondere nach §§ 22 Abs. 4 und 62 Abs. 3, sind ebenfalls Verwaltungsakte (so jeweils zu § 36 Abs. 2 KWG VGH Kassel WM 2007, 392 = BeckRS 2006, 24464 Rn. 58 = WuB I L 1. § 36 KWG 1.07 Fischer; VGH Kassel BeckRS 2013, 54147 = DÖV 2013, 860 Ls.; VG Frankfurt a. M. NJW 2004, 1059; Reischauer/Kleinhans/Albert KWG § 6 Rn. 30 aE). Dies gilt insbesondere deshalb, weil nach Maßgabe von § 22 Abs. 4 S. 2 Verwarnungen einen entscheidungserheblichen Sachverhalt und den daraus folgenden Verstoß mit Wirkung für die Zukunft feststellen und daher für künftige verwandte Sachverhalte Rechtsfolgen bewirken. 30

Ist Gegenstand der Anordnung ein abgeschlossener Sachverhalt, dessen Wiederholung bereits aus tatsächlichen Gründen ausgeschlossen ist, liegt mangels Regelungswirkung für die Zukunft kein Verwaltungsakt, sondern eine informelle Ermahnung vor, die schlicht hoheitliches Handeln ist. 31

Handelt die BaFin durch **Verwaltungsakt,** dann steht dem betroffenen Wertpapierinstitut bzw. sonstigen Adressaten der Rechtsbehelf des Widerspruchs nach §§ 68 ff. VwGO zu. Zuständig für den Erlass eines Widerspruchsbescheids ist die BaFin selbst, da nächsthöhere Behörde das BMF und damit eine oberste Bundesbehörde ist (§ 73 Abs. 3 S. 2 Nr. 2 VwGO). Die Klage ist gegen die Bundesrepublik Deutschland zu richten, wobei die Bezeichnung der BaFin als Beklagte ausreicht (§ 78 Abs. 1 Nr. 1 VwGO). 32

IV. Veröffentlichung von Maßnahmen, Tätigkeitsverbot (Abs. 3)

Abs. 3 setzt Art. 18 Abs. 2 S. 1 lit. a–c IFD um (Regierungsbegründung WpIG, BT-Drs. 19/26929, 130). 33

1. Veröffentlichung von Warnungen (S. 1 Nr. 1 iVm S. 2 und § 84 Abs. 3)

Nach **S. 1 Nr. 1** kann die BaFin bei Verstößen gegen Anordnungen nach Abs. 2 oder die in Abs. 1 Satz 1 genannten aufsichtsrechtlichen Bestimmungen eine **Warnung** veröffentlichen, in der Verstoß und Verantwortliche benannt werden (sog. **„naming and shaming",** Linardatos in Skauradszun/Linardatos KMAG § 23 Rn. 63; Nartowska/Knierbein NZG 2016, 256; Armbrüster/Böffel ZIP 2019, 1885). Liegt ein Verstoß gegen eine Anordnung vor, dann ist eine Warnung nach S. 1 Nr. 1 nur zulässig, wenn die Anordnung vollziehbar ist (Lendermann/Nemeczek/Schroeter/Schemmel Rn. 23). Voraussetzung für eine Veröffentlichung sind durch konkrete Tatsachen belegte **Anhaltspunkte** für einen Verstoß; ein bloßer Verdacht reicht nicht aus. Auf eine konkrete Gefahr kommt es nicht an (so zu § 26b Abs. 2 Nr. 1b VermAnlG VGH Kassel GewArch 2021, 423). Da mit der Veröffentlichung ein erheblicher Reputationsschaden verbunden sein kann, müssen die Informationen inhaltlich zutreffend sein und in angemessener Weise sachlich dargestellt werden (Badenhoop/Stolte BKR 2025, 537). 34

Satz 1 Nr. 1 schreibt – anders als § 123 Abs. 1 WpHG – keine **Verhältnismäßigkeitsprüfung** vor einer Veröffentlichung vor. Nach § 123 Abs. 1 WpHG dür- 35 fen Maßnahmen gegen Verstöße gegen Verbote oder Gebote des WpHG nur dann veröffentlicht werden, wenn sie unanfechtbar sind, die Veröffentlichung zur Beseitigung oder Verhindung von Missständen erforderlich ist und wenn die Veröffentlichung weder die Finanzmärkte erheblich gefährden noch zu einem unverhältnismäßigen Schaden bei den Beteiligten führen würde. Da der in § 123 Abs. 1 WpHG konkretisierte Verhältnismäßigkeitsgrundsatz aus dem Rechtsstaatsprinzip folgt, ist er auch im Rahmen von Satz 1 Nr. 1 von der BaFin zu beachten (Lendermann/Nemeczek/Schroeter/Schemmel Rn. 24). Dabei wird es weniger auf die Schwere des Verstoßes und den Grad der Fahrlässigkeit bzw. des Vorsatzes, sondern auf von dem Verstoß ausgehende konkrete Gefahren für die Kunden des Wertpapierinstituts und die Allgemeinheit ankommen.

36 Nach S. 2 iVm § 84 Abs. 3 hat die BaFin vor Veröffentlichung zu prüfen, ob eine Veröffentlichung nur in anonymisierter Form erfolgen darf (zu den Kriterien näher → § 84 Rn. 20 ff.).

37 Wird eine zunächst verhängte Sanktion oder Maßnahme, die Grund für die veröffentlichte Warnung war, aufgehoben, dann muss der eingetretene Reputationsschaden durch angemessene Gegenmaßnahmen soweit möglich beseitigt werden (Nartowska/Knierbein NZG 2016, 258). Eine Löschung allein wegen Beseitigung der von dem Verstoß ausgehenden Gefahren ist nicht erforderlich (aA Lendermann/Nemeczek/Schroeter/Schemmel Rn. 24).

2. Tätigkeitsverbot (S. 1 Nr. 2)

38 S. 1 Nr. 2 ist § 36 Abs. 2 KWG und § 36a KWG nachgebildet und ermöglicht Tätigkeitsverbote gegen Geschäftsleiter, Mitglieder von Kontrollorganen sowie – entsprechend § 36a KWG – alle weiteren an einem Verstoß gegen die in Abs. 1 genannte Rechtsvorschriften oder einem Missstand iSv Abs. 1 S. 3 beteiligten Personen unterhalb der Geschäftsleiterebene.

39 **a) Adressaten.** Adressat der Untersagungsverfügung sind wegen ihrer Doppelwirkung gegenüber dem Betroffenen und dem Wertpapierinstitut sowohl der Betroffene als auch das Wertpapierinstitut, und zwar im Falle des Wertpapierinstituts das für die Beendigung des Anstellungsverhältnisses zuständige Organ (so jew. für § 36 Abs. 2 KWG Reischauer/Kleinhans/Lehnhoff KWG § 36 Rn. 2.8; aA Fischer/Schäfer/Schulte-Mattler/Schulte-Mattler/Fischer/Krolop KWG § 36 Rn. 67: Institut z. Hd. des geschäftsführenden Organs, ggf. des abzuberufenden Geschäftsleiters).

40 **b) Voraussetzungen.** Tätigkeitsverbote nach S. 1 Nr. 2 sind einschneidende Maßnahmen, die nach dem Wortlaut von S. 1 Nr. 2 bereits bei (einmaligem) vorsätzlichen Rechtsverstoß oder Verantwortlichkeit für einen Missstand möglich sind. Damit geht S. 1 Nr. 2 über § 36 Abs. 2 und § 36a KWG voraus, die für Geschäftsleiter eine Verantwortlichkeit des Betroffenen für das Vorliegen eines Erlaubnisaufhebungsgrunds nach § 35 Abs. 2 Nr. 3, 4 und 6 KWG verlangen, also Gründe für eine Erlaubnisverweigerung nach § 33 Abs. 2 Nr. 1–10 KWG, Gefahren für die Erfüllung des Verpflichtungen eines Instituts gegenüber seinen Gläubigern oder nachhaltige Verstöße gegen aufsichtsrechtliche Bestimmung sowie das GwG, sowie für Personen, die nicht Geschäftsleiter sind, Verstöße gegen die MAR (VO (EU) Nr. 596/2014), die SFTR (VO (EU) 2015/2365) oder die GeldtransferVO (VO (EU) Nr. 600/2014).

Der Wortlaut von S. 1 Nr. 2 ist – wie Art. 18 Abs. 2 lit. c IFD – missverständlich formuliert, da er scheinbar Tätigkeitsverbote gegen Geschäftsleiter und Mitglieder eines Verwaltungs- oder Aufsichtsorgans auch dann ermöglicht, wenn diese – anders als die „anderen natürlichen Personen" – nicht vorsätzlich für einen Missstand oder Verstoß verantwortlich sind. Dieses Missverständnis dürfte auf einem **Übersetzungsfehler** der englischen Fassung beruhen, in der sich die Verantwortlichkeit auf alle Adressaten bezieht („members of the investment firm's management body or any other natural persons who are held responsible"). Voraussetzung für ein Tätigkeitsverbot ist somit – wie bei § 36 Abs. 2 KWG – auch in S. 1 Nr. 2 die **Verantwortlichkeit** des Adressaten für den Verstoß gegen die in Abs. 1 Satz 1 genannten Bestimmungen oder die vollziehbare Anordnung der BaFin nach Abs. 2 (Lendermann/Nemeczek/Schroeter/Schemmel Rn. 26). Auch die Vorgabe in Art. 18 Abs. 3 lit. b IFD, wonach bei der Festsetzung von Sanktionen „der Grad an Verantwortung der für den Verstoß verantwortlichen natürlichen oder juristischen Personen" zu berücksichtigen ist, spricht für diese Auslegung. 41

Unter Berücksichtigung des **Verhältnismäßigkeitsgrundsatzes** und im Lichte von Art. 12 Abs. 1 GG ist eine einschränkende Auslegung von S. 1 Nr. 2 geboten. Tätigkeitsverbote nach S. 1 Nr. 2 sind als **ultima ratio** nur dann zulässig, wenn „das Tätigkeitsverbot zur Gewährleistung eines funktionsfähigen, stabilen und integren Finanzmarkts zwingend erforderlich ist und das öffentliche Interesse hieran im Rahmen der gebotenen Abwägung das grundgesetzlich geschützte Interesse des Betroffenen an der freien Wahl und Ausübung seiner Berufstätigkeit eindeutig überwiegt" (so jew. zu § 36 Abs. 1b und § 36a KWG Regierungsbegründung 1. FinMaNoG, BT-Drs. 18/7482, 71; Reischauer/Kleinhans/Glawischnig-Quinke KWG § 36 Rn. 54). 42

Bei richtlinienkonformer Auslegung von S. 1 Nr. 2 sind auch die Vorgaben in Art. 18 Abs. 3 IFD zu berücksichtigen, insbesondere die Schwere und Dauer des Verstoßes (Art. 18 Abs. 3 lit. a IFD), der Grad an Verantwortung der für den Verstoß verantwortlichen natürlichen oder juristischen Personen (Art. 18 Abs. 3 lit. b IFD), das Ausmaß der Kooperation mit den zuständigen Behörden (Art. 18 Abs. 3 lit. f IF) sowie frühere Verstöße der für den Verstoß verantwortlichen natürlichen oder juristischen Personen (Art. 18 Abs. 3 lit. g IFD). 43

Der Verhältnismäßigkeitsgrundsatz kann insbesondere eine **vorherige Verwarnung** zwingend erforderlich machen (Lendermann/Nemeczek/Schroeter/Schemmel Rn. 27; so für Abberufung eines Geschäftsleiters nach § 36 KWG BVerwG WM 2007, 1655 Rn. 9 = NVwZ-RR 2007, 492 = WuB 1 L 1. § 36 KWG 2/07 R. Fischer). In Betracht kommen kann auch ein gegenständlich beschränktes Tätigkeitsverbot (Lendermann/Nemeczek/Schroeter/Schemmel Rn. 27). 44

c) Inhalt. Inhalt einer Anordnung nach S. 1 Nr. 2 ist ein Tätigkeitsverbot für die betroffene Person, das sofort wirkt, ohne dass es einer Mitwirkung des Wertpapierinstituts bedarf (so für § 36 KWG Fischer/Schäfer/Schulte-Mattler/Schulte-Mattler/Fischer/Krolop KWG § 36 Rn. 4). Über §§ 36 und 36a KWG hinaus, die nur eine (uU künftige) Tätigkeit als Geschäftsleiter verhindern, kann nach S. 1 Nr. 2 auch jegliche Tätigkeit in **nicht leitender Stellung** untersagt werden; dies entspricht der ausdrücklichen Vorgabe in Art. 18 Abs. 2 S. 1 lit. c IFD („das vorübergehende Verbot für Mitglieder des Leitungsorgans der Wertpapierfirma oder eine andere verantwortliche natürliche Person, in Wertpapierfirmen Aufgaben wahrzunehmen"). 45

Das Tätigkeitsverbot betrifft **jegliche Beschäftigung bei einem nach dem WpIG oder dem KWG beaufsichtigten Unternehmen.** Dies sind Wertpa- 46 pierinstitute, Investmentholdinggesellschaften und gemischte Finanzholdinggesellschaften (§ 5 Abs. 1) sowie Kreditinstitute und Finanzdienstleistungsinstitute (§ 6 Abs. 1 KWG), zentrale Gegenparteien (§ 2 Abs. 39, § 1 Abs. 31 KWG), Originatoren, ursprüngliche Kreditgeber und Verbriefungszweckgesellschaften iSv Sinne des Art. 29 Abs. 2 VO (EU) 2017/2402 sowie Originatoren, Sponsoren und Verbriefungszweckgesellschaften nach Art. 29 Abs. 5 VO (EU) 2017/2402 und Dritte iSv Art. 28 VO (EU) 2017/2402 (§ 6 Abs. 1e KWG). S. 1 Nr. 2 geht insoweit über Art. 18 Abs. 2 S. 1 lit. c IFD hinaus, wonach nur Tätigkeiten bei Wertpapierfirmen untersagt werden sollen.

V. Auskünfte und Prüfungen gegenüber Wertpapierinstituten (Abs. 4)

47 Abs. 4 ist § 44 Abs. 1 S. 1–4 KWG nachgebildet. S. 1 setzt Art. 4 Abs. 5 S. 1 sowie Art. 19 lit. b IFD um, S. 2 beruht auf Art. 19 lit. b IFD, S. 3 und 4 auf Art. 4 Abs. 3 IFD (Regierungsbegründung WpIG, BT-Drs. 19/26929, 130).

1. Verpflichtete (S. 1 und S. 5)

48 Abs. 4 gilt für Wertpapierinstitute, Mutterunternehmen (§ 2 Abs. 30) und Auslagerungsunternehmen (2 Abs. 38), deren Geschäftsleiter und Beschäftigte als Wissensträger (Regierungsbegründung 4. FinFöG, BT-Drs. 14/8017, 127 (zu § 44 KWG)) sowie die Mitglieder der jeweiligen Kontrollorgane. Ob ein Unternehmen über eine Erlaubnis verfügt oder nicht, ist für Abs. 4 unerheblich (so jew. zu § 44 Abs. 1 KWG Fischer/Schäfer/Schulte-Mattler/Schulte-Mattler/Braun/Zilch KWG § 44 Rn. 23; Reischauer/Kleinhans/Bitterwolf KWG § 44 Rn. 5; Beck/Samm/Kokemoor/Samm KWG § 44 Rn. 37). Durch das Bankenrichtlinienumsetzungs- und Bürokratieentlastungsgesetz (BRUBEG) wurde der Adressatenkreis in S. 1 mWv 31.3.2026 um ehemalige Organmitglieder und Beschäftigte beaufsichtigter Unternehmen sowie von Auslagerungsunternehmen ergänzt. Hierdurch soll eine umfassende Sachverhaltsaufklärung ermöglicht werden (Regierungsbegründung, BT-Drs. 21/3058, 297).

49 Abs. 4 S. 1–4 gelten nach S. 5 auch für nicht in die Zusammenfassung einbezogene Tochterunternehmen, gemischte Unternehmen und deren Tochterunternehmen (Regierungsbegründung WpIG, BT-Drs. 19/26929, 130).

50 Bei Unternehmen in der Rechtsform der Personengesellschaft sind die persönlich haftenden Gesellschafter auskunftspflichtig (so zu § 44 KWG Fischer/Schäfer/Schulte-Mattler/Schulte-Mattler/Braun/Zilch KWG § 44 Rn. 29), und zwar auch dann, wenn sie von der Geschäftsführung ausgeschlossen sind (so jew. zu § 44 KWG Reischauer/Kleinhans/Bitterwolf KWG § 44 Rn. 5; Beck/Samm/Kokemoor/Samm KWG § 44 Rn. 416; offen gelassen bei Fischer/Schäfer/Schulte-Mattler/Schulte-Mattler/Braun/Zilch KWG § 44 Rn. 29). Kommanditisten sind nicht nach Abs. 4 auskunftspflichtig (so jew. zu § 44 KWG Fischer/Schäfer/Schulte-Mattler/Schulte-Mattler/Braun/Zilch KWG § 44 Rn. 29; Reischauer/Kleinhans/Bitterwolf KWG § 44 Rn. 5; Beck/Samm/Kokemoor/Samm KWG § 44 Rn. 42). Nicht auskunftspflichtig sind Kommanditisten sowie bei Kapitalgesellschaften die Anteilseigner, jeweils sofern sie nicht von Abs. 5 erfasst werden.

2. Auskünfte, Vorlage von Unterlagen (S. 1)

51 S. 1 setzt Art. 4 Abs. 4 und Art. 19 lit. b IFD um (Regierungsbegründung WpIG, BT-Drs. 19/26929, 130). Eine entsprechende Regelung enthält § 44 Abs. 1 S. 1 KWG.

52 **a) Auskunftsersuchen.** S. 1 verpflichtet im Falle eines Auskunftsverlangens der BaFin zu **Auskünften** über Geschäftsangelegenheiten, dh Mitteilungen über Tatsachen sowie Beurteilungen und andere subjektive Einschätzungen, soweit diese für die Beaufsichtigung eines Wertpapierinstituts relevant sein können (so jew. zu § 44 KWG Fischer/Schäfer/Schulte-Mattler/Schulte-Mattler/Braun/Zilch KWG § 44 Rn. 34; Reischauer/Kleinhans/Bitterwolf KWG § 44 Rn. 8; Beck/Samm/Kokemoor/Samm KWG § 44 Rn. 29). Auskünfte können sowohl das Unternehmen selbst als auch die Verhältnisse von Dritten (zB Kunden) zum Gegenstand haben (so jew. zu § 44 KWG Reischauer/Kleinhans/Bitterwolf KWG § 44 Rn. 9; Beck/Samm/Kokemoor/Samm KWG § 44 Rn. 31), nicht aber die privaten Angelegenheiten eines Gesellschafters, Organmitglieds oder Beschäftigten, sofern diese keinen Bezug zu Geschäftsangelegenheiten des Unternehmens aufweisen (so jew. zu § 44 KWG Fischer/Schäfer/Schulte-Mattler/Schulte-Mattler/Braun/Zilch KWG § 44 Rn. 63; Beck/Samm/Kokemoor/Samm KWG § 44 Rn. 31; Reischauer/Kleinhans/Bitterwolf KWG § 44 Rn. 9). Das Auskunftsverlangen kann das Wertpapierinstitut oder den Verpflichteten grds. auch zur (Wieder-)Beschaffung von Unterlagen verpflichten (VG Frankfurt a. M. BeckRS 2006, 136537 Rn. 29 (zu § 44c KWG); Lendermann/Nemeczek/Schroeter/Schemmel Rn. 35).

53 Ein konkreter Anlass für das Auskunftsverlangen ist nicht erforderlich (Lendermann/Nemeczek/Schroeter/Schemmel Rn. 33; so jew. zu § 44 KWG Fischer/Schäfer/Schulte-Mattler/Schulte-Mattler/Braun/Zilch KWG § 44 Rn. 41; Reischauer/Kleinhans/Bitterwolf KWG § 44 Rn. 9; Beck/Samm/Kokemoor/Samm KWG § 44 Rn. 51).

54 Für Auskunftsverlangen gilt der **Verhältnismäßigkeitsgrundsatz.** Die verlangten Auskünfte und Unterlagen müssen einem legitimen Auskunftsinteresse der BaFin dienen und von dem Wertpapierinstitut oder den sonstigen Verpflichteten mit zumutbarem Aufwand und innerhalb einer angemessenen Frist beschafft werden können (Lendermann/Nemeczek/Schroeter/Schemmel Rn. 37).

55 Ein (förmliches) Auskunftsverlangen stellt einen den Auskunftspflichtigen **belastenden Verwaltungsakt** dar (Lendermann/Nemeczek/Schroeter/Schemmel Rn. 34; so jew. zu § 44 KWG Fischer/Schäfer/Schulte-Mattler/Schulte-Mattler/Braun/Zilch KWG § 44 Rn. 56; Reischauer/Kleinhans/Bitterwolf KWG § 44 Rn. 21; Beck/Samm/Kokemoor/Samm KWG § 44 Rn. 91).

56 **b) Vorlage von Unterlagen.** Nach S. 1 sind auf Verlangen der BaFin alle **Unterlagen** vorzulegen, die von geschäftlicher Relevanz sind. Der Begriff Unterlagen erfasst alle Aufzeichnungen, denen Aussagen zu Geschäftsvorfällen genommen werden können (so jew. zu § 44 KWG Fischer/Schäfer/Schulte-Mattler/Schulte-Mattler/Braun/Zilch KWG § 44 Rn. 37; Reischauer/Kleinhans/Bitterwolf KWG § 44 Rn. 10; Beck/Samm/Kokemoor/Samm KWG § 44 Rn. 56). Vorzulegen sind auch elektronische Datenträger (so jew. zu § 44 KWG Beck/Samm/Kokemoor/Samm KWG § 44 Rn. 56) sowie Emails und Chatverläufe (Lendermann/Nemeczek/Schroeter/Schemmel Rn. 35). Dem Vorlageverlangen steht nicht entgegen, dass die BaFin bereits anderweitig (zB über ein

strafrechtliches Ermittlungsverfahren) Unterlagen beschaffen konnte, sofern sich die Vermutung nicht beseitigen lässt, dass diese Unterlagen unvollständig sein könnten (VG Berlin NJW 1988, 1105 (zu § 44 KWG)). **„Vorlage"** bedeutet Zugänglichmachung zur unmittelbaren Wahrnehmung beim Verpflichteten, nicht Herausgabe (Lendermann/Nemeczek/Schroeter/Schemmel Rn. 35; so jew. zu § 44 KWG Beck/Samm/Kokemoor/Samm KWG § 44 Rn. 58; Reischauer/Kleinhans/Bitterwolf KWG § 44 Rn. 10; Luz/Neus/Schaber/Schneider/Wagner/Weber/Weber/Schmitz KWG § 44 Rn. 12; aA Fischer/Schäfer/Schulte-Mattler/Schulte-Mattler/Braun/Zilch KWG § 44 Rn. 37).

57 **c) Anfertigung von Kopien.** S. 1 verpflichtet den Adressaten auch, auf Verlangen der BaFin von den vorzulegenden Unterlagen Kopien anzufertigen und auszuhändigen. Dies geht über den Wortlaut von Art. 19 lit. b ii IFD hinaus, wonach den Aufsichtsbehörden das Recht zusteht, Kopien oder Auszüge der Bücher und Aufzeichnungen der Betroffenen „anzufertigen." Sachlich ist das unerheblich, da das Wertpapierinstitut oder der sonstige Verpflichtete nach § 15 Abs. 1 Nr. 1b FinDAG verpflichtet wäre, der BaFin die durch die Erstellung von Kopien entstehenden Kosten zu erstatten.

58 S. 1 regelt nicht, ob Papierkopien oder elektronische Kopien zur Verfügung gestellt werden müssen bzw. können. Richtigerweise wird dem Adressaten ein Wahlrecht zwischen Kopien in Papierform oder in elektronischer Form zustehen, gerade wenn bestimmte Unterlagen nur in elektronischer Form aufbewahrt werden. Werden elektronische Kopien zur Verfügung gestellt, dann muss der BaFin bzw. ihren Beauftragten die Möglichkeit zu Download und Ausdruck oder Speicherung der Dateien zur Verfügung stehen. Eine bloße Einsichtnahme ohne Download-oder Speichermöglichkeit durch die BaFin reicht nicht aus.

59 Verstöße gegen Anordnungen nach S. 1 sind nach § 83 Abs. 1 Nr. 1 mit Bußgeld bewehrt.

3. Prüfungen (S. 2–4)

60 S. 2 setzt Art. 19 lit. b IFD um, S. 3 und 4 gehen auf Art. 4 Abs. 3 IFD zurück (Regierungsbegründung WpIG, BT-Drs. 19/26929, 130). Entsprechende Regelungen finden sich in § 44 Abs. 1 S. 2–4 KWG.

61 **a) Voraussetzungen (S. 2).** Nach **S. 2** kann die BaFin Prüfungen bei Wertpapierinstituten, Mutterunternehmen oder Auslagerungsunternehmen vornehmen bzw. durch die BBank vornehmen lassen, und zwar wie nach § 44 Abs. 1 S. 2 KWG sowohl aufgrund konkreter Anhaltspunkte für Missstände oder Rechtsverstöße (sog. Anlassprüfungen oder **Sonderprüfungen**) als auch **ohne besonderen Anlass** (sog. **Routineprüfungen**) (Lendermann/Nemeczek/Schroeter/Schemmel Rn. 39). Die Ermöglichung von Routineprüfungen „ohne besonderen Anlass" in S. 2 soll – wie in § 44 Abs. 1 S. 1 – einen Vertrauensverlust bereits durch die Anordnung einer Prüfung vermeiden (Lendermann/Nemeczek/Schroeter/Schemmel Rn. 39; so jew. zu § 44 KWG Fischer/Schäfer/Schulte-Mattler/Schulte-Mattler/Braun/Zilch KWG § 44 Rn. 41; Reischauer/Kleinhans/Bitterwolf KWG § 44 Rn. 13).

62 Die generelle Zulässigkeit von nicht anlassbezogenen Routineprüfungen ändert nichts daran, dass sowohl **Routineprüfungen** als auch **Anlassprüfungen (Sonderprüfungen)** nicht willkürlich angeordnet werden dürfen (VG Frankfurt a. M. WM 2010, 1745 (1747 f.) = WuB I L 1. § 44 KWG 1.10 R. Fischer; VG Frankfurt

a. M., BeckRS 2016, 52795; Fischer/Schäfer/Schulte-Mattler/Schulte-Mattler/Braun/Zilch KWG § 44 Rn. 42 f.; Luz/Neus/Schaber/Schneider/Wagner/Weber/Weber/Schmitz KWG § 44 Rn. 39). Routineprüfungen ohne besonderen Anlass sind im Rahmen einer **Aufsichtsroutine** zulässig, dh einer auf nachvollziehbaren Regeln beruhenden Verwaltungspraxis, die sicherstellt, dass bei der Auswahl der zu prüfenden Institute der Gleichheitssatz beachtet wird. Ausreichend für eine **anlassbezogene Prüfung** sind in Prüfungsberichten festgestellte Mängel, Beschwerden von Kunden, festgestellte Marktentwicklungen sowie ein aus Sicht der BaFin erforderlicher Einblick in bestimmte Bereiche und Sachverhalte von aufsichtsrechtlicher Relevanz (so jew. zu § 44 KWG VGH Kassel WM 2010, 1749 (1750); Fischer/Schäfer/Schulte-Mattler/Schulte-Mattler/Braun/Zilch KWG § 44 Rn. 43; Reischauer/Kleinhans/Bitterwolf KWG § 44 Rn. 13).

Prüfungen nach S. 2 erfolgen aufgrund einer **Prüfungsanordnung** gegenüber dem Wertpapierinstitut, Mutterunternehmen oder Auslagerungsunternehmen, in der die zu prüfenden Geschäftsbereiche, Vorgänge, Tatsachen oder Verhältnisse anzugeben sind (Fischer/Schäfer/Schulte-Mattler/Schulte-Mattler/Braun/Zilch KWG Rn. 49). Bei Auslagerungsunternehmen beschränkt sich das Prüfungsrecht auf die ausgelagerten Aktivitäten und Prozesse. Eine Berechtigung zur Prüfung auch des übrigen Geschäftsbetriebs des Auslagerungsunternehmen räumt S. 2 nicht ein (so zu § 44 KWG Fischer/Schäfer/Schulte-Mattler/Schulte-Mattler/Braun/Zilch KWG § 44 Rn. 74). 63

Die Prüfungsanordnung ist ein **belastender Verwaltungsakt.** Sie muss begründet werden (so jew. zu § 44 KWG VGH Kassel WM 2015, 1897 Rn. 43 ff.; Fischer/Schäfer/Schulte-Mattler/Schulte-Mattler/Braun/Zilch KWG § 44 Rn. 56; Luz/Neus/Schaber/Schneider/Wagner/Weber/Weber/Schmitz KWG § 44 Rn. 39; R. Fischer WuB I L 1. § 44 KWG 1.10). Bei Routineprüfungen müssen die Regeln der Aufsichtsroutine aufgeführt werden sowie dargelegt werden, inwieweit sich die angeordnete Prüfung unter diese Regeln subsumieren lässt (so zu § 44 KWG VG Frankfurt a. M. WM 2010, 1745 (1747 f.) = WuB I L 1. § 44 KWG 1.10 R. Fischer). Bei anlassbezogenen Sonderprüfungen müssen die zur Prüfungsanordnung führenden Umstände aufgeführt werden; die Prüfungsanordnung ist dann rechtswidrig, wenn der Anlass für die Sonderprüfung nicht genannt wurde (so zu § 44 KWG VGH Kassel WM 2015, 1897 Rn. 43 f.; offen gelassen von Reischauer/Kleinhans/Bitterwolf KWG § 44 Rn. 14), die der Prüfungsanordnung zugrunde gelegten Umstände nicht vorlagen oder die Anordnung einer Sonderprüfung im Hinblick auf die Umstände unverhältnismäßig war (R. Fischer WuB I L 1. § 44 KWG 1.10; Luz/Neus/Schaber/Schneider/Wagner/Weber/Weber/Schmitz KWG § 44 Rn. 49). 64

Vor Anordnung einer anlassbezogenen Sonderprüfung ist das betroffene Unternehmen nach § 28 Abs. 1 VwVfG anzuhören. Im Einzelfall kann von der Anhörung abgesehen werden, wenn einer Gründe aus § 28 Abs. 2 Nr. 1–5 VwVfG vorliegt oder einer Anhörung iSv § 28 Abs. 3 VwVfG ein zwingendes öffentliches Interesse entgegensteht. Die Gründe für das Absehen von der Anhörung müssen in der Behördenakte dokumentiert werden (so zu § 44 KWG VGH Kassel WM 2015, 1897 Rn. 34 ff.). 65

Die Prüfung kann durch Mitarbeiter der BaFin, im Auftrag der BaFin durch die BBank, aber auch nach § 4 Abs. 3 FinDAG durch externe Wirtschaftsprüfer, Wirtschaftsprüfungsgesellschaften, genossenschaftliche Prüfungsverbände oder die Prüfungsstellen der Sparkassen- und Giroverbände durchgeführt werden, wobei der jeweilige Prüfer in der Prüfungsanordnung zu benennen ist (so zu § 44 KWG 66

Fischer/Schäfer/Schulte-Mattler/Schulte-Mattler/Braun/Zilch KWG § 44 Rn. 52).

67 Nach § 15 Abs. 1 Nr. 1b FinDAG hat das zu prüfende Unternehmen der BaFin die **Prüfungskosten** zu erstatten. Die Kostenerstattungspflicht nach § 15 Abs. 1 Nr. 1b FinDAG besteht unabhängig davon, ob ein konkreter Anlass zur Prüfung bestand oder nicht (so jew. für Prüfungen nach § 44 KWG BVerwGE 65, 292 = NJW 1982, 2681 (2682) = Beckmann/Bauer § 51 Abs. 3 KWG Nr. 12; zur Kritik vgl. näher Beck/Samm/Kokemoor/Samm KWG § 44 Rn. 97; zur eingeschränkten Insolvenzanfechtung der Kostenerstattung KG NZI 2000, 537). Die zu erstattenden Kosten sind nach § 15 Abs. 3 FinDAG festzusetzen.

68 Wird nach § 4 Abs. 3 FinDAG ein externer Prüfer benannt, so erhält dieser von der BaFin einen **Prüfungsauftrag.** Der externe Prüfer ist allein der BaFin gegenüber berichtspflichtig; die Ergebnisse der Prüfung werden dem geprüften Unternehmen von der BaFin mitgeteilt (so zu § 44 KWG Fischer/Schäfer/Schulte-Mattler/Schulte-Mattler/Braun/Zilch KWG § 44 Rn. 61). Ein Auftragsverhältnis zwischen Prüfer und geprüftem Unternehmen wird durch die Pflicht zur Kostenerstattung nicht begründet, selbst wenn der Prüfer seine Kosten direkt gegenüber dem Unternehmen abrechnet (Lendermann/Nemeczek/Schroeter/Schemmel Rn. 41; so zu § 44 KWG Fischer/Schäfer/Schulte-Mattler/Schulte-Mattler/Braun/Zilch KWG § 44 Rn. 55; vgl. auch Beck/Samm/Kokemoor/Samm KWG § 44 Rn. 55). Auch besteht keine Schutzwirkung des Prüfungsauftrags zugunsten des geprüften Unternehmens (Lendermann/Nemeczek/Schroeter/Schemmel Rn. 41; so jew. zu § 44 KWG BGH NJW 2001, 3115 = WM 2001, 1428 = ZIP 2002, 356 = WuB IV A. § 328 BGB 1.01 Ebke/Emberger; BGHZ 181, 12 = WM 2009, 1128 (1130 f.); OLG Stuttgart WM 2008, 1303; Fischer/Schäfer/Schulte-Mattler/Schulte-Mattler/Braun/Zilch KWG § 44 Rn. 55).

69 **b) Betretungs- und Nachschaurecht (S. 3 u. 4).** Nach S. 3 steht den bestellten Prüfern ein **Betretungs- und Nachschaurecht** während der üblichen Betriebs- und Geschäftszeiten des betroffenen Unternehmens zu, das § 44 Abs. 1 S. 3 KWG sowie entsprechenden gewerbe-, umwelt- und steuerrechtlichen Bestimmungen (zB §§ 17 Abs. 2, 111 Abs. 2 HandwO, § 22 Abs. 2 GastG, § 47 Abs. 2 BaFöG, § 46 Abs. 4 S. 2 WaffG, § 11 Abs. 4 AbfG, § 52 Abs. 2 BImSchG, § 99 AO) nachgebildet ist (zur Vereinbarkeit von § 44 KWG mit Art. 13 GG vgl. BVerfGE 32, 54 (68 ff.) = NJW 1971, 2299 = DVBl 1971, 892 = DÖV 1972, 51). Das betroffene Unternehmen ist rechtzeitig vor der Durchführung einer Maßnahme nach Abs. 2 zu informieren, um einem Geschäftsleiter die Teilnahme an der Nachschau zu ermöglichen (BVerwGE 78, 251 (252) = NVwZ 1988, 539 = DVBl 1988, 578 = DÖV 1988, 689 (zum Besichtigungsrecht nach § 41 Abs. 3 Nr. 1 LMBG)). Das Betretungsrecht erfasst die Geschäftsräume, aber auch eine private Wohnung, wenn von dort Bankgeschäfte betrieben oder Finanzdienstleistungen erbracht oder dort Geschäftsunterlagen aufbewahrt werden (Fischer/Schäfer/Schulte-Mattler/Schulte-Mattler/Braun/Zilch KWG § 44 Rn. 58; Beck/Samm/Kokemoor/Samm KWG § 44 Rn. 75). Der durch das Bankenrichtlinienumsetzungs- und Bürokratieentlastungsgesetz (BRUBEG) mWv 31.3.2026 eingefügte S. 4 erstreckt das Betretungs- und Nachschaurecht auf private Wohnräume und lässt auch Maßnahmen außerhalb gewöhnlicher Geschäftszeiten zu. Voraussetzung für Maßnahmen nach S. 4 sind dringende Gefahren für die öffentliche Sicherheit. Das Durchsuchungsrecht schließt nach dem Willen des Gesetzgebers auch externe Datenräume ein (Regierungsbegründung, BT-Drs. 21/3058, 297).

c) Duldungspflicht (S. 5). Nach S. 5 sind die Adressaten verpflichtet, die von der BaFin angeordneten Prüfungen zu dulden. Gegenüber dem betroffenen Unternehmen wird die Duldungspflicht durch Verwaltungsakt konkretisiert. Ein solcher Duldungsverwaltungsakt kann auch konkludent erlassen werden oder in einem Vorlage- oder Prüfungsverlangen sowie der Ankündigung einer Maßnahme nach Abs. 4 enthalten sein. 70

Verstöße gegen die Duldungspflicht nach S. 5 sind nach § 83 Abs. 1 Nr. 2 mit Bußgeld bewehrt. Außerdem kann eine nachhaltige Störung von Prüfungen Maßnahmen gegen Geschäftsleiter rechtfertigen (Lendermann/Nemeczek/Schroeter/Schemmel Rn. 45; so zu § 44 KWG VGH Kassel WM 2007, 392 = WuB I L 1. § 36 KWG 1.07 Fischer). 71

d) Grenzen von Auskunfts- und Prüfungsrechten. Die Ausübung der Auskunfts- und Prüfungsrechte steht unter dem Vorbehalt des Grundsatzes der **Verhältnismäßigkeit.** Anordnungen der BaFin nach Abs. 4müssen zur Aufklärung von aufsichtsrechtlich relevanten Sachverhalten erforderlich und geeignet sein und dürfen keine Belastung für das betroffene Unternehmen mit sich bringen, die außer Verhältnis zum Überwachungszweck steht (Lendermann/Nemeczek/Schroeter/Schemmel Rn. 42; so jew. zu § 44 KWG BVerwGE 65, 292 = NJW 1982, 2681 (2682) = Beckmann/Bauer § 44 Abs. 1 KWG Nr. 15; Fischer/Schäfer/Schulte-Mattler/Schulte-Mattler/Braun/Zilch KWG § 44 Rn. 67; Reischauer/Kleinhans/Bitterwolf KWG § 44 Rn. 20; Beck/Samm/Kokemoor/Samm KWG § 44 Rn. 63). 72

e) Verhältnis zu § 68. Die Auskunfts- und Prüfungsrechte aus Abs. 4 bestehen neben den (einzelfallbezogenen) zusätzlichen Anzeige- und Meldepflichten aus § 68, auch wenn der Regelungsgegenstand der Vorschriften sich zumindest teilweise überschneidet (→ § 68 Rn. 1). 73

VI. Auskünfte und Prüfungen bei Inhabern bedeutender Beteiligungen (Abs. 5)

Abs. 5 setzt Art. 19 lit. a IFD um und ist § 44b Abs. 1 S. 1 und 2 KWG nachgebildet (Regierungsbegründung WpIG, BT-Drs. 19/26929, 130). Die durch das Bankenrichtlinienumsetzungs- und Bürokratieentlastungsgesetz (BRUBEG) mWv 31.3.2026 eingefügten Sätze 2 und 3 erstrecken die Auskunfts- und Vorlagepflichten der in S. 1 Nr. 1 bis 4 genannten Personen auch auf deren Organmitglieder, Beschäftigte und gelten auch nach deren Ausscheiden weiter. 74

1. Adressaten (S. 1)

S. 1 erstreckt die Auskunfts- und Vorlagepflichten nach Abs. 4 auf folgende Personen: 75

a) Inhaber bedeutender Beteiligungen im Erlaubnisverfahren oder im Anzeigeverfahren nach § 24 (Nr. 1). Ob eine bedeutende Beteiligung gegeben ist oder angestrebt wird, richtet sich nach der Definition in § 2 Abs. 23, die auf Art. 4 Abs. 1 Nr. 36 CRR verweist. Erfasst wird das direkte oder indirekte Halten von mindestens 10 % des Kapitals oder der Stimmrechte eines Unternehmens oder eine andere Möglichkeit der Wahrnehmung eines maßgeblichen Einflusses auf die Geschäftsführung dieses Unternehmens (→ § 2 Rn. 378 ff.). 76

77 Die im Erlaubnisverfahren über Inhaber bedeutender Beteiligungen vorzulegenden Unterlagen regelt Art. 3 VO (EU) 2017/1943 zur Ergänzung der MiFID II bzgl. Informationen und Anforderungen für die Zulassung von Wertpapierfirmen v. 14.7.20016 (ABl. 2017 L 276, 4, ber. ABl. 2017 L 292, 119) (näher → § 24 Rn. 74).

78 **b) sonstige Inhaber bedeutender Beteiligungen (Nr. 2).** Nr. 2 erfasst als Auffangvorschrift alle Inhaber von bedeutenden Beteiligungen, die nicht bereits unter Nr. 1 fallen und bei denen feststeht, dass eine bedeutende Beteiligung an einem Wertpapierinstitut iSv § 2 Abs. 23 iVm Art. 4 Abs. 1 Nr. 36 CRR gehalten wird.

79 **c) vermutete Inhaber bedeutender Beteiligungen (Nr. 3).** Nr. 3 erweitert die Auskunfts- und Vorlagepflichten nach Abs. 4 auf Personen und Unternehmen, bei denen Anhaltspunkte dafür bestehen, dass sie eine bedeutende Beteiligung an einem Wertpapierinstitut iSv § 2 Abs. 23 iVm Art. 4 Abs. 1 Nr. 36 CRR halten.

80 **d) mit Personen und Unternehmen nach Nr. 1–3 nach § 15 AktG verbundene Unternehmen (Nr. 4).** Nach Nr. 4 bestehen die Auskunfts- und Vorlagepflichten nach Abs. 4 nach Abs. 4 auch für nach § 15 AktG mit Verpflichteten nach Nr. 1–3 verbundene Unternehmen.

2. Prüfung vorgelegter Jahresabschlüsse (S. 2)

81 S. 2 ermächtigt die BaFin, vom Vorlagepflichtigen auf seine Kosten die Prüfung nach S. 1 vorgelegter Unterlagen zu verlangen. Sachlich erfasst sind Jahresabschlüsse und Lageberichte iSv § 76 Abs. 1. Eine Pflicht zur Prüfung sonstiger Unterlagen auf Verlangen der BaFin enthält S. 2 nicht.

82 Die Pflicht gilt nach dem Wortlaut von S. 2 unabhängig davon, ob vom Verpflichteten vorgelegte Jahresabschlüsse bereits einen Prüfungsvermerk tragen. Nach dem Grundsatz der Verhältnismäßigkeit wird die BaFin eine (erneute) Prüfung eines bereits geprüften Jahresabschlusses aber nur dann verlangen können, wenn konkrete Anhaltspunkte für die Unrichtigkeit des Bestätigungsvermerks oder Mängel der Prüfung vorliegen.

3. Sonderprüfungen bei Verpflichteten nach S. 1 Nr. 1–4 (S. 3 und 4)

83 S. 3 erstreckt das Sonderprüfungsrecht aus Abs. 4 S. 2 und das Betretungsrecht aus Abs. 4 S. 3 auf die Verpflichteten nach S. 1 Nr. 1–4.

84 Abweichend von Abs. 4 S. 2 lässt S. 3 keine anlasslosen Routineprüfungen zu, sondern nur anlassbezogene Prüfungen, wobei zulässiger Anlass für Prüfungen nach S. 3 nur **Anhaltspunkte für das Vorliegen eines Erlaubnisentziehungsgrunds nach § 26** sein kann (Lendermann/Nemeczek/Schroeter/Schemmel Rn. 43; zu den einzelnen Erlaubnisentziehungsgründen näher → § 26 Rn. 5 ff.).

85 S. 4 enthält parallel zu Abs. 4 S. 4 eine Duldungspflicht für Maßnahmen nach S. 3. Während die Duldungspflicht aus Abs. 4 S. 4 iVm S. 5 nach § 83 Abs. 1 Nr. 2 bußgeldbewehrt ist, fehlt eine derartige Sanktion für die Duldungspflicht aus Abs. 5 S. 4; dabei dürfte es sich um ein **Redaktionsversehen** handeln (Lendermann/Nemeczek/Schroeter/Schemmel Rn. 45).

VII. Auskunftsverweigerungsrecht (Abs. 6)

Abs. 6 ist § 44b Abs. 3 KWG nachgebildet (Regierungsbegründung WpIG, BT-Drs. 19/26929, 131). Ein entsprechendes Auskunftsverweigerungsrecht enthält auch § 44 Abs. 6 KWG, auf den auch § 44c Abs. 5 S. 2 KWG verweist. Vorbild für alle Regelungen ist das Auskunftsverweigerung des Zeugen nach § 55 StPO. 86

Nach Abs. 6 besteht ein Auskunftsverweigerungsrecht, sofern der Betroffene oder seine Angehörigen iSv § 383 Abs. 1 Nr. 1–3 ZPO sich durch die Mitwirkung an Ermittlungsmaßnahmen der BaFin bzw. der BBank nach § 5 Abs. 4 oder 5 der Gefahr der Verfolgung in einem Strafverfahren oder wegen einer Ordnungswidrigkeit aussetzen würde. Durch das Auskunftsverweigerungsrecht wird das verfassungsrechtlich garantierte **Selbstbelastungsverbot** abgesichert (VGH Kassel WM 2013, 416 (420) = NJOZ 2013, 1425 (zu § 44c KWG)). 87

Das Auskunftsverweigerungsrecht erfasst Auskünfte nicht nur dann, wenn sie mündlich erteilt werden, sondern auch dann, wenn die BaFin schriftliche Aufstellungen von Geschäftsvorfällen verlangt (VGH Kassel WM 2013, 416 (420) = NJOZ 2013, 1425 (zu § 44c KWG)). 88

Aus dem Auskunftsverweigerungsrecht folgt **kein Urkundenvorlageverweigerungsrecht** (Lendermann/Nemeczek/Schroeter/Schemmel Rn. 46; so jeweils zu den Parallelvorschriften §§ 44 Abs. 6, 44b Abs. 3, 44c Abs. 5 S. 2 KWG VGH Kassel WM 2013, 416 (420) = NJOZ 2013, 1425 (1428) (zu § 44c KWG); VG Berlin NJW 1988, 1105 (zu § 44 KWG); Beck/Samm/Kokemoor/Samm KWG § 44 Rn. 137; Fischer/Schäfer/Schulte-Mattler/Schulte-Mattler/Braun/Zilch KWG § 44 Rn. 94; Fischer/Schäfer/Schulte-Mattler/Schulte-Mattler/Lindemann KWG § 44c Rn. 80; Luz/Neus/Schaber/Schneider/Wagner/Weber/Weber/Schmitz KWG § 44 Rn. 63 und KWG § 44c Rn. 80; Reischauer/Kleinhans/Bitterwolf KWG § 44 Rn. 39 und KWG § 44c Rn. 6; Schwennicke/Auerbach/Schwennicke KWG § 44 Rn. 31). 89

Sofern Erkenntnisse infolge von Maßnahmen nach § 5 gewonnen wurden, besteht im Strafverfahren grundsätzlich **kein Verwertungsverbot,** da diese Informationen nach § 12 Abs. 1 S. 4 Nr. 1 befugtermaßen an die Strafverfolgungsbehörden weiter gegeben werden dürfen (so für die Parallelvorschriften in §§ 9 Abs. 1 S. 4 Nr. 1, 44 Abs. 6 KWG Fischer/Schäfer/Schulte-Mattler/Schulte-Mattler/Lindemann KWG § 44c Rn. 87; Schwennicke/Auerbach/Schwennicke KWG § 44 Rn. 31; offengelassen in VGH Kassel WM 2013, 416 (420) = NJOZ 2013, 1425 (zu § 44c KWG); aA (Verwertungsverbot) VG Frankfurt a. M., BeckRS 2009 141768). 90

VIII. Teilnahme an Anteilseignerversammlungen und Sitzungen von Leitungs- und Kontrollorganen (Abs. 7)

Abs. 7 ist § 44 Abs. 4 KWG nachgebildet (Regierungsbegründung WpIG, BT-Drs. 19/26929, 131). 91

Abs. 7 gibt von der BaFin entsandten Vertretern in den Versammlungen der Anteilseigner sowie den Sitzungen der Vertretungs- und Kontrollorganen sowohl **Teilnahmerecht** als **Rederecht.** Durch die Ausübung des Teilnahme- und Rederechts kann die BaFin Entscheidungsprozesse in ihrem Sinne beeinflussen. Das Teilnahmerecht gilt auch bei Abhaltung von Versammlungen in Form von 92

Telefon- oder Videokonferenzen (Lendermann/Nemeczek/Schroeter/Schemmel Rn. 29; so für § 14 ZAG Terlau in Casper/Terlau ZAG § 14 Rn. 19) sowie für Ausschusssitzungen von Organen (Lendermann/Nemeczek/Schroeter/Schemmel Rn. 30; so für § 44 KWG jew. Fischer/Schäfer/Schulte-Mattler/Schulte-Mattler/Braun/Zilch KWG § 44 Rn. 102; Schwennicke/Auerbach/Schwennicke KWG § 44 Rn. 28).

93 Aus Abs. 7 folgt weder ein eigenes Antragsrecht noch ein Stimmrecht der BaFin (Lendermann/Nemeczek/Schroeter/Schemmel Rn. 29; so jew. zu § 44 Abs. 4 Fischer/Schäfer/Schulte-Mattler/Schulte-Mattler/Braun/Zilch KWG § 44 Rn. 101; Reischauer/Kleinhans/Bitterwolf KWG § 454 Rn. 32a; Beck/Samm/Kokemoor/Samm KWG § 44 Rn. 113; Schwennicke/Auerbach/Schwennicke KWG § 44 Rn. 28).

94 Eine Verpflichtung eines Instituts bzw. übergeordneten Unternehmens, die BaFin vorab über geplante Versammlungen ihrer Anteilseigner oder Vertretungs- bzw. Aufsichtsorgane zu informieren, besteht nicht (Lendermann/Nemeczek/Schroeter/Schemmel Rn. 29; so jew. zu § 44 KWG Beck/Samm/Kokemoor/Samm KWG § 44 Rn. 111; Fischer/Schäfer/Schulte-Mattler/Schulte-Mattler/Braun/Zilch KWG § 44 Rn. 104; Reischauer/Kleinhans/Bitterwolf KWG § 44 Rn. 32; Schwennicke/Auerbach/Schwennicke KWG § 44 Rn. 29). Allerdings kann die BaFin über ihr Auskunftsrecht nach Abs. 1 S. 1 Mitteilung über anstehende Termine solcher Versammlungen oder Sitzungen verlangen (Lendermann/Nemeczek/Schroeter/Schemmel Rn. 29: so jew. zu § 44 KWG Beck/Samm/Kokemoor/Samm KWG § 44 Rn. 111; Fischer/Schäfer/Schulte-Mattler/Schulte-Mattler/Braun/Zilch KWG § 44 Rn. 104; Reischauer/Kleinhans/Bitterwolf KWG § 44 Rn. 32; Schwennicke/Auerbach/Schwennicke KWG § 44 Rn. 28).

IX. Durchsuchungsrecht (Abs. 8)

95 Abs. 8 wurde mWv 31.3.2026 durch das Bankenrichtlinienumsetzungs- und Bürokratieentlastungsgesetz (BRUBEG) v. 25.3.2026 (BGBl. 2026 I Nr. 81) eingefügt. Das Durchsuchungsrecht wurde eingefügt, um auf Fälle zu reagieren, in denen der BaFin bewusst Unterlagen oder Informationen vorenthalten werden oder die Adressaten durch Verschleierung oder Verzögerung sowie durch Vernichtung oder Manipulation von Unterlagen die Sachverhaltsauflärung erschweren (BT-Drs. 21/3058, 297 f.). Eine Parallelvorschrift für Zahlungsinstitute enthält der ebenfalls durch das BRUBEG eingefügte § 19 Abs. 5 ZAG. Für Kreditinstitute und Finanzdienstleistungsinstitute fehlt eine entsprechende Bestimmung im KWG.

96 Adressaten von Durchsuchungen nach Abs. 8 sind nach Abs. 4 S. 1 auskunfts- oder vorlegungspflichtige Unternehmen sowie deren Organmitglieder oder ehemalige Organmitgliedern jeweils bezogen auf ihre Geschäftsräume und Wohnräume.

97 Voraussetzung für Durchsuchungen sind Tatsachen, die die Annahme rechtfertigen, dass Angaben oder Unterlagen nicht, nicht richtig, nicht vollständig oder nicht rechtzeitig gemacht bzw. vorgelegt werden (S. 1 Nr. 1 und 2).

98 Voraussetzung für Durchsuchungen nach Abs. 8 ist nach S. 2 eine richterliche Anordnung, sofern nicht Gefahr im Vollzug ist und sofern nicht nur Geschäftsräume durchsucht werden. Privaträume dürfen nach S. 4 nur aufgrund richterlicher Anordnung durchsucht werden.

Abs. 8 enthält nur ansatzweise die Schutzvorkehrungen zugunsten der Betroffenen bei Durchsuchungen nach §§ 102 ff. StPO. Zwar ist nach S. 8 eine Niederschrift über die Durchsuchung zu fertigen, deren Inhalt in S. 9 vorgegeben wird. S. 9 verlangt allerdings nur ganz allgemein eine Feststellung über das Ergebnis der Durchsuchung, während nach § 107 StPO auf Verlangen nicht nur der Grund der Durchsuchung anzugeben, sondern auch ein Verzeichnis der beschlagnahmten Gegenstände zu erstellen sowie zu bescheinigen ist, falls nichts Verdächtiges gefunden wurde (S. 2). Auch sieht Abs. 8 anders als § 105 Abs. 2 StPO nicht die Beiziehung von Durchsuchungszeugen vor. **99**

Gegen die richterliche Anordnung der Durchsuchung ist nach S. 7 die Beschwerde statthaft. Für das Beschwerdeverfahren verweist S. 7 auf §§ 306 bis 310 und 311a StPO. **100**

X. Beschlagnahmerecht (Abs. 9)

Abs. 9 wurde wie Abs. 8 mWv 31.3.2026 durch das Bankenrichtlinienumsetzungs- und Bürokratieentlastungsgesetz (BRUBEG) v. 25.3.2026 (BGBl. 2026 I Nr. 81) eingefügt. Das Beschlagnahmerecht flankiert das erweiterte Durchsuchungsrecht in Abs. 8. Eine Parallelvorschrift für Zahlungsinstitute enthält der ebenfalls durch das BRUBEG eingefügte § 19 Abs. 6 ZAG. Für Kreditinstitute und Finanzdienstleistungsinstitute fehlt eine entsprechende Bestimmung im KWG. **101**

Voraussetzung für Beschlagnahmen nach Abs. 9 ist, dass zulässigerweise eine Durchsuchung nach Abs. 8 stattfindet, sowie dass die beschlagnahmten Gegenstände als Beweismittel für die Ermittlung des Sachverhalts von Bedeutung sein können. Diese Voraussetzung entspricht § 94 Abs. 1 StPO. **102**

In Abs. 9 fehlen Schutzvorkehrungen zugunsten der Betroffenen, die bei Beschlagnahmungen nach §§ 94 ff StPO gelten würden, wie zB das Beschlagnahmeverbot (§ 97 StPO) sowie die Verpflichtung zur Erstellung eines Beschlagnahmeverzeichnisses auf Verlangen des Betroffenen (§ 107 S. 2 StPO). **103**

§ 5a Besondere Befugnisse nach der Verordnung (EU) 2022/2554

(1) [1]**Die Bundesanstalt kann bei Verstößen gegen die Verordnung (EU) 2022/2554 unbeschadet sonstiger in diesem Gesetz geregelter Befugnisse im Einzelfall Anordnungen treffen, die geeignet und erforderlich sind, um die Einhaltung der Vorgaben der Verordnung (EU) 2022/2554 sicherzustellen.** [2]**Insbesondere kann sie gegenüber einem Institut anordnen,**

1. **das gegen diese Verordnung verstoßende Verhalten zu unterlassen und von einer Wiederholung abzusehen,**
2. **Praktiken oder Verhaltensweisen, die den Bestimmungen der Verordnung zuwiderlaufen, vorübergehend oder dauerhaft einzustellen und nicht zu wiederholen,**
3. **sicherzustellen, dass weiterhin die rechtlichen Vorgaben erfüllt werden, und**
4. **Korrektur- und Abhilfemaßnahmen vorzunehmen.**

(2) [1]**Die Bundesanstalt und die Deutsche Bundesbank können Untersuchungen über die Einhaltung der Vorgaben der Verordnung (EU) 2022/2554 im Anwendungsbereich dieses Gesetzes vornehmen.** [2]**Unbeschadet sonstiger in diesem Gesetz geregelter Befugnisse kann die Bundesanstalt**

zu diesem Zweck Mitglieder der Organe eines Instituts zu einer Befragung vorladen, damit diese mündliche oder schriftliche Erklärungen zu Sachverhalten oder Unterlagen abgeben, die mit Gegenstand und Zweck der Untersuchung in Zusammenhang stehen, und die mündlichen Erklärungen aufzeichnen. [3]§ 5 Absatz 6 gilt entsprechend. [4]Die Bundesanstalt kann die Durchführung der Befragung auf die Deutsche Bundesbank übertragen.

I. Vorbemerkung

1 Die Vorschrift ist durch das FinmadiG eingefügt und zum 30.12.2024 in Kraft getreten. Sie soll die BaFin und BBank zur Durchsetzung der Anforderungen der DORA an Institute ermächtigen und soll ausweislich der Gesetzesbegründung (BT-Drs. 20/10280, 174) der Umsetzung von Art. 54 DORA dienen. Letztere Vorschrift hat allerdings einen deutlich engeren Anwendungsbereich und regelt Befugnisse der BaFin zur Veröffentlichung verwaltungsrechtlicher Sanktionen auf ihrer amtlichen Website. Gemeint ist in diesem Zusammenhang offenbar Art. 50 DORA.

2 Sonstige Befugnisnormen des WpIG, etwa im Bereich der Überwachung und Prüfung eines angemessenen Risikomanagements sowie des Geschäftsleiterhandelns bleiben durch § 5a ausdrücklich unberührt. Gleiches gilt für die allgemeine Befugnisnorm des § 5 zur Anordnung von Untersuchungen und zur Beseitigung von Missständen (BT-Drs. 20/10280, 174).

II. Anordnungsbefugnisse (Abs. 1)

3 Die BaFin wird nach Abs. 1 Satz 1 ermächtigt, nach pflichtgemäßem Ermessen Anordnungen zu treffen, die die Einhaltung der DORA durch das Institut sicherstellen. Diese Maßnahmen unterliegen nach allgemeinen Regeln dem Verhältnismäßigkeitsgrundsatz. Die in Abs. 1 Satz 2 vorgesehenen Regelbeispiele für derartige Maßnahmen sind daher regelungstechnisch neben Satz 1 überflüssig.

III. Untersuchungsbefugnisse (Abs. 2)

4 Nach Abs. 2 Satz 1 sind BaFin und BBank befugt, Untersuchungen über die Einhaltung der Vorgaben der DORA vornehmen. Die BaFin ist nach Abs. 2 Satz 2 befugt, zu diesem Zweck Organmitglieder der Institute zu einer Befragung vorladen, zur Stellungnahme zu Untersuchungsgegenständen und sonstigen hiermit in Zusammenhang stehenden Sachverhalten zu veranlassen und eine Aufzeichnung von mündlichen Erklärungen der Organmitglieder hierzu aufzuzeichnen. Die Vorschrift überschneidet sich innerhalb ihres Anwendungsbereiches mit im Übrigen ergänzend geltenden Befugnissen der BaFin und BBank aus § 5 Abs. 4. Auskunftsverweigerungsrechte der Befragten nach § 5 Abs. 6 in Fällen, in denen die Auskunft den Befragten oder einen Angehörigen iSv § 338 Abs. 1 Nr. 1–3 ZPO der Gefahr strafrechtlicher Verfolgung oder eines Verfahrens nach dem OWiG aussetzen würde, gelten gem. Abs. 2 Satz 3 ausdrücklich entsprechend. Die betroffene Person ist jeweils auf das Recht, die Auskunft zu verweigern, hinzuweisen (§ 5 Abs. 6 S. 2). Die BaFin kann nach Abs. 2 Satz 4 eine Befragung

auf die Deutsche Bundesbank übertragen. In § 5 Abs. 4 S. 2 ist eine entsprechende Übertragungsbefugnis für die Vor-Ort-Prüfung insgesamt vorgesehen.

IV. Sanktionen/Rechtsbehelfe

Verstöße gegen Anordnungen nach § 5a selbst sind nicht bußgeldbewehrt. **5**
Bestimmte vorsätzliche oder fahrlässige Verstöße gegen die dort genannten Vorschriften der DORA sind aber über § 83 Abs. 4a iVm § 56 Abs. 5e iVm Abs. 6 Nr. 1–3 KWG bußgeldbewehrt. Darunter sollen nach der Gesetzesbegründung insbesondere Melde- und Testanforderungsverstöße fallen (nicht, nicht richtig, nicht vollständig oder nicht rechtzeitig vorgenommene Meldung eines schwerwiegenden IKT-Sicherheitsvorfalles oder Durchführung von angeordneten Penetrationstest) (BT-Drs. 20/10280, 174). Darüber hinaus macht die BaFin Entscheidungen über bestandskräftige Maßnahmen und unanfechtbar gewordene Bußgeldentscheidungen, die wegen Verstößen gegen die Verordnung (EU) 2022/2554 oder die jeweils darauf basierenden delegierten Rechtsakte erlassen wurden, unverzüglich auf ihrer Internetseite bekannt (§ 84a Abs. 1).

Handelt die BaFin durch Verwaltungsakt, dann steht dem betroffenen Institut **6**
bzw. Geschäftsleiter der Rechtsbehelf des Widerspruchs nach §§ 68 ff. VwGO zu. Zuständig für den Erlass eines Widerspruchsbescheids ist die BaFin selbst, da nächsthöhere Behörde das BMF und damit eine oberste Bundesbehörde ist (§ 73 Abs. 1 S. 1 Nr. 2 VwGO). Die Klage ist gegen die Bundesrepublik Deutschland zu richten, wobei die Bezeichnung der BaFin als Beklagte ausreicht (§ 78 Abs. 1 Nr. 1 VwGO). Widerspruch und Anfechtungsklage gegen Maßnahmen der BaFin nach § 5a (einschließlich der Androhung und Festsetzung von Zwangsmitteln) haben nach § 6 keine aufschiebende Wirkung. Handelt die BBank als oberste Bundesbehörde, ist ein Vorverfahren entbehrlich (§ 29 Abs. 1 BBankG, § 68 Abs. 1 S. 2 Nr. 1 VwGO) und die Anfechtungsklage statthaft.

§ 6 Sofortige Vollziehbarkeit

Widerspruch und Anfechtungsklage gegen Maßnahmen der Bundesanstalt einschließlich der Androhung und Festsetzung von Zwangsmitteln auf der Grundlage des § 5 Absatz 2 bis 7 und 9, des § 5a, des § 7 Absatz 1 Satz 2 und Absatz 3, des § 10 Absatz 2, 4 und 6, des § 18 Absatz 2 Nummer 2, 3 und Absatz 3, des § 19 Absatz 2, des § 20 Absatz 6, der §§ 22, 23, 25 und 26 Absatz 1 und 2, des § 27 Absatz 3, des § 33 Absatz 3 Satz 2, Absatz 4 und 5 Satz 2, des § 39 Absatz 3, des § 40 Absatz 3, des § 43 Absatz 3 Satz 2, des § 48 Absatz 2 bis 5, der §§ 49, 51, 54, 56 Absatz 2, der §§ 60 und 62 Absatz 2, der §§ 63 und 70 Absatz 4, des § 71 Absatz 3, des § 77 Absatz 1 Satz 2, 4 und 5, des § 79 Absatz 1 und 2, des § 80 Absatz 1 und 2 sowie des § 81 Absatz 2 haben keine aufschiebende Wirkung.

I. Vorbemerkung

§ 6 regelt die sofortige Vollziehbarkeit von aufgrund des WpIG erlassenen **1**
Maßnahmen und zählt die Bestimmungen auf, deren Vollzug regelmäßig zeitnah erfolgen muss, um eine Beeinträchtigung der Interessen der Kunden eines Wert-

papierinstitut zu verhindern und ggf. Vermögensschäden zu minimieren (Regierungsbegründung WpIG, BT-Drs. 19/26929, 131). Parallelvorschriften enthalten § 49 Abs. 1 KWG und § 23 ZAG. Durch KreditzweitmarktförderungsG wurden jew. mit Wirkung z. 30.12.2023 der Verweis auf § 5 auf die Absätze 2–7 sowie der Verweis auf § 77 Abs. 1 auf die Sätze 2, 4 und 5 erweitert, durch das FinmadiG wurde § 5a mit Wirkung z. 30.12.2024 eingefügt. Durch das StandortförderungsG v. 9.2.2026 (BGBl 2026 I Nr. 33) wurde die sofortige Vollziehbarkeit von Maßnahmen nach § 71 Abs. 3 beseitigt; dadurch wurde der Änderung von § 71 Abs. 1 S. 1 und dem Wegfall der Vorgabe nach § 71 Abs. 3 S. 3 Rechnung getragen (Regierungsbegründung StoFöG, BT-Drs. 21/2507, 214). Durch das Bankenrichtlinienumsetzungs- und BürokratieentlastungsG (BRUBEG) v. 25.3.2026 (BGBl. 2026 I Nr. 81) wurde § 6 mWz 31.3.2026 neu gefasst, um die sofortige Vollziehbarkeit der durch den neuen § 5 Abs. 9 ermöglichten Beschlagnahme von Beweismitteln anzuordnen (Regierungsbegründung BRUBEG, BT-Drs. 21/3058, 298).

II. Einzelfälle

2 Nach § 6 haben Widerspruch und Anfechtungsklage gegen Maßnahmen aufgrund folgender Vorschriften keine aufschiebende Wirkung:
- Anordnungen im Rahmen der Missstandsaufsicht (§ 5 Abs. 2);
- Veröffentlichung von Verstößen und Veranwortlichen (§ 5 Abs. 3 S. Nr. 1);
- Tätigkeitsuntersagungen gegenüber Geschäftsleitern, Mitgliedern von Kontrollorganen und sonstigen natürlichen Personen (§ 5 Abs. 3 S. 1 Nr. 2);
- Auskunfts- und Vorlageverlangen gegenüber Wertpapierinstituten, Mutterunternehmen oder Auslagerungsunternehmen, deren Geschäftsleiter oder Mitglieder der Verwaltungs- oder Aufsichtsorgane und deren Beschäftigte, Ausübung von Betretungsrechten (§ 5 Abs. 4);
- Auskunfts- und Vorlageverlangen gegenüber weiteren Personen und Unternehmen (5 Abs. 5),
- Geltendmachung von Aussageverweigerungsrechten (§ 5 Abs. 6, wohl **Redaktionsversehen**);
- Teilnahme an Anteilseigner- und Organversammlungen (§ 5 Abs. 7);
- Beschlagnahme von Gegenständen (§ 5 Abs. 9);
- Anordnungen nach der DORA (VO (EU) 2022/2554) (§ 5a);
- Untersagung der Übermittlung von Daten durch ein Wertpapierinstitut in einen Drittstaat (§ 7 Abs. 1 S. 2);
- grenzüberschreitende Auskünfte (§ 7 Abs. 3);
- Maßnahmen nach den (nicht existierenden) § 10 Abs. 2, 4 und 6 **(Redaktionsversehen);**
- Erlaubnisversagung wegen Beeinträchtigung wirksamer Aufsicht über das Wertpapierinstitut wegen der für verflochtene Personen oder Unternehmen geltenden Rechts- oder Verwaltungsvorschriften eines Drittstaates (§ 18 Abs. 2 Nr. 2);
- Erlaubnisversagung wegen mangelhafter Beaufsichtigung des Mutterunternehmens eines Wertpapierinstituts in einem Drittstaat oder mangelnder Kooperation der zuständigen Aufsichtsbehörde mit der BaFin (§ 18 Abs. 2 Nr. 3);
- Erlaubnisversagung wg. entgegen DelVO (EU) 2017/1943 unzureichender Unterlagen in Erlaubnisantrag (§ 18 Abs. 3);
- Erlaubnisaufhebung (§ 19 Abs. 2);

– Einsetzung eines gekorenen Geschäftsleiters (§ 20 Abs. 6);
– Maßnahmen gegen Geschäftsleiter (§ 22);
– Tätigkeitsverbote für natürliche Personen, die nicht Geschäftsleiter sind (§ 23);
– Beurteilung von Anzeigen nach § 24 durch BaFin (§ 25);
– Untersagung des Erwerbs einer bedeutenden Beteiligung (§ 26 Abs. 1 und 2);
– Untersagung der Befolgung von Weisungen des Inhabers einer bedeutenden Beteiligung gegenüber dem die Beteiligung vermittelnden Unternehmen (§ 27 Abs. 3);
– Rückgängigmachung der Auslagerung interner Sicherungsmaßnahmen (§ 33 Abs. 3 S. 2);
– Anordnungen zu internen Sicherungsmaßnahmen (§ 33 Abs. 4);
– Bestimmung einer anderen internen Stelle als dem Geldwäschebeauftragten zur Verhinderung von Verstößen gegen geldwäscherechtlichen Bestimmungen (§ 33 Abs. 5 S. 2);
– Anordnungen gegenüber kleinen Wertpapierinstituten zu internem Kapital und Liquidität (§ 39 Abs. 3);
– Anordnungen bei Auslagerungen (§ 40 Abs. 3);
– Maßnahmen nach dem (nicht existierenden) § 43 Abs. 3 S. 2 **(Redaktionsversehen);**
– Anordnungen zur Beseitigung von Mängeln interner Modelle iSv Art. 22 IFR (§ 48 Abs. 2);
– Widerruf der Erlaubnis zur Verwendung interner Modelle iSv Art. 22 IFR (§ 48 Abs. 3);
– Anordnungen bei Nichterfüllung der Voraussetzungen zur Weiterverwendung interner Modelle iSv Art. 22 IFR (§ 48 Abs. 4 und 5);
– Anordnungen im Zusammenhang mit besonderen Aufsichtsbefugnissen (§ 49);
– Anordnung zusätzlicher Eigenmittel (§ 51);
– Anordnung von Veröffentlichungspflichten (§ 54);
– Anordnungen zur konsolidierten Beaufsichtigung (§ 56 Abs. 2);
– Anordungen zur Nachprüfung von Informationen über Unternehmen in anderen EWR-Vertragsstaaten (§ 60);
– Abberufung und Tätigkeitsuntersagung von Geschäftsleitern und Mitgliedern Kontrollorganen von Investmentholdinggesellschaften oder gemischten Finanzholdinggesellschaften (§ 62 Abs. 2);
– Maßnahmen zur Beaufsichtigung von gemischten Finanzholdinggesellschaften (§ 63);
– Maßnahmen bei Errichtung von Zweigniederlassungen durch inländische Wertpapierinstitute (§ 70 Abs. 4);
– Verlangen der Bestellung eines anderen Abschlussprüfers (§ 77 Abs. 1 S. 2);
– Verlangen des Wechsels des Prüfungspartners (§ 77 Abs. 1 S. 4 und 5);
– Maßnahmen bei Gefahr (§ 79 Abs. 1 und 2);
– Einsetzung von Sonderbeauftragten (§ 80 Abs. 1);
– Festsetzung der Kosten von Sonderbeauftragten (§ 80 Abs. 2);
– Festsetzung von Ausnahmen von Veräußerungs- und Zahlungsverboten (§ 81 Abs. 2).

§ 7 Grenzüberschreitende Auskünfte und Prüfungen

(1) [1]**Nationale Rechtsvorschriften, die einer Übermittlung von Daten entgegenstehen, sind nicht anzuwenden auf die Übermittlung von Daten**

zwischen einem Wertpapierinstitut, einem Finanzinstitut, einer Investmentholdinggesellschaft, einer gemischten Finanzholdinggesellschaft, oder einem Unternehmen mit Sitz im Europäischen Wirtschaftsraum, das mindestens 20 Prozent der Kapitalanteile oder Stimmrechte an dem Unternehmen unmittelbar oder mittelbar hält, Mutterunternehmen ist oder beherrschenden Einfluss ausüben kann, oder zwischen einer gemischten Holdinggesellschaft und ihren Tochterunternehmen mit Sitz im Europäischen Wirtschaftsraum, wenn die Übermittlung der Daten erforderlich ist, um Bestimmungen der Aufsicht nach Maßgabe der Richtlinie 2013/36/EU des Europäischen Parlaments und des Rates vom 26. Juni 2013 über den Zugang zur Tätigkeit von Kreditinstituten und die Beaufsichtigung von Kreditinstituten und Wertpapierfirmen, zur Änderung der Richtlinie 2002/87/EG und zur Aufhebung der Richtlinien 2006/48/EG und 2006/49/EG (ABl. L 176 vom 27.6.2013, S. 338; L 208 vom 2.8.2013, S. 73; L 20 vom 25.1.2017, S. 1; L 203 vom 26.6.2020, S. 95), die zuletzt durch die Richtlinie (EU) 2019/2034 (ABl. L 314 vom 5.12.2019, S. 64) geändert worden ist, der Verordnung (EU) 2019/2033 oder der Richtlinie 2002/87/EG über das Unternehmen mit Sitz im Ausland zu erfüllen. [2]Die Bundesanstalt kann einem Wertpapierinstitut die Übermittlung von Daten in einen Drittstaat untersagen.

(2) **[1]Auf Ersuchen einer für die Aufsicht über ein Unternehmen mit Sitz in einem anderen Vertragsstaat zuständigen Behörde hat die Bundesanstalt die Richtigkeit der von einem in Absatz 1 Satz 1 genannten Unternehmen an die Behörde nach Maßgabe der Richtlinie 2013/36/EU, der Richtlinie (EU) 2019/2034, der Verordnung (EU) 2019/2033, der Verordnung (EU) Nr. 575/2013 oder der Richtlinie 2002/87/EG des Europäischen Parlaments und des Rates vom 16. Dezember 2002 über die zusätzliche Beaufsichtigung der Kreditinstitute, Versicherungsunternehmen und Wertpapierfirmen eines Finanzkonglomerats und zur Änderung der Richtlinien 73/239/EWG, 79/267/EWG, 92/49/EWG, 93/6/EWG und 93/22/EWG des Rates und der Richtlinien 98/78/EG und 2000/12/EG des Europäischen Parlaments und des Rates (ABl. L 35 vom 11.2.2003, S. 1), die zuletzt durch die Richtlinie (EU) 2019/2034 (ABl. L 314 vom 5.12.2019, S. 64) geändert worden ist, übermittelten Daten zu überprüfen oder zu gestatten, dass die ersuchende Stelle, ein Wirtschaftsprüfer oder ein Sachverständiger diese Daten überprüft. [2]Die Bundesanstalt kann nach pflichtgemäßem Ermessen gegenüber zuständigen Behörden in Drittstaaten entsprechend verfahren, wenn Gegenseitigkeit gewährleistet ist. [3]Bezüglich der Grenzen der Amtshilfe gilt § 5 Absatz 2 des Verwaltungsverfahrensgesetzes entsprechend. [4]Die in Absatz 1 Satz 1 genannten Unternehmen haben die Prüfung zu dulden.**

(3) **Die Bundesanstalt kann von Wertpapierinstituten, Investmentholdinggesellschaften oder gemischten Finanzholdinggesellschaften mit Sitz in einem anderen Vertragsstaat weitere Auskünfte verlangen, welche die Aufsicht über Wertpapierinstitute erleichtern, die Tochterunternehmen dieser Unternehmen sind und von den zuständigen Stellen des anderen Staates aus den in Artikel 19 Absatz 1 oder Absatz 2 Buchstabe b der Verordnung (EU) Nr. 575/2013 genannten Gründen nicht in die Beaufsichtigung auf zusammengefasster Basis einbezogen werden.**

I. Vorbemerkung

1 § 7 soll eine wirksame grenzüberschreitende Aufsicht über Wertpapierinstitute sowie die grenzüberschreitende konsolidierte Aufsicht über Investmentholdinggesellschaften und gemischte Finanzholdinggesellschaften sicherstellen und Art. 81 und 85 Abs. 2 MiFID II sowie Art. 13 Abs. 1 und 2 IFD umsetzen (Regierungsbegründung WpIG, BT-Drs. 19/26929, 131). Eine entsprechende Bestimmung enthält § 44a KWG, dem § 7 nachgebildet ist.

II. Übermittlung von Daten an ausländische Aufsichtsbehörden (Abs. 1)

2 S. 1 entspricht § 44a Abs. 1 S. 1 und stellt klar, dass nationale Rechtsvorschriften, die einer Datenübermittlung insbesondere personenbezogener Daten (iSv § 1 Abs. 1 BDSG iVm Art. 4 Nr. 1 DS-GVO) an ausländische Aufsichtsbehörden entgegenstehen, nicht angewendet werden dürfen. S. 1 hat nach Auffassung des Gesetzgebers bloß deklaratorische Bedeutung (Regierungsbegründung WpIG, BT-Drs. 19/26929, 131; Lendermann/Nemeczek/Schroeter/Schemmel Rn. 4; so bereits zu § 44a KWG Beck/Samm/Kokemoor/Reppenthin KWG § 44a Rn. 14; Reischauer/Kleinhans/Bitterwolf KWG § 44a Rn. 2; Schwennicke/Auerbach/Schwennicke KWG § 44a Rn. 2). Die vorrangige Geltung von S. 1 ist auch in § 1 Abs. 2 BDSG geregelt.

3 Die Vereinbarkeit der Übermittlung personenbezogener Daten mit EU-Rechtsvorschriften wie insbesondere der DS-GVO (VO (EU) 2016/679) sowie der DatenschutzVO (VO (EU) 2018/1725) muss weiterhin im Einzelfall geprüft werden (Regierungsbegründung WpIG, BT-Drs. 19/26929, 131). Bei der Schaffung von § 44a KWG im Jahr 1998 hatte der Gesetzgeber noch angenommen, dass die Übermittlung in jedem Fall datenschutzkonform sei (Regierungsbegründung 6. KWG-Novelle, BT-Drs. 13/7142, 92 (unter Verweis auf § 28 BDSG aF)). Dieser Hinweis ist durch die unmittelbare geltende, am 25.5.2018 in Kraft getretene DS-GVO überholt, die dem BDSG und dem WpIG als höherrangiges Recht vorgeht. Im Einzelfall ist eine Datenübermittlung nach Art. 6 Abs. 1 lit. c DS-GVO datenschutzrechtlich zulässig, wenn und soweit diese Datenübermittlung zur Beaufsichtigung erforderlich ist (Reischauer/Kleinhans/Bitterwolf KWG § 44a Rn. 2). In diesem Fall würde auch § 3 BDSG der Übermittlung nicht entgegenstehen.

1. Daten

4 S. 1 erlaubt nur die Übermittlung von Daten, die für die konsolidierte Aufsicht über ein ausländisches Institut durch die zuständige Aufsichtsbehörde nach Maßgabe der CRD IV (RL 2013/36/EU) oder der FinanzkonglomerateRL (RL 2002/87/EG) erforderlich sind. Nicht für die konsolidierte Aufsicht erforderliche Daten dürfen nach S. 1 nicht übermittelt werden (Beck/Samm/Kokemoor/Reppenthin KWG § 44a Rn. 24; Schwennicke/Auerbach/Schwennicke KWG § 44a Rn. 3); die Übermittlung würde dann auch dem Grundsatz der Datenminimierung (Art. 5 Abs. 1 lit. c DS-GVO) widersprechen. Maßgeblich für die Erforderlichkeit sind die Bestimmungen des für das ausländische Institut geltenden Aufsichtsrechts, nicht ob die Daten nach deutschem Recht erforderlich wären (Beck/Samm/Kokemoor/Reppenthin KWG § 44a Rn. 21; Fischer/Schäfer/Schulte-Mattler/Schulte-Matt-

ler/Braun/Zilch KWG § 44a Rn. 18; Schwennicke/Auerbach/Schwennicke KWG § 44a Rn. 3).

2. Empfänger von Datenübermittlungen

5 S. 1 betrifft die Datenübermittlungen eines inländischen Unternehmens an ausländische Unternehmen, die Mutterunternehmen sind, beherrschenden Einfluss auf das inländische Unternehmen ausüben können oder mindestens 20 % der Kapitalanteil- oder Stimmrechte des inländischen Unternehmens halten. Empfänger von Daten können auch Tochterunternehmen einer gemischten Holdinggesellschaft mit Sitz im EWR sein.

3. Übermittelnde inländische Unternehmen

6 Nach S. 1 dürfen Daten von einem Wertpapierinstitut, einem Finanzinstitut, einer Investmentholdinggesellschaft, einer gemischten Finanzholdinggesellschaft oder einer gemischten Holdinggesellschaft übermittelt werden (Lendermann/Nemeczek/Schroeter/Schemmel Rn. 7).

4. Untersagung der Datenübermittlung in Drittstaat (S. 2)

7 Nach **S. 2** kann die BaFin die Datenübermittlung in einen Drittstaat (Staat außerhalb des EWR) untersagen. Die Untersagungsbefugnis kann etwa ausgeübt werden, wenn keine Gegenseitigkeit mit einem Drittstaat verbürgt ist, weil dieser seinerseits keine Datenübermittlung an inländische Unternehmen gestattet. Mit der Untersagung kann dann ein einseitiger Datenabfluss in Drittstaaten verhindert werden (Lendermann/Nemeczek/Schroeter/Schemmel Rn. 9; so zu § 44a Abs. 1 S. 2 KWG Beck/Samm/Kokemoor/Reppenthin KWG § 44a Rn. 26; Reischauer/Kleinhans/Bitterwolf KWG § 44a Rn. 2). Eine Untersagung ist auch dann möglich, wenn nicht sichergestellt ist, dass die übermittelten Daten nur für aufsichtliche Zwecke verwendet werden oder ihre vertrauliche Behandlung nicht sichergestellt ist (Lendermann/Nemeczek/Schroeter/Schemmel Rn. 9; so zu § 44a Abs. 1 S. 2 KWG Beck/Samm/Kokemoor/Reppenthin KWG § 44a Rn. 27).

III. Prüfungen im Inland für ausländische Aufsichtsbehörden (Abs. 2)

8 **Abs. 2** ist § 44a Abs. 2 KWG nachgebildet und regelt die Nachprüfung von Daten, die ein inländisches Unternehmen nach Maßgabe von Abs. 1 an die ausländische Obergesellschaft übermittelt hat, im Wege der **grenzüberschreitenden Amtshilfe** (Lendermann/Nemeczek/Schroeter/Schemmel Rn. 11; Beck/Samm/Kokemoor/Reppenthin KWG § 44a Rn. 32).

9 **S. 1** verlangt ein **Ersuchen der ausländischen Aufsichtsbehörde aus einem EWR-Mitgliedstaat** zur Überprüfung von Daten, die ein inländisches Unternehmen nach Abs. 1 an ein in Abs. 1 S. 1 genanntes ausländisches Unternehmen übermittelt hat. Die BaFin kann nach S. 1 entscheiden, ob sie die Daten selbst überprüft, der ersuchenden ausländischen Aufsichtsbehörde die Prüfung gestattet oder die Prüfung durch von der BaFin oder der ausländischen Aufsichtsbehörde beauftragte Wirtschaftsprüfer oder Sachverständige durchführen lässt. Die BaFin kann zwischen diesen Möglichkeiten nach pflichtgemäßem Ermessen wählen

(Lendermann/Nemeczek/Schroeter/Schemmel Rn. 12; so zu § 44a Abs. 2 S. 1 KWG Beck/Samm/Kokemoor/Reppenthin KWG § 44a Rn. 33).

S. 2 erstreckt die Prüfungsmöglichkeiten der BaFin, der ausländischen Aufsichtsbehörde oder deren Beauftragten auch auf **Aufsichtsbehörden aus Drittstaaten,** sofern Gegenseitigkeit verbürgt ist. 10

S. 3 verweist auf die Grenzen der Amtshilfe nach § 5 Abs. 2 VwVfG, zu denen die Geheimhaltungspflicht aus § 5 Abs. 2 S. 2 VwVfG gehören würde. Dieser allgemeinen Geheimhaltungspflicht geht die speziellere Regelung in § 12 vor (so für § 8 und 9 KWG im Verhältnis zu § 44a Abs. 2 KWG Beck/Samm/Kokemoor/Reppenthin KWG § 44a Rn. 39). 11

S. 4 verpflichtet die betroffenen Unternehmen zur Duldung der Prüfungshandlungen der BaFin sowie ggf. der ausländischen Aufsichtsbehörde und deren jeweiligen Beauftragten. Bußgeldbewehrt ist diese Pflicht (anders als nach § 56 Abs. 3 Nr. 10 KWG die Duldungspflicht nach § 44a Abs. 2 S. 4 KWG) nach § 83 nicht. 12

IV. Erweitertes Auskunftsrecht (Abs. 3)

Nach **Abs. 3** steht der BaFin ein Auskunftsrecht gegenüber Wertpapierinstituten, Investmentholdinggesellschaften oder gemischten Finanzholdinggesellschaften mit Sitz in einem anderen EWR-Staat zu, deren Tochterunternehmen ein inländischen Wertpapierinstitut ist, das im Ausland nicht in die konsolidierte Aufsicht einbezogen ist. Grund für die Nichteinbeziehung in die konsolidierte Aufsicht durch die zuständige ausländische Aufsichtsstelle können zB Bagatellgrenzen sein (Lendermann/Nemeczek/Schroeter/Schemmel Rn. 16; so zu § 44a Abs. 3 KWG Fischer/Schäfer/Schulte-Mattler/Schulte-Mattler/Braun/Zilch KWG § 44a Rn. 31). 13

§ 8 Befugnis zur Erstreckung der Verordnung (EU) Nr. 575/2013 auf bestimmte Wertpapierinstitute

(1) **Die Bundesanstalt kann anordnen, dass ein Wertpapierinstitut, das den Eigenhandel oder das Emissionsgeschäft betreibt und dessen zusammengerechnete Vermögenswerte, berechnet als Durchschnitt der vorausgegangenen zwölf Monate, 5 Milliarden Euro übersteigen, die Vorschriften der Verordnung (EU) Nr. 575/2013 anzuwenden hat, wenn das Wertpapierinstitut**

1. **die vorgenannten Dienstleistungen in einem solchen Umfang betreibt, dass ein Ausfall oder eine Notlage des Wertpapierinstituts zu einer Störung des Finanzsystems mit möglicherweise schwerwiegenden negativen Auswirkungen auf das Finanzsystem und die Realwirtschaft führen könnte,**
2. **ein Clearing-Mitglied im Sinne des Artikels 4 Absatz 1 Nummer 3 der Verordnung (EU) 2019/2033 in Verbindung mit Artikel 2 Nummer 14 der Verordnung (EU) Nr. 648/2012 ist oder**
3. **aufgrund seiner Größe, der Art, des Umfangs und der Komplexität seiner Tätigkeiten oder seiner grenzüberschreitend erbrachten Dienstleistungen erhebliche wirtschaftliche Bedeutung für die Volkswirtschaft der Europäischen Union oder des betreffenden Mitgliedstaates**

hat oder mit dem Finanzsystem der Europäischen Union oder dem Mitgliedstaat erheblich verbunden ist.

(2) **Absatz 1 ist nicht anzuwenden auf Warenderivatehändler, Emissionszertifikatehändler, Kapitalverwaltungsgesellschaften oder Versicherungsunternehmen.**

(3) [1]**Unterschreitet das Wertpapierinstitut über einen Zeitraum von zwölf Monaten den in Absatz 1 genannten Schwellenwert oder liegen die Voraussetzungen nach Absatz 1 nicht mehr vor, zeigt das Wertpapierinstitut dies der Bundesanstalt unverzüglich an.** [2]**Die Bundesanstalt prüft die Anzeige und widerruft ihre Anordnung nach Absatz 1 bei Wegfall der betreffenden Voraussetzungen mit Wirkung zum Zeitpunkt des Eingangs der Anzeige.**

(4) **Die Bundesanstalt informiert die Europäische Bankenaufsichtsbehörde, die nach Maßgabe des in Artikel 19 der Verordnung (EU) Nr. 1093/2010 festgelegten Verfahrens tätig wird, unverzüglich über eine nach Absatz 1 und Absatz 3 getroffene Entscheidung unter Hinweis auf die Geltung der Titel VII und VIII der Richtlinie 2013/36/EU.**

I. Vorbemerkung

1 § 8 setzt Art. 5 IFD iVm Art. 1 Abs. 2 IFR um und soll der BaFin ermöglichen, die Geltung der CRR auch unterhalb des Schwellenwerts von 15 Milliarden Euro (Art. 1 Abs. 2 IRR) anzuordnen, wenn ein Wertpapierinstitut Tätigkeiten in einem derartigen Umfang ausübt, dass der Ausfall oder die Notlage zu einem Systemrisiko führen würde und eine Störung des Finanzsystems mit möglichen schwerwiegenden negativen Auswirkungen auf das Finanzsystem und die Realwirtschaft zu befürchten wäre (Regierungsbegründung WpIG, BT-Drs. 19/26926, 131; Lendermann/Nemeczek/Schroeter/Lendermann/Nemeczek Rn. 1).

2 Abs. 1 Nr. 2 wurde durch das KreditzweitmarktförderungsG v. 22.12.2023 (BGBl. 2023 I Nr. 411) sowie Abs. 1 Nr. 2 und Abs. 4 durch das FondsrisikobegrenzungsG v. 9.4.2026 (BGBl. 2026 I Nr. 97) jeweils redaktionell geändert.

3 Zur näheren Erläuterung und Präzisierung von Art. 5 Abs. 1 IFD hat die EU-Kommission mit der Delegierten VO (EU) 2021/2153 technische Regulierungsstandards erlassen (Lendermann/Nemeczek/Schroeter/Lendermann/Nemeczek Rn. 3). Art. 1 und 2 Delegierte VO (EU) 2021/2153 enthalten Maßgaben für die Anwendung von Art. 5 Abs. 1 lit. a IFD (umgesetzt in Abs. 1 Nr. 1) und Art. 5 Abs. 1 lit. b IFD (umgesetzt in Abs. 1 Nr. 2). Die Hintergründe für die Delegierte VO (EU) 2021/2153 sind in den von der EBA am 16.12.2020 im Entwurf veröffentlichten EBA/RTS/2020/11 „Draft regulatory technical standards related to the implementation of a new prudential regime for investment firms on the information for the authorisation of credit institutions under point(a) of Article 8a(6) of Directive 2013/36/EU, – the prudential requirements for investment firms under Articles 7(5), 9(4) and 13(4), point (a) to (c) of Article 15(5), and Article 23(3) of Regulation (EU) 2019/2033, and the prudential requirements for investment firms under Article 5(6) of Directive (EU) 2019/2034" enthalten (Lendermann/Nemeczek/Schroeter/Lendermann/Nemeczek Rn. 8).

II. Anwendung der CRR (Abs. 1)

1. Anwendung der CRR nach § 8 Abs. 1

Nach Abs. 1 kann die BaFin ein Wertpapierinstitut, das **Eigenhandel** iSv § 2 Abs. 2 Nr. 10 oder **Emissionsgeschäft** iSv § 2 Abs. 2 Nr. 2 (ohne Waren- und Emissionszertifikatehändler, Kapitalverwaltungsgesellschaft oder Versicherungsunternehmen zu sein) betreibt und dessen zusammengerechnete Vermögenswerte im Durchschnitt der vorausgegangenen zwölf Monate mehr als 5 Milliarden Euro betragen haben, als Großes Wertpapierinstitut einstufen und die Anwendung der CRR anordnen, wenn mindestens eine der folgenden Voraussetzungen erfüllt sind: 4

– Der Umfang des vom Wertpapierinstitut betriebenen Eigenhandels oder Emissionsgeschäft ist so groß, dass ein Ausfall oder eine Notlage des Wertpapierinstituts zu einer Störung des Finanzsystems mit möglicherweise schwerwiegenden negativen Auswirkungen auf das Finanzsystem und die Realwirtschaft führen könnte **(Nr. 1);** Nr. 1 geht auf Art. 5 Abs. 1 lit. a IFD (RL (EU) 2019/2034) zurück, der durch Art. 1 Delegierte VO (EU) 2021/2153 konkretisiert wird, der folgenden Wortlaut hat: 5

Für die Zwecke von Artikel 5 Absatz 1 Buchstabe a der Richtlinie (EU) 2019/2034 gelten die Tätigkeiten einer Wertpapierfirma dann als in einem solchen Umfang ausgeübt, dass der Ausfall oder die Notlage dieser Wertpapierfirma zu einem Systemrisiko führen könnte, wenn die Wertpapierfirma einen der folgenden Schwellenwerte überschreitet:

a) Gesamt-Brutto-Nominalwert nicht zentral geclearter außerbörslich gehandelter Derivate in Höhe von 50 Mrd. EUR;
b) Gesamtwert der Finanzinstrumente, für die eine Übernahme der Emission und/oder eine Platzierung mit fester Übernahmeverpflichtung durchgeführt wurde, in Höhe von 5 Mrd. EUR;
c) Gesamtwert der Kredite oder Darlehen, die Anlegern für die Durchführung von Transaktionen gewährt wurden, in Höhe von 5 Mrd. EUR;
d) Gesamtwert der ausstehenden Schuldverschreibungen in Höhe von 5 Mrd. EUR.

– das Wertpapierinstitut ist Clearing-Mitglied iSv Art. 4 Abs. 1 Nr. 3 IFR iVm Art. 2 Nr. 14 EMIR-VO **(Nr. 2);** Nr. 2 setzt Art. 5 Abs. 1 lit. b IFD um, der durch Art. 2 Delegierte VO (EU) 2021/2153 dahingehend konkretisiert wird, dass damit Wertpapierinstitute gemeint sind, die Clearingdienste für andere Finanzinstitute anbieten, die selbst keine Clearingmitglieder sind, wobei die BaFin auch Clearing-Mitglieder hochstufen kann, die ihre Dienste nur anderen Mitgliedern anbieten (Lendermann/Nemeczek/Schroeter/Lendermann/Nemeczek Rn. 9), oder 6

– das Wertpapierinstitut hat aufgrund seiner Größe, der Art, des Umfangs und der Komplexität seiner Tätigkeiten oder seiner grenzüberschreitend erbrachten Dienstleistungen erhebliche wirtschaftliche Bedeutung für die Volkswirtschaft der EU oder der Bundesrepublik Deutschland hat oder ist mit dem Finanzsystem der EU oder der Bundesrepublik Deutschland erheblich verbunden **(Nr. 3);** hierbei handelt sich um einen **Auffangtatbestand,** der dem Umstand Rechnung trägt, dass die in Art. 1 Delegierte VO (EU) 2021/2151 enthaltene Liste von Kriterien nach Maßgabe der EBA/RTS/2020/11 (→ Rn. 3) Tz. 97 nicht abschließend ist (Lendermann/Nemeczek/Schroeter/Lendermann/Nemeczek Rn. 8, 10). 7

8 Abs. 1 verlangt ein Überschreiten des Schwellenwerts von 5 Milliarden Euro, während Art. 5 Abs. 1 IFD das Erreichen („mindestens") von 5 Milliarden Euro ausreichen lässt (Lendermann/Nemeczek/Schroeter/Lendermann/Nemeczek Rn. 5). In der Praxis wird die nicht richtlinienkonforme Umsetzung keine Rolle spielen.

2. Anwendung der CRR nach Art. 1 Abs. 2 IFR

9 Die BaFin kann eine Einstufung als Großes Wertpapierinstitut außer nach § 8 auch nach Art. 1 Abs. 2 IFR vornehmen. Danach liegt ein Großes Wertpapierinstitut vor, wenn ein Wertpapierinstitut (ohne Waren- und Emissionszertifikatehändler, Organismus für gemeinsame Anlagen oder Versicherungsunternehmen zu sein) **Eigenhandel** iSv § 2 Abs. 2 Nr. 10 oder **Emissionsgeschäft** iSv § 2 Abs. 2 Nr. 2 betreibt und

10 – seine konsolidierte Bilanzsumme 15 Mrd. EUR oder mehr beträgt, wobei der Durchschnitt der vorausgegangenen zwölf Monate ohne Berücksichtigung der individuellen Vermögenswerte von außerhalb der EU niedergelassenen Tochterunternehmen maßgeblich ist, die Eigenhandel iSv § 2 Abs. 2 Nr. 10 oder Emissionsgeschäft iSv § 2 Abs. 2 Nr. 2 betreiben **(Art. 1 Abs. 2 S. 1 lit. a IFR);**

11 – seine konsolidierte Bilanzsumme unter 15 Mrd. EUR liegt, wenn das Wertpapierinstitut Teil einer Gruppe ist, bei der die konsolidierte Bilanzsumme aller Unternehmen der Gruppe, die einzeln über Gesamtvermögenswerte von weniger als 15 Mrd. EUR verfügen und die ihrerseits Eigenhandel iSv § 2 Abs. 2 Nr. 10 oder Emissionsgeschäft iSv § 2 Abs. 2 Nr. 2 betreiben, 15 Mrd. EUR oder mehr beträgt; auch hier ist der Durchschnitt der vorausgegangenen zwölf Monate maßgeblich und sind die individuellen Vermögenswerte von außerhalb der EU niedergelassenen Tochterunternehmen nicht zu berücksichtigen, die Eigenhandel iSv § 2 Abs. 2 Nr. 10 oder Emissionsgeschäft iSv § 2 Abs. 2 Nr. 2 betreiben **(Art. 1 Abs. 2 S. 1 lit. b IFR),** oder

12 – wenn das Wertpapierinstitut von der BaFin als zuständiger Behörde nach Art. 5 IFR aufgrund seiner Bedeutung für das Finanzsystem als Großes Wertpapierinstitut eingestuft wurde **(Art. 1 Abs. 2 S. 1 lit. c IFR);** dies entspricht der Einstufung nach Abs. 1.

3. Wirksamwerden der Einstufung

13 Erst durch eine vollziehbare Einstufung durch die BaFin wird ein Unternehmen nach § 8 zum Großen Wertpapierinstitut (Lendermann/Nemeczek/Schroeter/Lendermann/Nemeczek Rn. 14). Erforderlich ist die Anordnung der sofortigen Vollziehbarkeit durch die BaFin, da die Einstufung nach § 8 nicht zu den nach § 6 von Gesetz wegen sofort vollziehbaren Verwaltungsakten der BaFin gehört.

4. Anzuwendende Bestimmungen

14 Nach dem Wortlaut von Abs. 1 sind mit Wirksamwerden der Einstufung alle Vorschriften der CRR anzuwenden. Praktisch gemeint sind daneben auch die Vorschriften des KWG, die Titel VII und Titel VII der CRR umsetzen (Regierungsbegründung WpIG, BT-Drs. 19/26926, 131).

III. Ausnahmen (Abs. 2)

§ 8 gilt nach Abs. 2 nicht für: 15
– Warenderivatehändler,
– Emissionszertifikatehändler,
– Kapitalverwaltungsgesellschaften, sowie
– Versicherungsunternehmen.

IV. Beendigung der Anwendung (Abs. 3)

16 Abs. setzt Artikel 5 Abs. 4 IFD um. Die Einstufung nach Abs. 1 ist widerruflich, wenn die Schwellenwerte aus Abs. 1 unterschritten werden oder keine der Voraussetzungen aus Abs. 1 Nr. 1–3 mehr vorliegt.

17 Anders als nach Art. 5 Abs. 4 IFD entfällt der Status als Großes Finanzinstitut nicht automatisch bei Unterschreitung des Schwellenwerts von 5 Milliarden Euro nach Abs. 1. Erforderlich ist vielmehr eine Anzeige (S. 1) sowie deren Prüfung durch die BaFin (S. 2) (krit. zur Unionsrechtskonformität Lendermann/Nemeczek/Schroeter/Lendermann/Nemeczek Rn. 12). Für die Nichtanwendbarkeit von Abs. 1 Nr. 1–3 ist dagegen ein feststellender Beschluss der BaFin unentbehrlich (Lendermann/Nemeczek/Schroeter/Lendermann/Nemeczek Rn. 12).

V. Information der EBA (Abs. 4)

18 Die nach Abs. 4 erforderliche Information der EBA dient der Information der Aufsichtsbehörden in den anderen EU-Mitgliedsstaaten sowie zur Vermeidung von Meinungsverschiedenheiten zwischen diesen über die Einstufung (Lendermann/Nemeczek/Schroeter/Lendermann/Nemeczek Rn. 13).

Abschnitt 3. Zusammenarbeit der Bundesanstalt mit anderen Stellen

§ 9 Zusammenarbeit mit der Deutschen Bundesbank

(1) [1]**Die Bundesanstalt und die Deutsche Bundesbank arbeiten nach Maßgabe dieses Gesetzes zusammen.** [2]**Unbeschadet weiterer gesetzlicher Maßgaben umfasst die Zusammenarbeit die laufende Überwachung der Wertpapierinstitute durch die Deutsche Bundesbank.** [3]**Die laufende Überwachung beinhaltet insbesondere die Auswertung der von den Wertpapierinstituten eingereichten Unterlagen, der Prüfungsberichte für Kleine oder Mittlere Wertpapierinstitute nach § 76, für Große Wertpapierinstitute nach § 26 des Kreditwesengesetzes und der Jahresabschlussunterlagen sowie die Durchführung und Auswertung der aufsichtlichen Prüfungen zur Beurteilung der angemessenen Eigenkapitalausstattung und Risikosteuerungsverfahren der Wertpapierinstitute und das Bewerten von Prüfungsfeststellungen.** [4]**Die laufende Überwachung durch die Deutsche Bundesbank erfolgt in der Regel durch ihre Hauptverwaltungen.**

(2) [1]Die Deutsche Bundesbank hat die Richtlinien der Bundesanstalt zu beachten. [2]Die Richtlinien der Bundesanstalt zur laufenden Aufsicht ergehen im Einvernehmen mit der Deutschen Bundesbank. [3]Kann innerhalb einer angemessenen Frist kein Einvernehmen hergestellt werden, erlässt das Bundesministerium der Finanzen solche Richtlinien im Benehmen mit der Deutschen Bundesbank. [4]Die aufsichtsrechtlichen Maßnahmen, insbesondere Allgemeinverfügungen und Verwaltungsakte einschließlich Prüfungsanordnungen nach § 5 Absatz 4 und 5 Satz 1, trifft die Bundesanstalt gegenüber den Wertpapierinstituten, Mutterunternehmen oder Auslagerungsunternehmen. [5]Die Bundesanstalt legt ihren aufsichtsrechtlichen Maßnahmen in der Regel die von der Deutschen Bundesbank getroffenen Prüfungsfeststellungen und Bewertungen zugrunde.

(3) [1]Die Bundesanstalt und die Deutsche Bundesbank haben einander Beobachtungen und Feststellungen mitzuteilen, die für die Erfüllung ihrer Aufgaben erforderlich sind. [2]Die Deutsche Bundesbank hat insoweit der Bundesanstalt auch die Angaben zur Verfügung zu stellen, die die Deutsche Bundesbank aufgrund statistischer Erhebungen nach § 18 des Gesetzes über die Deutsche Bundesbank erlangt. [3]Die Deutsche Bundesbank hat vor Anordnung einer solchen Erhebung die Bundesanstalt zu hören. [4]§ 18 Satz 5 des Gesetzes über die Deutsche Bundesbank gilt entsprechend.

(4) [1]Die Zusammenarbeit nach den Absätzen 1 und 2 sowie die Mitteilungen nach Absatz 3 schließen die Übermittlung der zur Erfüllung der Aufgaben der empfangenden Stelle erforderlichen personenbezogenen Daten ein. [2]Zur Erfüllung ihrer Aufgaben nach diesem Gesetz dürfen die Bundesanstalt und die Deutsche Bundesbank gegenseitig die bei der anderen Stelle jeweils gespeicherten Daten im automatisierten Verfahren abrufen. [3]Die Deutsche Bundesbank hat bei jedem zehnten von der Bundesanstalt durchgeführten Abruf personenbezogener Daten den Zeitpunkt, die Angaben, welche die Feststellung der aufgerufenen Datensätze ermöglichen, sowie die für den Abruf verantwortliche Person zu protokollieren. [4]Die Protokolldaten dürfen nur für Zwecke der Datenschutzkontrolle, der Datensicherung oder zur Sicherstellung eines ordnungsmäßigen Betriebs der Datenverarbeitungsanlage verwendet werden. [5]Sie sind am Ende des auf das Jahr der Protokollierung folgenden Kalenderjahres zu löschen, soweit sie nicht für ein laufendes Kontrollverfahren benötigt werden. [6]Die Sätze 3 bis 5 gelten entsprechend für die Datenabrufe der Deutschen Bundesbank bei der Bundesanstalt. [7]Im Übrigen bleiben die Bestimmungen des Bundesdatenschutzgesetzes unberührt.

Übersicht

I. Vorbemerkung

1 § 9 regelt die Zusammenarbeit von BaFin und BBank bei der Beaufsichtigung Kleiner und Mittlerer Wertpapierinstitute. Die Parallelvorschrift in § 7 KWG gilt nach § 4 S. 1 für die Beaufsichtigung Großer Wertpapierinstitute. Durch das KreditzweitmarktförderungsG wurde in Abs. 2 Satz 3 zum 30.12.2023 ein Schreibfehler berichtigt.

II. Zusammenarbeit mit der BBank (Abs. 1)

1. Grundregel (S. 1)

2 Abs. 1 entspricht § 7 Abs. 1 KWG. **S. 1** setzt Art. 6 Abs. 1 S. 1 IFD um und regelt in Form einer Generalklausel die Zusammenarbeit von BaFin und BBank. Praktische Bedeutung hat S. 1 nicht, da der BBank nur die durch das WpIG ausdrücklich zugewiesenen Aufgaben und Befugnisse zustehen (so zu § 7 Abs. 1 S. 1 KWG Schwennicke/Auerbach/Habetha KWG § 7 Rn. 2). Allerdings wird S. 1 eine allgemeine gegenseitige Beistandspflicht von BaFin und BBank zu entnehmen sein (Lendermann/Nemeczek/Schroeter/Lisa Köhler Rn. 16; so für § 7 Abs. 1 S. 1 KWG Fischer/Schäfer/Schulte-Mattler/Schulte-Mattler/Lindemann KWG § 7 Rn. 7; Schwennicke/Auerbach/Habetha KWG § 7 Rn. 9).

3 Die der BBank übertragenen Aufgaben und Befugnisse ändern nichts daran, dass nach §§ 1, 2, 4a S. 4 FinDAG nur die BaFin der Fachaufsicht des BMF untersteht, nicht die BBank (§ 12 S. 1 BBankG, § 4a S. 2 FinDAG). Im Einzelnen regelt das WpIG die Rolle der BBank in unterschiedlichen Formen:

4 **a) Eigene Befugnisse der BBank.** Das WpIG räumt der BBank teilweise eigenständige Rechte und Befugnisse ein. Diese umfassen
– Auskunftsrechte gg. Wertpapierinstituten (§ 5 Abs. 4 S. 1),

– Betretungsrechte bei Durchführung von Sonderprüfungen (§ 5 Abs. 4 S. 3), und
– Auferlegung zusätzlicher Anzeige- und Meldepflichten (§ 68).

5 **b) Pflichten der Wertpapierinstitute gg. BBank.** Das WpIG sieht vielfach vor, dass Anzeigen sowohl gegenüber der BaFin als auch gegenüber der BBank zu erstatten sind, wobei einzelne Anzeigen im Rahmen der laufenden Aufsicht nur der BBank zu erstatten sind. Im Einzelnen sind Wertpapierinstitute verpflichtet, Anzeigen (auch oder nur) an die Bank zu erstatten bei
– Anordnungen im Rahmen der Missstandsaufsicht (§ 5 Abs. 2);
– Beteiligungserwerb (§ 24),
– Ausscheiden aus Sicherungseinrichtung (§ 32),
– bei Verlust des Status als mittleres Wertpapierinstitut (§ 38 Abs. 2),
– im Rahmen der laufenden Aufsicht nach §§ 64–67,
– Absicht der Errichtung einer Zweigniederlassung in einem anderen EWR-Vertragsstaat (§ 70) sowie bei Änderungen der Verhältnisse (§ 72),
– Absicht der Erbringung des grenzüberschreitenden Dienstleistungsverkehrs (§ 71) sowie bei Änderungen der Verhältnisse (§ 72), und
– Prüferbestellung (§ 77).

6 Darüber hinaus sind Rechnungsunterlagen auch der BBank vorzulegen (§ 76) und ist der bestellte Prüfer auch gegenüber der BBank anzeige- und mitteilungspflichtig (§ 78).

7 **c) Unterrichtungspflichten der BaFin gg. BBank.** Nach § 80 Abs. 3 muss die BaFin die BBank über ergriffene Maßnahmen bei Gefahr unterrichten.

8 **d) Tätigkeiten der BBank im Auftrag der BaFin.** Nach § 5 Abs. 4 S. 2 kann die BaFin die BBank mit der Durchführung von Sonderprüfungen beauftragen.

9 **e) Kooperationspflichten der BBank mit anderen Aufsichtsbehörden (§§ 10, 11, 58).** §§ 10, 11 und 58 verpflichten die BBank zur Kooperation mit anderen Aufsichtsbehörden.

10 **f) Beteiligung der BBank bei Erlass von Rechtsvorschriften.** Das WpIG sieht vielfach vor, dass die BaFin oder das BMF Rechtsvorschriften nur im Benehmen oder im Einvernehmen mit der BBank erlassen sollen. Dies betrifft den Erlass von
– Richtlinien für laufende Aufsicht (§ 9 Abs. 2),
– Regeln für Kommunikation der Wertpapierinstitute mit BaFin und BBank (§ 14 Abs. 2, 3),
– Verordnungen zu Auslagerungen (§ 40 Abs. 4),
– Verordnungen zu Vergütungssystemen (§ 46 Abs. 3),
– Verordnungen zu Anzeigepflichten (§ 68 Abs. 2),
– Erstreckung von Regelungen zu Zweigniederlassungen in und grenzüberschreitendem Dienstleistungsverkehr mit anderen EWR-Vertragsstaaten auf Tätigkeiten in Drittstaaten (§ 72 Abs. 3), und
– Verordnungen zu Prüfungen von Wertpapierinstituten (§ 78 Abs. 6).

11 **Benehmen** meint die (intensive) Anhörung, **Einvernehmen** die ausdrückliche Zustimmung der BBank (Fischer/Schäfer/Schulte-Mattler/Schulte-Mattler/Lindemann KWG § 7 Rn. 14; Schwennicke/Auerbach/Habetha KWG § 7 Rn. 18).

2. Aufgabenverteilung (S. 2, 3)

S. 2 weist der BBank ausdrücklich die Zuständigkeit für die laufende Überwachung der Wertpapierinstitute zu. Die Bestimmung soll Doppelarbeiten in der Aufsicht vermeiden sowie deren Effizienz verbessern (Regierungsbegründung FinDAG, BT-Drs. 14/7033, 39 (zu § 7 Abs. 1 KWG)). Die Formulierung von S. 2 deutet auf eine **ausschließliche Zuständigkeit der BBank** hindeutet (so auch die BReg in einer Stellungnahme zum BR zum Entwurf des FinDAG, BT-Drs. 14/7088, 1 und Fischer/Schäfer/Schulte-Mattler/Schulte-Mattler/Lindemann KWG § 7 Rn. 15), zumal nach S. 4 die laufende Aufsicht „in der Regel" durch die Hauptverwaltungen der BBank wahrgenommen werden soll. Allerdings soll S. 4 nach Auffassung der BReg Raum für ein Tätigwerden der BaFin lassen (BT-Drs. 14/7088, 1), und kann die BaFin nach Abs. 2 S. 5 von Prüfungsfeststellungen und Bewertungen der BBank in begründeten Fällen abweichen. S. 2 ist daher so zu lesen, dass er eine vorrangige, nicht eine ausschließliche Zuständigkeit der BBank begründet (so zu § 7 KWG Schwennicke/Auerbach/Habetha KWG § 7 Rn. 11). Dafür spricht auch, dass die Anzeige-, Übermittlungs- und Informationspflichten der Wertpapierinstitute in der Regel sowohl gegenüber der BaFin als auch gegenüber der BBank zu erfüllen sind. Auch ist die alleinige Zuständigkeit der BaFin für das Ergreifen von Maßnahmen bei Gefahr nach § 80 ohne eine parallele Überwachungstätigkeit kaum begründbar. 12

S. 3 nennt die **Kernaufgaben der Überwachung** (Regierungsbegründung FinDAG, BT-Drs. 14/7033, 39 (zu § 7 Abs. 1 KWG)). Die (nicht abschließende) Aufzählung enthält die Auswertung der von den Wertpapierinstituten eingereichten Unterlagen, der Prüfungsberichte für kleine oder mittlere Wertpapierinstitute (§ 76) sowie für große Wertpapierinstitute (§ 26 KWG) und der Jahresabschlussunterlagen sowie die Durchführung und Auswertung der aufsichtlichen Prüfungen zur Beurteilung der angemessenen Eigenkapitalausstattung und Risikosteuerungsverfahren der Wertpapierinstitute und die Bewertung von Prüfungsfeststellungen. 13

3. Rolle der Hauptverwaltungen (S. 4)

Nach **S. 4** soll die laufende Überwachung in der Regel durch die Hauptverwaltungen der BBank erfolgen. Damit sollen Vorteile der Präsenz der BBank in der Fläche genutzt werden. Zugleich ist die BBank verpflichtet, in ihren Hauptverwaltungen ausreichend Personal für die Aufsichtstätigkeit vorzuhalten (Regierungsbegründung FinDAG, BT-Drs. 14/7033, 39 (zu § 7 KWG)). Durch den Zusatz „in der Regel" wollte der Gesetzgeber der BaFin eine „angemessene Beteiligung" an der laufenden Aufsicht einräumen (Stellungnahme BReg, BT-Drs. 14/7088, 1 (zu § 7 KWG)). Den Gegenvorschlag des BRats, statt den Hauptverwaltungen der BBank den Landeszentralbanken die Zuständigkeit fest und ausschließlich zuzuweisen (BR-Drs. 636/01 (B), 2 f. (zu § 7 KWG)) hat der Gesetzgeber ausdrücklich zurückgewiesen (Stellungnahme BReg, BT-Drs. 14/7088, 1 (zu § 7 KWG)). 14

III. Verfahren der Zusammenarbeit (Abs. 2)

1. Bindung der BBank an Aufsichtsrichtlinien (S. 1)

S. 1 verpflichtet die BBank zur Befolgung von nach S. 2 oder S. 3 erlassenen Aufsichtsrichtlinien, die Einheitlichkeit und Qualität der Aufsicht sichern sollen (Regierungsbegründung FinDAG, BT-Drs. 14/7033, 40 (zu § 7 KWG)). 15

2. Erlass von Aufsichtsrichtlinien durch BaFin mit Einvernehmen der BBank (S. 2)

16 **S. 2** überträgt die Zuständigkeit für den Erlass von Aufsichtsrichtlinien der BaFin. Erforderlich vor Erlass durch die BaFin ist das **Einvernehmen** der BBank, dh deren Zustimmung. Von der parallelen Ermächtigung in § 7 Abs. 2 S. 2 KWG hat die BaFin durch Erlass der Aufsichtsrichtlinie v. 21.5.2013 idF v. 19.12.2016 (Consbruch/Fischer Nr. A 40.3) Gebrauch gemacht, deren ursprüngliche Version v. 10.10.2003 noch vom BMF erlassen worden war (Fischer/Schäfer/Schulte-Mattler/Schulte-Mattler/Lindemann KWG § 7 Rn. 48). Das Einvernehmen der BBank ist auch für die Änderung von nach S. 2 erlassenen Aufsichtsrichtlinien erforderlich.

3. Übergang der Zuständigkeit auf BMF bei fehlendem Einvernehmen der BBank (S. 3)

17 Nach **S. 3** geht die Zuständigkeit zum Erlass von Aufsichtsrichtlinien von der BaFin auf das BMF als übergeordnete Rechts- und Fachaufsichtsbehörde der BaFin (§ 2 FinDAG) über, wenn das Einvernehmen der BBank iSv S. 2 nicht innerhalb einer angemessenen Frist hergestellt werden kann. Forderungen des Bundesrats, vor Erlass der Richtlinien generell das Einvernehmen der BBank zu verlangen, ist der Gesetzgeber bewusst nicht gefolgt. S. 3 entspricht dem zwischen Bundestag und Bundesrat gefundenen Kompromiss (Beschlussempfehlung u. Bericht Finanzausschuss z. FinDAG, BT-Drs. 14/8389, 107 f.). S. 3 verlangt nicht die Einschaltung des BMF durch BaFin oder BBank ist. Das BMF kann die Zuständigkeit an sich ziehen, wenn die Voraussetzungen von S. 3 objektiv vorliegen (Fischer/Schäfer/Schulte-Mattler/Schulte-Mattler/Lindemann KWG § 7 Rn. 48; Schwennicke/Auerbach/Habetha KWG § 7 Rn. 20).

4. Aufsichtsrechtliche Maßnahmen (S. 4, 5)

18 Nach **S. 4** ist die BaFin für aufsichtsrechtliche Maßnahmen im Außenverhältnis allein zuständig. Sie wird allein gegenüber den Wertpapierinstituten hoheitlich tätig (so zu § 7 KWG BT-Drs. 14/7033, 40). Vorschlägen des Bundesrats, die Zuständigkeit nach § 7 KWG den Landeszentralbanken zu übertragen, ist der Gesetzgeber bewusst nicht gefolgt (Stellungnahme BReg, BT-Drs. 14/7088, 1 f.). S. 4 trägt dem Umstand Rechnung, dass nur die BaFin der Rechts- und Fachaufsicht des BMF untersteht.

19 Nach **S. 5** ist die BaFin bei Erlass von Maßnahmen grundsätzlich an die Einschätzungen der BBank gebunden. Eine Abweichung bleibt allerdings möglich. Die vom Bundesrat geforderte Verbindlichkeit der Feststellungen und Bewertungen der BBank (BR-Drs. 636/01 (B), 2 (zu § 7 KWG)) hat der Gesetzgeber ausdrücklich nicht angeordnet (so bereits die Stellungnahme der BReg, BT-Drs. 14/7088, 1 f. (zu § 7 KWG)).

IV. Mitteilungen (Abs. 3)

1. Informationsaustausch (S. 1)

20 S. 1 verpflichtet BaFin und BBank allgemein zum Informationsaustausch, ohne dass dem jeweils ein Ersuchen der anderen Seite vorausgehen muss. Gegenstand

sind **Beobachtungen** und **Feststellungen.** Beobachtungen sind Wahrnehmungen von Sachverhalten, Feststellungen sind das Ergebnis der Beurteilung von Sachverhalten (Fischer/Schäfer/Schulte-Mattler/Schulte-Mattler/Lindemann KWG § 7 Rn. 8; Schwennicke/Auerbach/Habetha KWG § 7 Rn. 25). Die Grenze zwischen Beobachtungen und Feststellungen kann im Einzelnen fließend sein. Bloße Vermutungen müssen nicht mitgeteilt werden. Auch sind BaFin und BBank nicht verpflichtet, Stellungnahmen zu Beobachtungen und Feststellungen mitzuteilen (so jeweils zu § 7 KWG Schwennicke/Auerbach/Habetha KWG § 7 Rn. 26; weitergehend Reischauer/Kleinhans/Becker KWG § 7 Rn. 66). Die Verpflichtung zum Informationsaustausch erstreckt sich auch auf Tatsachen und Rechtsverhältnisse außerhalb des WpIG, soweit diese für die Aufsicht von BaFin oder BBank nach anderen Rechtsvorschriften erforderlich sind (Lendermann/Nemeczek/Schroeter/Lisa Köhler Rn. 38: so jeweils zu § 7 KWG Fischer/Schäfer/Schulte-Mattler/Schulte-Mattler/Lindemann KWG § 7 Rn. 10; Schwennicke/Auerbach/Habetha KWG § 7 Rn. 27).

S. 1 ist eine Auffangvorschrift neben der allgemeinen Pflicht zur Amtshilfe (§ 4 **21**
VwVfG), die allerdings – anders als S. 1 – ein Ersuchen der anfragenden Stelle voraussetzt (so jeweils zu § 7 KWG Reischauer/Kleinhans/Becker KWG § 7 Rn. 66; Schwennicke/Auerbach/Habetha KWG § 7 Rn. 28).

2. Statistische Erhebungen (S. 2–4)

S. 2 verpflichtet die BBank zur Mitteilung von Angaben aufgrund statistischer **22**
Erhebungen nach § 18 BBankG. Der BaFin mitzuteilen sind sowohl die aggregierten **Ergebnisse der Statistiken** (§ 18 S. 3 BBankG) als auch die – nach § 18 S. 4 BBankG von der BBankG nicht zu veröffentlichenden – **Einzelangaben** (so jeweils zu § 7 KWG Fischer/Schäfer/Schulte-Mattler/Schulte-Mattler/Lindemann KWG § 7 Rn. 73; Schwennicke/Auerbach/Habetha KWG § 7 Rn. 29).

Die Anhörung der BaFin vor Anordnung einer statistischen Erhebung durch **23**
die BBank nach **S. 3** soll sicherstellen, dass die BBank die Erhebung in einer Weise durchführt, dass deren Ergebnisse für die BaFin tatsächlich und rechtlich verwertbar sind (Schwennicke/Auerbach/Habetha KWG § 7 Rn. 30). Insbesondere müssen nach **S. 4** iVm § 18 S. 5 BBankG in der Anordnung über die Erhebung der Statistik die Daten genannt werden, deren Mitteilung an die BaFin vorgesehen ist. Ist dies nicht der Fall, dann macht dies auch eine Übermittlung nach Abs. 2 unzulässig (Schwennicke/Auerbach/Habetha KWG § 7 Rn. 29).

V. Datenschutz (Abs. 4)

1. Übermittlung personenbezogener Daten (S. 1)

S. 1 stellt klar, dass im Rahmen der Zusammenarbeit nach Abs. 1–3 auch **24**
personenbezogene Daten (iSv § 1 Abs. 1 BDSG iVm Art. 4 Nr. 1 DS-GVO) gegenseitig von der BaFin und BBank übermittelt werden dürfen. Durch die Regelung will der Gesetzgeber eine rechtssichere Grundlage für die Datenübermittlung sowie den Datenabruf auf automatisierter Grundlage schaffen (so zu § 7 Abs. 2 KWG aF Regierungsbegründung 6. KWG-Novelle, BT-Drs. 13/7142, 74).

2. Abruf von Daten im automatisierten Verfahren (S. 2–6)

25 **S. 2** erlaubt den gegenseitigen Abruf von gespeicherten Daten durch BaFin und BBank. **S. 3–6** verpflichten BBank und BaFin zur Speicherung von Angaben über den Abruf personenbezogener Daten und regeln den Zweck der Speicherung der Protokolldaten sowie deren Löschung.

3. Datenschutz (S. 7)

26 **S. 7** enthält einen Vorbehalt für das BDSG. Allerdings ordnet § 1 Abs. 2 BDSG an, dass eine Datenübermittlung regelnde Sondervorschriften dem BDSG vorgehen, so dass der Verweis ins Leere gehen dürfte. In jedem Fall steht § 3 BDSG der Übermittlung nicht entgegen, soweit die Übermittlung nach § 7 erfolgt und für die Beaufsichtigung nach dem WpIG erforderlich ist. Weitergehende Übermittlungen im Rahmen der Amtshilfe unterliegen in vollem Umfang dem BDSG (so zu § 7 KWG Schwennicke/Auerbach/Habetha KWG § 7 Rn. 37).

27 Über S. 7 hinaus muss weiterhin die Vereinbarkeit der Übermittlung personenbezogener Daten mit EU-Rechtsvorschriften wie insbesondere der DS-GVO (VO (EU) 2016/679) sowie der DatenschutzVO (VO (EU) 2018/1725) geprüft werden, die dem WpIG als höherrangiges Recht vorgehen. Im Einzelfall ist eine Datenübermittlung nach Art. 6 Abs. 1 lit. c DS-GVO datenschutzrechtlich zulässig, wenn und soweit diese Datenübermittlung zur Beaufsichtigung erforderlich ist (vgl. Reischauer/Kleinhans/Bitterwolf KWG § 44a Rn. 2).

§ 10 Zusammenarbeit innerhalb des Europäischen Systems der Finanzaufsicht

[1]Im Rahmen des Europäischen Systems der Finanzaufsicht arbeiten die Bundesanstalt und die Deutsche Bundesbank bei der Aufsicht über Wertpapierinstitute, Investmentholdinggesellschaften oder gemischte Finanzholdinggesellschaften im Rahmen dieses Gesetzes und der Verordnung (EU) 2019/2033 mit anderen zuständigen Behörden und sonstigen zuständigen Stellen zusammen und tauschen Informationen aus. [2]Sonstige zuständige Stellen sind

1. die Europäische Bankenaufsichtsbehörde,
2. die Europäischen Wertpapier- und Marktaufsichtsbehörde,
3. der Europäische Ausschuss für Systemrisiken und
4. die Europäische Kommission.

[3]Die Bundesanstalt und die Deutsche Bundesbank beteiligen sich insbesondere an den Tätigkeiten der Europäischen Bankenaufsichtsbehörde und gegebenenfalls an den in den Artikeln 44 und 116 der Richtlinie 2013/36/EU genannten Aufsichtskollegien, soweit dies erforderlich ist. [4]Die Bundesanstalt meldet der Europäischen Kommission insbesondere allgemeine Schwierigkeiten, die Wertpapierinstitute bei der Errichtung von Zweigniederlassungen, der Gründung von Tochterunternehmen und beim Betreiben von Geschäften nach § 2 Absatz 2 in einem Drittstaat haben.

I. Vorbemerkung

§ 10 regelt die Zusammenarbeit von BaFin und BBank mit der EU-Kommission sowie anderen Stellen innerhalb des Europäischen Systems der Finanzaufsicht und setzt Art. 7 IFD um. Parallelvorschriften enthalten §§ 7a–7d KWG, die nach § 4 S. 1 bei der Beaufsichtigung Großer Wertpapierinstitute anwendbar sind. 1

II. Zusammenarbeit

S. 1 normiert die grundsätzliche Pflicht der BaFin und der BBank zur Zusammenarbeit mit anderen zuständigen Behörden und Stellen und setzt Art. 7 Abs. 2 lit. a IFD um. **Andere zuständige Behörden** sind die Bankaufsichtsbehörden anderer EWR-Vertragsstaaten. **Andere zuständige Stellen** sind nach S. 2 2

- die Europäische Bankenaufsichtsbehörde **EBA** (gegründet z. 1.1.2011 durch die EBA-VO (VO (EU) Nr. 1093/2010)) **(Nr. 1);**
- die Europäische Wertpapier- und Marktaufsichtsbehörde **ESMA** (gegründet z. 1.1.2011 durch die ESMA-VO (VO (EU) 1095/2010)) **(Nr. 2);**
- der Europäische Ausschuss für Systemrisiken **ESRB** (gegründet z. 1.1.2011 durch die ESRB-VO (VO (EU) Nr. 1092/2010)) **(Nr. 3),** sowie
- die EU-Kommission **(Nr. 4).**

S. 3 soll Art. 7 Abs. 2 lit. b IFD umsetzen (Regierungsbegründung WpIG, BT-Drs. 19/26929, 132). Der Verweis auf Art. 44 CRD IV ist ein **Redaktionsversehen;** richtig wäre wie in Art. 7 lit. b IFD ein Verweis auf Art. 48 IFD. Aufsichtskollegien nach Art. 116 CRD IV sind auch in § 8e KWG geregelt, der nach § 4 S. 1 für die Beaufsichtigung Großer Wertpapierinstitute gilt. 3

S. 4 entspricht § 7a Abs. 2 Nr. 5 KWG, der ursprünglich Art. 32 Abs. 1 UAbs. 2 EigenkapitalRL (RL 2006/49/EG) idF von Art. 10 Nr. 3 Omnibus I-RL (RL 2010/78/EU) umsetzte. Die Unterrichtung soll die EU-Kommission in die Lage versetzen, auf Hindernisse für grenzüberschreitende Tätigkeiten zu reagieren (Lendermann/Nemeczek/Schroeter/Danzmann/Lukas Köhler/Lassahn Rn. 24). 4

§ 11 Zusammenarbeit mit zuständigen Behörden und Stellen

(1) [1]Die Bundesanstalt und, soweit sie im Rahmen dieses Gesetzes tätig wird, die Deutsche Bundesbank arbeiten bei der Aufsicht über Wertpapierinstitutsgruppen, Wertpapierinstitute, die in einem anderen Vertragsstaat Wertpapierdienstleistungen erbringen, sowie bei der Aufsicht über Investmentholdinggesellschaften und gemischte Finanzholdinggesellschaften mit den anderen zuständigen Behörden und sonstigen zuständigen Stellen zusammen. [2]Vorbehaltlich der maßgeblichen datenschutzrechtlichen Vorschriften tauschen die Bundesanstalt und die Deutsche Bundesbank mit den zuständigen Behörden und sonstigen zuständigen Stellen alle Informationen aus, die für die Durchführung der Aufsicht erforderlich sind. [3]Informationen können auch ohne entsprechende Anfrage der zuständigen Stelle weitergegeben werden. [4]Hierzu gehören insbesondere Informationen über

1. die rechtliche und organisatorische Verwaltungs- und Eigentumsstruktur sowie die Grundlagen einer ordnungsgemäßen Geschäftsfüh-

rung des Wertpapierinstituts oder der in Satz 1 genannten Gruppe, einschließlich aller beaufsichtigten Unternehmen, nicht beaufsichtigten Unternehmen, nicht beaufsichtigten Tochtergesellschaften und bedeutenden Zweigniederlassungen der Gruppe, sowie die Ermittlung der jeweils für die Aufsicht zuständigen Stelle,
2. **die Einhaltung der Kapitalanforderungen durch das Wertpapierinstitut,**
3. **die Einhaltung der Anforderungen bezüglich des Konzentrationsrisikos und der Anforderungen an die Liquiditätsdeckung des Wertpapierinstituts,**
4. **die Verwaltungs- und Rechnungslegungsverfahren sowie über interne Kontrollmechanismen des Wertpapierinstituts,**
5. **von dem Wertpapierinstitut ausgehende Schwierigkeiten und Risiken hinsichtlich des Einleger- und Anlegerschutzes,**
6. **Erkenntnisse, die aus Gründen für die Finanzstabilität von Relevanz sind oder werden könnten,**
7. **alle anderen relevanten Faktoren, die das von einem Wertpapierinstitut ausgehende Risiko beeinflussen können.**

(2) [1]**Die Bundesanstalt kann alle erforderlichen Maßnahmen anordnen, die zur Vermeidung oder Beseitigung der Schwierigkeiten und Risiken notwendig sind, die der Bundesanstalt nach Absatz 1 Satz 5 Nummer 5 bis 7 mitgeteilt werden.** [2]**Auf Ersuchen einer zuständigen Behörde oder sonstigen zuständigen Stelle erläutern ihr Bundesanstalt und Deutsche Bundesbank, in welcher Weise sie die bereitgestellten Informationen und Erkenntnisse berücksichtigt haben.**

(3) [1]**Die zuständige Behörde im Sinne des Absatzes 1 Satz 1 kann die Bundesanstalt und die Deutsche Bundesbank um Zusammenarbeit bei der Bearbeitung der nach Absatz 1 übermittelten Informationen ersuchen.** [2]**Die Bundesanstalt und die Bundesbank können von allen nach diesem Gesetz bestehenden Befugnissen Gebrauch machen, um einem Ersuchen nachzukommen.**

(4) **Sind die Bundesanstalt und die Deutsche Bundesbank nach der Übermittlung der in Absatz 1 genannten Informationen und Erkenntnissen der Ansicht, dass die zuständigen Behörden oder sonstigen zuständigen Stellen des Herkunftsvertragsstaates die notwendigen Maßnahmen nicht ergriffen haben, um den von ihnen gestellten Informationsersuchen nachzukommen, kann die Bundesanstalt nach Unterrichtung der jeweils zuständigen Stellen des Herkunftsvertragsstaates, der Europäischen Bankenaufsichtsbehörde und der Europäischen Wertpapier- und Marktaufsichtsbehörde geeignete Maßnahmen zum Schutz der Kunden, gegenüber denen Dienstleistungen erbracht werden, oder zur Wahrung der Stabilität des Finanzsystems ergreifen.**

(5) **Die Bundesanstalt und die Deutsche Bundesbank können, sofern ein Ersuchen um Zusammenarbeit, insbesondere um Informationsaustausch, zurückgewiesen wurde oder innerhalb einer angemessenen Frist zu keiner Reaktion geführt hat, diesen Sachverhalt der Europäischen Bankenaufsichtsbehörde vorlegen.**

(6) [1]**Die Bundesanstalt kann Bediensteten der zuständigen Behörde oder sonstigen zuständigen Stelle des Herkunftsvertragsstaates auf**

Ersuchen die Teilnahme an den von der Bundesanstalt durchgeführten Untersuchungen in Zweigniederlassungen von Wertpapierinstituten gestatten, die im Herkunftsvertragsstaat der ersuchenden zuständigen Behörde oder sonstigen zuständigen Stelle zugelassen sind. [2]Nach vorheriger Unterrichtung der Bundesanstalt sind die ersuchenden zuständigen Behörden oder sonstigen zuständigen Stellen befugt, selbst oder durch ihre Beauftragten die Informationen, die nach Absatz 1 übermittelt wurden, vor Ort zu prüfen und Zugang zu der Zweigniederlassung zu erhalten.

(7) **[1]Die Bundesanstalt kann eine Untersuchung, die Übermittlung von Informationen oder die Teilnahme von Bediensteten zuständiger ausländischer Stellen im Sinne des Absatzes 6 verweigern, wenn aufgrund desselben Sachverhalts gegen die betreffenden Personen bereits ein gerichtliches Verfahren eingeleitet worden oder eine unanfechtbare Entscheidung ergangen ist. [2]Kommt die Bundesanstalt einem Ersuchen nicht nach oder macht sie von ihrem Recht nach Satz 1 Gebrauch, so teilt sie ihre Entscheidung einschließlich ihrer Gründe der ersuchenden zuständigen Stelle und der Europäischen Wertpapier- und Marktaufsichtsbehörde unverzüglich mit und übermittelt diesen genaue Informationen über das gerichtliche Verfahren oder die unanfechtbare Entscheidung.**

(8) **Werden gegen Inhaber oder Geschäftsleiter von Wertpapierinstituten sowie gegen Inhaber bedeutender Beteiligungen von Wertpapierinstituten oder deren gesetzliche oder satzungsmäßige Vertreter oder persönlich haftende Gesellschafter oder gegen Personen, die die Geschäfte einer Finanzholding-Gesellschaft, einer gemischten Finanzholding-Gesellschaft oder einer Investmentholdinggesellschaft tatsächlich führen, Steuerstrafverfahren eingeleitet oder unterbleibt dies auf Grund einer Selbstanzeige nach § 371 der Abgabenordnung, so steht § 30 der Abgabenordnung Mitteilungen an die Bundesanstalt über das Verfahren und über den zugrunde liegenden Sachverhalt nicht entgegen; das Gleiche gilt, wenn sich das Verfahren gegen Personen richtet, die das Vergehen als Bedienstete eines Wertpapierinstituts oder eines Inhabers einer bedeutenden Beteiligung an einem Wertpapierinstitut begangen haben.**

(9) **[1]In Ausübung ihrer aufsichtlichen Aufgaben kann die Bundesanstalt im Einklang mit Artikel 33 der Verordnung (EU) Nr. 1093/2010 oder Artikel 33 der Verordnung (EU) Nr. 1095/2010 des Europäischen Parlaments und des Rates vom 24. November 2010 zur Errichtung einer Europäischen Aufsichtsbehörde (Europäische Wertpapier- und Marktaufsichtsbehörde), zur Änderung des Beschlusses Nr. 716/2009/EG und zur Aufhebung des Beschlusses 2009/77/EG der Kommission (ABl. L 331 vom 15.12.2010, S. 84; L 115 vom 27.4.2012, S. 35), die zuletzt durch die Verordnung (EU) 2019/2175 (ABl. L 334 vom 27.12.2019, S. 1) geändert worden ist, Verwaltungsvereinbarungen über den Informationsaustausch mit den zuständigen Behörden aus Drittstaaten abschließen, die für die nachstehenden Aufgaben zuständig sind:**

1. **die Beaufsichtigung von Wertpapierinstituten, Finanzinstituten und Finanzmärkten, einschließlich der Beaufsichtigung von Finanzunter-**

nehmen, die für die Tätigkeit als zentrale Gegenparteien zugelassen sind, sofern die zentralen Gegenparteien nach Artikel 25 der Verordnung (EU) Nr. 648/2012 des Europäischen Parlaments und des Rates vom 4. Juli 2012 über OTC-Derivate, zentrale Gegenparteien und Transaktionsregister (ABl. L 201 vom 27.7.2012, S. 1; L 321 vom 30.11.2013, S. 6), die zuletzt durch die Verordnung (EU) 2019/2099 (ABl. L 322 vom 12.12.2019, S. 1) geändert worden ist, anerkannt wurden,

2. Abwicklungen, Insolvenzverfahren und ähnliche Verfahren bei Wertpapierinstituten,

3. die Beaufsichtigung der an der Abwicklung und an Insolvenzverfahren oder ähnlichen Verfahren in Bezug auf Wertpapierinstitute beteiligten Stellen,

4. die Durchführung von Pflichtprüfungen bei Wertpapierinstituten, Finanzinstituten oder Einrichtungen, die Sicherungssysteme verwalten,

5. die Beaufsichtigung der Personen, die die Pflichtprüfung der Rechnungslegungsunterlagen von Wertpapierinstituten oder Finanzinstituten vornehmen,

6. die Beaufsichtigung der an den Märkten für Emissionszertifikate tätigen Personen zwecks Sicherung eines Gesamtüberblicks über die Finanz- und Kassamärkte oder

7. die Beaufsichtigung der an den Märkten für Derivate von landwirtschaftlichen Grunderzeugnissen tätigen Personen zwecks Sicherung eines Gesamtüberblicks über die Finanz- und Kassamärkte.

[2]Satz 1 findet mit der Maßgabe Anwendung, dass diese Stellen einer Verschwiegenheitsverpflichtung entsprechend § 12 Absatz 1 unterliegen und übermittelte Daten nur unter Beachtung der Zweckbestimmung der Bundesanstalt verwendet und nur mit ihrer ausdrücklicher Zustimmung weitergegeben werden dürfen, sofern dies für die Erfüllung der Aufgaben der Stelle, an die die Daten übermittelt wurden, erforderlich ist.

Übersicht

I. Vorbemerkung

§ 11 regelt die Zusammenarbeit von BaFin und BBank mit anderen Behörden und Stellen und setzt Art. 13, 14 und 16 IFD um. Die Parallelvorschrift in § 8 KWG gilt nach § 4 S. 1 für die Aufsicht über Große Wertpapierinstitute. 1

§ 11 wurde durch das KreditzweitmarktförderungsG geändert. Dabei wurde die Beschränkung des Informationsaustauschs in Abs. 1 Satz 2 auf „zweckdienliche und grundlegende“ Informationen sowie die Definition der „grundlegenden“ Informationen in Abs. 1 Satz 4 aF aufgehoben. Außerdem wurde Abs. 8 neu eingefügt. Durch das StandortförderungsG v. 4.2.2026 (BGBl. 2026 I Nr. 33) wurden Abs. 9 S. 1 Nr. 1, 4 und 5 geändert, um dort jeweils die für die Beaufsichtigung von Finanzinstituten zuständigen Stellen mit zu erfassen. Hierdurch wollte der Gesetzgeber ein Redaktionsversehen beseitigen (Regierungsbegründung StoFöG, BT-Drs. 21/2507, 214). 2

II. Zusammenarbeit mit Stellen in anderen EWR-Mitgliedstaaten (Abs. 1, 5)

Abs. 1 setzt Art. 13 Abs. 1 IFD um und ist § 8 Abs. 3 nachgebildet. 3

1. Zusammenarbeitsverpflichtung (S. 1)

S. 1 setzt Art. 13 Abs. 1 IFD um und regelt die Pflicht der BaFin und der BBank zur Zusammenarbeit mit den Aufsichtsbehörden in anderen EWR-Mitgliedstaaten. Die Verpflichtung der BBank besteht jedoch nur, soweit die BBank nach dem WpIG in die Beaufsichtigung einbezogen ist. 4

S. 1 erfasst alle Fälle der Beaufsichtigung von 5
- Wertpapierinstituten, die in einem anderen Vertragsstaat Wertpapierdienstleistungen erbringen,
- Wertpapierinstitutsgruppen,
- Investmentholdinggesellschaften, und
- gemischten Finanzholdinggesellschaften.

Dem Wortlaut von S. 1 nach ist die Zusammenarbeit bei der Aufsicht über Wertpapierinstitutsgruppen, Investmentholdinggesellschaften und gemischten Finanzholdinggesellschaften unabhängig davon erforderlich und zulässig, ob ein Bezug zu einem anderen EWR-Mitgliedstaat besteht (Lendermann/Nemeczek/Schroeter/Danzmann/Lukas Köhler/Lassahn Rn. 7). Nach Art. 13 Abs. 1 IFD arbeiten die zuständigen Behörden aber „zur Wahrnehmung ihrer Aufgaben“ nach IFD und IFR zusammen. S. 1 verlangt und erlaubt daher eine Zusammenarbeit nur mit den Behörden in anderen EWR-Mitgliedstaaten, die aufgrund Sitzes oder Tätigkeit eines Unternehmens für die Beaufsichtigung (mit) zuständig sind. 6

2. Informationsaustausch (S. 2)

S. 2 ermächtigt BaFin und BBank zum Informationsaustausch mit zuständigen Behörden in anderen EWR-Mitgliedstaaten. Dabei ist die Verschwiegenheitspflicht aus § 12 zu beachten. Ein Informationsaustausch nach S. 2 setzt grds. eine Anfrage der zuständigen Stelle in dem anderen EWR-Mitgliedsstaat voraus. 7

3. Austausch von Informationen (S. 3 und 4)

8 **S. 3** ermächtigt und verpflichtet BaFin und BBank zur unaufgeforderten Übermittlung von Informationen an zuständigen Behörden in anderen EWR-Mitgliedstaaten. Art. 13 Abs. 1 IFD verlangt die **unverzügliche** Übermittlung. Die in Satz 3 ursprünglich enthaltene Beschränkung auf die Übermittlung „zweckdienlicher und grundlegender" Informationen sowie die Definition „grundlegender" Informationen in Satz 4 aF als Informationen, die Einfluss auf die Beurteilung der Finanzlage eines Wertpapierinstituts in dem betreffenden (dh anderen) Vertragsstaat haben können, wurde durch das KreditzweitmarktförderungsG aufgehoben, da sie nach Auffassung des Gesetzgebers keinen zweckmäßigen Rechtsrahmen für die Aufgabenerfüllung der beteiligten Stellung darstellten. Nach Auffassung des Gesetzgebers soll eine für notwendig gehaltene Eingrenzung dadurch sichergestellt sein, dass die Übermittlung zur Aufgabenerfüllung erforderlich sein muss (Regierungsbegründung KreditzweitmarktförderungsG, BT-Drs. 20/9093, 153). Damit gilt auch hier der **Verhältnismäßigkeitsgrundsatz** (Lendermann/Nemeczek/Schroeter/Danzmann/Lukas Köhler/Lassahn Rn. 15).

9 **S. 4** enthält eine beispielhafte Aufzählung grundlegender Informationen. Nr. 1–4 gehen auf Art. 13 Abs. 1 lit. a–d IFD zurück, Nr. 5 und 6 auf Art. 13 Abs. 2 IFD, Nr. 7 auf Art. 13 Abs. 1 lit. e IFD (Regierungsbegründung WpIG, BT-Drs. 19/26929, 132).

4. Einschaltung der EBA (Abs. 5)

10 Nach Abs. 5 können BaFin und BBank die EBA bei Problemen in der Zusammenarbeit mit Aufsichtsbehörden aus anderen EWR-Mitgliedstaaten die EBA als Schlichterin einschalten. Hiermit soll Art. 13 Abs. 4 UAbs. 2 IFD umgesetzt werden (Regierungsbegründung WpIG, BT-Drs. 19/26929, 132). Für das Schlichtungsverfahren der EBA gilt Art. 19 EBA-VO (VO (EU) Nr. 1093/2010). Die EBA versucht zunächst von Amts wegen eine Einigung über den Informationsaustausch zu erzielen. Sie kann aber auch nach Maßgabe von Art. 19 Abs. 3 und 4 EBA-VO verbindliche Anordnungen gegenüber den beteiligten Aufsichtsbehörden treffen.

III. Maßnahmen zur Risikoabwehr (Abs. 2, 3)

11 **Abs. 2** weist die BaFin die **Aufgabe** und zugleich die **Befugnis** zu, alle Maßnahmen zu ergreifen, die erforderlich sind, um von einem Wertpapierinstitut ausgehende Risiken iSv Abs. 1 Nr. 5–7 zu vermeiden oder zu beseitigen. Hierdurch soll Art. 13 Abs. 3 S. 1 IFD umgesetzt werden (Regierungsbegründung WpIG, BT-Drs. 19/26929, 132).

12 Voraussetzung für Maßnahmen nach Abs. 2 sind
- von einem Wertpapierinstitut ausgehende Risiken für den Einleger- und Anlegerschutz (Abs. 1 S. 5 Nr. 5);
- Risiken für die Finanzstabilität (Abs. 1 S. 5 Nr. 6); gemeint ist nach Art. 13 Abs. 2 IFD die Stabilität des Finanzsystems im Aufnahmemitgliedstaat, oder
- das sonstige von einem Wertpapierinstitut ausgehende Risiko (Abs. 1 S. 5 Nr. 7).

13 Vorgaben zum möglichen Inhalt von Maßnahmen enthält Abs. 2 nicht. Da § 49 bereits einen umfangreichen Katalog von Maßnahmen enthält, die im Fall von

Verstößen gg. das WpIG sowie die IFR ergriffen werden können, kann Abs. 2 eigenständige Bedeutung nur in den Fällen erlangen, in denen von einem Wertinstitut Risiken für den Einleger- und Anlegerschutz, die Stabilität des Finanzsystems im Aufnahmemitgliedsstaat oder sonstige Risiken ausgehen, die nicht durch Maßnahmen im Herkunftsmitgliedstaat abgewehrt werden können. Zu denken ist an die Untersagung oder Beschränkung grenzüberschreitender Tätigkeiten iSv § 74 oder die Schließung oder Beschränkung der Tätigkeit von Zweigniederlassungen iSv § 73. In diesen Fällen dürfte aber Abs. 3 durch die speziellere Befugnis aus § 75 Abs. 2 verdrängt werden.

Abs. 3 verpflichtet die BaFin zur Information der Aufsichtsbehörde im Herkunftsmitgliedstaat des Wertpapierinstituts über Maßnahmen nach Abs. 2; hierdurch wird Art. 13 Abs. 3 S. 1 IFD umgesetzt (Regierungsbegründung WpIG, BT-Drs. 19/26929, 132 (dort fälschlich als Umsetzung von Art. 13 Abs. 3 S. 2 IFD deklariert)). **14**

IV. Befugnisse der BaFin bei Unterlassen von Maßnahmen durch Aufsichtsbehörden im Herkunftsmitgliedstaat (Abs. 4)

Abs. 4 setzt Art. 13 Abs. 4 UAbs. 1 IFD um und enthält eine Ersatzzuständigkeit der BaFin für Maßnahmen zum Schutz von Kunden von Wertpapierinstituten sowie zur Wahrung der Stabilität des inländischen Finanzsystems (Lendermann/Nemeczek/Schroeter/Danzmann/Lukas Köhler/Lassahn Rn. 23). **15**

Voraussetzungen für Maßnahmen nach Abs. 4 ist die vorherige Unterrichtung der zuständigen Aufsichtsbehörde im Herkunftsmitgliedstaat sowie der EBA und der ESMA darüber, dass diese Informationsersuchen von BaFin oder BBank nicht ausreichend nachgekommen sind. Abs. 4 verlangt nicht, dass die BaFin die von ihr beabsichtigten Maßnahmen ankündigt oder begründet. Auch verlangt Abs. 4 weder die Zustimmung von EBA oder ESMA noch ein Einvernehmen mit der Aufsichtsbehörde im Herkunftsmitgliedstaat. **16**

Abs. 4 enthält wie bereits Abs. 2 keine Vorgaben für den Inhalt möglicher Maßnahmen sowie zum Verhältnis zu den Befugnissen aus § 75 Abs. 2. Wie bei Abs. 2 dürfte § 75 Abs. 2 in seinem Anwendungsbereich als speziellere Befugnisnorm der allgemeinen Befugnis aus Abs. 4 vorgehen. **17**

V. Beteiligung von Aufsichtsbehörden aus anderen EWR-Mitgliedstaaten an -Prüfungen (Abs. 6)

Abs. 6 soll Art. 14 Abs. 1 IFD umsetzen (Regierungsbegründung WpIG, BT-Drs. 19/26929, 132). **18**

S. 1 ermöglicht der BaFin, Bediensteten der zuständigen Aufsichtsbehörden des Herkunftsmitgliedstaats eines Wertpapierinstituts die Teilnahme an Untersuchungen in inländischen Zweigniederlassungen solcher Institute zu gestatten. Die Entscheidung trifft die BaFin in ihrem Ermessen. **19**

S. 2 gibt den zuständigen Aufsichtsbehörden des Herkunftsmitgliedstaats eines Wertpapierinstituts das Recht, selbst oder durch Beauftragte nach Abs. 1 übermittelte Informationen vor Ort zu prüfen und Zugang zu den Geschäftsräumen inländischer Zweigniederlassungen der von ihnen beaufsichtigten Wertpapierinstitute zu erhalten. Eine Zustimmung der BaFin vor solchen Prüfungen ist nach **20**

S. 2 nicht erforderlich. Ausreichend ist die vorherige Unterrichtung der BaFin. Diese Vorgehensweise ist in Art. 14 Abs. 1 IFD als Regelfall vorgesehen.

VI. Ersuchen von zuständigen Stellen aus anderen EWR-Mitgliedstaaten (Abs. 7)

21 Abs. 7 ist § 8 Abs. 3a S. 3 KWG nachgebildet und normiert die engen Voraussetzungen, unter denen ein Kooperationsersuchen von Aufsichtsbehörden aus anderen EWR-Mitgliedstaaten von der BaFin abgelehnt werden darf. Gegenstand eines solchen Ersuchens kann nach S. 1 eine Untersuchung, die Übermittlung von Informationen oder die Teilnahme von Bediensteten zuständiger ausländischer Stellen an Prüfungen sein.

22 Nach S. 1 kann ein Ersuchen nur im Hinblick auf ein laufendes oder bereits abgeschlossenes gerichtliches Verfahren aufgrund desselben Sachverhalts abgelehnt werden; dies entspricht § 8 Abs. 3a S. 3 Nr. 2 KWG. Im übrigen besteht eine Pflicht von BaFin und BBank zur Kooperation (so zu § 8 KWG Regierungsbegründung FRUG, BT-Drs. 16/4028, 93 f.).

23 Der in § 8 Abs. 3a S. 3 Nr. 1 KWG enthaltene Vorbehalt, dass eine Kooperation wegen Verstoßes gegen den **ordre public** abgelehnt werden kann, ging ursprünglich auf Art. 59 lit. a MiFID zurück. Er ist in S. 1 nicht übernommen worden, weil in Art. 83 MiFID II kein entsprechender Vorbehalt mehr enthalten ist. Die fehlende Anpassung von § 8 Abs. 3a S. 3 KWG ist ein (dortiges) **Redaktionsversehen.**

24 **S. 2** verpflichtet die BaFin zur Mitteilung der Gründe für die Ablehnung eines Kooperationsersuchen an die ersuchende Stelle sowie die ESMA. In die Mitteilung sind Informationen zum dem – laufenden oder abgeschlossenen – gerichtlichen Verfahren aufzunehmen.

VII. Mitteilungen über Steuerstrafverfahren (Abs. 8)

25 Abs. 8 wurde durch das KreditzweitmarktförderungsG mit Wirkung z. 30.12.2023 eingefügt. Abs. 8 stellt klar, dass § 30 AO die Übermittlung von Informationen an die BaFin nicht entgegensteht, soweit Steuerstrafverfahren oder Selbstanzeigen Inhaber oder Geschäftsleiter von Wertpapierinstituten oder bedeutender Beteiligungen an Wertpapierinstituten oder Mitglieder von deren Vertretungsorganen betreffen. Dasselbe gilt für Personen, die die Geschäfte einer Finanzholding-Gesellschaft, einer gemischten Finanzholding-Gesellschaft oder einer Investmentholdinggesellschaft tatsächlich führen, sowie Bedienstete eines Wertpapierinstituts oder Inhabers einer bedeutenden Beteiligung, die in dieser Eigenschaft ein Vergehen begangen haben, wenn diese Beschuldigte in einem Steuerstrafverfahren sind.

VIII. Verwaltungsvereinbarungen mit Drittstaaten (Abs. 9)

26 Abs. 9 setzt Art. 16 IFD um.

27 Nach **S. 1** sind Datentransfers an Aufsichtsbehörden in Drittstaaten zulässig, mit denen Verwaltungsvereinbarungen geschlossen worden sind. Voraussetzung

für den Abschluss solcher Datenvereinbarungen ist, dass diese Aufsichtsbehörden nach S. 1 Nr. 1–7 zuständig sind

– für die Beaufsichtigung von Wertpapierinstituten, Finanzinstituten, Finanzmärkten und zentralen Gegenparteien (Nr. 1),
– für die Abwicklung von Wertpapierinstituten in Insolvenzverfahren und vergleichbaren Verfahren (Nr. 2) oder für die an solchen Verfahren beteiligten Stellen (Nr. 3),
– für die Durchführung von Pflichtprüfungen bei Wertpapierinstituten, Finanzinstituten oder Einrichtungen, die Sicherungssysteme verwalten (Nr. 4) oder der Personen, die Pflichtprüfung der Rechnungslegungsunterlagen von Wertpapierinstituten oder Finanzinstituten vornehmen (Nr. 5),
– für die die Beaufsichtigung der an den Märkten für Emissionszertifikate tätigen Personen zwecks Sicherung eines Gesamtüberblicks über die Finanz- und Kassamärkte (Nr. 6), oder
– für die die Beaufsichtigung der an den Märkten für Derivate von landwirtschaftlichen Grunderzeugnissen tätigen Personen zwecks Sicherung eines Gesamtüberblicks über die Finanz- und Kassamärkte (Nr. 7).

Beim Abschluss von Verwaltungsvereinbarungen muss die BaFin im Einklang mit Art. 33 EBA-VO (VO (EU) Nr. 1093/2010) und Art. 33 ESMA-VO (VO (EU) 1095/2010) handeln. Maßgeblich sind insbesondere die Vorgaben in Art. 33 Abs. 4 EBA-VO/ESMA-VO. Danach muss **28**

– der Regulierungs- und Rechtsrahmen des Drittstaats als gleichwertig anerkannt sein (Art. 33 Abs. 4 S. 1 EBA-VO/ESMA-VO);
– die BaFin möglichst möglichst von EBA bzw. ESMA entwickelte Muster-Verwaltungsvereinbarungen verwenden (Art. 33 Abs. 5 EBA-VO/ESMA-VO);
– die Vereinbarung Mechanismen vorsehen, die es der BaFin erlauben, sachdienliche Informationen einzuholen, einschließlich Informationen über den Regulierungsrahmen, das Aufsichtskonzept, relevante Marktentwicklungen und etwaige Änderungen, die sich auf den Beschluss über die Gleichwertigkeit auswirken könnten (Art. 33 Abs. 4 S. 3 lit. a EBA-VO/ESMA-VO);
– in der Vereinbarung die Koordinierung der Aufsichtstätigkeiten sowie ggf. Kontrollen vor Ort in Bezug auf die Gleichwertigkeit vorgesehen werden (Art. 33 Abs. 4 S. 3 lit. b EBA-VO/ESMA-VO);
– die EBA bzw. ESMA unterrichtet werden, wenn die zuständige Aufsichtsbehörde in einem Drittstaat die Aufnahme entsprechender Mechanismen und Verfahren ablehnt (Art. 33 Abs. 4 S. 4 EBA-VO/ESMA-VO).

S. 2 macht den Abschluss von Verwaltungsvereinbarungen zum Datenaustausch mit Aufsichtsbehörden in Drittstaaten davon abhängig, dass diese einer § 12 Abs. 1 vergleichbaren Verschwiegenheitsverpflichtung unterliegen. Anders als § 12 Abs. 2 S. 1 lässt S. 2 eine „weitgehend" vergleichbare rechtliche Regelung nicht ausreichen. Eine **identische** Regelung der Verschwiegenheitspflicht dürfte aber auch S. 2 nicht verlangen. Die Vergleichbarkeit mit der gesetzlichen Verschwiegenheitspflicht muss die BaFin nach pflichtgemäßem Ermessen prüfen (vgl. → § 12 Rn. 29). **29**

S. 2 verpflichtet BaFin und BBank, der Aufsichtsbehörde im Drittstaat eine Weitergabe übermittelter Daten ohne Zustimmung von BaFin oder BBank und ohne konkrete Zweckbindung zu untersagen. Diese Verwendungsbeschränkungen sind nach Maßgabe von Art. 48 Abs. 3 lit. b EU-DatenschutzVO (VO (EU) 2018/1752) in Verwaltungsvereinbarungen nach S. 1 zu regeln. **30**

31 Datenübermittlungen nach Abs. 8 sind nur zulässig, wenn sie im Einklang mit der DS-GVO sowie Art. 46–51 EU-DatenschutzVO stehen, die für die Übermittlung personenbezogener Daten in Drittstaaten durch EU-Organe gelten (Regierungsbegründung WpIG, BT-Drs. 19/26929, 133; Lendermann/Nemeczek/Schroeter/Danzmann/Lukas Köhler/Lassahn Rn. 40).

§ 12 Verschwiegenheitspflicht

(1) [1]**Die bei der Bundesanstalt beschäftigten und die nach § 4 Absatz 3 des Finanzdienstleistungsaufsichtsgesetzes beauftragten Personen, die nach § 80 Absatz 1 bestellten Sonderbeauftragten, die gerichtlich bestellten Treuhänder nach § 27 Absatz 2 sowie die im Dienst der Deutschen Bundesbank stehenden Personen, soweit sie zur Durchführung dieses Gesetzes tätig werden, dürfen die ihnen bei ihrer Tätigkeit bekanntgewordenen Tatsachen, deren Geheimhaltung im Interesse des Wertpapierinstituts, der zuständigen Behörden oder eines Dritten liegt, insbesondere Geschäfts- und Betriebsgeheimnisse, nicht unbefugt offenbaren oder verwerten, auch wenn sie nicht mehr im Dienst sind oder ihre Tätigkeit beendet ist.** [2]**Dies gilt auch für die in Satz 1 genannten Personen, sofern ihnen Tatsachen im Rahmen der Anbahnung einer Beauftragung oder Bestellung anvertraut werden.** [3]**Satz 1 gilt auch für andere Personen, die durch dienstliche Berichterstattung Kenntnis von den in Satz 1 bezeichneten Tatsachen erhalten.** [4]**Die von den beaufsichtigten Wertpapierinstituten zu beachtenden allgemeinen datenschutzrechtlichen Vorschriften bleiben unberührt.** [5]**Ein unbefugtes Offenbaren oder Verwerten im Sinne des Satzes 1 liegt insbesondere nicht vor, wenn Tatsachen weitergegeben werden an**

1. **Strafverfolgungsbehörden oder für Straf- und Bußgeldsachen zuständige Gerichte,**
2. **kraft Gesetzes oder im öffentlichen Auftrag für die Überwachung von Wertpapierinstituten, Schwarmfinanzierungsdienstleistern, Kreditinstituten, Finanzdienstleistungsinstituten, Kapitalverwaltungsgesellschaften, extern verwalteten Investmentgesellschaften, EU-Verwaltungsgesellschaften oder ausländischen AIF-Verwaltungsgesellschaften, Finanzunternehmen, Versicherungsunternehmen, der Finanzmärkte oder des Zahlungsverkehrs zuständige Behörden oder Stellen sowie von diesen beauftragte Personen,**
3. **mit der Liquidation oder dem Insolvenzverfahren über das Vermögen eines Wertpapierinstituts befasste Stellen,**
4. **mit der gesetzlichen Prüfung der Rechnungslegung von Wertpapierinstituten betraute Personen sowie Stellen, welche die vorgenannten Personen beaufsichtigen,**
5. **eine Anlegerentschädigungs- oder Sicherungseinrichtung,**
6. **Wertpapier- oder Terminbörsen,**
7. **Zentralnotenbanken,**
8. **Betreiber von Systemen nach § 1 Absatz 16 des Kreditwesengesetzes,**
9. **die zuständigen Behörden und Stellen in anderen Vertragsstaaten sowie in Drittstaaten, mit denen die Bundesanstalt im Rahmen von Aufsichtskollegien nach § 58 zusammenarbeitet,**

10. die Europäische Zentralbank, das Europäische System der Zentralbanken, die Europäische Bankenaufsichtsbehörde, die Europäische Aufsichtsbehörde für das Versicherungswesen und die betriebliche Altersversorgung, die Europäische Wertpapier- und Marktaufsichtsbehörde, den Gemeinsamen Ausschuss der Europäischen Aufsichtsbehörden oder die Europäische Kommission,
11. Behörden, die für die Aufsicht über Zahlungs- und Abwicklungssysteme zuständig sind,
12. parlamentarische Untersuchungsausschüsse nach § 1 des Untersuchungsausschussgesetzes aufgrund einer Entscheidung über ein Ersuchen nach § 18 Absatz 2 des Untersuchungsausschussgesetzes,
13. das Bundesverfassungsgericht,
14. den Bundesrechnungshof, sofern sich sein Untersuchungsauftrag auf die Entscheidungen und sonstigen Tätigkeiten der Bundesanstalt nach diesem Gesetz oder der Verordnung (EU) Nr. 575/2013 bezieht,
15. Verwaltungsgerichte in verwaltungsrechtlichen Streitigkeiten, in denen die Bundesanstalt Beklagte ist, mit Ausnahme von Klagen nach dem Informationsfreiheitsgesetz,
16. die Bank für Internationalen Zahlungsausgleich für die Zwecke quantitativer Folgenabschätzungen sowie den Rat für Finanzstabilität für die Zwecke seiner Überwachungsaufgaben,
17. den Internationalen Währungsfonds oder die Weltbank für die Zwecke der Bewertung im Rahmen des Programms zur Bewertung des Finanzsektors,
18. den Ausschuss für Finanzstabilität oder den Europäischen Ausschuss für Systemrisiken,
19. das Gremium zum Finanzmarktstabilisierungsfonds im Sinne des § 10a Absatz 1 des Finanzmarktstabilisierungsfondsgesetzes oder den Lenkungsausschuss im Sinne des § 4 Absatz 1 Satz 2 des Finanzmarktstabilisierungsfondsgesetzes,
20. Behörden im Sinne von Artikel 2 Absatz 1 Nummer 17 und 18 der Verordnung (EU) Nr. 909/2014,
21. Behörden, die für die Überwachung der Einhaltung der Richtlinie (EU) 2015/849 des Europäischen Parlaments und des Rates vom 20. Mai 2015 zur Verhinderung der Nutzung des Finanzsystems zum Zwecke der Geldwäsche und Terrorismusfinanzierung, zur Änderung der Verordnung (EU) Nr. 648/2012 des Europäischen Parlaments und des Rates und zur Aufhebung der Richtlinie 2005/60/EG des Europäischen Parlaments und des Rates und der Richtlinie 2006/70/EG der Kommission (ABl. L 141 vom 5.6.2015, S. 73), die zuletzt durch die Richtlinie (EU) 2018/843 (ABl. L 156 vom 19.6.2018, S. 43) geändert worden ist, durch die in Artikel 2 Absatz 1 Nummer 1 und 2 der Richtlinie aufgeführten Verpflichteten zuständig sind, und zentrale Meldestellen oder andere Behörden, die kraft Gesetzes oder im öffentlichen Auftrag mit der Bekämpfung, Aufklärung und Verhinderung von Geldwäsche oder von Terrorismusfinanzierung betraut sind,
22. zuständige Behörden oder Stellen, die für die Anwendung der Regelungen zur strukturellen Trennung innerhalb einer Bankengruppe verantwortlich sind,

23. das Bundesamt für Sicherheit in der Informationstechnik,
24. zuständige Behörden im Sinne von Artikel 2 Absatz 1 Buchstabe r der Verordnung (EU) 2020/1503 oder
25. natürliche oder juristische Personen, die als Sonderbeauftragte nach § 80 oder Treuhänder nach § 27 Absatz 2 oder in einem vergleichbaren Verhältnis tätig werden; das Gleiche gilt für die Informationsweitergabe an diesen Personenkreis, die im Rahmen der Anbahnung einer Beauftragung oder Bestellung notwendig ist,

soweit diese Stellen oder Personen die Informationen zur Erfüllung ihrer Aufgaben oder zur Prüfung, ob sie eine der in Satz 5 Nummer 25 genannten Aufgaben ausüben können, benötigen. [6]Für die bei den in Satz 5 Nummern 1 bis 11, 13 bis 23 und 25 genannten Stellen oder Personen beschäftigten Personen und die von diesen Stellen oder Personen beauftragten Personen sowie für die Mitglieder der in Satz 4 Nummern 12 und 19 genannten Ausschüsse gilt die Verschwiegenheitspflicht nach Satz 1 entsprechend. [7]Betrifft die Weitergabe von Tatsachen nach Satz 4 personenbezogene Daten, sind die allgemeinen datenschutzrechtlichen Vorschriften zu beachten.

(2) [1]Befindet sich eine in Absatz 1 Satz 4 Nummer 1 bis 11, 16 bis 18 und 20 bis 22 genannte Stelle in einem anderen Staat, so dürfen die Tatsachen nur weitergegeben werden, wenn die bei dieser Stelle beschäftigten und die von dieser Stelle beauftragten Personen einer dem Absatz 1 weitgehend entsprechenden Verschwiegenheitspflicht unterliegen. [2]Die ausländische Stelle ist darauf hinzuweisen, dass sie Informationen nur zu dem Zweck verwenden darf, zu dessen Erfüllung sie ihr übermittelt werden. [3]Informationen, die aus einem Drittstaat oder von sonstigen Personen oder Einrichtungen stammen, dürfen nur mit ausdrücklicher Zustimmung der zuständigen Stellen, die diese Informationen mitgeteilt haben, und nur für solche Zwecke weitergegeben werden, denen diese Stellen zugestimmt haben oder die auf Basis der abgeschlossenen Kooperations- oder Verwaltungsvereinbarungen statthaft sind.

(3) [1]Eine Weitergabe an Stellen nach Absatz 1 Satz 4 Nummer 16 und 17 darf nur erfolgen, wenn die Anfrage unter Berücksichtigung der spezifischen Aufgaben, die die anfragende Stelle gemäß ihrem gesetzlichen Auftrag wahrnimmt, hinreichend begründet und hinreichend genau in Bezug auf Art, Umfang und Format der angeforderten Informationen und die Mittel für deren Offenlegung oder Übermittlung ist, die angeforderten Informationen unbedingt erforderlich sind, damit die anfragende Stelle ihre spezifischen Aufgaben wahrnehmen kann, und nicht über die ihr übertragenen gesetzlichen Aufgaben hinausgehen und die Informationen ausschließlich den Personen übermittelt oder offengelegt werden, die unmittelbar mit der Wahrnehmung der spezifischen Aufgabe befasst sind. [2]Andere Informationen als aggregierte und anonymisierte Informationen dürfen in den Fällen des Absatz 1 Satz 4 Nummer 16 und 17 nur in den Räumlichkeiten der Bundesanstalt und der Deutschen Bundesbank eingesehen werden.

(4) [1]Die §§ 93, 97 und 105 Absatz 1, § 111 Absatz 5 in Verbindung mit § 105 Absatz 1 sowie § 116 Absatz 1 der Abgabenordnung gelten für die in Absatz 1 bezeichneten Personen nur, soweit die Finanzbehörden die

Kenntnisse für die Durchführung eines Verfahrens wegen einer Steuerstraftat sowie eines damit zusammenhängenden Besteuerungsverfahrens benötigen. [2]Die in Satz 1 genannten Vorschriften sind jedoch nicht anzuwenden, soweit Tatsachen betroffen sind, die den in Absatz 1 Satz 1 oder 3 bezeichneten Personen durch die zuständige Aufsichtsstelle eines anderen Staates oder durch von dieser Stelle beauftragte Personen mitgeteilt worden sind.

(5) [1]**Andere Personen oder Einrichtungen als die in Absatz 1 genannten, die vertrauliche Informationen im Sinne dieses Gesetzes erhalten, dürfen diese Informationen ausschließlich für die von der Bundesanstalt ausdrücklich vorgesehenen Zwecke verwenden. [2]Die Bundesanstalt ist befugt, den Umgang mit Informationen nach Absatz 1 festzulegen und jegliche Weitergabe dieser Informationen zu beschränken.**

(6) [1]**Vertrauliche Informationen, die zuständige Behörden nach § 11 oder der Verordnung (EU) 2019/2033 empfangen, austauschen oder übermitteln, dürfen ausschließlich zur Wahrnehmung ihrer Aufgaben verwendet werden. [2]Zuständige Behörden können im Einzelfall ausdrücklich**
1. den Umgang mit diesen Informationen gesondert festlegen,
2. jegliche Weitergabe dieser Informationen untersagen oder
3. deren Weitergabe einschränken.

Übersicht

I. Vorbemerkung

1 § 12 regelt die Verschwiegenheitspflicht von BaFin und BBank und setzt Art. 15 IFD um. Außerdem soll die Rspr. von EuGH und BVerwG zum sog. **aufsichtsrechtlichen Geheimnis** (EuGH NVwZ 2015, 46 = EuZW 2015, 236 – Altmann; EuGH WM 2018, 1211 = NVwZ 2018, 1386 – Baumeister; BVerwG NVwZ 2016, 1335 Rn. 19 ff.; 2019, 1840; 2019, 1849 Ls.; BVerwG NVwZ 2020, 885 = ZIP 2020, 359; BVerwGE 167, 319 = WM 2020, 1308 = NVwZ 2020, 1368; Schwennicke/Auerbach/Brocker KWG § 9 Rn. 1) berücksichtigt werden (Regierungsbegründung WpIG, BT-Drs. 19/26929, 133). Die Parallelvorschrift in § 9 KWG gilt nach § 4 S. 1 für die Aufsicht über Große Wertpapierinstitute. Vergleichbare Verschwiegenheitspflichten finden sich auch in § 6 ZAG, § 21 WpHG, § 309 VAG, § 10 BörsG, § 8 KAGB, § 21 EinSiG und § 3b FMStFG. Neben § 12 gelten weitere spezialgesetzliche Geheimnisschutzbestimmungen wie zB das GeschGehG sowie dienstrechtliche Bestimmungen zur Amtsverschwiegenheit (§ 32 BBankG, § 67 BBG, § 9 BAT, § 16 BStatistikG) und verfahrensrechtliche Verschwiegenheitspflichten (§ 30 VwVfG).

2 § 12 Abs. 1 S. 5 Nr. 24 wurde durch das SchwarmfinanzierungsbegleitG v. 3.6.2021 (BGBl. I 1568) im Hinblick auf die Kooperationspflicht aus Art. 31 Abs. 1 SchwarmfinanzierungsVO (VO (EU) 2020/1503) neu eingefügt (Regierungsbegründung SchwarmfinanzierungsbegleitG, BT-Drs. 19/27410, 59), § 12 Abs. 1 S. 5 Nr. 25 durch das SanktionsdurchsetzungsG II v. 19.12.2022 (BGBl. I 2606) (Begründung Gesetzentwurf SPD, BÜNDNIS 90/DIE GRÜNEN und FDP, BT-Drs. 20/4326, 79), Abs. 1 S. 5 Nr. 2 durch das KreditzweitmarktförderungsG v. 22.12.2023 (BGBl. 2023 I Nr. 411).

II. Verpflichtete Personen (Abs. 1 S. 1–3 und S. 6)

3 Die Verschwiegenheitspflicht nach Abs. 1 erfasst alle Personen, die in die Beaufsichtigung der Wertpapierinstitute eingebunden sind und aufgrund ihrer Tätigkeit von vertraulichen Informationen Kenntnis erlangen können (S. 1) oder tatsächlich erlangen (S. 2, 3). Dies sind

- die Beschäftigten der BaFin einschließlich des Präsidenten (§ 11 S. 1 FinDAG iVm S. 1) sowie die Mitglieder des Verwaltungsrats und der Beiräte der BaFin (§ 11 S. 2 FinDAG iVm S. 1); zu den Beschäftigten gehören von anderen Behörden abgeordnete Mitarbeiter sowie Referendare und Praktikanten (Lendermann/Nemeczek/Schroeter/Lendermann/Nemeczek Rn. 15);
- die Beschäftigten der BBank einschließlich des Präsidenten; für diese gilt parallel die Verschwiegenheitspflicht aus § 32 BbankG (für Spezialität von § 12 Lendermann/Nemeczek/Schroeter/Lendermann/Nemeczek Rn. 19);

– die Angehörigen übergeordneter Behörden, insbesondere des BMF als Dienst- und Fachaufsichtsbehörde der BaFin nach § 2 FinDAG, soweit diese iSv S. 3 durch dienstliche Berichterstattung Kenntnis erlangt haben (Lendermann/Nemeczek/Schroeter/Lendermann/Nemeczek Rn. 20);
– Personen, die von der BaFin nach Maßgabe von § 4 Abs. 2 FinDAG beauftragt wurden; dazu gehören insbesondere Wirtschaftsprüfer, die mit der Durchführung von Sonderprüfungen nach § 5 Abs. 4 S. 2 beauftragt werden, sowie die Mitarbeiter der genossenschaftlichen Prüfungsverbände (Lendermann/Nemeczek/Schroeter/Lendermann/Nemeczek Rn. 16; so zu § 9 KWG Fischer/Schäfer/Schulte-Mattler/Schulte-Mattler/Lindemann KWG § 9 Rn. 5);
– nach § 80 Abs. 1 bestellte Sonderbeauftragte (Lendermann/Nemeczek/Schroeter/Lendermann/Nemeczek Rn. 17);
– nach § 27 Abs. 2 gerichtlich bestellte Treuhänder (Lendermann/Nemeczek/Schroeter/Lendermann/Nemeczek Rn. 18);
– bei den in S. 5 Nr. 1–11 und 13–23 genannten Stellen beschäftigten Personen und die von diesen Stellen beauftragten Personen (Abs. 1 **S. 6**), sowie
– die Mitglieder der in S. 5 Nr. 12 und 19 genannten Ausschüsse (Abs. 1 **S. 6**).

Abs. 1 erfasst über seinen Wortlaut nicht nur die Beschäftigten und Bediensteten, sondern auch die jeweilige Behörde selbst (Lendermann/Nemeczek/Schroeter/Lendermann/Nemeczek Rn. 22; so jeweils zu § 9 KWG VGH Kassel BeckRS 2010, 49021; VG Frankfurt a. M. NVwZ 2008, 1384, 1386; Schwennicke/Auerbach/Brocker KWG § 9 Rn. 6; Fischer/Schäfer/Schulte-Mattler/Schulte-Mattler/Lindemann KWG § 9 Rn. 5). 4

III. Sachlicher Umfang der Verschwiegenheitspflicht

1. Schutzzwecke und Gegenstände der Verschwiegenheitspflicht

Die behördliche Verschwiegenheitspflicht im Verwaltungsverfahren diente nach dem zu § 9 KWG entwickelten herkömmlichem Verständnis dem Schutz der beaufsichtigten Unternehmen sowie ihrer Kunden vor dem Missbrauch der im Rahmen der Aufsicht erlangten Informationen (so etwa bei Fischer/Schäfer/Schulte-Mattler/Schulte-Mattler/Lindemann KWG § 9 Rn. 1). In neuerer Zeit ist daneben seit der Altmann-Entscheidung des EuGH v. 12.11.2014 (NVwZ 2015, 46 = EuZW 2015, 236, ergangen im Anschluss an den Schlussantrag des Generalanwalts Jääskinen v. 4.9.2014, BKR 2014, 470 (474)) auch das eigene Interesse der Aufsichtsbehörden an der Wahrung der Vertraulichkeit der angewandten Aufsichtsmethoden getreten (zum Ganzen etwa BVerwGE 167, 319 = WM 2020, 1308 = NVwZ 2020, 1368). Dementsprechend unterschied Generalanwalt Jääskinen in seinem Schlussantrag v. 4.9.2014 in der Sache Altmann (BKR 2014, 470 Rn. 34 ff.) drei Arten von Verschwiegenheitspflichten, die in den aufsichtsrechtlichen Berufsgeheimnissen enthalten sind, nämlich das Bankgeheimnis, das Betriebsgeheimnis und das aufsichtsrechtliche Geheimnis. Dieser Differenzierung sind der EuGH und das BVerwG in ihrer Rspr. gefolgt. Aus der jeweiligen Verschwiegenheitspflicht folgt auch, welche Informationen jeweils nach Abs. 1 vertraulich zu behandeln sind: 5

a) Bankgeheimnis. Banken und andere Finanzdienstleister trifft eine Nebenpflicht (§ 241 Abs. 2 BGB), Informationen von Kunden vertraulich zu behandeln, die durch die Aufnahme von **geschäftlichen Kontakt** nach Maßgabe von § 311 6

Abs. 2 Nr. 1 BGB entsteht (Ellenberger/Bunte BankR-HdB/Krepold/Zahrte § 8 Rn. 11). Diesem auch sog. **Bankgeheimnis** unterliegen kundenbezogene Tatsachen und Wertungen, von denen das beaufsichtigte Unternehmen im Rahmen der Geschäftsbeziehung mit dem Kunden Kenntnis erlangt und die der Kunde geheim zu halten wünscht (BGHZ 27, 241 (246) = NJW 1958, 1232 (1233) = WM 1958, 776; BGHZ 166, 84 (92) = NJW 2006, 830 (833) = WM 2006, 380 Deutsche Bank/Kirch; BGH WM 2007, 643 Rn. 17; Ellenberger/Bunte BankR-HdB/Krepold/Zahrte § 8 Rn. 6; Baumbach/Hopt/Hopt Teil 2 V. Bankgeschäfte (mit Börsen- und Kapitalmarktrecht) (7) Bankgeschäfte Rn. A/9; näher statt aller Nobbe WM 2005, 1540).

7 Gegenstand des Bankgeheimnisses sind nicht nur objektive Tatsachen wie Konto- und Depotstände, Konto- und Depotbewegungen, Kreditzusagen und -inanspruchnahmen und Störungen der Geschäftsbeziehung, sondern auch Einsichten, Eindrücke und Werturteile wie Bonitätseinschätzungen, und zwar unabhängig davon, ob das Unternehmen diese selbst durch Analyse von Daten aus der Kontoverbindung gewonnen oder von Dritten übernommen hat (BuB/Hoffmann I Rn. 1/36a; Ellenberger/Bunte BankR-HdB/Krepold/Zahrte § 8 Rn. 43). Geheimzuhalten sind grds. auch Informationen wie Name und Anschrift des Kunden sowie das Bestehen einer Geschäftsbeziehung oder deren Beendigung (BuB/Hoffmann I Rn. 1/36a; Ellenberger/Bunte BankR-HdB/Krepold/Zahrte § 8 Rn. 49). Maßgeblich ist der Wille des Kunden, der auch dann zu beachten ist, wenn ein nachvollziehbares Interesse an der Geheimhaltung objektiv nicht zu erkennen ist (Ellenberger/Bunte BankR-HdB/Krepold/Zahrte § 8 Rn. 39).

8 Unter das Bankgeheimnis fallen können auch Informationen über Nichtkunden, wenn das Unternehmen diese im Rahmen der Geschäftsbeziehung vom Kunden oder bei Abwicklung eines Geschäftsvorfalls erlangt hat (BuB/Hoffmann I Rn. 38; Ellenberger/Bunte BankR-HdB/Krepold/Zahrte § 8 Rn. 55).

9 Nicht unter das Bankgeheimnis fallen offenkundige Tatsachen sowie Tatsachen, die der Kunde selbst Dritten gegenüber offengelegt hat, wie das Bestehen einer Geschäftsbeziehung durch Angabe der Kontonummer auf Geschäftsunterlagen und Rechnungen (Ellenberger/Bunte BankR-HdB/Krepold/Zahrte § 8 Rn. 50).

10 Das Bankgeheimnis besteht grds. über die Beendigung der Geschäftsbeziehung mit der Bank hinaus (BGHZ 27, 241 (246) = NJW 1958, 1232 (1233) = WM 1958, 776; BGH WM 1973, 892 (894); MüKoHGB/Herrestal A. Das Giroverhältnis Rn. 384; BuB/Hoffmann I Rn. 1/39; Ellenberger/Bunte BankR-HdB/Krepold/Zahrte § 8 Rn. 54).

11 Durchbrechungen des Bankgeheimnisses verlangen grds. die **Einwilligung des Kunden** (BuB/Hoffmann I Rn. 1/50; Ellenberger/Bunte BankR-HdB/Krepold/Zahrte § 8 Rn. 87). Das Bankgeheimnis besteht auch gegenüber staatlichen Stellen, soweit nicht ausdrückliche gesetzliche Offenlegungspflichten angeordnet sind (zB §§ 93 Abs. 1 und Abs. 1a, 97 AO, § 24c KWG, §§ 93, 93b AO, § 33 ErbStG, §§ 43 Abs. 1 S. 5, 6 und 7, 44 Abs. 1 S. 10, 45d EStG, § 315 SGB III, dazu jeweils näher BuB/Hoffmann I Rn. 1/42 ff.). Art. 15 IFD ermächtigt – wie auch bereits Art. 76 MiFID II (zuvor Art. 54 Abs. 1 MiFID I) und Art. 53 CRD IV – den Gesetzgeber nicht dazu, die Weitergabe von dem Bankgeheimnis unterliegenden Informationen Dritter anzuordnen (Schlussantrag Generalanwalt Jääskinen v. 4.9.2014, BKR 2014, 470 Rn. 40).

12 **Ohne Einwilligung des Kunden** kommen Durchbrechungen des Bankgeheimnisses nur zur Erfüllung aufsichtsrechtlicher Verpflichtungen, zur Abwendung oder Verfolgung von deliktischen Handlungen gegenüber dem Kunden oder Dritten (BGH GRUR 2016, 497), bei Pflichtenkollisionen (BGH BKR 2008, 381 Rn. 27) sowie zur Wahrnehmung berechtigter Interessen des beaufsichtigten Unternehmens (BGH WM 1978, 999 (1001) = NJW 1978, 2151; BGH WM 1993, 69 (71 f.) = NJW 1993, 525; einschränkend BuB/Hoffmann I Rn. 55) in Betracht (zu den Einzelfällen näher Ellenberger/Bunte BankR-HdB/Krepold/Zahrte § 8 Rn. 182 ff.; BuB/Hoffmann I Rn. 1/42). In diesen Fällen ist das Recht zur Offenlegung jeweils das Ergebnis einer Interessenabwägung zwischen beaufsichtigtem Unternehmen und Kunden bzw. Dritten. Argumente für eine Durchbrechung der aufsichtsrechtlichen Verschwiegenheitspflicht aus Abs. 1 lassen sich aus den jeweiligen Entscheidungen idR nicht gewinnen.

b) Betriebsgeheimnis. Zum Betriebsgeheimnis des beaufsichtigten Unternehmen gehören alle auf ein Unternehmen bezogene Tatsachen, Umstände und Vorgänge, die nicht offenkundig, sondern nur einem begrenzten Personenkreis zugänglich sind und an deren Nichtverbreitung der Rechtsträger ein berechtigtes Interesse hat (BVerfGE 115, 205 = NVwZ 2006, 1041 Rn. 87; BVerwG BeckRS 2005, 20236). Dazu gehören jedenfalls Informationen, die **Betriebs- und Geschäftsgeheimnisse** darstellen, wobei Betriebsgeheimnisse eher dem technischen Bereich und Geschäftsgeheimnisse eher dem kaufmännischen Bereich eines Unternehmens zuzuordnen sind (so zu § 9 KWG BVerwG NVwZ 2019, 1840 Rn. 19). Dem kaufmännischen Bereich zuzuordnen sind alle Daten, durch welche die wirtschaftlichen Verhältnisse eines Unternehmens maßgeblich bestimmt werden können (BVerwG BeckRS 2011, 56302 Rn. 11; 2014, 45857 Rn. 8; Schwennicke/Auerbach/Brocker KWG § 9 Rn. 11). 13

Unter § 12 Abs. 1 fallen auch **sonstige vertrauliche Daten,** da Betriebs- und Geschäftsgeheimnisse nur beispielhaft aufgezählt sind (so zu § 9 KWG BVerwG NVwZ 2019, 1840 Rn. 19; VGH Kassel NVwZ 2020, 1372 Rn. 27 – Phoenix Kapitaldienst). Betriebs- und Geschäftsgeheimnisse wurden ua durch §§ 17 ff. UWG aF geschützt und fallen seit dem 26.4.2019 unter das GeschGehG, wobei § 2 Nr. 1 lit. b GeschGehG zusätzlich zu den bisherigen Elementen des Geheimnisbegriffs noch angemessene Geheimhaltungsmaßnahmen des berechtigten Inhabers verlangt. Dem Betriebsgeheimnis iSv Abs. 1 unterfallen vertrauliche Tatsachen unabhängig davon, ob solche Schutzmaßnahmen ergriffen worden sind. 14

Einzelfälle: 15

- Umsätze, Ertragslagen, Geschäftsbücher, Kundenlisten, Bezugsquellen, Konditionen, Marktstrategien, Unterlagen zur Kreditwürdigkeit, Kalkulationsunterlagen, Patentanmeldungen und sonstige Entwicklungs- und Forschungsprojekte (BVerfG NVwZ 2021, 1211 Rn. 50; BVerwG DVBl 2011, 510 = BeckRS 2011, 48269 Rn. 17; BVerwG BeckRS 2011, 56302 Rn. 11; 2014, 45857 Rn. 8; 2021, 7813 Rn. 20; VGH Kassel WM 2012, 2274 (2275); OVG Münster NVwZ 2009, 1510 (1512); VG Frankfurt a. M. NVwZ 2008, 1384 (1388));
- Informationen zu Vertriebswegen und Kundendaten (BVerwG NVwZ 2016, 1335 Rn. 18);
- ein bestimmtes Vertragswerk (BVerwG BeckRS 2012, 47001 Rn. 8; 2014, 47382 Rn. 17; 2016, 46221 Rn. 20; 2021, 7813 Rn. 20);
- Details vertraglicher Vereinbarungen wie Lieferzeiten und -orte, Preise und Preisbestandteile, Zahlungsbedingungen und Angaben zu beteiligten Unternehmen (BVerfGE 137, 185 = NVwZ 2014, 1652 Rn. 182);
- bei Cross-Border-Leasing-Verträgen Angaben über beteiligte Kreditunternehmen und Finanzdienstleister, Modelle der Zwischenfinanzierung, steuer-

rechtliche Abschreibungsmodalitäten und sonstige Transaktionsbeschreibungen (BVerwG DVBl 2011, 501 = BeckRS 2011, 48269 Rn. 17);
- Zinsspekulationsgeschäfte (VGH Kassel WM 2011, 553 (554) = BeckRS 2010, 56738);
- Inhalts eines Gesprächs mit einem Geschäftsleiter über Abschreibungsbedarf auf ein CDO-Portfolio (VG Minden WM 2011, 1130 (1134));
- fachliche Eignung eines Geschäftsleiters (BVerwG BeckRS 2014, 47382 Rn. 17).

16 **Keine** Betriebs- und Geschäftsgeheimnisse sind:
- Trägerschaft, Handlungsfähigkeit und wirtschaftliche Leistungsfähigkeit einer Sparkasse (BVerwG NVwZ 2012, 112 Rn. 17);
- Teile von Verträgen, die keine Betriebs- und Geschäftsgeheimnisse enthalten oder öffentlich bekannt sind (BVerwG BeckRS 2016, 46221 Rn. 19).

17 Der Schutz des Betriebsgeheimnisses gilt auch dann, wenn das Unternehmen ein betrügerisches Geschäftsmodell verfolgt hat (EuGH NVwZ 2015, 46 Rn. 41 = EuZW 2015, 236 – Altmann; BVerwG NVwZ 2019, 1840 Rn. 39) oder wenn ein rechtswidriges Verhalten verschleiert werden soll (VGH Kassel NVwZ 2010, 1036 (1044); VG Minden WM 2011, 1130 (1134)).

18 **c) Aufsichtsrechtliches Geheimnis.** Nach der Entscheidung des EuGH in der Sache Altmann (EuGH NVwZ 2015, 46 = EuZW 2015, 236), die insoweit dem Schlussantrag des Generalanwalts Jääskinen v. 4.9.2014 (BKR 2014, 470 Rn. 34 ff.) folgt, tritt neben den Schutz des Bankgeheimnisses und des Betriebsgeheimnisses auch der Schutz der Angaben und Informationen, deren Geheimhaltung zur Gewährleistung des ordnungsgemäßen Funktionierens des Systems der Finanzaufsicht allein im Interesse der Aufsichtsbehörde. und des insoweit von ihr repräsentierten Gemeinwohls liegt. Dieses sog. **aufsichtsrechtliche Geheimnis** wird von EuGH und BVerwG aus Art. 76 MiFID II (zuvor Art. 54 Abs. 1 MiFID I) und Art. 53 CRD IV hergeleitet. Es gilt sowohl für die Bank- als auch für die Wertpapieraufsicht (EuGH BeckRS 2018, 21408 Rn. 27 ff. – Buccioni; BVerwG NVwZ 2019, 1840 Rn. 22 ff.; BVerwGE 167, 319 = WM 2020, 1308 = NVwZ 2020, 1368 Rn. 14 Hypo Real Estate; BVerwG NVwZ 2020, 885 = BKR 2020, 199 = ZIP 2020, 359 Rn. 16).

19 Zum aufsichtsrechtlichen Geheimnis gehören die von den zuständigen Behörden angewendeten Aufsichtsmethoden, die Korrespondenz und der Informationsaustausch der verschiedenen Behörden untereinander und alle sonstigen nicht öffentlichen Informationen über den Stand der beaufsichtigten Märkte und die dort ablaufenden Transaktionen (Schlussantrag des Generalanwalts Jääskinen v. 4.9.2014, BKR 2014, 470 Rn. 38; BVerwG NVwZ 2019, 1840 Rn. 24; VGH Kassel NVwZ 2020, 1372 Rn. 31 – Phoenix Kapitaldienst). Die Aufsichtsbehörde muss jeweils konkret darlegen, welche Aktenbestande in welcher Weise dem aufsichtsrechtlichen Geheimnis zuzuordnen sind (BVerwG NVwZ 2020, 885 Rn. 22 = ZIP 2020, 359; BVerwGE 167, 319 = WM 2020, 1308 = NVwZ 2020, 1369 Rn. 1 – Hypo Real Estate). Nicht dem aufsichtsrechtlichen Geheimnis zuzuordnen sind Routinevorgänge, die keinen Einblick in bislang vertrauliche Aufsichtsstrukturen gewähren (BVerwG NVwZ 2019, 1840 Rn. 44; BVerwGE 167, 319 = WM 2020, 1308 = NVwZ 2020, 1369 Rn. 18 – Hypo Real Estate).

20 Ob Informationen dem aufsichtsrechtlichen Geheimnis unterfallen, unterliegt in vollem Umfang der gerichtlichen Nachprüfung. Ein Beurteilungsspielraum steht der Behörde insoweit nicht zu (BVerwG NVwZ 2019, 1840 Rn. 52).

21 Dem aufsichtsrechtlichen Geheimnis unterliegen nach Maßgabe von **Abs. 2 S. 3** auch Informationen, die aus einem Drittstaat oder von sonstigen Personen oder Einrichtungen stammen. Diese dürfen nach Abs. 2 S. 3 nur mit ausdrücklicher Zustimmung der zuständigen Stellen (die in einer abgeschlossenen Kooperations- oder Verwaltungsvereinbarung enthalten sein kann) und für von diesen bestimmte Zwecke weitergegeben werden.

22 **d) Auskunftspflichten gegenüber anderen Personen oder Stellen (Abs. 5).** Abs. 5 setzt Art. 15 Abs. 3 IFD um und regelt Übermittlungen an Personen und Stellen, die in Abs. 1 nicht ausdrücklich genannt sind (Lendermann/Nemeczek/Schroeter/Lendermann/Nemeczek Rn. 76).

23 Abs. 5 enthält keine Befugnis zur Übermittlung, sondern regelt nur, was gilt, wenn sich eine solche Befugnis aus anderen Rechtsvorschriften ergibt (Lendermann/Nemeczek/Schroeter/Lendermann/Nemeczek Rn. 76). Mangel einer ausdrücklichen gesetzlichen Zweckbestimmung für die übermittelten Informationen muss die BaFin im Einzelfall bestimmen, für welche Zwecke der Empfänger die Informationen nutzen darf und ob er zu deren Weitergabe berechtigt ist oder nicht. IdR wird der Empfänger entsprechend Abs. 1 zur Verschwiegenheit zu verpflichten und entsprechend Abs. 6 S. 2 an der Weitergabe der Informationen zu hindern sein (Lendermann/Nemeczek/Schroeter/Lendermann/Nemeczek Rn. 76).

24 **e) Zweckbindung von Informationen (Abs. 6).** Abs. 6 setzt Art. 15 Abs. 2 und 5 IFD um (Lendermann/Nemeczek/Schroeter/Lendermann/Nemeczek Rn. 77).

25 S. 1 verpflichtet Behörden, die Informationen nach § 11 oder der IFR erhalten, diese nur zur Wahrnehmung ihrer Aufgaben zu verwenden.

26 Nach S. 2 kann die BaFin im Einzelfall bei der Übermittlung von Informationen nach S. 1 eine strengere Zweckbindung festlegen, etwa hinsichtlich des Umgangs mit diesen Informationen oder ihrer Weitergabe.

2. Ausnahmen von Verschwiegenheitspflicht

27 **a) Datenweitergabe an öffentliche Stellen und Personen (Abs. 1 S. 5, 6).** Abs. 1 S. 5 erlaubt die Datenweitergabe an die in Nr. 1–26 genannten öffentlichen Stellen, Personen und EU-Einrichtungen. Eine entsprechende Weitergaberegelung enthält auch § 9 Abs. 1 S. 4 KWG.

28 Abs. 1 S. 7 stellt klar, dass auch bei einer nach S. 5 zulässigen Datenweitergabe die datenschutzrechtlichen Bestimmungen zu beachten sind.

29 **b) Datenweitergabe an ausländische Stellen (Abs. 2).** Abs. 2 **S. 1** macht die nach S. 4 zulässige Datenweitergabe an bestimmte in S. 4 genannte Stellen in einem anderen EWR-Vertragsstaat oder Drittstaat davon abhängig, dass die dortige Stelle einer § 12 weitgehend vergleichbaren Verschwiegenheitspflicht unterliegt. Die BaFin muss anhand der ihr vorliegenden Informationen eine Abwägung vornehmen, ob der Schutz der mitgeteilten Informationen im Ergebnis in vergleichbarer Weise gewährleistet ist wie nach den für die BaFin geltenden Vorschriften. Verlangt wird eine „weitgehende" Vergleichbarkeit, dh die Regelung der Verschwiegenheitspflicht im Drittstaat muss nicht exakt gleich sein wie im Inland (Regierungsbegründung CRD IV-UG, BT-Drs. 17/10974, 76 (zu § 9 KWG); Schwennicke/Auerbach/Brocker KWG § 9 Rn. 15). Von einer vergleichbaren Verschwiegenheitspflicht kann im Falle eines EWR-Vertragsstaats aufgrund der Verpflichtung zur Umsetzung der IFD ausgegangen

werden, so dass die Existenz nur im Fall von Drittstaaten positiv festgestellt werden muss (so zu § 9 KWG Fischer/Schäfer/Schulte-Mattler/Schulte-Mattler/Lindemann KWG § 9 Rn. 26).

30 Nach Abs. 2 **S. 2** ist die Datenweitergabe nur zulässig, wenn der Übermittlungszweck festgelegt und die ausländische Stelle darauf hingewiesen wird, dass die übermittelten Daten nur zu diesem Zweck verwendet werden dürfen.

31 Abs. 2 **S. 3** bindet die nach Abs. 1 zur Verschwiegenheit Verpflichteten an die von ausländischen Stellen oder Dritten festgelegten Bedingungen für die Verwendung übermittelter Daten. Die Verpflichtung zur Beachtung der **Datenhoheit** der übermittelnden Stelle (Regierungsbegründung WpIG, BT-Drs. 19/26929, 133) gilt zusätzlich zur Verschwiegenheitspflicht aus dem aufsichtsrechtlichen Geheimnis, dem die übermittelten Daten nach Abs. 1 unterliegen (→ Rn. 19 ff.).

32 **c) Datenweitergabe an internationale überstaatliche Institutionen (Abs. 3).** Abs. 3 schränkt die Datenweitergabe an die in Abs. 1 S. 5 Nr. 16 und 17 genannten Stellen erheblich ein. Die Offenlegung personenbezogener Daten ist nach **S. 2** nur durch Einsichtnahme in den Räumlichkeiten von BaFin oder BBank zulässig. Ansonsten dürfen nur **aggregierte und anonymisierte Daten** weitergegeben werden. Nach **S. 1** muss die anfragende Stelle darlegen, dass angeforderten Informationen nach Art, Umfang und Format für die Erfüllung ihrer spezifischen Aufgaben erforderlich sind. Außerdem muss die anfragende Stelle sicherstellen, dass die Informationen ausschließlich den Personen übermittelt oder offengelegt werden, die unmittelbar mit der Wahrnehmung der spezifischen Aufgabe befasst sind. Ggf. müssen Chinese Walls eingerichtet werden (Lendermann/Nemeczek/Schroeter/Lendermann/Nemeczek Rn. 70).

33 **d) Datenweitergabe an Finanzbehörden (Abs. 4).** Nach Abs. 1 S. 5 ist eine Datenweitergabe an die Finanzbehörden nicht zulässig, da diese dort als Adressaten nicht aufgeführt sind. Eine Verpflichtung zur Datenweitergabe an die Finanzbehörden ergibt sich aber aus § 105 Abs. 1 AO, der die Verschwiegenheitspflicht nach § 12 gegenüber den Finanzbehörden einschränkt, soweit es um Auskunftspflichten von Beteiligten und anderen Personen (§ 93 AO) Vorlage von Urkunden (§ 97 AO), die Amtshilfepflichten (§ 111 Abs. 5 AO) sowie die Pflicht zur Anzeige von Steuerstraftaten (§ 116 Abs. 1 AO) geht. Abs. 4 enthält Einschränkungen der Weitergabepflichten aus § 105 Abs. 1 AO. Dadurch wird sichergestellt, dass die Aufsicht nach dem WpIG nicht zur Ermittlung von Steuersachverhalten missbraucht wird, da dies die Kooperationsbereitschaft der beaufsichtigten Unternehmen beeinträchtigen könnte (so zu § 9 KWG Fischer/Schäfer/Schulte-Mattler/Schulte-Mattler/Lindemann KWG § 9 Rn. 32).

34 Nach **S. 1** ist eine Datenweitergabe an Finanzbehörden nur im Steuerstrafverfahren zulässig sowie zur Neufestsetzung von Steuern in einem solche Verfahren. Diese Durchbrechung der Schweigepflicht ist auch in Art. 15 Abs. 1 UAbs. 2 letzter Hs. IFD sowie den Parallelvorschriften in Art. 53 Abs. 1 UAbs. 2 letzter Hs. CRD IV und Art. 76 Abs. 1 S. 2 MiFID II zugelassen.

35 **S. 2** schließt von ausländischen Aufsichtsbehörden oder von ihnen beauftragten Personen erhaltene Informationen von der Weitergabe an Finanzbehörden aus. Der Ausschluss steht im Einklang mit vergleichbaren anderen Bestimmungen wie zB § 9 Abs. 5 KWG und § 21 Abs. 2 WpHG (Regierungsbegründung WpIG, BT-Drs. 19/26929, 134).

e) Einverständnis des Betroffenen. Daten, die dem Bankgeheimnis oder dem Betriebsgeheimnis unterliegen, können mit ausdrücklichem Einverständnis des Betroffenen übermittelt werden. Die Einwilligung ist grds. formlos möglich (Ellenberger/Bunte BankR-HdB/Krepold/Zahrte § 8 Rn. 88; anders § 16 Abs. 1 S. 3 Nr. 1 BStatistikG: idR schriftliche Einwilligung). Zusätzlich ist bei personenbezogenen Daten Art. 7 DS-GVO zu beachten. 36

Die zuständige Behörde kann auf das aufsichtsrechtliche Geheimnis verzichten und die Übermittlung genehmigen, sofern die Daten nicht zugleich dem Bankgeheimnis oder Betriebsgeheimnis unterliegen. 37

3. Rechtsfolge von Verstößen

Verstöße gegen die Verschwiegenheitspflichten sind für Privat- sowie Betriebs- und Geschäftsgeheimnisse in §§ 203, 204 StGB sowie für Dienstgeheimnisse in § 353b StGB mit Strafe bewehrt. 38

Verletzungen der Verschwiegenheitspflicht durch Bedienstete der BaFin können nach § 839 BGB iVm Art. 34 GG Amtshaftungsansprüche auslösen. Für diese gilt das Haftungsprivileg des § 4 Abs. 4 FinDAG nicht (Lendermann/Nemeczek/Schroeter/Lendermann/Nemeczek Rn. 79). 39

IV. Datenweitergabe nach § 1 Abs. 1 IFG

1. Anspruch auf Datenweitergabe nach § 1 Abs. 1 IFG

§ 1 Abs. 1 IFG gewährt grds. jedermann ein allgemeines subjektives Recht auf Zugang zu amtlichen Informationen. Ein rechtliches Interesse oder berechtigtes Interesse ist nicht erforderlich. Allerdings kann das Rechtsschutzbedürfnis für die Geltendmachung des Anspruchs fehlen, wenn Zugang zu Informationen begehrt wird, an denen keinerlei inhaltliches Interesse besteht und deren Kenntnis keinerlei rechtliche oder tatsächliche Vorteile bringen kann (VGH Kassel NVwZ 2010, 1112 Ls. = BeckRS 2010, 48167; VG Frankfurt a. M. NJOZ 2016, 299 Rn. 16). 40

Gegenstand des Informationszugangsanspruchs nach § 1 Abs. 1 IFG sind grds. nur bei der Behörde bereits vorhandene Informationen. Aus § 1 Abs. 1 IFG folgt **keine Informationsbeschaffungspflicht** der Behörde (BVerwG NVwZ 2019, 1840 Rn. 15). Allerdings kann die Behörde zur **Wiederbeschaffung** nach Eingang des Antrags weggegebener Unterlagen verpflichtet sein (BVerwG NVwZ 2019, 1840 Rn. 15). 41

a) Voraussetzungen. Eine amtliche Information iSv § 1 Abs. 1 IFG kann auch vorliegen, wenn die Behörde gleichartige Informationen in ihren gegliederten Aktenbeständen addieren muss (BVerwG NVwZ 2015, 669 Rn. 37, insoweit in BVerwGE 151, 1 nicht abgedruckt (Abgeordnetenbezüge); BVerwG BKR 2020, 202 Rn. 7 (Auskunftsersuchen und OWi-Verfahren gg. Wertpapierhandelsunternehmen)). 42

b) Verhältnis zu § 29 Abs. 2 VwVfG. Soweit Datenweitergabe in einem laufenden Verwaltungsverfahren begehrt wird, besteht das Akteneinsichtsrecht nach § 29 Abs. 2 VwVfG neben dem Informationsanspruch aus § 1 IFG (Anspruchskonkurrenz, BVerwGE 156, 320 = NVwZ 2017, 329 Rn. 12; Kallerhoff/Mayen in Stelkens/Bonk/Sachs VwVfG § 29 Rn. 25). 43

2. Verweigerungsgründe

44 **a) Beeinträchtigung der Aufsicht (§ 3 Nr. 1d IFG).** Nach § 3 Abs. 1d IFG kann eine Herausgabe verweigert werden, wenn ansonsten die ordnungsgemäße Erfüllung der Aufgaben der Finanz-, Wettbewerbs- und Regulierungsbehörden beeinträchtigt würde. Finanzbehörden sind alle Behörden im Zuständigkeitsbereich des BMF einschließlich der BaFin und des BMF in ihrer Eigenschaft als Finanzaufsichtsbehörde (BVerwG NVwZ 2011, 1012 Rn. 13; VGH Kassel NVwZ 2010, 1112 Ls. = BeckRS 2010, 48167; BeckOK InfoMedienR/Schirmer IFG § 3 Rn. 71). § 3 Nr. 1d IFG entspricht § 29 Abs. 2 VwVfG sowie dem in Art. 14 Abs. 5 lit. d DS-GVO iVm § 29 BDSG geregelten Ausschlussgrund.

45 Die Rspr. verlangt eine **„erhebliche und spürbare“** Beeinträchtigung der Aufgabenerfüllung der BaFin (so BVerwG NVwZ 2012, 112 Rn. 21; VGH Kassel NVwZ 2010, 1036 (1039); 2010, 1112 Ls. = BeckRS 2010, 48167; VGH Kassel NVwZ 2010, 112 = BeckRS 2010, 49021; VGH Kassel DVBl 2012, 701 (702)). Die Lit. hält es für ausreichend, das aufgrund einer Weitergabe die Informationsbeschaffung beeinträchtigt sein könnte, da eine effektive Aufsicht eine **überobligatorische freiwillige Kooperation** der beaufsichtigten Unternehmen voraussetze (BeckOK InfoMedienR/Schirmer IFG § 3 Rn. 71). Die Rspr. lässt diese allgemeine Überlegung, die sachlich auf eine Bereichsausnahme für die Finanzaufsicht hinausliefe (BVerwG NVwZ 2015, 823 Rn. 34) grds. nicht ausreichen (BVerwG NVwZ 2011, 1012 Rn. 13; 2019, 1840 Rn. 30; BVerwGE 167, 319 = WM 2020, 1308 = NVwZ 2020, 1369 Rn. 20 – Hypo Real Estate).

46 Ausreichend ist eine **reale Möglichkeit einer Beeinträchtigung der Funktionsfähigkeit der Finanzaufsicht** (Regierungsbegründung WpIG, BT-Drs. 19/26929, 133). Eine konkrete erhebliche Beeinträchtigung muss nicht gegeben sein, auch nicht ein ernsthafter Nachteil für die Aufsicht (BVerwG NVwZ 2019, 1840 Rn. 53 ff.).

47 **Einzelfälle:**
- Schutz behördlicher Informanten (nach VG Frankfurt a. M. ZD 2012, 586 = BeckRS 2012, 53661 ergibt sich Verweigerungsgrund aus § 3 Nr. 7 IFG);
- Schutz personenbezogener Daten von Behördenmitarbeitern (BVerwG ZIP 2014, 442).

48 **b) Beeinträchtigung eines strafrechtlichen Ermittlungsverfahrens (§ 3 Nr. 1g IFG).** Eine Herausgabeverweigerung nach § 3 Nr. 1g IFG kommt in Betracht, dass, auf Grund konkreter Tatsachen mit hinreichender Wahrscheinlichkeit zu erwarten ist, dass das Bekanntwerden der Information den Untersuchungszweck, dh die Sachverhaltsaufklärung und Wahrheitsfindung, beeinträchtigt, etwa wenn Beschuldigte, Zeugen oder sonstige Dritte nachteilig auf das Ermittlungsverfahren einwirken, indem sie Wissen zur Verdunkelung oder zur Beeinflussung von Zeugen nutzen oder ihr Aussageverhalten darauf einstellen (BVerwG NVwZ 2015, 823 Rn. 16). Auch bei Berufung auf § 3 Nr. 1g IFG muss die Behörde die Befürchtung bezogen auf den jeweiligen konkreten Akten und Aktenbestandteile substantiieren (BVerwG NVwZ 2015, 823 Rn. 24 ff.). Bestätigt die Staatsanwaltschaft, dass bereits verwendete Akten und Aktenbestandteile aufgrund neuer Erkenntnis noch einmal für Ermittlungen herangezogen werden sollen, dann wird zugleich das Vorliegen eines Herausgabeverweigerungsgrunds nach 3 Nr. 1g IFG vermutet (BVerwG NVwZ 2015, 823 Rn. 34).

49 **c) Einschränkung wg. „besonderem Amtsgeheimnis“ (§ 3 Nr. 4 IFG).** Die Rspr. hatte ursprünglich angenommen, dass § 3 Nr. 4 IFG iVm der aufsichts-

rechtlichen Verschwiegenheitspflicht der BaFin idR die BaFin dazu verpflichtet, Dritten den Informationszugang zu verweigern (VGH Kassel WM 2015, 1750 (1753 ff.) (zu § 9 KWG)). Diese Entscheidung ist durch das Baumeister-Urteil des EuGH v. 19.6.2018 (WM 2018, 1211 = NVwZ 2018, 1386) überholt und vom BVerwG aufgehoben worden (BVerwGE 167, 319 = WM 2020, 1308 = NVwZ 2020, 1368). Nach Maßgabe des Baumeister-Urteils muss im Einzelfall bezogen auf jede Information geprüft werden, ob ein legitimes Geheimhaltungsbedürfnis besteht (BVerwG NVwZ 2020, 885 Rn. 22 = ZIP 2020, 359; BVerwGE 167, 319 = WM 2020, 1308 = NVwZ 2020, 1368 Rn. 1 – Hypo Real Estate; VGH Kassel NVwZ 2020, 1372 Rn. 27 – Phoenix Kapitaldienst).

Das **Betriebsgeheimnis,** dh das legitime Geheimhaltungsinteresse des beaufsichtigten Unternehmens sowie eines Dritten **entfällt** grds. **durch Zeitablauf,** wenn im Zeitpunkt der letzten mündlichen Verhandlung ein Zeitraum von mehr als fünf Jahren verstrichen ist, sofern die Partei, die sich auf die Vertraulichkeit beruft, nicht ausnahmsweise nachweist, dass die Informationen trotz ihres Alters noch wesentliche Bestandteile ihrer wirtschaftlichen Stellung oder eines Dritten sind (EuGH WM 2018, 1211 = NVwZ 2018, 1386 Rn. 54; BVerwGE 167, 319 = WM 2020, 1308 = NVwZ 2020, 1369 Rn. 16 – Hypo Real Estate; VGH Kassel NVwZ 2020, 1372 Rn. 28 – Phoenix Kapitaldienst). Die Beweislast für das Fortbestehen des Betriebsgeheimnisses obliegt dann dem beaufsichtigten Unternehmen. Ist ein Insolvenzverfahren eröffnet, dann entfällt hierdurch die Schutzwürdigkeit von Informationen nicht, wenn ein Geheimhaltungsinteresse des Insolvenzverwalters oder der Insolvenzmasse fortbesteht (BVerwG NVwZ 2016, 1335 Rn. 18; 2019, 1840 Rn. 20 ff.). **50**

Das **aufsichtsrechtliche Geheimnis,** dh das schützenswerte Interesse der Aufsichtsbehörde an der Vertraulichkeit interner Vorgänge, **entfällt** grds. **nicht durch Zeitablauf,** soweit die Vertraulichkeit aus anderen Gründen als ihrer Bedeutung für das beaufsichtigte Unternehmen resultiert, was im Einzelfall von der Aufsichtsbehörde darzulegen ist (EuGH WM 2018, 1211 = NVwZ 2018, 1386 Rn. 56 f. – Baumeister; BVerwG NVwZ 2020, 885 Rn. 21 = ZIP 2020, 359; VGH Kassel NVwZ 2020, 1372 Rn. 32 – Phoenix Kapitaldienst). Die Beweislast für den Wegfall des Vertraulichkeitsinteresse der Aufsichtsbehörde trifft den die die Information verlangenden Kläger. **51**

d) Einschränkung zum Schutze Dritter (§ 3 Nr. 7 IFG). Einer Datenübermittlung steht § 3 Nr. 7 entgegen, wenn diese mit dem Schutz Dritter nicht vereinbar wäre. Dritte können etwa Informanten der Aufsichtsbehörde sein (VG Frankfurt a. M. ZD 2012, 586 = BeckRS 2012, 53661; BeckOK InfoMedienR/Schirmer IFG § 3 Rn. 185). Den Informationsaustausch zwischen Behörden schützt § 3 Nr. 7 IFG nicht (BeckOK InfoMedienR/Schirmer IFG § 3 Rn. 186). **52**

e) Einschränkung der Offenlegung von geistigem Eigentum sowie Betriebs- und Geschäftsgeheimnissen (§ 6 IFG). Nach § 6 IFG tritt das Informationsinteresse grds. hinter dem Interesse des betroffenen Unternehmens am Schutz seiner Betriebs- und Geschäftsgeheimnisse zurück. Der durch § 6 IFG vermittelte Schutz ist absolut, wenn und solange ein **berechtigtes Interesse an der Geheimhaltung** besteht. Dies ist der Fall, wenn die Offenlegung der Information geeignet ist, konkurrierenden Unternehmen exklusives technisches oder kaufmännisches Wissen den Marktkonkurrenten zugänglich zu machen und so die Wettbewerbsposition des Unternehmens nachteilig zu beeinflussen **53**

(BVerwG NVwZ 2009, 1113 Rn. 12; 2016, 1335 Rn. 18; BeckOK InfoMedienR/Schirmer IFG § 6 Rn. 26).

54 **f) Einschränkung bei Hinweisgeberverfahren (§ 4d Abs. 5 FinDAG).** Nach § 4d Abs. 5 FinDAG gilt § 1 IFG nicht für vertrauliche Informationen, die von der Aufsichtsbehörde in einem nach § 4d Abs. 1 eingerichteten **besonderen Hinweisverfahren** erlangt wurden (BVerwG NVwZ 2020, 885 Rn. 14 = ZIP 2020, 359).

3. Verfahren (§ 99 VwGO)

55 Über das Vorliegen oder Nichtvorliegen von Verweigerungsgründen entscheiden die zuständigen Oberverwaltungsgerichte im In-Camera-Verfahren nach § 99 Abs. 2 VwGO (BVerwG ZUR 2009, 322 Rn. 8 ff.; VGH Kassel WM 2012, 1953 (1954)). Vor dieser Entscheidung muss das zuständige Verwaltungsgericht prüfen, ob die begehrte Information im Verfahren entscheidungserheblich ist (BVerwG NVwZ 2021, 415 Rn. 8). Dies ist etwa der Fall, wenn die begehrten Informationen Gegenstand eines gerichtlichen Beweisbeschlusses sind (VGH Kassel WM 2011, 553 (554)).

Abschnitt 4. Hinweisgebersystem und Aufzeichnungsverpflichtung bei Wertpapierinstituten; Form der einzureichenden Dokumente

§ 13 Hinweisgebersystem und Aufzeichnungsverpflichtung

(1) [1]**Wertpapierinstitute sind verpflichtet, ein Verfahren einzurichten, das es den Mitarbeitern unter Wahrung der Vertraulichkeit ihrer Identität ermöglicht, mögliche Verstöße gegen Aufsichtsrecht und möglicherweise strafbare Handlungen innerhalb des Unternehmens an geeignete Stellen zu melden.** [2]**Das Verfahren kann von Sozialpartnern bereitgestellt werden, sofern dabei für die Meldenden das gleiche Schutzniveau wie nach § 4d des Finanzdienstleistungsaufsichtsgesetzes gewährt wird.**

(2) [1]**Wertpapierinstitute müssen sämtliche Transaktionen aufzeichnen und die Systeme und Verfahren, die diesem Gesetz und der Verordnung (EU) 2019/2033 unterliegen, so dokumentieren, dass die Bundesanstalt oder ein von ihr Beauftragter jederzeit prüfen kann, ob das Wertpapierinstitut dieses Gesetz und die Verordnung (EU) 2019/2033 einhält.** [2]**Die internen Kontrollverfahren und die Verwaltungs- und Rechnungslegungsverfahren des Wertpapierinstituts müssen die Bundesanstalt in die Lage versetzen, die Einhaltung dieser Vorschriften jederzeit zu prüfen.**

Literatur: Baade/Hößl, Arbeits- und compliancerechtlicher Handlungsbedarf unter dem neuen Hinweisgeberschutzgesetz (Teil I und II), DStR 2023, 1213 ff., 1265 ff.; Ceesay, Das Hinweisgeberschutzgesetz als Teilkodifikation des Whistleblowing-Rechts, ZIP 2024, 1101 ff.; Dzida/Seibt, Neues Hinweisgeberschutzgesetz: Analyse und Antworten auf Praxisfragen, NZA 2023, 675 ff.; Ettwig, Hinweisgeberschutz in der Praxis – Praktische Erfahrungen ein Jahr nach Inkrafttreten der zweiten Stufe des HinSchG, CCZ 2025, 24 ff.; Fehr, Datenschutzrechtliche Anforderungen an die Implementierung eines Hinweisgebersystems im Lichte des HinSchG und der DSGVO, Der Betrieb 2023, 186 ff.; Gerdemann, EU-Kommission zur Zukunft des Hinweisgeberschutzgesetzes, ZRP 2024, 170 ff.; Götz, Betriebsratsaufgaben im Hinweisgebermeldesystem, NZA 2023, 1433 ff.; Külz/Odenthal-Middelhoff, Praxisfragen zum Hinweisgeberschutzgesetz, NZWiSt 2024, 131 ff.; Lanzinner, Pflicht zum Whistleblowing?, CCZ 2024, 275 ff.; Lütke/Gramlich, Die arbeitsrechtlich zulässige Kündigung als unzulässige Repressalie nach dem HinSchG?, NZA 2025, 599 ff.; dieselben, Durchsuchung und Beschlagnahme bei internen Meldestellen nach dem HinSchG – Handlungsoptionen für Unternehmen, Betriebsberater 2024, 201 ff.; Musiol: Das Hinweisgeberschutzgesetz in der Rechtsprechung, NZA-RR 2025, 529 ff.; Süße, HinSchG: interne Meldestelle in der Praxis (Teil 1 und 2), CB 2024, 385 ff., 448 ff.

Übersicht

I. Vorbemerkung

1 § 13 verpflichtet Wertpapierinstitute zum einen in Absatz 1 zur Einrichtung eines näheren Vorgaben entsprechenden, sog. Hinweisgebersystems (auch bekannt als Hinweisgeberverfahren oder „Whistleblowing-Verfahren“, siehe EBA/GL/2021/05, Abs. 132) für ihre Mitarbeitenden (→ Rn. 17 ff.), zum anderen in Absatz 2 dazu, sämtliche ihrer Transaktionen aufzuzeichnen sowie alle dem WpIG unterliegenden Systeme und Verfahren zum Zweck der jederzeitigen Prüfung

nicht nur zu dokumentieren (Satz 1), sondern (Satz 2) im Fall einzelner Verfahren auch jederzeit prüffähig zu gestalten (→ Rn. 59 ff.).

2 § 13 Abs. 1 setzt Artikel 22 Abs. 2 IFD, § 13 Abs. 2 hingegen Artikel 4 Abs. 5 S. 2 und Abs. 6 IFD um (Begründung zum Gesetzentwurf der BReg zum IFD-Umsetzungsgesetz, BT-Drs. 19/26929, 134). Parallelvorschrift ist § 25a Abs. 1 S. 6 Nr. 2 und 3 KWG. Weder die für Kleine und Mittlere Wertpapierinstitute anwendbare WpI MaRisk noch die (grundsätzlich) auf Große Wertpapierinstitute anwendbare MaRisk (BA) enthalten nähere Vorgaben zum Hinweisgebersystem (für letztere siehe aber EBA/GL/2021/05, Abs. 132 ff.). Rudimentäre Hinweise zur Dokumentation finden sich in AT 6 WpIMaRisk, die zu AT 6 MaRisk wortgleich ist. Weitere Gestaltungshinweise zur Aufzeichnungsverpflichtung enthält der WpIMaRisk in BTO 1.2.1 (Handel) Tz. 4, 5, 6, 7 und Erläuterung zu Tz. 2 sowie BTO 1.2.3 (Abbildung im Risikomanagement) Tz. 1.

II. Anwendungsbereich

1. Kleine und Mittlere Wertpapierinstitute

3 Die Vorschrift richtet sich zunächst an **Kleine und Mittlere Wertpapierinstitute** (→ § 2 Rn. 349 ff.).

2. Große Wertpapierinstitute

4 **a) Teilanwendbarkeit. Nur die Aufzeichnungsverpflichtung gem. § 13 Abs. 2,** nicht aber auch die Regelung zum Hinweisgebersystem gem. § 13 Abs. 1 ist **auf Große Wertpapierinstitute** (→ § 2 Rn. 349 ff.) **anzuwenden.**

5 Das Ergebnis überrascht zunächst vor dem Hintergrund, dass § 4 S. 2 den § 13 insgesamt nicht von der Anwendung auf Große Wertpapierinstitute ausnimmt. Allerdings steht dieser Wortlaut selbst nicht im Einklang mit Art. 2 Abs. 2 IFD, wonach für Große Wertpapierinstitute anstatt der Titel IV und V der IFD die Vorgaben der Titel VII und VIII CRD IV gelten sollen. Denn nur das Hinweisgebersystem (Art. 22 Abs. 2 IFD) ist in Titel IV der IFD, die Aufzeichnungsverpflichtung (Art. 4 Abs. 5 S. 2, Abs. 6 IFD) hingegen in Titel II geregelt. Der deutsche Gesetzgeber hat dies dem Grunde nach erkannt, wenn er in der Begründung zum Gesetzentwurf zu § 4 auf Art. 2 Abs. 2 IFD verweist und Große Wertpapierinstitute entsprechend von den betreffenden Pflichten des WpIG befreien und zugleich den betreffenden Vorschriften des KWG (nebst den aufgrund der Regelungen erlassenen Rechtsverordnungen) unterwerfen will (Begründung zum Gesetzentwurf der BReg zum IFD-Umsetzungsgesetz, BT-Drs. 19/26929, 130). Die sich aus Art. 2 Abs. 2 IFD ergebende Differenzierung hat er hingegen versäumt. Allein die in der Begründung zum Gesetzentwurf dargelegte Absicht kann insoweit allein nicht zu einer anderen Deutung des § 4 S. 2 führen (anders wohl Lendermann/Nemeczek/Schroeter/Lendermann/Nemeczek § 4 Rn. 46, wonach bei derartigen Widersprüchen die Vorschriften des WpIG im Zweifel unangewendet bleiben müssten, da davon auszugehen sei, dass der Gesetzgeber insoweit Aufsichtsanforderungen nach dem KWG anstelle des WpIG zur Anwendung kommen lassen wolle).

6 Die IFD, die als europäische Richtlinie grundsätzlich keine unmittelbare Geltung in den EU-Mitgliedstaaten hat, setzt sich hingegen aufgrund europarechts-

konformer Auslegung als Ausprägung des Effektivitätsgrundsatzes durch. Das mitgliedstaatliche Recht ist im Lichte des Wortlauts sowie des Zwecks der Richtlinie auszulegen und dabei muss diese Auslegung unter voller Ausschöpfung des Beurteilungsspielraums, den das nationale Recht einräumt, in Übereinstimmung mit den Anforderungen des Gemeinschaftsrechts vorgenommen werden (vgl. Calliess/Ruffert/Ruffert AEUV Art. 288 Rn. 78 mwN aus der Rechtsprechung des EuGH). § 4 führt dazu, dass zwei Vorschriften auf denselben Gegenstand, nämlich das interne Meldewesen, zur Anwendung kommen müssten. Diese sind in Bezug auf ihre Reichweite hingegen nicht identisch, als dass § 25a Abs. 1 S. 6 Nr. 3 KWG neben strafrechtlichen Vorschriften spezifisch bezeichnetes Aufsichtsrecht als Meldegegenstände bezeichnet, wohingegen § 13 Abs. 1 sämtliches auf Wertpapierinstitute anwendbares Aufsichtsrecht (→ Rn. 43) enthält. Im Lichte des Art. 2 Abs. 2 IFD ist somit § 25a Abs. 1 S. 6 Nr. 3 KWG als lex specialis Vorrang vor § 13 Abs. 1 einzuräumen. Eine Anwendung beider Vorschriften mit der Folge, dass § 25a Abs. 1 S. 6 Nr. 3 KWG faktisch unangewendet bliebe, wäre eine überschießende Umsetzung der IFD durch den deutschen Gesetzgeber. Hierzu ist er allerdings nicht berechtigt. Denn Art. 2 Abs. 2 IFD stellt insoweit klar, dass Große Wertpapierfirmen ausdrücklich nach den Vorgaben der Titel VII und VIII CRD IV beaufsichtigt werden.

Anders ist dies hingegen für § 13 Abs. 2 zu beurteilen. Wie sich aus Art. 2 Abs. 2 IFD zwanglos ergibt, hat der europäische Gesetzgeber das Nebeneinander beider Vorschriften vorgesehen. Die entsprechende Umsetzung durch den deutschen Gesetzgeber in § 4 ist daher ebenfalls hinzunehmen. 7

b) Praktische Auswirkungen. Für Große Wertpapierinstitute bedeutet die **Unanwendbarkeit** des **§ 13 Abs. 1** zunächst potentiell eine **Entlastung.** 8

Der von ihnen stattdessen gem. § 4 S. 1 anzuwendende § 25a Abs. 1 S. 6 Nr. 3 KWG steht in Bezug auf die meldefähigen Gegenstände, welche sich auf die dort ausdrücklich genannten Gesetze beschränken, hinter dem § 13 Abs. 1 zurück, der sämtliches für das Wertpapierinstitut geltende Aufsichtsrecht (→ Rn. 43) enthält. Die Hinweisgeberstelle von Großen Wertpapierinstituten ist daher – anders als Kleine und Mittlere Wertpapierinstitute – nicht zur Bearbeitung der Meldung von möglichen Verstößen gegen anderes als in § 25a Abs. 1 S. 6 Nr. 3 KWG speziell benanntes, auf das große Wertpapierinstitut anwendbare Aufsichtsrecht verpflichtet, sofern es sich insoweit nicht um mögliches strafbares Verhalten handelt. 9

An einer Erstreckung auf sämtliche Bereiche sind Große Wertpapierinstitute freilich nicht gehindert. Nach der Vorstellung des deutschen Gesetzgebers zum Hinweisgeberschutzgesetz entspräche dies auch dem eigenen Interesse des Unternehmens, da eine andernfalls mögliche (vorschnelle) Meldung an eine externe Stelle vermieden werden könnte (Begründung zum Gesetzentwurf der BReg zum WBRL-Umsetzungsgesetz, BT-Drs. 20/3442, 30, 77). Dabei kann auch erwogen werden, dass nicht über ein internes Meldesystem gemeldete Verstöße zu Reputationsschäden in der öffentlichen Wahrnehmung führen können (Lendermann/Nemeczek/Schroeter/Schroeter § 13 Rn. 11 mwN; hierzu auch für die Rechtslage vor Inkrafttreten des Hinweisgeberschutzgesetz BAG NZA 2004, 427 (430)). Daneben bietet ein Hinweisgebersystem dem Unternehmen die Chance, aufgrund der Aufklärung von intern bestehenden Missständen sich vor weiterem eigenen finanziellen Schaden zu bewahren. Ein funktionierendes Hinweisgebersystem kann zudem zu der externen Wahrnehmung beitragen, dass das Unternehmen Transparenz, Integrität und Verantwortung ernst nimmt. 10

11 Bei der Gestaltung des internen Meldesystems in Anwendung des § 25a Abs. 1 S. 6 Nr. 3 KWG haben Große Wertpapierinstitute die Absätze 132 ff. EBA/GL/2021/05 zu berücksichtigen. Da die Regelungen des Hinweisgeberschutzgesetzes nunmehr allerdings gelten, soweit in § 25a Abs. 1 S. 6 Nr. 3 KWG iVm den Absätzen 132 ff. EBA/GL/2021/05 keine abschließenden Regelungen enthalten sind (§ 4 Abs. 1 S. 1 Nr. 2, S. 2 HinSchG; zum Verhältnis zum Hinweisgeberschutzgesetz → Rn. 19 ff.), dürfte sich der vormals bestehende erhebliche Gestaltungsspielraum deutlich verengt haben (vgl. hierzu für vor Inkrafttreten des Hinweisgeberschutzgesetzes Schwennicke/Auerbach/Langen/Donner KWG § 25a Rn. 114). Jedenfalls für die Fragen, welche Personen oder Organisationseinheiten für die Aufgabenwahrnehmung der Hinweisgeberstelle einzusetzen sind und (überwiegend) wie diese die Hinweisgeberstelle betreiben, verbleibt die Entscheidung aber beim Großen Wertpapierinstitut (vgl. hierzu die Begründung zum Gesetzentwurf der BReg zum WBRL-Umsetzungsgesetz, BT-Drs. 20/3442, 78, 80; zur möglichen Überschneidung mit bestehenden Organisationseinheiten, die Aufgaben des Hinweisgeberschutzgesetzes bereits wahrnehmen Krimphove CB 2023, 432 (434 f.)).

12 Der Umstand, dass § 25a Abs. 1 S. 6 Nr. 3 KWG anders als § 13 Abs. 1 nicht ausdrücklich von „möglichen" Verstößen spricht, hat hingegen keinerlei einschränkende Wirkung. Zwar spricht Art. 71 Abs. 2 CRD IV, der mit der Regelung umgesetzt wird, ebenfalls nur von „Verstößen". Dies ist aber im Zusammenhang mit dessen Absatz 1 zu lesen, der insoweit „drohende oder tatsächliche Verstöße" benennt. Die nicht attribuierte Verwendung des Begriffs „Verstöße" ist daher als hierauf bezugnehmend zu verstehen (vgl. Schwennicke/Auerbach/Langen/Donner KWG § 25a Rn. 112; vgl. Fischer/Schäfer/Schulte-Mattler/Schulte-Mattler/Braun/Fischer § 25a Rn. 687). Folgerichtig sieht dies auch Abs. 132 EBA/GL/2021/05 vor. Die hinweisgebende Person muss also nicht von einem Verstoß überzeugt sein und entsprechende vollumfängliche Angaben machen, damit eine Bearbeitungspflicht ausgelöst wird.

13 Die **Unanwendbarkeit** führt allerdings **auch** zu einem **Nachteil** für Große Wertpapierinstitute. Denn anders als § 13 Abs. 1 S. 2 sieht § 25a Abs. 1 S. 6 Nr. 3 KWG nicht vor, dass das interne Meldesystem auch von Sozialpartnern (zum Begriff → Rn. 54) bereitgestellt werden kann. Obschon diese Möglichkeit einer entsprechenden Regelung in Art. 71 Abs. 3 UAbs. 2 CRD IV vorgesehen ist, hat der deutsche Gesetzgeber hiervon keinen Gebrauch gemacht. Große Wertpapierinstitute haben daher in dem Fall, dass sie das interne Meldesystem nicht selbst betreiben, die Anforderungen an eine Auslagerung nach § 25b KWG zu beachten (vgl. Schwennicke/Auerbach/Langen/Donner KWG § 25a Rn. 114; vgl. Beck/Samm/Kokemoor/Reppenthien KWG § 25a Rn. 213; vgl. Fischer/Schäfer/Schulte-Mattler/Schulte-Mattler/Braun/Fischer § 25a Rn. 690).

14 Die **Anwendbarkeit** des **§ 13 Abs. 2** neben § 25a Abs. 1 S. 6 Nr. 2 KWG **hat demgegenüber kaum praktische Auswirkungen** (→ Rn. 15). Hinzuweisen ist darauf, dass die BaFin in ihren Erläuterungen zu AT 2.1 WpI MaRisk pauschal darauf verweist, dass für Große Wertpapierinstitute unverändert § 25a KWG und die diese Vorschriften konkretisierenden Anforderungen gelten würden und nicht die in der WpI MaRisk dargelegten Anforderungen. **Ob** die **BaFin** mit der hier vertretenen Auffassung dennoch § 13 Abs. 2 auf Große Wertpapierinstitute **anwenden wird,** bleibt **abzuwarten.**

15 Die unterschiedliche Formulierung „Geschäftstätigkeit", die zu dokumentieren ist (§ 25a Abs. 1 S. 6 Nr. 2 Hs. 1 KWG), im Vergleich zu „Transaktionen",

die aufzuzeichnen sind (§ 13 Abs. 2 S. 1), dürfte mit Blick auf den Zweck der jeweiligen Norm keinen signifikanten Unterschied machen. Auch die in § 25a Abs. 1 S. 6 Nr. 2 KWG gesetzlich normierte Aufbewahrungsfrist von 5 Jahren ergibt sich im Anwendungsbereich des § 13 Abs. 2 nach ihrem Erlass aus AT 6 Tz. 1 WpI MaRisk, sodass auch insoweit kein Unterschied besteht. Ebenfalls ist eine vollständige Dokumentation, die eine lückenlose Überwachung gewährleistet, gem. § 25a Abs. 1 S. 6 Nr. 2 KWG nur dann gegeben, wenn eine jederzeitige Prüfung (so § 13 Abs. 2 S. 1) durch die BaFin möglich ist. Schließlich ist die Aktenführung insoweit aktuell zu halten (AT 6 Tz. 1 MaRisk). Dass die Dokumentation selbstverständlich auch im Anwendungsbereich des § 13 Abs. 2 S. 1 lückenlos sein muss, ergibt sich aus dem Erfordernis, dass andernfalls die Einhaltung des WpIG und der IFR nicht (jederzeit) überprüft werden kann, wie es § 13 Abs. 2 S. 1 fordert. Daneben ergibt sich dies im Übrigen auch aus dem Zweck der Vorschrift selbst (Lendermann/Nemeczek/Schroeter/Schroeter § 13 Rn. 66). Die in § 13 Abs. 2 S. 1 allgemein umschriebenen Systeme und Verfahren nach dem WpIG und der IFR (→ Rn. 65) finden auf Große Wertpapierinstitute gem. § 4 S. 2 weit überwiegend keine Anwendung; eine Ausnahme bildet das geschäfts- und kundenbezogene Sicherungssystem zur Verhinderung von Geldwäsche und Terrorismusfinanzierung nach § 33 Abs. 1 S. 2.

3. Deutsche Zweigniederlassungen von Wertpapierinstituten anderer EWR-Staaten

Weder die Pflicht zur Errichtung eines Hinweisgebersystems (§ 13 Abs. 1) noch die Regelungen zur Aufzeichnungsverpflichtung (§ 13 Abs. 2) müssen von deutschen Zweigniederlassungen, die von einem beaufsichtigten Wertpapierinstitut mit Sitz in der EWR errichtet wurden, angewendet werden (§ 73 Abs. 1 S. 1, Abs. 5 Nr. 1). Dies stellt eine Entlastung für entsprechende Zweigniederlassungen dar, die vor Inkrafttreten des WpIG gem. § 53b Abs. 3 S. 1 Nr. 6 KWG die Parallelvorschrift des § 13 Abs. 2, § 25a Abs. 1 S. 6 Nr. 2 KWG, zu beachten hatten. 16

III. Hinweisgebersystem (Absatz 1)

Gemäß § 13 Abs. 1 S. 1 sind Wertpapierinstitute verpflichtet, ein Verfahren einzurichten, das es ihren Mitarbeitenden unter Wahrung der Vertraulichkeit ihrer Identität ermöglicht, mögliche Verstöße gegen Aufsichtsrecht und möglicherweise strafbare Handlungen innerhalb des Unternehmens an geeignete Stellen zu melden. Satz 2 der Vorschrift lässt es sodann zu, dass das einzurichtende Verfahren von Sozialpartnern bereitgestellt wird, sofern dabei für die Meldenden das gleiche Schutzniveau wie nach § 4d FinDAG gewährt wird. 17

1. Zweck

Das interne Hinweisgebersystem nach § 13 Abs. 1 tritt neben das externe Hinweisgebersystem der BaFin (vgl. § 4d FinDAG, § 7 Abs. 1 S. 1 HinSchG); sofern es sich um Straftaten handelt, steht daneben die Möglichkeit der Anzeige ua bei den Staatsanwaltschaften (§ 158 Abs. 1 S. 1 StPO) offen (hierzu aber → Rn. 49). Wohingegen Letztere vornehmlich der staatlichen (Zwangs-)Kontrolle entspringen, soll das interne Hinweisgebersystem auch dem Wohl des Unternehmens dienen (hierzu auch → Rn. 10). Die hierdurch ermöglichte 18 frühzeitige und in der Regel nicht öffentlichkeitswirksame Befassung mit dem (vermeintlichen) Verstoß gibt dem Unternehmen die Chance, selbst die Hintergründe aufzuklären, passende Sanktionen zu ergreifen und Instrumente zur zukünftigen Prävention einzusetzen bzw. bestehende zu überarbeiten, um potenzielle negative Auswirkungen, insbesondere in der Wahrnehmung nach Außen, zu verhindern (vgl. Lendermann/Nemeczek/Schroeter/Schroeter § 13 Rn. 11). Prominent tritt daneben, hinweisgebende Personen unter einen besonderen Schutz zu stellen, um sie vor Repressalien zu bewahren und damit die Bereitschaft zu Meldungen zu erhöhen (→ Rn. 50); der Schutz greift dabei nur bei Meldungen über interne oder externe Hinweisgebersysteme und bei berechtigten Offenlegungen (§ 33 Abs. 1 Nr. 1 HinSchG).

2. Verhältnis zum Hinweisgeberschutzgesetz

19 **Gemäß § 4 Abs. 1 S. 1 Nr. 2 HinSchG gehen spezifische Regelungen** über die Mitteilungen von Informationen von Verstößen (nicht hingegen ihre Offenlegung, vgl. § 3 Abs. 5 HinSchG) in § 13 Abs. 1 **dem Hinweisgeberschutzgesetz vor.** § 4 Abs. 1 S. 2 HinSchG ordnet jedoch sodann an, dass die Bestimmungen des Hinweisgeberschutzgesetzes gleichwohl gelten, soweit diese spezifischen Regelungen keine Vorgaben machen. Die aus dieser scheinbar eindeutigen Formulierung **abzuleitende Rechtsfolge** ist in der Literatur in vielfältiger Hinsicht **umstritten.** Auslöser hiervon ist die Begründung zum Gesetzentwurf, die aufführt, dass sofern die sektorspezifischen Regelungen beispielsweise für ein internes Meldeverfahren Vorgaben enthalten, daneben kein Raum für die Anwendung des HinSchG betreffend das interne Meldeverfahren bleibt, selbst wenn das HinSchG detailliertere Vorgaben mache (Begründung zum Gesetzentwurf der BReg zum WBRL-Umsetzungsgesetz, BT-Drs. 20/3442, 67).

20 **Eine Ansicht** leitet hieraus ab, dass im sachlichen und persönlichen Anwendungsbereich des § 13 Abs. 1 eine **ergänzende Heranziehung** der Vorschriften des Hinweisgeberschutzgesetzes, insbesondere zum Schutzniveau, **nur** zulässig sei, **wenn** dies dort **gesondert gesetzlich angeordnet** ist (vgl. BeckOK ArbR/Bruns, 76. Ed. 1.6.2025, HinSchG § 4 Rn. 24a; dafür, dass auch in den nicht in den Anwendungsbereich des § 13 Abs. 1 fallenden Bereichen, die jedoch in den persönlichen und gem. § 2 HinSchG in den sachlichen Anwendungsbereich des Hinweisgeberschutzgesetzes fallen, die ergänzende Anwendung des Hinweisgeberschutzgesetzes gesperrt ist wohl BeckOK WpHR/Bekritsky, 16. Ed. 1.10.2024, VO (EU) 596/2014 Art. 32 Rn. 11). Dies entspreche dem klaren Willen des Gesetzgebers, der keinen Gleichlauf der Regelungen beabsichtige (BeckOK WpHR/Bekritsky, 16. Ed. 1.10.2024, VO (EU) 596/2014 Art. 32 Rn. 11) und die bestehenden Meldesysteme möglichst unbeeinflusst lassen wolle (vgl. BeckOK ArbR/Bruns, 76. Ed. 1.6.2025, HinSchG § 4 Rn. 24a). Insbesondere durch die zusammen mit dem Gesetz für einen besseren Schutz hinweisgebender Personen sowie zur Umsetzung der Richtlinie zum Schutz von Personen, die Verstöße gegen das Unionsrecht melden, vorgenommene Änderung des § 23 Abs. 6 VAG – die die Parallelvorschrift zu § 25 Abs. 1 S. 6 Nr. 3 KWG sei – mache der Gesetzgeber dies auch normativ deutlich, wenn er dort ausdrücklich die Einrichtung des internen Meldesystems nach den Vorgaben des Hinweisgeberschutzgesetzes anordne, ohne dies hingegen auch für § 25a Abs. 1 S. 6 Nr. 3 KWG anzuordnen (vgl. BeckOK WpHR/Bekritsky, 16. Ed. 1.10.2024, VO (EU) 596/2014 Art. 32 Rn. 11). Hätten die Begründungen zum Gesetzentwurf des Hin-

weisgeberschutzgesetzes und zur Whistleblower-Richtlinie ein anderes Verständnis gehabt, hätten sie dies klar zum Ausdruck gebracht (BeckOK ArbR/Bruns, 76. Ed. 1.6.2025, HinSchG § 4 Rn. 24a).

Die **herrschende Meinung** in der Literatur **wendet** demgegenüber die Vorschriften des **Hinweisgeberschutzgesetzes ergänzend** zu den sektorspezifischen Regelungen des § 4 Abs. 1 S. 1 HinSchG **an,** soweit dort nicht spezifische und verbindliche Regelungen enthalten sind (Lendermann/Nemeczek/Schroeter/Schroeter § 13 Rn. 13; BeckOGK/Seidler, 1.6.2025, HinSchG § 4 Rn. 7 ff.; BeckOK HinSchG/Colneric/Gerdemann, 7. Ed. 15.6.2025, HinSchG § 4 Rn. 19; Lieder/Ceesay/Ceesay HinSchG § 4 Rn. 15; Ceesay ZIP 2024, 1101 (1102); Thüsing HinSchG/Bleckmann HinSchG § 4 Rn. 12; Fischer/Pellmann/Schoch HinSchG/André/Hildner HinSchG § 4 Rn. 40 mit Verweis auf Rn. 38; Schoch BKR 2023, 154 (155 ff.); Krimphove CB 2023, 432 (434 f.); Bayreuther DB 2023, 1537 (1538); wohl auch Tschöpe ArbR-HdB/Krülls G. Hinweisgeberschutz Rn. 31 f., der darauf verweist, dass das Hinweisgeberschutzgesetz dann nicht ergänzend anzuwenden ist, wenn die sektorspezifische Regelung abschließend sei). Speziell in Bezug auf **§ 13 Abs. 1** wird dabei konstatiert, dass die Vorschrift **über eine allgemeine Regelung nicht hinausgeht und** daher **durch** das **Hinweisgeberschutzgesetz auszufüllen** sei („vergleichsweise vage formuliert“, jedoch mit Verweis darauf, dass eine Auslegung von § 13 Abs. 1 für den ergänzenden Rückgriff auf das Hinweisgeberschutzgesetz notwendig bleibe Lendermann/Nemeczek/Schroeter/Schroeter § 13 Rn. 13; „programmsatzartig formuliert“ ohne „konkrete Schutzstandards“ Fischer/Pellmann/Schoch HinSchG/André/Hildner HinSchG § 4 Rn. 40 mit Verweis auf Rn. 38; in Bezug auf die dem § 4 Abs. 1 S. 1 Nr. 2 HinSchG zugrundeliegenden unionsrechtlichen Rechtsakte keine spezifische bzw. verbindliche Regelungen erkennend BeckOK HinSchG/Colneric/Gerdemann, 7. Ed. 15.6.2025, HinSchG § 4 Rn. 40 ff.). 21

Begründet wird dies vornehmlich durch eine unionsrechtskonforme Auslegung des § 4 Abs. 1 S. 2 HinSchG, der Art. 3 Abs. 1 S. 2 der Whistleblower-Richtlinie umsetzt (BeckOGK/Seidler, 1.6.2025, HinSchG § 4 Rn. 9; BeckOK HinSchG/Colneric/Gerdemann, 7. Ed. 15.6.2025, HinSchG § 4 Rn. 17; Lieder/Ceesay/Ceesay HinSchG § 4 Rn. 15; Schoch BKR 2023, 154 (155)). Erwägungsgrund 20 der Whistleblower-Richtlinie lege hierzu fest, dass zur Herstellung von Kohärenz und Rechtssicherheit in den Mitgliedstaaten die Whistleblower-Richtlinie zugleich für alle Angelegenheiten gelten solle, die nicht durch sektorspezifische Rechtsakte geregelt werden und somit solche Rechtsakte ergänzen solle, sodass sie in vollem Umfang dem Mindeststandard entsprechen (BeckOK HinSchG/Colneric/Gerdemann, 7. Ed. 15.6.2025, HinSchG § 4 Rn. 2, 19; Schoch BKR 2023, 154 (155)). Daneben seien die Vorgaben zu den sektorspezifischen Meldesystemen oft nur rudimentär, sodass sich ohne eine ergänzende Anwendung des Hinweisgeberschutzgesetzes eine lückenhafte Regelung der Meldesysteme ergebe (BeckOGK/Seidler, 1.6.2025, HinSchG § 4 Rn. 8). Gerade in Bereichen, die vom Unionsgesetzgeber schon vor Verabschiedung der Whistleblower-Richtlinie als besonders aufsichtsbedürftig und Whistleblowing-relevant eingestuft wurden, würde dies andernfalls im Ergebnis zu teils niedrigeren Anforderungen führen, als in allen anderen vom sachlichen Anwendungsbereich der Whistleblower-Richtlinie bzw. des Hinweisgeberschutzgesetzes erfassten Regulierungsbereichen (BeckOK HinSchG/Colneric/Gerdemann, 7. Ed. 15.6.2025, HinSchG § 4 Rn. 19). Zudem sei der 22

Grund für die Änderung des § 23 Abs. 6 VAG durch Art. 9 des Hinweisgeberschutz-Umsetzungsgesetzes, nämlich die Vermeidung von Wertungswidersprüchen zu den Regelungen des Hinweisgeberschutzgesetzes, gleichsam für Parallelvorschriften gültig; dass außerhalb des Anwendungsbereichs der sektorspezifischen Vorgaben, etwa bei bestimmten bußgeldbewährten Verstößen, das präzisere und ein höheres Schutzniveau statuierende Regime des Hinweisgeberschutzgesetzes zur Anwendung käme, ermangele nachvollziehbarer Gründe (ausdrücklich für § 25 Abs. 1 S. 6 Nr. 3 KWG Schoch BKR 2023, 154 (156)). Dass ein einheitliches System etabliert werden solle, zeige sich auch daran, dass sich Aufbau und Organisation der BaFin als externe Meldestelle gem. § 4d FinDAG nunmehr nach den Vorgaben des Hinweisgeberschutzgesetzes richte (Schoch BKR 2023, 154 (157)).

23 Die Argumente der **herrschenden Meinung überzeugen.** Angesichts des Erwägungsgrunds 20 sollen die sektorspezifischen Rechtsakte, die in Art. 3 Abs. 1 S. 1 iVm Teil II des Anhangs zur Whistleblowing-Richtlinie bzw. in § 4 Abs. 1 S. 1 HinSchG aufgeführt sind, ausdrücklich durch die Regelungen der Whistleblowing-Richtlinie ergänzt werden, sodass diese in vollem Umfang dem Mindeststandard entsprechen. Hiergegen kann nicht eingewandt werden, dass in diesem Anhang die IFD nicht aufgeführt ist. Dies dürfte zum einen darin begründet liegen, dass zum Zeitpunkt des Inkrafttretens der WBRL die IFD noch nicht inkraftgetreten war und weniger einer bewussten Entscheidung folgte. Zum anderen hat der deutsche Gesetzgeber durch die Ergänzung in § 4 Abs. 1 S. 1 Nr. 2 HinSchG das interne Hinweisgebersystem nach dem WpIG insoweit den aufgrund der WBRL in § 4 Abs. 1 S. 1 HinSchG aufgeführten Hinweisgebersystemen gleichgesetzt. Eine abweichende Auslegung wäre demnach ohne einen systematischen Bruch innerhalb der Vorschrift nicht möglich (vgl. auch BeckOGK/Klingenbrunn, 15.7.2025, WpIG § 13 Rn. 9). Das gilt umso mehr, nachdem das in derselben Nummer 2 aufgeführte interne Hinweisgebersystem nach § 25 Abs. 1 S. 6 Nr. 3 KWG auf der CRD IV beruht, die in Teil II des Anhangs zur WBRL aufgeführt ist. Angesichts des Umstands, dass der Wortlaut („soweit") gesetzgebungstechnisch allgemein in der Art verstanden wird, wie es die herrschende Meinung auffasst, erscheint die Forderung nach einer noch deutlicheren Darstellung dieses Verständnisses überzogen; vielmehr entbehrt die insoweit teileinschränkende Auslegung, wie sie die Begründung zum Gesetzentwurf der BReg zum WBRL-Umsetzungsgesetz vornimmt, einer Anknüpfung sowohl in der Whistleblowing-Richtlinie als auch im Hinweisgeberschutzgesetz. Dass die Parallelvorschrift des § 26 Abs. 6 VAG ausdrücklich auf die Regelungen des HinSchG verweist, wohingegen dies bei § 13 Abs. 1 nicht der Fall ist, kann als Ausdruck des gesetzgeberischen Willens verstanden werden, verbietet ob des insoweit nicht einschränkenden Wortlauts die von der herrschenden Meinung vorgenommene Auslegung der § 4 Abs. 1 S. 2 HinSchG und § 13 Abs. 1 indes nicht. Für die Auslegung der herrschenden Meinung spricht auch § 13 Abs. 1 S. 2. Danach kann das Verfahren dann von Sozialpartnern erbracht werden, wenn dabei für die Meldenden das gleiche Schutzniveau wie § 4 FinDAG gewährt wird. Dieses Schutzniveau entspricht dabei demjenigen nach den Regelungen des Hinweisgeberschutzgesetzes für externe Meldestellen (Begründung zum Gesetzentwurf der BReg zum WBRL-Umsetzungsgesetz, BT-Drs. 20/3442, 101; vgl. § 21 S. 1 Nr. 1, S. 2 HinSchG). Dies betrifft insbesondere die in Abschnitt 4 des Hinweisgeberschutzgesetzes geregelten Schutzmaßnahmen (vgl. § 33 Abs. 1 Nr. 1 Var. 2 HinSchG), aber gem. § 27 Abs. 1 S. 2 HinSchG etwa auch die für das interne Meldesystem gem. § 16

Abs. 2 HinSchG geltende Organisationspflicht, den Zugriff auf die Meldung nur den für die Entgegennahme und Bearbeitung der Meldung zuständigen sowie unterstützenden Personen zu gewährleisten. Es leuchtet vor diesem Hintergrund nicht ein, warum im Fall der Bereitstellung des internen Meldesystems durch einen Sozialpartner ein potentiell höheres Schutzniveau gelten soll, als wenn es das Wertpapierinstitut selbst betreibt. Daneben hätte ein unterschiedliches Schutzniveau zugleich eine Abwertung des internen Meldesystems zur Folge, was dem in § 7 Abs. 1 S. 2 HinSchG zum Ausdruck kommenden gesetzgeberischen Ziel, die hinweisgebenden Personen vornehmlich zu einer internen Meldung zu bewegen, entgegenliefe.

3. Einrichtung der internen Stelle

§ 13 Abs. 1 legt den Wertpapierinstituten eine **Organisationspflicht** zur Ein- **24**
richtung des internen Hinweisgebersystems auf, der im Rahmen der ordnungsgemäßen internen Unternehmensführung nachzukommen ist (vgl. Lendermann/Nemeczek/Schroeter/Schroeter § 13 Rn. 11; vgl. BeckOGK/Klingenbrunn, 15.7.2025, WpIG § 13 Rn. 7). Bei der **Gestaltung** der Hinweisgeberstelle sind die Wertpapierinstitute nur insoweit frei, als nicht das HinSchG hierzu Vorgaben macht (vgl. → Rn. 19 ff.). Daneben können sie sich an dem für die Parallelvorschrift des § 25 Abs. 1 S. 6 Nr. 3 KWG maßgeblichen Abschnitt 13 EBA/GL/2021/05 orientieren (nach dem zum Veröffentlichungszeitpunkt verfügbaren Konsultationspapier der EBA vom 7.8.2025 – EBA/CP/2025/20 – sind insoweit keine Anpassungen der Leitlinie zu erwarten, wenngleich die finale Version abzuwarten bleibt; zu Praxiserfahrungen aus Unternehmenssicht siehe Ettwig CCZ 2025, 24 ff.).

Zur **Einrichtung** eines Hinweisgebersystems sind Wertpapierinstitute **unab-** **25**
hängig von der **Anzahl** ihrer **Mitarbeitenden** verpflichtet. Das folgt für den sachlichen Anwendungsbereich des § 13 Abs. 1 (→ Rn. 42 ff.) unmittelbar aus dem insoweit nicht differenzierenden Wortlaut der Vorschrift (für den sachlichen Anwendungsbereich nach dem Hinweisgeberschutzgesetz ergibt sich dies hingegen aus § 12 Abs. 3 Nr. 4 HinSchG). Dem folgend ist die Entscheidung zur Einrichtung nach **wohl hM** in der Literatur **nicht mitbestimmungspflichtig** nach § 87 Abs. 1 BetrVG (Richardi BetrVG/Maschmann BetrVG § 87 Rn. 199; Bayreuther NZA 2023, 666 (667); aA Lütke/Gramlich NZA 2024, 799 (803) mwN zum Streitstand, die ihre Ansicht mit der ihrer Auffassung nach fehlenden Verpflichtung zur Einrichtung einer Hinweisgeberstelle begründen, dabei aber die ausdrückliche gegenteilige Bezeichnung in § 12 Abs. 2, 3 und 4 S. 1 HinSchG übersehen, mit der diese Auffassung nicht in Einklang gebracht werden kann). Inwieweit hingegen auch die **betriebliche Organisation** des Hinweisgebersystems **mitbestimmungsfrei ist, ist umstritten,** vgl. Richardi BetrVG/Maschmann BetrVG § 87 Rn. 199; vgl. Lütke/Gramlich NZA 2024, 799 (803) mwN; ausführlich in Bezug auf einzelne Regelungen des HinSchG Bruns NZA 2024, 805 ff.).

a) Geeignete Stelle. § 13 Abs. 1 gibt vor, dass die Meldung an eine **geeignete** **26**
Stelle ermöglicht werden soll. Was darunter zu verstehen ist, wird nicht näher eingegrenzt. Die Wahl obliegt dem Wertpapierinstitut, **solange** die Stelle im Stande ist, die **an** das **Hinweisgebersystem gestellten Anforderungen** (→ Rn. 29 ff., 35 ff.) zu **erfüllen.** Erforderlich ist, dass die Stelle, an die die Hinweise gelangen sollen, bereit und im Stande ist, die Hinweise effektiv zu

bearbeiten oder an eine andere Stelle zur weiteren Bearbeitung weiterzuleiten (vgl. Renz/Rohde-Liebenau BB 2014, 692 (695)).

27 Mögliche **Organisationsformen** innerhalb des Wertpapierinstituts gibt § 14 Abs. 1 S. 1 HinSchG vor, nämlich die Übertragung auf eine bei dem jeweiligen Beschäftigungsgeber oder bei der jeweiligen Organisationseinheit beschäftigte Person oder eine aus mehreren beschäftigten Personen bestehende Arbeitseinheit. In Betracht kommen etwa die separate Compliance-Funktion, die interne Revision oder die Rechtsabteilung des Wertpapierinstituts, sofern vorhanden (vgl. EBA/GL/2021/05, Abs. 133; vgl. Renz/Rohde-Liebenau BB 2014, 692 (695); Lendermann/Nemeczek/Schroeter/Schroeter § 13 Rn. 27). Bei kleineren Unternehmen kann die Aufgabe etwa auch durch einen Mitarbeitenden in Doppelfunktion erfüllt werden, der direkt der Unternehmensleitung berichten kann, etwa ein Integritätsbeauftragter, ein Rechts- oder Datenschutzbeauftragter, ein Finanzvorstand, ein Auditverantwortlicher oder ein Vorstandsmitglied (vgl. Erwägungsgrund 56 Satz 2 zur WBRL). Demgegenüber kommt die Übertragung auf einen Dritten nach derselben Vorschrift oder der Zusammenschluss von mehreren Beschäftigungsgebern nach § 14 Abs. 2 HinSchG gemäß der insoweit eindeutigen Regelung des § 13 Abs. 1 S. 2 WpIG iVm § 4 Abs. 1 S. 1 Nr. 2 HinSchG nur insoweit in Betracht, als die Übertragung auf Sozialpartner oder nach Maßgabe des Auslagerungsrechts gem. § 40 erfolgt (vgl. → Rn. 13, 54 f.).

28 Eine geeignete Stelle liegt nur vor, wenn die betraute(n) **Person(en)** bei der Ausübung der Tätigkeit innerhalb der Hinweisgeberstelle **unabhängig** sind und über die notwendige **Fachkunde** verfügen (§ 15 Abs. 1 S. 1, Abs. 2 S. 1 HinSchG). Ersteres bedeutet etwa, dass sie im Rahmen ihrer konkreten Tätigkeit innerhalb der Hinweisgeberstelle keinerlei Weisungen unterliegen. Dies dürfte indes nur insoweit zutreffen, als es Weisungen von außerhalb der Organisationseinheit betrifft. Keine Bedenken dürften daher bestehen, soweit eine hierarchische Struktur innerhalb der Hinweisgeberstelle besteht, etwa in Form einer Leitung der Hinweisgeberstelle mit Letztentscheidungsbefugnis im Einzelfall. Einen besonderen Schutz, vergleichbar demjenigen der hinweisgebenden Personen gem. §§ 33 ff. HinSchG, genießen die Personen der Hinweisgeberstelle allerdings nicht. Das verwundert, da der Gesetzgeber selbst die Unabhängigkeit als unerlässlich für die Funktionsfähigkeit des Systems einschätzt (Begründung zum Gesetzentwurf der BReg zum WBRL-Umsetzungsgesetz, BT-Drs. 20/3442, 78). Sie sind nur indirekt darüber geschützt, dass es sich bei der Untergrabung ihrer Unabhängigkeit (wohl) um eine Ordnungswidrigkeit gem. § 40 Abs. 2 Nr. 2 HinSchG handelt. Denn die mit Bußgeld sanktionierte Pflicht des Betreibens der Hinweisgeberstelle ergibt nur Sinn, wenn darunter das ordnungsgemäße-, also gesetzeskonforme Betreiben erfasst ist, was eben die Unabhängigkeit der Hinweisgeberstelle umfasst. Sofern die Personen der Hinweisgeberstelle neben dieser Tätigkeit andere Aufgaben oder Pflichten wahrnehmen, ist sicherzustellen, dass diese nicht zu Interessenkonflikten führen (§ 15 Abs. 1 S. 2, 3 HinSchG). Diese Verpflichtung steht in Wechselwirkung mit der Notwendigkeit der Unabhängigkeit.

29 **b) Aufgaben, Verfahren und Befugnisse.** Gemäß § 13 Abs. 1 HinSchG **betreibt** die Hinweisgeberstelle die **Meldekanäle** nach § 16 HinSchG, **führt** das **Verfahren** nach § 17 HinSchG durch, **ergreift Folgemaßnahmen** nach § 18 HinSchG und **stellt** gem. § 13 Abs. 2 HinSchG klare und leicht zugängliche **Informationen** über externe Meldeverfahren nach dem HinSchG und einschlägige Meldeverfahren von Organen, Einrichtungen oder sonstigen Stellen der Europäischen Union **bereit.**

Die Hinweisgeberstelle hat Meldungen der hinweisgebenden Personen entgegenzunehmen, wobei dies derart organisiert werden muss, dass **nur die für die Entgegennahme und Bearbeitung zuständigen Personen (nebst Hilfspersonen) Zugriff auf die Meldung** haben (§ 16 Abs. 2 HinSchG). Durch letzteren Umstand wird auch sichergestellt, dass potentiell das Wertpapierinstitut wirtschaftlich schädigende Sachverhalte nur einem kleineren Kreis innerhalb des Wertpapierinstituts, der zu deren Untersuchung berufen ist, bekannt werden. Während die mit der Meldung betroffenen Personen nach § 8 Abs. 1 S. 1 HinSchG in ihrer Identität geschützt sind, sind die mit der Betreibung der Hinweisgeberstelle betrauten Personen nicht ausdrücklich zur Verschwiegenheit verpflichtet. Der soeben dargelegte Zweck wird indes nur erreicht, wenn eine entsprechende **Verschwiegenheitspflicht** besteht, weil andernfalls faktisch ein Zugriff durch Dritte zugelassen wäre. Eine entsprechende Verpflichtung ist daher in die Organisationsregularien zur Hinweisgeberstelle durch das Wertpapierinstitut aufzunehmen (zur Stellung der Mitarbeitenden der Hinweisgeberstelle im Strafverfahren Lütke/Gramlich BB 2024, 201 ff.). **30**

Die Meldungen müssen **mündlich** (durch Telefon oder mittels anderer Art der Sprachübermittlung) **oder in Textform** ermöglicht werden (§ 16 Abs. 3 S. 1, 2 HinSchG). Anders als bei der mündlichen Meldung macht das Gesetz zur textförmlichen Meldung keinerlei Vorgaben. Vor dem Hintergrund des Zwecks der größtmöglichen Ermöglichung von Meldungen ist jede Form der verschriftlichten Meldung zulässig wie Brief, E-Mail oder ein hierfür eingerichtetes Onlineportal, solange es die übrigen Anforderungen, insbesondere an die Vertraulichkeit der und den Zugriff auf die Meldung, wahrt. Die Regelungen zu der Form der Meldung sind niedrigschwellig ausgestaltet, um gerade die erstmalige Einrichtung eines Hinweisgebersystems zu begünstigen (Begründung zum Gesetzentwurf der BReg zum WBRL-Umsetzungsgesetz, BT-Drs. 20/3442, 81). Zu beachten ist allerdings das Recht der hinweisgebenden Person zu einer **persönlichen Zusammenkunft** für eine Meldung, die **binnen angemessener Frist** ab dem Verlangen durchzuführen ist; diese kann aber – mit Einwilligung der hinweisgebenden Person – auch per Bild- und Ton-Übertragung, mithin per Videocall, stattfinden (§ 16 Abs. 3 S. 3 und 4 HinSchG). Diese Art der Meldung, auch unter Weglassung der Bildübertragung, erfüllt zugleich den Tatbestand der anderen Art der Sprachübermittlung. Bis zu welcher Länge noch von einer angemessenen Frist auszugehen ist, ist nicht näher geregelt und hängt von den Umständen des Einzelfalls ab. Zweifelhaft erscheint es allerdings, generell die Organisationsstrukturen des Wertpapierinstitutes und inwieweit diese eine kurzfristige persönliche Zusammenkunft ermöglichen, als Abwägungskriterium zu berücksichtigen (so aber die Begründung zum Gesetzentwurf der BReg zum WBRL-Umsetzungsgesetz, BT-Drs. 20/3442, 82). Da die Organisationsstruktur durch das Wertpapierinstitut festgelegt wird, wird damit die Möglichkeit der Be-, wenn nicht gar Verhinderung dieses Rechts eröffnet. Eine hinweisgebende Person, die einen potentiellen Verstoß gegen vom Wertpapierinstitut oder seinen Mitarbeitenden zu beachtendes Recht melden will, auf einen etliche Wochen in der Zukunft liegenden Termin deshalb zu verweisen, weil das Wertpapierinstitut die Hinweisgeberstelle nur mit einer generell unzureichenden Anzahl an Personen ausstattet oder sonstige Aufgaben und Pflichten die zuständigen Personen beschäftigen (vgl. § 15 Abs. 1 S. 2, 3 HinSchG, der ausdrücklich nur auf die Berücksichtigung von möglichen Interessenkonflikten abstellt), läuft diesem Recht zuwider. Sofern die hinweisgebende Person entsprechende Angaben bereits gemacht hat, erscheint bei einem unvorher- **31** gesehenen hohen Aufkommen aber eine Priorisierung danach, wie schwerwiegend der Vorwurf, wie weitreichend die Folgen und ob die betroffene Person eine für das Unternehmen oder die Mitarbeitendeninteressen sensible Funktion innehat, gerechtfertigt. In der rechtswissenschaftlichen Literatur wird für den Regelfall eine Frist von **ein bis zwei Wochen** für angemessen gehalten (BeckOK ArbR/Bruns, 78. Ed. 1.12.2025, HinSchG § 16 Rn. 14 mwN).

32 Die Meldungen sind nach Maßgabe des § 11 HinSchG zu **dokumentieren.** Dabei ist die Meldung dauerhaft abrufbar und unter Wahrung des Vertraulichkeitsgebots gem. § 8 HinSchG zu erfassen (§ 11 Abs. 1 HinSchG). Eine dauerhaft abrufbare Tonaufnahme oder eine vollständige und genaue Niederschrift darf bei nicht textlichen Meldungen (gerade im Fall der persönlichen Zusammenkunft) allerdings nur mit Einwilligung der hinweisgebenden Person erfolgen (§ 11 Abs. 2, 3 HinSchG). Freilich ist bei der entsprechenden Niederschrift nicht gemeint, dass diese stattdessen ungenau erfolgen darf. Gemäß § 11 Abs. 2 S. 2 HinSchG ist vielmehr der Inhalt zusammenzufassen. Dabei sind die wesentlichen Informationen niederzulegen. In der Regel ist die Dokumentation 3 Jahre nach Abschluss des Verfahrens zu löschen, wobei Verlängerungen zulässig sind, um die Anforderungen nach diesem Gesetz oder nach anderen Rechtsvorschriften zu erfüllen, soweit sie erforderlich und verhältnismäßig sind (§ 11 Abs. 5 HinSchG). Als Beispiel hierfür nennt der Gesetzgeber den Fall, dass eine weitere Meldung zu einem Sachverhalt, zu dem bereits ein Verfahren nach diesem Gesetz abgeschlossen wurde, eingeht (Begründung zum Gesetzentwurf der BReg zum WBRL-Umsetzungsgesetz, BT-Drs. 20/3442, 77). Der Begriff „löschen“ darf dabei nicht derart missverstanden werden, dass allein eine digitale Dokumentation zulässig ist, was sich bereits aus dem Verweis auf die Möglichkeit der Erstellung einer Niederschrift im Wortlaut (§ 11 Abs. 2 S. 1, Abs. 3 S. 2 HinSchG) ergibt. Gemeint ist die unwiederbringliche Vernichtung der Dokumentation.

33 Die Hinweisgeberstelle hat **bei Eingang einer Meldung** gem. § 17 Abs. 1 HinSchG der hinweisgebenden Person den Eingang der Meldung binnen 7 Tagen zu bestätigen – soweit die Meldung nicht anonym erfolgt – (Nr. 1), zu prüfen, ob der sachliche Anwendungsbereich eröffnet ist (Nr. 2) und die Meldung stichhaltig ist (Nr. 4), mit der hinweisgebenden Person Kontakt zu halten (Nr. 3) und – sofern erforderlich – die hinweisgebende Person um weitere Informationen zu ersuchen (Nr. 5) sowie angemessene Folgemaßnahmen zu ergreifen (Nr. 6). Aus dem Wortlaut der Vorschrift ergibt sich für die **Eingangsbestätigung** keine besondere Form (hM, BeckOK ArbR/Bruns, 78. Ed. 1.12.2025, HinSchG § 17 Rn. 8 mwN). Allerdings bietet sich jedenfalls eine textliche Eingangsbestätigung bereits aus Nachweisgründen an. Kommt die Hinweisgeberstelle zu dem Ergebnis, dass der **sachliche Anwendungsbereich** nicht eröffnet ist, hat sie die hinweisgebende Person an die zuständige Stelle zu verweisen (§ 18 Nr. 2 HinSchG) oder das Verfahren einzustellen (§ 18 Nr. 3 HinSchG). Die Reichweite der Verpflichtung, **mit** der **hinweisgebenden Person Kontakt** zu **halten** (§ 17 Abs. 1 Nr. 3), ist ua in Bezug auf die Pflicht nach § 17 Abs. 1 Nr. 5 (Informationsersuchen bei der hinweisgebenden Person) und die Rückmeldungspflicht gem. § 17 Abs. 2 HinSchG umstritten (BeckOK ArbR/Bruns, 78. Ed. 1.12.2025, HinSchG § 17 Rn. 8d ff. mwN). Überwiegend wird in die Vorschrift ua eine Beratungspflicht (etwa ob der Meldegegenstand in den sachlichen Anwendungsbereich fällt) und eine unabhängig von § 17 Abs. 2 S. 1 HinSchG bestehende Mitteilungs- und Begründungspflicht bei Abschluss des Verfahrens hineingelesen. Die Beratungspflicht soll jedoch nur auf Nachfrage bestehen. Die Mitteilungs- und Begründungspflicht bei Abschluss des Verfahrens wird demgegenüber

immer dann relevant, wenn die Hinweisgeberstelle bereits eine Rückmeldung gem. § 17 Abs. 2 S. 1 HinSchG erteilt hat. Denn in dem Fall besteht nach dem Wortlaut eben dieser Vorschrift keine Verpflichtung zur erneuten, begründeten Rückmeldung. Eine identische Pflicht bei Abschluss des Verfahrens nunmehr auf Basis des § 17 Abs. 1 Nr. 3 HinSchG zu begründen, leuchtet daneben systematisch auch deshalb nicht ein, weil der Verfahrensabschluss nur eine der Folgemaßnahmen ist, über die eine Rückmeldung gem. § 17 Abs. 2 S. 1 HinSchG verpflichtend zu erfolgen hat (§ 18 Nr. 3 HinSchG). Unabhängig von der Auflösung dieses Streits sollte in der Praxis in diesen Fällen der Verfahrensabschluss dennoch begründet mitgeteilt werden. Zum einen bleibt es der hinweisgebenden Person unbenommen, eine weitere (identische) Meldung zu tätigen, die ihrerseits erneut die Rückmeldeverpflichtung gem. § 17 Abs. 2 S. 1 HinSchG auslöst, die die Hinweisgeberstelle dazu zwingt, nunmehr begründet darzulegen, was sie in der Angelegenheit (bereits) und warum getan hat. Zum anderen verliert ein internes Meldesystem, das Verfahrensabschlüsse in diesen Fällen nicht preisgibt, seine Kredibilität. Vor diesem Hintergrund ist es jedenfalls nicht unzulässig, dass eine Hinweisgeberstelle die hinweisgebende Person unter denselben Rahmenbedingungen wie nach § 17 Abs. 2 HinSchG auf Basis des § 17 Abs. 1 Nr. 3 HinSchG regelmäßig oder anlassbezogen informiert. Die Pflicht zur Prüfung der **Stichhaltigkeit** der Meldung (§ 17 Abs. 1 Nr. 4 HinSchG) bildet zusammen mit den Pflichten gem. § 17 Abs. 1 Nr. 3 und 5 HinSchG die Pflicht zur Schlüssigkeitsprüfung. Auf ein **Ersuchen** der Hinweisgeberstelle **gegenüber** der **hinweisgebenden Person** um **weitere Informationen** (§ 17 Abs. 1 Nr. 5 HinSchG) ist die hinweisgebende Person nicht verpflichtet zu reagieren. Die von der Hinweisgeberstelle **ergreifbaren Folgemaßnahmen** sind in **§ 18 HinSchG** in einem **nicht abschließenden Katalog** aufgeführt. Diese sind jedenfalls die Durchführung von internen Untersuchungen bei dem Beschäftigungsgeber oder der jeweiligen Organisationseinheit sowie das Kontaktieren von betroffenen Personen und Arbeitseinheiten (Nr. 1), das Verweisen der hinweisgebenden Person an andere zuständige Stellen (Nr. 2), der Verfahrensabschluss aus Mangel an Beweisen oder aus anderen Gründen (Nr. 3) und die Verfahrensabgabe zwecks weiterer Untersuchungen an eine bei dem Beschäftigungsgeber oder bei der jeweiligen Organisationseinheit für interne Ermittlungen zuständige Arbeitseinheit oder an eine zuständige Behörde (Nr. 4). Für nicht benannte Maßnahmen ist gemäß der Definition in § 3 Abs. 7 HinSchG erforderlich, dass sie zur Prüfung der Stichhaltigkeit einer Meldung, zum weiteren Vorgehen gegen den gemeldeten Verstoß oder zum Abschluss des Verfahrens ergriffen werden müssen. Sie sind damit in Bezug auf den konkret gemeldeten Fall ermittlungsbezogen. Zur Anordnung oder Durchführung von darüberhinausgehenden Maßnahmen, etwa Schulungs- und Sensibilisierungsmaßnahmen von Mitarbeitenden, ist die Hinweisgeberstelle gem. § 18 HinSchG nicht befugt; hier kommen nur Anregungen in Betracht.

Spätestens drei Monate nach der Eingangsbestätigung (im Fall der ausgebliebenen Eingangsbestätigung nach drei Monaten und sieben Tagen) hat die Hinweisgeberstelle der hinweisgebenden Person eine **Rückmeldung** zu erstatten, in der die bereits ergriffenen und geplanten Folgemaßnahmen begründet werden (§ 17 Abs. 2 S. 1, 2 HinSchG). Eine Rückmeldung darf jedoch nicht erfolgen, soweit dadurch interne Nachforschungen oder Ermittlungen berührt und die Rechte der Personen, die Gegenstand einer Meldung sind oder die in der Meldung genannt werden, beeinträchtigt werden (§ 17 Abs. 2 S. 3 HinSchG). Letzteres betrifft insbesondere den Schutz der personenbezogenen Daten etwa die Identität des Täters und der ihm gemachte vollumfängliche Vorwurf oder ergriffene Maß- 34 nahmen in Bezug auf Zeugen sowie Geschäftsgeheimnisse. Nach der Vorstellung des Gesetzgebers (Begründung zum Gesetzentwurf der BReg zum WBRL-Umsetzungsgesetz, BT-Drs. 20/3442, 82) wird hierdurch dem Interesse der Allgemeinheit und auch der betroffenen Stelle an der Aufklärung des Sachverhaltes, dem Interesse der Strafverfolgungs- und Verwaltungsbehörden an der Verfolgung des Sachverhalts und auch den Rechten der Person, die Gegenstand einer Meldung ist, Vorrang vor den Informationsrechten der hinweisgebenden Person eingeräumt. Sofern eine knappe Rückmeldung möglich ist, die beispielsweise keine oder nur eine verkürzte Begründung enthält, ist die Hinweisgeberstelle gehalten, eine solche Rückmeldung zu geben.

35 **c) Wahrung der Vertraulichkeit der Identität.** Bei der Entgegennahme von Hinweisen muss das Wertpapierinstitut gem. § 13 Abs. 1 S. 1 die **Vertraulichkeit der Identität** der meldenden Mitarbeitenden wahren (zu anderen Personen → Rn. 38 f.). Dies **bedeutet** hingegen **nicht,** dass es auch **anonyme Meldungen** im Rahmen des selbst betriebenen Hinweisgebersystems nach § 13 Abs. 1 ermöglichen muss (anders hingegen, sofern das Verfahren durch Sozialpartner bereitgestellt wird → Rn. 55; Lendermann/Nemeczek/Schroeter/Schroeter § 13 Rn. 36). Anderes ergibt sich auch nicht aus der ergänzenden Geltung des HinSchG. Gemäß § 16 Abs. 1 S. 5 HinSchG besteht ausdrücklich keine Verpflichtung, anonyme Meldungen zu ermöglichen (nach dessen Satz 4 sollen anonym eingehende Meldungen allerdings gleichwohl bearbeitet werden). Kommt es zu anonymen Meldungen, gelten die Schutzregelungen des HinSchG aber auch für nachträglich identifizierte hinweisgebende Personen (Art. 6 Abs. 3 WBRL). Die freiwillige Ermöglichung von auch anonymen Hinweisen birgt dabei Vor- wie Nachteile: Zugunsten spricht das eigene Interesse der Wertpapierinstitute, von internen Missständen zügig zu erfahren, sie aufzuklären und bei Bedarf abzuwenden (→ Rn. 18). Daneben kann dadurch das Vertrauen von hinweisgebenden Personen gestärkt und die natürliche Hemmschwelle einer Nutzung des Hinweisgebersystems gesenkt werden (Lendermann/Nemeczek/Schroeter/Schroeter § 13 Rn. 37). Dass im Fall des anonymen Hinweises keine Rückfragen bei der hinweisgebenden Person möglich sind, ist zwar misslich, dürfte in der Gesamtschau aber nicht als Nachteil zu qualifizieren sein. Schließlich dürfte die Möglichkeit von anonymisierten Hinweisen dazu führen, dass Meldungen erfolgen, die das Wertpapierinstitut andernfalls nicht erhalten hätte. Die Anonymität ermöglicht allerdings auch den Missbrauch des Systems. Verschärfen dürfte sich dies, wenn das Meldesystem auch dritten Personen gegenüber geöffnet wird (vgl. → Rn. 48).

36 **Was** genau **unter** der **Wahrung der Vertraulichkeit der Identität zu verstehen** ist, ist in § 13 Abs. 1 nicht näher geregelt. Insoweit gelten die **Regelungen** des **HinSchG** (→ Rn. 19 ff.). Nicht unterbunden ist ob des eindeutigen Wortlauts des § 13 Abs. 1 (auch das HinSchG gibt hierzu nichts her) die Weitergabe (allein) des gemeldeten Sachverhalts im Übrigen, etwa an Geschäftsleitung und Verwaltungs- oder Aufsichtsorgane des Wertpapierinstituts, dessen Personalabteilung und andere Mitarbeitende des Instituts (vgl. Lendermann/Nemeczek/Schroeter/Schroeter § 13 Rn. 34). Ob bei Preisgabe der Identität tatsächlich konkrete Repressalien für die hinweisgebende Person zu befürchten sind, ist hierbei nicht maßgeblich (Lendermann/Nemeczek/Schroeter/Schroeter § 13 Rn. 35). Das gilt auch für den Schutz der Identität der anderen in der Meldung genannten Personen (zu diesen im Übrigen → Rn. 39 f.). Welche Motive die hinweisgebende Person mit der Meldung verfolgt, spielt für den Vertraulichkeitsschutz keine

Rolle (Begründung zum Gesetzentwurf der BReg zum WBRL-Umsetzungsgesetz, BT-Drs. 20/3442, 92).

Gemäß § 8 Abs. 1 S. 2 HinSchG bedeutet dies **grundsätzlich,** dass die Identität der **hinweisgebenden Person** ausschließlich den Personen bekannt werden darf, die für die Entgegennahme von Meldungen oder für das Ergreifen von Folgemaßnahmen zuständig sind, und den weiteren Personen, die bei der Erfüllung dieser Aufgaben unterstützen. Es ist zudem darauf zu achten, dass anderen Personen keine Rückschlüsse auf die Identität der hinweisgebenden Person in sonstiger Weise ermöglicht werden (arg. ex § 9 Abs. 2 HinSchG). Dieser Schutz der Identität(en) gilt unabhängig davon, ob die hinweisgebende Person einen Verstoß meldet, der tatsächlich in den Geltungsbereich des § 13 Abs. 1 (oder des HinSchG) fällt, solange zum Zeitpunkt der Meldung hinreichend Grund für die Annahme bestand, dass dies der Fall ist (§ 8 Abs. 1 S. 1 Nr. 1 HinSchG). Auch ist nicht entscheidend, ob die von der hinweisgebenden Person angerufene Hinweisgeberstelle für die Entgegennahme und Bearbeitung der Meldung zuständig ist (§ 8 Abs. 2 HinSchG). Ein solcher Fall der fehlenden Zuständigkeit kann etwa eintreten, wenn sich ein Wertpapierinstitut dazu entscheidet, getrennte Hinweisgebersysteme für Verstöße nach § 13 Abs. 1 und dem HinSchG vorzuhalten. Anders als im Fall einer angerufenen, nicht zuständigen externen Meldestelle (§§ 19 ff., 31 Abs. 2 S. 1 HinSchG), besteht nach dem Wortlaut des § 18 HinSchG keine Pflicht zur Weiterleitung an die zuständige interne Meldestelle. Das Wertpapierinstitut kann allerdings einen solchen Mechanismus gem. § 18 HinSchG vorsehen (hierzu im Einzelnen → Rn. 37a f.). 37

Die Verweisung der unzuständigen Hinweisgeberstelle an die zuständige wird dabei dem Wortlaut nach nicht zwingend von § 18 Nr. 2 HinSchG erfasst und fällt nicht unter § 18 Nr. 4 Buchst. a HinSchG. Denn Nummer 2 erfasst die Verweisung der hinweisgebenden Person an andere (auch) zuständige Stellen, mithin die Angabe, welche weiteren Stellen für die Bearbeitung der Meldung grundsätzlichen zuständig sind. Nummer 4 Buchst. a erfasst hingegen den Fall der Verweisung an eine andere eigene Organisationseinheit für die Zwecke von weiteren Untersuchungen. Dies setzt die ursprüngliche Zuständigkeit der originär angerufenen Hinweisgeberstelle voraus. Allerdings nennt **§ 18 HinSchG** die **Folgemaßnahmen,** die die Hinweisgeberstelle ergreifen kann, **nur regelbeispielhaft;** diese sind nicht abschließend (siehe auch § 3 Abs. 7 Alt. 3 HinSchG) und können auch die Verweisung an die zuständige Hinweisgeberstelle bei eigener Unzuständigkeit betreffen. Die ungeschriebenen haben sich aber in ihrer Intensität und Ausrichtung an den aufgeführten Folgemaßnahmen zu orientieren (Begründung zum Gesetzentwurf der BReg zum WBRL-Umsetzungsgesetz, BT-Drs. 20/3442, 83). 37a

Hierbei sind aber insbesondere **datenschutzrechtliche Belange** zu beachten. Die hinweisgebende Person hat mit der Meldung an die Hinweisgeberstelle lediglich ihre Einwilligung zur Bearbeitung durch diese Hinweisgeberstelle erteilt. Bei der Übermittlung der personenbezogenen Daten an eine weitere Stelle (und der dortigen Erfassung etc.) werden diese Daten erneut sowohl durch die angerufene als auch die weitere Meldestelle verarbeitet (vgl. Art. 4 Nr. 2 DSGVO). Die in der ursprünglichen Meldung enthaltene Einwilligung zur Datenverarbeitung erfasst die Abgabe an eine andere Hinweisgeberstelle nicht. Zwar liegt es nahe, dass die hinweisgebende Person eine Bearbeitung der von ihr gemeldeten möglichen Verstößen in jedem Fall erreichen will. Dies muss – je nach Lage des Falls – aber nicht so sein und kann daher nicht in diese Einwilligung hineingelesen werden. Folgerichtig legt § 9 Abs. 3 S. 1 HinSchG fest, dass vor der Weitergabe der Informationen über die Identität der hinweisgebenden Person für die Zwecke von Folgemaßnahmen zuvor die Einwilligung der hinweisgebenden Person gesondert und in Textform 37b

(§ 9 Abs. 3 S. 2 HinSchG) vorliegen muss. Gestaltungen, wonach in solchen Fällen von vornherein eine Einwilligung zur Weitergabe der Daten an die zuständige Hinweisgeberstelle erteilt werden muss, sind unzulässig. Denn das Wertpapierinstitut kommt damit nicht seiner Verpflichtung zur Ermöglichung von Meldung nach Maßgabe des gesetzlichen Verfahrens nach § 13 Abs. 1 und (ergänzend) dem HinSchG nach, die eine derartige Ausgestaltung der Einwilligung nicht vorsehen (siehe im Übrigen auch Erwägungsgrund 32 Sätze 2 und 3 zur DSGVO). Keine Bedenken bestehen allerdings gegen die Einrichtung einer optionalen Einwilligung zur Weitergabe der personenbezogenen Daten in solchen Fällen, solange diese nicht als Generaleinwilligung in sämtliche mögliche Folgemaßnahmen, sondern ausdrücklich für diese Situation erfolgt.

38 **Diese Grundsätze** (→ Rn. 37) gelten nicht nur in Bezug auf die hinweisgebende Person selbst, sondern gem. § 8 Abs. 1 S. 1 Nr. 2 und 3 HinSchG **auch** in Bezug auf die Identitäten der **Personen, die Gegenstand** einer **Meldung sind, sowie** der **sonstigen** in der Meldung genannten **Personen.**

39 Die Verpflichtung zur Wahrung der Vertraulichkeit der Identität besteht allerdings **nicht ausnahmslos,** wobei zwischen der hinweisgebenden Person und der die Meldung betreffenden Person einschließlich der sonstigen genannten Personen zu unterscheiden ist. So gilt dies in Bezug auf die **hinweisgebende Person** etwa dann nicht, wenn sie vorsätzlich oder grob fahrlässig unrichtige Informationen über Verstöße meldet (§ 9 Abs. 1 HinSchG; → Rn. 40), wenn dies von den benannten öffentlichen Stellen hoheitlich angeordnet wird (§ 9 Abs. 2 Nr. 1–3 HinSchG; die weiteren Fälle nach § 9 Abs. 2 Nr. 4 und 5 HinSchG betreffen externe Meldestellen) oder wenn die hinweisgebende Person in die Ergreifung von Folgemaßnahmen ausdrücklich, gesondert und in Textform eingewilligt hat (§ 9 Abs. 2 S. 1 und 2 HinSchG). Die Erlaubnistatbestände beziehen sich nur auf die Offenbarung der Identität der hinweisgebenden Person. Von der Prüfung, ob auch die Identitäten der anderen Personen in diesen Fällen offenbart werden dürfen, ist die Hinweisgeberstelle des Wertpapierinstituts nicht befreit. In Bezug auf die **anderen Personen** sind die abschließenden Erlaubnistatbestände nach § 9 Abs. 4 HinSchG zu beachten. Ein wichtiger Fall ist die Nummer 3, nämlich sofern dies für das Ergreifen von Folgemaßnahmen erforderlich ist.

40 Bei der **Ausnahme vom Vertraulichkeitsgebot wegen grob fahrlässiger Falschinformation** gem. § 9 Abs. 1 HinSchG ist bei der Bestimmung, ob ein besonders schweres Außerachtlassen der erforderlichen Sorgfalt vorliegt, zu beachten, dass die hinweisgebenden Personen regelmäßig nicht über dieselben Erkenntnismöglichkeiten oder über zureichendes rechtliches Wissen verfügen wie die interne Revision oder staatliche Aufsichtsbehörden (vgl. Lendermann/Nemeczek/Schroeter/Schroeter § 13 Rn. 46). Der Tatbestand soll falschen Verdächtigungen vorbeugen (Begründung zum Gesetzentwurf der BReg zum WBRL-Umsetzungsgesetz, BT-Drs. 20/3442, 75). Er darf aber nicht dazu führen, dass aufgrund einer leichtfertigen Anwendung der Vorschrift Hinweisgeber von nachvollziehbaren Meldungen abgehalten werden (vgl. Lendermann/Nemeczek/Schroeter/Schroeter § 13 Rn. 46). Der Hinweis der Begründung zum Gesetzentwurf, wonach die Vorschrift mit § 33 Abs. 1 Nr. 2 HinSchG korrespondiere (Begründung zum Gesetzentwurf der BReg zum WBRL-Umsetzungsgesetz, BT-Drs. 20/3442, 75), hilft daneben für die konkrete Anwendung der Vorschrift allerdings nur bedingt weiter. § 33 Abs. 1 Nr. 2 HinSchG bestimmt, dass die Schutzmaßnahmen nach dem HinSchG dann bestehen, wenn

die hinweisgebende Person zum Zeitpunkt der Meldung hinreichenden Grund zu der Annahme hatte, dass die gemeldeten Informationen der Wahrheit entsprechen. Wann ein hinreichender Grund gegeben ist, ist seinerseits ausfüllungsbedürftig. Zwar mag hieraus abgeleitet werden, dass Fehler unschädlich sind, die in gutem Glauben an die ordnungsgemäße Erlangung oder Bewertung geschehen (vgl. Begründung zum Gesetzentwurf der BReg zum WBRL-Umsetzungsgesetz, BT-Drs. 20/3442, 92; vgl. Lendermann/Nemeczek/Schroeter/Schroeter § 13 Rn. 46). Dies gilt selbstverständlich aber nicht für alle Fälle, in denen sich die hinweisgebende Person auf diese ihre Annahme beruft, nämlich etwa dann nicht, wenn die zugrundeliegende Situation eine derartige Annahme als dermaßen fernliegend erscheinen lässt, dass sie bei verständiger Würdigung nicht angenommen worden wäre. Gleichwohl folgt aus dem Vorangehenden, dass insofern keine überhöhten Anforderungen an die hinweisgebende Person gestellt werden dürfen (Lendermann/Nemeczek/Schroeter/Schroeter § 13 Rn. 46; vgl. Begründung zum Gesetzentwurf der BReg zum WBRL-Umsetzungsgesetz, BT-Drs. 20/3442, 92). Nach den Vorstellungen des Gesetzgebers ist der hinweisgebenden Person allerdings zuzumuten, sich um eine Verifizierung des Wahrheitsgehalts der erlangten Informationen zu bemühen, solange sie dadurch nicht befürchten muss, entdeckt zu werden und sich bereits vor der Meldung der Gefahr von Repressalien auszusetzen (Begründung zum Gesetzentwurf der BReg zum WBRL-Umsetzungsgesetz, BT-Drs. 20/3442, 92). Reine spekulative Meldungen sollen aber gleichwohl nicht geschützt sein; nach der Auffassung des Gesetzgebers muss jeder Meldung daher ein auf tatsächlichen Anhaltspunkten beruhendes Verdachtsmoment innewohnen (Begründung zum Gesetzentwurf der BReg zum WBRL-Umsetzungsgesetz, BT-Drs. 20/3442, 92; vgl. auch § 3 Abs. 3 HinSchG, wonach Informationen nach dem HinSchG jedenfalls „begründete Verdachtsmomente" sind). Maßgeblich ist die Bewertung eines objektiven Dritten zum Zeitpunkt der Meldung (Begründung zum Gesetzentwurf der BReg zum WBRL-Umsetzungsgesetz, BT-Drs. 20/3442, 92).

Kritisch zu bewerten ist hingegen die Annahme des Gesetzgebers, der hinweisgebenden Person sei der Schutz dann zu verwehren, wenn sie Informationen meldet, deren Inhalt bereits in vollem Umfang öffentlich verfügbar ist (Begründung zum Gesetzentwurf der BReg zum WBRL-Umsetzungsgesetz zu § 33 Abs. 1 Nr. 1 HinSchG BT-Drs. 20/3442, 92). Diese fußt auf Erwägungsgrund 43 zur WBRL, hat aber weder in den Wortlaut der WBRL noch des HinSchG Einzug gefunden. Eine Auslegung des Begriffs der groben Fahrlässigkeit insoweit kommt nicht in Betracht, bezieht sich diese doch ausdrücklich nur auf den Wahrheitsgehalt der Information (§ 9 Abs. 1, § 33 Abs. 1 Nr. 2 HinSchG). Anknüpfen ließe sich allenfalls an die Legaldefinition der „hinweisgebenden Personen" in § 1 Abs. 1 HinSchG, die voraussetzt, dass die natürliche Person im Zusammenhang mit ihrer beruflichen Tätigkeit (oder im Vorfeld hierzu) Informationen erlangt. Bei im vollen Umfang öffentlich verfügbaren Informationen besteht zwar Grund zu der Annahme, dass die Information, die die hinweisgebende Person meldet, gerade diesen Quellen und nicht ihren Wahrnehmungen aus dem Arbeitsverhältnis entspringt. Zwingend ist dies gleichwohl nicht, bedarf einer Betrachtung im Einzelfall und führt gerade angesichts der Wortlaute der vorgenannten Vorschriften nicht zu einem Automatismus der Versagung des Schutzes. Ein Abstellen allein auf den objektiven Umstand „in vollem Umfang öffentlich verfügbare Information" wider- 41 spräche der jedem Fahrlässigkeitsvorwurf zwingend innewohnenden persönlichen Vorwerfbarkeit.

4. Meldegegenstände

42 Meldegegenstände sind mögliche Verstöße gegen **Aufsichtsrecht** und möglicherweise **strafbare Handlungen.** Welche **Meldegegenstände** konkret (noch) erfasst sind, ist zum einen aufgrund des weit gefassten Wortlauts, zum anderen aufgrund der nachfolgenden Überlegungen **extensiv auszulegen.** Fällt der gemeldete Sachverhalt nicht in den Anwendungsbereich der Vorschrift, so greifen zugunsten der hinweisgebenden Person der nach § 13 und dem HinSchG gewährleistete Vertraulichkeits- und Repressalienschutz nicht. Eine restriktive Auslegung würde zu einer entsprechenden Risikoverlagerung auf die hinweisgebende Person führen. Dies würde bewirken, dass hinweisgebende Personen von einer berechtigten Meldung abgehalten werden könnten, wenn sie aus Unsicherheit das Risiko von Nachteilen scheuen, eine Folge, der mit dem Hinweisgeberschutz gerade entgegengewirkt werden soll (vgl. Begründung zum Gesetzentwurf der BReg zum WBRL-Umsetzungsgesetz, BT-Drs. 20/3442, 56). Zudem ist zu berücksichtigen, dass es sich bei den hinweisgebenden Personen um juristische Laien oder anderweitig mit dem konkreten Meldegegenstand nicht vertraute Personen handeln und ihnen eine entsprechende Bewertung daher schwer fallen kann. Eine Grenze ist jedoch dort erreicht, wo eine Meldung grob fahrlässig falsch ist. Maßgabe des Sorgfaltsmaßstabs ist dabei gem. § 33 Abs. 1 Nr. 3 HinSchG, ob zum Zeitpunkt der Meldung ein hinreichender Grund für die Annahme der hinweisgebenden Person bestand, der Anwendungsbereich sei eröffnet. Aus den sich aus § 9 Abs. 1 HinSchG ergebenden Grundsätzen hierzu und dem Vorangehenden ergibt sich allerdings, dass sich dies lediglich auf die tatsächliche Ebene, nicht aber auf die rechtliche Ebene bezieht (zu den Einzelheiten → Rn. 40).

43 Es kommen Verstöße gegen **sämtliches Aufsichtsrecht,** dem das Wertpapierinstitut unterliegt, in Betracht. Gegenüber der noch im Gesetzentwurf der BReg zum IFD-Umsetzungsgesetz insoweit enthaltenen Beschränkung auf Verstöße gegen das WpIG und die aufgrund des WpIG erlassenen Rechtsverordnungen sowie gegen das WpHG und die aufgrund des WpHG erlassenen Rechtsverordnungen hat der Finanzausschuss des Bundestages die Gesetz gewordene Regelungsausweitung vorgeschlagen (Beschlussempfehlung und Bericht des Finanzausschusses zum Gesetzentwurf der BReg zum WBRL-Umsetzungsgesetz, BT-Drs. 19/28480, 50). Die deutsche Umsetzung geht damit über die europäischen Vorgaben nach Art. 22 Abs. 2 iVm Abs. 1 IFD hinaus, wonach lediglich Meldungen wegen Verstößen gegen die nationalen Vorschriften zur Umsetzung der IFD und gegen die IFR als geeignete Meldegegenstände aufgenommen werden mussten. Der Finanzausschuss sah die vorgeschlagene Erweiterung als notwendige Ergänzung einer unvollständigen Liste von deutschen und europäischen Aufsichtsgesetzen an (Beschlussempfehlung und Bericht des Finanzausschusses zum Gesetzentwurf der BReg zum WBRL-Umsetzungsgesetz, BT-Drs. 19/28480, 216). Mit dem Änderungsvorschlag solle den Vorgaben für Hinweisgeberverfahren in verschiedenen europäischen Richtlinien und Verordnungen umfassend nachgekommen und zukünftiger Änderungsbedarf bei Einführung neuer aufsichtsrechtlicher Vorgaben für Wertpapierinstitute vermieden werden; einer hinweisgebenden Person wäre zudem eine andernfalls notwendige Differenzierung nach Art und Herkunft einer gesetzlichen Vorgabe nicht zuzumuten (Beschlussempfehlung und

Bericht des Finanzausschusses zum Gesetzentwurf der BReg zum WBRL-Umsetzungsgesetz, BT-Drs. 19/28480, 216). Hieraus ergibt sich, dass neben aufsichtsrechtlichen Gesetzen und zugehörigen Rechtsverordnungen auch sonstige aufsichtliche untergesetzliche Rechtsvorschriften erfasst sind (vgl. Lendermann/Nemeczek/Schroeter/Schroeter § 13 Rn. 17).

Wie sich aus § 33 Abs. 1 Nr. 3 HinSchG ergibt, ist zudem nicht erforderlich, dass ein Verstoß gegen Regelungen innerhalb des Anwendungsbereichs des § 13 Abs. 1 vorliegt, solange die hinweisgebende Person hinreichenden Grund zu der Annahme hatte, der Anwendungsbereich sei in Bezug auf das Wertpapierinstitut eröffnet. Relevant wird dies etwa im Fall von Meldungen über strafbare Handlungen. Zwar ergibt sich aus dem Wortlaut, dass auch Straftaten erfasst sind, die außerhalb des Aufsichtsrechts normiert sind (Lendermann/Nemeczek/Schroeter/Schroeter § 13 Rn. 22). Aus dem Zweck und der Stellung des § 13 Abs. 1 im WpIG ergibt sich allerdings, dass nur solche Straftaten erfasst sind, die einen Bezug zum Wertpapierinstitut aufweisen (vgl. Lendermann/Nemeczek/Schroeter/Schroeter § 13 Rn. 22). 44

Mitarbeitende müssen **mögliche Verstöße** gegen Aufsichtsrecht und **möglicherweise strafbare Handlungen** melden können. Nach dem Wortlaut der Vorschrift muss die hinweisgebende Person von dem Verstoß demnach nicht vollends überzeugt sein. Der Anwendungsbereich von § 13 Abs. 1 ist selbstredend auch eröffnet, wenn die hinweisgebende Person von einem Verstoß überzeugt ist, also sie nicht nur von einem möglichen Verstoß ausgeht. Dies ergibt sich aus Art. 22 Abs. 2 IFD, der ohne diese Differenzierung die Meldung von Verstößen vorsieht (näher hierzu → Rn. 45.1). Eine Beschränkung zur Meldung etwa allein an externe Meldestellen besteht in diesen Fällen also nicht. Daneben muss kein vollendeter Verstoß vorliegen; vor dem Hintergrund des Zwecks der Norm (→ Rn. 18) genügt es, dass ein **versuchter Verstoß** angenommen wird (vgl. BeckOGK/Klingenbrunn, 15.7.2025, WpIG § 13 Rn. 18). In Bezug auf möglicherweise strafbare Handlungen gilt dies auch dort, wo der Versuch nicht strafbar ist (Lendermann/Nemeczek/Schroeter/Schroeter § 13 Rn. 24), etwa bei der Untreue nach § 266 StGB. Es stünde dem Zweck der Risikofrüherkennung diametral entgegen, wenn eine hinweisgebende Person erst das Ergebnis eines schwerwiegenden Regelverstoßes abwarten müsste, wenn sie bereits mit einiger Wahrscheinlichkeit absehen kann, dass es zu einer Vollendung kommen kann (vgl. Renz/Rohde-Liebenau BB 2014, 692 (694); vgl. auch § 3 Abs. 3 HinSchG). Wie sich aus der Begriffsbestimmung nach § 3 Abs. 3 HinSchG und dem Zweck des internen Hinweisgebersystems ergibt, sind auch Hinweise auf **Versuche der Verschleierung der Verstöße** meldefähig (Erwägungsgrund 43 Satz 1 zur WBRL). Auch der Hinweisgeberstelle bereits bekannte Meldegegenstände sind meldefähig (arg. ex § 31 Abs. 4 HinSchG zur externen Meldestelle, wobei kein Grund für eine abweichende Behandlung der internen Meldestellen ersichtlich ist; zum Repressalienschutz bei der Meldung von bereits öffentlich im vollen Umfang verfügbaren Informationen → Rn. 41). 45

Der deutsche Gesetzgeber hat Art. 22 Abs. 2 IFD, der ausdrücklich (nur) von Verstößen spricht, insoweit wortgleich umgesetzt. Art. 22 Abs. 2 IFD ist allerdings im Zusammenhang mit Absatz 1 Unterabsatz 1 zu lesen, der von potentiellen oder tatsächlichen Verstößen spricht. Hätte der europäische Gesetzgeber daher nur eine Meldung von Verstößen an interne Meldestellen zulassen wollen, von deren Vorliegen die hinweisgebenden Personen überzeugt sind, wäre auch an dieser Stelle eine Differenzierung zu erwarten gewesen. Dass die Absätze 45a geschlossen zu lesen sind, ergibt sich auch daraus, dass nur Art. 22 Abs. 1 IFD, nicht aber Art. 22 Abs. 2 IFD die erfassten Meldegegenstände nennt. Die deutsche Vorschrift ist in gleicher Weise (jedenfalls in europarechtskonformer Auslegung) zu verstehen.

46 Weder § 13 Abs. 1 noch die Regelungen des HinSchG bürden es der hinweisgebenden Person auf, **Nachweise** oder Belege für das gemeldete Verhalten der Meldung beizufügen. Aus den Leitlinien der EBA zur Parallelvorschrift zu § 25a Abs. 1 S. 6 Nr. 3 KWG ergibt sich vielmehr, dass das generell **nicht erforderlich** sein soll (EBA/GL/2021/05, Abs. 132; es bedarf aber begründeter Verdachtsmomente → Rn. 40).

5. Hinweisgebende Person

47 Das interne Hinweisgebersystem nach § 13 Abs. 1 muss den **Mitarbeitenden** des Wertpapierinstituts offenstehen. Als Arbeitnehmerinnen und Arbeitnehmer sind Personen erfasst, die während eines bestimmten Zeitraums Dienstleistungen, für die sie eine Vergütung erhalten, für und unter der Leitung einer anderen Person erbringen. Dies ist auch bei atypischen Beschäftigungsverhältnissen etwa bei Teilzeitbeschäftigten und befristet Beschäftigten, aber auch bei zur Berufsausbildung Beschäftigten der Fall. Der Begriff „Mitarbeiter" iSd Vorschrift ist jedoch funktional weit zu verstehen und nicht auf den Arbeitnehmerbegriff im arbeitsrechtlichen Sinne beschränkt (Lendermann/Nemeczek/Schroeter/Schroeter § 13 Rn. 25). Dies ergibt sich zum einen aus dem verwendeten Begriff selbst, der insoweit keine Einschränkung vornimmt, zum anderen aus dem Zweck der Vorschrift (→ Rn. 18). So ist etwa auch die gesetzliche Vertretung des Wertpapierinstituts (Vorstände, Geschäftsführung) eine von § 13 Abs. 1 erfasste hinweisgebende Personen (Lendermann/Nemeczek/Schroeter/Schroeter § 13 Rn. 25). Unabhängig vom Erhalt einer Vergütung steht auch Praktikantinnen und Praktikanten sowie Freiwilligen die Hinweisgeberstelle offen. Erfasst sind auch Personen, die durch ein Leiharbeitsunternehmen ihre Arbeitskraft unmittelbar beim Wertpapierinstitut einbringen (Erwägungsgrund 38 zur WBRL).

48 Fraglich ist, ob die Vorschrift nur die derzeitigen Mitarbeitenden meint. Dies wird teilweise so gesehen (Lendermann/Nemeczek/Schroeter/Schroeter § 13 Rn. 25), ergibt sich indes weder aus dem Wortlaut noch dem Zweck des § 13 Abs. 1, die Hemmschwelle einer Meldung zu senken. Denn auch nach dem Ende der Beschäftigung sind im Fall eines Hinweises Repressalien denkbar (etwa Rufschädigungen) und die hinweisgebenden Personen nicht weniger schutzbedürftig. Aufgrund des insoweit offenen Wortlauts bleibt es daher bei der ergänzenden Anwendung der Regelungen des HinSchG (→ Rn. 19 ff.), die ausdrücklich auch Personen einbeziehen, die nicht mehr bei dem Beschäftigungsgeber arbeiten (§ 3 Abs. 3 HinSchG). Dies gilt jedoch nur für Hinweise über oder im Zusammenhang mit Sachverhalten, die während oder im Vorfeld der Beschäftigungszeit der hinweisgebenden Person (vgl. § 1 Abs. 1 HinSchG) stattgefunden haben. In anderen Fällen steht die hinweisgebende Person hingegen externen Dritten gleich. Das Wertpapierinstitut ist an einer Einbeziehung auch solcher Personen indes nicht gehindert.

49 Den hinweisgebenden Personen steht ein **Wahlrecht** zu, ob sie das interne Hinweisgebersystem des Wertpapierinstituts nutzen oder externe Meldesysteme vorziehen (§ 7 Abs. 1 S. 1 HinSchG). Bevorzugtes System ist für den Gesetzgeber des HinSchG hingegen das interne Meldesystem (§ 7 Abs. 1 S. 2 HinSchG). Die Meldung an die Hinweisgeberstelle schließt eine spätere Meldung an eine externe Meldestelle nicht aus (§ 7 Abs. 1 S. 3 HinSchG). Soweit die hinweisgebende Person sich aber dazu entscheidet, den Sachverhalt bei den Strafverfolgungsbehörden anzuzeigen, greift der Schutz nach dem HinSchG nicht (§ 33 Abs. 1 Nr. 1 HinSchG). Eine solche Anzeige ist an der arbeitsvertraglichen Rücksichtnahmepflicht der hinweisgebenden Person zu messen (zu den Maßstäben BAG NZA 2004, 427 (429 f.)).

Erfolgt eine Meldung nach Maßgabe des § 13 Abs. 1 WpIG iVm § 33 Abs. 1 HinSchG finden die **Schutzvorschriften** nach §§ 35–37 HinSchG zugunsten der hinweisgebenden Person Anwendung. Damit ist (im Grundsatz) ihre Verantwortlichkeit wegen der Meldung ausgeschlossen (§ 35 HinSchG) und gegen sie dürfen wegen der Meldung keine Repressalien angedroht oder ausgeübt werden (§ 36 HinSchG; zu ihren Gunsten besteht eine gesetzliche Beweislastumkehr im Fall einer Benachteiligung im Zusammenhang mit einer Meldung). Bei einem Verstoß kann die hinweisgebende Person Schadensersatz geltend machen (§ 37 HinSchG). 50

6. Datenschutz

In einer Meldung iRd § 13 Abs. 1 und des Hinweisgeberschutzgesetzes fallen personenbezogene Daten an, etwa der Name der beschuldigten Person, ggf. Namen von Zeugen und sonstigen Betroffenen sowie sonstige personenbezogene Angaben bei der Sachverhaltsschilderung. Das Wertpapierinstitut ist Verantwortlicher gem. Art. 4 Nr. 7 DSGVO. Die Verarbeitung dieser personenbezogenen Daten, die im Anwendungsbereich des § 13 Abs. 1 (und des HinSchG) für die Zwecke der in § 13 HinSchG aufgeführten Aufgaben der Hinweisgeberstelle erfolgt, ist gem. Art. 6 Abs. 1 lit. c DSGVO (rechtliche Verpflichtung → Rn. 25) gerechtfertigt. Eine explizite gesetzliche Befugnis zur Verarbeitung der Daten enthält § 10 HinSchG, die auch besondere Kategorien von personenbezogenen Daten gem. Art. 9 Abs. 1 DSGVO einschließt. Die Verarbeitung der letztgenannten Daten ist nur zulässig, wenn die Hinweisgeberstelle spezifische und angemessene Maßnahmen zur Wahrung der Interessen der betroffenen Personen vorsieht (§ 10 S. 3 HinSchG, § 22 Abs. 2 S. 2 BDSG). Für die personenbezogenen Daten der hinweisgebenden Person (sofern diese nicht eine anonyme Meldung tätigt) liegt eine Einwilligung gem. Art. 6 Abs. 1 lit. a, Art. 7 DSGVO vor; dabei ist jedoch die Reichweite zu beachten (→ Rn. 37.2). Hierbei ist ferner § 26 Abs. 2 BDSG beachtlich, der das besondere Abhängigkeitsverhältnis von Beschäftigten in diesem Zusammenhang regelt und insbesondere grundsätzlich eine schriftliche oder elektronische Einwilligung verlangt (§ 26 Abs. 2 S. 3 BDSG; elektronisch ist dabei im Sinne eines dauerhaft gespeicherten Nachweises zu verstehen, BeckOK DatenschutzR/Riesenhuber, 54. Ed. 1.11.2025, BDSG § 26 Rn. 45). Daneben ist die Pflicht des Wertpapierinstituts zur textförmlichen Aufklärung über den Zweck der Datenverarbeitung und das Widerrufsrecht gem. Art. 7 Abs. 3 DSGVO (§ 26 Abs. 2 S. 4 BDSG) zu beachten. 51

Vor der Einrichtung eines Hinweisgebersystems ist zwingend eine **Datenschutz-Folgenabschätzung** gem. Art. 35 DSGVO durchzuführen (Datenschutzkonferenz, Orientierungshilfe der Datenschutzaufsichtsbehörden zu Whistleblowing-Hotlines: Firmeninterne Warnsysteme und Beschäftigtendatenschutz, Stand 14.11.2018, S. 12 E9). 52

In Bezug auf die **Informationspflichten** gegenüber der **von** der **Meldung betroffenen Person** gem. Art. 14 Abs. 1, 2 DSGVO und ihr **Auskunftsrecht** 53 gem. Art. 15 DSGVO besteht die Gefahr der Be- oder Verhinderung der weiteren Sachaufklärung und der Preisgabe der Identität der hinweisgebenden Person entgegen der gesetzlichen Vertraulichkeitsverpflichtung. Der Gesetzgeber verweist allerdings auf die Ausnahmevorschrift des § 29 Abs. 1 BDSG (Begründung zum Gesetzentwurf der BReg zum WBRL-Umsetzungsgesetz, BT-Drs. 20/3442, 74). Gemäß § 29 Abs. 1 S. 1 BDSG ist Art. 14 Abs. 1–4 DSGVO insoweit nicht anzuwenden, als durch die Erfüllung Informationen offenbart würden, die ihrem Wesen nach, insbesondere wegen der überwiegenden berechtigten Interessen eines Dritten, geheim gehalten werden müssen. § 29 Abs. 1 S. 2 BDSG erweitert die Ausnahme auf Art. 15 DSGVO, soweit eine Rechtsvorschrift die Geheimhaltung gebietet. Nach der Bewertung des Gesetzgebers sind die Voraussetzungen bei den personenbezogenen Daten der hinweisgebenden Person erfüllt (Begründung zum Gesetzentwurf der BReg zum WBRL-Umsetzungsgesetz, BT-Drs. 20/3442, 74). Ob dies tatsächlich ausnahmslos zutrifft, ist allerdings nicht gesichert. So hat etwa das LAG Baden-Württemberg (NZA-RR 2019, 242 ff.) vor Inkrafttreten des HinSchG § 29 BDSG in der Weise ausgelegt, dass zwar der Schutz von Informanten ein an sich anerkennenswertes Geheimhaltungsinteresse darstelle. Dennoch sei aber eine auf den konkreten Umständen des Einzelfalls beruhende Güterabwägung zwischen dem arbeitgeberseitigen Geheimhaltungsinteresse einerseits und dem arbeitnehmerseitigen Auskunftsinteresse andererseits vorzunehmen. Für das Vorliegen von Geheimhaltungsinteressen sei der Arbeitgeber zudem im Prozess darlegungspflichtig. Diese Annahme der Beweislastverteilung stellt eine weitere Verringerung des Schutzes der hinweisgebenden Person vor einer Offenbarung ihrer Identität dar. Die Entscheidung mahnt vor dem Hintergrund ihrer Verpflichtung zur Vertraulichkeit gem. § 13 Abs. 1 Wertpapierinstitute insoweit in vielerlei Hinsicht zur Sorgfalt.

7. Bereitstellung durch Sozialpartner (Satz 2)

54 Gemäß § 13 Abs. 1 S. 2 kann das Verfahren von Sozialpartnern bereitgestellt werden. Den **Begriff des Sozialpartners** hat der deutsche Gesetzgeber aus Art. 22 Abs. 2 IFD übernommen. Er wird jedoch weder im WpIG noch in der IFD näher definiert. Verwendet wird er vielfach im AEUV (Art. 146 Abs. 2, Art. 150, Art. 152, Art. 153 Abs. 3, Art. 154 f., Art. 160), dort allerdings ebenfalls nicht definiert. Im Zusammenhang mit Art. 154 AEUV hat die Europäische Kommission ein Verzeichnis der europäischen Organisationen der Sozialpartner, die gemäß Artikel 154 AEUV von ihr gehört werden, veröffentlicht (abrufbar auf der Website der Europäischen Kommission als „Liste der konsultierten Organisationen" mit Stand Mai 2025 unter „https://commission.europa.eu/index_de" unter Verwendung des Suchbegriffs „Sozialer Dialog" oder als PDF unter „https://webgate.ec.europa.eu/circabc-ewpp/d/d/workspace/SpacesStore/d02c92c4-43c2-4dab-b7bc-3339445836ef/file.bin"). In dem Verzeichnis werden branchenübergreifende Europäische Arbeitgeber- und Arbeitnehmerorganisationen, branchenbezogene Arbeitgeberorganisationen und Europäische Gewerkschaftsverbände sowie Eurochambres als spezifische Organisation geführt.

55 Die Bereitstellung ist **nur** zulässig, **sofern** dabei für die hinweisgebenden Personen das gleiche **Schutzniveau wie** nach **§ 4d FinDAG** gewährt wird. Im Zuge der Einführung des HinSchG wurden die wesentlichen Bestimmungen zum Schutzniveau nach § 4d Abs. 4–8 FinDAG aF aufgehoben und das Verfahren inso-

weit dem HinSchG unterstellt. Allein für die über das HinSchG hinausgehende Ausgestaltung der Organisation und des Verfahrens gilt gem. § 21 S. 2 HinSchG weiterhin § 4d FinDAG. Dies hat die wenig einleuchtende Folge, dass gem. § 4d Abs. 1 S. 2 FinDAG in dem Fall, dass Wertpapierinstitute das Hinweisgebersystem durch Sozialpartner bereitstellen lassen, eine vollständig anonyme Meldung durch die hinweisgebenden Personen ermöglicht werden muss, während diese Verpflichtung im Fall der eigenständigen Bereitstellung nicht besteht (vgl. Lendermann/Nemeczek/Schroeter/Schroeter § 13 Rn. 58).

8. Rechtsfolgen unzureichender Umsetzung

Ein **Verstoß** gegen **§ 13 Abs. 1** ist **nicht bußgeldbewährt** (vgl. § 83). Etwas anderes ergibt sich auch nicht aus § 40 Abs. 2 Nr. 2 HinSchG. Zwar handelt danach ordnungswidrig, wer entgegen § 12 Abs. 1 S. 1 HinSchG nicht dafür sorgt, dass eine interne Meldestelle eingerichtet ist und betrieben wird, wozu ausweichlich § 12 Abs. 3 Nr. 4 HinSchG auch Wertpapierinstitute verpflichtet sind. Die Pflicht zur Einrichtung eines internen Hinweisgebersystems ergibt sich allerdings originär aus § 13 Abs. 1 (vgl. § 4 Abs. 1 S. 1 Nr. 2 HinSchG) und wird von § 40 Abs. 2 Nr. 2 HinSchG daher nicht erfasst. Dies gilt freilich nur **im sachlichen Anwendungsbereich** des § 13 Abs. 1. **Für** darüber hinaus **vom HinSchG erfasste Meldegegenstände** greift hingegen § 40 Abs. 2 Nr. 2 HinSchG. Ein **Bußgeld** kommt damit dann in Betracht, wenn das nach § 13 Abs. 1 eingerichtete interne Hinweisgebersystem nicht auch den darüberhinausgehenden sachlichen Anwendungsbereich des HinSchG erfasst, ohne dass ein hierfür gesondertes internes Meldesystem eingerichtet wurde, oder wenn überhaupt kein Meldesystem eingerichtet wurde. **56**

Abgesehen von öffentlich-rechtlichen Sanktionen sind aber mögliche weitere negative Folgen einer unzureichenden Umsetzung zu bedenken: Das Hinweisgebersystem, als Teil der der Geschäftsführung obliegenden Verpflichtung, durch geeignete organisatorische Maßnahmen für ein gesetzestreues Verhalten nachgeordneter Unternehmensangehöriger zu sorgen, darf nicht nur auf dem Papier bestehen. Kommt es zu erheblichen Meldungen, muss diesen effektiv begegnet werden, andernfalls droht im Fall eines Schadens die Haftung der Geschäftsführung (vgl. LG München I NZG 2014, 345 ff. und die Besprechung von Fleischer NZG 2014, 321 ff.). **57**

Die Überprüfung des Hinweisgebersystems nach § 13 Abs. 1 ist Prüfpflicht des Abschlussprüfers nach §§ 76 ff. WpIG iVm § 13 WpI-PrüfBV. **58**

IV. Aufzeichnungsverpflichtung (Absatz 2)

Gemäß § 13 Abs. 2 S. 1 sind Wertpapierinstitute verpflichtet, sämtliche ihrer Transaktionen aufzuzeichnen und die Systeme und Verfahren, die dem WpIG und der IFR unterliegen, so zu dokumentieren, dass die BaFin oder ein von ihr Beauftragter jederzeit prüfen kann, ob das Wertpapierinstitut das WpIG und die IFR einhält. Satz 2 der Vorschrift bestimmt weiter, dass die internen Kontrollverfahren sowie die Verwaltungs- und Rechnungslegungsverfahren des Wertpapierinstituts die BaFin in die Lage versetzen müssen, die Einhaltung derselben Vorschriften jederzeit zu prüfen. **59**

1. Zweck

60 Die Aufzeichnungsverpflichtung nach § 13 Abs. 2 dient der **Sicherstellung** einer **effektiven Aufsicht** über Wertpapierinstitute durch die BaFin. Die Vorschrift etabliert eine umfassende Dokumentations- und Aufzeichnungspflicht, die es der BaFin ermöglichen soll, die Einhaltung des WpIG und der IFR, auf die sich die Vorschrift begrenzt, jederzeit zu überprüfen und ihre aufsichtsrechtlichen Aufgaben effektiv wahrzunehmen. Dies umfasst insbesondere die Überwachung der Einhaltung der organisatorischen Anforderungen, der Risikomanagementvorschriften und der Compliance. Die Vorschrift steht im Kontext der allgemeinen aufsichtsrechtlichen Zielsetzung, die Stabilität des Finanzsystems zu gewährleisten und Anlegerinteressen zu schützen. Die Aufzeichnungs- und Dokumentationspflicht korrespondiert mit der in § 5 Abs. 4 S. 1, 2 geregelten Befugnis der BaFin, die Erteilung von Auskünften und die Vorlage von Unterlagen zu verlangen sowie ohne besonderen Anlass Prüfungen vorzunehmen (Lendermann/Nemeczek/Schroeter/Schroeter § 13 Rn. 61).

61 Anhand detaillierter Aufzeichnungen und jederzeitiger Prüffähigkeit kann das Wertpapierinstitut zudem die eigene Geschäftstätigkeit überwachen, Risiken identifizieren und Compliance-Verstöße rechtzeitig erkennen, sodass die Vorschrift auch der internen Kontrolle und dem Risikomanagement des Wertpapierinstituts dient.

2. Aufzeichnung sämtlicher Transaktionen (Satz 1)

62 § 13 Abs. 2 S. 1 verpflichtet die Wertpapierinstitute zunächst, sämtliche ihrer Transaktionen aufzuzeichnen. Die Aufzeichnungspflicht ist **umfassend** und betrifft alle Geschäfte, die das Wertpapierinstitut im Rahmen seiner Geschäftstätigkeit durchführt. Wenngleich – anders als in der Parallelvorschrift des § 25a Abs. 1 S. 6 Nr. 2 KWG – gem. § 13 Abs. 2 S. 1 nicht ausdrücklich eine lückenlose Aufzeichnung verlangt ist, ergibt sich nach dem Zweck der Vorschrift nichts anderes (→ Rn. 15; Lendermann/Nemeczek/Schroeter/Schroeter § 13 Rn. 66). Die Aufzeichnung muss dergestalt sein, dass eine vollständige Rekonstruktion der Transaktion möglich ist. Hierzu zählen insbesondere die Gegenpartei, der Zeitpunkt, die Art und der Umfang, die verwendeten Finanzinstrumente, die Konditionen und Preise sowie die Abwicklungsdetails.

63 Die Aufzeichnungen müssen für **5 Jahre aufbewahrt** werden (AT 6 Tz. 1 WpI MaRisk).

3. Dokumentation der Systeme und Verfahren (Satz 1)

64 Systeme und Verfahren, die dem WpIG und der IFR unterliegen, sind so zu dokumentieren, dass die BaFin oder ein von ihr Beauftragter diese jederzeit auf ihre Einhaltung mit den vorgenannten gesetzlichen Vorschriften prüfen kann. „Dokumentation" meint eine Sammlung, Ordnung, Speicherung, Wiederzugänglichmachung und Auswertung von Dokumenten bzw. schriftlich fixierten Wissens jeglicher Art (Lendermann/Nemeczek/Schroeter/Schroeter § 13 Rn. 69). Die Dokumentation muss so beschaffen sein, dass der BaFin ein **umfassendes Bild von der Funktionsweise** der Systeme und Verfahren vermittelt wird. Hierzu gehört insbesondere ihre Beschreibung, die Definition der Geschäftsprozesse und Arbeitsabläufe sowie die Festlegung von Zuständigkeiten und Verantwortlichkeiten.

Zu den im WpIG geregelten **Systemen und Verfahren gehören** das Hinweisgebersystem (§ 13 Abs. 1), die Vergütungssysteme (§ 21 Abs. 5, § 41 Nr. 4, § 44 Abs. 1 S. 2, 3 und Abs. 6, § 46 Abs. 1), geschäfts- und kundenbezogene Sicherheitssysteme (§ 33 Abs. 1 S. 2, 3), Verfahren zur Ermittlung und Sicherstellung der Risikotragfähigkeit (§ 39 Abs. 1 S. 2, Abs. 2), Verfahren zur Sicherstellung jederzeitiger ausreichender Zahlungsbereitschaft (Liquidität) bei der Anlage von eigenen Mitteln (§ 39 Abs. 1 S. 3, Abs. 2), Verfahren zur Identifizierung, Beurteilung, Steuerung sowie Überwachung der (möglichen) Risiken, denen das Wertpapierinstitut ausgesetzt ist oder die das Wertpapierinstitut für andere darstellt (§ 41 Hs. 2 Nr. 2, Art. 47 IFR), Verfahren und Systeme zur Risikosteuerung (§ 45), Verfahren zur Einhaltung des WpIG und der IFR (§ 47 Abs. 1), Informationssysteme zur Gewährleistung der Vertraulichkeit, Integrität und Verfügbarkeit von den Verfahren, Daten und Vermögenswerten des Wertpapierinstituts (§ 47 Abs. 2 Nr. 5, § 49 Nr. 13), Verfahren zur Einholung und Überprüfung von Informationen innerhalb einer Wertpapierinstitutsgruppe (§ 59 Abs. 1 Nr. 2) sowie Risikomanagementverfahren für Geschäfte mit der gemischten Holdinggesellschaft und deren Tochterunternehmen (§ 63 Abs. 1 Nr. 2). Aus der IFR sind zu nennen das System zur Sicherstellung der unverzüglichen Meldung von übertragenen Risikopositionen im Zusammenhang mit den K-CON-Eigenmittelanforderungen (Art. 40 Abs. 2 IFR) sowie Verfahren zur Beurteilung der Angemessenheit des internen Kapitals (Art. 50 lit. b IFR). 65

4. Kontroll-, Verwaltungs- und Rechnungslegungsverfahren (Satz 2)

Anders als § 13 Abs. 2 S. 1 regelt Satz 2 der Vorschrift eine **Vorgabe an die Ausgestaltung** der internen Kontroll-, Verwaltungs- und Rechnungslegungsverfahren. Diese müssen derart gestaltet sein, dass sie von der BaFin jederzeit auf die Vereinbarkeit mit dem WpIG und der IFR geprüft werden können. Nähere Angaben dazu, wann dies gegeben ist, enthält die Vorschrift nicht. Die Vorschrift bezieht sich inhaltlich auf § 41 Hs. 2 Nr. 3, wonach für die ordnungsgemäße interne Unternehmensführung ua angemessene interne Kontrollmechanismen, einschließlich ordnungsgemäße Verwaltungs- und Rechnungslegungsverfahren gehören (siehe Lendermann/Nemeczek/Schroeter/Schroeter § 13 Rn. 75 ebenfalls zu dem divergierenden Wortlaut beider Vorschriften). 66

5. Rechtsfolgen unzureichender Umsetzung

Ein **Verstoß** gegen **§ 13 Abs. 2** ist **nicht bußgeldbewährt** (vgl. § 83). 67

Neben öffentlich-rechtlichen Sanktionen sind aber mögliche weitere negative Folgen einer unzureichenden Umsetzung zu bedenken. So erkannte das LG München I in der unterbliebenen Dokumentation eines Risikofrüherkennungssystems einer Aktiengesellschaft einen wesentlichen Gesetzesverstoß iSd § 243 Abs. 1 AktG und erklärte den Hauptversammlungsbeschluss, mit dem der Vorstand entlastet werden sollte, für nichtig (NZG 2008, 319 ff.; Schwennicke/Auerbach/Langen/Donner KWG § 25a Rn. 103 mit weiterführender Literatur). 68

§ 14 Kommunikation mit Bundesanstalt und Deutscher Bundesbank; Verordnungsermächtigung

(1) [1]Soweit durch eine Rechtsverordnung nach Absatz 2 oder 3 nicht abweichend bestimmt, hat die Übermittlung von Erlaubnisanträgen, Anzeigen, Informationen und sonstigen nach diesem Gesetz zu übermittelnden Dokumenten schriftlich zu erfolgen. [2]§ 3a des Verwaltungsverfahrensgesetzes sowie die Vorgaben der Delegierten Verordnung (EU) 2017/1943 sowie der Durchführungsverordnung (EU) 2017/1945 der Kommission vom 19. Juni 2017 zur Festlegung technischer Durchführungsstandards für Mitteilungen von und an Wertpapierfirmen, die eine Zulassung beantragen oder besitzen, gemäß der Richtlinie 2014/65/EU des Europäischen Parlaments und des Rates (ABl. L 276 vom 26.10.2017, S. 22) bleiben unberührt.

(2) [1]Das Bundesministerium der Finanzen kann im Benehmen mit der Deutschen Bundesbank durch Rechtsverordnung, die nicht der Zustimmung des Bundesrats bedarf, festlegen, dass Unternehmen im Rahmen des Erlaubnisverfahrens und der Aufsicht nach diesem Gesetz ein von der Bundesanstalt bereitgestelltes elektronisches Kommunikationsverfahren zu nutzen haben, insbesondere, dass sie

1. **den elektronischen Zugang für das elektronische Kommunikationsverfahren zu eröffnen haben,**
2. **abweichend von Absatz 1 Informationen, Anzeigen und Dokumente nur über das elektronische Kommunikationsverfahren zu übermitteln haben,**
3. **sicherzustellen haben, dass regelmäßig, spätestens alle fünf Kalendertage, überprüft wird, ob ihnen Mitteilungen oder Verwaltungsakte nach den §§ 4f und 4g des Finanzdienstleistungsaufsichtsgesetzes über das elektronische Kommunikationsverfahren bereitgestellt worden sind, und**
4. **auch für das elektronische Kommunikationsverfahren gegenüber der Bundesanstalt Bevollmächtigte einsetzen können.**

[2]Das Bundesministerium der Finanzen kann diese Ermächtigung durch Rechtsverordnung, die nicht der Zustimmung des Bundesrates bedarf, auf die Bundesanstalt mit der Maßgabe übertragen, dass die Rechtsverordnung der Bundesanstalt im Benehmen mit der Deutschen Bundesbank ergeht. [3]Vor Erlass der Rechtsverordnung sind die Spitzenverbände der Wertpapierinstitute anzuhören.

(3) [1]Das Bundesministerium der Finanzen kann im Benehmen mit der Deutschen Bundesbank durch Rechtsverordnung, die nicht der Zustimmung des Bundesrates bedarf, nähere Bestimmungen über Art, Umfang, Zeitpunkt und abweichend von Absatz 1 Form der nach diesem Gesetz, nach der Verordnung (EU) 2019/2033, der Delegierten Verordnung 2017/1943, der Durchführungsverordnung 2017/1945 und der Delegierten Verordnung 2017/1946 der Kommission vom 11. Juli 2017 zur Ergänzung der Richtlinien 2004/39/EG und 2014/65/EU des Europäischen Parlaments und des Rates durch technische Regulierungsstandards für eine erschöpfende Liste der Informationen, die interessierte Erwerber in die Anzeige des beabsichtigten Erwerbs einer qualifizierten Beteiligung an einer Wertpapierfirma aufnehmen müssen (ABl. L 276 vom 26.10.2017,

S. 32) vorgesehenen Anzeigen, Meldungen, Informationen, Dokumente und Vorlagen von Unterlagen, über die zulässigen Datenträger, Übertragungswege, Meldeempfänger und Datenformate und über zu verwendende und anzuzeigende Zusatzinformationen zu den Hauptinformationen, etwa besondere Rechtsträgerkennungen sowie Angaben zu deren Aktualität oder Validität, erlassen und die bestehenden Anzeigepflichten durch die Verpflichtung zur Erstattung von Sammelanzeigen und zur Einreichung von Sammelaufstellungen ergänzen, soweit dies zur Erfüllung der Aufgaben der Bundesanstalt erforderlich ist, insbesondere, um einheitliche Unterlagen zur Beurteilung der von den Wertpapierinstituten durchgeführten Wertpapierdienstleistungen, Wertpapiernebendienstleistungen oder Nebengeschäfte oder über die Inhaber bedeutender Beteiligungen zu erhalten. [2]In der Rechtsverordnung können ebenfalls nähere Bestimmungen für die Führung eines öffentlichen Registers durch die Bundesanstalt sowie über die Zugriffsmöglichkeiten auf Seiten dieses Registers und die Zuweisung von Verantwortung für die Richtigkeit und Aktualität der Seiten erlassen werden. [3]Das Bundesministerium der Finanzen kann diese Ermächtigung durch Rechtsverordnung, die nicht der Zustimmung des Bundesrates bedarf, auf die Bundesanstalt mit der Maßgabe übertragen, dass Rechtsverordnungen der Bundesanstalt im Einvernehmen mit der Deutschen Bundesbank ergehen. [4]Vor Erlass der Rechtsverordnung sind die Spitzenverbände der Wertpapierinstitute anzuhören.

I. Vorbemerkung

Diese Norm behandelt, wie sich auch aus der Überschrift zum Abschnitt 4 erschließt, die **Form der bei der BaFin und der Deutschen Bundesbank einzureichenden Dokumente** und insbesondere den **Übertragungsweg.** Die IFD enthält keine spezifischen unionsrechtlichen Vorgaben für diese Formfragen, so dass § 14 „unionsrechtlich nicht vorgeformt" ist (Lendermann/Nemeczek/Schroeter/Danzmann/Köhler/Lassahn Rn. 3), jedenfalls soweit das unmittelbare EU-Verordnungsrecht nicht spezielle Formvorschriften enthält. Unter den direkt anwendbaren EU-Durchführungsverordnungen mit Formvorschriften ist die Delegierte Verordnung (EU) 2017/1945 vom 19.6.2017 zu nennen, welche einerseits technische Durchführungsstandards für die Übermittlung von Erlaubnisanträgen einschließlich der behördlichen Kommunikation im Rahmen des Erlaubnisverfahrens enthält sowie andererseits – unabhängig von Erlaubnisverfahren – Vorgaben über die Mitteilung von Änderungen bei den Mitgliedern des Leitungsorgans. 1

II. Schriftform als Ausgangspunkt von Digitalisierungsbestrebungen

Abs. 1 S. 1 etabliert die **Schriftform als allgemeinen Grundsatz** für die Übermittlung von Erlaubnisanträgen, Anzeigen, Informationen und sonstige nach dem WpIG zu übermittelnde Dokumente und zwar „bis zur Digitalisierung von Erlaubnis- oder Anzeigeverfahren nach dem WpIG" (RegBegr. WpIG, BT- 2

Drs. 19/26929, 134). Für diese beabsichtigte, umfassende Digitalisierung bietet § 14 die Rechtsgrundlage.

3 Abs. 1 S. 2 stellt einerseits klar, dass die nach Abs. 1 S. 1 angeordnete **Schriftform** gem. § 3a VwVG **durch elektronische Form ersetzt** werden kann, andererseits, dass die Vorgaben der Delegierten Verordnung (EU) 2017/1945 (→ Rn. 1) unberührt bleiben. Der elektronischen Form genügt ein elektronisches Dokument, das mit einer qualifizierten elektronischen Signatur versehen ist (§ 3a Abs. 2 S. 2 VwVfG, eine verwaltungsrechtliche Parallelbestimmung zu § 126a Abs. 1 BGB). Eine rechtswirksame Übermittlung von qualifiziert elektronisch signierten Dokumenten per E-Mail ist möglich über qes-posteingang@bafin.de oder per „De-Mail" über poststelle@bafin.de-mail.de (RegBegr. WpIG, BT-Drs. 19/26929, 134). Dafür genügt nicht etwa eine einfache eingescannte Unterschrift, sondern es muss sich um eine qualifizierte elektronische Signatur gem. Art. 3 Nr. 12 der Verordnung (EU) Nr. 910/2014 (eIDAS-VO) handeln, dh eine „fortgeschrittene elektronische Signatur, die von einer qualifizierten elektronischen Signaturerstellungseinheit erstellt wurde und auf einem qualifizierten Zertifikat für elektronische Signaturen beruht".

III. Behördliche Vorgaben zur digitalen Einreichung auf der Grundlage von Abs. 2

4 Die Verordnungsermächtigung in Abs. 2 ermöglicht es der BaFin, unter Abweichung von Abs. 1 durch Rechtsverordnung elektronische Schnittstellen einzurichten und deren Nutzung verbindlich vorzuschreiben. Der Gesetzgeber verbindet dies mit der Erwartung, dass angesichts der aktuellen Digitalisierungsbemühungen in der öffentlichen Verwaltung auch Verfahren bei der BaFin möglichst vollständig elektronisch durchgeführt werden sollen (RegBegr. WpIG, BT-Drs. 19/26929, 134). Nachdem das BMF diese Verordnungsermächtigung auf der Grundlage von § 14 Abs. 2 S. 2 an die BaFin weiterdelegiert hat, hat die BaFin mit § 1 Abs. 2 der WpI-AnzV eine allgemeine Rechtsgrundlage gesetzt, um anwendungsorientiert und flexibel einen elektronischen Einreichungsweg für Anzeigen und Unterlagen bei der BaFin und der Deutschen Bundesbank vorzuschreiben. Danach ist „auf Verlangen" der BaFin oder der Deutschen Bundesbank für Anzeigen und Unterlagen ein elektronischer Einreichungsweg zu nutzen. Gemäß § 1 Abs. 2 S. 2 WpI-AnzV enthalten die **Internetseiten der BaFin und der Deutsche Bundesbank rechtsverbindliche Vorgaben für den jeweiligen elektronischen Einreichungsweg.** Die BaFin und die Deutsche Bundesbank haben hiervon auf ihren Internetseiten bereits in vielfältiger Weise Gebrauch gemacht. So ist zB für die Einreichung des Informationsregisters iSv Art. 28 Abs. 3 DORA gemäß den Hinweisen auf der BaFin-Webseite die **Melde- und Veröffentlichungsplattform (MVP) der BaFin** zu verwenden. Gleiches gilt für Anzeigen von wesentlichen Auslagerungen nach § 64 Nr. 13 WpIG (so auch ausdrücklich § 13 Abs. 3 WpI-AnzV).

IV. Nähere Vorgaben zu Art, Umfang, Zeitpunkt und Form auf der Grundlage von Abs. 3

5 Während Abs. 2 eine Verordnungsermächtigung zur Regelung des „Ob" der elektronischen Kommunikation bildet, enthält Abs. 3 (parallel zu § 24 Abs. 4

KWG) eine Ermächtigung zum Erlass von qualitativen Vorgaben (das „Wie") der Erklärungen der Wertpapierinstitute gegenüber den Aufsichtsbehörden (Lendermann/Nemeczek/Schroeter/Danzmann/Köhler/Lassahn Rn. 27). Die BaFin hat von dieser Verordnungsermächtigung durch Erlass der WpI-AnzV in detaillierter Weise Gebrauch gemacht.

Abs. 3 S. 2 ermächtigt des Weiteren zu näheren Bestimmungen für die Führung eines öffentlichen Registers durch die BaFin. Diese Verordnungsermächtigung (etwa durch Erlass einer „Wertpapierinstituts-Registerverordnung") wurde bisher nicht ausgeübt. Das bedeutet jedoch nicht, dass es kein Register gäbe. Die BaFin kommt dem vielmehr dadurch nach, dass sie die Wertpapierinstitute in ihre bestehende **Unternehmensdatenbank** integriert hat. Eine zusätzliche Konkretisierung durch eine separate Verordnung wurde bisher nicht für notwendig erachtet. **6**

Kapitel 2. Erlaubnis; Geschäftsleiter; Verwaltungs- oder Aufsichtsorgan; Inhaber bedeutender Beteiligungen

Abschnitt 1. Erlaubnis

§ 15 Erlaubnis für das Erbringen von Wertpapierdienstleistungen und -nebendienstleistungen

(1) **Wer im Inland Wertpapierdienstleistungen im Sinne des § 2 Absatz 2 Satz 1 Nummer 1 bis 10, die Wertpapiernebendienstleistungen des § 2 Absatz 3 Nummer 1, 2 und 4 oder ein Nebengeschäft im Sinne des § 2 Absatz 4 erbringen will, ohne die in § 32 Absatz 1 Satz 2 des Kreditwesengesetzes bestimmte Schwelle zu überschreiten, bedarf einer Erlaubnis der Bundesanstalt; die Bundesanstalt hat § 37 Absatz 4 des Verwaltungsverfahrensgesetzes anzuwenden.**

(2) **Eine Erlaubnis für die Wertpapiernebendienstleistungen des § 2 Absatz 3 Nummer 1 oder 2 oder eines Nebengeschäfts im Sinne des § 2 Absatz 4 kann nur erteilt werden, wenn die Erlaubnis zur Erbringung mindestens einer Wertpapierdienstleistung vorliegt oder gleichzeitig erteilt wird; mit Erlöschen oder Aufhebung der Erlaubnis für Wertpapierdienstleistungen erlischt automatisch auch die Erlaubnis für die Wertpapiernebendienstleistung oder das Nebengeschäft.**

(3) **Wer neben dem Erbringen von Wertpapierdienstleistungen auch Finanzinstrumente für eigene Rechnung anschaffen und veräußern will, ohne dass es sich hierbei um Eigenhandel handelt (Eigengeschäft), bedarf auch hierfür der Erlaubnis der Bundesanstalt.**

(4) **[1]Eine Erlaubnis für das Betreiben des Eigengeschäfts benötigt unabhängig von einer Erlaubnis nach Absatz 1 auch, wer das Eigengeschäft als Mitglied oder Teilnehmer eines organisierten Marktes oder eines multilateralen Handelssystems oder mit einem direkten elektronischen Zugang zu einem Handelsplatz oder mit Warenderivaten, Emissionszertifikaten oder Derivaten auf Emissionszertifikate betreibt. [2]Wer nach Satz 1 der schriftlichen Erlaubnis der Bundesanstalt bedarf, gilt als Wertpapierinstitut.**

(5) **[1]Einer Erlaubnis der Bundesanstalt bedarf es in den Fällen des Absatzes 4 nicht, wenn**

1. **das Eigengeschäft als Mitglied oder Teilnehmer eines organisierten Marktes oder eines multilateralen Handelssystems oder mit einem direkten elektronischen Zugang zu einem Handelsplatz von einem Unternehmen, das keine Wertpapierdienstleistungen erbringt, betrieben wird, um objektiv messbar die Risiken aus der Geschäftstätigkeit oder dem Liquiditäts- und Finanzmanagement des Unternehmens oder der Gruppe, dem das Unternehmen angehört, zu reduzieren,**
2. **das Eigengeschäft mit Emissionszertifikaten von einem Betreiber im Sinne des § 3 Nummer 4 des Treibhausgas-Emissionshandelsgesetzes betrieben wird, der keine Wertpapierdienstleistungen erbringt, oder**

3. das Eigengeschäft ausschließlich mit Warentermingeschäften, Emissionszertifikaten und Derivaten auf Emissionszertifikate betrieben wird und
   a) das Unternehmen nicht Teil einer Unternehmensgruppe ist, die in der Haupttätigkeit Wertpapierdienstleistungen erbringt,
   b) die Wertpapierdienstleistung des Unternehmens und der Gruppe im Verhältnis zu der sonstigen Tätigkeit des Unternehmens sowie der Gruppe auf individueller und aggregierter Basis eine Nebentätigkeit im Sinne des Artikels 1 der Delegierten Verordnung (EU) 2017/592 ist,
   c) das Unternehmen die Inanspruchnahme dieser Ausnahme der Bundesanstalt jährlich anzeigt und
   d) das Unternehmen auf Anforderung der Bundesanstalt unverzüglich mitteilt, aufgrund welcher Tatsachen und Berechnungsverfahren gemäß der Delegierten Verordnung (EU) 2017/592 es die Ausnahme in Anspruch nimmt oder

4. das Eigengeschäft als Mitglied einer Börse oder Teilnehmer eines Handelsplatzes von einem in einem Drittstaat ansässigen Unternehmen betrieben wird; dies gilt bis zu einer Entscheidung der Europäischen Wertpapier- und Marktaufsichtsbehörde über eine Eintragung des Unternehmens in das Register nach Artikel 48 der Verordnung (EU) Nr. 600/2014 des Europäischen Parlaments und des Rates vom 15. Mai 2014 über Märkte für Finanzinstrumente und zur Änderung der Verordnung (EU) Nr. 648/2012 (ABl. L 173 vom 12.6.2014, S. 84; L 6 vom 10.1.2015, S. 6; L 270 vom 15.10.2015, S. 4; L 278 vom 27.10.2017, S. 54), die zuletzt durch die Verordnung (EU) 2019/2033 (ABl. L 314 vom 5.12.2019, S. 314) geändert worden ist.

[2]Für Zeitpunkt, Inhalt und Form der Anzeige nach Satz 1 Nummer 3 Buchstabe c und für die Führung eines betreffenden öffentlichen Registers können nähere Bestimmungen in der Rechtsverordnung nach § 14 Absatz 3 erlassen werden; insbesondere kann dem Unternehmen ein schreibender Zugriff auf die für dieses Unternehmen einzurichtende Seite des Registers gestattet werden. [3]Wird der schreibende Zugriff gestattet, ist das Unternehmen für die Richtigkeit und Aktualität der Seite verantwortlich.

(6) **[1]Einer Erlaubnis der Bundesanstalt bedarf es auch, wenn ein Wertpapierinstitut, dem eine Erlaubnis nach Absatz 1 erteilt wurde, eigene Finanzinstrumente vertreibt, soweit dies nicht als Erbringen einer Wertpapierdienstleistung oder als Betreiben des Eigengeschäfts nach Absatz 3 unter Erlaubnisvorbehalt steht. [2]Absatz 1 erster Halbsatz gilt entsprechend.**

(7) **[1]Eine Erlaubnis nach Absatz 1, Absatz 4 oder Absatz 5 kann nicht mit einer Erlaubnis nach § 32 des Kreditwesengesetzes, nach § 10 Absatz 1 oder § 11 Absatz 1 des Zahlungsdiensteaufsichtsgesetzes, nach § 8 des Versicherungsaufsichtsgesetzes oder nach § 20 des Kapitalanlagegesetzbuchs oder mit einer Registrierung nach § 34 Absatz 1 des Zahlungsdiensteaufsichtsgesetzes verbunden werden. [2]Für Wertpapierinstitute tritt die Pflicht der Erlaubnis nach § 32 des Kreditwesengesetzes hinter die Erlaubnis nach diesem Gesetz zurück.**

(8) **Eine Erlaubnis kann mit Auflagen versehen werden, die sich im Rahmen des mit diesem Gesetz verfolgten Zwecks halten müssen.**

(9) **Eine Erlaubnis nach Absatz 1 kann auf einzelne Wertpapierdienstleistungen oder inhaltlich dahingehend beschränkt werden, dass das Wertpapierinstitut nicht befugt ist, Eigentum oder Besitz am Kundengeld oder Kundenwertpapieren zu erwerben.**

(10) **Die Absätze 1 bis 9 finden auch dann Anwendung, wenn im Zuge einer Umwandlung nach § 305, § 320 oder § 333 des Umwandlungsgesetzes eine juristische Person, die nach den Absätzen 1 bis 4 oder Absatz 6 erlaubnispflichtige Geschäfte betreibt, ihren juristischen Sitz vom Ausland ins Inland verlegt.**

Übersicht

I. Vorbemerkung

1 Gemäß dem **Regelungskonzept** des WpIG wurde die Erlaubnispflicht für das Erbringen von Wertpapierdienstleistungen im Sinne der MiFID aus dem KWG (dort § 32) ausgegliedert und in § 15 überführt. Dies ist Ausdruck der Konzeption des Gesetzgebers des WpIG, eine „einfache, verständliche und übersichtliche Gesetzessystematik" (RegBegr. WpIG, BT-Drs. 19/26929, 3) für alle Unternehmen zu schaffen, die als sogenannte Wertpapierfirmen (Art. 4 Abs. 1 Nr. 1 MiFID II) den aufsichtsrechtlichen Vorgaben der MiFID unterfallen. In dem einheitlichen Gesetzesrahmen des WpIG werden die im Vergleich zu CRD IV und CRR passgenauer auf Wertpapierfirmen zugeschnittenen aufsichtlichen Vorgaben der IFD umgesetzt, komplementierend zu den unmittelbar geltenden Regelungen der IFR sowie komplementierend zu den gemäß der MiFID ergangenen delegierten EU-Verordnungen. § 15 dient gemeinsam mit § 16 (Erlaubnisverfahren und Bekanntmachung), § 18 (Versagung der Erlaubnis) und § 19 (Erlöschen und Aufhebung der Erlaubnis) der Umsetzung von Art. 5–8 MiFID II, welche vor Inkrafttreten durch §§ 32 ff. KWG aF (soweit diese Vorschriften Wertpapierfirmen im Sinne der MiFID betrafen) umgesetzt wurden.

2 **Terminologisch** ist hier wie bei der Anwendung des WpIG insgesamt zu beachten, dass der deutsche Gesetzgeber mit „Wertpapierinstitut" im WpIG dasselbe meint wie der europäische Gesetzgeber in MiFID, IFD und IFR (einschließlich zugehöriger delegierter Verordnungen) mit „Wertpapierfirma". So erklärt sich, dass die §§ 15 ff., die von der Zulassung als „Wertpapierinstitut" handeln, zur Umsetzung von Art. 5–8 MiFID II dienen, die auf EU-Richtlinienebene die Vorgaben für die Zulassung von „Wertpapierfirmen" regeln.

3 **Nicht in den Anwendungsbereich des WpIG** und damit auch nicht in den Anwendungsbereich der Vorschriften über das Erlaubnisverfahren gem. §§ 15 ff. fallen **besonders große Unternehmen,** die Wertpapierdienstleistungen im Sinne der MiFID erbringen, nämlich Unternehmen, die das Emissionsgeschäft, den Eigenhandel oder das Eigengeschäft betreiben und bei denen der über einen Zeitraum von zwölf aufeinander folgenden Monaten berechnete Monatsdurchschnitt der gesamten Vermögenswerte **30 Milliarden Euro überschreitet** (§ 32 Abs. 1 S. 2 Nr. 1 KWG) oder bei denen eine Zugehörigkeit zu einer Gruppe von Unternehmen besteht, die das Emissionsgeschäft, den Eigenhandel oder das Eigengeschäft betreiben und bei denen der über einen Zeitraum von zwölf aufeinander folgenden Monaten berechnete Monatsdurchschnitt der konsolidierten Vermögenswerte aller Unternehmen dieser Gruppe 30 Milliarden Euro überschreitet (§ 32 Abs. 1 S. 2 Nr. 2 KWG, zu dieser konsolidierten Gruppenbetrachtung siehe eingehend Schuster/Nemeczek ZBB 2021, 35 (38 f.)). Unternehmen, die diese Schwelle überschreiten, sind gem. § 32 KWG erlaubnispflichtig, auch soweit sie bereits eine Erlaubnis gem. § 15 besitzen. Die Erlaubnispflicht gem. § 15 tritt dann zurück (siehe die Formulierung in § 15 Abs. 1 Hs. 1: „… ohne die in § 32 Abs. 1 S. 2 KWG bestimmte Schwelle zu überschreiten, bedarf einer Erlaubnis der Bundesanstalt"). Der Erlaubnisantrag gem. § 32 KWG ist bei Überschreiten dieser Grenze unverzüglich nachzuholen, wobei während dieses KWG-

Erlaubnisverfahrens die bis dahin gem. § 15 erlaubtermaßen erbrachten Wertpapierdienstleistungen fortgesetzt werden dürfen, bis über den Erlaubnisantrag bestandskräftig entschieden wurde (§ 32 Abs. 1 S. 4 KWG, in Umsetzung von Art. 8a CRD IV, der durch Art. 62 IFD eingefügt wurde). Diese § 32 Abs. 1 S. 2 KWG unterfallenden Unternehmen sind CRR-Kreditinstitute iSd Art. 4 Abs. 1 Nr. 1 lit. b CRR und unterliegen im vollen Umfang den Aufsichtsanforderungen der CRD IV sowie der CRR.

4 § 15 stellt ein präventives Verbot mit Erlaubnisvorbehalt auf, das wie auch § 32 KWG den **Zweck** verfolgt, die Erbringung von Finanzdienstleistungen durch ungeeignete Personen oder unzulänglich ausgestattete Unternehmen zu verhindern. Dieser Zweck wird auch aus der zugrunde liegenden Richtlinienbestimmung Art. 7 Abs. 1 MiFID II deutlich („Die zuständige Behörde erteilt eine Zulassung erst dann, wenn ihr hinreichend nachgewiesen wurde, dass der Antragsteller sämtliche Anforderungen der zur Umsetzung dieser Richtlinie erlassenen Vorschriften erfüllt"). Zugleich ist damit klar, dass ein Anspruch auf die Erlaubniserteilung besteht (gebundener Verwaltungsakt), sofern nicht Versagungsgründe (§ 18) gegeben sind. Insbesondere eine **Bedürfnisprüfung** wäre mit Art. 12 GG nicht zu vereinbaren und **findet nicht statt** (BVerwG NJW 1959, 592; 1959, 590 (592); Schwennicke/Auerbach/Schwennicke KWG § 32 Rn. 2).

5 § 15 ist **strukturell identisch formuliert wie § 32 KWG** („Wer im Inland … erbringen will, bedarf einer …Erlaubnis [der Bundesanstalt]; die Bundesanstalt hat § 37 Abs. 4 VwVfG anzuwenden."). Damit ist der Aspekt der Rechtsformneutralität des gesetzlich gewährleisteten, gebundenen Anspruchs auf Erlaubniserteilung bei Erfüllung der gesetzlichen (bzw. durch EU-Verordnung normierten) Voraussetzungen („Wer … erbringen will …") und der Aspekt des erforderlichen Inlandsbezuges für das Eingreifen der Erlaubnispflicht bei § 15 ebenso zu beurteilen wie bei § 32 KWG. Gleiches gilt für allgemeine verwaltungsrechtliche Fragen wie Bestandskraft und Rechtsschutz gegen Verwaltungsakte im Erlaubnisverfahren. Die entsprechende Literatur und Rechtsprechung sowie die BaFin-Verwaltungspraxis zu § 32 KWG sind insoweit auch vorliegend maßgeblich. Allerdings sind die vorgeschriebenen Inhalte des Erlaubnisantrages und Voraussetzungen für die Erlaubniserteilung für Wertpapierinstitute abweichend von § 32 Abs. 1 S. 2 KWG auf europäischer Verordnungsebene normiert, nämlich durch die Delegierte VO (EU) 2017/1943 v. 14.7.2016 über Informationen und Anforderungen für die Zulassung von Wertpapierfirmen.

II. Erlaubnispflicht

1. Voraussetzungen

6 **a) Absicht der Erbringung von Wertpapierdienstleistungen.** Adressat der Erlaubnispflicht gem. § 15 ist **jeder („wer"),** der die Absicht hat, im Inland eine der in § 2 Abs. 2 definierten Wertpapierdienstleistungen zu erbringen (zu Wertpapiernebendienstleistungen und Nebengeschäften → Rn. 12 ff.). Die Erlaubnispflicht ist also an jedermann adressiert, gleich ob natürliche Person, Personengesellschaft oder juristische Person (gleich welcher Rechtsform) und gleich, in welchem Staat diese Person oder Gesellschaft ansässig ist. Zugleich hat jedermann aus diesem offenen Adressatenkreis Anspruch auf Erlaubniserteilung, wenn die Erlaubnisvoraussetzungen erfüllt sind und kein Erlaubnisversagungsgrund gem.

§ 18 vorliegt (hierzu zählt insbesondere gem. § 18 Abs. 1 Nr. 9 die Anforderung, dass eine den Erlaubnisantrag stellende juristische Person ihren juristischen Sitz in Deutschland haben muss). Die subjektive Formulierung im Gesetz („Wer … Wertpapierdienstleistungen … erbringen will, … bedarf einer Erlaubnis") bedeutet freilich nicht, dass bereits der konkrete Plan, ein Wertpapierinstitut zu gründen, eine Pflicht zur Antragstellung oder gar zur Erlaubnis auslöst. Dies ist im Kontext von § 24 bei der Anzeigepflicht zum Erwerb einer bedeutenden Beteiligung bei ähnlicher Gesetzesformulierung (dort: „Wer beabsichtigt, … eine bedeutende Beteiligung … zu erwerben, hat dies … unverzüglich … anzuzeigen") durchaus anders zu verstehen, nämlich im Sinne einer Anzeigepflicht im Zeitpunkt der (jedenfalls qualifizierten) Bildung einer entsprechenden Intention. Im Kontext von § 15 bringt die subjektive Formulierung lediglich das präventive Verbot mit Erlaubnisvorbehalt zum Ausdruck, also dass die behördliche Erlaubniserteilung dem Beginn der Erbringung von Wertpapierdienstleistungen vorausgehen muss, somit der Erlaubnisantrag zu stellen ist, wenn die Erbringung von Wertpapierdienstleistungen sich noch im Planungsstadium befindet.

b) Geschäftstätigkeit vor Erlaubniserteilung. Somit ist das antragstellende Unternehmen gehalten, seine Tätigkeit vor der Erlaubniserteilung auf vorbereitende Handlungen zu beschränken oder auf nicht gem. § 15 erlaubnispflichtige gewerbliche Tätigkeiten. Sowohl vor als auch nach der Erlaubniserteilung steht es dem Unternehmen selbstverständlich frei, nicht regulierte gewerbliche Tätigkeiten auszuüben bzw. fortzusetzen. Über geplante nicht regulierte Tätigkeiten sind im Rahmen des Erlaubnisantrages gesonderte Angaben zu machen (siehe Art. 6 lit. a Delegierte VO (EU) 2017/1943). Es ist dann typischerweise Gegenstand der behördlichen Prüfung, welche geschäftlichen Risiken aus der nicht regulierten Tätigkeit erwachsen und ob dies eine potenzielle Gefährdung des regulierten Geschäfts darstellt, ferner, inwiefern organisatorische und personelle Kapazitäten ggf. zulasten der regulierten Tätigkeit ausgeschöpft werden. 7

Der Unternehmensgegenstand gemäß Gesellschaftsvertrag bzw. Satzung und die entsprechende Verlautbarung im Handelsregister darf die Wertpapierdienstleistung erst nach erfolgter Erlaubniserteilung umfassen, denn gem. § 30 ist die Erlaubnis dem Registergericht nachzuweisen, bevor eine solche Eintragung erfolgt. Unproblematisch auch vor Erlaubniserteilung im Handelsregister eintragungsfähig ist jedoch ein Unternehmensgegenstand, der auf die Planung und Entwicklung eines Geschäftsmodells für die angestrebte Wertpapierdienstleistung gerichtet ist. 8

c) Gewerbsmäßig oder in einem Umfang, der einen in kaufmännischer Weise eingerichteten Geschäftsbetrieb erfordert. Anders als in § 32 KWG ist in § 15 nicht ausdrücklich verlautbart, dass die Erlaubnispflicht eine gewerbsmäßige Tätigkeit oder eine Tätigkeit in einem Umfang, der einen in kaufmännischer Weise eingerichteten Geschäftsbetrieb erfordert, voraussetzt. Die Gesetzesbegründung macht allerdings deutlich, dass diese Tatbestandsvoraussetzung auch iRd § 15 gelten soll (RegBegr. WpIG, BT-Drs. 19/26929, 135). Im Ergebnis bedarf es der Erlaubnis gem. § 15 also nur, sofern Wertpapierdienstleistungen gewerblich oder in einem Umfang erbracht werden, der einen kaufmännisch eingerichteten Geschäftsbetrieb erfordert (Blassl WM 2021, 2413 (2416)). 9

d) Inlandsbezug. Die Erlaubnispflicht besteht nur für die Erbringung von Wertpapierdienstleistungen (bzw. Wertpapiernebendienstleistungen und Neben- 10 geschäfte) im Inland. Das somit normierte Erfordernis des Inlandsbezuges ist identisch mit dem Inlandsbezug, der gem. § 1 Voraussetzung für die Anwendbarkeit des WpIG insgesamt ist (siehe die dortige Kommentierung → § 1 Rn. 5 ff.).

2. Träger der Erlaubnis

11 Wie die gleichlautende Formulierung zum Träger der Erlaubnis in § 32 Abs. 1 KWG und in § 15 Abs. 1 zeigt („**Wer** … erbringen will … bedarf der Erlaubnis … "), ist die Trägerschaft der Erlaubnis **rechtsformneutral.** Es kommen sowohl natürliche als auch juristische Personen ebenso wie Personenhandelsgesellschaften in Betracht, wobei im letztgenannten Fall nicht die Personenhandelsgesellschaft als solche, sondern alle persönlich haftenden Gesellschafter Träger der Erlaubnis sind (so zu § 32 KWG Beck/Samm/Kokemoor/Müller-Grune KWG § 32 Rn. 41). Kommanditisten und stille Gesellschafter bedürfen keiner Erlaubnis, da sie keine Wertpapierdienstleistungen erbringen, sondern nur Kapitalgeber sind (Beck/Samm/Kokemoor/Müller-Grune § 32 Rn. 41). Bei **Änderungen des Rechtsträgers** richtet sich das Fortbestehen der Erlaubnis nach den für die Rechtsformänderung maßgeblichen Vorschriften, sofern die rechtliche Identität des Trägers der Erlaubnis erhalten bleibt (Schwennicke/Auerbach/Schwennicke KWG § 32 Rn. 17). Ergänzend bestehen bei einer Änderung der Rechtsform Anzeigepflichten gem. § 64 Abs. 1 Nr. 4 und ggf. Nr. 14. Es gelten im Bereich des WpIG gegenüber dem KWG insoweit keine Besonderheiten.

III. Kombination von Wertpapierdienstleistungen mit Wertpapiernebendienstleistungen und Nebengeschäften

12 § 15 Abs. 1 und 2 sehen die **Möglichkeit zur Kombination** der Erlaubnis für Wertpapierdienstleistungen mit sog. Wertpapiernebendienstleistungen und Nebengeschäften vor. Dies dient der Umsetzung von Art. 6 Abs. 2 und 3 MiFID II, worin ua vorgegeben ist, dass sich eine Zulassung für Wertpapierdienstleistungen auch auf die in Anhang I Abschnitt B der MiFID II aufgeführten Nebendienstleistungen erstrecken kann, wobei die Zulassung nicht isoliert für die Erbringung einer solchen Nebendienstleistung erteilt werden darf. Der Katalog der Nebendienstleistungen aus Anhang I Abschnitt B der MiFID wurde in § 2 Abs. 3 transponiert und mit der WpIG-Definition „Wertpapiernebendienstleistung" belegt.

13 Der **Sinn und Zweck** dieser Regelung besteht – wenngleich dies in der MiFID II und in den WpIG-Gesetzesmaterialien nirgends ausgeführt wird – erkennbar darin, diejenigen Aktivitäten, die typischerweise im Zusammenhang mit Wertpapierdienstleistungen erbracht werden und die eigentlich nach anderen Gesetzen erlaubnispflichtig wären, in die WpIG-Lizenz einzubeziehen, ohne dass nach anderen Gesetzen sonst erforderliche Erlaubnisverfahren isoliert durchgeführt werden müssen. Folgerichtig sieht **§ 15 Abs. 7** vor, dass eine Erlaubnis nach § 15 Abs. 1, Abs. 4 oder Abs. 6 (es wird – offenkundig ein Redaktionsversehen – in Abs. 7 fälschlicherweise auf Abs. 5 verwiesen statt auf Abs. 6) nicht mit der Erlaubnis nach § 32 KWG (auch nicht mit einer Erlaubnis nach § 10 Abs. 1 ZAG, § 11 Abs. 1 ZAG, § 8 VAG oder § 20 KAGB) verbunden werden kann. Das gesetzgeberische Konzept ist somit, dass es **keine Mischinstitute** geben soll, auf die die verschiedenen Kodifikationen der prudenziellen Finanzaufsicht (KWG,

ZAG, VAG, KAGB und nunmehr WpIG) gleichzeitig zur Anwendung kommen. Daher ist es erforderlich, dass einzelne Tätigkeiten, die unter einer bestimmten Kodifikation (KWG) erlaubnispflichtig sind, unter einer anderen Kodifikation (WpIG) miterlaubt werden können, soweit es sich um typischerweise im Konnex erbrachte Tätigkeiten handelt. Dies wird durch § 15 Abs. 1 iVm Abs. 2 ermöglicht.

Die MiFID II besagt nicht, welche **Wertpapiernebendienstleistungen** in die WpIG-Zulassung zusätzlich aufgenommen werden können, sondern hält in Art. 6 Abs. 1 MiFID II lediglich fest, dass sich die Erlaubnis auf „eine oder mehrere der in Anhang I Abschnitt B genannten Nebendienstleistungen" erstrecken kann. In § 15 Abs. 1 konkretisiert der Gesetzgeber dies vor dem Hintergrund des vorgenannten Sinn und Zwecks folgerichtig auf diejenigen Wertpapierdienstleistungen, die nach anderweitigen Gesetzen erlaubnispflichtig wären, nämlich auf das **Depotgeschäft** iSv § 2 Abs. 3 Nr. 1, das **Kreditgeschäft** zur Durchführung von Wertpapierdienstleistungen (Nr. 2) und **Devisengeschäfte** im Zusammenhang mit Wertpapierdienstleistungen (Nr. 4). Die weiteren Wertpapiernebendienstleistungen Unternehmensberatung (Nr. 3), Anlagestrategieempfehlung (Nr. 5), Dienstleistung im Zusammenhang mit dem Emissionsgeschäft (Nr. 6) und Dienstleistungen in Bezug auf Basiswerte iSv § 2 Abs. 8 Nr. 2 oder § 2 Abs. 8 Nr. 5 (Nr. 7) unterliegen keiner gesetzlichen Erlaubnispflicht und müssen daher auch nicht mitlizenziert werden. 14

§ 15 Abs. 2 bestimmt, dass die Erlaubnis für Wertpapiernebendienstleistungen des § 2 Abs. 3 Nr. 1 oder 2 ebenso wie Nebengeschäfte iSv § 2 Abs. 4 nicht isoliert, sondern nur bei Vorliegen oder gleichzeitiger Erteilung einer Erlaubnis für mindestens eine Wertpapierdienstleistung erteilt werden kann. Dabei fällt auf, dass hier nur die Wertpapiernebendienstleistungen gem. § 2 Abs. 3 Nr. 1 (Depotgeschäft) und Nr. 2 (Kreditgeschäft) genannt werden, nicht aber die Nr. 4 (Devisengeschäfte). Der Grund hierfür ist, dass § 2 Abs. 3 Nr. 4 nur solche Devisengeschäfte erfasst, die im Zusammenhang mit der Erbringung von Wertpapierdienstleistungen stehen. Die Erlaubnis für die Wertpapiernebendienstleistung gem. § 2 Abs. 3 Nr. 4 kann also schon begrifflich nicht isoliert (ohne Erlaubnis für zumindest eine Wertpapierdienstleistung) erteilt werden. Folgerichtig zitiert der Gesetzgeber in § 15 Abs. 2 nicht auch § 2 Abs. 3 Nr. 4. 15

Für die in § 2 Abs. 4 definierten **Nebengeschäfte** (Nr. 1: eingeschränktes Verwahrgeschäft, Nr. 2: Drittstaateneinlagenvermittlung) gilt dieselbe Regelung. Diese Geschäfte, die bei isolierter Ausübung gemäß dem KWG erlaubnispflichtig wären, können gem. § 15 Abs. 1 iVm Abs. 2 bei Vorliegen oder zeitgleicher Erteilung einer Erlaubnis für mindestens eine Wertpapierdienstleistung ebenfalls mitlizenziert werden. Die gesonderte gesetzgeberische Zusammenfassung dieser beiden Geschäfte als „Nebengeschäfte" und nicht auch als „Wertpapiernebendienstleistung" liegt offenbar daran (ausdrückliche Erläuterungen hierzu finden sich in den Gesetzesmaterialien nicht), dass diese beiden „Nebengeschäfte" in der Liste der Nebendienstleistungen gemäß Anhang I Abschnitt B MiFID II nicht vorkommen. Der deutsche Gesetzgeber wollte offenbar die Regelungen der MiFID II über „Nebendienstleistungen" unter dem Oberbegriff „Wertpapiernebendienstleistungen" 1:1 spiegeln. Die aufgrund eigener nationaler gesetzgeberischer Entscheidung gleichlaufende Behandlung der weiteren „Nebengeschäfte" erfolgt daher unter einer anderen Definition. Inhaltlich werden Wertpapiernebendienstleistungen und Nebengeschäfte iRv § 15 gleichbehandelt. 16

IV. Erlaubnispflicht für das Eigengeschäft

1. Begriffsbestimmung

17 Das **Eigengeschäft** ist in **§ 15 Abs. 3 WpIG** inhaltlich übereinstimmend mit dem KWG (dort § 1 Abs. 1a S. 3) definiert als das Anschaffen und Veräußern von Finanzinstrumenten, ohne dass es sich hierbei um Eigenhandel (welcher anderweitig in § 2 Abs. 2 Nr. 10 definiert ist) handelt. Eigenhandel und Eigengeschäft schließen sich damit gegenseitig aus (Klingenbrunn/Struckmann BKR 2021, 620 (622)). Der Begriff des Eigengeschäfts gewinnt folglich erst in **Abgrenzung zum Begriff des Eigenhandels** an Kontur (siehe näher BaFin-Merkblatt „Hinweise zu den Tatbeständen des Eigenhandels und des Eigengeschäfts" v. 22.3.2011 idF v. 5.5.2019). Der Begriff des Eigenhandels ist gem. § 2 Abs. 2 Nr. 10a–d unterteilt in die vier Fallgruppen (a) Market-Making, (b) systematische Internalisierung, (c) Handel mit Finanzinstrumenten als Dienstleistung für andere und (d) Hochfrequenzhandel. Unter diesen Fallgruppen des Eigenhandels kommt (c) (Handel mit Finanzinstrumenten als Dienstleistung für andere) eine Leitbild- und Auffangfunktion zu. Für den Begriff des Eigengeschäfts gilt damit im Umkehrschluss (BaFin-Merkblatt „Hinweise zu den Tatbeständen des Eigenhandels und des Eigengeschäfts" unter 1c) cc)): „Erfüllt ein Handel in Finanzinstrumenten, der auf eigene Rechnung betrieben wird, mangels Dienstleistungscharakter nicht den Tatbestand des Eigenhandels (…), ist er ohne weiteres dem Tatbestand des Eigengeschäfts (…) zuzuordnen." Die BaFin beschreibt diesen Dienstleistungscharakter wie folgt (BaFin-Merkblatt „Hinweise zu den Tatbeständen des Eigenhandels und des Eigengeschäfts" unter 1c) cc)): „Den Eigenhändler zeichnet eine besondere Beziehung zum Kunden aus, dem er unabhängig von der zivilrechtlichen Ausgestaltung des Geschäfts als Dienstleister gegenübertritt und sich bereithält, mit dem Kunden Verträge, die die Anschaffung oder Veräußerung von Finanzinstrumenten zum Inhalt haben, abzuschließen. Charakteristisch ist regelmäßig ein Ungleichgewicht zwischen Eigenhändler und Kunden, das sich dadurch auszeichnet, dass der Eigenhändler den besseren Zugang zu dem Markt hat, auf dem er agiert, um sich für das Geschäft mit dem Kunden einzudecken oder die aus dem Kundengeschäft resultierende offene Position zu schließen oder dem Kunden überhaupt erst den Zugang zu dem Markt zu verschaffen, der diesem ansonsten verschlossen bliebe."

18 Auch die im Vergleich zu WpIG und KWG wörtlich anders formulierte, aber inhaltlich gleichbedeutende **Definition von Eigengeschäft im WpHG** zeigt, dass der **fehlende Dienstleistungscharakter** des Handels mit Finanzinstrumenten das Erkennungsmerkmal für das Eigengeschäft ist (§ 2 Abs. 8 S. 6 WpHG: „Als Wertpapierdienstleistung gilt auch die Anschaffung und Veräußerung von Finanzinstrumenten für eigene Rechnung, die keine Dienstleistung für andere im Sinne des S. 1 Nr. 2 darstellt (Eigengeschäft)"). Das WpHG hat als Regelungsort des produktbezogenen Kapitalmarktrechts mit seinen Bestimmungen über Anlegerschutz und Verhaltensregeln zwar einen anderen Gegenstand als das WpIG, das die prudenzielle Aufsicht regelt, jedoch dienen beide Gesetze der Umsetzung der MiFID II und fußen auf deren Begrifflichkeiten, so dass die in WpHG und WpIG gleich verwendeten Begriffe auch gleich zu verstehen sind.

Gegenüber dieser deutschen Gesetzesterminologie weicht die **Terminologie der MiFID** ab. In der MiFID kommt die begriffliche Aufteilung zwischen Eigenhandel und Eigengeschäft nicht vor. Gemäß Anhang I Abschnitt A (3) iVm Art. 4 Abs. 1 Nr. 2 MiFID II zählt allgemein der „Handel für eigene Rechnung", soweit er sich auf Finanzinstrumente bezieht, zu den „Wertpapierdienstleistungen", gleich ob der Charakter einer Dienstleistung für andere vorliegt. Damit erscheint diese Fallgruppe der Wertpapierdienstleistungen im Sinne der MiFID II auf den ersten Blick uferlos, denn schon jeder private Aktienkauf oder -verkauf an der Börse ist nichts anderes als ein „Handel für eigene Rechnung". Jedoch findet sich nach der Regelungstechnik der MiFID die entscheidende Eingrenzung in Art. 2 Abs. 1 lit. d und lit. j MiFID II, wonach Personen, die für eigene Rechnung Handel mit Finanzinstrumenten treiben, vom Anwendungsbereich der MiFID ausgenommen sind, es sei denn, es handelt sich um Fallgruppen, die gemäß den dort enthaltenen Rückausnahmen doch wieder der MiFID unterfallen. Zu den letztgenannten Fallgruppen, für die die MiFID somit Anwendung findet, zählen zum einen der Handel für eigene Rechnung bzw. die sonstige Wertpapierdienstleistung mit Warenderivaten und Emissionszertifikaten, sofern die in Art. 2 Abs. 1 lit. j MiFID II enthaltenen Nebentätigkeitskriterien erfüllt sind. Zum anderen ist gem. Art. 2 lit. d MiFID II die Geltung der MiFID für diejenigen Fallgruppen angeordnet, die im WpIG als „Eigenhandel" definiert sind (Market-Making, Hochfrequenzhandel, usw). Der ungleich größere übrige Bereich des Handels für eigene Rechnung in Finanzinstrumenten, zusammengefasst derjenige Bereich, der nicht Market-Making, Hochfrequenzhandel usw (siehe Art. 3 lit. d i–iv) ist und der nicht Warenderivate oder Emissionszertifikate betrifft, unterfällt nicht der MiFID und muss daher gemäß der MiFID nicht einer Erlaubnispflicht unterworfen werden. 19

Der **deutsche Gesetzgeber** hat sich von dieser Systematik gelöst und eine **eigenständige Regelungstechnik** gewählt. Er fasst einen Teil der nach Art. 2 lit. d MiFID II der MiFID unterworfenen Fälle des Handels für eigene Rechnung als „Eigenhandel" gem. § 2 Abs. 2 Nr. 10 WpIG (Parallelnorm: § 1 Abs. 1a S. 2 Nr. 4 KWG) zusammen. Der gesamte übrige Bereich des Handelns mit Finanzinstrumenten für eigene Rechnung ist „Eigengeschäft" gem. § 15 Abs. 3 WpIG (Parallelnorm: § 1 Abs. 1a S. 3 KWG). Siehe BaFin-Merkblatt v. 22.3.2011: „Damit werden sämtliche Anschaffungen und Veräußerungen von Finanzinstrumenten für eigene Rechnung – vorbehaltlich einschlägiger Ausnahmeregelungen – lückenlos entweder als Dienstleistung in Form des Eigenhandels oder als Anlagetätigkeit in Form des Eigengeschäfts erfasst." Ebenso wie im Rahmen der MiFID bedarf es auf Ebene des deutschen Gesetzes damit **einschränkender Voraussetzungen für die Erlaubnispflicht für das Eigengeschäft:** „Eine Aktivität als Eigengeschäft einzustufen führt nicht zwangsläufig zu deren Erlaubnispflichtigkeit" (Klingenbrunn/Struckmann BKR 2021, 620 (622)). 20

2. Eigengeschäft in Verbindung mit Wertpapierdienstleistung (Abs. 3)

Gemäß **§ 15 Abs. 3** ist ein **Teilbereich des Eigengeschäfts erlaubnispflichtig,** nämlich das Eigengeschäft, das **neben der Erbringung von (anderweitigen) Wertpapierdienstleistungen erbracht** wird. Dies wird durch die Wendung „auch hierfür" deutlich (§ 15 Abs. 3: „Wer neben dem Erbringen von Wertpapierdienstleistungen auch Finanzinstrumente für eigene Rechnung 21 anschaffen und veräußern will, ohne dass es sich hierbei um Eigenhandel handelt (Eigengeschäft), bedarf auch hierfür der Erlaubnis der Bundesanstalt."). Hierin liegt der eigentliche Regelungsgehalt von § 15 Abs. 3. Die Kumulation von Wertpapierdienstleistungen mit dem Eigengeschäft führt dazu, dass sich die Erlaubnis ausdrücklich auch auf das Eigengeschäft beziehen muss.

22 Das Gesetz lässt in § 15 Abs. 3 **im Wortlaut offen,** ob das neben den Wertpapierdienstleistungen erbrachte Eigengeschäft „**gewerbsmäßig** oder in einem Umfang, der einen in kaufmännischer Weise eingerichteten Geschäftsbetrieb erfordert" erbracht werden muss, um erlaubnispflichtig zu sein. Die gleiche Frage stellt sich bei der Parallelnorm § 32 Abs. 1a KWG. Hier hat sich die BaFin dahingehend positioniert, dass das Betreiben des Eigengeschäfts (wenn es neben den in § 32 Abs. 1a S. 1 KWG genannten Bankgeschäften oder Finanzdienstleistungen erbracht wird) erlaubnispflichtig ist, „gleichgültig, ob es gewerbsmäßig oder in einem Umfang betrieben wird, der einen in kaufmännischer Weise eingerichteten Geschäftsbetrieb erfordert" (BaFin-Merkblatt v. 22.3.2011, Ziffer 2.b) aa)). Für diese Ansicht spricht ein Gegenschluss aus § 32 Abs. 1 KWG, der die Gewerbsmäßigkeit usw als Voraussetzung der Erlaubnispflicht benennt, was in § 32 Abs. 1a S. 1 KWG gerade fehlt. Hierauf weisen Klingenbrunn/Struckmann BKR 2021, 620 (623) hin und sehen in dem Fehlen eines jeden Hinweises auf die Gewerbsmäßigkeit als Voraussetzung der Erlaubnispflicht in § 15 ein Argument dafür, diesen Gegenschluss im Bereich des WpIG gerade nicht anzuwenden. Allerdings ist auch iRv § 15 Abs. 1 die Gewerbsmäßigkeit usw als Voraussetzung anzusehen, was die Regierungsbegründung zeigt (BT-Drs. 19/26929, 135; → § 15 Rn. 9). Damit ist eher anzunehmen, dass die BaFin ihre Auslegung und Verwaltungspraxis aus dem KWG auf die Parallelnorm im WpIG übertragen wird, so dass nach der Verwaltungspraxis bei einem gleichzeitigen Vorliegen einer Wertpapierdienstleistung im Sinne des WpIG und dem Eigengeschäft die Gewerbsmäßigkeit bzw. der kaufmännische Umfang des Eigengeschäfts keine Voraussetzung für die Erlaubnispflicht sein dürfte. Allerdings bleibt es dabei, dass die hauptsächliche Erlaubnispflicht, dh die Erlaubnispflicht gem. § 15 Abs. 1 für die Erbringung von Wertpapierdienstleistungen, daran geknüpft ist, dass die Gewerbsmäßigkeit bzw. das Erfordernis eines kaufmännisch eingerichteten Geschäftsbetriebes vorliegt.

3. Erlaubnispflicht für das Eigengeschäft als Marktteilnehmer und für das Eigengeschäft mit Warenderivaten oder Emissionszertifikaten (Abs. 4, 5)

23 Ferner benötigt für das Eigengeschäft gem. **§ 15 Abs. 4** eine Erlaubnis (vorbehaltlich der Ausnahmen nach Abs. 5), wer das Eigengeschäft (erste Alternative) als **Mitglied oder Teilnehmer eines organisierten Marktes** oder eines multilateralen Handelssystems oder mit einem direkten elektronischen Zugang zu einem Handelsplatz betreibt oder wer (zweite Alternative) das Eigengeschäft mit **Warenderivaten, Emissionszertifikaten** oder **Derivaten auf Emissionszertifikate** betreibt. Dies gilt anders als im Bereich des § 15 Abs. 3 unabhängig davon, ob daneben auch Wertpapierdienstleistungen iSv § 15 Abs. 1 iVm § 2 Abs. 2 erbracht werden. Wer gem. § 15 Abs. 4 erlaubnispflichtig ist, gilt als Wertpapierinstitut im Sinne des Gesetzes (§ 15 Abs. 4 S. 2).

24 Auch im Rahmen dieser Erlaubnispflicht gem. § 15 Abs. 4 für das isoliert erbrachte Eigengeschäft ist anzunehmen, dass ein gewerbsmäßiges Handeln oder ein Handeln in einem Umfang, der einen in kaufmännischer Weise eingerichteten

Geschäftsbetrieb erfordert, keine Voraussetzung für die Erlaubnispflicht ist, entsprechend der Ansicht der BaFin im Merkblatt „Hinweise zu den Tatbeständen des Eigenhandels und des Eigengeschäfts" (Ziffer 2.b) aa)) zum Tatbestand des § 32 Abs. 1a S. 1 KWG (Klingenbrunn/Struckmann BKR 2021, 620 (624)).

a) Eigengeschäft als Marktteilnehmer. § 15 Abs. 4 erste Alternative setzt Art. 2 Abs. 1 lit. d ii MiFID II um, wonach diese Mitglieder bzw. Teilnehmer eines „geregelten Marktes" oder „MTF" der MiFID und somit dem behördlichen Erlaubnisvorbehalt unterfallen. Der im deutschen Gesetz verwendete Begriff „organisierter Markt" ist in § 2 Abs. 11 WpHG definiert und angelehnt an den in Art. 4 Abs. 1 Nr. 21 MiFID II definierten Begriff „geregelter Markt", wobei ein „organisierter Markt" iSv § 2 Abs. 11 WpHG im Vergleich zur MiFID-Definition weitergehend eine Erfüllung der Kriterien Genehmigung, Regelung und Überwachung durch staatliche Stellen sowie Betrieb in EU oder EWR voraussetzt (Schwark/Zimmer/Kumpan WpHG § 2 Rn. 187). Bei Umsetzung der WertpapierdienstleistungsRL im Jahr 1997 wurde der Ausdruck „geregelter Markt" im damaligen § 71 BörsG aF noch anderweitig verwendet, so dass der deutsche Gesetzgeber seither auf den Begriff „organisierter Markt" ausgewichen ist. Beispiele für einen „organisierten Markt" können in dem von der ESMA online geführten Register „MiFID/UCITS/AIFMD/EUSEF/UVECA entities" mit dem Suchbegriff „regulated market" abgerufen werden, etwa in Deutschland das Marktsegment „Geregelter Markt" der Frankfurter Wertpapierbörse. Der Begriff „multilaterales Handelssystem" ist in § 2 Abs. 2 Nr. 6 WpIG (gleichlautend in § 2 Abs. 8 S. 1 Nr. 8 WpHG) definiert und folgt der Definition „MTF" in Art. 4 Abs. 1 Nr. 22 MiFID II. Der organisierte Markt ist formal von dem multilateralen Handelssystem dadurch abgegrenzt, dass der organisierte Markt ein von staatlichen Stellen genehmigtes, geregeltes und überwachtes System ist. Ferner ist ein multilaterales Handelssystem stets auf den Handelsabschluss ausgerichtet, während der organisierte Markt weniger weitgehend den Handelsabschluss nur zu fördern braucht (Kumpan, WpHG § 2 Rn. 187). Auch für „multilaterale Handelssysteme" können Beispiele in dem o. g. ESMA Register abgerufen werden, unter dem Suchbegriff „multilateral trading facility" (Beispiel in Deutschland: Marktsegment „Freiverkehr" der Frankfurter Wertpapierbörse). 25

Eine Erlaubnispflicht wird ferner durch das Betreiben des Eigengeschäfts „mit einem direkten elektronischen Zugang zu einem Handelsplatz" ausgelöst. „Handelsplatz" ist in § 2 Abs. 22 WpHG übereinstimmend mit der MiFID-Terminologie (siehe Art. 4 Abs. 1 Nr. 21–24 MiFID II) als Sammelbegriff für den „organisierten Markt", das multilaterale Handelssystem (MiFID: „MTF") und das organisierte Handelssystem (MiFID: „OTF") definiert. Wer mit direktem elektronischen Zugang zu einem solchen Handelsplatz Eigengeschäft betreibt, ist hierfür erlaubnispflichtig. 26

b) Eigengeschäft mit Warenderivaten und Emissionszertifikaten. Die Erlaubnispflicht für den Eigenhandel mit Warenderivaten oder Emissionszertifikaten oder Derivaten auf diese Basiswerte dient der Umsetzung von Art. 2 Abs. 1 lit. d Hs. 1 MiFID II, wonach diese Arten des Handels für eigene Rechnung gerade nicht vom Anwendungsbereich der MiFID ausgeschlossen sein sollen. Für den Begriff des Warenderivates kann auf die Kommentierung zu diesem Begriff iRv § 3 Abs. 1 S. 1 Nr. 20 verwiesen werden (→ § 3 Rn. 70). Emissionszertifikate sind eine eigene Kategorie von Finanzinstrumenten und in § 2 Abs. 5 Nr. 9 definiert. Auch das Eigengeschäft mit Derivaten auf Emissionszertifikate ist gem. § 15 27

Abs. 4 S. 1 erlaubnispflichtig. Derivate auf Emissionszertifikate sind in § 2 Abs. 8 iVm § 2 Abs. 5 Nr. 9 definiert.

28 **c) Ausnahmen von der Erlaubnispflicht (Abs. 5).** Für diejenigen Unternehmen, die als Marktteilnehmer oder wegen des Eigengeschäftes mit Warenderivaten und Emissionszertifikaten gem. § 15 Abs. 4 eigentlich der Erlaubnispflicht für das Eigengeschäft unterliegen, sind die Ausnahmen gem. § 15 Abs. 5 zu prüfen. Zunächst nimmt **Abs. 5 S. 1 Nr. 1** solche Marktteilnehmer (dh Mitglieder oder Teilnehmer eines organisierten Marktes oder eines multilateralen Handelssystems oder mit einem direkten elektronischen Zugang zu einem Handelsplatz ausgestattete Akteure) aus, die „keine Wertpapierdienstleistungen erbringen" und die das Eigengeschäft betreiben, „um **objektiv messbar die Risiken aus der Geschäftstätigkeit oder dem Liquiditäts- und Finanzmanagement** des Unternehmens oder der Gruppe, dem das Unternehmen angehört, **zu reduzieren**". Diese Freistellung von der Erlaubnispflicht und von der Regulierung gemäß dem WpIG stellt eine Erleichterung für Eigengeschäfte dar, die (objektiv messbar) dem eigenen oder dem gruppeninternen Treasury-Risk-Management dienen. Die Bestimmung dient der Umsetzung von Art. 2 Abs. 1 lit. d ii MiFID II idF von Art. 1 Nr. 1 ÄnderungsRL (EU) 2016/1034. Der in der Richtlinie verwendete Ausdruck „nichtfinanzielle Stellen" wurde präzisierend ersetzt durch „Unternehmen, die keine Wertpapierdienstleistungen" erbringen.

29 Gemäß **Abs. 5 S. 1 Nr. 2** sind sog. Betreiber iSv § 3 Nr. 4 des Treibhausgas-Emissionshandelsgesetzes (TEHG) von der Erlaubnispflicht für das **Eigengeschäft mit Emissionszertifikaten** freigestellt, sofern sie keine Wertpapierdienstleistungen erbringen. Betreiber iSv § 3 Nr. 4 iVm Nr. 2 und 7 sowie Anhang 1 TEHG sind zum Beispiel Betreiber von Stromkraftwerken mit fossilen Brennstoffen, Anlagenbetreiber der Schwerindustrie, der chemischen Industrie usw. Sie benötigen Emissionszertifikate für ihren originären Geschäftsbetrieb, denn sie müssen nach dem System der §§ 7 ff. TEHG jährlich entsprechend ihren Emissionen Emissionszertifikate an die zuständige Behörde abgeben. Gemäß der Ausnahme nach Abs. 5 S. 1 Nr. 2 dürfen diese Unternehmen erlaubnisfrei für eigene Rechnung mit Emissionszertifikaten handeln.

30 **Abs. 5 S. 1 Nr. 3** enthält ein **Nebentätigkeitsprivileg beim Eigengeschäft mit Warenderivaten, Emissionszertifikaten und Derivaten auf Emissionszertifikaten** und setzt Art. 2 Abs. 1 lit. j MiFID II um. Dieses Nebentätigkeitsprivileg wurde durch die MiFID-ÄnderungsRL 2021/338 vom 16.2.2021 grundlegend neu gefasst, die bis zum 28.11.2021 umzusetzen war. An diesem Datum trat eine entsprechende Neufassung von § 15 Abs. 5 S. 1 Nr. 3 in Kraft. Der Nebentätigkeitstest selbst ist nunmehr in der Delegierten VO (EU) 2021/1833 geregelt, auf die § 15 Abs. 5 S. 1 Nr. 3b) verweist und die die vorangegangene Delegierte VO (EU) 2017/592 ersetzt. Erläuterungen zu dem neugefassten Nebentätigkeitsprivileg enthält das BaFin-Merkblatt „Hinweise zu den Nebentätigkeitsausnahmen in § 2 Abs. 1 Nr. 9, Abs. 6 S. 1 Nr. 11 und § 32 Abs. 1a S. 3 Nr. 3 KWG" v. 4.4.2018 idF v. 28.2.2022, das für die Auslegung von § 15 Abs. 5 S. 3 Nr. 3 entsprechend herangezogen werden kann.

31 Die wichtigsten Neuerungen dieser Gesetzesänderung des Jahres 2021 (zusammengefasst gemäß BaFin-Merkblatt „Hinweise zu den Nebentätigkeitsausnahmen […]") bestehen darin, dass zum einen die **Nebentätigkeitsprüfung** jetzt nur noch **auf der Ebene der Gruppe** stattfindet, der das betreffende mit Warenderi-

vaten, Emissionszertifikaten etc handelnde Unternehmen angehört. Zuvor musste das Unternehmen, das die Bereichsausnahme in Anspruch nehmen wollte, diesen Test auch in der Einzelbetrachtung (stand-alone) bestehen. Gemäß der neuen Fassung von § 15 Abs. 5 S. 1 Nr. 3b heißt es zwar „sowohl auf individueller als auch auf auf Ebene der Unternehmensgruppe aggregierter Basis eine Nebentätigkeit zur Haupttätigkeit". Allerdings setzt sich das Gesetz hierdurch in Widerspruch zur Delegierten VO (EU) 2021/1833, die insoweit vorgeht (so auch die BaFin im o. g. Merkblatt unter Ziff. 1). Zum anderen setzte die Inanspruchnahme des Nebentätigkeitsprivilegs nach der alten Fassung zusätzlich voraus, dass das Unternehmen die Inanspruchnahme der Ausnahme der BaFin jährlich anzeigt. Ein Unterlassen dieser Anzeige führte zwangsläufig zu einem unerlaubten Geschäft und damit grundsätzlich auch in die Strafbarkeit nach § 82. Diese aufforderungslose Anzeigepflicht wurde durch eine **Informationspflicht auf Anforderung der BaFin** ersetzt (§ 15 Abs. 5 S. 1 Nr. 3c).

Gemäß der **Delegierten VO (EU) 2021/1833 zu den Voraussetzungen des Nebentätigkeitsprivilegs** muss **einer von drei alternativen Tests** erfüllt sein, damit das Eigengeschäft dem Nebentätigkeitsprivileg unterfällt (zusätzlich zur weiteren Voraussetzung, dass gem. § 15 Abs. 5 S. 1 Nr. 3a das Unternehmen nicht Teil einer Unternehmensgruppe ist, die in der Haupttätigkeit Wertpapierdienstleistungen erbringt und dass gem. § 15 Abs. 5 S. 1 Nr. 3c das Unternehmen der BaFin auf Anforderung die Umstände mitteilt, auf Grund derer es zu der Auffassung gelangt, dass seine Tätigkeit eine Nebentätigkeit zu seiner Haupttätigkeit darstellt). Der **erste Test** ist ein „De-minimis"-Test (Art. 3 der Verordnung). Hiernach ist das Eigengeschäft mit den genannten Finanzinstrumenten bei einem aggregierten, durchschnittlichen Jahresvolumen der Unternehmensgruppe (nur Kontrakte mit Unternehmen innerhalb der EU zu berücksichtigen) von unter 3 Mrd. Euro eine Erlaubnisfreiheit anzunehmen. Eine Prüfung, in welchem Verhältnis diese Handelsaktivität zur sonstigen Geschäftsaktivität der Gruppe steht, dh die eigentliche Nebentätigkeitsprüfung, findet unterhalb dieser Schwelle nicht statt. Nach dem **zweiten Test** liegt eine erlaubnisfreie Nebentätigkeit vor, wenn das Handelsvolumen in Bezug auf die genannten Finanzinstrumente nicht mehr als 50 % des Gesamtumfangs der anderen Handelsaktivitäten der Gruppe ausmacht. Nach dem **dritten Test** liegt eine erlaubnisfreie Nebentätigkeit vor, wenn das berechnete geschätzte Kapital, das für das Eigengeschäft mit den genannten Finanzinstrumenten eingesetzt wird, nicht mehr als 50 % des Kapitals ausmacht, das für die Haupttätigkeit auf Gruppenebene eingesetzt wird. Zu der Berechnung dieser Tests gem. Art. 2 ff. Delegierte VO (EU) 2021/1833 siehe näher das vorgenannte BaFin-Merkblatt sowie das ESMA „Q&A on MiFID II and MiFIR commodity derivatives topics" (zuletzt geändert am 22.9.2022) im Abschnitt „Ancillary Activity". Bei Vorliegen dieser Voraussetzungen geht das Gesetz davon aus, dass die Nebentätigkeit des Handels mit Warenderivaten etc üblicherweise der Absicherung von Risiken aus der Haupttätigkeit der Unternehmensgruppe dient, ohne dass diese Vermutung jedoch im Gesetz tatbestandlich verankert wäre (Geier/Schmitt WM 2013, 915 (920)). 32

Die **Handelsplatzausnahme für Drittstaatenunternehmen** wurde mit Wirkung vom 28.3.2020 durch das Gesetz zur Einführung von Sondervorschriften für die Sanierung und Abwicklung von zentralen Gegenparteien (BGBl. 2020 I 529) in § 32 Abs. 1a S. 3 Nr. 4 KWG aufgenommen und mit **§ 15 Abs. 5 S. 1 Nr. 4** in das WpIG überführt. Der deutsche Gesetzgeber sieht hier als gesetzgeberische Entscheidung auf nationaler Ebene von der Beaufsichtigung von Eigenge- 33 schäften durch ein in einem Drittstaat ansässiges Unternehmen ab, wenn diese Eigengeschäfte als Mitglied einer Börse oder Teilnehmer eines Handelsplatzes betrieben werden. Ohne diese Ausnahme würden Unternehmen aus Drittstaaten nach den allgemeinen Grundsätzen über die Anwendbarkeit der nationalen Aufsichtsgesetze in den Anwendungsbereich des deutschen Aufsichtsrechts geraten, wenn sie sich an deutsche Gegenparteien zur Durchführung von Eigengeschäften iSd § 15 Abs. 4 richten (vgl. BaFin-Merkblatt zur Erlaubnispflicht von grenzüberschreitend betriebenen Geschäften, zuletzt geändert am 11.3.2019 sowie Art. 42 Abs. 1 UAbs. 2 MiFID II). Damit würden diese Drittstaatenunternehmen in Deutschland erlaubnispflichtig, wenn sie iSv § 15 Abs. 4 zB als Mitglied oder Teilnehmer eines organisierten Marktes an Personen im Inland herantreten, um Eigengeschäfte durchzuführen. Von einer solchen Erlaubnispflicht sieht § 15 Abs. 5 S. 1 Nr. 4 eine Ausnahme vor, wenn das Eigengeschäft als Mitglied einer (inländischen) Börse oder Teilnehmer eines (inländischen) Handelsplatzes stattfindet. Der Gesetzgeber hält angesichts der Börsenaufsicht bzw. der Aufsicht der BaFin über den Handelsplatz die mittelbare staatliche Kontrolle für ausreichend (Regierungsentwurf, BT-Drs. 19/15665, 38).

34 Mit dem Begriff „Handelsplatz" wird ausweislich des Regierungsentwurfes (BT-Drs. 19/15665, 38) auf die Begriffsbestimmung der MiFID II verwiesen, die wiederum in § 2 Abs. 22 WpHG umgesetzt ist. Damit ist vorliegend ein „Handelsplatz" iSv § 2 Abs. 22 WpHG gemeint. Darunter fallen auch „Börsen" (§ 32 Abs. 1 BörsG), die einen „organisierten Markt" gem. § 2 Abs. 11 WpHG und zugleich einen „Handelsplatz" gem. § 2 Abs. 22 WpHG darstellen. Die Erwähnung von „Mitglied einer Börse" in § 15 Abs. 5 S. 1 Nr. 4 neben „Teilnehmer eines Handelsplatzes" stellt damit eine Redundanz dar (Klingenbrunn/Struckmann BKR 2021, 620 (627)). Die Ausnahme gem. § 15 Abs. 5 S. 1 Nr. 4 gilt ausdrücklich nicht für den Fall des direkten elektronischen Zugangs (§ 2 Abs. 30 S. 1 WpHG) und nicht für den OTC-Handel mit Warenderivaten, Emissionszertifikaten oder Derivaten auf Emissionszertifikate (Regierungsentwurf, BT-Drs. 19/15665, 38).

35 Auch wenn dies in den Gesetzesmaterialien keine ausdrückliche Erwähnung findet, so dürfte der **Brexit** der **rechtspolitische Anlass für § 15 Abs. 5 S. 1 Nr. 4** sein (Klingenbrunn/Struckmann BKR 2021, 620 (626)). Es soll Unternehmen aus dem Vereinigten Königreich weiterhin erlaubt sein, an deutschen Handelsplätzen Finanzinstrumente auf eigene Rechnung zu kaufen und zu verkaufen. Auf EU-rechtlicher Ebene wird dies durch die Öffnungsklausel in Art. 46 Abs. 4 UAbs. 5 MiFIR ermöglicht. Die Art. 46 ff. MiFIR sehen ein eigenständiges Registrierungssystem über die ESMA für Dienstleistungen durch Drittlandfirmen vor, das zunächst einen Gleichwertigkeitsbeschluss der Kommission gem. Art. 47 MiFIR in Bezug auf die Beaufsichtigung des betreffenden Institutes im Drittland voraussetzt, auf dessen Basis eine Registrierung bei der ESMA und hierdurch eine Dienstleistungsfreiheit gegenüber sog. geeigneten Gegenparteien und professionellen Kunden in der EU erlangt werden kann. Solange jedoch ein solcher Gleichwertigkeitsbeschluss der Kommission noch nicht vorliegt (zum aktuellen Stand gibt es noch keine solchen Gleichwertigkeitsbeschlüsse), ist das Registrierungsverfahren gem. Art. 46 ff. MiFIR noch nicht aktiviert. § 15 Abs. 5 S. 1 Nr. 4 formuliert angesichts des **Anwendungsvorranges der MiFIR** den Vorbehalt, dass die Ausnahme nur gilt bis zu einer Entscheidung der ESMA über eine Eintragung des Unternehmens in das Register gem. Art. 48 MiFIR. Solange also für den betreffenden Drittstaat kein Gleichwertigkeitsbeschluss der Kommission vorliegt,

ist die Ausnahme gem. § 15 Abs. 5 S. 1 Nr. 4 somit nicht gesperrt. Sobald ein Gleichwertigkeitsbeschluss der Kommission erfolgt, bleibt die Ausnahme gem. § 15 Abs. 5 S. 1 Nr. 4 für weitere drei Jahre anwendbar (siehe die Übergangsfrist in Art. 54 Abs. 1 MiFIR), jedoch nur bis zu einer Entscheidung der ESMA über die Registrierung. Sofern die Registrierung dann erfolgt, ist die Wertpapierdienstleistung der Drittlandfirma auf der Basis von Art. 46 MiFIR zulässig. Wird die Registrierung von der ESMA versagt, ist das Eigengeschäft der Drittlandfirma im Inland unzulässig, denn auch die Ausnahme gem. § 15 Abs. 5 S. 1 Nr. 4 findet dann keine Anwendung mehr.

d) Erlaubnispflichtiger Vertrieb eigener Finanzinstrumente (Abs. 6). 36
§ 15 Abs. 6 bestimmt eine **Erlaubnispflicht, wenn das Wertpapierinstitut eigene Finanzinstrumente vertreibt.** Die Vorschrift beruht auf dem 2. FiMaNoG, das die Parallelvorschrift § 32 Abs. 1a S. 4 KWG mit Wirkung vom 3.1.2018 einführte. Hierdurch wurde die Erweiterung des Tatbestandes der Wertpapierdienstleistung „Ausführung von Aufträgen im Namen von Kunden" (execution of orders on behalf of clients) umgesetzt, die im Rahmen der MiFID II erfolgte. Der ursprüngliche Tatbestand gem. Art. 4 Abs. 1 Nr. 5 MiFID I war definiert als „die Tätigkeit zum Abschluss von Vereinbarungen, ein oder mehrere Finanzinstrumente im Namen von Kunden zu kaufen oder zu verkaufen"). Diese Definition wurde im Rahmen der MiFID II um den folgenden zweiten Halbsatz in Art. 4 Abs. 1 Nr. 5 MiFID II ergänzt: „… und umfasst den Abschluss von Vereinbarungen über den Verkauf von Finanzinstrumenten, die von einer Wertpapierfirma oder einem Kreditinstitut zum Zeitpunkt ihrer Emission ausgegeben wurden". Hierdurch sollten vormals bestehende Unklarheiten beseitigt und der Anlegerschutz gestärkt werden (Erwägungsgrund 45 MiFID II). Da die Abschlussvermittlung gemäß KWG und WpIG nicht gleichlautend mit der Wertpapierdienstleistung „Ausführung von Aufträgen im Namen von Kunden" gemäß MiFID II definiert ist, bedarf es der Auffangregelung in § 15 Abs. 6, die den oben zitierten zweiten Halbsatz von Art. 4 Abs. 1 Nr. 5 MiFID II abbildet.

Der Auffangcharakter von § 15 Abs. 6 wird durch die Formulierung „… soweit 37
dies nicht als Erbringen einer Wertpapierdienstleistung oder als Betreiben des Eigengeschäfts nach Absatz 3 unter Erlaubnisvorbehalt steht" deutlich. Der Anwendungsbereich dieser Auffangbestimmung dürfte geringfügig sein (Klingenbrunn/Struckmann BKR 2021, 620 (624)). Denn die Eigenemission durch ein Wertpapierinstitut wird meist ohnehin mit einer Wertpapierdienstleistung verbunden sein, nämlich mit einer Abschlussvermittlung (bei Handeln im fremden Namen) oder Finanzkommissionsgeschäft (bei Handeln im eigenen Namen), wenn das Institut die Finanzinstrumente an ihre Kunden veräußert und von diesen hiermit beauftragt wird. In den übrigen Fällen des Vertriebes von eigenen Finanzinstrumenten durch Wertpapierinstitute dürfte Eigenhandel vorliegen (Market-Making, § 2 Abs. 10 lit. a oder Anschaffen/Veräußern von Finanzinstrumenten für eigene Rechnung als Dienstleistung für Dritte (§ 2 Abs. 1 lit. c). Zutreffend geht daher auch die Vorschrift § 2 Abs. 8 S. 2 WpHG erkennbar davon aus, dass die Eigenemission eines Wertpapierdienstleisters entweder Abschlussgeschäft, Finanzkommissionsgeschäft oder Eigenhandel ist. Der Hinweis in § 15 Abs. 6 auf das Eigengeschäft dürfte ins Leere gehen, weil ein Eigengeschäft gem. § 15 Abs. 3 bei Vorliegen von Eigenhandel begrifflich ausgeschlossen ist.

Ein **Anwendungsbeispiel** für § 15 Abs. 6 wäre ein Wertpapierinstitut, das nur 38
für Anlageberatung lizenziert ist und sodann dazu übergeht, Anteile an dem Insti-

tut selbst zu vertreiben. Ein solches Institut benötigt gem. § 15 Abs. 6 wegen des Vertriebs eigener Anteile auch eine Erlaubnis für zB Abschlussvermittlung. Es ist § 15 Abs. 6 allerdings nicht zu entnehmen, dass ein Wertpapierinstitut mit Erlaubnis für zB Abschlussvermittlung, Finanzkommissionsgeschäft und Eigenhandel eine gesonderte behördliche Erlaubnis zum Vertrieb eigener Anteile benötigen könnte. Dies würde über die Zielsetzung von Art. 4 Abs. 1 Nr. 5 MiFID II hinausgehen, um deren Umsetzung es dem Gesetzgeber hier erkennbar alleine geht. Diese Zielsetzung besteht in der lückenlosen Anwendung der MiFID II bei dem Vertrieb von Finanzinstrumenten durch Wertpapierinstitute, und zwar auch dann, wenn sie eigene Finanzinstrumente vertreiben.

V. Umfang und Beschränkungen der Erlaubnis

39 Die BaFin kann die Erlaubnis **auf einzelne Wertpapierdienstleistungen beschränken** (§ 15 Abs. 9 Alt. 1, entspricht § 32 Abs. 2 S. 2 KWG) und dabei, ebenso wie im Anwendungsbereich von § 32 KWG, hinter dem beantragten Umfang zurückbleiben (siehe Schwennicke/Auerbach/Schwennicke KWG § 32 Rn. 82; Reischauer/Kleinhans/Albert KWG § 32 Rn. 14). Der **Erlaubnisbescheid** gem. § 15 benennt explizit die **Arten von Wertpapierdienstleistungen, die von der Erlaubnis umfasst** sind, unter Benennung der entsprechenden Ziffer gem. § 2 Abs. 2. Hierbei geht die BaFin nicht über den beantragten Umfang hinaus. Im Umfang der Versagung einer der einzelnen Wertpapierdienstleistungen muss einer der Versagungsgründe gem. § 18 oder ein anderweitiger gesetzlicher Versagungsgrund vorliegen (vgl. Reischauer/Kleinhans/Albert KWG § 32 Rn. 14; Fischer/Schäfer/Schulte-Mattler/Schulte-Mattler/Fischer/Krolop § 32 Rn. 80). **Beschränkungen der Erlaubnis** in **örtlicher Hinsicht** oder im Hinblick auf das **Geschäftsvolumen** sind **nicht zulässig** (Fischer/Schäfer/Schulte-Mattler/Schulte-Mattler/Fischer/Krolop KWG § 32 Rn. 82), was sich bereits daraus erklärt, dass eine Bedürfnisprüfung nicht stattfindet (→ Rn. 4). Ausdrücklich zulässig ist gem. § 15 Abs. 9 Alt. 2 eine inhaltliche Beschränkung dahingehend, dass das Wertpapierinstitut nicht befugt ist, Eigentum oder Besitz am Kundengeld oder Kundenwertpapieren zu erwerben. Die BaFin nimmt diese Beschränkung auch dann ausdrücklich in den Erlaubnisbescheid auf, wenn der Erlaubnisantrag nicht auf die Inbesitznahme von Vermögenswerten des Kunden ausgerichtet war.

40 Soweit eine bestimmte Art der Wertpapierdienstleistung von der Erlaubnis erfasst ist (Anlagevermittlung, Anlageberatung, Finanzportfolioverwaltung, Platzierungsgeschäft, usw), gilt diese **Erlaubnis in Bezug auf alle Arten von Finanzinstrumenten** iSv § 2 Abs. 5 (bzw. Art. 4. Abs. 1 Nr. 15 iVm Anhang I Abschnitt C MiFID II). Folgerichtig ist sowohl in dem von der BaFin gem. § 16 Abs. 5 (bzw. Art. 5 Abs. 3 UAbs. 1 MiFID II) online geführten Register der Wertpapierinstitute als auch in dem von der ESMA gem. Art. 5 Abs. 3 UAbs. 1 MiFID II online geführten Register der „investment firms" unter den von der Zulassung erfassten Tätigkeiten jeweils „Anlagevermittlung"/„reception and transmission of orders", „Anlageberatung"/„investment advice", „Abschlussvermittlung"/„execution of orders", usw genannt. Eine Beschränkung auf bestimmte Arten von Wertpapieren/„financial instruments", auf die sich diese Dienstleistungen beziehen, wie zB Aktien, Schuldtitel (Anleihen), Devisen, Derivate usw findet nicht statt.

41 Es besteht **keine formale Anzeigepflicht,** wenn das Wertpapierinstitut seine Wertpapierdienstleistungen im Vergleich zu der initialen (im Erlaubnisantrag präsentierten) Tätigkeit **auf neue Arten von Wertpapieren erweitert.** Wenn zB im Erlaubnisantrag ein Geschäftsmodell in Bezug auf lediglich Aktien vorgestellt wird und dies später auf Schuldtitel (Anleihen) erweitert wird, so knüpft das Gesetz hieran keine Anzeigepflicht. Art. 21 Abs. 2 UAbs. 1 MiFID II schreibt insoweit zwar unter der Überschrift „Regelmäßige Überprüfung von Voraussetzungen für die Erstzulassung" vor, „dass Wertpapierfirmen den zuständigen Behörden alle wichtigen Änderungen der Voraussetzungen für die Erteilung der Erstzulassung mitteilen". Dies ist eine auf deutscher nationaler Ebene nicht gesetzlich transponierte, aber gleichwohl richtlinienkonform beachtliche Anzeigepflicht, die dem Katalog der einzelnen Anzeigepflichten gem. § 64 Abs. 1 hinzugedacht werden sollte. Diese Anzeigepflicht gem. Art. 21 Abs. 2 UAbs. 1 MiFID II erfasst jedoch ausschließlich Änderungen betreffend die „Voraussetzungen für die Erteilung der Erstzulassung". Eine Ausdehnung der Wertpapierdienstleistungen auf neue Arten von Finanzinstrumenten fällt nicht hierunter, denn es ist keine Voraussetzung für die Erlaubniserteilung, dass sich das Geschäftsmodell auf eine bestimmte Art von Finanzinstrument beschränkt. Allerdings besteht die Möglichkeit, dass die BaFin im Erlaubnisbescheid (oder später) eine zusätzliche Anzeigepflicht bei der Ausweitung der Wertpapierdienstleistungen auf neue Arten von Finanzinstrumenten gem. § 68 unter den dort genannten Voraussetzungen anordnet. Die **aufsichtsrechtlichen Pflichten bei Geschäftsmodellerweiterungen** bleiben bei alledem **unberührt.** Gemäß § 80 Abs. 12 S. 3 WpHG ist das Wertpapierinstitut (welches zugleich ein sog. Wertpapierdienstleistungsunternehmen gem. § 2 Abs. 10 WpHG ist) zu besonderer Sorgfalt verpflichtet, wenn es als Vertriebsunternehmen ein neues Finanzprodukt anzubieten oder zu empfehlen beabsichtigt oder wenn sich in sonstiger Weise dessen Dienstleistungen ändern. Entsprechende Produktfreigabevorkehrungen sind regelmäßig zu überprüfen (§ 80 Abs. 13 WpHG). Zur näheren Ausführung dieser Pflichten wurde auf der Grundlage von § 80 Abs. 14 WpHG die WpDVerOV erlassen. In § 11 WpDVerOV sind nähere Vorgaben für das Produktfreigabeverfahren als sog. Konzepteur von Finanzinstrumenten enthalten. § 12 WpDVerOV regelt das Produktfreigabeverfahren, wenn Wertpapierdienstleister Finanzinstrumente vertreiben, die von Dritten konzipiert wurden. Die zugehörige Auslegung und Verwaltungspraxis der BaFin ist in Abschnitt BT 5 der MaComp zusammengefasst.

VI. Nebenbestimmungen

1. Begriff und Arten von Nebenbestimmungen

42 Der Begriff der Nebenbestimmung zu einem Verwaltungsakt ist gesetzlich nicht definiert, allerdings benennt § 36 Abs. 2 VwVfG die wichtigsten Typen von Nebenbestimmungen und definiert diese: Befristung, Bedingung, Widerrufsvorbehalt, Auflage und Auflagenvorbehalt. Diesen Bestimmungen ist gemeinsam, dass sie den eigentlichen Regelungsgehalt des Verwaltungsakts modifizieren oder ergänzen. Nebenbestimmungen ergeben somit für sich genommen keine sinnvolle Regelung, sondern sind logisch zwingend auf die eigentliche Regelung angewiesen, mit der sie im Sinne einer strengen Akzessorietät stehen und fallen (BeckOK VwVfG/Tiedemann § 36 Rn. 1).

2. Auflagen, Auflagenvorbehalt

43 15 Abs. 8 ist eine **Ermächtigungsgrundlage für Nebenbestimmungen.** Danach kann eine Erlaubnis mit **Auflagen** versehen werden, die sich allerdings im Rahmen des mit dem WpIG verfolgten Zwecks halten müssen (ebenso die Regelung in § 32 Abs. 2 S. 1 KWG). Ein typisches Beispiel für eine derartige Auflage ist es, den Tag der Aufnahme der Geschäfte, auf die sich die Erlaubnis bezieht, mitzuteilen sowie eine auf den Tag der Aufnahme der Geschäfte aufgestellte Eröffnungs- oder Zwischenbilanz einzureichen. Die Rechtsgrundlage für diese Auflage ist § 5 Abs. 4 S. 1 iVm § 15 Abs. 8. Die Auflage ermöglicht der BaFin ua die Überprüfung, ob die Jahresfrist gem. § 19 Abs. 1 Nr. 1 für die Geschäftsaufnahme eingehalten wird. Ferner sorgt diese Auflage für einen initialen Aufsatzpunkt für die laufende Überwachung der IFR-Finanzkennzahlen durch BaFin und Deutsche Bundesbank.

44 Als weitere zulässige Auflage wird die **Festlegung von Mindestkennziffern** bezüglich des Eigenkapitals genannt (Reischauer/Kleinhans/Albert KWG § 32 Rn. 77; Fischer/Schäfer/Schulte-Mattler/Schulte-Mattler/Fischer/Krolop KWG § 32 Rn. 76). Allerdings dürfte dies nicht schlechthin sondern nur unter besonderen Umständen von der gesetzlichen Grundlage gedeckt sein. Denn § 17 enthält genau bezifferte Beträge für das vorgeschriebene Anfangskapital. Sofern die eingereichte Budgetplanung in plausibler Weise eine Ausfinanzierung des Instituts bei Einhaltung der IFR-Kennzahlen ergibt, so besteht insoweit angesichts der enumerativen Versagungsgründe in § 18 ein gebundener Anspruch auf eine auflagenfreie Erlaubniserteilung. Andererseits enthält § 18 verschiedene unbestimmte Rechtsbegriffe mit einem daraus resultierenden, entsprechenden Beurteilungsspielraum für die BaFin, insbesondere in § 18 Abs. 1 Nr. 1, wonach die Erlaubnis zu versagen ist, wenn „die zum Geschäftsbetrieb erforderlichen Mittel" nicht zur Verfügung stehen. Wenn die BaFin Zweifel hat, ob die in der Rechnungslegungsprognose (Art. 5 lit. a Delegierte VO (EU) 2017/1943) vorgesehenen Pufferbeträge für Liquidität oder Kapital in erwartbaren Stressszenarien ausreichen, und wenn diese Zweifel im Rahmen des Erlaubnisverfahrens nicht ausgeräumt werden können, dann ist es das mildere Mittel, die Erlaubnis mit der Auflage erhöhter Eigenkapitalpuffer zu erteilen als die Erlaubnis ganz zu versagen.

45 Eine typische Nebenbestimmung ist ferner der **Auflagenvorbehalt,** also der Vorbehalt der nachträglichen Aufnahme, Änderung oder Ergänzung von Auflagen gem. § 15 Abs. 8 WpIG, § 36 Abs. 2 Nr. 4 VwVfG als milderes Mittel, soweit diese (neuen bzw. geänderten) Auflagen für den Fortbestand der Erlaubnis mit Rücksicht auf die in §§ 18 Abs. 1 und 2 sowie 19 Abs. 2 Nr. 2–8 genannten Versagungs- und Aufhebungsgründe geeignet und erforderlich erscheinen. Dies dient der Sicherung und Überwachung der Voraussetzungen für den Erlass und den Fortbestand der Erlaubnis und ist damit als Nebenbestimmung gerechtfertigt.

3. Befristung, Bedingung

46 Eine **Befristung** der Erlaubnis, wenn diese nicht etwa von vornherein als befristet beantragt worden ist, ist nicht zulässig, ebenso wenig eine behördlich verfügte **auflösende Bedingung** (Fischer/Schäfer/Schulte-Mattler/Schulte-Mattler/Fischer/Krolop KWG § 32 Rn. 79; Schwennicke/Auerbach/Schwennicke KWG § 32 Rn. 79 f.). Denn § 19 WpIG (Parallelvorschrift § 35 KWG) regelt abschließend die spezifischen Erlöschenstatbestände sowie die Ermächtigungsgrundlagen für die behördliche Aufhebung. Die Anordnung einer auflö-

senden Bedingungen ist hiervon nicht gedeckt. Eine **aufschiebende Bedingung,** etwa die Erteilung der Erlaubnis unter der Bedingung, dass bestimmte gesetzliche Voraussetzungen erfüllt werden, ist grundsätzlich zulässig, allerdings wird die Erlaubnis in der Regel zweckmäßigerweise erst dann erteilt, wenn die gesetzlichen Bedingungen erfüllt sind (Fischer/Schäfer/Schulte-Mattler/Schulte-Mattler/Fischer/Krolop KWG § 32 Rn. 78).

4. Rechtsbehelfe gegen Auflage oder Beschränkung

Die **Auflage** ist ein zur Erlaubniserteilung zwar akzessorischer, aber rechtlich **47** selbstständiger Verwaltungsakt, der grundsätzlich mit Widerspruch und Anfechtungsklage selbstständig anfechtbar ist. Eine erfolgreiche Anfechtung der Auflage lässt den Bestand der Erlaubnis grundsätzlich unberührt, wenn nicht die Aufhebung der Auflage dazu führt, dass die Erlaubniserteilung selbst hierdurch rechtswidrig wird (Fischer/Schäfer/Schulte-Mattler/Schulte-Mattler/Fischer/Krolop KWG § 32 Rn. 84). Die **Beschränkung** einer weitergehend erteilten Erlaubnis (es wird zB eine bestimmte Wertpapierdienstleistung des Kataloges des § 2 Abs. 2 S. 1 Nr. 1–10 trotz entsprechender Beantragung nicht von der Erlaubnis umfasst) stellt eine Teilablehnung des beantragten Verwaltungsaktes dar. Um eine Erlaubnis in dem beantragten Umfang zu erhalten, ist der Antragsteller in einem solchen Fall auf Widerspruch und Verpflichtungsklage verwiesen.

VII. Folgen einer Missachtung der Erlaubnispflicht

1. Strafrechtliche Folgen

Das vorsätzliche Betreiben der in § 15 unter Erlaubnispflicht gestellten Wertpa- **48** pierdienstleistungen, Wertpapiernebendienstleistungen, Nebengeschäfte, Eigengeschäfte etc ist gem. § 82 Abs. 1 eine Straftat. Die fahrlässige Begehung ist in § 82 Abs. 2 mit Strafe bedroht.

2. Zivilrechtliche Folgen

Die Rechtsprechung und Literatur zu § 32 KWG kann auf § 15 übertragen **49** werden, da die Erlaubnispflicht der von § 15 erfassten Dienstleistungen vor Inkrafttreten des WpIG materiell inhaltsgleich in § 32 KWG aF geregelt war.

a) § 134 BGB. Rechtsgeschäfte, die zur Ausführung der ohne Erlaubnis nach **50** § 32 KWG betriebenen Wertpapierdienstleistungen etc abgeschlossen wurden, werden **überwiegend als zivilrechtlich wirksam** angesehen, sind also nicht gem. § 134 BGB wegen eines Verstoßes gegen ein gesetzliches Verbot nichtig. Nach **std Rspr. des BGH** gilt dies für das Betreiben von Kreditgeschäften ohne Erlaubnis gem. § 32 KWG (BGH NJW 2011, 3024 Rn. 20 mwN) mit der Begründung: „Dies folgt bereits daraus, dass sich das Verbot – anders als nach § 134 BGB grundsätzlich erforderlich – nicht gegen beide Vertragsparteien, sondern nur gegen eine Partei, nämlich gegen die Nichtbank, richtet und dementsprechend die Strafbarkeit, die sich aus § 54 Abs. 1 Nr. 2 KWG ergibt, nur auf Seiten einer Partei bestimmt ist. Zudem handelt es sich bei der Erlaubnispflicht um eine gewerbepolizeiliche Vorschrift, bei der sich das in der Erlaubnispflicht liegende Verbot von Bankgeschäften ohne Erlaubnis nicht gegen die rechtliche Wirkung dieser Geschäfte richtet, sondern die öffentliche Ordnung stützen soll [mwN]. Die

Wirksamkeit des Darlehensvertrags widerstreitet auch nicht den Interessen des Vertragspartners, weil dieser nur dann die Darlehensvaluta behalten darf." Im Bereich der Einlagengeschäfte ist aus Sicht der Kunden nicht wie beim Kreditgeschäft das Behaltendürfen der Darlehensvaluta im Spiel, sondern der Schutz des Einlegers vor einer Gefährdung seiner Einlagen. Die Anwendbarkeit von § 134 BGB auf ohne Erlaubnis gem. § 32 KWG betriebenes Einlagengeschäft hat der BGH ausdrücklich offengelassen (BGH NJW 2005, 1784 Rn. 20). Die obergerichtliche Rechtsprechung ist uneinheitlich (zum Stand von Rechtsprechung und Literatur in dieser Frage ausführlich Rost, Der Verstoß gegen § 32 KWG an der Schnittstelle von Bankaufsichtsrecht und Zivilrecht, Diss. Potsdam 2014, S. 26 ff.). Das OLG Stuttgart NJW 1980, 1798 hat die Nichtigkeit unerlaubt getätigter Einlagengeschäfte im Falle eines Anspar-Kaufvertrages bejaht, um den Einleger davor zu schützen, weiterhin ungesicherte Einlagen entrichten zu müssen. Das Kammergericht hat die Anwendbarkeit von § 134 BGB im Falle eines unerlaubten Eigengeschäftes hingegen verneint (KG BeckRS 2001, 16463).

51 Es stellt sich damit die **Frage der Übertragbarkeit dieser Rechtsprechung,** die zum Kreditgeschäft ergangen ist, auf die verschiedenen **Wertpapierdienstleistungen des WpIG.** Es liegt nahe, zwischen den Arten von Wertpapierdienstleistungen nach Schutzzweckgesichtspunkten zu differenzieren, dh eine partielle Verbotsgesetzqualität von § 15 anzunehmen (so Rost S. 63, noch zur einheitlichen Regulierung der Finanzdienstleistungen gem. § 32 KWG). Bei vielen Wertpapierdienstleistungen hat der Dienstleister keine eigene Verfügungsbefugnis über Vermögenswerte des Kunden, zB bei der Anlagevermittlung und der Anlageberatung. Der Gesetzeszweck, ungeeignete Personen von der Erbringung von Finanzdienstleistungen abzuhalten, erfordert in diesen Fällen nicht die Unwirksamkeit des Vertrages (OLG Karlsruhe WM 2007, 351 (353)). Mit dieser Begründung hat das OLG Karlsruhe (WM 2007, 351 (353)) einen ohne gem. § 32 KWG erforderliche Erlaubnis geschlossenen Vermittlungsvertrag für wirksam erachtet. Das gleiche muss neben der Anlagevermittlung auch für die Anlageberatung gelten, dh der Vertrag bleibt wirksam. Die individuellen Schutzrechte des Kunden sind hier durch die Möglichkeit zur außerordentlichen Kündigung wegen der verbotswidrig erbrachten Wertpapierdienstleistung und durch etwaige Schadensersatzansprüche gem. § 823 Abs. 2 BGB (dazu → Rn. 55) gewahrt. Darüber hinaus hat die BaFin die Möglichkeit, gem. § 37 KWG (eine einheitlich für den Bereich des KWG und des WpIG geltende Eingriffsbefugnis) die sofortige Einstellung und unverzügliche Abwicklung anzuordnen.

52 Damit ist bei der Anwendung von § 134 BGB bei unter Verstoß gegen § 15 betriebenen Wertpapierdienstleistungen eine **differenzierende Betrachtung** je nach der Art des Geschäftes geboten. Während bei zB Anlagevermittlung und Anlageberatung der Schutzzweck von § 15 keine zivilrechtliche Unwirksamkeit erfordert, ist dies bei zB Finanzkommissionsgeschäft, Finanzportfolioverwaltung und Abschlussvermittlung anders zu beurteilen. Wenn beim Finanzkommissionsgeschäft der Kunde (Kommittent) dem Dienstleister (Kommissionär) die zur Durchführung des Geschäfts erforderlichen Geldbeträge bzw. Finanzinstrumente vorschussweise zur Verfügung stellt, unterliegen Vermögenswerte des Kunden unmittelbar dem Zugriff des Dienstleisters und sind angesichts der fehlenden BaFin-Zulassung für den Geschäftsbetrieb entsprechend gefährdet. Gleiches gilt zB für die Abschlussvermittlung und die Finanzportfolioverwaltung, da auch hier der Dienstleister direkt über Vermögen des Kunden verfügt. In diesen Fällen erscheint es zur Erreichung des präventiven Schutzzwecks von § 15 geboten, die Nichtigkeitsfolge gem. § 134

BGB anzuwenden. Diese schutzzweckbezogene Betrachtung gilt es entsprechend bei den übrigen Wertpapierdienstleistungen anzuwenden.

Diese Auffassung entspricht dem Ansatz des OLG Stuttgart in der Entscheidung v. 1.4.1980 (NJW 1980, 1798 (1800)). Beck/Samm/Kokemoor/Müller-Grune KWG § 32 Rn. 27 will § 32 KWG als Verbotsnorm iSv § 134 BGB anerkennen, hält aber in Fn. 6 zu Rn. 27 fest, dass dies nur gelten soll, wenn der Dienstleister die Möglichkeit hat, über das Vermögen des Kunden zu verfügen, so dass Müller-Grune im Ergebnis wohl mit der vorliegend vertretenen Ansicht übereinstimmt. Gemäß Fischer/Schäfer/Schulte-Mattler/Schulte-Mattler/Fischer/Krolop KWG § 32 Rn. 30 sei es hM, dass § 134 BGB bei einem Verstoß gegen § 32 KWG nicht anwendbar sei. Als hM (und std Rspr. des BGH) lässt sich dies indes nur im Falle des verbotswidrig betriebenen Kreditgeschäfts bezeichnen. Bei den übrigen Bank- und Finanzdienstleistungen hat sich bisher weder eine hM noch eine höchstrichterliche Rspr. herausgebildet. **53**

Soweit § 134 BGB Anwendung findet, ist es zur Erreichung sachgerechter Ergebnisse geboten, § 134 BGB nicht als starre Alternative zwischen Vollwirksamkeit und Vollnichtigkeit zu verstehen, sondern teleologisch sinnvoll zu reduzieren (Rost S. 63 f. im Anschluss an Canaris NJW 1985, 2403 (2405)). Der positivrechtliche Aufhänger besteht in der Einschränkung von § 134 BGB, dass Nichtigkeit nur eintritt, „wenn sich nicht aus dem Gesetz ein anderes ergibt" (Canaris, NJW 1985, 2403 (2404)). Daher sollte im Falle der Abschlussvermittlung und der Finanzportfolioverwaltung nicht ohne Weiteres auch die Ausführungsvollmacht an den Dienstleister als nichtig angesehen werden. Ebenso wenig sollten im Rahmen des Finanzkommissionsgeschäftes die Ausführungsgeschäfte als nichtig angesehen werden. Vielmehr ist § 134 BGB in den gemäß vorstehender → Rn. 52 identifizierten Fällen auf den Geschäftsbesorgungsvertrag anzuwenden, und zwar im Sinne einer halbseitigen Teilnichtigkeit (Canaris, NJW 1985, 2403 (2405)): Derjenige, der gegen das Gesetz verstoßen hat, kann sich nicht auf die Wirksamkeit des Geschäftsbesorgungsvertrages berufen, sondern erhält nur Bereicherungsansprüche (mit der Schranke des § 817 S. 2 BGB bei bewusstem Gesetzesverstoß), während dem anderen Teil grundsätzlich seine Vertragsansprüche erhalten bleiben, ohne auf lediglich Bereicherungsansprüche verwiesen zu sein. **54**

b) § 823 Abs. 2 BGB. Übereinstimmend mit der Rechtslage zu § 32 KWG kann ein Verstoß gegen § 15 das Unternehmen, das ohne die vorgeschriebene Erlaubnis die betreffende Wertpapierdienstleistung etc erbringt, gegenüber seinem Kunden zum Schadensersatz verpflichten, da **§ 15 Schutzgesetz iSv § 823 Abs. 2 BGB** ist. Dies ist stRspr des BGH zu § 32 KWG (BGH NJW 2005, 2703; BeckRS 2006, 10666) und wird in der Literatur nicht mehr in Frage gestellt (Fischer/Schäfer/Schulte-Mattler/Schulte-Mattler/Fischer/Krolop KWG § 32 Rn. 32 (anders noch in Vorauflagen); siehe auch Reischauer/Kleinhans/Albert KWG § 32 Rn. 9; Beck/Samm/Kokemoor/Müller-Grune KWG § 32 Rn. 28). Die Haftung gem. § 823 Abs. 2 BGB iVm § 15 trifft nicht nur das Unternehmen (gem. § 31 BGB iVm § 823 Abs. 2 BGB), sondern in Gesamtschuld (§ 840 Abs. 1 BGB) auch die **handelnden Organe** (vgl. zB BGH BeckRS 2006, 10666 Rn. 26; Reischauer/Kleinhans/Albert KWG § 32 Rn. 9). **55**

Ein Schadensersatzanspruch gem. § 823 Abs. 2 BGB iVm § 15 WpIG kann ausgeschlossen sein, wenn der verbotswidrig Geschäftsbetreibende auf eine Rechtsauskunft der BaFin vertraut hat und sich daher in einem unvermeidbaren Verbotsirrtum befand (BGH NJW 2012, 3177 Rn. 23; Schwennicke/Auerbach/Schwennicke KWG § 32 Rn. 94). **56**

VIII. Erlaubnispflicht bei Sitzverlegung im Rahmen von Umwandlungsvorgang nach Deutschland (Abs. 10)

57 Der durch das Gesetz zur Umsetzung der Umwandlungsrichtlinie (BGBl. 2023 I Nr. 51) mWv 1.3.2023 eingefügte § 15 Abs. 10 beruht auf dem im europäischen Aufsichtsrecht gültigen Prinzip, dass für die Zulassung zum Geschäftsbetrieb die Aufsichtsbehörde des jeweiligen Sitzlandes zuständig ist (RegBegr. Gesetz zur Umsetzung der Umwandlungsrichtlinie, BT-Drs. 20/3822, 132). Für den Fall einer grenzüberschreitenden Umwandlung mit einhergehendem Wechsel des juristischen Sitzes nach Deutschland stellt § 15 Abs. 10 klar, dass das Unternehmen ein Zulassungsverfahren nach dem WpIG durchlaufen muss.

§ 16 Erlaubnisverfahren und Bekanntmachung

(1) **Vor Erteilung einer Erlaubnis hat die Bundesanstalt die Entschädigungseinrichtung der Wertpapierhandelsunternehmen nach § 6 Absatz 1 Satz 1 des Anlegerentschädigungsgesetzes zu hören. Mit der Erteilung der Erlaubnis ist das Wertpapierinstitut dieser Entschädigungseinrichtung der Wertpapierhandelsunternehmen zugeordnet. Dies ist dem Wertpapierinstitut mitzuteilen.**

(2) **Die Bundesanstalt hat vor Erteilung der Erlaubnis für das Erbringen von Wertpapierdienstleistungen die zuständigen Stellen des Herkunftsvertragsstaates des Unternehmens anzuhören, wenn die Erlaubnis einem Unternehmen erteilt werden soll, das**

1. **Tochter- oder Schwesterunternehmen eines Kreditinstituts, eines Wertpapierinstituts, eines Börsenbetreibers oder eines Erstversicherungsunternehmens ist und dessen Mutterunternehmen in einem anderen Vertragsstaat zugelassen ist oder**
2. **durch dieselben natürlichen Personen oder Unternehmen kontrolliert wird, die ein Kreditinstitut, ein Wertpapierinstitut, einen Börsenbetreiber oder ein Erstversicherungsunternehmen mit Sitz in einem anderen Vertragsstaat kontrollieren.**

Die Anhörung erstreckt sich insbesondere auf die Angaben, die für die Beurteilung der Zuverlässigkeit und fachlichen Eignung der Geschäftsleiter sowie für die Beurteilung der Zuverlässigkeit der Inhaber einer bedeutenden Beteiligung an Unternehmen derselben Gruppe mit Sitz in dem betreffenden Vertragsstaat erforderlich sind.

(3) **Die Bundesanstalt muss dem Antragsteller einer Erlaubnis binnen sechs Monaten nach Einreichung der vollständigen Unterlagen für einen Erlaubnisantrag mitteilen, ob eine Erlaubnis erteilt oder versagt wird.**

(4) **Die Bundesanstalt hat die Erteilung einer Erlaubnis im Bundesanzeiger bekannt zu machen. Sie teilt jede Zulassung eines Wertpapierinstituts der Europäischen Wertpapier- und Marktaufsichtsbehörde mit unter Angabe der Dienstleistungen, für die eine Zulassung erteilt wurde, und aktualisiert regelmäßig ihre Mitteilung.**

(5) **Die Bundesanstalt führt ein Wertpapierinstitutsregister und veröffentlicht dies auf ihrer Internetseite. In das Wertpapierinstitutsregister sind alle inländischen Wertpapierinstitute, denen eine Erlaubnis nach § 15 Absatz 1**

erteilt worden ist, mit dem Datum der Erteilung und dem Umfang der Erlaubnis und gegebenenfalls dem Datum des Erlöschens oder der Aufhebung der Erlaubnis einzutragen. Das Bundesministerium der Finanzen kann durch Rechtsverordnung, die nicht der Zustimmung des Bundesrates bedarf, nähere Bestimmungen zum Inhalt des Registers und zu den Mitwirkungspflichten der Wertpapierinstitute bei der Führung des Registers erlassen. Das Bundesministerium der Finanzen kann die Ermächtigung durch Rechtsverordnung auf die Bundesanstalt übertragen.

I. Anhörung der EdW und Pflichtmitgliedschaft (Abs. 1)

Abs. 1 S. 1 sieht eine verpflichtende Anhörung der Entschädigungseinrichtung der Wertpapierhandelsunternehmen (EdW) im Rahmen des Erlaubnisverfahrens durch die BaFin vor. Dies entspricht § 32 Abs. 3 KWG und beruht auf Art. 14 MiFID II, wonach die zuständige Behörde im Rahmen des Erlaubnisverfahrens zu prüfen hat, ob das antragstellende Unternehmen die Anforderungen der AnlegerentschädigungsRL (RL 97/9/EG) erfüllt. Das AnlEntG setzt die AnlegerentschädigungsRL in Deutschland um (siehe die Darstellung der gesetzgeberischen Entwicklung der Anlegerentschädigungssysteme in Deutschland und in der EU bei Lendermann/Nemeczek/Schroeter/Steffen Rn. 2 ff. und 8 ff.). Gemäß § 6 Abs. 1 AnlEntG ist bei der KfW eine Entschädigungseinrichtung als nicht rechtsfähiges Sondervermögen des Bundes errichtet, nämlich die EdW. Sie hat gem. § 6 Abs. 2 AnlEntG die Aufgabe, die Beiträge der ihr zugeordneten Institute einzuziehen, die Mittel in der gesetzlich näher geregelten Art und Weise anzulegen und im Entschädigungsfall die Gläubiger eines ihr zugeordneten Instituts für nicht erfüllte Verbindlichkeiten aus Wertpapiergeschäften zu entschädigen. Zu den Instituten, die der EdW zugeordnet sind, zählen gem. § 1 Abs. 1 Nr. 1 alle Wertpapierinstitute. 1

Die EdW ist gem. § 9 Abs. 3 AnlEntG befugt, bei einem Unternehmen, das einen Erlaubnisantrag nach § 15 Abs. 1 eingereicht hat und ihr bei Erteilung der Erlaubnis zugeordnet würde, Prüfungen zur **Einschätzung der Gefahr des Eintritts eines Entschädigungsfalles im Fall einer Erteilung der Erlaubnis** vornehmen. Die Anhörungspflicht der BaFin gem. § 16 Abs. 1 S. 1 gegenüber der EdW stellt die Verbindung zu dieser eigenständigen EdW-Prüfung her. Die Erkenntnisse aus der EdW-Prüfung können hierdurch Eingang in die Entscheidung über die Erlaubniserteilung finden. Sollte die EdW zB zur Einschätzung einer erhöhten Gefahr eines Entschädigungsfalles bei Erlaubniserteilung gelangen, dürfte jedenfalls der Versagungsgrund für die Erlaubniserteilung gem. § 18 Abs. 1 Nr. 1 (die zum Geschäftsbetrieb erforderlichen Mittel stehen nicht zur Verfügung) gegeben sein. 2

§ 16 Abs. 1 S. 2 folgt ebenso wie § 1 Abs. 1 und § 2 AnlEntG dem **Erlaubnisprinzip** (Lendermann/Nemeczek/Schroeter/Steffen Rn. 13), wonach das Wertpapierinstitut bereits aufgrund der erteilten Erlaubnis dem EdW zugeordnet und beitragspflichtig ist unabhängig davon, ob die erlaubnispflichtigen Geschäfte tatsächlich erbracht werden. 3

II. Anhörung anderer EU-Aufsichtsbehörden (Abs. 2)

Das **Konsultationserfordernis zwischen EU-Aufsichtsbehörden** gem. Abs. 2 setzt Art. 84 MiFID II um und entspricht inhaltlich § 33b KWG. Der deutsche Gesetzgeber hat in § 33b KWG und § 16 Abs. 2 S. 1 WpIG die Richtli- 4 nienvorgabe zusammenfassend umformuliert und hierdurch Verständnisprobleme erzeugt, die sich nach dem Richtlinienwortlaut von Art. 84 Abs. 1 und Abs. 2 MiFID II nicht ergeben. Gemäß Abs. 2 S. 1 sind „die zuständigen Stellen des Herkunftsvertragsstaates des Unternehmens anzuhören", wenn die Erlaubnis „einem Unternehmen" erteilt werden soll, das entweder (Nr. 1) „Tochter- oder Schwesterunternehmen eines Kreditinstituts, eines Wertpapierinstituts, eines Börsenbetreibers oder eines Erstversicherungsunternehmens ist und dessen Mutterunternehmen in einem anderen Vertragsstaat zugelassen ist" oder (Nr. 2) durch dieselben natürlichen Personen oder Unternehmen kontrolliert wird, die ein Kreditinstitut, ein Wertpapierinstitut, einen Börsenbetreiber oder ein Erstversicherungsunternehmen mit Sitz in einem anderen Vertragsstaat kontrollieren". Die Norm bringt nicht klar zum Ausdruck, welches „Unternehmen" gemeint ist, dessen zuständige Aufsichtsbehörde im Herkunftsvertragsstaat angehört werden soll. Der Wortlaut legt nahe, dass das in Nr. 1 genannte Mutterunternehmen in dem anderen Vertragsstaat gemeint ist, was allerdings eine verkürzte Abbildung der beiden Alternativen gem. Art. 84 Abs. 1 lit. a und b MiFID II darstellt. Ebenfalls unklar ist, welches „Unternehmen", dessen zuständige Aufsichtsbehörden im Herkunftsvertragsstaat angehört werden soll, bei Nr. 2 gemeint ist.

5 Dies ist hingegen bei dem Richtlinienwortlaut von Art. 84 Abs. 1 lit. a–c MiFID II eindeutig formuliert, der im Wege der richtlinienkonformen Auslegung herangezogen werden kann:

Art. 84 Konsultation vor einer Zulassung

(1) Die zuständigen Behörden des anderen betroffenen Mitgliedstaats werden konsultiert, bevor einer Wertpapierfirma die Zulassung erteilt wird, auf die einer der folgenden Sachverhalte zutrifft:

a) Sie ist Tochterunternehmen einer Wertpapierfirma, eines Marktbetreibers oder eines Kreditinstituts, die/der/das in einem anderen Mitgliedstaat zugelassen ist.

b) Sie ist Tochterunternehmen des Mutterunternehmens einer Wertpapierfirma oder eines Kreditinstituts, die/das in einem anderen Mitgliedstaat zugelassen ist.

c) Sie wird von denselben natürlichen oder juristischen Personen kontrolliert wie eine Wertpapierfirma oder ein Kreditinstitut, die/das in einem anderen Mitgliedstaat zugelassen ist.

(2) Die zuständige Behörde des für die Überwachung von Kreditinstituten oder Versicherungsunternehmen zuständigen Mitgliedstaats wird konsultiert, bevor einer Wertpapierfirma oder einem Marktbetreiber die Zulassung erteilt wird, auf die/den einer der folgenden Sachverhalte zutrifft:

a) Sie bzw. er ist Tochterunternehmen eines in der Union zugelassenen Kreditinstituts oder Versicherungsunternehmens.

b) Sie bzw. er ist Tochterunternehmen des Mutterunternehmens eines in der Union zugelassenen Kreditinstituts oder Versicherungsunternehmens.

c) Sie bzw. er wird von derselben natürlichen oder juristischen Person kontrolliert wie ein in der Union zugelassenes Kreditinstitut oder Versicherungsunternehmen.

6 Abs. 2 S. 2 erläutert in Übereinstimmung mit Art. 84 Abs. 3 MiFID II den **Sinn und Zweck der Anhörung** (Lendermann/Nemeczek/Schroeter/Steffen Rn. 45). Die Anhörung erstreckt sich „insbesondere" auf die „Angaben, die für die Beurteilung der Zuverlässigkeit und fachlichen Eignung der Geschäftsleiter sowie für die Beurteilung der Zuverlässigkeit der Inhaber einer bedeutenden Beteiligung an Unternehmen derselben Gruppe mit Sitz in dem betreffenden Vertragsstaat erforderlich sind", also auf die Frage der Eignung der Anteilseigner oder Gesellschafter und den Leumund und die Erfahrung der Personen, die die

Geschäfte des jeweiligen anderen Unternehmens derselben Gruppe tatsächlich leiten (so ausdrücklich Art. 84 Abs. 3 S. 1 MiFID II). Wenn dieser Informationsaustausch unter den Behörden für die BaFin zu der Erkenntnis führt, dass die handelnden Personen im Ausland nicht fachlich geeignet oder zuverlässig sind, kann dies zu einem Erlaubnisversagungsgrund gem. § 18 Abs. 1 Nr. 3 oder Abs. 2 S. 2 Nr. 1 führen (Lendermann/Nemeczek/Schroeter/Steffen Rn. 45). Durch „insbesondere" macht das Gesetz deutlich, dass es im Ermessen der BaFin steht, auch zu anderen Aspekten des verbundenen Unternehmens im EU-Ausland Erkundigungen einzuziehen wie zB zu dessen finanzieller Solidität oder Organisationsstruktur, was wiederum zu relevanten Erkenntnissen für die Beurteilung von Versagungsgründen (in erster Linie gem. Art. 18 Abs. 2 S. 2 Nr. 1) führen kann.

III. Ablauf des Verfahrens und behördliche Prüfungsfrist ab Vollständigkeit der Antragsunterlagen

Die **Delegierte VO (EU) 2017/1945** (zur Festlegung technischer Durchführungsstandards für Mitteilungen von und an Wertpapierfirmen, die eine Zulassung beantragen oder besitzen) regelt EU-weit mit direkter Anwendbarkeit in den Mitgliedstaaten einzelne Verfahrensaspekte, ergänzt durch § 18 WpI-AnzV und die Hinweise der BBank in dem auf ihrer Website abrufbaren **„Merkblatt über die Erteilung einer Erlaubnis zum Erbringen von Wertpapierdienstleistungen gemäß § 15 WpIG"** vom 27.1.2025. Gemäß Art. 2 Delegierte VO (EU) 2017/1945 ist das Antragsformular in Anhang I der Verordnung zu verwenden und in Schriftform einzureichen, und zwar gemäß dem BBank-Merkblatt **in dreifacher Ausfertigung** bei der BaFin am Sitz Frankfurt a. M., Kontaktstelle Erlaubnisanträge Wertpapierinstitute. Es genügt, wenn die Antragsunterlagen in der Ausfertigung an die BaFin in der jeweils geforderten Form (Original oder beglaubigte Kopie) eingereicht werden. Für die beiden anderen Ausfertigungen genügt jeweils eine einfache Kopie. In Abstimmung mit dem sachbearbeitenden Referenten bei der BaFin genügt bei der Nachreichung von angeforderten Unterlagen oft eine elektronische Kopie. 7

Die BaFin muss gem. Art. 3 Delegierte VO (EU) 2017/1945 innerhalb von zehn Arbeitstagen nach Eingang des Antrags dem Antragsteller eine **Eingangsbestätigung** übermitteln, aus der die Kontaktstelle für das Erlaubnisverfahren hervorgehen muss. Hierauf folgt typischerweise eine Korrespondenz des Antragstellers einerseits und der BaFin und der BBank andererseits, in der ergänzende Informationen und Unterlagen für den Erlaubnisantrag angefordert und nachgereicht werden. Gemäß **§ 16 Abs. 3** (basierend auf Art. 7 Abs. 3 MiFID II) ist die BaFin verpflichtet, dem Antragsteller binnen **sechs Monaten nach Einreichung der vollständigen Unterlagen für den Erlaubnisantrag** mitzuteilen, ob die Erlaubnis erteilt wird oder nicht. Dem Kriterium der Vollständigkeit kommt dabei entscheidende Bedeutung zu, da die Vorschriften über die vorzulegenden Unterlagen eine Fülle von unbestimmten Rechtsbegriffen aufweisen, die der BaFin einen erheblichen Beurteilungsspielraum darüber verschaffen, ob die Unterlagen vollständig sind. Zudem enthalten sowohl Art. 4 Delegierte VO (EU) 2017/1945 als auch § 18 Abs. 9 WpI-AnzV breit gefasste Ermächtigungsgrundlagen, um die Nachlieferung weiterer für die Prüfung des Antrags benötigte zusätzliche Angaben verlangen zu können. Es genügt, dass die BaFin diese zusätzlichen Angaben „benötigt" (Art. 4 Delegierte VO (EU) 2017/1945) oder dass weitere Auskünfte und 8

Unterlagen „erforderlich" sind, „die nachweisen, dass keine Gründe für die Versagung der beantragten Erlaubnis bestehen" (§ 18 Abs. 9 WpI-AnzV). Durch diesen Nachforderungsprozess vergeht meist eine erhebliche Zeit, bis die Sechsmonatsfrist formell zu laufen beginnt. Regelmäßig werden während des Nachforderungsprozesses bereits viele Unterlagen durch die BaFin und die BBank geprüft, so dass nach Erreichen der Vollständigkeit der Unterlagen und Informationen die Sechsmonatsfrist selten ausgeschöpft wird.

9 Welche Informationen und Unterlagen im Rahmen des Erlaubnisantrags vorzulegen sind ergibt sich EU-weit verbindlich aus der **Delegierten VO (EU) 2017/1943.** Hierdurch wurden auf der Grundlage von Art. 7 Abs. 4 MiFID II technische Regulierungsstandards in Bezug auf Informationen und Anforderungen für die Zulassung von Wertpapierfirmen erlassen.

IV. Bekanntmachung der Erlaubnis und behördliche Erlaubnisregister

10 Die BaFin macht die Erlaubniserteilung gem. § 16 Abs. 4 S. 1 **im Bundesanzeiger bekannt** und teilt gemäß S. 2 die Zulassung einschließlich einer Angabe der Dienstleistungen, für die die Zulassung erteilt wurde, der **ESMA** mit. Diese Mitteilung ist laufend zu aktualisieren (S. 2 Hs. 2), dh auch Änderungen im Umfang der Erlaubnis werden der ESMA durch die BaFin laufend mitgeteilt, zB im Falle der Erteilung einer nachlaufend beantragten Erweiterung der Erlaubnis für weitere Wertpapierdienstleistungen oder im Falle eines Verzichts auf die Erlaubnis für einzelne Wertpapierdienstleistungen. Die ESMA führt gemäß den Mitteilungen der nationalen Aufsichtsbehörden ein EU-weites Register der auf Grundlage der MiFID II lizenzierten „Investment Firms", darunter sämtliche Wertpapierinstitute gemäß dem WpIG, zu finden in dem zentralen Registerportal registers.esma.europa.eu unter „MiFID/UCITS/AIFMD/EUSEF/EUVECA/ECSPR entities".

11 Darüber hinaus führt die BaFin gem. § 16 Abs. 5 S. 1 und 2 ein **Wertpapierinstitutsregister** auf ihrer Internetseite im Rahmen der zentralen „Unternehmensdatenbank" (portal.mvp.bafin.de/database/InstInfo). § 16 Abs. 5 S. 3 enthält ferner eine Verordnungsermächtigung an das BMF für nähere Bestimmungen zum Inhalt des Registers und zu den Mitwirkungspflichten der Wertpapierinstitute bei der Führung des Registers, welche an die BaFin weiterdelegiert wurde (25. Verordnung zur Änderung der Verordnung zur Übertragung von Befugnissen zum Erlass von Rechtsverordnungen auf die BaFin v. 26.6.2021, BGBl. I 2027). Die BaFin hat von dieser Verordnungsermächtigung bislang nicht Gebrauch gemacht (Lendermann/Nemeczek/Schroeter/Steffen Rn. 55).

§ 17 Anfangskapital

(1) **Das Anfangskapital beträgt**

1. 750 000 Euro für ein Wertpapierinstitut,
   a) das eine Erlaubnis für den Eigenhandel oder das Emissionsgeschäft beantragt und im Rahmen dieser Erlaubnis auf eigene Rechnung handelt,
   b) das eine Erlaubnis zum Betreiben des organisierten Handelssystems im Sinne des § 2 Absatz 2 Nummer 7 beantragt und im Rahmen dieser Erlaubnis Geschäfte auf eigene Rechnung abschließt, oder

c) das eine Erlaubnis für die Verwahrung und Verwaltung im Sinne des § 2 Absatz 3 Nummer 1, das Wertpapierkreditgeschäft im Sinne des § 2 Absatz 3 Nummer 2, das eingeschränkte Verwahrgeschäft im Sinne des § 2 Absatz 4 Nummer 1 oder das Eigengeschäft nach § 15 Absatz 4 beantragt,

2. 75 000 Euro für ein Wertpapierinstitut, das eine Erlaubnis für das Erbringen der Anlagevermittlung, Abschlussvermittlung, Finanzportfolioverwaltung, Anlageberatung oder für das Platzierungsgeschäft beantragt und dessen Erlaubnis dahingehend beschränkt ist, dass es im Zusammenhang mit diesen Wertpapierdienstleistungen kein Eigentum oder keinen Besitz an Kundengeldern oder Kundenwertpapieren haben darf, oder

3. 150 000 Euro bei anderen Wertpapierinstituten, die eine Erlaubnis für Wertpapierdienstleistungen beantragen, die nicht unter Nummer 1 oder 2 fallen.

(2) **Das Anfangskapital eines Wertpapierinstituts ist nach Artikel 4 Nummer 18 der Verordnung (EU) 2019/2033 in Verbindung mit Artikel 3 Nummer 18, den Artikeln 9 und 11 der Richtlinie 2019/2034 zu bestimmen. Das Anfangskapital setzt sich aus den in Artikel 11 der Richtlinie 2019/2034 in Verbindung mit Artikel 9 der Verordnung (EU) 2019/2033 benannten Eigenmittelbestandteilen zusammen.**

(3) **Bei Einzelpersonen oder Personenhandelsgesellschaften, welche die Bedingungen für Kleine Wertpapierinstitute erfüllen, sind als Posten oder Instrument für das harte Kernkapital die Risikoaktiva des Inhabers oder persönlich haftenden Gesellschafters als Abzugspositionen bei der Berechnung des Anfangskapitals zu berücksichtigen. Das freie Vermögen der Inhaber oder Gesellschafter bleibt bei der Berechnung unberücksichtigt. Die Bundesanstalt teilt der Europäischen Wertpapier- und Marktaufsichtsbehörde und der Europäischen Bankenaufsichtsbehörde die vorgenannten Posten oder Instrumente, die als Eigenmittel gelten, zur Aufnahme in ein von der Europäischen Bankenaufsichtsbehörde zusammen mit der Europäischen Wertpapier- und Marktaufsichtsbehörde zu veröffentlichendes Verzeichnis sämtlicher Arten von Mitteln oder Instrumenten in jedem Vertragsstaat mit.**

(4) **Bei Anlageberatern, Anlagevermittlern, Abschlussvermittlern, Finanzportfolioverwaltern oder Unternehmen, die das Platzierungsgeschäft betreiben, die nicht befugt sind, sich bei der Erbringung von Finanzdienstleistungen Eigentum oder Besitz an Geldern oder Wertpapieren von Kunden zu verschaffen, gilt die Anlage von eigenen Mitteln durch das Halten von Positionen in Finanzinstrumenten im Anlagebuch für die Zwecke der Solvenzaufsicht nicht als Handel für eigene Rechnung.**

(5) **§ 309 Nummer 3 und die §§ 313, 314, 489, 490, 723 bis 725, 727 und 728 des Bürgerlichen Gesetzbuchs, die §§ 132 bis 135 des Handelsgesetzbuchs und die §§ 254, 297 Absatz 1, § 304 Absatz 4 und § 305 Absatz 5 Satz 4 des Aktiengesetzes sind nicht anzuwenden, wenn Zweck einer Kapitalüberlassung die Überlassung von Eigenmitteln im Sinne des Artikels 72 der Verordnung (EU) Nr. 575/2013 ist. § 309 Nummer 3 des Bürgerlichen Gesetzbuchs findet auch keine Anwendung auf Verbindlichkeiten des Instituts, welche die Voraussetzungen des Artikels 12 Absatz 16**

Satz 1 der Verordnung (EU) Nr. 806/2014 des Europäischen Parlaments und des Rates vom 15. Juli 2014 zur Festlegung einheitlicher Vorschriften und eines einheitlichen Verfahrens für die Abwicklung von Kreditinstituten und bestimmten Wertpapierfirmen im Rahmen eines einheitlichen Abwicklungsmechanismus und eines einheitlichen Abwicklungsfonds sowie zur Änderung der Verordnung (EU) Nr. 1093/2010 (ABl. L 225 vom 30.7.2014, S. 1; L 101 vom 18.4.2015, S. 62) mit Ausnahme von dessen Buchstabe d oder des § 49 Absatz 2 des Sanierungs- und Abwicklungsgesetzes mit Ausnahme von dessen Nummer 4 erfüllen und eine Mindestlaufzeit von einem Jahr haben. Die §§ 313, 314 und 490 Absatz 1 des Bürgerlichen Gesetzbuchs finden auf Verträge, die Verbindlichkeiten des Instituts begründen, welche die Voraussetzungen des Artikels 12 Absatz 16 Satz 1 der Verordnung (EU) Nr. 806/2014 mit Ausnahme von dessen Buchstabe d oder des § 49 Absatz 2 des Sanierungs- und Abwicklungsgesetzes mit Ausnahme von dessen Nummer 4 erfüllen und eine Mindestlaufzeit von einem Jahr haben, während der vereinbarten Laufzeit keine Anwendung. Kündigt ein stiller Gesellschafter, der sich am Handelsgewerbe eines Instituts mit einer Vermögenseinlage beteiligt, welche die in Satz 3 genannten Voraussetzungen erfüllt und eine Mindestlaufzeit von einem Jahr hat, die Gesellschaft oder seine Beteiligung außerordentlich, so wird der gesetzliche oder vertragliche Abfindungs- oder Auszahlungsanspruch nicht vor Ablauf der vereinbarten Laufzeit fällig.

(6) **(weggefallen)**

I. Vorbemerkung

1 § 17 setzt die Vorgaben gem. Art. 9 IFD um und bestimmt das **für die Erlaubniserteilung erforderliche Anfangskapital für Wertpapierinstitute.** Anders als der Ausdruck „Anfangskapital" vermuten lässt, wird **zugleich** eine **dauerhafte Mindestvorgabe für das Eigenkapital** definiert (so ausdrücklich die Regierungsbegründung, BT-Drs. 19/26929, 135: „Das Anfangskapital ist dauerhaft vorzuhalten"). Diese Verpflichtung zur dauerhaften Eigenkapitalvorhaltung ist regelungstechnisch in § 19 Abs. 2 Nr. 2 iVm § 18 Abs. 1 Nr. 1, § 17 niedergelegt, dh die BaFin ist befugt, die Erlaubnis aufzuheben, wenn ein ausreichendes Anfangskapital, das die Anforderungen des § 17 erfüllt, nicht (mehr) zur Verfügung steht. Der dauerhafte Charakter dieser Eigenkapitalvorgabe ergibt sich gleichermaßen aus der Eigenmittelanforderung gem. Art. 11 Abs. 1 IFR, die als Untergrenze auf die sog. permanente Mindestkapitalanforderung gem. Art. 14 IFR entspricht, welche wiederum mindestens der Höhe des Anfangskapitals gem. Art. 9 IFD entspricht.

2 Vor Inkrafttreten von IFD und WpIG bestand auf der Grundlage von Art. 31 CRD IV damaliger Fassung (ursprünglich eingeführt durch Art. 7 lit. b iVm Art. 3 Abs. 1 lit. b der KapitaladäquanzRL, RL 2006/49/EG v. 14.6.2006, welche durch die CRD IV abgelöst wurde) bei bestimmten Arten von Wertpapierdienstleistungen (Anlageberatung, Anlagevermittlung, Abschlussvermittlung und Finanzportfolioverwaltung, jeweils ohne Besitz an Vermögensgegenständen des Kunden) die Möglichkeit, statt des Anfangskapitals eine Versicherung nachzuweisen. Diese Möglichkeit ist mit Inkrafttreten von IFD und WpIG übergangslos entfallen. Die Erwägungsgründe der IFD erklären dies nicht weiter. Der deutsche Gesetzgeber sieht die Motivation darin, dass diese Versicherungen regelmäßig nicht den mit

dem erforderlichen Anfangskapital verfolgten **Zweck** erfüllen, nämlich **im Bedarfsfall bedingungslos zur Erfüllung von Verbindlichkeiten des betreffenden Unternehmens zur Verfügung zu stehen** (Regierungsbegründung zum WpIG, BT-Drs. 19/26929, 135).

Gegenüber den bis zum 26.6.2021 für Wertpapierfirmen geltenden Anfangskapitalvorschriften gem. Art. 28–32 CRD IV aF wurden die **Beträge für das Anfangskapital erhöht** (Regierungsbegründung zum WpIG BT-Drs. 19/26929, 135 Schuster/Nemeczek ZBB 2021, 121 (122)), für zB **Anlageberatung, Anlagevermittlung, Abschlussvermittlung und Finanzportfolioverwaltung,** jeweils **ohne Besitz an Vermögensgegenständen** des Kunden, von 50.000 Euro auf **75.000 Euro,** für zB **Eigenhandel oder Emissionsgeschäft** von 730.000 Euro auf **750.000 Euro** und für **weitere Wertpapierdienstleistungen** von 125.000 Euro auf **150.000 Euro.** Gemäß Art. 57 Abs. 4 IFR gelten für bereits vor dem 26.6.2021 bestehende Wertpapierfirmen bis zum 26.6.2026 Übergangsvorschriften in Bezug auf die dauerhaft einzuhaltenden Eigenmittelanforderungen. 3

II. Höhe und Zusammensetzung des Anfangskapitals

Die **Höhe** des vorgeschriebenen Anfangskapitals ist in § 17 Abs. 1 Nr. 1–3 je nach Art der erbrachten Wertpapierdienstleistung festgelegt, dh unabhängig von der Einordnung als Kleines, Mittleres oder Großes Wertpapierinstitut. 4

Die vorgeschriebene Zusammensetzung des Anfangskapitals bestimmt sich gemäß dem Verweis in § 17 Abs. 2 S. 2 nach der Vorschrift Art. 9 IFR, die wegen der laufend zu erfüllenden Eigenmittelanforderungen für Wertpapierfirmen (Art. 11 IFR) ohnehin beachtlich ist. § 17 Abs. 2 Satz iVm Art. 9 Abs. 1 IFR bestimmt für das Anfangskapital drei verschiedene zulässige Bestandteile, nämlich das harte Kernkapital, das zusätzliche Kernkapital und das Ergänzungskapital, was wiederum jeweils in der CRR definiert wird (hartes Kernkapital: Art. 26–50 CRR, zusätzliches Kernkapital: Art. 51–61 CRR, Ergänzungskapital: Art. 62–71 CRR, jeweils nach Maßgabe der Modifikationen für Wertpapierfirmen gem. Art. 9 Abs. 2 IFR, siehe auch Schuster/Nemeczek ZBB 2021, 121 (122 f.) einschließlich Vergleich zur Rechtslage vor Inkrafttreten von IFD/IFR und WpIG). Für diese drei Eigenmittelbestandteile werden gem. Art. 9 Abs. 1 UAbs. 1 lit. a–c IFR Quoten festgelegt, dh es wird bestimmt, welchen Beitrag der jeweilige Eigenmittelbestandteil zur Erreichung der zentralen Eigenmittelanforderung „D" (Art. 11 IFR) maximal haben darf. Dieser stets einzuhaltende Wert „D" entspricht bei **Kleinen Wertpapierinstituten** (§ 2 Abs. 16 WpIG, Art. 12 Abs. 1 IFR) dem geringeren Betrag von (i) der Anforderung für fixe Gemeinkosten (Art. 13 IFR: regelmäßig ¼ der fixen Gemeinkosten des Vorjahres) und (ii) der sog. permanenten Mindestkapitalanforderung (Art. 14 IFR iVm Art. 9 IFD), die wiederum mit den Anfangskapitalvorgaben gem. § 17 Abs. 1 identisch ist. Bei **Mittleren Wertpapierinstituten** (§ 2 Abs. 17 WpIG, Art. 12 Abs. 1 IFR) entspricht „D" zudem mindestens der sog. K-Faktor-Anforderung gem. Art. 15 IFR. 5

Bei **Großen Wertpapierinstituten** (§ 2 Abs. 18 WpIG, Art. 1 Abs. 2 und Abs. 5 IFR) ergibt sich ein Auslegungsproblem. Einerseits bestimmen Art. 1 Abs. 2 und Abs. 5 IFR, dass diese Institute die Eigenmittelanforderungen der CRR zu erfüllen haben. Andererseits bestimmt § 4, dass die §§ 15–19 auch für Große Wertpapierinstitute gelten, die im Rahmen der Anfangskapitalbestimmungen auf die IFR verweisen. Also müsste nach dem Wortlaut des Gesetzes auch 6 ein Großes Wertpapierinstitut die Anfangskapitalbestimmungen gem. § 17 WpIG iVm Art. 9 IFR einhalten. Dabei dürfte der Fall einer Gründung als Großes Wertpapierinstitut praktisch nicht vorkommen (allenfalls in der Variante Art. 1 Abs. 2 S. 1 lit. b IFR, wenn die Wertpapierfirma bei Gründung Teil einer Gruppe von EU-Unternehmen mit gleichartigen Wertpapierdienstleistungen ist, die in Summe Bilanzwerte von mehr als 15 Mrd. Euro aufweisen). Vielmehr wird ein Wertpapierinstitut in aller Regel als Kleines oder Mittleres Wertpapierinstitut gegründet und überschreitet ggf. erst nach vielen Geschäftsjahren die Schwelle zum Großen Wertpapierinstitut. Das Auslegungsproblem der gleichzeitigen Verweisung auf CRR und IFR ergibt sich trotzdem, denn § 19 Abs. 2 Nr. 2 iVm § 18 Abs. 1 Nr. 1 und § 17 zwingt auch Große Wertpapierinstitute dazu, das Anfangskapital in Sinne des § 17 kontinuierlich aufrecht zu erhalten, weil anderenfalls die BaFin gem. § 19 Abs. 2 Nr. 2 iVm § 18 Abs. 1 Nr. 1 die Erlaubnis aufheben kann. Wegen des Verweises in § 17 Abs. 2 auf Art. 9 müssten also Große Wertpapierinstitute kontinuierlich die IFR-Anforderungen zur Zusammensetzung der Eigenmittel einhalten, einschließlich einer fortlaufenden Berechnung von „D" mit der „K-Faktor-Methode" gem. Art. 11 iVm Art. 15 IFR. Dies steht im Widerspruch zu den gem. Art. 1 Abs. 2 IFR für Große Wertpapierinstitute anwendbaren Eigenmittelanforderungen nach CRD IV/CRR, wonach für das Anfangskapital ausschließlich das harte Kernkapital iSv Art. 26 Abs. 1 lit. a–e zu verwenden ist (Art. 12 Abs. 2 CRD IV), nicht auch das zusätzliche Kernkapital oder das Ergänzungskapital.

7 Dieser Widerspruch wird in Gesetz und Gesetzesmaterialien nicht aufgelöst und wurde, soweit ersichtlich, bislang in Literatur und veröffentlichter Verwaltungspraxis nicht erörtert. Regelungssystematik und -zweck der IFR deuten darauf hin, dass die Großen Wertpapierinstitute grundsätzlich nicht der IFR, sondern der CRR unterliegen sollen (siehe den Standort der für Große Wertpapierinstitute auf die CRR verweisenden Norm Art. 1 Abs. 2 und Abs. 5 IFR im Abschnitt „Anwendungsbereich" der IFR und Erwägungsgrund 9 der IFR, wonach Große Wertpapierinstitute wegen ihrer Systemrelevanz weiterhin CRR und CRD IV unterliegen sollen). Nur Ausnahmsweise wird auch für Große Wertpapierinstitute auf die für alle Wertpapierfirmen geltenden Anfangskapitalvorschriften verwiesen (Art. 9–11 IFD). Der Verweis in § 17 Abs. 2 auf Art. 9 IFR sollte daher in systematisch-teleologischer Auslegung auf Kleine und Mittlere Wertpapierinstitute beschränkt werden. Für Große Wertpapierinstitute gilt damit nach § 17 Abs. 1 iVm § 4 eine dauerhafte Anfangskapitalanforderung in Höhe von 750.000 Euro, während sich die Eigenmittelanforderungen für Große Wertpapierinstitute im Übrigen ausschließlich nach der CRR ergeben. Ebenso geht die Deutsche Bundesbank (Monatsbericht März 2021, S. 45 (51), abrufbar unter www.bundesbank.de) davon aus, dass der neue Rechtsrahmen für Große Wertpapiere bei der Ermittlung der Eigenmittelanforderungen auf die Vorgaben von CRD und CRR verweist, während sich die Anfangskapitalziffer (750.000 Euro) auch für Große Wertpapierinstitute aus § 17 Abs. 1 ergibt.

III. Modifikationen für Einzelpersonen und Personenhandelsgesellschaften (Abs. 3)

8 Vorgänger von Abs. 3 ist § 2b Abs. 2 KWG in der bis Inkrafttreten des WpIG (26.6.2021) geltenden Fassung. Die ursprünglich maßgebliche Grundlage von

§ 2b Abs. 2 KWG war Art. 1 Nr. WertpapierdienstleistungsRL des Jahres 1993 (fortgeführt durch die Begriffsbestimmung in Art. 4 Abs. 1 Nr. 1 MiFID II), wonach natürliche Personen nur dann als Wertpapierfirma zulassungsfähig sind, wenn es konkrete Vorschriften auf nationaler Ebene zur Überwachung ihrer Solvenz gibt und diese eingehalten werden. Abs. 3 basiert ferner auf Art. 9 Abs. 4 IFR, eine Öffnungsklausel, wonach die nationalen Behörden denjenigen Wertpapierfirmen, die nicht Kapitalgesellschaften sind, zur Anrechnung als hartes Kernkapital gem. Art. 9 lit. a IFR auch nicht in der CRR (auf die Art. 9 Abs. 1 und 2 IFR mit Modifikationen verweisen) vorgesehene Eigenkapitalbestandteile gestatten können. In diesem Sinne zulässige Eigenmittel sind gem. Art. 9 Abs. 4 S. 2 IFR durch EBA und ESMA basierend auf Zuarbeit der nationalen Aufsichtsbehörden in einer Liste zu veröffentlichen. Spiegelbildlich hierzu gibt der deutsche Gesetzgeber in **Abs. 3 Satz 3** der BaFin auf, EBA und ESMA entsprechende Posten oder Instrumente mitzuteilen, die als solche Eigenmittel von Einzelpersonen und Personenhandelsgesellschaft mit der Qualität als hartes Kernkapital gelten sollen. Damit soll gemäß Regierungsbegründung (BT-Drs. 19/26929, 136) eine „Konsistenz" (eher: komplementäre Ergänzung) zu der bereits bestehenden Liste der zulässigen „Common Equity Tier 1" Kapitalinstrumente (sog. CET-1-Liste, abrufbar unter www.eba.europa.eu) hergestellt werden. Die ergänzende Liste gem. Art. 9 Abs. 4 IFR ist unter www.esma.europa.eu abrufbar („further instruments and funds qualifying as own funds for investment firms"). Darin ist als anerkennungsfähiges Eigenkapitalinstrument für Deutschland das eingezahlte Kapital eines Einzelkaufmanns im Sinne des HGB aufgeführt.

In Abs. 3 Satz 1 und Satz 2 werden zudem zwei beschränkende Vorgaben aus § 2b Abs. 2 S. 1 KWG aF fortgeführt, an deren Grundlage in Art. 4 Abs. 1 Nr. 1 MiFID II sich nichts geändert hat. Gemäß **Abs. 3 Satz 1** sind Risikoaktiva als Abzugsposition bei der Berechnung des Anfangskapitals zu berücksichtigen. Derartige Risikoaktiva sind zB Privatkredite des Inhabers bzw. des persönlich haftenden Gesellschafters (Regierungsbegründung zum Gesetz zur Umsetzung der WertpapierdienstleistungsRL, BT-Drs. 13/7142, 73). Grund hierfür ist die Befürchtung, dass Privatgläubiger des Einzelkaufmanns oder persönlich haftenden Gesellschafters einen Titel gegebenenfalls auch in das Geschäfts- bzw. Gesellschaftsvermögen vollstrecken könnten (Regierungsbegründung, BT-Drs. 13/7142, 73). Dagegen bleibt nach **Abs. 3 Satz 2** freies Vermögen des Inhabers bzw. persönlich haftenden Gesellschafters bei der Berechnung unberücksichtigt. Das bedeutet, dass Privatvermögen, welches nicht nach handelsrechtlichen Grundsätzen in das Unternehmen eingebracht worden ist, bei der Berechnung der Eigenmittel im Rahmen des Anfangskapitals unberücksichtigt bleibt (Regierungsbegründung, BT-Drs. 13/7142, 73). Dies bedeutet zugleich, dass der persönlich haftende Gesellschafter bzw. Inhaber sein Privatvermögen nach handelsrechtlichen Grundsätzen zu bilanzieren hat (Regierungsbegründung, BT-Drs. 13/7142, 73; Schwennicke/Auerbach/Schwennicke KWG § 2b Rn. 5; Beck/Samm/Kokemoor/Müller-Grune KWG § 2b Rn. 24; Luz/Neus/Schaber/Schneider/Wagner/Weber/Heemann KWG § 2b Rn. 7). 9

IV. Regelung zur Anlage von eigenen Mitteln (Abs. 4)

§ 17 Abs. 4 spiegelt die Richtlinienbestimmung Art. 29 Abs. 4 CRD IV (aF, 10
in der Fassung vor Inkrafttreten der IFD) wider, von der der deutsche Gesetzgeber

im Rahmen des IFD-Umsetzungsgesetzes zur Einführung des WpIG annahm, sie gelte „aufgrund der Bezugnahme des Artikels 10 Buchstabe b IFD fort" (Regierungsbegründung BT-Drs. 19/26929, 136). Wie Lendermann/Nemeczek/Schroeter/Steffen § 17 Rn. 46 zutreffend herausarbeitet, ist dies allerdings ein Missverständnis. Art. 10 lit. b IFD ordnet nicht die Fortgeltung von Art. 29 Abs. 4 CRD IV an. Vielmehr wurde durch Art. 62 Nr. 10 IFD der gesamte Abschnitt der vormaligen CRD IV, in dem sich Art. 29 Abs. 4 befand, nämlich der Titel IV über das „Anfangskapital von Wertpapierfirmen" (Art. 28–32) gestrichen. Der Grund hierfür ist, dass mit Titel III (Anfangskapital) der IFD (Art. 9–11) die Regelungen für das Anfangskapital von Wertpapierfirmen völlig neu ausformuliert wurden. Deswegen besagt Art. 10 lit. b IFD gerade nicht, dass Art. 29 Abs. 4 CRD IV (aF) fortgelten soll, sondern dass Bezugnahmen in anderen EU-Rechtsakten auf das Anfangskapital von Wertpapierfirmen in den Artikeln 29 und 31 der CRD IV je nach Art der Wertpapierdienstleistungen und Tätigkeiten der jeweiligen Wertpapierfirma als Bezugnahmen auf Art. 9 Abs. 2, 3 oder 4 IFD gelten sollen.

11 § 17 Abs. 4 setzt somit eine inzwischen aufgehobene Richtlinienklausel um (Art. 29 Abs. 4 CRD IV aF) mit der Folge, dass § 17 Abs. 4 inhaltlich zusammenhangs- und sinnlos erscheint (aA Lendermann/Nemeczek/Schroeter/Steffen § 17 Rn. 46, wonach die Übernahme von § 17 Abs. 4 „sachgerecht" sein soll). Denn der Regelungsinhalt von § 17 Abs. 4 (wonach bei Anlageberatern, Anlagevermittlern, Abschlussvermittlern, Finanzportfolioverwaltern oder Unternehmen, die das Platzierungsgeschäft betreiben die Anlage von eigenen Mitteln durch das Halten von Positionen in Finanzinstrumenten im Anlagebuch für die Zwecke der Solvenzaufsicht nicht als „Handel für eigene Rechnung" gelten soll) würde nur vor dem Hintergrund des übrigen Richtlinienwortlautes von Art. 29 CRD IV aF einen Sinn ergeben, nämlich im Kontext von Art. 29 Abs. 1 CRD IV aF, wonach das vorgeschriebene Mindest-Anfangskapital bestimmter Arten von Wertpapierfirmen ua danach gestaffelt wurde, ob die Wertpapierfirma für eigene Rechnung mit Finanzinstrumenten handelte oder nicht. § 17 setzt aber Art. 9 IFD um. Art. 9 IFD (und dem folgend § 17 Abs. 1 und 2) trifft bei der Festlegung des Mindest-Anfangskapitals für Anlageberater, Anlagevermittler usw keine Differenzierung danach, ob ein „Handel für eigene Rechnung" erfolgt. § 17 Abs. 4 läuft damit leer.

V. Keine Anwendung bestimmter zivil- und gesellschaftsrechtlicher Vorschriften zur Sicherstellung der Dauerhaftigkeit von Kernkapital (Abs. 5)

12 § 17 Abs. 5 entspricht eins zu eins § 10 Abs. 5 KWG. Gemäß **§ 17 Abs. 5 S. 1** werden **Modifikationen an bestimmten zivil- und gesellschaftsrechtlichen Vorschriften** vorgenommen, damit die auf Basis bestimmter zivil- und gesellschaftsrechtlicher Strukturen, insbesondere Nachrangdarlehen und stille Beteiligungen, dem Institut zur Verfügung gestellten Mittel als Eigenmittel gem. Art. 72 CRR (Kernkapital oder Ergänzungskapital) anerkannt werden können. Hierbei geht es um die Einschränkung von Gläubigerkündigungsrechten und von anderen direkten und indirekten Gläubigerrückforderungsmöglichkeiten, damit auch zB Schuldverschreibungen, Nachrangdarlehen oder stille Einlagen als Eigenmittel gem. Art. 72 CRR anerkannt werden können (Schwennicke/Auerbach/Auer-

bach KWG § 10 Rn. 91a f.), denn diese Kapitalinstrumente müssen zur Anerkennungsfähigkeit als Eigenmittel insbesondere „zeitlich unbefristet“ sein (Art. 28 Abs. 1 lit. e, Art. 52 Abs. 1 lit. g CRR). Diese **CRR-Anforderungen an die Qualität der Eigenmittel** sind **auch für Wertpapierinstitute maßgeblich,** denn Art. 9 IFR verweist für die Definition von Eigenmitteln auf die entsprechenden CRR-Vorschriften.

Folgende **zivil- und gesellschaftsrechtliche Bestimmungen** sind gem. § 17 Abs. 5 S. 1 **nicht anwendbar,** wenn **Zweck der Kapitalüberlassung die Überlassung von Eigenmitteln iSv Art. 72 CRR** ist: 13

- **§ 309 Nr. 3 BGB: Klauselverbot bezüglich Aufrechnungsverboten in AGB** (die Unanwendbarkeit dieses Klauselverbotes dient der Verstärkung der Kapitalbelassung, da Aufrechnungsmöglichkeiten des Gläubigers der Kapitalüberlassung in AGB wirksam vereinbart werden können)
- **§ 313 BGB: Störung der Geschäftsgrundlage**
- **§ 314 BGB:** Rechtsgrundlage zur **Kündigung von Dauerschuldverhältnissen aus wichtigem Grund**
- **§§ 489, 490 BGB: Ordentliches Kündigungsrecht des Darlehensnehmers** und **außerordentliche Kündigungsrechte**
- **§§ 723–725, 728 f. BGB:** Regelungen zum **Ausscheiden,** zur **Kündigung** und zur **Ausschließung von Gesellschaftern einer GbR**
- **§§ 132–135 HGB:** Regelungen zur **Kündigung bei der OHG**
- **§ 254 AktG:** Regelung zum **Anfechtungsrecht gegen Hauptversammlungsbeschlüsse zur Rücklagendotierung** aus dem Bilanzgewinn, wenn letztere iSv § 254 Abs. 1 übermäßig, dh nicht notwendig ist, um die Lebens- und Widerstandsfähigkeit zu sichern und deshalb kein Gewinn iHv mindestens 4 Prozent des Grundkapitals verteilt werden kann
- **§ 297 Abs. 1 AktG:** Recht zur **Kündigung von Unternehmensverträgen aus wichtigem Grund**
- **§ 304 Abs. 4 AktG:** Recht zur **Kündigung von Gewinnabführungsverträgen** durch das übergeordnete Unternehmen binnen zwei Monaten, nachdem es in Ermangelung einer vertraglichen Festlegung wiederkehrender Ausgleichszahlungen für außenstehende Aktionäre zu einer gerichtlichen Bestimmung der Ausgleichszahlung gekommen ist
- **§ 305 Abs. 5 S. 4 AktG:** Recht zur **Kündigung von Beherrschungs- oder Gewinnabführungsverträgen** durch das übergeordnete Unternehmen binnen zwei Monaten, nachdem es in Ermangelung einer (gesetzeskonformen) vertraglichen Festlegung einer Abfindung für übertragungswillige außenstehende Aktionäre zu einer gerichtlichen Bestimmung der Abfindung gekommen ist.

§ 17 Abs. 5 S. 2 und 3 schließen § 309 Nr. 3 BGB, §§ 314, 315 und 490 Abs. 1 BGB aus für Verträge über Verbindlichkeiten des Institutes, welche als berücksichtigungsfähig gemäß den Vorschriften der Abwicklungsregimes gelten (Verordnung (EU) Nr. 806/2014 über Mindestanforderungen an Eigenmittel und berücksichtigungsfähige Verbindlichkeiten im Rahmen des Single Resolution Mechanism – SRM oder § 49 Abs. 2 SAG) und eine Mindestlaufzeit von einem Jahr haben. Der Verweis auf Art. 12 Abs. 16 S. 1 der SRM-VO (Verordnung (EU) Nr. 806/2014) ist allerdings überholt und als sinngemäßer Verweis auf Art. 12c SRM-VO aF zu lesen. Im Anwendungsbereich der SRM-VO ist diese gegenüber den Regelungen des SAG vorrangig. **§ 17 Abs. 5 S. 4** betrifft ausweislich der Gesetzesbegründung zur Einführung der Parallelnorm § 10 Abs. 5 S. 4 KWG 14

(Regierungsbegründung, BR-Drs. 147/18, 54) den Fall, dass die anzurechnende Verbindlichkeit gesellschaftsrechtlich, dh als stille Einlage ausgestaltet ist. S. 4 ordnet an, dass auch bei dieser Ausgestaltung eine Restlaufzeit von mindestens einem Jahr beachtlich bleibt und zwar auch im Falle einer außerordentlichen Kündigung, so dass auch im Falle einer außerordentlichen Kündigung der gesetzliche oder vertragliche Abfindungs- oder Auszahlungsanspruch nicht vor Ablauf der vereinbarten Laufzeit fällig wird.

§ 18 Versagung der Erlaubnis

(1) **Die Erlaubnis ist zu versagen, wenn**

1. **die zum Geschäftsbetrieb erforderlichen Mittel, insbesondere ein ausreichendes Anfangskapital, das die Anforderungen des § 17 erfüllt, nicht zur Verfügung stehen;**
2. **Tatsachen vorliegen, aus denen sich ergibt, dass ein Antragsteller oder ein Geschäftsleiter nicht zuverlässig ist;**
3. **Tatsachen die Annahme rechtfertigen, dass der Inhaber einer bedeutenden Beteiligung oder, wenn er eine juristische Person ist, auch ein gesetzlicher oder satzungsmäßiger Vertreter, oder, wenn er eine Personenhandelsgesellschaft ist, auch ein Gesellschafter nicht zuverlässig ist oder aus anderen Gründen nicht den im Interesse einer soliden und umsichtigen Führung des Wertpapierinstituts zu stellenden Ansprüchen genügt;**
4. **Tatsachen vorliegen, aus denen sich ergibt, dass der Inhaber oder ein Geschäftsleiter nicht die zur Leitung des Wertpapierinstituts erforderliche fachliche Eignung hat und auch nicht eine andere Person nach § 20 Absatz 6 als Geschäftsleiter betraut wird;**
5. **Tatsachen vorliegen, aus denen sich ergibt, dass ein Geschäftsleiter nicht über die zur Wahrnehmung seiner Aufgaben ausreichende Zeit verfügt;**
6. **Tatsachen vorliegen, aus denen sich ergibt, dass ein Geschäftsleiter eines Kleinen oder Mittleren Wertpapierinstituts gegen die Anforderungen des § 20 Absatz 4 oder bei einem Großen Wertpapierinstitut gegen § 25c Absatz 2 des Kreditwesengesetzes verstößt;**
7. **das Wertpapierinstitut im Falle der Erteilung der Erlaubnis Tochterunternehmen einer Finanzholdinggesellschaft im Sinne des Artikels 4 Absatz 1 Nummer 16 der Verordnung (EU) 2019/2033 in Verbindung mit Artikel 4 Absatz 1 Nummer 20 der Verordnung (EU) Nr. 575/2013 oder einer gemischten Finanzholdinggesellschaft im Sinne des Artikels 4 Absatz 1 Nummer 40 der Verordnung (EU) 2019/2033 in Verbindung mit Artikel 2 Nummer 15 der Richtlinie 2002/87/EG wird und Tatsachen die Annahme rechtfertigen, dass eine Person im Sinne des § 62 nicht zuverlässig ist oder nicht die zur Führung der Geschäfte der Investmentholdinggesellschaft oder der gemischten Finanzholdinggesellschaft erforderliche fachliche Eignung hat;**
8. **ein Wertpapierinstitut, das befugt ist, bei der Erbringung von Wertpapierdienstleistungen oder Wertpapiernebendienstleistungen Eigentum oder Besitz an Geldern oder Wertpapieren von Kunden zu erwerben, oder die gemäß einer Bescheinigung der Bundesanstalt nach § 4 Absatz 1 Nummer 2 des Gesetzes über die Zertifizierung von Alters-**

vorsorgeverträgen befugt ist, Altersvorsorgeverträge anzubieten, nicht mindestens zwei Geschäftsleiter hat, die nicht nur ehrenamtlich für das Wertpapierinstitut tätig sind;

9. das Wertpapierinstitut seine Hauptverwaltung und, soweit es sich um eine juristische Person handelt, seinen juristischen Sitz nicht im Inland hat oder

10. das Wertpapierinstitut nicht bereit oder in der Lage ist, die erforderlichen organisatorischen Vorkehrungen zum ordnungsmäßigen Betreiben der Geschäfte, für die es die Erlaubnis beantragt, zu schaffen.

(2) **Die Bundesanstalt kann die Erlaubnis versagen, wenn Tatsachen die Annahme rechtfertigen, dass eine wirksame Aufsicht über das Wertpapierinstitut beeinträchtigt wird. Dies ist insbesondere der Fall, wenn**

1. das Wertpapierinstitut mit anderen Personen oder Unternehmen in einen Unternehmensverbund eingebunden ist oder in einer engen Verbindung zu einem solchen steht, der durch die Struktur des Beteiligungsgeflechtes oder mangelhafte wirtschaftliche Transparenz eine wirksame Aufsicht über das Wertpapierinstitut beeinträchtigt;

2. eine wirksame Aufsicht über das Wertpapierinstitut wegen der für solche Personen oder Unternehmen geltenden Rechts- oder Verwaltungsvorschriften eines Drittstaates beeinträchtigt wird oder

3. das Wertpapierinstitut Tochterunternehmen eines Mutterunternehmens mit Sitz in einem Drittstaat ist, das im Staat seines Sitzes oder seiner Hauptverwaltung nicht wirksam beaufsichtigt wird oder dessen zuständige Aufsichtsbehörde zu einer befriedigenden Zusammenarbeit mit der Bundesanstalt nicht bereit ist.

(3) **Die Bundesanstalt kann die Erlaubnis auch versagen, wenn entgegen der Delegierten Verordnung (EU) 2017/1943 der Erlaubnisantrag keine ausreichenden Angaben oder Unterlagen enthält.**

(4) **Aus anderen als den in den Absätzen 1 bis 3 genannten Gründen darf die Erlaubnis nicht versagt werden.**

Übersicht

I. Vorbemerkung

1 § 18 setzt Art. 7 MiFID II um und ist § 33 KWG nachgebildet (BT-Drs. 19/26929, 136). Gemäß § 18 Abs. 4 ist der **Katalog der Erlaubnisversagungsgründe abschließend** (parallel zur Regelung in § 33 Abs. 3 KWG). Nähere Erläuterungen finden sich in dem „Merkblatt über die Erteilung einer Erlaubnis zum Erbringen von Wertpapierdienstleistungen gemäß § 15 WpIG" der BBank (Stand 27.1.2025).

II. Zwingende Erlaubnisversagungsgründe (Abs. 1)

2 § 18 Abs. 1 enthält zwingende Erlaubnisversagungsgründe, dh die BaFin ist bei Vorliegen eines dieser Gründe nicht nur berechtigt, sondern auch verpflichtet, den Erlaubnisantrag abzulehnen und somit die Erlaubnis zu versagen (so zu § 33 Abs. 3 KWG Schwennicke/Auerbach/Schwennicke KWG § 33 Rn. 4).

1. Fehlen der zum Geschäftsbetrieb erforderlichen Mittel

3 Gemäß § 18 Abs. 1 Nr. 1 ist die Erlaubnis zu versagen, wenn die zum Geschäftsbetrieb erforderlichen Mittel, insbesondere ein ausreichendes Anfangskapital, das die Anforderungen des § 17 erfüllt, nicht zur Verfügung stehen. Damit prüfen BaFin und BBank die Einhaltung der Vorgaben für das Anfangskapital gem. § 17 Abs. 1 und 2 iVm Art. 9 IFR und zwar sowohl in Bezug auf die Höhe als auch die Zusammensetzung des Anfangskapitals (Lendermann/Nemeczek/Schroeter/Steffen Rn. 11).

4 Der Wortlaut zeigt jedoch, dass diese **Anforderung über das bloße stichtagsbezogene Vorweisen der entsprechenden Eigenmittelsumme (750.000, 75.000 bzw. 150.000 Euro) hinausgeht.** Es müssen die „zum Geschäftsbetrieb erforderlichen Mittel, insbesondere …" das Anfangskapital nach § 17 zur Verfügung stehen. Je nach dem angestrebten Geschäftsmodell und den Rechnungslegungsprognosen können zu Beginn auch deutlich höhere Eigenmittel erforderlich sein. Dementsprechend heißt es in der Gesetzesbegründung, die Erlaubnis sei auch dann zu versagen, wenn sich anhand von **Geschäftsplan und beabsichtigter Geschäftstätigkeit** ergibt, dass das Institut zum Zeitpunkt der Erlaubniserteilung nicht über

die erforderlichen Mittel verfügt, zB weil nicht **hinreichend Eigenmittel** vorhanden sind, **die nach dem eingereichten Geschäftsplan erforderlich wären** (RegBegr. WpIG, BT-Drs. 19/26929, 136). Dem entspricht es, dass die Delegierte VO (EU) 2017/1943 in Bezug auf Informationen und Anforderungen für die Zulassung von Wertpapierfirmen, die als Level-2-Rechtsakt auf der Grundlage von Art. 7 Abs. 4 MiFID II informationelle Anforderungen an den Erlaubnisantrag EU-weit einheitlich regelt, sowohl zum Kapital (Art. 2) als auch zu weitergehenden Finanzinformationen (Art. 5) detaillierte Vorgaben macht. Es sind gem. Art. 5 lit. a i Delegierte VO (EU) 2017/1943 **Rechnungslegungsprognosen** für die ersten drei Geschäftsjahre, einschließlich Bilanzprognosen und prognostizierter Gewinn- und Verlustrechnung mit Darstellung zugehöriger Planungsannahmen (Art. 5 lit. a ii Delegierte VO (EU) 2017/1943) sowie **Prognoseberechnungen betreffend die Einhaltung der regulatorischen Eigenmittel- und Liquiditätsanforderungen** (Art. 5 lit. a iii Delegierte VO (EU) 2017/1943) vorgeschrieben. Wenn diese Rechnungslegungsprognosen – wie häufig – Anlaufverluste über mehrere Jahre in Aussicht stellen, kann ein Anfangskapital in vielfacher Höhe der gesetzlichen Mindestwerte gem. § 17 Abs. 1 erforderlich sein, um die Anlaufverluste zu finanzieren und zugleich durchgängig die regulatorischen Eigenmittel- und Liquiditätsanforderungen der IFR einzuhalten.

Für **Kleine Wertpapierinstitute** muss bei dem Ausweis des Anfangskapitals **5**
gem. Art. 2 Delegierte VO (EU) 2017/1943 iVm der Rechnungslegungsprognose einschließlich Prognoseberechnung zu den regulatorischen Finanzkennzahlen gem. Art. 5 Delegierte VO (EU) 2017/1943 dargelegt werden, dass die **Eigenmittelanforderung gem. Art. 11 Abs. 1 und 2 IFR** für den Prognosezeitraum durchgehend eingehalten werden. Diese Eigenmittelanforderung ist gem. Art. 11 Abs. 1 IFR der höhere Messwert aus a) den Anforderungen für fixe Gemeinkosten berechnet gem. Art. 13 IFR (dh ein Viertel der fixen Gemeinkosten des Vorjahres, wobei nach Art. 13 Abs. 3 IFR die bei Antragstellung für die ersten zwölf Monate prognostizierten fixen Gemeinkosten anzusetzen sind) und b) der permanenten Mindestkapitalanforderung gem. Art. 14 IFR (wo auf das Anfangskapital gem. Art. 9 IFD verwiesen wird, in Deutschland umgesetzt durch § 17). Ferner ist darzulegen, dass die **Liquiditätsanforderungen gem. Art. 43 IFR** für den Prognosezeitraum durchgehend eingehalten werden, bestehend aus liquiden Aktiva in Höhe von mindestens einem Drittel der Anforderungen für die fixen Gemeinkosten gem. Art. 13 Abs. 1 IFR (dh im Ergebnis ein Zwölftel der fixen jährlichen Gemeinkosten). Es besteht zwar gem. Art. 43 Abs. 1 UAbs. 2 IFR die Möglichkeit für die BaFin, Kleine Wertpapierinstitute von dieser Liquiditätsanforderung auszunehmen. Allerdings ist gemäß den hierzu veröffentlichten BaFin-Verwaltungsvorschriften betreffend die entsprechende Ermessensausübung (Rundschreiben vom 2.3.2023, Gz. WA 44-FR 4146-2022/0001, basierend auf den EBA-Leitlinien EBA/GL/2022/10 vom 29.7.2022 zu den Kriterien für die Freistellung von Wertpapierfirmen von den Liquiditätsanforderungen gem. Art. 43 Abs. 4 IFR) nicht davon auszugehen, dass eine solche Befreiung bereits bei Erlaubniserteilung in Betracht kommt. Denn die Befreiungsentscheidung soll demnach nur auf der Grundlage einer einzureichenden „Aufstellung auf Monatsbasis über die Mittelzuflüsse und -abflüsse der letzten beiden Kalenderjahre sowie des aktuellen Jahres und einer Prognose auf Monatsbasis für den Rest des angebrochenen Jahres und den beiden zukünftigen Kalenderjahren" erfolgen. Dies ist erst möglich, nachdem das Institut den Geschäftsbetrieb aufgenommen und entsprechende Erfahrungen und Daten gesammelt hat.

6 Für **Mittlere Wertpapierinstitute** kommt gem. Art. 11 Abs. 1 lit. c iVm Art. 15 IFR die K-Faktor-Anforderung hinzu, wonach die Eigenmittel ausgehend von den konkret verwalteten Vermögenswerten, den bearbeiteten Kundenaufträgen und den täglichen Handelsströmen anhand vorgegebener Koeffizienten in Bezug auf Kundenrisiken, Marktrisiken und Firmenrisiken berechnet werden. Wenn die K-Faktor-Anforderung höher ist als die Anforderung für fixe Gemeinkosten gem. Art. 13 IFR und als die permanente Mindestkapitalanforderung gem. Art. 14 IFR iVm Art. 9 IFD und § 17, ist die K-Faktor-Anforderung maßgeblich. Die Mehrzahl der Antragsteller dürfte allerdings nach Erlaubniserteilung zunächst als Kleines Wertpapierinstitut starten, bis zB der nach Art. 17 IFR gemessene Wert AUM („assets under management") den Schwellenwert von 1,2 Mrd. EUR gem. Art. 12 Abs. 1 UAbs. 1 S. 1 lit. a IFR erreicht.

7 Im Einzelnen sind gem. Art. 2 Delegierte Verordnung (EU) 2017/1943 als **Informationen zum Kapital** vorgeschrieben:

- lit. a: Angaben über den Einsatz privater Finanzmittel, einschließlich Herkunft und Verfügbarkeit dieser Mittel (gemeint sind damit die Finanzmittel, die von den Gründern bzw. Gründungsgesellschaftern des Institutes oder ggf. von privater dritter Seite zur Verfügung gestellt werden sollen);
- lit. b: Angaben über den Zugang zu Kapitalquellen und Finanzmärkten, einschließlich Angaben über ausgegebene oder auszugebende Finanzinstrumente (hierbei sind gem. Art. 2 UAbs. 2 auch Angaben über die Arten des aufgebrachten Kapitals gem. Art. 9 IFR iVm den Definitionen der CRR zu machen, insbesondere ob das Kapital Posten des harten Kernkapitals (Art. 26 ff. CRR), des zusätzlichen Kernkapitals (Art. 51 ff. CRR) oder Posten des Ergänzungskapitals (Art. 62 ff. CRR) umfasst);
- lit. c: alle relevanten Vereinbarungen und Verträge in Bezug auf das aufgebrachte Kapital;
- lit. d: Angaben über den Einsatz oder den erwarteten Einsatz von Ausleihungen, einschließlich des Namens des Kreditgebers und Einzelheiten zu den gewährten oder voraussichtlich gewährten Fazilitäten, darunter Informationen zu Laufzeiten, Fristen, Verpfändungen und Garantien, zusammen mit Angaben zur Herkunft der Ausleihungen (oder der voraussichtlichen Ausleihungen), wenn der Kreditgeber kein der Aufsicht unterliegendes Finanzinstitut ist;
- lit. e: Einzelheiten zu den Mitteln und Wegen für die Übertragung von Finanzmitteln an das Institut, einschließlich des für die Übertragung dieser Finanzmittel genutzten Netzes (dies soll gemäß Erwägungsgrund 3 Delegierte VO (EU) 2017/1943 den Behörden die Beurteilung ermöglichen, „ob alle relevanten Anforderungen zur Bekämpfung der Finanzkriminalität eingehalten wurden", also insbesondere evtl. geldwäsche- oder betrugsrelevante Finanzierungskanäle bei der Kapitalbeschaffung des Instituts im Rahmen des Erlaubnisverfahrens aufdecken).

8 Diese Angaben zum Kapital werden durch BaFin und BBank im Zusammenhang mit den nach Art. 5 Delegierte VO (EU) 2017/1943 vorzulegenden weiteren Finanzinformationen einschließlich Rechnungslegungsprognosen für die ersten drei Geschäftsjahre gewürdigt, die wiederum mit den Angaben zum Geschäftsplan (Art. 6 lit. a Delegierte VO (EU) 2017/1943) harmonieren müssen. Wenn sich in der Gesamtschau ergibt, dass das Institut bei Erlaubniserteilung nicht über die erforderlichen Mittel verfügen wird, die nach dem Geschäftsplan und den Rechnungslegungsprognosen erforderlich wären, ist die Erlaubnis nach § 18 Abs. 1 Nr. 1 zu versagen. Die konkret geforderten Finanzinformationen sind:

a) Einzureichende Prognosedaten. Gemäß Art. 5 lit. a Delegierte VO (EU) 2017/1943 sind Prognosedaten auf Ebene des Einzelunternehmens und gegebenenfalls auf Gruppenebene konsolidiert sowie auf teilkonsolidierter Ebene vorzulegen, insbesondere 9

– i) Rechnungslegungsprognosen für die ersten drei Geschäftsjahre (Bilanzprognosen und prognostizierte Gewinn- und Verlustrechnung).
Es sind also aufbauend auf den budgetierten Kosten, den erwarteten Kundenentgelten und dem geplanten Anfangskapital Plan-Bilanzen und Plan-GuV für drei Geschäftsjahre ab dem erwarteten Stichtag der Geschäftsaufnahme nach Erlaubniserteilung einzureichen.
– ii) Planungsannahmen für oben stehende Prognosen sowie Erläuterungen der Zahlen, einschließlich der erwarteten Anzahl und Art von Kunden, des erwarteten Transaktions- oder Auftragsvolumens, des erwarteten verwalteten Vermögenswerts (Assets under Management);
– iii) Prognoseberechnungen der Eigenmittelanforderungen und der Liquiditätsanforderungen der Firma gemäß CRR und prognostizierter Solvabilitätskoeffizient für das erste Jahr;

Die Delegierte VO (EU) 2017/1943 wurde vor Inkrafttreten von IFD und IFR erlassen, so dass der Verweis auf die CRR hier als Verweis auf die IFR zu lesen ist (Lendermann/Nemeczek/Schroeter/Steffen Rn. 14). Auch der Verweis auf den zu prognostizierenden „Solvabilitätskoeffizienten" dürfte leerlaufen, da die IFR diese Terminologie nicht kennt. Gemäß dem Verordnungswortlaut in Art. 5 lit. a iii Delegierte VO (EU) 2017/1943 sind die Finanzkennzahl-Prognoseberechnungen nur **für das erste Jahr** zu erstellen. Dabei fällt auf, dass die Rechnungslegungsprognosen gem. Art. 5 lit. a i Delegierte VO (EU) 2017/1943 hingegen für drei Jahre zu erstellen sind. Dies dürfte so auszulegen sein, dass eine **konkrete Finanzkennzahlberechnung** nur für das erste Jahr gefordert ist. Allerdings würde es einen Versagungsgrund wegen fehlender zum Geschäftsbetrieb erforderlicher Mittel gem. § 18 Abs. 1 Nr. 1 nahelegen, wenn trotz einer vorgerechneten Einhaltung der Finanzkennzahlen für Jahr eins der Blick auf die Plan-Bilanz und Plan-GuV für Jahr zwei und drei zeigt, dass die Finanzkennzahlen kurz danach mit hoher Wahrscheinlichkeit verletzt werden.

b) Bei bereits tätigen Unternehmen weitere einzureichende Finanzinformationen. Für bereits anderweitig tätige Unternehmen, die eine Erlaubnis nach dem WpIG anstreben, gelten gem. Art. 5 lit. b Delegierte VO (EU) 2017/1943 weitergehende Anforderungen (zusätzlich zu der Anforderung von Prognosedaten, denn Art. 5 lit. a Delegierte VO (EU) 2017/1943 differenziert nicht nach neu gegründeten oder bereits tätigen Unternehmen). Es sind die gesetzlich vorgeschriebenen Abschlüsse auf Ebene des Einzelunternehmens und gegebenenfalls auf voll- und teilkonsolidierter Ebene für die letzten drei Rechnungsperioden, die – sofern geprüft – vom externen Prüfer testiert wurden, vorzulegen, einschließlich: i) Bilanz, ii) GuV und iii) Lageberichte und finanzielle Anhänge sowie alle anderen in Bezug auf den Unternehmensabschluss relevanten Unterlagen, die „bei dem betreffenden Register oder der betreffenden Behörde im jeweiligen Hoheitsgebiet" (in Deutschland: dem Unternehmensregister) hinterlegt wurden sowie ggf. ein Bestätigungsvermerk des Abschlussprüfers für die letzten drei Jahre oder den Zeitraum seit Aufnahme der Geschäftstätigkeit. 10

c) Analyse zur konsolidierten Aufsicht. Gemäß Art. 5 lit. c Delegierte VO (EU) 2017/1943 muss der Antragsteller eine Analyse im Hinblick darauf vorlegen, 11 inwieweit er unter die konsolidierte Aufsicht gemäß der CRR fällt, einschließlich Angaben darüber, welche Unternehmen der Gruppe nach der Zulassung unter die konsolidierte Aufsicht fallen und auf welcher Ebene innerhalb der Unternehmensgruppe diese Anforderungen auf voll- oder teilkonsolidierter Basis gelten. Da die Delegierte VO (EU) 2017/1943 vor Inkrafttreten der IFR erlassen wurde, ist dies als Verweis auf die für (kleine und mittlere) Wertpapierinstitute maßgebliche Vorschrift **Art. 7 IFR** über die **aufsichtliche Konsolidierung** zu lesen. Es ist daher im Rahmen einer ggf. knappen schriftlichen Stellungnahme auszuführen, ob die Vorschriften über die aufsichtliche Konsolidierung gem. Art. 7 IFR im Falle der Erlaubniserteilung auf das antragstellende Unternehmen Anwendung finden.

12 Dies erfordert eine Prüfung, ob das antragstellende Unternehmen unter die Definitionen „Unions-Mutterwertpapierfirma" (Art. 4 Abs. 1 Nr. 56 IFR), „Unions-Mutterinvestmentholdinggesellschaft" (Art. 4 Abs. 1 Nr. 57 IFR) oder „gemischte Unions-Mutterfinanzholdinggesellschaft" (Art. 4 Abs. 1 Nr. 58 IFR) fällt. Wenn das antragstellende Institut zB Tochtergesellschaften hat und eine Tochtergesellschaft eine reine Zwischenholdingfunktion aufweist, kommt eine Qualifizierung dieser Tochtergesellschaft als „Finanzinstitut" (Art. 4 Abs. 1 Nr. 14 IFR) in Betracht (nämlich gemäß dieser Definition in der Alternative eines „Unternehmens, das weder Kreditinstitut noch Wertpapierfirma ist und auch keine reine Industrieholdinggesellschaft, dessen Haupttätigkeit darin besteht, Beteiligungen zu erwerben"). Für die Bestimmung der „Haupttätigkeit" sind entsprechend der Auslegung der parallelen gesetzlichen Definition in § 1 Abs. 3 KWG insbesondere bilanzielle Größen (Anteil der betreffenden Aktiva am Gesamtvermögen) und der Anteil am Gesamtertrag heranzuziehen. Liegt einer der Aspekte bei über 50 % ist im Regelfall die Tätigkeit als Haupttätigkeit zu qualifizieren (Lendermann/Nemeczek/Schroeter/Reschke § 2 Rn. 463). Ist somit die Tochtergesellschaft mit Zwischenholdingfunktion als „Finanzinstitut" einzuordnen, handelt es sich bei dem antragstellenden Institut um eine Unions-Mutterwertpapierfirma. Eine Qualifizierung als Unions-Mutterwertpapierfirma hat zur Folge, dass die vierteljährlichen (bei Kleinen Wertpapierinstituten jährlichen) Meldungen gem. Art. 54 IFR über ua Höhe und Zusammensetzung der Eigenmittel, Berechnung der Eigenmittelanforderungen, Konzentrationsrisiko und Liquiditätsanforderungen ergänzend zur Abgabe einer Einzelmeldung auch auf konsolidierter Basis abzugeben sind.

2. Fehlende Zuverlässigkeit des Antragstellers oder Geschäftsleiters

13 **a) Zusammenfassung der materiellen Anforderungen.** Dieser Versagungsgrund gem. § 18 Abs. 1 Nr. 2 betrifft die persönliche Zuverlässigkeit bei den betroffenen natürlichen Personen (RegBegr. WpIG, BT-Drs. 19/26929, 137), dh es geht um die **Zuverlässigkeit der Geschäftsleiter.** Das Konzept der Zuverlässigkeit ist dasselbe wie in § 20 Abs. 1 S. 1. Gemäß der allgemeinen gewerbeaufsichtsrechtlichen Definition ist **unzuverlässig,** wer nach dem **Gesamtbild seines Verhaltens nicht die Gewähr dafür bietet, dass er das Gewerbe ordnungsgemäß ausüben wird** (BVerwG NVwZ 1982, 503; BeckRS 1997, 31222266). Ergänzend wird die in §§ 18 Abs. 1 Nr. 3, 26 Abs. 1 Nr. 1 WpIG (gleichlautend in §§ 33 Abs. 1 S. 1 Nr. 3, 2c Abs. 1b Nr. 1 KWG) verankerte Formulierung des

Untersagungsgrundes für den Erwerb bedeutender Beteiligungen herangezogen, nämlich dass ein Untersagungsgrund vorliegt, wenn der Erwerber (bzw. die Organperson des Erwerbers) **nicht den im Interesse einer soliden und umsichtigen Führung des Wertpapierinstituts zu stellenden Ansprüchen genügt** (Schwennicke/Auerbach/Schwennicke § 33 Rn. 29). Es besteht eine **besondere Vertrauensempfindlichkeit,** dh da die Öffentlichkeit den handelnden Akteuren in Bank- und Finanzdienstleistungsinstituten besonderes Vertrauen entgegenbringt, sind die Anforderungen an die Zuverlässigkeit höher als in anderen Branchen anzusetzen (Reischauer/Kleinhans/Albert KWG § 33 Rn. 25). Es gibt allerdings **keine Unzuverlässigkeit schlechthin,** sondern die Beurteilung hat das konkrete Institut, seine Größe und Geschäftstätigkeiten zu berücksichtigen (Beck/Samm/Kokemoor/Kleinert KWG § 25c Rn. 28). Bei der Beurteilung der Umstände des Einzelfalles sind daher auch die unterschiedlichen Anforderungen je nach Geschäftsart und Größe des Instituts einzubeziehen (Fischer/Schäfer/Schulte-Mattler/Schulte-Mattler/Fischer/Krolop KWG § 33 Rn. 38).

Als konkrete Gründe für die Unzuverlässigkeit kommen in Betracht (siehe näher die zahlreichen Beispiele bei Reischauer/Kleinhans/Albert KWG § 33 Rn. 31): 14

- **Straftaten** mit Bezug zur Geschäftstätigkeit, insbesondere **Vermögensdelikte, Steuerdelikte, Verstöße gegen das GwG** und **Straftaten nach dem KWG** (oder § 82), wobei eine hieraus abgeleitete Unzuverlässigkeit nicht zwingend eine Verurteilung verlangt (Beck/Samm/Kokemoor/Kleinert KWG § 25c Rn. 27; Reischauer/Kleinhans/Albert KWG § 25c Rn. 45 ff.). Da gem. Art. 4 lit. a v der Delegierten VO (EU) 2017/1943 nicht nur Vorstrafen, sondern auch „Informationen über strafrechtliche Ermittlungen und Verfahren, einschlägige Zivil- und Verwaltungssachen und gegen sie eingeleitete Disziplinarmaßnahmen" mitzuteilen sind, legt dies nahe, dass die Behörden im Erlaubnisverfahren nicht nur Verurteilungen, sondern auch Ermittlungsverfahren würdigen sollen, selbst wenn der Ausgang der Verfahren noch offen ist.
- **Ordnungswidrigkeiten,** wenn sie entweder im Geschäftsbetrieb eines Instituts verwirklicht sind, oder bei wiederholten Verstößen eine allgemeine Neigung zur Nichtbeachtung von Rechtsvorschriften erkennen lassen (Beck/Samm/Kokemoor/Kleinert KWG § 25c Rn. 30; Schwennicke/Auerbach/Schwennicke KWG § 25c Rn. 9).
- Auch **persönliche Schwächen** können Zweifel an der Zuverlässigkeit begründen, wenn sie Auswirkungen auf die Funktion im Institut haben, wie zB schwerer Alkoholismus oder Drogenabhängigkeit (Fischer/Schäfer/Schulte-Mattler/Schulte-Mattler/Fischer/Krolop KWG § 33 Rn. 45).

b) Einzureichende Nachweise. Die einzureichenden Unterlagen und Informationen über die Geschäftsleiter sind in Art. 4 Delegierte VO (EU) 2017/1943 aufgeführt. Es ist von der Zuverlässigkeit auszugehen, wenn diese Unterlagen vollständig vorgelegt wurden und sich aus diesen keine Anhaltspunkte für die Unzuverlässigkeit ergeben, dh die Zuverlässigkeit muss nicht positiv nachgewiesen werden (was auch kaum möglich wäre), sondern die BaFin muss anhand der vorzulegenden Informationen Tatsachen nachweisen, aus denen die Unzuverlässigkeit folgt (Schwennicke/Auerbach/Schwennicke KWG § 25c Rn. 5; Fischer/Schäfer/Schulte-Mattler/Schulte-Mattler/Fischer/Krolop KWG § 33 Rn. 39). 15

Die einzureichenden Informationen sind anhand des auf der BaFin-Website abrufbaren **Formulars „Angaben zur Zuverlässigkeit und zeitlichen Ver-** 16

fügbarkeit" gem. Art. 4 Delegierte VO (EU) 2017/1943 vorzulegen. Durch dieses Formular werden Informationen eingeholt, die sowohl für die Prüfung des Versagungsgrundes der Zuverlässigkeit (§ 18 Abs. 1 Nr. 2) als auch für die weiteren Versagungsgründe der mangelnden fachlichen Eignung (§ 18 Abs. 1 Nr. 3), der mangelnden zeitlichen Verfügbarkeit (§ 18 Abs. 1 Nr. 5) und der übermäßigen Anzahl von Mehrfachmandaten (§ 18 Abs. 1 Nr. 6 iVm § 20 Abs. 4) erforderlich sind. Mit dem **Formular** werden **folgende Unterpunkte der Anforderungsliste in Art. 4 lit. a Delegierte VO (EU) 2017/1943 erledigt:** i) persönliche Daten, ii) Position, für die die Person ernannt wird, iv) Unterlagen über den Leumund, insbesondere eine Liste von Referenzpersonen, einschließlich Kontaktdaten und Empfehlungsschreiben, v) Vorstrafen und strafrechtliche Ermittlungen, vi) Informationen über die bereits erfolgte Verweigerung einer Zulassung bzw. Lizenzierung in anderen Verfahren, vii) Informationen über die Entlassung aus einer Arbeitsstelle oder Vertrauensstellung, viii) Information, ob bereits eine Beurteilung des Leumundes und der Erfahrung durchgeführt wurde, ix) Beschreibung etwaiger finanzieller und nichtfinanzieller Interessen oder Beziehungen zu Mitgliedern des Leitungsorgans und zu Inhabern von Schlüsselfunktionen in demselben Institut, xi) Informationen über die Mindestzeit, die bei der Ausübung der Funktionen innerhalb der Firma gewidmet werden wird und xiii) Liste der aktuellen Leitungs- und Aufsichtsfunktionen.

17 Damit sind folgende Unterpunkte der Anforderungsliste in Art. 4 Delegierte VO (EU) 2017/1943 durch das Formular noch nicht abgedeckt und somit separat zu erledigen:

– Vorlage eines **Lebenslaufes mit Angaben zum maßgeblichen Bildungs- und Berufsabschluss** (Art. 4 lit. a iii Delegierte VO (EU) 2017/1943). Der Lebenslauf sollte besonderes Augenmerk auf die Darstellung der beruflichen Erfahrung legen, was als separater Punkt in Art. 4 lit. a iv Delegierte VO (EU) 2017/1943 angesprochen ist und sich am besten im Lebenslauf darstellen lässt. Ergänzend führt § 5 Abs. 2 S. 1 WpI-AnzV aus, dass die im Lebenslauf enthaltenen Zeitangaben **monatsgetreu** erfolgen müssen. Alle **Angaben müssen lückenlos, vollständig und wahr sein** (§ 5 Abs. 2 S. 2 WpI-AnzV). Die BaFin legt in ihrer Praxis besonderen Wert auf die Lückenlosigkeit des Lebenslaufes. Daher sind auch Phasen ohne eine berufliche Beschäftigung (zB zwischen Ausbildung und Berufsbeginn oder zwischen verschiedenen Berufsabschnitten) zu erläutern. Der Lebenslauf muss mit einem Datum versehen und eigenhändig unterschrieben sein (§ 5 Abs. 2 S. 3 WpI-AnzV). Soweit vorhanden, sind dem Lebenslauf Arbeitszeugnisse über unselbständige Tätigkeiten beizufügen, die in den letzten drei Jahren vor Abgabe der Anzeige ausgeübt wurden (§ 5 Abs. 2 S. 4 WpI-AnzV).
– **Angaben über das Ergebnis einer Beurteilung der Eignung der Mitglieder des Leitungsorgans, die vom Antragsteller selbst durchgeführt** wurde (Art. 4 lit. a x Delegierte VO (EU) 2017/1943). Diese Anforderung spiegelt den Ansatz der „Leitlinien zur Bewertung der Eignung von Mitgliedern des Leitungsorgans und Inhabern von Schlüsselfunktionen" von EBA und ESMA (EBA/GL/2021/06, ESMA35-36-2319 v. 2.7.2021, Abs. 23 f.) wider, wonach die „erste und fortlaufende Bewertung der individuellen Eignung der Mitglieder des Leitungsorgans … in der Verantwortung der Institute" liegt, „unbeschadet der Bewertung, die von zuständigen Behörden für Aufsichtszwecke durchgeführt wird". Dieser **Ansatz der Selbstbewertung vor behördlicher Bewertung** gilt bereits im Stadium des Erlaubnisverfah-

rens. Es bestehen keine speziellen Formvorgaben über die Art und Weise der Darstellung dieser Selbstbewertung. Es kann zB im Rahmen des Erlaubnisantrag-Anschreibens (gemäß dem nach Anhang I Delegierte VO (EU) 2017/1945 zu verwendenden Formular) ausgeführt werden, dass das antragstellende Unternehmen zu einem positiven Ergebnis der Eignung gekommen ist, mit Angabe der wesentlichen Gründe (zB eine einschlägige und ausreichend lange Leitungserfahrung in einem vergleichbaren Unternehmen). Ergänzend kann die sog. „Eignungsmatrix" verwendet werden, die als Excel-Datei auf der BaFin-Website zur Verfügung steht für die interne Bewertung der Eignung der Gesamtheit der Geschäftsleitung bei KWG-Instituten (basierend auf Anhang I iVm Abschnitt 19, Tz. 149 ff. der gemeinsamen Leitlinien von EBA und ESMA zur „Bewertung der Eignung von Mitgliedern des Leitungsorgans und Inhabern von Schlüsselfunktionen", EBA/GL/2021/06).

- **Informationen über Personal- und Finanzressourcen, die für die Einführung der Mitglieder in ihr Amt und ihre Schulung eingesetzt werden (auf das Jahr bezogenen Angaben)** (Art. 4 lit. a xii Delegierte VO (EU) 2017/1943). Diese Angabe kann ebenfalls im Erlaubnisantrag-Anschreiben untergebracht werden. Es ist hierbei darauf zu achten, dass sich dieses Budget in der vorgelegten Rechnungslegungsprognose (Art. 5 lit. a i Delegierte VO (EU) 2017/1943) wiederfindet.
- Ferner sind **Informationen über die Mitarbeiter der internen Verwaltung und der Kontrollorgane** zu übermitteln (Art. 4 lit. b Delegierte VO (EU) 2017/1943). Diese Information wird auch im Rahmen der Informationen über die Firmenorganisation gem. Art. 6 lit. c Delegierte VO (EU) 2017/1943 angefordert, nämlich Informationen über die „Organisationsstruktur und interne Kontrollsysteme der Firma", was insbesondere „persönliche Daten der Leiter der internen Funktionen (Verwaltungs- und Aufsichtsfunktionen), einschließlich eines ausführlichen Lebenslaufs mit Angaben über den einschlägigen Bildungs- und Berufsabschluss und die Berufserfahrung" umfasst. Diese Informationen müssen nicht doppelt eingereicht werden, sondern es kann im Rahmen der Antragsdokumentation entsprechend verwiesen werden.

3. Fehlende Zuverlässigkeit der Inhaber bedeutender Beteiligungen

Dieser Versagungsgrund gem. § 18 Abs. 1 Nr. 3 entspricht § 33 Abs. 1 S. 1 **18** Nr. 3 KWG und verlangt „Tatsachen, die die Annahme rechtfertigen, dass der Inhaber einer bedeutenden Beteiligung nicht zuverlässig ist oder aus anderen Gründen nicht den im Interesse einer soliden und umsichtigen Führung des Instituts zu stellenden Ansprüchen genügt". Die Vorschrift beruht auf Art. 10 Abs. 1 UAbs. 2 MiFID II. In **Art. 9 Delegierte VO 2017/1943** sind die **maßgeblichen Entscheidungskriterien** ausgeführt.

Art. 9 Delegierte VO (EU) 2017/1943 verlangt **ausreichende Garantien für** **19** **eine solide und umsichtige Führung des Instituts,** was Gegenstand einer gewichtenden Beurteilung durch die Behörde ist. Dies muss gem. Art. 9 Delegierte VO (EU) 2017/1943 **anhand von allen folgenden Kriterien beurteilt werden:**

- Gemäß Art. 9 lit. a Delegierte VO (EU) 2017/1943 ist der **Leumund** und die **Erfahrung jeder Person, die die Geschäfte des Instituts führen wird,** zu würdigen. Dies bezieht sich auf die **Geschäftsleiter.** Mit „Leumund" ist die berufliche Reputation gemeint (in der englischen Fassung von Art. 9 der Delegierten VO (EU) 2017/1943 heißt es „reputation", in der französischen Fassung: „réputation / honorabilité"). Die VO macht allerdings nicht deutlich, inwiefern der Leumund und die Erfahrung des Geschäftsleiters relevant sein soll für die Zuverlässigkeit der Inhaber der bedeutenden Beteiligung, zumal diese nicht identisch sein müssen. Ein Sinn dieses Kriteriums erschließt sich, wenn man – wie es Art. 9 Delegierte VO (EU) 2017/1943 verlangt – insgesamt nach ausreichenden Garantien für eine solide und umsichtige Führung der Firma fragt. Wenn zB ein Inhaber einer bedeutenden Beteiligung keine Erfahrung im Bereich der Wertpapierdienstleistungen vorweisen kann, so können im Gesamtbild gleichwohl „ausreichende Garantien für eine solide und umsichtige Führung" anzunehmen sein, wenn die Geschäftsleiter eine besonders hohe Reputation und Erfahrung hat.

- Gemäß Art. 9 lit. b Delegierte VO (EU) 2017/1943 ist der **Leumund der vorgeschlagenen Inhaber bedeutender Beteiligungen** relevant.
- Gemäß Art. 9 lit. c Delegierte VO (EU) 2017/1943 ist die **finanzielle Solidität der vorgeschlagenen Inhaber bedeutender Beteiligungen** zu würden, insbesondere **in Bezug auf die Art der tatsächlichen und geplanten Geschäfte des Instituts.**
- Art. 9 lit. d Delegierte VO (EU) 2017/1943 nennt das Kriterium der aktuellen und voraussichtlichen künftigen **Fähigkeit des Instituts, den Aufsichtsanforderungen nach Artikel 15 MiFID II** sowie gegebenenfalls den RL 2002/87/EG und 2013/36/EU zu genügen, und insbesondere die Frage, ob die **Struktur der Unternehmensgruppe,** der sie angehören wird, es **ermöglicht, eine wirksame Beaufsichtigung auszuüben,** einen wirksamen Austausch von Informationen zwischen den zuständigen Behörden zu gewährleisten und die Aufteilung der Zuständigkeiten zwischen den zuständigen Behörden zu bestimmen. Art. 15 MiFID II regelt die erforderliche Anfangskapitalausstattung, die in § 17 umgesetzt ist und eine dauerhafte Mindest-Eigenkapitalvorgabe darstellt. Es geht also einerseits um die Frage, ob die Gesellschafterstruktur ausreichende Garantien für eine finanzielle Solidität im Sinne der Einhaltung der Eigenkapitalvorgaben bietet. Andererseits ist hier die (ggf. internationale) Verflechtung des Instituts innerhalb der von den Gesellschaftern gebildeten Unternehmensgruppe angesprochen. Diese darf keine Komplexitäten aufweisen, die es der BaFin erheblich erschweren würde, eine wirksame Beaufsichtigung auszuüben.
- Gemäß Art. 9 lit. e Delegierte VO (EU) 2017/1943 ist die schließlich die Frage relevant, ob ein hinreichender Verdacht besteht, dass im Zusammenhang mit der Zulassung des Instituts **Geldwäsche oder Terrorismusfinanzierung** stattfinden, stattgefunden haben oder ob diese Straftaten versucht wurden bzw. ob die Zulassung des Instituts das Risiko eines solchen Verhaltens erhöhen könnte. Für die Begriffe „Geldwäsche" und „Terrorismusfinanzierung" wird auf die Definitionen in Art. 1 Dritte GeldwäscheRL (RL 2005/60/EG) verwiesen.

20 Die Eignung der jeweiligen vorgeschlagenen Inhaber bedeutender Beteiligungen ist anhand dieser Kriterien zu beurteilen, wobei gem. Art. 9 Delegierte VO (EU) 2017/1943 ausdrücklich **der voraussichtliche Einfluss der jeweiligen Gesellschafter auf das Institut zu berücksichtigen** ist. Dies bedeutet, dass an einen avisierten Gesellschafter mit Kontrolle über das Institut höhere Maßstäbe

anzulegen sein können als zB an einen Minderheitsgesellschafter, der nur knapp oberhalb der Schwelle der bedeutenden Beteiligung (mindestens 10 %) beteiligt sein wird.

Um diese Prüfung zu ermöglichen, sind **umfassende Unterlagen und Informationen über die Anteilseigner** einzureichen. Die Anforderungsliste ergibt sich aus Art. 3 Delegierte VO (EU) 2017/1943 iVm Art. 3, 4 und 5 Delegierte VO (EU) 2017/1946 über die „erschöpfende Liste der Informationen, die interessierte Erwerber in die Anzeige des beabsichtigten Erwerbs einer qualifizierten Beteiligung an einer Wertpapierfirma aufnehmen müssen". Die Anforderungen im Rahmen des Erlaubnisverfahrens sind damit an diejenige des **Inhaberkontrollverfahrens** gemäß den delegierten EU-Rechtsakten angeglichen. 21

Der **Begriff der bedeutenden Beteiligung** ist in § 2 Abs. 23 definiert, wo auf die Definition der „qualifizierten Beteiligung" gem. Art. 4 Abs. 1 Nr. 36 CRR verwiesen wird, meint also „das direkte oder indirekte Halten von Anteilen an einem Unternehmen, das mindestens 10 % des Kapitals oder der Stimmrechte dieses Unternehmens repräsentiert oder das anderweitig die Wahrnehmung eines maßgeblichen Einflusses auf die Geschäftsführung dieses Unternehmens ermöglicht". 22

4. Fehlende fachliche Eignung der Inhaber und Geschäftsleiter

a) Adressaten der Anforderung. Nach § 18 Abs. 1 Nr. 4 wird die fachliche Eignung des Inhabers oder Geschäftsleiters des Instituts gefordert. Diese Anforderung beruht ebenso wie § 18 Abs. 1 Nr. 2 auf Art. 9 Abs. 4 MiFID II. Dabei kommt es bei **einzelkaufmännisch betriebenen Instituten** auf den **Inhaber** an. Bei Personengesellschaften (aufgrund der Gewerblichkeit des Institutshandelns kommen lediglich die **Personenhandelsgesellschaften** OHG, KG und GmbH & Co. KG in Betracht) soll es gemäß einer Äußerung in der Regierungsbegründung (BT-Drs. 19/26929, 137) auf „den oder die Inhaber" ankommen. Dies ist allerdings eine verkürzte Formulierung. Wie es bei der Parallelnorm § 33 Abs. 1 S. 1 Nr. 4 KWG anerkannt ist, sollte in diesem Zusammenhang unter „Inhaber" nicht jeder Gesellschafter, sondern nur ein persönlich haftender Gesellschafter, soweit dieser nicht von der Geschäftsführung ausgeschlossen ist, verstanden werden. Ein Kommanditist, ein stiller Gesellschafter oder ein von der Geschäftsführung ausgeschlossener persönlich haftender Gesellschafter ist danach nicht als Inhaber iSv § 18 Abs. 1 Nr. 4 anzusehen (Fischer/Schäfer/Schulte-Mattler/Schulte-Mattler/Fischer/Krolop KWG § 33 Rn. 47; Schwennicke/Auerbach/Schwennicke KWG § 33 Rn. 40; Reischauer/Kleinhans/Albert KWG § 33 Rn. 22). Denn es ergibt sich aus dem Normzusammenhang von § 18 Abs. 1 Nr. 2 und Nr. 3, dass das Gesetz in Nr. 2 die Zuverlässigkeit der Gesellschafter verlangt, sofern diese jeweils eine bedeutende Beteiligung halten (wobei bei Personengesellschaften die Frage, ob ein Gesellschafter aufgrund des Überschreitens der Schwelle von mindestens 10 % des Kapitals eine bedeutende Beteiligung hält, sich nach dem Beteiligungsverhältnis im Gesellschaftsvertrag richtet (Schwennicke/Auerbach/Schwennicke § 1 Rn. 227) und in Nr. 3 die fachliche Eignung der geschäftsführungsbefugten natürlichen Personen. Es würde der Gesetzessystematik und Sinn und Zweck nicht entsprechen, wenn sämtliche natürlichen Personen, die Gesellschafter eines Institutes in der Rechtsform der Personengesellschaft sind, zusätzlich gem. § 18 Abs. 1 Nr. 3 als „Inhaber" auf ihre fachliche Eignung zu prüfen wären. Vielmehr ist die Prüfung der fachlichen 23

Eignung als „Inhaber“ auf die geschäftsführungsbefugten Gesellschafter von Personengesellschaften zu beschränken.

24 Ferner sind die **Geschäftsleiter** (§ 2 Abs. 36) die Adressaten dieser Anforderung der fachlichen Eignung. Das sind diejenigen natürlichen Personen, die nach Gesetz, Satzung oder Gesellschaftsvertrag zur Führung der Geschäfte und zur Vertretung des Instituts in der Rechtsform einer juristischen Person oder einer Personenhandelsgesellschaft berufen sind. Ferner kommt es im Ausnahmefall des § 20 Abs. 6 S. 2, wenn nämlich das Institut von einem Einzelkaufmann betrieben wird und eine von dem Inhaber mit der Führung der Geschäfte betraute Person als Geschäftsleiter eingesetzt wird (sog. gekorener Geschäftsleiter), auf dessen fachliche Eignung an (Fischer/Schäfer/Schulte-Mattler/Schulte-Mattler/Fischer/Krolop KWG § 33 Rn. 47).

25 **b) Anforderungen an die fachliche Eignung.** Die fachliche Eignung setzt nach § 20 Abs. 1 S. 2 voraus, dass die Geschäftsleiter **in ausreichendem Maß theoretische und praktische Kenntnisse** in den betreffenden Geschäften sowie **Leitungserfahrung** haben. Dabei ist nach § 20 Abs. 1 S. 3 das Vorliegen der fachlichen Eignung regelmäßig anzunehmen, wenn eine **dreijährige leitende Tätigkeit** bei einem **Institut von vergleichbarerer Größe und Geschäftsart** nachgewiesen wird. Gemäß § 20 Abs. 1 S. 4 kann der Nachweis auch durch Tätigkeiten bei einem anderen Unternehmen erbracht werden, sofern dieses eine vergleichbare Größe aufweist und von Art und Volumen in mit dem Institut vergleichbarer Weise Wertpapierdienstleistungen erbringt. Die Größe eines Instituts bemisst sich grundsätzlich nach der Bilanzsumme, jedoch kann die BaFin gemäß dem **„Fit and proper“-Rundschreiben** 11/2025 v. 22.10.2025 zu den „Mitgliedern der Geschäftsleitung sowie von Verwaltungs- und Aufsichtsorganen gemäß KWG“ (Tz. 74) auch weitere Kriterien, wie zB die Anzahl der Mitarbeiter, das betreute Depotvolumen oder die Kundenzahl in die Beurteilung der vergleichbaren Größe einbeziehen (das Merkblatt ist ausdrücklich an den Adressatenkreis des KWG gerichtet, allerdings dürften diese – bereits in Vorgänger-Merkblättern enthaltenen – Ausführungen angesichts der gleich formulierten Rechtsgrundlagen auf Wertpapierinstitute übertragbar sein). Eine vergleichbare Größe ist laut BaFin („Fit and proper“-Rundschreiben) regelmäßig bis zum Dreifachen der Bilanzsumme anzunehmen. Grundsätzlich sind „Institute, die geschäftlich ähnlich ausgerichtet sind und die gleichen Bankgeschäfte oder Finanzdienstleistungen betreiben, von vergleichbarer Geschäftsart“ (BaFin „Fit and proper“-Rundschreiben). Dabei gibt es keine allgemeine fachliche Eignung eines Geschäftsleiters. Die Beurteilung durch die BaFin erfolgt immer für das konkrete Institut (BaFin „Fit and proper“-Rundschreiben, Tz. 72). Die theoretischen und praktischen Kenntnisse sowie die Leitungserfahrung eines Geschäftsleiters müssen auf dem aktuellen Stand sein (BaFin „Fit and proper“-Rundschreiben, Tz. 73). Inwieweit im Ausland erworbene Kenntnisse herangezogen werden können, wird im Einzelfall geprüft. Geschäftsleiter ohne entsprechende Erfahrungen im nationalen/europäischen Aufsichtsrecht müssen grundsätzlich relevante Fortbildungen nachweisen oder eine geeignete Tätigkeit von mindestens sechs Monaten in einem deutschen oder europäischen Institut ausüben. Geschäftsleiter müssen über ausreichende Kenntnisse der deutschen oder der englischen Sprache verfügen, um ua eine direkte Kommunikation mit der Aufsicht zu gewährleisten (BaFin „Fit and proper“-Rundschreiben).

Wo die Regelvermutung mangels Vorliegens einer dreijährigen leitenden Tätigkeit nicht greift, muss die Qualifikation gesondert im Rahmen einer Einzelprüfung nachgewiesen werden (BaFin „Fit and proper"-Rundschreiben", Tz. 75). 26

EBA und ESMA nennen in den „Leitlinien zur Bewertung der Eignung von Mitgliedern des Leitungsorgans und Inhabern von Schlüsselfunktionen" (EBA/GL/2021/06, ESMA35-36-2319 v. 2.7.2021, Tz. 27) noch weitere für die Eignung wesentliche Eigenschaften wie einen guten Leumund, Aufrichtigkeit, Integrität und Unvoreingenommenheit. Danach sollen die Behörden insbesondere bewerten, ob die Geschäftsleiter: 27

- einen ausreichend guten Leumund haben;
- über ein ausreichendes Maß an Kenntnissen, Fähigkeiten und Erfahrung verfügen, um ihre Aufgaben zu erfüllen;
- in der Lage sind, aufrichtig, integer und unvoreingenommen zu handeln, um die Entscheidungen des Leitungsorgans in seiner Leitungsfunktion und sonstige relevante Leitungsentscheidungen bei Bedarf effektiv zu bewerten und kritisch zu hinterfragen und die Entscheidungsfindung von Leitungsentscheidungen effektiv zu überwachen und zu beaufsichtigen;
- in der Lage sind, ausreichend Zeit für die Erfüllung ihrer Funktionen im Institut aufzuwenden.

c) Einzureichende Nachweise. Die vorzulegenden Informationen und Unterlagen ergeben sich aus Art. 4 der Delegierten VO (EU) 2017/1943 (dazu → Rn. 17). Die wesentlichen Informationen über die Eignung ergeben sich hierbei aus dem Lebenslauf mit Angaben zum maßgeblichen Bildungs- und Berufsabschluss (Art. 4 lit. a iii) und aus der vom Antragsteller erstellten Einschätzung über die Beurteilung der Eignung (Art. 4 lit. a x). 28

5. Ausreichende zeitliche Verfügbarkeit des Geschäftsleiters

§ 18 Abs. 1 Nr. 5 setzt Art. 9 Abs. 4 MiFID II um, wonach die Zulassung ua dann zu verweigern ist, wenn die Behörde nicht davon überzeugt ist, dass die Mitglieder des Leitungsorgans der Wahrnehmung ihrer Aufgaben ausreichend Zeit widmen. Das „Fit and proper"-Rundschreiben der BaFin v. 22.10.2025 enthält in Abschnitt II.3 Verwaltungsvorschriften zur Auslegung des unbestimmten Rechtsbegriffes der ausreichenden zeitlichen Verfügbarkeit. Danach muss die Person **unter Berücksichtigung ihrer beruflichen und gesellschaftlichen Verpflichtungen nach allgemeiner Anschauung** in der Lage sein, für ihre Tätigkeit, **auch in Sondersituationen mit erhöhtem Zeitaufwand, ausreichend Zeit** aufzubringen. Die zeitliche Verfügbarkeit des Geschäftsleiters für seine Amtspflichten darf hierbei 50 % seiner Arbeitszeit in keinem Fall unterschreiten, wobei regelmäßig von einem höheren Zeiterfordernis auszugehen ist (BaFin „Fit and proper"-Rundschreiben). Die BaFin verlangt hierbei nicht während des gesamten Zeitraums eine physische Präsenz in den Geschäftsräumen des Instituts. Es wird allerdings verlangt, dass „vor dem Hintergrund einer zunehmend digitalen Arbeitswelt (zB mobiles Arbeiten)" technisch sichergestellt ist, dass der Geschäftsleiter „auch in Sondersituationen mit erhöhtem Zeitaufwand kurzfristig alle notwendigen Informationen sowie Kommunikationskanäle zur Verfügung hat, um für die Einhaltung der ordnungsgemäßen Geschäftsorganisation des Instituts" zu sorgen (BaFin „Fit and proper"-Rundschreiben). 29

30 Das Erfordernis der ausreichenden zeitlichen Verfügbarkeit besteht unabhängig von den Mandatsbeschränkungen für Geschäftsleiter (BaFin „Fit and proper"-Rundschreiben, Tz. 127). Das bedeutet, dass ein Geschäftsleiter aus zeitlichen Gründen daran gehindert sein kann, ein weiteres Mandat anzunehmen, auch wenn die Anzahl an Leitungs- oder Aufsichtsmandaten gemäß den Vorgaben zur Mandatsbegrenzung (§ 20 Abs. 4) für sich genommen noch unbedenklich wäre.

31 Es gelten ergänzend weitere Kriterien der EBA und ESMA aus den „Leitlinien zur Bewertung der Eignung von Mitgliedern des Leitungsorgans und Inhabern von Schlüsselfunktionen" (EBA/GL/2021/06, ESMA35-36-2319 v. 2.7.2021, Tz. 41), welche von der BaFin angewendet und in ihren Merkblättern übernommen werden (auch Lendermann/Nemeczek/Schroeter/Steffen Rn. 32 führt diese weiteren Kriterien als maßgeblich auf). Zu diesen Kriterien bei der Bewertung des ausreichenden Zeitaufwands zählen:

- die Anzahl von gleichzeitig geführten Mandaten bei Finanzdienstleistern und anderen Unternehmen, unter Berücksichtigung von möglichen Synergien, wenn sie im selben Konzern wahrgenommen werden, einschließlich von Mandaten im Auftrag einer juristischen Person oder als Stellvertreter eines Mitglieds des Leitungsorgans;
- Größe, Art, Umfang und Komplexität der Tätigkeiten des Unternehmens, bei dem das Mandat besteht, insbesondere, ob das Unternehmen ein Nicht-EU-Unternehmen ist;
- Geografische Präsenz des Mitglieds und die für die Funktion erforderliche Reisezeit;
- Anzahl von Sitzungen, die für das Leitungsorgan geplant sind;
- gleichzeitige Mandate dieses Mitglieds in Organisationen, die nicht vorrangig gewerbliche Ziele verfolgen;
- erforderliche Sitzungen, die insbesondere mit zuständigen Behörden oder sonstigen internen oder externen Interessenträgern außerhalb des formellen Terminplans des Leitungsorgans abzuhalten sind;
- Art der konkreten Position und die Verantwortlichkeiten des Mitglieds, einschließlich konkreter Funktionen, zB CEO, Vorsitzender oder Vorsitz oder Mitglied eines Ausschusses, ob das Mitglied ein Leitungs- oder Aufsichtsmandat innehat und die Notwendigkeit dieses Mitglieds, an einerseits Sitzungen in den anderweitigen Mandatsunternehmen und andererseits im Institut teilzunehmen;
- sonstige externe berufliche oder politische Tätigkeiten sowie sonstige Funktionen und relevante Tätigkeiten innerhalb und außerhalb des Finanzsektors sowie innerhalb und außerhalb der EU;
- die erforderliche Einführung und Schulung;
- sonstige relevante Pflichten des Mitglieds, bezüglich derer die Institute der Ansicht sind, dass sie bei der Bewertung des ausreichenden Zeitaufwands eines Mitglieds zu berücksichtigen sind, und
- verfügbares relevantes Benchmarking zum Zeitaufwand, einschließlich des von der EBA zur Verfügung gestellten Benchmarkings. Gemeint ist hiermit das als Annex A („EBA benchmarking regarding the number of directorships, time commitment and training") dem Abschlussbericht von EBA und ESMA über die ursprünglichen „Leitlinien zur Bewertung der Eignung von Mitgliedern des Leitungsorgans und Inhabern von Schlüsselfunktionen" (EBA/GL/2017/12, ESMA71-99-598) beigefügte Datenmaterial des Jahres 2015. Hierin

werden Umfrageergebnisse unter Banken und Wertpapierinstituten in der EU unter Angabe von Daten zu Arbeitstagen pro Jahr je nach Institutsgröße und Mandatsart und sowie Daten zur Mandatskumulation zusammengefasst. Diese Umfrage wurde – soweit ersichtlich – seither nicht erneuert.

6. Keine übermäßigen Mandatskumulationen

Der Erlaubnisversagungsgrund gem. § 18 Abs. 1 Nr. 6 bezieht sich auf einen Verstoß gegen die Mandatsbegrenzungsvorschriften. Diese sind nach Institutsgröße gestaffelt sind. § 20 Abs. 4 regelt für Kleine und Mittlere Wertpapierinstitute in allgemeiner Form, dass bei der Zahl der Leitungs- oder Aufsichtsmandate, die ein Geschäftsleiter gleichzeitig innehaben kann, der Einzelfall und die Art, der Umfang und die Komplexität der Geschäfte des Instituts zu berücksichtigen sind. Für Große Wertpapierinstitute gilt gem. § 4 S. 1 iVm § 25c Abs. 2 S. 1 KWG die identisch formulierte Anforderung, jedoch ergänzt um die spezifischen Vorschriften für Mandatskumulationen gem. § 25c Abs. 2 S. 2–8 KWG. § 18 Abs. 1 Nr. 6 basiert ebenso wie § 18 Abs. 1 Nr. 5 auf Art. 9 Abs. 4 MiFID II (Lendermann/Nemeczek/Schroeter/Steffen Rn. 35) und hat die gleiche Zielsetzung. Es geht darum, sicherzustellen, dass Organmitglieder der Wahrnehmung ihrer Aufgaben ausreichend Zeit widmen können. Hat ein Geschäftsleiter zeitgleich zu viele Leitungs- oder Aufsichtsmandate, kann das dazu führen, dass er sich nicht mehr in erforderlichem Maße um die Belange des Instituts kümmern kann (RegBegr. WpIG, BT-Drs. 19/26929, 137). Für die Auslegung von § 20 Abs. 4 wird auf dortige Kommentierung verwiesen. Für die Auslegung von § 25c Abs. 2 S. 1 KWG und den gleichlautenden § 20 Abs. 4 ist das „Fit and proper"-Rundschreiben 11/2025 der BaFin v. 22.10.2025 zu den „Mitgliedern der Geschäftsleitung sowie von Verwaltungs- und Aufsichtsorganen gemäß KWG", Tz. 130 ff. maßgeblich. 32

7. Zuverlässigkeit und fachliche Eignung der Geschäftsleiter einer übergeordneten Finanzholdinggesellschaft oder gemischten Finanzholdinggesellschaft

Nach § 18 Abs. 1 Nr. 7 muss die Erlaubnis versagt werden, wenn das Institut bei Erlaubniserteilung Tochtergesellschaft einer Finanzholdinggesellschaft (Art. 4 Abs. 1 Nr. 16 IFR iVm Art. 4 Abs. 1 Nr. 20 CRR) oder einer gemischten Finanzholdinggesellschaft (Art. 4 Abs. 1 Nr. 40 IFR iVm Art. 2 Nr. 15 der Finanzkonglomeraterichtlinie 2002/87/EG) wird und wenn diese Finanzholdinggesellschaft bzw. gemischte Finanzholdinggesellschaft die Geschäftsleiterqualifikationsanforderungen nach § 62 nicht erfüllt, welche wiederum nach Art. 52 IFD vorgegeben sind. Der Gesetzgeber hält diesen Versagungsgrund für erforderlich, um § 62 wirksam durchsetzen zu können (RegBegr. WpIG, BT-Drs. 19/26929, 137). Die Anforderungen an die Zuverlässigkeit, Kenntnisse und Fähigkeiten der Geschäftsleiter dieser spezifischen Holdinggesellschaften entsprechen grds. den Anforderungen an Geschäftsleiter eines beaufsichtigten Instituts (Lendermann/Nemeczek/Schroeter/Scholz § 62 Rn. 20). 33

8. Vier-Augen-Prinzip in bestimmten Konstellationen

Art. 9 Abs. 6 UAbs. 1 MiFID II stellt für Institute die Anforderung eines **Vier-Augen-Prinzips** auf: Mindestens zwei Personen, die die „Fit-and-Pro- 34 per"-Anforderungen (s. § 18 Abs. 1 Nr. 2, 4 und 5) erfüllen, müssen „die Geschäftstätigkeit der antragstellenden Wertpapierfirma tatsächlich lenken". Allerdings erlaubt Art. 9 Abs. 6 UAbs. 2 MiFID II den Mitgliedstaaten Ausnahmen, in denen es nur einen Geschäftsleiter gibt, ohne spezielle Voraussetzungen zu benennen, in denen diese Ausnahmen zulässig sind. Es gilt lediglich nach Art. 9 Abs. 6 UAbs. 2 MiFID II die Maßgabe, dass bei nur einem Geschäftsleiter „a) alternative Regelungen bestehen müssen, die die solide und umsichtige Führung solcher Wertpapierfirmen und die angemessene Berücksichtigung der Kundeninteressen und der Marktintegrität gewährleisten" und „b) die betreffenden natürlichen Personen ausreichend gut beleumundet sind, ausreichende Kenntnisse, Fähigkeiten und Erfahrungen besitzen und der Wahrnehmung ihrer Aufgaben ausreichend Zeit widmen".

35 Der deutsche Gesetzgeber hat in **§ 33 Abs. 1 S. 1 Nr. 5 KWG** diese **Ausnahme** an die **Bedingung** geknüpft, dass das Institut **nicht befugt** ist, **sich bei der Erbringung von Finanzdienstleistungen Eigentum oder Besitz an Geldern oder Wertpapieren von Kunden zu verschaffen** und auch nicht befugt ist, **Altersvorsorgeverträge** anzubieten (iSd Altersvorsorgeverträge-Zertifizierungsgesetzes, AltZertG). Dies geht bereits auf die 6. KWG-Novelle des Jahres 1997 zurück (s. Regierungsbegründung, BT-Drs. 13/7142, 89) und bzgl. der Erweiterung auf den Bereich der Altersvorsorgeverträge auf das 4. FinFöG des Jahres 2002, die „im Hinblick auf die politische Sensibilität dieser Problematik" erfolgte (s. Regierungsbegründung, BT-Drs. 14/8017, 126). Dies wurde **in § 18 Abs. 1 Nr. 8 übernommen.**

36 Außerhalb dieser zwingenden Fälle des Vier-Augen-Prinzips steht es im Ermessen der BaFin, im Rahmen der Anforderungen an die Geschäftsorganisation des Instituts gem. § 41 Nr. 1 iVm § 20 Abs. 1, Abs. 2 einen mindestens zweiten Geschäftsleiter zu verlangen. Die BaFin hat hierzu im **Merkblatt 1/2024 (WA) v. 11.9.2024** Kriterien festgelegt, bei deren Vorliegen ein Wertpapierinstitut über mindestens zwei Geschäftsleiter verfügen muss, um die gesetzlichen Anforderungen an die fachliche Eignung und zeitliche Verfügbarkeit der Geschäftsleitung sowie die Organisation eines Wertpapierinstituts gem. § 20 Abs. 1 und 2 sowie § 41 Nr. 1 zu erfüllen. Die BaFin benennt Risikokriterien für die Erforderlichkeit zur Bestellung von zwei Geschäftsleitern, nämlich erstens die „Reichweite des Wertpapierinstituts" und zweitens die „Komplexität des Geschäftsmodells des Wertpapierinstituts". Die BaFin nimmt bei Mittleren und Großen Wertpapierinstituten diese Reichweite und Komplexität stets als gegeben an, bei Kleinen Wertpapierinstituten in den folgenden Fällen:

- Hohe Anzahl von Kunden iSd § 67 Abs. 3 WpHG: mindestens 1.000 Privatkunden
- Mindestens eine Notifizierung einer Zweigniederlassung im Ausland (§ 70) und mindestens eine Notifizierung eines grenzüberschreitenden Dienstleistungsverkehrs (§ 71)
- Produktbesonderheiten, nämlich die Erstreckung des Geschäftsmodells auf Produkte, die nach den Konkretisierungen einer Zielmarktbestimmung für Kunden mit erweiterten Kenntnissen und/oder Erfahrungen mit Finanzprodukten bestimmt sind (das Merkblatt listet eine Reihe von Finanzprodukten auf wie zB Index-Zertifikate auf Nicht-Standardindizes, bonitätsabhängige Schuldverschreibungen usw)
- Betreiben eines MTF/OTF

– Anbindung einer Vielzahl vertraglich gebundener Vermittler mit einer Regelvermutung ab 50 vertraglich gebundenen Vermittlern.

Sofern das Institut nur einen Geschäftsleiter hat, gelten die spezifischen Anforderungen nach Art. 8 Delegierte VO (EU) 2017/1943 für die Führung von Wertpapierinstituten durch eine einzige natürliche Person. Gemäß Art. 8 lit. a Delegierte VO (EU) 2017/1943 muss die natürliche Person von den zuständigen Behörden kurzfristig leicht zu kontaktieren sein und gem. Art. 8 lit. b Delegierte VO (EU) 2017/1943 der Wahrnehmung ihrer Aufgaben ausreichend Zeit widmen. Ferner muss gem. Art. 8 lit. c iVm lit. d Delegierte VO (EU) 2017/1943 eine zuverlässige und fachlich geeignete Ersatzperson von den Leitungsorganen oder nach den Statuten des Instituts ermächtigt sein, den Geschäftsleiter zu vertreten, wenn dieser verhindert ist. 37

9. Sitz im Inland

§ 18 Abs. 1 Nr. 9 enthält einen Versagungsgrund, wenn das Institut seine Hauptverwaltung und, soweit es sich um eine juristische Person handelt, seinen juristischen Sitz nicht im Inland hat. Dies dient zur Umsetzung von Art. 5 Abs. 4 MiFID II (Regierungsbegründung, BT-Drs. 19/26929, 137), wonach sich aus der Sicht der erlaubniserteilenden Behörde der Sitz der Antragstellerin ebenso wie die Hauptverwaltung im Inland befinden muss. Hier kommt das **Herkunftslandprinzip der MiFID** zum Ausdruck (Lendermann/Nemeczek/Schroeter/Steffen Rn. 44), wonach die nationalen Behörden zur Erlaubniserteilung und Beaufsichtigung der Institute mit Sitz im Inland zuständig sind. Dies stellt keine Begrenzung der Niederlassungsfreiheit oder Geschäftstätigkeit eines Instituts dar, sondern dient der Schaffung eines klaren Anknüpfungspunktes dafür, in welchem Mitgliedstaat die Erlaubnis zu beantragen ist (Fischer/Schäfer/Schulte-Mattler/Schulte-Mattler/Fischer/Krolop KWG § 33 Rn. 23; Schwennicke/Auerbach/Schwennicke KWG § 33 Rn. 56). 38

10. Nichteinhaltung sonstiger organisatorischer Vorkehrungen

Die Erlaubnis ist schließlich gem. § 18 Abs. 1 Nr. 10 zu versagen, wenn das Institut nicht bereit oder in der Lage ist, die **erforderlichen organisatorischen Vorkehrungen** zum ordnungsgemäßen Betreiben der Geschäfte, für die es die Erlaubnis beantragt, zu schaffen. Dies beruht auf Art. 7 Abs. 1 iVm Abs. 2 MiFID II, wonach die Zulassung erst dann erteilt wird, wenn der Behörde hinreichend nachgewiesen wurde, dass der Antragsteller sämtliche einschlägigen aufsichtsrechtlichen Anforderungen (wörtlich: „sämtliche Anforderungen der zur Umsetzung dieser Richtlinien erlassenen Vorschriften") erfüllt. Zu diesen Anforderungen gehören insbesondere die im Rahmen des Erlaubnisverfahrens zu prüfenden organisatorischen Vorkehrungen. 39

Die BaFin beurteilt das Vorliegen der organisatorischen Vorkehrungen insbesondere anhand der nach Art. 6 Delegierte VO (EU) 2017/1943 (Informationen über die Firmenorganisation) vorzulegenden Unterlagen und Informationen. Allerdings ist die Auflistung der **nach Art. 6** Delegierte VO (EU) 2017/1943 **vorzulegenden Informationen über die Firmenorganisation wenig systematisch und in Teilen redundant.** So ist eine Darstellung der internen Kontrollsysteme sowohl nach Art. 6 lit. c Delegierte VO (EU) 2017/1943 (als Information über die „Organisationsstruktur und internen Kontrollsysteme der Firma") als auch nach Art. 6 lit. h Delegierte VO (EU) 2017/ 40

1943 (als Informationen über die „Compliance-, interne Kontroll- und Risikomanagementsysteme") gefordert. Die Auflistung der vorzulegenden Informationen nach Art. 6 Delegierte VO (EU) 2017/1943 dürfte eher als Checkliste statt als verbindlich zu beachtende Gliederung der schriftlich fixierten Ordnung (sfO) des Instituts zu verstehen sein. Viele der gem. Art. 6 Delegierte VO (EU) 2017/1943 abzuhandelnden Themen lassen sich oft in einem einheitlichen Dokument über das interne Kontrollsystem darstellen, zB die genannten Art. 6 lit. c, lit. h und auch zB lit. j Delegierte VO (EU) 2017/1943 (Notfallpläne). Gemäß WpI-MaRisk AT 5.1 muss jedes Institut eine schriftlich fixierte Ordnung (oder „Organisationsrichtlinien") entwickeln, deren Detaillierungsgrad von „Art, Umfang, Komplexität und Risikogehalt der Geschäftsaktivitäten abhängt". Die notwendigen Inhalte sind in WpI-MaRisk AT 5.3 aufgeführt. Ergänzende zu berücksichtigende Aspekte sind in Anhang I der EBA-Leitlinien zur internen Governance gemäß der Richtlinie (EU) 2019/2034 (EBA/GL/2021/14 v. 22.11.2021) aufgeführt. Es empfiehlt sich, im Rahmen des Erlaubnisverfahrens den Entwurf der schriftlich fixierten Ordnung (sfO) anhand dieser Vorgaben von WpI-MaRisk und EBA-Leitlinien zu entwerfen und mit der Liste der vorzulegenden Informationen gem. Art. 6 lit. a–l Delegierte VO (EU) 2017/1943 abzugleichen anstatt die letztgenannte Liste als Gliederung zu verwenden.

III. Gründe zur Erlaubnisversagung nach Ermessen der Behörde (Abs. 2)

41 Die Vorschrift entspricht § 33 Abs. 2 KWG. Während § 18 Abs. 1 (entsprechend § 33 Abs. 1 KWG) zwingende Erlaubnisversagungsgründe enthält, ist es gem. § 18 Abs. 2 in das Ermessen der BaFin gestellt, die Erlaubnis zu versagen, wenn Tatsachen die Annahme rechtfertigen, dass eine wirksame Aufsicht über das Institut beeinträchtigt wird. Die **Beeinträchtigung der wirksamen Aufsicht über das Institut** unterliegt als unbestimmter Rechtsbegriff in vollem Umfang der gerichtlichen Überprüfung. Das Ermessen („kann") betrifft die Frage, ob die BaFin die Erlaubnis nicht dennoch erteilt, etwa weil die Behinderung der Aufsicht unwesentlich ist oder zB durch gezielte Auflagen ausgeglichen werden kann (Fischer/Schäfer/Schulte-Mattler/Schulte-Mattler/Fischer/Krolop KWG § 33 Rn. 71; Beck/Samm/Kokemoor/Müller-Grune KWG § 33 Rn. 96; Schwennicke/Auerbach/Schwennicke KWG § 33 Rn. 70).

42 Eine **Beeinträchtigung** der wirksamen Aufsicht bedeutet **weniger als eine Unmöglichkeit oder Verhinderung** der Aufsicht (so der Gesetzgeber anlässlich der Einführung der parallelen Formulierung „Tatsachen, die die Annahme rechtfertigen, … dass eine wirksame Aufsicht beeinträchtigt wird" in einer früheren Fassung der Inhaberkontrollvorschriften im KWG (§ 2b Abs. 1a KWG aF), s. Beschlussempfehlung und Bericht des Finanzausschusses zum 3. FinFöG des Jahres 1998, BT-Drs. 13/9874, 139). Ferner erkennt der Gesetzgeber in dieser Formulierung eine **Erleichterung der materiellen Beweislast** für die BaFin, denn die Beeinträchtigung muss nicht positiv nachgewiesen werden, sondern es genügt die Darlegung von Tatsachen, die mit hinreichender Wahrscheinlichkeit darauf schließen lassen, dass eine wirksame Aufsicht über das Institut beeinträchtigt wird (Schwennicke/Auerbach/Schwennicke KWG § 33

Rn. 70). **S. 2 Nr. 1–3** enthalten nicht **abschließende („insbesondere") Beispiele** für die Beeinträchtigung.

§ 18 Abs. 2 S. 2 Nr. 1 benennt als Beispiel die Beeinträchtigung der wirksamen Aufsicht infolge der **Struktur des Beteiligungsgeflechtes des Unternehmensverbundes** oder der **mangelhaften wirtschaftlichen Transparenz des Unternehmensverbundes,** in das das Institut eingebunden ist. Nach der RegBegr. zum WpIG (BT-Drs. 19/26929, 137) verhindern unübersichtliche Unternehmensstrukturen die Zuordnung und Durchführung einer effektiven Aufsicht, so dass die BaFin bereits im Erlaubnisverfahren bei Vorliegen solcher Strukturen die Möglichkeit haben muss, eine Erlaubnis zu versagen. **„Unternehmensverbund"** knüpft nicht an spezifische aktienrechtliche oder sonstige konkrete gesellschaftsrechtliche Verbindungen an, sondern erfasst jede Form von auch nur faktisch abgesicherter Einbindung des Instituts in ein Unternehmenskonglomerat (Beschlussempfehlung und Bericht des Finanzausschusses zum 3. FinFöG, BT-Drs. 13/9874, 139, zur parallelen Formulierung in der Fassung von § 2b Abs. 1a KWG aF). **43**

Gemäß **§ 18 Abs. 2 S. 2 Nr. 2** ist ein weiteres Beispiel die Beeinträchtigung der wirksamen Aufsicht **durch für das Institut geltende Rechts- oder Verwaltungsvorschriften eines Drittstaats.** Dies kann laut RegBegr. WpIG (BT-Drs. 19/16929, 138) der Fall sein, wenn die BaFin aufgrund einer im Drittstaat geltenden Rechtslage keine Möglichkeit hat, Informationen über den Antragsteller oder mit ihm verbundene Unternehmen zu erhalten. Denkbar wäre hier zB, dass das Recht des Drittstaats einem Inhaber einer bedeutenden Beteiligung die Weitergabe von Informationen über Einwirkungsmöglichkeiten, geschäftliche Verhältnisse usw an das Institut selbst und/oder die BaFin verbietet, die auch für die Beaufsichtigung des Instituts von Bedeutung sein können (Fischer/Schäfer/Schulte-Mattler/Schulte-Mattler/Fischer/Krolop KWG § 33 Rn. 74). Wie Steffen (Lendermann/Nemeczek/Schroeter/Steffen Rn. 51, zu Recht anmerkt, bleibt die Einräumung von Ermessen **hinter der Richtlinienanforderung in Art. 10 Abs. 2 MiFID II zurück,** wonach es einen **zwingenden Versagungsgrund** darstellt, wenn Rechts- oder Verwaltungsvorschriften eines Drittlandes, die für eine oder mehrere natürliche oder juristische Personen gelten, zu der bzw. denen das Unternehmen enge Verbindungen hat, oder Schwierigkeiten bei deren Anwendung, die zuständige Behörde daran hindern, ihre Aufsichtsfunktionen ordnungsgemäß wahrzunehmen. Allerdings dürfte § 18 Abs. 2 S. 2 Nr. 2 gleichwohl als richtlinienkonform anzusehen sein, weil diese gesetzliche Bestimmung das Ermessen zur Versagung an die **Beeinträchtigung** der wirksamen Aufsicht anknüpft, während Art. 10 Abs. 2 MiFID II die zwingende Versagung für den Fall der **Verhinderung** der Aufsicht vorsieht. Sollte die Beeinträchtigung also so stark sein, dass sie eine Verhinderung, dh eine Unmöglichmachung der ordnungsgemäßen Aufsicht zur Folge hat, besteht kein Ermessen sondern ist die Erlaubnis zwingend zu versagen. **44**

§ 18 Abs. 2 S. 2 Nr. 3 nennt schließlich das Beispiel, dass das antragstellende Unternehmen ein Tochterunternehmen eines Unternehmens mit Sitz in einem Drittstaat ist, das im Staat seines Sitzes oder seiner Hauptverwaltung nicht wirksam beaufsichtigt wird oder dessen zuständige Aufsichtsbehörde zu einer befriedigenden Zusammenarbeit mit der BaFin nicht bereit ist. Dies kann laut RegBegr. WpIG (BT-Drs. 19/26929, 138) „aufgrund des rechtlichen Umfeldes oder der Einstellung der Behörde im Drittstaat" der Fall sein. Dieser Ermessensgrund für **45**

die Erlaubnisversagung ist nach seinem Wortlaut nicht einschlägig, wenn das Mutterunternehmen im Drittstaat überhaupt keiner behördlichen Aufsicht unterliegt, wie aus der Formulierung „nicht wirksam beaufsichtigt" und „zuständige Aufsichtsbehörde" deutlich wird. In Bezug auf alle Mutterunternehmen (ob beaufsichtigt oder nicht) bleibt allerdings der Versagungsgrund der Unzuverlässigkeit (§ 18 Abs. 1 Nr. 3) unberührt.

IV. Versagung der Erlaubnis bei nicht ausreichenden Angaben und Unterlagen (Abs. 3)

46 § 18 Abs. 3 entspricht § 33 Abs. 2 S. 3 KWG, verweist allerdings im Gegensatz zur Parallelbestimmung im KWG auf die Delegierte VO (EU) 2017/1943, welche rechtsverbindlich vorgibt, welche Angaben und Unterlagen im Rahmen des Erlaubnisverfahrens für Wertpapierinstitute einzureichen sind. Die Vorschrift stellt es in das **Ermessen der BaFin,** die Erlaubnis zu versagen, wenn der Erlaubnisantrag entgegen der Delegierten VO (EU) 2017/1943 keine ausreichenden Angaben oder Unterlagen enthält. Diese sind **„nicht ausreichend",** wenn sie in einem wesentlichen Punkt unvollständig, unrichtig oder irreführend sind (Schwennicke/Auerbach/Schwennicke KWG § 33 Rn. 78). Die BaFin muss sich bei der Ermessensausübung „in erster Linie davon leiten lassen, inwieweit die Unvollständigkeit der Angaben oder Unterlagen auf die **mangelnde Kooperationsbereitschaft des Antragstellers** zurückzuführen ist und inwieweit es auf Grund der fehlenden Angaben und Unterlagen nicht mit hinreichender Sicherheit einzuschätzen vermag, ob eine wirksame Aufsicht [über das Institut] möglich ist" (Regierungsbegründung zur Einführung der Parallelbestimmung im KWG im Rahmen der 5. KWG-Novelle, BT-Drs. 12/6957, 35). Diese Erwägungen lassen sich auf die Anwendung von § 18 Abs. 3 übertragen (Lendermann/Nemeczek/Schroeter/Steffen § 18 Rn. 56). Dies bedeutet, dass die BaFin vor der Ausübung des Versagungsermessens zunächst vom Antragsteller eine entsprechende Präzisierung von Angaben bzw. die Vervollständigung von Unterlagen verlangen muss (Fischer/Schäfer/Schulte-Mattler/Schulte-Mattler/Fischer/Krolop KWG § 33 Rn. 76; Beck/Samm/Kokemoor/Müller-Grune KWG § 33 Rn. 103; Schwennicke/Auerbach/Schwennicke KWG § 33 Rn. 77). Erst dann kann die BaFin beurteilen, ob mangelnde Kooperationsbereitschaft des Antragstellers vorliegt und ob es in absehbarer Frist einschätzbar sein wird, inwiefern eine wirksame Aufsicht über das Institut möglich sein wird.

47 Das WpIG enthält anders als das KWG **keine Maximalfrist für die Vervollständigung des Erlaubnisantrags.** Während § 33 Abs. 4 S. 2 KWG vorsieht, dass der Erlaubnisantrag abzulehnen ist, wenn es dem Antragsteller trotz fristgebundener Aufforderung durch die BaFin nicht gelingt, den Antrag innerhalb von zwölf Monaten zu vervollständigen, gibt es im WpIG keine solche Fristsetzung. Die BaFin kann im Rahmen ihres nach § 18 Abs. 3 eingeräumten Ermessens also flexibel agieren, dh bei einem absehbaren Unvermögen des Antragstellers zur Einreichung tauglicher Angaben und Unterlagen auch vor Ablauf der zwölf Monate die Erlaubnis versagen oder bei nachvollziehbaren Gründen für die Verzögerung auch die zwölf Monate überschreiten. Allerdings gilt laut RegBegr. WpIG (BT-Drs. 19/26929, 138) in beiderseitigem Interesse ein Gebot der **Verfahrensökonomie** und **Verfahrensbeschleunigung.**

Anhang zu § 18

DELEGIERTE VERORDNUNG (EU) 2017/1943 DER KOMMISSION

vom 14. Juli 2016

zur Ergänzung der Richtlinie 2014/65/EU des Europäischen Parlaments und des Rates durch technische Regulierungsstandards in Bezug auf Informationen und Anforderungen für die Zulassung von Wertpapierfirmen
(Text von Bedeutung für den EWR)

DIE EUROPÄISCHE KOMMISSION –

gestützt auf den Vertrag über die Arbeitsweise der Europäischen Union,

gestützt auf die Richtlinie 2014/65/EU des Europäischen Parlaments und des Rates vom 15. Mai 2014 über Märkte für Finanzinstrumente sowie zur Änderung der Richtlinien 2002/92/EG und 2011/61/EU, insbesondere auf Artikel 7 Absatz 4,

in Erwägung nachstehender Gründe:

(1) Damit die zuständigen Behörden im Rahmen des Prozesses für die Erteilung der Zulassung von Wertpapierfirmen und die Ablehnung von Anträgen von Wertpapierfirmen auf Zulassung eine sorgfältige Beurteilung durchführen können, sollte ein Antragsteller der zuständigen Behörde zum Zeitpunkt des Erstzulassungsantrags genaue Informationen übermitteln müssen. Die zuständige Behörde sollte das Recht haben, während des Beurteilungsprozesses im Einklang mit den in der Richtlinie 2014/65/EU festgelegten Kriterien und Fristen weitere Informationen vom Antragsteller anzufordern.

(2) Damit sichergestellt ist, dass sich die zuständige Behörde bei ihrer Beurteilung auf zutreffenden Informationen stützt, ist es unbedingt erforderlich, dass ein Antragsteller Kopien seiner Firmenunterlagen vorlegt, einschließlich einer beglaubigten Kopie des Errichtungsaktes, der Statuten und der Satzung sowie einer Kopie der Eintragung der Firma in das nationale Handelsregister.

(3) Vom Antragsteller sind Informationen über die verfügbaren Kapitalquellen vorzulegen, einschließlich der bei der Kapitalbeschaffung für die Übertragung von Finanzmitteln genutzten Mittel und Wege, damit die zuständigen Behörden beurteilen können, ob alle relevanten Anforderungen zur Bekämpfung der Finanzkriminalität eingehalten wurden.

(4) Neu gegründete Unternehmen können beim Einreichen eines Antrags unter Umständen lediglich Informationen darüber vorlegen, wie das aufzubringende Kapital beschafft werden soll, und über Arten und Höhe des aufzubringenden Kapitals Auskunft geben. Um eine Zulassung zu erhalten, sollten den zuständigen Behörden vor Erteilung einer Zulassung jedoch Nachweise über das eingezahlte Grundkapital und andere Arten des aufgebrachten Kapitals, zusammen mit Informationen über die Kapitalquellen, vorgelegt werden. Solche Nachweise können u. a. Kopien der betreffenden Kapitalinstrumente und entsprechende Bankauszüge umfassen.

(5) Damit die zuständigen Behörden den Leumund der Person, die die Geschäfte der Wertpapierfirma leiten wird, sowie den Leumund der vor-

geschlagenen Anteilseigner und Gesellschafter mit qualifizierten Beteiligungen beurteilen können, ist es wichtig, von einem Antragsteller Informationen über die betreffenden Personen zu verlangen.

(6) Um die Erfahrung einer Person, die die Geschäfte der Wertpapierfirma leiten wird, zu beurteilen, sollte der Antragsteller den zuständigen Behörden Informationen über den einschlägigen Bildungs- und Berufsabschluss sowie über die Berufserfahrung der Mitglieder des Leitungsorgans und der Personen, die das Unternehmen tatsächlich leiten, sowie über ihre entsprechenden Befugnisse und etwaigen Bevollmächtigten vorlegen.

(7) Vom Antragsteller sollten den zuständigen Behörden Finanzinformationen über die Wertpapierfirma übermittelt werden, damit diese die finanzielle Solidität der Firma beurteilen können.

(8) Da neu gegründete Firmen den zuständigen Behörden zum Zeitpunkt der Antragstellung unter Umständen noch keine Informationen über die Abschlussprüfer vorlegen können, sollten die betreffenden Antragsteller bis zu deren Bestellung von der Vorlage dieser Informationen befreit werden.

(9) Für die Bewertung der Organisationsstruktur der Wertpapierfirma relevante Informationen sollten detaillierte Angaben über das interne Kontrollsystem, über Maßnahmen zur Erkennung von Interessenkonflikten sowie über Vorkehrungen zum Schutz der Vermögenswerte von Kunden umfassen, damit die zuständige Behörde beurteilen kann, ob die Wertpapierfirma ihren Verpflichtungen gemäß Artikel 16 der Richtlinie 2014/65/EU nachkommen kann.

(10) Die nationalen zuständigen Behörden können einer natürlichen Person oder einer juristischen Person, die von einer einzigen natürlichen Person geführt wird, die Zulassung als Wertpapierfirma erteilen. Demnach sollten Zulassungsanforderungen festgelegt werden, die für die Führung von Wertpapierfirmen gelten, die natürliche Personen oder von einer einzigen natürlichen Person geführte juristische Personen sind.

(11) Um Rechtssicherheit, Klarheit und Vorhersehbarkeit in Bezug auf den Beurteilungsprozess zu schaffen, sollten die Kriterien, anhand deren die zuständigen Behörden die Eignung der Anteilseigner oder der Gesellschafter mit qualifizierten Beteiligungen bei der Zulassung einer Wertpapierfirma prüfen, mit den in Artikel 13 der Richtlinie 2014/65/EU genannten Kriterien für die Beurteilung eines beabsichtigten Erwerbs übereinstimmen. Insbesondere sollten die zuständigen Behörden die Eignung der Anteilseigner oder der Gesellschafter mit qualifizierten Beteiligungen und die finanzielle Solidität der Firma unter Berücksichtigung von Kriterien prüfen, die sich auf den Leumund und die Erfahrung einer jeden Person, die die Geschäfte der Wertpapierfirma leiten wird, und auf die finanzielle Solidität der Firma beziehen.

(12) Damit Umstände erkannt werden, die die zuständige Behörde an der ordnungsgemäßen Wahrnehmung ihrer Aufsichtsfunktionen hindern könnten, sollten die zuständigen Behörden die Komplexität und Transparenz der Gruppenstruktur der Wertpapierfirma, die geografischen Standorte der Unternehmen der Gruppe und die von den der Gruppe angehörenden Unternehmen ausgeübten Tätigkeiten betrachten.

(13) Die Verarbeitung personenbezogener Daten durch die Mitgliedstaaten in Anwendung der vorliegenden Verordnung unterliegt der Richtlinie 95/46/EG des Europäischen Parlaments und des Rates.

(14) Aus Gründen der Konsistenz und im Interesse reibungslos funktionierender Finanzmärkte sollten die in dieser Verordnung niedergelegten Bestimmungen

und die damit zusammenhängenden nationalen Vorschriften zur Umsetzung der Richtlinie 2014/65/EU vom selben Tag an gelten.

(15) Die vorliegende Verordnung stützt sich auf die Entwürfe technischer Regulierungsstandards, die der Kommission von der Europäischen Wertpapier- und Marktaufsichtsbehörde (ESMA) vorgelegt wurden.

(16) Im Einklang mit Artikel 10 der Verordnung (EU) Nr. 1095/2010 des Europäischen Parlaments und des Rates hat die ESMA offene öffentliche Konsultationen durchgeführt, die damit verbundenen potenziellen Kosten- und Nutzeffekte analysiert und die Stellungnahme der nach Artikel 37 der genannten Verordnung eingesetzten Interessengruppe Wertpapiere und Wertpapiermärkte eingeholt –

HAT FOLGENDE VERORDNUNG ERLASSEN:

Artikel 1 Allgemeine Informationen

Ein Antragsteller, der eine Zulassung als Wertpapierfirma gemäß Titel II der Richtlinie 2014/65/EU anstrebt, reicht bei der zuständigen Behörde einen Antrag ein, der die folgenden allgemeinen Informationen enthält:

a) seinen Namen (einschließlich des eingetragenen Namens und etwaiger sonstiger von ihm im Handel verwendeter Namen), die Rechtsform (einschließlich Angaben darüber, ob es sich um eine juristische Person oder, sofern aufgrund der nationalen Rechtsvorschriften zulässig, um eine natürliche Person handelt), die Anschrift der Hauptverwaltung und, bei bestehenden Firmen, die Anschrift des Sitzes, Kontaktdaten, die nationale Identifikationsnummer, sofern verfügbar, sowie:
   i) für inländische Zweigniederlassungen: Informationen darüber, wo die Zweigniederlassungen tätig sein werden;
   ii) für inländische vertraglich gebundene Vermittler: Einzelheiten über die Absicht, vertragliche gebundene Vermittler heranzuziehen;
b) Liste der zu erbringenden oder auszuübenden Wertpapierdienstleistungen, Anlagetätigkeiten, Nebendienstleistungen und Finanzinstrumente sowie ob Kundenfinanzinstrumente und Kundengelder gehalten werden sollen (auch zeitweilig);
c) gegebenenfalls Kopien von Firmenunterlagen sowie Nachweis der Eintragung in das nationale Handelsregister.

Artikel 2 Informationen zum Kapital

Ein Antragsteller, der eine Zulassung als Wertpapierfirma gemäß Titel II der Richtlinie 2014/65/EU anstrebt, legt der zuständigen Behörde Informationen und, sofern verfügbar, Nachweise über die ihm verfügbaren Kapitalquellen vor. Zu diesen Informationen zählen:

a) Angaben über den Einsatz privater Finanzmittel, einschließlich Herkunft und Verfügbarkeit dieser Mittel;
b) Angaben über den Zugang zu Kapitalquellen und Finanzmärkten, einschließlich Angaben über ausgegebene oder auszugebende Finanzinstrumente;
c) alle relevanten Vereinbarungen und Verträge in Bezug auf das aufgebrachte Kapital;

d) Angaben über den Einsatz oder den erwarteten Einsatz von Ausleihungen, einschließlich des Namens des Kreditgebers und Einzelheiten zu den gewährten oder voraussichtlich gewährten Fazilitäten, darunter Informationen zu Laufzeiten, Fristen, Verpfändungen und Garantien, zusammen mit Angaben zur Herkunft der Ausleihungen (oder der voraussichtlichen Ausleihungen), wenn der Kreditgeber kein der Aufsicht unterliegendes Finanzinstitut ist;
e) Einzelheiten zu den Mitteln und Wegen für die Übertragung von Finanzmitteln an die Firma, einschließlich des für die Übertragung dieser Finanzmittel genutzten Netzes.

Für die Zwecke von Buchstabe b beziehen sich die Informationen über die Arten des aufgebrachten Kapitals, sofern relevant, auf die in der Verordnung (EU) Nr. 575/2013 genannten Kapitalarten, insbesondere ob das Kapital Posten des harten Kernkapitals, Posten des zusätzlichen Kernkapitals oder Posten des Ergänzungskapitals umfasst.

Artikel 3 Informationen zu den Anteilseignern

Ein Antragsteller, der eine Zulassung als Wertpapierfirma gemäß Titel II der Richtlinie 2014/65/EU anstrebt, legt der zuständigen Behörde die folgenden Informationen über seine Anteilseigner vor:

a) Liste der Personen mit einer direkten oder indirekten qualifizierten Beteiligung an der Wertpapierfirma sowie die Höhe dieser Beteiligungen und bei indirekten Beteiligungen den Namen der Person, über die der Anteil gehalten wird, und den Namen des letztendlichen Eigners;
b) für Personen mit einer (direkten oder indirekten) qualifizierten Beteiligung an der Wertpapierfirma die Unterlagen, die von interessierten Erwerbern für den Erwerb und die Erhöhung von qualifizierten Beteiligungen an Wertpapierfirmen gemäß den Artikeln 3, 4 und 5 der Delegierten Verordnung (EU) 2017/1946 der Kommission vom 11. Juli 2017 zur Ergänzung der Richtlinien 2004/39/EG und 2014/65/EU des Europäischen Parlaments und des Rates durch technische Regulierungsstandards für eine erschöpfende Liste der Informationen, die interessierte Erwerber in die Anzeige des beabsichtigten Erwerbs einer qualifizierten Beteiligung an einer Wertpapierfirma aufnehmen müssen;
c) ür Anteilseigner, die Unternehmen und Mitglied einer Unternehmensgruppe sind, ein Organigramm der Unternehmensgruppe, in dem die Haupttätigkeiten der einzelnen Unternehmen der Gruppe angegeben sind, die namentliche Nennung aller beaufsichtigten Unternehmen der Gruppe und der betreffenden Aufsichtsbehörden sowie die Beziehung zwischen den Finanzunternehmen der Gruppe und anderen Nichtfinanzunternehmen der Gruppe;
d) für die Zwecke von Buchstabe b beziehen sich die Unterlagen im Falle, dass der Eigner einer qualifizierten Beteiligung keine natürliche Person ist, auch auf alle Mitglieder des Leitungsorgans und den Geschäftsleiter oder auf jede andere Person mit vergleichbaren Aufgaben.

Artikel 4 Informationen über das Leitungsorgan und die Personen, die die Geschäfte leiten

Ein Antragsteller, der eine Zulassung als Wertpapierfirma gemäß Titel II der Richtlinie 2014/65/EU anstrebt, legt der zuständigen Behörde die folgenden Informationen vor:

a) in Bezug auf die Mitglieder des Leitungsorgans und die Personen, die die Geschäfte tatsächlich leiten, sowie hinsichtlich der entsprechenden Befugnisse und etwaigen Bevollmächtigten:
   i) persönliche Daten, darunter den Namen der Person, Geburtsdatum und Geburtsort, persönliche nationale Identifikationsnummer, sofern verfügbar, Anschrift und Kontaktdaten;
   ii) die Position, für die die Person ernannt ist oder ernannt werden wird;
   iii) einen Lebenslauf mit Angaben zum maßgeblichen Bildungs- und Berufsabschluss sowie zur Berufserfahrung, einschließlich der Namen aller Organisationen, für die die Person tätig war, sowie Art und Dauer der ausgeübten Funktionen, insbesondere bezüglich der Tätigkeiten, in deren Bereich die vorgesehene Position fällt; bei der Beschreibung dieser Tätigkeiten sind für die Positionen, die die Person in den letzten zehn Jahren bekleidet hat, Einzelheiten zu allen übertragenen Befugnissen und internen Entscheidungsbefugnissen sowie zu den Tätigkeitsfeldern, in denen die Befugnisse ausgeübt wurden, aufzuführen;
   iv) Unterlagen über den Leumund und die Erfahrung der Person, insbesondere eine Liste von Referenzpersonen, einschließlich Kontaktdaten und Empfehlungsschreiben;
   v) Vorstrafen und Informationen über strafrechtliche Ermittlungen und Verfahren, einschlägige Zivil- und Verwaltungssachen und gegen sie eingeleitete Disziplinarmaßnahmen (einschließlich des Verbots der Tätigkeit als Unternehmensleiter, Konkurs, Insolvenz oder ähnlicher Verfahren), insbesondere durch eine amtliche Urkunde (falls und insoweit eine solche vom betreffenden Mitgliedstaat oder Drittland verfügbar ist) oder durch ein anderes gleichwertiges Dokument belegt; bei laufenden Ermittlungen können die Informationen in Form einer ehrenwörtlichen Erklärung vorgelegt werden;
   vi) Informationen über die Verweigerung der Eintragung, der Zulassung, der Mitgliedschaft oder der Lizenz zur Ausübung einer Handelstätigkeit, einer Geschäftstätigkeit oder eines Berufs; oder über den Entzug, den Widerruf oder die Beendigung einer solchen Eintragung, Zulassung, Mitgliedschaft oder Lizenz; oder über den Ausschluss durch eine Aufsichtsbehörde oder eine staatliche Stelle oder durch eine Berufsorganisation oder einen Berufsverband;
   vii) Informationen über die Entlassung aus einer Arbeitsstelle oder einer Vertrauensstellung, aus einem Treuhandverhältnis oder einer ähnlichen Situation;
   viii) Informationen darüber, ob bereits eine Beurteilung des Leumunds und der Erfahrung als Erwerber oder als Person, die die Geschäfte leitet, durchgeführt wurde (einschließlich Datum der Beurteilung, Name der betreffenden Behörde und Nachweis über das Ergebnis dieser Beurteilung);
   ix) Beschreibung etwaiger finanzieller und nichtfinanzieller Interessen oder Beziehungen der Person und ihrer nahen Angehörigen zu Mitgliedern des Leitungsorgans und zu Inhabern von Schlüsselfunktionen in demselben Institut, im Mutterinstitut und in Tochterunternehmen sowie bei Anteilseignern;
   x) Angaben über das Ergebnis einer Beurteilung der Eignung der Mitglieder des Leitungsorgans, die vom Antragsteller selbst durchgeführt wurde;

xi) Informationen über die Mindestzeit, die der Ausübung der Funktionen der Person innerhalb der Firma gewidmet werden wird (auf das Jahr und den Monat bezogene Angaben);
xii) Informationen über Personal- und Finanzressourcen, die für die Einführung der Mitglieder in ihr Amt und ihre Schulung eingesetzt werden (auf das Jahr bezogene Angaben);
xiii) Liste der Leitungs- und Aufsichtsfunktionen, die die Person derzeit innehat. Für die Zwecke von Buchstabe a Ziffer ix umfassen finanzielle Interessen zum Beispiel Kreditgeschäfte, Garantien und Verpfändungen, während nichtfinanzielle Interessen Familienbeziehungen oder enge Beziehungen umfassen können.

b) Informationen über die Mitarbeiter der internen Verwaltung und der Kontrollorgane.

Artikel 5 Finanzinformationen

Ein Antragsteller, der eine Zulassung als Wertpapierfirma gemäß Titel II der Richtlinie 2014/65/EU anstrebt, legt der zuständigen Behörde die folgenden Informationen über seine Finanzlage vor:

a) Prognosedaten auf Ebene des Einzelunternehmens und, sofern zutreffend, auf Gruppenebene konsolidiert sowie auf teilkonsolidierter Ebene, darunter:
   i) Rechnungslegungsprognosen für die ersten drei Geschäftsjahre, einschließlich: – Bilanzprognosen; – prognostizierte Gewinn- und Verlustrechnung oder Ergebnisrechnung;
   ii) Planungsannahmen für oben stehende Prognosen sowie Erläuterungen der Zahlen, einschließlich der erwarteten Anzahl und Art von Kunden, des erwarteten Transaktions- oder Auftragsvolumens, des erwarteten verwalteten Vermögenswerts (Assets under Management);
   iii) gegebenenfalls Prognoseberechnungen der Eigenmittelanforderungen und der Liquiditätsanforderungen der Firma gemäß Verordnung (EU) Nr. 575/2013 des Europäischen Parlaments und des Rates und prognostizierter Solvabilitätskoeffizient für das erste Jahr;
b) für bereits tätige Firmen die gesetzlich vorgeschriebenen Abschlüsse auf Ebene des Einzelunternehmens und gegebenenfalls auf voll- und teilkonsolidierter Ebene für die letzten drei Rechnungsperioden, die – sofern geprüft – vom externen Prüfer testiert wurden, einschließlich:
   i) Bilanz;
   ii) Gewinn- und Verlustrechnung oder Ergebnisrechnung;
   iii) Lageberichte und finanzielle Anhänge sowie alle anderen in Bezug auf den Unternehmensabschluss relevanten Unterlagen, die bei dem betreffenden Register oder der betreffenden Behörde im jeweiligen Hoheitsgebiet hinterlegt wurden, und gegebenenfalls ein Bestätigungsvermerk des Abschlussprüfers für die letzten drei Jahre oder den Zeitraum seit Aufnahme der Geschäftstätigkeit;
c) eine Analyse im Hinblick darauf, inwieweit er unter die konsolidierte Aufsicht gemäß der Verordnung (EU) Nr. 575/2013 fällt, einschließlich Angaben darüber, welche Unternehmen der Gruppe nach der Zulassung unter die konsolidierte Aufsicht fallen und auf welcher Ebene innerhalb der Unternehmensgruppe diese Anforderungen auf voll- oder teilkonsolidierter Basis gelten.

Artikel 6 Informationen über die Firmenorganisation

Ein Antragsteller, der eine Zulassung als Wertpapierfirma gemäß Titel II der Richtlinie 2014/65/EU anstrebt, legt der zuständigen Behörde die folgenden Informationen zur Firmenorganisation vor:

a) einen ersten Geschäftsplan für die folgenden drei Jahre, einschließlich Angaben zu den geplanten regulierten und nicht regulierten Tätigkeiten sowie detaillierte Angaben zur geografischen Verteilung und den von der Wertpapierfirma auszuübenden Tätigkeiten. Zu den relevanten Informationen im Geschäftsplan zählen:
   i) Wohnsitz potenzieller Kunden und anvisierter Anleger;
   ii) Vermarktungs- und Werbetätigkeiten und -maßnahmen, einschließlich Sprachen der Angebotsunterlagen und des Werbematerials; Ermittlung der Mitgliedstaaten, in denen Werbeanzeigen am häufigsten geschaltet werden und am besten sichtbar sind; Art des Werbematerials (um zu beurteilen, wo der Schwerpunkt einer wirksamen Vermarktung liegt);
   iii) Namen von Direktvermarktern, Finanzanlageberatern und Vertreibern sowie geografischer Standort ihrer Tätigkeit;

b) Angaben zu den Abschlussprüfern des Unternehmens, sofern diese Informationen zum Zeitpunkt der Stellung des Antrags auf Zulassung vorliegen;

c) Organisationsstruktur und interne Kontrollsysteme der Firma, was folgende Informationen umfasst:
   i) persönliche Daten der Leiter der internen Funktionen (Verwaltungs- und Aufsichtsfunktionen), einschließlich eines ausführlichen Lebenslaufs mit Angaben über den einschlägigen Bildungs- und Berufsabschluss und die Berufserfahrung;
   ii) Beschreibung der den verschiedenen geplanten Tätigkeiten zugewiesenen Ressourcen (vor allem Human- und technische Ressourcen);
   iii) im Zusammenhang mit dem Halten von Kundenfinanzinstrumenten und Kundengeldern: Informationen über Vorkehrungen zum Schutz der Vermögenswerte von Kunden (insbesondere wenn Finanzinstrumente und Gelder verwahrt werden, der Name des Verwahrers und die entsprechenden Verträge);
   iv) Erklärung, wie die Firma ihren Pflichten im Zusammenhang mit Aufsichts- und Wohlverhaltensregeln nachzukommen gedenkt;

d) Informationen über den Stand des Antrags der Wertpapierfirma auf Mitgliedschaft im Anlegerentschädigungssystem des Herkunftsmitgliedstaats oder Nachweis der Mitgliedschaft in diesem System, sofern verfügbar;

e) Liste der ausgelagerten Funktionen, Dienstleistungen oder Tätigkeiten (bzw. deren Auslagerung beabsichtigt ist) und Liste der mit externen Dienstleistern geschlossenen oder vorgesehenen Verträge sowie Ressourcen (insbesondere Human- und technische Ressourcen sowie internes Kontrollsystem), die für die Kontrolle der ausgelagerten Funktionen, Dienstleistungen oder Tätigkeiten zugewiesen sind;

f) Maßnahmen zur Erkennung, Vermeidung oder Regelung von Interessenkonflikten, die im Zusammenhang mit der Erbringung von Wertpapier- und Nebendienstleistungen entstehen, und eine Beschreibung der Vorkehrungen zur Produktüberwachung;

g) Beschreibung der Systeme zur Überwachung der Geschäfte der Firma, einschließlich Notfallsystemen (sofern verfügbar), und der Systeme und Risiko-

kontrollen, falls die Firma algorithmischen Handel betreiben und/oder einen direkten elektronischen Zugang bereitstellen möchte;
h) Informationen über Compliance-, interne Kontroll- und Risikomanagementsysteme (Überwachungssystem, Interner Auditdienst und Beratungs- und Unterstützungsfunktionen);
i) Einzelheiten zu den Systemen für die Bewertung und Steuerung der Risiken der Geldwäsche und der Terrorismusfinanzierung;
j) Notfallpläne, einschließlich Systemen und Humanressourcen (Personal in Schlüsselpositionen);
k) Datenverwaltungs-, Datenaufzeichnungs- und Datenaufbewahrungsstrategien;
l) Beschreibung des Verfahrenshandbuchs der Firma.

Artikel 7 Allgemeine Anforderungen

1. Die der zuständigen Behörde des Herkunftsmitgliedstaats gemäß den Artikeln 1 und 6 vorzulegenden Informationen beziehen sich sowohl auf die Hauptverwaltung der Firma als auch auf ihre Zweigniederlassungen und vertraglich gebundenen Vermittler.
2. Die der zuständigen Behörde des Herkunftsmitgliedstaats gemäß den Artikeln 2 bis 5 vorzulegenden Informationen beziehen sich auf die Hauptverwaltung der Firma.

Artikel 8 Geltende Anforderungen für die Führung von Wertpapierfirmen, die natürliche Personen sind, oder von Wertpapierfirmen, die von einer einzigen natürlichen Person geführte juristische Personen sind

1. Die zuständige Behörde lässt einen Antragsteller, der eine natürliche Person ist, oder einen Antragsteller, der eine juristische Person ist, die von einer einzigen natürlichen Person geführt wird, nur dann als Wertpapierfirma zu, wenn die folgenden Bedingungen erfüllt sind:
   a) Die natürliche Person ist von den zuständigen Behörden kurzfristig leicht zu kontaktieren.
   b) Die natürliche Person widmet der Wahrnehmung ihrer Aufgaben ausreichend Zeit.
   c) Die Leitungsorgane oder die Statuten der Wertpapierfirma ermächtigen eine Person, den Geschäftsführer unverzüglich zu ersetzen und alle seine Aufgaben zu übernehmen, wenn dieser nicht dazu in der Lage ist.
   d) Die gemäß dem vorhergehenden Buchstaben ermächtigte Person ist ausreichend gut beleumundet und besitzt ausreichende Erfahrung, um den Geschäftsführer für die Zeit seiner Abwesenheit oder bis zur Ernennung eines neuen Geschäftsführers zu ersetzen, damit eine solide und umsichtige Führung der Wertpapierfirma gewährleistet ist. Die für eine Wertpapierfirma, die eine natürliche Person ist, ermächtigte Person steht ebenfalls zur Verfügung, um Insolvenzverwalter und die jeweils zuständigen Behörden bei der Abwicklung der Firma zu unterstützen. Diese Person besitzt die notwendige Verfügbarkeit für die Wahrnehmung dieser Funktion.
2. Die antragstellende Wertpapierfirma, die eine natürliche Person oder eine von einer einzigen natürlichen Person geführte juristische Person ist, legt der

zuständigen Behörde im Rahmen des Zulassungsprozesses in Bezug auf die gemäß Absatz 1 Buchstabe d des vorliegenden Artikels ermächtigte Person die in Artikel 4 Absatz 1 Buchstaben a, c, d, e und f aufgeführten Informationen vor.

Artikel 9 Für Anteilseigner und Gesellschafter mit qualifizierten Beteiligungen geltende Anforderungen

Die zuständige Behörde prüft, ob der Antrag eines Antragstellers auf Zulassung als Wertpapierfirma gemäß Titel II der Richtlinie 2014/65/EU ausreichende Garantien für eine solide und umsichtige Führung der Firma bietet, indem sie die Eignung der vorgeschlagenen Anteilseigner oder Gesellschafter mit qualifizierten Beteiligungen anhand aller folgenden Kriterien beurteilt und dabei den voraussichtlichen Einfluss berücksichtigt, den die jeweiligen vorgeschlagenen Anteilseigner oder Gesellschafter mit qualifizierten Beteiligungen auf die Wertpapierfirma ausüben:

a) den Leumund und die Erfahrung jeder Person, die die Geschäfte der Wertpapierfirma führen wird;
b) den Leumund der vorgeschlagenen Anteilseigner und Gesellschafter mit qualifizierter Beteiligung;
c) die finanzielle Solidität der vorgeschlagenen Anteilseigner und Gesellschafter mit qualifizierter Beteiligung, insbesondere in Bezug auf die Art der tatsächlichen und geplanten Geschäfte der Wertpapierfirma;
d) die aktuelle und voraussichtliche künftige Fähigkeit der Wertpapierfirma, den Aufsichtsanforderungen nach Artikel 15 der Richtlinie 2014/65/EU sowie gegebenenfalls den Richtlinien 2002/87/EG und 2013/36/EU des Europäischen Parlaments und des Rates zu genügen, und insbesondere die Frage, ob die Struktur der Unternehmensgruppe, der sie angehören wird, es ermöglicht, eine wirksame Beaufsichtigung auszuüben, einen wirksamen Austausch von Informationen zwischen den zuständigen Behörden zu gewährleisten und die Aufteilung der Zuständigkeiten zwischen den zuständigen Behörden zu bestimmen;
e) die Frage, ob ein hinreichender Verdacht besteht, dass im Zusammenhang mit der Zulassung der Wertpapierfirma Geldwäsche oder Terrorismusfinanzierung im Sinne des Artikels 1 der Richtlinie 2005/60/EG des Europäischen Parlaments und des Rates stattfinden, stattgefunden haben oder ob diese Straftaten versucht wurden bzw. ob die Zulassung der Wertpapierfirma das Risiko eines solchen Verhaltens erhöhen könnte.

Artikel 10 Ordnungsgemäße Wahrnehmung von Aufsichtsfunktionen

Eine Gruppenstruktur wird dann als Hindernis für die Ausübung der Aufsichtsfunktion durch die zuständigen Behörde im Sinne von Artikel 10 Absätze 1 und 2 der Richtlinie 2014/65/EU betrachtet, wenn

a) sie komplex und nicht hinreichend transparent ist;
b) sie über geografische Standorte der Unternehmen der Gruppe verfügt;
c) sie von den Unternehmen der Gruppe ausgeübte Tätigkeiten umfasst, die die zuständige Behörde unter Umständen an der wirksamen Prüfung der Eignung der Anteilseigner oder der Gesellschafter mit qualifizierten Beteiligungen oder des Einflusses enger Verbindungen mit der Wertpapierfirma hindern.

Artikel 11 **Inkrafttreten und Anwendung**

Diese Verordnung tritt am zwanzigsten Tag nach ihrer Veröffentlichung im Amtsblatt der Europäischen Union in Kraft.

Sie gilt ab dem in Artikel 93 Absatz 1 Absatz 2 der Richtlinie 2014/65/EU zuerst genannten Datum.

Diese Verordnung ist in allen ihren Teilen verbindlich und gilt unmittelbar in jedem Mitgliedstaat.

§ 19 Erlöschen und Aufhebung der Erlaubnis

(1) [1]**Die Erlaubnis erlischt, wenn**

1. von ihr nicht innerhalb eines Jahres seit ihrer Erteilung Gebrauch gemacht wird oder

2. dem Wertpapierinstitut eine Erlaubnis nach § 32 Absatz 1 Satz 1 des Kreditwesengesetzes erteilt wird.

[2]**Die Erlaubnis erlischt auch dann, wenn im Zuge einer Umwandlung nach § 305, § 320 oder § 333 des Umwandlungsgesetzes ein als juristische Person verfasstes Unternehmen seinen juristischen Sitz ins Ausland verlegt.**

(2) **Die Bundesanstalt kann die Erlaubnis außer nach den Vorschriften des Verwaltungsverfahrensgesetzes aufheben, wenn**

1. der Geschäftsbetrieb, auf den sich die Erlaubnis bezieht, seit mehr als sechs Monaten nicht mehr ausgeübt worden ist;

2. ihr Tatsachen bekannt werden, welche die Versagung der Erlaubnis nach § 18 Absatz 1 und 2 rechtfertigen würden;

3. Gefahr für die Erfüllung der Verpflichtungen des Wertpapierinstituts gegenüber seinen Kunden, insbesondere für die Sicherheit der dem Wertpapierinstitut anvertrauten Vermögenswerte besteht und die Gefahr nicht durch andere Maßnahmen nach diesem Gesetz abgewendet werden kann;

4. das Wertpapierinstitut schwerwiegend, wiederholt oder systematisch gegen Bestimmungen dieses Gesetzes, des Geldwäschegesetzes, des Wertpapierhandelsgesetzes, der Verordnung (EU) 2015/847 des Europäischen Parlaments und des Rates vom 20. Mai 2015 über die Übermittlung von Angaben bei Geldtransfers und zur Aufhebung der Verordnung (EU) Nr. 1781/2006 (ABl. L 141 vom 5.6.2015, S. 1), die zuletzt durch die Verordnung (EU) 2019/2175 (ABl. L 334 vom 27.12.2019, S. 1) geändert worden ist, oder die zur Durchführung dieser Gesetze erlassenen Verordnungen oder vollziehbaren Anordnungen verstoßen hat;

5. das Wertpapierinstitut nachhaltig gegen die Artikel 14, 15, 16 Absatz 1 oder Absatz 2, Artikel 17 Absatz 1, 2, 4, 5 oder 8, Artikel 18 Absatz 1 bis 6, Artikel 19 Absatz 1 bis 3, 5 bis 7 oder 11 oder Artikel 20 Absatz 1 der Verordnung (EU) Nr. 596/2014 oder sich auf diese Bestimmungen beziehende Anordnungen der Bundesanstalt verstoßen hat;

6. das Wertpapierinstitut die in den Artikeln 11 und 43 der Verordnung (EU) 2019/2033 niedergelegten aufsichtlichen Anforderungen nicht mehr erfüllt;

7. das Wertpapierinstitut als Gegenpartei von Wertpapierfinanzierungsgeschäften nachhaltig gegen die Pflichten und Anforderungen von Arti-

kel 4 oder 15 der Verordnung (EU) 2015/2365 des Europäischen Parlaments und des Rates vom 25. November 2015 über die Transparenz von Wertpapierfinanzierungsgeschäften und der Weiterverwendung sowie zur Änderung der Verordnung (EU) Nr. 648/2012 (ABl. L 337 vom 23.12.2015, S. 1), die durch die Verordnung (EU) 2021/23 (ABl. L 22 vom 22.1.2021, S. 1) geändert worden ist, oder sich auf diese Bestimmungen beziehende Anordnungen der Bundesanstalt verstoßen hat, oder

8. **das Wertpapierinstitut nachhaltig gegen Artikel 7 Absatz 1 Satz 3 oder Artikel 11 Absatz 1 Satz 3 der Verordnung (EU) Nr. 600/2014 oder sich auf diese Bestimmungen beziehende Anordnungen der Bundesanstalt verstoßen hat.**

(3) **Die Erlaubnis soll durch die Bundesanstalt aufgehoben werden, wenn über das Wertpapierinstitut ein Insolvenzverfahren eröffnet oder die Einstellung des Geschäftsbetriebs des Wertpapierinstituts beschlossen worden ist. Der Wegfall der Erlaubnis hindert die für die Insolvenz zuständigen Personen nicht daran, bestimmte Tätigkeiten des Wertpapierinstituts weiter zu betreiben, soweit dies für Zwecke des Insolvenz- oder Liquidationsverfahrens erforderlich oder angezeigt ist.**

(4) **§ 48 Absatz 4 Satz 1 und § 49 Absatz 2 Satz 2 des Verwaltungsverfahrensgesetzes über die Jahresfrist sind nicht anzuwenden.**

(5) **Die Bundesanstalt hat die Aufhebung oder das Erlöschen der Erlaubnis im Bundesanzeiger bekannt zu machen. Sie hat die zuständigen Behörden oder sonstigen zuständigen Stellen der anderen Vertragsstaaten zu unterrichten, in denen das Wertpapierinstitut Zweigniederlassungen errichtet hat oder im Wege des grenzüberschreitenden Dienstleistungsverkehrs tätig ist. Sie unterrichtet die Europäische Wertpapier- und Marktaufsichtsbehörde.**

Übersicht

I. Vorbemerkung

1 Die Vorschrift setzt Art. 8 MiFID II um und orientiert sich an der Parallelnorm § 35 KWG (RegBegr. WpIG, BT-Drs. 19/26929, 138). Abs. 1 normiert Fälle des zwingenden, automatischen Erlöschens der Erlaubnis. Die BaFin hat in diesen Fällen keinerlei Ermessen und hat lediglich das Erlöschen der Erlaubnis festzustellen. Abs. 2 enthält Ermessenstatbestände für die BaFin zur Aufhebung der Erlaubnis, die als spezifische Regelungen neben den allgemeinen Bestimmungen in §§ 48, 49 VwVfG über Rücknahme und Widerruf Anwendung finden. „Aufhebung" der Erlaubnis ist hierbei ein Oberbegriff für die Rücknahme einer von Anfang an rechtswidrig erteilten Erlaubnis iSv § 48 VwVfG sowie für den Widerruf einer zunächst rechtmäßig erteilten Erlaubnis iSv § 49 VwVfG (Beck/Samm/Kokemoor/Müller-Grune KWG § 35 Rn. 43; Schwennicke/Auerbach/Schwennicke KWG § 35 Rn. 16). Abs. 3 enthält eine Sollvorschrift zur Aufhebung der Erlaubnis bei Insolvenzeröffnung und Einstellung des Geschäftsbetriebs, die das Ermessen der BaFin stark eingrenzt. Gemäß **Abs. 4** ist die BaFin bei ihrer Entscheidung über die Aufhebung **nicht an die Jahresfrist gem. § 48 Abs. 4 S. 1 und § 49 Abs. 2 S. 2 VwVfG gebunden,** welche an den Zeitpunkt der Kenntnisnahme von den Tatsachen anknüpft, die die Aufhebung rechtfertigen.

II. Erlöschen der Erlaubnis von Gesetzes wegen

1. Erlöschen bei Nichtgebrauch der Erlaubnis binnen Jahresfrist nach Erlaubniserteilung

2 § 19 Abs. 1 S. 1 Nr. 1 regelt ein **automatisches Erlöschen der Erlaubnis,** wenn von ihr nicht innerhalb eines Jahres seit ihrer Erteilung Gebrauch gemacht wird. Art. 8 lit. a MiFID II fordert lediglich einen Ermessenstatbestand für die

Behörde zur Aufhebung der Erlaubnis im Falle einer solchen Nichtgebrauchmachung und lässt als strengere Option die gesetzliche Anordnung des automatischen Erlöschens zu. Der deutsche Gesetzgeber verfolgt die strengere Option des automatischen Erlöschens (ebenso in § 35 Abs. 1 S. 1 KWG auf der Grundlage von Art. 18 lit. a CRD IV). Diese Erlöschensregelung besteht im Rahmen des KWG bereits seit dem Jahr 1961 und soll nach Auffassung des Gesetzgebers verhindern, dass durch unausgenutzte Genehmigungen die Übersicht über den Bestand an arbeitenden Instituten erschwert wird (Regierungsbegründung zum KWG 1961, BT-Drs. 3/1114, 40). Der Zweck ist also die **Verhinderung von Vorrats- oder Mantelgründungen** (Schwennicke/Auerbach/Schwennicke KWG § 35 Rn. 4).

Gebrauchmachen von der Erlaubnis bedeutet, dass **mindestens eine der erlaubten Wertpapierdienstleistungen** innerhalb der Jahresfrist ab Erlaubniserteilung gewerbsmäßig oder in einem Umfang betrieben wurde, der einen in kaufmännischer Weise eingerichteten Geschäftsbetrieb erfordert. Auch bei einer nur auf einzelne Geschäftsarten beschränkten Erlaubnis genügt es zur Unterbrechung der Jahresfrist, wenn auch nur eine dieser Geschäftsarten innerhalb der Jahresfrist im erforderlichen Umfang betrieben worden ist (Fischer/Schäfer/Schulte-Mattler/Schulte-Mattler/Fischer/Krolop KWG § 35 Rn. 6). Die Formulierung „wenn" statt „soweit" in § 19 Abs. 1 S. 1 macht deutlich, dass es bei einer Erlaubniserteilung für mehrere Arten von Wertpapierdienstleistungen für die Aufrechterhaltung der Erlaubnis insgesamt genügt, wenn auch nur eine dieser Wertpapierdienstleistung innerhalb der Jahresfrist im erforderlichen Umfang erbracht wurde (Schwennicke/Auerbach/Schwennicke KWG § 35 Rn. 6). Bloße **vorbereitende Tätigkeiten** wie zB die Anmietung von Geschäftsräumen, Einstellung von Personal, Gewerbeanmeldung oder Aktualisierung des Unternehmensgegenstandes im Handelsregister (§ 30) genügen für das „Gebrauchmachen" nicht (Beck/Samm/Kokemoor/Müller-Grune KWG § 35 Rn. 23; Fischer/Schäfer/Schulte-Mattler/Schulte-Mattler/Fischer/Krolop KWG § 35 Rn. 6; Reischauer/Kleinhans/Albert KWG § 35 Rn. 8). Es kommt vielmehr auf die tatsächliche Erbringung der Wertpapierdienstleistung an. 3

Die **Frist** wird ab Zugang des Erlaubnisbescheids beim Antragsteller gem. §§ 187 Abs. 1, 188 Abs. 2 BGB berechnet, endet also nach Ablauf des Tages des Folgejahres mit gleichem Datum wie das Zugangsdatum. Ist dieser Tag ein Samstag, Sonntag oder gesetzlicher Feiertag, so endet die Frist entsprechend § 193 BGB mit Ablauf des nächsten Werktages (Fischer/Schäfer/Schulte-Mattler/Schulte-Mattler/Fischer/Krolop KWG § 35 Rn. 3). Die BaFin kann keine Fristverlängerung gewähren, so dass ggf. eine neue Erlaubnis beantragt werden muss. 4

Die Regelung hat zur **praktischen Folge,** dass diese Frist eines genauen Monitorings seitens des Institutes bedarf. Da die Anbahnung von Wertpapierdienstleistungen zB im Bereich der Finanzportfolioverwaltung für professionelle Kunden oft einen längeren Zeitraum in Anspruch nimmt, sollte mit dem „Onboarding" zeitnah begonnen werden, sobald sich die Erlaubniserteilung abzeichnet. 5

2. Erlöschen bei Erteilung einer Erlaubnis nach § 32 Abs. 1 S. 1 KWG

§ 19 Abs. 1 S. 1 Nr. 2 betrifft die Konstellation, dass ein Wertpapierinstitut die Kriterien des § 32 Abs. 1 S. 2 Nr. 1 oder Nr. 2 KWG erfüllt, also das Emissionsgeschäft, den Eigenhandel oder das Eigengeschäft, dh ein bankähnliches Geschäft betreibt und dabei die in § 32 Abs. 1 S. 2 Nr. 1 oder Nr. 2 KWG genannten 6

Größenkriterien überschreitet, ab welcher der europäische Gesetzgeber gem. Art. 4 Abs. 1 Nr. 1 lit. b CRR wegen des Risikos für die Stabilität des Finanzsystems eine Klassifizierung als CRR-Kreditinstitut für gerechtfertigt hält. Diese Institute unterliegen vollumfänglich den Aufsichtsanforderungen der CRD sowie der CRR (Schuster/Nemeczek ZBB 2021, 35 (38 ff.) nennen sie „Klasse 1a-Wertpapierfirmen") und sind von „Großen Wertpapierinstituten" iSv § 2 Abs. 18 zu unterscheiden (gemäß Schuster/Nemeczek ZBB 2021, 35 (38 ff.) die „Klasse 1b- und Klasse 1c-Wertpapierfirmen"), welche mit einer Erlaubnis nach § 15 tätig sind und gem. § 4 in weiten Teilen den Vorschriften des KWG unterliegen. Ein Unternehmen, das die Schwelle zur „Klasse 1a-Wertpapierfirma" überschreitet, muss gem. § 32 Abs. 1 S. 3 KWG unverzüglich einen Antrag auf Erteilung einer Erlaubnis (als CRR-Kreditinstitut) nach § 32 Abs. 1 S. 1 KWG nachholen und darf gem. § 32 Abs. 1 S. 4 KWG, soweit es zuvor nach § 15 WpIG erlaubt tätig war, diese Tätigkeit fortsetzen, bis die BaFin über den Erlaubnisantrag bestandskräftig entschieden hat. § 19 Abs. 1 S. 1 Nr. 2 stellt in diesem Kontext klar, dass **die gem. § 15 erteilte Erlaubnis erlischt,** wenn **an ihrer Stelle eine Erlaubnis nach § 32 Abs. 1 S. 1 KWG erteilt wird.** Wenn das in § 32 Abs. 1 S. 3 und 4 geregelte KWG-Erlaubnisverfahren mit einer rechtskräftigen Versagung der Erlaubnis endet (und die Größenkriterien weiterhin überschritten sind) handelt es sich um einen Geschäftsbetrieb ohne die nach § 32 KWG erforderliche Erlaubnis, der somit einzustellen ist.

3. Erlöschen bei Sitzverlegung ins Ausland bei Umwandlung

7 § 19 Abs. 1 S. 2 wurde angefügt mit Wirkung vom 1.3.2023 durch das Gesetz zur Umsetzung der Umwandlungsrichtlinie (BGBl. 2023 I Nr. 51). Danach erlischt die Erlaubnis, wenn im Zuge einer Umwandlung nach § 305 UmwG (grenzüberschreitende Verschmelzung), § 320 UmwG (grenzüberschreitende Spaltung) oder § 333 (grenzüberschreitender Formwechsel) das Institut seinen juristischen Sitz ins Ausland verlegt. Dies entspricht dem im europäischen Aufsichtsrecht gültigen Prinzip, dass für die Zulassung zum Geschäftsbetrieb die Aufsichtsbehörde des jeweiligen Sitzlandes zuständig ist (Regierungsbegründung G z. Umsetzung der Umwandlungsrichtlinie, BT-Drs. 20/3822, 132). Durch die Sitzverlegung in das Ausland verlässt das Unternehmen den Zuständigkeitsbereich der deutschen Aufsicht. Die zuständigen Behörden des neuen Sitzlandes übernehmen die Aufsicht über das Unternehmen.

4. Erlöschen bei Ausschluss aus Entschädigungseinrichtung

8 Steffen (in Lendermann/Nemeczek/Schroeter § 19 Rn. 14) weist darauf hin, dass § 19 Abs. 1 kein dem § 35 Abs. 1 S. 2 KWG entsprechenden Grund zum Erlöschen der Erlaubnis vorsieht, wenn eine Entschädigungseinrichtung ein Wertpapierinstitut ausschließt. Dies betrifft den Fall des Ausschlusses eines Institutes aus der Entschädigungseinrichtung der Wertpapierhandelsunternehmen (EdW) gem. § 11 AnlEntG, weil es seine Beitrags- und Mitwirkungspflichten unter den dort genannten Voraussetzungen nicht erfüllt hat. Steffen geht zutreffend von einer **planwidrigen Regelungslücke** aus, denn vor dem Inkrafttreten des WpIG war ein entsprechender Erlöschensgrund gem. § 35 Abs. 1 S. 2 KWG für Institute, die Wertpapierdienstleistungen erbringen, geregelt. Für Wertpapierinstitute iSd WpIG ist dies durch dessen Inkrafttreten entfallen. Ferner dürfte in der Tat der § 35 Abs. 1 S. 2 KWG zugrundeliegende Art. 2 Abs. 1 S. 2 Anlegerentschädi-

gungsRL (RL 97/9/EG) so zu verstehen sein, dass ein automatisches Erlöschen der Erlaubnis geboten ist, wenn das Institut nicht mehr der Entschädigungseinrichtung angehört, denn danach darf eine „Wertpapierfirma Wertpapiergeschäfte nur tätigen, wenn sie einem solchen System angeschlossen ist". Gleichwohl ist vor dem Hintergrund von Art. 12 und Art. 14 GG iVm mit dem Rechtsstaatsprinzip (Art. 20 Abs. 3 GG) eine **analoge Anwendung von § 35 Abs. 1 S. 2 KWG abzulehnen** (aA Lendermann/Nemeczek/Schroeter/Steffen § 19 Rn. 14). Wenn etwa die BaFin eine analoge Anwendung von § 35 Abs. 1 S. 2 KWG annehmen und feststellen würde, dass die Erlaubnis entfallen ist, ggf. verbunden mit Abwicklungsanordnungen und Bußgeldandrohungen, wäre dies ein hoheitlicher Eingriff, der nach dem Grundsatz der Gesetzmäßigkeit der Verwaltung einer gesetzlichen Grundlage bedarf. Hier gilt ein Analogieverbot (BVerfG NJW 1996, 3146).

III. Ermessenstatbestände zur Aufhebung der Erlaubnis

1. Einstellung des Geschäftsbetriebs über mehr als 6 Monate (Abs. 2 Nr. 1)

Der Aufhebungsgrund der Einstellung des Geschäftsbetriebs hat seine **Grundlage in Art. 8 lit. a MiFID II** und ist eine Parallelvorschrift zu § 35 Abs. 2 Nr. 1 KWG. Diese Vorschrift sieht als weitere Variante einen zwingenden Erlöschensgrund vor, jedoch hat es der deutsche Gesetzgeber bei dem Ermessenstatbestand belassen (Lendermann/Nemeczek/Schroeter/Steffen § 19 Rn. 17). Der **Sinn und Zweck** ist wie bei § 19 Abs. 1 S. 1 Nr. 1 die **Verhinderung von Instituts-„Mänteln"** (Schwennicke/Auerbach/Schwennicke KWG § 35 Rn. 21), die nicht durch ein nachträgliches Einstellen des Gewerbebetriebes entstehen sollen. 9

Der Anwendungsbereich der Vorschrift beschränkt sich auf Fälle, in denen der **erlaubnispflichtige Geschäftsbetrieb insgesamt** eingestellt worden ist (Schwennicke/Auerbach/Schwennicke KWG § 35 Rn. 22). Es genügt der gewerbsmäßige Betrieb auch nur eines der von der Erlaubnis umfassten Geschäfte für die Erhaltung der Erlaubnis insgesamt (Fischer/Schäfer/Schulte-Mattler/Schulte-Mattler/Fischer/Krolop KWG § 35 Rn. 4). Hinweise auf eine Einstellung des gewerbsmäßigen Geschäftsbetriebes, auf den sich die Erlaubnis bezieht, sind (Beck/Samm/Kokemoor/Müller-Grune KWG § 35 Rn. 60): 10

- eine Anzeige über die Einstellung des Geschäftsbetriebs gem. § 64 Abs. 1 Nr. 7;
- Schließung oder Aufgabe von Geschäftslokalen etc;
- Schließen der Bücher, die sich auf die Erbringung von Wertpapierdienstleistungen beziehen;
- Ausscheiden aller verantwortlichen Geschäftsleiter ohne Bestellung von Nachfolgern innerhalb angemessener Frist.

Allerdings muss die BaFin vor Aufhebung der Erlaubnis zu einer Feststellung der Einstellung des Geschäftsbetriebes gelangen, darf sich also insofern nicht nur auf Indizien stützen (Beck/Samm/Kokemoor/Müller-Grune KWG § 35 Rn. 60).

Wenn der Geschäftsbetrieb für sechs Monate unterbrochen war und dann auch nur eine von der Erlaubnis umfasste Wertpapierdienstleistung wieder neu erbracht wird, kann die Aufhebung der Erlaubnis nicht mehr auf § 19 Abs. 2 Nr. 1 gestützt werden. Es bedarf dann einer erneuten vollständigen Nichtausübung des von der Erlaubnis umfassten Geschäftsbetriebes, bevor eine Aufhebung der Erlaubnis auf § 19 Abs. 2 Nr. 1 gestützt werden kann (Schwennicke/Auerbach/Schwennicke KWG § 35 Rn. 24). 11

12 Eine **Teilaufhebung** bei einer Nichtausübung von einzelnen lizenzierten Wertpapierdienstleistungen ist nicht möglich, denn § 19 Abs. 2 Nr. 1 ermöglicht nur eine Gesamtaufhebung der Erlaubnis, keine Teilaufhebung (siehe den Wortlaut „wenn" statt zB „soweit") (Schwennicke/Auerbach/Schwennicke KWG § 35 Rn. 23; Beck/Samm/Kokemoor/Müller-Grune KWG § 35 Rn. 57; Fischer/Schäfer/Schulte-Mattler/Schulte-Mattler/Fischer/Krolop KWG § 35 Rn. 17).

2. Vorliegen von Versagungsgründen (Abs. 2 Nr. 2)

13 Abs. 2 Nr. 2 entspricht § 35 Abs. 2 Nr. 3 KWG. Die hier geregelte Befugnis der BaFin, die Erlaubnis aufzuheben, wenn Tatsachen bekannt werden, welche die Versagung der Erlaubnis nach § 18 Abs. 1 und 2 rechtfertigen würden, bedeutet in praktischer Hinsicht, dass **alle Erlaubnisvoraussetzungen nach § 18 dauerhaft gegeben sein müssen** (Schwennicke/Auerbach/Schwennicke KWG § 35 Rn. 39). Die vor Erteilung einer Erlaubnis zu prüfenden gesetzlichen Versagungsgründe verlieren ihre Bedeutung nach Beginn der Ausübung der Erlaubnis gerade nicht (Beck/Samm/Kokemoor/Müller-Grune KWG § 35 Rn. 65). Somit kommt jedem der Versagungsgründe nach § 18 durch den Verweis in § 19 Abs. 2 Nr. 2 eine Dauerwirkung zu. Eine hierauf gestützte Aufhebung ist sowohl dann zulässig, wenn die Versagungsgründe von Anfang an vorlagen, als auch dann, wenn sie erst nachträglich weggefallen sind (Reischauer/Kleinhans/Albert KWG § 35 Rn. 25). Allerdings muss es sich um **Tatsachen** handeln, **die der BaFin bei der Erlaubniserteilung nicht bekannt waren,** was sich aus dem Wortlaut des § 19 Abs. 2 Nr. 2 ergibt („Tatsachen bekannt werden …") (Beck/Samm/Kokemoor/Müller-Grune KWG § 35 Rn. 69). Dies entspricht der allgemeinen Bestimmung in § 49 Abs. 2 S. 1 Nr. 3 VwVfG, wonach ein rechtmäßiger begünstigender Verwaltungsakt, nachdem er unanfechtbar geworden ist, ganz oder teilweise mit Wirkung für die Zukunft nur widerrufen werden darf, wenn (im Falle von § 49 Abs. 2 S. 1 Nr. 3 VwVfG) „die Behörde auf Grund nachträglich eingetretener Tatsachen berechtigt wäre, den Verwaltungsakt nicht zu erlassen, und wenn ohne den Widerruf das öffentliche Interesse gefährdet würde".

14 Grundsätzlich gilt, dass die BaFin vor einer Aufhebung der Erlaubnis prüfen muss, ob die Missstände beim betroffenen Institut durch **mildere Mittel** abgestellt werden können wie zB durch Maßnahmen gegen betroffenen Geschäftsleiter nach § 22 oder durch Anordnungen nach § 5 Abs. 2. In der Regel ist eine Aufhebung der Erlaubnis nach § 19 Abs. 2 Nr. 2 erst möglich, wenn mildere Mittel keinen Erfolg versprechen oder das Institut auf Abmahnungen der BaFin nicht in ausreichender Weise reagiert hat (Schwennicke/Auerbach/Schwennicke KWG § 35 Rn. 37).

15 **a) Unzureichende Mittel (§ 18 Abs. 1 Nr. 1).** Das Anfangskapital gem. § 17 ist dauerhaft vorzuhalten (RegBegr. WpIG, BT-Drs. 19/26929, 135; → § 17 Rn. 1). Sofern Verluste während des Geschäftsbetriebs auftreten (seien es Anfangsverluste oder später auftretende Verluste), die ein Unterschreiten der vorgeschriebenen Anfangskapitalziffer zur Folge haben, was zugleich regelmäßig ein Unterschreiten der Vorgaben nach Art. 11 (Eigenmittelanforderungen) zur Folge haben wird, muss dies durch Zuführung von frischem Eigenkapital geheilt werden. Gemäß AT 4.1.2 WpI-MaRisk ist präventiv eine **Kapitalplanung** vorzunehmen, dh ein in die Ertrags- und Risikosteuerung eingebundener Prozess zur Planung des zukünftigen Kapitalbedarfs und des zur Deckung dieses Kapitalbedarfs verfügbaren Kapitals mit einem angemessen langem Planungshorizont. Sofern neue Kapital-

mittel im Rahmen einer Kapitalerhöhung aufgenommen werden und dies als „hartes Kernkapital" gem. Art. 9 IFR gelten soll, ist eine **Genehmigung der BaFin gem. Art. 9 Abs. 1 iVm 26 Abs. 3 CRR** einzuholen, damit dies im Rahmen der Eigenmittelberechnung anerkennungsfähig ist.

b) Fehlen zuverlässiger Geschäftsleiter in gebotener Anzahl (§ 18 Abs. 1 Nr. 2 und 4). Es kommt eine Aufhebung der Erlaubnis in Betracht, wenn das Institut die **Mindestanzahl an Geschäftsleitern unterschreitet.** Dies sind mindestens zwei Geschäftsleiter, wenn das Institut im Rahmen der Erlaubnis befugt ist, Eigentum oder Besitz an Geldern oder Wertpapieren zu erlangen (§ 18 Abs. 1 Nr. 8) und darüber hinaus, wenn die BaFin nach § 20 Abs. 1 und 2 iVm § 41 gemäß den in ihrem **Merkblatt 1/2024 (WA) v. 11.9.2024** festgelegten Risikokriterien von der Erforderlichkeit zur Bestellung von zwei Geschäftsleitern ausgeht (vgl. → § 18 Rn. 36). Allerdings ist anerkannt, dass eine nur kurzfristige Unterschreitung der Mindestanzahl keine Aufhebung der Erlaubnis rechtfertigt (Fischer/Schäfer/Schulte-Mattler/Schulte-Mattler/Fischer/Krolop KWG § 35 Rn. 28). Ferner darf die BaFin nach dem Grundsatz der Verhältnismäßigkeit auf eine Unterschreitung der Mindestzahl, welche auch auf Tod, unerwartetem Ausscheiden oder länger dauernde Verhinderung zB durch Krankheit beruhen kann, nicht sogleich mit einer Aufhebung der Erlaubnis reagieren, sondern muss zunächst die Besetzung mit einem geeigneten Nachfolger innerhalb einer angemessenen Frist zur Auflage machen (Fischer/Schäfer/Schulte-Mattler/Schulte-Mattler/Fischer/Krolop KWG § 35 Rn. 28). 16

Wenn sich **nur einzelne Geschäftsleiter** als unzuverlässig herausstellen, muss dem Institut zur Wahrung des Verhältnismäßigkeitsgrundsatzes die Möglichkeit zur Abberufung des betroffenen Geschäftsleiters und zur **Bestellung eines zuverlässigen neuen Geschäftsleiters** gegeben werden (Reischauer/Kleinhans/Albert KWG § 35 Rn. 35). Allerdings wird auch ein sofortiger Entzug der Erlaubnis als zulässig angesehen, wenn alle Geschäftsleiter unzuverlässig sind und zugleich nachhaltige Verstöße gegen aufsichtsrechtliche Bestimmungen vorliegen (Reischauer/Kleinhans/Albert KWG § 35 Rn. 31). 17

Eine Aufhebung der Erlaubnis wegen eines Mangels an Zuverlässigkeit oder fachlicher Eignung eines Geschäftsleiters kann **nur auf nach Erlaubniserteilung der BaFin bekannt gewordene, neue Tatsachen gestützt** werden. Denn nach allgemeinen verwaltungsrechtlichen Grundsätzen ist die Bestandskraft der Erlaubniserteilung maßgeblich, so dass die BaFin eine Aufhebung nicht darauf stützen kann, dass sie eine bei Erlaubniserteilung bereits bekannte Tatsache später anders beurteilt (Fischer/Schäfer/Schulte-Mattler/Schulte-Mattler/Fischer/Krolop KWG § 35 Rn. 30; Beck/Samm/Kokemoor/Müller-Grune KWG § 35 Rn. 69; bereits → Rn. 13). Eine Aufhebung kommt **basierend auf Verhalten während der Geschäftsführung** in Betracht, also später auftretende Tatsachen wie zB eine Veruntreuung oder andere kriminelle Handlungen oder sonstige Verhaltensweisen, die zeigen, dass der betreffende Geschäftsleiter Persönlichkeitsmängel aufweist, die die Fähigkeit zur ordentlichen Geschäftsführung des Instituts beeinträchtigen. Eine Aufhebung kommt insoweit nur bei **schwerwiegendem Fehlverhalten** in Betracht, ferner ist zunächst statt der Aufhebung der Erlaubnis das **mildere Mittel des behördlichen Verlangens der Abberufung** einzelner Geschäftsleiter zu anzuwenden (§ 22 Abs. 1). Beispiele eines solchen schwerwiegenden Fehlverhaltens sind (siehe Beck/Samm/Kokemoor/Müller-Grune KWG § 35 Rn. 74; Luz/Neus/Schaber/Schneider/Wagner/Weber/Schmitz KWG § 35 Rn. 33): 18

- erhebliche Verstöße gegen aufsichtsrechtliche Vorschriften insbesondere des WpIG und des WpHG, sowie gegen Bekanntmachungen und Verfügungen der BaFin im Wiederholungsfall nach zwischenzeitlicher Verwarnung;
- mangelnde Geschäftsführung, selbst wenn sie noch nicht zu einer Gefahr für die Erfüllung von Verpflichtungen geführt hat;
- Defizite in der Buchführung und des Rechnungswesens und Irreführung von Abschlussprüfern;
- strafrechtlich relevante Tatbestände (Buchungsmanipulationen in erheblichem Umfang, Steuerhinterziehungen und Ähnliches.

19 **c) Aufhebung der Erlaubnis bei Vorliegen neuer Tatsachen, die einen sonstigen Versagungsgrund darstellen (§ 18 Abs. 1 Nr. 3 und Nr. 5–10).** Für alle weiteren Versagungsgründe, die eine Aufhebung der Erlaubnis iVm § 19 Abs. 2 Nr. 2 rechtfertigen (§ 18 Abs. 1 Nr. 3 und Nr. 5–10 und Abs. 2) kann auf die Kommentierung iRv § 18 verwiesen werden. Bei allen diesen Versagungsgründen muss die BaFin darlegen, dass neue Tatsachen vorliegen, die nicht Eingang in die Prüfung im Rahmen der Erlaubniserteilung nehmen konnten. Im Falle des Versagungsgrundes der **mangelnden Zuverlässigkeit von Inhabern bedeutender Beteiligungen** (§ 18 Abs. 1 Nr. 3) ist der Normzusammenhang mit §§ 24 ff. zu beachten. Gemäß § 27 ist die BaFin zu einer Reihe weniger einschneidender Maßnahmen als die Erlaubnisaufhebung befugt, die als mildere Mittel zunächst geprüft und ggf. eingesetzt werden müssen, etwa die Untersagung der Stimmrechtsausübung, die Anordnung, dass über die Anteile am Institut nur mit Zustimmung der BaFin verfügt werden darf oder die Anordnung, Weisungen des Inhabers einer bedeutenden Beteiligung nicht zu befolgen (Fischer/Schäfer/Schulte-Mattler/Schulte-Mattler/Fischer-Krolop KWG § 35 Rn. 34).

3. Gefahr für die Erfüllung der Verpflichtungen des Instituts gegenüber Kunden (Abs. 2 Nr. 3)

20 Abs. 2 Nr. 3 entspricht im Grundsatz § 35 Abs. 2 Nr. 4 KWG, allerdings erlaubt § 19 Abs. 2 Nr. 3 die Aufhebung der Erlaubnis nicht schon bei einer Gefährdung der Erfüllung der Verpflichtungen des Instituts gegenüber seinen „Gläubigern" (wie in § 35 Abs. 2 Nr. 4 KWG), sondern gegenüber seinen „Kunden", was eine **bewusst engere Formulierung als im KWG** ist (siehe ausdrücklich RegBegr. WpIG BT-Drs. 19/26929, 138). Dies harmoniert mit der grundsätzlichen Einschätzung des Gesetzgebers, dass Wertpapierinstitute regelmäßig nicht systemrelevant sind (RegBegr. WpIG, BT-Drs. 19/26929, 2), so dass nicht schon jede Gläubigergefährdung die Erlaubnisaufhebung rechtfertigt, sondern eine konkrete Gefährdung von Vermögensinteressen der Kunden erforderlich ist. Ferner fehlt in § 19 Abs. 2 Nr. 3 die Vermutungsregel gem. § 35 Abs. 2 Nr. 4a und 4b KWG, wonach bei bestimmten, an den Eigenmittelvorgaben der CRR gemessenen erheblichen Verlusten an Eigenkapital eine Gefahr für die Sicherheit der dem Institut anvertrauten Vermögenswerte angenommen wird.

21 Die **Gefahr für die Erfüllung der Verpflichtungen des Instituts gegenüber seinen Kunden** kann verschiedenartige Ursachen haben, zB zu geringes Eigenkapital, mangelnde Liquidität, andauernde Unrentabilität, schwerwiegende und nachhaltige Verstöße gegen Kundenschutzbestimmungen (etwa des WpHG oder der Delegierten VO (EU) 2017/565), ferner gravierende Organisationsmängel oder unqualifizierte Geschäftsleiter (Beck/Samm/Kokemoor/Müller-Grune KWG § 35 Rn. 93). Dabei hat das Gesetz als Leitbild („insbesondere") die Fälle

der Gefährdung von dem Institut „anvertrauten Vermögenswerten" im Blick, was eine entsprechend ausgestaltete Erlaubnis mit der Befugnis zu Eigentum und Besitz am Kundengeld oder Kundenwertpapieren voraussetzt (§ 15 Abs. 9). Die Gefahr muss **augenscheinlich** sein und alle oder einen erheblichen Teil der zu schützenden Ansprüche aller Wahrscheinlichkeit nach beeinträchtigen. Ein **Verschulden der Geschäftsleitung ist nicht erforderlich,** da die Vorschrift allein auf die Sicherung der Kundschaft des Instituts abstellt (Beck/Samm/Kokemoor/Müller-Grune KWG § 35 Rn. 93).

§ 19 Abs. 2 Nr. 3 Hs. 2 betont den **Grundsatz der Verhältnismäßigkeit** im Rahmen des Ermessens zur Erlaubnisaufhebung. Die Aufhebung kann demnach nur gerechtfertigt sein, wenn die Gefahr nicht durch andere Maßnahmen nach dem WpIG abgewendet werden kann. Die danach möglichen Maßnahmen, nämlich Anordnungen gem. § 5 Abs. 2, Anweisungen für die Geschäftsführung (§ 79 Abs. 1 S. 2 Nr. 1), Verbote der Annahme von Kundengeldern oder Wertpapieren (§ 79 Abs. 1 S. 2 Nr. 2), Untersagung oder Beschränkung der Tätigkeit von Inhabern und Geschäftsleitern (§ 79 Abs. 1 S. 2 Nr. 3) oder die Bestellung eines Sonderbeauftragten (§ 80) sind daher zunächst zu prüfen (Fischer/Schäfer/Schulte-Mattler/Schulte-Mattler/Fischer-Krolop KWG § 35 Rn. 44). 22

4. Schwerwiegende, wiederholte oder systematische Verstöße gegen das WpIG, GwG, WpHG und EU-Geldtransferverordnung (Abs. 2 Nr. 4)

§ 19 Abs. 2 Nr. 4 ermöglicht die Aufhebung der Erlaubnis im Falle des **schwerwiegenden, wiederholten oder systematischen Verstoßes** gegen: 23
- das WpIG;
- das GwG;
- das WpHG;
- die EU-GeldtransferVO (VO (EU) 2015/847);
- die zur Durchführung dieser Gesetze erlassenen Verordnungen oder vollziehbaren Anordnungen.

§ 19 Abs. 2 Nr. 4 entspricht wörtlich dem Aufhebungsgrund nach § 35 Abs. 2 Nr. 6 KWG mit der Ausnahme, dass in der letztgenannten Norm ein „nachhaltiger" Verstoß vorausgesetzt wird während in § 19 Abs. 2 Nr. 4 gemäß dem Richtlinienwortlaut von Art. 8 lit. d MiFID II die Adjektive „schwerwiegend" und „systematisch" ergänzt wurden. Ferner wird im WpIG statt „nachhaltig" das Adjektiv „wiederholt" verwendet. Es ist nicht erkennbar, dass durch diese unterschiedlichen Adjektive eine inhaltliche Akzentverschiebung intendiert ist. Als „nachhaltig" wird ein Verstoß angesehen, wenn er erheblichen Umfang besitzt und sich über einen längeren Zeitraum erstreckt (Schwennicke/Auerbach/Schwennicke KWG § 35 Rn. 47; Reischauer/Kleinhans/Albert KWG § 35 Rn. 56), zB wenn das Institut auf Abmahnungen oder Anordnungen nicht in gebotener Form reagiert sowie ggf. Maßnahmen gegen Geschäftsleiter erfolglos geblieben sind. Derartige Verstöße sind zugleich als „schwerwiegend" und/oder „wiederholt" iSv § 19 Abs. 2 Nr. 4 anzusehen. Die eigenständige Bedeutung von § 19 Abs. 2 Nr. 4 als Aufhebungsgrund ist als gering anzusehen, da derartige Verstöße zugleich eine Unzuverlässigkeit bzw. fehlende fachliche Eignung der Geschäftsleiter offenbaren (Aufhebungsgrund nach § 19 Abs. 2 Nr. 2 iVm § 18 Abs. 1 Nr. 2 und 4) sowie eine Gefahr für die Erfüllung der Verpflichtungen gegenüber Gläubigern (Aufhe- 24 bungsgrund nach § 19 Abs. 2 Nr. 3 (vgl. Beck/Samm/Kokemoor/Müller-Grune KWG § 35 Rn. 107 zu § 35 Abs. 2 Nr. 6 KWG).

5. Nachhaltiger Verstoß gegen Bestimmungen der MAR (Abs. 2 Nr. 5)

25 Die Norm beruht ebenso wie die Parallelvorschrift § 35 Abs. 2 Nr. 7 KWG auf Art. 30 Abs. 1 iVm Abs. 2 UAbs. 1 lit. d MAR (VO (EU) Nr. 596/2014), worin den Mitgliedstaaten aufgegeben wird, den Aufsichtsbehörden im Falle von Verstößen gegen die in § 19 Abs. 2 Nr. 5 zitierten Normen der MAR ua die Befugnis zum Entzug der Zulassung zu gewähren. Das Merkmal **„nachhaltig"** ist nicht in der EU-Vorgabe enthalten, wurde aber aufgenommen, um hierdurch bereits in der Ermächtigungsgrundlage dem Grundsatz der Verhältnismäßigkeit Rechnung zu tragen (so ausdrücklich die Regierungsbegründung bei Einführung der Parallelvorschrift im KWG, BT-Drs. 18/7482, 71; Luz/Neus/Schaber/Schneider/Wagner/Weber/Schmitz KWG § 35 Rn. 70a). Als **mildere Mittel** muss die BaFin im Rahmen ihres Ermessens zB folgende andere Sanktionen in Betracht ziehen (vgl. Lendermann/Nemeczek/Schroeter/Steffen § 19 Rn. 23):

- § 5 Abs. 2 iVm Art. 30 Abs. 2 UAbs. 1 lit. a MAR, wonach im Falle von Verstößen gegen die MAR **eine Anordnung** zu treffen ist, wonach **die für den Verstoß verantwortliche Person die Verhaltensweise einzustellen und von einer Wiederholung abzusehen** hat;
- eine **öffentliche Warnung** betreffend die für den Verstoß verantwortliche Person und die Art des Verstoßes gem. § 125 WpHG iVm Art. 30 Abs. 2 UAbs. 1 lit. c MAR;
- **Verhängung von Bußgeldern,** die im Falle der genannten Verstöße nicht nur im Sinne einer **Abschöpfung** der infolge des Verstoßes erzielten Gewinne oder der vermiedenen Verluste, sofern diese sich beziffern lassen, bemessen werden kann (§ 17 Abs. 4 OWiG iVm Art. 30 Abs. 2 UAbs. 1 lit. b MAR), sondern darüber hinaus auch als **verschärftes Bußgeld mit Abschreckungswirkung** in bis zur dreifachen Höhe des aus dem Verstoß erzielten wirtschaftlichen Vorteils gem. § 120 Abs. 18 S. 3 WpHG.

6. Verstoß gegen Bestimmungen der IFR (Abs. 2 Nr. 6)

26 § 19 Abs. 2 Nr. 6 gewährt der BaFin Ermessen zur **Aufhebung der Erlaubnis, wenn das Institut Art. 11 IFR (Eigenmittelanforderungen) und Art. 43 IFR (Liquiditätsanforderungen) nicht mehr erfüllt.** § 19 Abs. 2 Nr. 6 WpIG ist aus der Vorschrift § 35 Abs. 2 Nr. 8 KWG abgeleitet, welche auf Art. 18 lit. d Alt. 1 CRD IV beruht, wonach die Aufsichtsbehörde zur Aufhebung der Erlaubnis befugt sein muss, wenn den CRR-Anforderungen in Teil 3 (Eigenmittelanforderungen), Teil 4 (Vorschriften über Großkredite) oder Teil 6 (Liquidität) der CRR nicht mehr genügt ist. Der Gesetzgeber des WpIG bezieht sich in § 19 Abs. 2 Nr. 6 auf die Parallelvorschriften, soweit vorhanden, in der IFR, also auf Art. 11 IFR über Eigenmittelanforderungen und auf Art. 43 IFR über Liquiditätsanforderungen. Der für das WpIG insoweit maßgebliche Art. 8 lit. c MiFID II formuliert die Vorgabe für die Ermächtigungsgrundlage weiter, nämlich dahingehend, „dass die Voraussetzungen, auf denen die Zulassung beruht, wie etwa die Erfüllung der Anforderungen der [IFR] nicht mehr erfüllt" sind. In Bezug auf die IFR findet sich also keine Einschränkung auf bestimmte Abschnitte der IFR, sondern auf die

IFR insgesamt. Trotz dieses weitergehenden Wortlautes der Richtlinienbestimmung in der MiFID II ist es in systematischer Hinsicht und mit Blick auf Sinn und Zweck von MiFID II/IFD (die darauf ausgelegt sind, einen insgesamt klarer eingegrenzten Aufsichtsrahmen für Wertpapierinstitute zu schaffen als nach CRD IV/CRR) eine zutreffende Auslegung, hier anzunehmen, dass Art. 8 lit. c MiFID II nicht schon die Nichteinhaltung jeglicher IFR-Bestimmung als Entzugsgrund erfordert, sondern dass dies wie gem. Art. 18 lit. d Alt. 1 CRD IV auf die materiellen Kernbestimmungen (Eigenmittelanforderungen und Liquiditätsanforderungen) zu beziehen ist.

Auch iRd § 19 Abs. 2 Nr. 6 ist zu beachten, dass die BaFin im Rahmen ihres Ermessens eine Vielzahl vorgreiflicher **milderer Mittel** in Erwägung ziehen muss, wie zB die zur Einhaltung von ua sämtlichen Bestimmungen der IFR möglichen Anordnungen gem. §§ 49 ff. (ua eine Anordnung zusätzlicher Eigenmittel gem. § 49 Nr. 1, eine Verstärkung des Risikomanagements gem. § 49 Nr. 2, eine Änderung der Rückstellungspolitik gem. § 49 Nr. 4 usw). Wenn gegen diese Anordnungen schwerwiegend, wiederholt und systematisch verstoßen wird, ist dies unabhängig von § 19 Abs. 2 Nr. 6 ein Aufhebungsgrund gem. § 19 Abs. 2 Nr. 4 (→ Rn. 23 ff.). 27

7. Nachhaltiger Verstoß gegen Bestimmungen der SFTR (Abs. 2 Nr. 7)

Die SFTR (VO (EU) 2015/2365) dient der Begrenzung von Risiken für die Finanzmarktstabilität durch die **Regulierung von Wertpapierfinanzierungsgeschäften.** Diese Wertpapierfinanzierungsgeschäfte („SFT") sind (siehe hierzu jeweils die Definitionen in Art. 3 Nr. 7–11 SFTR): Pensionsgeschäfte (auch „repurchase transactions" oder „repo-transactions" genannt, in Art. 3 Nr. 9 SFTR abweichend von dem Begriff „Pensionsgeschäft" in § 340b HGB definiert), Wertpapier- oder Warenleihgeschäfte, Kauf-Rückverkaufgeschäfte, Verkauf-/Rückkaufgeschäfte sowie Lombardgeschäfte. Die SFTR verfolgt den Ansatz, die Märkte für Wertpapierfinanzierungen sowohl für die Aufsichtsbehörden als auch zwischen den beteiligten Gegenparteien einer SFT transparenter zu machen (vgl. Erwägungsgrund 7 und 22 SFTR). Hierzu gilt ua gem. **Art. 4 SFTR** eine **Meldepflicht,** wonach die Gegenparteien eine SFT sowie deren Änderungen an ein gem. Art. 5 SFTR von der ESMA zu registrierendes Transaktionsregister melden müssen. Ferner gelten gem. **Art. 15 SFTR** als Voraussetzung einer zulässigen **Weiterverwendung von als Sicherheit erhaltenen Finanzinstrumenten** bestimmte **Mindestinformations- und -dokumentationspflichten.** Die sicherungsnehmende Gegenpartei muss die sicherungsgebende Gegenpartei schriftlich in angemessener Weise auf die Risiken und Folgen hinweisen, die (i) mit der Einräumung eines Verfügungsrechts über Sicherheiten (in Form von beschränkten dinglichen Sicherungsrechten gem. Art. 5 FinanzsicherheitenRL (RL 2002/47/EG) bzw. (ii) der Stellung einer Sicherheit in Form der Vollrechtsübertragung verbunden sein können (Art. 15 Abs. 1 lit. a SFTR). Ferner muss die sicherungsgebende Gegenpartei zuvor ausdrücklich zugestimmt haben (Art. 15 Abs. 1 lit. b SFTR). 28

Gemäß Art. 22 Abs. 1 iVm Abs. 4 UAbs. 1 lit. c SFTR sind die Mitgliedstaaten verpflichtet, den zuständigen Behörden ua die Sanktion des Entzuges der Zulassung einzuräumen, „zumindest bei Verstößen gegen Art. 4 und Art. 15". Der deutsche Gesetzgeber setzt diese Anforderung im gebotenen Umfang um 29 und fügt die in der SFTR nicht erwähnte Anforderung eines **nachhaltigen Verstoßes** hinzu, worin der allgemeine Verhältnismäßigkeitsgrundsatz in Bezug auf diese einschneidende Maßnahme des Erlaubnisentzuges zum Ausdruck kommt. Als „nachhaltig" wird ein Verstoß angesehen, wenn er einen erheblichen Umfang besitzt und sich über einen längeren Zeitraum erstreckt (Schwennicke/Auerbach/Schwennicke KWG § 35 Rn. 47). Dieser Aufhebungsgrund ist in das **Ermessen der BaFin** gestellt, so dass im Einzelfall zu entscheiden ist, ob die BaFin zu dieser Maßnahme greift oder welche milderen Mittel zunächst anzuwenden sind, zB andere Sanktionen wie eine Anordnung gem. § 5 Abs. 2 iVm Art. 22 Abs. 4 UAbs. 1 lit. a SFTR dass die für den Verstoß verantwortliche Person die Verhaltensweise einzustellen und von einer Wiederholung abzusehen hat (Lendermann/Nemeczek/Schroeter/Steffen § 19 Rn. 29). Der Aufhebungsgrund ist ebenfalls gegeben, wenn das Institut nachhaltig gegen derartige Anordnungen der BaFin, die sich auf Art. 4 oder Art. 15 SFTR beziehen, verstoßen hat (§ 19 Abs. 2 Nr. 7 aE).

8. Nachhaltiger Verstoß gegen Art. 7 Abs. 1 S. 3 oder Art. 11 Abs. 1 S. 3 MiFIR (Abs. 2 Nr. 8)

30 § 19 Abs. 2 Nr. 8 benennt als Grund für die Aufhebung der Erlaubnis einen nachhaltigen Verstoß gegen Art. 7 Abs. 1 S. 3 oder Art. 11 Abs. 1 S. 3 MiFIR (VO (EU) Nr. 600/2014) oder gegen sich auf diese Bestimmungen beziehende Anordnungen der BaFin. Diese Regelungen betreffen die **Nachhandelstransparenz.** Während Art. 6 MiFIR (für Eigenkapitalinstrumente) und Art. 10 MiFIR (für Schuldverschreibungen usw) eine Veröffentlichung von Preis, Volumen und Geschäftszeitpunkt so nahe an der Echtzeit wie technisch möglich verlangen, sehen Art. 7 und Art. 11 MiFIR hier jeweils Ausnahmen vor. Art. 7 Abs. 1 S. 3 MiFIR erlaubt Marktbetreibern und Wertpapierfirmen, die einen Handelsplatz betreiben eine Abweichung, wenn sie vorab die Genehmigung der BaFin zu geplanten Regelungen für eine spätere Veröffentlichung einholen und die Marktteilnehmer sowie die Öffentlichkeit auf diese Regelungen deutlich hinweisen. Art. 11 Abs. 1 S. 3 MiFIR sah ursprünglich eine identische Regelung vor, wurde aber in der heutigen Fassung durch eine Regelung ersetzt, wonach gemäß weiteren Durchführungsbestimmungen (Regulatory Technical Standards, RTS) ein für bestimmte Arten von Finanzinstrumenten definierter Aufschub in Anspruch genommen werden kann, auf den die Marktbetreiber die Marktteilnehmer sowie die Öffentlichkeit gem. Art. 11 Abs. 1 S. 2 (nicht S. 3) MiFIR hinweisen müssen. Der Verweis in § 19 Abs. 2 Nr. 8 muss daher als Verweis auf die Einhaltung dieser Regelungen in Art. 11 MiFIR aF insgesamt verstanden werden.

31 Durch die Bezugnahme auf Art. 7 und Art. 11 MiFIR greift der Gesetzgeber aus dem Kreis der in der MiFIR geregelten Pflichten spezifische Verstöße gegen Nachhandelstransparenzvorschriften durch Marktbetreiber und Wertpapierinstitute heraus, denn es gibt noch eine Fülle weiterer Pflichten gemäß MiFIR, zB die zentrale Pflicht gem. Art. 26 MiFIR, dass Wertpapierinstitute, die Geschäfte mit Finanzinstrumenten tätigen, der zuständigen Behörde die vollständigen und zutreffenden Einzelheiten dieser Geschäfte so schnell wie möglich und spätestens am Ende des folgenden Arbeitstags melden. Der Gesetzgeber verwies bei Einführung der Parallelvorschrift im KWG (§ 35 Abs. 2 Nr. 10 KWG) auf Art. 8 lit. d MiFID II (BT-Drs. 18/10936, 262 f.). Allerdings wird dort eine allgemein gehaltene Regelung der Mitgliedstaaten gefordert, wonach der Entzug der Erlaubnis

möglich sein muss, wenn durch eine Wertpapierfirma „in schwerwiegender Weise systematisch gegen die Bestimmungen zur Durchführung dieser Richtlinie oder der Verordnung (EU) Nr. 600/2014 [dh der MiFIR] verstoßen wurde, die die Bedingungen für die Ausübung der Tätigkeit einer Wertpapierfirma regeln". Es bleibt unklar, warum der Gesetzgeber diese Verengung auf die Vorschriften der Art. 7 und Art. 11 MiFIR vorgenommen hat. Dies erscheint anders als im Kontext von § 19 Abs. 2 Nr. 6 (siehe den dortigen Verweis auf Art. 11 und 43 IFR, dh Eigenkapital- und Liquiditätsvorschriften im Einklang mit den Grundlagen von KWG und CRD IV) nicht mit den Richtliniengrundlagen vereinbar zu sein. Für die Rechtsanwendung bleibt insoweit die gesetzliche Regelung in § 19 Abs. 2 Nr. 8 maßgeblich, da eine erweiternde (richtlinienkonforme) Auslegung über den klaren Wortlaut hinaus, der nur Art. 7 und Art. 11 MiFIR anspricht, nicht möglich erscheint.

Die Formulierung „nachhaltiger Verstoß" findet sich in der Richtliniengrund- 32
lage (Art. 8 lit. d MiFID II) nicht wieder, wo ein „in schwerwiegender Weise systematischer" Verstoß gefordert wird. Der Begriff des „nachhaltigen Verstoßes" sollte richtlinienkonform in diesem Sinne ausgelegt werden (Lendermann/Nemeczek/Schroeter/Steffen § 19 Rn. 31; Luz/Neus/Schaber/Schneider/Wagner/Weber/Schmitz KWR § 35 Rn. 72c). Ein in schwerwiegender Weise systematischer Verstoß kann zB vorliegen, wenn das Institut, das einen Handelsplatz betreibt, die Nachhandelstransparenz bewusst verspätet herstellt und hierfür nicht die erforderliche BaFin-Genehmigung einholt, wohingegen vorübergehende Störfälle einer bereits genehmigten verspäteten Nachhandelstransparenz für eine auf § 19 Abs. 2 Nr. 8 gestützte Aufhebung der Erlaubnis nicht genügen (Lendermann/Nemeczek/Schroeter/Steffen § 19 Rn. 32).

IV. Erlaubnisaufhebung bei Insolvenz und Einstellung des Geschäftsbetriebs (Abs. 3)

§ 19 Abs. 3 wurde der entsprechenden Formulierung des § 35 Abs. 2a KWG 33
entnommen und für Wertpapierinstitute modifiziert (RegBegr. WpIG BT-Drs. 19/26929, 138). Sowohl die Regelung im WpIG als auch die im KWG sehen im jeweiligen **S. 1 Alt. 1** vor, dass im Falle der **Eröffnung eines Insolvenzverfahrens** die Erlaubnis aufgehoben werden soll. Dies geht auf Art. 12 Sanierungs- u. LiquidationsRL (RL 2001/24/EG) zurück, wonach im Falle der Verfahrenseröffnung „ohne dass Sanierungsmaßnahmen getroffen wurden oder nachdem diese gescheitert sind" die Zulassung des Instituts zu widerrufen ist (s. RegBegr RestrukturierungsG, das zur gegenwärtigen Fassung von § 35 Abs. 2a KWG geführt hat, BT-Drs. 17/3024, 59). Ferner soll die Erlaubnis gemäß **S. 1 Alt. 2** im Falle des **Beschlusses zur Einstellung des Geschäftsbetriebs** aufgehoben werden. Dies weicht von § 35 Abs. 2a S. 1 Alt. 2 KWG ab, wonach es ausdrücklich auf den Beschluss zur Auflösung des Instituts ankommt, dh auf den gesellschaftsrechtlichen Akt der Einleitung der Liquidation wie zB nach § 60 Abs. 1 Nr. 2 GmbHG oder nach § 262 Abs. 1 Nr. 2 AktG. Diese Abweichung im WpIG ist eine bewusste gesetzgeberische Entscheidung. Die Regierungsbegründung vermerkt ausdrücklich, dass die Einstellung des Geschäftsbetriebs zeitlich bereits vor der Auflösung der Gesellschaft ansetzt und die Erlaubnisaufhebung daher an den Beschluss zur Einstellung des Geschäftsbetriebs und nicht an die Auflösung des Unternehmens anknüpft. Dies soll das Ermessen zur Aufhebung

der Erlaubnis gem. § 19 Abs. 2 Nr. 1 bei zeitweiliger Einstellung des Geschäftsbetriebs von mehr als sechs Monaten flankieren, denn die zeitweilige Nichtausübung des Geschäftsbetriebs bedeutet nicht, dass der Geschäftsbetrieb endgültig eingestellt ist (BT-Drs. 19/26929, 138). Wenn also das Wertpapierinstitut den Geschäftsbetrieb einstellt, was gem. § 64 Abs. 1 Nr. 7 unverzüglich der BaFin anzuzeigen ist, dann führt dies gem. § 19 Abs. 3 S. 1 Alt. 2 dazu, dass die Erlaubnis durch die BaFin aufgehoben werden soll. Diese Regelung ist von den zugrunde liegenden Richtlinienbestimmungen (Art. 12 Sanierungs- u. LiquidationsRL, Art. 8 MiFID II) nicht vorgeschrieben und damit ein nationaler gesetzgeberischer Impuls. Offen bleibt allerdings, warum hier eine von dem KWG divergierende Regelung geschaffen wurde.

34 Die **Formulierung „soll"** statt „kann" vermerkt die unterschiedliche Gewichtung des Aufhebungsgrundes im Vergleich zu den Fallgestaltungen von § 19 Abs. 2 (RegBegr. WpIG, BT-Drs. 19/26929, 138). Nach allgemeinen verwaltungsrechtlichen Grundsätzen über „Soll"-Vorschriften bedeutet dies zum einen im Regelfall eine **Entscheidungspflicht der Behörde.** Zum anderen kann die Behörde nur in Ausnahmefällen **aus wichtigen Gründen** oder **wegen atypischen Einzelfällen von der vorgegebenen Rechtsfolge abweichen** (BVerwG NJW 1984, 70 (71); Schoch/Schneider/Geis VwVfG § 40 Rn. 26), dh von der Aufhebung der Erlaubnis absehen. Im Fall von 19 Abs. 3 S. 1 Alt. 1 (Fall der Insolvenzeröffnung) kann eine Ausnahme gerechtfertigt sein, wenn der Insolvenzverwalter durch Tatsachen belegt, dass die erfolgreiche Durchführung eines Insolvenzplanverfahrens gem. §§ 217 ff. InsO ernsthaft in Betracht kommt (BT-Drs. 17/3024, 59).

35 Gemäß S. 2 hindert der Wegfall der Erlaubnis **die für die Insolvenz zuständigen Personen** (anders § 35 Abs. 2a S. 2 KWG: die für die Liquidation zuständigen Personen) nicht daran, bestimmte Tätigkeiten des Instituts weiter zu betreiben, soweit dies für Zwecke des Insolvenz- oder Liquidationsverfahrens erforderlich oder angezeigt ist. Damit ist der Insolvenzverwalter, auf den gem. § 80 Abs. 1 InsO durch die Eröffnung des Insolvenzverfahrens die Verfügungsgewalt über das Institut übergeht, befugt, auch nach Aufhebung der Erlaubnis zB bestehende Kundenverträge zu erfüllen und laufende Geschäfte abzuwickeln (Lendermann/Nemeczek/Schroeter/Steffen § 19 Rn. 35). Es bleibt unklar, warum der Gesetzgeber in § 19 Abs. 3 S. 2 im Vergleich zur Regelung im KWG den Begriff „Liquidation" durch „Insolvenz" ersetzt hat. Dies ist dem strengen Wortlaut nach eine Verschärfung, denn danach würde im Fall einer Erlaubnisaufhebung nach Beschluss zur Geschäftseinstellung und anschließender außerinsolvenzlicher Abwicklung durch einen Liquidator die Befugnis gem. § 19 Abs. 3 S. 2 nicht gelten. Dagegen ist die Formulierung „die für die Liquidation zuständigen Personen" in § 35 Abs. 2a S. 2 KWG weiter, denn die Geschäftsabwicklung nach Insolvenzeröffnung ist ein Unterfall der Liquidation (siehe § 60 Abs. 1 Nr. 4 GmbHG und § 262 Abs. 1 Nr. 3 AktG). Für diese begriffliche Einengung im Rahmen des WpIG im Vergleich zum KWG ist kein sachlicher Grund erkennbar, so dass es sich um ein **Redaktionsversehen** handeln dürfte. Für die Praxis empfiehlt es sich vorsorglich, außerinsolvenzliche Pläne zur Geschäftseinstellung des Wertpapierinstituts mit der BaFin im Vorfeld abzustimmen, zB indem der formelle Beschluss zur Geschäftseinstellung langfristig angekündigt, aber erst nach tatsächlicher Geschäftsreduzierung und -abwicklung gefasst wird, ggf. verbunden mit einem Erlaubnisverzicht.

V. Aufhebung der Erlaubnis nach den allgemeinen Vorschriften des VwVfG

1. Gründe für Rücknahme und Widerruf nach §§ 48, 49 VwVfG

Wie § 19 Abs. 2 ausdrücklich festhält, ist eine Aufhebung der Erlaubnis neben den in Abs. 2 aufgeführten speziellen Aufhebungsgründen auch nach den allgemeinen Vorschriften des VwVfG möglich. Als praktisch relevante Fälle kommen hier in Betracht: 36

- die Rücknahme einer rechtswidrigen Erlaubnis gem. § 48 Abs. 2 S. 3 Nr. 1 und 2 VwVfG wegen **Erwirkung durch Täuschung, Drohung oder Bestechung** oder **durch in wesentlicher Beziehung unrichtige oder unvollständige Angaben.** Dabei genügt für eine Täuschung bedingter Vorsatz, nicht jedoch Fahrlässigkeit oder grobe Fahrlässigkeit (LNSSWW/Schmitz KWG § 35 Rn. 84). Der Tatbestand der Täuschung kann erfüllt sein, wenn unrichtige oder unvollständige Angaben im Erlaubnisverfahren gemacht werden, die auf eine bestimmte Rechtsfolge, nämlich die Erlaubniserteilung gerichtet sind. Dabei rechtfertigt ein leichtfertiges, objektiv falsches Urteil des Antragsstellers über die Zuverlässigkeit einer als Geschäftsleiter vorgesehenen Person noch nicht die Aufhebung der Erlaubnis (LNSSWW/Schmitz).
- der Widerruf einer rechtmäßig erteilten Erlaubnis nach § 49 Abs. 2 Nr. 2 VwVfG wegen **Nichterfüllung einer nach § 15 Abs. 8 mit der Erlaubnis verbundenen Auflage** (Fischer/Schäfer/Schulte-Mattler/Schulte-Mattler/Fischer-Krolop KWG § 35 Rn. 50; Beck/Samm/Kokemoor/Müller-Grune KWG § 35 Rn. 117).

2. Verfahren und Rechtsmittel

Mangels spezieller Verfahrensvorschriften im WpIG gelten für das Verwaltungsverfahren der Erlaubnisaufhebung die allgemeinen Vorschriften der §§ 9 ff. VwVfG, insbesondere das Erfordernis der **vorherigen Anhörung (§ 28 VwVfG).** Gegen den Verwaltungsakt der Aufhebung ist die **Anfechtungsklage gem. § 42 VwGO** statthaft, allerdings haben Rechtsbehelfe gegen Aufhebungsbescheide, die auf § 19 Abs. 2 gestützt sind, nach § 6 **keine aufschiebende Wirkung,** so dass ein Antrag nach § 80 Abs. 5 S. 1 VwGO auf Wiederherstellung der aufschiebenden Wirkung zu stellen ist. 37

3. Teilaufhebung der Erlaubnis

Die Frage, ob auf der Grundlage von § 19 eine Teilaufhebung der Erlaubnis möglich ist in der Weise, dass der Erlaubnisinhaber auf einzelne Geschäftsarten beschränkt oder ihm die Erlaubnis für bestimmte Geschäftsarten entzogen wird, ist identisch zu beantworten wie im Rahmen der insoweit gleich formulierten Parallelbestimmung § 35 KWG. Allerdings ist die Frage iRv § 35 KWG **streitig.** Die Befugnis zur Teilaufhebung wird von Fischer-Krolop (in Fischer/Schäfer/Schulte-Mattler/Schulte-Mattler KWG § 35 Rn. 15) mit einem a maiore ad minus-Argument bejaht: wenn die Erlaubnis ganz aufgehoben werden kann, müsse dies erst recht auch teilweise möglich sein, dagegen Schwennicke/Auerbach/Schwennicke KWG § 35 Rn. 20 mit dem zutreffenden Hinweis, dass das Gesetz eine dementsprechende Formulierung, dh ein „soweit“, gerade nicht enthält sondern ein „wenn“. In der Praxis hat die BaFin die Möglichkeit, zu demsel- 38 ben Ergebnis wie eine Teilaufhebung zu kommen, indem sie die vollständige Aufhebung der Erlaubnis in Aussicht stellt und einen Antrag des Institutes auf Beschränkung der Erlaubnis als das mildere Mittel anregt (Schwennicke/Auerbach/Schwennicke § 35 Rn. 20).

VI. Erlaubnisverzicht

39 Die Erlaubnis kann auch durch Verzicht des Inhabers auf die Erlaubnis erlöschen (VG Frankfurt a. M. BeckRS 2016, 44254; Fischer/Schäfer/Schulte-Mattler/Schulte-Mattler/Fischer-Krolop KWG § 35 Rn. 12a; Schwennicke/Auerbach/Schwennicke KWG § 35 Rn. 53 f.). Hierzu genügt zB die Rückgabe des Originals des Erlaubnisbescheides iVm einem entsprechenden Begleitschreiben, so dass mit Eingang des Erlaubnisbescheides bei der BaFin die Erlaubnis unwiderruflich erloschen ist (VG Frankfurt a. M. BeckRS 2016, 44254). Auch ein teilweiser Verzicht auf die Erlaubnis, dh ein nur auf einzelne Wertpapierdienstleistungen bezogener Verzicht ist möglich (vgl. Reischauer/Kleinhans/Albert KWG § 35 Rn. 7). Mit dem Wirksamwerden des (vollständigen) Verzichts endet die Umlagepflicht und zugleich die Pflicht zur Vorauszahlung auf den Umlagebetrag gem. §§ 16 ff. FinDAG (VG Frankfurt a. M. BeckRS 2016, 44254).

VII. Abwicklung nach Beendigung der Erlaubnis

40 Mit Beendigung der Erlaubnis, sei es wegen eines automatischen Erlöschens gem. Abs. 1, einer Aufhebung durch Verwaltunsakt gem. Abs. 2 oder wegen eines Verzichts auf die Erlaubnis (→ Rn. 39) **endet die Befugnis** zur Erbringung von Wertpapierdienstleistungen. Gleichwohl erbrachte Wertpapierdienstleistungen sind gem. § 82 strafbewehrt und die BaFin kann auf der Grundlage von §§ 5, 79 ff. gegen unerlaubt erbrachte Geschäfte vorgehen. Allerdings gilt bei zutreffender Auslegung von § 19 Abs. 3 S. 2 (→ Rn. 35), dass dies grundsätzlich **nur für Neugeschäfte** gilt, während die **Abwicklung zulässig** bleibt. Dh die Durchführung aller Geschäfte, die der Abwicklung des Instituts dienen bleibt erlaubt (wie es im Rahmen des KWG anerkannt ist, siehe Fischer/Schäfer/Schulte-Mattler/Schulte-Mattler/Fischer/Krolop KWG § 35 Rn. 59; Reischauer/Kleinhans/Albert KWG § 35 Rn. 74; Beck/Samm/Kokemoor/Müller-Grune KWG § 35 Rn. 137; Schwennicke/Auerbach/Schwennicke KWG § 35 Rn. 60). Dies setzt aber voraus, dass sich die Abwicklung auf die Erfüllung der vertraglich geschuldeten Leistung beschränkt und die Möglichkeiten zur schnellsten Beendigung der laufenden Geschäfte (Kündigung usw) genutzt werden (Fischer/Schäfer/Schulte-Mattler/Schulte-Mattler/Fischer/Krolop KWG § 35 Rn. 59). Die Abwicklungsgeschäfte sind auf das notwendige Maß zu beschränken, woran strenge Maßstäbe zu stellen sind (Reischauer/Kleinhans/Albert KWG § 35 Rn. 74).

41 In Übereinstimmung mit dem **materiellen Institutsbegriff** des WpIG (siehe Lendermann/Nemeczek/Schroeter/Reschke § 2 Rn. 11) bleibt das Unternehmen auch nach Beendigung der Erlaubnis ein Wertpapierinstitut iSd WpIG und unterliegt damit auch während der Abwicklung im vollen Umfang der **Aufsicht der BaFin** nach dem WpIG und muss die nach dem WpIG bestehenden Pflichten noch so lange erfüllen, wie Geschäfte in erlaubnispflichtigem Umfang abgewickelt werden, so wie dies auch im Rahmen des KWG anerkannt ist (Schwennicke/Auerbach/Schwennicke KWG § 35 Rn. 62; Reischauer/Kleinhans/Albert KWG

§ 35 Rn. 75). Zum Beispiel bleiben die Anzeigepflichten gem. § 64 und die Pflicht zur Einreichung von Finanzinformationen gem. § 66 fortbestehen.

Abschnitt 2. Geschäftsleiter und Verwaltungs- oder Aufsichtsorgan

§ 20 Geschäftsleiter

(1) [1]**Die Geschäftsleiter eines Kleinen oder Mittleren Wertpapierinstituts müssen für die Leitung eines Wertpapierinstituts fachlich geeignet und zuverlässig sein und der Wahrnehmung ihrer Aufgaben ausreichend Zeit widmen. [2]Die fachliche Eignung setzt voraus, dass die Geschäftsleiter in ausreichendem Maß theoretische und praktische Kenntnisse in den betreffenden Geschäften sowie Leitungserfahrung haben. [3]Das Vorliegen der fachlichen Eignung ist regelmäßig anzunehmen, wenn eine dreijährige leitende Tätigkeit bei einem Wertpapierinstitut von vergleichbarer Größe und Geschäftsart nachgewiesen wird. [4]Der Nachweis kann auch durch Tätigkeiten bei einem anderen Unternehmen erbracht werden, sofern dieses eine vergleichbare Größe aufweist und von Art und Volumen in mit dem Wertpapierinstitut vergleichbarer Weise Wertpapierdienstleistungen erbringt.**

(2) **Die Geschäftsleiter müssen in ihrer Gesamtheit die Kenntnisse, Fähigkeiten und Erfahrungen haben, die zur Leitung des Wertpapierinstituts und zum Verständnis ihrer Tätigkeit erforderlich sind.**

(3) **Geschäftsleiter kann nicht sein, wer in demselben Unternehmen Mitglied des Verwaltungs- oder Aufsichtsorgans ist; im Falle einer Europäischen Gesellschaft (SE) mit monistischem System gilt dies mit der Maßgabe, dass ein geschäftsführender Direktor nicht zugleich Vorsitzender oder nicht geschäftsführendes Mitglied des Verwaltungsrates sein kann.**

(4) **Bei der Zahl der Leitungs- oder Aufsichtsmandate, die ein Geschäftsleiter gleichzeitig innehaben kann, sind der Einzelfall und die Art, der Umfang und die Komplexität der Geschäfte des Wertpapierinstituts zu berücksichtigen.**

(5) **Das Kleine oder Mittlere Wertpapierinstitut muss angemessene personelle und finanzielle Ressourcen einsetzen, um den Geschäftsleitern die Einführung in ihr Amt zu erleichtern und die Fortbildung zu ermöglichen, die zur Aufrechterhaltung ihrer fachlichen Eignung erforderlich ist.**

(6) [1]**In Ausnahmefällen kann die Bundesanstalt auch eine andere mit der Führung der Geschäfte betraute und zur Vertretung ermächtigte Person widerruflich als Geschäftsleiter einsetzen, wenn sie zuverlässig ist und die erforderliche fachliche Eignung hat; Absatz 1 ist anzuwenden. [2]Wird das Wertpapierinstitut von einem Einzelkaufmann betrieben, so kann in Ausnahmefällen unter den Voraussetzungen des Satzes 1 eine von dem Inhaber mit der Führung der Geschäfte betraute und zur Vertretung ermächtigte Person widerruflich als Geschäftsleiter eingesetzt werden. [3]Beruht die Einsetzung einer Person als Geschäftsleiter auf einem Antrag**

des Wertpapierinstituts, so kann sie nur auf Antrag des Wertpapierinstituts oder des Geschäftsleiters widerrufen werden.

(7) **§ 45 der Gewerbeordnung findet keine Anwendung.**

(8) **Eine Person, die nicht die Anforderungen nach den Absätzen 1 bis 3 erfüllt, darf nicht zum Geschäftsleiter eines Kleinen oder Mittleren Wertpapierinstituts bestellt werden.**

Übersicht

I. Vorbemerkung

§ 20 stellt fachliche und persönliche Anforderungen an Geschäftsleiter Kleiner und Mittlerer Wertpapierinstitute. Die Regelung setzt Art. 9 MiFID II und Art. 91 CRD IV um. § 20 folgt dabei systematisch der Struktur der §§ 25c und 25d KWG. Die Anforderungen von Art. 9 Abs. 3 MiFID II sind als spezielle Anforderungen im WpHG umgesetzt (RegE 1.1.2021, BR-Drs. 7/21, 158). Bei Großen Wertpapierinstituten sind weiterhin die §§ 25c, 25d, 36 KWG zu beachten. 1

Ein Wertpapierinstitut, das befugt ist, sich bei der Erbringung von Wertpapierdienstleistungen Eigentum oder Besitz an Geldern oder Wertpapieren von Kunden zu verschaffen oder Altersvorsorgeverträge anzubieten, muss mindestens zwei Geschäftsleiter haben, die dem Institut nicht nur ehrenamtlich zur Verfügung stehen. Dies ergibt sich – e contrario – aus dem Versagungsgrund für die Erlaubniserteilung gem. § 18 Abs. 2 Nr. 8. In allen übrigen Fällen ist ein Geschäftsleiter ausreichend. 2

II. Fachliche Eignung, Zuverlässigkeit, zeitliche Verfügbarkeit (Abs. 1 und Abs. 2)

Geschäftsleiter eines Kleinen oder Mittleren Wertpapierinstituts müssen über die für ihre Tätigkeit notwendige Sachkunde verfügen und sie müssen zuverlässig sein. Sie haben außerdem ihrer Tätigkeit ausreichend Zeit zu widmen. § 20 Abs. 1 S. 2 gibt der BaFin einen Maßstab für die Prüfung der fachlichen Eignung vor. § 20 Abs. 1 S. 3 enthält eine Regelvermutung, bei deren Vorliegen das Erfordernis der fachlichen Eignung von der Bundesanstalt nicht geprüft werden muss. Für das Vorliegen der Regelvermutung bei einem Wertpapierinstitut ist neben der vergleichbaren Größe auch die vergleichbare Geschäftsart von besonderer Bedeutung (RegE 24.2.2021, BT-Drs. 19/26929, 138). 3

Bei den Anforderungen Zuverlässigkeit, fachliche Eignung und ausreichend Zeit handelt es sich um **unbestimmte Rechtsbegriffe,** die ausgelegt werden müssen (Beck/Samm/Kokemoor/Kleinert KWG § 25c Rn. 18). Dabei ist vor allem der Vertrauensempfindlichkeit des Finanzgewerbes sowie dem Erfordernis einer wirksamen Beaufsichtigung durch zusätzliche Anforderungen an Zuverlässigkeit, Sorgfalt und Gewissenhaftigkeit Rechnung zu tragen (Beck/Samm/Kokemoor/Kleinert KWG § 25c Rn. 18). 4

Die Anforderungen an die persönliche Eignung von Geschäftsleitern entsprechen im Kern dem bisherigen Rechtsstand unter dem KWG (Neumann/Schmidt, Corporate Governance von Wertpapierinstituten, BKR 2021, 535 (538)). Gemäß WpIG-Q&A der BaFin vom 30.4.2021 (veröffentlich unter www.bafin.de) wer- 5 den seit Inkrafttreten des WpIG am 26.6.2021 ua die Verlautbarungen der **BaFin** im **„Merkblatt zu den Geschäftsleitern gemäß KWG, ZAG und KAGB"** (veröffentlicht unter www.bafin.de), wie sie in der Vergangenheit für Finanzdienstleistungsinstitute und Wertpapierhandelsbanken galten, vorerst weiterhin sinngemäß auch für Kleine und Mittlere Wertpapierinstitute angewendet. BaFin-Merkblätter haben für Marktteilnehmer zwar keine rechtliche Bindungswirkung, entfalten diese jedoch faktisch (Lendermann/Nemeczek/Schroeter/Sajnovits WpIG § 20 Rn. 16 mwN).

6 Weitere Erläuterungen zu den Anforderungen an Geschäftsleiter enthalten die überarbeiteten „**Leitlinien** zur Bewertung der **Eignung von Mitgliedern des Leitungsorgans und Inhabern von Schlüsselfunktionen**" der **EMA/ESMA** vom 2.7.2021 (EBA/GL/2021/06, ESMA35-36-2319, abrufbar unter www.eba.europa.eu), die seit dem 31.12.2021 gelten. Leitlinien und Empfehlungen (Guidelines and Recommendations) der ESMA und EBA sind sog. Level 3-Maßnahmen. Rechtlich haben sie für Marktteilnehmer und auch für nationale Aufsichtsbehörden keine unmittelbare Bindungswirkung (Lendermann/Nemeczek/Schroeter/Sajnovits WpIG § 20 Rn. 15 mwN). Nationale Aufsichtsbehörden sind jedoch wegen des comply or explain-Mechanismus nach Art. 16 Abs. 3 ESMA-VO jedenfalls faktisch regelmäßig gehalten, den Leitlinien und Empfehlungen zu entsprechen (Lendermann/Nemeczek/Schroeter/Sajnovits WpIG § 20 Rn. 15 mwN). In den EMA/ESMA-Leitlinien werden nach Maßgabe von Artikel 91 Absatz 12 der Richtlinie 2013/36/EU und Artikel 9 Absatz 1 Absatz 2 der Richtlinie 2014/65/EU die Anforderungen bezüglich der Eignung von Mitgliedern des Leitungsorgans weiter präzisiert, insbesondere die Konzepte des ausreichenden Zeitaufwands, der Aufrichtigkeit, Integrität und Unvoreingenommenheit eines Mitglieds des Leitungsorgans, der notwendigen kollektiven Kenntnisse, Fähigkeiten und Erfahrung des Leitungsorgans sowie des angemessenen Umfangs von Personal- und Finanzressourcen für die Einführung der Mitglieder des Leitungsorgans in ihr Amt und deren Schulung.

7 Bei der Auslegung von § 20 werden neben dem „Merkblatt zu den Geschäftsleitern gemäß KWG, ZAG und KAGB" auch die weiteren Auslegungs- und Anwendungsentscheidungen der Aufsichtsbehörden sowie die Rechtsprechung der Gerichte zu § 25c KWG Berücksichtigung finden. Allerdings können sämtliche Auslegungsentscheidungen zu § 25c KWG nicht unbesehen auf § 20 übertragen werden. Vielmehr müssen die gesetzlichen Vorgaben zu Geschäftsleitern unter besonderer Berücksichtigung des **Proportionalitäts- bzw. Verhältnismäßigkeitsgrundsatzes** angewendet werden (EBA/GL/2017/12 v. 26.9.2017, EBA/GL/2021/06 v. 2.7.2027). Der Grundsatz der Verhältnismäßigkeit gebietet es, gerade bei kleineren und mittleren Wertpapierinstituten die Anforderungen aus § 20 mit besonderem Augenmaß anzuwenden. Anderenfalls bestünde die Gefahr, diese Wertpapierinstitute über Gebühr zu belasten (Lendermann/Nemeczek/Schroeter/Sajnovits WpIG § 20 Rn. 19). Gemäß EBA/ESMA-Leitlinien sollten zur Wahrung des Grundsatzes der Verhältnismäßigkeit folgende Kriterien Berücksichtigung finden (EBA/GL/2021/06 v. 2.7.2027, Rn. 21):

- Größe des Instituts (Bilanzsumme, verwahrtes oder verwaltetes Kundenvermögen, Transaktionsvolumen);
- Rechtsform des Instituts und ob dieses zu einem Konzern gehört oder nicht,
- Börsennotierung des Instituts,
- Art der zugelassenen Geschäfte und Dienstleistungen,

– geografische Präsenz des Instituts und der Umfang der Geschäfte in den einzelnen Jurisdiktionen,
– Geschäftsmodell, Geschäftsstrategie, Art und Komplexität der Geschäftstätigkeit sowie die Organisationsstruktur des Instituts,
– Risikostrategie, Risikobereitschaft und tatsächliches Risikoprofil,
– Erlaubnis für Institute, interne Modelle zur Messung des Kapitalbedarfs zu verwenden, falls einschlägig,
– Kundentyp und
– Art und Komplexität von Produkten, Verträgen und Instrumenten, die vom Institut angeboten werden.

1. Fachliche Eignung

a) Bedeutung. Das Erfordernis der fachlichen Eignung soll verhindern, dass Geschäfte nicht ordnungsgemäß geführt und aufsichtsrechtliche Vorgaben missachtet werden (zu § 25c KWG: Schwennicke/Auerbach/Schwennicke KWG § 25c Rn. 22; Reischauer/Kleinhans/Albert KWG § 25c Rn. 19) sowie dass Wertpapierinstitute durch ungeeignete Geschäftsleiter in ihrem Bestand gefährdet oder in den Interessen ihrer Kunden nachteilige Geschäfte verwickelt werden (zu § 25c KWG: Beck/Samm/Kokemoor/Kleinert KWG § 25c Rn. 38; Schwennicke/Auerbach/Schwennicke KWG § 25c Rn. 22). 8

b) Einzelfallprüfung. Der Nachweis der fachlichen Eignung ist ua durch einen Lebenslauf des Geschäftsleiters zu erbringen. Der Lebenslauf ist 9
– bei Erlaubniserteilung mit dem Erlaubnisantrag gem. Art. 4a) iii) der Delegierten Verordnung (EU) 2017/1943 und
– bei der Mitteilung über die Änderung bei den Mitgliedern eines Leitungsorgans vor deren Wirksamwerden gem. Art. 5 Abs. 1 der Durchführungsverordnung (EU) 2017/1945

vorzulegen. Der Lebenslauf muss monatsgenaue Angaben enthalten sowie lückenlos, vollständig und wahr sein. Er muss durch den Geschäftsleiter eigenhändig unterzeichnet und mit einem Datum versehen sein (BaFin-Schreiben „Wertpapierdienstleistungen", zuletzt geändert am 22.11.2021, zugänglich unter www.bafin.de).

Die Feststellung der Eignung erfolgt aufgrund einer **Einzelfallprüfung,** wobei die gesamte bisherige berufliche Tätigkeit des Geschäftsleiters zur Größe und Geschäftstätigkeit des Wertpapierinstituts in Beziehung gesetzt wird, für das eine Erlaubnis beantragt wird bzw. für das der Geschäftsleiter bestellt werden soll (zu § 25c KWG: Beck/Samm/Kokemoor/Kleinert Rn. 40; Schwennicke/Auerbach/Schwennicke KWG § 25c Rn. 23). Die Prüfungskriterien sind in Abs. 1 S. 2 geregelt. Bei der Prüfung ist das Proportionalitätsgebot zu beachten; zu berücksichtigen sind mithin insbes. die Größe und die (Risiko)-Struktur des jeweiligen Wertpapierinstituts. So sind zB die Anforderungen an die Anlagevermittlung geringer, während für Tätigkeiten, bei denen Kundengelder/-finanzinstrumente gehalten werden, zB bei Finanzkommissionsgeschäften (§ 84 Abs. 2 WpHG), strengere Anforderungen gelten (Lendermann/Nemeczek/Schroeter/Sajnovits WpIG § 20 Rn. 25). 10

c) Kriterien der fachlichen Eignung. § 20 Abs. 1 S. 2 entspricht § 25c Abs. 1 S. 2 KWG. Neben theoretischen Kenntnissen sind ausreichende praktische Kenntnisse erforderlich. Die Anforderungen an die fachliche Eignung eines 11

Geschäftsleiters bemessen sich an der Größe und Struktur des Instituts sowie der Art und Vielfalt der von dem Institut betriebenen Geschäfte und werden von der BaFin, wo die Regelvermutung nicht greift, im Rahmen einer umfassenden Einzelfallprüfung beurteilt (BaFin-Merkblatt Rn. 94, 99 (→ Rn. 5)).

12 Bei der Bewertung der Kenntnisse, Fähigkeiten und Erfahrungen sind zu berücksichtigen (EMA/ESMA-Leitlinien, Rn. 59 → Rn. 6):
a. die Rolle und Aufgaben der Position und die erforderlichen Fähigkeiten;
b. die Kenntnisse und Fähigkeiten, die über allgemeine und berufliche Ausbildung sowie die Praxis erworben werden;
c. die praktische und berufliche Erfahrung, die in früheren Positionen gesammelt wurde; und
d. die Kenntnisse und Fähigkeiten, die durch das professionelle Verhalten des Mitglieds des Leitungsorgans erworben und nachgewiesen werden.

Die theoretischen und praktischen Erfahrungen sind im Zusammenhang mit folgenden Parametern zu bewerten (EMA/ESMA-Leitlinien, Rn. 63 → Rn. 6):
a. Bankwesen und Finanzmärkte;
b. rechtliche Anforderungen und Regulierungsrahmen;
c. strategische Planung, das Verständnis der Geschäftsstrategie oder des Geschäftsplans eines Instituts und deren Erfüllung;
d. Risikomanagement (Ermittlung, Bewertung, Überwachung, Beherrschung und Minderung der Hauptrisikoarten eines Instituts, einschließlich Risiken und Risikofaktoren in den Bereichen Umwelt, Soziales und Governance);
e. Buchhaltung und Rechnungsprüfung
f. die Bewertung der Wirksamkeit der Regelungen eines Instituts, Sicherstellung effektiver Unternehmensführung, Aufsicht und Kontrollen;
g. die Auslegung der Finanzinformationen eines Instituts, die Ermittlung von wichtigen Sachverhalten auf der Grundlage dieser Informationen und entsprechende Kontrollen und Maßnahmen.

13 **aa) Theoretische Kenntnisse.** Der Umfang der erforderlichen theoretischen Kenntnisse des Geschäftsleiters eines Wertpapierinstituts bemisst sich an dessen Geschäftstätigkeit. Ausreichende theoretische Kenntnisse können durch abgeschlossene Berufsausbildungen, Studiengänge und Lehrgänge insbesondere mit volkswirtschaftlichen, betriebswirtschaftlichen, steuerrechtlichen, allgemeinrechtlichen und bankwirtschaftlichen Inhalten, unter Berücksichtigung der mit der Position verbundenen Aufgaben gegebenenfalls aber auch informationstechnischen Inhalten, nachgewiesen werden. Dies können zB eine Berufsausbildung als Bankkaufmann und ein Studium der Betriebs- oder Volkswirtschaft sein (BaFin-Merkblatt Rn. 100 (→ Rn. 5)). Bei einer Tätigkeit in einem Wertpapierinstitut sind andere Anforderungen zu stellen als beispielsweise bei einer Tätigkeit für ein Kreditinstitut.

14 Aus Abs. 1 S. 3 ergibt sich, dass theoretische Kenntnisse durch eine ausreichend lange praktische Berufserfahrung nachgewiesen werden können (zu § 25c KWG: Beck/Samm/Kokemoor/Kleinert Rn. 44; Fischer/Schäfer/Schulte-Mattler/Schulte-Mattler/Siering § 25c Rn. 15; Schwennicke/Auerbach/Schwennicke Rn. 26). Wie weitreichend diese Kenntnisse sein müssen, lässt sich nicht allgemein beantworten, sondern ist abhängig von Größe und Geschäftstätigkeit des jeweiligen Instituts (zu § 25c KWG: Beck/Samm/Kokemoor/Kleinert Rn. 44).

15 **bb) Praktische Kenntnisse.** Praktische Kenntnisse zeigen, dass der Geschäftsleiter in der Lage ist, vorhandene theoretische Kenntnisse in der Praxis anzuwenden (zu § 25c KWG: Schwennicke/Auerbach/Schwennicke KWG § 25c Rn. 27; Beck/Samm/Kokemoor/Kleinert Rn. 51). An die praktische Erfahrung sind regelmäßig hohe Anforderungen zu stellen, wobei das Proportionalitätsgebot zu berücksichtigen ist. Die Kenntnisse müssen aktuell, gehoben und breit gestreut sein (dh sie sollten die bedeutenden Geschäftsbereiche des Instituts umfassen) sowie in hierarchisch hoch angesiedelten Funktionen mit entsprechenden Entscheidungskompetenzen (zB Prokura) erworben worden sein (Reischauer/Kleinhans/Albert KWG § 25c Rn. 26). Eine Tätigkeit in nicht operativen Bereichen (interne Revision, Stabsabteilungen) genügt typischerweise nicht (zu § 25c KWG: Beck/Samm/Kokemoor/Kleinert Rn. 51; Schwennicke/Auerbach/Schwennicke KWG § 25c Rn. 27). Ein Mindestalter eines Geschäftsleiters wird nicht vorausgesetzt (zu § 25c KWG: Reischauer/Kleinhans/Albert Rn. 37; Schwennicke/Auerbach/Schwennicke Rn. 28), auch kein Höchstalter.

cc) Leitungserfahrung. Erforderlich ist außerdem, dass der Geschäftsleiter über hinreichende praktische Erfahrungen in der Leitung von Organisationseinheiten und über dadurch unter Beweis gestelltes Durchsetzungsvermögen verfügt (zu § 25c KWG: Beck/Samm/Kokemoor/Kleinert § 25c Rn. 54; Fischer/Schäfer/Schulte-Mattler/Schulte-Mattler/Siering § 25c Rn. 18; Reischauer/Kleinhans/Albert Rn. 28, 30; Schwennicke/Auerbach/Schwennicke § 25c Rn. 31). Über ausreichende Leitungserfahrung verfügt ein Geschäftsleiter, wenn er in seinem bisherigen Berufsleben Unternehmen geleitet hat oder ihm die Leitung von Organisationseinheiten, in denen ihm Mitarbeiter unterstellt waren, übertragen wurde und er Eigenverantwortung mit Entscheidungskompetenz ausgeübt hat. Der Geschäftsleiter muss mit den Pflichten, die ein Unternehmen zu erfüllen hat, gut vertraut sein. Bei den Unternehmen muss es sich nicht zwingend um Institute handeln. Die Bundesanstalt beurteilt anhand der Größe der Unternehmen, der Anzahl der unterstellten Mitarbeiter und der eingeräumten und auch ausgeübten Kompetenzen, inwieweit die erworbene Leitungserfahrung ausreichend für die Leitung des Instituts anzusehen ist (BaFin-Merkblatt zu den Geschäftsleitern gemäß KWG, ZAG und KAGB Rn. 102 (→ Rn. 5)). 16

Mitglieder des Leitungsorgans sollten über einen ausreichend langen Zeitraum hinreichende praktische und berufliche Erfahrung in einer Führungsposition erworben haben. Kurzzeitige Positionen können im Rahmen der Bewertung berücksichtigt werden, sie allein sind jedoch nicht ausreichend für die Annahme, dass ein Mitglied über eine ausreichende Erfahrung verfügt (EMA/ESMA-Leitlinien, Rn. 64 → Rn. 6). 17

dd) Bewährung durch erfolgreiche Tätigkeit. Als ungeschriebenes Tatbestandsmerkmal gilt, dass sich der künftige Geschäftsleiter durch seine erfolgreiche Tätigkeit bei einem Institut bewährt hat. Die fachliche Eignung fehlt, wenn der Geschäftsleiter zwar über theoretische und praktische Kenntnisse sowie Leitungserfahrung bei einem Wertpapierinstitut verfügt, dort aber wegen Nichteignung entlassen oder auf Verlangen der BaFin gem. § 22 Abs. 1 abberufen wurde. 18

d) Regelvermutung. Gemäß Abs. 1 S. 3 ist das Vorliegen der fachlichen Eignung regelmäßig anzunehmen, wenn eine dreijährige leitende Tätigkeit bei einem Wertpapierinstitut von vergleichbarer Größe und Geschäftsart nachgewiesen wird. Die Vermutung setzt eine unbeanstandete Tätigkeit des Geschäftsleiters voraus. Sie ist widerleglich („regelmäßig"), dh die fachliche Eignung kann auch bei deren formaler Erfüllung gem. Abs. 1 S. 2 nicht gegeben sein (zu § 25c 19

KWG: Beck/Samm/Kokemoor/Kleinert Rn. 58, Schwennicke/Auerbach/Schwennicke Rn. 33), insbesondere bei Versagen des Geschäftsleiters in seiner bisherigen Tätigkeit.

20 **aa) Leitende Tätigkeit.** Von der Regelvermutung kann ausgegangen werden, wenn eine Person in einer Position, die hierarchisch unmittelbar unter der Ebene der Geschäftsleitung angesiedelt ist, leitend tätig war oder ist (BaFin-Merkblatt Rn. 98 (→ Rn. 5)). Die Tätigkeit muss zudem nach ihrer Bedeutung, ihrem Erfolg und insbesondere nach der mit ihr verbundenen Verantwortung zum Nachweis geeignet sein, dass der Betroffene in der Lage ist, nunmehr selbst ein Wertpapierinstitut eigenverantwortlich zu leiten (zu § 25c KWG: Reischauer/Kleinhans/Albert Rn. 34; Schwennicke/Auerbach/Schwennicke Rn. 34).

21 **bb) Tätigkeit bei einem Wertpapierinstitut.** Die Vermutungsregelung nach Abs. 1 S. 3 setzt grundsätzlich eine Tätigkeit bei einem Wertpapierinstitut voraus. Eine leitende Tätigkeit im Ausland kann ausreichen, wenn sie entweder in einem EWR-Mitgliedstaat ausgeführt wurde oder (bei Tätigkeit in einem Drittstaat) falls der Geschäftsleiter vorwiegend im Ausland tätig ist und das Wertpapierinstitut über mindestens einen weiteren Geschäftsleiter mit Erfahrung im Inland verfügt (Reischauer/Kleinhans/Albert § 33 Rn. 66; Schwennicke/Auerbach/Schwennicke KWG § 25c Rn. 36).

22 **cc) Vergleichbare Größe und Geschäftsart des Wertpapierinstituts.** Die Vermutung greift, wenn das Wertpapierinstitut, in dem der Geschäftsleiter zuvor tätig war, und das Wertpapierinstitut in Größe und Geschäftsart vergleichbar sind. Die Größe eines Instituts bemisst sich idR nach der Bilanzsumme; zusätzlich bezieht die BaFin weitere Kriterien wie die Anzahl der Mitarbeiter, das betreute Depotvolumen oder die Kundenzahl in die Bewertung ein (BaFin-Merkblatt Rn. 97 → Rn. 5). Grundsätzlich sind Wertpapierinstitute, die geschäftlich ähnlich ausgerichtet sind und die gleichen Geschäfte oder Dienstleistungen betreiben, von vergleichbarer Geschäftsart.

23 **dd) Zeitlicher Zusammenhang.** Die Tätigkeit nach Abs. 1 S. 3 darf zeitlich nicht zu lange zurückliegen, damit die erworbenen Fähigkeiten nicht verloren gehen, und muss zusammenhängend ausgeübt worden sein (zu § 25c KWG: Schwennicke/Auerbach/Schwennicke Rn. 38).

24 **e) Nachweis durch Tätigkeit bei einem anderen Unternehmen.** Der Nachweis der fachlichen Eignung kann gem. Abs. 1 S. 4 auch durch **branchenfremde Tätigkeiten** bei einem anderen Unternehmen erbracht werden, wenn dieses Unternehmen eine vergleichbare Größe aufweist und von Art und Volumen in mit dem Wertpapierinstitut vergleichbarer Weise Wertpapierdienstleistungen erbringt. Dabei handelt es sich um einen im Vergleich zur Regelung in § 25c KWG sinnvollen Zusatz (Schwennicke, Die künftige Beaufsichtigung der Wertpapierfirmen in Deutschland, BKR 2021, 150 (156)).

25 **f) Fachliche Eignung der Gesamtheit der Geschäftsleiter (Abs. 2).** Falls ein Wertpapierinstitut über mehrere Geschäftsleiter verfügt, stellt § 20 Abs. 2 klar, dass diese in ihrer **Gesamtheit** über die erforderliche fachliche Eignung verfügen müssen. § 20 Abs. 2 folgt den Vorgaben der EBA/ESMA-Leitlinien (→ Rn. 6). Eventuelle Defizite in der fachlichen Eignung, sowohl auf Ebene der Kenntnisse oder auf Ebene der Erfahrung bei einem Geschäftsleiter können durch das Vorhandensein bei einem anderen Geschäftsleiter ausgeglichen wer-

den. Jedoch muss bei jedem einzelnen Geschäftsleiter zumindest soweit ausreichende fachliche Eignung vorhanden sein, damit er seine Gesamtverantwortung wahrnehmen kann. Scheidet ein Geschäftsleiter aus und entsteht dadurch eine Lücke in der Gesamtkompetenz, die nicht durch andere Geschäftsleiter ausgeglichen werden, liegt ein Mangel in der Geschäftsorganisation vor (RegE 24.2.2021, BT-Drs. 19/26929, 139).

2. Zuverlässigkeit

a) Bedeutung. Geschäftsleiter eines Kleinen oder Mittleren Wertpapierinstituts müssen überdies auch zuverlässig sein. In der gewerberechtlichen Literatur und der ständigen Rechtsprechung wird die Zuverlässigkeit der Geschäftsleiter üblicherweise negativ definiert. Im Umkehrschluss hieraus ist derjenige zuverlässig, der nach dem Gesamtbild seines Verhaltens die Gewähr dafür bietet, dass er das Gewerbe ordnungsgemäß ausüben wird (BVerwGE 65, 1 = NVwZ 1982, 503; BVerwG, BeckRS 1997, 31222266; Beck/Samm/Kokemoor/Kleinert KWG § 25c Rn. 26; Schwennicke/Auerbach/Schwennicke KWG § 25c Rn. 3; Ennuschat/Tettinger/Wank/Ennuschat GewO § 35 Rn. 27). Maßgeblich für die Beurteilung der Zuverlässigkeit sind die vom Wertpapierinstitut betriebenen Geschäftsarten sowie der Umfang der beabsichtigten Geschäfte (Beck/Samm/Kokemoor/Kleinert KWG § 25c Rn. 28; Schwennicke/Auerbach/Schwennicke KWG § 25c Rn. 3). In den EBA/ESMA-Leitlinien (→ Rn. 6) wird die Frage der Zuverlässigkeit der Leitungsorgane unter den Oberbegriffen „Leumund, Aufrichtigkeit und Integrität" sowie „Unvoreingenommenheit und unabhängige Mitglieder" diskutiert (dort Rn. 72 ff.). 26

Alle Geschäftsleiter müssen zuverlässig sein; insbesondere kann die Zuverlässigkeit einzelner Geschäftsleiter Mängel anderer Geschäftsleiter nicht überspielen (Beck/Samm/Kokemoor/Kleinert KWG § 25c Rn. 25; Reischauer/Kleinhans/Albert KWG § 25c Rn. 54 und KWG § 33 Rn. 20, 25; Schwennicke/Auerbach/Schwennicke KWG § 25c Rn. 4). 27

b) Nachweis. Das Gesetz verlangt nicht, dass Geschäftsleiter ihre Zuverlässigkeit positiv nachweisen; ein solcher Nachweis wäre kaum möglich (Schwennicke/Auerbach/Schwennicke KWG § 25c Rn. 5). Stattdessen muss die BaFin die Tatsachen nachweisen, aus denen die Unzuverlässigkeit folgt (Reischauer/Kleinhans/Albert KWG § 33 Rn. 28; für § 35 GewO allgemein Ennuschat/Tettinger/Wank/Ennuschat GewO § 35 Rn. 34). Daher wird Zuverlässigkeit unterstellt, wenn keine Tatsachen erkennbar sind, die Unzuverlässigkeit begründen (BaFin-Merkblatt Rn. 106 (→ Rn. 5)). Unzuverlässigkeit ist anzunehmen, wenn Tatsachen vorliegen, aus denen sich ergibt, dass der Geschäftsleiter aufgrund persönlicher Umstände keine Gewähr dafür bietet, dass er seine Tätigkeit sorgfältig und ordnungsgemäß ausüben wird. Berücksichtigt werden dabei das persönliche Verhalten sowie das Geschäftsgebaren des Geschäftsleiters hinsichtlich strafrechtlicher, finanzieller, vermögensrechtlicher und aufsichtsrechtlicher Aspekte. Hier sind Verstöße gegen Straftat- oder Ordnungswidrigkeitentatbestände – insbesondere solche, die im Zusammenhang mit Tätigkeiten bei Unternehmen stehen – sowohl innerhalb der deutschen als auch einer ausländischen Rechtsordnung von besonderer Relevanz. Unzuverlässigkeit setzt kein Verschulden voraus. (BaFin-Merkblatt Rn. 107 (→ Rn. 5)) Wenn entsprechende Umstände eintreten oder eingetreten sind, beurteilt die Bundesanstalt jeweils im **Einzelfall,** ob die Zuverlässigkeit des Geschäfts- 28 leiters in Bezug auf die Ausübung der Tätigkeit nicht oder nicht mehr vorhanden ist (BaFin-Merkblatt Rn. 108 (→ Rn. 5)).

29 Von der Zuverlässigkeit des Geschäftsleiters ist auszugehen, sofern das Institut bei Erlaubniserteilung gem. Art. 4a) der Delegierten Verordnung (EU) 2017/1943 oder bei der Bestellung des Geschäftsleiters die in Art. 5 Abs. 1 der Durchführungsverordnung (EU) 2017/1945 im Einzelnen aufgeführten Unterlagen vorgelegt hat und sich aus diesen keine Anhaltspunkte für seine oder ihre Unzuverlässigkeit ergeben. Die gem. Art. 4 lit. a i, ii, iv, v–ix sowie xi und xiii der Delegierten Verordnung (EU) 2017/1943 geforderten Informationen können ergänzend zum Formular „Liste der Mitglieder des Leitungsorgans" (Anhang II der Durchführungsverordnung (EU) 2017/1945) unter Verwendung des Formulars „Zuverlässigkeitserklärung und Angaben zur Mindestzeit gemäß der Delegierten Verordnung (EU) 2017/1943" (Anlage 4 zur WpI-AnzV) eingereicht werden. Als amtliche Urkunde iSd Art. 4 lit. a v der Delegierten Verordnung (EU) 2017/1943 ist ein Bundeszentralregisterauszug nach § 30 Abs. 5 BZRG, bei EU-Bürgern nach § 30b BZRG, einzureichen. Die BaFin behält sich die Anforderung weiterer amtlicher Urkunden vor. Darüber hinaus ist auch ein Gewerbezentralregisterauszug (§ 150 GewO) einzureichen (BaFin-Schreiben „Wertpapierdienstleistungen", zuletzt geändert am 22.11.2021, zugänglich unter www.bafin.de).

30 **c) Gerichtliche Überprüfung.** Der Begriff der (Un-)Zuverlässigkeit ist trotz des Prognoseelements ein Rechtsbegriff; die Entscheidung der BaFin unterliegt daher in vollem Umfang der gerichtlichen Nachprüfung. Ein Beurteilungsspielraum steht der BaFin nicht zu (stRspr zur gewerberechtlichen Unzuverlässigkeit, zB BVerwGE 28, 202 (209) = VerwRspr 1968, 366 (369) (zu § 35 GewO); BVerwGE 121, 257= NVwZ 2005, 453 (zu § 29d Abs. 1 Nr. 1 LuftVG); so für § 35 GewO auch Landmann/Rohmer GewO/Marcks § 35 Rn. 29b; Ennuschat/Tettinger/Wank/Ennuschat GewO § 35 Rn. 27, 32).

31 **d) Einzelfälle einer Unzuverlässigkeit.** Gründe für eine Unzuverlässigkeit des Geschäftsleiters können sein:

32 **aa) Straftaten mit Bezug zur Geschäftstätigkeit.** Straftaten mit Bezug zur Geschäftstätigkeit sind:

- alle Vermögensdelikte (Fischer/Schäfer/Schulte-Mattler/Schulte-Mattler/Siering § 25c Rn. 20; Reischauer/Kleinhans/Albert KWG § 25c Rn. 61 und KWG § 33 Rn. 31; Beck/Samm/Kokemoor/Kleinert KWG § 25c Rn. 27, 30; Schwennicke/Auerbach/Schwennicke KWG § 25c Rn. 8; für § 35 GewO Ennuschat/Tettinger/Wank/Ennuschat GewO GewO § 35 Rn. 37),
- Verstöße gegen das GwG (Fischer/Schäfer/Schulte-Mattler/Schulte-Mattler/Siering § 25c Rn. 20; Reischauer/Kleinhans/Albert KWG § 25c Rn. 61 und KWG § 33 Rn. 31; Schwennicke/Auerbach/Schwennicke KWG § 25c Rn. 8);
- Straftaten nach dem KWG oder WpIG, sofern diese erheblich sind; das bloß fahrlässige Betreiben von Geschäften ohne die nach § 15 oder § 32 KWG erforderliche Erlaubnis führt nicht automatisch zur Unzuverlässigkeit (zu § 25c KWG: Schwennicke/Auerbach/Schwennicke KWG § 25c Rn. 8).

33 Für die Feststellung der Unzuverlässigkeit des Geschäftsleiters ist eine Verurteilung nicht erforderlich (Reischauer/Kleinhans/Albert KWG § 33 Rn. 29; Schwennicke/Auerbach/Schwennicke Rn. 8a; für Geltung der Unschuldsvermutung bei Einstellung nach § 153a StPO Fischer/Schäfer/Schulte-Mattler/Schulte-Mattler/Fischer/Krolop § 25c Rn. 41). Bei bloß einmaligem Verstoß

kann Unzuverlässigkeit anzunehmen sein, wenn es sich um eine erhebliche Straftat handelt (Schwennicke/Auerbach/Schwennicke KWG § 25c Rn. 8a; Landmann/Rohmer GewO/Marcks § 35 Rn. 38; Ennuschat/Tettinger/Wank/Ennuschat GewO § 35 Rn. 39). Je nach den Umständen können auch sonstige Straftaten auf eine Unzuverlässigkeit schließen lassen (Reischauer/Kleinhans/Albert KWG § 25c Rn. 61, KWG § 33 Rn. 29; Schwennicke/Auerbach/Schwennicke KWG § 25c Rn. 8a). Straftaten, die länger zurückliegen, können in Abhängigkeit von Zeitablauf, Schwere der Tat, Intensität des Bezugs zum Geschäftsbetrieb eines Instituts sowie vom späteren Verhalten berücksichtigt werden (Schwennicke/Auerbach/Schwennicke KWG § 25c Rn. 8a; Landmann/Rohmer GewO/Marcks GewO § 35 Rn. 41; Ennuschat/Tettinger/Wank/Ennuschat GewO § 35 Rn. 45). Nach Löschung ihres Eintrags im Bundeszentralregister gilt für länger zurückliegende Straftaten das Verwertungsverbot nach § 51 BZRG (Fischer/Schäfer/Schulte-Mattler/Schulte-Mattler/Fischer/Krolop § 25c Rn. 41; Schwennicke/Auerbach/Schwennicke KWG § 25c Rn. 8a). Die BaFin darf sich in jedem Fall nicht auf die Feststellung beschränken, dass ein Strafausspruch erfolgt ist, sondern muss den der seinerzeitigen Verurteilung oder Verfahrenseinstellung zugrunde liegenden Sachverhalt prüfen und seine Erheblichkeit für die Zuverlässigkeit würdigen (Schwennicke/Auerbach/Schwennicke KWG § 25c Rn. 8a; für § 35 GewO Landmann/Rohmer GewO/Marcks GewO § 35 Rn. 37). Die zugehörigen Umstände, darunter mildernde Faktoren, die Schwere von relevanten Vergehen oder administrative oder aufsichtliche Maßnahmen, die verstrichene Zeit seit dem Vergehen, das Verhalten des Mitglieds seit dem Vergehen oder der Maßnahme sowie die Relevanz des Vergehens oder der Maßnahme für die Rolle des Mitglieds sind zu berücksichtigen. Relevante Strafregistereinträge oder verwaltungsrechtliche Einträge sollten unter Berücksichtigung von geltenden Verjährungsfristen laut nationalem Recht mit eingerechnet werden (EBA/ESMA-Leitlinien Rn. 73 (→ Rn. 6)).

bb) Ordnungswidrigkeiten. Ordnungswidrigkeiten können eine Unzuverlässigkeit des Geschäftsleiters begründen, wenn sie entweder im Geschäftsbetrieb eines Wertpapierinstituts verwirklicht sind (zB Verletzung der Aufsichtspflicht, § 130 OWiG) oder im Falle wiederholter Verstöße eine Neigung zur Nichtbeachtung geltender Vorschriften erkennen lassen (Beck/Samm/Kokemoor/Kleinert KWG § 25c Rn. 30; Reischauer/Kleinhans/Albert KWG § 33 Rn. 29; Schwennicke/Auerbach/Schwennicke KWG § 25c Rn. 9; Landmann/Rohmer GewO/Marcks § 35 Rn. 38; Ennuschat/Tettinger/Wank/Ennuschat GewO § 35 Rn. 47). Bagatellverstöße (auch wiederholt), die durch Verwarnungsgeld geahndet werden, rechtfertigen die Annahme einer Unzuverlässigkeit des Geschäftsleiters typischerweise nicht (Schwennicke/Auerbach/Schwennicke KWG § 25c Rn. 9; Ennuschat/Tettinger/Wank/Ennuschat GewO § 35 Rn. 48). 34

cc) Steuerrückstände. Auch Steuerrückstände können die Unzuverlässigkeit eines Geschäftsleiters begründen, wenn sie erheblich und dauerhaft sind und unternehmensbezogene Steuern betreffen, insbesondere im Falle von zur Weiterleitung an die Finanzverwaltung vereinnahmten Steuern (zB USt, LSt). Im Falle persönlicher Steuern kommt eine Unzuverlässigkeit nur in Betracht, wenn sie entweder sowohl ihrer absoluten Höhe nach als auch im Verhältnis zur steuerlichen Gesamtbelastung des Gewerbetreibenden von Gewicht sind, da sie dann einen Rückschluss auf mangelnde finanzielle Leistungsfähigkeit zulassen (BVerwG NVwZ 1988, 432; Landmann/Rohmer GewO/Marcks § 35 Rn. 49, 52) oder 35 wenn sich aus den persönlichen Steuerrückständen der Schluss ergibt, dass der Antragsteller oder Geschäftsleiter aufgrund eines „eingewurzelten Hangs zur Missachtung der ihm obliegenden steuerlichen Verpflichtungen" (Landmann/Rohmer GewO/Marcks § 35 Rn. 52a) in Zukunft die unternehmensbezogenen Steuern nicht ordnungsgemäß zahlen wird (BVerwG GewArch 1982, 233 (234); 1995, 116; Landmann/Rohmer GewO/Marcks § 35 Rn. 52a; Ennuschat/Tettinger/Wank/Ennuschat GewO § 35 Rn. 52; zu § 25c KWG: Schwennicke/Auerbach/Schwennicke KWG § 25c Rn. 10).

36 **dd) Verstöße gegen sozialversicherungsrechtliche Pflichten.** Verstöße gegen sozialversicherungsrechtliche Pflichten können ebenfalls ein Indiz für die Unzuverlässigkeit des Geschäftsleiters sein, insbesondere wenn der Arbeitnehmeranteil nicht ordnungsgemäß abgeführt wird (Landmann/Rohmer GewO/Marcks § 35 Rn. 55; Ennuschat/Tettinger/Wank/Ennuschat GewO § 35 Rn. 59; zu § 25c KWG: Schwennicke/Auerbach/Schwennicke KWG § 25c Rn. 11).

37 **ee) Mangelnde wirtschaftliche Leistungsfähigkeit bzw. ungeordnete Vermögensverhältnisse.** Auch eine mangelnde wirtschaftliche Leistungsfähigkeit oder ungeordnete Vermögensverhältnisse kann eine Unzuverlässigkeit des Geschäftsleiters begründen (Fischer/Schäfer/Schulte-Mattler/Schulte-Mattler/Fischer/Krolop § 25c Rn. 43; Reischauer/Kleinhans/Albert KWG § 33 Rn. 61; Schwennicke/Auerbach/Schwennicke KWG § 25c Rn. 12; für § 35 GewO allgemein Landmann/Rohmer GewO/Marcks § 35 Rn. 46; Ennuschat/Tettinger/Wank/Ennuschat GewO § 35 Rn. 63 ff.); nach den EMA/ESMA-Leitlinien sind der frühere und derzeitige Geschäftserfolg des Geschäftsleiters und dessen finanzielle Solidität zu berücksichtigen (EBA/ESMA-Leitlinien Rn. 76 (→ Rn. 6).

38 **ff) Verletzung zivilrechtlicher Pflichten.** Eine Verletzung zivilrechtlicher Pflichten ohne die gleichzeitige Erfüllung des Tatbestandes einer Straftat oder Ordnungswidrigkeit begründet die Unzuverlässigkeit des Geschäftsleiters nur dann, wenn aus wiederholten hartnäckigen Verstößen auf charakterliche Mängel geschlossen werden kann (Schwennicke/Auerbach/Schwennicke KWG § 25c Rn. 13; Landmann/Rohmer GewO/Marcks § 35 Rn. 62; Ennuschat/Tettinger/Wank/Ennuschat GewO § 35 Rn. 75f).

39 **gg) Verletzung öffentlich-rechtlicher Pflichten.** Eine Verletzung öffentlich-rechtlicher Pflichten begründet eine Unzuverlässigkeit nur dann, wenn und soweit diese dem Schutz der Allgemeinheit oder der Kunden eines Instituts in finanzieller Hinsicht dienen oder auch für die spezifische Geschäftstätigkeit des Instituts gelten (Reischauer/Kleinhans/Albert KWG § 25c Rn. 61 und KWG § 33 Rn. 31; Schwennicke/Auerbach/Schwennicke KWG § 25c Rn. 14; Ennuschat/Tettinger/Wank/Ennuschat GewO § 35 Rn. 77), insbesondere bei Betreiben von Bankgeschäften oder Erbringung von Finanzdienstleistungen ohne erforderliche Erlaubnis (Fischer/Schäfer/Schulte-Mattler/Schulte-Mattler/Müller/Krolop, 6. Auflage 2023, KWG § 33 Rn. 42; Reischauer/Kleinhans/Albert KWG § 33 Rn. 31), frühere Gewerbeuntersagungen oder Erlaubnisrücknahmen (zu § 35 GewO Landmann/Rohmer GewO/Marcks § 35 Rn. 36) oder Maßnahmen nach § 22 WpIG oder § 36 KWG sowie das Vorliegen eines Sachverhaltes, der im Falle der Tätigkeit des Betroffenen bei einem anderen Institut einen Grund für seine Abberufung als Geschäftsleiter oder ein Tätigkeitsverbot nach § 22 WpIG oder § 36 KWG darstellen würde (Beck/Samm/Kokemoor/Kleinert KWG § 25c

Rn. 34; Reischauer/Kleinhans/Albert KWG § 25c Rn. 61 und KWG § 33 Rn. 31).

hh) Verschuldete oder unverschuldete persönliche Mängel. Verschuldete oder unverschuldete **persönliche Mängel,** zB geistige Gebrechen, Alkohol- oder Drogenabhängigkeit können die Unzuverlässigkeit des Geschäftsleiters begründen (Landmann/Rohmer GewO/Marcks § 35 Rn. 61; Ennuschat/Tettinger/Wank/Ennuschat GewO § 35 Rn. 79 ff.; Fischer/Schäfer/Schulte-Mattler/Schulte-Mattler/Fischer/Krolop § 25c Rn. 45 f.). 40

ii) Unrichtige Angaben im Erlaubnisverfahren. Unrichtige Angaben im Erlaubnisverfahren können eine Unzuverlässigkeit nur dann begründen, wenn sie vorsätzlich oder grob fahrlässig gemacht wurden und für die Erlaubniserteilung erheblich sind (Reischauer/Kleinhans/Albert KWG § 25c Rn. 61 und § 33 Rn. 31; Schwennicke/Auerbach/Schwennicke KWG § 25c Rn. 14). 41

jj) Interessenkonflikte. Interessenkonflikte sind relevant, wenn persönliche Umstände oder die eigene wirtschaftliche Tätigkeit geeignet sind, den Geschäftsleiter in der Unabhängigkeit seiner Tätigkeit und seiner Verpflichtung, zum Wohle des Wertpapierinstituts tätig zu sein, beeinträchtigen. Dauerhafte, nicht auf zufriedenstellende Weise geminderte Interessenkonflikte stehen der Ausübung der Tätigkeit unter dem Gesichtspunkt der Zuverlässigkeit grundsätzlich entgegen (BaFin-Merkblatt Rn. 110 (→ Rn. 5); EBA/ESMA-Leitlinien Rn. 83 (→ Rn. 6); Fischer/Schäfer/Schulte-Mattler/Schulte-Mattler/Siering § 25c Rn. 21; Reischauer/Kleinhans/Albert KWG § 25c Rn. 55), etwa wenn Geschäftsleiter untereinander oder mit einem oder mehreren Mitgliedern des Verwaltungs- oder Aufsichtsorgans oder mit Mitgliedern der Geschäftsleitung oder des Verwaltungs- oder Aufsichtsorgans des Mutterunternehmens oder von Tochterunternehmen des Instituts oder mit Personen, die eine bedeutende Beteiligung an dem Institut halten, in einem Angehörigkeitsverhältnis stehen (BaFin-Merkblatt Rn. 111 (→ Rn. 5); wenn der Geschäftsleiter, ein naher Angehöriger des Geschäftsleiters oder ein von dem Geschäftsleiter geleitetes Unternehmen Geschäftsbeziehungen zu dem beaufsichtigten Institut oder dessen Mutter- oder Tochterunternehmen unterhält, aus denen sich eine gewisse wirtschaftliche Abhängigkeit von dem Institut ergeben kann (BaFin-Merkblatt Rn. 112 (→ Rn. 5); wenn der Geschäftsleiter Rechtsstreitigkeiten mit dem Institut oder dessen Mutter- oder Tochterunternehmen führt oder konkurrierende Interessen bestehen (BaFin-Merkblatt Rn. 114 (→ Rn. 5), wenn Interessen aus einem politischen Mandat mit institutsbezogenen Interessen in einem Spannungsverhältnis stehen (BaFin-Merkblatt Rn. 115 (→ Rn. 5), EBA/ESMA-Leitlinien Rn. 83 (→ Rn. 6)), oder sonstige Anstellungen des Geschäftsleiters und frühere Anstellungen in der jüngeren Vergangenheit, zB fünf Jahre (EBA/ESMA-Leitlinien Rn. 83 (→ Rn. 6). 42

kk) Fehlende Unvoreingenommenheit. Eine **fehlende Unvoreingenommenheit** (BaFin-Merkblatt Rn. 118 ff. (→ Rn. 5); EBA/ESMA-Leitlinien Rn. 78 ff. (→ Rn. 6); Reischauer/Kleinhans/Albert KWG § 25c Rn. 60a) kann sich zB darin ausdrücken, dass sich ein Geschäftsleiter als Mitglied der Geschäftsleitung nicht aktiv für seine Aufgaben einsetzt und nicht in der Lage ist, bei der Erfüllung seiner Funktion und Verantwortlichkeiten eigene, vernünftige, objektive und unabhängige Entscheidungen und Urteile zu fällen (BaFin-Merkblatt Rn. 118 (→ Rn. 5)). Weitere zu berücksichtigende Umstände können 43 unter anderem bestimmte Verhaltensmuster sein, so zB das Fehlen von Mut, Überzeugung und Stärke, die von anderen Geschäftsleitern vorgeschlagenen Entscheidungen zu bewerten und kritisch zu hinterfragen, sowie die fehlende Fähigkeit, sich nicht dem Gruppendenken zu unterwerfen (BaFin-Merkblatt Rn. 119 (→ Rn. 5); EBA/ESMA-Leitlinien Rn. 81 (→ Rn. 6)). Bei der Bewertung der erforderlichen Fähigkeiten eines Geschäftsleiters sollte sein früheres und aktuelles Verhalten, insbesondere im Institut, berücksichtigt werden (EBA/ESMA-Leitlinien Rn. 82 (→ Rn. 6). Die Tatsache, dass Geschäftsleiter Anteilseigner, Eigentümer oder Mitglied eines Instituts, ein Mitglied eines verbundenen Unternehmens oder einer verbundenen Rechtsperson sind, sie private Konten oder Darlehen besitzen oder sonstige Dienstleistungen des Instituts oder eines Unternehmens im Rahmen der Konsolidierung nutzen, soll allein betrachtet nicht zu der Einschätzung führen, dass die Unvoreingenommenheit eines Mitglieds des Leitungsorgans beeinträchtigt ist (EBA/ESMA-Leitlinien Rn. 86 (→ Rn. 6).

44 **e) Folgen der Unzuverlässigkeit.** Lehnt die BaFin eine Erlaubnis wegen Unzuverlässigkeit einer Person durch vollziehbare oder unanfechtbare Entscheidung ab, dann ist diese Entscheidung nach § 149 Abs. 2 S. 1 Nr. 1a iVm § 153a Abs. 1 GewO in das Gewerbezentralregister einzutragen (Schwennicke/Auerbach/Schwennicke KWG § 25c Rn. 17). Fehlende Zuverlässigkeit eines Geschäftsleiters kann Erlaubnisversagungsgrund nach § 18 Abs. 1 Nr. 2 und Erlaubnisaufhebungsgrund nach § 19 Abs. 2 Nr. 2 sein. Außerdem kann die BaFin nach § 22 Abs. 1 Nr. 1 und 2 die Abberufung eines unzuverlässigen Geschäftsleiters verlangen und diesen mit einem Tätigkeitsverbot belegen.

3. Zeitliche Verfügbarkeit

45 **a) Bedeutung.** Nach § 20 Abs. 1 S. 1 müssen die Geschäftsleiter der Wahrnehmung ihrer Aufgaben ausreichend Zeit widmen. Dies bedeutet zum einen, dass die Person unter Berücksichtigung ihrer beruflichen und gesellschaftlichen Verpflichtungen nach allgemeiner Anschauung in der Lage sein muss, für ihre Tätigkeit, auch in Sondersituationen mit erhöhtem Zeitaufwand, ausreichend Zeit aufzubringen und zum anderen, dass sie die erforderliche Zeit auch tatsächlich aufwendet (BaFin-Merkblatt Rn. 121 (→ Rn. 5). Die Wertpapierinstitute haben, im Rahmen der fortlaufenden Eignungsprüfung, den ausreichenden Zeitaufwand neu zu bewerten, wenn ein Mitglied der Geschäftsleitung ein zusätzliches Mandat übernimmt oder beginnt, neue relevante Tätigkeiten, einschließlich politischer Tätigkeiten durchzuführen (BaFin-Merkblatt Rn. 121 (→ Rn. 5).

46 Die von den Wertpapierinstituten bei der Beurteilung der zeitlichen Verfügbarkeit zu berücksichtigenden Kriterien sind in den Leitlinien der EBA/ESMA (→ Rn. 6) katalogartig aufgeführt (EBA/ESMA-Leitlinien Rn. 41). Wertpapierinstitute sollten die Rollen, Aufgaben und erforderlichen Fähigkeiten der verschiedenen Positionen im Leitungsorgan und den für jede Position erforderlichen voraussichtlichen Zeitaufwand unter Berücksichtigung der Notwendigkeit, ausreichend Zeit für Einführung und Schulung aufzuwenden, schriftlich erfassen (EBA/ESMA-Leitlinien Rn. 42 (→ Rn. 6). Die BaFin vertritt die Auffassung, dass ein Geschäftsleiter aufgrund der Anforderungen an seine zeitliche Verfügbarkeit regelmäßig daran gehindert ist, mehrere Kreditinstitute gleichzeitig zu leiten (BaFin-Merkblatt Rn. 125 (→ Rn. 5). Das wird man mit Blick auf den „Proportionalitätsgrundsatz" jedenfalls für kleine und mittlere Wertpapierinstitute nicht in dieser Pauschalität aufrechterhalten können. Vielmehr ist – je nach konkretem Geschäfts-

umfang – durchaus denkbar, dass eine Person auch Geschäftsleiter in mehreren kleinen und/oder mittleren Wertpapierinstituten sein kann (Lendermann/Nemeczek/Schroeter/Sajnovits WpIG § 20 Rn. 53).

b) Einzelfallprüfung. Die Prüfung der zeitlichen Verfügbarkeit des Geschäftsleiters erfolgt im Rahmen einer Einzelfallprüfung (Reischauer/Kleinhans/Albert KWG § 25c Rn. 67; Schwennicke/Auerbach/Schwennicke KWG § 25c Rn. 19) aufgrund der Angaben, die der Geschäftsleiter **47**
- bei Erlaubniserteilung mit dem Erlaubnisantrag gem. Art. 4a) xi) der Delegierten Verordnung (EU) 2017/1943 und
- bei der Mitteilung über die Änderung bei den Mitgliedern eines Leitungsorgans vor deren Wirksamwerden gem. Art. 5 Abs. 1 der Durchführungsverordnung (EU) 2017/1945

gemacht hat. Die BaFin nimmt anhand dieser Angaben eine Gesamtschau aufgrund aller haupt- und nebenamtlichen Tätigkeiten einschließlich der künftigen Tätigkeit bei dem Institut vor (Schwennicke/Auerbach/Schwennicke KWG § 25c Rn. 19). Sie geht grundsätzlich davon aus, dass eine Person nur dann eine Bestellung zum Geschäftsleiter annimmt, wenn sie sich in der Lage dazu sieht, den zeitlichen Anforderungen dieser Tätigkeit auch gerecht zu werden (BaFin-Merkblatt Rn. 72 (→ Rn. 5). Der zeitliche Aufwand aller Tätigkeiten und Mandate, die der Geschäftsleiter wahrnimmt, einschließlich der angezeigten Tätigkeit, ist zu schätzen und gegenüber der Bundesanstalt bezogen auf das jeweilige einzelne Mandat oder die jeweilige Tätigkeit in Tagen pro Jahr anzugeben. Bei Mandaten in Verwaltungs- oder Aufsichtsorganen ist zudem die Zahl der Sitzungen pro Jahr anzugeben (BaFin-Merkblatt Rn. 74 (→ Rn. 5).

Es sind alle haupt- und nebenberuflichen Tätigkeiten in die Betrachtung einzubeziehen. **48** Weiterhin sind alle Mandate in Verwaltungs- und Aufsichtsorganen einschließlich damit verbundener zusätzlicher Verantwortlichkeiten wie zum Beispiel Vorsitz- oder Ausschusstätigkeiten zu berücksichtigen. Mandate in Beiräten sind dann einzubeziehen, wenn die Aufgaben und Befugnisse des Beirats denen eines Verwaltungs- oder Aufsichtsorgans entsprechen und gesetzlich, per Satzung oder Gesellschaftsvertrag geregelt sind. Dabei sind nicht nur die reinen Sitzungszeiten, sondern auch alle sonstigen mit der Tätigkeit verbundenen Zeitaufwände, wie zum Beispiel Zeiten für die Vor- und Nachbereitung der Sitzungen und ggf. Reisezeiten sowie Fort- und Weiterbildungen, zu veranschlagen. Ferner ist in die Betrachtung einzubeziehen, dass eine Tätigkeit als Verwaltungs- oder Aufsichtsratsmitglied auch außerhalb der regelmäßigen Sitzungen zeitlichen Aufwand verursacht, der sich in besonderen Situationen des Unternehmens plötzlich erhöhen kann (BaFin-Merkblatt Rn. 76, 122 (→ Rn. 5). Geringfügige ehrenamtliche Tätigkeiten, die dem Privatleben zuzuordnen sind (zB ehrenamtliche Tätigkeit in einem lokalen Sportverein außerhalb der Arbeitszeit), brauchen nicht berücksichtigt zu werden. In Zweifelsfällen empfiehlt es sich, Kontakt mit dem bei der Bundesanstalt zuständigen Fachreferat aufzunehmen (BaFin-Merkblatt Rn. 77, 123 (→ Rn. 5).

c) Folgen fehlender zeitlicher Verfügbarkeit. Fehlende zeitliche Verfügbarkeit der Geschäftsleiter kann Erlaubnisversagungsgrund nach § 18 Abs. 1 Nr. 5 **49** und Erlaubnisaufhebungsgrund nach § 19 Abs. 2 Nr. 2 sein. Außerdem rechtfertigt die fehlende zeitliche Verfügbarkeit ein Abberufungsverlangen nach § 22 Abs. 1 Nr. 1. Indiz für fehlende zeitliche Verfügbarkeit können häufige, nicht plausibel erklärbare Abwesenheiten vom Arbeitsplatz sein, wobei vor einem Abberufungsverlangen zunächst eine Sachverhaltsaufklärung erforderlich ist (Reischauer/Kleinhans/Albert KWG § 25c Rn. 68; Schwennicke/Auerbach/Schwennicke KWG § 25c Rn. 20).

50 Da die zeitliche Verfügbarkeit anders als Unzuverlässigkeit oder fehlende fachliche Eignung ohne weiteres hergestellt werden kann, dürfte ein Tätigkeitsverbot nach § 22 Abs. 1 Nr. 2 nach dem Grundsatz der Verhältnismäßigkeit typischerweise nicht zulässig sein. Auch bedeutet fehlende zeitliche Verfügbarkeit nicht automatisch Unzuverlässigkeit (Schwennicke/Auerbach/Schwennicke KWG § 25c Rn. 21, aA wohl Plagemann WM 2014, 234).

III. Keine Tätigkeit im Aufsichtsorgan (Abs. 3)

51 § 20 Abs. 3 stellt sicher, dass ein Geschäftsleiter in dem Unternehmen, in dem ein Aufsichtsorgan existiert, sich nicht selbst kontrolliert. Er schreibt hingegen nicht die gesellschaftsrechtliche Errichtung eines solchen Organes vor (RegE 24.2.2021, BT-Drs. 19/26929, 139). Damit wird dem Interessenkonflikt, der darin besteht, in einer Person zu leiten und gleichzeitig die eigene Leitung zu überwachen, von vornherein begegnet (BaFin-Merkblatt Rn. 131 (→ Rn. 5). Die Unvereinbarkeit der Zugehörigkeit zu Geschäftsleitungs- und Kontrollorgan ist bei Aktiengesellschaften, Genossenschaften und GmbHs mit gesetzlich zu bildendem Aufsichtsrat bereits in § 105 AktG, § 37 GenG, § 52 GmbHG festgelegt. Die Regelung kann daher allenfalls bei Wertpapierinstituten mit monistischer Leitungsstruktur Bedeutung haben (Schwennicke/Auerbach/Schwennicke KWG § 25c Rn. 46; Beck/Samm/Kokemoor/Kleinert KWG § 25c Rn. 77).

IV. Mehrfachmandate (Abs. 4)

52 Ein Geschäftsleiter muss über ausreichend Zeit verfügen und soll nicht durch andere Tätigkeiten in der für das Wertpapierinstitut aufzuwendenden Aufmerksamkeit eingeschränkt werden. § 20 Abs. 4 trägt dem Proportionalitätsgrundsatz Rechnung, indem – anders als in § 25c Abs. 2 KWG – keine zahlenmäßige Mandatsbegrenzung festlegt wird. Hinsichtlich der Vereinbarkeit einer Geschäftsleitertätigkeit in einem Wertpapierinstitut mit weiteren Leitungs- bzw. Aufsichtsmandaten ist das WpIG damit flexibler, als dies bisher nach den für Wertpapierinstitute geltenden Regelungen (KWG und CRR) der Fall war (Neumann/Schmidt BKR 2021, 535 (539)).

53 Die Gruppe der Kleinen und Mittleren Wertpapierinstitute reicht vom Ein-Personenunternehmen mit nur wenigen Kunden und geringer Geschäftstätigkeit bis zu größeren Unternehmen mit einigen Angestellten und zahlreichen Kunden. Allein schon aufgrund der sehr unterschiedlichen Unternehmensgrößen folgt, dass starre Mandatsvorgaben hier nicht sinnvoll sind. Darüber hinaus hängt die notwendige zeitliche Verfügbarkeit für das Wertpapierinstitut auch von seiner Organisation ab. Die für eine sachgerechte Aufsicht notwendige individuelle Betrachtung wird daher durch die Norm gewährleistet. Die Vorschrift entspricht § 25c Abs. 2 S. 1 KWG, der wiederum Artikel 91 Absatz 3 Satz 1 der Richtlinie 2013/36/EU umsetzt, auf den durch Artikel 9 Absatz 1 MiFID II verwiesen wird (RegE 24.2.2021, BT-Drs. 19/26929, 139).

V. Ressourceneinsatz für Geschäftsleiter (Abs. 5)

§ 20 Abs. 5 trägt dem Umstand Rechnung, dass Geschäftsleiter sich auf ihre Tätigkeit vorbereiten und in ihre Tätigkeit einarbeiten müssen. Die stetige Fort- und Weiterentwicklung der Kapitalmärkte und Geschäftsmodelle erfordert zudem Fort- und Weiterbildungsmaßnahmen (RegE 24.2.2021, BT-Drs. 19/26929, 139; auch Reischauer/Kleinhans/Albert KWG § 25c Rn. 170). Als Geschäftsleiter können nach § 20 Abs. 1 zwar nur Personen bestellt werden, die bereits über die fachliche Eignung zur Leitung eines bestimmten Wertpapierinstituts verfügen, gleichwohl wird es oftmals erforderlich sein, Ressourcen einzusetzen, um diesen Personen die Einführung in ihr Amt zu erleichtern (zur Parallelnorm des § 25c Abs. 4 KWG: Reischauer/Kleinhans/Albert KWG § 25c Rn. 170). **54**

Zu diesem Zweck sollten Wertpapierinstitute über Richtlinien und Verfahren zur Einführung und Schulung der Geschäftsleiter verfügen, entweder im Rahmen der allgemeinen Eignungsrichtlinien, oder als separate Richtlinien. Wertpapierinstitute sollten bei Governance-, Strategie- und sonstigen relevanten Änderungen, sowie neuen Produkten oder Änderungen des geltenden Rechts und von Marktentwicklungen an die aktuellen Erfordernisse angepasst werden. Anstatt eine eigene Richtlinie aufzustellen, können kleinere Unternehmen auf Muster-Richtlinien ihrer Verbände verweisen und diese nötigenfalls um Konkretisierungen ergänzen (BaFin-Merkblatt Rn. 187 (→ Rn. 5)). Welche Inhalte diese Richtlinien und Verfahren umfassen sollten, wird im BaFin-Merkblatt (Rn. 189 (→ Rn. 5)) erläutert. Die Einführungs- und Schulungsrichtlinien sind auf einem aktuellen Stand zu halten, dh bei relevanten Änderungen und Entwicklungen in den Bereichen Governance, Strategie, Rechtrahmen, Märkte und Produkte anzupassen (Reischauer/Kleinhans/Albert KWG § 25c Rn. 172). **55**

Grundsätzlich gilt auch nach Maßgabe von Abs. 5 das Prinzip der Selbstverantwortlichkeit. Jeder Geschäftsleiter muss selbst prüfen, ob er über die für seine Tätigkeit erforderlichen Kenntnisse verfügt oder ob Fortbildungsmaßnahmen erforderlich sind (Schwennicke/Auerbach/Schwennicke KWG § 25c Rn. 66). Eine Pflicht des Kontrollorgans, den Kenntnisstand von Geschäftsleitern etwa durch Befragungen oder durch Assessmentcenter zu überprüfen, besteht nicht (Schwennicke/Auerbach/Schwennicke KWG § 25c Rn. 66; Opitz BKR 2013, 177 (182)). **56**

Fortbildungen können auch in solchen Bereichen erforderlich sein, die nicht in die Ressortzuständigkeit des betreffenden Geschäftsleiters fallen, da ggf. nur so den aus der Gesamtverantwortung der Geschäftsleiter resultierenden Erfordernissen Rechnung getragen werden kann (Reischauer/Kleinhans/Albert KWG § 25c Rn. 170). Sofern ein Geschäftsleiter eine Fortbildungsmaßnahme für erforderlich halten kann, folgt aus Abs. 5 eine Verpflichtung des Instituts zur Kostenerstattung. Eine Nachprüfung der Erforderlichkeit durch das Kontrollorgan wird idR ausscheiden (Schwennicke/Auerbach/Schwennicke KWG § 25c Rn. 67). **57**

Wenn ein Geschäftsleiter jegliche Fortbildungsmaßnahmen verweigern und die zur Leitung des Wertpapierinstituts erforderlichen Kenntnisse hierdurch nicht mehr auf dem aktuellen Stand sein sollten, sodass die fachliche Eignung nicht mehr gegeben ist, kann die Aufsicht hierauf mit informellen Maßnahmen oder einer Verwarnung, ggf. auch mit einem Tätigkeitsverbot oder einer Abberufung (vgl. § 22) reagieren (Reischauer/Kleinhans/Albert KWG § 25c Rn. 174). **58**

VI. Widerrufliche Einsetzung von Geschäftsleitern (Abs. 6)

59 § 20 Abs. 6 entspricht § 25c Abs. 5 KWG. Die Vorschrift gibt der BaFin die Möglichkeit, widerruflich einen Geschäftsleiter einzusetzen. Die widerrufliche Einsetzung von Geschäftsleitern ist gem. § 6 sofort vollziehbar.

60 Gemäß § 2 Abs. 36 sind Geschäftsleiter im Sinne des WpIG diejenigen natürlichen Personen, die nach Gesetz, Satzung oder Gesellschaftsvertrag zur Führung der Geschäfte und zur Vertretung eines Wertpapierinstituts oder eines Unternehmens in der Rechtsform einer juristischen Person oder einer Personenhandelsgesellschaft, die Wertpapierinstitut iSd § 2 Abs. 1 ist, berufen sind. Die „geborenen" Geschäftsleiter sind danach unabhängig von der Rechtsform bestimmt durch Gesetz, Satzung oder Gesellschaftsvertrag (Fischer/Schäfer/Schulte-Mattler/Schulte-Mattler/Siering § 25c Rn. 92). Nach Abs. 6 S. 1 kann die BaFin in Ausnahmefällen auch eine andere mit der Führung der Geschäfte betraute und zur Vertretung ermächtigte Person widerruflich als Geschäftsleiter einsetzen („gekorene" Geschäftsleiter). Die eingesetzte Person muss die Anforderungen nach Abs. 1 erfüllen, dh an einen „gekorenen" Geschäftsleiter werden keine geringeren Anforderungen gestellt als an einen „geborenen" Geschäftsleiter. Dies ist bei der Auswahl eines gekorenen Geschäftsleiters zu berücksichtigen (Fischer/Schäfer/Schulte-Mattler/Schulte-Mattler/Siering § 25c Rn. 93).

61 Wegen der mit der Geschäftsleitereigenschaft verbundenen Pflichtenstellung ist die Einsetzung als Geschäftsleiter ein zustimmungsbedürftiger Verwaltungsakt mit zugleich begünstigender wie belastender Wirkung. Niemand darf gegen seinen Willen zum Geschäftsleiter eines Instituts gemacht werden (Beck/Samm/Kokemoor/Kleinert KWG § 25c Rn. 132; Schwennicke/Auerbach/Schwennicke KWG § 25c Rn. 87). Für den mit Wirkung ex nunc möglichen Widerruf bzw. die Rücknahme der Bezeichnung gelten die §§ 48, 49 VwVfG; der Widerruf ist insbesondere zulässig, wenn die gesetzlichen Voraussetzungen für die Einsetzung von Anfang an nicht gegeben waren oder nachträglich weggefallen sind.

62 In der Praxis wird die BaFin eher aufgrund einer Initiative des Wertpapierinstituts tätig, das Interesse an einer Einsetzung hat. Sofern die oben genannten Voraussetzungen gegeben sind, verbleibt der BaFin stets das Recht, über die Einsetzung nach pflichtgemäßem Ermessen zu entscheiden. Ein Rechtsanspruch auf Einsetzung einer konkreten Person als Geschäftsleiter besteht nicht. Die BaFin könnte grundsätzlich auch von Amts wegen eine andere als die von einem etwaigen Antrag umfasste Person als Geschäftsleiter einsetzen (Reischauer/Kleinhans/Brogl KWG § 25c Rn. 250). Bei Ablehnung des Antrags oder Abweichung von diesem kann die Entscheidung gegebenenfalls daraufhin überprüft werden, ob die BaFin ihr Ermessen pflichtgemäß ausgeübt hat. Im Falle einer fehlerhaften Ermessensausübung können Rechtsmittel erfolgreich sein (Reischauer/Kleinhans/Brogl KWG § 25c Rn. 250).

63 Wird ein Wertpapierinstitut von einem Einzelkaufmann betrieben, so kann nach S. 2 eine Person widerruflich als Geschäftsleiter eingesetzt werden, die die Voraussetzungen von S. 1 bezüglich fachlicher Eignung und Zuverlässigkeit erfüllt. Die Ernennung wird auf Antrag des Wertpapierinstituts oder von Amts wegen vorgenommen; sie ist nur ausnahmsweise zulässig, weil idR Verantwortlichkeit für die Einhaltung der Bestimmungen des WpIG und Leitungsmacht innerhalb des Wertpapierinstituts nicht auseinanderfallen sollen (zur Parallel-

norm des § 25c KWG: Schwennicke/Auerbach/Schwennicke KWG § 25c Rn. 89). Außergewöhnliche Umstände, die die Ernennung eines „gekorenen" Geschäftsleiters ermöglichen, können plötzliches Ausscheiden oder Verhinderung eines bisherigen Geschäftsleiters sein, außerdem die Beschränkung oder Untersagung der Tätigkeit der bisherigen „geborenen" Geschäftsleiter nach §§ 22 Abs. 1, 79 Abs. 1.

Nach S. 3 kann die BaFin die auf Antrag des Wertpapierinstituts erfolgte Einsetzung eines Geschäftsleiters nur widerrufen, wenn der „gekorene" Geschäftsleiter oder das Wertpapierinstitut den Widerruf beantragt haben. 64

VII. Keine Vertretungsmöglichkeit (Abs. 7)

Gemäß § 45 GewO können die Befugnisse zum stehenden Gewerbebetrieb durch Stellvertreter ausgeübt werden. Abs. 7 stellt klar, dass diese Regelung für die Vertretung von Geschäftsleitern von Wertpapierinstituten nicht anwendbar ist, sich Geschäftsleiter also in dieser Funktion nicht vertreten lassen können. 65

VIII. Bestellungsuntersagung (Abs. 8)

§ 20 Abs. 8 wurde durch Gesetz v. 22.12.2023 (BGBl. 2023 I Nr. 41) mit Wirkung zum 30.12.2023 ergänzt. 66

§ 21 Verwaltungs- und Aufsichtsorgan

(1) [1]**Die Mitglieder des Verwaltungs- oder Aufsichtsorgans eines Kleinen oder Mittleren Wertpapierinstituts müssen zuverlässig sein, die erforderliche Sachkunde zur Wahrnehmung der Kontrollfunktion sowie zur Beurteilung und Überwachung der Geschäfte, die das jeweilige Unternehmen betreibt, besitzen und der Wahrnehmung ihrer Aufgaben ausreichend Zeit widmen.** [2]**Bei der Prüfung, ob eine der in Satz 1 genannten Personen die erforderliche Sachkunde besitzt, berücksichtigt die Bundesanstalt den Umfang und die Komplexität der von dem Wertpapierinstitut, der Investmentholdinggesellschaft oder der gemischten Finanzholdinggesellschaft**[1] **betriebenen Geschäfte.**

(2) [1]**Das Verwaltungs- oder Aufsichtsorgan muss in seiner Gesamtheit die Kenntnisse, Fähigkeiten und Erfahrungen haben, die zur Wahrnehmung der Kontrollfunktion sowie zur Beurteilung und Überwachung der Geschäftsleiter des Wertpapierinstituts oder der Investmentholding-Gruppe, der gemischten Finanzholdinggesellschaft oder der gemischten Finanzholding-Gruppe**[2] **notwendig sind.** [2]**Die Vorschriften der Mitbestimmungsgesetze über die Wahl und Abberufung der Arbeitnehmervertreter im Verwaltungs- oder Aufsichtsorgan bleiben unberührt.**

---

[1] Richtig wohl „berücksichtigt die Bundesanstalt den Umfang und die Komplexität der von dem Wertpapierinstitut betriebenen Geschäfte."

[2] Richtig wohl „Das Verwaltungs- oder Aufsichtsorgan muss in seiner Gesamtheit die Kenntnisse, Fähigkeiten und Erfahrungen haben, die zur Wahrnehmung der Kontrollfunktion sowie zur Beurteilung und Überwachung der Geschäftsleiter des Wertpapierinstituts notwendig sind."

(3) **Kleine oder Mittlere Wertpapierinstitute, Investmentholdinggesellschaften und gemischte Finanzholdinggesellschaften**[3] **müssen angemessene personelle und finanzielle Ressourcen einsetzen, um den Mitgliedern des Verwaltungs- oder Aufsichtsorgans die Einführung in ihr Amt zu erleichtern und die Fortbildung zu ermöglichen, die zur Aufrechterhaltung der erforderlichen Sachkunde notwendig ist.**

(4) [1]**Das Verwaltungs- oder Aufsichtsorgan muss die Geschäftsleiter auch im Hinblick auf die Einhaltung der einschlägigen aufsichtsrechtlichen Regelungen überwachen.** [2]**Es muss der Erörterung von Strategien, Risiken und Vergütungssystemen für Geschäftsleiter und Mitarbeiter ausreichend Zeit widmen.**

(5) [1]**Die Ausgestaltung der Vergütungssysteme für Mitglieder des Verwaltungs- oder Aufsichtsorgans darf im Hinblick auf die wirksame Wahrnehmung der Überwachungsfunktion des Verwaltungs- oder Aufsichtsorgans keine Interessenkonflikte erzeugen.** [2]**Für die Tätigkeit im Verwaltungs- oder Aufsichtsorgan dürfen dessen Mitglieder keine variablen Vergütungsbestandteile erhalten.** [3]**Die Vergütung ist geschlechtsneutral; eine Entgeltbenachteiligung wegen des Geschlechts ist unzulässig.**

(6) **Eine Person, die nicht die Anforderungen nach Absatz 1 Satz 1 erfüllt, darf nicht zum Mitglied des Verwaltungs- oder Aufsichtsorgans eines Kleinen oder Mittleren Wertpapierinstituts bestellt werden.**

Übersicht

[3] Richtig wohl „Kleine oder Mittlere Wertpapierinstitute müssen angemessene personelle und finanzielle Ressourcen einsetzen […]"

I. Vorbemerkungen

Mit § 21 wurden Artikel 9 MiFID II (Richtlinie 2014/65/EU) und Artikel 91 CRD IV (Richtlinie 2013/36/EU) für Kleine und Mittlere Wertpapierinstitute umgesetzt (RegE 24.2.2021, BT-Drs. 19/26929, 139). Hinsichtlich der organisatorischen Vorgaben für Mitglieder von Verwaltungs- bzw. Aufsichtsorganen (Kontrollorganen) der Wertpapierinstitute orientiert sich § 21 an der Vorläufer- und nunmehr Parallelregelung des § 25d KWG. Dabei spiegelt das WpIG das Leitbild des deutschen Gesellschaftsrechts (Neumann/Schmidt BKR 2021, 535 (539)) und legt – anders als der allgemein gehaltene Art. 28 der Richtlinie (EU) 2019/2034 über die Beaufsichtigung von Wertpapierfirmen (Investment Firm Directive – IFD), der auch monistische Strukturen umfasst – ein dualistisches, gesellschaftsrechtliches Modell zugrunde (RegE 24.2.2021, BT-Drs. 19/26929, 145). 1

Aus § 21 folgt nach hM keine **Pflicht, ein Verwaltungs- oder Aufsichtsorgans zu bilden** (RegE 1.1.2021, BR-Drs. 7/21, 145; zum KWG: Reischauer/Kleinhans/Brogl KWG § 25d Rn. 7; Schwennicke/Auerbach/Schwennicke KWG § 25d Rn. 4). Eine Pflicht, ein Verwaltungs- oder Aufsichtsorgan zu bilden, kann sich indes – abhängig von der gewählten Rechtsform – aus gesellschaftsrechtlichen Zwängen ergeben (Neumann/Schmidt BKR 2021, 535 (539)). Folglich können nach hM Wertpapierinstitute in der Rechtsform einer GmbH oder einer Personengesellschaft auch ohne eigenständiges Aufsichtsorgan betrieben werden. Nach aA erfordert eine effektive Umsetzung der unionsrechtlichen Vorgaben vom mitgliedstaatlichen Gesetzgeber, dass Aufsichtsobjekte (also Institute) gezwungen werden, die gesellschafts- oder organisationsrechtlich eröffneten Möglichkeiten auszuschöpfen und ein entsprechendes Aufsichtsorgan zu schaffen (Lendermann/Nemeczek/Schroeter/Sajnovits WpIG § 21 Rn. 19). Die unionsrechtlichen Vorgaben setzen nach dieser Auffassung voraus, dass natürliche Personen die in den Art. 88 ff. CRD IV genannten Aufgaben (Überwachungsfunktion) auch tatsächlich ausführten und im Rahmen dieser Erfüllung auch die in Art. 91 CRD IV genannten persönlichen und fachlichen Anforderungen erfüllten (Lendermann/Nemeczek/Schroeter/Sajnovits WpIG § 21 Rn. 19). Für die hM spricht neben der eindeutigen Festlegung des Gesetzgebers (RegE 1.1.2021, BR-Drs. 7/21, 145) insbesondere die Tatsache, dass die Europäische Wertpapier- und Marktaufsichtsbehörde (ESMA) und die Europäische Bankenaufsichtsbehörde (EBA) mit ihren „Leitlinien zur Bewertung der Eignung von Mitgliedern des Leitungsorgans und Inhabern von Schlüsselfunktionen" vom 2.7.2021 (EBA/GL/2021/06, ESMA35-36-2319, abrufbar unter www.eba.europa.eu; → Rn. 6) nicht in die allgemeine Verteilung der Befugnisse nach dem nationalen Gesellschaftsrecht eingreifen sollten. Die ESMA/EBA-Leitlinien sollten ungeachtet der in den Mitgliedstaaten zugrunde liegenden Unternehmensführungsstrukturen (monistische und/oder dualistische Unternehmensverfassung und/oder andere Strukturen) angewandt werden (ESMA/EBA-Leitlinien, Rn. 10). Der Richtliniengeber hatte EBA und ESMA in Artikel 9 MiFID II und Artikel 91 CRD IV einen gewissen Gestaltungsspielraum gewährt. In Ausnutzung dieses Spielraums haben EBA und ESMA dem nationalen Gesellschaftsrecht ausdrücklich den Vorrang eingeräumt. 2

II. Anforderungen an Mitglieder von Kontrollorganen (Abs. 1)

3 Abs. 1 enthält die Anforderung an die Eignung von Mitgliedern des Kontrollorgans eines Kleineren oder Mittleren Wertpapierinstituts. Diese müssen zuverlässig sein und über die für ihre Tätigkeit notwendige Sachkunde verfügen. Sie müssen zudem über ausreichend Zeit für ihre Tätigkeit verfügen (Abs. 1 S. 1).

4 Abs. 1 S. 2 setzt der BaFin zugleich einen Maßstab für die Prüfung der erforderlichen Sachkunde, wonach der Umfang und die Komplexität der von dem Wertpapierinstitut, der Finanzholding-Gruppe, der Investmentholdinggesellschaft oder der gemischten Finanzholdinggesellschaft betriebenen Geschäfte zu berücksichtigen sind, und trägt damit dem Proportionalitätsprinzip Rechnung (RegE 24.2.2021, BT-Drs. 19/26929, 139). Weshalb bei der Prüfung der erforderlichen Sachkunde der Mitglieder des Kontrollorgans neben dem Umfang und der Komplexität der vom Wertpapierinstitut betriebenen Geschäfte auch die der „Finanzholding-Gruppe, der Investmentholdinggesellschaft oder der gemischten Finanzholdinggesellschaft" zu berücksichtigen sein sollen, erschließt sich dem Rechtsanwender nicht. Es handelt sich mutmaßlich um ein **Redaktionsversehen** (so zutreffend Lendermann/Nemeczek/Schroeter/Sajnovits WpIG § 21 Rn. 24, der anrät, die Vorschrift zu korrigieren). Adressaten der Vorschrift sind allein Kontrollorgane Kleinerer oder Mittlerer Wertpapierinstitute. Es erscheint nicht sinnvoll, dass bei der Prüfung ihrer Sachkunde auch die von einer Finanzholding-Gruppe, einer Investmentholdinggesellschaft oder einer gemischten Finanzholdinggesellschaft betriebenen Geschäfte zu berücksichtigen sind (→ Rn. 12).

5 Gemäß WpIG-Q&A der BaFin vom 30.4.2021 (veröffentlicht unter www.bafin.de) werden seit Inkrafttreten des WpIG am 26.6.2021 ua die Verlautbarungen der **BaFin** im **„Merkblatt zu den Mitgliedern von Verwaltungs- und Aufsichtsorganen gemäß KWG und KAGB"** vom 29.12.2020 (veröffentlicht unter www.bafin.de), wie sie in der Vergangenheit für Finanzdienstleistungsinstitute und Wertpapierhandelsbanken galten, vorerst weiterhin sinngemäß auch für Kleine und Mittlere Wertpapierinstitute angewendet.

6 Weitere Erläuterungen zu den Anforderungen an Mitglieder von Kontrollorganen enthalten die überarbeiteten **„Leitlinien** zur Bewertung der **Eignung von Mitgliedern des Leitungsorgans und Inhabern von Schlüsselfunktionen"** der **EMA/ESMA** vom 2.7.2021 (EBA/GL/2021/06, ESMA35-36-2319, abrufbar unter www.eba.europa.eu), die seit dem 31.12.2021 gelten. Zu den EBA/ESMA Leitlinien hat die BaFin erklärt, diesen nicht – jedenfalls nicht vollständig – zu folgen. Der Grund für die non-compliance der Aufsicht bezieht sich gerade auch auf die Vorgaben zur Unabhängigkeit des Leitungsorgans in seiner Aufsichtsfunktion (Sec. 9.3). Im Übrigen beabsichtigt die BaFin, die Leitlinien bei ihrer Aufsichtspraxis anzuwenden (Lendermann/Nemeczek/Schroeter/Sajnovits WpIG § 21 Rn. 13).

7 Unabhängig von der Anwendung des BaFin-Merkblatts (→ Rn. 5) und der EMA/ESMA-Leitlinien (→ Rn. 6) sind die bisherigen Auslegungs- und Anwendungsentscheidungen sowie die Hinweise von Aufsichtsbehörden und Gerichten zu § 25d KWG im Ausgangspunkt bei der Auslegung und Anwendung des § 21 zu berücksichtigen. Dabei ist allerdings dem „Proportionalitätsgrundsatz" besondere Rechnung zu tragen (Lendermann/Nemeczek/Schroeter/Sajnovits WpIG § 21 Rn. 15).

1. Adressaten

Kontrollorgan eines Kleinen und Mittleren Wertpapierinstituts iSv § 21 ist wie in § 22 jedes zwingend oder fakultativ eingerichtete Organ, dem die Überwachung der Geschäftsleitung des jeweiligen Unternehmens obliegt. Entscheidend ist dabei nicht die konkrete Bezeichnung des Organs, sondern die ihm eingeräumten Rechte und Pflichten. Es ist auch nicht zwingend erforderlich, dass die Überwachungsbefugnisse des Organs durch Gesetz geregelt sind. Daher kann auch ein Beirat den gesetzlichen Anforderungen des WpIG unterliegen, wenn seine Aufgaben und Befugnisse denen eines Kontrollorgans entsprechen und gesetzlich, per Satzung oder Gesellschaftsvertrag geregelt sind (vgl. Definition des Begriffs „Verwaltungs- und Aufsichtsorgan" nach KWG: BaFin-Merkblatt, Seite 10 (→ Rn. 5); kritisch im Hinblick auf fakultativ eingerichtete Verwaltungs- und Aufsichtsorgane Reischauer/Kleinhans/Brogl KWG § 25d Rn. 6a). Ein Kontrollorgan ist bei Aktiengesellschaften und Genossenschaften der Aufsichtsrat und bei Sparkassen der Verwaltungsrat. Bei Gesellschaften mit beschränkter Haftung, die aufgrund gesetzlicher Bestimmung einen Aufsichtsrat zu bilden haben oder die einen fakultativen Aufsichtsrat gebildet haben, ist dies ebenfalls der Aufsichtsrat (Schwennicke/Auerbach/Schwennicke KWG § 25d Rn. 4). Verfügt eine Gesellschaft über kein spezielles Überwachungsorgan und überwachen somit die Gesellschafter die Geschäftsführung, dann gilt für die Gesellschafter § 21 nicht (Schwennicke/Auerbach/Schwennicke KWG § 25d Rn. 4). 8

Für Stellvertreter – sofern sie gesetzlich zugelassen sind – gelten sämtliche Anforderungen an die Sachkunde, Zuverlässigkeit, zeitliche Verfügbarkeit und die Begrenzung der zulässigen Mandate ab dem Zeitpunkt ihrer Wahl entsprechend (BaFin-Merkblatt, Rn. 96 (→ Rn. 5)). Ersatzmitglieder müssen sämtliche Voraussetzungen für die Ausübung des Mandats hingegen erst erfüllen, wenn es tatsächlich zum Nachrücken des Ersatzmitglieds kommt (BaFin-Merkblatt, Rn. 97 (→ Rn. 5)). 9

2. Zuverlässigkeit

a) Bedeutung. Mitglieder von Verwaltungs- oder Aufsichtsorganen im Geltungsbereich des WpIG müssen zuverlässig sein. Für die Zuverlässigkeit gelten die Kriterien, die an die Zuverlässigkeit der Geschäftsleiter bzw. Inhaber bedeutender Beteiligungen gestellt werden (Schwennicke/Auerbach/Schwennicke KWG § 25d Rn. 5a). Die Zuverlässigkeit braucht nicht positiv nachgewiesen zu werden. Zuverlässigkeit wird unterstellt, wenn keine Tatsachen erkennbar sind, die Unzuverlässigkeit begründen (BaFin-Merkblatt, Rn. 120 (→ Rn. 5)). Die Zuverlässigkeit soll die persönliche Unabhängigkeit der Mitglieder der Kontrollorgane sichern. Es handelt sich um einen unbestimmten Rechtsbegriff (Reischauer/Kleinhans/Brogl KWG § 25d Rn. 9). 10

Weder das WpIG noch die § 21 zugrundeliegenden Richtlinien (MiFID II, CRD IV) konkretisieren die Anforderungen an die Zuverlässigkeit der Verwaltungs- oder Aufsichtsorgane. Auf Richtlinienebene und in den Auslegungshinweisen der europäischen Aufsichtsbehörden ist statt von Zuverlässigkeit von „gut beleumundet" bzw. „Leumund, Aufrichtigkeit und Integrität" die Rede, womit in der Sache nichts anderes als mit dem im deutschen Umsetzungstext gebrauchten, der deutschen gewerberechtlichen und bankaufsichtsrechtlichen Tradition folgenden Begriff der Zuverlässigkeit gemeint ist (Lendermann/Nemeczek/ 11

Schroeter/Sajnovits WpIG § 21 Rn. 30). Der Begriff der Zuverlässigkeit ist im deutschen Gewerberecht und auch speziell im Bankaufsichtsrecht (Reischauer/Kleinhans/Albert KWG § 25c Rn. 43 ff.) etabliert; die bisherige Rechtsentwicklung zu einer bestimmenden Konkretisierung kann im Rahmen der Auslegung des § 21 – jedenfalls bedachtsam – herangezogen werden (Lendermann/Nemeczek/Schroeter/Sajnovits WpIG § 21 Rn. 30).

12 **b) (Un)-Zuverlässigkeitskriterien.** Unzuverlässigkeit ist anzunehmen, wenn Tatsachen vorliegen, aus denen sich ergibt, dass das Mitglied eines Verwaltungs- oder Aufsichtsorgans aufgrund persönlicher Umstände keine Gewähr dafür bietet, dass es seine Tätigkeit in der Zukunft sorgfältig und ordnungsgemäß ausüben wird. Es geht mithin um eine Gefahrenprognose, nicht um die Sanktionierung vergangenen Verhaltens (Lendermann/Nemeczek/Schroeter/Sajnovits WpIG § 21 Rn. 32). Berücksichtigt wird dabei das persönliche Verhalten sowie das Geschäftsgebaren des Mitglieds eines Verwaltungs- oder Aufsichtsorgans hinsichtlich strafrechtlicher, finanzieller, vermögensrechtlicher und aufsichtsrechtlicher Aspekte. Hier sind Verstöße gegen Straftat- oder Ordnungswidrigkeitentatbestände – insbesondere solche, die im Zusammenhang mit Tätigkeiten bei Unternehmen stehen – sowohl innerhalb der deutschen als auch einer ausländischen Rechtsordnung von besonderer Relevanz (BaFin-Merkblatt, Rn. 121). Unzuverlässigkeit setzt kein Verschulden voraus (BaFin-Merkblatt, Rn. 122), wenngleich auch dieses bei der Prognose zu berücksichtigen ist, da es häufig etwa für die Frage einer Wiederholungsgefahr von Bedeutung sein kann (Lendermann/Nemeczek/Schroeter/Sajnovits WpIG § 21 Rn. 32). Die Zuverlässigkeitsprüfung ist aufgrund einer umfassenden Bewertung aller Umstände vorzunehmen, bei der der BaFin kein Beurteilungsspielraum zukommt, weshalb die Beurteilung gerichtlich voll überprüfbar ist. Die BaFin hat dabei auf das sich ihr darstellende Gesamtbild abzustellen, sodass auch eine Vielzahl kleinerer Verfehlungen eine negative Prognose tragen können (EBA/GL/2017/12, EBA/GL/2021/06 und ESMA35-36–2319 Rn. 73; Lendermann/Nemeczek/Schroeter/Sajnovits WpIG § 21 Rn. 32).

13 Kriterien für die mangelnde Zuverlässigkeit können nach dem BaFin Merkblatt (→ Rn. 5) zB sein (BaFin-Merkblatt, Rn. 124):
- aufsichtliche Maßnahmen der Bundesanstalt, die gegen das Mitglied oder ein Unternehmen, in dem das Mitglied als Geschäftsleiter tätig war oder ist, gerichtet sind oder waren,
- Straftaten im Vermögensbereich und im Steuerbereich oder besonders schwere Kriminalität und Geldwäschedelikte,
- Verstöße gegen Ordnungsvorschriften.

Weitere Aspekte, die für eine mangelnde Zuverlässigkeit sprechen könnten und die daher von den Instituten beurteilt werden sollten, sind (BaFin-Merkblatt, Rn. 124 → Rn. 5):
- das Bestehen von Interessenkonflikten (→ Rn. 14 f.),
- das Vorliegen von Tatsachen, aus denen sich eine fehlende Unvoreingenommenheit ergibt (→ Rn. 16).

14 **aa) Interessenkonflikte.** Eine Unzuverlässigkeit aufgrund persönlicher und geschäftlicher Umstände kann sich insbes. ergeben, wenn diese zu **Interessenkonflikten** in der Person des Mitglieds des Verwaltungs- oder Aufsichtsorgans führen (EBA/GL/2017/12, EBA/GL/2021/06 und ESMA35-36–2319 Rn. 81; BaFin Merkblatt Rn. 126 ff. → Rn. 5). Mitglieder von Verwaltungs- oder Auf-

sichtsorganen sollen mögliche Interessenkonflikte mindestens dem Vorsitzenden des Verwaltungs- oder Aufsichtsorgans frühzeitig offenlegen. Wertpapierinstitute sollten die BaFin über einen identifizierten Interessenkonflikt bei Mitgliedern des Verwaltungs- und Aufsichtsrates unter Angabe der ergriffenen Maßnahmen zur Verhinderung, Lösung oder Abschwächung dieses Interessenkonfliktes informieren (BaFin Merkblatt Rn. 133 → Rn. 5).

Interessenkonflikte entstehen nicht automatisch dadurch, dass ein Mitglied **15** des Kontrollorgans einen wesentlich beteiligten Aktionär vertritt (Schwennicke/Auerbach/Schwennicke KWG § 25d Rn. 5a; aA Redenius-Hövermann/Schmidt ZCG 2018, 218 (219)), nach der Satzung in das Kontrollgremium entsandt wird (Schwennicke/Auerbach/Schwennicke KWG § 25d Rn. 5a; aA Redenius-Hövermann/Schmidt ZCG 2018, 218 (219)), für das Unternehmen zuvor als Abschlussprüfer oder Berater tätig war (Schwennicke/Auerbach/Schwennicke KWG § 25d Rn. 5a; aA Redenius-Hövermann/Schmidt ZCG 2018, 218 (220)), oder **Angehöriger** iSv § 11 Abs. 1 Nr. 1 StGB eines Organmitglieds des zu kontrollierenden Unternehmens oder eines anderen Gruppenunternehmens ist (für Einzelfallbetrachtung BaFin-Merkblatt, Rn. 126 → Rn. 5; Lendermann/Nemeczek/Schroeter/Sajnovits WpIG § 21 Rn. 39; Brogl in Reischauer/Kleinhans Rn. 15; Schwennicke/Auerbach/Schwennicke KWG § 25d Rn. 5a; aA Beck/Samm/Kokemoor/Kleinert KWG § 25d Rn. 29). Auch stehen Beziehungen zum Unternehmen einer Mitgliedschaft im Kontrollorgan nicht entgegen, wenn diese gesetzlich gefordert sind, so zB nach § 9 Abs. 2 S. 1 GenG, wonach Mitglieder von Vorstand und Aufsichtsrat einer Genossenschaft Mitglieder dieser Genossenschaft sein müssen (Schwennicke/Auerbach/Schwennicke KWG § 25d Rn. 5a).

Ein Interessenskonflikt kann sich aus einem **Dienstverhältnis** zum Wertpapierinstitut ergeben. Die BaFin sieht es im Grundsatz als unvereinbar an, wenn ein Mitarbeiter eines Instituts, soweit es nicht gesetzlich, zB durch Mitbestimmungsgesetze oder Sparkassengesetze erforderlich ist, oder der Mitarbeiter Mitglied des Betriebs- oder Personalrats ist, dem Verwaltungs- oder Aufsichtsorgan dieses Instituts angehört (BaFin-Merkblatt, Rn. 127 → Rn. 5). Ein Interessenkonflikt kann ferner darin liegen, dass das Mitglied, ein naher Angehöriger des Mitglieds oder ein von dem Mitglied geleitetes Unternehmen Geschäftsbeziehungen zu dem beaufsichtigten Unternehmen oder dessen **Mutter- oder Tochterunternehmen** unterhält, aus denen sich eine gewisse wirtschaftliche Abhängigkeit ergeben kann. Bei vertraglich gebundenen Vermittlern oder anderen Vermittlern, die in einem wirtschaftlichen Abhängigkeitsverhältnis zum Institut stehen, sieht die BaFin stets eine Unvereinbarkeit mit einer gleichzeitigen Tätigkeit als Mitglied des Verwaltungs- oder Aufsichtsorgans. Interessenkonflikte können ferner auch bei **Rechtsstreitigkeiten** mit dem beaufsichtigten Unternehmen oder dessen Mutter- oder Tochterunternehmen oder in Form von konkurrierenden Interessen bestehen (BaFin-Merkblatt, Rn. 131 → Rn. 5). Auch im Zusammenhang mit Positionen mit hohem politischem Einfluss (auf Bundes-, Landes- oder kommunaler Ebene) kann es dazu kommen, dass Interessen aus dem politischen Mandat mit institutsbezogenen Interessen in einem Spannungsverhältnis stehen (BaFin-Merkblatt, Rn. 132 → Rn. 5).

bb) Fehlende Unvoreingenommenheit. Eine **fehlende Unvoreingenommenheit** kann sich zB darin ausdrücken, dass sich ein Mitglied des Verwaltungs- oder Aufsichtsorgans nicht aktiv für seine Aufgaben einsetzt und nicht in der Lage **16**

ist, bei der Erfüllung seiner Funktion und Verantwortlichkeiten eigene, vernünftige, objektive und unabhängige Entscheidungen und Urteile zu fällen. Weitere zu berücksichtigende Umstände können unter anderem folgende Verhaltensmuster sein (BaFin-Merkblatt, Rn. 135 → Rn. 5):

– das Fehlen von Mut, Überzeugung und Stärke, die von anderen Mitgliedern des Verwaltungs- oder Aufsichtsorgans vorgeschlagenen Entscheidungen zu bewerten und kritisch zu hinterfragen,
– die fehlende Fähigkeit, der Geschäftsleitung kritische Fragen zu stellen,
– die fehlende Fähigkeit, sich nicht dem Gruppendenken zu unterwerfen.

3. Sachkunde

17 **a) Bedeutung.** Abs. 1 S. 1 verlangt für Mitglieder von Kontrollorganen von Wertpapierinstituten die „erforderliche Sachkunde" für die Kontrolle und Überwachung der Geschäftsführung, nicht „fachliche Eignung" wie bei Geschäftsleitern (dazu näher → § 20 Rn. 8 ff.). Sachkunde im Sinne des WpIG bedeutet, dass ein Mitglied eines Kontrollorgans fachlich in der Lage ist, die Geschäftsleiter seines Wertpapierinstituts angemessen zu kontrollieren, zu überwachen und die Entwicklung des Wertpapierinstituts aktiv zu begleiten.

18 Abs. 1 S. 1 entsprechende Anforderungen an die Mitglieder von Aufsichtsräten von Wertpapierinstituten in der Rechtsform der AG können sich auch aus dem Grundsatz der **Höchstpersönlichkeit des Mandats** nach § 111 Abs. 5 AktG ergeben (zu § 25d KWG BGHZ 85, 293 (295 f.) = WM 1983, 9 (10) = NJW 1983, 991 – Hertie), der entsprechend für Genossenschaften herangezogen wird, sowie für die Mitglieder der Kontrollorgane öffentlich-rechtlicher Institute aus den entsprechenden Sparkassen- oder Landesbankgesetzen (näher Hingst/Himmelreich/Krawinkel WM 2009, 2016 ff.). Allerdings müssen gem. Abs. 2 nicht alle Mitglieder der Kontrollorgane – wie auch gem. § 20 Abs. 2 die Geschäftsleiter – umfassende Kenntnisse besitzen. Gemäß Abs. 2 muss das Verwaltungs- oder Aufsichtsorgan in seiner **Gesamtheit** die Kenntnisse, Fähigkeiten und Erfahrungen besitzen, die zur Wahrnehmung der Kontrollfunktion sowie zur Beurteilung und Überwachung der Geschäftsleiter notwendig sind. Sofern in einzelnen Punkten das Kontrollorgan nicht über die erforderliche Sachkunde verfügt, ist das Kontrollorgan berechtigt und ggf. auch verpflichtet, externe Berater hinzuzuziehen und im Namen des Unternehmens zu beauftragen, wobei eine dauernde externe Beratung mit dem Grundsatz der Höchstpersönlichkeit des Mandats unvereinbar wäre (Beck/Samm/Kokemoor/Kleinert KWG § 25d Rn. 35; Schwennicke/Auerbach/Schwennicke KWG § 25d Rn. 5b; Fischer/Schäfer/Schulte-Mattler/Schulte-Mattler/Siering § 25d Rn. 18). Das Kontrollorgan ist zum Abschluss des Beratungsvertrags vertretungsbefugt und vertritt das Unternehmen auch in einem Rechtsstreit mit dem Berater (BGH WM 2018, 905 Rn. 13, 20 f. (AG); Menkel AG 2019, 330 (339)).

19 Gemäß Abs. 1 S. 2 berücksichtigt die BaFin bei der Prüfung, ob eine der in Satz 1 genannten Personen die erforderliche Sachkunde besitzt, den Umfang und die Komplexität der von dem „Wertpapierinstitut, der Investmentholdinggesellschaft oder der gemischten Finanzholdinggesellschaft" betriebenen Geschäfte. Da die Adressaten des Abs. 1 S. 1 allein die Kontrollorgane Kleinerer oder Mittlerer Wertpapierinstitute sind, handelt es sich bei Abs. 1 S. 2 wohl um ein **Redaktionsversehen** (so zutreffend Lendermann/Nemeczek/Schroeter/Sajnovits WpIG § 21 Rn. 24, der richtigerweise eine Korrektur der Vorschrift anrät). Entweder

hätten die Anforderungen in Abs. 1 S. 1 auch auf Kontrollorgane von Investmentholdinggesellschaften oder gemischten Finanzholdinggesellschaften erstreckt werden sollen, oder eine Berücksichtigung der von Investmentholdinggesellschaften oder gemischten Finanzholdinggesellschaften betriebenen Geschäfte geht bei der Beurteilung der erforderlichen Sachkunde von Kontrollorganen der Wertpapierinstitute fehl. Für eine Anwendung der Anforderungen aus Abs. 1 S. 1 auch auf Investmentholdinggesellschaften oder gemischten Finanzholdinggesellschaften spricht die Gesetzesbegründung. Dort heißt es, dass § 21 Abs. 1 die „Anforderung an die Eignung von Mitgliedern des Verwaltungs- oder Aufsichtsorgans eines Kleineren oder Mittleren Wertpapierinstituts, einer Investmentholdingsgesellschaft oder einer gemischten Finanzholdinggesellschaft" enthält (RegE 24.2.2021, BT-Drs. 19/26929, 139). Gegen eine Erstreckung der Anforderungen in Abs. 1 S. 1 auf Kontrollorgane von Investmentholdinggesellschaften und gemischten Finanzholdinggesellschaften spricht jedoch der Wortlaut von Abs. 1 S. 1, in dem diese schlicht nicht erwähnt werden. Außerdem werden Anforderungen an die Qualifikation von Geschäftsleitern und Mitglieder von Kontrollorganen von Investmentholdinggesellschaften und gemischten Finanzholdinggesellschaften in § 62 Abs. 1 postuliert. Eine „zusätzliche" Regelung in § 21 Abs. 1 S. 1 erschiene vor diesem Hintergrund wenig sinnvoll. Es ist also davon auszugehen, dass die von Investmentholdinggesellschaften oder gemischten Finanzholdinggesellschaften betriebenen Geschäfte bei der Beurteilung der erforderlichen Sachkunde von Kontrollorganen der Wertpapierinstitute keine Berücksichtigung finden sollten.

b) Anforderungen. Als abstrakte Anforderungen für die erforderliche Sach- 20
kunde spezifiziert § 21 Abs. 1 S. 1 lediglich, dass Mitglieder des Verwaltungs- oder Aufsichtsorgans die erforderliche Sachkunde zur Wahrnehmung der Kontrollfunktion sowie zur Beurteilung und Überwachung der Geschäfte, die das jeweilige Unternehmen betreibt, besitzen müssen. Dazu muss die Person die vom Unternehmen getätigten Geschäfte verstehen und deren Risiken beurteilen können. Das Mitglied muss mit den für das Unternehmen wesentlichen gesetzlichen Regelungen vertraut sein. Ein Mitglied eines Kontrollorgans muss grundsätzlich nicht über Spezialkenntnisse verfügen, jedoch muss es in der Lage sein, ggf. seinen Beratungsbedarf zu erkennen (BaFin-Merkblatt, Rn. 100 → Rn. 5). Die Anforderungen an die Sachkunde der Mitglieder von Verwaltungs- oder Aufsichtsorganen bemessen sich nach dem Umfang und der Komplexität der von dem Wertpapierinstitut, betriebenen Geschäfte und werden anhand des Einzelfalls beurteilt (BaFin-Merkblatt, Rn. 101 → Rn. 5).

Ein ausreichendes Maß an Kenntnissen, Fähigkeiten und Erfahrung für die 21
effektive Erfüllung dieser Aufsichtsfunktion kann aus relevanten akademischen oder administrativen Positionen oder durch die Leitung, Überwachung oder Kontrolle von Finanzinstituten oder sonstigen Firmen erworben werden (Lendermann/Nemeczek/Schroeter/Sajnovits WpIG § 21 Rn. 48). Hinsichtlich der theoretischen und praktischen Kenntnisse sind die Anforderungen an Mitglieder des Verwaltungs- oder Aufsichtsorgans allerdings gegenüber jenen an Geschäftsleiter iSd § 20, der seinerseits statt von erforderlicher Sachkunde von „fachlicher Eignung" spricht, abgesenkt (Lendermann/Nemeczek/Schroeter/Sajnovits WpIG § 21 Rn. 48; Reischauer/Kleinhans/Brogl KWG § 25d Rn. 29).

Relevante Bereiche, von denen theoretische und praktische Kenntnisse – auch 22
für Mitglieder des Leitungsorgans in seiner Aufsichtsfunktion, und damit auch für Mitglieder des Verwaltungs- oder Aufsichtsorgans – bestehen sollten, sind ausweislich der EBA/ESMA Leitlinien (Rn. 63):

- Bankwesen und Finanzmärkte;
- rechtliche Anforderungen und Regulierungsrahmen;
- strategische Planung, das Verständnis der Geschäftsstrategie oder des Geschäftsplans eines Instituts und deren Erfüllung;
- Risikomanagement;
- Buchhaltung und Rechnungsprüfung;
- die Bewertung der Wirksamkeit der Regelungen eines Instituts, Sicherstellung effektiver Unternehmensführung, Aufsicht und Kontrollen;
- die Auslegung der Finanzinformationen eines Instituts, die Ermittlung von wichtigen Sachverhalten auf der Grundlage dieser Informationen und entsprechende Kontrollen und Maßnahmen.

23 Die erforderliche Sachkunde des einzelnen Mitglieds muss nach der Verlautbarung der BaFin nicht bereits bei Annahme der Bestellung vorliegen, sondern kann durch Fortbildung innerhalb der ersten sechs Monate nach der Bestellung erworben werden (BaFin-Merkblatt (→ Rn. 5), Rn. 111; Beck/Samm/Kokemoor/Kleinert KWG § 25d Rn. 44; Fischer/Schäfer/Schulte-Mattler/Schulte-Mattler/Siering § 25d Rn. 26; Reischauer/Kleinhans/Brogl KWG § 25d Rn. 29; Schwennicke/Auerbach/Schwennicke KWG § 25d Rn. 7; kritisch dazu Lendermann/Nemeczek/Schroeter/Sajnovits WpIG § 21 Rn. 53). Im Einzelfall kann die BaFin eine längere Frist bis zu maximal einem Jahr akzeptieren (BaFin-Merkblatt (→ Rn. 5), Rn. 112). Die Fortbildung muss bezogen auf den jeweiligen Einzelfall und die anzuwendenden Kriterien die grundlegenden wirtschaftlichen und rechtlichen Abläufe des Tagesgeschäfts vergleichbarer Unternehmen, das Risikomanagement sowie die Funktion und die Verantwortung der Mitglieder des Verwaltungs- oder Aufsichtsorgans auch in Abgrenzung zur Geschäftsleitung umfassen. Sie soll auf die Grundzüge der Bilanzierung sowie des Aufsichtsrechts eingehen (BaFin-Merkblatt Rn. 111 (→ Rn. 5)). Die erfolgte Fortbildung ist der BaFin durch Übersendung eines Teilnahmenachweisen nachzuweisen, in denen Veranstalter, Inhalt und Dauer der Fortbildung angegeben sein müssen (BaFin-Merkblatt (→ Rn. 5), Rn. 113 f.). Eine Erfolgskontrolle muss nicht Bestandteil der Fortbildung gewesen sein. Bereits vorhandene Sachkunde ist nach Abs. 3 durch Fortbildungsmaßnahmen auf einem aktuellen Stand zu halten (BaFin-Merkblatt Rn. 115 (→ Rn. 5); Schwennicke/Auerbach/Schwennicke KWG § 25d Rn. 7).

4. Zeitliche Verfügbarkeit

24 Nach Abs. 1 S. 1 müssen die Mitglieder des Kontrollorgans ferner der Wahrnehmung ihrer Aufgaben ausreichend Zeit widmen (zum Begriff der zeitlichen Verfügbarkeit im Sinne des KWG näher Plagemann WM 2014, 2345 ff.). Zur Prüfung der zeitlichen Verfügbarkeit sind in der Anzeige über den Vollzug der Bestellung nach § 64 Abs. 1 Nr. 3 alle beruflichen haupt- und nebenamtlichen Tätigkeiten anzugeben. Weiterhin sind alle Mandate in Verwaltungs- oder Aufsichtsorganen einschließlich damit verbundener zusätzlicher Verantwortlichkeiten wie zum Beispiel Vorsitz- oder Ausschusstätigkeiten zu berücksichtigen (BaFin-Merkblatt (→ Rn. 5), Rn. 81, 140). Der zeitliche Aufwand für die jeweilige Tätigkeit ist zu schätzen (BaFin-Merkblatt (→ Rn. 5), Rn. 80). Diese Schätzung wird im Einzelfall schwierig sein, da ein neu gewähltes oder entsandtes Mitglied den Umfang seiner künftigen Tätigkeit nicht auf Basis von Vergangenheitsdaten schätzen kann. Die häufige Abwesenheit in Sitzungen des Kontrollorgans sowie mangelnde Vorbereitung können Indiz für mangelnde zeitliche Verfügbarkeit sein

(Beck/Samm/Kokemoor/Kleinert KWG § 25d Rn. 50; Fischer/Schäfer/Schulte-Mattler/Schulte-Mattler/Siering § 25d Rn. 31; Reischauer/Kleinhans/Brogl KWG § 25d Rn. 36; Schwennicke/Auerbach/Schwennicke KWG § 25d Rn. 8).

5. Verfahren bei Bestellung

Angaben zur Beurteilung der Zuverlässigkeit und Sachkunde sowie zur ausreichenden zeitlichen Verfügbarkeit sind: **25**

- bei Erlaubniserteilung mit dem Erlaubnisantrag gem. Art. 4b) der Delegierten Verordnung (EU) 2017/1943,
- bei der Mitteilung über die Änderung bei den Mitgliedern eines Leitungsorgans vor deren Wirksamwerden gem. Art. 5 Abs. 1 der Durchführungsverordnung (EU) 2017/1945

zu machen. Die Mitteilung der Bestellung des Kontrollorganmitglieds eines Wertpapierinstituts muss damit zeitlich früher erfolgen, als dies zum Beispiel gem. § 24 Abs. 1 Nr. 15 KWG bei Kreditinstituten der Fall ist. Dort genügt die Information der BaFin nach erfolgter Bestellung. Kann die Mitteilung gem. Art. 5 Abs. 1 der Durchführungsverordnung (EU) 2017/1945 in begründeten Fällen nicht vor Wirksamwerden der Änderungen erfolgen, ist sie innerhalb von zehn Arbeitstagen nach der Änderung einzureichen. Angaben zu der in Art. 5 Abs. 1 der Durchführungsverordnung (EU) 2017/1945 genannten Änderung übermittelt das Wertpapierinstitut nach dem BaFin-Merkblatt (→ Rn. 5, dort Rn. 19) unter Verwendung des

- Formblatts III zur Durchführungsverordnung (EU) 2017/1945 sowie
- des Formulars Zuverlässigkeit und Angaben zur zeitlichen Verfügbarkeit gemäß der Delegierten Verordnung (EU) 2017/1943.

Die bei Anzeige der Bestellung erforderlichen Unterlagen und Informationen sind im BaFin-Merkblatt (→ Rn. 5, dort Rn. 29) aufgeführt. Die BaFin stellt auf ihrer Internetseite eine „Checkliste“ zur Verfügung, anhand derer das anzeigende Unternehmen die Vollständigkeit der beizufügenden Unterlagen überprüfen kann (BaFin-Merkblatt (→ Rn. 5), Rn. 30). War oder ist das neu bestellte Mitglied bereits Geschäftsleiter oder Mitglied des Verwaltungs- oder Aufsichtsorgans eines unter der Aufsicht der Bundesanstalt stehenden Unternehmens, sind alle im Zusammenhang mit der Anzeige einzureichenden Unterlagen/Erklärungen erneut vorzulegen. Die Bundesanstalt kann im Einzelfall darauf verzichten (BaFin-Merkblatt (→ Rn. 5), Rn. 30). Das Ausscheiden des Mitglieds eines Kontrollorgans ist gem. Art. 5 Abs. 1 der Durchführungsverordnung (EU) 2017/1945 ebenfalls anzeigepflichtig.

6. Folgen fehlender Voraussetzungen

Ist ein Mitglied eines Kontrollorgans unzuverlässig, nicht sachkundig oder nicht in ausreichendem Maß zeitlich verfügbar, dann stellt dies – anders als bei Geschäftsleitern – keinen Erlaubnisversagungsgrund nach § 18 Abs. 1 Nr. 2, 4 und 5 oder Erlaubnisentziehungsgrund nach § 19 Abs. 2 Nr. 2 dar. Allerdings kann die BaFin nach § 22 Abs. 6 Nr. 1, 2 und 3 bei Unzuverlässigkeit, fehlender Sachkunde oder mangelnder zeitlicher Verfügbarkeit vom Wertpapierinstitut die Abberufung eines Mitglieds des Kontrollorgans verlangen und der entsprechenden Person die Ausübung ihrer Tätigkeit untersagen. **26**

III. Anforderungen an das Kontrollorgan als Ganzes (Abs. 2)

27 Abs. 2 S. 1 stellt klar, dass die erforderliche Sachkunde auch dann vorliegen kann, wenn einzelne Mitglieder des Kontrollorgans nicht über umfassende Kenntnisse verfügen. Erforderlich ist Fachwissen nur in einem Umfang, der zur Mitwirkung an der Kollektiventscheidung des Kontrollorgans befähigt (Schwennicke/Auerbach/Schwennicke KWG § 25d Rn. 11). Eventuelle Defizite in der Sachkunde bei einem Mitglied des Organes können durch die Sachkunde eines anderen Organmitglieds ausgeglichen werden. Bei jedem Organmitglied muss jedoch ausreichend Sachkunde vorhanden sein, damit es seine Gesamtverantwortung wahrnehmen kann. Scheidet ein Organmitglied aus und entsteht dadurch eine Lücke in der Gesamtkompetenz, die nicht durch andere Mitglieder ausgeglichen werden kann, verfügt das Wertpapierinstitut nicht mehr über ein ordnungsgemäß besetztes Verwaltungs- oder Aufsichtsorgan (RegE 24.2.2021, BT-Drs. 19/26929, 140).

28 Nach dem Wortlaut des Abs. 2 S. 1 muss das Kontrollorgan in seiner Gesamtheit die Kenntnisse, Fähigkeiten und Erfahrungen haben, die zur Wahrnehmung der Kontrollfunktion sowie zur Beurteilung und Überwachung der Geschäftsleiter des Wertpapierinstituts oder der „Investmentholding-Gruppe, der gemischten Finanzholdinggesellschaft oder der gemischten Finanzholding-Gruppe" notwendig sind. Da die Adressaten des Abs. 1 S. 1 allein die Kontrollorgane Kleinerer oder Mittlerer Wertpapierinstitute sind, handelt es sich bei Abs. 2 S. 1 wohl um ein weiteres **Redaktionsversehen** (dazu bereits → Rn. 11). Es ist davon auszugehen, dass das Kontrollorgan in seiner Gesamtheit nur die Kenntnisse, Fähigkeiten und Erfahrungen haben muss, die zur Wahrnehmung der Kontrollfunktion sowie zur Beurteilung und Überwachung der Geschäftsleiter des Wertpapierinstituts notwendig sind. Denn das Kontrollorgan eines Wertpapierinstituts überwacht nur die Geschäftsleiter des Wertpapierinstituts, nicht jedoch die Geschäftsleitung einer Investmentholding-Gruppe, einer gemischten Finanzholdinggesellschaft oder einer gemischten Finanzholding-Gruppe. Der Vollständigkeit halber sei angemerkt, dass auch nach der Gesetzesbegründung zu Abs. 2 S. 1 die Mitglieder des Kotrollorgans in ihrer Gesamtheit über die Kenntnisse, Fähigkeiten und Erfahrungen verfügen müssen, die zur Wahrnehmung der Kontrollfunktion sowie zur Beurteilung und Überwachung der Geschäftsleitung des Wertpapierinstituts oder Investmentholding-Gruppe, der gemischten Finanzholdinggesellschaft oder der gemischten Finanzholding-Gruppe notwendig sind (RegE 24.2.2021, BT-Drs. 19/26929, 140).

29 Nach Abs. 2 S. 2 kann in mitbestimmten Kontrollorganen den Arbeitnehmervertretern fehlende Sachkunde nicht entgegengehalten werden (Fischer/Schäfer/Schulte-Mattler/Schulte-Mattler/Siering § 25d Rn. 23; Reischauer/Kleinhans/Brogl Rn. 41; Schwennicke/Auerbach/Schwennicke KWG § 25d Rn. 12; aA zur Parallelregelung im KWG Beck/Samm/Kokemoor/Kleinert KWG § 25d Rn. 57; Schneider/Schneider NZG 2016, 41 (44)). Darin kommt **kein Vorrang der Mitbestimmung vor der Sachkunde** zum Ausdruck (Schwennicke/Auerbach/Schwennicke KWG § 25d Rn. 12). Bei mitbestimmten Verwaltungs- oder Aufsichtsorganen wird vielmehr für Beschäftigte der jeweiligen Unternehmensgruppe, die unmittelbar in die wirtschaftlichen und rechtlichen Abläufe des Tagesgeschäfts des beaufsichtigten Unternehmens eingebunden sind oder waren, regelmäßig das Vorliegen der Sachkunde angenommen, sofern sie theoretische Bankkenntnisse nachweisen. Dies gilt auch für freigestellte Mitglieder des Betriebs- oder Personalrats, die Verwaltungs- oder Aufsichtsorganen angehören sowie für die Arbeitneh-

mervertreter der Gewerkschaften, sofern sie aufgrund ihrer (Vor-) Tätigkeit mit diesen Abläufen vertraut sind (BaFin-Merkblatt Rn. 106 (→ Rn. 5)).

IV. Ermöglichung der Fortbildung (Abs. 3)

Gemäß Abs. 3 müssen Kleine oder Mittlere Wertpapierinstitute, Investmentholdinggesellschaften und gemischte Finanzholdinggesellschaften angemessene personelle und finanzielle Ressourcen einsetzen, um den Mitgliedern des Verwaltungs- oder Aufsichtsorgans die Einführung in ihr Amt zu erleichtern und die Fortbildung zu ermöglichen, die zur Aufrechterhaltung der erforderlichen Sachkunde notwendig ist. Erneut stellt sich die Frage eines **Redaktionsversehens.** Während § 20 Abs. 5 nur die Bereitstellung von personellen und finanziellen Ressourcen für die Einführung und Fortbildung von Geschäftsleitern von Kleinen und Mittleren Wertpapierinstituten vorschreibt, soll diese Pflicht nach § 21 Abs. 3 auch im Hinblick auf Mitglieder von Kontrollorganen von Investmentholdinggesellschaften und gemischten Finanzholdinggesellschaften bestehen. Dies mag zwar grundsätzlich sinnvoll erscheinen. Zweifel am Wortlaut der Regelung ergeben sich jedoch daraus, dass der strukturell bessere Ort für eine Verpflichtung von Investmentholdinggesellschaften und gemischten Finanzholdinggesellschaften wohl eher der § 62 wäre. 30

Die Fortbildung soll den Mitgliedern der Kontrollorgane ermöglichen, dauerhaft über die notwendige Sachkunde zu verfügen und ihre Entscheidungen stets auf der Grundlage eines aktuellen Informationsstandes zu treffen (BaFin-Merkblatt Rn. 115 (→ Rn. 5); Schwennicke/Auerbach/Schwennicke KWG § 25d Rn. 32). 31

1. Erforderlichkeit von Fortbildungsmaßnahmen

Abs. 3 statuiert eine Verpflichtung des jeweiligen Unternehmens, Fortbildungsangebote zu schaffen bzw. Fortbildungsmaßnahmen zu ermöglichen. Dies kann organisatorisch die **Konzeption eines langfristigen Fortbildungsprogramms** sinnvoll erscheinen lassen (zu den Parallelnormen §§ 25c Abs. 4 und 25d Abs. 4 KWG: Opitz BKR 2013, 177 (182) f.). Zum Inhalt der Fortbildungsangebote trifft Abs. 3 keine Regelung. Nach Auffassung der BaFin müssen die Mitglieder der Kontrollorgane sich kontinuierlich mit Änderungen im Umfeld der von ihnen beaufsichtigten Unternehmen wie zB neuen Rechtsvorschriften, neuen Finanzprodukten und Marktentwicklungen vertraut machen und sich hierzu ggf. durch geeignete Maßnahmen fortbilden (BaFin-Merkblatt Rn. 115 (→ Rn. 5)). Hierzu kann das Unternehmen interne und externe Veranstaltungen anbieten. Ob eine Fortbildung die erforderlichen Kenntnisse vermittelt, kann nur im Einzelfall entschieden werden. Daher kann die BaFin Fortbildungsangebote nicht in dem Sinne zertifizieren, dass die Teilnahme an einer bestimmten Fortbildung in jedem Fall ausreichend ist (BaFin-Merkblatt Rn. 109 (→ Rn. 5)). 32

Nach Abs. 3 soll den Mitgliedern auch die **Einführung in ihr Amt** erleichtert werden. Folglich sind nach Abs. 3 auch Fortbildungsmaßnahmen zu ermöglichen, die dem Mitglied die für die Kontrolltätigkeit erforderlichen Mindestkenntnisse erst verschaffen sollen (abweichend für § 113 AktG MüKoAktG/Habersack, 5. Auflage 2019, § 113 Rn. 28; K. Schmidt/Lutter/Drygala AktG § 113 Rn. 14; Bosse/Malchow NZG 2010, 972, 973; Leyendecker-Langner/Huthmacher NZG 2012, 1415, 1416, dort Fn. 15). Wichtige Informationen sollte das Mitglied spätestens einen Monat nach Amtsantritt erhalten (BaFin-Merkblatt Rn. 115 (→ Rn. 5)). Mitglied eines Kontrollorgans kann allerdings 33 nur werden, wer bei Bestellung über Grundkenntnisse verfügt, die erwarten lassen, dass vorhandene Wissenslücken innerhalb einer angemessenen Frist geschlossen werden, die nach Auffassung der BaFin sechs Monate nur in besonderen Ausnahmefällen überschreiten darf (Schwennicke/Auerbach/Schwennicke KWG § 25d Rn. 34).

34 Über die Notwendigkeit von Fortbildungen entscheidet das jeweilige Mitglied im eigenen pflichtgemäßen Ermessen, dh **eigenverantwortlich** (vgl. Grundsatz 18 Abs. 2 DGCK). Eine Nachprüfung der Notwendigkeit einer Fortbildung durch das Leitungsorgan scheidet regelmäßig aus, da sonst die Unabhängigkeit des Kontrollorgans beeinträchtigt werden könnte (Leyendecker-Langner/Huthmacher NZG 2012, 1415, dort Fn. 8; aA Bosse/Malchow NZG 2010, 972, 974). Eine Pflicht des Kontrollorgans, den Kenntnisstand seiner Mitglieder zB durch Befragungen oder Assessment-Center zu prüfen oder die Erfüllung der Fortbildungspflicht zu überwachen, statuiert Abs. 3 nicht (Schwennicke/Auerbach/Schwennicke KWG § 25d Rn. 35; Opitz BKR 2013, 177, 182). Demgegenüber kann nach Einschätzung der BaFin ein einzelnes Mitglied aus Abs. 3 **keinen unmittelbaren Anspruch auf Bewilligung einer einzelnen Fortbildung** ableiten. Die BaFin geht davon aus, dass das Verwaltungs- oder Aufsichtsorgan in seiner Gesamtheit den Bedarf an Weiterbildung ermittelt, der sowohl durch Schulungen des Gesamtgremiums als auch für einzelne Mitglieder gedeckt werden kann (BaFin-Merkblatt Rn. 115 (→ Rn. 5)).

2. Kostenerstattung

35 Das Unternehmen ist gem. Abs. 3 zur **Kostenerstattung** für von dem jeweiligen Mitglied für notwendig gehaltene Fortbildungsmaßnahmen verpflichtet, und zwar unabhängig davon, ob es sich um vom Mitglied erwartbare Grundkenntnisse oder Spezialwissen handelt (aA für § 113 AktG (nur Kosten zum Erwerb von Spezialkenntnissen) Koch in Hüffer/Koch AktG, 13. Auflage 2018, AktG § 113 Rn. 2e; MüKoAktG/Habersack, 5. Auflage 2019, § 113 Rn. 27; Spindler in Spindler/Stilz AktG, 4. Auflage 2019, § 113 Rn. 10; Bosse/Malchow NZG 2010, 972, 973; Leyendecker-Langner/Huthmacher NZG 2012, 1415; Maser/Göttle NZG 2013, 201, 206; aA Opitz BKR 2013, 177, 183). Die Erstattungspflicht resultiert unmittelbar aus Abs. 3 und ist nicht Teil der Vergütung des Mitglieds des Kontrollorgans; eine Beschlussfassung der Anteilseigner über die Kostenerstattung ist nicht erforderlich (Schwennicke/Auerbach/Schwennicke KWG § 25d Rn. 36).

36 Es müssen nur **angemessene Kosten** erstattet werden. Eine Kostenerstattung scheidet daher aus, wenn der Fortbildungsgehalt der jeweiligen Veranstaltung gering ist, weil anstelle fachlicher Themen Unterbringung und Verpflegung oder nicht fachliche Aktivitäten im Vordergrund stehen (Leyendecker-Langner/Huthmacher NZG 2012, 1415, 1417). Eine Kostenerstattung externer Maßnahmen scheidet auch aus, wenn das Unternehmen entsprechende interne Fortbildungsangebote gemacht hat (Beck/Samm/Kokemoor/Kleinert KWG § 25d Rn. 106; Reischauer/Kleinhans/Brogl KWG § 25d Rn. 88; Schwennicke/Auerbach/Schwennicke KWG § 25d Rn. 37).

3. Pflicht zur Fortbildung

37 In Abs. 3 wird **keine Fortbildungspflicht der Mitglieder der Kontrollorgane** statuiert. Allerdings kann das Unterlassen von Fortbildungsmaßnahmen ein Hinweis auf fehlende Sachkunde sowie auf ein nicht ausreichendes Zeitbudget

für die Wahrnehmung der Kontrollaufgabe sein und Anlass für Maßnahmen der BaFin nach § 22 Abs. 6 Nr. 2 und 3 bieten (zu 25d KWG: Schwennicke/Auerbach/Schwennicke KWG § 25d Rn. 38).

V. Aufgaben des Kontrollorgans (Abs. 4)

Die Aufgaben und Pflichten des Verwaltungs- oder Aufsichtsorgans ergeben sich grundsätzlich aus den einschlägigen gesellschaftsrechtlichen Regelungen sowie den diese ergänzenden Satzungen und Geschäftsordnungen. Abs. 4 macht in zweierlei Hinsicht konkretisierende (aber nicht abschließende) Vorgaben, wie das Aufsichtsorgan seiner Kontrollverantwortung nachkommen soll, nämlich 38

– **inhaltlich,** indem sich seine Überwachung der Geschäftsleiter auch im Hinblick auf die Einhaltung der einschlägigen aufsichtsrechtlichen Regelungen (Abs. 4 S. 1) und
– **zeitlich,** indem der Erörterung von Strategien, Risiken und Vergütungssystemen für Geschäftsleiter und Mitarbeiter in den Kontrollgremiensitzungen ausreichend Zeit gewidmet werden soll (Abs. 4 S. 2) (Reischauer/Kleinhans/Brogl KWG § 25d Rn. 93).

1. Einhaltung aufsichtsrechtlicher Regelungen (S. 1)

Die Regelung in Abs. 4 S. 1 bedeutet keine Pflicht des Kontrollorgans zur Einzelfallprüfung und zur Einmischung in das operative Geschäft (zu 25d KWG: Schwennicke/Auerbach/Schwennicke KWG § 25d Rn. 45), sondern nur, dass das Kontrollorgan prüfen muss, ob die Geschäftsleiter im Einzelfall die notwendigen organisatorischen Vorkehrungen getroffen haben, die für die Einhaltung der aufsichtsrechtlichen Bestimmungen erforderlich sind. 39

2. Erörterung von Strategien, Risiken und Vergütungssystemen (S. 2)

S. 2 nennt beispielhaft für die Überwachungsaufgabe des Kontrollorgans die Erörterung von 40
– Strategien
– Risiken, sowie
– Vergütungssystemen.

Die Aufzählung ist nicht abschließend; sie schränkt auch nicht den Umfang der allgemeinen Überwachungsaufgabe ein (Schwennicke/Auerbach/Schwennicke KWG § 25d Rn. 47). Zu den von S. 2 erfassten Strategien gehören va Geschäftsstrategie, Risikostrategie, Handelsstrategie, Auslagerungsstrategie und IT-Strategie (Beck/Samm/Kokemoor/Kleinert KWG § 25d Rn. 115; Fischer/Schäfer/Schulte-Mattler/Schulte-Mattler/Siering § 25d Rn. 78). Die Strategien sowie ggf. erforderliche Anpassungen sind nach AT 4.2 Tz. 6 MaRisk (Rundschreiben 10/2021 (BA) – Mindestanforderungen an das Risikomanagement – MaRisk – vom 16.8.2021, geändert am 5.11.2021) dem Aufsichtsorgan des Wertpapierinstituts zur Kenntnis zu geben und zu erörtern. Dabei hat sich die Erörterung im Falle von Zielabweichungen auf die Ursachenanalyse zu erstrecken.

VI. Vergütung des Kontrollorgans (Abs. 5)

41 S. 1 und S. 2 des Abs. 5 wurden wörtlich aus der Vorgänger- und Parallelregelung der S. 1 und 2 des § 25d Abs. 5 KWG übernommen. Abs. 5 S. 3 untersagt ferner ausdrücklich eine Entgeltbenachteiligung aufgrund Geschlechts.

42 Laut Regierungsentwurf (RegE 24.2.2021, BT-Drs. 19/26929, 140) gelten Mitglieder eines Verwaltungs- und Aufsichtsorgans als Personen, „deren berufliche Tätigkeit sich wesentlich auf das Risikoprofil des Wertpapierinstituts oder von ihr verwaltete Vermögenswerte auswirkt", weshalb diese grundsätzlich unter die Regelungen der Art. 30 (Vergütungspolitik) und 32 (Variable Vergütung) der Wertpapierfirmenrichtlinie (EU) 2019/2034 (Investment Firm Directive – IFD) fielen. Die Regelungen in Art. 30 und 32 der Wertpapierfirmenrichtlinie gelten aber ausdrücklich auch für „Mitarbeiter mit Kontrollfunktionen", weshalb der Gesetzgeber die Mitglieder des Kontrollorgans nicht unter diesen Begriff (Personen, deren berufliche Tätigkeit sich wesentlich auf das Risikoprofil des Wertpapierinstituts oder von ihr verwaltete Vermögenswerte auswirkt) hätte subsumieren müssen. Selbstverständlich sind Mitglieder des Verwaltungs- und Aufsichtsorgans aber auch Personen, deren berufliche Tätigkeit sich wesentlich auf das Risikoprofil des Wertpapierinstituts oder von ihr verwaltete Vermögenswerte auswirkt.

43 In Art. 30 Abs. 1 lit. e der Wertpapierfirmenrichtlinie (EU) 2019/2034 (Investment Firm Directive – IFD) ist ua geregelt, dass die Vergütungspolitik von Wertpapierfirmen Maßnahmen zur Vermeidung von Interessenkonflikten umfassen muss. Abs. 5 S. 1 setzt diese Vorgabe um.

44 Abs. 5 S. 2 verbietet es ausdrücklich, dass Kontrollorgane für ihre Tätigkeit **variable Vergütungsbestandteile** erhalten. Nach Einschätzung des Gesetzgebers ist eine fixe Vergütung offensichtlich eher Garant für eine unabhängige und sachgerechte Kontrolltätigkeit. Durch das Verbot variabler Vergütungsbestandteile soll etwaigen Interessenkonflikten der Kontrollorgane vorgebeugt werden (RegE 24.2.2021, BT-Drs. 19/26929, 140). Zulässig sind hingegen Sitzungsgelder (Reischauer/Kleinhans/Brogl KWG § 25d Rn. 92; Groß-Bölting/Rabe in Hölters AktG, 4. Auflage 2022, § 113 Rn. 18; MüKoAktG/Habersack, 5. Auflage 2019, § 113 Rn. 14); diese sieht der Gesetzgeber als fixe Vergütung an, auch wenn aufgrund der nicht feststehenden Anzahl von Sitzungen die Höhe dieses Vergütungselement nicht im Vorhinein ermittelbar ist (Schwennicke/Auerbach/Schwennicke KWG § 25d Rn. 40).

45 Durch Abs. 5 S. 3 wird Art. 30 Abs. 1 lit. b der Wertpapierfirmenrichtlinie (EU) 2019/2034 (Investment Firm Directive – IFD) umgesetzt. Danach muss die Vergütungspolitik einer Wertpapierfirma **„geschlechtsneutral"** sein.

VII. Bestellungsuntersagung (Abs. 6)

46 § 21 Abs. 6 wurde durch Gesetz v. 22.12.2023 (BGBl. 2023 I Nr. 41) mit Wirkung zum 30.12.2023 ergänzt.

§ 22 Maßnahmen gegen Geschäftsleiter und Mitglieder des Verwaltungs- oder Aufsichtsorgans

(1) **In den Fällen des § 19 Absatz 2 Nummer 2 bis 4 kann die Bundesanstalt, statt die Erlaubnis aufzuheben,**

1. die Abberufung einzelner oder aller Geschäftsleiter, im Falle einer Personengesellschaft jedoch nur, wenn mindestens ein Geschäftsleiter verbleibt, verlangen und
2. diesen Geschäftsleitern die Aufnahme oder Ausübung ihrer Tätigkeit bei Wertpapierinstituten in der Rechtsform einer juristischen Person untersagen.

(2) **Im Falle eines Verstoßes gegen Vorschriften des Kapitels 4 dieses Gesetzes oder die Verordnung (EU) 2023/1113 kann die Bundesanstalt dem verantwortlichen Geschäftsleiter eines Wertpapierinstituts die Aufnahme und Ausübung einer Tätigkeit bei Verpflichteten nach § 2 Absatz 1 des Geldwäschegesetzes untersagen.**

(3) **Ist im Falle von Absatz 1 Nummer 2 oder Absatz 2 die Aufnahme oder Ausübung der Tätigkeit unbefristet untersagt worden, kann der Betroffene frühestens nach zwei Jahren nach Bestandskraft der Untersagung deren Aufhebung beantragen.**

(4) **[1]Die Bundesanstalt kann einen Geschäftsleiter verwarnen, wenn dieser gegen die Bestimmungen dieses Gesetzes, der Verordnung (EU) Nr. 575/2013, der Verordnung (EU) 2019/2033, der Verordnung (EU) Nr. 648/2012, der Verordnung (EU) Nr. 596/2014, der Verordnung (EU) Nr. 600/2014, der Verordnung (EU) Nr. 909/2014, der Verordnung (EU) 2015/2365, der Verordnung (EU) 2016/1011 des Europäischen Parlaments und des Rates vom 8. Juni 2016 über Indizes, die bei Finanzinstrumenten und Finanzkontrakten als Referenzwert oder zur Messung der Wertentwicklung eines Investmentfonds verwendet werden, und zur Änderung der Richtlinien 2008/48/EG und 2014/17/EU sowie der Verordnung (EU) Nr. 596/2014 (ABl. L 171 vom 29.6.2016, S. 1; L 306 vom 15.11.2016, S. 43), die zuletzt durch die Verordnung (EU) 2021/168 (ABl. L 49 vom 12.2.2021, S. 61) geändert worden ist, des Depotgesetzes, des Geldwäschegesetzes oder des Wertpapierhandelsgesetzes, gegen die Artikel 6, 7, 9, 18 bis 26 oder 27 Absatz 1 oder 4 der Verordnung (EU) 2017/2402 des Europäischen Parlaments und des Rates vom 12. Dezember 2017 zur Festlegung eines allgemeinen Rahmens für Verbriefungen und zur Schaffung eines spezifischen Rahmens für einfache, transparente und standardisierte Verbriefung und zur Änderung der Richtlinien 2009/65/EG, 2009/138/EG, 2011/61/EU und der Verordnungen (EG) Nr. 1060/2009 und (EU) Nr. 648/2012 (ABl. L 347 vom 28.12.2017, S. 35), gegen die zur Durchführung dieser Gesetze erlassenen Verordnungen, die zur Durchführung der Richtlinie 2013/36/EU, der Richtlinie (EU) 2019/2034 und der Verordnung (EU) Nr. 575/2013 sowie der Verordnung (EU) 2019/2033 erlassenen Rechtsakte, die zur Durchführung der Verordnung (EU) Nr. 648/2012, der Verordnung (EU) Nr. 596/2014, der Verordnung (EU) Nr. 600/2014, der Verordnung (EU) Nr. 909/2014, der Verordnung (EU) 2015/2365, der Verordnung (EU) 2016/1011 oder der Verordnung (EU) 2017/2402 erlassenen Rechtsakte oder gegen Anordnungen der Bundesanstalt verstoßen hat. [2]Gegenstand der Verwarnung ist die Feststellung des entscheidungserheblichen Sachverhaltes und des hierdurch begründeten Verstoßes.**

(5) **Die Bundesanstalt kann die Abberufung eines Geschäftsleiters auch verlangen und diesem Geschäftsleiter die Ausübung seiner Tätigkeit bei Wertpapierinstituten in der Rechtsform einer juristischen Person untersa-**

gen, wenn dieser gegen die in Absatz 4 Satz 1 genannten Rechtsakte oder gegen Anordnungen der Bundesanstalt verstoßen hat und trotz Verwarnung nach Absatz 4 dieses Verhalten vorsätzlich oder leichtfertig fortsetzt.

(6) [1]Die Bundesanstalt kann von dem Wertpapierinstitut die Abberufung eines Mitglieds des Verwaltungs- oder Aufsichtsorgans verlangen und einer solchen Person die Ausübung ihrer Tätigkeit untersagen, wenn

1. **Tatsachen vorliegen, aus denen sich ergibt, dass die Person nicht zuverlässig ist,**
2. **Tatsachen vorliegen, aus denen sich ergibt, dass die Person nicht die erforderliche Sachkunde besitzt,**
3. **Tatsachen vorliegen, aus denen sich ergibt, dass die Person der Wahrnehmung ihrer Aufgaben nicht ausreichend Zeit widmet,**
4. **der Person wesentliche Verstöße des Unternehmens gegen die Grundsätze einer ordnungsgemäßen Geschäftsführung wegen sorgfaltswidriger Ausübung ihrer Überwachungs- und Kontrollfunktion verborgen geblieben sind und sie dieses sorgfaltswidrige Verhalten trotz Verwarnung durch die Bundesanstalt fortsetzt,**
5. **die Person nicht alles Erforderliche zur Beseitigung festgestellter Verstöße veranlasst hat und dies trotz Verwarnung durch die Bundesanstalt auch weiterhin unterlässt,**
6. **die Person bereits Geschäftsleiter desselben Unternehmens ist oder**
7. **die Person Geschäftsleiter desselben Unternehmens war und bereits zwei ehemalige Geschäftsleiter des Unternehmens Mitglieder des Verwaltungs- oder Aufsichtsorgans sind.**

[2]Bei Wertpapierinstituten, die aufgrund ihrer Rechtsform einer besonderen Rechtsaufsicht unterliegen, erfolgt eine Maßnahme nach Satz 1 erst nach Anhörung der zuständigen Stelle für die Rechtsaufsicht über diese Wertpapierinstitute. [3]Soweit das Gericht auf Antrag des Verwaltungs- oder Aufsichtsorgans ein Mitglied des Verwaltungs- oder Aufsichtsorgans abzuberufen hat, kann dieser Antrag bei Vorliegen der Voraussetzungen nach Satz 1 auch von der Bundesanstalt gestellt werden, wenn das Verwaltungs- oder Aufsichtsorgan dem Abberufungsverlangen der Bundesanstalt nicht nachgekommen ist. [4]Die Abberufung von Arbeitnehmervertretern im Aufsichtsrat erfolgt allein nach den Vorschriften der Mitbestimmungsgesetze.

Übersicht

I. Vorbemerkungen

1 § 22 gibt der BaFin die verwaltungsrechtlichen Befugnisse (Ermächtigungsgrundlage), um bei Vorliegen bestimmter aufsichtsrechtlicher Missstände Maßnahmen gegen Geschäftsleiter (Abs. 1–5) und Mitglieder von Verwaltungs- und Aufsichtsorganen (Abs. 6) zu ergreifen. Die Vorschrift ist § 36 KWG nachgebildet, auf die Bedürfnisse der Beaufsichtigung von Wertpapierinstituten angepasst und stellt sicher, dass die genannten Personen die Umsetzung der Unternehmensführungsregeln gewährleisten (RegE 24.2.2021, BT-Drs. 19/26929, 140). § 22 Abs. 4 enthält eine ausdrückliche Rechtsgrundlage für Verwarnungen gegen Geschäftsleiter; zugleich stellt § 22 Abs. 4 S. 2 klar, dass eine Verwarnung außer der Appellfunktion auch den der Verwarnung zugrunde liegenden Sachverhalt feststellt (Schwennicke BKR 2021, 150 (157)).

2 § 36 KWG war bis zum Inkrafttreten des § 22 die maßgebliche Ermächtigungsgrundlage für Maßnahmen gegen Geschäftsleiter und Mitglieder von Verwaltungs- und Aufsichtsorganen auch der heutigen Wertpapierinstitute iSd § 2 Abs. 1. Die Vorschrift verfügt daher bereits über eine lange Geschichte im Bankaufsichtsrecht (Lendermann/Nemeczek/Schroeter/Sajnovits WpIG § 22 Rn. 9). § 22 dient dabei insbesondere der Durchsetzung der Vorgaben an Geschäftsleiter und Mitglieder von Verwaltungs- und Aufsichtsorganen (§§ 20, 21) und damit der Effektuierung deren unionsrechtlicher Grundlagen in Art. 9 MiFID II (Richtlinie 2014/65/EU) und Art. 91, 92 CRD IV (Richtlinie 2013/36/EU) (Lendermann/Nemeczek/Schroeter/Sajnovits WpIG § 22 Rn. 1, 11). Sowohl die MiFID II (dort Art. 69, 70) als auch insbes. die CRD IV (dort Art. 64 ff.) verpflichten die Mitgliedstaaten mit teilweise näheren Vorgaben dazu, effektive Rechtsdurchsetzungs- und Sanktionsmechanismen in Kraft zu setzen (Lendermann/Nemeczek/Schroeter/Sajnovits WpIG § 22 Rn. 11).

3 Sämtliche Maßnahmen gem. § 22 sind gem. § 6 **sofort vollziehbar.** Widerspruch und Anfechtungsklage einschließlich der Androhung von Zwangsmitteln haben daher keine aufschiebende Wirkung.

II. Abberufung und Untersagung der Tätigkeit von Geschäftsleitern als mildere Maßnahme zur Aufhebung der Erlaubnis (Abs. 1)

4 Der Zweck eines Abberufungsverlangens besteht darin, ungeeignete Geschäftsleiter aus dieser Geschäftsleiterfunktion zu entfernen (zu § 36 KWG: Fischer/Schäfer/Schulte-Mattler/Schulte-Mattler/Fischer/Krolop KWG § 36 Rn. 1; Luz/Neus/Schaber/Schneider/Wagner/Weber/Schmitz KWG § 36 Rn. 9). § 22 gibt der BaFin die Befugnis, die **Abberufung** von Geschäftsleitern zu verlangen, wenn eine **Aufhebung der Erlaubnis des Wertpapierinstituts** gem. § 19 Abs. 2 Nr. 2–4 gerechtfertigt wäre. Die Aufhebung der Erlaubnis des Wertpapierinstituts wird aufgrund möglicher schwerwiegender Folgen für

deren Kunden nicht immer das angemessene Mittel sein. § 22 Abs. 1 ermöglicht der Aufsicht ein flexibles Eingreifen, um das Wertpapierinstitut weiterhin funktionsfähig zu halten. Das Abberufungsverlangen richtet sich an das Wertpapierinstitut (RegE 24.2.2021, BT-Drs. 19/26929, 140). Es führt nicht unmittelbar zur Beendigung der organschaftlichen Stellung des betroffenen Geschäftsleiters, sondern verpflichtet die zuständigen Organe des Wertpapierinstituts, die dafür notwendigen gesellschafts- und dienstvertragsrechtlichen Schritte in die Wege zu leiten.

Adressat der **Tätigkeitsuntersagung** sind wegen ihrer Doppelwirkung gegenüber Geschäftsleiter und Wertpapierinstitut sowohl der Betroffene als auch das Institut, und zwar im Falle des Wertpapierinstituts das für die Abberufung des Geschäftsleiters zuständige Organ (zu § 36 KWG: Schwennicke/Auerbach/Schwennicke Rn. 15; aA Fischer/Schäfer/Schulte-Mattler/Schulte-Mattler/Fischer/Krolop § 36 Rn. 70). Die Untersagungsverfügung kann neben dem Abberufungsverlangen angeordnet werden, wenn eine sofortige Beendigung der weiteren Geschäftsleitertätigkeit erforderlich erscheint. Das Tätigkeitsverbot sichert damit die ordnungsgemäße Geschäftsführung, bis die Abberufung vollzogen ist. Es kann aber auch in Folge der Abberufung angeordnet werden und kann insoweit auch Wirkung bei anderen Wertpapierinstituten, Kredit- oder Finanzdienstleistungsinstituten oder sonstigen, nach § 2 GwG Verpflichteten entfalten (RegE 24.2.2021, BT-Drs. 19/26929, 140). 5

1. Abberufungsverlangen

Die BaFin kann im Falle des Vorliegens eines Grundes zur Aufhebung der Erlaubnis des Wertpapierinstituts (§ 19 Abs. 2 Nr. 2–4) – als milderes Mittel – die Abberufung einzelner oder aller Geschäftsleiter verlangen, im Falle einer Personengesellschaft jedoch nur, wenn mindestens ein Geschäftsleiter verbleibt (Abs. 1 Ziff. 1). 6

a) Adressat. Adressat eines Abberufungsverlangens ist das Wertpapierinstitut, nicht der betroffene Geschäftsleiter selbst (RegE 24.2.2021, BT-Drs. 19/26929, 140). Materieller Adressat ist nur das Institut, da dieses zum Handeln – nämlich zur Abberufung – verpflichtet wird. Da der Geschäftsleiter für das Wertpapierinstitut empfangszuständig ist, kann die Zustellung an ihn erfolgen, auch wenn dieser durch die Verfügung selbst abberufen werden soll (Lendermann/Nemeczek/Schroeter/Sajnovits WpIG § 22 Rn. 24; Fischer/Schäfer/Schulte-Mattler/Schulte-Mattler/Fischer/Krolop KWG § 36 Rn. 67). 7

Die von dem Abberufungsverlangen mittelbar betroffenen Geschäftsleiter sind im Ausgangspunkt nicht Beteiligte des Verwaltungsverfahrens, sollten allerdings zweckmäßigerweise als Beteiligten zum Verfahren hinzugezogen werden (§ 13 Abs. 2 S. 1 VwVfG). Das Abberufungsverlangen sollte auch ihnen gegenüber bekanntgemacht werden. Zwingend ist dies allerdings nicht, da das Abberufungsverlangen gegenüber den Geschäftsleitern keine Regelungswirkung entfaltet (Lendermann/Nemeczek/Schroeter/Sajnovits WpIG § 22 Rn. 26). 8

Abs. 1 gilt nur für Wertpapierinstitute, denen eine Erlaubnis erteilt ist (zu § 36 KWG: Schwennicke/Auerbach/Schwennicke § 36 Rn. 10). Darüber hinaus gilt Abs. 1 Ziff. 1 entsprechend auch für Wertpapierinstitute, die nach § 86 Abs. 1 fortgeführt werden dürfen. 9

10 **b) Vorliegen eines Erlaubnisaufhebungsgrundes für das Wertpapierinstitut.** Voraussetzung für die Abberufung eines Geschäftsleiters ist zunächst ein Missstand, der eine Aufhebung der Erlaubnis des Wertpapierinstituts nach § 19 Abs. 2 Nr. 2–4 rechtfertigen würde, nämlich dass

- der BaFin Tatsachen bekannt werden, die die Versagung der Erlaubnis nach § 18 Abs. 1 und 2 rechtfertigen würden,
- eine Gefahr für die Erfüllung der Verpflichtungen des Wertpapierinstituts gegenüber seinen Kunden, insbesondere für die Sicherheit der dem Wertpapierinstitut anvertrauten Vermögenswerte besteht und die Gefahr nicht durch andere Maßnahmen nach diesem Gesetz abgewendet werden kann, oder
- das Wertpapierinstitut schwerwiegend, wiederholt oder systematisch gegen Bestimmungen des WpIG, des Geldwäschegesetzes (GWG), des Wertpapierhandelsgesetzes (WpHG), der Geldtransferverordnung (Verordnung (EU) 2015/847) oder die zur Durchführung dieser Gesetze erlassenen Verordnungen oder vollziehbaren Anordnungen verstoßen hat.

11 **c) Verantwortlichkeit des Geschäftsleiters.** Der vom Abberufungsverlangen oder dem Tätigkeitsverbot (mittelbar) betroffene Geschäftsleiter muss für den einen Erlaubnisentzug rechtfertigenden Missstand **verantwortlich** sein (so zutreffend Lendermann/Nemeczek/Schroeter/Sajnovits WpIG § 22 Rn. 29). Zwar hat der Gesetzgeber in § 22 Abs. 1 Nr. 1 darauf verzichtet, die Abberufung ausdrücklich an die „Verantwortlichkeit" des Geschäftsleiters zu knüpfen. Verantwortlichkeit iSd § 36 Abs. 1 S. 1 KWG bedeutet, dass der Missstand dem betroffenen Geschäftsleiter zuzurechnen ist und der Geschäftsleiter bei Missständen, die nicht in seiner Person begründet liegen, zumindest fahrlässig gehandelt hat (Schwennicke/Auerbach/Schwennicke § 36 Rn. 4 mwN; aA zum Erfordernis des Vorliegens fahrlässigen Verhaltens: Lendermann/Nemeczek/Schroeter/Sajnovits WpIG § 22 Rn. 29).

12 Es bleibt abzuwarten, welche Konsequenzen der Verzicht auf die Verwendung des Begriffs der „Verantwortlichkeit" in der Praxis haben wird. Denn „Verantwortlichkeit" bedeutet auch iRd § 36 Abs. 1 S. 1 KWG nicht, dass der betreffende Geschäftsleiter selbst gehandelt hat oder die Mängel notwendigerweise in seinem Kompetenzbereich aufgetreten sind. Auch unterlassene Kontrollen, mangelhafte Durchsetzung angeordneter Maßnahmen oder Organisationsmängel, die die erforderlichen Kompetenzen im Unklaren lassen, liegen im Verantwortungsbereich der Geschäftsleiter. Lassen sich die in dem Institut aufgetretenen Mängel nicht eindeutig bestimmten Geschäftsleitern zuordnen, kommt eine Zurechnung zu allen Geschäftsleitern im Rahmen der Gesamtverantwortung in Betracht (Fischer/Schäfer/Schulte-Mattler/Schulte-Mattler/Fischer/Krolop KWG § 36 Rn. 10). Außerdem gilt bei einer Erlaubnisentziehung wegen fehlender Zuverlässigkeit, fachlicher Eignung oder mangelnder zeitlicher Verfügbarkeit, dass die Maßnahmen nach § 36 Abs. 1 KWG kein Verschulden des betroffenen Geschäftsleiters voraussetzen, da Zuverlässigkeit und fachliche Eignung objektiv gegeben sein müssen und der Geschäftsleiter über ausreichende Zeit zur Wahrnehmung seiner Funktion verfügen muss (zu § 36 KWG: Reischauer/Kleinhans/Glawischnig-Quinke § 36 Rn. 22; Schwennicke/Auerbach/Schwennicke § 36 Rn. 4).

13 **d) Abberufung bei Personengesellschaften.** Bei Personengesellschaften kann die BaFin gem. § 22 Abs. 1 Ziff. 1 nur dann die Abberufung von Geschäftsleitern verlangen, wenn mindestens ein Geschäftsleiter verbleibt. In der Gesetzesbegründung findet sich keine Erläuterung dafür, weshalb für

Personengesellschaften eine derartige Einschränkung geregelt wurde. Es ist davon auszugehen, dass der Gesetzgeber diese Einschränkung vornahm, weil nach hM bei Personengesellschaften trotz § 124 HGB nicht die Personenhandelsgesellschaft selbst, sondern alle persönlich haftenden Gesellschafter Träger der Erlaubnis sind (zu § 32 KWG: Schwennicke/Auerbach/Schwennicke § 32 Rn. 16; Fischer/Schäfer/Schulte-Mattler/Schulte-Mattler/Fischer/Krolop § 32 Rn. 38; Luz/Neus/Schaber/Schneider/Wagner/Weber/Schmitz KWG § 36 Rn. 9). Gleichzeitig ist jeder persönlich haftende Gesellschafter Geschäftsleiter, sofern er nicht durch den Gesellschaftsvertrag von der Geschäftsführung (§§ 114 Abs. 2, 117 HGB) oder Vertretung (§§ 125 Abs. 1, 127 HGB) ausgeschlossen ist. Gesellschafter der Personenhandelsgesellschaft sind damit regelmäßig zum einen Träger der Erlaubnis, zum anderen aber auch Geschäftsleiter des Wertpapierinstituts (§ 2 Abs. 36). Ein Abberufungsverlangen gegen sämtliche Geschäftsleiter würde daher zwangsläufig einer Aufhebung der Erlaubnis des Wertpapierinstituts gleichkommen. Dies würde wiederum dem Ziel der Norm, der Aufsicht ein im Vergleich zur Erlaubnisaufhebung milderes Mittel anzubieten, widersprechen.

e) Inhalt des Abberufungsverlangens. Der Inhalt eines Abberufungsverlangens liegt in der Abberufung „geborener“ Geschäftsleiter iSv § 2 Abs. 36 einschließlich ehrenamtlicher Geschäftsleiter (zu § 36 KWG: Fischer/Schäfer/Schulte-Mattler/Schulte-Mattler/Fischer/Krolop § 36 Rn. 1; Schwennicke/Auerbach/Schwennicke § 36 Rn. 11), nicht jedoch „gekorener“ Geschäftsleiter iSv § 20 Abs. 6 S. 1 (zu § 36 KWG: BVerwGE 36, 282 = WM 1971, 1214; Fischer/Schäfer/Schulte-Mattler/Schulte-Mattler/Fischer/Krolop § 36 Rn. 1; Reischauer/Kleinhans/Glawischnig-Quinke § 36 Rn. 5; Schwennicke/Auerbach/Schwennicke § 36 Rn. 11). „Gekorene“ Geschäftsleiter werden von der BaFin durch nach Maßgabe der §§ 48, 49 VwVfG aufzuhebenden Verwaltungsakt (actus contrarius) eingesetzt (Beck/Samm/Kokemoor/Müller-Grune KWG § 36 Rn. 34). Im Hinblick auf „gekorene“ Geschäftsleiter bedarf es damit keines förmlichen Abberufungsverlangens (Reischauer/Kleinhans/Glawischnig-Quinke § 36 Rn. 5). 14

f) Rechtsfolge. Das Abberufungsverlangen der BaFin führt nicht unmittelbar zur Änderung der gesellschaftsrechtlichen oder organschaftlichen Stellung des Geschäftsleiters (zu § 36 KWG: Reischauer/Kleinhans/Glawischnig-Quinke § 36 Rn. 50; Schwennicke/Auerbach/Schwennicke § 36 Rn. 12). Das Wertpapierinstitut trifft vielmehr die bankaufsichtsrechtliche Pflicht, die erforderlichen gesellschafts- und dienstvertragsrechtlichen Schritte zur Entfernung des oder der Abberufenen aus einer leitenden Stellung bei dem Institut zu ergreifen (Lendermann/Nemeczek/Schroeter/Sajnovits WpIG § 22 Rn. 32; zu § 36 KWG: Fischer/Schäfer/Schulte-Mattler/Schulte-Mattler/Fischer/Krolop § 36 Rn. 69; Schwennicke/Auerbach/Schwennicke KWG § 36 Rn. 12). Bei Personengesellschaften ist dies der Entzug der originären Geschäftsführungs- und Vertretungsbefugnis (§§ 117, 127, 161 Abs. 2 HGB), bei Kapitalgesellschaften der Widerruf der Bestellung (§ 84 Abs. 4 AktG, § 38 Abs. 1 GmbHG, § 24 Abs. 3 S. 2 GenG) (Schwennicke/Auerbach/Schwennicke § 36 Rn. 12). 15

Wertpapierinstitutsintern muss das Abberufungsverlangen durch das jeweils zuständige Organ umgesetzt werden, wobei sich die Zuständigkeit nach dem maßgeblichen Organisationsrecht bestimmt (Lendermann/Nemeczek/Schroeter/Sajnovits WpIG § 22 Rn. 33). Handelt es sich bei dem Wertpapier- 16 institut um eine Aktiengesellschaft, ist der Aufsichtsrat zur Abberufung des Vorstands – die in seine alleinige Zuständigkeit fällt (§ 84 Abs. 4 AktG) – verpflichtet (Lendermann/Nemeczek/Schroeter/Sajnovits WpIG § 22 Rn. 33). Der für die Abberufung erforderliche wichtige Grund (§ 84 Abs. 4 S. 1 AktG) kann entweder der auch dem Abberufungsverlangen der BaFin zugrundeliegende Sachverhalt sein oder aber die Tatsache, dass nach Erhalt einer Untersagungsverfügung die Tätigkeit als Geschäftsleiter nicht mehr länger ausgeübt werden darf (Lendermann/Nemeczek/Schroeter/Sajnovits WpIG § 22 Rn. 33). Dabei ist im Einzelfall zu prüfen, ob bei Abwägung der betrieblichen Belange mit dem Fehlverhalten des Geschäftsleiters dem Wertpapierinstitut eine Weiterbeschäftigung des betroffenen Geschäftsleiters in einer nicht leitenden Position möglich und zumutbar ist; nur wenn dies nicht der Fall ist, kann ein Kündigungsgrund iSv § 626 BGB vorliegen (zu § 36 KWG: Schwennicke/Auerbach/Schwennicke § 32 Rn. 24; Reischauer/Kleinhans/Glawischnig-Quinke Rn. 51). In der Regel wird die Abwägung zu einer Unzumutbarkeit der Weiterbeschäftigung durch das Institut führen (zu § 36 KWG: Schwennicke/Auerbach/Schwennicke § 32 Rn. 24). Ist das Wertpapierinstitut eine GmbH ohne Aufsichtsrat, oder verfügt der Aufsichtsrat jedenfalls nicht über die notwendige Personalkompetenz (§ 52 Abs. 1 GmbHG), ist die Gesellschafterversammlung zur Abberufung der Geschäftsführer verpflichtet (Lendermann/Nemeczek/Schroeter/Sajnovits WpIG § 22 Rn. 33). Im Falle einer Personengesellschaft muss dem jeweiligen persönlich haftenden Gesellschafter die Geschäftsführungs- und Vertretungsbefugnis entzogen werden, was nur durch die übrigen Gesellschafter initiiert und dann insbes. durch eine gerichtliche Entscheidung (§§ 116 Abs. 5 S. 1, 124 Abs. 5, 161 Abs. 2 HGB) nach Antrag durch die übrigen Gesellschafter erfolgen kann (zur Rechtslage vor dem am 1.1.2024 in Kraft getretenen MoPeG – BGBl. 2021 I 3436 (3458): Lendermann/Nemeczek/Schroeter/Sajnovits WpIG § 22 Rn. 33; Reischauer/Kleinhans/Glawischnig-Quinke § 36 Rn. 50). Das Abberufungsverlangen ist – anders als das Tätigkeitsverbot – nicht auf Geschäftsleiter von Wertpapierinstituten in der Rechtsform einer juristischen Person begrenzt. Es kann damit auch gegenüber Wertpapierinstituten in der Rechtsform einer Personengesellschaft ergehen und sich insoweit auf geschäftsführende Gesellschafter beziehen.

17 Abschließend vollzogen ist die Abberufung erst dann, wenn auch die maßgebliche Anmeldung im Handelsregister erfolgt ist. Das gilt jedenfalls für die Gesellschaftsformen, bei denen eine Eintragung zwingend vorgegeben ist (zB § 39 Abs. 1 GmbHG; § 81 Abs. 1 AktG, § 28 GenG) (zu § 36 KWG: Beck/Samm/Kokemoor/Müller-Grune KWG § 36 Rn. 58).

2. Tätigkeitsuntersagung

18 Nach Abs. 1 Ziff. 2 kann Geschäftsleitern juristischer Personen statt bzw. neben dem Abberufungsverlangen auch die Aufnahme oder Ausübung ihrer Tätigkeit bei Wertpapierinstituten untersagt werden. Die Untersagungsverfügung wirkt unmittelbar und führt zu einem **Tätigkeitsverbot** für den betroffenen Geschäftsleiter. Wie bei dem Abberufungsverlangen nach Abs. 1 Ziff. 1 setzt auch die Tätigkeitsuntersagung einen Missstand voraus, der eine Aufhebung der Erlaubnis des Wertpapierinstituts nach § 19 Abs. 2 Nr. 2–4 rechtfertigt.

a) Adressat. Adressaten der Untersagungsverfügung sind wegen ihrer Doppelwirkung gegenüber Geschäftsleiter (§ 2 Abs. 36) und Wertpapierinstitut sowohl der Betroffene als auch das Wertpapierinstitut, und zwar im Falle des Wertpapierinstituts das für die Abberufung des Geschäftsleiters zuständige Organ (zu § 36 KWG: Schwennicke/Auerbach/Schwennicke § 36 Rn. 15; aA Fischer/Schäfer/Schulte-Mattler/Schulte-Mattler/Fischer/Krolop KWG § 36 Rn. 70). Bei Geschäftsleitern von Wertpapierinstituten in der Rechtsform der Einzelfirma sowie bei Personenhandelsgesellschaften kommt nur ein Abberufungsverlangen in Betracht. Eine Untersagungsverfügung ist nach dem Wortlaut der Vorschrift nicht zulässig, weil hier die Geschäftsleiter Träger der Erlaubnis sind (Lendermann/Nemeczek/Schroeter/Sajnovits WpIG § 22 Rn. 33) und sich eine Untersagungsverfügung zu stark auf die gesellschaftsrechtlichen Beziehungen der Inhaber auswirken würde (zu § 36 KWG: Schwennicke/Auerbach/Schwennicke § 36 Rn. 15). 19

b) Inhalt. Das Tätigkeitsverbot stellt inhaltlich ein öffentlich-rechtliches Verbot dar, als Geschäftsleiter bei dem konkreten Wertpapierinstitut – jedenfalls solange dieses in der Rechtsform einer juristischen Person organisiert ist – tätig zu sein (Lendermann/Nemeczek/Schroeter/Sajnovits WpIG § 22 Rn. 34). Das Verbot wirkt – anders als das Abberufungsverlangen – sofort, ohne dass es einer Mitwirkung eines Organs des Instituts bedarf (zu § 36 KWG: Fischer/Schäfer/Schulte-Mattler/Schulte-Mattler/Fischer/Krolop § 36 Rn. 4; Schwennicke/Auerbach/Schwennicke § 36 Rn. 16). Gegenüber dem Abberufungsverlangen ist das Tätigkeitsverbot der schnellere und das Wertpapierinstitut weniger belastende Eingriff. Es hat allerdings nur öffentlich-rechtliche Wirkung; die gesellschaftsrechtlichen oder organschaftlichen Befugnisse des betroffenen Geschäftsleiters bleiben zunächst unberührt (Lendermann/Nemeczek/Schroeter/Sajnovits WpIG § 22 Rn. 34). Das Tätigkeitsverbot betrifft nur die Tätigkeit als Geschäftsleiter; eine **Weiterbeschäftigung in einer nicht leitenden Stellung** wird dadurch grundsätzlich nicht ausgeschlossen. Etwas anderes kann gelten, wenn der Geschäftsleiter wegen gravierenden persönlichen Fehlverhaltens (zB Unterschlagungen) abberufen wurde (zu § 36 KWG: Schwennicke/Auerbach/Schwennicke § 36 Rn. 16). Eine Verfügung des Inhalts, dass einem Geschäftsleiter die Tätigkeit nur in einem bestimmten Ressort untersagt wird, lässt Abs. 1 Ziff. 2 nicht zu. 20

Eine Untersagungsverfügung gegenüber einem Geschäftsleiter eines Wertpapierinstituts kann auch für eine Tätigkeit als Geschäftsleiter bei einem anderen (Wertpapier)-Institut in der Rechtsform der juristischen Person ausgesprochen werden (zu § 36 KWG: Schwennicke/Auerbach/Schwennicke § 36 Rn. 17). In der Praxis wird die Tätigkeitsuntersagung wegen der Schwere des Eingriffs in die Berufsfreiheit (Art. 12 GG) auf das konkrete Wertpapierinstitut beschränkt. Dies ermöglicht auch der BaFin, vor einer Bestellung bei einem anderen Wertpapierinstitut zu prüfen, ob die Gründe für die Tätigkeitsuntersagung fortbestehen (zu § 36 KWG: Reischauer/Kleinhans/Glawischnig-Quinke Rn. 54; Schwennicke/Auerbach/Schwennicke § 36 Rn. 17). 21

c) Dauer des Tätigkeitsverbots. Das Tätigkeitsverbot kann – abhängig von einer insoweit ermessensfehlerfreien Entscheidung– sowohl unbefristet (was der gesetzliche Regelfall ist), als auch zeitlich befristet ausgesprochen werden (Lendermann/Nemeczek/Schroeter/Sajnovits WpIG § 22 Rn. 34). In der Verwaltungspraxis der BaFin (jedenfalls zur Vorgänger- und Parallelnorm § 36 KWG) 22 werden dauerhafte Tätigkeitsverbote nicht ausgesprochen (Reischauer/Kleinhans/Glawischnig-Quinke Rn. 54; Schwennicke/Auerbach/Schwennicke § 36 Rn. 18)

23 Ist Aufnahme oder Ausübung der Tätigkeit unbefristet untersagt worden, kann der betroffene Geschäftsleiter frühestens zwei Jahre nach Bestandskraft der Untersagung deren Aufhebung beantragen (Abs. 3).

3. Ermessenserwägungen

24 Besonders bedeutsam im Rahmen der Ermessensentscheidung der BaFin ist – in Abgrenzung zur **Aufhebung der Erlaubnis** – zu bestimmen, ob die Missstände iSv § 19 Abs. 2 Nr. 2–4 überhaupt gleichermaßen durch ein Abberufungsverlangen oder ein Tätigkeitsverbot beseitigt werden können oder nicht vielmehr zwingend ein Entzug der Erlaubnis erforderlich ist (Lendermann/Nemeczek/Schroeter/Sajnovits WpIG § 22 Rn. 37). Der Missstand muss also durch Entfernung des betroffenen Geschäftsleiters **behebbar** sein (**Geeignetheit** der Maßnahme), er darf nicht die Aufhebung der Erlaubnis für das Wertpapierinstitut insgesamt erforderlich machen. Die BaFin hat also zu prüfen, ob statt der Aufhebung der Erlaubnis ein Abberufungsverlangen oder eine Untersagung der Tätigkeit eines Geschäftsleiters gem. § 22 Abs. 1 ausreicht.

25 Nach dem Grundsatz der Verhältnismäßigkeit ist das Vorgehen gegen betroffene Geschäftsleiter nach § 22 Abs. 1 in der Regel das mildere Mittel (Lendermann/Nemeczek/Schroeter/Sajnovits WpIG § 22 Rn. 37; zu § 36 KWG: Schwennicke/Auerbach/Schwennicke § 36 Rn. 3; BVerwG WM 2007, 1655 = NJW-RR 2007, 492). Ein Abberufungsverlangen und/oder ein Tätigkeitsverbot muss bei Vorliegen der Erlaubnisaufhebungsgründe daher auch dann erwogen werden, wenn es zur Gefahrenabwehr gleichermaßen geeignet ist, wie die Aufhebung der Erlaubnis (**Erforderlichkeit** der Maßnahme). Dies gilt insbesondere – auch mit Blick auf die Interessen der Kunden und Gläubiger, weil bei einem entsprechenden Abberufungsverlangen wie auch einem Tätigkeitsverbot der Geschäftsbetrieb des Wertpapierinstituts weiter aufrechterhalten werden kann (Lendermann/Nemeczek/Schroeter/Sajnovits WpIG § 22 Rn. 37).

26 Sind die Voraussetzungen für eine Aufhebung der Erlaubnis gegeben und kann statt der Erlaubnisaufhebung auch eine Maßnahme nach § 22 getroffen werden, muss ermessensfehlerfrei entschieden werden, ob ein **isoliertes Abberufungsverlangen,** ein **isoliertes Tätigkeitsverbot** oder beides nebeneinander erlassen werden soll. Ein Abberufungsverlangen muss dabei nicht zwingend mit einem Tätigkeitsverbot verbunden werden (Lendermann/Nemeczek/Schroeter/Sajnovits WpIG § 22 Rn. 38; ausführlich zum Verhältnis zwischen Abberufungsverlangen und Tätigkeitsverbot bei § 36 KWG: Luz/Neus/Schaber/Schneider/Wagner/Weber/Schmitz KWG § 36 Rn. 14 ff.). Wenn allerdings eine sofortige Beendigung der Geschäftsleitertätigkeit geboten ist, dann sollte das Abberufungsverlangen mit einem Tätigkeitsverbot verbunden werden (RegE 24.2.2021, BT-Drs. 19/26929, 141). Der zusätzliche Erlass eines Tätigkeitsverbots ist zudem dann angezeigt, wenn eine Erstreckung auch auf andere (Wertpapier-)Institute angestrebt wird, wenn also die Gründe für die Abberufung so schwer wiegen, dass sichergestellt werden muss, dass der jeweilige Geschäftsleiter auch keine Geschäftsleitertätigkeit bei anderen (Wertpapier-)Instituten ausübt. Umgekehrt sollte zweckmäßigerweise ein Tätigkeitsverbot in aller Regel mit einem Abberufungsverlangen verbunden werden, weil

dann ein größerer – auch durchsetzbarer – Druck auf das Wertpapierinstitut als Adressat des Abberufungsverlangens ausgeübt werden kann, den jeweiligen Geschäftsleiter auch tatsächlich aus seinem Amt zu entfernen (Lendermann/Nemeczek/Schroeter/Sajnovits WpIG § 22 Rn. 38).

Auch die Dauer des Tätigkeitsverbots und die Frage der Erstreckung der Untersagungsverfügung auf die Tätigkeit bei anderen Wertpapierinstituten sind Fragen der verhältnismäßigen Ausübung des Ermessens (Lendermann/Nemeczek/Schroeter/Sajnovits WpIG § 22 Rn. 38). 27

III. Tätigkeitsverbot als Geschäftsleiter bei Verstößen im Zusammenhang mit Geldwäsche und Terrorismusfinanzierung (Abs. 2)

Abs. 2 enthält eine zusätzliche Ermächtigungsgrundlage für die BaFin, Geschäftsleitern auch die Tätigkeit bei anderen Unternehmen zu verbieten, wenn sie gegen Vorschriften des 4. Kapitels des WpIG (Vorkehrungen zur Verhinderung von Geldwäsche und Terrorismusfinanzierung) oder die EU-Geldtransferverordnung (VO (EU) 2023/1113) verstoßen haben. Das Verbot richtet sich dabei gegen eine Tätigkeit bei solchen Unternehmen, die „Verpflichtete" gem. § 2 Abs. 1 des Geldwäschegesetzes sind, also ua Kredit-, Finanzdienstleistungs-, Wertpapier- und Zahlungsinstitute sowie Versicherungsunternehmen und Kapitalverwaltungsgesellschaften. 28

In der Literatur wird die Auffassung vertreten, dass die Ermächtigungsgrundlage des § 22 Abs. 2 zu jener des § 22 Abs. 1 in einem „Qualifikationsverhältnis" stehe. Das bedeutet, dass Verstöße gegen die von § 22 Abs. 2 adressierten Vorschriften eine Maßnahme nach § 22 Abs. 2 – also ein generelles Tätigkeitsverbot bei Verpflichteten nach § 2 Abs. 1 GwG – nur dann tragen könnten, wenn zusätzlich die Voraussetzungen eines Tätigkeitsverbots gem. § 22 Abs. 1 Nr. 2 erfüllt seien. Andernfalls könne ein nur geringfügiger und formaler Verstoß etwa gegen die Vorgaben für interne Sicherungsmaßnahme zur Verhinderung von Geldwäsche und Terrorismusfinanzierung – jedenfalls tatbestandlich – die BaFin berechtigen, ein über dasjenige des § 22 Abs. 1 Nr. 1 hinausgehendes Tätigkeitsverbot auszusprechen (Lendermann/Nemeczek/Schroeter/Sajnovits WpIG § 22 Rn. 13 u. 40 unter Hinweis auf Beck/Samm/Kokemoor/Müller-Grune KWG § 36 Rn. 89). Der Wortlaut des § 22 enthält keine Anhaltspunkte für ein „Qualifikationsverhältnis" der beiden Ermächtigungsgrundlagen. Bei der Vorgänger- und Parallelnorm des § 22 Abs. 2 – § 36 Abs. 1 S. 3 KWG – lässt sich dies im Wege der systematischen Auslegung noch gut begründen. Denn dort sind beide Ermächtigungsgrundlagen demselben Absatz enthalten. Ferner wird der BaFin die Befugnis eingeräumt, „auch" die Ausübung ihrer Tätigkeit bei Verpflichteten nach § 2 Abs. 1 GwG zu untersagen. Beides spricht dafür, dass § 36 Abs. 1 S. 3 KWG das Bestehen eines Erlaubnisaufhebungsgrundes nach § 36 Abs. 1 S. 1 KWG voraussetzt. § 22 Abs. 2 enthält hingegen keine vergleichbar enge Verbindung zu § 22 Abs. 1. Vor dem Hintergrund der grundgesetzlich garantierten Berufsausübungsfreiheit (Art. 12 GG) dürfte einleuchten, dass die BaFin nicht befugt sein sollte, einem Geschäftsleiter die Tätigkeit in der gesamten Finanzbranche zu verbieten, wenn dieser zB nur einmalig gegen Vorschriften des Geldwäscherechts verstoßen hat. Aus Sicht des Geschäftsleiters wäre eine Untersagung nach Abs. 2 viel schwerer wiegend als ein Tätigkeitsverbot im konkreten Wertpapierinstitut nach Abs. 1 29

Ziff. 2. Es leuchtet nicht ein, weshalb ein Verstoß, der – isoliert betrachtet – eine Erlaubnisaufhebung nicht begründen kann, für den Geschäftsleiter viel gravierendere Folgen haben könnte. Der Gesetzgeber sollte dies bei nächster Gelegenheit klarstellen.

30 Geschäftsleiter müssen die Möglichkeit haben, nach angemessener Zeit wieder eine Tätigkeit als Geschäftsleiter bei einem Wertpapierinstitut aufnehmen zu können. Dem Gesetzgeber erschien eine gesetzliche Begrenzung der Zeit des Tätigkeitsverbotes nicht sinnvoll, da diese möglicherweise der Schwere des Verstoßes und dem Präventionserfordernis nicht angemessen wäre (RegE 24.2.2021, BT-Drs. 19/26929, 141).

IV. Mindestwartezeit für die Beantragung der Aufhebung eines Tätigkeitsverbots (Abs. 3)

31 Abs. 3 gibt dem von einem unbefristet ausgesprochenen Tätigkeitsverbot gem. Abs. 1 Nr. 2 oder Abs. 2 betroffenen Geschäftsleiter die Möglichkeit, nach Ablauf einer Mindestwartefrist von **zwei Jahren nach Bestandskraft der Untersagung** deren Aufhebung zu beantragen. Die BaFin muss dann auf Basis der zu diesem Zeitpunkt vorliegenden Tatsachen und unter Berücksichtigung der Gründe, die für das Tätigkeitsverbot sprechen, über die Aufhebung der Untersagungsverfügung entscheiden (RegE 24.2.2021, BT-Drs. 19/26929, 141).

V. Verwarnung eines Geschäftsleiters (Abs. 4)

32 § 22 Abs. 4 S. 1 enthält eine ausdrückliche Ermächtigungsgrundlage für die BaFin, Geschäftsleiter zu verwarnen. Eine Verwarnung ist eine gegenüber dem betroffenen Geschäftsleiter geäußerte (förmliche) Rüge eines bestimmten Verhaltens, durch welche dieser auf die Rechtswidrigkeit seines Tuns oder Unterlassens konkret hingewiesen und ersucht wird, sich fortan vorschriftsmäßig zu verhalten (zu § 36 Abs. 2 KWG: Beck/Samm/Kokemoor/Müller-Grune KWG § 36 Rn. 116). Keine Verwarnung ist die Äußerung einer bestimmten Rechtsansicht durch die BaFin (Bezeichnung eines Geschäftsleiters als „ungeeignet"), die nicht mit einer Aufforderung zur Verhaltensänderung oder der Androhung konkreter Maßnahmen verbunden ist (zu § 36 KWG: Schwennicke/Auerbach/Schwennicke § 36 Rn. 31).

33 Die Verwarnung kann erfolgen, wenn der Geschäftsleiter gegen eine der in dem **Katalog** des Abs. 4 S. 1 aufgezählten Normen verstoßen hat. Die Aufzählung der genannten Vorschriften ist schon aus Gründen des Gesetzesvorbehalts als abschließend zu betrachten (zu § 36 Abs. 2 KWG: Fischer/Schäfer/Schulte-Mattler/Schulte-Mattler/Fischer/Krolop § 36 Rn. 60). Die Maßnahme ist ein gegenüber der sofortigen Abberufung oder einem Tätigkeitsverbot milderes Mittel, das vor der Abberufung zur Anwendung kommen kann (RegE 24.2.2021, BT-Drs. 19/26929, 141), nicht aber muss (Lendermann/Nemeczek/Schroeter/Sajnovits WpIG § 22 Rn. 42). Die Möglichkeit der Verwarnung verdrängt bei den in § 22 Abs. 4 S. 1 genannten Verstößen daher nicht diejenige einer sofortigen Abberufung und/oder eines Tätigkeitsverbots nach den § 22 Abs. 1 und 2 (Lendermann/Nemeczek/Schroeter/Sajnovits WpIG § 22 Rn. 42).

34 Verwarnungen sind als **Verwaltungsakt** zu qualifizieren (Lendermann/Nemeczek/Schroeter/Sajnovits WpIG § 22 Rn. 42). § 22 Abs. 4 S. 2 stellt klar, dass der Verwarnung neben der Aufforderung an den betroffenen Geschäftsleiter, den festgestellten Verstoß, sofern noch nicht geschehen, unverzüglich abzustellen, ihn nicht mehr zu wiederholen und eine mangelfreie Geschäftsführung sicherzustellen (Appellfunktion) auch **Feststellungsfunktion** hinsichtlich des entscheidungserheblichen Sachverhaltes und des hierdurch begründeten Verstoßes zukommt (RegE 24.2.2021, BT-Drs. 19/26929, 141). Die Verwarnung ist ein belastender Verwaltungsakt, der mit einer Rechtsmittelbelehrung zu versehen ist (zu § 36 Abs. 2 KWG: Fischer/Schäfer/Schulte-Mattler/Schulte-Mattler/Fischer/Krolop § 36 Rn. 64).

1. Adressat

Adressat der Maßnahme sind **sowohl der Geschäftsleiter als auch das jeweilige Wertpapierinstitut** (Lendermann/Nemeczek/Schroeter/Sajnovits WpIG § 22 Rn. 43). Das ist deshalb zwingend, weil die Verwarnung die Grundlage sowohl eines Abberufungsverlangens als auch eines Tätigkeitsverbots sein kann. Die Verwarnung geht damit zwingend Maßnahmen voraus, die sowohl gegenüber dem Wertpapierinstitut als auch dem (ggf. auch nur mittelbar) betroffenen Geschäftsleiter ergehen müssen (Lendermann/Nemeczek/Schroeter/Sajnovits WpIG § 22 Rn. 43). 35

2. Tatbestand

a) Katalogverstoß. Voraussetzung für den Erlass einer Verwarnung ist ein Verstoß eines Geschäftsleiters gegen die Bestimmungen: 36

- des Wertpapierinstitutsgesetzes **(WpIG),**
- der Verordnung (EU) Nr. 575/2013: Kapitaladäquanz-Verordnung (Capital Requirements Regulation – **CRR),**
- der Verordnung (EU) 2019/2033: Aufsichtsanforderungen an Wertpapierfirmen (Investment Firm Regulation – **IFR**),
- der Verordnung (EU) Nr. 648/2012: Verordnung über OTC-Derivate, zentrale Gegenparteien und Transaktionsregister (European Market Infrastructure Regulation – **EMIR**),
- der Verordnung (EU) Nr. 596/2014: Marktmissbrauchsverordnung (Market Abuse Regulation – **MAR**),
- der Verordnung (EU) Nr. 600/2014: Europäische Finanzmarktverordnung (Markets in Financial Instruments Regulation – **MiFIR**),
- der Verordnung (EU) Nr. 909/2014: Zentralverwahrerverordnung (Central Securities Depositories Regulation – **CSDR**),
- der Verordnung (EU) 2015/2365: Verordnung über Transparenzvorschriften für Wertpapierfinanzierungsgeschäfte (Transparency of Securities Financing Transactions Regulation – **SFT-VO**),
- der Verordnung (EU) 2016/1011: Referenzwerte-Verordnung **(Benchmark-Regulation),**
- des Depotgesetzes **(DepotG),**
- des Geldwäschegesetzes **(GwG),**
- des Wertpapierhandelsgesetzes **(WpHG),**
- gegen die Artikel 6, 7, 9, 18–26 oder 27 Abs. 1 oder Art. 27 Abs. 4 der Verordnung (EU) 2017/2402 zur Festlegung eines allgemeinen Rahmens für Verbriefungen und zur Schaffung eines spezifischen Rahmens für einfache, transparente und standardisierte Verbriefung (Verbriefungsverordnung – **STS-VO**),

- der Verordnungen (EG) Nr. 1060/2009 über Ratingagenturen **(Ratingagenturen-VO),**
- der zur Durchführung aller vorgenannten Rechtsakte erlassenen Verordnungen,
- der zur Durchführung der Richtlinie 2013/36/EU (Kapitaladäquanz-Richtlinie – **CRD IV**), der Richtlinie (EU) 2019/2034 (Investment Firm Directive – **IFD**), der Verordnung (EU) Nr. 575/2013 (Kapitaladäquanz-Verordnung – Capital Requirements Regulation – **CRR**) sowie der Verordnung (EU) 2019/2033 (Investment Firm Regulation – **IFR**) erlassenen Rechtsakte,
- der zur Durchführung der Verordnung (EU) Nr. 648/2012 (European Market Infrastructure Regulation – **EMIR**), der Verordnung (EU) Nr. 596/2014 (Market Abuse Regulation – **MAR**), der Verordnung (EU) Nr. 600/2014 (Markets in Financial Instruments Regulation – **MiFIR**), der Verordnung (EU) Nr. 909/2014 (Central Securities Depositories Regulation – **CSDR**), der Verordnung (EU) 2015/2365 (Transparency of Securities Financing Transactions Regulation – **SFT-VO**), der Verordnung (EU) 2016/1011 **(Benchmark-Regulation)** oder der Verordnung (EU) 2017/2402 **(STS-VO)** erlassenen Rechtsakte oder
- der Anordnungen der BaFin.

37 Ein **Verstoß gegen andere als die im Katalog aufgeführten Rechtsvorschriften** kann eine Verwarnung gem. § 22 Abs. 4 und damit auch eine Maßnahme nach § 22 Abs. 5 nicht rechtfertigen (Lendermann/Nemeczek/Schroeter/Sajnovits WpIG § 22 Rn. 45; zu § 36 KWG: Schwennicke/Auerbach/Schwennicke § 36 Rn. 29; Fischer/Schäfer/Schulte-Mattler/Schulte-Mattler/Fischer/Krolop § 36 Rn. 60). Derartige Verstöße können aber im Rahmen der § 22 Abs. 1 und 2 bedeutsam werden. Außerdem können Verwarnungen bei Verstößen gegen sonstige Rechtsvorschriften auch auf Basis der Ermächtigungsgrundlage des § 5 Abs. 2 S. 1 erlassen werden (Lendermann/Nemeczek/Schroeter/Sajnovits WpIG § 22 Rn. 45). Die ausdrückliche Beschränkung der Abberufungsgründe in § 22 Abs. 4 auf Aufsichtsnormen lässt jedoch erkennen, dass es grundsätzlich nicht Aufgabe der Bankenaufsicht ist, die Einhaltung zivilrechtlicher, verbraucherschützender und sonstiger allgemeiner Rechtsnormen mit dem Mittel der Drohung mit einem Abberufungsverlangen durchzusetzen (zu § 36 Abs. 2 KWG: Fischer/Schäfer/Schulte-Mattler/Schulte-Mattler/Fischer/Krolop § 36 Rn. 60).

38 **b) Kein subjektives Element.** Der Wortlaut des § 22 Abs. 4 enthält keinen Hinweis darauf, dass ein Geschäftsleiter nur dann verwarnt werden kann, wenn er schuldhaft gehandelt hat. In der Literatur wird dazu die Auffassung vertreten, dass ein Verstoß gem. § 22 Abs. 4 **vorsätzliches oder fahrlässiges Verhalten** des jeweiligen Geschäftsleiters voraussetze, da die Norm unmittelbar an das Verhalten des Geschäftsleiters anknüpfe und im Wege einer Rechtsgrundverweisung auf die enumerativ aufgezählten Rechtsvorschriften abstelle (Lendermann/Nemeczek/Schroeter/Sajnovits WpIG § 22 Rn. 45; zu § 36 Abs. 2 KWG: Beck/Samm/Kokemoor/Müller-Grune KWG § 36 Rn. 113). Anders als in § 22 Abs. 1 und 2 sei iRd § 22 Abs. 4 und damit mittelbar auch iRd § 22 Abs. 5 ein Verschulden des jeweiligen Geschäftsleiters erforderlich (Lendermann/Nemeczek/Schroeter/Sajnovits WpIG § 22 Rn. 45). Dieser Rechtsauffassung steht jedoch die Gesetzesbegründung entgegen und ist daher nur schwer haltbar. Der Gesetzgeber hat ausdrücklich darauf hingewiesen, dass für die Verwarnung **kein Erfordernis eines subjektiven Elements** bestehe (RegE 24.2.2021, BT-Drs. 19/26929, 141).

3. Feststellungswirkung

Gemäß § 22 Abs. 4 S. 2 ist Gegenstand der Verwarnung die **Feststellung** des entscheidungserheblichen Sachverhaltes und des hierdurch begründeten Verstoßes. Da diese Feststellungen bei Bestandskraft des Verwaltungsakts auch zur Grundlage anderer verwaltungsrechtlicher Maßnahmen gegen die Adressaten gemacht werden können, muss im Wege des Rechtsschutzes auch gegen die Verwarnung vorgegangen werden, wenn die Rechtmäßigkeit in Zweifel gezogen wird (Lendermann/Nemeczek/Schroeter/Sajnovits WpIG § 22 Rn. 48). Da die Verwarnung kein Verschulden des Geschäftsleiters voraussetzt, folgt daraus im Hinblick auf die Feststellungswirkung, dass sich die Verwarnung auf die Feststellung des Verstoßes beschränkt und über die Frage des subjektiven Verschuldens der betroffenen Person keine Aussage trifft. Insoweit hat die Verwarnung formal betrachtet nicht einmal Indizwirkung (zu § 36 Abs. 2 KWG: Fischer/Schäfer/Schulte-Mattler/Schulte-Mattler/Fischer/Krolop § 36 Rn. 61). 39

4. Ermessenserwägungen

Im Rahmen des Ermessens ist insbes. zu berücksichtigen, dass die Verwarnung gegenüber einem sofortigen Abberufungsverlangen und einem Tätigkeitsverbot gem. § 22 Abs. 1 oder § 22 Abs. 2 das **mildere Mittel** ist. Die BaFin muss daher immer – also auch bei Vorliegen der Erlaubnisaufhebungsgründe nach § 19 Abs. 2 Nr. 2–4 – erwägen, ob die Missstände auch durch eine Verwarnung der Geschäftsleiter beseitigt werden können (Lendermann/Nemeczek/Schroeter/Sajnovits WpIG § 22 Rn. 47). 40

Die Verwarnung ist bei schwerwiegenden Verstößen bereits nach einmaliger Begehung möglich (zu § 36 Abs. 2 KWG: Fischer/Schäfer/Schulte-Mattler/Schulte-Mattler/Fischer/Krolop § 36 Rn. 62). Allerdings wurde in der Rechtsprechung zu Recht darauf hingewiesen, dass die BaFin vor Erlass einer förmlichen Verwarnung zu prüfen hat, ob aus Gründen der Verhältnismäßigkeit eine **formlose Missbilligung** als ausreichende Reaktion genügt. Denn die Verwarnung ist gegenüber einer Abmahnung, Ermahnung bzw. Missbilligung eine gesteigerte, wirkkräftigere Maßnahme der BaFin (Beck/Samm/Kokemoor/Müller-Grune KWG § 36 Rn. 119). Unterlässt die BaFin die Prüfung der Anwendung eines solchen, gegenüber der Verwarnung milderen Mittels, so liege eine „erhebliche Ermessensunterschreitung iSv § 114 Satz 1 VwGO" vor, die die Verwarnung anfechtbar mache (zu § 36 KWG: VGH Kassel WM 2007, 392 (395); bestätigt durch BVerwG WM 2007, 1655; Fischer/Schäfer/Schulte-Mattler/Schulte-Mattler/Fischer/Krolop § 36 Rn. 62; Beck/Samm/Kokemoor/Müller-Grune KWG § 36 Rn. 120). 41

VI. Abberufungsverlangen und Tätigkeitsverbot bei fortgesetztem Rechtsverstoß des Geschäftsleiters trotz Verwarnung (Abs. 5)

Gemäß Abs. 5 kann die BaFin vom Wertpapierinstitut die Abberufung eines Geschäftsleiters verlangen und diesem Geschäftsleiter die Ausübung seiner Tätigkeit bei Wertpapierinstituten in der Rechtsform einer juristischen Person untersagen, wenn dieser gegen die in Absatz 4 Satz 1 genannten Rechtsakte oder gegen 42

Anordnungen der BaFin verstoßen hat und trotz Verwarnung nach Absatz 4 dieses Verhalten vorsätzlich oder leichtfertig fortsetzt.

1. Adressat

43 Adressat des **Abberufungsverlangens** ist wie bei § 22 Abs. 1 das Wertpapierinstitut, nicht der mittelbar betroffene Geschäftsleiter. Zur Zweckmäßigkeit der Einbeziehung der Geschäftsleiter (→ Rn. 8). Adressat der **Tätigkeitsuntersagung** sind der betroffene Geschäftsleiter und das Wertpapierinstitut (→ Rn. 19).

2. Tatbestand

44 Wegen der Folgen des Eingriffs für Wertpapierinstitut und Geschäftsleiter berechtigt nicht jeder wiederholte Gesetzesverstoß zur Entfernung des verantwortlichen Geschäftsleiters. Insbesondere kann die BaFin weniger gravierende Mängel und rechtliche Meinungsunterschiede nicht zum Anlass für ein Abberufungsverlangen nehmen (zu § 36 KWG: Schwennicke/Auerbach/Schwennicke § 36 Rn. 28).

45 **a) Rechtsverstoß eines Geschäftsleiters und Verwarnung.** Der Geschäftsleiter muss gegen die in Absatz 4 Satz 1 genannten Rechtsakte oder gegen Anordnungen der BaFin verstoßen haben. Hierfür hat ihn die BaFin (bestandkräftig) verwarnt.

46 **b) Fortsetzung des Rechtsverstoßes.** Der Geschäftsleiter muss das gerügte Verhalten fortsetzen. Die Tatbestandsvoraussetzung „dieses Verhalten fortsetzen" enthält eine sachliche („dieses Verhalten") sowie eine zeitliche Komponente („fortsetzt") (zu § 36 Abs. 2 KWG: Beck/Samm/Kokemoor/Müller-Grune KWG § 36 Rn. 123).

47 § 22 Abs. 4 S. 2 sieht ausdrücklich vor, dass der Sachverhalt und die Art des Verstoßes in der Verwarnung festzustellen sind. Daraus ist allerdings nicht abzuleiten, dass eine Abberufung und ein Tätigkeitsverbot nur ausgesprochen werden dürfen, wenn der in der Verwarnung festgestellte Verstoß wiederholt wird. Die Vorschrift spricht gerade nicht von der Fortsetzung der in der Verwarnung genannten Verstöße, sondern von Verstößen und einer Fortsetzung des Verhaltens trotz einer Verwarnung allgemein. Daher ist es ausreichend, aber auch erforderlich, dass ein **gewisser inhaltlicher Zusammenhang** zwischen bereits beanstandeten Regelverstößen und dem neuerlichen Verstoß vorliegt (zu § 36 Abs. 2 KWG: Beck/Samm/Kokemoor/Müller-Grune KWG § 36 Rn. 123; Luz/Neus/Schaber/Schneider/Wagner/Weber/Schmitz KWG § 36 Rn. 85). Liegen hingegen grundlegend unterschiedliche Rechtsverstöße vor, so müsste dies erneut beanstandet werden (zu § 36 KWG: Fischer/Schäfer/Schulte-Mattler/Schulte-Mattler/Fischer/Krolop § 36 Rn. 65).

48 Außerdem muss ein **zeitlicher Zusammenhang** zwischen Verwarnung und erneutem Verstoß bestehen. Beachtet der Geschäftsleiter die Verwarnung über einen längeren Zeitraum und verstößt erst dann erneut gegen eine bankaufsichtliche Bestimmung, so ist dies kein fortgesetztes Verhalten (zu § 36 Abs. 2 KWG: Fischer/Schäfer/Schulte-Mattler/Schulte-Mattler/Fischer/Krolop § 36 Rn. 65; Reischauer/Kleinhans/Glawischnig-Quinke § 36 Rn. 43; Beck/Samm/Kokemoor/Müller-Grune KWG § 36 Rn. 124). Die BaFin geht von einem Regelzeitraum von drei Jahren aus, nach deren Ablauf sich die Verwarnung erledigt. Anschließend bedarf ein Abberufungsverlangen selbst bei gleichwertigen Geset-

zesverstößen einer erneuten Verwarnung (zu § 36 Abs. 2 KWG: Fischer/Schäfer/Schulte-Mattler/Schulte-Mattler/Fischer/Krolop § 36 Rn. 65).

c) Vorsatz oder Leichtfertigkeit. § 22 Abs. 5 verlangt bezüglich der Fortsetzung der Verstöße Vorsatz oder Leichtfertigkeit. 49

Vorsatz besteht bei Wissen und Wollen des tatbestandlichen Erfolges (Verletzung der Vorschriften oder Anordnungen), wobei keine Absicht (dolus directus 1. Grades) oder direkter Vorsatz (dolus directus 2. Grades) vorliegen muss, sondern bedingter Vorsatz (dolus eventualis) genügt. Letzterer ist nach der ständigen Rechtsprechung des BGH gegeben, wenn der Täter eine ernsthafte Möglichkeit des Eintritts des tatbestandlichen Erfolgs sieht, billigend in Kauf nimmt und sich damit abfindet (beispielsweise keine Maßnahmen ergreift, den Eintritt des tatbestandlichen Erfolgs zu verhindern) (zu § 36 Abs. 2 KWG: Reischauer/Kleinhans/Glawischnig-Quinke KWG § 36 Rn. 37). 50

Leichtfertig ist das Verhalten eines Geschäftsleiters, wenn sein Verhalten nach den Gesamtumständen die notwendige Sorgfalt in schwerem Maße verletzt und dabei dasjenige unbeachtet geblieben ist, was vorliegend jedem Bankkaufmann – erst recht jedem Geschäftsleiter – hätte einleuchten müssen (zu § 36 Abs. 2 KWG: VG Frankfurt a. M. BeckRS 2006, 26248; Reischauer/Kleinhans/Glawischnig-Quinke KWG § 36 Rn. 37). Im vorliegenden Zusammenhang ist Leichtfertigkeit gegeben, wenn der Geschäftsleiter sich über mögliche Erkenntnisse, die jedem einleuchten müssten, hinwegsetzt und mit einem ungewöhnlich großen Maß an Nachlässigkeit entweder Geschäftsvorfälle nicht zur Kenntnis nimmt oder in grober Achtlosigkeit darauf vertraut, dass die notwendigen Maßnahmen (zB Anzeigen, Offenlegungsanforderungen, Anpassung der Geschäftsorganisation) von Dritten erfüllt werden (zu § 36 Abs. 2 KWG: Reischauer/Kleinhans/Glawischnig-Quinke KWG § 36 Rn. 37). Dabei ist bedeutsam, dass es zu den Aufgaben eines Geschäftsleiters gehört, sich über die wesentlichen bankaufsichtlichen Pflichten und deren Erfüllung auf dem Laufenden zu halten (zu § 36 Abs. 2 KWG: Fischer/Schäfer/Schulte-Mattler/Fischer/Krolop § 36 Rn. 65a). Ein leichtfertiger Verstoß kann ferner vorliegen, wenn der Geschäftsleiter eine fragwürdige Rechtsauffassung nicht hinterfragt (zu § 36 Abs. 2 KWG: VGH Kassel WM 2007, 392 (394); Reischauer/Kleinhans/Glawischnig-Quinke KWG § 36 Rn. 37). 51

3. Ermessenerwägungen

Zu den Ermessenserwägungen → Rn. 24 ff. 52

VII. Abberufungsverlangen und Tätigkeitsverbot für Mitglieder von Verwaltungs- oder Aufsichtsorganen (Abs. 6)

§ 22 Abs. 6 regelt die Voraussetzungen für die Abberufung von Mitgliedern des Verwaltungs- oder Aufsichtsorgans eines Wertpapierinstituts. Unter einem Verwaltungs- oder Aufsichtsorgan wird „jedes Organ verstanden, dem die Überwachung der Geschäftsleitung des jeweiligen Unternehmens obliegt, ohne dass es auf die Terminologie in dem einschlägigen, die Rechtsform regelnden Gesetz ankommt." (Fischer/Schäfer/Schulte-Mattler/Schulte-Mattler/Siering § 25d Rn. 11). Ausweislich der Gesetzesbegründung ist die Vorschrift § 36 Abs. 3 KWG nachgebildet und auf die Besonderheiten des Wertpapierinstituts angepasst (RegE 24.2.2021, BT- 53

Drs. 19/26929, 141). Die Regelung enthält spezifizierte Gründe, die Mitglieder von Verwaltungs- oder Aufsichtsorganen aller Wertpapierinstitute betreffen. Darüber hinaus sind auch solche Gründe in die Vorschrift aufgenommen, die nur für Mitglieder von Verwaltungs- oder Aufsichtsorganen von Großen Wertpapierinstituten einschlägig sind (RegE 24.2.2021, BT-Drs. 19/26929, 141).

1. Adressat

54 Adressat des **Abberufungsverlangens** ist wie bei § 22 Abs. 1, 2 und 5 das Wertpapierinstitut, nicht das mittelbar betroffene Mitglied des Verwaltungs- oder Aufsichtsorgans. Zur Zweckmäßigkeit der Einbeziehung des Mitglieds des Verwaltungs- oder Aufsichtsorgans (→ Rn. 8). Adressat der **Tätigkeitsuntersagung** sind das Mitglied des Verwaltungs- oder Aufsichtsorgans und das Wertpapierinstitut (→ Rn. 19).

2. Tatbestandvoraussetzungen

55 Die BaFin kann gem. § 22 Abs. 6 S. 1 von dem Wertpapierinstitut die Abberufung eines Mitglieds des Verwaltungs- oder Aufsichtsorgans verlangen und einer solchen Person die Ausübung ihrer Tätigkeit untersagen, wenn einer der katalogartig aufgeführten Gründe gegeben ist.

56 **a) Unzuverlässigkeit (Nr. 1).** Ein Grund für die Abberufung/Tätigkeitsuntersagung eines Mitglieds des Verwaltungs- oder Aufsichtsorgans kann das Vorliegen von Tatsachen sein, aus denen sich ergibt, dass die Person nicht **zuverlässig** ist (zu den Anforderungen an die Zuverlässigkeit eines Mitglieds des Verwaltungs- oder Aufsichtsorgans, → § 21 Rn. 10 ff.).

57 **b) Fehlende Sachkunde (Nr. 2).** Nach Nr. 2 ist ein Abberufungs-/Tätigkeitsuntersagungsgrund gegeben, wenn ein Mitglied nicht über die nach § 21 Abs. 1 erforderliche **Sachkunde** verfügt. Zu den Anforderungen an die Sachkunde näher → § 21 Rn. 17 ff.).

58 **c) Unzureichende zeitliche Befassung mit Aufsichtsaufgabe (Nr. 3).** Nach § 21 Abs. 1 müssen die Mitglieder des Verwaltungs- oder Aufsichtsorgans ihrer Tätigkeit **ausreichend Zeit** widmen (dazu näher → § 21 Rn. 24 f.). Der mangelnde zeitliche Einsatz eines Mitglieds ist nach Nr. 3 ein Abberufungs-/Tätigkeitsuntersagungsgrund.

59 **d) Mangelhafte Ausübung der Überwachungs- und Kontrollfunktion (Nr. 4).** Der Abberufungs-/Tätigkeitsuntersagungsgrund Nr. 4 setzt voraus:

60 **aa) Wesentliche Verstöße gegen Grundsätze ordnungsgemäßer Geschäftsführung.** Was genau eine ordnungsgemäße Geschäftsführung ausmacht, definiert das WpIG nicht. Überwiegend wird im Kontext des KWG davon ausgegangen, dass dieser Begriff durch Rückgriff auf die zu § 116 AktG iVm § 93 Abs. 2 AktG entwickelten gesellschaftsrechtlichen Grundsätze zu konturieren sei (zu § 36 Abs. 3 S. 1 KWG: Fischer/Schäfer/Schulte-Mattler/Schulte-Mattler/Fischer/Krolop § 36 Rn. 133; Reischauer/Kleinhans/Glawischnig-Quinke KWG § 36 Rn. 85; auch Merkblatt der BaFin zu den Mitgliedern von Verwaltungs- und Aufsichtsorganen gemäß KWG und KAGB vom 4.1.2016 idF vom 29.12.2020, Rn. 207 ff.). Hiernach gehöre die Einhaltung der gesetzlichen Vorgaben zum zwingenden Kern einer ordnungsgemäßen Geschäftsführung.

Aus der Funktion des Überwachungsorgans folgt, dass die betreffende Person nicht an dem wesentlichen Verstoß gegen die Grundsätze ordnungsgemäßer Geschäftsführung unmittelbar beteiligt gewesen sein muss (zu § 36 Abs. 3 S. 1 KWG: Fischer/Schäfer/Schulte-Mattler/Schulte-Mattler/Fischer/Krolop § 36 Rn. 133).

bb) Nichterkennen der Verstöße aufgrund sorgfaltswidriger Ausübung der Überwachungs- und Kontrollfunktion. Das Mitglied des Verwaltungs- oder Aufsichtsorgans muss die Verstöße aufgrund sorgfaltswidriger Ausübung seiner/ihrer Überwachungs- und Kontrollfunktion übersehen haben (zu § 36 Abs. 3 S. 1 KWG: Schwennicke/Auerbach/Schwennicke § 36 Rn. 44; Fischer/Schäfer/Schulte-Mattler/Schulte-Mattler/Fischer/Krolop § 36 Rn. 133). Eine Sorgfaltspflichtverletzung liegt nur dann vor, wenn das Kontrollorgan vom Vorstand des Unternehmens im Wesentlichen über die Lage des Unternehmens und seine Geschäftstätigkeiten informiert worden ist oder das Mitglied des Kontrollorgans aufgrund eigener Kenntnisse ernsthafte Zweifel an dem vom Vorstand erteilten Informationen oder an der Geschäftspolitik haben musste (zu § 36 Abs. 1 S. 1 KWG: Luz/Neus/Schaber/Schneider/Wagner/Weber/Schmitz KWG § 36 Rn. 92 – unter Hinweis auf Beschlussempfehlung und Bericht des Finanzausschusses des Bundestages, BT-Drs. 16/13684, 30). Mitglieder von Verwaltungs- oder Aufsichtsorganen müssen ihren Pflichten jederzeit nachkommen. Das erfordert insbesondere, dass sie die Geschäftsstrategie und Risikosituation des Unternehmens beobachten und sich ein Urteil darüber bilden. Hieraus folgt, dass die Mandatsträger neben der Teilnahme an den Sitzungen und deren Vorbereitung das Unternehmen, insbesondere bei einer erheblichen Änderung der Risikosituation, auch zwischen den Sitzungen begleiten (Merkblatt der BaFin zu den Mitgliedern von Verwaltungs- und Aufsichtsorganen gemäß KWG und KAGB vom 4.1.2016 idF vom 29.12.2020, Rn. 208). Der Mandatsträger muss den Anforderungen an jede einzelne Tätigkeit gerecht werden und die Funktion umfassend persönlich ausüben. Dies setzt nach dem Merkblatt der BaFin sowohl einen ausreichenden zeitlichen Einsatz als auch anlassbezogen eine aktive Inanspruchnahme des Auskunftsrechts durch das Aufsichtsorgan gegenüber der Geschäftsleitung voraus (Merkblatt der BaFin zu den Mitgliedern von Verwaltungs- und Aufsichtsorganen gemäß KWG und KAGB vom 4.1.2016 idF vom 29.12.2020, Rn. 209). 61

cc) Verwarnung. Die BaFin muss gegenüber dem Mitglied des Verwaltungs- oder Aufsichtsorgans eine Verwarnung (→ Rn. 32 ff.) ausgesprochen haben. 62

dd) Fortsetzen des sorgfaltswidrigen Verhaltens. Das Mitglied des Kontrollorgans muss das gerügte sorgfaltswidrige Verhalten fortsetzen (→ Rn. 46 ff.). Unter Berücksichtigung des Grundsatzes der Verhältnismäßigkeit muss die betroffene Person nach der Verwarnung in der Lage gewesen sein, ihr Verhalten zu ändern (zu § 36 Abs. 1 S. 1 Nr. 4 KWG: Luz/Neus/Schaber/Schneider/Wagner/Weber/Schmitz KWG § 36 Rn. 92). 63

e) Nichtbeseitigung festgestellter Verstöße (Nr. 5). Der Abberufungs-/Tätigkeitsuntersagungsgrund Nr. 5 setzt voraus: 64

aa) Feststellung von Verstößen. Das Mitglied des Kontrollorgans muss Verstöße festgestellt haben. Nr. 5 führt selbst nicht näher aus, um welche Art von Verstößen es sich handeln muss. Im Rahmen des § 36 Abs. 3 S. 1 KWG wird die Auffassung vertreten, dass Nr. 5 (wie Nr. 4) ebenfalls wesentliche Verstöße des 65

Unternehmens gegen die Grundsätze ordnungsgemäßer Geschäftsführung voraussetzt (zu § 36 Abs. 3 S. 1 KWG: Beck/Samm/Kokemoor/Müller-Grune KWG § 36 Rn. 158; Schwennicke/Auerbach/Schwennicke § 36 Rn. 45). Mangels einschränkenden Wortlauts können dies sowohl Verstöße der Geschäftsleitung als auch Verstöße des Aufsichtsorgans sein (zu § 36 Abs. 1 S. 1 Nr. 5 KWG: Luz/Neus/Schaber/Schneider/Wagner/Weber/Schmitz KWG § 36 Rn. 93).

66 **bb) Unterlassen der zur Beseitigung erforderlichen Schritte.** Das Mitglied des Verwaltungs- oder Aufsichtsorgans muss die zur Beseitigung festgestellter Verstöße erforderlichen Schritte unterlassen haben. Die Veranlassung alles Erforderlichen zur Beseitigung des Verstoßes ist umfassend. Das einzelne betroffene Mitglied muss hier selbst aktiv werden, wenn nicht schon andere Mitglieder aktiv geworden sind. Da es die einzelnen Maßnahmen nicht selbst umsetzen kann und auch innerhalb des Gremiums überstimmt werden kann, sollte es darauf achten, dass Anträge zur Beschlussfassung jedenfalls auch dann protokolliert werden, wenn sie abgelehnt werden (zu § 36 Abs. 1 S. 1 Nr. 5 KWG: Luz/Neus/Schaber/Schneider/Wagner/Weber/Schmitz KWG § 36 Rn. 93).

67 **cc) Verwarnung.** Die BaFin muss gegenüber dem Mitglied eine Verwarnung (→ Rn. 32 ff.) ausgesprochen haben.

68 **f) Doppelmitgliedschaft im Geschäftsführungs- und Kontrollorgan (Nr. 6).** Eine Abberufung/Tätigkeitsuntersagung kann ferner erfolgen, wenn das Mitglied des Verwaltungs- oder Aufsichtsorgans bereits Geschäftsleiter desselben Unternehmens ist (hierzu die Inkompabilitätsregelung in § 20 Abs. 3).

69 **g) Zu hohe Anzahl ehemaliger Geschäftsleiter im Kontrollorgan (Nr. 7).** Ferner kann das Mitglied des Verwaltungs- oder Aufsichtsorgans abberufen werden und/oder ihm/ihr die Tätigkeit untersagt werden, wenn die Person Geschäftsleiter desselben Unternehmens war und bereits zwei ehemalige Geschäftsleiter des Unternehmens Mitglieder des Verwaltungs- oder Aufsichtsorgans sind. Die Anforderung, dass nicht mehr als zwei ehemalige Geschäftsleiter dem Verwaltungs- und Aufsichtsorgan angehören dürfen, entspricht den Bestimmungen des Deutschen Corporate Governance Kodexes (zu § 36 Abs. 3 KWG: Beschlussempfehlung und Bericht des Finanzausschusses des Bundestages, BT-Drs. 16/13684, 30). Die Ermächtigungsgrundlage in § 22 Abs. 6 S. 1 Nr. 7 ist bemerkenswert, da das WpIG ein entsprechendes Verbot zur Kumulierung ehemaliger Geschäftsleiter im Aufsichtsrat – wie es § 25d Abs. 3 S. 1 Nr. 2, Abs. 3a Nr. 2 KWG entspricht – für Kleine und Mittlere Wertpapierinstitute nicht kennt. Lediglich für Große Wertpapierinstitute kann eine entsprechende Pflicht aus § 25d KWG resultieren (Lendermann/Nemeczek/Schroeter/Sajnovits WpIG § 22 Rn. 61). Hier wäre eine Klarstellung durch den Gesetzgeber wünschenswert, dass ein auf Abs. 6 Nr. 7 gestütztes Abberufungsverlangen und Tätigkeitsuntersagung nur bei Großen Wertpapierinstituten möglich ist.

3. Rechtsfolge

70 **a) Abberufungsverlangen.** Mit dem Abberufungsverlangen entsteht die öffentlich-rechtliche Pflicht des Wertpapierinstituts und damit der institutsintern zuständigen Organe, das Mitglied des Kontrollorgans – unter Ausnutzung der organisationsrechtlich zur Verfügung stehenden Möglichkeiten – abzuberufen. Die Organstellung des vom Abberufungsverlangen mittelbar betroffenen Mitglieds

des Verwaltungs- oder Aufsichtsorgans wird durch das Abberufungsverlangen als solchem nicht berührt (Lendermann/Nemeczek/Schroeter/Sajnovits WpIG § 22 Rn. 62).

Wertpapierinstitutsintern muss das Abberufungsverlangen durch das zuständige Organ umgesetzt werden, wobei sich die Zuständigkeit nach dem für das jeweilige Wertpapierinstitut maßgeblichen Organisationsrecht bestimmt. Handelt es sich bei dem Wertpapierinstitut um eine **Aktiengesellschaft,** ist im Ausgangspunkt – jedenfalls hinsichtlich der Aktionärsvertreter im Aufsichtsrat – die Hauptversammlung zur Abberufung verpflichtet (§ 103 Abs. 1 AktG). Da dies nicht immer praktikabel ist, wird die Möglichkeit des Aufsichtsrats selbst, eine gerichtliche Abberufung zu beantragen (§ 103 Abs. 3 S. 1 AktG, der auch für die Arbeitnehmervertreter im Aufsichtsrat gilt) sich zur Pflicht verdichten, einen derartigen Antrag zu stellen (Lendermann/Nemeczek/Schroeter/Sajnovits WpIG § 22 Rn. 64). Das betroffene Aufsichtsratsmitglied ist bei der Beschlussfassung über die Antragstellung von seinem Stimmrecht ausgeschlossen (§ 34 BGB analog). Bei einer **GmbH** ist die Gesellschafterversammlung für die Abberufung zuständig (Lendermann/Nemeczek/Schroeter/Sajnovits WpIG § 22 Rn. 64) oder der Aufsichtsrat, wenn ein solcher bestellt ist (§ 52 Abs. 1 GmbHG). Bei einer **Genossenschaft** muss die Abberufung durch die Generalversammlung vollzogen werden (§ 36 Abs. 3 GenG). 71

Wenn das Gericht auf Antrag des Verwaltungs- und Aufsichtsorgans ein Mitglied des Verwaltungs- oder Aufsichtsorgans abzuberufen hat, steht der BaFin gem. § 22 Abs. 6 S. 3 die Möglichkeit offen, bei Vorliegen der Voraussetzungen nach § 22 Abs. 6 S. 1 selbst diesen Antrag zu stellen, wenn das Verwaltungs- oder Aufsichtsorgan dem Abberufungsverlangen nicht nachgekommen ist **(subsidiäre Antragsbefugnis der BaFin).** Der praktisch relevante Fall ist jener des § 103 Abs. 3 AktG (Lendermann/Nemeczek/Schroeter/Sajnovits WpIG § 22 Rn. 65). Allerdings schließt § 22 Abs. 6 S. 4 eine derartige Antragstellung bei Arbeitnehmervertretern im Aufsichtsrat ausdrücklich aus. 72

b) Tätigkeitsuntersagung. Die Tätigkeitsuntersagung beinhaltet ein öffentlich-rechtliches Verbot, als Mitglied des Verwaltungs- oder Aufsichtsorgans bei dem spezifischen Wertpapierinstitut tätig zu sein. Mitglied ist jede natürliche Person, die dem Kontrollorgan angehört, gleich wie er/sie nach dem jeweiligen Organisationsrecht Organmitglied wurde („geborenes" Organmitglied, entsandtes Organmitglied, vom Anteilseigener gewählte Organmitglieder, nach Mitbestimmungsstatuten gewählte Organmitglieder, näher → § 20 Rn. 60). Die Tätigkeitsuntersagung hat – wie auch beim Geschäftsleiter (→ Rn. 4) – keine unmittelbare organisations- oder zivilrechtliche Wirkung (Lendermann/Nemeczek/Schroeter/Sajnovits WpIG § 22 Rn. 66). 73

Das Tätigkeitsverbot kann sowohl unbefristet (Regelfall – zu § 36 KWG: Schwennicke/Auerbach/Schwennicke § 36 Rn. 18) als auch zeitlich befristet ausgesprochen werden (Lendermann/Nemeczek/Schroeter/Sajnovits WpIG § 22 Rn. 67). Eine Erstreckung auf eine Tätigkeit bei anderen Wertpapierinstituten ist – anders als iRd § 22 Abs. 1 – nicht vorgesehen. 74

c) Ermessenserwägungen. Für das Verhältnis der Maßnahmen zueinander gilt nichts anderes als für das Verhältnis der Maßnahmen gegenüber Geschäftsleitern. Eine getrennte und einzelne Anordnung ist im Einzelfall möglich. Maßstab ist die Bewertung im Einzelfall unter Beachtung des Verhältnismäßigkeitsgrundsatzes (zu § 36 Abs. 3 S. 1 KWG: Beck/Samm/Kokemoor/Müller-Grune KWG 75

§ 36 Rn. 144; Reischauer/Kleinhans/Glawischnig-Quinke KWG § 36 Rn. 100). In der Praxis wird die BaFin in der Regel beide Maßnahmen ergreifen (Abberufungsverlangen und Tätigkeitsuntersagung).

4. Besondere Verfahrensregeln

76 **a) Anhörung der Rechtsaufsichtsbehörde.** Gemäß Abs. 6 S. 2 erfolgt eine Maßnahme nach Satz 1 bei Wertpapierinstituten, die aufgrund ihrer Rechtsform einer besonderen Rechtsaufsicht unterliegen, erst nach Anhörung der zuständigen Stelle für die Rechtsaufsicht über diese Wertpapierinstitute. Die Vorschrift trägt dem Umstand Rechnung, dass nicht alle dem Anwendungsbereich des § 22 unterfallenden Wertpapierinstitute allein durch die BaFin beaufsichtigt werden. Durch die Anhörungspflicht wird bei Bestehen einer besonderen Rechtsaufsicht die Kommunikation zwischen der BaFin und der Rechtsaufsichtsbehörde gewährleistet. Die Vorschrift ist § 36 Abs. 3 S. 2 KWG nachgebildet, der bedeutsam für öffentlich-rechtliche Körperschaften (Sparkassen und Landesbanken) ist. Im Bereich der Aufsicht über Wertpapierinstitute hat die Norm dagegen keine Bedeutung (Lendermann/Nemeczek/Schroeter/Sajnovits WpIG § 22 Rn. 69).

77 **b) Subsidiäre Antragsbefugnis der BaFin.** Gemäß § 22 Abs. 6 S. 3 kann, soweit das Gericht auf Antrag des Verwaltungs- oder Aufsichtsorgans ein Mitglied des Verwaltungs- oder Aufsichtsorgans abzuberufen hat, dieser Antrag bei Vorliegen der Voraussetzungen nach § 22 abs. 6 S. 1 auch von der BaFin gestellt werden, wenn das Verwaltungs- oder Aufsichtsorgan dem Abberufungsverlangen der BaFin nicht nachgekommen ist.

78 **c) Abberufung von Arbeitnehmervertretern im Aufsichtsrat.** Die Abberufung von Arbeitnehmervertretern im Aufsichtsrat erfolgt allein nach den Vorschriften der Mitbestimmungsgesetze (§ 22 Abs. 6 S. 3).

VIII. Verfahren, Rechtsschutz

79 Um eine Beendigung der Tätigkeit eines Geschäftsleiters oder Mitglieds eines Verwaltungs- oder Aufsichtsorgans zu erreichen, genügt es in der Praxis häufig, wenn die BaFin die Abberufung der betroffenen Person lediglich androht oder sich mit dem betroffenen Organ im Wege einer informationellen Kontaktaufnahme in Verbindung setzt (zu § 36 KWG: Luz/Neus/Schaber/Schneider/Wagner/Weber/Schmitz KWG § 36 Rn. 101).

80 Maßnahmen gem. § 22 sind gem. § 6 **sofort vollziehbar.** Widerspruch und Anfechtungsklage einschließlich der Androhung von Zwangsmitteln haben daher keine aufschiebende Wirkung. Der Suspensiveffekt von Widerspruch und Anfechtungsklage ist hier durch Bundesgesetz ausgeschlossen (§ 80 Abs. 1 und Abs. 2 S. 1 Nr. 3 VwGO). Gegen das Abberufungsverlangen sind wegen der damit verbundenen Doppelwirkung Rechtsbehelfe sowohl des Instituts als auch des betroffenen Geschäftsleiters bzw. Mitglieds des Verwaltungs- oder Aufsichtsorgans statthaft (zu § 36 KWG: Schwennicke/Auerbach/Schwennicke § 36 Rn. 61).

81 Hat das Wertpapierinstitut dem Abberufungsverlangen entsprochen, dann fehlt für eine Anfechtungsklage des betroffenen Geschäftsleiters oder Mitglied des Verwaltungs- oder Aufsichtsorgans das Rechtsschutzbedürfnis. Eine Überprüfung des Abberufungsverlangens ist dann nur mit der Fortsetzungsfeststellungsklage nach § 113 Abs. 1 S. 4 VwGO möglich, für die regelmäßig ein berechtigtes Interesse des

betroffenen Geschäftsleiters bestehen wird, da die Annahme seiner mangelnden fachlichen Eignung oder Unzuverlässigkeit sein weiteres berufliches Fortkommen nachhaltig beeinflussen kann (zu § 36 KWG: Fischer/Schäfer/Schulte-Mattler/Schulte-Mattler/Fischer/Krolop § 36 Rn. 83; Schwennicke/Auerbach/Schwennicke § 36 Rn. 61).

Bei Unanfechtbarkeit einer Abberufungsverfügung oder einer Tätigkeitsuntersagung wegen fehlender fachlicher Eignung oder Unzuverlässigkeit ist dies nach § 149 Abs. 2 Nr. 1b GewO in das **Gewerbezentralregister** einzutragen. Wird die Abberufung auf andere Abberufungsgründe gestützt, findet keine Eintragung im Gewerbezentralregister statt (zu § 36 KWG: Fischer/Schäfer/Schulte-Mattler/Schulte-Mattler/Fischer/Krolop Rn. 79). **82**

§ 23 Tätigkeitsverbote für natürliche Personen, die nicht Geschäftsleiter sind

(1) **Die Bundesanstalt kann der für einen Verstoß gegen § 19 Absatz 2 Nummer 5, 7 oder 8 verantwortlichen natürlichen Person, die zum Zeitpunkt des Verstoßes nicht Geschäftsleiter ist, für einen Zeitraum von bis zu zwei Jahren die Aufnahme und Ausübung einer Tätigkeit als Geschäftsleiter eines Wertpapierinstituts in der Rechtsform einer juristischen Person untersagen.**

(2) [1]**Verstößt eine natürliche Person, die zum Zeitpunkt des wiederholten Verstoßes nicht Geschäftsleiter ist, wiederholt gegen § 19 Absatz 2 Nummer 5, 7 oder 8 oder verstößt sie wiederholt gegen Artikel 14 oder 15 der Verordnung (EU) Nr. 596/2014 oder gegen Artikel 4 oder 15 der Verordnung (EU) 2015/2365, kann die Bundesanstalt ihr die Aufnahme und Ausübung einer Tätigkeit als Geschäftsleiter bei einem Wertpapierinstitut in der Rechtsform einer juristischen Person dauerhaft untersagen.** [2]**§ 22 Absatz 1 und 4 bleibt unberührt.** [3]**Im Falle eines Verstoßes gegen die §§ 25i, 25k oder 25m des Kreditwesengesetzes oder gegen die Verordnung (EU) 2023/1113 kann die Bundesanstalt auch einer für den Verstoß verantwortlichen natürlichen Person, die zum Zeitpunkt des Verstoßes nicht Geschäftsleiter war, vorübergehend für einen Zeitraum von bis zu zwei Jahren die Aufnahme und Ausübung einer Tätigkeit als Geschäftsleiter bei Verpflichteten nach § 2 Absatz 1 des Geldwäschegesetzes untersagen.**

Übersicht

I. Vorbemerkung

1 § 23 regelt die Verhängung eines präventiven Tätigkeitsverbots gegenüber Personen unterhalb der Geschäftsleiterebene. Die Vorschrift ergänzt damit die in § 22 geregelten Eingriffsbefugnisse der Aufsicht. In § 23 wird die BaFin ermächtigt, gegenüber natürlichen Personen, die zum Zeitpunkt eines näher bezeichneten Gesetzesverstoßes nicht Geschäftsleiter sind und daher auch nicht Adressat einer Maßnahme nach § 22 sein können, Tätigkeitsverbote zu verhängen. Die Vorschrift dient damit der Sicherstellung der auch von § 21 verfolgten Regelungszwecke, insbes. der Verhinderung einer Bestellung unzuverlässiger Personen zu Geschäftsleitern von Wertpapierinstituten (Lendermann/Nemeczek/Schroeter/Sajnovits WpIG § 23 Rn. 1). Mit § 36a KWG findet sich eine parallele Ermächtigungsgrundlage im KWG. Die nach Abs. 1 und Abs. 2 S. 3 ausgesprochenen Tätigkeitsverbote sind auf maximal zwei Jahre zu beschränken. Das Tätigkeitsverbot nach Abs. 2 S. 1 kann von der BaFin dauerhaft ausgesprochen werden.

2 Die Vorschrift begrenzt das Tätigkeitsverbot auf die Aufnahme einer Tätigkeit als Geschäftsleiter bei **juristischen Personen,** weil bei Einzelkaufleuten begrifflich der künftige „Inhaber" eines Unternehmens betroffen wäre. In diesem seltenen Fall kann dann die „Erlaubnisverweigerung" eine äquivalente Sanktionierung darstellen (RegE 24.2.2021, BT-Drs. 19/26929, 141, mit gut nachvollziehbarer Begründung kritisch zur Beschränkung der Vorschrift auf juristische Personen bei § 36a KWG: Luz/Neus/Schaber/Schneider/Wagner/Weber/Schmitz KWG § 36a Rn. 4).

II. Befristetes Tätigkeitsverbot bei Wertpapierinstituten (Abs. 1)

3 Der § 23 Abs. 1 ermächtigt die BaFin, einer natürlichen Person, die für einen Verstoß gegen § 19 Abs. 2 Nr. 5, 7 oder 8 verantwortlich ist und zum Zeitpunkt des Verstoßes nicht bereits Geschäftsleiter war, für einen Zeitraum von bis zu zwei

Jahren die Tätigkeit als Geschäftsleiter eines Wertpapierinstituts in der Rechtsform einer juristischen Person zu untersagen.

1. Adressat des Tätigkeitsverbots

4 Adressaten der gem. § 23 Abs. 1 ausgesprochenen Tätigkeitsverbote sind alle **„natürlichen Personen"**, die bei einem Wertpapierinstitut **unterhalb der Geschäftsleiterebene** tätig sind (zu § 36a KWG: Schwennicke/Auerbach/Schwennicke Rn. 4; Reischauer/Kleinhans/Albert Rn. 10). Nach dem Wortlaut können Tätigkeitsverbote aber auch gegen Personen verhängt werden, die nicht bei einem Wertpapierinstitut beschäftigt sind, wenn sie für einen maßgeblichen Missstand bei einem Institut verantwortlich sind (zu § 36a KWG: Schwennicke/Auerbach/Schwennicke Rn. 4; Reischauer/Kleinhans/Albert Rn. 10).

5 Das Wort **„verantwortlich"** wird in der Literatur unterschiedlich interpretiert. Teilweise wird ein **kausales und schuldhaftes (mindestens fahrlässiges)** Handeln verlangt (zu § 36a KWG: Schwennicke/Auerbach/Schwennicke Rn. 10; Beck/Samm/Kokemoor/Müller-Grune KWG § 36a Rn. 8). Der (künftige) Geschäftsleiter als Adressat von Abs. 1 muss in nicht leitender Stellung an den Verstößen gegen die in § 19 Abs. 2 Nr. 5, 7 und 8 aufgeführten Bestimmungen beteiligt gewesen sein und für den Bereich, in dem die Verstöße begangen wurden, Verantwortung getragen haben (zu § 36a KWG: Schwennicke/Auerbach/Schwennicke Rn. 10). Nach der Gegenauffassung soll maßgeblich sein, ob die Regelverstöße **zurechenbar und vermeidbar** waren und der Person zugerechnet werden können. Schuldhaftes Handeln sei nicht erforderlich (zu § 36a KWG: Reischauer/Kleinhans/Albert Rn. 13). Nach hier vertretener Rechtsansicht ist der Begriff der „Verantwortlichkeit" vor dem Hintergrund der durch Art. 12 Abs. 1 GG geschützten Berufsfreiheit (Art. 12 GG) und der gravierenden Folgen eines Tätigkeitsverbots für die betroffene Person eng auszulegen. Die Person ist nur dann für einen Missstand gem. § 23 „verantwortlich", wenn sie diesen auch schuldhaft (also wenigstens fahrlässig) verursacht hat. In diesem Zusammenhang ist zu berücksichtigen, dass das Wertpapierinstitut der BaFin gem. Art. 5 Abs. 1 der Durchführungsverordnung (EU) 2017/1945 die beabsichtigte Bestellung eines Geschäftsleiters anzuzeigen hat. Die BaFin kann also das frühere Verhalten eines Geschäftsleiter-Kandidaten/einer Geschäftsleiter-Kandidatin im Rahmen der Prüfung von Sachkunde und Zuverlässigkeit berücksichtigen. Die Maßstäbe der **Gesamtverantwortung** gelten nicht, da die verantwortliche Person, die nicht Geschäftsleiter ist, keine Organverantwortung trägt (zu § 36a KWG: Luz/Neus/Schaber/Schneider/Wagner/Weber/Schmitz KWG § 36a Rn. 3).

6 Da die Maßnahmen lediglich ein in die Zukunft gerichtetes Verbot der Aufnahme einer Tätigkeit als Geschäftsleiter umfasst und kein gegenwärtiges Geschäftsleiteramt betroffen ist, sind die **Wertpapierinstitute,** bei denen die natürliche Person beschäftigt ist, **keine originären Beteiligten** (Lendermann/Nemeczek/Schroeter/Sajnovits WpIG § 23 Rn. 5). Das Wertpapierinstitut ist auch nicht nach § 63 Nr. 3 VwGO am Verfahren zu beteiligen. Rechtsbehelfe des Instituts gegen das Tätigkeitsverbot sind – anders als beim Tätigkeitsverbot nach § 22 – nicht statthaft, da die Untersagung der künftigen Tätigkeit als Geschäftsleiter keine arbeitsrechtlichen Konsequenzen für das Wertpapierinstitut hat (zu § 36a KWG: Schwennicke/Auerbach/Schwennicke Rn. 12).

2. Nachhaltiger Rechtsverstoß

7 Voraussetzung für ein Tätigkeitsverbot nach § 23 Abs. 1 ist ferner ein nachhaltiger Verstoß gegen Rechtsvorschriften, die einen Entzug der Erlaubnis nach § 19 Abs. 2 Nr. 5, 7 oder 8 rechtfertigen würden. Der Begriff **„nachhaltig"** bedeutet, dass einmalige Verstöße nicht geeignet sind, Tätigkeitsverbote nach § 23 Abs. 1 zu begründen. Es bedarf vielmehr **wiederholter Verstöße mit dauerhafter Wirkung** (zu § 36a KWG: Beck/Samm/Kokemoor/Müller-Grune KWG § 36a Rn. 24). Nach Schwennicke ist ein Verstoß nur dann „nachhaltig", wenn er erheblichen Umfang besitzt und sich über einen längeren Zeitraum erstreckt (zu § 35 KWG: Schwennicke/Auerbach/Schwennicke § 35 Rn. 47 unter Hinweis auf OLG Zweibrücken NJW 1992, 2841 (2842) – für Umweltgefährdung).

8 **a) Erlaubnisentziehungsgrund nach § 19 Abs. 2 Nr. 5.** Eine Aufhebung der Erlaubnis nach § 19 Abs. 2 Nr. 5 setzt **nachhaltige Verstöße** gegen die **Marktmissbrauchsverordnung** (Verordnung (EU) Nr. 596/2014 – MAR) oder Anordnungen der BaFin in Bezug auf die MAR voraus.

9 **b) Erlaubnisentziehungsgrund nach § 19 Abs. 2 Nr. 7.** Eine Aufhebung der Erlaubnis nach § 19 Abs. 2 Nr. 7 setzt **nachhaltige Verstöße** des Wertpapierinstituts gegen Art. 4 oder 15 **Securities Financing Transactions Regulation (SFTR)** (Verordnung (EU) 2015/2365 – EU-Verordnung über Transparenz von Wertpapierfinanzierungsgeschäften und deren Weiterverwendung) oder dazu ergangene Anordnungen der Aufsichtsbehörde voraus. Art. 4 SFTR beinhaltet **Meldepflichten und Sicherheitsvorkehrungen für Wertpapierfinanzierungsgeschäfte.** Art. 15 SFTR regelt die **Weiterverwendung von als Sicherheit erhaltenen Finanzinstrumenten.**

10 **c) Erlaubnisentziehungsgrund nach § 19 Abs. 2 Nr. 8.** Ferner kann eine Erlaubnis entzogen werden, wenn das Wertpapierinstitut **nachhaltig** gegen Art. 7 Abs. 1 S. 3 oder Art. 11 Abs. 1 S. 3 der Verordnung (EU) Nr. 600/2014 (**Europäische Finanzmarktverordnung – MiFIR)** oder sich auf diese Bestimmungen beziehende Anordnungen der BaFin verstoßen hat. Gemäß Art. 7 Abs. 1 S. 3 und Art. 11 Abs. 1 S. 3 MiFIR müssen Marktbetreiber und Wertpapierfirmen, die einen Handelsplatz betreiben, vorab die Genehmigung der zuständigen Behörde zu geplanten Regelungen für eine spätere Veröffentlichung einholen und die Marktteilnehmer sowie die Öffentlichkeit auf diese Regelungen deutlich hinweisen.

3. Ermessensausübung

11 Im Hinblick auf die Ermessenausübung gilt die Besonderheit, dass die BaFin nicht nur ein Ermessen im Hinblick auf die Maßnahme an sich hat, sondern darüber hinaus ein **besonderes Ermessen** im Hinblick auf die **anzuordnende Dauer** des Tätigkeitsverbotes. Hier muss sich die Ermessensausübung auch auf die tatsächlich verfügte Dauer der Untersagung erstrecken. Dabei ist der (präventive) Zweck der Maßnahme (§ 40 VwVfG) in den Blick zu nehmen und die Verhältnismäßigkeit zu wahren (zu § 36a KWG: Beck/Samm/Kokemoor/Müller-Grune KWG § 36 Rn. 14).

12 Da eine vorübergehende Untersagung von Leitungsaufgaben einen erheblichen Eingriff in die grundgesetzlich garantierte Berufsfreiheit (Art. 12 GG) darstellt, wird die Aufsichtsbehörde sorgfältig abzuwägen haben, ob der Eingriff

überhaupt und wenn ja in welcher Intensität erforderlich ist (zu § 36a KWG: Reischauer/Kleinhans/Albert § 36a Rn. 15). Im Rahmen des Erschließungsermessens entscheidet die Aufsicht zunächst, ob sie überhaupt nach § 23 Abs. 1 tätig werden möchte. Alternativ zu einem befristeten Leitungsverbot könnte die BaFin beispielsweise auch informell über mündliche oder schriftliche Hinweise und Belehrungen tätig werden (zu § 36a KWG: Reischauer/Kleinhans/Albert § 36a Rn. 15).

III. Unbefristetes Tätigkeitsverbot bei Wertpapierinstituten (§ 23 Abs. 2 S. 1, 2)

§ 23 Abs. 2 ist in mehrfacher Hinsicht ein **Qualifikationstatbestand** gegenüber § 23 Abs. 1 (Lendermann/Nemeczek/Schroeter/Sajnovits WpIG § 23 Rn. 9). Bei den in der Norm in Bezug genommenen qualifizierten Rechtsverstößen eröffnet er der BaFin nämlich die Möglichkeit, das Tätigkeitsverbot sowohl in zeitlicher (unbefristet) als auch in gegenständlicher (Verpflichtete nach § 2 Abs. 2 GwG) zu erstrecken. 13

§ 23 Abs. 2 S. 2 stellt lediglich klar, dass die Befugnisse der BaFin zum Erlass von Tätigkeitsverboten gegen Geschäftsleiter nach den Vorschriften des § 22 Abs. 1 und Abs. 4 unberührt bleiben. Das bedeutet, dass § 23 Abs. 2 S. 1 in den genannten Fällen nicht an die Stelle der Maßnahmen gegen die Geschäftsleiter tritt, sondern daneben Anwendung findet. 14

1. Adressat des Tätigkeitsverbots

Im Hinblick auf den Begriff des Adressaten kann zunächst auf die Kommentierung zu § 23 Abs. 1 (dazu → Rn. 4 ff.) verwiesen werden. Auch hier kann sich die Tätigkeitsuntersagung gegen natürliche Personen richten, die zum Zeitpunkt des wiederholten Verstoßes nicht Geschäftsleiter sind. 15

Bemerkenswert ist, dass der Begriff der „Verantwortlichkeit" keinen Eingang in die Vorschrift gefunden hat. Allerdings sieht § 23 Abs. 2 S. 1 vor, dass die betroffene Person gegen die katalogartig aufgeführten Vorschriften „verstoßen" haben muss, so dass ein Zurechnungstatbestand gegeben ist. 16

2. Wiederholter Rechtsverstoß

Ferner muss die Person wiederholt gegen § 19 Abs. 2 Nr. 5, 7 oder 8, gegen Artikel 14 oder Artikel 15 der Verordnung (EU) Nr. 596/2014 oder gegen Artikel 4 oder Artikel 15 der Verordnung (EU) 2015/2365 verstoßen haben. 17

a) Erlaubnisentziehungsgrund gem. § 19 Abs. 2 Nr. 5, 7 oder 8. Die betroffene Person muss **wiederholt** gegen § 19 Abs. 2 Nr. 5, 7 oder 8 verstoßen und damit einen Grund, dem Wertpapierinstitut die Erlaubnis zu entziehen, verwirklicht haben. Auf die Kommentierung zu § 23 Abs. 1 (dazu → Rn. 8 ff.) wird verwiesen. 18

b) Wiederholter Verstoß gegen Art. 14 oder 15 der Marktmissbrauchsverordnung. Ferner müsste die Person **wiederholt** gegen Artikel 14 oder Artikel 15 der Marktmissbrauchsverordnung (Verordnung (EU) Nr. 596/2014) verstoßen haben. Die Marktmissbrauchsverordnung regelt in Art. 14 das **Verbot von** 19

Insidergeschäften und unrechtmäßiger Offenlegung von Insiderinformationen und in Art. 15 das **Verbot der Marktmanipulation.**

20 **c) Wiederholter Verstoß gegen Art. 4 oder 15 SFTR.** Die betroffene Person kann schließlich auch **wiederholt** gegen Art. 4 oder 15 **Securities Financing Transactions Regulation (SFTR)** (Verordnung (EU) 2015/2365 – EU-Verordnung über Transparenz von Wertpapierfinanzierungsgeschäften und deren Weiterverwendung) verstoßen haben. Art. 4 SFTR beinhaltet **Meldepflichten und Sicherheitsvorkehrungen für Wertpapierfinanzierungsgeschäfte.** Art. 15 SFTR regelt die **Weiterverwendung von als Sicherheit erhaltenen Finanzinstrumenten** (dazu → Rn. 9).

3. Ermessensausübung

21 Insofern kann auf die Kommentierung zu § 23 Abs. 1 (dazu → § 23 Rn. 11 f.) verwiesen werden.

IV. Befristetes Tätigkeitsverbot bei einem Verpflichteten nach dem Geldwäschegesetz (§ 23 Abs. 2 S. 3)

22 § 23 Abs. 2 S. 3 ermächtigt die BaFin, im Falle eines Verstoßes gegen die §§ 25i, 25k oder 25m KWG oder die VO (EU) 2015/847 einer für den Verstoß verantwortlichen natürlichen Person, die zum Zeitpunkt des Verstoßes nicht Geschäftsleiter war, vorübergehend für einen Zeitraum von bis zu zwei Jahren die Aufnahme und Ausübung einer Tätigkeit als Geschäftsleiter bei Verpflichteten nach § 2 Abs. 1 GwG zu untersagen.

1. Adressat des Tätigkeitsverbotes

23 Im Hinblick auf den Begriff des Adressaten kann zunächst auf die Kommentierung zu § 23 Abs. 1 (dazu → Rn. 4 ff.) verwiesen werden. Die Tätigkeitsuntersagung muss sich gegen eine verantwortliche natürliche Person richten, die zum Zeitpunkt Verstoßes nicht Geschäftsleiter war.

2. Rechtsverstoß

24 Ferner muss die Person gegen die §§ 25i, 25k oder 25m KWG oder die VO (EU) 2015/847 verstoßen haben. Sämtliche Katalogvorschriften dienen der **Bekämpfung von Geldwäsche und Terrorismusfinanzierung.**

25 **a) Verletzung der allgemeinen Sorgfaltspflichten in Bezug auf E-Geld (§ 25i KWG).** Die betroffene Person müsste die in § 25i KWG normierten **allgemeinen geldwäscherechtlichen Sorgfaltspflichten in Bezug auf E-Geld** verletzt haben.

26 **b) Verletzung verstärkter Sorgfaltspflichten (§ 25k KWG).** Ferner müsste die Person die **verstärkten geldwäscherechtlichen Sorgfaltspflichten** (§ 25k KWG) missachtet haben.

27 **c) Durchführung verbotener Geschäfte (§ 25k KWG).** Gemäß § 25k KWG sind die Aufnahme oder Fortführung einer Korrespondenz- oder sonstigen Geschäftsbeziehung mit einer Bank-Mantelgesellschaft nach § 1 Abs. 22 GwG

(Ziff. 1) und die Errichtung und Führung von solchen Konten auf den Namen des Instituts oder für dritte Institute, über die die Kunden des Instituts oder dritten Instituts zur Durchführung von eigenen Transaktionen eigenständig verfügen können (Ziff. 2), verboten.

d) Verstoß gegen die Geldtransferverordnung (EU-Verordnung 2015/847). Schließlich kann ein Verstoß gegen die **Geldtransferverordnung** (EU-Verordnung 2015/847) eine befristete Tätigkeitsuntersagung begründen. 28

3. Rechtsfolge

Die BaFin kann der betroffenen Person vorübergehend für einen Zeitraum von bis zu zwei Jahren die Aufnahme und Ausübung einer Tätigkeit als Geschäftsleiter bei Verpflichteten nach § 2 Abs. 1 des GwG untersagen. Vorübergehend ausgeschlossen ist damit nicht nur eine Tätigkeit bei einem Wertpapierinstitut, sondern bei nahezu allen Unternehmen der Finanzbranche. Die Schwere des Eingriffs in die Berufsfreiheit der betroffenen Person (Art. 12 GG) hat die BaFin im Rahmen ihrer Ermessensentscheidung zu berücksichtigen. 29

Abschnitt 3. Inhaber bedeutender Beteiligungen

§ 24 Anzeige

(1) [1]**Wer beabsichtigt, allein oder im Zusammenwirken mit anderen Personen oder Unternehmen eine bedeutende Beteiligung an einem Wertpapierinstitut direkt oder indirekt zu erwerben (interessierter Erwerber) oder eine derartige bedeutende Beteiligung direkt oder indirekt zu erhöhen mit der Folge, dass sein Anteil an den Stimmrechten oder am Kapital die Grenzen von 20 Prozent, 30 Prozent oder 50 Prozent erreichen oder überschreiten würde oder das Wertpapierinstitut unter seine Kontrolle kommen würde (beabsichtigter Erwerb), hat dies der Bundesanstalt und der Deutschen Bundesbank unverzüglich unter Angabe des Umfangs der geplanten Beteiligung anzuzeigen.** [2]**In der Anzeige hat der interessierte Erwerber die für die Höhe der Beteiligung und die für die Begründung des maßgeblichen Einflusses wesentlichen Tatsachen und Unterlagen gemäß der Delegierten Verordnung (EU) 2017/1946 sowie die Personen und Unternehmen anzugeben, von denen er die entsprechenden Anteile erwerben will.** [3]**Die Bundesanstalt kann in einer Rechtsverordnung nach § 14 Absatz 3 nähere Bestimmungen hierzu treffen.**

(2) [1]**Unverzüglich anzuzeigen ist auch die beabsichtigte Aufgabe der direkt oder indirekt gehaltenen bedeutenden Beteiligung oder die Unterschreitung der in Absatz 1 genannten Grenzen für Beteiligungen an einem Wertpapierinstitut.** [2]**Bei der Anzeige ist die beabsichtigte verbleibende Höhe der Beteiligung anzugeben.** [3]**Die Bundesanstalt kann eine Frist festsetzen, nach deren Ablauf ihr die Person oder Personenhandelsgesellschaft oder das Unternehmen, welche die Anzeige nach Satz 1 erstattet hat, den Vollzug oder den Nichtvollzug der beabsichtigten Absenkung oder Aufgabe anzuzeigen hat.** [4]**Nach Ablauf der Frist hat die Person oder**

Personenhandelsgesellschaft oder das Unternehmen, welche die Anzeige nach Satz 1 erstattet hat, die Anzeige unverzüglich bei der Bundesanstalt zu erstatten.

(3) [1]**Wer unabsichtlich eine bedeutende Beteiligung an einem Wertpapierinstitut erwirbt oder eine bedeutende Beteiligung so erhöht, dass die Schwellen von 20 Prozent, 30 Prozent oder 50 Prozent der Stimmrechte oder des Kapitals erreicht oder überschritten werden oder das Wertpapierinstitut unter seine Kontrolle kommt, hat dies der Bundesanstalt und der Deutschen Bundesbank unverzüglich anzuzeigen, sobald er von dem Erwerb oder der Erhöhung Kenntnis erlangt hat.** [2]**Dies gilt auch, wenn er beabsichtigt, die Beteiligung so zurückzuführen, dass sie erneut unter den Schwellenwert fällt, sofern die Beteiligung nicht unverzüglich nach Kenntnis von dem Erwerb oder der Erhöhung zurückgeführt wird.** [3]**Gleiches gilt, wenn der Inhaber einer bedeutenden Beteiligung an einem Wertpapierinstitut unabsichtlich seine bedeutende Beteiligung aufgibt oder den Betrag seiner bedeutenden Beteiligung unter die Schwellen von 20 Prozent, 30 Prozent oder 50 Prozent der Stimmrechte oder des Kapitals senkt oder die Beteiligung so verändert, dass das Wertpapierinstitut nicht mehr kontrolliertes Unternehmen ist.**

(4) [1]**Die Bundesanstalt hat den Eingang einer vollständigen Anzeige umgehend, spätestens innerhalb von zwei Arbeitstagen nach deren Zugang gegenüber dem Anzeigepflichtigen zu bestätigen.** [2]**In der Bestätigung hat die Bundesanstalt dem Anzeigepflichtigen den Tag mitzuteilen, an dem der Beurteilungszeitraum im Sinne des § 25 Satz 1 endet.**

(5) **Der Inhaber einer bedeutenden Beteiligung hat jeden neu bestellten gesetzlichen oder satzungsmäßigen Vertreter oder neuen persönlich haftenden Gesellschafter mit den für die Beurteilung von dessen Zuverlässigkeit wesentlichen Tatsachen der Bundesanstalt und der Deutschen Bundesbank unverzüglich anzuzeigen.**

Übersicht

I. Vorbemerkung

Der Erwerber einer bedeutenden Beteiligung an einem Wertpapierinstitut hat seine diesbezügliche Absicht den zuständigen Aufsichtsbehörden, also der Bundes- 1 anstalt für Finanzdienstleistungsaufsicht (BaFin) und der Deutschen Bundesbank anzuzeigen. Neben der Absicht des Erwerbs einer Beteiligung sind auch die Erhöhung und das Absinken einer bereits bestehenden Beteiligung über oder unter bestimmte Schwellenwerte sowie die vollständige Aufgabe der Beteiligung an dem Wertpapierinstitut anzeigepflichtig. Im Rahmen eines präventiv ausgestalteten, formellen Verwaltungsverfahrens (Inhaberkontrollverfahren) muss der interessierte Erwerber umfangreiche Informationen – etwa zu seiner Identität, seiner Erfahrung, seinen Plänen und der Herkunft der für den Erwerb benötigten Mittel – offenlegen, die von den Aufsichtsbehörden überprüft werden (Binder/Glos/Riepe BankenaufsichtsR-HdB/Steck, 2. Auflage 2020, § 4 Rn. 1). Die Aufsichtsbehörden können gegen den geplanten Anteilserwerb entweder keine Einwände erheben oder diesen untersagen.

1. Regelungszweck

2 Grund für die Inhaberkontrolle ist die Annahme, dass Veränderungen im Kreis der Anteilseigner des Wertpapierinstituts Auswirkungen sowohl auf die Finanzierung als auch auf die Seriosität der Geschäftsleitung und des Geschäftsmodells haben können (Lendermann/Nemeczek/Schroeter/Lösing WpIG § 24 Rn. 8, zu § 2c KWG Beck/Samm/Kokemoor/von den Steinen KWG § 2c Rn. 8). Im Einzelnen soll sichergestellt werden, dass

- Wertpapierinstitute nicht von unzuverlässigen oder ungeeigneten Anteilsinhabern beeinflusst werden;
- Wertpapierinstitute jederzeit solvent und funktionsfähig sind, so dass insbes. ihre Gläubiger gesichert werden;
- grenzüberschreitende Verflechtungen, Fusionen und Übernahmen durch einen einheitlichen europäischen Rahmen erleichtert werden; und
- die Institute vor Geldwäsche und Terrorismusfinanzierung geschützt werden. (Lendermann/Nemeczek/Schroeter/Lösing WpIG § 24 Rn. 8; zu § 2c KWG Beck/Samm/Kokemoor/von den Steinen KWG § 2c Rn. 10)

3 Zum Ziel der Erleichterung grenzüberschreitender Verflechtungen gibt Lösing zutreffend zu bedenken, dass das sehr engmaschige Kontrollsystem von vielen Unternehmen und Anteilsinhabern als übermäßig bürokratisch empfunden wird (Lendermann/Nemeczek/Schroeter/Lösing WpIG § 24 Rn. 8). Die Intensität der behördlichen Prüfung und die Dauer der Verfahren führen außerdem zu einer erheblichen Erhöhung der mit dem Erwerb verbundenen Transaktionskosten. Inhaberkontrollverfahren binden internes Personal und verursachen außerdem regelmäßig erhebliche Kosten für externe Rechtsberater.

2. Gesetzgebungsgeschichte

4 Vor Inkrafttreten des WpIG war das Inhaberkontrollverfahren für Wertpapierunternehmen in § 2c KWG geregelt. Nunmehr hat der Gesetzgeber in Kapitel 1 Abschnitt 3 des WpIG (§§ 24–27) unter der Überschrift „Inhaber bedeutender Beteiligungen" für Wertpapierinstitute eine eigenständige Regelung geschaffen, die systematisch der Vorgabe der MiFID II-Richtlinie (Artikel 11–13 MiFID II – RL 2014/65/EU) folgt und damit auch die Anwendung von Delegierten Verordnungen (namentlich der DelVO (EU) 2017/1946) erleichtert (RegE 24.2.2021, BT-Drs. 19/26929, 141).

5 Das WpIG trat am 26.6.2021 in Kraft, wobei sich das Gesetz im Wesentlichen an **Kleine Wertpapierinstitute** (§ 2 Abs. 16) und **Mittlere Wertpapierinsti-**

tute (§ 2 Abs. 17) richtet. Für sog. „Große Wertpapierinstitute" (§ 2 Abs. 18) bleibt gemäß der Verweisung in § 4 eine Vielzahl der Regelungen im KWG und in der CRR anwendbar. § 4 enthält allerdings keine Verweisung auf den § 2c KWG, so dass auch für **Große Wertpapierinstitute** die Regelungen der §§ 24 ff. (iVm der DelVO (EU) 2017/1946) gelten.

Weitere ähnliche Regelungen zu Inhaberkontrollverfahren finden sich außer in § 2c KWG (für Banken und Finanzdienstleistungsinstitute) in § 19 KAGB (für externe OGAW-Kapitalverwaltungsgesellschaften), in §§ 16, 17 VAG (für den Versicherungssektor), in § 6 BörsG (für Börsen) und in § 14 ZAG (für Zahlungs- und E-Geld-Institute). **6**

3. Grundzüge des Inhaberkontrollverfahrens

§ 24 regelt die Anzeigepflichten im Zusammenhang mit Veränderungen in der Beteiligungsstruktur von Wertpapierinstituten. Die weiteren Vorschriften betreffen den Beurteilungszeitraum (§ 25), die Beurteilungskriterien für eine mögliche Untersagung (§ 26) sowie die Untersagung der Stimmrechtsausübung und Weisungsrechte der BaFin (§ 27). **7**

Gemäß § 24 muss der künftige Inhaber einer bedeutenden Beteiligung an einem Wertpapierinstitut – der „interessierte Erwerber" – seine Erwerbsabsicht gegenüber der BaFin und der Deutschen Bundesbank unverzüglich anzeigen. Die Absichtsanzeige löst bei den Aufsichtsbehörden das Inhaberkontrollverfahren aus. Eine Anzeigepflicht besteht auch dann, wenn ein Inhaber einer bedeutenden Beteiligung die Absicht hat, seine Beteiligung über bestimmte Schwellenwerte hinaus (20 %, 30 % oder 50 %) zu erhöhen, die Beteiligung unter die Schwellenwerte zu verringern oder seine Beteiligung vollständig aufzugeben. **8**

Nach Erhalt der vollständigen Informationen und Unterlagen hat die BaFin den Eingang der vollständigen Anzeige umgehend, spätestens innerhalb von zwei Arbeitstagen nach deren Zugang, gegenüber dem Anzeigepflichtigen zu bestätigen (§ 24 Abs. 4 S. 1). Bestätigt die BaFin die Vollständigkeit der Anzeige, beginnt der gem. § 25 S. 1 grundsätzlich 60 Arbeitstage umfassende **Beurteilungszeitraum,** innerhalb dessen die BaFin den beabsichtigten Anteilserwerb zu prüfen hat. Die ausdrückliche Freigabe zum Vollzug sieht das Gesetz nicht vor, es handelt sich bei der Inhaberkontrolle also nicht um ein formelles Genehmigungsverfahren. Vielmehr wählt das WpIG einen anderen Regelungsansatz und räumt der BaFin innerhalb des Beurteilungszeitraums die Befugnis ein, den Erwerb oder die Erhöhung der Beteiligung zu untersagen (so zu § 2c KWG: Binder/Glos/Riepe BankenaufsichtsR-HdB/Steck, 2. Auflage 2020, § 4 Rn. 13). Teilweise äußert sich die BaFin auch bereits vor Ablauf des Beurteilungszeitraums in der Gestalt, dass nach der ihr gegenwärtig bekannten Aktenlage keine Einwendungen gegen den Erwerb bestehen. Eine solche Freigabeerklärung kann eine Transaktion um einige Wochen beschleunigen und die Problematik eines möglichen Vollzugsverbotes während des Beurteilungszeitraums entschärfen (zu § 2c KWG: Binder/Glos/Riepe BankenaufsichtsR-HdB/Steck, 2. Auflage 2020, § 4 Rn. 13). **9**

Komplementär zur Anzeigepflicht des Erwerbers (§ 24) hat das betroffene Wertpapierinstitut der BaFin und der Deutschen Bundesbank bestimmte Veränderungen seiner Eigentümerstruktur mitzuteilen (§ 64 Abs. 1 Nr. 9 – sog. **„Passivanzeige"**). Es besteht also eine doppelte Meldeverpflichtung. Hierdurch soll überprüft werden, ob der Anzeigepflichtige seiner Verpflichtung, ein Inhaber- **10** kontrollverfahren durchzuführen, nachgekommen ist (zu § 2c KWG: Binder/Glos/Riepe BankenaufsichtsR-HdB/Steck, 2. Auflage 2020, § 4 Rn. 4).

4. Wertpapierinstituts-Inhaberkontrollverordnung (WpI-InhKontrollV), Aufsichtspraxis

11 Gemäß § 24 Abs. 1 S. 3 kann die BaFin in einer Rechtsverordnung (§ 14 Abs. 3) nähere Bestimmungen zum Inhaberkontrollverfahren treffen. Mit der **Wertpapierinstituts-Inhaberkontrollverordnung (WpI-InhKontrollV)** hat die BaFin die Anzeigepflicht konkretisiert. Die Verordnung enthält als Anlagen verbindliche Formulare, die für Anzeigen nach § 24 zu verwenden sind (zur Wertpapierinstituts-Inhaberkontrollverordnung im Einzelnen → Rn. 70 ff.).

12 Wichtige Hinweise zu den grundlegenden Begriffen der Inhaberkontrollverfahren sowie zur Verwaltungspraxis der Aufsichtsbehörden bieten ferner die **Gemeinsamen Leitlinien der Europäischen Aufsichtsbehörden** (European Supervisory Authorities → ESAs) vom 20.12.2016 (ESAs „Gemeinsame Leitlinien zur aufsichtsrechtlichen Beurteilung des Erwerbs und der Erhöhung von qualifizierten Beteiligungen im Finanzsektor“, JC/GL/2016/01) sowie das von der **BaFin** veröffentlichte **Merkblatt zum Inhaberkontrollverfahren** v. 27.11.2015 (zu berücksichtigen ist dabei, dass das Merkblatt der BaFin nicht mehr aktuell ist und daher nach eigener Auffassung der BaFin nur als erste Orientierungshilfe dienen kann, die aktuelle Rechtslage und Verwaltungspraxis aber nicht vollständig wiedergibt). Die Gemeinsamen Leitlinien sollen Klarheit verschaffen über die Verfahrensvorschriften und Beurteilungskriterien, die von den zuständigen Behörden zur aufsichtsrechtlichen Beurteilung des Erwerbs und der Erhöhung von qualifizierten Beteiligungen im Finanzsektor angewandt werden (Gemeinsame Leitlinien, JC/GL/2016/01, S. 2). Die BaFin hat die Gemeinsamen Leitlinien in ihre Verwaltungspraxis übernommen. Sie wendet prinzipiell alle Leitlinien und Q&As der Europäischen Aufsichtsbehörden an. Sollte dies nicht der Fall sein, veröffentlicht sie eine entsprechende Mitteilung (Binder/Glos/Riepe BankenaufsichtsR-HdB/Steck, 2. Auflage 2020, § 4 Rn. 10).

5. Anzeigepflichten außerhalb des WpIG

13 Neben der Anzeigepflicht nach § 24 sind bei börsennotierten Zielinstituten die **Anzeige- und Angebotspflichten des WpHG und des WpÜG** zu berücksichtigen. Bei Erwerb einer bedeutenden Beteiligung an einem Kreditinstitut, das Mitglied im freiwilligen Einlagensicherungssystem des Bundesverbands deutscher Banken e.V. ist, durchlaufen interessierte Erwerber neben dem Verfahren bei BaFin und Deutscher Bundesbank (§ 2c KWG) ein separates Inhaberkontrollverfahren beim Prüfungsverband deutscher Banken e.V. Bei Erwerb einer bedeutenden Beteiligung an einem Wertpapierinstitut existiert **kein vergleichbares Inhaberkontrollverfahren** im Hinblick auf die Zuordnung von Wertpapierinstituten zur **Entschädigungseinrichtung der Wertpapierhandelsunternehmen (EdW)** (so unzutreffend Lendermann/Nemeczek/Schroeter/Lösing WpIG § 24 Rn. 7).

6. Modifizierte Pflichten nach dem Sanierungs- und Abwicklungsgesetz (SAG)?

14 In Sanierungssituationen im Anwendungsbereich des Sanierungs- und Abwicklungsgesetzes (SAG) gelten mit § 100 Abs. 4 und 5 SAG und § 120 SAG **Sonder-**

regelungen für den Fall, dass eine Übertragung von Anteilen nach § 107 SAG zum Erwerb oder zur Erhöhung einer bedeutenden Beteiligung führt. Hierdurch soll sichergestellt werden, dass regelmäßig zeitkritische Sanierungsverfahren nicht an der Inhaberkontrolle scheitern (zu § 2c KWG: Beck/Samm/Kokemoor/von den Steinen KWG § 2c Rn. 18). Es wird davon ausgegangen, dass die Beurteilung regelmäßig bis zum Wirksamwerden der Übertragung nach § 114 SAG abgeschlossen ist. Wo das nicht der Fall ist, wird die Übertragung wirksam, ohne dass ein Vollzugshindernis besteht (Lendermann/Nemeczek/Schroeter/Lösing WpIG § 24 Rn. 9; zu § 2c KWG Beck/Samm/Kokemoor/von den Steinen KWG § 2c Rn. 19).

Wenn eine Übertragung von Anteilen nach § 107 SAG zum Erwerb oder zur Erhöhung einer bedeutenden Beteiligung führt, nimmt die Aufsichtsbehörde gem. § 120 Abs. 1 SAG **abweichend von § 2c KWG** die danach erforderliche Beurteilung so rechtzeitig vor, dass die Anwendung des entsprechenden Abwicklungsinstruments nicht verzögert und das Erreichen der mit der Abwicklungsmaßnahme angestrebten Abwicklungsziele nicht verhindert werden. Gemäß § 1 Abs. 1 Nr. 2 SAG ist das Sanierungs- und Abwicklungsgesetz auf Große Wertpapierinstitute iSd § 2 Abs. 18 anwendbar, Kleine und Mittlere Wertpapierinstitute sind von vornherein nicht erfasst. Damit stellt sich die Frage, ob die Vorschrift des § 120 SAG auch auf Große Wertpapierinstitute anwendbar ist. Dagegen spricht, dass die Vorschrift allein auf die Vorgaben des § 2c KWG und damit eben nicht auf die Anzeigepflichten beim Erwerb einer bedeutenden Beteiligung nach den §§ 24 ff. verweist. Lösing erkennt hier eine planwidrige Regelungslücke und hält daher **§ 120 SAG bei Großen Wertpapierinstituten für analog anwendbar.** Es sei nicht ersichtlich, dass der Gesetzgeber sich bewusst mit dem Umstand auseinandergesetzt habe, dass Wertpapierinstitute ggf. auch von Maßnahmen nach dem SAG erfasst sind und es hier ebenfalls zu Sanierungssituation kommen kann, in denen ein Partner sehr kurzfristig nicht mehr lieferfähig sei. Auch erscheine es schwer nachvollziehbar, warum es im Anwendungsbereich des SAG nur für einen Teil der Institute Beschleunigungsmechanismen gäbe, während dies für einen anderen Teil, auf den ebenfalls die sehr ähnlichen Anzeigepflichten anwendbar sind, nicht in Betracht komme (Lendermann/Nemeczek/Schroeter/Lösing WpIG § 24 Rn. 10). Diese Argumentation ist inhaltlich nachvollziehbar. Vor dem Hintergrund der notorischen Personalknappheit bei der BaFin ist allerdings schwer vorstellbar, dass die Aufsicht bei einer Übertragung von Anteilen an Großen Wertpapierinstituten die Regelung des § 120 Abs. 1 SAG analog anwendet und ihr Prüfungsverfahren beschleunigt. In derartigen Prüfungsverfahren wird ohne ausdrückliche Ergänzung des § 120 Abs. 1 SAG um einen Verweis auf §§ 24 ff. WpIG eine Beschleunigung schwerlich zu erreichen sein. 15

II. Erwerbsabsicht (§ 24 Abs. 1 S. 1)

1. Voraussetzungen der Anzeigepflicht

Die Anzeigepflicht nach § 24 Abs. 1 S. 1 besteht für denjenigen, der beabsichtigt, allein oder im Zusammenwirken mit anderen Personen oder Unternehmen eine bedeutende Beteiligung an einem Wertpapierinstitut direkt oder indirekt zu erwerben oder eine derartige bedeutende Beteiligung direkt oder indirekt zu erhöhen mit der Folge, dass der Anteil an den Stimmrechten oder am Kapital die 16

Grenzen von 20 %, 30 % oder 50 % erreichen oder überschreiten würde. Ferner besteht die Anzeigepflicht, wenn eine Person allein oder im Zusammenwirken mit anderen Personen oder Unternehmen die Kontrolle über das Wertpapierinstitut erlangt.

17 **a) Anzeigepflichtiger.** Der Begriff des „interessierten Erwerbers" ist weit gefasst. Ihm unterfallen

- **natürliche Personen, juristische Personen, Personenhandelsgesellschaften wie auch BGB-Gesellschaften;**
- **Unternehmen der „Realwirtschaft"** (zB Industrie- und Handelsunternehmen, denn es wird nicht vorausgesetzt, dass der Anzeigepflichtige selbst ein reguliertes Unternehmen ist);
- **ausländische Personen und Gesellschaften,** denn der (Wohn-)Sitz des Anzeigepflichtigen ist für das Bestehen der Anzeigepflicht ohne Relevanz;
- **öffentliche-rechtliche Rechtsträger,** etwa der Bund, die Deutsche Bundesbank, ein rechtlich selbständiges Sondervermögen des Bundes oder eines Landes, ein Land, eine Gemeinde oder ein Gemeindeverband (zum KWG: § 16 Abs. 2 S. 1 Nr. 1 InhKontrollV)

  (zu § 2c KWG: Beck/Samm/Kokemoor/von den Steinen KWG § 2c Rn. 30).

18 **b) Erwerb einer bedeutenden Beteiligung.** Zentrale Voraussetzung für die Anwendung der Regeln des §§ 24 ff. ist, dass eine **„bedeutende Beteiligung"** an einem Wertpapierinstitut erworben werden soll oder gegeben ist. Was unter dem Begriff zu verstehen ist, ergibt sich aus **Art. 4 Abs. 1 Nr. 36 CRR** (Verordnung (EU) Nr. 575/2013), auf den § 2 Abs. 23 S. 1 verweist. Eine „bedeutende Beteiligung" ist demnach „das direkte oder indirekte Halten von Anteilen an einem Unternehmen, das mindestens 10 % des Kapitals oder der Stimmrechte dieses Unternehmens repräsentiert oder das anderweitig die Wahrnehmung eines maßgeblichen Einflusses auf die Geschäftsführung dieses Unternehmens ermöglicht" (Art. 4 Abs. 1 Nr. 36 CRR – dort bezeichnet als „qualifizierte Beteiligung", was aber gleichbedeutend ist, so Beck/Samm/Kokemoor/von den Steinen KWG § 2c Rn. 36).

19 Gemäß Art. 4 Abs. 1 Nr. 36 CRR ist somit unter folgenden Voraussetzungen eine „bedeutende Beteiligung" gegeben (wobei die Beteiligung nur eines dieser Kriterien erfüllen muss):

- Halten von **mindestens 10 % des Kapitals** (direkt oder indirekt),
- Halten von **mindestens 10 % der Stimmrechte** (direkt oder indirekt),
- **andere** Möglichkeit der Wahrnehmung **eines maßgeblichen Einflusses** auf die Geschäftsführung des Zielunternehmens.

20 Die drei Varianten des Erwerbs einer bedeutenden Beteiligung können nebeneinander zur Anwendung kommen. Dies bedeutet, dass die Kapital- oder Stimmrechtsanteile, die der oder die direkt am Zielunternehmen Beteiligten halten, mehreren anderen Personen indirekt zugerechnet werden können. Die einem oder mehreren anderen zugerechneten Anteile werden aber nicht beim direkt/unmittelbar Beteiligten abgezogen. Es erfolgt in der Regel eine **mehrfache Anrechnung** der Anteile; zum einen bei dem jeweils unmittelbar Beteiligten und zum anderen bei ein oder mehreren mittelbar Beteiligten, die die Anteile zugerechnet erhalten. Jeder, dem im Ergebnis mindestens 10 % des Kapitals oder der Stimmrechte direkt oder indirekt an- bzw. zugerechnet werden, hält eine bedeutende Beteiligung (BaFin-Merkblatt zur Inhaberkontrolle vom 27.11.2015, IV.1).

21 **Erwerb** bezeichnet jeden Vorgang, durch den ein Unternehmen oder eine Person Anteile des Wertpapierinstituts erlangt oder eine bereits bestehende Beteiligung ausbaut bzw. sich Zugriff auf die Stimmrechte des beaufsichtigten Unternehmens verschafft bzw. der zu einer entsprechenden Zurechnung der Stimmrechte führt (Lendermann/Nemeczek/Schroeter/Lösing WpIG § 24 Rn. 16). Der Erwerb kann originär (zB durch Beteiligung an einer Kapitalerhöhung) oder derivativ (zB durch Anteilserwerb) erfolgen (Binder/Glos/Riepe BankenaufsichtsR-HdB/Steck, 2. Auflage 2020, § 4 Rn. 11). Denkbar ist ein gestufter Erwerb von Unternehmensanteilen, etwa durch den Erwerb von **Options-/Wandlungsrechten** oder bei der **Durchsetzung von Pfandrechten.** Hierbei liegt ein Erwerb erst im Moment der Ausübung des Optionsrechtes oder Durchsetzung des Pfandrechts vor (str. Lendermann/Nemeczek/Schroeter/Lösing WpIG § 24 Rn. 16, ausführlich → Rn. 67 ff.).

22 **aa) Erwerb einer bedeutenden Kapitalbeteiligung.** Eine Beteiligung am Kapital des Wertpapierinstituts kann direkt (unmittelbar) oder indirekt (mittelbar) bestehen.

23 **(1) Direkte (unmittelbare) Kapitalbeteiligung.** Ob eine direkte bzw. unmittelbare bedeutende Beteiligung vorliegt, ist verhältnismäßig einfach zu bestimmen (BaFin-Merkblatt zur Inhaberkontrolle vom 27.11.2015, IV.2). Für die Berechnung ist das **bestehende (eingetragene) Grund- oder Stammkapital** (**Nennwert, Nennkapital** oder die **Summe der Kapitalanteile**) des Zielinstituts zugrunde zu legen (Lendermann/Nemeczek/Schroeter/Lösing WpIG § 24 Rn. 22; zu § 2c KWG: Beck/Samm/Kokemoor/von den Steinen KWG § 2c Rn. 40; Luz/Neus/Schaber/Schneider/Wagner/Weber/Kobabe/Hirdes, Tb. 1a, KWG § 2c Rn. 58).

24 Während **bedingtes oder genehmigtes Kapital,** das noch nicht ausgeübt ist, nicht mitzählt, weil die Anteile noch nicht existieren, sind **eigene Anteile,** die das Zielinstitut hält, zu berücksichtigen (Lendermann/Nemeczek/Schroeter/Lösing WpIG § 24 Rn. 22; zu § 2c KWG: Beck/Samm/Kokemoor/von den Steinen KWG § 2c Rn. 40; Luz/Neus/Schaber/Schneider/Wagner/Weber/Kobabe/Hirdes, Tb. 1a, KWG § 2c Rn. 58). Zwar können Stimmrechte gesperrt sein (zB § 71b AktG), für die Kapitalbeteiligung – als Maßstab für die Ermittlung des Erwerbs einer bedeutenden Beteiligung – ist das aber von vornherein irrelevant (zu § 2c KWG: Beck/Samm/Kokemoor/von den Steinen KWG § 2c Rn. 40).

25 Auch der Erwerb von **Wandeldarlehen** in einem Umfang, dass bei Ausübung des Wandlungsrechts eine Beteiligung von mindestens 10 % erreicht würde, löst noch keine Anzeigepflicht aus. Etwas anderes gilt auch nicht, wenn die Anleihebedingungen eine Wandlungspflicht am Laufzeitende vorsehen (sog. Pflichtwandelanleihe) (zu § 2c KWG: Schwennicke/Auerbach/Süßmann KWG § 2c Rn. 13; aA Fischer/Schäfer/Schulte-Mattler/Schulte-Mattler/Schäfer § 2c Rn. 10). Teilweise wird die Wandlungspflicht mit dem Emittentenwahlrecht begründet („soft mandatory convertible"), der Anleihegläubiger könne die Ausübung dieses Wahlrechts nicht vorhersehen. Der Anleihegläubiger kann schließlich die Wandelanleihe jederzeit veräußern (zu § 2c KWG: Beck/Samm/Kokemoor/von den Steinen KWG § 2c Rn. 83a; Schwennicke/Auerbach/Süßmann KWG § 2c Rn. 13). Eine Wandlungspflicht kann sich etwa durch ein BaFin-Verlangen ergeben, wenn dann sonstiges Kapital in Eigenkapital gewandelt wird. Die Anzeigepflicht entsteht daher erst mit der Absicht des Anleihegläubigers, sein Wandlungsrecht auszuüben oder dem Zeitpunkt der Pflichtwandlung, obgleich der Anzeigepflichtige dann

bereits Aktionär ist (zu § 2c KWG: Schwennicke/Auerbach/Süßmann KWG § 2c Rn. 13) (→ Rn. 67 ff.).

26 Die Anrechnung (Berücksichtigung) von Anteilen erfolgt **unabhängig von der Zielsetzung,** die mit dem (geplanten) Anteilsbesitz verbunden ist. Daher kommt es zB nicht auf die Haltedauer, das Bestehen einer Beteiligungsabsicht (iSd § 271 Abs. 1 HGB), den Bilanzausweis der Anteile oder darauf an, ob sie im Eigen- oder im Fremdinteresse gehalten werden (BaFin-Merkblatt zur Inhaberkontrolle vom 27.11.2015. IV.1; gegen Anzeigepflicht bei nur vorübergehenden Halten der Anteile: Schwennicke/Auerbach/Süßmann KWG § 2c Rn. 19).

27 Die rein quantitativ beschriebene Kapitalbeteiligung ist als anzeigepflichtig anzusehen, und zwar unabhängig davon, ob mit ihr Stimmrechte – und damit Einfluss – verbunden sind oder nicht. Daher sind auch **Vorzugsaktionäre** und **(stimmrechtslose) Kommanditisten** mit mehr als 10 % der Kapitalanteile Inhaber einer bedeutenden Beteiligung. Gleiches gilt weiterhin für rein **passive Finanzinvestoren,** die sich zum Beispiel als Limited Partners an Erwerbsvehikeln beteiligen, und zwar unabhängig davon, dass deren Management und die Entscheidungsgewalt bei einem Private Equity-Unternehmen oder einem strategischen Investor liegen (Lendermann/Nemeczek/Schroeter/Lösing WpIG § 24 Rn. 22).

28 Bei der **Wertpapierleihe** ist entscheidend, wer Inhaber der Wertpapiere ist. Solange der Entleiher die Wertpapiere hält, ist er deren Inhaber; mit Abschluss der Leihe gehen die Rechte zurück an den Verleiher, der damit dann wieder Inhaber der Wertpapiere wird (Lendermann/Nemeczek/Schroeter/Lösing WpIG § 24 Rn. 23; zu § 2c KWG: Emde/Nemeczek/Pitz WM 2022, 1525 (1529)).

29 Umstritten ist die Frage, ob **Genussrechte, stille Beteiligungen und andere hybride Kapitalinstrumente** als Beteiligung anzusehen sind (siehe dazu ausführlich Lendermann/Nemeczek/Schroeter/Lösing WpIG § 24 Rn. 24 ff.). EZB und BaFin legen eine bilanzielle Betrachtung zugrunde, indem sie darauf abstellen, ob die relevante Beteiligung im bilanziellen Sinne einen Eigenkapitalposten begründet (dieser Betrachtungsweise zustimmend Lendermann/Nemeczek/Schroeter/Lösing WpIG § 24 Rn. 27; kritisch zur Verwaltungspraxis von EZB und BaFin: Emde/Nemeczek/Pitz WM 2022, 1525 (1528)).

30 **(2) Indirekte (mittelbare) Kapitalbeteiligung.** Eine indirekte Kapitalbeteiligung an einem Wertpapierinstitut ist gegeben, wenn die Beteiligung über eine oder mehrere **zwischengeschaltete Gesellschaften** gehalten wird. Die Höhe derartiger indirekter Beteiligungen wurde in der Vergangenheit **quotal** berechnet (so das in diesem Punkt nicht mehr aktuelle BaFin-Merkblatt zur Inhaberkontrolle vom 27.11.2015, IV.3.a.(1)). Das bedeutet, dass bei Konzernstrukturen der zukünftige Anteil der sich unmittelbar an einem Wertpapierinstitut beteiligenden Konzernzwischengesellschaft mit dem indirekten Anteil der Konzernobergesellschaft an der Zwischengesellschaft multipliziert wird (Lendermann/Nemeczek/Schroeter/Lösing WpIG § 24 Rn. 28 unter Hinweis auf die Beispiele der BaFin in ihrem Merkblatt zur Inhaberkontrolle vom 27.11.2015, dort IV.3.a.(1)). Mittlerweile gilt diese quotale Berechnungsweise jedoch nur noch dann, wenn die Obergesellschaft keine Kontrolle über die Zwischengesellschaft hat (also gerade keine Konzernstruktur, sondern eine Minderheitsbeteiligung vorliegt). Hat die Obergesellschaft hingegen Kontrolle über die Zwischengesellschaft, die ihrerseits mindestens 10 Prozent der Kapitalanteile an einem Wertpapierinstitut hält, so sind der Obergesellschaft diese Kapitalanteile gem. § 4 Abs. 2 S. 1 WpI-InhKontrollV in voller Höhe zuzurechnen.

31 **bb) Erwerb einer bedeutenden Stimmrechtsbeteiligung.** Die Berechnung einer Stimmrechtsbeteiligung erfolgt unabhängig von der Berechnung einer Kapitalbeteiligung. Gemäß § 2 Abs. 23 S. 2 gelten für die Berechnung des Anteils an den Stimmrechten die Vorschriften des WpHG und der auf Grundlage des WpHG erlassenen Rechtsverordnungen. Dies gilt auch für Unternehmen, die nicht kapitalmarktorientiert sind (zu § 2c KWG: Beck/Samm/Kokemoor/von den Steinen KWG § 2c Rn. 41). Der Verweis bewirkt, dass alle Stimmrechte an der Zielgesellschaft, die dem potenziell bedeutend Beteiligten nach Maßgabe der §§ 33, 34 WpHG zuzurechnen wären, auch bei der Errechnung seines Stimmrechtsanteils zuzurechnen sind (kritisch zur Anwendung der Vorschriften der WpHG-Vorschriften Lendermann/Nemeczek/Schroeter/Lösing WpIG § 24 Rn. 34 ff.).

32 § 2 Abs. 23 S. 2 verweist ua auf § 33 Abs. 1 WpHG iVm einer **Rechtsverordnung nach § 33 Abs. 3 WpHG**. Bei diesem Verweis dürfte es sich um ein **Redaktionsversehen** handeln, da der § 33 Abs. 3 WpHG keine Verordnungsermächtigung enthält. Es ist davon auszugehen, dass stattdessen wohl auf **§ 33 Abs. 5 WpHG** verwiesen werden sollte (so zutreffend Lendermann/Nemeczek/Schroeter/Lösing WpIG § 24 Rn. 32). Denn § 33 Abs. 5 WpHG ermächtigt das Bundesministerium der Finanzen (oder nach Übertragung der Ermächtigung die BaFin), durch Rechtsverordnung nähere Bestimmungen über den Inhalt, die Art, die Sprache, den Umfang und die Form der Mitteilung nach § 33 Abs. 1 S. 1 und Abs. 2 WpHG zu erlassen. Eine Korrektur des Verweises durch den Gesetzgeber wäre wünschenswert.

33 **(1) Direkte (unmittelbare) Stimmrechtsbeteiligung.** Bei einer unmittelbaren Beteiligung am Wertpapierinstitut entspricht die Höhe der Stimmrechtsbeteiligung grundsätzlich der Höhe des Kapitalanteils. Für Gesellschaften mit beschränkter Haftung (GmbH) ist dies gesetzlich vorgeschrieben (§ 47 Abs. 2 GmbHG).

34 **Vorzugsaktien** sind bei der Berechnung der Stimmrechtsbeteiligung nicht generell ausgenommen. Denn weder Art. 4 Abs. 1 Nr. 36 CRR noch §§ 21 ff. WpHG differenzieren nach Aktiengattungen, sondern stellen allein auf Stimmrechte ab. Sind Vorzugsaktien mit Stimmrechten ausgestattet, sind diese zu berücksichtigen. Ist das Stimmrecht ausgeschlossen, sind Vorzugsaktien nur zu berücksichtigen, wenn ihr Stimmrecht ausnahmsweise besteht, also insbesondere dann, wenn Vorzüge nicht gezahlt sind, § 140 Abs. 2 oder § 141 Abs. 4 AktG (Lendermann/Nemeczek/Schroeter/Lösing WpIG § 24 Rn. 38; zu § 2c KWG: Beck/Samm/Kokemoor/von den Steinen KWG § 2c Rn. 42).

35 In der Literatur umstritten ist, ob **gesperrte Stimmrechte** (wie bspw. nach § 2c Abs. 1 KWG, § 44 WpHG oder § 59 WpÜG) zu berücksichtigen sind (so zu § 2c KWG: Beck/Samm/Kokemoor/von den Steinen KWG § 2c Rn. 43; aA Lendermann/Nemeczek/Schroeter/Lösing WpIG § 24 Rn. 39). Die Berücksichtigung gesperrter Stimmrechte wird damit begründet, dass andernfalls die Frage der bedeutenden Beteiligung von Umständen abhinge, die nur schwer von außen nachzuvollziehen seien (so zu § 2c KWG: Beck/Samm/Kokemoor/von den Steinen KWG § 2c Rn. 43). Zutreffend wendet Lösing dagegen ein, dass maßgeblich sein sollte, ob ein potenzieller Erwerber es selbst in der Hand hat, die Stimmrechte auszuüben oder nicht. Im Fall einer Untersagung der Stimmrechtsausübung durch die BaFin dürfte dies regelmäßig nicht der Fall sein, wohingegen ein Bieter die in § 59 WpÜG genannten Pflichten des § 35 WpÜG selbst erfüllen und damit

selbst dafür sorgen könnte, dass die Stimmrechtssperre aufgehoben wird (Lendermann/Nemeczek/Schroeter/Lösing WpIG § 24 Rn. 39).

36 Im Hinblick auf **eigene Anteile, die das Zielinstitut selbst hält,** wird in der Literatur die Auffassung vertreten, dass diese bei der Bestimmung des Stimmrechtsanteils von der Summe bestehender Stimmrechte nicht abzuziehen seien (Lendermann/Nemeczek/Schroeter/Lösing WpIG § 24 Rn. 40; Beck/Samm/Kokemoor/von den Steinen KWG § 2c Rn. 43). Diese Rechtsauffassung überzeugt jedenfalls dann nicht, wenn eigene Geschäftsanteile der Zielgesellschaft vom Stimmrecht ausgeschlossen sind oder diese Stimmrechte ruhen. Bei Aktiengesellschaften stehen der AG aus eigenen Aktien keine Rechte zu (§ 71b AktG). Eigene Aktien der AG vermitteln also auch kein Stimmrecht. Bei der GmbH gilt nach st. Rechtsprechung des BGH, dass das Stimmrecht ruht, wenn die Gesellschaft selbst Inhaberin des Geschäftsanteils ist (BGH NJW 2009, 2300 Rn. 33; ZIP 2009, 2194 Rn. 6). Eine Berücksichtigung eigener Anteile der Zielgesellschaft bei der Berechnung der Stimmrechtsanteile könnte dazu führen, dass die Anzeigepflicht eines Erwerbsinteressenten ausscheidet, obwohl er bei der Beschlussfassung die Schwellenwerte des § 24 Abs. 1 erreicht. Die Zielgesellschaft wäre in der Versammlung der Gesellschafter oder der Aktionäre nicht stimmberechtigt, sodass der tatsächliche Stimmanteil des interessierten Erwerbers höher läge. Die Gegenauffassung könnte Strategien Vorschub leisten, Anzeigepflichten durch die Schaffung eines hohen Eigenanteils am Kapital der Gesellschaft zu vermeiden. Folglich sollte bei der Stimmrechtsberechnung der Gesellschafter/Aktionäre darauf abgestellt werden, welche Stimmanteile bei Beschlussfassungen tatsächlich gegeben sind. **Eigene Anteile, die das Zielinstitut selbst hält und bei Beschlussfassungen kein Stimmrecht vermitteln, müssen unberücksichtigt bleiben.** Sollte die Gesellschaft ihre eigenen Anteile abtreten, so müsste bei dem interessierten Erwerber geprüft werden, ob eine Anzeigepflicht besteht. Denn dann wären diese Anteile regelmäßig mit einem Stimmrecht verbunden.

37 **(2) Indirekte (mittelbare) Stimmrechtsbeteiligung.** Eine indirekte (mittelbare) Beteiligung an den Stimmrechten des Zielunternehmens bestimmt sich gem. § 2 Abs. 23 S. 2 danach, ob im Verhältnis zwischen dem übergeordneten Unternehmen und den am Zielunternehmen direkt beteiligten Unternehmen einer der **Zurechnungsgründe des § 34 Abs. 1 und Abs. 2 WpHG** vorliegt (BaFin-Merkblatt zur Inhaberkontrolle vom 27.11.2015, IV.3.b.). § 34 Abs. 1 und Abs. 2 WpHG werden auch dann angewendet, wenn es sich bei dem interessierten Erwerber um ein ausländisches Unternehmen handelt (zu § 2c KWG: Schwennicke/Auerbach/Süßmann KWG § 2c Rn. 17).

38 Der Katalog des § 34 Abs. 1 WpHG umfasst die folgenden acht Fallgruppen (zur Zurechnung wegen abgestimmten Verhaltens iSd § 34 Abs. 2 WpHG → Rn. 48 ff.):

1. Stimmrechte, die einem **Tochterunternehmen** des Meldepflichtigen gehören,
2. Stimmrechte, die einem Dritten gehören und von ihm **für Rechnung** des Meldepflichtigen gehalten werden,
3. Stimmrechte, die der Meldepflichtige **einem Dritten als Sicherheit übertragen** hat, es sei denn, der Dritte ist zur Ausübung der Stimmrechte aus diesen Aktien befugt und bekundet die Absicht, die Stimmrechte unabhängig von den Weisungen des Meldepflichtigen auszuüben,
4. Stimmrechte, an denen zugunsten des Meldepflichtigen ein **Nießbrauch** bestellt ist,

5. Stimmrechte, die der Meldepflichtige **durch eine Willenserklärung erwerben** kann,
6. Stimmrechte, die dem Meldepflichtigen **anvertraut** sind oder aus denen er die Stimmrechte als **Bevollmächtigter** ausüben kann, sofern er die Stimmrechte aus diesen Aktien nach eigenem Ermessen ausüben kann, wenn keine besonderen Weisungen des Aktionärs vorliegen,
7. Stimmrechte, aus denen der Meldepflichtige die Stimmrechte ausüben kann auf Grund einer **Vereinbarung, die eine zeitweilige Übertragung der Stimmrechte** ohne die damit verbundenen Aktien gegen Gegenleistung vorsieht,
8. Stimmrechte, die **bei dem Meldepflichtigen als Sicherheit verwahrt** werden, sofern der Meldepflichtige die Stimmrechte hält und die **Absicht** bekundet, diese Stimmrechte auszuüben.

Sind Zurechnungsgründe gegeben, werden die Stimmrechte des unmittelbar beteiligten Unternehmens dem mittelbar beteiligten Unternehmen vollständig zugerechnet (zu § 2c KWG: Binder/Glos/Riepe BankenaufsichtsR-HdB/Steck, 2. Auflage 2020, § 4 Rn. 41; Beck/Samm/Kokemoor/von den Steinen KWG § 2c Rn. 47). Hintergrund der vollen Zurechnung ist, dass sich der Einfluss der Muttergesellschaft bei Bestehen einer Kontrollsituation auch auf sämtliche Stimmrechte erstreckt, nicht nur auf einen Teil (zu § 2c KWG: Beck/Samm/Kokemoor/von den Steinen KWG § 2c Rn. 47). **39**

Zur Veranschaulichung führt die BaFin in ihrem Merkblatt zur Inhaberkontrolle vom 27.11.2015 folgendes Beispiel auf (dort IV.3.b unter Verweis auf die mittlerweile veraltete Zurechnungsnorm des § 22 Abs. 1 S. 1 Nr. WpHG aF, nunmehr § 34 Abs. 1 S. 1 Nr. 1 WpHG): **40**

„**Beispiel:** Unternehmen A hält 10 % der Stimmrechte an dem beaufsichtigten Zielunternehmen B. Unternehmen C hält 55 % der Stimmrechte an A. Da A folglich ein Tochterunternehmen von C ist, werden die Stimmrechtsanteile von A gemäß § 22 Abs. 1 Satz 1 Nr. 1 WpHG [nunmehr § 34 Abs. 1 S. 1 Nr. 1 WpHG] in voller Höhe C zugerechnet. Folglich hält C eine bedeutende Beteiligung in Höhe von 10 % an den Stimmrechten des Zielunternehmens B."

(Ergänzung in eckigen Klammern hinzugefügt)

Eine Zurechnung beginnt **mit dem ersten Anteil** und nicht erst ab 10 % des Kapitals oder der Stimmrechte des Zielunternehmens. Daher kommt eine Zurechnung von Anteilen auch dann in Betracht, wenn der Vermittelnde selbst weniger als 10 % des Kapitals oder der Stimmrechte direkt/unmittelbar hält oder selbst zugerechnet erhalten hat (BaFin-Merkblatt zur Inhaberkontrolle vom 27.11.2015, IV.1). **41**

Beispiel: Ein Mutterunternehmen hält unmittelbar 5 % der Stimmrechte an dem Zielinstitut. Die Tochtergesellschaft des Mutterunternehmens hält ebenfalls unmittelbar 5 % der Stimmrechte an dem Zielinstitut. Das Mutterunternehmen ist anzeigepflichtig, weil es zusammengerechnet über 10 % der Stimmrechte verfügt. **42**

(zu § 2c KWG: Beck/Samm/Kokemoor/von den Steinen KWG § 2c Rn. 48)

cc) Möglichkeit der Ausübung eines maßgeblichen Einflusses. Gemäß § 2 Abs. 23 S. 1 iVm § Art. 4 Abs. 1 Nr. 36 CRR ist eine „bedeutende Beteiligung" unabhängig von einem unmittelbaren oder mittelbaren Halten von mindestens 10 % des Kapitals- oder der Stimmrechte des Zielunternehmens gegeben, wenn eine **andere Möglichkeit** der Wahrnehmung **eines maßgeblichen Einflusses** auf die Geschäftsführung des Zielunternehmens besteht. Eine gesetzliche **43**

Definition des Begriffs des maßgeblichen Einflusses existiert nicht (zu § 2c KWG: Beck/Samm/Kokemoor/von den Steinen KWG § 2c Rn. 53; Luz/Neus/Schaber/Schneider/Wagner/Weber/Kobabe/Hirdes, Tb. 1a, KWG § 2c Rn. 79). Maßgeblicher Einfluss kann jedoch in Anlehnung an § 311 Abs. 1 HGB ab einem Anteilsbesitz von 20 % angenommen werden und auch unabhängig von einem bestimmten Anteilsbesitz bestehen, wobei eine **einzelfallbezogene Gesamtbetrachtung** vorzunehmen ist (BaFin-Merkblatt zum Inhaberkontrollverfahren vom 27.11.2015, IV.4; zu § 2c KWG: Schwennicke/Auerbach/Süßmann KWG § 2c Rn. 11; Beck/Samm/Kokemoor/von den Steinen KWG § 2c Rn. 53 f.; Luz/Neus/Schaber/Schneider/Wagner/Weber/Kobabe/Hirdes, Tb. 1a, KWG § 2c Rn. 80 mit Kritik an der Anwendung der Grundsätze des § 311 Abs. 1 HGB).

44 Die Verwaltungspraxis der BaFin orientiert sich bei der Beurteilung des Vorliegens eines „maßgeblichen Einflusses" an den **Gemeinsamen Leitlinien der ESAs** (→ Rn. 12). Danach können auch Beteiligungen von unter 10 % des Kapitals oder der Stimmrechte als bedeutende Beteiligung qualifiziert werden, wenn sie den interessierten Erwerber in die Lage versetzen, einen **erheblichen Einfluss auf die Unternehmensführung des Zielunternehmens** auszuüben, unabhängig davon, ob dieser Einfluss wirklich ausgeübt wird oder nicht (Gemeinsame Leitlinien, JC/GL/2016/01, Titel II, Nr. 5.1). Nach den Gemeinsamen Leitlinien der ESAs sollte die zuständige Aufsichtsbehörde die folgenden **Faktoren** berücksichtigen, um zu beurteilen, ob ein beabsichtigter Erwerb einer Beteiligung den interessierten Erwerber in die Lage versetzen würde, erheblichen Einfluss auf die Unternehmensführung des Zielunternehmens auszuüben (Gemeinsame Leitlinien, JC/GL/2016/01, Titel II, Nr. 5.1):

- Vorhandensein **wesentlicher und regelmäßiger Transaktionen** zwischen dem interessierten Erwerber und dem Zielunternehmen;
- die **Beziehung zwischen den einzelnen Mitgliedern oder Anteilsinhabern zu dem Zielunternehmen;**
- der Umstand, ob ein interessierter Erwerber aufgrund eines Vertrages oder aufgrund einer in der Gesellschaftssatzung des Zielunternehmens oder in einem anderen Gründungsdokument enthaltenen Bestimmung **zusätzliche Rechte im Zielunternehmen** genießt;
- ob der **interessierte Erwerber** im Zielunternehmen ein **Mitglied des Leitungsorgans, des Leitungsorgans in seiner Aufsichtsfunktion** oder **Mitglied in einem ähnlichen Gremium** ist oder in diesen einen **Stellvertreter** hat oder einen solchen **bestellen kann;**
- die gesamte **Anteilseignerstruktur** des Zielunternehmens oder eines Mutterunternehmens des Zielunternehmens, unter Berücksichtigung insbesondere des Umstandes, ob die Anteile oder Beteiligungen und Stimmrechte auf eine große Anzahl von Anteilsinhabern oder Mitgliedern verteilt sind;
- das Vorhandensein **von Beziehungen zwischen dem interessierten Erwerber und den vorhandenen Anteilsinhabern** sowie sämtliche **Anteilseignervereinbarungen,** die den interessierten Erwerber befähigen würden, einen erheblichen Einfluss auszuüben;
- die **Position** des interessierten Erwerbers **innerhalb der Gruppenstruktur** des Zielunternehmens; und
- die **Möglichkeit** des interessierten Erwerbers, sich **an den operativen und finanziellen strategischen Entscheidungen** des Zielunternehmens **zu beteiligen.**

Nach dem **BaFin-Merkblatt** vom 27.11.2015 (dort IV.4) (→ Rn. 12) können relevante Gesichtspunkte für das Vorhandensein eines maßgeblichen Einflusses ua **personelle Verflechtungen,** eine **vertragliche Einflussnahme** oder die **Verfügbarkeit von Informationen sein.** Dabei genüge die **bloße Möglichkeit der Einflussnahme,** eine tatsächliche Einflussnahme auf das Zielunternehmen ist nicht erforderlich (zu § 2c KWG: Beck/Samm/Kokemoor/von den Steinen KWG § 2c Rn. 54; Schwennicke/Auerbach/Süßmann KWG § 2c Rn. 11; Luz/Neus/Schaber/Schneider/Wagner/Weber/Kobabe/Hirdes, Tb. 1a, KWG § 2c Rn. 80; so auch Gemeinsame Leitlinien, JC/GL/2016/01, Titel II, Nr. 5.1). 45

Die BaFin hat folgende **Indizien** für das Vorliegen eines maßgeblichen Einflusses **katalogartig** aufgeführt (BaFin-Merkblatt zum Inhaberkontrollverfahren vom 27.11.2015, dort IV.4), die sich in weiten Teilen mit denen in den Gemeinsamen Leitlinien der ESA aufgeführten Faktoren (→ Rn. 12) decken: 46
- bei einer AG oder KGaA: eine **Vertretung im Vorstand oder Aufsichtsrat,**
- bei einer GmbH: jeder Gesellschafter aufgrund der ihm zustehenden **Informationsrechte,**
- bei Personenhandelsgesellschaften: Klärung der **faktischen Einflussmöglichkeiten** anhand der wirtschaftlichen und gesellschaftsrechtlichen Lage des Beteiligten,
- Zugehörigkeit zum **Geschäftsführungs- oder Aufsichtsorgan** oder **einem gleichartigen Leitungs- oder Kontrollgremium,**
- **Teilnahme an Entscheidungsprozessen,**
- **Wesentliche Geschäftsvorfälle** zwischen Anteilseignern und Beteiligungsunternehmen,
- **Möglichkeit** zum **Austausch von Führungspersonal,**
- Bereitstellung **bedeutender technischer Informationen,**
- das Vorliegen eines **Beherrschungsvertrages** oder **Gewinnabführungsvertrages** iSv § 291 Abs. 1 AktG.

Die in den Gemeinsamen Leitlinien der ESAs niedergelegten Faktoren unterscheiden sich von den Indizien der BaFin insofern, als nach den Gemeinsamen Leitlinien formale Aspekte wie die Anteilseignerstruktur des Zielunternehmens, dessen Beziehungen zu den Anteilseignern und der Grad der Beteiligung des interessierten Erwerbers an der Unternehmensführung des Zielunternehmens an Bedeutung gewinnen (Luz/Neus/Schaber/Schneider/Wagner/Weber/Kobabe/Hirdes, Tb. 1a, KWG § 2c Rn. 81). 47

Die Entscheidung darüber, ob ein maßgeblicher Einfluss anzunehmen ist, ist aber immer eine **Einzelfallentscheidung** (zu § 2c KWG: Luz/Neus/Schaber/Schneider/Wagner/Weber/Kobabe/Hirdes, Tb. 1a, KWG § 2c Rn. 82). Weder führt das Vorliegen von einzelnen der genannten Kriterien automatisch dazu, dass ein maßgeblicher Einfluss bejaht wird, noch bedeutet das Fehlen der genannten Kriterien automatisch, dass ein maßgeblicher Einfluss ausgeschlossen werden kann (BaFin-Merkblatt zum Inhaberkontrollverfahren vom 27.11.2015, dort IV.4). Um Unsicherheiten bei der Anwendung der oben benannten Kriterien zu vermeiden und damit mögliche Sanktionen gem. § 27 Abs. 1 Ziff. 2, Abs. 2 (Untersagung der Stimmrechtsausübung und Bestellung eines Treuhänders) und § 83 Abs. 1 Ziff. 5, Abs. 5 (Bußgeld bis 5,0 Mio. EUR) zu verhindern, bietet es sich an, die Frage des Bestehens eines maßgeblichen Einflusses bereits im Vorfeld der Transaktion mit der BaFin abzuklären. Dabei sind nach der Verwaltungspraxis der BaFin sowohl die Identität des interessierten Erwerbers als auch die geplante Erwerbs- 48 struktur offenzulegen. Die BaFin erteilt in der Regel keine Hinweise zu abstrakten rechtlichen Fragestellungen.

49 **dd) Zusammenwirken mit anderen Personen (acting in concert).** Eine Anzeigepflicht besteht, wenn der interessierte Erwerber die bedeutende Beteiligung „allein oder im Zusammenwirken mit anderen Personen oder Unternehmen" erwerben will. Der Begriff des **„Zusammenwirkens"** ist nicht legaldefiniert. Er ähnelt jedoch dem Begriff, der bei der Stimmrechtszurechnung nach § 34 Abs. 2 WpHG verwendet wird (Lendermann/Nemeczek/Schroeter/Lösing WpIG § 24 Rn. 60). Gemäß § 34 Abs. 2 WpHG werden dem Meldepflichtigen auch Stimmrechte eines Dritten in voller Höhe zugerechnet, mit dem der Meldepflichtige oder sein Tochterunternehmen sein Verhalten auf Grund einer Vereinbarung oder in sonstiger Weise abstimmt; ausgenommen sind Vereinbarungen in Einzelfällen. Ein **abgestimmtes Verhalten** (sog. **Acting in Concert**) setzt gem. § 34 Abs. 2 WpHG voraus, dass der Meldepflichtige oder sein Tochterunternehmen und der Dritte sich über die Ausübung von Stimmrechten verständigen oder mit dem Ziel einer dauerhaften und erheblichen Änderung der unternehmerischen Ausrichtung des Emittenten in sonstiger Weise zusammenwirken. Lösing wendet zur Verwendung des Begriffs des „abgestimmten Verhaltens" ein, dass sich die Begriffe in § 24 Abs. 1 und § 34 Abs. 2 WpHG zwar ähneln, die rechtstechnische Grundlage jedoch eine andere sei. § 34 Abs. 2 WpHG sei Teil der Definition von „bedeutender Beteiligung" iSd § 2 Abs. 23. Die Formulierung „allein oder im Zusammenwirken mit anderen Personen" sei eigenständiger Bestandteil des § 24 Abs. 1 S. 1 (Lendermann/Nemeczek/Schroeter/Lösing WpIG § 24 Rn. 60).

50 Nach den **Gemeinsamen Leitlinien der ESAs** sollten die zuständigen Aufsichtsbehörden davon ausgehen, dass dann ein **gemeinsames Handeln** vorliegt, wenn rechtliche oder natürliche Personen aufgrund einer expliziten oder impliziten Vereinbarung zwischen ihnen beschließen, eine qualifizierte Beteiligung zu erwerben oder zu erhöhen, wobei die sonstigen maßgeblichen Bestimmungen dieser Leitlinien zu berücksichtigen sind (Gemeinsame Leitlinien, JC/GL/2016/01, Titel II, Nr. 4.1). Bei der Beurteilung, ob bestimmte Personen gemeinsam handeln, sollte nach den Gemeinsamen Leitlinien die zuständige Aufsichtsbehörde insbesondere folgenden Faktoren Rechnung tragen:

„(a) Anteilsinhabervereinbarungen und Vereinbarungen zur Unternehmensführung (ausgeschlossen sind jedoch reine Kaufvereinbarungen, Tag-Along-Agreements und Drag-Along-Agreements sowie rein gesetzliche Bezugsrechte); und

(b) sonstige Nachweise einer Zusammenarbeit, z. B.:

(1) das Bestehen familiärer Beziehungen;

(2) die Frage, ob der interessierte Erwerber im Zielunternehmen Mitglied der Geschäftsleitung oder Mitglied eines Leitungsorgans oder eines Leitungsorgans in seiner Aufsichtsfunktion ist oder eine solche Person ernennen kann;

(3) die Beziehung zwischen Unternehmen innerhalb der gleichen Gruppe (davon ausgeschlossen sind allerdings Situationen, die die Unabhängigkeitskriterien erfüllen, die in Artikel 12 Absatz 4 oder, je nachdem, Absatz 5 der Richtlinie 2004/109/EG zur Harmonisierung der Transparenzanforderungen in Bezug auf Informationen über Emittenten, deren Wertpapiere zum Handel auf einem geregelten Markt zugelassen sind, mit nachfolgenden Änderungen, genannt sind);

(4) die Verwendung der gleichen Finanzierungsquelle durch verschiedene Personen zum Erwerb oder zur Erhöhung von Beteiligungen am Zielunternehmen; und
(5) gleichbleibende Muster bei der Stimmabgabe der jeweiligen Anteilsinhaber."
(Gemeinsame Leitlinien, JC/GL/2016/01, Titel II, Nr. 4.6)

Diese **Liste ist nicht abschließend.** Umgekehrt führt die Tatsache, dass ein bestimmter Faktor vorhanden ist, nicht zwingend zu der Schlussfolgerung, dass die betroffenen Personen gemeinsam handeln (Gemeinsame Leitlinien, JC/GL/2016/01, Titel II, Nr. 4.5).

Die **BaFin** hält nach dem **Merkblatt zum Inhaberkontrollverfahren** ein 51
Zusammenwirken insbesondere dann für gegeben, wenn sich mehrere interessierte Erwerber dahingehend **absprechen,** dass sie zeitgleich ein Zielunternehmen in Teilen oder als Ganzes erwerben wollen. Ein solches Zusammenwirken mit anderen könne sich beispielsweise durch **vertragliche Absprachen** mit anderen Investoren des gleichen Zielunternehmens ergeben, kann im Einzelfall aber auch bei **rein faktisch** abgestimmtem Handeln angenommen werden. Hierbei sei es **unerheblich,** ob die Beteiligten **jeweils einzeln eine Beteiligung an dem Zielunternehmen erwerben,** die erst dadurch zu einer bedeutenden Beteiligung wird, dass ihnen die Beteiligungen der anderen Erwerber zugerechnet werden **oder** sich **ein Kreis interessierter Erwerber zusammenschließt** und beispielsweise für den Erwerbsvorgang eine Gesellschaft gründet, die die bedeutende Beteiligung „als Ganzes" erwerben soll. Denn für das Kriterium „Zusammenwirken mit anderen" sei es nicht erforderlich, dass der Rechtsakt, durch den der Erwerb der Beteiligung vollzogen wird, ein gemeinsamer Rechtsakt aller Beteiligten ist. Liegt ein Beteiligungserwerb im Zusammenwirken mit anderen Personen oder Unternehmen vor, sind **alle beteiligten Personen oder Unternehmen dieses Erwerbsvorgangs anzeigepflichtig** ungeachtet des individuell gehaltenen Anteils, denn Ziel dieser Regelung sei es gerade, mögliche Umgehungstatbestände hinsichtlich einer bestehenden Anzeigepflicht auszuschließen (BaFin-Merkblatt zum Inhaberkontrollverfahren vom 27.11.2015 (dort II.1). Gründen mehrere Investoren für den Erwerb eines Wertpapierinstituts ein gemeinsames **Erwerbsvehikel,** so wird die BaFin regelmäßig ein Zusammenwirken bejahen. Dies hat zur Folge, dass sämtliche Gesellschafter der Zweckgesellschaft ungeachtet der Höhe ihrer Beteiligung anzeigepflichtig sind (Lendermann/Nemeczek/Schroeter/Lösing WpIG § 24 Rn. 65).

ee) Ausnahmen. Es gibt eine Reihe von Konstellationen, in denen Kapitalan- 52
teile oder Stimmrechte unberücksichtigt bleiben oder nicht zuzurechnen sind. So bleiben gem. **§ 1 Abs. 23 S. 3** Stimmrechte oder Kapitalanteile, die Kreditinstitute oder Wertpapierinstitute im Rahmen des **Emissionsgeschäfts** nach § 1 Abs. 2 Nr. 2 halten, unberücksichtigt, vorausgesetzt, diese Rechte werden nicht ausgeübt oder anderweitig genutzt, um in die Geschäftsführung des Emittenten einzugreifen, und sie werden innerhalb eines Jahres nach dem Zeitpunkt des Erwerbs veräußert (so auch § 4 Abs. 3 Wertpapierinstituts-Inhaberkontrollverordnung – WpI-InhkontrollV). Weitere Einschränkungen ergeben sich aus **§ 1 Abs. 23 S. 2 iVm § 35 Abs. 2 und 3 WpHG** und **§ 36 WpHG.**

c) Erreichen oder Überschreiten von Schwellenwerten. Wer beabsichtigt, 53
eine bedeutende Beteiligung direkt oder indirekt zu erhöhen mit der Folge, dass der Anteil an den Stimmrechten oder am Kapital die Grenzen von 20 %, 30 %

oder 50 % erreichen oder überschreiten würde, ist ebenfalls anzeigepflichtig (§ 24 Abs. 1 S. 1 Var. 2).

54 **d) Kontrollerwerb.** Anzeigepflichtig ist auch der, der ein Wertpapierinstitut unter seine Kontrolle bringt (§ 24 Abs. 1 S. 1 Alt. 3). Dabei ist unerheblich, ob die Kapital- oder Stimmrechtsanteile des interessierten Erwerbers die Schwellenwerte von 20 %, 30 % oder 50 % erreicht. Gemäß § 2 Abs. 22 ist **„Kontrolle"** das in Art. 22 Abs. 1 und 2 RL 2013/34/EU (Bilanz-RL) oder in den jeweils für das Wertpapierinstitut nach der VO (EG) Nr. 1606/2002 (sog. IAS-Verordnung) geltenden Rechnungslegungsstandards beschriebene Verhältnis zwischen einem Mutterunternehmen und einem Tochterunternehmen oder ein ähnliches Verhältnis zwischen einer natürlichen oder juristischen Person und einem Unternehmen.

55 Von einer Kontrolle über ein Unternehmen ist demnach ua dann auszugehen, wenn die einfache Mehrheit der Stimmrechte, dh bei einer Mehrheit von 50 % bezogen auf die Gesamtheit der Stimmrechte, gehalten wird, wenn das Recht besteht, als Gesellschafter die Mehrheit der Mitglieder des Verwaltungs- oder Aufsichtsorgans zu bestellen bzw. abzuberufen oder bei Bestehen eines Beherrschungsvertrages (zu § 2c KWG: Luz/Neus/Schaber/Schneider/Wagner/Weber/Kobabe/Hirdes, Tb. 1a, KWG § 2c Rn. 74). Da Art. 22 Bilanz-Richtlinie im deutschen Recht durch § 290 HGB umgesetzt wird, kann hinsichtlich der weiteren eine Kontrolle begründenden Tatbestände grundsätzlich auf die dortigen Regelungen und die einschlägige Literatur verwiesen werden (zu § 2c KWG: Luz/Neus/Schaber/Schneider/Wagner/Weber/Kobabe/Hirdes, Tb. 1a, KWG § 2c Rn. 74; Beck/Samm/Kokemoor/von den Steinen KWG § 2c Rn. 59; Schwennicke/Auerbach/Süßmann KWG § 2c Rn. 22).

2. Zeitpunkt der Anzeige

56 Für die Praxis besonders bedeutsam ist die Beantwortung der Frage, wann die Inhaberkontrollanzeige bei der BaFin und der Deutschen Bundesbank spätestens einzureichen ist. Ein Verpassen dieses Zeitpunkts kann die Untersagung der Stimmrechtsausübung und Bestellung eines Treuhänders Sanktionen (§ 27 Abs. 1 Ziff. 2, Abs. 2) und Bußgelder in Höhe bis 5,0 Mio. EUR (§ 83 Abs. 1 Ziff. 5, Abs. 5) nach sich ziehen. Die Anzeigepflicht setzt im Vorfeld des Erwerbs (bzw. der Erhöhung) der bedeutenden Beteiligung ein. Bereits mit Bestehen der **Absicht,** eine bedeutende Beteiligung an einem Wertpapierinstitut zu erwerben, ist der interessierte Erwerber verpflichtet, dies der BaFin und der Deutschen Bundesbank anzuzeigen. Danach ist die Anzeige **unverzüglich** abzugeben, also ohne schuldhaftes Zögern, § 121 Abs. 1 S. 1 BGB (Lendermann/Nemeczek/Schroeter/Lösing WpIG § 24 Rn. 70; zu § 2c KWG: Beck/Samm/Kokemoor/von den Steinen KWG § 2c Rn. 77; Binder/Glos/Riepe BankenaufsichtsR-HdB/Steck, 2. Auflage 2020, § 4 Rn. 65).

57 **a) Unverzüglich.** Im Allgemeinen wird ein nach den Umständen des Einzelfalls zu bestimmender angemessener Prüfungs- und Überlegungszeitraum zugebilligt (Lendermann/Nemeczek/Schroeter/Lösing WpIG § 24 Rn. 70; zu § 2c KWG: Beck/Samm/Kokemoor/von den Steinen KWG § 2c Rn. 77). Dabei wird in der Literatur die Frage diskutiert, ob Erwerbsinteressenten die Möglichkeit haben sollten, sich zunächst rechtlichen Rat einzuholen. Zutreffend wird jedoch dagegen eingewandt, dass der Rechtsrat in aller Regel bereits vor dem Entschluss, die bedeutende Beteiligung zu erwerben, eingeholt werden kann (Lendermann/

Nemeczek/Schroeter/Lösing WpIG § 24 Rn. 70; zu § 2c KWG: Beck/Samm/Kokemoor/von den Steinen KWG § 2c Rn. 77).

b) Absicht. Die Frage, wann eine Erwerbsabsicht vorliegt, ist im Gesetz nicht geregelt. Die BaFin vertritt in ihrem Merkblatt die Auffassung, dass dieser Zeitpunkt beispielweise spätestens mit der Aufnahme **hinreichend konkreter Vertragsverhandlungen** hinsichtlich des Erwerbs der Beteiligung als gegeben anzusehen sei. Die Anzeigepflicht könne im Einzelfall aber auch schon zu einem früheren Zeitpunkt entstehen. Entscheidend sei, dass zumindest die **groben Rahmenbedingungen** des geplanten Erwerbs bereits feststehen, wie belastbare Prognosen hinsichtlich der **Beteiligungshöhe** sowie der **Finanzierung des Erwerbs.** Andernfalls sei von Seiten der Aufsicht auch keine abschließende Beurteilung beispielsweise des Kriteriums „finanzielle Solidität des interessierten Erwerbers" möglich (BaFin-Merkblatt zum Inhaberkontrollverfahren vom 27.11.2015 (dort II.2). 58

Wenn der Erwerber **unbeabsichtigt** die Erwerbsschwellen überschreitet oder die Kontrolle über das Wertpapierinstitut erlangt, so besteht mangels Erwerbsabsicht zunächst keine Anzeigepflicht. Gemäß Abs. 3 hat der Erwerber dies der BaFin und der Deutschen Bundesbank jedoch unverzüglich anzuzeigen, sobald er von dem Erwerb oder der Erhöhung Kenntnis erlangt hat (→ Rn. 121 ff.). 59

c) Einzelfälle. aa) Unternehmenskäufe. Gerade in M&A-Transaktionen stellt sich die Frage, zu welchem Zeitpunkt die Erwerbsabsichtsanzeige bei der Aufsicht einzureichen ist. In der Literatur wird die Frage diskutiert, ob bereits die Durchführung einer **Due Diligence** als Anknüpfungspunkt ausreicht und daher vorsorglich bereits zu diesem Zeitpunkt mit der Vorbereitung der Erwerbsabsichtsanzeige zu beginnen ist. Zutreffend führt Lösing dazu aus, dass ein potentieller Erwerber bei Durchführung einer Due Diligence-Prüfung zwar an einem Erwerb einer bedeutenden Beteiligung interessiert ist, er aber noch nicht den Entschluss dazu gefasst hat. Dieser hänge vom Ergebnis der Due Diligence sowie von weiteren (Vor-)Verhandlungen ab (Lendermann/Nemeczek/Schroeter/Lösing WpIG § 24 Rn. 71). 60

Einen zumindest indirekten Anhaltspunkt für die Beantwortung der Frage, wann die Anzeigepflicht entsteht, enthalten die Gemeinsamen Leitlinien. Hier wird darauf abgestellt, ob ein **Beschluss zum Erwerb** der Beteiligung gefasst wurde (Gemeinsame Leitlinien, JC/GL/2016/01, Titel II, Kap. 1, Nr. 7.1). Diesem aus Art. 22 Abs. 1 CRD IV stammenden Kriterium lässt sich entnehmen, dass eine die Erwerbsabsicht manifestierende Willensbildung auf Seiten des Erwerbers bereits abschließend vollzogen werden muss. Dies dürfte zumindest dann gegeben sein, wenn alle notwendigen internen Beschlüsse zur Durchführung der Transaktion eingeholt wurden (Lendermann/Nemeczek/Schroeter/Lösing WpIG § 24 Rn. 72; zu § 2c KWG: Binder/Glos/Riepe BankenaufsichtsR-HdB/Steck, 2. Auflage 2020, § 4 Rn. 67). 61

Zu unterscheiden sind diese Beschlüsse des potentiellen Käufers von **Grundsatzbeschlüssen** des Vorstands (der Geschäftsführung), die in typischen M&A-Prozessen häufig zu Beginn von Verhandlungen gefasst werden. Ist ein Aufsichtsrat vorhanden, gibt es nicht selten auch einen früheren grundsätzlichen Zustimmungsbeschluss des Aufsichtsrats, in dem die finale Zustimmung zu den Details auf einen Ausschuss des Aufsichtsrats übertragen wird. Sind in diesen Organbeschlüssen bereits die Eckpunkte des Erwerbs (insbesondere: Höhe der Beteiligung, Finanzierung, Zielsetzung) enthalten, kann sich die Frage des Bestehens der 62

Anzeigepflicht stellen. Allerdings ist dann weiter zu fragen, ob zu diesem Zeitpunkt die Absicht besteht, den Erwerb im Rahmen der Durchführung einer Due Diligence zu prüfen und weitere Verhandlungen darüber mit dem Verkäufer zu führen. Eine Erwerbsabsicht wird erst dann gegeben sein, wenn nach Durchführung der Prüfung und der Verhandlungen über die Bedingungen des Kaufs eine Situation entstanden ist, die dem potentiellen Erwerber erlaubt, eine informierte Entscheidung zu treffen. Richtigerweise können daher **Grundsatzbeschlüsse von Vorstand und Aufsichtsrat** sowie die Einigung über ein **Termsheet** oder **Letter of Intent** eine Anzeigepflicht genauso wenig auslösen wie der Beginn einer Due Diligence-Prüfung (siehe dazu insgesamt Beck/Samm/Kokemoor/von den Steinen KWG § 2c Rn. 79).

63 Nicht selten kommt in der Praxis vor, dass auf Käuferseite zwar grundsätzlich eine Erwerbsabsicht besteht, die **konkrete Transaktionsstruktur** aber **noch nicht final festgelegt** ist. Dies ist insbesondere dann der Fall, wenn noch geklärt werden muss, ob die Beteiligung direkt oder indirekt gehalten oder – aus steuerlichen Gründen – ausländische Holding-Gesellschaften eingesetzt werden sollen (dazu Lendermann/Nemeczek/Schroeter/Lösing WpIG § 24 Rn. 73; zu § 2c KWG: Binder/Glos/Riepe BankenaufsichtsR-HdB/Steck, 2. Auflage 2020, § 4 Rn. 68 f.). Die Anzeigepflicht dürfte in einem solchen Fall bereits bestehen. Diese erstreckt sich nicht notwendig auf sämtliche zwischengeschaltete Gesellschaften, die erst zu einem späteren Zeitpunkt gegründet oder in die Transaktionsstruktur eingezogen und damit auch erst später anzeigepflichtig werden (Lendermann/Nemeczek/Schroeter/Lösing WpIG § 24 Rn. 73; zu § 2c KWG: Binder/Glos/Riepe BankenaufsichtsR-HdB/Steck, 2. Auflage 2020, § 4 Rn. 69). In einer solchen Konstellation empfiehlt es sich, mit der BaFin in Kontakt zu treten. Es sollte abgestimmt werden, für welche Gesellschaften welche Unterlagen eingereicht werden müssen. Fehlende Unterlagen wären dann im Nachgang zu übermitteln (Lendermann/Nemeczek/Schroeter/Lösing WpIG § 24 Rn. 73; zu § 2c KWG: Binder/Glos/Riepe BankenaufsichtsR-HdB/Steck, 2. Auflage 2020, § 4 Rn. 69).

64 In Zweifelsfällen ist anzuraten, bereits vor der Begründung einer Erwerbsabsicht mit der BaFin in Kontakt zu treten, um den Zeitpunkt und den Umfang der Inhaberkontrollanzeige abzustimmen. Da eine Inhaberkontrollanzeige auch für die Aufsicht einen erheblichen Arbeitsaufwand darstellt, hat sie Interesse daran, die Anzeige nur dann prüfen zu müssen, wenn der Erwerb der bedeutenden Beteiligung an dem Wertpapierinstitut auch tatsächlich stattfindet. So kann mit der BaFin beispielsweise vereinbart werden, dass die Anzeige erst nach Abschluss eines Kaufvertrages erfolgt, wenn sich mehrere Kaufinteressenten in einem **Bieterverfahren** befinden, an deren Ende sich der Verkäufer für einen Käufer entscheidet. Bei wortlautgetreuer Auslegung des § 24 werden möglicherweise sämtliche Bieter bereits vor Abschluss des Kaufvertrages anzeigepflichtig, was bei der Aufsicht zum Erhalt mehrerer, dasselbe Zielinstitut betreffender Erwerbsanzeigen führt. In einer derartigen Konstellation kann die BaFin im Einzelfall bereit sein, den an sich anzeigepflichtigen Erwerbsinteressenten zuzubilligen, die Anzeige ausnahmsweise erst nach Abschluss des Kaufvertrages zu übermitteln. Eine Erwerbsabsicht und damit eine Anzeigepflicht kann im Einzelfall zu bejahen sein, wenn im Bieterverfahren sämtliche Mietbieter ausscheiden und der interessierte Erwerber exklusiv mit dem Verkäufer verhandelt (zu § 2c KWG: Beck/Samm/Kokemoor/von den Steinen KWG § 2c Rn. 79).

65 **bb) Aufschiebende/auflösende Bedingung. Aufschiebende oder auflösende Bedingungen,** etwa Klauseln, nach denen der Vollzug eines Erwerbs

von einer kartellrechtlichen Genehmigung oder anderen Bedingungen, wie zum Beispiel die Nichtuntersagung der Transaktion durch die BaFin, abhängt, **ändern nichts** daran, dass ein Erwerb beabsichtigt ist; sie führen nicht zu einem Hinausschieben der Anzeigepflicht. Das Inhaberkontrollverfahren ist daher unverzüglich einzuleiten, selbst wenn der Nichteintritt von Bedingungen zum Scheitern des Erwerbs führen würde (zu § 2c KWG: Beck/Samm/Kokemoor/von den Steinen KWG § 2c Rn. 80).

cc) Umwandlung. In der Praxis ist ferner darauf zu achten, dass auch Umwandlungsmaßnahmen oder konzerninterne Umstrukturierungen Anzeigepflichten auslösen können, soweit nicht eine Ausnahme gem. § 8 Abs. 3 WpI-InhKontrollV vorliegt. 66

dd) Wandelanleihen, Optionsrechte. Umstritten ist, ob der Erwerb von **Wandelschuldverschreibungen (§ 221 AktG) oder Optionsrechten** in einem Umfang, dass bei Ausübung des Wandlungsrechts eine Beteiligung von mindestens 10 % erreicht würde, eine Anzeigepflicht auslöst. 67

Eine Mindermeinung hält bereits bei Erwerb von Wandelschuldverschreibungen eine Anzeigepflicht für gegeben, und zwar unabhängig von der Wandlung. Denn der Erwerb in einem derartigen Umgang erfolge nicht zu reinen Anlagezwecken (Fischer/Schäfer/Schulte-Mattler/Schulte-Mattler/Schäfer KWG § 2c Rn. 6a; nach Schäfer soll es sich hierbei um die Auffassung der BaFin handeln, wobei unklar bleibt, in welchem Zusammenhang die BaFin dies geäußert oder mitgeteilt haben soll). 68

Nach der zutreffenden Gegenansicht besteht zum Zeitpunkt des Erwerbs einer Wandelschuldverschreibung noch keine Pflicht zur Einreichung einer Erwerbsanzeige. Etwas anderes gilt auch dann nicht, wenn die Anleihebedingungen eine Wandlungspflicht am Laufzeitende vorsehen (sog. Pflichtwandelanleihe) (Lendermann/Nemeczek/Schroeter/Lösing WpIG § 24 Rn. 77 f.; zu § 2c KWG: Schwennicke/Auerbach/Süßmann KWG § 2c Rn. 13; Beck/Samm/Kokemoor/von den Steinen KWG § 2c Rn. 83). Es fehlt an der Absicht der Wandlung und damit an der für die Anzeigepflicht erforderlichen Absicht des Erwerbs einer bedeutenden Kapital- oder Stimmrechtsbeteiligung. Eine Inhaberkontrollabsicht ist erst dann veranlasst, wenn die Absicht der Wandlung gefasst wurde oder (bei Pflichtwandelanleihen) wenn der Pflichtwandlungstermin kurz bevorsteht. Vergleichbares gilt für Inhaber eines Optionsrechts. Weniger überzeugend ist in diesem Zusammenhang das Argument, dass der Erwerber des Instruments aufgrund der abstrakten Erwerbsmöglichkeit von Anteilen noch nicht in der Lage sei, Einfluss auf das Zielinstitut zu nehmen. Bis zum Zeitpunkt der Wandlung sei der Inhaber einer Wandelanleihe Fremdkapitalgeber und habe insoweit keinen dem Inhaber von Kapitalanteilen oder Stimmrechten vergleichbaren Einfluss (so zu § 2c KWG: Beck/Samm/Kokemoor/von den Steinen KWG § 2c Rn. 83). Auch bei einem regulären Erwerb von Anteilen erlangt der Erwerber das Einflussrecht auf das Zielinstitut regelmäßig erst mit Vollzug der Transaktion und damit nach Abschluss des Inhaberkontrollverfahrens. 69

3. Inhalt und Form der Anzeige

Gemäß § 24 Abs. 1 S. 2 hat der interessierte Erwerber in der Anzeige die für die Höhe der Beteiligung und die für die Begründung des maßgeblichen Einflusses wesentlichen Tatsachen und Unterlagen gemäß der Delegierten Verordnung 70

(EU) 2017/1946 anzugeben. Außerdem sind die Personen und Unternehmen zu benennen, von denen er die entsprechenden Anteile erwerben will. Der **Inhalt der Anzeige** wird durch die **Delegierte Verordnung (EU) 2017/1946** bestimmt. Diese enthält eine abschließende Liste der Informationen, die interessierte Erwerber in die Anzeige aufnehmen müssen. Die DelVO (EU) 2017/1946 enthält jedoch keine Vorgaben an die **Form der Anzeige.** Dies wird durch die **Wertpapierinstituts-Inhaberkontrollverordnung (WpI-InhkontrollV)** geregelt, die seit dem 15.1.2024 in Kraft ist. Für den Rechtsanwender ist es also wichtig, bei der Vorbereitung der Erwerbsanzeige immer beide Verordnungen in den Blick zu nehmen.

71 **a) Anzeigeformulare.** Die WpI-InhkontrollV stellt als Anlagen **Formulare** zur Verfügung, die auszufüllen und bei der BaFin und der Deutschen Bundesbank einzureichen sind. Diese Formulare sind als Word-Dokumente auch auf der **Webseite der BaFin** veröffentlicht.

72 Wenn es sich bei dem Anzeigepflichtigen um eine **natürliche Person** handelt, ist das Formular **„Anzeige über Erwerb oder Erhöhung einer bedeutenden Beteiligung durch eine natürliche Person"** nach **Anlage 1** der WpI-InhkontrollV zu verwenden – **Formular WpI-EENP** (§ 5 Abs. 1 S. 1 WpI-InhkontrollV). Ist der Anzeigepflichtige keine natürliche Person, findet das Formular **„Anzeige über Erwerb oder Erhöhung einer bedeutenden Beteiligung durch eine nicht natürliche Person"** nach **Anlage 2** der WpI-InhkontrollV Anwendung – Formular **WpI-EEKNP** (§ 5 Abs. 1 S. 2 WpI-InhkontrollV). Gemäß § 5 Abs. 1 S. 3 WpI-InhkontrollV kann die BaFin im Einzelfall auf die Beifügung der in den Anlagen 1 und 2 jeweils enthaltenen Checkliste verzichten. Für jeden Anzeigepflichtigen ist jeweils ein gesondertes Formular zu verwenden (§ 5 Abs. 1 S. 4 WpI-InhkontrollV). Der Anzeige sind die jeweils erforderlichen Unterlagen nach der DelVO (EU) 2017/1946 beizufügen (§ 5 Abs. 1 S. 5 WpI-InhkontrollV).

73 Gemäß § 26 Abs. 1 Ziff. 1 kann die BaFin den beabsichtigten Erwerb untersagen, wenn Tatsachen die Annahme rechtfertigen, dass der Anzeigepflichtige oder, wenn er eine juristische Person ist, auch ein gesetzlicher oder satzungsmäßiger Vertreter oder, wenn er eine Personenhandelsgesellschaft ist, auch ein Gesellschafter nicht zuverlässig ist oder aus anderen Gründen nicht den im Interesse einer soliden und umsichtigen Führung des Wertpapierinstituts zu stellenden Ansprüchen genügt. Die Prüfung der Zuverlässigkeit ist damit ein Kernbestandteil des Inhaberkontrollverfahrens. Art. 4 Buchstabe a und b und Art. 5 Abs. 1 Buchstabe a und b der DelVO (EU) 2017/1946 listen auf, welche Informationen und Unterlagen der Aufsicht zur Verfügung zu stellen sind, damit diese die Zuverlässigkeit prüfen kann. Dabei ist das Formular **„Angaben zur Zuverlässigkeit"** nach **Anlage 3** der WpI-InhkontrollV **(Formular WpI-Z)** zu verwenden (§ 5 Abs. 2 S. 1 WpI-InhkontrollV). Für jede natürliche Person und für jedes Unternehmen ist jeweils ein gesondertes Formular zu verwenden (§ 5 Abs. 2 S. 2 WpI-InhkontrollV). Zuverlässigkeitserklärungen für vom Anzeigepflichtigen geleitete oder kontrollierte Unternehmen können in einem einzelnen Formular unter Beifügung einer tabellarischen Aufstellung der betroffenen Unternehmen erfolgen, sofern die inhaltlichen Erklärungen gleichermaßen auf alle benannten Unternehmen zutreffen (§ 5 Abs. 2 S. 3 WpI-InhkontrollV).

74 Bei komplexen Beteiligungsstrukturen ist der Anzeige zusätzlich das Formular **„Darstellung komplexer Beteiligungsstrukturen"** nach **Anlage 4** der WpI-

InhkontrollV **(Formular WpI-KB)** beizufügen (§ 5 Abs. 3 S. 1 WpI-InhkontrollV). Komplexe Beteiligungsstrukturen liegen gem. § 5 Abs. 3 S. 2 WpI-InhkontrollV insbesondere vor bei Beteiligungen, die gleichzeitig direkt und indirekt über ein oder mehrere Unternehmen, über mehrere Beteiligungsketten, im Zusammenwirken mit anderen, bei Treuhandverhältnissen oder in anderen Fällen der Zurechnung von Stimmrechtsanteilen nach § 4 Abs. 2 S. 2 und Abs. 3 WpI-InhkontrollV iVm § 34 Abs. 1 S. 1 Nr. 2–8 und Abs. 2 WpHG gehalten werden.

Die **Absicht der Aufgabe oder Verringerung einer bedeutenden Beteiligung** nach § 24 Abs. 2 S. 1 sowie die unabsichtliche Aufgabe oder Verringerung einer bedeutenden Beteiligung nach § 24 Abs. 3 S. 3 ist mit dem Formular **„Anzeige über die Aufgabe oder Verringerung einer bedeutenden Beteiligung"** nach **Anlage 5** der WpI-InhkontrollV **(Formular WpI-AV)** anzuzeigen (§ 9 Abs. 1 WpI-InhkontrollV). 75

b) Amtlich oder öffentlich beglaubigte Ausweiskopien. Wenn der interessierte Erwerber eine natürliche Person ist, so hat er der zuständigen Behörde Angaben zur Person, ua Namen, Geburtsdatum und Geburtsort, Anschrift und Kontaktdaten und, sofern vorhanden, die persönliche nationale Identifikationsnummer vorzulegen (Art. 3 Abs. 1 lit. a der DelVO (EU) 2017/1946). 76

Wenn der Anzeigepflichtige eine juristische Person ist, gilt dies entsprechend auch für deren Geschäftsführer und die wirtschaftlich Berechtigten (Art. 6 lit. a der DelVO (EU) 2017/1946). Wer wirtschaftlicher Berechtigter ist, wird in der DelVO (EU) 2017/1946 nicht definiert. Da es um Fragen der Identifizierung der natürlichen Personen geht, die „hinter" einer juristischen Person stehen, bietet es sich an, die Definition und Maßstäbe des wirtschaftlich Berechtigten in § 3 GwG anzuwenden (Lendermann/Nemeczek/Schroeter/Lösing WpIG § 24 Rn. 84). 77

Zum Nachweis der Angaben nach Art. 3 Abs. 1 lit. a und Art. 6 lit. a der DelVO (EU) 2017/1946 haben anzeigepflichtige natürliche Personen und Personen, die die Geschäfte des Zielunternehmens nach dem Erwerb tatsächlich leiten werden, eine amtlich oder öffentlich beglaubigte Kopie eines gültigen Lichtbildausweises, mit dem die Pass- und Ausweispflicht im Inland erfüllt wird, einzureichen (§ 6 Abs. 1 S. 1 WpI-InhkontrollV). 78

c) Gesellschaftsrechtliche Unterlagen. Wenn der interessierte Erwerber eine juristische Person ist; sind nach Art. 3 Abs. 2 der DelVO (EU) 2017/1946 folgende Informationen vorzulegen: 79

a) Nachweis der Firmenbezeichnung und der eingetragenen Anschrift des Firmensitzes sowie von deren Postanschrift – falls abweichend – und der Kontaktdaten sowie (sofern vorhanden) der nationalen Identifikationsnummer;
b) die Registrierung der Rechtsform im Einklang mit den einschlägigen nationalen Rechtsvorschriften;
c) einen aktuellen Überblick über die unternehmerischen Tätigkeiten der juristischen Person;
d) eine vollständige Liste der Personen, die die Geschäfte tatsächlich leiten, ihren Namen, Geburtsdatum und -ort, Anschrift, Kontaktdaten, ihre nationale Identifikationsnummer (sofern vorhanden), ihren detaillierten Lebenslauf mit einschlägiger Aus- und Weiterbildung, ihrer früheren Berufserfahrung und ihren derzeitigen beruflichen Tätigkeiten bzw. sonstigen relevanten Funktionen;
e) die Identität aller Personen, die als wirtschaftliche Eigentümer der juristischen Person betrachtet werden könnten, deren Namen, Geburtsdatum und -ort,

Anschrift, Kontaktdaten und, sofern vorhanden, deren nationale Identifikationsnummer.

80 Gemäß § 6 Abs. 2 S. 1 WpI-InhkontrollV sind Nachweis der Informationen Art. 3 Abs. 2 lit. a der VO (EU) 2017/1946 eine amtlich oder öffentlich beglaubigte Kopie der aktuellen Satzung, des aktuellen Gesellschaftsvertrags oder einer gleichwertigen Vereinbarung einzureichen. Zum Nachweis der Angaben nach Art. 3 Abs. 2 lit. b der DelVO (EU) 2017/1946 ist ferner eine amtlich oder öffentlich beglaubigte Kopie der Gründungsdokumente oder gleichwertiger beweiskräftiger Dokumente einzureichen (§ 6 Abs. 2 S. 2 WpI-InhkontrollV). Ausländische Unternehmen haben entsprechende Dokumente und einen amtlich oder öffentlich beglaubigten, aktuellen Auszug aus dem Handelsregister oder einem vergleichbaren öffentlichen Register oder Verzeichnis nach den nationalen gesetzlichen Bestimmungen des Sitzstaates einzureichen (§ 6 Abs. 2 S. 3 WpI-InhkontrollV). Im Einzelfall kann die Bundesanstalt auf die Beglaubigung der einzureichenden Unterlagen verzichten (§ 6 Abs. 2 S. 4 WpI-InhkontrollV)).

81 **d) Eigenhändig unterschriebener Lebenslauf.** Gemäß § 6 Abs. 3 S. 1 WpI-InhkontrollV ist der nach Art. 3 Abs. 1 lit. b sowie Abs. 2 lit. d und Art. 6 lit. c der DelVO (EU) 2017/1946 einzureichende detaillierte Lebenslauf eigenhändig zu unterschreiben und hat folgende Angaben zu enthalten:

- den vollständigen Namen,
- den Geburtsnamen,
- das Geburtsdatum,
- den Geburtsort,
- das Geburtsland,
- die Anschrift des ersten Wohnsitzes,
- die Staatsangehörigkeit,
- die berufliche Qualifikation einschließlich der erworbenen Abschlüsse,
- Weiterbildungsmaßnahmen und
- die Berufserfahrung, die in chronologischer Reihenfolge darzustellen ist und mit dem derzeit ausgeübten Beruf beginnen soll, wobei jeweils anzugeben sind: der Name und der Sitz des Unternehmens, für das die Person tätig ist oder war, die Art und die Dauer der Tätigkeit einschließlich Nebentätigkeiten mit Ausnahme ehrenamtlicher Tätigkeiten, die Vertretungsmacht dieser Person, ihre internen Entscheidungskompetenzen und die ihr unterstellten Geschäftsbereiche.

82 Alle Zeitangaben müssen monatsgenau erfolgen (§ 6 Abs. 3 S. 2 WpI-InhkontrollV). Die Angaben müssen lückenlos, vollständig und wahr sein (§ 6 Abs. 3 S. 3 WpI-InhkontrollV). Dem Lebenslauf von Personen, die die Geschäfte des Zielunternehmens nach dem Erwerb tatsächlich leiten werden, sind, sofern vorhanden, Arbeitszeugnisse über unselbständige Tätigkeiten, die in den letzten drei Jahren vor Abgabe der Anzeige ausgeübt wurden, beizufügen (§ 6 Abs. 3 S. 4 WpI-InhkontrollV).

83 **e) Angaben zur Zuverlässigkeit.** Gemäß § 26 Abs. 1 Ziff. 1 kann die BaFin den beabsichtigten Erwerb untersagen, wenn Tatsachen die Annahme rechtfertigen, dass der Anzeigepflichtige, oder, wenn er eine juristische Person ist, auch ein gesetzlicher oder satzungsmäßiger Vertreter oder, wenn er eine Personenhandelsgesellschaft ist, auch ein Gesellschafter nicht zuverlässig ist oder aus anderen Gründen nicht den im Interesse einer soliden und umsichtigen Führung des Wert-

papierinstituts zu stellenden Ansprüchen genügt. Die Prüfung der Zuverlässigkeit ist damit ein Kernbestandteil des Inhaberkontrollverfahrens. Artikel 4 Buchstabe a und b und Artikel 5 Absatz 1 Buchstabe a und b der DelVO (EU) 2017/1946 listen auf, welche Informationen und Unterlagen der Aufsicht zur Verfügung zu stellen sind, damit diese die Zuverlässigkeit prüfen kann.

aa) Führungszeugnisse. Gemäß § 6 Abs. 4 S. 1 WpI-InhkontrollV sind für die Prüfung der Zuverlässigkeit ein „Führungszeugnis zur Vorlage bei einer Behörde" nach § 30 Abs. 5 oder ein „Europäisches Führungszeugnis" nach § 30b des Bundeszentralregistergesetzes (BZRG) bei der BaFin einzureichen. Das Führungszeugnis darf zum Zeitpunkt des Einreichens nicht älter als drei Monate sein, wobei das Ausstellungsdatum maßgeblich ist (§ 6 Abs. 4 S. 2, 3 WpI-InhkontrollV). Personen, die einem Drittstaat angehören oder ihren Wohnsitz in einem Drittstaat haben, haben Dokumente aus dem Herkunfts- oder Wohnsitzstaat einzureichen, die den Dokumenten nach § 6 Abs. 4 S. 1 WpI-InhkontrollV entsprechen. Werden dort derartige Dokumente nicht ausgestellt, so ist der Umfang der einzureichenden Ersatzunterlagen mit der BaFin im Einzelfall abzustimmen (§ 6 Abs. 4 S. 4, 5 WpI-InhkontrollV). Einen Überblick über die im Einzelnen einzureichenden Führungszeugnisse bzw. entsprechenden Unterlagen findet sich in Anl. 2 des BaFin-Merkblattes zur Inhaberkontrolle. 84

Personen, die in den letzten zehn Jahren Wohnsitze in verschiedenen Staaten hatten, müssen die Führungszeugnisse und Unterlagen aus jedem dieser Staaten beibringen, es sei denn, es handelt sich um **Mitgliedstaaten der Europäischen Union,** die im Rahmen des Austauschs von Registerinformationen Auskunft erteilt haben. In diesem Fall ist die Einreichung eines Führungszeugnisses nach § 30 Abs. 5 oder § 30b des Bundeszentralregistergesetzes ausreichend (§ 6 Abs. 4 S. 6, 7 WpI-InhkontrollV). Sofern ein spezieller Sachverhalt hinsichtlich des Wohnsitzes (zB Wechsel des Wohnsitzstaates innerhalb der letzten zehn Jahre) oder der Staatsangehörigkeit (zB mehrere Staatsangehörigkeiten von EU-/EWR-Staaten, Drittstaaten) vorliegt, der nicht von den aufgeführten Konstellationen erfasst wird, ist der Umfang der einzureichenden Unterlagen mit dem zuständigen Fachreferat der BaFin abzustimmen (BaFin-Merkblatt zur Inhaberkontrolle vom 27.11.2015, I.2.c (1)). Für die **USA** werden von der BaFin idR zwei Nachweise verlangt: ein Führungszeugnis vom Federal Bureau of Investigation (FBI) sowie ein weiteres von der in dem jeweiligen Bundesstaat zuständigen Behörden (Lendermann/Nemeczek/Schroeter/Lösing WpIG § 24 Rn. 104). Diese Führungszeugnisse können in englischer Sprache eingereicht werden. Bei Bedarf kann die BaFin jedoch die Vorlage einer Übersetzung oder – in begründeten Fällen – einer beglaubigten oder von einem öffentlich bestellten oder beeidigten Dolmetscher oder Übersetzer angefertigten Übersetzung verlangen (§ 2 Abs. 3 S. 2 WpI-InhkontrollV). 85

Der Antrag für ein „Behördenführungszeugnis" und ein „EU-Führungszeugnis" muss durch die betroffene Person selbst oder mit amtlich oder öffentlich beglaubigter Unterschrift schriftlich bei der Meldebehörde gestellt werden (§ 30 Abs. 2 S. 1 BZRG). Deutsche Staatsangehörige mit Wohnsitz außerhalb der Bundesrepublik Deutschland können den Antrag unmittelbar beim Bundesamt für Justiz als Registerbehörde stellen (§ 30 Abs. 3 S. 1 BZRG). 86

Sowohl das „Behördenführungszeugnis" als auch das „EU-Führungszeugnis" werden vom Bundesamt für Justiz direkt an die BaFin übersandt. Es ist nicht erforderlich, weitere Ausfertigungen für die Deutsche Bundesbank bzw. bei ver- 87 bandsangehörigen Kreditinstituten für den Prüfungsverband anzufordern (BaFin-Merkblatt zur Inhaberkontrolle vom 27.11.2015, I.2.c (1)). Damit die eingehenden Führungszeugnisse und Unterlagen dem Inhaberkontrollverfahren zugeordnet werden können, sind als Verwendungszweck der Name des Unternehmens, an dem beabsichtigt ist, eine bedeutende Beteiligung zu erwerben, zu erhöhen oder zu verringern und dessen BAK-Nummer/Registernummer anzugeben (BaFin-Merkblatt zur Inhaberkontrolle vom 27.11.2015, I.2.c (1)).

88 **bb) Auszug aus dem Gewerbezentralregister.** Personen, die innerhalb der letzten zehn Jahre einen Wohnsitz in Deutschland innehatten oder eine berufliche Tätigkeit in Deutschland ausgeübt haben, haben zusätzlich einen Auszug aus dem Gewerbezentralregister nach § 150 GewO einzureichen, wobei der Registerauszug zum Zeitpunkt des Einreichens nicht älter als drei Monate sein darf (§ 6 Abs. 5 S. 1, 2 WpI-InhkontrollV). Auch hier ist das Ausstellungsdatum des Dokuments maßgeblich (§ 6 Abs. 5 S. 3 WpI-InhkontrollV).

89 Gemäß § 150 Abs. 1 S. 1 GewO erteilt die Registerbehörde auf Antrag einer Person Auskunft über den sie betreffenden Inhalt des Registers. Wohnt der Antragsteller in der Bundesrepublik Deutschland, ist der Antrag bei der zuständigen Behörde (idR Meldebehörde oder Gewerbeaufsichtsamt, §§ 150 Abs. 2, 155 Abs. 2 GewO iVm den jeweiligen landesrechtlichen Vorschriften) zu stellen. Wenn der Antragsteller nicht persönlich erscheint, ist eine schriftliche Antragstellung mit amtlich oder öffentlich beglaubigter Unterschrift des Antragstellers zulässig (§ 150 Abs. 2 S. 1 GewO). Personen, die ihren Wohnsitz außerhalb der Bundesrepublik Deutschland haben, können den Antrag unmittelbar beim Bundesamt für Justiz als Registerbehörde stellen (§ 150 Abs. 3 GewO).

90 Das Bundesamt für Justiz versendet den Auszug aus dem Gewerbezentralregister nicht unmittelbar an die BaFin, sondern an den Antragsteller. Nach Erhalt ist der Auszug an die BaFin zu übersenden. Es ist nicht erforderlich, weitere Ausfertigungen für die Deutsche Bundesbank anzufordern (BaFin-Merkblatt zur Inhaberkontrolle vom 27.11.2015, I.2.c (2)).

91 Bei Personen, die bisher keinen Wohnsitz in Deutschland innehatten oder keine berufliche Tätigkeit in Deutschland ausgeübt haben, ist die Einreichung des deutschen Gewerbezentralregisterauszugs und die Beibringung von vergleichbaren ausländischen Dokumenten grundsätzlich nicht erforderlich. Die BaFin behält sich insoweit aber vor, im Einzelfall weitere Unterlagen anzufordern (BaFin-Merkblatt zur Inhaberkontrolle vom 27.11.2015, I.2.c (2)).

92 Für die Zwecke des Art. 5 Abs. 1 lit. a der DelVO (EU) 2017/1946 gilt § 6 Abs. 5 WpI-InhkontrollV für anzeigepflichtige nicht natürliche Personen entsprechend (§ 6 Abs. 6 WpI-InhkontrollV).

93 **f) Aktuelle Finanzlage des interessierten Erwerbers und Ratings.** Anders als die für den Anwendungsbereich des Kreditwesengesetzes (KWG) und des Versicherungsaufsichtsgesetzes (VAG) erlassene Inhaberkontrollverordnung enthält die WpI-InhkontrollV keine gesonderten Vorgaben darüber, welche Informationen über die Finanzlage und Bonität des Anzeigepflichtigen vorzulegen sind (siehe dazu § 13 InhKontrollV). Folglich ergeben sich die Vorgaben allein aus der DelVO (EU) 2017/1946. Welche Informationen über die Finanzlage des interessierten Erwerbers der Aufsicht im Einzelnen zur Verfügung zu stellen sind, hängt davon ab, ob die anzeigepflichtige Person eine natürliche oder eine juristische Person ist.

aa) Anzeigepflichtiger ist natürliche Person. Gem. Art. 4 lit. c der DelVO (EU) 2017/1946 hat der interessierte Erwerber, der eine natürliche Person ist, Informationen zu seiner aktuellen Finanzlage, einschließlich Angaben zu seinen Einnahmequellen, seinen Vermögenswerten und Verbindlichkeiten und zu den Pfandrechten und Garantien, die er gewährt bzw. erhalten hat, zur Verfügung zu stellen. 94

Ferner sind Finanzinformationen, insbesondere auch Ratings und öffentlich verfügbare Berichte zu den vom interessierten Erwerber kontrollierten oder geleiteten Unternehmen sowie gegebenenfalls zum interessierten Erwerber vorzulegen (Art. 4 lit. e der DelVO (EU) 2017/1946). 95

bb) Anzeigepflichtiger ist juristische Person. Ist der interessierte Erwerber eine juristische Person, so hat diese der Aufsichtsbehörde die gesetzlich vorgeschriebenen Abschlüsse auf Einzelunternehmensebene und, soweit vorhanden, auf konsolidierter und teilkonsolidierter Ebene für die letzten drei Geschäftsjahre zur Verfügung zu stellen (Art. 5 Abs. 1 lit. i der DelVO (EU) 2017/1946). Werden diese Abschlüsse von einem externen Abschlussprüfer geprüft, so übermittelt der interessierte Erwerber die vom externen Prüfer testierte Fassung. Die gesetzlich vorgeschriebenen Abschlüsse umfassen: 96

1. die Bilanz;
2. die Gewinn- und Verlustrechnung oder Ergebnisrechnung;
3. die Jahresberichte und die Finanzanhänge und sonstige Dokumente, die bei der Registratur oder Behörde registriert sind, die für das für den interessierten Erwerber relevante Gebiet zuständig ist.

Handelt es sich bei dem interessierten Erwerber um ein neu gegründetes Unternehmen, so legt er für die Zwecke von Art. 5 Abs. 1 lit. i der DelVO (EU) 2017/1946 anstelle der gesetzlich vorgeschriebenen Abschlüsse für die ersten drei Geschäftsjahre Prognosen für Bilanzen und Gewinn- und Verlustrechnungen bzw. Ergebnisrechnungen sowie die bei der Planung zugrunde gelegten Annahmen vor (Art. 5 Abs. 1 aE DelVO (EU) 2017/1946). 97

Soweit vorhanden, sind auch Informationen über das Rating des interessierten Erwerbers und das Gesamtrating seiner Gruppe vorzulegen (Art. 5 Abs. 1 lit. j der DelVO (EU) 2017/1946). 98

g) Beschreibung der Geschäftstätigkeiten. Gem. Art. 4 lit. c der DelVO (EU) 2017/1946 hat der interessierte Erwerber, der eine natürliche Person ist, der Aufsichtsbehörde eine Beschreibung seiner Geschäftstätigkeit vorzulegen. Juristische Personen liefern diese Informationen mit dem aktuellen Überblick über die unternehmerischen Tätigkeiten (Art. 3 Abs. 2 lit. c DelVO (EU) 2017/1946). 99

h) Finanzielle und nichtfinanzielle Interessen oder Beziehungen, Interessenkonflikte. Die Erwerbsanzeige muss auch über finanzielle und nichtfinanzielle Interessen oder Beziehungen informieren. Bei natürlichen Personen nimmt (Art. 4 lit. f DelVO (EU) 2017/1946) die Interessen und Beziehungen nur des potentiellen Erwerbers in den Blick. Bei juristischen Personen werden die Interessen oder Beziehungen des interessierten Erwerbers oder gegebenenfalls der Gruppe, der der interessierte Erwerber angehört, sowie der Personen, die die Geschäfte tatsächlich leiten, abgefragt (Art. 5 Abs. 1 lit. c DelVO (EU) 2017/1946). 100

Sowohl bei natürlichen als auch bei juristischen Personen sind Angaben über die Interessen und Beziehungen an/zu folgenden Personen und Unternehmen zu machen: 101

1. anderen derzeitigen Anteilseignern des Zielunternehmens;
2. Personen, die berechtigt sind, Stimmrechte des Zielunternehmens, die einer oder mehreren der folgenden Definitionen entsprechen, auszuüben:
   – Stimmrechte, die von einem Dritten gehalten werden, mit dem diese natürliche oder juristische Person eine Vereinbarung getroffen hat, die beide verpflichtet, langfristig eine gemeinsame Politik bezüglich der Geschäftsführung des betreffenden Zielunternehmens zu verfolgen, indem sie die von ihnen gehaltenen Stimmrechte einvernehmlich ausüben;
   – Stimmrechte, die von einem Dritten aufgrund einer Vereinbarung mit dieser natürlichen oder juristischen Person gehalten werden, die eine zeitweilige Übertragung dieser Stimmrechte gegen Gegenleistung vorsieht;
   – Stimmrechte aus Aktien, die bei dieser natürlichen oder juristischen Person als Sicherheit verwahrt werden, sofern Letztere die Stimmrechte hält und ihre Absicht bekundet, sie auszuüben;
   – Stimmrechte aus Aktien, an denen zugunsten dieser natürlichen oder juristischen Person ein Nießbrauch bestellt ist;
   – Stimmrechte, die von einem von dieser natürlichen oder juristischen Person kontrollierten Unternehmen gehalten werden oder im Sinne der ersten vier Punkte des Buchstaben f Ziffer ii (wenn der interessierte Erwerber eine natürliche Person ist) oder c Ziffer ii (wenn der interessierte Erwerber eine juristische Person ist) von einem von dieser natürlichen oder juristischen Person kontrollierten Unternehmen ausgeübt werden können;
   – Stimmrechte aus Aktien, die bei dieser natürlichen oder juristischen Person verwahrt sind und die Letztere nach eigenem Ermessen ausüben kann, wenn keine besonderen Weisungen der Aktionäre vorliegen;
   – Stimmrechte, die von einem Dritten in eigenem Namen für Rechnung dieser natürlichen oder juristischen Person gehalten werden;
   – Stimmrechte, die diese natürliche oder juristische Person als Bevollmächtige ausüben kann und die die Letztere nach eigenem Ermessen ausüben kann, wenn keine besonderen Weisungen der Aktionäre vorliegen;
3. Mitgliedern des Verwaltungs-, Leitungs- oder Aufsichtsorgans oder der Geschäftsleitung des Zielunternehmens;
4. dem Zielunternehmen selbst und seiner Gruppe.

102 Kreditgeschäfte, Garantien und Pfandrechte werden den finanziellen Interessen zugerechnet, während familiäre oder andere enge Beziehungen den nichtfinanziellen Interessen zugerechnet werden (Art. 4 aE und Art. 5 Abs. 1 DelVO (EU) 2017/1946).

103 Der Aufsichtsbehörde sind ferner Informationen über etwaige sonstige Interessen oder Tätigkeiten des interessierten Erwerbers, die mit denen des Zielunternehmens in Konflikt stehen könnten, und mögliche Lösungen für den Umgang mit diesen Interessenkonflikten zur Verfügung zu stellen (Art. 4 lit. g und Art. 5 Abs. 1 lit. d DelVO (EU) 2017/1946).

104 **i) Angaben zur geplanten neuen Struktur der Gruppe und zu den Auswirkungen auf die Aufsicht.** Ist der interessierte Erwerber eine juristische Person, so hat er der Aufsichtsbehörde eine Analyse des Umfangs der konsolidierten Beaufsichtigung der Gruppe, zu der das Zielunternehmen nach dem beabsichtigten Erwerb gehören würde, vorzulegen. Diese Analyse muss Angaben darüber enthalten, welche Unternehmen der Gruppe nach dem beabsichtigten Erwerb den Anforderungen in Bezug auf die konsolidierte Beaufsichtigung unterliegen würden und auf welchen Ebenen innerhalb der Gruppe diese Anforderungen auf voll- bzw. teilkonsolidierter Basis gelten würden (Art. 8 Abs. 1 DelVO (EU) 2017/1946).

Darüber hinaus ist eine Analyse darüber vorzulegen, ob das Zielunternehmen weiterhin fähig sein wird, seiner Aufsichtsbehörde rechtzeitig präzise Informationen zu übermitteln, auch infolge enger Verbindungen zwischen dem interessierten Erwerber und dem Zielunternehmen (Art. 8 Abs. 2 DelVO (EU) 2017/1946). 105

j) Angaben zur Finanzierung des beabsichtigten Erwerbs. Der interessierte Erwerber muss gegenüber der Aufsichtsbehörde ferner ausführliche Angaben zu den einzelnen Finanzierungsquellen für den beabsichtigten Erwerb machen, die in Art. 9 DelVO (EU) 2017/1946 im Einzelnen aufgeführt sind. Diese Angaben müssen unter anderem Folgendes umfassen: 106

a) detaillierte Angaben zum Einsatz privater Finanzierungsquellen sowie zu Herkunft und Verfügbarkeit der Mittel, einschließlich einschlägiger dokumentarischer Nachweise gegenüber der zuständigen Behörde, dass der beabsichtigte Erwerb nicht auf Geldwäsche abzielt;
b) detaillierte Angaben zur Art der Zahlung des beabsichtigten Erwerbs und zu dem zur Übertragung der Mittel verwendeten Netzwerk;
c) detaillierte Angaben zum Zugang zu Kapitalquellen und Finanzmärkten, unter anderem detaillierte Angaben zu den zu emittierenden Finanzinstrumenten;
d) Angaben zum Fremdkapitaleinsatz, unter anderem den Namen der einschlägigen Geldgeber und Einzelheiten zu den gewährten Fazilitäten, einschließlich Laufzeiten, Bedingungen, Pfandrechten und Garantien sowie Informationen zur Herkunft der Einnahmen, die für die Rückzahlung derartiger Darlehen verwendet werden sollen, und zur Herkunft des Fremdkapitals, wenn der Kreditgeber kein beaufsichtigtes Finanzinstitut ist;
e) Informationen zu etwaigen Finanzvereinbarungen mit anderen Anteilseignern des Zielunternehmens;
f) Informationen zu den Vermögenswerten des interessierten Erwerbers oder des Zielunternehmens, die im Hinblick auf die Finanzierung des beabsichtigten Erwerbs veräußert werden sollen, sowie die Bedingungen der Veräußerung, darunter Preis, Bewertung, Einzelheiten zu den Merkmalen der Vermögenswerte sowie Informationen darüber, wann und wie die Vermögenswerte erworben wurden.

Diese Angaben dienen zum einen der Vermeidung von **Geldwäsche oder Terrorismusfinanzierung** und zum anderen der Feststellung der **finanziellen Solidität** des potenziellen Erwerbers. Die BaFin kann den beabsichtigten Erwerb der bedeutenden Beteiligung oder ihre Erhöhung untersagen, wenn Tatsachen die Annahme rechtfertigen, dass im Zusammenhang mit dem beabsichtigten Erwerb oder der Erhöhung der Beteiligung Geldwäsche oder Terrorismusfinanzierung stattfindet (§ 26 Abs. 1 Ziff. 5), oder Anzeigepflichtige nicht über die notwendige finanzielle Solidität verfügt (§ 26 Abs. 1 Ziff. 6). 107

k) Strategische Ziele. Die DelVO (EU) 2017/1946 sieht ferner vor, dass der interessierte Erwerber die Aufsicht über seine mit dem Erwerb verfolgten **strategischen Ziele** informieren muss. Art und Umgang der Informationen richten sich dabei nach der **Höhe der angestrebten Beteiligung:** 108

– bis zu 20 %:	Art. 10 DelVO (EU) 2017/1946;
– von 20 und 50 %:	Art. 11 DelVO (EU) 2017/1946;
– mehr als 50 %:	Art. 12 DelVO (EU) 2017/1946.

109 Würde der beabsichtigte Erwerb dazu führen, dass der interessierte Erwerber am Zielunternehmen eine qualifizierte Beteiligung von **bis zu 20 %** hält, so hat der interessierte Erwerber gem. Art. 10 DelVO (EU) 2017/1946 ein **Strategiedokument** vorzulegen, das folgende Angaben enthält:

a) den **Zeitraum,** während dessen der interessierte Erwerber seine Beteiligung nach dem beabsichtigten Erwerb zu halten plant, und die etwaige Absicht des interessierten Erwerbers, die Höhe seiner Beteiligung in absehbarer Zukunft aufzustocken, zu verringern bzw. beizubehalten;
b) die **Absichten** des interessierten Erwerbers in Bezug auf das Zielunternehmen, insbesondere die Beantwortung der Frage, ob er eine **aktive Rolle** als Minderheitsanteilseigner zu spielen beabsichtigt, und die Gründe dafür;
c) Informationen zur **Finanzlage** des interessierten Erwerbers und zu seiner Bereitschaft, das Zielunternehmen mit weiteren Eigenmitteln zu unterstützen, wenn dies für die Entwicklung der Tätigkeiten des Zielunternehmens oder im Falle finanzieller Schwierigkeiten erforderlich sein sollte.

110 Bei einer angestrebten qualifizierten Beteiligung **zwischen 20 % und 50 %** muss der interessierte Erwerber ein **Strategiedokument** vorlegen, das, sofern relevant, Folgendes beinhaltet (Art. 11 Abs. 1 DelVO (EU) 2017/1946):

a) alle in Artikel 10 genannten Informationen;
b) Einzelheiten zu dem **Einfluss,** den der interessierte Erwerber auf die Finanzlage im Zusammenhang mit dem Zielunternehmen, unter anderem auf die Dividendenpolitik, die strategische Entwicklung und die Mittelzuweisung des Zielunternehmens, auszuüben plant;
c) eine Beschreibung der **mittelfristigen Absichten und Erwartungen** des interessierten Erwerbers in Bezug auf das Zielunternehmen, die alle in Art. 12 Abs. 2 und 3 DelVO (EU) 2017/1946 genannten Elemente umfasst.

111 Ist der Erwerb einer qualifizierten Beteiligung von bis zu 20 % geplant, so sind die in Art. 11 Abs. 1 DelVO (EU) 2017/1946 genannten Informationen in das Strategiedokument aufzunehmen, wenn die Aufsicht aufgrund der Bewertung der Beteiligungsstruktur des Zielunternehmens feststellt, dass der durch die Beteiligung ausgeübte Einfluss dem durch Beteiligungen zwischen 20 % und 50 % ausgeübten Einfluss entspräche (Art. 11 Abs. 2 DelVO (EU) 2017/1946).

112 Bei Erwerb einer qualifizierten Beteiligung von **mindestens 50 %** hat der Anzeigepflichtige einen **Geschäftsplan** vorzulegen, der einen **strategischen Entwicklungsplan, Vorausschätzungen** (Prognosen) für die Abschlüsse des Zielunternehmens sowie eine **Darstellung der Auswirkungen des Erwerbs** auf die Unternehmensführung und die allgemeine Organisationsstruktur des Zielunternehmens beinhaltet (Art. 12 Abs. 1 DelVO (EU) 2017/1946). Welche Angaben der Entwicklungsplan, die Prognosen und die Darstellung der Auswirkungen des Erwerbs enthalten müssen, wird in Art. 12 Abs. 2–5 DelVO (EU) 2017/1946 aufgeführt. Ist ein Geschäftsplan zu erstellen und einzureichen, so stellt dieser regelmäßig die zeit- und arbeitsintensivste Unterlage des Inhaberkontrollverfahrens dar. Auch die Mehrzahl der Nachfragen und Nachforderungen der Aufsicht bezieht sich üblicherweise auf den Geschäftsplan. Sowohl bei der Erstellung des Geschäftsplans als auch bei der Beantwortung der Nachfragen der Aufsicht ist daher besondere Sorgfalt geboten, um unnötige Verzögerungen des Inhaberkontrollverfahrens zu vermeiden.

113 **l) Änderung der angezeigten Absicht, des angezeigten Erwerbs und der angezeigten Angaben.** Gibt der Anzeigepflichtige vor dem Erwerb oder

der Erhöhung seine Erwerbsabsicht auf oder ändert er seine Erwerbsabsicht, so hat er dies unverzüglich schriftlich mitzuteilen (§ 7 Abs. 1 u. Abs. 2 S. 2 WpI-InhKontrollV). Wenn nunmehr die Beteiligungsschwellen von 20 %, 30 % oder 50 % erreicht oder überschritten werden oder der Anzeigepflichtige die Kontrolle über das Zielunternehmen erlangen würde, gilt die angezeigte Erwerbsabsicht als aufgegeben. Der Anzeigepflichtige muss dann eine neue Anzeige einreichen (§ 7 Abs. 2 S. 3 WpI-InhKontrollV).

Ändern sich nach Absendung einer Anzeige bis zum Ende des Beurteilungszeit- **114** raums nach § 25 Angaben in den eingereichten Unterlagen und Erklärungen, hat der Anzeigepflichtige die betroffenen Dokumente unverzüglich aktualisiert einzureichen (§ 7 Abs. 3 S. 1 WpI-InhKontrollV). Unterlässt er dies oder geht die Aktualisierung der Angaben so spät ein, dass der Behörde für deren Prüfung innerhalb des Beurteilungszeitraums weniger als 20 Arbeitstage zur Verfügung stehen, gelten die Angaben in den eingereichten Unterlagen und Erklärungen als nicht richtig (§ 7 Abs. 3 S. 2 WpI-InhKontrollV).

m) Erleichterungen. Nach Art. 13 DelVO (EU) 2017/1946 gelten darüber **115** hinaus **für in der EU zugelassene und beaufsichtigte Unternehmen** bestimmte Erleichterungen, wenn das Zielunternehmen
a) keine Vermögenswerte von Kunden hält;
b) nicht zugelassen ist für die Wertpapierdienstleistungen und Anlagetätigkeiten „Handel für eigene Rechnung" oder „Übernahme der Emission von Finanzinstrumenten und/oder Platzierung von Finanzinstrumenten mit fester Übernahmeverpflichtung" im Sinne des Anhangs I Abschn. A Nummern 3 und 6 der Richtlinie 2004/39/EG (MiFID I);
c) für den Fall, dass es für die Wertpapierdienstleistung „Portfolio-Verwaltung" im Sinne des Anhangs I Abschn. A Nummer 4 der Richtlinie 2004/39/EG (MiFID I) zugelassen ist, die vom Wertpapierinstitut verwalteten Vermögenswerte unter 500 Mio. EUR liegen.

Ferner muss der Anzeigepflichtige gem. § 8 Abs. 1 S. 1 WpI-InhKontrollV **116** Unterlagen und Erklärungen nicht erneut einreichen, die er innerhalb **eines Jahres** vor der aktuellen Anzeige mit einer Anzeige nach § 24 Abs. 1, 3 oder Abs. 5 eingereicht hat, es sei denn, die in den Unterlagen und Erklärungen enthaltenen Angaben treffen nicht mehr zu. Die BaFin kann im Einzelfall einen längeren Zeitraum zulassen (§ 8 Abs. 1 S. 2 WpI-InhKontrollV). Treffen sämtliche, in den Unterlagen und Erklärungen nach § 8 Abs. 1 S. 1 WpI-InhKontrollV enthaltenen Angaben noch zu, reicht der Anzeigepflichtige eine schriftliche Erklärung ein, in der er dies bestätigt (§ 8 Abs. 1 S. 3 WpI-InhKontrollV).

Außerdem muss der Anzeigepflichtige Unterlagen und Erklärungen nicht **117** erneut einreichen (und zwar **ohne zeitliche Einschränkung**), wenn durch einen Erwerb lediglich eine bestehende indirekte bedeutende Beteiligung zu einer direkten bedeutenden Beteiligung würde oder wenn dies umgekehrt geschieht, es sei denn, die der Aufsicht vorliegenden Unterlagen und Erklärungen sind nicht mehr aktuell (§ 8 Abs. 2 S. 1 WpI-InhKontrollV). Der Anzeigepflichtige hat in den Formularen anzugeben, wenn die Unterlagen und Erklärungen noch aktuell sind (§ 8 Abs. 2 S. 2 WpI-InhKontrollV).

4. Anzeigeverfahren

a) Einreichung der Anzeige. Die Anzeigen nach § 24 Abs. 1–3 und die **118** Anzeigen und Mitteilungen nach den §§ 7 und 9–11 der WpI-InhKontrollV sind jeweils in einfacher Ausfertigung bei der BaFin und bei der für das betroffene Wertpapierinstitut zuständigen Hauptverwaltung der Deutschen Bundesbank einzureichen (§ 2 Abs. 1 S. 1 WpI-InhKontrollV). Auf Verlangen der BaFin oder der Deutschen Bundesbank ist für Anzeigen und Unterlagen ein elektronischer Einreichungsweg zu nutzen (üblicherweise über den WebMail-Server der BaFin oder per E-Mail). Nähere Bestimmungen zum jeweiligen elektronischen Einreichungsweg treffen BaFin und Deutsche Bundesbank auf ihrer jeweiligen Internetseite (§ 2 Abs. 2 WpI-InhKontrollV).

119 **b) Sprache.** Anzeigen, Unterlagen, Mitteilungen und Erklärungen können grundsätzlich auch in englischer Sprache eingereicht werden (§ 2 Abs. 3 S. 1 WpI-InhKontrollV). Die BaFin kann jedoch jederzeit die Vorlage einer Übersetzung oder in begründeten Fällen einer beglaubigten oder von einem öffentlich bestellten oder beeidigten Dolmetscher oder Übersetzer angefertigten Übersetzung verlangen (§ 2 Abs. 3 S. 2 WpI-InhKontrollV). Bei Transaktionen mit internationalen Bezügen empfiehlt es sich daher, mit dem bei der BaFin für das Inhaberkontrollverfahren zuständigen Referenten oder der zuständigen Referentin frühzeitig zu besprechen, für welche Dokumente (beglaubigte) Übersetzungen benötigt werden. Die Anforderungen können hier im Einzelfall stark variieren. Teilweise werden amtliche Übersetzungen gefordert, was zu enormen Kosten und Zeitverzögerungen bei den Anzeigepflichtigen führen kann, zum Teil wird auf Übersetzungen ganz verzichtet (so zutreffend Lendermann/Nemeczek/Schroeter/Lösing WpIG § 24 Rn. 128). Sind die gesammelten Dokumente in einer anderen Fremdsprache als Englisch verfasst oder handelt es sich um zentrale Dokumente für das Verfahren, ist eine beglaubigte Übersetzung in den meisten Fällen erforderlich (zu § 2c KWG: Binder/Glos/Riepe BankenaufsichtsR-HdB/Steck, 2. Auflage 2020, § 4 Rn. 82).

120 **c) Empfangsbevollmächtigung.** Anzeigepflichtige ohne Wohnsitz oder gewöhnlichen Aufenthalt, Sitz oder Geschäftsleitung im Inland müssen in den BaFin-Formularen den Namen und die Anschrift eines Empfangsbevollmächtigten in Deutschland angeben (§ 3 S. 2 WpI-InhKontrollV). Die Bevollmächtigung ist durch Vorlage der entsprechenden Urkunde im Original oder als amtlich oder öffentlich beglaubigte Kopie nachzuweisen (§ 3 S. 2 WpI-InhKontrollV).

III. Aufgabeabsicht (§ 24 Abs. 2)

121 Auch die beabsichtigte Aufgabe einer bedeutenden Beteiligung an einem Wertpapierinstitut oder die Unterschreitung der in § 24 Abs. 1 genannten Grenzen für Beteiligungen sind unverzüglich anzuzeigen (§ 24 Abs. 2 S. 1). Dabei ist das Formular „Anzeige über die Aufgabe oder Verringerung einer bedeutenden Beteiligung" nach Anlage 5 der WpI-InhkontrollV (Formular WpI-AV) zu verwenden (§ 9 Abs. 1 WpI-InhkontrollV). Mit „Grenzen für Beteiligungen" sind nicht nur die quantitativen Schwellenwerte 20 %, 30 % und 50 % gemeint; anzuzeigen sind auch Veränderungen, die dazu führen, dass das Wertpapierinstitut nicht mehr kontrolliertes Unternehmen ist (Lendermann/Nemeczek/Schroeter/Lösing WpIG § 24 Rn. 131). Bei der Anzeige ist die beabsichtigte verbleibende Höhe der Beteiligung anzugeben (§ 24 Abs. 2 S. 2).

122 Die BaFin kann dem Inhaber der qualifizierten Beteiligung eine Frist setzen, nach deren Ablauf ihr der Anzeigepflichtige den **Vollzug oder** den **Nichtvollzug** der beabsichtigten Absenkung oder Aufgabe unverzüglich anzuzeigen hat (§ 24

Abs. 2 S. 3, 4). Vorsätzliche oder fahrlässige Verstöße gegen die Anzeigepflichten des § 24 Abs. 2 S. 1 oder 4 sind Ordnungswidrigkeiten nach § 83 Abs. 1 Ziff. 3 lit. a. Da der Einfluss auf ein Wertpapierinstitut aufgegeben oder reduziert wird, bestehen keine direkten Eingriffsbefugnisse der BaFin. Falls die Aufgabe der qualifizierten Beteiligung oder deren Absinken unter die Schwellenwerte jedoch auf Erwerbseite eine Anzeigepflicht nach § 24 Abs. 1 S. 1 auslöst, so kann die BaFin gegenüber dem Erwerber die Transaktion untersagen.

IV. Unbeabsichtigter Erwerb oder unbeabsichtigte Aufgabe (§ 24 Abs. 3)

Wer unabsichtlich eine bedeutende Beteiligung an einem Wertpapierinstitut erwirbt oder eine bedeutende Beteiligung so erhöht, dass die Schwellenwerte erreicht oder überschritten werden oder das Wertpapierinstitut unter seine Kontrolle kommt, hat dies der BaFin und der Deutschen Bundesbank unverzüglich nach Kenntnis anzuzeigen (§ 24 Abs. 3 S. 1). Dies gilt auch, wenn er beabsichtigt, die Beteiligung so zurückzuführen, dass sie erneut unter den Schwellenwert fällt, sofern die Beteiligung nicht unverzüglich nach Kenntnis von dem Erwerb oder der Erhöhung zurückgeführt wird (§ 24 Abs. 3 S. 2). Eine Anzeigepflicht besteht auch dann, wenn die bedeutende Beteiligung unabsichtlich aufgegeben wird oder der Betrag der bedeutenden Beteiligung unter die Schwellenwerte sinkt oder sich die Beteiligung so verändert, dass das Wertpapierinstitut nicht mehr kontrolliert wird (§ 24 Abs. 3 S. 3). § 24 knüpft damit sowohl an den beabsichtigten als auch den unbeabsichtigten Erwerb einer bedeutenden Beteiligung, deren Aufgabe sowie das Über- oder Unterschreiten Anzeigepflichten. Eine bedeutsame **Ausnahme** besteht allerdings dann, wenn bei einem unbeabsichtigten Erwerb oder einer unbeabsichtigten Erhöhung der Beteiligung diese unverzüglich nach Kenntnisnahme zurückgeführt wird. 123

Es sind unterschiedliche Konstellationen denkbar, in denen unabsichtlich eine bedeutende Beteiligung erworben oder aufgegeben oder die Schwellenwerte über- oder unterschritten werden. Dies kann beispielsweise bei einem Rückkauf von Aktien anderer Aktionäre durch das Wertpapierinstitut geschehen. Denkbar ist dies auch bei Erbschaften, Kapitalerhöhungen oder -herabsetzungen oder der Nichtausübung von Bezugsrechten durch Mitgesellschafter (Lendermann/Nemeczek/Schroeter/Lösing WpIG § 24 Rn. 135). 124

Nicht abschließend geklärt ist die Frage, worauf sich der Begriff der **„Unabsichtlichkeit"** bezieht. Einerseits könnte man auf den Erwerbsvorgang als solchen abstellen, der nicht beabsichtigt war (wie zB bei einer Erbschaft). Denkbar ist aber auch, danach zu fragen, ob eine Transaktion zwar beabsichtigt war, der Erwerb oder die Aufgabe einer bedeutenden Beteiligung bzw. eine Über- und Unterschreitung der Schwellenwerte jedoch unwissentlich oder unbewusst erfolgte. Lösing benennt für letztere Fallkonstellation ua folgendes Beispiel (Lendermann/Nemeczek/Schroeter/Lösing WpIG § 24 Rn. 136): 125

Die Abteilung für Beteiligungsmanagement eines Unternehmens beabsichtigt, eine Beteiligung unterhalb der Schwelle der bedeutenden Beteiligung an einem Wertpapierinstitut zu erwerben. Dem Beteiligungsmanagement ist dabei nicht bewusst, dass in anderen Abteilungen bereits dem Unternehmen zuzurechnende Anteile erworben wurden, die dazu führen, dass die Gesamtbeteiligung des Unternehmens über die Schwelle der bedeutenden Beteiligung bzw. der Schwellenwerte des § 24 Abs. 1 „rutscht".

126 Nach hiesiger Rechtsauffassung bedeutet „unabsichtlich" im Sinne des 24 Abs. 3 sowohl die fehlende Kenntnis über Erwerbsvorgang an sich als auch die Unkenntnis über das Erreichen/Unterschreiten eines Schwellenwerts. In beiden Konstellationen fehlt dem Anzeigepflichtigen ein zielgerichtetes Wollen. Mit bloßer **Rechtsunkenntnis** (ignorantia iuris) kann die Unabsichtlichkeit des Handelns hingegen nicht begründet werden. Denn für die Absicht genügt in der Regel das Bewusstsein und Wollen einer Handlung, die den objektiven Tatbestand verwirklicht.

127 Im Falle eines unabsichtlichen Erwerbs einer bedeutenden Beteiligung oder des unabsichtlichen Überschreitens eines Schwellenwertes steht der Anzeigepflichtige vor dem Problem, dass er einerseits die Anzeigepflicht unverzüglich erfüllen muss, andererseits aber die Zusammenstellung der hierfür erforderlichen Informationen und Unterlagen mit einem erheblichen zeitlichen Aufwand verbunden sein kann. Daher sollte der Anzeigepflichtige ab Kenntnisnahme vom Beteiligungserwerb unverzüglich eine Anzeige abgeben – und zwar unter Verwendung der von der BaFin bereitgesellten Formulare (Anlage 1 und 2 zur WpI-InhkontrollV) – und mit der BaFin die Bereitstellung der weiteren erforderlichen Informationen und Dokumente abstimmen.

128 § 24 Abs. 3 S. 2 ist so formuliert, als enthalte die Vorschrift eine eigene Anzeigepflicht. Tatsächlich wird jedoch eine **Ausnahme** von der Anzeigepflicht des § 24 Abs. 3 S. 1 normiert. Satz 1 und Satz 2 des § 24 Abs. 3 sind im Zusammenhang zu lesen (Lendermann/Nemeczek/Schroeter/Lösing WpIG § 24 Rn. 137). Nach § 24 Abs. 3 S. 2 löst der unbeabsichtigte Erwerb einer bedeutenden Beteiligung dann keine Anzeigepflicht nach S. 1 aus, wenn der Erwerber die Beteiligung unverzüglich so zurückführt, dass sie unter „den Schwellenwert" fällt. Der deutsche Gesetzgeber ermöglicht damit dem Erwerber, durch eigenes Handeln die eigentlich entstandene Anzeigepflicht rückwirkend zu beseitigen. Die Beteiligung muss **unverzüglich,** also **ohne schuldhaftes Zögern** (§ 121 Abs. 1 BGB), nach Kenntnis von dem Erwerb oder der Erhöhung zurückgeführt werden. Aufgrund der Komplexität der Veräußerung eines Teils einer bedeutenden Beteiligung an einem beaufsichtigten Unternehmen kann ein Zeitraum von drei Monaten (so zur Parallelregelung in § 17 VAG: Grote in Dreher, Versicherungsaufsichtsgesetz, 14. Aufl. 2024, VAG § 17 Rn. 43d) oder – je nach den Umständen des Einzelfalls – auch erheblich länger noch als unverzüglich anzusehen sein.

V. Vollständigkeitsbestätigung (§ 24 Abs. 4)

129 Die BaFin hat den Eingang einer vollständigen Anzeige umgehend, spätestens innerhalb von zwei Arbeitstagen nach deren Zugang gegenüber dem Anzeigepflichtigen zu bestätigen. In der Bestätigung hat die BaFin dem Anzeigepflichtigen auch den Tag mitzuteilen, an dem der Beurteilungszeitraum nach § 25 S. 8 Nr. 1 endet (§ 24 Abs. 4).

130 Nach Eingang der Anzeige prüft die BaFin, ob die Anzeige vollständig ist. Die Prüfung der Vollständigkeit ist dem eigentlichen Prüfungsverfahren vorgelagert. Die Anzeige ist vollständig, wenn die erforderlichen Formulare ausgefüllt und sämtliche erforderlichen Anlagen und Unterlagen der BaFin vorliegen. Nach den Gemeinsamen Leitlinien der Europäischen Aufsichtsbehörden vom 20.12.2016 soll die Vollständigkeitsbestätigung ausschließlich einen Verfahrensschritt darstellen, der die formelle Vollständigkeit der Anzeige betrifft und dazu führt, dass die Frist von 60 Werktagen für die aufsichtsrechtliche Beurteilung zu laufen beginnt. Sie beinhaltet **keine materielle Prüfung** der zur Verfügung gestellten Informationen durch die zuständige Aufsichtsbehörde (Gemeinsame Leitlinien der Europäischen Aufsichtsbehörden vom 20.12.2016, Ziff. 9.1 → Rn. 12). Können nicht alle erforderlichen Anlagen und Unterlagen beigefügt werden, sind die Gründe hierfür anzugeben und diese unverzüglich nachzureichen. Erst mit deren Eingang ist die Anzeige formal vollständig. Auch kann im Einzelfall die vollständige Anzeige eines weiteren Anzeigepflichtigen (des Mutterunternehmens des direkten unmittelbaren Erwerbers) erforderlich sein, um Vollständigkeit der Anzeige zu erreichen, da eine abschließende Beurteilung eines Erwerbstatbestands regelmäßig voraussetzt, dass alle daran beteiligten direkten bzw. unmittelbaren und indirekten bzw. mittelbaren Erwerber gemeinsam beurteilt werden (BaFin-Merkblatt zur Inhaberkontrolle vom 27.11.2015, V.1.b.).

Absichtsanzeigen sind bei der Ersteinreichung praktisch nie vollständig. Dies liegt zum einen daran, dass Anzeigepflichtige die erforderlichen Unterlagen und Information bei Ersteinreichung noch nicht vollständig vorlegen können. Zum anderen kann auch die BaFin durch Abfordern weiterer Informationen und Unterlagen die formelle Vollständigkeit der Anzeige verzögern. Dies führt in der Praxis häufig dazu, dass die Vorprüfung der Vollständigkeit der Anzeige einen deutlich längeren Zeitraum in Anspruch nimmt als der in § 25 festgelegte Beurteilungszeitraum. In der Vergangenheit kam es teilweise vor, dass die BaFin die Vollständigkeitsanzeige an den Anzeigepflichtigen verschickt hatte, um kurze Zeit danach (manchmal nur wenige Tage später) mitzuteilen, die beabsichtigte Transaktion nicht zu untersagen. Auf Seiten des Erwerbes ist diese Praxis frustrierend. Inhaberkontrollverfahren werden als unvorhersehbar und intransparent empfunden (zu § 2c KWG: Schwennicke/Auerbach/Süßmann KWG § 2c Rn. 15). Es wird kritisiert, dass die BaFin die Möglichkeit habe, den Abschluss des Verfahrens nahezu unbegrenzt hinauszuzögern. Kritisiert werden zudem der mit der Anzeige verbundene bürokratische Aufwand und die aus dem Verfahren resultierenden Kosten (Lendermann/Nemeczek/Schroeter/Lösing WpIG § 24 Rn. 145). Diese Kritik ist nachvollziehbar, auch deshalb, weil die Gemeinsamen Leitlinien der Europäischen Aufsichtsbehörden vom 20.12.2016 (Ziff. 9.1) vorsehen, dass im Stadium der formellen Prüfung der Vollständigkeit der Erwerbsanzeige keine materielle Prüfung erfolgen soll. Die Praxis sieht anders aus: Häufig beginnt die inhaltliche Prüfung der vorgelegten Informationen und Unterlagen durch die BaFin, bevor die Vollständigkeitsbestätigung versandt ist. Aus Beraterperspektive ist jedoch auch anzumerken, dass sich die Mitarbeiter des für die Inhaberkontrolle zuständigen Referats der BaFin in der Regel um einen zügigen Verfahrensabschluss bemühen. Diese Feststellung kann freilich nicht darüber hinwegtäuschen, dass die Personalausstattung bei der BaFin unzureichend erscheint. 131

VI. Anzeige neuer Vertreter oder persönlich haftender Gesellschafter (§ 24 Abs. 5)

Der Inhaber einer bedeutenden Beteiligung hat der BaFin und der Deutschen Bundesbank jeden neu bestellten gesetzlichen oder satzungsmäßigen Vertreter oder neuen persönlich haftenden Gesellschafter mit den für die Beurteilung von 132 dessen Zuverlässigkeit wesentlichen Tatsachen unverzüglich anzuzeigen (§ 24 Abs. 5). Die inhaltlichen Anforderungen an die Anzeige nach § 24 werden in § 10 WpI-InhkontrollV konkretisiert.

§ 25 Beurteilungszeitraum

[1]Die Bundesanstalt hat die Anzeige nach § 24 Absatz 1 innerhalb von 60 Arbeitstagen ab dem Datum des Schreibens, mit dem sie den Eingang der vollständigen Anzeige bestätigt hat, zu beurteilen (Beurteilungszeitraum). [2]Bis spätestens zum 50. Arbeitstag innerhalb des Beurteilungszeitraums kann die Bundesanstalt weitere Informationen anfordern, die für den Abschluss der Beurteilung notwendig sind. [3]Die Anforderung ergeht unter Angabe der zusätzlich benötigten Informationen. [4]Die Bundesanstalt hat den Eingang der weiteren Informationen umgehend, spätestens jedoch innerhalb von zwei Arbeitstagen nach deren Zugang gegenüber dem Anzeigepflichtigen zu bestätigen. [5]Der Beurteilungszeitraum ist vom Zeitpunkt der Anforderung der weiteren Informationen bis zu deren Eingang bei der Bundesanstalt gehemmt. Der Beurteilungszeitraum beträgt im Falle einer Hemmung nach Satz 5 höchstens 80 Arbeitstage. [6]Die Bundesanstalt kann Ergänzungen oder Klarstellungen zu diesen Informationen anfordern; dies führt nicht zu einer erneuten Hemmung des Beurteilungszeitraums. [7]Abweichend von Satz 6 kann der Beurteilungszeitraum im Falle einer Hemmung auf höchstens 90 Arbeitstage ausgedehnt werden, wenn der Anzeigepflichtige

1. außerhalb des Europäischen Wirtschaftsraums ansässig ist oder beaufsichtigt wird oder
2. keine der Beaufsichtigung unterliegende natürliche Person oder kein der Beaufsichtigung unterliegendes Unternehmen ist nach
   a) der Richtlinie 2009/65/EG,
   b) der Richtlinie 2009/138/EG des Europäischen Parlaments und des Rates vom 25. November 2009 betreffend die Aufnahme und Ausübung der Versicherungs- und der Rückversicherungstätigkeit (Solvabilität II) (ABl. L 335 vom 17.12.2009, S. 1; L 219 vom 25.7.2014, S. 66; L 108 vom 28.4.2015, S. 8), die zuletzt durch die Richtlinie (EU) 2018/843 (ABl. L 156 vom 19.6.2018, S. 43) geändert worden ist,
   c) der Richtlinie 2014/65/EU des Europäischen Parlaments und des Rates vom 15. Mai 2014 über Märkte für Finanzinstrumente sowie zur Änderung der Richtlinien 2002/92/EG und 2011/61/EU (ABl. L 173 vom 12.6.2014, S. 349; L 74 vom 18.3.2015, S. 38; L 188 vom 13.7.2016, S. 28; L 273 vom 8.10.2016, S. 35; L 64 vom 10.3.2017, S. 116; L 278 vom 27.10.2017, S. 56), die zuletzt durch die Verordnung (EU) 2019/2115 (ABl. L 320 vom 11.12.2019, S. 1) geändert worden ist, oder
   d) der Richtlinie 2013/36/EU.

I. Regelungsgegenstand

1 § 25 setzt die Vorgabe des Art. 12 der MiFID II – Richtlinie (RL 2014/65/EU) um (RegE 1.1.2021, BR-Drs. 7/21, 162). Die Norm bezweckt eine zeitliche

Begrenzung und damit Beschleunigung des Inhaberkontrollverfahrens, indem sie den Beurteilungszeitraum befristet. § 25 entspricht im Wesentlichen den Regelungen in § 2c Abs. 1a KWG (auch iVm § 19 Abs. 2 S. 1 KAGB bzw. § 14 Abs. 1 S. 2 ZAG) und in § 17 Abs. 4 VAG.

§ 25 S. 1 begrenzt den Beurteilungszeitraum grundsätzlich auf 60 Arbeitstage. **2**
Arbeitstage im Sinne der Norm sind nur die Wochenarbeitstage von Montag bis Freitag mit Ausnahme der bundesweit einheitlichen gesetzlichen Feiertage sowie der entweder am Sitz der BaFin in Bonn oder in Frankfurt am Main geltenden landesgesetzlichen Feiertage der Bundesländer Nordrhein-Westfalen und Hessen (Fronleichnam und Allerheiligen) (BaFin-Merkblatt zur Inhaberkontrolle vom 27.11.2015, V.1.c).

Bis spätestens zum 50. Arbeitstag innerhalb des Prüfungszeitraums kann die **3**
BaFin weitere Informationen anfordern, die sie für den Abschluss der Beurteilung für notwendig hält (S. 2). Im Fall einer Nachforderung ist der Beurteilungszeitraum vom Zeitpunkt der Anforderung der weiteren Informationen an gehemmt und verlängert sich insgesamt auf maximal 80 Arbeitstage, und zwar inklusive der Hemmungsfrist, da der Prüfungszeitraum auf 80 Tage beschränkt ist (S. 5). Die BaFin kann weitere Informationen anfordern, der Beurteilungszeitraum wird dann jedoch nicht mehr gehemmt (zu § 2c KWG: Schwennicke/Auerbach/Süßmann KWG § 2c Rn. 24).

Ist der Anzeigepflichtige **4**
- in einem Drittstaat ansässig oder wird er dort beaufsichtigt (S. 7 Ziff. 1) oder
- unterliegt der in der EU ansässige Anzeigepflichtige keiner Beaufsichtigung gemäß den in S. 7 Ziff. 2a)–d) aufgeführten EU-Richtlinien,

so kann sich der Prüfungszeitraum auf maximal 90 Arbeitstage verlängern.

II. Beginn des Beurteilungszeitraums und praktische Umsetzung der Regelung

Der Beurteilungszeitraum beginnt nicht mit der Einreichung der Absichtsan- **5**
zeige, sondern erst ab dem Datum des Schreibens, mit dem die BaFin den **Eingang der vollständigen Anzeige** bestätigt (§ 25 S. 1). Die Vielzahl einzureichender Unterlagen und die im Einzelfall geforderte Detailtiefe einiger Dokumente – insbesondere im Hinblick auf vorzulegende „Strategiedokumente" oder Geschäftspläne (Art. 10–12 DelVO (EU) 2017/1946) – führen dazu, dass Ersteinreichungen in der Praxis nur in absoluten Ausnahmefällen vollständig sind (Lendermann/Nemeczek/Schroeter/Lösing WpIG § 25 Rn. 5; so auch zu § 2c KWG: Binder/Glos/Riepe BankenaufsichtsR-HdB/Steck, 2. Auflage 2020, § 4 Rn. 83). Vor allem bei komplexen und grenzüberschreitenden Transaktionen ist für den Rechtsanwender nicht ohne weiteres erkennbar, welche Unterlagen in welchem Umfang vorzulegen und entsprechend vorzubereiten sind, um der gesetzlichen Anzeigepflicht vollumfänglich zu genügen, was die Beteiligten regelmäßig vor größere Herausforderungen stellt (zu § 2c KWG: Luz/Neus/Schaber/Schneider/Wagner/Weber/Kohabe/Hirdes, Tb. 1a, § 2c Rn. 137).

Für die Bestimmung des Fristbeginns maßgeblich ist das Datum des Bestäti- **6**
gungsschreibens und nicht etwa das Datum des Zugangs. Hintergrund dieser Regelung ist, dass der Zugang eines Schreibens ex ante für die BaFin nicht sicher festzustellen ist und die BaFin (nur) dann den Beurteilungszeitraum zutreffend kalkulieren und das Ende des Beurteilungszeitraums in dem Schreiben angeben

kann, wenn das Datum dieses Schreibens maßgeblich ist (Lendermann/Nemeczek/Schroeter/Lösing WpIG § 25 Rn. 6).

7 Die praktische Bedeutung der in § 25 geregelten Fristen ist deutlich geringer, als es bei Lektüre der Vorschrift den Anschein hat. Die in § 25 normierten Fristen sagen wenig über die tatsächliche Dauer zwischen ursprünglicher Erwerbsanzeige und „Freigabe" der Transaktion aus. Denn solange die BaFin die Vollständigkeit der Erwerbsanzeige nicht bestätigt hat, läuft die Frist des § 25 S. 1 nicht. Durch das Anfordern weiterer Informationen und Unterlagen wird der Fristbeginn verzögert. Nachforderungen der BaFin verhindern also auch, dass die Aufsichtsbehörde wegen § 25 unter zeitlichen Druck gerät. Dem kann zwar entgegenhalten werden, dass die BaFin auch bei der Vollständigkeitsprüfung an den allgemeinen Grundsatz der Verhältnismäßigkeit (Art. 20 Abs. 3 GG) gebunden ist und den Prozess daher nicht beliebig lang in die Länge ziehen kann (Lendermann/Nemeczek/Schroeter/Lösing WpIG § 25 Rn. 4). Nichtsdestotrotz birgt § 25 erhebliches Verzögerungspotenzial.

8 In der Praxis ist die Phase der Vollständigkeitsprüfung deutlich länger als der eigentliche Beurteilungszeitraum. Nicht selten folgt die Mitteilung der BaFin, keine Einwände gegen den Erwerb der bedeutenden Beteiligung zu erheben, kurze Zeit nach Versand der Vollständigkeitsmitteilung. Auch wenn die Prüfung der Vollständigkeit der Erwerbsanzeige (§ 24 Abs. 4 → Rn. 129 ff.) theoretisch dem eigentlichen Prüfungsverfahren vorgelagert sein sollte, verlaufen beide Prüfungsphasen in der Praxis häufig parallel. Denn die BaFin steigt üblicherweise bereits vor Versand der Vollständigkeitsmitteilung in die inhaltliche Prüfung der Erwerbsanzeige ein.

9 Um unnötige Verzögerungen bei dem Verfahren der Anzeige und der Beurteilung bedeutender oder komplexer Transaktionen zu vermeiden, sind die Erwerber angehalten, bereits vor der Anzeige Kontakt mit der BaFin aufzunehmen („Gemeinsame Leitlinien zur aufsichtsrechtlichen Beurteilung des Erwerbs und der Erhöhung von qualifizierten Beteiligungen im Finanzsektor" JC_QH_GLs_DE, Ziff. 9.2, veröffentlicht auf der Homepage der EBA – **„Gemeinsame Leitlinien der EBAs"**). Nach den Gemeinsamen Leitlinien der EBAs sind bedeutende oder komplexe Transaktionen (a) Transaktionen, bei denen der interessierte Erwerber oder das Zielunternehmen eine komplexe Gruppenstruktur aufweist, (b) grenzüberschreitende Transaktionen (c) Transaktionen, die mit bedeutenden beabsichtigten Änderungen des Geschäftsplans oder der Strategie des Zielunternehmens verbunden sind; und (d) Transaktionen unter Verwendung bedeutender Fremdfinanzierung (Gemeinsame Leitlinien der EBAs, Ziff. 9.3).

III. Nichtuntersagung vor Abschluss des Beurteilungszeitraums

10 In § 25 ist nicht vorgesehen, dass die BaFin dem Anzeigenden schriftlich bestätigt, den Erwerb der bedeutenden Beteiligung nicht zu untersagen. In der Praxis kann es aber vorkommen, dass eine derartige schriftliche Erklärung vom Anzeigepflichtigen benötigt wird, etwa weil im Kaufvertrag vereinbart wurde, dass die beabsichtigte Transaktion erst mit Zustimmung der BaFin vollzogen wird. Trotz fehlender gesetzlicher Grundlage wird eine Nicht-Untersagung allgemein für zulässig erachtet (Lendermann/Nemeczek/Schroeter/Lösing WpIG § 25 Rn. 11).

§ 26 Beurteilungskriterien und Untersagung

(1) Die Bundesanstalt kann innerhalb des Beurteilungszeitraums den beabsichtigten Erwerb der bedeutenden Beteiligung oder ihre Erhöhung untersagen, wenn Tatsachen die Annahme rechtfertigen, dass

1. **der Anzeigepflichtige, oder, wenn er eine juristische Person ist, auch ein gesetzlicher oder satzungsmäßiger Vertreter oder, wenn er eine Personenhandelsgesellschaft ist, auch ein Gesellschafter nicht zuverlässig ist oder aus anderen Gründen nicht den im Interesse einer soliden und umsichtigen Führung des Wertpapierinstituts zu stellenden Ansprüchen genügt; dies gilt im Zweifel auch dann, wenn Tatsachen die Annahme rechtfertigen, dass er die von ihm aufgebrachten Mittel für den Erwerb der bedeutenden Beteiligung durch eine Handlung erbracht hat, die objektiv einen Straftatbestand erfüllt;**
2. **das Wertpapierinstitut nicht in der Lage sein oder bleiben wird, den Aufsichtsanforderungen insbesondere nach diesem Gesetz, dem Kreditwesengesetz, dem Wertpapierhandelsgesetz, dem Finanzkonglomerate-Aufsichtsgesetz, der Verordnung (EU) Nr. 575/2013 und der Verordnung (EU) 2019/2033 zu genügen oder das Wertpapierinstitut durch die Begründung oder Erhöhung der bedeutenden Beteiligung mit dem Inhaber der bedeutenden Beteiligung in einen Unternehmensverbund eingebunden würde, der durch die Struktur des Beteiligungsgeflechtes oder mangelhafte wirtschaftliche Transparenz eine wirksame Aufsicht über das Wertpapierinstitut oder einen wirksamen Austausch von Informationen zwischen den zuständigen Stellen oder die Festlegung der Aufteilung der Zuständigkeiten zwischen diesen beeinträchtigt;**
3. **das Wertpapierinstitut durch die Begründung oder Erhöhung der bedeutenden Beteiligung Tochterunternehmen eines Wertpapierinstituts oder eines Kreditinstituts mit Sitz in einem Drittstaat würde, das im Staat seines Sitzes oder seiner Hauptverwaltung nicht wirksam beaufsichtigt wird oder dessen zuständige Aufsichtsstelle zu einer befriedigenden Zusammenarbeit mit der Bundesanstalt nicht bereit ist;**
4. **der künftige Geschäftsleiter nicht zuverlässig oder nicht fachlich geeignet ist;**
5. **im Zusammenhang mit dem beabsichtigten Erwerb oder der Erhöhung der Beteiligung Geldwäsche oder Terrorismusfinanzierung im Sinne des Artikels 1 der Richtlinie (EU) 2015/849 stattfindet, stattgefunden hat, diese Straftaten versucht wurden oder der Erwerb oder die Erhöhung das Risiko eines solchen Verhaltens erhöhen könnte oder**
6. **der Anzeigepflichtige nicht über die notwendige finanzielle Solidität verfügt; dies ist insbesondere dann der Fall, wenn der Anzeigepflichtige aufgrund seiner Kapitalausstattung oder Vermögenssituation nicht den besonderen Anforderungen gerecht werden kann, die von Gesetzes wegen an die Eigenmittel und die Liquidität eines Wertpapierinstituts gestellt werden.**

(2) [1]Die Bundesanstalt kann den Erwerb oder die Erhöhung der Beteiligung auch untersagen, wenn die Angaben nach § 24 Absatz 1, auch in Verbindung mit der Delegierten Verordnung (EU) 2017/1946 oder einer

Verordnung nach § 14 Absatz 3, oder die zusätzlich nach § 25 angeforderten Informationen unvollständig oder nicht richtig sind oder nicht den Anforderungen der Rechtsverordnung nach § 14 Absatz 3 entsprechen. [2]Die Bundesanstalt kann in den Fällen des Satzes 1, statt den beabsichtigten Erwerb der bedeutenden Beteiligung oder ihre beabsichtigte Erhöhung zu untersagen, innerhalb des Beurteilungszeitraums auch Anordnungen gegenüber dem Anzeigepflichtigen treffen, die geeignet und erforderlich sind, die Annahme der in Absatz 1 Nummer 1 bis 6 genannten Untersagungsgründe auszuschließen.

(3) **Die Bundesanstalt darf weder Vorbedingungen an die Höhe der zu erwerbenden Beteiligung oder der beabsichtigten Erhöhung der Beteiligung stellen, noch darf sie bei ihrer Prüfung auf die wirtschaftlichen Bedürfnisse des Marktes abstellen.**

(4) **[1]Entscheidet die Bundesanstalt nach Abschluss der Beurteilung, den Erwerb oder die Erhöhung der Beteiligung zu untersagen, teilt sie dem Anzeigepflichtigen die Entscheidung innerhalb von zwei Arbeitstagen und unter Einhaltung des Beurteilungszeitraums unter Angabe der Gründe mit. [2]Bemerkungen und Vorbehalte der für den Anzeigepflichtigen zuständigen Stellen sind in der Entscheidung wiederzugeben; die Untersagung darf nur aufgrund der in den Absätzen 1 und 2 genannten Gründe erfolgen. [3]Wird der Erwerb oder die Erhöhung der Beteiligung nicht innerhalb des Beurteilungszeitraums untersagt, kann der Erwerb oder die Erhöhung vollzogen werden; die Rechte der Bundesanstalt nach § 27 bleiben unberührt. [4]Die Bundesanstalt kann eine Frist setzen, nach deren Ablauf ihr der Anzeigepflichtige den Vollzug oder den Nichtvollzug des beabsichtigten Erwerbs oder der Erhöhung anzuzeigen hat. [5]Nach Ablauf der Frist hat der Anzeigepflichtige die Anzeige unverzüglich bei der Bundesanstalt einzureichen.**

Übersicht

I. Regelungsgegenstand

1 § 26 regelt, unter welchen Voraussetzungen die BaFin den beabsichtigten Erwerb der bedeutenden Beteiligung oder ihre Erhöhung innerhalb des Beurteilungszeitraums untersagen kann. Die Untersagungsgründe sind in § 26 Abs. 1 und Abs. 2 S. 1 abschließend geregelt.

2 Mit § 26 Abs. 2 S. 2 wird der BaFin die Möglichkeit gegeben, statt einer Untersagung des beabsichtigten Erwerbs weniger einschneidende Anordnungen zu treffen, um zu verhindern, dass eine bedeutende Beteiligung an einem Wertpapierinstitut trotz Vorliegens der Tatbestandsmerkmale des Absatzes 1 Nummer 1–6 erworben wird. Nach der Gesetzesbegründung werde hierdurch dem Grundsatz der Verhältnismäßigkeit besser als bisher Rechnung getragen. Die Bezeichnung als „Anordnungen“ entspricht derjenigen in § 5 Abs. 2 (RegE 1.1.2021, BR-Drs. 7/21, 162).

3 Es stellt sich die Frage, ob in § 26 Abs. 2 S. 2 statt auf die „Fälle des Satzes 1“ auf die „Fälle des Absatzes 1“ verwiesen werden sollte. Viel spricht dafür, dass hier ein **Redaktionsversehen** vorliegt. Denn nur durch einen Verweis auf die „Fälle des Absatzes 1“ kann das vom Gesetzgeber verfolgte Ziel, der BaFin weniger einschneidende Maßnahmen als eine Untersagungsverfügung an die Hand zu geben, auch erreicht werden. Ein Verweis auf die „Fälle des Satzes 1“ erscheint demgegenüber nicht sinnvoll.

4 Parallelnormen des § 26 sind § 2c Abs. 1b KWG und § 18 Abs. 1, 2 und 2a VAG. In § 14 Abs. 1 S. 2 ZAG und in § 19 Abs. 2 S. 3 KAGB wird auf § 2c Abs. 1b KWG verwiesen.

II. Untersagungsgründe

5 Die BaFin kann den Erwerb der bedeutenden Beteiligung oder deren Erhöhung untersagen, wenn ein Untersagungsgrund nach Abs. 1 Nr. 1–6 oder Abs. 2 S. 1 vorliegt.

1. Unzuverlässigkeit, Nichterfüllung der Ansprüche an eine solide und umsichtige Führung, unklare Mittelherkunft (Abs. 1 Nr. 1)

6 Der Untersagungsgrund des Abs. 1 Nr. 1 stellt in erster Linie auf die **Unzuverlässigkeit** des Erwerbsinteressenten ab. Ist der Erwerber eine juristische Person oder eine Personengesellschaft, ist zur Beurteilung der Zuverlässigkeit im Regelfall auf die gesetzlichen oder satzungsmäßigen Vertreter oder persönlich haftenden Gesellschafter abzustellen. Eine Unzuverlässigkeit ist im Zweifel auch dann gege-

ben, wenn Tatsachen die Annahme rechtfertigen, dass die Mittel für den Erwerb der bedeutenden Beteiligung durch **strafbare Handlungen** erlangt wurden. In einem solchen Fall wird die Unzuverlässigkeit des potenziellen Erwerbers gesetzlich vermutet (zu § 2c KWG: Binder/Glos/Riepe BankenaufsichtsR-HdB/Steck, 2. Auflage 2020, § 4 Rn. 97).

7 Eine **juristische Person** soll ebenfalls „unzuverlässig" sein können, was aus dem Wort „auch" in Abs. 1 Nr. 1 folge (Lendermann/Nemeczek/Schroeter/Lösing WpIG § 26 Rn. 5; zu § 2c KWG: Schwennicke/Auerbach/Süßmann KWG § 2c Rn. 29; unter Korrektur der früheren Gegenansicht Reischauer/Kleinhans/Becker KWG § 2c Rn. 11). Da an sich nur natürliche Personen zuverlässig oder unzuverlässig sein können, ist hier an das Kriterium der ordnungsgemäßen Organisation eines im Finanzsektor tätigen Unternehmens oder die solide Finanzierung anzuknüpfen (zu § 2c KWG: Fischer/Schäfer/Schulte-Mattler/Schulte-Mattler/Schäfer § 2c Rn. 15; Binder/Glos/Riepe BankenaufsichtsR-HdB/Steck, 2. Auflage 2020, § 4 Rn. 96; Luz/Neus/Schaber/Schneider/Wagner/Weber/Kobabe/Hirdes, Tb. 1a, KWG § 2c Rn. 170). Bei **Personenhandelsgesellschaften** sind lediglich die persönlich haftenden Gesellschafter erfasst. Die Unzuverlässigkeit eines Kommanditisten kann nicht zur Untersagung des Erwerbs führen (Lendermann/Nemeczek/Schroeter/Lösing WpIG § 26 Rn. 5; zu § 2c KWG: Reischauer/Kleinhans/Becker KWG § 2c Rn. 10). Besteht das Vertretungsorgan aus mehreren Personen, von denen nur eine Person als unzuverlässig anzusehen ist, hat bei der Beantwortung der Frage, ob hieraus insgesamt die Unzuverlässigkeit anzunehmen ist, eine differenzierende Betrachtung anhand aller Umstände des Einzelfalls zu erfolgen (zu § 2c KWG: Luz/Neus/Schaber/Schneider/Wagner/Weber/Kobabe/Hirdes, Tb. 1a, KWG § 2c Rn. 171).

8 Der **Begriff der Zuverlässigkeit** ist weder im WpIG noch in anderen deutschen, finanzrechtlichen Gesetzen definiert. Aufgrund der Sachnähe soll auf die übliche Definition des Gewerberechts zurückgegriffen werden (Lendermann/Nemeczek/Schroeter/Lösing WpIG § 26 Rn. 6 unter Verweis auf BVerwG NJW-RR 2007, 492 Rn. 9), wobei auch in § 35 Abs. 1 GewO der Begriff der Zuverlässigkeit nicht legaldefiniert ist. Abs. 1 Ziff. 1 enthält lediglich die **gesetzliche Vermutung,** dass ein Erwerbsinteressent im Zweifel unzuverlässig ist, wenn Tatsachen die Annahme rechtfertigen, dass er die von ihm aufgebrachten Mittel für den Erwerb der bedeutenden Beteiligung durch eine Handlung erbracht hat, die objektiv einen Straftatbestand erfüllt.

9 Für die Untersagung genügt es, wenn Tatsachen vorliegen, die die Annahme rechtfertigen, dass der potenzielle Erwerber nicht den im Interesse einer soliden und umsichtigen Führung des Instituts zu stellenden Ansprüche genügt. Es ist ausreichend, wenn die BaFin Tatsachen (zB einschlägige Vorstrafen des Inhabers, seines gesetzlichen Vertreters oder Gesellschafters, nicht nachvollziehbare Beschaffung von Geldern, mangelnde wirtschaftliche Plausibilität der Investition) nachweist, die auf eine Unzuverlässigkeit des potenziellen Erwerbers schließen lassen (zu § 2c KWG: Reischauer/Kleinhans/Becker KWG § 2c Rn. 11). Ergeben sich aus dem Inhalt der Anzeige Anhaltspunkte für eine Unzuverlässigkeit, bestehen bezüglich dieser Tatsachen und Unterlagen mit Rücksicht auf die Darlegungslast des Anzeigepflichtigen für die Behörde keine (eigenen) weiteren Darlegungs- und Nachweispflichten mit der Folge, dass die BaFin aus diesen Gesichtspunkten ohne weiteres auf die Unzuverlässigkeit des Betreffenden schließen kann. Im Weiteren ist es dann Sache des Erwerbsinteressenten, die Stichhaltigkeit dieser Tatsachen in Bezug auf den Vorwurf der Unzuverlässigkeit zu erschüttern und/oder seinerseits

Umstände vorzutragen, die den Schluss auf seine Zuverlässigkeit rechtfertigen (zu § 2c KWG: VGH Kassel, WM 2011, 33 (36)). Für außerhalb der Anzeigepflicht liegende Umstände, die Bedenken an der Zuverlässigkeit der verantwortlichen Personen wecken können, ist dagegen die BaFin darlegungs- und nachweispflichtig. Diese Pflicht beschränkt sich allerdings auf die Benennung und ggf. auf den Beleg der entsprechenden Tatsachen. Den aus diesen Tatsachen abgeleiteten Vorwurf der Unzuverlässigkeit zu erschüttern und zu widerlegen, ist dann wiederum Sache desjenigen, dessen Zuverlässigkeit durch diese Umstände in Frage steht (zu § 2c KWG: VGH Kassel WM 2011, 33 (36)).

Als einschlägig gelten insbesondere **Straf- und Verwaltungsregistereinträge,** 10
die einen direkten Bezug zum Gewerbe aufweisen. Dazu dürften insbesondere Verstöße gegen aufsichtsrechtliche Strafvorschriften wie §§ 54, 54a KWG, § 82 WpIG, § 63 ZAG, § 339 KAGB und § 332 VAG zählen (Lendermann/Nemeczek/Schroeter/Lösing WpIG § 26 Rn. 8). Auch laufende Verfahren sind zu berücksichtigen (zu § 2c KWG: Binder/Glos/Riepe BankenaufsichtsR-HdB/Steck, 2. Auflage 2020, § 4 Rn. 101). Sonstige Straftaten können die Unzuverlässigkeit begründen, wenn sie Ausdruck eines Verhaltens sind, das ein Vertrauen in die verantwortungsbewusste Wahrnehmung des aus der Gesellschafterposition resultierenden Einflussmöglichkeiten auf ein Wertpapierinstitut nicht rechtfertigt. In Betracht kommen insbesondere Vermögensdelikte, Straftaten mit einem Bezug zu einer unternehmerischen oder sonstigen beruflichen Tätigkeit und sonstige nachhaltige oder wiederholte Verstöße gegen gesetzliche Ordnungsvorschriften für den Betrieb von Unternehmen (zu § 2c KWG: Luz/Neus/Schaber/Schneider/Wagner/Weber/Kobabe/Hirdes, Tb. 1a, KWG § 2c Rn. 177).

Die **Gemeinsamen Leitlinien der Europäischen Aufsichtsbehörden** 11
(ESAs) (Gemeinsame Leitlinien zur aufsichtsrechtlichen Beurteilung des Erwerbs und der Erhöhung von qualifizierten Beteiligungen im Finanzsektor v. 20.12.2016, JC/GL/2016/01, dort in Teil II, Kapitel 3, Ziff. 10) enthalten umfangeiche Vorgaben für die Beurteilung der Zuverlässigkeit eines interessierten Erwerbers. Die Beurteilung der Zuverlässigkeit soll demnach unter Berücksichtigung der **„Integrität"** und der **„fachliche Kompetenz"** des Erwerbers erfolgen. Das Kriterium der „fachlichen Kompetenz" stößt auf Kritik, da Institute von ihren Geschäftsleitern und nicht von den Gesellschaftern geführt werden. Der Erwerber einer bedeutenden Beteiligung müsse deshalb nicht selbst über die Fähigkeiten der Unternehmensführung verfügen (so Schwennicke/Auerbach/Süßmann KWG § 2c Rn. 32). Hier ist jedoch zu beachten, dass nach den Gemeinsamen Leitlinien an die fachliche Kompetenzen von Erwerbern, die sich nicht an der Unternehmensführung des betroffenen Finanzinstituts beteiligen werden, deutlich geringere Anforderungen an deren fachliche Kompetenz gestellt werden (Gemeinsamen Leitlinien der ESAs v. 20.12.2016, JC/GL/2016/01, Ziff. 10.28).

Zu den **Integritätsanforderungen** gehört nach den Gemeinsamen Leitlinien 12
unter anderem das Nichtvorhandensein „negativer Bewertungen" (Gemeinsamen Leitlinien der ESAs v. 20.12.2016, JC/GL/2016/01, Ziff. 10.11). Dabei sollten alle Strafregistereinträge oder relevanten Einträge in Verwaltungsregister, die Art der Verurteilung oder der Anklage, die Rechtsmittelinstanz, die auferlegte Sanktion, die Phase, in der sich das Gerichtsverfahren befindet, und das Ergebnis der Wiedereingliederungsmaßnahmen berücksichtigt werden. Daneben sollte weiteren Faktoren Rechnung getragen werden wie den Begleitumständen (einschließlich mildernden Umständen) und der Schwere der jeweiligen Straftaten, verwaltungsrechtlichen oder aufsichtsrechtlichen Verstöße, dem verstrichenen Zeitraum

und dem Verhalten des interessierten Erwerbers seit der Straftat, sowie der Relevanz, die die Straftat bzw. der verwaltungsrechtliche oder aufsichtsrechtliche Verstoß im Hinblick auf den Status des interessierten Erwerbers als Inhaber einer qualifizierten Beteiligung hat (Gemeinsamen Leitlinien der ESAs v. 20.12.2016, JC/GL/2016/01, Ziff. 10.12).

13 Zu den Integritätsanforderungen gehört unter anderem das Nichtvorhandensein „negativer Bewertungen" (Gemeinsamen Leitlinien der ESAs v. 20.12.2016, JC/GL/2016/01, Ziff. 10.10). Dabei sollte ein besonderes Augenmerk auf folgende Faktoren gelegt werden (Gemeinsamen Leitlinien der ESAs v. 20.12.2016, JC/GL/2016/01, Ziff. 10.13):

(a) jede Verurteilung oder Rechtsverfolgung wegen einer Straftat, insbesondere:
  i. alle Straftaten, die gegen Gesetze aus den Bereichen Banken, Finanzwesen, Wertpapiere und Versicherungen, Wertpapiermärkte oder Wertpapier- oder Zahlungsinstrumente verstoßen;
  ii. alle Straftaten, die in Untreue, Betrug oder Finanzdelikten bestehen, einschließlich Geldwäsche und Terrorismusfinanzierung, Marktmanipulation, Insiderhandel, Wucher und Korruption;
  iii. alle Steuerstraftaten;
  iv. alle sonstigen Verstöße gegen Vorschriften zum Schutz von Unternehmen, zum Schutz vor Bankrott, Insolvenz oder zum Verbraucherschutz;

(b) alle relevanten Feststellungen, die sich aus Kontrollen vor Ort und von außerhalb, aus Nachforschungen oder Durchsetzungsmaßnahmen ergeben, insoweit diese direkt oder indirekt mit dem interessierten Erwerber aufgrund dessen Position als Eigentümer oder dessen Kontrollposition in Verbindung stehen, sowie die Auferlegung von Verwaltungssanktionen wegen der Nichteinhaltung von Bestimmungen aus den Bereichen Banken, Finanzwesen, Wertpapiere und Versicherungen, Wertpapiermärkte oder Wertpapier- oder Zahlungsinstrumente, oder aller Rechtsvorschriften über Finanzdienstleistungen oder sonstige unter Unterabsatz (a) oben genannte Angelegenheiten;

(c) alle relevanten Durchsetzungsmaßnahmen durch alle anderen Regulierungs- oder Berufsgremien wegen der Nichteinhaltung maßgeblicher Bestimmungen; und

(d) alle sonstigen Informationen aus glaubwürdigen und verlässlichen Quellen, die in diesem Zusammenhang relevant sind. Bei der Entscheidung darüber, ob die aus anderen Quellen stammenden Informationen glaubhaft und vertrauenswürdig sind, sollten die zuständigen Behörden berücksichtigen, inwieweit die Quelle öffentlich und vertrauenswürdig ist, inwieweit die Informationen von verschiedenen unabhängigen und anerkannten Quellen stammen und über einen gewissen Zeitraum hinweg beständig sind, und ob hinreichende Gründe für die Vermutung vorliegen, dass die Informationen falsch sind.

14 Die nach den Gemeinsamen Leitlinien der ESAs zu prüfende **fachliche Kompetenz** des interessierten Erwerbers umfasst die Kompetenz im Bereich Unternehmensführung („Unternehmensführungskompetenz") und im Bereich Finanzaktivitäten, die vom Zielunternehmen ausgeführt werden („technische Kompetenz") (Gemeinsamen Leitlinien der ESAs v. 20.12.2016, JC/GL/2016/01, Ziff. 10.23). Die Unternehmensführungskompetenz kann auf der Vorerfahrung beruhen, die der interessierte Erwerber bezüglich des Erwerbs und der Verwaltung von Beteiligungen an Unternehmen mitbringt, und diese sollte die gebotene Sachkenntnis, Sorgfalt, Gewissenhaftigkeit und Einhaltung der

jeweiligen Normen nachweisen (Gemeinsamen Leitlinien der ESAs v. 20.12.2016, JC/GL/2016/01, Ziff. 10.24). Die technische Kompetenz kann auf der Vorerfahrung gründen, über die der interessierte Erwerber im Bereich des Betriebs und der Verwaltung von Finanzinstituten als kontrollierender Anteilsinhaber oder als Person, die tatsächlich die Geschäfte des Finanzunternehmens führt, verfügt. Auch in diesem Fall sollte die Kompetenz die gebotene Sachkenntnis, Sorgfalt, Gewissenhaftigkeit und Einhaltung der maßgeblichen Normen nachweisen (Gemeinsamen Leitlinien der ESAs v. 20.12.2016, JC/GL/2016/01, Ziff. 10.24).

2. Nichteinhaltung von Aufsichtsanforderungen, Einbindung in intransparenten Unternehmensverbund (Abs. 1 Nr. 2)

Nach Abs. 1 Ziff. 2 kann die BaFin den beabsichtigten Erwerb einer bedeutenden Beteiligung oder ihre Erhöhung untersagen, wenn Tatsachen die Annahme rechtfertigen, dass das Wertpapierinstitut nicht in der Lage sein oder bleiben wird, den Aufsichtsanforderungen zu genügen. Aufgezählt werden folgende Rechtsgrundlagen: 15
- WpIG,
- KWG,
- WpHG,
- Finanzkonglomerate-Aufsichtsgesetz,
- CRR (Capital Requirements Regulation) und
- IFR (Investment Firms Regulation).

Aus der Verwendung des Begriffs „insbesondere" ergibt sich, dass es diese Aufzählung nicht abschließend ist. Zusätzlich kommen vor allem weitere finanzaufsichtsrechtliche Gesetze, wie zum Beispiel das GwG in Betracht (Lendermann/Nemeczek/Schroeter/Lösing WpIG § 26 Rn. 18).

Ferner kann eine Untersagung nach Abs. 1 Ziff. 2 erfolgen, wenn das Wertpapierinstitut mit dem Inhaber der bedeutenden Beteiligung in einen **Unternehmensverbund** eingebunden würde, der durch die Struktur des Beteiligungsgeflechtes oder mangelhafte wirtschaftliche Transparenz **eine wirksame Aufsicht über das Wertpapierinstitut beeinträchtigt** (siehe auch Erlaubnisversagung gem. § 18 Abs. 2 S. 2 Ziff. 1). Der Begriff der Einbindung in einen Unternehmensverbund mit dem Inhaber der bedeutenden Beteiligung knüpft nicht (nur) an die aktienrechtliche Verbindung (§ 15 AktG) und auch nicht an die „enge Verbindung" (Art. 4 Abs. 38 CRR) an. Es genügt vielmehr jede Form einer gesellschaftsrechtlichen oder faktisch bestehenden Einbindung des Wertpapierinstituts in ein Unternehmenskonglomerat (zu § 2c KWG: Luz/Neus/Schaber/Schneider/Wagner/Weber/Kobabe/Hirdes, Tb. 1a, KWG § 2c Rn. 186). 16

3. Wertpapierinstitut wird Tochterunternehmen eines Instituts in einem Drittstaat, das nicht wirksam beaufsichtigt wird (Abs. 1 Nr. 3)

Nach § 26 Abs. 1 Nr. 3, der dem Erlaubnisversagungsgrund in § 18 Abs. 2 S. 2 Nr. 3 entspricht, kann die BaFin den Erwerb oder die Aufstockung untersagen, wenn das Wertpapierinstitut Tochterunternehmen eines Wertpapier- oder Kreditinstituts mit Sitz in einem Drittstaat würde, das im Staat seines Sitzes oder seiner 17

Hauptverwaltung nicht wirksam beaufsichtigt wird oder dessen zuständige Aufsichtsbehörde zu einer befriedigenden Zusammenarbeit mit der BaFin nicht bereit ist. Die Vorschrift entspricht im Wesentlichen § 2c Abs. 1b S. 1 Nr. 3 KWG (kritisch zu diesem Versagungsgrund Schwennicke/Auerbach/Süßmann KWG § 2c Rn. 35).

18 Der Begriff des **Tochterunternehmens** ist in § 2 Abs. 31 definiert. Eine Definition des Drittstaatenbegriffs enthält das WpIG demgegenüber nicht. **Drittstaaten** sind in analoger Anwendung des § 1 Abs. 5a KWG alle Staaten außerhalb des Europäischen Wirtschaftsraums (EWR).

4. Fehlende Zuverlässigkeit oder fachliche Eignung des künftigen Geschäftsleiters (Abs. 1 Nr. 4)

19 Gemäß § 26 Abs. 1 Nr. 4 kann die BaFin den Erwerb untersagen, wenn der künftige Geschäftsleiter nicht zuverlässig oder nicht fachlich geeignet ist. Die Begriffe der Zuverlässigkeit und fachlichen Eignung entsprechen denen des § 20 Abs. 1 (→ § 20 Rn. 6).

5. Geldwäsche oder Terrorismusfinanzierung (Abs. 1 Nr. 5)

20 Die BaFin kann ferner den beabsichtigten Erwerb untersagen, wenn im Zusammenhang mit dem beabsichtigten Erwerb oder der Erhöhung der Beteiligung **Geldwäsche** oder **Terrorismusfinanzierung** im Sinne des Artikels 1 der 4. Geldwäscherichtlinie (EU) 2015/849 stattfindet, stattgefunden hat, diese Straftaten versucht wurden oder der Erwerb oder die Erhöhung das Risiko eines solchen Verhaltens erhöhen könnte (§ 26 Abs. 1 Nr. 5).

21 Nach den Gemeinsamen Leitlinien der Europäischen Aufsichtsbehörden soll die zuständige Aufsichtsbehörde bei der Beurteilung, ob ein beabsichtigter Erwerb das Risiko der Geldwäsche oder Terrorismusfinanzierung erhöht, die Informationen über den interessierten Erwerber berücksichtigen, die während des Beurteilungsverfahrens gesammelt wurden (Gemeinsame Leitlinien der ESAs vom 20.12.2016, JC/GL/2016/01, Teil II, Ziff. 14.3). Informationsquelle sind hier insbesondere die gem. Art. 9 DelVO (EU) 2017/1946 erforderlichen Angaben des Anzeigepflichtigen zu den Finanzierungsquellen für den beabsichtigten Erwerb.

22 Auch wenn keine Strafregistereinträge vorhanden sind oder keine hinreichenden Gründe für den Verdacht vorliegen, dass Geldwäsche betrieben wird oder dies versucht wird, so sollte nach den Gemeinsamen Leitlinien die zuständige Aufsichtsbehörde Einwände gegen den Erwerb erheben, wenn sich aus dem Kontext des Erwerbs hinreichende Gründe für den Verdacht ergeben, dass es zu einer Erhöhung des Risikos der Geldwäsche oder Terrorismusfinanzierung kommen wird. Dies könnte beispielsweise dann der Fall sein, wenn der interessierte Erwerber in einem Land oder Gebiet ansässig ist oder zu diesem selbst (oder über Familienangehörige oder ihm nahestehende Personen) maßgebliche persönliche oder geschäftliche Verbindungen hat und bezüglich dieses Landes oder Gebiets von der Arbeitsgruppe zur Bekämpfung der Geldwäsche „Financial Action Task Force" (FATF) strategische Mängel festgestellt wurden, die für das internationale Finanzsystem ein Risiko darstellen, oder die Europäische Kommission bezüglich dieses Landes oder Gebiets strategische Mängel der nationalen Regelungen zur Geldwäschebekämpfung oder Bekämpfung der Terrorismusfi-

nanzierung festgestellt hat, die für das Finanzsystem eine bedeutende Bedrohung darstellen (Gemeinsame Leitlinien der ESAs vom 20.12.2016, JC/GL/2016/01, Teil II, Ziff. 14.4).

6. Fehlende finanzielle Solidität (Abs. 1 Nr. 6)

Nach § 26 Abs. 1 Nr. 6 kann eine Untersagung erfolgen, wenn der interessierte Erwerber nicht über die notwendige finanzielle Solidität verfügt; dies ist insbesondere dann der Fall, wenn der Anzeigepflichtige aufgrund seiner Kapitalausstattung oder Vermögenssituation nicht den besonderen Anforderungen gerecht werden kann, die von Gesetzes wegen an die Eigenmittel und die Liquidität eines Wertpapierinstituts gestellt werden. 23

Da diese Regelung die Kapitalausstattung bzw. Vermögenssituation des Erwerbers in Verbindung mit den gesetzlichen Anforderungen an die Eigenmittel und die Liquidität des zu erwerbenden Wertpapierinstituts bringt, impliziert diese Norm eine Verpflichtung zur adäquaten Eigenmittelausstattung (zu § 2c KWG: Fischer/Schäfer/Schulte-Mattler/Schulte-Mattler/Schäfer § 2c Rn. 23). Grundsätzlich ist jedoch nur das Zielinstitut und nicht dessen Gesellschafter Adressat der Eigenmittelvorschriften (zu § 2c KWG: Binder/Glos/Riepe BankenaufsichtsR-HdB/Steck, 2. Auflage 2020, § 4 Rn. 115; Fischer/Schäfer/Schulte-Mattler/Schulte-Mattler/Schäfer § 2c Rn. 23). Eine adäquate Eigenmittelausstattung kann auch durch Reduktion des Geschäftsumfangs und der risikogewichteten Aktiva des Wertpapierinstituts erreicht werden statt durch Zurverfügungstellung weiterer Eigenmittel. Ebenso könnten weitere Gesellschafter hinzutreten und neues Kapital aufbringen, wenn dieses benötigt wird. § 26 Abs. 1 Nr. 6 ist daher restriktiv auszulegen (Lendermann/Nemeczek/Schroeter/Lösing WpIG § 26 Rn. 29; zu § 2c KWG: Schwennicke/Auerbach/Süßmann KWG § 2c Rn. 39; Fischer/Schäfer/Schulte-Mattler/Schulte-Mattler/Schäfer § 2c Rn. 23). Denn es wird eine Nachschusspflicht gefordert, die das Gesellschaftsrecht bei juristischen Personen nicht kennt (zu § 2c KWG: Schwennicke/Auerbach/Süßmann KWG § 2c Rn. 39). 24

Nach den Gemeinsamen Leitlinien der Europäischen Aufsichtsbehörden soll die finanzielle Solidität des interessierten Erwerbers als die Fähigkeit verstanden werden, den beabsichtigten Erwerb zu finanzieren und auf absehbare Zeit beim interessierten Erwerber und beim Zielunternehmen eine finanzielle Solidität aufrecht zu erhalten. Sie ist insbesondere dann von Bedeutung, wenn das Zielunternehmen durch die Transaktion ein Tochterunternehmen des interessierten Erwerbers würde (Gemeinsame Leitlinien der ESAs vom 20.12.2016, JC/GL/2016/01, Teil II, Ziff. 12.1). Der Beurteilungsmaßstab orientiert sich an dem wahrscheinlichen Einfluss des interessierten Erwerbers, der Art des interessierten Erwerbers (strategischer Investor, Finanzinvestor, Private-Equity-Fonds oder Hedgefonds) sowie der Komplexität der Transaktion (Gemeinsame Leitlinien der ESAs vom 20.12.2016, JC/GL/2016/01, Teil II, Ziff. 12.5). 25

III. Unvollständige oder falsche Angaben im Inhaberkontrollverfahren, Eingriffsbefugnisse der BaFin (Abs. 2)

Die BaFin kann den Erwerb oder die Erhöhung der Beteiligung auch untersagen, wenn die Angaben nach § 24 Abs. 1, auch in Verbindung mit der Delegierten 26

Verordnung (EU) 2017/1946 oder der Wertpapierinstituts-Inhaberkontrollverordnung (WpI-InhKontrollV), oder die zusätzlich nach § 25 angeforderten Informationen unvollständig oder nicht richtig sind oder nicht den Anforderungen der WpI-InhKontrollV entsprechen.

27 Gemäß Abs. 2 S. 2 kann die BaFin in den Fällen des Satzes 1, statt den beabsichtigten Erwerb der bedeutenden Beteiligung oder ihre beabsichtigte Erhöhung zu untersagen, innerhalb des Beurteilungszeitraums auch Anordnungen gegenüber dem Anzeigepflichtigen treffen, die geeignet und erforderlich sind, die Annahme der in Absatz 1 Nummer 1–6 genannten Untersagungsgründe auszuschließen. Hier stellt sich die Frage, ob in § 26 Abs. 2 S. 2 statt auf die „Fälle des Satzes 1" nicht auf die „Fälle des Absatzes 1" verwiesen werden müsste. Viel spricht für ein **Redaktionsversehen.** Denn nur durch einen Verweis auf die „Fälle des Absatzes 1" kann das vom Gesetzgeber verfolgte Ziel, der BaFin weniger einschneidende Maßnahmen als eine Untersagungsverfügung an die Hand zu geben, erreicht werden (RegE 1.1.2021, BR-Drs. 7/21, 162). Ein Verweis auf die „Fälle des Satzes 1" erscheint vor diesem Hintergrund nicht sinnvoll.

IV. Keine Vorbedingungen/kein Abstellen auf wirtschaftliche Bedürfnisse des Marktes (Abs. 3)

28 Die BaFin darf weder Vorbedingungen an die Höhe der zu erwerbenden Beteiligung oder der beabsichtigten Erhöhung der Beteiligung stellen, noch darf sie bei ihrer Prüfung auf die wirtschaftlichen Bedürfnisse des Marktes abstellen (Abs. 3). Die Vorschrift nimmt dabei eine klarstellende Funktion ein (Lendermann/Nemeczek/Schroeter/Lösing WpIG § 26 Rn. 32). Denn die Untersagung darf gem. § 26 Abs. 4 S. 2 Hs. 2 nur aufgrund der in den Abs. 1 und 2 genannten Gründe erfolgen.

V. Entscheidung der BaFin (Abs. 4)

1. Untersagungsverfügung (Abs. 4 S. 1 und 2)

29 Entscheidet die BaFin, den Erwerb oder die Erhöhung der Beteiligung zu untersagen, so hat sie dem Anzeigepflichtigen diese Entscheidung innerhalb von zwei Arbeitstagen und unter Einhaltung des Beurteilungszeitraums unter Angabe der Gründe mitzuteilen. Bemerkungen und Vorbehalte der für den Anzeigepflichtigen zuständigen Stellen sind in der Entscheidung wiederzugeben (Abs. 4 S. 1 und 2).

30 Die Untersagungsverfügung stellt einen **belastenden Verwaltungsakt** dar, der mit Widerspruch (§ 79 VwVfG iVm §§ 68 ff. VwGO) und ggf. Anfechtungsklage (§ 42 Abs. 1 VwGO) angegriffen werden kann; diese haben allerdings abweichend von § 80 Abs. 1 VwGO gem. § 6 **keine aufschiebende Wirkung.**

2. Keine Untersagungsverfügung innerhalb des Beurteilungszeitraums (Abs. 4 S. 3)

31 Wird der Erwerb oder die Erhöhung der Beteiligung nicht innerhalb des Beurteilungszeitraums untersagt, kann der Erwerb oder die Erhöhung vollzogen wer-

den. Die Rechte der BaFin nach § 27 – also die Untersagung der Stimmrechtsausübung und das Weisungsrecht – bleiben davon unberührt (Abs. 4 S. 3).

Auch wenn dies nicht gesondert geregelt ist, kann die Bafin bereits vor Ablauf der Beurteilungsfrist dem Anzeigenden mit einem sog. „No Action Letter" bestätigen, dass sie den Erwerb nicht untersagen oder beschränken wird (zu § 2c KWG: Schwennicke/Auerbach/Süßmann KWG § 2c Rn. 47). Der Versand einer derartigen Bestätigung ist vor allen dann für den Anzeigenden von Bedeutung, wenn das Ende des Beurteilungszeitraums (§ 25) nicht unmittelbar bevorsteht. Wenn sich der Versand der Vollständigkeitsbestätigung (§ 25 S. 1) verzögert hat, weil Unterlagen oder Informationen fehlten oder von der BaFin nachgefordert wurden, haben Erwerber in der Regel großes Interesse daran, das Inhaberkontrollverfahren zeitnah abzuschließen. 32

3. Anzeige des Vollzugs oder des Nichtvollzugs (Abs. 4 S. 4 u. 5)

Die BaFin kann eine Frist setzen, nach deren Ablauf ihr der Anzeigepflichtige den Vollzug oder den Nichtvollzug des beabsichtigten Erwerbs oder der Erhöhung anzuzeigen hat. Nach Ablauf der Frist hat der Anzeigepflichtige die Anzeige unverzüglich (also ohne schuldhaftes Zögern, § 121 Abs. 1 S. 1 BGB) bei der BaFin einzureichen. 33

4. Zivilrechtliche Wirksamkeit des Erwerbs vor Ablauf des Beurteilungszeitraums oder bei dessen Untersagung

In der Literatur wird die Frage diskutiert, ob eine bedeutende Beteiligung an einem Wertpapierinstitut **zivilrechtlich wirksam** erworben werden kann, wenn der Beurteilungszeitrum noch nicht beendet ist oder die BaFin den Erwerb der Beteiligung untersagt hat. Nach ganz hM ist die Transaktion mit Vollzug unabhängig vom Vorliegen einer Untersagungsverfügung oder vom Ablauf des Beurteilungszeitraums zivilrechtlich wirksam. Die Inhaberkontrollvorschriften sind nicht als Verbotsgesetz iSv § 134 BGB zu qualifizieren (Lendermann/Nemeczek/Schroeter/Lösing WpIG § 26 Rn. 39; zu § 2c KWG: Fischer/Schäfer/Schulte-Mattler/Schulte-Mattler/Schäfer § 2c Rn. 26a; Luz/Neus/Schaber/Schneider/Wagner/Weber/Kobabe/Hirdes, Tb. 1a, KWG § 2c Rn. 224; Beck/Samm/Kokemoor/von den Steinen KWG Rn. 115). 34

Die Richtigkeit dieser Rechtsauffassung wird insbesondere durch die Regelungen in § 27 Abs. 1 Nr. 3 und Nr. 4 gestützt. Nach diesen Vorschriften kann die BaFin dem Inhaber einer bedeutenden Beteiligung sowie den von ihm kontrollierten Unternehmen die Ausübung der Stimmrechte untersagen und anordnen, dass über die Anteile nur mit ihrer Zustimmung verfügt werden darf, wenn 35

- die Beteiligung entgegen einer vollziehbaren Untersagung nach § 26 Abs. 1 oder 2 erworben oder erhöht worden ist (Nr. 3) oder
- der Inhaber der bedeutenden Beteiligung den Erwerb oder die Erhöhung der Beteiligung innerhalb des Beurteilungszeitraums nach § 25 vollzogen hat (Nr. 4).

Es bedürfte dieser Regelungen nicht, wenn der Erwerb oder die Erhöhung der bedeutenden Beteiligung zivilrechtlich unwirksam wäre. Denn dann wäre die Beteiligung nie auf den Erwerber übergegangen und auch für die Untersagung der Ausübung der Stimmrechte bestünde keine Notwendigkeit.

§ 27 Untersagung der Stimmrechtsausübung und Weisungsrecht

(1) **Die Bundesanstalt kann dem Inhaber einer bedeutenden Beteiligung sowie den von ihm kontrollierten Unternehmen die Ausübung der Stimmrechte untersagen und anordnen, dass über die Anteile nur mit ihrer Zustimmung verfügt werden darf, wenn**

1. die Voraussetzungen für eine Untersagungsverfügung nach § 26 Absatz 1 oder 2 vorliegen,
2. der Inhaber der bedeutenden Beteiligung seiner Pflicht nach § 24 zur vorherigen oder zur unverzüglichen Unterrichtung der Bundesanstalt und der Deutschen Bundesbank nicht nachgekommen ist und diese Unterrichtung innerhalb einer von ihr gesetzten Frist nicht nachgeholt hat,
3. die Beteiligung entgegen einer vollziehbaren Untersagung nach § 26 Absatz 1 oder 2 erworben oder erhöht worden ist,
4. der Inhaber der bedeutenden Beteiligung den Erwerb oder die Erhöhung der Beteiligung innerhalb des Beurteilungszeitraums nach § 25 vollzogen hat oder
5. der Inhaber oder das die bedeutende Beteiligung vermittelnde Unternehmen eine vollziehbare Anordnung gemäß § 26 Absatz 2 Satz 2 nicht erfüllt hat.

(2) **[1]Im Falle einer Untersagung nach Absatz 1 bestellt das Gericht am Sitz des Wertpapierinstituts auf Antrag der Bundesanstalt, des Wertpapierinstituts oder eines an ihm Beteiligten einen Treuhänder, auf den es die Ausübung der Stimmrechte überträgt. [2]Der Treuhänder hat bei der Ausübung der Stimmrechte den Interessen einer soliden und umsichtigen Führung des Wertpapierinstituts Rechnung zu tragen. [3]Über die Maßnahmen nach Absatz 1 hinaus kann die Bundesanstalt den Treuhänder mit der Veräußerung der Anteile, soweit sie eine bedeutende Beteiligung begründen, beauftragen, wenn der Inhaber der bedeutenden Beteiligung ihr nicht innerhalb einer von ihr bestimmten angemessenen Frist einen zuverlässigen Erwerber nachweist; die Inhaber der Anteile haben bei der Veräußerung in dem erforderlichen Umfang mitzuwirken. [4]Sind die Voraussetzungen des Absatz 1 entfallen, hat die Bundesanstalt den Widerruf der Bestellung des Treuhänders zu beantragen. [5]Der Treuhänder hat Anspruch auf Ersatz angemessener Auslagen und auf Vergütung für seine Tätigkeit. [6]Das Gericht setzt auf Antrag des Treuhänders die Auslagen und die Vergütung fest; die Rechtsbeschwerde gegen die Vergütungsfestsetzung ist ausgeschlossen. [7]Für die Kosten, die durch die Bestellung des Treuhänders entstehen, die diesem zu gewährenden Auslagen sowie die Vergütung haften das Wertpapierinstitut und der betroffene Inhaber der bedeutenden Beteiligung als Gesamtschuldner. [8]Die Bundesanstalt schießt die Auslagen und die Vergütung vor. [9]Bei fahrlässigem Handeln beschränkt sich die Ersatzpflicht des Treuhänders auf 1 Million Euro. [10]Handelt es sich um eine Aktiengesellschaft, deren Aktien zum Handel im regulierten Markt zugelassen sind, beschränkt sich die Ersatzpflicht auf 50 Millionen Euro.**

(3) **Die Bundesanstalt kann in den Fällen des Absatz 2 auch gegenüber einem die bedeutende Beteiligung vermittelnden Unternehmen anordnen, Weisungen des Inhabers einer bedeutenden Beteiligung, der an dem vermittelnden Unternehmen beteiligt ist, nicht zu befolgen.**

Übersicht

I. Regelungsgegenstand

1 § 27 Abs. 1 ermächtigt die BaFin, gegenüber dem Inhaber einer bedeutenden Beteiligung an einem Wertpapierinstitut sowie den von ihm kontrollierten Unternehmen folgende Maßnahmen zu erlassen:
- Untersagung der **Ausübung der Stimmrechte** (Abs. 1 Alt. 1),
- **Verbot, über Stimmrechte** ohne Zustimmung der BaFin **zu verfügen** (Abs. 1 Alt. 2),
- Antrag auf gerichtliche **Bestellung eines Treuhänders** und Übertragung der Ausübung der Stimmrechte auf diesen (Abs. 2 S. 1),
- Beauftragung eines Treuhänders mit der **Veräußerung der Anteile** (Abs. 2 S. 3).

2 Abs. 1 Nummer 4 und 5 ermöglichen ein Vorgehen der BaFin gegen den Erwerber auch in Fällen, in denen der beabsichtigte Erwerb zwar vollständig angezeigt wurde, der Erwerb aber von der BaFin untersagt oder bereits vor Ablauf des Beurteilungszeitraums vollzogen wurde. Abs. 3 dient dazu, den Einfluss bedenklicher Inhaber indirekter bedeutender Beteiligungen auf unbedenkliche

Inhaber bedeutender Beteiligungen, an denen sie beteiligt sind, zu beschränken (RegE 1.1.2021, BR-Drs. 7/21, 163).

3 Die in § 27 normierten Sanktionsmöglichkeiten stellen gravierende Eingriffe in das durch Art. 14 GG geschützte Eigentumsrecht des Inhabers der bedeutenden Beteiligung dar. Zudem können erhebliche Kosten sowohl für diesen als auch für das betroffene Wertpapierinstitut ausgelöst werden. Die Maßnahmen sind nur insoweit gerechtfertigt, wie einer der in Abs. 1 Nr. 1–5 genannten Tatbestände erfüllt ist und die Maßnahme dem Grundsatz der **Verhältnismäßigkeit** genügt (zu § 2c KWG: Beck/Samm/Kokemoor/von den Steinen KWG § 2c Rn. 175).

4 Parallelvorschriften zu § 27 finden sich in § 19 VAG für Versicherungsunternehmen sowie in § 2c Abs. 2 KWG für Kreditinstitute und Finanzdienstleistungsinstitute.

II. Tatbestandliche Eingriffsvoraussetzungen

5 Die Sanktionen kommen nur dann in Betracht, wenn
- die Voraussetzungen für eine Untersagungsverfügung nach § 26 Abs. 1 oder 2 vorliegen (Nr. 1),
- der Inhaber der bedeutenden Beteiligung seiner Erwerbsanzeigeverpflichtung nach § 24 nicht nachgekommen ist und diese Unterrichtung innerhalb einer von der BaFin gesetzten Frist nicht nachgeholt hat (Nr. 2),
- die Beteiligung einer vollziehbaren Untersagung nach § 26 Abs. 1 oder 2 zuwider erworben oder erhöht worden ist (Nr. 3),
- der Inhaber der bedeutenden Beteiligung den Erwerb oder die Erhöhung der Beteiligung innerhalb des Beurteilungszeitraums nach § 25 vollzogen hat (Nr. 4) oder
- der Inhaber oder das die bedeutende Beteiligung vermittelnde Unternehmen eine vollziehbare Anordnung gem. § 26 Abs. 2 S. 2 nicht erfüllt hat (Nr. 5).

1. Vorliegen der Voraussetzungen für eine Erwerbsuntersagung nach § 26 Abs. 1 oder 2 (Abs. 1 Nr. 1)

6 Eine repressive Aufsichtsmaßnahme kann gem. § 27 Abs. 1 Nr. 1 ergriffen werden, wenn die Voraussetzungen für eine Untersagungsverfügung nach § 26 Abs. 1 und 2 vorliegen. Die BaFin kann von den Sanktionsmöglichkeiten Gebrauch machen, wenn nach dem Erwerb einer bedeutenden Beteiligung Tatsachen zutage treten, welche zu einer Untersagung des beabsichtigten Erwerbs geführt hätten. Durch diese Vorschrift werden die Untersagungsgründe im Inhaberkontrollverfahren zu laufenden materiellen Anforderungen an Inhaber einer bedeutenden Beteiligung (zu § 2c KWG: Luz/Neus/Schaber/Schneider/Wagner/Weber/Kobabe/Hirdes, Tb. 1a, KWG § 2c Rn. 242).

7 Es müssen **neue Erkenntnisse** vorliegen, auf die sich die BaFin beruft. Die BaFin darf nicht auf der Basis der bereits innerhalb eines früheren Inhaberkontrollverfahrens erlangten Informationen Maßnahmen nach § 27 treffen (Lendermann/Nemeczek/Schroeter/Lösing WpIG § 27 Rn. 10; zu § 2c KWG: Beck/Samm/Kokemoor/von den Steinen KWG § 2c Rn. 178; Luz/Neus/Schaber/Schneider/Wagner/Weber/Kobabe/Hirdes, Tb. 1a, KWG § 2c Rn. 242). Insofern ist die BaFin an ihre frühere Entscheidung gebunden (zu § 2c KWG: Luz/Neus/Schaber/Schneider/Wagner/Weber/Kobabe/Hirdes, Tb. 1a, KWG § 2c Rn. 242).

2. Verstoß gegen Erwerbsanzeigeverpflichtung (Abs. 1 Nr. 2)

Gemäß § 27 Abs. 1 Nr. 2 kann die BaFin Maßnahmen ergreifen, wenn ein Anzeigepflichtiger seiner Erwerbsanzeigeverpflichtung gegenüber der BaFin und der Deutschen Bundesbank nach § 24 nicht nachgekommen ist und die Unterrichtung nicht innerhalb der von der BaFin gesetzten Frist nachgeholt wird. 8

Die Eingriffsbefugnis bezieht sich nur auf den beabsichtigten Erwerb und die beabsichtigte Erhöhung einer bedeutenden Beteiligung nach § 24 Abs. 1. Sie bildet jedoch keine geeignete Grundlage für die Eingriffsmaßnahmen, wenn es der Inhaber einer bedeutenden Beteiligung entgegen § 24 Abs. 5 versäumt hat, einen neu bestellten gesetzlichen oder satzungsmäßigen Vertreter oder neuen persönlich haftenden Gesellschafter unverzüglich (nach dessen Bestellung) schriftlich anzuzeigen (Lendermann/Nemeczek/Schroeter/Lösing WpIG § 27 Rn. 14; zu § 2c KWG: Beck/Samm/Kokemoor/von den Steinen KWG § 2c Rn. 180; Luz/Neus/Schaber/Schneider/Wagner/Weber/Kobabe/Hirdes, Tb. 1a, KWG § 2c Rn. 243). Zwar umfasst der Verweis in Abs. 1 Nr. 2 auch den § 24 Abs. 5. § 27 Abs. 1 Nr. 2 setzt aber nicht notwendigerweise einen Verstoß gegen eine Pflicht zur „vorherigen" Unterrichtung voraus (so aber zu § 2c KWG: Beck/Samm/Kokemoor/von den Steinen KWG § 2c Rn. 180), sondern einen Verstoß gegen eine „vorherige oder unverzügliche Unterrichtung". Im Ergebnis dürften solche Maßnahmen allerdings bei einem Verstoß gegen § 24 Abs. 5 aufgrund des Verhältnismäßigkeitsgrundsatzes ausscheiden (Lendermann/Nemeczek/Schroeter/Lösing WpIG § 27 Rn. 14; zu § 2c KWG: Luz/Neus/Schaber/Schneider/Wagner/Weber/Kobabe/Hirdes, Tb. 1a, KWG § 2c Rn. 243). Die Verletzung der Pflicht zur Anzeige einer beabsichtigten Verringerung einer bedeutenden Beteiligung gem. § 24 Abs. 2 ist ebenso wenig eine taugliche Grundlage für Abs. 1 Nr. 2 (Lendermann/Nemeczek/Schroeter/Lösing WpIG § 27 Rn. 14; zu § 2c KWG: Beck/Samm/Kokemoor/von den Steinen KWG § 2c Rn. 180; Luz/Neus/Schaber/Schneider/Wagner/Weber/Kobabe/Hirdes, Tb. 1a, KWG § 2c Rn. 243). 9

3. Erwerb oder Erhöhung der Beteiligung trotz vollziehbarer Untersagung (Abs. 1 Nr. 3)

Die BaFin kann die in § 27 vorgesehenen Eingriffsbefugnisse ferner ausüben, wenn der Inhaber eine bedeutende Beteiligung entgegen einer vollziehbaren Untersagung nach § 26 Abs. 1 oder 2 erworben oder erhöht hat. Die Vollziehbarkeit ist regelmäßig gegeben, da Widerspruch und Anfechtungsklage gegen eine Untersagung nach § 26 Abs. 1 oder 2 gem. § 6 keine aufschiebende Wirkung entfalten. 10

4. Vollzug des Erwerbs oder der Erhöhung innerhalb des Beurteilungszeitraums (Abs. 1 Nr. 4)

Nach Abs. 1 Nr. 4 kann eine Eingriffsmaßnahme auch dann erfolgen, wenn die Erwerbsabsicht zwar vollständig angezeigt, der Erwerb oder die Erhöhung der Beteiligung aber vor Ablauf des Beurteilungszeitraums (§ 25) vollzogen wurde. 11

5. Nichterfüllung einer vollziehbaren Anordnung nach § 26 Abs. 2 S. 2 (Abs. 1 Nr. 5)

Gemäß § 27 Abs. 1 Nr. 5 kann die BaFin Maßnahmen ergreifen, wenn der Inhaber oder das die bedeutende Beteiligung vermittelnde Unternehmen eine 12 vollziehbare Anordnung gem. § 26 Abs. 2 S. 2 nicht erfüllt hat. Die Eingriffsbefugnisse der Aufsichtsbehörde werden damit auch auf die Nichterfüllung von Anordnungen erstreckt, die statt einer Untersagung des beabsichtigten Erwerbs oder der beabsichtigten Erhöhung erlassen werden.

III. Eingriffsbefugnisse der BaFin

13 § 27 verleiht der BaFin weitreichende Eingriffsbefugnisse mit unterschiedlicher Zielrichtung und Eingriffsintensität. Diese Maßnahmen können nicht nur gegen den Inhaber der bedeutenden Beteiligung, sondern auch gegenüber die von ihm kontrollierten Unternehmen durchgeführt werden. Eine solche Maßnahme könnte in der Praxis etwa dann erforderlich werden, wenn ein Mutterunternehmen nur deshalb als Inhaberin einer bedeutenden Beteiligung einzustufen ist, weil es zwei Tochterunternehmen kontrolliert, deren unmittelbare Beteiligungen an einem Wertpapierinstitut erst zusammengerechnet die 10 %-Schwelle überschreiten. Die Tochterunternehmen können zwar bei einheitlicher Stimmrechtsausübung ebenfalls als Inhaber einer bedeutenden Beteiligung angesehen werden (wegen eines „acting in concert"). Dies wird jedoch nicht in allen Fällen gegeben sein (zu § 2c KWG: Luz/Neus/Schaber/Schneider/Wagner/Weber/Kobabe/Hirdes, Tb. 1a, KWG § 2c Rn. 247).

1. Untersagung der Ausübung von Stimmrechten (Abs. 1 Alt. 1)

14 Gemäß § 27 Abs. 1 Alt. 1 kann die BaFin dem Inhaber der bedeutenden Beteiligung sowie den von ihm kontrollierten Unternehmen die Ausübung der Stimmrechte untersagen. Die BaFin kann nicht das **Ruhen der Stimmrechte** anordnen. Für eine Anordnung des „Ruhens" der Stimmrechte fehlt die erforderliche Rechtsgrundlage (zu § 2c KWG: Schwennicke/Auerbach/Süßmann KWG § 2c Rn. 50; Luz/Neus/Schaber/Schneider/Wagner/Weber/Kobabe/Hirdes, Tb. 1a, KWG § 2c Rn. 247).

15 Eine Untersagung der Ausübung der Stimmrechte kommt vor allem dann in Betracht, wenn die konkrete Gefahr besteht, dass der Inhaber der bedeutenden Beteiligung nicht (mehr) zuverlässig ist oder ein Unternehmensverbund so intransparent ist oder Verantwortlichkeiten zielgerichtet derart verschleiert werden, dass eine wirksame Aufsicht beeinträchtigt wird, sich die Zuverlässigkeit der verantwortlichen Personen nicht mehr prüfen lässt oder der Inhaber nicht mehr die notwendige finanzielle Solidität besitzt (zu § 2c KWG: Luz/Neus/Schaber/Schneider/Wagner/Weber/Kobabe/Hirdes, Tb. 1a, KWG § 2c Rn. 249).

16 Anders als bei der Beauftragung zur Veräußerung von Anteilen gem. Abs. 2 S. 3 („soweit sie eine bedeutende Beteiligung begründen") regelt die Vorschrift nicht ausdrücklich, ob sich die Untersagung auf alle Anteile erstreckt oder nur auf solche, die 10 % oder mehr der Stimmrechte ausmachen. Allerdings darf auch die Untersagung der Ausübung der Stimmrechte nur insoweit erfolgen, bis die **Schwelle von 10 %** unterschritten wird (zu § 2c KWG: Beck/Samm/Kokemoor/von den Steinen KWG § 2c Rn. 186; Luz/Neus/Schaber/Schneider/Wagner/Weber/Kobabe/Hirdes, Tb. 1a, KWG § 2c Rn. 250; Fischer/Schäfer/Schulte-Mattler/Schulte-Mattler/Schäfer KWG § 2c Rn. 31). Werden Anteile erworben, ohne dass die Schwelle einer bedeutenden Beteiligung erreicht wird, findet kein Inhaberkontrollverfahren statt. Genauso wie 9,99 % der Stimmen eines Wertpapierinstituts erworben werden können, ohne eine Inhaberkontrollverfah-

ren auszulösen, darf die Aufsicht auch nur bis zu dieser Schwelle die Stimmrechtsausübung untersagen (so zutreffend zu § 2c KWG: Beck/Samm/Kokemoor/von den Steinen KWG § 2c Rn. 186).

17 Wenn der Inhaber entgegen der Untersagungsverfügung seine Stimmrechte weiterhin ausübt, so ist dies zwar pflichtwidrig, die Stimmrechtsausübung wäre aber **rechtlich wirksam** (zu § 2c KWG: Schwennicke/Auerbach/Süßmann KWG § 2c Rn. 51; Luz/Neus/Schaber/Schneider/Wagner/Weber/Kobabe/Hirdes, Tb. 1a, KWG § 2c Rn. 251; Fischer/Schäfer/Schulte-Mattler/Schulte-Mattler/Schäfer KWG § 2c Rn. 34). Der Inhaber der Stimmrechte könnte also trotz Untersagung seine Stimmrechte in der Gesellschafterversammlung ausüben. Soweit möglich, wird die BaFin daher regelmäßig neben der Anordnung der Untersagung der Stimmrechtsausübung die Übertragung der Ausübung der Stimmrechte auf einen Treuhänder beantragen (zu § 2c KWG: Schwennicke/Auerbach/Süßmann KWG § 2c Rn. 51; Beck/Samm/Kokemoor/von den Steinen KWG § 2c Rn. 187; Luz/Neus/Schaber/Schneider/Wagner/Weber/Kobabe/Hirdes, Tb. 1a, KWG § 2c Rn. 251).

2. Anordnung einer Verfügungsbeschränkung (Abs. 1 Alt. 2)

18 Ferner kann die BaFin nach Abs. 1 Alt. 2 anordnen, dass über die Anteile nur mit Zustimmung der BaFin verfügt werden darf. Durch das Zustimmungserfordernis sollen Umgehungsmöglichkeiten ausgeschlossen werden, wenn zB ein Anteilsinhaber seine Geschäftsanteile auf einen Strohmann überträgt, die Stimmrechte aber mittelbar weiter ausübt, obwohl ihm dies untersagt wurde (zu § 2c KWG: Schwennicke/Auerbach/Süßmann KWG § 2c Rn. 52; Beck/Samm/Kokemoor/von den Steinen KWG § 2c Rn. 188; Fischer/Schäfer/Schulte-Mattler/Schulte-Mattler/Schäfer KWG § 2c Rn. 33). Wenn indessen der ungeeignete Inhaber der BaFin einen zuverlässigen Interessenten nachweist, ist die BaFin gehalten, die Zustimmung zur Veräußerung zu erteilen (zu § 2c KWG: Schwennicke/Auerbach/Süßmann KWG § 2c Rn. 52; Beck/Samm/Kokemoor/von den Steinen KWG § 2c Rn. 188; Luz/Neus/Schaber/Schneider/Wagner/Weber/Kobabe/Hirdes, Tb. 1a, KWG § 2c Rn. 253).

19 **Zivilrechtlich** wird die Rechtsmacht des Anteilsinhabers zur Veräußerung der Anteile durch die Anordnung einer Verfügungsbeschränkung nicht berührt. Der Anteilseigner kann weiterhin wirksam über die Anteile verfügen. Zuwiderhandlungen gegen vollziehbare Anordnungen der BaFin auf Grundlage der Parallelnorm im KWG (hier § 2c Abs. 2 KWG) sind gem. § 56 Abs. 2 Nr. 3a KWG bußgeldbewehrte Ordnungswidrigkeiten. Eine vergleichbare Bußgeldvorschrift existiert im WpIG nicht. Die Bußgeldvorschrift des WpIG (insbes. § 83 Abs. 1 Nr. 10) sanktioniert Zuwiderhandlungen gegen vollziehbare Anordnungen nach § 27 nicht.

3. Übertragung der Ausübung der Stimmrechte auf einen Treuhänder (Abs. 2 S. 1)

20 Gemäß Abs. 2 S. 1 kann die BaFin, das Wertpapierinstitut oder ein an ihm Beteiligter bei Gericht die Übertragung der Ausübung der Stimmrechte auf einen Treuhänder beantragen. § 27 Abs. 2 ist § 2c Abs. 2 S. 2 ff. KWG nachgebildet. Der Treuhänder wird von dem für das Wertpapierinstitut zuständigen Amtsgericht am Ort des jeweiligen Landgerichts bestellt (§ 375 Nr. 11b, 376 Abs. 1 FamFG).

21 Hintergrund des § 27 Abs. 2 ist zum einen, dass durch die Untersagung der Ausübung der Stimmrechte des Inhabers die Arbeitsfähigkeit des Wertpapierinstituts und die Belange von Mitgesellschaftern beeinträchtigt sein können. Zum anderen soll die Treuhänderbestellung Umgehungen vermeiden, die möglich sind, weil die Stimmrechtsuntersagung keine zivilrechtliche Wirkung entfaltet, dh mit der Übertragung der Ausübung der Stimmrechte kann verhindert werden, dass der betroffene Inhaber einer bedeutenden Beteiligung trotz Untersagung seine Stimmrechte ausübt (Lendermann/Nemeczek/Schroeter/Lösing WpIG § 27 Rn. 22; zu § 2c KWG: Beck/Samm/Kokemoor/von den Steinen KWG § 2c Rn. 189).

22 **a) Voraussetzungen der Treuhänderbestellung.** Für die Bestellung eines Treuhänders und die Übertragung der Ausübung der Stimmrechte müssen folgende Voraussetzungen erfüllt sein:

- Es muss eine vollziehbare Untersagungsverfügung gem. Abs. 1 vorliegen.
- Die Untersagungsverfügung darf nicht nichtig sein (so zu § 2c Abs. 2 S. 1: OLG Frankfurt a. M. NZG 2015, 68 (69)).
- Ein Antragsberechtigter muss einen Antrag beim zuständigen Amtsgericht gestellt haben.

23 **aa) Vollziehbare Untersagung der Ausübung der Stimmrechte.** Grundlage der Treuhänderbestellung ist, dass dem Inhaber der bedeutenden Beteiligung mit **vollziehbarem Verwaltungsakt** die **Ausübung der Stimmrechte untersagt** wurde. Nach § 6 haben Widerspruch und Anfechtungsklage zwar gegen Maßnahmen der BaFin auf der Grundlage von § 26 Abs. 1 und 2 sowie § 27 Abs. 3 keine aufschiebende Wirkung, § 27 Abs. 1 wird in § 6 indes nicht erwähnt. Die BaFin könnte die Maßnahme gem. § 27 Abs. 1 gem. § 80 Abs. 2 S. 1 Nr. 4 VwGO für sofort vollziehbar erklären. Nicht vorausgesetzt wird, dass der Verwaltungsakt bereits rechtskräftig geworden ist (Lendermann/Nemeczek/Schroeter/Lösing WpIG § 27 Rn. 24; zu § 2c KWG: Beck/Samm/Kokemoor/von den Steinen KWG § 2c Rn. 191).

24 **bb) Untersagungsverfügung nicht nichtig.** Das Gericht hat die **Rechtmäßigkeit** der Stimmrechtsuntersagung als Voraussetzung für die gerichtliche Bestellung des Treuhänders nicht zu prüfen; wohl aber hat es eine etwaige **Nichtigkeit** der Untersagungsverfügung zu beachten (so zu § 2c Abs. 2 S. 1: OLG Frankfurt a. M. NZG 2015, 68 (69); Beck/Samm/Kokemoor/von den Steinen KWG § 2c Rn. 192; Luz/Neus/Schaber/Schneider/Wagner/Weber/Kobabe/Hirdes, Tb. 1a, KWG § 2c Rn. 260). Jenseits dessen ist das Amtsgericht an den Antrag auf Bestellung eines Treuhänders gebunden und hat diesem Folge zu leisten (zu § 2c KWG: Beck/Samm/Kokemoor/von den Steinen KWG § 2c Rn. 192).

25 **cc) Antrag eines Antragsberechtigten.** Gemäß Abs. 2 S. 1 sind die **BaFin,** das **Wertpapierinstitut** selbst und ein **Gesellschafter** des Wertpapierinstituts **antragsberechtigt.** Für die Höhe der Beteiligung macht das Gesetz keine Einschränkungen. Daraus ist zu schließen, dass auch Minderheitsgesellschafter, die nur einen minimalen Anteil an dem Wertpapierinstitut halten, einen Antrag auf Bestellung eines Treuhänders stellen können (Lendermann/Nemeczek/Schroeter/Lösing WpIG § 27 Rn. 26). Der Antrag der BaFin auf Bestellung eines Treuhänders ist ein Realakt, kein Verwaltungsakt (zu § 2c KWG: Beck/Samm/Kokemoor/von den Steinen KWG § 2c Rn. 204).

b) Übertragung der Ausübung der Stimmrechte. Es existieren unterschiedliche Auffassungen zu der Frage, ob bei einem Institut in der Rechtsform einer **Aktiengesellschaft** die Übertragung der Stimmrechte scheitert, weil jedwede Stimmrechtsübertragung wegen der **Unteilbarkeit der Aktien** (§ 8 Abs. 5 AktG) nichtig sei (**pro Nichtigkeit:** Schwennicke/Auerbach/Süßmann KWG § 2c Rn. 55; entsprechend auch für die GmbH und bei einem Institut in der Rechtsform einer oHG für die Stimmrechte des persönlich haftenden Gesellschafters: Fischer/Schäfer/Schulte-Mattler/Schulte-Mattler/Schäfer KWG § 2c Rn. 34; Koch in Koch, AktG, 20. Auflage 2026, § 8 Rn. 26; **aA** OLG Frankfurt a. M. NZG 2015, 68 (69) (obiter dictum); Beck/Samm/Kokemoor/von den Steinen KWG § 2c Rn. 193; Luz/Neus/Schaber/Schneider/Wagner/Weber/Kobabe/Hirdes, Tb. 1a, KWG § 2c Rn. 256; Koch in Koch, AktG, 20. Auflage 2026, § 8 Rn. 26). 26

Von den Steinen vertritt die Auffassung, dass es einer Entscheidung über einen Anwendungsvorrang der aufsichtsrechtlichen Vorschriften (§ 2c Abs. 2 S. 2 KWG, § 27 Abs. 2 S. 1) gegenüber § 8 Abs. 5 AktG nicht bedürfe (Beck/Samm/Kokemoor/von den Steinen KWG § 2c Rn. 193). Denn die Stimmrechtsausübung könne dem Treuhänder entweder im Wege einer **Legitimationszession analog § 129 Abs. 3 AktG** oder durch **Vollmacht** übertragen werden. Bei einer Legitimationszession wird der Dritte nach dem Vorbild des § 185 BGB ermächtigt, fremde Stimmrechte im eigenen Namen auszuüben (Näher Koch in Koch, AktG, 20. Auflage 2026, Rn. 22). Sowohl bei der Vollmachtlösung als auch im Falle der Legitimationszession bedürfe es nach der Auffassung von den Steinens der **Mitwirkung** des Inhabers der Beteiligung. Zur Mitwirkung sei der Inhaber der Beteiligung aber analog § 2c Abs. 2 S. 4 Hs. 2 KWG (respektive § 27 Abs. 2 S. 4 Hs. 2) verpflichtet (Beck/Samm/Kokemoor/von den Steinen KWG § 2c Rn. 193). 27

Hierzu ist anzumerken, dass nach dem Wortlaut des § 27 Abs. 2 S. 1 nicht **„Stimmrechte"** auf den Treuhänder übertragen werden, sondern nur die **„Ausübung der Stimmrechte"** (so auch der Wortlaut des § 2c Abs. 2 S. 2 KWG). Nach dem Wortlaut der Vorschrift verbleiben die Stimmrechte also beim Inhaber der Beteiligung; lediglich deren Ausübung wird auf den Treuhänder übertragen. Folglich steht § 27 Abs. 2 S. 1 auch in keinem Widerspruch zum aktienrechtlichen Abspaltungsverbot (§ 8 Abs. 5 AktG). § 27 Abs. 2 S. 1 bewirkt eine **Legitimationszession** (analog § 129 Abs. 3 AktG). Der Treuhänder wird ermächtigt, die fremden Stimmrechte im eigenen Namen auszuüben. Zweifel an der Vereinbarkeit mit dem Abspaltungsverbot greifen nicht durch, da gerade nicht das Stimmrecht vom Aktieneigentum abgespalten, sondern nur die Ausübungsbefugnis übertragen wird (Koch in Koch, AktG, 20. Auflage 2026, Rn. 22). Eine Mitwirkung des Inhabers der Beteiligung an der Übertragung der Ausübung der Stimmrechte auf den Treuhänder bedarf es nicht, da die Übertragung durch gerichtliche Entscheidung erfolgt (aA Beck/Samm/Kokemoor/von den Steinen KWG § 2c Rn. 193). 28

c) Aufgaben, Rechte und Pflichten des Treuhänders. Gemäß Abs. 2 S. 2 hat der Treuhänder bei der Ausübung der Stimmrechte den Interessen einer soliden und umsichtigen Führung des Wertpapierinstituts Rechnung zu tragen. Zur soliden und umsichtigen Führung gehört es grundsätzlich, alle gesetzlichen und insbesondere die aufsichtlichen Vorgaben einzuhalten und Anforderungen frühzeitig zur erfüllen, um die Vorgaben im vorgegebenen Zeitrahmen einhalten zu können (zu § 2c KWG: Beck/Samm/Kokemoor/von den Steinen KWG 29

§ 2c Rn. 195). Er hat aber auch die Eigentümerinteressen, zB in der Gesellschafter- bzw. Hauptversammlung des Wertpapierinstituts, in einer Weise zu vertreten, wie es von einem zuverlässigen Eigentümer zu erwarten ist (Luz/Neus/Schaber/Schneider/Wagner/Weber/Kobabe/Hirdes, Tb. 1a, KWG § 2c Rn. 261). Der Treuhänder einer bedeutenden Beteiligung an einem Wertpapierinstitut wird zB bei Beschlüssen, die die Eigenkapitalausstattung betreffen, einer Kapitalerhöhung zustimmen (Lendermann/Nemeczek/Schroeter/Lösing WpIG § 27 Rn. 29; zu § 2c KWG: Beck/Samm/Kokemoor/von den Steinen KWG § 2c Rn. 195).

30 **d) Widerruf der Bestellung des Treuhänders.** Wenn die Voraussetzungen des Abs. 1 entfallen, ist die BaFin verpflichtet, den Widerruf der Bestellung bei Gericht zu beantragen (Abs. 2 S. 4). Dies ist beispielsweise dann der Fall, wenn der aufsichtsrechtlich als unzuverlässig eingestufte Inhaber einer bedeutenden Beteiligung einen nach § 26 Abs. 1 zuverlässigen Erwerbsinteressenten nachweist (Lendermann/Nemeczek/Schroeter/Lösing WpIG § 27 Rn. 31; zu § 2c KWG: Beck/Samm/Kokemoor/von den Steinen KWG § 2c Rn. 197; Luz/Neus/Schaber/Schneider/Wagner/Weber/Kobabe/Hirdes, Tb. 1a, KWG § 2c Rn. 264).

31 **e) Auslagenersatz und Vergütung des Treuhänders.** Der Treuhänder hat gem. Abs. 2 S. 5 Anspruch auf Ersatz angemessener Auslagen und auf Vergütung für seine Tätigkeit. Das Gericht setzt auf Antrag des Treuhänders die Auslagen und die Vergütung fest; die Rechtsbeschwerde gegen die Vergütungsfestsetzung ist ausgeschlossen (Abs. 2 S. 6). Für die Kosten, die durch die Bestellung des Treuhänders entstehen, die diesem zu gewährenden Auslagen sowie die Vergütung haften Abs. 2 S. 7 das Wertpapierinstitut und der betroffene Inhaber der bedeutenden Beteiligung gesamtschuldnerisch. Die Bundesanstalt schießt die Auslagen und die Vergütung vor (Abs. 2 S. 8). Diese Vergütungsregelung entspricht der Regelung in § 2c Abs. 2 S. 6–9 KWG.

4. Beauftragung eines Treuhänders mit der Veräußerung von Anteilen (Abs. 2 S. 3)

32 Nach Abs. 2 S. 3 kann die BaFin über die Maßnahmen nach Abs. 1 hinaus den Treuhänder mit der Veräußerung der Anteile beauftragen, soweit sie eine bedeutende Beteiligung begründen, wenn der Inhaber der bedeutenden Beteiligung ihr nicht innerhalb einer von ihr bestimmten angemessenen Frist einen zuverlässigen Erwerber nachweist. Die Festlegung der Länge der Frist steht im pflichtgemäßen Ermessen der BaFin (zu § 2c KWG: Beck/Samm/Kokemoor/von den Steinen KWG § 2c Rn. 201). Die Inhaber der Anteile haben bei der Veräußerung in dem erforderlichen Umfang mitzuwirken (Abs. 2 S. 3).

33 Der Auftrag zur Veräußerung von Anteilen kann (nur) erteilt werden, „soweit sie eine bedeutende Beteiligung begründen". Damit wird klargestellt, dass die Anteile nicht veräußert werden dürfen, wenn der Anteilsbesitz die Grenze von 10 % unterschreitet (zu § 2c KWG: Beck/Samm/Kokemoor/von den Steinen KWG § 2c Rn. 203).

34 Der Auftrag der BaFin an den Treuhänder, die Anteile zu veräußern ist – wie auch der Antrag auf Bestellung des Treuhänders – ein Realakt, kein Verwaltungsakt (zu § 2c KWG: Beck/Samm/Kokemoor/von den Steinen KWG § 2c Rn. 204).

5. Verbot der Weisungsbefolgung (Abs. 3)

Die BaFin kann in den Fällen des Abs. 2 auch gegenüber einem die bedeutende Beteiligung vermittelnden Unternehmen anordnen, Weisungen des Inhabers einer bedeutenden Beteiligung, der an dem vermittelnden Unternehmen beteiligt ist, nicht zu befolgen (Abs. 3). 35

IV. Entscheidung und Ermessen

Liegen die Voraussetzungen für die Anordnung einer Aufsichtsmaßnahme vor, so hat die BaFin ein Entschließungs- und Auswahlermessen. Aufsichtsmaßnahmen nach § 27 stellen einen erheblichen Eingriff in das Eigentumsrecht des Inhabers der bedeutenden Beteiligung dar, der verfassungsrechtlich nur dann gerechtfertigt ist, wenn der damit verbundene Eingriff verhältnismäßig ist. Die Verhältnismäßigkeit einer Maßnahme setzt die Legitimität des Ziels und die Eignung, Erforderlichkeit und Angemessenheit des eingesetzten Mittels zur Erreichung des Ziels voraus. 36

Die BaFin muss sich jedoch auch unter Berücksichtigung des Verhältnismäßigkeitsgrundsatzes auf ggf. „unsichere" mildere Mittel einlassen, die vermeintlich gleich effektiv sind. Insoweit steht der BaFin ein von ihr pflichtgemäß auszufüllender Prognose- und Beurteilungsspielraum zu (zu § 2c KWG: Luz/Neus/Schaber/Schneider/Wagner/Weber/Kobabe/Hirdes, Tb. 1a, KWG § 2c Rn. 280). 37

Abschnitt 4. Vertraglich gebundene Vermittler, Bezeichnungsschutz und Registervorschriften

§ 28 Verpflichtungen von Wertpapierinstituten bei der Bestellung vertraglich gebundener Vermittler

(1) **Bedient sich ein Wertpapierinstitut eines vertraglich gebundenen Vermittlers, hat das Wertpapierinstitut sicherzustellen, dass der Vermittler zuverlässig und fachlich geeignet ist, bei der Erbringung der Wertpapierdienstleistung die gesetzlichen Vorgaben erfüllt, Kunden vor Aufnahme der Geschäftsbeziehung über seinen Status nach § 3 Absatz 2 Satz 1 und 2 informiert und unverzüglich von der Beendigung dieses Status in Kenntnis setzt.**

(2) **Das Wertpapierinstitut hat Nachweise für die Erfüllung seiner Pflichten nach Absatz 1 zu führen und diese Nachweise bis zum Ablauf von fünf Jahren nach dem Ende des Status des vertraglich gebundenen Vermittlers aufzubewahren.**

(3) **[1] Die Bundesanstalt kann einem Wertpapierinstitut, das die Auswahl oder Überwachung seiner vertraglich gebundenen Vermittler nicht ordnungsgemäß durchgeführt hat oder die ihm im Zusammenhang mit der Führung des Registers nach § 3 Abs. 2 S. 6 übertragenen Pflichten verletzt hat, untersagen, sich vertraglich gebundener Vermittler zu bedienen. [2] Satz 1 findet auch Anwendung auf inländische vertraglich gebundene Vermittler eines Wertpapierinstituts mit Sitz in einem anderen Vertragsstaat.**

(4) [1]**Das Bundesministerium der Finanzen wird ermächtigt, durch Rechtsverordnung, die nicht der Zustimmung des Bundesrates bedarf, nähere Anforderungen an die Zuverlässigkeit und die fachliche Eignung der vertraglich gebundenen Vermittler sowie die erforderlichen Nachweise und die Art und Weise zur Übermittlung der betreffenden Daten zu regeln.** [2] **Das Bundesministerium der Finanzen kann die Ermächtigung auf die Bundesanstalt übertragen.** [3] **Vor Erlass der Rechtsverordnung sind die Spitzenverbände der Wertpapierinstitute anzuhören.**

Literatur: Knop, Das Haftungsdach aus dem Blickwinkel des Aufsichtsrechts, BKR 2011, 89; Lehrl/Wolf, Das Haftungsdach vertraglich gebundener Vermittler gemäß § 2 Abs. 10 KWG in der Praxis unter besonderer Berücksichtigung aufsichtsrechtlicher Anforderungen, BKR 2009, 497.

I. Zweck und Verhältnis zu anderen Vorschriften

1 Die Vorschrift dient zusammen mit § 3 Abs. 2 der Umsetzung von Art. 29 MiFID II. § 28 setzt hierbei im Wesentlichen Art. 29 Abs. 2–4 MiFID II um, während § 3 Abs. 2 im Wesentlichen Art. 29 Abs. 1 MiFID II umsetzt. § 3 regelt demgemäß die Voraussetzungen der Ausnahme von Erlaubnispflichten eines Wertpapierinstituts bei Durchführung des Anlageberatungs-, Anlagevermittlungs- oder Platzierungsgeschäfts als vertraglich gebundener Vermittler (mit Sitz im Inland) unter dem Haftungsdach eines inländischen bzw. nach § 70 Abs. 1 oder § 71 Abs. 4 WpHG im Inland tätigen Wertpapierinstituts; § 3 Abs. 2 S. 1 WpHG sieht Entsprechendes im Hinblick auf die Eigenschaften und Anforderungen als Wertpapierdienstleistungsunternehmen vor. § 28 regelt die organisatorischen Pflichten des haftenden Wertpapierinstituts in diesem Zusammenhang (dh sowohl bei Einsatz eines gebundenen Vermittlers mit Sitz im Inland, wie aus dem Verweis in Abs. 1 auf die Legaldcfinition in § 3 Abs. 2 folgt, als auch bei Einsatz eines gebundenen Vermittlers mit Sitz im Ausland, wie aus dem Umkehrschluss zu Abs. 3 S. 2 folgt; Lendermann/Nemeczek/Schroeter/Nemeczek/Struckmann Rn. 9) und regelt Befugnisse der BaFin im Fall von Verstößen gegen §§ 28 oder 3 Abs. 2.

2 § 25e KWG und § 2 Abs. 10 KWG enthalten weitgehend inhaltsgleiche Parallelvorschriften für vertraglich gebundene Vermittler, die unter dem Haftungsdach eines CRR-Kreditinstitutes Anlageberatungs-, Anlagevermittlungs- oder Platzierungsgeschäft betreiben. Systematisch sinnvoller ist nun die bislang in § 2 Abs. 10 S. 7 KWG geregelte Untersagungsbefugnis der BaFin im Fall von Pflichtverletzungen des Wertpapierinstituts in § 28 Abs. 2 S. 1 geregelt.

II. Organisatorische Pflichten

3 Neben der Einhaltung der organisatorischen Pflichten nach § 28 hat das Wertpapierinstitut – als Voraussetzung für die Anerkennung der vertraglich gebundenen Vermittlung iRv § 3 Abs. 2 – die Vermittlung rechtzeitig, vollständig und formgerecht bei der BaFin als registerführender Stelle anzuzeigen (→ § 3 Rn. 83; Lendermann/Nemeczek/Schroeter/Reschke § 3 Rn. 96). Nach Abs. 1 S. 1 hat das Wertpapierinstitut sicherzustellen, dass der gebundene Vermittler zuverlässig und fachlich geeignet ist. Hierzu kann zukünftig eine Regelung durch eine Rechtsverordnung aufgrund von Abs. 4 erfolgen.

Im Fall von **juristischen Personen und Personengesellschaften als Vermittler** beziehen sich die persönlichen Anforderungen der fachlichen Eignung naturgemäß auf den/die der jeweiligen Geschäftsleiter sowie auf im Bereich der Vermittlung eingesetztes Personal; Zuverlässigkeitsanforderungen sind auf der jeweiligen Ebene einzuhalten (s. § 41 iVm AT 7.1 Tz. 1 und 2 MaRisk; zur Anwendbarkeit der MaRisk s. BaFin FAQ „Neue Vorgaben für Wertpapierinstitute" Nr. 2, abrufbar unter www.bafin.de; Lehrl/Wolf BKR 2009, 497 (502); Lendermann/Nemeczek/Schroeter/Nemeczek/Struckmann Rn. 16, 21). 4

Handhabbare **Kriterien der Zuverlässigkeit** sieht Art. 29 Abs. 3 UAbs. 2 MiFID II nicht vor, wonach Vermittler sowie das lediglich „ausreichend gut beleumdet" sein müssen. Auch § 3 KWGWpIGVermV regelt für CRR-Kreditinstitute insoweit lediglich die formale Bestätigung der Zuverlässigkeit und Eignung durch den Anzeigenden gegenüber der BaFin. Anstelle dessen sind zum einen die Unzuverlässigkeitskriterien nach § 2a für sanktionierte Unternehmen und deren Geschäftsleiter maßgeblich (Lendermann/Nemeczek/Schroeter/Nemeczek/Struckmann Rn. 18). In Einsatzbereichen eines Vermittlers, die sich mit in § 87 WpHG geregelten Einsatzbereichen überschneiden, kann zudem auf die in § 6 WpHGMaAnzV iVm § 87 Abs. 9 WpHG geregelten Zuverlässigkeitsanforderungen zurückgegriffen werden; a.A. Lendermann/Nemeczek/Schroeter/Nemeczek/Struckmann Rn. 18. Darüber hinaus sind geeignete gewerberechtliche Zuverlässigkeitsanforderungen, etwa gemäß dem Negativkatalog des § 34f Abs. 2 GewO (zB keine rechtskräftige Verurteilung wegen relevanter Vermögensdelikte und Insolvenzstraftaten, keine ungeordneten Vermögensverhältnisse, indiziert etwa durch eröffnetes Insolvenzverfahren oder Eintrag in das Schuldnerverzeichnis nach § 26 Abs. 2 InsO, § 882b ZPO oder nicht erfolgter Nachweis einer gewerberechtlich erforderlichen Berufshaftpflichtversicherung) entsprechend anzuwenden; Lendermann/Nemeczek/Schroeter/Nemeczek/Struckmann Rn. 17. Im Einzelnen strengere Anforderungen sieht § 5b AnzV für nach § 24 Abs. 1 Nr. 1 und 15 KWG anzuzeigende Sachverhalte ua im Hinblick auf Geschäftsleiter eines Institutes iSd KWG vor. Für eine entsprechende Position beim Vermittler ist es bis zum Erlass einer gesetzlichen Regelung iSv Abs. 4 sinnvoll, diese strengeren Kriterien zugrundezulegen (Lendermann/Nemeczek/Schroeter/Nemeczek/Struckmann Rn. 18). **Geeignete Nachweisunterlagen des Vermittlers** zur Dokumentation der Zuverlässigkeit sind entsprechend der o. g. Anforderungen (eine gesetzliche Regelung existiert hierzu bislang nicht) insbesondere ein geeignetes Führungszeugnis (§ 30 Abs. 1, 30b BZRG), ein Gewerbezentralregisterauszug (§ 150 GewO), ein Auszug aus dem Schuldnerverzeichnis (§ 26 Abs. 2 InsO, § 882b ZPO) und eine negative Selbstauskunft, jeweils nicht älter als drei Monate bei Vorlage zur Prüfung (Lehrl/Wolf BKR 2009, 497 (502); Lendermann/Nemeczek/Schroeter/Nemeczek/Struckmann Rn. 18). 5

Kriterien der fachlichen Eignung formuliert Art. 29 Abs. 3 UAbs. 2 MiFID II. Danach müssen vertraglich gebundene Vermittler „über die angemessenen allgemeinen, kaufmännischen und beruflichen Kenntnisse verfügen, um die Wertpapierdienstleistungen oder Nebendienstleistungen erbringen und alle einschlägigen Informationen über die angebotene Dienstleistung korrekt an den Kunden oder den potenziellen Kunden weiterleiten zu können." Im Übrigen gelten die gem. § 25a Abs. 1 S. 3 Nr. 4 iVm AT 7.1 Tz. 1 und 2 MaRisk maßgeblichen Grundsätze zu Personalanforderungen für Wertpapierinstitute aufgrund der organisatorischen Pflichten gem. § 41 entsprechend (für eingesetztes Personal auch 6

Lendermann/Nemeczek/Schroeter/Nemeczek/Struckmann Rn. 21; zur Anwendbarkeit der MaRisk s. BaFin FAQ „Neue Vorgaben für Wertpapierinstitute" Nr. 2, abrufbar unter www.bafin.de). Maßgebliche **Sachkundeanforderungen und geeignete Nachweisunterlagen des Vermittlers** zur Dokumentation der fachlichen Eignung können bis zum Erlass einer gesetzlichen Regelung iSv Abs. 4 § 4 WpHGMaAnzV iVm § 87 Abs. 9 WpHG entnommen werden (Lendermann/Nemeczek/Schroeter/Nemeczek/Struckmann Rn. 20).

7 Des Weiteren hat das Wertpapierinstitut gem. Abs. 1 S. 1 sicherzustellen, dass der jeweilige Kunde **„vor Aufnahme der Geschäftsbeziehung"**, dh spätestens vor Durchführung der ersten Leistung einer Anlageberatung, Anlagevermittlung oder Platzierungsleistung durch den Vermittler (Schwennicke/Auerbach/Langen/Donner KWG § 25e Rn. 5) über dessen Status gem. § 3 Abs. 2 S. 1 und 2 informiert wird, regelmäßig durch Vorlage entsprechender vorvertraglicher Informationen vor Abschluss des jeweiligen Kundenvertrags. Im Fall der Beendigung des Vermittlerstatus ist der jeweilige Kunde unverzüglich hiervon zu unterrichten.

8 Sicherzustellen ist ebenfalls gem. Abs. 1 S. 1, dass der gebundene Vermittler **„bei der Erbringung der Wertpapierdienstleistung die gesetzlichen Vorgaben erfüllt."** Maßgeblich sind die für das Wertpapierinstitut geltenden gesetzlichen Vorgaben. Aus der Perspektive des Wertpapierinstituts liegt eine **Auslagerung entsprechender Tätigkeiten iSv § 40** vor (Lendermann/Nemeczek/Schroeter/Nemeczek/Struckmann Rn. 24; zur Geltung von § 25b KWG iRv vertraglich gebundener Vermittlung nach § 2 Abs. 10 KWG auch Lehrl/Wolf BKR 2009, 497 (503); Beck/Samm/Kokemoor KWG § 2 Rn. 605). Damit sind zugleich die Anforderungen an entsprechende Auslagerungstatbestände nach § 80 Abs. 6 WpHG iVm § 40, AT 9 MaRisk und § 80 Abs. 1 WpHG iVm Art. 22 DelVO (EU) 2017/565 zu beachten. Das Wertpapierinstitut hat sich hierbei Gewissheit über die laufende Compliance des gebundenen Vermittlers mit anwendbaren Vorschriften zum Marktauftritt des gebundene Vermittlers als Vertreter des Wertpapierinstitutes zu verschaffen, das Onboarding von Kunden des Wertpapierinstitutes zu prüfen, die Erfüllung von Explorations-, Aufklärungs- sowie sonstigen Hinweis- und ggf. Beratungspflichten als Teil der ausgelagerten Dienstleistungen sicherzustellen und die etwaige Folgekommunikation nach Erbringung der ausgelagerten Leistung entsprechend der o. g. Auslagerungsstandards vertraglich zu regeln und deren Einhaltung zu prüfen (ESMA, Supervisory Briefing on supervisory expectations in relation to firms using tied agents in the MiFID II framework v. 2.2.2022 Rn. 22; Lendermann/Nemeczek/Schroeter/Nemeczek/Struckmann Rn. 24; zu entsprechenden Pflichten im Hinblick auf vertraglich gebundene Vermittler nach dem KWG näher Schwennicke/Auerbach/Langen/Donner KWG § 25e Rn. 11; Knop BKR 2011, 89 (94 ff.)).

9 Das Wertpapierinstitut hat gem. Abs. 2 die Erfüllung der organisatorischen Pflichten in geeigneter Form zu dokumentieren und die Nachweise bis zum Ablauf von fünf Jahren nach Beendigung des Status des gebundenen Vermittlers aufzubewahren.

III. Eingriffsbefugnisse der BaFin

10 Die BaFin kann dem Wertpapierinstitut, gleich ob dieses seinen Sitz im Inland oder einem anderen Vertragsstaat iSv § 2 Abs. 37 hat (Abs. 3 S. 2), gem. Abs. 3 S. 1 untersagen, sich vertraglich gebundener Vermittler zu bedienen, sofern das Wert-

papierinstitut gegen die Organisationspflichten gem. Abs. 1 oder gegen die Anzeige- und Registrierungspflichten gem. § 3 Abs. 2 S. 6 (→ § 3 Rn. 86) verstoßen hat. Im Rahmen der gebotenen Verhältnismäßigkeitsprüfung wird hierbei insbesondere die Schwere des Verstoßes, die erfolgte Beseitigung etwaiger Folgen und die Reichweite der vereinbarten Tätigkeit des Vermittlers zu berücksichtigen sein.

Mit Wirksamwerden der Untersagungsverfügung entfallen die Voraussetzungen 11 der Ausnahme gem. § 3 Abs. 2 und die Tätigkeit des gebundenen Vermittlers wird grundsätzlich gem. § 15 Abs. 1 erlaubnispflichtig, sofern keine anderweitigen Ausnahmen gem. § 3 einschlägig sind. Eine Untersagungsverfügung hat keine unmittelbaren Auswirkungen auf die zivilrechtliche Rechtslage nach dem Vermittlervertrag zwischen Wertpapierinstitut und gebundenem Vermittler (Lendermann/Nemeczek/Schroeter/Nemeczek/Struckmann Rn. 31, 35). Regelmäßig wird hierdurch ein wichtiger Grund zur Beendigung des Vermittlervertrages gegeben sein.

IV. Rechtsverordnung (Abs. 4)

Eine Rechtsverordnung aufgrund der Ermächtigungsgrundlage des Abs. 4 zur 12 Regelung von Details der Zuverlässigkeits- und Eignungsanforderungen, hiermit verbundener Nachweise und Regelungen zur Datenübermittlung ist noch nicht erlassen worden.

V. Rechtsfolgen bei Verstößen

Gem. § 83 Abs. 1 Nr. 6 handelt das Wertpapierinstitut ordnungswidrig, wenn es 13 entgegen § 28 Abs. 1 nicht sicherstellt, dass ein vertraglich gebundener Vermittler zuverlässig und geeignet ist und einen Kunden vor Aufnahme der Geschäftsbeziehung nicht über seinen Status nach § 3 Abs. 2 S. 1 und 2 informiert oder nicht unverzüglich von der Beendigung dieses Status in Kenntnis setzt. Der Bußgeldrahmen reicht bis fünf Millionen Euro (§ 83 Abs. 5). Bei einer juristischen Person oder Personenvereinigung mit einem jährlichen Gesamtumsatz von mehr als 50 Millionen Euro kann gem. § 83 Abs. 6 S. 1 Nr. 1 abweichend hiervon eine Geldbuße in Höhe von bis zu 10 % des jährlichen Gesamtumsatzes einschließlich des in § 83 Abs. 6 S. 2 definierten Bruttoertrags verhängt werden, alternativ eine Geldbuße bis zum Zweifachen des durch den Verstoß erzielten Gewinns oder verhinderten Verlusts, sofern sich ein solcher Gewinn oder Verlust beziffern lässt (§ 83 Abs. 7).

Von unzuverlässigen oder ungeeigneten Vermittlern mit Wirkung für das Wert- 14 papierinstitut oder sonst unter Verstoß gegen Informationspflichten nach Abs. 1 geschlossene Verträge mit Kunden sind nach allgemeinen Regeln zu § 134 BGB grundsätzlich wirksam, da § 28 nicht den Erfolg eines betreffenden Rechtsgeschäfts verhindern will. Schadenersatzansprüche gegen das Wertpapierinstitut nach § 823 Abs. 2 BGB wegen einer Schutzgesetzverletzung kommen aber in Betracht, da die betreffenden Anforderungen nach Abs. 1 ersichtlich auch Kundenschutzcharakter haben (so auch Lendermann/Nemeczek/Schroeter/Nemeczek/Struckmann § 28 Rn. 36).

§ 29 Bezeichnungsschutz

(1) [1] Die Bezeichnung „Wertpapierinstitut" oder „Wertpapierdienstleistungsunternehmen" oder eine Bezeichnung, in der eines dieser Wörter enthalten ist, dürfen, soweit durch Gesetz nichts anderes bestimmt ist, in der Firmenbezeichnung, als Zusatz zum Firmennamen, zur Bezeichnung des Geschäftszwecks oder zu Werbezwecken nur führen:

1. Wertpapierinstitute, die eine Erlaubnis nach § 15 besitzen, oder Zweigniederlassungen von Unternehmen nach § 70 Absatz 1 Satz 1;

2. andere Unternehmen, die bei Inkrafttreten dieses Gesetzes eine solche Bezeichnung nach den bisherigen Vorschriften befugt geführt haben.

[2] Wertpapierinstitute, die bis zum Inkrafttreten dieses Gesetzes zulässigerweise den Begriff „Bank" oder „Wertpapierhandelsbank" als Namensbestandteil oder in der Firma geführt haben, dürfen diesen Begriff weiter in der bisherigen Form verwenden. [3] Sie dürfen ihn jedoch nicht wettbewerbsmäßig herausstellen.

(2) [1] Die Bundesanstalt entscheidet in Zweifelsfällen, ob ein Unternehmen zur Führung der in Absatz 1 genannten Bezeichnungen befugt ist. [2] Sie hat ihre Entscheidungen dem Registergericht mitzuteilen.

Übersicht

I. Zweck und Verhältnis zu anderen Vorschriften

1 Die Vorschrift regelt über den spezialgesetzlichen Bezeichnungsschutz nach §§ 39, 40 KWG hinaus (dort vorgesehen für die Bezeichnungen „Bank", „Bankier", „Volksbank", „Sparkasse" und „Bausparkasse") erstmals einen aufsichtsrechtlichen Bezeichnungsschutz für Wertpapierinstitute (BT-Drs. 19/26929, 142). Sie betrifft kleine, mittlere und große Wertpapierinstitute gleichermaßen (Umkehrschluss zu § 4 S. 1) sowie Zweigniederlassungen und Aktivitäten im grenzüberschreitenden Dienstleistungsverkehr von EWR-Wertpapierinstituten (→ Rn. 12 ff.). Für Finanzdienstleistungsinstitute iSv § 1 Abs. 1a S. 1 KWG und diese sowie vergleichbare Begrifflichkeiten wie „Finanzdienstleistung", „Finanz" etc. besteht (nach wie vor) kein Bezeichnungsschutz (Lendermann/Nemeczek/Schroeter/Nemeczek/Struckmann Rn. 19; Fischer/Schäfer/Schulte-Mattler/Schulte-Mattler/Fischer KWG § 39 Rn. 6 *„werden von der BaFin grundsätzlich*

nicht beanstandet"). Wertpapierinstitute, die aufgrund des Umfangs der Ihnen nach dem KWG erteilten Erlaubnisse bis zum Inkrafttreten von § 29 nach § 39 KWG Bezeichnungsschutz als „Bank" oder „Wertpapierhandelsbank" genossen, dürfen diese Begriffe unverändert als Namensbestandteil/Firmenzusatz, aber – anders als nach § 39 Abs. 1 KWG – nicht zu werblichen Zwecken weiterverwenden (Abs. 1 S. 2 und 3). Eine § 42 KWG entsprechende Rechtsgrundlage der BaFin zur Entscheidung von Zweifelsfällen und Mitteilung gegenüber dem Registergericht sieht Abs. 2 vor.

Neben dem spezialgesetzlichen Bezeichnungsschutz gem. § 29 gilt für Wertpa- 2
pierinstitute entsprechend der Rechtslage zu §§ 39, 40 KWG („Bank", „Bankier", „Volksbank", „Sparkasse"; hierzu näher: Schwennicke/Auerbach/Kohl KWG § 39 Rn. 31 ff.) der allgemeine gesetzliche Bezeichnungsschutz nach firmenrechtlichen Regeln des HGB (§§ 17 ff. HGB), der markenrechtliche Schutz von schutzfähigen Zeichen und geschäftlichen Bezeichnungen (§§ 1, 3, 5, 15 MarkenG) sowie der allgemeine wettbewerbsrechtliche Schutz des UWG (§§ 1, 3, 3a UWG), insbesondere zur Vermeidung irreführender geschäftlicher Bezeichnungen im unternehmerischen Verkehr (Lendermann/Nemeczek/Schroeter/Nemeczek/Struckmann Rn. 8). Sonderbezeichnungsschutz im aufsichtsrechtlichen Bereich regeln darüber hinaus (neben §§ 39, 40 KWG) die § 3 KAGB („Kapitalverwaltungsgesellschaft", „Investmentvermögen", „Investmentfonds" und „Investmentgesellschaft"), § 17 BauSpG („Bausparkasse"), § 6 VAG („Versicherung", „Versicherer", „Assekuranz", „Rückversicherung", „Rückversicherer"), § 41 PfandBG („Pfandbrief"), § 94 WpHG („Unabhängiger Honorar-Anlageberater", „Unabhängige Honorar-Anlageberaterin", „Unabhängige Honorar-Anlageberatung" oder „Unabhängiger Honoraranlageberater", „Unabhängige Honoraranlageberaterin", „Unabhängige Honoraranlageberatung"). Siehe zum Zusammenspiel der Bezeichnungsschutzvorschriften auch das BaFin-Merkblatt „Firmierungen und Unternehmensgegenstände – Bezeichnungsschutz" vom 7.9.2010, geändert am 15.3.2021 (abrufbar unter: www.bafin.de).

II. Geschützte Bezeichnungen

Geschützt sind nach Abs. 1 S. 1 ausschließlich die Bezeichnungen **„Wertpa-** 3
pierinstitut", „Wertpapierdienstleistungsunternehmen" und diese Wörter enthaltende zusammengesetzte Bezeichnungen gleich welcher Wortart (denkbar als Substantiv- oder Adjektiv-Kombinationen); Lendermann/Nemeczek/Schroeter/Nemeczek/Struckmann Rn. 11.

Nicht nach Abs. 1 S. 1geschützte Bezeichnungen sind deutsch- oder 4
fremdsprachige Synonyme der geschützten Bezeichnungen oder ähnliche Bezeichnungen, wenn diese die Begriffe „Wertpapierinstitut" oder „Wertpapierdienstleistungsunternehmen" nicht enthalten; für fremdsprachige Synonyme folgt das aus dem Umkehrschluss zu § 6 Abs. 1 S. 1 VAG (aA Lendermann/Nemeczek/Schroeter/Nemeczek/Struckmann Rn. 13). Zu sonstigem Bezeichnungsschutz außerhalb des WpIG in solchen Fällen → Rn. 2.

Gemäß Abs. 1 S. 2 dürfen Wertpapierinstitute, die **bis zum Inkrafttreten des** 5
WpIG aufgrund von § 39 Abs. 1 KWG zulässigerweise die Bezeichnung **„Bank"** oder **„Wertpapierhandelsbank"** führen durften (dh aufgrund einer bestehenden Erlaubnis als Kreditinstitut nach § 32 KWG oder als Zweigniederlassung eines CRR-Kreditinstitutes oder Wertpapierhandelsunternehmen mit Sitz in einem anderen Staat des Europäischen Wirtschaftsraums aufgrund eines „Europäischen

Passes" gem. § 53b Abs. 1 KWG aF) und diese Bezeichnungen tatsächlich als Namens-/Firmenbestandteil geführt haben, die Bezeichnung „weiter in der bisherigen Form verwenden". Insoweit besteht ein **eingeschränkter Bestandsschutz** (zur Abgrenzung von den Fällen des Abs. 1 Nr. 2 → Rn. 15). Erforderlich ist in sachlicher Hinsicht, dass das betreffende Wertpapierinstitut bis zum Inkrafttreten des WpIG unter einer KWG-Erlaubnis Bankgeschäfte erbringen durfte, nach Inkrafttreten des WpIG aber mit dem betreffenden Geschäft dem WpIG unterfällt; das dürfte sich auf Fälle des Finanzkommissionsgeschäfts und/oder Emissionsgeschäfts beschränken unter der weiteren Voraussetzung, dass das Wertpapierinstitut nach Inkrafttreten des WpIG unterhalb der Vermögenswert-Schwellenwerte des § 32 Abs. 1 S. 2 KWG liegt (Lendermann/Nemeczek/Schroeter/Nemeczek/Struckmann § 29 Rn. 16). Erforderlich ist in zeitlicher Hinsicht, dass die betreffende Bezeichnung bis zum Inkrafttreten des WpIG entsprechend verwendet wurde. Nicht verlangt ist, dass die Verwendung in der Vergangenheit durchgehend in derselben Form erfolgte. Sie muss aber als Namens-/Firmenbestandteil geführt worden sein. Eine alleinige Verwendung „zur Bezeichnung des Geschäftszwecks" des Unternehmens (dazu → Rn. 20) vermittelt nach dem Wortlaut der Vorschrift keinen Bestandsschutz.

6 Darüber hinaus ist im Rahmen des eingeschränkten Bestandsschutzes **keine werbliche Verwendung** der Bezeichnungen „Bank" oder „Wertpapierhandelsbank" gestattet. Abs. 1 S. 3 untersagt insoweit ein „wettbewerbliches Herausstellen". Nach der Gesetzesbegründung ist eine Verwendung „zur Erzielung von Wettbewerbsvorteilen" verboten (BT-Drs. 19/26929, 142). Ein Unterschied in der Sache liegt hierin nicht.

III. Persönlicher Geltungsbereich

1. Wertpapierinstitut/Zweigniederlassung mit „Europäischem Pass" (Abs. 1 Nr. 1)/grenzüberschreitender Dienstleistungsverkehr

7 Nur Wertpapierinstitute mit Erlaubnis nach § 15 sowie Zweigniederlassungen von Unternehmen mit Sitz innerhalb des EWR, die über einen „Europäischen Pass" mit der Befugnis zur Aufnahme von Wertpapierdienstleistungen in Deutschland verfügen, sind nach dem Wortlaut des Abs. 1 Nr. 1 zur Führung der geschützten Bezeichnungen berechtigt.

8 Im **Hinblick auf Zweigniederlassungen ist der Wortlaut der Vorschrift korrekturbedürftig.** Denn der Verweis in Abs. 1 Nr. 1 Alt. 2 auf „Zweigniederlassungen von Unternehmen nach § 70 Abs. 1 Satz 1" bezeichnet inländische Wertpapierinstitute, die eine Zweigniederlassung im EWR zu errichten beabsichtigen. Für diese Wertpapierinstitute besteht Bezeichnungsschutz bereits nach Abs. 1 Nr. 1 Alt. 1. Gemeint hat der Gesetzgeber vielmehr ersichtlich Unternehmen nach § 73 Abs. 1 S. 1, mithin Zweigniederlassungen von Unternehmen mit Sitz innerhalb des EWR, die über einen „Europäischen Pass" mit der Befugnis zur Aufnahme von Wertpapierdienstleistungen in Deutschland verfügen (so auch § 39 Abs. 1 Nr. 1 Alt. 2 KWG zum Bezeichnungsschutz für Banken; auch die Gesetzesbegründung verweist auf die Parallelvorschrift des § 39 KWG, s. BT-Drs. 19/26929, 142).

9 Im Hinblick auf die Wertpapierinstitute mit Sitz in einem anderen EWR-Staat, die unter Nutzung des „Europäischen Passes" im Wege des **grenzüberschreitenden Dienstleistungsverkehrs** in Deutschland tätig sind, ist **§ 29 entsprechend anzuwenden** Lendermann/Nemeczek/Schroeter/Nemeczek/Struckmann Rn. 2; die Vorschrift gilt – da abweichend von der in Art. 19 CRD IV für Kreditinstitute getroffenen Regelung im europäischen Recht für Wertpapierinstitute kein europarechtlicher Geltungsbefehl für den Bezeichnungsschutz getroffen worden ist und IFD und MiFID II auch keine entgegenstehende Maximalharmonisierung vorsehen – im legitimen Allgemeininteresse Deutschlands als Aufnahmestaat (Lendermann/Nemeczek/Schroeter/Nemeczek/Struckmann Rn. 6, § 74 Rn. 17).

10 Der Umfang der im Einzelfall erteilten Erlaubnis nach § 15 bzw. des bestehenden „Europäischen Passes" ist für den Bezeichnungsschutz unerheblich. Zeitlich gesehen besteht Bezeichnungsschutz bereits **mit Erlaubniserteilung nach § 15 bzw. mit Errichtung der Zweigniederlassung und Erteilung des „Europäischen Passes"**. Insbesondere in Gründungsfällen gilt, dass die tatsächliche Geschäftsaufnahme oder ein Geschäftsumfang, der einen kaufmännisch eingerichteten Geschäftsbetrieb erfordert, nicht Tatbestandsvoraussetzung des Bezeichnungsschutzes ist (Lendermann/Nemeczek/Schroeter/Nemeczek/Struckmann Rn. 2; zu § 39 KWG s. Schwennicke/Auerbach/Kohl KWG § 39 Rn. 13). Entsprechendes gilt in Fällen, in denen das Geschäftsvolumen des Wertpapierinstitutes vor einer Einstellung des Geschäfts so deutlich reduziert ist, dass ein Erfordernis eines kaufmännisch eingerichteten Geschäftsbetriebes nicht länger besteht.

11 Im Hinblick auf einen etwaigen **Entzug oder ein sonstiges Erlöschen der Erlaubnis** nach § 15 bzw. bei **Wegfall des „Europäischen Passes"** erlischt grundsätzlich zugleich der Bezeichnungsschutz. Das gilt aufgrund des eindeutigen Wortlautes von Abs. 1 Nr. 1 iVm § 19 Abs. 1 S. 1 Nr. 2 sowie des dann geltenden besonderen Bezeichnungsschutzes gem. § 39 KWG auch für Fälle des „Herauswachsens" eines Wertpapierinstitutes über die Schwellenwerte des § 32 Abs. 1 S. 2 KWG hinaus mit Erteilung einer Banklizenz nach § 32 KWG (aA Lendermann/Nemeczek/Schroeter/Nemeczek/Struckmann § 29 Rn. 15: „§ 29 Abs. 1 Nr. 1 erweiternd auszulegen"). Für große Wertpapierinstitute iSv § 2 Abs. 18 gilt in anderen Erlöschensfällen als dem „Herauswachsen" über den Verweis in § 4 S. 1 auf § 38 KWG die Befugnis der BaFin zur Anordnung der geordneten Abwicklung des Wertpapierinstitutes in einem Abwicklungsverfahren. Insbesondere in solchen Fällen besteht regelmäßig das praktische Bedürfnis einer geordneten Fortführung des Geschäftes zum Zwecke der Abwicklung, für die der **Bezeichnungsschutz für die Dauer der Abwicklungsphase** fortbesteht, ggf. modifiziert durch einen Zusatz, der die laufende Abwicklung kennzeichnet, zB „in Liquidation" oder „i. L." (Lendermann/Nemeczek/Schroeter/Nemeczek/Struckmann Rn. 2; so auch die hM zur Rechtslage nach dem KWG s. Schwennicke/Auerbach/Kohl KWG § 39 Rn. 15; Fischer/Schäfer/Schulte-Mattler/Schulte-Mattler/Fischer/Krolob KWG § 35 Rn. 60). Entsprechendes gilt im aufsichtsrechtlichen Interesse an einer geordneten Geschäftsbeendigung – unabhängig von der formalen Anordnung der Abwicklung durch die BaFin – auch für alle anderen Wertpapierinstitute, ohne dass der Gesetzgeber für kleine und mittlere Wertpapierinstitute außerhalb von Gefahrenabwehrmaßnahmen nach §§ 79 ff. eine Befugnis der BaFin entsprechend § 38 KWG geregelt hat.

2. Andere Unternehmen/Grandfathering Rule (Abs. 1 Nr. 2)

12 Nach Abs. 1 Nr. 2 sind Unternehmen, die bei Inkrafttreten des WpIG die Bezeichnung „Wertpapierinstitut" oder „Wertpapierdienstleistungsunternehmen" „befugt geführt haben" berechtigt, die Bezeichnungen als Bestandteil des Namen/der Firma, zur Bezeichnung des Geschäftszwecks oder zu Werbezwecken im Wege einer **Grandfathering Rule** bzw. zu Zwecken des Vertrauensschutzes und der Traditionspflege fortzuführen, so zum Parallelfall in § 39 Abs. 1 Nr. 2 KWG Beck/Samm/Kokemoor/Schneider KWG § 39 Rn. 15; Schwennicke/Auerbach/Kohl KWG § 39 Rn. 17 „Schutz wohlerworbener Rechte"). Aufgrund des nach den §§ 39, 40 KWG vor Inkrafttreten des WpIG fehlenden Bezeichnungsschutzes für Finanzdienstleistungsunternehmen können hierunter nur Unternehmen fallen, die nach allgemeinen gesetzlichen Bezeichnungsschutzvorschriften (→ Rn. 2) die Bezeichnungen „Wertpapierinstitut" oder „Wertpapierdienstleistungsunternehmen" befugt geführt haben (Lendermann/Nemeczek/Schroeter/Nemeczek/Struckmann Rn. 16).

IV. Schutzumfang

13 Geschützt ist entsprechend dem Wortlaut des Abs. 1 ausschließlich die Verwendung der Bezeichnungen „Wertpapierinstitut" oder „Wertpapierdienstleistungsunternehmen" (→ Rn. 9) und dies ausschließlich in folgenden Konstellationen:
- Verwendung als Firma oder als „Zusatz zum Firmennamen",
- Verwendung zur Bezeichnung des Geschäftszwecks, und
- Verwendung zu Werbezwecken.

1. Firma/Firmenzusatz

14 Die Firma ist der Name des Kaufmanns, gleich welcher Rechtsform, unter der dieser sein Handelsgewerbe iSv § 1 Abs. 1 HGB betreibt und zeichnet (§ 17 Abs. 1 HGB). Firmenzusätze (die gesetzliche Formulierung „Zusatz zum Firmennamen" in Abs. 1 S. 1 ist tautologisch) sind die nach § 19 Abs. 1 HGB im Hinblick auf den eingetragenen Kaufmann, sowie OHG und KG oder nach rechtsformspezifischen gesellschaftsrechtlichen Vorschriften wie § 4 GmbHG, § 4 AktG, § 3 GenG als Firmenbestandteil zu führende Rechtsform- bzw. Haftungszusätze. Eine eigenständige Bedeutung hat das Tatbestandsmerkmal „Zusatz zum Firmennamen" neben der Firma mithin nicht.

2. Bezeichnung des Geschäftszwecks

15 Die Verwendung der Bezeichnungen „Wertpapierinstitut" oder „Wertpapierdienstleistungsunternehmen" zur Bezeichnung des Geschäftszwecks schützt deren Verwendung zur Beschreibung des Gegenstandes des Unternehmens. Erfasst sind von diesem Tatbestandsmerkmal sämtliche Verwendungen der Begriffe im geschäftlichen Kontext, der nicht werblicher Natur (→ Rn. 20) ist, insbesondere im Rahmen der geschäftlichen Korrespondenz, in AGB, Vertragsunterlagen, aber auch in Vertragsanbahnungsstrecken auf Websites oder Apps etc. (Schwennicke/Auerbach/Kohl KWG § 39 Rn. 23; Fischer/Schäfer/Schulte-Mattler/Schulte-Mattler/Fischer KWG § 39 Rn. 17; Beck/Samm/Kokemoor/Schneider KWG § 39 Rn. 20).

3. Werbezwecke

Werbezwecke sind sämtliche Zwecke, die den Geschäftsbetrieb des Unternehmens über eine Bezeichnung des Geschäftszwecks hinaus (→ Rn. 20) durch Verwendung der Bezeichnungen „Wertpapierinstitut" oder „Wertpapierdienstleistungsunternehmen" fördern sollen oder geeignet sind dies zu tun und bei objektiver Betrachtung den Eindruck erwecken können, das so beworbene Unternehmen sei ein lizensiertes „Wertpapierinstitut" oder „Wertpapierdienstleistungsunternehmen" oder verfüge als EWR-Zweigniederlassung bzw. für den grenzüberschreitenden Dienstleistungsverkehr über einen für die Erbringung von Wertpapierdienstleistungen im Inland gültigen „Europäischen Pass". Geschützt ist dabei jede Kommunikationsform, gleich in welchem Kommunikationsmedium. Das Merkmal ist mithin denkbar weit zu verstehen (so auch Lendermann/Nemeczek/Schroeter/Nemeczek/Struckmann Rn. 25 „Auffangtatbestand"). In die Kategorie der objektiven Eignung zur Förderung des Geschäftsbetriebs fallen zB irrtümlich veranlasste werbliche Aussagen, etwa durch eine fehlerhafte Meldung in einem Branchenverzeichnis (so zur fehlerhaften Eintragung eines Nicht-Kreditinstitutes in der Rubrik „Banken" BAKred vom 25.10.1989, I5-211-20/87; Beck/Samm/Kokemoor/Schneider KWG § 39 Rn. 21; Schwennicke/Auerbach/Kohl KWG § 39 Rn. 24). Nach Sinn und Zweck der Norm nicht geschützt sind Darstellungen unter Verwendung der geschützten Bezeichnungen, die keine Wertpapierdienstleistungen nach § 2 Abs. 3 bewerben; in solchen Fällen ist eine mögliche Verletzung des allgemeinen Bezeichnungsschutzes zu prüfen (so auch Beck/Samm/Kokemoor/Schneider KWG § 39 Rn. 64 zur Verwendung der Bezeichnung „Wertpapierhandelsbank"). 16

V. Entscheidung in Zweifelsfällen/Mitteilung an das Registergericht (Abs. 2)

Die BaFin ist nach Abs. 2 berechtigt und zugleich verpflichtet, in Zweifelsfällen zu entscheiden, ob ein Unternehmen die nach Abs. 1 geschützten Bezeichnungen führen darf. Die Entscheidung ergeht von Amts wegen oder auf Antrag (Lendermann/Nemeczek/Schroeter/Nemeczek/Struckmann Rn. 27). Ein **Aufgreifermessen besteht nicht.** Voraussetzung sind **objektive Zweifel** an der Berechtigung zum Führen der Bezeichnungen „Wertpapierinstitut" oder „Wertpapierdienstleistungsunternehmen". 17

Die Entscheidung hat – gestützt auf § 29 Abs. 2 – allein feststellenden Charakter und ergeht als **feststellender Verwaltungsakt** (Lendermann/Nemeczek/Schroeter/Nemeczek/Struckmann Rn. 28). Soweit der BaFin nach § 5 Abs. 2 die Befugnis hat, gegenüber Wertpapierinstituten, Investmentholdinggesellschaften und gemischten Finanzholdinggesellschaften (einschließlich deren Geschäftsleiter, Verwaltungs- und Aufsichtsorgane) sowie anderen betroffenen Personen Anordnungen zur Verhinderung von Verstößen gegen das WpIG zu erlassen, besteht auch eine **Durchsetzungsbefugnis der BaFin** (z.B. durch Erlass von Unterlassungs- und Beseitigungsverfügungen im Fall unzulässiger werblicher Maßnahmen unter Verwendung der § 29 unterfallenden Bezeichnungen → Rn. 25). 18

Die abweichende Aussage der BaFin „Nur die Registergerichte sind mit Durchsetzungsbefugnissen ausgestattet." in Abschnitt I. des Merkblattes „Firmierungen und Unternehmensgegenstände – Bezeichnungsschutz" vom 7.9.2010, 19 geändert am 15.3.2021 (abrufbar unter: www.bafin.de) zum Zusammenspiel der Bezeichnungsschutzvorschriften dürfte sich (übertragen auf das WpIG, das in diesem Merkblatt mit Änderungsstand 15.3.2021 noch nicht erwähnt wird) lediglich auf § 29 beziehen. In § 29 ist eine Durchsetzungsbefugnis der BaFin tatsächlich nicht vorgesehen.

20 Im Übrigen **endet die Anordnungsbefugnis der BaFin** dort, **wo die firmenrechtliche Befugnis des Registergerichts beginnt,** was aus der Kompetenzverteilung nach § 30 Abs. 2 S. 1 folgt und auch aus der Mitteilungspflicht der BaFin gegenüber dem Registergericht (Abs. 2 S. 2) zu schließen ist. Da § 30 Abs. 2 S. 1 dem Registergericht lediglich die Befugnis zum Erlass von (ggf. Ordnungsgeld-bewehrten) Unterlassungsverfügungen im Hinblick auf die Verwendung der geschützten Bezeichnungen in der Firma oder einem Firmenzusatz verleiht, könnte die BaFin – gestützt auf § 5 Abs. 2 – Unterlassungs- und ggf. Beseitigungsverfügungen zur Verhinderung einer Nutzung der Bezeichnungen zur Beschreibung des Geschäftszwecks oder zu werblichen Zwecken erlassen (so auch die hM zum KWG: Schwennicke/Auerbach/Kohl KWG § 42 Rn. 10; Fischer/Schäfer/Schulte-Mattler/Schulte-Mattler/Fischer/Krolop KWG § 42 Rn. 6; a.A. Reischauer/Kleinhans KWG § 42 Rn. 3).

21 Die BaFin ist nach Abs. 2 S. 2 verpflichtet, ihre Entscheidung dem Registergericht mitzuteilen. Aus der Kompetenzverteilung nach § 30 Abs. 2 S. 1 folgt (→ Rn. 25), dass die einzelne Mitteilung insoweit erfolgen muss, wie sie das Registergericht zu einer registerrechtlichen Entscheidung über den Gebrauch der geschützten Bezeichnung als Teile der Firma oder als Firmenzusatz benötigt. Nicht mitgeteilt werden müssen von der BaFin im Umkehrschluss Entscheidungen, die ausschließlich den Gebrauch zur Bezeichnung des Geschäftszwecks oder zu Werbezwecken betreffen; insoweit besteht keine Entscheidungskompetenz des Registergerichts nach § 30.

§ 30 Registervorschriften

(1) **Soweit nach § 15 das Betreiben von Wertpapierdienstleistungen einer Erlaubnis bedarf, dürfen Eintragungen in das Handels- oder Genossenschaftsregister oder in sonstige öffentliche Register nur vorgenommen werden, wenn dem Registergericht die Erlaubnis nachgewiesen ist.**

(2) **Führt ein Unternehmen eine Firma oder einen Zusatz zur Firma, deren Gebrauch nach § 29 unzulässig ist, hat das Registergericht das Unternehmen zur Unterlassung des Gebrauchs der Firma oder des Zusatzes zur Firma durch Festsetzung von Ordnungsgeld anzuhalten; § 392 des Gesetzes über das Verfahren in Familiensachen und in den Angelegenheiten der freiwilligen Gerichtsbarkeit gilt entsprechend. [2]§ 395 des Gesetzes über das Verfahren in Familiensachen und in den Angelegenheiten der freiwilligen Gerichtsbarkeit bleibt unberührt.**

(3) **Die Bundesanstalt ist berechtigt, in Verfahren des Registergerichts, die sich auf die Eintragung oder Änderung der Rechtsverhältnisse oder der Firma von Wertpapierinstituten beziehen, die nach § 29 eine unzulässige Bezeichnung verwenden, Anträge zu stellen und die nach dem Gesetz über das Verfahren in Familiensachen und in den Angelegenheiten der freiwilligen Gerichtsbarkeit zulässigen Rechtsmittel einzulegen.**

Übersicht

I. Zweck und Verhältnis zu anderen Vorschriften

Die Vorschrift entspricht inhaltlich § 43 KWG (BT-Drs. 19/26929, 142). Sie 1 enthält in Abs. 1 und 2 registerrechtliche Spezialvorschriften in Ergänzung zum FamFG. Sie betrifft das Verfahren gegenüber kleinen, mittleren und großen Wertpapierinstituten gleichermaßen (Umkehrschluss zu § 4 S. 1). Zusammen mit der Befugnis der BaFin gem. Abs. 3 zur Stellung von Anträgen und Einlegung von Rechtsmitteln nach dem FamFG sollen die Vorschrift verfahrensrechtlich zur Einhaltung von gesetzlichen Erlaubnispflichten nach § 15 einerseits und des gesetzlichen Bezeichnungsschutzes für Wertpapierinstitute nach § 29 andererseits beitragen. § 30 gilt umgekehrt nicht in Fällen, in denen keine Erlaubnispflicht gem. § 15 besteht und/oder kein Bezeichnungsschutz nach § 29 besteht. Im BaFin-Merkblatt „Firmierungen und Unternehmensgegenstände – Bezeichnungsschutz" vom 7.9.2010, geändert am 15.3.2021, ist die Verwaltungspraxis zu §§ 29 und 30 noch nicht erfasst. Zum Verhältnis zum allgemeinen handelsrechtlichen Missbrauchsverfahren des § 37 HGB → Rn. 14.

II. Erlaubnisnachweis (Abs. 1)

1. Sachlicher Anwendungsbereich

Abs. 1 enthält ein vom Registergericht von Amts wegen zu beachtendes (Lendermann/Nemeczek/Schroeter/Nemeczek/Struckmann Rn. 9; zur entsprechenden Rechtslage nach § 43 KWG Schwennicke/Auerbach/Habetha KWG § 43 Rn. 20) Eintragungshindernis für Ersteintragungen und spätere Änderungen. Relevant wird es in der Praxis vor allem für die Eintragung von Handelsgesellschaften in das Handelsregister nach den **§§ 8 ff. HGB** sowie für die Eintragung von Zweigniederlassungen von Unternehmen mit Sitz außerhalb des EWR gem. **§§ 13d ff. HGB.** Im Fall einzutragender Zweigniederlassungen sind wiederum allein Zweigniederlassungen von Mutterunternehmen mit Sitz außerhalb des EWR relevant, sofern für diese kein Privilegierungstatbestand vorliegt → Rn. 4. Abs. 1 wird in der Praxis insbesondere im Fall von Änderungsanträgen relevant, in denen für die Zwecke eines laufenden Erlaubnisverfahrens zunächst eine Gesell- 2 schaft als künftige Erlaubnisträgerin eingetragen wird, die ausweislich ihres Unternehmensgegenstandes noch kein erlaubnispflichtiges Geschäft zu betreiben beabsichtigt, dies aber mit Erhalt der Erlaubnis ändern möchte → Rn. 7.

3 In der Praxis selten relevant wird Abs. 1 in Fällen der Eintragung einer Genossenschaft oder Europäischen Genossenschaft bzw. Zweigniederlassungen solcher Unternehmen vergleichbarer Rechtsform mit Sitz außerhalb des EWR nach **§§ 10 ff. GenG,** sofern für diese kein Privilegierungstatbestand vorliegt → Rn. 4.

4 Keine Anwendung findet Abs. 1 im Fall inländischer Zweigniederlassungen von Wertpapierinstituten mit Sitz in anderen EWR-Mitgliedstaaten, die einen Europäischen Pass iSv § 73 erhalten haben (Lendermann/Nemeczek/Schroeter/Nemeczek/Struckmann Rn. 16). Das folgt aus dem europarechtlichen Schutzumfang der Niederlassungsfreiheit der betreffenden Wertpapierinstitute (Art. 49, 54 AEUV) sowie nach deutschem Recht aus dem Umkehrschluss zu § 73 Abs. 3 Nr. 1, wonach § 30 nicht zu den für inländische Zweigniederlassungen mit Europäischem Pass geltenden Vorschriften zählt. Den Umstand, ob und ggf. in welchem Umfang im Fall von Zweigniederlassungen ein Europäischer Pass erteilt ist, ermittelt das Registergericht von Amts wegen (§ 26 FamFG), typischerweise durch tagesaktuellen Abruf der Unternehmensdatenbank der BaFin (abrufbar unter: www.bafin.de). Auf die Vorlage des „Welcome Letters" der BaFin iSv § 73 Abs. 2 S. 1 durch den Antragsteller kommt es insoweit nicht an.

5 **Keine Anwendung** findet Abs. 1 bereits nach seinem Wortlaut in Fällen, in denen nicht die Registereintragung des Wertpapierinstituts bzw. einer inländischen Zweigniederlassung oder eine Änderung einer bestehenden Eintragung beantragt ist, sondern umgekehrt das Wertpapierinstitut oder die eingetragene Zweigniederlassung die **Löschung des Eintrags aufgrund eines Verzichts auf die Erlaubnis** begehrt. Ein Erlaubnisverzicht ist in Art. 8 lit. a MiFID II als ein Fall vorgesehen, in dem die Aufsichtsbehörde die Erlaubnis entziehen kann. Ausdrücklich umgesetzt ist diese Befugnis in § 19 nicht. Allerdings soll die BaFin nach § 19 Abs. 2 Alt. 2 die Erlaubnis entziehen, sofern die Einstellung des Geschäftsbetriebs des Wertpapierinstituts beschlossen worden ist. Dieser Umstand löst eine Anzeigepflicht des Wertpapierinstitutes bzw. der Zweigniederlassung gegenüber der BaFin wegen bestehender Einstellungs- bzw. Auflösungsabsicht gem. § 64 Abs. 1 Nr. 2 bzw. Nr. 8 aus. In solchen Fällen wird das Registergericht die BaFin im Löschungsverfahren nach § 395 Abs. 1 S. 1 FamFG im Rahmen der Amtsermittlung (§ 26 FamFG) um eine Stellungnahme zum Bestand der Erlaubnis bitten, sofern der Wegfall der Erlaubnis (noch) nicht in der Unternehmensdatenbank der BaFin (abrufbar unter: www.bafin.de) eingetragen ist oder nicht anderweitig nachgewiesen worden ist (etwa durch Vorlage eines bestandskräftigen Aufhebungsbescheids).

2. Zuständiges Registergericht

6 Zuständiges Registergericht ist das Amtsgericht, welches das betreffende Handelsregister bzw. Genossenschaftsregister oder Vereinsregister führt (§ 376 iVm § 374 Nr. 1 und 2 FamFG, § 23a Abs. 1 S. 1 Nr. 2 und Abs. 2 Nr. 3 GVG (sachliche Zuständigkeit) iVm 377 Abs. 1 FamFG bzw. § 55 BGB (örtliche Zuständigkeit)).

3. Nachweis- und Prüfungsumfang

7 Nachzuweisen ist nach Abs. 1 die bestehende Erlaubnis gem. § 15 (zum Fall inländischer Zweigniederlassungen von Wertpapierinstituten mit Sitz in anderen EWR-Mitgliedstaaten, die einen Europäischen Pass iSv § 73 erhalten haben

→ Rn. 4). Das Registergericht verlangt im Rahmen der Amtsermittlung (§ 26 FamFG) regelmäßig die Vorlage einer Kopie der Erlaubnisurkunde oder einer aktuellen Eintragungsmitteilung der Unternehmensdatenbank der BaFin (abrufbar unter: www.bafin.de).

Das Registergericht prüft den Eintragungs- oder Änderungsantrag auf Anhalts- 8
punkte für erlaubnispflichtige Geschäfte iSv § 15 oder etwaige Ausnahmen nach § 3 insbesondere aufgrund des in der eingereichten Satzung festgelegten Unternehmensgegenstandes und der Firma der Gesellschaft. Sofern noch keine Erlaubnis erteilt ist (zB für eine Antragstellerin im laufenden Erlaubnisverfahren), enthält der satzungsmäßige Unternehmensgegenstand regelmäßig den Zusatz „(…) jeweils unter Ausschluss von Tätigkeiten, die einer eigenen Erlaubnis der Gesellschaft gemäß dem (…) Wertpapierinstitutsgesetz bedürfen". Sofern eine Erlaubnis nach § 15 zu einem späteren Zeitpunkt erteilt wird, ist eine Satzungsänderung zu veranlassen, der Unternehmensgegenstand konkreter unter Bezeichnung des jeweils beabsichtigten und dem Umfang der Erlaubnis entsprechenden erlaubnispflichtigen Geschäfts neu zu fassen und der Zusatz zu streichen. Eine unkonkrete Sammelbezeichnung, die den Schluss auf erlaubnispflichtiges Geschäft nahelegt und lediglich durch eine salvatorische Klausel wie „ausgenommen ist erlaubnispflichtiges und nicht von einer bestehenden Erlaubnis der Gesellschaft erfasstes Geschäft" ergänzt ist, reicht nicht aus (so iE auch Lendermann/Nemeczek/Schroeter/Nemeczek/Struckmann Rn. 11; Fischer/Schäfer/Schulte-Mattler/Schulte-Mattler/Fischer/Krolob KWG § 43 Rn. 19; Beck/Samm/Kokemoor/Samm KWG § 43 Rn. 14; weniger streng wohl Schwennicke/Auerbach/Habetha KWG § 43 Rn. 22; siehe auch Abschnitt II. BaFin-Merkblatt „Firmierungen und Unternehmensgegenstände – Bezeichnungsschutz" vom 7.9.2010, geändert am 15.3.2021 (abrufbar unter: www.bafin.de).

Das Registergericht prüft aufgrund der einzureichenden Unterlagen 9
→ Rn. 6, selbstständig und von Amts wegen (§ 26 FamFG), ob nach Firma und Unternehmensgegenstand der Gesellschaft erlaubnispflichtiges Geschäft nach § 15 vorliegt oder beabsichtigt ist bzw. dies dem Umfang einer nachgewiesenen Erlaubnis entspricht und ob Ausnahmen nach § 3 einschlägig sind. Das Gericht ist in diesem Zusammenhang weder an eine Stellungnahme der BaFin zur Frage der Erlaubnispflicht oder etwaigen Ausnahmen hiervon gebunden (Lendermann/Nemeczek/Schroeter/Nemeczek/Struckmann Rn. 9), noch muss es eine solche Stellungnahme veranlassen. Eine Rechtsgrundlage der BaFin zur Entscheidung von Zweifelsfällen entsprechend § 4 KWG sieht das WpIG im Übrigen nicht vor. In **Zweifelsfällen** besteht solange ein Eintragungshindernis, bis der Unternehmensgegenstand auf Veranlassung des Registergerichts präzise formuliert ist (vgl. § 21 FamFG, § 24 Abs. 4, § 25 Abs. 1 S. 3 HRV).

III. Unzulässiger Firmengebrauch/Ordnungsgeld (Abs. 2 Satz 1)

Abs. 2 Satz 1 Hs. 1 sieht vor, dass das Registergericht ein Unternehmen bei 10
Verstößen gegen den gesetzlichen Bezeichnungsschutz (→ § 29 Rn. 1 ff.) durch Führen einer unzulässigen Firma oder eines unzulässigen Firmenzusatzes (zum Merkmal „Führen" → § 29 Rn. 19 ff.) zur Unterlassung des Gebrauchs durch Androhung und ggf. Festsetzung von Ordnungsgeld anzuhalten hat. Das Verfahren entspricht nach Abs. 2 Satz 1 Hs. 2 iVm § 392 FamFG und §§ 388–391 FamFG

dem Verfahren nach § 37 Abs. 1 HGB (Beck/Samm/Kokemoor/Müller-Grune KWG § 43 Rn. 12).

11 Das Registergericht prüft bereits im Rahmen des Eintragungsverfahrens, ob ein Verstoß gegen den § 29 vorliegt, da eine unzulässige und im Verfahren nach § 392 FamFG nicht geänderte Firma nach Abs. 2 Satz 2 von Amts wegen zu löschen wäre. Ebenso wie die Frage der Erlaubnispflicht nach § 15, etwaiger Ausnahmen und des Umfangs einer ggf. bestehenden Erlaubnis (→ Rn. 8) entscheidet das Gericht selbstständig über einen etwaigen Verstoß gegen § 29. In Zweifelsfällen entscheidet die BaFin gem. § 29 Abs. 3 über die Frage eines Verstoßes gegen § 29 und teilt dies dem Registergericht mit (→ § 29 Rn. 26). Erfolgt eine solche Mitteilung, wird das Registergericht sie iRv § 26 FamFG der eigenen Entscheidung zugrunde legen, ohne dass eine formale Bindung an die Bewertung der BaFin eintritt (so auch Beck/Samm/Kokemoor/Müller-Grune KWG § 43 Rn. 21, 60). Darüber hinaus prüft das Gericht allgemeine handels- und wettbewerbsrechtliche Bestimmungen zur Frage der Zulässigkeit des Firmengebrauchs (insbesondere §§ 18, 19, 21–24 und 30 HGB) sowie spezialgesetzliche firmenrechtliche Vorschriften (insbesondere §§ 4, 279 AktG, § 4 GmbHG, § 3 GenG; Beck/Samm/Kokemoor/Müller-Grune KWG § 43 Rn. 58).

IV. Amtslöschung (Abs. 2 Satz 2)

12 **Abs. 2 Satz 2** verweist auf das allgemeine **Amtslöschungsverfahren nach § 395 FamFG.** Nach § 395 Abs. 1 S. 1 FamFG steht die Löschung im Ermessen des Registergerichts. Auf Null reduziert ist das Ermessen insbesondere, wenn allein die Löschung einer nach § 29 unzulässigen Firma oder eines nach § 29 unzulässigen Firmenbestandteils dem öffentlichen Interesse an der Richtigkeit und Vollständigkeit des Registers gerecht wird. Im Verhältnis hierzu vorrangig ist ein Hinwirken des Registergerichts auf eine gesetzeskonforme Anmeldung durch das Unternehmen gem. §§ 388 ff. FamFG unter Androhung und ggf. Festsetzung von Ordnungsgeld (MüKoFamFG/Krafka, 3. Aufl. 2019, § 395 Rn. 1). Eine Amtslöschung ist daher grundsätzlich nur dann ermessensfehlerfrei, wenn ein Ordnungsgeldverfahren gem. §§ 388 ff. FamFG aus tatsächlichen Gründen ausscheidet oder aussichtslos scheint oder bereits durchgeführt wurde und nicht zu einer Firmenänderung geführt hat (s. MüKoFamFG/Krafka, 3. Aufl. 2019, § 395 Rn. 1).

13 Zu löschen ist grundsätzlich die **gesamte Firma oder der Firmenzusatz.** Eine Löschung allein des Firmenzusatzes kommt hierbei in Betracht, sofern der Verstoß gegen § 29 lediglich den Firmenzusatz betrifft und der Firmenzusatz sprachlich von der Firma getrennt werden kann (so zur entsprechenden Thematik bei § 43 KWG Schwennicke/Auerbach/Habetha KWG § 43 Rn. 31; aA Beck/Samm/Kokemoor/Müller-Grune KWG § 43 Rn. 29 „insgesamt zu löschen")). Bloße Schreibversehen und offensichtliche Unrichtigkeiten können außerhalb des Löschungsverfahrens korrigiert werden (s. § 17 HRV, § 24 GenRegV, § 12 Abs. 2 VRV). Die Grenze zwischen Berichtigung und Löschung ist überschritten, wenn nicht mehr die formale Richtigstellung einer an sich materiell zulässigen Eintragung erfolgen muss, sondern die Entfernung einer materiell unzulässigen Eintragung erfolgen muss (s. MüKoFamFG/Krafka, 3. Aufl. 2019, § 395 Rn. 3).

14 Im Fall eines vorübergehenden **Absinkens des Geschäftsumfangs des Wertpapierinstitutes** handelt das Registergericht nach dem Grundsatz der Einheit

der Rechtsordnung bei Vornahme einer Löschung allein aus diesem Grund nur dann ermessensfehlerfrei, wenn das Absinken nach Zeit und Dauer zu einem Erlöschen der Erlaubnis nach § 19 Abs. 1 geführt hat. Das ist nur bei Nicht-Gebrauchmachen der Erlaubnis nach § 15 innerhalb eines Jahres seit Erteilung der Fall (§ 19 Abs. 1 Nr. 1), nicht bereits bei einem über sechs Monate nicht ausgeübten Geschäftsbetrieb, da in diesem Fall der BaFin ein Aufhebungsermessen zusteht (aA zu § 43 KWG wohl Schwennicke/Auerbach/Habetha KWG § 43 Rn. 33; Fischer/Schäfer/Schulte-Mattler/Schulte-Mattler/Fischer/Müller KWG § 43 Rn. 22; wie hier wohl Beck/Samm/Kokemoor/Müller-Grune KWG § 43 Rn. 33).

V. Verhältnis zu Firmenmissbrauchsverfahren (§ 37 HGB)

Alternativ zu Abs. 2 Satz 2 iVm § 395 FamFG kann das Registergericht nach 15
pflichtgemäßem Ermessen auch ein **allgemeines handelsrechtliches Firmenmissbrauchsverfahren** (§ 37 HGB) durchführen, da der Verstöße gegen §§ 29, 30 auch iRv § 37 HGB zur Anwendung der Amtslöschungsvorschriften nach § 395 FamFG führen (Beck/Samm/Kokemoor/Müller-Grune KWG § 43 Rn. 34; Baumbach/Hopt/Hopt HGB § 37 Rn. 8).

VI. BaFin-Mitwirkung (Abs. 3)

1. Tatbestand

Abs. 3 berechtigt die BaFin, in Verfahren des Registergerichts, die sich auf 16
die Eintragung oder Änderung von „Rechtsverhältnissen" oder der Firma von Wertpapierinstituten beziehen, die nach § 29 eine unzulässige Bezeichnung verwenden, Anträge zu stellen und nach dem FamFG zulässige Rechtsmittel einzulegen. Zweck der Vorschrift ist die effektive Durchsetzung des Aufsichtsrechts durch eigene registerrechtliche Verfahrensrechte der BaFin.

„Rechtsverhältnisse", auf die sich eine Eintragung/Änderung bezieht, sind 17
sämtliche nach dem jeweils anwendbaren Gesellschaftsrecht eintragungspflichtige Verhältnisse von Wertpapierinstituten, die nach dem Zweck der Vorschrift aufsichtsrechtlich relevant sein können (neben der Firma/Firmenzusätzen sind dies zB Aussagen zum Anfangskapital, zu Vertretungsverhältnissen, einer Abwicklerbestellung etc; so mit weiteren Beispielen zu § 43 Abs. 3 KWG bei Beck/Samm/Kokemoor/Müller-Grune KWG § 43 Rn. 43 f.).

„Firma" und etwaige Firmenzusätze sind daher ein Unterfall des Begriffs des 18
Rechtsverhältnisses. Unerheblich ist daher, dass der Tatbestand Firmenzusätze nicht aufführt (Beck/Samm/Kokemoor/Müller-Grune KWG § 43 Rn. 45). Weitere Voraussetzung ist, dass das Wertpapierinstitut eine nach § 29 unzulässige Bezeichnung verwendet. Nicht Voraussetzung ist nach dem Wortlaut, dass sich die erwähnten Anträge/Rechtsmittel im Fall von Wertpapierinstituten ausschließlich auf die nach § 29 unzulässige Bezeichnung und deren Eintragung oder Änderung beziehen müssen.

Das in Abs. 3 vorausgesetzte Registerverfahren muss nach dem Wortlaut der 19
Vorschrift ein Wertpapierinstitut betreffen. Anders als nach § 43 Abs. 3 KWG sind Verfahren gegen sonstige Unternehmen, also **Nicht-Wertpapierinstitute, nicht erfasst.** Hierbei dürfte es sich angesichts der Gesetzesbegründung, wonach

§ 30 inhaltlich § 43 KWG entsprechen soll (BT-Drs. 19/26929, 142), um ein **Redaktionsversehen** des Gesetzgebers handeln. Insoweit dürfte sich das Beteiligungsrecht der BaFin jedoch auf die rechtswidrige Eintragung der nach § 29 unzulässigen Bezeichnung des Nicht-Wertpapierinstitutes beschränken, da mit deren Beseitigung der Zweck der Vorschrift erfüllt ist (so zu § 43 KWG Schwennicke/Auerbach/Habetha KWG § 43 Rn. 33).

20 Eine Untätigkeit der BaFin iRv Abs. 3 bewirkt wegen des unterschiedlichen Zwecks der Vorschriften keine Selbstbindung der BaFin im Rahmen des allgemeinen Firmenmissbrauchsverfahrens nach § 37 HGB und umgekehrt (so zu § 43 KWG Schwennicke/Auerbach/Habetha KWG § 43 Rn. 41; Beck/Samm/Kokemoor/Müller-Grune Rn. 49).

21 Eine gesetzliche Verpflichtung des Registergerichts, die BaFin über beabsichtigte oder getroffene Maßnahmen nach § 30 zu informieren besteht nicht, sofern die BaFin nicht Verfahrensbeteiligte ist (so zu § 43 KWG Schwennicke/Auerbach/Habetha KWG § 43 Rn. 41; Fischer/Schäfer/Schulte-Mattler/Schulte-Mattler/Fischer/Müller KWG § 43 Rn. 25).

2. Anträge/Rechtsmittel nach FamFG

22 Die BaFin kann gem. Abs. 3 Anträge stellen, zB auf Zurückweisung eines gestellten Eintragungsantrags, auf Löschung einer eingetragenen, aber nach § 29 unzulässigen Firma bzw. eines Firmenbestandteils oder auf Festsetzung eines Ordnungsgeldes (Abs. 2 Satz 1, § 392 FamFG) oder die Amtslöschung iSv Abs. 2 Satz 2 anregen.

23 Die BaFin ist zudem gem. Abs. 3 berechtigt, die nach dem FamFG im Eintragungsverfahren, Löschungsverfahren, Ordnungsgeldverfahren oder im Beschwerde-/Rechtsbeschwerdeverfahren zulässigen Rechtsmittel einzulegen (siehe hierzu die abschließenden Aufzählungen zu § 43 Abs. 3 KWG Schwennicke/Auerbach/Habetha KWG § 43 Rn. 45; Beck/Samm/Kokemoor/Müller-Grune Rn. 48 ff.).

3. Kein Rechtsanspruch auf BaFin-Mitwirkung

24 Ein subjektives Recht auf Beteiligung der BaFin sieht weder § 30 (entsprechend der Rechtslage nach § 43 KWG, Schwennicke/Auerbach/Habetha KWG § 43 Rn. 46) vor, noch wäre ein solches mit § 4 Abs. 4 FinDAG vereinbar, wonach die BaFin ihre Aufgaben und Befugnisse nur im öffentlichen Interesse wahrnimmt. Anregungen, Beschwerden oder Anzeigen durch Teilnehmer am Rechtsverkehr im Rahmen der Verfahren nach §§ 4b, 4d FinDAG bleiben unberührt.

Kapitel 3. Informationen über die zuständigen Sicherungseinrichtungen

§ 31 Sicherungseinrichtung

Ein Wertpapierinstitut hat Kunden, die nicht Institute im Sinne des Kreditwesengesetzes oder Wertpapierinstitute sind, über ihre Zugehörigkeit zu einer Einrichtung zur Sicherung der Ansprüche von Anlegern (Sicherungseinrichtung) zu informieren. Das Wertpapierinstitut hat ferner Kunden, die nicht Kreditinstitute oder Wertpapierinstitute sind, vor Aufnahme der Geschäftsbeziehung in Textform in leicht verständlicher Sprache über die für die Sicherung geltenden Bestimmungen einschließlich Umfang und Höhe der Sicherung zu informieren. Sofern rückzahlbare Gelder nicht gesichert sind, hat das Wertpapierinstitut auf diese Tatsache in den Allgemeinen Geschäftsbedingungen und an hervorgehobener Stelle in den Vertragsunterlagen vor Aufnahme der Geschäftsbeziehung hinzuweisen. Die Informationen in den Vertragsunterlagen dürfen keine anderen Erklärungen enthalten und sind gesondert von den Kunden zu bestätigen. Außerdem müssen auf Anfrage Informationen über die Bedingungen der Sicherung einschließlich der für die Geltendmachung der Entschädigungsansprüche erforderlichen Formalitäten erhältlich sein.

I. Vorbemerkung

1. Entstehung

Obwohl die Vorschrift wesentliche textliche Abweichungen enthält, soll sie ausweislich der Gesetzesbegründung § 23a KWG inhaltlich entsprechen (BT-Drs. 19/26929, 143). 1

2. Regelungszweck

Die Regelung dient der Umsetzung der Informationspflichten der Wertpapierinstitute nach Art. 10 der Anlegerentschädigungsrichtlinie (Richtlinie 97/9/EG; BT-Drs. 19/26929, 143). Kunden, die keine Institute im Sinne des KWG, dh gem. § 1 Abs. 1b KWG weder Kreditinstitute noch Finanzdienstleistungsinstitute sind, und keine Wertpapierinstitute sind, sollen die für eine sachgerechte, risikoadäquate Entscheidung über die Aufnahme einer Geschäftsbeziehung erforderlichen Informationen über die Zugehörigkeit zu einer Sicherungseinrichtung sowie über die Art und den Umfang der Sicherung von Ansprüchen aus der Geschäftsbeziehung zum Wertpapierinstitut erhalten (Lendermann/Nemeczek/Schroeter/Schroeter Rn. 2 (Kundenschutzvorschrift)). 2

3. Verhältnis zu anderen Vorschriften

In Ergänzung zu § 31 hat ein Wertpapierinstitut als Wertpapierdienstleistungsunternehmen (§ 2 Abs. 10 WpHG), das über keine Erlaubnis für das Einlagengeschäft iSd § 1 Abs. 1 S. 2 Nr. 1 KWG verfügt, seine Kunden gem. **§ 84** 3

Abs. 2 S. 6 WpHG unverzüglich darüber zu unterrichten, bei welchem Institut und auf welchem Konto die Kundengelder verwahrt werden und ob das Institut, bei dem die Kundengelder verwahrt werden, einer Einrichtung zur Sicherung der Ansprüche von Einlegern und Anlegern angehört und in welchem Umfang die Kundengelder durch diese Einrichtung gesichert sind (Lendermann/Nemeczek/Schroeter/Schroeter Rn. 38).

4 Die Nutzung der Informationspflichten aus § 31 im Rahmen von **Werbung** des Wertpapierinstitutes ist gemäß Satz 4 dahingehend beschränkt, dass die Informationen nach Satz 1 und 2 keine anderen Erklärungen enthalten dürfen. Die zum Verhältnis von § 23a KWG zu § 23 KWG diskutierte Frage (s. Schwennicke/Auerbach/Brocker KWG § 23 Rn. 19) nach einer darüber hinaus zulässigen Werbung eines Institutes mit der Einlagensicherung oder Anlegerentschädigung als solcher ist im WpIG entsprechend aufgrund der allgemeinen Befugnisse der BaFin nach § 5 Abs. 1 S. 3 zu beantworten. Danach hat die BaFin „Missständen im Wertpapierwesen entgegenzuwirken, welche die Sicherheit der anvertrauten Vermögenswerte gefährden, die ordnungsmäßige Durchführung der erbrachten Wertpapierdienstleistungen, Wertpapiernebendienstleistungen oder Nebengeschäfte beeinträchtigen oder erhebliche Nachteile für die Gesamtwirtschaft herbeiführen könnten." Ein solcher Missstand kann zB dann bestehen, wenn durch die Werbung bei Kunden der unzutreffende Eindruck erweckt werden könnte, ausschließlich das betreffende Wertpapierinstitut unterliege einer gesetzlichen Einlagensicherung oder Anlegerentschädigung.

5 Die **Informationspflichten** des § 31 sind **im Rahmen einer Anlageberatung nicht abschließend.** Selbst bei ordnungsgemäßer Erfüllung durch das Wertpapierinstitut können sie den Vorwurf eines Verletzung von zivilrechtlichen Beratungspflichten durch das Wertpapierinstitut aus einem Anlageberatungsvertrag jedenfalls dann nicht entkräften, wenn der Kunde – für das Wertpapierinstitut erkennbar – eine über die Entschädigungsgrenzen des § 4 Abs. 2 AnlEntG hinausgehende Sicherung von Ansprüchen aus Wertpapierleistungen bzw. Kundengeldanlagen anstrebt (BGH WM 2009, 1647 zu § 23a KWG; Lendermann/Nemeczek/Schroeter/Schroeter Rn. 39, 127; aA Schwennicke/Auerbach/Langen/Donner KWG § 23a Rn. 5) oder eine Sicherung von Ansprüchen, die aus sonstigen Gründen nach den Voraussetzungen des AnlEntG keinen Entschädigungsfall gegen die Sicherungseinrichtung iSv § 3 Abs. 1 AnlEntG begründen (Lendermann/Nemeczek/Schroeter/Schroeter Rn. 127).

II. Anwendungsbereich

1. Verpflichtete

6 Verpflichtet sind **sämtliche Wertpapierinstitute,** einschließlich großer Wertpapierinstitute (Umkehrschluss aus § 4 S. 2). Zusätzlich ist für die Sicherung von Kundengeldern § 84 Abs. 2 S. 6 WpHG zu beachten (Lendermann/Nemeczek/Schroeter/Schroeter Rn. 38).

7 Verpflichtet nach § 31 sind auch **Wertpapierinstitute mit Sitz in einem anderen EWR-Staat,** die über eine **Zweigniederlassung** in Deutschland oder über **vertraglich gebundene Vermittler** mit Sitz/gewöhnlichem Aufenthalt in

Deutschland Wertpapierdienstleistungen erbringen (§ 73 Abs. 5 Nr. 1 S. 1). Solche Zweigniederlassungen haben gem. § 12 AnlEntG wie inländische Institute einen Anspruch auf Einbeziehung in eine Entschädigungseinrichtung, sofern (und soweit; s. § 12 Abs. 2 S. 1 AnlEntG) die Entschädigung nach dem AnEntG nach Höhe oder Umfang die Sicherung im Herkunftsstaat des Unternehmens übersteigt. Voraussetzung ist, dass dem Unternehmen in seinem Herkunftsstaat die Erlaubnis zum Betreiben der Geschäfte eines Wertpapierinstituts iSv § 2 Abs. 1 erteilt ist (§ 12 Abs. 1 S. 2 AnEntG).

Auch Wertpapierinstitute mit Sitz in einem anderen EWR-Staat (mit Ausnahme von Betreibern eines multilateralen oder organisierten Handelssystems, § 74 Abs. 2 S. 2, Art. 34 Abs. 6 MiFID II), die im Wege des **grenzüberschreitenden Dienstleistungsverkehrs** im Inland einen Zugang anbieten, sind nach § 31 verpflichtet, § 74 Abs. 2 S. 1 (Lendermann/Nemeczek/Schroeter/Schroeter § 31 Rn. 28; aA Lendermann/Nemeczek/Schroeter/Nemeczek/Pitz § 74 Rn. 15 mit dem Argument, § 74 Abs. 2 S. 1 sei wegen Anwendungsvorrangs des den grenzüberschreitenden Dienstleistungsverkehr unerwähnt lassenden Art. 10 der Anlegerentschädigungsrichtlinie unanwendbar; das dürfte mit dem Mindestharmonisierungsansatz der Anlegerentschädigungsrichtlinie (Erwgr. 25) nicht in Einklang zu bringen sein). 8

2. Kunden

Informiert werden müssen entsprechend dem Wortlaut des Satz 1 alle Kunden, die weder Institute im Sinne des KWG sind, dh gem. § 1 Abs. 1b KWG weder Kreditinstitute noch Finanzdienstleistungsinstitute oder Wertpapierinstitute sind. Keinen Unterschied macht es hierbei, ob institutionelle oder nicht institutionelle Kunden, die weder Institute im Sinne des KWG noch Wertpapierinstitute sind, zugleich in eine Kategorie von nach dem AnlEntG nicht entschädigungsberechtigten Gläubigern des Wertpapierinstitutes (3 Abs. 2 AnlEntG) fallen (Lendermann/Nemeczek/Schroeter/Schroeter Rn. 30 f., 43). 9

Hinsichtlich des Umfangs der Informationspflichten unterscheidet die Vorschrift zwischen Bestands- und Neukunden (Lendermann/Nemeczek/Schroeter/Schroeter Rn. 29): Alle Kunden (Bestands- und Neukunden) sind über die Zugehörigkeit zu einer Sicherungseinrichtung zu informieren (Satz 1); des Weiteren gelten ihnen gegenüber die Informationspflichten gem. der Sätze 3–5. Neukunden sind nach Satz 2 im Vergleich zu Bestandskunden zusätzlich hierzu vor Aufnahme der Geschäftsbeziehung in Textform in leicht verständlicher Sprache über die für die Sicherung geltenden Bestimmungen einschließlich Umfang und Höhe der Sicherung zu informieren. 10

3. Sicherungseinrichtung

Unter den Begriff der Sicherungseinrichtung im Sinne von Satz 1 fällt die als nicht rechtsfähiges Sondervermögen von der KfW verwaltete **gesetzliche Entschädigungseinrichtung der Wertpapierhandelsunternehmen (EdW)** gem. § 6 AnlEntG (Lendermann/Nemeczek/Schroeter/Schroeter Rn. 15; → Rn. 7 zur Zuständigkeit für Wertpapierinstitute mit Sitz in einem anderen EWR-Staat unter den Voraussetzungen von § 12 AnlEntG) sowie potentiell – soweit diese Entschädigungsansprüche der Kunden der jeweiligen Wertpapierinstitute sichern und das Wertpapierinstitut Mitglied wäre – etwaige **freiwillige Sicherungseinrichtungen.** 11

12 § 31 gilt entsprechend seinem Wortlaut gleichermaßen für Fälle der gesetzlich vorgesehenen und der freiwilligen Zugehörigkeit zu einer Sicherungseinrichtung (Lendermann/Nemeczek/Schroeter/Schroeter Rn. 18).

III. Informationspflichten

1. Hinweispflichten gegenüber Bestands- und Neukunden

13 Nach Satz 1 hat das Wertpapierinstitut Bestands- und Neukunden über die **Zugehörigkeit** zu der (zu benennenden) betreffenden Sicherungseinrichtung zu informieren. Gleiches gilt für den Umstand der fehlenden Zugehörigkeit zu einer Sicherungseinrichtung. Das betrifft va den wohl eher theoretischen Fall, dass ein Wertpapierinstitut ohne Erlöschen der Erlaubnis nach § 15 (oder einer entsprechenden Erlaubnis eines Herkunftsmitgliedstaates) **aus der betreffenden gesetzlichen Sicherungseinrichtung ausscheidet** und in der Zeit bis zur Aufhebung der Erlaubnis weiterhin Neukunden akquiriert (Lendermann/Nemeczek/Schroeter/Schroeter Rn. 49). Zusätzlich gilt in diesem Fall eine Informationspflicht gegenüber Bestandskunden gem. § 32.

14 Nach Satz 3 hat das Wertpapierinstitut zudem in den **Allgemeinen Geschäftsbedingungen** auf die Tatsache hinzuweisen, ob und welche rückzahlbaren Kundengelder nicht gesichert sind. Gemeint sind hiermit generelle Einschränkungen des Schutzumfangs der Anlegerentschädigung, namentlich im Hinblick auf nach § 6 AnlEntG nicht umfasste Kategorien von Kundengeldern (Lendermann/Nemeczek/Schroeter/Schroeter Rn. 94) sowie Gläubigergruppen nach § 3 Abs. 2 AnlEntG (aA Lendermann/Nemeczek/Schroeter/Schroeter Rn. 98). Sofern etwaige freiwillige Sicherungseinrichtungen, denen das Wertpapierinstitut angehört, hiervon abweichende Sicherungseinschränkungen formulierten, wären diese ebenfalls darzustellen.

15 Für Zweigniederlassungen in Deutschland von Wertpapierinstituten mit Sitz im EWR gem. § 73 ist die Höhe und der Umfang der Entschädigung gem. § 12 Abs. 2 AnlEntG auf den die Sicherung im Herkunftsstaat übersteigenden Anteil beschränkt. Zudem sind hiernach Forderungen aus Sachverhalten, die Bankgeschäfte oder Finanzdienstleistungen mit Devisen und Rechnungseinheiten betreffen, nicht gesichert. Hierüber sind die betreffenden Kunden jeweils zu informieren, sofern die Kunden nicht aufgrund der Zugehörigkeit des Wertpapierinstitutes zu einer freiwilligen Sicherungseinrichtung eine Entschädigung in entsprechenden Sachverhalten verlangen können.

2. Hinweispflichten gegenüber Neukunden

16 Nach Abs. 1 Satz 2 müssen Wertpapierinstitute Neukunden vor Aufnahme der Geschäftsbeziehung (regelmäßig vor Abschluss eines entsprechenden Vertrages) in Textform (§ 126b BGB) **in leicht verständlicher Sprache** über die für die Sicherung geltenden Bestimmungen einschließlich Umfang und Höhe der Sicherung informieren. Der BGH hat in diesem Zusammenhang für die Anwendung von § 23a Abs. 1 S. 2 KWG aF und die dort entsprechend zu verstehende Anforderung „in leicht verständlicher Form" verlangt, dass die Information für den „wirtschaftlich unerfahrenen Kunden" mit einem „Mindestmaß an Aufwand", dh aus sich heraus verständlich sein muss, was durch eine „Wiedergabe des für die Beschreibung von Höhe und Umfang der Sicherung maßgeblichen Wortlauts des Einlagensicherungs-

und Anlegerentschädigungsgesetzes" sichergestellt werden könne (BGH WM 2009, 1647 Rn. 26, 29 zu § 23a KWG; iE auch Lendermann/Nemeczek/Schroeter/Schroeter Rn. 86). Inhaltlich ist zu **Umfang und Höhe der Sicherung** dahingehend zu informieren (Lendermann/Nemeczek/Schroeter/Schroeter Rn. 60, 66), dass ein Entschädigungsanspruch nach § 4 Abs. 1 S. 2 AnlEntG der Höhe nach nicht besteht, soweit Gelder nicht auf die Währung eines EU-Mitgliedstaates oder auf Euro lauten. Darüber hinaus ist der Entschädigungsanspruch der Höhe nach begrenzt auf 90 % der Verbindlichkeiten aus Wertpapiergeschäften und den Gegenwert von 20.000 EUR (§ 4 Abs. 2 AnlEntG). Auch hierüber ist zu informieren (Lendermann/Nemeczek/Schroeter/Schroeter Rn. 66).

Die **„über die für die Sicherung geltenden Bestimmungen"** betreffen 17 die Art der Entschädigungsaussicht wie das Bestehen oder Nichtbestehen eines Rechtsanspruches des Kunden und dessen wesentliche Voraussetzungen (Lendermann/Nemeczek/Schroeter/Schroeter Rn. 70) sowie maßgebliche Fristen der Geltendmachung, des Ausschlusses und der Verjährung von Entschädigungsansprüchen (Lendermann/Nemeczek/Schroeter/Schroeter Rn. 71).

Über den Umstand, ob und welche rückzahlbaren Kundengelder nicht gesi- 18 chert sind, ist zudem an **hervorgehobener Stelle in den Vertragsunterlagen** vor Aufnahme der Geschäftsbeziehung hinzuweisen (Satz 3). Dabei dürfen im Zusammenhang mit diesen Informationen keine sonstigen Erklärungen in dem betreffenden Dokument oder der betreffenden Datei enthalten sein. Eine Einbindung in die sonstigen Allgemeinen Geschäftsbedingungen reicht mithin nicht. Der Kunde hat den **Erhalt der Informationen gesondert zu bestätigen** (Satz 4). Hiermit ist weder Schriftform noch elektronische Form iSv § 126 bzw. 126a BGB vorgeschrieben, eine nachweislich durch den Kunden erfolgte Bestätigung in (sonstiger) elektronischer Form genügt den Anforderungen ebenfalls.

3. Auskunftsanspruch der Kunden

Auf Anfrage des Kunden muss das Wertpapierinstitut dem Kunden weiterge- 19 hende Informationen über die Bedingungen der Sicherung einschließlich der für die Geltendmachung der Entschädigungsansprüche erforderlichen Formalitäten bereit halten (Satz 5). Eine Übermittlung ist ausweislich des Wortlautes „erhältlich sein" nicht geschuldet (Art. 10 Abs. 1 S. 3 Anlegerentschädigungsrichtlinie verwendet den entsprechenden Terminus „zur Verfügung stellen"). Eine § 23a Abs. 2 KWG entsprechende Informationspflicht des Wertpapierinstituts zum Ausscheiden aus einer Sicherungseinrichtung (gesetzlich oder freiwillig) sieht § 32 vor.

IV. Rechtsfolgen bei Verstößen

Ein Verstoß gegen die Pflichten aus § 31 ist nach § 83 iVm Art. 18 IFD 20 keine Ordnungswidrigkeit (anders als entsprechende Verstöße gegen § 23a KWG durch Institute iSd KWG; s. § 56 Abs. 2 Nr. 7 und 8 KWG). Ein zivilrechtlicher Schadenersatzanspruch des Kunden gegen das Wertpapierinstitut ist bei einem Verstoß gegen die Hinweispflichten des § 31 als Schutzgesetz iSd § 823 Abs. 2 BGB denkbar. Nach Eintritt des Entschädigungsfalls und einer Insolvenz des Wertpapierinstitutes dürfte ein die gesetzliche Entschädigungssumme übersteigender Schaden regelmäßig nicht realisierbar und der Schadenersatzanspruch als ungesicherte Insolvenzforderung wirtschaftlich wertlos sein (Lendermann/Nemeczek/Schroeter/Schroeter Rn. 126). Im Übrigen kommt im Einzelfall eine Haftung wegen fehlerhafter Anlageberatung auch im Hinblick auf fehlerhafte Darstellungen und Hinweise iVm § 31 in Betracht (→ Rn. 5; näher hierzu Lendermann/Nemeczek/Schroeter/Schroeter Rn. 130 ff.).

§ 32 Information der Kunden über das Ausscheiden aus einer Sicherungseinrichtung

Scheidet ein Wertpapierinstitut aus einer Sicherungseinrichtung aus, hat es seine Kunden, die nicht Institute im Sinne des Kreditwesengesetzes oder Wertpapierinstitute sind, sowie die Bundesanstalt und die Deutsche Bundesbank hierüber unverzüglich in Textform zu unterrichten.

I. Vorbemerkung

1 Die Vorschrift entspricht inhaltlich § 23a Abs. 2 KWG. Sie dient ausweislich der Gesetzesbegründung (BT-Drs. 19/26929, 143) der Umsetzung der Informationspflichten der Wertpapierinstitute nach Art. 10 der Anlegerentschädigungsrichtlinie (Richtlinie 97/9/EG). Art. 10 sieht zwar nicht ausdrücklich eine Information auch über das Ausscheiden aus einer maßgeblichen Sicherungseinrichtung vor. Da allerdings durch das Ausscheiden eine dem Kunden zuvor gem. § 31 erteilte Information über die Zugehörigkeit zur Sicherungseinrichtung unrichtig würde, dürfte die Information über das Ausscheiden gleichsam als „actus contrarius" der Information über die Zugehörigkeit in Art. 10 Anlegerentschädigungsrichtlinie mitgeregelt worden sein (aA Lendermann/Nemeczek/Schroeter/Schroeter Rn. 6: Regelung in § 32 sei „inspiriert" durch den allein für Kreditinstitute geltenden Art. 16 Abs. 7 Richtlinie 2014/49/EU des Europäischen Parlaments und des Rates vom 16.4.2014 über Einlagensicherungssysteme, der eine Information bei Ausscheiden ausdrücklich vorsieht).

II. Anwendungsbereich

1. Verpflichtete

2 Verpflichtet sind sämtliche Wertpapierinstitute sowie Zweigniederlassungen in Deutschland von Wertpapierinstituten mit Sitz im EWR oder über einen vertraglich gebundenen Vermittler iSv § 3 Abs. 2 in Deutschland tätige Wertpapierinstitute mit Sitz im EWR, § 73 Abs. 5 Nr. 1 S. 1 (→ § 31 Rn. 6, 7).

3 Auch Wertpapierinstitute mit Sitz in einem anderen EWR-Staat, die im Wege des grenzüberschreitenden Dienstleistungsverkehrs im Inland einen Zugang anbieten, sind nach § 32 verpflichtet, § 74 Abs. 2 S. 1. Dies gilt entgegen dem Wortlaut des § 74 Abs. 2 S. 2, der § 32 nicht erwähnt, nicht für Betreiber eines multilateralen oder organisierten Handelssystems, wie aus Art. 34 Abs. 6 MiFID II folgt (Lendermann/Nemeczek/Schroeter/Schroeter Rn. 10).

2. Kunden

4 Informiert werden müssen alle Kunden, die weder Institute im Sinne des KWG sind, dh gem. § 1 Abs. 1b KWG weder Kreditinstitute noch Finanzdienstleistungsinstitute sind, noch Wertpapierinstitute sind (→ § 31 Rn. 9).

3. Sicherungseinrichtung

Unter den Begriff der Sicherungseinrichtung im Sinne von Satz 1 fällt die als nicht rechtsfähiges Sondervermögen von der KfW verwaltete gesetzliche Entschädigungseinrichtung der Wertpapierhandelsunternehmen (EdW) gem. § 6 AnlEntG (→ § 31 Rn. 11). 5

III. Informationspflicht

Die betreffenden Kunden sind über das „Ausscheiden aus einer Sicherungseinrichtung" zu informieren. Der Wortlaut „Ausscheiden" lässt den Anlass der Zugehörigkeit (Zwangsmitgliedschaft iSv § 6 Abs. 1 S. 1 bzw. freiwillige Mitgliedschaft iSv § 12 Abs. 1 S. 1 AnlEntG) und der Beendigung der Zugehörigkeit zur Sicherungseinrichtung offen. Mithin sind sowohl der **freiwillige Austritt** aus oder der **Wechsel einer Sicherungseinrichtung** als auch das **erzwungene Ausscheiden bzw. der Ausschluss** (zB iSv § 11 Abs. 1 S. 3 AnlEntG wegen pflichtwidrigen Beitragszahlungsverhaltens) erfasst (Lendermann/Nemeczek/Schroeter/Schroeter Rn. 11 ff.). 6

Darüber hinaus sind die BaFin und die BBank über das Ausscheiden zu unterrichten. 7

Der Verpflichtete muss den Umstand und Zeitpunkt des Ausscheidens aus der Sicherungseinrichtung mitteilen. Eine Verpflichtung des Institutes, den Ablauf einer nach § 11 Abs. 1 S. 2 AnlEntG gesetzten Ausschlussfrist mitzuteilen, besteht de lega lata nicht (aA Lendermann/Nemeczek/Schroeter/Schroeter Rn. 27). Das kann uU zu Lücken im Kundenschutz führen, da die Entschädigungseinrichtung nach § 11 Abs. 1 S. 4 AnlEntG nach erfolgtem Ausschluss nur noch für Verbindlichkeiten des ausgeschiedenen Instituts haftet, die vor Ablauf dieser Frist begründet wurden. 8

Die Information hat unverzüglich (§ 121 BGB analog) nach Bekanntwerden des Ausscheidens in Textform (§ 126b BGB) zu erfolgen. Maßgeblicher Bezugspunkt ist entweder die Bekanntgabe des Ausscheidens aus einer gesetzlich verpflichtenden Mitgliedschaft in der Sicherungseinrichtung oder der Zeitpunkt des Wirksamwerdens der Beendigung einer freiwilligen Mitgliedschaft; der Bezugspunkt des Ablaufs der Zwölfmonatsfrist nach § 11 Abs. 1 S. 2 AnlEntG ist de lege lata mit dem Wortlaut der Vorschrift („ausscheidet") unvereinbar (aA Lendermann/Nemeczek/Schroeter/Schroeter Rn. 31, 32 mit auf den Ablauf der Frist § 11 Abs. 1 S. 4 AnlEntG gestützten Kundenschutzüberlegungen → Rn. 9). 9

IV. Rechtsfolgen bei Verstößen

Ein Verstoß gegen die Pflichten aus § 32 ist nach § 83 iVm Art. 18 IFD keine Ordnungswidrigkeit (anders als ein entsprechender Verstoß gegen § 23a Abs. 2 KWG durch Institute iSd KWG; s. § 56 Abs. 2 Nr. 8 KWG). Ein zivilrechtlicher Schadenersatzanspruch des Kunden gegen das Wertpapierinstitut ist bei einem Verstoß gegen die Hinweispflicht des § 32 denkbar (→ § 31 Rn. 20). 10

Kapitel 4. Vorkehrungen zur Verhinderung von Geldwäsche und Terrorismusfinanzierung

§ 33 Interne Sicherungsmaßnahmen

(1) **Wertpapierinstitute, Wertpapierinstitutsgruppen, Investmentholdinggesellschaften, gemischte Finanzholdinggesellschaften sowie Mutterunternehmen von Wertpapierinstitutsgruppen müssen unbeschadet der in den §§ 4 bis 6 des Geldwäschegesetzes aufgeführten Pflichten sowie der in diesem Gesetz enthaltenen Organisationspflichten über ein angemessenes Risikomanagement sowie über interne Sicherungsmaßnahmen verfügen, die der Verhinderung von strafbaren Handlungen, die zu einer Gefährdung des Vermögens des Wertpapierinstituts führen können, dienen. Sie haben dafür angemessene geschäfts- und kundenbezogene Sicherungssysteme zu schaffen und diese zu aktualisieren sowie Kontrollen durchzuführen. Hierzu gehört auch die fortlaufende Entwicklung geeigneter Strategien und Sicherungsmaßnahmen zur Verhinderung des Missbrauchs von neuen Finanzprodukten und Technologien für Zwecke der Geldwäsche und der Terrorismusfinanzierung oder der Begünstigung der Anonymität von Geschäftsbeziehungen und Transaktionen.**

(2) **Jede Transaktion, die im Verhältnis zu vergleichbaren Fällen besonders komplex oder groß ist, ungewöhnlich abläuft oder ohne offensichtlichen wirtschaftlichen oder rechtmäßigen Zweck erfolgt, ist von Wertpapierinstituten sowie Investmentholdinggesellschaften oder gemischten Finanzholdinggesellschaften unbeschadet des § 15 des Geldwäschegesetzes mit angemessenen Maßnahmen zu untersuchen, um das Risiko der Transaktion im Hinblick auf strafbare Handlungen im Sinne von Absatz 1 Satz 1 überwachen, einschätzen und gegebenenfalls die Erstattung einer Strafanzeige gemäß § 158 der Strafprozessordnung prüfen zu können. Wertpapierinstitute sowie Investmentholdinggesellschaften oder gemischte Finanzholdinggesellschaften haben diese Transaktionen, die durchgeführten Untersuchungen und deren Ergebnisse nach Maßgabe des § 8 des Geldwäschegesetzes angemessen zu dokumentieren, um gegenüber der Bundesanstalt darlegen zu können, dass diese Sachverhalte nicht darauf schließen lassen, dass eine strafbare Handlung im Sinne von Absatz 1 Satz 1 begangen oder versucht wurde oder wird. Die Wertpapierinstitute sowie Investmentholdinggesellschaften oder gemischte Finanzholdinggesellschaften dürfen personenbezogene Daten verarbeiten, soweit dies zur Erfüllung dieser Pflichten erforderlich ist. Auf Wertpapierinstitute ist § 47 Absatz 5 des Geldwäschegesetzes entsprechend anzuwenden für Informationen über konkrete Sachverhalte, die Auffälligkeiten oder Ungewöhnlichkeiten enthalten, die auf andere strafbare Handlungen als auf Geldwäsche, auf eine ihrer Vortaten oder auf Terrorismusfinanzierung hindeuten.**

(3) **Wertpapierinstitute sowie Investmentholdinggesellschaften oder gemischte Finanzholdinggesellschaften dürfen interne Sicherungsmaßnahmen nach Absatz 1 Satz 1 nach vorheriger Anzeige bei der Bundesanstalt im Rahmen von vertraglichen Vereinbarungen durch einen Dritten**

durchführen lassen. Die Bundesanstalt kann die Rückübertragung auf das Wertpapierinstitut sowie auf die Investmentholdinggesellschaften oder gemischten Finanzholdinggesellschaften dann verlangen, wenn der Dritte nicht die Gewähr dafür bietet, dass die Sicherungsmaßnahmen ordnungsgemäß durchgeführt werden oder die Steuerungsmöglichkeiten des Wertpapierinstituts sowie den Investmentholdinggesellschaften oder gemischten Finanzholdinggesellschaften und die Kontrollmöglichkeiten der Bundesanstalt beeinträchtigt werden könnten. Die Verantwortung für die Sicherungsmaßnahmen verbleibt bei den Wertpapierinstituten sowie Investmentholdinggesellschaften oder gemischten Finanzholdinggesellschaften.

(4) **Die Bundesanstalt kann gegenüber einem Wertpapierinstitut, einer Investmentholdinggesellschaft, einer gemischten Finanzholdinggesellschaft oder einem Auslagerungsunternehmen, auf das ein Wertpapierinstitut oder ein Mutterunternehmen gemäß Absatz 3 oder gemäß § 6 Absatz 7 des Geldwäschegesetzes ausgelagert hat, im Einzelfall Anordnungen treffen, die geeignet und erforderlich sind, die in den Absätzen 1 und 2 genannten Vorkehrungen zu treffen.**

(5) **Die Funktion des Geldwäschebeauftragten im Sinne des § 7 des Geldwäschegesetzes und die Pflichten zur Verhinderung strafbarer Handlungen nach Abs. 1 Satz 1 werden in dem Wertpapierinstitut sowie in der Investmentholdinggesellschaft oder gemischten Finanzholdinggesellschaft von einer Stelle wahrgenommen. Die Bundesanstalt kann auf Antrag des Wertpapierinstituts sowie der Investmentholdinggesellschaften oder gemischten Finanzholdinggesellschaften zulassen, dass eine andere Stelle in dem Wertpapierinstitut, der Investmentholdinggesellschaft oder gemischten Finanzholdinggesellschaft für die Verhinderung der strafbaren Handlungen zuständig ist, soweit hierfür ein wichtiger Grund vorliegt.**

Übersicht

I. Vorbemerkung

1 § 33 spiegelt den Regelungsgehalt von § 25h KWG wider und – so die Gesetzesbegründung – passt die Regelung an die Erfordernisse von Wertpapierinstituten an (Reg Begr. WpIG BT-Drs. 19/26929, 143). Dementsprechend sind die relevanten Formulierungen in den beiden Normen identisch, abgesehen von Anpassungen bei den Definitionen und von der Auslassung von Regelungskomplexen, die im Kontext des WpIG nicht relevant sind, wie zB § 25h Abs. 2 KWG betreffend die Überwachung von Transaktionen im Zahlungsverkehr. Kommentierungen und Verwaltungspraxis zu § 25h KWG sind daher auf die Anwendung von § 33 übertragbar.

2 Die Vorschrift stellt Vorgaben für **interne Sicherungsmaßnahmen zur Verhinderung von Geldwäsche und Terrorismusfinanzierung** sowie von (sonstigen) **strafbaren Handlungen** auf, die zur Gefährdung des Vermögens des Institutes führen können. § 33 Abs. 1 S. 1 scheint auf den ersten Blick den Schwerpunkt auf die Prävention strafbarer Handlungen zu legen, da das hiernach einzurichtende „angemessene Risikomanagement" und die zu ergreifenden „internen Sicherungsmaßnahmen" sich auf die „Verhinderung von strafbaren Handlungen, die zu einer Gefährdung des Vermögens des Wertpapierinstituts führen können" beziehen, während die parallelen Vorschriften in §§ 4–6 GwG „unbeschadet" bleiben sollen. Allerdings ist § 33 systematisch in Kapitel 4 des WpIG angesiedelt („Vorkehrungen zur Verhinderung von Geldwäsche und Terrorismusfinanzierung") und in § 33 Abs. 1 S. 3, Abs. 2 S. 1 und 2 werden spezifisch geldwäscherechtliche Aspekte geregelt. Dies zeigt, dass es bei dieser Vorschrift um den **Dreiklang der Prävention von Geldwäsche, Terrorismusfinanzierung und sonstiger strafbarer Handlungen** geht. Auch Wesener (in Lendermann/Nemeczek/Schroeter Rn. 42) betont, dass § 33 ebenso wie § 25h KWG alle strafbaren Handlungen einschließlich Geldwäsche und Terrorismusfinanzierung erfasst.

II. Risikomanagement und interne Sicherungsmaßnahmen (Abs. 1)

3 Nach § 33 Abs. 1 muss das Institut über ein **angemessenes Risikomanagement und interne Sicherungsmaßnahmen** verfügen, und zwar zur Verhinderung von strafbaren Handlungen, die zu einer Gefährdung des Vermögens des Institutes führen können, aber ebenfalls zur Verhinderung von Geldwäsche und Terrorismusfinanzierung. Hier zeigt sich eine **Überschneidung mit der Regelung in §§ 4–6 GwG,** die „unbeschadet" bleiben. Denn die §§ 4–6 GwG regeln die Ausgestaltung von Risikomanagement, bestehend aus Risikoanalyse (§ 5 GwG) und internen Sicherungsmaßnahmen (§ 6 GwG), in Bezug auf Geldwäsche und Terrorismusfinanzierung deutlich ausführlicher.

4 Diese Überschneidung erklärt sich aus der **Entstehungsgeschichte** dieser Normen. § 25h KWG (der vor Inkrafttreten des WpIG auch für heute dem WpIG unterfallende Finanzdienstleistungsinstitute galt und somit die Vorgängernorm von § 33 darstellt) hat seine jetzige Gestalt im Wesentlichen durch das 2. E-Geld-RLUG v. 1.3.2011 erhalten (nach damaliger Paragrafenzählung noch § 25c KWG, inzwischen § 25h KWG; zum weiteren Verlauf der Gesetzgebungsgeschichte von § 25c KWG aF bis zum aktuellen § 25h KWG siehe ausführlich Herzog/Barreto

da Rosa/El-Ghazi/Achtelik KWG § 25h Rn. 2). Vor dieser KWG-Änderung gab es im GwG noch keine mit §§ 4–6 GwG nF vergleichbare umfassende Regelung zum Risikomanagement und zu internen Sicherungsmaßnahmen sondern lediglich § 9 GwG aF („Interne Sicherungsmaßnahmen") idF der Neufassung des GwG durch das GwBekErgG v. 13.8.2008, worin das Konzept eines geldwäscherechtlichen Risikomanagements noch gänzlich fehlt, sondern interne Sicherungsmaßnahmen vorgeschrieben werden, für die in § 9 Abs. 2 GwG aF bestimmte Mindestbestandteile benannt werden. Auf dieser Gesetzesgrundlage hatte die **Financial Action Task Force (FATF)** als internationales Anti-Geldwäsche-Gremium unter dem Dach der OECD (siehe den Überblick zu den internationalen Einrichtungen im Bereich Anti-Geldwäsche bei Lendermann/Nemeczek/Schroeter/Wesener Rn. 10 ff.) in ihrem Revisionsbericht („Mutual Evaluation Report") vom 19.2.2010 bezüglich Deutschland festgestellt, dass verschiedene der damals gültigen 40 FATF-Empfehlungen nicht ausreichend umgesetzt wurden. Einzelne dieser Monita wurden durch § 25h KWG (bzw. damals noch § 25c KWG) behoben (siehe ausführlich hierzu die RegBegr in BT-Drs. 17/3023, 60). Insbesondere mangelte es gemäß diesem Bericht an der Umsetzung der FATF-Empfehlung 8, wonach die Verpflichteten insbesondere Geldwäschegefahren analysieren müssen, die von neuen Technologien ausgehen, welche Anonymität begünstigen und entsprechende Sicherungsmechanismen entwickeln müssen. Dies wurde mit § 25c Abs. 1 S. 3 KWG aF (jetzt: § 33 Abs. 1 S. 3 WpIG) erledigt. Zugleich wurde Grundsatz 18 der „Core Principles for Effective Banking Supervision" des internationalen **Baseler Ausschusses für Bankenaufsicht (BCBS)** umgesetzt, wonach die Institute über angemessene Geschäftsgrundsätze und Verfahrensweisen einschließlich strenger Vorschriften für die Feststellung der Kundenidentität verfügen müssen, die einen hohen ethischen und professionellen Standard im Finanzsektor fördern und verhindern, dass das Institut – mit oder ohne dessen Vorsatz – für das Begehen strafbarer Handlungen genutzt wird (Reg Begr. BT-Drs. 17/3023, 60; Beck/Samm/Kokemoor/Findeisen KWG § 25h Rn. 52).

Hierdurch ergibt sich die **heutige Struktur von § 33 Abs. 1,** worin die Pflicht 5
zu Risikomanagement und internen Sicherungssystemen in Bezug auf die Prävention strafbarer Handlungen an den Anfang gestellt wird, gefolgt von einzelnen geldwäscherechtlichen Aspekten, die im Wesentlichen zur Beseitigung früherer FATF-Monita dient. Mit dem **Gesetz zur Umsetzung der 4. EU-Geldwäscherichtlinie** vom 23.6.2017 und der damit einhergehenden Neufassung des GwG wurde mit §§ 4–6 GwG (basierend auf Art. 8 der 4. EU-GeldwäscheRL (RL (EU) 2015/849)) eine detaillierte Regelung zum Risikomanagement gegen Geldwäsche und Terrorismusfinanzierung eingeführt. Hierbei fand keine Konsolidierung der Vorschriften zum geldwäscherechtlichen Risikomanagement in §§ 3–6 GwG mit denen in § 25h KWG (heute § 33 WpIG) statt, so dass seither sich überschneidende Regelungen zu demselben Themenkomplex bestehen.

§ 33 Abs. 1 S. 1 WpIG (gleichlautend § 25h Abs. 1 S. 1 KWG) regelt das Risi- 6
komanagement nur in Bezug auf strafbare Handlungen, während dies für den Bereich der Geldwäsche und Terrorismusfinanzierung seit der Neufassung des GwG von 2017 ausschließlich in den §§ 3–6 GwG geregelt ist. Durch Art. 17 des Gesetzes zur Umsetzung der 4. EU-Geldwäscherichtlinie vom 23.6.2017 wurde § 25h Abs. 1 S. 1 KWG dahingehend geändert, dass sich die Anordnung von Risikomanagement und internen Sicherungsmaßnahmen nicht mehr auf die Verhinderung von „Geldwäsche, Terrorismusfinanzierung oder sonstigen strafbaren Handlungen …" bezieht, sondern nur noch auf „strafbare Handlungen …".

Gleichwohl verbleibt ein spezifisch geldwäscherechtlicher Gehalt von § 33 in § 33 Abs. 1 S. 3 und Abs. 2, so dass die Vorschriften § 25h KWG bzw. § 33 WpIG mit §§ 3–6 GwG stets im Zusammenhang zu verstehen und anzuwenden sind.

7 In den vor Neufassung des GWG von 2017 maßgeblichen „Auslegungs- und Anwendungshinweisen der Deutschen Kreditwirtschaft zur Verhinderung von Geldwäsche, Terrorismusfinanzierung und sonstigen strafbaren Handlungen" (letzter Stand 1.2.2014, **DK-AuA**), welche seinerzeit mit der BaFin abgestimmt wurden, finden sich ua **Auslegungshinweise zum Risikomanagement in Bezug auf die Verhinderung strafbarer Handlungen.** Seither wurden die DK-AuA nicht mehr fortgeführt, sondern funktional durch die „Auslegungs- und Anwendungshinweise zum Geldwäschegesetz" der BaFin (zuerst veröffentlicht am 11.12.2018, zuletzt geändert am 29.11.2024, **BaFin-AuA**) ersetzt. Allerdings gehen die BaFin-AuA auf das Risikomanagement bezüglich strafbarer Handlungen nicht ein, so dass die hierzu in Tz. 87 ff. der DK-AuA enthaltenen Auslegungshinweise für den Teilaspekt der Prävention krimineller Handlungen als weiterhin relevant herangezogen werden können (so auch Zentes/Glaab/Scherp/Wrocklage KWG § 25h Rn. 25 Fn. 10).

1. Begriff der strafbaren Handlungen

8 Der Begriff der „strafbaren Handlungen, die zu einer Gefährdung des Vermögens des Wertpapierinstituts führen können" ist gesetzlich nicht definiert, ebenso wenig im insoweit gleichlautenden § 25h KWG. Es ist anerkannt, dass mit „strafbaren Handlungen" **alle Handlungen** erfasst sind, **die in Deutschland und/oder in einer anderen Jurisdiktion, in der das Institut durch Tochtergesellschaften, Filialen oder Niederlassungen vertreten ist** oder in sonstiger Weise seine Dienstleistungen aktiv erbringt, **gesetzlich unter Strafe gestellt sind** (DK-AuA Rn. 88; Beck/Samm/Kokemoor/Findeisen KWG § 25h Rn. 54; für ein solches weites Verständnis auch Lendermann/Nemeczek/Schroeter/Wesener Rn. 45). Die Erstreckung auf Tochtergesellschaften stellt eine erhebliche Ausweitung dar, da die Verpflichtung zum Risikomanagement gegen strafbare Handlungen somit auch Tochtergesellschaften, die keine Wertpapierdienstleistungen erbringen, erfasst (zB Servicegesellschaften oder Gesellschaften, die Repräsentationszwecke erfüllen). Die Erfassung grundsätzlich aller Arten von Straftaten harmoniert mit dem sog. **all-crime-Ansatz** im Rahmen der Geldwäschebekämpfung auf der Grundlage von § 261 Abs. 1 S. 1 StGB, wonach seit dem Gesetz zur Verbesserung der strafrechtlichen Bekämpfung der Geldwäsche vom 9.3.2021 (BGBl. 2021 I 327) für die strafbare Geldwäsche keine speziellen Vortaten schwerer Kriminalität mehr erforderlich sind. Vielmehr genügt jeder Gegenstand, der aus einer rechtswidrigen Tat herrührt, als Anknüpfungspunkt. Erfasst sind ferner sowohl strafbare Handlungen **„von außen"**, dh aufgrund von strafbaren Handlungen eines Dritten (Kunden oder Nicht-Kunden) als auch **„von innen"**, dh wenn mindestens eine interne Partei (Mitarbeiter oder Organmitglied des Instituts) beteiligt ist (DK-AuA Rn. 88).

9 Eine Einschränkung erfolgt durch die **Qualifizierung „… die zu einer Gefährdung des Vermögens des Wertpapierinstituts führen können".** Dies meint nicht nur die Gefahr operationeller Verlustereignisse wie zB die Gefahr eines unmittelbaren finanziellen Verlustes oder eines Verlustes von bestimmten Vermögensgegenständen, sondern auch die Gefahr von Reputationsschäden, wenn diese mittelbar zu einer wesentlichen Vermögensgefährdung führen können

(DK-AuA Rn. 88). Als Beispiele für einschlägige Delikte nennen die DK-AuA (Rn. 88):

- das **Gesamtsystem der Betrugs- und Untreuetatbestände nach §§ 263 ff. StGB** als Zentraldelikte, wobei nicht Voraussetzung ist, dass diese nur das Vermögen als Individualrechtsgut schützen (vgl. § 265 StGB),
- **Diebstahl** (§§ 242 ff. StGB), **Unterschlagung** (§ 246 StGB), **Raub** und **räuberische Erpressung** (§§ 249 ff. StGB),
- **sonstige Delikte des Wirtschaftsstrafrechts,** die Allgemeininteressen in Wirtschaft und Verwaltung schützen (wie die Funktionsfähigkeit des bargeldlosen Zahlungsverkehrs (§ 266b StGB) oder der Schutz des Vertrauens der Allgemeinheit in den Kapitalmarkt (§ 264a StGB)),
- **Korruptionsdelikte** (§§ 331 ff. StGB – Vorteilsannahme, Bestechlichkeit) sowie **Insolvenzstraftaten** (§§ 283 ff. StGB), **Steuerstraftaten** (§§ 369 ff. AO) sowie Begünstigung (§ 257 StGB) und **Straftaten gegen den Wettbewerb** (§§ 298 ff. StGB),
- **Ausspähen und Abfangen von Daten, Identitätsdiebstahl,** etc (§§ 202a ff. StGB)

2. Angemessenes Risikomanagement und interne Sicherungssysteme

a) Risikoanalyse. Der Ausgangspunkt des Risikomanagements in Bezug auf strafbare Handlungen ist die **Risikoanalyse** (Lendermann/Nemeczek/Schroeter/Wesener § 33 Rn. 56 ff.; Zentes/Glaab/Scherp/Wrocklage KWG § 25h Rn. 33; Schwennicke/Auerbach/Auerbach/Musiol/Hentschel KWG § 25h Rn. 43 ff.; auch oft – wie in den DK-AuA Tz. 89 – „Gefährdungsanalyse" genannt, siehe Beck/Samm/Kokemoor/Findeisen KWG § 25h Rn. 25 ff.). Während § 33 die Risikoanalyse nicht ausdrücklich erwähnt, ist in § 27 Abs. 4 Nr. 2 WpIPrüfbV ausdrücklich vorgesehen, dass der Prüfer im Rahmen der Jahresabschlussprüfung auch darauf einzugehen hat, „ob die Risikoanalyse, die im Rahmen des Risikomanagements zur Verhinderung von strafbaren Handlungen nach § 33 Abs. 1 S. 1 WpIG erforderlich ist, der tatsächlichen Risikosituation des Wertpapierinstituts entspricht." 10

Es empfiehlt sich, die Risikoanalyse als einen **strukturierten Prozess** aufzubauen und zu dokumentieren, der den in den BaFin-AuA (Abschnitt 2.2) für die Risikoanalyse von Geldwäsche und Terrorismusfinanzierung definierten Schritten folgt, selbst wenn die BaFin-AuA auf die Präventation von Geldwäsche und Terrorismusfinanzierung begrenzt sind (Schwennicke/Auerbach/Auerbach/Musiol/Hentschel KWG § 25h Rn. 43). Denn diese Analyseschritte erscheinen für die drei verschiedenen Risikokomplexe Geldwäsche, Terrorismusfinanzierung und (sonstige) strafbare Handlungen inhaltlich gleichermaßen geeignet. Zudem laufen innerhalb der Organisation des Institutes die Fäden für die Koordinierung der Risikoanalyse für alle drei Risikokomplexe bei der zentralen Stelle gem. § 33 Abs. 5 GwG zusammen. Ferner werden diese Risikoanalysen durch den Prüfer in einem einheitlichen Prüfungsprozess nach denselben Maßstäben überprüft (siehe § 27 Abs. 4 WpIPrüfbV), nämlich danach, ob die Risikoanalyse der tatsächlichen Risikosituation des Instituts entspricht. All dies spricht für eine **einheitliche Methodik in den drei Risikokategorien Geldwäsche, Terrorismusfinanzierung und sonstige strafbare Handlungen.** Dies bedeutet aber nicht, dass die drei Analysen in einer einheitlichen Analyse 11 zusammenzufassen wären. Während die DK-AuA aus dem Jahr 2014 (Tz. 89) die Option aufzeigen, eine alle Bereiche Geldwäsche, Terrorismusfinanzierung und „sonstige strafbare Handlungen“ abdeckende Risikoanalyse zu erstellen, ist hiervon nach heutigem Stand eher abzuraten. Vielmehr sollten die Risikoanalysen getrennt abgefasst werden. Denn gem. § 27 Abs. 4 WpIPrüfbV hat der Prüfer diese Analysen separat zu beurteilen, was bei einer solchen Verbundanalyse erschwert wäre. Denkbar ist jedoch, die Risikoanalyse mit einem für alle drei Risikokategorien geltenden allgemeinen Teil (zB in Form einer Bestandsaufnahme der institutsspezifischen Situation) zu beginnen und anschließend getrennt auf Geldwäscherisiken, Terrorismusrisiken und Risiken aus strafbaren Handlungen einzugehen (Fischer/Schäfer/Schulte-Mattler/Schulte-Mattler/Achtelik KWG § 25h Rn. 8). Die Risikoanalyse ist für Dritte nachvollziehbar schriftlich zu fixieren (Fischer/Schäfer/Schulte-Mattler/Schulte-Mattler/Achtelik KWG § 25h Rn. 6).

12 Die Analyseschritte sind (siehe BaFin-AuA, Abschnitt 2.2):

- **Vollständige Bestandsaufnahme der unternehmensspezifischen Situation (Schritt 1):** Dies erfordert kunden- und produktbezogene Erläuterungen, um einen mit den verschiedenen Arbeitseinheiten des Institutes abgestimmten Sachverhalt zugrunde zu legen, damit im nächsten Schritt die damit verbundenen Risiken ermittelt werden können (Lendermann/Nemeczek/Schroeter/Wesener Rn. 57). Es sind dabei sämtliche Geschäftsfelder des Instituts zu erfassen, in denen bei einer prospektiven Betrachtungsweise eine generelle Aussage über das jeweilige abstrakte Risiko möglich ist (Beck/Samm/Kokemoor/Findeisen KWG § 25h Rn. 28).
- **Risikoidentifizierung (Schritt 2):** Die einzelnen Geschäfte des Wertpapierinstitutes sind auf denkbare Risiken bzw. drohende Schäden hin zu evaluieren, wobei tatsächliche Vorfälle in der Vergangenheit mit einfließen müssen (Lendermann/Nemeczek/Schroeter/Wesener Rn. 58). Risiken aus strafbaren Handlungen können hierbei in ganz unterschiedlichen Sachzusammenhängen auftreten als Risiken der Geldwäsche oder der Terrorismusfinanzierung. Bereiche, in denen ein geringes Geldwäscherisiko besteht, wie zB der Personalbereich oder das Gebäudemanagement, können überdurchschnittlich hohe Risiken im Hinblick auf strafbare Handlungen aufweisen (Fischer/Schäfer/Schulte-Mattler/Schulte-Mattler/Achtelik KWG § 25h Rn. 6). In diesem Schritt 2 kommt eine **Risikokategorisierung** in Betracht. Die DK-AuA (Tz. 89) nennen als mögliche Arten von Risiken: Produktrisiken, Transaktionsrisiken, Länderrisiken, Kundenrisiken, Risiken, die aus den Vertriebswegen resultieren sowie sonstige Risiken.
- **Risikobewertung (Schritt 3):** Die DK-AuA (Tz. 89) führen hierzu aus, dass „… die Gewichtung der identifizierten Risiken […] sich einerseits an der Wahrscheinlichkeit der Vermögensgefährdung durch eine strafbare Handlung und andererseits am Risiko, dass die Vermögensgefährdung in einen Schaden beim Institut umschlägt, sowie der Höhe dieses Schadens im untersuchten Geschäftsbereich orientieren“ soll. Es ist also sowohl die Eintrittswahrscheinlichkeit (wie wahrscheinlich ist es, dass die Vermögensgefährdung in einen Schaden umschlägt?) als auch die Schadenshöhe (wie hoch ist dann der Schaden?) zu ermitteln (Fischer/Schäfer/Schulte-Mattler/Schulte-Mattler/Achtelik KWG § 25h Rn. 6). Dies sollte in eine Einstufung der Risiken einmünden, die analog der geldwäscherechtlichen Standardsystematik (vgl. BaFin-AuA, Abschnitt 2.2.3) dreistufig als „hoch/mittel/gering“ erfolgen kann, aber auch

differenzierter mit zusätzlichen Risikokategorien abgestuft werden kann. Auch eine zweistufige Betrachtung (normales bzw. mittleres Risiko und erhöhtes Risiko ist möglich. Bei diesem Analyseprozess (Schritt 1–3) können neben dem Erfahrungswissen der Mitarbeiter des Instituts auch öffentlich verfügbare Informationen über strafbare Handlungen im Finanzsektor, Typologienpapiere der Strafverfolgungsbehörden und anderer nationaler und internationaler Stellen sowie Schadensfalldatenbanken des Institutes einbezogen werden (DK-AuA, 89).

b) Ableitung angemessener geschäfts- und kundenbezogener Sicherungssysteme (Abs. 1 S. 2). Aufbauend auf den Erkenntnissen aus der Risikoanalyse sind als **Schritt 4** geeignete **Präventionsmaßnahmen, insbesondere interne Sicherungsmaßnahmen zu definieren** (BaFin-AuA, Abschnitt 2.2.4). Für den Bereich Anti-Geldwäsche und -Terrorismusfinanzierung bietet das Gesetz eine Art „Werkzeugkasten" von internen Sicherungsmaßnahmen als nicht abschließende (siehe „insbesondere") Aufzählung von Instrumenten in § 6 Abs. 2 Nr. 1–7 GwG. Es ist dabei im Rahmen der geldwäscherechtlichen schriftlich fixierten Ordnung regelmäßig nicht ausreichend, als abgeleitete interne Sicherungsmaßnahme lediglich auf die Einhaltung des gesetzlichen geldwäscherechtlichen Pflichtenprogramms (insbesondere die Erfüllung der Sorgfaltspflichten in Bezug auf Kunden gem. §§ 10–17 GwG, Erfüllung der Meldepflichten gem. § 43 GwG, Aufzeichnung von Informationen und die Aufbewahrung von Dokumenten nach § 8 GwG, Bestellung eines Geldwäschebeauftragten und seines Stellvertreters gem. § 7 GwG) zu verweisen. Vielmehr sind diese Maßnahmen in Bezug zur Risikoanalyse zu setzen und entsprechend zu konkretisieren. Beispiele dieser Konkretisierung sind die folgenden Fragen bzw. Aspekte: Wie ist methodisch bei der Risikoeinstufung vorzugehen in Ansehung der gesetzlichen Regelkriterien (Anlage 1 und Anlage 2 zum GwG), dh welche Regelkritieren werden angesichts des Geschäftsmodells ggf. höher gewichtet als andere? Welche zusätzlichen Kriterien aus EBA-Leitlinien sind einschlägig? Auf welche geldwäscherechtlichen Teilaspekte sollte sich die interne Revision angesichts des Risikoprofils des Institutes in welchem Turnus beziehen (siehe § 6 Abs. 2 Nr. 7 GwG)? 13

Für den Bereich der Prävention strafbarer Handlungen fehlt ein solcher gesetzlicher Regelkatalog von internen Sicherungsmaßnahmen. Es finden sich jedoch in der Literatur und in den DK-AuA Beispiele für regelmäßig aus der Risikoanalyse zu entwickelnde **Maßnahmen zur Vermeidung strafbarer Handlungen:** 14

- **Klare Berichtspflichten:** Es dient der Vermeidung strafbarer Handlungen, wenn für alle Vorfälle oder Verdachtsfälle strafbarer Handlungen **klare und einheitliche Berichtswege und -pflichten** eingerichtet werden, die nach Adressaten differenziert werden (DK-AuA Rn. 89 unter Ziffer 4c) aa); Beck/Samm/Kokemoor/Findeisen KWG § 25h Rn. 64; Lendermann/Nemeczek/Schroeter/Wesener Rn. 83). Hierzu ist im Rahmen der schriftlich fixierten Ordnung des Institutes zu klären: welche Vorfälle sind an die Geschäftsleitung zu berichten, welche sind – ggf. zunächst – an den Geldwäschebeauftragten zu berichten, der gem. § 33 Abs. 5 S. 1 GwG zugleich als sog. „zentrale Stelle" für die Prävention strafbarer Handlungen dient?
- **Klare Regelung der Verantwortlichkeiten und Genehmigungsbefugnisse** im Rahmen der Aufbau- und Ablauforganisation (DK-AuA Rn. 89 unter Ziffer 4c) aa))

- **Einbindung der für die Verhinderung strafbarer Handlungen zuständigen „zentralen Stelle“** (vgl. § 33 Abs. 5) in die Organisation der relevanten Geschäftsprozesse (DK-AuA, Rn. 89 unter Ziffer 4c aa)
- Konsequente **Untersuchung aufgedeckter strafbarer Handlungen,** einschließlich strukturierter Abläufe und Ad-hoc-Maßnahmen zum Umgang mit aufgedeckten strafbaren Handlungen, ggf. mit Einbindung der internen Revision (DK-AuA, Rn. 89 unter Ziffer 4c aa)
- **Einrichtung interner Kontrollinstanzen** in den betrieblichen Abläufen wie zB Kassenkontrollen, Inventarisierung, Zutrittskontrollen/Gebäudekonzept, „Vier-Augen-Prinzip“, Vermeidung von „Management-Override“, dh Vermeidung einer Außerkraftsetzung von internen Kontrollmechanismen durch leitende Angestellte (DK-AuA, Rn. 89 unter Ziffer 4c aa); Beck/Samm/Kokemoor/Findeisen KWG § 25h Rn. 64)
- **Sorgfältige Mitarbeiterauswahl, Sensibilisierung und Schulung der** Mitarbeiter (DK-AuA, Rn. 89 unter Ziffer 4c aa)
- **Sammlung von Informationen (innerhalb und außerhalb des Instituts) über strafbare Handlungen und Risiken** wie zB Analyse und Auswertung von aufgedeckten Fällen durch eine Kriminalitäts- und Schadendatenbank, Auswertung von Informationen und Typologien der Ermittlungsbehörden (DK-AuA, Rn. 89 unter Ziffer 4c aa) bis hin zur Auswertung von Medienberichten und die Vernutzung und der Informationsaustausch mit anderen Instituten
- **Konkrete kundenbezogene Sicherungsmaßnahmen** (DK-AuA, Rn. 89 unter Ziffer 4c) cc)): hierzu zählen EDV-Maßnahmen (zB Abgleich von Kundennamen mit Warndateien), Durchführung von Schufa-Anfragen oÄ, Information von Kunden über Maßnahmen zur Verhinderung von strafbaren Handlungen (dh Schutzmaßnahmen, die die Kunden selbst ergreifen können, um Schäden zu verhindern). Ferner können diverse geldwäscherechtlich vorgeschriebene kundenbezogene Sicherungsmaßnahmen (zB Klassifizierung von Kunden in spezifische Risikogruppen, KYC-Prozesse, Monitoring von Geschäftsbeziehungen/Transaktionen) zugleich der Prävention von strafbaren Handlungen dienen.
- In Betracht kommen ferner **konkrete geschäftsbezogene, insbesondere mitarbeiterbezogene Sicherungsmaßnahmen** (DK-AuA, Rn. 89 unter Ziffer 4c cc), die je nach dem konkreten Risiko des Geschäftsbetriebes, für strafbare Handlungen missbraucht zu werden unter Wahrung des Arbeits- und Datenschutzrechtes zu definieren sind. Hierzu gehört zB das Erkennen auffälliger Veränderungen im Umfeld und im Verhalten von Mitarbeitern sowie Maßnahmen zur Erreichung einer integritätsfördernden Unternehmenskultur durch glaubwürdig gelebte Ethik- und Verhaltenskodices einschließlich Richtlinien für die Annahme von Geschenken, Einladungen etc („Code of Ethics“ or „Code of Conduct“, siehe DK-AuA, Rn. 89 unter Ziffer 4c cc). Ergänzend gelten für Wertpapierinstitute hierzu die speziellen Vorgaben über die Entgegennahme und das Monitoring von Zuwendungen (siehe § 70 WpHG und BaFin-MaComp BT 10 betreffend Zuwendungs-, Verwendungs- und Maßnahmenverzeichnisse).

15 Die zu ergreifenden Sicherungsmaßnahmen lassen sich **vier verschiedenen Ansätzen zuordnen** (DK-AuA Rn. 89 unter Ziffer 4a); Beck/Samm/Kokemoor/Findeisen KWG § 25h Rn. 72 f.):

- **Ausschließen** von Risiken (zB durch das Absehen von bestimmten Geschäften)

- **Reduzieren** von Risiken (zB durch eine Verbesserung des Kundennannahmeprozesses
- **Versichern** gegen Risiken (zB durch den Abschluss von Versicherungen zur Schadensbegrenzung)
- **Akzeptieren** von Risiken (zB Verzicht auf Sicherungsmaßnahmen bei Bagatellschäden und minimalen Risiken

Die Auswahl zwischen diesen Sicherungsmaßnahmen und Ansätzen muss sich sowohl für das einzelne identifizierte Risiko als auch für die Risikositation des Instituts im Sinne der Proportionalität insgesamt als angemessen darstellen (Beck/Samm/Kokemoor/Findeisen KWG § 25h Rn. 61). Das Institut muss auf Verlangen der BaFin und der externen Prüfer darlegen können, dass der Umfang der von ihm getroffenen Maßnahmen im Hinblick auf die Risiken von strafbaren Handlungen als angemessen anzusehen ist (Beck/Samm/Kokemoor/Findeisen § 25h Rn. 61). Während die Versicherung gegen Risiken aus strafbaren Handlungen und auch die Akzeptanz dieser Risiken im Rahmen des Risikomanagements gegen strafbare Handlungen durchaus in Betracht kommt, ist dies im Bereich der Anti-Geldwäsche und Anti-Terrorismusfinanzierung nicht möglich (Lendermann/Nemeczek/Schroeter/Wesener Rn. 87), denn in diesem Bereich sind auch im öffentlichen Interesse Maßnahmen geboten, um schwere und schwerste Straftaten zu verhindern, so dass hier der Schwerpunkt auf den Ausschluss und die angemessene Reduzierung von Risiken liegen muss (Lendermann/Nemeczek/Schroeter/Wesener Rn. 87). 16

Eine konkrete Sicherungsmaßnahme iSv § 33 Abs. 1 S. 1 WpIG (bzw. § 25h Abs. 1 S. 1 KWG) wird den Instituten im **BaFin-Rundschreiben 5/2017 (GW)** vom 24.5.2017 aufgegeben, sofern diese Institute am Kapitalmarkt aktiv sind. Im Zusammenhang mit sog. cum/ex-Sachverhalten war der BaFin bekannt geworden, dass die auf verschiedenen Handelsplattformen (Bloomberg, Reuters, etc) angebotenen Kommunikationsprogramme, die unter anderem **Chat-Möglichkeiten für Nutzer der Handelsplattformen** umfassen, für strafrechtlich relevante Absprachen genutzt worden waren. Daher sind die Institute nach Ansicht der BaFin gem. § 33 Abs. 1 S. 1 WpIG (bzw. § 25h Abs. 1 S. 1 KWG) im Rahmen der angemessenen geschäftsbezogenen Sicherungssystem zumindest verpflichtet, diese Korrespondenzen (Chat-Verläufe, Nachrichten), soweit diese Bezug zu Transaktionen auf der jeweiligen Handelsplattform aufweisen, zu speichern und zwar für mindestens zehn Jahre, um anschließende Kontrollen zu ermöglichen. Unabhängig hiervon dürfte im Rahmen der schriftlich fixierten Ordnung ohnehin eine Vorgabe des Institutes geboten sein, welche Kommunikationskanäle für transaktionsbezogene Korrespondenz zulässig sind. Regelmäßig zulässig dürften E-Mail-Programme sein, wenn mit Firewalls und Virenschutzsoftware nach dem Stand der Technik gearbeitet wird und wenn E-Mails auf von dem Institut kontrollierten Servern gespeichert werden, ferner designierte Nachrichtenfunktionen auf Handelsplattformen, sofern eine Speicherfunktion gegeben ist. Unzulässig dürfte hingegen die Nutzung privater Handy-SMS und WhatsApp-Nachrichten sein. 17

c) Aktualisierung der Sicherungssysteme. Gemäß § 33 Abs. 1 S. 2 sind die angemessenen geschäfts- und kundenbezogenen Sicherungssysteme „zu aktualisieren". Es ist anerkannt, dass diese Überprüfung und Aktualisierung **mindestens jährlich** oder **aus besonderem Anlass häufiger** erfolgen muss (Beck/Samm/Kokemoor/Findeisen KWG § 25h Rn. 49; Lendermann/Nemeczek/Schroeter/Wesener Rn. 89 ff.). Hierbei ist zu evaluieren, ob angesichts eingetretener Vorfälle, 18 etwaiger neuer Geschäfte oder neuer Erkenntnisse zur Risikolage eine Anpassung der Risikoanalyse und der abgeleiteten internen Sicherungsmaßnahmen geboten ist (Lendermann/Nemeczek/Schroeter/Wesener Rn. 89 ff.).

19 **d) Kontrollen.** Es sind ferner bezüglich der Sicherungssysteme zur Verhinderung von strafbaren Handlungen „Kontrollen durchzuführen", § 33 Abs. 1 S. 2 aE (für Risiken von Geldwäsche und Terrorismusfinanzierung sind Kontrollen in § 6 Abs. 1 S. 1 aE GwG vorgeschrieben). Die Art und Weise, Rhythmus und Zuständigkeiten für diese Kontrollen sind in der Risikoanalyse auszuarbeiten und zu dokumentieren. Diese Kontrollen müssen nach Maßgabe des etablierten Modells der drei Verteidigungslinien (Three-Lines-of-Defense) erfolgen (Zentes/Glaab/Scherp/Wrocklage KWG § 25h Rn. 40). Auf allen drei Ebenen sind risikoangemessene Kontrollhandlungen festzulegen, dh sowohl durch eigene Kontrollhandlungen im Geschäftsbereich selbst (erste Verteidigungslinie), durch Kontrollhandlungen der Compliance-Funktion (zweite Verteidigungslinie, kontrolliert die Handlungen der ersten Verteidigungslinie) und durch die interne Revision als unabhängige Prüfungsinstanz (dritte Verteidigungslinie, kontrolliert die Handlungen der ersten und zweiten Verteidigungslinie).

20 Die vorgesehenen Kontrollhandlungen sind an geeigneter Stelle im Rahmen der schriftlich fixierten Ordnung, zB im Rahmen der dokumentieren Risikoanalyse betreffend strafbare Handlungen, festzuhalten. Hier sollte dokumentiert werden (so bereits Zentes/Glaab/Scherp/Wrocklage KWG § 25h Rn. 41):
– Nennung der Sicherungsmaßnahme und des jeweils betroffenen Geschäftsbereiches
– Zeitpunkt der geplanten Durchführung der Kontrolle
– Risikobasierte Frequenz/Häufigkeit der Kontrolle
– Beschreibung der Kontrollhandlung

20a Nach Durchführung der Kontrollhandlungen ist jeweils zu dokumentieren (Zentes/Glaab/Scherp/Wrocklage, KWG § 25h Rn. 41):
– Datum der Kontrollhandlung
– Name des Bearbeiters
– Zugrunde gelegte Dokumente
– Ergebnis der Kontrollhandlung

20b Beispiele für Kontrollhandlungen sind risikoangemessene Stichproben in Bezug auf konkrete Kunden und Geschäftsvorfälle, um nachvollziehen zu können, dass die festgelegten Sicherungsmaßnahmen auch umgesetzt werden, ferner die Einsicht in Belege zur Teilnahme an Schulungen (Lendermann/Nemeczek/Schroeter/Wesener Rn. 95).

3. Verhinderung des Missbrauchs von neuen Finanzprodukten und Technologien (Abs. 1 S. 3)

21 § 33 Abs. 1 S. 3 bzw. die Vorgängernorm § 25h Abs. 1 S. 3 KWG geht auf die FATF-Empfehlung 8 aus dem Jahr 2003 zurück (nunmehr FATF-Empfehlung 15 gemäß den **FATF Recommendations** von 2012, zuletzt geändert im Juni 2025), wonach die Verpflichteten insbesondere Geldwäschegefahren analysieren müssen, die von neuen Technologien ausgehen. Aufgrund der Kritik im FATF-Deutschlandbericht vom 18.2.2010 wegen der nicht hinreichenden Umsetzung dieser Empfehlung, die zudem gem. Art. 13 Abs. 6 der 3. GeldwäscheRL (RL 2005/60/EG) europarechtlich vorgeschrieben war, wurde die vorliegende Formulierung mit dem Gesetz zur Umsetzung der 2. E-Geld-Richtlinie im Gesetz

verankert (siehe BT-Drs. 17/3023, 60 und bereits → Rn. 4). Somit ist gesetzlich festgehalten, dass sich die Strategien und Sicherungsmaßnahmen betreffend Geldwäsche und Terrorismusfinanzierung insbesondere auf „die Verhinderung des Missbrauchs von neuen Finanzprodukten und Technologien für Zwecke der Geldwäsche und der Terrorismusfinanzierung oder der Begünstigung der Anonymität von Geschäftsbeziehungen und Transaktionen" erstrecken muss.

Gemäß der zugrunde liegenden FATF-Empfehlung (Empfehlung 15 der aktuellen Fassung) ist hierbei insbesondere an **Neu-Produkt-Prozesse** gedacht, dh an die im Institut festzulegenden Prozesse für die Aufnahme von Geschäftsaktivitäten in neuen Produkten oder auf neuen Märkten (AT 8.1 WpI MaRisk). Im Rahmen dieser Neu-Produkt-Prozesse sollte der Geldwäschebeauftragte einbezogen werden, um entsprechende Risiken aus neuen Technologien in den Blick zu nehmen (Beck/Samm/Kokemoor/Findeisen KWG § 25h Rn. 79; ebenfalls auf den Neu-Produkt-Prozess verweisen Lendermann/Nemeczek/Schroeter/Wesener Rn. 97 und Zentes/Glaab/Scherp/Wrocklage KWG § 25h Rn. 44). Für Wertpapierinstitute relevante neue Technologien, die potenziell die Anonymität begünstigen können, sind zB „Decentralized Finance (DeFi)"-Plattformen, also blockchain-basierte Technologien, die es ermöglichen, außerhalb traditioneller Börsen und Wertpapierdepot-Strukturen Finanzinstrumente zu handeln sowie alle Geschäftsmodelle, die Kryptowerte iSd § 2 Abs. 5 Nr. 10 betreffen (auch die FATF Empfehlung 15 bezieht sich ausdrücklich auf Risiken verbunden mit derartigen „virtual assets"). Das Risikomanagement muss sich insoweit auch auf neue Technologien im Rahmen bestehender Produkte und Dienstleistungen beziehen (so auch die FATF Empfehlung 15, die ein entsprechendes Monitoring neuer Technologien für „both new and pre-existing products" fordert). 22

III. Pflicht zur Untersuchung bestimmter Transaktionen (Abs. 2)

Gemäß § 33 Abs. 2 besteht eine **Untersuchungspflicht** des Instituts in Bezug auf jede **Transaktion,** die im Verhältnis zu vergleichbaren Fällen **besonders komplex oder groß** ist, **ungewöhnlich abläuft** oder **ohne offensichtlichen wirtschaftlichen oder rechtmäßigen Zweck** erfolgt. Diese Untersuchungspflicht richtet sich darauf, ob **Anhaltspunkte für eine Straftat** vorliegen, ist also nicht spezifisch auf Geldwäsche oder Terrorismusfinanzierung ausgerichtet. Die Untersuchungspflicht gem. § 33 Abs. 2 gilt unabhängig von der Verdachtsmeldepflicht gem. § 43 GwG. Ferner bleiben, wie § 33 Abs. 2 S. 1 betont („unbeschadet ...") die verstärkten Sorgfaltspflichten gem. § 15 GwG unberührt. 23

Die Norm statuiert eine **Untersuchungs- und Dokumentationspflicht,** jedoch **keine Pflicht zur Strafanzeige iSd § 158 StPO** (Zentes/Glaab/Scherp/Wrocklage KWG § 25h Rn. 65). Es besteht eine Pflicht zur Untersuchung und Sachverhaltsaufklärung, „um gegebenenfalls die Erstattung einer Strafanzeige gemäß § 158 StPO prüfen zu können", und eben nicht um diese zwingend zu erstatten. Auch nach der Regierungsbegründung des „Gesetzes zur Umsetzung der Vierten EU-Geldwäscherichtlinie" aus dem Jahr 2017, durch welches die Parallelnorm § 25h Abs. 3 S. 1 KWG seine heutige Fassung erhalten hat, muss das Institut strafbare Handlungen „überwachen, einschätzen und ggf. über eine Erstattung einer Strafanzeige gemäß § 158 StPO entscheiden" (BT-Drs. 18/11555, 176), also diese eben nicht zwingend zur Anzeige bringen. 24

25 Untersuchungsgegenstand ist gemäß Wortlaut jede **Transaktion,** was allerdings weit zu verstehen ist (Lendermann/Nemeczek/Schroeter/Wesener Rn. 127). Insbesondere sollte dies nicht im Sinne der Definition von Transaktion in § 1 Abs. 5 S. 1 GwG auf einzelne Handlungen zur Geldbewegung oder sonstigen Vermögensverschiebung, sondern **weitergehend auf die gesamte Geschäftsbeziehung** mit dem Kunden bezogen werden (Beck/Samm/Kokemoor/Findeisen KWG § 25h Rn. 122).

26 Eine Transaktion in diesem Sinne ist **besonders komplex oder groß oder läuft ungewöhnlich ab,** wenn sie den üblichen Rahmen der Transaktionen des Instituts allgemein oder im Hinblick auf die an der Transaktion beteiligten Geschäftsbeziehungen deutlich übersteigt (Zentes/Glaab/Scherp/Wrocklage KWG § 25h Rn. 61). Ein Beispiel im Rahmen der Kontoführung von Banken ist es, wenn erstmals im Rahmen der Kontoführung für Konzerngesellschaften die Gelder mehrerer Konzerngesellschaften auf einem Konto zentral gesammelt und dann ist Ausland transferiert werden, wohin seitens sämtlicher Konzerngesellschaften noch nie Geschäftskontakt bestand (Zentes/Glaab/Scherp/Wrocklage, § 25h Rn. 61). Im Kontext von Wertpapierdienstleistungen wäre ein ähnlicher Fall, dass im Rahmen einer Finanzportfolioverwaltung eine Einzelweisung im Namen des Kunden erfolgt, die von den vertraglichen Investitionsleitlinien abweicht oder ein Devestitionsauftrag nebst Abverfügung des Erlöses auf eine zuvor noch nicht bekannte Kontoverbindung. Weitere Anhaltspunkte für ungewöhnliche Abläufe können sein (Zentes/Glaab/Scherp/Wrocklage, § 25h Rn. 61):
- Wesentlich erhöhtes Transaktionsvolumen gegenüber dem bisherigen durchschnittlichen Kundenverhalten
- Transaktion unterscheidet sich wesentlich vom Normalverhalten einer vergleichbaren Kundengruppe
- Wünsche nach besonderer Strukturierung oder Fragmentierung der Transaktion ohne nachvollziehbaren Grund
- Fragen nach spezifischen Regularien (Meldepflichten, Geldwäscheprüfungen)

27 Eine Transaktion **ohne offensichtlichen wirtschaftlichen oder rechtmäßigen Zweck** kommt in Betracht, wenn die Vorgänge mit dem vorhandenen Erfahrungswissen im Institut und dem Wissen über die Geschäftstätigkeit des Kunden nicht plausibel in Einklang zu bringen sind (Zentes/Glaab/Scherp/Wrocklage KWG § 25h Rn. 64). Wenn zB nicht verständlich wird, warum ein Kunde abweichend vom bisherigen Verhalten und ohne wirtschaftlich rationalen Grund ganz spezielle Finanzinstrumente erwerben oder veräußern möchte, dann muss das Institut nähere Untersuchungen gem. § 33 Abs. 2 anstellen.

28 Die Vorschrift enthält **keine Vorgaben, wie** das Institut die Untersuchungen durchzuführen hat (Beck/Samm/Kokemoor/Findeisen KWG § 25h Rn. 132). Allerdings zeigt die **Dokumentationspflicht** gem. § 33 Abs. 2 S. 2, dass nicht ganz unerhebliche Anstrengungen gefordert sind. Das Institut muss demnach die „Transaktionen, die durchgeführten Untersuchungen und deren Ergebnisse … angemessen … dokumentieren, um gegenüber der Bundesanstalt darlegen zu können, dass diese Sachverhalte nicht darauf schließen lassen, dass eine strafbare Handlung … begangen oder versucht wurde oder wird“. Das Institut muss sich also mit angemessenen Mitteln eine eigene Meinung über das Vorliegen oder Nichtvorliegen einer Straftat bilden, „… um die Erstattung einer Strafanzeige gemäß § 158 StPO prüfen zu können“ (§ 33 Abs. 2 S. 1). Ob eine **Strafanzeige** erstattet wird, bleibt das **Ermessen des Institutes** (Zentes/Glaab/Scherp/Wrocklage

KWG § 25h Rn. 66 f.). Es kann zB aus institutsspezifischen Gründen, zB wegen Reputationsrisiken gegenüber anderen Kunden oder wegen zivil- und arbeitsrechtlichen Erwägungen in Bezug auf möglicherweise involvierte Mitarbeiter im überwiegenden Eigeninteresse des Institutes liegen, nicht Strafanzeige zu erstatten, auch wenn dies eher die Ausnahme sein dürfte. Diese Erwägungen sind für Prüfer und Aufsichtsbehörde nachvollziehbar zu dokumentieren, jedoch entziehen sich diese Erwägungen mangels gesetzlicher Grundlage der behördlichen Kontrollkompetenz (Zentes/Glaab/Scherp/Scherp/Wrocklage, § 25h Rn. 66 f.).

§ 33 Abs. 2 S. 3 enthält eine **datenschutzrechtliche Befugnisnorm** iSd 29
Art. 6 Abs. 1 S. 1 lit. c DS-GVO, so dass hiernach die im Zuge der Untersuchung erforderlichen Verarbeitungen von personenbezogenen Daten zulässig sind.

§ 33 Abs. 2 S. 4 erklärt **§ 47 Abs. 5 GwG für entsprechend anwendbar** 30
betreffend den **zulässigen Datenaustausch zwischen gemäß GwG verpflichteten Instituten des Finanzdienstleistungsgewerbes** in Bezug auf konkrete Sachverhalte, die Auffälligkeiten oder Ungewöhnlichkeiten enthalten, welche auf strafbare Handlungen iSd § 33 Abs. 1 hindeuten.

IV. Auslagerung interner Sicherungsmaßnahmen (Abs. 3)

§ 33 Abs. 3 enthält aufsichtsrechtliche Rahmenbedingungen für die Auslage- 31
rung interner Sicherungsmaßnahmen und verweist dabei ausdrücklich auf Abs. 1 Satz 1. Gleichwohl dürfte der **Anwendungsbereich weit zu verstehen,** nämlich **auf die gesamte Vorschrift des § 33** bezogen sein. Denn in Abs. 1 S. 1 ist in allgemeiner Form die Pflicht zum Risikomanagement und zu internen Sicherungsmaßnahmen in Bezug auf strafbare Handlungen verankert, während die weiteren inhaltlichen Regelungen des § 33 (nämlich die Pflicht zum Monitoring neuer Technologien gem. Abs. 1 S. 3 und die Untersuchungspflicht in Bezug auf Verdachtsfälle gem. Abs. 2) als besondere Ausprägungen ebenfalls den internen Sicherungsmaßnahmen iSd Abs. 1 S. 1 zuzurechnen sind. Im Wege der systematischen Auslegung kann der Verweis in § 33 Abs. 3 damit als Bezug auf sämtliche Aufgaben gem. § 33 aufgefasst werden, so dass zB auch im Rahmen des Monitorings neuer Technologien und der Verdachtsfalluntersuchung eine Einschaltung externer Dienstleister im Wege der Auslagerung zulässig sein muss (so auch Beck/Samm/Kokemoor/Findeisen KWG § 25h Rn. 177, der bei dem Verweis auf Abs. 1 S. 1 in der Parallelnorm § 25h KWG ein **Redaktionsversehen** annimmt; ebenso Schwennicke/Auerbach/Auerbach/Musiol/Hentschel KWG § 25h Rn. 103). Auf die Auslagerung von spezifischen Sicherungsmaßnahmen gegen Geldwäsche und Terrorismusfinanzierung bezieht sich § 33 Abs. 3 allerdings nicht, denn diese ist speziell (und im Detail abweichend) in § 6 Abs. 7 GwG geregelt.

§ 33 Abs. 3 S. 1 regelt, dass die Auslagerung (wörtlich „Durchführung durch 32
einen Dritten im Rahmen von vertraglichen Vereinbarungen") eine **vorherige Anzeige bei der BaFin** erfordert. Diese Anzeigepflicht unterscheidet sich im Detail von der parallelen Bestimmung § 6 Abs. 7 GwG, welche sich auf die Auslagerung von Sicherungsmaßnahmen für den Bereich der Geldwäsche und Terrorismusfinanzierung bezieht. Gemäß § 6 Abs. 7 S. 3 GwG muss das Institut in der Anzeige darlegen, dass die Voraussetzungen für eine Untersagung der Übertragung nicht vorliegen, während bei § 33 Abs. 3 diese Darlegungspflicht fehlt. Anderer Ansicht ist Kaetzler (in Zentes/Glaab GwG § 6 Rn. 190), der argumentiert, dass entgegen dem Wortlaut des § 25h KWG auch iRd § 25h KWG (gleiches würde

dann auch für § 33 Abs. 3 WpIG gelten) eine Darlegungspflicht bestünde, weil sich die Regelung des § 25h Abs. 4 KWG nach dem Willen des Gesetzgebers an die neu gefasste Vorschrift des § 6 Abs. 7 GwG „anlehne". Allerdings gibt die von Kaetzler zitierte Fundstelle in der Regierungsbegründung zum Gesetz zur Umsetzung der 4. EU-Geldwäscherichtlinie (BT-Drs. 18/11555, 176) dies nicht her. Vielmehr wurde die Darlegungspflicht in § 6 Abs. 7 S. 3 GwG aufgrund einer Beschlussempfehlung des Finanzausschusses des Bundestages aufgenommen, um der BaFin die Prüfung zu erleichtern, ob der Auslagerung Hinderungsgründe entgegenstehen (BT-Drs. 18/12405, 166). Dieses Erleichterungsbedürfnis wurde im Gesetzgebungsverfahren nur im Rahmen der Geldwäscheprävention diskutiert. Es findet sich hier kein Hinweis auf eine gesetzliche Lücke, die womöglich nach dem Willen des Gesetzgebers im Wege einer Analogie zu schließen wäre. Zudem wäre ein solcher Analogieschluss zur Erweiterung einer den freien Gewerbebetrieb belastenden öffentlich-rechtlichen Pflicht gem. Art. 20 Abs. 3 GG bedenklich. Eine Darlegungspflicht entsprechend § 6 Abs. 7 S. 3 GwG ist iRv § 33 Abs. 3 WpIG daher abzulehnen.

33 Für die Anzeige gem. § 33 Abs. 3 ist **kein bestimmtes Formular** und auch **kein bestimmter Übermittlungsweg an die BaFin** vorgesehen. Gleiches gilt für § 6 Abs. 7 GwG (allerdings gibt es für die Anzeige des Geldwäschebeauftragten und seines Stellvertreters gem. § 7 Abs. 4 GwG seit Juni 2025 ein spezielles sog. Fachverfahren „Geldwäscheprävention und Terrorismusfinanzierung" im Rahmen des von der BaFin eingerichteten MVP-Portals (Melde- und Veröffentlichungsplattform)). Soweit ein Auslagerungsvertrag mit einem externen Dienstleister interne Sicherungsmaßnahmen betrifft, die sowohl gegen Risiken aus strafbaren Handlungen als auch gegen Risiken der Geldwäsche oder Terrorismusfinanzierung gerichtet sind, ist eine **einheitliche Anzeige,** die auf beide Normen (§ 33 Abs. 3 WpIG und § 6 Abs. 7 GwG) rekurriert, ausreichend (Zentes/Glaab/Kaetzler GwG § 6 Rn. 188). In der Anzeige ist mindestens das Datum der geplanten Auslagerung, die vollständige Bezeichnung des Auslagerungsunternehmens und der Gegenstand der Auslagerung anzugeben (vgl. BaFin-AuA, Abschnitt 3.10 zu der parallelen Auslagerungsanzeige gem. § 6 Abs. 7 GwG).

34 Das Gesetz besagt nicht, mit wieviel zeitlichem Vorlauf, die „vorherige" Anzeige gem. § 33 Abs. 3 zu erfolgen hat. Gemäß BaFin-AuA wird für die parallele Auslagerungsanzeige gem. § 6 Abs. 7 GwG ein Vorlauf von **mindestens zwei Wochen vor Beginn der geplanten Auslagerung** erwartet (BaFin-AuA, Abschnitt 3.10). Dieser Vorlauf ist für die Anzeige gem. § 33 Abs. 3 jedenfalls ausreichend.

35 Abs. 3 S. 2 regelt, dass die BaFin die **Rückübertragung auf das Institut** verlangen kann, wenn der Dritte nicht die Gewähr dafür bietet, dass die Sicherungsmaßnahmen ordnungsgemäß durchgeführt werden oder die Steuerungsmöglichkeiten des Instituts und die Kontrollmöglichkeiten der BaFin beeinträchtigt werden könnten. Gemäß Abs. 3 S. 2 verbleibt trotz der Auslagerung die **Verantwortung für die Sicherungsmaßnahmen bei dem Institut.**

36 Auf die Auslagerung interner Sicherungsmaßnahmen ist neben § 33 Abs. 3 **auch § 40 betreffend die wesentliche Auslagerung von Aktivitäten und Prozessen anwendbar.** Es stellt daher die Frage, ob jede Auslagerung iSv § 33 Abs. 3 zugleich eine „wesentliche" Auslagerung gem. § 40 darstellt, was insbesondere entsprechende gesonderte Anzeigepflichten gem. § 64 Abs. 1 Nr. 13 sowie eine Anwendbarkeit von AT 9 Tz. 6 und 7 WpI MaRisk zur Folge hätte, mit ua qualifizierten Anforderungen an das Risikomanagement bezüglich dieser Auslagerung und an die Ausgestaltung des Auslagerungsvertrages. Laut BaFin-AuA (Abschnitt 3.10) ist die Auslagerung einer internen Sicherungsmaßnahme gem. § 6 Abs. 7 GwG immer auch eine wesentliche Auslagerung iSv § 40 WpIG. Dies legt nahe, dass die BaFin dies auch für den Bereich der Prävention strafbarer Handlungen iSv § 33 Abs. 3 annimmt. Das Institut kann jedoch im Rahmen seiner pflichtgemäßen, eigenständigen Bewertung (WpI MaRisk AT 9 Tz. 2) durchaus zu dem Schluss kommen, dass eine nicht-wesentliche Auslagerung vorliegt, wenn insoweit nur Teilaspekte ausgelagert werden (zB bestimmte Schulungen oder das Monitoring bestimmter Teilaspekte). Unabhängig davon muss jede Auslagerung gem. § 33 Abs. 3, auch wenn sie nicht iSv § 40 Abs. 1 S. 1 wesentlich sein sollte, in das **Auslagerungsregister gem. § 40 Abs. 1 S. 4 und 5** aufgenommen werden.

V. Anordnungsbefugnisse der BaFin (Abs. 4)

37 § 33 Abs. 4 ist eine Ermächtigungsgrundlage für Anordnungen der BaFin, soweit diese geeignet und erforderlich sind, damit die Vorkehrungen gem. Abs. 1 (angemessenes Risikomanagement und interne Sicherungsmaßnahmen zur Verhinderung von strafbaren Handlungen) und Abs. 2 (Untersuchungspflicht bei bestimmten Transaktionen) getroffen werden. Dies entspricht der Regelung in § 25h Abs. 5 KWG. Die Ermächtigungsgrundlage gilt ausdrücklich auch für Anordnungen gegenüber Auslagerungsunternehmen, und zwar sowohl für Auslagerungsunternehmen, die gem. § 33 Abs. 3 eingesetzt werden (dh gegen Risiken strafbarer Handlungen) als auch für Auslagerungsunternehmen, die gem. § 6 Abs. 7 GwG (dh gegen Risiken von Geldwäsche und Terrorismusprävention) eingesetzt werden. Hierdurch wird eine Lücke im GwG geschlossen, da in § 6 Abs. 8 GwG eine Anordnungsbefugnis nur gegenüber dem Verpflichteten selbst enthalten ist, nicht auch gegenüber Auslagerungsunternehmen, wenngleich mit § 40 Abs. 3 eine umfassende Ermächtigungsgrundlage für Anordnungen gegenüber Auslagerungsunternehmen vorliegt, sofern es sich um eine wesentliche Auslagerung (dazu → Rn. 36) handelt.

VI. Zentrale Stelle (Abs. 5)

38 § 33 Abs. 5 schreibt dem Geldwäschebeauftragten iSd § 7 GwG zugleich die Zuständigkeit für alle Maßnahmen zur Verhinderung strafbarer Handlungen nach Abs. 1 S. 1 zu (ebenso die Parallelvorschrift § 25h Abs. 7 KWG). Aufgrund dieser Aufgabenkombination hat sich hierfür in der Praxis die Bezeichnung „Zentrale Stelle" eingebürgert (siehe DK-AuA Rn. 84; Zentes/Glaab/Scherp/Wrocklage KWG § 25h Rn. 78; Lendermann/Nemeczek/Schroeter/Wesener Rn. 175 ff.). An dieser organisatorischen Zusammenfassung der Zuständigkeiten zeigt sich, dass die Maßnahmen zur Verhinderung strafbarer Handlungen und die Maßnahmen zur Verhinderung von Geldwäsche und Terrorismusfinanzierung inhaltlich und organisatorisch miteinander abzustimmen sind (DK-AuA Rn. 84). Die Zentrale Stelle muss sämtliche Maßnahmen zur Verhinderung strafbarer Handlungen und zur Verhinderung von Geldwäsche und Terrorismusfinanzierung **koordinieren und für ein risikominimierendes Gesamtkonzept sorgen** (DK-AuA Rn. 89 Ziffer 1).

39 Die primären Aufgaben der Zentralen Stelle in Bezug auf die Prävention strafbarer Handlungen iSv § 33 Abs. 1 sind gemäß den DK-AuA (Rn. 89 Ziffer 1):
- Definition und Aktualisierung von internen Grundsätzen (Zuständigkeiten, Pflichten, Verantwortlichkeiten und Prozesse im Institut).
- Fortlaufende Entwicklung geeigneter Strategien zur Verhinderung des Missbrauchs von neuen Produkten und Technologien, die die Anonymität von Geschäftsbeziehungen und Transaktionen begünstigen können.
- Schaffung und Fortentwicklung einer institutsspezifischen Gefährdungsanalyse (dh nach aktueller BaFin-Terminologie: Risikoanalyse) zu strafbaren Handlungen.
- Sicherstellung, dass die jeweiligen Risikoanalysen in Bezug auf Geldwäsche, Terrorismusfinanzierung und strafbare Handlungen aufeinander abgestimmt sind.
- Ausrichtung sämtlicher weiterer Handlungsschritte (insbesondere allgemeine und konkrete Sicherungsmaßnahmen), Monitoring und Kontrollmaßnahmen anhand dieser Risikoanalyse.
- Gefährdungsbasierte Überprüfung der Wirksamkeit der bereits in den Prozessen der Institute verankerten Kontrollen und prozessimmanenten Kontrollsysteme (die Zuständigkeit der Internen Revision bleibt unberührt).

40 Ein Abweichen von dem Konzept der „Zentralen Stelle" ist auf Antrag mit Zustimmung der BaFin möglich (Abs. 5 S. 2). Hierfür muss ein „wichtiger Grund" vorliegen, womit das Gesetz den Ausnahmecharakter der Trennung dieser Aufgaben zum Ausdruck bringt. Derartige Ausnahmeanträge haben eine geringe Praxisrelevanz, so dass kaum Erfahrungswerte zur Verwaltungspraxis der BaFin bei dem Umgang hiermit bestehen (Zentes/Glaab/Scherp/Wrocklage KWG § 25h Rn. 84). Die DK-AuA (Rn. 89 Ziffer 2) nennen als „wichtigen Grund", dass die Einhaltung der Risikomanagementpflichten in Bezug auf strafbare Handlungen auch ohne eine organisatorische Vereinheitlichung bzw. Zentralisierung vergleichbar effektiv sichergestellt wird und die Erzwingung einer solchen Struktur unter Berücksichtigung aller Umstände des Einzelfalls und unter Abwägung der dargelegten Interessen des Instituts daher untunlich wäre.

VII. Sanktionierung

41 Eine mangelnde Einhaltung von § 33 ist nicht bußgeldbewehrt. Während im Bereich des KWG eine Nichtbeachtung der Untersuchungspflicht gem. § 25h Abs. 3 KWG bußgeldbewehrt ist (§ 56 Abs. 2 Nr. 11c KWG), ist dies nach §§ 33, 83 nicht der Fall. Gleichwohl verfügt die BaFin über gesetzliche Mittel, um ihren Anordnungen zur Einhaltung von § 33 zur Umsetzung zu verhelfen, denn die BaFin kann ultimativ im Falle schwerwiegender, wiederholter oder systematischer Verstöße gegen die Vorschriften von ua WpIG und GwG sowie bei Verstößen gegen die zur Durchführung dieser Gesetze erlassenen Verordnungen oder vollziehbaren Anordnungen die Erlaubnis aufheben (§ 19 Abs. 2 Nr. 4).

§ 34 Zeitpunkt der Identitätsüberprüfung

Abweichend von § 11 Absatz 1 des Geldwäschegesetzes kann die Überprüfung der Identität des Vertragspartners, einer für diesen auftretenden Person und des wirtschaftlich Berechtigten auch unverzüglich nach der Eröffnung eines Kontos oder Depots abgeschlossen werden. In diesem Fall muss sichergestellt sein, dass vor Abschluss der Überprüfung der

Identität keine Gelder von dem Konto oder dem Depot abverfügt werden können. Für den Fall einer Rückzahlung eingegangener Gelder dürfen diese nur an den Einzahler ausgezahlt werden.

I. Vorbemerkung

§ 34 entspricht wörtlich § 25j KWG und ist lediglich für solche Wertpapier- 1
institute relevant, die im Rahmen ihres Geschäftsbetriebs Besitz an Kundengeld oder Kundenwertpapieren erlangen und zu diesem Zweck Konten bzw. Depots für Kunden führen. Bei der Vielzahl von Wertpapierinstituten, die Anlageberatung, Anlagevermittlung, Abschlussvermittlung, Finanzportfolioverwaltung oder das Platzierungsgeschäft betreiben, liegt regelmäßig eine ausdrückliche Beschränkung im Rahmen des Erlaubnisbescheides gem. § 15 Abs. 9 vor, dass sie keine Vermögenswerte von Kunden in Besitz nehmen dürfen (Lendermann/Nemeczek/Schroeter/Steffen § 15 Rn. 79). Auf Wertpapierinstitute, die eine derartige Beschränkung auferlegt erhalten haben, ist § 34 nicht anwendbar.

§ 11 Abs. 1 S. 1 GwG schreibt vor, dass die Vertragspartner, die ggf. für diese 2
auftretenden Personen und die wirtschaftlich Berechtigten (§ 3 GwG) **vor Begründung der Geschäftsbeziehung oder vor Durchführung der Transaktion zu identifizieren sind** und die somit erhobenen Angaben **ebenfalls zuvor zu überprüfen sind.** Gemäß § 11 Abs. 1 S. 2 GwG kann die Identifizierung auch noch während der Begründung der Geschäftsbeziehung unverzüglich abgeschlossen werden, wenn dies erforderlich ist, um den normalen Geschäftsablauf nicht zu unterbrechen, und wenn ein geringes Risiko der Geldwäsche und der Terrorismusfinanzierung besteht. § 34 schafft demgegenüber insofern eine **Erleichterung,** als dass die **Identitätsüberprüfung** auch noch **unverzüglich nach der Eröffnung eines Kontos oder Depots nachgeholt** werden kann. Diese Erleichterung wird durch die Öffnungsklausel in Art. 9 (4) der zugrunde 3. GeldwäscheRL (RL 2005/60/EG) ermöglicht. Die Norm schafft hier Flexibilität, indem technische Kontoeröffnungsprozesse bereits im Institut angestoßen werden können, während die ggf. längere Zeit in Anspruch nehmende Überprüfung der erhobenen Daten noch andauert.

II. Beschränkung der Erleichterung auf die Überprüfung der Identität

Wie schon die Überschrift der Norm zeigt, bezieht sich die zeitliche Erleich- 3
terung lediglich auf die Überprüfung der Identität gem. § 12 GwG (Lendermann/Nemeczek/Schroeter/Wesener Rn. 35; Beck/Samm/Kokemoor/Findeisen KWG § 25j Rn. 8; Zentes/Glaab/Sonnenberg KWG § 25j Rn. 4). Die **Erhebung der Angaben** zur Feststellung der Identität des Vertragspartners, der auftretenden Personen und des wirtschaftlich Berechtigten **muss vor der Begründung der Geschäftsbeziehung stattfinden.**

Die Norm stellt verschiedene **Bedingungen** für diese Erleichterung. Während 4
die Überprüfung der (bereits erhobenen) Identifikationsdaten noch andauert, darf keine Möglichkeit bestehen, über Vermögen zu verfügen, dh Abflüsse zu bewirken, sei es durch zB Barabhebungen oder durch Überweisungen oder Wertpapierübertragungen an Dritte (Zentes/Glaab/Sonnenberg KWG § 25j Rn. 3). **§ 34**

S. 3 zeigt, dass während dieses Zeitraumes eine Freischaltung des Kontos bzw. Depots für Zahlungseingänge möglich bleibt. Wenn die eingegangenen Geldbeträge allerdings wieder zurückgezahlt werden sollen (zB weil die die Identitätsüberprüfung nicht zu einer Bestätigung des erhobenen Datensatzes geführt hat, so dass die Geschäftsbeziehung nicht fortgesetzt werden darf (Beck/Samm/Kokemoor/Findeisen KWG § 25j Rn. 17), dann darf das Guthaben gem. § 34 S. 3 nur an den Einzahler zurückgezahlt werden.

§ 35 Verstärkte Sorgfaltspflichten

Abweichend von § 10 Absatz 3 Nummer 2 Buchstabe b des Geldwäschegesetzes bestehen die Sorgfaltspflichten nach § 10 Absatz 1 Nummer 1, 2 und 4 des Geldwäschegesetzes für Wertpapierinstitute sowie Investmentholdinggesellschaften oder gemischte Finanzholdinggesellschaften bei der Annahme von Bargeld ungeachtet etwaiger im Geldwäschegesetz oder in diesem Gesetz genannter Schwellenbeträge, soweit ein Sortengeschäft nach § 1 Absatz 1a Satz 2 Nummer 7 des Kreditwesengesetzes nicht über ein bei dem Wertpapierinstitut eröffneten Konto des Kunden abgewickelt wird und die Transaktion einen Wert von 2 500 Euro oder mehr aufweist.

I. Vorbemerkung

1 § 35 entspricht § 25k Abs. 1 KWG und enthält eine geldwäscherechtliche Spezialbestimmung betreffend betragsmäßige Prüfungsschwellen bei der **Bargeldannahme im Sortengeschäft.** Die Vorschrift ist **im Rahmen des WpIG in seiner gesetzessystematischen Stellung verfehlt.** Der Gesetzgeber wollte mit Kapitel 4 (§§ 33–37) des WpIG den Regelungsgehalt der §§ 25g–n KWG in das WpIG übernehmen und dabei an die Erfordernisse von Wertpapierinstituten anpassen (RegBegr WpIG, BT-Drs. 19/26929, 143). Einige auf Wertpapierinstitute nicht anwendbare Vorschriften wurden dabei bewusst nicht übertragen, zB § 25g KWG betreffend den bargeldlosen Zahlungsverkehr, § 25h Abs. 2 KWG betreffend den Einsatz von Datenverarbeitungssystemen zur Prävention von Geldwäsche im Zahlungsverkehr, § 25i KWG betreffend E-Geld oder § 25k Abs. 2 KWG betreffend geldwäscherechtliche Pflichte im Zusammenhang mit Factoring. Hierbei wäre es in systematischer Hinsicht folgerichtig gewesen, auch § 25k Abs. 1 KWG nicht in das WpIG zu übertragen, dh § 35 ersatzlos entfallen zu lassen. Denn der Anwendungsbereich des WpIG beschränkt sich auf Wertpapierinstitute (§ 1), die definiert sind als Unternehmen, die gewerbsmäßig oder in einem Umfang, der einen in kaufmännischer Weise eingerichteten Geschäftsbetrieb erfordert, Wertpapierdienstleistungen allein oder zusammen mit Wertpapiernebendienstleistungen oder Nebengeschäften erbringen (§ 2 Abs. 1). § 25k Abs. 1 KWG bzw. § 35 betrifft das Sortengeschäft, welches eine Finanzdienstleistung gem. § 1 Abs. 1a S. 2 Nr. 7 KWG darstellt, aber **weder eine Wertpapierdienstleistung** (§ 2 Abs. 2) **noch eine Wertpapiernebendienstleistung** (§ 2 Abs. 3), **noch ein Nebengeschäft** (§ 2 Abs. 4) ist. Damit ist für das Sortengeschäft iSv § 1 Abs. 1a S. 2 Nr. 7 KWG der **Anwendungsbereich des WpIG nicht eröffnet** (zutreffend Fischer/Schäfer/Schulte-Mattler/Schulte-Mattler/Schäfer KWG § 1 Rn. 177, wonach das Sortengeschäft gem. § 1 Abs. 1a S. 2 Nr. 7 KWG keine Entsprechung im WpIG hat). Die Statuierung von § 35 im Rahmen des WpIG steht damit im Widerspruch zur Gesetzessystematik.

II. Regelungsgehalt der Norm

2 Das Sortengeschäft erfasst den Tausch von inländischen in ausländische gesetzliche Zahlungsmittel in Form von Banknoten und Münzen und umgekehrt, zudem den Tausch einer ausländischen Währung in eine andere ausländische Währung (Fischer/Schäfer/Schulte-Mattler/Schulte-Mattler/Schäfer KWG § 1 Rn. 177; Beck/Samm/Kokemoor/Reschke/Klostermann KWG § 1 Rn. 379). Es handelt sich somit um das **Geschäft der Wechselstuben.** § 25k Abs. 1 KWG (und § 35) schreibt diesen Wechselstuben (dh, terminologisch genau bezeichnet, den Finanzdienstleistungsinstituten iSd KWG, die die Finanzdienstleistung des Sortengeschäfts gem. § 1 Abs. 1a S. 2 Nr. 7 KWG erbringen) vor, dass bei der **Annahme von Bargeld im Rahmen des Sortengeschäfts** die geldwäscherechtlichen Sorgfaltspflichten gem. § 10 Abs. 1 Nr. 1 GwG (Identifizierung des Vertragspartners und gegebenenfalls der für ihn auftretenden Person), § 10 Abs. 1 Nr. 2 GwG (Abklärung des wirtschaftlich Berechtigten) und § 10 Abs. 1 Nr. 4 GwG (Feststellung der Eigenschaft als politisch exponierte Person) **bereits ab einem Schwellenwert von 2.500 Euro** gelten (nicht erst ab der allgemeinen Transaktionsschwelle von 15.000 Euro gem. § 10 Abs. 3 Nr. 2b GwG), wenn ein solches Sortengeschäft nicht über ein bei dem Institut eröffnetes Konto des Kunden abgewickelt wird (denn wenn die Transaktion über ein eröffnetes Konto abgewickelt würde, wären die allgemeinen geldwäscherechtlichen Sorgfaltspflichten gem. § 10 Abs. 3 Nr. 1 GwG ohnehin bereits vorab bei Kontoeröffnung zu erfüllen, was eine Begründung einer Geschäftsbeziehung iSv § 1 Abs. 4 GwG darstellt).

3 Es erscheint eher fernliegend, dass ein Wertpapierinstitut, zB ein Anlagevermittler oder ein Finanzportfolioverwalter von Finanzinstrumenten, gewerbsmäßig oder in einem Umfang, der einen in kaufmännischer Weise eingerichteten Geschäftsbetrieb erfordert, eine Wechselstube betreibt. Dies wäre für das Wertpapierinstitut iSd § 1, das eine Erlaubnis gem. § 15 Abs. 1 für Wertpapierdienstleistungen besitzt, überdies unzulässig, weil hierfür eine Erlaubnis gem. § 32 iVm § 1 Abs. 1a S. 2 Nr. 7 KWG für das Sortengeschäft erforderlich wäre. Gemäß § 15 Abs. 7 S. 1 kann eine Erlaubnis gem. § 15 Abs. 1 nicht mit einer Erlaubnis nach § 32 KWG verbunden werden. Theoretisch denkbar wäre, dass Wertpapierinstitute gelegentlich, dh unterhalb der Schwelle der Gewerbsmäßigkeit und des kaufmännischen Geschäftsbetriebes, Sortengeschäfte iSv § 1 Abs. 1a S. 2 Nr. 7 KWG erbringen. Wie Fischer/Schäfer/Schulte-Mattler/Schulte-Mattler/Schäfer KWG § 1 Rn. 178 berichtet, hat die BaFin in der Vergangenheit gemäß einem unveröffentlichten Hinweisschreiben einen gewerbsmäßigen und damit erlaubnispflichtigen Betrieb des Sortengeschäfts bei 50 Transaktionen pro Monatsdurchschnitt angenommen, sofern diese mit An- und Verkäufen 15.000 EUR übersteigen. Sollte ein Wertpapierinstitut unterhalb von dieser – ggf. vorsichtshalber noch niedriger anzusetzenden – „de minimis"-Schwelle Sortengeschäft betreiben, würde die geldwäscherechtliche Spezialregelung gem. § 35 Anwendung finden.

§ 36 Geldwäscherechtliche Pflichten für Investmentholdinggesellschaften

Investmentholdinggesellschaften, die als Mutterunternehmen gelten oder von der Bundesanstalt als solches bestimmt wurden, sind Verpflichtete nach § 2 Absatz 1 Nummer 2 des Geldwäschegesetzes. Sie unterliegen insoweit auch der Aufsicht der Bundesanstalt nach § 50 Nummer 1 Buchstabe b und c des Geldwäschegesetzes.

I. Vorbemerkung

1 § 36 WpIG ist eine Parallelvorschrift zu § 25l KWG und trifft eine gesonderte Regelung zur **geldwäscherechtlichen Verpflichteteneigenschaft und zur Geldwäscheaufsicht bei Investmentholdinggesellschaften** (Regierungsbegründung WpIG, BT-Drs. 19/26929, 143). Die Norm bezweckt, die Verpflichteteneigenschaft von Investmentholdinggesellschaften iSd § 2 Abs. 27 sicherzustellen, damit diese – soweit sie Mutterunternehmen einer Gruppe sind – unter die gruppenweiten geldwäscherechtlichen Organisations- und Sorgfaltspflichten gem. § 9 GwG fallen.

II. Regelungsgehalt der Norm

2 Der Regelungsgehalt der Norm erschöpft sich in der **Anordnung der Verpflichteteneigenschaft der Investmentholdinggesellschaften gemäß dem GwG** (S. 1), einschließlich der entsprechenden **geldwäscherechtlichen Beaufsichtigung durch die BaFin** (S. 2). Diese gesonderte Regelung ist nach Ansicht des Gesetzgebers (RegBegr. WpIG, BT-Drs. 19/26929, 143) erforderlich, da sich gem. § 2 Abs. 27 S. 2 die „Begriffe der Finanzholdinggesellschaft im Sinne von Art. 4 Abs. 1 Nr. 20 CRR sowie der Investmentholdinggesellschaft ausschließen und es daher sein kann, dass sich die Verpflichteteneigenschaft nur aus der Stellung als Investmentholdinggesellschaft ergibt". Eine Investmentholdinggesellschaft ist in § 2 Abs. 27 definiert als ein Finanzinstitut (§ 2 Abs. 26), dessen Tochterunternehmen ausschließlich oder hauptsächlich Wertpapierinstitute oder andere Finanzinstitute sind, wobei mindestens ein Tochterunternehmen ein Wertpapierinstitut sein muss. Wenn allerdings (ggf. auch) ein CRR-Kreditinstitut ein Tochterunternehmen (gemäß Definition in Art. 4 Abs. 1 Nr. 16 CRR) ist, liegt nicht eine Investmentholdinggesellschaft vor (siehe § 2 Abs. 27 S. 2), sondern eine Finanzholdinggesellschaft gem. Art. 4 Abs. 1 Nr. 20 CRR. Für die Finanzholdinggesellschaft ordnet § 25l KWG die Verpflichteteneigenschaft an. Da aber, wie gezeigt, Finanzholdinggesellschaft und Investmentholdinggesellschaft begrifflich auseinanderfallen, bedarf es einer gesonderten Norm, um für die Investmentholdinggesellschaft die Verpflichteteneigenschaft anzuordnen. Hierzu dient § 36.

3 Wie zu der Parallelbestimmung § 25l KWG zutreffend bemerkt wird (Beck/Samm/Kokemoor/Findeisen KWG § 25l Rn. 18), wäre diese Regelung rechtssystematisch besser in § 2 GwG angesiedelt, wo zentral festgelegt wird, wer geldwäscherechtlich Verpflichteter ist. Der Gesetzgeber des WpIG folgt jedoch dem Ansatz, sich möglichst eng an die Struktur des KWG anzulehnen und hat daher spiegelbildlich § 36 in das WpIG eingefügt. Allerdings ist die nähere Bestimmung der Investmentholdinggesellschaften „die als Mutterunternehmen gelten oder von der Bundesanstalt als solches bestimmt wurden" gesetzgeberisch verunglückt. Hierdurch sollte offenbar der Passus in § 25l KWG gespiegelt werden, der (bei Inkrafttreten des WpIG am 26.6.2021) lautete: „die nach § 10a KWG als übergeordnetes Unternehmen gelten oder von der Bundesanstalt als solches bestimmt wurden". Dabei ist nachvollziehbar, dass die KWG-Begrifflichkeit des „übergeordneten Unternehmens" durch die WpIG-Definition „Mutterunternehmen" (§ 2 Abs. 30) ersetzt wird. Der Passus „oder von der Bundesanstalt als solches bestimmt wurden" läuft allerdings ins Leere, da es anders als im Kontext von § 10a KWG bei der Festlegung eines „übergeordneten Unternehmens" keine

Ermächtigungsgrundlage für die BaFin gibt, um zu bestimmen, ob eine Investmentholdinggesellschaft als „Muttergesellschaft" gelten soll.

§ 37 Verbotene Geschäfte

Einem Wertpapierinstitut sind verboten:

1. **die Aufnahme oder Fortführung einer Korrespondenz- oder sonstigen Geschäftsbeziehung mit einer Bank-Mantelgesellschaft nach § 1 Absatz 22 des Geldwäschegesetzes und**
2. **die Errichtung und Führung von solchen Konten auf den Namen desselben oder eines anderen Wertpapierinstituts, über die die Kunden desselben oder eines anderen Wertpapierinstituts zur Durchführung von eigenen Transaktionen eigenständig verfügen können; § 154 Absatz 1 der Abgabenordnung bleibt unberührt.**

I. Verbot von Geschäftsbeziehungen mit Bank-Mantelgesellschaften (Nr. 1)

1 § 37 entspricht § 25m Nr. 1 KWG und setzt Art. 24 der 4. GeldwäscheRL (RL (EU) 2015/849) um (RegBegr WpIG, BT-Drs. 19/26929, 143). Nach der Richtlinienbestimmung müssen **Korrespondenzbeziehungen mit Bank-Mantelgesellschaften verboten** werden. Das deutsche Gesetz geht in § 25m Nr. 1 KWG und in § 37 noch darüber hinaus, indem es nicht nur Korrespondenzbeziehungen, sondern **auch sonstige Geschäftsbeziehungen** mit Bank-Mantelgesellschaften verbietet.

2 **Korrespondenzbeziehungen** sind in § 1 Abs. 21 GwG definiert, basierend auf der Definition „Korrespondenzbankbeziehung" in Art. 3 Nr. 8 der 4. GeldwäscheRL. Von dieser Definition ist vorliegend die Variante § 1 Abs. 21 Nr. 2 GwG relevant, die auch Wertpapierinstitute erfasst. Danach unterhält ein Wertpapierinstitut (als sog. „Korrespondent") eine solche Korrespondenzbankbeziehung, wenn es eine Wertpapierdienstleistung ausübt für ein CRR-Kreditinstitut, für ein Finanzinstitut iSv Art. 3 Nr. 2 der 4. GeldwäscheRL – darunter zB andere Wertpapierinstitute im Inland oder im EU-Ausland – oder für Unternehmen oder Personen in einem Drittstaat, die Tätigkeiten ausüben, die denen solcher Kreditinstitute oder Finanzinstitute gleichwertig sind (sog. „Respondent").

3 Derartige „Leistungsketten im Wertpapierbereich" (Zentes/Glaab/Kaetzler GwG § 1 Rn. 221) dürfen nicht mit **Bank-Mantelgesellschaften** aufgenommen oder fortgeführt werden. Der Begriff der Bank-Mantelgesellschaft ist gesetzlich in § 1 Abs. 22 GwG auf Grundlage von Art. 3 Nr. 17 der 4. GeldwäscheRL definiert. Es wird anschaulich auch von „shell banks" (Art. 3 Nr. 17 der 4. GeldwäscheRL) oder „Briefkastenbanken" (Herzog/Barreto da Rosa/El-Ghazi/Figura/Seehafer GwG § 1 Rn. 178) gesprochen. Dies sind zum einen gem. § 1 Abs. 22 Nr. 1 GwG CRR-Kreditinstitute oder Finanzinstitute iSv Art. 3 Nr. 2 der 4. GeldwäscheRL (zB Wertpapierinstitute), zum anderen gem. § 1 Abs. 22 Nr. 2 GwG sonstige Unternehmen, die den Kreditinstituten und Finanzinstituten gleichwertige Tätigkeiten ausüben, jeweils unter der Voraussetzung, dass das Institut bzw. Unternehmen **a) in einem Land in ein Handelsregister oder ein vergleichbares Register eingetragen ist, in dem die tatsächliche Leitung und Verwaltung nicht erfolgen** (Richtlinienwortlaut von Art. 3 Nr. 17 der

4. GeldwäscheRL: „nicht physisch präsent …, so dass eine echte Leitung und Verwaltung stattfinden könnte", englische Fassung: „no physical presence, involving meaningful mind and management"), sowie **b) keiner regulierten Gruppe von Kredit- oder Finanzinstrumenten angeschlossen** ist. Diese beiden Voraussetzungen a) und b) für das Vorliegen einer Bank-Mantelgesellschaft gelten sowohl für Institute iSv § 1 Abs. 22 Nr. 1 GwG als auch für sonstige Unternehmen iSv § 1 Abs. 22 Nr. 2 GwG, anderes als die redaktionelle Einrückung der Buchstaben a und b unter § 1 Abs. 22 Nr. 2 GwG suggeriert. Dies belegt die zugrunde liegende Formulierung in Art. 3 Nr. 17 der 4. GeldwäscheRL, wo diese Voraussetzungen im Fließtext ohne Einrückung auf sowohl Institute wie auch sonstige Unternehmen bezogen werden (so auch Erbs/Kohlhaas/Häberle GwG § 1 Rn. 22).

4 Das Verbot der Geschäftsbeziehung mit der Bank-Mantelgesellschaft ist gem. Art. 24 S. 2 der 4. GeldwäscheRL richtlinienkonform dahingehend erweiternd auszulegen, dass eine Geschäftsbeziehung auch nicht mit einem Kreditinstitut oder Finanzinstitut iSv Art. 3 Nr. 2 der 4. GeldwäscheRL unterhalten werden darf, das zwar nicht selbst als Bank-Mantelgesellschaft anzusehen ist, das aber bekanntermaßen zulässt, dass seine Konten von einer Bank-Mantelgesellschaft genutzt werden.

II. Verbot von Durchlaufkonten (Nr. 2)

5 In § 37 Nr. 2 wird das Errichten und Führen von sog. Durchlaufkonten (in Art. 19 lit. e der 4. GeldwäscheRL auch „payable-through accounts" genannt) durch Wertpapierinstitute mit Verbot belegt. Dies sind Konten auf den Namen desselben oder eines anderen Wertpapierinstituts, über die die Kunden desselben oder eines anderen Wertpapierinstituts zur Durchführung von eigenen Transaktionen eigenständig verfügen können. Hierdurch kann der Kunde praktisch über ein anderes Konto wie über ein eigenes verfügen, ohne dass diese Transaktionen klar zuzuordnen sind. Hierdurch entsteht ein Grad von Anonymität, der gerade verhindert werden soll (Schwennicke/Auerbach/Auerbach/Spies KWG § 25m Rn. 8).

6 Während Art. 19 lit. e der 4. GeldwäscheRL für den Fall der Führung von Durchlaufkonten lediglich die Statuierung bestimmter Sorgfaltspflichten verlangt (Vergewisserung durch das Korrespondenzinstitut, dass das Respondenzinstitut die Identität der Kunden, die direkten Zugang zu den Konten des Korrespondenzinstituts haben, überprüft hat und seine Sorgfaltspflichten gegenüber diesen Kunden kontinuierlich erfüllt hat und dass es in der Lage ist, dem Korrespondenzinstitut auf dessen Ersuchen entsprechende Daten in Bezug auf diese Sorgfaltspflichten vorzulegen) trifft § 37 Nr. 2 mit dem ausnahmslosen Verbot dieser Art von Kontoführung eine **strengere Regelung als von der 4. GeldwäscheRL vorgegeben** (Lendermann/Nemeczek/Schroeter/Wesener Rn. 18).

III. Rechtsfolgen

7 Ein Verstoß gegen § 37 kann gem. § 83 Abs. 1 Nr. 8 und 9 als Ordnungswidrigkeit mit Bußgeld geahndet werden, gem. § 83 Abs. 5 S. 1 mit Geldbuße bis zu 5 Millionen Euro, bei einem jährlichen Gesamtumsatz von mehr als 50 Millionen Euro mit einer Geldbuße in Höhe von bis zu 10 Prozent des jährlichen Gesamtumsatzes einschließlich Bruttoertrag (siehe § 83 Abs. 6 S. 2).

Kapitel 5. Beaufsichtigung von Wertpapierinstituten; Solvenzaufsicht

Abschnitt 1. Grundlagen der Solvenzaufsicht

§ 38 Anwendungsbereich

(1) **Abschnitt 1 dieses Kapitels findet mit Ausnahme der §§ 38, 40, 41 Nummer 1 bis 3, von § 43 Absatz 1, § 45 Absatz 1 Satz 1, 2 und 3 Nummer 1, 3 und 4 auf Kleine Wertpapierinstitute keine Anwendung.**

(2) **War ein Kleines Wertpapierinstitut zuvor als Mittleres Wertpapierinstitut eingestuft, kommen die ausschließlich für Mittlere Wertpapierinstitute geltenden Anforderungen dieses Abschnitts nicht mehr zur Anwendung, sobald das Wertpapierinstitut ununterbrochen über einen Zeitraum von sechs Monaten die Bedingungen des Artikels 12 Absatz 1 der Verordnung (EU) 2019/2033 erfüllt und die Bundesanstalt sowie die Deutsche Bundesbank entsprechend in Kenntnis gesetzt hat.**

(3) **[1]Ist ein Wertpapierinstitut nicht mehr als Kleines Wertpapierinstitut, sondern als Mittleres Wertpapierinstitut einzustufen, teilt es dies der Bundesanstalt mit. [2]Es hat die ausschließlich für Mittlere Wertpapierinstitute geltenden Anforderungen dieses Abschnitts spätestens zwölf Monate nach dem Zeitpunkt einzuhalten, in dem es als Mittleres Wertpapierinstitut einzustufen war.**

(4) **Ein Mittleres Wertpapierinstitut wendet die Vorgaben des § 46 zur Vergütung, die für geleistete Dienste oder für Erfolg gewährt wird, in dem Geschäftsjahr an, das dem Geschäftsjahr folgt, in dem es als Mittleres Wertpapierinstitut einzustufen war.**

(5) **In den Fällen, in denen dieser Abschnitt gilt und Artikel 8 der Verordnung (EU) 2019/2033 angewandt wird, finden die Vorschriften dieses Abschnitts auf Einzelebene Anwendung.**

(6) **[1]In den Fällen, in denen dieser Abschnitt gilt und Artikel 7 der Verordnung (EU) 2019/2033 angewandt wird, sind die Vorschriften dieses Abschnitts sowohl auf Einzelbasis als auch auf konsolidierter Basis anzuwenden. [2]Abweichend von Satz 1 findet dieser Abschnitt keine Anwendung auf Tochterunternehmen, die in die aufsichtlich konsolidierte Lage im Sinne von Artikel 4 Absatz 1 Nummer 12 der Verordnung (EU) 2019/2033 einbezogen sind und ihren Sitz in Drittstaaten haben, sofern das Mutterunternehmen in der Europäischen Union den zuständigen Stellen nachweisen kann, dass die Anwendung dieses Abschnitts nach den gesetzlichen Bestimmungen des Drittstaates, in dem diese Tochterunternehmen ihren Sitz haben, rechtswidrig wäre.**

(7) **[1]Die aufsichtliche Konsolidierung einer Wertpapierinstitutsgruppe richtet sich nach den Artikeln 7 und 8 der Verordnung (EU) 2019/2033. [2]Dies gilt auch, wenn ein oder mehrere Finanzdienstleistungsinstitute oder Kreditinstitute, die nicht CRR-Kreditinstitute im Sinne des § 1**

Absatz 3d Satz 1 des Kreditwesengesetzes sind, Teil der Wertpapierinstitutsgruppe sind.

I. Vorbemerkung

1 § 38 regelt, welche der in §§ 39–46 enthaltenen Bestimmungen zur Solvenzaufsicht sowie zum Risikomanagement der Wertpapierfirmen auf Kleine und Mittlere Wertpapierinstitute anwendbar sind, und setzt Art. 25 IFD um. Die Vorschriften zur Geschäftsorganisation, Transparenz, zum Umgang mit Risiken und zur Vergütung sind unmittelbar nur auf Mittlere Wertpapierinstitute vollständig anwendbar (Regierungsbegründung WpIG, BT-Drs. 19/26929, 143). Für Kleine Wertpapierinstitute gelten nur bestimmte Vorschriften. Ergänzend gelten sowohl für Kleine Wertpapierinstitute als auch für Mittlere Wertpapierinstitute die Artikel 21, 22–25, 27 sowie 30–32 DelVO (EU) 2017/565 (Regierungsbegründung WpIG, BT-Drs. 19/26929, 143). Durch das StandortförderungsG v. 4.2.2026 (BGBl. 2026 I Nr. 33) wurde Abs. 1 dahingehend geändert, dass nunmehr auch § 45 Abs. 1 S. 3 Nr. 3 auf Kleine Wertpapierinstitute anwendbar ist; hierdurch sollte ein Redaktionsversehen beseitigt werden (Regierungsbegründung StoFöG, BT-Drs. 21/2507, 214).

2 Für Große Wertpapierinstitute gelten §§ 38–46 nach § 4 S. 2 nicht (→ § 4 Rn. 6).

II. Für Kleine und Mittlere Wertpapierinstitute anwendbare Bestimmungen (Abs. 1)

3 Die folgenden Bestimmungen der §§ 38–46 sind nach Abs. 1 jeweils für Kleine Wertpapierinstitute anwendbar:

Bestimmung	Inhalt
§ 38	Anwendungsbereich
§ 40	Auslagerung von Aktivitäten und Prozessen; Verordnungsermächtigung
§ 41 Nr. 2	Notwendigkeit wirksamer Verfahren zur Identifizierung, Beurteilung, Steuerung sowie Überwachung und Kommunikation der Risiken und möglichen Risiken, denen das Wertpapierinstitut ausgesetzt ist oder die das Wertpapierinstitut für andere darstellt
§ 41 Nr. 3	Notwendigkeit angemessener interner Kontrollmechanismen, einschließlich ordnungsgemäßer Verwaltungs- und Rechnungslegungsverfahren
§ 43 Abs. 1	Gesamtverantwortung der Geschäftsleiter für Risikomanagement
§ 45 Abs. 1 S. 1	Erforderlichkeit angemessener Strategien, Grundsätze, Verfahren und Systeme zur Risikosteuerung
§45 Abs. 1 S. 2	Gewährleistung der Identifizierung, Beurteilung, Steuerung sowie Überwachung und Kommunikation der wesentlichen Risiken und damit verbundener Risikokonzentrationen

Bestimmung	**Inhalt**
	sowie deren Ursachen und Auswirkungen auf die Eigenmittel des Wertpapierinstituts
§ 45 Abs. 1 S. 3 Nr. 1	Gewährleistung der Risikosteuerung in Bezug auf Risiken für Kunden
§ 45 Abs. 1 S. 3 Nr. 3	Gewährleistung der Risikosteuerung in Bezug auf Risiken aus dem Zahlungsausfall von Kunden oder Kontrahenten
§ 45 Abs. 1 S. 3 Nr. 4	Gewährleistung der Risikosteuerung in Bezug auf Liquiditätsrisiken

Die Regierungsbegründung zum WpIG weist darüber hinaus auf folgende Bestimmungen der Delegierten VO (EU) 2017/565 (VO (EU) 2017/565 zur Ergänzung der RL 2014/65/EU, ABl. 2017 L 87, 1 ber. 2017 L 246, 12 ber. 2018 L 82, 18) hin, die für Kleine Wertpapierinstitute und Mittlere Wertpapierinstitute gleichermaßen gelten: **4**

Bestimmung DelVO (EU) 2017/65	**Inhalt**
21	Allgemeine organisatorische Anforderungen (Ergänzung der Anforderungen in Art. 16 Abs. 2–10 MiFID II)
22	Einhaltung der Vorschriften („Compliance") (Ergänzung der Anforderungen in Art. 16 Abs. 2 MiFID II)
23	Risikomanagement (Ergänzung der Anforderungen in Art. 16 Abs. 5 MiFID II)
24	Innenrevision (Ergänzung der Anforderungen in Art. 16 Abs. 5 MiFID II)
25	Zuständigkeiten der Geschäftsleitung (Ergänzung der Anforderungen in Art. 16 Abs. 2 MiFID II)
27	Vergütungsgrundsätze und -praktiken (Ergänzung der Anforderungen in Art. 16, 23 und 24 MiFID II)
30	Umfang ausschlaggebender und wichtiger betrieblicher Aufgaben (Ergänzung der Anforderungen in Art. 16 Abs. 2 und Abs. 5 UAbs. 1 MiFID II)
31	Auslagerung ausschlaggebender oder wichtiger betrieblicher Aufgaben (Ergänzung der Anforderungen in Art. 16 Abs. 2 und Abs. 5 UAbs. 1 MiFID II)
32	Dienstleister mit Sitz in einem Drittland (Ergänzung der Anforderungen in Art. 16 Abs. 2 und Abs. 5 UAbs. 1 MiFID II)

III. Statuswechsel von Mittlerem Wertpapierinstitut zu Kleinem Wertpapierinstitut (Abs. 2)

Abs. 2 geht auf Art. 25 Abs. 2 IFD zurück und erfasst den Fall, dass ein Wertpapierinstitut, das zunächst Mittleres Wertpapierinstitut iSv § 2 Abs. 17 war, kumula- **5** tiv die Anforderungen aus Art. 12 Abs. 1 IFR (→ § 2 Rn. 351) erfüllt und damit Kleines Wertpapierinstitut iSv § 2 Abs. 16 ist.

6 Die Anforderungen der §§ 38–46 müssen nicht mehr erfüllt werden, wenn das Wertpapierinstitut die BaFin und die BBank über die Erfüllung der Anforderungen aus Art. 12 Abs. 1 IFR unterrichtet hat. Seit der Unterrichtung muss eine Frist von sechs Monaten verstrichen sein. Die Frist beginnt nur, wenn das Wertpapierinstitut tatsächlich Kleines Wertpapierinstitut iSv § 2 Abs. 16 ist. Die Sechs-Monate-Frist dient BaFin und BBank zur Nachprüfung, ob die Voraussetzungen für die Einstufung als Kleines Wertpapierinstitut tatsächlich erfüllt sind.

IV. Statuswechsel von Kleinem Wertpapierinstitut zu Mittlerem Wertpapierinstitut (Abs. 3, 4)

7 Erfüllt ein Kleines Wertpapierinstitut nicht mehr kumulativ die Anforderungen aus Art. 12 Abs. 1 IFR (→ § 2 Rn. 351) und ist es dadurch als Mittleres Wertpapierinstitut iSv § 2 Abs. 17 einzustufen, dann ist das Wertpapierinstitut nach **Abs. 3 Satz 1** verpflichtet, dies der BaFin und der BBank anzuzeigen.

8 **Abs. 3 Satz 2** verpflichtet Mittlere Wertpapierinstitute, die zuvor Kleine Wertpapierinstitute waren, die für Mittlere Wertpapierinstitute geltenden §§ 38–46 spätestens zwölf Monate nach dem Zeitpunkt einzuhalten, zu dem der Statuswechsel eingetreten ist. Maßgeblich ist nicht der Zeitpunkt der Anzeige nach Abs. 3 Satz 1, sondern der Zeitpunkt, zu dem nicht mehr alle Anforderungen aus Art. 12 Abs. 1 IFR kumulativ eingehalten wurden.

9 Für die Einhaltung der Vorgaben in § 46 zur Vergütung gilt nach **Abs. 4** abweichend von Abs. 3 Satz 2 nicht die Sechs-Monats-Frist. Stattdessen ist ein Vergütungssystem nach § 46 so einzurichten, dass die Vorgaben in § 46 in dem auf den Statuswechsel folgenden Geschäftsjahr eingehalten werden.

V. Anwendung bei Konsolidierung (Abs. 5, 6)

1. Aufsichtliche Konsolidierung nach Art. 7 IFR (Abs. 6)

10 Nach Art. 7 IFR sind im Fall einer Wertpapierinstitutsgruppe die Pflichten nach Kapitel 2 Teil 2, 3, 4, 6 und 7 IFR auf Einzelebene und konsolidierter Basis vom jeweiligen Mutterunternehmen und auf Einzelebene auch von seinen Tochterunternehmen zu erfüllen. **Abs. 6 Satz 1** ordnet für den Fall der Konsolidierung nach Art. 7 IFR an, dass die für das jeweilige Wertpapierinstitut geltenden Verpflichtungen aus §§ 38–46 sowohl auf Einzelebene als auch (im Fall des Mutterunternehmens) auf konsolidierter Basis zu erfüllen sind.

11 **Abs. 6 Satz 2** nimmt Tochterunternehmen mit Sitz in Drittstaaten von der Verpflichtung zur Einhaltung der auf das Tochterunternehmen anwendbaren Bestimmungen der §§ 38–46 aus, wenn das Mutterunternehmen seinen Sitz in der EU hat und wenn und soweit das Mutterunternehmen nachweisen kann, dass die Anwendung dieser Bestimmungen gegen gesetzliche Bestimmungen dieses Drittstaats verstoßen würde.

2. Gruppenkapitaltest nach Art. 8 IFR (Abs. 5)

12 Art. 8 IFR erlaubt außer der zusammengefassten Berechnung der Anforderungen auf Gruppenebene mit dem sog. **Gruppenkapitaltest** auch eine vereinfachte

Berechnungsmethode der Eigenmittelanforderungen auf Gruppenebene. Die Anwendung des Gruppenkapitaltest ist zulässig, wenn die BaFin als zuständige nationale Aufsichtsbehörde dies gestattet hat. Voraussetzung dafür ist, dass nach Maßgabe von Art. 7 IFR keine wesentlichen Risiken für die Kunden eines Wertpapierinstituts oder den Markt bestehen, die von der Wertpapierinstitutsgruppe als Ganzes ausgehen; hierfür ist insbesondere erforderlich, dass die Struktur der Gruppe als hinreichend einfach angesehen wird (BBank-Monatsbericht März 2021, 45, 56). In diesem Fall gelten die Eigenmittelanforderungen an die Wertpapierinstitutsgruppe als erfüllt, wenn die Muttergesellschaft nach Art. 8 IFR über Eigenmittel verfügt, die mindestens der Summe der Buchwerte ihrer Beteiligungen an gruppenangehörigen Wertpapierinstituten sowie anderen gruppenangehörigen Unternehmen wie Finanzinstituten, Anbietern von Nebendienstleistungen und vertraglich gebundenen Vermittlern sowie der Summe der Eventualverbindlichkeiten gegenüber diesen gruppenangehörigen Unternehmen entspricht (BBank-Monatsbericht März 2021, 45, 56)

Ist der Muttergesellschaft einer Wertpapierinstitutsgruppe die Anwendung des Gruppenkapitaltests gestattet, dann reicht nach **Abs. 5** abweichend von der Verpflichtung zur Einhaltung der anwendbaren Vorgaben aus §§ 38–46 auf Einzelbasis und auf konsolidierter Basis nach Abs. 6 Abs. 5 aus, die Vorgaben aus §§ 38–46 ausschließlich auf Einzelbasis zu erfüllen. 13

VI. Aufsichtliche Konsolidierung (Abs. 7)

Abs. 7 soll deklaratorisch die europarechtlich bedingte Konsolidierungshierarchie klarstellen. Die Bestimmung wurde durch den Finanzausschuss eingefügt (Beschlussempfehlung u. Bericht Finanzausschuss, BT-Drs. 19/28480, 222), auch wenn der Text von Abs. 7 in der Beschlussempfehlung des Finanzausschusses noch fehlte (nach BT-Drs. 19/28480, 9 sollte § 38 unverändert bleiben). 14

Für die aufsichtliche Konsolidierung einer Wertpapierinstitutsgruppe (§ 2 Abs. 25, dazu → § 2 Rn. 387) gelten immer Art. 7 und 8 IFR. Dies gilt auch für den Fall, dass Finanzdienstleistungsinstitute oder Kreditinstitute im Sinne des KWG Teil der Wertpapierinstitutsgruppe sind. Ist ein CRR-Kreditinstitut Teil der Wertpapierinstitutsgruppe, dann gelten für die aufsichtliche Konsolidierung nicht die Bestimmungen der IFR, sondern die der CRR (VO (EU) 575/2013) (Beschlussempfehlung u. Bericht Finanzausschuss zum WpIG, BT-Drs. 19/28480, 222). 15

§ 39 Internes Kapital und liquide Mittel

(1) [1]Mittlere Wertpapierinstitute müssen laufend ihre Risikotragfähigkeit sicherstellen. [2]Dies umfasst Verfahren zur Ermittlung und Sicherstellung der Risikotragfähigkeit, wobei eine vorsichtige Ermittlung der Risiken und des zu ihrer Abdeckung verfügbaren Risikodeckungspotenzials zugrunde zu legen ist. [3]Mittlere Wertpapierinstitute müssen darüber hinaus durch entsprechende Verfahren sicherstellen, dass sie ihre Mittel so anlegen, dass jederzeit eine ausreichende Zahlungsbereitschaft (Liquidität) gewährleistet ist.

(2) [1]Die in Absatz 1 genannten Regelungen, Strategien und Verfahren müssen mit Blick auf die Art, den Umfang und die Komplexität der Geschäfte des Wertpapierinstituts angemessen und verhältnismäßig sein. [2]Sie sind von dem Wertpapierinstitut regelmäßig intern zu überprüfen.

(3) **In dem Umfang, in dem die Bundesanstalt es als angemessen einstuft, kann sie von Kleinen Wertpapierinstituten verlangen, dass diese die Anforderungen der Absätze 1 und 2 einhalten.**

Literatur: Deutsche Bundesbank, Ein neuer europäischer Aufsichtsrahmen für Wertpapierfirmen, Monatsbericht März 2021, 45; Schuster/Nemeczek, IFR, IFD und WpIG – Neuer Rechtsrahmen für Wertpapierfirmen, ZBB 2021, 35, 121; Waschbusch/Kiszka/Engels, Die neue Welt der Risikotragfähigkeit, BKR 2023, 238.

Übersicht

I. Vorbemerkung

1 § 39 setzt Art. 24 IFD um, wonach Mittlere Wertpapierinstitute (§ 2 Abs. 17) über solide, wirksame und umfassende Regelungen, Strategien und Verfahren verfügen müssen, mit denen sie die Höhe, die Arten und die Verteilung des internen Kapitals und der liquiden Aktiva, die sie zur quantitativen und qualitativen Absicherung der Risiken, die sie für andere darstellen können, und ihrer eigenen tatsächlichen oder potenziellen Risiken für angemessen halten, kontinuierlich bewerten und auf einem ausreichend hohen Stand halten können. Für Große Wertpapierinstitute gelten weiterhin die Vorgaben aus CRD IV und CRR (Art. 1 Abs. 2 IFR, § 4 WpIG). Für Kleine Wertpapierinstitute kann die BaFin im Einzelfall die Geltung von § 39 anordnen (Abs. 3).

2 Hintergrund für Art. 24 IFD sowie § 39 ist die (nur) für Mittlere Wertpapierinstitute geltende Verpflichtung, jederzeit Eigenmittel in Höhe der sog. **K-Faktor-Anforderung** (Art. 11 Abs. 1 lit. c iVm Art. 15 ff. IFR) vorzuhalten. Diese Verpflichtung können Mittlere Wertpapierinstitute nur dann jederzeit erfüllen, wenn sie laufend die mit ihrem Geschäftsbetrieb verbundenen Risiken ermitteln und messen.

3 Bei den sog. K-Faktoren handelt es sich auf Wertpapierinstitute zugeschnittene Messgrößen, die dazu dienen sollen, abhängig vom tatsächlichen Geschäftsmodell und den erbrachten Wertpapierdienstleistungen sowie deren Umfang möglichst institutsspezifische Eigenmittelanforderungen festzulegen (BBank-Monatsbericht

März 2021, 45, 52). Zugleich dient die für den jeweiligen K-Faktor ermittelte Kenngröße zur Entscheidung, ob ein Wertpapierinstitut kumulativ die Vorgaben für die K-Faktoren in Art. 12 Abs. 1 IFR erfüllt und damit als Kleines Wertpapierinstitut iSv § 2 Abs. 16 einzustufen ist. Die Einführung der sog. K-Faktoren ist eine der zentralen Neuerungen der IFR (BBank-Monatsbericht März 2021, 52).

Ergänzende Anforderungen und Erläuterungen enthalten die von der EU-Kommission aufgrund Vorschlags der EBA in Form von Delegierten VOen zu erlassenden Technischen Regulierungsstandards zu Art. 7 Abs. 5, 9 Abs. 4, 13 Abs. 4, 15 Abs. 5 lit. a–c und 23 Abs. 3 IFR. Im Einzelnen handelt sich folgende Delegierte VOen der EU-Kommission: 4

- Delegierte VO (EU) 2022/1455 v. 11.4.2022 im Hinblick auf technische Regulierungsstandards für die Eigenmittelanforderungen für Wertpapierfirmen auf der Grundlage der fixen Gemeinkosten (ABl. 2022 L 229, 1);
- Delegierte VO (EU) 2022/25 v. 22.9.2021 zur Festlegung der Methoden zur Messung der in Artikel 15 IFR genannten K-Faktoren (ABl. 2022 L 6, 1);
- Delegierte VO (EU) 2022/26 v. 24.9.2021 zur Präzisierung des Begriffs der getrennten Konten mit dem Ziel des Schutzes von Kundengeldern bei Ausfall einer Wertpapierfirma (ABl. 2022 L 6, 7);
- Delegierte VO (EU) 2022/76 v. 22.9.2021 zur Spezifizierung von Anpassungen der Koeffizienten des K-Faktors für den „täglichen Handelsstrom" (K-DTF) (ABl. 2022 L 13, 1);
- Delegierte VO (EU) 2022/244 v. 24.9.2021 zur Festlegung des Betrags des Gesamteinschusses zur Berechnung des K-Faktors „geleisteter Einschuss" (K-CMG) (ABl. 2022 L 41, 1);
- Delegierte VO (EU) 2022/1159 v. 11.3.2022 zur Offenlegung der Anlagestrategie durch Wertpapierfirmen (ABl. 2022 L 179, 11);
- Delegierte VO (EU) 2024/1771 v. 13.3.2024 zur Festlegung der Einzelheiten des Umfangs und der Methoden der aufsichtlichen Konsolidierung einer Wertpapierfirmengruppe (ABl. L, 2024/1771).

Generelle Erläuterungen zum Risikomanagement von Wertpapierinstituten enthalten das BaFin-Rundschreiben „Mindestanforderungen an das Risikomanagement von Wertpapierinstituten **(„WpI-MaRisk")**", zunächst am 6.8.2025 als Entwurf veröffentlicht wurde und das in einer überarbeiteten Entwurfsfassung v. 6.5.2026 vorliegt, die berücksichtigt wurde (zugänglich unter www.bafin.de) sowie die von EBA und ESMA gemeinsam auf der Grundlage von Art. 45 Abs. 2 UAbs. 4 IFD veröffentlichten „Leitlinien zu gemeinsamen Verfahren und Methoden für den aufsichtlichen Überprüfungs- und Bewertungsprozess (SREP) gemäß Richtlinie (EU) 2019/2034" (EBA/GL/2022/09/ESMA35-42-1470 v. 21.7.2022, zugänglich unter www.eba.europa.eu) **(„SREP-Leitlinien").** Daneben gelten für die interne Unternehmensführung § 41 sowie verschiedene ergänzende aufsichtliche Regelungen (→ § 41 Rn. 5). 5

§ 39 verwendet mit den Begriffen Risikotragfähigkeit (§ 25a Abs. 1 S. 3 KWG) und Risikodeckungspotential (§ 25a Abs. 1 S. 3 Nr. 2 KWG) Begriffe aus der Bankenaufsicht, die so in Art. 24 IFD nicht verwendet werden und darauf hindeuten, dass Gesetzgeber und BaFin sowie BBank sich an den nationalen Anforderungen an Kreditinstitute und Finanzdienstleistungsinstitute orientieren wollen (Lendermann/Nemeczek/Schroeter/Lange Rn. 6). Allerdings sind Art. 24 IFD durch die SREP-Leitlinien (→ Rn. 5) sowie § 39 mittlerweile durch die WpI-MaRisk präzisiert worden, so dass ein Rückgriff auf den von BBank/BaFin veröffentlichten Risikotragfähigkeitsleitfaden „Aufsichtliche Beurteilung bankinterner Risikotrag- 6 fähigkeitskonzepte und deren prozessualer Einbindung in die Gesamtbanksteuerung („ICAAP") – Neuausrichtung" v. 24.5.2018 (Gz. BA 54-FR 2210-2018/0004, zugänglich unter www.bafin.de) nur für Große Wertpapierinstitute möglich sein dürfte, für die § 39 ohnehin nicht gilt.

II. Anforderungen an Risikotragfähigkeit für Mittlere Wertpapierinstitute (Abs. 1)

1. Jederzeitige Sicherstellung der Risikotragfähigkeit (Satz 1)

7 Nach **Satz 1** müssen Mittlere Wertpapierinstitute laufend ihre Risikotragfähigkeit sicherstellen. Dies bedeutet, dass Mittlere Wertpapierinstitute zu jeder Zeit („kontinuierlich") die Vorgaben an Eigenmittel und Liquidität einhalten müssen (Regierungsbegründung WpIG, BT-Drs. 19/26929, 144). **Risikotragfähigkeit** definiert AT 4.1.1 WpI-MaRisk als die laufende Abdeckung der wesentlichen Risiken durch das Risikodeckungspotential unter Berücksichtigung von Risikokonzentrationen.

8 Der Begriff **Risikodeckungspotential** ist in der WpI-MaRisk nicht definiert. Sein Inhalt ergibt sich aus den SREP-Leitlinien (→ Rn. 5), Tz. 22, wonach die Eigenkapital- und Liquiditätsausstattung eines Wertpapierinstituts angemessen sein muss, um eine **solide Deckung** der Risiken zu gewährleisten, denen das Wertpapierinstitut ausgesetzt ist oder ausgesetzt ist.

9 IFD und IFR enthalten Vorgaben an die Eigenmittel im Hinblick auf drei Messgrößen, von denen eine statisch ist (Anfangskapital), die beiden anderen dynamisch (Eigenmittel-Kosten-Relation, K-Faktor-Anforderungen). Maßgeblich ist nach Art. 11 Abs. 1 IFR die jeweils höchste der drei Kennzahlen. Kleine Wertpapierinstitute müssen die Vorgaben zu Anfangskapital und Eigenmittel-Kosten-Relation einhalten, nicht die K-Faktor-Anforderung (Art. 11 Abs. 2 IFR).

10 Die Vorgaben in Art. 11 Abs. 1 IFR sind **Mindestanforderungen.** Die BaFin kann im Einzelfall nach § 49 Abs. 1 Nr. 1 iVm mit § 50 höhere Eigenmittelanforderungen festsetzen (SREP-Leitlinien (→ Rn. 5), Tz. 24).

11 Für die Zusammensetzung der Eigenmittel gilt Art. 9 IFR. Danach müssen die Eigenmittel bestehen

- zu mindestens 56 % aus hartem Kernkapital iSv Teil 2 Titel I Kapitel 2 CRR, dh Art. 26 ff. CRR (Art. 9 Abs. 1 lit. a IFR),
- zu mindestens 75 % aus der Summe von hartem Kernkapital und zusätzlichem Kernkapital iSv Teil 2 Titel I Kapitel 3 CRR, dh Art. 51 ff. CRR (Art. 9 Abs. 1 lit. b IFR), und
- zu mindestens 100 % aus der Summe von hartem Kernkapital, zusätzlichem Kernkapital und Ergänzungskapital iSv Teil 2 Titel I Kapitel 4 CRR, dh Art. 62 ff. CRR (Art. 9 Abs. 1 lit. c IFR).

12 **a) Anfangskapital (Art. 11 Abs. 1 lit. b IFR, Art. 9 IFD).** Das Anfangskapital ist die **permanente Mindestkapitalanforderung** iSv Art. 11 Abs. 1 lit. b IFR. Die Höhe des Anfangskapitals bestimmt sich nach § 17 Abs. 1 (der Art. 9 IFD umsetzt) und richtet sich danach, ob das Wertpapierinstitut im Zusammenhang mit der Erbringung von Wertpapierdienstleistungen zulässigerweise Eigentum und Besitz an Kundengeldern oder Kundenwertpapieren erwerben darf. In diesem Fall beträgt das Anfangskapital 150.000 Euro (§ 17 Abs. 1 Nr. 3), in allen anderen Fällen 75.000 Euro (§ 17 Abs. 1 Nr. 2). Dies entspricht den Vorgaben in Art. 9 Abs. 2 und 3 IFD.

Gegenüber der CRD IV und der CRR wurden die Beträge erhöht, die zuvor 50.000 Euro und 125.000 Euro betrugen (Art. 29 CRD IV, § 33 Abs. 1 S. 1 Nr. 1a und b KWG aF, vgl. BBank-Monatsbericht März 2021, 45, 51).

Für Große Wertpapierinstitute beträgt das Anfangskapital 750.000 Euro (§ 17 Abs. 1 Nr. 1, vgl. Art. 9 Abs. 1 und 4 IFD). Für Große Wertpapierinstitute gilt § 39 nicht (§ 4). 13

Für die Aufbringung und den Nachweis des Anfangskapitals gilt § 17. 14

b) Eigenmittel-Kosten-Relation (Art. 11 Abs. 1 lit. a iVm Art. 13 IFR). 15 Wertpapierinstitute müssen Eigenmittel in Höhe von mindestens 25 % ihrer fixen Gemeinkosten vorhalten. Diese sog. Eigenmittel-Kosten-Relation (auch **Fixed Overhead Requirement, FOR**) ergab sich für Finanzdienstleistungsinstitute zuvor aus Art. 97 CRR und ergibt sich für Kleine und Mittlere Wertpapierinstitute jetzt aus Art. 11 Abs. 1 lit. a iVm Art. 13 IFR.

Der Berechnung zugrunde zu legen sind grds. die **fixen Gemeinkosten des Vorjahrs** (Art. 13 Abs. 1 S. 1 IFR). Entscheidend für die Berechnung sind die Zahlen der für das Wertpapierinstitut maßgeblichen Rechnungslegung (Art. 13 Abs. 1 S. 2 IFR). 16

Wurde die Geschäftstätigkeit erst im Laufe des Vorjahres aufgenommen, dann sind die mit dem Zulassungsantrag nach Art. 5 lit. a Delegierte VO (EU) 2017/1943 vorgelegten Prognosen des Wertpapierinstituts für die ersten zwölf Monate der Handelstätigkeit maßgeblich (Art. 13 Abs. 3 IFR). 17

Ist eine wesentliche Änderung der Geschäftstätigkeit eingetragen, dann kann die BaFin den nach Art. 13 Abs. 1 IFR maßgeblichen Betrag entsprechend anpassen (Art. 13 Abs. 2 IFR). Ob eine wesentliche Änderung vorliegt, richtet sich nach der künftig von der EBA vorzunehmenden Erläuterung dieses Begriffs (Art. 13 Abs. 4 UAbs. 2 IFR). 18

Art. 13 Abs. 4 IFR sowie die künftig von der EBA in Abstimmung mit der ESMA zu dieser Bestimmung zu erarbeitenden technischen Regulierungsstandards sehen vor, dass bei der Berechnung der der Eigenmittel-Kosten-Relation folgende Abzugsposten von den fixen Gemeinkosten berücksichtigt werden: 19

- Prämien für Mitarbeiter und sonstige Vergütungen, soweit sie von dem Nettogewinn des Wertpapierinstituts im betreffenden Jahr abhängen;
- Gewinnbeteiligungen der Mitarbeiter, der Geschäftsführer und der Gesellschafter;
- sonstige Gewinnausschüttungen und sonstige variable Vergütungen, soweit sie vollständig diskretionär sind;
- zu entrichtende geteilte Provisionen und Entgelte, die direkt mit den einzufordernden Provisionen und Entgelten in Verbindung stehen, die Bestandteil der Gesamterlöse sind, und bei denen die Zahlung der zu entrichtenden Provisionen und Entgelte vom tatsächlichen Erhalt der einzufordernden Provisionen und Entgelte abhängt;
- Entgelte an vertraglich gebundene Vermittler;
- einmalige Aufwendungen aus unüblichen Tätigkeiten.

c) K-Faktoren-Anforderung (Art. 11 Abs. 1 lit. c iVm Art. 15 ff. IFR). 20 Mittlere Wertpapierinstitute müssen Eigenkapital auch in mindestens in Höhe der sog. K-Faktor-Anforderung vorhalten.

Die K-Faktoren werden in Art. 15 Abs. 1 IFR in K-Faktoren für Kundenrisiken **(„Risk-to-Client“, RtC),** in K-Faktoren für Marktrisiken **(„Risk-to-Market“, RtM)** und in K-Faktoren für Firmenrisiken **(„Risk-to-Firm“, RtF)** unterteilt: 21

Risikokategorie/K-Faktor	**Beschreibung**	**Ermittlung**
Kundenrisiken (Risk to Client, RtC)		
K-AUM	Assets Under Management („verwaltete Vermögenswerte")	Art. 17 IFR, Art. 1–3 Delegierte VO (EU) 2022/25
K-CMH	Client Money Held („gehaltene Kundengelder")	Art. 18 IFR, Art. 1, 4 Delegierte VO (EU) 2022/25
K-ASA	Assets Safeguarded and Administered („verwahrte und verwaltete Vermögenswerte")	Art. 19 IFR, Art. 1, 5 Delegierte VO (EU) 2022/25
K-COH	Client Orders Handled („bearbeitete Kundenaufträge")	Art. 20 IFR, Art. 1, 6–9 Delegierte VO (EU) 2022/25
Marktrisiken (Risk to Market, RtM)		
K-NPR	Net Position Risk („Nettopositionsrisiko")	Art. 22 IFR
K-CMG	Clearing Margin Given („geleisteter Einschuss für Clearing Geschäfte")	Art. 23 IFR
Firmenrisiken (Risk to Firm, RtF)		
K-DTF	Daily Trading Flow („täglicher Handelsstrom")	Art. 33 IFR, Art. 10–11 Delegierte VO (EU) 2022/25
K-TCD	Trading Counterparty Default („Handelsgegenparteienausfallrisiko")	Art. 26 IFR
K-CON	Concentration Risk („Konzentrationsrisiko")	Art. 39 IFR

22 Die K-Faktoren lassen sich auch nach Art der Wertpapierdienstleistungen oder Wertpapiernebendienstleistungen systematisieren, die ein Mittleres Wertpapierinstitut erbringt (Quelle: BBank-Monatsbericht März 2021, 53):

Risikokategorie/K-Faktor	**Beschreibung**	**Wertpapierdienstleistung oder Wertpapiernebendienstleistung nach WpIG**
Kundenrisiken (Risk to Client, RtC)		
K-AUM	Assets Under Management („verwaltete Vermögenswerte")	– Finanzportfolioverwaltung – Anlageberatung (fortdauernd)

Risikokategorie/K-Faktor	Beschreibung	Wertpapierdienstleistung oder Wertpapiernebendienstleistung nach WpIG
K-CMH	Client Money Held („gehaltene Kundengelder“)	– Halten von Kundengeldern oder Wertpapieren kann bei einer großen Zahl von Wertpapierdienstleistungen oder -nebendienstleistungen erfolgen
K-ASA	Assets Safeguarded and Administered („verwahrte und verwaltete Vermögenswerte“)	– Verwahrung und Verwaltung von Finanzinstrumenten einschließlich Depotverwahrung
K-COH	Client Orders Handled („bearbeitete Kundenaufträge“)	– Anlagevermittlung – Abschlussvermittlung – Platzierungsgeschäft
Marktrisiken (Risk to Market, RtM)		
K-NPR	Net Position Risk („Nettopositionsrisiko“)	– Eigenhandel – Finanzkommissionsgeschäft – Emissionsgeschäft
K-CMG	Clearing Margin Given („geleisteter Einschuss für Clearing Geschäfte“)	– Eigenhandel – Finanzkommissionsgeschäft
Firmenrisiken (Risk to Firm, RtF)		
K-DTF	Daily Trading Flow („täglicher Handelsstrom“)	– Abschlussvermittlung – Eigenhandel – Finanzkommissionsgeschäft
K-TCD	Trading Counterparty Default („Handelsgegenparteienausfallrisiko“)	– Eigenhandel – Finanzkommissionsgeschäft Emissionsgeschäft
K-CON	Concentration Risk („Konzentrationsrisiko“)	– Eigenhandel – Finanzkommissionsgeschäft – Emissionsgeschäft

Die Anforderung für die K-Faktoren ergibt sich nach Art. 15 Abs. 1 IFR aus der Summe der K-Faktoren für Kundenrisiken (berechnet nach Art. 16–20 IFR), Marktrisiken (berechnet nach Art. 21–23 IFR) und Firmenrisiken (berechnet nach Art. 24–33 IFR) multipliziert mit dem für den jeweiligen K-Faktor maßgeblichen Koeffizienten. 23

Der auf den jeweiligen K-Faktor jeweils anwendbare Koeffizient ergibt sich aus Art. 15 Abs. 2 IFR. 24

25 Für Kleine Wertpapierinstitute gilt die K-Faktoren-Anforderung nicht. Nach Art. 11 Abs. 2 IFR müssen Kleine Wertpapierinstitute lediglich den höheren Betrag aus fixen Gemeinkosten und permanenter Mindestkapitalanforderung als Eigenmittel vorhalten. Allerdings müssen Kleine Wertpapierinstitute die K-Faktoren (einmalig) für ihre Einstufung als Kleines Wertpapierinstitut ermitteln (Auerbach, Banken- und Wertpapieraufsicht, Kap. 6 Rn. 39).

2. Einrichtung von Verfahren zur Ermittlung und Sicherstellung der Risikotragfähigkeit (Satz 2)

26 **Satz 2** verlangt von Mittleren Wertpapierinstituten die Einrichtung von Verfahren zur Ermittlung und Sicherstellung ihrer jederzeitigen Risikotragfähigkeit. Gemeint sind Verfahren, mit denen das Wertpapierinstitut die Angemessenheit seines internen Kapitals und seiner liquiden Aktiva ständig bewerten und auf einem ausreichend hohen Stand halten kann (Regierungsbegründung WpIG, BT-Drs. 19/26929, 144).

27 Für die Risikosteuerung gelten die speziellen Anforderungen aus § 45. Kriterien für die Beurteilung der Angemessenheit der internen Verfahren zur Ermittlung der Angemessenheit des internen Kapitals (**I**nternal **C**apital **A**dequacy **A**ssessment **P**rocess, **„ICAAP“**) enthalten AT 4 WpI-MaRisk sowie die SREP-Leitlinien (→ Rn. 5), insbes. Tz. 279 ff.

28 Mittlere Wertpapierinstitut müssen die Risiken ermitteln, die mit den von ihnen zu erbringenden Wertpapierdienstleistungen in Bezug stehen. Die Verfahren müssen sowohl das Ziel der Fortführung des Wertpapierinstituts als auch den Anlegerschutz und die Marktintegrität angemessen berücksichtigen (AT 4.1.3 WpI-MaRisk). Außerdem müssen Kleine und Mittlere Wertpapierinstitute über einen Prozess zur Planung sowie Deckung eines zukünftigen Kapitalbedarfs verfügen (AT 4.1.2 WpI-MaRisk) sowie Risikomanagementsysteme einrichten (AT 4.3.2 WpI-MaRisk).

3. Gewährleistung jederzeitiger Liquidität (Satz 3)

29 Mittlere Wertpapierinstitute sind nach **S. 3** dazu verpflichtet, durch entsprechende Verfahren (**I**nternal **L**iquidity **A**dequacy **A**ssessment **P**rocess, **„ILAAP“**) sicherstellen, dass sie ihre Mittel so anlegen, dass jederzeit eine ausreichende Zahlungsbereitschaft (Liquidität) gewährleistet ist. Nach den SREP-Leitlinien (→ Rn. 5), Tz. 11 sind Regelungen, Strategien und Verfahren erforderlich, mit denen die Wertpapierfirmen die Höhe, die Arten und die Verteilung der liquiden Aktiva, die sie zur Absicherung der Risiken, die sie für andere darstellen können, und ihrer eigenen tatsächlichen oder potenziellen Risiken für angemessen halten, kontinuierlich bewerten und aufrechterhalten können. Für die Überprüfung der Berechnung und der Angemessenheit des ILAAP gelten die SREP-Leitlinien (→ Rn. 5), Tz. 324 ff. ICAAP und ILAAP werden zusammen auch als **I**nternal **c**apital **a**dequacy assessment process and internal **r**isk-**a**ssessment **p**rocess, **„ICARAP“** bezeichnet (SREP-Leitlinien (→ Rn. 5), Tz. 11 ff.

30 Art. 43 Abs. 1 IFR verpflichtet Kleine und Mittlere Wertpapierinstitute dazu, grundsätzlich liquide Aktiva in Höhe von mindestens einem Drittel der sich aus Art. 13 IFR ergebenden Anforderungen für die fixen Gemeinkosten (→ Rn. 15 f.) zu halten.

31 **„Liquide Aktiva“** sind in Art. 43 Abs. 1 UAbs. 3 IFR definiert. Umfasst sind

- die in Art. 10–13 Delegierte VO (EU) 2015/61 genannten Aktiva nach Maßgabe der in diesen Bestimmungen geltenden Anerkennungskriterien und mit den gleichen anwendbaren Abschlägen (Art. 43 Abs. 1 UAbs. 3 lit. a IFR);
- die in Art. 15 Delegierte VO (EU) 2015/61 genannten Aktiva abweichend von Art. 15 Abs. 1 Delegierte VO (EU) 2015/61 nicht bis zu einem Absolutbetrag von 500 Mio. Euro, sondern bis zu einem Absolutbetrag von 50 Mio. Euro nach Maßgabe der in dieser Bestimmung geltenden Anerkennungskriterien und mit den gleichen, anwendbaren Abschlägen (Art. 43 Abs. 1 UAbs. 3 lit. b IFR);
- nicht unter Art. 10–13 oder 15 Delegierte VO (EU) 2015/61 fallende Finanzinstrumente, die an einem Handelsplatz gehandelt werden und für die es einen liquiden Markt iSv Art. 2 Abs. 1 Nr. 17 MiFID (VO (EU) Nr. 600/2014) und Art. 1–5 Delegierte VO (EU) 2017/567 gibt, vorbehaltlich eines Abschlags von 55 % (Art. 43 Abs. 1 UAbs. 3 lit. c IFR);
- unbelastete kurzfristige Einlagen bei einem Kreditinstitut (Art. 43 Abs. 1 UAbs. 3 lit. d IFR).

Nicht zu den liquiden Aktiva gehören Barmittel, kurzfristige Einlagen und Finanzinstrumente im Besitz von Kunden, auch wenn sie im Namen des Wertpapierinstituts gehalten werden (Art. 43 Abs. 2 IFR). 32

S. 3 sowie BTR 3.1 S. 1 WpI-MaRisk verlangen die **jederzeitige** Liquidität (Zahlungsbereitschaft) des Wertpapierinstituts. Nach BTR 3.1 S. 2 WpI-MaRisk müssen ggf. auch Maßnahmen zur Steuerung des **untertägigen Liquiditätsrisikos** ergriffen werden, wobei die BaFin eine solche Steuerung in jedem Fall von Wertpapierinstituten erwartet, die Handel auf eigene Rechnung oder das Emissionsgeschäft betreiben. 33

Kleine Wertpapierinstitute können nach Art. 43 Abs. 3 IFR unter bestimmten Bedingungen Forderungen aus Lieferungen und Leistungen sowie Forderungen aus Gebühren oder Provisionen in ihre liquiden Aktiva einbeziehen. 34

Art. 43 Abs. 1 IFR enthält lediglich Mindestanforderungen. Die BaFin kann im Einzelfall nach § 49 Abs. 1 Nr. 1 iVm mit § 50 höhere Liquiditätsanforderungen festsetzen (SREP-Leitlinien (→ Rn. 5), Tz. 24). 35

Die BaFin kann Kleine Wertpapierinstitute ganz von der Anwendung der Liquiditätsanforderungen ausnehmen (Art. 43 Abs. 1 UAbs. 2 IFR). 36

Für Große Wertpapierinstitute gelten die Liquiditätsanforderungen nach der CRR. 37

4. Ökonomisch nachhaltige Geschäftsstrategie (AT 4.2 Tz. 1 WpI-MaRisk)

Neben der Einhaltung der Voraussetzungen für die Eigenmittel (Art. 11 Abs. 1 IFR) und die Liquidität (Art. 43 IFR) (sog. **normative Perspektive**) verlangt AT 4.2 Tz. 1 WpI-MaRisk von der Geschäftsleitung des Wertpapierinstituts, eine **ökonomisch nachhaltige Geschäftsstrategie** festzulegen **(ökonomische Perspektive),** in der die Ziele des Wertpapierinstituts für jede wesentliche Geschäftsaktivität sowie die Maßnahmen zur Erreichung dieser Ziele dargestellt werden. Die Geschäftsleitung muss außerdem eine mit der Geschäftsstrategie und den daraus resultierenden Risiken konsistente Risikostrategie festlegen (WpI-MaRisk AT 4.2 S. 2). 38

Der Detaillierungsgrad der Geschäftsstrategie und der Risikostrategie richtet sich nach den geplanten Geschäftsaktivitäten (WpI-MaRisk AT 4.2 S. 3). Die in der Entwurfsfassung der MaRisk v. 6.8.2025 enthaltene Zuweisung der Festlegung 39 und ggf. Anpassung der Geschäfts- und Risikostrategie an die Geschäftsleiter als nicht delegierbare höchstpersönliche Aufgabe ist in der Fassung v. 6.5.2026 nicht mehr enthalten. Ob diese Aufgabe delegiert werden kann, richtet sich somit voraussichtlich nach dem Zuschnitt des Wertpapierinstituts.

40 Bei der Festlegung der Geschäftsstrategie müssen externe Einflussfaktoren wie zB Marktentwicklung, Wettbewerbssituation, regulatorisches Umfeld, veränderte Umweltbedingungen und Transition zu einer nachhaltigen Wirtschaft) als auch interne Einflussfaktoren (zum Beispiel Ertragslage und Kapitalausstattung, Liquidität, personelle und technisch-organisatorische Ressourcen) berücksichtigt werden.

41 Vorgaben zur mindestens jährlichen Anpassung der Annahmen, die der Geschäfts- und Risikostrategie zu Grunde liegen, enthält der Entwurf der WpI-MaRisk v. 6.5.2026 nicht mehr.

42 Die Geschäftsstrategie und die Risikostrategie müssen aufeinander abgestimmt sein (WpI-MaRisk AT 4.2 S. 2).

III. Angemessenheit und laufende interne Überprüfung (Abs. 2)

43 Abs. 2 geht auf Art. 24 Abs. 2 IFD zurück. Mittlere Wertpapierinstitute müssen nach **Satz 1** ihrer Geschäftstätigkeit angepasste angemessene Regelungen, Strategien und Verfahren zur Ermittlung ihrer Risikotragfähigkeit sowie zur jederzeitigen Einhaltung der Vorgaben an Höhe, Art und Verteilung des internen Kapitals (**ICAAP,** → Rn. 27) und der liquiden Aktiva (**ILAAP,** → Rn. 29) einrichten.

44 **Angemessen** sind die Verfahren zur Beurteilung der Angemessenheit des internen Kapitals sowie zur Risikobewertung dann, wenn sie die Risiken berücksichtigen, die für Kunden oder Marktteilnehmer aus den Wertpapierdienstleistungen oder -nebendienstleistungen des Mittleren Wertpapierinstituts entstehen können. Außerdem müssen die eigenen tatsächlichen oder potenziellen Risiken berücksichtigt werden.

45 Nach **Satz 2** ist die Angemessenheit dieser Verfahren regelmäßig intern zu überprüfen (Regierungsbegründung WpIG, BT-Drs. 19/26929, 144). Für die Überprüfung des Risikomanagements gelten insbesondere AT 4 WpI-MaRisk, für das Liquiditätsmanagement BTR 4 WpI-MaRisk.

46 Für die externe Überprüfung gilt der aufsichtliche Überprüfungs- und Bewertungsprozess (**S**upervisory **R**eview and **E**valuation **P**rocess, **„SREP"**) nach § 47 iVm den SREP-Leitlinien (→ Rn. 5).

IV. Anordnung der Geltung für Kleine Wertpapierinstitute (Abs. 3)

47 Abs. 3 setzt Art. 24 Abs. 2 UAbs. 2 IFD um. Danach gilt § 39 für Kleine Wertpapierinstitute zunächst nicht. Allerdings ermächtigt Abs. 3 die BaFin, im Einzelfall aufgrund der Beurteilung der Risiken auch von Kleinen Wertpapierinstituten verlangen, dass sie die Vorgaben aus Abs. 1 und 2 einhalten, soweit die BaFin dies als angemessen einstuft. Eine solche Anordnung wird insbesondere dann in Betracht kommen, wenn sich aus Art oder Umfang der vom Wertpapierinstitut erbrachten Wertpapierdienstleistungen oder -nebendienstleistungen Anhalts-

punkte dafür ergeben, dass das Wertpapierinstitut eine oder mehrere der Schwellenwerte aus Art. 12 Abs. 1 IFR überschreiten könnte und deshalb nicht mehr als Kleines Wertpapierinstitut einzustufen ist.

Anordnungen nach Abs. 3 können zu höheren Anforderungen an die Eigenmittel und die liquiden Aktiva führen, als nach Art. 11 IFR sowie Art. 43–45 IFR vorgehalten werden müssen (Regierungsbegründung WpIG, BT-Drs. 19/26929, 144). 48

§ 40 Auslagerung von Aktivitäten und Prozessen; Verordnungsermächtigung

(1) Ein Wertpapierinstitut muss abhängig von Art, Umfang, Komplexität und Risikogehalt einer Auslagerung von ausschlaggebenden und wichtigen betrieblichen Aufgaben im Sinne des Artikels 30 Absatz 1 der Delegierten Verordnung (EU) 2017/565 (wesentliche Auslagerung) angemessene Vorkehrungen treffen, um übermäßige zusätzliche Risiken zu vermeiden. Eine Auslagerung darf weder die Ordnungsmäßigkeit dieser Geschäfte und Dienstleistungen noch die Geschäftsorganisation beeinträchtigen. Insbesondere muss ein angemessenes und wirksames Risikomanagement durch das Wertpapierinstitut gewährleistet bleiben. Ein Wertpapierinstitut hat im Rahmen seines Risikomanagements ein Auslagerungsregister zu führen. Darin sind sämtliche wesentlichen und nicht wesentlichen Auslagerungen zu erfassen.

(2) Nähere Bestimmungen zu wesentlichen Auslagerungen enthalten die Artikel 30 bis 32 der Delegierten Verordnung (EU) 2017/565. Hat bei einer wesentlichen Auslagerung ein Auslagerungsunternehmen seinen Sitz in einem Drittstaat, ist vertraglich sicherzustellen, dass das Auslagerungsunternehmen einen inländischen Zustellungsbevollmächtigten benennt, an den Bekanntgaben und Zustellungen durch die Bundesanstalt bewirkt werden können.

(3) Die Bundesanstalt kann gegenüber einem Wertpapierinstitut und auch unmittelbar gegenüber einem Auslagerungsunternehmen, auf das wesentliche Auslagerungen erfolgt sind, im Einzelfall Anordnungen treffen, die geeignet und erforderlich sind,

1. **um Verstöße gegen aufsichtsrechtliche Bestimmungen zu verhindern oder zu unterbinden,**
2. **um eine Beeinträchtigung der Prüfungsrechte oder Kontrollmöglichkeiten der Bundesanstalt zu beseitigen oder**
3. **um Missstände bei dem Wertpapierinstitut oder Auslagerungsunternehmen zu verhindern oder zu beseitigen, welche die Sicherheit der dem Wertpapierinstitut anvertrauten Vermögenswerte gefährden können oder die ordnungsgemäße Durchführung der Wertpapierdienstleistungen, Wertpapiernebendienstleistungen oder Nebengeschäfte beeinträchtigen.**

(4) Das Bundesministerium der Finanzen wird ermächtigt, durch Rechtsverordnung, die nicht der Zustimmung des Bundesrates bedarf, im Benehmen mit der Deutschen Bundesbank ergänzend zu den Vorgaben in den Artikeln 30 bis 32 der Delegierten Verordnung (EU) 2017/565 nähere Bestimmungen zu erlassen über

1. das Vorliegen einer Auslagerung,
2. die bei einer Auslagerung zu treffenden Vorkehrungen zur Vermeidung übermäßiger zusätzlicher Risiken,
3. die Grenzen der Auslagerbarkeit,
4. die Einbeziehung der Auslagerungen in das Risikomanagement sowie
5. die Ausgestaltung der Auslagerungsverträge.

Das Bundesministerium der Finanzen kann die Ermächtigung durch Rechtsverordnung auf die Bundesanstalt mit der Maßgabe übertragen, dass die Rechtsverordnung im Einvernehmen mit der Deutschen Bundesbank ergeht. Vor Erlass der Rechtsverordnung sind die Spitzenverbände der Institute zu hören.

Literatur: Arkat/Müller, Der Einsatz von Cloud-Technologie im Finanzsektor – Chancen und Herausforderungen für Finanzinstitute, die Aufsicht und den (europäischen) Gesetzgeber, BKR 2021, 424; Bernau/Lutterbach, Digital Operational Resilience Act (DORA) – Paradigmenwechsel in der IT-Aufsicht, BKR 2023, 506; Darányi, Kooperations- und Auslagerungsverträge der Finanzbranche in der Verhandlungs- und Vertragsgestaltungspraxis, BKR 2024, 1039; Eichhorn/Klebeck, Drittstaatenregulierung der MiFID II und der MiFIR, RdF 2014, 189; Heimann/Stabenow, Vergütungsregulierung im Finanzsektor, BB 2021, 1780; Igl, Regulatorischer Paradigmenwechsel: vom Auslagerungs- zum umfassenden Drittparteien(-risiko-)Management, WPg 2025, 1076; Lipke, Vertragsanpassungen nach DORA, BKR 2025, 253; Loff, Herausforderungen bei Auslagerungssachverhalten nach den MaRisk – Durchführung der Risikoanalyse und Besonderheiten bei der Vertragsgestaltung, WM 2009, 780; Lorenz/Herdl/Hilsch, WpIG: Ein Überblick über die Regulierung für Wertpapierinstitute und ein erstes Resümee aus der Praxis, BB 2025, 392; Merwald, Die Regelungen des DORA betreffend Auslagerungsvereinbarungen, RDi 2024, 590; Neumann/Schmidt, Corporate Governance von Wertpapierinstituten, BKR 2021, 535; Reichstein, DORA – gesetzliche Verordnung IT-Sicherheit im Finanzsektor, DSRITB 2024, 357; Schmidt, Digital Operational Resilience Act (DORA) – Behördliche Eingriffs- und Sanktionierungsinstrumente (Teil I), WM 2024, 2125; Scholz-Fröhling, FinTechs und die bankaufsichtsrechtlichen Lizenzpflichten, BKR 2017, 133; Schulte-Mattler/Schulte-Mattler, Die 8. MaRisk-Novelle im Überblick, WM 2024, 1444; Schuster/Nemeczek, IFR, IFD und WpIG – Neuer Rechtsrahmen für Wertpapierfirmen, ZBB 2021, 121; Söbbing, Outsourcing und Cloud Computing in der Finanzbranche, RDi 2022, 373; Thalhofer/Monschke, Die Cloud-Aufsichtsmitteilung von BaFin und Bundesbank: Ein Leitfaden für die IT-Vertragsgestaltung, CR 2024, 366; Voigt/Ritter-Döring, Der Digital Operational Resilience Act, CR 2023, 82.

Übersicht

I. Allgemeines

1. Regelungshintergrund

Mit § 40 implementiert der nationale Gesetzgeber die **aufsichtsrechtlichen Anforderungen an die Auslagerung (Outsourcing)** von ausschlaggebenden und wichtigen Aufgaben auf Basis von Art. 16 Abs. 5 UAbs. 1 MiFID II für Wertpapierinstitute im Anwendungsbereich des WpIG (RegBegr. WpIG, BT-Drs. 19/26929, 144). Im deutschen Aufsichtsrecht ist insofern der Begriff der **wesentlichen Auslagerung** maßgeblich; im internationalen Kontext ist typischerweise die Rede von **„outsourcing of critial or important functions"** (zu den übrigen Begrifflichkeiten → Rn. 39). 1

Art. 16 Abs. 5 UAbs. 1 MiFID II bzw. § 40 sind Teil der **umfassenden Regulierung und Überwachung von Auslagerungen in der Finanzbranche.** Durch § 40 wird die Aufsichtspraxis im Hinblick auf Auslagerungssachverhalte sowohl auf EU-Ebene als auch auf nationaler Ebene für Wertpapierinstitute im 2

Anwendungsbereich des WpIG unmittelbar relevant. Dementsprechend ist § 40 insbesondere im Zusammenhang mit den **Leitlinien der EBA bzw. der ESMA** und der **Aufsichtspraxis der BaFin** zu lesen und zur Anwendung zu bringen (zur Systematik der maßgeblichen Vorgaben der Aufsichtsbehörden → Rn. 15 ff. und → Rn. 19 ff.).

3 § 40 **entspricht in Teilen der Parallelnorm in § 25b KWG,** verweist aber – statt selbst Regelungsdetails wiederzugeben – inhaltlich auf die **unionsrechtlichen Vorgaben** der Art. 30 ff. der Delegierten VO (EU) 2017/565 (BT-Drs. 19/26929, 144). Insofern wird § 40 ein „überwölbender" Charakter zugesprochen (Schuster/Nemeczek ZBB 2021, 121 (130); Neumann/Schmidt BKR 2021, 535 (544) (dort Fn. 105)), womit wohl auf die Maßgeblichkeit der unionsrechtlichen Vorgaben für Aufsichtspraxis hingewiesen werden soll.

2. Regelungszweck

4 Der Regulierung und Überwachung von Auslagerungen (Outsourcing) liegt die Erwägung zugrunde, dass der Rückgriff auf Dritte bei der Erfüllung zentraler Aufgaben und Funktionen für die Erbringung von Bankgeschäften und Finanz- bzw. Wertpapierdienstleistungen besondere Risiken mit sich bringt. Solche Risiken ergeben sich insbesondere daraus, dass das **regulierte Unternehmen unter Umständen nicht mehr selbst dazu in der Lage ist, bestimmte zentrale Vorgänge selbst zu überwachen und zu steuern.** Diese Risiken sollen durch die organisatorischen und sachlichen Anforderungen an Auslagerungen gesteuert werden (so jew. zu § 25d KWG Reischauer/Kleinhans/Brogl KWG § 25d Rn. 8a; Beck/Samm/Kokemoor/Ferstl KWG § 25b Rn. 17; Fischer/Schäfer/Schulte-Mattler/Schulte-Mattler/Siering KWG § 25b Rn. 2 und Rn. 56).

5 Gleichzeitig soll die Aufsicht in die Lage versetzt werden, auch **ausgelagerte Prozesse und Funktionen weiterhin** (also trotz der Auslagerung) **zu beaufsichtigen** (Beck/Samm/Kokemoor/Ferstl KWG § 25b Rn. 18; Schuster/Grützmacher/Lensdorf KWG § 25b Rn. 2; Lehmann in MüKoBGB Int. WirtschaftsR Teil 10 B.II.7. Rn. 304; Beck/Samm/Kokemoor/Ferstl KWG § 25b Rn. 15; RegBegr. FinanzmarktintegritätsstärkungsG, BT-Drs. 19/26966, 90 f.).

3. Systematische Einordnung; Verhältnis zu anderen Regelungswerken

6 Die sachlichen Anforderungen an Auslagerungen (Outsourcing) und die Regelungen zur Beaufsichtigung von Auslagerungssachverhalten sind systematisch als **Teil der allgemeinen Anforderungen an die Geschäftsorganisation und an ein wirksames Risikomanagement** einzuordnen (Lendermann/Nemeczek/Schroeter/Donner § 40 Rn. 2; zu § 25b KWG Fischer/Schäfer/Schulte-Mattler/Schulte-Mattler/Siering § 25b Rn. 1; Beck/Samm/Kokemoor/Ferstl KWG § 25b Rn. 19). § 40 konkretisiert dementsprechend die Anforderungen gem. Art. 26 Abs. 1 IFD bzw. § 41 (ordnungsgemäße Geschäftsorganisation) sowie nach Art. 29 IFD bzw. § 45 (materielle Risikosteuerung) (s. die Übersicht zu den §§ 41 ff. → § 41 Rn. 2; vgl. auch Lendermann/Nemeczek/Schroeter/Donner § 40 Rn. 2; zu §§ 25a f. KWG Schuster/Grützmacher/Lensdorf KWG § 25b Rn. 4).

7 § 40 steht mit verschiedenen anderen Normen des **deutschen Aufsichtsrechts** in einem engen Zusammenhang (dazu → Rn. 8 ff.). Eine **Konkretisierung** der

Anforderungen an Auslagerungen sowie der diesbezüglichen Aufsichtspraxis findet zudem

- auf Ebene des **tertiären Unionsrechts** (dazu → Rn. 12 ff.),
- durch **Leitlinien der EBA und ESMA** (dazu → Rn. 15 ff.) und
- in der **Aufsichtspraxis der BaFin** (dazu → Rn. 19 ff.) statt.

Die sich aus den vorstehend genannten Komponenten zusammensetzende Regulierung von Auslagerungen im Finanzsektor überschneidet sich mit bzw. wird ergänzt von den Regelungen über die Beaufsichtigung von IKT-Drittdienstleistern nach der **DORA VO (EU) 2022/2554),** → Rn. 26.

a) Kontext des nationalen Aufsichtsrechts. § 2 Abs. 38 liefert für den Kontext der Auslagerung (Outsourcing) eine **Definition des Begriffs „Auslagerungsunternehmen"** (dazu → § 2 Rn. 418 ff.; Söbbing RDi 2022, 373 Rn. 37 ff.). Die Definition wurde mit der Beschlussempfehlung des Finanzausschusses in Anlehnung an § 1 Abs. 10 KWG eingefügt (Beschlussempfehlung Finanzausschuss zum WpIG, BT-Drs. 19/28480, 215). Der Begriff ist für die Auskunfts- und Anordnungsbefugnisse der BaFin gem. § 5 Abs. 4 und § 33 Abs. 4 relevant. Diese **Auskunfts- und Anordnungsbefugnisse richten sich direkt gegen Auslagerungsunternehmen** (RegBegr. FinanzmarktintegritätsstärkungsG, BT-Drs. 19/26966, 90). Im Ergebnis werden die Auslagerungsunternehmen damit in den Zugriffsbereich der Aufsicht gerückt, so als wären sie ein Teil des auslagernden Wertpapierinstituts (Lendermann/Nemeczek/Schroeter/Reschke § 2 Rn. 477; zu § 1 KWG Fischer/Schäfer/Schulte-Mattler/Schulte-Mattler/Schäfer/Tollmann KWG § 1 Rn. 276a f.). Zum **Verhältnis zur Beaufsichtigung von IKT-Drittdienstleistern nach der DORA** → Rn. 26. 8

§ 64 Abs. 1 Nr. 13 iVm § 13 WpI-AnzV regeln **Anzeigepflichten** im Hinblick auf die Absicht einer wesentlichen Auslagerung und deren Vollzug sowie im Hinblick auf Änderungen und schwerwiegende Vorfälle im Rahmen einer bestehenden wesentlichen Auslagerung. Diese Anzeigepflichten sollen – ebenso wie die seit 2022 parallel in § 24 Abs. 1 Nr. 19 KWG, § 28 Abs. 1 Nr. 19 ZAG und § 36 KAGB geregelten Anzeigepflichten – dazu beitragen, dass die Aufsicht ein **umfassendes Bild über ausgelagerte Prozesse und Aktivitäten in der Finanzbranche** erhält, die Auslagerungspraxis der Institute dementsprechend überwachen kann und gegebenenfalls Konzentrationsrisiken erkennen und dagegen vorgehen kann (RegBegr. FinanzmarktintegritätsstärkungsG, BT-Drs. 19/26966, 90 f.). Zu den Anzeigepflichten → § 64 Rn. 79 ff. 9

In § 78 Abs. 1 S. 3 Nr. 3 iVm § 10 Abs. 3 WpIPrüfbV werden wesentliche Auslagerungen zu einem **gesonderten Gegenstand der Jahresabschlussprüfung** erklärt. Der Prüfer muss im Rahmen der Prüfung Feststellungen zur Einhaltung der aufsichtsrechtlichen Vorgaben zur Auslagerung treffen. Die Feststellungen des Prüfers können für etwaige Anordnungen der Aufsicht gegenüber dem Auslagerungsunternehmen gem. Abs. 3 relevant sein. 10

Im Bereich der **wertpapierhandelsrechtlichen Verhaltens- und Organisationspflichten** gilt zusätzlich § 80 Abs. 6 WpHG, der (letztlich deklaratorisch, Schuster/Nemeczek ZBB 2021, 121 (130)) zur Einhaltung der Anforderungen nach § 40 und § 64 Abs. 1 Nr. 13 (sowie der Parallelregelungen im KWG) verpflichtet und auf Art. 30 ff. Delegierte VO (EU) 2017/565 verweist. Zusätzlich gibt § 80 Abs. 6 WpHG vor, dass Auslagerungen nicht zu Veränderungen der im WpHG geregelten **Rechtsverhältnisse zum Kunden** führen dürfen und die **Voraussetzungen der Erlaubniserteilung** nach § 15 nicht 11 verändern dürfen (näher zu diesen Anforderungen Fuchs/Zimmermann/Buck-Heeb § 80 Rn. 343 f.; Assmann/Schneider/Mülbert/Sajnovits § 80 Rn. 119 ff.). Zur Konkretisierung durch die **MaComp** → Rn. 23.

12 **b) Unionsrechtliche Rahmenbedingungen und Konkretisierung.** Mit § 40 implementiert der nationale Gesetzgeber zunächst die **unionsrechtlichen Anforderungen an Auslagerungen (Outsourcing)** gem. Art. 16 Abs. 5 UAbs. 1 MiFID II. Danach haben Wertpapierinstitute sicherzustellen, dass beim Rückgriff auf Dritte zur Wahrnehmung betrieblicher Aufgaben, die für die kontinuierliche und zufrieden stellende Erbringung bzw. Ausübung von Dienstleistungen für Kunden und Anlagetätigkeiten ausschlaggebend sind, angemessene Vorkehrungen getroffen werden, um **unnötige zusätzliche Geschäftsrisiken zu vermeiden.** Eine solche Auslagerung darf zudem nicht so erfolgen, dass die **Qualität der internen Kontrolle** und die Fähigkeit der beaufsichtigenden Stelle zu **überprüfen, ob das Wertpapierinstitut sämtlichen Anforderung genügt,** wesentlich beeinträchtigt werden.

13 Auf Ebene des **tertiären Unionsrechts** konkretisieren Art. 30 ff. Delegierte VO (EU) 2017/565 den **Tatbestand der wesentlichen Auslagerung** (Art. 30 Delegierte VO (EU) 2017/565), **materielle Anforderungen** an Auslagerungen (Art. 31 Delegierte VO (EU) 2017/565) und besondere Vorgaben für den Einsatz von **Auslagerungsunternehmen aus einem Drittland** (Art. 32 Delegierte VO (EU) 2017/565).

14 Neben den in genannten unionsrechtlichen Vorgaben der IFD, der MiFID II und der Delegierten VO (EU) 2017/6565 spielen auch die Anforderungen der **VO (EU) 2022/2554 (DORA),** die seit 17.1.2025 einzuhalten sind, für den Bereich der Auslagerungen eine wichtige Rolle (→ Rn. 26).

15 **c) Leitlinien der European Banking Authority (EBA) und der European Securities and Markets Authority (ESMA).** Eine weitere – praktisch enorm relevante und detaillierte – Konkretisierung (Hornung/Schallbruch IT-SicherheitsR-HdB/Bomhard/Siglmüller § 29 Rn. 44: „Soft Law") der vorstehend genannten unionsrechtlichen Anforderungen (→ Rn. 12 ff.) an Auslagerungen nimmt die **EBA in ihren Leitlinien** zur Steuerung von Risiken im Zusammenhang mit Auslagerungssachverhalten vor (hierzu Schuster/Grützmacher/Lensdorf KWG § 25a Rn. 9; Hannemann/Weigl/Zaruk/Weigl AT 9 Rn. 82 ff.; Ruhmannseder/Lehner/Beukelmann/Schwinger Abschn. 3110 Rn. 16 ff.). Art. 74 Abs. 1 und Abs. 3 UAbs. 3 CRD, Art. 26 Abs. 4 UAbs. 1 IFD sowie Art. 16 VO (EU) 1093/2010 (EBA-VO) begründen das **Mandat der EBA, Leitlinien zur Unternehmensführung und zur Organisationsstruktur der Wertpapierinstitute herauszugeben.**

16 Die derzeit geltenden EBA-Leitlinien zu Auslagerungen vom 25.2.2019, EBA/GL/2019/02 werden von **neuen Leitlinien zur Drittparteienrisikosteuerung** abgelöst. Die EBA hat im Juli 2025 unter dem Titel „Draft Guidelines on the sound management of third party risks" die neue Fassung ihrer Leitlinien zur Konsultation gestellt. Mit den neuen Leitlinien (EBA/CP/2025/12) reagiert die EBA insbesondere auf das **Inkrafttreten der DORA.** Künftig gelten für die Inanspruchnahme von IKT-Drittdienstleistern und die diesbezügliche Risikosteuerung vorrangig die Anforderungen der DORA, insbesondere nach Art. 28 ff. DORA. Dementsprechend beziehen sich die neuen Leitlinien der EBA nur noch auf die **Auslagerung von nicht IKT-bezogenen Prozessen und Funktionen** (vgl. EBA Draft Guidelines vom 8.7.2025, EBA/CP/2025/12, Ziff. 7). Zum **Verhältnis zwischen den**

IKT-bezogenen Anforderungen der DORA und den allgemeinen Anforderungen an Auslagerungen → Rn. 26.

Aus der Perspektive der Wertpapieraufsicht waren darüber hinaus bisher zusätzlich die **Leitlinien der ESMA zur Auslagerung an Cloud-Anbieter** (ESMA-Leitlinien zur Auslagerung an Cloud-Anbieter vom 10.5.2021, ESMA50-164-4285) relevant. Im Juli 2025 hat die ESMA eine neue Fassung dieser Leitlinien veröffentlicht, die inhaltlich im Wesentlich unverändert ist, sich aber künftig nur noch an Verwahrstellen iSv Art. 21 Abs. 3 lit. c und UAbs. 3 RL 2011/61/EU (AIFM-RL) und Art. 23 Abs. 2 lit. c RL 2009/65/EG (OGAW-RL) richtet, soweit diese Verwahrstellen nicht den Anforderungen der **DORA** unterliegen (ESMA-Leitlinien zu Auslagerungen an Cloud-Anbieter vom 30.9.2025, ESMA65-294529287-4737, Ziff. 4). **17**

Nach Art. 16 Abs. 3 UAbs. 1 und UAbs. 2 VO (EU) 1093/2020 (EBA-VO) sowie der Parallelvorschrift der VO (EU) 1095/2020 (ESMA-VO) haben die Aufsichtsbehörden der **Mitgliedstaaten alle erforderlichen Anstrengungen zu unternehmen, um diesen Leitlinien nachzukommen.** Sie haben entweder zu bestätigen, dass sie den Leitlinien nachkommen (oder dies beabsichtigen), oder unter Angabe von Gründen zu erklären, dass sie den Leitlinien nicht nachkommen werden (sogenanntes **„comply-or-explain Verfahren";** Ruhmannseder/Lehner/Beukelmann/Schwinger Abschn. 3110 Rn. 18; Krimphove/Lüke/Krimphove Einleitung Rn. 19 f.; zu §§ 25a f. KWG Reischauer/Kleinhans/Brogl KWG § 25b Rn. 4; Schwennicke/Auerbach/Langen/Donner KWG § 25b Rn. 3; Hopt/Binder/Böcking CG-HdB/Breuer § 12 Rn. 63 f.). Die **BaFin** hat im Hinblick auf die EBA-Leitlinien zu Auslagerungen erklärt, die **Leitlinien in der eigenen Aufsichtspraxis umzusetzen** (Übersicht über die Erklärungen der nationalen Aufsichtsbehörden unter: https://www.eba.europa.eu/sites/default/files/document_library//875334/EBA%20GL%202019%2002%20-%20CT%20GLs%20on%20outsourcing%20arrangements.pdf (zuletzt aufgerufen: 1.7.2026). Das gilt auch für die **ESMA-Leitlinien zur Auslagerung an Cloud-Anbieter** (Übersicht der ESMA unter: https://www.esma.europa.eu/sites/default/files/2026-03/ESMA65-294529287-4824Compliance_table_guidelines_on_outsourcing_to_cloud_service_providers.pdf (zuletzt aufgerufen: 1.7.2026). **18**

d) Aufsichtspraxis der BaFin. Neben der EBA (→ Rn. 15 f.) und der ESMA (→ Rn. 17) veröffentlicht auch die **BaFin Rundschreiben und Aufsichtsmitteilungen,** die als Konkretisierung der unionsrechtlichen und nationalen gesetzlichen Vorgaben herangezogen werden können. Für den Kontext der Beaufsichtigung von Auslagerungen (Outsourcing) bei Wertpapierinstituten sind hier insbesondere relevant: **19**

- das Rundschreiben **„06/2024 (BA) Mindestanforderungen an das Risikomanagement – MaRisk"** in der letzten Fassung vom 29.5.2024 (→ Rn. 21 f.),
- das zunächst im August 2025 und dann erneut im Mai 2026 zur Konsultation gestellte Rundschreiben **„Mindestanforderungen an das Risikomanagement von Wertpapierinstituten – WpI MaRisk"** (→ Rn. 21 f.),
- das Rundschreiben **„05/2018 (WA) – Mindestanforderungen an die Compliance-Funktion und weitere Verhaltens-, Organisations- und Transparenzpflichten – MaComp"** in der letzten Fassung vom 26.9.2024 (→ Rn. 23) konkret im Hinblick auf die Verhaltens- und Organisationspflichten des WpHG und

- die **„Aufsichtsmitteilung zu Auslagerungen an Cloud-Anbieter"** vom 1.2.2024 (→ Rn. 24).

Für die Anwendung des § 40 und für die diesbezügliche Aufsichtspraxis sind die von der BaFin formulierten **bankaufsichtlichen Anforderungen an die IT (BAIT)** infolge des Inkrafttretens der DORA nicht maßgeblich (→ Rn. 25).

20 Die genannten Rundschreiben und Aufsichtsmitteilungen stellen **norminterpretierende Verwaltungsvorschriften** ohne den Charakter einer Rechtsnorm dar. Obwohl diesen Verwaltungsvorschriften **keine bindende Normqualität** zukommt, sind sie **praktisch enorm relevant.** Sie bringen die Ansicht und Erwartungshaltung der Aufsicht zum Ausdruck und resultieren in einer Selbstbindung der Verwaltung, sodass hierdurch die **Rechtssicherheit für die Rechtsanwendung** maßgeblich erhöht wird. Praktisch wirken die MaRisk und WpI MaRisk dementsprechend auch für Institute wie Verpflichtungen (zur MaRisk Reischauer/Kleinhans/Bitterwolf/Fischbach KWG § 25a Rn. 8a; Beck/Samm/Kokemoor/Ferstl KWG § 25b Rn. 6; MAH BankR/Geschwandtner § 2 Rn. 71 ff.; Hopt/Binder/Böcking CG-HdB/Breuer § 12 Rn. 53; Merwald RDi 2024, 590 (591); s. ausführlich zur Diskussion um die Verbindlichkeit der MaRisk Hannemann/Weigl/Zaruk/Weigl Teil I Rn. 165 ff.).

21 Die (zum Bearbeitungszeitpunkt noch im Konsultationsstadium befindlichen) **WpI MaRisk** gelten für **Kleine und Mittlere Wertpapierinstitute** iSv § 2 Abs. 16 und Abs. 17. Auf Große Wertpapierinstitute finden dagegen gem. § 4 S. 1 die §§ 25a f. KWG Anwendung, weshalb für **Große Wertpapierinstitute die MaRisk maßgeblich** sind. Im Zeitraum zwischen dem Inkrafttreten des WpIG und der Veröffentlichung der WpI MaRisk führte die BaFin die in den MaRisk niedergelegte Verwaltungspraxis auch für Kleine und Mittlere Wertpapierinstitute fort, wobei sie darauf hinwies, dass „diese die betreffenden Anforderungen lediglich insoweit zu beachten haben, wie dies vor dem Hintergrund der Institutsgröße sowie von Art, Umfang, Komplexität und Risikogehalt der Geschäftsaktivitäten geboten erscheint." (BaFin FAQ „Neue Vorgaben für Wertpapierinstitute" vom 2.12.2021 unter: https://www.bafin.de/SharedDocs/FAQs/DE/Wertpapierinstitute_neue_Vorgaben/02_Geltung_MaRisk_usw.html (zuletzt aufgerufen: 1.7.2026). Mit den **WpI MaRisk** schafft die BaFin eine eigene Verschriftlichung der Aufsichtspraxis **für Kleine und Mittlere Wertpapierinstitute unter Berücksichtigung des Proportionalitätsgrundsatzes und der Charakteristika von Wertpapierinstituten.**

22 Die MaRisk dienen zugleich der **Umsetzung der EBA-Leitlinien zu Auslagerungen** (→ Rn. 15 f.) **in der nationalen Aufsichtspraxis.** Im Wesentlichen verfolgt die BaFin hierbei eine vollständige Umsetzung der Anforderungen der EBA-Leitlinien (zu §§ 25a f. KWG Schwennicke/Auerbach/Langen/Donner KWG § 25a Rn. 6; Reischauer/Kleinhans/Brogl KWG § 25b Rn. 4; Krimphove/Lüke/Krimphove Einleitung Rn. 105 ff.; Binder/Glos/Riepe BankenaufsichtsR-HdB/Benzler/Krieger Teil II § 11 Abschn. IV Rn. 186). Das dürfte auch für die WpI MaRisk gelten, zumal die Anforderungen an Auslagerungen gemäß AT9 WpI MaRisk nur in überschaubarem Maße von den Anforderungen in AT 9 MaRisk abweichen.

23 Neben § 80 Abs. 6 WpHG (hierzu → Rn. 11) **ergänzen die MaComp** (insbesondere in AT 9 und BT 1.3.4) die gesetzlichen Vorgaben nach § 40 WpIG (und der Parallelvorschrift § 25b KWG) und die in der MaRisk formulierten Anforderungen (hierzu Fischer/Schäfer/Schulte-Mattler/Schulte-Mattler/Siering KWG § 25b Rn. 88 ff.; Krimphove/Auerbach/Adelt AT 9 Rn. 37 ff.).

Speziell im Hinblick auf die **Auslagerung von Prozessen an Cloud-Anbieter** hat die BaFin (unter Berücksichtigung insbesondere der Leitlinien der ESMA zu Auslagerung an Cloud-Anbieter vom 10.5.2021, ESMA50-164-4285, → Rn. 17) zusätzlich eine **gesonderte Aufsichtsmitteilung** veröffentlicht (BaFin Aufsichtsmitteilung zu Auslagerungen an Cloud-Anbieter, Februar 2024; eingehend hierzu Hornung/Schallbruch IT-SicherheitsR-HdB/Bomhard/Siglmüller § 29 Rn. 64 ff.; in diesem Kontext auch grundlegend Arkat/Müller BKR 2021, 424 ff.). Darin gibt die BaFin, ohne neue Anforderungen zu stellen (S. 5 der Aufsichtsmitteilung) eine praxisnahe Einschätzung dazu ab, wie Auslagerungen an Cloud-Anbieter aufsichtsrechtlich zu bewerten und handzuhaben sind. Diese Aufsichtsmitteilung ist parallel zu den übrigen Verlautbarungen der BaFin zu berücksichtigen (Thalhofer/Monschke CR 2024, 366). Die Aufsichtsmitteilung berücksichtigt auch das Inkrafttreten der DORA und weist insofern darauf hin, dass im für IKT-bezogene Auslagerungen im DORA-Kontext keine Unterscheidung zwischen (beaufsichtigten) Auslagerungen und (nicht-beaufsichtigtem) sonstigem Fremdbezug mehr bestehen wird (S. 9 der Aufsichtsmitteilung) (→ Rn. 37). 24

Zusätzlich veröffentlichte die BaFin speziell im Hinblick auf die **aufsichtsrechtlichen Anforderungen an die IT** gesonderte Rundschreiben, insbesondere das Rundschreiben „10/2017 (BA) – Bankaufsichtliche Anforderungen an die IT" in der Fassung vom 16.12.2024, genannt **„BAIT"** (daneben bestehen weitere sektorale Anforderungen für Zahlungs- und E-Geld-Institute (ZAIT), für Kapitalverwaltungsgesellschaften (KAIT) sowie für den Bereich der Versicherungsaufsicht (VAIT)). Die in den BAIT formulierten Anforderungen sind auf die IT-spezifische Beaufsichtigung von Banken zugeschnitten, sollten aber nach Angaben der BaFin auch nach dem Inkrafttreten des WpIG vorläufig für Wertpapierinstitute zur Anwendung kommen (Lendermann/Nemeczek/Schroeter/Donner § 40 Rn. 4; Neumann/Schmidt BKR 2021, 535 (541)). Mit dem **Inkrafttreten der DORA** verlieren die IT-spezifischen Anforderungen der BaFin ihren Anwendungsbereich, da die IKT-bezogenen Vorgaben der DORA insofern vollharmonisierend und abschließend sind. Die BAIT (sowie die ZAIT/KAIT/VAIT) werden also aufgehoben (Riediger Auslagerungen/Dienstleister-Steuerung/Riediger Rn. 23; Merwald RDi 2024, 590 Rn. 4; Schulte-Mattler/Schulte-Mattler WM 2024, 1444 Rn. 56; näher zu den Regelungsinhalten der BAIT Möslein/Omlor FinTech-HdB/Kipker § 18 Rn. 42 ff.). 25

e) Verhältnis zur DORA; IKT-bezogene Aufsicht nach DORA. Der EU-Gesetzgeber hat mit der Verordnung (EU) 2022/2554 (DORA), spezielle Anforderungen im Hinblick auf IKT-Governance und IKT-Risikomanagement und die diesbezügliche Aufsicht (sowohl gegenüber Wertpapierinstituten als auch gegenüber IKT-Dienstleistern) geschaffen. Diese speziellen Regelungen gelten (in ihrem Anwendungsbereich) vorrangig vor den bereits bestehenden Regelungen zur Beaufsichtigung von Auslagerungssachverhalten (Outsourcing). Diese auslagerungsbezogenen Regelungen und die diesbezügliche Aufsichtspraxis werden hierdurch gleichwohl nicht insgesamt obsolet. Sie gelten weiterhin – soweit sich nicht aus der DORA spezielle anderweitige Anforderungen ergeben – vor allem für nicht IKT-bezogene Auslagerungen und das diesbezügliche Risikomanagement. § 40 mit den vorstehend erläuterten Konkretisierungen (→ Rn. 12 ff.) und die Anforderungen der DORA stehen also in einem **Verhältnis der gegenseitigen Ergänzung** zueinander (BaFin Aufsichtsmitteilung zu Auslagerungen an Cloud- 26

Anbieter, Stand Februar 2024, S. 6; Merwald RDi 2024, 590 Rn. 4; Voigt/Ritter-Döring CR 2023, 82 Rn. 31; Lipke BKR 2025, 253 (255); Lorenz/Herdl/Hilsch BB 2025, 392 (397)). Das bedeutet, dass künftig auch für den Bezug von IKT-Dienstleistungen, die bisher unter Umständen als sonstiger Fremdbezug qualifiziert werden konnten (→ Rn. 32), die Anforderungen der DORA Anwendung finden. Andersherum gelten für kritische IKT-Dienstleister iSv Art. 31 DORA, die zugleich im Sinne der allgemeinen Auslagerungsregelungen wesentliche Auslagerungsleistungen erbringen, die **Aufsichtsbefugnisse** nach § 40, die insofern auch **über die DORA hinausgehen** können (Riediger Auslagerungen/Dienstleister-Steuerung/Riediger Rn. 43; Bernau/Lutterbach BKR 2023, 506 (512 f.); Schmidt WM 2024, 2125 Rn. 16; Lipke BKR 2025, 253 (255)).

II. Anwendungsbereich

1. Kleine und Mittlere Wertpapierinstitute; Zweigniederlassungen

27 § 40 gilt **für Kleine und Mittlere Wertpapierinstitute** iSv § 2 Abs. 16 und Abs. 17. Große Wertpapierinstitute unterliegen dagegen der Parallelregelung nach § 25b KWG (und dementsprechend auch den Anforderungen der MaRisk; Erläuterung zu AT 2.1 Tz. 1 WpI MaRisk; hierzu → Rn. 21).

28 Auch die **Modifikation des Anwendungsbereichs** durch § 38 (in Umsetzung von Art. 25 IFD) ändert nichts an der Geltung von § 40 für Kleine Wertpapierinstitute. Dementsprechend gibt auch AT 2.1 Tz. 1 WpI MaRisk vor, dass die Anforderungen der WpI MaRisk für Kleine Wertpapierinstitute iSv § 2 Abs. 16 gelten sollen.

29 Demgegenüber werden die **EBA-Leitlinien zur Drittparteienrisikosteuerung** (→ Rn. 16) künftig Wertpapierinstitute, die die Voraussetzungen gem. Art. 12 Abs. 1 IFR erfüllen – also Kleine Wertpapierinstitute iSv § 2 Abs. 16 – aus ihrem Anwendungsbereich ausschließen (EBA Draft Guidelines vom 8.7.2025, EBA/CP/2025/12, Ziff. 9). Als Grund hierfür wird angeführt, dass der Aufsichtsrahmen der Art. 26 ff. IFD (gem. Art. 25 Abs. 1 IFD) **Kleine Wertpapierinstitute von vornherein nicht erfasst.** Dementsprechend sind die EBA-Leitlinien auch nicht für Kleine Wertpapierinstitute maßgeblich. Das entspricht der Reichweite des Mandats der EBA zur Erarbeitung von Leitlinien (→ Rn. 15). Gleichwohl bezieht der deutsche Gesetzgeber (RegBegr. WpIG, BT-Drs. 19/26929, 143 und 144) bewusst und unter Hinweis auf den Umstand, dass die Vorgaben nach Art. 30 ff. Delegierte VO 2017/565 für alle (auch für Kleine) Wertpapierinstitute gelten, auch Kleine Wertpapierinstitute in den Anwendungsbereich von § 40 mit ein. Das führt dazu, dass die EBA-Leitlinien zur Drittparteienrisikosteuerung mittelbar auch für Kleine Wertpapierinstitute relevant sein werden. In der Praxis der Wertpapierinstitute sollten die **EBA-Leitlinien zur Drittparteienrisikosteuerung jedenfalls zur Orientierung auch für Kleine Wertpapierinstitute** herangezogen werden.

30 § 40 gilt auch für **Zweigniederlassungen inländischer (Kleiner und Mittlerer) Wertpapierinstitute im Ausland** (→ § 70 Rn. 9), nicht aber für inländische Zweigniederlassungen anderer Wertpapierinstitute mit Sitz im EWR, die nach § 73 auf Basis des Europäischen Passes im Inland tätig werden (→ § 73 Rn. 2 ff.; AT 2.1 Tz. 1 MaRisk und WpI MaRisk; zu § 25b KWG Beck/Samm/

Kokemoor/Ferstl KWG § 25b Rn. 23; Schuster/Grützmacher/Lensdorf KWG § 25b Rn. 9).

2. Auslagerung (Outsourcing); Abgrenzung zu sonstigem Fremdbezug

§ 40 gilt für wesentliche Auslagerungen und definiert diese in Abs. 1 S. 1 als „Auslagerung von ausschlaggebenden und wichtigen betrieblichen Aufgaben" iSv Art. 30 Abs. 1 Delegierte VO (EU) 2017/565. § 40 liefert aber selbst keine **Definition für den Begriff der Auslagerung.** Maßgeblich ist insofern die Definition in Art. 2 Nr. 3 Delegierte VO (EU) 2017/565. Danach ist eine Auslagerung „eine Vereinbarung gleich welcher Form zwischen einer Wertpapierfirma und einem Dienstleister, in deren Rahmen der Dienstleister ein Verfahren abwickelt, eine Dienstleistung erbringt oder eine Tätigkeit ausführt, das/die die Wertpapierfirma ansonsten selbst übernähme". Die Definitionen in AT 9 Tz. 1 MaRisk und WpI MaRisk sind hieran angelehnt. **31**

Wesentlich für eine Auslagerung im aufsichtsrechtlichen Sinn ist hiernach zunächst, dass ein betreffendes Wertpapierinstitut eine **bestimmte Leistung ohne die Dienstleistung des Dritten selbst ausgeführt hätte.** Hierbei ist nach den EBA-Leitlinien zu Auslagerungen (EBA/GL/2019/02, Ziff. 26) zu berücksichtigen, ob die betreffenden Funktionen „normalerweise in den Anwendungsbereich der Funktionen fallen würde, der realistischerweise von Instituten […] wahrgenommen würden oder wahrgenommen werden könnten, selbst wenn das Institut […] diese Funktion in der Vergangenheit nicht selbst wahrgenommen hat". Das bedeutet, dass Leistungen, die im Rahmen einer unternehmerischen Betätigung im Bereich der Wertpapierdienstleistungen typischerweise von Dritten bezogen werden und als solche nicht konkret inhaltlich für die Erbringung von Wertpapierdienstleistungen von maßgeblicher Bedeutung sind, nicht als Auslagerung zu qualifizieren sein sollten. Als Beispiele werden in den Erläuterungen zu AT 9 Tz. 1 MaRisk genannt: Zentralbankfunktionen, Clearingleistungen im Rahmen von Zahlungsverkehr und Wertpapierabwicklung, Inanspruchnahme von Liquiditätslinien, Einschaltung von Korrespondenzbanken, Verwahrungsleistungen nach dem DepotG, Nutzung öffentlich zugänglicher Daten von Marktinformationsdienstleistern, Verwendung globaler Zahlungsverkehrsinfrastrukturen, Rechtsdienstleistungen, Versorgungsleistungen. In den WpI MaRisk wird dagegen auf die Nennung solcher Beispiele verzichtet. Ähnliche Beispiele finden sich auch in den EBA-Leitlinien zu Auslagerungen (EBA/GL/2019/02, Ziff. 28). Solche Leistungen stellen dann einen **sogenannten sonstigen Fremdbezug** dar, für den nicht die Regelungen über Auslagerungen, wohl aber die allgemeinen Organisationsanforderungen sowie Anforderungen an das Risikomanagement nach §§ 41, 45 gelten (Lendermann/Nemeczek/Schroeter/Donner Rn. 11; zu § 25b KWG Beck/Samm/Kokemoor/Ferstl KWG § 25b Rn. 28; Reischauer/Kleinhans/Brogl KWG § 25b Rn. 12; s. hierzu auch die Erläuterungen zu AT 9 Tz. 1 MaRisk und WpI MaRisk). **32**

Ein sonstiger Fremdbezug soll nach der Verwaltungspraxis der BaFin auch dann vorliegen, wenn die Leistung lediglich einmalig oder gelegentlich vom Institut in Anspruch genommen wird. Insofern soll der Tatbestand der Auslagerung im aufsichtsrechtlichen Sinne als ungeschriebenes Merkmal eine gewisse **Nachhaltigkeit bzw. Regelmäßigkeit des Bezugs der betroffenen Leistungen** beinhalten (Lendermann/Nemeczek/Schroeter/Donner Rn. 9; zu § 25b KWG **33**

Schwennicke/Auerbach/Langen/Donner KWG § 25b Rn. 5; Schuster/Grützmacher/Lensdorf KWG § 25b Rn. 16; s. auch die Formulierung der EBA-Leitlinien zu Auslagerungen, EBA/GL/2019/02, Ziff. 26: „wiederkehrend oder laufend"). Eine solche Nachhaltigkeit bzw. Regelmäßigkeit wird anzunehmen sein, wenn die betreffende Tätigkeit im Rahmen der Geschäftstätigkeit des Instituts immer wieder auftritt und die Erbringung der Tätigkeit typischerweise, zB aufgrund automatisierter Zuleitung, durch einen Dritten erbracht wird (Fischer/Schäfer/Schulte-Mattler/Schulte-Mattler/Siering KWG § 25b Rn. 31). Je substantieller die betreffenden Tätigkeiten für das Institut sind, desto geringer sollten die Anforderungen an die für die Einstufung als Auslagerung erforderliche Nachhaltigkeit sein (Hannemann/Weigl/Zaruk/Weigl MaRisk AT 9 Rn. 141). Die **(zahlenmäßige) Häufigkeit** an sich spielt aus der Perspektive der Aufsicht dagegen eher eine nachgeordnete Rolle. Damit ist gemeint, dass allein der Umstand, dass eine Funktion nur selten (zB einmal pro Jahr) durch einen Dienstleister durchgeführt wird, nicht gegen eine das Vorliegen einer Auslagerung führt, wenn diese seltene Inanspruchnahme trotzdem regelmäßig geschieht (Riediger MaRisk/Riediger Rn. 1144).

34 Der **Bezug von Software** ist nach der bisherigen Verwaltungspraxis der BaFin in der Regel als sonstiger Fremdbezug einzustufen (Erläuterungen zu AT 9 Tz. 1 MaRisk). Die Erläuterungen zu AT 9 Tz. 1 MaRisk weisen insofern darauf hin, dass einheitliche Maßstäbe für den isolierten Bezug von Software und für den Betrieb der Software durch einen externen Dritten gelten (Hannemann/Weigl/Zaruk/Weigl MaRisk AT 9 Rn. 136; s. aber die Abgrenzung zur Inanspruchnahme von Cloud-Diensten in → Rn. 35). Demgegenüber sind **Unterstützungsleistungen,** dh

- die Anpassung der Software an die Erfordernisse des Instituts,
- die entwicklungstechnische Umsetzung von Änderungswünschen (Programmierung),
- das Testen, die Freigabe und die Implementierung der Software in die Produktionsprozesse beim erstmaligen Einsatz und bei wesentlichen Veränderungen insbesondere von programmtechnischen Vorgaben,
- Fehlerbehebungen (Wartung) gemäß der Anforderungs-/Fehlerbeschreibung des Auftraggebers oder Herstellers und
- sonstige Unterstützungsleistungen, die über die reine Beratung hinausgehen,

dann **als Auslagerung** einzustufen, wenn sie sich auf Software beziehen, die zur Identifizierung, Beurteilung, Steuerung, Überwachung und Kommunikation von Risiken (insbes. bei KYC- und MAID-Prüfungen; Hannemann/Weigl/Zaruk/Weigl MaRisk AT 9 Rn. 132) eingesetzt wird oder die für die Durchführung von wertpapierdienstbezogenen Aufgaben von wesentlicher Bedeutung ist (Erläuterungen zu AT 9 Tz. 1 MaRisk; die in den Erläuterung zur 2025 konsultierten Version der WpI MaRisk fanden sich noch ähnliche Ausführungen, während die im Mai 2026 konsultierte Version auf eine Differenzierung verzichtet).

35 Demgegenüber geht die BaFin bislang davon aus, dass die **Inanspruchnahme von Cloud-Diensten in der Regel als Auslagerung einzustufen** sein dürfte (BaFin Aufsichtsmitteilung zu Auslagerungen an Cloud-Anbieter, Stand Februar 2024, S. 10). Dem scheint die Bewertung zugrunde zu liegen, dass Cloud-Dienste – anders als eine bestimmte Software – keinen Produktcharakter, sondern ausschließlich einen Dienstleistungscharakter aufweisen. Dadurch verkompliziert sich die Abgrenzung zwischen den Kategorien „Betrieb von Software durch einen externen Dritten – in der Regel keine Auslagerung" und „Cloud-Dienste –

in der Regel Auslagerung". Nach dem Sinn und Zweck der Regelungen des Auslagerungsregimes dürfte hier danach abzugrenzen sein,

- ob sich die relevante Software technisch und funktional eingrenzen lässt und insofern eine einheitliche, geschlossene Lösung darstellt (dann eher insolierter Bezug von Software), oder ob die Software sich eher als Umgebung präsentiert, innerhalb derer sich bestimmte andere Vorgänge (Speicherung, Bearbeitung, Entwicklung, Rechenleistung, Betrieb von Anwendungen; siehe die Kategorisierung von Cloud-Diensten der BaFin Aufsichtsmitteilung zu Auslagerungen an Cloud-Anbieter, Stand Februar 2024, S. 7; hierzu Schuster/Grützmacher/Lensdorf KWG § 25b Rn. 37) abspielen (dann eher Cloud-Dienst); und
- ob die betreffende Software auf den Systemen des Instituts (gegebenenfalls durch einen externen Dritten mit Zugriff auf die Systeme des Instituts) betrieben wird (dann eher isolierter Bezug von Software mit Betrieb durch einen Dritten), oder ob das Institut auf die Software bzw. die Umgebung auf den Systemen des Anbieters zugreift (dann eher Cloud-Dienst).

Im Zweifel sollte eher von einer Auslagerung ausgegangen werden. Es ist zu erwarten, dass diese Differenzierung künftig erheblich an Bedeutung verlieren wird, da die EBA mit den (derzeit im Konsultationsstadium befindlichen) EBA-Leitlinien zur Drittparteienrisikosteuerung eine **Aufgabe der Abgrenzung zwischen Auslagerung und sonstigem Fremdbezug vorbereitet** (→ Rn. 37). Parallel zum Ansatz der DORA wird dann auch im Kontext der Auslagerungsregulierung jede Inanspruchnahme von Software unter Risikogesichtspunkten bewertet werden müssen.

Für die Abgrenzung zwischen Auslagerung und sonstigem Fremdbezug sollte **36** insgesamt eine **risikoorientierte Betrachtung** im Rahmen der Risikoinventur bzw. Risikomessung sowie das Anliegen eines effektiven Risikomanagements im Vordergrund stehen. Die vorstehend genannten Abgrenzungsmerkmale (ansonsten Erbringung der Leistung durch das Institut selbst und Nachhaltigkeit des Bezugs) sollten insofern **nicht im Sinne einer rein formalen Abgrenzung** verstanden werden (Riediger Auslagerungen/Dienstleister-Steuerung/Riediger Rn. 1763; Hannemann/Weigl/Zaruk/Weigl MaRisk AT 9 Rn. 141).

Die **Bedeutung dieser Unterscheidung zwischen Auslagerung und sons- 37 tigem Fremdbezug dürfte künftig abnehmen** vgl. auch (Riediger Auslagerungen/Dienstleister-Steuerung/Riediger Rn. 1764, der darauf hinweist, dass diese Differenzierung in der Aufsichtspraxis anderer Mitgliedstaaten keine bedeutende Rolle spielt). Das ergibt sich aus den von der **EBA konsultierten Leitlinien zur Drittparteienrisikosteuerung** (EBA/CP/2025/12). Die EBA darin erweitert ihren Blickwinkel und nimmt künftig nicht mehr nur Auslagerungen im klassischen Sinne (→ Rn. 31 f.) in den Blick. Stattdessen rückt sie das **breitere Anliegen der Steuerung von Drittparteienrisiken** in den Fokus der Aufsicht. Gegenstand der EBA-Leitlinien zur Drittparteienrisikosteuerung sind dementsprechend **allgemein Vereinbarungen mit Drittdienstleistern;** Auslagerungen werden von diesem Begriff (lediglich) als Untergruppe miterfasst (EBA/CP/2025/12, Executive Summary S. 5 und die Definitionen unter Ziff. 16 (S. 20 f.)). Indem die EBA den klassischen Auslagerungsbegriff nicht mehr ins Zentrum der Aufsichtspraxis stellt, gleicht sie die aufsichtlichen Anforderungen an Auslagerungen strukturell an den Ansatz der DORA an (dies entspricht der bisherigen Aufsichtspraxis, s. Binder/Glos/Riepe BankenaufsichtsR-HdB/Benzler/Krieger Teil II § 11 Abschn. IV Rn. 191 mwN, die von einem zunehmend weitergehendem Verständnis des Anwendungsbereichs der Auslagerungsvorgaben sprechen). Die Regelungen der DORA beziehen sich auf IKT-Dienstleistungen, die in Art. 3 Nr. 21 ganz allgemein als „digitale Dienste und Datendienste, die über IKT-Systeme einem oder mehreren internen oder externen Nutzern dauerhaft bereitgestellt werden, einschließlich Hardware als Dienstleistung und Hardwaredienstleistungen, wozu auch technische Unterstützung durch den Hardwareanbieter mittels Software- oder Firmware-Aktualisierungen gehört, mit Ausnahme herkömmlicher analoger Telefondienste" definiert werden. Vom Anwendungsbereich der DORA sind demnach nur die in Erwägungsgrund 35 näher erläuterten analogen Telefondienste ausgeschlossen. Hieraus ergibt sich, dass es **im Bereich der Überwachung und Steuerung von IKT-Risiken keine Unterscheidung zwischen Auslagerung und sonstigem Fremdbezug** gibt. Das heißt, dass IKT-Dienstleistungen vom Anwendungsbereich der DORA (insbes. Art. 27 ff.) erfasst sein können, während sie als sonstiger Fremdbezug nicht von den bisherigen Auslagerungsregelungen (zB in § 25b KWG und § 40 WpIG) erfasst wären (BaFin Präsentation „DORA für IKT-Drittdienstleiter" vom 23.2.2024, S. 21, unter: https://www.bafin.de/SharedDocs/Downloads/DE/Anlage/dl_Praesentation_DORA_IKT_Drittdienstleister.pdf;jsessionid=FFD0852FDFC99AC9FF33A1C52C77C5AD.internet981?__blob=publicationFile&v=3 (zuletzt abgerufen: 1.7.2026); BaFin Aufsichtsmitteilung zu Auslagerungen an Cloud-Anbieter, Stand Februar 2024, S. 9; Hornung/Schallbruch IT-SicherheitsR-HdB/Bomhard/Siglmüller § 29 Rn. 35; Thalhofer/Monschke CR 2024, 366 Rn. 3; Reichstein DSRITB 2024, 357 (361); Lipke BKR 2025, 253 (255); Bernau/Lutterbach BKR 2023, 506 (508)). Mit der Angleichung an den Ansatz der DORA dürfte die EBA einen **grundlegenden strukturellen Wandel im Umgang mit Drittdienstleistungen im Aufsichtsrecht** vorbereiten, mit dem der Fremdbezug von Dienstleistungen allgemein zum Gegenstand eines Risikoevaluierungs- und Steuerungsprozesses bei den Instituten gemacht werden muss, der sich auf einer zweiten Ebene in IKT- und nicht IKT-bezogene Dienstleistungen und auf einer dritten Ebene im Hinblick auf die Wesentlichkeit der betroffenen Funktionen (→ Rn. 39 ff.) aufgliedert (Igl WPg 2025, 1076 (1079)). Die (zum Bearbeitungszeitpunkt im Konsultationsstadium befindlichen) **WpI MaRisk vollziehen diesen strukturellen Wandel bisher (noch) nicht nach;** sie halten stattdessen an der Unterscheidung zwischen Auslagerung und sonstigem Fremdbezug fest (Erläuterungen zu AT 9 Tz. 1 WpI MaRisk). Allerdings beinhaltet die im **Mai 2026 konsultierte Version der WpI MaRisk den Hinweis, dass ausgelagerte oder fremdbezogene IKT-Dienstleistungen iSv Art. 3 Nr. 21 DORA nicht in den Anwendungsbereich der WpI MaRisk fallen,** sondern stattdessen (nur) den Vorgaben bzgl. des IKT-Drittparteienrisikomanagements der DORA unterliegen. Das bedeutet, dass für IKT-Dienstleistungen künftig auch aus der Perspektive der deutschen Aufsicht nur die Vorgaben der DORA maßgeblich sind.

38 AT 9 Tz. 1 MaRisk weist (anders als die entsprechende Tz. der Konsultationsfassung der WpI MaRisk) zusätzlich darauf hin, dass das Vorliegen einer **Auslagerung nicht von vornherein durch zivilrechtliche Gestaltungen und Vereinbarungen ausgeschlossen** werden kann. Der Hinweis kann im Grunde als selbstverständlich bzw. als Klarstellung angesehen werden (Reischauer/Kleinhans/Brogl MaRisk AT 9 Tz. 1 Rn. 2; Hannemann/Weigl/Zaruk/Weigl MaRisk AT 9 Rn. 111) und sollte daher **auch im Hinblick auf den Auslagerungstatbestand im Rahmen der WpI MaRisk** gelten. Es ist kein sachlicher Grund dafür ersichtlich, im Hinblick auf Kleine und Mittlere Wertpapierinstitute andere Maßstäbe anzulegen bzw. zivilrechtlichen Gestaltungen und Vereinbarungen größere Maßgeblichkeit beizumessen.

3. Wesentlichkeit; Risikoanalyse und Szenarioanalyse in eigener Verantwortung des Instituts

§ 40 gilt für **wesentliche Auslagerungen,** also **Auslagerungen von ausschlaggebenden oder wichtigen betrieblichen Aufgaben** iSv Art. 30 Abs. 1 Delegierte VO (EU) 2017/565. Gemeint sind Aufgaben, deren unzureichende oder unterlassene Wahrnehmung die kontinuierliche Einhaltung der Zulassungsbedingungen und Pflichten oder anderer Verpflichtungen des Instituts gemäß MiFID II, ihre finanzielle Leistungsfähigkeit oder die Solidität oder Kontinuität ihrer Wertpapierdienstleistungen und Anlagetätigkeiten wesentlich beeinträchtigen würde. Jedes Institut hat im Hinblick auf Auslagerungen **in eigener Verantwortung eine Risikoanalyse** vorzunehmen (AT 9 Tz. 2 MaRisk; in der 2025 konsultierten Version der WpI MaRisk wurde ebenfalls darauf hingewiesen, dass die Risikoanalyse „eigenverantwortlich" zu erfolgen hat, während diese Formulierung in den im Mai 2026 konsultierten Version fehlt; materiell dürfte sich an der Eigenverantwortlichkeit der Analyse gleichwohl nichts ändern; erklärende Hinweise der BaFin bleiben abzuwarten), anhand derer zu beurteilen ist, ob eine Auslagerung (unter Risikogesichtspunkten) für das Institut als wesentlich einzustufen ist oder nicht (Krimphove/Lüke/Eicke AT 9 Rn. 26; zu § 25b KWG Beck/Samm/Kokemoor/Ferstl § 25b Rn. 42; Schwennicke/Auerbach/Langen/Donner KWG § 25b Rn. 18 f.). 39

a) Ausgestaltung der Risikoanalyse. In der **Ausgestaltung der Risikoanalyse** sind die Institute zunächst grundsätzlich frei (Lendermann/Nemeczek/Schroeter/Donner Rn. 19; zu § 25b KWG Schwennicke/Auerbach/Langen/Donner KWG § 25b Rn. 19; Beck/Samm/Kokemoor/Ferstl § 25b Rn. 44; Krimphove/Lüke/Eicken AT 9 Rn. 27). Für diese Risikoanalyse sind institutsweit bzw. gruppenweit **einheitliche Rahmenvorgaben** zu erstellen und zu verwenden (AT 9 Tz. 2 MaRisk bzw. WpI MaRisk). Aus den MaRisk bzw. WpI MaRisk ergeben sich bestimmte **organisatorische Anforderungen,** an denen sich die Ausgestaltung der Risikoanalyse zu orientieren hat: 40

Zuständigkeiten/Beteiligte: Die Risikoanalyse wird grundsätzlich durch das zentrale Auslagerungsmanagement im Sinne von AT 9 Tz. 12 MaRisk koordiniert. Sie kann aber **dezentral** (von den betroffenen auslagernden Organisationseinheiten) initiiert und im Wesentlichen auch inhaltlich durchgeführt werden (zu § 25b KWG Beck/Samm/Kokemoor/Ferstl § 25b Rn. 44). AT 9 Tz. 2 MaRisk gibt dabei aber vor, dass die **maßgeblichen Organisationseinheiten** und die **Interne Revision** im Rahmen ihrer Aufgaben einzubeziehen sind. (Die entsprechende Tz. der konsultierten WpI MaRisk verzichtet auf diesen Hinweis, ohne dass hierfür ein materieller Grund ersichtlich wäre. Auch im Hinblick auf Kleine und Mittlere WpI wird eine hinreichende Einbindung der maßgeblichen Organisationseinheiten erforderlich sein.) Neben der auslagernden Organisationseinheit und dem zentralen Auslagerungsmanagement werden zusätzlich typischerweise etwa die Rechtsabteilung, Organisationsabteilung sowie bei IKT-bezogenen Fällen die IT-Abteilung (Krimphove/Lüke/Eicke AT 9 Rn. 37 ff.; Hannemann/Weigl/Zaruk/Weigl AT 9 Rn. 175) und gegebenenfalls die Datenschutz- und Notfallbeauftragten (Riediger Auslagerungen/Dienstleister-Steuerung/Nikula Rn. 294) zu beteiligen sein. Die Beteiligung der Internen Revision soll die zeitnahe Überprü- 41 fung der Ergebnisse der Risikoanalyse sicherstellen, darf aber – zur Vermeidung von Interessenkonflikten – nicht zu einer leitenden Funktion der Internen Revision bei der Risikoanalyse führen (Krimphove/Lüke/Eicke AT 9 Rn. 42; Hannemann/Weigl/Zaruk/Weigl AT 9 Rn. 176). Das zentrale Auslagerungsmanagement ist gemäß AT 9 Tz. 12 MaRisk bzw. WpI MaRisk für die Koordination und Überprüfung der Risikoanalyse verantwortlich. Insofern ist mindestens eine Plausibilisierung der Rückmeldungen der analysierenden Fachabteilungen bzw. Organisationseinheiten erforderlich (Riediger Auslagerungen/Dienstleister-Steuerung/Riediger Rn. 54). Wer die abschließende **Entscheidung über die Wesentlichkeitseinstufung** zu treffen hat, ist nicht vorgegeben. Denkbar ist etwa eine Entscheidung durch das zentrale Auslagerungsmanagement, durch die initiierende Organisationseinheit, durch die betroffenen Bereiche gemeinsam oder durch die Geschäftsleitung (Hannemann/Weigl/Zaruk/Weigl AT 9 Rn. 178). Anders als AT 9 Tz. 12 der MaRisk und der 2025 konsultierten Version der WpI MaRisk beinhaltet die entsprechende Tz. der im Mai 2026 konsultierten WpI MaRisk keine Vorgaben zur Einsetzung eines zentralen Auslagerungsbeauftragten mehr.

42 **Aufbau der Risikoanalyse:** Der Aufbau der Risikoanalyse ist nicht vorgegeben. In der Praxis ist **beispielsweise ein zweistufiges Verfahren** – aufgeteilt in eine Voranalyse („Quick-Check") der Wesentlichkeit anhand bestimmter Kriterien und eine Detailanalyse im Hinblick auf die Tragweite – gängig (Krimphove/Lüke/Eicke Rn. 27; Hannemann/Weigl/Zaruk/Weigl AT 9 Rn. 181; Fischer/Schäfer/Schulte-Mattler/Schulte-Mattler/Siering KWG § 25b Rn. 42; Loff WM 2009, 780 (784)).

43 **Ergänzende Szenarioanalyse:** Nach den Erläuterungen zu AT 9 Tz. 2 MaRisk bzw. WpI MaRisk sowie nach Ziff. 65 der EBA-Leitlinien zu Auslagerungen ist die Risikoanalyse, soweit sinnvoll und verhältnismäßig, durch eine **Szenarioanalyse** zu ergänzen. Sinnvoll und verhältnismäßig dürfte dies bei wesentlichen Auslagerungen sein, insbesondere dann sein, wenn Auslagerungen besonders bedeutend und komplex erscheinen (Krimphove/Lüke/Eicke Rn. 34). Anhand der Szenarioanalyse soll sich das Institut mit den konkret erwartbaren Folgen von Ausfällen der Leistungserbringung durch den Dienstleister befassen (hierzu mit konkreten Beispielen für die dabei abzubildenden operationellen Risiken Riediger Auslagerungen/Dienstleister-Steuerung/Nikula Rn. 279).

44 **Qualitative und/oder quantitative Ansätze:** Aus den Erläuterungen zu AT 9 Tz. 2 MaRisk bzw. WpI MaRisk ergibt sich, dass für Kleine und Mittlere Institute **qualitative Ansätze** (zB Self-Assessments zu Risikoindikatoren) ausreichend sind, von Großen Instituten dagegen **auch quantitative Ansätze** (zB quantitative Ermittlung Schadenshöhe und Eintrittswahrscheinlichkeit per OpRisk Self-Assessment) erwartet werden (zur Differenzierung mit weiteren Beispielen Hannemann/Weigl/Zaruk/Weigl AT 9 Rn. 162 und Rn. 168; Loff WM 2009, 780 (783); Riediger Auslagerungen/Dienstleister-Steuerung/Ahmad/Kirschbaum Rn. 422 ff.).

45 **Dokumentation:** Die Anforderungen gemäß AT 6 MaRisk bzw. WpI MaRisk sind im Hinblick auf die Dokumentation der Risikoanalyse und ihres Ergebnisses einzuhalten. Wird eine Auslagerung auf Basis der Risikoanalyse als nicht wesentlich eingestuft sollte jedenfalls eine **inhaltlich belastbare Begründung** Teil der Dokumentation sein (Lendermann/Nemeczek/Schroeter/Donner Rn. 19; zu § 25b KWG Fischer/Schäfer/Schulte-Mattler/Schulte-Mattler/Siering KWG § 25b Rn. 50). Im Falle einer wesentlichen Auslagerung

erscheint es demgegenüber sinnvoll, die Grundlage der Risikoanalyse durch eine **erweiterte Dokumentation** nachvollziehbar zu machen (Riediger Auslagerungen/Dienstleister-Steuerung/Nikula Rn. 258 mit entsprechenden Vorschlägen).

Aktualisierung: Eine Aktualisierung der Risikoanalyse im Hinblick auf eine Auslagerung muss **regelmäßig** erfolgen (das bedeutet praktisch **mindestens jährlich;** so Hannemann/Weigl/Zaruk/Weigl AT 9 Rn. 167; Riediger Auslagerungen/Dienstleister-Steuerung/Nikula Rn. 269; Scholz-Fröhling BKR 2017, 133 (139); zu § 25b KWG Schuster/Grützmacher/Lensdorf KWG § 25b Rn. 30; teilweise ist auch die Rede davon, dass für nicht wesentliche Auslagerungen eine Abweichung vom jährlichen Turnus möglich ist; so Hannemann/Weigl/Zaruk/Weigl AT 9 Rn. 167: dreijähriger Turnus; aus der Perspektive der Aufsicht dürfte dem nicht pauschal zuzustimmen sein, vielmehr sollte auch bei unwesentlichen Auslagerungen eine jährliche Aktualisierung erfolgen und sichergestellt sein, das bei Eintritt von Negativmerkmalen eine jährliche Risikoanalyse durchgeführt wird; so Riediger MaRisk/Riediger Rn. 1150). Zusätzlich ist die Risikoanalyse **anlassbezogen ad hoc** zu aktualisieren, beispielsweise infolge regulatorischer Änderungen, Änderungen der Geschäfts- oder Risikostrategie des Instituts, Änderungen im Wettbewerber- und Anbieterfeld, bei Häufungen von Sicherheitsvorfällen oder Datenschutzverletzungen, bei entsprechenden Hinweisen oder Feststellungen in Prüfungsberichten, bei neuen Weiterauslagerungen durch den betreffenden Dienstleiter oder bei Änderungen im Auslagerungsumfang (Riediger Auslagerungen/Dienstleister-Steuerung/Nikula Rn. 272). 46

b) Negativbeispiele (keine Wesentlichkeit). Art. 30 Abs. 2 Delegierte VO (EU) 2017/565 stellt klar, dass bestimmte Aufgaben nicht als ausschlaggebend oder wichtig betrachtet werden, so dass insofern **nie eine wesentliche Auslagerung** vorliegt. Betroffen sind Beratungs- und andere Dienstleistungen, die nicht die Wertpapierdienstleistungen des Instituts betreffen (einschließlich Rechtsberatungsleistungen, Mitarbeiterschulungen, Buchhaltungsleistungen sowie Mitarbeiter- oder Gebäudebewachung) sowie standardisierte Dienstleistungen (einschließlich Marktinformationsdiensten und Preisdaten) (Fischer/Schäfer/Schulte-Mattler/Schulte-Mattler/Siering KWG § 25b Rn. 49 und Beck/Samm/Kokemoor/Ferstl KWG § 25b Rn. 51 mit weiteren Beispielen in Anlehnung an frühere Fassungen der MaRisk: Inkassowesen, Geldautomatenversorgung, Technikwartung, allgemeine Serviceleistungen wie Kantine, Reinigung, Betriebsarzt, Baudienst und Brandschutz). 47

c) Bewertungsparameter nach MaRisk bzw. WpI MaRisk. Die Erläuterungen zu AT 9 Tz. 2 **MaRisk bzw. WpI MaRisk** geben darüber hinaus konkrete Hinweise auf die **inhaltlich maßgeblichen Gesichtspunkte,** anhand derer die Risikoanalyse vorgenommen werden muss, um eine Einstufung als wesentlich oder nicht wesentlich vorzunehmen. 48

Maßgeblich für die Risikoanalyse ist grundsätzlich der sogenannte **Proportionalitätsgrundsatz,** wonach die Intensität der Analyse sich nach Art, Umfang, Komplexität und Risikogehalt der ausgelagerten Funktionen zu richten hat (Erläuterungen zu AT 9 Tz. 2 MaRisk bzw. WpI MaRisk). 49

Zu berücksichtigen sind alle für das Institut **relevanten Aspekte** im Zusammenhang mit der Auslagerung zu berücksichtigen. Die **Erläuterungen zu AT 9 Tz. 2 MaRisk** nennen etwa 50

- Risiken infolge einer Kumulation mehrerer Auslagerungsvereinbarungen mit demselben Dienstleister,

- Risiken aus Weiterverlagerungen,
- politische Risiken,
- ESG-Risiken,
- ersichtliche Maßnahmen zur Steuerung und Minderung der Risiken,
- die Eignung des Auslagerungsunternehmens,
- mögliche Interessenkonflikte,
- den Schutzbedarf der an das Auslagerungsunternehmen übermittelten Daten sowie
- mit der Auslagerung verbundene Kosten.

51 **Weitere Aspekte** können sein (Reischauer/Kleinhans/Brogl MaRisk AT 9 Tz. 2 Rn. 2; Schuster/Grützmacher/Lensdorf KWG § 25b Rn. 33; Hannemann/Weigl/Zaruk/Weigl AT 9 Rn. 159 f. jeweils mit Beispielen):

- die Komplexität der auszulagernden Funktion,
- das Ausfallrisiko des Dienstleisters,
- die mit einem etwaigen Ausfall verbundenen Konsequenzen,
- ein etwa drohender Verlust des Know-Hows beim Institut,
- das Risiko von Rechtsverstößen seitens des Dienstleisters,
- Reputationsrisiken,
- die Qualität des internen Kontrollsystems des Dienstleisters,
- den Zeitaufwand für eine mögliche Reintegration oder Umverlagerung auf Ersatzdienstleister sowie
- die wirtschaftliche, personelle und IT-technische Ausstattung des Dienstleisters.

52 **d) Bewertungsparameter nach den EBA-Leitlinien.** Ausführliche Hinweise zu den **inhaltlich maßgeblichen Gesichtspunkten** im Hinblick auf die Risikoanalyse zu Auslagerungen bzw. die Risikobewertung zu Auslagerungsverträgen beinhalten auch die **EBA-Leitlinien zu Auslagerungen** (EBA/GL/2019/02, Ziff. 29 ff. und Ziff. 64 ff.). In der von der EBA konsultierten Fassung der **EBA-Leitlinien zur Drittparteienrisikosteuerung** finden sich diese Punkte weitestgehend wortgleich wieder, werden aber größtenteils der allgemeinen Risikobewertung für Vereinbarungen mit Drittdienstleistern zugeordnet (EBA/CP/2025/12, Ziff. 37 und 74, 76). Das bedeutet, dass diese Aspekte nach dem zukünftigen Konzept der EBA (→ Rn. 37) unabhängig davon, ob eine Auslagerung oder ein sonstiger Fremdbezug von Leistungen vorliegt, im Rahmen einer Risikobewertung zu prüfen sein werden. Damit verschiebt sich der Fokus des Risikomanagements von der Frage der Wesentlichkeit einer Auslagerung zum allgemeinen, jedem Bezug von Leistungen von Dritten innewohnenden Risiko.

53 Als Konstellationen, die **immer als wesentliche Auslagerung** eingestuft werden sollen, führen die EBA-Leitlinien zu Auslagerungen folgende Szenarien auf (EBA/GL/2019/02, Ziff. 29; ähnlich in den konsultierten EBA-Leitlinien zur Drittparteienrisikosteuerung, EBA/CP/2025/12, Ziff. 33–35):

- eine unzureichende Wahrnehmung der ausgelagerten Funktionen würde zu einer wesentlichen Beeinträchtigung der kontinuierlichen Einhaltung der Zulassungsbedingungen oder sonstigen regulatorischen Pflichten, der finanziellen Ergebnisse oder der Solidität oder Kontinuität der Wertpapierdienstleistungen des Instituts führen,
- operationelle Aufgaben von internen Kontrollfunktionen sollen ausgelagert werden,
- der Umfang der ausgelagerten Funktionen reicht so weit, dass hierfür eigentlich eine eigene Zulassung als Wertpapierinstitut für den Dienstleister erforderlich wäre.

Davon abgesehen soll nach den EBA-Leitlinien zu Auslagerungen besonderes Augenmerk auf **kritische Funktionen und Kerngeschäftsbereiche** iSv Art. 2 Abs. 1 Nr. 35 und Nr. 36 Richtlinie 2014/59/EU (Abwicklungsrichtlinie) zu legen sein (EBA/GL/2019/02, Ziff. 30; ähnlich in den konsultierten EBA-Leitlinien zur Drittparteienrisikosteuerung, EBA/CP/2025/12, Ziff. 36). Diesbezügliche Auslagerungen werden nur ausnahmsweise als nicht wesentlich einzustufen sein, nämlich dann, falls sich im Zuge der Bewertung feststellen lässt, dass negative Auswirkungen auf die Kontinuität der kritischen Funktionen bzw. Kerngeschäftsbereiche nicht zu erwarten wären, wenn die auszulagernden Funktionen nicht hinreichend durch den Dienstleister erfüllt werden. Gerade im Hinblick auf kritische Funktionen und Kerngeschäftsbereiche wird sich diese Feststellung nur selten treffen lassen. 54

Zudem geben die EBA-Leitlinien zu Auslagerungen einen **Katalog an Faktoren** vor, die **mindestens bei der Risikoanalyse** zu berücksichtigen sind (EBA/GL/2019/02, Ziff. 31; die dortigen lit. a und lit. b finden sich ähnlich wieder in den konsultierten EBA-Leitlinien zur Drittparteienrisikosteuerung, EBA/CP/2025/12, Ziff. 37; die übrigen Punkte der EBA-Leitlinien zu Auslagerungen sind dagegen in den Katalog zur allgemeinen Risikobewertung aufgenommen worden, s. EBA/CP/2025/12, Ziff. 74). Hierbei werden folgende Aspekte genannt: 55

- das Ergebnis der Risikobewertung gemäß Ziff. 64 ff. (im Hinblick auf die dort näher beschriebenen operationelle Risiken, einschließlich rechtlicher Risiken, IT-, Compliance und Reputationsrisiken sowie mögliche Einschränkungen in den Ländern, in denen die betreffenden Auslagerungsleistungen erbracht werden oder Daten gespeichert werden),
- eine etwaige unmittelbare Verknüpfung der Auslagerung mit der Erbringung der Wertpapierdienstleistungen, für die das Institut über eine Erlaubnis verfügt,
- potenzielle Auswirkungen von Störungen auf (i) die Widerstandsfähigkeit und Tragfähigkeit (einschließlich der Vermögenswerte, des Kapitals, der Kosten, Finanzierung, Liquidität, Gewinne und Verluste) des Instituts, (ii) die Geschäftsfortführung und operationelle Widerstandsfähigkeit, (iii) das operationelle Risko (einschließlich (Fehl-) Verhaltensrisiken, IKT-Risiken und rechtlicher Risiken), (iv) Reputationsrisiken, (v) die Sanierungs- und Abwicklungsplanung, Abwicklungsfähigkeit und Fortführung des Geschäftsbetriebs bei einer Frühinterventionsmaßnahme, einem Sanierungs- oder einem Abwicklungsfall,
- potenzielle Auswirkungen auf die Fähigkeit des Instituts, (i) sämtliche Risken zu ermitteln, zu überwachen und zu steuern, (ii) sämtliche gesetzlichen und regulatorischen Anforderungen zu erfüllen, (iii) angemessene Prüfungen bezüglich der ausgelagerten Funktionen durchzuführen,
- potenzielle Auswirkungen auf die für die Kunden erbrachten Dienstleistungen,
- sämtliche Auslagerungsvereinbarungen, die aggregierte Risikoposition des Instituts gegenüber dem betreffenden Dienstleister und die potenziellen kumulativen Auswirkungen der Auslagerungsvereinbarungen in dem betreffenden Geschäftsbereich,
- die Größe und die Komplexität des betroffenen Geschäftsbereichs,
- die Möglichkeit einer eventuellen Ausweitung der vorgesehenen Auslagerungsvereinbarung, ohne dass die zugrunde liegende Vereinbarung ersetzt oder überarbeitet wird,
- die Fähigkeit zur Übertragung der vorgesehenen Auslagerungsvereinbarung auf einen anderen Dienstleister, sowohl in vertraglicher als auch in praktischer Hinsicht (einschließlich der damit verbundenen geschätzten Risiken, der Hindernisse für die Geschäftsfortführung, der Kosten und des Zeitrahmens),

- die Fähigkeit zur Wiedereingliederung der ausgelagerten Funktion in das Institut oder das Zahlungsinstitut,
- den Schutz der Daten und die möglichen Folgen einer Verletzung der Vertraulichkeitspflichten oder des Versäumnisses, die Datenverfügbarkeit und Integrität sicherzustellen, sowohl für das Institut als auch für seine Kunden.

56 **e) Bewertungsparameter für Cloud-Dienste.** In Anlehnung an die vorstehend genannten, allgemein formulierten Bewertungsparameter (→ Rn. 48 ff. und → Rn. 52 ff.) hat die BaFin **konkret für die Auslagerung an Cloud-Anbieter maßgebliche Bewertungsparameter** formuliert (BaFin Aufsichtsmitteilung zu Auslagerungen an Cloud-Anbieter, Februar 2024, S. 10 ff.). Besonders bedeutsam dürften dabei folgende Aspekte sein:

- Vorausgesetzt wird, dass sich das Institut mit der **Ausgestaltung des genutzten Cloud-Dienstes** auseinandersetzt. Das bedeutet, dass die technischen Begebenheiten und deren Bedeutung für die Auslagerung und die damit einhergehenden Risiken vom Institut analysiert, verstanden und bewertet werden müssen. Im Rahmen der Risikoanalyse muss das Institut sich also selbst auch inhaltlich mit den IT-technischen Begebenheiten des einzusetzenden Cloud-Dienstes befassen und diese unter Sicherheits- und Risikogesichtspunkten reflektiert haben.
- Hierbei spielt auch die Bewertung der **Eignung des Cloud-Anbieters** (dh insbesondere seine technischen Fähigkeiten, Infrastruktur, wirtschaftliche Situation, sein gesellschaftsrechtlicher und regulatorischer Status) eine wichtige Rolle. Nach den Hinweisen der BaFin können zur Bewertung Nachweise/Zertifikate auf Basis gängiger Standards (s. die Beispiele bei Hannemann/Weigl/Zaruk/Weigl AT 9 Rn. 155 Fn. 262 und Hornung/Schallbruch IT-SicherheitsR-HdB/Bomhard/Siglmüller § 29 Rn. 52), Prüfberichte anerkannter Dritter oder interne Prüfberichte des Cloud-Anbieters herangezogen werden.
- Bei der Bewertung der **Konzentrationsrisiken,** insbesondere infolge der Auslagerung mehrerer Sachverhalte an einen Cloud-Anbieter, sollten – in Anlehnung an Art. 31 Abs. 2 lit. a DORA – auch die systemischen Risiken, die ein Ausfall des betreffenden Cloud-Anbieters mit sich brächte, berücksichtigt werden.
- Schließlich sollte auch den **Standortrisiken** (einschließlich der geopolitischen Lage und der rechtlichen Zugriffsmöglichkeiten anderer Jurisdiktionen) erhebliche Bedeutung zukommen.

III. Rechtsfolgen

1. Grenzen der Auslagerungsfähigkeit; allgemeine Anforderungen an die Zulässigkeit einer Auslagerung

57 § 40 und die Art. 30 ff. Delegierte VO (EU) 2017/565 begründen **kein Auslagerungsverbot** (Lendermann/Nemeczek/Schroeter/Donner Rn. 3). Im Gegenteil, die Institute können im Bereich der Auslagerungen bzw. der Inanspruchnahme von Drittdienstleistern **durchaus Freiräume** in Anspruch nehmen.

58 Grenzen ergeben sich aus Art. 31 Abs. 1 lit. a Delegierte VO (EU) 2017/565. Danach darf eine Auslagerung **nicht zur Delegation der Aufgaben der Geschäftsleitung** führen. Das bedeutet, dass die Geschäftsplanung, die Unternehmenskoordination und -kontrolle, die Besetzung der Führungspositionen sowie Aufgaben, die der Geschäftsleitung auf Basis gesetzlicher (oder anderer zwingender) Regelungen zugewiesen sind, **nicht auf Dritte ausgelagert wer-**

den dürfen (s. auch AT 9 Tz. 4 MaRisk bzw. WpI MaRisk; so zu § 25b KWG Reischauer/Kleinhans/Brogl KWG § 25b Rn. 24). Gleichzeitig dürfen durch andere (zulässige) Auslagerungen auch die Eignungsanforderungen an das Leitungspersonal nicht abgesenkt werden. Nur dann ist sichergestellt, dass das Institut trotz etwaiger Auslagerungen über die nötigen Kompetenzen verfügt, um die Geschäfte des Instituts weiterhin zu führen, die mit der Auslagerung verbundenen Risiken zu steuern und die Auslagerungssachverhalte effektiv zu überwachen (EBA-Leitlinien zu Auslagerungen, EBA/GL/2019/02, Ziff. 37). Andersherum kann eine Auslagerung auch nicht so weit gehen, dass für die Wahrnehmung der ausgelagerten Aktivitäten (in dem ausgelagerten Umfang) durch das Auslagerungsunternehmen eigentlich eine **eigenständige Erlaubnis erforderlich** wäre (EBA-Leitlinien zu Auslagerungen, EBA/GL/2019/02, Ziff. 62 ff.).

Nicht zu den Leitungsaufgaben zählen gemäß AT 9 Tz. 4 MaRisk bzw. WpI MaRisk Funktionen, derer sich die Geschäftsleitung für die Erfüllung der vorstehend genannten Leistungsaufgaben bedient, also insbesondere die **Risikocontrolling-Funktion,** die **Compliance-Funktion** und die **Interne Revision.** Dem liegt der Gedanke zugrunde, dass die Geschäftsleitung vorrangig ein Entscheidungsgremium ist, sodass die zentralen Entscheidungsfragen einer Auslagerung nicht zugänglich sein sollen. Eine Auslagerung darf im Ergebnis nicht dazu führen, dass das Institut nur noch als leere Hülle („empty shell") bestehen bleibt. Das gilt aber nicht für die Ausführung und Kontrolle (Hannemann/Weigl/Zaruk/Weigl MaRisk AT 9 Rn. 212; Fischer/Schäfer/Schulte-Mattler/Schulte-Mattler/Siering KWG § 25b Rn. 35). Für die genannten Funktionen gilt, dass eine Auslagerung grundsätzlich möglich ist, solange gewährleistet ist, dass das Institut weiterhin über die erforderlichen Kenntnisse und Erfahrungen verfügt, um eine wirksame Überwachung zu gewährleisten (AT 9 Tz. 5 MaRisk bzw. WpI MaRisk). Eine **vollständige Auslagerung** dieser Bereiche ist ebenfalls unter bestimmten Voraussetzungen möglich. Für **Große Wertpapierinstitute** gilt gemäß AT 9 Tz. 5 MaRisk, dass eine vollständige Auslagerung für Tochterunternehmen innerhalb einer Institutsgruppe möglich ist, wenn das auslagernde Tochterinstitut nicht als wesentlich einzustufen ist. Für **Kleine und Mittlere Wertpapierinstitute** sollte eine vollständige Auslagerung nach At 9 Tz. 5 der 2025 konsultierten Version der WpI MaRisk möglich sein, wenn das Auslagerungsunternehmen seinen Sitz im EWR hat und demselben Konsolidierungskreis angehört. Ebenso sollte eine vollständige Auslagerung für Kleine und Mittlere Wertpapierinstitute möglich sein, wenn eine eigene Einrichtung dieser Funktionen beim auslagernden Institut vor dem Hintergrund der Institutsgröße und in Anbetracht der Art, des Umfangs, der Komplexität und des Risikogehalts der betriebenen Geschäftsaktivitäten nicht angemessen erscheint (AT 9 Tz. 5 WpI MaRisk in der Konsultationsfassung aus 2025, die insofern weiter als die bisherige Differenzierung in der entsprechenden Tz. der MaRisk ging, wo diese Möglichkeit der vollständigen Auslagerung nur für Kleine Institute vorgesehen ist). A T9 Tz. 4 und 5 der im Mai 2026 konsultierte Version der WpI MaRisk gehen zwar davon aus, dass eine Auslagerung der Risikomanagement-Funktion, der Compliance-Funktion und der Internen Revision teilweise oder vollständig möglich ist. Auf die vorstehend genannten konkreten Vorgaben wird dann aber verzichtet. Tz. 5 beinhaltet den Hinweis, dass „in besonderem Maße sicherzustellen [ist], dass im Wertpapierinstitut die erforderlichen Kenntnisse verbleiben und die Geschäftsleiter weiterhin in der Lage sind, ihrer Verantwortung gerecht zu werden und diese auch wahrzunehmen." 59

60 Schließlich ergeben sich aus § 40 sowie aus den Art. 30 ff. Delegierte VO (EU) 2017/565 verschiedene Voraussetzungen, ohne deren Einhaltung eine an sich erlaubte Auslagerung nicht zulässig wäre. Es handelt sich also um **Anforderungen an die Zulässigkeit der Auslagerung:**

- Das Institut hat **angemessene Vorkehrungen** zu treffen, um zusätzliche Risiken zu vermeiden (§ 40 Abs. 1 S. 1), und und auch im Hinblick auf die Auslagerung ein **angemessenes und wirksames Risikomanagement** gewährleisten (§ 40 Abs. 1 S. 3).
- Die **Ordnungsmäßigkeit der Geschäfte und Dienstleistungen** sowie der **Geschäftsorganisation** müssen gewährleistet sein (§ 40 Abs. 1 S. 2).
- Das Institut darf **nicht infolge der Auslagerung lediglich als leere Hülle** oder **Briefkastenfirma** fortbestehen („empty shell"). Die BaFin weist in der Konsultationsfassung der WpI MaRisk darauf hin, dass hierfür insbesondere dann ein erhöhtes Risiko besteht, wenn der Verwaltungs- und/oder Registersitz des Instituts sich nicht im Inland befinden, zahlreiche Auslagerungen vorgenommen werden (vor allem an Dienstleister in einem Drittland) und nur eine geringe Anzahl an Mitarbeitern beim Institut selbst vorhanden ist (Erläuterungen AT 9 Tz. 4 WpI MaRisk; s. auch EBA-Leitlinien zu Auslagerungen, EBA/GL/2019/02, Ziff. 39).
- Auslagerungen dürfen auch nicht die **Abwicklungsfähigkeit** des Instituts beeinträchtigen (Binder/Glos/Riepe BankenaufsichtsR-HdB/Benzler/Krieger Teil II § 11 Abschn. IV Rn. 196).
- Es ist ein **Auslagerungsregister** mit sämtlichen wesentlichen und nicht wesentlichen Auslagerungen zu führen (§ 40 Abs. 1 S. 4 u. S. 5).
- Das **Verhältnis des Instituts zu seinen Kunden** und seine **Pflichten gemäß MiFID II** bleiben unverändert (§ 40 Abs. 2 S. 1 iVm Art. 31 Abs. 1 lit. b Delegierte VO (EU) 2017/565 sowie § 80 Abs. 6 S. 2 WpHG).
- Die **Zulassungsvoraussetzungen,** insbesondere nach MiFID II, bleiben erfüllt (§ 40 Abs. 2 S. 1 iVm Art. 31 Abs. 1 lit. c und lit. d Delegierte VO (EU) 2017/565).
- Für Auslagerungen an **Dienstleister in einem Drittland** gelten weitere besondere Voraussetzungen (§ 40 Abs. 2 S. 3 und Art. 32 Delegierte VO (EU) 2017/656).

2. Rechtsfolgen für sonstigen Fremdbezug

61 Sonstiger Fremdbezug (→ Rn. 32) unterfällt nicht den Regelungen für Auslagerungen. Trotzdem ist auch in diesem Fall die **Ordnungsmäßigkeit der Geschäftsorganisation** sicherzustellen (mit Bezug zum rechtlichen Kontext der IT-Sicherheit Möslein/Omlor FinTech-HdB/Kipker § 18 Rn. 28 ff.). Die Anforderungen der §§ 41, 45 gelten auch hier. Für den **Fremdbezug von IKT-Dienstleistungen** gelten die Regelungen und Anforderungen der DORA (→ Rn. 26). Es ist zu erwarten, dass die Anforderungen an die Risikobewertung und die Überwachung von sonstigem Fremdbezug künftig stark ausgeweitet werden. Das ergibt sich aus dem neuen Ansatz der konsultierten EBA-Leitlinien zur Drittparteienrisikosteuerung (EBA/CP/2025/12) (→ Rn. 37).

3. Rechtsfolgen für unwesentliche Auslagerungen

62 Kommt das Institut im Rahmen der Risikoanalyse zum Ergebnis, dass es sich um eine nicht wesentliche Auslagerung handelt, ist dieses **Ergebnis nachvoll-**

ziehbar zu begründen und nachprüfbar zu dokumentieren (AT 6 Tz. 2 MaRisk bzw. WpI MaRisk; → Rn. 45).

Für nicht wesentliche Auslagerungen gelten die **allgemeinen Anforderungen** an die Ordnungsmäßigkeit der Geschäftsorganisation und der Wirksamkeit der Risikosteuerung des Instituts gem. §§ 41, 45 unverändert fort. Die ausgelagerten (nicht wesentlichen) Funktionen sind insofern zu behandeln wie der eigene Geschäftsbetrieb, wobei zusätzlich sicherzustellen ist, dass der Dienstleister ordnungsgemäß (zB in Ansehung seiner technischen und personellen Ausstattung, seiner finanziellen Situation und etwa erforderlicher Erlaubnisse) ausgewählt wird und die Leistungserbringung bzw. die sich daraus ergebenden Risiken wirksam überwacht werden (so zu § 25b KWG Fischer/Schäfer/Schulte-Mattler/Schulte-Mattler/Siering KWG § 25b Rn. 51 und Rn. 58). **63**

Schon nicht wesentliche Auslagerungen (also nicht nur wesentliche Auslagerungen) führen dazu, dass das Institut die **Funktion des zentralen Auslagerungsbeauftragten** (AT 9 Tz. 12 MaRisk für Große Wertpapierinstitute) einzurichten hat und ein **Auslagerungsregister** zu führen hat (AT 9 Tz. 14 MaRisk bzw. AT 9 Tz. 12 lit. c WpI MaRisk sowie EBA-Leitlinien zu Auslagerungen, EBA/GL/2019/02, Ziff. 54 f.). **64**

Schließlich setzen die EBA-Leitlinien zu Auslagerungen (EBA/GL/2019/02, Ziff. 41 ff.) voraus, dass schon dann, wenn der Abschluss einer Auslagerungsvereinbarung beabsichtigt ist, **Auslagerungsrichtlinien** zur Festlegung von Grundsätzen, Zuständigkeiten und Prozessen aufgestellt werden. Aus den von der EBA konsultierten Leitlinien zur Drittparteienrisikosteuerung ergibt sich, dass diese Richtlinien sich künftig auf jeden Fremdbezug von (nicht-IKT-bezogenen) Leistungen beziehen müssen (EBA/CP/2025/12, Rn. 48 ff.; auch → Rn. 37). **65**

4. Rechtsfolgen für wesentliche Auslagerungen

a) Anforderungen an das Risikomanagement. Die Institute müssen für wesentliche Auslagerungen **angemessene Vorkehrungen** zu treffen, um zusätzliche Risiken zu vermeiden (§ 40 Abs. 1 S. 1) und auch im Hinblick auf die Auslagerung ein **angemessenes und wirksames Risikomanagement** gewährleisten (§ 40 Abs. 1 S. 3). In der Umsetzung dieser Pflichten sind die Institute im Rahmen des Proportionalitätsgrundsatzes grundsätzlich frei (Hannemann/Weigl/Zaruk/Weigl AT 9 Rn. 47 und Rn. 49; Fischer/Schäfer/Schulte-Mattler/Schulte-Mattler/Siering KWG § 25b Rn. 57). Jedenfalls sind Auslagerungssachverhalte und die sich daraus ergebenden Risiken hierfür im Rahmen des sogenannten Risikostrategieprozesses, also etwa in der Risikostrategie, im Risikotragfähigkeitskonzept bzw. im Risikoreporting, zu berücksichtigen (Fischer/Schäfer/Schulte-Mattler/Schulte-Mattler/Siering KWG § 25b Rn. 57; (zu den Anforderungen an den Risikostrategieprozess → § 45 Rn. 13 ff.). **66**

b) Pflichten im Vorfeld der Auslagerung. Die Pflicht, angemessene Vorkehrungen zur Vermeidung übermäßiger zusätzlicher Risiken zu treffen und eine ordnungsgemäßen Geschäftsorganisation sowie eine wirksames Risikomanagement zu gewährleisten, begründet die Erforderlichkeit für **bestimmte Maßnahmen bereits im Vorfeld von Auslagerungen.** **67**

Zunächst haben Institute im Rahmen einer **Auslagerungsstrategie** bereits im Vorhinein festzulegen, welchen (zB operativen oder organisatorischen) Bedürfnissen oder (zB wirtschaftlichen) Zielen die Auslagerung dienen soll (Schuster/Grützmacher/Lensdorf KWG § 25b Rn. 49 ff.). Die Auslagerungsstrategie wird **68** sich üblicherweise im Zusammenhang mit der Geschäftsstrategie und der diesbezüglichen Risikostrategie formulieren oder sich daraus ableiten lassen. Diese strategischen Erwägungen sind heranzuziehen, um zu prüfen, ob beabsichtigte Auslagerungen damit kompatibel bzw. hierfür zweckdienlich sind (Fischer/Schäfer/Schulte-Mattler/Schulte-Mattler/Siering KWG § 25b Rn. 44).

69 Im Einklang mit Ziff. 41 ff. der EBA-Leitlinien zu Auslagerungen (EBA/GL/2019/02) haben die Institute **schriftliche Auslagerungsrichtlinien** aufzustellen, aus denen sich Zuständigkeiten, Abläufe, maßgebliche Entscheidungs- und Bewertungskriterien, Dokumentationsvorgaben und bestimmte materielle Anforderungen im Hinblick auf die zentralen Phasen des Lebenszyklus von Auslagerungsvereinbarungen ergeben.

70 Die **auslagerungsbezogene Risikoanalyse** (→ Rn. 39 ff.) gehört ebenfalls zu den im Vorfeld einer Auslagerung zu erfüllenden Pflichten.

71 Schließlich empfiehlt sich auch die Einrichtung von **Strukturen für die Durchführung der mit Auslagerungen verbundenen Verfahrensabläufe** (hierzu näher Schuster/Grützmacher/Lensdorf KWG § 25b Rn. 53 ff.), zB für die Markterkundung und Due Diligence im Hinblick auf die Eignung potenzieller Auslagerungsunternehmen (→ Rn. 72 ff.), für die Einholung und die sachgerechte Bewertung von Angeboten, sowie für die (oftmals technisch anspruchsvolle) Formulierung von Anforderungen an die Auslagerungsleistung, etwa in Form von spezifischen Service Levels.

72 **c) Due-Diligence im Hinblick auf das Auslagerungsunternehmen. Konkrete Anforderungen an das Auslagerungsunternehmen** regelt Art. 31 Abs. 2 lit. a Delegierte VO (EU) 2017/565. Diese Vorgaben werden auch in den EBA-Leitlinien zu Auslagerungen aufgegriffen und konkretisiert (EBA/GL/2019/02, Ziff. 69 ff.). Die Institute sollten dementsprechend eine **Due-Diligence Prüfung im Hinblick auf die Eignung** eines potenziellen Auslagerungsunternehmens anhand klarer Kriterien – basierend auf den gesetzlichen Vorgaben und ausgerichtet an den mit der Auslagerung verfolgten Zielen – durchführen (Lendermann/Nemeczek/Schroeter/Donner Rn. 30 f.; Fischer/Schäfer/Schulte-Mattler/Schulte-Mattler/Siering KWG § 25b Rn. 160).

73 Folgende Anforderungen sollten nach der Prüfung des Instituts beim Dienstleister erfüllt sein, um zu gewährleisten, dass der Dienstleister seine Aufgaben im Rahmen der Auslagerung zuverlässig erfüllen kann (EBA/GL/2019/02, Ziff. 70):
- positive geschäftliche Reputation;
- angemessene und ausreichende Fähigkeiten, Fachkenntnisse, Kapazitäten und Mittel (zB personell, finanziell, IT-bezogene Ressourcen);
- eine angemessene Organisationsstruktur;
- gegebenenfalls erforderliche aufsichtliche Zulassungen oder Registrierungen zur Wahrnehmung der auszulagernden Funktionen.

74 Folgende Faktoren sollten bei der Prüfung zu berücksichtigen sein (EBA/GL/2019/02, Ziff. 71 f.):
- Geschäftsmodell, Art, Umfang Komplexität, Finanzlage, Eigentums- und/oder Gruppenstruktur des Dienstleisters;
- gegebenenfalls die langfristige Beziehung mit dem Dienstleister, wenn dieser bereits vom Institut bewertet worden ist;
- gegebenenfalls der Umstand dass der Dienstleister und das Institut dem gleichen Konsolidierungskreis angehören;
- gegebenenfalls der Umstand, dass der Dienstleister seinerseits behördlich beaufsichtigt wird;

- angemessene technische und organisatorische Maßnahmen (etwa nach Art. 24 Abs. 1 S. 1 DS-GVO), sofern der Dienstleister mit der Verarbeitung personenbezogener oder vertraulicher Datenbeauftragt werden soll.

Schließlich sollen die Institute sicherstellen, dass Dienstleister die für die Institute geltenden oder für anwendbare erklärte **Werte und/oder Verhaltenskodizes** einhalten bzw. im Einklang mit ihnen handeln (EBA/GL/2019/02, Ziff. 73). Konkret im Hinblick auf Drittlanddienstleister sollen die Institute sich davon überzeugen, dass diese Dienstleister **ethisch und sozial verantwortlich handeln** und die international anerkannten Normen zu den Menschenrechten, zum Umweltschutz, zu angemessenen Arbeitsbedingungen und zum Verbot von Kinderarbeit einhalten. 75

d) Auslagerungsvereinbarung. Art. 31 Abs. 3 Delegierte VO 2017/565 verlangt den Abschluss einer **schriftlichen Auslagerungsvereinbarung,** in der die den Anforderungen nach Abs. 2 entsprechenden Rechte und Pflichten im Hinblick auf wesentliche Auslagerungen festzulegen sind. Schriftform meint in diesem Kontext nicht die Schriftform der § 126 BGB, vielmehr genügt – wie die MaRisk bzw. WpI MaRisk klarstellen – eine **Dokumentation in Textform** iSv § 126b BGB (Hannemann/Weigl/Zaruk/Weigl AT 9 Rn. 276; so zu § 25b KWG Beck/Samm/Kokemoor/Ferstl KWG § 25b Rn. 57). 76

Art. 31 Abs. 2 lit. b–l Delegierte VO (EU) 2017/565 regeln zahlreiche Aspekte, die für das **Verhältnis zwischen dem auslagernden Institut und dem Dienstleister** maßgeblich sind, zB Informationspflichten des Dienstleisters oder die Pflicht des Dienstleisters, mit den zuständigen Aufsichtsbehörden zusammenzuarbeiten. Um sicherzustellen, dass das auslagernde Institut die Erfüllung dieser Anforderungen auch im Verhältnis zum Dienstleister durchsetzen kann, empfiehlt sich die Festlegung entsprechender vertraglicher Rechte und Pflichten (Lendermann/Nemeczek/Schroeter/Donner Rn. 32). AT 9 Tz. 7 und Tz. 8 MaRisk bzw. WpI MaRisk, die EBA-Leitlinien zu Auslagerungen (EBA/GL/2019/02, Ziff. 75) sowie die Aufsichtsmitteilung der BaFin zu Auslagerungen an Cloud-Anbieter (dort S. 13 ff.) geben **kataloghaft bestimmte Mindestinhalte** vor. Art. 28 Abs. 7 und Art. 31 DORA regeln darüber hinaus vorrangig die inhaltlichen **Anforderungen an Verträge mit IKT-Dienstleistern.** Die von der EBA konsultierten Leitlinien zur Drittparteienrisikosteuerung weiten den Anwendungsbereich der Mindestvertragsinhalte grundsätzlich auf alle Verträge mit Drittdienstleistern aus (EBA/CP/2025/12, Rn. 85) und erweitert diese Mindestinhalte im Falle von wesentlichen Auslagerungen (EBA/CP/2025/12, Rn. 86). Das entspricht dem Ansatz in Art. 31 Abs. 2 DORA (alle Verträge IKT-Drittdienstleistungen) und Art. 31 Abs. 3 DORA (zusätzliche Anforderungen im Hinblick auf kritische oder wichtige Funktionen). Aus den Erläuterungen zu AT 9 Tz. 1 WpI MaRisk in der im Mai 2026 konsultierten Version ergibt sich, dass auch die BaFin davon ausgeht, dass für IKT-Dienstleistungen allein die Vorgaben der DORA maßgeblich sein sollen. 77

Die vorstehend genannten Regelungen geben nur den Mindestinhalt für die Auslagerungsvereinbarung vor. Wie diese Inhalte in Vertragsform gebracht werden, fällt grundsätzlich in das **Gestaltungsermessen der Institute bzw. ist Gegenstand der Vertragsverhandlung** (zur Vertragsgestaltungspraxis Darányi BKR 2024, 1039 ff.). Praktisch üblich ist, eine kombinierte und modulare Vertragsgestaltung, bei der sowohl die materiellen Leistungsvereinbarungen (Gegenstand der Leistung des Dienstleisters und entsprechende Vergütung durch das auslagernde Institut), 78 als auch die formell erforderlichen Mindestinhalte (sowie gegebenenfalls datenschutzrechtliche Verantwortlichkeitsregelungen, zB in Form einer Auftragsverarbeitungvereinbarung nach Art. 28 DS-GVO) in einem einheitlichen Vertragswerk zusammengefasst werden. Dabei wird häufig ein **Hauptvertragsteil mit allgemeinen Vertragsregelungen** (etwa Leistungsgegenstand, Vergütung, Informations- und Untersuchungsrechte- und Pflichten, Haftung, Geheimhaltung und Datenschutz, Laufzeit und Kündigungsrechte) erstellt, der dann durch **zahlreiche eher technische Anlagen** ergänzt wird (zB Verzeichnis über die im Rahmen des Vertrags erbrachten Auslagerungsleistungen, Vereinbarungen zu Service Levels, technische Prozessablaufbeschreibungen, Störungs- und Notfallmanagementkonzepte, Verzeichnisse von zugelassenen Subunternehmern, Regelungen zu den Anforderungen an das Interne Kontrollsystem des Dienstleisters) (Schuster/Grützmacher/Lensdorf KWG § 25b Rn. 63). Möglich ist auch eine Kombination mit anderen zwischen den Parteien zu regelnden Vertragsverhältnissen, zB einem Joint-Venture-Verhältnis (Schwennicke/Auerbach/Langen/Donner KWG § 25b Rn. 34). Wichtig bei der Vertragsgestaltung ist die Gewährleistung einer möglichst einheitlichen Auslegung von zentralen Begriffen, die die Anforderungen an die Leistungen des Dienstleisters beschreiben (zB im Hinblick auf die Wichtigkeit von bestimmten Teilfunktionen „mittel", „hoch" oder „sehr hoch"). Ebenso wichtig ist eine objektive Überprüfbarkeit der im Vertrag enthaltenen Vorgaben. Die vom Dienstleister zu erbringenden Leistungen müssen in einer Art und Weise definiert und beschrieben werden, die dem auslagernden Institut jederzeit einen Abgleich der vertraglichen Soll-Situation mit der tatsächlichen Ist-Situation und eine entsprechende Reaktion hierauf ermöglicht (Riediger MaRisk/Riediger Rn. 1132 f.).

79 S. näher zu den Details der vorstehend genannten Mindestvertragsinhalte Hannemann/Weigl/Zaruk/Weigl AT 9 Rn. 277 ff.; Schwennicke/Auerbach/Langen/Donner KWG § 25b Rn. 37 ff.

80 **e) Auslagerungsüberwachung.** Um die mit der Auslagerung verbundenen Risiken effektiv steuern zu können, müssen die Institute die Ausführung der **ausgelagerten Funktionen laufend überwachen.** Das hat insbesondere auf Grundlage der in der Auslagerungsvereinbarung festzulegenden spezifischen **Leistungsbeschreibung** und der darauf aufbauenden **Service Level Vereinbarungen** zu erfolgen (Fischer/Schäfer/Schulte-Mattler/Schulte-Mattler/Siering KWG § 25b Rn. 59).

81 Erforderlich hierfür sind klare Zuständigkeiten sowohl beim auslagernden Institut als auch beim Dienstleister. Das betrifft insbesondere die Verzahnung der Überwachungstätigkeit mit der Steuerung des Dienstleisters durch das auslagernde Institut. Die operative Zusammenarbeit wird häufig über verschiedene (technisch versierte) Fachebenen hinweg passieren, das allein genügt aber nicht den aufsichtsrechtlichen Anforderungen an eine ordnungsgemäße Geschäftsorganisation und ein wirksames Risikomanagement mit einer effektiven Auslagerungsüberwachung. Vielmehr muss sichergestellt sein, dass eine **zentrale Einheit innerhalb des Instituts klar als Verantwortliche für die Dienstleistersteuerung und Auslagerungsüberwachung** bestimmt ist (hierzu und zum folgenden Schuster/Grützmacher/Lensdorf KWG § 25b Rn. 116 ff.; Fischer/Schäfer/Schulte-Mattler/Schulte-Mattler/Siering KWG § 25b Rn. 60; Riediger MaRisk/Riediger Rn. 1123), um insbesondere

- eindeutig definierte **prozessuale Schnittstellen und Leistungsübergabepunkte** zu kommunizieren und deren Einhaltung zu kontrollieren,

- eine regelmäßige **Beurteilung der Leistungen** des Dienstleisters anhand vorgegebener Kriterien (Service Levels) vorzunehmen,
- die **laufende Einhaltung der Eignungsanforderungen** durch den Dienstleister zu kontrollieren,
- die Einhaltung der für das auslagernde Institut **intern sowie gesetzlich geltenden Anforderungen** im Hinblick auf die durch den Dienstleister erfüllten Funktionen zu prüfen,
- die erforderliche Kommunikation und Koordination im Hinblick **Risikoanalysen und deren Aktualisierungen** mit dem Dienstleister – in Zusammenarbeit mit den jeweils zuständigen Fachbereichen – zu führen und
- klare Prozesse für die **Implementierung und Weiterentwicklung der diesbezüglichen Kontroll- und Überwachungsaufgaben** sowie für eine **vollständige Dokumentation der Auslagerung** zu schaffen.

Aus der Perspektive der Aufsicht ist darauf hingewiesen worden, dass das Fehlen klarer Zuständigkeiten und Verantwortlichkeiten für das Auslagerungsmanagement im Internen Kontrollsystem häufig zu F3- und F4-Feststellungen führt. Die Institute sollten daher **besonderes Augenmerk auf klare Zuständigkeitsregelungen für die Ermittlung und Überwachung der sich aus der Auslagerung ergebenden (operationellen) Risiken** legen (Riediger MaRisk/Riediger Rn. 1120 und Rn. 1126).

Ebenfalls erforderlich für eine effektive Auslagerungsüberwachung ist die **regelmäßige Lieferung von Leistungskennzahlen oder anderen Kontrolldaten sowie Prüfberichte und anderer relevanter Erkenntnisquellen vom Dienstleister** an das auslagernde Institut. Entsprechende Informationspflichten bzw. Auskunftsrechte sind zwischen dem Institut und dem Dienstleister vertraglich zu vereinbaren. Das auslagernde Institut hat insofern die nötige fachliche und technische Expertise vorzuhalten und entsprechende laufende Prozesse einzurichten, um diese Informationen auszuwerten und im Hinblick auf mögliche Maßnahmen im Auslagerungsverhältnis zu interpretieren (Fischer/Schäfer/Schulte-Mattler/Schulte-Mattler/Siering KWG § 25b Rn. 61). 82

Als mögliche Maßnahmen für die **Handhabung von operativen Vorkommnissen** (die ebenso Gegenstand vertraglicher Vereinbarung mit dem Dienstleister sein sollten) sollten etwa die folgenden Verfahren zur Verfügung stehen: 83

- Überwachung der (eng begrenzten) Toleranzgrenzen für bestimmte Ausfälle oder unzureichende Leistungen;
- Adressierung von unzureichenden Leistungen oder sonstigen Anpassungsbedarfen in turnusmäßigen gemeinsamen Sitzungen;
- Ausübung von Weisungsrechten;
- Vertragsstrafen, zB in Form von vereinbarten Maluszahlungen;
- Vorübergehender Einsatz eigener Kapazitäten oder anderer Dienstleister;
- Kündigung und Reintegration oder Umverlagerung auf andere Dienstleister.

Neben den operativen Vorgängen muss das auslagernde Institut auch **Risiken** überwachen und steuern, **die den Dienstleister selbst betreffen,** etwa im Zusammenhang mit dem Risiko von finanziellen Schieflagen, größeren unerwarteten Leistungsausfällen, gesellschaftsrechtlichen Vorgängen oder Insolvenzsachverhalten. Auch hier muss gewährleistet sein, dass das auslagernde Institut regelmäßig aktualisierte Informationen erhält bzw. zusammenträgt, um etwaige Änderungen im Risikoprofil des Dienstleisters bewerten zu können. Auch diesbezüglich sind **Vorsorgemaßnahmen** zu treffen, etwa durch die Schaffung von Redundanzen für besonders wichtige Funktionen sowie durch regelmäßige Tests 84 bzw. Überprüfungen der Funktionalität und Angemessenheit von Notfallplänen, Ersatzkonzepten und Handlungsmöglichkeiten (Fischer/Schäfer/Schulte-Mattler/Schulte-Mattler/Siering KWG § 25b Rn. 63 ff.)

85 **f) Anzeige- und Informationspflicht.** Für wesentliche Auslagerungen gelten die **Anzeigepflichten** nach § 64 Abs. 1 Nr. 13, konkret im Hinblick auf die Absicht, den Vollzug, wesentliche Änderungen sowie schwerwiegende Vorfälle. Zu den Anzeigepflichten → § 64 Rn. 79 ff.

86 Zusätzlich haben die Institute den Aufsichtsbehörden gem. Art. 31 Abs. 5 Delegierte VO (EU) 2017/565 **auf deren Verlangen alle Informationen zur Verfügung zu stellen,** die diese zur Ausübung ihrer Überwachungsaufgaben benötigen.

87 **g) Anordnungsbefugnis der BaFin.** Abs. 3 stellt eine Rechtsgrundlage für ein behördliches Einschreiten der BaFin direkt gegenüber Auslagerungenunternehmen dar. Diese Rechtsgrundlage gilt **nur für Fälle der wesentlichen Auslagerung.** Sie ergänzt die (auch nach der bisherigen Regelungskonzeption schon in § 44 KWG enthaltenen) Auskunfts- und Prüfungsrechte der BaFin gegenüber Auslagerungsunternehmen gem. § 5 Abs. 4.

88 In der Literatur (zur Parallelregelung § 25b Abs. 4a KWG) wird argumentiert, der Tatbestand „Verstöße gegen aufsichtsrechtliche Bestimmungen" sei nur dann eröffnet, wenn im relevanten Verhalten **zugleich ein Verstoß gegen die zugrundeliegende Auslagerungsvereinbarung** zu sehen sei (zu § 25b KWG Reischauer/Kleinhans/Brogl KWG § 25b Rn. 40). Dies dürfte sich nicht mit dem Sinn und Zweck der Regelung vereinbaren lassen. Die Gesetzesbegründung bringt insofern klar zum Ausdruck, dass es für den Tatbestand der Anordnungsbefugnis **nicht auf die vertragliche Grundlage an sich ankommt,** sondern dass es genügt, „dass die Aktivitäten und Prozesse tatsächlich von den Verfügungsadressaten gegenüber den beaufsichtigten Unternehmen erbracht werden." (RegBegr. zum Gesetzesentwurf des FinanzmarktintegritätsstärkungsG, BT-Drs. 19/26966, 91).

89 Im Hinblick auf die **Reichweite der Rechtsgrundlage für Anordnungen** wird diskutiert, ob sich die Anordnungen nur auf solche Tätigkeiten des Auslagerungsunternehmens beziehen dürfen, die Gegenstand des Auslagerungsverhältnisses mit dem auslagernden Institut sind. In der Literatur wird insofern darauf hingewiesen, dass sich die Anordnungen aus Verhältnismäßigkeitsgründen **allein auf Gegenstände der zugrundeliegenden Auslagerungsvereinbarung** beziehen können dürften (Lendermann/Nemeczek/Schroeter/Donner Rn. 53 zu § 25b KWG Reischauer/Kleinhans/Brogl KWG § 25b Rn. 40). Ansonsten würde es an einer vertraglichen Grundlage und möglicherweise auch an einem Vergütungsanspruch des Auslagerungsunternehmens gegenüber dem Institut fehlen. Dies dürfte gleichwohl nicht der mit der Regelung intendierten Wirksamkeit solcher Anordnungen entsprechen. Gleichzeitig dürfte es von vornherein in der Natur von hoheitlichen Anordnungen liegen, dass für sie keine vertragliche Grundlage vereinbart ist. Denkbar erschiene auch eine Lösung, die – unabhängig vom konkreten Vertragsinhalt – an **dem materiellen Gegenstand und der materiellen Reichweite des Auslagerungsverhältnisses anknüpft.** Ergeben sich aus dem Verhalten des Auslagerungsunternehmens Verstöße oder Missstände iSv Abs. 4 Nr. 1–3 könnte die BaFin dann Maßnahmen, Tätigkeiten oder sonstige Verhalten vom Auslagerungsunternehmen verlangen, die mit dem tatsächlichen Inhalt und der tatsächlichen Reichweite der Auslagerung in einem hinreichend engen Zusammenhang stehen.

h) Berücksichtigung der WpIVergV bzw. InstVergV. Auslagerungskonstellationen, in deren Kontext Mitarbeiter des Auslagerungsunternehmens an den Leistungen zum Zwecke der Erbringung von Wertpapierdienstleistungen beteiligt sind, dürfen schließlich den **Vorgaben der WpIVergV und der InstVergV** nicht zuwiderlaufen. Das führt dazu, dass die vergütungsspezifischen Vorgaben der WpIVergV und der InstVergV unter Umständen auch für Mitarbeiter von Auslagerungsunternehmen zu berücksichtigen sind (näher hierzu im Kontext der InstVergV BaFin Auslegungshilfe zur Institutsvergütungsverordnung, Stand: 15.2.2018, S. 9; Heimann/Stabenow BB 2021, 1780 (1785)). 90

5. Erleichterungen für Gruppenauslagerungen

Art. 31 Abs. 4 Delegierte VO (EU) 2017/565 sowie AT 9 Tz. 15 MaRisk bzw. AT 9 Tz. 13 der im Mai 2026 konsultierten Version der WpI MaRisk regeln bestimmte **Erleichterungen für gruppen- bzw. verbundinterne Auslagerungen.** Art. 31 Abs. 4 Delegierte VO (EU) 2017/565 ist insofern allgemein formuliert und erlaubt es dem Institut, im Rahmen der Umsetzung der Auslagerungsanforderungen zu berücksichtigen, in welchem Umfang es den Dienstleister selbst kontrolliert oder sein Handeln beeinflussen kann. AT 9 Tz. 15 MaRisk bzw. AT 9 Tz. 13 WpI MaRisk geben hierzu Konkretisierungen für bestimmte gruppeninterne Konstellationen vor (näher hierzu Hannemann/Weigl/Zaruk/Weigl AT 9 Rn. 436 ff.). 91

Die EBA-Leitlinien zu Auslagerungen (EBA-EBA/GL/2019/02, Ziff. 46) verlangen in diesem Zusammenhang, dass **etwaige wesentliche Interessenkonflikte** – auch zwischen Einheiten innerhalb derselben Gruppe – durch geeignete Maßnahmen geregelt werden. 92

6. Rechtsfolgen für Auslagerungsunternehmen in einem Drittland

Im Fall von wesentlichen Auslagerungen an Auslagerungsunternehmen in einem Drittland muss gem. Abs. 2 S. 2 vertraglich sichergestellt sein, dass das Auslagerungsunternehmen einen **Zustellungsbevollmächtigten mit Sitz im Inland** benennt, an den Zustellungen bewirkt werden können. 93

Speziell für den Fall der Auslagerung von Funktionen im Zusammenhang mit der Verwaltung von Kundenportfolios regelt Art. 32 Delegierte VO (EU) 2017/565 bestimmte **weitere Zulässigkeitsvoraussetzungen** und **Mindestanforderungen an die Auslagerungsvereinbarung.** Zentral ist insofern die Einschränkung, dass eine Auslagerung nur dann zulässig ist, wenn der Dienstleister in seinem Herkunftsland zugelassen bzw. lizensiert ist und von einer zuständigen Behörde wirksam beaufsichtigt wird. Zudem muss zwischen der zuständigen ausländischen Behörde und der BaFin eine Kooperationsvereinbarung über die Zusammenarbeit und den Informationsaustausch im Rahmen der Aufsichtsarbeit bestehen (zum Hintergrund Eichhorn/Klebeck RdF 2014, 189 (198 f.)). Eine Liste mit entsprechenden Kooperationsvereinbarungen (genannt „Memorandum of Understanding" – MoU) veröffentlicht die BaFin auf ihrer Website. 94

IV. Verordnungsermächtigung

Abs. 4 räumt dem BMF (bzw. über Abs. 4 S. 2 der BaFin) die Möglichkeit ein, 95
Konkretisierung der Auslagerungsvorschriften durch Rechtsverordnung

vorzunehmen. Bisher ist die Verordnungsermächtigung ungenutzt geblieben. Die Konkretisierungen durch die BaFin ergehen weiterhin ohne Rechtsverordnungscharakter in Form von Aufsichtsmitteilungen und Rundschreiben (→ Rn. 20; Lendermann/Nemeczek/Schroeter/Donner Rn. 60; zu § 25b KWG und insofern kritisch Reischauer/Kleinhans/Brogl KWG § 25b Rn. 44).

§ 41 Interne Unternehmensführung

Wertpapierinstitute müssen über solide Regelungen für die Unternehmensführung verfügen, die zweckdienlich, der Art, dem Umfang und der Komplexität der dem Geschäftsmodell innewohnenden Risiken und den Geschäften des Wertpapierinstituts angemessen sind; dazu zählen

1. **eine klare Organisationsstruktur mit klar bestimmten, transparenten und widerspruchsfreien Berichtslinien,**
2. **wirksame Verfahren zur Identifizierung, Beurteilung, Steuerung sowie Überwachung und Kommunikation der Risiken und möglichen Risiken, denen das Wertpapierinstitut ausgesetzt ist oder die das Wertpapierinstitut für andere darstellt,**
3. **angemessene interne Kontrollmechanismen, einschließlich ordnungsgemäßer Verwaltungs- und Rechnungslegungsverfahren, und**
4. **ein Vergütungssystem, das mit einem soliden und wirksamen Risikomanagement vereinbar und diesem förderlich sowie geschlechtsneutral ausgestaltet ist.**

Übersicht

I. Vorbemerkung

1 Seit Inkrafttreten des WpIG am 26.6.2021 unterliegen die Anforderungen an die interne Unternehmensführung und -organisation sowie das Risikomanagement für Mittlere Wertpapierinstitute und Kleine Wertpapierinstitute (bei Letzteren nach Maßgabe der Modifikationen gem. § 38 Abs. 1) nicht mehr § 25a Abs. 1 KWG, sondern in Umsetzung von Art. 26 und Art. 29 IFD den §§ 41 und 45 WpIG. Es liegt also auch insoweit eine **Neukodifizierung für Mittlere und Kleine Wertpapierinstitute** vor. Dabei weicht die Gesetzessystematik im WpIG von § 25a Abs. 1 KWG deutlich ab. Während § 25a Abs. 1 KWG den Komplex von Unternehmensführung und -organisation sowie Risikomanagement in einer Norm zusammenfasst, ist dies in den §§ 41, 45 WpIG aufgeteilt, wenngleich diese beiden Normen eine gewisse inhaltliche Überschneidung aufweisen. **§ 41** betrifft die **interne Unternehmensführung- und Organisation einschließlich des operativen Risikomanagements,** spricht also die **organisatorischen Vorkehrungen des Risikomanagements** an während § 45 schwerpunktmäßig die materiell-inhaltlichen Anforderungen an die Steuerung von Risiken zu enthält.

2 Diese Neuregelung ist **materiell keine Reform** der internen Unternehmensorganisation und des Risikomanagements. Die Gesetzesmaterialien zu IFD und WpIG enthalten keine Anhaltspunkte für die Absicht einer inhaltlichen Neuregelung. Vielmehr finden sich die meisten Regelungsgegenstände auch in der neuen Kodifizierung wieder, wie die nachfolgende **Entsprechungstabelle** zeigt:

KWG	Inhalt	Entsprechung in IFD/ WpIG
§ 25a Abs. 1 S. 1	Ordnungsgemäße Geschäftsorganisation	Art. 26 Abs. 1/§ 41
§ 25a Abs. 1 S. 2	Aufgaben und Verantwortung der Geschäftsleiter	Art. 28/§ 43
§ 25a Abs. 1 S. 3	Anforderung an das Risikomanagement (in Nr. 1–6 detailliert)	Art. 26 Abs. 1 lit. b/§ 41 Nr. 2; Art. 29/§ 45 (insges. weniger detailliert)
§ 25a Abs. 1 S. 4, 5	Grundsatz der Proportionalität	Art. 29 Abs. 1 UAbs. 2/ § 41 Hs. 1
§ 25a Abs. 1 S. 6	Weitere Anforderungen an die ordnungsgemäße Geschäftsorganisation (Nr. 1: angemessene Regeln zur jederzeitigen Bestimmung der finanziellen Lage) (Nr. 2: Dokumentationspflicht, mind. 5 Jahre Aufbewahrungspflicht) (Nr. 3: Whistleblowing-Prozess)	(von Art. 26 Abs. 1 lit. b/ § 41 Nr. 2 implizit umfasst) (ohne konkrete Frist in Art. 4 Abs. 6/§ 13 Abs. 2 geregelt) (Art. 22/§ 13)

3 Angesichts dieser gleich gebliebenen Regelungsgegenstände stellt sich die **Frage der Fortgeltung der bisherigen BaFin-Verwaltungspraxis zum KWG.** Es würde nicht dem gesetzgeberischen Zweck von IFD und WpIG entsprechen, die bisher auf der Grundlage von § 25a KWG für Kreditinstitute und

Wertpapierfirmen (gleich welcher Größe) geltenden Verwaltungspraktiken auch nach Inkrafttreten des WpIG auf alle Wertpapierfirmen anzuwenden, selbst wenn man dies mit dem pauschalen Vorbehalt der Verhältnismäßigkeit bzw. Proportionalität (vgl. AT 1 MaRisk) versehen wollte. Denn nach Erwägungsgrund 4 IFD „unterscheiden sich die von den meisten Wertpapierfirmen eingegangenen und von ihnen ausgehenden Risiken deutlich von den von Kreditinstituten eingegangen und ausgehenden Risiken". Die unterschiedliche Anwendung des bisherigen (Kreditinstitute und Wertpapierfirmen gemeinsam umspannenden) Aufsichtsrahmens in den einzelnen Mitgliedstaaten habe ein „level playing field" für Wertpapierfirmen in der EU bislang beeinträchtigt (Erwägungsgrund 5 IFD). Daher wurde mit IFD und WpIG ein spezifisches Aufsichtssystem für diejenigen Wertpapierfirmen geschaffen, die angesichts ihrer Größe und ihrer Verflechtung mit anderen Finanz- und Wirtschaftsakteuren nicht systemrelevant sind (Erwägungsgrund 6 IFD). Der Gesetzgeber strebt also ein **auf Wertpapierinstitute kalibriertes eigenständiges Regelwerk** an (ausgenommen Große Wertpapierinstitute iSv § 2 Abs. 18, für die weiterhin CRD IV/CRR/KWG gelten).

4 Daher sollten die **§§ 41, 45 WpIG nicht als bloße Umformulierung von § 25a KWG** verstanden werden, denn dies würde letztlich zu einer entsprechenden Anwendung von Bankenvorgaben auf die Wertpapierinstitute führen, was durch die Einführung von IFD und IFR, also durch ein „spezifisches Aufsichtssystem für Wertpapierfirmen" (Erwägungsgrund 6 IFD) gerade abgeschafft werden sollte. Vielmehr sollten **§§ 41, 45 WpIG grundsätzlich eigenständig verstanden und ausgelegt** werden. Soweit allerdings Formulierungen in §§ 41, 45 WpIG erkennbar dasselbe meinen wie Formulierungen in § 25a Abs. 1 KWG, steht einem Rückgriff auf Auslegungen und Verwaltungspraxis zu § 25a Abs. 1 KWG nichts im Wege.

5 Ergänzend zu den Vorschriften über die Organisationsanforderungen nach §§ 41 und 45 sind die **Organisationspflichten gem. § 80 WpHG** sowie **Art. 21–43 der Delegierten VO (EU) 2017/565** zu beachten.

II. Behördliche Auslegungshinweise (WpI MaRisk und EBA-Leitlinien)

6 Im Zuge des Inkrafttretens des WpIG kündigte die BaFin in FAQ vom 2.12.2021 auf ihrer Website zunächst an, dass sie die in den **MaRisk sowie weiteren Rundschreiben** (ICAAP, Merkblatt zu den Geschäftsleitern, Merkblatt zu den Mitgliedern von Verwaltungs- und Aufsichtsorganen) niedergelegte Verwaltungspraxis, wie sie vor dem Inkrafttreten des WpIG für alle Kredit- und Finanzdienstleistungsinstitute (darunter die Wertpapierfirmen) galt, **einstweilen fortführen wird.** Die BaFin betonte jedoch mit Blick auf Kleine und Mittlere Wertpapierinstitute, dass diese „die betreffenden Anforderungen lediglich insoweit zu beachten haben, wie dies vor dem Hintergrund der Institutsgröße sowie von Art, Umfang, Komplexität und Risikogehalt der Geschäftsaktivitäten geboten erscheint". Welche Erleichterungen das konkret sind, ist bisher unklar geblieben. Allerdings hat die BaFin gemäß der Intention des Gesetzgebers (Regierungsbegründung WpIG, BT-Drs. 19/26929, 120: Geboten sei entweder eine entsprechende Anpassung der MaRisk oder eine Formulierung entsprechender neuer Rundschreiben) nunmehr spezifische Mindestanforderungen an das Risikomanagement von Wertpapierinstituten **(WpI MaRisk)** formuliert und am 6.8.2025

sowie darüber hinaus mit einem zweiten, überarbeiteten Entwurf vom 6.5.2026 zur Konsultation gestellt. Gemäß dem zweiten Entwurf der WpI MaRisk vom 6.5.2026 ist deren Inkrafttreten am 1.1.2027 vorgesehen.

Die WpI MaRisk lassen in ihrer konsultierten Fassung **letztlich offen, ob neben den WpI MaRisk** auch die auf der Grundlage von Art. 26 Abs. 4 IFD erlassenen **EBA-Leitlinien zur internen Governance gemäß der IFD vom 22.11.2021** (EBA/GL/2021/14) in der Praxis **zu berücksichtigen sind.** Die EBA hat hierin EU-weite Leitlinien für die Verwaltungspraxis zu Art. 26 IFD betreffend die interne Unternehmensführung formuliert. Da § 41 der Umsetzung von Art. 26 IFD dient, müssen die EBA/GL/2021/14 als Anknüpfungspunkt für die BaFin-Verwaltungspraxis dienen (so auch Regierungsbegründung WpIG, BT-Drs. 19/26929, 144, die zur Anwendung von § 41 auf die EBA/GL/2021/14 verweist). Folgerichtlich heißt es in AT 1 Tz. 1 der konsultierten WpI MaRisk (Fassung vom 6.5.2026), dass diese die EBA/GL/2021/14 „umsetzen", soweit sie das Risikomanagement der Wertpapierinstitute betreffen. Es ist allerdings missverständlich, dass die BaFin die EBA/GL/2021/14 auf ihrer Website in die sog. Negativliste der „nicht oder nicht vollständig in die Verwaltungspraxis übernommenen" Leitlinien aufgenommen hat. Wie die von der EBA veröffentlichte EU-weite „guidelines compliance table" zeigt, bezieht sich diese Nichtbefolgung durch die BaFin nur auf ein Detail, nämlich auf die Vorgabe nach Ziff. 37 und 50 der EBA-Leitlinien, wonach Mitglieder von beaufsichtigenden Leitungsorganen „unabhängig" zu sein haben. Die BaFin begründet diese Nichtbefolgung damit, dass das Kriterium der Unabhängigkeit in den einschlägigen Richtlinien nirgends näher ausgeführt sei. Ferner sei ein formelles Unabhängigkeitskriterium übermäßig restriktiv („Neither IFD nor CRD include provisions for formally independent members of the management body in its supervisory function. In our view, the formal independence criteria is too restrictive and narrows the institution's room for manoeuvre", zitiert aus der im „guidelines compliance table" der EBA wiedergegebenen Begründung). Von diesem Detail abgesehen hat die BaFin gegenüber der EBA erklärt, die EBA/GL/2021/14 anzuwenden. 7

Ein **inhaltlicher Vergleich** der EBA/GL/2021/14 mit den WpI MaRisk zeigt **Unterschiede im Anwendungsbereich,** aber deutliche **Überschneidungen im Inhalt.** Während die WpI MaRisk gemäß AT 2.1 für Mittlere und für Kleine Wertpapierinstitute iSv § 2 Abs. 16 und 17 gelten, wird in Abs. 7 EBA/GL/2021/14 ein **eingeschränkter Adressatenkreis** für diese Leitlinien formuliert. Danach sind die EBA/GL/2021/14 – übertragen auf die im WpIG gewählte Terminologie – ausschließlich für Mittlere Wertpapierinstitute anwendbar. Dies ist auf Ebene der IFD folgerichtig, weil Art. 25 Abs. 1 IFD den gesamten Abschnitt 2 von Kapitel 2 der IFD und damit auch die Artikel über interne Unternehmensführung (Art. 26 IFD) sowie Risikomanagement (Art. 29 IFD) auf Kleine Wertpapierinstitute für nicht anwendbar erklärt. Allerdings hat der deutsche Gesetzgeber in § 38 Abs. 1 angeordnet, dass ua **§ 41 Nr. 1–3 auch für Kleine Wertpapierinstitute anwendbar** sein soll (ebenso wie ua § 45 Abs. 1 S. 1, 2 und 3 Nr. 1 und 4 betreffend die Risikosteuerung). Diese deutsche gesetzgeberische Entscheidung leuchtet ein, da es auch für Kleine Wertpapierinstitute entsprechende inhaltliche Regelungen zum Risikomanagement geben sollte, selbst wenn insoweit keine EU-Richtlinienvorgaben bestehen. Nicht auf Kleine Wertpapierinstitute anzuwenden ist allerdings der Regelungsbereich „Rolle und Zusammensetzung des Leitungsorgans und der Ausschüsse" (Titel II der EBA-Leitlinien). Diese Thematik ist auf 8

Ebene des WpIG in § 43 Abs. 2 und 3 sowie § 44 geregelt, die in Übereinstimmung mit Art. 25 Abs. 1 IFD gem. § 38 Abs. 1 für Kleine Wertpapierinstitute nicht gelten.

9 Die **EBA/GL/2021/14 zur internen Governance** weisen zahlreiche **inhaltliche Übereinstimmungen mit den WpI MaRisk** auf.

- Beide Regelwerke sind auf den **Grundsatz der doppelten Proportionalität** verwiesen, der iRv § 25a KWG und der MaRisk seit langem anerkannt ist (Schwennicke/Auerbach/Langen/Donner KWG § 25a Rn. 32; Fischer/Schäfer/Schulte-Mattler/Schulte-Mattler/Braun KWG § 25a Rn. 88). Dieser Grundsatz besagt, dass sowohl die internen Prozesse als auch die aufsichtliche Prüfung in angemessener Relation zur Größe, zum Geschäftsvolumen und zur Risikostruktur des Institutes stehen müssen. Dies wird in Titel I EBA/GL/2021/14 ausgeführt ebenso wie in AT 1 WpI MaRisk, wobei die WpI MaRisk zwei Aspekte explizit ergänzt bzw. betont: erstens beinhalte der sachgerechte Umgang mit dem Proportionalitätsprinzip, dass die Institute im Einzelfall über die in den WpI MaRisk dargestellten Anforderungen hinausgehende Vorkehrungen treffen müssen, soweit dies zur Sicherstellung eines angemessenen und wirksamen Risikomanagements erforderlich sein sollte (AT 1 Tz. 3). Zweitens erwartet die Bafin ausdrücklich (als Ausfluss der „doppelten" Proportionalität), dass der flexiblen Grundausrichtung des Rundschreibens im Rahmen von Prüfungshandlungen Rechnung getragen wird. Es ist ein risikoorientierter **Prüfungsansatz** zu verfolgen (AT 1 Tz. 4).
- Es gilt eine Pflicht zur Schaffung eines angemessenen **organisatorischen Rahmens,** die als **schriftlich fixierte Ordnung** niedergelegt ist: Dies wird sowohl in AT 5 Tz. 2 WpI MaRisk als auch in Titel III.6 EBA/GL/2021/14 behandelt.
- **Allgemeine Anforderungen an das Risikomanagement** finden sich sowohl in AT 4 ff. WpI MaRisk als auch ausführlich in Abs. 85 ff. sowie in Ziff. 129 ff. und 139 ff. EBA-Leitlinien.
- Die **drei wesentlichen internen Risikokontrollfunktionen** sind die **Risikomanagement-Funktion** (AT 4.4.1 WpI MaRisk sowie Ziff. 159 ff. EBA-Leitlinien), die **Compliance-Funktion** (AT 4.4.2 WpI MaRisk sowie Ziff. 183 ff. EBA-Leitlinien) und die **Interne Revision** (AT 4.4.3 WpI MaRisk sowie Ziff. 191 ff. EBA-Leitlinien).
- Die **zentralen Risikokategorien** sind Risiken für Kunden **(Risk-to-Client, RtC),** Risiken für den Markt **(Risk-to-Market, RtM)** und Risiken für das Wertpapierinstitut **(Risk-to-Firm, RtF),** siehe AT 2.2 und BTR 1 WpI MaRisk und Ziff. 59 lit. c sowie Ziff. 76 EBA-Leitlinien

10 Es ist von einem engen Konkretisierungs- und Umsetzungsverhältnis zwischen den beiden Regelwerken auszugehen. Die WpI MaRisk werden in der Prüfungspraxis das maßgebliche Regelwerk sein, während die EBA/GL/2021/14 für die Praxis ergänzend zum Verständnis herangezogen werden können.

11 Die **wesentliche Neuerung der WpI MaRisk gegenüber den bisherigen allgemeinen MaRisk** besteht darin, Kleine und Mittlere Wertpapierinstitute vollständig aus den MaRisk herauszulösen, um im Rahmen der WpI MaRisk die „Charakteristika von Wertpapierinstituten besser berücksichtigen" zu können (so die BaFin auf ihrer Website bei Veröffentlichung der WpI MaRisk vom 6.8.2025). Wertpapierinstitute sollen künftig sui generis behandelt werden, nicht als eine Subkategorie von Banken, was den Weg frei machen soll für proportionalere Anforderungen (BaFin-Präsident Mark Branson in einer auf der BaFin-Website veröffentlichten Rede vom 3.11.2025). Die WpI MaRisk sind dabei keine „abge-

speckte" Version der MaRisk, sondern stärker an den tatsächlichen Tätigkeiten und Strukturen der Kleinen und Mittleren Wertpapierinstitute ausgerichtet (Renz/Marbeiter/Ungaro CB 2025, 397 (400)). Folgende wesentliche Änderungen können herausgegriffen werden:

- Die maßgeblichen zu analysierenden und zu steuernden **Risikokategorien** werden **neu gefasst und standardasiert,** und zwar orientiert an den Risikoarten, die in Art. 15 IFR bei Mittleren Wertpapierinstituten im Rahmen der sog. K-Faktor-Methode für die Berechnung der Eigenmittelanforderungen und ebenfalls in der **Delegierten VO (EU) 2023/1668** mit technischen Regulierungsstandards (RTS) zur Präzisierung der Messung von Risiken oder Risikokomponenten vorgesehen sind (siehe AT 2.2 WpI MaRisk und bereits → Rn. 9): (i) **Risiken für die Kunden (RtC),** (ii) **Risiken für den Markt (RtM),** (iii) **Risiken für das Wertpapierinstitut** (iv) **Sonstige Risiken** und (v) **Liquiditätsrisiken.** Operationelle Risiken werden anders als nach BTR 4 MaRisk nicht mehr als eigenständige Kategorie geführt, sondern innerhalb der vorgenannten Risikogruppen berücksichtigt, so dass die **Risiken stärker entlang ihrer Auswirkungen analysiert** werden (Renz/Marbeiter/Ungaro CB 2025, 397 (397)). **ESG-Risiken** werden übereinstimmend mit den MaRisk nicht als eigenständige Risikoart sondern als Risikotreiber angesehen (AT 2.2 WpI MaRisk).
- Das Proportionalitätsprinzip erfährt bei dem Thema **Risikotragfähigkeit und Kapitalplanung** eine konkrete Umsetzung. Nur Mittlere Wertpapierinstitute müssen eine Risikotragfähigkeitsprüfung gemäß AT 4.1.1 WpI MaRisk durchführen (in Übereinstimmung damit, dass die gesetzliche Anforderung an die laufende Sicherstellung der Risikotragfähigkeit gem. § 39 Abs. 1 nur für Mittlere Wertpapierinstitute gilt). Für Kleine Wertpapierinstitute bleibt es bei der (auch für Mittlere Wertpapierinstitute) geltenden Anforderung einer Kapitalplanung. Hierbei müssen die im Rahmen der Risikoinventur identifizierten wesentlichen Risiken im Rahmen der Kapitalplanung dahingehend bewertet werden, wie sie sich auf die zukünftige Vermögens- und Ertragslage quantitativ auswirken können. Neben dem Planszenario ist zumindest ein angemessenes adverses Szenario zu berücksichtigen (AT 4.1.2 WpI MaRisk).
- Die Anforderung von **Stresstests** gemäß AT 4.3.3 WpI MaRisk gilt nur für Mittlere Wertpapierinstitute, während insoweit für Kleine Wertpapierinstitute die Betrachtung eines adversen Szenarios im Rahmen der Kapitalplanung (AT 4.1.2 WpI MaRisk, siehe den vorherigen Punkt) im Regelfall ausreichend ist.
- Es wird die (widerlegliche) Regelvermutung eingeführt, wonach die Einrichtung einer unabhängigen Einheit der Internen Revision unverhältnismäßig ist, wenn das Wertpapierinstitut inklusive Geschäftsleiter über weniger als zehn Mitarbeiter bzw. entsprechende Vollzeit-Äquivalente verfügt. In diesem Fall können diese Aufgaben durch einen Geschäftsleiter wahrgenommen werden (AT 4.4.3 Tz. 1 WpI MaRisk).
- Eine **Neuerung** in den WpI MaRisk ist die explizite Pflicht zu Analyse und Management des **Risikos einer ungeordneten Abwicklung** (BTR 4 WpI MaRisk). Das Wertpapierinstitut muss Strategien und Verfahren zur Identifizierung, Begrenzung und Überwachung dieses Risikos entwickeln, um eine möglichst geordnete Beendigung der Geschäftstätigkeit bzw. einzelner Geschäftsbereiche zu gewährleisten. In den MaRisk ist dies kein dediziertes Modul sondern indirekt in den Vorgaben für Risikotragfähigkeit (AT 4.1 WpI MaRisk) und Notfallmanagement (AT 7.3 WpI MaRisk) enthalten. Die BaFin rückt hiermit

die Resilienz und Abwicklungsfähigkeit von Instituten auch jenseits des klassischen Banksektors stärker in den Vordergrund (Renz/Marbeiter/Ungaro CB 2025, 397 (398)). Allerdings gilt Abschnitt BTR 4 gemäß dem Konsultationsentwurf vom 6.5.2026 nur für Mittlere Wertpapierinstitute, während nach dem Vorentwurf vom 6.8.2025 noch eine proportionale Anwendung auch auf Kleine Wertpapierinstitute vorgesehen war.

III. Grundsatz der risikoangemessenen Unternehmensführung, Verhältnismäßigkeit

12 § 41 stellt im ersten Halbsatz einen allgemeinen Grundsatz auf, der in den Nr. 1–4 nach Teilaspekten aufgefächert wird. Das Gesetz setzt damit Art. 26 Abs. 1 Hs. 1 iVm Abs. 3 IFD um und zieht die allgemeinen Anforderungen an die interne Unternehmensführung „vor die Klammer“: Die Regelungen für die interne Unternehmensführung müssen solide sein und sie müssen laut § 41 „zweckdienlich, der Art, dem Umfang und der Komplexität der dem Geschäftsmodell innewohnenden Risiken und den Geschäften der Wertpapierfirma angemessen“ sein. Richtlinienkonform ist hier statt des Kommas hinter „zweckdienlich“ ein „und“ zu lesen (so redaktionell richtig in Art. 26 Abs. 3 IFD). Die Anforderung an die Regelungen für die Unternehmensführung lautet also:

- **solide**
- **zweckdienlich,** und
- **der Art, dem Umfang und der Komplexität der dem Geschäftsmodell innewohnenden Risiken und den Geschäften der Wertpapierfirma angemessen**

13 Solide ist der hier erstgenannte von verschiedenen **unbestimmten Rechtsbegriffen in § 41** („solide“, „zweckdienlich“, „angemessen“, „wirksam“), die eine eigene Verantwortung des Institutes zur Ausfüllung der damit einhergehenden Beurteilungsspielräume und zugleich erhebliche Argumentationsspielräume bei der Rechtsanwendung begründen (Lendermann/Nemeczek/Schroeter/Schlimbach Rn. 18). Wie Schlimbach (Lendermann/Nemeczek/Schroeter/Schlimbach Rn. 18) betont, verfügt aber auch die BaFin über diese Spielräume. Denn die BaFin kann gem. § 49 Nr. 2 eine Verstärkung der nach § 41 eingeführten Regelungen, Verfahren, Mechanismen und Strategien anordnen, wenn nach ihrer Beurteilung ohnedies ein Verstoß gegen § 41 vorläge.

14 Ein sprachliches Synonym für „solide“ ist „robust“ (so in der englischen Fassung von Art. 26 IFD: „investment firms [shall] have robust governance arrangements“). Die Anforderung der „soliden“ bzw. „robusten“ Regelungen für die Unternehmensführung leuchtet ein. Was nicht solide und robust ist, kann auch nicht zweckdienlich, wirksam oder angemessen sein. Lediglich auf dem Papier existierende Schein-Prozeduren, die nicht in der Praxis gelebt werden, sind weder „solide“ noch „robust“.

15 Mit „zweckdienlich“ und „angemessen“ werden Begriffe aus der **Verhältnismäßigkeitsprüfung** des deutschen Verwaltungs- und Verfassungsrechts verwendet. Auch die EBA/GL/2021/14 zur internen Governance behandeln ausführlich das Thema der „Verhältnismäßigkeit“ als Ausfluss von Art. 26 Abs. 3 IFD. Allerdings kann die Dogmatik des deutschen öffentlichen Rechts mit ihrer dreistufigen Prüfung (vgl. Voßkuhle JuS 2007, 429: 1. Ist die Maßnahme/Regelung geeignet (tauglich)? 2. Ist sie erforderlich (Wahl des mildesten, bzw. am

wenigsten belastenden Mittels)? 3. Ist sie angemessen bzw. verhältnismäßig im engeren Sinne (dh im Rahmen einer Gesamtabwägung proportional)?) nicht unbesehen auf diese Umsetzung von EU-Richtlinienrecht übertragen werden. Denn Art. 26 Abs. 3 IFD/§ 41 WpIG sind im Detail anders formuliert als eine klassische Verhältnismäßigkeitsprüfung nach deutschem Recht. Die Anforderung „zweckdienlich" ähnelt der Geeignetheitsprüfung entsprechend Schritt 1 der vorgenannten deutschen Verhältnismäßigkeitsprüfung. Die Anforderung „angemessen" mit Blick auf Umfang, Komplexität und Risiko der Wertpapierdienstleistung weist auf eine Angemessenheitsprüfung als Verhältnismäßigkeit im engeren Sinne hin (oben Schritt 3). Es fehlt jedoch an einer Verankerung einer „Übermaßgrenze" (Erforderlichkeit, oben Schritt 2). Auch die Auslegung von Art. 26 Abs. 3 IFD durch die EBA/GL/2021/14 zur internen Governance (Abschnitt „Verhältnismäßigkeit", Ziff. 17 ff.) stimmt mit der Dogmatik der deutschen Verhältnismäßigkeitsprüfung nicht überein. Der in Art. 26 Abs. 3 IFD verwendete Begriff „angemessen" wird in Ziff. 17 EBA/GL/2021/14 mit „geeignet und für das wirksame Erreichen der Ziele der jeweiligen aufsichtlichen Anforderungen und Vorschriften ausreichend" umschrieben, so dass „angemessen" ebenso viel bedeutet wie „geeignet". Es gibt in den EBA/GL/2021/14 also insgesamt keine trennscharfe Abgrenzung zwischen „geeignet", „erforderlich" und „angemessen".

Diese Abweichung von der Verhältnismäßigkeitsprüfung nach deutschem **16**
Recht ist vor dem Hintergrund verständlich, dass es vorliegend nicht um Sachverhalte der Eingriffsverwaltung, dh der Rechtfertigung staatlicher Eingriffe in Freiheitsrechte geht, bei der das Übermaßverbot (dh das Kriterium der Erforderlichkeit) eine zentrale Funktion hat. Vielmehr geht es um Vorgaben für das Risikomanagement, die im Gesetz nur abstrakt formuliert werden und von den Instituten selbst zu konkretisieren und in praktische Maßnahmen umzumünzen sind. Die staatliche Kontrolle besteht darin, dass im aufsichtlichen Überprüfungs- und Bewertungsprozess nach §§ 47 ff., 49 Nr. 2 geprüft wird, ob diese Maßnahmen „geeignet" sind, wobei im engeren Sinne unverhältnismäßige Maßnahmen nicht verlangt werden können. Für eine Erforderlichkeitsprüfung im Sinne eines Übermaßverbotes besteht hierbei kein Anlass.

Zusammengefasst ist Art. 26 Abs. 3 IFD bzw. § 41, erster Halbsatz, im Lichte **17**
der EBA/GL/2021/14 so zu verstehen, dass die Regelungen für die Unternehmensführung zum einen **geeignet** (im Richtlinien- und Gesetzeswortlaut „zweckdienlich") und zum anderen **verhältnismäßig im Sinne einer Gesamtschau** (im Richtlinien- und Gesetzeswortlaut „der Art, dem Umfang und der Komplexität der dem Geschäftsmodell innewohnenden Risiken und den Geschäften des Wertpapierinstituts angemessen") sein müssen. Das zweitgenannte Kriterium kommt einer Prüfung der Verhältnismäßigkeit im engeren Sinne (im Verständnis des deutschen öffentlichen Rechts) sehr nahe. Dies zeigt sich in Abs. 18 EBA-Leitlinien, wonach „Wertpapierfirmen mit einer komplexeren Organisation oder größere Wertpapierfirmen über komplexere Governance-Regelungen verfügen müssen, während Wertpapierfirmen mit einer einfacheren Organisation oder kleinere Wertpapierfirmen einfachere Governance-Regelungen einführen können". Dies stimmt mit Erwägungsgrund 3 IFD überein, wonach die Beaufsichtigung darauf abzielen sollte, „einen unverhältnismäßigen Verwaltungsaufwand für die Wertpapierfirmen zu vermeiden" um „in ausgewogener Weise sowohl die Sicherheit der Wertpapierfirmen sicherzustellen als auch übermäßige Kosten zu vermeiden, die deren Rentabilität beeinträchti-

gen könnten". Dies bedeutet eine **Gesamtabwägung** zwischen der **Risikoneigung (aufgrund Größe und Komplexität des Geschäfts)** einerseits und **Aufwändigkeit der Governance-Regelung** andererseits. Beides muss in einem ausgewogenen Verhältnis zueinanderstehen. Daher können einfacher strukturierte Institute mit einem kleineren Geschäftsvolumen tendenziell einfachere Governance-Regelungen wählen, wohingegen komplexere und größere Institute in der Regel auch komplexere Regelungen benötigen.

IV. Anforderungen an die interne Unternehmensführung im Einzelnen

18 Wie die einleitende Formulierung „dazu zählen …" in § 41 ebenso wie in Art. 26 Abs. 1 IFD verdeutlicht, handelt es sich bei den vier aufgeführten Anforderungen nach § 41 Nr. 1–4 um Mindestanforderungen zur Sicherstellung einer im o. g. Sinn „zweckdienlichen" und „angemessenen" internen Unternehmensführung. Diese sind nicht abschließend.

1. Klare Organisationsstruktur (Nr. 1)

19 Die Vorgabe einer klaren Organisationsstruktur mit „klar bestimmten, transparenten und widerspruchsfreien Berichtslinien" entspricht der Regelung § 25a Abs. 1 Nr. 3a KWG, wonach „das interne Kontrollsystem insbesondere … aufbau- und ablauforganisatorische Regelungen mit klarer Abgrenzung der Verantwortungsbereiche" aufweisen muss. Auch in den WpI MaRisk wird das **Gebot der Klarheit der Organisationsstruktur** hervorgehoben (AT 4.3.1 WpI MaRisk: klar definierte Aufbau- und Ablauforganisation). Das WpIG stellt diesen Aspekt in § 41 Nr. 1 mit der Vorgabe einer klaren Organisationsstruktur deutlich in den Vordergrund.

20 Die **EBA/GL/2021/14** enthalten weitere Erläuterungen dieses Klarheitsgebotes. Die Wertpapierinstitute sollen „keine undurchsichtigen oder unnötig komplexen Strukturen" einrichten, „die keine klare wirtschaftliche Begründung oder keinen rechtlichen Zweck haben" (Ziff. 71). In Titel VII (Transparenz, Ziff. 208 ff.) wird ausgeführt, dass das Leitungsorgan „die betroffenen **Mitarbeiter über die Richtlinien und Strategien der Wertpapierfirma auf klare und einheitliche Art und Weise informieren**" soll, „zumindest insoweit, dass sie ihre jeweiligen Aufgaben wahrnehmen können. Dies kann in Form von schriftlichen Leitlinien, Handbüchern oder anderweitig erfolgen". Die Voraussetzung hierfür ist, dass sich das Leitungsorgan vergewissert, dass es selbst die rechtliche, organisatorische und operative Struktur des Unternehmens genau kennt und versteht (**„know your structure"-Gebot,** Ziff. 65 ff.).

21 Aus der gesetzlichen Vorgabe der klaren Organisationsstruktur in § 41 Nr. 1 lässt sich in praktischer Hinsicht das **Gebot der schriftlichen Fixierung von Organisationsrichtlinien** (oft auch „schriftlich fixierte Ordnung" – SFO – genannt) ableiten. Die Organisationsrichtlinien müssen so ausgestaltet sein, dass diese sich als Prüfungsgrundlage der Internen Revision eignen. (AT 5 Tz. 1 WpI MaRisk). Dies erfordert einen gewissen Detaillierungsgrad der SFO, damit die interne Organisation und die Sicherungsvorkehrungen aus der Dokumentation heraus erkennbar und beurteilungsfähig sind. Die schriftlich fixierte Ordnung muss den Mitarbeitern in der jeweils aktuellen Fassung zur Verfügung

stehen (AT 5 Tz. 2 WpI MaRisk). Hierzu ist zB die Einstellung der relevanten Dokumente in ein für alle Mitarbeiter zugängliches Online-Intranetportal geeignet (Lendermann/Nemeczek/Schroeter/Schlimbach Rn. 31).

Inhaltlich muss die **SFO gemäß WpI MaRisk** mindestens Folgendes enthalten (AT 5 Tz. 3 WpI MaRisk): a) Regelungen für die Aufbau- und Ablauforganisation sowie zur Aufgabenzuweisung, Kompetenzordnung und zu den Verantwortlichkeiten, b) Regelungen hinsichtlich der Ausgestaltung der Risikomanagementprozesse, c) Regelungen zur Internen Revision, d) Regelungen, die die Einhaltung rechtlicher Regelungen und Vorgaben (zB Datenschutz, Compliance) gewährleisten, e) Regelungen zu Verfahrensweisen bei Auslagerungen, f) abhängig von der Größe des Instituts sowie der Art, dem Umfang, der Komplexität und dem Risikogehalt der Geschäftsaktivitäten, einen Verhaltenskodex für die Mitarbeiter. 22

Auch die **EBA/GL/2021/14** fordern eine schriftliche Fixierung der internen Governance-Regelungen (siehe Ziff. 61 und 84) und enthalten in ihrem Anhang I eine Checkliste der im Rahmen dieser Dokumentation zu berücksichtigenden Aspekte. Es ist für die Praxis zu empfehlen, beide Checklisten (AT 5 Tz. 3 WpI MaRisk und Ziffer 84 iVm Anhang I EBA/GL/2021/14) abzuarbeiten. Diese überschneiden sich inhaltlich weitgehend, mit einigen unterschiedlichen Nuancierungen. Die WpI MaRisk erfordern (anders als die EBA-Leitlinien) ausdrücklich eine Dokumentation der Regelungen zur internen Revision. Die Checkliste in Anhang I der EBA/GL/2021/14 wiederum bietet eine stärke Ausdifferenzierung der in der WpI MaRisk genannten Themen. Zudem verlangen die EBA/GL/2021/14 in Anhang I Punkt 10 ausdrücklich (wie dies auch in der deutschen Prüfungspraxis zur WpI MaRisk der Fall ist) eine **Dokumentation der Änderungshistorie,** indem jeweils mit Datum die Entwicklung, die letzte Änderung, die letzte Bewertung und die Genehmigung durch das Leitungsorgan festzuhalten ist. Die **Gliederung und Ausgestaltung der Dokumentation** ist auch nach den EBA/GL/2021/14 in das **pflichtgemäße Ermessen des Institutes** gestellt. Oft wird es zweckmäßig sein, unterschiedliche Themen (zB Darstellungen der Organisationsstruktur, Arbeitsanweisungen zu den verschiedenen Produkten, geldwäscherechtliche Arbeitsanweisungen, usw) in unterschiedlichen Dokumenten bzw. separat gepflegten Dateien abzuhandeln. Allerdings empfehlen die EBA/GL/2021/14 ein Rahmendokument, das auf diese zugehörigen Dokumente referenziert, um die Übersichtlichkeit zu wahren (Ziff. 84): „Zwar können Strategien und Dokumentation in gesonderte Dokumente aufgenommen werden, doch sollten die Wertpapierfirmen ihre **Zusammenfassung oder Bezugnahme in einem einzigen Rahmendokument für die interne Governance** in Erwägung ziehen.“ 23

In § 41 Nr. 1 werden als Teil der klaren Organisationsstruktur ferner **„klar bestimmte, transparente und widerspruchsfreie Berichtslinien“** gefordert. Dies ist eine eigentümliche Umformulierung des Richtlinienwortlautes durch den deutschen Gesetzgeber, denn im Richtlinienwortlaut heißt es nicht „Berichtslinien“ sondern „Zuständigkeiten“. Damit scheint der deutsche Gesetzgeber den Fokus von der klaren Definition der Zuständigkeiten auf die klare Definition der hierarchischen Strukturen im Unternehmen zu verschieben. Hingegen ist in der IFD – auch in anderen Amtssprachen – von Zuständigkeiten bzw. Verantwortlichkeiten die Rede (englische Fassung: „well-defined … lines of responsibility“, französische Fassung: „partage des responsabilités bien défini“, italienische Fassung: „linee di responsabilità ben definite“). Diese Sprachfassun- 24 gen zeigen, dass die Vorgabe „klarer Berichtslinien" zu kurz greift. Natürlich muss es klare Hierarchien im Unternehmen geben, damit das Leitungsorgan seine Gesamtverantwortung (§ 43 Abs. 1) wahrnehmen kann. Aber es genügt nach § 41 Nr. 1 WpIG/Art. 26 Abs. 1 lit. a IFD nicht, klar zu definieren, wie die Weisungsverhältnisse sind („wer hat wem etwas zu berichten / etwas zu sagen"), sondern es muss auch geklärt sein, wer für was inhaltlich zuständig ist und insoweit für seinen Zuständigkeitsbereich auch Verantwortung übernimmt (im Sinne der französischen Sprachfassung „partage des responsabilités bien défini").

2. Wirksames Risikomanagement (Nr. 2)

25 § 41 Nr. 2 stellt klar, dass zur rechtskonformen internen Unternehmensführung auch ein wirksames Risikomanagement gehört (Identifizierung, Beurteilung, Steuerung sowie Überwachung und Kommunikation von Risiken), ohne jedoch über die detaillierte Regelung in § 45 (Risikosteuerung) hinaus weitere oder genauere Vorgaben aufzustellen. Daher kann auf die Kommentierung zu § 45 verwiesen werden.

3. Angemessene Kontrollmechanismen, ordnungsgemäße Verwaltungs- und Rechnungslegung (Nr. 3)

26 **a) Überblick und Vergleich mit KWG-Regelung.** Der Verweis auf das Erfordernis **„angemessener interner Kontrollmechanismen"** gemäß Nr. 3 weist eine gewisse Überschneidung mit Nr. 2 auf, weil wirksame Verfahren zur Risikosteuerung (Nr. 2) integraler Bestandteil des internen Kontrollsystems (Nr. 3) sind. Allerdings umfasst das Konzept „interner Kontrollmechanismus" bzw. „internes Kontrollverfahren" auch spezielle verfahrenstechnische Vorkehrungen wie insbesondere die **interne Revision,** also die unmittelbar der Geschäftsleitung unterstellte Revisionseinheit zur Überprüfung und Beurteilung der Wirksamkeit und Angemessenheit von Risikomanagement und internem Kontrollsystem (die auch im Wege einer wesentlichen Auslagerung aus externen Dienstleistern bestehen kann, siehe AT 4.4.3 WpI MaRisk). § 25a Abs. 1 S. 3 Nr. 3 KWG benennt die interne Revision ausdrücklich als integralen Bestandteil interner Kontrollverfahren. Das WpIG enthält keinen ausdrücklichen gesetzlichen Verweis auf das Erfordernis einer internen Revision, allerdings ist dies in Art. 24 Delegierte VO (EU) 2017/565 geregelt, wonach eine interne Revision einzurichten ist, soweit dies angesichts der Art, des Umfangs und der Komplexität ihrer Geschäfte sowie der Art und des Spektrums der im Zuge dieser Geschäfte erbrachten Wertpapierdienstleistungen und Anlagetätigkeiten angemessen und verhältnismäßig ist.

27 In den AT 4.4.3 Tz. 1 WpI MaRisk wird diese Koppelung des Erfordernisses der internen Revision an Umfang und Komplexität der Geschäfte konkretisiert. Es ist im Sinne einer (widerleglichen) Regelvermutung von einer Unverhältnismäßigkeit der Einrichtung einer unabhängigen Einheit der Internen Revision sowie von der Zulässigkeit der Wahrnehmung der Aufgaben durch einen Geschäftsleiter auszugehen, wenn das Wertpapierinstitut inklusive Geschäftsleiter über weniger als zehn Mitarbeiter bzw. entsprechende Vollzeit-Äquivalente verfügt.

28 Die Formulierung **„einschließlich ordnungsgemäßer Verwaltungs- und Rechnungslegungsverfahren"** in § 41 Nr. 3 stellt klar, dass zur rechtskonfor-

men internen Unternehmensführung ferner Strukturen und Verfahren gehören, um eine fortlaufende ordnungsgemäße Rechnungslegung gemäß den einschlägigen Vorgaben (insbesondere HGB, RechKredV, Wertpapier-Prüfungsberichtsverordnung – WpI-PrüfbV sowie IFR) zu ermöglichen. Zugleich sind Verfahren vorzuhalten, um die gem. § 39 vorgeschriebene laufende Ermittlung und Sicherstellung der Risikotragfähigkeit in finanzieller (einschließlich liquiditätsmäßiger) Hinsicht zu gewährleisten.

b) Vorgesehene interne Funktionen und deren Aufgaben. aa) Leitungsorgan. Das zentrale Gremium des Instituts ist das Leitungsorgan, bei der GmbH die Geschäftsführung, bei der AG der Vorstand. Dies kommt im Gesetz (§ 20 Abs. 2, § 43 Abs. 1) ebenso wie in den Verwaltungsvorschriften klar zum Ausdruck (AT 3 WpI MaRisk; Titel II Ziffer 1 (Tz. 22 ff.) EBA-Leitlinien). Ungeachtet dieser Gesamtverantwortung sind **Zuständigkeitsbereiche zu definieren,** innerhalb derer der jeweils ressortzuständige Geschäftsleiter für die Einrichtung angemessener Kontroll- und Überwachungsprozesse verantwortlich ist (AT 3 Tz. 2 WpI MaRisk). Diese Zuständigkeiten sind **zu dokumentieren** (Ziff. 23 EBA-Leitlinien), zB im Rahmen einer Geschäftsordnung für die Geschäftsführung bzw. den Vorstand. Die EBA/GL/2021/14 sprechen jeweils von dem „Leitungsorgan in seiner Leitungsfunktion" und dem „Leitungsorgan in seiner Aufsichtsfunktion", gehen also von einer monistischen Struktur aus, mit geschäftsführenden Organmitgliedern und nicht geschäftsführenden Organmitgliedern mit Aufsichtsfunktion. Da diese monistische Struktur im deutschen Gesellschaftsrecht ungebräuchlich ist, ist dies entsprechend auf das hiesige dualistische System mit Leitungs- und Überwachungsorgan zu übertragen. Die operative Tätigkeit der Geschäftsführung der GmbH wird von der Gesellschafterversammlung beaufsichtigt, soweit dort kein fakultativer Aufsichtsrat oder Beirat mit entsprechenden Aufsichtskompetenzen eingerichtet ist. Die operative Tätigkeit des Vorstands der AG wird von dem Aufsichtsrat überwacht. Diese wechselseitigen Zuständigkeiten der Aufsichts- und Leitungsfunktion sind in Satzung und Geschäftsordnungen zu dokumentieren. 29

Ziff. 25 EBA/GL/2021/14 definiert die folgenden zehn **Themen der internen Unternehmenskontrolle für das Leitungsorgan,** die von ihm festzulegen, zu genehmigen und zu beaufsichtigen sind: 1) allgemeine Geschäftsstrategie, 2) allgemeine Risikostrategie, einschließlich der Festlegung des Risikoappetits und des Risikomanagementrahmens, 3) Vergütungspolitik, 4) Regelungen zur Sicherstellung der individuellen und kollektiven Eignung des Leitungsorgans einschließlich der angemessenen Zusammensetzung und Nachfolgeplanung, 5) Prozess für die Auswahl und Beurteilung der Eignung von Inhabern von Schlüsselfunktionen, 6) Regelung der Aufgaben und Funktionsweise von Ausschüssen des Leitungsorgans, sofern diese eingerichtet werden, 7) Förderung einer soliden Risikokultur (vgl. Ziff. 85 ff. EBA/GL/2021/14), die das Risikomanagement als Teil der Leitungskultur („Tone from the top") fördert und nicht auf Risikospezialisten oder interne Kontrollfunktionen beschränkt, sondern alle Geschäftseinheiten einbezieht, 8) Festlegung einer Unternehmenskultur, durch die verantwortliches und ethisches Verhalten gefördert wird, 9) Festlegung von Richtlinien für den Umgang mit Interessenkonflikten, 10) Regelungen zur Integrität der Rechnungslegungssysteme und des Berichtswesens des Instituts. 30

bb) Compliance-Funktion. Die Compliance-Funktion bzw. das Amt des Compliance-Beauftragten ist nach **Art. 22 Delegierte VO (EU) 2017/565** vor- 31 geschrieben und darüber hinaus auch in AT 4.4.2 WpI MaRisk sowie Ziff. 183 ff. EBA/GL/2021/14 vorgesehen. Weitere Präzisierungen zu den Aufgaben des Compliance-Beauftragten enthalten die **ESMA-Leitlinien** „zu einigen Aspekten der MiFID-Anforderungen an die Compliance-Funktion" vom 25.6.2012 (ESMA/2012/388), auf welche die EBA/GL/2021/14 in Ziff. 183 ff. ausdrücklich verweisen. Die Aufgaben des Compliance-Beauftragten sind nach Art. 22 Abs. 2 Delegierte VO (EU) 2017/565: a) ständige Überwachung und regelmäßige Bewertung der Angemessenheit und Wirksamkeit des internen Kontrollsystems, b) Beratung und Unterstützung der für die operative Durchführung der Wertpapierdienstleistungen zuständigen Personen, c) mindestens einmal jährliche Berichterstattung an das Leitungsorgan über die Umsetzung und Wirksamkeit des gesamten Kontrollumfelds für Wertpapierdienstleistungen, über die ermittelten Risiken sowie über die Berichterstattung bezüglich der Abwicklung von Beschwerden und über die ergriffenen oder zu ergreifenden Abhilfemaßnahmen sowie d) Überwachung der Prozessabläufe für die Abwicklung von Beschwerden. Der Compliance-Beauftragte muss über ausreichende Kenntnisse, Fähigkeiten und Erfahrungen im Bereich Compliance verfügen sowie Zugang zu regelmäßigen Weiterbildungen haben (Ziff. 185 EBA-Leitlinien), und „alle Compliance-Mitarbeiter sollten zumindest die MiFID und die entsprechenden nationalen Gesetze sowie alle dazugehörigen Standards und Leitlinien der ESMA und der zuständigen Behörden kennen, sofern diese für die Erfüllung ihrer Aufgaben relevant sind" (Ziff. 50 ESMA-Leitlinien). Nicht jedes Institut muss über eine personell eigenständige Compliance-Abteilung mit einem unabhängigen Compliance-Beauftragten an der Spitze verfügen. Die Verwaltungsleitlinien enthalten hier gewisse Erleichterungen. Gemäß AT 4.4.2 Tz. 3 WpI MaRisk kann die Funktion des Compliance-Beauftragten unter Berücksichtigung des Grundsatzes der Verhältnismäßigkeit mit der Rolle des Leiters der Risikomanagement-Funktion kombiniert werden, oder falls es unverhältnismäßig ist, eine Person zu benennen, die ausschließlich diese Funktion wahrnimmt, von einer anderen leitenden Person (zB Leiter der Rechtsabteilung, Geldwäschebeauftragter) oder einem Geschäftsleiter wahrgenommen werden, wobei Interessenkonflikte zu vermeiden sind.

32 Die **Prüfungs- und Berichtspflichten der Compliance-Funktion** sind in den Leitlinien 2 und 3 der ESMA-Leitlinien niedergelegt. Die Compliance-Funktion muss ausgehend von der Bewertung des Compliance-Risikos im Rahmen einer Risikoanalyse einen **Überwachungsplan** aufstellen, der die Beurteilung der Frage zum Ziel hat, ob das Institut in seiner Geschäftstätigkeit den aufsichtsrechtlichen Pflichten nachkommt und ob die internen Leitlinien, die Organisation und die Kontrollmaßnahmen des Institutes wirksam und angemessen sind (Tz. 19 ESMA-Leitlinien). Die Überwachungstätigkeit darf nicht auf reinen Akten- bzw. Computerdateiauswertungen beruhen sondern muss sich zB auch auf Vor-Ort-Prüfungen der operativen Geschäftseinheiten stützen. Der **mindestens jährliche Compliance-Bericht** an die Geschäftsleitung sollte, soweit von Belang, Folgendes beinhalten (Ziff. 29 ESMA-Leitlinien): a) Beschreibung der Umsetzung und der Wirksamkeit der allgemeinen Kontrollvorkehrungen in Bezug auf Wertpapierdienstleistungen, b) eine Übersicht über die wichtigsten Ergebnisse der Überprüfung von Grundsätzen und Verfahren, c) eine zusammenfassende Schilderung der von der Compliance-Funktion durchgeführten Vor-Ort-Prüfungen oder Aktenprüfungen, einschließlich der aufgedeckten Lücken und Mängel sowie von daraufhin ergriffenen geeigneten Maßnahmen, d) ermittelte Risiken, e) die im Berichtszeitraum eingetretenen

maßgeblichen Veränderungen und Weiterentwicklungen der rechtlichen Anforderungen und die Maßnahmen, die ergriffen wurden bzw. werden sollen, um die Einhaltung der veränderten rechtlichen Anforderungen sicherzustellen, f) sonstige bedeutende Compliance-Probleme, die seit dem letzten Bericht aufgetreten sind, g) wesentlicher Schriftwechsel mit zuständigen Behörden (sofern die Geschäftsleitung nicht schon anderweitig darauf hingewiesen wurde).

In der Praxis der Compliance-Funktion ist es zur Erledigung der oben genannten Aufgaben gängig, ein **Rechtsinventar** („Legal Inventory") zugrunde zu legen, dh eine Zusammenstellung der für das Institut praktisch einschlägigen aufsichtlichen Rechtsnormen bzw. Abschnitte und Kapitel aus der Fülle der aufsichtlichen Regelwerke (Beck/Samm/Kokemoor/Reppenthien KWG § 25a Rn. 52). Hierbei sind im Wesentlichen die folgenden Gesetze, Verordnungen und Verwaltungsvorschriften auszuwerten: WpIG, WpI-AnzV, WpI-VergV, WpHG, WpDVerOV, GwG, AWV, IFR inkl. delegierter Verordnungen, EMIR, MiFIR, Delegierte VO (EU) 2017/565, DORA inkl. delegierter Verordnungen, ESG-SFDR (Verordnung (EU) 2019/2088), ferner die WpI MaRisk, die MaComp, die Auslegungs- und Anwendungshinweise (AuA) zum GwG sowie die EBA/GL/2021/14 zur internen Governance gemäß IFD (EBA/GL/2021/14). Je nach dem Tätigkeitsprofil und der Größe des Instituts (Kleines, Mittleres oder Großes Wertpapierinstitut) sind unterschiedliche Normen praktisch relevant. Eine solche Inventarisierung, zB durch tabellarische Erfassung der erheblichen Rechtsnormen mit schlagwortartigem Vermerk des wesentlichen Normgegenstandes und/oder der konkreten praktischen Konsequenz der Norm für das Institut, gibt der Compliance-Funktion die erforderliche Übersicht für die Erstellung des o. g. Überwachungsplanes und auch (durch regelmäßige sowie anlassbezogene Aktualisierung) zur Nachverfolgung von Rechtsänderungen bzw. Weiterentwicklungen der Verwaltungspraxis. Ein solches Rechtsinventar wird von den Prüfern des Institutes vielfach angefordert, wenngleich es in den behördlichen Verwaltungsvorschriften nicht ausdrücklich verlangt ist. 33

cc) Risikomanagement-Funktion. Die Risikomanagement-Funktion ist auf gesetzlicher Ebene in **Art. 23 Abs. 2 Delegierte VO (EU) 2017/565** verankert und durch AT 4.4.1 WpI MaRisk und Ziff. 159 ff. EBA-Leitlinien näher präzisiert. Es handelt sich um eine die Geschäftsleitung unterstützende Funktion, denn die Ermittlung der Risikostrategie sowie die Festlegung von internen Richtlinien zum Risikomanagement, dh zum Umgang, zur Überwachung und zur Minderung von Risiken ist Aufgabe und Verantwortung der Geschäftsleitung (§ 43 Abs. 1). In diesem Sinne umschreiben die WpI MaRisk die Aufgaben der Risikomanagement-Funktion im Wesentlichen (siehe AT 4.4.1 Tz. 2 WpI MaRisk) als **Unterstützung der Geschäftsleitung in allen risikopolitischen Fragen,** insbesondere bei der Entwicklung und Umsetzung der **Risikostrategie,** der Durchführung der **Risikoinventur,** der laufenden Überwachung der Risikosituation des Institutes und der **Risikotragfähigkeit** sowie der Einhaltung der eingerichteten **Risikolimite,** einschließlich der regelmäßigen Erstellung der **Risikoberichte** für die Geschäftsleitung. Die Risikocontrolling-Funktion deckt damit den gesamten Bereich des Risikomanagements ab, der in Art. 23 Abs. 2 Delegierte VO (EU) 2017/565 sowie in den §§ 41 Nr. 2, 43 Abs. 1 und 45 geregelt ist. 34

Gemäß Art. 23 Abs. 2 Delegierte VO (EU) 2017/565 ist eine von der Geschäftsleitung **unabhängige Risikomanagement-Funktion nicht zwin-** 35

gend bei jedem Institut einzurichten. Vielmehr steht dies unter einem **Vorbehalt der Verhältnismäßigkeit.** Danach ist die Einrichtung einer unabhängigen Risikocontrolling-Funktion nur dann vorgeschrieben, „soweit dies angesichts der Art, des Umfangs und der Komplexität ihrer Geschäfte sowie der Art und des Spektrums der im Zuge dieser Geschäfte erbrachten Wertpapierdienstleistungen und Anlagetätigkeiten angemessen und verhältnismäßig ist" (Art. 23 Abs. 1 Hs. 1 Delegierte VO (EU) 2017/565). Auch Ziff. 159 EBA/GL/2021/14 weist auf diesen Verhältnismäßigkeitsvorbehalt hin. Die WpI MaRisk konkretisieren den Verhältnismäßigkeitsvorbehalt dahingehend, dass bei Kleinen Wertpapierinstituten die Risikomanagement-Funktion durch einen Geschäftsleiter wahrgenommen werden kann (AT 4.4.1 Tz. 1 WpI MaRisk).

36 **dd) Weitere aufsichtsrechtlich vorgesehene interne Funktionen.** Neben den wesentlichen Funktionen der internen Unternehmensführung iSv §§ 41 ff. (Leitungsorgan, Compliance-Funktion und Risikocontrolling-Funktion) treten außerhalb des Normzusammenhangs von §§ 41 ff. einige weitere aufsichtsrechtlich vorgesehene interne Funktionen bzw. Beauftragtenpositionen hinzu. Eine angemessene Regelung der internen Unternehmensführung iSv § 41 setzt voraus, dass auch diese Ämter – jeweils soweit einschlägig – ausgefüllt werden.

37 Gemäß § 7 Abs. 1 GwG ist ein **Geldwäschebeauftragter** auf Führungsebene sowie ein Stellvertreter zu bestellen. Nach der Definition in § 1 Abs. 15 GwG ist der Geldwäschebeauftragte dann als Mitglied der „Führungsebene" anzusehen, wenn es sich um eine Führungskraft oder einen leitenden Mitarbeiter mit ausreichendem Wissen über die Risiken, denen das Institut in Bezug auf Geldwäsche und Terrorismusfinanzierung ausgesetzt ist, handelt und wenn diese Person mit der Befugnis ausgestattet ist, insoweit Entscheidungen zu treffen. Der Geldwäschebeauftragte ist für die Einhaltung der geldwäscherechtlichen Vorschriften zuständig, wobei jedoch die Verantwortung der Leitungsebene hiervon unberührt bleibt (§ 7 Abs. 1 S. 2 GwG). Die Bestellung und die Entpflichtung des Geldwäschebeauftragten und des Stellvertreters ist der BaFin (mit einem auf der BaFin-Website vorgehaltenen Formular) vorab anzuzeigen (§ 7 Abs. 4 GwG). Die konkreten Aufgaben, Verantwortlichkeiten und Befugnisse des Geldwäschebeauftragten und des Stellvertreters sind schriftlich festzuhalten (BaFin, Auslegungs- und Anwendungshinweise zum Geldwäschegesetz, Stand Juli 2025, Ziff. 3.2). Nach der BaFin-Verwaltungspraxis soll der Geldwäschebeauftragte grundsätzlich personenverschieden mit den Geschäftsleitern sein, um Interessenkonflikte zu vermeiden. Nur bei kleineren Instituten wird hier unter Verhältnismäßigkeitsgesichtspunkten eine Ausnahmemöglichkeit gesehen, nämlich wenn das Institut weniger als 15 Vollzeitäquivalente hat und für diese Tätigkeit keine geeigneten Beschäftigten unterhalb der Leitungsebene vorhanden sind (BaFin, Auslegungs- und Anwendungshinweise zum Geldwäschegesetz, Stand Juli 2025, Ziff. 3.2). Soweit der Geldwäschebeauftragte nicht zugleich Geschäftsleiter ist, ist er der Geschäftsleitung unmittelbar nachgeordnet (§ 7 Abs. 1 S. 2 GwG). Eine Auslagerung der Funktion des Geldwäschebeauftragten auf eine Person außerhalb des Institutes ist als wesentliche Auslagerung iSv § 40 WpIG gemäß den § 6 Abs. 7 GwG nach vorheriger Anzeige an die BaFin möglich.

38 Jedes Institut muss zudem einen **Informationssicherheitsbeauftragten** (ISB) bestellen. Diese Anforderung beruhte ursprünglich auf Ziff. 4.4 ff. der an alle Kreditinstitute und Finanzdienstleistungsinstitute (somit auch Wertpapierinstitute) gerichteten „Bankaufsichtsrechtlichen Anforderungen an die IT"

(BAIT) (BaFin-Rundschreiben 10/2017 idF v. 16.12.2024. Diese Funktion umfasst die Verantwortung für die Wahrnehmung aller Belange der Informationssicherheit innerhalb des Instituts und gegenüber Dritten. Der ISB unterstützt die Geschäftsleitung bei der Festlegung und Anpassung der Informationssicherheitsleit- und -richtlinien sowie der Notfallkonzepte, überwacht deren Einhaltung, untersucht Informationssicherheitsvorfälle und berichtet diesbezüglich an die Geschäftsleitung. Die Funktion des ISB muss organisatorisch und prozessual unabhängig ausgestaltet sein, um mögliche Interessenskonflikte zu vermeiden (Ziff. 4.5 BAIT). Der ISB berichtet direkt an die Geschäftsleitung durch regelmäßige, mindestens vierteljährliche Statusberichte über die Informationssicherheit (Tz. 4.10 BAIT). Aufgrund des Inkrafttretens der DORA (**Digital Operations Resilience Act,** VO (EU) 2022/2554) am 17.1.2025 wurde die BAIT mit Ablauf des 16.1.2025 für alle Unternehmen im unmittelbaren Anwendungsbereich der DORA (darunter gem. Art. 2 Abs. 1 lit. e DORA die Wertpapierinstitute) aufgehoben, um eine Doppelregulierung zu vermeiden. Anstelle der Vorgaben über den ISB gilt daher nunmehr gem. Art. 6 Abs. 4 DORA die Anforderung zur Einrichtung einer **IKT-Risikokontrollfunktion.** Auch diese IKT-Risikokontrollfunktion muss „ein angemessenes Maß an Unabhängigkeit" aufweisen, um Interessenkonflikte zu vermeiden. Allerdings ist die Regelung zur IKT-Risikokontrollfunktion in Art. 6 Abs. 4 DORA sehr knapp und von unbestimmten Rechtsbegriffen geprägt, so dass es hier weiterhin behördlicher Auslegungshinweise bedarf. Es heißt lediglich, dass es eine IKT-Risikokontrollfunktion geben muss und dass diese ein angemessenes Maß an Unabhängigkeit haben muss, um Interessenkonflikte zu vermeiden. Es ist daher davon auszugehen, dass die BaFin ihre bisher in der BAIT formulierten Vorgaben zur Aufgabe und zur Stellung des ISB auch unter Geltung der DORA beibehalten wird. Allerdings ist das IKT-Risikomanagement inhaltlich nicht mehr nach den BAIT-Grundsätzen, sondern an der DORA auszurichten (vgl. die auf der BaFin-Website veröffentlichte BaFin-Aufsichtsmitteilung „Hinweise zur Umsetzung von DORA im IKT-Risikomanagement und IKT-Drittparteienrisikomanagement", Stand Juni 2024, in der auch die Änderungen bzw. Akzentverschiebungen im Vergleich zur BAIT herausgearbeitet werden).

Nach AT 9 Tz. 12 WpI MaRisk muss jedes Institut, das Auslagerungen vor- 39
nimmt, **ein zentrales Auslagerungsmanagement** einrichten. Im Gegensatz zu den allgemeinen MaRisk (AT 9 Tz. 12) und zu dem ersten Konsultationsentwurf der WpI MaRisk vom 5.8.2025 ist nach dem zweiten Konsultationsentwurf vom 6.5.2026 nicht ein Auslagerungsbeauftragter, dh die Benennung einer bestimmten Person erforderlich, sondern es genügt die Einrichtung einer entsprechenden Funktion **des Auslagerungsmanagements.** Die **inhaltlichen Aufgaben des Auslagerungsmanagements** sind (siehe AT 9 Tz. 12 WpI MaRisk) a) Implementierung/Weiterentwicklung eines angemessenen Auslagerungsmanagements, b) Erstellung/Pflege der Auslagerungsdokumentation (einschließlich Weiterverlagerungen), c) Unterstützung der Fachbereiche bei Einhaltung der institutsinternen und gesetzlichen Anforderungen an Auslagerungen, d) Koordination/Überprüfung der zu erstellenden Risikoanalyse gemäß AT 9 Tz. 2 WpI MaRisk.

Ein Spezialfall eines Auslagerungsbeauftragten ist nach den allgemeinen (Ban- 40
ken-) MaRisk der **Revisionsbeauftragte** gemäß AT 9 Tz. 10 MaRisk. Dieser ist zu benennen, wenn Aufgaben gemäß AT 9 Tz. 5 MaRisk vollständig ausgelagert werden, insbesondere wenn eine Vollauslagerung der internen Revision stattfindet. Die **WpI MaRisk** haben dieses Amt des Revisionsbeauftragten **nicht über-**

nommen. Es gibt für Kleine und Mittlere Wertpapierinstitute damit keine Anforderung mehr, die Funktion eines Revisionsbeauftragten im Institut zu besetzen (für Große Wertpapierinstitute gelten gem. § 4 unverändert die §§ 25a und 25b KWG und somit die allgemeinen MaRisk).

41 Ferner ist das Amt des **Datenschutzbeauftragten** gem. Art. 37 DS-GVO (VO (EU) 2016/679) iVm § 38 Abs. 1 S. 1 BDSG zu nennen. Die maßgebliche Zahl von Personen, die ständig mit der automatisierten Verarbeitung personenbezogener Daten befasst sein müssen, damit ein Datenschutzbeauftragter bestellt werden muss, wurde mit dem Zweiten Datenschutz-Anpassungs- und Umsetzungsgesetz EU (2. DSAnpUG-EU) im Jahr 2019 von bis dahin 10 auf 20 angehoben. Dies diente der Entlastung kleiner und mittlerer Unternehmen (Beschlussempfehlung u. Bericht z. 2. DSAnpUG-EU, BT-Drs. 19/11181, 19). Damit ist die Bestellung eines Datenschutzbeauftragten nur dann Pflicht, wenn in der Regel mindestens 20 Personen ständig mit der automatisierten Verarbeitung personenbezogener Daten beschäftigt sind. Zweifellos bringt jede Wertpapierdienstleistung die Verarbeitung personenbezogener Daten mit sich. Selbst wenn das Institut lediglich Firmenkunden hat, werden gleichwohl zumindest die Kontaktdaten der Ansprechpartner beim Kundenunternehmen verarbeitet. Auch die Erfüllung geldwäscherechtlicher Sorgfaltspflichten gemäß dem GwG erfordert die Verarbeitung personenbezogener Daten. Ferner werden im Rahmen der internen Personalverwaltung personenbezogene Daten verarbeitet. Allerdings werden im Gründungsstadium oftmals noch keine 20 Personen gem. § 38 Abs. 1 S. 1 BDSG „in der Regel" und „ständig" hiermit befasst sein. „In der Regel ständige Befassung" bedeutet, dass es sich bei der Beschäftigung der jeweiligen Person mit der Verarbeitung personenbezogener Daten um den „Normalzustand" handeln muss (BeckOK DatenschutzR/Moos BDSG § 38 Rn. 11). Da bei vielen Instituten im Gründungsstadium die Schwelle des § 38 Abs. 1 S. 1 BDSG nicht überschritten ist und auch die anderen Fälle der Erforderlichkeit eines Datenschutzbeauftragten (Art. 37 Abs. 1 lit. b und c DS-GVO) nicht erfüllt sein werden, ist bei ihnen die Bestellung eines Datenschutzbeauftragten nicht vorgeschrieben. Ungeachtet dessen verlangt die **BaFin im Rahmen des Erlaubnisverfahrens** regelmäßig **schwellenwertunabhängig die Bestellung eines Datenschutzbeauftragten.**

42 Schließlich ist auch ein **Beauftragter zum Schutz der Finanzinstrumente und Gelder von Kunden** gem. § 81 Abs. 5 WpHG zu benennen und es müssen entsprechende Grundsätze und Verfahren für den Schutz von Kundengeldern und Kundenfinanzinstrumenten eingerichtet werden. Die Pflicht zur Bestellung eines solchen Beauftragten gilt nach Ansicht der BaFin aufgrund der gesetzlichen Anordnung in § 81 Abs. 5 WpHG auch für Institute, die gem. § 15 Abs. 9 nicht befugt sind, Eigentum oder Besitz am Kundengeld oder Kundenfinanzinstrumenten zu erwerben.

43 **c) Modell der drei Verteidigungslinien (Three Lines of Defense) als wesentlicher Bestandteil der internen Kontrollmechanismen.** Zur Kontrolle der Einhaltung der aufsichtsrechtlichen Organisationsanforderungen dient das **Modell der drei Verteidigungslinien („three lines of defence"),** das sowohl im Bereich des WpIG als auch des KWG anerkannt ist (Lendermann/Nemeczek/Schroeter/Schlimbach Rn. 81; Schwennicke/Auerbach/Langen/Donner KWG § 25a Rn. 95 f.; Beck/Samm/Kokemoor/Reppenthien KWG § 25a Rn. 163). Dieses Modell wurde im Jahr 2015 auf internationaler Ebene

durch den Basler Ausschuss für Bankenregulierung (Basel Committee on Banking Supervision, BCBS) der Bank für Internationalen Zahlungsausgleich etabliert (Guidelines – Corporate Governance Principles for Banks, July 2015, abrufbar unter www.bis.org), nach entsprechenden Vorarbeiten durch das Institute of Internal Auditors (IIA, Position Paper, The three lines of defense in effective risk management and control, January 2013 (updated 2020), abrufbar unter www.theiia.org). Dieses Modell liegt den EBA-Verwaltungsvorschriften zugrunde (Ziff. 195 f. EBA/GL/2021/14) und wird mittlerweile auch in EU-Verordnungen ohne weitere Erläuterung als gelebte Praxis der Institute vorausgesetzt (zB in Erwägungsgrund 38 DORA).

Die **erste Verteidigungslinie** ist der **operative Geschäftsbereich** des Instituts, dh dort wo die Aktivitäten stattfinden, aus denen die geschäftlichen Risiken sowie die rechtlichen Compliance-Risiken resultieren. Bereits auf dieser Ebene müssen die Mitarbeiter die Risiken bewusst wahrnehmen und managen (in den BCBS-Guidelines (→ Rn. 43) Ziff. 13, „ownership of risk" genannt). Es ist daher bereits im Tagesgeschäft der Geschäftsbereiche ein geeignetes Risikomanagement- und Kontrollumfeld sicherzustellen (Schwennicke/Auerbach/Langen/Donner KWG § 25a Rn. 96). Die **zweite Verteidigungslinie** sind die **Risikomanagementfunktion und Compliance-Funktion** des Institutes, siehe oben 3b) bb) und cc) (in Ziff. 150 ff. EBA/GL/2021/14 als „interne Kontrollfunktionen" zusammengefasst). 44

Die **dritte Verteidigungslinie** ist die **interne Revision,** die zu bewerten hat, ob der interne Kontrollrahmen des Instituts wirksam und effizient ist. Das **Aufgabenspektrum der internen Revision** umfasst gemäß Ziff. 195 EBA/GL/2021/14 im Wesentlichen a) die Angemessenheit des Rahmenwerks für die interne Governance des Instituts, b) ob bestehende Richtlinien und Verfahren auf dem aktuellen Stand sind und nach wie vor den gesetzlichen und aufsichtlichen Anforderungen sowie dem Risikoappetit und der Risikostrategie des Instituts entsprechen, c) die Übereinstimmung der Verfahren mit geltendem Recht sowie mit den Vorgaben des Leitungsorgans, d) die korrekte und wirksame Umsetzung dieser Verfahren in den tatsächlichen Transaktionen, e) die Eignung, Qualität und Wirksamkeit der durchgeführten Kontrollen im Rahmen der ersten und der zweiten Verteidigungslinie, einschließlich der Risikoberichterstattung an die Leitungsfunktion. Alle Revisionsempfehlungen sollten Gegenstand eines formalen Mängelbeseitigungsverfahrens durch die jeweils zuständige Leitungsebene sein, um ihre wirksame und fristgerechte Mängelbeseitigung sicherzustellen und entsprechend Bericht zu erstatten (Ziff. 201 EBA/GL/2021/14). Während BT 2.3 MaRisk genauere Angaben zum **Revisionsturnus** enthalten (danach müssen grundsätzlich alle wesentlichen Aktivitäten und Prozesse des Instituts, auch wenn sie ausgelagert sind, in angemessenen Abständen, grundsätzlich innerhalb von drei Jahren geprüft werden), enthalten weder die EBA/GL/2021/14 noch die neuen WpI MaRisk derartige Angaben zum Revisionsturnus. Folglich muss der Prüfungsturnus risikoangemessen festgelegt werden, jedoch nicht innerhalb bestimmter starrer Fristen. Über die Prüfungsabfolge und -inhalte ist ein interner **Prüfungsplan** auf der Grundlage der festzulegenden bzw. fortzuschreibenden Prüfungsziele der internen Revision zu erstellen (Ziff. 200 EBA/GL/2021/14). Während die BT 2.3 Tz. 1 MaRisk eine jährliche Fortschreibung des Prüfungsplanes verlangen, ist die Prüfungsplanung gemäß AT 4.4.3 Tz. 5 WpI MaRisk nur bei Mittleren Wertpapierinstituten jährlich zu aktualisieren und von der Geschäftsleitung zu genehmigen. Bei Kleinen Wertpapierinstituten gibt es auch hier keinen 45 starren Zyklus. Jedoch muss die Prüfungsplanung stets risikoorientiert erfolgen (AT 4.4.3 Tz. 5 WpI MaRisk).

46 Es lässt sich zusätzlich eine **vierte Verteidigungslinie** definieren, nämlich die **externe Compliance-Prüfung** durch Wirtschaftsprüfer (§ 78 Abs. 1) verbunden mit der aufsichtlichen Prüfung und Bewertung durch die BaFin (§ 47) (Arndorfer/Minto, The „four lines of defence model" for „financial institutions" Occasional Paper No 11, Financial Stability Institute), die eine entsprechende Erweiterung des Modells der drei Verteidigungslinien propagieren, einschließlich eines engeren Austausches zwischen Verteidigungslinie 3 (interne Revision) und Verteidigungslinie 4 (externe Prüfer und Aufsichtsbehörde).

4. Risikokonformes Vergütungssystem

47 In Übereinstimmung mit Art. 26 Abs. 1 IFD enthält § 41 Nr. 4 einen Verweis auf das Vergütungssystem und betont, dass dieses ein integraler Bestandteil des Risikomanagements ist, also mit diesem vereinbar und diesem förderlich sein muss. Die Vorgaben werden im Einzelnen in § 46 ausgeführt, auf dessen Kommentierung hier verwiesen werden kann. In § 41 Nr. 4 ausdrücklich ergänzt ist allerdings der in § 46 nicht vorhandene ausdrückliche gesetzliche Hinweis, dass das Vergütungssystem (Wortlaut in Art. 26 Abs. 1 IFD: Vergütungspolitk und -praxis) geschlechtsneutral ausgestaltet sein muss.

5. Sanktionen bei Verstößen gegen Compliance-Vorgaben

48 Das Gesetz sieht bei Verstößen gegen die Vorgaben für die interne Unternehmensführung keine unmittelbaren straf- oder bußgeldrechtlichen Sanktionen vor, sondern stellt es in das pflichtgemäße Ermessen der BaFin, aus einem **differenzierten und abgestuften Maßnahmenkatalog nach § 49** (Lendermann/Nemeczek/Schroeter/Schlimbach Rn. 85) unter Wahrung des Grundsatzes der Verhältnismäßigkeit Verwaltungsmaßnahmen auszuwählen. Während also der **Verstoß gegen die allgemeinen Compliance-Vorgaben des § 41 für sich genommen nicht bußgeldbewehrt** sind, ist dies bei Vorliegen einer Verwaltungsmaßnahme gem. § 49 anders. Eine **Zuwiderhandlung gegen eine auf § 49 gestützte Anordnung ist bußgeldbewehrt** (§ 83 Abs. 1 Nr. 10 iVm § 6). Auch wenn das Institut mit Widerspruch und Anfechtungsklage gegen die Maßnahme vorgeht, also die Rechtskraft zunächst abwendet und ggf. nach § 80 Abs. 5 VwGO die gerichtliche Anordnung der aufschiebenden Wirkung betreibt, muss die Anordnung zunächst befolgt werden, um eine Ordnungswidrigkeit mit entsprechender Bußgeldandrohung zu vermeiden.

49 Das **Spektrum der Intensität der Maßnahmen** beginnt am unteren Ende mit der Möglichkeit zur Anordnung, die nach den §§ 39 und 41 eingeführten Regelungen, Verfahren, Mechanismen und Strategien zu verstärken (§ 49 Nr. 2) sowie mit der Anordnung, die mit den Tätigkeiten, Produkten und Systemen des Institutes verbundenen Risiken zu verringern (§ 49 Nr. 6). Am oberen Ende des Intensitätsspektrums kann die BaFin gem. § 49 Nr. 1 iVm § 50 Nr. 2 zusätzliche Eigenmittelanforderungen anordnen, wenn Tatsachen die Annahme rechtfertigen, dass das Institut die Anforderungen der §§ 39 und 41 nicht erfüllt und andere Aufsichtsmaßnahmen nicht innerhalb eines angemessenen Zeitraums zu einer ausreichenden Verbesserung der Regelungen, Verfahren, Mechanismen und Strategien führen. Aus der Spannbreite der möglichen Maßnahmen ist unter Wahrung des Verhältnismäßigkeitsgrundsatzes auszuwählen, so wie dies auch in den parallelen

Regelungem in § 25a Abs. 2 S. 2 KWG, § 45b KWG der Fall ist (Schwennicke/Auerbach/Schwennicke § 45b Rn. 9; Reischauer/Kleinhans/Albert KWG § 45b Rn. 35), dh die angeordneten Maßnahmen müssen jeweils zur Durchsetzung der Ziele der Aufsicht erforderlich und geeignet sein und keine Belastung für das Institut mit sich bringen, die außer Verhältnis zu ihrem konkreten Anlass steht.

Für eine öffentliche Bekanntmachung von BaFin-Anordnungen, die gem. § 49 getroffen werden, auf der BaFin-Website (sog. **„Naming & Shaming"**) besteht **keine Rechtsgrundlage.** Eine solche Bekanntmachung wäre daher rechtswidrig. Denn § 84 enthält nach dessen eindeutigem Wortlaut (in Übereinstimmung mit der Grundlage in Art. 20 IFD) eine **Ermächtigungsgrundlage lediglich für die öffentliche Bekanntmachung von Sanktionen gem. § 83,** dh für von der BaFin verhängte, **rechtskräftige Bußgelder.** § 60b Abs. 1 S. 1 KWG ist demgegenüber weitergehender und erlaubt eine Bekanntmachung nicht nur von Bußgeldentscheidungen sondern von jeder verhängten und bestandskräftig gewordenen Maßnahme wegen eines Gesetzesverstoßes. § 60b Abs. 1 S. 1 KWG ist im Geltungsbereich des WpIG aber nicht anwendbar. Ein aufsichtsbehördliches Konformitätsverlangen ist daher nicht öffentlich bekanntzugeben (Lendermann/Nemeczek/Schroeter/Bierschenk § 84 Rn. 14), dh auch nicht ein auf § 49 gestützter Verwaltungsakt, vielmehr lediglich ein rechtskräftiger Bußgeldbescheid. **50**

Darüber hinaus kann die Aufsichtsbehörde **Maßnahmen zur Gefahrenabwehr** treffen (§ 79), zB konkrete Anweisungen an die Geschäftsleiter erlassen wie zB die Beschränkung von Geschäften, wenn besonders gravierende Mängel der internen Unternehmensführung die Gefahr der Pflichtverletzung des Instituts gegenüber Kunden begründen oder der begründete Verdacht besteht, dass eine wirksame Aufsicht über das Institut nicht möglich ist (Lendermann/Nemeczek/Schroeter/Schlimbach § 41 Rn. 89). Dies kann mit der Bestellung eines Sonderbeauftragten zur Überwachung der Einhaltung der Anordnungen verbunden werden (§ 80). Als **ultima ratio** (Lendermann/Nemeczek/Schroeter/Schlimbach § 41 Rn. 90) kommt die Aufhebung der Erlaubnis gem. § 19 Abs. 2 Nr. 2 iVm § 18 Abs. 1 Nr. 10 in Betracht, nämlich wenn mildere behördliche Maßnahmen versagt haben und sich erweist, dass das Institut nicht in der Lage ist, die erforderlichen organisatorischen Vorkehrungen zum ordnungsmäßigen Betreiben der Geschäfte zu schaffen. **51**

Zivilrechtlich ist eine Schutzgesetzqualität des § 41 abzulehnen, ebenso wie im Falle der Parallelnorm § 25a KWG (OLG Frankfurt a. M. AG 2008, 453 Rn. 74: ordnungspolitische Funktion des KWG; Schwennicke/Auerbach/Langen/Donner KWG § 25a Rn. 188). Damit scheidet eine deliktische Haftung (des Instituts oder der Geschäftsleiter) nach § 823 Abs. 2 BGB iVm § 41 aus. Im haftungsrechtlichen Innenverhältnis der Geschäftsleiter gegenüber dem Institut kommt eine Haftung bei einer gegen § 41 verstoßenden internen Unternehmensführung allerdings durchaus in Betracht, sofern dem Institut hieraus ein finanzieller Schaden erwächst. Denn die sog. Legalitätspflicht, dh die Pflicht, die Amtsführung gesetzestreu auszugestalten zählt zu den Kardinalpflichten des Geschäftsführers im Rahmen der Haftungsnorm § 43 GmbHG (MüKoGmbHG/Fleischer, 5. Aufl. 2026, GmbHG § 43 Rn. 21) ebenso wie des Vorstandes nach § 93 AktG (MüKoAktG/Spindler, 6. Aufl. 2023, AktG § 93 Rn. 89). Die Geschäftsleiter können Verstöße gegen ihre Organisationspflichten nicht mit der sog. „Business Judgement Rule" rechtfertigen, vielmehr ist der Anwendungsbereich der Business Judgement Rule erst dadurch eröffnet, dass die Geschäftsleiterentscheidung im Rahmen einer ordnungsgemäßen Geschäftsorganisation vorbereitet und auf dieser **52**

Grundlage gefasst wurde (siehe näher Schwennicke/Auerbach/Langen/Donner KWG § 25a Rn. 187).

§ 42 Länderspezifische Berichterstattung

In Deutschland zugelassene Wertpapierinstitute, die in anderen Vertragsstaaten oder in Drittstaaten über Zweigniederlassungen oder über Tochterunternehmen verfügen, die als Finanzinstitut gemäß Artikel 4 Absatz 1 Nummer 26 der Verordnung (EU) Nr. 575/2013 einzustufen sind, haben jährlich, aufgeschlüsselt nach Mitgliedstaaten der Europäischen Union und Drittstaaten, die folgenden Angaben in eine Anlage zum Jahresabschluss im Sinne des § 76 Absatz 1 Satz 2 aufzunehmen, sie nach Maßgabe des § 340k des Handelsgesetzbuchs prüfen zu lassen und offenzulegen:

1. **Firma, Art der Tätigkeiten und Sitz sämtlicher Tochterunternehmen und Zweigniederlassungen,**
2. **den Umsatz,**
3. **die Anzahl der Lohn- und Gehaltsempfänger in Vollzeitäquivalenten,**
4. **den Gewinn oder Verlust vor Steuern,**
5. **die Steuern auf Gewinn oder Verlust und**
6. **die erhaltenen staatlichen Beihilfen.**

Übersicht

I. Vorbemerkung

1 Die Vorschrift verpflichtet die in Deutschland zugelassenen Mittleren Wertpapierinstitute, einzelne Geschäftsangaben unter Einschluss ihrer im Ausland bestehenden Tochtergesellschaften und Zweigniederlassungen, die Finanzinstitute im Sinne der CRR sind, gesondert auszuweisen (sog. **Country-by-Country Reporting**).

2 § 42 **setzt Art. 27 IFD um** und dient nach der Begründung zum Gesetzentwurf der BReg zum IFD-Umsetzungsgesetz (BT-Drs. 19/26929, 144) der Transparenz im Steuerbereich und soll Wertpapierinstitute stärker in die Verant-

wortung nehmen. Wie sich aus Erwägungsgrund 29 zur IFD ergibt, folgt die Regelung aus diesen Gründen dabei jedenfalls auch den zunehmenden Forderungen der Öffentlichkeit. Parallelvorschrift für CRR-Kreditinstitute und Große Wertpapierinstitute ist § 26a Abs. 1 S. 2 KWG. Wie die Regelung dort folgt § 42 im Übrigen keinem speziellen Interesse von Marktteilnehmern, sondern allgemein politischen Transparenzinteressen (vgl. Beck/Samm/Kokemoor/Schmieszek KWG § 26a Rn. 11). § 42 tritt ergänzend neben die unmittelbar geltenden Transparenzanforderungen der Art. 46 ff. IFR.

II. Erfasste Wertpapierinstitute

Die Vorschrift nimmt in Deutschland zugelassene Mittlere Wertpapierinstitute in die Pflicht, die in anderen Vertrags- oder Drittstaaten über Zweigniederlassungen oder Tochterunternehmen verfügen, jedoch nur dann, wenn diese auch als Finanzinstitute nach der CRR einzustufen sind. 3

1. Mittleres Wertpapierinstitut

Die Vorschrift gilt nach § 38 Abs. 1 allein für **Mittlere Wertpapierinstitute** (→ § 38 Rn. 2). Kleine Wertpapierinstitute sind vom Anwendungsbereich ausgenommen. Auf Große Wertpapierinstitute findet die Vorschrift bereits aufgrund § 4 S. 2 keine Anwendung (→ § 38 Rn. 3). Letztere sind freilich grundsätzlich nach § 4 S. 1 iVm § 26a Abs. 1 S. 2 KWG zur Ausweisung der identischen Angaben in Bezug auf ihre ausländischen Tochtergesellschaften und Zweigniederlassungen verpflichtet (Schwennicke/Auerbach/Auerbach § 26a Rn. 20). Zur Einordnung als Kleines, Mittleres oder Großes Wertpapierinstitut → § 2 Rn. 349 ff. 4

Das Mittlere Wertpapierinstitut muss **in Deutschland** nach § 15 **zugelassen** sein. Ist ihm die Erbringung von Wertpapierdienstleistungen mittels „Europäischer Pass" (sog. Passporting) erlaubt, findet § 42 daher keine Anwendung. Eine Regelungslücke entsteht dadurch nicht: Der länderübergreifenden Berichtspflicht unterliegt dieses Mittlere Wertpapierinstitut nach den entsprechenden Regelungen zu Art. 27 IFD des EU-Mitgliedsstaats, in dem es zugelassen ist. 5

Verpflichtet sind nach dem Wortlaut der Vorschrift auch solche Mittleren Wertpapierinstitute, die selbst Tochterunternehmen sind, und selbst dann, wenn sie bereits im Konzernabschluss ihrer Muttergesellschaft einbezogen sind. In Bezug auf Letzteres fehlt eine entsprechende Ausnahmeregelung, wie sie § 26a Abs. 1 S. 3 KWG enthält, trotz der augenfälligen Ähnlichkeit der beiden Vorschriften in § 42 (so auch Lendermann/Nemeczek/Schroeter/Schlimbach § 42 Rn. 9). Dies legt eine bewusste gesetzgeberische Entscheidung nahe. 6

Im Fall des **Überschreitens der Schwelle** von einem Kleinen zu einem **Mittleren Wertpapierinstitut** ist § 38 Abs. 3 S. 2 zu beachten (zu den Einzelheiten der Schwellenüberschreitung → § 38 Rn. 7 ff.). Aufgrund der Vorschrift sind die Vorgaben des § 42 spätestens 12 Monate nach dem Zeitpunkt einzuhalten, in dem das Wertpapierinstitut als Mittleres Wertpapierinstitut einzustufen war. 7

<u>Das Geschäftsjahr entspricht dem Kalenderjahr:</u>
Die Schwelle zum Mittleren Wertpapierinstitut wird etwa am 12.8.2026 überschritten. § 42 ist spätestens ab dem 13.8.2027 anzuwenden. Die Angaben sind mit dem Jahresabschluss 2027 zu veröffentlichen.

Das Geschäftsjahr läuft vom 01/04 bis 31/03:
Die Schwelle zum Mittleren Wertpapierinstitut wird etwa am 12.1.2027 überschritten. § 42 ist spätestens ab dem 13.1.2028 anzuwenden. Die Angaben sind mit dem Jahresabschluss 2027/2028 zu veröffentlichen.

8 Die Angaben sind vollständig für das dem Jahresabschluss zugrundeliegenden Geschäftsjahr unabhängig davon zu machen, wann die Schwellenüberschreitung erfolgt. Es ist nicht zwischen der Zeit vor und nach Eintritt der Verpflichtung nach § 42 iVm § 38 Abs. 3 S. 2 zu differenzieren.

9 Für den Fall der **Unterschreitung der Schwelle** von einem **Mittleren Wertpapierinstitut** gilt § 38 Abs. 2 (zu den Einzelheiten der Schwellenunterschreitung → § 38 Rn. 5 f.). Die Vorschrift bewirkt, dass § 42 nach sechs Monaten der ununterbrochenen Erfüllung der Kriterien eines Kleinen Wertpapierinstituts (gemäß der Definition in § 2 Abs. 16 sind dies jene nach Art. 12 Abs. 1 IFR; hierzu → § 2 Rn. 350 ff.) nicht mehr zur Anwendung kommt.

Das Geschäftsjahr entspricht dem Kalenderjahr:
Die Voraussetzungen eines Kleinen Wertpapierinstituts werden etwa am 10.6.2026 zum ersten Mal und fortwährend erfüllt; die Mitteilung an die BaFin und BBank erfolgt unmittelbar im Anschluss hieran. Der 6-Monatszeitraum endet mit Ablauf des 10.12.2026. Für das Geschäftsjahr 2026 müssen die Angaben nach § 42 nicht mehr gemacht werden.

10 Anders als im gegenläufigen Fall der Schwellenüberschreitung ist konstitutive Voraussetzung der Unanwendbarkeit die **Mitteilung** des nunmehr Kleinen Wertpapierinstituts an die BaFin und die BBank. Will das Mittlere Wertpapierinstitut von der Privilegierung Gebrauch machen, muss es die Schwellenunterschreitung zudem **unverzüglich** mitteilen. Zwar ergibt sich dies nicht eindeutig aus dem Wortlaut, der nur verlangt, dass die BaFin und BBank entsprechend in Kenntnis gesetzt wurden. Es folgt allerdings zum einen aus Art. 12 Abs. 4 IFR, der präzise eine unverzügliche entsprechende Inkenntnissetzung verlangt, zum anderen aus dem Zweck der Vorschrift, der BaFin und BBank eine sechsmonatige Frist zur Nachprüfung zu ermöglichen, ob die Einstufungsvoraussetzungen als Kleines Wertpapierinstitut tatsächlich erfüllt sind (→ § 38 Rn. 6). Eine Verpflichtung zur unverzüglichen Mitteilung sehen ihrem Wortlaut wie Zweck nach weder Art. 12 Abs. 4 IFR noch § 38 Abs. 2 und § 42 (→ Rn. 2) vor (missverständlich Lendermann/Nemeczek/Schroeter/Lange § 38 Rn. 16). Die Mitteilung erfolgt zur Entlastung des Wertpapierinstituts im eigenen Interesse und um die Aufsicht in die Lage zu versetzen, die Einschätzung zu validieren. Mangels anderslautender gesetzlicher Spezialregelung (§ 14 Abs. 2 und 3 iVm der WpI-AnzV sowie §§ 64 ff.) hat die Mitteilung als Information die **Schriftform** zu wahren (§ 14 Abs. 1).

2. Zweigniederlassungen oder Tochterunternehmen

11 Bei Zweigniederlassungen und Tochterunternehmen handelt es sich um die in § 2 Abs. 11 (→ § 2 Rn. 239 ff.) und Abs. 31 (→ § 2 Rn. 405 f.) definierten Begriffe.

12 Ausreichend ist, wenn diese als **Finanzinstitute iSv Art. 4 Abs. 1 Nr. 26 CRR** eingestuft werden können. Maßgeblich für die Bewertung ist nicht die WpIG-eigene und im Wortlaut nicht identische Begriffsbestimmung des Finanzinstituts nach § 2 Abs. 26. Diese Differenzierung folgt aus Art. 27 IFD, der entsprechend auf die CRR anstelle der in Art. 3 Abs. 1 Nr. 11 IFD enthaltenen Definition des Finanzinstituts verweist (zur näheren Einordnung als Finanzinstitut in diesem Sinne

siehe Beck/Samm/Kokemoor/Lendermann CRR Art. 4 Rn. 104 ff.). Der Tatbestand ist unabhängig von einer Zulassung als Finanzinstitut erfüllt. Die Bewertung wird damit in die Verantwortung des Mittleren Wertpapierinstituts gelegt, das insoweit auch das Risiko einer falschen Annahme trägt (vgl. Lendermann/Nemeczek/Schroeter/Schlimbach § 42 Rn. 7).

§ 42 kommt nur dann zur Anwendung, wenn sich der Sitz der Zweigniederlassung oder des Tochterunternehmens **in einem anderen Land** als Deutschland befindet. Vertragsstaat iSd Vorschrift ist nach der Definition in § 2 Abs. 37 (→ § 2 Rn. 417) jeder der Mitgliedstaaten der Europäischen Union sowie die Vertragsstaaten des EWR (Island, Liechtenstein und Norwegen), Drittstaat ist jeder andere Staat (Lendermann/Nemeczek/Schroeter/Schlimbach § 42 Rn. 6). Bestehen ausschließlich in Deutschland Zweigniederlassungen und Tochterunternehmen, muss folglich nicht nach § 42 berichtet werden. Hierin besteht ein gewichtiger Unterschied zu § 26a Abs. 1 S. 2 KWG, der auch inländische Tochtergesellschaften und Zweigniederlassungen erfasst. 13

III. Mitzuteilende Angaben

Mittlere Wertpapierinstitute haben die nachfolgenden Angaben als Anlage zu ihrem Jahresabschluss nach Maßgabe des § 340k HGB prüfen zu lassen und offenzulegen. Die Maßgaben der Prüfung sind dabei dieselben wie zum Jahresabschluss des Mittleren Wertpapierinstituts selbst (vgl. § 340 Abs. 4a, § 340k Abs. 1 S. 1 iVm §§ 316 ff. HGB). 14

Anders als zu § 26a Abs. 1 S. 2 KWG gibt es **bislang keine Praxishinweise der BaFin** zur Anwendung des § 42. Wegen der insoweit inhaltsgleichen Ausgestaltung können ihre Ausführungen zu § 26a Abs. 1 S. 2 KWG (DK Aufsichtsdialog – Fachgremium Säule 3, Auslegungsfragen zur länderspezifischen Berichterstattung nach § 26a Abs. 1 S. 2 KWG, Stand Februar 2015) jedoch auch hier im Grundsatz herangezogen werden (so auch Lendermann/Nemeczek/Schroeter/Schlimbach § 42 Rn. 10). 15

Die Einhaltung der Vorgaben nach § 42 ist besondere Prüferpflicht nach § 78 Abs. 1 S. 3 Nr. 2. 16

1. Firma, Art der Tätigkeit und Sitz (Nr. 1)

Nach Nummer 1 sind Firma, Art der Tätigkeit und der Sitz sämtlicher Tochterunternehmen und Zweigniederlassungen anzugeben. 17

In die Berichterstattung sind nur vollkonsolidierte Töchterunternehmen (§ 2 Abs. 31 WpIG iVm § 290 Abs. 2 HGB; vgl. → § 2 Rn. 406) einzubeziehen (im Ergebnis auch Lendermann/Nemeczek/Schroeter/Schlimbach § 42 Rn. 12). Besteht für das berichtende Wertpapierinstitut das Recht, ein anderes Unternehmen im Wege der Teilkonsolidierung zu berücksichtigen (§ 310 HGB), handelt es sich nicht um ein Tochterunternehmen iSd §§ 42, 2 Abs. 31 (für die Parallelvorschrift des § 26a Abs. 1 S. 2 KWG klarstellend DK Aufsichtsdialog – Fachgremium Säule 3, Auslegungsfragen zur länderspezifischen Berichterstattung nach § 26a Abs. 1 S. 2 KWG, Stand Februar 2015, lfd. Nr. 9). 18

Wie sich aus der Betonung, die Informationen seien zu „sämtliche[n] (…) Zweigniederlassungen" aufzuführen, sind die in einem Mitgliedstaat bestehenden Zweigniederlassungen abweichend von der allgemeinen Regelung in § 2 Abs. 11 S. 2 nicht zusammenzufassen. Unabhängig davon, dass bereits praktische Probleme 19 bei der Angabe der Firma und des Sitzes bestünden, wäre diese Umschreibung im Übrigen auch sinnentleert. Dies gilt auch für die Angabe der Art der Tätigkeit. In diese Richtung weist auch die Bemerkung der BaFin zu § 26a Abs. 1 S. 2 KWG, wonach die Berichterstattung ua einen Überblick über die länderbezogene Geschäftstätigkeit verschaffen soll (DK Aufsichtsdialog – Fachgremium Säule 3, Auslegungsfragen zur länderspezifischen Berichterstattung nach § 26a Abs. 1 S. 2 KWG, Stand Februar 2015, lfd. Nr. 3). Dieser dürfte bei einer Zusammenfassung schwerlich erreicht werden, zumal die Ausweisung allein des Schwerpunkts der geschäftlichen Tätigkeit allgemein für ausreichend erachtet wird (→ Rn. 20).

20 Angegeben werden sollten der länderspezifische Name, der geschäftliche Schwerpunkt und die Anschrift (Lendermann/Nemeczek/Schroeter/Schlimbach § 42 Rn. 12; vgl. Fischer/Schäfer/Schulte-Mattler/Schulte-Mattler/Klotzbach § 26a Rn. 14). Für die Bezeichnung des geschäftlichen Schwerpunkts kann eine Orientierung an der konkret zugelassenen Geschäftstätigkeit zielführend sein.

2. Umsatz (Nr. 2)

21 Gemäß Nummer 2 ist der Umsatz auszuweisen. Anders als bei Nummer 1 (→ Rn. 18) erfolgt hier keine Spezifizierung auf sämtliche Berichtsobjekte. Insoweit bestehen an der geschlossenen Ausweisung der Umsätze von Zweigniederlassungen, die sich innerhalb desselben Vertragsstaates befinden (§ 2 Abs. 11 S. 2), keine Bedenken.

22 Den Empfehlungen der BaFin zu § 26a Abs. 1 S. 2 KWG (DK Aufsichtsdialog – Fachgremium Säule 3, Auslegungsfragen zur länderspezifischen Berichterstattung nach § 26a Abs. 1 S. 2 KWG, Stand Februar 2015, lfd. Nr. 4) folgend sollte als Umsatzgröße das operative Ergebnis ohne Wertminderungen und Verwaltungsaufwendungen, einschließlich Zinsüberschuss, Provisionsüberschuss, Handelsergebnisse und sonstigen betrieblichen Erträgen herangezogen werden. Dabei ist der individuellen Struktur des Konzerns Rechnung zu tragen.

3. Anzahl der Lohn- und Gehaltsempfänger in Vollzeitäquivalenten (Nr. 3)

23 Nummer 3 verlangt die Angabe der Anzahl der Lohn- und Gehaltsempfänger in Vollzeitäquivalenten. Die Bestimmung erfolgt entsprechend der handelsrechtlichen Regelung nach § 267 Abs. 5 HGB (DK Aufsichtsdialog – Fachgremium Säule 3, Auslegungsfragen zur länderspezifischen Berichterstattung nach § 26a Abs. 1 S. 2 KWG, Stand Februar 2015, lfd. Nr. 5). Es sind mithin am Tag jedes Quartalsendes des Geschäftsjahres die Lohn- und Gehaltsempfänger in Vollzeitäquivalenten zu bestimmen, für das gesamte Geschäftsjahr zusammenzurechnen und durch vier zu teilen. Das Vollzeitäquivalent ist das Verhältnis der Arbeitsstunden des Lohn- bzw. Gehaltsempfängers zu den Arbeitsstunden einer Vollzeitstelle. In der Regel beträgt die Arbeitszeit einer Vollzeitstelle 8 Stunden pro Tag, 5 Tage die Woche, sodass das Vollzeitäquivalent etwa einer 20 Stunden-Teilzeitstelle 0,5 beträgt.

4. Gewinn oder Verlust vor Steuern (Nr. 4)

24 Gemäß Nummer 4 ist der Gewinn oder der Verlust vor Steuern auszuweisen. Hier bietet sich als Referenz die Summe der Positionen 19 und 22 der Gewinn-

und Verlustrechnung nach dem Formblatt 3 (Staffelform) der Kreditinstituts-Rechnungslegungsverordnung (RechKredV) an, das gem. § 1 Abs. 1 RechKredV iVm § 340 Abs. 4a S. 1 HGB auch auf sämtliche Wertpapierinstitute Anwendung findet (hierauf ebenfalls iRd § 26a Abs. 1 S. 2 KWG verweisend Fischer/Schäfer/Schulte-Mattler/Schulte-Mattler/Klotzbach § 26a Rn. 18).

5. Steuern auf Gewinn oder Verlust (Nr. 5)

Die auf den Gewinn oder den Verlust zu entrichtenden Steuern sind gemäß Nummer 5 anzugeben. Nach den Ausführungen der BaFin zu § 26a Abs. 1 S. 2 KWG (DK Aufsichtsdialog – Fachgremium Säule 3, Auslegungsfragen zur länderspezifischen Berichterstattung nach § 26a Abs. 1 S. 2 KWG, Stand Februar 2015, lfd. Nr. 6) ist der Steueraufwand gemäß Rechnungslegung unter Erläuterung der Vorgehensweise zu publizieren. Als Referenz erscheint die Position 23 der Gewinn- und Verlustrechnung des Formblatts 3 (Staffelform) der RechKredV (→ Rn. 24) geeignet, diesen Anforderungen Rechnung zu tragen (hierauf ebenfalls iRd § 26a Abs. 1 S. 2 KWG verweisend Fischer/Schäfer/Schulte-Mattler/Schulte-Mattler/Klotzbach § 26a Rn. 18). 25

6. Erhaltene staatliche Beihilfen (Nr. 6)

Nummer 6 zwingt zur Offenbarung der jeweils erhaltenen staatlichen Beihilfen. 26
Gemeint sind ausschließlich die im Rahmen des EU-Beihilfeverfahrens erhaltene Beihilfen (DK Aufsichtsdialog – Fachgremium Säule 3, Auslegungsfragen zur länderspezifischen Berichterstattung nach § 26a Abs. 1 S. 2 KWG, Stand Februar 2015, lfd. Nr. 7).

IV. Form und Frist

Die Angaben sind **jährlich** als (gesonderte) **Anlage zum Jahresabschluss** offenzulegen. 27
Sie müssen gleichzeitig mit dem die Anforderungen nach § 76 Abs. 1 S. 2 erfüllenden Jahresabschluss veröffentlicht werden (vgl. DK Aufsichtsdialog – Fachgremium Säule 3, Auslegungsfragen zur länderspezifischen Berichterstattung nach § 26a Abs. 1 S. 2 KWG, Stand Februar 2015, lfd. Nr. 1). Ist das Mittlere Wertpapierinstituts zugleich zur Erstellung eines Ertragsteuerinformationsberichts gem. § 342b Abs. 1 HGB verpflichtet, hält der Gesetzgeber aufgrund der in materieller Hinsicht vergleichbaren Anforderungen an die vorgenannte und der Berichtspflicht nach § 42 eine Erfüllung durch einen einzigen Bericht für zulässig (Begründung zum Gesetzentwurf der BReg zur Umsetzung der BilanzRL, BT-Drs. 50/5653, 50).

Die Angaben sind nach Tochterunternehmen und Zweigniederlassungen **je** 28
Vertragsstaat und Drittstaat aufzuschlüsseln (grundsätzlich zu den Begriffen „Vertragsstaat" und „Drittstaat" iSd Vorschrift → Rn. 13). Mit Ausnahme der Angaben nach Nummer 1 (→ Rn. 18) können dabei die nicht deutschen Zweigniederlassungen in demselben Land gem. § 2 Abs. 11 S. 2 als eine Zweigstelle behandelt werden. In Deutschland bestehende Tochterunternehmen und/oder Zweigniederlassungen können zusammengefasst und müssen nicht ausdrücklich gesondert ausgewiesen werden (DK Aufsichtsdialog – Fachgremium Säule 3, Auslegungsfragen zur länderspezifischen Berichterstattung nach § 26a Abs. 1 S. 2 KWG, Stand Februar 2015, lfd. Nr. 13; beachte aber → Rn. 18).

29 Diese Aufschlüsselung nach sämtlichen Ländern ergibt sich nicht unmittelbar aus dem Wortlaut der Vorschrift, nach dem die Angaben ausschließlich nach den Mitgliedstaaten der Europäischen Union und Drittstaaten aufzuschlüsseln sind und eben nicht nach Vertragsstaaten, zu denen auch die weiteren EWR-Staaten zählen. Allerdings gibt Art. 27 Abs. 1 IFD vor, dass die Aufschlüsselung nach Mitgliedstaaten und Drittstaaten zu erfolgen hat. Im Allgemeinen wird der Begriff „Drittstaat" im europäischen Recht für alle anderen Staaten als die Mitgliedstaaten der Europäischen Union verwendet (Grabitz/Hilf/Nettesheim/S. Winkler, 86. EL September 2025, AEUV Art. 180 Rn. 21). Bei der insoweit wortgleichen Umsetzung von Art. 27 Abs. 1 IFD in § 42 muss daher davon ausgegangen werden, dass der deutsche Gesetzgeber der Vorschrift insoweit dieses Verständnis des Begriffs „Drittstaat" beimisst, jedenfalls aber ist zu diesem Verständnis im Wege der europarechtskonformen Auslegung des § 42 zu gelangen. Auch der Zweck der Vorschrift (→ Rn. 2) spricht für diese Auslegung. Etwaige Reibungspunkte im Übrigen wie zur Definition der Drittstaateneinlagenvermittlung (§ 2 Abs. 4 S. 1 Nr. 2), die in Bezug auf Drittstaaten auf Staaten außerhalb des EWR abstellt, sind hinzunehmen. Darüber hinaus würden sich auch praktische Probleme ergeben, da unklar bleibt, wie denn die Aufschlüsselung der Daten der übrigen weder Mitglieds- noch Drittstaaten zu erfolgen hätte.

V. Rechtsfolgen unzureichender Umsetzung

30 Ein Verstoß gegen § 42 ist unmittelbar weder straf- noch bußgeldbewährt. Allerdings kann die BaFin im Rahmen der Aufsicht (§ 5 Abs. 1) Anordnungen im Fall einer unzureichenden Befolgung des § 42 treffen (§ 5 Abs. 2, zu den Einzelheiten → § 5 Rn. 19 ff.). Zudem kann sie nach § 5 Abs. 4 S. 1 von den betroffenen Wertpapierinstitute Auskunftserteilung, Unterlagenvorlage sowie Kopien verlangen (zu den Einzelheiten → § 5 Rn. 47 ff.). Letztere Verpflichtungen sind gem. § 83 Abs. 1 Nr. 1 bei unzureichender Befolgung bußgeldbewährt. Widerspruch und Anfechtungsklage gegen Anordnungen nach § 5 Abs. 2 und 4 haben keine aufschiebende Wirkung (§ 6).

§ 43 Aufgaben der Geschäftsleiter im Rahmen des Risikomanagements

(1) **Die Geschäftsleiter des Wertpapierinstituts tragen die Gesamtverantwortung für die Risikostrategie und die internen Grundsätze des Wertpapierinstituts zum Umgang mit Risiken. Sie genehmigen und überprüfen regelmäßig die Strategien und die internen Richtlinien zur Risikobereitschaft des Wertpapierinstituts sowie zum Umgang, zur Überwachung und zur Minderung von Risiken, denen das Wertpapierinstitut ausgesetzt ist oder ausgesetzt sein könnte, wenn nicht das Verwaltungs- oder Aufsichtsorgan diese Aufgaben gemäß § 44 wahrnimmt. Dabei sind das makroökonomische Umfeld und der Geschäftszyklus des Wertpapierinstituts zu berücksichtigen.**

(2) **Die Geschäftsleiter des Wertpapierinstituts widmen der Wahrnehmung ihrer Aufgaben gemäß Absatz 1 ausreichend Zeit. Sie haben ausreichend Ressourcen für die Steuerung aller wesentlichen Risiken, denen das Wertpapierinstitut ausgesetzt ist, bereitzustellen.**

(3) **Wertpapierinstitute stellen sicher, dass die Geschäftsleiter**

1. durch ein internes Berichtswesen Kenntnis von allen bedeutenden Risiken des Wertpapierinstituts, von allen internen Richtlinien zum Umgang mit Risiken und von allen Änderungen an diesen Richtlinien erhalten und

2. Zugang zu allen Informationen über die Risiken haben, denen das Wertpapierinstitut ausgesetzt ist oder ausgesetzt sein könnte.

Übersicht

I. Vorbemerkung

1 § 43 dient zur Umsetzung von Art. 28 IFD, welcher die Überschrift trägt „Funktion des **Leitungsorgans** im Rahmen des Risikomanagements". In der IFD und in den EBA-Leitlinien zur internen Governance vom 22.11.2021 (EBA/GL/2021/14) erscheint der Begriff des „Leitungsorgans" in zwei verschiedenen Funktionen, nämlich als „Leitungsorgan in seiner Leitungsfunktion" und als „Leitungsorgan in seiner Aufsichtsfunktion". Wie die Regierungsbegründung zu § 43 feststellt (BT-Drs. 19/26929, 144) räumt die IFD keiner bestimmten gesellschaftsrechtlichen Unternehmensführungsstruktur eine Präferenz ein, also weder dem monistischen Gesellschaftsmodell noch dem dualistischen Gesellschaftsmodell. Bei dem monistischen Gesellschaftsmodell sind die Leitungsfunktion und die Aufsichtsfunktion in ein- und demselben Gremium vereint. Beispiele sind die englische und die irische Ltd. oder Plc ebenso wie die europäische Aktiengesellschaft (SE), bei der das monistische Modell als Option zur Verfügung steht (Art. 38 SE-VO (VO (EG) 2157/2001)). Bei diesen Rechtsformen gibt es ein Board of Directors (Verwaltungsrat) bestehend aus operativ tätigen und vertretungsbefugten „executive" Directors (Leitungsfunktion) sowie beaufsichtigenden „non-executive" Directors (Aufsichtsfunktion). Das deutsche Gesellschaftsrecht basiert auf dem dualistischen Gesellschaftsmodell mit dem Dualismus von Geschäftsführung und Gesellschafterversammlung (bei der GmbH) bzw. Vorstand und Aufsichtsrat (bei der AG). Die übergreifende Richtlinienbestimmung Art. 28 IFD betrifft das Leitungsorgan sowohl in seiner operativen Managementfunktion als auch in seiner Aufsichtsfunktion. Das WpIG setzt den Regelungsgehalt des Art. 28 IFD nach dem Leitbild des dualistischen Gesellschaftsmodells in zwei Vorschriften um, in § 43 für die Geschäftsleiter mit operativer Managementfunktion und in § 44 für die Aufsichtsorgane.

2 Die aufsichtsrechtlichen inhaltlichen Vorgaben von § 43 entsprechen weitgehend der vor Inkrafttreten des WpIG bestehenden Rechtslage nach § 25c Abs. 3

und 4a KWG (Neumann/Schmidt BKR 2021, 535 (538 f.); Lendermann/Nemeczek/Schroeter/K.-A. Neumann Rn. 1). Wie die nachfolgende **Entsprechungstabelle** zeigt, findet sich der Regelungsgehalt von § 43 mit teils deutlich ausführlicherer Normierung in § 25c KWG wieder.

WpIG	Regelungsgehalt	Entsprechung im KWG
§ 43 Abs. 1 S. 1	Grundsatz der Gesamtverantwortung der Geschäftsleitung für die Risikostrategie und die internen Grundsätze des Institutes zum Umgang mit Risiken	§ 25c Abs. 3 und 4a
§ 43 Abs. 1 S. 2	Pflicht zur regelmäßigen Genehmigung und Überprüfung der Strategien und internen Richtlinien zum Umgang mit Risiken	§ 25c Abs. 4a Nr. 1 (unter dem Stichwort Anpassung der Risikostrategien)
§ 43 Abs. 2	Pflicht der Geschäftsleitung zum Einsatz eines ausreichenden Zeitbudgets und ausreichender (personeller und finanzieller) Ressourcen für ihre Aufgaben des Risikomanagements	§ 25c Abs. 1 S. 1, Abs. 4 und Abs. 4a Nr. 4
§ 43 Abs. 3	Verpflichtung zur Organisation eines internen Berichtswesens zur Erlangung von Kenntnis von allen bedeutenden Risiken des Institutes und zum Umgang mit diesen	§ 25c Abs. 4a Nr. 3c (das interne Kontrollsystem muss ua Prozesse zur Überwachung und Kommunikation der wesentlichen Risiken umfassen) und 3d (mindestens vierteljährliche Risikoberichterstattung gegenüber der Geschäftsleitung)

3 Zur **Auslegung** von § 43 kann daher auf Kommentierungen und BaFin-Verwaltungspraxis zu § 25c (iVm § 25a) zurückgegriffen werden, allerdings ist auch hier dem **Proportionalitätsgrundsatz** besondere Beachtung zu schenken. Denn das WpIG geht entsprechend dem Regelungszweck von IFD und IFR davon aus, dass die von Wertpapierinstituten des WpIG eingegangenen Risiken und die von ihnen für andere Marktteilnehmer und die Finanzstabilität ausgehenden Risiken andere, regelmäßig geringere Risiken sind als die Risiken der Kreditinstitute, an denen sich das KWG ausrichtet (siehe RegBegr. WpIG, BT-Drs. 19/26929, 2: Es gilt das Ziel, risikoadäquate und passgenaue aufsichtsrechtliche Anforderungen an Wertpapierinstitute zu schaffen). Dies gilt auch und gerade für die Anforderungen an die Leitungsorgane im Hinblick auf die interne Unternehmensführung (Lendermann/Nemeczek/Schroeter/K.-A. Neumann Rn. 5).

4 Gemäß § 38 Abs. 1 gilt § 43 in Gänze nur für Mittlere Wertpapierinstitute (§ 2 Abs. 17), während für Kleine Wertpapierinstitute (§ 2 Abs. 16) nur § 43 Abs. 1 Anwendung findet. Allerdings ist auch für Kleine Wertpapierinstitute eine Orientierung an den Vorgaben von § 43 Abs. 2 und 3 geboten, da ohne ein ausreichendes Zeitbudget sowie ohne ausreichende finanzielle, personelle und technische

Ressourcen (dazu § 43 Abs. 2) bzw. ohne ein funktionierendes Berichtswesen (dazu § 43 Abs. 3) auch die Geschäftsleiter von Kleinen Wertpapierinstituten kaum ihrer Gesamtverantwortung für das Risikomanagement gem. § 43 Abs. 1 nachkommen können. Die gesetzlich angeordnete Nichtanwendbarkeit von § 43 Abs. 2 und 3 bei Kleinen Wertpapierinstituten macht aber deutlich, dass dabei die Anforderungen an Kleine Wertpapierinstitute nicht zu überspannen sind (Lendermann/Nemeczek/Schroeter/K.-A. Neumann Rn. 5).

II. Grundsatz der Gesamtverantwortung der Geschäftsleitung

§ 43 Abs. 1 S. 1 enthält den Grundsatz der Gesamtverantwortung der Geschäftsleitung für die Risikostrategie und die internen Grundsätze des Institutes zum Umgang mit Risiken und ist damit eine **Zuweisungsnorm,** ohne die hieraus folgenden konkreten Verhaltens-, Organisations- und Kontrollpflichten der Geschäftsleitung inhaltlich zu normieren (so auch Lendermann/Nemeczek/Schroeter/K.-A. Neumann Rn. 15). Diese inhaltlichen Regelungen finden sich in § 41 (zum Thema der Organisationspflichten), in § 45 (zum Thema der inhaltlichen Ausgestaltung des Risikomanagements), in Art. 21–29 Delegierte VO (EU) 2017/565 sowie in den WpI MaRisk und in den EBA/GL/2021/14. 5

Der Grundsatz der Gesamtverantwortung bedeutet zum einen, dass es **keine Delegation der Verantwortung** für die Risikostrategie und für die internen Grundsätze des Wertpapierinstituts zum Umgang mit Risiken geben darf. Wenn das Institut eine unabhängige Risikomanagement-Funktion eingesetzt hat (was das Institut nur insoweit tun muss wie dies „angesichts der Art, des Umfangs und der Komplexität ihrer Geschäfte sowie der Art und des Spektrums der im Zuge dieser Geschäfte erbrachten Wertpapierdienstleistungen und Anlagetätigkeiten angemessen und verhältnismäßig ist", Art. 23 Abs. 2 Delegierte VO (EU) 2017/565), so bedeutet dies keine Abgabe der Verantwortung an die Risikomanagement-Funktion. Vielmehr unterstützt die Risikomanagement-Funktion die Geschäftsführung bei der Wahrnehmung ihrer Verantwortung, indem sie die vom Institut festgelegten Risikomanagement-Maßnahmen praktisch umsetzt und bei Vorfällen sowie im Rahmen von turnusmäßigen Risikoberichten an die Geschäftsleitung berichtet und diese berät. Auch eine Delegation der Geschäftsleiterverantwortung nach außen im Wege der Auslagerung ist nicht möglich, wie Art. 31 Abs. 1 lit. a Delegierte VO (EU) 2017/565 klarstellt. Das **Sanktionsinstrument zur Durchsetzung der Wahrnehmung dieser Verantwortung** durch die Geschäftsleiter findet sich in **§§ 22 f. iVm § 19 Abs. 2 Nr. 4** mit verschiedenen Eskalationsstufen. Wenn die mangelnde Wahrnehmung dieser Verantwortung für das Risikomanagement zu einem manifesten Gesetzesverstoß führt, kann die BaFin einen Geschäftsleiter verwarnen (§§ 22 Abs. 4), die Abberufung einzelner oder sogar aller Geschäftsleiter verlangen (§ 22 Abs. 1 Nr. 1, Abs. 5, Abs. 6) und gegenüber Geschäftsleitern Tätigkeitsverbote bei Wertpapierinstituten verhängen (§ 22 Abs. 1 Nr. 2). 6

Der Grundsatz der Gesamtverantwortung der Geschäftsleitung steht der Bildung von **Ressortzuständigkeiten im Geschäftsleitergremium nicht entgegen.** Üblicherweise werden die für das Risikomanagement maßgeblichen Aufgaben innerhalb der Geschäftsleitung einem Verantwortlichen zugewiesen. 7

Diese Spezialzuweisung des Risikomanagements an ein Geschäftsleitungsmitglied ergibt sich aus den Anforderungen der BaFin, wie BTH 1 Tz. 1 WpI MaRisk zeigt. Danach ist eine aufbauorganisatorische Trennung bis einschließlich zur Ebene der Geschäftsleitung in Bezug auf die Bereiche „Handel" und „Risikomanagement" erforderlich (wobei es allerdings Erleichterungen gibt, wenn das Volumen der Handelsaktivitäten gemessen am Geschäftsvolumen gering und die Struktur der Handelsaktivitäten nicht komplex ist, siehe Erläuterungen zu BTH 1 Tz. 1 WpI MaRisk). Auf diese Trennung wirkt die BaFin auch im Rahmen von WpIG-Erlaubnisverfahren hin. Eine solche Ressortverteilung führt nicht zu einer exklusiven Verantwortlichkeit des für das Risikomanagement zuständigen Mitgliedes der Geschäftsleitung (Beck/Samm/Kokemoor/Kleinert KWG § 25c Rn. 114). Vielmehr sind der Grundsatz der Gesamtverantwortung und das Ressorprinzip durch einen **gestuften Pflichtenkatalog** (Lendermann/Nemeczek/Schroeter/K.-A. Neumann Rn. 27 ff.) zum Ausgleich zu bringen. Während das für Risikomanagement zuständige Mitglied der Geschäftsleitung in vollem Umfang für dieses verantwortlich zeichnet, hat der **ressortmäßig unzuständige Geschäftsleiter eine Kontroll- und Überwachungspflicht** (MüKoAktG/Spindler AktG § 91 Rn. 43; Lendermann/Nemeczek/Schroeter/K.-A. Neumann § Rn. 28). Danach muss die für das Risikomanagement eigentlich unzuständige Organperson eingreifen, wenn ein gesetzeskonformes Risikomanagement durch eine andere Organperson nicht mehr als gewährleistet erscheint (Schröder WM 2014, 100 (103)). Mängel im Risikomanagement können auch für eigentlich unzuständige Organmitglieder zutage treten, zB durch die Feststellung erheblicher Mängel im Rahmen der internen Revision, im Prüfungsbericht des externen Prüfers gem. § 76 oder im Rahmen von Beanstandungen durch die BaFin (Schröder WM 2014, 100 (103); Beck/Samm/Kokemoor/Kleinert KWG § 25c Rn. 114). Jedes Organmitglied muss diese Berichte und Beanstandungen – entweder direkt oder im Rahmen der Revisionsberichterstattung (siehe BT 2 WpI MaRisk) – **zur Kenntnis nehmen** und die **Ergebnisse auf Plausibilität überprüfen.** Bei erkennbaren erheblichen Defiziten im Risikomanagement wird ein **aktives Eingreifen** und ein Hinwirken auf eine Beseitigung der Defizite erforderlich.

III. Genehmigung und regelmäßige Überprüfung der Risikostrategien und -grundsätze durch die Geschäftsleiter

1. Genehmigung und regelmäßige Überprüfung durch die Geschäftsleiter

8 § 43 Abs. 1 S. 2 schreibt vor, dass die Geschäftsleiter „die Strategien und die internen Richtlinien zur Risikobereitschaft des Wertpapierinstituts sowie zum Umgang, zur Überwachung und zur Minderung von Risiken, denen das Wertpapierinstitut ausgesetzt ist oder ausgesetzt sein könnte" genehmigen und regelmäßig überprüfen müssen. Dabei fällt auf, dass der **Anknüpfungspunkt** dieser Genehmigungs- und Überprüfungspflicht in § 43 Abs. 1 S. 2 anders (ausführlicher) formuliert ist als der Anknüpfungspunkt für die Gesamtverantwortung der Geschäftsleiter nach S. 1. Dort lautet die Formulierung viel knapper: „Risikostrategie und die internen Grundsätze des Wertpapierinstituts zum Umgang mit Risiken". Diese eigentümliche Regelung mit zwei unterschiedlichen For-

mulierungen desselben Gegenstandes in zwei aufeinanderfolgenden Sätzen, wobei die zweite Formulierung ausführlicher ist als die erste, hat ihre Ursache darin, dass der deutsche Gesetzgeber Formulierungen aus Art. 28 IFD fast wörtlich übernimmt, dabei allerdings gegenüber dem Richtlinienwortlaut die systematische Struktur verändert. In Art. 28 Abs. 1 IFD wird die Genehmigungs- und Überprüfungspflicht an die Spitze der Norm gestellt, wobei der Anknüpfungspunkt ausführlich formuliert wird, nämlich als „die Strategien und Grundsätze für die Risikobereitschaft der Wertpapierfirma sowie für die Steuerung, Überwachung und Minderung der Risiken, denen sie ausgesetzt ist oder sein könnte". Dies entspricht wörtlich § 43 Abs. 1 S. 2 mit der einzigen Abweichung, dass der deutsche Gesetzgeber „Grundsätze" durch „interne Richtlinien" ersetzt und „Steuerung" durch „Umgang". Doch anders als die Richtlinie stellt das deutsche Gesetz die Regelung über die Genehmigungs- und Überprüfungspflicht in § 43 Abs. 1 S. 2 an die zweite Stelle und den Grundsatz der Gesamtverantwortung in § 43 Abs. 1 S. 1 an die erste Stelle der Norm. In der IFD wird der Grundsatz der Gesamtverantwortung an eher nachgelagerter Stelle in Art. 28 Abs. 4 UAbs. 2 S. 3 geregelt („Die allgemeine Verantwortung für die Risikostrategien und -grundsätze der Wertpapierfirma verbleibt beim Leitungsorgan"). Hierbei verwendet die IFD dem systematischen Aufbau der Richtlinienbestimmung entsprechend die zusammenfassende Formulierung „Risikostrategien und -grundsätze der Wertpapierfirma", als Verweis auf die ausführlichere Umschreibung in Art. 28 Abs. 1 IFD. Genau diese Kurzformel (leicht erweitert in „Risikostrategie und die internen Grundsätze des Wertpapierinstituts zum Umgang mit Risiken") setzt der deutsche Gesetzgeber in § 43 Abs. 1 S. 1 an den Anfang, wodurch die Norm ihren eigentümlichen, wenig gelungenen systematischen Aufbau erhält. Dies zeigt jedoch, dass **derselbe Anknüpfungspunkt** gemeint ist. **§ 43 Abs. 1 S. 1 und S. 2** sind also **einheitlich auszulegen** (Lendermann/Nemeczek/Schroeter/K.-A. Neumann Rn. 95).

Der Begriff der **Genehmigung** durch die Geschäftsleitung (im amtlichen englischen Richtlinienwortlaut „approval") ist gesetzlich nicht definiert und wird von K.-A. Neumann (in Lendermann/Nemeczek/Schroeter Rn. 87) zutreffend umschrieben als ein **Willensakt,** mit dem sich die Geschäftsleiter die Strategien bzw. Grundsätze **zu eigen machen,** so dass diese fortan als Vorgabe für das gesamte Institut verbindlich sind. Es besteht **kein Formerfordernis,** jedoch ist es zum Nachweis der Einhaltung dieser Vorgaben im Rahmen von Jahresabschlussprüfung und Revisionen geboten, die Genehmigung zu dokumentieren, typischerweise durch einen **Beschluss des Kollegialorgans der Geschäftsleiter.** 9

Für die Anforderung der **regelmäßigen Überprüfung** schreibt das Gesetz keinen Überprüfungsintervall vor, so dass in dieser Frage von einem Beurteilungsspielraum für die Geschäftsleiter auszugehen ist (Lendermann/Nemeczek/Schroeter/K.-A. Neumann Rn. 91). Auch die WpI MaRisk (AT 4.2 Tz. 1) schreiben für den Bereich des KWG keinen festen Überprüfungsturnus vor. Anlassbezogen bedeutet, dass die Geschäftsleitung zB bei wesentlichen Änderungen eines Produktes oder der Marktverhältnisse auch unterjährig eine Überprüfung der Risikostrategien und -grundsätze des Institutes vornehmen muss. Wenn sich ferner im Überprüfungszeitraum Risiken realisiert haben, muss dies kritisch untersucht werden, um im Rahmen der Anpassungen der Risikostrategien und -grundsätze die notwendigen Schlüsse daraus zu ziehen (Lendermann/Nemeczek/Schroeter/K.-A. Neumann Rn. 92). Die geänderten Risikostrategien und -grundsätze sind 10 anlassbezogen erneut zu genehmigen (Lendermann/Nemeczek/Schroeter/K.-A. Neumann Rn. 89).

11 Es besteht die Möglichkeit zur **arbeitsteiligen Delegation des Überprüfungsprozesses an das Aufsichtsorgan** (§ 43 Abs. 1 S. 2 aE iVm § 44). Dies entspricht der Richtlinienvorgabe, auch wenn dies im zugrunde liegenden Art. 28 IFD nicht ausdrücklich angesprochen wird. Denn Art. 28 IFD ist strukturoffen formuliert und stellt es den nationalen Rechtsordnungen anheim, ob es das monistische oder das dualistische Gesellschaftsmodell anwendet. Damit stimmt es überein, wenn gem. § 43 Abs. 1 S. 2 aE iVm § 44 eine Arbeitsteilung zwischen Geschäftsleitung und Aufsichtsorgan zugelassen wird. Allerdings kann die Geschäftsleitung ihre Pflicht zur Genehmigung der Risikostrategien und -grundsätze nicht an das Aufsichtsorgan delegieren (so zutreffend Lendermann/Nemeczek/Schroeter/K.-A. Neumann Rn. 89), denn dies wäre mit dem Grundsatz der Gesamtverantwortung der Geschäftsleiter nicht zu vereinbaren. Die Risikostrategien und -grundsätze müssen zumindest auch von der Geschäftsleitung genehmigt werden. Die turnusmäßige Überprüfung kann jedoch auch von dem Aufsichtsorgan im Rahmen von deren Überwachungsmandat (§ 44) übernommen werden.

2. Berücksichtigung des makroökonomischen Umfeldes und des Geschäftszyklus des Instituts

12 § 43 Abs. 1 S. 3 betont, dass bei der Entwicklung der Risikostrategien und -grundsätze das makroökonomische Umfeld und der Geschäftszyklus des Institutes zu berücksichtigen ist. Das **makroökonomische Umfeld** meint die gesamtwirtschaftliche Lage auf nationaler und internationaler Ebene, in der das Institut eingebettet ist, unter Betrachtung von Themen wie Bruttoinlandsprodukt, Arbeitslosenquote, Preisindizes, Inflation, Kursentwicklung auf den Märkten, steuerliche Rahmenbedingungen und regulatorisches Umfeld. Jedoch sind nicht nur rein ökonomische und rechtliche Faktoren relevant, sondern auch veränderte Umweltbedingungen und der Prozess der Transition zu einer nachhaltigen Wirtschaft.

13 Der Verweis auf den zu berücksichtigenden **Geschäftszyklus** des Instituts ist Teil des in Art. 26 Abs. 3 IFD verankerten Grundsatzes der Verhältnismäßigkeit **(Proportionalitätsgrundsatz):** sämtliche Regelungen der internen Unternehmensführung müssen „zweckdienlich und der Art, dem Umfang und der Komplexität der dem Geschäftsmodell innewohnenden Risiken und den Geschäften der Wertpapierfirma angemessen sein". Bei der Entwicklung von Risikostrategien und -grundsätzen müssen daher die externen Faktoren, die sich aus dem makroökonomischen Umfeld ergeben, zu den konkreten Geschäften des Institutes in Beziehung gesetzt werden. „Zyklus" verweist dabei auf eine zeitliche Komponente. Denn im Geschäftsverlauf eines Instituts können bestimmte Risiken abhängig von dem Entwicklungsstadium des Institutes und abhängig vom Marktumfeld unterschiedlich zu gewichten sein. Ein Wertpapierinstitut, das zB als Finanzportfolioverwalter und Anlageberater aktiv ist, muss in Phasen großer Markturbulenzen einen Schwerpunkt auf das Management von Risikokonzentrationen (Risikokategorie „risk to client", § 45 Abs. 1 S. 3 Nr. 1) legen, während dasselbe Institut in einer Phase mit stabiler wirtschaftlicher Konjunktur, steigenden Märkten und erhöhtem Neukundengeschäft möglicherweise einen stärkeren Schwerpunkt auf die Steuerung operationeller Risiken und Compliance-Risiken legen sollte, ohne

dass dabei jedoch verschiedene Risikokategorien gegeneinander ausgespielt werden dürfen.

IV. Erforderliches Zeit- und Ressourcenbudget der Geschäftsleiter

1. Zeitliche Vorgaben

§ 43 Abs. 2 S. 1 schreibt vor, dass die Geschäftsleiter der Wahrnehmung ihrer **14**
Risikomanagementaufgaben gem. § 43 Abs. 1 **ausreichend Zeit** widmen müssen. Dies ist mit Blick auf das Risikomanagement eine Spezifizierung der allgemeinen Zeitbudgetvorgabe für Geschäftsleiter, die in § 20 Abs. 1 S. 1 aE iVm § 18 Abs. 1 Nr. 5 geregelt ist. Danach ist die Erlaubnis für die Erbringung von Wertpapierdienstleistungen zu versagen, wenn Tatsachen vorliegen, aus denen sich ergibt, dass ein Geschäftsleiter nicht über die zur Wahrnehmung seiner Aufgaben ausreichende Zeit verfügt. Die speziell auf das Risikomanagement bezogene Spezifizierung beruht auf Art. 28 Abs. 2 IFD, während die allgemeinen Zeitbudgetvorgaben für Geschäftsleiter von Wertpapierinstituten auf Richtlinienebene in Art. 9 Abs. 1 und 4 MiFID II iVm Art. 91 Abs. 2–6 CRD IV geregelt sind. Im KWG findet sich parallel eine speziell auf das Risikomanagement bezogene Spezifizierung der Zeitbudgetvorgaben in § 25c Abs. 3 Nr. 3 KWG neben der allgemeinen Zeitbudgetvorgabe in § 25c Abs. 1 S. 1 KWG.

§ 43 Abs. 2 S. 1 betont, dass innerhalb des insgesamt erforderlichen Zeitbudgets **15**
des Geschäftsleiters dem Risikomanagement eine besondere Bedeutung zukommt. Konkrete zeitliche Angaben enthalten jedoch weder § 43 Abs. 2 S. 1 noch § 20 Abs. 1 S. 1 aE iVm § 18 Abs. 1 Nr. 5. Die Vorgabe „ausreichend Zeit" zu widmen ist damit eine **ausfüllungsbedürftige Generalklausel.** Daher kommt der Verwaltungspraxis der BaFin maßgebliche Bedeutung zu, die im **BaFin-Merkblatt zu den Geschäftsleitern** gemäß KWG, ZAG und KAGB vom 29.12.2020 niedergelegt ist. Dieses zum KWG erlassene Merkblatt dürfte auch im Anwendungsbereich des WpIG anzuwenden sein, da die Zeitbudgetvorgaben für Geschäftsleiter auf Art. 9 Abs. 1 und 4 MiFID II iVm Art. 91 Abs. 2–6 CRD IV beruhen, sich also mit der Umsetzung der IFD bzw. dem Inkrafttreten des WpIG nicht geändert haben. Gemäß dem BaFin-Merkblatt (Ziff. 121 ff.) bedeutet ausreichende Zeit „zum einen, dass die Person unter Berücksichtigung ihrer beruflichen und gesellschaftlichen Verpflichtungen nach allgemeiner Anschauung in der Lage sein muss, für ihre Tätigkeit, auch in Sondersituationen mit erhöhtem Zeitaufwand, ausreichend Zeit aufzubringen und zum anderen, dass sie die erforderliche Zeit auch tatsächlich aufwendet". Es gibt also eine **abstrakte Prüfung** (ist der Kandidat angesichts seiner sonstigen Verpflichtungen überhaupt in der Lage, ausreichende Zeit aufzubringen?) und eine **konkrete Prüfung** (wird diese Zeit tatsächlich aufgewendet?). Die BaFin prüft dies im Rahmen der Bestellungsanzeige gem. Art. 5 Delegierte VO (EU) 2017/1945 bzw. im Rahmen eines Erlaubnisantrages und auch während der Tätigkeit als Geschäftsleiter. Für die nachgelagerte Prüfung während der Tätigkeit sind konkrete Anhaltspunkte maßgeblich, die auf ein tatsächlich angemessenes, ausreichendes zeitliches Engagement des Geschäftsleiters schließen lassen. Hierzu zählt zB Anzahl und Dauer abgehaltener Besprechungen zu risikobezogenen Themen, was ggf. durch entsprechende Sitzungsprotokolle nachzuweisen ist (Lendermann/Nemeczek/Schroeter/K.-A. Neumann

Rn. 107). Auch Nachweise über die persönliche Anwesenheit des Geschäftsleiters bei der operativen Tätigkeit der mit Risikomanagement befassten Mitarbeiter des Instituts und über die Intensität und Häufigkeit der hierzu geführten Korrespondenz mit dem Mitarbeiterstab können hier relevant werden.

16 Während es keine starren Vorgaben gibt im Sinne einer Mindestwochenarbeitszeit oder einer Mindestzahl von Arbeitstagen pro Monat und Jahr, die der Geschäftsleiter dem Institut widmen muss, so ist es gleichwohl erforderlich, dass sich der Geschäftsleiter vor Amtsantritt darüber Rechenschaft ablegt, ob er angesichts seiner vorhandenen beruflichen und gesellschaftlichen Beanspruchung ausreichend zeitliche Kapazität für das neue Amt hat. Im Rahmen der Bestellungsanzeige sind daher gegenüber der BaFin **konkrete Angaben zur zeitlichen Verfügbarkeit** zu machen. Das gem. Art. 5 Delegierte VO (EU) 2017/1945 zu verwendende Formular für die Mitteilung von Änderungen bei den Mitgliedern des Leitungsorgans sieht ua eine „Liste der Leitungs- und Aufsichtsfunktionen in anderen Unternehmen" vor. Zusätzlich ist gem. § 6 Abs. 1 S. 1 WpI-AnzV das Formular „WpI-ZM" gemäß Anlage 4 zur WpI-AnzV mit Angaben zur Zuverlässigkeit und zeitlichen Verfügbarkeit auszufüllen und einzureichen (ein ausfüllbares Formular ist auf der BaFin-Website abrufbar). Hierin sind sowohl Angaben über weitere Leitungs- und Aufsichtsfunktionen zu machen als auch Angaben zur Mindestzeit, die der Ausübung des neuen Amtes innerhalb des Institutes gewidmet werden wird. Hier müssen **konkrete Angaben zur angestrebten Wochenarbeitszeit und über die Arbeitstage pro Jahr** gemacht werden. Die BaFin nimmt dies im Rahmen des Erlaubnisverfahrens bzw. vor einer Freigabe einer späteren Geschäftsleiterbestellung nach Erlaubniserteilung zum Anlass für kritische Nachfragen, wenn zB bereits vorhandene Mandate und ggf. damit verbundene Anwesenheitspflichten und Reisezeiten etc Zweifel über die ausreichende zeitliche Verfügbarkeit aufwerfen. Reine Ehrenämter und Tätigkeiten, die dem Privatleben zuzuordnen sind (zB Vorstandsämter in Sportvereinen), müssen nicht angegeben werden (§ 6 Abs. 2 WpI-AnzV), wohl aber politische Ämter und Mandate.

17 Aus dem Blickwinkel des Risikomanagements können **in besonderen Phasen der Geschäftsentwicklung höhere zeitliche Anforderungen** an die Geschäftsleiter bestehen als in gewöhnlichen Phasen. Nach den EBA-Leitlinien zur Bewertung der Eignung von Mitgliedern des Leitungsorgans und Inhabern von Schlüsselfunktionen (EBA/GL/2021/06), Ziff. 40, sollen die Geschäftsleiter „in der Lage sein, ihre Pflichten in Zeiträumen mit besonders erhöhtem Arbeitsaufwand, zB Restrukturierung, Umzug des Instituts, Erwerb, Fusion, Übernahme oder eine Krisensituation oder infolge einer größeren Schwierigkeit mit einer oder mehreren seiner Tätigkeiten zu erfüllen, wobei zu berücksichtigen ist, dass in solchen Zeiträumen ein höherer Zeitaufwand als in üblichen Zeiträumen erforderlich sein kann".

18 Es gibt im WpIG anders als gem. § 25c Abs. 2 S. 2 KWG für bedeutende Institute iSd § 1 Abs. 3c KWG **keine starre Mandatshöchstgrenze.** Vielmehr findet gem. § 20 Abs. 4 der Proportionalitätsgrundsatz Anwendung. Die Mandatshöchstgrenze bemisst sich nach dem Einzelfall und der Art, dem Umfang und der Komplexität der Geschäfte des Institutes.

2. Vorgabe der ausreichenden Ressourcen

19 Die Vorgabe, dass für die Steuerung aller wesentlichen Risiken, denen das Institut ausgesetzt ist, **ausreichend Ressourcen** bereitgestellt sein müssen, beruht auf der wortgleichen Richtlinienvorgabe in Art. 28 Abs. 2 IFD. Die Regierungsbegründung präzisiert, dass die bereitzustellenden Ressourcen **angemessene Mittel in personeller, finanzieller sowie sachlicher Hinsicht** umfassen (BT-Drs. 19/26929, 144). Diese Anforderung ist nicht neu, sondern entspricht inhaltlich § 25a Abs. 1 S. 3 Nr. 4 iVm § 25c Abs. 4a Nr. 4 KWG, wonach die Geschäftsleiter dafür Sorge zu tragen haben, dass für das Risikomanagement eine angemessene personelle und technisch-organisatorische Ausstattung vorhanden ist. Auch in diesem Kontext gilt der Grundsatz der Proportionalität. Die notwendigen Ressourcen bestimmen sich im Wesentlichen durch Art und Umfang der Geschäftstätigkeit (Fischer/Schäfer/Schulte-Mattler/Schulte-Mattler/Braun KWG § 25a Rn. 612).

Die **Anforderungen an Personalressourcen** werden für die BaFin-Verwal- 20
tungspraxis in AT 7.1 WpI MaRisk näher umschrieben. Die BaFin betont hierbei, dass es sowohl eine quantitative als auch eine qualitative Dimension gibt. Es kommt also nicht allein auf die Personenanzahl an, sondern es ist durch geeignete Maßnahmen zu gewährleisten, dass das Qualifikationsniveau der Mitarbeiter angemessen ist. Es muss gewährleistet sein, dass die Betriebsabläufe jederzeit störungsfrei durchgeführt werden (AT 7.1 Tz. 1 WpI MaRisk). Das heißt zB dass die Abwesenheit (Urlaub, Krankheit) oder das Ausscheiden von Mitarbeitern nicht zu nachhaltigen Störungen der Betriebsabläufe führen soll. Damit ist eine **Personalbedarfsplanung** für das Institut erforderlich, wonach auch bei urlaubs- oder krankheitsbedingten Abwesenheiten oder Kündigungen stets ausreichendes Personal für die Risikomanagementaufgaben zur Verfügung steht (Fischer/Schäfer/Schulte-Mattler/Schulte-Mattler/Braun KWG § 25a Rn. 617). Im Rahmen der Abschlussprüfung gem. § 76 verlangt der Prüfer hierzu regelmäßig die Vorlage einer detailliert formalisierten Personalplanung, worin personelle Ist- und Zielkapazitäten einschließlich Zuständigkeiten und Vertretungsregelungen dokumentiert und turnusmäßig aktualisiert werden.

Die **sachlichen Ressourcen** betreffen die **technisch-organisatorische Aus-** 21
stattung des Instituts. Es müssen neben einer funktional angemessenen Büroinfrastruktur vor allem **IT-Systeme** vorhanden sein, die gängigen Industriestandards entsprechen (Lendermann/Nemeczek/Schroeter/K.-A. Neumann Rn. 113). Die BaFin-Verwaltungspraxis hierzu ist in AT 7.2 WpI MaRisk in knapper Form ausgeführt. Als Grundsatz gilt, dass sich Umfang und Qualität der technisch-organisatorischen Ausstattung insbesondere an betriebsinternen Erfordernissen, den Geschäftsaktivitäten sowie der Risikosituation orientieren müssen (Tz. 1). Darüber hinaus gelten die detaillierten inhaltlichen Anforderungen gem. Art. 5–15 DORA zum IKT-Risikomanagement und Art. 16 zum vereinfachten IKT-Risikomanagementrahmen für Kleine Wertpapierinstitute iSd § 2 Abs. 16. Die BAIT (Bankaufsichtliche Anforderungen an die IT) der BaFin, die vor dem 17.1.2025 auch auf Wertpapierinstitute angewendet wurden, sind seit dem 17.1.2025 auf Wertpapierinstitute nicht mehr anwendbar (→ § 41 Rn. 38).

V. Vorgaben an das Berichtswesen

Gemäß Art. 28 Abs. 3 IFD muss das Institut **Berichterstattungspflichten** 22
für alle Mitarbeiter gegenüber der Geschäftsleitung festlegen, und zwar „für alle **wesentlichen Risiken** und **Risikomanagementgrundsätze** sowie für etwaige **diesbezügliche Änderungen**". § 43 Abs. 3 dient zur Umsetzung dieser Richtlinienbestimmung und spricht von einem entsprechenden **internen Berichtswe-**

sen, das diese Anforderungen erfüllen muss. Das Gesetz verwendet im Detail andere Umschreibungen als der deutsche amtliche Richtlinienwortlaut. Gemäß § **43 Abs. 3 Nr. 1** muss Kenntnis von allen „bedeutenden Risiken" vermittelt werden, während die Richtlinie von „wesentlichen Risiken" spricht. Es ist jedoch nicht erkennbar, dass damit eine inhaltliche Abweichung oder Akzentverschiebung intendiert ist.

23 **§ 43 Abs. 3 Nr. 2** (wonach Zugang zu allen „Informationen über die Risiken" zu gewähren ist, „denen das Institut ausgesetzt ist oder ausgesetzt sein könnt") ist **neben Nr. 1 inhaltlich redundant** (wonach Kenntnis von allen „bedeutenden Risiken" zu gewähren ist). Denn Nr. 2 ist inhaltlich bereits von der Formulierung in Nr. 1 umfasst. Der Gesetzgeber dupliziert mit § 43 Abs. 3 Nr. 2 wörtlich die an das Verwaltungs- oder Aufsichtsorgan des Instituts adressierte Regelung gem. § 44 Abs. 2 S. 2. § 44 Abs. 2 S. 2 wiederum entspricht wörtlich der Richtlinienbestimmung in Art. 28 Abs. 5 IFD, welche sich auf das Leitungsorgan in seiner Aufsichtsfunktion bezieht. Diese Wiederholung des Wortlautes gem. § 44 Abs. 2 S. 2 in § 43 dürfte zur Vermeidung des möglichen Missverständnisses dienen, dass die Aufsichtsorgane einen irgendwie gearteten weitergehenden Informationszugang haben sollen als die Geschäftsleitung in ihrer Leitungsfunktion (dh als das „operative Management").

24 In der Regierungsbegründung wird betont, dass die Schaffung eines „Berichtswesens" nicht bedeutet, dass die Geschäftsleiter sich gewissermaßen auf eine passive, Informationen empfangende Rolle beschränken dürfen. Vielmehr müssen sich die **Geschäftsleiter risikorelevante Informationen** im Bedarfsfall auch **aktiv beschaffen.** Die Geschäftsleiter können sich nicht hinter ihrem Berichtswesen verstecken, sondern sie müssen „erforderlichenfalls von sich aus tätig" werden und sind verpflichtet, „die für eine klare und angemessene Beurteilung bestehender bzw. möglicher Risiken fehlenden Informationen aktiv einzuholen" (BT-Drs. 19/26929, 145). Auch bedeutet die gesetzliche Formulierung, wonach das Wertpapierinstitut sicherzustellen hat, dass die Geschäftsleiter entsprechend informiert werden, keine Entlastung der Geschäftsleiter. Vielmehr bleibt die Gesamtverantwortung der Geschäftsleitung für die internen Grundsätze zum Umgang mit Risiken gem. § 43 Abs. 1 S. 1 bestehen, wozu auch die Berichts- und Informationslinien sowie -prozesse zählen (Lendermann/Nemeczek/Schroeter/K.-A. Neumann Rn. 118).

25 § 43 Abs. 3 enthält keine näheren Vorgaben über die Art und Weise, Detailtiefe und Frequenz des Berichtswesens. Hierzu ist für die Praxis die BaFin-Verwaltungspraxis auf der Grundlage der WpI MaRisk maßgeblich. In AT 4.3.2 Tz. 3 und 4 WpI MaRisk ist für das interne Kontrollsystem als Element der Risikocontrollingprozesses vorgegeben, dass sich die Geschäftsleitung **in angemessenen Abständen über die Geschäftslage und die Risikosituation einschließlich vorhandener Risikokonzentrationen berichten** lassen muss. Unter Risikogesichtspunkten **wesentliche Informationen** sind **unverzüglich** an die Geschäftsleitung weiterzuleiten. Hierzu ist ein geeignetes Verfahren einzurichten. BT 2 WpI MaRisk enthält ausführlichere Vorgaben für die Risikoberichterstattung.

26 Über turnusmäßige Berichte hinaus muss das Institut auch in der Lage sein, **ad hoc Risikoinformationen** zu generieren und der Geschäftsleitung zur Verfügung zu stellen (AT 4.3.2 Tz. 2). Hierfür hat das Institut geeignete quantitative und/oder qualitative Indikatoren für die frühzeitige Identifizierung von Risiken sowie von risikoartenübergreifenden Effekten abzuleiten (so für die allgemeinen MaRisk Hannemann/Biewer/Kocatepe/Zaruk/Weigl/Zaruk MaRisk BT 3.1 Rn. 43).

§ 44 Funktion des Verwaltungs- oder Aufsichtsorgans im Rahmen des Risikomanagements; Ausschussbildung

(1) Das Verwaltungs- oder Aufsichtsorgan des Wertpapierinstituts überwacht regelmäßig die Risikostrategie und die internen Grundsätze des Wertpapierinstituts zum Umgang mit Risiken. Es überwacht die angemessene Ausgestaltung der Vergütungssysteme einschließlich deren Umsetzung in dem Wertpapierinstitut und überprüft sie regelmäßig. Es ist auch für die Ausgestaltung der Vergütungssysteme der Geschäftsleiter zuständig.

(2) Das Verwaltungs- oder Aufsichtsorgan erhält Zugang zu Informationen, die für die Erfüllung seiner Kontroll- und Überwachungsfunktion notwendig sind. Dazu gehört insbesondere der Zugang zu Informationen über die Risiken, denen das Wertpapierinstitut ausgesetzt ist oder ausgesetzt sein könnte.

(3) Das Verwaltungs- oder Aufsichtsorgan eines Wertpapierinstituts hat aus seiner Mitte einen Risikoausschuss und einen Vergütungskontrollausschuss einzurichten. Von der Einrichtung des Risikoausschusses und des Vergütungskontrollausschusses kann bei Wertpapierinstituten abgesehen werden, wenn
1. deren bilanzielle und außerbilanzielle Vermögenswerte, gemessen am Durchschnitt der letzten vier vorangegangenen Geschäftsjahre, nicht mehr als 100 Millionen Euro betragen oder
2. deren bilanzielle und außerbilanzielle Vermögenswerte, gemessen am Durchschnitt der letzten vier vorangegangenen Geschäftsjahre, nicht mehr als 300 Millionen Euro betragen, wenn
   a) sie gemessen an der Bilanzsumme nicht zu den drei größten Mittleren Wertpapierinstituten mit Sitz in Deutschland gehören,
   b) sie nicht den Anforderungen in Bezug auf die Sanierungs- und Abwicklungsplanung oder gemäß den §§ 19 und 41 des Sanierungs- und Abwicklungsgesetzes den vereinfachten Anforderungen in Bezug auf die Sanierungs- und Abwicklungsplanung unterliegen,
   c) der Umfang ihrer bilanziellen und außerbilanziellen Handelsbuchtätigkeit nicht mehr als 150 Millionen Euro beträgt und
   d) der Umfang ihrer bilanziellen und außerbilanziellen Geschäfte mit Derivaten nicht mehr als 100 Millionen Euro beträgt.

Abweichend von Satz 2 kann die Bundesanstalt im Einzelfall für ein Wertpapierinstitut die Einrichtung eines Risikoausschusses anordnen, wenn dies aufgrund von Art und Umfang der Tätigkeit des Wertpapierinstituts, seiner internen Organisation oder der Eigenschaften der Gruppe, der das Wertpapierinstitut angehört, geboten ist.

(4) Der Risikoausschuss berät das Verwaltungs- oder Aufsichtsorgan zur gegenwärtigen und zukünftigen Gesamtrisikobereitschaft und -strategie des Wertpapierinstituts. Er unterstützt das Verwaltungs- oder Aufsichtsorgan bei der Überwachung der Umsetzung der Risikostrategie durch die Geschäftsleiter.

(5) Die Mitglieder des Risikoausschusses müssen über ausreichende Kenntnisse, Fähigkeiten und Erfahrungen verfügen, um die Risikostrate-

gie und die Risikobereitschaft des Wertpapierinstituts zu erfassen und zu überwachen.

(6) **Der Vergütungskontrollausschuss unterstützt das Verwaltungs- oder Aufsichtsorgan bei der Überprüfung der Vergütungssysteme sowie der für das Risiko-, Kapital- und Liquiditätsmanagement geschaffenen Anreize. Er ist zuständig für die Ausarbeitung von Beschlüssen des Verwaltungs- oder Aufsichtsorgans betreffend die Vergütungssysteme, einschließlich solcher, die sich auf das Risiko und das Risikomanagement des betreffenden Wertpapierinstituts auswirken. Bei der Vorbereitung der Beschlüsse trägt der Vergütungskontrollausschuss dem öffentlichen Interesse und den langfristigen Interessen der Gesellschafter, Anleger und sonstigen Interessenträger des Wertpapierinstituts Rechnung.**

(7) **Der Vergütungskontrollausschuss muss eine ausgewogene Zusammensetzung aus Frauen und Männern aufweisen. Die Mitglieder des Vergütungskontrollausschusses müssen in der Lage sein, die Vergütungssysteme sowie die für das Risiko-, Kapital- und Liquiditätsmanagement geschaffenen Anreize sachkundig und unabhängig zu bewerten. Ist eine Arbeitnehmervertretung im Verwaltungs- oder Aufsichtsorgan vorgesehen, so umfasst der Vergütungskontrollausschuss einen oder mehrere Vertreter der Arbeitnehmer. Der Vergütungskontrollausschuss kann auf Gruppenebene eingerichtet werden.**

I. Vorbemerkung

1 § 44 dient zur **Umsetzung von Art. 28 IFD** und, soweit in § 44 der Vergütungskontrollausschuss geregelt ist, ebenfalls zur Umsetzung von Art. 33 IFD. Der **Anwendungsbereich** der Vorschrift erfasst gem. § 4 Abs. 2 iVm § 38 Abs. 1 lediglich **Mittlere Wertpapierinstitute** iSv § 2 Abs. 17.

II. Funktion des Verwaltungs- oder Aufsichtsorgans

1. Begriff

2 **„Verwaltungs- oder Aufsichtsorgan"** ist die auch im KWG (siehe dort §§ 25d, 36) verwendete rechtsformübergreifende Bezeichnung für **jedes Organ, dem nach Gesellschaftsvertrag, Satzung oder Gesetz die spezifische Aufgabe der Überwachung der Geschäftsleiter obliegt** (Schwennicke/Auerbach/Schwennicke KWG § 25d Rn. 4). Dies ist bei der **AG** und der **eG** der Aufsichtsrat. Bei der **SE** ist es, soweit das dem deutschen Gesellschaftsrechtsmodell folgende **dualistische System** (Art. 38 lit. b Alt. 1, Art. 39 ff. SE-VO iVm §§ 15 ff. SEAG) gewählt wird, das Aufsichtsorgan iSv § 17 SEAG, welches bei einer SE mit Sitz in Deutschland in der Satzung oft dem AG entsprechend „Aufsichtsrat" genannt wird und zur wesentlichen Aufgabe hat, das Leitungsorgan (in der Satzung meist „Vorstand" genannt) zu überwachen. Soweit das **monistische System** gewählt wird (Art. 38 lit. b Alt. 2, Art. 43 ff. SE-VO iVm §§ 20 ff. SEAG) gibt es lediglich ein einheitliches Leitungsorgan, den Verwaltungsrat. Die geschäftsführenden Direktoren sind Mitglied des Verwaltungsrates, bei dem die Mehrheit aus nicht geschäftsführenden Mitgliedern

bestehen muss (§ 40 Abs. 1 SEAG). Bei der monistischen SE überwacht der (Gesamt-) Verwaltungsrat in seiner Aufsichtsfunktion die geschäftsführenden Direktoren. Der Verwaltungsrat ist somit das „Verwaltungs- oder Aufsichtsorgan“ iSv § 44. Ist bei einer **GmbH** gemäß Gesellschaftsvertrag ein die Geschäftsführung überwachender „Beirat“ oder „Aufsichtsrat“ eingerichtet, ist dieser das Kontrollorgan (bzw. „Verwaltungs- oder Aufsichtsorgan“) iSv § 44 (vgl. Schwennicke/Auerbach/Schwennicke KWG § 25d Rn. 4). Für Beiräte, die eine rein beratende und keine überwachende Funktion haben, gilt § 44 nicht (vgl. Beck/Samm/Kokemoor/Kleinert KWG § 25d Rn. 20). Soweit (wie im Falle der GmbH) das Gesellschaftsrecht eine Gestaltungsfreiheit bei der Frage einräumt, ob ein Aufsichtsorgan eingerichtet wird, so folgt aus dem Aufsichtsrecht keine Verpflichtung, ein solches Aufsichtsorgan einzurichten (Lendermann/Nemeczek/Schroeter/K.-A. Neumann Rn. 13). Die Regierungsbegründung zum WpIG vermerkt hierzu, dass sofern bei einem Wertpapierinstitut kein Verwaltungs- oder Aufsichtsorgan besteht, das Institut durch angemessene interne Kontrollmechanismen sicherzustellen hat, dass die Geschäftsleiter bei der Umsetzung der Risikostrategie wirksam überwacht werden und bei den Entscheidungen zur Vergütung den langfristigen Interessen der Gesellschafter, Anleger und sonstigen Interessenträger des Institutes Rechnung getragen wird (BT-Drs. 19/26929, 145).

2. Aufgaben

§ 44 Abs. 1 fasst die risikomanagementspezifischen Aufgaben des Verwaltungs- oder Aufsichtsorgans mit den Schlagworten der **regelmäßigen Überwachung der Risikostrategie und der internen Grundsätze zum Umgang mit Risiken** zusammen. Die Vorschrift bezieht sich gezielt auf den Bereich des Risikomanagements. Weitere Kontroll- und Überwachungsfunktionen des Verwaltungs- oder Aufsichtsorgans nach gesellschaftsrechtlichen Bestimmungen bleiben hiervon unberührt (Regierungsbegründung, BT-Drs. 19/26929, 145). Die parallele, etwas allgemeiner gefasste Regelung im KWG ist § 25d Abs. 6 S. 1 KWG, wonach das Kontrollgremium „die Geschäftsleiter auch im Hinblick auf die Einhaltung der einschlägigen bankaufsichtsrechtlichen Regelungen überwachen“ muss. 3

Die **BaFin-Verwaltungspraxis** zu den aufsichtsrechtlich spezifischen Aufgaben des Verwaltungs- oder Aufsichtsorgans findet sich in dem „Merkblatt zu den Mitgliedern von Verwaltungs- oder Aufsichtsorganen gemäß KWG“ vom 29.12.2020 (siehe dort Ziff. 207 ff.), ergänzt durch einige Aussagen in den WpI MaRisk. Ferner ist der Abschnitt „Aufsichtsfunktion des Leitungsorgans“ in den **EBA-Leitlinien zur internen Governance** (EBA/GL/2021/14, Ziff. 36 ff.) maßgeblich. Nach einer von der BaFin gegenüber der EBA abgegebenen sog. „non-compliance-Erklärung“ ist lediglich Ziff. 37 dieser EBA-Leitlinien für die deutsche Verwaltungspraxis nicht maßgeblich. Nach dieser Ziff. 37 sollen dem Leitungsorgan in seiner Aufsichtsfunktion auch unabhängige Mitglieder gemäß einer Definition in Teil 9.3 der gemeinsamen Leitlinien und EBA und ESMA zur Bewertung der Eignung von Mitgliedern des Leitungsorgans und Inhabern von Schlüsselfunktionen (EBA/GL/2021/06) angehören. Gleiches gilt gemäß Ziff. 50 EBA/GL/2021/14 für die Zusammensetzung von Ausschüssen. Die BaFin hat diese Vorgaben nicht übernommen, weil dieses Unabhängigkeitskriterium in den zugrunde liegenden EU-Richtlinien nicht verankert sei und die Institute übermä- 4 ßig einschränke. Im Übrigen sind die EBA-Leitlinien für die deutsche Verwaltungspraxis beachtlich.

5 Eine allgemeine Formulierung der Aufgaben des Aufsichtsorgans enthält Abs. 38 lit. a EBA/GL/2021/14: Beaufsichtigung und Überwachung der Entscheidungsprozesse und Maßnahmen der Geschäftsleitung sowie eine wirksame Kontrolle des Leitungsorgans in seiner Leitungsfunktion, einschließlich der Überwachung und Prüfung seiner individuellen und kollektiven Leistung sowie der Umsetzung der Strategie und Ziele des Instituts. Dies enthält ein präventives und ein laufendes, überwachendes Element (Lendermann/Nemeczek/Schroeter/K.-A. Neumann Rn. 16). Das Leitungsorgan wirkt **präventiv** durch **konstruktive Kritik und Überprüfung von Vorschlägen und Informationen,** die von der Geschäftsleitung bereitgestellt werden (Ziff. 38 lit. b EBA/GL/2021/14).

6 Die laufende **überwachende** Funktion wird wie folgt spezifiziert:

- Sicherstellung und regelmäßige Überprüfung der Wirksamkeit des Rahmenwerks für die interne Governance des Instituts und Ergreifen geeigneter Schritte zur Behebung ermittelter Mängel (Ziff. 38 lit. d EBA/GL/2021/14);
- Beaufsichtigung und Überwachung, dass die strategischen Ziele, die Organisationsstruktur und Risikostrategie des Instituts, ihres Risikoappetits und des Risikomanagementrahmens sowie sonstige Richtlinien (zB die Vergütungspolitik) und die Offenlegungsvorschriften durchgehend umgesetzt werden (Ziff. 38 lit. e EBA/GL/2021/14);
- Überwachung, dass die Risikokultur des Instituts konsequent umgesetzt wird (Ziff. 38 lit. f EBA/GL/2021/14);
- Beaufsichtigung der Umsetzung und Pflege eines Verhaltenskodex oder vergleichbarer Kodizes und wirksamer Richtlinien zur Ermittlung, Steuerung und Minderung tatsächlicher und potenzieller Interessenkonflikte (Ziff. 38 lit. g EBA/GL/2021/14);
- Kontrolle der Integrität von Finanzinformationen und Rechnungslegung sowie des internen Kontrollrahmens, einschließlich eines wirksamen und soliden Risikomanagementrahmens (Ziff. 38 lit. h EBA/GL/2021/14);
- Sicherstellung, dass die Leiter der internen Kontrollfunktionen (dh der Compliance-Funktion, der Risikomanagementfunktion und der internen Revision) in der Lage sind, unabhängig zu agieren, und ungeachtet der Verantwortung, anderen internen Organen, Geschäftsbereichen und -einheiten Bericht zu erstatten, soweit erforderlich direkt gegenüber dem Leitungsorgan in seiner Aufsichtsfunktion Bedenken äußern und dieses warnen kann, wenn nachteilige Risikoentwicklungen die Wertpapierfirma beeinträchtigen oder beeinträchtigen können (Ziff. 38 lit. i EBA/GL/2021/14);
- Überwachung der Umsetzung des Prüfungsplans der internen Revision nach vorheriger Einbeziehung des Risikoausschusses, sofern dieser eingerichtet ist (Ziff. 38 lit. j EBA/GL/2021/14 Abs. 38 lit. j).

7 Die Mitglieder des Aufsichtsorganes müssen ihren Pflichten **jederzeit** nachkommen (BaFin-Merkblatt zu den Mitgliedern von Verwaltungs- oder Aufsichtsorganen gemäß KWG und KAGB vom 29.12.2020, Ziff. 208). Das erfordert insbesondere, dass sie die Geschäftsstrategie und Risikosituation des Instituts beobachten und sich ein Urteil darüber bilden. Hieraus folgt, dass die Mandatsträger neben der Teilnahme an den Sitzungen und deren Vorbereitung das Institut, insbesondere bei einer erheblichen Änderung der Risikosituation, auch zwischen den Sitzungen begleiten.

Das Aufsichtsorgan ist auch für die **Ausgestaltung der Vergütungssysteme der Geschäftsleiter** zuständig (§ 44 Abs. 1 S. 2). Hierdurch wird Art. 30 Abs. 1 lit. f IFD umgesetzt. Danach **beschließt** das Aufsichtsorgan **die Vergütungspolitik, überprüft diese regelmäßig** und ist allgemein für die **Überwachung ihrer Umsetzung** verantwortlich. Die materiellen Vorgaben für die Angemessenheit der Vergütung ergeben sich aus § 46 iVm der WpIVergV. Mit der Ausgestaltung der Vergütungssysteme ist deren grundsätzliche (sowohl materiell-inhaltliche als auch verfahrensmäßige) Konzeption gemeint, die anhand von dokumentierten Vergütungsrichtlinien überwachbar und überprüfbar zu machen ist (Lendermann/Nemeczek/Schroeter/K.-A. Neumann Rn. 25). Die Art und Weise sowie die Frequenz der Überprüfung der Vergütungssysteme ergibt sich aus § 14 WpIVergV. Die Vergütungssysteme müssen mindestens einmal jährlich auf ihre Angemessenheit, insbesondere auch auf ihre Vereinbarkeit mit den Geschäfts- und Risikostrategien überprüft werden (§ 14 Abs. 1 S. 1 WpIVergV). Die Überprüfung ist schriftlich oder elektronisch zu dokumentieren und das Überprüfungsergebnis ist der Geschäftsleitung sowie dem Verwaltungs- oder Aufsichtsorgan vorzulegen (§ 14 Abs. 1 S. 3 WpIVergV). Werden bei der Überprüfung Mängel festgestellt, ist zeitnah ein Maßnahmenplan zu erstellen und umzusetzen (§ 14 Abs. 2 S. 1 WpIVergV). 8

3. Informationsrechte (Abs. 2)

§ 44 Abs. 2 schreibt vor, dass das Aufsichtsorgan Zugang zu Informationen erhält, die für die Erfüllung der Kontroll- und Überwachungsfunktion notwendig sind. Hierzu gehören insbesondere der Zugang zu Informationen über die Risiken, denen das Institut ausgesetzt ist oder ausgesetzt sein könnte. Dieser Auskunftsanspruch korrespondiert mit einer Pflicht der Geschäftsleitung, ein entsprechendes Berichtswesen gegenüber dem Aufsichtsorgan aufrecht zu erhalten. 9

Die BaFin hat in den WpI MaRisk davon abgesehen, spezifische Vorgaben für die Art und Weise des Berichtswesens gegenüber dem Aufsichtsorgan zu machen. Insbesondere ist kein spezifischer Berichtsturnus festgelegt. Der Berichtsturnus kann bei Wertpapierinstituten also – risikoangemessen – auch einen längeren Zeitraum umfassen als der im Rahmen der allgemeinen MaRisk in BT 3.2 Tz. 5 vorgesehene mindestens vierteljährliche Berichtsturnus. 10

Das Aufsichtsorgan muss es allerdings nicht bei diesen standardisierten Berichten belassen. Es hat selbst zu entscheiden, welche Detailtiefe und welcher Umfang der Informationsverschaffung zur Wahrnehmung der Überwachungsaufgaben iSv § 44 Abs. 2 S. 1 notwendig ist (Lendermann/Nemeczek/Schroeter/K.-A. Neumann Rn. 35). Dies bedeutet zugleich, dass die Mitglieder des Aufsichtsorgans den Informationszugang aktiv nutzen und steuern müssen. Auch die BaFin macht deutlich, dass sie eine **persönliche und aktive Beschäftigung** mit den bereitgestellten Informationen verlangt (siehe BaFin-Merkblatt zu den Mitgliedern von Verwaltungs- oder Aufsichtsorganen gemäß KWG v. 29.12.2020, Ziff. 210). Die Mitglieder des Aufsichtsorganes müssen sich anhand dieser bereitgestellten Informationen auf ihre Gremiensitzungen vorbereiten. „Diese Vorbereitung setzt sowohl einen zeitlich und örtlich angemessenen Rahmen als auch hierfür inhaltlich und mengenmäßig geeignete Unterlagen voraus. Vorlagen sollen nur in begründeten Ausnahmefällen erst in der Sitzung selbst verteilt werden. Die Vor- und Aufbereitung von Sitzungsunterlagen ausschließlich durch Mitarbeiter des Mandatsträgers ist nicht ausreichend." (BaFin aaO) 11

III. Vorschriften über die Ausschussbildung

1. Risikoausschuss

12 Das Verwaltungs- oder Aufsichtsorgan muss gem. Abs. 3 einen **Risikoausschuss aus seiner Mitte,** dh rekrutiert aus Mitgliedern des Verwaltungs- oder Aufsichtsorganes (RegBegr. WpIG, BT-Drs. 19/26929, 145), einrichten, **sobald die in Abs. 3 S. 2 aufgeführten bilanziellen Schwellenwerte überschritten** sind, oder wenn die BaFin dies im Einzelfall aufgrund der Ermächtigungsgrundlage in Abs. 3 S. 3 im Einzelfall anordnet, sofern dies nach dem Ermessen der BaFin aufgrund von Art und Umfang der Tätigkeit des Wertpapierinstituts, seiner internen Organisation oder der Eigenschaften der Gruppe, dem das Institut angehört, geboten ist. Sofern kein Risikoausschuss eingerichtet ist, hat das Verwaltungs- oder Aufsichtsorgan als Ganzes die Aufgabe des Risikoausschusses zu übernehmen (RegBegr. WpIG, BT-Drs. 19/26929, 145).

13 Die Aufgabe des Risikoausschusses ist die **Beratung des Verwaltungs- oder Aufsichtsorgans bei Aufgaben im Bereich des Risikomanagements** (RegBegr. WpIG, BT-Drs. 19/26929, 146), nämlich zur gegenwärtigen und zukünftigen **Gesamtrisikobereitschaft und -strategie des Instituts** (Abs. 4 S. 1). Ferner unterstützt der Risikoausschuss das Kontrollorgan bei der Überwachung der Umsetzung der Risikostrategie durch die Geschäftsleiter (Abs. 4 S. 2). Dies wird in Ziff. 49 ff. EBA/GL/2021/14 durch genauere **Vorgaben zur Zusammensetzung, zum Verfahren und zur Rolle des Risikoausschusses** konkretisiert:

- Grundsätzlich sollten dem Ausschuss **mindestens drei Mitglieder** angehören, die die „fit and proper"-Anforderungen der entsprechenden gemeinsamen Leitlinien der ESMA und der EBA erfüllen (Ziff. 51 EBA/GL/2021/14). Diese „fit and proper"-Anforderungen sind für die deutsche Anwendungspraxis konkret in § 21 und in dem BaFin-Merkblatt zu den Mitgliedern von Verwaltungs- oder Aufsichtsorganen gemäß KWG und KAGB vom 29.12.2020 niedergelegt. Wenn das Verwaltungs- oder Aufsichtsorgan keine ausreichende Zahl an Mitgliedern bereithält, können die Aufgaben des Ausschusses an ein einzelnes Mitglied des Kontrollgremiums übertragen werden, das durch Mitarbeiter angemessen unterstützt wird. Die Gründe für die Zusammensetzung des Ausschusses sollen dokumentiert werden.
- Der Risikoausschuss soll dem Verwaltungs- oder Aufsichtsorgan **regelmäßig Bericht erstatten** (Ziff. 54 EBA/GL/2021/14). Die EBA-Leitlinien formulieren das Leitbild eines aktiven Diskurses der Ausschussmitglieder bei der Vorbereitung und Erörterung der Berichte. Die Mitglieder sollen „sich an offenen und kritischen Diskussionen beteiligen, in denen in konstruktiver Weise widersprechende Meinungen erörtert werden" (Ziff. 56 EBA/GL/2021/14). **Ausschusssitzungen** sowie deren wichtigste Ergebnisse und Schlussfolgerungen **sind zu dokumentieren** (Ziff. 57 EBA/GL/2021/14).
- Deutlich konkreter als § 44 Abs. 2 formuliert Ziff. 58 EBA/GL/2021/14 den erforderlichen **Informationszugang des Risikoausschusses.** Dieser umfasst den Zugang zu Informationen und Daten von allen relevanten Unternehmens- und Kontrollfunktionen wie zB Recht, Finanzen, Personal, IT, interne Revision, Risiko und Compliance einschließlich des Bereiches Geldwäsche, ferner den Zugang zu Berichten und Ad-hoc-Informationen der internen Kontrollfunktionen betreffend das aktuelle Risikoprofil des Institutes, ihrer Risikokultur und Risikolimite sowie über jegliche wesentliche Verstöße. Darüber hinaus

muss, soweit notwendig, eine Interaktion des Risikoausschusses mit den internen Kontrollfunktionen und sonstigen relevanten Funktionen innerhalb des Institutes (zB Personal, Recht und Finanzen) sichergestellt sein und es muss die Möglichkeit gegeben sein, bei Bedarf externe fachliche Beratung in Anspruch zu nehmen (Ziff. 58 lit. c EBA/GL/2021/14).

– Die **Rolle des Risikoausschusses** ist konkret die **Überwachung der Umsetzung der Strategien für das Kapital- und Liquiditätsmanagement** sowie für alle **anderen relevanten Risiken des Institutes,** zB operationelle Risiken wie Rechts- und IT-Risiken und Reputationsrisiken (Ziff. 59 lit. c EBA/GL/2021/14). Der Risikoausschuss muss hierbei **Stressszenarien überprüfen,** um zu bewerten, wie das Risikoprofil des Institutes bei externen und internen Ereignissen reagieren würde. Ferner ist die Übereinstimmung zwischen den angebotenen Wertpapierdienstleistungen und dem Geschäftsmodell und der Risikostrategie des Institutes zu überwachen. Dabei sollte der Risikoausschuss die mit den Wertpapierdienstleistungen verbundenen Risiken bewerten und die Übereinstimmung zwischen den zugewiesenen Preisen und den aus diesen Produkten und Dienstleistungen erzielten Gewinnen berücksichtigen (dies entspricht inhaltlich den Anforderungen gem. § 25d Abs. 8 S. 2 und 3 KWG). Schließlich muss der Risikoausschuss die Prüfungsberichte und **Empfehlungen der internen und externen Revisionen bewerten** und die angemessene Umsetzung der ergriffenen Maßnahmen weiterverfolgen (Ziff. 59 lit. h EBA/GL/2021/14).

Die **Ausschussbildung** hat **Auswirkungen auf die Verantwortlichkeit des gesamten Kontrollorgans** nach den einschlägigen gesellschaftsrechtlichen Vorschriften (§ 116 AktG). Es findet allerdings keine vollständige Delegation von Verantwortlichkeit statt, vielmehr wandelt sich die eigenständige Kontrollpflicht sämtlicher Mitglieder des Kontrollorgans zu Fragen des Risikomanagements in eine Überwachungs- und Kontrollpflicht hinsichtlich der Tätigkeit des Risikoausschusses, sofern die Ausschussmitglieder sorgfältig ausgewählt wurden (Schwennicke/Auerbach/Schwennicke KWG § 25d Rn. 49; BeckOGK/Veil AktG § 116 Rn. 59 mwN). Die Kontrolle des Ausschusses durch das Gesamtgremium erfolgt grundsätzlich durch die Entgegennahme von Berichten des Ausschusses. In Ermangelung konkreter Verdachtsmomente können sich die übrigen Mitglieder des Kontrollgremiums auf die Tätigkeit des Ausschusses verlassen und sich auf eine Plausibilitätskontrolle zurückziehen, bevor das Gesamtgremium auf der Grundlage der Ausschussarbeit gegenüber der Geschäftsleitung konkrete Beschlüsse fasst (MüKoAktG/Habersack AktG § 107 Rn. 162). 14

2. Vergütungskontrollausschuss

Die Einrichtung eines Vergütungskontrollausschusses ist unter denselben größenabhängigen Voraussetzungen gem. § 44 Abs. 3 vorgeschrieben wie die Einrichtung des Risikoausschusses. Die Vorgaben der EBA-Leitlinien für die **Zusammensetzung** und das **Verfahren** der Ausschüsse des Verwaltungs- oder Aufsichtsorgans (Ziff. 49 ff., 54 ff. EBA/GL/2021/14) sind übergreifend formuliert, gelten also für den Risikoausschuss und den Vergütungskontrollausschuss gleichermaßen. Somit muss auch der Vergütungskontrollausschuss grundsätzlich aus drei Mitgliedern bestehen, kann jedoch bei kleineren Instituten mit einer geringeren Anzahl von Mitgliedern des Verwaltungs- oder Aufsichtsorgans auch aus einem Mitglied bestehen, angemessen unterstützt durch Mitarbeiter (Ziff. 51 15

EBA/GL/2021/14). Der Vergütungskontrollauschuss muss dem Verwaltungs- oder Aufsichtsorgan regelmäßig Bericht erstatten (Ziff. 54 EBA/GL/2021/14). Ausschusssitzungen sowie deren wichtigste Ergebnisse und Schlussfolgerungen sind zu dokumentieren (Ziff. 57 EBA/GL/2021/14). Für den Vergütungskontrollausschuss gilt parallel zum Risikokontrollausschuss, dass wenn kein Vergütungskontrollausschuss eingerichtet ist, das Verwaltungs- oder Aufsichtsorgan als Ganzes die den Ausschüssen zugewiesenen Aufgaben zu erfüllen hat (RegBegr. WpIG, BT-Drs. 19/26929, 145).

16 Die wesentliche **Aufgabe** des Vergütungskontrollausschusses ist die Unterstützung des Verwaltungs- oder Aufsichtsorgans bei der Überprüfung der Vergütungssysteme sowie der für das Risiko-, Kapital- und Liquiditätsmanagement geschaffenen Anreize (§ 44 Abs. 6 S. 1). Dies wird in § 44 Abs. 6 S. 2 und 3 sowie in § 17 WpIVergV näher spezifiziert. Der Vergütungskontrollausschuss **bereitet die Beschlüsse des Kontrollorgans betreffend die Vergütungssysteme** vor (§ 44 Abs. 6 S. 2), konkret die Beschlüsse zur Festsetzung des Gesamtbetrags der variablen Vergütung nach § 11 Abs. 2 WpIVergV, zur Festlegung von angemessenen Vergütungsparametern, von Erfolgsbeiträgen, von Leistungs- und Zurückbehaltungszeiträumen sowie von Voraussetzungen für einen vollständigen Verlust oder eine teilweise Reduzierung der zurückbehaltenen variablen Vergütung und für eine Rückforderung einer bereits ausgezahlten variablen Vergütung (§ 17 Abs. 2 S. 2 Nr. 1 WpIVergV).

17 Die **Zusammensetzung** des Vergütungskontrollausschusses unterliegt denselben Voraussetzungen gem. § 44 Abs. 3 wie die Einrichtung des Risikoausschusses. Die Vorgaben in Ziff. 49 ff., 54 ff. EBA/GL/2021/14 für die Zusammensetzung der Ausschüsse des Verwaltungs- oder Aufsichtsorgans sind übergreifend formuliert, gelten also für den Risikoausschuss und den Vergütungskontrollausschuss gleichermaßen. Somit muss auch der Vergütungskontrollausschuss grundsätzlich aus drei Mitgliedern bestehen, kann jedoch bei kleineren Instituten mit einer geringeren Anzahl von Mitgliedern des Verwaltungs- oder Aufsichtsorgans auch aus einem Mitglied bestehen, angemessen unterstützt durch Mitarbeiter (Ziff. 51 EBA/GL/2021/14). Für den Vergütungskontrollausschuss gilt parallel zum Risikokontrollausschuss, dass wenn kein Vergütungskontrollausschuss eingerichtet ist, das Verwaltungs- oder Aufsichtsorgan als Ganzes die den Ausschüssen zugewiesenen Aufgaben zu erfüllen hat (RegBegr. WpIG, BT-Drs. 19/26929, 145).

18 Darüber hinaus werden in § 44 Abs. 7 besondere Vorgaben für die Zusammensetzung des Vergütungsausschusses genannt. Gemäß § 44 Abs. 7 S. 1 muss der Vergütungskontrollausschuss **eine ausgewogene Zusammensetzung aus Frauen und Männern** aufweisen. Das Merkmal der „Ausgewogenheit" lässt einen gewissen Auslegungsspielraum zu und wurde bislang weder im Gesetz selbst noch durch die BaFin weiter konkretisiert (Lendermann/Nemeczek/Schroeter/K.-A. Neumann Rn. 118). Auch aus Art. 33 IFD lassen sich keine weitergehenden Anforderungen an das Merkmal der „Ausgewogenheit" ableiten, da die dort verwendete Formulierung „gender balanced" gleichermaßen zu ungenau ist, um eine konkrete Verpflichtung zur geschlechterparitätischen Besetzung des Vergütungskontrollausschusses zu begründen. Es wird darauf hingewiesen, dass in der Praxis die Ausgewogenheit bei der Besetzung der Ausschüsse durch die personelle Besetzung des Aufsichtsgremiums insgesamt determiniert wird und „Unmögliches nicht gefordert" werden könne (Bundesverband der Wertpapierfirmen e.V.: Stellungnahme zum RefE des WpIG vom 17.9.2020,

S. 21, abrufbar unter: www.wertpapierfirmen.org). Daraus kann jedoch nicht gefolgert werden, dass unter Verweis auf tatsächliche Gegebenheiten gänzlich auf Bemühungen zur geschlechtergerechten Besetzung verzichtet werden könne, zumal nach Ziff. 92 EBA/GL/2021/14 ausdrücklich auch innerhalb des Aufsichtsgremiums auf eine ausgewogene Vertretung des unterrepräsentierten Geschlechts hinzuwirken ist.

Weiterhin müssen gem. § 44 Abs. 7 S. 2 die Mitglieder des Vergütungskont- 19
rollausschusses in der Lage sein, **die Vergütungssysteme sowie die für das Risiko-, Kapital- und Liquiditätsmanagement geschaffenen Anreize sachkundig und unabhängig zu bewerten.** Nach Ziff. 52 EBA/GL/2021/13 ist diese Befähigung kollektiv sicherzustellen. Sie ergibt sich aus einschlägigen Kenntnissen und Berufserfahrung in Vergütungspolitik und -praxis, Risikomanagement und Kontrollfunktionen. Darüber hinaus hat nach § 44 Abs. 7 S. 3 der Vergütungskontrollausschuss **einen oder mehrere Arbeitnehmervertreter zu umfassen,** wenn eine Arbeitnehmervertretung im Verwaltungs- oder Aufsichtsorgan vorgesehen ist. Eine prozentuale Übereinstimmung der Arbeitnehmervertreter im Vergütungsausschuss mit ihrer anteiligen Vertretung im Gesamtorgan ist dem Wortlaut nicht zu entnehmen und würde auch gegen die Organisationsautonomie des Kontrollorgans sprechen (Lendermann/Nemeczek/Schroeter/K.-A. Neumann Rn. 120). Der Vergütungskontrollausschuss kann auf **Gruppenebene** eingerichtet werden, wobei die Bestimmungen zur Zusammensetzung erhalten bleiben (§ 44 Abs. 7 S. 4). Das gilt auch dann, wenn das konsolidierende Institut der BankenRL (RL 2013/36/EU) unterliegt (Ziff. 48 EBA/GL/2021/13). *(Der Autor dankt Frau Rechtsreferendarin Malaika Möller für die Mitarbeit an dieser Kommentierung.)*

§ 45 Risikosteuerung

(1) **Ein Wertpapierinstitut hat angemessene Strategien, Grundsätze, Verfahren und Systeme zur Risikosteuerung einzurichten. Diese müssen eine Identifizierung, Beurteilung, Steuerung sowie Überwachung und Kommunikation der wesentlichen Risiken und damit verbundener Risikokonzentrationen sowie deren Ursachen und Auswirkungen auf die Eigenmittel des Wertpapierinstituts gewährleisten. Dies betrifft**
1. Risiken für die Kunden,
2. Risiken für den Markt,
3. Risiken für das Wertpapierinstitut und
4. Liquiditätsrisiken.

(2) **Bei der Beurteilung der Risiken gegenüber Kunden gemäß Absatz 1 Satz 3 Nummer 1 hat das Wertpapierinstitut die Auswirkungen einer getrennten Verwahrung von Kundengeldern gemäß § 84 Absatz 2 des Wertpapierhandelsgesetzes zu berücksichtigen. Das Wertpapierinstitut hat zu prüfen, ob durch den Abschluss einer Berufshaftpflichtversicherung eine Minderung der Risiken gegenüber Kunden möglich ist.**

(3) **Bei der Beurteilung der Risiken nach Absatz 1 Satz 3 Nummer 3 hat das Wertpapierinstitut zu berücksichtigen:**
1. wesentliche Veränderungen des Buchwertes von Vermögensgegenständen,

2. Forderungen von Kunden gegenüber vertraglich gebundenen Vermittlern des Wertpapierinstituts,
3. den Zahlungsausfall von Kunden oder Kontrahenten,
4. Positionen in Finanzinstrumenten, Währungen und Rohstoffen und
5. eigene Verpflichtungen gegenüber Altersversorgungssystemen mit im Voraus festgelegten Leistungen.

(4) **Wertpapierinstitute tragen im Falle einer Abwicklung oder Einstellung ihrer Tätigkeiten unter Berücksichtigung der Tragfähigkeit und Nachhaltigkeit ihrer Geschäftsmodelle und -strategien den Erfordernissen und dem Mittelbedarf, die mit Blick auf den Zeitplan und die Erhaltung der Eigenmittel und der liquiden Mittel während des gesamten Prozesses des Marktaustritts zu erwarten sind, gebührend Rechnung.**

Übersicht

I. Vorbemerkung

1 § 45 setzt Art. 29 IFD um und bestimmt, dass ein Wertpapierinstitut angemessene Strategien, Grundsätze, Verfahren und Systeme einrichten muss, um seine Risiken zu steuern (so die Zusammenfassung der Regierungsbegründung z. WpIG, BT-Drs. 19/26929, 146). Die Norm enthält für Wertpapierinstitute speziell formulierte **Vorgaben für das Risikomanagement.** Im Bereich des KWG ist dies kodifikatorisch in § 25a KWG gemeinsam mit den Vorgaben über die ordnungsgemäße Geschäftsorganisation unter der weiter gefassten Überschrift „besondere organisatorische Pflichten" geregelt. Das WpIG regelt also mit § 41 (Interne Unternehmensführung, Grundlage in Art. 26 IFD) und § 45 (Risikosteuerung, Grundlage in Art. 29 IFD) in getrennten Normen dasselbe, was im KWG unter der Überschrift „besondere organisatorische Pflichten" in einer umfassenden Norm vereint ist. Während § 41 die Unternehmensführung

und -organisation einschließlich des operativen Risikomanagements betrifft, also schwerpunktmäßig die organisatorischen Vorkehrungen des Risikomanagements anspricht, **formuliert § 45 materiell-inhaltliche Eckpunkte für das Risikomanagement.**

Gemäß § 38 Abs. 1 finden auf **Kleine Wertpapierinstitute** lediglich § 45 Abs. 1 S. 1, S. 2 und von S. 3 die Nr. 1 und 4 Anwendung. Damit gilt auch für Kleine Wertpapierinstitute die Pflicht zur Einrichtung von angemessenen Strategien, Grundsätzen, Verfahren und Systemen zur Risikosteuerung, wobei aus dem (nicht abschließenden) Katalog von beachtlichen Risiken nur Nr. 1 (Risiken für die Kunden) und Nr. 4 (Liquiditätsrisiken) herausgegriffen werden. Das Thema der Risiken durch das Institut für den Markt (Nr. 2) ist im Falle von Kleinen Wertpapierinstituten nicht einschlägig und daher auch gem. Art. 29 Abs. 3 IFD für Kleine Wertpapierinstitute ausgenommen. Es dürfte hingegen ein **Redaktionsversehen** sein, dass gem. § 38 Abs. 1 auch § 45 Abs. 1 S. 3 Nr. 3 (das Thema der Risiken für das Institut, „Risk-to-Firm", oder „RtF") für Kleine Wertpapierinstitute ausgenommen ist, denn diese Ausnahme ist gem. Art. 29 Abs. 3 IFD nicht vorgesehen und es auch nicht ersichtlich, warum diese Risikodimension für Kleine Wertpapierinstitute ausgenommen sein sollte. 2

II. Zielvorgaben für das Risikomanagement und Angemessenheit

Die gesetzlichen Vorgaben in § 45 bewegen sich hierbei auf einem hohen Abstraktionsniveau. Statt konkrete Maßnahmen und Prozesse des Risikomanagements vorzuschreiben benennt die Norm Zielvorgaben. Es sind **„angemessene Strategien, Grundsätze, Verfahren und Systeme zur Risikosteuerung** einzurichten", die „eine Identifizierung, Beurteilung, Steuerung sowie Überwachung und Kommunikation sowie deren Ursachen und Auswirkungen auf die Eigenmittel des Wertpapierinstituts gewährleisten". Dabei nimmt § 45 eine Umformulierung des Richtlinienwortlautes von Art. 29 IFD vor, obwohl laut Regierungsbegründung (BT-Drs. 19/26929, 146) mit § 45 nichts weiter als eine Umsetzung dieser Richtlinienbestimmung intendiert ist. Gemäß § 45 sind „angemessene" Strategien, Grundsätze, Verfahren und Systeme einzurichten, gem. Art. 29 IFD sollen diese „solide" sein (englisch: „robust", französisch: „solides"). Es ist nicht klar, warum das Adjektiv „solide" im Gesetzestext weggelassen und durch „angemessen" ersetzt wird. Ein abweichender inhaltlicher Akzent soll hierdurch wohl nicht gesetzt werden, denn die Regierungsbegründung (BT-Drs. 19/26929, 146) spricht von der Vorgabe von „angemessenen und soliden" Strategien usw. Wiederum andere Adjektive verwendet § 25a Abs. 1 S. 3 KWG, wonach ein „angemessenes und wirksames" Risikomanagement gefordert wird. Das letztgenannte Gebot der „Wirksamkeit" des Risikomanagements ist auch in IFD und WpIG verankert, indem Art. 26 Abs. 1 lit. b IFD und § 41 Nr. 2 unter dem Gesichtspunkt der internen Unternehmensführung „solide Regelungen" und „wirksame Verfahren" für das Risikomanagement vorschreiben. Im Ergebnis lassen sich damit keine inhaltlichen Differenzen aus den verschiedenen Formulierungen herauslesen. Selbstverständlich muss ein Risikomanagement, wenn es seinen Zweck erfüllen soll, auch wirksam sein und wenn es nicht „solide" und „robust" ist, kann es nicht wirksam sein. 3

4 Das Erfordernis der **Angemessenheit des Risikomanagements** ist in § 45 im Vergleich zur Richtlinienvorgabe in Art. 29 Abs. 1 S. 2 IFD stark verkürzt formuliert. Art. 29 Abs. 1 S. 2 IFD lautet: „Die Strategien, Grundsätze, Verfahren und Systeme müssen der Komplexität, dem Risikoprofil und dem Tätigkeitsbereich der Wertpapierfirma sowie der vom Leitungsorgan festgelegten Risikotoleranz angemessen sein und die Bedeutung der Wertpapierfirma in jedem Mitgliedstaat, in dem sie tätig ist, widerspiegeln." In § 45 Abs. 1 S. 1 heißt es schlicht, dass die Strategien, Grundsätze, Verfahren und Systeme „angemessen" müssen. Es fehlt damit in § 45 die Regelung des Bezugspunktes der Angemessenheit (in Bezug worauf soll das Risikomanagement angemessen sein?). Die Regierungsbegründung (BT-Drs. 19/26929, 147) greift nur den letzten Aspekt aus Art. 29 Abs. 1 S. 2 IFD auf, indem betont wird, dass das Institut „bei seiner Risikosteuerung die Bedeutung für den jeweiligen Vertragsstaat, in dem es tätig wird, zu berücksichtigen" hat. Da § 45 als eine zur Richtlinienumsetzung dienende Normen so weit wie möglich anhand des Wortlauts und des Zwecks der Richtlinie auszulegen ist, um das in ihr festgelegte Ergebnis zu erreichen (siehe zB EuGH NJW 2004, 3547 Rn. 113 – Pfeiffer) muss die „Angemessenheit" iSv § 45 auch auf die übrigen in Art. 29 Abs. 1 S. 2 IFD genannten Aspekte bezogen werden. Das Konzept der „Angemessenheit" bzw. der Verhältnismäßigkeit/Proportionalität, welches bereits in § 41 mit Bezug auf die interne Unternehmensführung angelegt ist, erhält eine wichtige praktische Konkretisierung, indem die Bezugspunkte der Angemessenheit definiert werden. Im Ergebnis muss also das Risikomanagement angemessen sein nicht nur mit Blick auf die Bedeutung des Instituts in jedem Mitgliedstaat, in dem sie tätig ist, sondern auch im Hinblick auf die Komplexität, das Risikoprofil und den Tätigkeitsbereich des Instituts sowie im Hinblick auf die vom Leitungsorgan festgelegte Risikotoleranz.

III. Risikomanagementprozess

5 Ein zentraler Anknüpfungspunkt für das Risikomanagement ist die von der Geschäftsleitung festgelegte **Risikostrategie.** Dies zeigt der Wortlaut von § 45 Abs. 1 S. 1 und Art. 29 Abs. 1 S. 1 IFD, wo die angemessene bzw. solide Strategie an die Spitze der Regelung gestellt wird. Die Erarbeitung einer solchen Strategie ist in einen **Risikomanagementprozess** eingebettet, der sich in verschiedene aufeinander aufbauende Elemente unterteilt (siehe Lendermann/Nemeczek/Schroeter/K.-A. Neumann § 43 Rn. 40 ff.) und in einem mindestens jährlichen Anpassungszyklus fortlaufend zu erneuern ist. Die konkreten Vorgaben für die einzelnen Elemente sind den **WpI MaRisk** sowie ergänzend den **EBA-Leitlinien zur internen Governance vom 22.11.2021** (EBA/GL/2021/14) zu entnehmen.

1. Risikoinventur als Ausgangspunkt

6 **a) Relevante Risikoarten.** Der Ausgangspunkt für das Risikomanagement (die EBA/GL/2021/14 sprechen vom „Risikomanagementrahmen" oder „risk management framework") ist die Ermittlung aller relevanten Risiken. Das Institut hat im Rahmen der **Risikoinventur** zu prüfen, welche Risiken als wesentlich einzustufen sind (WpI MaRisk AT 2.2 Tz. 1). Dabei ist von den mit der WpI MaRisk neu kategorisierten Risikoarten auszugehen: **(i) Risiken für die Kun-**

den (RtC), (ii) Risiken für den Markt (RtM), (iii) Risiken für das Wertpapierinstitut (iv) Sonstige Risiken. Operationelle Risiken werden gemäß den WpI MaRisk anders als nach den allgemeinen MaRisk (BTR 4) nicht als isolierte Risikokategorie aufgefasst.

AT 2.2 WpI MaRisk macht deutlich, dass die Aufzählung der Risikoarten in § 45 Abs. 1 S. 3 Nr. 1–4 nicht abschließend ist, indem die offene Kategorie „Sonstige Risiken" gebildet wird. Die EBA/GL/2021/14 nennen dementsprechend auch weitere möglicherweise relevante Risiken, die sowohl finanzieller als auch nichtfinanzieller Art sein können: „Marktrisiken, Liquiditätsrisiken, Konzentrationsrisiken, operationelle Risiken, IT-Risiken, Reputationsrisiken, rechtliche Risiken, Wohlverhaltensrisiken, Compliance-Risiken hinsichtlich Geldwäsche/Terrorismusfinanzierung und Finanzkriminalität, ESG-Risiken und strategische Risiken" (Ziff. 139 EBA/GL/2021/14). Welche Risiken konkret als wesentlich zu bewerten sind, hat die Geschäftsleitung „regelmäßig und anlassbezogen" im Rahmen ihres pflichtgemäßen Ermessens zu beurteilen (AT 2.2 Tz. 1 WpI MaRisk), was einen mindestens jährlichen Beurteilungsturnus impliziert. 7

Auffällig ist, dass § 45 Abs. 1 S. 3 durch die Aufzählung der vier Risikoarten RtC (Nr. 1), RtM (Nr. 2), RtF (Nr. 3) und Liquiditätsrisiken (Nr. 4) dieselben Risiken aufgreift, die gem. Art. 15 IFR (nur bei Mittleren Wertpapierinstituten, vgl. Art. 11 Abs. 2 IFR) anhand der sogenannten „K-Faktoren" quantifiziert und in Eigenmittelanforderungen umgemünzt werden, ergänzt um das Liquiditätsrisiko, für das gem. Art. 43 IFR eine gesonderte Finanzkennzahlberechnung gilt. Eine wesentliche Aussage von § 45 ist, dass es in Bezug auf diese Risiken nicht genügt, die Finanzkennzahlen gem. Art. 11 und Art. 43 IFR korrekt zu berechnen und einzuhalten. Vielmehr besagt die zugrunde liegende Richtlinienbestimmung (Art. 29 Abs. 1 UAbs. 7 IFD): „Die Wertpapierfirmen tragen allen wesentlichen Auswirkungen auf die Eigenmittel gebührend Rechnung, soweit solche Risiken nicht angemessen durch die nach Artikel 11 der Verordnung (EU) 2019/2033 [dh der IFR] berechneten Eigenmittelanforderungen erfasst werden." Der deutsche Gesetzgeber hat diesen Passus nicht in das Gesetz übernommen, allerdings wörtlich in der Regierungsbegründung aufgegriffen (BT-Drs. 19/26929, 147). Diese Risiken sind also über die Berechnung und Einhaltung der IFR-Finanzkennzahlen hinaus aktiv zu steuern. Dabei sind insbesondere auch operationelle Risiken zu berücksichtigen (so ausdrücklich die Regierungsbegründung, BT-Drs. 19/26929, 146), selbst wenn diese in § 45 keine ausdrückliche Erwähnung finden. 8

Art. 29 Abs. 1 lit. d IFD enthält eine weitere Präzisierung in Bezug auf das **Management von Liquiditätsrisiken,** die im Wortlaut von § 45 keinen Niederschlag gefunden hat, aber in der Regierungsbegründung (BT-Drs. 19/26929, 147) wiedergegeben wird. Danach hat das Institut mit Blick auf Liquiditätsrisiken eine angemessene Zahl von Zeitbändern zu beobachten und wenn erforderlich auch eine Tagesbetrachtung anzustellen, damit das Institut stets über eine angemessene Menge liquider Mittel verfügt, unter anderem um gegen die wesentlichen Ursachen der Risiken für den Kunden, für den Markt und für das Institut vorzugehen (so wörtlich Art. 29 Abs. 1 lit. d aE IFD). 9

Die Risikoermittlung und -beurteilung soll sowohl nach dem **Bottom-up-Ansatz** als auch nach dem **Top-down-Ansatz** erfolgen (Ziff. 139 EBA/GL/2021/14), dh die Suche nach wesentlichen Risiken sollte sowohl auf der Ebene der einzelnen Geschäftsbereiche die einzelnen Geschäftsvorgänge und das operative Handeln der Mitarbeitenden in den Blick nehmen (Bottom-up) als auch geschäftsbereichsübergreifend wesentliche Risiken zusammenfassend betrachten (Top-down). 10

11 **b) ESG-Risiken. ESG-Risiken** sind laut BaFin „Ereignisse oder Bedingungen aus den Bereichen Umwelt, Soziales oder Unternehmensführung, deren Eintreten potenziell negative Auswirkungen auf die Vermögens-, Finanz- oder Ertragslage eines beaufsichtigten Unternehmens haben kann" (AT 2.2 Tz. 1 MaRisk). Die ESG-Risiken werden insofern als **Risikotreiber** angesehen, die sich auf die vorgenannten und ggf. weitere wesentliche Risikoarten auswirken. ESG-Risiken sind danach nicht isoliert zu betrachtende Risiken sondern Querschnittsrisiken, die sich auf alle Arten von wesentlichen Risiken (Adressenausfallrisiken, Liquiditätsrisiken, operationelle Risiken usw) verschärfend auswirken können. Dieser Ansatz liegt auch den EBA-Leitlinien zum „Management der Umwelt-, Sozial- und Governance-Risiken (ESG-Risiken)" vom 8.1.2025 (EBA/GL/2025/01) zugrunde, die für CRR-Kreditinstitute entwickelt wurden und schrittweise ab dem 11.1.2026 in Kraft treten sollen, für welche die BaFin jedoch eine sog. Non-Compliance-Erklärung gegenüber der EBA abgegeben hat, dh welche nicht eins zu eins der Verwaltungspraxis der BaFin zugrunde gelegt werden sollen. Der Grund hierfür ist allerdings, wie die auf der EBA-Website veröffentlichte Non-Compliance-Erklärung zeigt, nicht etwa ein grundlegend anderes Verständnis von ESG-Risiken, sondern der Umstand, dass die BaFin den Sachkomplex der ESG-Risiken bereits in den MaRisk umgesetzt sieht, so dass in Deutschland kein weiterer, eigenständiger ESG-Leitfaden beachtlich werden soll. Allerdings sollen laut Ankündigung der BaFin einige Elemente der neuen EBA-Leitlinien zum Umgang mit ESG-Risiken künftig in den MaRisk umgesetzt werden, ohne dass diese Elemente jedoch spezifiziert werden. Auch den neuen EBA-Leitlinien zum Umgang mit ESG-Risiken liegt zugrunde, die ESG-Risiken als Risikotreiber für die etablierten Kategorien wie insbesondere Kreditrisiko (entspricht Adressenausfallrisiko), Marktrisiko, Liquiditätsrisiko sowie operationelle und Reputationsrisiken anzusehen (Ziff. 67 ff. EBA/GL/2025/01).

12 ESG-Risiken in der Form von **Umweltrisiken** stehen im Vordergrund der Betrachtung, insbesondere die Risiken durch den Klimawandel und die Transition zu einer nachhaltigen Wirtschaft. Diese Umweltrisiken werden meist unterschieden in **physische Risiken** (zB die Ausgesetztheit gegenüber Extremwetterereignissen und deren Folgen, wie Hitze- und Trockenperioden, Überflutungen, Waldbrände, Lawinen) und **Transitionsrisiken** (zB die Abhängigkeit von Vertragspartnern oder Investmentportfolien von CO2-intensiven Technologien, Grad der Anpassung oder mangelnden Anpassung von Portfolien an die klimabezogenen regulatorischen Ziele der relevanten Jurisdiktionen), siehe die Unterscheidung in Ziff. 15 EBA/GL/2025/01; vgl. auch Lendermann/Nemeczek/Schroeter/Seifert Rn. 20). Angesichts der tiefgreifenden Veränderungen durch den Klimawandel ist jedes Institut in der ein oder anderen Weise von entsprechenden Risikotreibern betroffen. Einfache Beispiele sind die Frage, ob die genutzten IT-Server ausreichend vor extremer Hitze geschützt sind (dh ein operationelles Risiko), oder ob ein Investmentportfolio, welches das Institut verwaltet bzw. zu dem es berät, wegen physischer Umweltrisiken oder Transitionsrisiken eine besonders gesteigerte Ausfallwahrscheinlichkeit aufweist (dh ein Risiko für den Kunden gem. § 45 Abs. 1 S. 3 Nr. 1, das ggf. zu einer Haftung oder jedenfalls zu einem Mandatsverlust für das Institut und damit zu Liquiditäts- und Reputationsrisiken für das Institut führen kann, zugleich ein Risiko für das Institut gem. § 45 Abs. 1 S. 3 Nr. 3 und 4).

Beispiele für ESG-Risiken in der Gestalt von **Sozial- und Governance-Risiken** sind zB Verstöße des eigenen Institutes oder durch Vertragspartner oder Portfoliounternehmen gegen die OECD-Leitsätze für multinationale Unternehmen, gegen die Erklärung der Internationalen Arbeitsorganisation (ILO) über die grundlegenden Prinzipien und Rechte bei der Arbeit oder gegen die UN-Leitprinzipien für Wirtschaft und Menschenrechte (vgl. Ziff. 28 lit. b EBA/GL/2025/01). Weitere Beispiele sind persönliches Fehlverhalten im kommunikativen Umgang zwischen den Mitarbeitenden innerhalb des Institutes, Skandale auf Betriebsfeiern etc, was auch soweit keine Rechtsverstöße nachzuweisen sind zu einem umfassenden Reputations- und Vertrauensverlust und Recruitingproblemen führen kann. 13

2. Risikostrategieprozess

Die Risikoinventur muss anhand der ermittelten wesentlichen Risiken in einen Risikostrategieprozess einmünden, der zur Definition einer Geschäfts- und Risikostrategie führt einschließlich überprüfbarer Ziele und konkreter Maßnahmen, die zur Erreichung dieser Ziele ergriffen werden sollen. 14

a) Festlegung der Geschäftsstrategie. Der Risikostrategieprozess setzt zunächst bei der Festlegung und Dokumentation einer nachhaltigen **Geschäftsstrategie** an. Die Strategieentwicklung setzt damit eine eingehende, zukunftsgerichtete Analyse des Geschäftsmodells voraus. Das Institut muss hierbei beurteilen, ob sich das eigene Geschäftsmodell über einen angemessen langen, mehrjährigen Zeitraum aufrechterhalten lässt. Das Institut soll dadurch in die Lage versetzt werden, Anpassungsbedarf am Geschäftsmodell frühzeitig zu erkennen und erforderliche strategische Steuerungsmaßnahmen zu ergreifen. Im Hinblick auf die zukünftige Entwicklung der relevanten Einflussfaktoren sind Annahmen zu treffen, die einer regelmäßigen und gegebenenfalls anlassbezogenen Überprüfung zu unterziehen sind, woraufhin die Geschäftsstrategie erforderlichenfalls anzupassen ist (AT 4.2 Tz. 1 WpI MaRisk). 15

b) Festlegung der Risikostrategie. Die Geschäftsleitung hat eine mit der Geschäftsstrategie und den daraus resultierenden (und im Rahmen der Risikoinventur ermittelten) Risiken **konsistente Risikostrategie** festzulegen (AT 4.2 Tz. 2 WpI MaRisk). Der wesentliche Kern der Risikostrategie ist die **Risikosteuerung** (vgl. auch die Überschrift von § 45). Die Risikosteuerung ist dabei von einer hundertprozentigen Risikovermeidung bzw. Risikoeliminierung zu unterscheiden. Sowohl das Gesetz als auch die Verwaltungsleitlinien gehen von dem Verständnis aus, dass (auch wesentliche) Risiken nicht schlechtweg zu vermeiden sind, sondern analysiert und gesteuert werden müssen. Im Rahmen der Risikostrategie wird beantwortet, welche Risiken das Institut bewusst eingehen möchte und welche Risikopositionen das Institut kurz-, mittel- und langfristig ggf. reduzieren möchte. 16

Ein integraler Bestandteil von Risikostrategie und -steuerung ist damit der **Risikoappetit,** definiert als die bewusste Entscheidung darüber, in welchem Umfang die Geschäftsleitung bereit ist, Risiken einzugehen (AT 4.2 Tz. 2 WpI MaRisk). Der Risikoappetit ist angemessen in konkrete **Risikolimite** umzusetzen (Ziff. 166 EBA/GL/2021/14). Der Risikoappetit kann in vielfacher Weise formuliert werden. Wenn zB ein wesentliches Risiko in einer Risikokonzentration bei einem bestimmten Vertragspartner bzw. einem bestimmten Handelskontrahenten 17 oder in der Fokussierung auf einen bestimmten Kunden als Ertragsquelle gesehen wird, so kann ein entsprechendes betragsmäßiges oder prozentuales Risikolimit für diese Partei kurz- oder mittelfristig festgelegt werden, so dass auf diese Weise der Risikoappetit zum Ausdruck kommt. Neben solchen rein quantitativen Vorgaben kommen aber auch qualitative Vorgaben in Betracht (zB die Anforderung von Sicherheiten, die Vermeidung bestimmter Geschäfte).

18 **c) Konsistenz zwischen Geschäftsstrategie und Risikostrategie. Gegenstand der Prüfungshandlungen** durch Jahresabschlussprüfer und Interne Revision ist die **Konsistenz zwischen Geschäftsstrategie und Risikostrategie** und ob ein Strategieprozess eingerichtet ist, der die Prozessschritte Planung, Umsetzung, Beurteilung und Anpassung der Strategien erfasst (vgl. AT 4.2 Tz. 1 WpI MaRisk; siehe auch Lendermann/Nemeczek/Schroeter/K.-A. Neumann § 43 Rn. 81: Konsistenzgebot, dh Geschäfts- und Risikostrategie müssen im Einklang stehen). Dies macht eine angemessene Dokumentation dieser Strategien und der Strategieprozesse erforderlich. Für Mittlere Wertpapierinstitute (§ 2 Abs. 17) ist eine Dokumentation auch mit Blick auf die **Offenlegung nach Art. 47 IFR** erforderlich, wonach das Institut seine Risikomanagementziele und -politik für jede einzelne Risikokategorie aus den Bereichen Kapitalanforderungen (darunter die sogenannten K-Faktoren „Risk-to-Client", dh Kundenrisiken, „Risk-to-Market", dh Marktrisiken und „Risk-to-Firm", dh Firmenrisiken), Konzentrationsrisiko und Liquidität offenlegen muss, einschließlich einer Zusammenfassung der Strategien und Verfahren für die Steuerung dieser Risiken und einer von der Geschäftsleitung genehmigten „konzisen Risikoerklärung, in der das mit der Geschäftsstrategie verbundene Gesamtrisikoprofil" des Instituts kurz beschrieben wird.

19 **d) Risikotragfähigkeitsanalyse.** Ein Teil der Entwicklung der Risikostrategie ist die Durchführung einer Risikotragfähigkeitsanalyse (Lendermann/Nemeczek/Schroeter/K.-A. Neumann § 43 Rn. 55). Das Institut hat einen internen Prozess zur Sicherstellung der Risikotragfähigkeit einzurichten, was allerdings nur für Mittlere Wertpapierinstitute verpflichtend ist (AT 4.1.1 WpI MaRisk). Die Risikotragfähigkeit wird definiert als die maximale Höhe jener Risiken, die ein Institut angesichts seiner Eigenmittelausstattung, seiner Risikomanagement- und Kontrollkapazitäten sowie seiner aufsichtsrechtlichen Beschränkungen eingehen kann (Hannemann/Biewer/Kocatepe/Zaruk/Weigl/Hannemann MaRisk AT 2.2 Rn. 12). Die Risikotragfähigkeitsanalyse hat eine normative und eine ökonomische Perspektive (Hannemann/Biewer/Kocatepe/Zaruk/Weigl/Hannemann MaRisk AT 4.1 Rn. 49 f.). In normativer Hinsicht müssen alle regulatorischen und aufsichtlichen Anforderungen sowie die Erwartungen der Marktteilnehmer über einen mittelfristigen Zeitraum erfüllt werden, auch unter Betrachtung adverser Entwicklungen. In der ökonomischen Hinsicht geht es um die Sicherung der ökonomischen Substanz des Instituts. Im Ergebnis soll das Institut ein Konzept zur Angemessenheit der Kapitalausstattung aus ökonomischer Perspektive vorlegen, das es dem Institut ermöglicht, mittelfristig existenzfähig zu bleiben.

20 Einzelheiten zur Ausgestaltung der Risikotragfähigkeitskonzepte ergeben sich aus dem „Leitfaden zur aufsichtlichen Beurteilung bankinterner Risikotragfähigkeitskonzepte" (Internal Capital Adequacy Assessment Process – ICAAP) der Deutschen Bundesbank und der BaFin vom 24.5.2018). Die spezifischen Anforderungen des ICAAP dürften sinngemäß nur für Mittlere (und Große) Wertpapier-

institute gelten, nicht jedoch für Kleine Wertpapierinstitute, denn § 39 nimmt ausdrücklich Bezug auf die Pflicht zum Betreiben eines Verfahrens zur Ermittlung und Sicherstellung der Risikotragfähigkeit sowie zur Feststellung des Risikodeckungspotenzials, dh auf die in den ICAAP-Leitlinien behandelten Kernbegriffe während gem. § 38 Abs. 1 die Vorschrift § 39 auf Kleine Wertpapierinstitute nicht anwendbar ist. Die ausdrückliche gesetzliche Ausnahme der Kleinen Wertpapierinstitute von der Anwendbarkeit des § 39 wäre ausgehebelt, wenn die Aufsicht über die Hintertür des allgemeinen Risikosteuerungspflicht nach § 45 Abs. 1 die ICAAP auf Kleine Wertpapierinstitute anwenden würde.

Die somit ausgewählten wesentlichen Risiken sind bei **Mittleren Wertpapierinstituten** einem Stresstest zu unterziehen (AT 4.3.3 WpI MaRisk). Soweit zB ein Stresstest bei Zugrundelegung adverser Umstände (gestiegene Kosten, geringere Umsätze, Verluste durch die Realisierung von Adressenrisiken) eine Reduzierung der regulatorischen Eigenmittel iSv Art. 9 ff. IFR zur Folge hat, jedoch noch ein Puffer zur Einhaltung der Finanzkennzahlen gemäß IFR verbleibt, stellt dies das **Risikodeckungspotenzial** dar. Dabei ist Stresstest ein Oberbegriff für unterschiedliche mögliche Methoden, mit denen die Institute ihr individuelles Gefährdungspotenzial zu überprüfen haben (AT 4.3.3 Tz. 1 WpI MaRisk). Aus diesen Bestandteilen ist ein risikoadäquates Stresstestprogramm zu entwickeln. In Frage kommen sog. **Sensitivitätsanalysen** (bei denen lediglich eine einzelne Risikokomponente bzw. -art, zB das Adressenausfallrisiko verändert wird), **Szenarioanalysen** (mit der Einbeziehung aller wesentlichen Risikoarten in den Stresstest, so dass für alle Risikoarten die maßgeblichen Risikofaktoren einer Veränderung zu unterziehen sind) und auch **inverse Stresstests.** Während bei einem „normalen" Stresstest die Leitfrage lautet, ob das Institut bei bestimmten adversen Parametern überleben kann, ist die Leitfrage bei den inversen Stresstests umgekehrt: welches adverse Szenario kann das Institut maximal überleben? Sinn und Zweck der inversen Stresstests ist es aufzuzeigen, bei welchem Ausmaß an Veränderungen – jeweils in Bezug auf die wesentlichen Risikoarten – das Geschäftsmodell des Institutes in der derzeitigen Form nicht mehr durchgeführt werden kann (Riediger/Riediger MaRisk: Prüfungserkenntnisse aus Praxisfällen Rn. 905). 21

Kleine Wertpapierinstitute sind nicht verpflichtet, Stresstests durchzuführen. Vielmehr ist hier die Betrachtung eines adversen Szenarios im Rahmen der Kapitalplanung (siehe AT 4.1.2 WpI MaRisk) im Regelfall ausreichend (AT 4.3.3 Tz. 1 WpI MaRisk). 22

e) Entwicklung von Maßnahmen des Risikomanagements. Der nächste Schritt des Risikostrategieprozesses ist die Ableitung von **konkreten Maßnahmen** des Risikomanagements, dh die Operationalisierung der Risikostrategie (Lendermann/Nemeczek/Schroeter/K.-A. Neumann § 43 Rn. 42). Die Risikostrategie muss, ggf. unterteilt in Teilstrategien für die wesentlichen Risiken und unter Berücksichtigung der Auswirkungen von ESG-Risiken, nicht nur die Ziele der Risikosteuerung zu umfassen, sondern auch die Maßnahmen zur Erreichung dieser Ziele darstellen (AT 4.2 Tz. 2 WpI MaRisk). Die Maßnahmen müssen **hinreichend konkret formuliert** sein, um plausibel in die operative Unternehmensplanung überführt werden zu können. Es muss in geeigneter Weise die Frage beantwortet werden „Was muss bis wann von wem getan werden?" (Krimphove/Lüke/Pfau/Pfaff MaRisk AT 4 Rn. 9). Ferner müssen die Ziele in einer mess- und operationalisierbaren Weise festgelegt werden. Wenn es zB Inhalt der Geschäfts- und Risikostrategie ist, in einem bestimmten Segment „Marktführer" 23 zu werden, so ist dies durch Festlegung von Bezugsgrößen wie zB Kundengruppen, Märkte und Produkte sowie eine Kennzahl (zB x % Marktanteil in einem bestimmten Marktsegment nach einer bestimmten Marktforschungsmethodik) zu bestimmen (Pfau/Pfaff MaRisk AT 4 Rn. 10). Auch für Mitarbeiter von Risikomanagement- und Compliance-Einheiten, die also nicht am Kundengeschäft oder ggf. Eigenhandel aktiv mitwirken, können Ziele und entsprechende Maßnahmen definiert werden, zB Kosten- oder Qualitätsziele.

24 Ziele, Risikoappetit und konkrete Maßnahmen sind innerhalb des Instituts in geeigneter Weise **zu kommunizieren** (AT 4.2 Tz. 5 WpI MaRisk) und **zu dokumentieren** (siehe den allgemeinen Grundsatz gemäß AT 6 Tz. 2 WpI MaRisk, wonach die für die Einhaltung des Rundschreibens wesentlichen Handlungen und Festlegungen nachvollziehbar zu dokumentieren sind). Dabei wird in der Verwaltungspraxis nicht im Einzelnen vorgegeben, wie die Dokumentation zu strukturieren ist. Die in Ziff. 84 iVm Anhang I EBA/GL/2021/14 empfohlenen Bestandteile der schriftlich fixierten Ordnung des Institutes nennen den Unterpunkt „Beschreibung der Risikostrategie und des Risikomanagements" als getrenntes Thema neben der Dokumentation des „Internen Kontrollrahmens" und der „Organisationsstruktur". Dies legt nahe, dass nicht zwingend sämtliche risikomanagementbezogenen Maßnahmen (welche oft auch Organisationsmaßnahmen sind) im Rahmen der Dokumentation von Geschäfts- und Risikostrategie darzustellen sind. Vielmehr empfiehlt Hannemann (in Hannemann/Biewer/Kocatepe/Zaruk/Weigl MaRisk AT 4.2 Rn. 160) zu Recht, die Risikostrategie nicht mit umfassenden Ausführungen zu deren operativer Umsetzung zu überfrachten, denn derartige Ausführungen lassen sich besser in zB Arbeitsanweisungen bzw. Organisationsrichtlinien darstellen. Es bietet sich an, im Rahmen der Risikostrategie die Maßnahmen zur Steuerung der wesentlichen Risiken allgemein darzustellen und auf die zugrunde liegende Philosophie einzugehen (zB Risikovermeidung vs. -verminderung vs. -überwälzung vs. -hedging). Im Detail kann auf die entsprechende Umsetzungsdokumentation verwiesen werden.

25 **f) Risikokultur.** Der Risikostrategieprozess einschließlich der Herausarbeitung von Maßnahmen des Risikomanagements und ihrer Kommunikation ist eng mit dem Konzept der Risikokultur verbunden. Risikokultur beschreibt die Art und Weise, wie Mitarbeiter des Instituts im Rahmen ihrer Tätigkeit mit Risiken umgehen bzw. umgehen sollen (so die Definition in der Erläuterung zu AT 3 Tz. 1 WpI MaRisk). Kennzeichen einer positiven Risikokultur ist die Förderung eines bewussten Umgangs mit Risiken und die Sicherstellung, dass Entscheidungsprozesse zu Ergebnissen führen, die auch unter Risikogesichtspunkten ausgewogen sind (Erläuterung zu AT 3 Tz. 1 WpI MaRisk). Ziff. 89 lit. a–d EBA/GL/2021/14 nennen folgende zentrale Elemente einer soliden Risikokultur:

– **Leitungskultur („tone from the top"):** Die Geschäftsleitung ist für die Festlegung und Kommunikation der Kernwerte und Erwartungen des Instituts zuständig und damit der Schlüssel für die Etablierung einer positiven Risikokultur (Lendermann/Nemeczek/Schroeter/Schlimbach § 41 Rn. 42). Die Geschäftsleitung beeinflusst durch ihre Kommunikation und ihr Verhalten maßgeblich das Bewusstsein und die persönliche Einstellung aller Mitarbeiter beim Umgang mit Risiken. Dies erfordert eine Kommunikation der Risikostrategie im gesamten Institut und eine effektive Förderung und auch Überwachung der Einhaltung der Maßnahmen der Risikosteuerung. Hierzu gehört auch die Einrichtung eines Hinweisgebersystems („whistleblowing", siehe § 13) und das konsequente Verfolgen entsprechender Hinweise.

– **Klare Verantwortlichkeiten:** Die maßgeblichen Mitarbeiter auf allen Ebenen müssen sich nicht nur ihrer Zuständigkeiten und Funktion bewusst sein, sondern auch die Kernwerte des Institutes, ihren Risikoappetit und ihre Risikotragfähigkeit kennen und verstehen.
– **Wirksame Kommunikation und kritischer Dialog:** Es muss eine offene Kommunikation und ein kritischer Dialog im Umgang mit Risiken gefördert werden. Bei Entscheidungsprozessen muss ein breites Spektrum an Sichtweisen unterstützt werden. Ferner muss eine Erprobung aktueller Praktiken möglich sein. Insgesamt ist „eine konstruktive kritische Haltung der Mitarbeiter und ein von einem offenen und konstruktiven Engagement gekennzeichnetes Umfeld in der gesamten Organisation" zu fördern.
– **Anreize:** Die Vergütung und sonstige Anreize sollten eine zentrale Rolle spielen, um das tatsächliche Risikoverhalten an das Risikoprofil und die langfristigen Interessen des Institutes anzugleichen.

Zur Kommunikation der Risikokultur ist ein entsprechender **Verhaltenskodex (Code of Conduct/Code of Ethics)** sinnvoll, in dem die Unternehmenswerte, die Aufforderung zu einem diskriminierungsfreien persönlichen Verhalten und ein angemessenes Risikobewusstsein (zB mit Beispielen für akzeptables und nicht akzeptables Verhalten) kommuniziert werden (Ziff. 94 EBA/GL/2021/14). Dies kann in der Praxis mit der inhaltlich verwandten und von Art. 34 Delegierte VO (EU) 2017/565 vorgeschriebenen Dokumentation von Grundsätzen für den Umgang mit Interessenkonflikten **(Conflicts of Interest)** verbunden werden. 26

g) Zielabweichungsanalyse. Nach den Verlautbarungen der Verwaltungspraxis sind **regelmäßige Rückvergleiche („back testing")** zur Bewertung und Verbesserung der Genauigkeit und Wirksamkeit des Risikomanagementprozesses erforderlich (Ziff. 175 EBA/GL/2021/14). Das bedeutet eine **Überprüfung der Zielerreichung,** einschließlich einer Analyse der Ursachen für etwaige Abweichungen, was eine Festlegung und Formulierung der Ziele in einer Art und Weise voraussetzt, die eine sinnvolle Zielabweichungsanalyse ermöglicht (AT 4.2 Tz. 4 WpI MaRisk; Lendermann/Nemeczek/Schroeter/K.-A. Neumann § 43 Rn. 43). Bei **Kleinen Wertpapierinstituten** kann der Strategieprozess ebenso wie die Überwachung der Zielerreichung **einfach ausgestaltet** sein, wobei der Strategieprozess jedoch geeignet sein sollte, die Zielerreichung zu demonstrieren (Erläuterung zu AT 4.2 Tz. 4 WpI MaRisk). 27

h) Anpassung der Risikostrategie und Aktualisierungszyklus. Als Konsequenz der Zielabweichungsanalyse müssen die Risikostrategie und die daraus abgeleiteten Maßnahmen bei Bedarf angepasst werden (Lendermann/Nemeczek/Schroeter/K.-A. Neumann § 43 Rn. 44). Hiermit schließt sich der Kreis zum Ausgangspunkt des Risikomanagementprozesses, dh ausgehend von der Abweichungsanalyse muss turnusmäßig eine erneute Risikoinventur und darauf aufbauend eine erneute Formulierung einer mit der Geschäftsstrategie konsistenten Risikostrategie mit einer neuen bzw. angepassten Definition von Zielen und Maßnahmen usw erfolgen. Diese **Aktualisierung** muss regelmäßig und gegebenenfalls anlassbezogen erfolgen, ohne dass ein fester Mindestturnus vorgegeben wäre (Ziff. 30, 142 EBA/GL/2021/14; AT 4.2 Tz. 1 WpI MaRisk). Anlässe für eine häufigere Überprüfung sind nicht nur etwaige adverse, risikoerhöhende Entwicklungen im Umfeld des Instituts sondern auch zB die Erschließung neuer Geschäftsfelder, Fusionen und Übernahmen oder der Verkauf von Unternehmensteilen. Für derartige erhebliche Änderungen betrieblicher Pro- 28 zesse und Strukturen bzw. M&A-Prozesse sind nicht nur designierte Change-Prozesse (Anpassungsprozesse gemäß AT 8.2 WpI MaRisk) erforderlich, sondern es ist uU auch eine Anpassung der Risikostrategie geboten. Eine Anpassung des Risikomanagements macht eine erneute Operationalisierung, insbesondere also eine erneute bzw. angepasste Dokumentation (vgl. AT 6 Tz. 2 WpI MaRisk) und eine erneute institutsinterne Kommunikation (vgl. AT 4.2 Tz. 5 WpI MaRisk) erforderlich (Lendermann/Nemeczek/Schroeter/K.-A. Neumann § 43 Rn. 44).

IV. Spezifische Vorgaben zur Berücksichtigung im Rahmen des Risikomanagementprozesses (Abs. 2, Abs. 3)

29 § 45 Abs. 2 S. 1 beruht auf Art. 29 Abs. 1 UAbs. 3 IFD, wonach für die Zwecke der **Steuerung von Risiken für den Kunden** sowie alle wesentlichen Auswirkungen auf die Eigenmittel „den nationalen **Rechtsvorschriften hinsichtlich der Trennung der gehaltenen Kundengelder Rechnung zu tragen**" ist. Dies betrifft also nur solche Institute, die nicht einer im Rahmen des Erlaubnisverfahrens ergangenen Beschränkung gem. § 15 Abs. 9 unterliegen, die also überhaupt befugt sind, Eigentum oder Besitz am Kundengeld oder Kundenwertpapieren zu erwerben. § 45 Abs. 2 S. 1 verweist für diese Institute in Übereinstimmung mit der Richtlinienvorschrift auf § 84 Abs. 2 WpHG. Danach hat das Institut Kundengelder, die es im Zusammenhang mit einer Wertpapierdienstleistung oder einer Wertpapiernebendienstleistung entgegennimmt, unverzüglich getrennt von den Geldern des Unternehmens und von anderen Kundengeldern auf Treuhandkonten bei solchen Kreditinstituten, welche zum Betreiben des Einlagengeschäftes befugt sind, einer Zentralbank oder einem qualifizierten Geldmarktfonds zu verwahren, bis die Gelder zum vereinbarten Zweck verwendet werden. § 45 Abs. 2 S. 1 ist daher ein Merkposten, dass es zusätzlich zu den allgemeinen kundenbezogenen Risikomanagementpflichten die spezialgesetzliche Pflicht gem. § 84 Abs. 2 WpHG zu beachten gilt und dass die Beachtung dieser speziellen Vorgaben Teil des Risikomanagements sein muss. Ferner sind die Wertpapierinstitute gem. § 45 Abs. 2 S. 2 (in Übereinstimmung mit Art. 29 Abs. 1 UAbs. 4 IFD) verpflichtet, als wirksames Instrument zur Minderung der Risiken für den Kunden den **Abschluss einer Berufshaftpflichtversicherung** in Betracht zu ziehen

30 In Übereinstimmung mit Art. 29 Abs. 1 UAbs. 5 IFD ist für die Zwecke der **Steuerung von Risiken für das Wertpapierinstitut selbst** die Liste von wesentlichen Ursachen von Risiken gem. § 45 Abs. 3 Nr. 1–5 zu berücksichtigen. Diese Auflistung wesentlicher Ursachen von Risiken ist dabei nicht abschließend, wie der Richtlinienwortlaut zeigt (diese „zählen zu den wesentlichen Ursachen von Risiken").

V. Risikosteuerung im Rahmen der Abwicklung von Instituten (Abs. 4)

31 § 45 Abs. 4 entspricht wörtlich der Vorgabe in Art. 29 Abs. 2 IFD. Institute müssen im Falle einer notwendigen Abwicklung oder Einstellung ihrer Tätigkeiten unter Berücksichtigung der Tragfähigkeit und Nachhaltigkeit ihrer Geschäftsmodelle und -strategien den Erfordernissen und dem Mittelbedarf, die mit Blick auf den Zeitplan und die Erhaltung der Eigenmittel und der liquiden Mittel

während des gesamten Prozesses des Marktaustritts realistischerweise zu erwarten sind, gebührend Rechnung tragen. Es lässt sich aus dieser allgemeinen Formulierung ableiten, dass im Falle einer Geschäftsabwicklung ein abrupter Marktaustritt, der zB keine ausreichende Liquidität und keine ausreichende Zeit zur Erledigung vorhandener Kundenaufträge jedenfalls bis zum Erreichen nächstmöglicher Kündigungszeitpunkte erlaubt, nicht pflichtgemäß wäre. Weitere, konkrete Vorgaben lassen sich der Vorschrift nicht entnehmen. Es handelt sich zudem um eine Verpflichtung im Falle der Abwicklung bzw. Einstellung von Tätigkeiten. Konkrete vorsorgende oder planende Maßnahmen im Vorfeld einer Geschäftsabwicklung wie etwa im Bankenbereich im Rahmen der Abwicklungsplanung gem. §§ 40 ff. SAG werden in § 45 Abs. 4 nicht vorgeschrieben.

§ 46 Vergütungssystem; Verordnungsermächtigung

(1) **Ein Wertpapierinstitut hat über Vergütungssysteme für Geschäftsleiter und Mitarbeiter, deren berufliche Tätigkeit sich wesentlich auf das Risikoprofil des Wertpapierinstituts oder der von ihr verwalteten Vermögenswerte auswirkt, zu verfügen, die angemessen, transparent und auf eine nachhaltige Entwicklung des Wertpapierinstituts ausgerichtet sind; dies gilt nicht, soweit die Vergütung durch Tarifvertrag oder in seinem Geltungsbereich durch Vereinbarung der Arbeitsvertragsparteien über die Anwendung der tarifvertraglichen Regelungen oder aufgrund eines Tarifvertrags in einer Betriebs- oder Dienstvereinbarung vereinbart ist.**

(2) **Erhält ein Wertpapierinstitut eine außerordentliche finanzielle Unterstützung aus öffentlichen Mitteln im Sinne von § 2 Absatz 3 Nummer 9 des Sanierungs- und Abwicklungsgesetzes,**
1. **darf es den Geschäftsleitern keinerlei variable Vergütung gewähren und**
2. **muss es die variable Vergütung auf einen prozentualen Anteil der Nettoeinkünfte begrenzen, wenn eine variable Vergütung für Mitarbeiter, die nicht Geschäftsleiter sind, weder mit der Erhaltung der erforderlichen Eigenmittel des Wertpapierinstituts noch mit einer frühzeitigen Einstellung der außerordentlichen Unterstützung aus öffentlichen Mitteln zu vereinbaren ist.**

(3) **Das Bundesministerium der Finanzen wird ermächtigt, durch Rechtsverordnung, die nicht der Zustimmung des Bundesrates bedarf, im Benehmen mit der Deutschen Bundesbank nähere Bestimmungen zu erlassen über**
1. **die Ermittlung der Mitarbeiter, deren berufliche Tätigkeit sich wesentlich auf das Risikoprofil des Wertpapierinstituts oder der von ihr verwalteten Vermögenswerte auswirkt,**
2. **die Entscheidungsprozesse und Verantwortlichkeiten für die Vergütungssysteme,**
3. **die Grundsätze für die angemessene Ausgestaltung der Vergütungssysteme nach Absatz 1, insbesondere**
   a) **die Unterscheidung zwischen fixer und variabler Vergütung,**
   b) **das Verhältnis der variablen zur fixen Vergütung,**

c) die Grundsätze für die Gewährung einer variablen Vergütung, einschließlich positiver und negativer Vergütungsparameter, der Leistungszeiträume, Zurückbehaltungszeiträume und Rückforderungszeiträume einschließlich der Voraussetzungen und Parameter für einen vollständigen Verlust oder eine teilweise Reduzierung oder eine vollständige oder teilweise Rückforderung der variablen Vergütung sowie der Vergütungsinstrumente,

4. die Überwachung der Angemessenheit und Transparenz der Vergütungssysteme durch das Wertpapierinstitut, auch unter Einbeziehung des Vergütungskontrollausschusses, sofern vorhanden, und

5. die Anwendung von Bestimmungen nach den Nummern 1 bis 4 auf konsolidierter Basis in den Fällen, in denen dieser Abschnitt gilt und aufsichtliche Konsolidierung nach Artikel 7 der Verordnung (EU) 2019/2033 angewandt wird.

Die Regelungen haben sich insbesondere an Größe und Vergütungsstruktur des Wertpapierinstituts sowie Art, Umfang, Komplexität, Risikogehalt und Internationalität der Geschäftsaktivitäten zu orientieren. Das Bundesministerium der Finanzen kann die Ermächtigung durch Rechtsverordnung, die nicht der Zustimmung des Bundesrates bedarf, auf die Bundesanstalt mit der Maßgabe übertragen, dass die Rechtsverordnung im Einvernehmen mit der Deutschen Bundesbank ergeht. Vor Erlass der Rechtsverordnung sind die Spitzenverbände der Wertpapierinstitute zu hören.

Übersicht

I. Vorbemerkung

Seit der Finanzmarktkrise 2008 gehört die Regulierung der Vergütungssysteme 1
zu jedem Gesetz zur Regulierung von Instituten des Finanzmarkts. Nach Ansicht des Gesetzgebers war die „verfehlte Vergütungspolitik", die mangels Sanktionierung von Misserfolgen oder Verlusten die Akteure dazu verleitet, risikogeneigt am Markt zu agieren, mitursächlich dafür, die allgemeine Finanzstabilität zu gefährden (BaFin, Auslegungshilfe zur Verordnung über die aufsichtsrechtlichen Anforderungen an Vergütungssysteme von Instituten Institutsvergütungsverordnung, Stand: 15.2.2018, S. 1). Um solche Gefahren künftig zu minimieren und einem angemessenen Risikomanagement vollständig entsprechen zu können, muss auch die Vergütungspolitik derart ausgestaltet sein, dass sie sich am langfristigen Unternehmenserfolg statt an kurzfristigen Parametern orientiert und nicht dazu verleitet, ein übermäßiges Risiko einzugehen, ohne eine Sanktionierung fürchten zu müssen (BaFin, Auslegungshilfe zur InstitutsVergV, Stand: 15.2.2018, S. 1).

§ 46 steht daher in der Tradition einer Reihe von gesetzlichen Regelungen 2
bezüglich der Vergütung im Finanzsektor, die sowohl auf nationaler als auch auf europäischer Ebene erlassen wurden (zB VO (EU) Nr. 575/2013 (CRR), Richtlinie (EU) Nr. 2013/36 (CRD IV)). Auf nationaler Ebene standen erkennbar das KWG und die Institutsvergütungsverordnung (InstitutsVergV) Pate.

Die nunmehr eigenständige Regelung in § 46 trägt dabei den Unterschieden 3
zwischen Kreditinstituten und Wertpapierinstituten Rechnung. Letztere verfügen anders als Kreditinstitute nicht über ein Einlagengeschäft oder große Portfolien an Unternehmens- oder Privatkundenkrediten und sind infolgedessen in der Regel nicht systemrelevant (BR-Drs. 7/21, Entwurf eines Gesetzes zur Umsetzung der Richtlinie (EU) 2019/2034 über die Beaufsichtigung von Wertpapierinstituten, S. 2). Folglich bewertet der Gesetzgeber auch die Auswirkungen eines potentiellen Ausfalles eines Wertpapierinstituts auf die allgemeine Finanzmarktstabilität nicht vergleichbar gravierend, wie die Auswirkungen, die der Ausfall eines großen Kreditinstituts nach sich ziehen kann (BR-Drs. 7/21, 2). Diese Unterschiede im Bereich der Risikobetrachtung und der potentiellen Folgen einer (finanziellen) Krisensituation spiegeln sich zugleich in der Regulierung und der Aufsicht eines Wertpapierinstituts wider. Auf europäischer Ebene wurden infolgedessen die Rechtsakte VO (EU) 2019/2033 (IFR) und RL (EU) 2019/2034 (IFD) erlassen; das WpIG setzt die IFD in nationales Recht um. Diese spezielle rechtliche Grundlage soll eine Beaufsichtigung ermöglichen, die zugleich das Interesse der

allgemeinen Finanzstabilität, sowie dasjenige der Kunden der Wertpapierinstitute miteinbezieht (BR-Drs. 7/21, 133).

4 Die europäischen Vorgaben und ihre Umsetzung in nationales Recht sehen hierbei bezüglich der Intensität der Beaufsichtigung durch die BaFin eine Orientierung proportional zur Größe der Wertpapierinstitute vor (BR-Drs. 7/21, 134).

5 Hierfür wurden die Wertpapierinstitute in drei verschiedene Gruppen beziehungsweise Klassen eingeteilt. So gibt es Große Wertpapierinstitute iSd § 2 Abs. 18, die als systemisch relevant und bankähnlich zu klassifizieren sind (EBA-Report on Investment Firms: Response to the Commission's Call for Advice of December 2014, EBA/Op/2015/20, S. 23; BR-Drs. 7/21, 134). Diese unterliegen weiterhin den Vergütungsregularien des § 25a KWG iVm den Regularien der InstitutsVergV (Lendermann/Nemeczek/Schroeter/Glasow WpIG § 46 Rn. 5). Allerdings sind nach Einschätzung des Gesetzgebers in Deutschland aktuell keine Großen Wertpapierinstitute existent, sodass dieser Bestimmung im Bereich der Wertpapierinstitute keine entscheidende Beachtung mehr zukommt (BR-Drs. 7/21, 134). Vor diesem Hintergrund wird auf eine Kommentierung der Vergütungsregularien des § 25a KWG verzichtet und auf die entsprechenden Kommentierungen verwiesen.

6 Im Gegensatz dazu zeichnen sich Kleine Wertpapierinstitute iSd § 2 Abs. 16, die den weit überwiegenden Anteil der Wertpapierinstitute in Deutschland ausmachen, dadurch aus, dass sie nur solche Aktivitäten betreiben, die keine Verflechtung begründen (BR-Drs. 7/21, 134; EBA-Report EBA/Op/2015/20, S. 23).

7 Dagegen ist für die Vergütungssysteme der sonstigen Mittleren Wertpapierinstitute iSd § 2 Abs. 17, die eine geringe systemische Relevanz aufweisen (EBA-Report EBA/Op/2015/20, S. 23), von nun an ausschließlich § 46 und die Wertpapierinstituts-Vergütungsverordnung (WpIVergV) maßgeblich, die nunmehr seit dem 12.1.2024 in Kraft ist.

8 Mithin wird iRd WpIG als primäres Abgrenzungskriterium zwischen den einzelnen Wertpapierinstituten darauf abgestellt, inwieweit sie bankähnlich tätig werden und somit ein systemisches Risiko begründen (Schwennicke BKR 2021, 150 (151)). Diese spezifische Regulierung mit ausschließlichem Blick auf die Risiken und Bedürfnisse der Wertpapierinstitute ermöglicht eine „zielgenauere Aufsicht" (https://www.bundesfinanzministerium.de/Content/DE/Gesetzestexte/Gesetze_Gesetzesvorhaben/Abteilungen/Abteilung_VII/19_Legislaturperiode/2021-05-17-Beaufsichtigung-Wertpapierinstitute/0-Gesetz.html (letzter Aufruf am 10.7.2025)) und schließlich ein risikoadäquates Vergütungssystem.

9 Da die Vorgaben des § 46 zur Vergütung sehr generisch sind, sieht die Regelung – vergleichbar zu § 25a Abs. 6 KWG – in Abs. 3 S. 1 eine Ermächtigung für das Bundesministerium der Finanzen vor, eine Rechtsverordnung zu erlassen, welche die allgemeinen und abstrakten Anforderungen des Abs. 1 ausfüllt und konkretisiert. Inhalt, Zweck und Ausmaß der WpIVergV ergeben sich dabei unmittelbar aus Abs. 3 S. 1 Nr. 1–5. Damit bildet die WpIVergV das materielle Gesetz, auf dessen Basis die Anforderungen im Hinblick auf die Vergütungssysteme über Abs. 1 konkretisiert werden. Aus dem Wortlaut der Norm wird ersichtlich, dass der Erlass der WpIVergV im Ermessen des Verordnungsgebers steht. Durch diesen Regelungsmechanismus soll das WpIG von Detailregelungen entlastet und die Möglichkeit geschaffen werden, die Vergütungsregulierung ohne einen langwierigen Gesetzgebungsprozess an der dynamischen Entwicklung dieser Regelungsmaterie teilhaben zu lassen.

Das Bundesministerium der Finanzen kann die Verordnungsermächtigung gem. Abs. 3 S. 3 auf die BaFin übertragen. Von dieser Ermächtigung hat das Ministerium, als ursprünglicher Ermächtigungsadressat, Gebrauch gemacht und seine Verordnungsermächtigung im Wege einer weiteren Rechtsverordnung auf die BaFin übertragen. Inhaltlich gelten für die BaFin weiterhin die Vorgaben des Gesetzes. So war der Erlass der WpIVergV weiterhin nur im Benehmen mit der Bundesbank möglich (vgl. auch § 1d Nr. 2 der Verordnung zur Übertragung von Befugnissen zum Erlass von Rechtsverordnungen auf die Bundesanstalt für Finanzdienstleistungsaufsicht). Darüber hinaus schreibt Abs. 3 S. 4 vor, dass vor Erlass der Rechtsverordnung die Spitzenverbände der Wertpapierinstitute zu hören sind. Auch dieses Mitwirkungserfordernis soll bei der Verordnungsgebung sicherstellen, dass der besondere Sachverstand beziehungsweise die Erfahrungen aus der Praxis im Rahmen der Rechtsetzung berücksichtigt werden. Das Anhörungserfordernis der Spitzenverbände erstreckt sich dabei sowohl auf die Verordnungsgebung durch das Bundesministerium der Finanzen als auch durch die BaFin, da es sich dabei um ein allgemeines Verfahrenserfordernis handelt, welches durch eine etwaige Subdelegation nicht modifiziert werden kann. **10**

Dementsprechend wurde die WpIVergV am 12.1.2024 verkündet und trat an diesem Tag in Kraft. Zu beachten ist, dass gemäß der Übergangsregelung des § 19 WpIVergV die wesentlichen Vorschriften der WpIVergV erstmals mit Beginn des auf das Inkrafttreten der WpIVergV folgenden Geschäftsjahrs anzuwenden sind. Die Kernvorschriften betreffen die allgemeine Angemessenheit der Vergütungssysteme (§ 6 WpIVergV) und die Ausgestaltung der variablen Vergütung (§§ 7, 8 WpIVergV). **11**

Spätestens seit dem 12.1.2025 sind die Vorschriften der WpIVergV mithin für alle Institute, die in ihren Anwendungsbereich fallen, verbindlich. **12**

II. Vorgaben für die Vergütung und Vergütungssysteme

Im Hinblick auf die vergütungsrechtlichen Anforderungen greift § 46 insgesamt und insbesondere die auf Abs. 3 beruhende WpIVergV auf bekannte Grundsätze zurück, welche bereits im Zusammenhang mit dem KWG und der InstitutsVergV eingeführt wurden. So können bei der Auslegung des WpIG und der dazugehörigen WpIVergV die Wertungen und Grundprinzipien aus der Anwendungspraxis des KWG und der InstitutsVergV übernommen werden. Bei der Auslegung der WpIVergV sind darüber hinaus die Leitlinien der EBA für eine solide Vergütungspolitik gemäß Richtlinie (EU) 2019/2034 (vgl. EBA/GL/2021/13) zu beachten. Diese Leitlinien richten sich an die BaFin und entfalten gegenüber den Wertpapierinstitute keine unmittelbare Bindungswirkung, weshalb die BaFin aus den Leitlinien nur insoweit verbindliche Anforderungen ableiten kann, als die Inhalte der Leitlinien mit den geltenden Gesetzen – insbes. dem WpIG sowie der WpIVergV – im Einklang stehen (Lendermann/Nemeczek/Schroeter/Glasow WpIG § 46 Rn. 19). **13**

Die Vorgaben des WpIG sowie die konkretisierenden Regelungen der WpIVergV bezüglich der Vergütung und der Vergütungssysteme greifen für ein Wertpapierinstitut nur dann, wenn der sachliche, persönliche und zeitliche Geltungsbereich eröffnet ist. **14**

Im Einzelnen gilt folgendes zu beachten:

1. Sachlicher Geltungsbereich

15 **a) Betroffene Wertpapierinstitute.** Entgegen dem Wortlaut von Abs. 1 unterliegen nicht sämtliche Wertpapierinstitute den sich daraus ergebenden vergütungsrechtlichen Anforderungen. Vielmehr differenziert das WpIG auch im Hinblick auf die Vergütungsregulatorik nach der jeweiligen Größe des Instituts (vgl. grundlegend zu Differenzierung nach der Größe → § 2 Rn. 349 ff.

16 Sowohl Kleine als auch Große Wertpapierinstitute im Sinne des WpIG unterfallen nicht dem Regelungsbereich des § 46. Während dies für Kleine Wertpapierinstitute iSd § 2 Abs. 16 aus § 38 Abs. 1 folgt, ist für Große Wertpapierinstitute iSd § 2 Abs. 18 § 4 S. 2 einschlägig. Für Wertpapierinstitute der letztgenannten Kategorie ergeben sich die aufsichtsrechtlichen Vergütungsvorgaben aus § 4 S. 1, welcher in vergütungsrechtlicher Hinsicht die Anwendung des § 25a KWG anordnet und damit zur Anwendung der InstitusVergV führt (Lendermann/Nemeczek/Schroeter/Glasow WpIG § 46 Rn. 21).

17 Damit unterfallen grundsätzlich lediglich die Mittleren Wertpapierinstitute nach § 2 Abs. 17 den aufsichtsrechtlichen Vergütungsvorgaben, die sich aus Abs. 1 ableiten lassen.[1] Entsprechend formuliert auch die WpIVergV in § 1 Abs. 1 S. 1, dass sie vorbehaltlich der Ausnahmen des § 1 Abs. 3 auf alle Mittleren Wertpapierinstitute anzuwenden ist.

18 Allerdings können gem. § 1 Abs. 2 WpIVergV auch übergeordnete Unternehmen nach § 2 Abs. 12 WpIVergV, die keine Mittleren Wertpapierinstitute sind, Adressat der WpIVergV sein. Diese müssen nach § 18 WpIVergV gruppenweite Regelungen zur Vergütung festlegen, welche die Vorgaben des § 46 und der WpIVergV beachten.

19 Im Anwendungsbereich der WpIVergV wird zusätzlich innerhalb der Mittleren Wertpapierinstituten differenziert. Mittlere Wertpapierinstitute, die die Kriterien beziehungsweise die Schwellenwerte des § 44 Abs. 3 S. 2 Nr. 1 oder Nr. 2 nicht erreichen, sind von einigen Anforderungen der WpIVergV befreit, § 10 Abs. 1 WpIVergV (genauer hierzu → Rn. XY).

20 **b) Vergütung/Vergütungssysteme.** § 46 Abs. 1 stellt hinsichtlich der darin enthaltenen regulatorischen Anforderungen auf die Vergütungssysteme ab. Was darunter zu verstehen ist, ergibt sich nicht unmittelbar aus dem WpIG, sondern erst aus § 2 Abs. 3 WpIVergV. Demnach sind unter Vergütungssystemen die internen Regelungen des Wertpapierinstituts zur Vergütung sowie deren tatsächliche Umsetzungen durch das Wertpapierinstitut zu verstehen. Die Definition der Vergütungssysteme erfasst damit nicht nur die institutsinternen Vergütungsregelungen auf einer formalen Ebene, sondern auch die tatsächliche Umsetzung ebendieser Regelungen in die Vergütungspraxis. Die internen Regelungen können dabei schriftlich fixiert sein oder sich aus der bisherigen Vergütungspraxis des Wertpapierinstituts ergeben (so auch im Kontext der InstitutsVergV: Annuß/Früh/Hasse/Annuß InstitusVergV § 2 Rn. 7). Die ausdrückliche Abfassung der jeweiligen Regelungen ist nicht erforderlich.

21 Abweichend von der InstitutsVergV umfasst der Begriff des Vergütungssystems nach § 2 Abs. 3 S. 2 WpIVergV auch die Identifikation der Risikoträger nach § 3 WpIVergV. Als Risikoträger gelten nach § 2 Abs. 2 WpIVergV Geschäftsleiter und Mitarbeiter eines Wertpapierinstituts, deren berufliche Tätigkeit sich wesentlich

---

[1] Vgl. Lorenz/Herdl/Hilsch, WplG, BB 2025, 392 (396).

auf das Risikoprofil des Wertpapierinstituts oder der von diesem verwalteten Vermögenswerte auswirkt.

Den Bezugspunkt der internen Regelungen bildet die Vergütung. Der Vergü- 22
tungsbegriff wird dabei in § 2 Abs. 1 WpIVergV definiert. Dieser umfasst sämtliche finanziellen Leistungen und Sachbezüge, gleich welcher Art, einschließlich der Leistungen zur Altersversorgung, sowie sämtliche Leistungen von Dritten, die ein Risikoträger im Hinblick auf seine berufliche Tätigkeit für das Wertpapierinstitut erhält. Damit entspricht die Vergütungsdefinition des WpIVergV derjenigen des InstitutsVergV, sodass auch hier auf die bisherigen Grundsätze und Erkenntnisse im Zusammenhang mit dem Vergütungsbegriff aus der InstitutsVergV verwiesen werden kann (vgl. BaFin, Auslegungshilfe zur InstitutsVergV, Stand: 15.2.2018, S. 5 ff.). Damit ist der Vergütungsbegriff der WpIVergV umfassend, da nicht nur institutsbezogene Leistungen, sondern auch Drittleistungen erfasst werden. Unberücksichtigt bleiben können – ebenso wie im Rahmen der InstitutsVergV – gem. § 2 Abs. 1 S. 2 WpIVergV Sachbezüge, die nach dem EStG nicht als Einkünfte aus selbstständiger Arbeit anzusehen sind oder nach § 8 Abs. 2 S. 11 EStG außer Betracht bleiben. Hiervon umfasst sind Sachzuwendungen bis 60 EUR, die im gesellschaftlichen Verkehr üblicherweise ausgetauscht werden und zu keiner ins Gewicht fallenden Bereicherung des Arbeitnehmers führen, sowie Prämien aus dem betrieblichen Vorschlagswesen und für die Gewinnung neuer Mitarbeiter (BaFin, FAQ zur InstitutsVergV, Stand: Juni 2024, S. 3 f.).

Eine als Vergütung zu qualifizierende Leistung Dritter stellt auch die Beteili- 23
gung von Mitarbeitern am Unternehmensgewinn dar, bei der keine echten Gesellschafterrechte und -pflichten erworben werden (zB Carried-Interest-Modelle) (vgl. BaFin, Auslegungshilfe zur InstitutsVergV, Stand: 15.2.2018, S. 6). Als Vergütung gelten allerdings nur solche Zahlungen, die den Anteil an der Anlagerendite übersteigen, der dem Mitarbeiter für seine getätigten Investitionen zusteht. Hingegen stellen Leistungen an Mitarbeiter, die zugleich echte Anteilseigner des Instituts sind, für die Bereitstellung ihres Kapitals (zB Dividenden) grundsätzlich keine Vergütung dar, sofern diese Leistungen nicht der Umgehung der Verhaltensregeln dienen (BaFin, Auslegungshilfe zur InstitutsVergV, Stand: 15.2.2018, S. 6; Maschmann Total Compensation & Benefits-HdB/Fischer Kap. 18 Rn. 10; Holthausen/Kurschat Vertragsgestaltung/Beiner/Hinrichs Kap. 3 Rn. 20). Eine Umgehung liegt regelmäßig nahe, wenn Mitglieder des Geschäftsleitungsorgans, die zugleich Anteilseigner sind, keine feste Vergütung beziehen, sondern ausschließlich durch Ausschüttungen entlohnt werden (vgl. BaFin, Auslegungshilfe zur InstitutsVergV, Stand: 15.2.2018, S. 6; Holthausen/Kurschat Vertragsgestaltung/Beiner/Hinrichs Kap. 3 Rn. 20).

Fraglich ist, ob bereits die bloße Möglichkeit des Mitarbeiters, Gesellschaftsan- 24
teile zu erwerben, die nicht frei handelbar sind, unabhängig von einer späteren Ausschüttung, als Vergütung zu qualifizieren ist. Maßgeblich ist hierbei, ob durch die Einräumung dieses Erwerbsrechts ein Vorteil gewährt wird, der eine Gegenleistung für die Arbeitsleistung darstellt. Erfolgt der Erwerb der Anteile durch den Mitarbeiter zu einem vergünstigten Preis, der erheblich unter dem (hypothetischen) Marktwert liegt, spricht vieles dafür, den Vergütungsbegriff als erfüllt anzusehen, da dem Mitarbeiter in diesem Fall bereits mit dem Erwerb der Anteile ein unmittelbarer wirtschaftlicher Vorteil zukommt. Demgegenüber dürfte der Vergütungsbegriff der WpIVergV nicht greifen, wenn der Erwerb der Anteile zum vollen (hypothetischen) Marktwert erfolgt, da in diesem Fall keine über die reguläre Kapitalbeteiligung hinausgehende Begünstigung vorliegt. Soweit die

Anteile nicht frei handelbar sind, ergeben sich jedoch Schwierigkeiten bei der Ermittlung des Marktwerts, die eine genaue Prüfung im Einzelfall erfordern.

25 **c) Fixe und variable Vergütung.** Entsprechend der Vorgabe des § 46 Abs. 3 Nr. 3 lit. a unterscheidet die WpIVergV fixe und variable Vergütung. Die korrekte Zuordnung von Leistungen zur fixen und variablen Vergütung ist von hoher Bedeutung. Dies gilt insbesondere im Hinblick auf die allgemeinen Vorgaben (Regelungen für das Verhältnis zwischen variabler und fixer Vergütung) und besonderen Vorgaben (Regelungen zur Ermittlung der Höhe und Auszahlung sowie Malus- und Rückzahlungsregelungen) für variable Vergütungen aus § 7 WpIVergV beziehungsweise § 8 WpIVergV.

26 **(i) Fixe Vergütung.** Die fixe Vergütung hat gem. § 6 Abs. 1 Nr. 1 lit. a WpIVergV im Wesentlichen die einschlägige Berufserfahrung und die organisatorische Verantwortung im Unternehmen widerzuspiegeln, wie sie als Teil des Arbeits- oder Anstellungsvertrages in der Tätigkeitsbeschreibung der Risikoträger festgelegt ist und in § 2 Abs. 4 WpIVergV, der nahezu wortlautidentisch mit § 2 Abs. 6 InstitutsVergV ist, definiert ist. Nach § 2 Abs. 4 S. 1 ist der Teil einer Vergütung iSd WpIVergV fix, dessen Gewährung und Höhe keinem Ermessen unterliegt (Nr. 1), dessen Gewährung und Höhe dem Risikoträger keine Anreize für eine Risikoübernahme bieten (Nr. 2), bei dem die Voraussetzungen für die Gewährung und Höhe vorher festgelegt wurden (Nr. 3), bei dem die Voraussetzungen für die Gewährung und Höhe transparent für den Risikoträger sind (Nr. 4), dessen Gewährung und Höhe dauerhaft sind (Nr. 5), der nicht einseitig von dem Wertpapierinstitut verringert ausgesetzt oder aufgehoben werden kann (Nr. 6) und der nicht leistungsabhängig oder sonst vom Eintritt zuvor vereinbarter Bedingungen abhängig ausgestaltet ist (Nr. 7).

27 Gemäß § 2 Abs. 4 S. 2 WpIVergV gelten als fixe Vergütung ebenso finanzielle Leistungen oder Sachbezüge (Nr. 1), die auf einer zuvor festgelegten allgemeinen, ermessensunabhängigen und wertpapierinstitutsweiten Regelung beruhen (lit. a), nicht leistungsabhängig sind (lit. b), keine Anreize für eine Risikoübernahme bieten (lit. c) und entweder einen Großteil der Risikoträger oder Risikoträger, die vorab festgelegte Kriterien erfüllen, begünstigen (lit. d), oder Zahlungen in Erfüllung gesetzlicher Verpflichtungen (Nr. 2).

28 **(ii) Zulagen.** Grundsätzlich sind zeitlich begrenzte Zulagen nicht Teil der fixen Vergütung (vgl. § 2 Abs. 4 S. 1 Nr. 5 WpIVergV). Eine Ausnahme macht § 2 Abs. 4 S. 3 WpIVergV für Auslands- und Funktionszulagen. Diese gelten dann als fixe Vergütung, wenn sie aufgrund einer einheitlichen unternehmensweiten Regelung in vergleichbaren Fällen ermessensunabhängig an alle betroffenen Risikoträger geleistet werden, die Höhe der Zulage auf bestimmten Kriterien basiert und sie unter der auflösenden Bedingung des Wegfalls des jeweiligen Grundes ihrer Gewährung stehen (§ 2 Abs. 4 S. 4 WpIVergV).

29 **(iii) Variable Vergütung.** Die variable Vergütung hat gem. § 6 Abs. 1 Nr. 1 lit. b WpIVergV die nachhaltige und risikobereinigte Leistung der Risikoträger sowie die Leistungen widerzuspiegeln, die über die Tätigkeitsbeschreibung der Risikoträger hinausgehen.

30 In Entsprechung zu § 2 Abs. 3 InstitutsVergV definiert § 2 Abs. 5 S. 1 WpIVergV die variable Vergütung als den Teil der Vergütung, der nicht fix ist. Ebenso beinhaltet S. 2 eine Zweifelsregelung, wonach ein Bestandteil als variable Vergü-

tung gilt, wenn eine eindeutige Zuordnung eines Vergütungsbestandsteils zur fixen Vergütung nicht möglich ist.

(iv) Abfindungen. § 6 Abs. 4 S. 1 WpIVergV folgt der InstitutsVergV – in sich konsequent, aber aus arbeitsrechtlicher Sicht praxisfern – dahingehend, dass Abfindungen und vertraglich festgelegte Karenzentschädigungen für die Dauer eines nachvertraglichen Wettbewerbsverbots als variable Vergütung gelten. § 6 Abs. 4 WpIVergV stellt eigene Regelungen für Abfindungen auf. So enthält S. 5 – ebenso vergleichbar zur InstitutsVergV – die entsprechende Regelung zu den privilegierten Abfindungen (ausführlich hierzu → Rn. 95. Definiert wird der Begriff der Abfindung in § 2 Abs. 7 WpIVergV und der der Karenzentschädigung in § 74 Abs. 2 HGB. 31

d) Bereichsausnahme: Vergütung aus Tarifvertrag. § 46 Abs. 1 Hs. 2 ordnet an, dass die vergütungsrechtlichen Vorgaben keine Anwendung finden sollen, soweit die Vergütung durch Tarifvertrag oder in seinem Geltungsbereich durch Vereinbarung der Arbeitsvertragsparteien über die Anwendung der tarifvertraglichen Regelungen oder aufgrund eines Tarifvertrags in einer Betriebs- oder Dienstvereinbarung vereinbart ist. Folgerichtig ist auch die WpIVergV gemäß ihrem § 1 Abs. 3 Nr. 1 lit. a–c nicht auf die genannten Ausnahmen anzuwenden. Damit stellt der Gesetzgeber die Vergütung, welche derart mit einem Tarifvertrag in Verbindung steht, von den aufsichtsrechtlichen Vergütungsvorgaben frei. 32

Diese Bereichsausnahme basiert auf der gesetzgeberischen Wertung, dass vergütungsrelevante Bestimmungen, die aus einem Tarifvertrag resultieren, nicht als besonderes Risiko für die Stabilität des Finanzsystems anzusehen sind und damit aus aufsichtsrechtlicher Perspektive zu vernachlässigen sind. Dabei geht der Gesetzgeber augenscheinlich davon aus, dass sich die Tarifvertragsparteien für eine ausgewogene Vergütungsstruktur entscheiden, obwohl diese in keiner Weise dazu angehalten sind, auf die Stabilität des Finanzsystems hinzuwirken (so auch im Kontext der InstitutsVergV: Buscher/v. Harbou/Link/Weigl InstitutsVergV § 1 S. 47). Darüber hinaus soll dadurch ein möglicher Konflikt mit der durch Art. 9 Abs. 3 GG geschützten Tarifautonomie vermieden werden (vgl. Buscher/v. Harbou/Link/Weigl InstitutsVergV § 1 S. 47). 33

Die erste Variante bezieht sich auf Fallkonstellationen, in denen sich die arbeitsvertragliche Vergütung infolge der Tarifbindung nach § 3 Abs. 1 TVG oder der Erklärung der Allgemeinverbindlichkeit nach § 5 TVG unmittelbar aus einem Tarifvertrag ergibt. Im Rahmen der zweiten Variante wird im Geltungsbereich eines Tarifvertrages durch die Arbeitsvertragsparteien dessen Anwendung in vergütungstechnischer Hinsicht individualvertraglich vereinbart. Die dritte Variante beschäftigt sich mit einer Vergütungsregelung, die sich zwar in einer Betriebs- oder Dienstvereinbarung wiederfindet, die jedoch aufgrund eines Tarifvertrages erfolgt ist. 34

Indem durch Abs. 1 Hs. 2 die Vergütung aus Tarifverträgen den aufsichtsrechtlichen Regularien entzogen wird, eröffnet sich zwar ein gewisser Gestaltungsspielraum der Tarifvertragsparteien beziehungsweise der Parteien einer Betriebs- oder Dienstvereinbarung, soweit ein Fall des Abs. 1 Hs. 2 Var. 3 vorliegt. Diese Bereichsausnahme dürfte jedoch angesichts des gegenüber dem KWG und der InstitutsVergV deutlich eingeschränkten persönlichen Anwendungsbereichs praktisch kaum Bedeutung erlangen. Dies ergibt sich aus dem Umstand, dass es sich bei Risikoträgern in aller Regel nicht um Tarifangestellte handeln wird. 35

2. Persönlicher Geltungsbereich

36 Persönlich gelten die vergütungsrechtlichen Vorgaben nicht für alle Mitarbeiter, sondern lediglich für Geschäftsleiter und Mitarbeiter, deren berufliche Tätigkeit sich wesentlich auf das Risikoprofil des Wertpapierinstituts oder der von ihr verwalteten Vermögenswerte auswirkt. Damit definiert Abs. 1 implizit den Personenkreis der sogenannten Risikoträger. Eine inhaltsgleiche aber explizite Definition der Risikoträger nennt § 2 Abs. 2 WpIVergV, der für die Definition des Geschäftsleiters wiederum auf § 2 Abs. 36 verweist. Nicht zwingend erforderlich ist das Bestehen eines formalen Beschäftigungsverhältnisses mit dem Wertpapierinstitut, sodass nach § 2 Abs. 8 Nr. 2 WpIVergV auch Auslagerungssachverhalte erfasst werden (Lendermann/Nemeczek/Schroeter/Glasow WpIG § 46 Rn. 27).

37 Darüber hinaus sind gem. § 1 Abs. 3 Nr. 2 WpIVergV Handelsvertreter iSd § 84 Abs. 1 HGB vom persönlichen Geltungsbereich der WpIVergV ausgenommen.

38 Entgegen dem restriktiven Wortlaut („wesentlich“) wird die Norm in der Praxis der Aufsichtsbehörden weit ausgelegt, wodurch im Hinblick auf die Annahme des persönlichen Anwendungsbereichs keine allzu strengen Anforderungen zu stellen sind. Die bisherige aufsichtsrechtliche Praxis hat gezeigt, dass die nationale (BaFin) wie auch die europäische (EBA) Aufsichtsbehörde bemüht sind, den persönlichen Anwendungsbereich der Risikoträger weit zu fassen (vgl. EBA, Survey on the implementation of the CEBS-Guidelines on Remuneration Policies and Practices v. 12.4.2012, S. 8 ff.; BaFin, Jahresbericht 2013, S. 106). Dies wirkt sich auf die persönliche Reichweite dahingehend aus, dass in einem Wertpapierinstitut damit tendenziell mehr Risikoträger zu identifizieren sind.

39 **a) Konkretisierung des Risikoträgerbegriffs durch die WpIVergV.** Da die Regelung in Abs. 1 bezüglich des persönlichen Anwendungsbereichs keine Aussage darüber trifft, auf welcher Grundlage Risikoträger von anderen Mitarbeitern abzugrenzen sind, bedarf es einer Konkretisierung. Diese erfolgt gem. Abs. 3 S. 1 Nr. 1 durch den Erlass der WpIVergV. Aus § 3 S. 1 WpIVergV folgt die Pflicht des Wertpapierinstituts Personen zu identifizieren, welche die Risikolage oder das Volumen der Aktivposten eines Wertpapierinstituts besonders beeinflussen. Dies entspricht im Wesentlichen dem bereits bekannten Vorgehen aus dem KWG und der InstitutsVergV, die strengere Vorgaben für Mitarbeiter vorsehen, die als Risikoträger einzustufen sind (vgl. MHdB ArbR/Giesen, 5. Aufl. 2021, § 152 Rn. 40 ff.).

40 Sollte es in Kontrolleinheiten (zum Begriff → Rn. 49) Risikoträger im Sinne der vorgenannten Kriterien geben, gelten die Anforderungen der WpIVergV auch für diese. Eine allgemeine Ausweitung der Anforderungen auf alle Mitarbeiter in Kontrolleinheiten wäre hingegen von der Ermächtigungsgrundlage in § 46 Abs. 3 S. 1 nicht gedeckt.

41 Nach § 3 S. 2 WpIVergV sollen die Kriterien der Delegierten Verordnung (EU) 2021/2154 maßgeblich für die Beurteilung der Eigenschaft als Risikoträger sein. Diese Verordnung dient dabei der Harmonisierung solcher Kriterien, die bezüglich der Bestimmung der Risikoträger-Eigenschaft heranzuziehen sind. Durch die Normierung von qualitativen und quantitativen Kriterien soll den Wertpapierinstituten ein einheitliches Gerüst zur Bestimmung der Risikoträger an die Hand gegeben werden. Während sich die qualitativen Kriterien auf eine bestimmte organisatorische Stellung, eine bestimmte Funktion oder Kompetenz beziehen, zeichnen sich die quantitativen Kriterien durch die Verknüpfung der Risikoträger-Eigenschaft mit der jeweiligen Vergütungshöhe aus. Diesbezüglich

ergibt sich aus Art. 4 Abs. 1 lit. a der Delegierten Verordnung (EU) 2021/2154 ein Schwellenwert von 500.000 EUR bezogen auf die Gesamtvergütung, die im vorangegangenen Geschäftsjahr oder die für das vorangegangene Geschäftsjahr gewährt wurde. Nach den Erwägungsgründen (6) und (8) der Delegierten Verordnung (EU) 2021/2154 wird dadurch eine Vermutungswirkung dergestalt statuiert, dass Mitarbeiter, die eine derartige Vergütung erhalten, stets als Risikoträger aufzufassen sind.

b) Kritik an den quantitativen Kriterien und Ausnahmetatbestände. In diesem Zusammenhang kann die Sinnhaftigkeit der quantitativen Kriterien bezweifelt werden. Zwar ist es aus Sicht der Aufsichtsbehörden verständlich, den Kreis von Risikoträgern möglichst weit zu ziehen, um einer Risikoverwirklichung effektiv entgegenzutreten. Jedoch lassen sich allein aus der Vergütungshöhe keine validen Aussagen über deren Auswirkung auf die Risikogeneigtheit eines Wertpapierinstituts ableiten. Bei der Vergütungshöhe und dem Risikoprofil eines Wertpapierinstituts handelt es sich um zwei unabhängige Größen, die in keinem ursächlichen Zusammenhang stehen. Eine hohe Vergütung wirkt sich damit nicht zwangsläufig negativ auf die Risikobilanz aus. Die Vergütungshöhe an sich kann lediglich in Verbindung mit anderen aussagekräftigeren Kriterien als Anzeichen für die Risikogeneigtheit dienen. 42

Insoweit ist erfreulich, dass sich in Art. 4 Abs. 2–5 der Delegierten Verordnung (EU) 2021/2154 Ausnahmetatbestände wiederfinden, welche es erlauben, Mitarbeitern oder Mitarbeiterkategorien, die allein aufgrund quantitativer Kriterien als Risikofaktoren einzustufen sind, die Eigenschaft als Risikoträger abzusprechen. Art. 4 Abs. 2 der Delegierten Verordnung (EU) 2021/2154 bestimmt in diesem Zusammenhang, dass quantitative Kriterien keine Geltung beanspruchen können, wenn die Wertpapierfirma zur Feststellung gelangt, dass der Mitarbeiter oder die Mitarbeiterkategorie, der der Mitarbeiter angehört, sich nicht wesentlich auf das Risikoprofil der Wertpapierfirma oder der von ihr verwalteten Vermögenswerte auswirkt. Dies ist anhand zusätzlicher objektiver Kriterien zu ermitteln. Da die Delegierte Verordnung (EU) 2021/2154 in Art. 4 Abs. 2 jedoch sowohl eine Betrachtung von Mitarbeiterkategorien als auch nach dem einzelnen Mitarbeiter zulässt (vgl. zur aA Heimann/Csizmadia DB 2021, 2351 (2352)), sollte es der Praxis gelingen die Vorgaben einheitlich anzuwenden. Ab einer Vergütungshöhe von 750.000 EUR bedarf es nach Art. 4 Abs. 4 der Delegierten Verordnung (EU) 2021/2154 der Genehmigung der BaFin, um einen Mitarbeiter nicht als Risikoträger anzusehen. Ab einer Vergütung in Höhe von 1.000.000 EUR ist nach Art. 4 Abs. 5 der Delegierten Verordnung (EU) 2021/2154 die BaFin angehalten – zur Sicherstellung einer einheitlichen Verordnungsanwendung – sich zuvor mit der EBA über das Vorhaben abzustimmen. 43

c) Besondere Risikostrukturen. Soweit allerdings Besonderheiten des Risikoprofils eines Wertpapierinstituts dies erfordern, hat gem. § 3 S. 3 WpIVergV das Wertpapierinstitut zusätzlich interne Kriterien anzuwenden, um alle Risikoträger zu identifizieren. 44

3. Zeitlicher Geltungsbereich

In zeitlicher Hinsicht kann auf § 38 Abs. 4 verwiesen werden, welcher den maßgeblichen Zeitpunkt bestimmt, ab dem ein Wertpapierinstitut die Vergütungsvorgaben erstmals anzuwenden hat. Demnach hat ein Mittleres Wertpapierinstitut 45 die Vergütungsvorgaben des § 46 erstmals in dem Geschäftsjahr anzuwenden, in dem das entsprechende Institut als Mittleres Wertpapierinstitut einzustufen war (vgl. für Einzelheiten hierzu → § 38 Rn. XY)).). Da sich der aufsichtsrechtliche Status eines Wertpapierinstituts ändern kann, wäre es also theoretisch denkbar, dass die Vorgaben unterjährig einschlägig werden. In der Praxis ist ein Wechsel der Vergütungssysteme in aller Regel zu Beginn eines neuen Geschäftsjahrs anzustreben. Insbesondere sind bei der Einführung oder Änderung von Vergütungsregelungen etwaige Mitbestimmungsrechte der Betriebsräte zu beachten.

4. Verantwortlichkeiten

46 § 4 Abs. 1 S. 1 WpIVergV sieht vor, dass die Geschäftsleitung für die angemessene Ausgestaltung der Vergütungssysteme für Risikoträger, die keine Geschäftsleiter sind, nach § 46 und der WpIVergV verantwortlich ist. § 4 Abs. 1 S. 2 WpIVergV verpflichtet die Geschäftsleitung zur mindestens jährlichen Information eines etwaig bestehenden Verwaltungs- oder Aufsichtsorgans über die Ausgestaltung der Vergütungssysteme des Wertpapierinstituts. Sofern ein Verwaltungs- oder Aufsichtsorgan besteht, ist dem Vorsitzenden nach § 4 Abs. 1 S. 3 WpIVergV ein entsprechendes Auskunftsrecht gegenüber der Geschäftsleitung einzuräumen.

47 Sofern ein Verwaltungs- oder Aufsichtsorgan besteht, ist dieses gem. § 4 Abs. 2 S. 1 WpIVergV für die angemessene Ausgestaltung der Vergütungssysteme der Geschäftsleiter verantwortlich. Darüber hinaus ist es zuständig für die Überwachung der angemessenen Ausgestaltung der Vergütungssysteme der Risikoträger, welche keine Geschäftsleiter sind (vgl. auch § 21 Abs. 4), insbesondere auch der Leiter der Risikocontrolling-Funktion und der Compliance-Funktion. Für den Fall, dass kein Verwaltungs- oder Aufsichtsorgan besteht, tragen die Gesellschafter oder Inhaber gem. § 4 Abs. 2 S. 3 WpIVergV die Verantwortung für die angemessene Ausgestaltung und Überwachung der Vergütungssysteme der Geschäftsleiter.

48 Ein eingerichteter Vergütungskontrollausschuss unterstützt das Verwaltungs- und Aufsichtsorgan bei den oben genannten Aufgaben nach § 17 Abs. 2 und Abs. 3 WpIVergV. Die Errichtung eines solchen Ausschusses ist verpflichtend für Wertpapierinstitute, welche die Kriterien beziehungsweise die Schwellenwerte des § 44 Abs. 3 S. 2 erfüllen.

49 Gemäß § 4 Abs. 3 WpIVergV sind die Kontrolleinheiten im Rahmen ihrer jeweiligen Aufgaben bei der Ausgestaltung und der Überwachung der Vergütungssysteme zu beteiligen. Kontrolleinheiten sind alle Organisationseinheiten mit Kontrollaufgaben iSd Art. 1 Nr. 2 der Delegierten Verordnung (EU) 2021/2154. Hierzu zählen Einheiten des Risikocontrollings, der Compliance und das interne Audit. Kontrollaufgaben treffen daneben aber auch andere Funktionen und Stellen, wie zB Ausschüsse, die Personalabteilung, die Rechtsabteilung, die strategische Planung und die Finanzfunktion (vgl. EBA/GL/2021/13 Rn. 37).

5. Verfahren und Dokumentation

50 Mindestens einmal jährlich sind die Vergütungssysteme und die zugrunde gelegten Vergütungsparameter von dem Wertpapierinstitut durch eine zentrale unabhängige interne Prüfung auf ihre Angemessenheit zu überprüfen, insbesondere auf die Vereinbarkeit mit den Geschäfts- und Risikostrategien, § 14 Abs. 1 S. 1 WpIVergV. Hierzu müssen nach Satz 2 mindestens die Berichte der internen Revision und des Abschlussprüfers herangezogen werden.

51 Wer für die jährliche Überprüfung verantwortlich ist, regelt § 14 WpIVergV nicht explizit. Auszugehen ist von der Verantwortung der Geschäftsleitung (so auch Lendermann/Nemeczek/Schroeter/Glasow WpIG § 46 Rn. 37).

52 Die Überprüfung nach § 14 WpIVergV soll durch einen „unabhängigen Kontrollbeauftragten" vorgenommen werden (BaFin, Referentenentwurf zur WpIVergV, Stand: 18.10.2022, Begründung zu § 15 Abs. 1). Hiermit ist nicht gemeint, dass eine neue Kontrolleinheit gebildet werden soll, vielmehr bestehen Spielräume bei der internen Verteilung der Zuständigkeit, da diese von § 14 WpIVergV nicht geregelt ist (Lendermann/Nemeczek/Schroeter/Glasow WpIG § 46 Rn. 37). Auch eine Auslagerung der Überprüfung ist möglich (EBA/GL/2021/13 Nr. 64).

53 Die Überprüfung soll sich darauf beziehen, ob die Vergütungssysteme den nationalen und internationalen gesetzlichen Anforderungen entsprechen, innerhalb des Wertpapierinstituts (bzw. ggf. in der Gruppe) kohärent umgesetzt werden und ob sie ihre intendierte Wirkung entfalten (so auch Lendermann/Nemeczek/Schroeter/Glasow WpIG § 46 Rn. 36). Letzteres umfasst insbesondere die Beurteilung, ob die genehmigte Politik, Verfahren und interne Vorschriften eingehalten wurden, die Vergütungsauszahlungen angemessen sind und im Einklang mit der Geschäftsstrategie stehen sowie ob das Risikoprofil, die langfristigen und sonstigen Ziele angemessen berücksichtigt werden (EBA/GL/2021/13 Nr. 65).

54 Die schriftliche oder elektronische Dokumentation des Überprüfungsergebnisses ist der Geschäftsleitung und, soweit vorhanden, dem Verwaltungs- oder Aufsichtsorgan vorzulegen, § 14 Abs. 1 S. 3 WpIVergV. Werden Mängel festgestellt, so ist ein Maßnahmenplan zu erstellen und umzusetzen, sowie die ergriffenen Maßnahmen zu dokumentieren, § 14 Abs. 2 WpIVergV.

55 Wie auch nach der InstitutsVergV haben Unternehmen die Grundsätze zu den Vergütungssystemen in ihren Organisationsrichtlinien festzulegen und dokumentieren, § 13 WpIVergV.

56 Weitere Dokumentationspflichten des Wertpapierinstituts umfassen die Inhalte und Entscheidungsprozesse über den Gesamtbetrag der variablen Vergütung und dessen Verteilung im Unternehmen (§ 13 Abs. 2 WpIVergV), die Ergebnisse der jährlichen Überprüfung der Vergütungssysteme und möglicherweise ergriffenen Maßnahmen (§ 14 Abs. 1 S. S. 3 und Abs. 2 S. 2 WpIVergV), die Gewährung von Abfindungen (§ 6 Abs. 4 S. 3 WpIVergV) und die Risikoträgeridentifikation (Erwägungsgrund 11 Delegierten Verordnung (EU) 2021/2145). Weiterhin trifft die Gesellschafter oder Inhaber eine Dokumentationspflicht, wenn sie für die Ausgestaltung und Überwachung der Vergütungssysteme der Geschäftsleiter verantwortlich sind (§ 4 Abs. 2 S. 3 Hs. 2 WpIVergV).

6. Inhaltliche Anforderungen an die Vergütung/Vergütungssysteme

57 § 46 Abs. 1 bestimmt – in ähnlicher Weise wie § 25a Abs. 1 S. 3 Nr. 6 KWG – , dass die Vergütungssysteme von Wertpapierinstituten angemessen, transparent und auf eine nachhaltige Entwicklung des jeweiligen Instituts ausgerichtet sein müssen. Wie diese Schlagworte auszufüllen und umzusetzen sind, ergibt sich bereits unmittelbar aus der Systematik der Norm, wobei Abs. 1 und Abs. 3 einheitlich zu betrachten sind. Die auf Abs. 3 S. 1 basierende WpIVergV konkretisiert nicht nur die Angemessenheit, Transparenz und nachhaltige Entwicklung von Vergütungssystemen, sondern bringt darüber hinaus auch das in Abs. 3 S. 2 WpIG

verankerte Proportionalitätsprinzip zum Ausdruck (vgl. Neumann/Schmidt BKR 2021, 535 (541)).

58 **a) Proportionalitätsprinzip.** Gemäß Abs. 3 S. 2 haben sich die erforderlichen Konkretisierungen durch die WpIVergV insbesondere an der Größe und Vergütungsstruktur des Wertpapierinstituts sowie Art, Umfang, Komplexität, Risikogehalt und Internationalität der jeweiligen Geschäftsaktivitäten zu orientieren. Entsprechend formuliert § 6 Abs. 6 WpIVergV eine Pflicht des Wertpapierinstituts, bei der Erfüllung der Verordnungsvorgaben seine Größe, interne Organisation und die Komplexität seiner Geschäfte zu berücksichtigen (sog. Proportionalitätsprinzip, vgl. hierzu grundlegend Krimphove BKR 2017, 353). Diese Kriterien dienen als Indikatoren für die Risikoaffinität eines Wertpapierinstituts und sind damit für die Bestimmung des individuellen Risikoprofils heranzuziehen. Allein das durch die Wertpapierinstitute eigenverantwortlich zu erarbeitende Risikoprofil bestimmt die konkret-individuellen vergütungsrechtlichen Anforderungen innerhalb des jeweiligen Instituts. Liegt eine solche institutsinterne Risikoanalyse vor, ist in einem nächsten Schritt zu klären, welche genauen Prozesse und Strukturen erforderlich sind, um der jeweiligen Risikogeneigtheit entgegenzuwirken, sodass den aufsichtsrechtlichen Anforderungen genügt werden kann. Aus dem aufsichtsrechtlichen Prinzip der Proportionalität lässt sich damit das Maß der erforderlichen Maßnahmen ableiten. Je stärker die Risikoaffinität eines Instituts ausgeprägt ist, desto aufwändiger sollten die Strukturen und Prozesse sein, die im Hinblick auf die Vergütungsregulierung implementiert werden. Dagegen reicht bei einem geringeren Risikoniveau regelmäßig auch eine einfachere Maßnahmenarchitektur aus, um den aufsichtsrechtlichen Vergütungsanforderungen gerecht zu werden. Somit steigt die Anforderungsdichte an das jeweilige Wertpapierinstitut proportional zu dem Umfang der in Abs. 3 S. 2 genannten Indikatoren. Da es sich bei dem Risikoprofil um eine dynamische Zielgröße handelt, welche von den oben genannten unbeständigen Faktoren abhängig ist, bietet sich eine regelmäßige institutsinterne Überprüfung an, um frühzeitig einen Anpassungsbedarf zu erkennen und gegebenenfalls die implementierten Strukturen und Prozesse nachzujustieren.

59 **b) Allgemeine Anforderungen.** Das Vergütungssystem eines Wertpapierinstituts muss gem. Abs. 1 derart gestaltet sein, dass es angemessen und transparent ist, sowie auf eine nachhaltige Entwicklung des Wertpapierinstituts hinwirkt.

60 **aa) Ausrichtung an der Strategie des Wertpapierinstituts.** Als weitere inhaltliche Anforderung bestimmt § 5 WpIVergV, weitestgehend deckungsgleich zu § 4 InstitutsVergV, dass die Vergütungsstrategie und die Vergütungssysteme auf die Erreichung der Ziele ausgerichtet sein müssen, die in den Geschäfts- und Risikostrategien des jeweiligen Instituts niedergelegt sind, wobei auch die langfristigen Effekte der Anlageentscheidungen des Wertpapierinstituts und dessen Unternehmenskultur zu berücksichtigen sind (zur Langfristigkeit → Rn. XY. (Querverweis)). Gemäß § 5 S. 3 WpIVergV müssen sich die Vergütungsparameter an den Strategien ausrichten und das Erreichen der strategischen Ziele unterstützen.

61 Was unter dem Begriff der Unternehmenskultur (näher beschreiben) zu verstehen ist, wird bereits im Rahmen der InstitutsVergV, welche sich in § 4 InstitutsVergV ebenfalls dieses Begriffes bedient, diskutiert (siehe hierzu im Rahmen der InstitutsVergV Fischer/Schäfer/Schulte-Mattler/Schulte-Mattler/Siering, KWG CRR, InstitutsVergV § 4 Rn. 5).

(siehe hierzu im Rahmen der InstitutsVergV Fischer/Schäfer/Schulte-Mattler/Schulte-Mattler/Siering InstitutsVergV § 4 Rn. 5).

bb) Angemessenheit. Die Angemessenheit des Vergütungssystems wird in § 6 Abs. 1 WpIVergV näher konkretisiert, wobei die maßgeblichen Kriterien hierfür bereits in § 46 Abs. 3 S. 1 Nr. 3 vorgegeben werden. **62**

Diese zeichnet sich durch die Unterscheidung zwischen fixer und variabler Vergütung (Nr. 1), die Geschlechtsneutralität (Nr. 2), die Vereinbarkeit mit einem soliden Risikomanagement (Nr. 3), das Umfassen von Maßnahmen zur Vermeidung von Interessenkonflikten (Nr. 4), die Förderung eines verantwortungsvollen unternehmerischen Handelns (Nr. 5), die Berücksichtigung von Verbraucherrechten und -interessen (Nr. 6), die Vermeidung, Mitarbeitern solche Anreize zu setzen, die sie zum Eingehen unverhältnismäßig hoher Risiken animieren könnten (Nr. 7) und die Vereinbarkeit mit der Überwachungsfunktion der Kontrolleinheiten (Nr. 8) aus. **63**

Ein besonderes Augenmerk liegt gem. § 7 Abs. 1 WpIVergV auf dem Verhältnis zwischen der variablen und der fixen Vergütung eines Mitarbeiters. Diesbezüglich muss eine ausgewogene Relation geschaffen werden. Einerseits muss der Anteil der fixen Vergütung hinreichend ausgestaltet sein, sodass der Mitarbeiter gem. § 7 Abs. 3 WpIVergV nicht signifikant von der Auszahlung einer variablen Vergütung abhängig sein darf. Andererseits muss die variable Vergütung derart reguliert sein, dass sie für die Mitarbeiter dennoch einen wirksamen Verhaltensanreiz darstellen kann. Eine detaillierte Bewertung der variablen Vergütung kann indes gem. § 8 Abs. 1 S. 1 WpIVergV nur für jeden einzelnen Mitarbeiter unter Berücksichtigung der individuellen Leistung und seiner Position, der Leistung des betroffenen Geschäftsbereichs sowie des Gesamtergebnisses des Wertpapierinstituts erfolgen. Folglich ist ein Vergütungssystem auch unangemessen, wenn trotz negativer Erfolgsbeiträge (vgl. § 2 Abs. 10 S. 2 WpIVergV) ein der Höhe nach unveränderter Anspruch auf die variable Vergütung besteht, § 6 Abs. 2 WpIVergV. IdR müssen also sowohl negative als auch positive Erfolgsbeiträge bei jedem Vergütungsparameter gleichermaßen berücksichtigt werden (BaFin, Referentenentwurf zur WpIVergV, Stand: 18.10.2022, Begründung zu § 7 Abs. 2). Unter negativen Erfolgsbeiträgen werden Fälle von sitten- oder pflichtwidrigem Verhalten unterschiedlichen Ausmaßes sowie Fälle, in denen das Verhalten oder die Entscheidung von Mitarbeitern zu objektiv schwerwiegenden negativen Auswirkungen für das Wertpapierinstitut geführt haben, verstanden (BaFin, FAQ zur InstitutsVergV, Stand: Juni 2024, S. 5 ff.). **64**

Besonderheiten gelten für die variable Vergütung der Risikoträger der Kontrolleinheiten und des für die Risikosteuerung zuständigen Mitglieds der Geschäftsleitung: hier soll kein risikobewusstes Handeln gefördert werden, sondern eine wirksame Überwachung (Lendermann/Nemeczek/Schroeter/Glasow WpIG § 46 Rn. 49). Deshalb sind Anreize, die der Überwachungsfunktion zuwiderlaufen, unangemessen, § 6 Abs. 1 Nr. 8 WpIVergV. Nichtabschließende Beispiele für eine Unangemessenheit der Vergütung der Kontrolleinheiten (nicht jedoch für das für die Risikosteuerung zuständige Mitglied der Geschäftsleitung) nennt § 6 Abs. 3 WpIVergV. So muss die Vergütung nach § 6 Abs. 3 S. 1 Nr. 3 lit. b WpIVergV so ausgestaltet werden, dass sie nicht vorwiegend auf variablen Vergütungsbestandteilen beruht (so auch EBA/GL/2021/13, Nr. 188). Es überzeugt, zu verlangen, dass der fixe Vergütungsanteil weitaus überwiegt, so dass keine Abhängigkeit der Mitarbeiter in Kontrolleinheiten vom variablen Vergütungsanteil besteht (im Kontext des KWG & InstitutsVergV: Annuß/Früh/Hasse/Annuß InstitusVergV § 9 Rn. 2). **65**

66 Besondere Anforderungen gelten darüber hinaus für Vertriebsmitarbeiter. Gemäß § 6 Abs. 1 Nr. 6 WpIVergV (sowie gem. § 5 Abs. 1 Nr. 3 InstitutsVergV) ist bei der Ausgestaltung ihrer Vergütungssysteme sicherzustellen, dass Verbraucherrechte und -interessen angemessen berücksichtigt werden. Insbesondere ist es unzulässig, ausschließlich quantitative Vergütungsparameter heranzuziehen, sofern unmittelbar Verbraucherinteressen betroffen sind. Einen eigenständigen praktischen Regelungsgehalt dürfte § 6 Abs. 1 Nr. 1 WpIVergV indes nicht entfalten. Denn Vertriebsmitarbeiter von Wertpapierinstituten unterliegen bereits den verhaltensbezogenen Vergütungsvorgaben der MiFID II, wonach variable Vergütung nicht ausschließlich an quantitative Kriterien anknüpfen darf (Lendermann/Nemeczek/Schroeter/Glasow WpIG § 46 Rn. 48).

67 Ferner wird iRd WpIG für die Angemessenheit eines Vergütungssystems dessen Geschlechtsneutralität gem. § 6 Abs. 1 Nr. 2 WpIVergV als essentiell gewertet, sodass unter anderem eine Entgeltbenachteiligung bei gleicher oder gleichwertiger Arbeit aufgrund des Geschlechts vorschriftswidrig wäre (Heimann/Stabenow BB 2021, 1844 (1847)). Dies bezieht sich sowohl auf die abstrakte Ausgestaltung der Vergütungssysteme, als auch auf die konkrete Anwendung (Heimann/Csizmadia DB 2021, 2351 (2353)). Während dieser Grundsatz für Arbeitnehmer der Wertpapierinstitute bereits aufgrund des AGG und des EntgTranspG Geltung hatte, führt § 6 Abs. 1 Nr. 2 WpIVergV diesen nunmehr zudem für Organe regulatorisch ein, sodass sich Änderungen für Geschäftsführer und Vorstände ergeben können, dies bisher nur eingeschränkt durch das AGG geschützt wurden (Heimann/Csizmadia DB 2021, 2351 (2353)).

68 Die Risikoadjustierung wird – § 8 InstitutsVergV folgend – durch das in § 12 Abs. 1 WpIVergV geregelte Absicherungsverbot ergänzt, welches von der Compliance-Funktion stichprobenartig zu überprüfen ist (§ 12 Abs. 2 WpIVergV). Das Absicherungsverbot soll verhindern, dass die Risikoadjustierung der Vergütung durch Gegenmaßnahmen konterkariert wird. In der Praxis empfiehlt es sich, dieses Verbot ausdrücklich durch Vereinbarungen mit den betroffenen Mitarbeitern abzusichern.

69 **cc) Transparenz.** Das Vergütungssystem muss zudem transparent ausgestaltet sein. Gemäß § 11 Abs. 1 WpIVergV muss der Gesamtbetrag der variablen Vergütung, wie auch von § 7 Abs. 1 InstitutsVergV gefordert, auf einem formalisierten, transparenten und nachvollziehbaren Prozess fundieren. Insbesondere ist die Voraussetzung der Transparenz jedoch darauf zurückzuführen, dass lediglich ein transparentes Vergütungssystem das dem WpIG und der WpIVergV zugrundeliegende Ziel, einen „Anreiz- oder Lenkungseffekt" auszulösen, um die Vergütungsinteressen der Mitarbeiter mit der Risikostrategie und dem langfristigen Unternehmenserfolg in Einklang zu bringen, erreichen kann (EBA/GL/2021/13, Nr. 32, 124; iE BaFin, Auslegungshilfe zur IVV, Stand: 15.2.2018, S. 10, 26).

70 Die inhaltliche Transparenz wird – § 13 Abs. 1 S. 1 InstitutsVergV entsprechend – durch die in § 15 Abs. 1 WpIVergV vorgesehene Informationspflicht des Wertpapierinstituts ergänzt, nach der Risikoträger über die Ausgestaltung der für sie maßgeblichen Vergütungssysteme und der für sie relevanten Vergütungsparameter in Textform in Kenntnis gesetzt werden müssen.

71 Im Lichte der Transparenzanforderungen stellt sich die Frage, inwieweit ein Ermessensbonus zulässig ist. Sofern der für den Bonus vorgesehene finanzielle Rahmen, die maßgeblichen ermessensleitenden Kriterien sowie die für die Ausübung des Ermessens verantwortliche Stelle innerhalb des Instituts klar benannt

und dokumentiert werden, muss ein Ermessensbonus nach hier vertretener Ansicht zulässig bleiben (im Kontext des KWG & InstitutsVergV: Annuß/Früh/Hasse/Annuß InstitusVergV § 13 Rn. 1).

dd) Nachhaltigkeit. Das Vergütungssystem hat gem. Abs. 1 zudem auf eine nachhaltige Entwicklung des Wertpapierinstituts ausgerichtet zu sein. Die Unternehmensziele sollen derart gesteckt sein, dass ein stetiger Unternehmenserfolg und eine „langfristige Unternehmensentwicklung" (Poelzig NZG 2020, 41 (43)) angestrebt werden und nicht stattdessen eine Orientierung an kurzfristigen Parametern erfolgt, die zu dem Eingehen übermäßiger Risiken verleiten können (BaFin, Auslegungshilfe zur InstitutsVergV, Stand: 15.2.2018, S. 1). Dieser Grundsatz muss im Sinne eines adäquaten Risikomanagements insbesondere auch in der Gestaltung des Vergütungssystems impliziert sein. 72

So regelt § 5 WpIVergV ebenfalls ausdrücklich, dass auch die langfristigen Effekte der Anlageentscheidung des Wertpapierinstituts und dessen Unternehmenskultur zu berücksichtigen sind. Alle Zeiträume, die ein Geschäftsjahr übersteigen sind „langfristig" iSd Vorschrift (BaFin, Referentenentwurf zur WpIVergV, Stand: 18.10.2022, Begründung zu § 6). Diese allgemeine Vorgabe spiegelt sich in § 8 Abs. 1 S. 2 WpIVergV wider, wonach die Leistungsbewertung für einen Zeitraum von mehr als einem Jahr vorzunehmen ist (Abs. 1 S. 2). Dies erfolgt insbesondere durch die von § 8 Abs. 4–6 WpIVergV geforderte nachträgliche Risikoadjustierung, durch welche zwingend insgesamt ein mehrjähriger Bewertungszeitraum vorliegt. Nach Ansicht der BaFin müssen Wertpapierinstitute, die nach § 10 Abs. 1 WpIVergV (wegen dem Nichterfüllen der Kriterien und Schwellenwerte aus § 44 Abs. 3 S. 2) von den Anforderungen der nachträglichen Risikoadjustierung befreit sind, dem mehrjährigen Zeitraum auf Ebene der Leistungsbemessung durch die Wahl geeigneter Vergütungsparameter gerecht werden. So kann zB ein zukunftsorientiertes Konzept (wie eine mehrjährige Ertragsplanung) herangezogen oder die Leistungsbewertung aus den Vorjahren einbezogen werden (BaFin, Referentenentwurf zur WpIVergV, Stand: 18.10.2022, Begründung zu § 9 Abs. 1). Dem kann entgegengehalten werden, dass kleinere Wertpapierinstitute, welche durch § 10 Abs. 1 WpIVergV eigentlich entlastet werden sollen, dann komplexe mehrjährige Leistungsbemessungssysteme einführen müssten, größere Wertpapierinstitute jedoch nicht. Deswegen müsse für kleinere Wertpapierinstitute auch die Nutzung eines Bemessungszeitraums von nur knapp über einem Jahr – wie von § 8 Abs. 1 S. 2 WpIVergV vorgegeben – möglich sein (Lendermann/Nemeczek/Schroeter/Glasow WpIG § 46 Rn. 71). 73

Zu beachten ist ferner, dass im WpIG anders als in dem überarbeiteten § 87 Abs. 1 S. 2 AktG nicht sowohl von einer nachhaltigen als auch von einer langfristigen Entwicklung der Gesellschaft gesprochen wird. Durch das Abstellen allein auf die Nachhaltigkeit bietet sich die Schlussfolgerung an, dass der Gesetzgeber sich bewusst dazu entschieden hat, den Begriff der Nachhaltigkeit iRd WpIG weiterhin primär im Sinne von Langfristigkeit in einem zeitlichen Kontext zu verstehen und der Entwicklung, nunmehr verstärkt soziale und ökologische Belange miteinzubeziehen, nicht gefolgt wird (bezogen auf die Auslegung des AktG: BT-Drs. 19/15153, 55). Das WpIG steht der Einbeziehung solcher Belange jedoch nicht entgegen. Im Gegenteil, in der Praxis werden solche Belange künftig vermehrt in Vergütungssystemen berücksichtigt werden. Art. 5 Abs. 1 VO (EU) 2019/2088 fordert bereits von Finanzmarktteilnehmern eine Offenlegung, inwieweit ihre Vergütungspolitik mit der Einbeziehung von Nachhaltigkeitsrisiken im Einklang steht. 74

75 **c) Konkretisierung der allgemeinen Vergütungsregulatorik des WpIG.** Die dargelegten allgemeinen Anforderungen werden durch spezifische Regelungsinstrumente und Vorgaben der WpIVergV weitgehend konkretisiert, sodass den Wertpapierinstituten ein dezidierter Handlungsrahmen vorgegeben wird. Auch im Rahmen des WpIG steht die Regulierung der variablen Vergütung im Mittelpunkt. So sind sowohl Anforderungen an die variable Vergütung als auch an den damit verbundenen Auszahlungsprozess zu beachten.

76 Zur Orientierung und Identifizierung der wesentlichen Abweichungen bezüglich der bisherigen Vergütungsregulatorik ist folgende Übersicht zu beachten:

77 **aa) Anforderungen an die variable Vergütung. (i) Variable Vergütung als Ermessensleistung.** Mit Blick auf die Notwendigkeit eines angemessenen Vergütungssystems, Verhaltensanreize in Richtung risikoadäquatem Handeln zu setzen und das Eingehen von unverhältnismäßig hohen Risiken zu vermeiden, wird bereits im Bereich des KWG und der InstitutsVergV diskutiert, ob die Gewährung einer variablen Vergütung verpflichtend ist (Löw/Glück NZA 2015, 137 (140)). Weitestgehend gleichlautende Regelungen, um entsprechende Verhaltensanreize zu setzen, finden sich nunmehr in § 6 Abs. 1 Nr. 7 und §§ 7 und 8 WpIVergV.

78 Diese Regelungen sind jedoch nicht dahingehend zu verstehen, dass der Verhaltensanreiz zum risikoadäquaten Handeln zwangsläufig durch das Gewähren einer variablen Vergütung geschaffen werden muss. Vielmehr ist das primäre Ziel, dass das Vergütungssystem auf die Risikosteuerung und das Risikomanagement des Wertpapierinstituts zugeschnitten ist, diesem förderlich ist und das Risikobewusstsein der Mitarbeiter schärft (so auch im Kontext des KWG & InstitutsVergV: Löw/Glück NZA 2015, 137 (140)). Dies muss durch das vom Wertpapierinstitut gewählte Vergütungssystem realisiert werden können. Es ist davon auszugehen, dass hierfür die meisten Wertpapierinstitute auf die Gewährung einer variablen Vergütung zurückgreifen werden. Hierneben sind jedoch auch immaterielle Anreize, wie das Bieten von Karrierechancen, denkbar (Heimann/Csizmadia DB 2021, 2351 (2353)).

79 Entscheidet sich das Wertpapierinstitut für die Gewährung einer variablen Vergütung, liegt auch deren Höhe und die Festlegung der Vergütungsparameter – innerhalb der Grenze der Angemessenheit und der Rahmenvorschriften der WpIVergV – im Ermessen von diesem (Lendermann/Nemeczek/Schroeter/Glasow WpIG § 46 Rn. 52).

80 Bei der Festlegung des Gesamtbetrages der variablen Vergütung eines Wertpapierinstituts, des sog. Bonuspools, muss dieses alle bestehenden und zukünftigen Risiken, die Kosten der Aufbringung von Eigenmitteln und liquiden Vermögenswerte berücksichtigen. Insgesamt darf durch die Höhe der variablen Gesamtvergütung nicht die Fähigkeit des Unternehmens beeinträchtigt werden, eine angemessene Ausstattung mit Eigenmitteln zu gewährleisten, § 11 Abs. 2 WpIVergV. Nach § 11 Abs. 3 WpIVergV ist eine entsprechende Prüfung auch für die Erdienung der zurückbehaltenen variablen Vergütungsbestandteile vorzunehmen.

81 **(ii) Kriterien und Grenzen der Bemessung individueller variabler Vergütung.** Für die Bemessung der individuellen variablen Vergütung jedes Risikoträgers, also die Verteilung des Gesamtbetrages der variablen Vergütung, gibt § 8 Abs. 1 S. 1 WpIVergV Kriterien vor. Maßgeblich sind die Bewertung der individuellen Erfolgsbeiträge des Risikoträgers, der Erfolgsbeiträge des betroffenen Geschäftsbereichs und der Gesamterfolg des Wertpapierinstituts. Als Erfolgsbei-

träge gelten gem. § 2 Abs. 10 WpIVergV die auf der Grundlage von Vergütungsparametern ermittelten tatsächlichen Leistungen und Erfolge eines Risikoträgers oder einer Organisationseinheit oder der Gesamterfolg eines Wertpapierinstituts oder einer Wertpapierinstitutsgruppe, die in die Ermittlung der Höhe der variablen Vergütungsbestandteile einfließen. Bei der Leistungsbewertung der Risikoträger werden gem. § 8 Abs. 2 S. 1 WpIVergV sowohl finanzielle als auch nichtfinanzielle Vergütungsparameter berücksichtigt, wobei nach S. 2 bei in Kontrolleinheiten tätigen Risikoträgern auch ausschließlich nicht-finanzielle Parameter herangezogen werden können. Vergütungsparameter können sowohl qualitativer als auch quantitativer Natur sein. Insbesondere pflichtwidriges Verhalten mit Bezug zur ausgeübten Tätigkeit muss zu einer deutlichen Verringerung der variablen Vergütung führen, § 8 Abs. 2 S. 3 WpIVergV. Dieses darf dann auch nicht durch anderweitige positive Erfolgsbeiträge ausgeglichen werden (für die InstitutsVergV ist dies in § 19 Abs. 2 S. 3 ausdrücklich geregelt) (Lendermann/Nemeczek/Schroeter/Glasow WpIG § 46 Rn. 72). Auch in den Fällen des § 8 Abs. 6 S. 4 WpIVergV muss eine vollständige Verminderung der variablen Vergütung erfolgen (hierzu → Rn. XY).

Der zeitliche Horizont für die Leistungsbewertung der Risikoträger beträgt gem. § 8 Abs. 1 S. 2 WpIVergV mehr als ein Jahr, wohingegen die Festsetzung und Gewährung einen Bemessungszeitraum von mindestens einem Jahr ausreichen lässt. Durch die mehrjährige Leistungsmessung wird der in § 8 Abs. 3–6 WpIVergV normierten ex-post-Risikoadjustierung Rechnung getragen und unterjährige Abschlags- oder Vorauszahlungen auf den Jahresbonus hinfällig (BaFin, Referentenentwurf zur WpIVergV, Stand: 18.10.2022). **82**

Gemäß § 7 Abs. 4 WpIVergV darf die Höhe der variablen Vergütung nicht garantiert werden. Eine Ausnahme gilt für Vergütungen im ersten Anstellungsjahr eines Risikoträgers, dessen unmittelbar vorangegangene Tätigkeit nicht in derselben Wertpapierinstitutsgruppe erfolgte. Dann darf idR auch von den Vorgaben des § 8 Abs. 3–5 WpIVergV, welche die anteilige Auszahlung in Instrumenten und die anteilige Zurückbehaltung regeln, abgesehen werden. **83**

(iii) Verzicht auf eine feste Obergrenze. Eine der wesentlichen Abweichungen zu der bisherigen Vergütungsregulatorik stellt der Verzicht auf eine feste Obergrenze der variablen Vergütung (sog. Bonus-Cap) dar. Wurde in § 25a Abs. 5 S. 2 KWG die variable Vergütung noch auf einen bestimmten prozentualen Anteil der fixen Vergütung begrenzt, so nimmt das WpIG von einer vergleichbaren Regelung Abstand. Hintergrund hierfür ist die hohe Volatilität der Einkünfte eines Wertpapierinstituts (BR-Drs. 7/21, 169). So soll den Wertpapierinstituten eine gewisse Flexibilität gewährt werden, die es ihnen in ertragsarmen Zeiten ggf. ermöglicht, die Vergütung zu reduzieren. Mit einer starren Obergrenze wäre eine solche flexible Handhabung nicht realisierbar; stattdessen würde daraus ein Anstieg der Fixkosten resultieren (BR-Drs. 7/21, 169). **84**

All dies würde zu einer hohen fixen wirtschaftlichen Belastung des Wertpapierinstituts führen, die selbst in finanziellen Krisenzeiten nicht anpassbar wäre, sodass zugleich die Widerstandsfähigkeit des Wertpapierinstituts gefährdet würde (BR-Drs. 7/21, 169). Dies liefe dem Ziel der Norm zuwider, die allgemeine Finanzstabilität, sowie die Stabilität der einzelnen Finanzinstitute zu gewährleisten. **85**

Demnach obliegt es dem Wertpapierinstitut ein angemessenes Verhältnis zwischen variabler und fixer Vergütung zu finden. Gemäß § 7 Abs. 1 WpIVergV müssen die Unternehmen selbst angemessene Werte, dh Obergrenzen beziehungs- **86** weise Höchstwerte festlegen. Der bestehende Gestaltungsspielraum wird einzig durch die Vorgaben an die Angemessenheit iSd § 6 Abs. 1 Nr. 7 und §§ 7 und 8 WpIVergV begrenzt (vgl. hierzu → Rn. XY).

87 **(iv) Malus- und Rückzahlungsregelungen.** Nach § 8 Abs. 6 S. 1 WpIVergV ist eine Verminderung oder Rückzahlung der variablen Vergütung durch Malus- oder Rückforderungsregelungen sicherzustellen, die sich nach von dem Wertpapierinstitut festgelegten Kriterien bestimmen (sog. Ex-Post-Risikoadjustierung). Hierbei ist gemäß S. 2 und 3 das Finanzergebnis des Wertpapierinstituts zu berücksichtigen, wobei bei einem schwachen oder negativen Finanzergebnis die variable Vergütung angemessen reduziert werden soll. Konkretisiert werden die festzulegenden Kriterien durch eine nicht abschließende („insbesondere") Aufzählung von Beispielen, in denen nach dem Willen des Gesetzgebers eine vollständige Minderung oder Rückzahlung der variablen Vergütung stattfinden soll, etwa wenn der betroffene Risikoträger verantwortlich ist für bei dem Wertpapierinstitut eingetretene erhebliche Verluste (Nr. 1) oder an Aktivitäten teilgenommen hat, die zu erheblichen Verlusten für das Wertpapierinstitut geführt haben (Nr. 2), oder für seine Tätigkeit nicht mehr als sachkundig und zuverlässig angesehen werden kann (Nr. 3). Insoweit ist § 8 Abs. 6 WpIVergV eine aufsichtsrechtliche Verpflichtung der Wertpapierinstitute zu entnehmen, Malus- oder Rückzahlungsregelungen in ihre Vergütungssysteme zu implementieren. Die nachträgliche Risikoadjustierung greift nur, wenn Malustatbestände nachträglich bekannt werden oder eintreten. Anderenfalls sind diese Umstände bereits bei der Bemessung der variablen Vergütung entsprechend zu berücksichtigen (sog. Ex-Ante-Risikoadjustierung).

88 **(1) Unterscheidung zwischen Malus- und Rückzahlungsregelung.** Eine Malusregelung bezweckt abstrakt, dass ein noch nicht ausgezahlter oder zugeteilter Anteil der variablen Vergütung, auf den noch kein Anspruch nach § 8 Abs. 4 S. 3 WpIVergV entstanden ist, in bestimmten Fallkonstellationen zurückbehalten und nicht ausgezahlt wird (Löw/Glück NZA 2015, 137 (140); Lendermann/Nemeczek/Schroeter/Glasow WpIG § 46 Rn. 88 ff.). Dagegen beschreibt eine Rückzahlungsregelung einen Mechanismus, wonach die bereits ausgezahlte oder bezogene variable Vergütung unter bestimmten Umständen zurückzufordern ist (Johnson CCZ 2018, 9).

89 Bereits der Wortlaut („oder") zeigt auf, dass die benannten Instrumente der nachträglichen Risikoadjustierung alternativ zueinanderstehen. Damit genügt ein Wertpapierinstitut den aufsichtsrechtlichen Anforderungen bereits dann, wenn es lediglich eine der beiden Handlungsmöglichkeiten im Rahmen seiner Vergütungssysteme umsetzt.

90 Für die Beurteilung müssen die Wertpapierinstitute Kriterien festlegen und dabei jedenfalls auch die ursprünglich verwendeten Vergütungsparameter zu Grunde legen. Auch wenn eine dem § 18 Abs. 5 S. 2 InstitutsVergV entsprechende Regelung hier fehlt, so ist doch davon auszugehen, dass negative Abweichungen periodengerecht anzurechnen sind (Lendermann/Nemeczek/Schroeter/Glasow WpIG § 46 Rn. 75). Zusätzlich formuliert § 8 Abs. 6 WpIVergV Fallbeispiele, in welchen davon auszugehen ist, dass ein unverhältnismäßiges Risiko vorliegt und deshalb eine vollständige Verminderung des Anspruchs oder eine vollständige Rückzahlung der variablen Vergütung zu erfolgen hat. Diese aufgestellten Kriterien können jeweils bei Malus- und Rückzahlungsregelungen herangezogen werden, da der Gesetzgeber augenscheinlich beide Instrumente derselben Wertung unterzieht. Da die genannten Beispiele in erheblichem Maße der Auslegung

zugänglich sind, bleibt abzuwarten, ob die BaFin auch hier zur Konkretisierung eine informelle Auslegungshilfe herausgeben wird.

(2) Arbeitsrechtliche Bewertung und unionsrechtliche Kontextualisierung. Auch wenn § 8 Abs. 6 WpIVergV die Zulässigkeit von Malus- und Rückzahlungsregelungen statuiert, bergen derartige Regelungen ein nicht unerhebliches Konfliktpotenzial im Hinblick auf arbeitsrechtliche Grundsätze. Es wird nicht nur der einseitige Eingriff in das Synallagma des § 611a BGB oder auch eine etwaige Vereinbarkeit mit dem AGB-Recht beanstandet, sondern auch die Einordnung als Vertragsstrafe diskutiert (vgl. im Allgemeinen dazu etwa Krumey/Merkelbach CZZ 2019, 266; Löw/Glück NZA 2015, 137 und insbesondere zur Vertragsstrafe Poelzig NZG 2020, 41 (46) sowie im Kontext der InstitutsVergV Johnson CZZ 2018, 9 (12)). Durch die vage Formulierung der Kriterien durch den Gesetzgeber sowie die Betrauung der Wertpapierinstitute mit der Bestimmung der Kriterien wird dieses Konfliktpotenzial auch im Rahmen des WpIG nicht entschärft, sondern weiter geschürt. 91

Im Ergebnis sprechen die besseren Argumente gegen eine Einordnung als Vertragsstrafe. Zunächst sollen die in § 8 Abs. 6 WpIVergV bestimmten Kriterien nicht allein vertragswidriges Verhalten sanktionieren, sondern eher die Eingehung unverhältnismäßiger Risiken verhindern. Die WpIVergV beschreibt insoweit lediglich Fälle, in denen aus aufsichtsrechtlicher Sicht angenommen werden kann, dass ein unverhältnismäßiges Risiko eingegangen wurde. Ein vertragswidriges Verhalten kann, aber muss damit nicht notwendigerweise verbunden sein. Jedenfalls soweit Malustatbestände lediglich eine nachträgliche Anpassung der Bewertung von Leistungskriterien und damit die fehlerhafte Ex-Ante-Bewertung korrigieren sollen, ist nach der – soweit ersichtlich – überwiegenden Ansicht nicht von einer Vertragsstrafe im Sinne des AGB-Rechts auszugehen (vgl. Poelzig NZG 2020, 41 (46), die insoweit zwischen „Perfomance-Clawback" und „Compliance-Clawback" unterscheiden will). 92

Bezüglich der übrigen Bedenken geht die EBA davon aus, dass die Mitgliedstaaten verpflichtet sind, den Instituten die Möglichkeit einzuräumen, unbeschadet aller allgemeinen Grundsätze des nationalen Vertrags- und Arbeitsrechts Malus- und Rückzahlungsregelungen zu vereinbaren, welche es erlauben, im Extremfall auch die gesamte variable Vergütung zurückzufordern (EBA/GL/2021/13, S. 73 Nr. 283). Dies legt nahe, dass im Zweifel eine europarechtskonforme Auslegung der nationalen gesetzlichen Regelungen zu erfolgen hat. Ob die Arbeitsgerichte diesen Ansatz übernehmen, ist offen. 93

(3) Ausnahmen. Obwohl das WpIG hinsichtlich seiner vergütungsrechtlichen Anforderungen bereits nach der Größe des jeweiligen Wertpapierinstituts unterscheidet, findet im Rahmen von Malus- und Rückzahlungsregelungen eine weitere Differenzierung statt. Aus § 10 Abs. 1 S. 1 WpIVergV ergibt sich, dass die Vorgaben aus § 8 Abs. 6 WpIVergV nicht auf ein Wertpapierinstitut anzuwenden sind, das die Anforderungen des § 44 Abs. 3 S. 2 Nr. 1 oder Nr. 2 erfüllt (vgl. für Einzelheiten hierzu → § 44 Rn. XY). Diese „kleineren" Mittleren Unternehmen müssen mithin keine Malus- und Rückzahlungsregelungen aufnehmen. In § 10 Abs. 2 WpIVergV findet sich außerdem die Regelung, welche den Inhalt des Art. 32 Abs. 4 lit. b IFD umsetzt. Danach werden Risikoträger, deren jährliche variable Vergütung nicht über 50.000 EUR hinausgeht und nicht mehr als ein Viertel der jährlichen Gesamtvergütung der betreffenden Person darstellt, ebenfalls vom Erfordernis der Malus- und Rückzahlungsregelungen ausgenommen. 94

95 **(v) Besondere Vorgaben für Abfindungen und Halteprämien.** Abfindungen gelten gem. § 6 Abs. 4 S. 1 WpIVergV als variable Vergütungen, weshalb grundsätzlich alle Vorschriften für variable Vergütungen auch bei Abfindungen beachtet werden müssen. Zusätzlich gelten die Regeln des § 6 Abs. 4 WpIVergV, wie zB dass negative Erfolgsbeiträge oder Fehlverhalten des Risikoträgers nicht durch die Gewährung von Abfindungen belohnt werden dürfen. Für die Zusage von Abfindungen muss das Wertpapierinstitut gem. § 6 Abs. 4 S. 2 WpIVergV – der InstitutsVergV folgend – schriftlich oder elektronisch Grundsätze aufstellen, die insbesondere einen Höchstbetrag oder die Kriterien für die Bestimmung der Abfindungsbeträge regeln. Privilegierte Abfindungen nach Abs. 4 S. 5 – wie insbesondere Abfindungen bis zu einer Höhe von 200.000 EUR – müssen bei der Beurteilung der Angemessenheit nach § 7 Abs. 1 WpIVergV nicht berücksichtigt werden. Teilweise wird in Einklang mit den EBA-Richtlinien (vgl. EBA/GL/2021/13 Nr. 166) auch angenommen, dass trotz des Fehlens einer dem § 5 Abs. 6 S. 5 InstitutsVergV entsprechenden Regelung auch die Regelungen der nachträglichen Risikoadjustierung der § 8 Abs. 3–5 WpIVergV auf privilegierte Abfindungen nicht angewendet werden müssen (so zB Lendermann/Nemeczek/Schroeter/Glasow WpIG § 46 Rn. 55 (FußnoteFn. 99)). Nimmt man an, dass § 8 Abs. 3–5 WpIVergV auf privilegierte Abfindungen anzuwenden ist, hat dies zur Folge, dass Abfindungen nur zeitanteilig und nicht im Ganzen ausgezahlt werden können, was wiederrum einvernehmliche Trennungen erschwert (Blunck/Kunz, Die neue Wertpapierinstituts-Vergütungsverordnung tritt in Kraft, abrufbar unter https://www.noerr.com/de/insights/die-neue-wertpapierinstitutsverguetungsverordnung-tritt-in-kraft (letzter Aufruf am 23.7.2025)). Die besseren Argumente sprechen deshalb dafür, die Regelungen der Ex-post Risikoadjustierung nicht auf privilegierte Abfindungen anzuwenden.

96 Halteprämien dürfen gem. § 6 Abs. 5 WpIVergV nur gewährt werden, wenn das Wertpapierinstitut ein berechtigtes Interesse an ihrer Gewährung hat. Ein solches berechtigtes Interesse muss in der Bindung eines identifizierten Mitarbeiters liegen und kann insbesondere bei Umstrukturierungen, Abwicklungen, einem Kontrollwechsel oder zur Sicherstellung des Abschlusses eines Großprojekts vorliegen (EBA/GL/2021/13 Nr. 136). Dann müssen sie bei der Beurteilung der Angemessenheit nach § 7 Abs. 1 WpIVergV entweder zeitanteilig oder mit ihrem Gesamtbetrag zum Zeitpunkt der Fälligkeit berücksichtigt werden. Im Übrigen müssen sie alle Anforderungen an variable Vergütungen erfüllen.

97 **bb) Auszahlungsprozess.** Hinsichtlich des Auszahlungsprozesses ist vor allem die Auszahlung von Instrumenten aus § 8 Abs. 3 WpIVergV und das Zurückbehaltungserfordernis aus § 8 Abs. 4 WpIVergV in den Blick zu nehmen.

98 **(i) Anwendungsbereich.** Im Rahmen des Zurückbehaltungserfordernisses und der Auszahlung in Instrumenten findet die gleiche Differenzierung wie bei den Malus- und Rückzahlungsansprüchen statt. Nach § 10 Abs. 1 WpIVergV sind auch die Vorgaben aus § 8 Abs. 3–5 WpIVergV nicht auf ein Wertpapierinstitut anzuwenden, das die Anforderungen des § 44 Abs. 3 S. 2 Nr. 1 oder Nr. 2 erfüllt und somit zu den „kleineren" Mittleren Unternehmen zählt, sowie auf Risikoträger, die die Freigrenze des § 10 Abs. 2 WpIVergV nicht erfüllen.

99 **(ii) Auszahlung in Instrumenten.** § 8 Abs. 3 WpIVergV sieht vor, dass mindestens die Hälfte der variablen Vergütung aus bestimmten Instrumenten bestehen muss, wie etwa Aktien oder vergleichbare unbare Zahlungsinstrumente, die den

Wert des Unternehmens nachhaltig widerspiegeln. Die Instrumente sind gem. § 8 Abs. 3 S. 2 WpIVergV mit einer angemessenen Sperrfrist von idR mindestens einem Jahr zu versehen, nach welcher frühestens über die Instrumente verfügt werden darf.

Es ist vorgesehen, dass ein technischer Regulierungsstandard (RTS) die Vorga- **100**
ben bezüglich der vorgesehenen und tauglichen Instrumente für die anteilige Auszahlung der variablen Vergütung weiter konkretisieren wird (Derzeit liegt lediglich ein Entwurf der EBA vor, welcher dennoch bis zum Erlass des endgültigen RTS als Anhaltspunkt bei der Vorgabenumsetzung herangezogen werden kann. Der Entwurf ist abrufbar unter https://www.eba.europa.eu/sites/default/documents/files/document_library/Publications/Draft%20Technical%20Standards/2021/962223/Final%20draft%20RTS%20on%20instruments%20for%20variable%20remuneration%20under%20IFD.pdf (letzter Aufruf am 23.7.2025)). Darüber hinaus sorgt das WpIG in diesem Regelungszusammenhang für einen größeren Gestaltungsspielraum der Wertpapierinstitute bei der Auswahl der jeweiligen Instrumente, da dem Wortlaut eine Beschränkung auf institutseigene Instrumente nicht zu entnehmen ist (so auch Heimann/Csizmadia DB 2021, 2351 (2354)). Folglich können lediglich 50 % der variablen Vergütung durch ein Wertpapierinstitut in bar ausgezahlt werden. Auch hier greift der Gesetzgeber weitestgehend auf eine bereits bekannte Regelung aus § 20 Abs. 5 InstitutsVergV zurück. Im Gegensatz zu § 20 Abs. 5 InstitutsVergV erstreckt sich die Anforderung des § 8 Abs. 3 WpIVergV insgesamt auf die variable Vergütung und differenziert gerade nicht zwischen zurückbehaltener und nicht zurückbehaltener variabler Vergütung. Damit hat ein Wertpapierinstitut im Ergebnis nur sicherzustellen, dass der Mindestanteil der variablen Vergütung, welcher in Instrumenten zu gewähren ist, eingehalten wird. Dem Wortlaut nach kann es dabei frei entscheiden, inwieweit dieser Mindestanteil auf die jeweiligen Komponenten der variablen Vergütung aufgeteilt wird. So steht dem nichts entgegen, wenn sich das Wertpapierinstitut etwa dafür entscheidet, lediglich den zurückzubehaltenden Teil der variablen Vergütung in Form von Instrumenten iSd § 8 Abs. 3 WpIVergV zu gewähren, während der restliche Teil in bar ausgezahlt wird.

Der Wert der Instrumente ist mit dem Marktpreis oder ihrem beizulegenden **101**
Zeitwert am Tag ihrer Gewährung festzulegen. Auch für eine spätere ex-post Anpassung ist dieser Wert die Grundlage (EBA/GL/2021/13 Nr. 270). Der auszubezahlende Betrag nach dem Ablaufen des Zurückbehaltungsrechts beziehungsweise der Sperrfrist kann also höher oder niedriger sein als der ursprünglich gewährte Betrag, wenn beispielsweise der Aktienkurs zwischenzeitlich gestiegen beziehungsweise gefallen ist (EBA/GL/2021/13 Nr. 290). Sofern zu den nach S. 1 verwendeten Instrumenten kein Börsenkurs oder anderweitiger Marktwert vorhanden ist, ist nach § 8 Abs. 3 S. 4 WpIVergV die Wertermittlung der verwendeten Instrumente zum Zeitpunkt der Festsetzung der variablen Vergütung, zum Zeitpunkt der jeweiligen Anwartschaft einer nach Abs. 4 zurückzubehaltenden variablen Vergütung sowie zum Ende der Sperrfrist nach S. 2 vorzunehmen.

(iii) Zurückbehaltung eines Teils der variablen Vergütung. Laut § 8 **102**
Abs. 4 WpIVergV muss ein Wertpapierinstitut mindestens 40 % der variablen Vergütung so gestalten, dass sie zeitverzögert über einen Zeitraum von drei bis fünf Jahren geleistet wird, abhängig vom Geschäftszyklus des Wertpapierinstituts, der Art seiner Geschäfte und der Tätigkeit des Mitarbeiters. Dabei beträgt der zeitverzögert zu leistender Anteil der variablen Vergütung mindestens 60 % im Fall einer

besonders hohen Vergütung. Eine besonders hohe variable Vergütung liegt gem. § 8 Abs. 5 WpIVergV jedenfalls ab einem Betrag von 500.000 EUR vor; das Wertpapierinstitut legt einen Schwellenwert fest.

103 Der Zeitraum der Zurückbehaltung erstreckt sich nach dem Wortlaut des § 8 Abs. 4 WpIVergV auf drei bis fünf Jahre. Auch hier muss auf das Proportionalitätsprinzip zurückgegriffen werden, um den Zurückbehaltungszeitraum anhand der bereits genannten Kriterien näher zu bestimmen. In dieser Angelegenheit wird der Prüfungsaufwand anwachsen, da vor der Auszahlung geprüft werden muss, ob die Gewährung der variablen Vergütung noch recht und billig erscheint (vgl. EBA/GL/2021/13, Nr. 249).

104 Auch hinsichtlich des Zurückbehaltungsanteils hat man sich am aktuellen System der InstitutsVergV orientiert (vgl. insoweit § 20 Abs. 1 InstitutsVergV). Dementsprechend ist auch bei Wertpapierinstituten die absolute Untergrenze bezüglich der Zurückbehaltung bei 40 % anzusiedeln, wobei die Möglichkeit besteht, dass diese in Fällen einer besonders hohen Vergütung auf 60 % ansteigt. Wertpapierinstituten steht es jedoch frei den Wert des Zurückbehaltungsanteils auf einen höheren Prozentsatz festzusetzen, soweit die Umstände und das jeweilige Risikoprofil dies erforderlich machen.

105 Nach § 8 Abs. 4 S. 3 WpIVergV darf der Anspruch oder die Anwartschaft auf den zurückbehaltenen Teil erst nach Ablauf des Zurückbehaltungszeitraums entstehen, sog. Erdienung. Dies meint nicht, dass der Anspruch insgesamt erst am Ende des Zurückbehaltungszeitraums entstehen darf. Zulässig ist auch, dass der Anspruch auf einzelne Teile zeitanteilig entsteht. Der erste Teil darf frühestens ein Jahr nach Beginn des Zurückbehaltungszeitraums erdient werden. Danach darf die Erdienung der weiteren Vergütungsteile nicht häufiger als im Jahresrhythmus stattfinden (EBA/GL/2021/13 Nr. 260–263). Auch schon vor dem Ablauf des Zurückbehaltungszeitraums hat der Risikoträger aber einen Anspruch auf die fehlerfreie Ermittlung der zurückbehaltenen variablen Vergütung, auf welche später ein Anspruch erwachsen soll, § 8 Abs. 4 S. 4 WpIVergV.

106 **d) Auswirkungen auf bestehende Arbeitsverhältnisse.** Verfügen individual- oder kollektivrechtliche Vereinbarungen über Vergütungsabsprachen, die der Vergütungssystematik des § 46 und der WpIVergV zuwiderlaufen, bewirkt die aufsichtsrechtliche Neugestaltung keine unmittelbare Änderung der bestehenden Vereinbarungen (Heimann/Csizmadia DB 2021, 2351 (2355)). Ähnlich wie bereits § 25a KWG iVm § 14 InstitutsVergV ist auch § 46 iVm § 16 WpIVergV als eine ausschließlich an die Wertpapierinstitute gerichtete Hinwirkungspflicht zu verstehen, die keine unmittelbare arbeitsrechtliche Wirkung nach sich zieht (so auch im Kontext des KWG & InstitutsVergV: Löw/Glück NZA 2015, 137 (142)). Demzufolge kommt nach überwiegender Auffassung auch die Einordnung dieser Regelungen als Verbotsgesetz iSd § 134 BGB nicht in Betracht, die eine Nichtigkeit entsprechender Vergütungsvereinbarungen bewirken könnte (so auch im Kontext des KWG & InstitutsVerg: Zürn/Rappensperger/Brämswig DB 2013, 2681 (2684); Löw/Glück NZA 2015, 137 (142)).

107 Vielmehr erstreckt sich die Verpflichtung der Wertpapierinstitute darauf, auf die Anpassung der bestehenden Arbeitsverträge, Betriebs- und Dienstvereinbarungen, sowie betrieblichen Übungen ernsthaft hinzuwirken. Hierbei müssen etwaige Gestaltungsspielräume in Arbeitsverträgen, Betriebsvereinbarungen oÄ genutzt werden, um die Vergütungssysteme regelungskonform anzupassen. Darüber hinaus ist jedoch nicht ersichtlich, welche konkreten Anforderungen an das

Hinwirken zu stellen sind (so auch im Kontext des KWG & InstitutsVerg: Annuß/Früh/Hasse/Annuß InstitutsVergV § 14 Rn. 5). Insbesondere im Bereich der kollektivrechtlichen Vereinbarungen herrscht diesbezüglich Unklarheit. Beispielsweise ist nicht ersichtlich, wie der Arbeitgeber im Falle des Bestehens einer änderungsbedürftigen Betriebsvereinbarung zum Thema variable Vergütung zu verfahren hat, sofern eine darauf gerichtete Verhandlung mit dem Betriebsrat scheitert (so auch im Kontext des KWG & InstitutsVerg: Zürn/Rappensperger/Brämswig DB 2013, 2681 (2684)). So könnte man dem Arbeitgeber auferlegen, die bestehende Betriebsvereinbarung zu kündigen und ggf. die Einigungsstelle anzurufen (so auch im Kontext des KWG & InstitutsVerg: Löw/Glück NZA 2015, 137 (142); Annuß/Früh/Hasse/Annuß InstitutsVergV § 14 Rn. 12) oder bereits den Versuch einer Neuregelung bis zur Beendigung der Betriebsvereinbarung genügen lassen. Indes dürfen etwaig bestehende Mitbestimmungsrechte des Betriebsrats nach § 87 Abs. 1 Nr. 10 BetrVG im Rahmen der Neugestaltung oder Überarbeitung von kollektivrechtlichen Vergütungsvereinbarungen keinesfalls unberücksichtigt bleiben. Gleichfalls ist auch der Betriebsrat gem. § 80 BetrVG grds. zur Mitwirkung verpflichtet (Heimann/Stabenow BB 2021, 1844 (1848)).

Sofern individualrechtlich eine Vergütungsvereinbarung getroffen worden ist, die als verordnungswidrig einzuordnen ist, kann der Ausspruch einer (Änderungs-)Kündigung in aller Regel dennoch nicht als gerechtfertigt angesehen werden, obgleich auch eine Anpassung mit dem Arbeitnehmer nicht zu erzielen ist (Heimann/Csizmadia DB 2021, 2351 (2355); Heimann/Stabenow BB 2021, 1844 (1849)). Folglich ist es durchaus denkbar, dass in Wertpapierinstituten auch weiterhin Arbeitsverträge bestehen, die der geltenden Vergütungssystematik des § 46 und der WpIVergV zuwiderlaufen (so auch im Kontext des KWG & InstitutsVergV: Annuß/Früh/Hasse/Annuß InstitutsVergV § 14 Rn. 9). **108**

Anders als in § 45 Abs. 2 Nr. 11 KWG besteht im WpIG keine gesetzliche Regelung, die es der BaFin im Falle einer unzureichenden Eigenmittelausstattung aufgrund defizitärer Umsetzung der Vergütungssysteme ermöglichen würde, die Auszahlung einer variablen Vergütung zu versagen und somit Konsequenzen unmittelbar gegenüber Mitarbeitern zu verhängen (Heimann/Stabenow BB 2021, 1844 (1848)). Demnach kann ein unmittelbarer Durchgriff der BaFin auf bestehende Arbeitsverhältnisse auch auf diesem Weg nicht erreicht werden. Die Vornahme von etwaigen Aufsichtsmaßnahmen bleibt hiervon unberührt. **109**

e) Gruppenweite Regelungen zur Vergütung. § 38 Abs. 6 S. 1 sieht vor, dass die Vorschriften des Kapitel 5 (Solvenzaufsicht) Abschnitt 1 sowohl auf Einzelbasis als auch auf konsolidierter Basis anzuwenden sind, sofern Art. 7 der VO (EU) 2019/2033 (IFR) angewandt wird. Das übergeordnete Unternehmen muss in diesem Fall gruppenweit für eine solide Unternehmensführung und angemessene Vergütungssysteme sorgen, um zu verhindern, dass Risiken, die bei Tochterunternehmen entstehen, die gesamte Gruppe gefährden (Lendermann/Nemeczek/Schroeter/Glasow WpIG § 46 Rn. 96). **110**

In § 18 WpIVergV sind – vergleichbar zu § 27 InstitutsVergV – Regelungen für Wertpapierinstitutsgruppen (zum Begriff → § 2 Rn. XY. (Querverweis)) und die Behandlung von Tochtergesellschaften im Ausland, insbesondere im EU-Ausland vorgesehen. Unterfällt das übergeordnete Unternehmen einer Wertpapierinstitutsgruppe der WpIVergV und das nachgeordnete Unternehmen keinem der Ausnahmefälle des § 18 Abs. 3 WpIVergV, so muss das übergeordnete Unternehmen (ua) **111**

– eine gruppenweite Vergütungsstrategie festlegen, die die Vorgaben des § 46 Abs. 1 und 2 und der WpIVergV umsetzt
– die Einhaltung dieser Vergütungsstrategie in den nachgeordneten Unternehmen sicherstellen und
– gruppenweit Gruppen-Risikoträger im Sinne der Delegierten Verordnung (EU) 2021/2154 identifizieren (Hier gilt ein anderer Bezugspunkt: erforderlich ist ein wesentliches Auswirken auf das Risikoprofil der gesamten Gruppe) (vgl. Art. 2 Delegierten Verordnung (EU) 2021/2154).

112 Gemäß § 18 Abs. 3 WpIVergV müssen die Einhaltung der Vergütungsstrategie in den nachgeordneten Unternehmen nicht sichergestellt und die gruppenweiten Gruppen-Risikoträger iSd § 2 Abs. 14 WpIVergV nicht identifiziert werden, wenn das nachgeordnete Unternehmen
– seinen Sitz in einem Vertragsstaat hat und an besondere Vergütungsvorgaben nach Maßgabe anderer Rechtsakte der Europäischen Union gebunden ist, oder
– seinen Sitz in einem Drittstaat hat und an besondere Vergütungsvorgaben nach Maßgabe anderer Rechtsakte der Europäischen Union gebunden wäre, wenn es seinen Sitz in einem Vertragsstaat hätte.

113 Von § 18 Abs. 3 WpIVergV lässt § 18 Abs. 4 WpIVergV wiederum eine Rückausnahme hinsichtlich Mitarbeitern und Geschäftsleitern zu, die in einem nachgeordneten Unternehmen tätig sind, welches eine entsprechende Kapitalverwaltungsgesellschaft ist oder entsprechende Wertpapierdienstleistungen und Anlagetätigkeiten ausführt.

III. Beschränkung der Vergütung bei Förderung durch öffentliche Mittel

114 Abs. 2 dient der Umsetzung von Art. 31 IFD (BR-Drs. 7/21, 169). Hiernach darf ein Wertpapierinstitut, sofern es eine außerordentliche finanzielle Unterstützung aus öffentlichen Mitteln erhält, den Geschäftsleitern keinerlei variable Vergütung gewähren (Nr. 1) und es hat ggf. eine Beschränkung der variablen Vergütung sonstiger Mitarbeiter auf einen prozentualen Anteil der Nettoeinkünfte zu erfolgen (Nr. 2). Eine solche außerordentliche finanzielle Unterstützung stellt gem. Art. 2 Abs. 1 Nr. 28 RL 2014/59/EU „eine staatliche Beihilfe im Sinne von Art. 107 Abs. 1 AEUV – oder eine sonstige öffentliche finanzielle Unterstützung auf supranationaler Ebene [dar], die, wenn sie auf nationaler Ebene geleistet würde, als staatliche Beihilfe gälte –, die zur Erhaltung oder Wiederherstellung der Existenzfähigkeit, Liquidität oder Solvenz eines Instituts oder eines Unternehmens nach Art. 1 Abs. 1 lit. b, c oder d oder einer Gruppe, der das Institut oder das Unternehmen angehört, gewährt wird".

115 Mithilfe der Gewährung von finanzieller Unterstützung aus öffentlichen Mitteln sollen Liquiditätsengpässe ausgeräumt und eine langfristige Stabilität und Solvenz des Wertpapierinstituts sichergestellt werden. In den mit der Gewährung einhergehenden Beschränkungen hinsichtlich der Vergütungssysteme in Wertpapierinstituten schlägt sich wiederkehrend das primäre Ziel nieder, die Stabilität des Finanzmarktes zu sichern (BR-Drs. 7/21, 2) und eine erneute Finanzmarktkrise zu verhindern. Schließlich wurde unter anderem in der Auszahlung von variablen Vergütungen ein Risikopotential gesehen (EBA/GL/2021/13, Nr. 5 f.), welches durch die Regulierung nunmehr begrenzt werden soll. Dieses Risikopotential soll bei Wertpapierinstituten, die sich in finanziellen Krisenzeiten befinden, abermals durch das Setzen von engeren Grenzen, minimiert werden. Die Gewährung einer vollständigen und unbegrenzten variablen Vergütung an Geschäftsleiter und sonstige Mitarbeiter auch in finanziellen Krisenzeiten des Wertpapierinstituts wäre mit dem Sinn und Zweck dieser Norm nicht vereinbar.

Im Rahmen der Umsetzung von Art. 31 IFD stand dem deutschen Gesetzgeber ein Spielraum zu, als dass es den Mitgliedstaaten, wie in Erwägungsgrund (26) IFD ausdrücklich klargestellt wird, unbenommen geblieben ist, einen über diese Regelungen hinausgehenden strengeren Ansatz in Bezug auf Vergütungen zu verfolgen. Hiervon wurde bislang kein Gebrauch gemacht. 116

Abschnitt 2. Aufsichtlicher Überprüfungs- und Bewertungsprozess

§ 47 Aufsichtliche Überprüfung und Bewertung

(1) **Die Bundesanstalt überprüft und bewertet die Regelungen, Strategien, Verfahren und Mechanismen, die ein Mittleres Wertpapierinstitut zur Einhaltung dieses Gesetzes und der Verordnung (EU) 2019/2033 eingeführt hat; dabei berücksichtigt die Bundesanstalt die Größe, das Risikoprofil und das Geschäftsmodell des Mittleren Wertpapierinstituts.**

(2) **Zur Bewertung und Feststellung, ob ein Mittleres Wertpapierinstitut über ein solides Risikomanagement und eine solide Risikoabdeckung verfügt, kann die Bundesanstalt insbesondere berücksichtigen:**
1. **die in § 45 genannten Risiken,**
2. **den Belegenheitsort der Risikopositionen des Wertpapierinstituts,**
3. **das Geschäftsmodell des Wertpapierinstituts,**
4. **die Bewertung der Systemrisiken unter Berücksichtigung der Ermittlung und Messung des Systemrisikos gemäß Artikel 23 der Verordnung (EU) Nr. 1093/2010 oder der Empfehlungen des Europäischen Ausschusses für Systemrisiken,**
5. **die Risiken für die Sicherheit des Netzwerks und der Informationssysteme, die das Wertpapierinstitut zur Gewährleistung der Vertraulichkeit, Integrität und Verfügbarkeit seiner Verfahren, Daten und Vermögenswerte einsetzt,**
6. **das Zinsrisiko, dem das Wertpapierinstitut bei Geschäften des Anlagebuchs ausgesetzt ist,**
7. **die Regelungen zur Unternehmensführung des Wertpapierinstituts und die Fähigkeit der Geschäftsleiter und der Mitglieder des Aufsichts- oder Verwaltungsorgans zur Erfüllung ihrer Pflichten und**
8. **den Abschluss einer Vermögensschadenhaftpflichtversicherung durch das Wertpapierinstitut.**

(2a) **Wenn ein Mittleres Wertpapierinstitut Risikopositionen gegenüber zentralen Gegenparteien hält, überprüft und bewertet die Bundesanstalt**
1. **diese Risikopositionen in Bezug auf die Steuerung seines Konzentrationsrisikos, das aus ihnen erwächst,**
2. **die gemäß § 45 Absatz 3 Satz 2 ausgearbeiteten Pläne und**

3. die Fortschritte bei der Anpassung seines Geschäftsmodells an die in Artikel 7a der Verordnung (EU) Nr. 648/2012 festgelegten Anforderungen.

(3) **[1]Die Bundesanstalt kann im Einzelfall unter Berücksichtigung der Größe, der Art, des Umfangs und der Komplexität der Geschäfte eines Mittleren Wertpapierinstituts sowie ihrer Systemrelevanz von der Überprüfung und Bewertung nach Absatz 2 absehen. [2]Bei der Entscheidung sind die Vorgaben des § 84 des Wertpapierhandelsgesetzes und des § 10 der Wertpapierdienstleistungs-Verhaltens- und Organisationsverordnung hinsichtlich der Trennung der gehaltenen Kundengelder von den eigenen Geldern des Wertpapierinstituts zu berücksichtigen.**

(4) **Die Bundesanstalt entscheidet im Einzelfall, ob und in welcher Form die Überprüfung und Bewertung nach den Absätzen 1 bis 2a in Bezug auf ein Kleines Wertpapierinstitut durchgeführt wird, sofern die Bundesanstalt dies aufgrund der Größe, der Art, des Umfangs und der Komplexität der Geschäfte des Wertpapierinstituts für notwendig hält.**

(5) **Das Wertpapierinstitut gewährt der Bundesanstalt bei der nach den Absätzen 1 bis 2a durchzuführenden Bewertung und Feststellung den Zugang zu Tagesordnungen, Protokollen und Begleitdokumenten der Sitzungen des Verwaltungs- oder Aufsichtsorgans und seiner Ausschüsse sowie zu den Ergebnissen der internen oder externen Bewertung der Leistung der Geschäftsleiter.**

Literatur: Krimphove, Was ist Proportionalität? BKR 2017, 353; Neumann/Schmidt, Corporate Governance von Wertpapierinstituten, BKR 2021, 535.

Übersicht

I. Vorbemerkung

1 § 47 setzt Art. 36 IFD um und soll die BaFin in die Lage versetzen, qualitative Elemente, wie etwa die interne Unternehmensführung und -kontrolle sowie Risikomanagementprozesse und -verfahren zu beurteilen (Regierungsbegründung WpIG, BT-Drs. 19/26929, 148). § 47 erstreckt die Geltung des für Kreditinstitute und Finanzdienstleistungsinstitute durch das CRD IV-UG v. 28.8.2013 (BGBl. 2013 I 3395) eingeführten sog. Supervisory Review and Evaluation Process **(SREP)** nach Art. 97 ff. CRD IV auf Mittlere Wertpapierinstitute. Nähere Erläuterungen zum SREP enthalten die von EBA und ESMA gemeinsam auf der Grundlage von Art. 45 Abs. 2 UAbs. 4 IFD veröffentlichten „Leitlinien zu gemeinsamen Verfahren und Methoden für den aufsichtlichen Überprüfungs- und Bewertungsprozess (SREP) gemäß Richtlinie (EU) 2019/2034" (EBA/GL/2022/09/ESMA35-42-1470 v. 21.7.2022, zugänglich unter www.eba.europa.eu) („SREP-Leitlinien"). Abs. 2a wurde durch das FondsrisikobegrenzungsG v. 9.4.2026 (BGBl. 2026 I Nr. 97) mWz 25.6.2026 eingefügt, durch das auch in Abs. 4 und 5 die Verweise auf Abs. 2a ergänzt wurden.

2 § 47 gilt grds. nur für Mittlere Wertpapierinstitute. Kleine Wertpapierinstitute sollen nur im Ausnahmefall dem aufsichtlichen Überprüfungs- und Bewertungsprozess unterzogen werden und dann auch nur im Hinblick auf die für sie anwendbaren Anforderungen (Regierungsbegründung WpIG, BT-Drs. 19/26929, 148). Für Große Wertpapierinstitute gilt wie für Kreditinstitute und Finanzdienstleistungsinstitute der durch das CRD IV-UG geschaffene § 6b KWG, der seinerseits die umfangreichen Vorgaben in Art. 97 ff. CRD IV umsetzt (dazu näher zB Fischer/Schäfer/Schulte-Mattler/Schulte-Mattler/Braun KWG § 6b Rn. 1 ff.; Schwennicke/Auerbach/Auerbach/Reimann KWG § 6b Rn. 1 ff.), sowie die dazu von der EBA erlassenen Leitlinien v. 18.3.2022 („Guidelines on common procedures and methodologies for the supervisory review and evaluation process (SREP) and supervisory stress testing under Directive 2013/36/EU," EBA/GL/2022/03, zugänglich unter www.eba.europa.eu).

3 Art. 36 Abs. 4 iVm Art. 58 IFD ermächtigt die EU-Kommission, delegierte Rechtsakte zur Ergänzung der IFD zu erlassen, um sicherzustellen, dass die Regelungen, Strategien, Verfahren und Mechanismen der Wertpapierinstitute ein solides Risikomanagement und eine solide Risikoabdeckung gewährleisten. Von der Ermächtigung ist bislang nicht Gebrauch gemacht worden. Allerdings hat die EU-Kommission auf Grundlage der Ermächtigungen in Art. 325 Abs. 9 UAbs. 3, Art. 325bf Abs. 9 UAbs. 3 und Art. 325bg Abs. 4 UAbs. 3 CRR technische Regulierungsstandards (Regulatory Technical Standards, **RTS**) für die Berechnung der Eigenmittelanforderungen für das Marktrisiko bezüglich Anlagebuchpositionen, die dem Fremdwährungs- oder dem Warenpositionsrisiko unterliegen, und für die Behandlung dieser Positionen für die Zwecke der Anforderungen für Rückvergleiche und die Gewinn- und Verlustzuweisung

im Rahmen des alternativen auf einem internen Modell basierenden Ansatzes (Delegierte VO (EU) 2023/1577 v. 20.4.2023, ABl. 2023 L 193, 1) erlassen, die zur Auslegung von § 47 herangezogen werden können. Ergänzende Anforderungen und Erläuterungen enthalten die von der EU-Kommission aufgrund Vorschlags der EBA in Form von Delegierten VOen zu erlassenden Technischen Regulierungsstandards zu Art. 7 Abs. 5, 9 Abs. 4, 13 Abs. 4, 15 Abs. 5 lit. a–c und 23 Abs. 3 IFR. Im Einzelnen handelt sich folgende Delegierte VOen der EU-Kommission:

– Delegierte VO (EU) 2022/1455 v. 11.4.2022 im Hinblick auf technische Regulierungsstandards für die Eigenmittelanforderungen für Wertpapierfirmen auf der Grundlage der fixen Gemeinkosten (ABl. 2022 L 229, 1);
– Delegierte VO (EU) 2022/25 v. 22.9.2021 zur Festlegung der Methoden zur Messung der in Artikel 15 IFR genannten K-Faktoren (ABl. 2022 L 6, 1);
– Delegierte VO (EU) 2022/26 v. 24.9.2021 zur Präzisierung des Begriffs der getrennten Konten mit dem Ziel des Schutzes von Kundengeldern bei Ausfall einer Wertpapierfirma (ABl. 2022 L 6, 7);
– Delegierte VO (EU) 2022/76 v. 22.9.2021 zur Spezifizierung von Anpassungen der Koeffizienten des K-Faktors für den „täglichen Handelsstrom“ (K-DTF) (ABl. 2022 L 13, 1);
– Delegierte VO (EU) 2022/244 v. 24.9.2021 zur Festlegung des Betrags des Gesamteinschusses zur Berechnung des K-Faktors „geleisteter Einschuss“ (K-CMG) (ABl. 2022 L 41, 1);
– Delegierte VO (EU) 2022/1159 v. 11.3.2022 zur Offenlegung der Anlagestrategie durch Wertpapierfirmen (ABl. 2022 L 179, 11);
– Delegierte VO (EU) 2024/1771 v. 13.3.2024 zur Festlegung der Einzelheiten des Umfangs und der Methoden der aufsichtlichen Konsolidierung einer Wertpapierfirmengruppe (ABl. 2024 L, 2024/1771).

4 Weitere Anforderungen an das sowie Erläuterungen zum Risikomanagement von Wertpapierinstituten enthalten neben den SREP-Leitlinien (→ Rn. 1)

– BaFin-Rundschreiben „Mindestanforderungen an das Risikomanagement von Wertpapierinstituten **(„WpI-MaRisk“)**“, das zunächst in am 6.8.2025 als Entwurf veröffentlicht wurde und das in einer überarbeiteten Entwurfsfassung v. 6.5.2026 vorliegt, die berücksichtigt wurde (zugänglich unter www.bafin.de);
– DORA (VO über die digitale operationale Resilienz im Finanzsektor, Digital Operational Resilience Act, VO (EU) 2022/2554);
– BAIT (BaFin-Rundschreiben 10/2017 (BA) Bankaufsichtliche Anforderungen an die IT v. 6.11.2017 idF v. 16.12.2024), Consbruch/Fischer Nr. B 64.63;
– das KRITIS-Modul gem. Ziff. 12 BAIT, das Wertpapierinstitute als Betreiber sog. kritischer Infrastrukturen nach § 2 Abs. 10 S. 1 BISG iVm § 7 Abs. 1 Nr. 4 iVm Abs. 5 BSI-KritisV erfasst; die Überwachung der Einhaltung des BISG obliegt dem Bundesamt für Sicherheit in der Informationstechnologie, dem die Einhaltung der Anforderungen nach § 8a Abs. 3 BISG nachzuweisen ist (näher BaFin-Perspektiven 1/2020 „Aufsicht über Kritische Infrastrukturen im Finanzwesen – ein Überblick über den Status quo v. 25.5.2020“, zugänglich unter www.bafin.de);
– BaFin-Rundschreiben 06/2019 (BA) „Zinsänderungsrisiken im Anlagebuch“ v. 12.8.2019 idF v. 26.5.2021, Consbruch/Fischer Nr. B 56.60.

5 Für die Überprüfung und Bewertung gelten die Rundschreiben und Verlautbarungen der BaFin mit der Maßgabe, dass Kleine und Mittlere Wertpapierinstitute die betreffenden Anforderungen lediglich insoweit zu beachten haben, wie dies vor dem Hintergrund der Institutsgröße sowie von Art, Umfang, Komplexität und Risikogehalt der Geschäftsaktivitäten geboten erscheint, wobei die BaFin auf die besondere Bedeutung des **Proportionalitätsgrundsatzes** auch bezüglich derjenigen Regelungen hinweist, die mit der Neufassung dieser Verlautbarungen neu hinzugekommen sind. (BaFin-FAQ Nr. 2 „Neue Vorgaben für Wertpapierinstitute", Stand 26.6.2021, zugänglich unter www.bafin.de). Die BaFin hat in einer Aufsichtsmitteilung „Kleine und sehr kleine Kreditinstitute: Proportionalität in den Anforderungen der BaFin an das Risikomanagement" v. 26.11.2024 (zugänglich unter www.bafin.de) ihre Anforderungen an das Risikomanagement Kleiner und sehr kleiner Kreditinstitute präzisiert **(„Proportionalitätsmitteilung")**.

II. Überprüfungsprozess (Abs. 1)

Nach Abs. 1 (der Art. 36 Abs. 1 IFD umsetzt) überprüft und bewertet die BaFin Regelungen, Strategien, Verfahren und Mechanismen, die ein Mittleres Wertpapierinstitut zur Einhaltung des WpIG und der IFR eingeführt hat; dabei berücksichtigt die BaFin nach der Vorgabe in Art. 36 Abs. 2 IFD die Größe, das Risikoprofil und das Geschäftsmodell des Mittleren Wertpapierinstituts sowie ggf. seine Systemrelevanz. **6**

Die Einstufung nach Größe, Umfang und Komplexität des Wertpapierinstituts erfolgt durch **Kategorisierung des Wertpapierinstituts** und die regelmäßige Überprüfung dieser Kategorisierung (Ziff. 2.1.1 Tz. 15 ff. SREP-Leitlinien). Nach Ziff. 2.1.1 Tz. 15 SREP-Leitlinien werden vier Kategorien von Wertpapierinstituten unterschieden: **7**

- **Kategorie 1:** Wertpapierfirmen, die mindestens eines der folgenden Kriterien erfüllen:
  i. der Gesamtwert ihrer Aktiva und außerbilanziellen Risikopositionen beträgt oder überschreitet 1 Mrd. EUR;
  ii. der Gesamtwert ihrer Aktiva und außerbilanziellen Risikopositionen beträgt oder überschreitet 250 Mio. EUR und sie betreiben Eigenhandel (§ 2 Abs. 2 Nr. 10) oder Emissionsgeschäft (§ 2 Abs. 2 Nr. 2, oder
  iii. sie werden von der BaFin nach ihrem pflichtgemäßen Ermessen als bedeutend angesehen.
- **Kategorie 2:** Wertpapierfirmen, deren Gesamtwert der Aktiva und außerbilanziellen Risikopositionen 1 Mrd. EUR nicht erreicht aber 250 Mio. EUR beträgt oder überschreitet und die weder Eigenhandel (§ 2 Abs. 2 Nr. 10) noch Emissionsgeschäft (§ 2 Abs. 2 Nr. 2) betreiben;
- **Kategorie 3:** Wertpapierfirmen, deren Gesamtwert der Aktiva und außerbilanziellen Risikopositionen 250 Mio. EUR nicht erreicht und die nicht kleine und nicht verflochtene Wertpapierfirmen iSv Art. 12 Abs. 1 IFR sind, sowie
- **Kategorie 4:** Kleine und nicht verflochtene Wertpapierfirmen gem. Art. 12 Abs. 1 IFR.

Mittlere Wertpapierinstitute sind Wertpapierinstitute der Kategorien 1–3, Kleine Wertpapierinstitute solche der Kategorie 4. **8**

Grundlage für die Kategorisierung sind nach Ziff. 2.1.1 Tz. 18 die aufsichtlichen Meldedaten sowie die Ergebnisse der vorläufigen Geschäftsmodellanalyse (Ziff. 4.2 SREP-Leitlinien). Nach Ziff. 2.1.1 Tz. 17 SREP-Leitlinien kann die BaFin ein Wertpapierinstitut unter Berücksichtigung des Umfang und die Kom- **9** plexität der Geschäfte, des Umfangs der Handelstätigkeiten, der Höhe der gehaltenen Kundengelder, des Risikoprofils des Wertpapierinstituts sowie anderer von der BaFin für relevant erachteter Aspekte innerhalb der Kategorien 1–3 um maximal eine Kategoriestufe höher oder niedriger einstufen.

10 Nach der Kategorisierung richten sich Häufigkeit und Intensität der Überprüfung und Bewertung. Die Kategorisierung dient somit wesentlich der Umsetzung des für die Aufsicht über Wertpapierinstitute generell geltenden **Proportionalitätsgrundsatzes** (Lendermann/Nemeczek/Schroeter/Lange Rn. 11 ff. dazu näher Haußner in Krimphove MaComp AT 3 Rn. 17 ff.; Krimphove BKR 2017, 353 ff.). Es gilt der Grundsatz der **doppelten Proportionalität:** Der Proportionalitätsgrundsatz gilt sowohl für die Ausgestaltung der internen Prozesse des Wertpapierinstituts als auch für den aufsichtlichen Überprüfungsprozess (Lendermann/Nemeczek/Schroeter/Lange Rn. 12). Allerdings geben die SREP-Leitlinien kaum Anhaltspunkte, unter welchen Voraussetzungen die Wertpapierinstituten mit erleichterten Anforderungen an ihre interne Organisation und ihr Risikomanagement rechnen können, weil die SREP-Leitlinien nur sehr grundsätzlich betonen, dass der Umfang des SREP von der Art, Größe und Komplexität des Wertpapierinstituts abhängt und die Entscheidung darüber der BaFin überlassen, ohne genauere Kriterien vorzugeben.

III. Bewertungsprozess (Abs. 2, Abs. 2a und 3)

1. Bewertungsprozess und Gesamtbewertung (Abs. 2 Satz 1, Titel 2, 10 SREP-Leitlinien)

11 Nach Abs. 2 Satz 1 bewertet die BaFin Wertpapierinstitute unter Berücksichtigung ihrer Größe, ihres Risikoprofils und ihres Geschäftsmodells. Dies entspricht sachlich der Bewertung von Kreditinstituten und Finanzdienstleistungsinstituten nach § 6b KWG, der nach § 4 S. 1 KWG auch für Große Wertpapierinstitute gilt. Maßgeblich für die Prüfung ist der Kriterienkatalog in Abs. 2 Satz 2, der von dem für Große Wertpapierinstitute geltenden umfassenderen Kriterienkatalog in § 6b Abs. 2 S. 2 KWG abweicht.

12 Ziel der Prüfung ist eine Bewertung der allgemeinen Überlebensfähigkeit des Wertpapierinstituts sowie Aufschluss darüber, ob ein Wertpapierinstitut „ausfällt oder wahrscheinlich ausfällt" (Ziff. 2.2.2 Tz. 43 SREP-Leitlinien). Ergebnis des SREP ist die Ermittlung des **SREP-Gesamtscore** (Ziff. 2.2.2 Tz. 41 SREP-Leitlinien), der von Score 1 („geringes Risiko für die Überlebensfähigkeit") über Score 2 („mittleres bis geringes Risiko für die Überlebensfähigkeit"), Score 3 („mittleres bis hohes Risiko für die Überlebensfähigkeit"), Score 4 („hohes Risiko für die Überlebensfähigkeit") bis zu Score F („ausfallend oder wahrscheinlich ausfallend") reicht (Ziff. 10.2 Tz. 374 SREP-Leitlinien). Gleichzeitig dienen die Feststellungen des SREP für die Entscheidung, ob Aufsichtsmaßnahmen nach § 49 gegen das Wertpapierinstitut ergriffen werden sollen (Ziff. 10.2 Tz. 377 SREP-Leitlinien) oder ob (im Falle eines SREP-Gesamtscore 4 oder F) das Wertpapierinstitut abgewickelt werden soll (Ziff. 10.2 Tz. 375 SREP-Leitlinien).

13 Im Kriterienkatalog in Abs. 2 Satz 2 fehlen die in § 6b Abs. 2 Nr. 7 KWG genannten Liquiditätsrisiken als eigenständiger Punkt. Sie sind als Teil der Risiken nach § 45 in Abs. 2 Satz 2 Nr. 1 mit umfasst.

Auch nach den für Große Wertpapierinstitute geltenden SREP-Guidelines (EBA/GL/2022/03) erfolgt das Monitoring anhand von Einzelscores für Geschäftsmodell und Strategie, interne Unternehmensführung und unternehmensweite Kontrolle, Einhaltung von Eigenmittelanforderungen und Einhaltung von Liquiditätsanforderungen, aus denen ein Overall SREP Score gebildet wird, der die Überlebensfähigkeit des geprüften Unternehmens indiziert (Ziff. 2.2.2 Tz. 40 ff. EBA/GL/2022/03). 14

2. Technische Kriterien (Abs. 2 Satz 2)

a) Kapital- und Liquiditätsrisiken nach § 45 (Nr. 1, Titel 6 und 8 SREP-Leitlinien). aa) Allgemeines. Gegenstand der Überprüfung und Bewertung sind die im Rahmen der Risikosteuerung nach § 45 zu identifizierenden, beurteilenden und zu steuernden sowie zu überwachenden und zu kommunizierenden Risiken und Risikokonzentrationen sowie deren Ursachen und Auswirkungen auf die Eigenmittel und die Liquidität des Wertpapierinstituts. Nr. 1 fasst Regelungen zusammen, die für Kreditinstitute, Finanzdienstleistungsinstitute und Große Wertpapierinstitute in § 6b Abs. 2 S. 2 Nr. 3, 4, 5, 12 und 13 KWG enthalten sind. Nr. 1 verweist auf § 45 insgesamt, nicht nur auf § 45 Abs. 1 S. 1, wonach nur die Auswirkungen auf die Eigenmittel des Wertpapierinstituts zu berücksichtigen wären. Dass auch die Liquidität des Wertpapierinstituts über die Risikosteuerung sichergestellt werden muss ergibt sich aus § 45 Abs. 2 S. 3 Nr. 4 sowie der für die Abwicklung geltenden Bestimmung in § 45 Abs. 4. 15

Nach AT 4.1 Tz. 1 WpI-MaRisk muss das Wertpapierinstitut sicherstellen, dass die wesentlichen Risiken des Wertpapierinstituts durch das Risikodeckungspotenzial, unter Berücksichtigung von Risikokonzentrationen, laufend abgedeckt sind und damit die Risikotragfähigkeit gegeben ist. Hierfür ist nach AT 4.1 Tz. 2 WpI-MaRisk ein interner Prozess zur Sicherstellung der Risikotragfähigkeit einzurichten, der das Ziel der Fortführung des Wertpapierinstituts sowie den Schutz der Gläubiger vor Verlusten aus ökonomischer Sicht angemessen berücksichtigen muss. Vorzunehmen ist insbesondere eine **Risikoinventur** (AT 2.2 WpI-MaRisk). Der interne Prozess muss sowohl die rechtlichen als auch die ökonomischen Aspekte der Risikotragfähigkeit berücksichtigen. Die Ergebnisse sind nach BT 3.2 WpI-MaRisk in einem regelmäßig zu erstellenden Gesamtrisikobericht zu dokumentieren. 16

Gegenstand der Prüfung und Beurteilung durch die BaFin ist die Angemessenheit der vom Wertpapierinstitut getroffenen Vorkehrungen zur Identifizierung, Beurteilung, Steuerung und Überwachung sowie Kommunikation von Risiken sowie zu deren Ursachen und Auswirkungen auf das Eigenkapital und die Liquidität des Wertpapierinstituts. **„Angemessenheit“** von Vorkehrungen setzt voraus, dass diese „der durch sie intendierten Zielsetzung in effizientem Maße gerecht wird“ (Krimphove BKR 2017, 356). 17

Der Detaillierungsgrad der Prüfung und Beurteilung hängt von Art, Größe und Komplexität des Wertpapierinstituts ab (Ziff. 6.1 Tz. 145 SREP-Leitlinien). Für jede Risiko sind jeweils die Risikopositionen (inhärentes Risiko) sowie die Qualität und Wirksamkeit des Risikomanagements und der Risikokontrollen zu bewerten (Ziff. 6.1 Tz. 156 SREP-Leitlinien). 18

bb) Kapitalrisiken (Titel 6 SREP-Leitlinien). Für die Bewertung der Kapitalrisiken gilt Ziff. 6.1 Tz. 145 ff. SREP-Leitlinien. Danach sind in Bezug auf die 19 laufende Tätigkeit des Wertpapierinstituts folgende Risikoquellen zu prüfen und zu bewerten:

20 **(1) Kundenrisiko (Ziff. 6.3 SREP-Leitlinien).** Als Teil des SREP ist das Kundenrisiko zu prüfen und zu bewerten, das sich aus Risikopositionen jeglicher Art – einschließlich außerbilanzieller Risikopositionen – ergibt, nämlich aus verwalteten Vermögenswerten (Assets under management, AUM), gehaltenen Kundengeldern (Client money held, CMH), verwahrten und verwalteten Vermögenswerten (Assets safeguarded and administered, ASA) sowie bearbeiteten Kundenaufträgen (Client orders handled, COH). In der Sache geht es um die Überprüfung der **relevanten K-Faktoren** (Art. 11 Abs. 1 lit. c iVm Art. 15 ff. IFR, → § 39 Rn. 20 ff.).

21 Zum SREP des Kundenrisikos gehören auch die Trennung der gehaltenen Kundengelder sowie der Abschluss der Vermögensschadenhaftpflichtversicherung (Art. 29 Abs. 1 IFD, umgesetzt in Nr. 8) (Ziff. 6.3.1 Tz. 168 SREP-Leitlinien).

22 Bei der Prüfung und Bewertung des Kundenrisikos gilt der Proportionalitätsgrundsatz (Ziff. 6.3.1 Tz. 169 SREP-Leitlinien).

23 **(2) Marktrisiko (Ziff. 6.4 SREP-Leitlinien).** Das Marktrisiko hat die BaFin nach Ziff. 6.4.1 Tz. 187 für Positionen, die nicht clearingpflichtig sind (dh Berechnung der Risikopositionen auf der Grundlage des Nettopositionsrisikos), und für Positionen, die clearing- oder einschusspflichtig sind (dh Berechnung der Risikopositionen auf der Grundlage des geleisteten Einschusses) zu prüfen und zu bewerten.

24 Zum **inhärenten Marktrisiko** gehören nach Ziff. 6.4.2 Tz. 189 SREP-Leitlinien die in Ziff. 6.4.2 Tz. 190 ff. SREP-Leitlinien aufgeführten Risikoquellen, denen das Wertpapierinstitut ausgesetzt ist, sowie die Art und Zusammensetzung der Positionen mit Marktrisiken (Marktrisikopositionen), die Rentabilität, das Marktkonzentrationsrisiko, der Rahmens für die vorsichtige Bewertung von Handelsbuchpositionen und das Modellrisiko der für aufsichtsrechtliche Zwecke verwendeten Modelle.

25 Das **Risikomanagement** und die Kontrollen in Bezug auf das Marktrisiko sind nach Ziffer 6.4.3 Tz. 210 SREP-Leitlinien zu bewerten.

26 Auch bei der Prüfung und Bewertung des Marktrisikos gilt der Proportionalitätsgrundsatz (Ziff. 6.4.1 Tz. 188).

27 **(3) Firmenrisiko (Ziff. 6.5 SREP-Leitlinien).** Das Firmenrisiko ergibt sich nach Ziffer 6.5.1 Tz. 231 beispielhaft aus operationellen Risiken aus dem täglichen Handelsstrom (DTF), dem Konzentrationsrisiko aufgrund von Großkrediten (CON) und dem Risiko des Ausfalls von Handelsgegenparteien (TCD), außerdem für das Wertpapierinstitut aus wesentlichen Änderungen beim Buchwert der Vermögenswerte, Ausfälle von Kunden oder Gegenparteien, Positionen in Finanzinstrumenten, Fremdwährungen und Waren sowie Verpflichtungen gegenüber Altersversorgungssystemen mit im Voraus festgelegten Leistungen.

28 Zum **inhärenten Firmenrisiko** gehören nach Ziff. 6.5.2 Tz. 215 SREP-Leitlinien die Risikoquellen, denen das Wertpapierinstitut ausgesetzt ist (Ziff. 6.5.2 Tz. 218 ff. SREP-Leitlinien), die Art und der Umfang der Anlagetätigkeiten, die ein Risiko für das Wertpapierinstitut darstellen, sowie Systeme und Prozesse in Bezug auf diese Tätigkeiten.

Zu den zu prüfenden und zu bewertenden Risikoquellen nach Ziffer 6.5.2 Tz. 219 SREP-Leitlinien gehören jedenfalls das Geschäftsmodell und die Risikobereitschaft; das Gewicht des K-Faktor-Betrags für das Firmenrisiko im Vergleich zum K-Faktor-Gesamtbetrag, sofern verfügbar Prognosen des K-Faktor-Betrags für das Firmenrisiko, sowie die Kosten der operativen Verluste der Firma im Vergleich zu den Einnahmen. 29

Außerdem zu prüfen und zu bewerten sind der tägliche Handelsstrom (Ziffer 6.5.2 Tz. 221 SREP-Leitlinien), das Konzentrationsrisiko (Ziffer 6.5.2 Tz. 223 SREP-Leitlinien), das Gegenparteiausfallrisiko (Ziffer 6.5.2 Tz. 227 SREP-Leitlinien), wesentliche Änderungen des Buchwerts von Vermögenswerten (Ziffer 6.5.2 Tz. 229 SREP-Leitlinien), das (Kredit-)Risiko des Ausfalls von Kunden oder Gegenparteien (Ziffer 6.5.2 Tz. 231 SREP-Leitlinien), die Positionen in Finanzinstrumenten, Fremdwährungen und Waren (Ziffer 6.5.2 Tz. 235 SREP-Leitlinien) sowie Leistungen an Arbeitnehmer und das Pensionsrisiko (Ziffer 6.5.2 Tz. 237 SREP-Leitlinien). 30

Das **Risikomanagement** und die Kontrollen in Bezug auf das Firmenrisiko sind nach Ziffer 6.5.3 Tz. 239 SREP-Leitlinien zu bewerten. 31

Auch bei der Prüfung und Bewertung des Firmenrisikos gilt der Proportionalitätsgrundsatz (Ziff. 6.5.1 Tz. 214). 32

(4) sonstige Risiken (Ziff. 6.6 SREP-Leitlinien). Nach Ziff. 6.1 Tz. 151 gehören zu den sonstigen Risiken sämtliche Risiken, die die nicht Kunden-, Markt- oder Firmenrisiken sind, aber für ein Wertpapierinstitut als wesentlich identifiziert werden, weil sie 33

- Treiber für Eigenmittelanforderungen sein können,
- im Rahmen des „Internal capital adequacy assessment process and internal risk-assessment process" **(„ICARAP")** nach § 39 oder von Stresstests identifiziert werden,
- sich aus dem Geschäftsmodell des Wertpapierinstituts oder anderer Wertpapierinstitute mit ähnlichem Geschäftsmodell ergeben,
- bei der Überwachung von Schlüsselindikatoren identifiziert werden,
- sich aus Ergebnissen oder Feststellungen interner oder externer Prüfberichte ergeben,
- auf Warnungen oder Empfehlungen von EBA, ESMA oder ESRB beruhen, oder
- sich aus Meldungen von Verstößen und Vorfällen an die BaFin oder die BBank ergeben.

In der Sache handelt es sich um Risiken, die von den Eigenmittelanforderungen nach Art. 11 ff. IFR abgedeckt sind, die auch als **normative Perspektive** oder **Säule 1** bezeichnet werden (Ziff. 6.6.2 Tz. 243 SREP-Leitlinien). Sonstige Risiken iSv Ziff. 6.6 SREP-Leitlinien meint die **ökonomische Perspektive** oder **Säule 2** der Eigenmittelanforderungen. 34

Inhärente sonstige Risiken sind Risiken, die aus den in Ziff. 6.6.2 Tz. 246 f. aufgeführten Risikoquellen stammen, sowie aus den Anlagetätigkeiten und der Bewertung der Systeme und Prozesse für die Anlagetätigkeiten (Ziff. 6.6.2 Tz. 243). Für die Ermittlung der maßgeblichen Risikoquellen kommt es nach Ziff. 6.6.2 Tz. 247 auf das Geschäftsmodell und die Risikobereitschaft, intern entwickelte oder ausgelagerte IT-Lösungen, unterstützende Funktionen zB für Compliance, Rechtsfragen oder Steuern (auch wenn diese Aufgaben ausgelagert wurden), Prozesskosten und Kosten von Rechtsstreitigkeiten, operative Verluste 35 insgesamt (einschließlich der Kosten für internen und externen Betrug) sowie den Umfang der Geschäfte des Anlagebuchs an.

36 Risikoquellen, aus denen inhärente Risiken stammen können, sind nach Ziff. 6.6.2 Tz. 249 ff. SREP-Leitlinien das **Zinsänderungsrisiko bei Geschäften des Anlagebuchs** (s. auch Nr. 6 und → Rn. 51), operationelle Risiken wie Arbeitsplatzsicherung, Sachschäden, interner und externer Betrug, Risiken von Informations- und Kommunikationstechnologie (IKT), Verhaltensrisiken, regulatorische, rechtliche und steuerliche Risiken, das Modellrisiko in Bezug auf für Geschäftszwecke verwendete Modelle, qualitativ oder quantitativ unzureichende personelle und technische Ressourcen in Schlüsselpositionen sowie das Reputationsrisiko.

37 Auch bei der Prüfung und Bewertung der sonstigen Risiken gilt der Proportionalitätsgrundsatz (Ziff. 6.6.1 Tz. 242 S. 2 SREP-Leitlinien).

38 **b) Geographische Verteilung der Risikopositionen (Nr. 2).** Nach Nr. 2 sind Gegenstand der Überprüfung auch die geographische Verteilung von Risikopositionen. Zur Überwachung der Schlüsselindikationen gehören nach die geographischen Regionen, in denen das Wertpapierinstitut tätig ist, für die im Rahmen des SREP makroökonomische Indikatoren verwendet werden sollen (Tit. 3 Tz. 62 und 67 SREP-Leitlinien).

39 Ein entsprechendes technisches Kriterium für Große Wertpapierinstitute enthält § 6b Abs. 2 S. 2 Nr. 9 KWG. Im Rahmen der aufsichtlichen Meldungen Großer Wertpapierinstitute sind nach Art. 5 Abs. 5 DVO (EU) 2021/451 iVm Anhang I Meldebogen 9 auch Angaben zur geographischen Aufgliederung der Risikopositionen nach Ländern zu machen.

40 Die BaFin muss prüfen und beurteilen, ob sich aus der geographischen Verteilung der Risikopositionen besondere Risiken für das Wertpapierinstitut ergeben (Ziff. 4.2. Tz. 77, 79 SREP-Leitlinien) und ob sich in der Gewinn- und Verlustrechnung eine Konzentration auf bestimmte geografische Regionen niederschlägt (Ziff. 4.2 Tz. 84 SREP-Leitlinien) oder ob sich bei der Bewertung des inhärenten Firmenrisikos ein Konzentrationsrisiko in Bezug auf eine bestimmte geographische Region ergibt (Ziff. 6.5.3 Tz. 224 SREP-Leitlinien).

41 Anhaltspunkte für die Ermittlung des Belegenheitsorts einer Risikopositionen ergeben sich aus Art. 2–4 Delegierte VO (EU) 1152/2014, deren Kriterien entsprechend herangezogen werden können.

42 **c) Geschäftsmodellanalyse (Nr. 3, Titel 4 SREP-Leitlinien).** Wertpapierinstitute müssen über ein tragfähiges und nachhaltiges Geschäftsmodell verfügen. Nach AT 4.2 Tz. 1 WpI-MaRisk muss die Geschäftsleitung eine ökonomisch nachhaltige Geschäftsstrategie festlegen und eine eingehende zukunftsgerichtete Analyse des Geschäftsmodells vornehmen. Bei der Festlegung und Anpassung der Geschäftsstrategie sind externe Einflussfaktoren (Marktentwicklung, Wettbewerbssituation, regulatorisches Umfeld, veränderte Umweltbedingungen und Transition zu einer nachhaltigen Wirtschaft unter Berücksichtigung möglicher Entwicklungen über einen angemessen langen Zeitraum) als auch interne Einflussfaktoren (Risikotragfähigkeit, Liquidität, Ertragslage, personelle und technisch-organisatorische Ressourcen) zu berücksichtigen. Im Hinblick auf die zukünftige Entwicklung der relevanten Einflussfaktoren sind nach AT 4.2 Tz. 1 WpI-MaRisk Annahmen zu treffen, die einer mindestens jährlichen und anlassbezogenen Überprüfung zu unterziehen sind.

Nach den SREP-Leitlinien muss die BaFin die Tragfähigkeit und Nachhaltigkeit des Geschäftsmodells bewerten. **Tragfähigkeit** meint die Eignung des Geschäftsmodells, in den kommenden 12 Monaten eine akzeptable Rendite zu erzielen (Ziff. 4.1 Tz. 70 S. 3 lit. a SREP-Leitlinien), **Nachhaltigkeit** meint die Eignung des Geschäftsmodells über einen zukunftsgerichteten Zeitraum von mindestens drei Jahren (Ziff. 4.1 Tz. 70 S. 3 lit. b SREP-Leitlinien). In die Bewertung einzubeziehen sind mit dem Geschäftsmodell des Wertpapierinstituts verknüpften prudentiellen Risiken von Geldwäsche und Terrorismusfinanzierung (Ziff. 4.1 Tz. 73 SREP-Leitlinien). 43

Der Detaillierungsgrad der Geschäftsmodellanalyse ist im Einklang mit dem **Proportionalitätsgrundsatz** an die spezifische Situation des Wertpapierinstituts, das angenommene Risiko sowie den Umfang und die Komplexität seiner Tätigkeiten anzupassen (Ziff. 4.1 Tz. 74 SREP-Leitlinien). 44

Für Große Wertpapierinstitute ist die Geschäftsmodellanalyse in § 6b Abs. 2 S. 2 Nr. 10 KWG vorgeschrieben. 45

d) Systemrisiken (Nr. 4, Ziff. 6.6.2 Tz. 261 f. SREP-Leitlinien). Nr. 4 setzt Art. 36 Abs. 1 UAbs. 1 lit. d IFD um und verlangt die Überprüfung und Bewertung der Systemrelevanz sowie des von einem Wertpapierinstitut ausgehenden Risikos für den Finanzsektor. Vorbild für Nr. 4 ist § 6b Abs. 2 S. 2 Nr. 15 KWG, der die Systemrisikoanalyse für Große Wertpapierinstitute anordnet und Teil der nach der globalen Finanzkrise 2007/2008 angeordnete makroprudentiellen Aufsicht ist. 46

Für die Ermittlung und Messung des Systemrisikos verweist Art. 36 Abs. 1 UAbs. 1 lit. d IFD auf Art. 23 EBA-VO (VO (EU) 2093/2010), der wiederum auf von EBA und ESRB gemeinsam zu erarbeitende Kriterien für Ermittlung und Messung des Systemrisikos sowie ein geeignetes Verfahren zur Durchführung von Stresstests verweist. 47

Nach Ziff. 6.6.2 Tz. 261 S. 1 SREP-Leitlinien hat die BaFin das Systemrisiko eines Wertpapierinstituts nach quantitativen und qualitativen Kriterien zu beurteilen. Als Systemrisiko verstehen die SREP-Leitlinien das Risiko, dass der Ausfall eines Wertpapierinstituts zu größeren Störungen auf den Finanzmärkten führen kann, auf denen das Wertpapierinstitut tätig ist (Ziff. 6.6.2 Tz. 261 S. 2 SREP-Leitlinien). Ziff. 6.6.2 Tz. 262 SREP-Leitlinien erlaubt eine Gruppenbewertung des Systemrisikos für eine Gruppe von Wertpapierfirmen mit ähnlichem Geschäftsmodell und ähnlichem Risikoprofil in aggregierter Form, bei der die BaFin zu prüfen hat, wie sich der gleichzeitige Ausfall einer bestimmten Anzahl/eines bestimmten Anteils dieser Wertpapierinstitute auf die Finanzmärkte, auf denen sie tätig sind, auswirken würde. 48

e) Sicherheit des Netzwerks und der Informationssysteme (Nr. 5, Ziff. 5.8 SREP-Leitlinien). Die Anforderungen für die von Wertpapierinstituten eingesetzte Kommunikations- und Informationstechnik ergeben sich aus AT 7.2 WpI-MaRisk. Grundregel ist, dass sich Umfang und Qualität der technisch-organisatorischen Ausstattung insbesondere an betriebsinternen Erfordernissen, den Geschäftsaktivitäten sowie der Risikosituation des Wertpapierinstituts orientieren müssen (AT 7.2 Tz. 1 WpI-MaRisk) und dass angemessene Kapazitäten sowie Prozesse zur Sicherstellung der Datenqualität vorzuhalten sind (AT 7.2 Tz. 2 WpI-MaRisk). 49

Nach Nr. 5 iVm Ziff. 5.8 Tz. 137 SREP-Leitlinien prüft und beurteilt die BaFin, ob das Wertpapierinstitut über solide, wirksame und zuverlässige Informati- 50 onssysteme verfügt und ob seinen internen Kontrollfunktionen geeignete IT-Systeme und IT-Support zur Verfügung stehen. Außerdem bewertet die BaFin, ob die Informationssystem das Geschäft und das Risikomanagement des Wertpapierinstituts wirksam unterstützen (Ziff. 5.8 Tz. 139 SREP-Leitlinien) sowie, ob das Wertpapierinstitut die Sicherheit seines Netzwerks und seiner Informationssysteme gewährleisten kann, um die Vertraulichkeit, Integrität und Verfügbarkeit seiner Prozesse, Daten und Vermögenswerte sicherzustellen (Ziff. 5.8 Tz. 138 SREP-Leitlinien).

51 **f) Zinsänderungsrisiko des Anlagebuchs (Nr. 6, Ziff. 6.6.2 SREP-Leitlinien).** Wertpapierinstitute müssen im Rahmen der Ermittlung und Begrenzung ihrer Marktpreisrisiken nach Nr. 6 auch das Zinsänderungsrisiko ermitteln, das sich aus Wertpapiergeschäften des Anlagebuchs ergibt. Eine Prüfung und Beurteilung erfolgt auch im Rahmen der Bewertung sonstiger Risiken nach Ziffer 6.6.2 SREP-Leitlinien (→ Rn. 36).

52 Nach Nr. 6 iV. mit Ziffer 6.6.2 Tz. 249 bewertet die BaFin das Zinsänderungsrisiko, das aus Geschäften im Anlagebuch resultiert. Dafür sind die Hauptmerkmale der Zinsänderungsrisiken ausgesetzten Aktiva, Passiva und außerbilanziellen Positionen des Wertpapierinstituts zu verstehen (Ziffer 6.6.2 Tz. 250). Die BaFin kann bei ihrer Prüfung auf den internen Methoden des Wertpapierinstituten aufsetzen (Ziff. 6.6.2 Tz. 251 S. 1 SREP-Leitlinien). Im Einzelfall kann die BaFin gehalten sein, bei der Prüfung geeignete Schockszenarien in Betracht zu ziehen (Ziff. 6.6.2 Tz. 251 S. 2 SREP-Leitlinien).

53 Für Große Wertpapierinstitute erfolgt die aufsichtliche Prüfung und Bewertung nach § 6b Abs. 2 S. 2 Nr. 11 KWG.

54 **g) Corporate Governance (Nr. 7, Tit. 5 SREP-Leitlinien).** Nr. 7 setzt voraus, dass ein Wertpapierinstitut über angemessene Regelungen zur Unternehmensführung verfügt und dass die Geschäftsleiter und die Mitglieder des Verwaltungs- oder Aufsichtsorgans zur Erfüllung ihrer Pflichten in der Lage sind. Maßgeblich hierfür sind die Anforderungen in § 20 Abs. 5 und § 41, die sich wiederum an Art, Umfang und Komplexität der Geschäfte des Wertpapierinstituts und damit am **Proportionalitätsgrundsatz** orientieren (Neumann/Schmidt BKR 2021, 538; näher → § 41 Rn. 9 ff.).

55 Zu prüfen und zu bewerten ist die konkrete Leitungsstruktur des Wertpapierinstituts, also zwingend die Geschäftsleitung, wobei sich die erforderliche Zahl der Geschäftsleiter aus § 18 Abs. 1 Nr. 8 ergibt. Die Tätigkeit eines Aufsichtsorgans ist dann zu prüfen und zu bewerten, wenn das Wertpapierinstitut über ein solches Aufsichtsorgan verfügt. Eine Pflicht zur Bildung eines Aufsichtsorgans besteht nicht (Regierungsbegründung WpIG, BT-Drs. 19/26929, 139; Neumann/Schmidt BKR 2021, 539).

56 Gegenstand der aufsichtlichen Bewertung und Prüfung ist nach Ziff. 5.1 Tz. 97 SREP-Leitlinien die Angemessenheit der internen Governance zur Sicherstellung eines soliden Risikomanagements und angemessener interner Kontrollen und Überwachung. Dabei sind im einzelnen Nach Ziff. 5.1 Tz. 98 SREP-Leitlinien folgende Bereiche einzubeziehen

– Gesamtrahmen für die interne Governance, insbesondere das Vorliegen einer klaren Organisationsstruktur und einer angemessenen unternehmensweiten Risikokultur;
– Zusammensetzung, Organisation und Funktion des Leitungsorgans sowie gegebenenfalls seiner Ausschüsse;

– Vergütungspolitik und -praxis;
– interner Kontrollrahmen, insbesondere unabhängige Compliance-Funktion, ggf. Funktionen für das interne Risikomanagement und die Innenrevision;
– Risikomanagementrahmenwerk, einschließlich ICARAP;
– Informations- und Kommunikationstechnologie, und
– Plan zur Aufrechterhaltung des Geschäftsbetriebs.

Die Bewertung der internen Governance dient nach Ziff. 5.1 Tz. 99 als Infor- 57
mationsgrundlage für die Bewertung des Risikomanagements, die Bewertung der Kapital- und Liquiditätsrisiken (→ Rn. 15), sowie dafür, ob das Wertpapierinstitut die geltenden Vorschriften zu Bekämpfung von Geldwäsche und Terrorismusfinanzierung erfüllt.

Auch bei der Prüfung und Bewertung der internen Governance gilt der Propor- 58
tionalitätsgrundsatz (Ziff. 5.1 Tz. 97 S. 1, 102 SREP-Leitlinien).

Die Prüfung und Bewertung der Corporate Governance Großer Wertpapier- 59
institute erfolgt nach § 6b Abs. 2 S. 2 Nr. 14 KWG, der auf Art. 98 Abs. 7 CRD IV zurückgeht. Maßstäbe für die interne Corporate Governance von Kreditinstituten und Finanzdienstleistungsinstituten enthält Teil 5 EBA-Guidelines on internal governance under Directive 2013/36/EU v. 2.7.2021 (EBA/GL/2021/05).

h) Abschluss einer Vermögensschadenhaftpflichtversicherung (Nr. 8). 60
Nach Nr. 8 ist der bei aufsichtlichen Prüfung und Bewertung von Wertpapierinstituten zu berücksichtigen, ob das Wertpapierinstitut eine Vermögensschadenhaftpflichtversicherung abgeschlossen hat. Diese Vorgabe geht auf Art. 36 Abs. 1 UAbs. 2 IFD zurück.

Das Vorliegen einer Vermögensschadenhaftpflichtversicherung ist nach 61
Ziff. 6.3.1 Tz. 168 SREP-Leitlinien auch Teil der Bewertung des Kundenrisikos und kann ggf. ein wirksames Instrument des Risikomanagements sein (→ Rn. 21).

Eine Verpflichtung zum Abschluss einer solchen Vermögensschadenhaftpflicht- 62
versicherung besteht nicht. Auch kann nach dem WpIG nicht mehr – anders als nach § 33 Abs. 1 S. 2, 4 und 5 KWG aF – der Nachweis des Anfangskapitals durch den Abschluss einer solchen Versicherung ersetzt werden.

i) Verfahren zur geordneten Abwicklung des Wertpapierinstituts 63
(Ziff. 6.2 SREP-Leitlinien). Wertpapierinstitute mit einem Anfangskapital nach § 17 Abs. 1 Nr. 1a WpIG müssen nach §§ 12 ff. SAG einen Sanierungsplan erstellen, in dem darzulegen ist, mit welchen vom Wertpapierinstitut zu treffenden Maßnahmen die finanzielle Stabilität gesichert oder wiederhergestellt werden kann, falls sich seine Vermögens-, Finanz- oder Ertragsentwicklung wesentlich verschlechtert und diese Verschlechterung zu einer Bestandsgefährdung führen kann. Abhängig von der Größe und Komplexität des Wertpapierinstituts kann die BaFin nach § 19 SAG vereinfachte Anforderungen an den Sanierungsplan festsetzen.

Zur Erstellung eines Abwicklungsplans ist nach § 40 SAG nicht das Wertpapier- 64
institut, sondern die BaFin verpflichtet. Das Wertpapierinstitut ist allerdings nach § 42 Abs. 1 SAG verpflichtet, die BaFin bei der Erstellung und Aktualisierung des Abwicklungsplans zu unterstützen. BTR 4 WpI-MaRisk verpflichtet Wertpapierinstitute, unter Berücksichtigung der Rechtsform, des Geschäftsmodells, der Geschäfts- und Risikostrategie sowie des Umfangs und der Komplexität der Tätigkeiten das Risiko einer ungeordneten Abwicklung zu betrachten. Als **geordnete**

Abwicklung definieren die Erläuterungen zu BTR 4 WpI-MaRisk den Fall, dass das Wertpapierinstitut im Falle einer Abwicklung oder Einstellung seiner Tätigkeiten unter Berücksichtigung der Tragfähigkeit und Nachhaltigkeit seiner Geschäftsmodelle und -strategien den Erfordernissen und dem Mittelbedarf, die mit Blick auf den Zeitplan und die Erhaltung der Eigenmittel und der liquiden Mittel während des gesamten Prozesses des Marktaustritts zu erwarten sind, gebührend Rechnung tragen kann.

65 Nach Ziff. 6.2 Tz. 158 ff. SREP-Leitlinien muss die BaFin im Rahmen des SREP auch das Verfahren zur geordneten Abwicklung des Wertpapierinstituts anhand plausibler Szenarien, die das Geschäftsmodell und die Strategie des Wertpapierinstituts widerspiegeln, prüfen und bewerten. Gegenstand der Prüfung und Bewertung sind die möglichen Abwicklungsszenarien, der Zeitrahmen für die Abwicklung und deren Auswirkung auf Kunden, Gegenparteien und Märkte sowie auf das Wertpapierinstitut selbst.

3. Risikopositionen gegenüber zentralen Gegenparteien (Abs. 2a)

66 Der durch das FondsrisikobegrenzungsG v. 9.4.2026 (BGBl. 2026 I Nr. 97) mWv 10.4.2026 eingefügte Abs. 2a enthält besondere Anforderungen zum Überprüfungs- und Bewertungsprozess für Risikopositionen gegenüber zentralen Gegenparteien (definiert im ebenfalls durch das Fondsrisikobegrenzungsgesetz eingefügten (zweiten) § 2 Abs. 39 (korrekt Abs. 40). Abs. 2a soll der Umsetzung von Art. 3 Nr. 4 EMIR-3-BegleitRL (RL (EU) 2024/2994) dienen, wodurch wiederum Art. 36 Abs. 1 IFD (RL (EU) 2019/2034) geändert wurde (Regierungsbegründung, BT-Drs. 21/3510, 120).

67 Nach Abs. 2a muss die BaFin jeweils im Rahmen des SREP prüfen und bewerten (ohne dass ihr hinsichtlich der Prüfung (insoweit anders als im übrigen § 47) ein Ermessen zusteht, so ausdrücklich Regierungsbegründung, BT-Drs. 21/3510, 120):

68 – die **Steuerung des Konzentrationsrisikos** durch das Wertpapierinstitut, das aus Risikopositionen des Wertpapierinstituts gegenüber zentralen Gegenparteien erwächst **(Nr. 1);** die Steuerung dieses Konzentrationsrisikos ist auch bereits im Rahmen der Ermittlung des inhärenten Firmenrisikos nach Ziff. 6.5 SREP-Leitlinien zu prüfen und bewerten (→ Rn. 30);

69 – die gemäß § 45 Abs. 3 S. 2 vom Mittleren Wertpapierinstitut ausgearbeiteten **Pläne zur Überwachung des Konzentrationsrisikos** aus Risikopositionen gegenüber zentralen Gegenparteien **(Nr. 2),** und

70 – die Fortschritte bei der Anpassung des Geschäftsmodells des Mittleren Wertpapierinstituts an die in Art. 7a OTC-Derivate-VO (VO (EU) Nr. 648/2012) festgelegten Anforderungen **(Nr. 3).**

4. Absehen von Überprüfung und Bewertung (Abs. 3)

71 **Satz 1** erlaubt ein Absehen von aufsichtlicher Überprüfung und Bewertung, wenn diese wegen der Größe, der Art, des Umfangs und der Komplexität der Geschäfte eines Mittleren Wertpapierinstituts sowie seiner (mangelnden) Systemrelevanz nicht erforderlich ist. Die Entscheidung hierüber trifft die BaFin nach pflichtgemäßem Ermessen.

Nach **Satz 2** muss die BaFin bei der Entscheidung nach Satz 1 § 84 WpHG und § 10 WpDVerOV hinsichtlich der Trennung der gehaltenen Kundengelder von den eigenen Geldern des Wertpapierinstituts berücksichtigen 72

§ 84 Abs. 1 WpHG verlangt von Wertpapierdienstleistungsunternehmen, die ohne Erlaubnis für das Einlagengeschäft nach § 1 Abs. 1 S. 2 Nr. 1 KWG Gelder von Kunden halten, geeignete Vorkehrungen zu treffen, um die Rechte der Kunden zu schützen und zu verhindern, dass die Gelder des Kunden ohne dessen ausdrückliche Zustimmung für eigene Rechnung oder für Rechnung einer anderen Person verwendet werden. § 10 WpDVerOV enthält Verhaltenspflichten für Wertpapierdienstleistungsunternehmen, die bei Dritten nach § 84 Abs. 2 WpHG Kundengelder halten oder bei Dritten Kundenfinanzinstrumente verwahren. 73

Der Verweis auf § 84 WpHG, § 10 WpVerOV bedeutet im Umkehrschluss, dass nach Abs. 3 von einer aufsichtlichen Überprüfung und Bewertung eines Wertpapierinstituts nur abgesehen werden kann, wenn sich die BaFin zuvor von der Beachtung dieser Bestimmungen vergewissert hat. 74

IV. Bewertung und Prüfung Kleiner Wertpapierinstitute (Abs. 4)

Nach Abs. 4 kann die BaFin im Einzelfall entscheiden, eine Überprüfung und Bewertung eines Kleinen Wertpapierinstituts nach Abs. 1 und 2 durchzuführen. Maßgeblich für die Entscheidung sind Größe, Art, Umfang und Komplexität der Geschäfte des Wertpapierinstituts. Die BaFin trifft die Entscheidung nach pflichtgemäßem Ermessen. 75

Abs. 4 überlässt der BaFin die Entscheidung, ob und in welcher Form die Überprüfung und Bewertung nach Abs. 1 und 2 durchgeführt wird. Die BaFin kann die Prüfung und Bewertung auf einzelne technische Kriterien nach Abs. 2 Satz 2 beschränken. 76

V. Auskunftsrechte der BaFin (Abs. 5)

Abs. 5 gewährt der BaFin ein Recht auf Zugang zu den Tagesordnungen, Protokollen und Begleitdokumenten der Sitzungen des Verwaltungs- oder Aufsichtsorgans des Wertpapierinstituts und seiner Ausschüsse sowie zu den Ergebnissen der internen oder externen Bewertung der Leistung der Geschäftsleiter. Sachlich handelt es sich dabei um ein Auskunfts- bzw. Vorlagerecht, mit dem eine entsprechende Pflicht des Wertpapierinstituts und seiner Geschäftsleiter korrespondiert. Entsprechende Auskunfts- und Vorlagerechte finden sich zB in §§ 44, 44b KWG. 77

Abs. 5 sieht – anders als zB §§ 44 Abs. 6, 44b Abs. 3 KWG – kein Auskunftsverweigerungsrecht der Verpflichteten vor. 78

VI. Rechtsschutz, weitergehende Maßnahmen

§ 47 knüpft unmittelbar keine Rechtsfolgen an das Ergebnis der aufsichtlichen Prüfung und Bewertung. Schlechte Einzelscores in den Bereichen interne Unternehmensführung und unternehmensweite Kontrolle, Einhaltung von Eigenmittel- 79 anforderungen und Einhaltung von Liquiditätsanforderungen können aber Maßnahmen der BaFin im Rahmen der Missstandsaufsicht nach § 5 rechtfertigen. Außerdem kann eine Aufhebung der Erlaubnis nach § 19 Abs. 2 Nr. 3 in Betracht kommen, wenn die Scores auf Umständen beruhen, die eine Gefahr für die Erfüllung der Verpflichtungen des Wertpapierinstituts gegenüber seinen Kunden, insbesondere für die Sicherheit der dem Wertpapierinstitut anvertrauten Vermögenswerte darstellen. Schließlich können in schlechten Scores resultierende Missstände in einem Wertpapierinstitut zu Maßnahmen gegen die Geschäftsleiter nach § 22 führen.

80 Die aufsichtliche Bewertung als Ergebnis der Überprüfung nach § 47 kann Grundlage für Maßnahmen gegen das Wertpapierinstitut sein. Sie ist daher ein Verwaltungsakt, gegen den Rechtsbehelfe des Wertpapierinstituts statthaft sind.

§ 48 Laufende Überprüfung der Erlaubnis zur Verwendung interner Modelle

(1) [1]Die Bundesanstalt überprüft regelmäßig, mindestens alle drei Jahre, ob das Wertpapierinstitut die Anforderungen für die Erlaubnis zur Verwendung interner Modelle gemäß Artikel 22 der Verordnung (EU) 2019/2033 erfüllt. [2]Dabei trägt die Bundesanstalt insbesondere Veränderungen bei der Geschäftstätigkeit des Wertpapierinstituts und der Anwendung der internen Modelle auf neue Produkte Rechnung und überprüft und bewertet, ob das Wertpapierinstitut bei diesen Modellen sachgerechte und aktuelle Techniken und Vorgehensweisen anwendet.

(2) [1]Stellt die Bundesanstalt fest oder wird ihr bekannt, dass die internen Modelle erhebliche Mängel bei der Erfassung der Risiken aufweisen, ordnet die Bundesanstalt angemessene und geeignete Maßnahmen an, die innerhalb einer von ihr gesetzten Frist umzusetzen sind, um eine unverzügliche Beseitigung der Mängel zu gewährleisten und deren Folgen zu begrenzen. [2]Geeignete Maßnahme ist insbesondere die Festsetzung von höheren Eigenmittelanforderungen oder höheren Multiplikationsfaktoren.

(3) [1]Kommt es bei einem von der Bundesanstalt erlaubten internen Modell für Marktrisiken mehrfach zu Überschreitungen der Multiplikationsfaktoren im Sinne von Artikel 366 der Verordnung (EU) Nr. 575/2013 oder drohen diese Überschreitungen mehrfach, ist zu vermuten, dass das interne Modell nicht präzise ist. [2]In diesem Fall widerruft die Bundesanstalt die Erlaubnis zur Verwendung des internen Modells oder ordnet angemessene Maßnahmen an, die gewährleisten, dass das Modell unverzüglich innerhalb einer von der Bundesanstalt bestimmten Frist verbessert wird.

(4) [1]Erfüllt ein Wertpapierinstitut die Anforderungen für die Verwendung der internen Modelle nicht mehr, verlangt die Bundesanstalt von dem Wertpapierinstitut
1. die Vorlage eines Plans, der die erneute Erfüllung der Anforderungen innerhalb eines bestimmten Umsetzungszeitraums gewährleistet, oder
2. einen Nachweis, dass die Auswirkungen des Nichteinhaltens der Anforderungen unwesentlich sind.

[2]Sind die Eigenmittelanforderungen im Falle des Satzes 1 zur angemessenen Risikoabdeckung unzureichend, ordnet die Bundesanstalt zusätzliche Eigenmittelanforderungen an.

(5) **Kommt die Bundesanstalt zu dem Ergebnis, dass das Wertpapierinstitut den nach Absatz 4 Satz 1 Nummer 1 vorgelegten Plan zur vollständigen Wiedereinhaltung der Anforderungen nicht umsetzt oder ist der von dem Wertpapierinstitut vorgesehene Umsetzungszeitraum unangemessen lang, verlangt die Bundesanstalt eine Nachbesserung des Plans innerhalb einer festgesetzten Frist.**

(6) **Kommt die Bundesanstalt zu dem Ergebnis, dass das Wertpapierinstitut die Anforderungen für die Verwendung der internen Modelle innerhalb einer angemessenen Frist nicht wieder einhalten wird und hat das Wertpapierinstitut auch keinen Nachweis im Sinne des Absatzes 4 Satz 1 Nummer 2 erbracht, widerruft die Bundesanstalt die Erlaubnis zur Verwendung der internen Modelle vollständig oder für die Bereiche, in denen das Wertpapierinstitut die Anforderungen für die Verwendung der internen Modelle nicht erfüllt.**

(7) **Bei der Überprüfung und Bewertung gemäß Absatz 1 berücksichtigt die Bundesanstalt die Analysen und Leitlinien der Europäischen Bankenaufsichtsbehörde gemäß Artikel 37 Absatz 4 der Richtlinie (EU) 2019/2034.**

Übersicht

I. Vorbemerkung

§ 48 setzt Art. 37 IFD um. Bei der Berechnung der erforderlichen Eigenmittel auf der Grundlage der sogenannten **„K-Faktoren"** gem. Art. 11 Abs. 1 lit. c IFR ist, soweit vorhanden, auch auf die Handelsbuchpositionen eines Wertpapierinstituts abzustellen (Regierungsbegründung WpIG, BT-Drs. 19/26929, 148). Die 1

Einzelheiten der Ermittlung der Eigenmittelanforderungen für die Risikopositionen des Handelsbuchs ergeben sich aus Art. 22 IFR, der die Bestimmung des Faktors K-NPR (Net Position Risk, Nettopositionsrisiko) regelt. K-NPR ist für die **Handelsbuchpositionen** (Art. 4 Nr. 85 und 86 CRR) eines Wertpapierinstituts zu ermitteln, das für eigene Rechnung für sich selbst oder im Namen eines Kunden handelt. Erfasst sind die Fälle, in denen das Wertpapierinstitut Finanzkommissionsgeschäft iSv § 2 Abs. 2 Nr. 1, Emissionsgeschäft iSv § 2 Abs. 2 Nr. 1 oder Eigenhandel iSv § 2 Abs. 2 Nr. 10 betreibt. § 48 ist nur auf Mittlere Wertpapierinstitute anwendbar, da Kleine Wertpapierinstitute keine K-Faktoren zur Ermittlung ihrer Eigenkapitalanforderungen ermitteln müssen (Lendermann/Nemeczek/Schroeter/Strube Rn. 12; vgl. → § 39 Rn. 2). Für Große Wertpapierinstitute gilt § 48 nicht (§ 4 S. 2).

2 Nach Art. 22 lit. c IFR wird Wertpapierinstituten die Möglichkeit eingeräumt, K-NPR nach einem alternativen **internen Modell** des Wertpapierinstituts zu ermitteln. Die Anforderungen für die Verwendung interner Modelle ergeben sich aus Teil 3 Titel IV Kapitel 1b CRR (dh Art. 325az ff. CRR), auf die Art. 22 lit. c IFR verweist (dazu näher Fischer/Schäfer/Schulte-Mattler/Schulte-Mattler/Theis CRR Vorbemerkung Art. 325az Rn. 1 ff.).

3 Ergänzende Bestimmungen zu den Anforderungen an die internen Modelle enthält die Delegierte VO (EU) 2023/1578 v. 20.4.2023 zur Ergänzung der CRR durch technische Regulierungsstandards zur Festlegung der Anforderungen an die interne Methode und die externen Quellen, die im Rahmen des internen Modells zur Erfassung von Ausfallrisiken für die Schätzung der Ausfallwahrscheinlichkeiten und der Verlustquoten bei Ausfall (ABl. 2023 L 193, 7) herangezogen werden. Weitere ergänzende Bestimmungen zu Berechnung der Eigenmittelanforderungen auch bei Verwendung interner Modelle enthält die Delegierte VO (EU) 2023/1577 v. 20.4.2023 zur Ergänzung der CRR durch technische Regulierungsstandards für die Berechnung der Eigenmittelanforderungen für das Marktrisiko bezüglich Anlagebuchpositionen, die dem Fremdwährungs- oder dem Warenpositionsrisiko unterliegen, und für die Behandlung dieser Positionen für die Zwecke der Anforderungen für Rückvergleiche und die Gewinn- und Verlustzuweisung im Rahmen des alternativen auf einem internen Modell basierenden Ansatzes (ABl. 2023 L 193, 1). Diese **Regulatory Technical Standards** (RTS) beruhen auf den Ermächtigungen in Art. 325 Abs. 9 UAbs. 3, Art. 325bf Abs. 9 UAbs. 3 und Art. 325bg Abs. 4 UAbs. 3 CRR und können zur Auslegung von § 48 ergänzend herangezogen werden.

4 Für die Beaufsichtigung von Kreditinstituten gilt der von der EZB veröffentlichte Leitfaden zu internen Modellen v. 28.7.2025 (ECB guide to internal models, July 2025, https://www.bankingsupervision.europa.eu/ecb/pub/pdf/ssm.supervisory_guide202507.en.pdf), der nach **Abs. 7** zu beachten ist. Generelle Erläuterungen zu bankinternen Risikotragfähigkeitskonzepten enthält auch die BaFin-Leitlinie „Aufsichtliche Beurteilung bankinterner Risikotragfähigkeitskonzepte und deren prozessualer Einbindung in die Gesamtbanksteuerung („ICAAP") – Neuausrichtung" v. 24.5.2018, Consbruch/Fischer Nr. 64.46). Beide Dokumente können ebenfalls ergänzend zur Auslegung von § 48 herangezogen werden. Die aufsichtliche Überprüfung und Bewertung interner Modelle nach § 47 im Rahmen des sog. Supervisory Review and Evaluation Process **(SREP)** erfolgt nach Maßgabe der von EBA und ESMA gemeinsam auf der Grundlage von Art. 45 Abs. 2 UAbs. 4 IFD veröffentlichten „Leitlinien zu gemeinsamen Verfahren und Methoden für den aufsichtlichen

Überprüfungs- und Bewertungsprozess (SREP) gemäß Richtlinie (EU) 2019/2034" (EBA/GL/2022/09/ESMA35-42-1470 v. 21.7.2022, zugänglich unter www.eba.europa.eu) **(„SREP-Leitlinien").**

II. Überprüfung der Verwendung interner Modelle nach Art. 22 lit. 2 IFR zur Ermittlung von K-NPR (Abs. 1)

Abs. 1 weist der BaFin die Befugnis (und damit zugleich die Aufgabe) zu, die Erlaubnis zur Verwendung interner Modelle nach Art. 22 lit. 2 IFR zur Ermittlung von K-NPR regelmäßig, mindestens alle drei Jahre, zu überprüfen. Hierdurch wird Art. 37 Abs. 1 S. 1 IFD umgesetzt. Ergibt die Überprüfung Mängel oder stellt die BaFin fest, dass die Anforderungen für die Verwendung der internen Modelle nicht erfüllt sind, dann kann die BaFin Maßnahmen nach Abs. 2–6 ergreifen. Die internen Modelle sind daneben auch Gegenstand des SREP nach § 47 (Ziff. 5.1 Tz. 104, Ziff. 6.4.2 Tz. 209, Ziff. 7.1 Tz. 267 SREP-Leitlinien, → § 47 Rn. 1). 5

Die Verwendung interner Modelle zur Ermittlung von K-NPR ist nach Art. 325az Abs. 2 CRR nur zulässig, wenn die BaFin hierfür eine Erlaubnis erteilt hat. Die Erteilung der Erlaubnis setzt voraus, dass das interne Risikomessmodell des Wertpapierinstituts die Anforderungen aus Art. 325bh (Anforderungen an die Risikomessung), 325bi (Qualitative Anforderungen) und 325bj CRR (Interne Validierung) erfüllt. Die Erlaubnis wird für sog. Handelstische erteilt, die nach Art. 104b CRR einzurichten sind (näher Fischer/Schäfer/Schulte-Mattler/Schulte-Mattler/Filusch CRR Art. 104b Rn. 1 ff. und Fischer/Schäfer/Schulte-Mattler/Schulte-Mattler/Theis CRR Art. 325az Rn. 3 ff.). 6

Gegenstand der Überprüfung sind nicht nur die Erfüllung der Anforderungen für die Erlaubnis nach Art. 325az Abs. 2 CRR, sondern Mängel oder Nichterfüllung aller Voraussetzungen aus Teil 3 Titel IV Kapitel 1b CRR, dh der Art. 325az–325bp CRR. Nach Art. 37 Abs. 1 S. 2 IFD (in § 48 nicht umgesetzt) soll die BaFin als zuständige Behörde insbesondere Veränderungen bei der Geschäftstätigkeit und der Anwendung dieser internen Modelle auf neue Produkte Rechnung tragen und überprüfen und bewerten, ob bei diesen internen Modellen gut ausgearbeitete und aktuelle Techniken und Vorgehensweisen angewendet werden. 7

III. Mängelbeseitigungsmaßnahmen (Abs. 2)

1. Voraussetzungen (Satz 1)

Abs. 2 verpflichtet die BaFin Maßnahmen zu ergreifen, wenn **erhebliche Mängel** bei der Risikoerfassung iSv Satz 1 festgestellt werden. Hierdurch wird Art. 37 Abs. 1 S. 3 IFD umgesetzt. Anordnungen dienen der unverzüglichen Beseitigung der Mängel sowie der Folgen der Mängel bei der Risikoerfassung (Satz 2). 8

2. Inhalt von Anordnungen (Satz 2)

Anordnungen nach Abs. 2 müssen angemessen und geeignet sein, um die festgestellten Mängel zu beseitigen. Satz 2 stellt klar, dass die BaFin sich nicht darauf beschränken muss, die Mängel bei der Risikoerfassung zu benennen und für deren 9

Beseitigung eine Frist zu setzen. Stattdessen kann die BaFin auf die Feststellung von Mängeln unmittelbar mit der Festsetzung von höheren Eigenmittelanforderungen oder höheren Multiplikationsfaktoren (als nach Art. 366 CRR ermittelt) reagieren (Lendermann/Nemeczek/Schroeter/Strube Rn. 40).

IV. Mängel von internen Modellen zur Erfassung des Marktrisikos (Abs. 3–6)

1. Voraussetzungen (Abs. 3 Satz 1)

10 Voraussetzungen für Maßnahmen nach Abs. 3–6 ist die mangelnde Präzision des internen Modells zur Ermittlung des **Marktrisikos,** das im Rahmen des SREP nach § 47 iVm Ziff. 6.4 SREP-Leitlinien geprüft und bewertet wird (→ § 47 Rn. 23).

11 Nach Abs. 3 Satz 1 wird vermutet, dass das interne Modell unpräzise arbeitet, wenn es mehrfach zu Überschreitungen der Multiplikationsfaktoren nach Art. 366 CRR kommt oder solche mehrfachen Überschreitungen drohen.

2. Inhalt von Anordnungen

12 **a) Widerruf der Erlaubnis (Abs. 3 Satz 2). Abs. 3 Satz 2 Fall 1** ermöglicht der BaFin zunächst den Widerruf der Erlaubnis zur Verwendung des internen Modells.

13 **b) Verbesserung des internen Modells (Abs. 3 Satz 2). Abs. 3 Satz 2 Fall 2** lässt zu, dass die BaFin, statt die Erlaubnis zu widerrufen, Maßnahmen zur unverzüglichen Verbesserung des Modells anordnet. Für die Umsetzung der Maßnahmen hat die BaFin eine Frist zu setzen. Diese muss ausreichend lang sein, damit die Maßnahmen auch tatsächlich umgesetzt werden können. Sind nicht alle Mängel innerhalb der Frist beseitigt, dann kann die BaFin eine weitere Frist setzen (Lendermann/Nemeczek/Schroeter/Strube Rn. 44).

14 Abs. 3 Satz 2 nennt den Entzug der Erlaubnis zur Verwendung interner Modelle an erster Stelle und erst danach die Anordnung von Maßnahmen zur Verbesserung. Solche Maßnahmen können aber auch bereits nach Abs. 2 angeordnet werden. Die Aufzählung in Abs. 3 Satz 2 erinnert daran, dass auch hier das **Übermaßverbot** gilt. Der Entzug der Erlaubnis zur Verwendung des internen Modells ist also nur zulässig, wenn zu befürchten ist oder feststeht, dass die Mängel des internen Modells, die zur mehrfachen Überschreitung der Multiplikationsfaktoren nach Art. 366 CRR geführt haben oder eine solche mehrfache Überschreitung erwarten lassen, nicht innerhalb eines angemessenen Zeitraums beseitigt werden können. Ein Entzug der Erlaubnis zur Verwendung des internen Modells ist auch möglich, wenn eine Mängelbeseitigungsanordnung erfolglos geblieben ist.

15 **c) Vorlage eines Zeitplans zur Wiedereinhaltung der Anforderungen (Abs. 4 Satz 1, Abs. 5).** Nach **Abs. 4 Satz 1 Nr. 1** kann die BaFin, statt eine Frist nach Abs. 2 oder Abs. 3 Satz 2 Fall 2 zu setzen, vom Wertpapierinstitut auch einen Plan für die Mängelbeseitigung verlangen. Inhalt eines solchen Plans sind die Benennung der Mängel, die Schritte zur ihrer Beseitigung sowie ein Zeitplan für die Abarbeitung der Schritte zur Mängelbeseitigung.

16 Nach **Abs. 4 Satz 1 Nr. 2** kann das Wertpapierinstitut Maßnahmen der BaFin nach Abs. 4 abwenden, wenn es nachweist, dass die Auswirkungen des Nichtein-

haltens der Anforderungen unwesentlich sind. Aus dem Zusammenhang mit Abs. 2 ergibt sich, dass dann Maßnahmen nach § 48 ohnehin nicht zulässig wären, weil diese „erhebliche Mängel" bei der Erfassung von Risiken voraussetzen. Eine eigenständige Bedeutung kann Abs. 4 Abs. 2 Satz 1 Nr. 2 wohl nur haben, wenn das interne Modell zwar die Risiken nicht zutreffend erfasst, die Eigenmittelanforderungen aber trotz fehlerhafter Erfassung der Risiken eingehalten sind.

Abs. 5 regelt Befugnisse der BaFin für den Fall, dass der Plan nach Abs. 4 Satz 1 **17** vom Wertpapierinstitut nicht umgesetzt wird oder dass der vom Wertpapierinstitut vorgesehene Umsetzungszeitraum unangemessen lang ist. In diesem Fall kann die BaFin nach Abs. 5 eine Nachbesserung des Plans innerhalb einer festzusetzenden Frist verlangen.

d) Zusätzliche Eigenmittelanforderungen (Abs. 4 Satz 2). Abs. 4 Satz 2 **18** ermöglich der BaFin, im Fall der fehlenden Präzision des internen Modells nach Abs. 3 Satz 1 auch zusätzliche Eigenmittelanforderungen anzuordnen. Zusätzliche Eigenmittelanforderungen können auch parallel zu Nachbesserungsanforderungen nach Abs. 4 S. 1 festgesetzt werden (Lendermann/Nemeczek/Schroeter/Strube Rn. 42).

Voraussetzung für die Anordnung ist nach dem Wortlaut von Abs. 4 Satz 2, **19** dass das Wertpapierinstitut im Fall von Satz 1 die Eigenmittelanforderungen zur angemessenen Risikoabdeckung unzureichend erfüllt. Unklar ist, ob hierdurch eine Einschränkung der Befugnisse der BaFin aus der Generalnorm des Abs. 2 bewirkt wird, die in Satz 2 allgemein als Reaktion auf die Feststellung von Mängeln eines internen Modell eine Erhöhung der Eigenmittelanforderungen oder Festsetzung eines höheren Multiplikators vorsieht.

V. Widerruf und Teilwiderruf der Erlaubnis (Abs. 6)

Nach Abs. 6 kann die BaFin die Erlaubnis zur Verwendung des internen **20** Modells widerrufen, wenn feststeht, dass das Wertpapierinstitut nicht innerhalb einer angemessenen Frist die Anforderungen an die Verwendung des internen Modells wieder einhalten wird.

Der Widerruf ist nicht zulässig, wenn das Wertpapierinstitut den Nachweis **21** nach Abs. 4 Satz 1 Nr. 2 erbracht hat, dass die Auswirkungen des Nichteinhaltens der Anforderungen für die Verwendung des internen Modells unerheblich sind.

Abs. 6 ermöglicht auch einen **Teilwiderruf** der Erlaubnis. Die BaFin kann die **22** Erlaubnis auch nur teilweise widerrufen Der Widerruf kann auf die Bereiche beschränkt werden, in denen das Wertpapierinstitut die Anforderungen für die Verwendung der internen Modelle nicht erfüllt (Lendermann/Nemeczek/Schroeter/Strube Rn. 45).

Abs. 6 tritt neben die Möglichkeit zum Widerruf der Erlaubnis zur Verwendung **23** interner Modelle nach Abs. 3 Satz 2 Fall 1.

VI. Beachtung von Leitlinien der EBA (Abs. 7)

Abs. 7 verpflichtet die BaFin, bei der Anwendung von § 48 von der EBA nach **24** Art. 37 Abs. 4 IFR zu erlassende Leitlinien zu beachten. Nach Art. 37 Abs. 4 IFD soll die EBA eine vergleichende Analyse der internen Modelle der verschiedenen Wertpapierfirmen vornehmen und auf Grundlage dieser Analyse zur Förderung kohärenter, effizienter und wirksamer Aufsichtspraktiken im Leitlinien mit Referenzwerten für die Nutzung interner Modelle durch die Wertpapierfirmen sowie für Anwendung interner Modelle auf ähnliche Risiken oder Risikopositionen in diesen Modellen entwickeln.

25 Zur Verwendung interner Modelle nach der CRR hat die EZB im Oktober 2019 einen „ECB Guide to internal models" vorgelegt (zugänglich unter https://www.bankingsupervision.europa.eu/ecb/pub/pdf/ssm.guidetointernalmodels_consolidated_201910~97fd49fb08.de.pdf), in dem frühere EBA-Leitlinien zusammengefasst sind, die zur Bankenaufsicht ergangen sind. Aktuell gilt die Fassung der Leitlinie v. 28.7.2025 (ECB guide to internal models, July 2025, https://www.bankingsupervision.europa.eu/ecb/pub/pdf/ssm.supervisory_guide202507.en.pdf). Bis zum Erlass einer Leitlinie nach Art. 37 Abs. 4 IFR ist die EZB-Leitlinie v. 28.7.2025 zu beachten.

VII. Rechtsschutz

26 Anordnungen zur Verbesserung interner Modelle (Abs. 3 Satz 2 Fall 2), Anordnungen zusätzlicher Eigenmittel (Abs. 4 S. 2) sowie der Widerruf der Erlaubnis zur Verwendung interner Modelle (Abs. 3 Satz 2 Fall 1, Abs. 6) sind jeweils Verwaltungsakte, gegen die Rechtsbehelfe des Wertpapierinstituts statthaft sind.

Abschnitt 3. Besondere Befugnisse der Bundesanstalt bei der laufenden Beaufsichtigung von Wertpapierinstituten

§ 49 Besondere Aufsichtsbefugnisse

Die Bundesanstalt kann, um Verstöße gegen dieses Gesetz oder die Verordnung (EU) 2019/2033 zu verhindern oder zu unterbinden, insbesondere zur Durchführung der §§ 46 bis 48 sowie der Verordnung (EU) 2019/2033, gegenüber einem Wertpapierinstitut anordnen,

1. unter den in § 50 festgelegten Bedingungen zusätzliche Eigenmittel zu halten, die über die Anforderungen in Artikel 11 der Verordnung (EU) 2019/2033 hinausgehen, oder die Anforderungen an Eigenmittel und liquide Aktiva im Falle wesentlicher Änderungen der Geschäftstätigkeiten dieses Wertpapierinstituts anzupassen,

2. die nach den §§ 39 und 41 eingeführten Regelungen, Verfahren, Mechanismen und Strategien zu verstärken,

3. binnen eines Jahres einen Plan vorzulegen, aus dem hervorgeht, wie die Aufsichtsanforderungen dieses Gesetzes und der Verordnung (EU) 2019/2033 erfüllt werden sollen, eine von der Bundesanstalt bestimmte Frist für die Durchführung dieses Plans einzuhalten und Nachbesserungen hinsichtlich seines Anwendungsbereichs und Zeitrahmens vorzunehmen,

4. eine angemessene Rückstellungspolitik oder Behandlung ihrer Vermögenswerte hinsichtlich der Kapitalanforderungen vorzunehmen,

5. die Geschäftsbereiche, die Tätigkeiten oder das Netzwerk des Wertpapierinstituts einzuschränken oder zu begrenzen oder Geschäfts-

zweige, die für die Eigenmittelausstattung des Wertpapierinstituts mit zu großen Risiken verbunden sind, zu veräußern,
6. die mit den Tätigkeiten, Produkten und Systemen von Wertpapierinstituten verbundenen Risiken, auch der mit ausgelagerten Tätigkeiten verbundenen Risiken, zu verringern,
7. eine variable Vergütung als Prozentsatz der Nettoeinkünfte zu begrenzen, wenn diese Vergütung nicht mit der Aufrechterhaltung der erforderlichen Eigenmittelausstattung des Wertpapierinstituts zu vereinbaren ist,
8. Nettogewinne zur Stärkung der Eigenmittel einzusetzen,
9. Ausschüttungen oder Zinszahlungen eines Wertpapierinstituts an Anteilseigner, Gesellschafter oder Inhaber von Instrumenten des zusätzlichen Kernkapitals einzuschränken oder zu unterlassen, wenn ein solches Verbot für das Wertpapierinstitut kein Ausfallereignis darstellt,
10. Meldungen zusätzlich oder häufiger abzugeben als in diesem Gesetz und der Verordnung (EU) 2019/2033 vorgesehen, insbesondere zur Eigenmittel- und Liquiditätslage,
11. im Einklang mit § 52 besondere Liquiditätsanforderungen zu erfüllen,
12. ergänzende Informationen zu Verstößen gegen dieses Gesetz oder die Verordnung (EU) 2019/2033 zu übermitteln, und
13. die Risiken für die Sicherheit der Netzwerke und Informationssysteme, die das Wertpapierinstitut zur Gewährleistung der Vertraulichkeit, Integrität und Verfügbarkeit seiner Verfahren, Daten und Vermögenswerte einsetzt, zu verringern.
14. die Risikopositionen des Wertpapierinstituts gegenüber dieser zentralen Gegenpartei zu verringern oder Risikopositionen über die Clearingkonten des Wertpapierinstituts gemäß Artikel 7a der Verordnung (EU) Nr. 648/2012 neu zuzuweisen, wenn sie der Auffassung ist, dass ein Risiko einer übermäßigen Konzentration besteht, das aus Risikopositionen gegenüber einer zentralen Gegenpartei erwächst.

Literatur: Schwennicke, Die künftige Beaufsichtigung der Wertpapierfirmen in Deutschland, BKR 2021, 150.

Übersicht

I. Vorbemerkung

1 § 49 soll Art. 39 IFD umsetzen. Die Befugnisse nach § 49 treten nach dem Willen des Gesetzgebers neben die allgemeinen Anordnungsbefugnisse aus § 4 (Regierungsbegründung WpIG, BT-Drs. 19/26929, 148).

2 § 49 gilt nach § 4 S. 2 nicht für Große Wertpapierinstitute. Für diese gelten nach § 4 S. 1 die Anordnungsbefugnisse nach § 45 KWG.

3 Im Einklang mit dem für die Regulierung der Wertpapierinstitute geltenden **Proportionalitätsgrundsatz** hätte es nahegelegen, den Katalog zulässiger Maßnahmen in § 49 im Einklang mit der geringeren Komplexität des Geschäfts der Kleinen und Mittleren Wertpapierinstitute auf zentrale wichtige Eingriffsbefugnisse zu beschränken. Der Gesetzgeber ist diesen Weg nicht gegangen, sondern hat vielmehr zusätzliche und weitergehende Eingriffsbefugnisse geschaffen, ohne deren Anwendungsvoraussetzungen im Einzelnen zu konkretisieren (Lendermann/Nemeczek/Schroeter/Marx § 49 Rn. 5, 8; Schwennicke BKR 2021, 157). Nr. 14 wurde durch das FondsrisikobegrenzungsG v. 9.4.2026 (BGBl. 2026 I Nr. 97) mWz 25.6.2026 eingefügt.

II. Voraussetzungen für Anordnungen

4 Maßnahmen nach § 49 kommen zur **Verhinderung** und **Unterbindung von Verstößen gegen das WpIG sowie die IFR** in Betracht. Welcher Art die Verstöße sein müssen, regelt § 49 nicht. Nach den Vorgaben in Art. 39 Abs. 2 IFD sind die dort aufgelisteten, in Nr. 1–14 übernommenen Eingriffsbefugnisse

abhängig von den Zwecken von Art. 36, 37 Abs. 3 und 38 IFD sowie der Anwendung der IFR sind, also

– von (negativen) Ergebnissen der aufsichtlichen Prüfung und Bewertung der Gewährleistung eines soliden Risikomanagements und einer soliden Risikoabdeckung (Art. 36 IFD, § 47 WpIG); Maßstäbe für das Risikomanagement von Wertpapierinstituten enthalten das BaFin-Rundschreiben „Mindestanforderungen an das Risikomanagement von Wertpapierinstituten **(„WpI MaRisk")**", zunächst am 6.8.2025 als Entwurf veröffentlicht wurde und das in einer überarbeiteten Entwurfsfassung v. 6.5.2026 vorliegt, die berücksichtigt wurde (zugänglich unter www.bafin.de), sowie die von EBA und ESMA gemeinsam auf der Grundlage von Art. 45 Abs. 2 UAbs. 4 IFD veröffentlichten „Leitlinien zu gemeinsamen Verfahren und Methoden für den aufsichtlichen Überprüfungs- und Bewertungsprozess (SREP) gemäß Richtlinie (EU) 2019/2034" (EBA/GL/2022/09/ESMA35-42-1470 v. 21.7.2022, zugänglich unter www.eba.europa.eu) **(„SREP-Leitlinien");**
– von dem (negativen) Ergebnis der laufenden Überprüfung der Erlaubnis zur Verwendung interner Modelle gem. Art. 22 IFR iVm Art. 325az–3254bp CRR (Art. 37 Abs. 3 IFD, § 48 WpIG), oder
– von der Nichterfüllung der Anforderungen des WpIG oder der IFR (Art. 38 IFD).

Unterbindung meint das Abstellen bereits eingetretener Verstöße, dh der Nichteinhaltung der Vorschriften des WpIG oder der IFR; diese Ermächtigung geht auf Art. 38 lit. a IFD zurück. 5

Die Ermächtigung zur **Verhinderung** von Verstößen setzt Art. 38 lit. b IFD um, wonach die BaFin ein von ihr beaufsichtigtes Wertpapierinstitut frühzeitig verpflichten muss, geeignete Maßnahmen zu ergreifen, wenn der BaFin Nachweise vorliegen, dass das Wertpapierinstitut innerhalb der nächsten zwölf Monate voraussichtlich gegen das WpIG oder die IFR verstoßen wird. Erforderlich sind Tatsachen, die die Annahme eines zu erwartenden Verstoßes rechtfertigen (Regierungsbegründung WpIG, BT-Drs. 19/26929, 148). 6

Auch nach dem für **Große Wertpapierinstitute** geltenden § 45 KWG können Maßnahmen ergriffen werden, wenn künftig voraussichtlich Verstöße gegen die in § 45 Abs. 1 KWG aufgelisteten Bestimmungen der CRR und des KWG zu befürchten sind. Hiermit wollte der Gesetzgeber zum Zwecke einer effektiven Gefahrabwehr Maßnahmen der Aufsichtsbehörde frühzeitig ermöglichen, wenn „negative Entwicklungen bei einem Institut erst längerfristig zu einem Krisenfall erwachsen können" (Regierungsbegründung RisikoreduzierungsG, BT-Drs. 19/22786, 164 (zu § 45 KWG)). Auf einen festen Betrachtungszeitraum soll es bei der Abwehr künftiger Gefahren nach § 45 KWG nicht ankommen (Regierungsbegründung RisikoreduzierungsG, BT-Drs. 19/22786, 165 (zu § 45 KWG)). Von den in § 45 Abs. 1 S. 2 KWG aF zuvor geregelten Schwellenwerten hat der Gesetzgeber bewusst abgesehen, da sich diese in der Vergangenheit als Hürden für die Anwendung der Vorschrift herausgestellt hätten. Maßgeblich ist jeweils die Vermögens-, Finanz- und Ertragsentwicklung (Regierungsbegründung RisikoreduzierungsG, BT-Drs. 19/22786, 165 (zu § 45 KWG)). Bei einer stärkeren Verschlechterung, die „in naher Zukunft in einem Krisenfall münden" könnte, sind bei Großen Wertpapierinstituten daneben Maßnahmen nach § 36 SAG möglich (Regierungsbegründung RisikoreduzierungsG, BT-Drs. 19/22786, 164 (zu § 45 KWG)). 7

III. Inhalt von Anordnungen

1. Halten zusätzlicher Eigenmittel (Nr. 1)

8 Nr. 1 setzt Art. 39 Abs. 2 lit. a IFD um. Eine entsprechende, nach § 4 S. 1 für Große Wertpapierinstitute geltende Ermächtigung enthielt § 45 Abs. 1 S. 1 Nr. 3 KWG aF. Nr. 1 enthält gegenüber Kleinen und Mittleren Wertpapierinstituten weiterreichende Befugnisse als der BaFin gegenüber Großen Wertpapierinstituten und Kreditinstituten bestehenden Befugnisse. Nach § 45 Abs. 2 Nr. 3 KWG kann ein Großes Wertpapierinstitut nur verpflichtet werden, der Aufsichtsbehörde und der BBank über geeignete Maßnahmen zur Erhöhung von Kernkapital, Eigenmitteln und Liquidität zu berichten (Lendermann/Nemeczek/Schroeter/Marx Rn. 21).

9 Die Voraussetzungen für die Ausnutzung der Befugnis aus Nr. 1 sind in § 50 geregelt. Einen eigenständigen Regelungsgehalt gegenüber § 50 hat Nr. 1, soweit er eine Anpassung der Anforderungen an Eigenmittel und Liquidität aus Art. 11 IFR an **wesentliche Änderungen der Geschäftstätigkeit** des Wertpapierinstituts erlaubt (Lendermann/Nemeczek/Schroeter/Marx Rn. 22).

10 Adressat von Anordnungen nach Nr. 1 ist das Wertpapierinstitut, auch wenn ggf. zusätzliches Kapital von den Anteilseignern aufzubringen wäre. Anordnungen gegenüber diesen lassen sich nicht auf Nr. 1 stützen (Lendermann/Nemeczek/Schroeter/Marx Rn. 23).

2. Verstärkung von Maßnahmen nach §§ 39 und 41 (Nr. 2)

11 Nr. 2 setzt Art. 39 Abs. 2 lit. b IFD um und ermächtigt die BaFin zu Anordnungen zur Verstärkung der nach §§ 39 und 41 eingeführten Regelungen, Verfahren, Mechanismen und Strategien. Große Wertpapierinstitute können nach § 45 Abs. 2 Nr. 2 KWG verpflichtet werden, Maßnahmen zur besseren Abschirmung oder Reduzierung wesentlicher Risiken und Risikokonzentrationen einschließlich des Ausstiegs aus einzelnen Geschäftsbereichen oder der Abtrennung von Instituts- oder Gruppenteilen zu ergreifen.

12 **a) Regelungen, Strategien und Verfahren zur Sicherstellung von Risikotragfähigkeit und jederzeitiger Zahlungsbereitschaft (§ 39).** Nach § 39 Abs. 1 müssen Mittlere Wertpapierinstitute laufend ihre Risikotragfähigkeit sicherstellen sowie bei der Anlage ihrer Mittel darauf achten, dass ihre Liquidität jederzeit sichergestellt ist (näher → § 39 Rn. 29). Nach § 39 Abs. 2 müssen die nach § 39 Abs. 1 gewählten Regelungen, Strategien und Verfahren mit Blick auf die Art, den Umfang und die Komplexität der Geschäfte des Wertpapierinstituts angemessen und verhältnismäßig sein und vom Wertpapierinstitut regelmäßig intern überprüft werden (näher → § 39 Rn. 43 ff.). Die BaFin kann die Anwendung dieser Regelungen auch im Einzelfall von Kleinen Wertpapierinstituten verlangen (§ 39 Abs. 3, näher → § 39 Rn. 47 f.).

13 Anordnungen nach Nr. 2 können ergehen, wenn Anhaltspunkte dafür vorliegen, dass die von einem Mittleren Wertpapierinstitut nach § 39 gewählten Regelungen, Strategien und Verfahren nicht ausreichend sind, um dessen Risikotragfähigkeit oder jederzeitige Liquidität sicherzustellen. In den Anordnungen ist dem Wertpapierinstitut ausreichend Zeit zu gewähren, um einen regelkonformen Zustand herzustellen (arg. § 50 Abs. 1 Nr. 2).

Nr. 2 enthält keine Vorgaben an den konkreten Inhalt von Maßnahmen gegenüber den Wertpapierinstituten. 14

b) Interne Unternehmensführung (§ 41). Nach 41 müssen Wertpapierinstitute über solide Regelungen für die interne Unternehmensführung verfügen, die zweckdienlich, der Art, dem Umfang und der Komplexität der dem Geschäftsmodell innewohnenden Risiken und den Geschäften des Wertpapierinstituts angemessen sind (näher → § 41 Rn. 18 ff.). 15

Nr. 2 ermächtigt die BaFin auch zum Erlass von Anordnungen, wenn Anhaltspunkte dafür vorliegen, dass die getroffenen internen Regelungen nicht den Anforderungen aus § 41 entsprechen. In den Anordnungen ist nach Maßgabe von § 50 Abs. 1 Nr. 2 eine angemessene Frist zur Behebung von Mängeln der internen Unternehmensführung zu setzen. 16

c) Zusätzliche Eigenmittelanforderungen nach 50 Abs. 1 Nr. 2. Die Nichteinhaltung der Vorgaben von §§ 39 und 41 berechtigt die BaFin nach § 50 Abs. 1 Nr. 2 außerdem, zusätzliche Eigenmittelanforderungen nach § 49 Nr. 1 iVm § 50 Abs. 1 Nr. 2 anzuordnen (→ § 50 Rn. 10 ff.). Voraussetzung dafür ist, dass die BaFin dem Wertpapierinstitut in der Verfügung nach Nr. 2 eine angemessene Frist zur Abhilfe gesetzt hat und diese Frist erfolglos verstrichen ist. 17

3. Vorlage eines Geschäftsplans (Nr. 3)

Nr. 3 setzt Art. 39 Abs. 2 lit. c IFD um. Eine nach § 4 S. 1 für Große Wertpapierinstitute geltende Ermächtigung, die Vorlage eines Geschäftsplans zu verlangen, enthält § 45 Abs. 2 Nr. 1 KWG. 18

Gegenstand des „Plans" kann nach dem Wortlaut von Nr. 3 die Einhaltung jeglicher Anforderungen des WpIG und der IFR sein. Eine solche Auslegung erscheint wenig sinnvoll, zumal bereits Nr. 2 zu Anordnungen in Bezug auf das Risikomanagement (§ 39) und die interne Unternehmensführung (§ 41) ermächtigt (so wohl aber Lendermann/Nemeczek/Schroeter/Marx Rn. 30). 19

Der Gegenstand von Nr. 3 lässt sich durch einen Vergleich mit der Parallelvorschrift in § 45 Abs. 2 Nr. 1 KWG ermitteln. Nach § 45 Abs. 2 Nr. 1 KWG ist ein Geschäftsplan mit Darstellung der Entwicklung wesentlichen Geschäftsaktivitäten sowie Planbilanzen, Plangewinn- und -verlustrechnungen sowie Darstellung der Einwicklung der bankaufsichtlichen Kennzahlen über einen Zeitraum von mehr als drei Jahren vorzulegen. Dieser Geschäftsplan dient dann als Grundlage für Prüfung, ob das Institut dauerhaft in der Lage sein wird, die aufsichtsrechtlichen Vorgaben an Eigenmittel und Liquidität (wieder) einzuhalten. 20

Nach Nr. 3 kann die BaFin eine Frist für die Umsetzung des Plans setzen sowie Nachbesserungen hinsichtlich seines Anwendungsbereichs und Zeitrahmens verlangen. Gegenstand solcher Nachbesserungen können sinnvollerweise die (geplanten) Geschäftsaktivitäten sein, außerdem die aus Änderungen des ursprünglichen Plans resultierenden Änderungen der Plan- und Kennzahlen. 21

4. Änderung der Rückstellungspolitik sowie der Behandlung von Vermögensgegenständen für Zwecke der Kapitalanforderungen (Nr. 4)

Nr. 4 setzt Art. 39 Abs. 2 lit. d IFD um. Die für Große Wertpapierinstitute geltende Parallelvorschrift in § 6c Abs. 1 S. 1 Nr. 3 KWG regelt zusätzliche Eigen- 22 mittelanforderungen bei nicht ausreichender Bewertungskorrektur von Positionen des Handelsbuchs. Außerdem erlaubt § 45 Abs. 2 Nr. 6 KWG die Untersagung oder Beschränkung bilanzieller Maßnahmen, die dazu dienen, einen entstandenen Jahresfehlbetrag auszugleichen oder einen Bilanzgewinn auszuweisen.

23 Gegenstand von Anordnungen nach Nr. 4 können zunächst die Bildung von Rückstellungen für bestimmte Risiken sein. Die Rückstellungen müssen handelsrechtlich möglich sein.

24 Was der Gesetzgeber mit Anordnungen zur **Behandlung von Vermögenswerten hinsichtlich der Kapitalanforderungen** meint, erschließt sich weder aus dem Wortlaut von Nr. 4 noch aus der Gesetzesbegründung oder den Erwägungsgründen der IFD. Sachlich geht es wohl um die fehlerhafte Bewertung von Bilanzaktiva sowie für Mittlere Wertpapierinstitute um die Korrektur fehlerhafter Berechnungen von K-Faktoren nach Art. 16 ff. IFR. Kleine Wertpapierinstitute müssen nach Art. 11 Abs. 2 IFR keine K-Faktoren ermitteln, sofern dies nicht die BaFin im Einzelfall nach § 39 Abs. 3 verlangt.

25 Wichtigster Anwendungsfall von Nr. 4 dürften **Wertberichtigungen auf Positionen des Handelsbuchs** sein. Wendet ein Wertpapierinstitut für die Bewertung den sogenannten **Standardansatz** an, dann muss das Wertpapierinstitut nach § 50 Abs. 1 Nr. 3 (im Falle eines Mittleren Wertpapierinstituts) und § 6c Abs. 1 S. 1 Nr. 3 KWG (im Falle eines Großen Wertpapierinstituts) auf die Positionen des Handelsbuchs die Wertberichtigungen vornehmen, die erforderlich sind, damit ein Wertpapierinstitut unter normalen Marktbedingungen seine Positionen innerhalb kurzer Zeit veräußern oder absichern kann, ohne dabei wesentliche Verluste zu erleiden. Für die Bewertung verweist § 6c Abs. 1 S. 1 Nr. 3 KWG für Große Wertpapierinstitute unmittelbar auf Art. 105 CRR, für Mittlere Wertpapierinstitute gilt Art. 105 CRR über die Verweisung in Art. 22 lit. a IFR. Wendet ein Wertpapierinstitut einen alternativen Standardansatz oder ein alternatives internes Modell an, dann gelten über die Verweisung in Art. 22 lit. b und c IFR Teil 3 Titel IV Kapital 1a bzw. 1b CRR.

26 Die fehlerhafte Behandlung von Vermögenswerten im Hinblick auf die Kapitalanforderungen kann die BaFin auch zur Festsetzung zusätzlicher Kapitalanforderungen nach § 50 Abs. 1 Nr. 3 oder Nr. 2 berechtigen, wenn die nach Maßgabe von § 50 Abs. 1 Nr. 3 oder Nr. 4 erforderlichen Korrekturen bei der Ermittlung der maßgeblichen Eigenmittelanforderungen nicht vorgenommen wurden.

5. Beschränkung der Geschäftstätigkeit, Veräußerung von risikoreichen Geschäftsbereichen (Nr. 5)

27 Nr. 5 setzt Art. 39 Abs. 2 lit. e IFD um. Die Parallelvorschriften für Große Wertpapierinstitute sind § 45 Abs. 2 Nr. 2 KWG, wonach die Aufsichtsbehörde anordnen kann, Konzepte für die Ausstieg aus einzelnen Geschäftsbereichen oder die Abtrennung von Instituts- oder Gruppenteilen zu erwägen, sowie § 45 Abs. 2 Nr. 13 KWG, wonach die Veräußerung bzw. Abtrennung angeordnet werden kann, wenn sie als Handlungsoption in einen Sanierungsplan nach § 13 SAG enthalten ist, und § 45b Abs. 1 S. 1 Nr. 3 KWG, wonach die BaFin einzelne Geschäftsarten beschränken oder untersagen darf, wenn ein Großes Wertpapierinstitut nicht über eine ordnungsgemäße Risikoorganisation verfügt.

28 Nach Nr. 5 kann die BaFin folgende Anordnungen treffen:
– Einschränkung von Geschäftsbereichen des Wertpapierinstituts;
– Einschränkung von Tätigkeiten des Wertpapierinstituts;

– Einschränkungen des Netzwerks eines Wertpapierinstituts;
– Veräußerung von für die Eigenmittelausstattung des Wertpapierinstituts zu riskanten Tätigkeitsbereichen.

Voraussetzung für Anordnungen nach Nr. 5 ist jeweils, dass mildere Maßnahmen keinen Erfolg versprechen, zB die Tätigkeitseinschränkung als mildere Maßnahme gegenüber der Anordnung der Einschränkung oder Veräußerung von Geschäftsbereichen. Maßnahmen nach Nr. 6 sind ebenfalls mildere Mittel als Maßnahmen nach Nr. 5 (Lendermann/Nemeczek/Schroeter/Marx Rn. 43). 29

6. Verringerung von operativen Risiken (Nr. 6)

Nr. 6 setzt Art. 39 Abs. 2 lit. f IFD um. Eine entsprechende Ermächtigung für Große Wertpapierinstitute enthält § 45 Abs. 2 Nr. 9 KWG. Daneben können Anordnungen gegen Große Wertpapierinstitute auch auf § 25a Abs. 2 S. 2 und § 45b Abs. 1 S. 1 Nr. 1 KWG gestützt werden. 30

Nr. 6 ermächtigt die BaFin Anordnungen zu treffen, sofern diese erforderlich, die mit den Tätigkeiten, Produkten und Systemen eines Wertpapierinstituts einschließlich ausgelagerter Tätigkeit verbundenen Risiken zu verringern. Inhalt von Anordnungen können zB Limite für bestimmte Geschäftsarten, die Absicherung offener Positionen sowie die Einführung oder Verstärkung von Kontrollprozessen sein (Lendermann/Nemeczek/Schroeter/Marx Rn. 47). 31

Nr. 6 dient der Durchsetzung der Verpflichtungen aus §§ 41 und 45. § 45 verpflichtet Wertpapierinstitute, angemessene Strategien, Grundsätze, Verfahren und Systeme zur Risikosteuerung einzurichten (näher → § 45 Rn. 5 ff.). Nach § 41 sind bei Auslagerung wesentlicher betrieblicher Aufgaben angemessene Vorkehrungen zur Vermeidung zusätzlicher Risiken zu treffen (näher → § 41 Rn. 39). Anordnungen nach Nr. 6 kommen bei Mängeln der Risikosteuerung nach § 45 sowie bei Auslagerungen in Betracht, die nicht den Voraussetzungen des § 41 entsprechen. 32

7. Begrenzung variabler Vergütungen (Nr. 7)

Nr. 7 setzt Art. 39 Abs. 2 lit. g IFD um. Entsprechende Bestimmungen für Große Wertpapierinstitute enthält § 49 Abs. 2 Nr. 10 und 11 KWG. Vorgaben an die Ausgestaltung von Vergütungssystemen von Mittleren Wertpapierinstituten enthalten Art. 27 Delegierte VO (EU) 2017/565, § 46 und die WpIVergV. 33

a) Maßnahmen gegenüber Mittleren Wertpapierinstituten. Nr. 7 erlaubt eine Begrenzung der Ausschüttung von variablen Vergütungen **(Boni)** auf einen bestimmten Prozentsatz der Nettoeinkünfte des Wertpapierinstituts. **Variable Vergütung** ist nach § 2 Abs. 5 WpIVergV der Teil der Gesamtvergütung, der nicht fixe Vergütung ist, wobei in Zweifelsfällen ein Vergütungsbestandteil als variabel gilt (§ 2 Abs. 5 S. 2 WpIVergV). Der Begriff **fixe Vergütung** ist in § 2 Abs. 3 WpIVergV definiert. 34

Nettoeinkünfte des Wertpapierinstituts meint, wie der Vergleich mit § 49 Abs. 2 Nr. 10 KWG zeigt, die Beschränkung auf einen **Anteil des Jahresergebnisses.** Anders als § 49 Abs. 2 Nr. 10 KWG erlaubt Nr. 7 keine vollständige Streichung variabler Vergütungen. Nr. 7 enthält auch – anders als § 49 Abs. 2 Nr. 10 und 11 KWG – keinen Vorbehalt, dass eine Beschränkung oder Streichung variabler Vergütungen unzulässig ist, wenn diese einem Tarifvertrag oder einer auf Tarifvertrag beruhenden Betriebs- oder Dienstvereinbarung widersprechen würde. 35

Diesen Vorbehalt enthält der für Mittlere Wertpapierinstitute geltende § 1 Abs. 3 Nr. 1 WpIVergV.

36 § 1 Abs. 1 WpIVergV konkretisiert § 46 WpIG dahingehend, dass dieser nur für die Vergütung von **Risikoträgern** Mittlerer Wertpapierinstitute gilt; dies sind nach § 2 Abs. 2 WpIVergV die Geschäftsleiter (§ 2 Abs. 36) sowie sämtliche Mitarbeiter eines Wertpapierinstituts, deren berufliche Tätigkeit sich wesentlich auf das Risikoprofil des Wertpapierinstituts oder der von diesem verwalteten Vermögenswerte auswirkt und die nach § 3 WpIVergV vom Wertpapierinstitut zu identifizieren sind.

37 Nr. 7 ermächtigt nur zu Anordnungen gegenüber dem Wertpapierinstitut, nicht zu Eingriffen in konkrete Vertragsverhältnisse mit einzelnen Geschäftsleitern oder Mitarbeitern (unklar Lendermann/Nemeczek/Schroeter/Marx Rn. 53). Allerdings sind bei Mittleren Wertpapierinstituten die Vorgaben an die Ausgestaltung variabler Vergütungen aus §§ 7 und 8 WpIVergV zu beachten, wozu auch ein Rückforderungsrecht bei schwachen oder negativen Finanzergebnissen des Wertpapierinstituts gehört (§ 8 Abs. 6 WpIVergV). Mittlere Wertpapierinstitute sind verpflichtet, soweit rechtlich möglich bestehende Individualvereinbarungen mit Risikoträgern, Betriebs- und Dienstvereinbarungen sowie betriebliche Übungen an die Grundsätze der WpIVergV anzupassen (§ 16 WpIVergV). Das Wertpapierinstitut kann selbst unter Beachtung der Maßstäbe in §§ 7 und 8 WpIVergV entscheiden, wie die Auswirkungen einer Anordnung nach Nr. 7 auf einzelne Mitarbeiter „verteilt" werden sollen. In jedem Fall ist der **Gleichbehandlungsgrundsatz** aus Art. 157 AEUV zu beachten (Regierungsbegründung WpIG, BT-Drs. 19/26929, 147).

38 Die Begrenzung variabler Vergütungen nach Nr. 7 ist – auch insoweit abweichend von § 45 Abs. 2 Nr. 10 und 11 KWG – nur zulässig, wenn und soweit dies zur Aufrechterhaltung der erforderlichen Eigenmittelausstattung zulässig ist. Maßgeblich dürfte sein, dass die für das Wertpapierinstitut geltenden aufsichtsrechtlichen Kennzahlen auch nach Zahlung der variablen Vergütungen noch eingehalten werden.

39 **b) Maßnahmen gegenüber Kleinen Wertpapierinstituten.** Für Kleine Wertpapierinstitute, auf die § 46 und die WpIVergV nicht anwendbar sind, gelten gleichwohl die Anforderungen aus Art. 27 Delegierte VO (EU) 2017/565 (Regierungsbegründung WpIG, BT-Drs. 19/26929, 147). Auch diese können mit Maßnahmen nach Nr. 7 durchgesetzt werden (Lendermann/Nemeczek/Schroeter/Marx Rn. 53).

40 Art. 27 Abs. 1 Delegierte VO (EU) 2017/565 verlangt, dass durch Vergütungsgrundsätze und -praktiken von Wertpapierinstitute generell keine Interessenkonflikte oder Anreize geschaffen werden dürfen, welche die **relevanten Personen** möglicherweise dazu verleiten könnten, ihre eigenen Interessen oder die Interessen der Wertpapierfirma zum potenziellen Nachteil eines Kunden zu begünstigen. Relevante Personen sind nach Art. 27 Abs. 2 Delegierte VO (EU) 2017/565 alle Personen, die „direkten oder indirekten Einfluss auf die von der Wertpapierfirma erbrachten Wertpapier- und Nebendienstleistungen oder das unternehmerische Verhalten haben, soweit die Vergütung dieser Personen und ähnliche Anreize zu einem Interessenkonflikt führen könnten, welcher sie veranlasst, gegen die Interessen eines Kunden der Wertpapierfirma zu handeln." Sachlich wird es sich hier ebenfalls um Risikoträger handeln, so dass eine analoge Anwendung der Rechtsgrundsätze aus § 2 Abs. 2 WpIVergV naheliegt.

Art. 27 Delegierte VO (EU) 2017/565 dürfte auch von Kleinen Wertpapierinstituten verlangen, dass variable Vergütungsbestandteile vertraglich so ausgestaltet werden, dass ein Einbehalt oder eine Rückforderung möglich ist, wenn dies durch eine Maßnahme nach Nr. 7 angeordnet wird und zur Einhaltung der für das Kleine Wertpapierinstitut nach Art. 11 Abs. 1 und 2 IFR geltenden Eigenmittelanforderungen erforderlich ist. 41

8. Einsatz von Nettogewinnen zur Stärkung der Eigenmittel (Nr. 8)

Nr. 8 setzt Art. 39 Abs. 2 lit. h IFD um und ermöglicht Anordnungen gegen Wertpapierinstitute, Nettogewinne nicht auszuschütten, sondern zu thesaurieren und in Eigenmittel umzuwandeln. Eine vergleichbare Regelung für Große Wertpapierinstitute enthält § 45 KWG nicht. § 45 Abs. 2 Nr. 5 KWG beschränkt sich auf die Möglichkeit, Entnahmen durch die Inhaber oder Gesellschafter sowie Ausschüttungen von Gewinnen zu untersagen oder zu beschränken. 42

Eigenmittel sind in Art. 9 Abs. 1 IFR als Summe aus hartem Kernkapital iSv Teil 2 Titel I Kapitel 2 CRR, zusätzlichem Kernkapital iSv Teil 2 Titel I Kapitel 3 CRR und Ergänzungskapital iSv Teil 2 Titel I Kapitel 4 CRR definiert. **Einbehaltene Gewinne** gehören nach Art. 26 Abs. 1 S. 1 lit. c CRR zum harten Kernkapital. 43

Gegenstand von Anordnungen nach Nr. 8 kann die Einstellung von Gewinnen in Gewinnrücklagen sein, um sie dadurch zum Bestandteil des harten Kernkapitals nach Art. 26 Abs. 1 S. 1 lit. c CRR zu machen. Anordnungen mit diesem Gegenstand gehen aber über Ausschüttungsverbote aus Nr. 9 nicht hinaus, was der Grund dafür sein dürfte, dass Nr. 8 keine Parallele im KWG hat. 44

Weitergehende Anordnungen mit dem Inhalt, nicht ausgeschüttete Gewinne im Wege der Kapitalerhöhung aus Gesellschaftsmitteln in gezeichnetes Kapital umzuwandeln, lassen sich auf Nr. 8 nicht stützen, da solche Anordnungen an die Anteilseigner gerichtet werden müssen und Nr. 8 nur zu Anordnungen gegenüber dem Wertpapierinstitut selbst ermächtigt. Das Wertpapierinstitut zu verpflichten, die Zustimmung seiner Anteilseigner einzuholen, wäre unverhältnismäßig, da bereits die Thesaurierung als milderes Mittel für die Zuweisung zum harten Kernkapital ausreicht. 45

9. Beschränkungen von Ausschüttungen und Zinszahlungen auf zusätzliches Kernkapital (Nr. 9)

Nr. 9 setzt Art. 39 Abs. 2 lit. i IFD um. Eine entsprechende Regelung für Große Wertpapierinstitute enthält für Entnahmen und Ausschüttungen § 45 Abs. 2 Nr. 5 KWG und für Zinszahlungen § 45 Abs. 2 Nr. 7 KWG, wobei dort abweichend von Nr. 9 angeordnet werden kann, dass die Auszahlung gewinnabhängiger Erträge auf Eigenkapitalinstrumente ersatzlos entfällt, soweit sie nicht durch einen erzielten Jahresüberschuss gedeckt ist, und kein Vorbehalt für den Fall vorgesehen ist, dass das Zahlungsverbot für das Wertpapierinstitut ein Ausfallereignis darstellt. 46

a) Zahlungen an Anteilseigner und Gesellschafter. Nr. 9 ermöglicht zunächst die Untersagung oder Beschränkung von Ausschüttungen an Anteilseigner oder Gesellschafter und entspricht insoweit (teilweise) § 45 Abs. 2 Nr. 5 KWG. **Ausschüttungen** sind 47

- alle Zahlungen, die die Verteilung eines Bilanzgewinns zum Gegenstand haben, einschließlich von Vorabverfügungen zugunsten Dritter (so jew. zu § 45 KWG Fischer/Schäfer/Schulte-Mattler/Schulte-Mattler/Lindemann KWG § 45 Rn. 67; Reischauer/Kleinhans/Bitterwolf KWG § 45 Rn. 18; Beck/Samm/Kokemoor/Samm KWG § 45 Rn. 44; Schwennicke/Auerbach/Schwennicke KWG § 45 Rn. 29);
- verdeckte Gewinnausschüttungen, dh Zahlungen an Gesellschafter außerhalb der Verteilung des Bilanzgewinns, die ein gewissenhafter Geschäftsführer einem Nichtgesellschafter nicht hätte zukommen lassen (BGH WM 1987, 348 f. = NJW 1987, 1194 (1195); so jew. zu 45 KWG Fischer/Schäfer/Schulte-Mattler/Schulte-Mattler/Lindemann KWG § 45 Rn. 68; Reischauer/Kleinhans/Bitterwolf KWG § 45 Rn. 17, 18; Beck/Samm/Kokemoor/Samm KWG § 45 Rn. 46);
- überhöhte Geschäftsführergehälter;
- Zahlungen ohne vertragliche Grundlage (so jew. zu § 45 KWG Reischauer/Kleinhans/Bitterwolf KWG § 45 Rn. 17; Beck/Samm/Kokemoor/Samm KWG § 45 Rn. 46), und
- die Gewährung von Krediten an Geschäftsführer zu unüblichen Bedingungen (so jew. zu § 45 KWG Fischer/Schäfer/Schulte-Mattler/Schulte-Mattler/Lindemann KWG § 45 Rn. 70; Beck/Samm/Kokemoor/Samm KWG § 45 Rn. 46; Reischauer/Kleinhans/Bitterwolf KWG § 45 Rn. 17).

48 Nr. 9 erfasst – anders als der nach § 4 S. 1 für Große Wertpapierinstitute geltende § 45 Abs. 2 Nr. 5 KWG – nicht ausdrücklich auch **Entnahmen** durch Inhaber bei Wertpapierinstituten in der Rechtsform des einzelkaufmännischen Unternehmens sowie Gesellschafter bei Wertpapierinstituten in der Rechtsform der Personengesellschaft. **„Entnahmen"** (§ 122 HGB) sind alle Vermögenszuwendungen an einen Gesellschafter (so zu § 45 KWG Beck/Samm/Kokemoor/Samm KWG § 45 Rn. 39; Schwennicke/Auerbach/Schwennicke § 45 Rn. 29), nicht jedoch branchenübliche Vergütungen für die Geschäftsführungstätigkeit des Inhabers oder eines Gesellschafters (Lendermann/Nemeczek/Schroeter/Marx Rn. 62; so zu § 45 KWG Fischer/Schäfer/Schulte-Mattler/Schulte-Mattler/Lindemann KWG § 45 Rn. 64; Beck/Samm/Kokemoor/Samm KWG § 45 Rn. 39; vgl. auch BGHZ 111, 224 (227 f.) = NJW 1990, 2625 f.) oder sonstige Leistungen aufgrund zu marktüblichen Konditionen abgeschlossenen Rechtsgeschäften (Lendermann/Nemeczek/Schroeter/Marx Rn. 62). Sofern solche Zahlungen mitgemeint sein sollten, ist die Auslassung des Begriffs „Entnahmen" vermutlich ein **Redaktionsversehen** (iE auch Lendermann/Nemeczek/Schroeter/Marx Rn. 60, nach dem Entnahmen vom Begriff Ausschüttungen mit umfasst sind).

49 **b) Zahlungen auf zusätzliches Kernkapital.** Nr. 9 ermöglicht die Untersagung oder Beschränkung von Zahlungen auf Instrumente des zusätzlichen Kernkapitals. Von der für Große Wertpapierinstitute geltenden Parallelvorschrift in § 45 Abs. 2 Nr. 7 KWG (zuvor § 45 Abs. 2 S. 1 Nr. 3 KWG aF) weicht Nr. 9 mehrfach ab:

- nach § 45 Abs. 2 Nr. 7 KWG kann die Zahlung jeglicher Art von gewinnabhängigen Erträgen auf Eigenmittelinstrumente nur untersagt werden, wenn und soweit diese Zahlungen nicht vollständig aus einem erwirtschafteten Jahresüberschuss gedeckt sind;
- nach § 45 Abs. 2 Nr. 7 KWG untersagte Zahlungen auf Eigenmittelinstrumente entfallen dauerhaft und ersatzlos.

Außerdem lässt Nr. 9 abweichend von § 45 Abs. 2 Nr. 7 KWG Zahlungen auf Instrumente des zusätzlichen Kernkapitals zu, wenn andernfalls ein **Ausfallereignis** eintreten würde. Sachlich ist diese Rückausnahme wenig verständlich. Nach Art. 9 Abs. 1 IFR gelten für von Wertpapierinstituten als Emittenten begebene Instrumente des zusätzlichen Kernkapitals die Vorgaben in Art. 51–55 CRR. Nach Art. 52 Abs. 1 lit. l iii und iv CRR muss das Wertpapierinstitut das Recht haben, Ausschüttungen jederzeit nach eigenem Ermessen für unbefristete Zeit und auf nicht kumulierter Basis ausfallen zu lassen, und zählen Kapitalinstrumente nur dann zum zusätzlichen Kernkapital, wenn ein Ausfall von Zahlungen auf Instrumente des zusätzlichen Kernkapitals nicht zugleich zu einem Ausfall des Wertpapierinstitutes als Emittenten führen würde. 50

Ein denkbarer Anwendungsbereich für Nr. 9 wäre ein Ausfall von Zahlungen auf Instrumente des zusätzlichen Kernkapitals als Kündigungsgrund für andere Zahlungsverpflichtungen des Wertpapierinstituts **(cross default).** Im Ergebnis würde dies dazu führen, dass das Wertpapierinstitut Ausschüttungsbeschränkungen auf Instrumente des zusätzlichen Kernkapitals durch die Vereinbarung von Drittverzugsklauseln umgehen könnte. Dies wäre aber mit Art. 52 CRR nicht vereinbar. 51

c) Rechtsfolgen von Verstößen gegen Anordnungen nach Nr. 9. Nach § 45 Abs. 6 S. 1 KWG sind Beschlüsse über Gewinnausschüttungen nichtig, die gegen Anordnungen nach § 45 Abs. 2 oder 4 KWG verstoßen. Nach § 45 Abs. 6 S. 2 KWG sind Verträge über Eigenkapitalinstrumente nicht durchsetzbar, soweit diese einer Anordnung nach § 45 Abs. 2 oder 4 KWG widersprechen. Entsprechende Bestimmungen fehlen in § 49. Die BaFin kann auf Verstöße gegen Anordnungen mit Maßnahmen gegen das Wertpapierinstitut nach § 19 Abs. 2 Nr. 3 oder Nr. 4 oder die Geschäftsleiter nach § 22 reagieren. Eine Regelungslücke, die durch analoge Anwendung von § 45 Abs. 5 KWG zu schließen wäre (so Lendermann/Nemeczek/Schroeter/Marx Rn. 56 (zu Nr. 8), 63 (zu Nr. 9)), besteht nicht. 52

10. Erhöhung der Frequenz von Meldungen (Nr. 10)

Nr. 10 setzt Art. 39 Abs. 2 lit. j IFD um. Eine Parallelvorschrift enthält der für Große Wertpapierinstitute nach § 4 S. 1 geltende § 10 Abs. 6 KWG. Während § 10 Abs. 6 für solvabilitätsbezogene Meldungen gilt, umfasst Nr. 10 auch Meldungen zu anderen Themen (Lendermann/Nemeczek/Schroeter/Marx Rn. 66). 53

Nr. 10 tritt neben die allgemeinen Auskunftsrechte der BaFin aus § 5 Abs. 4 sowie die Befugnis aus § 68, einzelfallbezogen zusätzliche Anzeige- und Meldepflichten gegen Wertpapierinstitute, Wertpapierinstitutsgruppen oder Investmentholdinggruppen festzusetzen, um die wirtschaftlichen Verhältnisse sowie die Ordnungsmäßigkeit der Geschäftsführung prüfen zu können. Nr. 10 dürfte daher sachlich **überflüssig** sein. 54

Nach der Vorgabe in Art. 39 Abs. 3 S. 1 lit. j IFD sind Anordnungen nach Nr. 10 davon abhängig, dass ein in Art. 39 Abs. 3 S. 1 lit. a–c IFD geregelter Fall gegeben ist. Dies sind Verstöße oder zu erwartende Verstöße gegen die IFD (bzw. das zu deren Umsetzung erlassene WpIG) oder die IFR (Art. 39 Abs. 3 S. 1 lit. a IFD), das Vorliegen von Nachweisen über einen in den nächsten zwölf Monaten zu erwartenden Verstoß gegen IFD/WpIG oder die IFR (Art. 39 Abs. 3 S. 1 lit. b IFD) oder die Einholung zusätzlicher Informationen im Rahmen des aufsichtlichen Überprüfungsprozesses nach § 47 (Art. 39 Abs. 3 S. 1 lit. c IFD). Obwohl 55 der Gesetzgeber diese Anforderungen nicht in das WpIG übernommen hat, sind diese im Rahmen der Prüfung der **Verhältnismäßigkeit** von Anordnungen in richtlinienkonformer Auslegung von Nr. 10 mit zu berücksichtigen (Lendermann/Nemeczek/Schroeter/Marx Rn. 68).

11. Erfüllung besonderer Liquiditätsanforderungen nach § 52 (Nr. 11)

56 Nr. 11 setzt Art. 39 Abs. 2 lit. k IFG um. Die Bestimmung verweist auf § 52 und hat keine eigenständige Bedeutung.

12. Übermittlung ergänzender Informationen (Nr. 12)

57 Nr. 12 setzt Art. 39 Abs. 2 lit. l IFD um und enthält Auskunftsrechte der BaFin, die bereits inhaltsgleich in § 5 Abs. 4 sowie in § 68 enthalten sind. Die Regelung ist damit **überflüssig.** Eine vergleichbare für Große Wertpapierinstitute geltende Bestimmung fehlt jedenfalls in § 45 KWG.

58 Wie bei den Auskunftsrechten aus § 5 Abs. 4 besteht auch bei Anordnungen nach Nr. 12 ein **Auskunftsverweigerungsrecht** analog § 5 Abs. 6 (→ § 5 Rn. 86 ff.). Die Redundanz von Nr. 12 und der fehlende Verweis auf § 5 Abs. 6 ändern nichts daran, dass auch hier das **Selbstbelastungsverbot** zu beachten ist.

13. Verringerung von Risiken für Sicherheit von Netzwerken und Informationssystemen (Nr. 13)

59 Nr. 13 setzt Art. 39 Abs. 2 lit. m IFD um. Eine gesonderte Bestimmung zur Verringerung von Risiken für die die Sicherheit von Netzwerken und Informationssystemen fehlt im (auch) für Große Wertpapierinstitute geltenden § 45 KWG. Dort ist lediglich in § 45 Abs. 2 Nr. 9 KWG die allgemeine Befugnis enthalten, Anordnungen zur Reduzierung von operativen Risiken zu treffen, die bereits in Nr. 6 enthalten ist. Nr. 13 dürfte daher neben Nr. 6 sachlich **überflüssig** sein.

60 Nach § 47 Abs. 2 müssen Mittlere Wertpapierinstitute sowie im Einzelfall auch Kleine Wertpapierinstitute (§ 47 Abs. 4) über ein solides Risikomanagement und eine solide Risikoabdeckung verfügen. Dazu gehören nach Maßgabe von § 47 Abs. 2 auch ein sicheres Netzwerk sowie sichere Informationssysteme zur Gewährleistung der Vertraulichkeit, Integrität und Verfügbarkeit der Verfahren, Daten und Vermögenswerte des jeweiligen Wertpapierinstituts (→ § 47 Rn. 49 f.).

61 Nr. 13 gibt der BaFin die Befugnis, von Wertpapierinstituten Maßnahmen zur Verringerung von Risiken für die Sicherheit ihrer Netzwerke und Informationssystems zu verlangen. Solche Maßnahmen können aber auch bereits auf Nr. 6 gestützt werden.

14. Risikopositionen gegenüber zentralen Gegenparteien (Nr. 14)

62 Die durch das FondsrisikobegrenzungsG v. 9.4.2026 (BGBl. 2026 I Nr. 97) mWv 25.6.2026 eingefügte Nr. 14 soll Art. 3 Nr. 5 EMIR-3-BegleitRL (RL (EU) 2024/2994) und den durch diese geänderten Art. 39 Abs. 2 IFD (RL (EU) 2019/2034) umsetzen (Regierungsbegründung, BT-Drs. 21/3510, 120). Der

Steuerung des Konzentrationsrisikos gegenüber zentralen Gegenparteien (§ 2 Abs. 39, richtig Abs. 40) dient auch die parallel eingefügte Bestimmung in § 47 Abs. 2a, nach der Risikopositionen gegenüber zentralen Gegenparteien in jedem Fall aufsichtlich gesondert geprüft und bewertet werden müssen (→ § 47 Rn. 67).

Nr. 14 gibt der BaFin zwei Handlungsmöglichkeiten, wenn nach ihrer Auffassung das Risiko einer übermäßigen Risikokonzentration gegenüber einer zentralen Gegenpartei besteht: 63

Nach Nr. 14 Variante 1 kann die BaFin generell die **Verringerung der Risikopositionen** gegenüber der zentralen Gegenpartei anordnen. 64

Nach Nr. 14 Variante 2 kann die BaFin die Neuzuweisung von Risikopositionen über Clearingkonten anordnen. 65

IV. Verhältnismäßigkeit

Entscheidungen nach § 49 trifft die BaFin nach pflichtgemäßem Ermessen. Bei der Ausübung der Befugnisse aus § 49 soll der Grundsatz der **Verhältnismäßigkeit** beachtet werden (Regierungsbegründung WpIG, BT-Drs. 19/26929, 148; so zu § 45 KWG auch Regierungsbegründung RisikoreduzierungsG, BT-Drs. 19/22786, 165). 66

Auch der EuGH betont in seiner Rspr., dass die in einem Rechtsakt der EU gewählten Mittel zur Erreichung des angestrebten Zweckes geeignet müssen und das Maß des hierzu Erforderlichen nicht übersteigen dürfen (EuGH Slg. 1995, I-3723 = WM 1996, 635 Rn. 42; EuGH Slg. 1996, I-5755 = NZA 1997, 23 Rn. 57; EuGH BeckRS 2004, 75287 Rn. 55), sowie dass der Verhältnismäßigkeitsgrundsatz des EU-Rechts durch eine nationale Regelung zu wahren ist, die in den Anwendungsbereich des EU-Rechts fällt oder dieses durchführt (EuGH WM 2021, 2328 Rn. 84; NZG 2022, 234 Rn. 36). 67

Die Maßnahme der BaFin muss zunächst zur Abstellung eines bestehenden oder zu erwartenden Mangels erforderlich sein. Die Erforderlichkeit kann entfallen, wenn der Mangel unwesentlich oder bereits Gegenstand anderer aufsichtlicher Maßnahmen ist (Lendermann/Nemeczek/Schroeter/Marx Rn. 1). Bei der Prüfung der Erforderlichkeit einer Maßnahme nach § 49 muss auch festgestellt werden, ob im Einzelfall eine Verwarnung der Geschäftsleiter und vor einer Verwarnung eine einfache und formlose Missbilligung ausreichend ist. Eine formlose Missbilligung kann insbesondere in Betracht kommen, wenn Diskussionen zwischen der BaFin und dem Wertpapierinstitut oder seinen Geschäftsleitern über Inhalt und Ausmaß getroffener Maßnahmen oder die rechtliche Bewertung von Sachverhalten bestehen (so zum KWG BVerwG WM 2007, 1655 (1656) = NJW-RR 2007, 492 = WuB I L 1. § 36 KWG 2.07 R. Fischer; VGH Kassel WM 2007, 392 (395); Beck/Samm/Kokemoor/Müller-Grune KWG § 36 Rn. 119 f.; Reischauer/Kleinhans/Glawischnig-Quinke KWG § 36 Rn. 48; Schwennicke/Auerbach/Schwennicke KWG § 36 Rn. 32). 68

Die BaFin muss eine Maßnahme aus dem Katalog des § 49 aussuchen, die geeignet ist, um festgestellten oder aufgrund konkreter Anhaltspunkte zu erwartenden negativen Entwicklungen entgegen zu wirken. Bei der Prüfung der **Geeignetheit** muss die BaFin die Art der Maßnahme, die Dauer ihrer Umsetzung beim beaufsichtigten Unternehmen sowie den Zeitraum berücksichtigen, den die Maßnahme benötigt, um effektiv zu wirken (Regierungsbegründung RisikoreduzierungsG, BT-Drs. 19/22786, 165 (zu § 45 KWG)). 69

70 Unter mehreren gleich geeigneten Maßnahmen muss die BaFin diejenige ergreifen, die das beaufsichtigte Wertpapierinstitut **am wenigsten belastet** (SREP-Leitlinien (→ Rn. 4) Abschn. 10.1 Tz. 367; Lendermann/Nemeczek/Schroeter/Marx Rn. 13).

71 Für die **Angemessenheit** der Maßnahme kommt es darauf an, ob der verbundene Eingriff bei einer Abwägung mit dem verfolgten Zweck das Wertpapierinstitut nicht übermäßig belastet (Lendermann/Nemeczek/Schroeter/Marx Rn. 13). Die Prüfung ist deshalb erforderlich, weil § 49 wie der durch das RisikoreduzierungsG neu gefasste § 45 KWG die Ergreifung von Maßnahmen nicht von der Überschreitung oder Unterschreitung von Schwellenwerten abhängig macht, dh davon dass aufsichtsrechtliche Kennzahlen im konkreten Fall in einem bestimmten Maße verletzt sind, und jede Verletzung einer Bestimmung des WpIG oder der IFR grds. Auslöser von Maßnahmen nach § 49 sein kann. **Bagatellverstöße** ohne Relevanz für die Einhaltung der maßgeblichen aufsichtsrechtlichen Mindestanforderungen werden daher Maßnahmen nach § 49 nur im Ausnahmefall rechtfertigen können.

72 Maßnahmen nach § 49 schließen Maßnahmen gegen das Wertpapierinstitut nach § 19 Abs. 2 Nr. 3 oder Nr. 4 oder die Geschäftsleiter nach § 22 nicht aus. Ein Rangverhältnis zwischen diesen Maßnahmen besteht nicht (so zum KWG VGH Kassel WM 2007, 392 (394 f.); Schwennicke/Auerbach/Langen/Donner KWG § 25a Rn. 172).

§ 50 Zusätzliche Eigenmittelanforderungen

(1) **Die Bundesanstalt kann die in § 49 Nummer 1 genannten zusätzlichen Eigenmittelanforderungen anordnen, wenn Tatsachen die Annahme rechtfertigen, dass**

1. **das Wertpapierinstitut Risiken oder Risikokomponenten ausgesetzt ist oder für andere darstellt, die von den Eigenmittelanforderungen, insbesondere denen für K-Faktoren, in Teil 3 oder 4 der Verordnung (EU) 2019/2033 nicht oder nicht ausreichend abgedeckt sind;**
2. **das Wertpapierinstitut die Anforderungen der §§ 39 und 41 nicht erfüllt und andere Aufsichtsmaßnahmen nicht innerhalb eines angemessenen Zeitraums zu einer ausreichenden Verbesserung der Regelungen, Verfahren, Mechanismen und Strategien führen;**
3. **die Anpassung der Bewertung von Positionen des Handelsbuchs nicht ausreichen, um das Wertpapierinstitut in die Lage zu versetzen, seine Positionen innerhalb kurzer Zeit zu veräußern oder abzusichern, ohne dabei unter normalen Marktbedingungen wesentliche Verluste zu erleiden;**
4. **die Nichterfüllung der Anforderungen für die Anwendung der zulässigen internen Modelle zu nicht ausreichenden Kapitalanforderungen führen wird oder**
5. **das Wertpapierinstitut wiederholt Verlangen der Bundesanstalt zur Erhöhung der Eigenmittelanforderungen nach § 51 nicht nachkommt.**

(2) [1]**Für die Zwecke von Absatz 1 Nummer 1 gelten Risiken oder Risikokomponenten nur dann als nicht oder nicht ausreichend abgedeckt von den Eigenmittelanforderungen in den Teilen 3 und 4 der Verordnung (EU) 2019/2033, wenn das interne Kapital, das die Bundesanstalt nach der aufsichtlichen Überprüfung der von dem Wertpapierinstitut gemäß**

§ 39 Absatz 1 durchgeführten Bewertung für angemessen hält, hinsichtlich seiner Höhe, Art und Verteilung über der in Teil 3 oder 4 der Verordnung (EU) 2019/2033 vorgesehenen Eigenmittelanforderung an das Wertpapierinstitut liegt. [2]Die Höhe des als angemessen betrachteten internen Kapitals kann solche Risiken oder Risikokomponenten umfassen, die von den Eigenmittelanforderungen in Teil 3 oder 4 der Verordnung (EU) 2019/2033 ausdrücklich ausgeschlossen sind.

(3) **Die Bundesanstalt legt die Höhe der nach § 49 Nummer 1 erforderlichen zusätzlichen Eigenmittel als Differenz zwischen den gemäß Absatz 2 als angemessen betrachteten Eigenmitteln und den in Teil 3 oder 4 der Verordnung (EU) 2019/2033 vorgesehenen Eigenmittelanforderungen fest.**

(4) **Die Bundesanstalt verpflichtet das Wertpapierinstitut, die in § 49 Nummer 1 genannten zusätzlichen Eigenmittelanforderungen in folgender Weise zu erfüllen:**

1. **die zusätzlichen Eigenmittelanforderungen sind zu mindestens drei Vierteln mit Kernkapital zu erfüllen;**
2. **das Kernkapital muss zu mindestens drei Vierteln aus hartem Kernkapital bestehen und**
3. **diese Eigenmittel dürfen nicht zur Erfüllung einer der Eigenmittelanforderungen in Artikel 11 Absatz 1 der Verordnung (EU) 2019/2033 verwendet werden.**

Übersicht

I. Vorbemerkung

§ 50 setzt Art. 40 IFD um und enthält die näheren Voraussetzungen für die Ausnutzung der Befugnis aus § 49 Nr. 1 (Regierungsbegründung WpIG, BT-Drs. 19/26929, 149). Entsprechende Ermächtigungen für Große Wertpapierinstitute enthalten der durch das RisikoreduzierungsG eingefügte § 6c KWG, der seinerseits den durch die CRD V (RL (EU) 2019/878) eingefügten Art. 104a CRD IV umsetzt, sowie § 10 Abs. 3 KWG. Seit Inkrafttreten des KreditzweitmarktförderungsG z. 30.12.2023 verweist Abs. 2 S. 1 statt auf § 47 auf § 39 Abs. 1. Damit sollte im Einklang mit Art. 40 Abs. 2 IFD ein Verweisfehler korrigiert 1 werden (Regierungsbegründung KreditzweitmarktförderungsG, BT-Drs. 20/9093, 154).

2 § 50 regelt feste Eigenmittelanforderungen (Anforderungen zur Säule-2, **Pillar 2 Requirement, „P2R“**), während § 51, der Art. 41 IFD umsetzt, nur das Recht zur Festsetzung von Eigenmittelempfehlungen (Empfehlungen zur Säule-2, **Pillar 2 Guidance, „P2G“**) enthält. Erläuterungen zur Abgrenzung der Anforderungen von den Empfehlungen sowie zu deren Umsetzung enthalten die von EBA und ESMA gemeinsam auf der Grundlage von Art. 45 Abs. 2 UAbs. 4 IFD veröffentlichten „Leitlinien zu gemeinsamen Verfahren und Methoden für den aufsichtlichen Überprüfungs- und Bewertungsprozess (SREP) gemäß Richtlinie (EU) 2019/2034“ (EBA/GL/2022/09/ESMA35-42-1470 v. 21.7.2022, zugänglich unter www.eba.europa.eu) **(„SREP-Leitlinien“).**

II. Anordnung zusätzlicher Eigenmittel (Abs. 1–3)

1. Voraussetzungen

3 Nach Art. 40 Abs. 1 IFD, auf den Abs. 1 zurückgeht, setzen Anordnungen die Feststellung von Mängeln bei aufsichtlichen Überprüfungen der nach Art. 36 IFD (umgesetzt in § 39) erforderlichen Regelungen, Strategien und Verfahren zur Sicherstellung von Risikotragfähigkeit und jederzeitiger Zahlungsbereitschaft oder der nach Art. 37 IFD (umgesetzt in § 41) erforderlichen soliden Regelungen für die Unternehmensführung voraus. Abs. 1 lässt nach seinem Wortlaut ausreichen, dass die BaFin die erforderlichen Erkenntnisse auch auf anderem Wege gewonnen hat.

4 Nach Art. 40 Abs. 5 IFD (der Art. 104a Abs. 4 CRR entspricht) muss die BaFin die Entscheidung, nach § 49 Nr. 1 (der Art. 39 Abs. 2 lit. a IFD umsetzt) zusätzliche Eigenmittelanforderungen festzusetzen, schriftlich unter klarer Darlegung der vollständigen Bewertung ihrer Entscheidungsgrundlage begründen. Auf eine gesonderte Aufnahme dieses Begründungserfordernisses in § 49 oder § 50 hat der Gesetzgeber verzichtet, da sich die Begründungspflicht bereits aus § 39 Abs. 1 VwVfG ergibt (so zu § 6c KWG und Art. 104a Abs. 4 CRR Regierungsbegründung Risikoreduzierungsgesetz, BT-Drs. 19/22786, 151; krit. Lendermann/Nemeczek/Schroeter/Marx Rn. 8).

5 Ergibt die aufsichtliche Überprüfung nach Art. 37 IFD (umgesetzt in § 41), dass die Nichterfüllung der Anforderungen für die Anwendung der zulässigen internen Modelle wahrscheinlich zu einer unzureichenden Höhe des Kapitals führen wird (Fall von Art. 40 Abs. 1 lit. d IFD), muss die BaFin ebenfalls gesondert begründen, warum die Kapitalausstattung nicht länger als ausreichend betrachtet wird.

6 **a) Unzureichende Abdeckung von Risiken durch Eigenmittelanforderungen (Nr. 1 iVm Abs. 2).** Nr. 1 setzt Art. 40 Abs. 1 lit. a IFD um. Die entsprechende Regelung für Große Wertpapierinstitute enthält § 6c Abs. 1 S. 1 Nr. 1 KWG, der seinerseits auf Art. 104a Abs. 1 lit. a CRD IV zurückgeht.

7 **Nr. 1** verlangt, das ein Wertpapierinstitut Risiken oder Risikokomponenten ausgesetzt ist oder für andere darstellt, die von den Eigenmittelanforderungen, insbesondere in Teil 3 IFR oder Teil 4 IFR nicht oder nicht ausreichend abgedeckt sind. Teil 3 IFR enthält in Art. 11 ff. die Regelungen zu den K-Faktoren, Teil 4 IFR in Art. 35 ff. Bestimmungen zu Konzentrationsrisiken.

Nach **Abs. 2 S. 1,** der den Wortlaut von Art. 40 Abs. 2 S. 1 IFD wiederholt, können Anordnungen nach Nr. 1 nur ergehen, wenn die von der BaFin nach zusätzlicher Berücksichtigung der maßgeblichen Risiken und Risikokomponenten für erforderlich gehaltenen Eigenmittel höher sind als die aktuell vom Wertpapierinstitut vorgehaltenen Eigenmittel. **8**

Abs. 2 S. 2 stellt klar, dass die BaFin auch die Unterlegung von Risiken oder Risikokomponenten mit Eigenmitteln verlangen kann, die nach Teil 3 oder Teil 4 IFR nicht unterlegungspflichtig sind. **9**

b) Verstöße gegen §§ 39 und 41 (Nr. 2). Nr. 2 setzt Art. 40 Abs. 1 lit. b IFD um. Die entsprechende Regelung für Große Wertpapierinstitute enthält § 6c Abs. 1 S. 1 Nr. 2 KWG, der auf Art. 104a Abs. 1 lit. b CRD IV zurückgeht. **10**

Voraussetzungen für die Anordnung zusätzlicher Eigenmittelanforderungen nach Nr. 2 sind Verstöße gegen die Vorgaben für die interne Unternehmensführung in § 41 (dazu näher → § 41 Rn. 18 ff.) sowie die Mangelhaftigkeit der von einem Mittleren Wertpapierinstitut gewählten Regelungen, Strategien und Verfahren zur Sicherstellung von dessen Risikotragfähigkeit und jederzeitiger Liquidität nach § 39 Abs. 1 und 2 (→ § 39 Rn. 26 ff.). Adressaten von Anordnungen wegen Verstößen gegen § 39 können auch Kleine Wertpapierinstitute sein, von denen die BaFin gestützt auf § 39 Abs. 3 die Einhaltung der Anforderungen nach § 39 Abs. 1 und 2 verlangt hat (Lendermann/Nemeczek/Schroeter/Marx Rn. 20). **11**

Anordnungen nach Nr. 2 sind nur zulässig, wenn gegen das betreffende Wertpapierinstitut zunächst eine Anordnung nach § 49 Nr. 2 erlassen wurde und die in einer solchen Anordnung gesetzte angemessene Frist nicht zu einer ausreichenden Verbesserung der Regelungen, Verfahren, Mechanismen und Strategien geführt hat. **12**

c) Fehlerhafte Bewertung von Positionen des Handelsbuchs (Nr. 3). Nr. 3 setzt Art. 40 Abs. 1 lit. c IFD um. Die entsprechende Regelung für Große Wertpapierinstitute enthält § 6c Abs. 1 S. 1 Nr. 3 KWG, der auf Art. 104a Abs. 1 lit. c CRD IV zurückgeht. **13**

Nr. 3 setzt eine fehlerhafte Bewertung von **Handelsbuchpositionen** nach dem **Standardansatz** voraus. Für die Bewertung nach dem Standardansatz gilt Art. 22 lit. a IFR iVm Teil 3 Titel IV Kapitel 2, 3 und 4 CRR, für die Bewertung nach dem alternativen Standardansatz gilt Art. 22 lit. b IFR iVm Teil 3 Titel IV Kapitel 1a CRR. Art. 105 CRR schreibt eine vorsichtige Bewertung der Handelsbuchspositionen vor, die täglich neu zu bewerten sind und bei deren Bewertung Marktpreisunsicherheiten und operationelle Risiken berücksichtigt werden müssen (Lendermann/Nemeczek/Schroeter/Marx Rn. 22). **14**

Vor der Festsetzung zusätzlicher Eigenmittelanforderungen nach Nr. 3 kann die BaFin verpflichtet sein, als milderes Mittel mit einer Anordnung nach § 49 Nr. 4 Bewertungskorrekturen zu verlangen. **15**

Nr. 3 gilt nur für Mittlere Wertpapierinstitute, da Kleine Wertpapierinstitute nach § 2 Abs. 16 iVm Art. 12 Abs. 1 UAbs. 1 S. 1 lit. f IFR keine Handelsbuchpositionen halten dürfen (Lendermann/Nemeczek/Schroeter/Marx Rn. 24). **16**

d) Nichterfüllung der Kapitalanforderungen bei zulässiger Anwendung interner Modelle (Nr. 4). Nr. 4 setzt Art. 40 Abs. 1 lit. d IFD um. Die entsprechende Regelung für Große Wertpapierinstitute enthält § 6c Abs. 1 S. 1 Nr. 4 KWG, der auf Art. 104a Abs. 1 lit. d CRD IV zurückgeht. **17**

18 Nr. 4 ergänzt Nr. 3 für die Wertpapierinstitute, die zulässigerweise nicht den Standardansatz, sondern nach Art. 22 lit. c. IFR iVm Teil 2 Titel IV Kapitel 1b CRR ein alternatives internes Modell zur Bewertung ihrer Handelsbuchpositionen verwenden. Die Voraussetzungen für die Verwendung interner Modelle wird von der BaFin nach § 48 mindestens im 3-Jahres-Takt überprüft (→ § 48 Rn. 5). Anordnungen nach Nr. 4 können ergehen, wenn bei der Überprüfung Mängel festgestellt wurden, vorausgesetzt, diese führen nicht zu ausreichenden Kapitalanforderungen (Lendermann/Nemeczek/Schroeter/Marx Rn. 27).

19 Wie bei Nr. 3 kommt als milderes Mittel eine vorherige Anordnung nach § 49 Nr. 4 in Betracht.

20 **e) Verstoß gegen Anordnungen der BaFin nach § 51 (Nr. 5).** Nr. 5 setzt Art. 40 Abs. 1 lit. e IFD um. Die entsprechende Regelung für Große Wertpapierinstitute enthält § 6c Abs. 1 S. 1 Nr. 4 KWG, der auf Art. 104a Abs. 1 lit. e CRD IV zurückgeht.

21 Voraussetzung für Anordnungen nach Nr. 5 sind **wiederholte Anordnungen** der BaFin zur Erhöhung der Eigenmittel nach § 51, wobei es sich bei den Anordnungen nach § 51 sachlich um Eigenmittelempfehlungen (Pillar 2 Guidance, P2G) handelt (→ § 51 Rn. 8). Nach Ziff. 7.2.4 Tz. 294 SREP-Leitlinien ist die BaFin zum Erlass von Anordnungen nach Nr. 5 verpflichtet, wenn ein Wertpapierinstitut einer Anordnung nach § 51 zwei Jahre lang keine Folge geleistet hat (Lendermann/Nemeczek/Schroeter/Marx Rn. 30).

22 Adressaten von Anordnungen nach Nr. 5 können nur Mittlere Wertpapierinstitute sein, da § 51 für Kleine Wertpapierinstitute nicht gilt (Lendermann/Nemeczek/Schroeter/Marx Rn. 31).

23 In der nach § 39 Abs. 1 VwVfG erforderlichen Begründung einer Anordnung nach Nr. 5 ist gesondert zu erläutern, weshalb über die Anordnungen nach § 51 hinaus Eigenmittelanforderungen festgesetzt werden sollen (so zu § 6c KWG und Art. 104a Abs. 4 CRR Regierungsbegründung Risikoreduzierungsgesetz, BT-Drs. 19/22786, 151).

III. Höhe der zusätzlichen Eigenmittelanforderungen (Abs. 3)

24 Nach Abs. 3 sind die zusätzlichen Eigenmittel als Differenz zwischen den Eigenmittelanforderungen nach Teil 3 und 4 IFR und den von der BaFin für angemessen gehaltenen Eigenmitteln festzusetzen. Die BaFin setzt also nicht insgesamt die Eigenmittel neu fest, sondern lediglich einen **Eigenmittelzuschlag.** Diese Form der Festsetzung erlaubt eine einfachere Rückkehr zur Standardhöhe, wenn die zusätzlichen Risiken oder Risikokomponenten weggefallen sind.

IV. Erfüllung der zusätzlichen Eigenmittelanforderungen (Abs. 4)

25 Abs. 4 setzt Art. 40 Abs. 4 IFD um. Danach müssen Wertpapierinstitute die nach § 49 Nr. 1 iVm § 50 Abs. 1 Nr. 1–5 festgesetzten zusätzlichen Eigenmittelanforderungen wie folgt erfüllen:

- zu 75 % mit **zusätzlichem Kernkapital** (Nr. 1); für den Begriff verweist Art. 9 Abs. 1 IFR auf Teil 2 Titel I Kapitel 3 CRR; 26
- das nach Nr. 1 erforderliche Kernkapital muss wiederum zu 75 % aus **hartem Kernkapital** bestehen (Nr. 2); für den Begriff des harten Kernkapitals verweist Art. 9 Abs. 1 IFR auf Teil 2 Titel I Kapitel 2 CRR; 27
- zusätzliche, nach § 49 Abs. 1 iVm § 50 Abs. 1 Nr. 1–5 festgesetzte Eigenmittel dürfen nicht zur Erfüllung der Eigenmittelanforderungen in Art. 11 Abs. 1 IFR verwendet werden (Nr. 3); dies sind die **Anforderung für fixe Gemeinkosten** (Art. 11 Abs. 1 lit. a IFR iVm Art. 13 IFR), die **permanente Mindestkapitalanforderung** (Art. 11 Abs. 1 lit. b iVm Art. 14 IFR) sowie für Mittlere Wertpapierinstitute die **K-Faktor-Anforderung** (Art. 11 Abs. 1 lit. c iVm Art. 15 IFR). 28

§ 51 Vorgaben zu zusätzlichen Eigenmitteln

(1) **Zusätzliche Eigenmittelanforderungen kann die Bundesanstalt gegenüber einem Mittleren Wertpapierinstitut unter Berücksichtigung der Größe und Systemrelevanz sowie der Art, des Umfangs und der Komplexität der Tätigkeiten anordnen, um zu verhindern, dass konjunkturbedingte wirtschaftliche Schwankungen zu einer Unterschreitung der in Teil 3 der Verordnung (EU) 2019/2033 genannten und der nach § 49 Nummer 1 und § 50 angeordneten Eigenmittelanforderungen führen oder die Fähigkeit des Wertpapierinstituts gefährden, die Einstellung der Geschäftstätigkeit geordnet durchzuführen.**

(2) **Die Bundesanstalt kann bei einem Mittleren Wertpapierinstitut die Angemessenheit der nach Absatz 1 angeordneten zusätzlichen Eigenmittelanforderungen überprüfen, Änderungen der zusätzlichen Eigenmittel anordnen und zu deren Umsetzung eine Frist bestimmen.**

I. Vorbemerkung

1 § 51 setzt Art. 41 IFD um und konkretisiert die Voraussetzungen für die Ausübung der Ermächtigung in § 49 Nr. 1 (Regierungsbegründung WpIG, BT-Drs. 19/26929, 149). § 51 gilt seinem Wortlaut nach nur für Mittlere Wertpapierinstitute. Eine entsprechende Ermächtigung für Große Wertpapierinstitute enthält der durch das RisikoreduzierungsG eingefügte § 6d KWG, der seinerseits den durch die CRD V (RL (EU) 2019/878) eingefügten Art. 104b Abs. 2–6 CRD IV umsetzt (Regierungsbegründung RisikoreduzierungsG, BT-Drs. 19/22786, 151).

2 Erläuterungen zur Umsetzung von Anordnungen auf Grundlage von § 51 enthalten die von EBA und ESMA gemeinsam auf der Grundlage von Art. 45 Abs. 2 UAbs. 4 IFD zum aufsichtlichen Überprüfungs- und Bewertungsprozess (Supervisory Review and Evaluation Process, **SREP**) nach § 47 veröffentlichten „Leitlinien zu gemeinsamen Verfahren und Methoden für den aufsichtlichen Überprüfungs- und Bewertungsprozess (SREP) gemäß Richtlinie (EU) 2019/2034“ (EBA/GL/2022/09/ESMA35-42-1470 v. 21.7.2022, zugänglich unter www.eba.europa.eu) **(„SREP-Leitlinien“).**

II. Anordnungen (Abs. 1)

1. Voraussetzungen

3 **a) Unterschreitung der Eigenmittelanforderungen aufgrund konjunkturbedingter Schwankungen (S. 1 Fall 1).** Anordnungen können nach S. 1 Fall 1 zur Verhinderung der **Unterschreitung der Eigenmittelanforderungen** infolge **konjunkturbedingter Schwankungen** ergehen.

4 Das Risiko konjunktureller Schwankungen ist in § 45 und § 47 nicht ausdrücklich genannt, sondern nur in § 51 Abs. 1. Konjunkturelle Schwankungen können aber Auswirkungen auf die in § 45 und § 47 ausdrücklich aufgeführten Risiken haben, insbesondere auf Marktrisiken, Risiken für das Wertpapierinstitut, Risiken des Geschäftsmodells sowie Zinsrisiken (§§ 45 Abs. 1 S. 3 Nr. 2, 47 Abs. 2 Nr. 3 und 6).

5 Nach § 47 überprüft und bewertet die BaFin aufsichtlich das von § 45 geforderte solide Risikomanagement und die solide Risikoabdeckung der Wertpapierinstitute. Nach Ziff. 5.6.3 Tz. 127 SREP-Leitlinien ist Gegenstand des SREP insbesondere die Fähigkeit des Wertpapierinstituts, auch bei Konjunkturschwankungen seine Eigenmittelanforderungen zu erfüllen, seine laufende Geschäftstätigkeit zu finanzieren oder eine geordnete Abwicklung durchzuführen. Basis für den SREP sind externe und interne Stresstest (Ziff. 7.4.1 Tz. 309 SREP-Leitlinien), für deren Durchführung Vorgaben in Ziff. 5.6.3 Tz. 127 ff. SREP-Leitlinien enthalten sind. Das Ergebnis des SREP bildet die Grundlage für Anordnungen nach Abs. 1.

6 Die für Große Wertpapierinstitute geltende Parallelvorschrift in § 6d Abs. 1 KWG verweist auf die Ergebnisse **interner Stresstests** nach § 6b Abs. 2 KWG iVm AT 4.3.3 MaRisk sowie die Ergebnisse **externer Stresstests** nach § 6b Abs. 3 KWG. Nach § 6b Abs. 3 KWG kann die Aufsichtsbehörde bzw. die BBank das beaufsichtigte Unternehmen zu aufsichtlichen Stresstests verpflichten, bei denen die Risiko-, Eigenmittel- und Liquiditätspositionen unter Nutzung der institutseigenen Risikomanagement-Methoden auf Grundlage aufsichtlich vorgegebener Szenarien zu berechnen sind (§ 6b Abs. 3 S. 2 Nr. 1 KWG). Alternativ können Aufsichtsbehörde bzw. BBank selbst die Auswirkungen externer Schocks auf das Institut auf der Grundlage aufsichtlicher Stresstest-Methoden anhand der verfügbaren Daten bestimmen (§ 6b Abs. 3 S. 2 Nr. 2 KWG). Nähere Vorgaben für aufsichtliche Stresstests nach § 6b Abs. 2 und 3 KWG und die zu testenden Szenarien in Hinblick auf den Konjunkturzyklus enthalten die EBA/GL/2014/13 „Leitlinien zu gemeinsamen Verfahren und Methoden für den aufsichtlichen Überprüfungs- und Bewertungsprozess (SREP)" v. 19.12.2014, Ziff. 7.7 Rn. 358 ff., sowie die EBA/GL/2018/04 „Leitlinien zu den Stresstests der Institute" v. 19.7.2018, Ziff. 4.7.1 Rn. 107 und Ziff. 4.8.1 Rn. 187.

7 **b) Gefährdung einer geordneten Einstellung der Geschäftstätigkeit (S. 1 Fall 2).** Nach § 45 Abs. 4 müssen Wertpapierinstitute im Rahmen ihres Risikomanagements dafür Sorge tragen, dass ihre Geschäftstätigkeit jederzeit geordnet eingestellt und abgewickelt werden kann (näher → § 45 Rn. 31). Ergibt das Ergebnis eines nach Maßgabe von Ziffer. 5.6.3 Tz. 129 SREP-Leitlinien durchgeführten Stresstests bzw. einer Sensitivitätsanalyse im Falle eines schweren konjunkturellen Abschwungs eine **Gefährdung einer geordneten Einstellung der Geschäftstätigkeit,** kann die BaFin nach S. 1 Fall 2 zusätzliche Eigenmittel-

anforderungen festlegen. Die BaFin kann Anordnungen nach S. 1 Fall 2 aber auch treffen, wenn ihr aus anderen Informationsquellen entsprechende Tatsachen bekannt geworden sind.

2. Inhalt von Anordnungen

8 Abs. 1 enthält entgegen seinem missverständlichen Wortlaut keine über §§ 49 Nr. 1, 50 hinausgehende Eingriffsbefugnis (Anforderungen zur Säule-2, **Pillar 2 Requirement, „P2R"**) iSv Art. 40 IFD, sondern nur das Recht zur Festsetzung von Eigenmittelempfehlungen iSv Art. 41 IFD (Empfehlungen zur Säule-2, **Pillar 2 Guidance, „P2G"** (Ziff. 7.4 Tz. 299 SREP-Leitlinien; Lendermann/Nemeczek/Schroeter/Marx Rn. 4).

9 Für die Bestimmung und Festlegung gelten Ziff. 7.4.1 Tz. 303 ff. SREP-Leitlinien. Nach Ziff. 7.4.1 Tz. 309 SREP-Leitlinien sollen die Ergebnisse der Stresstests, die von den Geschäftsleitern getroffenen Maßnahmen, die Relevanz der Stresstests für die Strategie, den Finanzplan und das Geschäftsmodell des Wertpapierinstituts, dessen Sensitivität für ungünstige Szenarien, bereits festgesetzte zusätzliche Eigenmittelanforderungen sowie der Umstand berücksichtigt werden, ob sich das Wertpapierinstitut in Umstrukturierung oder Abwicklung befindet.

10 Ziff. 7.1 Tz. 268 ff. SREP-Leitlinien sehen vor, dass je nach Ergebnis des SREP zusätzliche Eigenmittelanforderungen nach § 50 und Eigenmittelempfehlungen nach § 51 auch nebeneinander festgesetzt werden können. Bei der Festlegung der Höhe der Anforderungen soll die BaFin bereits getroffene sonstige Maßnahmen berücksichtigen (Ziff. 7.1 Tz. 269 lit. a SREP-Leitlinien).

3. Folgen der Nichtbefolgung von Anordnungen nach Abs. 1

11 Abs. 1 ermächtigt die BaFin zur Festsetzung von Eigenkapitalempfehlungen, deren Nichteinhaltung durch das Wertpapierinstitut nicht zur Festsetzung von Sanktionen berechtigt. Allerdings kann die BaFin ggf. den Turnus und die Intensität laufender Aufsichtsmaßnahmen erhöhen (Lendermann/Nemeczek/Schroeter/Marx Rn. 34).

12 Die BaFin ist nach § 50 Nr. 5 iVm Ziff. 7.2.4 Tz. 294 SREP-Leitlinien zur Festsetzung zusätzlicher verbindlicher Eigenkapitalforderungen (P2R) berechtigt, wenn ein Wertpapierinstitut einer Anordnung nach § 51 zwei Jahre lang keine Folge geleistet hat. Beruhte die Eigenmittelempfehlung auf Konjunkturschwankungen, dann kann die BaFin diese Entscheidung uU aufschieben (Lendermann/Nemeczek/Schroeter/Marx Rn. 37).

III. Änderung von Anordnungen (Abs. 2)

13 Abs. 2 regelt die Änderbarkeit von Anordnungen nach Abs. 1. Nach Abs. 2 kann die BaFin die Höhe festgesetzter zusätzlicher Eigenmittel sowohl nach oben als auch nach unten korrigieren.

14 Abs. 2 räumt der BaFin ein Ermessen hinsichtlich von Änderungen ein. Ändert sich die Grundlage für eine Anordnung nach Abs. 1, dann kann sich das Ermessen auf Null reduzieren, wenn eine Festsetzung zusätzlicher Eigenmittel nicht mehr zulässig wäre.

IV. Rechtsschutz

15 Eigenmittelempfehlungen nach § 51 sind formal verbindlich, haben aber keinen das Wertpapierinstitut zu konkreten Maßnahmen verpflichtenden materiellen Inhalt, so dass ihre Rechtsnatur als Verwaltungsakt fraglich ist. Allerdings können nicht befolgte Empfehlungen nach § 51 Grundlage für Anordnungen nach § 50 Nr. 5 sein und verlangt Ziff. 7.1 Tz. 269 lit. b SREP-Leitlinien die nachvollziehbare Begründung auch einer Entscheidung über zusätzliche Eigenmittelanforderungen und -empfehlungen, was auf eine Regelung mit Außenwirkung gegenüber dem Wertpapierinstitut schließen lässt.

16 Verwaltungsakte sind in jedem Fall auf der Grundlage von § 50 Nr. 5 wegen Nichtbefolgung von Eigenmittelempfehlungen getroffene Anordnungen.

§ 52 Besondere Liquiditätsanforderungen

(1) **Die Bundesanstalt kann besondere Liquiditätsanforderungen nach § 49 Nummer 11 anordnen, wenn Tatsachen die Annahme rechtfertigen, dass ein Mittleres Wertpapierinstitut oder ein Kleines Wertpapierinstitut, das nicht von der Liquiditätsanforderung nach Artikel 43 Absatz 1 der Verordnung (EU) 2019/2033 ausgenommen ist,**

1. **Liquiditätsrisiken oder Liquiditätsrisikokomponenten ausgesetzt ist, die von der Liquiditätsanforderung in Teil 5 der Verordnung (EU) 2019/2033 nicht oder nicht ausreichend abgedeckt sind, oder**
2. **die Anforderungen der § 39 oder § 41 nicht erfüllt und andere organisatorische Maßnahmen des Wertpapierinstituts nicht innerhalb eines angemessenen Zeitraums zu einer ausreichenden Verbesserung der Regelungen, Verfahren, Mechanismen und Strategien führen.**

(2) **Die Bundesanstalt legt die Höhe der nach § 49 Nummer 11 erforderlichen besonderen Liquidität als Differenz zwischen der gemäß Absatz 1 als angemessen betrachteten Liquidität und der in Teil 5 der Verordnung (EU) 2019/2033 vorgesehenen Liquiditätsanforderung fest.**

(3) **Die besondere Liquiditätsanforderung nach § 49 Nummer 11 ist mit liquiden Aktiva gemäß Artikel 43 der Verordnung (EU) 2019/2033 zu erfüllen.**

Übersicht

I. Vorbemerkung

§ 52 setzt Art. 42 IFD um und konkretisiert die Voraussetzungen für die Ausübung der Ermächtigung in § 49 Nr. 11 (Regierungsbegründung WpIG, BT-Drs. 19/26929, 149). § 52 gilt anders als § 51 nicht nur für Mittlere Wertpapierinstitute, sondern auch für Kleine Wertpapierinstitute, die nicht nach Art. 43 Abs. 1 UAbs. 2 IFR von den Liquiditätsanforderungen in Art. 43 Abs. 1 UAbs. 1 IFR befreit sind. Eine entsprechende Ermächtigung für Große Wertpapierinstitute enthalten § 11 Abs. 2 und 3 KWG, die ihrerseits Art. 105 CRD IV umsetzen. 1

Hinweise zur Prüfung und Bewertung von Liquiditätsrisiken sowie den nach § 52 zu ergreifenden Maßnahmen enthalten die von EBA und ESMA gemeinsam auf der Grundlage von Art. 45 Abs. 2 UAbs. 4 IFD zum aufsichtlichen Überprüfungs- und Bewertungsprozess (Supervisory Review and Evaluation Process, **SREP**) nach § 47 veröffentlichten „Leitlinien zu gemeinsamen Verfahren und Methoden für den aufsichtlichen Überprüfungs- und Bewertungsprozess (SREP) gemäß Richtlinie (EU) 2019/2034" (EBA/GL/2022/09/ESMA35-42-1470 v. 21.7.2022, zugänglich unter www.eba.europa.eu) **(„SREP-Leitlinien")** sowie die von der EBA veröffentlichten Draft Regulatory Technical Standards on the specific liquidity measurement for investment firms v. 14.11.2022 (EBA/RTS/2022/11), zugänglich unter www.eba.europa.eu), von der EU-Kommission erlassen als Delegierte VO (EU) 2023/1651 v. 17.5.2023 zur Ergänzung der Richtlinie (EU) 2019/2034 des Europäischen Parlaments und des Rates durch technische Regulierungsstandards für die spezifische Liquiditätsmessung bei Wertpapierfirmen gemäß Artikel 42 Absatz 6 jener Richtlinie, ABl. 2023 L 208, 3. 2

II. Anordnungen (Abs. 1 und 2)

1. Voraussetzungen

a) Besondere Liquiditätsrisiken oder -komponenten (Nr. 1). Voraussetzung für besondere Liquiditätsanforderungen nach § 49 Nr. 11 iVm § 52 Abs. 1 Nr. 1 ist, dass ein Wertpapierinstitut Liquiditätsrisiken oder Liquiditätsrisikokom- 3 ponenten ausgesetzt ist, die von der Liquiditätsanforderung in Teil 5 IFR nicht oder nicht ausreichend abgedeckt sind. Art. 43 Abs. 1 IFR verlangt, dass Wertpapierinstitute liquide Aktiva in Höhe von mindestens einem Drittel der Anforderungen für die fixen Gemeinkosten halten. Nr. 1 ist anwendbar, wenn andere Liquiditätsrisiken bestehen können.

4 Nach Art. 1 Abs. 1 S. 2 lit. a–g Delegierte VO (EU) 2023/1651 zählen zu den Risikofaktoren, die die **Liquiditätslage** des Wertpapierinstituts beeinflussen und **Liquiditätslücken** hervorrufen können, insbesondere

5 **aa) Liquiditätsrisiken aus Wertpapierdienstleistungen und sonstigen Tätigkeiten des Wertpapierinstituts (Art. 1 Abs. 1 S. 2 lit. a iVm Art. 2 Delegierte VO (EU) 2023/1651).** Art. 2 Delegierte VO (EU) 2023/1651 differenziert bei den Risiken aus der Geschäftstätigkeit des Wertpapierinstituts nach der Art der betriebenen Geschäfte:

6 **Liquiditätsrisiken aus der Anlagevermittlung** (§ 2 Abs. 2 Nr. 3) **und Abschlussvermittlung** (§ 2 Abs. 2 Nr. 5); dazu gehören nach Art. 2 Abs. 1 Delegierte VO (EU) 2023/1651

a) zeitliche Inkongruenz zwischen den Entgelteingängen von Kunden und den Entgeltzahlungen an Handelsplattformen für die Übermittlung oder Ausführung von Aufträgen für Kunden;
b) Liquiditätsabflüsse aufgrund verlangter höherer Entgelte für den Zugang zu Handelsplattformen oder aufgrund weniger günstiger Regelungen, insbesondere auch eine verkürzte Verbindlichkeitenreichweite des Wertpapierinstituts, sowie
c) Zahlungsverzögerungen bei fälligen Entgelten von Kunden.

7 **Liquiditätsrisiken aus dem Emissionsgeschäft** (§ 2 Abs. 2 Nr. 2) **und dem Eigenhandel für andere** (§ 2 Abs. 2 Nr. 10); dazu gehören nach Art. 2 Abs. 2 Delegierte VO (EU) 2023/1651

a) das Innertagesliquiditätsrisiko für die Handelsbuchpositionen des Wertpapierinstituts,
b) das Liquiditätsrisiko, das aus dem Risiko einer Preisänderung des betreffenden Finanzinstruments aufgrund von emittentenbedingten Faktoren in Bezug auf das Finanzinstrument oder Basisinstrument oder aufgrund einer Veränderung des Zinsniveaus oder einer allgemeinen Aktienmarktbewegung erwächst, die nicht mit den spezifischen Attributen der einzelnen Finanzinstrumente zusammenhängt;
c) die spezifischen Merkmale der Handelstätigkeit des Wertpapierinstituts, insbesondere das Fälligkeitsprofil der Geschäfte, das etwaige Vorkommen langfristiger Geschäfte und die Währungen der Geschäfte,
d) die Höhe der Vermögenswertbelastung, die Eigenschaften der zu stellenden Sicherheiten, insbesondere deren Laufzeit und Währung, und die Möglichkeit der Weiterverwendung oder Weiterverpfändung der als Sicherheit gestellten Vermögenswerte durch die Gegenparteien des Wertpapierinstituts;
e) die Höhe der untertägigen Einschüsse, zu denen das Wertpapierinstitut unter normalen und angespannten Bedingungen vertraglich verpflichtet sein kann;
f) ob das Wertpapierinstitut über ausreichende liquide Aktiva oder sonstige Liquiditätsressourcen verfügt, um seine Handelstätigkeiten aufrechterhalten zu können, falls Abwicklungen scheitern oder es bei Verwahrstellen oder Korrespondenzbanken zu Dienstleistungsunterbrechungen kommt, sowie
g) das Scheitern der Abwicklung eines Geschäfts zum vereinbarten Abwicklungstermin, weil der Verkäufer die Wertpapiere oder der Käufer die Gelder nicht rechtzeitig liefert.

Liquiditätsrisiken aus der Anlageberatung (§ 2 Abs. 2 Nr. 4), **der Finanzportfolioverwaltung/**§ 2 Abs. 2 Nr. 9) **oder dem Platzierungsgeschäft** (§ 2 Abs. 2 Nr. 8); dazu gehören nach Art. 2 Abs. 3 Delegierte VO (EU) 2023/1651 8

a) die vertraglichen Regelungen des Wertpapierinstituts für Entgelteingänge, die mit der Wertentwicklung der Kundenportfolios zusammenhängen;
b) die zeitliche Inkongruenz zwischen den Entgelteingängen des Wertpapierinstituts von Kunden und den Entgeltzahlungen des Wertpapierinstituts an Dienstleister speziell für deren Tätigkeiten, insbesondere für Marktanalysen, Fachberichte, allgemeine oder kundenspezifische Portfolioanalysen und Aggregationsdienstleistungen;
c) wenn das Wertpapierinstitut die Verwaltung von Vermögenswerten weiterüberträgt, die zeitliche Inkongruenz zwischen den Entgelteingängen des Wertpapierinstituts von Kunden und den Entgeltzahlungen des Wertpapierinstituts an das beauftragte Finanzunternehmen;
d) wenn ein anderes Finanzunternehmen die Verwaltung von Vermögenswerten förmlich an das Wertpapierinstitut übertragen hat, die zeitliche Inkongruenz zwischen den Entgelteingängen des Wertpapierinstituts von dem beauftragenden Unternehmen und den Aufwendungen, die das Wertpapierinstitut im Zusammenhang mit der Übertragung tätigt;
e) die vertraglichen Regelungen zwischen dem Wertpapierinstitut und vertraglich gebundenen Vermittlern, insbesondere auch den Zeitpunkt und die Häufigkeit der Zahlungen an die vertraglich gebundenen Vermittler, sowie
f) Zahlungsverzögerungen bei fälligen Entgelten von Kunden.

Liquiditätsrisiken aus Betrieb eines multilateralen Handelssystems (§ 2 Abs. 2 Nr. 6) **oder eines organisierten Handelssystems** (§ 2 Abs. 2 Nr. 7); dazu gehören nach Art. 2 Abs. 4 Delegierte VO (EU) 2023/1651 9

a) die zeitliche Inkongruenz zwischen den Entgelteingängen von Kunden und den Entgeltzahlungen an Dienstleister, sowie
b) Verzögerungen bei fälligen Entgeltzahlungen von Kunden.

bb) Liquiditätsrisiken im Zusammenhang mit der Refinanzierung (Art. 1 Abs. 1 S. 2 lit. b iVm Art. 3 Delegierte VO (EU) 2023/1651). Zur Ermittlung der Risiken, die eine **Nichtverfügbarkeit von Refinanzierungsmitteln** zur Folge haben können, sind nach Art. 3 Delegierte VO (EU) 2023/1651 die Verfügbarkeit und Qualität der Refinanzierungsquellen zu bewerten, insbesondere 10

a) die Verfügbarkeit der bestehenden Refinanzierungsquellen und den Zugang zu vorab vereinbarten Notrefinanzierungsquellen;
b) ob diese Refinanzierungsquellen besichert oder unbesichert sind;
c) die Währung derartiger Refinanzierungsquellen;
d) der Betrag der unbelasteten Vermögenswerte, der zur Verfügung stünde, um eine besicherte Refinanzierung zu erlangen;
e) die verschiedenen Laufzeiten bestehender Refinanzierungsquellen nach dem nächstgelegenen Fälligkeitstermin und dem frühestmöglichen Zeitpunkt der vertraglichen Inanspruchnahme;
f) das Risiko einer Störung der täglichen Cashflows des Wertpapierinstituts aufgrund einer Unterbrechung der Kreditfazilitäten des Wertpapierinstituts;
g) sonstige zugesagte, aber nicht in Anspruch genommene Refinanzierungsquellen, die dem Wertpapierinstitut zur Verfügung stehen.

cc) liquiditätsrelevante externe Ereignisse (Art. 1 Abs. 1 S. 2 lit. c iVm Art. 3 Delegierte VO (EU) 2023/1651). Nach Art. 4 Abs. 1 Delegierte VO 11

(EU) 2023/1651 ist zu bewerten, ob ein Wertpapierinstitut die für es geltende Liquiditätsanforderung auch bei nachteiligen makroökonomischen, mikroökonomischen und geopolitischen Bedingungen weiterhin erfüllen kann; dabei sind zu berücksichtigen

a) ein teilweiser oder vollständiger Verlust der unbesicherten Refinanzierungskapazität, insbesondere auch erhaltener zugesagter oder ungebundener Liquiditäts- oder Kreditlinien;
b) ein teilweiser oder vollständiger Verlust der besicherten kurzfristigen Refinanzierung, sowie
c) die potenzielle Verpflichtung zum Rückkauf von Schuldtiteln oder zur Erfüllung außervertraglicher Schuldverhältnisse.

Bei der Bewertung des jeweiligen Risikofaktors sind marktbezogene Ereignisse sowie die Situation der Emittenten von Finanzinstrumenten des Wertpapierinstituts sowie seiner Refinanzierungsgeber einzubeziehen (Art. 4 Abs. 2 Delegierte VO (EU) 2023/1651). Außerdem ist eine eventuelle Einbindung des Wertpapierinstituts in eine Gruppe zu berücksichtigen (Art. 4 Abs. 3 Delegierte VO (EU) 2023/1651).

12 **dd) Liquiditätsrelevantes operationelles Risiko (Art. 1 Abs. 1 S. 2 lit. d iVm Art. 5 Delegierte VO (EU) 2023/1651).** Nach Art. 5 Delegierte VO (EU) 2023/1651 ist der Einfluss folgender operationeller Faktoren auf die Liquidität des Wertpapierinstituts zu bewerten:

a) Nichtverfügbarkeit der Systeme, die das Wertpapierinstitut für den Zugang zum Markt oder zu Refinanzierungsquellen nutzt;
b) eine Dienstleistungsunterbrechung bei Verwahrstellen und Korrespondenzbanken;
c) externer oder interner Betrug, sowie
d) Entschädigungen und Forderungen im Zusammenhang mit Fehlern bei der Auftragsausführung.

13 **ee) Liquiditätsrelevantes Reputationsrisiko (Art. 1 Abs. 1 S. 2 lit. e iVm Art. 6 Delegierte VO (EU) 2023/1651).** Nach Art. 6 Delegierte VO (EU) 2023/1651 sind folgende mit einem Reputationsverlust des Wertpapierinstituts zusammenhängende Ereignisse und deren Einfluss auf die Liquidität des Wertpapierinstituts zu bewerten:

a) Einschränkung des Marktzugangs des Wertpapierinstituts;
b) Einschränkung der Refinanzierungsquellen des Wertpapierinstituts durch seine Gegenparteien, sowie;
c) Einschränkung der Risikopositionen der Markt-Gegenparteien in außerbörslichen Geschäften gegenüber dem Wertpapierinstitut.

14 **ff) Solidität der Liquiditätsrisikosteuerung und -kontrolle (Art. 1 Abs. 1 S. 2 lit. f iVm Art. 7 Delegierte VO (EU) 2023/1651).** Nach Art. 7 Delegierte VO (EU) 2023/1651 ist zu bewerten, ob ein Wertpapierinstitut über eine robuste und solide Risikosteuerung und -kontrolle seiner Liquiditätsressourcen verfügt; dabei sind vorhandene Strategien, Grundsätze, Verfahren und Systeme zur Aufrechterhaltung von liquiden Ressourcen sowie folgende Aspekte zu berücksichtigen:

a) Systeme für Messung, Steuerung und Meldung des Liquiditätsrisikos und den Unternehmensführungsrahmen des Wertpapierinstituts, insbesondere auch die Angemessenheit der Risikomanagementfunktion des Wertpapierinstituts;

b) etwaige Abhilfemaßnahmen, insbesondere auch die Einschränkung derjenigen Tätigkeiten des Wertpapierinstituts, die hohe Mittelabflüsse erfordern, der Aufbau seiner Kreditlinien, die Kapitalaufstockung durch Barmittel und die Verwendung von Vermögenswerten als Sicherheit bei Repogeschäften;
c) die Robustheit des Sanierungsplans des Wertpapierinstituts, falls nach § 12 SAG eine Pflicht zur Erstellung und Aufrechterhaltung eines solchen Sanierungsplans besteht.

gg) Auswirkungen der Gruppenstruktur auf die Liquidität gruppenangehöriger Wertpapierinstitute (Art. 1 Abs. 1 S. 2 lit. g iVm Art. 8 Delegierte VO (EU) 2023/1651). Nach Art. 8 Delegierte VO (EU) 2023/1651 sind zu bewerten, 15
a) das Risiko, das bei gruppenangehörigen Wertpapierinstituten von einer übermäßigen Konzentration von Liquiditätsressourcen unter den Unternehmen der Gruppe (§ 2 Abs. 24 oder 25) ausgeht;
b) ob Mechanismen vorhanden sind, die von einem Wertpapierinstitut verlangen, dass es seine Liquiditätsressourcen ganz oder teilweise auf ein Mutterunternehmen oder ein anderes Unternehmen der Gruppe überträgt, sowie
c) die innerhalb der Gruppe genutzten Mechanismen, um dem Wertpapierinstitut Zugang zu Markt- oder Refinanzierungsliquidität zu verschaffen oder um das Liquiditätsrisiko des Wertpapierinstituts zu mindern, sowie die Wirksamkeit solcher Mechanismen sowie ob es sich bei diesen um vorab vereinbarte förmliche Regelungen handelt.

hh) Vorgaben und Feststellungen zu Nr. 1. Ob ein Wertpapierinstitut Liquiditätsrisiken oder Liquiditätsrisikokomponenten ausgesetzt ist, die von der Liquiditätsanforderung in Teil 5 IFR nicht oder nicht ausreichend abgedeckt sind, ist vom Wertpapierinstitut im Rahmen seiner Risikoplanung und -steuerung nach § 45 zu prüfen. Nähere Vorgaben zur Planung von Liquiditätsrisiken enthält BTR 3 WpI-MaRisk (vorliegend in Entwurfsfassung v. 6.5.2026, zugänglich unter www.bafin.de). Möglich ist auch, dass das Wertpapierinstitut im Rahmen eines **internen Stresstests** entsprechende Informationen gewonnen hat. 16

Das Vorliegen der Voraussetzungen der Nr. 1 kann von der BaFin im Rahmen des SREP nach § 47 oder auf andere Weise festgestellt werden. 17

b) Nichterfüllung aufsichtlicher Anforderungen (Nr. 2). Besondere Liquiditätsanforderungen können nach § 49 Nr. 11 iVm § 52 Abs. 1 Nr. 2 auch angeordnet werden, wenn ein Wertpapierinstitut gegen die Vorgaben zu internem Kapital und liquiden Mitteln aus § 39 (dazu näher → § 39 Rn. 29) oder zur internen Unternehmensführung in § 41 (dazu näher → § 41 Rn. 18 ff.) verstößt. Erkenntnisse hierzu kann die BaFin ebenfalls aus dem aufsichtlichen Überprüfungs- und Bewertungsprozess **(SREP)** nach § 47 gewonnen haben. Die BaFin kann aber auch andere Erkenntnisquellen nutzen. 18

Die Möglichkeit von Anordnungen nach Nr. 2 ändert nichts am Vorrang der Mängelbeseitigung. Solche Anordnungen sind daher nach Nr. 2 nur statthaft, wenn und solange organisatorische Maßnahmen nicht zu einer ausreichenden Verbesserung geführt haben (Lendermann/Nemeczek/Schroeter/Strube Rn. 32). 19

2. Inhalt (Abs. 2)

Nach Abs. 2 sind die zusätzlichen Liquiditätsanforderungen als **Zuschlag** zu den Anforderungen nach Teil 5 IFR festzusetzen. Diese Form der Festsetzung 20 erlaubt eine einfachere Rückkehr zur Standardhöhe, wenn die zusätzlichen Risiken oder Risikokomponenten weggefallen sind.

III. Erfüllung zusätzlicher Liquiditätsanforderungen (Abs. 3)

21 Nach § 49 Nr. 11 iVm § 52 Abs. 1 festgesetzte zusätzliche Liquiditätsanforderungen sind nach Abs. 3 durch Vorhaltung **liquider Aktiva** iSv Art. 43 Abs. 1 UAbs. 3 IFR zu erfüllen. Dies sind

- Aktiva iSv Art. 10–13 Delegierte VO (EU) 2015/61, soweit die dortigen Anerkennungskriterien erfüllt sind, sowie mit den darin vorgesehenen Abschlägen (Art. 43 Abs. 1 UAbs. 3 lit. a IFR);
- Aktiva iSv Art. 15 Delegierte VO (EU) 2015/61 bis zu einem Absolutbetrag von 50 Mio. EUR nach Maßgabe der dortigen Anerkennungskriterien und Abschläge (Art. 43 Abs. 1 UAbs. 3 lit. b IFR);
- sonstige nicht unter Art. 43 Abs. 1 UAbs. 3 lit. a oder lit. b IFR fallende, an einem Handelsplatz gehandelte Finanzinstrumente, für die es einen liquiden Markt iSv Art. 2 Abs. 1 Nr. 17 MiFiR (VO (EU) Nr. 600/2014) und von Art. 1–5 Delegierte VO (EU) 2017/567 gibt, vorbehaltlich eines Abschlags von 55 % (Art. 43 Abs. 1 UAbs. 3 lit. c IFR), sowie
- unbelastete, kurzfristige Einlagen bei einem Kreditinstitut (Art. 43 Abs. 1 UAbs. 3 lit. d IFR).

IV. Rechtsschutz

22 Anordnungen nach § 52 sind schriftlich zu begründende (Art. 42 Abs. 5 IFD, 39 VwVfG) Verwaltungsakte, gegen die Widerspruch und Anfechtungsklage statthaft sind.

§ 53 Zusammenarbeit mit Abwicklungsbehörden

Die Bundesanstalt unterrichtet die von den Vertragsstaaten nach Artikel 2 Absatz 1 Nummer 18 in Verbindung mit Artikel 3 der Richtlinie 2014/59/EU benannten zuständigen Abwicklungsbehörden und, soweit erforderlich, die zuständigen Abwicklungsbehörden von Drittstaaten über das von einem Wertpapierinstitut nach § 49 Nummer 1 verlangte zusätzliche Kapital sowie über möglicherweise von einem solchen Wertpapierinstitut erwartete Korrekturen gemäß § 51 Absatz 2.

I. Vorbemerkung

1 § 53 setzt Art. 43 IFD um (Regierungsbegründung WpIG, BT-Drs. 19/26929, 149). Die Parallelvorschrift für Große Wertpapierinstitute enthält der durch das RisikoreduzierungsG eingefügte § 8h KWG, der seinerseits den durch die CRD V (RL (EU) 2019/878) eingefügten Art. 104c CRD IV umsetzt (Regierungsbegründung RisikoreduzierungsG, BT-Drs. 19/22786, 153).

II. Unterrichtung

2 § 53 verpflichtet die BaFin, die zuständigen Abwicklungsbehörden in anderen EWR-Vertragstaaten sowie in relevanten Drittländern über zusätzliche Eigenmittelanforderungen nach § 49 Nr. 1 sowie über von Wertpapierinstituten erwartete Änderungen solcher Anordnungen nach § 51 Abs. 2 zu unterrichten. Die Unterrichtung erfolgt im Rahmen des durch die SRM-VO (VO (EU) Nr. 806/2014) geschaffenen, für die Mitglieder der EURO-Zone geltenden einheitlichen Abwicklungsmechanismus (Single Resolution Mechanism, **SRM**). Die Unterrichtung soll die Abwicklungsbehörden in die Lage versetzen, die Mindestanforderung für Eigenmittel und berücksichtigungsfähige Verbindlichkeiten (**M**inimum **R**equirement for Own Funds and **E**ligible **L**iabilities, **MREL**) nach Art. 12 SRM-VO (§§ 49 ff. SAG) für das jeweilige Wertpapierinstitut zu ermitteln und festzusetzen (Lendermann/Nemeczek/Schroeter/Heemann Rn. 7).

3 Abwickungsbehörden iS von Art. 2 Abs. 1 Nr. 19 iVm Art. 3 Abs. 1 BRRD (RL 2014/59/EU) sind die sog. National Resolution Authorities oder NRAs. Deutsche Abwicklungsbehörde ist seit dem 1.1.2018 nach § 3 Abs. 1 SAG die BaFin (zuvor die Bundesanstalt für Finanzmarktstabilisierung (FSMA)). Die Abwicklungsbehörden der anderen SRM-Teilnehmerstaaten sind unter https://www.srb.europa.eu/en/national-resolution-authorities zu finden.

§ 54 Veröffentlichungspflichten

(1) [1]**Die Bundesanstalt kann ein Mittleres Wertpapierinstitut und ein Wertpapierinstitut nach Artikel 46 Absatz 2 der Verordnung (EU) 2019/2033 dazu verpflichten,**

1. **die in Artikel 46 der Verordnung (EU) 2019/2033 genannten Angaben mehr als einmal jährlich zu veröffentlichen und**
2. **für andere Veröffentlichungen als den Jahresabschluss besondere Medien und Orte und insbesondere ihre Websites zu nutzen.**

[2]**Die Bundesanstalt kann Fristen für die Veröffentlichungen der in Artikel 46 der Verordnung (EU) 2019/2033 genannten Angaben setzen.**

(2) **Die Bundesanstalt kann Mutterunternehmen dazu verpflichten, jährlich entweder vollständig zusammenhängend in Textform oder durch einen Verweis auf gleichwertige Angaben eine Beschreibung ihrer rechtlichen Struktur und der Unternehmensführungs- und Organisationsstruktur der Wertpapierinstitutsgruppe gemäß § 41 dieses Gesetzes und Artikel 10 der Richtlinie 2014/65/EU zu veröffentlichen.**

I. Vorbemerkung

1 § 54 setzt Art. 44 IFD um (Regierungsbegründung WpIG, BT-Drs. 19/26929, 149).

2 Nähere Bestimmungen zu den Offenlegungen enthalten die aufgrund Art. 49 Abs. 2 von der EBA erlassenen technischen Regulierungsstandards (EBA/ITS/2021/02 „Draft Implementing Technical Standards on reporting requirements for investment firms under Article 54(3) and on disclosures requirements under Article 49(2) of Regulation (EU) 2019/2033" v. 5.3.2021, zugänglich unter https://

www.eba.europa.eu/eba-issues-new-supervisory-reporting-and-disclosures-framework-investment-firms.

II. Zusätzliche Veröffentlichungspflichten von Wertpapierinstituten (Abs. 1)

1. Adressaten

3 **a) Mittlere Wertpapierinstitute.** Adressaten von § 54 sind zunächst Mittlere Wertpapierinstitute iSv § 2 Nr. 17, dh Wertpapierinstitute, die nicht die Bedingungen für Kleine und nicht verflochtene Wertpapierinstitute iSv Art. 12 Abs. 1 IFR erfüllen (→ § 2 Rn. 355 f.).

4 **b) Kleine Wertpapierinstitute als Emittenten von zusätzlichem Kernkapital iSv Art. 46 Abs. 2 IFR.** Adressaten von § 54 sind nach Art. 46 Abs. 2 IFR außerdem Kleine Wertpapierinstitute, die **Instrumente des zusätzlichen Kernkapitals** emittieren. Für den Begriff der Instrumente des zusätzlichen Kernkapitals verweist Art. 9 Abs. 1 IFR auf Teil 2 Titel I Kapitel 3 CRR, dh auf die Definitionen in Art. 52 CRR.

2. Jährliche Veröffentlichungspflichten nach Art. 46 Abs. 2 IFR

5 Nach Art. 46 Abs. 2 IFR müssen Mittlere Wertpapierinstitute und Kleine Wertpapierinstitute, die Emittenten von Instrumenten des zusätzlichen Kernkapitals iSv Art. 9 Abs. 1 IFR iVm Art. 52 CRR sind, jährlich am Tag der Veröffentlichung des Jahresabschlusses folgende, in Art. 47, 49 und 50 IFR näher aufgeführten Informationen zusätzlich offen zu legen:

6 – die **Risikomanagementziele und -politik** für jede einzelne Risikokategorie in Teil 3, 4 und 5 IFR einschließlich einer Zusammenfassung der Strategien und Verfahren für die Steuerung dieser Risiken und einer vom Leitungsorgan der Wertpapierfirma genehmigten konzisen Risikoerklärung, in der das mit der Geschäftsstrategie verbundene Gesamtrisikoprofil der Wertpapierfirma kurz beschrieben wird (Art. 47 IFR);
– Aufschlüsselung und Erläuterung der **Eigenmittel** nach Art. 49 IFR:
  - vollständiger Abgleich der Posten des harten Kernkapitals, des zusätzlichen Kernkapitals, des Ergänzungskapitals, sowie der Korrekturposten und der Abzüge von den Eigenmitteln der Wertpapierfirma mit der in den geprüften Abschlüssen der Wertpapierfirma enthaltenen Bilanz (Art. 49 Abs. 1 lit. a IFR),
  - Beschreibung der Hauptmerkmale der von der Wertpapierfirma begebenen Instrumente des harten Kernkapitals, des zusätzlichen Kernkapitals und des Ergänzungskapitals (Art. 49 Abs. 1 lit. b IFR), und
  - Beschreibung sämtlicher auf die Berechnung der Eigenmittel im Einklang mit dieser Verordnung angewandten Beschränkungen sowie der Instrumente und der Abzüge, auf die diese Beschränkungen Anwendung finden (Art. 49 Abs. 1 lit. c IFR), sowie

– Berechnung der Einhaltung der **Eigenmittelanforderungen** (Art. 50 IFR).

3. Inhalt von Anordnungen

7 **a) Unterjährige Veröffentlichungen (Nr. 1).** Nach **Nr. 1** kann die BaFin zusätzliche unterjährige Veröffentlichungspflichten festlegen. Die Anordnung

sowie der festzulegende Turnus der zusätzlichen Veröffentlichungen steht nach dem Wortlaut von Abs. 1 S. 1 im **Ermessen** der BaFin.

b) Zusätzliche Veröffentlichungsmedien. Nach **Nr. 2** kann die BaFin das Wertpapierinstitut verpflichten, für die Veröffentlichung der über den Jahresabschluss hinausgehenden Informationen andere Medien zu nutzen, insbesondere diese Informationen auf seiner Webseite vorzuhalten. Bei der Auswahl der Veröffentlichungsorte bzw. Medien steht der BaFin nach Abs. 1 S. 1 ebenfalls ein **Ermessen** zu. 8

c) Fristsetzung (S. 2). Nach **S. 2** kann die BaFin für die Erfüllung der Pflichten aus der Anordnung nach S. 1 eine Frist setzen. Die Frist muss jedenfalls bei erstmaliger Festsetzung zusätzlicher Veröffentlichungspflichten ausreichend sein, damit diese vom Wertpapierinstitut erfüllt werden können. 9

III. Offenlegungen durch Mutterunternehmen (Abs. 2)

1. Adressaten

Adressaten von Anordnungen nach Abs. 2 sind Mutterunternehmen iSv § 2 Abs. 30. 10

2. Zusätzliche Offenlegungspflichten

Inhalt zusätzlicher Offenlegungspflichten nach Abs. 2 sind: 11

- die rechtliche Struktur sowie Unternehmensführungs- und Organisationsstruktur der Wertpapierinstitutsgruppe nach Maßgabe von § 41; 12
- die Namen der natürlichen oder juristischen Personen, die als Anteilseigner oder Gesellschafter direkt oder indirekt qualifizierte Beteiligungen halten, sowie die Höhe der jeweiligen Beteiligungen (Art. 10 Abs. 1 CRR), und 13
- enge Verbindungen zwischen dem Wertpapierinstitut und anderen natürlichen und juristischen Personen (Art. 10 Abs. 3 CRR). 14

3. Anordnungen der BaFin

Anordnungen nach Abs. 2 stehen im Ermessen der BaFin. Häufigere als jährliche Veröffentlichungen kann die BaFin nach Abs. 2 nicht verlangen. 15

§ 55 Pflicht zur Unterrichtung der Europäischen Bankenaufsichtsbehörde

Die Bundesanstalt unterrichtet die Europäische Bankenaufsichtsbehörde über

1. **ihren Überprüfungs- und Bewertungsprozess nach § 47,**
2. **die Methode für den Erlass von Entscheidungen gemäß den § 56 bis § 58 und**
3. **den Umfang der nach § 83 festgelegten Sanktionen.**

I. Vorbemerkung

1 § 55 setzt Art. 45 IFD um und enthält die Unterrichtungspflichten der BaFin gegenüber der EBA (Regierungsbegründung WpIG, BT-Drs. 19/26929, 149). § 55 gilt nach § 4 S. 1 auch für Große Wertpapierinstitute. Die Parallelvorschrift für Kreditinstitute und Finanzdienstleistungsinstitute ist § 7b Abs. 2 KWG.

II. Unterrichtungspflichten

2 § 55 enthält die Pflicht zur Unterrichtung über folgende Sachverhalte:

1. Überprüfungs- und Bewertungsprozess (SREP) (Nr. 1)

3 Nr. 1 entspricht inhaltlich § 7b Abs. 2 S. 1 Nr. 6 KWG, nach dem die BaFin die EBA über die Funktionsweise der Überprüfungs- und Bewertungssysteme der Risiken, denen ein CRR-Kreditinstitut ausgesetzt ist oder sein könnte, und der Risiken, die ein CRR-Kreditinstitut nach Maßgabe der Ermittlung und Messung des Systemrisikos gem. Art. 23 EBA-VO (VO (EU) Nr. 1093/2010) sowie die Methodik, nach der auf der Grundlage dieser Überprüfung Maßnahmen getroffen werden, unterrichten muss. Gegenstand von Nr. 1 ist nicht das Ergebnis konkreter Prüfungen, sondern die **Methodik des Überprüfungs- und Bewertungsprozesses.**

4 Die Unterrichtung der EBA soll dieser ermöglichen, solide Aufsichtsstandards in Europa zu schaffen und die Anwendung dieser Aufsichtsstandards zu evaluieren (Lendermann/Nemeczek/Schroeter/Bayatloo Rn. 28).

2. Methode für Erlass von Entscheidungen nach §§ 56–58 (Nr. 2)

5 Nr. 2 verpflichtet die BaFin zur Information der EBA über Entscheidungen
– zur konsolidierten Aufsicht nach § 56,
– Unterrichtung der EBA in Krisensituationen nach § 57; diese Unterrichtungspflicht ist **redundant,** weil sie sich bereits aus § 57 selbst ergibt, sowie
– zur Einrichtung von Aufsichtskollegien nach § 58.

3. Umfang von Sanktionen nach § 83 (Nr. 2)

6 Nach Nr. 3 ist die EBA vom Umfang von Verwaltungssanktionen nach § 83 zu unterrichten. Die Unterrichtung gilt für alle Wertpapierinstitute einschließlich Großer Wertpapierinstitute (§ 4 S. 1) (Lendermann/Nemeczek/Schroeter/Bayatloo Rn. 40). Die Unterrichtungspflicht gilt nur für Ordnungswidrigkeiten, nicht für Straftaten, für deren Verfolgung die BaFin nicht zuständig ist (Lendermann/Nemeczek/Schroeter/Bayatloo Rn. 44).

7 Die für dem KWG unterliegende Unternehmen und Personen geltenden weitergehenden Parallelvorschriften in § 7b Abs. 2 S. 1 Nr. 9 und 10 KWG verlangen die Unterrichtung der EBA über alle wegen Verstößen gegen die CRR oder in Umsetzung der CRD IV erlassene Vorschriften verhängten Sanktionen einschließlich ihrer Gründe sowie über alle nach § 56 Abs. 6 Nr. 1 KWG rechtskräftig verhängten Bußgelder.

Abschnitt 4. Besonderheiten bei der Beaufsichtigung von Wertpapierinstitutsgruppen

Unterabschnitt 1. Beaufsichtigung von Wertpapierinstitutsgruppen auf konsolidierter Basis und Beaufsichtigung der Einhaltung der Gruppenkapitalanforderungen

§ 56 Zuständigkeit der Bundesanstalt für die Beaufsichtigung auf konsolidierter Basis und die Überwachung der Einhaltung des Gruppenkapitaltests

(1) [1]Die Bundesanstalt ist für die Beaufsichtigung auf konsolidierter Basis zuständig, wenn

1. ein EU-Mutterwertpapierinstitut seinen Sitz in Deutschland hat und das EU-Mutterwertpapierinstitut an der Spitze einer Wertpapierinstitutsgruppe steht;

2. ein Wertpapierinstitut seinen Sitz in Deutschland hat und das Mutterunternehmen dieses Wertpapierinstitut eine EU-Mutterinvestmentholdinggesellschaft oder eine gemischte EU-Mutterfinanzholdinggesellschaft ist;

3. zwei oder mehr Wertpapierinstitute, die in mehr als einem Vertragsstaat zugelassen sind, dieselbe EU-Mutterinvestmentholdinggesellschaft oder dieselbe gemischte EU-Mutterfinanzholdinggesellschaft haben und eines der Wertpapierinstitute sowie entweder die EU-Mutterinvestmentholdinggesellschaft oder die gemischte EU-Mutterfinanzholdinggesellschaft seinen oder ihren Sitz in Deutschland hat;

4. zwei oder mehr Wertpapierinstitute, die in mehr als einem Vertragsstaat zugelassen sind, als Mutterunternehmen mehr als eine EU-Mutterinvestmentholdinggesellschaft oder gemischte EU-Mutterfinanzholdinggesellschaft mit Sitz in unterschiedlichen Vertragsstaaten haben, sich in jedem dieser Vertragsstaaten ein Wertpapierinstitut befindet und das Wertpapierinstitut mit der höchsten Bilanzsumme seinen Sitz in Deutschland hat oder

5. zwei oder mehr Wertpapierinstitute, die in der Europäischen Union zugelassen sind, als Mutterunternehmen dieselbe EU-Mutterinvestmentholdinggesellschaft oder dieselbe gemischte EU-Mutterfinanzholdinggesellschaft haben, keines dieser Wertpapierinstitute in dem Vertragsstaat zugelassen ist, in dem die EU-Mutterinvestmentholdinggesellschaft oder die gemischte EU-Mutterfinanzholdinggesellschaft ihren Sitz hat und das Wertpapierinstitut mit der höchsten Bilanzsumme seinen Sitz in Deutschland hat.

[2]Satz 1 gilt entsprechend für die Einhaltung der Überwachung des Gruppenkapitaltests.

(2) [1]Die Bundesanstalt kann einvernehmlich mit den zuständigen Behörden der anderen betroffenen Vertragsstaaten unter Berücksichti-

gung der betreffenden Wertpapierinstitute und der Bedeutung ihrer Tätigkeiten in Deutschland und den anderen betroffenen Vertragsstaaten von den in Absatz 1 Satz 1 Nummer 3, 4 und 5 genannten Kriterien abweichen, sollte die Anwendung dieser Kriterien für eine wirksame Beaufsichtigung auf konsolidierter Basis oder Überwachung der Einhaltung des Gruppenkapitaltests nicht angemessen sein. [2]In diesem Fall kann die Bundesanstalt für die Beaufsichtigung auf konsolidierter Basis oder die Überwachung der Einhaltung des Gruppenkapitaltests sich selbst oder die zuständige Behörde eines anderen betroffenen Vertragsstaates benennen. [3]Die Bundesanstalt und die zuständigen Behörden der anderen betroffenen Vertragsstaaten geben in diesem Fall der EU-Mutterinvestmentholdinggesellschaft, der gemischten EU-Mutterfinanzholdinggesellschaft und dem Wertpapierinstitut mit der höchsten Bilanzsumme vor einer solchen Entscheidung die Gelegenheit, zu der beabsichtigten Entscheidung Stellung zu nehmen. [4]Die Bundesanstalt und die zuständigen Stellen der anderen betroffenen Vertragsstaaten melden der Kommission und der Europäischen Bankenaufsichtsbehörde die Entscheidung.

Übersicht

I. Vorbemerkung

1 Die Vorschrift setzt Art. 46 IFD um (BRegE WpIG, BT-Drs. 19/26929, 149) und regelt die Zuständigkeit der BaFin im Fall einer Gruppenaufsicht. Parallelnorm im KWG ist § 8b KWG, der Art. 111 CRD IV umsetzt.

2 Art. 7 f. IFR definiert den Umfang der aufsichtlichen Konsolidierung von WpI-Gruppen. Unions-Mutterwertpapierfirmen, Unions-Mutterinvestmenthol-

dinggesellschaften und gemischte Unions-Mutterfinanzholdinggesellschaften iSd IFR haben danach bestimmte Pflichten auf Basis ihrer konsolidierten Lage zu erfüllen. Damit gehen Fragen aufsichtlicher Zuständigkeit einher, die § 56 iS direkter aufsichtlicher Befugnisse der BaFin in den dort bestimmten Fällen beantwortet.

Der Anwendungsbereich von § 56 ist in Abgrenzung zu § 8b KWG zu bestimmen. Aufgrund der WpIG-eigenen Definition der gemischten EU-Mutterfinanzholdinggesellschaft (in § 2 Abs. 35 m. Verw. a. Art. 3 Abs. 1 Nr. 33 IFR bzw. Art. 4 Abs. 1 Nr. 58 IFR, → § 2 Rn. 413 f.), die ein gruppenangehöriges Kreditinstitut ausschließt, überschneiden sich die Anwendungsbereiche beider Vorschriften jedoch im Ergebnis nicht (wohl ebenso Lendermann/Nemeczek/Schroeter/Freis-Janik WpIG § 56 Rn. 2). Da auch der Begriff der WpI-Gruppe Kreditinstitute ausschließt (§ 2 Abs. 25 m. Verw. a. Art. 4 Abs. 1 Nr. 14 IFR, → § 2 Rn. 387 ff.), folgt eine konsolidierte Aufsicht der BaFin über grenzüberschreitende WpI-Gruppen nach dem WpIG nur aus § 56, nicht aus § 8b KWG (unzutreffend insoweit RegE IFD-UmsG, BT-Drs. 19/26929, 161 sowie im Anschluss daran Luz/Neus/Schaber/Schneider/Wagner/Weber/Müller-Feyen KWG § 8b Rn. 1). 3

II. BaFin-Aufsicht auf konsolidierter Basis (Abs. 1)

Abs. 1 bestimmt Kriterien für eine grundsätzliche Zuständigkeit der BaFin für die Aufsicht auf konsolidierter Basis. In den in Abs. 2 geregelten Fällen (→ Rn. 19 ff.) kann hiervon abgewichen werden. 4

Die grundsätzliche Zuständigkeit der BaFin erfordert in allen geregelten Fällen ein gruppenangehöriges Wertpapierinstitut mit Sitz (→ § 1 Rn. 5) in Deutschland. Existieren weitere gruppenangehörige Wertpapierinstitute mit Zulassungen aus anderen Vertragsstaaten (→ § 2 Rn. 417), werden der Sitz der übergeordneten EU-Mutterinvestmentholdinggesellschaft bzw. gemischten EU-Mutterfinanzholdinggesellschaft (Nr. 3) bzw. ein Vergleich der Bilanzsummen der gruppenangehörigen Wertpapierinstitute (Nr. 4 und 5) als Anknüpfungspunkte für eine Zuständigkeit der BaFin nach Abs. 1 herangezogen. 5

1. EU-Mutterwertpapierinstitut mit Sitz in Deutschland an der Spitze einer Wertpapierinstitutsgruppe (S. 1 Nr. 1)

Steht ein EU-Mutterwertpapierinstitut (§ 2 Abs. 33 m. Verw. a. Art. 4 Abs. 1 Nr. 56 IFR, → § 2 Rn. 408 f.) mit Sitz (→ § 1 Rn. 5) in Deutschland an der Spitze einer WpI-Gruppe (§ 2 Abs. 25 m. Verw. a. Art. 4 Abs. 1 Nr. 25 IFR, → § 2 Rn. 387 ff.), ist die BaFin grundsätzlich nach Nr. 1 für die Beaufsichtigung auf konsolidierter Basis zuständig. Anzahl, Sitz und Bilanzsumme etwaiger sonstiger nachgeordneter gruppenangehöriger Wertpapierinstitute sind in diesem Fall unerheblich (ebenso Lendermann/Nemeczek/Schroeter/Freis-Janik § 56 Rn. 8). 6

Gehört ein CRR-Kreditinstitut der Gruppe an, liegt schon keine WpI-Gruppe (vgl. § 2 Abs. 25 m. Verw. a. Art. 4 Abs. 1 Nr. 25 IFR) vor und § 56 ist nicht anwendbar. Ggf. ergibt sich eine grundsätzliche Zuständigkeit der BaFin für die Beaufsichtigung auf konsolidierter Basis dann aus § 8b Abs. 1 Nr. 2 KWG. 7

2. Wertpapierinstitut mit Sitz in Deutschland und EU-Mutterinvestmentholdinggesellschaft oder EU-Mutterfinanzholdinggesellschaft als Mutterunternehmen (Nr. 2)

8 Eine grundsätzliche Zuständigkeit der BaFin für die Beaufsichtigung auf konsolidierter Basis ergibt sich aus Nr. 2, sofern das einzige Wertpapierinstitut der Gruppe seinen Sitz (→ § 1 Rn. 5) in Deutschland hat und das Mutterunternehmen des Wertpapierinstitutes eine EU-Mutterinvestmentholdinggesellschaft oder eine gemischte EU-Mutterfinanzholdinggesellschaft ist. Bei dem grammatischen Fehler („dieses Wertpapierinstitut" statt „dieses Wertpapierinstituts") handelt es sich offenbar um ein redaktionelles Versehen.

9 Die Zuständigkeit der BaFin folgt nach der Wertung von Nr. 2 aus dem Standort des am strengsten regulierten Gruppenunternehmens – also des Wertpapierinstituts. In den (seltenen) Fällen, in denen einer Gruppe mehrere Wertpapierinstitute angehören, die sämtlich in Deutschland sitzen und zugelassen sind, kann daher nichts anderes gelten; auch in diesen Fällen ergibt sich eine grundsätzliche Zuständigkeit der BaFin aus Nr. 2. Auf den Sitz der nicht gleichwertig regulierten Muttergesellschaft kommt es dagegen jeweils nicht an.

10 Verfügt eine Gruppe über ein Wertpapierinstitut mit Zulassung in einem anderen Vertragsstaat (→ § 2 Rn. 417) als Deutschland, ist Nr. 2 nicht anwendbar.

3. Sitz der EU-Mutterinvestmentholdinggesellschaft/gemischten EU-Mutterfinanzholdinggesellschaft und eines Wertpapierinstituts in Deutschland (Nr. 3)

11 Verfügt eine Gruppe über mehrere Wertpapierinstitute, die in mehr als einem Vertragsstaat (→ § 2 Rn. 417) zugelassen sind und als Mutterunternehmen dieselbe EU-Mutterinvestmentholdinggesellschaft (→ § 2 Rn. 410 ff.) oder gemischte EU-Mutterfinanzholdinggesellschaft haben, folgt eine grundsätzliche Zuständigkeit der BaFin für die Beaufsichtigung auf konsolidierter Basis aus Nr. 3, wenn mindestens eines der Wertpapierinstitute und die betreffende EU-Mutterinvestmentholdinggesellschaft bzw. gemischte EU-Mutterfinanzholdinggesellschaft ihren Sitz in Deutschland haben.

12 Die unterschiedlichen Zulassungen gehen zwingend auch mit einem Sitz der Wertpapierinstitute in unterschiedlichen Vertragsstaaten einher (Art. 5 Abs. 1 iVm Art. 4 Abs. 1 Nr. 55a) MiFID2). Die Anknüpfung an den Zulassungsort hat lediglich zur Folge, dass Unternehmen, die Wertpapierdienstleistungen ohne Erlaubnis betreiben, bei der Bestimmung der grundsätzlichen Zuständigkeit der BaFin nach Nr. 3 nicht in Betracht kommen.

13 Nach der zugrundeliegenden Wertung überwiegen als Anknüpfungspunkt für die Beaufsichtigung in der beschriebenen Situation die gemeinsamen Sitze eines gruppenangehörigen Wertpapierinstituts und der EU-Mutterinvestmentholdinggesellschaft bzw. gemischten EU-Mutterfinanzholdinggesellschaft in demselben Vertragsstaat pauschal gegenüber sonstigen Erwägungen, insbesondere den Sitzen oder der wirtschaftlichen Bedeutung anderer gruppenangehöriger Wertpapierinstitute. Eine etwaige wirtschaftliche Dominanz eines gruppenangehörigen Wertpapierinstituts mit Sitz außerhalb Deutschlands oder eine größere Anzahl von Wertpapierinstituten mit Sitz außerhalb Deutschlands können allenfalls Gründe für eine abweichende Festlegung der aufsichtlichen Zuständigkeit nach Abs. 2 sein (→ Rn. 19 ff.).

4. Sitz mehrerer Wertpapierinstitute mit unterschiedlichen EU-Mutterinvestmentholdinggesellschaften/EU-Mutterfinanzholdinggesellschaften in unterschiedlichen Vertragsstaaten (Nr. 4)

Nr. 4 betrifft den Fall einer Gruppe, in der mehrere Wertpapierinstitute mit Zulassungen in unterschiedlichen Vertragsstaaten (→ § 2 Rn. 415) als Mutterunternehmen unterschiedliche EU-Mutterinvestmentholdinggesellschaften (→ § 2 Rn. 410 ff.) bzw. gemischte EU-Mutterfinanzholdinggesellschaften (→ § 2 Rn. 413 f.) mit Sitz in unterschiedlichen Vertragsstaaten haben. Befindet sich in jedem Sitzstaat der Muttergesellschaften eines der Wertpapierinstitute und hat das Wertpapierinstitut mit der höchsten Bilanzsumme seinen Sitz in Deutschland, ist die BaFin auf konsolidierter Basis für die Beaufsichtigung zuständig. 14

Die Regelung folgt der grundlegenden Wertung, dass erstens der Sitz des strenger regulierten Wertpapierinstituts und Zweitens zwischen Wertpapierinstituten der Sitz des bilanzsummenmäßig größeren Instituts entscheidend ist. Zur Anknüpfung an den Zulassungsort → Rn. 11. 15

Dass die Wertpapierinstitute ihren Sitz jeweils in einem der Sitzstaaten der unterschiedlichen EU-Mutterinvestmentholdinggesellschaften oder EU-Mutterfinanzholdinggesellschaften haben müssen, beruht auf der Richtlinienvorgabe in Art. 46 Abs. 4 IFD. Hintergrund ist offenbar, dass die Anzahl regulierter Unternehmen in keinem der Vertragsstaaten überwiegt (jeweils eine EU-Mutterinvestmentholdinggesellschaft/EU-Mutterfinanzholdinggesellschaft und ein Wertpapierinstitut im selben Vertragsstaat). Denkbar ist aber auch der Fall, dass keines der Wertpapierinstitute und der genannten Holdinggesellschaften im selben Vertragsstaat sitzen. Dieser Fall ist nicht geregelt, so dass die Regelung lückenhaft ist. Wortlautgetreu lässt sich im genannten Fall eine Zuständigkeit der BaFin auch durch Nr. 2 begründen. Die dann an sich bestehende Konkurrenz der entsprechenden Zuständigkeitsnorm im Sitzstaat des nicht in Deutschland sitzenden Wertpapierinstituts dürfte im Sinne von Nr. 4 aufgelöst werden, so dass die Aufsichtsbehörde im Sitzstaat mit dem bilanzsummenmäßig größeren Wertpapierinstitut auf konsolidierter Basis zuständig ist. Praktisch dürfte sich die Lückenhaftigkeit der Vorschrift daher nicht auswirken. 16

5. Mehrere in der EU zugelassene Wertpapierinstitute mit derselben EU-Mutterinvestmentholdinggesellschaft oder gemischten EU-Mutterfinanzholdinggesellschaft als Mutterunternehmen in (Nr. 5)

Nr. 5 sieht eine Zuständigkeit der BaFin für die Beaufsichtigung auf konsolidierter Basis vor, wenn mehrere in der EU zugelassene (vgl. → Rn. 11) Wertpapierinstitute dieselbe EU-Mutterinvestmentholdinggesellschaft (→ § 2 Rn. 410 ff.) oder gemischte EU-Mutterfinanzholdinggesellschaft als Mutterunternehmen haben, das Mutterunternehmen in einem anderen Vertragsstaat als die Wertpapierinstitute sitzt (Abgrenzung zu Nr. 3 → Rn. 10 ff.). und das Wertpapierinstitut mit der höchsten Bilanzsumme in Deutschland sitzt. 17

Die Bezugnahme auf EU-Mitgliedstaaten anstelle von Vertragsstaaten (→ § 2 Rn. 417) beruht offenkundig auf der Richtlinienvorgabe in Art. 46 Abs. 5 IFD („die in der Union zugelassen sind“). Ein sachlicher Grund hierfür ist nicht ersichtlich. Die Regelung führt zu Unsicherheiten, wenn in der genannten Konstellation 18 ein Wertpapierinstitut in einem EWR-Staat außerhalb der EU zugelassen ist. Ist Art. 46 Abs. 5 IFD auch im Sitzstaat dieses Wertpapierinstituts entsprechend umgesetzt, kann es zu Konflikten mit Nr. 2 bzw. der Art. 46 Abs. 2 IFD entsprechenden Bestimmung kommen. Praktisch ist in diesem Fall damit zu rechnen, dass die Behörde im Sitzstaat des Wertpapierinstituts mit der höchsten Bilanzsumme die Aufsicht auf konsolidierter Basis übernimmt, sich die Beschränkung auf EU-Mitgliedstaaten also nicht auswirkt.

6. Entsprechende Geltung für Gruppenkapitaltests (S. 2)

19 Die grundsätzliche Zuständigkeit der BaFin für die Beaufsichtigung auf konsolidierter Basis nach S. 1 bezieht sich gemäß S. 2 ausdrücklich nicht nur auf die Überwachung der Einhaltung von Pflichten, die gemäß in Art. 7 IFR auf Basis der konsolidierten Lage der betreffenden EU-Mutterwertpapierinstitute, (→ § 2 Rn. 408 f.), EU-Mutterinvestmentholdinggesellschaften (→ § 2 Rn. 410 ff.) und gemischten EU-Mutterfinanzholdinggesellschaften (→ § 2 Rn. 413 f.) zu beachten sind, sondern auch auf Gruppenkapitaltests gem. Art. 8 IFR. Die umgedrehte Formulierung in S. 2 („Einhaltung der Überwachung“ anstelle von „Überwachung der Einhaltung“) ist offenkundig ein redaktionelles Versehen.

III. Abweichung von Kriterien nach Abs. 1 S. 2 Nr. 3, 4 und 5 (Abs. 2)

20 Gemäß Abs. 2 ist die BaFin befugt, im Einzelfall die Zuständigkeit für die Aufsicht auf konsolidierter Basis bzw. für die Überwachung der Einhaltung von Gruppenkapitaltests unter Abweichung von Abs. 1 Nr. 3, 4 oder 5 auf die Behörde eines anderen Vertragsstaates (→ § 2 Rn. 417) zu übertragen oder die entsprechende Aufsichtszuständigkeit selbst zu übernehmen, sofern dies zur wirksamen Beaufsichtigung angemessen ist. Vorausgesetzt ist jeweils das Einvernehmen mit der ausländischen Behörde. Bei der Entscheidung sind die betreffenden Wertpapierinstitute und ihre Bedeutung für Deutschland und den jeweils anderen Vertragsstaat zu berücksichtigen. Die Zuständigkeit der BaFin auf Einzelbasis (§ 5 Abs. 1) ist davon nicht betroffen (ebenso Lendermann/Nemeczek/Schroeter/Freis-Janik § 56 Rn. 23).

21 Denkbar sind einvernehmliche Zuweisungen der Zuständigkeit gem. Abs. 2 bspw. in Fällen von Nr. 3, wenn das Wertpapierinstitut mit Sitz im selben Staat wie die EU-Mutterinvestmentholdinggesellschaft/gemischte EU-Mutterfinanzholdinggesellschaft eine deutlich geringere Bilanzsumme als das andere gruppenangehörige Wertpapierinstitut hat. In Fällen von Nr. 5 könnte zB die – trotz geringerer Bilanzsumme – herausragende Bedeutung eines Wertpapierinstituts für einen Mitgliedstaat zu einer Abweichung führen. In Bezug auf Nr. 4 und 5 könnte Abs. 2 auch genutzt werden, um technische Mängel in der Regulatorik auszugleichen (→ Rn. 16, 18).

22 In technischer Hinsicht erfolgen sowohl die Übernahme als auch die Übertragung der Zuständigkeit in Form eines Verwaltungsakts (§ 35 VwVfG) gegenüber dem betreffenden EU-Mutterwertpapierinstitut (→ § 2 Rn. 408 f.), der/den betreffenden EU-Mutterinvestmentholdinggesellschaft(en) (→ § 2 Rn. 410 ff.) bzw. der/den gemischten EU-Mutterfinanzholdinggesellschaft(en) (→ § 2 Rn. 413 f.).

23 Gelegenheit zur Stellungnahme ist nach S. 3 in diesem Fall der EU-Mutterinvestmentholdinggesellschaft, der EU-Mutterfinanzholdinggesellschaft und dem Wertpapierinstitut mit der höchsten Bilanzsumme zu gewähren. Es sind damit ausdrücklich nicht alle von der Entscheidung Betroffenen anzuhören. Ausgenommen sind insbesondere die bilanzmäßig kleineren Wertpapierinstitute der Gruppe – selbst dann, wenn das betreffende Wertpapierinstitut im Einzelfall Voraussetzung für die die grundsätzliche Anwendbarkeit von Nr. 3 gewesen ist (Wertpapierinstitut mit Sitz im selben Staat wie die EU-Mutterinvestmentholdinggesellschaft/die gemischte EU-Mutterfinanzholdinggesellschaft). Entsprechend der Richtlinienvorgabe in Art. 46 Abs. 6 IFD trifft das Gesetz eine Auswahl unter den von der Entscheidung betroffenen Gesellschaften, um ein gewisses Maß an Transparenz zu gewährleisten.

24 Die Regelung in S. 3 entspricht damit nicht dem in § 28 Abs. 1 VwVfG geregelten Grundsatz der Anhörung aller Betroffener (aA Lendermann/Nemeczek/Schroeter/Freis-Janik § 56 Rn. 25). Das ist auch nicht erforderlich und schränkt die betreffenden Gesellschaften nicht in ihrem Recht auf rechtliches Gehör ein, da es sich beim jeweiligen Verwaltungsakt auf Basis von § 56 Abs. 2 nicht um einen Eingriff in ihre Rechte handelt, sondern um eine bloße Zuständigkeitsbestimmung. Die materiell von den betreffenden EU-Mutterinvestmentholdinggesellschaften bzw. gemischten EU-Mutterfinanzholdinggesellschaften auf Basis ihrer konsolidierten Lage zu erfüllenden Pflichten bestimmen sich insbesondere nach Art. 7 IFR. Auch die Gruppenkapitaltests sind in Art. 8 IFR einheitlich geregelt. Mit Inkrafttreten des Beschlusses des EWR-Ausschusses Nr. 70/2025 am 15.3.2025 wurde die IFR auch in Anh. IX des EWR-Abkommens aufgenommen und gilt damit unmittelbar in sämtlichen Vertragsstaaten. Auf Gruppenebene anwendbare Vorschriften des WpIG (zB § 33 Abs. 1) sind eine Umsetzung der vollharmonisierten IFD. Die materiell anwendbaren Bestimmungen ändern sich daher durch die verwaltungsorganisatorische Bestimmung der Zuständigen Behörde nicht oder sind jedenfalls inhaltsgleich.

25 Auf die Gewährung einer Gelegenheit zur Stellungnahme dürfte mangels entsprechender europäischer Regelung auch nicht in den Fällen von § 28 Abs. 2 f. VwVfG verzichtet werden können (aA wiederum Lendermann/Nemeczek/Schroeter/Freis-Janik § 56 Rn. 25). Der deutsche Gesetzgeber würde mit dem Erlass einer einschränkenden nationalstaatlichen Regelung das Vollharmonisierungsgebots aus Art. 67 Abs. 1 IFD verletzen. Dass Gefahr im Verzug oder ein zwingendes öffentliches Interesse gegen die Gewährung einer Möglichkeit einer Stellungnahme sprechen könnte, dürfte kaum vorkommen; ist in Ausnahmefällen eine schnelle Entscheidung über die Zuständigkeit geboten, könnte dies über eine kürzere Stellungnahmefrist interessengerecht und europarechtskonform erreicht werden.

26 Eine Widerruflichkeit des Verwaltungsakts ist (anders als im Fall von § 8c Abs. 1 S. 2 KWG) nicht erforderlich, aber zulässig. Ist keine Widerruflichkeit vorgesehen, gilt für einen Widerruf § 49 Abs. 1 VwVfG.

§ 57 Informationspflichten in Krisensituationen

Bei Eintritt einer Krisensituation, einschließlich einer Situation im Sinne des Artikels 18 der Verordnung (EU) Nr. 1093/2010 oder widriger Entwicklungen an den Märkten, die die Marktliquidität und die Stabilität des Finanzsystems in einem der Vertragsstaaten, in denen Unternehmen einer Wertpapierinstitutsgruppe zugelassen sind, gefährden könnte,

benachrichtigt die Bundesanstalt, wenn sie gemäß § 56 zuständig ist für die Beaufsichtigung auf konsolidierter Basis oder für die Überwachung der Einhaltung des Gruppenkapitaltests, unverzüglich die Europäische Bankenaufsichtsbehörde, den Europäischen Ausschuss für Systemrisiken sowie alle relevanten zuständigen Stellen innerhalb des Europäischen Wirtschaftsraums und übermittelt diesen Stellen alle für die Wahrnehmung ihrer Aufgaben wesentlichen Informationen.

1 Die Regelung gibt Art. 47 IFD im Wesentlichen wortgleich wieder. Kommt es zu einer Krisensituation, die die Marktliquidität oder die Stabilität des Finanzsystems in einem Vertragsstaat beeinträchtigen könnte, in dem ein Unternehmen einer von der BaFin nach § 56 beaufsichtigten Wertpapierinstitutsgruppe zugelassen ist, hat die BaFin unverzüglich die EBA, das ESRB und relevante Stellen im EWR zu informieren und ihnen alle für ihre jeweiligen Aufgaben relevanten Informationen zu übermitteln.

2 Die Krisensituation soll angesichts der ebenfalls umfassten „[widrigen] Entwicklungen an den Märkten" augenscheinlich begrifflich über die Krise iSv Art. 18 Abs. 1 EBA-VO hinausgehen. Das wirft Abgrenzungsfragen auf, zumal bereits die Krise iSv Art. 18 Abs. 1 EBA-VO definiert ist als „[ungünstige] Entwicklungen, die das ordnungsgemäße Funktionieren und die Integrität von Finanzmärkten oder die Stabilität des Finanzsystems in der Union als Ganzes oder in Teilen ernsthaft gefährden könnten". Da das Merkmal der Ernsthaftigkeit der Gefährdung in § 57 nicht genannt ist, ist von einer Senkung der Tatbestandsschwelle gegenüber der Krise in Art. 18 Abs. 1 EBA-VO auszugehen. Bereits Entwicklungen, die den gesamten Markt bzw. das Finanzsystem im betreffenden Vertragsstaat nicht unerheblich negativ beeinträchtigen könnten, ließen sich nach § 57 als Krisensituation einstufen. Praktischer Anwendungsfall dürfte insbesondere der drohende Ausfall eines für den betreffenden Markt bzw. das Finanzsystem bedeutenden Unternehmens (nicht notwendigerweise eines Wertpapierinstituts) sein. Ob sich die nach dem Wortlaut niedrigere Tatbestandsschwelle in der Verwaltungspraxis niederschlagen wird, erscheint aber fraglich.

3 Zu übermitteln sind die jeweils mit Blick auf die Aufgaben der betreffenden Stelle relevanten Informationen. In der Praxis dürften sich die Informationen in Bezug auf die adressierten Stellen aber kaum unterscheiden. Regelmäßiger Gegenstand dürften Informationen zum zugrundeliegenden Sachverhalt sowie die Art und das Ausmaß der sich daraus nach Einschätzung der BaFin ergebenden Gefährdung sein.

4 Relevante zuständige Stelle im betreffenden Vertragsstaat dürfte jedenfalls die jeweilige Finanzaufsicht sein. Soweit der Vertragsstaat ein gesondertes Gremium zur Sicherstellung der lokalen Finanzmarktstabilität eingerichtet hat (zB Haut Conseil de Stabilité Financière in Frankreich oder finansiella stabilitetsrådet in Schweden), dürfte dieses Gremium gesondert zu unterrichten sein. Entsprechend der Dringlichkeit hat die Information an die jeweilige Stelle unverzüglich (Art. 47 IFD: „so rasch wie möglich") zu erfolgen.

§ 58 Aufsichtskollegien

(1) [1]**Ist die Bundesanstalt die nach § 56 zuständige Behörde, kann sie Aufsichtskollegien einrichten, um die Ausübung der in Absatz 2 genannten Aufgaben zu unterstützen.** [2]**Dabei stellt die Bundesanstalt die Koordi-**

nierung und Zusammenarbeit mit den zuständigen Aufsichtsbehörden von Drittstaaten sicher, insbesondere zur Erfüllung der Anwendung von Artikel 23 Absatz 1 Buchstabe c und Absatz 2 der Verordnung (EU) 2019/2033. [3]Die Bundesanstalt kann auch dann Aufsichtskollegien einrichten, wenn sich Tochterunternehmen einer Wertpapierinstitutsgruppe, an deren Spitze ein Wertpapierinstitut mit Sitz in einem Vertragsstaat, eine EU-Mutterinvestmentholdinggesellschaft oder eine gemischte EU-Mutterfinanzholdinggesellschaft steht, in einem Drittstaat befinden.

(2) **Die Aufsichtskollegien beschließen den Rahmen, innerhalb dessen die Bundesanstalt als für die Gruppenaufsicht zuständige Behörde, die Europäischen Bankenaufsichtsbehörde und andere zuständige Stellen im Rahmen ihrer Zuständigkeiten folgende Aufgaben wahrnehmen:**

1. **Ausübung von Informationspflichten in einer Krisensituation gemäß § 57,**
2. **Koordinierung von Informationsanfragen, sofern dies zur Erleichterung der Beaufsichtigung auf konsolidierter Basis im Einklang mit Artikel 7 der Verordnung (EU) 2019/2033 notwendig ist,**
3. **Koordinierung von Informationsanfragen, falls mehrere zuständige Behörden von Wertpapierinstituten, die derselben Gruppe angehören, die Informationen über das Einschussmodell und die Parameter, die zur Berechnung der für das betreffende Wertpapierinstitut geltenden Einschussanforderungen verwendet werden, entweder bei der zuständigen Stelle des Herkunftsvertragsstaates eines Clearingmitglieds oder bei der zuständigen Stelle der qualifizierten zentralen Gegenpartei anfordern müssen,**
4. **Informationsaustausch zwischen allen zuständigen Behörden und mit der Europäischen Bankenaufsichtsbehörde gemäß Artikel 21 der Verordnung (EU) Nr. 1093/2010 sowie mit der Europäischen Wertpapier- und Marktaufsichtsbehörde gemäß Artikel 21 der Verordnung (EU) Nr. 1095/2010,**
5. **Einigung auf eine freiwillige Übertragung der Aufgaben und Zuständigkeiten zwischen den zuständigen Behörden und sonstigen zuständigen Stellen sowie**
6. **Steigerung der Effizienz der Aufsicht durch Beseitigung nicht notwendiger aufsichtlicher Doppelanforderungen.**

(3) **Die Europäische Bankenaufsichtsbehörde nimmt gemäß Artikel 21 der Verordnung (EU) Nr. 1093/2010 an den Sitzungen der Aufsichtskollegien teil.**

(4) **Mitglieder der Aufsichtskollegien sind**

1. **die zuständigen Behörden für die Beaufsichtigung der Tochterunternehmen einer Wertpapierinstitutsgruppe, an deren Spitze ein Wertpapierinstitut mit Sitz in einem Vertragsstaat, eine EU-Mutterinvestmentholdinggesellschaft oder eine gemischte EU-Mutterfinanzholdinggesellschaft steht, und**
2. **die Aufsichtsbehörden und zuständigen Stellen von Drittstaaten unter Einhaltung der Geheimhaltungsvorschriften nach den Anforderungen von Artikel 15 der Richtlinie (EU) 2019/2034.**

(5) **[1]Die Bundesanstalt führt bei den Sitzungen der nach Absatz 1 eingerichteten Aufsichtskollegien den Vorsitz und trifft die Entscheidungen.**

[2]Sie informiert alle Mitglieder des Aufsichtskollegiums laufend und umfassend
1. vorab über die Organisation der Sitzungen, die wesentlichen Tagesordnungspunkte und die in Erwägung zu ziehenden Tätigkeiten und
2. über die in den Sitzungen getroffenen Entscheidungen oder die durchgeführten Maßnahmen.

[3]Bei ihren Entscheidungen berücksichtigt die Bundesanstalt die Relevanz der von den in Absatz 4 genannten Stellen zu planenden oder zu koordinierenden Aufsichtstätigkeit. [4]Die Bundesanstalt legt die Modalitäten für die Einrichtung und Arbeitsweise des jeweiligen Aufsichtskollegiums im Benehmen mit den zuständigen Behörden fest.

(6) **Bei der Wahrnehmung der Aufgaben nach den Absätzen 1, 2 und 5 arbeiten die Bundesanstalt und die Deutsche Bundesbank zusammen.**

Übersicht

I. Vorbemerkung

1 Die Vorschrift setzt Art. 48 IFD um. Die Bestimmung regelt die Möglichkeit einer Einrichtung von Aufsichtskollegien durch die BaFin, wenn sie gem. § 56 die für die Beaufsichtigung auf konsolidierter Basis bzw. für die Überwachung der Einhaltung des Gruppenkapitaltests zuständige Behörde ist.

Details sind in technischen Standards der EBA vom 5.7.2021 auf Basis von Art. 48 Abs. 8 IFD geregelt (EBA/RTS/2021/06). Eine Umsetzung in Form einer Delegierten Verordnung durch die Europäische Kommission steht aktuell noch aus.

Bei der Wahrnehmung der Aufgaben nach § 58 Abs. 1, 2 und 5 haben die BaFin und die Deutsche Bundesbank gem. Abs. 6 zusammenzuarbeiten.

II. Einrichtung des Aufsichtskollegiums (Abs. 1)

2 Gemäß Abs. 1 ist die BaFin befugt bei einer Zuständigkeit gem. § 56 ein Aufsichtskollegium einzurichten. Eine Verpflichtung zur Einrichtung von Aufsichts-

kollegien besteht – anders als in § 8e KWG – nicht. Es handelt sich um eine Ermessensentscheidung.

3 Aufsichtskollegien dienen der internationalen Verwaltungsabstimmung sowie dem Austausch relevanter Informationen zwischen betroffenen Stellen. Auch die Reaktion der Verwaltung auf Krisensituationen soll durch die Einrichtung von Aufsichtskollegien verbessert werden (vgl. Erwgr. 4, 11 f. EBA/RTS/2021/06).

4 Bei der Entscheidung über die Einrichtung eines Aufsichtskollegiums soll die BaFin nach Art. 2 Abs. 1 EBA/RTS/2021/06 insbesondere berücksichtigen, ob
(a) die mindestens zwei in unterschiedlichen Vertragsstaaten zugelassenen und tätigen Wertpapierinstitute Teil der Wertpapierinstitutsgruppe sind,
(b) ob die Wahrnehmung der in § 58 genannten Aufgaben hierdurch erleichtert würde und/oder
(c) die Koordination oder Zusammenarbeit mit zuständigen Aufsichtsbehörden in Drittstaaten hierdurch verbessert würde.

Beispielhaft führt § 58 Abs. 1 S. 1 auf Basis von Art. 48 Abs. 1 S. 1 IFD im Hinblick auf die Kooperation mit Aufsichtsbehörden in Drittstaaten Art. 23 Abs. 1c) IFR an. Gemeint dürfte der Fall sein, dass bei einer Berechnung von K-CMG gem. Art. 23 IFR das Clearingmitglied in einem Drittstaat sitzt. Die aufsichtliche Überprüfung des jeweils aktuellen Margin-Modells des Clearingmitglieds kann durch eine Kooperation mit der Behörde im jeweiligen Sitzstaat des Clearingmitglieds und einen Austausch von Informationen erleichtert bzw. erst ermöglicht werden.

5 Die Formulierung in Art. 2 Abs. 1 EBA/RTS/2021/06 ist missglückt, da sie zu Unrecht eine enge Begrenzung der für die Einrichtung eines Aufsichtskollegiums in Betracht kommenden Tatbestände nahelegt. Tatsächlich dürfte nach den jeweils zugrundeliegenden Erwägungen der Beispiele eine solche Einrichtung regelmäßig angemessen sein, wenn

- erhebliche aufsichtliche Belange mindestens eines anderen Vertragsstaats betroffen sind,
- die effektive Wahrnehmung der Gruppenaufsicht durch die BaFin hierdurch erleichtert würde und/oder
- der Zugriff auf Informationen in Drittstaaten eine Einbindung der dortigen Aufsichtsbehörden nahelegen.

6 Die EBA/RTS/2021/06 sehen in Art. 3 Abs. 1 eine Information der Mitglieder über die Einrichtung des Aufsichtskollegiums und seine jeweiligen Mitglieder durch die Gruppenaufsicht vor – im Fall von § 58 also durch die BaFin. Obwohl sich die RTS hierzu fälschlich auf Art. 48 Abs. 5 IFD berufen, dürfte diese anfängliche Information eine Selbstverständlichkeit sein. Bei Nichteinrichtung des Aufsichtskollegiums trotz Vorliegens eines Beispielfalls gem. Art. 2 Abs. 1 EBA/RTS/2021/06 (→ Rn. 5) soll die EBA unter Benennung der Gründe für die Nichteinrichtung informiert werden. Angesichts der sehr allgemeinen Umschreibungen in den Beispielsfällen (zB Art. 2 Abs. 1 (b): „whether the exercise of the tasks referred to in Article 48 of Directive (EU) 2019/2034 would be facilitated by the establishment of a college") überzeugt das konzeptionell nicht.

III. Aufgaben des Aufsichtskollegiums (Abs. 2)

7 Abs. 2 bestimmt die innerhalb des Aufsichtskollegiums wahrzunehmenden Aufgaben.

1. Informationspflichten in Krisensituationen (Nr. 1)

8 Im Fall einer Krisensituation (→ § 57 Rn. 2) hat grundsätzlich die BaFin als nach § 56 zuständige Behörde die EBA, das ESRB und die relevanten Stellen in den Vertragsstaaten (→ § 57 Rn. 4) zu informieren. Bei Einrichtung eines Aufsichtskollegiums kann die Aufgabe gemäß dem hierfür zu schaffenden Rahmen auch durch andere Kollegiumsteilnehmer wahrgenommen werden.

2. Koordinierung von Informationsanfragen zur Erleichterung der Aufsicht nach Art. 7 IFR (Nr. 2)

9 Das Aufsichtskollegium dient auch der Koordination von Informationsanfragen bei Unternehmen der beaufsichtigten Gruppe. Nr. 2 selbst schränkt den hierfür innerhalb des Aufsichtskollegiums festzulegenden Rahmen nicht ein. Allerdings gibt Art. 7 EBA/RTS/2021/06 vor, dass Informationsanfragen gegenüber dem EU-Mutterunternehmen grundsätzlich von der für die Gruppenaufsicht zuständigen Behörde – im Fall von § 58 also der BaFin – und Informationsanfragen an sonstige Unternehmen innerhalb der Gruppe grundsätzlich von dem für das betreffende Unternehmen zuständigen Kollegiumsmitglied zu stellen sind (Art. 7 Abs. 1 EBA/RTS/2021/06). Stellt die für die Gruppenaufsicht zuständige Behörde eine Informationsanfrage an ein Unternehmen, für dessen Einzelaufsicht ein anderes Kollegiumsmitglied zuständig ist, soll das betreffende Kollegiumsmitglied vorab informiert werden; umgekehrt soll die für die Gruppenaufsicht zuständige Behörde vorab informiert werden, wenn ein anderes Kollegiumsmitglied eine Informationsanfrage an das EU-Mutterunternehmen der beaufsichtigten Gruppe stellt (Art. 7 Abs. 2 f. EBA/RTS/2021/06).

3. Koordinierung von Anfragen zur Information über ein Einschussmodell (Nr. 3)

10 Gemäß Nr. 3 legen Aufsichtskollegien auch den Rahmen für die Koordination von Informationsanfragen fest, sofern mehrere Aufsichtsbehörden Information über Einschussmodelle (margin models) und deren Parameter benötigen, die für die Berechnung von Margin-Anforderungen relevant sind. Dazu kann es kommen, wenn mehrere, auf Einzelbasis von unterschiedlichen Behörden beaufsichtigte Wertpapierinstitute derselben Gruppe den K-Faktor auf Portfoliobasis nach Art. 23 IFR berechnen. Voraussetzung ist dann ua, dass die Berechnung des von dem Clearingmitglied geforderten Gesamteinschusses auf dem Einschussmodell des Clearingmitglieds beruht. Die Aufsichtsbehörden werden in diesem Fall regelmäßig nähere Informationen zu den verwendeten Einschussmodellen und den zugehörigen Berechnungsparametern verlangen. Beziehen sich diese Anfragen im genannten Fall auf dasselbe Clearingmitglied, kann es zu Doppelanfragen kommen. Durch die Koordination innerhalb des Aufsichtskollegiums sollen derartige Doppelanfragen vermieden werden. Die Bestimmung bezweckt eine effizientere europäische Verwaltung und die Entlastung der betreffenden Clearingmitglieder.

4. Informationsaustausch (Nr. 4)

11 Nr. 4 behandelt den Informationsaustausch zwischen sämtlichen für die Beaufsichtigung von Unternehmen der Gruppe zuständigen Aufsichtsbehörden, der EBA und der ESMA. Die Bestimmung verweist ausdrücklich auf Art. 21 der VO

(EU) Nr. 1093/2010 (EBA-VO) und Art. 21 VO (EU) Nr. 1095/2010 (ESMA-VO), die den Austausch von Informationen im Rahmen von Aufsichtskollegien regeln, kurioserweise aber aktuell nicht auf Aufsichtskollegien iSv Art. 48 IFD anwendbar sind.

Der innerhalb des Aufsichtskollegiums zu schaffende Rahmen für den allgemeinen Austausch aufsichtlich relevanter Informationen dient der Vereinheitlichung von Aufsichtsstandards und der Vermeidung von Aufsichtslücken. 12

5. Aufgabenübertragung (Nr. 5)

Nr. 5 ermöglicht es Aufsichtskollegien, Vereinbarungen über die freiwillige Übertragung von Aufsichtsaufgaben und -zuständigkeiten zwischen den Mitgliedern zu treffen. Gemäß Art. 6 Abs. 1 EBA/RTS/2021/06 soll dies insbesondere geschehen, sofern durch die Übertragung aufsichtliche Effizienzsteigerungen zu erwarten sind, zB durch die Vermeidung mehrfacher Informationsanfragen. Nach Art. 6 Abs. 2 EBA/RTS/2021/06 soll in jedem Fall einer Übertragung von Zuständigkeiten oder Aufgaben die Gruppenaufsicht – im Fall von § 58 also die BaFin – benachrichtigt werden. 13

6. Beseitigung von Doppelanforderungen (Nr. 6)

Nr. 6 verpflichtet die Aufsichtskollegien, einen Rahmen für den Abbau unnötiger aufsichtsrechtlicher Doppelanforderungen zu schaffen. Derartige Doppelanforderungen sind auch im Rahmen der Koordinierung von Informationsanfragen nach Nr. 3, dem Informationsaustausch nach Nr. 4 und bei der Entscheidung über die freiwillige Übertragung von Zuständigkeiten nach Nr. 5 zu beachten. Nr. 6 fungiert insoweit als Generalnorm. Auch unabhängig von den Konstellationen in Nr. 3–5 soll das Aufsichtskollegium einen Rahmen für die Vermeidung aufsichtlicher Doppelanforderungen schaffen. Auf diese Weise soll die Effizienz der Verwaltung erhöht und die betreffenden Unternehmen entlastet werden. 14

IV. Zusammensetzung des Aufsichtskollegiums (Abs. 3 und 4)

Abs. 3 und 4 regeln die Zusammensetzung der Aufsichtskollegien. Abs. 3 bindet die EBA als ständigen Teilnehmer ein. Mitglieder des Aufsichtskollegiums sind gem. Abs. 4 15

- die (auf Einzelbasis) zuständigen Behörden für die Beaufsichtigung der Tochterunternehmen der beaufsichtigten Wertpapierinstitutsgruppe, sofern an deren Spitze ein Wertpapierinstitut mit Sitz in einem Vertragsstaat, eine EU-Mutterinvestmentholdinggesellschaft oder eine gemischte EU-Mutterfinanzholdinggesellschaft steht; und
- die (auf Einzelbasis für die Beaufsichtigung der genannten Tochterunternehmen zuständigen) Aufsichtsbehörden in Drittstaaten; sowie
- sonstige zuständige Stellen in Drittstaaten.

Zur Bestimmung der Mitglieder des Aufsichtskollegiums sieht Art. 1 EBA/RTS/2021/06 die Erstellung einer Übersicht über die betreffende Gruppe durch die für die Gruppenaufsicht zuständige Behörde – im Fall von § 58 also durch die BaFin – vor. Auf dieser Grundlage sind sodann die zuständigen Aufsichtsstellen sowie etwaige weitere für Tochterunternehmen der betreffenden Wertpapiersti- 16 tutsgruppe zuständige Stellen zu identifizieren, die im Hinblick auf die nach Abs. 2 zu verteilenden Aufgaben Mitglieder des Aufsichtskollegiums sein sollten.

17 Mit der Bezugnahme auf „[zuständige] Stellen von Drittstaaten“ trägt Abs. 4 Nr. 2 einer etwaigen Fragmentierung der Beaufsichtigung im betreffenden Drittstaat Rechnung. Sofern dies mit Blick auf die Aufgaben des Kollegiums angemessen erscheint, können auf dieser Basis insbesondere auch Behörden mit nur einem eingeschränkten Aufsichtsspektrum (Solvenzaufsicht, Geldwäscheprävention etc) Mitglieder werden.

18 Die Mitgliedschaft von Aufsichtsbehörden bzw. sonstiger Stellen in Drittstaaten steht ausdrücklich unter dem Vorbehalt der Erfüllung von Geheimhaltungspflichten entsprechend Art. 15 IFD.

V. Leitung des Aufsichtskollegiums (Abs. 5)

19 § 58 Abs. 5 regelt die Leitung und Arbeitsweise der Aufsichtskollegien. Die nach § 56 für die Gruppenaufsicht zuständige BaFin führt gemäß S. 1 den Vorsitz bei den Sitzungen des eingerichteten Aufsichtskollegiums und informiert die übrigen Mitglieder 1. vorab über die Einzelheiten der jeweiligen Sitzungen (Tagesordnungspunkte etc) und 2. über die auf den Sitzungen getroffenen Entscheidungen und durchgeführten Maßnahmen.

20 Die BaFin trifft gemäß S. 1 die Entscheidungen. Die Entscheidungskompetenz beschränkt sich auf die Wahrnehmung der Aufgaben des Aufsichtskollegiums. Die BaFin trifft danach Entscheidungen insbesondere im Hinblick auf die Organisation und den Ablauf der Sitzungen. Nicht mit der Entscheidungskompetenz verbunden ist der Eingriff in die (nicht nach Abs. 2 Nr. 5 auf die BaFin übertragene, → Rn. 13) aufsichtliche Zuständigkeit der anderen Kollegiumsmitglieder. Bei ihren Entscheidungen hat die BaFin die Aufsichtstätigkeit der von den Entscheidungen betroffenen Kollegiumsmitglieder zu berücksichtigen (S. 3).

21 Regelungen über die Einrichtung und die Arbeitsweise des Aufsichtskollegiums hat die BaFin gemäß S. 4 „im Benehmen mit den zuständigen Behörden“ festzulegen. Den jeweils betroffenen Kollegiumsmitgliedern ist somit vorab Gelegenheit zur Stellungnahme zu geben (s. auch Lendermann/Nemeczek/Schroeter/Freis-Janik § 58 Rn. 20). Dass die Schriftlichkeit der Festlegungen entgegen Art. 48 Abs. 6 S. 5 IFD in § 58 Abs. 5 nicht gefordert wird, dürfte ein redaktionelles Versehen ohne praktische Auswirkungen sein.

22 Die festzulegenden Modalitäten sollten die Arbeit des Aufsichtskollegiums klar, umfassend und verbindlich regeln (vgl. Erwgr. 3 EBA/RTS/2021/06). Art. 4 EBA/RTS/2021/06 listet die Punkte auf, die mindestens enthalten sein sollten.

23 Bei Unstimmigkeiten über Entscheidungen der BaFin als nach § 56 für die Gruppenaufsicht zuständige Behörde kann jede beteiligte Behörde die EBA kontaktieren und nach Art. 19 EBA-VO um Vermittlung bitten (Art. 48 Abs. 7 S. 1 IFD). Die EBA ist bei Uneinigkeiten auch befugt, von Amts wegen unterstützend eingreifen (Art. 48 Abs. 7 S. 2 IFD).

VI. Zusammenarbeit mit der Bundesbank (Abs. 6)

24 Bei der Wahrnehmung der Aufgaben gem. Abs. 1, 2 und 5 hat die BaFin mit der Bundesbank zusammenzuarbeiten. Einzelheiten der Zusammenarbeit regelt → § 9 Rn. 1 ff.

§ 59 Kooperation der Bundesanstalt mit anderen zuständigen Behörden

(1) **Ist die Bundesanstalt die nach § 56 zuständige Behörde, übermittelt sie den in § 58 Absatz 4 genannten zuständigen Behörden und sonstigen zuständigen Stellen, sofern zur Erfüllung ihrer Aufgaben erforderlich, alle relevanten Informationen, darunter**

1. **Angaben zur rechtlichen Struktur, zur Unternehmensführungsstruktur und zur Organisationsstruktur der Wertpapierinstitutsgruppe unter Erfassung aller beaufsichtigten Unternehmen, nicht beaufsichtigten Unternehmen, nicht beaufsichtigten Tochterunternehmen und der Mutterunternehmen sowie die Angabe der für die beaufsichtigten Unternehmen der Wertpapierinstitutsgruppe zuständigen Stellen,**
2. **die Angabe der Verfahren, nach denen Informationen von den Wertpapierinstituten einer Wertpapierinstitutsgruppe eingeholt und geprüft werden,**
3. **Angaben zu allen ungünstigen Entwicklungen bei Wertpapierinstituten oder anderen Unternehmen einer Wertpapierinstitutsgruppe, die diesen Wertpapierinstituten ernsthaft schaden könnten,**
4. **Angaben zu allen erheblichen Sanktionen und außergewöhnlichen Maßnahmen, die die zuständigen Stellen gemäß den nationalen Vorschriften zur Umsetzung der Richtlinie (EU) 2019/2034 verhängt oder ergriffen haben und**
5. **Angaben zur Festlegung von besonderen Eigenmittelanforderungen auf der Grundlage von § 49.**

(2) **Lehnt eine zuständige Behörde in einem anderen Vertragsstaat ein Ersuchen der Bundesanstalt um Zusammenarbeit ab, insbesondere zum Austausch relevanter Informationen, oder kommt sie dem Ersuchen nicht innerhalb eines angemessenen Zeitraums nach, kann die Bundesanstalt nach Maßgabe des Artikels 19 Absatz 1 der Verordnung (EU) Nr. 1093/2010 die Europäische Bankenaufsichtsbehörde um Hilfe ersuchen.**

(3) **Die Bundesanstalt konsultiert die in § 58 Absatz 4 genannten zuständigen Behörden und sonstigen zuständigen Stellen vor einer Entscheidung, die für die Aufsichtsaufgaben der jeweils anderen zuständigen Stellen von Bedeutung sein könnte, in Bezug auf folgende Punkte:**

1. **Änderungen in der Gesellschafter-, Organisations- oder Führungsstruktur von Wertpapierinstituten einer Wertpapierinstitutsgruppe, die von den zuständigen Stellen erlaubt oder zugelassen werden müssen,**
2. **erhebliche Sanktionen oder sonstige außergewöhnliche Maßnahmen, die die zuständigen Stellen gegen Wertpapierinstitute verhängen oder ergreifen und**
3. **auf der Grundlage des § 49 dieses Gesetzes und des Artikels 39 der Richtlinie (EU) 2019/2034 festgelegte besondere Eigenmittelanforderungen.**

(4) **Die Bundesanstalt konsultiert die gemäß Artikel 46 der Richtlinie (EU) 2019/2034 für die Gruppenaufsicht zuständige Behörde, bevor sie gemäß Absatz 3 Nummer 2 erhebliche Sanktionen verhängt oder sonstige außergewöhnliche Maßnahmen ergreift.**

(5) **Abweichend von Absatz 3 kann die Bundesanstalt in Notfällen oder in Fällen, in denen eine solche Konsultation die Wirksamkeit ihrer Entscheidung gefährden könnte, davon absehen, die in § 58 Absatz 4 genannten zuständigen Behörden oder sonstigen zuständigen Stellen zu konsultieren; dies teilt sie den anderen betroffenen zuständigen Behörden oder Stellen unverzüglich mit.**

Übersicht

I. Vorbemerkung

1 Die Vorschrift setzt Art. 49 IFD um und regelt die Zusammenarbeit der BaFin als für die Gruppenaufsicht nach § 56 zuständige Behörde mit anderen Behörden und relevanten Stellen außerhalb eines Aufsichtskollegiums iSd § 58. Die Regelung ergänzt damit die allgemeinen Bestimmungen über die Verwaltungszusammenarbeit in § 11.

II. Informationsaustausch (Abs. 1)

2 Abs. 1 regelt die Übermittlung von Informationen an die „in § 58 Absatz 4 genannten zuständigen Behörden und sonstigen zuständigen Stellen" durch die nach § 56 für die Gruppenaufsicht zuständige BaFin. Trotz des Verweises auf § 58 Abs. 4 ist die tatsächliche Einrichtung eines Aufsichtskollegiums für § 59 Abs. 1 nicht erforderlich. Die Pflicht besteht gegenüber den Behörden und sonstigen relevanten Stellen (→ § 58 Rn. 15 ff.), die im Fall der Einrichtung eines Aufsichtskollegiums als Mitglieder zu benennen wären (ebenso Lendermann/Nemeczek/Schroeter/Heemann § 59 Rn. 4). Bei sonstigen relevanten Stellen in Drittstaaten sind aufgrund des Verweises auf § 58 Abs. 4 Geheimhaltungsvorgaben entsprechend Art. 15 IFD erforderlich.

3 Die Aufzählung in Abs. 1 ist nur beispielhaft („darunter"). Zu übermitteln sind alle Informationen, die zur Wahrnehmung der jeweiligen Aufgaben der betreffenden Stellen und Behörden relevant sind, einschließlich personenbezogener Daten (zB zur Zuverlässigkeit eines Geschäftsleiters, vgl. RegE WpIG, BT-Drs. 19/26929, 149).

Die gem. § 11 mit ausländischen Behörden oder sonstigen zuständigen Stellen auszutauschenden Informationen überschneiden sich weitgehend mit den „relevanten Informationen" gem. § 59. Durch das Kreditzweitmarktförderungsgesetz (BGBl. 2023 I Nr. 411) wurde zum 30.12.2023 die Beschränkung auf „grundlegende" Informationen in § 11 Abs. 1 S. 2 u. 3 aF aufgehoben, ebenso wie die Erläuterung in Satz 4, wonach grundlegend in diesem Sinne in § 11 Abs. 1 nur solche Informationen sein sollten, „die Einfluss auf die Beurteilung der Finanzlage eines Wertpapierinstituts in dem betreffenden Vertragsstaat haben können". Zwar beziehen sich § 11 Abs. 1 Nr. 1–7 unverändert auf Informationen zur Finanzlage des betreffenden Wertpapierinstituts. Es handelt sich aber nur um Beispiele. Inhaltlich sind die auszutauschenden Informationen nach § 11 nur noch dahingehend eingeschränkt, dass sie „zur Durchführung der Aufsicht" der betreffenden Behörden oder Stellen erforderlich sein müssen. Die Aufhebung der inhaltlichen Einschränkung war nach dem Regierungsentwurf auch ausdrücklich bezweckt (vgl. RegE KrZwMG, BR- Drs. 507/23, 172). 4

Einen weiteren Rahmen zieht § 59 gegenüber § 11 allerdings im Hinblick auf die relevanten zuständigen Stellen. Diese beziehen sich in § 11 nicht auf Drittstaaten (vgl. → § 58 Rn. 17); gemeint sind dort stattdessen die EBA, die ESMA, das ESRB und die Europäische Kommission (§ 10 S. 2). 5

1. Angaben zur Wertpapierinstitutsgruppe (Nr. 1)

Nr. 1 verpflichtet die BaFin, den betreffenden Behörden und sonstigen Stellen einen vollständigen Überblick über die Struktur einer Wertpapierinstitutsgruppe zu geben, soweit dies für ihre jeweiligen Aufgaben erforderlich ist. Erfasst sind sämtliche Gruppenunternehmen – unabhängig davon, ob sie der Aufsicht unterliegen oder nicht. Die Angabe der jeweils für die Einzelaufsicht betreffender Unternehmen zuständigen Behörden oder sonstigen Stellen erleichtert die internationale Koordination von Verwaltungsmaßnahmen. 6

2. Verfahren der Informationsbeschaffung (Nr. 2)

Gemäß Nr. 2 hat die BaFin den betreffenden Behörden oder sonstigen zuständigen Stellen darzulegen, wie Informationen innerhalb der beaufsichtigten Gruppe erhoben und überprüft werden. Sachliche Gründe für die Beschränkung auf Wertpapierinstitute sind nicht ersichtlich; auch Informationen zur Erhebung und Prüfung von Informationen anderer Unternehmen der Gruppe (zB einer EU-Mutterinvestmentholdinggesellschaft mit Sitz in Deutschland) können „relevant" iSv Abs. 1 sein. Das zeigt sich schon daran, dass die BaFin auf Ersuchen einer zuständigen Behörde oder sonstigen Stelle eines Vertragsstaats gem. § 60 zur Nachprüfung der erhobenen Informationen unter Mitwirkung der betreffenden Behörde oder Stelle verpflichtet sein kann. 7

3. Ungünstige Entwicklungen innerhalb der Wertpapierinstitutsgruppe (Nr. 3)

Die BaFin hat als nach § 56 für die Gruppenaufsicht zuständige Behörde gemäß Nr. 3 über negative Entwicklungen innerhalb der Gruppe zu informieren, die für einzelne Wertpapierinstitute ernsthafte Gefahren mit sich bringen können, soweit diese Informationen für die betreffenden anderen zuständigen Behörden oder Stellen zur Aufgabenwahrnehmung erforderlich sind. In der Praxis dürften diese Informatio- 8 nen insbesondere Verschlechterungen der finanziellen Lage betreffen. Auch festgestellte operationelle Probleme bei Unternehmen der Wertpapierinstitutsgruppe könnten für andere zuständige Behörden oder Stellen im Rahmen ihrer aufsichtlichen Pflichten relevant sein. Ziel ist es, den anderen zuständigen Behörden oder Stellen die frühzeitige Einleitung erforderlicher aufsichtlicher Maßnahmen zu ermöglichen. Die Krisenprävention in Bezug auf Wertpapierinstitute der Gruppe soll durch internationale Verwaltungskooperation verbessert werden.

4. Erhebliche Sanktionen und außergewöhnliche Maßnahmen (Nr. 4)

9 Gemäß Nr. 4 hat die BaFin die anderen zuständigen Behörden oder Stellen über erhebliche Sanktionen und außergewöhnliche Maßnahmen zu informieren, die sie oder andere zuständige Stellen im Zusammenhang mit der jeweiligen nationalstaatlichen Umsetzung der IFD verhängt bzw. ergriffen haben, soweit dies für die Aufgabenwahrnehmung der betreffenden anderen zuständigen Behörden oder Stellen erforderlich ist. Die Vorschrift bezweckt hiermit eine Verbesserung der internationalen aufsichtlichen Koordination und Kohärenz. Zu übermittelnde Informationen werden regelmäßig Maßnahmen betreffen, die unmittelbar gegenüber Wertpapierinstituten, Investmentholdinggesellschaften oder gemischten Finanzholdinggesellschaften ergriffen worden sind (Bußgeldbescheide, Anordnungen der Einstellung und Abwicklung von Geschäften, Entzug oder Beschränkung von Erlaubnissen, Bestellung eines Sonderbeauftragten etc). Zwingend ist das aber nicht; auch Maßnahmen gegen einzelne Personen auf Basis der jeweiligen IFD-Umsetzung (zB Geschäftsführerverbote) können Gegenstand der Information sein.

10 Zur Erheblichkeit der Sanktionen oder außergewöhnlichen Maßnahmen macht das Gesetz keine näheren Angaben. Informationen dürften zu übermitteln sein, sofern mit Blick auf die Eingriffsintensität eine Auswirkung auf die aufsichtliche Praxis der betreffenden anderen zuständigen Behörden oder Stellen in Betracht kommt.

5. Festlegung besonderer Eigenmittelanforderungen (Nr. 5)

11 Die BaFin ist nach § 49 Nr. 1 iVm § 50 befugt, gegenüber einem Wertpapierinstitut in ihrem Zuständigkeitsbereich das Halten zusätzlicher Eigenmittelanforderungen anzuordnen. Jedenfalls derartige Anordnungen sind den zuständigen Behörden oder Stellen nach Nr. 5 mitzuteilen, sofern dies für die Wahrnehmung ihrer jeweiligen Aufgaben erforderlich ist. Da sich die Vorschrift allgemein auf die Anordnung besonderer Eigenmittelvorgaben nach § 49 bezieht (und es sich ohnehin nur um ein Beispiel handelt), dürften für die Informationspflicht auch Anordnungen nach § 49 Nr. 8 in Betracht kommen. Danach kann die BaFin gegenüber Wertpapierinstituten in ihrem Zuständigkeitsbereich auch anordnen, dass diese Nettogewinne im aufsichtlich jeweils gebotenen Umfang zur Stärkung der Eigenmittel einzusetzen haben.

III. Ablehnung der Zusammenarbeit (Abs. 2)

12 Abs. 2 regelt den Fall, dass die BaFin bei einer anderen für die Gruppenaufsicht zuständigen Behörde oder einer sonstigen für ein Unternehmen der Wertpapiergruppe auf Einzelbasis zuständigen Behörde in einem Vertragsstaat ein Ersuchen

um Zusammenarbeit – insbesondere zum Informationsaustausch – stellt und die betreffende Behörde dieses Ersuchen ablehnt oder ihm nicht in angemessener Zeit nachkommt. Die BaFin ist in diesem Fall befugt, die EBA nach Art. 19 Abs. 1 EBA-VO anzurufen.

Die Vorschrift überschneidet sich mit § 11 Abs. 3 u. 5, ist aber auf Gruppenaufsichtssachverhalte gem. Art. 46 IFD beschränkt. Das geht aus dem Wortlaut von § 59 Abs. 2 nicht hervor, ergibt sich aber aus dem systematischen Zusammenhang der Bestimmung und der Richtlinienvorgabe in Art. 49 Abs. 2 IFD. Zudem sieht § 59 Abs. 2, anders als § 11, nicht nur eine Befassung der EBA mit dem Sachverhalt, sondern ausdrücklich ein Vorgehen gem. Art. 19 Abs. 1 EBA-VO vor; die EBA erhält damit gem. Art. 19 Abs. 3 EBA-VO eine Beschlusskompetenz zur Regelung der Angelegenheit, wenn die beteiligten Behörden in der Schlichtungsphase keine Einigung erzielen können. **13**

Art. 49 Abs. 2 IFD wird durch Abs. 2 nur unvollständig umgesetzt. Die Richtlinienvorgabe ermöglicht ein Anrufen der EBA gem. Art. 19 Abs. 1 EBA-VO unabhängig von einem Informationsgesuch schon dann, wenn relevante Informationen gem. Art. 49 Abs. 1 IFD nicht unverzüglich gemeldet werden. Eine derartige Regelung enthält das WpIG nicht. Auf die Verwaltungspraxis dürfte sich dies aber kaum auswirken, da bei ausbleibenden oder nicht hinreichend schnell übermittelten Informationen regelmäßig zunächst ein entsprechendes Gesuch an die betreffende Behörde gesandt werden wird. **14**

IV. Konsultation der Kollegiumsmitglieder (Abs. 3)

Abs. 3 verpflichtet die BaFin als für die Beaufsichtigung eines Unternehmens innerhalb einer Wertpapierinstitutsgruppe zuständige Behörde, für andere Unternehmen derselben Wertpapierinstitutsgruppe zuständige Behörden oder Stellen (iSv § 58 Abs. 4) zu konsultieren, wenn eine Entscheidung der BaFin für deren Aufsichtspraxis relevant sein könnte. Die Konsultationspflicht betrifft drei Fallgruppen: **15**

1. **Strukturänderungen:** Änderungen in der Gesellschafter-, Organisations- oder Führungsstruktur von Wertpapierinstituten der beaufsichtigten Wertpapierinstitutsgruppe, sofern diese Änderungen einer Erlaubnis bzw. Zulassung durch die betreffende Behörde oder Stelle bedürfen;
2. **Sanktionen oder außergewöhnliche Maßnahmen:** von der BaFin verhängte, einschneidende aufsichtsrechtliche Maßnahmen gegen Wertpapierinstitute der Wertpapierinstitutsgruppe, insbesondere Auflagen, Geschäftsverbote oder Bußgelder;
3. **Besondere Eigenmittelanforderungen:** zusätzliche, von der BaFin festgelegte Kapitalzuschläge nach § 49 iVm Art. 39 IFD.

Die BaFin muss nach dem Wortlaut von Abs. 3 für die Anwendbarkeit der Konsultationspflicht nicht zwingend die für die Gruppenaufsicht nach § 56 zuständige Behörde sein. Die Konsultationspflicht dürfte vielmehr bereits anwendbar sein, wenn die BaFin eine Institution iSv § 58 Abs. 4 Nr. 1 ist, also Teil des Aufsichtskollegiums wäre, wenn dieses eingerichtet worden wäre. Hierfür spricht insbesondere der Wortlaut in Art. 49 Abs. 3, nach dem „die zuständigen Behörden einander vor einer Entscheidung“ zu konsultieren haben. Eine Beschränkung auf die für die Gruppenaufsicht zuständige Behörde ist dem nicht zu entnehmen. **16**

17 Es handelt sich ausweislich der Formulierung nicht um Beispiele, sondern um eine abschließende Aufzählung der Fallkonstellationen, in denen die Konsultationspflicht gilt. Die Formulierung entspricht insoweit der Richtlinienvorgabe in Art. 49 Abs. 3 IFD.

18 Die Formulierung „die die zuständigen Stellen gegen Wertpapierinstitute verhängen oder ergreifen" in Nr. 2 entspricht genau dem korrespondierenden Richtlinientext, ist hierdurch im Kontext des § 59 aber irreführend. Erfasst sind nur Entscheidungen der BaFin über entsprechende Maßnahmen. Dies ergibt sich schon daraus, dass es bei Maßnahmen anderer zuständiger Behörden an einer „Entscheidung" der BaFin fehlen würde, auf die sich die Konsultation beziehen könnte. Die Richtlinienvorgabe muss sich hingegen allgemein auf die jeweils „zuständigen Behörden" beziehen; aus dem Wortlaut wird deutlich, dass hiermit die jeweils für die betreffende Entscheidung zuständige Behörde gemeint ist.

19 Um der Konsultationspflicht gerecht zu werden, hat die BaFin die jeweilige andere Behörde oder Stelle zu kontaktieren und unter Vorlage des relevanten Sachverhalts und Nennung der geplanten Entscheidung um eine Stellungnahme zu bitten. Diese Stellungnahme ist von der BaFin bei der Entscheidung zu berücksichtigen. Die BaFin ist an die Ansicht der anderen Behörde oder Stelle jedoch nicht gebunden (ebenso Lendermann/Nemeczek/Schroeter/Heemann § 59 Rn. 15).

V. Konsultation der Gruppenaufsicht (Abs. 4)

20 Abs. 4 betrifft den Fall, dass die BaFin zuständige Behörde für ein Unternehmen einer Wertpapierinstitutsgruppe, aber nicht für die Gruppenaufsicht gem. § 56 zuständig ist. Vor einer Entscheidung iSv Abs. 3 Nr. 2 (erhebliche Sanktionen oder außergewöhnliche Maßnahmen) hat sie in diesem Fall die für die Gruppenaufsicht zuständige Behörde zu konsultieren.

21 Ist die erhebliche Sanktion oder außergewöhnliche Maßnahme gleichzeitig für eine andere Behörde oder Stelle aufgrund ihrer Einzelaufsicht über ein Unternehmen der Wertpapierinstitutsgruppe relevant, gilt zusätzlich die Konsultationspflicht gem. Abs. 3 gegenüber der betreffenden Behörde oder Stelle (vgl. → Rn. 16). Abs. 4 formuliert damit eine Pflicht zur Konsultation der für die Gruppenaufsicht zuständigen Behörde unabhängig davon, ob die jeweilige Sanktion oder Maßnahme Relevanz für ein Unternehmen hat, das von der für die Gruppenaufsicht zuständigen Behörde auf Einzelbasis beaufsichtigt wird.

VI. Absehen von der Konsultation der Kollegiumsmitglieder (Abs. 5)

22 In Notfällen kann die BaFin von einer Konsultation der nach § 58 Abs. 4 zuständigen Behörden oder sonstigen zuständigen Stellen absehen, obwohl sich die beabsichtigte Entscheidung der BaFin auf die Aufsichtsaufgaben der betreffenden Stelle auswirken könnte. Insbesondere zeitkritische Maßnahmen nach § 79 dürften insoweit in Betracht kommen. Die betreffenden zuständigen Behörden oder sonstigen zuständigen Stellen sind über den Verzicht auf eine Konsultation unverzüglich zu informieren.

§ 60 Nachprüfung von Informationen über Unternehmen in anderen Vertragsstaaten

(1) Die Bundesanstalt führt auf Ersuchen einer zuständigen Behörde oder Stelle eines Vertragsstaates eine Nachprüfung von Informationen über Wertpapierinstitute, Investmentholdinggesellschaften, gemischte Finanzholdinggesellschaften, Finanzinstitute, Anbieter von Nebendienstleistungen, gemischte Unternehmen oder Tochterunternehmen, einschließlich Tochterunternehmen, bei denen es sich um Versicherungsgesellschaften handelt, nach Maßgabe des Absatzes 2 durch.

(2) Erhält die Bundesanstalt ein Ersuchen nach Absatz 1,
1. führt sie die Nachprüfung im Rahmen ihrer Befugnisse selbst durch,
2. führt sie die Prüfung auf Ersuchen der zuständigen Behörde unter deren Beteiligung durch oder
3. beauftragt sie einen Wirtschaftsprüfer oder Sachverständigen, eine Prüfung durchzuführen und umgehend über die Ergebnisse an die Bundesanstalt zu berichten.

(3) [1]Den ersuchenden zuständigen Behörden ist es gestattet, an der Nachprüfung nach Absatz 2 Nummer 1 oder der Prüfung nach Absatz 2 Nummer 3 teilzunehmen. [2]Die Bundesanstalt kann eine Maßnahme nach Absatz 2 Nummer 1 oder 3 oder eine Teilnahme der ersuchenden zuständigen Behörde nach Absatz 2 Nummer 2 verweigern, wenn
1. hierdurch die Souveränität, die Sicherheit oder die öffentliche Ordnung der Bundesrepublik Deutschland beeinträchtigt werden könnte oder
2. aufgrund desselben Sachverhaltes gegen die betreffenden Personen bereits ein gerichtliches Verfahren eingeleitet worden oder eine unanfechtbare Entscheidung ergangen ist.

(4) Kommt die Bundesanstalt einem Ersuchen einer zuständigen Behörde eines Vertragsstaates nicht nach, teilt sie dies der ersuchenden Behörde unverzüglich mit und legt die Gründe dar; im Falle einer Verweigerung nach Absatz 3 Nummer 2 sind genaue Informationen über das gerichtliche Verfahren oder die unanfechtbare Entscheidung zu übermitteln.

I. Vorbemerkung

1 § 60 setzt Art. 50 IFD um und regelt die Amtshilfe der BaFin gegenüber zuständigen Behörden oder sonstigen zuständigen Stellen eines anderen Vertragsstaats (→ § 2 Rn. 417) bei der Nachprüfung von Informationen über Wertpapierinstitute, Investmentholdinggesellschaften, gemischte Finanzholdinggesellschaften, Finanzinstitute, Anbieter von Nebendienstleistungen, gemischte Unternehmen oder Tochterunternehmen (→ § 2 Rn. 405 f.).

2 Die Vorschrift steht im Zusammenhang mit § 7 Abs. 2, der jedoch nur die Verifikation bestimmter aufsichtlich übermittelter Informationen auf Ersuchen zuständiger Behörden eines Vertragsstaats betrifft. § 7 Abs. 2 ist damit hinsichtlich des Prüfungsgegenstands enger, erlaubt aber – im Gegensatz zu § 60 – auch die Prüfung durch die ausländische Behörde selbst, dh ein hoheitliches Tätigwerden der ausländischen Behörde innerhalb des Zuständigkeitsbereichs

der BaFin (→ § 7 Rn. 9; s. auch Lendermann/Nemeczek/Schroeter/Schemmel § 7 Rn. 13).

II. Amtshilfeersuchen (Abs. 1, 2 und Abs. 3 S. 1)

3 Die Überprüfung der Informationen zu den genannten Unternehmen erfolgt nach Maßgabe von Absatz 2. Danach kann die BaFin, wenn sie ein entsprechendes Nachprüfungsersuchen erhält,
- die Nachprüfung selbst durchführen (Nr. 1);
- die Prüfung auf Ersuchen der zuständigen Behörde unter deren Beteiligung durchführen (Nr. 2); oder
- einen Wirtschaftsprüfer oder Sachverständigen mit der Prüfung beauftragen (Nr. 3).

Die Auswahl hat die BaFin nach pflichtgemäßem Ermessen zu treffen.

4 Anders als Art. 50 Abs. 2 S. 1 IFD sieht § 60 Abs. 2 keine Möglichkeit vor, der ersuchenden Behörde selbst zu gestatten, die Nachprüfung durchzuführen. Ein Verstoß gegen die Umsetzungsvorgabe der IFD dürfte darin liegen. Hierfür wäre ein Verständnis von Art. 50 Abs. 2 S. 1 IFD erforderlich, demgemäß die jeweilige nationale Behörde zwingend sämtliche dort aufgelisteten Optionen zur Auswahl erhalten muss. Art. 50 Abs. 2 S. 1 IFD spricht aber nur davon, dass die jeweiligen nationalen Behörden dem Ersuchen auf einer der genannten Weisen nachkommen. Die Beschränkung der Optionen dürfte daher noch im Einklang mit den Vorgaben der IFD stehen.

5 Dennoch ist § 60 gesetzgeberisch missglückt. Zum einen erscheint der mit der Beschränkung der Auswahloptionen der BaFin offenbar verfolgte Souveränitätsschutz angesichts des Stands der Harmonisierung aufsichtlichen Handelns im EWR verfehlt. Ein unmittelbares Tätigwerden der ausländischen Behörde auf deutschem Hoheitsgebiet sieht überdies bereits § 7 Abs. 2 in einer sehr ähnlichen Sachverhaltskonstellation vor. Auch die Parallelvorschrift in § 10 Abs. 2 Nr. 2 KAGB sieht die Möglichkeit einer Durchführung der Überprüfung durch die ersuchende Stelle selbst vor.

6 Zum anderen ist angesichts von Abs. 3 S. 1 kaum noch ein unterscheidbarer Inhalt in Abs. 2 Nr. 1 und 2 hineinzulesen. Gemäß Abs. 3 S. 1 ist es den ersuchenden Behörden in den Fällen von Abs. 2 Nr. 1 und 3 gestattet, an der Nachprüfung teilzunehmen. Im Zusammenhang mit Abs. 3 S. 1 sieht Abs. 2 Nr. 1 also vor, dass die BaFin die Nachprüfung durchführt, die ausländische Behörde aber teilnehmen darf. Abs. 2 Nr. 2 dagegen sieht vor, dass die BaFin die Nachprüfung auf Ersuchen der ausländischen Behörde „unter deren Beteiligung" durchführt. Die Vorgabe in Art. 50 Abs. 2 S. 2 IFD, auf dem § 60 Abs. 3 S. 1 beruht, ergibt dort einen Sinn: Darf die ausländische Behörde die Nachprüfung nicht selbst durchführen, ist ihr wenigstens die Teilnahme zu gestatten. Um einen Sinn in § 60 Abs. 3 S. 1 im Zusammenhang mit Abs. 2 Nr. 1 und 2 hineinzulesen, lässt sich allenfalls eine marginale Unterscheidung anführen: Danach führt bei Abs. 2 Nr. 1 die BaFin die Nachprüfung grundsätzlich selbst und ohne Beteiligung der ausländischen Behörde durch. Nur auf Anfrage sind dieser Teilnahmemöglichkeiten zu eröffnen. Bei Abs. 2 Nr. 2 wird die Nachprüfung von vornherein unter Beteiligung der ausländischen Behörde durchgeführt. Immerhin dürfte sich die gesetzgebungstechnisch fragwürdige Formulierung von § 60 Abs. 2 und Abs. 3 S. 1 in der Praxis kaum auswirken (vgl. Lendermann/Nemeczek/Schroeter/Heemann § 60 Rn. 10).

§ 60 regelt nicht die Kompetenz der BaFin zur Durchführung der entsprechenden Nachprüfungen. Diese ist in § 5 Abs. 4 geregelt (→ § 5 Rn. 47 ff.). 7

III. Kooperationsverweigerung (Abs. 3 S. 2)

Die Amtshilfe gem. Abs. 2 kann gegenüber der ersuchenden ausländischen Behörde nach Abs. 3 S. 2 verweigert werden, wenn 8

- „die Souveränität, die Sicherheit oder die öffentliche Ordnung der Bundesrepublik Deutschland beeinträchtigt werden könnte" (Nr. 1); oder wenn
- „aufgrund desselben Sachverhaltes gegen die betreffenden Personen bereits ein gerichtliches Verfahren eingeleitet worden oder eine unanfechtbare Entscheidung ergangen ist" (Nr. 2).

Ähnliche Verweigerungsbefugnisse für ein Amtshilfeersuchen sieht zB auch § 10 Abs. 3 KAGB vor. Während sich § 10 Abs. 3 KAGB aber auf Richtlinienbefugnisse stützen kann (s. Art. 99 Abs. 4 RL 2009/65/EG bzw. Art. 54 Abs. 3 RL 2011/61/EU), fehlt es an einer vergleichbaren Bestimmung in der IFD. Die Europarechtskonformität der Einfügung von in der Richtlinie nicht vorgesehenen Ausnahmen – so verständlich sie auch sein mögen – erscheint daher zumindest fraglich. In jedem Fall dürfte europarechtlich eine extrem restriktive Auslegung geboten sein.

Inhaltlich dürfte sich Nr. 1 daher auf einen engen Ordre-Public-Vorbehalt beschränken, der in der Praxis bei Amtshilfeersuchen kaum einmal einschlägig sein dürfte. 9

Nr. 2 ist dem Wortlaut nach eine Erweiterung des strafrechtlichen Grundsatzes ne bis in idem (Art. 103 Abs. 3 GG). Entsprechend dem strafrechtlichen Grundsatz soll nicht erst die doppelte Bestrafung, sondern schon die doppelte Verfahrensführung ausgeschlossen werden. Erweitert wird der Grundsatz wortlautgemäß insoweit, als Nr. 2 offenbar nicht nur bei bereits laufenden strafrechtlichen Gerichtsverfahren anwendbar sein soll, sondern zB auch bei verwaltungsgerichtlichen Verfahren. 10

Eine entsprechende Erweiterung findet sich auch in § 10 Abs. 3 KAGB, dort allerdings vor dem Hintergrund einer entsprechenden Richtlinienbestimmung, die in der IFD fehlt (→ Rn. 8). Die Ausnahmebestimmung erscheint aus europarechtlichen Gründen besonders fragwürdig, da die betreffende ausländische Behörde regelmäßig ohnehin an die europäischen Ausprägungen des ne bis in idem-Grundsatzes gebunden wäre (Art. 50 GRCh bzw. Art. 54 SDÜ). Praktisch dürfte vor dem Hintergrund der gebotenen einschränkenden Auslegung (→ Rn. 8) jedenfalls immer dann, wenn die ersuchende ausländische Behörde die Einleitung gerichtlicher Verfahren gegen die betreffenden Personen aufgrund desselben Sachverhalts (ggf. auf Anfrage) ausschließt, eine rechtskonforme Kooperationsverweigerung für die BaFin nicht mehr in Betracht kommen (vgl. zur entsprechenden Auslegung von § 10 Abs. 3 KAGB zB Emde/Dornseifer/Dreibus/Emde KAGB § 10 Rn. 33). 11

IV. Mitteilung über die Kooperationsverweigerung (Abs. 4)

Die Verweigerung der Amtshilfe ist gegenüber der ersuchenden Behörde mitzuteilen und angemessen zu begründen. Im Fall einer Verweigerung nach Abs. 3 S. 2 Nr. 2 sind hinreichende Informationen zu dem genauen Verfahren bzw. der betreffenden unanfechtbaren Entscheidung zu übermitteln. 12

Unterabschnitt 2. Investmentholdinggesellschaften, gemischte Finanzholdinggesellschaften und gemischte Unternehmen

§ 61 Einbezug von Holdinggesellschaften bei der Überwachung der Einhaltung des Gruppenkapitaltests

Investmentholdinggesellschaften und gemischte Finanzholdinggesellschaften werden bei der Überwachung der Einhaltung des Gruppenkapitaltests von der Bundesanstalt einbezogen.

1 Die Vorschrift setzt Art. 51 IFD um und sieht eine Einbeziehung von Investmentholdinggesellschaften (→ § 2 Rn. 394 ff.) und gemischten Finanzholdinggesellschaften (→ § 2 Rn. 397 ff.) in den Gruppenkapitaltest nach Art. 8 IFR vor.

2 Gruppenkapitaltests werden von der BaFin als milderes aufsichtliches Mittel gegenüber der Konsolidierung (Art. 7 IFR) unter den in Art. 8 IFR bestimmten Voraussetzungen durchgeführt. Nach der Verwaltungspraxis der BaFin geschieht dies nur auf Antrag, obwohl Art. 8 IFR für ein solches Verständnis der Bestimmung keine Anhaltspunkte enthält (s. Lendermann/Nemeczek/Schroeter/Freis-Janik vor § 56 Rn. 59).

3 Der wesentliche Regelungsinhalt ist dem Wortlaut nicht ohne weiteres zu entnehmen. Gemäß Art. 8 Abs. 3 IFR gelten die Kapitalvorgaben des Gruppenkapitaltests ohnehin für „Unions-Mutterinvestmentholdinggesellschaften, gemischte Unions-Mutterfinanzholdinggesellschaften und alle anderen Mutterunternehmen, bei denen es sich um Wertpapierfirmen, Finanzinstitute, Anbieter von Nebendienstleistungen oder vertraglich gebundene Vermittler in der Wertpapierfirmengruppe handelt". Das erfasst gem. Art. 8 Abs. 2 lit. b auch in Drittländern ansässige Unternehmen, die unter die entsprechenden Definitionen gem. Art. 4 IFR fallen würden, wenn sich ihr Sitz in einem Mitgliedstaat befände. Selbst in Bezug auf in Drittstaaten ansässige Investmentholding- bzw. gemischte Finanzholdinggesellschaften ergibt sich somit keine durch Art. 51 IFD bzw. § 61 zu schließende Regelungslücke.

4 Die eigenständige Bedeutung der Vorschrift erklärt sich erst vor dem Hintergrund von Gruppenkapitaltests auf mehreren Ebenen („Multi-Level-GCT"). Da die Kapitalvorgaben gem. Art. 8 Abs. 3 IFR ausdrücklich für „alle anderen" qualifizierten Mutterunternehmen gilt, können wortlautgemäß innerhalb einer Gruppe mehrere Ebenen für die Berechnung des Gruppenkapitaltests zu unterscheiden sein. Zwar hat die Abwesenheit einer ausdrücklichen Regelung von Multi-Level-GCT sowie flankierender Bestimmungen zur Durchführung dazu geführt, dass in der Literatur von einem Ein-Level-GCT (auf Ebene des in der Gruppenstruktur jeweils höchsten qualifizierten Gruppenunternehmens) ausgegangen wird (s. Lendermann/Nemeczek/Schroeter/Freis-Janik WpIG vor § 56 Rn. 95 ff.). Die dahinterstehende Kritik an der gesetzgebungstechnischen Qualität des WpIG bzw. der Richtlinienvorgabe in der IFD ist auch nicht unberechtigt. Angesichts des insoweit klaren Wortlauts und der andernfalls drohenden wesentlichen Bedeutungslosigkeit von Art. 51 IFD ist jedoch davon auszugehen, dass der Verordnungsgeber in Art. 8 IFR ein Multi-Level-GCT zu regeln beabsichtigte und lediglich sinnvolle ergänzende Bestimmungen hierzu – aus unklaren Gründen – nicht in die IFR oder die IFD aufnahm. Ein entsprechendes Verständnis liegt auch den EBA-Leitlinien GL/2024/03 zugrunde (vgl. zB Ziff. 14: „The own funds requirements are thus calculated at the level of each intermediate parent").

5 Vor diesem Hintergrund erklärt sich § 61. Art. 8 Abs. 3 gibt im Zusammenhang mit Art. 8 Abs. 2 lit. b IFR vor, dass die Kapitalvorgaben auch für Wertpapierinstitute, Finanzinstitute, Anbieter von Nebendienstleistungen oder vertraglich gebundene Vermittler mit Sitz außerhalb des EWR maßgeblich sind, sofern es sich um Mutterunternehmen innerhalb einer Wertpapierinstitutsgruppe handelt. § 61 konkretisiert dies für praktisch-aufsichtliche Zwecke dahingehend, dass Investmentholdinggesellschaften und gemischte Finanzholdinggesellschaften (deren Sitz sich auch außerhalb des EWR befinden kann) beim Gruppenkapitaltest einzubeziehen sind, also eigene Ebenen im Rahmen eines Multi-Level-GCT bilden können.

6 Ob der BaFin hinsichtlich der Berücksichtigung der entsprechenden Unternehmen als eigene Gruppenkapitaltest-Ebene ein Ermessensspielraum verbleiben soll (so Lendermann/Nemeczek/Schroeter/Freis-Janik § 61 Rn. 10 ff.), geht aus dem Wortlaut von § 61 und aus dem Wortlaut der Richtlinienvorgabe in Art. 51 IFD nicht zweifelsfrei hervor. Für eine weite Auslegung der Vorschrift spräche insbesondere die weitergehende Möglichkeit der BaFin, den konkreten Gruppenkapitaltest risikoadäquat auszugestalten; die risikoadäquate Vereinfachung von Verwaltungsvorgaben ist der wesentliche Zweck des Art. 8 IFR. Gerade weil es sich bei Art. 8 IFR um eine aufsichtlich privilegierende Ausnahmevorschrift handelt, dürften die besseren Gründe aber gegen ein derartiges Ermessen sprechen. Auch der Wortlaut wäre mit einem engeren Verständnis besser vereinbar. „Einbezogen" wären die entsprechenden Unternehmen in der genannten weiten Auslegung ggf. nur noch in die aufsichtlichen Vorüberlegungen zur Durchführung des Gruppenkapitaltests. Im eigentlichen Gruppenkapitaltest würden sie als eigenständige Ebene nicht mehr berücksichtigt werden.

7 Ein Ermessen der BaFin dürfte sich daher auf die konkrete Ausgestaltung des Gruppenkapitaltests beschränken (Informationsumfang, Nachweispflichten etc), nicht aber auf die Frage der im Rahmen des Gruppenkapitaltests überhaupt als Mutterunternehmen zu berücksichtigenden Unternehmen. Zudem ist es der BaFin gestattet, die Kapitalanforderungen im Einzelfall nach Maßgabe von Art. 8 Abs. 4 IFR zu senken.

§ 62 Qualifikation von Geschäftsleitern und Mitgliedern des Verwaltungs- oder Aufsichtsorgans einer Investmentholdinggesellschaft oder einer gemischten Finanzholdinggesellschaft; Tätigkeitsuntersagung; Verwarnung

(1) [1]Geschäftsleiter und Mitglieder des Verwaltungs- oder Aufsichtsorgans einer Investmentholdinggesellschaft oder einer gemischten Finanzholdinggesellschaft müssen zuverlässig sein und über ausreichende Kenntnisse, Fähigkeiten und Erfahrung für die wirksame Erfüllung ihrer Aufgaben unter Berücksichtigung der besonderen Rolle einer Investmentholdinggesellschaft oder gemischten Finanzholdinggesellschaft verfügen. [2]Sie müssen der Wahrnehmung ihrer Aufgaben ausreichend Zeit widmen.

(2) [1]Bei Investmentholdinggesellschaften und gemischten Finanzholdinggesellschaften kann die Bundesanstalt die Abberufung der in Absatz 1 genannten Personen verlangen und ihnen die Ausübung ihrer Tätigkeit untersagen, wenn

1. sie die Anforderungen an die Ausübung einer Tätigkeit als Geschäftsleiter oder Mitglied des Verwaltungs- oder Aufsichtsorgans nach Absatz 1 nicht erfüllen oder
2. sie vorsätzlich oder leichtfertig gegen dieses Gesetz, gegen die zur Durchführung dieses Gesetzes erlassenen Verordnungen oder gegen Anordnungen der Bundesanstalt verstoßen haben und trotz Verwarnung durch die Bundesanstalt dieses Verhalten fortsetzen.

[2]Die Abberufung von Arbeitnehmervertretern im Aufsichtsrat erfolgt allein nach den Vorschriften der Mitbestimmungsgesetze.

(3) **Die Bundesanstalt kann einen Geschäftsleiter oder ein Mitglied des Verwaltungs- oder Aufsichtsorgans einer Investmentholdinggesellschaft oder einer gemischten Finanzholdinggesellschaft verwarnen, wenn dieser vorsätzlich oder leichtfertig gegen dieses Gesetz, gegen die zur Durchführung dieses Gesetzes erlassenen Verordnungen oder gegen Anordnungen der Bundesanstalt verstoßen hat.**

Übersicht

I. Vorbemerkung

1 § 62 setzt Art. 52 IFD um und betrifft Anforderungen an Geschäftsleiter sowie an Mitglieder des Verwaltungs- oder Aufsichtsorgans von Investmentholdinggesellschaften (→ § 2 Rn. 394 ff.) und gemischten Finanzholdinggesellschaften (→ § 2 Rn. 397 ff.). Die Vorschrift ist hinsichtlich der Anforderungen an Geschäftsleiter § 2d Abs. 1 KWG nachgebildet.

2 Anforderungen an Geschäftsleiter von gemischten Finanzholdinggesellschaften sehen sowohl § 2d Abs. 1 KWG als auch § 62 Abs. 1 WpIG in jeweils eigenen Formulierungen vor. Trotz der unterschiedlichen Formulierungen ist nicht von inhaltlichen Abweichungen der Vorgaben auszugehen. Es handelt sich insoweit um eine Redundanz, die dem gesetzgeberischen Streben nach einer möglichst wortlautgetreuen Umsetzung der IFD im WpIG geschuldet ist, aber keine materiellen Zusatzpflichten begründet.

3 § 62 WpIG trägt, wie sein Vorbild in § 2d KWG, dem Umstand Rechnung, dass Investmentholdinggesellschaften bzw. gemischte Finanzholdinggesellschaften erheblich auf die Leitung ihrer regulierten Gruppenunternehmen einwirken können (vgl. Lendermann/Nemeczek/Schroeter/Scholz § 62 Rn. 19). Es besteht daher ein regulatorischer Bedarf, auch in der Leitung solcher Holdinggesellschaften eine geeignete Unternehmensleitung und Leitungskontrolle sicherzustellen.

II. Eignung der Geschäftsleiter und Mitglieder des Verwaltungs- oder Aufsichtsorgans (Abs. 1)

Abs. 1 gibt in einer einheitlichen Formulierung vor, dass Geschäftsleiter und Mitglieder des Verwaltungs- oder Aufsichtsorgans von Investmentholdinggesellschaften und gemischten Finanzholdinggesellschaften zuverlässig sein und über ausreichende Kenntnisse, Fähigkeiten, Erfahrung und Zeit zur Erfüllung ihrer jeweiligen Aufgaben verfügen müssen. Geschäftsleiter sind diejenigen natürlichen Personen, die nach Gesetz, Satzung oder Gesellschaftsvertrag zur Führung der Geschäfte und zur Vertretung der Investmentholdinggesellschaft bzw. gemischten Finanzholdinggesellschaft berufen sind (§ 2 Abs. 36). Verwaltungs- oder Aufsichtsorgan ist jedes Organ, dem die Überwachung der Geschäftsleitung der betreffenden Investmentholdinggesellschaft bzw. gemischten Finanzholdinggesellschaft obliegt, unabhängig davon, ob es sich um ein gesellschaftsrechtlich verpflichtend einzurichtendes Organ handelt oder nicht (vgl. für § 25d KWG Schwennicke/Auerbach/Schwennicke KWG § 25d Rn. 4). 4

Die an den einzelnen Geschäftsleiter bzw. das einzelne Mitglied des Verwaltungs- oder Aufsichtsorgans zu stellenden Anforderungen können sich jedoch erheblich voneinander unterscheiden. Sie richten sich nach dem jeweiligen Risikoprofil der konkreten Holdinggesellschaft bzw. der ihr unterstellten Unternehmensgruppe (Proportionalitätsgrundsatz). Allgemein gilt aber, dass bei ansonsten gleicher Größe, Bedeutung und Komplexität der jeweiligen Gruppe höhere Anforderungen an Geschäftsleiter bzw. Mitglieder des Verwaltungs- oder Aufsichtsorgans von gemischten Finanzholdinggesellschaften im Vergleich zu der jeweiligen Funktion in Investmentholdinggesellschaften zu stellen sind (nur hinsichtlich der Geschäftsleitungsebene ebenso Lendermann/Nemeczek/Schroeter/Scholz § 62 Rn. 51). Grund hierfür ist der im Fall von gemischten Finanzholdinggesellschaften zusätzlich zu berücksichtigende Aspekt der versicherungsaufsichtsrechtlichen Regulierung mindestens eines Tochterunternehmens. Hierdurch erhöhen sich sowohl die Anforderungen an die Leitung der Holding als auch die Anforderungen an die Kontrolle der Geschäftsleitung. 5

Innerhalb einer gemischten Finanzholdinggesellschaft bzw. einer Investmentholdinggesellschaft sind deutlich höhere Anforderungen an die Geschäftsleitung im Vergleich zu den Mitgliedern des Verwaltungs- oder Aufsichtsorgans zu stellen. Insbesondere gilt für die Geschäftsleitung das Prinzip der Gesamtverantwortung in Anlehnung an MaRisk AT 3. Die Geschäftsleitung trägt Verantwortung für die ordnungsgemäße Geschäftsorganisation und muss in der Lage sein, die Risiken des Unternehmens adäquat zu bewerten. 6

1. Zuverlässigkeit

Die Zuverlässigkeit von Geschäftsleitern und Mitgliedern des Aufsichtsorgans wird vermutet. Sie besteht also, wenn keine Tatsachen vorliegen, aus denen sich eine Unzuverlässigkeit ergibt (vgl. § 18 Abs. 1 Nr. 7). 7

Eine Tatsache begründet die Unzuverlässigkeit, wenn sie objektiv erhebliche Zweifel an einer ordnungsgemäßen Wahrnehmung der Aufgaben des Geschäftsleiters bzw. des Mitglieds des Kontrollorgans begründet (vgl. EBA/GL/2021/06 Ziff. 72). Die Bandbreite hierfür in Betracht kommender Tatsachen ist durch § 62 nicht eingeschränkt (s. für die Zwecke des KWG etwa Beck/Samm/Kokemoor/ 8

Würdemann KWG § 33 Rn. 47). Als Gründe für eine Unzuverlässigkeit kommen insbesondere in Betracht:

- Straftaten oder Ordnungswidrigkeiten, die in besonderer Weise Rückschlüsse auf die Zuverlässigkeit der Person erlauben (zB aus dem Vermögensstrafrecht oder dem Steuerrecht);
- sonstige relevante schwere oder nachhaltige Verstöße durch die betreffende Person, auch unterhalb der Schwelle von Straftaten oder Ordnungswidrigkeiten (zB unzureichende Wahrnehmung der Kontrollfunktion als Aufsichtsratsmitglied, Verletzung von Buchführungspflichten, unrichtige Angaben in aufsichtlichen Verfahren, wiederholte Verletzung zivilrechtlicher Pflichten);
- Verstöße eines Unternehmens gegen Ordnungsvorschriften für den Geschäftsbetrieb in einem von der betreffenden Person (mit-)verantworteten Bereich (zB schwerwiegende geschäftsorganisatorische Mängel eines in der Vergangenheit von der betreffenden Person geleiteten Unternehmens; mangelhafte Umsetzungen aufsichtlicher Bescheide oder Anfragen (vgl. für das KWG Geschwandtner NJW 2006, 1571 (1572));
- schwere Straftaten ohne Rücksicht auf einen Vermögens- oder Geschäftsbezug, soweit sie objektiv Zweifel an der charakterlichen Eignung der betreffenden Person begründen;
- persönliche Umstände, die auf eine mangelnde Eignung der Person schließen lassen (zB Geisteskrankheit, Drogen- oder Spielsucht);
- Interessenkonflikte (zB gleichzeitige Tätigkeit für ein konkurrierendes Unternehmen oder einen Zulieferer);
- ungeordnete Vermögensverhältnisse (zB Verschuldung oder nicht nachvollziehbare finanzielle oder sonstige Ressourcen) (vgl. Lendermann/Nemeczek/Schroeter/Scholz § 62 Rn. 23; für das KWG Schwennicke/Auerbach/Schwennicke KWG § 25c Rn. 12); oder
- Sanktionierung der betreffenden Person nach einem unmittelbar geltenden europäischen Rechtsakt (vgl. § 2a).

9 Ergibt sich eine Unzuverlässigkeit nicht aus der Aufsicht bereits bekannten Umständen, erfolgt die weitere Prüfung auf Basis von Auszügen aus dem Bundeszentralregister (§ 8 Abs. 1 WpI-AnzV) bzw. aus den jeweiligen ausländischen Äquivalenten, falls die betreffende Person in den letzten zehn Jahren ihren Wohnsitz im Ausland hatte (§ 8 Abs. 4 WpI-AnzV) sowie ferner aus dem Gewerbezentralregister (§ 9 WpI-AnzV) und ggf. den Auskünften früherer Arbeitgeber (§ 5 Abs. 2 WpI-AnzV; vgl. insges. Lendermann/Nemeczek/Schroeter/Scholz § 62 Rn. 21).

10 Auf eine Verurteilung im Zusammenhang mit der Tatsache, die Zweifel an der Zuverlässigkeit begründen, kommt es nicht an (s. für die Parallelnorm in § 25c KWG Schwennicke/Auerbach/Schwennicke KWG § 25c Rn. 8a). Vorsätzliches Handeln ist nicht erforderlich; ein Fahrlässigkeitsvorwurf kann für die Feststellung einer Unzuverlässigkeit genügen, sofern der betreffende Sorgfaltspflichtverstoß hinreichend aussagekräftig ist (vgl. wiederum für das KWG Beck/Samm/Kokemoor/Kleinert KWG § 25c Rn. 29). Auch Taten, von deren Verfolgung nach den §§ 153 ff. StPO abgesehen worden ist, können bei der Prüfung der Zuverlässigkeit berücksichtigt werden (aA jedenfalls für § 153a StPO Fischer/Schäfer/Schulte-Mattler/Schulte-Mattler/Fischer/Müller KWG § 33 Rn. 41). § 6 Abs. 6 S. 3 WpI-AnzV bestimmt ausdrücklich, dass auch nach §§ 153, 153a StPO eingestellte Verfahren anzugeben sind. Im Fall einer Tilgung des Eintrags aus dem Bundeszentralregister ist eine Verwertung auch zur Feststellung der Unzuverlässigkeit jedoch

ausgeschlossen (vgl. §51 BZRG; s. Fischer/Schäfer/Schulte-Mattler/Schulte-Mattler/Fischer/Müller KWG § 33 Rn. 41). Der bloße Umstand der Eröffnung eines Ermittlungsverfahrens kann für sich ebenfalls keine Unzuverlässigkeit begründen (anders teilweise die aufsichtliche Praxis). In Ermittlungsakten aufgeführte Sachverhalte, Hinweise, Beweismittel etc dürfen aber durchaus berücksichtigt werden, soweit sie für die aufsichtliche Prognoseentscheidung von Belang sind.

2. Kenntnisse, Fähigkeiten und Erfahrung

Erforderlich sind mit Blick auf die ausgeübte Funktion und die konkrete Investmentholdinggesellschaft bzw. gemischte Finanzholdinggesellschaft ausreichende theoretische und praktische Kenntnisse, Fähigkeiten und Erfahrungen. Das jeweils erforderliche Maß wird bestimmt anhand der konkreten Stellung der betreffenden Person sowie dem konkreten Risikoprofil der Investmentholdinggesellschaft bzw. gemischten Finanzholdinggesellschaft (Proportionalitätsgrundsatz). 11

Theoretische Kenntnisse umfassen das durch formale Bildung und Ausbildung erworbene, abstrakte, konzeptionelle Wissen über wirtschaftliche, juristische und fachliche Zusammenhänge. Eine akademische Ausbildung ist zum Erwerb der erforderlichen theoretischen Kenntnisse nicht zwingend erforderlich. Sie können auch im Rahmen einer Ausbildung und/oder durch geeignete Schulungsmaßnahmen erworben werden. Während die für die Ausübung der jeweiligen Tätigkeiten erforderlichen praktischen Kenntnisse, Fähigkeiten und Erfahrungen nur einmalig bei Aufnahme der Tätigkeit vorliegen müssen, sind die theoretischen Kenntnisse grundsätzlich durch geeignete Maßnahmen regelmäßig zu aktualisieren (s. auch Lendermann/Nemeczek/Schroeter/Scholz § 62 Rn. 29). 12

Zum Nachweis dienen insbesondere die bei der Absichtsanzeige gegenüber der BaFin anzugebenden Bildungs- und Berufsabschlüsse (§ 5 Abs. 1 WpI-AnzV iVm Art. 4 lit. a iii) DelVO (EU) 2017/1943). Ausbildungszeit ohne Erwerb eines Abschlusses wird grundsätzlich nicht berücksichtigt, da die tatsächlich erworbenen theoretischen Kenntnisse auf dieser Basis regelmäßig nicht prüfbar sind. Etwas anderes dürfte aber für nachweislich bestandene Zwischenprüfungen vor Erwerb eines Berufs- oder Bildungsabschlusses gelten, da sich hieraus bereits auf einen bestimmten Kenntnisumfang schließen lässt. 13

Praktische Kenntnisse bezeichnen anwendungsorientiertes Fachwissen in relevanten Geschäftsbereichen, das durch die Ausübung entsprechender Tätigkeiten erworben worden ist (Lendermann/Nemeczek/Schroeter/Scholz § 62 Rn. 30; vgl. zum KWG etwa Fischer/Schäfer/Schulte-Mattler/Schulte-Mattler/Braun KWG § 25c Rn. 17). Beispiele sind erforderliche Markt- und Produktkenntnisse, Kenntnisse in der praktischen Organisation und Arbeitsweise einer Investmentholdinggesellschaft bzw. gemischten Finanzholdinggesellschaft sowie Wissen über die Prozesse beim Erwerb, der Verwaltung oder der Veräußerung von Beteiligungen. 14

Aufgrund der bisherigen beruflichen Tätigkeiten der betreffenden Person muss anzunehmen sein, dass die betreffende Person über die für ihre jeweilige Stellung erforderlichen praktischen Kenntnisse verfügt. Die Aufsicht prüft die praktischen Kenntnisse daher insbesondere auf Basis des Lebenslaufs (vgl. § 5 WpI-AnzV). 15

Neben theoretischem und praktischem Wissen verlangt § 62 Abs. 1 auch ausreichende Fähigkeiten der Person für die Ausübung der Geschäftsleitung bzw. die Stellung als Mitglied des Aufsichtsorgans der Holding. Gemeint sind hiermit die persönlichen Kompetenzen und Fertigkeiten zur praktischen Anwendung der 16 gesammelten Kenntnisse und Erfahrungen. Die jeweiligen Positionen verlangen in unterschiedlichem Maß insbesondere analytische Fähigkeiten (Interpretation von Sachverhalten, Erkennung von Zusammenhängen, Aufnahme neuer Informationen etc), Organisationskompetenz (Planung, Steuerung und Kontrolle von Prozessen) sowie soziale Fähigkeiten (Führungsqualitäten, Konfliktlösungsfähigkeit etc).

17 Obwohl es sich nach dem Wortlaut um einen eigenständigen aufsichtlichen Prüfungspunkt handelt, spielt die Prüfung ausreichender Fähigkeiten praktisch nur eine untergeordnete Rolle. Der Schluss auf die erforderlichen Fähigkeiten erfolgt auf Basis der primär zum Nachweis von praktischen Kenntnissen und Erfahrungen eingereichten Unterlagen, insbesondere dem Lebenslauf und etwaiger Arbeitszeugnisse. Belegen die Unterlagen eine hinreichende Erfahrung der Person in der Leitung der Geschäfte eines vergleichbaren regulierten Unternehmens bzw. der Leitungskontrolle, wird regelmäßig auch von hinreichenden Fähigkeiten der Person ausgegangen. Allenfalls in Ausnahmefällen sind Konstellationen denkbar, in denen trotz derartiger Erfahrungen objektive Umstände auf mangelhafte Fähigkeiten der Person hindeuten. Anders als etwa beim Leitungspersonal bedeutender, direkt von der EZB beaufsichtigter Institute, werden keine Leitungsinterviews durchgeführt (vgl. zur diesbezüglichen Verwaltungspraxis EZB, Leitfaden zur Beurteilung der fachlichen Qualifikation und persönlichen Zuverlässigkeit, 12/2021, Ziff. 6). Im Anwendungsbereich des KWG enthält § 24 Abs. 3e KWG eine ausdrückliche Befugnis zur Durchführung von Interviews, die im WpIG keine Entsprechung hat.

18 Hinreichende Erfahrungen für die Ausübung einer Aufsichtsfunktion können auch durch die Leitung eines Wertpapierinstituts, einer Investmentholding oder einer gemischten Finanzholding oder sonstiger Unternehmen aus dem Finanzsektor erworben werden (vgl. für § 21 Lendermann/Nemeczek/Schroeter/Sajnovits § 21 Rn. 48). Umgekehrt genügen Aufsichtserfahrungen jedoch nicht zur Übernahme einer Leitungsfunktion; es bedarf insoweit spezifischer Leitungserfahrung.

19 Auch hinsichtlich der erforderlichen Erfahrung der betreffenden Person macht § 62 keine genauen Angaben. Entsprechend den (strengeren) Qualifizierungsanforderungen an Geschäftsleiter von Wertpapierinstituten in § 20 Abs. 1 S. 2 muss sie jedenfalls dann regelmäßig anzunehmen sein, wenn die betreffende Person drei Jahre in entsprechender Funktion bei einer Investmentholdinggesellschaft bzw. gemischten Finanzholdinggesellschaft von vergleichbarer Art und Größe tätig war. Das Fehlen einer entsprechenden Regelung spricht dafür, dass im Regelfall auch schon deutlich geringere Erfahrungswerte ausreichen.

20 Eine Besonderheit gegenüber der Parallelnorm in § 20 dürfte sein, dass die erforderlichen Erfahrungen auch im betreffenden Unternehmen vor dessen Einstufung als Investmentholdinggesellschaft bzw. genmischte Finanzholdinggesellschaft gesammelt werden können. Dies ergibt sich schon daraus, dass in beiden Fällen graduelle Änderungen des Unternehmensschwerpunkts zu einer entsprechenden Einordnung führen. So kann sich im Fall einer gemischten Finanzholdinggesellschaft der Gruppenschwerpunkt erst allmählich in Richtung der Finanzbranche iSd Art. 2 Nr. 14 lit. b i RL 2002/87/EG entwickelt haben. Bei der Einstufung als Investmentholdinggesellschaften stellt sich spiegelbildlich die Frage, ab wann die Tochterunternehmen der Holding „ausschließlich oder hauptsächlich Wertpapierinstitute oder Finanzinstitute sind" (§ 2 Abs. 27; siehe zum Parallelfall der Finanzholding-Gesellschaften Hammen DK 2021, 133 ff.). Anders als bei Wertpapierinstituten oder anderen regulierten Unternehmensformen, die für ihre

Geschäfte eine Erlaubnis benötigen, können die Tätigkeiten, aufgrund derer die Einstufung als gemischte Finanzholdinggesellschaft bzw. Investmentholdinggesellschaft erfolgt, also bereits vor der Einstufung rechtmäßig ausgeübt worden sein. Jedenfalls sofern die für eine gemischte Finanzholdinggesellschaft bzw. Investmentholdinggesellschaft wesenstypischen Tätigkeiten bereits vor der Einstufung als gemischte Finanzholdinggesellschaft bzw. Investmentholdinggesellschaft in nicht unerheblichem Umfang ausgeübt worden sind, können die nach § 62 erforderlichen Erfahrungen als Geschäftsleiter oder als Mitglied des Verwaltungsorgans auch in diesen Unternehmen erworben werden.

Ob das Unternehmen, in dem die Erfahrungen gesammelt wurden, vergleich- **21** baren oder sogar strengeren Regelungen als gemischte Finanzholdinggesellschaften bzw. Investmentholdinggesellschaften unterworfen ist, dürfte wie die allgemeine Größe und Unternehmenskomplexität nur bei der konkreten Bemessung der erforderlichen Erfahrungswerte zu berücksichtigen sein. In Unternehmen nicht vergleichbarer Größe oder in nicht vergleichbar regulierten Unternehmen aus dem Finanzsektor gesammelte Erfahrungen bleiben also nicht unberücksichtigt (ebenso Lendermann/Nemeczek/Schroeter/Scholz § 62 Rn. 32). Verfügt die Person über Erfahrungen in der Leitung bzw. als Mitglied des Verwaltungsorgans eines mindestens vergleichbar stark regulierten Unternehmens, genügt aber ein kürzerer Zeitraum für den Befund hinreichender Erfahrungswerte im Vergleich zu einer Person, deren Erfahrungen ausschließlich aus nicht vergleichbar regulierten oder vergleichbar großen Unternehmen stammen.

Die hinreichenden Erfahrungswerte der betreffenden Person werden auf Basis **22** des Lebenslaufes (§ 5 WpI-AnzV) und, soweit anwendbar, der Arbeitszeugnisse für unselbständige Tätigkeiten aus den letzten drei Jahren vor Anzeige der Absicht zur Bestellung des Geschäftsleiters (§ 67 Abs. 2 Nr. 1) bzw. vor Anzeige der Bestellung des Aufsichtsorganmitglieds (§ 67 Abs. 2 S. 1 Nr. 4) der Investmentholdinggesellschaft bzw. gemischten Finanzholdinggesellschaft (§ 67 Abs. 2 S. 2) geprüft.

3. Zeitliche Verfügbarkeit

Entsprechend den Vorgaben in Parallelvorschriften im WpIG (§ 20 Abs. 1 S. 1) **23** und andernorts (zB § 2d Abs. 1 und § 25c Abs. 1 S. 1 KWG) fordert § 62 Abs. 1 S. 2 auch ein für die wirksame Wahrnehmung der jeweiligen Aufgaben als Geschäftsleiter oder Mitglied des Aufsichtsorgans einer Investmentholding- oder gemischten Finanzholdinggesellschaft ausreichendes Zeitbudget. Im Wortlaut der Richtlinienvorgabe in Art. 52 IFD ist diese Anforderung – anders als bei Art. 28 Abs. 2 IFD in Bezug auf WpI-Geschäftsleiter – nicht enthalten. § 62 geht insoweit über die Vorgaben der IFD hinaus.

Die konkreten zeitlichen Anforderungen unterscheiden sich je nach Stellung, **24** Aufgabenverteilung und Unternehmen. So gelten für Mitglieder des Aufsichtsorgans deutlich geringere zeitliche Anforderungen; Mehrfachmandate sind üblich und grundsätzlich zulässig, sofern ein hinreichendes zeitliches Restbudget für die Aufsichtsaufgaben in der Investmentholding- bzw. gemischten Finanzholdinggesellschaft verbleibt. Auch bei Geschäftsleitern ist es nicht stets erforderlich, die Aufgabe in Vollzeit wahrzunehmen. Ob auch eine Teilzeitbeschäftigung als Geschäftsleiter in Betracht kommt, wird situationsbedingt entschieden. Zu berücksichtigen ist insoweit insbesondere die Komplexität und Größe des Unternehmens und der Gruppe sowie die Anzahl der Geschäftsleiter und ihr jeweiliges

Zeitbudget für die Leitung des Unternehmens (vgl. Lendermann/Nemeczek/Schroeter/Scholz § 62 Rn. 37).

25 Die zeitliche Verfügbarkeit wird vorrangig auf Basis des einzureichenden Formulars „Angaben zur Zuverlässigkeit und Mindestzeit gemäß Artikel 4 der Delegierten Verordnung (EU) 2017/1943" (Anlage 4 WpI-AnzV) geprüft.

III. Abberufung (Abs. 2)

26 Abs. 2 bestimmt die aufsichtlichen Eingriffsbefugnisse der BaFin bei nicht geeigneten Geschäftsleitern und Mitgliedern der Aufsichtsorgane von Investmentholding- und gemischten Finanzholdinggesellschaften. Adressiert sind die Investmentholding- bzw. gemischte Finanzholdinggesellschaften selbst (Abberufungsverlangen) und die betreffenden Geschäftsleiter bzw. Mitglieder des Aufsichtsorgans (Untersagung der Tätigkeit). Die Vorschrift dient der Sicherstellung einer fortwährend ordnungsgemäßen Leitung und Überwachung von Investmentholding- und gemischten Finanzholdinggesellschaften durch verhältnismäßige Verwaltungssanktionen iSv Art. 54 IFD (gegenüber den Unternehmen) bzw. Art. 18 Abs. 1 IFD (gegenüber den betreffenden Geschäftsleitern oder Mitgliedern des Aufsichtsorgans).

27 Die Vorschrift hat personenaufsichtsrechtlichen Charakter. Die aufsichtlichen Eingriffe sind jeweils belastende Verwaltungsakte und müssen dem Verhältnismäßigkeitsprinzip genügen. In der Systematik des Art. 12 Abs. 1 GG ist das Abberufungsverlangen als Berufsausübungsregelung zu qualifizieren, während die Tätigkeitsuntersagung eine Zulassungsbeschränkung ist. Für Tätigkeitsuntersagungen gelten daher besonders strenge Anforderungen. Es handelt sich um die ultima ratio der personenbezogenen Aufsicht (Lendermann/Nemeczek/Schroeter/Scholz § 62 Rn. 68).

28 Aufgrund des Verhältnismäßigkeitsgrundsatzes sind geeignete mildere Maßnahmen jeweils vorrangig anzuwenden. Statt der Ergreifung aufsichtlicher Maßnahmen gem. Abs. 2 S. 1 können etwa Nachqualifizierungsfristen in Betracht kommen, wenn zwar die Anforderungen an die theoretischen Kenntnisse eines Kandidaten unterschritten werden, aber die fehlenden Kenntnisse durch Schulungsmaßnahmen innerhalb eines so kurzen Zeitraums erworben werden können, dass aufsichtlich erheblichen Risiken aufgrund der fortgesetzten Ausübung der jeweiligen Tätigkeit binnen dieses Zeitraums nicht ersichtlich sind. Auch Auflagen können mildere Maßnahmen sein, zB in Form einer fristgemäßen Niederlegung von Parallelmandaten bei einer Unterschreitung zeitlicher Anforderungen.

29 Kommen aufsichtliche Maßnahmen gem. Abs. 2 S. 1 überhaupt in Betracht, ist daher angesichts der Eingriffsschwere eines Tätigkeitsverbots regelmäßig eine Beschränkung auf ein aufsichtliches Abberufungsverlangen geboten. Ein zusätzliches Tätigkeitsverbot ist nur dann gerechtfertigt, wenn jegliche Betätigung der Person in den betreffenden Funktionen bei einer Investmentholding- oder gemischten Finanzholdinggesellschaft die Erreichung aufsichtlicher Ziele erheblich gefährden würde (zu eng Lendermann/Nemeczek/Schroeter/Scholz § 62 Rn. 68, der eine Gefährdung des Finanz- oder Versicherungsmarkts voraussetzt). Steht nicht ausnahmsweise fest, dass diese Voraussetzungen dauerhaft erfüllt sind, ist das Tätigkeitsverbot aus Verhältnismäßigkeitsgründen angemessen zu befristen (ebenso Lendermann/Nemeczek/Schroeter/Scholz § 62 Rn. 69).

Tatbestandlich unterscheidet Abs. 2 S. 1 zwischen der Nichterfüllung von Eignungsvoraussetzungen (Nr. 1) und vorsätzlichen oder leichtfertigen Pflichtverstößen trotz vorheriger Verwarnung (Nr. 2). 30

Nr. 1 ist nicht nur einschlägig, wenn neu berufene Geschäftsleiter bzw. Mitglieder des Aufsichtsorgans von Investmentholding- oder gemischten Finanzholdinggesellschaften die Eignungsanforderungen gem. Abs. 1 nicht erfüllen, sondern auch bei einem Entfallen der Eignung nach Berufung, zB infolge einer strafrechtlichen Verurteilung (Zuverlässigkeit) oder der Annahme von Parallelmandaten (Zeitbudget). Auch bei erstmaliger Einstufung der betreffenden Gesellschaft als Investmentholding- bzw. gemischten Finanzholdinggesellschaft müssen die Geschäftsleiter und die Mitglieder des Aufsichtsorgans die Anforderungen nach Abs. 1 erfüllen. 31

Nr. 2 setzt voraus, dass die betreffende Person leichtfertig oder vorsätzlich gegen das WpIG, die zur Durchführung des WpIG erlassenen Verordnungen oder Anordnungen der BaFin trotz einer bereits erteilten Verwarnung verstoßen hat. Leichtfertigkeit idS entspricht im Wesentlichen grober Fahrlässigkeit im Zivilrecht (vgl. zB Fischer/Schäfer/Schulte-Mattler/Schulte-Mattler/Fischer/Krolop KWG § 36 Rn. 65a). Maßgeblich ist, ob sich die Pflichtverletzung in der konkreten Situation und unter Berücksichtigung der individuellen Kenntnisse und Fähigkeiten der Person aufdrängen musste. Einfache Fahrlässigkeit genügt nicht zur Erfüllung des Tatbestands in Nr. 2, ist aber bei der Beurteilung der Zuverlässigkeit der betreffenden Person im Rahmen eines Vorgehens nach Nr. 1 zu berücksichtigen. 32

Bei Nr. 2 ergibt sich aus dem Verhältnismäßigkeitsgrundsatz, dass nicht jeder den Wortlaut erfüllende Verstoß für ein Abberufungsverlangen in Betracht kommt. Der Verstoß muss vielmehr mit Blick auf die Sanktion hinreichend schwerwiegend oder nachhaltig sein. Vorsätzliche Pflichtverstöße sind dabei schwerer zu gewichten als leichtfertige, Verletzungen aufsichtsrechtlich besonders relevanter Pflichten schwerer als sonstige Pflichtverletzungen usw. 33

Das Abberufungsverlangen bzw. ein Tätigkeitsverbot gemäß Nr. 2 erfordert tatbestandlich eine vorherige Verwarnung. Unterlässt die Person den genauen in der Verwarnung bezeichneten Verstoß nicht, kommt demnach in jedem Fall ein Abberufungsverlangen in Betracht. Der Wortlaut knüpft jedoch – wie sein Vorbild in § 2d KWG – an ein fortgesetztes Verhalten, nicht an einen identischen Verstoß an. Erforderlich ist für die Abberufung nur die Fortsetzung eines in einem weiten Sinne verstandenen Verhaltens, das Anlass zur Verwarnung gab und einen Verstoß begründete (vgl. Lendermann/Nemeczek/Schroeter/Scholz § 62 Rn. 69 oder für die Zwecke von § 36 KWG Fischer/Schäfer/Schulte-Mattler/Schulte-Mattler/Fischer/Krolop KWG § 36 Rn. 65). Auch der Verstoß gegen unterschiedliche, aber inhaltlich zusammenhängende Rechtsnormen oder aufsichtliche Anordnungen kann daher eine Abberufung begründen (zB Verstöße gegen unterschiedliche Meldevorschriften). Ein zusätzlicher Verstoß, der in keinerlei Zusammenhang mit der Rechtsnorm oder aufsichtlichen Anordnung steht, die Anlass zu der Verwarnung gab, berechtigt die Aufsichtsbehörde jedoch nicht zu einem Abberufungsverlangen. Es bedarf dann zunächst einer erneuten Verwarnung. 34

Ein sofortiges Abberufungsverlangen bzw. ein Tätigkeitsverbot aufgrund einer Pflichtverletzung kommt nach dem Wortlaut von Nr. 2 nicht in Betracht. In Ausnahmefällen kann ein solches Vorgehen ohne vorherige Verwarnung aber auf Nr. 1 gestützt werden, wenn die besondere Schwere des Pflichtverstoßes eine Unzuverlässigkeit der betreffenden Person begründet (anders Lendermann/ 35

Nemeczek/Schroeter/Scholz § 62 Rn. 76, der in Ausnahmefällen eine zeitgleich mit dem Abberufungsverlangen erfolgende Verwarnung vorschlägt). Genügt der Pflichtverstoß nicht für die sofortige Feststellung der Unzuverlässigkeit, kann die BaFin auf das mildere Mittel der Verwarnung gem. Abs. 3 zurückgreifen.

36 Mit Rücksicht auf das Prinzip der Arbeitnehmer-Mitbestimmung gilt für Arbeitnehmervertreter in mitbestimmten Aufsichtsräten die Sonderregelung in Abs. 2 S. 2. Eine Abberufung erfolgt ausschließlich nach Maßgabe der Mitbestimmungsgesetze.

IV. Verwarnung (Abs. 3)

37 Mit der Verwarnung gem. Abs. 3 erhält die BaFin ein weiteres Sanktionsinstrumentarium gegenüber Geschäftsleitern bzw. Mitgliedern der Aufsichtsorgane von Investmentholding- oder gemischten Finanzholdinggesellschaften. Die Rechtswidrigkeit eines konkreten Verhaltens wird festgestellt und eine aufsichtliche Missbilligung ausgedrückt. Gleichzeitig wird die betreffende Person zur Einstellung dieses Verhaltens aufgefordert und vor einer erneuten Zuwiderhandlung gewarnt (vgl. Lendermann/Nemeczek/Schroeter/Scholz § 62 Rn. 72 sowie für den Parallelfall einer Verwarnung nach § 36 Abs. 2 KWG VG Berlin WM 1992, 1059 ff.; VG Frankfurt a. M. NJW 2004, 1059; Schwennicke/Auerbach/Schwennicke KWG § 36 Rn. 31 mwN).

38 Die Verwarnung ist stets personenbezogen. Verwarnungen gegenüber den jeweiligen Investmentholding- bzw. gemischten Finanzholdinggesellschaften sind gesetzlich nicht vorgesehen.

39 Funktional handelt es sich bei der Verwarnung um ein Mittel zur Vorbereitung eines Abberufungsverlangens und ggf. eines Tätigkeitsverbots gem. Abs. 2 Nr. 2. Wie bei Abs. 2 Nr. 2 ist ein vorsätzlicher oder leichtfertiger (→ Rn. 32) Verstoß gegen das WpIG, gegen die aufgrund des WpIG erlassenen Verordnungen oder gegen Anordnungen der BaFin tatbestandliche Voraussetzung. Gegenüber einem unmittelbaren Abberufungsverlangen gem. Abs. 2 Nr. 1 infolge eines die Unzuverlässigkeit begründenden Pflichtverstoßes ist die Verwarnung das mildere und daher aus Verhältnismäßigkeitsgründen vorrangig anzuwendende Sanktionsmittel.

§ 63 Gemischte Holdinggesellschaften

(1) **Ist das Mutterunternehmen eines Wertpapierinstituts eine gemischte Holdinggesellschaft, so kann die Bundesanstalt, wenn sie die für die Beaufsichtigung des Wertpapierinstituts zuständige Behörde ist,**

1. **von der gemischten Holdinggesellschaft alle Informationen verlangen, die für die Beaufsichtigung des Wertpapierinstituts erforderlich sind und**
2. **die Geschäfte zwischen dem Wertpapierinstitut und der gemischten Holdinggesellschaft sowie deren Tochterunternehmen beaufsichtigen und von dem Wertpapierinstitut angemessene Risikomanagementverfahren und interne Kontrollmechanismen, einschließlich eines ordnungsgemäßen Berichtswesens und ordnungsgemäßer Rechnungslegungsverfahren, verlangen, damit diese Geschäfte ermittelt, quantifiziert, überwacht und kontrolliert werden können.**

(2) **Die Bundesanstalt kann die von der gemischten Holdinggesellschaft und ihren Tochterunternehmen erhaltenen Informationen vor Ort nachprüfen oder von externen Prüfern nachprüfen lassen.**

I. Vorbemerkung

1 § 63 soll die Vorgaben aus Art. 53 IFD umsetzen. Die Vorschrift schafft eine Befugnis der BaFin, aufsichtlich relevante Informationen von gemischten Holdinggesellschaften iSv § 2 Abs. 29 (→ § 2 Rn. 400 ff.) zu verlangen, sofern diese Mutterunternehmen eines von der BaFin beaufsichtigten Wertpapierinstituts sind. Zudem kann die BaFin auf Basis der Vorschrift angemessene Verfahren für das Risikomanagement und die Kontrolle von Geschäften zwischen dem Wertpapierinstitut und der gemischten Holdinggesellschaft oder deren Tochterunternehmen verlangen.

2 Der Vorschrift liegt der einfache Befund zugrunde, dass Wertpapierinstitute mitunter in größere Unternehmensgruppen eingebunden sind, die nicht schwerpunktmäßig dem Finanzsektor angehören. Ohne spezielle Befugnisse der Aufsichtsbehörden könnten wirtschaftliche Verflechtungen innerhalb solcher Gruppen erhebliche Risiken für die Stabilität und Funktionsfähigkeit des beaufsichtigten Instituts begründen (s. auch Lendermann/Nemeczek/Schroeter/Freis-Janik § 63 Rn. 2, 26).

3 Der Adressat von Abs. 1 Nr. 2 ist das jeweilige Wertpapierinstitut, während Abs. 1 Nr. 1 sich seit dem 20.12.2023 an die gemischte Holdinggesellschaften richtet. Die aF von Abs. 1 Nr. 1 hatte noch missverständlich gemischte Finanzholdinggesellschaften adressiert. Dem lag eine fehlerhafte Bezeichnung schon in der deutschen Sprachfassung der IFD zugrunde, die in Art. 53 auf (in der IFD nicht definierte) gemischte Holdinggesellschaften Bezug nimmt, in Art. 3 Abs. 1 Nr. 26 aber „gemischte Unternehmen" definiert. In anderen Sprachfassungen sind die Begriffe identisch (s. zB in der englischen Sprachfassung den Begriff „mixed-activity holding company"; vgl. dazu Lendermann/Nemeczek/Schroeter/Freis-Janik § 63 Rn. 5). Dieses begriffliche Durcheinander hatte der deutsche Gesetzgeber offenkundig nicht ins WpIG übernehmen wollen. Obwohl die gleichbedeutende Verwendung der Begriffe „gemischtes Unternehmen" und „gemischte Holdinggesellschaft" bereits aus dem KWG bekannt ist (s. dazu Schwennicke/Auerbach/Auerbach/Clever/Kempers KWG § 13c Rn. 4), wurde die gemischte Holdinggesellschaft iSv Art. 53 IFD dabei fälschlich als „gemischte Finanzholdinggesellschaft" in § 63 WpIG aF eingefügt.

4 Damit wurde ein in § 2 Abs. 28 definierter Begriff verwandt. Entgegen anderslautender Stimmen in der Literatur (Lendermann/Nemeczek/Schroeter/Freis-Janik § 63 Rn. 11 ff.) kam eine Auslegung als gemischtes Unternehmen unter diesen Voraussetzungen nicht in Betracht. Denn gemischte Unternehmen iSv § 2 Abs. 29 WpIG aF setzten (wie nunmehr „gemischte Holdinggesellschaften") begrifflich gerade voraus, dass es sich nicht um gemischte Finanzholdinggesellschaften handelt (→ § 2 Rn. 400 ff.). Ein Verständnis der ausdrücklich adressierten Finanzholdinggesellschaft als gemischtes Unternehmen war daher nicht wortlautverkürzend oder -erweiternd, sondern eine Auslegung contra legem, die insbesondere mit Blick auf die in der Vorschrift formulierten Eingriffsbefugnisse der BaFin nicht überzeugen konnte. Als einzig methodengerechter Weg zur Umsetzung der Richtlinienvorgaben blieb die legislative Korrektur.

5 Diese Korrektur erfolgte zum 30.12.2023 mit dem Kreditzweitmarktförderungsgesetz (BGBl. 2023 I Nr. 411 vom 29.12.2023). Zu den Gründen der Gesetzesänderung hält sich der Regierungsentwurf bedeckt und verweist schlicht auf eine „terminologische Korrektur" (BT-Drs. 507/23, 173). Es ist aber offenkundig, dass die fehlerhafte Umsetzung von Art. 53 IFD den Anlass gab. Sowohl § 63 als auch § 2 Abs. 29 beziehen sich nun einheitlich auf „gemischte Holdinggesellschaften". Auf die (nun im Gesetz nicht mehr definierten) gemischten Unternehmen verweist das WpIG nur noch in § 5 Abs. 4 und § 60.

II. Informationsrechte der BaFin (Abs. 1 Nr. 1)

6 § 63 Abs. 1 Nr. 1 räumt der BaFin ein umfassendes Sachverhaltsermittlungsrecht gegenüber der jeweiligen gemischten Holdinggesellschaft (→ Rn. 3 ff.) ein und erweitert damit den Aufsichtskreis. Verlangt werden können sämtliche Informationen, die zur Beaufsichtigung des gruppenangehörigen, der Aufsicht der BaFin unterliegenden Wertpapierinstituts erforderlich sind.

7 Ziel des Informationsrechts ist es, die wirtschaftliche Situation des beaufsichtigten Wertpapierinstituts angemessen beurteilen zu können. Informationsverlangen werden sich daher häufig beziehen auf

- wirtschaftliche Verflechtungen innerhalb der Gruppe mit Auswirkungen auf das Wertpapierinstitut;
- von gruppenangehörigen Unternehmen gegenüber dem Wertpapierinstitut erbrachte Dienstleistungen; oder
- Governance-Strukturen innerhalb der Gruppe mit Auswirkungen auf das Wertpapierinstitut.

III. Geschäfte zwischen Wertpapierinstitut und Gruppenunternehmen (Abs. 1 Nr. 2)

8 § 63 Abs. 1 Nr. 2 ermächtigt die BaFin zur Beaufsichtigung der Geschäfte zwischen dem Wertpapierinstitut und der gemischten Holdinggesellschaft sowie dessen Tochterunternehmen. Die der BaFin übertragenen Überwachungs- und Kontrollmöglichkeiten sollen insbesondere verhindern, dass Vermögenswerte oder Liquidität in einem regulatorisch nicht zulässigen Ausmaß (s. §§ 39, 52 sowie Art. 43 IFR) aus dem beaufsichtigten Wertpapierinstitut zugunsten anderer Gruppenunternehmen abfließen (ebenso Lendermann/Nemeczek/Schroeter/Freis-Janik § 63 Rn. 26).

9 Nach dem Schutzzweck ist der Begriff der „Geschäfte" weit zu verstehen. Er umfasst sämtliche vertraglichen Beziehungen zwischen dem Wertpapierinstitut und der gemischten Holdinggesellschaft bzw. deren Tochterunternehmen. Außerhalb der Verfolgung des allgemeinen Vorschriftszwecks dürften Einschränkungen des Anwendungsbereichs – etwa auf „bedeutende" Geschäfte in Anlehnung an § 13c Abs. 1 KWG – nicht in Betracht kommen (s. auch Lendermann/Nemeczek/Schroeter/Freis-Janik § 63 Rn. 31). Es genügt demnach, wenn eine Auswirkung auf die wirtschaftliche Situation des Wertpapierinstituts nicht von vornherein ausgeschlossen ist. Für weitere Einschränkungen bietet § 63 keinen Anhaltspunkt. Auch ein praktischer Bedarf dafür ist nicht ersichtlich; vor etwaigen schikanösen aufsichtlichen Überwachungsmaßnahmen ist das Wertpapierinstitut durch den allgemeinen Verhältnismäßigkeitsgrundsatz ausreichend geschützt.

10 Aufsichtlich von besonderem Interesse sind Geschäfte, die mit unmittelbaren wirtschaftlichen Risiken des Wertpapierinstituts verbunden sind. Gegenstand aufsichtlicher Überwachung und Kontrolle sind daher insbesondere
- Darlehensverträge;
- Sicherheitenverträge;
- Verträge über den Erwerb oder die Veräußerung von Assets; sowie
- Dienstleistungsverträge.

Regelmäßig unbeachtlich ist dabei, auf welcher Seite das Wertpapierinstitut Partei der Vereinbarung ist. So können sich Risiken sowohl aus dem Bezug von Dienstleistungen als auch aus der Verpflichtung zur Erbringung von Dienstleistungen ergeben. Selbst die Stellung von sog. Downstream-Sicherheiten durch das Mutterunternehmen zugunsten von Gläubigern des Wertpapierinstituts kann für die Einschätzung der wirtschaftlichen Belastung (Avalprovision, Regressansprüche) sowie wirtschaftlicher Abhängigkeiten von erheblicher Bedeutung sein.

11 Basierend auf dem mit den jeweiligen Geschäften verbundenen Risiko, dass regulatorische Vorgaben durch das Wertpapierinstitut nicht fortlaufend eingehalten werden könnten, kann die BaFin vom Wertpapierinstitut die Einrichtung angemessener Risikomanagementverfahren und interner Kontrollmechanismen speziell in Bezug auf diese Geschäfte verlangen.

12 Während die Anforderungen aus § 41 Nr. 3 durch Wertpapierinstitute stets zu erfüllen sind, soll die BaFin gem. § 63 Abs. 1 Nr. 2 nur „verlangen" können, dass in Bezug auf die genannten Geschäfte angemessene Risikomanagement- und Kontrollmechanismen eingerichtet werden. Jedenfalls nach dem Wortlaut handelt es sich demnach nicht um eine Konkretisierung von § 41 Nr. 3, sondern um eine Erweiterung der Aufsichtsbefugnisse. Die Frage ist praktisch insoweit von Belang, als eine Nichteinhaltung von § 41 Nr. 3 unmittelbare aufsichtliche Maßnahmen rechtfertigen kann; handelt es sich bei § 63 Abs. 1 Nr. 2 um eine Erweiterung der allgemeinen gesetzlichen Pflicht zur Unterhaltung eines angemessenen Risikomanagement- und Kontrollsystems, entsteht die entsprechende Pflicht wortlautgemäß erst mit dem Verlangen der Aufsichtsbehörde. Erst eine mangelhafte Umsetzung dieses Verlangens würde dann eine Verletzung aufsichtlicher Pflichten des Wertpapierinstituts begründen.

13 Angesichts des Wortlauts in § 63 Abs. 1 Nr. 2 ist davon auszugehen, dass ein fehlendes Risikomanagement- und Kontrollsystem in Bezug auf Geschäfte mit der Holdinggesellschaft erst dann Gegenstand aufsichtlicher Maßnahmen sein kann, wenn die Aufsichtsbehörde die entsprechende Einrichtung verlangt hat. Ob die Einrichtung der entsprechenden Verfahren verlangt wird, hat die BaFin in Ausübung ihres pflichtgemäßen Ermessens unter Beachtung des Verhältnismäßigkeitsprinzips zu entscheiden.

14 Hinsichtlich der Ausgestaltung des internen Risikomanagements- und Kontrollsystems gelten die §§ 38 ff. entsprechend (vgl. Lendermann/Nemeczek/Schroeter/Freis-Janik § 63 Rn. 37). Bis zum Inkrafttreten der WpI MaRisk ist davon auszugehen, dass die BaFin sich in ihrer Verwaltungspraxis hierzu weiterhin an den Bestimmungen der MaRisk – insbesondere AT 4 MaRisk – orientieren wird.

IV. Nachprüfung (Abs. 2)

15 Gemäß Abs. 2 kann die BaFin die von der gemischten Holdinggesellschaft oder ihren Tochterunternehmen erhaltenen Informationen vor Ort – also auch in den

Räumlichkeiten der betreffenden Gesellschaften – nachprüfen oder hierzu einen externen Prüfer beauftragen. Die Vor-Ort-Überprüfung ist wiederum Gegenstand pflichtgemäßer Ermessensausübung der Aufsichtsbehörde.

16 Ob die Befugnis zur Vor-Ort-Nachprüfung auch das Wertpapierinstitut selbst umfasst, ist jedenfalls zweifelhaft. Der Wortlaut in Abs. 2 – „und ihren Tochterunternehmen" – spiegelt Abs. 1 Nr. 2 und dürfte sich daher auf diejenigen Gesellschaften beziehen, deren Geschäfte mit dem Wertpapierinstitut Gegenstand der Regelung sind. Die Befugnis dürfte sich demnach auf sämtliche Tochtergesellschaften mit Ausnahme des Wertpapierinstituts beziehen (ebenso Lendermann/Nemeczek/Schroeter/Freis-Janik § 63 Rn. 45). Für Vor-Ort-Prüfungen bei dem Wertpapierinstitut selbst hat sich die BaFin auf andere Rechtsgrundlagen zu stützen (zB § 5 Abs. 4).

17 Der Begriff des externen Prüfers ist im WpIG nicht weiter erläutert. Mit Blick auf den Sinn und Zweck der Vorschrift dürften nicht nur beauftragte Wirtschaftsprüfer hiervon umfasst sein, sondern sämtliche Personen und Einrichtungen, die die erforderlichen fachlichen Qualifikationen zur Überprüfung der Informationen aufweisen (so auch Lendermann/Nemeczek/Schroeter/Freis-Janik § 63 Rn. 43). Je nach Inhalt der zu überprüfenden Informationen kann zB auch die Hinzuziehung von bestimmten Fachspezialisten (zB aus dem IT-Bereich) erforderlich und von der Befugnis in Abs. 2 umfasst sein.

18 Nachprüfungen iSv Abs. 2 beschränken sich auf die Verifizierung von Informationen, welche die BaFin auf Basis von Abs. 1 erhalten hat. Soweit bei solchen Verifizierungen sonstige aufsichtlich relevante Informationen zu Tage treten, darf die BaFin diesen aber nachgehen und sie iR ihrer allgemeinen Befugnisse verwerten (s. auch Lendermann/Nemeczek/Schroeter/Freis-Janik § 63 Rn. 46 ff.).

V. Sofortige Vollziehbarkeit

19 Widerspruch und Anfechtungsklage gegen Anordnungen und Maßnahmen auf Grundlage von § 63 haben gem. § 6 keine aufschiebende Wirkung.

Abschnitt 5. Anzeigepflichten, Wertpapierinstitute mit Mutterunternehmen im Drittstaat

§ 64 Anzeigepflichten für alle Wertpapierinstitute

(1) **Ein Wertpapierinstitut hat der Bundesanstalt und der Deutschen Bundesbank unverzüglich anzuzeigen:**

1. **die Absicht der Ermächtigung einer Person, die nicht Geschäftsleiter ist, zur Einzelvertretung des Wertpapierinstituts in dessen gesamtem Geschäftsbereich, jeweils unter Angabe der Tatsachen, die für die Beurteilung der Zuverlässigkeit, der fachlichen Eignung wesentlich sind, den Vollzug, die Aufgabe oder die Änderung einer solchen Ab-sicht,**
2. **die Entziehung der Befugnis zur Einzelvertretung des Wertpapierinstituts in dessen gesamtem Geschäftsbereich,**
3. **den Vollzug der Bestellung eines Geschäftsleiters oder eines Mitglieds des Verwaltungs- oder Aufsichtsorgans,**

4. die Änderung der Rechtsform, soweit nicht bereits eine Erlaubnis nach § 15 Absatz 1 erforderlich ist, und die Änderung der Firma,
5. die Verlegung der Niederlassung oder des Sitzes,
6. die Errichtung, die Verlegung und die Schließung einer Zweigstelle in einem Drittstaat sowie die Aufnahme und die Beendigung der Erbringung grenzüberschreitender Dienstleistungen ohne Errichtung einer Zweigstelle,
7. die Einstellung des Geschäftsbetriebs,
8. die Absicht ihrer gesetzlichen und satzungsgemäßen Organe, eine Entscheidung über eine Auflösung herbeizuführen,
9. den Erwerb oder die Aufgabe einer bedeutenden Beteiligung an dem eigenen Wertpapierinstitut, das Erreichen, das Über- oder das Unterschreiten der Beteiligungsschwellen von 20 Prozent, 30 Prozent und 50 Prozent der Stimmrechte oder des Kapitals sowie die Tatsache, dass das Wertpapierinstitut Tochterunternehmen eines anderen Unternehmens wird oder nicht mehr ist, sobald das Wertpapierinstitut von der bevorstehenden Änderung dieser Beteiligungsverhältnisse Kenntnis erlangt,
10. jeden Fall, in dem die Gegenpartei eines Pensionsgeschäftes, umgekehrten Pensionsgeschäftes oder Darlehensgeschäftes in Wertpapieren oder Waren ihren Erfüllungsverpflichtungen nicht nachgekommen ist,
11. das Entstehen, die Veränderungen in der Höhe oder die Beendigung einer bedeutenden Beteiligung an anderen Unternehmen,
12. Kredite
a) an Kommanditisten, Gesellschafter einer Gesellschaft mit beschränkter Haftung, Aktionäre, Kommanditaktionäre oder Anteilseigner an einem Wertpapierinstitut des öffentlichen Rechts, wenn diesen jeweils mehr als 25 Prozent des Kapitals (Nennkapital, Summe der Kapitalanteile) des Wertpapierinstituts gehören oder ihnen jeweils mehr als 25 Prozent der Stimmrechte an dem Wertpapierinstitut zustehen und der Kredit zu nicht marktmäßigen Bedingungen gewährt oder nicht banküblich besichert worden ist,
b) an Personen, die Kapital, soweit es sich nicht um Kapital nach Nummer 1 handelt, nach Artikel 26 Absatz 1 Buchstabe a und Artikel 51 Buchstabe a der Verordnung (EU) Nr. 575/2013 in der jeweils geltenden Fassung gewährt haben, das mehr als 25 Prozent des Kernkapitals nach Artikel 25 der Verordnung (EU) Nr. 575/2013 in der jeweils geltenden Fassung ohne Berücksichtigung des Kapitals nach Artikel 26 Absatz 1 Buchstabe a und Artikel 51 Buchstabe a der Verordnung (EU) Nr. 575/2013 in der jeweils geltenden Fassung beträgt, wenn der Kredit zu nicht marktmäßigen Bedingungen gewährt oder nicht banküblich besichert worden ist,
13. die Absicht einer wesentlichen Auslagerung, den Vollzug der Auslagerung sowie die wesentliche Änderung und schwerwiegende Vorfälle im Rahmen von bestehenden wesentlichen Auslagerungen, die einen wesentlichen Einfluss auf die Geschäftstätigkeit des Wertpapierinstituts haben können, und

14. die Absicht, sich mit einem anderen Wertpapierinstitut im Sinne dieses Gesetzes, einem Kreditinstitut im Sinne des Kreditwesengesetzes sowie einem E-Geld-Institut oder Zahlungsinstitut im Sinne des Zahlungsdiensteaufsichtsgesetzes zu vereinigen.

(2) **Bei der Anzeige eines Kredits nach Absatz 1 Nummer 12 hat das Wertpapierinstitut die gestellten Sicherheiten und die Kreditbedingungen anzugeben. Es hat einen Kredit, den es nach Absatz 1 Nummer 12 angezeigt hat, unverzüglich erneut der Bundesanstalt und der Deutschen Bundesbank anzuzeigen, wenn die gestellten Sicherheiten oder die Kreditbedingungen rechtsgeschäftlich geändert werden, und die entsprechenden Änderungen anzugeben. Die Bundesanstalt kann von dem Wertpapierinstitut fordern, ihr und der Deutschen Bundesbank alle fünf Jahre eine Sammelanzeige der nach Absatz 1 Nummer 12 anzuzeigenden Kredite einzureichen.**

(3) **Bei der Anzeige der Errichtung einer Zweigstelle in einem Drittstaat nach Absatz 1 Nummer 6 hat das Wertpapierinstitut den Namen des Niederlassungsleiters, die beabsichtigten Dienstleistungen und Tätigkeiten, den voraussichtlichen Anteil am Geschäftsvolumen anzugeben und ein Organigramm der Zweigstelle vorzulegen.**

(4) **Ein Wertpapierinstitut hat der Bundesanstalt und der Deutschen Bundesbank**

1. unverzüglich nach Kenntnis den Namen und die Anschrift des Inhabers einer bedeutenden Beteiligung mitzuteilen und

2. jährlich eine Liste der Namen der Inhaber einer bedeutenden Beteiligung an ihm und an den ihm nachgeordneten Unternehmen (Unternehmen, die nach Artikel 7 der Verordnung (EU) 2019/2033 zu konsolidieren sind oder freiwillig konsolidiert werden) mit Sitz im Ausland sowie die Höhe dieser Beteiligungen einzureichen.

Übersicht

I. Allgemeines

1. Regelungshintergrund

1 Mit den §§ 64–68 setzt der nationale Gesetzgeber **diverse Anzeigepflichten,** die sich insbesondere **aus der IFD und der MiFID II** (→ Rn. 8 f.) ergeben, in deutsches Recht um. Die in den §§ 64–68 geregelten Anzeigepflichten richten sich an verschiedene Akteure (Große, Kleine, Mittlere Wertpapierinstitute, Geschäftsleiter, Investmentholdinggesellschaften und gemischte Finanzholdinggesellschaften), wobei § 64 **für alle Wertpapierinstitute** – unabhängig von deren Größe – gilt. In den zugrundeliegenden EU-Rechtsakten sind die entsprechenden Anzeigepflichten nicht in einem (oder in wenigen Artikeln) zusammengefasst; diesen Regelungsansatz übernimmt der deutsche Gesetzgeber von § 24 KWG, der als Vorlage diente (RegBegr. WpIG, BT-Drs. 19/26929, 150).

2 Im **Vergleich zu § 24 KWG** sind die Anzeigepflichten der §§ 64–68 je nach anzeigepflichtiger Person unterteilt bzw. gruppiert. Zudem sind die Anzeigepflichten des WpIG nach Auffassung des Gesetzgebers im Vergleich zu denen des KWG verschlankt (RegBegr. WpIG, BT-Drs. 19/26929, 150).

3 Die bislang einzige **Änderung der Norm** wurde durch Art. 7 Nr. 19 KreditzweitmarktförderungsG (Gesetz vom 29.12.2023, BGBl. 2023 I 411) in Abs. 1 Nr. 13 vorgenommen; dazu → Rn. 79.

2. Regelungszweck

4 Die BaFin übt nach § 5 Abs. 1 S. 1 und S. 2 sowie Art. 4 Abs. 1 S. 1 IFD die **Aufsicht über Wertpapierinstitute,** Investmentholdinggesellschaften und gemischte Finanzholdinggesellschaften im Anwendungsbereich des WpIG aus. Gemäß § 5 Abs. 1 S. 3 hat die BaFin **Missständen im Wertpapierwesen** entgegenzuwirken. Um die BaFin in die Lage zu versetzen, diese **Aufsichtsaufgaben effektiv auszuüben,** regeln § 5 Abs. 4 und 5 einerseits ein generelles Auskunftsrecht. Andererseits werden Wertpapierinstitute, Geschäftsleiter, Investmentholdinggesellschaften und gemischte Finanzholdinggesellschaften durch §§ 64–68 verpflichtet, die BaFin ihrerseits über bestimmte Vorgänge und Veränderungen in Kenntnis zu setzen. Das Anzeigewesen ist **wesentlicher Bestandteil der laufenden Überwachung** (so zu § 24 KWG Fischer/Schäfer/Schulte-Mattler/Schulte-Mattler/Braun/Terörde § 24 Rn. 19 f.; Luz/Neus/Schaber/Schneider/Wagner/Weber/Rüdenauer/Weber § 24 Rn. 1).

5 Ebenso dienen die Anzeigepflichten der §§ 64–68 dazu, die **Bundesbank** in die Lage zu versetzen, ihre **Aufgabe der laufenden operativen Überwachung** gem. § 9 Abs. 1 S. 2 – vor allem durch die laufende Auswertung von Anzeigen und Meldungen – erfüllen zu können (zur Zusammenarbeit der BaFin und der BBank im Hinblick auf die laufende operative Überwachung Lendermann/Nemeczek/Schroeter/Köhler § 9 Rn. 17 ff.). Durch die Anzeigen soll die BBank laufend Kenntnis über die strukturellen und geschäftlichen Verhältnisse der beaufsichtigen Wertpapierinstitute, Investmentholdinggesellschaften und gemischten Finanzholdinggesellschaften erhalten.

3. Systematische Einordnung zum Anzeigewesen; EU-rechtlicher Hintergrund; Anzeigeverordnungen

6 Die Systematik der §§ 64–68 beruht im Wesentlichen auf einer **Unterteilung der Anzeigepflichten nach den Verpflichteten.** § 64 regelt Anzeigepflichten für alle Wertpapierinstitute. § 65 gilt nur für Große Wertpapierinstitute. § 66 gilt wiederum nur für Kleine und Mittlere Wertpapierinstitute. § 67 regelt Anzeigepflichten für Geschäftsleiter, Investmentholdinggesellschaften und gemischte Finanzholdinggesellschaften. § 68 begründet zudem die Befugnis der BaFin und der BBank im Einzelfall weitere Anzeigepflichten gegenüber Wertpapierinstituten, Wertpapierinstitutsgruppen oder Investmentholdinggruppen anzuordnen.

7 Zugleich lassen sich die Anzeigepflichten der §§ 64–68 auch nach dem jeweiligen **Grund der Anzeigeverpflichtungen** einteilen (ähnlich Lendermann/Nemeczek/Schroeter/von den Steinen § 64 Rn. 8; zu § 24 KWG Luz/Neus/Schaber/Schneider/Wagner/Weber/Rüdenauer/Weber § 24 Rn. 33; Reischauer/Kleinhans/Albert § 24 Rn. 3) und dementsprechend gruppieren in Anzeigen

- wegen personeller bzw. **personenbezogener Veränderungen sowie bzgl. Diversität** (§ 64 Abs. 1 Nr. 1–3, § 65 Abs. 1 Nr. 1, Abs. 4 Nr. 2, § 66 Abs. 4 Nr. 2, § 67 Abs. 1 Nr. 1, 2, Abs. 2 S. 1 Nr. 1, 2, 4, 5, Abs. 2 S. 2),
- wegen gesellschaftsrechtlicher bzw. **struktureller Umgestaltungen** (§ 64 Abs. 1 Nr. 4–6, 14, § 67 Abs. 2 S. 1 Nr. 3, Abs. 3),
- in Bezug auf die **(geplante) Geschäftsaufgabe** (§ 64 Abs. 1 Nr. 7, 8),
- in Bezug auf die **Inhaberkontrolle** (§ 64 Abs. 1 Nr. 9),

- wegen bedeutender bzw. **kritischer geschäftlicher Ereignisse** (§§ 64 Abs. 1 Nr. 10, 11, 13, § 65 Abs. 2 Nr. 1, § 67 Abs. 4),
- im Hinblick auf **Vergütungsthemen** (nur für Große und Mittlere Wertpapierinstitute) (§ 65 Abs. 1 Nr. 2–4, Abs. 2 Nr. 2, 3 Abs. 3 Abs. 4 Nr. 1, § 66 Abs. 3 Nr. 1, 2, Abs. 4 Nr. 1),
- in Bezug auf bestimmte **Finanzkennzahlen** (§ 64 Abs. 1 Nr. 12, § 66 Abs. 1, Abs. 2), sowie
- im Einzelfall auf **behördliche Anordnungen** (§ 68 Abs. 1)

Die Anzeigepflichten der §§ 64–68 können in systematischer Hinsicht nicht isoliert verstanden werden. Sie müssen vielmehr vor dem **Hintergrund verschiedener EU-Rechtsakte,** deren Umsetzung im deutschen Recht (sowohl auf Gesetzes- als auch auf Verordnungsebene) sowie unter Berücksichtigung der für eine Vielzahl der Anzeigepflichten vorgeschriebenen Formulare betrachtet werden. 8

- Auf der **Ebene des EU-Rechts** sind so insbesondere die IFR, IFD sowie MiFID II (mit den von ihr ausgehenden Verordnungen: Delegierte VO (EU) 2017/565, Delegierte VO (EU) 2017/1943, DurchführungsVO (EU) 2017/1945)) sowie (über Verweise) die CRR und die CRD von Bedeutung.
- Auf **nationaler Ebene** ist das Anzeigewesen für alle Wertpapierinstitute zentral im WpIG geregelt (RegBegr. WpIG, BT-Drs. 19/26929, 151). Die Anzeigepflichten des WpIG werden zudem näher ausgestaltet durch die WpI-AnzV und die GroMiKV.
- Sowohl die genannten EU-Rechtsakte als auch die WpI-AnzV und die GroMiKV schreiben schließlich die Nutzung von Formularen für bestimmte Anzeigepflichten vor. Teilweise werden von Seiten der Aufsicht **Vordrucke für Anzeigen** zur Verfügung gestellt.

Die Anzeigepflichten der §§ 64–68 lassen sich im Zusammenhang mit den jeweils maßgeblichen EU-Rechtsakten sowie den Vorgaben der WpI-AnzV und der GroMiKV wie folgt **systematisch darstellen:** 9

Anzeigegrund	WpIG	WpI-AnzV	EU-rechtlicher Hintergrund	Formulare/Vordrucke	Verpflichtete		
					Große	Kl./Mit.	Hold.
Personelle bzw. personenbezogene Veränderungen sowie Informationen zur Diversität	§ 64 Abs. 1 Nr. 1 (Absicht der Ermächtigung eines Einzelvertreters)	§§ 4 bis 9	Art. 9 MiFID II iVm Art. 88, 91 CRD Art. 21 Abs. 2 S. 2 MiFID II* Art. 2, 5 DurchführungsVO (EU) 2017/1945 Art. 4, 8 Delegierte Verordnung (EU) 2017/1943	**Anl. 1 WpI-AnzV: „WpI-PV“ (Anzeige über personelle Veränderung)** **Anl. 4 WpI-AnzV: „WpI-ZM“ (Angaben zur Zuverlässigkeit und Mindestzeit)** **Anh. II DurchführungsVO (EU) 2017/1945 (Angaben zu Organmitgliedern)** **Anh. III DurchführungsVO (EU) 2017/1945 (Angaben zur Änderung bei den Organmitgliedern)**	**x**	**x**	
	§ 64 Abs. 1 Nr. 2 (Entziehung einer Einzelvertretungsermächtigung)	§ 4			**x**	**x**	
	§ 64 Abs. 1 Nr. 3 (Bestellung eines Geschäftsleiters oder eines Mitglieds des Verwaltungs- oder Aufsichtsorgans)	§§ 4, 10			**x**	**x**	
	§ 65 Abs. 1 Nr. 1 ((Beabsichtigte) Änderungen bei Schlüsselfunktionen)	§§ 4 bis 9			**x**		
	§ 67 Abs. 2 S. 1 Nr. 1, 2, 4, 5, Abs. 2 S. 2 ((Beabsichtigte) Änderungen bei Führungspersonal und Organmitgliedern bei Investmentholdinggesellschaften und gemischten Finanzholdinggesellschaften)	§§ 4 bis 9					**x**

Anzeigegrund	**WpIG**	**WpI-AnzV**	**EU-rechtlicher Hintergrund**	**Formulare/Vordrucke**	**Verpflichtete**		
					Große	**Kl./Mit.**	**Hold.**
	§ 67 Abs. 1 Nr. 1 (Aufnahme einer anderen Tätigkeit durch einen Geschäftsleiter)	§ 11		**Anl. 2 WpI-AnzV: „WpI-NT“**	**Geschäftsleiter**		
	§ 67 Abs. 1 Nr. 2 (Übernahme bzw. Aufgabe unmittelbarer Beteiligungen)	§ 11		**Anl. 3 WpI-AnzV: „WpI-BG“**	**Geschäftsleiter**		
	§ 65 Abs. 4 Nr. 2, § 66 Abs. 4 Nr. 2 (Informationen bzgl. Diversität)	§ 9a Abs. 4	Art. 91 Abs. 9 CRD iVm Art. 435 Abs. 2 lit. c CRR Art. 26 IFD Art. 48 IFR	**Große: Bundesbank-Formulare R 13.00.a-R 23.00** (per Verweis auf AnzV)** **Mittlere: Anl. 20 bis 33 WpI-AnzV** (entspr. Bundesbank-Formulare R 13.00a-R 23.00)	x	x (Mittlere)	
Gesellschaftsrechtliche bzw. strukturelle Umgestaltungen	§ 64 Abs. 1 Nr. 4 (Rechtsformwechsel und Änderung der Firma)	§ 2 Abs. 5	Art. 21 Abs. 2 S. 2 MiFID II Art. 35 Abs. 2 MiFID II Art. 10 IFR	--	x	x	
	§ 64 Abs. 1 Nr. 5 (Niederlassungsverlegung und Sitzverlegung)	§ 2 Abs. 5		--	x	x	

Anzeigegrund	WpIG	WpI-AnzV	EU-rechtlicher Hintergrund	Formulare/Vordrucke	Verpflichtete		
					Große	Kl./Mit.	Hold.
	§ 64 Abs. 1 Nr. 6 (Zweigstellen und grenzüberschreitende Dienstleistungen in Drittstaaten)	§ 12		**Anl. 5 WpI-AnzV: „WpI-ZD“**	x	x	
	§ 64 Abs. 1 Nr. 14 (Beabsichtigter Zusammenschluss mit einem anderen Institut)	§ 16		--	x	x	
	§ 67 Abs. 2 S. 1 Nr. 3 (Strukturänderung einer Investmentholdinggruppe) § 67 Abs. 3 (Sammelanzeige über nachgeordnete Unternehmen)	§ 14		**Anl. 6 WpI-AnzV: „WpI-AB“ Anl. 7 WpI-AnzV: „WpI-KB“ bei komplexen Beteiligungsstrukturen**			x
(Geplante) Geschäftsaufgabe	§ 64 Abs. 1 Nr. 7 (Einstellung des Geschäftsbetriebs)	--	Art. 21 Abs. 2 S. 2 MiFID II Art. 29 Abs. 2 IFD	--	x	x	
	§ 64 Abs. 1 Nr. 8 (Beabsichtigte Entscheidung über Auflösung)	--		--	x	x	
Inhaberkontrolle	§ 64 Abs. 1 Nr. 9, Abs. 4 (Bedeutende Beteiligungen am Institut (passi-	§ 15	Art. 11 Abs. 3 MiFID II	**Anl. 8 WpI-AnzV: „WpI-PB“ Anl. 7 WpI-AnzV:**	x	x	

Anzeigegrund	WpIG	WpI-AnzV	EU-rechtlicher Hintergrund	Formulare/Vordrucke	Verpflichtete		
					Große	Kl./Mit.	Hold.
	vische Beteiligungsanzeige))			**„WpI-KB“ bei komplexen Beteiligungsstrukturen**			
Bedeutende bzw. kritische geschäftliche Ereignisse	§ 64 Abs. 1 Nr. 10 (Ausfall einer Gegenpartei bei Pensions- oder Darlehensgeschäften)	--	Art. 25 ff. IFR Art. 29 IFD	--	**x**	**x**	
	§ 64 Abs. 1 Nr. 11 § 65 Abs. 2 Nr. 1 (Bedeutende Beteiligung des Wertpapierinstituts an anderen Unternehmen)	§ 14	Art. 10 MiFID II Art. 21 Abs. 2 S. 2 MiFID II	**Anl. 6 WpI-AnzV: „WpI-AB“ Anl. 7 WpI-AnzV: „WpI-KB“ bei komplexen Beteiligungsstrukturen**	**x**	**x**	
	§ 64 Abs. 1 Nr. 13 (Wesentliche Auslagerungen)	§ 13	Art. 16 Abs. 5 MiFID II iVm Art. 31 Delegierte Verordnung (EU) 2017/565	--	**x**	**x**	
	§ 67 Abs. 4 ((Drohende) Zahlungsunfähigkeit oder Überschuldung)	--	Art. 21 Abs. 2 S. 2 MiFID II Art. 8 MiFID II	--		**x**	**x**
Informationen zur Vergütung	§ 65 Abs. 1 Nr. 2 (Vorschlag zur Beschlussfassung bzgl. höherer variabler Vergütung)	--	Art. 94 Abs. 1 lit. g CRD	--	**x**		

Anzeigegrund	WpIG	WpI-AnzV	EU-rechtlicher Hintergrund	Formulare/Vordrucke	Verpflichtete		
					Große	Kl./Mit.	Hold.
	§ 65 Abs. 1 Nr. 3 (Beschlussfassung bzgl. höherer variabler Vergütung)	--		--	x		
	§ 65 Abs. 1 Nr. 4 (Änderung eines Beschlusses bzgl. höherer variabler Vergütung)	--		--	x		
	§ 65 Abs. 3 (turnusmäßige Informationen über höhere variable Vergütung)	--		**Bundesbank Formular R 07.00** (per Verweis auf § 9a Abs. 3 AnzV)	x		
	§ 65 Abs. 2 Nr. 2, § 66 Abs. 3 Nr. 1 (Informationen zu Vergütungstrends)	§ 9a Abs. 1	Art. 75 CRD iVm Art. 450 CRR Art. 34 Abs. 4 IFD	**Große: Bundesbank Formulare R 01.00-R 03.00, R 05.00, R 10.00-R 12.00.b** (per Verweis auf § 9a Abs. 1 AnzV) **Mittlere: Anl. 11–14 WpI-AnzV** (entspr. Bundesbank Formulare R 01.01-R 02.02, R 05.01)	x	x (Mittlere)	

Anzeigegrund	WpIG	WpI-AnzV	EU-rechtlicher Hintergrund	Formulare/Vordrucke	Verpflichtete		
					Große	Kl./Mit.	Hold.
	§ 65 Abs. 2 Nr. 3, § 66 Abs. 3 Nr. 3 (Informationen über Einkommensmillionäre)	§ 9a Abs. 2		**Große: Bundesbank Formulare R 04.00.a-R 04.00.c** (per Verweis auf § 9a Abs. 2 AnzV) **Mittlere: Anl. 15–17 WpI-AnzV** (entspr. Bundesbank Formulare R 04.01.a-R 04.01.c)	x	x (Mittlere)	
	§ 65 Abs. 4 Nr. 1, § 66 Abs. 4 Nr. 1	§ 9a Abs. 4	Art. 75 Abs. 1 CRD Art. 34 Abs. 1 IFD	**Große: Bundesbank Formulare R 06.00.a und R 06.00.b** (per Verweis auf § 9a Abs. 4 AnzV) **Mittlere: Anl. 18 und 19 WpI-AnzV** (entspr. Bundesbank Formulare R 06.01.a und R 06.01.b)	x	x (Mittlere)	
Finanzkennzahlen	§ 64 Abs. 1 Nr. 12, Abs. 2 (Kredite außerhalb marktüblicher Konditionen)	§ 3	Art. 39 Abs. 2 IFD	--	x	x	
	§ 66 Abs. 1 (Millionenkredite)***	§ 20 iVm §§ 11 ff. GroMiKV	Art. 387 ff. CRR Art. 39 Abs. 2 IFD	**Anl. der GroMiKV**		x	
	§ 66 Abs. 2 (Finanzinformationen)	§ 19	Art. 39 Abs. 2 IFD	**Anl. 9 WpI-AnzV: „WpI-GVWI“ Anl. 10 WpI-AnzV: „WpI-STWI“**		x	

Anzeigegrund	WpIG	WpI-AnzV	EU-rechtlicher Hintergrund	Formulare/Vordrucke	Verpflichtete		
					Große	Kl./Mit.	Hold.
Einzelfallbezogene Anzeigepflicht auf behördliche Anordnung	§ 68 Abs. 1	--	Art. 39 Abs. 2 lit. l IFD	--	x	x	x

* Art. 21 Abs. 2 S. 2 MiFID II setzt voraus, dass die Mitgliedstaaten Wertpapierfirmen dazu verpflichten, „alle wichtigen Änderungen der Voraussetzungen für die Erteilung der Erstzulassung" mitzuteilen. Diese Verpflichtung ist zwar wohl nicht 1:1 in deutsches Recht umgesetzt (vgl. *Nemeczek/Pitz* in Lendermann/Nemeczek/Schroeter § 71 Rn. 19). Die §§ 64 ff. führen aber gleichwohl in wesentlichen Teilen (insbesondere im Hinblick auf die persönliche und fachliche Eignung des Leitungspersonals und im Hinblick auf die strukturellen und geschäftlichen Kernmerkmale des jeweiligen Unternehmens) dazu, dass die beaufsichtigten Unternehmen wesentliche Änderungen im Hinblick auf die bei der Erteilung der Erstzulassung geprüften Voraussetzungen mitzuteilen haben.

** § 65 Abs. 4 Nr. 2 verweist auf die „Vorgaben der AnzV betreffend die Anzeigen nach § 24 Abs. 1e KWG". Im Zuge der Anpassung der AnzV scheint demgegenüber die Einfügung einer entsprechenden Regelung zu den Anzeigepflichten nach § 24 Abs. 1e KWG vergessen worden zu sein (vgl. die Änderungen der AnzV durch Art. 7 BRUBEG, BGBl. 2026 I Nr. 81). Maßgeblich sind gleichwohl die Formulare R 13.00.a bis R 23.00 der Bundesbank.

*** § 66 Abs. 1 wird mit Wirkung ab dem 30.12.2026 gestrichen, da das Millionenkreditmeldewesen insgesamt eingestellt wird (vgl. RegBegr StandortförderG, BT-Drs. 21/2507, 215).

Obwohl die §§ 64–68 zahlreiche Anzeigepflichten aus unterschiedlichen thematischen Kontexten zusammenführen und gruppieren, stellen die Normen **keine vollständige oder abschließende Liste** aller Anzeige- und Meldepflichten im Bereich der Regulierung der Wertpapierinstitute dar. Weitere Anzeige- und Meldepflichten ergeben sich beispielsweise aus § 3 Abs. 2 S. 4 (Anzeige geänderter Verhältnisse im Hinblick auf vertraglich gebundene Vermittler), § 24 (Anzeige der Absicht des Erwerbs, der Aufgabe oder der Reduzierung einer bedeutenden Beteiligung), § 32 (Anzeige des Ausscheidens aus einer Sicherungseinrichtung), §§ 70–72 (Anzeigen bzgl. der Errichtung einer Zweigniederlassung oder zur Erbringung grenzüberschreitender Dienstleistungen und diesbzgl. Änderungen), § 76 (Vorlage des Jahresabschlusses), § 77 (Anzeige nach Bestellung des Abschlussprüfers), Art. 38 IFR (Meldepflicht für Überschreitung von Obergrenzen für das Konzentrationsrisiko), Art. 46 ff. IFR (Offenlegungspflichten bzgl. Unternehmensführung und Eigenmittel), Art. 54, 55 (Meldepflichten bzgl. Finanzinformationen, dazu Lendermann/Nemeczek/Schroeter/Klaus Vor §§ 64–68), Art. 5 Abs. 1 DurchführungsVO (EU) 2017/1945 (beabsichtige Änderung im Leitungsorgan). 10

Die BBank stellt eine **Übersicht über die Anzeige- und Meldepflichten** (lediglich) für Kleine und Mittlere Wertpapierinstitute zur Verfügung (aktuelle Version mit Stand vom 10.7.2025 abrufbar unter: https://www.bundesbank.de/resource/blob/949942/8a017f957095feb619ed611a25ec5a29/472B63F073F071307366337C94F8C870/meldevorschriften-wpi-data.pdf, zuletzt aufgerufen: 1.7.2026). 11

II. Anwendungsbereich

1. Große, Mittlere und Kleine Wertpapierinstitute

§ 64 gilt für **jedes Wertpapierinstitut,** unabhängig von der Kategorisierung als Großes, Mittleres oder Kleines Wertpapierinstitut iSv § 2 Abs. 16, 17 und 18 (RegBegr. WpIG, BT-Drs. 19/26929, 150). Das bedeutet, dass die in § 64 zusammengefassten Anzeigepflichttatbestände nicht mit dem Risikoprofil des jeweiligen Wertpapierinstituts korrelieren, sondern **allgemeiner Natur** sind. 12

2. Verpflichtungstatbestände

Die nachfolgende Kommentierung zu den Einzelheiten der Verpflichtungstatbestände nimmt auch auf die relevanten **Regelungen und Formulare der WpI-AnzV,** soweit vorhanden, Bezug.

a) Absicht der Ermächtigung eines Einzelvertreters (§ 64 Abs. 1 Nr. 1 und §§ 4–9 WpI-AnzV). Abs. 1 Nr. 1 schreibt zunächst die Anzeige der **Absicht** (zu Vollzug, Aufgabe und Änderung dieser Absicht → Rn. 17), eine Person, die nicht Geschäftsleiter ist, zur Einzelvertretung zu ermächtigen, vor. Mit dieser Absichtsanzeige müssen zugleich die Tatsachen, die für die Beurteilung der Zuverlässigkeit und der fachlichen Eignung des vorgesehenen Einzelvertreters wesentlich sind, angegeben werden. Hieraus wird ersichtlich, dass die Anzeigepflicht nach Abs. 1 Nr. 1 dazu dient, die **Zuverlässigkeits- und Eignungsprüfung** im Hinblick auf das Leitungspersonal eines Wertpapierinstituts zu **ermöglichen** (Lendermann/Nemeczek/Schroeter/von den Steinen § 64 Rn. 28; zu § 24 KWG Fischer/Schäfer/Schulte-Mattler/Schulte-Mattler/Braun/Terörde § 24 Rn. 69; Schwennicke/Auerbach/Süßmann § 24 Rn. 9). 13

14 **Aus praktischer Sicht** ist darauf hinzuweisen, dass die BaFin die Prüfung der Anzeigen und Unterlagen im Hinblick auf das Leitungspersonal sehr ernst nimmt und **hohe Anforderungen an die Genauigkeit, Richtigkeit und Vollständigkeit** der einzureichenden Unterlagen stellt. Die Vorbereitung der auf Veränderungen beim Leitungspersonal bezogenen Anzeigen sollte deshalb stets mit großer Sorgfalt ablaufen, um Unklarheiten und Verzögerungen zu vermeiden.

15 Die Anzeigepflicht bezieht sich nur auf **Personen, die nicht schon Geschäftsleiter sind.** Für Geschäftsleiter gelten Abs. 1 Nr. 3 und Art. 5 Abs. 1 DurchführungsVO (EU) 2017/1945 (→ Rn. 22 ff.). Soll einer Person, die bereits als Geschäftsleiter desselben Wertpapierinstituts angezeigt und zugelassen ist, nachträglich zusätzlich oder anstelle der Organstellung eine Einzelermächtigung iSv Abs. 1 Nr. 1 erteilt werden, ist dies (zumindest nicht nach Abs. 1 Nr. 1) anzeigepflichtig; die bereits erfolgte Anzeige als Geschäftsleiter macht die Anzeige als Einzelvertreter redundant. Demgegenüber führt die Tatsache, dass die zu ermächtigende Person bei einem anderen Institut bereits eine Leitungsposition innehat und der Aufsicht schon bekannt ist, nicht dazu, dass die Anzeige für ein weiteres Wertpapierinstitut entbehrlich wird (so zu § 24 KWG BaFin, Merkblatt zu den Geschäftsleitern gemäß KWG, ZAG und KAGB vom 4.1.2016, Stand 29.12.2020, S. 15 Rn. 31; Reischauer/Kleinhans/Albert § 24 Rn. 73). Die (beabsichtigte) Bestellung eines Einzelvertreters als Geschäftsleiter löst die Anzeigepflicht nach Abs. 1 Nr. 1 ebenso aus, da die Rechte und Pflichten des Geschäftsleiters weiterreichen als die des Einzelvertreters, sodass eine erneute Prüfung durch die Aufsicht angezeigt ist (so zu § 24 KWG Fischer/Schäfer/Schulte-Mattler/Schulte-Mattler/Braun/Terörde § 24 Rn. 62; Luz/Neus/Schaber/Schneider/Wagner/Weber/Rüdenauer/Weber § 24 Rn. 39; Reischauer/Kleinhans/Albert § 24 Rn. 68).

16 Maßgeblicher Anknüpfungspunkt der Anzeigepflicht ist die (beabsichtigte) **Ermächtigung zur Einzelvertretung im gesamten Geschäftsbereich des Wertpapierinstituts.** Erfasst sind die Einzelprokura (§§ 48 f. HGB) und die Einzelgeneralhandlungsvollmacht (§ 54 HGB). Der Tatbestand erfordert, dass die betreffende Person **eigenständig vertretungsbefugt** sein soll und sich diese Vertretungsmacht **nicht nur auf bestimmte abgegrenzte Filialen oder Geschäftsbereiche** beziehen soll. Deshalb sind insbesondere Gesamtprokura (§ 48 Abs. 2 HGB), Filialprokura (§ 50 Abs. 3 HGB) und einfache Handlungsvollmachten (§ 54 HGB) für einzelne Geschäftsbereiche nicht erfasst (Lendermann/Nemeczek/Schroeter/von den Steinen § 64 Rn. 33; zu § 24 KWG Luz/Neus/Schaber/Schneider/Wagner/Weber/Rüdenauer/Weber § 24 Rn. 39; Fischer/Schäfer/Schulte-Mattler/Schulte-Mattler § 24 Rn. 62). In Bezug auf Handlungsvollmachten (§ 54 HGB) bedeutet dies, dass im Einzelfall danach zu unterscheiden ist, wie weit der Umfang der zu erteilenden Handlungsvollmacht reichen soll (so zu § 24 KWG Reischauer/Kleinhans/Albert § 24 Rn. 68).

17 Der Wortlaut des Abs. 1 Nr. 1 knüpft zunächst an die **Absicht der Ermächtigung** an, unterwirft aber **auch den Vollzug, die Aufgabe und die Änderung dieser Absicht** einer Anzeigepflicht.

- Eine **Absicht** zur Ermächtigung setzt voraus, dass das **Vorhaben hinreichend konkretisiert** ist, insbesondere dass die Identität des Kandidaten bereits feststeht (so zu § 24 KWG Luz/Neus/Schaber/Schneider/Wagner/Weber/Rüdenauer/Weber § 24 Rn. 37); das wird regelmäßig spätestens dann der Fall sein, wenn das **zuständige Organ** des Wertpapierinstituts über die Ermächtigung einer bestimmten Person **intern Beschluss gefasst** hat (Lendermann/Nemeczek/Schroeter/von den Steinen § 64 Rn. 26; zu § 24 KWG BaFin, Merkblatt zu den Geschäftsleitern gemäß KWG, ZAG und KAGB vom 4.1.2016, Stand 29.12.2020, S. 14 Rn. 26; Luz/Neus/Schaber/Schneider/Wagner/Weber/Rüdenauer/Weber § 24 Rn. 37; Fischer/Schäfer/Schulte-Mattler/Schulte-Mattler/Braun/Terörde § 24 Rn. 65). Eine noch ausstehende Zustimmung anderer Organe ändert an der mit der Beschlussfassung verbundenen Bildung der Absicht nichts (Lendermann/Nemeczek/Schroeter/von den Steinen § 64 Rn. 26; zu § 24 KWG Fischer/Schäfer/Schulte-Mattler/Schulte-Mattler/Braun/Terörde § 24 Rn. 65). Diese Unterscheidung (Gremienbeschluss: ja/nein) eignet sich gleichwohl nicht pauschal zur Abgrenzung. Maßgeblich ist stets die **inhaltliche Konkretisierung des Vorhabens und der Identität des zu ermächtigenden Kandidaten.** Ein Gremienbeschluss ist dann noch nicht anzeigepflichtig, wenn beispielsweise noch mehrere Kandidaten im Rennen um die Position sind und noch nicht feststeht, wer genau ermächtigt werden soll (so zu § 24 KWG Fischer/Schäfer/Schulte-Mattler/Schulte-Mattler/Braun/Terörde § 24 Rn. 65). Abgesehen von der Anzeigepflicht ab dem Bestehen der Absicht kann auch schon zuvor eine **informelle Abstimmung mit der BaFin** sinnvoll sein (Lendermann/Nemeczek/Schroeter/von den Steinen § 64 Rn. 21).

- Der **Vollzug** dieser Absicht ist dann gegeben und löst eine weitere Anzeigepflicht aus, wenn die tatbestandsmäßige **Einzelermächtigung rechtswirksam** wird. Das soll regelmäßig dann der Fall sein, wenn die Ermächtigungserklärung abgegeben wird bzw. wenn der zugrundeliegende Dienstvertrag – unabhängig von dessen Form – abgeschlossen wird (so zu § 24 KWG Luz/Neus/Schaber/Schneider/Wagner/Weber/Rüdenauer/Weber § 24 Rn. 37; Schwennicke/Auerbach/Süßmann § 24 Rn. 9). Noch ausstehende Registereintragungen oder sonstige Veröffentlichungen sind unbeachtlich (so zu § 24 KWG Fischer/Schäfer/Schulte-Mattler/Schulte-Mattler/Braun/Terörde § 24 Rn. 66; Luz/Neus/Schaber/Schneider/Wagner/Weber/Rüdenauer/Weber § 24 Rn. 37). Aus der Verwaltungspraxis der BaFin im Bereich des KWG ergibt sich allerdings, dass es vor allem auf den Zeitpunkt ankommt, zu dem die **ermächtigte Person ihre Tätigkeit tatsächlich aufnimmt.** Denn zu diesem Zeitpunkt soll beurteilt werden, ob sich seit der Absichtsanzeige wesentliche (oder gegebenenfalls sogar erforderliche) Änderungen im Hinblick auf die Zuverlässigkeit und Eignung der ermächtigten Person ergeben haben (BaFin, Merkblatt zu den Geschäftsleitern gemäß KWG, ZAG und KAGB vom 4.1.2016, Stand 29.12.2020, S. 23 Rn. 79; in diese Richtung auch Fischer/Schäfer/Schulte-Mattler/Schulte-Mattler/Braun/Terörde § 24 Rn. 66: Ermächtigung kann auch zu einem späteren Zeitpunkt wirksam werden.). Diese Erwägung trifft auch für den Anwendungsbereich des WpIG zu, sodass letztlich der **Zeitpunkt der Aufnahme der Tätigkeiten maßgeblich** sein dürfte, insbesondere falls zwischen dem Vertragsschluss bzw. der Ermächtigungserklärung und dem vereinbarten Zeitpunkt der Aufnahme der Tätigkeit längere Zeiträume liegen. In der Praxis sollte im Zweifelsfall eine **enge Abstimmung mit der BaFin** stattfinden, um die Vollzugsanzeige zum aus Sicht der BaFin richtigen Moment abzugeben.
- **Aufgegeben** wird die Absicht dann, wenn die zunächst angezeigte beabsichtigte Ermächtigung **gar nicht mehr** (also auch nicht einer anderen Person) erteilt werden soll. Eine Aufgabe der Ermächtigungsabsicht (und die Begrün-

dung einer neuen anzeigepflichtigen Ermächtigungsabsicht) wird regelmäßig auch darin zu sehen sein, dass **eine andere Person ermächtigt** werden soll. Eine Aufgabe dürfte schließlich auch dann vorliegen, wenn zwar weiterhin eine Ermächtigung beabsichtigt ist, diese Ermächtigung aber in ihrem Umfang so weit reduziert werden soll, dass sie nicht mehr vom Tatbestand des Abs. 1 Nr. 1 erfasst ist (zB Gesamtprokura statt Einzelprokura).

- **Ändert** sich nur der Inhalt (nicht der Wesensgehalt) der Ermächtigung (zB der vorgesehene Zeitpunkt des Wirksamwerdens der Ermächtigung oder die Art der Ermächtigung), ist eine **Änderungsanzeige** erforderlich.
- Für die Anzeigepflichten im Hinblick auf personelle Veränderungen im Anwendungsbereich von KWG, ZAG und KAGB geht die BaFin davon aus, dass die Anzeigen jedenfalls dann unverzüglich erfolgen, wenn sie **innerhalb von zwei Wochen** nach der Entscheidung des zuständigen Organs erfolgen, wobei die erforderlichen Dokumente von Behörden (Führungszeugnis, Gewerbezentralregister) zumindest beantragt sein müssen (BaFin, Merkblatt zu den Geschäftsleitern gemäß KWG, ZAG und KAGB vom 4.1.2016, Stand 29.12.2020, S. 12 Rn. 13; BaFin, Merkblatt zu den Mitgliedern von Verwaltungs- und Aufsichtsorganen gemäß KWG und KAGB vom 4.1.2016, Stand 29.12.2020, S. 14 Rn. 13). Da die Anzeigepflicht nach Abs. 1 Nr. 1 parallel gelagert ist, dürfte **diese Auslegung der BaFin auch im Bereich des Abs. 1 Nr. 1 Anwendung** finden.

18 Der Absichtsanzeige sind diejenigen Unterlagen beizufügen, aus denen sich die Tatsachen, die für die Beurteilung der **Zuverlässigkeit und der fachlichen Eignung** der betreffenden Personen wesentlich sind, ergeben. Die §§ 4–9 WpI-AnzV iVm Art. 4 Delegierte VO (EU) 2017/1943 regeln die (teilweise unübersichtlichen) Einzelheiten in Bezug auf die vorzulegenden Unterlagen und Erklärungen (→ Rn. 14 zu den hohen Anforderungen an Genauigkeit, Richtigkeit und Vollständigkeit der vorzulegenden Unterlagen). Die **Formulare der Anlage 1 WpI-AnzV („WpI-PV“)** und der **Anlage 4 WpI-AnzV („WpI-ZM“)** sind jeweils zu nutzen. Liegen **zwischen Absichtsanzeige und Vollzugsanzeige mehr als 12 Monate,** so sind die Unterlagen gem. § 4 Abs. 3 WpI-AnzV erneut in aktualisierter Form einzureichen, es sei denn die BaFin verzichtet (im Einzelfall) hierauf.

19 Im Gegensatz zu § 24 Abs. 2a KWG regelt Abs. 1 Nr. 1 **keine (laufende) Anzeigepflicht bzgl. neuer Tatsachen,** die sich auf die Beurteilung der Zuverlässigkeit und der fachlichen Eignung erheblich auswirken. Das Fehlen einer solchen laufenden Anzeigepflicht in Bezug auf das Leitungspersonal von Wertpapierinstituten **erscheint systemwidrig** (s. aber auch Lendermann/Nemeczek/Schroeter/Sajnovits § 20 Rn. 40, der gleichwohl eine solche laufende Mitteilungspflicht in Bezug auf Mitglieder des Leitungsorgans nach § 20 annimmt). Die Erwägungen des Gesetzgebers zur Erforderlichkeit einer solchen laufenden Anzeigepflicht (so zu § 24 KWG RegBegr. RisikoreduzierungsG, BT-Drs. 19/22786, 217) treffen auch im Anwendungsbereich des WpIG und hier sowohl für Organmitglieder als auch für Einzelvertreter zu. Dementsprechend wäre eine entsprechende Anzeigepflicht im WpIG nur konsequent. Eine **Klarstellung durch den Gesetzgeber** erscheint insofern erforderlich. Bis dahin ist eine enge Abstimmung zum Umgang mit etwaigen neuen Tatsachen mit Auswirkungen auf die Eignungsbeurteilung mit der Aufsicht empfehlenswert. Die (bis Juli 2026 umzusetzende) **CRD-ÄnderungsRL (Richtlinie (EU) 2024/1619 – CRD VI)** begründet jedenfalls für Große Wertpapierinstitute

(s. Art. 1 Abs. 2 IFR mit dem Verweis auf die CRD-Aufsichtsregelungen) das Erfordernis, **neue Tatsachen,** die zu Änderungen im Hinblick auf die Eignung eines Mitglieds des des Leitungsorgans führen können, unverzüglich der zuständigen Behörde anzuzeigen (siehe Art. 1 Abs. 30 CRD-ÄnderungsRL – CRD VI, Art. 91 Abs. 1h UAbs. 2 CRD n.F.). Eine entsprechende Regelung zu § 64 Abs. 1 Nr. 3 fehlt.

b) Entziehung einer Einzelvertretungsermächtigung (§ 64 Abs. 1 Nr. 2 und § 4 WpI-AnzV). Abs. 1 Nr. 2 verlangt die Anzeige der **Entziehung einer Einzelvertretungsermächtigung** iSv Art. 1 Nr. 1. Erforderlich ist **keine Absichtsanzeige,** sondern **nur die Anzeige des Vollzugs** der Entziehung. Maßgeblich ist die **rechtswirksame Umsetzung der Entziehung** (so zu § 24 KWG Luz/Neus/Schaber/Schneider/Wagner/Weber/Rüdenauer/Weber § 24 Rn. 47; Beck/Samm/Kokemoor/von den Steinen § 24 Rn. 86; anders allerdings Lendermann/Nemeczek/Schroeter/von den Steinen § 64 Rn. 30: Beschluss des Zuständigen Organs, iE also Zeitpunkt der Absichtsbegründung). Auch hier wird die Auslegung der BaFin zum Zeitpunkt der Anzeige (Anzeige innerhalb von **zwei Wochen** nach Entscheidung des zuständigen Organs) anwendbar sein (→ Rn. 17, letzter Punkt). Das **Formular der Anlage 1 WpI-AnzV („WpI-PV")** ist zu nutzen. 20

Der **Grund für die Entziehung** ist zwar in der Anzeige anzugeben, für die Anzeigepflicht aber irrelevant. Typischerweise wird die BaFin an den zugrundeliegenden Details interessiert sein und gegebenenfalls weitere Informationen verlangen, die Aufschluss über mögliche Verfehlungen geben könnten (so zu § 24 KWG Fischer/Schäfer/Schulte-Mattler/Schulte-Mattler/Braun/Terörde § 24 Rn. 76; Reischauer/Kleinhans/Albert § 24 Rn. 91). 21

c) Bestellung eines Geschäftsleiters oder Mitglieds des Verwaltungs- oder Aufsichtsorgans (§ 64 Abs. 1 Nr. 3 und §§ 4, 10 WpI-AnzV). Nach Abs. 1 Nr. 3 ist der **Vollzug der Bestellung** eines Geschäftsleiters oder eines Mitglieds des Verwaltungs- oder Aufsichtsorgans anzeigepflichtig. Die Anzeige des Vollzugs nach Abs. 1 Nr. 3 folgt zeitlich der Anzeige der beabsichtigen Bestellung gem. Art. 5 DurchführungsVO (EU) 2017/1945 nach. Letztere Norm verlangt die Anzeige der Bestellung (nur) von Geschäftsleitern **vor deren Wirksamwerden,** dh eine **Absichtsanzeige.** 22

Dieser Absichtsanzeige nach Art. 5 DurchführungsVO (EU) 2017/1945 sind (ebenso wie der Absichtsanzeige nach Abs. 1 Nr. 1) die **Unterlagen und Erklärungen zur Eignungsbeurteilung** nach den §§ 4–9 WpIG-AnzV iVm Art. 4 Delegierte VO (EU) 2017/1943 beizufügen (zu diesen Unterlagen und Erklärungen näher im Hinblick auf § 24 KWG BaFin, Merkblatt zu den Geschäftsleitern gemäß KWG, ZAG und KAGB vom 4.1.2016, Stand 29.12.2020, S. 14 ff.; Fischer/Schäfer/Schulte-Mattler/Schulte-Mattler/Braun/Terörde § 24 Rn. 68 ff.; Luz/Neus/Schaber/Schneider/Wagner/Weber/Rüdenauer/Weber § 24 Rn. 42 ff.). Die **Formulare der Anlage 1 WpI-AnzV („WpI-PV")** und der **Anlage 4 WpI-AnzV („WpI-ZM")** sind jeweils zu nutzen. Weil Art. 5 DurchführungsVO (EU) 2017/1945 ausdrücklich keine Vollzugsanzeige vorsieht, hat der deutsche Gesetzgeber eine solche Vollzugsanzeige in Abs. 1 Nr. 3 geregelt (RegBegr. WpIG, BT-Drs. 19/26929, 150). Zum (systemwidrigen) Fehlen einer Anzeigepflicht im Hinblick auf **neue Tatsachen, die sich auf die Beurteilung der Zuverlässigkeit und der fachlichen Eignung auswirken** s. bereits → Rn. 19. Die (bis Juli 2026 umzusetzende) **CRD-ÄnderungsRL (Richtlinie (EU) 2024/1619 – CRD VI)** begrün- 23 det jedenfalls für Große Wertpapierinstitute (s. Art. 1 Abs. 2 IFR mit dem Verweis auf die CRD-Aufsichtsregelungen) das Erfordernis, **neue Tatsachen,** die zu Änderungen im Hinblick auf die Eignung eines Mitglieds des des Leitungsorgans führen können, unverzüglich der zuständigen Behörde anzuzeigen (siehe Art. 1 Abs. 30 CRD-ÄnderungsRL – CRD VI, Art. 91 Abs. 1h UAbs. 2 CRD n.F.). Eine entsprechende Regelung zu § 64 Abs. 1 Nr. 3 fehlt.

24 Maßgeblicher **Zeitpunkt für die Vollzugsanzeige** gem. Abs. 1 Nr. 3 ist anschließend die tatsächliche Umsetzung der Bestellung. Nach der bereits angesprochenen Verwaltungspraxis der BaFin wird es hier regelmäßig auf die **tatsächliche Aufnahme der Tätigkeit** ankommen, insbesondere falls zwischen dem zugrundeliegenden Vertragsschluss und dem vereinbarten Zeitpunkt der Aufnahme der Tätigkeit längere Zeiträume liegen. Auch hier wird die Auslegung der BaFin zum Zeitpunkt der Anzeige (Anzeige innerhalb von **zwei Wochen**) anwendbar sein (→ Rn. 17, letzter Punkt). Eine **enge Abstimmung mit der BaFin** zum Vollzugszeitpunkt und dem damit verbundenen Zeitpunkt der Vollzugsanzeige ist jedenfalls empfehlenswert.

25 Die Anzeigepflicht gilt sowohl für die Bestellung von **Geschäftsleitern** als auch für die Bestellung von **Mitgliedern des Verwaltungs- oder Aufsichtsorgans.**

- **Geschäftsleiter** sind gem. § 2 Abs. 36 diejenigen natürlichen Personen, die nach Gesetz, Satzung oder Gesellschaftsvertrag zur Führung der Geschäfte und zur Vertretung eines Wertpapierinstituts berufen sind. Dementsprechend soll die Anzeigepflicht unterschiedslos für **hauptamtliche, nebenamtliche und ehrenamtliche** Geschäftsleiter gelten (so zu § 24 KWG Luz/Neus/Schaber/Schneider/Wagner/Weber/Rüdenauer/Weber § 24 Rn. 38; dagegen zutreffend die Bemerkung von Schwennicke/Auerbach/Süßmann § 24 Rn. 9, wonach neben- oder ehrenamtliche Geschäftsleiter praktisch nicht vorkommen dürften). Die Anzeigepflicht gilt auch für **kommissarisch und stellvertretend bestellte Geschäftsleiter und Liquidatoren** (Lendermann/Nemeczek/Schroeter/von den Steinen § 64 Rn. 36; zu § 24 KWG Fischer/Schäfer/Schulte-Mattler/Schulte-Mattler/Braun/Terörde § 24 Rn. 59, 61). Gemäß § 10 WpI-AnzV sind die personenbezogenen Anzeigepflichten und -Modalitäten der §§ 4–9 WpI-AnzV auch für die Ermächtigung von **Ersatzpersonen für Geschäftsleiter** gem. Art. 8 Abs. 1 lit. c, d Delegierte VO (EU) 2017/1943 anwendbar. Solche Ersatzpersonen für Geschäftsleiter sind zwingend (als Zulassungsvoraussetzung) zu bestellen, sofern der Erlaubnisantragsteller eine natürliche Person ist oder von einer einzigen natürlichen Person geführt wird. Die personenbezogenen Anzeigepflichten für Geschäftsleiter gelten dementsprechend mittelbar gem. § 10 WpI-AnzV (und damit in konsequenter Umsetzung von Art. 21 Abs. 2 S. 2 MiFID II, hierzu → Rn. 9, Anmerkung (*)) auch für diese Ersatzpersonen.
- Nach der Verwaltungspraxis der BaFin, bezieht sich die Anzeigepflicht auf die Mitglieder aller fakultativ oder zwingend eingerichteten **Kontroll- oder Aufsichtsorgane** im materiellen Sinne. Maßgeblich ist, dass dem Organ die Überwachung der Geschäftsleitung obliegt, unabhängig von der Bezeichnung des Organs. Im Kern kommt es auf die dem Organ (per Gesetz, in der Satzung oder im Gesellschaftsvertrag) eingeräumten Rechte und Pflichten an (BaFin, Merkblatt zu den Mitgliedern von Verwaltungs- oder Aufsichtsorganen gemäß KWG und KAGB vom 4.1.2016, Stand 29.12.2020, S. 10; Lendermann/Nemeczek/Schroeter/von den Steinen § 64 Rn. 42). Abs. 1 Nr. 3 erwähnt **stellvertretende Mitglieder** – Personen, die bei kurzfristiger Verhinderung

bestellt werden und währenddessen die relevanten Funktionen übernehmen, – im Gegensatz zu § 24 Abs. 1 Nr. 15 und Nr. 15a KWG nicht (Lendermann/Nemeczek/Schroeter/von den Steinen § 64 Rn. 42). Da auch Abs. 1 Nr. 1 nicht ausdrücklich Geschäftsleitervertreter erwähnt und vor dem Hintergrund der bisherigen Verwaltungspraxis der BaFin (BaFin, Merkblatt zu den Mitgliedern von Verwaltungs- oder Aufsichtsorganen gemäß KWG und KAGB vom 4.1.2016, Stand 29.12.2020, S. 16 Rn. 24; so zur begrifflichen Unterscheidung zudem Reischauer/Kleinhans/Albert § 24 Rn. 170a; Luz/Neus/Schaber/Schneider/Wagner/Weber/Rüdenauer/Weber § 24 Rn. 106), erscheint es gleichwohl konsequent, auch die **Bestellung stellvertretender Mitglieder der Anzeigepflicht nach Abs. 1 Nr. 3 zu unterwerfen.** Im Einklang mit der Verwaltungspraxis der BaFin zu § 24 KWG ist die Bestellung von **Ersatzmitgliedern** – Personen, die bereits vorsorglich benannt bzw. gewählt werden, um ein Organmitglied im Falle eines dauerhaften Ausscheidens zu ersetzen, – erst dann anzeigepflichtig, wenn es tatsächlich zum Nachrückfall kommt (BaFin, Merkblatt zu den Mitgliedern von Verwaltungs- und Aufsichtsorganen gemäß KWG und KAGB vom 4.1.2016, Stand 29.12.2020, S. 16 Rn. 24 f.; Reischauer/Kleinhans/Albert § 24 Rn. 170a). Auch die Eignungsvoraussetzungen sind erst ab dem Zeitpunkt des tatsächlichen Nachrückens zu erfüllen (Lendermann/Nemeczek/Schroeter/Neumann § 44 Rn. 100 Fn. 221; zu § 25d KWG Reischauer/Kleinhans/Brogl § 25d Rn. 8a; Binder/Glos/Riepe BankenaufsichtsR-HdB/Benzler/Krieger Teil II § 11 Abschn. III.3.c) Rn. 174 Fn. 472).

d) Rechtsformwechsel und Änderungen der Firma (§ 64 Abs. 1 Nr. 4 und § 2 Abs. 5 WpI-AnzV). Gemäß Abs. 1 Nr. 4 sind **Rechtsformwechsel,** die nicht bereits eine Erlaubnispflicht nach § 15 auslösen, sowie **Änderungen der Firma** anzeigepflichtig. 26

Im Hinblick auf **Rechtsformwechsel** sieht der Wortlaut von Abs. 1 Nr. 4 eine Abgrenzung zu solchen **Sachverhalten, die erlaubnispflichtig nach § 15 sind,** vor. Gemeint sind damit im Kern Rechtsformänderungen, die eine Änderung des Rechtsträgers zur Folge haben, zB Formwechsel mit Änderung des persönlich haftenden Gesellschafters zwischen verschiedenen Personengesellschaftsformen, Formwechsel von Personengesellschaften in Kapitalgesellschaften oder die Übertragung erlaubnispflichtiger Geschäfte auf einen anderen Rechtsträger bei Aufspaltungs-, Abspaltungs- oder Ausgliederungsvorgängen (Lendermann/Nemeczek/Schroeter/von den Steinen § 64 Rn. 45 f.; zu § 24 KWG Reischauer/Kleinhans/Albert § 24 Rn. 94; Fischer/Schäfer/Schulte-Mattler/Schulte-Mattler/Braun/Terörde § 24 Rn. 81 f.; Luz/Neus/Schaber/Schneider/Wagner/Weber/Rüdenauer/Weber § 24 Rn. 48). In solchen Fällen, die bereits der Erlaubnispflicht nach § 15 unterliegen, ist **keine zusätzliche Anzeige nach Abs. 1 Nr. 4** erforderlich. Andere Rechtsformwechsel sind anzeigepflichtig. 27

Als anzeigepflichtige **Firmenänderungen** gelten alle Änderungen der **Namen** und **Rechtsformbezeichnungen,** die Bestandteil der Firma sind. Das betrifft grundsätzlich auch Änderungen von **Ortsnamen** als Teil der Firma. Nur bloße Änderungen der Ortsbezeichnung (zB infolge kommunaler Neugliederungen, ohne dass es wirklich zu einer Verlegung des Orts kommt) unterfallen nicht der Anzeigepflicht (so zu § 24 KWG Fischer/Schäfer/Schulte-Mattler/Schulte-Mattler/Braun/Terörde § 24 Rn. 83; Luz/Neus/Schaber/Schneider/Wagner/Weber/Rüdenauer/Weber § 24 Rn. 48). 28

29 Bei Abs. 1 Nr. 4 handelt es sich **nicht um eine Absichtsanzeige.** Die Anzeige ist damit erst unverzüglich **nach Eintritt der Rechtswirksamkeit des Rechtsformwechsels bzw. der Firmenänderung** zu machen. Regelmäßig kommt es insofern auf die Registereintragung an (Lendermann/Nemeczek/Schroeter/von den Steinen § 64 Rn. 44; zu § 24 KWG Reischauer/Kleinhans/Albert § 24 Rn. 95, s. dort insbes. Fn. 117: Beschluss bei nicht eingetragenen Kaufleuten maßgeblich; Fischer/Schäfer/Schulte-Mattler/Schulte-Mattler/Braun/Terörde § 24 Rn. 80; Luz/Neus/Schaber/Schneider/Wagner/Weber/Rüdenauer/Weber § 24 Rn. 48). Aus praktischer Sicht ist es sinnvoll derartige Änderungen bereits **frühzeitig im Vorfeld gegenüber der Aufsicht transparent** zu machen, wenngleich hierdurch nicht die Anzeigepflicht nach Abs. 1. Nr. 4 entfallen wird (so zu § 24 KWG Reischauer/Kleinhans/Albert § 24 Rn. 95).

30 Gemäß § 2 Abs. 5 WpI-AnzV müssen Änderungen der Rechtsform und der Firma (sowie des Sitzes, der Anschrift der Hauptniederlassung, des zuständigen Handelsregisters und der Handelsregisternummer) zudem unverzüglich der **Vergabestelle für die Rechtsträgerkennung** (dh der Legal Entity Identifier (LEI)) des Wertpapierinstituts angezeigt werden (dazu näher Reischauer/Kleinhans/Albert § 2 AnzV; EBA, Recommendation: On the use of the Legal Entity Identifier (LEI) vom 29.1.2014, EBA/REC/2014/01).

31 **e) Niederlassungsverlegung und Sitzverlegung (§ 64 Abs. 1 Nr. 5 und § 2 Abs. 5 WpI-AnzV).** Gemäß Abs. 1 Nr. 5 ist eine Anzeige erforderlich, wenn ein Wertpapierinstitut seine **Niederlassung oder seinen Sitz verlegt.** Gemeint ist damit die **räumliche Veränderung des Sitzes der Geschäftsleitung** (dh der Hauptstelle bzw. des juristischen Sitzes; zu den Begrifflichkeiten Lendermann/Nemeczek/Schroeter/von den Steinen § 64 Rn. 49; zu § 24 KWG Luz/Neus/Schaber/Schneider/Wagner/Weber/Rüdenauer/Weber § 24 Rn. 52). Erfasst ist jede örtliche Änderung des tatsächlichen Sitzes der Geschäftsleitung, zB von einer Gemeinde in eine andere oder in andere Geschäftsräume am selben Ort (Lendermann/Nemeczek/Schroeter/von den Steinen § 64 Rn. 50; zu § 24 KWG Reischauer/Kleinhans/Albert § 24 Rn. 105; Fischer/Schäfer/Schulte-Mattler/Schulte-Mattler/Braun/Terörde § 24 Rn. 101; Luz/Neus/Schaber/Schneider/Wagner/Weber/Rüdenauer/Weber § 24 Rn. 52). Nicht nach Abs. 1 Nr. 5 anzeigepflichtig sind Änderungen von Orts- und Straßennamen. Eine Anzeige gegenüber der BaFin ist aber trotzdem empfehlenswert (Lendermann/Nemeczek/Schroeter/von den Steinen § 64 Rn. 51; zu § 24 KWG Reischauer/Kleinhans/Albert § 24 Rn. 105; Fischer/Schäfer/Schulte-Mattler/Schulte-Mattler/Braun/Terörde § 24 Rn. 101), sofern es in diesem Zuge nicht schon zu einer anzeigepflichtigen Firmenänderung nach Abs. 1 Nr. 4 kommt.

32 Für Zweigniederlassungen von **Wertpapierinstituten mit Sitz in einem EU- bzw. EWR-Staat** findet die Anzeigepflicht nach Abs. 1 Nr. 4 – anders als im KWG gem. § 53b Abs. 3 S. 1 Nr. 5 KWG (Reischauer/Kleinhans/Albert § 24 Rn. 106) – keine Anwendung. § 73 Abs. 5 Nr. 1 beinhaltet keinen Verweis auf § 64 (wohl aber auf § 66 Abs. 1, → § 66 Rn. 1). § 73 Abs. 3 iVm Art. 35 Abs. 2 und Abs. 10 MiFID II sehen vor, dass entsprechende Anzeigen stets nur **über die Aufsichtsbehörde des Herkunftsvertragsstaats** zu laufen haben.

33 Maßgeblicher Zeitpunkt für die Anzeige ist der **tatsächliche Vollzug** (keine Absichtsanzeige) der jeweiligen örtlichen Änderung (so zu § 24 KWG Reischauer/Kleinhans/Albert § 24 Rn. 105). Eine vorherige Ankündigung des Umzugs gegenüber der BaFin ist aus praktischer Sicht gleichwohl empfehlenswert.

34 § 2 Abs. 5 WpI-AnzV macht darüber hinaus eine Anzeige der Sitzverlegung bzw. der Änderung der Anschrift der Hauptniederlassung gegenüber der **Vergabestelle für die Rechtsträgerkennung** des Wertpapierinstituts erforderlich. Hierzu → Rn. 30.

35 **f) Zweigstellen und grenzüberschreitende Dienstleistungen in Drittstaaten (§ 64 Abs. 1 Nr. 6, Abs. 3 und § 12 WpI-AnzV).** Nach Abs. 1 Nr. 6 besteht eine Anzeigepflicht für die Errichtung, Verlegung und Schließung von **Zweigstellen in Drittstaaten** sowie für die Aufnahme und die Beendigung der **Erbringung grenzüberschreitender Dienstleistungen in Drittstaaten** ohne Errichtung einer Zweigstelle. Mittels dieser Anzeigen soll seitens der Aufsicht ein Überblick über die Präsenz von Wertpapierinstituten in Drittstaaten gewährleistet werden, damit auch potenzielle negative Einflüsse, die aus der wirtschaftlichen Sphäre dieser Drittstaaten rühren, berücksichtigt werden können.

36 Die Anzeigepflicht bezieht sich nur auf Zweigstellen bzw. grenzüberschreitend erbrachte Dienstleistungen **in Drittstaaten.** Das sind alle Staaten, die nicht Vertragsstaaten iSv § 2 Abs. 37 sind, also alle nicht-EU- und nicht-EWR-Staaten. Für Zweigstellen und grenzüberschreitende Dienstleistungen in EU- und EWR-Staaten gelten die Anzeigepflichten gem. §§ 70–72 (EU-Passporting).

37 **Zweigstellen** sind rechtlich unselbstständige (Teil-)Betriebsstellen, die nicht selbst die Hauptverwaltung des Wertpapierinstituts sind, und die Wertpapierdienstleitungen bzw. Wertpapiernebendienstleistungen erbringen (Lendermann/Nemeczek/Schroeter/von den Steinen § 64 Rn. 72; zu § 24 KWG Reischauer/Kleinhans/Albert § 24 Rn. 109; Fischer/Schäfer/Schulte-Mattler/Schulte-Mattler/Braun/Terörde § 24 Rn. 110). In Bezug auf diese Zweigstellen in Drittstaaten sind die **Errichtung, die Verlegung und die Schließung** anzuzeigen.

- **Errichtung** ist die anfängliche Schaffung der organisatorischen Voraussetzungen der Geschäftsaufnahme, also der Betriebsbereitschaft (zB in Form der Anmietung von Geschäftsräumen und der Anwerbung von Personal) und die damit zum Ausdruck kommende erstmalige Tätigkeitsaufnahme (Lendermann/Nemeczek/Schroeter/von den Steinen § 64 Rn. 75; zu § 24 KWG Fischer/Schäfer/Schulte-Mattler/Schulte-Mattler/Braun/Terörde § 24 Rn. 108; Luz/Neus/Schaber/Schneider/Wagner/Weber/Rüdenauer/Weber § 24 Rn. 53).
- **Verlegung** ist die räumliche Änderung des Ortes bzw. der Geschäftsräume, von denen aus die Erbringung der Wertpapierdienstleistungen bzw. Wertpapiernebendienstleistungen stattfindet (auch die Verlegung der Geschäftsräume innerhalb einer Gemeinde bzw. eines Ortes) (so zu § 24 KWG Fischer/Schäfer/Schulte-Mattler/Schulte-Mattler/Braun/Terörde § 24 Rn. 108; Luz/Neus/Schaber/Schneider/Wagner/Weber/Rüdenauer/Weber § 24 Rn. 53).
- **Schließung** ist die endgültige Beendigung aller Dienstleistungen und die Abwicklung der als Teil dieser Dienstleistungen abgeschlossenen Geschäfte; nicht erfasst ist damit also die bloße Einstellung des Neukundengeschäfts oder eine bloß vorübergehende Einstellung (Lendermann/Nemeczek/Schroeter/von den Steinen § 64 Rn. 75; zu § 24 KWG Reischauer/Kleinhans/Albert § 24 Rn. 109). Eine vorübergehende Einstellung des (gesamten) Geschäftsbetriebs kann aber eine Anzeigepflicht nach Abs. 1 Nr. 7 nach sich ziehen.

38 In Bezug auf grenzüberschreitend erbrachte Dienstleistungen in Drittstaaten sind die **Aufnahme und die Beendigung** der Erbringung anzuzeigen.

- **Aufnahme** grenzüberschreitend erbrachter Dienstleistungen sind sowohl die Annahme von auf Wertpapierdienstleistungen bzw. Wertpapiernebendienstleistungen gerichteten Kundenaufträgen als auch das Anbieten derartiger Dienstleistungen (Lendermann/Nemeczek/Schroeter/von den Steinen § 64 Rn. 76; zu § 24 KWG Fischer/Schäfer/Schulte-Mattler/Schulte-Mattler/Braun/Terörde § 24 Rn. 109; Luz/Neus/Schaber/Schneider/Wagner/Weber/Rüdenauer/Weber § 24 Rn. 53).

- Eine **Beendigung** liegt vor, wenn die bestehende Geschäftstätigkeit vollständig abgewickelt ist und keine Absicht besteht, die Wertpapierdienstleistungen bzw. Wertpapiernebendienstleistungen (später) weiter anzubieten oder auszuführen (Lendermann/Nemeczek/Schroeter/von den Steinen § 64 Rn. 76; zu § 24 KWG Fischer/Schäfer/Schulte-Mattler/Schulte-Mattler/Braun/Terörde § 24 Rn. 109; Luz/Neus/Schaber/Schneider/Wagner/Weber/Rüdenauer/Weber § 24 Rn. 53). Bei Fällen bloß vorübergehender Einstellungen des Geschäftsbetriebs ist dementsprechend keine Anzeige nach Abs. 1 Nr. 6, möglicherweise aber eine Anzeige nach Abs. 1 Nr. 7 erforderlich.

39 Da Abs. 1 Nr. 6 keine Absichtsanzeige beinhaltet, greift die Verpflichtung zur jeweiligen Anzeige erst mit der **tatsächlichen Vollendung der relevanten Vorgänge** (Lendermann/Nemeczek/Schroeter/von den Steinen § 64 Rn. 71; zu § 24 KWG Reischauer/Kleinhans/Albert § 24 Rn. 109; Fischer/Schäfer/Schulte-Mattler/Schulte-Mattler/Braun/Terörde § 24 Rn. 108 f.)

40 Abs. 3 sowie § 12 WpI-AnzV legen **inhaltliche Ergänzungen** für die gem. Abs. 1 Nr. 6 zu erstattende Anzeige fest. Danach sind

- der Name des Niederlassungsleiters (bei Errichtung einer Zweigstelle, Abs. 3),
- die beabsichtigten Dienstleistungen und Tätigkeiten (bei Errichtung einer Zweigstelle, Abs. 3),
- der voraussichtliche Anteil am Geschäftsvolumen (bei Errichtung einer Zweigstelle, Abs. 3),
- ein Organigramm der Zweigstelle (bei Errichtung einer Zweigstelle, Abs. 3),
- die Bezeichnung des Staates, in dem die Zweigstelle errichtet, verlegt oder geschlossen oder die grenzüberschreitende Dienstleistung aufgenommen oder beendet wurde (§ 12 Abs. 1 Nr. 1 WpI-AnzV),
- die Anschrift der Zweigstelle, die errichtet, verlegt oder geschlossen wurde; bei Verlegung der Zweigstelle ferner deren neue Anschrift (§ 12 Abs. 1 Nr. 2 WpI-AnzV) und
- die Bezeichnung aller aufgenommenen oder beendeten Wertpapierdienstleistungen, Wertpapiernebendienstleistungen und Nebengeschäfte iSd § 2 Abs. 2–4 des Wertpapierinstitutsgesetzes (§ 12 Abs. 1 Nr. 3 WpI-AnzV)

als Teil der Anzeige erforderlich. Das zu verwendende **Formular der Anlage 5 WpI-AnzV („WpI-ZD")** hält allerdings keine ausdrücklich als solche gekennzeichneten Felder für die Angabe des Namens des Niederlassungsleiters und den voraussichtlichen Anteil am Geschäftsvolumen bereit. Sinnvoll dürfte es dementsprechend bei der Anzeige der Errichtung einer Zweigstelle sein, den Niederlassungsleiter unter eindeutiger Benennung als Niederlassungsleiter als Kontakt für Rückfragen unter Ziffer 8 und den voraussichtlichen Anteil am Geschäftsvolumen als Bemerkung unter Ziffer 7 anzugeben. Das nach Abs. 3 erforderliche Organigramm der Zweigstelle sollte der Anzeige als ergänzendes Dokument beigefügt werden.

41 Gemäß § 12 Abs. 2 WpI-AnzV ist **für jeden Drittstaat eine gesonderte Anzeige** einzureichen. Hierbei handelt es sich um eine Änderung im formellen Anzeigeverfahren im Vergleich zu § 6 S. 2 AnzV, wonach im Bereich des KWG mehrere Anzeigen zusammengefasst werden konnten.

42 **g) Einstellung des Geschäftsbetriebs (§ 64 Abs. 1 Nr. 7).** Abs. 1 Nr. 7 sieht eine Anzeigepflicht für die **Einstellung des Geschäftsbetriebs** vor. Die Relevanz dieser Anzeigepflicht erschließt sich mit einem Blick auf § 19 Abs. 2 Nr. 1, wonach die Erlaubnis entzogen werden kann, wenn der Geschäftsbetrieb, auf den sich die Erlaubnis bezieht, seit mehr als sechs Monaten nicht mehr ausgeübt worden ist. Daraus wird auch ersichtlich, dass sich die Anzeigepflicht **nur auf den erlaubnispflichtigen Geschäftsbetrieb bezieht.** Weitere geschäftliche Tätigkeiten, die keine Wertpapierdienstleistungen bzw. Wertpapiernebendienstleistungen darstellen, können sowohl ohne Auslösen einer Anzeigepflicht eingestellt werden als auch weitergeführt werden, wenn die Einstellung des erlaubnispflichtigen Geschäftsbetriebs angezeigt worden ist (so zu § 24 KWG Reischauer/Kleinhans/Albert § 24 Rn. 113; Luz/Neus/Schaber/Schneider/Wagner/Weber/Rüdenauer/Weber § 24 Rn. 55).

43 Auf den **Grund für die Einstellung** kommt es für die Anzeigepflicht nicht an; erfasst sind sowohl freiwillige Entscheidungen, behördliche Anordnungen, Umwandlungssachverhalte als auch die Auflösung des Wertpapierinstituts (Lendermann/Nemeczek/Schroeter/von den Steinen § 64 Rn. 97; zu § 24 KWG Fischer/Schäfer/Schulte-Mattler/Schulte-Mattler/Braun/Terörde § 24 Rn. 120). Das heißt, dass eine Anzeige auch dann erforderlich ist, wenn die Einstellung infolge einer eigenen Anordnung der Aufsicht vollzogen wird.

44 Abs. 1 Nr. 7 erfasst sowohl die **endgültige** als auch die **zeitweilige Einstellung** des Geschäftsbetriebs (Lendermann/Nemeczek/Schroeter/von den Steinen § 64 Rn. 97; zu § 24 KWG Reischauer/Kleinhans/Albert § 24 Rn. 113). Der Begriff der Einstellung ist weiter als die Begriffe der Schließung einer Zweigniederlassung bzw. der Beendigung der Erbringung grenzüberschreitender Dienstleistungen nach Abs. 1 Nr. 6 (→ Rn. 37 f.). Das bedeutet, dass bei zeitweiligen Einstellungen des Geschäftsbetriebs, die sich auch auf das Drittstaatengeschäft auswirken, zwar keine Anzeige nach Abs. 1 Nr. 6, wohl aber eine Anzeige nach Abs. 1 Nr. 7 erforderlich sein kann. Gegebenenfalls ist eine **Satzungsänderung** erforderlich (so zu § 24 KWG Reischauer/Kleinhans/Albert § 24 Rn. 115). Für die **Wiederaufnahme des Geschäftsbetriebs** nach einer zeitweiligen Einstellung ist keine Anzeigepflicht vorgesehen. Mit Blick auf die drohende Aufhebung der Erlaubnis nach § 19 Abs. 2 Nr. 1 ist es aber gleichwohl erforderlich und sinnvoll, der Aufsicht **auch die Wiederaufnahme anzuzeigen.**

45 Ausgelöst wird die Anzeigepflicht mit der **Einstellung der Tätigkeit als werbendes Unternehmen.** Es kommt auf die **tatsächliche Einstellung der werbenden Geschäftstätigkeit** an, unabhängig von etwaigen Registereintragungen (Lendermann/Nemeczek/Schroeter/von den Steinen § 64 Rn. 96; zu § 24 KWG Fischer/Schäfer/Schulte-Mattler/Schulte-Mattler/Braun/Terörde § 24 Rn. 119; Reischauer/Kleinhans/Albert § 24 Rn. 113; Luz/Neus/Schaber/Schneider/Wagner/Weber/Rüdenauer/Weber § 24 Rn. 55). Als typischer Anwendungsfall wird die Übernahme von Instituten im Rahmen von Fusionen genannt; dabei werden exemplarisch zwei Konstellationen in Erwägung gezogen: Sofern die Geschäfte des übernommenen Wertpapierinstituts bereits vor der Eintragung der Fusion auf Rechnung des übernehmenden Instituts übernommen werden, endet die werbende Geschäftstätigkeit des übernommenen Wertpapierinstituts schon mit Wirksamkeit der zugrundeliegenden Vereinbarung über die Fortführung der Geschäfte. Wird das übernommene Wertpapierinstitut dagegen bis zur Registereintragung unverändert auf eigene Rechnung fortgeführt, ist erst der Tag der Registereintragung als Zeitpunkt des umwandlungsrechtlichen

Wirksamwerdens maßgeblich (so zu § 24 KWG Reischauer/Kleinhans/Albert § 24 Rn. 114; Luz/Neus/Schaber/Schneider/Wagner/Weber/Rüdenauer/Weber § 24 Rn. 55).

46 Bis zur Abwicklung aller erlaubnispflichtigen Geschäfte unterliegt das Wertpapierinstitut auch nach einer Anzeige nach Abs. 1 Nr. 7 weiterhin den **aufsichtsrechtlichen Vorschriften** und der Aufsicht der BaFin bzw. der BBank.

47 **h) Beabsichtigte Entscheidung über Auflösung (§ 64 Abs. 1 Nr. 8).** Nach Abs. 1 Nr. 8 ist die Absicht der gesetzlichen und satzungsgemäßen Organe, eine **Entscheidung über die Auflösung des Wertpapierinstituts herbeizuführen,** anzeigepflichtig. Die Anzeigepflicht soll eine rechtzeitige Information der Aufsicht über die beabsichtige Auflösung sicherstellen, um eine gegebenenfalls erforderliche Mitgestaltung der Abwicklung und Auflösung (zB im Gläubigerinteresse, zum Schutz anderer Marktteilnehmer sowie des Finanzmarkts generell) durch die Aufsicht zu ermöglichen (Lendermann/Nemeczek/Schroeter/von den Steinen § 64 Rn. 100; zu § 24 KWG Reischauer/Kleinhans/Albert § 24 Rn. 118).

48 Der Wortlaut von Abs. 1 Nr. 8 knüpft ausdrücklich nicht an die Absicht der Auflösung (selbst) an, sondern an die **Absicht der Herbeiführung einer Entscheidung über die Auflösung.** Damit ist die Absichtsanzeige nicht – wie beispielsweise im Fall von Abs. 1 Nr. 1 – erst mit der Beschlussfassung des zuständigen Organs erforderlich. Die Anzeige ist vielmehr **spätestens schon dann** zu machen, wenn dem **beschließenden Organ eine entsprechende Beschlussvorlage zur Entscheidung vorliegt** (Lendermann/Nemeczek/Schroeter/von den Steinen § 64 Rn. 99; zu § 24 KWG Fischer/Schäfer/Schulte-Mattler/Schulte-Mattler/Braun/Terörde § 24 Rn. 125 f.).

49 Typischerweise wird die beabsichtigte Auflösung schon **weit im Voraus Gegenstand einer Absprache mit der Aufsicht** sein.

50 **i) Bedeutende Beteiligungen am Institut (passivische Beteiligungsanzeige) (§ 64 Abs. 1 Nr. 9, Abs. 4 und § 15 WpI-AnzV).** Abs. 1 Nr. 9 verpflichtet Wertpapierinstitute dazu, die Aufsicht über **bevorstehende Änderungen (Erwerb, Aufgabe sowie Über- und Unterschreiten von Beteiligungsschwellen) bei bedeutenden Beteiligungen** an dem Wertpapierinstitut selbst zu informieren, sobald das Wertpapierinstitut von solchen bevorstehenden Änderungen Kenntnis erlangt.

51 **Bedeutende Beteiligungen** sind nach § 2 Abs. 23 S. 1 **qualifizierte Beteiligungen** iSv Art. 4 Abs. 1 CRR (→ § 2 Rn. 380 ff. und → § 24 Rn. 18 ff.). Über die Verweise in § 15 Abs. 3 WpI-AnzV iVm § 14 Abs. 3 WpI-AnzV finden die **gleichen Berechnungsregelungen** Anwendung, die auch im Rahmen der **Inhaberkontrolle** gem. § 24 iVm § 4 Abs. 2 und Abs. 3 WpI-InhKontrollV gelten (zur Berechnung der Beteiligungshöhe → § 24 Rn. 18 ff.).

52 Die Anzeigepflicht bezieht sich – anders als Abs. 1 Nr. 11 (aktivische Beteiligungsanzeige) – auf **Beteiligungen anderer Anteilsinhaber an dem Wertpapierinstitut** selbst. Diese anderen Anteilsinhaber unterliegen ihrerseits gem. § 24 iVm der Delegierten VO (EU) 2017/1946 und der WpI-InhKontrollV eigenen Anzeigepflichten im Hinblick auf die Inhaberkontrolle (hierzu → § 24 Rn. 21 ff.).

53 Die Anzeigepflicht der Wertpapierinstitute gem. Abs. 1 Nr. 9 ergänzt die genannten Regelungen zur Inhaberkontrolle. Indem die Wertpapierinstitute ihrerseits die ihnen bekanntwerdenden Veränderungen bei bedeutenden Betei-

ligungen anzeigen, wird die Aufsicht in die Lage versetzt, nachzuvollziehen, ob die gem. § 24 verpflichteten (künftigen) **Anteilsinhaber ihren Anzeigepflichten nachkommen** (Lendermann/Nemeczek/Schroeter/von den Steinen § 64 Rn. 56; zu § 24 KWG Fischer/Schäfer/Schulte-Mattler/Schulte-Mattler/Braun/Terörde § 24 Rn. 136). Durch den bewusst früh gewählten Zeitpunkt der Anzeige nach Abs. 1 Nr. 9 (dazu näher in Bezug auf den identischen Wortlaut in § 24 KWG Reischauer/Kleinhans/Albert § 24 Rn. 128 Fn. 133; auch → Rn. 56) erhält die Aufsicht zudem die Möglichkeit, frühzeitig potenzielle Inhaber bedeutender Beteiligungen zu erkennen, deren beabsichtigter Erwerb beispielsweise nach § 26 untersagt werden muss oder gegen die Maßnahmen nach § 27 (Untersagung der Stimmrechtsausübung bzw. Weisungen) oder § 19 Abs. 2 Nr. 2 iVm § 18 Abs. 1 Nr. 3 (Aufhebung der Erlaubnis) zu ergreifen sind (so zu § 24 KWG Fischer/Schäfer/Schulte-Mattler/Schulte-Mattler/Braun/Terörde § 24 Rn. 136).

Anzeigepflichtig sind gem. Abs. 1 Nr. 9 und – konkretisierend – gem. § 15 Abs. 1 S. 2 WpI-AnzV folgende **Tatbestände** (s. zu den Erwerbstatbeständen → § 24 Rn. 21 ff.): **54**

- Erwerb und Aufgabe einer bedeutenden Beteiligung am Wertpapierinstitut (Abs. 1 Nr. 9);
- Erreichen sowie Über- und Unterschreiten von Beteiligungsschwellen in Höhe von 20 %, 30 % und 50 % der Stimmrechte oder des Kapitals (Abs. 1 Nr. 9, § 15 Abs. 1 S. 2 Nr. 1 WpI-AnzV);
- Eintritt oder Ende der Eigenschaft als Tochterunternehmen eines anderen Unternehmens (Abs. 1 Nr. 9, § 15 Abs. 1 S. 2 Nr. 2 WpI-AnzV);
- vollständige oder teilweise Übertragungen mittelbar gehaltener Anteile auf ein zwischengeschaltetes Unternehmen (§ 15 Abs. 1 S. 2 Nr. 3 WpI-AnzV);
- Änderung der Identität oder der Anzahl zwischengeschalteter Unternehmen bei ganz oder teilweise mittelbar gehaltenen Anteilen (§ 15 Abs. 1 S. 2 Nr. 4 Alt. 1 WpI-AnzV);
- Übertragung von vormals mittelbar gehaltenen Anteilen auf den Anteilseigner selbst (§ 15 Abs. 1 S. 2 Nr. 4 Alt. 2 WpI-AnzV).

Die Anzeigepflicht nach Abs. 1 Nr. 9 greift, sobald das Wertpapierinstitut von einer bevorstehenden Änderung **positive Kenntnis** erlangt (Lendermann/Nemeczek/Schroeter/von den Steinen § 64 Rn. 58). Maßgeblich ist die **Absicht einer Anteilsübertragung** (so zu § 24 KWG Schwennicke/Auerbach/Süßmann § 24 Rn. 33). Woher das Wertpapierinstitut die Kenntnis erlangt, ist nicht maßgeblich. Nicht ausreichend sind bloße (und eindeutig als solche erkennbare) Spekulationen (so zu § 24 KWG Reischauer/Kleinhans/Albert § 24 Rn. 128). **55**

Der **bewusst früh ansetzende Wortlaut** geht auf die Änderung des (insofern identischen) Wortlauts von § 24 Abs. 1 Nr. 10 KWG durch das 4. FinFöG zurück. Nach einer in der Literatur vertretenen Ansicht, soll die Anzeigepflicht gleichwohl **nicht nur bevorstehende** (noch nicht vollzogene) Anteilsübertragungen, sondern **auch bereits vollzogene Anteilsübertragungen** erfassen, wenn das Wertpapierinstitut hiervon erst im Nachhinein positive Kenntnis erlangt (so zu § 24 KWG Reischauer/Kleinhans/Albert § 24 Rn. 128). Dies entspräche zwar durchaus dem Sinn und Zweck der Anzeigepflicht (→ Rn. 53). Trotzdem ist der Wortlaut von Abs. 1 Nr. 9 (und insofern von § 24 Abs. 1 Nr. 10 KWG) **eindeutig enger formuliert.** Dort ist nur eine Anzeigepflicht in Bezug auf bevorstehende Änderungen geregelt. Aus den Materialien zum 4. FinFöG geht hervor, dass der Gesetzesentwurf bewusst auf eine Klarstellung verzichtet hat. Der Bundesrat hatte **56** vorgeschlagen, die Formulierung zu erweitern auf „bevorstehende oder vollzogene Änderungen" (RegBegr. 4. FinFöG, BT-Drs. 14/8017, 168); er hatte diesen Vorschlag damit begründet, dass Institute nicht in jedem Fall von einer Änderungsabsicht Kenntnis erlangen, sondern manchmal erst von der Änderung selbst. Mit der vorgeschlagenen Erweiterung des Wortlauts sollte demnach sichergestellt werden, dass die Institute in jedem Fall – auch bei bereits vollzogenen Transaktionen – frühestmöglich eine Anzeige über die veränderten Beteiligungsverhältnisse machen. Der Vorschlag des Bundesrates wurde von der Bundesregierung mit der Begründung abgelehnt, dies konterkariere den angestrebten Gleichklang mit der Parallelregelung im VAG (BT-Drs. 14/8017, 183). **Der Gesetzgeber hat damit bewusst auf eine weite Formulierung, die auch eine Anzeigepflicht bzgl. bereits vollzogener Transaktionen erfasst hätte, verzichtet.** Angesichts der Bußgeldandrohung gem. § 83 Abs. 1 Nr. 5 lit. b und vor dem Hintergrund des Art. 103 Abs. 2 GG erscheint eine Auslegung dahingehend, dass Abs. 1 Nr. 9 auch bereits vollzogene Anteilsübertragungen erfassen soll, bedenklich.

57 Nach Abs. 4 Nr. 1 muss das Institut ebenfalls unverzüglich nach Kenntnis Name und Anschrift des Inhabers einer bedeutenden Beteiligung mitteilen. Nach Abs. 4 Nr. 2 ist zudem (zusätzlich zu den anlassbezogenen unverzüglichen Anzeigen) **jährlich eine Sammelanzeige** über alle Inhaber bedeutender Beteiligungen am Wertpapierinstitut sowie an alle nachgeordneten Unternehmen mit Sitz im Ausland erforderlich. Gemäß § 15 Abs. 2 WpI-AnzV hat die jährliche Sammelanzeige den **Stand zum 31.12.** des Vorjahres abzubilden und muss bis zum 15.6. eines Jahres (für das Vorjahr) abgegeben werden.

58 Sowohl für die anlassbezogenen Anzeigen nach Abs. 1 Nr. 9 und Abs. 4 Nr. 1 als auch für die Sammelanzeigen nach Abs. 4 Nr. 2 ist (gem. § 15 Abs. 1 S. 1 und Abs. 2 WpI-AnzV) das **Formular der Anlage 8 WpI-AnzV („WpI-PB")** zu nutzen. Gemäß § 15 Abs. 3 iVm § 14 Abs. 4 S. 1 und S. 2 WpI-AnzV muss für jedes Beteiligungsverhältnis ein gesondertes Formular zu verwenden, wobei dieses Beteiligungsverhältnis einheitlich in diesem Formular angezeigt werden muss, auch wenn es mehrere verschiedene Anzeigetatbestände erfüllt.

59 Gemäß § 15 Abs. 3 iVm § 14 Abs. 4 S. 3 WpI-AnzV ist bei sogenannten komplexen Beteiligungsstrukturen (→ § 24 Rn. 75) zusätzlich das **Formular der Anlage 7 WpI-AnzV („WpI-KB")** auszufüllen und beizufügen.

60 **j) Ausfall einer Gegenpartei bei Pensions- oder Darlehensgeschäften (§ 64 Abs. 1 Nr. 10).** Abs. 1 Nr. 10 regelt eine Anzeigepflicht für jeden Fall, in dem die Gegenpartei eines Pensionsgeschäftes, umgekehrten Pensionsgeschäftes oder Darlehensgeschäftes in Wertpapieren oder Waren ihren **Erfüllungsverpflichtungen nicht nachgekommen** ist.

61 Die Regelung beruht auf dem Gedanken, dass die im Tatbestand genannten Geschäfte üblicherweise hohe Volumina aufweisen und Ausfälle der Gegenpartei daher Risiken für die Finanzbranche bzw. die Wirtschaft allgemein begründen können (Lendermann/Nemeczek/Schroeter/von den Steinen § 64 Rn. 78). Dementsprechend sollten die Aufsichtsbehörden in die Lage versetzt werden, Informationen über derartige Geschäfte und Vorfälle zu sammeln (so zu § 24 KWG Fischer/Schulte-Mattler/Braun, 5. Aufl. 2016, § 24 Rn. 143). Die ursprünglich in § 24 Abs. 1 Nr. 11 KWG (aF) enthaltene Parallelregelung wurde **mangels EU-rechtlichen Regelungsbedarfs und mangels Informationsbedarf gestrichen** (Reischauer/Kleinhans/Albert § 24 Rn. 138; Luz/Neus/Schaber/Schneider/Wagner/Weber/Rüdenauer/Weber § 24 Rn. 72). Dass

Abs. 1 Nr. 10 diese (überholte) Anzeigepflicht nun für alle Wertpapierinstitute wieder einführt, ist sinnwidrig und **sollte durch den Gesetzgeber korrigiert** werden.

62 **k) Bedeutende Beteiligungen an anderen Unternehmen (aktivische Beteiligungsanzeige) (§ 64 Abs. 1 Nr. 11, Abs. 4 und § 14 WpI-AnzV).** Gemäß Abs. 1 Nr. 11 sind das Entstehen, die Veränderungen in der Höhe und die Beendigung einer **bedeutenden Beteiligung eines Wertpapierinstituts an anderen Unternehmen** gegenüber der Aufsicht anzuzeigen.

63 Zum Begriff der bedeutenden Beteiligung → Rn. 51. Über die Verweise in § 14 Abs. 3 WpI-AnzV finden die **gleichen Berechnungsregelungen** Anwendung, die auch im Rahmen der **Inhaberkontrolle** gem. § 24 iVm § 4 Abs. 2 und Abs. 3 WpI-InhKontrollV gelten (zur Berechnung der Beteiligungshöhe → § 24 Rn. 18 ff.).

64 Die Anzeigepflicht bezieht sich – anders als Abs. 1 Nr. 9 (passivische Beteiligungsanzeige) – auf **Beteiligungen des Wertpapierinstituts an anderen Unternehmen.** Insofern handelt es sich um eine Anzeigepflicht, die von der Inhaberkontrolle bzgl. der Beteiligungen an Wertpapierinstituten gem. § 24 (hierzu → § 24 Rn. 16) verschieden ist. Gleichwohl greift die Anzeigepflicht nach Abs. 1 Nr. 11 auf eine **ähnliche Regelungssystematik wie die Regelungen zur Inhaberkontrolle** zurück.

65 Die Pflicht zur aktivischen Beteiligungsanzeige ist vor dem Hintergrund des Art. 10 IFR zu sehen. Art. 10 IFR regelt (orientiert an Art. 89 ff. CRR) den teilweisen **Abzug von Beteiligungen außerhalb der Finanzbranche** vom harten Kernkapital sowie die Möglichkeit einer Untersagung von Beteiligungen außerhalb der Finanzbranche bei Überschreitung bestimmter Eigenmittelquoten. Die Regelung soll dazu beitragen, Beteiligungen von Wertpapierinstituten außerhalb der eigenen Branche weniger attraktiv zu machen, um so mögliche **wirtschaftliche Dominoeffekte zwischen der Finanzbranche und anderen Wirtschaftszweigen** entgegenzuwirken (so zu Art. 89 ff. CRR Reischauer/Kleinhans/Albert § 24 Rn. 146; Beck/Samm/Kokemoor/Demmelmair CRR Art. 89–91 Rn. 3).

66 Abs. 1 Nr. 11 unterwirft zunächst nur das **Entstehen, die Veränderung und die Beendigung** einer bedeutenden Beteiligung der Anzeigepflicht. § 14 Abs. 1 S. 2 WpI-AnzV konkretisiert die Änderungsanzeigepflicht erheblich, sodass im Ergebnis sämtliche der bereits in → Rn. 54 genannten **Transaktionstatbestände** anzeigepflichtig sind.

67 Ebenso anzeigepflichtig sind bestimmte **Veränderungen der rechtlichen Qualität** der betroffenen Anteile gem. § 14 Abs. 1 S. 2 Nr. 3, namentlich wenn die betreffenden Anteile nicht mehr oder nunmehr die Voraussetzungen

- gem. § 2 Abs. 23 S. 3,
- gem. Art. 10 Abs. 4 IFR oder
- gem. Art. 91 Abs. 2 CRR

erfüllen. Hierbei handelt es sich um Ausnahmeregelungen, die sich auf die Berücksichtigung der Beteiligungen beim Kapitalabzug gem. Art. 10 IFR auswirken. Dementsprechend ist eine Anzeige gegenüber der Aufsicht erforderlich, wenn bestimmte Beteiligungen auf Basis dieser Ausnahmeregelungen fortan beim Kapitalabzug berücksichtigt werden müssen oder dies künftig nicht mehr der Fall ist.

68 Der Wortlaut von Abs. 1 Nr. 11 und § 14 WpI-AnzV nimmt ausdrücklich weder auf das Bestehen einer Absicht noch das Vorhandensein positiver Kenntnis

(das ergäbe bei der aktivischen Beteiligungsanzeige auch wenig Sinn) Bezug. Dementsprechend greift die Anzeigepflicht mit dem **Vollzug der jeweiligen Transaktion.**

69 Für die Anzeigen nach Abs. 1 Nr. 11 ist (gem. § 14 Abs. 1 S. 1 WpI-AnzV) das **Formular der Anlage 6 WpI-AnzV („WpI-AB")** zu nutzen. Gemäß § 14 Abs. 4 S. 1 und S. 2 WpI-AnzV muss für jedes Beteiligungsverhältnis ein gesondertes Formular verwendet werden, wobei dieses Beteiligungsverhältnis einheitlich in diesem Formular angezeigt werden muss, auch wenn es mehrere verschiedene Anzeigetatbestände erfüllt.

70 Gemäß § 14 Abs. 4 S. 3 WpI-AnzV ist bei sogenannten komplexen Beteiligungsstrukturen (→ § 24 Rn. 75) zusätzlich das **Formular der Anlage 7 WpI-AnzV („WpI-KB")** auszufüllen und beizufügen.

71 Gemäß § 14 Abs. 5 WpI-AnzV können BaFin und BBank **zusätzliche Angaben,** insbesondere zu Übernahmepreis und Veräußerungserlös verlangen.

72 **l) Kredite außerhalb marktüblicher Konditionen (§ 64 Abs. 1 Nr. 12, Abs. 2 und § 3 WpI-AnzV).** Abs. 1 Nr. 12 und Abs. 2 regeln verschiedene Anzeigepflichten im Hinblick auf **nicht marktübliche Kredite an einflussreiche Gesellschafter bzw. Anteilseigner.** Abs. 1 Nr. 12 enthält eine Pflicht zur **Erstanzeige** solcher Kredite, Abs. 2 S. 2 eine Pflicht zur **Anzeige von Änderungen** der gestellten Sicherheiten oder der Kreditbedingungen; schließlich können Wertpapierinstitute nach Abs. 2 S. 3 seitens der Aufsicht in die Pflicht genommen werden, alle fünf Jahre eine **Sammelanzeige** über betreffende Kredite einzureichen.

73 Die genannten Anzeigepflichten dienen der Information über Kreditbeziehungen der Wertpapierinstitute zu Gesellschaftern und Anteilseignern, um die **effektive Kapitalaufbringung** zu überwachen und beurteilen zu können (so zu § 24 KWG Reischauer/Kleinhans/Albert § 24 Rn. 187; zum Hintergrund der Parallelregelung in § 24 Abs. 1 Nr. 17 KWG Reischauer/Kleinhans/Albert § 24 Rn. 187 f.; Fischer/Schäfer/Schulte-Mattler/Schulte-Mattler/Braun/Terörde § 24 Rn. 186; Luz/Neus/Schaber/Schneider/Wagner/Weber/Rüdenauer/Weber § 24 Rn. 118). Die in der Gesetzesbegründung zu findenden Hinweise auf § 14 KWG und auf die mögliche Rolle von Wertpapierinstituten als Millionenkreditgeber (RegBegr. WpIG, BT-Drs. 19/26929, 150) sind offenkundig an der falschen Stelle platziert worden; der Absatz findet sich wortgleich an richtiger Stelle zu § 66 Abs. 1 (RegBegr. WpIG, BT-Drs., S. 152).

74 Abs. 1 Nr. 12 erfasst in lit. a und lit. b **zwei verschiedene Personengruppen** als Kreditnehmer anzeigepflichtiger Kredite. Nach lit. a sind Kredite an

- Kommanditisten,
- GmbH-Gesellschafter Gesellschafter einer Gesellschaft mit beschränkter Haftung,
- Aktionäre,
- Kommanditaktionäre und
- Anteilseigner an einem Wertpapierinstitut des öffentlichen Rechts erfasst, vorausgesetzt, dass diese Gesellschafter bzw. Anteilseigner entweder
- **mehr als 25 % des Kapitals** (Nennkapital, Summe der Kapitalanteile) oder
- **mehr als 25 % der Stimmrechte**

an dem Wertpapierinstitut zustehen.

75 Lit. b erfasst Kredite an **Kapitalgeber, die mehr als 25 % des Kernkapitals** gewährt haben (Lendermann/Nemeczek/Schroeter/von den Steinen § 64

Rn. 84). Relevant ist lit. b besonders für stille Gesellschafter (so zu § 24 KWG Reischauer/Kleinhans/Albert § 24 Rn. 189). Die Formulierung in lit. b „soweit es sich nicht um Kapital nach Nummer 1 handelt" geht ins Leere; gemeint ist „Buchstabe a".

Anzeigepflichtig sind nur Kredite, die zu **nicht marktmäßigen Bedingungen** gewährt oder **nicht banküblich besichert** worden sind. Im Aufsichtsrecht findet sich keine gesetzliche Konkretisierung zur Marktmäßigkeit oder Banküblichkeit von Kreditbedingungen und Kreditsicherheiten. Heranzuziehen ist hier insbesondere die Verwaltungspraxis der Aufsicht, die sich zum Erfordernis der Marktüblichkeit von Organkrediten gem. § 15 Abs. 1 S. 2 KWG herausgebildet hat (Lendermann/Nemeczek/Schroeter/von den Steinen § 64 Rn. 83; zu § 24 KWG Reischauer/Kleinhans/Albert § 24 Rn. 192; Fischer/Schäfer/Schulte-Mattler/Schulte-Mattler/Braun/Terörde § 24 Rn. 187; zu § 15 KWG Reischauer/Kleinhans/Bitterwolf § 15 Rn. 36a). Die BaFin geht davon aus, dass **die Institute selbst anhand von hausintern entwickelten Maßstäbe zur Kreditvergabe,** unter Berücksichtigung der Bonität des Kreditnehmers sowie der gewährten Sicherheiten zu ermitteln haben, wie die marktmäßigen Bedingungen bzw. die übliche Besicherung für den betreffenden Kredit aussähen (BaFin Organkredite gem. § 15 KWG, BA 13 – 233 – 1/2003 vom 9.6.2004). Maßgeblich ist also, ob das Wertpapierinstitut den betreffenden Kredit mit diesen Bedingungen und Sicherheiten unter Berücksichtigung der wesentlichen Parameter (dh Art und Höhe des Kredits, Bonität, sowie unter ausschließlich wirtschaftlichen Aspekten) ebenso einem anderen Kunden gewährt hätte oder nicht. Die Anzeigepflicht besteht demnach dann, **wenn die hypothetisch für die Kreditvergabe an einen anderen Kunden ermittelten Marktkonditionen von den dem Gesellschafter bzw. Anteilseigner eingeräumten Konditionen abweichen.** Die BaFin geht ferner davon aus, dass die maßgeblichen hausinternen Maßstäbe anhand der Rahmenbedingungen der Kreditvergaben im eigenen Haus dargestellt werden können und anhand des jeweiligen Konditionen-Tableaus nachweisbar sein sollten. Diese Hinweise der BaFin sind ersichtlich auf Kreditinstitute zugeschnitten, nicht aber auf Wertpapierinstitute ohne originäres Kreditgeschäft. Für Wertpapierinstitute, die dementsprechend nur einmalig bzw. unregelmäßig Kredite nach Abs. 1 Nr. 12 ausgeben, dürfte es dementsprechend nur schwierig möglich sein, einen **Marktüblichkeitsnachweis** im Sinne der Hinweise der BaFin zu erbringen. 76

Abs. 1 Nr. 12 regelt **keine Absichtsanzeige,** sodass die Anzeige nicht schon im Vorfeld des Abschlusses eines Kreditvertrags bzw. einer Kreditgewährung zu machen ist. Der Wortlaut der Norm enthält zudem auch keine Festlegung auf den Zeitpunkt der Kreditgewährung (im Sinne der Auszahlung der Darlehensvaluta). Dementsprechend sollte die Anzeige im Regelfall unverzüglich **nach rechtswirksamem Abschluss des Kreditvertrags bzw. der rechtswirksamen Vereinbarung von Änderungen** erfolgen. Im Hinblick auf Änderungen stellt § 3 Abs. 3 WpI-AnzV klar, dass keine Änderungsanzeige erforderlich ist, wenn nur eine Anpassung des Zinssatzes entsprechend der Entwicklung des Marktzinses erfolgt. Für Sammelanzeigen nach Abs. 2 S. 3 gibt der Gesetzestext keine Spezifikationen zum Zeitpunkt der Anzeige vor (anders als etwa §§ 14 Abs. 2 und 15 Abs. 2 WpI-AnzV bzgl. Beteiligungsanzeigen). Insofern sind die Anforderungen dem Verwaltungsakt zu entnehmen, mit dem die Sammelanzeigepflicht angeordnet wird, bzw. im Detail mit der Aufsicht abzustimmen. 77

78 Abs. 2 sowie § 3 WpI-AnzV machen **ergänzende Vorgaben zum Inhalt der Anzeigen.** Neben der Tatsache, dass der Kredit ausgegeben wird, muss die Anzeige gem. Abs. 2 S. 1 Angaben über die gestellten Sicherheiten, die Kreditbedingungen sowie nach § 3 Abs. 1 WpI-AnzV Angaben zur Höhe und Art der Berechnung der maßgeblichen Beteiligung enthalten. Änderungsanzeigen sind nach § 3 Abs. 2 WpI-AnzV als solche kenntlich zu machen; praktisch empfehlenswert ist es, die Änderungen im Vergleich zur Erstanzeige deutlich sichtbar herauszustellen.

79 **m) Wesentliche Auslagerungen (§ 64 Abs. 1 Nr. 13 und § 13 WpI-AnzV).** Abs. 1 Nr. 13 verpflichtet die Wertpapierinstitute, die Absicht einer **wesentlichen Auslagerung,** deren **Vollzug, Änderungen** sowie **schwerwiegende Vorfälle** im Rahmen einer bestehenden wesentlichen Auslagerung anzuzeigen. Die Ziffer wurde durch das KreditzweitmarktförderungsG redaktionell geändert, um einen Gleichklang mit § 24 Abs. 1 Nr. 19 KWG herzustellen (RegBegr. KreditzweitmarktförderungsG, BT-Drs. 20/9093, 154).

80 Diese Anzeigepflichten beziehen sich von vornherein nur auf **wesentliche Auslagerungen** iSv § 40 Abs. 1 S. 1 iVm Art. 30 Abs. 1 Delegierte VO (EU) 2017/565, also Auslagerungen von solchen betrieblichen Aufgaben des Wertpapierinstituts, deren unzureichende oder unterlassene Wahrnehmung die kontinuierliche Einhaltung der Zulassungsbedingungen und -pflichten oder anderer MiFID II-Verpflichtungen, ihre finanzielle Leistungsfähigkeit oder die Solidität oder Kontinuität der erbrachten Leistungen wesentlich beeinträchtigen würde. Näher → § 40 Rn. […]. Für **unwesentliche Auslagerungen gelten die Anzeigepflichten nicht** (Lendermann/Nemeczek/Schroeter/Donner § 40 Rn. 56). Zur Abgrenzung zu den IKT-bezogenen Vorgaben der DORA (**VO (EU) 2022/2554)** → § 40 Rn. 26.

81 Für **Kleine Wertpapierinstitute** iSv § 2 Abs. 16 bzw. Art. 12 Abs. 1 IFR enthält § 13 Abs. 5 WpI-AnzV eine weitere **Beschränkung des sachlichen Anwendungsbereichs.** Danach sollen die Anzeigepflichten nach § 13 Abs. 1 (Absichts- und Vollzugsanzeige), Abs. 2 (Änderungsanzeige) und Abs. 4 (Vorfallsanzeige) WpI-AnzV – also alle Anzeigepflichten des Abs. 1 Nr. 13 – **für Kleine Wertpapierinstitute nur im Hinblick auf Cloud- und andere IT-Dienstleistungen** gelten. Insofern gelten besondere aufsichtliche Anforderungen, die sich aus den Aufsichtsmitteilungen der BaFin (BaFin, Aufsichtsmitteilung zu Auslagerungen an Cloud-Anbieter, Februar 2024) und den Leitlinien der ESMA (ESMA, Leitlinien zur Auslagerung an Cloud-Anbieter vom 10.5.2021, ESMA50-164-4285 DE) ergeben (Lendermann/Nemeczek/Schroeter/Donner § 40 Rn. 41 ff.; zu § 25b KWG Fischer/Schäfer/Schulte-Mattler/Schulte-Mattler/Siering § 25b Rn. 92 ff.; Hornung/Schallbruch IT-SicherheitsR-HdB/Bomhard/Siglmüller § 29 Rn. 41 ff.).

82 Die Anzeigepflichten des Abs. 1 Nr. 13 sind Teil der **weitreichenden Regulierung und Überwachung von Auslagerungen in der Finanzbranche.** Dieser Regulierung und Überwachung liegt die Erwägung zugrunde, dass der Rückgriff auf Dritte bei der Erfüllung zentraler Aufgaben und Funktionen bei der Erbringung von Bankgeschäften und Finanz- bzw. Wertpapierdienstleistungen besondere Risiken mit sich bringt. Solche Risiken ergeben sich insbesondere daraus, dass das regulierte Unternehmen unter Umständen nicht mehr selbst dazu in der Lage ist, bestimmte zentrale Vorgänge selbst zu überwachen und zu steuern (so zu § 24 KWG Reischauer/Kleinhans/Albert § 24 Rn. 196d). Dementsprechend soll die Anzeigepflicht

in Abs. 1 Nr. 13 – ebenso wie die seit 2022 parallel in § 24 Abs. 1 Nr. 19 KWG, § 28 Abs. 1 Nr. 19 ZAG und § 36 KAGB geregelten Anzeigepflichten – dazu beitragen, dass die Aufsicht ein **umfassendes Bild über ausgelagerte Prozesse und Aktivitäten** in der Finanzbranche erhält, die Auslagerungspraxis der Institute dementsprechend überwachen kann und gegebenenfalls Konzentrationsrisiken erkennen und dagegen vorgehen kann (RegBegr. FinanzmarktintegritätsstärkungsG, BT-Drs. 19/26966, 90 f.). Damit setzt der deutsche Gesetzgeber zugleich die **Leitlinien der EBA in Bezug auf Auslagerungen** (EBA, Leitlinien zu Auslagerungen vom 25.2.2019, EBA/GL/2019/02, Ziff. 58) um (so zu § 24 KWG Reischauer/Kleinhans/Albert § 24 Rn. 196h. Die Leitlinien der EBA konkretisieren die Vorgaben der Art. 30–32 Delegierte VO (EU) 2017/565, die ihrerseits auf die Anforderungen des Art. 16 Abs. 5 MiFID II zurückgehen.

Im Hinblick auf die für die verschiedenen Anzeigen nach Abs. 1 Nr. 13 geltenden **Zeitpunkte** hat die BaFin verschiedene Klarstellungen veröffentlicht: 83
- BaFin Hinweise zur Einreichung von Auslagerungsanzeigen im MVP-Fachverfahren, Stand Oktober 2023, abrufbar unter: https://www.bafin.de/SharedDocs/Downloads/DE/Formular/WA/fo_230227_Auslagerung.html, zuletzt aufgerufen: 1.7.2026;
- BaFin Fragen und Antworten zum Meldeverfahren für die Anzeige von Auslagerungen, abrufbar unter: https://www.bafin.de/DE/unternehmen-maerkte/mvp-portal/anzeigeauslagerungen/faqs/faq_anzeige_auslagerungen_node.html, zuletzt aufgerufen: 1.7.2026;
- BaFin Informationen zum Meldeverfahren für wesentliche Auslagerungen vom 15.5.2025, abrufbar unter: https://www.bafin.de/DE/unternehmen-maerkte/mvp-portal/anzeigeauslagerungen/anzeigeauslagerungen.html#haeufigeFragen_158306, zuletzt aufgerufen: 1.7.2026).

Diese Klarstellungen sollten im praktischen Umgang mit den Anzeigepflichten nach Abs. 1 Nr. 13 und mit dem MVP-Meldeportal unbedingt konsultiert und berücksichtigt werden). Hieraus ergibt sich folgendes:
- Die **Absichtsanzeige** ist zu machen, sobald intern ein **Beschluss zur Auslagerung** vorliegt, wobei zumindest konkretisiert sein muss, welcher konkrete Dienstleister vom beaufsichtigten Wertpapierinstitut beauftragt werden soll.
- Die **Vollzugsanzeige** muss nach dem **rechtsgültigen Abschluss des Auslagerungsvertrags** erfolgen, wobei Absichtsanzeige und Vollzugsanzeige nicht zusammengefasst werden dürfen.
- **Wesentliche Änderungen** (dh Änderungen, die eine wesentliche Auswirkung auf die Geschäftstätigkeit haben können, wozu auch die Aufgabe einer bereits angezeigten Absicht zählt) sind anzuzeigen, **sobald sie eintreten.**
- Für die Anzeige **schwerwiegender Vorfälle** ist keine klare Konkretisierung der BaFin ersichtlich. Aus dem Sinn und Zweck der Anzeige wird aber deutlich, dass schwerwiegende Vorfälle stets **schnellstmöglich** anzuzeigen sind (so zu § 24 KWG Reischauer/Kleinhans/Albert § 24 Rn. 196k).

§ 13 Abs. 1, Abs. 2 und Abs. 4 WpI-AnzV machen **umfassende Vorgaben zum Inhalt der Anzeigen.** Die BaFin stellt ein Dokument bereit, in dem die Anforderungen an die inhaltlichen Angaben näher erläutert werden (BaFin Hinweise zur Einreichung von Auslagerungsanzeigen im MVP-Fachverfahren, Stand Oktober 2023, abrufbar unter: https://www.bafin.de/SharedDocs/Downloads/DE/Formular/WA/fo_230227_Auslagerung.html, zuletzt aufgerufen: 1.7.2026). Ebenso wird seitens der BaFin ein Dokument mit technischen Informationen zum Umgang mit dem MVP-Portal bereitgestellt (BaFin Technische Informationen zum Melde- 84 verfahren für wesentliche Auslagerungen, abrufbar unter: https://www.bafin.de/SharedDocs/Downloads/DE/MVP/Technische_Informationen.pdf?__blob=publicationFile&v=4, zuletzt aufgerufen: 1.7.2026) Absichtsanzeige, Vollzugsanzeige und Änderungsanzeige sind gem. § 13 Abs. 3 WpI-AnzV über das **MVP-Portal der BaFin** einzureichen. Die Anzeige über schwerwiegende Vorfälle hat demgegenüber mittels eines von der BaFin zur Verfügung gestellten **Formulars** per E-Mail (an **Auslagerung-Vorfall@bundesbank.de** und an **Auslagerung-Vorfall@bafin.de**) unter Angabe des Namens des Instituts und der BAK-Nr. im Betreff zu erfolgen.

85 **n) Beabsichtigter Zusammenschluss mit einem anderen Institut (§ 64 Abs. 1 Nr. 14 und § 16 WpI-AnzV).** Abs. 1 Nr. 14 verpflichtet zur Erstattung einer Anzeige über die **Absicht,** sich **mit einem anderen Wertpapierinstitut** (§ 2 Abs. 1), mit einem **Kreditinstitut** (§ 1 Abs. 1 S. 1 KWG), einem **E-Geld-Institut** (§ 1 Abs. 2 S. 1 Nr. 1 ZAG) oder einem **Zahlungsinstitut** (§ 1 Abs. 1 S. 1 Nr. 1 ZAG) zu vereinigen.

86 Mit **Vereinigung** sind Fusionen gemeint, bei denen mindestens ein Rechtsträger durch Aufnahme oder Neugründung seine rechtliche Selbstständigkeit aufgibt (Lendermann/Nemeczek/Schroeter/von den Steinen § 64 Rn. 95). Praktischer Regelfall sind Verschmelzungen durch Aufnahme, da bei einer Neugründung die Beantragung einer eigenständigen Erlaubnis für den neu entstehenden Rechtsträger erforderlich wird (so zu § 24 KWG Reischauer/Kleinhans/Albert § 24 Rn. 240).

87 Gemäß § 16 S. 1 WpI-AnzV ist die Absichtsanzeige erforderlich, sobald aufgrund der geführten Verhandlungen **anzunehmen ist, dass die Vereinigung zustande kommen wird.** Maßgeblich ist dementsprechend, dass bereits detaillierte, fortgeschrittene (aber: noch nicht notwendigerweise abgeschlossene) Verhandlungen gegeben sind. Aus § 16 S. 2 WpI-AnzV ergibt sich, dass die Absichtsanzeige auch dann erforderlich ist, wenn ein Scheitern der Verhandlungen noch möglich erscheint. Bloß unverbindliche **Vorbesprechungen oder Überlegungen sind nicht anzeigepflichtig** (so zu § 24 KWG Fischer/Schäfer/Schulte-Mattler/Schulte-Mattler/Braun/Terörde § 24 Rn. 245; Reischauer/Kleinhans/Albert § 24 Rn. 240).

88 Nach § 16 S. 2 und S. 3 WpI-AnzV sind auch das **Scheitern von Vereinigungsverhandlungen** sowie der **rechtliche Vollzug** einer erfolgreich verhandelten Vereinigungsverhandlung unverzüglich anzuzeigen. In dem Fall muss ein bei der Vereinigung übernommenes Institut auch eine zusätzliche Anzeige nach Abs. 1 Nr. 7 abgeben.

89 Relevant im Zusammenhang mit Fusionen sind zudem die **Anzeigepflichten im Hinblick auf das Leitungspersonal und die Organmitglieder** gem. Abs. 1 Nr. 1–3, je nachdem wie die jeweiligen Leitungsposten nach der Fusion aufgeteilt werden sollen (so zu § 24 KWG Reischauer/Kleinhans/Albert § 24 Rn. 242).

3. Keine Ausnahme für bereits bekannte Umstände

90 Die vorstehend dargestellten Anzeigepflichten **erledigen sich nicht dadurch, dass die Aufsicht anderweitig Kenntnis von den anzeigepflichtigen Umständen erhält** (zu § 24 KWG Schwennicke/Auerbach/Süßmann § 64 Rn. 4). Das gilt auch für etwaige vorherige Absprachen und Informationen durch das anzeigepflichtige Wertpapierinstitut selbst.

III. Rechtsfolgen

1. Unverzügliche und turnurmäßige Anzeigepflichten

Die Anzeigen nach § 64 Abs. 1 sind **unverzüglich einzureichen.** Zum Zeitpunkt der **turnusmäßigen Sammelanzeigen** nach Abs. 2 S. 3 und Abs. 4 Nr. 2 bereits → Rn. 57 und → Rn. 77. 91

Der Begriff der Unverzüglichkeit ist grundsätzlich iSv § 121 BGB zu verstehen (Lendermann/Nemeczek/Schroeter/von den Steinen § 64 Rn. 18; zu § 24 KWG Reischauer/Kleinhans/Albert § 24 Rn. 21). Gemeint ist also, dass die Anzeigen **ohne schuldhaftes Zögern nach Eintritt des anzeigepflichtigen Tatbestandes** einzureichen sind. Eine allgemein gültige Auslegung für den Bereich der Anzeigepflichten besteht nicht (zu § 24 KWG Reischauer/Kleinhans/Albert § 64 Rn. 22). 92

Für bestimmte Anzeigepflichten gibt die BaFin **konkretisierende Hinweise** dazu, wie sie die jeweiligen Anzeigezeitpunkte in ihrer Verwaltungspraxis handhabt. 93

- Anzeigen über **personelle Veränderungen** beim Leitungspersonal und im Verwaltungs- oder Aufsichtsorgan: Unverzüglich wird eine Anzeige nach der Verwaltungspraxis der BaFin jedenfalls noch dann sein, wenn sie innerhalb von zwei Wochen nach der Entscheidung des zuständigen Organs erfolgt, wobei die erforderlichen Dokumente von Behörden (Führungszeugnis, Gewerbezentralregister) zumindest beantragt sein müssen (BaFin, Merkblatt zu den Geschäftsleitern gemäß KWG, ZAG und KAGB vom 4.1.2016, Stand 29.12.2020, S. 12 Rn. 13; BaFin, Merkblatt zu den Mitgliedern von Verwaltungs- und Aufsichtsorganen gemäß KWG und KAGB vom 4.1.2016, Stand 29.12.2020, S. 14 Rn. 13; → Rn. 17, → Rn. 20, → Rn. 24).
- Anzeigen im Hinblick auf **wesentliche Auslagerungen:** Die Absicht einer wesentlichen Auslagerung ist nach den Hinweisen der BaFin anzuzeigen, sobald intern ein Beschluss zu dieser Auslagerung vorliegt bzw. wenn sich das Wertpapierinstitut für einen konkreten Dienstleister entschieden hat. Die Vollzugsanzeige ist mit dem rechtsgültigen Abschluss des Auslagerungsvertrags zu machen. Wesentliche Änderungen sind anzuzeigen, sobald sie eintreten (siehe hierzu die Informationen der BaFin → Rn. 83). Eine konkrete Frist in Wochen ist hier nicht vorgegeben.

Allgemein gilt darüber hinaus, dass sich eine besondere **Dringlichkeit** bzw. ein besonderes Interesse der Aufsicht an einer zeitnahen Information schon **aus dem Sinn und Zweck bestimmter Tatbestände** ergibt. So wird es vor allem im Hinblick auf solche Umstände auf eine schnelle Information der Aufsicht ankommen, die **schwerwiegende Folgen** nach sich ziehen können oder bei denen das **Zeitfenster für etwaige Reaktionen der Aufsicht besonders kurz** ist (zB bei schwerwiegenden Vorfällen im Rahmen von Auslagerungen oder bei den in Abs. 1 geregelten Absichtsanzeigen, wenn zum Zeitpunkt der Absichtsbildung schon ersichtlich ist, dass der Vollzug innerhalb kürzester Zeit angedacht ist). Darüber hinaus ist bei **tiefgreifenden Ereignissen** (zB Unternehmenstransaktionen oder sonstige tiefgreifende Umstrukturierungen sowie Pläne, die die Einstellung des Geschäftsbetriebs zur Folge haben) grundsätzlich eine **möglichst frühzeitige Information und Absprache** mit der Bafin empfehlenswert, sodass die BaFin bei Einreichung der Anzeige nicht vom jeweiligen Ereignis überrascht 94 wird. Das betrifft vor allem diejenigen Ereignisse, bei denen die BaFin die Befugnis zur Untersagung oder ähnlicher Maßnahmen hat.

2. Übermittlungsweg

95 Adressaten der Anzeigen sind **sowohl die BaFin als auch die BBank.** Gemäß § 1 Abs. 2 WpI-AnzV können BaFin und BBank verlangen, dass die Anzeigen und Unterlagen **elektronisch einzureichen** sind. Maßgeblich sind die näheren Bestimmungen, die BaFin und BBank hierzu auf ihren jeweiligen Websites veröffentlichen.

96 Die BaFin stellt das elektronische Melde- und Veröffentlichungsportal **(MVP-Portal)** zur Verfügung. Die BBank bietet für eine elektronische Einreichung von Meldungen das System **ExtraNet** bzw. **NExt** („Neukonzeption Extranet") an. Sofern bzw. so lange für bestimmte Anzeigepflichten kein Fachverfahren im MVP-Portal bzw. keine Meldung über ExtraNet/NExt vorgesehen sind, ist eine Einreichung der Anzeigen per E-Mail oder auf schriftlichem Wege – ggf. unter Nutzung der durch die WpI-AnzV vorgegebenen Formulare – erforderlich (s. hierzu die konkreten **Hinweise zum Übermittlungsweg** in der **Übersicht über die Anzeige- und Meldepflichten** der BBank; aktuelle Version mit Stand vom 26.5.2026 abrufbar unter: https://www.bundesbank.de/resource/blob/949942/0c074a63b6ef9fa914b7676bfb4c9fd9/472B63F073F071307366337C94F8C870/meldevorschriften-wpi-data.pdf, zuletzt aufgerufen: 1.7.2026). Die vollständige Umstellung auf eine elektronische Einreichung ist mittelfristig geplant. Bisher hat die BaFin zur Einreichung von Anzeigen zu wesentlichen Auslagerungen nach Abs. 1 Nr. 13 ein entsprechendes Verfahren eingerichtet und dazu nähere Bestimmungen auf ihrer Website veröffentlicht.

3. Bußgeldandrohung und Veröffentlichung

97 Nach § 83 Abs. 1 Nr. 5 lit. b sind Verstöße gegen Abs. 1 und Abs. 2 S. 2 **bußgeldbewehrt.** Das gilt auch für Verstöße gegen Anzeigepflichten gem. Art. 5 DurchführungsVO (EU) 2017/1945 (→ Rn. 10, → Rn. 15 und → Rn. 22 f.). Wer die dort geregelten Anzeigen nicht, nicht richtig oder nicht rechtzeitig erstattet, kann gem. § 83 Abs. 5 S. 2 mit Bußgeldern in Höhe von bis zu 100.000,00 EUR sanktioniert werden. **Nicht bußgeldbewehrt** sind dagegen die Pflicht zur Sammelanzeige nach Abs. 2 S. 3 (fünfjährige Sammelanzeige über Kredite nach Abs. 1 S. 12), zur Mitteilung nach Abs. 4 Nr. 1 (Mitteilung von Name und Anschrift des Inhabers bedeutender Beteiligungen) und zur Sammelanzeige nach Abs. 4 Nr. 2 (jährliche Sammelanzeige über Inhaber bedeutender Beteiligungen). Nach § 84 werden verhängte Bußgelder von der BaFin auf ihrer Website **veröffentlicht,** und zwar (außer in Fällen von § 84 Abs. 3) unter **namentlicher Nennung des sanktionieren Wertpapierinstituts** (sog. „Naming & Shaming").

98 Der Ordnungswidrigkeitstatbestand wird schon dadurch erfüllt, dass eine **Anzeige zu spät eingereicht** wird. Für die **Compliance der Wertpapierinstitute** bedeutet das, dass im Falle eines Auftretens der Ordnungswidrigkeiten-Abteilung der BaFin nachweisbar dokumentiert sein sollte, wie der interne **Informationsfluss und die relevante Entscheidungswege** im Hinblick auf den relevanten anzeigepflichtigen Tatbestand ausgestaltet waren. So kann das Wertpapierinstitut gegebenenfalls den Nachweis führen, dass die Anzeige nicht ohne schuldhaftes Zögern und damit nicht zu spät erfolgt ist.

In bestimmten Fällen kann einer Bußgeldandrohung seitens der BaFin mit der Erwägung entgegengetreten werden, dass es sich bei dem vorgeworfenen Verstoß gegen eine Anzeigepflicht lediglich um einen **Formalverstoß** handelt, sodass eine **Einstellung des Verfahrens** nach § 47 Abs. 1 OWiG angezeigt ist. Das dürfte insbesondere dann der Fall sein, wenn die Verletzung der Anzeigepflicht nicht wesentlich ist, dadurch das Informationsinteresse der Aufsicht nicht ersichtlich beeinträchtigt wird und kein Gefährdungspotenzial und keine Verletzung für andere Rechtsgüter ersichtlich ist. 99

Wiederholte oder schwerwiegende Verstöße gegen Anzeigepflichten bzw. zugrundeliegende Mängel in der Organisation des Anzeigewesens des Wertpapierinstituts (solche organisatorischen Mängel können etwa vom Abschlussprüfer aufgedeckt werden, dessen Prüfauftrag gem. § 24 WpIPrüfbV auch das Anzeigewesen der Wertpapierinstitute umfasst) können **Zweifel an der Ordnungsmäßigkeit der Geschäftsorganisation und an der Eignung der Geschäftsleitung** begründen und dementsprechend aufsichtliche Maßnahmen nach sich ziehen. 100

§ 65 Anzeigepflichten für Große Wertpapierinstitute

(1) **Ein Großes Wertpapierinstitut hat der Bundesanstalt und der Deutschen Bundesbank unverzüglich anzuzeigen:**

1. die Absicht der Besetzung einer Schlüsselfunktion unter Angabe der Tatsachen, die für die Beurteilung der Zuverlässigkeit und fachlichen Eignung der Person wesentlich sind, die erfolgte Besetzung einer Schlüsselfunktion sowie das Ausscheiden des Inhabers einer Schlüsselfunktion,

2. unter Vorlage desselben den Vorschlag zur Beschlussfassung gemäß § 25a Absatz 5 Satz 6 des Kreditwesengesetzes,

3. unter Vorlage eines Auszugs aus der Versammlungsniederschrift den Beschluss über die Billigung einer höheren variablen Vergütung nach § 25a Absatz 5 Satz 5 des Kreditwesengesetzes einschließlich der Angabe aller gebilligten, über das Verhältnis gemäß § 25a Absatz 5 Satz 2 des Kreditwesengesetzes hinausgehenden Höchstwerte und

4. die Vorlage eines Auszugs aus der Versammlungsniederschrift über den Beschluss über die Änderung eines Beschlusses über die Billigung einer höheren variablen Vergütung nach § 25a Absatz 5 Satz 5 des Kreditwesengesetzes einschließlich der Angabe aller gebilligten, über das Verhältnis gemäß § 25a Absatz 5 Satz 2 des Kreditwesengesetzes hinausgehenden Höchstwerte.

(2) **Ein Großes Wertpapierinstitut hat der Bundesanstalt und der Deutschen Bundesbank jährlich anzuzeigen:**

1. seine bedeutenden Beteiligungen an anderen Unternehmen,

2. die Informationen, die für einen Vergleich der Vergütungstrends und -praktiken im Sinne des Artikels 75 Absatz 1 und 2 der Richtlinie 2013/36/EU in der Fassung vom 27. November 2024 erforderlich sind; der Vergleich umfasst auch die Vergütungstrends und -praktiken in Bezug auf die Mitglieder des Verwaltungs- oder Aufsichtsorgans; die Vorgaben der Anzeigenverordnung betreffend die Anzeigen nach § 24

Absatz 1a Nummer 5 des Kreditwesengesetzes sind entsprechend anwendbar, und
3. **die Informationen über Geschäftsleiter, Mitglieder des Verwaltungs- oder Aufsichtsorgans und Mitarbeiter mit jeweils einer Gesamtvergütung von jährlich mindestens 1 Million Euro im Sinne des Artikels 75 Absatz 3 der Richtlinie 2013/36/EU in der Fassung vom 27. November 2024, die für eine aggregierte Veröffentlichung durch die Europäische Bankenaufsichtsbehörde erforderlich sind; die Vorgaben der Anzeigenverordnung betreffend die Anzeigen nach § 24 Absatz 1a Nummer 6 des Kreditwesengesetzes sind entsprechend anwendbar.**

(3) [1]**Ein Großes Wertpapierinstitut, das über einen Beschluss über die Billigung einer höheren variablen Vergütung nach § 25a Absatz 5 Satz 5 des Kreditwesengesetzes verfügt, hat der Bundesanstalt und der Deutschen Bundesbank zweijährlich die Informationen anzuzeigen, die für die Zwecke des Artikels 94 Absatz 1 Buchstabe g Absatz 2 Spiegelstrich 5 der Richtlinie 2013/36/EU in der Fassung vom 27. November 2024 erforderlich sind.** [2]**Die Vorgaben der Anzeigenverordnung betreffend die Anzeigen nach § 24 Absatz 1c des Kreditwesengesetzes sind entsprechend anwendbar.**

(4) **Ein Großes Wertpapierinstitut hat der Bundesanstalt und der Deutschen Bundesbank dreijährlich anzuzeigen:**
1. **die Informationen zum geschlechtsspezifischen Lohngefälle, die für die Zwecke des Artikels 75 Absatz 1 der Richtlinie 2013/36/EU in der Fassung vom 27. November 2024 erforderlich sind; die Vorgaben der Anzeigenverordnung betreffend die Anzeigen nach § 24 Absatz 1d des Kreditwesengesetzes sind entsprechend anwendbar, und**
2. **die für einen Vergleich der Diversität in den Instituten nach Artikel 91 Absatz 9 in Verbindung mit Artikel 75 Absatz 1 der Richtlinie 2013/36/EU in der Fassung vom 27. November 2024 erforderlichen Informationen; die Vorgaben der Anzeigenverordnung betreffend die Anzeigen nach § 24 Absatz 1e des Kreditwesengesetzes sind entsprechend anwendbar.**

Literatur: Glos/Hildner/Kühne/Schneider, Ausblick auf das Finanzaufsichtsrecht 2024, BKR 2024, 127; Wundenberg, Reform des Fit-and-Proper-Regimes nach den Kommissionsentwürfen (CRD VI), ZBB 2022, 209.

Übersicht

I. Allgemeines

1. Regelungshintergrund

1 In § 65 setzt der nationale Gesetzgeber **diverse Anzeigepflichten,** die sich vorrangig **aus der MiFID II und der CRD** ergeben, in deutsches Recht um. Zur systematischen Einordnung der zugrundeliegenden EU-Rechtsakte und deren Umsetzung im deutschen Recht → § 64 Rn. 8 f. Die Anzeigepflichten des § 65 richten sich ausschließlich an Große Wertpapierinstitute iSv § 2 Abs. 18 (→ Rn. 3).

1a Durch Art. 17 Nr. 6 **BRUBEG (Gesetz zur Umsetzung der CRD-ÄnderungsRL (EU) 2024/1619 – CRD VI,** BGBl. 2026 I Nr. 81) wurde die Informationspflicht bzgl. des **geschlechtsspezifischen Lohngefälles** aus Abs. 2 Nr. 2 in den neu geschaffenen Abs. 4 Nr. 1 verschoben. Abs. 2 Nr. 2 und Nr. 3 wurden zudem um Verweise auf die AnzV ergänzt. In Abs. 3 wurde eine **neue turnusmäßige Anzeigepflicht für höhere variable Vergütungen** eingefügt. Der neu geschaffene Abs. 4 Nr. 2 macht nun Meldungen zu **diversitätsbezogenen Informationen** erforderlich.

2. Regelungszweck

2 Die Anzeigepflichten des § 65 dienen (als Teil des Anzeigewesens gem. §§ 64–68) dazu, der **BaFin** und der **BBank** die Erfüllung ihrer **laufenden Überwachungsaufgaben** zu ermöglichen. Näher → § 64 Rn. 4 f.

II. Anwendungsbereich

1. Große Wertpapierinstitute

3 § 65 gilt zunächst **für Große Wertpapierinstitute** iSv § 2 Abs. 18. Darin kommt die gesetzgeberische Bestrebung zum Ausdruck, Kleinere und Mittlere Wertpapierinstitute im Vergleich zu § 24 KWG aus Angemessenheitsgründen von bestimmten Anzeigepflichten auszunehmen und sie damit regulatorisch zu entlasten (RegBegr. WpIG, BT-Drs. 19/26929, 150). Das betrifft namentlich

- Anzeigen über personelle Veränderungen im Hinblick auf den über die Geschäftsleitungspositionen hinausreichenden Kreis der sogenannten **Schlüsselfunktionen** (Abs. 1 Nr. 1),
- **diversitätsbezogene Informationspflichten** (Abs. 4 Nr. 2),
- **vergütungsbezogene** Anzeigepflichten (Abs. 1 Nr. 2–4 und Abs. 2 Nr. 2 und Nr. 3, Abs. 3, Abs. 4 Nr. 1)
- turnusmäßige Anzeigen zu **bedeutenden Beteiligungen** Großer Wertpapierinstitute an anderen Unternehmen (Abs. 2 Nr. 1).

Parallele Informationspflichten sind **für Mittlere Wertpapierinstitute** iSv § 2 Abs. 17 ab bestimmten Schwellenwerten in § 66 Abs. 3 und Abs. 4 geregelt.

2. Verpflichtungstatbestände

Die nachfolgende Kommentierung zu den Einzelheiten der Verpflichtungstatbestände nimmt auch auf die relevanten **Regelungen und Formulare der WpI-AnzV,** soweit vorhanden, Bezug.

4 **a) Personelle Veränderungen im Hinblick auf Schlüsselfunktionen (§ 65 Abs. 1 Nr. 1 und §§ 4–9 WpI-AnzV). aa) Systematische Einordnung.** Abs. 1 Nr. 1 bezieht sich auf personelle Änderungen im Hinblick auf sogenannte **Schlüsselfunktionen.** In **systematischer Hinsicht** sind die Verpflichtungstatbestände gem. Abs. 1 Nr. 1 im Zusammenhang mit (bzw. in Abgrenzung zu) Art. 5 DurchführungsVO (EU) 2017/1945 und § 64 Abs. 1 Nr. 1–3 zu lesen:

- Art. 5 DurchführungsVO (EU) 2017/1945 regelt (für alle Institute) eine Anzeigepflicht für die Absicht personeller Änderungen in **Leitungsorganen** (→ § 64 Rn. 22 ff.).
- § 64 Abs. 1 Nr. 3 regelt (für alle Institute) eine Anzeigepflicht für den Vollzug der Bestellung neuer **Geschäftsleiter** (→ § 64 Rn. 22 ff.) und **Mitglieder des Verwaltungs- oder Aufsichtsorgans** (→ § 64 Rn. 25).
- § 64 Abs. 1 Nr. 1 und Nr. 2 regeln (für alle Institute) eine Anzeigepflicht bzgl. beabsichtigter und vollzogener Änderungen im Hinblick auf **Einzelvertreter im gesamten Geschäftsbereich** (→ § 64 Rn. 15 f.) des Instituts.
- Die Anzeigepflichten nach Abs. 1 Nr. 1 im Hinblick auf **Schlüsselfunktionen gelten sodann für Große Wertpapierinstitute zusätzlich** zu den vorstehend genannten Anzeigepflichten.

5 Hieraus folgt, dass die Anzeigepflicht gem. Abs. 1 Nr. 1 für Große Wertpapierinstitute **über den Kreis der Geschäftsleiter, Mitglieder des Verwaltungs- oder Aufsichtsorgans und der Einzelvertreter im gesamten Geschäftsbereich hinaus** reichen muss. Damit bringt der Gesetzgeber zum Ausdruck, dass er es für erforderlich erachtet, die Zuverlässigkeit und fachliche Eignung von Mitarbeitern ohne Organkompetenz oder Einzelvertretungsbefugnis, die aber

wesentliche Funktionen für die operativen Vorgängen des Instituts tragen, sicherzustellen (näher zur Eignungsprüfung → Rn. 12 ff.). Diesen Mitarbeitern soll bei Großen Wertpapierinstituten zunehmend eine herausragende Bedeutung zukommen (RegBegr. WpIG, BT-Drs. 19/26929, 151).

bb) Risikobasierte Eigenermittlung der Schlüsselfunktionen. Den **Begriff der Schlüsselfunktionen** definiert das WpIG nicht. Das Fehlen einer Legaldefinition wird zu Recht kritisiert (Lendermann/Nemeczek/Schroeter/von den Steinen § 65 Rn. 12), zumal der Begriff für die Bestimmung des tatbestandlichen Anwendungsbereichs gesetzlicher Pflichten und eines hierauf Bezug nehmenden Ordnungswidrigkeitstatbestands (§ 83 Abs. 1 Nr. 5 lit. b) maßgeblich ist. 6

Aus Perspektive der Aufsichtspraxis wird es im Hinblick auf Schlüsselfunktionen zunächst aber weniger auf mögliche Ordnungswidrigkeiten wegen nicht erfüllter Anzeigepflichten ankommen; größere Bedeutung wird der internen, **organisatorischen Herausforderung** zukommen, plausibel zu bestimmen, welche Mitarbeiter bzw. Positionen einen hinreichenden Einfluss auf die Leitung des Instituts ausüben können, sodass sie als Inhaber einer Schlüsselfunktion eingeordnet werden können. Das verlangt von den Instituten eine Auseinandersetzung mit den internen Strukturen und den tatsächlichen Einflussnahmemöglichkeiten einzelner Mitarbeiter (s. hierzu auch die neuen CRD-Anforderungen → Rn. 12). Diese **interne Analyse** verlangt auch die Gesetzesbegründung, die voraussetzt, dass die **Institute selbst die relevanten Schlüsselfunktionen mit einem risikobasierten Ansatz ermitteln** (RegBegr. WpIG, BT-Drs. 19/26929, 151). Aus praktischer Sicht empfiehlt es sich für Große Wertpapierinstitute, **Rollen- und Aufgabenpläne** sowie umfassende **Übersichten über alle Aufgaben, Berichtslinien und Verantwortungsbereiche** unter Berücksichtigung von Schlüsselfunktionen zu erstellen und vorzuhalten. 7

Ob ein Großes Wertpapierinstitut diese interne Analyse plausibel vorgenommen hat und dementsprechend ihr Anzeigewesen im Hinblick auf Abs. 1 Nr. 1 angemessen organisiert hat, ist auch **Gegenstand der Abschlussprüfung** gem. § 24 WpIPrüfbV. Die Regelung sieht eine Beurteilung der Organisation und der Vorkehrungen zur Sicherstellung der Vollständigkeit und Richtigkeit des Anzeige- und Meldewesens vor. Diese Prüfung wird sich insbesondere auf die dem Anzeigewesen zugrundeliegende Prozessdokumentation erstrecken, anhand derer geprüft werden muss, ob das Institut überhaupt angemessene organisatorische Verfahren eingerichtet hat, um die aufsichtsrechtlichen Anforderungen im Bereich des Anzeige- und Meldewesens zu erfüllen (so zu § 25 PrüfbV IDW Rechnungslegung/Wiechens/Fenske Kap. G Rn. 28). Dementsprechend empfiehlt sich eine **nachvollziehbare Dokumentation und regelmäßige Überprüfung der internen Ermittlung der relevanten Schlüsselfunktionen.** 8

cc) Definitionen für den Begriff Schlüsselfunktionen. Nach der **Gesetzesbegründung** sind Inhaber von Schlüsselfunktionen solche Mitarbeiter, „die einen wesentlichen Einfluss auf die Leitung eines Großen Wertpapierinstituts haben, die jedoch nicht Geschäftsleiter sind" (RegBegr. WpIG, BT-Drs. 19/26929, 151). Als mögliche Beispiele werden genannt: 9

- (insbesondere) Leiter von internen Kontrollfunktionen,
- Leiter von wichtigen Geschäftszweigen,
- Leiter von Zweigniederlassungen im Europäischen Wirtschaftsraum,
- Leiter von Tochtergesellschaften in Drittstaaten und
- Leiter von sonstigen internen Funktionen.

10 Damit zieht der deutsche Gesetzgeber ersichtlich (und fast wortgleich) diejenige Definition heran, die sich bislang schon in den **EBA-Leitlinien zur internen Governance** (EBA, Leitlinien zur internen Governance vom 2.7.2011, EBA/GL/2021/05, S. 5 und Anh. I Ziff. 5) findet. Die Definition der EBA und deren Aufsichtspraxis im Hinblick auf die tatbestandliche Konturierung von Schlüsselpositionen dürften damit eine **Indizwirkung bei der Bestimmung der Schlüsselfunktionen** eines Wertpapierinstituts (Hopt/Binder/Böcking CG-HdB/Hanenberg § 17 Rn. 61; Lendermann/Nemeczek/Schroeter/von den Steinen § 65 Rn. 15) sowie eine erhebliche Bedeutung im Bereich der Beaufsichtigung der Wertpapierinstitute insgesamt haben. Abzuwarten bleibt, wie sich der Umgang mit den genannten EBA-Leitlinien insgesamt in der Aufsichtspraxis der europäischen Aufsichtsbehörden entwickeln wird. Bislang werden die EBA-Leitlinien im Hinblick auf die darin vorgesehene behördliche fit-and-proper Anforderungen für Inhaber von Schlüsselfunktionen nicht durchgehend von den Aufsichtsbehörden der Mitgliedstaaten angewandt; das betrifft auch die BaFin (Wundenberg ZBB 2022, 209 (214); Hopt/Binder/Böcking CG-HdB/Lendermann § 6 Rn. 12; zu den MaRisk Hannemann/Weigl/Zaruk/Hannemann MaRisk AT 7.1 Rn. 30 f.; Krimphove/Lüke/Lüke AT 7.1 Rn. 52). Das wird sich insbesondere vor dem Hintergrund der neuen CRD-Anforderungen (→ Rn. 12) künftig ändern.

11 Wenigstens eine **Indizwirkung bei der Bestimmung der Schlüsselfunktionen** kommt auch den in Art. 12 Abs. 5 lit. b Delegierte VO (EU) 2017/1946, die im Bereich der Inhaberkontrolle relevant ist, genannten Beispielen (Interner Prüfer, Compliance-Beauftragter und Risikomanager) zu.

12 **dd) Eignungsprüfung; neue Vorgaben gemäß CRD-VI.** Mit Abs. 1 Nr. 1 antizipierte der deutsche Gesetzgeber im WpIG die bereits seit 2021 **auf EU-Ebene geplante Einführung der Kategorie der Schlüsselfunktionen im aufsichtsrechtlichen fit-and-proper-System** (s. den Vorschlag für die Änderungsrichtlinie zur CRD, COM(2021) 663 final, 2021/0341(COD); dazu näher Wundenberg ZBB 2022, 209; Glos/Hildner/Kühne/Schneider BKR 2024, 127 (129)). Mit der **CRD-ÄnderungsRL** (Richtlinie (EU) 2024/1619), die im Juli 2024 in Kraft getreten ist, werden Inhaber von Schlüsselfunktionen nunmehr insgesamt in den Fokus der Aufsicht gerückt, indem sie auf Basis einer eigenen Begriffsdefinition (Art. 1 Abs. 2 lit. c CRD-ÄnderungsRL, Art. 3 Abs. 1 Nr. 9a CRD nF) insbesondere

- künftig mögliche Adressaten von Verwaltungssanktionen, Zwangsgeldern und anderen Verwaltungsmaßnahmen sein sollen (Art. 1 Abs. 16 CRD-ÄnderungsRL, Art. 65 Abs. 2 CRD nF),
- in einem künftig vom Institut zu erstellenden Rollen- und Aufgabenplan sowie einer künftig zu erstellenden Übersicht über Aufgaben, Berichtslinien und Verantwortungsbereiche zu berücksichtigen sein sollen (Art. 1 Abs. 29 CRD-ÄnderungsRL, Art. 88 Abs. 3 CRD nF) und
- je nach Funktion entweder nur einer unternehmensinternen oder zusätzlich einer behördlichen Zuverlässigkeits- und Eignungsprüfung unterworfen werden sollen (Art. 1 Abs. 31 CRD-ÄnderungsRL, Art. 91a CRD nF).

Die Begriffsdefinition findet sich nun in § 1 Abs. 2b KWG. Auch die vorgenannte aufsichtsrechtliche Fokussierung auf Inhaber von Schlüsselfunktionen wurde durch das BRUBEG (Gesetz zur Umsetzung der CRD-ÄnderungsRL (EU) 2024/1619 – CRD VI, BGBl. 2026 I Nr. 81) **im KWG umgesetzt** (s. insbesondere die §§ 25c f. KWG).

Zuvor bestand **keine gesetzliche Verankerung für eine Zuverlässigkeits- und Eignungsprüfung** im Hinblick auf Inhaber von Schlüsselfunktionen im WpIG. Die gemeinsamen Leitlinien der EBA und der ESMA sahen aber auch bisher schon für bestimmte Funktionen externe Prüfungen durch die Aufsichtsbehörden vor (EBA/ESMA, Leitlinien zur Bewertung der Eignung von Mitgliedern des Leitungsorgans und Inhabern von Schlüsselfunktionen vom 2.7.2021, EBA/GL/2021/06, S. 51 ff. Ziff. 171 ff.). Das wurde von der BaFin (ebenso wie von zahlreichen anderen Aufsichtsbehörden) nicht in die Aufsichtspraxis umgesetzt (Wundenberg ZBB 2022, 209 (214)). Die BaFin verlangte bislang lediglich, dass eine interne Prüfung sichergestellt ist (BaFin, Merkblatt zu den Geschäftsleitern gemäß KWG, ZAG und KAGB vom 4.1.2016, Stand 29.12.2020, S. 44 Rn. 195 ff.). In der Praxis ist eine **Abstimmung über die Vorgehensweise bei personellen Veränderungen im Hinblick auf Inhaber von Schlüsselfunktionen** und die Anwendung der neuen Regelungen des KWG empfehlenswert. 13

Abs. 1 Nr. 1 verlangt im Rahmen der Anzeige der personellen Veränderungen die „Angabe der **Tatsachen, die für die Beurteilung der Zuverlässigkeit und fachlichen Eignung der Person wesentlich sind**". 14

Große Wertpapierinstitute werden bei der Absichtsanzeige (und nach § 4 Abs. 3 WpI-AnzV ggf. auch bei der Vollzugsanzeige) diejenigen **Tatsachen anzugeben haben, die für die Beurteilung der Zuverlässigkeit und fachlichen Eignung der Inhaber von Schlüsselfunktionen** wesentlich sind. Die Vorgaben der §§ 4–9 WpI-AnzV iVm Art. 4 Delegierte VO (EU) 2017/1943 für die Anzeige von personellen Veränderungen sind anwendbar. Das bedeutet insbesondere, dass die **Formulare der Anlage 1 WpI-AnzV („WpI-PV")** und der **Anlage 4 WpI-AnzV („WpI-ZM")** auch für personelle Veränderungen im Hinblick auf die Inhaber von Schlüsselfunktionen zu nutzen sind, wobei die Formulare jeweils klarstellen, welche Angaben für die Inhaber von Schlüsselfunktionen im Einklang mit § 6 Abs. 4 WpI-AnzV nicht relevant sind. Im Gegensatz zu § 24 Abs. 1 Nr. 1 Hs. 2 KWG regelt Abs. 1 Nr. 1 **keine (laufende) Anzeigepflicht bzgl. neuer Tatsachen,** die sich auf die Beurteilung der Zuverlässigkeit und der fachlichen Eignung erheblich auswirken. Das Fehlen einer solchen laufenden Anzeigepflicht in Bezug **erscheint systemwidrig** (→ § 64 Rn. 19).

ee) Absicht der Besetzung, erfolgte Besetzung und Ausscheiden. Abs. 1 Nr. 1 schreibt zunächst die Anzeige der **Absicht der Besetzung einer Schlüsselfunktion** vor. Die Bildung einer Absicht setzt eine hinreichende Konkretisierung des Vorhabens voraus. Das wird regelmäßig dann der Fall sein, wenn das zuständige Organ des Wertpapierinstituts über die Besetzung der Schlüsselfunktion mit einem bestimmten Kandidaten Beschluss gefasst hat. Zu näheren Details → § 64 Rn. 17. 15

Anzeigepflichtig ist zusätzlich die **erfolgte Besetzung,** also der Vollzug der angezeigten Absicht. Maßgeblich wird insofern der Zeitpunkt sein, zu dem die relevante Person ihre Tätigkeit aufnimmt. Zu den näheren Details → § 64 Rn. 17. Verstreicht zwischen Absichtsanzeige und Vollzugsanzeige eine Zeit von mehr als zwölf Monaten, sind die Angaben und Unterlagen zur Zuverlässigkeit und fachlichen Eignung gem. § 4 Abs. 3 WpI-AnzV erneut bei der Vollzugsanzeige vorzulegen. 16

Anders als § 64 Abs. 1 Nr. 1 enthält Abs. 1 Nr. 1 **keine Anzeigepflicht für die Aufgabe oder die Änderung** einer ursprünglich angezeigten Absicht zur Besetzung einer Schlüsselfunktion. Dementsprechend sieht Abschnitt 5 des im **Formular der Anlage 1 WpI-AnzV („WpI-PV")** auch nicht die Optionen vor, die Änderung oder Aufgabe einer Absicht anzuzeigen. 17

18 Anzuzeigen ist schließlich das **Ausscheiden eines Inhabers einer Schlüsselfunktion.** Um eine möglichst frühzeitige Information gegenüber der Aufsicht zu gewährleisten, erscheint es sinnvoll, nicht erst das tatsächliche Ende der Tätigkeit des Inhabers der Schlüsselfunktion abzuwarten, sondern die Anzeige schon dann zu machen, wenn (zB infolge einer Kündigung oder infolge eines unternehmensinternen Beschlusses zur personellen Umstrukturierung) klar ersichtlich ist, dass sich die **Besetzung Schlüsselfunktion in absehbarer Zukunft ändern wird.**

19 **ff) Unverzüglichkeit der Anzeige.** Für die Anzeigepflichten im Hinblick auf personelle Veränderungen im Anwendungsbereich von KWG, ZAG und KAGB geht die BaFin davon aus, dass die Anzeigen jedenfalls dann unverzüglich erfolgen, wenn sie **innerhalb von zwei Wochen** nach der Entscheidung des zuständigen Organs erfolgen, wobei die erforderlichen Dokumente von Behörden (Führungszeugnis, Gewerbezentralregister) zumindest beantragt sein müssen (BaFin, Merkblatt zu den Geschäftsleitern gemäß KWG, ZAG und KAGB vom 4.1.2016, Stand 29.12.2020, S. 12 Rn. 13; BaFin, Merkblatt zu den Mitgliedern von Verwaltungs- und Aufsichtsorganen gemäß KWG und KAGB vom 4.1.2016, Stand 29.12.2020, S. 14 Rn. 13). Da die Anzeigepflicht nach Abs. 1 Nr. 1 insofern parallel gelagert ist, dürfte **diese Auslegung der BaFin auch im Bereich des Abs. 1 Nr. 1 Anwendung** finden.

20 **b) Vorschlag zur Beschlussfassung gem. § 25a Abs. 5 S. 6 KWG (§ 65 Abs. 1 Nr. 2).** Auf Große Wertpapierinstitute finden gem. § 4 die **Vergütungsregelungen nach § 25a KWG** Anwendung. Weil das Anzeigewesen für aber für alle Institute zentral in den §§ 64 ff. geregelt ist, bezieht sich die Anzeigepflicht nach Abs. 1 Nr. 2 auf die Vergütungsregelungen im KWG (RegBegr. WpIG, BT-Drs. 19/26929, 151). Die Anzeigepflicht beruht auf Art. 94 Abs. 1 lit. g Nr. ii CRD und soll die Aufsicht über Vergütungsstrukturen, die zu einer höheren Risikobereitschaft der Mitarbeiter und Geschäftsleiter führen können, in Kenntnis setzen (Lendermann/Nemeczek/Schroeter/von den Steinen § 65 Rn. 27).

21 Abs. 1 Nr. 2 verlangt die unverzügliche Anzeige eines Vorschlags für den Beschluss der Anteilseigner des Instituts zur Beschlussfassung über eine **variable Vergütung für Mitarbeiter oder Geschäftsleiter, die eine Höhe von 100 % der fixen Vergütung übersteigt.** Zuständig für diese Erhöhung der variablen Vergütung sind gem. § 25a Abs. 5 S. 5 die Anteilseigner, Eigentümer, Mitglieder oder Träger des Instituts. Um einen entsprechenden Erhöhungsbeschluss der Anteilseigner, Eigentümer, Mitglieder oder Träger des Instituts herbeizuführen, ist wiederum eine umfassende, begründete Beschlussvorlage durch die Geschäftsleitung und/oder des Verwaltungs- oder Aufsichtsorgans (im Hinblick auf die Vergütung von Mitarbeitern: beide; im Hinblick auf die Vergütung der Geschäftsleiter: nur das Verwaltungs- oder Aufsichtsorgan) zu erarbeiten und den Anteilseignern, Eigentümer, Mitglieder oder dem Träger des Instituts vorzulegen (so zu §§ 24, 25a KWG Fischer/Schäfer/Schulte-Mattler/Schulte-Mattler § 25a Rn. 734a; Luz/Neus/Schaber/Schneider/Wagner/Weber/Rüdenauer/Weber § 24 Rn. 100; Reischauer/Kleinhans/Albert KWG § 24 Rn. 152). Da sich die Anzeigepflicht nach Abs. 1 Nr. 2 auf den **Vorschlag zur Beschlussfassung** bezieht, ist nicht erst der Beschluss der Anteilseigner, Eigentümer, Mitglieder oder Träger des Instituts nach § 25a Abs. 5 S. 5 KWG, sondern bereits die **von den genannten zuständigen unternehmensinternen Gremien beschlossene Beschlussvorlage** (so § 25a Abs. 5 S. 6 KWG) anzeigepflichtig.

Zu übermitteln ist die **vollständige Beschlussvorlage und ihre Begründung.** Für die Anzeige ist **kein Formular** vorgesehen. Gemäß § 6 Abs. 4 InstitutsVergV muss ein betreffendes Institut in der Lage sein, der Aufsicht nachzuweisen, dass es trotz des angestrebten Beschlusses nach § 25a Abs. 5 S. 5 KWG seine Eigenmittelverpflichtungen einhält. Die BaFin hält dann folgende Informationen für erforderlich (BaFin, Auslegungshilfe zur Institutsvergütungsverordnung, Stand 15.2.2018, S. 22): 22

- eine Darstellung der geplanten Aufteilung der Vergütung in Vergütungsbestandteile sowie Prognosen zur Bonuspool-Entwicklung;
- die Charakteristika und Gegenstände der Vergütungspakete und ihre Ausrichtung an die Geschäfts- und Risikostrategie, einschließlich des Risikoappetits und der Unternehmenswerte des Instituts, und wie diesen ggf. im Rahmen der Risikoanpassung nach § 19 InstitutsVergV insbesondere für Risikoträger Rechnung getragen werden;
- eine Prognose über die Auswirkungen der vorgeschlagenen höheren Obergrenze auf die Eigenmittelsituation des Instituts und die Erfüllung seiner gegenwärtigen und zukünftigen Eigenmittelverpflichtungen;
- weitere Informationen, soweit von der Aufsichtsbehörde angefordert.

c) Erfolgte Beschlussfassung gem. § 25a Abs. 5 S. 5 KWG (§ 65 Abs. 1 Nr. 3). Abs. 1 Nr. 3 ergänzt die Anzeigepflicht nach Abs. 1 Nr. 2 (RegBegr. WpIG, BT-Drs. 19/26929, 151) und verlangt die Anzeige einer **erfolgten Beschlussfassung.** Die Anzeigepflicht beruht auf Art. 94 Abs. 1 lit. g ii CRD. 23

Dabei ist der gefasste Beschluss der Anteilseigner, Eigentümer, Mitglieder oder Träger des Instituts unter Vorlage des relevanten Auszugs aus der Versammlungsniederschrift anzuzeigen. Aus den vorgelegten Unterlagen muss sich der gebilligte Höchstwert der variablen Vergütung im Verhältnis zur fixen Vergütung angegeben werden. Für die Anzeige ist **kein Formular** vorgesehen. 24

d) Änderung einer Beschlussfassung gem. § 25a Abs. 5 S. 5 KWG (§ 65 Abs. 1 Nr. 4). Abs. 1 Nr. 4 verlangt zudem die Anzeige eines Beschlusses der Anteilseigner, Eigentümer, Mitglieder oder Träger des Instituts, mit dem diese **einen bereits zuvor gefassten Beschluss nach § 25a Abs. 5 S. 5 KWG zu einem späteren Zeitpunkt ändern.** Damit soll die Aufsicht zu jedem Zeitpunkt über den aktuellen Stand der Höchstwerte der variablen Vergütung informiert bleiben. Abs. 1 Nr. 4 erfasst sowohl die Erhöhung, die Verringerung als auch die vollständige Aufhebung bzw. den Widerruf einer zuvor beschlossenen Erhöhung der variablen Vergütung über ein 1:1 Verhältnis zur fixen Vergütung hinaus (so zu § 24 KWG Luz/Neus/Schaber/Schneider/Wagner/Weber/Rüdenauer/Weber KWG § 24 Rn. 103; Reischauer/Kleinhans/Albert KWG § 24 Rn. 162). 25

Der gefasste (Änderungs-)Beschluss der Anteilseigner, Eigentümer, Mitglieder oder Träger des Instituts ist unter Vorlage des relevanten Auszugs aus der Versammlungsniederschrift anzuzeigen. Aus den vorgelegten Unterlagen muss sich der gebilligte Höchstwert der variablen Vergütung im Verhältnis zur fixen Vergütung angegeben werden. Für die Anzeige ist **kein Formular** vorgesehen. 26

e) Bedeutende Beteiligungen an anderen Unternehmen (aktivische Beteiligungsanzeige) (§ 65 Abs. 2 Nr. 1 und § 14 WpI-AnzV). Gemäß Abs. 2 Nr. 1 iVm § 14 Abs. 2 WpI-AnzV müssen Große Wertpapierinstitute jährlich **bis zum 15.6.** eine Sammelanzeige über die **eigenen bedeutenden Beteiligungen an anderen Unternehmen** mit **Stand des 31.12.** des vorherigen Jahres 27 einreichen. Diese Sammelanzeigepflicht gilt zusätzlich zu der Anzeigepflicht bei Entstehen, Veränderung und Beendigung einer bedeutenden Beteiligung nach § 64 Abs. 1 Nr. 11.

28 Die Pflicht zur aktivischen Beteiligungsanzeige ist vor dem Hintergrund des Art. 10 IFR zu sehen. Art. 10 IFR regelt (orientiert an Art. 89 ff. CRR) den teilweisen **Abzug von Beteiligungen außerhalb der Finanzbranche** vom harten Kernkapital sowie die Möglichkeit einer Untersagung von Beteiligungen außerhalb der Finanzbranche bei Überschreitung bestimmter Eigenmittelquoten. Die Regelung soll dazu beitragen, Beteiligungen von Wertpapierinstituten außerhalb der eigenen Branche weniger attraktiv zu machen, um so mögliche **wirtschaftliche Dominoeffekte zwischen der Finanzbranche und anderen Wirtschaftszweigen** entgegenzuwirken (so zu Art. 89 ff. CRR Reischauer/Kleinhans/Albert KWG § 24 Rn. 146; Beck/Samm/Kokemoor/Demmelmair CRR Art. 89–91 Rn. 3).

29 S. zu den tatbestandlichen Einzelheiten der Anzeigepflicht die Kommentierung zu § 64 Abs. 1 Nr. 11, → § 64 Rn. 62 ff.

30 Für die Anzeigen nach Abs. 2 Nr. 1 ist (gem. § 14 Abs. 2 WpI-AnzV) das **Formular der Anlage 6 WpI-AnzV („WpI-AB")** zu nutzen. Gemäß § 14 Abs. 4 S. 1 und S. 2 WpI-AnzV muss für jedes Beteiligungsverhältnis ein gesondertes Formular verwendet werden, wobei dieses Beteiligungsverhältnis einheitlich in diesem Formular angezeigt werden muss, auch wenn es mehrere verschiedene Anzeigetatbestände erfüllt. Gemäß § 14 Abs. 4 S. 3 WpI-AnzV ist bei sogenannten komplexen Beteiligungsstrukturen (→ § 24 Rn. 75) zusätzlich das **Formular der Anlage 7 WpI-AnzV („WpI-KB")** auszufüllen und beizufügen.

31 Gemäß § 14 Abs. 5 WpI-AnzV können BaFin und BBank **zusätzliche Angaben,** insbesondere zu Übernahmepreis und Veräußerungserlös verlangen.

32 **f) Vergütungstrends und -praktiken (§ 65 Abs. 2 Nr. 2).** Nach Abs. 2 Nr. 2 sind jährlich bestimmte **Informationen anzuzeigen, die für einen Vergleich der Vergütungstrends und -praktiken** iSv Art. 75 Abs. 1 und Abs. 2 CRD erforderlich sind. Ausdrücklich soll dies auch **Vergütungstrends und -praktiken in Bezug auf die Mitglieder des Verwaltungs- oder Aufsichtsorgans** umfassen.

33 Art. 75 Abs. 1 CRD verweist insofern auf Art. 450 Abs. 1 lit. g und lit. h (sowie lit. i, dazu → Rn. 39 ff.) CRR. Danach haben Institute **folgende Informationen** gegenüber den nationalen Aufsichtsbehörden offenzulegen:

- zusammengefasste quantitative Angaben zu den Vergütungen, aufgeschlüsselt nach Geschäftsbereichen (lit. g);
- zusammengefasste quantitative Angaben zu den Vergütungen, aufgeschlüsselt nach Geschäftsleitung und Mitarbeitern, deren berufliche Tätigkeiten einen wesentlichen Einfluss auf das Risikoprofil der Institute haben, aus denen Folgendes hervorgeht: (lit. h)
  - i) die für das Geschäftsjahr gewährten Vergütungsbeträge, aufgeteilt in feste Vergütung, einschließlich einer Beschreibung der festen Komponenten, und variable Vergütung, sowie die Zahl der Begünstigten;
  - ii) die Beträge und Formen der gewährten variablen Vergütung, aufgeteilt in Bargeld, Aktien, mit Aktien verknüpfte Instrumente und andere Arten, getrennt für den im Voraus gezahlten Teil und den zurückbehaltenen Teil;
  - iii) die Beträge der für vorhergehende Erfolgsperioden gewährten zurückbehaltenen Vergütung, aufgeteilt in den im Geschäftsjahr verdienten Betrag und den in darauffolgenden Jahren verdienten Betrag;

o iv) den Betrag der im Geschäftsjahr verdienten zurückbehaltenen Vergütung, der während des Geschäftsjahres ausgezahlt und der infolge von Leistungsanpassungen gekürzt wurde;
o v) die während des Geschäftsjahres gewährte garantierte variable Vergütung und die Zahl der Begünstigten der Gewährungen;
o vi) die in früheren Zeiträumen gewährten Abfindungen, die während des Geschäftsjahres ausgezahlt wurden und
o vii) die Beträge der während des Geschäftsjahres gewährten Abfindungen, aufgeteilt in vorab gezahlte und zurückbehaltene Beträge, die Zahl der Begünstigten dieser Zahlungen und die höchste Zahlung, die einer Einzelperson gewährt wurde.

Die nationalen Aufsichtsbehörden stellen diese Informationen **der EBA zur Verfügung,** die auf deren Basis wiederum die Vergütungstrends und -praktiken in der EU vergleicht (Art. 75 Abs. 1 S. 2 und Abs. 2 UAbs. 2 CRD). 34

Inhalt und Verfahren der Anzeigen werden auf EU-Ebene durch diesbezügliche **Leitlinien der EBA** konkretisiert (EBA, Leitlinien für den Vergleich der Vergütungspraktiken, des geschlechtsspezifischen Lohngefälles und der gebilligten höheren Höchstwerte für das Verhältnis gemäß der Richtlinie 2013/36/EU vom 30.6.2022, **EBA/GL/2022/06**). Diese EBA-Leitlinien gelten für Große Wertpapierinstitute. 35

Große Wertpapierinstitute unterliegen zwar dem Vergütungsregelungen des KWG bzw. der CRD und der CRR (Art. 2 Abs. 2 IFD, Art. 2 Abs. 2 und Abs. 5 IRF, Art. 75 CRD, Art. 450 CRR) aber trotzdem den Anzeigeregelungen des WpIG und der WpI-AnzV (arg. e. § 2 S. 1). Deshalb erscheint **systematisch nicht stimmig,** dass die **WpI-AnzV keine Konkretisierung der Anzeigepflichten nach Abs. 2 Nr. 2 und Nr. 3** und der entsprechenden EBA-Leitlinien (EBA/GL/2022/06) enthält. Solche Konkretisierungen finden sich wiederum in § 9a AnzV zu § 24 KWG, wobei die AnzV gerade nicht für Große Wertpapierfirmen gilt. Die Aufsicht ging bisher (bis zur Anpassung durch das BRUBEG) davon aus, dass Große Wertpapierinstitute die **Vorgaben in § 9a AnzV entsprechend anzuwenden haben** (Hinweisseite „Meldungen zu Vergütungen" der BBank sowie die FAQs zu den Vergütungsmeldungen, Stand: 13.8.2025). In der durch das BRUBEG angepassten Fassung von Abs. 2 Nr. 2 und Nr. 3 findet sich nun jeweils ein Verweis auf § 9a AnzV. 36

Die Meldungen haben grundsätzlich **bis zum 15.6. eines Jahres** in Bezug auf den zurückliegenden Berichtszeitraum (je nach Turnus: ein Jahr, zwei Jahre oder drei Jahre) zu erfolgen (EBA-Leitlinien (EBA/GL/2022/06), Rn. 20 ff. (S. 6 f.)). Die Meldungen zu den Vergütungstrends und -praktiken erfolgen in Gruppen- bzw. Konsolidierungskonstellationen **auf zusammengefasster Basis.** 37

Die Offenlegung erfolgt anhand von **Vordrucken, die von der BBank zur Verfügung gestellt** werden. Es handelt sich um die Vordrucke „REM Benchmarking (Rem BM)" mit den Nummern R 01.00, R 02.00, R 03.00, R 05.00, R 09.00, R 10.00, R 11.00; R 12.00.a, R 12.00.b im Hinblick auf allgemeine Vergütungstrends und -praktiken sowie die Vordrucke „REM Gender Pay Gap (REM GAP)" mit den Nummern R 06.00.a und R 06.00.b im Hinblick auf geschlechtsspezifische Vergütungsinformationen. Dafür ist das **Bundesbank ExtraNet/NExt** zu nutzen. Die Meldungen sollen in das Postfach „PRISMA – Einreichung von bank- und finanzaufsichtlichen Meldungen (ITS / RTF / BGR / KONTAKT)" erfolgen. Die BBank gibt die Informationen dann ihrerseits **weiter** 38

an die BaFin (so zu § 24 KWG und § 9a AnzV Reischauer/Kleinhans/Albert KWG § 24 Rn. 224 und AnzV § 9a Rn. 4).

39 **g) Einkommensmillionäre (§ 65 Abs. 2 Nr. 3).** Abs. 2 Nr. 3 verlangt die jährliche Anzeige von Informationen über Geschäftsleiter, Mitglieder des Verwaltungs- oder Aufsichtsorgans und Mitarbeiter, die jeweils eine **jährliche Gesamtvergütung in Höhe von mindestens 1 Mio. Euro** erhalten. Nach Art. 75 Abs. 1 und Abs. 3 CRD iVm Art. 450 Abs. 1 lit. i CRR haben Große Wertpapierinstitute **folgende Informationen** gegenüber den nationalen Aufsichtsbehörden offenzulegen:

- die Zahl der Personen, deren Vergütung sich auf 1 Mio. Euro oder mehr pro Geschäftsjahr beläuft, aufgeschlüsselt nach Vergütungsstufen von 1 Mio. Euro;
- die Aufgaben- und Geschäftsbereiche der jeweiligen Personen;
- die wesentlichen Gehaltsbestandteile, Bonuszahlungen, langfristige Prämienzahlungen und Altersvorsorgebeiträge.

40 Diese Informationen werden an die **EBA** weitergeleitet, die sie in einem **gemeinsamen Bericht** – dem „EBA Report on High Earners" – aggregiert nach Mitgliedstaaten veröffentlicht.

41 Auch zu Abs. 2 Nr. 3 enthält die **WpI-AnzV bisher keine Konkretisierungen** (dazu bereits → Rn. 36). Vorerst regelte die BaFin die Anzeigepflicht nach Abs. 2 Nr. 3 mittels Allgemeinverfügungen (vgl. zuletzt die Allgemeinverfügung vom 16.5.2025, Gz: WA 4-K 5321/00161#00008). Mit dem BUBREG wurde Abs. 2 Nr. 3 um einen Verweis auf die Regelungen der AnzV ergänzt.

42 Die vorstehend genannten Allgemeinverfügungen der BaFin für Meldungen zu Vergütungsthemen bezogen sich inhaltlich vor allem auf die **Leitlinien der EBA im Hinblick auf die Meldung hoher Einkommen** (EBA, Leitlinien zur Datenerfassung im Hinblick auf Personen mit hohem Einkommen gemäß der Richtlinie 2013/36/EU und der Richtlinie (EU) 2019/2034 vom 30.6.2022, **EBA/GL/2022/08**).

43 Im Einklang mit den Vorgaben der EBA-Leitlinien (EBA/GL/2022/08) (Rn. 18 (S. 6)) sind die Meldungen jeweils **bis zum 15.6. eines Jahres** in Bezug auf das zurückliegende Jahr (Meldestichtag 31.12.) einzureichen. Die Anzeigen erfolgen in Gruppen- bzw. Konsolidierungskonstellationen **auf zusammengefasster Basis.** § 9a Abs. 2 AnzV regelt die Verwendung der **Vordrucke, die von der BBank zur Verfügung gestellt** werden, an. Es handelt sich um die Vordrucke „REM High Earners (REM HE)" mit den Nummern R 04.00.a; R 04.00.b; R 04.00.c. Dafür ist das **Bundesbank ExtraNet** zu nutzen. Die Meldungen sollen in das Postfach „PRISMA – Einreichung von bank- und finanzaufsichtlichen Meldungen (ITS / RTF / BGR / KONTAKT)" erfolgen. Die BBank gibt die Informationen dann ihrerseits **weiter an die BaFin** (so zu § 24 KWG und § 9a AnzV Reischauer/Kleinhans/Albert KWG § 24 Rn. 224 und AnzV § 9a Rn. 4).

43a **h) Turnusmäßige Meldungen zu höheren variablen Vergütungen (Abs. 3).** Mit Art. 17 Nr. 6 lit. b BRUBEG (Gesetz zur Umsetzung der CRD-ÄnderungsRL (EU) 2024/1619 – CRD VI, BGBl. 2026 I Nr. 81) wurde Abs. 3 neu eingefügt. Die Anzeigepflicht in Abs. 3 ergänzt die Anzeigepflichten nach Abs. 1 Nr. 2 bis 4 im Hinblick auf höhere variable Vergütungen und erfordert eine zweijährliche, turnusmäßige Anzeige (der in Art. 94 Abs. 1 lit. g UAbs. 2 Spiegelstr. 5 CRD angesprochenen) Information über alle gebilligten Höchstwerte für die Quote der variablen Vergütung im Verhältnis zur Gesamtvergütung gegenüber der BaFin und der Bundesbank. Über den Verweis auf § 9a

Abs. 3 AnzV ergibt sich, dass das Formular R. 07.00 der Bundesbank zu nutzen ist (RegBegr. BT-Drs. 21/3058, 298).

i) Geschlechterspezifisches Lohngefälle (Abs. 4 Nr. 1). Die vormals in Abs. 2 Nr. 3 geregelte (jährliche) Informationspflicht im Hinblick auf das geschlechterspezifische Lohn- und Gehaltsgefälle ist durch Art. 17 Nr. 6 lit. a BRUBEG (Gesetz zur Umsetzung der CRD-ÄnderungsRL (EU) 2024/1619 – CRD VI, BGBl. 2026 I Nr. 81) in den neu geschaffenen Abs. 4 Nr. 1 verschoben und den unionsrechtlichen Vorgaben entsprechend als dreijährige Informationspflicht ausgestaltet worden. Über den Verweis auf § 9a Abs. 4 AnzV ergibt sich, dass die Formulare R. 06.00.a und R 06.00.b der Bundesbank zu nutzen sind (RegBegr. BT-Drs. 21/3058, 298). 43b

j) Diversitätsinformationen (Abs. 4 Nr. 2). Mit Art. 17 Nr. 6 lit. b BRUBEG (Gesetz zur Umsetzung der CRD-ÄnderungsRL (EU) 2024/1619 – CRD VI, BGBl. 2026 I Nr. 81) wurde Abs. 4 Nr. 2 neu eingefügt. Damit werden Große Wertpapierinstitute verpflichtet, im Einklang mit den Vorgaben der EBA in den „Leitlinien zum Vergleich der Maßnahmen zur Förderung der Diversität, einschließlich Diversitätsstrategien und des geschlechtsspezifischen Lohngefälles, gemäß der Richtlinie 2013/36/EU und der Richtlinie (EU) 2019/2034" (EBA/GL/2023/08) diversitätsbezogene Informationen (iSv Art. 91 Abs. 9 CRD, Art. 435 Abs. 2 lit. c CRR) zu melden. § 65 Abs. 4 Nr. 2 verweist auf die „Vorgaben der AnzV betreffend die Anzeigen nach § 24 Abs. 1e KWG". Im Zuge der Anpassung der AnzV scheint die Einfügung einer entsprechenden Regelung zu den Anzeigepflichten nach § 24 Abs. 1e KWG vergessen worden zu sein. Maßgeblich sind gleichwohl die Formulare R 13.00.a bis R 23.00 der Bundesbank. 43c

III. Rechtsfolgen

1. Unverzügliche und turnurmäßige Anzeigepflichten

Die Anzeigen nach § 65 Abs. 1 sind **unverzüglich einzureichen.** Zum Zeitpunkt der **turnusmäßigen Sammelanzeigen** nach Abs. 2 bereits → Rn. 27, → Rn. 37 und → Rn. 43. 44

Der Begriff der Unverzüglichkeit ist grundsätzlich iSv § 121 BGB zu verstehen (Lendermann/Nemeczek/Schroeter/von den Steinen § 64 Rn. 18; zu § 24 KWG Reischauer/Kleinhans/Albert KWG § 24 Rn. 21). Gemeint ist also, dass die Anzeigen **ohne schuldhaftes Zögern nach Eintritt des anzeigepflichtigen Tatbestandes** einzureichen sind. Eine allgemein gültige Auslegung für den Bereich der Anzeigepflichten besteht nicht (Reischauer/Kleinhans/Albert KWG § 24 Rn. 22). 45

Für Anzeigen über **personelle Veränderungen** – hier Abs. 1 Nr. 1 – bestehen **konkretisierende Hinweise** der BaFin dazu, wie sie die jeweiligen Anzeigezeitpunkte in ihrer Verwaltungspraxis handhabt: Unverzüglich wird eine Anzeige nach der Verwaltungspraxis der BaFin jedenfalls noch dann sein, wenn **sie innerhalb von zwei Wochen** nach der Entscheidung des zuständigen Organs erfolgt, wobei die erforderlichen Dokumente von Behörden (Führungszeugnis, Gewerbezentralregister) zumindest beantragt sein müssen (BaFin, Merkblatt zu den Geschäftsleitern gemäß KWG, ZAG und KAGB vom 4.1.2016, Stand 29.12.2020, S. 12 Rn. 13; BaFin, Merkblatt zu den Mitgliedern von Verwaltungs- und Auf- 46 sichtsorganen gemäß KWG und KAGB vom 4.1.2016, Stand 29.12.2020, S. 14 Rn. 13; → Rn. 18).

2. Übermittlungsweg

47 Adressaten der Anzeigen sind grundsätzlich **sowohl die BaFin als auch die BBank.** Gemäß § 1 Abs. 2 WpI-AnzV können BaFin und BBank verlangen, dass die Anzeigen und Unterlagen **elektronisch einzureichen** sind. Maßgeblich sind insofern die näheren Bestimmungen, die BaFin und BBank hierzu auf ihren jeweiligen Websites veröffentlichen.

48 Die BaFin stellt insofern das elektronische Melde- und Veröffentlichungsportal **(MVP-Portal)** zur Verfügung. Die BBank bietet für eine elektronische Einreichung von Meldungen das System **ExtraNet** bzw. **NExt** („Neukonzeption Extranet") an, welches insbesondere für die Anzeigen nach Abs. 2 Nr. 2 und Nr. 3 das maßgebliche Übermittlungssystem ist (→ Rn. 38 und → Rn. 43). Sofern bzw. so lange für bestimmte Anzeigepflichten keins Fachverfahren im MVP-Portal bzw. im ExtraNet vorgesehen sind, ist eine papierhafte Einreichung der Anzeigen – ggf. unter Nutzung der durch die WpI-AnzV vorgegebenen Formulare – erforderlich.

3. Bußgeldandrohung und Veröffentlichung

49 Nach § 83 Abs. 1 Nr. 5 lit. b sind Verstöße sowohl gegen die Anzeigepflichten nach allen Absätzen der Vorschrift **bußgeldbewehrt.** Wer die hier geregelten Anzeigen nicht, nicht richtig oder nicht rechtzeitig erstattet, kann gem. § 83 Abs. 5 S. 2 mit Bußgeldern in Höhe von bis zu 100.000,00 EUR sanktioniert werden. Nach § 84 werden verhängte Bußgelder von der BaFin auf ihrer Website **veröffentlicht,** und zwar (außer in Fällen von § 84 Abs. 3) unter **namentlicher Nennung des sanktionieren Wertpapierinstituts** (sog. „Naming & Shaming").

50 Der Ordnungswidrigkeitstatbestand wird schon dadurch erfüllt, dass eine **Anzeige zu spät eingereicht** wird. Für die **Compliance der Wertpapierinstitute** bedeutet das, dass im Falle eines Auftretens der Ordnungswidrigkeiten-Abteilung der BaFin nachweisbar dokumentiert sein sollte, wie der interne **Informationsfluss und die relevante Entscheidungswege** im Hinblick auf den relevanten anzeigepflichtigen Tatbestand ausgestaltet waren. So kann das Wertpapierinstitut gegebenenfalls den Nachweis führen, dass die Anzeige nicht ohne schuldhaftes Zögern und damit nicht zu spät erfolgt ist.

51 In bestimmten Fällen kann einer Bußgeldandrohung seitens der BaFin mit der Erwägung entgegengetreten werden, dass es sich bei dem vorgeworfenen Verstoß gegen eine Anzeigepflicht lediglich um einen **Formalverstoß** handelt, sodass eine **Einstellung des Verfahrens** nach § 47 Abs. 1 OWiG angezeigt ist. Das dürfte insbesondere dann der Fall sein, wenn die Verletzung der Anzeigepflicht nicht wesentlich ist, dadurch das Informationsinteresse der Aufsicht nicht ersichtlich beeinträchtigt wird und insofern kein Gefährdungspotenzial und keine Verletzung für andere Rechtsgüter ersichtlich ist.

52 **Wiederholte oder schwerwiegende Verstöße** gegen Anzeigepflichten bzw. zugrundeliegende Mängel in der Organisation des Anzeigewesens des Wertpapierinstituts (solche organisatorischen Mängel können etwa vom Abschlussprüfer aufgedeckt werden, dessen Prüfauftrag gem. § 24 WpIPrüfbV auch das Anzeigewesen der Wertpapierinstitute umfasst) können **Zweifel an der Ordnungsmäßigkeit der Geschäftsorganisation und an der Eignung der Geschäftsleitung** begründen und dementsprechend aufsichtliche Maßnahmen nach sich ziehen.

§ 66 Anzeigepflichten für Kleine und Mittlere Wertpapierinstitute

(1) **Ein Kleines oder Mittleres Wertpapierinstitut, das über die Erlaubnis für die Dienstleistungen nach § 2 Absatz 2 Nummer 10 oder § 2 Absatz 3 Nummer 2 verfügt oder auf eigene Rechnung im Sinne des § 17 Absatz 1 handelt, hat der bei der Deutschen Bundesbank geführten Evidenzzentrale vierteljährlich (Beobachtungszeitraum) die Kreditnehmer (Millionenkreditnehmer) anzuzeigen, deren Kreditvolumen 1 Million Euro oder mehr beträgt (Millionenkreditmeldegrenze). § 14 Absatz 2 bis 4 und die §§ 19 und 20 des Kreditwesengesetzes sowie Teil 2 und 3 der Großkredit- und Millionenkreditverordnung gelten entsprechend.**

(2) **Ein Kleines oder Mittleres Wertpapierinstitut hat der Deutschen Bundesbank unverzüglich nach Ablauf eines jeden Quartals Informationen zu seiner finanziellen Situation (Finanzinformationen) einzureichen. Die Deutsche Bundesbank leitet die Angaben mit ihrer Stellungnahme an die Bundesanstalt weiter; diese kann auf die Weiterleitung bestimmter Angaben verzichten. Die Bundesanstalt kann im Einzelfall die Frist zur Einreichung von einzelnen Informationen oder der Informationen insgesamt verkürzen.**

(3) **§ 65 Absatz 2 Nummer 2 und 3 findet auf Mittlere Wertpapierinstitute entsprechende Anwendung.**

Übersicht

I. Allgemeines

1. Regelungshintergrund

1 § 66 setzt **diverse Anzeigepflichten,** die sich aus der IFD (im Zusammenspiel mit der IFR) ergeben, in deutsches Recht um. Anders als die Anzeigepflichten des § 65 (→ § 65 Rn. 1) ergeben sich die Anzeigepflichten des § 66 nicht aus der

CRD, da Mittlere und Kleine Wertpapierinstitute nicht in den Anwendungsbereich der CRD fallen. Zur systematischen Einordnung der zugrundeliegenden EU-Rechtsakte und deren Umsetzung im deutschen Recht → § 64 Rn. 8 f. Die Anzeigepflichten des § 66 richten sich **ausschließlich an Kleine und Mittlere Wertpapierinstitute** iSv § 2 Abs. 16 und Abs. 17, wobei Abs. 3 und Abs. 4 nur für bestimmte Mittlere (nicht auch für Kleine) Wertpapierinstitute gelten. Infolge des Verweises in § 73 Abs. 5 Nr. 1 findet § 66 Abs. 1 auch auf **Zweigniederlassungen oder vertragliche gebundene Vermittler von Wertpapierinstituten mit Sitz in einem anderen Vertragsstaat Anwendung.**

2 § 66 wurde durch das KreditzweitmarktförderungsG in Abs. 1 S. 2 und S. 3 (bzgl. der Verweise auf das KWG und die GroMiKV) geändert (→ Rn. 6). Zum Zwecke der Verringerung des bürokratischen Aufwands wird das **Millionenkreditmeldewesen** eingestellt. Daher wird **Abs. 1 mit Wirkung ab dem 30.12.2026 ersatzlos gestrichen** (Art. 44 Nr. 7 StandortförderG, BGBl. 2026 I Nr. 33; vgl. RegBegr. BT-Drs. 21/2507, 95 f. und 215).

2. Regelungszweck

3 Die Anzeigepflichten des § 66 dienen (als Teil des Anzeigewesens gem. §§ 64–68) dazu, der **BaFin** und der **BBank** die Erfüllung ihrer **laufenden Überwachungsaufgaben** zu ermöglichen (→ § 64 Rn. 4 f.).

II. Anwendungsbereich

1. Kleine und Mittlere Wertpapierinstitute

4 § 66 gilt **für Kleine und Mittlere Wertpapierinstitute** iSv § 2 Abs. 16 und Abs. 17. Darin kommt die gesetzgeberische Bestrebung zum Ausdruck, Kleinere und Mittlere Wertpapierinstitute im Vergleich zu § 24 KWG und in Abgrenzung zu § 65 aus Angemessenheitsgründen von bestimmten Anzeigepflichten auszunehmen und sie damit regulatorisch zu entlasten (vgl. RegBegr. WpIG, BT-Drs. 19/26929, 150). Näher hierzu → § 65 Rn. 3.

2. Verpflichtungstatbestände

Die nachfolgende Kommentierung zu den Einzelheiten der Verpflichtungstatbestände nimmt auch auf die relevanten **Regelungen und Formulare der WpI-AnzV,** soweit vorhanden, Bezug.

5 **a) Millionenkredite (§ 66 Abs. 1 und § 20 WpI-AnzV).** Abs. 1 verlangt von bestimmten Instituten eine **vierteljährliche Anzeige über Kreditnehmer, deren Kreditvolumen 1 Million Euro oder mehr beträgt,** gegenüber der Evidenzzentrale bei der BBank. Diese Anzeigepflicht bildet die Anzeigepflicht für Millionenkredite gem. § 14 KWG, die auf Kleine und Mittlere Wertpapierinstitute keine Anwendung findet, nach. Für Große Wertpapierinstitute findet § 14 KWG dagegen unmittelbar Anwendung (§ 4 S. 1).

6 Eine eigene Anzeigepflicht innerhalb des WpIG ist erforderlich, weil bestimmte Kleine und Mittlere Wertpapierinstitute **als Millionenkreditgeber in Betracht** kommen (vgl. RegBegr. WpIG, BT-Drs. 19/26929, 151). Das betrifft insbesondere Wertpapierinstitute, die als Wertpapiernebendienstleistung nach § 2 Abs. 3 Nr. 2 Kredite ausreichen. Von Abs. 1 erfasst sind zudem Kleine und Mittlere

Wertpapierinstitute, die Eigenhandel nach § 2 Abs. 2 Nr. 10 betreiben oder auf eigene Rechnung iSv § 17 Abs. 1 handeln. Damit folgt Abs. 2 erkennbar den Erwägungen, die auch § 14 KWG zugrunde gelegen haben: Drohende bedeutende Verluste bei auf eigene Rechnung tätigen Instituten sollen möglichst frühzeitig erkannt werden, um Risiken für die Stabilität des Finanzsektors besser kontrollieren zu können (vgl. zu § 14 KWG Schwennicke/Auerbach/Auerbach/Hannemann/Adelt KWG § 14 Rn. 19; Fischer/Schäfer/Schulte-Mattler/Schulte-Mattler/Groß KWG § 14 Rn. 9).

Nach der ursprünglichen Fassung von Abs. 1 S. 2 sollten die Einzelheiten zu 7 den Anzeigeinhalten, Anzeigefristen sowie nähere Bestimmungen zum Beobachtungszeitraum auf Basis von § 14 Abs. 3 **in der WpI-AnzV** geregelt werden. In der nun durch das KreditzweitmarktförderungsG geänderten Fassung (→ Rn. 2) werden **§§ 19 und 20 KWG sowie Teil 2 und 3 (§§ 11–18 und § 19) GroMiKV,** also die Bestimmungen über Millionenkredite und über Benachrichtigungen nach § 14 Abs. 2 S. 1 KWG, für **entsprechend anwendbar** erklärt. Dementsprechend enthält § 20 WpI-AnzV lediglich einen Verweis auf die GroMiKV. Durch die Anwendung des KWG und der GroMiKV soll **eine unnötige Doppelung der Regelungen** vermieden und die Rechtsanwendung im Bereich des Millionenkreditmeldewesens vereinfacht werden (RegBegr. KreditzweitmarktförderungsG, BT-Drs. 20/9093, 154).

Durch die Verweise auf die Regelung des KWG und der GroMiKV wird 8 das Millionenkreditwesen für Kleine und Mittlere Wertpapierinstitute **aus dem Kontext des WpIG gehoben** (zum Millionenkreditmeldewesen statt aller Reischauer/Kleinhans/Becker KWG § 14 Rn. 50 ff. sowie die umfassenden Informationen der BBank zur Meldetechnik).

Als Maßnahme des Bürokratieabbaus wird das **Millionenkreditmeldewesen** 9 **mit Wirkung ab dem 30.12.2026 eingestellt.** In der Konsequenz werden **sowohl § 14 KWG als auch Abs. 1 ersatzlos gestrichen** (Art. 44 Nr. 7 StandortförderG, BGBl. 2026 I Nr. 33; vgl. RegBegr. BT-Drs. 21/2507, 95 f. und 215).

b) Finanzinformationen (§ 66 Abs. 2 und § 19 WpI-AnzV). Abs. 2 S. 1 10 schreibt die **quartalsweise Einreichung von Finanzinformationen durch Kleine und Mittlere Wertpapierinstitute an die BBank** vor. Die Anzeigepflicht stützt der Gesetzgeber auf Art. 39 Abs. 1 IFD, wonach die Mitgliedstaaten sicherzustellen haben, dass die zuständigen Behörden über alle erforderlichen Aufsichtsbefugnisse verfügen, um im Rahmen der Wahrnehmung ihrer Aufgaben in wirksamer und verhältnismäßiger Weise in die Tätigkeiten der Wertpapierinstitute einzugreifen. Der Gesetzgeber geht insofern davon aus, dass auch für Kleine und Mittlere Wertpapierinstitute Anzeigepflichten **nach dem Vorbild von § 25 KWG** gelten sollten – für Große Wertpapierinstitute gilt demgegenüber bereits § 25 KWG (§ 4 S. 1 WpIG) (vgl. RegBegr. WpIG, BT-Drs. 19/26929, 151). Hinzu kommt der Umstand, dass die Anzeigepflichten nach Art. 54 und 55 IFR in ihrer Frequenz und Intensität hinter den Anzeigepflichten nach § 25 KWG zurückbleiben.

Dementsprechend ergänzt Abs. 2 im Zusammenspiel mit § 19 WpI-AnzV die 11 Anzeigepflichten nach Art. 54 und 55 IFR um die Pflicht zur quartalsweisen Einreichung einer Gewinn- und Verlustrechnung sowie bestimmter Informationen zum Vermögensstatus. Die Gewinn- und Verlustrechnung ist mittels des **Formulars der Anlage 9 WpI-AnzV („WpI-GVWI")** einzureichen. Die Informationen zum Vermögensstatus sind mittels des **Formulars der Anlage 10**

WpI-AnzV („WpI-STWI") einzureichen. Die BBank hat einen „**Leitfaden zur Erstellung der Finanzinformationen** nach § 66 Abs. 2 WpIG für Kleine und Mittlere Wertpapierinstitute" veröffentlicht (zugänglich unter www.bundesbank.de). In diesem Leitfaden sind umfassende Erläuterungen zur inhaltlichen Konkretisierung der vorgegebenen Formulare enthalten.

12 Die Einreichung muss nach § 19 Abs. 2 WpI-AnzV jeweils **für ein Quartal** erfolgen, wobei **Meldestichtag jeweils der letzte Kalendertag des Quartals** ist. Nach § 19 Abs. 3 WpI-AnzV muss die **Einreichung bis Geschäftsschluss am 11.5. (für Q1), am 11.8. (für Q2), am 11.11. (für Q3) und am 11.2. (für Q4) erfolgten.** Handelt es sich dabei um einen gesetzlichen Feiertag, einen Samstag oder Sonntag, so ist die Meldung spätestens bis Geschäftsschluss am nächsten darauffolgenden Geschäftstag zu machen. Die BBank weist ausdrücklich darauf hin, dass eine **Fristverlängerung nicht vorgesehen** ist

13 Die Einreichung erfolgt **über das ExtraNet/NExt der Bundesbank.** Die BBank leitet die Informationen nach Abs. 2 S. 2 mit einer Stellungnahme **an die BaFin** weiter. Diese kann auf die Weiterleitung bestimmter Angaben auch verzichten. Die BaFin (nicht: die BBank) kann die Frist zur Einreichung einzelner Informationen oder der gesamten Meldung verkürzen (Abs. 2 S. 3).

14 **c) Vergütungstrends und -praktiken sowie Einkommensmillionäre (§ 66 Abs. 3). aa) Vergütungstrends und -praktiken gem. Abs. 3 Nr. 1.** Nach Abs. 3 Nr. 1 sind zunächst jährlich bestimmte **Informationen anzuzeigen, die für einen Vergleich der Vergütungstrends und -praktiken** iSv Art. 75 Abs. 1 und Abs. 2 CRD erforderlich sind. Ausdrücklich soll dies auch **Vergütungstrends und -praktiken in Bezug auf die Mitglieder des Verwaltungs- oder Aufsichtsorgans** umfassen.

15 Die maßgeblichen Informationen ergeben sich aus Art. 34 Abs. 1 IFR iVm Art. 51 Abs. 1 lit. c IFR. Dabei handelt es sich (parallel zu Art. 75 Abs. 1 CRD iVm Art. 450 Abs. 1 lit. h CRR) um zusammengefasste quantitative Angaben zu den Vergütungen, aufgeschlüsselt nach Geschäftsleitung und Mitarbeitern, deren berufliche Tätigkeiten einen wesentlichen Einfluss auf das Risikoprofil der Institute haben, namentlich:

- i) die für das Geschäftsjahr gewährten Vergütungsbeträge, aufgeteilt in feste Vergütung, einschließlich einer Beschreibung der festen Komponenten, und variable Vergütung, sowie die Zahl der Begünstigten;
- ii) die Beträge und Formen der gewährten variablen Vergütung, aufgeteilt in Bargeld, Aktien, mit Aktien verknüpfte Instrumente und andere Arten, getrennt für den im Voraus gezahlten Teil und den zurückbehaltenen Teil;
- iii) die Beträge der für vorhergehende Erfolgsperioden gewährten zurückbehaltenen Vergütung, aufgeteilt in den im Geschäftsjahr verdienten Betrag und den in darauffolgenden Jahren verdienten Betrag;
- iv) den Betrag der im Geschäftsjahr verdienten zurückbehaltenen Vergütung, der während des Geschäftsjahres ausgezahlt und der infolge von Leistungsanpassungen gekürzt wurde;
- v) die während des Geschäftsjahres gewährte garantierte variable Vergütung und die Zahl der Begünstigten der Gewährungen;
- vi) die in früheren Zeiträumen gewährten Abfindungen, die während des Geschäftsjahres ausgezahlt wurden und
- vii) die Beträge der während des Geschäftsjahres gewährten Abfindungen, aufgeteilt in vorab gezahlte und zurückbehaltene Beträge, die Zahl der Begünstig-

ten dieser Zahlungen und die höchste Zahlung, die einer Einzelperson gewährt wurde.

Konkret für Mittlere Wertpapierinstitute hat die **EBA gesonderte Leitlinien** veröffentlicht (vgl. EBA Leitlinien für den Vergleich der Vergütungspraktiken und des geschlechtsspezifischen Lohngefälles gemäß der Richtlinie (EU) 2019/2034 vom 30.6.2022, **EBA/GL/2022/07**). 16

Die Anzeigepflicht gilt nur für Mittlere Wertpapierinstitute iSv § 2 Abs. 17, wenn seine **bilanziellen und außerbilanziellen Vermögenswerte,** gemessen am Durchschnitt der letzten vier vorangegangenen Geschäftsjahre, **mehr als 300 Millionen Euro betragen** oder es von der Bundesanstalt oder der Deutschen Bundesbank dazu aufgefordert wird; 17

Die Meldungen haben grundsätzlich **bis zum 15.6. eines Jahres** in Bezug auf den zurückliegenden Berichtszeitraum (je nach Turnus: ein Jahr, zwei Jahre oder drei Jahre) zu erfolgen (vgl. EBA-Leitlinien (EBA/GL/2022/07), Rn. 21 ff. (S. 7)). Die Meldungen zu den Vergütungstrends und -praktiken erfolgen in Gruppen- bzw. Konsolidierungskonstellationen **auf zusammengefasster Basis.** Die Meldungen zum geschlechtsspezifischen Lohn- und Gehaltsgefälle erfolgen dagegen auf **Einzelbasis** (keine Konsolidierung). 18

Die Offenlegung erfolgt anhand von **Vordrucken, die von der BBank zur Verfügung gestellt** werden und von § 9a Abs. 1 WpI-AnZ als Anlagen 11 bis 14 der WpI-AnzV in Bezug genommen werden. Es handelt sich um die Vordrucke „REM Benchmarking (Rem BM)" mit den Nummern R 01.01, R 02.01, R 02.02, R 05.01 im Hinblick auf allgemeine Vergütungstrends und -praktiken sowie die Vordrucke „REM Gender Pay Gap (REM GAP)" mit den Nummern R 06.01.a und R 06.01.b im Hinblick auf geschlechtsspezifische Vergütungsinformationen. Dafür ist das **Bundesbank ExtraNet** zu nutzen. Die Meldungen sollen in das Postfach „PRISMA – Einreichung von bank- und finanzaufsichtlichen Meldungen (ITS / RTF / BGR / KONTAKT)" erfolgen. Die BBank gibt die Informationen dann ihrerseits **weiter an die BaFin** (vgl. zu § 24 KWG und § 9a AnzV Reischauer/Kleinhans/Albert KWG § 24 Rn. 224 und AnzV § 9a Rn. 4). 19

bb) Einkommensmillionäre. Abs. 3 Nr. 2 verlangt die jährliche Anzeige von Informationen über Geschäftsleiter, Mitglieder des Verwaltungs- oder Aufsichtsorgans und Mitarbeiter, die jeweils eine **jährliche Gesamtvergütung in Höhe von mindestens 1 Mio. Euro** erhalten. Nach Art. 34 Abs. 4 IFD haben Mittlere Wertpapierinstitute **folgende Informationen** gegenüber den nationalen Aufsichtsbehörden offenzulegen: 20

- die Zahl der Personen, deren Vergütung sich auf 1 Mio. Euro oder mehr pro Geschäftsjahr beläuft, aufgeschlüsselt nach Vergütungsstufen von 1 Mio. Euro;
- die Aufgaben- und Geschäftsbereiche der jeweiligen Personen;
- die wesentlichen Gehaltsbestandteile, Bonuszahlungen, langfristige Prämienzahlungen und Altersvorsorgebeiträge.

Diese Informationen werden an die **EBA** weitergeleitet, die sie in einem **gemeinsamen Bericht** – dem „EBA Report on High Earners" – aggregiert nach Mitgliedstaaten veröffentlicht. 21

Bis zur Neuregelung durch das BRUBEG (Gesetz zur Umsetzung der CRD-ÄnderungsRL (EU) 2024/1619 – CRD VI, BGBl. 2026 I Nr. 81) enthielt die **WpI-AnzV hierzu keine Konkretisierungen.** Zwischenzeitlich regelte die BaFin die Anzeigepflicht mittels Allgemeinverfügungen. Die zuletzt ergangene Allgemeinverfügung (vgl. BaFin, Allgemeinverfügung zu Vergütungsanzeigen für 22

Wertpapierinstitute vom 16.5.2025, Gz. WA 4-K 5321/00161#00008) für Meldungen zum Meldestichtag 31.12.2024 bezog sich inhaltlich vor allem auf die **Leitlinien der EBA im Hinblick auf die Meldung hoher Einkommen** (vgl. EBA, Leitlinien zur Datenerfassung im Hinblick auf Personen mit hohem Einkommen gemäß der Richtlinie 2013/36/EU und der Richtlinie (EU) 2019/2034 vom 30.6.2022, **EBA/GL/2022/08**).

23 Im Einklang mit den Vorgaben der EBA-Leitlinien (EBA/GL/2022/08) (vgl. Rn. 18 (S. 6)) sind die Meldungen nunmehr aufgrund der Regelung in § 9a Abs. 2 WpI-AnzV jeweils **bis zum 15.6. eines Jahres** in Bezug auf das zurückliegende Jahr (Meldestichtag 31.12.) einzureichen. Die Anzeigen erfolgen in Gruppen- bzw. Konsolidierungskonstellationen **auf zusammengefasster Basis.** § 9a Abs. 2 WpI-AnzV ordnet die Verwendung der **Vordrucke, die von der BBank zur Verfügung gestellt** werden, und die von § 9a Abs. 2 WpI-AnzV als Anlagen 15 bis 17 zur WpI-AnzV in Bezug genommen werden, an. Es handelt sich um die Vordrucke „REM High Earners (REM HE)" mit den Nummern R 04.01.a; R 04.01.b; R 04.01.c. Dafür ist das **Bundesbank ExtraNet** zu nutzen. Die Meldungen sollen in das Postfach „PRISMA – Einreichung von bank- und finanzaufsichtlichen Meldungen (ITS / RTF / BGR / KONTAKT)" erfolgen. Die BBank gibt die Informationen dann ihrerseits **weiter an die BaFin** (vgl. zu § 24 KWG und § 9a AnzV Reischauer/Kleinhans/Albert KWG § 24 Rn. 224 und AnzV § 9a Rn. 4).

23a **d) Geschlechterspezifisches Lohngefälle (Abs. 4 Nr. 1).** Die vormals in § 65 Abs. 2 Nr. 3 geregelte (jährliche) Informationspflicht im Hinblick auf das geschlechterspezifische Lohn- und Gehaltsgefälle ist durch Art. 18 Nr. 7 BRUBEG (Gesetz zur Umsetzung der CRD-ÄnderungsRL (EU) 2024/1619 – CRD VI, BGBl. 2026 I Nr. 81) für bestimmte Mittlere Wertpapierinstitute in den neu geschaffenen Abs. 4 Nr. 1 verschoben und den unionsrechtlichen Vorgaben entsprechend als dreijährige Informationspflicht ausgestaltet worden. Die Anzeigepflicht gilt erst dann, wenn die bilanziellen und außerbilanziellen Vermögenswerte, gemessen am Durchschnitt der letzten vier vorangegangenen Geschäftsjahre, mehr als 300 Millionen Euro betragen oder das Wertpapierinstitut von der Bundesanstalt oder der Deutschen Bundesbank dazu aufgefordert wird. Aus § 9a Abs. 3 WpI-AnzV ergibt sich, dass die Formulare R.06.01.a und R 06.02.b der Bundesbank zu nutzen sind. Es handelt sich um die Anlagen 18 und 19 zur WpI-AnzV.

23b **e) Diversitätsinformationen (Abs. 4 Nr. 2).** Mit Art. 17 Nr. 7 BRUBEG (Gesetz zur Umsetzung der CRD-ÄnderungsRL (EU) 2024/1619 – CRD VI, BGBl. 2026 I Nr. 81) wurde Abs. 4 Nr. 2 neu eingefügt. Damit werden bestimmte Mittlere Wertpapierinstitute verpflichtet, im Einklang mit den Vorgaben der EBA in den „Leitlinien zum Vergleich der Maßnahmen zur Förderung der Diversität, einschließlich Diversitätsstrategien und des geschlechtsspezifischen Lohngefälles, gemäß der Richtlinie 2013/36/EU und der Richtlinie (EU) 2019/2034" (EBA/GL/2023/08) diversitätsbezogene Informationen zu melden. Die Anzeigepflicht gilt erst dann, wenn die bilanziellen und außerbilanziellen Vermögenswerte, gemessen am Durchschnitt der letzten vier vorangegangenen Geschäftsjahre, mehr als 300 Millionen Euro betragen oder das Wertpapierinstitut von der Bundesanstalt oder der Deutschen Bundesbank dazu aufgefordert wird. Aus § 9a Abs. 4 WpI-AnzV ergibt sich, dass die Formulare der Bundesbank R.13.00.a bis R.23.00 (Anlagen 20 bis 33 WpI-AnzV) zu nutzen sind.

III. Rechtsfolgen

1. Turnusmäßige Anzeigepflichten

Die Anzeigen nach § 66 Abs. 1 sind **ausschließlich turnusmäßig einzureichen,** bereits → Rn. 12, → Rn. 18 und → Rn. 23. § 66 beinhaltet (anders als §§ 64 und 65) keine unverzüglichen Anzeigepflichten. 24

2. Übermittlungsweg

Adressatin der Anzeigen nach Abs. 1 und Abs. 2 ist **nur die BBank,** nicht auch die BaFin. Die Anzeigen nach Abs. 3 iVm § 65 Abs. 2 Nr. 2 und Nr. 3 sind zwar sowohl an die BaFin als auch an die BBank zu machen. Die Anzeigen erfolgen in der Praxis an die BBank, die die **Meldungen an die BaFin weiterleitet** (→ § 65 Rn. 38 und → § 65 Rn. 43). Die BBank bietet für eine elektronische Einreichung von Meldungen das System **ExtraNet** bzw. **NExt** („Neukonzeption Extranet") an (s. hierzu die konkreten **Hinweise zum Übermittlungsweg** in der **Übersicht über die Anzeige- und Meldepflichten** der BBank; aktuelle Version mit Stand vom 26.5.2026 abrufbar unter: https://www.bundesbank.de/resource/blob/949942/8a017f957095feb619ed611a25ec5a29/472B63F073F071307366337C94F8C870/meldevorschriften-wpi-data.pdf, zuletzt aufgerufen: 1.7.2026). 25

3. Bußgeldandrohung und Veröffentlichung

Nach § 83 Abs. 1 Nr. 5 lit. b sind Verstöße gegen Abs. 1 S. 1 im Hinblick auf die **Meldung von Millionenkrediten bußgeldbewehrt;** nach § 83 Abs. 1 Nr. 11 sind auch Verstöße gegen Abs. 2 S. 1 in Bezug auf die **Meldung von Finanzinformationen bußgeldbewehrt.** Wer die hier geregelten Anzeigen nicht, nicht richtig oder nicht rechtzeitig erstattet, kann gem. § 83 Abs. 5 S. 2 mit Bußgeldern in Höhe von bis zu 100.000,00 EUR sanktioniert werden. Nach § 84 werden verhängte Bußgelder von der BaFin auf ihrer Website **veröffentlicht,** und zwar (außer in Fällen von § 84 Abs. 3) unter **namentlicher Nennung des sanktionieren Wertpapierinstituts** (sog. „Naming & Shaming"). 26

Der Ordnungswidrigkeitstatbestand wird schon dadurch erfüllt, dass eine **Anzeige zu spät eingereicht** wird. Für die **Compliance der Wertpapierinstitute** bedeutet das, dass im Falle eines Auftretens der Ordnungswidrigkeiten-Abteilung der BaFin nachweisbar dokumentiert sein sollte, wie der interne **Informationsfluss und die relevante Entscheidungswege** im Hinblick auf den relevanten anzeigepflichtigen Tatbestand ausgestaltet waren. So kann das Wertpapierinstitut gegebenenfalls den Nachweis führen, dass die Anzeige nicht ohne schuldhaftes Zögern und damit nicht zu spät erfolgt ist. 27

In bestimmten Fällen kann einer Bußgeldandrohung seitens der BaFin mit der Erwägung entgegengetreten werden, dass es sich bei dem vorgeworfenen Verstoß gegen eine Anzeigepflicht lediglich um einen **Formalverstoß** handelt, sodass eine **Einstellung des Verfahrens** nach § 47 Abs. 1 OWiG angezeigt ist. Das dürfte insbesondere dann der Fall sein, wenn die Verletzung der Anzeigepflicht nicht wesentlich ist, dadurch das Informationsinteresse der Aufsicht nicht ersichtlich beeinträchtigt wird und insofern kein Gefährdungspotenzial und keine Verletzung für andere Rechtsgüter ersichtlich ist. 28

29 **Wiederholte oder schwerwiegende Verstöße** gegen Anzeigepflichten bzw. zugrundeliegende Mängel in der Organisation des Anzeigewesens des Wertpapierinstituts (solche organisatorischen Mängel können etwa vom Abschlussprüfer aufgedeckt werden, dessen Prüfauftrag gem. § 24 WpIPrüfbV auch das Anzeigewesen der Wertpapierinstitute umfasst) können **Zweifel an der Ordnungsmäßigkeit der Geschäftsorganisation und an der Eignung der Geschäftsleitung** begründen und dementsprechend aufsichtliche Maßnahmen nach sich ziehen.

§ 67 Anzeigepflichten von Geschäftsleitern, Investmentholdinggesellschaften sowie gemischten Finanzholdinggesellschaften

(1) **Ein Geschäftsleiter eines Wertpapierinstituts und die Personen, die die Geschäfte einer Investmentholdinggesellschaft oder einer gemischten Finanzholdinggesellschaft tatsächlich führen, haben der Bundesanstalt und der Deutschen Bundesbank unverzüglich anzuzeigen:**

1. **die Aufnahme und die Beendigung einer Tätigkeit als Geschäftsleiter oder als Aufsichtsrats- oder Verwaltungsratsmitglied eines anderen Unternehmens und**
2. **die Übernahme und die Aufgabe einer unmittelbaren Beteiligung an einem Unternehmen sowie Veränderungen in der Höhe der Beteiligung. Eine unmittelbare Beteiligung liegt vor, wenn mindestens 25 Prozent der Anteile am Kapital des Unternehmens gehalten werden.**

(2) **Eine Investmentholdinggesellschaft hat der Bundesanstalt und der Deutschen Bundesbank unverzüglich anzuzeigen:**

1. **die Absicht der Bestellung einer Person, die die Geschäfte der Investmentholdinggesellschaft tatsächlich führen soll, unter Angabe der Tatsachen, die für die Beurteilung der Zuverlässigkeit, der fachlichen Eignung und der ausreichenden zeitlichen Verfügbarkeit für das Wahrnehmen seiner Aufgaben wesentlich sind, und den Vollzug einer solchen Absicht,**
2. **das Ausscheiden einer Person, die die Geschäfte der Investmentholdinggesellschaft tatsächlich geführt hat,**
3. **Änderungen der Struktur der Investmentholdinggruppe in der Weise, dass die Investmentholdinggruppe künftig branchenübergreifend tätig wird,**
4. **die Bestellung eines Mitglieds und eines stellvertretenden Mitglieds des Verwaltungs- oder Aufsichtsorgans unter Angabe der Tatsachen, die zur Beurteilung ihrer Zuverlässigkeit, Sachkunde und der ausreichenden zeitlichen Verfügbarkeit für die Wahrnehmung ihrer Aufgaben notwendig sind, und**
5. **das Ausscheiden eines Mitglieds und stellvertretender Mitglieder des Verwaltungs- oder Aufsichtsorgans.**

Die Verpflichtung nach Satz 1 Nummer 1, 2, 4 und 5 gilt auch für gemischte Finanzholdinggesellschaften.

(3) **Eine Investmentholdinggesellschaft oder eine gemischte Finanzholdinggesellschaft hat der Bundesanstalt und der Deutschen Bundesbank ferner einmal jährlich eine Sammelanzeige der Wertpapierinstitute, Finanzinstitute, Anbieter von Nebendienstleistungen und**

vertraglich gebundenen Vermittler, die ihr nachgeordnet sind, einzureichen.

(4) **Wird ein Kleines oder Mittleres Wertpapierinstitut oder eine als Mutterunternehmen geltende Investmentholdinggesellschaft oder gemischte Finanzholdinggesellschaft, der kein Großes Wertpapierinstitut angehört, zahlungsunfähig oder tritt Überschuldung ein, so haben die Geschäftsleiter, bei einem in der Rechtsform des Einzelkaufmanns betriebenen Wertpapierinstitut der Inhaber und die Personen, die die Geschäfte der Investmentholdinggesellschaft oder der gemischten Finanzholdinggesellschaft tatsächlich führen, dies der Bundesanstalt unter Beifügung aussagefähiger Unterlagen unverzüglich anzuzeigen; die im ersten Halbsatz bezeichneten Personen haben eine solche Anzeige unter Beifügung entsprechender Unterlagen auch dann vorzunehmen, wenn das Wertpapierinstitut oder die als Mutterunternehmen geltende Investmentholdinggesellschaft oder gemischte Finanzholdinggesellschaft voraussichtlich nicht in der Lage sein wird, die bestehenden Zahlungspflichten im Zeitpunkt der Fälligkeit zu erfüllen (drohende Zahlungsunfähigkeit).**

Übersicht

I. Allgemeines

1. Regelungshintergrund

§ 67 setzt **diverse Anzeigepflichten,** die sich vorrangig **aus der MiFID II** 1
und der CRD ergeben, in deutsches Recht um (zur systematischen Einordnung der zugrundeliegenden EU-Rechtsakte und deren Umsetzung im deutschen Recht → § 64 Rn. 8 f.). Die Anzeigepflichten des § 67 richten sich an **verschie-**

dene Adressaten, nämlich Geschäftsleiter von Wertpapierinstituten (Abs. 1), Investmentholding- sowie gemischte Finanzholdinggesellschaften (Abs. 2–4), deren Geschäftsleiter (Abs. 1) sowie Kleine und Mittlere Wertpapierinstitute (Abs. 4).

2 Durch das KreditzweitmarktförderungsG wurden die Anzeigepflichten nach Abs. 2 durch Einfügung von S. 2 auch **auf gemischte Finanzholdinggesellschaften ausgeweitet,** → Rn. 20. Der vormalige Abs. 2 S. 2 wurde **neu als Abs. 3 nummeriert und inhaltlich erweitert,** → Rn. 20 und → Rn. 24 f.

2. Regelungszweck

3 Die Anzeigepflichten des § 67 dienen (als Teil des Anzeigewesens gem. §§ 64–68) dazu, der **BaFin** und der **BBank** die Erfüllung ihrer **laufenden Überwachungsaufgaben** zu ermöglichen. Näher → § 64 Rn. 4 f.

II. Anwendungsbereich, Verpflichtungstatbestände

Die nachfolgende Kommentierung zu den Einzelheiten der Verpflichtungstatbestände nimmt auch auf die relevanten **Regelungen und Formulare der WpI-AnzV,** soweit vorhanden, Bezug.

1. Anzeigepflichten für Geschäftsleiter (Abs. 1)

4 Die Anzeigepflichten nach Abs. 1 sind **§ 24 Abs. 3 S. 1 KWG nachgebildet** und gelten einerseits für die **Geschäftsleiter von Wertpapierinstituten** (unabhängig von deren Kategorisierung als Kleine, Mittlere oder Große Wertpapierinstitute gem. § 2 Abs. 16–18), andererseits für diejenigen Personen, die die **Geschäfte von Investmentholdinggesellschaften oder gemischten Finanzholdinggesellschaften tatsächlich führen.**

5 Die Anzeigepflichten sollen dazu beitragen, die Aufsicht in die Lage zu versetzen, die **Zuverlässigkeit und Eignung von Leitungspersonen zu überwachen.** Dem zugrunde liegt der Gedanke, dass zusätzliche Aktivitäten außerhalb des betreffenden Wertpapierinstituts bzw. der betreffenden Investmentholding- oder gemischten Finanzholdinggesellschaft zu Interessenkonflikten oder zeitlichen Einschränkungen führen können (RegBegr WpIG, BT-Drs. 19/26929, 152; zu § 24 KWG Reischauer/Kleinhans/Albert KWG § 24 Rn. 249 f.; Luz/Neus/Schaber/Schneider/Wagner/Weber/Rüdenauer/Weber KWG § 24 Rn. 142). Abs. 1 ergänzt insofern die Regelungen über die persönlichen Anforderungen gem. § 20 und § 62 sowie die Anzeigepflichten aus § 64 Abs. 1 Nr. 1, Nr. 2 und Nr. 3, § 65 Abs. 1 Nr. 1, Abs. 1 Nr. 3 und Art. 5 Abs. 1 DurchführungsVO (EU) 2017/1945 im Hinblick auf personelle Veränderungen.

6 **Geschäftsleiter** sind gem. § 2 Abs. 36 diejenigen natürlichen Personen, die nach Gesetz, Satzung oder Gesellschaftsvertrag zur Führung der Geschäfte und zur **Vertretung eines Wertpapierinstituts berufen** sind. Erfasst sind alle hauptamtlichen, nebenamtlichen und ehrenamtlichen sowie kommissarisch und stellvertretend bestellte Geschäftsleiter und Liquidatoren. Ebenso erfasst sind Ersatzpersonen für Geschäftsleiter gem. Art. 8 Abs. 1 lit. c, d Delegierte VO (EU) 2017/1943. Zum Kreis der Personen, die tatbestandlich als Geschäftsleiter erfasst sind, näher → § 64 Rn. 25.

Bei Investmentholdinggesellschaften und gemischten Finanzholdinggesellschaften sind grundsätzlich ebenfalls die **Mitglieder des Leitungsorgans** erfasst. Da der Begriff der „Geschäftsleiter" nach § 2 Abs. 36 für Wertpapierinstitute reserviert ist, wird insofern bewusst nicht auf Geschäftsleiter Bezug genommen. Die Formulierung „Personen, die die Geschäfte tatsächlich führen" reicht gleichwohl inhaltlich über den Kreis der Geschäftsleiter nach § 2 Abs. 36 hinaus. Erfasst sind **auch alle weiteren Leitungspersonen, die einen maßgeblichen Einfluss auf die Geschäftsführung ausüben** (zB erste Ebene unterhalb des Vorstands bzw. der Geschäftsführung, Geschäftsbereichsleiter, Generalbevollmächtigte oder Prokuristen). Insofern ist eine individuelle Prüfung von besonderen Umständen, die effektive Einflussnahmemöglichkeiten innerhalb von Investmentholdinggesellschaften und gemischten Finanzholdinggesellschaften begründen, erforderlich (so zu § 2d KWG Beck/Samm/Kokemoor/von den Steinen KWG § 2d Rn. 31 f.; Fischer/Schäfer/Schulte-Mattler/Schulte-Mattler/Schäfer KWG § 2d Rn. 3). 7

Die Anzeigeplichten nach Abs. 1 sind **persönlich von den betreffenden Geschäftsleitern bzw. Leitungspersonen zu erfüllen,** nicht von dem maßgeblichen Wertpapierinstitut oder der Investmentholdinggesellschaft bzw. gemischten Finanzholdinggesellschaft; das gilt auch dann, wenn die Vorbereitung von Anzeigen praktisch durch den jeweiligen Stab des Leitungsorgans erfolgt (so zu § 24 KWG Schwennicke/Auerbach/Süßmann KWG § 24 Rn. 68; Reischauer/Kleinhans/Albert KWG § 24 Rn. 249). Die persönliche Anknüpfung der Anzeigepflicht bedeutet vor allem, dass Leitungspersonen von Investmentholdinggesellschaften bzw. gemischten Finanzholdinggesellschaften, die nicht schon Mitglieder des Leitungsorgans sind, selbst eine Prüfung ihrer Einflussnahmemöglichkeiten (und der hieraus folgenden Anzeigeverpflichtungen) sicherzustellen haben. 8

a) Nebentätigkeiten in anderen Unternehmen (Abs. 1 Nr. 1 und § 11 Abs. 1 WpI-AnzV). Anzuzeigen ist nach Abs. 1 Nr. 1 die **Aufnahme und die Beendigung einer Tätigkeit als Geschäftsleiter oder als Aufsichts- oder Verwaltungsratsmitglied eines anderen Unternehmens.** 9

Als **Geschäftsleitertätigkeiten** bei anderen Unternehmen sind solche Tätigkeiten zu verstehen, die von **§ 2 Abs. 36** (→ Rn. 6) erfasst wären (so zu § 24 KWG Fischer/Schäfer/Schulte-Mattler/Schulte-Mattler/Braun/Terörde KWG § 24 Rn. 253). Auch hier sind also hauptamtliche, nebenamtliche Positionen, genauso wie stellvertretende oder kommissarische Tätigkeiten erfasst (so zu § 24 KWG Reischauer/Kleinhans/Albert KWG § 24 Rn. 252). Ob **ehrenamtliche Tätigkeiten** anzeigepflichtig sind, ist umstritten (Lendermann/Nemeczek/Schroeter/von den Steinen § 67 Rn. 14 und Luz/Neus/Schaber/Schneider/Wagner/Weber/Rüdenauer/Weber KWG § 24 Rn. 143: ehrenamtliche Tätigkeiten stets anzeigepflichtig; Fischer/Schäfer/Schulte-Mattler/Schulte-Mattler/Braun/Terörde KWG § 24 Rn. 253: ehrenamtliche Tätigkeiten nicht anzeigepflichtig). Richtigerweise ist hier zu differenzieren: **Eine Anzeigepflicht dürfte nur ausnahmsweise bestehen,** wenn durch die ehrenamtliche Tätigkeit ersichtlich die Zuverlässigkeit und Eignung (vor allem die zeitliche Verfügbarkeit) der betreffenden Person in Frage gestellt sein sollte. Ansonsten sind ehrenamtliche Tätigkeiten regelmäßig, insbesondere wenn sie nur geringfügigen zeitlichen Aufwand begründen, dem Bereich der privaten Lebensführung zuzuordnen und damit nicht anzeigepflichtig (so zu § 24 KWG Reischauer/Kleinhans/Albert KWG § 24 Rn. 259, 261a). 10

Ob eine anzeigepflichtige **Tätigkeit als Aufsichts- oder Verwaltungsratsmitglied** vorliegt, ist unabhängig von der konkreten Bezeichnung des betreffen- 11 den Organs bzw. Gremiums festzustellen. Maßgeblich ist vielmehr, ob dem Organ bzw. Gremium **materiell die Überwachung der Geschäftsleitung obliegt** und ob es die einem gesetzlich vorgeschriebenen Aufsichtsrat eingeräumten Rechte und Pflichten wahrnimmt. Daraus folgt, dass auch Tätigkeiten in **fakultativen Aufsichtsräten** anzeigepflichtig sein können. Die Mitgliedschaft in einem **bloß beratenden (nicht überwachenden) Beirat** wird dagegen keine Anzeigepflicht auslösen (Lendermann/Nemeczek/Schroeter/von den Steinen § 67 Rn. 15; zu § 24 KWG Reischauer/Kleinhans/Albert KWG § 24 Rn. 254; Fischer/Schäfer/Schulte-Mattler/Schulte-Mattler/Braun/Terörde KWG § 24 Rn. 253).

12 Ob es sich bei dem **anderen Unternehmen** um ein Wertpapierinstitut oder ein sonstiges Unternehmen handelt, ist nicht entscheidend (Lendermann/Nemeczek/Schroeter/von den Steinen § 67 Rn. 13). Das Betreiben eines **Einzelunternehmens** ist dagegen nicht erfasst, da in einem Einzelunternehmen von vornherein (qua Rechtsform) keine Geschäftsleiterstelle entsteht (Schwennicke/Auerbach/Süßmann KWG § 24 Rn. 71; Fischer/Schäfer/Schulte-Mattler/Schulte-Mattler/Braun/Terörde KWG § 24 Rn. 253; Reischauer/Kleinhans/Albert KWG § 24 Rn. 259, die berechtigterweise darauf hinweist, dass hier eine Ergänzung der Anzeigepflicht sinnvoll wäre).

13 S. für eine eingehende Darstellung der Anzeigepflichten nach der Parallelregelung in § 24 Abs. 3 S. 1 KWG **mit Beispielsfällen** Reischauer/Kleinhans/Albert KWG § 24 Rn. 252 ff.

14 Gemäß § 11 Abs. 1 WpI-AnzV haben Anzeigen nach Abs. 1 anhand des **Formulars der Anlage 2 WpI-AnzV („WpI-NT")** zu erfolgen. Im Hinblick auf dieses Formular fällt auf, dass die angegebenen Auswahloptionen zu Feld 3 („Bitte Auswahl treffen aus folgenden Möglichkeiten: Geschäftsleiter des Wertpapierinstituts, Geschäftsleiter der Investmentholdinggesellschaft, Geschäftsleiter der gemischten Finanzholdinggesellschaft.") nicht präzise gefasst sind, da bei Investmentholdinggesellschaften und gemischten Finanzholdinggesellschaften nicht nur Geschäftsleiter erfasst sind (→ Rn. 7). Feld 4 betrifft Informationen zur Prüfung der Höchstgrenzen für Mandate nach §§ 25c, 25d KWG für Große Wertpapierinstitute. S. hierzu eingehend Reischauer/Kleinhans/Albert KWG § 24 Rn. 255 ff. Nach § 18 Abs. 5 WpI-AnzV ist das Formular der Anlage 2 WpI-AnzV („WpI-NT") auch als Teil der Anzeige nach Art. 2 DurchführungsVO (EU) 2017/1945 einzureichen, wenn es darum geht, die Liste der Leitungs- und Aufsichtsfunktionen in anderen Unternehmen vorzulegen.

15 **b) Unmittelbare Beteiligungen an anderen Unternehmen (Abs. 1 Nr. 2 und § 11 Abs. 2 WpI-AnzV).** Nach Abs. 1 Nr. 2 sind sowohl Übernahme als auch Aufgabe einer unmittelbaren **Beteiligung an einem anderen Unternehmen** sowie Veränderungen in der Höhe einer solchen Beteiligung anzeigepflichtig. Abs. 1 Nr. 2 S. 2 stellt klar, dass eine anzeigepflichtige unmittelbare Beteiligung nur dann vorliegt, wenn **mindestens 25 % am Kapital des anderen Unternehmens** gehalten werden.

16 Ob es sich bei dem **anderen Unternehmen** um ein Wertpapierinstitut oder ein sonstiges Unternehmen handelt, ist nicht entscheidend. Der Begriff des „anderen Unternehmens" ist insofern weit auszulegen (so zu § 24 KWG Fischer/Schäfer/Schulte-Mattler/Schulte-Mattler/Braun/Terörde KWG § 24 Rn. 257). Das Betreiben eines **Einzelunternehmens** ist – wie iRv Abs. 1 Nr. 1 – nicht als unmittelbare Beteiligung an einem anderen Unternehmen anzuzeigen. Beteili-

gungen, die das Einzelunternehmen an anderen Unternehmen hält, sind wiederum anzeigepflichtig (so zu § 24 KWG Fischer/Schäfer/Schulte-Mattler/Schulte-Mattler/Braun/Terörde KWG § 24 Rn. 253). Eine Zurechnung von Anteilen, die andere Personen halten, zB Ehepartner oder Lebenspartner, findet grundsätzlich nicht statt, es sei denn die Anteile werden treuhänderisch für den jeweiligen Geschäftsleiter bzw. die Leitungsperson gehalten (so zu § 24 KWG Fischer/Schäfer/Schulte-Mattler/Schulte-Mattler/Braun/Terörde KWG § 24 Rn. 258; Reischauer/Kleinhans/Albert KWG § 24 Rn. 265).

S. für eine eingehende Darstellung der Anzeigepflichten nach der Parallelregelung in § 24 Abs. 3 S. 1 KWG **mit Beispielsfällen** Reischauer/Kleinhans/Albert KWG § 24 Rn. 263 ff. 17

Gemäß § 11 Abs. 2 WpI-AnzV haben Anzeigen nach Abs. 2 anhand des **Formulars der Anlage 3 WpI-AnzV („WpI-BG")** zu erfolgen. Im Hinblick auf dieses Formular fällt auf, dass die angegebenen Auswahloptionen zu Feld 4 („Bitte Auswahl treffen aus folgenden Möglichkeiten: Geschäftsleiter des Wertpapierinstituts, Geschäftsleiter der Investmentholdinggesellschaft, Geschäftsleiter der gemischten Finanzholdinggesellschaft.") nicht präzise gefasst sind, da bei Investmentholdinggesellschaften und gemischten Finanzholdinggesellschaften nicht nur Geschäftsleiter erfasst sind (→ Rn. 7). Gemäß § 11 Abs. 2 S. 2 sind auf Verlangen der BaFin bzw. der BBank **weitere Angaben** einzureichen (zB zum Übernahmepreis und zum Veräußerungserlös). Anders als § 11 Abs. 2 S. 2 AnzV (zu § 24 Abs. 3 S. 1 KWG) enthält die WpI-AnzV **keine Beschränkung der Anzeigepflicht für Veränderungen der Beteiligungen auf die Schwellenwerte 30 % und 50 %.** 18

2. Anzeigepflichten für Investmentholdinggesellschaften und gemischte Finanzholdinggesellschaften (Abs. 2, Abs. 3)

a) Personelle und strukturelle Veränderungen (Abs. 2 und §§ 4–9 WpI-AnzV). Abs. 2 regelt – in Anlehnung an § 24 Abs. 3a KWG – verschiedene Anzeigepflichten für Investmentholdinggesellschaften (Abs. 2 S. 1) und für gemischte Finanzholdinggesellschaften (Abs. 2 S. 1): 19

- Nr. 1 und Nr. 2 betreffen **personelle Veränderungen beim Leitungspersonal;**
- Nr. 3 betrifft **strukturelle Änderungen,** die das Wesen der Investmentholdinggruppe beeinflussen;
- Nr. 3 und Nr. 4 betreffen **personelle Veränderungen im Verwaltungs- oder Aufsichtsorgan.**

Nr. 1, Nr. 2, Nr. 3 und Nr. 4 gelten für **Investmentholdingsgesellschaften** iSv § 2 Abs. 27 iVm Art. 4 Abs. 1 Nr. 20 CRR und – gem. Abs. 2 S. 2 – für **gemischte Finanzholdinggesellschaften** iSv § 2 Abs. 28 iVm Art. 4 Abs. 1 Nr. 40 IFR. Die Erweiterung des Anwendungsbereichs auf gemischte Finanzholdinggesellschaften erfolgte mit dem KreditzweitmarktförderungsG. **Nr. 3** gilt dagegen **nur für Investmentholdinggesellschaften.** Eine Anwendung auf gemischte Finanzholdinggesellschaften wäre inhaltlich nicht sinnvoll, da die gemischte Finanzholdinggesellschaft bereits (tatbestandlich) über einer branchenübergreifend tätigen Gruppe steht (RegBegr KreditzweitmarktförderungsG, BT-Drs. 20/9093, 154). 20

Die Anzeigepflichten nach Nr. 1 und Nr. 2 beziehen sich auf die Absicht, 21
eine Person zur tatsächlichen Führung der Geschäfte (hierzu → Rn. 7) zu

bestellen, auf den Vollzug dieser Absicht (nicht: Aufgabe und Änderung dieser Absicht) sowie auf das Ausscheiden einer entsprechenden Leitungsperson. Die Anzeigepflichten sind insofern § 64 Abs. 1 Nr. 1, Nr. 2 und Nr. 3 nachgebildet (→ § 64 Rn. 17 ff., → § 64 Rn. 20 f. und → § 64 Rn. 22 ff.). Die **Formulare der Anlage 1 WpI-AnzV („WpI-PV")** und der **Anlage 4 WpI-AnzV („WpI-ZM")** sind jeweils zu nutzen. Liegen **zwischen Absichtsanzeige und Vollzugsanzeige mehr als 12 Monate,** so sind die Unterlagen gem. § 4 Abs. 3 WpI-AnzV erneut in aktualisierter Form einzureichen, es sei denn die BaFin verzichtet (im Einzelfall) hierauf.

22 Die Anzeigepflicht nach Nr. 3, die nur für Investmentholdinggesellschaften gilt, greift, wenn strukturelle Änderungen innerhalb der Gruppe dazu führen werden, dass die Gruppe künftig branchenübergreifend tätig sein wird. Eine **branchenübergreifende Tätigkeit** liegt dann vor, wenn **sowohl Bank-, Finanz- bzw. Wertpapierdienstleistungen als auch Versicherungsdienstleistungen erbracht** werden (so zu § 24 KWG Fischer/Schäfer/Schulte-Mattler/Schulte-Mattler/Braun/Terörde KWG § 24 Rn. 264; Luz/Neus/Schaber/Schneider/Wagner/Weber/Rüdenauer/Weber KWG § 24 Rn. 157). Da ausdrücklich eine künftige branchenübergreifende Tätigkeit der Anzeigepflicht unterworfen wird, muss die Anzeige zum Zeitpunkt der Vornahme der relevanten **Strukturmaßnahme** erfolgen. Eine spätere Anzeige, etwa wenn die branchenübergreifende Tätigkeit tatsächlich aufgenommen wird, genügt nicht (so zu § 24 KWG Fischer/Schäfer/Schulte-Mattler/Schulte-Mattler/Braun/Terörde KWG § 24 Rn. 265; Reischauer/Kleinhans/Albert KWG § 24 Rn. 278).

23 Die Anzeigepflichten nach Nr. 4 und Nr. 5 beziehen sich auf die Bestellung (nicht: Absicht der Bestellung) und auf das Ausscheiden eines **Mitglieds des Verwaltungs- oder Aufsichtsorgans.** Die Anzeigepflichten sind insofern § 64 Abs. 1 Nr. 1, Nr. 2 und Nr. 3 nachgebildet (→ § 64 Rn. 17 ff., → § 64 Rn. 20 f. und → § 64 Rn. 22 ff.). Die **Formulare der Anlage 1 WpI-AnzV („WpI-PV")** und der **Anlage 4 WpI-AnzV („WpI-ZM")** sind jeweils zu nutzen. Liegen **zwischen Absichtsanzeige und Vollzugsanzeige mehr als 12 Monate,** so sind die Unterlagen gem. § 4 Abs. 3 WpI-AnzV erneut in aktualisierter Form einzureichen, es sei denn die BaFin verzichtet (im Einzelfall) hierauf.

24 **b) Nachgeordnete Unternehmen (Abs. 3 und § 14 WpI-AnzV).** Gemäß Abs. 3 müssen Investmentholdinggesellschaften und gemischte Finanzholdinggesellschaften jährlich eine Sammelanzeige über bestimmte nachgeordnete Unternehmen einreichen. Die Anzeige hat **bis zum 15.6. eines Jahres** zu erfolgen und den **Stand zum 31.12. des Vorjahres** abzubilden (§ 14 Abs. 2 WpI-AnzV, der die Neunummerierung von Abs. 1 S. 2 zu Abs. 3, → Rn. 2, noch nicht berücksichtigt).

25 Die Anzeigepflicht erfasst nachgeordnete

- Wertpapierinstitute (§ 2 Abs. 1),
- Finanzinstitute (§ 2 Abs. 26),
- Anbieter von Nebendienstleistungen (§ 2 Abs. 9) und
- vertragliche gebundene Vermittler (§ 28).

Die Anzeigepflicht in Bezug auf **vertraglich gebundene Vermittler** wurde durch das KreditzweitmarktförderungsG geschaffen, da vertraglich gebundene Vermittler gem. Art. 4 Abs. 1 Nr. 11 IFR Teil des Konsolidierungskreises sind. Zudem wurde die Terminologie der übrigen nachgeordneten Unternehmen angepasst (RegBegr KreditzweitmarktförderungsG, BT-Drs. 20/9093, 154).

Für die Anzeigen nach Abs. 3 ist (gem. § 14 Abs. 2 WpI-AnzV) das **Formular der Anlage 6 WpI-AnzV („WpI-AB")** zu nutzen. Gemäß § 14 Abs. 4 S. 1 und S. 2 WpI-AnzV muss für jedes Beteiligungsverhältnis ein gesondertes Formular verwendet werden, wobei dieses Beteiligungsverhältnis einheitlich in diesem Formular angezeigt werden muss, auch wenn es mehrere verschiedene Anzeigetatbestände erfüllt. Gemäß § 14 Abs. 4 S. 3 WpI-AnzV ist bei sogenannten komplexen Beteiligungsstrukturen (→ § 24 Rn. 75) zusätzlich das **Formular der Anlage 7 WpI-AnzV („WpI-KB")** auszufüllen und beizufügen. Nach § 14 Abs. 5 WpI-AnzV können BaFin und BBank **zusätzliche Angaben** insbesondere zu Übernahmepreis und Veräußerungserlös verlangen. 26

3. Anzeigepflicht bei (drohender) Zahlungsunfähigkeit oder Überschuldung (Abs. 4)

Abs. 4 (bis zum Inkrafttreten des KreditzweitmarktförderungsG Abs. 3 aF) regelt eine Anzeigepflicht im Hinblick auf **Insolvenztatbestände** (Zahlungsunfähigkeit, drohende Zahlungsunfähigkeit, Überschuldung) **für Kleine und Mittlere Wertpapierinstitute** sowie für Investmentholdinggesellschaften und gemischte Finanzholdinggesellschaften, denen jeweils **kein Großes Wertpapierinstitut** angehört. 27

Große Wertpapierinstitute sind von Abs. 4 ausgenommen, weil für diese nach § 4 S. 1 bereits § 46b KWG Anwendung findet (RegBegr WpIG, BT-Drs. 19/26929, 152 f.; Lendermann/Nemeczek/Schroeter/von den Steinen § 67 Rn. 45). Danach ist die BaFin vom Eintritt von Insolvenztatbeständen zu informieren; sie hat das alleinige Insolvenzantragsrecht. 28

Abs. 4 regelt **lediglich eine Informationspflicht gegenüber der** BaFin (nicht gegenüber der BBank). Damit soll die BaFin in die Lage versetzt werden, gegebenenfalls zum Schutz von Kunden Maßnahmen zu ergreifen bzw. im Insolvenzfall für die Abwicklung von Geschäften zu sorgen (RegBegr WpIG, BT-Drs. 19/26929, 153). 29

Die entsprechenden Anzeigen sind unter Vorlage **aussagefähiger Unterlagen unverzüglich** vorzunehmen. Verpflichtet sind insofern die **Geschäftsleiter** (→ Rn. 6) oder **Inhaber** (bei Unternehmensführung in der Rechtsform eines Einzelkaufmanns) von Wertpapierinstituten sowie die **Personen, die die Geschäfte** bei einer Investmentholdinggesellschaft oder gemischten Finanzholdinggesellschaft **tatsächlich führen** (→ Rn. 7). Die WpI-AnzV gibt insofern kein Formular vor. 30

III. Rechtsfolgen

1. Unverzügliche und turnurmäßige Anzeigepflichten

Die Anzeigen nach Abs. 1, Abs. 2 und Abs. 4 sind **unverzüglich einzureichen.** Zu den **turnusmäßigen Sammelanzeigen** nach Abs. 3 bereits → Rn. 24. 31

Der Begriff der Unverzüglichkeit ist grundsätzlich iSv § 121 BGB zu verstehen (Lendermann/Nemeczek/Schroeter/von den Steinen § 64 Rn. 18; zu § 24 KWG Reischauer/Kleinhans/Albert KWG § 24 Rn. 21). Gemeint ist also, dass die Anzeigen **ohne schuldhaftes Zögern nach Eintritt des anzeigepflichtigen Tatbestandes** einzureichen sind. Eine allgemein gültige Auslegung für den Bereich der Anzeigepflichten besteht nicht (Reischauer/Kleinhans/Albert KWG § 24 Rn. 22). 32

33 Für Anzeigen über **personelle Veränderungen** – hier Abs. 1 und Abs. 2 Nr. 1, Nr. 2, Nr. 4 und Nr. 5 – bestehen **konkretisierende Hinweise** der BaFin dazu, wie sie die jeweiligen Anzeigezeitpunkte in ihrer Verwaltungspraxis handhabt: Unverzüglich wird eine Anzeige nach der Verwaltungspraxis der BaFin jedenfalls noch dann sein, wenn **sie innerhalb von zwei Wochen** nach der Entscheidung des zuständigen Organs erfolgt, wobei die erforderlichen Dokumente von Behörden (Führungszeugnis, Gewerbezentralregister) zumindest beantragt sein müssen (BaFin, Merkblatt zu den Geschäftsleitern gemäß KWG, ZAG und KAGB vom 4.1.2016, Stand 29.12.2020, S. 12 Rn. 13; BaFin, Merkblatt zu den Mitgliedern von Verwaltungs- und Aufsichtsorganen gemäß KWG und KAGB vom 4.1.2016, Stand 29.12.2020, S. 14 Rn. 13).

2. Übermittlungsweg

34 Adressaten der Anzeigen sind grundsätzlich **sowohl die BaFin als auch die BBank.** Gemäß § 1 Abs. 2 WpI-AnzV können BaFin und BBank verlangen, dass die Anzeigen und Unterlagen **elektronisch einzureichen** sind. Maßgeblich sind insofern die näheren Bestimmungen, die BaFin und BBank hierzu auf ihren jeweiligen Websites veröffentlichen.

35 Die BaFin stellt insofern das elektronische Melde- und Veröffentlichungsportal **(MVP-Portal)** zur Verfügung. Die BBank bietet für eine elektronische Einreichung von Meldungen das System **ExtraNet** bzw. **NExt** („Neukonzeption Extranet") an. Sofern bzw. so lange für bestimmte Anzeigepflichten kein Fachverfahren im MVP-Portal bzw. keine Meldung über ExtraNet/NExt vorgesehen sind, ist eine Einreichung der Anzeigen per E-Mail oder auf schriftlichem Wege – ggf. unter Nutzung der durch die WpI-AnzV vorgegebenen Formulare – erforderlich (s. hierzu die konkreten **Hinweise zum Übermittlungsweg** in der **Übersicht über die Anzeige- und Meldepflichten** der Bundesbank; aktuelle Version mit Stand vom 26.5.2026 abrufbar unter: https://www.bundesbank.de/resource/blob/949942/8a017f957095feb619ed611a25ec5a29/472B63F073F071307366337C94F8C870/meldevorschriften-wpi-data.pdf, zuletzt aufgerufen: 1.7.2026).

3. Bußgeldandrohung und Veröffentlichung

36 Nach § 83 Abs. 1 Nr. 5 lit. b sind Verstöße sowohl gegen Abs. 1 als auch gegen Abs. 2 S. 1 **bußgeldbewehrt.** Wer die hier geregelten Anzeigen nicht, nicht richtig oder nicht rechtzeitig erstattet, kann gem. § 83 Abs. 5 S. 2 mit Bußgeldern in Höhe von bis zu 100.000,00 EUR sanktioniert werden. Nach § 84 werden verhängte Bußgelder von der BaFin auf ihrer Website **veröffentlicht,** und zwar (außer in Fällen von § 84 Abs. 3) unter **namentlicher Nennung des sanktionieren Wertpapierinstituts** (sog. „Naming & Shaming").

37 Der Ordnungswidrigkeitstatbestand wird schon dadurch erfüllt, dass eine **Anzeige zu spät eingereicht** wird. Für die **Compliance der Wertpapierinstitute** bedeutet das, dass im Falle eines Auftretens der Ordnungswidrigkeiten-Abteilung der BaFin nachweisbar dokumentiert sein sollte, wie der interne **Informationsfluss und die relevante Entscheidungswege** im Hinblick auf den relevanten anzeigepflichtigen Tatbestand ausgestaltet waren. So kann das Wertpapierinstitut gegebenenfalls den Nachweis führen, dass die Anzeige nicht ohne schuldhaftes Zögern und damit nicht zu spät erfolgt ist.

38 In bestimmten Fällen kann einer Bußgeldandrohung seitens der BaFin mit der Erwägung entgegengetreten werden, dass es sich bei dem vorgeworfenen Verstoß

gegen eine Anzeigepflicht lediglich um einen **Formalverstoß** handelt, sodass eine **Einstellung des Verfahrens** nach § 47 Abs. 1 OWiG angezeigt ist. Das dürfte insbesondere dann der Fall sein, wenn die Verletzung der Anzeigepflicht nicht wesentlich ist, dadurch das Informationsinteresse der Aufsicht nicht ersichtlich beeinträchtigt wird und insofern kein Gefährdungspotenzial und keine Verletzung für andere Rechtsgüter ersichtlich ist.

Wiederholte oder schwerwiegende Verstöße gegen Anzeigepflichten bzw. zugrundeliegende Mängel in der Organisation des Anzeigewesens des Wertpapierinstituts (solche organisatorischen Mängel können etwa vom Abschlussprüfer aufgedeckt werden, dessen Prüfauftrag gem. § 24 WpIPrüfbV auch das Anzeigewesen der Wertpapierinstitute umfasst) können **Zweifel an der Ordnungsmäßigkeit der Geschäftsorganisation und an der Eignung der Geschäftsleitung** begründen und dementsprechend aufsichtliche Maßnahmen nach sich ziehen. 39

§ 68 Befugnis für einzelfallbezogene Anzeigepflichten; Verordnungsermächtigung

(1) **Die Bundesanstalt und die Deutsche Bundesbank können einem Wertpapierinstitut, einer Wertpapierinstitutsgruppe oder Investmentholdinggruppe zusätzliche Anzeige- und Meldepflichten auferlegen, insbesondere, um vertieften Einblick zu erhalten in die Entwicklung ihrer wirtschaftlichen Verhältnisse, in ihre Grundsätze einer ordnungsgemäßen Geschäftsführung und in die Fähigkeiten der Mitglieder der Organe des Wertpapierinstituts, soweit dies zur Erfüllung der Aufgaben der Bundesanstalt und der Deutschen Bundesbank erforderlich ist.**

(2) **Das Bundesministerium der Finanzen kann im Benehmen mit der Deutschen Bundesbank durch Rechtsverordnung, die nicht der Zustimmung des Bundesrates bedarf, weitere Anzeigepflichten für Wertpapierinstitute, Investmentholdinggesellschaften, gemischte Finanzholdinggesellschaften sowie deren Geschäftsleiter erlassen, die für eine wirksame Beaufsichtigung durch die Bundesanstalt erforderlich sind. Das Bundesministerium der Finanzen kann die Ermächtigung durch Rechtsverordnung auf die Bundesanstalt mit der Maßgabe übertragen, dass die Rechtsverordnung im Einvernehmen mit der Deutschen Bundesbank ergeht. Vor Erlass der Rechtsverordnung sind die Spitzenverbände der Wertpapierinstitute anzuhören.**

I. Allgemeines

Abs. 1 begründet die Befugnis der BaFin und der Bundesbank, erforderlichenfalls über die §§ 64 ff. und Art. 54 und 55 IFR hinaus **weitere Anzeigen oder Meldungen** zu verlangen. Diese Befugnis folgt dem Vorbild von § 24 Abs. 3b KWG und lässt sich auf Art. 39 IFD stützen (zur systematischen Einordnung der zugrundeliegenden EU-Rechtsakte und deren Umsetzung im deutschen Recht → § 64 Rn. 8 f.). Wie die §§ 64 ff. dient Abs. 1 dazu, der **BaFin** und der **Bundesbank** die Erfüllung ihrer **laufenden Überwachungsaufgaben** zu ermöglichen (→ § 64 Rn. 4 f.). 1

Abs. 2 beinhaltet die Verordnungsermächtigung, die die Grundlage der **WpIAnzV** bildet. 2

II. Zusätzliche Anzeigepflichten nach Abs. 1

3 Auf Basis von Abs. 1 können die BaFin und die Bundesbank Wertpapierinstituten, Wertpapierinstitutsgruppen oder Investmentholdinggruppen (über die §§ 64 ff. und Art. 54 und 55 IFR hinaus) **weitere Anzeige- und Meldepflichten** auferlegen.

4 **Mögliche Adressaten** solcher weiteren Anzeige- und Meldepflichten können sein:

- Wertpapierinstitute, unabhängig von ihrer Kategorisierung als Kleine, Mittlere oder Große Wertpapierinstitute gem. § 2 Abs. 16, Abs. 17 und Abs. 18;
- Wertpapierinstitutsgruppen iSv § 2 Abs. 25 iVm Art. 4 Abs. 1 Nr. 25 IFR und Art. 22 BilanzRL (Richtlinie 2013/24/EU);
- Investmentholdinggruppen, also Gruppen gem. § 2 Abs. 24 iVm Art. 2 Nr. 11 BilanzRL (Richtlinie 2013/24/EU), die mit einer Investmentholdingsgesellschaft iSv § 2 Abs. 27 iVm Art. 4 Abs. 1 Nr. 20 CRR verbunden sind.

5 Nicht von Abs. 1 erfasst sind **gemischte Finanzholdinggruppen,** also Gruppen gem. § 2 Abs. 24 iVm Art. 2 Nr. 11 BilanzRL (RL 2013/24/EU), die mit einer Finanzholdinggesellschaft iSv § 2 Abs. 28 iVm Art. 4 Abs. 1 Nr. 40 IFR verbunden sind. Das verwundert, zumal mit dem KreditzweitmarktförderungsG in § 67 Abs. 2 S. 2 gezielt eine Erweiterung der Anzeigepflichten auf gemischte Finanzholdinggesellschaften stattgefunden hat, womit sichergestellt werden sollte, dass die Aufsicht die Richtigkeit, Vollständigkeit und Aktualität des in die Konsolidierung einbezogenen Unternehmenskreises feststellen kann (RegBegr. KreditzweitmarktförderungsG, BT-Drs. 20/9093, 154). Diese Erwägung hätte gleichfalls zur Erweiterung von Abs. 1 führen müssen.

6 Ebenso nicht erfasst sind Gruppen, die mit einer **gemischten Holdinggesellschaft** iSv § 2 Abs. 29 verbunden sind. Auch insofern wäre eine Erweiterung von Abs. 1 – in Ergänzung der Informationsrechte gem. § 63 – sinnvoll.

7 Angesichts des Adressatenkreises von Abs. 1 wird klar, dass Anordnungen nach Abs. 1 sich sowohl an **einzelne Unternehmen** als auch an **ganze Unternehmensgruppen** richten können. Das dürfte vor allem deshalb von Bedeutung sein, weil die Meldepflicht in Bezug auf Finanzinformationen nach § 66 Abs. 2 iVm § 19 WpI-AnzV keine Grundlage für die Erteilung von Informationen auf zusammengefasster Basis vorsieht (anders als etwa §§ 6, 11 FinaRisikoV in Konkretisierung von § 25 KWG).

8 Anordnungen nach Abs. 1 ergehen **als Verwaltungsakt bzw. Allgemeinverfügung** (Lendermann/Nemeczek/Schroeter/von den Steinen § 68 Rn. 7; zu § 24 KWG Reischauer/Kleinhans/Albert § 24 Rn. 295). Abs. 1 ermächtigt sowohl die **BaFin** als auch die **Bundesbank.**

9 Im Hinblick auf den Inhalt möglicher Anordnungen nach Abs. 1 werden einerseits beispielhafte Konkretisierungen genannt, namentlich Informationen, die einen vertieften Einblick in die Entwicklung der **wirtschaftlichen Verhältnisse,** in die **ordnungsgemäße Geschäftsführung** und in die **Fähigkeiten der Organmitglieder** ermöglichen. Andererseits wird klargestellt, dass Anordnungen nach Abs. 1 **für die Erfüllung der Aufgaben** der BaFin bzw. der Bundesbank erforderlich sein müssen. Zu diesen Aufgaben näher → § 64 Rn. 4 f.

10 Darin kommt zum Ausdruck, dass Anordnungen nach Abs. 1 die Anzeige- und Meldepflichten der §§ 64–67 ergänzen können sollen, wenn diese nicht – wie dies in der Regel der Fall sein sollte – ausreichen, um längerfristige Informationsbedürfnisse einer sorgfältigen Aufsicht zu erfüllen (RegBegr WpIG, BT-Drs. 19/

26929, 153). Abs. 1 ist zudem deshalb bedeutsam, weil die Einholung laufender Informationen typischerweise die Grenzen der Ermächtigungsgrundlage für Auskunfts- und Vorlageersuchen nach § 5 Abs. 4 und § 63 überschreiten wird (RegBegr WpIG, BT-Drs. 19/26929, 153). Abs. 1 kommt damit ein **Ausnahmecharakter** neben den § 63, §§ 64 ff. und § 5 Abs. 5 zu.

Jede Anordnung muss sich sowohl dem Grunde nach als auch ihrem Inhalt nach an den **Grundsätzen der Verhältnismäßigkeit** messen lassen. Das bedeutet insbesondere, dass vorrangig auf bereits gesetzlich geregelte Informations- und Anzeigepflichten zurückzugreifen ist, sofern diese ebenso zweckdienlich, aber weniger belastend (aufwändig) sind (Lendermann/Nemeczek/Schroeter/von den Steinen § 68 Rn. 5 f.; zu § 24 KWG Fischer/Schäfer/Schulte-Mattler/Schulte-Mattler/Braun/Terörde § 24 Rn. 278; Reischauer/Kleinhans/Albert KWG § 24 Rn. 297). Entsprechende Erwägungen zum Auswahlermessen werden zur Begründung einer Anordnung nach Abs. 1 stets erforderlich sein. 11

Anordnungen nach Abs. 1 werden **nicht durch § 6 für sofort vollziehbar** erklärt. Ihre Vollziehbarkeit tritt also erst mit ihrer Bestandskraft oder durch Anordnung der sofortigen Vollziehbarkeit gem. § 80 Abs. 2 S. 1 Nr. 4 VwGO ein. 12

Nach § 83 Abs. 1 Nr. 10 sind Verstöße gegen **vollziehbare Anordnungen nach Abs. 1 bußgeldbewehrt;** die Bußgeldsanktion greift also erst ab Eintritt der Vollziehbarkeit (→ Rn. 12). Wer die gem. Abs. 1 angeordneten Anzeigen bzw. Meldungen nicht, nicht richtig oder nicht rechtzeitig erstattet, kann gem. § 83 Abs. 5 S. 2 mit Bußgeldern in Höhe von bis zu 100.000,00 EUR sanktioniert werden. Nach § 84 werden verhängte Bußgelder von der BaFin auf ihrer Website **veröffentlicht,** und zwar (außer in Fällen von § 84 Abs. 3) unter **namentlicher Nennung des sanktionieren Wertpapierinstituts** (sog. „Naming & Shaming"; zu den weiteren Folgen von Verstößen gegen Anzeige- und Meldepflichten → § 64 Rn. 97 ff.). 13

III. Verordnungsermächtigung nach Abs. 2

Abs. 2 bildet (gemeinsam mit §§ 14 Abs. 2 und Abs. 3, 40 Abs. 4) die **Ermächtigungsgrundlage für den Erlass der WpI-AnzV** sowie der darin geregelten – teilweise über die §§ 64 ff. hinausgehenden – Anzeigepflichten. Durch § 1d Nr. 2 BaFinBefugV hat das BMF gem. Abs. 2 S. 2 der BaFin die Befugnis zum Erlass der WpI-AnzV übertragen. 14

§ 69 Bewertung der Aufsicht im Drittstaat und andere Aufsichtstechniken

(1) **Unterliegt ein Wertpapierinstitut oder unterliegen mehrere Wertpapierinstitute, die Tochterunternehmen desselben Mutterunternehmens sind, das seinen Sitz in einem Drittstaat hat, auf Gruppenebene keiner wirksamen Beaufsichtigung, so prüft die Bundesanstalt, wenn sie gemäß Absatz 2 Satz 2 die zuständige Behörde ist, ob die Beaufsichtigung des Wertpapierinstituts durch die zuständige Behörde des Drittstaates der Beaufsichtigung nach der Richtlinie (EU) 2019/2034 und Teil 1 der Verordnung (EU) 2019/2033 gleichwertig ist.**

(2) **Die Bundesanstalt wendet angemessene Aufsichtsmittel an, mit denen die Ziele der Beaufsichtigung gemäß Artikel 7 oder 8 der Verord-**

nung (EU) 2019/2033 erreicht werden können, wenn die Beaufsichtigung durch die zuständige Behörde des Drittstaates nicht gleichwertig ist und die Bundesanstalt in diesem Fall die zuständige Behörde ist. Die Bundesanstalt ist die zuständige Behörde, wenn sie für die Gruppenaufsicht zuständig wäre, wenn das Mutterunternehmen seinen Sitz in der Europäischen Union hätte. Die Bundesanstalt teilt alle nach diesem Absatz getroffenen Maßnahmen den anderen jeweils zuständigen Stellen, der Europäischen Bankenaufsichtsbehörde und der Europäischen Kommission mit.

(3) **Ist die Bundesanstalt die zuständige Behörde im Sinne des Absatzes 2 Satz 2, kann sie insbesondere die Errichtung einer Investmentholdinggesellschaft oder einer gemischten Finanzholdinggesellschaft in der Europäischen Union verlangen und Artikel 7 oder 8 der Verordnung (EU) 2019/2033 auf diese Investmentholdinggesellschaft oder gemischte Finanzholdinggesellschaft anwenden.**

I. Allgemeines

1. Regelungshintergrund

1 § 69 setzt Art. 55 IFD um. Die Regelung beruht auf einem Ansatz zur **Herstellung einer wirksamen Gruppenbeaufsichtigung,** der zuvor bereits in Art. 5 Abs. 3 und Art. 18 FinanzkonglomerateRL (RL 2002/87/EG) und Art. 127 CRD verfolgt wurde und – inhaltlich nicht vollständig deckungsgleicher Gestalt (Lendermann/Nemeczek/Schroeter/Schroeter § 69 Rn. 3) – **auch in § 53d KWG** Niederschlag gefunden hat (RegBegr FinanzkonglomerateRL-UmsG, BT-Drs. 15/3641, 53; Lendermann/Nemeczek/Schroeter/Schroeter § 69 Rn. 5 f.; zu § 53d KWG Beck/Samm/Kokemoor/Nemeczek/Pitz KWG § 53d Rn. 1).

2 Die **systematische Verortung** im Rahmen des Anzeigewesens wird berechtigterweise kritisiert. Die Regelung wäre besser im Zusammenhang mit den Regelungen über die Gruppenaufsicht in §§ 56 ff. aufgehoben (Lendermann/Nemeczek/Schroeter/Schroeter § 69 Rn. 2) entsprechend zu § 53d KWG Beck/Samm/Kokemoor/Nemeczek/Pitz KWG § 53d Rn. 1).

3 § 69 ist zudem im Zusammenhang mit § 18 Abs. 2 S. 2 Nr. 3 und § 26 Abs. 1 Nr. 3 zu lesen. Nach § 18 Abs. 2 S. 2 Nr. 3 (und ggf. § 19 Abs. 2 Nr. 2) kann die BaFin eine **Erlaubnis für die Erbringung von Wertpapierdienstleistungen versagen (oder ggf. aufheben),** wenn eine wirksame Aufsicht über ein Institut deshalb nicht gewährleistet ist, weil das Institut Tochterunternehmen eines Mutterunternehmens mit Sitz in einem Drittstaat ist und dieses Mutterunternehmen nicht wirksam beaufsichtigt wird. Gemäß § 26 Abs. 1 Nr. 3 kann die BaFin in diesen Fällen auch den **Erwerb einer bedeutenden Beteiligung durch das Mutterunternehmen untersagen.**

2. Regelungszweck

4 § 69 verfolgt den Zweck, für inländische Wertpapierinstitute, die Teil einer über die EU bzw. den EWR hinausreichenden Gruppenstruktur sind und gerade deshalb in der EU keiner Gruppenaufsicht unterliegen, zumindest so weit einer **Gruppenaufsicht durch eine zuständige Behörde im EU-Inland** zu unterwerfen, dass dies materiell der aufsichtlichen Konsolidierung gem. Art. 7 IFR

oder des Gruppenkapitaltests gem. Art. 8 IFR entspricht (RegBegr WpIG, BT-Drs. 19/26929, 153).

II. Anwendungsbereich

§ 69 findet auf **Wertpapierinstitute, die Tochterunternehmen sind,** Anwendung. Das maßgebliche Tochter- und Mutterverhältnis ist nach § 2 Abs. 30 und Abs. 31 iVm Art. 2 Nr. 9, Nr. 10 und Art. 22 BilanzRL (Richtlinie 2013/34/EU) im Wesentlichen anhand der **Kontrollmöglichkeiten des Mutterunternehmens über das Tochterunternehmen** zu bestimmen (hierzu → § 2 Rn. 403 ff.). Gemäß § 2 Abs. 31 sind auch die Tochterunternehmen der Tochterunternehmen des an der Spitze stehenden Unternehmens (also „Enkelunternehmen") erfasst, nicht aber weitere Ebenen von Tochterunternehmen (also „Ur-Enkelunternehmen" usw) (Lendermann/Nemeczek/Schroeter/Schroeter § 69 Rn. 12; so zum gleichlautenden § 2 Abs. 26 WpHG Fuchs/Zimmermann/Fuchs/Zimmermann § 2 Rn. 237; Schwark/Zimmer/Kumpan § 2 Rn. 216). 5

Maßgeblich für die Anwendung von § 69 ist, dass das **Tochter-Wertpapierinstitut seinen Sitz im Inland** hat (das folgt aus § 1; Lendermann/Nemeczek/Schroeter/Schroeter § 69 Rn. 13; zu § 53d KWG Reischauer/Kleinhans/Becker KWG § 53d Rn. 1; Luz/Neus/Schaber/Schneider/Wagner/Weber/Leistikow KWG § 53d Rn. 2), das **Mutterunternehmen seinen Sitz aber in einem Drittstaat** hat, also einem Staat außerhalb der EU und des EWR (im Gegensatz zum Vertragsstaat gem. § 2 Abs. 37). 6

Schließlich darf das Tochter-Wertpapierinstitut **keiner wirksamen Beaufsichtigung auf Gruppenebene** unterliegen. Hierbei ist die Beaufsichtigung im Inland – also durch die BaFin gem. §§ 56 ff. – gemeint. Im Falle der Parallelvorschrift § 53d Abs. 1 S. 1 KWG deutet der Wortlaut demgegenüber eindeutig in die entgegengesetzte Richtung. § 53d Abs. 1 S. 1 KWG setzt ausdrücklich voraus, dass das Tochterinstitut bzw. Tochterunternehmen „in dem Drittstaat" keiner Beaufsichtigung auf konsolidierter Basis unterliegt. Abs. 1 S. 1 enthält diese Spezifikation nicht. Der Sinn und Zweck der zugrundeliegenden unionsrechtlichen Vorschriften in Art. 5 Abs. 3 und Art. 18 FinanzkonglomerateRL (RL 2002/87/EG) und Art. 127 CRD besteht erkennbar darin, Fälle zu erfassen, in denen die betreffenden Mutterunternehmen in Drittstaaten ansässig sind und deshalb – **zusätzlich zur Einzelbeaufsichtigung des Tochterinstituts bzw. Tochterunternehmens im EU-Inland – keiner Gruppenbeaufsichtigung nach den entsprechenden EU-Regelungen unterliegen** (Lendermann/Nemeczek/Schroeter/Schroeter § 69 Rn. 19 f.). 7

Die Anwendbarkeit von § 69 setzt zudem die **Zuständigkeit der BaFin** voraus. Diese Zuständigkeit ist dann gegeben, wenn die BaFin aufgrund einer hypothetischen Betrachtung nach Abs. 1 S. 2 die zuständige Behörde wäre, wenn das Mutterunternehmen seinen Sitz im EWR oder in der EU hätte. Maßgeblich ist insofern eine **hypothetische Anwendung von § 56** (Lendermann/Nemeczek/Schroeter/Schroeter § 69 Rn. 23). 8

III. Rechtsfolgen

Unter den vorstehend benannten Voraussetzungen hat die BaFin nach Abs. 1 eine **Bewertung der Wirksamkeit etwaiger Regelungen des Drittstaats** 9

über die Gruppenaufsicht vorzunehmen. Gegenstand dieser Bewertung ist die Frage, ob die aufsichtsrechtlichen Regelungen des Drittstaats, die auf das Mutterunternehmen im Hinblick auf die Gruppenaufsicht Anwendung finden, eine gleichwertige Wirkung wie die Anforderungen der IFD und (nur) der Art. 1–8 IFR entfalten. Die BaFin muss also danach fragen, ob das nach Abs. 1 erfasste inländische Wertpapierinstitut aufgrund ausländischer Regelungen **im Ergebnis ähnlich wirksam beaufsichtigt wird, wie das nach der IFD und nach den genannten Regelungen der IFR der Fall wäre** (zu den inhaltlichen Leitlinien dieser Bewertung Lendermann/Nemeczek/Schroeter/Schroeter § 69 Rn. 27 ff.; zur Parallelregelung in § 53d KWG Beck/Samm/Kokemoor/Nemeczek/Pitz KWG § 53d Rn. 8).

10 **Gleichwertigkeitsbeschlüsse** nach Art. 47 Abs. 1 MiFIR sowie **Abkommen** nach Art. 48r Abs. 1 und Abs. 2 CRD, die eine Bewertung nach Abs. 1 ersetzen könnten, bestehen bisher nicht (Lendermann/Nemeczek/Schroeter/Schroeter § 69 Rn. 29 f.; so zu § 53d KWG Beck/Samm/Kokemoor/Nemeczek/Pitz KWG § 53d Rn. 10).

11 Kommt die BaFin bei der Bewertung nach Abs. 1 zu dem Schluss, dass aufgrund der Regelungen des Drittstaats **keine gleichwertige Beaufsichtigung** auf Gruppenebene gewährleistet ist, kann sie **angemessene Aufsichtsmittel anwenden, um die Ziele der Beaufsichtigung nach Art. 7 oder Art. 8 IFR zu erreichen.** Das der BaFin damit eingeräumte Ermessen wird somit inhaltlich auf die materiellen Wirkungen der aufsichtlichen Konsolidierung (Art. 7 IFR) bzw. der Einbeziehung in den Gruppenkapitaltest (Art. 8 IFR) eingegrenzt bzw. präzisiert (Lendermann/Nemeczek/Schroeter/Schroeter § 69 Rn. 38). Typische Maßnahmen der BaFin werden hierbei sein:

- die Anordnung einer **pro-forma-Konsolidierung,** dh – wie in § 53d Abs. 3 KWG ausdrücklich geregelt – die Bestimmung eines inländischen Instituts als Mutterunternehmen einer Institutsgruppe (so zu § 53d KWG Beck/Samm/Kokemoor/Nemeczek/Pitz KWG § 53d Rn. 16; Luz/Neus/Schaber/Schneider/Wagner/Weber/Leistikow KWG § 53d Rn. 3) und
- das in Abs. 3 als Beispiel geregelte Verlangen der **Errichtung einer Investmentholdinggesellschaft oder einer gemischten Finanzholdinggesellschaft** innerhalb des EWR oder der EU und die damit verbundene Anwendung von Art. 7 bzw. Art. 8 IFR.

12 Abs. 2 S. 3 regelt – für alle Maßnahmen, die die BaFin nach Abs. 2 oder Abs. 3 ergreift (Lendermann/Nemeczek/Schroeter/Schroeter § 69 Rn. 44) – eine **Mitteilungspflicht** gegenüber den anderen jeweils (für die Beaufsichtigung auf konsolidierter Basis) zuständigen Stellen iSv § 2 Abs. 13, gegenüber der EBA und gegenüber der EU-Kommission.

Abschnitt 6. Besondere Vorgaben bei qualifizierter Kryptoverwahrung

§ 69a Vermögenstrennung

(1) [1]**Ein Institut, das das qualifizierte Kryptoverwahrgeschäft betreibt, hat sicherzustellen, dass die kryptografischen Instrumente und privaten kryptografischen Schlüssel der Kunden getrennt von den kryptografi-**

schen Instrumenten und privaten kryptografischen Schlüsseln des Instituts verwahrt werden. [2]Werden kryptografische Instrumente mehrerer Kunden gebündelt verwahrt (gemeinschaftliche Verwahrung), so ist sicherzustellen, dass sich die den einzelnen Kunden zustehenden Anteile am gemeinschaftlich verwahrten Gesamtbestand jederzeit bestimmen lassen.

(2) **Das Institut hat sicherzustellen, dass über die verwahrten kryptografischen Instrumente und privaten kryptografischen Schlüssel des Kunden ohne dessen ausdrückliche Einwilligung nicht für eigene Rechnung des Instituts oder für Rechnung einer anderen Person verfügt werden kann.**

I. Vorbemerkung

§ 69a wurde mWz 30.12.2024 durch das FinmadiG eingefügt. Eine Parallelvorschrift enthält § 26b KWG, der durch das ZukunftsfinanzierungsG mWz 15.12.2023 in das KWG eingefügt wurde und dem § 69a nachgebildet ist (Beschlussempfehlung u. Bericht Finanzausschuss z. FinmadiG, BT-Drs. 20/11178, 209). Entsprechende Bestimmungen für Finanzinstrumente finden sich in § 84 Abs. 4 und 6 WpHG (früher § 34a WpHG), der durch § 10 WpDVerOV ergänzt wird und der seinerseits Art. 16 Abs. 8 und 9 MiFID II iVm Art. 2 Abs. 1 lit. e Delegierte RL (EU) 2017/593 umsetzt (Schwark/Zimmer/Fett WpHG § 84 Rn. 1). 1

Mit dem Wegfall des früheren Begriffs des Kryptowerts (§ 1 Abs. 11 S. 4 und 5 KWG aF) und der vorrangigen Geltung der MiCAR für Kryptowerte iSv Art. 3 Abs. 1 gilt § 69a gilt wie § 26b KWG nur noch als Auffangtatbestand für **Token** (→ § 2 Rn. 209), die grds. von der Definition in Art. 3 Abs. 1 Nr. 5 MiCAR erfasst werden, der MiCAR aber nicht unterfallen (→ § 2 Rn. 207). Diese Token werden in § 2 Abs. 4 S. 2 und 3 als kryptografische Instrumente definiert, die Zugangsmittel zu diesen Token als private kryptographische Schlüssel (→ § 2 Rn. 226). Für Token im Anwendungsbereich der MiCAR gilt Art. 75 Abs. 7 MiCAR. Für Finanzinstrumente iSv § 2 Abs. 5, die auch Finanzinstrumente iSv § 2 Abs. 4 WpHG sind, gelten § 84 Abs. 4 und 6 WpHG iVm § 10 Abs. 4 WpDVerOV. 2

II. Verwahrung von kryptografischen Instrumenten und privaten kryptografischen Schlüsseln (Abs. 1)

1. Getrennte Verwahrung (S. 1)

S. 1 sieht als Grundregel die vom Vermögen des Wertpapierinstituts getrennte Verwahrung **kryptografischer Instrumente** iSv § 2 Abs. 4 S. 2 (→ § 2 Rn. 207 ff.) und **privater kryptografischer Schlüssel** (→ § 2 Rn. 226 f.) vor. Der Eigentumsschutz der kryptographischen Instrumente und privaten kryptographischen Schlüssel folgt nicht aus S. 1, sondern aus der zivilrechtlichen Ausgestaltung der Token und Schlüssel. Er ist in S. 1 vorausgesetzt (so für § 84 WpHG Schwark/Zimmer/Fett WpHG § 84 Rn. 26). 3

Die Trennung der kryptografischen Instrumente des Wertpapierinstituts und der Kunden muss direkt aus dem Distributed Ledger ersichtlich sein. Eine lediglich interne buchhalterische Zuordnung ist nicht ausreichend (so zu Art. 75 Abs. 7 MiCAR Kalss/Krönke/Völkel/Prinz/Rau/Völkel MiCAR Art. 75 Rn. 28). 4

Möglich ist etwa die Verwendung separierter öffentlicher Adressen (Regierungsbegründung ZukunftsfinanzierungsG, BT-Drs. 20/8292, 123 (zu § 26b Abs. 1 KWG)) oder die Führung verschiedener Wallets (Fischer/Schäfer/Schulte-Mattler/Schulte-Mattler/Lindemann KWG § 26b Rn. 23).

5 Die getrennte Verwahrung soll die haftungsrechtliche Zuordnung sowie die Aussonderung in der Insolvenz des Wertpapierinstituts nach § 81a (der § 46i KWG entspricht) ermöglichen (Regierungsbegründung ZukunftsfinanzierungsG, BT-Drs. 20/8292, 123 (zu § 26b Abs. 1 KWG); Fischer/Schäfer/Schulte-Mattler/Schulte-Mattler/Lindemann KWG § 26b Rn. 16). Auch die für Finanzinstrumente geltende Parallelvorschrift des § 84 Abs. 4 WpHG, die durch konkretisiert wird, soll einen Zugriff der Gläubiger oder des Insolvenzverwalters auf Werte des Kunden verhindern (Fuchs/Zimmermann/Buck-Heeb WpHG § 84 Rn. 38). Die rechtliche Notwendigkeit eines solchen zusätzlichen Schutzes ist im Ergebnis fraglich, weil S. 1 nur **deklaratorische** Bedeutung hat und die Zuordnung zum Inhaber bereits aus zivilrechtlichen Regeln folgt (so für § 84 WpHG Schwark/Zimmer/Fett WpHG § 84 Rn. 26).

2. Gemeinschaftliche Verwahrung (S. 2)

6 S. 2 ermöglicht Abweichungen von der getrennten Verwahrung nach S. 1. Nach der Regierungsbegründung zu § 26b KWG sollen etwa **Omnibuslösungen** zulässig sein, bei denen Kryptowerte (iSv § 1 Abs. 11 S. 4 und 5 KWG aF) unter einem öffentlichen Schüssel abgelegt sind (Regierungsbegründung ZukunftsfinanzierungsG, BT-Drs. 20/8292, 123 (zu § 26b Abs. 1 KWG); Fischer/Schäfer/Schulte-Mattler/Schulte-Mattler/Lindemann KWG § 26b Rn. 24).

7 Eine gemeinschaftliche Verwahrung nach S. 2 kommt nach dem Rechtsgedanken von § 5 Abs. 1 S. 1 DepotG nur für kryptografische Instrumente in Betracht, die vertretbar sind. Auch § 81a liegt das Prinzip zugrunde, dass nur kryptografische Instrumente gemeinschaftlich verwahrt werden. Kryptografische Schlüssel können mangels Vertretbarkeit nicht gemeinschaftlich, sondern nur isoliert verwahrt werden (§ 81a Abs. 2).

8 Die gemeinschaftliche Verwahrung kryptografischer Instrumente ist nach S. 2 nur unter der Voraussetzung zulässig, dass der Anteil des einzelnen Kunden an den verwahrten kryptografischen Instrumenten jederzeit bestimmbar ist (Regierungsbegründung ZukunftsfinanzierungsG, BT-Drs. 20/8292, 123 (zu § 26b Abs. 1 KWG)). Dies entspricht der Vorgabe in Art. 75 Abs. 2 MiCAR, wonach alle auf Kryptowerte bezogenen Bewegungen in einem Register zu dokumentieren sind (vgl. zu § 26b KWG Fischer/Schäfer/Schulte-Mattler/Schulte-Mattler/Lindemann KWG § 26b Rn. 25).

3. Rechtsfolgen

9 Sind die Voraussetzungen einer getrennten Verwahrung nach S. 1 oder einer gemeinschaftlichen Verwahrung nach S. 2 erfüllt, dann können die Kunden eines Wertpapierinstituts nach § 81a (der § 46i KWG entspricht) einer Vollstreckung mit der Drittwiderspruchsklage nach § 771 ZPO entgegentreten und im Insolvenzverfahren ein Aussonderungsrecht geltend machen. Diese Rechte ergeben sich nach Auffassung des Gesetzgebers unmittelbar als Folge aus § 81a. Eine Prüfung weiterer Anforderungen, die nach der Rspr. an Treuhandverhältnisse gestellt werden, um dem Treugeber ein Drittwiderspruchs- oder Ausson-

derungsrecht zu gewähren, ist nicht erforderlich (Regierungsbegründung ZukunftsfinanzierungsG, BT-Drs. 20/8292, 123 (zu § 46i KWG)).

III. Schutz vor unberechtigten Verfügungen (Abs. 2)

Nach **Abs. 2** muss das Wertpapierinstitut sicherstellen, dass über verwahrte kryptografische Instrumente und private kryptografische Schlüssel nicht ohne ausdrückliche Einwilligung des Kunden verfügt wird. Eine Parallelvorschrift für Finanzinstrumente enthält § 84 Abs. 4 S. 3 WpHG. 10

Abs. 2 verlangt vom Wertpapierinstitut geeignete organisatorische Vorkehrungen, um das Risiko eines Verlusts von kryptografischen Instrumenten und privaten kryptografischen Schlüsseln so gering wie möglich zu halten (so für Kundengelder und Finanzinstrumente § 10 Abs. 4 S. 1 Nr. 5 WpDVerOV). 11

IV. Rechtsfolge von Verstößen

Verstöße gegen § 69a sind nicht nach § 83 bußgeldbewehrt. Damit weicht das WpIG vom KWG ab, wo vorsätzliche und fahrlässige Verstöße gegen § 26b KWG Ordnungswidrigkeiten nach § 57 KWG sind. 12

§ 69a ermöglicht genauso wenig wie § 26b KWG eine Rückabwicklung einer unzulässigen Vermögensvermischung (so zu § 26b KWG Segna/Möslein/Omlor/v. Buttlar/Braegelmann Kap. 7 Rn. 66). Verstöße gegen die Vermögenstrennung führen daher zu einem Verlust des Eigentumsrechts an den kryptografischen Instrumenten und privaten kryptografischen Schlüsseln und damit auch zum Verlust des Aussonderungsrechts nach § 47 InsO in der Insolvenz des Wertpapierinstituts (so zu § 34a WpHG aF (jetzt § 84 WpHG) BGHZ 188, 317 = NZI 2011, 371 Rn. 27; MüKoInsO/Ganter InsO § 47 Rn. 476 und zu §§ 26b, 46i KWG Segna/Möslein/Omlor/v. Buttlar/Braegelmann Kap. 7 Rn. 66). 13

Kapitel 6. Europäischer Pass, Zweigniederlassung und grenzüberschreitender Dienstleistungsverkehr

Abschnitt 1. Europäischer Pass, Zweigniederlassung und grenzüberschreitender Dienstleistungsverkehr

§ 70 Errichten einer Zweigniederlassung durch inländische Wertpapierinstitute

(1) [1]Ein Wertpapierinstitut, das beabsichtigt, in einem anderen Vertragsstaat

1. eine Zweigniederlassung zu errichten oder
2. ohne dort eine Zweigniederlassung zu errichten, vertraglich gebundene Vermittler mit Sitz oder gewöhnlichem Aufenthalt in diesem Vertragsstaat heranzuziehen,

hat dies der Bundesanstalt und der Deutschen Bundesbank unverzüglich anzuzeigen. [2]Die Anzeigepflicht nach Satz 1 gilt auch für ein Wertpapierinstitut, das seine Zweigniederlassung vor dem Zeitpunkt, zu dem es unter die Anzeigepflicht nach Absatz 1 fällt, in einem anderen Vertragsstaat errichtet hat.

(2) Die Anzeige muss enthalten:

1. die Angabe des Vertragsstaates, in dem die Zweigniederlassung errichtet werden soll oder in dem ohne Errichtung einer Zweigniederlassung dort ansässige vertraglich gebundene Vermittler herangezogen werden sollen,
2. einen Geschäftsplan, aus dem die Art der geplanten Geschäfte, der organisatorische Aufbau der Zweigniederlassung und eine Absicht zur Heranziehung vertraglich gebundener Vermittler, hervorgehen sowie die Namen der vertraglich gebundenen Vermittler,
3. soweit vertraglich gebundene Vermittler in einem anderen Vertragsstaat ohne Errichtung einer Zweigniederlassung herangezogen werden sollen, eine Beschreibung des beabsichtigten Einsatzes der vertraglich gebundenen Vermittler und der Organisationsstruktur, einschließlich der Berichtswege, aus der hervorgeht, wie die vertraglich gebundenen Vermittler in die Unternehmensstruktur des Wertpapierinstituts eingebunden sind, sowie die Namen der vertraglich gebundenen Vermittler,
4. die Anschrift, unter der Unterlagen des Wertpapierinstituts im Aufnahmevertragsstaat angefordert und Schriftstücke zugestellt werden können, und
5. die Angabe der Leiter der Zweigniederlassung.

(3) [1]Wertpapiernebendienstleistungen dürfen nur in Verbindung mit mindestens einer Wertpapierdienstleistung angezeigt werden. [2]Nähere Bestimmungen ergeben sich aus der Delegierten Verordnung (EU) 2017/1018 der Kommission vom 29. Juni 2016 zur Ergänzung der Richtlinie 2014/65/EU des Europäischen Parlaments und des Rates über Märkte für Finanzinstrumente durch technische Regulierungsstandards zur Präzisie-

rung der Angaben, die von Wertpapierfirmen, Marktbetreibern und Kreditinstituten zu übermitteln sind (ABl. L 155 vom 17.6.2017, S. 1; L 210 vom 15.8.2017, S. 17; L 292 vom 10.11.2017, S. 119) und der Durchführungsverordnung (EU) 2017/2382 der Kommission vom 14. Dezember 2017 zur Festlegung technischer Durchführungsstandards in Bezug auf Standardformulare, Mustertexte und Verfahren für die Übermittlung von Angaben nach Maßgabe der Richtlinie 2014/65/EU des Europäischen Parlaments und des Rates (ABl. L 340 vom 20.12.2017, S. 6; L 33 vom 7.2.2018, S. 5).

(4) [1]**Hat die Bundesanstalt keine Anhaltspunkte, die Zweifel an der Angemessenheit der Organisationsstruktur und der Finanzlage des Wertpapierinstituts begründen, übermittelt sie die Angaben nach den Absätzen 1 und 2 innerhalb von drei Monaten nach Eingang der vollständigen Unterlagen der zuständigen Behörde des Aufnahmevertragsstaates.** [2]**Die Bundesanstalt teilt dies dem anzeigenden Wertpapierinstitut mit.** [3]**Sie unterrichtet die zuständige Behörde des Aufnahmevertragsstaates außerdem über die Sicherungseinrichtung, der das Wertpapierinstitut angehört.** [4]**Leitet die Bundesanstalt die Angaben nach den Absätzen 1 und 2 nicht an die zuständige Behörde des Aufnahmevertragsstaates weiter, teilt die Bundesanstalt dem Wertpapierinstitut innerhalb von drei Monaten nach Eingang sämtlicher Angaben nach den Absätzen 1 und 2 die Gründe dafür mit.** [5]**Nach Weiterleitung der Anzeige an die zuständigen Stellen des Aufnahmevertragsstaates kann das Wertpapierinstitut nach einer entsprechenden Mitteilung dieser Stellen oder spätestens nach Ablauf einer Zweimonatsfrist seine Tätigkeit in dem anderen Staat aufnehmen.**

Literatur: Nemeczek/Pilz, Die Auswirkungen des Brexit auf den Europäischen Pass für CRR-Kreditinstitute und Wertpapierhandelsunternehmen, WM 2017, 120; Schwerdtfeger, Europäischer Pass für Leasing und Factoring, BKR 2010, 53; Voge, Zur Erlaubnispflicht grenzüberschreitend betriebener Bank- und Finanzdienstleistungsgeschäfte, WM 2007, 381.

Übersicht

I. Vorbemerkung

1 § 70 enthält über Anzeigepflichten gegenüber BaFin und BBank die formale „Erteilungskomponente" des Regelungssystems des **„Europäischer Passes"** (zu den unionsrechtlichen Grundlagen grundlegend Lendermann/Nemeczek/Schroeter/Nemeczek/Pitz vor §§ 70 ff. Rn. 13 ff.). für den grenzüberschreitenden Geschäftsverkehr durch inländische Wertpapierinstitute zwischen Vertragsstaaten (§ 2 Abs. 37) für Sachverhalte, in denen das inländische Wertpapierinstitut durch die Errichtung einer Zweigniederlassung oder durch den Einsatz vertraglich gebundener Vermittler im Aufnahmevertragsstaat (§ 2 Abs. 20) tätig werden will. Die Norm setzt insoweit Art. 35 MiFID II um (BT-Drs. 19/26929, 154). In § 73 ist als Gegenstück die „Aufnahmekomponente" des Europäischen Passes geregelt. Diese betrifft Sachverhalte, in denen ein in einem Vertragsstaat ansässiges Wertpapierinstitut durch Errichtung einer Zweigniederlassung oder durch den Einsatz vertraglich gebundener Vermittler in Deutschland tätig werden will (Lendermann/Nemeczek/Schroeter/Nemeczek/Pitz Rn. 1).

II. Errichtung einer Zweigniederlassung/Einsatz vertraglich gebundener Vermittler in anderen EWR-Mitgliedstaaten

1. Beabsichtigte Tätigkeiten im Aufnahmevertragsstaat

2 Gemäß Abs. 1 Satz 1 haben Wertpapierinstitute der BaFin und der BBank unverzüglich die Absicht anzuzeigen, in einem anderen Vertragsstaat eine Zweigniederlassung zu errichten (Nr. 1) oder, ohne dort eine Zweigniederlassung zu errichten, vertraglich gebundene Vermittler mit Sitz oder gewöhnlichem Aufenthalt in diesem Vertragsstaat einsetzen zu wollen (Nr. 2). Gleiches gilt nach Abs. 1 Satz 2 für ein Wertpapierinstitut, das bereits über eine Zweigniederlassung in einem anderen Vertragsstaat verfügt, bevor die Absicht entstanden ist, über diese (ggf. auch) Wertpapierdienstleistungen/Wertpapiernebendienstleistungen im Aufnahmevertragsstaat zu erbringen.

3 Die Absicht der Errichtung einer Zweigniederlassung bzw. des Einsatzes vertraglich gebundener Vermittler im Aufnahmevertragsstaat kann **zeitgleich oder zeitlich versetzt** bestehen und löst jeweils unabhängig voneinander eine Anzeigepflicht nach § 70 Abs. 1, Abs. 3 S. 2 iVm dem Formular in Anhang VI Durchführungsverordnung (EU) 2017/2382 (Zweigniederlassungsanzeige) bzw. dem Formular in Anhang VII Durchführungsverordnung (EU) 2017/2382 (Vermittleranzeige) aus (Lendermann/Nemeczek/Schroeter/Nemeczek/Pitz § 70 Rn. 3).

Im Fall der Errichtung einer Zweigniederlassung muss zusätzlich die Absicht bestehen, über diese **(jedenfalls auch) Wertpapierdienstleistungen/Wertpapiernebendienstleistungen im Aufnahmevertragsstaat zu erbringen,** was nicht ausdrücklich aus dem Wortlaut der Norm, aber zwanglos aus der Legaldefinition der Zweigstelle in § 2 Abs. 11 sowie dem Geschäftsplanerfordernis in § 70 Abs. 2 Nr. 2 iVm Art. 35 Abs. 2 lit. b MiFID II folgt, in letzterem Kontext wird ausdrücklich auf Wertpapierdienstleistungen/Wertpapiernebendienstleistungen Bezug genommen (Lendermann/Nemeczek/Schroeter/Nemeczek/Pitz Rn. 3).

4 **Keine Anzeigepflicht** nach Abs. 1 besteht entgegen dem insoweit teleologisch zu reduzierenden Wortlaut der Vorschrift in Fällen, in denen über eine zu errichtende Zweigniederlassung keine Wertpapierdienstleistungen/Wertpapierneben-

dienstleistungen, sondern nur im **Aufnahmevertragsstaat erlaubnisfreie Tätigkeiten** erbracht werden sollen, gleich ob diese per se erlaubnisfrei sind oder nur unwesentliche Teilakte von an sich erlaubnispflichtigen Wertpapierdienstleistungen/Wertpapiernebendienstleistungen sind (so auch Lendermann/Nemeczek/Schroeter/Nemeczek/Pitz Rn. 8 mwN).

Das Wertpapierinstitut muss als Voraussetzung für die Erteilung des Europäischen Passes **in Deutschland** über eine **Erlaubnis für die Erbringung der betreffenden Wertpapierdienstleistungen/Wertpapiernebendienstleistungen** verfügen, die im Aufnahmevertragsstaat erbracht werden sollen (s. Art. 35 Abs. 1 S. 1 MiFID II „sofern diese Dienstleistungen und Tätigkeiten von der der Wertpapierfirma (…) im Herkunftsmitgliedstaat erteilten Zulassung abgedeckt sind"). Eine isolierte Anzeige der Absicht, Wertpapiernebendienstleistungen erbringen zu wollen, ohne zugleich mindestens eine Wertpapierdienstleistung erbringen zu wollen, ist nach Abs. 3 Satz 1 nicht statthaft (Lendermann/Nemeczek/Schroeter/Nemeczek/Pitz Rn. 4 f.). Andernfalls könnten über eine Gewährung des Europäischen Passes über den Erlaubnisumfang nach § 15 Abs. 1, 2, wo ebenfalls ein Konnex von Wertpapierdienstleistungen und Wertpapiernebendienstleistungen vorgesehen ist, hinausgehende Befugnisse im Aufnahmevertragsstaat erreicht werden. 5

Fälle, in denen bereits über einen dafür nach § 71 erteilten Europäischen Pass grenzüberschreitende Dienstleistungen in einem Aufnahmevertragsstaat erbracht werden und das Wertpapierinstitut nun allein oder zusätzlich über eine Zweigniederlassung oder den Einsatz vertraglich gebundener Vermittler dieselben oder andere Wertpapierdienstleistungen/Wertpapiernebendienstleistungen erbringen möchte, erfordern nach Wortlaut und Sinn und Zweck des § 70 (wegen der unterschiedlichen formalen Anzeigeanforderungen in § 70 einerseits und § 71 andererseits) eine eigene Anzeige nach den Anforderungen des § 70 (s. auch Lendermann/Nemeczek/Schroeter/Nemeczek/Pitz Rn. 9). 6

In Fällen des sog. **„triangular passport"**, in denen über eine für einen Aufnahmemitgliedstaat ordnungsgemäß angezeigte Zweigniederlassung grenzüberschreitende Dienstleistungen in einem weiteren Aufnahmemitgliedstaat erbracht werden sollen, für den das Wertpapierinstitut bereits eine ordnungsgemäße Dienstleistungsanzeige nach § 71 erstattet hatte, ist keine erneute Dienstleistungsanzeige für „über die Zweigniederlassung" erbrachte Wertpapierleistungen/Wertpapiernebenleistungen erforderlich, da die bislang und künftig im Wege des Dienstleistungsverkehrs zu erbringenden Leistungen wegen der rechtlichen Unselbständigkeit der Zweigniederlassung jeweils dem Wertpapierinstitut zugerechnet werden (Lendermann/Nemeczek/Schroeter/Nemeczek/Pitz § 70 Rn. 10); ist noch keine ordnungsgemäße Dienstleistungsanzeige nach § 71 erstattet worden, so hat sie wegen der rechtlichen Unselbständigkeit der Zweigniederlassung das Wertpapierinstitut selbst, nicht die in einem anderen Aufnahmemitgliedstaat errichtete Zweigniederlassung zu erstatten (so zum „triangula passport" nach der PSD II EBA Question ID 2021_5726). Entsprechendes gilt, sofern im Rahmen der o. g. „triangular passporting"-Konstellation anstelle der Zweigniederlassung ordnungsgemäß angezeigte vertraglich gebundene Vermittler eingesetzt werden sollen, da diese ihre Rechtsposition definitionsgemäß (→ Rn. 10) vom Wertpapierinstitut ableiten (so auch Lendermann/Nemeczek/Schroeter/Nemeczek/Pitz § 70 Rn. 10: „unionsrechtskonforme Rechtsfortbildung des § 3 Abs. 2 iVm § 28 Abs. 1"). 7

2. Zweigniederlassung/Einsatz vertraglich gebundener Vermittler

8 Die Absicht, eine Zweigniederlassung zu errichten (Abs. 1 S. 1 Nr. 1) oder vertraglich gebundene Vermittler mit Sitz oder gewöhnlichem Aufenthalt in diesem Vertragsstaat einsetzen zu wollen (Abs. 1 S. 1 Nr. 2), ist wegen der unterschiedlichen Reichweite der Anzeigeinhalte und Anzeigeformen von der Absicht, grenzüberschreitende Dienstleistungen iSv § 71 zu erbringen, zu unterscheiden:

9 **a) Errichtung einer Zweigniederlassung (§ 2 Abs. 11).** Der Begriff der Zweigniederlassung ist anders als im KWG (dort erfolgt über § 1 Abs. 35 KWG ein Verweis auf den Begriff der Zweigstelle in Art. 4 Abs. 1 S. 1 Nr. 17 CRR) vom Gesetzgeber in § 2 Abs. 11 definiert. Zweigniederlassung ist nach § 2 Abs. 11 S. 1 „eine Betriebsstelle, die nicht die Hauptverwaltung ist, einen rechtlich unselbstständigen Teil eines Wertpapierinstituts bildet und Wertpapierdienstleistungen, gegebenenfalls auch Wertpapiernebendienstleistungen, erbringt, für die dem Wertpapierinstitut eine Zulassung erteilt wurde.“, wobei sämtliche Betriebsstellen in dem jeweiligen Aufnahmevertragsstaat (§ 2 Abs. 20) als eine einzige Zweigniederlassung gelten (§ 2 Abs. 11 S. 2).

10 **b) Einsatz vertraglich gebundener Vermittler (§ 3 Abs. 2 S. 1) im Aufnahmevertragsstaat.** Der vertraglich gebundene Vermittler ist in § 3 Abs. 2 S. 1 definiert. Die Vorschrift definiert zwar nur vertraglich gebundene Vermittler mit Sitz im Inland. Aufgrund der über Art. 4 Abs. 1 Nr. 29 MIFID II harmonisierten Anforderungen an vertraglich gebundene Vermittler mit Sitz oder gewöhnlichem Aufenthalt in einem Vertragsstaat kann die Definition auf im jeweiligen Aufnahmevertragsstaat einzusetzende vertraglich gebundene Vermittler entsprechend angewendet werden (Lendermann/Nemeczek/Schroeter/Nemeczek/Pitz Rn. 2).

3. Anzeige

11 **a) Maßgeblicher Zeitpunkt.** Die Anzeige hat unverzüglich zu erfolgen, nachdem das Wertpapierinstitut die Absicht begründet hat, die in Abs. 1 beschriebenen Tätigkeiten auszuführen. **Unverzüglichkeit** der Anzeige ist gegeben, wenn die Entscheidung vom zuständigen Leitungsorgan des Unternehmens beschlossen worden ist und die Anzeige unmittelbar nach erfolgter Zustimmung etwaiger sonstiger gesellschaftsrechtlich zustimmungspflichtiger Gremien erfolgt (s. auch Lendermann/Nemeczek/Schroeter/Nemeczek/Pitz Rn. 6).

12 **b) Inhalt und Form.** Die inhaltlichen und formalen Anforderungen an die Anzeige der Absicht, eine Zweigniederlassung zu errichten oder ohne die Errichtung einer Zweigniederlassung über vertraglich gebundene Vermittler mit Sitz im Aufnahmemitgliedstaat tätig zu werden, ergeben sich aus der **Delegierten Verordnung (EU) Nr. 1018/2017** sowie der **Durchführungsverordnung (EU) Nr. 2381/2017.** Die entsprechenden Formulare sind gem. Art. 12 Durchführungsverordnung (EU) 2017/2382 in Anhang VI derselben für die Anzeige von Zweigniederlassungen und gem. Art. 13 Abs. 1 Durchführungsverordnung (EU) 2017/2382 in Anhang VII derselben für die Anzeige von vertraglich gebundenen Vermittlern abgedruckt. Die Aufzählung einzelner Anzeigeninhalte in Abs. 2 ist insoweit redundant bzw. erfasst nicht sämtliche in den genannten Formularen abgefragten Angaben (Lendermann/Nemeczek/Schroeter/Nemeczek/Pitz

Rn. 11). Die BaFin bietet unter www.bafin.de (Stichwort: „Der „Europäische Pass“ für Wertpapierinstitute“) editierbare Versionen der Formulare in deutscher und englischer Sprache an.

Zusätzlich zur Übermittlung der genannten Anzeigeformulare (→ Rn. 12) verlangt die BaFin nach ihrer Verwaltungspraxis eine **formalisierte Erklärung des Wertpapierinstitutes zur Produktinterventions-Compliance,** wonach dieses „(…) *organisatorische Vorkehrungen getroffen hat, um sich bei der grenzüberschreitenden Erbringung von Wertpapierdienstleistungen und Anlagetätigkeiten bzw. der Errichtung einer Zweigniederlassung oder der Heranziehung eines vertraglich gebundenen Vermittlers im Rahmen des Europäischen Passes gemäß §§ 70–72 des Gesetzes zur Beaufsichtigung von Wertpapierinstituten (Wertpapierinstitutsgesetz – WpIG) i.V.m. Artikel 34 bzw. 35 der Richtlinie über Märkte für Finanzinstrumente (2014/65/EU) an die europäischen, deutschen und [im Aufnahmemitgliedstaat] geltenden Vorschriften bezüglich Produktinterventionen zu halten*“. Die im Gesetz selbst nicht vorgesehene Erklärung dient wohl der Unterstützung/Absicherung der Prüfung der Angemessenheit der Organisationsstruktur des Wertpapierinstitutes im Hinblick auf die Tätigkeit der Zweigniederlassung bzw. den Einsatz vertraglich gebundener Vermittler nach Abs. 4 Satz 1 (so auch und zu Recht kritisch hierzu wegen fehlender ausdrücklicher Rechtsgrundlage Lendermann/Nemeczek/Schroeter/Nemeczek/Pitz Rn. 14). Die BaFin bietet für die formalisierte Erklärung unter www.bafin.de (Stichwort: „Der „Europäische Pass“ für Wertpapierinstitute“) eine editierbare Version dieses Formulars in deutscher Sprache an. 13

Die Anzeige hat gegenüber der BaFin und der BBank zu erfolgen. Eine **elektronische Einreichung** bei der BaFin per E-Mail, gerichtet an WA44@bafin.de, nebst Übermittlung einer Kopie der Anzeige an die zuständige Hauptverwaltung der BBank ist ausreichend (www.bafin.de, Stichwort: „Der „Europäische Pass“ für Wertpapierinstitute“). 14

Als **Sprache** der Anzeige (mit Ausnahme der Erklärung zur Produktintervention (→ Rn. 14)) ist gem. Art. 2 Abs. 1 S. 1 Durchführungsverordnung (EU) 2017/2382 eine von der zuständigen Behörde des Herkunftsmitgliedstaats als auch von der zuständigen Behörde des Aufnahmemitgliedstaats akzeptierte EU-Amtssprache zu wählen, typischerweise Deutsch und (für nicht-deutschsprachige Länder zusätzlich) Englisch (Lendermann/Nemeczek/Schroeter/Nemeczek/Pitz Rn. 14). 15

4. Prüfungsumfang/Weiterleitung der Anzeige an Aufnahmevertragsstaat (Abs. 4)

Aus Abs. 4 Satz 1 folgt, dass die BaFin die Anzeige nebst den hierzu eingereichten Unterlagen formal auf Vollständigkeit nach den Anforderungen der Delegierten Verordnung (EU) Nr. 1018/2017 sowie der Durchführungsverordnung (EU) Nr. 2381/2017 und materiell hinsichtlich der Angemessenheit der Organisationsstruktur und der Finanzlage des Wertpapierinstituts prüft. Im Fall einer festgestellten Unvollständigkeit erfolgt keine Weiterleitung der Anzeige bis die Vollständigkeit erreicht ist. 16

In materieller Hinsicht muss das Wertpapierinstitut eine **angemessene Organisationsstruktur** im Hinblick auf das Vorhaben aufweisen, im Aufnahmevertragsstaat über eine Zweigniederlassung bzw. vertraglich gebundene Vermittler Wertpapierdienstleistungen/Wertpapiernebendienstleistungen zu erbringen. Die 17

Anforderungen an die angemessene Organisationsstruktur folgen im Wesentlichen aus § 41 sowie aus den die Organisationsstruktur des Wertpapierinstitutes betreffenden Anzeigeanforderungen der Delegierten Verordnung (EU) Nr. 1018/2017 sowie der Durchführungsverordnung (EU) Nr. 2381/2017 (Lendermann/Nemeczek/Schroeter/Nemeczek/Pitz Rn. 21).

18 Darüber hinaus muss das Wertpapierinstitut in materieller Hinsicht über eine **angemessene Finanzlage** im Hinblick auf das Vorhaben aufweisen, im Aufnahmevertragsstaat über eine Zweigniederlassung bzw. vertraglich gebundene Vermittler Wertpapierdienstleistungen/Wertpapiernebendienstleistungen zu erbringen. Anhaltspunkte hierfür hat das Wertpapierinstitut im Rahmen der für die Anzeige geltenden Geschäftsplananforderungen durch eine qualifizierte 3-Jahres-Prognose zur Entwicklung von GuV-Rechnung und Kapitalflussrechnung vorzulegen (Art. 6 Abs. 2 lit. h Delegierte Verordnung (EU) Nr. 1018/2017). Nach Maßgabe des aufgehobenen, aber nach wie vor inhaltlich maßgeblichen BAKred-Rundschreibens 3/2001 vom 26.6.2001 wird die BaFin mögliche Zweifel hieran regelmäßig auf der Grundlage von testierten Jahresabschlüssen für die letzten drei Geschäftsjahre des Wertpapierinstituts, die ihr aus beseitigen können (Lendermann/Nemeczek/Schroeter/Nemeczek/Pitz Rn. 26); bei jüngeren Wertpapierinstituten können geeignete sonstige Kapitalplanungsunterlagen von der BaFin verlangt bzw. ihr ohne gesondertes Verlangen vorgelegt werden, sofern diese nicht ohnehin als Teil der Geschäftsplan-Angaben nach Art. 6 Abs. 2 lit. h Delegierte Verordnung (EU) Nr. 1018/2017 eingereicht werden (so auch Lendermann/Nemeczek/Schroeter/Nemeczek/Pitz Rn. 27). Die Pflicht zur Vorlage der testierten Jahresabschlüsse folgt nicht aus § 70 selbst, sondern aus § 76 bzw. § 26 KWG. Fehlen der Jahresabschluss oder das Testat gänzlich und hält das Institut trotz mitgeteilter Zweifel der BaFin an der Anzeige fest, so kann die BaFin auf Kosten des Wertpapierinstitutes ein Sonderauskunftsverlangen oder eine Sonderprüfung veranlassen (§§ 5 Abs. 4 bzw. §§ 44 KWG) (Lendermann/Nemeczek/Schroeter/Nemeczek/Pitz Rn. 26).

19 Besteht kein Grund zu derartigen Zweifeln, übermittelt die BaFin die übermittelt die Angaben nach den Absätzen 1 und 2 innerhalb von drei Monaten nach Eingang der vollständigen Unterlagen der zuständigen Behörde des Aufnahmevertragsstaates und teilt dies dem Wertpapierinstitut mit (Abs. 4 Satz 1 und 2). Leitet die BaFin die Angaben nach den Absätzen 1 und 2 nicht an die zuständige Behörde des Aufnahmevertragsstaates weiter, teilt sie dem Wertpapierinstitut innerhalb von drei Monaten nach Eingang sämtlicher Angaben die Gründe mit.

20 Nach Weiterleitung der Anzeige an die zuständigen Stellen des Aufnahmevertragsstaates kann das Wertpapierinstitut nach einer entsprechenden Mitteilung dieser Stellen iSv Art. 15 Abs. 3 bzw. Art. 16 Abs. 3 Durchführungsverordnung (EU) 2017/2382 (sog. **„Welcome Letter“**, Lendermann/Nemeczek/Schroeter/Nemeczek/Pitz Rn. 46) oder spätestens nach Ablauf von zwei Monaten nach erfolgter Weiterleistung seine Tätigkeit im Aufnahmevertragsstaat aufnehmen (Abs. 4 Satz 5); im Fall einer unrichtigen oder unvollständigen Aufzählung der maßgeblichen Vorschriften im Welcome Letter besteht kein Vertrauensschutz des Adressaten (Lendermann/Nemeczek/Schroeter/Nemeczek/Pitz Rn. 46 „bloße Ordnungsvorschrift“). Das **Zeitfenster** ab Eingang der vollständigen Anzeigeunterlagen bei der Bafin bis zur Tätigkeitsaufnahme der Zweigniederlassung/des vertraglich gebundenen Vermittlers im Aufnahmemitgliedstaat beträgt mithin **fünf Monate.**

5. Ablehnungsbescheid

Leitet die BaFin die Anzeigeunterlagen wegen Zweifeln an einer angemessenen Organisationsstruktur und/oder Finanzlage des Wertpapierinstitutes im Hinblick auf die angezeigten Aktivitäten und ihre organisatorische Struktur nicht an die zuständigen Aufsichtsbehörden des Aufnahmemitgliedstaats weiter, teilt sie dies dem Wertpapierinstitut unter Angabe der Gründe innerhalb von drei Monaten nach Eingang der vollständigen Anzeigeunterlagen mit (Abs. 4 Satz 4). Gegen einen solchen Versagungsbescheid kann das Wertpapierinstitut den Verwaltungsrechtsweg (Verpflichtungsklage) beschreiten. 21

III. Rechtsfolgen von Pflichtverletzungen

Die vorsätzliche oder fahrlässige Verletzung von Anzeigepflichten nach § 70 Abs. 1 ist gem. § 83 Abs. 1 Nr. 5 lit. b eine Ordnungswidrigkeit, die nach § 83 Abs. 5 S. 2 mit einer Geldbuße von bis zu 100.000 Euro geahndet werden kann. 22

§ 71 Grenzüberschreitender Dienstleistungsverkehr durch inländische Wertpapierinstitute

(1) [1]Ein Wertpapierinstitut, das beabsichtigt, Wertpapierdienstleistungen grenzüberschreitend in einem anderen Vertragsstaat anzubieten, hat dies der Bundesanstalt und der Deutschen Bundesbank unverzüglich anzuzeigen. [2]Die Anzeige muss enthalten:
1. **die Angabe des Mitgliedstaates, in dem die grenzüberschreitende Dienstleistung erbracht werden soll,**
2. **einen Geschäftsplan mit Angabe der beabsichtigten Tätigkeiten und**
3. **die Angabe, ob in dem Vertragsstaat, in dem die grenzüberschreitende Dienstleistung erbracht werden soll, vertraglich gebundene Vermittler, die ihren Sitz oder gewöhnlichen Aufenthalt im Inland haben, für die grenzüberschreitende Dienstleistung herangezogen werden sollen, sowie deren Namen.**

(2) [1]Wertpapiernebendienstleistungen dürfen nur in Verbindung mit mindestens einer Wertpapierdienstleistung angezeigt werden. [2]Nähere Bestimmungen ergeben sich aus der Delegierten Verordnung (EU) 2017/1018 und der Durchführungsverordnung (EU) 2017/2382.

(3) [1]Die Bundesanstalt leitet diese Angaben innerhalb eines Monats nach Erhalt an die zuständige Stelle des Aufnahmevertragsstaates weiter. [2]Das Wertpapierinstitut kann dann im Aufnahmemitgliedstaat die betreffenden Wertpapierdienstleistungen und Anlagetätigkeiten erbringen.

(4) [1]Beabsichtigt der Betreiber eines multilateralen oder organisierten Handelssystems, Handelsteilnehmern in anderen Staaten einen unmittelbaren Zugang zu seinem Handelssystem zu gewähren und ihnen das Handeln an seinen Märkten zu ermöglichen, hat er dies der Bundesanstalt anzuzeigen, sofern es sich um die erstmalige Zugangsgewährung an einen Handelsteilnehmer in dem betreffenden Staat handelt. [2]Die Bundesanstalt unterrichtet die zuständigen Stellen des Aufnahmevertragsstaates innerhalb eines Monats nach Eingang der Anzeige von dieser Absicht. [3]Der Betreiber hat der Bundesanstalt auf Anfrage die Namen der zugelassenen

Handelsteilnehmer aus diesem Staat zu nennen. [4]Auf Ersuchen der zuständigen Behörde im Aufnahmevertragsstaat teilt ihr die Bundesanstalt innerhalb einer angemessenen Frist diese Angaben mit.

Übersicht

I. Vorbemerkung

1 § 71 setzt Art. 34 MiFID II um. Die Vorschrift enthält über Anzeigepflichten gegenüber BaFin und BBank neben § 70 die zweite formale „Erteilungskomponente" des Regelungssystems des **„Europäischer Passes"** (zu den unionsrechtlichen Grundlagen grundlegend Lendermann/Nemeczek/Schroeter/Nemeczek/Pitz vor §§ 70 ff. Rn. 13 ff.) für den grenzüberschreitenden Geschäftsverkehr durch inländische Wertpapierinstitute zwischen Vertragsstaaten (§ 2 Abs. 37). Sie betrifft Sachverhalte, in denen das inländische Wertpapierinstitut nicht durch die Errichtung einer Zweigniederlassung oder durch den Einsatz vertraglich gebundener Vermittler im Aufnahmevertragsstaat (§ 2 Abs. 20) tätig werden will, sondern im Wege des grenzüberschreitenden Dienstleistungsverkehrs mit oder ohne den Einsatz vertraglich gebundener Vermittler mit Sitz oder gewöhnlichem Aufenthalt im Inland. In § 74 ist als Gegenstück die „Aufnahmekomponente" des Europäischen Passes für den grenzüberschreitenden Dienstleistungsverkehr geregelt. Diese betrifft Sachverhalte, in denen ein in einem Vertragsstaat ansässiges Wertpapierinstitut im Wege des grenzüberschreitenden Dienstleistungsverkehrs in Deutschland tätig werden will.

II. Grenzüberscheitendes Angebot von Wertpapierdienstleistungen in anderem Vertragsstaat

1. Beabsichtigte Tätigkeiten im Aufnahmevertragsstaat

2 Gemäß Abs. 1 Satz 1 haben Wertpapierinstitute der BaFin und der BBank unverzüglich die Absicht anzuzeigen, Wertpapierdienstleistungen grenzüberschreitend in einem anderen Vertragsstaat anzubieten (mit oder ohne den Einsatz vertraglich gebundener Vermittler mit Sitz oder gewöhnlichem Aufenthalt im Inland).

3 Grenzüberschreitende Dienstleistungen sind nicht legaldefiniert. Eine Konturierung des Begriffs kann in Abgrenzung zur Tätigkeit über eine (ortsfeste) Zweigniederlassung (§ 2 Abs. 11) einerseits und über die beim grenzüberschreitenden Dienstleistungsverkehr aus dem Inland durch den Einsatz von im Inland ansässigen vertraglich gebundenen Vermittlern (§ 3 Abs. 2 S. 1) erfolgen (Lendermann/Nemeczek/Schroeter/Nemeczek/Pitz Rn. 3). Darüber hinaus nennt Abs. 4 einen Spezialfall des grenzüberschreitenden Dienstleistungsverkehrs in Gestalt der Zugangsgewährung durch den Betreiber eines multilateralen oder organisierten Handelssystems zu seinem Handelssystem bzw. dem Handeln an den von ihm geöffneten Märkten gegenüber Handelsteilnehmern aus anderen Staaten.

4 Die Absicht des grenzüberschreitenden Angebots von Wertpapierdienstleistungen kann hinsichtlich des Einsatzes vertraglich gebundener Vermittler zu diesem Zweck **zeitgleich oder zeitlich versetzt** bestehen und löst im ersten Fall eine Anzeigepflicht nach § 71 Abs. 1, Abs. 2 S. 2 iVm Art. 3 und dem Formular in Anhang I Durchführungsverordnung (EU) 2017/2382, in letzterem Fall eine Pflicht zur Vornahme einer Änderungsanzeige nach § 72 Abs. 1 iVm Art. 6 und dem Formular in Anhang I Durchführungsverordnung (EU) 2017/2382 aus (Lendermann/Nemeczek/Schroeter/Nemeczek/Pitz Rn. 3).

5 Sollen hinsichtlich eines Aufnahmestaates Tätigkeiten über eine Zweigniederlassung und/oder im Aufnahmestaat ansässige vertraglich gebundene Vermittler nach § 71 und zeitgleich oder zeitlich versetzt grenzüberschreitende Dienstleistungen nach § 70 (mit oder ohne Einsatz von im Inland ansässigen vertraglich gebundenen Vermittlern) erfolgen, ist zu prüfen, ob die grenzüberschreitende Tätigkeit bereits durch ein Anzeige nach § 71 vollumfänglich mitangezeigt worden ist oder werden würde (Anhänge I und VI der Durchführungsverordnung (EU) 2017/2382). In einem solchen Fall kann auf eine separate Dienstleistungsanzeige verzichtet werden (Lendermann/Nemeczek/Schroeter/Nemeczek/Pitz Rn. 10).

6 **Keine Anzeigepflicht** nach Abs. 1 besteht entgegen dem insoweit teleologisch zu reduzierenden Wortlaut der Vorschrift in Fällen, in denen lediglich im **Aufnahmevertragsstaat erlaubnisfreie Tätigkeiten** erbracht werden sollen (so auch Lendermann/Nemeczek/Schroeter/Nemeczek/Pitz Rn. 7, § 70 Rn. 8 mwN).

7 Das Wertpapierinstitut muss als Voraussetzung für die Erteilung des Europäischen Passes über eine **Erlaubnis in Deutschland für die Erbringung derjenigen Wertpapierdienstleistungen/Wertpapiernebendienstleistungen** verfügen, die im Aufnahmevertragsstaat erbracht werden sollen (europarechtskonforme Auslegung des Abs. 1 iVm Art. 34 Abs. 1 S. 1 MiFID II *„sofern diese Dienstleistungen und Tätigkeiten durch ihre Zulassung gedeckt sind"*).

8 **Wertpapiernebendienstleistungen dürfen nicht isoliert,** sondern nach Abs. 2 Satz 1 nur in Verbindung mit mindestens einer Wertpapierdienstleistung angezeigt werden.

2. Anzeige

9 **a) Zeitpunkt.** Die Anzeige hat unverzüglich zu erfolgen, nachdem das Wertpapierinstitut die Absicht begründet hat, die in Abs. 1 beschriebenen Tätigkeiten auszuführen. **Unverzüglichkeit** der Anzeige ist gegeben, wenn die Entscheidung vom zuständigen Leitungsorgan des Unternehmens beschlossen worden ist und die Anzeige unmittelbar nach erfolgter Zustimmung etwaiger sonstiger gesellschaftsrechtlich zustimmungspflichtiger Gremien erfolgt (Lendermann/Nemeczek/Schroeter/Nemeczek/Pitz § 70 Rn. 6, § 71 Rn. 9).

10 **b) Inhalt.** Für die Prüfung der Absicht **inhaltlich maßgeblich** ist ihrem Grundgedanken nach die aus dem Merkblatt „Hinweise zur Erlaubnispflicht nach § 32 Abs. 1 KWG in Verbindung mit § 1 Abs. 1 und Abs. 1a KWG von grenzüberschreitend betriebenen Bankgeschäften und/oder grenzüberschreitend erbrachten Finanzdienstleistungen" (Consbruch/Fischer B 64.18) bekannte und von der Rechtsprechung unterstützte (s. BVerwG, BeckRS 2009, 35960; Schwennicke/Auerbach/Schwennicke KWG § 32 Rn. 13 mwN) Verwaltungspraxis der BaFin für den umgekehrten Fall einer grenzüberschreitenden Tätigkeit im Inland, die darauf abstellt, ob ein Erbringer der Dienstleistung mit Sitz oder gewöhnlichen Aufenthalt im Ausland sich im Inland zielgerichtet an den Markt wendet, um gegenüber Unternehmen und/oder Personen, die ihren Sitz oder gewöhnlichen Aufenthalt im Inland haben, wiederholt und geschäftsmäßig Bankgeschäfte oder Finanzdienstleistungen anzubieten (sog. vertriebsbezogene Auslegung, s. Schwennicke/Auerbach/Schwennicke KWG § 32 Rn. 11 mwN; ebenso Lendermann/Nemeczek/Schroeter/Nemeczek/Pitz Rn. 8).

11 Die Absicht der Vornahme wesentlicher Teilakte des im Aufnahmestaat erlaubnispflichtigen Geschäfts ist hierfür regelmäßig ein wesentliches Indiz. Insgesamt zu vage und zu weitgehend im Vorfeld der allgemeinen werblichen Ansprache liegt demgegenüber eine von der ESMA in ESMA35-36–2848 Rn. 19 geäußerte Position: *„Investment firms would be considered as actively targeting clients in a jurisdiction in circumstances where they are engaging with clients, potential clients and/or new audiences to raise awareness of specific investment products, services or activities, or to raise awareness of the investment firm's or group's brand in general, whatever the means of engagement."*; zu recht kritisch auch Lendermann/Nemeczek/Schroeter/Nemeczek/Pitz Rn. 8). Diese Position der ESMA hat sich in der Verwaltungspraxis der BaFin, soweit ersichtlich, nicht durchgesetzt.

12 **c) Form.** Die formalen Anforderungen an die Anzeige der Absicht, grenzüberschreitende Dienstleistungen mit oder ohne den Einsatz von im Inland ansässigen vertraglich gebundenen Vermittlern zu erbringen, ergeben sich aus der **Delegierten Verordnung (EU) Nr. 1018/2017** sowie der **Durchführungsverordnung (EU) Nr. 2017/2382.** Das entsprechende Formular ist gem. Art. 3 Durchführungsverordnung (EU) 2017/2382 in Anhang I derselben abgedruckt. Die Aufzählung einzelner Anzeigeninhalte in Abs. 1 Satz 2 ist insoweit redundant bzw. erfasst nicht sämtliche im Formular abgefragte Angaben. Die BaFin bietet unter www.bafin.de (Stichwort: „Der „Europäische Pass" für Wertpapierinstitute") eine editierbare Version des Formulars in deutscher und englischer Sprache an.

13 Zusätzlich zur Übermittlung des Anzeigeformulars (→ Rn. 12) verlangt die BaFin auch im Zusammenhang mit einer Dienstleistungsanzeige (entsprechend der Praxis zur Niederlassungsanzeige (→ § 70 Rn. 12)) eine **formalisierte Erklärung des Wertpapierinstitutes zur Produktinterventions-Compliance,** wonach dieses *„(…) organisatorische Vorkehrungen getroffen hat, um sich bei der grenzüberschreitenden Erbringung von Wertpapierdienstleistungen und Anlagetätigkeiten bzw. der Errichtung einer Zweigniederlassung oder der Heranziehung eines vertraglich gebundenen Vermittlers im Rahmen des Europäischen Passes gemäß §§ 70–72 des Gesetzes zur Beaufsichtigung von Wertpapierinstituten (Wertpapierinstitutsgesetz – WpIG) i.V.m. Artikel 34 bzw. 35 der Richtlinie über Märkte für Finanzinstrumente (2014/65/EU) an die europäischen, deutschen und [im Aufnahmemitgliedstaat] geltenden Vorschriften bezüglich Produktinterventionen zu halten".* Die BaFin bietet für die formalisierte

Erklärung unter www.bafin.de (Stichwort: „Der „Europäische Pass" für Wertpapierinstitute") eine editierbare Version dieses Formulars in deutscher Sprache an.

Die Anzeige hat nach Abs. 1 Satz 1 gegenüber der BaFin und der BBank zu erfolgen. Eine **elektronische Einreichung** bei der BaFin per E-Mail, gerichtet an WA44@bafin.de, nebst Übermittlung einer Kopie der Anzeige an die zuständige Hauptverwaltung der BBank, ist ausreichend (www.bafin.de, Stichwort: „Der „Europäische Pass" für Wertpapierinstitute"). 14

Als **Sprache** der Anzeige (mit Ausnahme der Erklärung zur Produktintervention (→ Rn. 13)) ist gem. Art. 2 Abs. 1 S. 1 Durchführungsverordnung (EU) 2017/2382 eine von der zuständigen Behörde des Herkunftsmitgliedstaats als auch von der zuständigen Behörde des Aufnahmemitgliedstaats akzeptierte EU-Amtssprache zu wählen, typischerweise Deutsch und (für nicht-deutschsprachige Länder zusätzlich) Englisch (Lendermann/Nemeczek/Schroeter/Nemeczek/Pitz Rn. 12). 15

3. Prüfungsumfang/Weiterleitung der Anzeige an Aufnahmevertragsstaat (Abs. 3)

Aus Art. 4 Abs. 1 Durchführungsverordnung (EU) Nr. 2382/2017 folgt, dass die BaFin die Anzeige nebst hierzu eingereichten Unterlagen lediglich formal auf Vollständigkeit nach den Anforderungen der Delegierten Verordnung (EU) Nr. 1018/2017 sowie der Durchführungsverordnung (EU) Nr. 2381/2017 prüft. Im Fall einer festgestellten Unvollständigkeit erfolgt keine Weiterleitung der Anzeige bis die Vollständigkeit erreicht ist. In diesem Fall erfolgt eine Mitteilung an das Wertpapierinstitut dazu, ob und in welchem Umfang eine Unvollständigkeit besteht (Art. 4 Abs. 2 Durchführungsverordnung (EU) Nr. 2382/2017). 16

Die bisherige, aufgrund der fehlenden Vorgabe hierzu in Art. 34 MiFID II (anders in Art. 35 Abs. 3 MiFID II für den Bereich des Niederlassungsrechts) europarechtswidrige Regelung einer Befugnis zu einer materiellen Prüfung der Angemessenheit der Organisationsstruktur und der Finanzlage des Wertpapierinstituts durch die BaFin und BBank ist mit Wirkung zum 10.2.2026 durch das Standortfördergesetz – StoFöG gestrichen worden (BT-Drs. 21/2507, 215). 17

Die BaFin übermittelt die Anzeige nach Abs. 1 innerhalb eines Monats nach Eingang der vollständigen Unterlagen der zuständigen Behörde des Aufnahmevertragsstaates und teilt dies dem Wertpapierinstitut mit (Art. 5 Abs. 2 Durchführungsverordnung (EU) Nr. 2381/2017). 18

Nach Weiterleitung der Anzeige an die zuständigen Stellen des Aufnahmevertragsstaates kann das Wertpapierinstitut unmittelbar seine Tätigkeit im Aufnahmevertragsstaat aufnehmen (Abs. 3 Satz 2). Ein für den Bereich des Niederlassungsrechts in Art. 15 Abs. 3 bzw. Art. 16 Abs. 3 Durchführungsverordnung (EU) 2382/2017 vorgesehener **„Welcome Letter"** als Voraussetzung der Tätigkeitsaufnahme (→ § 70 Rn. 20) ist im Dienstleistungsrecht **gesetzlich nicht vorgesehen.** 19

4. Zugangsgewährung zu multilateralem oder organisiertem Handelssystem (Abs. 4)

Der Betreiber eines multilateralen oder organisierten Handelssystems hat nach Abs. 4 Satz 1 die Absicht, Handelsteilnehmern erstmals in anderen Aufnahmevertragsstaaten iSv § 2 Abs. 20 (der weitergehende Verweis des Gesetzgebers auf „Staaten" ist europarechtskonform gem. Art. 34 Abs. 7 UAbs. 1 MiFID II entsprechend 20 einzuschränken; so auch Lendermann/Nemeczek/Schroeter/Nemeczek/Pitz Rn. 31) einen unmittelbaren Zugang zu seinem Handelssystem zu gewähren und ihnen das Handeln an seinen Märkten zu ermöglichen, der BaFin anzuzeigen. Die Anzeige hat nach Art. 5 DelegierteVerordnung (EU) Nr. 1018/2017 iVm Art. 8 Durchführungsverordnung (EU) Nr. 2381/2017 und dem Formular gemäß Anhang IV derselben zu erfolgen. Die Anforderungen an den Zeitpunkt, Form und Sprache entsprechen den Vorgaben an Anzeigen gem. Abs. 1 (→ Rn. 11, 14, 15).

21 Die BaFin unterrichtet die zuständigen Stellen des Aufnahmevertragsstaates innerhalb eines Monats nach Eingang der (vollständigen) Anzeige von dieser Absicht (Abs. 4 Satz 2).

22 Die BaFin kann vom Betreiber eines multilateralen Handelssystems (der weitergehende Verweis des Gesetzgebers auch auf Betreiber eines organisierten Handelssystems ist europarechtskonform gem. Art. 34 Abs. 7 UAbs. 2 MiFID II entsprechend einzuschränken; so auch Lendermann/Nemeczek/Schroeter/Nemeczek/Pitz § 71 Rn. 44) auf Anfrage die Namen der (zum jeweiligen Zeitpunkt der Anfrage, s. Art. 34 Abs. 7 UAbs. 2 MiFID II; so auch Lendermann/Nemeczek/Schroeter/Nemeczek/Pitz § 71 Rn. 43) zugelassenen Handelsteilnehmer mit Sitz/Aufenthalt in dem Aufnahmevertragsstaat iSv § 2 Abs. 20 (→ Rn. 21) oder in einem Drittstaat (zum Einbezug der Drittstaatler siehe Art. 34 Abs. 7 UAbs. 2 MiFID II sowie RegE FRUG, BT-Drs. 16/4028, 94; Lendermann/Nemeczek/Schroeter/Nemeczek/Pitz Rn. 43) zu nennen (Abs. 4 Satz 3). Auf Ersuchen der zuständigen Behörde im Aufnahmevertragsstaat teilt ihr die BaFin innerhalb einer angemessenen Frist diese Angaben mit (Abs. 4 Satz 4).

III. Rechtsfolgen von Pflichtverletzungen

23 Die vorsätzliche oder fahrlässige Verletzung von Anzeigepflichten nach § 71 Abs. 1 S. 1 und Abs. 4 S. 1 ist gem. § 83 Abs. 1 Nr. 5 lit. b eine Ordnungswidrigkeit, die nach § 83 Abs. 5 S. 2 mit einer Geldbuße von bis zu 100.000 Euro geahndet werden kann.

§ 72 Änderung der angezeigten Verhältnisse

(1) [1]Ändern sich die Verhältnisse, die nach § 70 Absatz 1 und 2 oder § 71 Absatz 1 angezeigt wurden, hat das Wertpapierinstitut der Bundesanstalt und der Deutschen Bundesbank diese Änderungen mindestens einen Monat vor dem Wirksamwerden der Änderungen anzuzeigen. [2]Die Bundesanstalt teilt den zuständigen Stellen des Aufnahmevertragsstaates die Änderungen nach Satz 1 mit.

(2) [1]Änderungen der Verhältnisse der Sicherungseinrichtung hat das Wertpapierinstitut, das eine Zweigniederlassung gemäß § 70 errichtet hat, der Bundesanstalt und der Deutschen Bundesbank mindestens einen Monat vor dem Wirksamwerden der Änderungen anzuzeigen. [2]Die Bundesanstalt teilt den zuständigen Stellen des Aufnahmevertragsstaates die Änderungen nach Satz 1 mit.

(3) [1]Das Bundesministerium der Finanzen wird ermächtigt, durch Rechtsverordnung, die nicht der Zustimmung des Bundesrates bedarf, zu

bestimmen, dass Absatz 1 sowie § 70 Absatz 4 für die Errichtung einer Zweigniederlassung in einem Drittstaat entsprechend gelten, wenn dies im Bereich des Niederlassungsrechts aufgrund von Abkommen der Europäischen Union mit Drittstaaten zugelassen und erforderlich ist. [2]Das Bundesministerium der Finanzen kann die Ermächtigung durch Rechtsverordnung, die nicht der Zustimmung des Bundesrates bedarf, auf die Bundesanstalt mit der Maßgabe übertragen, dass die Rechtsverordnung im Benehmen mit der Deutschen Bundesbank ergeht. [3]Vor Erlass der Rechtsverordnung sind die Spitzenverbände der Wertpapierinstitute zu hören.

I. Vorbemerkung

§ 72 setzt Art. 34 Abs. 4 (Änderungsanzeige bei angezeigten grenzüberschreitenden Dienstleistungen) und Art. 35 Abs. 10 MiFID II (Änderungsanzeige bei angezeigten Zweigniederlassungen/Einsatz vertraglich gebundener Vermittler im Aufnahmevertragsstaat) um. Inhalt und Form der Änderungsanzeigen und Einzelheiten der behördlichen Kommunikation ergeben sich aus der Delegierten Verordnung (EU) Nr. 1018/2017 sowie der Durchführungsverordnung (EU) Nr. 2381/2017. 1

II. Änderung der angezeigten Verhältnisse

1. Änderungsanzeigen (Abs. 1/2)

Gemäß Abs. 1 Satz 1 haben Wertpapierinstitute der BaFin und der BBank eine Änderung der nach § 70 Abs. 1 und 2 (Änderungsanzeige bei angezeigten Zweigniederlassungen/angezeigtem Einsatz vertraglich gebundener Vermittler im Aufnahmevertragsstaat) oder § 71 Abs. 1 (Änderungsanzeige bei angezeigten grenzüberschreitenden Dienstleistungen) angezeigten Verhältnisse mit einer **mindestens einen Monat vor dem Wirksamwerden der Änderungen** anzuzeigen. 2

a) Niederlassungsanzeige. Eine **Änderungsanzeige bei angezeigten Zweigniederlassungen/angezeigtem Einsatz vertraglich gebundener Vermittler** im Aufnahmevertragsstaat hat nach Maßgabe von Art. 7 der Delegierten Verordnung (EU) Nr. 1018/2017 Angaben zu jeder Änderung von Informationen zu enthalten, *„die in der ursprünglichen Notifizierung von Zweigstellendaten im Rahmen des Europäischen Passes und der ursprünglichen Notifizierung von Daten eines vertraglich gebundenen Vermittlers im Rahmen des Europäischen Passes enthalten sind"*. Die Anzeige hat durch Übermittlung eines Formulars gem. Art. 17 (Zweigniederlassungsdaten) iVm Anhang VI bzw. gem. Art. 18 (Daten vertraglich gebundener Vermittler) iVm Anhang VII der Durchführungsverordnung (EU) 2017/2382 zu erfolgen. 3

Die in der ursprünglichen Notifizierung enthaltenen Daten in diesem Sinne sind nach Art. 12 Durchführungsverordnung (EU) 2017/2382 die in dem bei Notifizierung der Zweigniederlassung/des vertraglich gebundenen Vermittlers im Formular nach Anhang VI der Durchführungsverordnung (EU) 2017/2382 enthaltenen Angaben, die in Art. 35 Abs. 2 MiFID II vorgesehen sind (dh Geschäftsplan einschließlich der Liste der angegebenen Wertpapierdienstleistungen, Anlagetätigkeiten, Nebendienstleistungen oder Finanzinstrumente; Organisationsstruktur; Namen eingesetzter vertraglich gebundener Vermittler; sofern der Einsatz vertrag- 4 lich gebundener Vermittler ohne parallele Zweigniederlassung im Aufnahmevertragsstaat erfolgt: Beschreibung eines geänderten Einsatzes dieser Vermittler und der geänderten Organisationsstruktur, einschließlich Berichtslinien der Vermittler und ihrer Einbindung in die Unternehmensstruktur des Wertpapierinstituts). Darüber hinaus betrifft dies geänderte Angaben zum angegebenen Anlegerentschädigungssystem, namentlich der Verhältnisse der angegebenen Sicherungseinrichtung (Abs. 2 Satz 1).

5 Die **beabsichtigte Beendigung der Tätigkeit** einer Zweigniederlassung ist unter Verwendung des Formulars in Anhang X der Durchführungsverordnung (EU) 2017/2382 anzuzeigen (Art. 7 Abs. 2 Delegierte Verordnung (EU) Nr. 1018/2017; Art. 17 Abs. 3 Durchführungsverordnung (EU) 2017/2382; Lendermann/Nemeczek/Schroeter/Nemeczek/Pitz § 72 Rn. 9). Gleiches gilt für eine beabsichtigte Beendigung des Einsatzes eines vertraglich gebundenen Vermittlers mit Sitz in einem anderen Vertragsstaat (Art. 7 Abs. 2 Delegierte Verordnung (EU) Nr. 1018/2017; Art. 18 Abs. 3 Durchführungsverordnung (EU) 2017/2382); Lendermann/Nemeczek/Schroeter/Nemeczek/Pitz § 72 Rn. 9. Eine Vollzugsanzeige in diesem Zusammenhang ist gesetzlich nicht vorgesehen (vgl. auch § 64 Abs. 1 Nr. 6 (Umkehrschluss); so auch Lendermann/Nemeczek/Schroeter/Nemeczek/Pitz Rn. 10, die insoweit eine (unschädliche) freiwillige „informelle“ Anzeige empfehlen).

6 **b) Dienstleistungsanzeige.** Auch eine **Änderungsanzeige bei angezeigtem grenzüberschreitenden Dienstleistungsverkehr (mit oder ohne Einsatz von im Inland ansässigen vertraglich gebundenen Vermittlern)** hat nach Maßgabe von Art. 4 der Delegierten Verordnung (EU) Nr. 1018/2017 Angaben zu jeder Änderung von Informationen zu enthalten, *„die in der ursprünglichen Notifizierung von Wertpapierdienstleistungen und Anlagetätigkeiten im Rahmen des Europäischen Passes enthalten sind“*. Die Anzeige hat durch Übermittlung eines Formulars gem. Art. 6 iVm Anhang I der Durchführungsverordnung (EU) 2017/2382 zu erfolgen; im Fall von Änderungen hinsichtlich einer angezeigten Zugangsgewährung für Handelsteilnehmer eines multilateralen oder organisierten Handelssystems durch deren Betreiber (§ 71 Abs. 4) gem. Art. 11 Durchführungsverordnung (EU) 2017/2382 iVm Anhang IV Durchführungsverordnung (EU) 2017/2382.

7 Die in der ursprünglichen Notifizierung enthaltenen Daten in diesem Sinne sind die gem. Art. 6 iVm Anhang I der Durchführungsverordnung (EU) 2017/2382 in der ursprünglichen Anzeige enthaltenen Angaben, die in Art. 34 Abs. 2 MiFID II vorgesehen sind (dh Geschäftsplan einschließlich der Liste der angegebenen Wertpapierdienstleistungen, Anlagetätigkeiten, Nebendienstleistungen oder Finanzinstrumente; Namen eingesetzter vertraglich gebundener Vermittler).

8 Für die **beabsichtigte Beendigung der Erbringung grenzüberschreitender Dienstleistungen** ist kein gesetzlicher Anzeigetatbestand vorgesehen. Eine (unschädliche) freiwillige „informelle“ Anzeige ist hier ebenfalls möglich (→ Rn. 5). Eine Vollzugsanzeige einer Beendigung ist nach § 64 Abs. 1 Nr. 6 zu erstatten (Lendermann/Nemeczek/Schroeter/Nemeczek/Pitz Rn. 10).

2. Weiterleitung durch BaFin

9 Die BaFin leitet die Anzeigen ohne materielle Prüfung der mitgeteilten Informationen an die zuständigen Stellen im Aufnahmevertragsstaat weiter (Abs. 1 Satz 2, Abs. 2 Satz 2). Die maßgeblichen Übermittlungsformulare sind in

Anhang III Durchführungsverordnung (EU) 2017/2382 (grenzüberschreitende Dienstleistungen), Anhang IX Durchführungsverordnung (EU) 2017/2382 (Betrieb eines multilateralen oder organisierten Handelssystems), Anhang XI Durchführungsverordnung (EU) 2017/2382 (Zweigniederlassungen) bzw. Anhang XII (vertraglich gebundene Vermittler mit Sitz oder gewöhnlichen Aufenthalt im EWR) aufgeführt.

3. Vollzug der Änderung

Gemäß § 72 angezeigte Änderungen dürfen ohne Weiteres nach Ablauf eines Monats nach einer vollständigen und richtigen Anzeige der betreffenden Änderung vollzogen werden (Lendermann/Nemeczek/Schroeter/Nemeczek/Pitz Rn. 18). 10

III. Rechtsverordnung (Abs. 3)

Das BMF (mit Delegationsrecht auf die BaFin im Benehmen mit der BBank nach Abs. 3 Satz 3) ist nach Abs. 3 Satz 1 ermächtigt, durch Rechtsverordnung, die nicht der Zustimmung des Bundesrates bedarf, Abs. 1 sowie § 70 Abs. 4 (materielle Prüfungsrechte) für die Errichtung einer Zweigniederlassung in einem Drittstaat durch ein Wertpapierinstitut für entsprechend anwendbar zu erklären, sofern völkerrechtliche Verträge zwischen EU und betreffendem Drittstaat dies anordnen oder für zulässig erklären. Die fehlende Erwähnung von § 70 Abs. 1 (Anzeigepflicht als solche) in diesem Zusammenhang dürfte ein Redaktionsversehen sein, ohne dessen Berichtigung eine erlassene Rechtsverordnung formal rechtswidrig sein dürfte (Art. 80 Abs. 1 S. 2 GG); für ein Redaktionsversehen spricht auch die in § 64 Abs. 1 Nr. 6 vorgesehene Vollzugsanzeigepflicht für den Fall einer erfolgten Errichtung, Verlegung oder Schließung einer Zweigstelle in einem Drittstaat sowie die Aufnahme und Beendigung der Erbringung grenzüberschreitender Dienstleistungen ohne Errichtung einer Zweigstelle (Lendermann/Nemeczek/Schroeter/Nemeczek/Pitz Rn. 22). 11

IV. Rechtsfolgen von Pflichtverletzungen

Die vorsätzliche oder fahrlässige Verletzung von Anzeigepflichten nach § 72 Abs. 1 S. 1 ist gem. § 83 Abs. 1 Nr. 5 lit. b eine Ordnungswidrigkeit, die nach § 83 Abs. 5 S. 2 mit einer Geldbuße von bis zu 100.000 Euro geahndet werden kann. Eine Verletzung von Anzeigepflichten nach § 72 Abs. 2 S. 1 ist nicht bußgeldbewehrt (Umkehrschluss zu § 83 Abs. 1 Nr. 5 lit. b iVm § 3 OWiG; Lendermann/Nemeczek/Schroeter/Nemeczek/Pitz Rn. 19). 12

Abschnitt 2. Errichten einer Zweigniederlassung und grenzüberschreitender Dienstleistungsverkehr durch Wertpapierinstitute mit Sitz in einem anderen Vertragsstaat

§ 73 Errichten einer Zweigniederlassung durch Wertpapierinstitute mit Sitz in einem anderen Vertragsstaat

(1) **[1]Ein Wertpapierinstitut mit Sitz in einem anderen Vertragsstaat darf ohne Erlaubnis durch die Bundesanstalt über eine Zweigniederlassung**

oder über nach § 3 Absatz 2 angezeigte vertraglich gebundene Vermittler, die ihren Sitz oder gewöhnlichen Aufenthalt im Inland haben, im Inland Wertpapierdienstleistungen erbringen, wenn das Wertpapierinstitut von der zuständigen Behörde seines Herkunftsvertragsstaates zugelassen worden ist, die erbrachten Wertpapierdienstleistungen von der Zulassung abgedeckt sind und das Wertpapierinstitut von der zuständigen Behörde im Einklang mit den einschlägigen unionsrechtlichen Vorgaben, insbesondere der Richtlinie 2014/65/EU, der Richtlinie (EU) 2019/2034 sowie der Verordnung (EU) 2019/2033, beaufsichtigt wird. [2]§ 53 des Kreditwesengesetzes ist in diesem Fall nicht anzuwenden. [3]§ 14 der Gewerbeordnung bleibt unberührt.

(2) **[1]Die Bundesanstalt hat ein Wertpapierinstitut im Sinne des Absatzes 1 Satz 1, das beabsichtigt, eine Zweigniederlassung im Inland zu errichten, innerhalb von zwei Monaten nach Eingang der von der zuständigen Behörde des Herkunftsvertragsstaates über die beabsichtigte Errichtung der Zweigniederlassung übermittelten Unterlagen auf die für seine Tätigkeit vorgeschriebenen Meldungen an die Bundesanstalt und die Deutsche Bundesbank hinzuweisen und die Bedingungen anzugeben, die nach Absatz 5 für die Ausübung der von der Zweigniederlassung geplanten Tätigkeiten aus Gründen des Allgemeininteresses gelten. [2]Nach Eingang der Mitteilung der Bundesanstalt, spätestens nach Ablauf der in Satz 1 genannten Frist, kann die Zweigniederlassung errichtet werden und diese ihre Tätigkeit aufnehmen. [3]Die Bundesanstalt übermittelt der Europäischen Wertpapier- und Marktaufsichtsbehörde auf Anforderung nach Artikel 35 der Verordnung (EU) Nr. 1095/2010 alle diesbezüglichen Informationen.**

(3) **Sämtliche Änderungen anzeigepflichtiger Angaben nach Artikel 35 Absatz 2 und 10 der Richtlinie 2014/65/EU sind der Bundesanstalt durch das Wertpapierinstitut mit Sitz in einem anderen Mitgliedstaat nur über die zuständige Behörde des Herkunftsvertragsstaates mitzuteilen.**

(4) **[1]Die Absätze 2 und 3 gelten entsprechend für die im Inland ansässigen vertraglich gebundenen Vermittler, die ein Wertpapierinstitut mit Sitz in einem anderen Vertragsstaat heranzieht, ohne im Inland über eine Zweigniederlassung zu verfügen. [2]Die Anzeigepflicht nach § 3 Absatz 2 Satz 1 bleibt hiervon unberührt.**

(5) **Folgende Regelungen sind auf die in Absatz 1 Satz 1 genannten Zweigniederlassungen oder vertraglich gebundenen Vermittler anzuwenden:**

1. **§ 5 Absatz 1 Satz 2, Absatz 4 und 6, die §§ 6 und 7 Absatz 1 und 2 sowie die §§ 11, 14, 31, 32 und 33 Absatz 1 und 2, soweit es sich um Anforderungen zur Verhinderung von Geldwäsche und Terrorismusfinanzierung handelt, § 33 Absatz 3 und 4, die §§ 34 bis 37 sowie 66 Absatz 1,**
2. **die §§ 24b und 24c des Kreditwesengesetzes sowie**
3. **§ 17 des Finanzdienstleistungsaufsichtsgesetzes.**

Übersicht

I. Vorbemerkung

§ 73 enthält infolge bestehender herkunftsvertragsstaatlich geregelter Anzeigepflichten und der Weiterleitung der angezeigten Daten gegenüber BaFin und BBank die „Aufnahmekomponente" des Regelungssystems des **„Europäischer Passes"** (zu den unionsrechtlichen Grundlagen grundlegend Lendermann/Nemeczek/Schroeter/Nemeczek/Pitz vor §§ 70 ff. Rn. 13 ff.). Die Norm setzt insoweit Art. 35 MiFID II um. Die Aufnahmekomponente des Europäischen Passes betrifft Sachverhalte, in denen ein in einem anderen Vertragsstaat (§ 2 Abs. 37) ansässiges Wertpapierinstitut durch Errichtung einer Zweigniederlassung oder durch den Einsatz von in Deutschland ansässigen vertraglich gebundener Vermittlern im Inland tätig werden will. In § 70 ist als Gegenstück die „Erteilungskomponente" des Europäischen Passes geregelt. Diese betrifft Sachverhalte, in denen ein inländisches Wertpapierinstitut durch die Errichtung einer Zweigniederlassung oder durch den Einsatz von im Aufnahmevertragsstaat (§ 2 Abs. 20) ansässigen vertraglich gebundenen Vermittlern in dem Aufnahmevertragsstaat tätig werden will. 1

II. Voraussetzungen der Tätigkeit nach Maßgabe des Europäischen Passes

Gemäß Abs. 1 Satz 1 darf ein Wertpapierinstitut mit Sitz in einem anderen Vertragsstaat ohne Erlaubnis durch die BaFin über eine Zweigniederlassung oder über nach § 3 Abs. 2 angezeigte vertraglich gebundene Vermittler, die ihren Sitz oder gewöhnlichen Aufenthalt im Inland haben, im Inland – ohne eine gesonderte Erlaubnis nach § 15 oder § 53 KWG iVm § 32 KWG (s. Abs. 1 Satz 2) zu benötigen – Wertpapierdienstleistungen erbringen, wenn das Wertpapierinstitut von der zuständigen Behörde seines Herkunftsvertragsstaates zugelassen worden ist, die erbrachten Wertpapierdienstleistungen von der Zulassung abgedeckt sind und das Wertpapierinstitut von der zuständigen Behörde im Einklang mit den einschlägigen unionsrechtlichen Vorgaben, insbesondere der Richtlinie 2014/65/EU (MiFID II), der Richtlinie (EU) 2019/2034 (IFD) sowie der Verordnung (EU) 2019/2033 (IFR), beaufsichtigt wird. Lediglich gewerberechtliche Anzeigeerfordernisse nach § 14 GewO bleiben unberührt (Abs. 1 Satz 3). 2

1. Errichtung einer Zweigniederlassung im Inland/Tätigkeit über inländische gebundene Vermittler

3 Der Begriff der Zweigniederlassung ist in § 2 Abs. 11 S. 1 legaldefiniert als eine von der Hauptverwaltung des Wertpapierinstituts verschiedene, rechtlich unselbständige Betriebsstelle, die solche Wertpapierdienstleistungen und ggf. zusätzlich Wertpapiernebendienstleistungen erbringt, für die dem Wertpapierinstitut eine Zulassung erteilt wurde; nach § 2 Abs. 11 S. 2 gelten dabei alle Betriebsstellen in demselben Vertragsstaat als eine einzige Zweigniederlassung.

4 Kriterien für das Vorliegen einer Betriebsstelle sind in Anlehnung an den entsprechenden Begriff der Zweigniederlassung in § 13 HGB bzw. den Begriff der „Betriebsstätte" in § 12 AO (1) die Zusammenfassung von räumlichen und personellen Mitteln des Unternehmens in einer ortsfesten Einrichtung im Inland von einer gewissen Dauer, (2) die räumliche Trennung von der Hauptniederlassung und (3) die rechtliche Unselbständigkeit vom Hauptunternehmen (Schwennicke/Auerbach/Brocker KWG § 53b Rn. 14 mwN; zum handelsrechtlichen Begriff vgl. Baumbach/Hopt HGB § 13 Rn. 3 f.).

5 Alternativ oder kumulativ zur Errichtung einer Zweigniederlassung erfasst § 73 die Erbringung von Wertpapierdienstleistungen und ggf. zusätzlich Wertpapiernebendienstleistungen über gem. § 3 Abs. 2 angezeigte, im Inland ansässige vertraglich gebundene Vermittler.

2. Zulassung/Überwachung im Herkunftsvertragsstaat

6 Die Inanspruchnahme des Europäischen Passes setzt nach § 73 S. 1 voraus, dass das Wertpapierinstitut von der zuständigen Behörde des Herkunftsvertragsstaates zugelassen worden ist, die erbrachten Wertpapierdienstleistungen von der Zulassung abgedeckt sind und das Wertpapierinstitut von der zuständigen Behörde im Einklang mit den einschlägigen unionsrechtlichen Vorgaben, insbesondere der MiFID II, der IFD sowie der IFR, beaufsichtigt wird.

7 Die maßgeblichen Wertpapierdienstleistungen sind in § 2 Abs. 2 definiert. Der auf Wertpapierdienstleistungen beschränkte Wortlaut der Vorschrift ist ausweislich des Art. 35 Abs. 1 S. 1 MiFID II, der neben den Wertpapierdienstleistungen auch Nebendienstleistungen iSv Art. 4 Abs. 1 Nr. 3 MiFID II und Anhang I Abschnitt B MiFID II erfasst, zu eng. Vielmehr ist auch die Erbringung von Wertpapiernebendienstleistungen iSv § 2 Abs. 3 von § 73 erfasst, nicht jedoch die Erbringung von Nebenleistungen iSv § 2 Abs. 4 soweit sich diese auf Finanzinstrumente iSv § 2 Abs. 5 beziehen, die über den Umfang der in Art. 4 Abs. 1 Nr. 15 MiFID II und Anhang I Abschnitt C MiFID II hinausgehen (namentlich insbesondere Vermögensanlagen (§ 2 Abs. 5 Nr. 2) sowie Schwarmfinanzierungsinstrumente (§ 2 Abs. 5 Nr. 11); Lendermann/Nemeczek/Schroeter/Nemeczek/Pitz Rn. 6).

8 Im **Herkunftsvertragsstaat erlaubnisfreie, in Deutschland aber erlaubnispflichtige Wertpapierdienstleistungen bzw. Wertpapiernebendienstleistungen** (hinsichtlich Letzterer ist aufgrund der ausdrücklichen Nennung in § 15 Abs. 1 das Depotgeschäft (§ 2 Abs. 3 Nr. 1), das Wertpapierkreditgeschäft (§ 2 Abs. 3 Nr. 2) und das Devisengeschäft (§ 2 Abs. 3 Nr. 4) betroffen (Lendermann/Nemeczek/Schroeter/Nemeczek/Pitz § 73 Rn. 6)) darf das Wertpapierinstitut grundsätzlich ebenfalls im Rahmen des Europäischen Passes in Deutschland erbringen, ohne eine eigene Erlaubnis nach § 15 Abs. 1 erwirken zu müssen, sofern die Voraussetzungen des Europäischen Passes im Übrigen gegeben sind

(Zulassung als Wertpapierinstitut im Herkunftsvertragsstaat, Erbringen der maßgeblichen erlaubnisfreien Tätigkeit im Herkunftsvertragsstaat, Überwachung der sonstigen Tätigkeit im Herkunftsvertragsstaat nach MiFID II, IFD bzw. IFR im Herkunftsvertragsstaat) und keine besondere Rechtfertigung für die Durchsetzung von zusätzlichen inländischen Erlaubnisanforderungen im Einzelfall besteht (ebenso ohne letztgenanntes Kriterium Lendermann/Nemeczek/Schroeter/Nemeczek/Pitz Rn. 8 mwN); andernfalls verstieße die Durchsetzung der inländischen Erlaubnispflicht gegen Art. 49 Abs. 1 S. 1 AEUV (Niederlassungsfreiheit in der Auslegung als Beschränkungsverbot).

Im **Herkunftsvertragsstaat erlaubnispflichtige, in Deutschland aber erlaubnisfreie Wertpapierdienstleistungen bzw. Wertpapiernebendienstleistungen** (erlaubnisfrei in Deutschland sind zB Corporate Finance-Beratung (§ 2 Abs. 3 Nr. 3), Anlagestrategieempfehlung bzw. Anlageempfehlungen iSv Art. 3 Abs. 1 Nr. 35 Marktmissbrauchsverordnung (§ 2 Abs. 3 Nr. 5), darf das im Herkunftsvertragsstaat erlaubniskonform tätige Wertpapierinstitut in Deutschland erbringen, ohne einen Europäischen Pass zu benötigen (Lendermann/Nemeczek/Schroeter/Nemeczek/Pitz Rn. 9 mwN). 9

Weitere Voraussetzung der Inanspruchnahme des Europäischen Passes ist, dass das Wertpapierinstitut im Hinblick auf die betreffenden Wertpapierdienstleistungen bzw. Wertpapiernebendienstleistungen im Herkunftsvertragsstaat (es sei denn, diese Leistungen sind im Herkunftsvertragsstaat erlaubnisfrei → Rn. 8) entsprechend der Vorgaben der MiFID II, IFD und IFR auch **tatsächlich überwacht** wird. Letzteres ist nicht der Fall, soweit für das Wertpapierinstitut mandatorische oder fakultative Ausnahmen nach Art. 2 oder 3 MiFID II im Herkunftsvertragsstaat gelten (Lendermann/Nemeczek/Schroeter/Nemeczek/Pitz Rn. 7). 10

3. Anzeigeverfahren/Tätigkeitsaufnahme (Abs. 2/4)

a) Herkunftsstaatliche Anzeige. Bevor das Wertpapierinstitut eine § 73 unterfallende beabsichtigte Tätigkeit im Inland aufnimmt, hat es aufgrund des Herkunftslandsprinzips gem. Art. 35 Abs. 2 MiFID II iVm Art. 6 der Delegierten Verordnung (EU) Nr. 1018/2017 iVm Art. 12, 13 der Durchführungsverordnung (EU) Nr. 2017/2382 den zuständigen Stellen des Herkunftsvertragsstaates in dem nach dessen Statut geregelten **Anzeigeverfahren** seine Absicht anzuzeigen, in Deutschland über eine Zweigniederlassung oder durch den Einsatz von in Deutschland ansässigen vertraglich gebundenen Vermittler tätig zu werden. 11

b) Weiterleitung der Anzeige an BaFin/Welcome Letter. Die zuständigen Stellen des Herkunftsvertragsstaates leiten die gem. Art. 12, 13 der Durchführungsverordnung (EU) Nr. 2017/2382 angezeigten Daten innerhalb von drei Monaten nach Eingang unter Verwendung des Formulars in Anhang VIII der Durchführungsverordnung (EU) Nr. 2017/2382 (Zweigniederlassungsanzeige) bzw. des Formulars in Anhang IX der Durchführungsverordnung (EU) Nr. 2017/2382 (Anzeige des Einsatzes vertraglich gebundener Vermittler) nebst einer Kopie der Anzeige an die BaFin weiter. 12

Die BaFin bestätigt gem. Abs. 2 Satz 1 iVm Art. 15 Abs. 3/Art. 16 Abs. 3 der Durchführungsverordnung (EU) Nr. 2017/2382 innerhalb von zwei Monaten nach Zugang den Eingang der Anzeige gegenüber den zuständigen Stellen des Herkunftsmitgliedstaats und dem Wertpapierinstitut, weist es auf die für seine Tätigkeit vorgeschriebenen Meldungen an BaFin und BBank hin und nennt die im Allgemeininteresse für die Tätigkeit des Wertpapierinstitutes in Deutschland 13 geltenden Bedingungen gem. Abs. 5 (sog. **„Welcome Letter"**) Lendermann/Nemeczek/Schroeter/Nemeczek/Pitz Rn. 14. Im Fall einer unrichtigen oder unvollständigen Aufzählung der maßgeblichen Vorschriften im Welcome Letter besteht kein Vertrauensschutz des Adressaten (Lendermann/Nemeczek/Schroeter/Nemeczek/Pitz Rn. 14 „bloße Ordnungsvorschrift")

14 Die BaFin übermittelt der ESMA auf deren Anforderung (Art. 35 Verordnung (EU) Nr. 1095/2010) die diesbezüglichen Informationen.

15 **c) Aufnahme der Tätigkeit durch das Institut.** Nach erfolgter Mitteilung der **BaFin** an das Wertpapierinstitut, spätestens aber nach Ablauf einer **Frist von zwei Monaten** nach Eingang der von der herkunftsstaatlichen Aufsichtsbehörde übermittelten Unterlagen an die BaFin darf die Zweigniederlassung in Deutschland errichtet werden bzw. die beabsichtigte Tätigkeit über zuvor nach § 3 Abs. 2 S. 1 und 5 ordnungsgemäß angezeigte und registrierte vertraglich gebundene Vermittler im Inland aufgenommen werden (Abs. 2 Satz 3, Abs. 4 Satz 1 bzw. Art. 16 Abs. 4 und 6 Durchführungsverordnung (EU) Nr. 2017/2382). Das Zeitfenster ab Eingang der vollständigen Anzeigeunterlagen bei den zuständigen Stellen des Herkunftsstaates bis zur Tätigkeitsaufnahme der Zweigniederlassung/des vertraglich gebundenen Vermittlers in Deutschland beträgt mithin **fünf Monate.**

4. Änderungsanzeige (Abs. 3)

16 Änderungsanzeigen haben gem. Art. 35 Abs. 10 MiFID II (Änderungsanzeige bei angezeigten Zweigniederlassungen/Einsatz vertraglich gebundener Vermittler im Aufnahmevertragsstaat) sowie den Anforderungen an Inhalt und Form der Änderungsanzeigen und Einzelheiten der behördlichen Kommunikation gemäß der Delegierten Verordnung (EU) Nr. 1018/2017 sowie der Durchführungsverordnung (EU) Nr. 2381/2017 ausschließlich über die zuständigen Stellen des Herkunftsvertragsstaates zu erfolgen. Abs. 3 hat daher keinen Regelungsgehalt (→ § 72 Rn. 1; Lendermann/Nemeczek/Schroeter/Nemeczek/Pitz Rn. 17).

5. Anwendung nationaler Vorschriften (Abs. 5)

17 **a) Rechtsgrundlagen.** Der Gesetzgeber hat in Abs. 5 einzelne auf den Europäischen Pass nach § 73 nutzende Wertpapierinstitute im Hinblick auf deren in Deutschland tätige Zweigniederlassungen und vertraglich gebundene Vermittler anwendbare Vorschriften des WpIG, KWG und FinDAG aufgeführt. Die Aufstellung beruht einerseits auf der in Art. 35 Abs. 8 MiFID II geregelten Befugnis (als Befugnisnorm im deutschen Recht umgesetzt in § 90 WpHG) andererseits auf sonstigen Befugnissen zur Regelung der Aktivitäten der betreffenden Zweigniederlassungen und vertraglich gebundener Vermittler in Deutschland aus allgemeinen Schrankenbestimmungen der Niederlassungsfreiheit nach Art. 49 AEUV in Gestalt von zwingenden Gründen des Allgemeininteresses (Lendermann/Nemeczek/Schroeter/Nemeczek/Pitz Rn. 20 mwN; EuGH EuZW 2025, 1226, Tenor, stRspr). Die Aufstellung ist aufgrund der letztgenannten allgemeinen Befugnis, nationale Vorschriften aus zwingenden Gründen des Allgemeininteresses anzuwenden, **nicht abschließend** (Lendermann/Nemeczek/Schroeter/Nemeczek/Pitz § 73 Rn. 23, 39 ff. mit Erläuterungen zu weiteren anwendbaren Vorschriften).

18 **b) Einzelne aufgeführte Vorschriften.** Vorschriften gem. Abs. 5 Nr. 1:
– **§ 5 Abs. 1 S. 2, Abs. 4 und 6:** Nach § 5 Abs. 1 S. 2 ist die BaFin die zuständige Aufsichtsbehörde nach Art. 4 Abs. 1 S. 1 IFD. Diese kann im Rahmen ihrer

im Geltungsbereich des Europäischen Passes bestehenden Zuständigkeit für die Tätigkeiten des Wertpapierinstituts (über die angezeigte Zweigniederlassung bzw. vertraglich gebundenen Vermittler) nach § 5 Abs. 4 Auskünfte verlangen und Prüfungsmaßnahmen durchführen, die, soweit sie rechtmäßig sind, von der Zweigniederlassung bzw. dem vertraglich gebundenen Vermittler und den für diese tätigen Personen zu dulden sind. § 5 Abs. 6 regelt ein Auskunftsverweigerungsrecht bei andernfalls drohender strafrechtlicher Verfolgung oder eines andernfalls drohenden OWiG-Verfahrens.

- **§ 6:** Widerspruch und Anfechtungsklage gegen Maßnahmen der BaFin nach den darin genannten Vorschriften haben keine aufschiebende Wirkung.
- **§ 7 Abs. 1 und 2:** Die Vorschriften regeln Fragen der aufsichtsbehördlichen grenzüberschreitenden Kooperation sowie Frage- und Auskunftsrechte gegenüber anderen Aufsichtsbehörden im EWR, insbesondere zur Validierung von im Rahmen der aufsichtlichen Tätigkeit bei der Zweigniederlassung bzw. dem vertraglich gebundenen Vermittler erhobenen Informationen.
- **§ 11:** Regelungen zur aufsichtlichen Kooperation im Verhältnis BaFin – BBank nach § 11 gelten auch für die Beaufsichtigung der Tätigkeit der Zweigniederlassung bzw. dem/den vertraglich gebundenen Vermittler(n).
- **§ 14:** Die Form der Kommunikation mit BaFin und BBank (schriftlich bzw. nach § 3a VwVfG elektronisch) bleibt im Rahmen des Europäischen Passes unberührt.
- **§§ 31, 32:** Die Zweigniederlassung hat nach § 31 über ihre Zugehörigkeit zu einer Anlegerentschädigungseinrichtung zu informieren; in den Vertragsunterlagen ist auf eine etwaige nicht bestehende Sicherung von Kundengeldern hinzuweisen. Im Fall des Ausscheidens aus einer Anlegerentschädigungseinrichtung sind nach § 32 BaFin, BBank und Kunden, die keine Institute iSv KWG oder Wertpapierinstitute sind in Textform hierüber zu informieren.
- **§ 33 Abs. 1–4:** Die Vorschrift sieht zusätzlich zu den nach dem GwG aufgrund der Verpflichteten-Eigenschaft der Zweigniederlassung (§ 2 Abs. 1 Nr. 2 GwG) geltenden Vorschriften für Zweigniederlassungen die Einhaltung von Organisationspflichten über ein angemessenes Risikomanagement und interne Sicherungsmaßnahmen sowie geldwäscherechtliche Dokumentations- und Meldepflichten sowie Auslagerungsbefugnisse im Bereich Risikomanagement/interne Sicherungsmaßnahmen sowie Anordnungsbefugnisse der BaFin gegenüber dem Auslagerungsunternehmen.
- **§§ 34–37:** Die §§ 34–37 enthalten im Wesentlichen den §§ 25j, 25k, 25l und 25m KWG entsprechende geldwäscherechtliche Organisationspflichten im Hinblick auf den Zeitpunkt der Identitätsüberprüfung bei Kontoeröffnungen, verstärkte Sorgfaltspflichten bei Bargeldannahmen und Geschäftsverbote für Bankmantelgesellschaftstransaktionen/Zugriffsmöglichkeiten auf Eigenkonten sowie die Anordnung der BaFin-Zuständigkeit Investmentholdinggesellschaften.
- **§ 66 Abs. 1:** Die Vorschrift regelt vierteljährliche Millionenkredit-Anzeigepflichten gegenüber der bei der BBank geführten Evidenzzentrale für Kreditnehmer, deren Kreditvolumen 1 Million Euro oder mehr beträgt. Die §§ 14 Abs. 2–4 und §§ 19, 20 KWG sowie Teil 2 und 3 GroMiKV gelten hierfür entsprechend. Der Verweis auf § 66 Abs. 1 wird mit Wirkung zum 30.12.2026 aufgrund der Einstellung des Millionenkreditmeldewesens durch das StoFöG gestrichen (BT-Drs. 21/2507 S. 215).

19 Vorschriften gem. Abs. 5 Nr. 2:

– **§§ 24b und 24c KWG:** Die Regelungen ordnen die Anwendung der Vorschriften des KWG zur Teilnahme an Zahlungs- sowie Wertpapierliefersystemen, Wertpapierabrechnungssystemen sowie interoperablen Systemen und zum automatisierten Abruf von Kontoinformationen unterschiedslos für Zweigniederlassungen ausländischer Wertpapierinstitute gleich welcher Größe an. Die Vorschrift ist in dieser Form europarechtswidrig, da sie für Kleine und Mittlere (inländische) Wertpapierinstitute nicht gelten (§ 4 S. 1; Lendermann/Nemeczek/Schroeter/Nemeczek/Pitz Rn. 33).

20 Vorschriften gem. Abs. 5 Nr. 3:

– **§ 17 FinDAG:** Die BaFin kann hiernach solche Verfügungen, die sie im Rahmen ihrer Befugnisse (unter Berücksichtigung insbesondere von § 90 WpHG sowie von 75 Abs. 2 erlassen hat, mit Zwangsmitteln durchsetzen (Lendermann/Nemeczek/Schroeter/Nemeczek/Pitz Rn. 38).

III. Rechtsfolgen von Pflichtverletzungen

21 Das WpIG sieht mit Ausnahme von Maßnahmen nach § 90 WpHG sowie 75 Abs. 2 keine Sanktionierung, insbesondere keine Bußgeldbewehrung vor (Lendermann/Nemeczek/Schroeter/Nemeczek/Pitz Rn. 43).

§ 74 Grenzüberschreitender Dienstleistungsverkehr

(1) [1]**Ein Wertpapierinstitut mit Sitz in einem anderen Vertragsstaat darf ohne Erlaubnis durch die Bundesanstalt im Wege des grenzüberschreitenden Dienstleistungsverkehrs, auch durch vertraglich gebundene Vermittler, die ihren Sitz oder gewöhnlichen Aufenthalt im Herkunftsvertragsstaat oder in einem anderen Mitgliedstaat haben, im Inland Wertpapierdienstleistungen erbringen, wenn das Wertpapierinstitut von der zuständigen Behörde seines Herkunftsvertragsstaates zugelassen worden ist, die erbrachten Wertpapierdienstleistungen von der Zulassung abgedeckt sind und das Wertpapierinstitut von den zuständigen Behörden im Einklang mit den einschlägigen unionsrechtlichen Vorgaben, insbesondere der Richtlinie 2014/65/EU, der Richtlinie (EU) 2019/2034 sowie der Verordnung (EU) 2019/2033, beaufsichtigt wird.** [2]**Die Bundesanstalt veröffentlicht die Namen von vertraglich gebundenen Vermittlern, die ihren Sitz oder gewöhnlichen Aufenthalt im Herkunftsvertragsstaat des Wertpapierinstituts haben und die das Wertpapierinstitut beabsichtigt, grenzüberschreitend im Inland einzusetzen.**

(2) [1]**Für die Tätigkeiten im Wege des grenzüberschreitenden Dienstleistungsverkehrs nach Absatz 1 gelten § 5 Absatz 4 und 6, §§ 11, 31 und 32 dieses Gesetzes sowie § 17 des Finanzdienstleistungsaufsichtsgesetzes entsprechend.** [2]**Auf Betreiber eines multilateralen oder organisierten Handelssystems, die im Wege des grenzüberschreitenden Dienstleistungsverkehrs im Inland einen Zugang anbieten, sind die §§ 30 und 31 nicht anzuwenden.**

I. Vorbemerkung

1 § 74 enthält infolge bestehender herkunftsvertragsstaatlich geregelter Anzeigepflichten und der Weiterleitung der angezeigten Daten gegenüber BaFin und BBank die „Aufnahmekomponente" des Regelungssystems des **„Europäischer Passes"** (zu den unionsrechtlichen Grundlagen grundlegend Lendermann/Nemeczek/Schroeter/Nemeczek/Pitz vor §§ 70 ff. Rn. 13 ff.). Die Norm setzt insoweit Art. 34 MiFID II um. Die Aufnahmekomponente des Europäischen Passes betrifft Sachverhalte, in denen ein in einem anderen Vertragsstaat (§ 2 Abs. 37) ansässiges Wertpapierinstitut im Weg des grenzüberschreitenden Dienstleistungsverkehrs aus dem Herkunftsvertragsstaat heraus oder durch den Einsatz von im Herkunftsvertragsstaat oder einem dritten Mitgliedstaat ansässigen vertraglich gebundenen Vermittlern grenzüberschreitend im Inland tätig werden will. In § 71 ist als Gegenstück die „Erteilungskomponente" des Europäischen Passes geregelt. Diese betrifft Sachverhalte, in denen ein inländisches Wertpapierinstitut im Wege des grenzüberschreitenden Dienstleistungsverkehrs aus Deutschland heraus oder durch den Einsatz von in Deutschland ansässigen vertraglich gebundener Vermittlern grenzüberschreitend im Aufnahmevertragsstaat tätig werden will. Eine Sonderregelung für den grenzüberschreitenden Dienstleistungsverkehr nach Deutschland durch Betreiber eines multilateralen Handelssystems (MTF) oder organisierten Handelssystems (OTF), die auf diesem Weg inländischen Marktteilnehmern einen Zugang zu ihren Systemen gewähren, enthält Abs. 2 Satz 2. Hiernach sind § 30 (Anwendung von das Handels- oder Genossenschaftsregister oder sonstige öffentliche Register betreffenden Vorschriften) und § 31 (Information von Kunden über das Ausscheiden aus einer Sicherungseinrichtung) in diesen Fällen nicht anzuwenden (zu diesem fehlgehenden Verweis → Rn. 19).

II. Voraussetzungen der Tätigkeit nach Maßgabe des Europäischen Passes

2 Gemäß Abs. 1 Satz 1 darf ein Wertpapierinstitut mit Sitz in einem anderen Vertragsstaat ohne Erlaubnis durch die BaFin im Weg des grenzüberschreitenden Dienstleistungsverkehrs aus dem Herkunftsvertragsstaat heraus oder durch den Einsatz von im Herkunftsvertragsstaat oder einem dritten Mitgliedstaat ansässigen vertraglich gebundener Vermittlern grenzüberschreitend in Deutschland Wertpapierdienstleistungen erbringen, ohne eine gesonderte Erlaubnis nach § 15 zu benötigen, wenn das Wertpapierinstitut von der zuständigen Behörde seines Herkunftsvertragsstaates zugelassen worden ist, die erbrachten Wertpapierdienstleistungen von der Zulassung abgedeckt sind und das Wertpapierinstitut von der zuständigen Behörde im Einklang mit den einschlägigen unionsrechtlichen Vorgaben, insbesondere der Richtlinie 2014/65/EU (MiFID II), der Richtlinie (EU) 2019/2034 (IFD) sowie der Verordnung (EU) 2019/2033 (IFR), beaufsichtigt wird.

1. Grenzüberschreitende Dienstleistungen/vertraglich gebundene Vermittler im Herkunftsvertragsstaat/OTF/MTF

3 Der Begriff der grenzüberschreitenden Dienstleistungen ist nicht legaldefiniert, sondern ergibt sich in **Abgrenzung von der Tätigkeit einer Zweigniederlas-**

sung iSv § 2 Abs. 11 durch die fehlende (ortsfeste) Präsenz im Inland. Weder das Wertpapierinstitut selbst noch ggf. vom Wertpapierinstitut zum Zweck der Erbringung der Dienstleistungen eingesetzte vertraglich gebundener Vermittler sind in diesem Fall im Inland ansässig.

4 Kriterien für das Vorliegen einer inländischen ortsfesten Präsenz sind die Merkmale, die im deutschen Recht für den Begriff der Zweigniederlassung in § 13 HGB bzw. den Begriff der „Betriebsstätte" in § 12 AO verwendet werden (→ § 73 Rn. 4).

5 Alternativ oder kumulativ zur Erbringung grenzüberschreitender Dienstleistungen durch das ausländische Wertpapierinstitut selbst, ist der Einsatz von im Herkunftsvertragsstaat oder einem dritten Mitgliedstaat ansässigen **vertraglich gebundener Vermittlern** zu diesem Zweck. Die Namen angezeigter Vermittler werden von der BaFin in dem unter https://portal.mvp.bafin.de/database/VGVInfo/ abrufbaren **Vermittlerregister** veröffentlicht (Abs. 1 Satz 2).

2. Zulassung im Herkunftsvertragsstaat/Überwachung im Herkunftsvertragsstaat

6 Die Inanspruchnahme des Europäischen Passes setzt nach Abs. 1 Satz 1 voraus, dass das Wertpapierinstitut von der zuständigen Behörde des Herkunftsvertragsstaates zugelassen worden ist, die erbrachten Wertpapierdienstleistungen von der Zulassung abgedeckt sind und das Wertpapierinstitut von der zuständigen Behörde im Einklang mit den einschlägigen unionsrechtlichen Vorgaben, insbesondere der MiFID II, der IFD sowie der IFR, beaufsichtigt wird.

7 Die maßgeblichen Wertpapierdienstleistungen sind in § 2 Abs. 2 definiert. Der auf Wertpapierdienstleistungen beschränkte Wortlaut der Vorschrift ist (wie auch § 73 Abs. 1 → § 73 Rn. 7) ausweislich des Art. 34 Abs. 1 S. 1 MiFID II, der neben den Wertpapierdienstleistungen auch Nebendienstleistungen iSv Art. 4 Abs. 1 Nr. 3 MiFID II und Anhang I Abschnitt B MiFID II erfasst, zu eng. Vielmehr ist auch die Erbringung von Wertpapiernebendienstleistungen iSv § 2 Abs. 3 von § 74 erfasst, nicht jedoch die Erbringung von Nebenleistungen iSv § 2 Abs. 4 soweit sich diese auf Finanzinstrumente iSv § 2 Abs. 5 beziehen, die über den Umfang der in Art. 4 Abs. 1 Nr. 15 MiFID II und Anhang I Abschnitt C MiFID II hinausgehen, Lendermann/Nemeczek/Schroeter/Nemeczek/Pitz § 73 Rn. 6, namentlich insbesondere Vermögensanlagen (§ 2 Abs. 5 Nr. 2) sowie Schwarmfinanzierungsinstrumente (§ 2 Abs. 5 Nr. 11); Lendermann/Nemeczek/Schroeter/Nemeczek/Pitz § 73 Rn. 6.

8 Im **Herkunftsvertragsstaat erlaubnisfreie, in Deutschland aber erlaubnispflichtige Wertpapierdienstleistungen bzw. Wertpapiernebendienstleistungen** (hinsichtlich Letzterer ist aufgrund der ausdrücklichen Nennung in § 15 Abs. 1 das Depotgeschäft (§ 2 Abs. 3 Nr. 1), das Wertpapierkreditgeschäft (§ 2 Abs. 3 Nr. 2) und das Devisengeschäft (§ 2 Abs. 3 Nr. 4) betroffen (Lendermann/Nemeczek/Schroeter/Nemeczek/Pitz Rn. 4)) darf das Wertpapierinstitut grundsätzlich ebenfalls im Rahmen des Europäischen Passes in Deutschland erbringen, ohne eine eigene Erlaubnis nach § 15 Abs. 1 erwirken zu müssen, sofern die Voraussetzungen des Europäischen Passes im Übrigen gegeben sind (Zulassung als Wertpapierinstitut im Herkunftsvertragsstaat, Erbringen der maßgeblichen erlaubnisfreien Tätigkeit im Herkunftsvertragsstaat, Überwachung der sonstigen Tätigkeit im Herkunftsvertragsstaat nach MiFID II, IFD bzw. IFR im Herkunftsvertragsstaat) und keine besondere Rechtfertigung für die Durchsetzung von

zusätzlichen inländischen Erlaubnisanforderungen im Einzelfall besteht (→ § 73 Rn. 8; Lendermann/Nemeczek/Schroeter/Nemeczek/Pitz Rn. 4).

9 Im **Herkunftsvertragsstaat erlaubnispflichtige, in Deutschland aber erlaubnisfreie Wertpapierdienstleistungen bzw. Wertpapiernebendienstleistungen** (erlaubnisfrei in Deutschland sind zB Corporate Finance-Beratung (§ 2 Abs. 3 Nr. 3), Anlagestrategieempfehlung bzw. Anlageempfehlungen iSv Art. 3 Abs. 1 Nr. 35 Marktmissbrauchsverordnung (§ 2 Abs. 3 Nr. 5), darf das im Herkunftsvertragsstaat erlaubniskonform tätige Wertpapierinstitut in Deutschland erbringen, ohne einen Europäischen Pass zu benötigen (→ § 73 Rn. 9; Lendermann/Nemeczek/Schroeter/Nemeczek/Pitz § 73 Rn. 10 mwN).

10 Das Wertpapierinstitut muss im Hinblick auf die betreffenden Wertpapierdienstleistungen bzw. Wertpapiernebendienstleistungen im Herkunftsvertragsstaat (es sei denn, diese Leistungen sind im Herkunftsvertragsstaat erlaubnisfrei → Rn. 8) entsprechend der Vorgaben der MiFID II, IFD und IFR auch **tatsächlich überwacht** werden, was bei Anwendung von Ausnahmen nach Art. 2 oder 3 MiFID II im Herkunftsvertragsstaat ausscheidet (→ § 73 Rn. 10).

11 Für **Betreiber eines multilateralen oder organisierten Handelssystems** wird an der in Abs. 2 Satz 2 erfolgten Erwähnung erkennbar vom Gesetzgeber vorausgesetzt, dass diese bei Einhaltung der vorgenannten Voraussetzungen Marktteilnehmern in Deutschland einen unmittelbaren Zugang zu ihren Handelssystemen gewähren dürfen und ihnen das Handeln an seinen Märkten ermöglichen dürfen; Art. 34 Abs. 6 MiFID II sieht dies ausdrücklich vor (Lendermann/Nemeczek/Schroeter/Nemeczek/Pitz Rn. 6).

3. Anzeigeverfahren/Tätigkeitsaufnahme

12 **a) Herkunftsstaatliche Anzeige.** Bevor das Wertpapierinstitut eine § 74 unterfallende beabsichtigte Tätigkeit im Inland aufnimmt, hat es aufgrund des Herkunftslandsprinzips gem. Art. 34 Abs. 2 MiFID II iVm Art. 3 der Delegierten Verordnung (EU) Nr. 1018/2017 iVm Art. 3 bzw. 8 der Durchführungsverordnung (EU) Nr. 2017/2382 den zuständigen Stellen des Herkunftsvertragsstaates in dem nach dessen Statut geregelten **Anzeigeverfahren** (unter Verwendung der Formulare in Anhang I (Dienstleistungsanzeige/vertraglich gebundene Vermittler) bzw. IV der Durchführungsverordnung (EU) Nr. 2017/2382 (MTF/OTF)) seine Absicht anzuzeigen, in Deutschland über eine Zweigniederlassung oder durch den Einsatz von in Deutschland ansässigen vertraglich gebundenen Vermittler tätig zu werden bzw. Marktteilnehmern im Inland Zugang zu einem multilateralen Handelssystem (MTF) oder organisierten Handelssystem (OTF) gewähren zu wollen.

13 **b) Weiterleitung der Anzeige an BaFin.** Die zuständigen Stellen des Herkunftsvertragsstaates leiten die gem. Art. 3 bzw. 8 der Durchführungsverordnung (EU) Nr. 2017/2382 angezeigten Daten innerhalb eines Monats nach Eingang unter Verwendung des Formulars in Anhang II der Durchführungsverordnung (EU) Nr. 2017/2382 (Dienstleistungsanzeige/vertraglich gebundene Vermittler) bzw. des Formulars in Anhang V der Durchführungsverordnung (EU) Nr. 2017/2382 (MTF/OTF) nebst einer Kopie der Anzeige an die BaFin weiter.

14 Eine Bestätigung des Eingangs der weitergeleiteten Unterlagen durch die BaFin und die Information des Antragstellers über die im Allgemeininteresse für die Tätigkeit des Wertpapierinstitutes in Deutschland geltenden Bedingungen in Form eines für Zweigniederlassungen bekannten „Welcome Letter" ist gesetzlich weder in der Durchführungsverordnung (EU) Nr. 2017/2382 noch in § 74 vorge-

sehen und erfolgt in der Praxis nicht (Lendermann/Nemeczek/Schroeter/Nemeczek/Pitz Rn. 9).

15 **c) Aufnahme der Tätigkeit durch das Institut.** Das Wertpapierinstitut darf seine Tätigkeit unmittelbar nach erfolgter Anzeige gegenüber der herkunftsstaatlichen Aufsichtsbehörde in der angezeigten Weise aufnehmen (Abs. 1 Satz 1).

4. Änderungsanzeige

16 Änderungsanzeigen haben gem. Art. 34 Abs. 4 MiFID II sowie den Anforderungen an Inhalt und Form der Änderungsanzeigen und Einzelheiten der behördlichen Kommunikation gemäß der Delegierten Verordnung (EU) Nr. 1018/2017 sowie der Durchführungsverordnung (EU) Nr. 2381/2017 ausschließlich über die zuständigen Stellen des Herkunftsvertragsstaates zu erfolgen. (Lendermann/Nemeczek/Schroeter/Nemeczek/Pitz Rn. 10).

5. Anwendung nationaler Vorschriften (Abs. 2)

17 **a) Rechtsgrundlagen.** Der Gesetzgeber hat in Abs. 2 einzelne auf den Europäischen Pass nach § 74 nutzende Wertpapierinstitute im Hinblick auf deren Tätigkeit in Deutschland aufgeführt. Die nicht abschließende Aufstellung (Lendermann/Nemeczek/Schroeter/Nemeczek/Pitz Rn. 17 f. mit Erläuterungen zu weiteren anwendbaren Vorschriften) beruht auf mitgliedstaatlichen Befugnissen zur Regelung der Aktivitäten ausländischer Wertpapierinstitute in Deutschland aus allgemeinen Schrankenbestimmungen der Niederlassungsfreiheit nach Art. 49 AEUV in Gestalt von zwingenden Gründen des Allgemeininteresses (Lendermann/Nemeczek/Schroeter/Nemeczek/Pitz Rn. 11; EuGH EuZW 2025, 1226, Tenor, stRspr). Der Kreis der hiernach in Betracht kommenden Vorschriften ist aufgrund der genannten Schrankenanforderung grundsätzlich klein.

18 Aufgrund der in § 90 Abs. 4 WpHG eingeräumten subsidiären Befugnis der BaFin, geeignete Maßnahmen zu ergreifen, wenn das Wertpapierinstitut im grenzüberschreitenden Dienstleistungsverkehr gegen die Organisations- und Wohlverhaltensbestimmungen des 11. Abschnitts des WpHG oder entsprechende Vorschriften ausländischen Rechts verstößt und die zuständige Aufsichtsbehörde des Herkunftsvertragsstaates trotz eines erfolgten Hinweises der BaFin hiergegen nicht einschreitet, sind grundsätzlich auch die von § 90 Abs. 4 in Bezug genommenen Vorschriften bzw. ihre ausländischen Äquivalente zu beachten, jedenfalls wenn hierfür ein zwingendes Allgemeininteresse festgestellt werden kann (ohne diese Einschränkung aA BeckOK WpHR/Müller-Berg WpHG § 90 Rn. 12 f.; Lendermann/Nemeczek/Schroeter/Nemeczek/Pitz § 74 Rn. 11 insbesondere wegen der in Art. 34 MiFID II fehlenden Regelung entsprechend Art. 35 Abs. 8 MiFID II, welche entsprechende Organisations- und Wohlverhaltenspflichten in Bezug nimmt; ohne diese Einschränkung iE wie hier Assmann/Schneider/Mülbert/Döhmel WpHG § 90 Rn. 35 ff.; Schwark/Zimmer/Fett WpHG § 90 Rn. 30).

b) Einzelne aufgeführte Vorschriften.

19 – **§ 5 Abs. 4 und 6:** Nach § 5 Abs. 4 kann die BaFin Auskünfte verlangen und Prüfungsmaßnahmen durchführen, die, soweit sie rechtmäßig sind, vom Wertpapierinstitut, dem eingesetzten vertraglich gebundenen Vermittler und den für diese tätigen Personen zu dulden sind. § 5 Abs. 6 regelt ein Auskunfts-

verweigerungsrecht bei Gefahr strafrechtlicher Verfolgung oder eines OWiG-Verfahrens.
- **§ 11:** Regelungen zur aufsichtlichen Kooperation im Verhältnis BaFin – BBank nach § 11 gelten auch für die Beaufsichtigung der Tätigkeit des Wertpapierinstituts bzw. von eingesetzten vertraglich gebundenen Vermittlern.
- **§§ 31, 32:** Die Zweigniederlassung hat nach § 31 über ihre Zugehörigkeit zu einer Anlegerentschädigungseinrichtung zu informieren; in den Vertragsunterlagen ist auf eine etwaige nicht bestehende Sicherung von Kundengeldern hinzuweisen. Im Fall des Ausscheidens aus einer Anlegerentschädigungseinrichtung sind nach § 32 BaFin, BBank und Kunden, die keine Institute iSv KWG oder Wertpapierinstitute sind in Textform hierüber zu informieren. Die Informationspflichten gehen für den Bereich des grenzüberschreitenden Dienstleistungsverkehrs über den Umsetzungsbefehl in Art. 10 Richtlinie 97/9/EG (Anlegerentschädigungsrichtlinie) hinaus, der lediglich Zweigstellen umfasst, was aufgrund des der Anlegerentschädigungsrichtlinie zugrunde liegenden Mindestharmonisierungsprinzips zulässig ist (aA Lendermann/Nemeczek/Schroeter/Nemeczek/Pitz Rn. 15).
- **§ 17 FinDAG:** Die BaFin kann hiernach solche Verfügungen, die sie im Rahmen ihrer Befugnisse (unter Berücksichtigung insbesondere von § 90 Abs. 4 WpHG sowie 75 Abs. 2) erlassen hat, mit Zwangsmitteln durchsetzen.
- **Abs. 2 Satz 2:** Die hier vorgesehene Ausnahme von der Geltung der §§ 30 und 31 für Betreiber eines multilateralen Handelssystems (MTF) oder organisierten Handelssystems (OTF), die im Wege des grenzüberschreitenden Dienstleistungsverkehrs im Inland einen Zugang anbieten, macht ersichtlich keinen Sinn, da die in § 30 vorgesehenen registerrechtlichen Regelungen auf ausländische MTF/OTF Betreiber nicht anwendbar sind; gemeint sein dürften die §§ 31 und 32 (im Übrigen gelten für MTF/OTF Betreiber keine besonderen Regelungen im Vergleich zu sonstigen § 74 unterfallenden Wertpapierinstituten) (so auch Lendermann/Nemeczek/Schroeter/Nemeczek/Pitz Rn. 19 f. „Redaktionsversehen").

III. Rechtsfolgen von Pflichtverletzungen

Das WpIG sieht mit Ausnahme von Maßnahmen nach § 90 Abs. 4 WpHG 20
sowie 75 Abs. 2 keine Sanktionierung, insbesondere keine Bußgeldbewehrung vor (Lendermann/Nemeczek/Schroeter/Nemeczek/Pitz Rn. 21).

§ 75 Unterrichtungsbefugnis und Maßnahmen der Bundesanstalt

(1) **Stellt die Bundesanstalt fest, dass ein Unternehmen im Sinne des § 73 Absatz 1 oder des § 74 Absatz 1 seinen Pflichten nach § 73 Absatz 4 oder § 74 Absatz 2 dieses Gesetzes, § 90 des Wertpapierhandelsgesetzes oder der Verordnung (EU) 2019/2033 nicht nachkommt oder dass es sehr wahrscheinlich ist, dass es diesen Pflichten nicht nachkommen wird, unterrichtet die Bundesanstalt unverzüglich die zuständige Behörde des Herkunftsvertragsstaates.**

(2) [1]**Ergreift die zuständige Behörde des Herkunftsvertragsstaates keine Maßnahmen oder erachtet die Bundesanstalt die Maßnahmen auf Grundlage der ihr von der zuständigen Behörde des Herkunftsvertrags-**

staates übermittelten Informationen und Erkenntnisse als unzureichend, kann die Bundesanstalt nach Unterrichtung der zuständigen Behörde des Herkunftsvertragsstaates und der Europäischen Wertpapier- und Marktaufsichtsbehörde die erforderlichen Maßnahmen ergreifen. [2]Sie kann dann insbesondere die Durchführung neuer Geschäfte im Inland untersagen.

I. Vorbemerkung

1 § 75 setzt Art. 86 Abs. 1 MiFID II um. Die Vorschrift regelt Befugnisse der BaFin im Fall von erfolgten oder qualifiziert bevorstehenden (→ Rn. 4) Verstößen eines Wertpapierinstituts mit Sitz in einem anderen Vertragsstaat, das über eine Zweigniederlassung, über vertraglich gebundene Vermittler mit Sitz oder gewöhnlichen Aufenthalt im Inland (§ 73 Abs. 1) oder im Wege des grenzüberschreitenden Dienstleistungsverkehrs (§ 74 Abs. 1) in Deutschland Wertpapierdienstleistungen erbringt, gegen Pflichten nach § 73 Abs. 5 (der Verweis auf § 73 Abs. 4 in Abs. 1 ist ein Redaktionsversehen des Gesetzgebers; so auch Lendermann/Nemeczek/Schroeter/Nemeczek/Pitz Rn. 5) oder § 74 Abs. 2 (dh nach deutschem Recht aufgrund von Art. 85 MiFID II geltende Vorschriften sowie im Allgemeininteresse auch für Inhaber eines Europäischen Passes geltende Vorschriften (→ § 73 Rn. 17 ff.; → § 74 Rn. 17 ff.)) sowie gegen § 90 WpHG und/oder Vorschriften der IFR.

2 **§ 11 Abs. 4** regelt aufgrund von Art. 13 Abs. 4 UAbs. 1 IFD im Verhältnis zu § 75 Abs. 2 parallele Befugnisse der BaFin und BBank wenn zuständige Behörden oder Stellen des Herkunftsvertragsstaates die notwendigen Maßnahmen nicht ergriffen haben, um von BaFin oder BBank gestellte Informationsersuchen zu erfüllen. Nach dieser Vorschrift kann die BaFin nach Unterrichtung der jeweils zuständigen Stellen des Herkunftsvertragsstaates, der Europäischen Bankenaufsichtsbehörde und der ESMA geeignete Maßnahmen zum Kundenschutz oder zur Wahrung der Stabilität des Finanzsystems ergreifen. § 75 Abs. 2 ist wegen der Inbezugnahme der §§ 73 und 74 die speziellere Vorschrift in Konstellationen, in denen betreffende Unternehmen im Inland aufgrund eines Europäischen Passes agieren (Lendermann/Nemeczek/Schroeter/Nemeczek/Pitz Rn. 4).

3 **§ 90 Abs. 3 WpHG** enthält ebenfalls aufgrund von Art. 86 Abs. 1 MiFID II zu § 75 komplementäre Befugnisse für Fälle, in denen ein Unternehmen im Inland nach § 73 über eine Zweigniederlassung oder vertraglich gebundene Vermittler tätig ist und gegen andere als die von § 90 Abs. 1 S. 1 WpHG für entsprechend anwendbar erklärten Vorschriften des WpHG, entsprechende ausländische Vorschriften oder der MiFiR verstößt. Auch insoweit ist § 75 Abs. 2 in Konstellationen, in denen betreffende Unternehmen im Inland aufgrund eines Europäischen Passes agieren, die speziellere Vorschrift (Lendermann/Nemeczek/Schroeter/Nemeczek/Pitz Rn. 3).

II. Unterrichtungsbefugnis gegenüber Stellen des Herkunftsvertragsstaates (Abs. 1)

4 Gemäß Abs. 1 ist die BaFin zugleich befugt und verpflichtet, unverzüglich die zuständige Behörde des Herkunftsvertragsstaates zu unterrichten, wenn sie fest-

stellt, dass ein Wertpapierinstitut mit Sitz in einem anderen Vertragsstaat, das über eine Zweigniederlassung, über vertraglich gebundene Vermittler mit Sitz oder gewöhnlichen Aufenthalt im Inland (§ 73 Abs. 1) oder im Wege des grenzüberschreitenden Dienstleistungsverkehrs (§ 74 Abs. 1) in Deutschland Wertpapierdienstleistungen erbringt, gegen Pflichten nach § 73 Abs. 5 (→ Rn. 1) oder § 74 Abs. 2 (dh nach deutschem Recht aufgrund von Art. 85 MiFID II geltende Vorschriften sowie im Allgemeininteresse auch für Inhaber eines Europäischen Passes geltende Vorschriften (→ § 73 Rn. 17 ff.; → § 74 Rn. 17 ff.)) sowie gegen § 90 WpHG und/oder Vorschriften der IFR verstößt oder dies (abweichend von Art. 86 Abs. 2 MiFID II) sehr wahrscheinlich ist (zu berechtigter Kritik an erheblichen Konflikten der erfolgten Umsetzung mit der zugrundeliegenden Vorschrift des Art. 86 MiFID II siehe Lendermann/Nemeczek/Schroeter/Nemeczek/Pitz Rn. 5 ff.).

III. Selbsteintritt durch BaFin (Abs. 2)

Gemäß Abs. 2 ist die BaFin zugleich befugt, im Wege eines Selbsteintritts 5
nach Unterrichtung der zuständigen Behörde des Herkunftsvertragsstaates und der ESMA die zur Wahrung des Kundenschutzes der Anleger im Aufnahmemitgliedstaat oder zum Schutz des ordnungsgemäßen Funktionierens der Märkte (siehe Art. 86 Abs. 1 UAbs. 2 Eingangssatz MiFID II) erforderlichen Maßnahmen gegenüber dem betreffenden Unternehmen zu ergreifen, einschließlich der Untersagung von Neugeschäft im Inland. Voraussetzung hierfür ist, dass die zuständige Behörde des Herkunftsvertragsstaates keine oder nach Ansicht der BaFin auf Basis der von der zuständigen Behörde des Herkunftsvertragsstaates übermittelten Informationen und Erkenntnisse nur unzureichende Maßnahmen ergreift. Die Vorschrift ist dahingehend einschränkend europarechtskonform auszulegen, dass ein Selbsteintritt der BaFin in Fällen ausscheidet, in denen die BaFin einen Verstoß nur für (sehr) wahrscheinlich iSd Abs. 1 hält, da Art. 86 Abs. 1 UAbs. 1 iVm UAbs. 2 lit. a MiFID II diese Befugnis nur im Falle eines tatsächlichen Verstoßes vorsieht (Lendermann/Nemeczek/Schroeter/Nemeczek/Pitz Rn. 10).

Erfolgt entgegen des Abs. 2 keine oder nur eine verspätete Unterrichtung der 6
zuständigen Behörde des Herkunftsvertragsstaates und der ESMA, hat dies allein nicht die Rechtswidrigkeit der getroffenen Maßnahme der BaFin zur Folge (Lendermann/Nemeczek/Schroeter/Nemeczek/Pitz § 75 Rn. 11). Die Herkunftsstaatsbehörde hat in solchen Fällen vielmehr das Recht, die ESMA um Prüfung und Feststellung der Unionsrechtswidrigkeit nach Art. 17 Abs. 2 ESMA-VO ersuchen (s. auch Art. 86 Abs. 1 UAbs. 2 Buchst. b MiFID II). Die ESMA hat darüber hinaus Befugnisse nach Art. 19 ESMA-VO zur Beilegung von Meinungsverschiedenheiten zwischen den beteiligten Behörden (Lendermann/Nemeczek/Schroeter/Nemeczek/Pitz Rn. 11).

Kapitel 7. Vorlage von Rechnungslegungsunterlagen, Prüferbestellung und Prüfung

§ 76 Vorlage von Rechnungslegungsunterlagen

(1) [1]**Ein Kleines oder Mittleres Wertpapierinstitut hat den Jahresabschluss in den ersten drei Monaten des Geschäftsjahres für das vergangene Geschäftsjahr aufzustellen und den aufgestellten sowie später den festgestellten Jahresabschluss und den Lagebericht der Bundesanstalt und der Deutschen Bundesbank jeweils unverzüglich einzureichen.** [2]**Der Jahresabschluss muss mit dem Bestätigungsvermerk oder einem Vermerk über die Versagung der Bestätigung versehen sein.** [3]**Der Abschlussprüfer hat den Bericht über die Prüfung des Jahresabschlusses (Prüfungsbericht) unverzüglich nach Beendigung seiner Prüfung der Bundesanstalt und der Deutschen Bundesbank einzureichen.**

(2) **Absatz 1 gilt entsprechend für einen Einzelabschluss nach § 325 Absatz 2a des Handelsgesetzbuchs.**

Übersicht

I. Vorbemerkung

1 § 76 setzt Art. 4 Abs. 5 IFD um, wonach die BaFin die Einhaltung der IFD und der IFR auch anhand der Rechnungslegungsunterlagen überprüfen können muss,

und orientiert sich am Wortlaut von § 26 KWG (Regierungsbegründung WpIG, BT-Drs. 19/26929, 155; Lendermann/Nemeczek/Schroeter/Heist Rn. 7). § 76 gilt für Kleine und Mittlere Wertpapierinstitute. Für Große Wertpapierinstitute ergeben sich die Vorlagepflichten aus § 26 KWG und nicht aus § 76. Dies ist außer im Text von Abs. 1 S. 1 noch einmal in § 4 S. 1 und § 4 S. 2 klargestellt.

§ 76 wird durch die Vorgaben für die Aufstellung, Prüfung und Feststellung von Jahresabschlüssen und Lageberichten in §§ 340–340o HGB ergänzt, die nach § 340 Abs. 4a HGB auch für Wertpapierinstitute gelten. 2

II. Einzelabschluss (Abs. 1)

1. Überblick über zeitlichen Ablauf

Das HGB und das WpIG enthalten folgende zeitliche Vorgaben für Aufstellung, Prüfung, Feststellung und Einreichung des Einzelabschlusses von Wertpapierinstituten: 3

Tätigkeit	**Frist**	**Rechtsgrundlage für Kleine und Mittlere Wertpapierinstitute**	**Rechtsgrundlage für Große Wertpapierinstitute**
Aufstellung von Jahresabschluss und Lagebericht	3 Monate nach Ablauf des Geschäftsjahres	§ 76 Abs. 1 S. 1 WpIG, § 340a Abs. 1 iVm § 340 Abs. 4a HGB	§ 26 Abs. 1 S. 1 KWG, § 340a Abs. 1 iVm § 340 Abs. 4a HGB
Einreichung des aufgestellten Jahresabschlusses	unverzüglich nach Aufstellung, spätestens 3 Monate nach Ablauf des Geschäftsjahres	§ 76 Abs. 1 S. 1	§ 26 Abs. 1 S. 1 KWG
Prüfung des aufgestellten Jahresabschlusses und des Lageberichts	spätestens fünf Monate nach Ablauf des Geschäftsjahres	§ 340k Abs. 1 S. 2 iVm § 340 Abs. 4a HGB	§ 340k Abs. 1 S. 2 iVm § 340 Abs. 4a HGB
Einreichung des Prüfungsberichts durch Prüfer	unverzüglich nach Beendigung der Prüfung	§ 76 Abs. 1 S. 3	§ 26 Abs. 1 S. 3 KWG
Feststellung des Jahresabschlusses	unverzüglich nach der Prüfung	§ 340k Abs. 1 S. 3 iVm § 340 Abs. 4a HGB	§ 340k Abs. 1 S. 3 iVm § 340 Abs. 4a HGB
Einreichung des festgestellten Jahresabschlusses und des Lageberichts	unverzüglich nach Feststellung	§ 76 Abs. 1 S. 1	§ 26 Abs. 1 S. 1 KWG

4 Nach § 325 Abs. 2a HGB kann ein Wertpapierinstitut zur Erfüllung der Offenlegungsvorschriften freiwillig einen zusätzlichen Einzelabschluss nach internationalen Rechnungslegungsvorschriften (IFRS) erstellen. Für den solchermaßen erstellten Jahresabschluss gelten die obigen Fristen entsprechend. Dadurch wird die Informationsgrundlage von BaFin und BBank auch auf freiwillig auf Basis von IFRS erstellte Jahresabschlüsse erweitert (Schwennicke/Auerbach/Auerbach/Stappert KWG § 26 Rn. 76 f.).

2. Aufstellung

5 **a) Aufstellungspflicht und Verantwortlichkeit.** Wertpapierinstitute sind nach § 340a Abs. 1 S. 3 iVm § 340 Abs. 4a HGB zur Aufstellung eines Jahresabschlusses verpflichtet. Die Verpflichtung besteht auch während der Liquidation eines Wertpapierinstituts (so zu § 26 KWG Fischer/Schäfer/Schulte-Mattler/Schulte-Mattler/Wolfgarten KWG § 26 Rn. 16).

6 Zuständig für die Aufstellung sind bei einzelkaufmännischen Unternehmen der Inhaber, bei Personengesellschaften die persönlich haftenden Gesellschafter, bei Kapitalgesellschaften die Mitglieder des Vertretungsorgans. Die aufstellungspflichtigen Personen haben den Jahresabschluss eigenhändig zu unterzeichnen (Lendermann/Nemeczek/Schroeter/Heist Rn. 13; so zu § 26 KWG Fischer/Schäfer/Schulte-Mattler/Schulte-Mattler/Wolfgarten KWG § 26 Rn. 22). Die **Unterzeichnungspflicht** gilt sowohl für den aufgestellten, der BaFin und der BBank nach Abs. 1 S. 1 einzureichenden Jahresabschluss als auch für den festgestellten Jahresabschluss, der nach Abs. 1 S. 1 ebenfalls bei der BaFin und der BBank einzureichen ist (so zu § 26 KWG Fischer/Schäfer/Schulte-Mattler/Schulte-Mattler/Wolfgarten KWG § 26 Rn. 16; Schwennicke/Auerbach/Auerbach/Klotzbach KWG § 26 Rn. 20, 49).

7 **b) Rechnungslegung.** Der Jahresabschluss der Wertpapierinstitute ist nach § 340a HGB größenunabhängig nach den für große Kapitalgesellschaften geltenden Vorschriften aufzustellen. Für Wertpapierinstitute gelten demnach zunächst die für alle Kaufleute geltenden §§ 238–261 HGB, danach die für Kapitalgesellschaften geltenden §§ 264–289f HGB, jeweils soweit nicht durch die branchenspezifischen Sondervorschriften in §§ 340–340o HGB iVm der RechKredV modifiziert.

8 Der Jahresabschluss der Wertpapierinstitute besteht aus folgenden Bestandteilen:
- Bilanz mit Gewinn- und Verlustrechnung sowie Anhang, § 340a Abs. 1 iVm §§ 242, 264 HGB;
- Lagebericht, § 340a Abs. 1 iVm §§ 289, 289a HGB; wesentlicher Teil des Lageberichts ist der Risikobericht (Lendermann/Nemeczek/Schroeter/Heist Rn. 19; Fischer/Schäfer/Schulte-Mattler/Schulte-Mattler/Wolfgarten KWG § 26 Rn. 35);
- bei Wertpapierinstituten, deren stimmberechtigte Aktien an einem organisierten Markt iSv § 2 Abs. 7 WpÜG gehandelt werden, Erklärung zur Unternehmensführung, § 340a Abs. 1 iVm § 289a HGB;
- bei kapitalmarktorientierten Kapitalgesellschaften iSv § 264d HGB, die nicht zur Aufstellung eines Konzernabschlusses verpflichtet sind, Erweiterung des Jahresabschlusses um Kapitalflussrechnung und Eigenkapitalspiegel zu, die mit der Bilanz, Gewinn- und Verlustrechnung und dem Anhang eine Einheit bilden, sowie optionale Erweiterung des Jahresabschlusses um eine Segmentberichterstattung, § 264 Abs. 1 S. 2 HGB;

– bei Inlandsemittenten iSv § 2 Abs. 14 WpHG, die nicht Kapitalgesellschaften iSv § 327a HGB sind, müssen die Mitglieder des Vertretungsorgans nach § 264 Abs. 2 S. 3 HGB in einer dem Jahresabschluss beizufügenden schriftlichen Erklärung versichern, dass der Jahresabschluss nach bestem Wissen ein den tatsächlichen Verhältnissen entsprechendes Bild iSv § 264 Abs. 1 S. 1 HGB vermittelt oder der Anhang Angaben nach § 264 Abs. 1 S. 2 HGB enthält (sog. **Bilanzeid**).

Für die Gliederung von Bilanz sowie Gewinn- und Verlustrechnung gelten 9
nicht §§ 264, 275 HGB, sondern die Formblätter in der Anlage zu § 2 RechKredV.

c) Einreichung. Der aufgestellte und von den Aufstellungspflichtigen im Ori- 10
ginal unterzeichnete (→ Rn. 6) Jahresabschluss ist nach Abs. 1 S. 1 unverzüglich bei der BaFin und der BBank jeweils einfach einzureichen. Die Pflicht zur unverzüglichen Einreichung besteht auch dann, wenn die Drei-Monats-Frist aus Abs. 1 S. 1 noch nicht abgelaufen ist (so zu § 26 KWG Fischer/Schäfer/Schulte-Mattler/Schulte-Mattler/Wolfgarten KWG § 26 Rn. 38). Ein etwa vorliegender Bestätigungsvermerk muss nicht mit Originalunterschrift eingereicht werden (so zu § 26 KWG Fischer/Schäfer/Schulte-Mattler/Schulte-Mattler/Wolfgarten KWG § 26 Rn. 39).

3. Prüfung

a) Prüfungspflicht und Prüfungszeitpunkt. Die größenunabhängige Prü- 11
fungspflicht für Jahresabschluss und Lagebericht von Wertpapierinstituten ergibt sich aus § 340a Abs. 4 iVm § 340k Abs. 1 S. 1 HGB.

Abschlussprüfer können nach § 340k Abs. 1 S. 1 iVm § 319 Abs. 1 S. 1 HGB 12
nur Wirtschaftsprüfer und Wirtschaftsprüfungsgesellschaften sein. Bei Wertpapierinstituten in der Rechtsform der Genossenschaft erfolgt die Prüfung nach Maßgabe von § 340k Abs. 2 und 3 HGB zwingend durch den genossenschaftlichen Prüfungsverband, dem das Wertpapierinstitut angehört, wenn mehr als die Hälfte der geschäftsführenden Vorstandsmitglieder des Prüfungsverbandes Wirtschaftsprüfer sind.

Die Prüfung muss nach § 340k Abs. 1 S. 2 HGB spätestens vor Ablauf des 13
fünften Monats des dem Abschlussstichtag nachfolgenden Geschäftsjahrs vorgenommen werden. Vornahme bedeutet, dass die Prüfung bis zu diesem Zeitpunkt abgeschlossen sein muss (so jew. zu § 26 KWG Fischer/Schäfer/Schulte-Mattler/Schulte-Mattler/Wolfgarten KWG § 26 Rn. 48; Schwennicke/Auerbach/Auerbach/Stappert KWG § 26 Rn. 30).

b) Inhalt des Prüfungsberichts. Der Prüfungsbericht gibt das Ergebnis der 14
Prüfung wieder, die nach Maßgabe von §§ 316 ff. HGB durchzuführen ist. Ist ein Wertpapierinstitut iSv § 264d HGB kapitalmarktorientiert und damit Unternehmen von öffentlichem Interesse iSv § 316a S. 2 HGB, dann gelten für die Prüfung vorrangig die Bestimmungen der EU-APrVO (VO (EU) 537/2014 und die §§ 316 ff. HGB nur noch, soweit nicht die EU-APrVO anzuwenden ist (§ 316a S. 1 HGB).

Für den Prüfungsbericht gelten zunächst und übergreifend die Anforderungen 15
in § 321 HGB, soweit nicht die EU-APrVO anzuwenden ist. Daneben gelten die besonderen Anforderungen an den Prüfer aus § 78, die IDW-Prüfungsstandards und -hinweise, ggf. Rundschreiben und Hinweise der BaFin sowie die WpI-PrüfbV.

16 Der Prüfungsbericht ist nach Fertigstellung zu unterschreiben und dem Vertretungsorgan zuzuleiten (§ 321 Abs. 5 S. 1 HGB). Hat der Aufsichtsrat den Prüfungsauftrag erteilt, dann ist der Prüfungsbericht dem Aufsichtsrat sowie einem etwa eingerichteten Prüfungsausschuss des Aufsichtsrats vorzulegen und dem Vertretungsorgan zur Kenntnis mitzuteilen (§ 321 Abs. 5 S. 2 und 3 HGB).

17 Der Jahresabschluss muss vom Abschlussprüfer nach § 322 Abs. 1 HGB mit einem **Bestätigungsvermerk** versehen werden. Der Bestätigungsvermerk muss sich nach § 322 Abs. 6 HGB auch auf den Lagebericht erstrecken. Bei kapitalmarktorientierten Wertpapierinstituten (§ 264d HGB), die Unternehmen von öffentlichem Interesse iSv § 316a S. 2 HGB sind, richtet sich der Inhalt des Bestätigungsvermerks nach Art. 10 EU-APrVO.

18 **c) Vollständigkeitserklärung.** Gegenstand der Vollständigkeitserklärung ist die Erklärung der gesetzlichen Vertreter des Wertpapierinstituts, dass alle Geschäftsvorfälle im Jahresabschluss und im Lagebericht enthalten sind und dass alle wesentlichen Auskünfte erteilt und entsprechende Nachweise erbracht wurden (so zu § 26 KWG Schwennicke/Auerbach/Auerbach/Stappert KWG § 26 Rn. 46). Buchungsdifferenzen sind in einem Anhang zur Vollständigkeitserklärung aufzuführen (so zu § 26 KWG Schwennicke/Auerbach/Auerbach/Stappert KWG § 26 Rn. 47). Die Einholung einer Vollständigkeitserklärung gehört aufgrund der Pflicht zur gewissenhaften Prüfung (§§ 317 Abs. 1 S. 3, 323 Abs. 1 S. 1 HGB) zur Abschlussprüfung, auch wenn sie eigene Prüfungshandlungen nicht ersetzt (MüKoHGB/Ebke HGB § 317 Rn. 58). Außerdem kann der Abschlussprüfer Bestätigungen für von Dritten verwahrtes Vermögen sowie sonstige Bestätigungen (zB Bank-, Rechtsanwalts- bzw. Steuerberaterbestätigungen) einholen (MüKoHGB/Ebke HGB § 317 Rn. 58). Vollständigkeitserklärungen sind nach den Auftragsbedingungen für Wirtschaftsprüfer und Wirtschaftsprüfungsgesellschaften von der zur prüfenden Gesellschaft „auf Verlangen" des Prüfers abzugeben. Sofern die gesetzlichen Vertreter die geforderten Nachweise nicht oder nicht vollständig erbracht haben, ist dies nach § 312 Abs. 2 S. 6 HGB im Prüfungsbericht anzugeben.

19 **d) Einreichung.** Der Abschlussprüfer muss den Prüfungsbericht unverzüglich nach Erstellung nach Abs. 1 S. 1 iVm § 5 Abs. 1 WpIPrüfBV ausschließlich in elektronischer Form bei der BaFin einreichen. Die Weiterleitung des Prüfungsberichts an die BBank obliegt der BaFin (§ 5 Abs. 1 S. 3 WpIPrüfBV).

4. Feststellung von Jahresabschluss und Prüfungsbericht

20 **a) Feststellung.** Feststellung ist die Billigung des Jahresabschlusses sowie des Lageberichts durch das zuständige Organ des Wertpapierinstituts (Aufsichtsrat bei AG, Gesellschafterversammlung bei GmbH, Generalversammlung bei Genossenschaft) (Lendermann/Nemeczek/Schroeter/Heist Rn. 23).

21 **b) Frist.** Die Feststellung muss nach § 340k Abs. 1 S. 3 HGB unverzüglich nach Abschluss der Prüfung und Vorlage des Prüfungsberichts erfolgen. Unverzüglich, dh ohne schuldhaftes Zögern (§ 121 Abs. 1 S. 1 BGB) bedeutet, dass das Wertpapierinstitut zeitnah nach Vorlage des Prüfungsberichts das zur Feststellung berechtigte Organ einberufen muss. Ein vor Abschluss der Prüfung festgestellter Jahresabschluss ist nichtig (Lendermann/Nemeczek/Schroeter/Heist Rn. 24; so zu § 26 KWG Fischer/Schäfer/Schulte-Mattler/Schulte-Mattler/Wolfgarten KWG § 26 Rn. 59).

c) Einreichung. Der festgestellte und von allen aufstellungspflichtigen Personen unterzeichnete Jahresabschluss ist unverzüglich nach Feststellung nach Abs. 1 S. 1 iVm § 1 Abs. 1 WpIAnzV in einfacher Ausfertigung bei der BaFin und der BBank einzureichen. Der Tag der Feststellung muss angegeben werden (Abs. 1 S. 1 iVm § 18 WpIAnzV; Lendermann/Nemeczek/Schroeter/Heist Rn. 11; so zu § 26 KWG Fischer/Schäfer/Schulte-Mattler/Schulte-Mattler/Wolfgarten KWG § 26 Rn. 40). 22

Der Bestätigungsvermerk des Abschlussprüfers muss nicht mit Originalunterschrift eingereicht werden (so zu § 26 KWG Fischer/Schäfer/Schulte-Mattler/Schulte-Mattler/Wolfgarten KWG § 26 Rn. 39). 23

III. Offenlegung von Einzelabschlüssen nach internationalen Rechnungslegungsvorschriften (Abs. 2)

Nach § 325 Abs. 2a HGB kann ein Wertpapierinstitut zur Erfüllung der Offenlegungsvorschriften freiwillig einen zusätzlichen Einzelabschluss nach internationalen Rechnungslegungsvorschriften (IFRS) erstellen. Nach Abs. 2 sind auch solche freiwillig erstellten Jahresabschlüsse gegenüber BaFin und BBank in entsprechender Anwendung von Abs. 1 offenzulegen. Dasselbe gilt für dazugehörige Prüfberichte sowie Informationen über eine eventuelle Feststellung eines solchen freiwilligen Jahresabschlusses (Lendermann/Nemeczek/Schroeter/Heist Rn. 10). 24

IV. Rechtsfolgen von Verstößen

1. Ordnungswidrigkeit nach § 83

Verstöße gegen die Übermittlungspflichten aus § 76 sind nach dem durch das KreditzweitmarktförderungsG mWz 30.12.2023 eingefügten § 83 Abs. 1 Nr. 11 bußgeldbewehrt. Für Verstöße sieht § 83 Abs. 5 S. 1 ein Bußgeld von bis zu 100.000 Euro vor. Auch Verstöße gegen den für Große Wertpapierinstitute geltenden § 26 KWG sind nach § 56 Abs. 2 Nr. 11b iVm Abs. 6 Nr. 4 KWG mit Bußgeld von bis zu 100.000 Euro bedroht. 25

2. Erzwingung der Vorlage (§ 17 FinDAG)

Die BaFin kann die Vorlage des Jahresabschlusses nach § 5 Abs. 2 anordnen und die Vorlagepflicht mit Zwangsmitteln nach § 17 FinDaG durchsetzen. 26

3. Maßnahmen gegen Geschäftsleiter (§ 5 Abs. 3 S. 1 Nr. 2)

Wiederholte Verstöße gegen die Vorlagepflichten aus § 76 oder Verstöße gegen Anordnungen zur ihrer Durchsetzung können die BaFin berechtigen, nach § 22 Abs. 1 Nr. 1 die Abberufung der verantwortlichen Geschäftsleiter zu verlangen und zugleich nach § 22 Abs. 1 Nr. 2 ein Tätigkeitsverbot gegen die betroffenen Geschäftsleiter auszusprechen. 27

4. Maßnahmen gegen Wertpapierinstitute (§ 5 Abs. 2)

Wiederholte Verstöße gegen die Vorlagepflichten aus § 76 oder Verstöße gegen Anordnungen zur ihrer Durchsetzung können die BaFin auch zum Widerruf der Erlaubnis des Wertpapierinstituts nach § 19 Abs. 2 Nr. 4 berechtigen. 28

§ 77 Prüferbestellung und Anzeige

(1) [1]Ein Kleines oder Mittleres Wertpapierinstitut hat der Bundesanstalt und der Deutschen Bundesbank den von ihm bestellten Prüfer unverzüglich nach der Bestellung anzuzeigen.
[2]Die Bundesanstalt kann innerhalb von zwei Monaten nach Zugang der Anzeige die Bestellung eines anderen Prüfers verlangen, wenn dies zur Erreichung des Prüfungszwecks geboten ist. [3]Die Bestellung eines anderen Prüfers ist in der Regel zur Erreichung des Prüfungszwecks geboten, wenn ein Wertpapierinstitut, das kein Unternehmen von öffentlichem Interesse nach § 316a Satz 2 Nummer 1 des Handelsgesetzbuchs ist, der Bundesanstalt für mindestens elf aufeinanderfolgende Geschäftsjahre denselben Prüfer angezeigt hat. [4]Hat das Wertpapierinstitut eine Wirtschaftsprüfungsgesellschaft zum Prüfer bestellt, die in einem der beiden vorangegangenen Geschäftsjahre Prüfer des Wertpapierinstituts war, kann die Bundesanstalt den Wechsel des verantwortlichen Prüfungspartners verlangen, wenn die vorangegangene Prüfung einschließlich des Prüfungsberichts den Prüfungszweck nicht erfüllt hat; § 43 Absatz 3 Satz 3 der Wirtschaftsprüferordnung gilt entsprechend. [5]Die Bundesanstalt kann die Bestellung eines anderen Prüfers oder den Wechsel des verantwortlichen Prüfungspartners auch dann verlangen, wenn ihr Tatsachen bekannt werden, die die Annahme rechtfertigen, dass der Prüfer seine Pflichten nach § 78 Absatz 3 verletzt hat.

(2) [1]Das Gericht des Sitzes des Wertpapierinstituts hat auf Antrag der Bundesanstalt einen Prüfer zu bestellen, wenn
1. **die Anzeige nach Absatz 1 Satz 1 nicht unverzüglich nach Ablauf des Geschäftsjahres erstattet wird;**
2. **das Wertpapierinstitut dem Verlangen auf Bestellung eines anderen Prüfers nach Absatz 1 Satz 2 nicht unverzüglich nachkommt oder**
3. **der gewählte Prüfer die Annahme des Prüfungsauftrages abgelehnt hat, weggefallen ist oder am rechtzeitigen Abschluss der Prüfung verhindert ist und das Wertpapierinstitut nicht unverzüglich einen anderen Prüfer bestellt.**

[2]Die Bestellung durch das Gericht ist endgültig. [3]§ 318 Absatz 5 des Handelsgesetzbuchs ist entsprechend anzuwenden. [4]Das Gericht kann auf Antrag der Bundesanstalt einen nach Satz 1 bestellten Prüfer abberufen.

Übersicht

I. Vorbemerkung

§ 77 entspricht § 28 KWG und gilt für Kleine und Mittlere Wertpapierinstitute. 1
Die Parallelvorschrift für Große Wertpapierinstitute ist § 28 KWG (§ 4 S. 1).

§ 77 ergänzt die handelsrechtlichen Regelungen über die Prüferbestellung und 2
trägt damit dem besonderen Interesse an einer ordnungsgemäßen und rechtzeitigen Abschlussprüfung Rechnung. § 77 setzt die geltende Pflicht zur Prüfung von Jahresabschluss und ggf. Konzernabschluss durch einen Abschlussprüfer voraus, die sich für alle Wertpapierinstitute größenunabhängig aus § 340k HGB iVm § 340 Abs. 4a HGB ergibt.

Erläuterungen zu den Anforderungen an Prüfer nach § 28 KWG enthält das 3
BaFin-Rundschreiben 9/2006 (WA) „Anforderungen an Prüfer für den Jahresabschluss nach § 28 KWG und für die Prüfung nach § 36 WpHG bei Finanzdienstleistungsinstituten und nicht verbandsgeprüften Kreditinstituten" v. 18.12.2006, Consbruch/Fischer Nr. 18.55, dessen Grundsätze für Wertpapierinstitute entsprechend herangezogen werden können.

Durch das KreditzweitmarktförderungsG mWz 30.12.2023 wurde Abs. 1 um 4
S. 3 und S. 5 ergänzt, der bisherige S. 3 wurde zu S. 4.

II. Verfahren bei Bestellung des Prüfers durch Wertpapierinstitut (Abs. 1)

1. Bestellung des Prüfers durch Wertpapierinstitut

Unter den in § 77 verwendeten Begriff der Bestellung des Prüfers fallen drei 5
unterschiedliche Sachverhalte, die zusammengenommen die Bestellung iSv Abs. 1 bilden:

– die verbindliche Wahl durch die zuständigen Personen oder das zuständige Gremium des Wertpapierinstituts;
– die Erteilung des Prüfungsauftrags an den gewählten Prüfer durch die vertretungsberechtigten Personen bzw. das Vertretungs- oder Aufsichtsorgan des Wertpapierinstituts, und
– die Annahme des Prüfungsauftrags durch den gewählten und beauftragten Prüfer.

6 **a) Wahl des Prüfers.** Wie bereits § 28 KWG belässt § 77 die Zuständigkeit für die Bestellung des Prüfers grundsätzlich bei den Wertpapierinstituten. Die Befugnisse der BaFin nach § 77 beschränken sich auf eine nachträgliche Kontrolle der Bestellung. Der Abschlussprüfer wird nach § 316 Abs. 1 HGB von den Gesellschaftern des Wertpapierinstituts gewählt. Überlegungen, die Auswahl des Abschlussprüfers der Aufsicht zu übertragen, wurden bei Verabschiedung des KWG 1961 als mit der „Institution des freien und unabhängigen Wirtschaftsprüfers und dessen besondere[r] durch Gesetze geregelte[r] Stellung" unvereinbar angesehen (Bericht Wirtschaftsausschuss z. KWG (Ruland-Bericht), BT-Drs. 3/2563, 13). Die eigentliche Bestellung liegt in der Erteilung des Prüfungsauftrages an den Abschlussprüfer sowie die Annahme des Prüfungsauftrags durch den Abschlussprüfer.

7 Zum Abschlussprüfer eines Wertpapierinstituts können grundsätzlich nur Wirtschaftsprüfer oder Wirtschaftsprüfungsgesellschaften gewählt und bestellt werden (§ 340k Abs. 1 iVm § 340a Abs. 4a S. 1 und § 319 Abs. 1 S. 1 HGB).

8 Möglich ist die Wahl eines Ersatzprüfers für den Fall, dass der gewählte Abschlussprüfer den Prüfungsauftrag nicht annehmen will oder kann (Lendermann/Nemeczek/Schroeter/Heist Rn. 16).

9 **b) Beauftragung des Prüfers.** Zuständig für die Erteilung des Prüfungsauftrags sind nach § 318 Abs. 1 S. 4 HGB die gesetzlichen Vertreter des Wertpapierinstituts, bei einer GmbH mit zwingend zu bildendem Aufsichtsrat (dazu näher zB Noack/Servatius/Haas/Kraft GmbHG § 52 Rn. 2 ff.) und bei Aktiengesellschaften (§ 111 Abs. 2 S. 3 AktG) der Aufsichtsrat, bei einer GmbH mit fakultativem Aufsichtsrat nur, sofern der Gesellschaftsvertrag keine abweichende Bestimmung trifft (§ 52 Abs. 1 GmbHG; Lendermann/Nemeczek/Schroeter/Heist Rn. 19).

10 **c) Annahme des Prüfungsauftrags.** Der bestellte Prüfer muss den Prüfungsauftrag annehmen, um die Bestellung wirksam werden zu lassen. Eine Verpflichtung zur Annahme des Prüfungsauftrags besteht nicht (Lendermann/Nemeczek/Schroeter/Heist Rn. 24). Allerdings muss der bestellte Prüfer die Ablehnung unverzüglich erklären (§ 51 S. 1 WPO) und den Schaden ersetzen, der aus einer schuldhaften Verzögerung der Ablehnungserklärung entsteht (§ 51 S. 2 WPO).

11 Um Ansprüche des Prüfers aus der Auftragserteilung für den Fall auszuschließen, dass die BaFin den bestellten Prüfer nach Maßgabe von Abs. 1 S. 2 ablehnt, kann der Prüfungsauftrag unter einen entsprechenden Vorbehalt gestellt werden (Lendermann/Nemeczek/Schroeter/Heist Rn. 20; so jeweils zu § 28 KWG Bähre/Schneider KWG § 28 Anm. 3; Reischauer/Kleinhans/Becker KWG § 28 Rn. 6; Fischer/Schäfer/Schulte-Mattler/Schulte-Mattler/Winter/Isabelle Maurer/Martin Maurer KWG § 28 Rn. 11; Luz/Neus/Schaber/Schneider/Wagner/Weber/Santarossa-Preisler KWG § 28 Rn. 8).

12 Mit der Annahme des Prüfungsauftrags ist ein gewählter Abschlussprüfer bestellt (vgl. § 318 Abs. 1 S. 5 iVm Abs. 3 HGB). Nach der Annahme kann der Prüfungsauftrag vom Prüfer nur aus wichtigem Grunde gekündigt werden (§ 318 Abs. 6 HGB). Das Wertpapierinstitut kann nach § 318 Abs. 1 S. 5 HGB die Bestellung nur widerrufen, wenn vom zuständigen Gericht (→ Rn. 31) nach § 318 Abs. 3 HGB ein anderer Prüfer bestellt worden ist, was nach Erteilung des Bestätigungsvermerks oder im Falle einer Nachtragsprüfung (§ 316 Abs. 3 HGB) nach dessen Ergänzung nicht mehr zulässig ist (§ 318 Abs. 3 S. 7 HGB).

d) Umfang des Prüfungsauftrags. Den Umfang des Prüfungsauftrags kann die BaFin nach Maßgabe von § 78 Abs. 4 erweitern (→ § 78 Rn. 78 ff.). 13

2. Anzeige der Bestellung des Prüfers (S. 1)

Die unverzügliche Anzeige der Bestellung (S. 1) soll die BaFin in die Lage versetzen, Bedenken gegen die Person des gewählten und bestellten Prüfers zeitnah geltend zu machen (so zu § 28 KWG Luz/Neus/Schaber/Schneider/Wagner/Weber/Santarossa-Preisler KWG § 28 Rn. 20). Die Prüfung durch einen geeigneten Prüfer ist von erheblicher Bedeutung, da die sich die Aufsicht über Wertpapierinstitute maßgeblich auch auf die Prüfungsberichte stützt. 14

Für die Einreichung der Anzeige gilt § 1 WpI-AnzV. Eine telefonische oder mündliche Anzeige ist nicht ausreichend (Lendermann/Nemeczek/Schroeter/Heist Rn. 31). 15

3. Verlangen der Bestellung eines anderen Prüfers durch die BaFin (S. 2)

Nach **S. 2** kann die BaFin binnen zwei Monaten nach Zugang der Anzeige nach S. 1 die Bestellung eines anderen Prüfers verlangen, wenn dies zur Erreichung des Prüfungszwecks geboten ist. 16

Die BaFin kann nicht die Bestellung eines bestimmten Prüfers verlangen (Lendermann/Nemeczek/Schroeter/Heist Rn. 32; so jew. zu § 28 KWG Beck/Samm/Kokemoor/Samm KWG § 28 Rn. 22; Fischer/Schäfer/Schulte-Mattler/Schulte-Mattler/Winter/Isabelle Maurer/Martin Maurer KWG § 28 Rn. 18; Luz/Neus/Schaber/Schneider/Wagner/Weber/Santarossa-Preisler KWG § 28 Rn. 25; Reischauer/Kleinhans/Becker KWG § 28 Rn. 9). Sie kann aber geeignete Prüfer vorschlagen (so zu § 28 KWG Beck/Samm/Kokemoor/Samm KWG § 28 Rn. 24; Reischauer/Kleinhans/Becker KWG § 28 Rn. 9). Einen nicht bestellten Prüfer kann die BaFin zwar nicht ablehnen (so zu § 28 KWG Beck/Samm/Kokemoor/Samm KWG § 28 Rn. 39), wohl aber dem Wertpapierinstitut mitteilen, dass eine Bestellung zur Erreichung des Prüfungszwecks nicht geeignet wäre. 17

a) Fehlende fachliche oder persönliche Eignung des bestellten Prüfers. Das Verlangen der Bestellung eines anderen Prüfers nach S. 2 ist gerechtfertigt, wenn der BaFin „objektivierbare und nachprüfbare Erkenntnisse vorliegen, die die Prognose rechtfertigen, die Arbeit des Abschlussprüfers, sein Prüfungsbericht, werde so ausfallen, dass das Amt seine in § 6 Abs. 2 KWG beschriebenen Aufgaben nicht werde erfüllen können" (so zu § 28 KWG VG Berlin Beckmann/Bauer § 28 KWG Nr. 4; Lendermann/Nemeczek/Schroeter/Heist Rn. 41), dh wenn von der Tätigkeit des Prüfers „nicht erwartet werden kann, dass sie eine wirksame Aufsicht ermöglicht" (so zu § 28 KWG OVG Berlin Beckmann/Bauer § 28 KWG Nr. 5; so auch Beck/Samm/Kokemoor/Samm KWG § 28 Rn. 30, 38; Fischer/Schäfer/Schulte-Mattler/Schulte-Mattler/Winter/Isabelle Maurer/Martin Maurer KWG § 28 Rn. 18). In diesem Fall steht der BaFin ein gebundenes Ermessen zu, dh sie muss von der Befugnis in S. 2 Gebrauch machen (so zu § 28 KWG OVG Berlin Beckmann/Bauer § 28 KWG Nr. 5; Beck/Samm/Kokemoor/Samm KWG § 28 Rn. 23). 18

19 **Einzelfälle:**

- keine umfassenden Kenntnisse des Prüfers der maßgeblichen aufsichtsrechtlichen Bestimmungen, deren Einhaltung nach § 78 zu prüfen ist (so zu § 28 KWG Fischer/Schäfer/Schulte-Mattler/Schulte-Mattler/Winter/Isabelle Maurer/Martin Maurer KWG § 28 Rn. 25);
- bei erstmaliger Bestellung eines Prüfers zum Abschlussprüfer eines Wertpapierinstituts Fehlen von Angaben des Prüfers, auf welche Weise er sich die für die Prüfung bestimmter Sparten erforderlichen speziellen Fachkenntnisse verschafft hat (so zu § 28 KWG jew. näher Reischauer/Kleinhans/Becker KWG § 28 Rn. 6; Fischer/Schäfer/Schulte-Mattler/Schulte-Mattler/Winter/Isabelle Maurer/Martin Maurer KWG § 28 Rn. 26);
- Kenntnis der BaFin von Umständen, die nach § 16 Abs. 1 oder 2 WPO eine Versagung oder den Widerruf der Bestellung zum Wirtschaftsprüfer rechtfertigen würden (so zu § 28 KWG OVG Berlin Beckmann/Bauer § 28 KWG Nr. 5; Beck/Samm/Kokemoor/Samm KWG § 28 Rn. 37; Fischer/Schäfer/Schulte-Mattler/Schulte-Mattler/Winter/Isabelle Maurer/Martin Maurer KWG § 28 Rn. 28; Reischauer/Kleinhans/Becker KWG § 28 Rn. 7);
- mangelnde personelle Ressourcen des Prüfers (so zu § 28 KWG OVG Berlin Beckmann/Bauer § 28 KWG Nr. 5; Fischer/Schäfer/Schulte-Mattler/Schulte-Mattler/Winter/Isabelle Maurer/Martin Maurer KWG § 28 Rn. 28);
- wesentliche Mängel bei früheren Prüfungen (so jew. zu § 28 KWG OVG Berlin Beckmann/Bauer § 28 KWG Nr. 5; Reischauer/Kleinhans/Becker KWG § 28 Rn. 5; Beck/Samm/Kokemoor/Samm KWG § 28 Rn. 30, 35; Fischer/Schäfer/Schulte-Mattler/Schulte-Mattler/Winter/Isabelle Maurer/Martin Maurer KWG § 28 Rn. 27; einschränkend Lendermann/Nemeczek/Schroeter/Heist Rn. 42);
- Nichtvorlage einer Bescheinigung nach § 57a Abs. 6 S. 7 WPO über die nach § 319 Abs. 2 S. 2 HGB erforderliche Qualitätskontrolle bis spätestens bis zur Annahme des Prüfungsauftrages (BaFin-Rundschreiben 9/2006 (WA) v. 18.12.2006 (→ Rn. 3); Beck/Samm/Kokemoor/Samm KWG § 28 Rn. 27; Reischauer/Kleinhans/Becker KWG § 28 Rn. 7);
- Befangenheit des Prüfers (so zu § 28 KWG OVG Berlin Beckmann/Bauer § 28 KWG Nr. 5; Beck/Samm/Kokemoor/Samm KWG § 28 Rn. 31; Fischer/Schäfer/Schulte-Mattler/Schulte-Mattler/Winter/Isabelle Maurer/Martin Maurer KWG § 28 Rn. 29; zur Befangenheit wegen möglicher Fehler bei vorangegangenen Abschlussprüfungen vgl. BGHZ 153, 32 = WM 2003, 437 = ZIP 2003, 290 = WuB IV E. § 318 HGB 1.03 Veil = NJW 2003, 970 = JZ 2003, 563 mAnm Lutter; einschränkend MüKoHGB/Ebke HGB § 318 Rn. 95).

20 S. 2 ermöglicht der BaFin die mehrmalige Ablehnung von Abschlussprüfern, wenn erneut Ablehnungsgründe gegeben sind. (so zu § 28 KWG Beck/Samm/Kokemoor/Samm KWG § 28 Rn. 20).

21 **b) Verfahren bei Ersatzbestellung.** Die Ablehnung durch die BaFin ist ein sowohl das Wertpapierinstitut als auch den abgelehnten Prüfer belastender Verwaltungsakt, so dass beide jeweils klagebefugt sind (so jew. zu § 28 KWG Reischauer/Kleinhans/Becker KWG § 28 Rn. 9; Beck/Samm/Kokemoor/Samm KWG § 28 Rn. 41; Fischer/Schäfer/Schulte-Mattler/Schulte-Mattler/Winter/Isabelle Maurer/Martin Maurer KWG § 28 Rn. 19). Eine (begründete) Ablehnung der BaFin stellt außerdem einen wichtigen Grund dar, den dem von der BaFin abgelehnten

Prüfer erteilten Prüfungsauftrag zu widerrufen (Lendermann/Nemeczek/Schroeter/Heist Rn. 37; Fischer/Schäfer/Schulte-Mattler/Schulte-Mattler/Winter/Isabelle Maurer/Martin Maurer KWG § 28 Rn. 31).

Folge der Ablehnung des bestellten Prüfers durch die BaFin ist, dass dieser nicht in der Lage ist, die Prüfung abzuschließen. Sofern bei der Wahl des Abschlussprüfers kein Ersatzprüfer gewählt worden ist, ist entsprechend § 318 Abs. 4 S. 2 HGB auf Antrag der gesetzlichen Vertreter, eines etwa eingerichteten gesetzlichen Aufsichtsrats oder eines Gesellschafters des Wertpapierinstituts eine gerichtliche Ersatzbestellung des Prüfers vorzunehmen. Sofern das Geschäftsjahr, dessen Prüfung betroffen ist, noch nicht abgeschlossen ist und noch kein Antrag auf gerichtliche Bestellung eines Ersatzprüfers nach § 318 Abs. 4 HGB gestellt ist, besteht nach § 318 Abs. 1 S. 3 HGB grundsätzlich die Möglichkeit einer Ersatzwahl durch die Anteilseigner und wird die Einberufung einer außerordentlichen Gesellschafterversammlung notwendig sein (Lendermann/Nemeczek/Schroeter/Heist Rn. 34; so zu § 28 KWG Fischer/Schäfer/Schulte-Mattler/Schulte-Mattler/Winter/Isabelle Maurer/Martin Maurer KWG § 28 Rn. 20). Bei Instituten in der Rechtsform der börsennotierten Aktiengesellschaft wird wegen der damit verbundenen zeitlichen Verzögerungen und Kosten für die Abhaltung einer außerordentlichen Hauptversammlung in der Regel eine Wahl durch die Hauptversammlung untunlich sein und sich der Weg über eine gerichtliche Ersatzbestellung empfehlen, sofern nicht im Einzelfall ein Zuwarten bis zur nächsten ordentlichen Hauptversammlung möglich ist (so zu § 28 KWG Fischer/Schäfer/Schulte-Mattler/Schulte-Mattler/Winter/Isabelle Maurer/Martin Maurer KWG § 28 Rn. 20). 22

Für den von den Gesellschaftern gewählten und vom zuständigen Organ bestellten oder für einen auf Antrag der Gesellschaft gerichtlich bestellten Ersatzprüfer gilt wiederum § 77. 23

4. Wechsel des Prüfers wegen Prüferrotation (S. 3)

Ist ein Kleines oder Mittleres Wertpapierinstitut iSv § 264d HGB kapitalmarktorientiert und damit Unternehmen von öffentlichem Interesse iSv § 316a S. 2 HGB, dann darf nach Art. 17 Abs. 1 UAbs. 2 EU-APrVO (VO (EU) 537/2014) die Dauer des Prüfungsmandats des Abschlussprüfers oder der Wirtschaftsprüfungsgesellschaft einen Zeitraum von 10 Jahre nicht überschreiten. Gemeint sind 10 aufeinanderfolgende Geschäftsjahre als Prüfungszeiträume. 24

Für Kleine und Mittlere Wertpapierinstitute, die nicht Unternehmen von öffentlichem Interesse iSv § 316a S. 2 HGB unterfallen, bestimmen der durch das KreditzweitmarktförderungsG mWz 30.12.2023 eingefügte **S. 3,** dass die Bestellung eines anderen Prüfers in der Regel zur Erreichung des Prüfungszwecks geboten ist, wenn das Wertpapierinstitut (ohne als Unternehmen von öffentlichem Interesse nach § 316a S. 2 HGB automatisch Art. 17 Abs. 1 UAbs. 2 EU-APrVO zu unterfallen) der BaFin für mindestens elf aufeinanderfolgende Geschäftsjahre denselben Prüfer angezeigt hat. Die Parallelvorschrift für Große Wertpapierinstitute ist der durch das FISG mWz 1.1.2022 eingefügte § 28 Abs. 1 S. 3 KWG. 25

Ist der Fall des S. 3 gegeben, dann kann die BaFin auch ohne besonderen Anlass die Bestellung eines anderen Prüfers verlangen. Die BaFin kann im Einzelfall von der Prüferrotation absehen, wenn der Marktaustritt eines abzuwickelnden Unternehmens unmittelbar bevorsteht oder wenn das Kredit- oder Finanzdienstleistungsinstitut für das elfte und ggf. auch das zwölfte Geschäftsjahr eine Gemein- 26 schaftsprüfung beauftragt hat (Rechtsgedanke von Art. 17 Abs. 6 iVm Abs. 4 lit. b EU-APrVO, so Beschlussempfehlung und Bericht Finanzausschuss z. FISG, BT-Drs. 19/29879, 172 (zu § 28 KWG)).

5. Auswechselung des Prüfungsleiters wegen Mängeln der Prüfung (S. 4)

27 Nach S. 4 kann die BaFin im Einzelfall einen Wechsel des von der zum Abschlussprüfer bestellten Wirtschaftsprüfungsgesellschaft betrauten verantwortlichen Prüfungspartners (der nach § 43 Abs. 3 S. 3 WPO (früher § 319a Abs. 1 S. 4 HGB aF) zu ermitteln ist) verlangen. Voraussetzung für das Verlangen sind **„gravierende Mängel in der Berichterstattung"**, die die Erfüllung des Prüfungszwecks ausschließen. Das Verlangen ist unabhängig von einer etwa notwendigen Pflichtrotation des Abschlussprüfers (Reischauer/Kleinhans/Becker KWG § 28 Rn. 7).

28 Ein Auswechselungsverlangen nach S. 4 setzt anders als ein Ablehnungsverlangen nach S. 2 keine Gefahr voraus, dass sich die betreffenden gravierenden Mängel in der nächsten Prüfung wiederholen. Umgekehrt bedeutet die niedrigere Eingriffsschwelle, dass dem auszuwechselnden Prüfungsleiter nicht generell die fachliche Eignung abgesprochen wird; hierdurch soll die belastende Wirkung für den Verantwortlichen und die Wirtschaftsprüfungsgesellschaft begrenzt werden (so Regierungsbegründung 8. KWG-Novelle, BT-Drs. 17/1720, 45 (zu § 28 Abs. 1 S. 3 KWG)).

6. Auswechselung des Prüfers oder Prüfungsleiters wegen Verletzung von Anzeigepflichten nach § 78 Abs. 3 (S. 5)

29 S. 5 wurde durch das KreditzweitmarktförderungsG eingefügt, um Regelungen in anderen Aufsichtsgesetzen widerzuspiegeln (Regierungsbegründung KreditzweitmarktförderungsG, BT-Drs. 20/9093, 155). Vorbild ist § 28 Abs. 2 S. 5 KWG. Anlass für das Auswechselungsverlangen sind Verstöße gegen die Pflicht des Prüfers bzw. Prüfungsleiters aus § 78 Abs. 3, der BaFin und der BBank unverzüglich bei der Prüfung bekanntwerdende Tatsachen anzuzeigen, welche die Einschränkung oder Versagung des Bestätigungsvermerkes rechtfertigen, den Bestand des Wertpapierinstituts gefährden oder seine Entwicklung wesentlich beeinträchtigen können, einen erheblichen Verstoß gegen die Vorschriften über die Zulassungsvoraussetzungen des Wertpapierinstituts oder die Ausübung einer Tätigkeit nach dem WpIG darstellen oder schwerwiegende Verstöße der Geschäftsleiter gegen Gesetz, Satzung oder Gesellschaftsvertrag des Wertpapierinstituts erkennen lassen (→ § 78 Rn. 55 ff.).

III. Gerichtliche Bestellung eines Prüfers (Abs. 2)

1. Anwendungsfälle (S. 1)

30 Abs. 2 ermöglicht der BaFin die Bestellung des Prüfers über das zuständige Gericht sowohl bei Untätigkeit eines Wertpapierinstituts als auch in den Fällen, in denen das Wertpapierinstitut einem Ersetzungsverlangen nach Abs. 1 S. 2 nicht nachkommt oder in denen ein bestellter Prüfer ersetzt werden muss, weil er die

Annahme des Auftrages ablehnt, wegfällt oder am rechtzeitigen Abschluss der Prüfung verhindert ist.

Sachlich und örtlich zuständig ist das für den Sitz des Wertpapierinstituts zuständige Amtsgericht (§§ 375 Nr. 11, 377 Abs. 1 FamFG, 23a Abs. 2 GVG). **31**

a) Verstoß gegen Anzeigepflicht (Nr. 1). Nach **Nr. 1** kann die BaFin beim Gericht die Bestellung eines Prüfers beantragen, wenn die Anzeige nach Abs. 1 S. 1 nicht nach Abschluss eines Geschäftsjahres vorliegt, da in diesem Fall zu befürchten ist, dass der Prüfer nicht rechtzeitig gewählt oder nicht bestellt wurde. Die Antragsbefugnis der BaFin gegenüber dem Gericht besteht nur, solange die zuständigen Inhaber, Gesellschafter oder Organe eines Wertpapierinstituts die Prüferbestellung nicht vorgenommen oder nachgeholt haben. Sie besteht auch nicht, wenn bereits ein Antrag auf gerichtliche Bestellung nach § 318 Abs. 4 HGB vorliegt. **32**

b) Erfolgloses Verlangen der BaFin nach Abs. 1 S. 2 (Nr. 2). Nach **Nr. 2** kann die BaFin einen anderen Prüfer durch das Gericht bestellen lassen, wenn ein Wertpapierinstitut einem Verlangen nach Abs. 1 S. 2 nicht oder nicht rechtzeitig nachkommt. Auch in diesem Fall erlischt die Antragsbefugnis der BaFin in dem Zeitpunkt, in dem das Wertpapierinstitut das Verlangen nach Abs. 1 S. 2 erfüllt hat. **33**

c) Ersetzung des bestellten Prüfers (Nr. 3). **Nr. 3** ist § 318 Abs. 4 S. 2 HGB nachgebildet und gibt der BaFin neben den in § 318 Abs. 4 S. 2 HGB bezeichneten Antragsberechtigten ein eigenes Antragsrecht für den Fall, dass der gewählte Prüfer die Annahme des Prüfungsauftrages abgelehnt hat, weggefallen ist oder am rechtzeitigen Abschluss der Prüfung verhindert ist, sofern und solange das Wertpapierinstitut nicht unverzüglich einen anderen Prüfer bestellt hat. **34**

Nr. 3 gilt entsprechend in dem Fall, dass ein gerichtlich auf Antrag des Wertpapierinstituts oder der BaFin bestellter Prüfer die Annahme des Prüfungsauftrages abgelehnt hat, weggefallen ist oder die Prüfung nicht rechtzeitig abschließen kann (Lendermann/Nemeczek/Schroeter/Heist Rn. 74). **35**

2. Verfahren (S. 2–4)

Nach **S. 2** ist die Bestellung durch das Gericht nicht anfechtbar. Eine Bindung des Gerichts an einen von der BaFin vorgeschlagenen Prüfer besteht nicht (so jew. zu § 28 KWG Beck/Samm/Kokemoor/Samm KWG § 28 Rn. 51; Fischer/Schäfer/Schulte-Mattler/Schulte-Mattler/Winter/Isabelle Maurer/Martin Maurer KWG § 28 Rn. 36). **36**

Der auf Antrag der BaFin nach Abs. 2 bestellte Prüfer hat nach **S. 3** Anspruch auf angemessene Vergütung, wie durch den Verweis auf § 318 Abs. 5 HGB klargestellt wird. Die Höhe der Vergütung und der Auslagen setzt das Gericht nach § 318 Abs. 5 S. 2 HGB fest. **37**

Nach **S. 4** kann das Gericht den bestellten Prüfer auf Antrag der BaFin abberufen. Entspricht das Gericht dem Antrag der BaFin nicht, so stehen hiergegen die allgemeinen Rechtsmittel (§§ 58 ff. FamFG) zur Verfügung. Ein Antragsrecht des Wertpapierinstituts auf Abberufung besteht wegen S. 2 nicht. **38**

§ 78 Besondere Pflichten des Prüfers; Verordnungsermächtigung

(1) [1]**Als Teil der Prüfung des Jahresabschlusses sowie eines Zwischenabschlusses hat der Prüfer auch die wirtschaftlichen Verhältnisse des Wertpa-**

pierinstituts zu prüfen. [2]Dies schließt die Prüfung der Einhaltung der Eigenmittel- und Liquiditätsanforderungen sowie deren angemessene Ermittlung durch das Wertpapierinstitut ein. [3]Bei der Prüfung des Jahresabschlusses hat er insbesondere festzustellen, ob das Wertpapierinstitut die folgenden Anzeigepflichten und Anforderungen erfüllt hat:

1. **die Anzeigepflichten nach den §§ 64, 66 und 70 bis 72 dieses Gesetzes, den Artikeln 54 und 55 der Verordnung (EU) 2019/2033,**
2. **die Anforderungen der §§ 38 bis 46 und 69a, soweit diese auf das Wertpapierinstitut anwendbar sind,**
3. **die Anforderungen nach den §§ 20, 21 und 40,**
4. **die Anforderungen nach den §§ 17, 20, 23, 25 und 27 des Finanzkonglomerate-Aufsichtsgesetzes,**
5. **sofern davon betroffene Geschäfte vom Wertpapierinstitut erbracht werden, die Anforderungen nach**
   a) **Artikel 4 Absatz 1, 2 und 3 Absatz 2, den Artikeln 4a und 9 Absatz 1 bis 4 sowie Artikel 11 Absatz 1 bis 10, 11 Absatz 1 und Absatz 12 der Verordnung (EU) Nr. 648/2012,**
   b) **Artikel 4 Absatz 1 Absatz 1, Artikel 5a Absatz 1 sowie den Artikeln 8b bis 8d der Verordnung (EG) Nr. 1060/2009 des Europäischen Parlaments und des Rates vom 16. September 2009 über Ratingagenturen (ABl. L 302 vom 17.11.2009, S. 1; L 350 vom 29.12.2009, S. 59; L 145 vom 31.5.2011, S. 57; L 267 vom 6.9.2014, S. 30), die zuletzt durch die Verordnung (EU) 2017/2402 (ABl. L 347 vom 28.12.2017, S. 35) geändert worden ist, soweit es nicht nach § 29 Absatz 2 in Verbindung mit § 89 Absatz 1 Satz 1 des Wertpapierhandelsgesetzes geprüft wird,**
   c) **Artikel 4 Absatz 1 bis 5 und Artikel 15 der Verordnung (EU) 2015/2365,**
   d) **den Artikeln 16, 23 Absatz 3 Satz 1, Absatz 5, 6 und 10, Artikel 28 Absatz 2 sowie nach Artikel 29 der Verordnung (EU) 2016/1011,**
   e) **Artikel 28 Absatz 1 bis 3 der Verordnung (EU) Nr. 600/2014,**
   f) **den Artikeln 5 bis 9, 18 bis 26, 27 Absatz 1 und 4 sowie nach Artikel 43 Absatz 5 und 6 der Verordnung (EU) 2017/2402,**
   g) **den Artikeln 3 bis 11 der Verordnung (EU) 2022/858 des Europäischen Parlaments und des Rates vom 30. Mai 2022 über eine Pilotregelung für auf Distributed-Ledger-Technologie basierende Marktinfrastrukturen und zur Änderung der Verordnungen (EU) Nr. 600/2014 und (EU) Nr. 909/2014 sowie der Richtlinie 2014/65/EU (ABl. L 151 vom 2.6.2022, S. 1),**
   h) **den Artikeln 5 bis 14, 16 bis 19, 23 bis 25, 28 bis 30 und 45 Absatz 3 der Verordnung (EU) 2022/2554, auch in Verbindung mit einer delegierten Verordnung nach den Artikeln 15, 16, 20, 28 oder Artikel 30 der Verordnung (EU) 2022/2554,**
   i) **§ 5 Absatz 1 und 2 sowie den §§ 7 bis 11 und 16 bis 22 des Gesetzes über elektronische Wertpapiere, auch in Verbindung mit einer Rechtsverordnung nach § 23 des Gesetzes über elektronische Wertpapiere.**

[4]Hat die Bundesanstalt nach Absatz 4 gegenüber dem Wertpapierinstitut Bestimmungen über den Inhalt der Prüfung getroffen, sind diese vom Prüfer zu berücksichtigen. [5]Bei einem Mittleren Wertpapierinstitut, das

aufgefordert wurde, einen Sanierungsplan nach § 12 des Sanierungs- und Abwicklungsgesetzes aufzustellen, hat der Prüfer auch zu prüfen, ob der Sanierungsplan die Voraussetzungen nach § 12 Absatz 1 sowie nach § 13 Absatz 1 bis 4 des Sanierungs- und Abwicklungsgesetzes erfüllt. [6]Das Ergebnis ist in den Prüfungsbericht aufzunehmen.

(2) **[1]Der Prüfer hat auch zu prüfen, ob das Wertpapierinstitut seinen Verpflichtungen nach Kapitel 4 dieses Gesetzes und dem Geldwäschegesetz nachgekommen ist. [2]Zudem hat er die Einhaltung der Mitteilungs- und Veröffentlichungspflichten und sonstigen Anforderungen der Artikel 5 bis 10 und 12 bis 14 der Verordnung (EU) Nr. 236/2012 des Europäischen Parlaments und des Rates vom 14. März 2012 über Leerverkäufe und bestimmte Aspekte von Credit Default Swaps (ABl. L 86 vom 24.3.2012, S. 1), die zuletzt durch die Verordnung (EU) Nr. 909/2014 (ABl. L 257 vom 28.8.2014, S. 1) geändert worden ist, zu prüfen. [3]Bei Wertpapierinstituten, die die Verwahrung und Verwaltung im Sinne des § 2 Absatz 3 Nummer 1 oder das eingeschränkte Verwahrgeschäft betreiben, hat der Prüfer dieses Geschäft gesondert zu prüfen, soweit es nicht nach § 89 Absatz 1 Satz 2 des Wertpapierhandelsgesetzes zu prüfen ist; diese Prüfung hat sich auch auf die Einhaltung des § 128 des Aktiengesetzes über Mitteilungspflichten und des § 135 des Aktiengesetzes über die Ausübung des Stimmrechts zu erstrecken.**

(3) **[1]Der Prüfer hat der Bundesanstalt und der Deutschen Bundesbank unverzüglich anzuzeigen, wenn ihm bei der Prüfung Tatsachen bekannt werden, welche die Einschränkung oder Versagung des Bestätigungsvermerkes rechtfertigen, die den Bestand des Wertpapierinstituts gefährden oder seine Entwicklung wesentlich beeinträchtigen können, die einen erheblichen Verstoß gegen die Vorschriften über die Zulassungsvoraussetzungen des Wertpapierinstituts oder die Ausübung einer Tätigkeit nach diesem Gesetz darstellen oder die schwerwiegende Verstöße der Geschäftsleiter gegen Gesetz, Satzung oder Gesellschaftsvertrag des Wertpapierinstituts erkennen lassen. [2]Auf Verlangen der Bundesanstalt oder der Deutschen Bundesbank hat der Prüfer ihr die Art und den Umfang seines Vorgehens darzustellen, den Prüfungsbericht zu erläutern und sonstige bei der Prüfung bekannt gewordene Tatsachen der Bundesanstalt und der Deutschen Bundesbank mitzuteilen, die gegen eine ordnungsmäßige Durchführung der Geschäfte des Wertpapierinstituts sprechen. [3]Die Anzeige-, Erläuterungs- und Mitteilungspflichten nach den Sätzen 1 und 2 bestehen auch in Bezug auf ein Unternehmen, das mit dem Wertpapierinstitut in enger Verbindung steht, sofern dem Prüfer die Tatsachen im Rahmen der Prüfung des Wertpapierinstituts bekannt werden. [4]Der Prüfer haftet nicht für die Richtigkeit von Tatsachen, die er nach diesem Absatz in gutem Glauben anzeigt.**

(4) **[1]Unbeschadet der besonderen Pflichten des Prüfers nach den Absätzen 1 bis 3 kann die Bundesanstalt auch gegenüber dem Wertpapierinstitut Bestimmungen über den Inhalt der Prüfung treffen, die vom Prüfer im Rahmen der Jahresabschlussprüfung zu berücksichtigen sind. [2]Sie kann insbesondere Schwerpunkte für die Prüfungen festlegen.**

(5) **[1]Gehört das Wertpapierinstitut zu einer Wertpapierinstitutsgruppe im Sinne des Artikels 4 Absatz 1 Nummer 25 der Verordnung (EU) 2019/**

2033 und hat das die Konsolidierung nach Artikel 7 dieser Verordnung oder das den Gruppenkapitaltest nach Artikel 8 dieser Verordnung vorzunehmende Unternehmen seinen Sitz im Inland, so hat der Prüfer zu prüfen und zu berichten, ob
1. die für die Einhaltung der Vorschriften verantwortliche Gruppe richtig bestimmt wurde,
2. die Anforderungen an die Konsolidierung nach Artikel 7 oder an den Gruppenkapitaltest nach Artikel 8 dieser Verordnung eingehalten wurden und
3. die nach Artikel 55 dieser Verordnung auf Gruppenebene vorzunehmenden Meldungen zutreffend abgegeben wurden.
[2]Gehören zu der Wertpapierinstitutsgruppe mehrere im Inland ansässige Wertpapierinstitute, obliegt diese Prüfung dem Prüfer, welcher das Wertpapierinstitut mit der höheren Bilanzsumme prüft, es sei denn, die Bundesanstalt bestimmt etwas anderes.

(6) **[1]Das Bundesministerium der Finanzen wird ermächtigt, in Bezug auf Kleine und Mittlere Wertpapierinstitute im Einvernehmen mit dem Bundesministerium der Justiz und für Verbraucherschutz und nach Anhörung der Deutschen Bundesbank durch Rechtsverordnung, die nicht der Zustimmung des Bundesrates bedarf, nähere Bestimmungen zur Erfüllung der Aufgaben der Bundesanstalt zu erlassen über**
1. den Gegenstand der Prüfung nach den Absätzen 1 und 2,
2. den Zeitpunkt ihrer Durchführung und
3. die Form und den Inhalt der Prüfungsberichte.
[2]Die Rechtsverordnung dient insbesondere zur Vermeidung und Behebung von Missständen, die die Sicherheit der einem Wertpapierinstitut anvertrauten Vermögenswerte gefährden oder die ordnungsgemäße Durchführung der Wertpapierdienstleistungen, Wertpapiernebendienstleistungen und Nebengeschäfte beeinträchtigen können, sowie dem Erhalt einheitlicher Unterlagen zur Beurteilung der von dem Wertpapierinstitut durchgeführten Geschäfte. [3]In der Rechtsverordnung kann bestimmt werden, dass die in den Absätzen 1 bis 3 geregelten Pflichten auch bei der Prüfung des Konzernabschlusses einer Finanzholdinggruppe oder gemischten Investmentholdinggruppe oder eines Finanzkonglomerats einzuhalten sind; nähere Bestimmungen über den Gegenstand der Prüfung, den Zeitpunkt ihrer Durchführung und den Inhalt des Prüfungsberichts können dabei nach Maßgabe des Satzes 1 erlassen werden. [4]Das Bundesministerium der Finanzen kann die Ermächtigung durch Rechtsverordnung, die nicht der Zustimmung des Bundesrates bedarf, auf die Bundesanstalt übertragen.

Übersicht

I. Vorbemerkung

1 § 78 ist § 29 KWG nachgebildet und gilt für Kleine und Mittlere Wertpapierinstitute, auch wenn dies im Wortlaut von § 78 selbst – anders als bei § 77 – nicht klargestellt ist. Für Große Wertpapierinstitute gilt nach § 4 S. 1 und 2 nicht § 78, sondern § 29 KWG. § 78 ist nach Ansicht des Gesetzgebers an die besonderen Verhältnisse bei Wertpapierinstituten angepasst (Regierungsbegründung WpIG, BT-Drs. 19/26929, 155).

2 Abs. 1 und 2 sowie Abs. 5 enthalten ein umfangreiches zusätzliches Prüfprogramm für den Abschlussprüfer und ergänzen die für die gesetzliche Prüfung geltenden §§ 317 ff. HGB. Sie tragen wie die Parallelvorschriften in § 29 KWG dem Umstand Rechnung, dass sich BaFin und BBank bei der Wahrnehmung ihrer Aufgaben nach dem WpIG wesentlich auf die Erkenntnisse der Prüfung des Jahresabschlusses einschließlich der bei der Prüfung erworbenen weiteren Kenntnisse und Erfahrungen des Abschlussprüfers stützen (Lendermann/Nemeczek/Schroeter/Heist Rn. 1). Die in § 78 festgelegten zusätzlichen Prüf- und Berichtspflichten gehen daher bewusst über die gesetzliche Pflichtprüfung von Jahresabschluss und Lagebericht hinaus (Regierungsbegründung WpIG, BT-Drs. 19/26929, 155). Die Redepflicht aus Abs. 3 soll BaFin und BBank die Möglichkeit geben, bereits vor Prüfungsabschluss auf erkennbare Gefährdungen des Wertpapierinstituts sowie Missbräuche reagieren zu können.

3 Abs. 4 gibt der BaFin die Möglichkeit, dem Abschlussprüfer zusätzliche Vorgaben in Bezug auf Prüfungsinhalte und Berichterstattung zu machen. Ergänzende Vorgaben zu Gegenstand der Prüfung, Zeitpunkt der Durchführung und Form und Inhalt der Prüfungsberichte enthält die aufgrund der Ermächtigung in Abs. 6 erlassene WpIPrüfBV.

4 Der Gesetzgeber hat den Prüfungsumfang nach § 78 mehrfach erweitert. Durch das ZuFinG wurden mWz 15.12.2023 Abs. 1 Satz 3 Nr. 5 lit. e und f geändert und lit. g angefügt, wodurch die Pflichtprüfung auch auf die Anforderungen der DLT-Pilotregelung (VO (EU) 2022/858) erstreckt wurde (Regierungsbegründung ZuFinG, BT-Drs. 20/8292, 152). Durch das KreditzweitmarktförderungsG wurden Abs. 1 Satz 3 Nr. 1 und Satz 4 mWz 30.12.2023 geändert, um das Prüfprogramm an § 29 KWG anzugleichen (Regierungsbegründung KreditzweitmarktförderungsG, BT-Drs. 20/9093, 155). Durch das FinmadiG wurden mWz 30.12.2024 Abs. 1 Satz 3 Nr. 2 sowie Nr. 5 Buchst. f und g geändert und Buchst. h und i angefügt, um die Beachtung der Anzeigepflichten und Anforderungen aus der VO (EU) 2022/2554 über die digitale operationale Resilienz im Finanzsektor (Digital Operational Resilience Act, **DORA**) (Regierungsbegründung FinmadiG, BT-Drs. 20/10280, 174) sowie des eWpG (Beschlussempfehlung + Bericht Finanzausschuss, BT-Drs. 20/11178, 209) prüfen zu lassen.

II. Wirtschaftliche Verhältnisse und aufsichtsrechtliche Pflichten (Abs. 1)

1. Allgemeine Anforderungen an Prüfungsbericht (§§ 1–9 WpIPrüfBV)

5 Durch die WpIPrüfBV werden Gegenstand und den Zeitpunkt der Prüfung sowie Inhalt und Form der Prüfungsberichte festgelegt (§ 1 WpIPrüfBV). Nach

§ 2 WpIPrüfBV ist Berichtszeitraum grds. das Geschäftsjahr und muss sich der Berichtszeitraum bei vom Geschäftsjahr abweichenden Berichtszeiträumen jedenfalls auf das am Bilanzstichtag endende Geschäftsjahr erstrecken.

§ 3 WpIPrüfBV verlangt eine risikoorientierte und dem Grundsatz der Wesentlichkeit entsprechende Prüfung unter Berücksichtigung der Größe, des Geschäftsumfangs sowie der Komplexität und des Risikogehalts der betriebenen Geschäfte. 6

§ 4 WpIPrüfBV enthält Vorgaben für Art und Umfang der Berichterstattung und verlangt Feststellungen ua zur Nachverfolgung und -beseitigung organisatorischer Mängel; dabei muss der Abschlussprüfer Vorgaben der BaFin für Prüfungsinhalte nach § 4 Abs. 4 WpIPrüfBV benennen. Außerdem müssen Geeignetheit, Angemessenheit und Wirksamkeit von Maßnahmen zur Beseitigung der bei der letzten Prüfung festgestellten Mängel vom Prüfer beurteilt werden. Wenn Mängel noch nicht vollständig behoben wurden, ist hierüber und über die getroffenen Abhilfemaßnahmen gesondert zu berichten (§ 4 Abs. 6 WpIPrüfBV). Bei der Prüfung müssen die Ergebnisse **aufsichtlicher Sonderprüfungen** berücksichtigt werden (§ 4 Abs. 7 S. 1 und 2 WpIPrüfBV). Betraf die Sonderprüfung den Ansatz oder die Bewertung von Bilanzpositionen, dann ist hierüber in den Prüfungsberichten der nächsten drei Prüfungsjahre gesondert zu berichten (§ 4 Abs. 7 S. 3 WpIPrüfBV). Die BaFin kann im Einzelfall abweichende Vorgaben machen (§ 4 Abs. 7 S. 4 WpIPrüfBV) 7

Nach § 5 WpIPrüfBV ist der Prüfungsbericht unverzüglich nach Fertigstellung der BaFin (nur) elektronisch einzureichen. 8

§ 6 Abs. 1 WpIPrüfBV verlangt eine Klassifizierung von Prüfungsbeanstandungen in den Klassen F-0 (völliges Fehlen von Normverstößen), F-1 (geringfügige Mängel), F-2 (mittelschwere Mängel), F-3 (gewichtige Mängel) und F-4 (schwergewichtige Mängel). Prüfungsfeststellungen F-5 sind nach § 6 Abs. 1 S. 2 Nr. 6 im Falle einer Nichtanwendbarkeit der Prüfungspflicht im geprüften Wertpapierinstitut zu treffen, insbesondere, weil zugrundeliegende gesetzliche Pflichten im Einzelfall im Hinblick auf die Geschäftstätigkeit des Wertpapierinstituts nicht relevant sind. 9

Für die Klassifizierung ist der Prüfungsleiter vor Ort (dh der nach § 43 Abs. 3 S. 3 WPO zu ermittelnde verantwortliche Prüfungspartner) verantwortlich (§ 6 Abs. 2 S. 1 WpIPrüfBV). Die Klassifizierung muss im Bericht bei der Darstellung des Mangels erfolgen (§ 6 Abs. 2 S. 2 WpIPrüfBV). Dem Prüfungsbericht müssen tabellarische Übersichten über die aufgeführten Prüfungsfeststellungen nach Anlage 3 WpIPrüfBV und über die übrigen festgestellten Mängel nach Anlage 4 WpIPrüfBV beigefügt werden (§ 6 Abs. 3 WpIPrüfBV). 10

§ 7 erlaubt Anlagen zum Prüfungsbericht mit erläuternden Darstellungen. 11

§ 8 WpIPrüfBV verlangt die Zusammenfassung der wesentlichen Ergebnisse der Prüfung in vorangestellten Ausführungen oder in der Schlussbemerkung. 12

Soweit nur über Änderungen berichtet werden muss, genügt eine Berichterstattung im Drei-Jahres-Turnus, wenn die BaFin keine andere Berichterstattung verlangt (§ 9 WpIPrüfBV). 13

Über die allgemeinen Grundsätze in §§ 2–9 WpIPrüfBV hinaus enthalten §§ 10 ff. WpIPrüfBV nähere Vorgaben an den Inhalt des Prüfungsberichts. 14

2. Wirtschaftliche Verhältnisse (S. 1)

a) Gesamturteil (§ 8 WpIPrüfBV). Gegenstand und Umfang der Abschlussprüfung sind grundsätzlich in § 317 Abs. 1 HGB vorgegeben. S. 1 erweitert das 15

Prüfungsprogramm des Abschlussprüfers auf die **wirtschaftlichen Verhältnisse** des Wertpapierinstituts. Maßgeblich für die Prüfung sind außer den Prüfungsstandards des IDW die Bestimmungen der WpIPrüfBV, die nach dem Vorbild der für Kreditinstitute, Finanzdienstleistungsinstitute und Große Wertpapierinstitute geltenden PrüfBV im Prüfungsbericht detaillierte Ausführungen zu den wirtschaftlichen Verhältnissen verlangen. Außerdem muss im Prüfungsbericht zur Werthaltigkeit von Vermögensgegenständen, der Angemessenheit der Risikovorsorge sowie gebildeter Rückstellungen, zu nichtbilanziellen Geschäften, den angewandten Bewertungsgrundsätzen sowie zu Art und Umfang stiller Reserven und Lasten Stellung genommen werden (Regierungsbegründung WpIG, BT-Drs. 19/26929, 155 f.).

16 Nach Maßgabe von § 8 Abs. 1 S. 1 WpIPrüfBV muss der Prüfungsbericht in einer **zusammenfassenden Schlussbemerkung** zu allen wichtigen Fragen so Stellung nehmen, dass, soweit nicht bereits aus den dem Prüfungsbericht vorangestellten Ausführungen (§ 321 Abs. 1 S. 2 HGB) ersichtlich, ein Gesamturteil möglich sein über

– die wirtschaftliche Lage des Wertpapierinstituts, insbesondere seine geschäftliche Entwicklung, die Vermögens-, Liquiditäts- und Ertragslage und die Risikolage sowie Art und Umfang nicht bilanzwirksamer Geschäfte (§ 8 Abs. 1 S. 1 Nr. 1 iVm S. 2 WpIPrüfBV);
– die Risikotragfähigkeit des Wertpapierinstituts,
– die Ordnungsmäßigkeit seiner Geschäftsorganisation,
– die Einrichtung eines angemessenen und wirksame Risikomanagements durch das Wertpapierinstitut, sowie
– die Einhaltung der weiteren rechtlichen Vorgaben durch das Wertpapierinstitut.

17 In der zusammenfassenden Schlussbemerkung muss auch dargestellt werden, ob die Bilanzposten ordnungsgemäß bewertet wurden, insbesondere ob die gebildeten Wertberichtigungen und Rückstellungen angemessen sind, und ob die Vorschriften des GwG sowie die Anzeigevorschriften beachtet wurden (§ 8 Abs. 2 WpIPrüfBV). Außerdem muss dort dargelegt werden, welche über die nach § 321 Abs. 1 S. 3 HGB vorgeschriebenen Berichtsinhalte (dh festgestellte Unrichtigkeiten oder Verstöße gegen gesetzliche Vorschriften sowie Tatsachen, die den Bestand des geprüften Wertpapierinstituts oder der Gruppe, dem das Wertpapierinstitut angehört, gefährden oder seine Entwicklung wesentlich beeinträchtigen können oder schwerwiegende Verstöße der gesetzlichen Vertreter oder von Arbeitnehmern gegen Gesetz, Gesellschaftsvertrag oder die Satzung des Wertpapierinstituts) hinausgehenden wesentlichen Feststellung sich auf Grund der Prüfung ergeben haben (§ 8 Abs. 3 WpIPrüfBV).

18 **b) Angaben zu bestimmten Risiken (§§ 28–30 WpIPrüfBV).** §§ 28–30 WpIPrüfBV verlangen Angaben zum Länderrisiko (§ 28 WpIPrüfBV), zu Wertpapierdarlehen (§ 29 WpIPrüfBV) und zur Einhaltung von Pflichten bei Derivatgeschäften nach der EMIR-VO und der MiFiR (§ 30 WpIPrüfBV).

19 **c) Abschlussorientierte Berichterstattung (§§ 31–35 WpIPrüfBV).** §§ 31–35 WpIPrüfBV enthalten Vorgaben für die **abschlussorientierte Berichterstattung,** die sich an den für Banken geltenden §§ 38–42 PrüfBV orientieren (Lendermann/Nemeczek/Schroeter/Heist Rn. 15). Gegenstand der abschlussorientierten Berichterstattung sind:

20 – die **geschäftliche Entwicklung** im Berichtsjahr (§ 31 WpIPrüfBV); dazu gehören für jede erbrachte Wertpapierdienstleistung und Wertpapiernebendienstleistung eine Gegenüberstellung und Erläuterung der für sie kennzeichnenden Zahlen

des Berichtsjahres und des Vorjahres sowie regelmäßig Angaben zur Anzahl der Kunden, der Volumina der unter Verwaltung oder Beratung stehenden Vermögenswerte sowie der Volumina vermittelter Finanzinstrumente;

- die **Entwicklung der Vermögenslage** (§ 32 WpIPrüfBV); dazu gehören insbesondere Art und Umfang bilanzunwirksamer Ansprüche und Verpflichtungen, Art und Umfang stiller Reserven und stiller Lasten (mit Darstellung von vermiedenen Wertpapierabschreibungen), bedeutende Verträge und schwebende Rechtsstreitigkeiten, soweit sich nachteilige Auswirkungen auf die Vermögenslage ergeben könnten, und die Bildung der notwendigen Rückstellungen, Darstellung aller abgegebenen Patronatserklärungen mit Beurteilung ihrer Rechtsverbindlichkeit, sowie Angaben zu nachrangigen Vermögensgegenständen; 21
- die **Entwicklung der Ertragslage** (§ 33 WpIPrüfBV); dazu gehören ein Bericht über die Ertragslage der wesentlichen Geschäftssparten, eine gesonderte Darstellung der jeweils wichtigsten Erfolgsquellen und Erfolgsfaktoren sowie wesentlichen Planungsannahmen, sowie eine Darstellung möglicher Auswirkungen von Risiken auf die Ertragslage; 22
- **Risikolage und Risikovorsorge** (§ 34 WpIPrüfBV); zu beurteilen sind Risikolage und Risikotragfähigkeit, Art, Umfang, Entwicklung und Angemessenheit der Risikovorsorge, das Verfahren zur Ermittlung der Risikovorsorge und von Pauschalwertberichtigungen und ggf. Änderungen des Verfahrens und ihre Auswirkungen auf die Risikovorsorge; ggf. ist über nach dem Abschlussstichtag bekannt gewordenen neuen Risikovorsorgebedarf zu berichten, und 23
- **Erläuterungen zur Rechnungslegung** (§ 35 WpIPrüfBV); hier sind die Bilanzposten, die Angaben unter dem Bilanzstrich und die Posten der Gewinn- und Verlustrechnung unter Berücksichtigung des Grundsatzes der Wesentlichkeit des jeweiligen Postens zu erläutern und mit den Vorjahreszahlen zu vergleichen. 24

3. Einhaltung Eigenmittel- und Liquiditätsanforderungen (S. 2 iVm §§ 18–22 WpIPrüfBV)

25 S. 2 verlangt Feststellungen zur Einhaltung der Eigenmittel- und Liquiditätsanforderungen. Ergänzende Bestimmungen zum Inhalt des Prüfungsberichts enthalten §§ 18–22 WpIPrüfBV.

4. Anzeigepflichten und aufsichtsrechtliche Anforderungen (S. 3)

26 In der nachfolgenden Übersicht sind die Vorschriften zusammengestellt, deren Einhaltung vom Abschlussprüfer nach S. 3 Nr. 1–5 zu prüfen ist:

Grundlage der Prüfungspflicht	**Vorschrift**	**Inhalt**
S. 3 Nr. 1	§ 64	Anzeigepflichten
S. 3 Nr. 1	§ 66	Meldungen zu Millionenkrediten, Übermittlung von Finanzinformationen
S. 3 Nr. 1	§ 70	Anzeigen bei Errichtung Zweigniederlassung in anderem EWR-Vertragsstaat

Grundlage der Prüfungspflicht	Vorschrift	Inhalt
S. 3 Nr. 1	§ 71	Anzeigen bei grenzüberschreitenden Dienstleistungsverkehr
S. 3 Nr. 1	§ 72	Änderungen der nach § 70 oder § 71 angezeigten Verhältnisse
S. 3 Nr. 1	Art. 54 IFR	Meldungen zu Eigenmitteln
S. 3 Nr. 1	Art. 55 IFR	Meldungen zu Vermögenswerten
S. 3 Nr. 2	§§ 38–46	Anforderungen betr. internes Kapital und liquide Mittel, Auslagerungen, interne Unternehmensführung, länderspezifische Berichterstattung, Risikomanagement, Risikosteuerung und Vergütungssysteme
S. 3 Nr. 2	§ 69a	Verpflichtung zur Vermögenstrennung von kryptografischen Instrumenten und privaten kryptografischen Schlüsseln
S. 3 Nr. 3	§§ 20, 21, 40	Geschäftsleiter, Kontrollorgan, Auslagerungen
S. 3 Nr. 4	§§ 17, 20, 23, 25 und 27 FKAG	bei Finanzkonglomeraten Anforderungen an Eigenmittelausstattung, Korrekturposten, Risikokonzentrationen und konglomeratsinterne Transaktionen, besondere organisatorische Pflichten, Begründung von Unternehmensbeziehungen
S. 3 Nr. 5a	Art. 4 Abs. 1, 2 und 3 UAbs. 2, Art. 4a, Art. 9 Abs. 1–4 sowie Art. 11 Abs. 1–10, 11 UAbs. 1 und Abs. 12 EMIR-VO (VO (EU) Nr. 648/2012)	im Zusammenhang mit OTC-Derivaten Clearingpflichten, Berechnung von Positionen gegenüber Gegenparteien, Meldepflichten, Risikominderungstechniken
S. 3 Nr. 5b	Art. 4 Abs. 1 UAbs. 1, Art. 5a Abs. 1 sowie Art. 8b–8d EU-RatingVO (VO (EG) Nr. 1060/2009), soweit keine Prüfung nach § 29 Abs. 2 iVm § 89 Abs. 1 S. 1 WpHG	Verwendung von Ratings, kein übermäßiger Rückgriff auf Ratings, Verwendung doppelter Ratings und Rückgriff auf mehrere Rating-Agenturen (der Verweis auf den aufgehobenen Art. 8b EU-RatingVO geht ins Leere und ist ein **Redaktionsversehen**)

Grundlage der Prüfungspflicht	**Vorschrift**	**Inhalt**
S. 3 Nr. 5c	Art. 4 Abs. 1–5 u. Art. 15 SFTR (VO (EU) 2015/2365)	Meldepflichten und Sicherheiten für Wertpapierfinanzierungsgeschäfte, Weiterverwendung von als Sicherheit erhaltenen Finanzinstrumenten
S. 3 Nr. 5d	Art. 16, 23 Abs. 3 S. 1, Abs. 5, 6 und 10, 28 Abs. 2 und 29 EU-BenchmarkVO (VO (EU) 2016/1011)	Anforderungen an Unternehmensführung beaufsichtigter Kontributoren von Indizes als Referenzwerte für Finanzinstrumente, Anzeige- und Kooperationspflichten im Zusammenhang mit kritischen Referenzwerten, Notfallpläne zu Referenzwerten, Regeln für Verwendung von Referenzwerten
S. 3 Nr. 5e	Art. 28 Abs. 1–3 MiFiR (VO (EU) Nr. 600/2014)	Pflichten im Zusammenhang mit dem Handel von Derivaten
S. 3 Nr. 5f	Art. 5–9, 18–26, 27 Abs. 1 und 4 sowie 43 Abs. 5 und 6 EU-VerbriefungsVO (VO (EU) 2017/2402)	Pflichten zum Zusammenhang mit Verbriefungen
S. 3 Nr. 5g	Art. 3–11 DLT-VO (VO (EU) 2022/858)	Pflichten im Zusammenhang mit Distributed-Ledger-Technologien
S. 3 Nr. 5h	Art. 5–14, 16–19, 23–25, 28–30 und 45 Abs. 3 DORA (VO über die digitale operationale Resilienz im Finanzsektor, Digital Operational Resilience Act, VO (EU) 2022/2554), auch iVm Delegierten VOen nach Art. 15, 16, 20, 28 oder 30 DORA	Pflichten im Zusammenhang mit Informations- und Kommunikationstechnologie (IKT)
S. 3 Nr. 5i	§ 5 Abs. 1 und 2 sowie §§ 7–11 und 16–22 eWpG, auch iVm einer RechtsVO nach § 23 eWpG	Pflichten im Zusammenhang mit elektronischen Wertpapieren

5. Sanierungsplan (S. 5, 6 iVm § 16 WpIPrüfBV)

27 Nach § 12 Abs. 1 iVm § 1 Abs. 1 Nr. 4 SAG haben Mittlere Wertpapierinstitute, die nach § 17 Abs. 1 Nr. 1a WpIG ein Anfangskapital von mindestens 750.000 Euro nachweisen müssen, einen Sanierungsplan nach § 12 Abs. 1 S. 1 SAG aufzustellen, sofern sie nicht von der BaFin nach § 20 SAG von dieser Verpflichtung befreit wurden. In dem Sanierungsplan muss das Wertpapierinstitut die Maßnahmen darlegen, mit denen die finanzielle Stabilität gesichert oder wiederhergestellt werden kann, falls sich die Vermögens-, Finanz- oder Ertragsentwicklung wesentlich verschlechtert und diese Verschlechterung zu einer Bestandsgefährdung führen kann (§ 12 Abs. 1 S. 2 SAG). Für die Ausgestaltung des Sanierungsplans enthalten § 13 Abs. 1–4 SAG iVm der SanierungsplanmindestanforderungsV (MaSanV) v. 12.3.2020 (BGBl. I 644) detaillierte Vorgaben. Die BaFin kann nach § 19 SAG für nicht potentiell systemgefährdende Wertpapierinstitute Erleichterungen hinsichtlich Inhalt und Detaillierungsgrad von Sanierungsplänen festsetzen. Außerdem ist für Aufstellung und Inhalt die unmittelbar geltende Delegierte VO (EU) 2016/1075 (ABl. 2016 L 84, 1) zu beachten. Erläuterungen zu den Vorgaben enthält das BaFin-Merkblatt „Merkblatt zur Sanierungsplanung", Stand 6.12.2024, Consbruch/Fischer A 84.7.

28 Nach **S. 5** muss der Abschlussprüfer seine Prüfung darauf erstrecken, ob der Sanierungsplan die Voraussetzungen nach § 12 Abs. 1 und § 13 Abs. 1–4 SAG erfüllt. Hierzu sind nach Maßgabe von § 16 S. 2 WpIPrüfBV **die wesentlichen für die Sanierungsplanung relevanten Aspekte** auf sachliche Richtigkeit und Angemessenheit prüfen. Auch wenn S. 5 dies nicht ausdrücklich ausspricht, ist auch die Beachtung der Delegierten VO (EU) 2016/1075 zu prüfen, zumal das BaFin-Merkblatt zur Sanierungsplanung (→ Rn. 27) mehrfach darauf verweist.

29 **S. 6** verlangt Feststellungen zum Ergebnis der Prüfung der Sanierungsplanung im Prüfungsbericht. Nähere Vorgaben zum Inhalt der Prüfung und den im Prüfungsbericht zu treffenden Feststellungen enthalten § 16 S. 5 Nr. 1–7 WpIPrüfBV.

6. Beachtung von Anweisungen der BaFin (S. 4)

30 **S. 4** stellt klar, dass der Abschlussprüfer Weisungen sowie Prüfungsschwerpunkte der BaFin für die Prüfung nach Abs. 4 beachten muss. Auf diese Weisungen und ggf. Prüfungsschwerpunkte muss nach § 4 Abs. 4 WpIPrüfBV im Prüfungsbericht im Zusammenhang mit dem Prüfungsauftrag hingewiesen werden. Empfehlenswert kann sein, die solchermaßen geprüften Sachverhalte in einem gesonderten Teil des Prüfungsberichts darzustellen (so zu § 29 KWG Fischer/Schäfer/Schulte-Mattler/Schulte-Mattler/Winter/Hülsen § 29 Rn. 23).

III. Organisationspflichten (Abs. 2)

1. Risikomanagement, Geschäftsorganisation und Handelsbuch (§§ 12–15 und 17 WpIPrüfBV)

31 § 41 verpflichtet das Wertpapierinstitut zur Schaffung solider Regelungen für die **Unternehmensführung.** Diese müssen zweckdienlich und der Art, dem

Umfang und der Komplexität der dem Geschäftsmodell innewohnenden Risiken und den Geschäften des Wertpapierinstituts angemessen sein (→ § 41 Rn. 18 ff.). § 12 Abs. 1 WpIPrüfBV verpflichtet den Prüfer, die Angemessenheit und Zweckdienlichkeit dieser Regelungen zu beurteilen und dabei die tatsächlich vom Wertpapierinstitut getätigten Geschäfte zu berücksichtigen. Die näheren Vorgaben an die Berichterstattung enthält § 12 Abs. 2 WpIPrüfBV. Daneben muss der Prüfer nach § 12 Abs. 3–5 WpIPrüfBV die fachliche Eignung und Zuverlässigkeit der Geschäftsleiter, die Wahrnehmung ihrer Aufgaben nach § 43 Abs. 1 und 2 sowie die fachliche Eignung und Zuverlässigkeit der Mitglieder der Kontrollorgane sowie ihre Tätigkeit beurteilen.

Nach § 12 Abs. 2 Nr. 7 WpIPrüfBV muss der Prüfer auch prüfen, ob die personelle Ausstattung und die Mittel für den Umgang mit den bedeutenden Risiken, denen das Wertpapierinstitut ausgesetzt ist, ausreichend sind. § 15 WpIPrüfBV erweitert diese Prüfungspflicht darauf, ob die organisatorischen, personellen und technischen Vorkehrungen zur Sicherstellung der **Integrität, Vertraulichkeit, Authentizität und Verfügbarkeit der aufsichtlich relevanten Daten** nach Art. 21 Abs. 2 MiFID II-DVO (Delegierte VO (EU) 2017/565) angemessen sind und wirksam umgesetzt werden 32

§ 13 Abs. 1 verpflichtet Wertpapierinstitute zur Einrichtung eines **Hinweisgebersystems.** Nach § 13 WpIPrüfBV muss der Prüfer beurteilen, ob das Hinweisgebersystem angemessen ist und ob die Vertraulichkeit der Identität der Mitarbeiter gewahrt wird, die das Hinweisgebersystem nutzen. 33

§ 46 Abs. 1 enthält Vorgaben für **Vergütungssysteme** von Wertpapierinstituten. Nach § 14 WpIPrüfBV muss der Prüfer die Angemessenheit und die Transparenz der Vergütungssysteme des Wertpapierinstituts sowie die Ausrichtung auf eine nachhaltige Entwicklung des Wertpapierinstituts beurteilen. 34

Nach § 17 WpIPrüfBV muss der Prüfer auch beurteilen, ob die Bestimmungen für die Zuordnung von Risikopositionen zum **Handelsbuch** nach Art. 21 Abs. 2 iVm Teil 3 Titel I Kapitel 3 CRR (in der jeweils geltenden Fassung) beachtet wurden. 35

2. Offenlegung, Anzeigewesen (§§ 23–25 WpIPrüfBV)

Nach § 23 PrüfBV muss der Prüfer die Angemessenheit der Prozesse zur Ermittlung und **Offenlegung** der Informationen nach Teil 6 IFR (dh Art. 46–53 IFR) sowie § 54 WpIG beurteilen sowie im Prüfungsbericht darauf eingehen, ob das Wertpapierinstitut im Berichtszeitraum die Offenlegungspflichten aus Teil 6 IFR sowie § 54 WpIG erfüllt hat. 36

§ 24 WpIPrüfBV verlangt die Beurteilung des **Anzeige- und Meldewesens,** der Vorkehrungen für die Sicherstellung der Vollständigkeit und Richtigkeit der Anzeigen und Meldungen des Wertpapierinstituts sowie die Aufführung festgestellter Verstöße. 37

Die BaFin kann ein gruppenangehöriges Unternehmen einer Wertpapierinstitutsgruppe nach Art. 6 IFR von der Anwendung von Art. 5 IFR in Bezug auf Teile 2, 2, 3, 4, 6 und 7 IFR freistellen. Folge der Freistellung ist je nach deren Inhalt die Nichtanwendbarkeit von §§ 17–19 und 23 WpIPrüfBV (§ 25 Abs. 1 WpIPrüfBV). Nach § 25 Abs. 2 WpIPrüfBV muss der Prüfer im Falle einer solchen Freistellung darüber berichten, ob die Voraussetzungen von Art. 6 IFR vorliegen. 38

3. Vorkehrungen zur Verhinderung von Geldwäsche, Terrorismusfinanzierung und betrügerischen Handlungen zum Nachteil des Wertpapierinstituts nach §§ 33–37 sowie GwG (S. 1 iVm §§ 26 und 27 WpIPrüfBV)

39 §§ 33–37 WpIG sowie das GwG verpflichten Wertpapierinstitute, Vorkehrungen gegen Geldwäsche, Terrorismusfinanzierung und betrügerische Handlungen zum Nachteil des Wertpapierinstituts zu treffen. Für die Anwendung des GwG sind die von der BaFin als zuständiger Behörde nach § 16 Abs. 1 GwG getroffenen Maßnahmen zu beachten. Hinweise zur Anwendung des GwG enthalten die von der BaFin veröffentlichten „Auslegungs- und Anwendungshinweise zum GwG (AuA AT)," Stand 2.7.2025, Consbruch/Fischer C 40.128.

40 Nach Abs. 2 S. 1 hat der Abschlussprüfer diese Vorkehrungen und ihre Einhaltung durch das Wertpapierinstitut zu prüfen. § 26 Abs. 2 WpIPrüfBV verlangt eine jährliche Prüfung. Bei Kleinen Wertpapierinstituten ist nach § 26 Abs. 4 WpIPrüfBV ein zweijähriges Prüfintervall zulässig, wenn dies die Risikolage des Wertpapierinstituts zulässt. Für die Prüfung sind die Ergebnisse sämtlicher Prüfungen der internen Revision zu berücksichtigen, die im Berichtszeitraum der Prüfung durchgeführt worden sind (§ 27 Abs. 6 WpIPrüfBV).

41 Nähere Vorgaben zum nach Abs. 2 S. 1 erforderlichen Inhalt des Prüfungsberichts enthält § 27 WpIPrüfBV. Danach muss der Prüfer zunächst die im Berichtszeitraum zur Verhinderung von Geldwäsche und von Terrorismusfinanzierung sowie von strafbaren Handlungen nach § 33 Abs. 1 S. 1 getroffenen Vorkehrung darstellen (§ 27 Abs. 1 S. 1 WpIPrüfBV), und zwar im Bezug auf alle im Erfassungsbogen in Anlage 3 zur WpIPrüfBV aufgeführten Pflichten (§ 27 Abs. 1 S. 2 WpIPrüfBV). Der Prüfer muss im Prüfungsbericht die Angemessenheit der getroffenen Vorkehrungen beurteilen (§ 27 Abs. 2 WpIPrüfBV). Ergänzende Prüfungsgegenstände für Mutterunternehmen von Unternehmensgruppen enthält § 27 Abs. 3 WpIPrüfBV.

42 Der Prüfer muss bei der Beurteilung nach § 27 Abs. 2 und 3 WpIPrüfBV auch darauf eingehen, ob die Risikoanalyse, die das Wertpapierinstitut im Rahmen des Risikomanagements zur Verhinderung von Geldwäsche und von Terrorismusfinanzierung nach § 5 GwG erstellt hat, der tatsächlichen Risikosituation des Wertpapierinstituts entspricht, und bei der Beurteilung nach § 27 Abs. 2 WpIPrüfBV auch darauf eingehen, ob die Risikoanalyse, die im Rahmen des Risikomanagements zur Verhinderung von strafbaren Handlungen nach § 33 Abs. 1 S. 1 WpIG erforderlich ist, der tatsächlichen Risikosituation des Wertpapierinstituts entspricht (§ 27 Abs. 4 WpIPrüfBV).

43 Der Abschlussprüfer muss im Prüfungsbericht auch feststellen, ob die BaFin zur Durchsetzung von Pflichten zur Verhinderung Geldwäsche, Terrorismusfinanzierung sowie von sonstigen strafbaren Handlungen Anordnungen gegen das Wertpapierinstitut erlassen hat und zugleich im Prüfungsbericht beurteilen, ob das verpflichtete Wertpapierinstitut diese Anordnungen ordnungsgemäß befolgt hat (§ 27 Abs. 5 WpIPrüfBV).

44 Der Abschlussprüfer muss die wesentlichen Ergebnisse seiner Prüfung zusätzlich in einen **Erfassungsbogen** nach Anlage 3 zur WpIPrüfBV eintragen und unter Verwendung des Schemas in § 6 Abs. 1 WpIPrüfBV klassifizieren (§ 27 Abs. 8 WpIPrüfBV). In die Anlage 3 zur WpIPrüfBV sind auch die in § 27 Abs. 7 WpIPrüfBV aufgeführten Angaben aufzunehmen.

4. LeerverkaufsVO (VO (EU) 236/2012) (S. 2)

Abs. 2 S. 2 verlangt vom Abschlussprüfer Prüfungen sowie Feststellungen im Prüfungsbericht zur Einhaltung von bestimmten Regelungen der LeerverkaufsVO (VO (EU) 236/2012). Im Einzelnen geht es um folgende Bestimmungen: 45
- Art. 5 (Meldung signifikanter Netto-Leerverkaufspositionen in Aktien an die zuständigen Behörden);
- Art. 6 (Offenlegung signifikanter Netto-Leerverkaufspositionen in Aktien gegenüber der Öffentlichkeit);
- Art. 7 (Meldung signifikanter Netto-Leerverkaufspositionen in öffentlichen Schuldtiteln an die zuständigen Behörden);
- Art. 8 (Meldung ungedeckter Positionen in Credit Default Swaps auf öffentliche Schuldtitel an die zuständigen Behörden);
- Art. 9 (Melde- und Offenlegungsverfahren);
- Art. 10 (Anwendung der Melde- und Offenlegungsverfahren);
- Art. 12 (Beschränkung ungedeckter Leerverkäufe in Aktien);
- Art. 13 (Beschränkung ungedeckter Leerverkäufe von öffentlichen Schuldtiteln), und
- Art. 14 (Beschränkungen für ungedeckte Credit Default Swaps auf öffentliche Schuldtitel).

5. Depotgeschäft und eingeschränktes Verwahrgeschäft (S. 3)

Nach Abs. 2 S. 3 muss der Abschlussprüfer das Depotgeschäft (§ 2 Abs. 3 Nr. 1) bzw. eingeschränkte Verwahrgeschäft (§ 2 Abs. 4 Nr. 1) prüfen, sofern es vom Wertpapierinstitut betrieben wird. 46

a) Prüfungsgegenstand. Bei der **Depotprüfung** zu prüfen sind 47
- Einhaltung des Depotgesetzes und der MaDepot (BaFin-Rundschreiben 07/2019 (WA) – Mindestanforderungen an die ordnungsgemäße Erbringung des Depotgeschäfts und den Schutz von Kundenfinanzinstrumenten für Wertpapierdienstleistungsunternehmen (MaDepot) v. 16.8.2019, Consbruch/Fischer H 45.4; diese ergeben sich im Wesentlichen aus dem 11. Abschnitt des WpHG, insbesondere aus § 84 WpHG iVm § 10 WpDVerOV sowie aus der MiFID II-DVO (Delegierte VO (EU) 2017/565);
- Einhaltung bestimmter Vorschriften des WpHG sowie der WpDVerOV;
- Einhaltung bestimmter Vorschriften der MiFID II-DVO (Delegierte VO (EU) 2017/565), der Delegierten VO (EU) 2017/578, der Delegierten VO (EU) 2017/583, der Delegierten VO (EU) 2017/587 und der Delegierten VO (EU) 2017/589;
- Einhaltung bestimmter Vorschriften der MiFiR (VO (EU) Nr. 600/2014);
- Einhaltung der Mitteilungspflichten nach § 128 AktG;
- Einhaltung der Bestimmungen über die Ausübung des Stimmrechts in § 135 AktG;
- nach Maßgabe von § 89 Abs. 1 S. 2 WpHG iVm § 12 WpDPV die Einhaltung von § 67a Abs. 3 und § 67b AktG, jeweils auch iVm § 125 Abs. 1, 2 und 5 sowie § 135 AktG.

Die Verhaltenspflichten, deren Befolgung im Einzelnen zu prüfen sind, sind im Fragebogen in der Anlage zu § 18 Abs. 1 WpDPV aufgeführt, der nach § 18 Abs. 1 WpDPV zu erstellen und auszufüllen ist und der dem Prüfungsbericht nach § 6 WpIPrüfBV beigefügt werden muss. 48

49 Für die Durchführung der Prüfung gelten die nach § 89 Abs. 6 WpHG erlassene WpDPV, die BaFin-Erläuterungen zur WpDPV v. 1.2.2018 idF v. 17.12.2020, Consbruch/Fischer P 26.1 sowie der darauf aufbauende IDW-Prüfungsstandard PS 521 (BeckOK WpHR/Knop/Siller WpHG § 89 Rn. 3; Schwark/Zimmer/Fett WpHG § 89 Rn. 3). Die BAKred-Bekanntmachung „Anforderungen an die Ordnungsmäßigkeit des Depotgeschäfts und der Erfüllung von Wertpapierlieferungsverpflichtungen" v. 21.12.1998 (BAnz. 1998 Nr. 246, Consbruch/Fischer Nr. 19.02, auch sog. Depotbekanntmachung) gilt nach Ziff. 1.4 MaDepot für Wertpapierinstitute nicht, da diese nach § 2 Abs. 8 WpHG auch Wertpapierdienstleistungsinstitute iSd WpHG sind.

50 **b) Zeitpunkt der Prüfung und Berichtszeitraum.** Der Abschlussprüfer legt den Prüfungszeitraum nach § 4 Abs. 1 WpDPV nach pflichtgemäßem Ermessen fest. Die Prüfung muss spätestens 15 Monate nach Beginn des letzten geprüften Bilanzstichtags begonnen worden sein (§ 5 Abs. 1 S. 1 WpDPV), sofern die BaFin nicht im Einzelfall aus wichtigem Grund eine andere Frist bestimmt (§ 5 Abs. 1 S. 2 WpDPV). Die 5-Monats-Frist für die Prüfung des Jahresabschlusses aus § 430k Abs. 1 S. 2 HGB gilt für die gesonderte Prüfung nach § 89 Abs. 1 S. 2 WpHG nicht (so zu § 29 KWG Fischer/Schäfer/Schulte-Mattler/Schulte-Mattler/Winter/Hülsen KWG § 29 Rn. 46).

51 **c) Besondere Anforderungen an Prüfungsbericht.** Die besonderen Anforderungen an den Prüfungsbericht ergeben sich aus §§ 10 und 12 WpDPV. Nach § 10 WpDPV muss der Prüfungsbericht den Berichtszeitraum und den Prüfungszeitraum nennen und vollständig und so übersichtlich sein, dass aus ihm klar ersichtlich ist, inwieweit das Wertpapierinstitut den nach Abs. 2 S. 3 sowie § 89 Abs. 1 S. 2 WpHG und § 12 WpDPV maßgeblichen Pflichten entsprochen hat. Der Umfang der Berichterstattung muss jeweils der Bedeutung der behandelten Vorgänge zu entsprechen. Festgestellte Mängel sowie Vorgänge von besonderer Bedeutung müssen im Prüfungsbericht ausführlich dargestellt werden. Nach § 12 WpDPV muss der Prüfungsbericht außerdem Angaben zur Ordnungsmäßigkeit der Verwahrung und Verwaltung von Wertpapieren für andere, des Verwahrungsbuches, der Verfügungen über Kundenwertpapiere und Ermächtigungen enthalten. Zusätzlich ist nach § 18 Abs. 1 WpDPV der Fragebogen in der Anlage zu § 18 Abs. 1 WpDPV zu erstellen und auszufüllen und dem Prüfungsbericht nach § 6 WpIPrüfBV als Anlage beizufügen.

52 **d) Gesonderte Prüfung nach § 89 Abs. 1 S. 2 WpHG.** Prüfungshandlungen und Feststellungen nach Abs. 2 S. 3 sind nicht erforderlich, wenn eine gesonderte Prüfung des Depotgeschäfts und eingeschränkten Verwahrgeschäfts nach § 89 Abs. 1 S. 2 WpHG erfolgt. Diese gesonderte Prüfung muss nicht zum Bilanzstichtag erfolgen, sondern kann auch unterjährig erfolgen, wie dies bei Kreditinstituten üblicherweise geschieht (Schwennicke/Auerbach/Auerbach/Stappert KWG § 29 Rn. 53).

53 **e) Befreiung von jährlicher Prüfung.** Die BaFin kann nach § 89 Abs. 1 S. 3 WpHG (früher § 36 Abs. 2 S. 1 WpHG aF) auf schriftlichen Antrag des Wertpapierinstituts von der jährlichen Pflicht zur Depotprüfung absehen, soweit dies aus besonderen Gründen, insbesondere wegen der Art und des Umfangs der betriebenen Geschäfte angezeigt ist. Die Kriterien, nach denen eine Befreiung erteilt wird, sind im BaFin-Rundschreiben 02/2023 (VBS) über Befreiungskrite-

rien im Rahmen der Prüfungsbefreiung gem. § 89 Abs. 1 S. 3 WpHG v. 6.2.2023 (zugänglich unter www.bafin.de) aufgeführt.

Auch bei Vorliegen einer Befreiung ist nach § 89 Abs. 1 S. 3 WpHG weiterhin die Einhaltung der Verpflichtungen zu Vermögensverwahrung und Finanzsicherheiten aus § 84 WpHG iVm § 10 WpDVerOV zu prüfen. **54**

IV. Anzeige- und Auskunftspflichten des Abschlussprüfers gg. BaFin und BBank (Abs. 3)

1. Redepflicht gg. BaFin und BBank (S. 1)

a) Bedeutung von S. 1. Im Rahmen der sog. **Redepflicht** aus § 321 Abs. 1 S. 3 HGB (bei der es sich um eine kombinierte Anzeige- und Auskunftspflicht handelt) ist der Abschlussprüfer verpflichtet, den Aufsichtsrat oder die gesetzlichen Vertreter des Wertpapierinstituts ausnahmsweise bereits vor Abschluss der Prüfung auf potentielle Verdachtsmomente für bestandsgefährdende oder entwicklungsbeeinträchtigende Tatsachen aufmerksam zu machen, die sich während der Prüfung ergeben haben (Beck Bil-Komm./Justenhoven/Deicke HGB § 321 Rn. 51; BeckOK HGB/Schorse/Morfeld HGB § 321 Rn. 22 f.; MüKoHGB/Ebke HGB § 321 Rn. 30). **55**

S. 1 erweitert in Umsetzung von Art. 17 IFD die Redepflicht auf BaFin und BBank und legt zugleich ihren Umfang fest. Zugleich befreit S. 1 den Abschlussprüfer von der bestehenden gesetzlichen und berufsrechtlichen Verschwiegenheitspflicht gegenüber Dritten aus § 321 Abs. 1 S. 1 HGB und § 43 Abs. 1 S. 1 WPO, die sonst auch gegenüber BaFin und BBank gelten würde (MüKoHGB/Ebke HGB § 321 Rn. 30). **56**

b) Gegenstand der Redepflicht. Nach S. 1 ist der Abschlussprüfer zur unverzüglichen Anzeige an BaFin und BBank verpflichtet, wenn bei ihm bei der Prüfung Tatsachen iSv S. 1 bekannt werden (vgl. auch Beck Bil-Komm./Justenhoven/Deicke HGB § 321 Rn. 52, 175). Anwendungsfälle für S. 1 sind: **57**

aa) Tatsachen, die eine Einschränkung oder Versagung des Bestätigungsvermerkes rechtfertigen. Nach § 322 HGB hat der Abschlussprüfer das Ergebnis seiner Prüfung in einem Bestätigungsvermerk zusammen zu fassen, der nach § 322 Abs. 2 S. 1 Nr. 1–4 HGB unmissverständlich ergeben muss, ob er uneingeschränkt (Nr. 1) oder eingeschränkt (Nr. 2) erteilt wird oder ob der Bestätigungsvermerk aufgrund von Einwendungen versagt wird (Nr. 3) oder versagt wird, weil der Abschlussprüfer nicht in der Lage ist, ein Prüfungsurteil abzugeben (Nr. 4). **58**

Eine **Einschränkung des Bestätigungsvermerks** ist erforderlich, wenn wesentliche, aber nicht umfassende Einwendungen (iSv § 322 Abs. 4 S. 1 HGB) gegen Jahresabschluss, Lagebericht oder sonstige Prüfungsgegenstände zu erheben sind, die einzeln oder in ihrer Gesamtheit in quantitativer und/oder qualitativer Hinsicht zu einer anderen Beurteilung der Aussagen der Rechnungslegung oder des Lageberichts führen können, aber nach Maßgabe von § 322 Abs. 4 S. 4 HGB keine Versagung des Bestätigungsvermerks erfordern, da der geprüfte Abschluss unter Beachtung der vom Abschlussprüfer vorgenommenen, in ihrer Tragweite erkennbaren Einschränkung ein den tatsächlichen Verhältnissen im Wesentlichen entsprechendes Bild der Vermögens-, Finanz- und Ertragslage vermittelt (MüKoHGB/Ebke HGB § 322 Rn. 38; Beck Bil-Komm./Justenhoven/Küster/Bernhard HGB § 322 Rn. 182). **59**

60 **Einzelfälle:**
- Wesentliche Beanstandungen gegen abgrenzbare Teile der Rechnungslegung (Hopt/Merkt HGB § 322 Rn. 13);
- Prüfungshemmnisse bezüglich wesentlicher abgrenzbarer Teile (Hopt/Merkt HGB § 322 Rn. 13);
- Nichtvermittlung (oder Nichtbeurteilbarkeit) eines den tatsächlichen Verhältnissen entsprechenden Bilds der Vermögens-, Finanz- und Ertragslag nach § 264 Abs. 2 S. 1 HGB (Hopt/Merkt HGB § 322 Rn. 13);
- Fortbestehen von Vorjahresmängeln oder Beanstandung der Durchführung der Korrektur oder fehlende Möglichkeit des Abschlussprüfers, die Korrektur zu bewerten (Hopt/Merkt HGB § 322 Rn. 13);
- Unmöglichkeit, die Einschränkung in ihrer Tragweite erkennbar zu machen (Hopt/Merkt HGB § 322 Rn. 12).

61 Eine **Versagung des Bestätigungsvermerks** ist erforderlich, wenn Einwendungen gegen den Abschluss, den Lagebericht bzw. einen sonstigen Prüfungsgegenstand nicht nur wesentlich, sondern auch *umfassend* sind (MüKoHGB/Ebke HGB § 322 Rn. 45; Beck Bil-Komm./Justenhoven/Küster/Bernhard HGB § 322 Rn. 193).

62 **Einzelfälle:**
- wesentliche Überbewertung von Aktiva oder Unterbewertung von Passiva oder fehlerhafte Bildung von Rückstellungen mit gravierender Auswirkung auf das Bilanzergebnis (Beck Bil-Komm./Justenhoven/Küster/Bernhard HGB § 322 Rn. 194);
- Fehlen des Anhangs (Nichtigkeitsgrund) (Hopt/Merkt HGB § 322 Rn. 10);
- grds. Fehlen des Lageberichts (Hopt/Merkt HGB § 322 Rn. 10);
- mangelhafte Buchführung, wenn diese zu nicht behebbaren Mängeln in der Nachprüfbarkeit des Jahresabschlusses führt (Hopt/Merkt HGB § 322 Rn. 10; Beck Bil-Komm./Justenhoven/Küster/Bernhard HGB § 322 Rn. 194);
- Verletzung wesentlicher Vorlage- und Auskunftspflichten (Hopt/Merkt HGB § 322 Rn. 10);
- fehlende Grundlage für Fortführungsprognose der Unternehmenstätigkeit (Beck Bil-Komm./Justenhoven/Küster/Bernhard HGB § 322 Rn. 194).

63 **bb) Tatsachen, die den Bestand des Wertpapierinstituts gefährden oder seine Entwicklung wesentlich beeinträchtigen können.** Eine **Bestandsgefährdung** eines Wertpapierinstituts liegt vor, wenn aufgrund der Vermögens-, Finanz- und Ertragslage des Wertpapierinstitut oder anderer Umstände ernsthaft damit zu rechnen ist, dass das Unternehmen seinen Geschäftsbetrieb nicht mehr fortführen kann und damit die Gefahr einer Insolvenz oder einer Liquidation besteht und die Sicherheit der dem Wertpapierinstitut anvertrauten Vermögenswerte gefährdet ist (Fischer/Schäfer/Schulte-Mattler/Schulte-Mattler/Winter/Hülsen KWG § 29 Rn. 63; Beck/Samm/Kokemoor/Samm KWG § 29 Rn. 90; MüKoHGB/Ebke HGB § 321 Rn. 44; Beck Bil-Komm./Justenhoven/Deicke HGB § 321 Rn. 51).

64 Der Bestandsgefährdung vorgelagert ist die **wesentliche Beeinträchtigung der Entwicklung** des Wertpapierinstituts, für die weniger gewichtige Tatsachen ausreichen, die zu einer angespannten Lage des Wertpapierinstituts führen (MüKoHGB/Ebke HGB § 321 Rn. 44; Beck Bil-Komm./Justenhoven/Deicke HGB § 321 Rn. 53). Die Übergänge zwischen Bestandsgefährdung und entwicklungsbeeinträchtigenden Tatsachen sind in der Regel fließend, so dass es sich bei

der Entwicklungsbeeinträchtigung idR um eine zeitliche Vorstufe der Bestandsgefährdung handelt (MüKoHGB/Ebke HGB § 321 Rn. 44; Beck Bil-Komm./Justenhoven/Deicke HGB § 321 Rn. 53). Eine genaue Abgrenzung ist im Rahmen der Redepflicht aus S. 1 unerheblich, da der Abschlussprüfer in beiden Fällen redepflichtig ist (Fischer/Schäfer/Schulte-Mattler/Schulte-Mattler/Winter/Hülsen KWG § 29 Rn. 63).

Ob eine Bestandsgefährdung oder wesentliche Entwicklungsbeeinträchtigung vorliegt, ist anhand von Indizien zu entscheiden, wobei es auf eine Gesamtschau ankommt. 65

Indizien können sein 66
– erheblicher Wertberichtigungsbedarf, der die Reserven des Wertpapierinstituts übersteigt (Fischer/Schäfer/Schulte-Mattler/Schulte-Mattler/Winter/Hülsen KWG § 29 Rn. 64);
– erhebliche laufende Verluste (MüKoHGB/Ebke HGB § 321 Rn. 44, Beck Bil-Komm./Justenhoven/Deicke HGB § 321 Rn. 51); dabei sind ggf. stille Reserven sowie schwebende Geschäfte zu berücksichtigen (Schwennicke/Auerbach/Auerbach/Stappert KWG § 29 Rn. 75);
– Wegfall des Geschäftsmodells;
– erhebliche Verluste bei Beteiligungsgesellschaften (MüKoHGB/Ebke HGB § 321 Rn. 44).

cc) Tatsachen, einen erheblichen Verstoß gegen die Vorschriften über die Zulassungsvoraussetzungen des Wertpapierinstituts oder die Ausübung einer Tätigkeit nach dem WpIG darstellen. Die Redepflicht erstreckt sich auch auf Tatsachen, die einen erheblichen Verstoß gegen die Zulassungsvorschriften oder die Verpflichtung zur gesetzeskonformen Ausübung der Geschäftstätigkeit bedeuten. Als Vorschriften über die Ausübung einer Tätigkeit nach dem WpIG anzusehen sind die Organisationspflichten des WpIG sowie die Bestimmungen im damaligen 6. Abschnitt des WpHG (Regierungsbegründung FRUG, BT-Drs. 16/4028, 98 (zu § 29 KWG)). Anzeigepflichtig sind danach insbesondere Verstöße, die einen Widerruf der Zulassung zur Folge haben können, erhebliche Verstöße gegen Organisationspflichten aus §§ 33 ff. und 38 ff. sowie gegen die Verhaltenspflichten in §§ 63 ff. WpHG (jetziger 11. Abschnitt des WpHG) (Beck/Samm/Kokemoor/Samm KWG § 29 Rn. 105; Fischer/Schäfer/Schulte-Mattler/Schulte-Mattler/Winter/Hülsen KWG § 29 Rn. 66; Schwennicke/Auerbach/Auerbach/Stappert KWG § 29 Rn. 80). 67

dd) Tatsachen, die schwerwiegende Verstöße der Geschäftsleiter gegen Gesetz, Satzung oder Gesellschaftsvertrag des Wertpapierinstituts erkennen lassen. Die Redepflicht umfasst schließlich auch allgemein schwerwiegende Verstöße der Geschäftsleiter gegen Gesetz oder Satzung bzw. Gesellschaftsvertrag des Wertpapierinstituts. **Gesetzesverstöße** meint zB verbotene Geschäfte (§ 37), Handeln ohne Erlaubnis, Verstöße gegen das GwG oder das DepotG sowie die Verletzung von Rechnungslegungsvorschriften (Fischer/Schäfer/Schulte-Mattler/Schulte-Mattler/Winter/Hülsen KWG § 29 Rn. 67; Schwennicke/Auerbach/Auerbach/Stappert KWG § 29 Rn. 81; Beck Bil-Komm./Justenhoven/Deicke HGB § 321 Rn. 60). **Satzungsverstöße** oder Verstöße gegen den Gesellschaftsvertrag meint zB Verstöße gegen Geschäftsordnungen, interne Zustimmungsvorbehalte und Zuständigkeitsregeln (Beck Bil-Komm./Justenhoven/Deicke HGB § 321 Rn. 62; so jew. zu § 29 KWG Beck/Samm/Kokemoor/Samm KWG § 29 Rn. 107; Fischer/Schäfer/Schulte-Mattler/Schulte-Mattler/Winter/Hülsen 68

KWG § 29 Rn. 68; Schwennicke/Auerbach/Auerbach/Stappert KWG § 29 Rn. 81). Anzeigepflichtig sind in jedem Fall auch Verstöße, die eine Abberufung eines Geschäftsleiters (§§ 22 Abs. 1, 62 Abs. 2) rechtfertigen können (so jew. zu § 29 KWG Beck/Samm/Kokemoor/Samm KWG § 29 Rn. 105; Fischer/Schäfer/Schulte-Mattler/Schulte-Mattler/Winter/Hülsen KWG § 29 Rn. 68).

69 **c) Erfüllung der Redepflicht.** Die Anzeige von Tatsachen iSv S. 1 muss unverzüglich erfolgen. **Unverzüglich** bedeutet zunächst, dass die Pflicht zur Anzeige an die BaFin und die BBank aus S. 1 bereits vor Abschluss der Prüfung besteht (so zu § 29 KWG Fischer/Schäfer/Schulte-Mattler/Schulte-Mattler/Winter/Hülsen KWG § 29 Rn. 54). Der Abschlussprüfer darf sich nicht darauf beschränken, die in S. 1 benannten Tatsachen und Bewertungen in seinen Prüfungsbericht aufzunehmen, sondern muss diese BaFin und BBank ohne schuldhaftes Zögern (§ 121 Abs. 1 S. 3 BGB) offenlegen, sobald er die maßgeblichen Tatsachen erkannt und bewertet hat.

70 Unverzüglich bedeutet auch, dass Abschlussprüfer **unaufgefordert** auf BaFin und BBank zugehen muss. Nach § 29 Abs. 2 KWG 1962 hatte der Abschlussprüfer den Prüfungsbericht nur „auf Verlangen" zu erläutern. Die Pflicht zur unverzüglichen unaufgeforderten Anzeige wurde durch die 2. KWG-Novelle 1976 eingeführt, um zu verhindern, dass die Aufsicht nur zufällig von schwerwiegenden Verfehlungen erfährt und dass zu treffende Maßnahmen zeitlich verzögert werden (Regierungsbegründung 2. KWG-Novelle, BT-Drs. 7/3657, 15 (zu § 29 KWG)).

71 Die Anzeigepflicht nach S. 1 gilt unabhängig davon, ob der BaFin die anzuzeigenden Tatsachen bereits bekannt sind (so zu § 29 KWG Fischer/Schäfer/Schulte-Mattler/Schulte-Mattler/Winter/Hülsen KWG § 29 Rn. 58).

72 Die Anzeige nach S. 1 muss erneut erstattet werden, wenn während der Prüfung weitere Tatsachen nach S. 1 bekannt werden (so zu § 29 KWG Fischer/Schäfer/Schulte-Mattler/Schulte-Mattler/Winter/Hülsen KWG § 29 Rn. 58). Darüber hinaus verlangt die BaFin eine **Wiederholungsanzeige** auch dann, wenn bei der Abschlussprüfung Tatsachen iSv S. 1 (erneut) bekannt werden, die bereits bei einer vorhergehenden Prüfung angezeigt wurden (so zu § 29 KWG Fischer/Schäfer/Schulte-Mattler/Schulte-Mattler/Winter/Hülsen KWG § 29 Rn. 58).

2. Erläuterungs- und Mitteilungspflichten (S. 2)

73 S. 2 berechtigt und verpflichtet den Abschlussprüfer, der BaFin und der BBank auf Verlangen den Prüfungsbericht und sein Vorgehen bei der Prüfung zu erläutern und sonstige bei der Prüfung bekannt gewordene Tatsachen mitzuteilen, die gegen eine ordnungsmäßige Durchführung der Geschäfte des Wertpapierinstituts sprechen. Die damit verbundene Befreiung des Abschlussprüfers von der ansonsten bestehenden Schweigepflicht zugunsten des geprüften Unternehmens ermöglicht BaFin und BBank Rückfragen und ergänzende Fragen zum Prüfungsbericht (so zu § 29 KWG Fischer/Schäfer/Schulte-Mattler/Schulte-Mattler/Winter/Hülsen KWG § 29 Rn. 70).

74 S. 2 tritt neben die Auskunftsrechte der BaFin gegenüber dem Wertpapierinstitut aus § 5 Abs. 4 und trägt dem Umstand Rechnung, dass das Urteil des (neutralen) Abschlussprüfers idR aussagekräftiger sein wird als eine Auskunft des Wertpapierinstituts (Schwennicke/Auerbach/Auerbach/Stappert KWG § 29 Rn. 87). Darüber hinaus hat S. 2 Bedeutung in Fällen, in denen der Prüfungsbericht Interpretationsspielräume enthält. Eine Erweiterung des Prüfungsauftrags folgt aus S. 2 nicht (Schwennicke/Auerbach/Auerbach/Stappert KWG § 29 Rn. 88).

3. Anzeige- und Mitteilungspflichten in Bezug auf Unternehmen, die mit einem Wertpapierinstitut in enger Verbindung stehen (S. 3)

S. 3 erweitert die Anzeige- und Mitteilungspflichten des Abschlussprüfers auf Umstände, die Unternehmen betreffen, die mit einem Wertpapierinstitut in enger Verbindung (§ 2 Abs. 2) stehen. Voraussetzung ist, dass die betreffenden Tatsachen dem Abschlussprüfer im Zusammenhang mit seiner Prüfungstätigkeit bekannt werden (Fischer/Schäfer/Schulte-Mattler/Schulte-Mattler/Winter/Hülsen KWG § 29 Rn. 72). S. 3 stellt klar, dass den Abschlussprüfer insoweit keine gesonderten Nachforschungspflichten treffen. 75

4. Haftungsfreistellung (S. 4)

S. 4 trägt dem Umstand Rechnung, dass der Abschlussprüfer gg. kurzfristig vor Abschluss der Prüfung auf Grundlage unvollständiger Informationen und ohne die Möglichkeit zur Würdigung der Gesamtumstände im Prüfungsbericht die Entscheidung treffen muss, ob ein Sachverhalt der BaFin und der BBank angezeigt werden soll (so zu § 29 KWG Fischer/Schäfer/Schulte-Mattler/Schulte-Mattler/Winter/Hülsen KWG § 29 Rn. 74). Da die solchermaßen angezeigten Tatsachen zu aufsichtlichen Maßnahmen führen können, stellt S. 4 den Abschlussprüfer von der Haftung insbesondere aus § 323 Abs. 1 S. 3 HGB sowie aus berufsrechtlichen Bestimmungen frei, wenn und soweit er bei der Anzeige in gutem Glauben handelte. 76

V. Bestimmung von Prüfungsinhalten (Abs. 4)

Vorbild für Abs. 4 ist der auf Große Wertpapierinstitute anwendbare, durch die 7. KWG-Novelle eingefügte § 30 KWG. 77

S. 1 ermächtigt die BaFin, gegenüber dem Wertpapierinstitut **zusätzliche Prüfungsinhalte** oder – nach S. 2 – **Prüfungsschwerpunkte** festzulegen. Durch die Festlegung soll der BaFin größere aufsichtliche Flexibilität zur Berücksichtigung individueller Besonderheiten der Wertpapierinstitute oder eines individuellen Nachschaubedarfs gegeben werden (Regierungsbegründung WpIG, BT-Drs. 19/26929, 156). Die Festlegung von Prüfungsinhalten oder -schwerpunkten soll auch eine Entlastung der geprüften Wertpapierinstitute bewirken, da durch die Vorgabe bestimmter Prüfungsinhalte bereits im Rahmen der Jahresabschlussprüfung insbesondere bei sehr gezieltem Nachschaubedarf auf die sonst erforderliche Anordnung von Sonderprüfungen nach § 5 Abs. 4 S. 2 verzichtet werden kann (Regierungsbegründung 7. KWG-Novelle, BT-Drs. 16/1335, 64 (zu § 30 KWG)). 78

Gegenstand von Prüfungsinhalten und -schwerpunkten können etwa Werthaltigkeit von Sicherheiten sowie die getroffenen organisatorischen Maßnahmen zur Einhaltung der GwG-Pflichten sein (Schwennicke/Auerbach/Auerbach KWG § 30 Rn. 7). 79

Die Festlegung erfolgt durch Anordnung gegenüber dem Wertpapierinstitut, dem dagegen die üblichen Rechtsbehelfe (Widerspruch, Anfechtungsklage) zustehen. Von der Anordnung ist der Abschlussprüfer zu unterrichten. 80

Durch Anordnungen nach Abs. 4 werden die berufsrechtliche Pflicht des Abschlussprüfers zur eigenverantwortlichen Wahrnehmung des Prüfungsmandats 81

(§ 43 Abs. 1 S. 1 WPO) sowie die Pflichten zur Durchführung der Abschlussprüfung (insbesondere aus §§ 317, 321 HGB) nicht berührt (Schwennicke/Auerbach/Auerbach KWG § 30 Rn. 5).

VI. Aufsichtsrechtliche Konsolidierung (Abs. 5 iVm §§ 36–39 WpIPrüfBV)

82 Nach Abs. 5 hat der Abschlussprüfer bei einer Wertpapierinstitutsgruppe iSv § 2 Abs. 25 auch die gruppenbezogenen Anforderungen und Meldungen zu prüfen. Gehört zur Gruppe ein CRR-Kreditinstitut, dann liegt keine Wertpapierinstitutsgruppe iSv Abs. 25 vor, sondern eine Institutsgruppe, Finanzholding-Gruppe oder gemischte Finanzholding-Gruppe iSv § 10a KWG oder ein Finanzkonglomerat iSv § 1 Abs. 2 FKAG. In diesen Fällen sowie bei Großen Wertpapierinstituten gilt nicht Abs. 5, sondern § 29 Abs. 4 S. 2 KWG iVm §§ 43 ff. PrüfBV.

83 Ergänzende Bestimmungen für die Prüfung von Wertpapierinstitutsgruppen enthalten §§ 36–39 WpIPrüfBV.

VII. Verordnungsermächtigung (Abs. 6)

84 Abs. 6 ermächtigt das BMF, im Einvernehmen mit dem BMJ sowie nach Anhörung der BBank durch VO nähere Bestimmungen über die Prüfung zu erlassen. Vorbild für die Verordnungsermächtigung sind der auf Große Wertpapierinstitute anwendbare § 29 Abs. 4 KWG sowie die aufgrund der dortigen Ermächtigung erlassene PrüfBV.

85 Die Verordnungsermächtigung in Abs. 6 kann nach S. 2 auf die BaFin übertragen werden. Von dieser Befugnis ist durch § 1d Nr. 1 BaFin-ErmächtigungsübertragungsVO v. 13.12.2002 (BGBl. 2003 I 3) idF der 25. VO zur Änd. der VO zur Übertragung von Befugnissen zum Erlass von Rechtsverordnungen auf die Bundesanstalt für Finanzdienstleistungsaufsicht v. 26.6.2021 (BGBl. I 2027) Gebrauch gemacht worden.

86 Aufgrund der Verordnungsermächtigung nach Abs. 6 ist die WpIPrüfBV erlassen worden.

Kapitel 7a. DLT-Pilotregelung nach der Verordnung (EU) 2022/858

§ 78a Zuständigkeit

Die Bundesanstalt ist die zuständige Behörde im Sinne des Artikels 12 Absatz 1 der Verordnung (EU) 2022/858.

Literatur: Brauneck, Kryptowertpapiere: DLT-Pilotregime und CSDR contra eWpG?, WM 2023, 860; Litten, Mit dem DLT-Piloten in die Zukunft des digitalen Kapitalmarktaufsichtsrechts, BKR 2022, 551; Patz, Überblick über die Regulierung von Kryptowerten und Kryptowertedienstleistern, BKR 2021, 725; Romba/Oppenheim/Pfaf, Pilotregelung für DLT-Marktinfrastrukturen – Analyse des Regulatory Sandbox-Ansatzes für den Handel mit DLT-basierten Wertpapieren, RDi 2023, 145; Wöckener/Glekler, Digitale Wertpapiere – Eine Bestandsaufnahme aus Sicht der Praxis, WM 2025, 137.

I. Allgemeines; Regelungshintergrund

§§ 78a–78c wurden durch das ZukunftsfinanzierungsG eingefügt. Die Regelungen **flankieren die Vorgaben der Verordnung (EU) 2022/858** über Marktinfrastrukturen, die auf der Distributed-Ledger-Technologie (DLT) basieren, das auch sog. **DLT Pilot Regime** (RegBegr ZukunftsfinanzierungsG, BT-Drs. 20/8292, 152). 1

Parallel (wenngleich deutlich umfassender) zu den §§ 78a–78c wurden durch das ZukunftsfinanzierungsG die §§ 53r–53v KWG zur **Anpassung im Regelungsbereich des KWG** eingefügt. 2

Mit dem DLT Pilot Regime (VO (EU) 2022/858) hat der EU-Gesetzgeber ein spezielles Regelungssystem geschaffen, das es erstmals ermöglichen soll, Finanzinstrumente auf der Basis von **DLT- bzw. Krypto-Systemen zentral und multilateral zu handeln.** Das DLT Pilot Regime nimmt nicht den Handel mit Kryptowerten im Sinne der MiCAR (VO (EU) 2023/1114) in den Blick (Dauses/Ludwigs EU-WirtschaftsR-HdB/Follak F.III. Rn. 100; Romba/Oppenheim/Pfaf RDi 2023, 145 Rn. 3 f.; Möslein/Omlor FinTech-HdB/Möslein/Omlor § 1 Rn. 44; missverständlich dagegen Möslein/Omlor FinTech-HdB/Hamacher/d'Avoine § 19 Rn. 68), sondern Finanzinstrumente iSv Art. 4 Abs. 1 Nr. 15 MiFID II mit der Besonderheit, dass diese Finanzinstrumente DLT-basiert emittiert, verbucht, übertragen und gespeichert werden (Art. 2 Nr. 11 und Nr. 12 DLT Pilot Regime. Inhaltlicher Anknüpfungspunkt des DLT Pilot Regime ist damit in erster Linie die **zugrundeliegende Marktinfrastruktur.** Der deutsche Gesetzgeber stellt insofern klar, dass **keine Anpassung der Begriffsbestimmung für Finanzinstrumente** in § 2 Abs. 5 erforderlich ist, da die bereits vorhandene Begriffsbestimmung technologieneutral sei und auch DLT-basierte Finanzinstrumente erfasse (RegBegr ZukunftsfinanzierungsG, BT-Drs. 20/8292, 152). 3

Ohne bestimmte Ausnahmen und Sonderregelungen wäre die **bestehende EU-rechtlich geprägte Marktinfrastruktur nicht dazu geeignet, Finanzinstrumente DLT- bzw. kryptobasiert zu handeln.** Das führt dazu, dass Finanzinstrumente bei Nutzung von DLT-Strukturen lediglich im nicht regulierten, bilateralen OTC-Verkehr gehandelt werden könnten (Erwägungs- 4 grund (14) DLT Pilot Regime; näher zu den zugrundeliegenden rechtlichen Rahmenbedingungen im Hinblick auf die maßgeblichen Marktinfrastrukturen Segna/Möslein/Omlor/v. Buttlar/Wagner Kap. 6 Rn. 55; Wöckener/Glekler WM 2025, 137 Rn. 11 f.; Romba/Oppenheim/Pfaf RDi 2023, 145 Rn. 5 f.; Brauneck WM 2023, 860, 862 ff.; Litten BKR 2022, 551 (554 ff.)).

5 Das DLT Pilot Regime verfolgt den Ansatz einer **Regulatory-Sandbox.** Das bedeutet, dass für die Erprobung DLT-basierter Marktinfrastrukturen bestimmte Ausnahmen und Sondererlaubnisse innerhalb des bestehenden aufsichtsrechtlichen Rahmens geschaffen werden, die es ermöglichen sollen, entsprechende DLT-Marktinfrastrukturen und darauf ausgerichtete Geschäftsmodelle praktisch zu entwickeln und zu validieren. Diese Regulatory-Sandbox besteht **seit 23.3.2023** (Art. 19 Abs. 2 DLT Pilot Regime) und soll **nach einem Zeitraum von drei Jahren im Hinblick auf eine mögliche Weiterführung, Ausweitung oder Modifikation überprüft** werden (Art. 14 DLT Pilot Regime). Die ESMA hat am 25.6.2025 im Einklang mit Art. 14 Abs. 1 DLT Pilot Regime einen Bericht vorgelegt (ESMA Report on the Functioning and Review oft he DLT Pilot Regime vom 25.5.2025, ESMA75-117376770-460), mit dem sie die bisherige (moderate) Nutzung der Regulatory-Sandbox analysiert und darauf hinweist, dass das DLT Pilot Regime jedenfalls die Experimentierfreudigkeit im Markt befördert hat.

II. Regelungsinhalt

6 Gemäß § 78a ist die BaFin die **zuständige Behörde** iSv Art. 12 Abs. 1 DLT Pilot Regime.

7 Art. 12 DLT Pilot Regime setzt voraus, dass die Mitgliedstaaten für die Beaufsichtigung derjenigen Wertpapierinstitute, Marktbetreiber und Zentralverwahrer, die DLT-basierten Marktinfrastrukturen (→ Rn. 3) betreiben wollen, eine **zuständige Behörde benennen.**

8 Art. 12 Abs. 1 und Abs. 2 DLT Pilot Regime schreiben dies insofern konkret für **Wertpapierinstitute und Marktbetreiber vor, die DLT-basierte multilaterale Handels- und/oder Abwicklungssysteme (DLT-MTF oder DLT-TSS** iSv Art. 2 Nr. 5, Nr. 6 und Nr. 10 DLT Pilot Regime, hierzu Patz BKR 2021, 725 (737 ff.); Beck/Samm/Kokemoor/Alfes KWG § 53r Rn. 9 ff.) betreiben wollen, vor. Dementsprechend setzt § 78a die Art. 12 Abs. 1 und Abs. 2 DLT Pilot Regime um (RegBegr ZukunftsfinanzierungsG, BT-Drs. 20/8292, 153). Art. 12 Abs. 3 DLT Pilot Regime gilt demgegenüber für Zentralverwahrer, deren Tätigkeit nur durch das KWG (§ 1 Abs. 1 S. 2 Nr. 6, Abs. 6, §§ 53o ff. KWG) reguliert wird. Die Umsetzung erfolgt insofern in § 53r KWG (RegBegr ZukunftsfinanzierungsG, BT-Drs. 20/8292, 139; Beck/Samm/Kokemoor/Alfes KWG § 53r Rn. 48).

9 Für Wertpapierinstitute bzw. Marktbetreiber (der Begriff ist für die Systematik des WpIG redundant) ist die Bestimmung der zuständigen Behörde **desjenigen Mitgliedstaates, an dem betreffende Unternehmen ihren Sitz haben** bzw. – falls sie nach dem für sie maßgebenden nationalen Recht nicht über einen Sitz verfügen – **in dem sich ihre Hauptverwaltung befindet** (Art. 12 Abs. 1, Abs. 2 DLT Pilot Regime iVm Art. 4 Abs. 1 Nr. 55 lit. a Ziff. ii und iii MiFID II) maßgeblich. Damit ist die zuständige Behörde im Rahmen des DLT Pilot Regime für Wertpapierinstitute bzw. Marktbetreiber mit Sitz oder Hauptverwaltung in Deutschland stets die BaFin. Das ergibt sich generell für Wertpapierinstitute bereits aus § 1.

Die Zuständigkeit iSv Art. 12 DLT Pilot Regime bedeutet vor allem, dass die BaFin für die zielgerichtete **Einhaltung bzw. Anwendung der Anforderungen und Ausnahmen** des DLT Pilot Regimes (insbesondere nach Art. 3, 4, und 7 DLT Pilot Regime) sowie für die **Durchführung der besonderen Genehmigungsverfahren** (nach Art. 8 und Art. 10 DLT Pilot Regime) für DLT-MTF und DLT-TSS zuständig ist (zu den Anforderungen und zum Genehmigungsverfahren Segna/Möslein/Omlor/v. Buttlar/Wagner Kap. 6 Rn. 58; Litten BKR 2022, 551 (555); Romba/Oppenheim/Pfaf RDi 2023, 145 Rn. 16 ff.). 10

§ 78b Ausnahmen von der Erlaubnispflicht nach § 15

(1) **DLT-Marktinfrastrukturen im Sinne des Artikels 2 Nummer 5 der Verordnung (EU) 2022/858, denen eine besondere Genehmigung nach Artikel 8 oder Artikel 10 der Verordnung (EU) 2022/858 erteilt wurde, benötigen keine weitere Erlaubnis nach § 15, soweit die erbrachte Wertpapierdienstleistung von der besonderen Genehmigung umfasst ist.**

(2) **Privatkunden im Sinne des § 67 Absatz 3 des Wertpapierhandelsgesetzes, die aufgrund einer Ausnahme nach Artikel 4 Absatz 2 der Verordnung (EU) 2022/858 als Mitglied oder Teilnehmer eines multilateralen DLT-Handelssystems im Sinne des Artikels 2 Nummer 6 der Verordnung (EU) 2022/858 oder eines DLT-Handels- und Abwicklungssystems im Sinne des Artikels 2 Nummer 10 der Verordnung (EU) 2022/858 das Eigengeschäft betreiben, benötigen hierfür keine Erlaubnis nach § 15 Absatz 4 Satz 1.**

Literatur: Litten, Mit dem DLT-Piloten in die Zukunft des digitalen Kapitalmarktaufsichtsrechts, BKR 2022, 551; Patz, Überblick über die Regulierung von Kryptowerten und Kryptowertedienstleistern, BKR 2021, 725; Romba/Oppenheim/Pfaf, Pilotregelung für DLT-Marktinfrastrukturen – Analyse des Regulatory Sandbox-Ansatzes für den Handel mit DLT-basierten Wertpapieren, RDi 2023, 145; Wöckener/Glekler, Digitale Wertpapiere – Eine Bestandsaufnahme aus Sicht der Praxis, WM 2025, 137.

I. Allgemeines; Regelungshintergrund

§§ 78a–78c wurden durch das ZukunftsfinanzierungsG eingefügt. Die Regelungen **flankieren die Vorgaben des DLT Pilot Regime (VO (EU) 2022/858** über Marktinfrastrukturen, die auf der Distributed-Ledger-Technologie (DLT) basieren) (RegBegrZukunftsfinanzierungsG, BT-Drs. 20/8292, 152; zum Regelungshintergrund → § 78a Rn. 2 ff.). 1

II. Regelungsinhalt

1. Besondere Genehmigung für DLT-MTF und DLT-TSS (Abs. 1)

Abs. 1 stellt klar, dass besondere Genehmigungen zum Betrieb von **DLT-basierten multilateralen Handels- und/oder Abwicklungssystemen** (DLT-MTF oder DLT-TSS iSv Art. 2 Nr. 5, Nr. 6 und Nr. 10 DLT Pilot Regime (VO (EU) 2022/858), hierzu Patz BKR 2021, 725 (737 ff.); Wöckener/Glekler 2

WM 2025, 137 (140)) nach Art. 8 und Art. 10 DLT Pilot Regime für die von der jeweiligen besonderen Genehmigung erfassten Wertpapierdienstleitungen das Erfordernis einer Erlaubnis nach § 15 entfallen lassen (RegBegr ZukunftsfinanzierungsG, BT-Drs. 20/8292, 153).

3 In Art. 8 und Art. 10 DLT Pilot Regime sind die inhaltlichen und verfahrenstechnischen **Vorgaben für die Erteilung einer besonderen Genehmigung für den Betrieb von DLT-MTF oder DLT-TSS** geregelt. Betreiber von DLT-MTF und DLT-TSS können gem. Art. 8 Abs. 1 und Art. 10 Abs. 1 DLT Pilot Regime einerseits bereits zugelassene Wertpapierinstitute sein (Litten BKR 2022, 551 (555); Romba/Oppenheim/Pfaf RDi 2023, 145 Rn. 18). Andererseits können gem. Art. 8 Abs. 2 und Art. 10 Abs. 2 DLT Pilot Regime auch Unternehmen ohne eine schon bestehende Erlaubnis einen Erlaubnisantrag, **gerichtet auf die Zulassung als Wertpapierinstitut und als Betreiber eines DLT-MTF bzw. DLT-TSS** stellen.

4 Will der betreffende Antragsteller **sowohl die Erlaubnis als Wertpapierinstitut als auch die Zulassung zum Betrieb eines DLT-MTF bzw. DLT-TSS** erlangen, sind grundsätzlich die Anforderungen gemäß MiFID II, IFD und WpIG und zusätzlich die Anforderungen des DLT Pilot Regime zu erfüllen. Verfolgt der Antragsteller dagegen **einzig den Zweck,** ein DLT-MTF oder DLT-TSS zu betreiben, so richtet sich die Genehmigung nur nach den Vorgaben in Art. 8 und Art. 10 DLT Pilot Regime. Für zahlreiche Anforderungen nach der MiFID II bestehen dann **Ausnahmemöglichkeiten nach Maßgabe von Art. 4 DLT Pilot Regime** (hierzu Litten BKR 2022, 551 (554 f.); Beck/Samm/Kokemoor/Alfes KWG § 53r Rn. 17 ff. und Rn. 24 ff.). Im letztgenannten Fall (Genehmigungsantrag nur mit dem Zweck des Betriebs eines DLT-MTF oder DLT-TSS) wird **die Genehmigung ausschließlich auf Basis von Art. 8 und Art. 10 DLT Pilot Regime** ergehen (Beck/Samm/Kokemoor/Alfes KWG § 53r Rn. 32). Insbesondere in diesem Fall kommt der Klarstellung nach Abs. 1 wesentliche Bedeutung zu. Sie macht deutlich, dass die besonderen Genehmigungen nach Art. 8 und Art. 10 DLT Pilot Regime **im Hinblick auf den Betrieb von DLT-MTF und DLT-TSS abschließend** sind. Eine über die Ausnahmeregelungen nach Maßgabe von Art. 4 DLT Pilot Regime hinausgehende Außerkraftsetzung von aufsichtsrechtlichen Anforderungen an die entsprechenden Tätigkeiten geht mit der Klarstellung des Abs. 1 nicht einher (RegBegr ZukunftsfinanzierungsG, BT-Drs. 20/8292, 153; Beck/Samm/Kokemoor/Alfes KWG § 53s Rn. 5 f.).

2. Ausnahme für als Mitglieder und Teilnehmer zugelassene Privatanleger (Abs. 2)

5 Abs. 2 bezweckt, **Privatanleger** (iSv § 67 Abs. 3 WpHG) von der Erlaubnispflicht für das Betreiben des Eigengeschäfts nach § 15 Abs. 4 auszunehmen, wenn sie aufgrund einer Ausnahme nach Art. 4 Abs. 2 DLT Pilot Regime als Mitglieder oder Teilnehmer eines **DLT-basierten multilateralen Handels- und/oder Abwicklungssystems** (DLT-MTF oder DLT-TSS iSv Art. 2 Nr. 5, Nr. 6 und Nr. 10) zugelassen worden sind (RegBegr ZukunftsfinanzierungsG, BT-Drs. 20/8292, 153).

6 Art. 4 Abs. 2 DLT Pilot Regime bewirkt die **Aufhebung der sogenannten Vermittlungspflicht** iSv § 74 Abs. 1 WpHG iVm § 19 Abs. 2 BörsG für DLT-MTF und DLT-TSS. Dies hat zur Folge, dass **Privatanleger** unter den Voraussetzungen, die in Art. 4 Abs. 2 DLT Pilot Regime genannt werden, **direkt** (und

ohne Rückgriff auf Intermediäre, welche Eigenhandel, Eigengeschäft, Finanzkommissionsgeschäft oder Anlagevermittlung betreiben, s. § 19 Abs. 2 BörsG) **am Handel über DLT-MTF und DLT-TSS teilnehmen können** (Erwägungsgrund (26) DTL Pilot Regime (VO EU) 2022/858); näher Segna/Möslein/Omlor/v. Buttlar/Wagner Kap. 6 Rn. 58; Romba/Oppenheim/Pfaf RDi 2023, 145 Rn. 26; Beck/Samm/Kokemoor/Alfes KWG § 53s Rn. 11). Das gilt aber nur für Eigengeschäfte, die keinen Eigenhandel darstellen (Beck/Samm/Kokemoor/Alfes KWG § 53s Rn. 13).

Wird ein Privatanleger nach Art. 4 Abs. 2 DLT Pilot Regime als direktes Mitglied bzw. Teilnehmer eines DLT-MTF oder DLT-TSS zugelassen, bedarf es in der Folge **keiner Erlaubnis nach § 15 Abs. 4,** selbst wenn der Privatanleger über das DLT-MTF oder DLT-TSS gegebenenfalls im Grunde erlaubnispflichtiges Eigengeschäft betreiben würde (RegBegr. ZukunftsfinanzierungsG, BT-Drs. 20/8292, 153). Die Zulassung nach Art. 4 Abs. 2 DLT Pilot Regime macht die Erlaubnis nach § 15 Abs. 4 also hinfällig. Konsequenterweise sollte davon auszugehen sein, dass ein betreffender Privatanleger im Hinblick auf das von ihm im Rahmen dieser Ausnahme betriebene Eigengeschäft auch **nicht nach § 15 Abs. 4 S. 2 als Wertpapierinstitut gilt.** 7

§ 78c Unterlagen und Anträge nach der Verordnung (EU) 2022/858

(1) **Die Unterlagen, die der Bundesanstalt nach der Verordnung (EU) 2022/858 vorzulegen sind, sind in deutscher Sprache vorzulegen. Sie sind auf Verlangen der Bundesanstalt zusätzlich in englischer Sprache vorzulegen. Die Bundesanstalt kann gestatten, dass die Unterlagen oder Teile davon ausschließlich in englischer Sprache erstellt und vorgelegt werden.**

(2) **Anträge nach der Verordnung (EU) 2022/858 sind der Bundesanstalt elektronisch zu übermitteln. Datenformat und Übermittlungsweg sind von der Bundesanstalt zu bestimmen.**

I. Allgemeines; Regelungshintergrund

§§ 78a–78c wurden durch das ZukunftsfinanzierungsG eingefügt. Die Regelungen **flankieren die Vorgaben des DLT Pilot Regime (VO (EU) 2022/858 DLT Pilot Regime)** über Marktinfrastrukturen, die auf der Distributed-Ledger-Technologie (DLT) basieren, RegBegr ZukunftsfinanzierungsG, BT-Drs. 20/8292, 152). Zum Regelungshintergrund → § 78a Rn. 2 ff. 1

II. Regelungsinhalt

Nach der Regierungsbegründung sollen die Regelungen der BaFin eine **flexible Gestaltung des Verwaltungsverfahrens** im Hinblick auf das DLT Pilot Regime ermöglichen (RegBegr ZukunftsfinanzierungsG, BT-Drs. 20/8292, 153). 2

Die **Sprachenregelung nach Abs. 1** steht in **Dissonanz zu § 4j FinDAG,** obwohl beide Vorschriften mit dem ZukunftsfinanzierungsG eingefügt wurden. § 4j Abs. 1 S. 1 FinDAG ermöglicht es regulierten Unternehmen standardmäßig, Anträge und/oder damit in Zusammenhang stehende Unterlagen **nur auf Englisch** einzureichen, und macht Übersetzungen in die deutsche Sprache damit 3 zur Ausnahme (RegBegr ZukunftsfinanzierungsG, BT-Drs. 20/8292, 142). Abs. 1 S. 1 macht – andersherum – die **deutsche Sprache zum Standard für vorzulegende Unterlagen** im Zusammenhang mit dem DLT Pilot Regime und Abs. 1 S. 3 erlaubt nur **ausnahmsweise eine Einreichung nur in englischer Sprache auf Gestattung der BaFin.** § 4j Abs. 5 FinDAG bestimmt, dass spezialgesetzliche Regelungen unberührt bleiben, sodass es folglich nach Abs. 1 bei der deutschen Sprache als Standardsprache für Anträge und Unterlagen bleibt. Vor allem für diejenigen Unterlagen, die nach den Regelungen des DLT Pilot Regime an die ESMA weitergeleitet werden müssen (zB gem. Art. 4 Abs. 3 UAbs. 3 oder Art. 8, 9 und 10 jeweils Abs. 6 UAbs. 2) wird typischerweise eine Einreichung ausschließlich in englischer Sprache zweckmäßig sein (hierzu Beck/Samm/Kokemoor/Alfes KWG § 53u Rn. 6 ff.).

4 Im Hinblick auf die **Einreichungsformalitäten,** die in Abs. 2 angesprochen werden, sind insbesondere die Standardformulare und Muster der ESMA (ESMA, Leitlinien über Standardformulare, Standardformate und Muster für die Beantragung einer Genehmigung für den Betrieb einer DLT-Marktinfrastruktur vom 8.3.2023, ESMA70-460-213) zu beachten. In den Anhängen der Leitlinien werden Mustertabellen für die antragsrelevanten Informationen vorgegeben. Die BaFin hat eine **eigene E-Mail-Adresse für die Kommunikation zu Themen rund um Genehmigungsverfahren bzgl. des Betriebs von DLT-Marktinfrastrukturen** eingerichtet (dltpilotregime@bafin.de). Abs. 2 gilt anders als Abs. 1 nur auf die Anträge nach Art. 8 ff. DLT Pilot Regime Anwendung (Beck/Samm/Kokemoor/Alfes KWG § 53u Rn. 10).

Kapitel 7b. Zulassung von Datenbereitstellungsdiensten

§ 78d Zulassungsverfahren; Ausnahmen

(1) **Wer im Inland gewerbsmäßig oder in einem Umfang, der einen in kaufmännischer Weise eingerichteten Geschäftsbetrieb erfordert, als Datenbereitstellungsdienst tätig werden will, bedarf nach Artikel 27b Absatz 1 Absatz 2 der Verordnung (EU) Nr. 600/2014 der schriftlichen oder elektronischen Zulassung durch die Bundesanstalt; die Bundesanstalt hat § 37 Absatz 4 des Verwaltungsverfahrensgesetzes anzuwenden.**

(2) **Der erforderliche Inhalt des Zulassungsantrags, dessen Form und das Zulassungsverfahren bestimmen sich nach den Artikeln 27c und 27d der Verordnung (EU) Nr. 600/2014, nach der Delegierten Verordnung (EU) 2017/571 sowie nach der Durchführungsverordnung (EU) 2017/1110.**

(3) **Die Bundesanstalt kann die Zulassung unter Auflagen erteilen, die sich im Rahmen des mit diesem Gesetz oder mit der Verordnung (EU) Nr. 600/2014 verfolgten Zwecks halten müssen.**

(4) **Ausnahmen von der Zulassungspflicht als Datenbereitstellungsdienst ergeben sich aus Artikel 27b Absatz 2 und Artikel 27c Absatz 4 der Verordnung (EU) Nr. 600/2014.**

§ 78e Versagung der Zulassung; Entzug der Zulassung

(1) **Die Zulassung als Datenbereitstellungsdienst ist zu versagen, wenn**

1. **Tatsachen vorliegen, aus denen sich ergibt, dass ein Geschäftsleiter nicht den Anforderungen nach Artikel 27f Absatz 1 der Verordnung (EU) Nr. 600/2014, auch in Verbindung mit der Delegierten Verordnung (EU) 2017/571, genügt, oder**
2. **das Unternehmen nicht bereit oder in der Lage ist, die nach Titel IV der Verordnung (EU) Nr. 600/2014, auch in Verbindung mit den dazu erlassenen Rechtsakten, erforderlichen personellen oder organisatorischen Vorkehrungen zum ordnungsgemäßen Betreiben der Dienstleistungen, für die es die Zulassung beantragt, zu schaffen.**

(2) **Die Bundesanstalt kann die von ihr erteilte Zulassung außer nach den Vorschriften des Verwaltungsverfahrensgesetzes nach Artikel 27e Absatz 1 der Verordnung (EU) Nr. 600/2014 entziehen.**

§ 78f Unterrichtung der ESMA

Die Bundesanstalt meldet der Europäischen Wertpapier- und Marktaufsichtsbehörde die Erteilung einer Zulassung nach Artikel 27c Absatz 1 sowie den Entzug einer Zulassung nach Artikel 27e Absatz 1 der Verordnung (EU) Nr. 600/2014.

Literatur: Sajnovits, Die MiFID II-Regulierung von Datenbereitstellungsdiensten in Deutschland, ZBB 2019, 162 ff. (umfänglicher Überblick noch zum alten Recht); Scholz,

Europäische vs. nationale Aufsicht im neuen Rechtsrahmen für Datenbereitstellungsdienste, BKR 2021, 331 ff.

Übersicht

I. Überblick

1 §§ 78d bis 78f enthalten Regelungen zu Unternehmen, die **Datenbereitstellungsdienste** als genehmigtes Veröffentlichungssystem (Approved Publication Arrangement, APA) oder genehmigter Meldemechanismus (Approved Reporting Mechanism, ARM) erbringen wollen und die gemäß Art. 2 Abs. 3 MiFIR i.V.m. den in der Delegierten Verordnung (EU) 2022/466 niedergelegten Kriterien **aufgrund** ihrer **begrenzten Bedeutung für den Binnenmarkt** nicht der **Zulassung und Beaufsichtigung durch** die ESMA, sondern derjenigen der **BaFin** unterliegen.

2 Die Regelungen wurden mit dem Bankenrichtlinienumsetzungs- und Bürokratieentlastungsgesetz (BRUBEG) zum 1.4.2026 eingeführt (Art. 29 Abs. 1, 4 BRUBEG). Nach der Begründung zum BRUBEG-Gesetzentwurf der BReg (BT-Drs. 21/3058, S. 300) ergänzen und konkretisieren die Regelungen die europarechtlichen Vorschriften des Titels IVa der MiFIR nebst den dazu erlassenen delegierten Rechtsakten und Durchführungsrechtsakten. Die **Bezugnahmen auf** die **europarechtlichen Vorschriften,** insbesondere in Bezug auf die Zulassung, sind (mit Ausnahme der Zuweisung der Zuständigkeit an die BaFin) nur **deklaratorisch** (Begründung zum BRUBEG-Gesetzentwurf der BReg, BT-Drs. 21/3058, S. 300). Der Vorrang ergibt sich aus der unmittelbaren Geltung der MiFIR gemäß Art. 288 UAbs. 2 AEUV, die die Regelungsmaterie insoweit abschließend regelt (Art. 27b Abs. 1 UAbs. 2 MiFIR „nach Maßgabe dieses Titels"; ebenso BeckOK WpHR/Ceesay, 19. Ed. 1.4.2025, VO (EU) 600/2014 Art. 27g Rn. 15 ff.). Den Mitgliedstaaten obliegt es in diesem Zusammenhang gemäß Art. 22 Abs. 2 MiFID nur noch, die notwendigen Befugnisse der zuständigen Aufsichtsbehörde zu regeln, damit diese die Tätigkeit der Datenbereitstellungsdienste, für die sie anstelle der ESMA zuständig ist, überwachen kann.

3 Wegen des Bezugs zur Finanzmarktgesetzgebung ausschließlich in Deutschland tätiger Datenbereitstellungsdienste hat der Gesetzgeber sich entschlossen, die **ursprünglichen Regelungen** hierzu **aus** dem **KWG in** das **WpIG** zu überführen und zu aktualisieren (Begründung zum BRUBEG-Gesetzentwurf der BReg, BT-Drs. 21/3058, S. 209 f.; zum Recht vor dem 1.1.2022 BeckOK WpHR/Ceesay, 19. Ed. 1.4.2025, VO (EU) 600/2014 Art. 27g Rn. 6 ff.); die **laufende Aufsicht** über die Datenbereitstellungsdienste erfolgt hingegen nach dem **WpHG**

(→ Rn. 29 ff.). Eine **tabellarische Übersicht** der sich vormals im KWG befindenden Vorschriften und die Rechtslage nach Inkrafttreten des BRUBEG findet sich unter → Rn. 3.1.

3a

<table>
<tr><th colspan="2">Inhalt</th><th>Alte Rechtslage (KWG)</th><th>Neue Rechtslage</th></tr>
<tr><td colspan="2">Definition Datenbereitstellungsdienst</td><td>§ 1 Abs. 3a KWG (i.V.m. § 2 Abs. 37, 39 WpHG)</td><td>§ 2 Abs. 39 WpIG (i.V.m. § 2 Abs. 37, 39 und 40 WpHG)</td></tr>
<tr><td colspan="2">Erlaubnispflicht</td><td>§ 32 Abs. 1f</td><td>Art. 27b Abs. 1 UAbs. 2 MiFIR i.V.m. § 78d WpIG</td></tr>
<tr><td colspan="2">Versagung der Erlaubnis</td><td>§ 33 Abs. 1a</td><td>Art. 27e MiFIR i.V.m. § 78e WpIG</td></tr>
<tr><td colspan="2">Tätigkeit von Unternehmen des EWR (Passporting)</td><td>§ 53b Abs. 1a</td><td>Keine Notwendigkeit, da Zulassung für gesamtes Unionsgebiet, Art. 27c Abs. 4 MiFIR (→ Rn. 16)</td></tr>
<tr><td colspan="2">Anforderungen an die Geschäftsleitung</td><td>§ 25c Abs. 6</td><td>Art. 27f MiFIR</td></tr>
<tr><td colspan="2">Anforderungen an sowie Abberufung und Tätigkeitsverbot für Mitglieder des Verwaltungs- und Aufsichtsrats</td><td>§ 25d Abs. 13
§ 36 Abs. 4</td><td>Art. 27f MiFIR,
Artt. 4 f. Delegierte Verordnung (EU) 2025/1143 i.V.m Art. 2 Abs. 1 Nr. 22 MiFIR und Art. 4 Abs. 1 Nr. 36 MiFID</td></tr>
<tr><td colspan="2">Anzeigepflichten</td><td>§ 24 Abs. 3d</td><td>Art. 27f Abs. 2 MiFIR, Art. 5 Abs. 1, 2 Delegierte Verordnung (EU) 2025/1143</td></tr>
<tr><td colspan="2">Öffentliches Register</td><td>§ 32 Abs. 5a</td><td>Art. 27b Abs. 3 MiFIR</td></tr>
<tr><td colspan="2">Strafbarkeit</td><td>§ 54 Abs. 1 (i.V.m. § 32 Abs. 1f)</td><td>§ 82 Abs. 1a WpIG</td></tr>
<tr><td rowspan="2">Website-Bekanntmachung</td><td>bestandskräftige BaFin-Maßnahme</td><td>§ 60 Abs. 1 S. 1</td><td>§ 123 Abs. 1 S. 1 WpHG</td></tr>
<tr><td>nicht bestandskräftig BaFin-Maßnahme</td><td>§ 60d Abs. 1 S. 1</td><td>§ 126 Abs. 1 S. 1 WpHG (für ESMA-Maßnahmen Art. 38g Abs. 1 lit. c, Abs. 3 UAbs. 1 S. 2 MiFIR)</td></tr>
<tr><td colspan="2">Jährlicher Maßnahmenbericht BaFin an ESMA</td><td>§ 7b Abs. 4 Nr. 3</td><td>§ 19 Abs. 2 WpHG</td></tr>
</table>

Der Gesetzgeber hat bislang **versäumt,** die **Definition** des **Herkunftsstaates** im Fall von Datenbereitstellungsdienten in § 2 Abs. 17 Nr. 3 WpHG **anzupassen.** Die Vorschrift beruht nicht etwa auf der Definition des Herkunftsstaates nach Art. 4 Abs. 1 Nr. 55 MiFID (auf den Art. 2 Abs. 1 Nr. 37 MiFIR verweist). Denn dieser gibt zwar die Definition des 3b

Herkunfts(-mitglied-)staates im Fall von Wertpapierfirmen und geregelten Märkten, nicht aber (mehr) im Fall von Datenbereitstellungsdiensten vor; die vormalige Regelung hierzu in Art. 4 Abs. 1 Nr. 55 lit. c MiFID wurde gestrichen. Allerdings steht § 2 Abs. 17 Nr. 3 lit. a WpHG zur MiFIR in Widerspruch, weil Datenbereitstellungsdienstleister gemäß Art. 27c Abs. 1 lit. a MiFIR keine natürlichen Personen (mehr) sein können. Eine unmittelbare Auswirkung auf die Anwendung der Regelungen der MiFIR hat dies jedoch nicht; § 2 Abs. 17 Nr. 3 lit. a WpHG geht schlicht ins Leere.

II. Zulassung und Ausnahmen, § 78d

4 § 78d regelt die Zulassung von Datenbereitstellungsdienstleistern, die im Inland gewerbsmäßig oder in einem Umfang, der einen in kaufmännischer Weise eingerichteten Geschäftsbetrieb erfordert, **Datenbereitstellungsdienste als genehmigtes Veröffentlichungssystem** (Approved Publication Arrangement, APA, § 2 Abs. 39 WpIG i.V.m. § 2 Abs. 40 Nr. 1 WpHG) **oder genehmigter Meldemechanismus** (Approved Reporting Mechanism, ARM, § 2 Abs. 39 WpIG i.V.m. § 2 Abs. 40 Nr. 2 WpHG) erbringen wollen **und** gemäß Art. 2 Abs. 3 MiFIR i.V.m. den in der Delegierten Verordnung (EU) 2022/466 niedergelegten Kriterien nur eine **begrenzte Bedeutung für den Binnenmarkt** (→ Rn. 7 ff.) aufweisen. Zu den übrigen Merkmalen gelten keine besonderen Maßstäbe: zur Tätigkeit im Inland → § 15 Rn. 10, → § 1 Rn. 5 ff., zur Gewerbsmäßigkeit → § 2 Rn. 5 ff. und zum Umfang eines in kaufmännischer Weise eingerichteten Geschäftsbetriebs → § 2 Rn. 8.

5 **Allein** Dienstleister, die Daten in Form eines **APA oder ARM** bereitstellen (wollen), können überhaupt der Regelung und damit (im Fall der Erfüllung der weiteren Voraussetzungen) der Zulassung durch die BaFin unterfallen. Dies ergibt sich aus Art. 27b Abs. 1 UAbs. 2 MiFIR, der ausdrücklich nur die Vorgenannten und nicht auch sog. Bereitsteller konsolidierter Datenticker (Consolidated Tape Provider, CTP) erfasst. Diese Trennung wird **nur** in Bezug auf solche **CTP** durchbrochen, die **nach § 15 zugelassene Wertpapierinstitute sind** (oder werden wollen). Gemäß Art. 27b Abs. 2 MiFIR ist nämlich die Tätigkeit als APA, ARM und / oder CTP denjenigen zugelassenen Wertpapierfirmen oder Marktbetreibern gestattet, bei denen die BaFin im Rahmen ihrer Zuständigkeit nach Art. 27b Abs. 1 UAbs. 2 MiFIR festgestellt hat, dass sie die Anforderungen an Titel IVa MiFIR erfüllen.

6 Wie sich aus Art. 27c Abs. 1 lit. a MiFIR ergibt, ist es natürlichen Personen verwehrt, Datenbereitstellungsdienste zu erbringen.

1. Begrenzte Bedeutung für den Binnenmarkt

7 Die Zuständigkeit der BaFin ist **nur** dann eröffnet, **wenn** APA oder ARM eine begrenzte Bedeutung für den Binnenmarkt gemäß Art. 1 Abs. 1, Art. 2 Delegierte Verordnung (EU) 2022/466 haben. Hierfür müssen eine **allgemeine** (→ Rn. 8) **und** eine **APA-/ARM-spezifische** (→ Rn. 9 f.) **Voraussetzung kumulativ erfüllt** sein; sofern derselbe Dienstleister mehr als einen APA oder ARM betreibt, gilt die Ausnahme zudem nur, wenn jeder dieser APA oder ARM die APA-/ARM-spezifische Voraussetzung einhält (Art. 1 Abs. 1 S. 2 Delegierte Verordnung (EU) 2022/466). Die allgemeine Voraussetzung knüpft an den Gedanken an, dass eine begrenzte Bedeutung für den Binnenmarkt nur dann bestehen kann, wenn die Verbreitung des Dienstes innerhalb der Union relativ gering ist, mithin

eine primär nationale Konzentration erfolgt. Demgegenüber knüpft die zweite Voraussetzung an den Umfang der erbrachten Dienstleistungen im Vergleich zu allen APA bzw. ARM in der Union an und trägt dem Gedanken Rechnung, dass selbst ein primär national konzentrierter APA oder ARM aufgrund seines relativ großen Dienstleistungsvolumens Relevanz für den Binnenmarkt haben kann. Dennoch enthalten die vorgenannten Vorschriften kein Ermessen der für die Zulassung zuständigen (nationalen) Behörde etwa für den Fall, dass ein Datenbereitstellungsdienstleister trotz Auftretens in einer Vielzahl von Mitgliedstaaten ein äußerst geringes Dienstleistungsvolumen zeigt.

Unabhängig davon, ob der Datenbereitstellungsdienst in Form des APA oder ARM erbracht wird, kann eine begrenzte Bedeutung für den Binnenmarkt nur dann bestehen, wenn der Datenbereitstellungsdienstleister in **höchstens drei verschiedenen Mitgliedstaaten Dienstleistungen** für oder im Namen von Wertpapierfirmen **erbringt,** die den Pflichten nach Art. 20 f. MiFIR hinsichtlich Veröffentlichungen nach dem Handel oder den Meldepflichten nach Art. 26 MiFIR unterliegen, **und** zugleich **mindestens 50 % dieser Wertpapierfirmen im selben Mitgliedstaat** wie das APA oder der ARM **zugelassen** sind (Art. 2 Abs. 1 lit. a Delegierte Verordnung (EU) 2022/466). 8

Ein **APA** hat darüber hinaus **nur** dann eine begrenzte Bedeutung für den Binnenmarkt, **wenn** die **Zahl** der von ihm gemäß Art. 20 Abs. 1 MiFIR **veröffentlichten Handelsgeschäfte und** deren **Volumen jeweils** in Bezug auf 9

a) Eigenkapitalinstrumente weniger als 0,5 % und

b) Nichteigenkapitalinstrumente höchstens 0,5 %

der Gesamtzahl der Handelsgeschäfte bzw. des Gesamtvolumens ausmacht, die bzw. das von allen APA gemäß Art. 20 Abs. 1 MiFIR gemeldet wurde (Art. 2 Abs. 1 lit. b Delegierte Verordnung (EU) 2022/466).

Ein **ARM** kann daneben **nur** dann eine begrenzte Bedeutung für den Binnenmarkt haben, **wenn** die **Zahl** der von ihm gemäß Art. 26 Abs. 1 und 7 MiFIR **gemeldeten Geschäfte höchstens 0,5 % der Gesamtzahl** der Geschäfte ausmacht, die von allen ARM gemäß Art. 26 Abs. 1, 7 MiFIR gemeldet wurde (Art. 2 Abs. 1 lit. c Delegierte Verordnung (EU) 2022/466). 10

Für die **Zwecke** (nur) der **Zulassung** sind gemäß Art. 1 Abs. 2 Delegierte Verordnung (EU) 2022/466 die **Schätzungen des APA oder ARM** für die künftige Tätigkeit maßgeblich. Art. 2 Abs. 2 Delegierte Verordnung (EU) 2022/466 verpflichtet die betreffenden APA und ARM dazu, der BaFin (respektive der ESMA) jedoch nur solche Daten auf Verlangen bereitzustellen, die zur Bewertung der allgemeinen Voraussetzung (→ Rn. 8) einer begrenzten Bedeutung für den Binnenmarkt notwendig sind. 11

Aus Art. 2 Abs. 2 Delegierte Verordnung (EU) 2022/466 ergibt sich zudem, dass die **Bafin** zu einer **eigenständigen Bewertung** befugt ist. Dies gilt allerdings **nur, soweit nicht** die **ESMA** eine lediglich **begrenzte Bedeutung für den Binnenmarkt** anhand der Kriterien der Delegierten Verordnung (EU) 2022/466 **abgelehnt** hat. Die BaFin ist insoweit an die Bewertung durch die ESMA gebunden, die diese allerdings gemäß Art. 1 Abs. 3 Delegierte Verordnung (EU) 2022/466 jährlich zu wiederholen hat. Kommt die ESMA sodann in zwei aufeinander folgenden Jahren zu der Einschätzung, dass ein APA oder ARM nur eine begrenzte Bedeutung für den Binnenmarkt hat, geht die Zuständigkeit gemäß Art. 1 Abs. 4 Delegierte Verordnung (EU) 2022/466 zum 01.06. des auf die letzte Bewertung der ESMA folgenden Jahres auf die BaFin über. 12

2. Zulassung: Ausnahmen, Verfahren und Reichweite

13 **§ 78d Abs. 2 bis 4** regelt das Zulassungsverfahren, die Zulassung und Ausnahmen von dem Zulassungserfordernis, wobei den Absätzen mit Ausnahme der Zuständigkeitsbestimmung der BaFin neben den Regelungen in der MiFIR (einschließlich weiterer Unionsrechtsakte) **keine eigenständige Bedeutung** zukommt (vgl. → Rn. 2). Dies gilt auch, soweit § 78 Abs. 3 scheinbar eine Zulassung unter solchen Auflagen zulässt, die neben dem Zweck der MiFIR auch der Verfolgung des Zwecks des WpIG dienen. Denn der Erlass einer Auflage, die mit den formellen oder materiellen Zulassungsanforderung, die allein und abschließend in der MiFIR (einschließlich weiterer Unionsrechtsakte) geregelt sind, zuwiderläuft, wäre unionsrechtswidrig und damit anfechtbar.

14 Der Inhalt des **Zulassungsantrags,** seine notwendige **Form** und das **Zulassungsverfahren** ergeben sich aus **Artt. 27c, 27d MiFIR** i.V.m. der **Delegierten Verordnung (EU) 2025/1143** (die Regelungen zu Zulassungs- und organisatorischen Anforderungen enthält) und der **Delegierten Verordnung (EU) 2025/1157** (die Standardformulare, Muster und Regelungen zum Verfahren enthält). Der deutsche Gesetzgeber hat in § 78d Abs. 2 Verweise auf die vorstehenden Delegierten Verordnungen versäumt und versehentlich auf bereits 2025 aufgehobenes Unionsrecht verwiesen. Für die von die Zulassung gemäß § 78d anstrebenden Datenbereitstellungsdienstleistern einzuhaltenden Vorschriften hat die deutsche Regelung hingegen keinerlei Auswirkungen; es handelt sich insoweit um unionsrechtswidriges nationales Recht.

15 **Ausnahmen** von der **Zulassungspflicht** bestehen **nur** gemäß **Art. 27b Abs. 2 und Art. 27c Abs. 4 MiFIR** (vgl. § 78d Abs. 4) für bereits zugelassene Wertpapierfirmen und Marktbetreiber, bei denen die BaFin im Rahmen ihrer Zuständigkeit nach Art. 27b Abs. 1 UAbs. 2 MiFIR festgestellt hat, dass sie die Anforderungen an Titel IVa MiFIR erfüllen, sowie für solche Datenbereitstellungsdienstleister, die bereits durch die ESMA oder eine andere nationale Behörde eines Mitgliedstaats als Datenbereitstellungsdienstleister zugelassen wurden; Letzteres freilich nur, soweit durch die weitere Tätigkeit in Deutschland die Einhaltung der allgemeinen Voraussetzung für eine begrenzte Bedeutung im Binnenmarkt (→ Rn. 8) noch gewahrt bleibt (→ Rn. 17)

16 Die erteilte **Zulassung** durch die BaFin **gilt** gemäß Art. 27c Abs. 1, 4 MiFIR grundsätzlich **für** das **gesamte Unionsgebiet.** Es bedarf insoweit keines „Europäischen Passes" (sog. Passporting) mehr (vgl. für Passporting nach Deutschland vormals noch § 53b Abs. 1a KWG a.F).

16a Dies (→ Rn. 16) gilt gemäß Art. 54a Abs. 5 MiFIR auch für bereits vor dem 1.1.2022 erteilte Zulassungen der BaFin, mithin bei solchen Zulassungen, für die die BaFin derzeit gemäß Art. 27b Abs. 1 MiFIR nicht zuständig ist. Mangels einer Bewertung der Bedeutung der vor dem 1.1.2022 durch die BaFin zugelassenen APA und ARM für den Binnenmarkt geht die Aufsicht unabhängig davon auf die ESMA über, ob dem APA/ARM nach den in der Delegierten Verordnung (EU) 2022/466 festgelegten Kriterien tatsächlich nur eine begrenzte Bedeutung für den Binnenmarkt zukommt. Die Zuständigkeit kann aber nach Art. 1 Abs. 4 Delegierte Verordnung (EU) 2022/466 auf die BaFin übergehen (hierzu → Rn. 12).

17 Erweitert der nach § 78d von der BaFin zugelassene Datenbereitstellungsdienstleister **allerdings** auf Basis von Art. 27c Abs. 4 MiFIR die Mitgliedstaaten, in denen er seine Dienstleistungen erbringt, hat die BaFin dies bei der Bewertung der **Schwellenwerte** gemäß **Art. 2 Abs. 1 lit. a Delegierte Verord-**

nung (EU) 2022/466 (→ Rn. 8) zu **berücksichtigen.** Ein Datenbereitstellungsdienstleister, der diese Schwelle überschreitet und damit ohne die erforderliche Erlaubnis der ESMA gemäß Art. 27b Abs. 1 UAbs. 1 MiFIR die Datenbereitstellungsdienste als APA oder ARM erbringt, riskiert die Verhängung einer Geldbuße durch die ESMA gemäß Art. 38h MiFIR; weitere aufsichtliche Befugnisse der ESMA sind u.a. das Informationsersuchen (Art. 38b MiFIR), die Vornahme von allgemeinen Untersuchungen und Vor-Ort-Kontrollen (Artt. 38c f. MiFIR) sowie die Anordnung konkreter Aufsichtsmaßnahmen (Art. 38g MiFIR); bei der Verhängung von Geldbußen und Zwangsgeldern hat die ESMA die Delegierte Verordnung (EU) 2022/803 zu beachten. Anders als die Erbringung der Dienste ohne Zulassung im Zuständigkeitsbereich der BaFin gemäß Art. 27b Abs. 1 UAbs. 2 MiFIR i.V.m. § 78d ist die Handlung hingegen nicht strafbar (vgl. § 82 Abs. 1a; → Rn. 18).

3. Sanktionen und Maßnahmen

18 Das vorsätzliche oder fahrlässige Erbringen von Datenbereitstellungsdiensten in Form des APA oder ARM, für das gemäß Art. 27b Abs. 1 UAbs. 2 MiFIR i.V.m. § 78d Abs. 1 Hs 1 eine Zulassung durch die BaFin erforderlich ist, **ohne** eine entsprechende **Zulassung durch** die **BaFin** ist gemäß **§ 82 Abs. 1a, Abs. 2 strafbewehrt.**

19 In dem Fall kann die BaFin gemäß § 37 Abs. 1 S. 1 Nr. 6 KWG die **sofortige Einstellung** des **Geschäftsbetriebs** sowie die **unverzügliche Abwicklung der Geschäfte** gegenüber dem Unternehmen und den Mitgliedern seiner Organe anordnen (zu den übrigen Einzelheiten allerdings noch zu § 37 KWG a.F. Fischer/Schäfer/Schulte-Mattler/Schulte-Mattler/Fischer/Krolop § 37 Rn. 7 ff. und Schwennicke/Auerbach/Schwennicke KWG § 37 Rn. 8 ff.). Entgegen dem auf S. 209 f. der Begründung zum BRUBEG-Gesetzentwurf der BReg (BT-Drs. 21/3058) vorgetragenen Anliegen ist die Ermächtigungsgrundlage systemfremd im KWG verblieben.

20 Daneben sind **diverse (teilweise nicht anwendbare) Ordnungswidrigkeiten-Tatbestände** in § 120 Abs. 9, 9a, und 9b WpHG geregelt (→ Rn. 20.1 f.).

20a Die in der rechten Spalte der nachfolgenden Tabelle (→ Rn. 20b) angegebenen Ordnungswidrigkeiten des WpHG beziehen sich ausdrücklich auf die MiFIR „in der Fassung vom 23.10.2024". Hierbei handelt es sich um die letzte, durch Art. 3 der Verordnung (EU) 2024/2809 erfolgte Änderung der MiFIR, also um die derzeit gültige Fassung. Einzige Ausnahme bildet § 120 Abs. 9a Nr. 1 WpHG, der diesen Zusatz nicht enthält. Zu vermuten ist ein Redaktionsversehen, nicht hingegen, dass – anders als in allen anderen Fällen – tatsächlich statt einer statischen eine dynamische Verweisung gemeint ist (vgl. Rn. 204 f., 212 und insbesondere Rn. 229 des vom Bundesjustizministerium in der 4., neu bearbeiteten Auflage 2024 herausgegeben Handbuch der Rechtsförmlichkeit). Kommt man hingegen zum gegenteiligen Schluss, so ist die Vorschrift aufgrund des Parlamentsvorbehalts in Ausprägung des Gesetzesvorbehalts und der Wesentlichkeitstheorie sowie wegen fehlender hinreichender Bestimmtheit der Bußgeldvorschrift verfassungswidrig, vgl. insoweit auch Rz. 113 des vorgenannten Handbuchs der Rechtsförmlichkeit sowie Rn. 101 bis 104 des vom Bundesjustizministerium herausgegebenen Handbuchs des Nebenstrafrechts in der fortlaufend aktualisierten Fassung mit Stand Juni 2025). Doch auch bei den starren Verweisungen sind dem Gesetzgeber Fehler unterlaufen (siehe Hinweise → Rn. 20b), die sich aufgrund des streng anzuwendenden Bestimmtheitsgrundsatzes bei Ordnungswidrigkeiten (BeckOK GG/Radtke, GG Art. 103 Rn. 19, 31, 31.1, 32 und 37) auf ihre Anwendbarkeit auswirken.

20b

Adressat	Vorschrift		Ordnungswidrigkeit
APA und ARM (jeweils auch gemäß Art. 27b Abs. 2 MiFIR aufgrund anderweitiger Zulassung → Rn. 5), die unter Art. 2 Abs. 1 Delegierte Verordnung (EU) 2022/466 fallen *Hinweis: Obschon durch den Verweis auf Art. 2 Abs. 1 Nr. 36a MiFIR in der nebenstehenden Vorschrift auch CTPs erfasst sind, ist die Vorschrift auf diese nicht anwendbar, da sie der Ausnahme nach vorgenannter Delegierten Verordnung nicht unterfallen (Art. 27b Abs. 1 UAbs. 2, Art. 2 Abs. 3 UAbs. 1 MiFIR). Ein Wirksamkeitsproblem ergibt sich hieraus aber nicht.*	§ 120 Abs. 9 Nr. 19 WpHG		Verstoß gegen Mitteilungspflicht gemäß Art. 27f Abs. 2 MiFIR (Mitglieder des Leitungsorgans)
			Verstoß gegen Überwachungspflicht gemäß Art. 27f Abs. 3 MiFIR (Unternehmensführungsregeln)
APA, die unter Art. 2 Abs. 1 Delegierte Verordnung (EU) 2022/466 fallen	§ 120 Abs. 9a	Nr. 1 WpHG	Kein Sorgetragen für Grundsätze und Vorkehrungen für Veröffentlichung von Informationen gemäß Art. 27g Abs. 1 S. 1 MiFIR
		Nr. 2 WpHG	Verfügt nicht über Mittel und Notfallsysteme gemäß Art. 27g Abs. 4 S. 2 MiFIR *Hinweis: Hierbei handelt es sich um eine fehlgehende, starre Verweisung auf eine in der Form in Gänze nicht mehr existierende Vorschrift. Ein Verstoß ist damit nicht sanktionierbar, zumal eine vermischende Überschneidung mit Nr. 6 vorliegt, die den Normadressaten im Unklaren über die Reichweite beider Vorschriften lässt.*

		Nr. 3 WpHG	Verstoß gegen rasche und diskriminierungsfreie Verbreitung der Informationen im vorgegebenen Format gemäß Art. 27g Abs. 1 S. 3 MiFIR
		Nr. 4 WpHG	Keine Einrichtung oder Beibehaltung von administrativen Vorkehrungen zur Verhinderung von Interessenskonflikten entgegen Art. 27g Abs. 3 S. 1 MiFIR
		Nr. 5 WpHG	Keine Mechanismen eingerichtet gemäß Art. 27g Abs. 4 S. 1 MiFIR *Hinweis: Hierbei handelt es sich um eine fehlgehende, starre Verweisung auf eine Vorschrift, die nicht mehr die Einrichtung (wohl aber die Ausgestaltung) von Sicherheitsmechanismen betrifft. Ein Verstoß ist ob der offenkundig divergierenden Regelungen von WpHG zu MiFIR damit nicht sanktionierbar.*
		Nr. 6 WpHG	Keine Ressourcen oder keine Notfallsysteme verfügbar entgegen Art. 27g Abs. 4 S. 2 MiFIR *Hinweis: Hierbei handelt es sich um eine fehlgehende, starre Verweisung auf eine in der Form in Gänze nicht mehr existierende Vorschrift. Ein Verstoß ist damit nicht sanktionierbar, zumal eine vermischende Überschneidung mit Nr. 2 vorliegt, die den Normadressaten im Unklaren über die Reichweite beider Vorschriften lässt.*
		Nr. 7 WpHG	Unzureichende Gestaltung von Systemen bzgl. Handelsauskünften entgegen Art. 27g Abs. 5 MiFIR

APA	§ 120 Abs. 9 Nr. 20 WpHG		Nicht, unvollständig, unrichtig oder nicht rechtzeitig bereitgestellte Handelsinformation entgegen Art. 27g Abs. 1 S. 2 MiFIR
	§ 120 Abs. 9 Nr. 21 Alt. 1 WpHG		Unrichtige Behandlung von Informationen zum Ausschluss von Interessenskonflikten entgegen Art. 27g Abs. 3 S. 2 MiFIR
ARM, die unter Art. 2 Abs. 1 Delegierte Verordnung (EU) 2022/466 fallen	§ 120 Abs. 9 Nr. 22 WpHG		Keine Beibehaltung von administrativen Vorkehrungen zur Verhinderung von Interessenskonflikten entgegen Art. 27i Abs. 2 S. 1 MiFIR *Hinweis: Anders als bei APA, die der Zuständigkeit der BaFin unterfallen (siehe Zeile oben zu § 120 Abs. 9a Nr. 4 WpHG), wird hier die Einrichtung der Vorkehrungen nicht explizit erwähnt. Dies ist für die Sanktionierbarkeit jedoch unschädlich, da denklogisch nur beibehalten werden kann, was zuvor eingerichtet wurde (wer nicht einrichtet, behält auch nicht bei).*
	§ 120 Abs. 9b	Nr. 1 WpHG	Keine angemessenen Grundsätze und Vorkehrungen zur rechtzeitigen Meldung von Geschäften entgegen Art. 27i Abs. 1 MiFIR
		Nr. 2 WpHG	Keine Ressourcen oder keine Notfallsysteme verfügbar entgegen Art. 27i Abs. 3 S. 2 MiFIR *Hinweis: Hierbei handelt es sich um eine fehlgehende, starre Verweisung auf eine in der Form in Gänze nicht mehr existierende Vorschrift. Ein Verstoß ist damit nicht sanktionierbar.*
ARM	§ 120 Abs. 9 Nr. 21 Alt. 2 WpHG		Unrichtige Behandlung von Informationen zum Ausschluss von Interessenskonflikten entgegen Art. 27i Abs. 2 S. 2 MiFIR

21 Daneben macht die **BaFin** grundsätzlich ihre **Entscheidungen** über nicht bestandskräftige Maßnahmen und Sanktionen sowie Bußgeldentscheidungen gemäß § 120b WpHG auf ihrer **Website** gemäß § 126 Abs. 1 S. 1 WpHG **bekannt** (nach Ermessen bei bestandskräftigen Maßnahmen, § 123 Abs. 1 S. 1 WpHG). Die Einlegung von Rechtsbehelfen gegen bekanntgemachte Maßnahmen ist unter Angabe der relevanten Informationen hierzu eben dort bekanntzumachen (§ 126 Abs. 4 WpHG). Im Zuständigkeitsbereich der ESMA gibt es mit Art. 38g Abs. 1 lit. c, Abs. 3 UAbs. 1 S. 2 MiFIR eine vergleichbare Vorschrift.

4. Übergangsregelung zur Zuständigkeit

22 Gemäß Art. 54a Abs. 1 MiFIR ist die **ESMA ab** dem **1.1.2022** für sämtliche Aufgaben im Zusammenhang mit Datenbereitstellungsdienstleistern (ausgenommen solche APA und ARM, bei denen die Zuständigkeit gemäß Art. 2 Abs. 3 MiFIR bei der BaFin verbleibt → Rn. 4) **zuständig;** die **BaFin** hat sämtliche Unterlagen und Arbeitsdokumente auch für noch laufende Prüfungen an die ESMA zu übergeben und sie bei der Übernahme der Aufgaben zu **unterstützen** (Art. 54a Abs. 2 UAbs. 1, Abs. 3 MiFIR). Das gilt jedoch **nicht für vor** dem **1.10.2021 eingegangene Zulassungsanträge,** die noch von der BaFin zu entscheiden sind (Art. 54a Abs. 2 UAbs. 2 MiFIR). Die ein selbstständiges Rechtssubjekt darstellende **ESMA** (Art. 5 ESMA-VO) ist gemäß Art. 54a Abs. 4 MiFIR **Rechtsnachfolgerin** der BaFin in allen Verwaltungs- und Gerichtsverfahren.

III. Versagung und Entzug der Zulassung, § 78e

23 Die **Zulassung wird** dem APA oder ARM von der BaFin **gemäß Art. 27f Abs. 4 MiFIR verweigert** oder eine bereits erteilte Zulassung wird **entzogen,** wenn

a) sie **nicht** davon überzeugt ist, dass die (faktische) Geschäftsführung **gut beleumundet** ist, oder
b) objektive und nachweisbare Gründe für die Vermutung vorliegen, dass die **vorgeschlagenen Veränderungen** im Leitungsorgan dessen solide und umsichtige **Führung** sowie die angemessene Berücksichtigung der **Kundeninteressen** und die **Marktintegrität gefährden könnten.**

§ 78e Abs. 1 hat daneben keinen eigene Regelungswirkung und ist insoweit allein deklaratorisch (→ Rn. 2). Ein Ermessen ist der BaFin nicht eingeräumt.

24 Unter **Beleumundung** (→ Rn. 23 lit. a) sind die Anforderungen gemäß Art. 27f Abs. 1 MiFIR i.V.m. der Delegierten Verordnung (EU) 2025/1157, dort insbesondere Art. 5 Abs. 1, zu verstehen (so auch trotz fehlerhafter, aber unschädlicher (vgl. → Rn. 14) Verweisung auf die durch vorgenannte Delegierten Verordnung aufgehobene Delegierten Verordnung (EU) 2017/571 deklaratorisch in § 78e Abs. 1 Nr. 1 geregelt).

25 Zu beachten ist die feinsinnige **Unterscheidung** zwischen Geschäftsführung (Art. 27f Abs. 4 Hs 1 MiFIR, → Rn. 23 lit. a) und Leitungsorgan (Art. 27f Abs. 4 Hs 1 MiFIR, → Rn. 23 lit. b), die in der deklaratorischen deutschen Fassung des § 78e Abs. 1 leicht übersehen werden kann. Bei der **Geschäftsführung** handelt es sich um die natürliche(n) Person(en), die Geschäftsführungsaufgaben wahrnehmen sowie für das Tagesgeschäft des Unternehmens verantwortlich und gegenüber dem Leitungsorgan (hierzu sogleich) rechenschaftspflichtig sind (Art. 4 Abs. 1 Nr. 37 MiFID, auf den Art. 2 Abs. 1 Nr. 22 MiFIR verweist). Das **Leitungsor-**

gan umfasst hingegen neben der Geschäftsführung auch die Organe, die befugt sind, Strategie, Ziele und Gesamtpolitik des Unternehmens festzulegen und die Entscheidungen der Geschäftsleitung zu kontrollieren und zu überwachen, also etwa den Verwaltungs- und den Aufsichtsrat (Art. 4 Abs. 1 Nr. 36 MiFID, auf den Art. 2 Abs. 1 Nr. 22 MiFIR verweist). In Art. 2 Abs. 1 MiFIR werden die Definitionen von Geschäftsführung und Leitungsorgan versehentlich jeweils als Nr. 22 geführt.

26 **Daneben** ist eine Zulassung zu **versagen,** wenn die Voraussetzungen der Erteilung nicht vorliegen, also insbesondere, wenn APA oder ARM die Anforderungen an Art. 27a bis 27i MiFIR nicht erfüllen (Art. 27c Abs. 1 lit. b MiFIR). Aus demselben Grund ist im Einklang mit den Regelungen der MiFIR auch ein **Entzug** der einmal erteilten Zulassung gemäß § 48 VwVfG in pflichtgemäßer Ermessensausübung möglich, wenn bei Erteilung unerkannter Weise die Voraussetzungen nicht vorlagen oder später durch Veränderung in der Person des Betroffenen oder Veränderung der Zusammensetzung der Organe entfallen sind (vgl. § 78e Abs. 2; zu der Problematik des § 48 Abs. 4 VwVfG Schoch/Schneider/Schoch, VwVfG § 48 Rn. 233 ff.).

27 **Art. 27e Abs. 1 MiFIR** nennt **sechs Entzugstatbestände** für die erteilte Zulassung. **Lit. a** nennt (i) den fehlenden Gebrauch innerhalb von 12 Monaten seit der Zulassungsentscheidung, (ii) den Verzicht und (iii) das Ausbleiben der tatschlichen Erbringung von Datenbereitstellungsdienstleistungen innerhalb von sechs Monaten unabhängig vom Zeitpunkt der Zulassungsentscheidung, **lit. b** die Erlangung der Zulassung in rechtswidriger Weise (etwa durch falsche Angaben, **lit. c** den Fall des Fortfalls der Voraussetzungen für die Zulassung und **lit. d** das schwerwiegende und systematische Verstoßen gegen die Vorschriften der MiFIR. Soweit § 78e Abs. 2 pauschal auf einen Entzug der Zulassung nach dem VwVfG verweist, ist diese (dort insbesondere §§ 48 f. VwVfG) in Lichte von Art. 27e Abs. 1 und den übrigen Vorschriften der MiFIR einschließlich der Delegierten Verordnung (EU) 2025/1143, der Delegierten Verordnung (EU) 2025/1157 und der Delegierten Verordnung (EU) 2022/466 anzuwenden, kann insoweit also weder darüber hinausgehende neue Entzugstatbestände begründen, bestehende erweitern oder beschränken (vgl. hierzu schon → Rn. 13).

IV. Unterrichtung der ESMA, § 78f

28 Gemäß § 78f **meldet** die **BaFin** der **ESMA** jede **Erteilung und** jeden **Entzug** der **Zulassung** eines APA oder ARM gemäß Art. 27c Abs. 1 und Art. 27e Abs. 1 MiFIR, für den sie gemäß Art. 27b Abs. 1 UAbs. 2, Art. 2 Abs. 3 MiFIR i.V.m. der Delegierten Verordnung (EU) 2022/466 zuständig ist. Die Vorschrift beruht auf Art. 87 Abs. 2 MiFID II, die die Bereitstellung erforderlicher Informationen an die ESMA durch die nationalen Behörden zur Erfüllung der Aufgaben der ESMA nach der MiFIR verlangt; Art. 27b Abs. 3 MiFIR regelt eine derartige Aufgabe, nämlich das Führen eines öffentlich zugänglichen Verzeichnisses der zugelassenen Datenbereitstellungsdienstleister, auch soweit ihnen die Zulassung entzogen wurde. Da dieses Verzeichnis regelmäßig zu aktualisieren ist (Art. 7b Abs. 3 UAbs. 1 S. 2 MiFIR), hat die BaFin nicht nur in Eigenverantwortung der ESMA entsprechende Mitteilungen zu machen, sondern auch Anfragen der ESMA zur Aktualität der bisherigen Meldungen insoweit zu beantworten.

V. laufende Beaufsichtigung durch die BaFin

29 Die **laufende Beaufsichtigung** von APA und ARM, soweit sie nicht der Zuständigkeit der ESMA gemäß Art. 27b Abs. 1 UAbs. 1 MiFIR unterliegt, erfolgt wie bisher (BeckOK WpHR/Ceesay, 19. Ed. 1.4.2025, WpHG § 58 Rn. 28) **nach** den Vorschriften des **WpHG** durch die BaFin (Begründung zum BRUBEG-Gesetzentwurf der BReg, BT-Drs. 21/3058, S. 300). Dies beruht auf Art. 22 Abs. 2 MiFID II, der den Mitgliedstaaten aufgibt, die notwendigen Befugnisse der zuständigen Aufsichtsbehörde zu regeln, damit diese die Tätigkeit der APA und ARM, für die sie anstelle der ESMA zuständig ist, überwachen kann (→ Rn. 2). Einen Überblick und eine kritische Bewertung zu der Umsetzung der unionsrechtlichen Vorgaben im und den weiteren von Datenbereitstellungsdienstleistern einzuhaltenden Pflichten nach dem WpHG gibt BeckOK WpHR/Ceesay, 19. Ed. 1.4.2025, WpHG § 58 Rn. 22 ff.

30 Von den **Ermächtigungsgrundlagen** sind insbesondere zu nennen

- § 6 Abs. 1, Abs. 2 i.V.m. § 1 Abs. 1 Nr. 8 lit. f WpHG: **Generalklausel** zur Überwachung der Einhaltung der MiFIR, insbesondere Artt. 27g und Art. 27i MiFIR i.V.m. Art. 8 ff. Delegierte Verordnung (EU) 2025/1143,
- § 6 Abs. 3, Abs. 11 und Abs. 15 WpHG: **Auskunftsverlangen gegenüber Jedermann** nebst Auskunftsverweigerungsrecht und **Betretensrecht** von Geschäftsräumen und Wohnungen in diesem Zusammenhang,
- § 6 Abs. 13 WpHG: **Antrag** auf **Beschlagnahme** von **Vermögenswerten** bei einem Verstoß gegen die §§ 58 ff. WpHG (entspricht Abschnitt 10 des WpHG) oder die MiFIR (nebst auf diesen beruhenden Rechtsakten),
- § 7 Abs. 1 und Abs. 2 WpHG: **Herausgabeverlangen von Kommunikationsdaten** gegenüber Telekommunikationsbetreibern und APA/ARM selbst,
- § 59 S. 1 WpHG: **anlassloses Prüfungsrecht,**
- § 44c Abs. 1 S. 1 Nr. 5 KWG: **Auskunfts- und Unterlagenvorlageverlangen gegenüber** dem **Betroffenen** bei Verdacht auf unerlaubtes Betreiben von Datenbereitstellungsdiensten.

Dass die BaFin gegenüber einer Person jemals eine Verringerung der Größe der Positionen oder offenen Forderungen in Finanzinstrumenten oder die Möglichkeit des Eingehens einer solchen Position verlangen wird können, um die Einhaltung der §§ 58 ff. WpHG (entspricht Abschnitt 10 des WpHG) oder der MiFIR (nebst auf diesen beruhenden Rechtsakten) in Bezug auf die Bereitstellung von Datenbereitstellungsdiensten sicherzustellen, wie es § 9 Abs. 1, 2 WpHG zulässt, erscheint schwerlich jemals angebracht oder verhältnismäßig. Zur Verpflichtung bzw. Befugnis zur Bekanntmachung auf der Website der BaFin → Rn. 21.

31 **Speziell** gegenüber **Wertpapierdienstleistungsunternehmen,** die Datenbereitstellungsdienstleistungen auf der Grundlage ihrer Zulassung gemäß § 15 WpIG i.V.m. Art. 27b Abs. 2 MiFIR ohne gesonderte Zulassung als Datenbereitstellungsdienstleister erbringen, kann die BaFin nach **§ 6 Abs. 10 WpHG** bei einem Verstoß gegen die §§ 58 ff. WpHG (entspricht Abschnitt 10 des WpHG) oder die MiFIR (nebst auf diesen beruhenden Rechtsakten oder auf diese Bezug nehmende vollziehbare Anordnungen der BaFin) ein Handelsteilnahmeverbot von bis zu drei Monaten anordnen. Auf Artt. 38a bis 38g MiFIR (hierzu → Rn. 17) kann sich die BaFin hingegen nicht berufen (Scholz BKR 2021, 331, 334).

32 Widerspruch und Anfechtungsklage gegen Anordnungen oder Maßnahmen der BaFin haben gemäß § 13 WpHG (bzw. § 59 S. 4 WpHG, § 49 Abs. 1 Nr. 16 KWG, → Rn. 30 letzten beiden Punkte) **keine aufschiebende Wirkung.**

Kapitel 8. Maßnahmen bei Gefahr

§ 79 Maßnahmen bei Gefahr

(1) [1]**Besteht Gefahr für die Erfüllung der Verpflichtungen eines Wertpapierinstituts gegenüber seinen Kunden, insbesondere für die Sicherheit der dem Wertpapierinstitut anvertrauten Vermögenswerte, oder besteht der begründete Verdacht, dass eine wirksame Aufsicht über das Wertpapierinstitut nicht möglich ist, kann die Bundesanstalt zur Abwendung dieser Gefahr einstweilige Maßnahmen treffen.** [2]**Sie kann insbesondere**

1. **Anweisungen für die Geschäftsleiter des Wertpapierinstituts erlassen,**
2. **die Annahme von Geldern oder Wertpapieren von Kunden und die Gewährung von Wertpapierkrediten verbieten,**
3. **Inhabern und Geschäftsleitern die Ausübung ihrer Tätigkeit untersagen oder beschränken,**
4. **vorübergehend ein Veräußerungs- und Zahlungsverbot an das Wertpapierinstitut erlassen,**
5. **die Schließung des Wertpapierinstituts für den Verkehr mit der Kundschaft anordnen und**
6. **die Entgegennahme von Zahlungen, die nicht zur Erfüllung von Verbindlichkeiten gegenüber dem Wertpapierinstitut bestimmt sind, verbieten, es sei denn, die zuständige Entschädigungseinrichtung oder sonstige Sicherungseinrichtung stellt die Befriedigung der Berechtigten in vollem Umfang sicher.**

(2) [1]**Die Bundesanstalt kann unter den Voraussetzungen von Absatz 1 Satz 1 Zahlungen an konzernangehörige Unternehmen untersagen oder beschränken, wenn diese Geschäfte für das Wertpapierinstitut nachteilig sind.** [2]**Sie kann ferner bestimmen, dass Zahlungen nur unter bestimmten Voraussetzungen zulässig sind.**

(3) **Die Bundesanstalt unterrichtet über die von ihr nach den Absätzen 1 und 2 beabsichtigten Maßnahmen unverzüglich die betroffenen zuständigen Behörden in den anderen Vertragsstaaten sowie die Deutsche Bundesbank.**

(4) **Beschlüsse über die Gewinnausschüttung sind insoweit nichtig, als sie einer Anordnung nach Absatz 1 widersprechen.**

(5) [1]**Bei Wertpapierinstituten, die in anderer Rechtsform als der eines Einzelkaufmanns betrieben werden, sind Geschäftsleiter, denen die Ausübung ihrer Tätigkeit untersagt worden ist, für die Dauer der Untersagung von der Geschäftsführung und Vertretung des Wertpapierinstituts ausgeschlossen.** [2]**Für die Ansprüche aus dem Anstellungsvertrag oder anderen Bestimmungen über die Tätigkeit des Geschäftsleiters gelten die allgemeinen Vorschriften.** [3]**Rechte, die einem Geschäftsleiter als Gesellschafter oder in anderer Weise eine Mitwirkung an Entscheidungen über Geschäftsführungsmaßnahmen bei dem Wertpapierinstitut ermöglichen, können für die Dauer der Untersagung nicht ausgeübt werden.**

(6) **Die zuständige Entschädigungseinrichtung oder sonstige Sicherungseinrichtung kann ihre Verpflichtungserklärung im Sinne des Absat-**

zes 1 Satz 2 Nummer 6 davon abhängig machen, dass eingehende Zahlungen, soweit sie nicht zur Erfüllung von Verbindlichkeiten nach Absatz 1 Satz 2 Nummer 6 gegenüber dem Wertpapierinstitut bestimmt sind, von dem im Zeitpunkt des Erlasses des Veräußerungs- und Zahlungsverbots nach Absatz 1 Satz 2 Nummer 4 vorhandenen Vermögen des Wertpapierinstituts zugunsten der Einrichtung getrennt gehalten und verwaltet werden.

Übersicht

I. Vorbemerkung

1 § 79 ist § 46 KWG nachgebildet und gilt nach Maßgabe von § 4 für alle Wertpapierinstitute. Hauptanwendungsfall der Bestimmung sind Situationen, in denen die konkrete Gefahr besteht, dass das Wertpapierinstitut Verpflichtungen gegenüber Kunden nicht mehr erfüllen kann (Regierungsbegründung WpIG, BT-Drs. 19/26929, 156; Lendermann/Nemeczek/Schroeter/Heemann Rn. 1). Für Große Wertpapierinstitute gilt § 46 KWG (§ 4 S. 1). Daß § 79 in § 4 S. 2 nicht aufgeführt ist dürfte ein **Redaktionsversehen** sein.

II. Maßnahmen nach Abs. 1

1. Voraussetzungen (S. 1)

2 **a) Gefahr für die Erfüllung der Verpflichtungen gegenüber Kunden (S. 1 Fall 1).** Maßnahmen nach Abs. 1 sind nach S. 1 Fall 1 möglich, wenn eine konkrete **Gefahr für die Erfüllung der Verpflichtungen eines Wertpapierinstituts gegenüber seinen Kunden, insbesondere für die Sicherheit der ihm anvertrauten Vermögenswerte,** besteht. Das Vorliegen dieser Voraussetzungen ist zugleich Erlaubnisentziehungsgrund aus § 19 Abs. 2 Nr. 3 (dazu → § 19 Rn. 20 ff.).

3 **aa) Verpflichtungen gegenüber Kunden.** S. 1 Fall 1 verlangt eine Gefahr für Verpflichtungen gegenüber **Kunden.** Damit weicht § 79 von § 46 KWG ab, der auch andere Gläubiger einbezieht. Kunden sind nur Personen, die Kunde einer Wertpapierdienstleistung (§ 2 Abs. 2), Wertpapiernebendienstleistung (§ 2 Abs. 3) oder eines Nebengeschäfts (§ 2 Abs. 4) sind. Sonstige Gläubiger eines Wertpapierinstituts wie zB Vermieter oder Versorgungsunternehmen sind nicht erfasst (Regierungsbegründung WpIG, BT-Drs. 19/26929, 156; Lendermann/Nemeczek/Schroeter/Heemann Rn. 9).

4 **bb) Anvertraute Vermögenswerte. „Anvertraute Vermögenswerte"** meint Gelder oder Wertpapiere, die im Rahmen der Erbringung von Wertpapierdienstleistungen (§ 2 Abs. 2), Wertpapiernebendienstleistungen (§ 2 Abs. 3) oder Nebengeschäften (§ 2 Abs. 4) in die Verwaltungs- oder Verfügungsbefugnis des Wertpapierinstituts gelangt sind (Lendermann/Nemeczek/Schroeter/Heemann Rn. 9). Sonstige Gelder, auf die ein Gläubiger aus anderem Rechtsgrund Anspruch hat, fallen nicht unter den Begriff (zur abweichenden Behandlung von sonstigen finanziellen Verpflichtungen bei § 46 KWG vgl. Beck/Samm/Kokemoor/Skauradszun KWG § 46 Rn. 24 f.; Fischer/Schäfer/Schulte-Mattler/Schulte-Mattler/Fischer/Krolop KWG § 35 Rn. 36; Fischer/Schäfer/Schulte-Mattler/Schulte-Mattler/Lindemann KWG § 46 Rn. 47; Schwennicke/Auerbach/Schwennicke/Herweg KWG § 46 Rn. 5).

cc) Gefahr. S. 1 Fall 1 verlangt eine Gefahr für die Erfüllung der Verpflichtungen des Wertpapierinstituts gegenüber seinen Kunden. Eine **Gefahr** iSv Abs. 1 besteht, wenn Anhaltspunkte dafür bestehen, dass das Wertpapierinstitut seinen Verpflichtungen gegenüber seinen Kunden nicht, nicht rechtzeitig oder nicht vollständig nachkommen kann (Lendermann/Nemeczek/Schroeter/Heemann Rn. 10). Ausreichend ist eine drohende oder bereits eingetretene Gefahr (Fischer/Boegl in Bankrechts-Handbuch § 133 Rn. 20), wofür Tatsachen vorliegen müssen, welche die Besorgnis begründen, dass sich das Wertpapierinstitut in erheblichen wirtschaftlichen Schwierigkeiten befindet oder in absehbarer Zeit befinden wird (vgl. für § 46 KWG Fischer/Schäfer/Schulte-Mattler/Schulte-Mattler/Lindemann KWG § 46 Rn. 49). Ausreichend ist in jedem Fall eine konkrete **Insolvenzgefahr** (BGH NZI 2013, 457 Rn. 14 (zu § 46 KWG)). Nicht erforderlich ist, dass bereits Zahlungsunfähigkeit iSv § 17 InsO eingetreten ist (so zu § 46 KWG Fischer/Schäfer/Schulte-Mattler/Schulte-Mattler/Lindemann KWG § 46 Rn. 49; Reischauer/Kleinhans/Geiger KWG § 46 Rn. 31; Schwennicke/Auerbach/Schwennicke/Herweg KWG § 46 Rn. 8). 5

Einzelfälle: 6
- erhebliche wirtschaftliche Schwierigkeiten (VG Berlin Beckmann/Bauer § 46 KWG Nr. 8 (zu § 46 KWG); Lendermann/Nemeczek/Schroeter/Heemann Rn. 11);
- Nichterfüllung von fälligen Verpflichtungen (Lendermann/Nemeczek/Schroeter/Heemann Rn. 11; so zu § 46 KWG Beck/Samm/Kokemoor/Skauradszun KWG § 46 Rn. 26);
- erhebliche Steuernachforderungen (Lendermann/Nemeczek/Schroeter/Heemann Rn. 11; so jew. zu § 46 KWG VG Frankfurt a. M. WM 2018, 1214 – Dero Bank AG; Beck/Samm/Kokemoor/Skauradszun KWG § 46 Rn. 26);
- mangelnde fachliche Eignung oder Zuverlässigkeit eines oder mehrerer Geschäftsleiter (Lendermann/Nemeczek/Schroeter/Heemann Rn. 11; so jew. zu § 46 KWG Beck/Samm/Kokemoor/Skauradszun KWG § 46 Rn. 26; Fischer/Schäfer/Schulte-Mattler/Schulte-Mattler/Lindemann KWG § 46 Rn. 55; Reischauer/Kleinhans/Geiger KWG § 46 Rn. 28);
- schwerwiegende organisatorische Mängel, sofern diese nicht durch Maßnahmen nach § 49 abgestellt werden können (Lendermann/Nemeczek/Schroeter/Heemann Rn. 11; so zu § 46 KWG Reischauer/Kleinhans/Geiger KWG § 46 Rn. 28);
- erheblicher Wertberichtigungsbedarf (so zu § 46 KWG Beck/Samm/Kokemoor/Skauradszun KWG § 46 Rn. 26);
- erhebliche laufende Verluste (VG Frankfurt a. M. BeckRS 2006, 24799; Beck/Samm/Kokemoor/Skauradszun KWG § 46 Rn. 26);
- Verlust der Hälfte des maßgeblichen aufsichtlichen Eigenkapitals (VG Köln WM 2001, 1612 (1613) (zu § 46a KWG); Lendermann/Nemeczek/Schroeter/Heemann Rn. 11).

b) Unmöglichkeit einer wirksamen Aufsicht über ein Institut (S. 1 Fall 2). Maßnahmen nach Abs. 1 sind nach S. 1 Fall 2 auch im Falle eines **begründeten Verdachts** zulässig, **dass eine wirksame Aufsicht über das Wertpapierinstitut nicht möglich** ist. Einen entsprechenden Erlaubnisentziehungsgrund enthält § 19 Abs. 2 Nr. 2 iVm § 18 Abs. 2 S. 1 Nr. 1, der wiederum § 33 Abs. 2 KWG nachgebildet ist, auf den § 46 Abs. 1 KWG ausdrücklich verweist (näher → § 18 Rn. 41 ff.). Das Fehlen eines entsprechenden Verweises in S. 1 Fall 2 ist vermutlich ein **Redaktionsversehen.** 7

8 Voraussetzungen für Maßnahmen nach S. 1 Fall 2 sind **konkrete Anhaltspunkte** für eine Unmöglichkeit einer wirksamen Aufsicht. Die Aufsicht ist insbesondere beinträchtigt, wenn einer der Fälle des § 18 Abs. 2 Nr. 1–3 vorliegt, der jeweils eine Erlaubnisversagung rechtfertigen würde (Lendermann/Nemeczek/Schroeter/Heemann Rn. 13). Dies sind Fälle, in denen

- das Wertpapierinstitut mit anderen Personen oder Unternehmen in einen Unternehmensverbund eingebunden ist oder in einer engen Verbindung zu einem solchen steht, der durch die Struktur des Beteiligungsgeflechtes oder mangelhafte wirtschaftliche Transparenz eine wirksame Aufsicht über das Wertpapierinstitut beeinträchtigt (§ 18 Abs. 2 S. 1 Nr. 1);
- eine wirksame Aufsicht über das Wertpapierinstitut wegen der für solche Personen oder Unternehmen geltenden Rechts- oder Verwaltungsvorschriften eines Drittstaates beeinträchtigt wird (§ 18 Abs. 2 S. 1 Nr. 2), oder
- das Wertpapierinstitut Tochterunternehmen eines Mutterunternehmens mit Sitz in einem Drittstaat ist, das im Staat seines Sitzes oder seiner Hauptverwaltung nicht wirksam beaufsichtigt wird oder dessen zuständige Aufsichtsbehörde zu einer befriedigenden Zusammenarbeit mit der Bundesanstalt nicht bereit ist (§ 18 Abs. 2 S. 1 Nr. 3).

9 Die BaFin muss – wie beim Erlaubnisversagungsgrund aus § 18 Abs. 2 S. 1 Nr. 1 – nicht positiv nachweisen, dass eine effektive Aufsicht tatsächlich unmöglich ist, da der Gesetzgeber die Beweislast für das Vorliegen des Erlaubnisversagungsgrunds bereits bei Schaffung von § 33 Abs. 2 KWG (auf den § 46 Abs. 1 KWG verweist) bewusst erleichtern wollte (Beschlussempfehlung + Bericht Finanzausschuss z. 3. FiFöG, BT-Drs. 13/9874, 142 (zu § 33 Abs. 3 Nr. 1 KWG aF); so jew. zu § 46 KWG Beck/Samm/Kokemoor/Müller-Grune KWG § 46 Rn. 95; Schwennicke/Auerbach/Schwennicke/Herweg KWG § 46 Rn. 70; vgl. → § 18 Rn. 42). Erforderlich sind Tatsachen, die mit hinreichender Wahrscheinlichkeit darauf schließen lassen, dass eine wirksame Aufsicht beeinträchtigt wird (so jew. zu § 46 KWG Beck/Samm/Kokemoor/Skauradszun KWG § 46 Rn. 34; Fischer/Schäfer/Schulte-Mattler/Schulte-Mattler/Lindemann KWG § 46 Rn. 57; Reischauer/Kleinhans/Geiger Rn. 32; Schwennicke/Auerbach/Schwennicke/Herweg KWG § 46 Rn. 11).

10 S. 1 Fall 2 verlangt **keine konkrete Kundengefährdung** (Lendermann/Nemeczek/Schroeter/Heemann Rn. 13; so jew. zu § 46 KWG Beck/Samm/Kokemoor/Skauradszun KWG § 46 Rn. 33; Fischer/Schäfer/Schulte-Mattler/Schulte-Mattler/Lindemann KWG § 46 Rn. 58; Luz/Neus/Schaber/Schneider/Wagner/Weber/Willemsen/Rechel KWG § 46 Rn. 13; Reischauer/Kleinhans/Geiger KWG § 46 Rn. 34; Schwennicke/Auerbach/Schwennicke/Herweg KWG § 46 Rn. 9).

2. Inhalt von Maßnahmen (S. 2)

11 Maßnahmen nach S. 2 können unter Beachtung des Grundsatzes der Verhältnismäßigkeit einzeln oder zusammen mit anderen Maßnahmen nach S. 2 oder ggf. zusammen mit Maßnahmen nach § 49 angeordnet werden (so für § 46 KWG Beck/Samm/Kokemoor/Skauradszun KWG § 46 Rn. 38; Schwennicke/Auerbach/Schwennicke/Herweg KWG § 46 Rn. 23).

12 **a) Anweisungen an die Geschäftsleiter (Nr. 1).** Nr. 1 soll Anweisungen zu Geschäftspolitik und Geschäftsorganisation ermöglichen. Dazu gehören zB

– Abbau verlustbringender Nebengeschäfte (Regierungsbegründung WpIG, BT-Drs. 19/26929, 156; Fischer/Schäfer/Schulte-Mattler/Schulte-Mattler/Lindemann KWG § 46 Rn. 68);
– Verstärkung von Sicherheiten (Regierungsbegründung WpIG, BT-Drs. 19/26929, 156; Fischer/Schäfer/Schulte-Mattler/Schulte-Mattler/Lindemann KWG § 46 Rn. 68);
– Verbot der Erfüllung nicht fälliger Verbindlichkeiten (Fischer/Schäfer/Schulte-Mattler/Schulte-Mattler/Lindemann KWG § 46 Rn. 68);
– Anordnung der Rückführung von Kreditengagements (Fischer/Schäfer/Schulte-Mattler/Schulte-Mattler/Lindemann KWG § 46 Rn. 68);
– Verbot von Entnahmen oder Ausschüttungen (Fischer/Schäfer/Schulte-Mattler/Schulte-Mattler/Lindemann KWG § 46 Rn. 68) mit der Konsequenz, dass entgegenstehende Beschlüsse nach Abs. 4 nichtig sind, dazu → Rn. 54 ff.);
– organisatorische Anweisungen, zB Verstärkung der Innenrevision (Lendermann/Nemeczek/Schroeter/Heemann Rn. 18).

b) Verbot der Annahme von Geldern oder Wertpapieren von Kunden und der Gewährung von Wertpapierkrediten (Nr. 2). Nr. 2 ermöglicht zunächst das **Verbot der Annahme von Geldern.** Erfasst werden 13
– Annahme von Geldern als Einlage (so zu § 46 KWG Fischer/Schäfer/Schulte-Mattler/Schulte-Mattler/Lindemann KWG § 46 Rn. 69; Schwennicke/Auerbach/Schwennicke/Herweg KWG § 46 Rn. 25);
– Annahme von rückzahlbaren Geldern, die nicht Einlagen sind (so zu § 46 KWG Fischer/Schäfer/Schulte-Mattler/Schulte-Mattler/Lindemann KWG § 46 Rn. 69; Schwennicke/Auerbach/Schwennicke/Herweg KWG § 46 Rn. 26), und
– Annahme von Darlehen oder Geldern aus der Begebung von Schuldverschreibungen (so zu § 46 KWG Beck/Samm/Kokemoor/Skauradszun KWG § 46 Rn. 44; Schwennicke/Auerbach/Schwennicke/Herweg KWG § 46 Rn. 26).

Nr. 2 ermöglicht auch ein **Verbot der Annahme von Wertpapieren** von Kunden. Ein Verbot ist insbesondere gerechtfertigt, wenn Zweifel an der ordnungsmäßigen Verbuchung von Wertpapieren bestehen oder der Kunde durch das bei einer Insolvenz bestehende Aussonderungsrecht nicht hinreichend geschützt ist (Lendermann/Nemeczek/Schroeter/Heemann Rn. 20; so zu § 46 KWG Fischer/Schäfer/Schulte-Mattler/Schulte-Mattler/Lindemann KWG § 46 Rn. 69). 14

Nr. 2 ermächtigt schließlich auch zu einem **Verbot der Gewährung von Wertpapierkrediten.** Erfasst wird jegliche Form der Finanzierung von Wertpapiergeschäften. Untersagt werden können sowohl die Zusage von Krediten als auch die Valutierung bereits eingeräumter Kreditlinien (Lendermann/Nemeczek/Schroeter/Heemann Rn. 20; so jew. zu § 46 KWG KG Beckmann/Bauer § 46 KWG Nr. 9; Beck/Samm/Kokemoor/Skauradszun KWG § 46 Rn. 45; Fischer/Schäfer/Schulte-Mattler/Schulte-Mattler/Lindemann KWG § 46 Rn. 71). 15

Nr. 2 erfasst nicht sonstige Zahlungen an ein Wertpapierinstitut; diese fallen unter Nr. 6. 16

c) Untersagung oder Beschränkung der Tätigkeit von Inhabern und Geschäftsleitern (Nr. 3). aa) Voraussetzungen von Maßnahmen. Nr. 3 ermächtigt die BaFin, die Tätigkeit von Inhabern oder Geschäftsleitern von Wertpapierinstituten vorübergehend zu beschränken oder zu untersagen. Auf andere Organmitglieder ist Nr. 3 nicht anwendbar (Lendermann/Nemeczek/Schroeter/Heemann Rn. 21). Wie nach § 46 Abs. 1 S. 2 Nr. 3 KWG sind nach Nr. 3 nur 17 vorübergehende **(„einstweilige")** Maßnahmen zulässig. Dauerhafte Maßnahmen gegen Geschäftsleiter können nur nach § 22 Abs. 1 Nr. 1 oder Nr. 2 ergehen.

18 Anordnungen nach Nr. 3 sind nur zulässig, wenn hierdurch eine Gefahr iSv Abs. 1 abgewendet werden kann. Dies setzt eine Verantwortlichkeit des Adressaten für die Gefahr voraus (Fischer/Schäfer/Schulte-Mattler/Schulte-Mattler/Lindemann KWG § 46 Rn. 78). Auf die Ursächlichkeit des Verhaltens des Adressaten kommt es nicht an, wenn der Inhaber oder Geschäftsleiter unzuverlässig ist oder sich als fachlich ungeeignet herausgestellt hat; in diesem Fall kommt auch eine Abberufung des betroffenen Geschäftsleiters nach § 19 Abs. 2 Nr. 2 iVm § 18 Abs. 1 Nr. 2 oder 4 in Betracht.

19 **bb) Tätigkeitsbeschränkungen. Beschränkungen** der Tätigkeit können zB Entzug von (internen) Zuständigkeiten sowie die Verpflichtung sein, das Wertpapierinstitut nur zusammen mit bestimmten anderen Personen (andere Geschäftsleiter, Prokuristen, Sonderbeauftragte) zu vertreten (so zu § 46 KWG Fischer/Schäfer/Schulte-Mattler/Schulte-Mattler/Lindemann KWG § 46 Rn. 78). Tätigkeitsbeschränkungen sind in jedem Fall von der BaFin als milderes Mittel gegenüber Tätigkeitsuntersagungen zu prüfen.

20 **cc) Tätigkeitsuntersagungen.** Nr. 3 ermöglicht zeitlich befristete **Tätigkeitsuntersagungen,** wenn bloße Tätigkeitsbeschränkungen zur Abwehr von Gefahren für Gelder und Vermögenswerte von Kunden oder für die wirksame Aufsicht über das Wertpapierinstitut nicht ausreichend sind.

21 Die **(zeitlich befristete) Untersagung der Tätigkeit** von Geschäftsleitern kann auch auf § 5 Abs. 4 S. 1 Nr. 2 gestützt werden, wenn ein Geschäftsleiter für einen vorsätzlichen Verstoß gegen die in § 5 Abs. 1 genannten Vorschriften oder für einen Missstand verantwortlich ist (→ § 5 Rn. 38 ff.).

22 Statt der einstweiligen Untersagung oder Beschränkung der Tätigkeit kommt bei Geschäftsleitern eine **(dauerhaft wirkende) Abberufung** nach § 22 Abs. 1 Nr. 1 bzw. ein **(dauerhaftes) Tätigkeitsverbot** nach § 22 Abs. 1 Nr. 2 in Betracht, wenn der Geschäftsleiter für einen Erlaubnisentziehungsgrund iSv § 19 Abs. 2 Nr. 2–4 verantwortlich ist, also wenn
- eine Versagung der Erlaubnis nach § 18 Abs. 1 oder 2 möglich wäre (§ 19 Abs. 2 Nr. 2);
- Gefahr für die Erfüllung der Verpflichtungen des Wertpapierinstituts gegenüber seinen Kunden, insbesondere für die Sicherheit der dem Wertpapierinstitut anvertrauten Vermögenswerte besteht und die Gefahr nicht durch andere Maßnahmen nach dem WpIG abgewendet werden kann (§ 19 Abs. 2 Nr. 3), oder
- das Wertpapierinstitut schwerwiegend, wiederholt oder systematisch gegen das WpIG, das GwG, das WpHG oder die GeldtransferVO (VO (EU) 2015/847) verstoßen hat (§ 19 Abs. 2 Nr. 4).

23 **d) Vorübergehende Veräußerungs- und Zahlungsverbote (Nr. 4).** Nach Nr. 4, dem § 46 Abs. 1 S. 2 Nr. 4 KWG entspricht, kann die BaFin gegenüber dem Wertpapierinstitut auch ein vorübergehendes Veräußerungs- und Zahlungsverbot erlassen. Durch das Veräußerungs- und Zahlungsverbot soll der BaFin die Möglichkeit gegeben werden, eine weitere Verschlechterung der Vermögenssituation zu Lasten einzelner Gläubiger zu verhindern sowie Zeit für Sanierungsmaßnahmen sowie zur Prüfung der wirtschaftlichen Situation des Wertpapierinstituts zu gewinnen (so zu § 46 KWG Fischer/Schäfer/Schulte-Mattler/Schulte-Mattler/Lindemann KWG § 46 Rn. 85).

24 **aa) Umfang des Verbots.** Das **Veräußerungsverbot** verhindert den Entzug von Sachen und Rechten einschließlich Forderungen durch das Wertpapierinstitut durch Veräußerung oder sonstige (insbesondere auch unentgeltliche) Verfügungen.

25 Das **Zahlungsverbot** wendet sich gegen jegliche Form von Zahlungen unabhängig von Zweck oder Empfänger. Es sind somit sowohl Verpflichtungs- als auch Verfügungsgeschäfte umfasst (so zu § 46 KWG Beck/Samm/Kokemoor/Skauradszun Rn. 55; Schwennicke/Auerbach/Schwennicke/Herweg KWG § 46 Rn. 35). Erfasst sind jegliche Schmälerungen von Guthaben des Wertpapierinstituts, insbesondere Auszahlungen aus Kontoguthaben an Kunden sowie Zahlungsaufträge von Kunden zugunsten von Konten Dritter (so zu § 46 KWG Fischer/Schäfer/Schulte-Mattler/Schulte-Mattler/Lindemann KWG § 46 Rn. 85). Nr. 4 erfasst Kontokorrentverrechnungen nicht, da diesen Vorausverfügungen zugrunde liegen, die von Nr. 4 nicht berührt werden (so zu § 46 KWG Fischer/Schäfer/Schulte-Mattler/Schulte-Mattler/Lindemann KWG § 46 Rn. 86; Schwennicke/Auerbach/Schwennicke/Herweg KWG § 46 Rn. 35). Gegen eine Erstreckung des Zahlungsverbots auf Kontokorrentverrechnungen spricht auch, dass eine Erfassung nur wenig praktikabel wäre (so zu § 46 KWG Fischer/Schäfer/Schulte-Mattler/Schulte-Mattler/Lindemann KWG § 46 Rn. 86). Ob dieses Ergebnis auf einen Vergleich mit der Rechtslage nach §§ 21 Abs. 2 Nr. 2, 24 InsO gestützt werden kann (so Fischer/Schäfer/Schulte-Mattler/Schulte-Mattler/Lindemann KWG § 46 Rn. 86) ist allerdings fraglich, da die hM dort zu einem anderen Ergebnis gelangt (MüKoInsO/Haarmeyer/Schildt InsO § 24 Rn. 12a; Vuia in Gottwald InsR-Handbuch § 14 Rn. 34 aE; MüKoHGB-Bankvertragsrecht/Zahrte Teil 1 B Überweisungsverkehr Rn. 726).

26 **Wertpapierkäufe** im Kundenauftrag sind bereits aufgrund des Veräußerungsverbots untersagt, wenn eigene Wertpapiere des Wertpapierinstituts veräußert werden sollen (so zu § 46 KWG Fischer/Schäfer/Schulte-Mattler/Schulte-Mattler/Lindemann KWG § 46 Rn. 89, 90). Wertpapierkäufe im Wege des Kommissionsgeschäfts verstoßen gegen das Zahlungsverbot, wenn der Kauf zu Lasten eines Kundenguthabens erfolgt (so zu § 46 KWG Fischer/Schäfer/Schulte-Mattler/Schulte-Mattler/Lindemann KWG § 46 Rn. 90).

27 Ein **Wertpapierverkauf** im Kundenauftrag kann grds. ausgeführt werden, da die Wertpapiere keine Vermögensgegenstände des Wertpapierinstituts sind. Außerdem werden durch die Gutschrift auf dem Kundenkonto die liquiden Mittel des Wertpapierinstituts erhöht werden bzw. offene Forderungen des Wertpapierinstituts gegenüber dem Kunden verringert (so zu § 46 KWG Fischer/Schäfer/Schulte-Mattler/Schulte-Mattler/Lindemann KWG § 46 Rn. 91). Ist neben dem Veräußerungs- und Zahlungsverbot ein Verbot der Entgegennahme von Zahlungen nach Nr. 6 angeordnet, dann darf das Wertpapierinstitut den Gegenwert aus dem Wertpapierverkauf nicht entgegennehmen und dem Kunden gutschreiben. Damit können bei einem Verbot aus Nr. 6 Wertpapierverkaufsanträge nicht mehr ausgeführt werden (so zu § 46 KWG Fischer/Schäfer/Schulte-Mattler/Schulte-Mattler/Lindemann KWG § 46 Rn. 92).

28 Wie sich aus Abs. 4 ergibt, soll das Zahlungsverbot auch **Gewinnausschüttungen** verhindern. Eine ausdrückliche Ermächtigung zur Verhinderung von Gewinnausschüttungen enthält § 49 Nr. 9 sowie der für Große Wertpapierinstitute nach § 4 S. 1 geltende § 45 Abs. 2 Nr. 5 KWG. Zum Begriff der Gewinnausschüttung näher → § 49 Rn. 47 f.

29 Die BaFin kann auch bei Verhängung eines allgemeinen Zahlungsverbots nach § 81 Abs. 2 S. 1 Ausnahmen für bestimmte Zahlungen zulassen, die zur Aufrechterhaltung des Betriebs des Wertpapierinstituts erforderlich sind und dem Grundsatz der **Vorläufigkeit** von Maßnahmen nach Nr. 4 entsprechen, etwa für Gehälter, Mieten, Telekommunikations- und sonstige Bürokosten (Lendermann/Nemeczek/Schroeter/Heemann Rn. 25; → § 81 Rn. 7). Vom Zahlungsverbot ausgenommen werden können nach § 81 Abs. 2 S. 1 auch Zahlungen, die der Rückerstattung von Beträgen dienen, deren Annahme einem Verbot nach Nr. 6 widersprechen würde (Lendermann/Nemeczek/Schroeter/Heemann Rn. 25; → § 81 Rn. 8).

30 **bb) Rechtsfolgen (§ 81).** Die Rechtsfolgen vorübergehender Veräußerungs- und Zahlungsverbote nach Nr. 4 richten sich nach § 81 Abs. 1–3.

31 **e) Schließung des Wertpapierinstituts für den Kundenverkehr (Nr. 5).** Die Schließung des Wertpapierinstituts für den Kundenverkehr nach Nr. 5 soll in erster Linie die Schädigung einzelner Kunden durch Bareinzahlungen zugunsten des insolvenzgefährdeten Unternehmens verhindern (Bericht + Antrag Finanzausschuss z. 2. KWG-Novelle 1976, BT-Drs. 7/4631, 9 (zu § 46a KWG aF); Lendermann/Nemeczek/Schroeter/Heemann Rn. 29). Gemeint ist die physische (räumliche) Schließung von Geschäftsstellen des Wertpapierinstituts (Lendermann/Nemeczek/Schroeter/Heemann Rn. 29; so zu § 46 KWG Fischer/Schäfer/Schulte-Mattler/Schulte-Mattler/Lindemann KWG § 46 Rn. 130). Sofern die Schließung zusammen mit einem Zahlungsverbot sowie einen Verbot der Annahme von Geldern und Wertpapieren von Kunden verfügt wird, hat sie keine eigenständige Bedeutung.

32 Der Gesetzgeber hielt es für denkbar, zur Beruhigung der Öffentlichkeit statt der vollständigen Schließung den Geschäftsverkehr in den Filialen auf die Auszahlung geschützter Einlagen sowie Abwicklung laufender Geschäfte zu beschränken, um der Masse der Kunden den vertrauten Auszahlungsweg weiter offen zu halten (Bericht + Antrag Finanzausschuss z. 2. KWG-Novelle 1976, BT-Drs. 7/4631, 9 (zu § 46a KWG aF); hierauf berufen sich etwa Lendermann/Nemeczek/Schroeter/Heemann Rn. 29; Fischer/Schäfer/Schulte-Mattler/Schulte-Mattler/Lindemann KWG § 46 Rn. 131).

33 Die Rechtsfolgen von Anordnungen nach Nr. 5 richten sich nach § 81 Abs. 3.

34 **f) Verbot der Entgegennahme von Zahlungen, die nicht zur Erfüllung von Verbindlichkeiten gegenüber dem Wertpapierinstitut bestimmt sind (Nr. 6). aa) Umfang Verbot.** Nr. 6 ermöglicht ein Verbot der Annahme von Zahlungen durch das Wertpapierinstitut, soweit die zuständige Sicherungseinrichtung nicht die Erfüllung der Verpflichtungen durch das Wertpapierinstitut garantiert. Das Verbot ergänzt Maßnahmen nach Nr. 4 und soll verhindern, dass nach Erlass eines Zahlungs- und Veräußerungsverbotes beim Wertpapierinstitut eingehende Zahlungen blockiert sind und nicht mehr zugunsten des Berechtigten verwendet werden können (Bericht + Antrag Finanzausschuss z. 2. KWG-Novelle 1976, BT-Drs. 7/4631, 9 (zu § 46a KWG aF); Lendermann/Nemeczek/Schroeter/Heemann Rn. 30; Fischer/Schäfer/Schulte-Mattler/Schulte-Mattler/Lindemann KWG § 46 Rn. 134).

35 Erfasst werden sowohl Barzahlungen als auch Überweisungen von Buchgeld (so zu § 46 KWG Fischer/Schäfer/Schulte-Mattler/Schulte-Mattler/Lindemann KWG § 46 Rn. 134).

Vom Verbot nach Nr. 6 ausgenommen sind Zahlungen, die zur Erfüllung von Verpflichtungen gegenüber dem Wertpapierinstitut dienen, da die Forderungen des Wertpapierinstituts im Falle einer Insolvenz zur Insolvenzmasse gehören und zur Befriedigung aller Gläubiger dienen (Bericht + Antrag Finanzausschuss z. 2. KWG-Novelle 1976, BT-Drs. 7/4631, 9 (zu § 46a KWG aF); Lendermann/Nemeczek/Schroeter/Heemann Rn. 30). Unerheblich ist, ob der Zahlende auf eigene Schuld oder auf eine Verbindlichkeit eines Dritten gegenüber dem Wertpapierinstitut leistet. 36

bb) Verpflichtungserklärung Sicherungseinrichtung (Nr. 6 iVm Abs. 6). Ein Verbot nach Nr. 6 lässt Zahlungen an das Wertpapierinstitut zu, wenn die zuständige Sicherungseinrichtung die Erfüllung der Verpflichtungen gegenüber den Berechtigten garantiert. Eine entsprechende Regelung enthält § 46 Abs. 2 S. 1 KWG. 37

Diese **Verpflichtungserklärung** kann die Sicherungseinrichtung nach **Abs. 6** davon abhängig machen, dass das Wertpapierinstitut die nach Erlass des Veräußerungs- und Zahlungsverbots nach Nr. 4 bzw. des Annahmeverbots nach Nr. 6 eingehenden Gelder vom übrigen Vermögen **separiert.** Für die Separierung sind gesonderte Treuhandkonten durch das Wertpapierinstitut einzurichten, von denen Verfügungen nur unter Beachtung der Verfügungen der BaFin sowie ggf. der Auflagen der Sicherungseinrichtung möglich sind (zum Mechanismus näher Fischer/Schäfer/Schulte-Mattler/Schulte-Mattler/Lindemann KWG § 46 Rn. 140). 38

Nach Vorstellung des Gesetzgebers hat die Separierung zur Folge, dass die nach Erlass des Zahlungs- und Veräußerungsverbots nach Nr. 4 eingehenden Gelder nicht „generell" in die Insolvenzmasse des Wertpapierinstituts fallen (Bericht + Antrag Finanzausschuss z. 2. KWG-Novelle 1976, BT-Drs. 7/4631, 9 (zu § 46a KWG aF); Fischer/Schäfer/Schulte-Mattler/Schulte-Mattler/Lindemann KWG § 46 Rn. 140). Das Wertpapierinstitut ist **Treuhänder** für die eingehenden Gelder, und zwar in erster Linie für die Kunden und in zweiter Linie für die Rückgriffsansprüche der Sicherungseinrichtung gegen das Wertpapierinstitut, falls und soweit die Sicherungseinrichtung die Kunden selbst befriedigt. In der Insolvenz des Wertpapierinstituts besteht ein **Aussonderungsrecht** iSv § 47 InsO (vgl. MüKoInsO/Ganter InsO § 47 Rn. 369 f.; K. Schmidt InsO/Thole InsO § 147 Rn. 81). Das Aussonderungsrecht steht den Kunden zu, wenn der Insolvenzverwalter nach § 103 InsO die Erfüllung der Forderungen der Kunden abgelehnt hat. Das Aussonderungsrecht geht auf die Sicherungseinrichtung über, soweit die Sicherungseinrichtung diese Kunden befriedigt hat. 39

cc) Rechtsfolgen (§ 81 Abs. 3). Die Rechtsfolgen eines Verbots der Annahme von Zahlungen nach Nr. 6 richten sich im Übrigen nach § 81 Abs. 2 S. 2 und Abs. 3. 40

g) Weitere Maßnahmen. S. 2 enthält nur eine beispielhafte, nicht abschließende Aufzählung von Maßnahmen der BaFin. Andere Maßnahmen, die zur Abwendung einer Gefahr iSv S. 1 dienen können, werden durch S. 2 nicht ausgeschlossen, und zwar auch dann nicht, wenn sie bereits ausdrücklich in § 49 (dessen Vorbild § 45 KWG ist) aufgeführt sind (so für das Verhältnis von § 45 und § 46 KWG Fischer/Schäfer/Schulte-Mattler/Schulte-Mattler/Lindemann § 46 Rn. 29; Beck/Samm/Kokemoor/Skauradszun KWG § 46 Rn. 38; Schwennicke/Auerbach/Schwennicke/Herweg KWG § 46 Rn. 23). 41

3. Einstweiligkeit von Maßnahmen

42 § 79 erlaubt nur **einstweilige Maßnahmen.** Einstweilig sind Maßnahmen, wenn sie zeitlich befristet sind. Bei § 46a KWG aF, dessen Inhalt nunmehr in § 46 Abs. 1 S. 2 Nr. 4–6 KWG sowie inhaltsgleich in § 79 Abs. 1 S. 2 Nr. 4–6 geregelt ist, hatte der Gesetzgeber an eine Frist von bis zu sechs Monaten gedacht. Gleichzeitig hat der Gesetzgeber auf die Festlegung einer Höchstfrist bewusst verzichtet, damit nicht allein wegen Fristablaufs erfolgversprechende Sanierungsmaßnahmen angebrochen werden müssen (Bericht + Antrag Finanzausschuss z. 2. KWG-Novelle 1976, BT-Drs. 7/4631, 8 (zu § 46a KWG aF); Fischer/Schäfer/Schulte-Mattler/Schulte-Mattler/Lindemann KWG § 46 Rn. 60).

43 Der Rechtsgrund für einstweilige Maßnahmen nach Abs. 1 entfällt, wenn an deren Stelle endgültige Maßnahmen (Aufhebung der Erlaubnis, Abberufung der Geschäftsleiter, Abwicklungsmaßnahme nach SAG, soweit nach § 1 Abs. 1 Nr. 2 SAG auf Wertpapierinstitute anwendbar) getroffen werden (so zu § 46 KWG Fischer/Schäfer/Schulte-Mattler/Schulte-Mattler/Lindemann KWG § 46 Rn. 60).

44 § 79 ermöglicht auch Maßnahmen gegen Inhaber von einzelkaufmännisch geführten Wertpapierinstituten. Die zeitliche Befristung der Maßnahmen trägt dann auch dem Umstand Rechnung, dass bei Wertpapierinstituten in der Rechtsform des einzelkaufmännischen Unternehmens an die Inhaber gerichtete Tätigkeitsverbote zur Handlungsunfähigkeit führen können (nur der Inhaber kann nach § 245 HGB den Jahresabschluss feststellen oder nach § 48 HGB Prokuristen bestellen, so zu § 46 KWG Fischer/Schäfer/Schulte-Mattler/Schulte-Mattler/Lindemann KWG § 46 Rn. 68). Eine entsprechende Wirkung haben bei Wertpapierinstituten in der Rechtsform der Personenhandelsgesellschaft Maßnahmen, die sich gegen alle persönlich haftenden Gesellschafter richten. Dauerhafte Tätigkeitsverbote gegen einzelne Gesellschafter führen zwar nicht zur Handlungsunfähigkeit des Wertpapierinstituts, wären aber massive Eingriffe in die Gesellschafterstellung und das Verhältnis unter den Gesellschaften (so zu § 46 KWG Fischer/Schäfer/Schulte-Mattler/Schulte-Mattler/Lindemann KWG § 46 Rn. 79).

4. Verhältnismäßigkeit und Ermessen

45 Maßnahmen der BaFin nach Abs. 1 müssen zur **Abwendung einer konkreten Gefahr** iSv S. 1 geeignet und erforderlich sowie angemessen sein. Ist die jeweilige Gefahr beseitigt, dann entfällt auch der Rechtsgrund für die konkrete Maßnahme (so jew. zu § 46 KWG Bericht + Antrag Finanzausschuss z. 2. KWG-Novelle 1976, BT-Drs. 7/4631, 8 (zu § 46a KWG aF); Fischer/Schäfer/Schulte-Mattler/Schulte-Mattler/Lindemann KWG § 46 Rn. 60; Reischauer/Kleinhans/Geiger KWG § 46 Rn. 38; Schwennicke/Auerbach/Schwennicke/Herweg KWG § 46 Rn. 20).

46 Die BaFin trifft Maßnahmen aus dem Katalog in S. 2 nach **pflichtgemäßem Ermessen** unter Berücksichtigung der jeweils vorliegenden konkreten Gefahrenquelle. Für die Verhältnismäßigkeit von Maßnahmen kommt es vor allem darauf an, ob bereits eine konkrete Kundengefährdung vorliegt und ob wirtschaftliche Schwierigkeiten bereits eine Insolvenzgefahr herbeigeführt haben (so zu § 46 KWG Fischer/Schäfer/Schulte-Mattler/Schulte-Mattler/Lindemann KWG § 46 Rn. 61).

47 Die **Geeignetheit** der jeweiligen Katalogmaßnahme in S. 2 richtet sich nach der Art und der Intensität der für Gelder oder Vermögenswerte von Kunden oder für die Wirksamkeit der Aufsicht über das Wertpapierinstitut bestehenden Gefahr.

Bei konkreter Gefährdung von Kundengeldern oder -vermögenswerten lässt sich die Geeignetheit einer Katalogmaßnahme nicht anzweifeln. Bei Gefährdung der wirksamen Aufsicht über ein Wertpapierinstitut liegt die Geeignetheit von Katalogmaßnahmen dagegen nicht ohne weiteres auf der Hand, wenn nicht zugleich eine konkrete Kundengefährdung vorliegt.

Für die **Erforderlichkeit** von Maßnahmen kommt es darauf an, ob eine weniger belastende Maßnahme aus dem Katalog in S. 2 ausreicht. Dabei ist zwischen vorrangig an das Wertpapierinstitut gerichteten Maßnahmen (S. 2 Nr. 1–3) und den vornehmlich an Kunden und Geschäftspartner gerichteten Maßnahmen in S. 2 Nr. 4–6 zu unterscheiden, die aufgrund ihrer **rufschädigenden Außenwirkung** das Wertpapierinstitut besonders belasten und eine Fortführung des Geschäftsbetrieb erheblich erschweren können (so zu § 46 KWG Fischer/Schäfer/Schulte-Mattler/Schulte-Mattler/Lindemann KWG § 46 Rn. 61). 48

An der **Angemessenheit** (Verhältnismäßigkeit im engeren Sinne) kann es fehlen, wenn schutzwürdige Belange des Unternehmens die Interessen der Kunden oder an einer wirksamen Aufsicht überwiegen Dies kann der Fall sein, wenn die Gefahr der Beeinträchtigung von Kundeninteressen nur gering ist, die Maßnahme der BaFin das Wertpapierinstitut aufgrund des damit verbundenen Vertrauensverlusts aber in Insolvenznähe bringt (im konkreten Fall abgelehnt von VG Frankfurt a. M. WM 2018, 1214 (1216) (zu § 46 KWG)). 49

III. Beschränkung von Zahlungen an Konzernunternehmen (Abs. 2)

Abs. 2 ermöglicht die Beschränkung von Zahlungen an Konzernunternehmen. Ein entsprechende Regelung enthalten § 46 Abs. 1 S. 3–5 KWG, die durch das G z. Stärkung der Finanzmarkt- u. Versicherungsaufsicht v. 29.7.2009 (BGBl. I 2305) eingefügt wurden. Die Bestimmungen sollten ein Zahlungsverbot zu Lasten konzerninterner Gläubiger (sog. **ring fencing**) ermöglichen und nach ausländischem Vorbild zB der USA verhindern, dass einem deutschen Tochterinstitut durch die ausländische Muttergesellschaft oder ausländische Schwestergesellschaften in einer Krise Liquidität entzogen wird (Regierungsbegründung G z. Stärkung der Finanzmarkt- u. Versicherungsaufsicht, BT-Drs. 16/12783, 14, 17 (zu § 46 KWG)). 50

S. 1 erlaubt die Beschränkung von Zahlungen an **konzernangehörige Unternehmen.** Erfasst sind alle Unternehmen, die nach § 290 HGB **handelsrechtlich** einen **Konzern** bilden. Ob Konzernunternehmen von der BaFin oder vergleichbaren ausländischen Stellen beaufsichtigt werden ist unerheblich (Regierungsbegründung G z. Stärkung der Finanzmarkt- u. Versicherungsaufsicht, BT-Drs. 16/12783, 17 (zu § 46 KWG)). 51

Nach **S. 2** kann die BaFin das Verbot sachlich einschränken und bestimmte Zahlungen erlauben. Die Voraussetzungen für die Zulässigkeit von Zahlungen bestimmt die BaFin nach pflichtgemäßem Ermessen. 52

IV. Unterrichtungspflichten der BaFin (Abs. 3)

Abs. 3 verpflichtet die BaFin zur Unterrichtung der Aufsichtsbehörden in den anderen EWR-Vertragsstaaten sowie der BBank über Maßnahmen nach Abs. 1 oder 2. Die entsprechende Unterrichtungspflicht über die Beschränkung konzerninterner 53

Zahlungen nach § 46 Abs. 1 S. 3 und 4 KWG hatte der Gesetzgeber aufgrund einer EZB-Stellungnahme in § 46 Abs. 1 S. 5 KWG aufgenommen, um Überraschungen bei den Aufsichtsbehörden der anderen EU-Mitgliedstaaten zu vermeiden und diesen Gelegenheit zu geben, sich auf die Maßnahmen der BaFin einzustellen (Beschlussempfehlung + Bericht Finanzausschuss z. G z. Stärkung der Finanzmarkt- u. Versicherungsaufsicht, BT-Drs. 16/13684, 42 f. (zu § 46 KWG)). Abs. 3 dehnt diese Unterrichtungspflicht auf sämtliche Maßnahmen nach Abs. 1 und 2 aus.

V. Nichtigkeit von Gewinnausschüttungsbeschlüssen (Abs. 4)

54 Abs. 4 entspricht § 45 Abs. 6 S. 1 KWG. Eine ausdrückliche Ermächtigung zur Beschränkung oder Untersagung von Entnahmen und Ausschüttungen an Gesellschafter enthält Abs. 1 S. 2 – anders als § 45 Abs. 2 Nr. 5 KWG – nicht. Entnahme- und Ausschüttungsverbote können aber auf die Generalklausel in Abs. 1 S. 2 Nr. 4 gestützt werden.

55 Der Rückgewähr einer Ausschüttung steht der Rechtsgedanke der §§ 62 Abs. 1 S. 2 AktG, 31 Abs. 2, 32 GmbHG entgegen, wenn die Ausschüttung aufgrund eines wirksamen Gewinnverwendungsbeschlusses erfolgt ist. Daher ordnet Abs. 4 die Nichtigkeit des Gewinnverwendungsbeschlusses an, soweit er Ausschüttungen zum Gegenstand hat. Im übrigen bleibt der Beschluss wirksam. Entnahmen von Inhabern oder Gesellschaftern einer Personengesellschaft erfasst Abs. 4 nicht, da bei ihnen – anders als bei einem wirksamen Gewinnverwendungsbeschluss – kein Rechtsgrund besteht, der einer Rückforderung entgegenstehen würde.

56 Nichtig nach Abs. 4 sind nur Gewinnverwendungsbeschlüsse, die nach Wirksamwerden einer Anordnung nach Abs. 1 gefasst wurden. Ein vor Zugang der Anordnung gefasster Gewinnausschüttungsbeschluss bleibt wirksam (so jew. zu § 45 KWG Beck/Samm/Kokemoor/Samm KWG § 45 Rn. 68; Fischer/Schäfer/Schulte-Mattler/Schulte-Mattler/Lindemann KWG § 45 Rn. 71; Reischauer/Kleinhans/Bitterwolf KWG § 45 Rn. 18a; Schwennicke/Auerbach/Schwennicke KWG § 45 Rn. 47).

57 Vor Wirksamwerden einer Anordnung beschlossene Gewinnausschüttungen müssen unterlassen werden, wenn sie bis zum Wirksamwerden der Anordnung noch nicht vorgenommen wurden (Beck/Samm/Kokemoor/Samm Rn. 68; Schwennicke/Auerbach/Schwennicke KWG § 45 Rn. 47). Die Rückforderung verbotswidriger Ausschüttungen kann die BaFin mit Anordnungen im Rahmen der Missstandsaufsicht nach § 5 Abs. 2 durchsetzen (so zu §§ 6 Abs. 3, 45 KWG Fischer/Schäfer/Schulte-Mattler/Schulte-Mattler/Lindemann KWG § 45 Rn. 71; Schwennicke/Auerbach/Schwennicke KWG § 45 Rn. 47).

VI. Rechtsfolgen von Tätigkeitsverboten (Abs. 5)

58 Abs. 5 regelt die Rechtsfolgen von Tätigkeitsverboten nach Abs. 1 S. 2 Nr. 3. Entsprechende Regelungen finden sich in § 46 Abs. 1 S. 7–9 KWG. Für Beschränkungen der Tätigkeit von Geschäftsleitern gilt Abs. 5 nicht (so jew. zu § 46 KWG Beck/Samm/Kokemoor/Skauradszun KWG § 46 Rn. 91; Fischer/Schäfer/Schulte-Mattler/Schulte-Mattler/Lindemann KWG § 46 Rn. 81; Schwennicke/Auerbach/Schwennicke/Herweg KWG § 46 Rn. 47; aA Lendermann/Nemeczek/Schroeter/Heemann Rn. 36).

1. Wirkung im Außenverhältnis (S. 1)

59 Ein Tätigkeitsverbot wirkt nach S. 1 unmittelbar im Außenverhältnis und beseitigt für die Dauer der Anordnung die Geschäftsführungs- und Vertretungsbefugnis des betroffenen Geschäftsleiters auch gegenüber Dritten. Unberührt vom Tätigkeitsverbot sind die Aufrechterhaltung der Handlungsfähigkeit des Wertpapierinstituts notwendigen Geschäfte wie die Bestellung eines Vertreters (so jew. zu § 46 KWG Fischer/Schäfer/Schulte-Mattler/Schulte-Mattler/Lindemann KWG § 46 Rn. 81; Schwennicke/Auerbach/Schwennicke/Herweg KWG § 46 Rn. 47; aA Beck/Samm/Kokemoor/Skauradszun KWG § 46 Rn. 91).

60 S. 2 gilt für nicht für Inhaber einzelkaufmännisch betriebener Wertpapierinstitute, da der Entzug der Vertretungsbefugnis das Wertpapierinstitut handlungsunfähig machen würde (arg. §§ 48 Abs. 1, 242, 245 HGB, so jew. zu § 46 KWG Fischer/Schäfer/Schulte-Mattler/Schulte-Mattler/Lindemann KWG § 46 Rn. 81; Reischauer/Kleinhans/Geiger KWG § 46 Rn. 57; Beck/Samm/Kokemoor/Skauradszun KWG § 46 Rn. 90). Hier kommt nur ein Entzug der Erlaubnis in Betracht.

61 Der durch das Tätigkeitsverbot bedingte vorübergehende Entzug der Vertretungsbefugnis ist nach den für das Wertpapierinstitut geltenden allgemeinen Vorschriften in das Handelsregister einzutragen (so jew. zu § 46 KWG Fischer/Schäfer/Schulte-Mattler/Schulte-Mattler/Lindemann KWG § 46 Rn. 81; Reischauer/Kleinhans/Geiger KWG § 46 Rn. 58; Beck/Samm/Kokemoor/Skauradszun KWG § 46 Rn. 92; aA Luz/Neus/Schaber/Schneider/Wagner/Weber/Willemsen/Rechel KWG § 46 Rn. 21). Unterbleibt die Eintragung, dann können sich aufgrund der negativen Publizität des Handelsregisters nach § 15 Abs. 1 HGB gutgläubige Geschäftsgegner auf die Vertretungsbefugnis des betroffenen Geschäftsleiters berufen (so zu § 46 KWG Beck/Samm/Kokemoor/Skauradszun KWG § 46 Rn. 92).

2. Rechte aus dem Anstellungsverhältnis (S. 2)

62 **S. 2** ist § 84 Abs. 3 S. 5 AktG nachgebildet und entspricht § 46 Abs. 1 S. 8 KWG. Danach lässt ein Tätigkeitsverbot nach S. 2 Nr. 3 die Rechte des Geschäftsleiters aus seinem Anstellungsvertrag grundsätzlich unberührt. Ob das Anstellungsverhältnis fortbesteht, richtet sich nach den Bestimmungen des Anstellungsvertrages sowie nach allgemeinen Vorschriften (vgl. → § 36 Rn. 23 ff.). Die Untersagung kann dabei einen wichtigen Grund für eine außerordentliche Kündigung darstellen (so zu § 46 KWG Beck/Samm/Kokemoor/Skauradszun KWG § 46 Rn. 93).

3. Rechte aus der Gesellschafterstellung (S. 3)

63 **S. 3** suspendiert für die Dauer eines Tätigkeitsverbots das Recht des betroffenen Geschäftsleiters, an Entscheidungen über Geschäftsführungsmaßnahmen des Instituts mitzuwirken. Hierdurch soll verhindert werden, dass der betroffene Geschäftsleiter mittelbar, zB über die Ausübung des Stimmrechts in Gesellschafterversammlungen, Einfluss auf die Geschäftsführung des Instituts nehmen kann, von der er durch das Tätigkeitsverbot gerade ausgeschlossen werden soll (Lendermann/Nemeczek/Schroeter/Heemann Rn. 38; so jew. zu § 46 KWG Beck/Samm/Kokemoor/Skauradszun KWG § 46 Rn. 94; Fischer/Schäfer/Schulte-Mattler/Schulte-Mattler/Lindemann KWG § 46 Rn. 83; Reischauer/Kleinhans/Geiger KWG § 46 Rn. 61). Sachlich handelt es sich um eine Klarstellung, weil nach Abs. 1 S. 2 Nr. 3 das Tätigkeitsverbot auch den Ausschluss aus der Geschäftsführung bedeutet.

VII. Rechtsfolgen von Verstößen

1. Keine Ordnungswidrigkeit

64 Zuwiderhandlungen von Geschäftsleitern oder Mitarbeitern von Wertpapierinstituten gegen Maßnahmen der BaFin nach Abs. 1 sind im WpIG – anders als nach § 56 Abs. 2 Nr. 3n KWG Verstöße gegen Anordnungen nach § 46 Abs. 1 S. 1 KWG– nicht mit Bußgeld bedroht.

2. Zivilrecht

65 Von einem Wertpapierinstitut unter Verstoß gegen Anordnungen nach Abs. 1 geleistete Zahlungen, gewährte Kredite oder angenommene Gelder sind **zivilrechtlich wirksam,** da sich das Annahme- bzw. Gewährungsverbot nur gegen einen Vertragsteil, nämlich das Wertpapierinstitut als Vertragspartner des Kunden richtet und die Verbotswidrigkeit des Geschäftsabschlusses für den Kunden im Zweifel nicht erkennbar ist (so jew. zu § 46 Abs. 1 KWG BGH WM 1990, 54 = NJW 1990, 1356 = WuB I L 1. § 46 KWG 1.90 Sonnenhol; Beck/Samm/Kokemoor/Skauradszun KWG § 40 Rn. 46; Reischauer/Kleinhans/Geiger KWG § 46 Rn. 51; Schwennicke/Auerbach/Schwennicke/Herweg KWG § 46 Rn. 72; aA für die Annahme von Geldern Fischer/Schäfer/Schulte-Mattler/Schulte-Mattler/Lindemann KWG § 46 Rn. 72 ff.).

66 **Nichtigkeit** nach § 138 Abs. 1 BGB kann bei kollusivem Zusammenwirken zwischen Wertpapierinstitut und Vertragspartner gegeben sein (so zu § 46 KWG BGH WM 1990, 54 = NJW 1990, 1356 = WuB I L 1. § 46 KWG 1.90 Sonnenhol). Allerdings kann die BaFin das Wertpapierinstitut im Rahmen der Missstandsaufsicht (§ 5 Abs. 2) zur Rückabwicklung von Geschäften verpflichten, soweit dies zivilrechtlich möglich ist.

VIII. Rechtsschutz

67 Maßnahmen nach § 79 sind Verwaltungsakte und nach § 6 sofort vollziehbar; Widerspruch und Anfechtungsklage haben somit keine aufschiebende Wirkung. Anordnungen der BaFin können nach § 17 FinDAG mit Zwangsmitteln durchgesetzt werden. Für etwaige Klagen gegen die BaFin ist nach § 1 Abs. 3 FinDAG das VG Frankfurt a. M. örtlich zuständig.

68 Im Falle von Maßnahmen gegen Geschäftsleiter sind neben dem Wertpapierinstitut auch die betroffenen Geschäftsleiter rechtsmittelbefugt (Lendermann/Nemeczek/Schroeter/Heemann Rn. 41; so jew. zu § 46 KWG Fischer/Schäfer/Schulte-Mattler/Schulte-Mattler/Lindemann KWG § 46 Rn. 157; Reischauer/Kleinhans KWG § 46 Rn. 12; Beck/Samm/Kokemoor/Skauradszun KWG § 46 Rn. 119).

69 Im Falle von Anordnungen nach Abs. 1 S. 2 Nr. 2, 4 oder 6 können Gläubiger eines Wertpapierinstituts unmittelbar betroffen sein, wenn diese **privatrechtsgestaltende Wirkung** entfalten. Gegen derartige Anordnungen steht dem betroffenen Kunden grundsätzlich eine Anfechtungsbefugnis gegenüber der BaFin zu, sofern er unmittelbar in eigenen Rechten betroffen ist (so jew. zu § 46 KWG eingehend Fischer/Schäfer/Schulte-Mattler/Schulte-Mattler/Lindemann KWG § 46 Rn. 155 ff.; Beck/Samm/Kokemoor/Skauradszun § 46 Rn. 121). Liegen die Voraussetzungen für eine Anordnung nach Abs. 1 S. 2 Nr. 2, 4 oder 6 vor, dann

wird allerdings in der Regel das Recht eines einzelnen Gläubigers, seine Ansprüche gegenüber dem Wertpapierinstitut zu verfolgen, gegenüber dem Interesse der Gesamtheit der Gläubiger an einer geordneten Abwicklung ihrer Ansprüche gegenüber dem Wertpapierinstitut sowie der Sicherung des Vertrauens in das Finanzsystem als Ganzes zurücktreten (so zu § 46 KWG Fischer/Schäfer/Schulte-Mattler/Schulte-Mattler/Lindemann KWG § 46 Rn. 158).

§ 80 Sonderbeauftragter

(1) [1]**Zur Überwachung der Einhaltung der Anordnungen nach § 79 Absatz 1 und 2 kann die Bundesanstalt einen Sonderbeauftragten bestellen. [2]Dieser ist im Rahmen seiner Aufgabe berechtigt,**

1. **von den Mitgliedern der Organe und den Beschäftigten des Wertpapierinstituts Auskünfte und die Vorlage von Unterlagen zu verlangen,**
2. **an allen Sitzungen und Versammlungen der Organe und sonstigen Gremien des Wertpapierinstituts teilzunehmen,**
3. **die Geschäftsräume des Wertpapierinstituts zu betreten,**
4. **Einsicht in die Geschäftspapiere und Bücher des Wertpapierinstituts zu nehmen und**
5. **Nachforschungen anzustellen.**

[3]Der Sonderbeauftragte hat begangene Verstöße gegen eine Anordnung nach § 79 Absatz 1 und 2 unverzüglich der Bundesanstalt mitzuteilen.

(2) **[1]Die durch die Bestellung des Sonderbeauftragten entstehenden Kosten einschließlich der diesem zu gewährenden angemessenen Auslagen und der Vergütung fallen dem Wertpapierinstitut zur Last. [2]Die Höhe der Vergütung setzt die Bundesanstalt fest. [3]Die Bundesanstalt schießt die Auslagen und die Vergütung auf Antrag des Sonderbeauftragten vor.**

(3) **Der Sonderbeauftragte haftet im Rahmen seiner Aufgabe nur für Vorsatz.**

Literatur: Hanten, Der Sonderbeauftragte nach § 45c KWG – Ein Platz zwischen allen Stühlen, BKR 2019, 157, 218.

I. Vorbemerkung

1 § 80 nimmt Teile der Regelungen aus § 45c KWG auf und gilt nach Maßgabe von § 4 für alle Wertpapierinstitute. Die Bestellung eines Sonderbeauftragten soll der Gefahr entgegenwirken, dass die BaFin nicht oder zu spät von der Missachtung von Maßnahmen nach § 79 Abs. 1 oder 2 erfährt, insbesondere von Verstößen gegen Zahlungsverbote (Regierungsbegründung WpIG, BT-Drs. 19/26929, 157; Lendermann/Nemeczek/Schroeter/Heemann Rn. 1).

II. Bestellung und Befugnisse (Abs. 1)

1. Bestellung (S. 1)

2 S. 1 ermöglicht die Bestellung eines Sonderbeauftragten zur Überwachung von Maßnahmen nach § 79 Abs. 1 oder 2. Eine vergleichbare Ermächtigung enthält § 45c Abs. 2 Nr. 6 KWG. Voraussetzung für die Bestellung sind nach § 79 Abs. 1

oder 2 getroffenen Anordnungen. Weitere Voraussetzungen enthält S. 1 nicht. Der Gesetzgeber bemerkt nur, dass die Bestellung keine Sanktion gegen das Wertpapierinstitut oder die Geschäftsleiter sei, sondern ein **„eigenständiges Aufsichtsinstrument mit überwiegend präventivem Charakter"** (Regierungsbegründung RestrukturierungsG, BT-Drs. 17/3024, 60 (zu § 45c KWG); zur Kritik an der (ebenfalls voraussetzungslosen) Ermächtigung in § 45c KWG vgl. Fischer/Schäfer/Schulte-Mattler/Schulte-Mattler/Lindemann KWG § 45c Rn. 15; Schwennicke/Auerbach/Schwennicke KWG § 45c Rn. 3 ff.; Hanten BKR 2019, 2018; gegen Kritik aber Reischauer/Kleinhans/Höpfner KWG § 45c Rn. 6).

3 S. 1 verlangt nach seinem Wortlaut keine konkrete Gefahr der Missachtung der getroffenen Anordnungen durch das Wertpapierinstitut oder einen Geschäftsleiter. Allerdings ist im Rahmen der **Ermessensausübung** sowie aufgrund des **Verhältnismäßigkeitsgrundsatzes** zu berücksichtigen, dass der mit der Einsetzung des Sonderbeauftragten verbundene erhebliche Eingriff in die Rechte des Wertpapierinstituts nur gerechtfertigt werden kann, wenn die Maßnahme von erheblicher Bedeutung ist und das Wertpapierinstitut bereits zu erkennen gegeben hat, dass es die Anordnung nicht befolgen wird oder in der Vergangenheit vergleichbare Anordnungen nicht beachtet hat (so jew. zu § 45c Abs. 2 Nr. 6 KWG Fischer/Schäfer/Schulte-Mattler/Schulte-Mattler/Lindemann KWG § 45c Rn. 33; Reischauer/Kleinhans/Höpfner KWG § 45c Rn. 14; Schwennicke/Auerbach/Schwennicke KWG § 45c Rn. 25). Die Bestellung eines Sonderbeauftragten ist auch nicht erforderlich, wenn bereits Verstöße gegen die Anordnungen feststehen und der Sonderbeauftragte weder eine Befolgung der Anordnungen noch eine weitere Sachverhaltsaufklärung erreichen kann (Lendermann/Nemeczek/Schroeter/Heemann Rn. 3; so jew. zu § 45c Abs. 2 Nr. 6 KWG Fischer/Schäfer/Schulte-Mattler/Schulte-Mattler/Lindemann KWG § 45c Rn. 33; Schwennicke/Auerbach/Schwennicke KWG § 45c Rn. 25).

4 § 80 verlangt – anders als § 45c Abs. 1 S. 2 KWG – nicht, dass der Sonderbeauftragte **unabhängig, zuverlässig** und zur ordnungsgemäßen Wahrnehmung seiner Aufgaben bei dem Wertpapierinstitut **geeignet** ist. Das Fehlen persönlicher Voraussetzungen für den Sonderbeauftragten trägt dem Umstand Rechnung, dass diesem nach § 80 nur begrenzte Befugnisse übertragen werden. Auch ohne gesonderte Regelung ist jedoch die Auswahl eines Sonderbeauftragten durch die BaFin, der nicht vom Wertpapierinstitut unabhängig und auch nicht zuverlässig ist, **ermessensfehlerhaft** (so iE auch Lendermann/Nemeczek/Schroeter/Heemann Rn. 4).

2. Befugnisse (S. 2)

5 Satz 2 ist dem durch das RisikoreduzierungsG v. 9.12.2020 (BGBl. I 2773) neu gefassten § 45c Abs. 1 S. 3 KWG.

6 **a) Auskunftsrecht (Nr. 1).** Nr. 1 entspricht den Befugnissen von BaFin und BBank aus § 5 Abs. 4 S. 1 (→ § 5 Rn. 52). Ein Recht des Sonderbeauftragten, Kopien von Unterlagen anfertigen und sich aushändigen zu lassen, enthält Nr. 1 – anders als § 5 Abs. 4 S. 1 – nicht. Der Umfang des Auskunftsrechts richtet sich nach der Maßnahme, zu deren Überwachung der Sonderbeauftragte bestellt wird (Regierungsbegründung WpIG, BT-Drs. 19/26929, 157).

b) Teilnahme Sitzungen von Leitungs- und Kontrollorganen sowie sonstigen Gremien (Nr. 2). Nr. 2 entspricht § 5 Abs. 7, der wiederum § 44 Abs. 4 KWG nachgebildet ist. Dem Sonderbeauftragten steht außer dem Teilnahmerecht auch ein Rederecht zu, nicht jedoch ein Antragsrecht (→ § 5 Rn. 93). 7

Anders als BaFin und BBank nach § 5 Abs. 7 ist der Sonderbeauftragte nicht berechtigt, an Anteilseignerversammlungen des Wertpapierinstituts teilzunehmen. 8

c) Betretungs- und Nachschaurecht (Nr. 3 und 4). Nr. 3 und 4 entsprechen den Befugnissen von BaFin und BBank aus § 5 Abs. 4 S. 1 (→ § 5 Rn. 52 ff.). 9

d) Nachforschungsrecht (Nr. 5). Das **Nachforschungsrecht** (Nr. 5) hat dem Betretungs- und Einsichtsrecht (Nr. 3 und 4) sowie neben dem Auskunftsrecht (Nr. 1) keine eigenständige Bedeutung. Zu Nachforschungen ist der Sonderbeauftragte ohnehin nur verpflichtet, soweit dies für die Überwachung der von der BaFin nach § 79 Abs. 1 und 2 verhängten Maßnahmen erforderlich ist (Regierungsbegründung WpIG, BT-Drs. 19/26929, 157). 10

e) Keine Übertragung weiterer Befugnisse. S. 2 enthält einen abschließenden Katalog von Befugnissen. Weitere Aufgaben und Rechte können dem Sonderbeauftragten nicht übertragen oder eingeräumt werden. Der Sonderbeauftragte kann insbesondere keine Organbefugnisse des Wertpapierinstituts wahrnehmen. 11

3. Informationspflicht gegenüber BaFin (S. 3)

S. 3 verpflichtet und berechtigt den Sonderbeauftragten, Anhaltspunkte für Verstöße gegen Anordnungen nach § 79 Abs. 1 oder 2 der BaFin unverzüglich mitzuteilen. Eine entsprechende Mitteilungspflicht enthält § 45c Abs. 1 S. 5 KWG. 12

III. Kosten des Sonderbeauftragten (Abs. 2)

Abs. 2 entspricht § 45c Abs. 6 KWG. **S. 1** verpflichtet das Wertpapierinstitut zur Tragung der Kosten und Auslagen des Sonderbeauftragten. Die iRv § 45c Abs. 6 KWG umstrittene Frage, ob zu den Auslagen auch die Kosten einer vom Sonderbeauftragten abgeschlossenen Vermögensschadenhaftpflichtversicherung gehören (zur Diskussion Schwennicke/Auerbach/Schwennicke KWG § 45c Rn. 47) erübrigt sich hier, weil der Sonderbeauftragte nach Abs. 3 von der Haftung für einfach und grob fahrlässig verursachte Schäden freigestellt ist und eine Versicherungsdeckung für vorsätzliche Handlungen in der Praxis nicht zu erlangen sein wird. 13

Nach **S. 2** setzt die BaFin die Höhe der Vergütung fest. Dabei sind der Umfang, die Komplexität und die Schwierigkeit der übertragenen Aufgabe zu berücksichtigen (Regierungsbegründung RestrukturierungsG, BT-Drs. 17/3024, 60 (zu § 45c KWG); Fischer/Schäfer/Schulte-Mattler/Schulte-Mattler/Lindemann KWG § 45c Rn. 64; zur Verwaltungspraxis der BaFin nach dem KWG Hanten BKR 2019, 218 (219)). 14

Nach **S. 3** muss die BaFin dem Sonderbeauftragten auf dessen Antrag die Kosten vorschießen. 15

IV. Haftung des Sonderbeauftragten (Abs. 3)

16 Abs. 3 regelt den Umfang der Haftung des Sonderbeauftragten gegenüber der BaFin aus der Beauftragung sowie etwaige Ansprüche des Wertpapierinstituts gegen den Sonderbeauftragten aus außervertraglichen Haftungsgrundlagen. Eine inhaltsgleiche Haftungsregelung für den nach § 45c KWG zu reinen Überwachungszwecken bestellten Sonderbeauftragten enthält § 45c Abs. 7 S. 2 KWG.

17 Nach Abs. 3 haftet der Sonderbeauftragte nur für Vorsatz. Dies entspricht der Haftungsprivilegierung für zu reinen Überwachungszwecken bestellte Sonderbeauftragte in dem durch das RisikoreduzierungsG v. 9.12.2020 (BGBl. I 2773) neu gefassten § 45c Abs. 7 KWG. Die Privilegierung begründete der Gesetzgeber mit der Gefahr, sonst keine zur Übernahme der Tätigkeit bereite Personen zu finden (Regierungsbegründung WpIG, BT-Drs. 19/26929, 157; so bereits Regierungsbegründung RestrukturierungsG, BT-Drs. 17/3024, 60 (zu § 45c KWG)).

18 Abs. 3 enthält keine § 45c Abs. 7 S. 3 KWG vergleichbare Bestimmung, wonach der zu Überwachungszwecken bestellte Sonderbeauftragte auch bei der Genehmigung von Ausnahmen vom Veräußerungs- und Zahlungsverbot innerhalb einer von der BaFin nach § 81 Abs. 2 S. 3 festgelegten Betragsgrenze nur für vorsätzliches Verhalten haftet. Den Gesetzesmaterialien ist nicht zu entnehmen, ob es sich insoweit um ein absichtliches Weglassen oder ein **Redaktionsversehen** handelt.

V. Rechtsschutz

19 Die Bestellung des Sonderbeauftragten erfolgt durch Verwaltungsakt, gegen den Widerspruch und Anfechtungsklage statthaft sind. Widerspruch und Anfechtungsklage haben nach § 6 keine aufschiebende Wirkung.

§ 81 Abwicklung laufender Geschäfte; Ausnahmen; Verbot der Zwangsvollstreckung

(1) **Das Wertpapierinstitut darf nach Erlass des Veräußerungs- und Zahlungsverbots nach § 79 Absatz 1 Satz 2 Nummer 4 die im Zeitpunkt des Erlasses laufenden Geschäfte abwickeln und neue Geschäfte eingehen, soweit diese zur Abwicklung erforderlich sind, wenn und soweit die zuständige Entschädigungseinrichtung oder sonstige Sicherungseinrichtung die zur Durchführung erforderlichen Mittel zur Verfügung stellt oder sich verpflichtet, dem Wertpapierinstitut die Vermögensminderungen zu erstatten, die aus diesen Geschäften insgesamt entstehen, soweit dies zur vollen Befriedigung sämtlicher Ansprüche aus offenen Wertpapierverbindlichkeiten erforderlich ist.**

(2) [1]**Die Bundesanstalt kann darüber hinaus Ausnahmen vom Veräußerungs- und Zahlungsverbot nach § 79 Absatz 1 Satz 2 Nummer 4 zulassen, soweit dies für die Durchführung der Geschäfte oder die Verwaltung des Wertpapierinstituts sachgerecht ist.** [2]**Dabei kann sie insbesondere die Erstattung von Zahlungen anordnen, die entgegen einer Anordnung nach § 79 Absatz 1 Satz 2 Nummer 6 entgegengenommen worden sind oder bei dem Wertpapierinstitut eingegangen sind.** [3]**Sie kann eine Betrags-**

grenze festsetzen, bis zu der ein Sonderbeauftragter Ausnahmen vom Veräußerungs- und Zahlungsverbot zulassen kann.

(3) [1]**Solange Maßnahmen nach § 79 Absatz 1 Satz 2 Nummer 4 bis 6 andauern, sind Zwangsvollstreckung, Arrest und einstweilige Verfügung in das Vermögen des Wertpapierinstituts nicht zulässig.** [2]**Die Vorschriften der Insolvenzordnung zum Schutz von Zahlungs- sowie Wertpapierliefer- und Abrechnungssystemen einschließlich interoperabler Systeme sowie von dinglichen Sicherheiten der Zentralbanken und von Finanzsicherheiten sind bei Anordnung einer Maßnahme nach § 79 Absatz 1 Satz 2 Nummer 4 bis 6 entsprechend anzuwenden.** [3]**Die Anordnung von Sicherungsmaßnahmen nach § 21 der Insolvenzordnung berührt nicht die Wirksamkeit der Erstattung einer Zahlung, die entgegen einer Anordnung nach § 79 Absatz 1 Satz 2 Nummer 6 über ein System oder über eine zwischengeschaltete Stelle entgegengenommen worden ist oder eingegangen ist oder bei dem Wertpapierinstitut eingegangen ist und deren Erstattung die Bundesanstalt nach Absatz 2 Satz 2 angeordnet hat.**

Übersicht

I. Vorbemerkung

1 § 81 nimmt Teile von § 46 KWG auf und gilt nach Maßgabe von § 4 für alle Wertpapierinstitute. Die Vorschrift soll § 79 ergänzen (Regierungsbegründung WpIG, BT-Drs. 19/26929, 157).

II. Abwicklung laufender Geschäfte (Abs. 1)

2 Abs. 1 entspricht § 46 Abs. 2 S. 2 KWG und soll dem Interesse des Kunden an der Abwicklung für ihn vorzunehmender Geschäfte dienen (Regierungsbegründung WpIG, BT-Drs. 19/26929, 157).

3 Abs. 1 erlaubt dem Wertpapierinstitut, trotz eines **Veräußerungs- und Zahlungsverbots nach § 79 Abs. 1 S. 2 Nr. 4** laufende Geschäfte abwickeln oder zur Abwicklung erforderliche neue Geschäfte abschließen, wenn die **Sicherungseinrichtung** entweder die zur Durchführung erforderlichen Mittel selbst zur Verfügung stellt oder wenn diese– falls das Wertpapierinstitut über genügend eigene Mittel verfügt – sich verpflichtet, dem Wertpapierinstitut die durch die Abwicklung entstehenden Vermögensminderungen zu erstatten, sofern dies zur vollen Befriedigung sämtlicher Gläubiger erforderlich ist.

4 **„Laufende Geschäfte"** sind Rechtsgeschäfte mit Kunden, die vor Anordnung eines Veräußerungs- und Zahlungsverbots nach § 79 Abs. 1 S. 2 Nr. 4 vereinbart wurden, aber noch nicht allseits erfüllt sind (MüKoHGB/Schmidt HGB § 149 Rn. 8). Abwicklung kann durch Erfüllung, Kündigung oder Vergleich erreicht werden.

5 Zur Abwicklung erforderlich sein können **neue Geschäfte,** wenn sie der Beendigung schwebender Geschäfte mit Kunden dienen (Lendermann/Nemeczek/Schroeter/Heemann Rn. 4). Häufigster Anwendungsfall der Bestimmung sollen nach Vorstellung des Gesetzgebers die Auszahlung von Kundeneinlagen durch das Unternehmen **im Auftrag und für Rechnung der Sicherungseinrichtung** sowie die Ausführung vor Erlass eines Zahlungsverbots erteilter Aufträge geschützter Einleger sein (Bericht + Antrag Finanzausschuss z. 2. KWG-Novelle 1976, BT-Drs. 7/4631, 9 (zu § 46a KWG aF)). Solche Geschäfte und Verfügungen sollen im Falle der späteren Insolvenz auch nicht zur Insolvenzanfechtung nach den §§ 129 ff. InsO berechtigen oder nichtig sein (so zu § 46a KWG aF und zu §§ 29 ff. KO aF Bericht + Antrag Finanzausschuss z. 2. KWG-Novelle 1976, BT-Drs. 7/4631, 9; Lendermann/Nemeczek/Schroeter/Heemann Rn. 5).

III. Ausnahmen von Veräußerungs- und Zahlungsverbot (Abs. 2)

6 Abs. 2 entspricht § 46 Abs. 1 S. 3–5 KWG und soll der BaFin sachgerechte Ausnahmen von Veräußerungs- und Zahlungsverboten nach § 79 Abs. 1 S. 2 Nr. 4 ermöglichen (Regierungsbegründung WpIG, BT-Drs. 19/26929, 157).

1. Von der BaFin gestattete Geschäfte (S. 1)

7 Nach S. 1 kann die BaFin auch **ohne Gewährleistung der Sicherungseinrichtung** Zahlungen von Veräußerungs- und Zahlungsverboten nach § 79 Abs. 1 S. 2 Nr. 4 ausnehmen, die zur Durchführung der Geschäfte oder zur Verwaltung des Wertpapierinstituts notwendig sind, wie etwa Gehälter der Angestellten, Mietkosten und sonstige laufende Verwaltungskosten. Grund für die Ausnahme ist, dass die im Interesse aller Gläubiger liegenden Sicherungsmaßnahmen in aller Regel nur mit Hilfe des Personals und des technischen Apparats des Wertpapierinstituts gewährleistet werden können (Bericht + Antrag Finanzausschuss z. 2. KWG-Novelle 1976, BT-Drs. 7/4631, 9 (zu § 46a KWG aF); Lendermann/Nemeczek/Schroeter/Heemann Rn. 7).

2. Erstattung verbotswidrig angenommener Zahlungen (S. 2)

8 Nimmt ein Wertpapierinstitut entgegen einem nach § 79 Abs. 1 S. 2 Nr. 6 erlassenen Annahmeverbot Zahlungen an, dann wäre das Wertpapierinstitut durch

ein typischerweise gleichzeitig erlassenes Veräußerungs- und Zahlungsverbot nach § 79 Abs. 1 S. 2 Nr. 4 gehindert, die Zahlung dem Absender zu erstatten. Daher ordnet S. 2 an, dass die BaFin trotz eines Veräußerungs- und Zahlungsverbots nach § 79 Abs. 1 S. 2 Nr. 4 Erstattungszahlungen des Wertpapierinstituts anordnen kann. Ohne eine solche Anordnung dürfte die Erstattung nicht stattfinden. Eine so vorgenommene Erstattung geht dann auch Sicherheitsmaßnahmen nach § 21 InsO vor (Abs. 3 S. 3).

3. Von einem Sonderbeauftragten gestattete Geschäfte (S. 3)

Nach S. 3 kann ein nach § 80 bestellter Sonderbeauftragter einzelne Geschäfte gestatten. Die Gestattung ist nur wirksam, wenn der jeweilige Betrag den von der BaFin zuvor festgelegten Rahmen nicht überschreitet. 9

IV. Beschränkung von Vollstreckungsmaßnahmen, Teilnahme an Wertpapierlieferungs- und -abrechnungssystemen (Abs. 3)

Abs. 3 entspricht § 46 Abs. 2 S. 6–8 KWG und soll die Funktionsfähigkeit des Wertpapierinstituts im Kundeninteresse erhalten, indem die für den Betrieb des Wertpapierinstituts notwendige Liquidität vor Zwangsvollstreckungsmaßnahmen und Arresten geschützt und die notwendige Teilnahme an Wertpapierlieferungs- und -abrechnungssystemen gewährleistet wird (Regierungsbegründung WpIG, BT-Drs. 19/26929, 157). 10

1. Rechtsfolgen von Maßnahmen nach § 79 Abs. 1 S. 2 Nr. 4–6

a) Unzulässigkeit von Vollstreckungsmaßnahmen (S. 1). Wird 11
- ein Veräußerungs- und Zahlungsverbot nach § 79 Abs. 1 S. 2 Nr. 4 verhängt,
- das Wertpapierinstitut nach § 79 Abs. 1 S. 2 Nr. 5 für den Kundenverkehr geschlossen, oder
- die Entgegennahme von Zahlungen, die nicht zur Erfüllung von Verbindlichkeiten gegenüber dem Wertpapierinstitut bestimmt sind, nach § 79 Abs. 1 S. 2 Nr. 6 verboten,

dann sind nach S. 1 für die Dauer der jeweiligen Maßnahme Zwangsvollstreckungen, Arreste und einstweilige Verfügungen in das Vermögen des Instituts nicht zulässig. In welcher Phase sich die jeweilige Vollstreckungsmaßnahme befindet und ob sie vor Erlass der Maßnahme eingeleitet wurde ist unerheblich (Lendermann/Nemeczek/Schroeter/Heemann Rn. 11; so jew. zu 46 KWGH Beck/Samm/Kokemoor/Skauradszun KWG § 46 Rn. 107; Szagunn/Haug/Ergenzinger § 46a Rn. 5).

Gegen eine Zwangsvollstreckungsmaßnahme aus einem vor Erlass des Zahlungsverbots ausgesprochenen Urteil ist die Vollstreckungsgegenklage nach § 767 ZPO zulässig und begründet (so zu § 46 KWG Beck/Samm/Kokemoor/Skauradszun KWG § 46 Rn. 64 und noch zu § 46a KWG aF Szagunn/Haug/Ergenzinger KWG § 46a Rn. 4a). 12

b) Zivilrechtliche Folgen. S. 1 regelt nur die prozessualen Folgen von Maßnahmen nach § 72 Abs. 1 S. 2 Nr. 4–6. Wie sich derartige Maßnahmen auf die 13

Beziehung zwischen Wertpapierinstitut und schuldrechtlich berechtigtem Gläubiger auswirken, regeln §§ 79 und 81 ebenso wenig wie § 46 KWG.

14 **aa) Vorübergehendes Leistungshindernis.** Ein Veräußerungs- und Zahlungsverbot entfaltet – anders als nach der früher hM zu § 46 KWG (zB Schwennicke/Auerbach/Schwennicke/Hass/Herweg, KWG, 2. Aufl. 2013, KWG § 46 Rn. 39 mwN; gegen Stundungswirkung bereits Boos/Fischer/Schulte-Mattler/Lindemann, 4. Aufl. 2012, KWG § 46 Rn. 90 ff.) – **keine Stundungswirkung** bzgl. sämtlicher gegen das Wertpapierinstitut gerichteter Forderungen, sondern führt lediglich zu einem **vorübergehenden Leistungshindernis** gem. § 275 Abs. 1 BGB analog (so jew. zu § 46 KWG BGH WM 2013, 742 = NJW 2013, 3437 = WuB I L 1. § 46 KWG 1.14 Schwennicke unter Aufhebung von OLG Frankfurt a. M. WM 2012, 2390 – Lehman Brothers; wie BGH bereits LG Frankfurt a. M. WM 2012, 403; zust. Fischer/Schäfer/Schulte-Mattler/Schulte-Mattler/Lindemann KWG § 46 Rn. 104 ff.; Beck/Samm/Kokemoor/Skauradszun KWG § 46 Rn. 59 ff.; Reischauer/Kleinhans/Geiger KWG § 46 Rn. 64). Folge ist, dass, anders als bei der Annahme einer Stundungswirkung, das Wertpapierinstitut sich sowohl in Verzug befinden als auch schuldhaft handeln kann. Für die Dauer des Verbots können somit Verzugszinsansprüche geltend gemacht werden (so zu § 46 KWG Beck/Samm/Kokemoor/Skauradszun Rn. 61). Nach dem BGH wäre die hoheitliche Anordnung einer Stundung ein schwerwiegender Eingriff in Gläubigerrechte, da die vereinbarte Leistungszeit abgeändert und dadurch die spätere Geltendmachung von Verzugsschäden ausgeschlossen wird, obwohl die Kunden des Kreditinstituts für dessen Schieflage keine Veranlassung gegeben haben (BGH NJW 2013, 3437). Der Annahme einer Stundungswirkung stehen sowohl der Gesetzeswortlaut als auch die Gesetzessystematik entgegen (vgl. Beck/Samm/Kokemoor/Skauradszun KWG § 46 Rn. 60), obwohl der Gesetzgeber insofern missverständlich von der „Wirkung einer Stundung" spricht (so die Regierungsbegründung zu § 46a KWG aF, BT-Drs. 7/4631, 8). Dem ist der BGH entgegen getreten, da ein solches Verständnis keinen Niederschlag im Gesetzeswortlaut finde und § 46 Abs. 1 S. 2 Nr. 4 KWG bereits den Bestimmtheitsanforderungen an eine Ermächtigungsgrundlage für einen privatrechtsgestaltenden Verwaltungsakt nicht genüge. Die vom Gesetzgeber bezweckte „Verschnaufpause" für das Kreditinstitut sei ausreichend durch ein vorübergehendes Hindernis für die Vertragserfüllung gewährleistet (BGH NJW 2013, 3437 (3439)).

15 Folge des Leistungshindernisses ist, dass der Gläubiger für die Zeit der Maßnahme nicht berechtigt ist, Zahlung bzw. Übereignung zu verlangen. Grundsätzlich bleibt eine Aufrechnung des Gläubigers denkbar, wobei der BGH diese Frage ausdrücklich offen gelassen hat (BGH NJW 2013, 3437 (3441)). Jedenfalls aber steht der Sicherungs- und Sanierungszweck einer Aufrechnung nicht entgegen, da selbst im Insolvenzverfahren bestehende Aufrechnungslagen privilegiert sind (§ 94 InsO), ein Verfügungsverbot nach § 21 Abs. 2 S. 1 Nr. 2 InsO einer Aufrechnung nicht entgegensteht (so zu § 46 KWG Beck/Samm/Kokemoor/Skauradszun KWG § 46 Rn. 60) und der Schutz der Masse durch eine Maßnahme nach § 79 nicht weiter geht als im späteren Insolvenzverfahren (so zu § 46 KWG BGH NJW 2013, 3437 (3441); ähnlich Beck/Samm/Kokemoor/Skauradszun KWG § 46 Rn. 66).

16 **bb) Schadenersatzpflicht des Wertpapierinstituts.** Dem Gläubiger können nach Aufhebung des Veräußerungs- und Zahlungsverbots Schadenersatzan-

sprüche nach §§ 280 ff. BGB zustehen, wenn das Wertpapierinstitut den Verbotserlass zu vertreten hat (so jew. zu § 46 KWG BGH NJW 2013, 3437 (3442); LG Frankfurt a. M. WM 2012, 403 (404) = ZIP 2012, 863; Beck/Samm/Kokemoor/Skauradszun KWG § 46 Rn. 61; Fischer/Schäfer/Schulte-Mattler/Schulte-Mattler/Lindemann KWG § 46 Rn. 104 ff.). Maßgeblich ist, ob der Sachverhalt, auf den die von der BaFin angeordnete Maßnahme gestützt war, in den Risikobereich des Wertpapierinstituts fällt (so zu § 46 KWG BGH NJW 2013, 3437 (3442)); dies ist bei Zahlungsschwierigkeiten anzunehmen, soweit das Wertpapierinstitut nicht nachweisen kann, dass sie lediglich durch äußere Umstände bedingt sind (BGH NJW 2013, 3437 (3442); NJOZ 2008, 2449 Rn. 18 f. mwN).

cc) Unwirksamkeit verbotswidriger Verfügungen. Gegen ein angeordnetes Veräußerungs- und Zahlungsverbot verstoßende Verfügungen wie Barauszahlungen oder Überweisungen sind nur **relativ,** dh den Gläubigern des Wertpapierinstituts gegenüber **unwirksam** (so jew. zu 46 KWG BGH WM 1990, 54 (55) = NJW 1990, 1356 = WuB I L 1. § 46 KWG 1.90 Sonnenhol; Beck/Samm/Kokemoor/Skauradszun Rn. 46, 63; Fischer/Schäfer/Schulte-Mattler/Schulte-Mattler/Lindemann KWG § 46 Rn. 101 ff.; Szagunn/Haug/Ergenzinger KWG § 46a Rn. 89). 17

dd) Kündigungsrecht bei angeordnetem Veräußerungs- und Zahlungsverbot. Einer Kündigung laufender Wertpapierdienstleistungsverträge mit dem Wertpapierinstitut steht das Zahlungsverbot nicht entgegen (Fischer/Schäfer/Schulte-Mattler/Schulte-Mattler/Lindemann KWG § 46 Rn. 111; iE auch Beck/Samm/Kokemoor/Skauradszun Rn. 62). Die Kündigung kann Schadenersatzansprüche vorbereiten, die nach Aufhebung der Maßnahmen der BaFin nach § 79 Abs. 1 S. 2 Nr. 4–6 geltend gemacht werden können (so zu § 46 KWG Schwennicke/Auerbach/Schwennicke/Herweg KWG § 46 Rn. 46). 18

c) Schutz zentraler Zahlungs- und Abrechnungssysteme (S. 2). Maßnahmen nach § 79 Abs. 1 S. 2 Nr. 4–6 werden mit Bekanntgabe gegenüber dem Wertpapierinstitut wirksam. Entgegenstehende Verfügungen wären von diesem Zeitpunkt an gegenüber den Gläubigern unwirksam. Für zentrale Zahlungs- und Abrechnungssysteme („Clearing-Systeme"), bei denen der Abrechnung zumeist eine Aufrechnung („Netting") vorausgeht, gilt dies jedoch nicht, weil sofortige Wirksamkeit eines Veräußerungs- und Zahlungsverbots mit dessen Bekanntgabe in diese Zahlungssysteme eingreifen und zu kaum handhabbaren Abwicklungsproblemen führen würde. 19

Aus diesem Grund verweist **S. 2** – wie bereits § 46 Abs. 2 S. 7 KWG – auf die Bestimmungen der InsO, die in Umsetzung von Art. 3 Abs. 1 S. 1 FinalitätsRL durch das G zur Änderung insolvenzrechtlicher und kreditwesenrechtlicher Vorschriften vom 8.12.1999 (BGBl. 1999 I 2384) eingefügt wurden. Im Einzelnen sind dies §§ 21 Abs. 2 S. 2, 96 Abs. 2, 116 S. 3, 147 S. 2, 166 Abs. 3, 223 Abs. 1 S. 2 InsO. Der in diesen Bestimmungen genannten Voraussetzung der Eröffnung des Insolvenzverfahren steht für Zwecke der Anwendung von S. 2 die Bekanntgabe der Maßnahme nach § 79 Abs. 1 S. 2 Nr. 4–6 gleich (so jew. zu § 46 KWG Beck/Samm/Kokemoor/Skauradszun Rn. 112; Fischer/Schäfer/Schulte-Mattler/Schulte-Mattler/Lindemann KWG § 46 Rn. 119; Schwennicke/Auerbach/Schwennicke/Herweg KWG § 46 Rn. 52). 20

d) Erstattung anordnungswidrig entgegengenommer Zahlungen (S. 3). Hat die BaFin nach § 79 Abs. 1 S. 2 Nr. 6 ein Verbot der Entgegennahme von 21

Zahlungen gegen ein Wertpapierinstitut verhängt und gehen entgegen diesem Verbot Zahlungen bei dem Wertpapierinstitut ein, die nicht zur Tilgung von Verbindlichkeiten gegenüber dem Wertpapierinstitut bestimmt sind, dann kann die BaFin nach Abs. 2 S. 2 das Wertpapierinstitut zur Erstattung dieser Zahlungen verpflichten. **S. 3** stellt klar, dass diese Erstattungsanordnungen gegenüber Sicherungsmaßnahmen nach § 21 InsO vorrangig ist.

§ 81a Zuordnung verwahrter kryptografischer Instrumente; Kosten der Aussonderung

(1) [1]**Das im Rahmen eines qualifizierten Kryptoverwahrgeschäfts für einen Kunden verwahrte kryptografische Instrument gilt als dem Kunden gehörig.** [2]**Das gilt nicht, wenn der Kunde die Einwilligung zu Verfügungen über den verwahrten Wert für Rechnung des Instituts oder Dritter erteilt hat.**

(2) **Absatz 1 gilt im Rahmen eines qualifizierten Kryptoverwahrgeschäfts entsprechend für den dem Kunden zustehenden Anteil an kryptografischen Instrumenten in gemeinschaftlicher Verwahrung sowie für isoliert verwahrte private kryptographische Schlüssel.**

(3) [1]**Stimmt der Kunde im Insolvenzverfahren über das Vermögen des Instituts einer Aussonderung im Wege der Übertragung des vom Institut verwahrten Gesamtbestands auf ein vom Insolvenzverwalter bestimmtes Institut, welches das qualifizierte Kryptoverwahrgeschäft betreibt, nicht zu, trägt er die Kosten der Aussonderung.** [2]**Dies gilt nicht, wenn die Bedingungen, zu denen das andere Institut eine Fortführung des Verwahrverhältnisses anbietet, für den Kunden unzumutbar sind.** [3]**Die Sätze 1 und 2 sind auf die Übertragung wesentlicher Teile des verwahrten Gesamtbestands entsprechend anzuwenden.**

I. Vorbemerkung

1 § 81a wurde zusammen mit § 69a mWz 30.12.2024 durch das FinmadiG eingefügt. § 81a ist § 46i KWG nachgebildet, der durch das ZukunftsfinanzierungsG mWz 15.12.2023 in das KWG eingefügt wurde (Beschlussempfehlung + Bericht Finanzausschuss z. FinmadiG, BT-Drs. 20/11178, 209).

2 § 81a gilt wie § 69a für **Token** (→ § 2 Rn. 209), die nicht als Kryptowerte iSv Art. 3 Abs. 1 Nr. 5 MiCAR in den Anwendungsbereich der MiCAR fallen (→ § 2 Rn. 207) und die auch keine Finanzinstrumente iSv § 2 Abs. 5 sind. Diese Token werden in § 2 Abs. 4 S. 2 und 3 als **kryptografische Instrumente** definiert, die Zugangsmittel zu diesen Token als **private kryptografische Schlüssel** (→ § 2 Rn. 226). Für Token im Anwendungsbereich der MiCAR gilt Art. 75 Abs. 7 MiCAR.

II. Aussonderungsrecht des Kunden (Abs. 1 und 2)

1. Getrennt verwahrte kryptografische Instrumente (Abs. 1)

3 Abs. 1 **S. 1** stellt klar, dass Kunden Inhaber der in ihrem Namen getrennt verwahrten kryptografischen Instrumente (→ § 2 Rn. 207 ff.) sind und bleiben.

Getrennte Verwahrung setzt nach § 69a Abs. 1 S. 1 voraus, dass die kryptografischen Instrumente des jeweiligen Kunden getrennt von den kryptografischen Instrumente und privaten kryptografischen Schlüsseln des Wertpapierinstituts verwahrt werden (→ § 69a Rn. 3 ff.).

S. 1 soll nach dem Willen des Gesetzgebers klarstellen, dass Kunden in der **Insolvenz** des Wertpapierinstituts ein **Aussonderungsrecht** nach § 47 InsO hinsichtlich der für sie getrennt verwahrten kryptografischen Instrumente zusteht, und zwar unabhängig davon, ob die von der Rspr. gestellten Anforderungen (Unmittelbarkeits-, Herkunfts-, Offenkundigkeits-, Vermögenstrennungs- und Bestimmtheitsprinzip) erfüllt sind, damit ein Treuhandverhältnis zwischen Kunden und Wertpapierinstitut ein Drittwiderspruchs- und Aussonderungsrecht begründet (Regierungsbegründung ZukunftsfinanzierungsG, BT-Drs. 20/8292, 138 (zu § 46i KWG)). Bei getrennter Verwahrung folgt das Aussonderungsrecht bereits aus dem Zivilrecht. S. 1 hat daher allenfalls **deklaratorische** Bedeutung (so zu § 84 WpHG Schwark/Zimmer/Fett WpHG § 84 Rn. 26; für gesetzliche Fiktion Fischer/Schäfer/Schulte-Mattler/Schulte-Mattler/Lindemann KWG § 46i KWG Rn. 15 (zu § 46i KWG). 4

Die Zuordnung kryptografischer Instrumente an den Kunden endet nach Abs. 1 **S. 2** in dem Moment, in dem der Kunde die Einwilligung zu Verfügungen über diese erteilt hat. Mit der Einwilligung endet die wirtschaftliche Berechtigung des Kunden an den kryptografischen Instrumenten (Regierungsentwurf ZukunftsfinanzierungsG, BT-Drs. 20/8292, 138 (zu § 46i KWG); so zu § 46i KWG auch Fischer/Schäfer/Schulte-Mattler/Schulte-Mattler/Lindemann KWG § 46i Rn. 11). 5

Abs. 2 wiederholt für **private kryptografische Schlüssel** (→ § 2 Rn. 226 f.) die Selbstverständlichkeit, dass die Rechte der Kunden an diesen Schlüssel von deren (nur getrennt möglicher und zulässiger) Verwahrung durch das Wertpapierinstitut nicht berührt werden. Eine Stellungnahme des Gesetzgebers, ob private kryptografische Schlüssel Gegenstand besonderer Rechte sein können oder das Schicksal des kryptografischen Instruments teilen, dem sie zugeordnet sind, sollte damit nicht verbunden sein (Regierungsentwurf ZukunftsfinanzierungsG, BT-Drs. 20/8292, 138 (zu § 46i KWG)). 6

2. Gemeinschaftliche Verwahrung (Abs. 2)

Werden kryptografische Instrumente im Einklang mit § 69a Abs. 1 S. 2 **gebündelt für mehrere Kunden,** dh gemeinschaftlich verwahrt, dann ändert dies nach **Abs. 2** nichts daran, dass auch insoweit den Kunden für die ihnen jeweils zustehenden kryptografischen Instrumente ein Aussonderungsrecht zusteht. Auch Abs. 2 hat insoweit nur **deklaratorische** Bedeutung. 7

Das Aussonderungsrecht aus einem Sammelbestand von kryptografischen Instrumenten besteht nach der Rspr. des BGH nur dann, wenn das Wertpapierinstitut seinen Verpflichtungen aus § 69a Abs. 1 S. 2 nachgekommen ist. Werden kryptografische Instrumente des Wertpapierinstituts mit solchen von Kunden vermischt oder fehlt es an einer buchhalterischen Zuordnung zu einzelnen Kunden nach § 69a Abs. 1 S. 2, dann führt dies zum Verlust des Aussonderungsrechts (so zu § 34a WpHG aF (jetzt § 84 WpHG) BGHZ 188, 317 = NZI 2011, 371 Rn. 27; MüKoInsO/Ganter InsO § 47 Rn. 476 und zu §§ 26b, 46i KWG Segna/Möslein/Omlor/v. Buttlar/Braegelmann Kap. 7 Rn. 66; so zu § 46i KWG auch Fischer/Schäfer/Schulte-Mattler/Schulte-Mattler/Lindemann KWG § 46i Rn. 10; aA Beck/Samm/Kokemoor/Hencke KWG § 46i KWG Rn. 8 f.). 8

III. Übertragung von Gesamtbeständen in Insolvenz (Abs. 3)

1. Vorrang der Sammelübertragung (S. 1)

9 Abs. 3 beruht auf dem Leitbild der Abwicklung in der Insolvenz durch **Sammelübertragung** der vom insolventen Wertpapierinstitut verwahrten Token auf ein vom Insolvenzverwalter bestimmtes anderes Unternehmen, das zum Betrieb des qualifizierten Kryptoverwahrgeschäfts berechtigt ist. Hierdurch soll der mit Einzelübertragung verbundene Mehraufwand und die damit zusammenhängenden Kosten vermieden werden (Regierungsentwurf ZukunftsfinanzierungsG, BT-Drs. 20/8292, 138 (zu § 46i KWG)). Wählen Kunden gleichwohl die Einzelübertragung, dann kann der Insolvenzverwalter diese nach **S. 1** von der Übernahme der Kosten der Aussonderung abhängig machen. Obwohl nicht ausdrücklich in S. 1 geregelt, wird damit die Übernahme der entstehenden **Mehrkosten** gemeint sein. Kosten, die auch bei einer Sammelübertragung entstehen, können, soweit sie anteilig auf die Token des Kunden entfielen, von den nach S. 1 zu erstattenden Kosten abgezogen werden.

2. Unzumutbarkeit des neuen Verwahrers (S. 2)

10 **S. 2** berechtigt den Kunden zur Einzelübertragung ohne Kostenübernahmeverpflichtung nach S. 1, wenn die Bedingungen des vom Insolvenzverwalter bestimmten Instituts für den Kunden **unzumutbar** sind. Als Beispiele nennt der Gesetzgeber unverhältnismäßig hohe Verwahrentgelte des neuen Verwahrers sowie, dass das dieser nicht die gleiche Sicherheit bietet wie die bisherige Verwahrung (Regierungsentwurf ZukunftsfinanzierungsG, BT-Drs. 20/8292, 138 (zu § 46i KWG)).

3. Gespaltene Übertragungen (S. 3)

11 **S. 3** regelt den Fall, dass der Insolvenzverwalter nur einen Teilbestand nach S. 1 überträgt oder nur einzelne Kunden eine Einzelübertragung verlangen. In diesem Fall bleiben S. 1 und 2 im Verhältnis zu den einzelnen Kunden anwendbar.

12 Nach der Gesetzesbegründung soll zu S. 3 wiederum eine (nicht aus dem Gesetzestext ersichtliche) Rückausnahme gelten: „Demgegenüber kommt eine Anwendung bei Einzelübertragungen oder Übertragungen von nur geringfügigen Teilen nicht in Betracht. Der Zweck der Sätze 1 und 2, eine möglichst kosten- und aufwandsarme Abwicklung der Aussonderungsansprüche zu ermöglichen, erscheint bei solchen Übertragungen nicht erreichbar" (Regierungsentwurf ZukunftsfinanzierungsG, BT-Drs. 20/8292, 138 (zu § 46i KWG)). Was hiermit gemeint ist, ist unklar. Möglicherweise ist an Fälle gedacht, in denen der Insolvenzverwalter von vorneherein nicht den Weg der Gesamtübertragung nach S. 1 wählt, sondern Einzelübertragungen von Teilbeständen. Dann wäre aber S. 1 nach seinem Wortlaut ohnehin nicht anwendbar.

Kapitel 9. Straf- und Bußgeldvorschriften, öffentliche Bekanntmachung und Mitteilungen in Strafsachen

§ 82 Strafvorschriften

(1) **Mit Freiheitsstrafe bis zu fünf Jahren oder mit Geldstrafe wird bestraft, wer ohne Erlaubnis nach § 15 Absatz 1 erster Halbsatz, Absatz 3, 4 Satz 1 oder Absatz 6 Satz 1 eine Wertpapierdienstleistung, eine Wertpapiernebendienstleistung oder ein Nebengeschäft erbringt, ein Finanzinstrument für eigene Rechnung anschafft oder veräußert, ein Eigengeschäft betreibt oder ein eigenes Finanzinstrument vertreibt.**

(1a) **Ebenso wird bestraft, wer ohne Zulassung nach Artikel 27b Absatz 1 Absatz 2 der Verordnung (EU) Nr. 600/2014 in der Fassung vom 23. Oktober 2024 eine Dienstleistung eines Datenbereitstellungsdienstes erbringt.**

(2) **Handelt der Täter fahrlässig, so ist die Strafe Freiheitsstrafe bis zu drei Jahren oder Geldstrafe.**

Übersicht

I. Vorbemerkung

1 § 82 bedroht Tätigkeiten, deren Erbringung nach § 15 erlaubnispflichtig ist, mit Freiheitsstrafe von bis zu fünf Jahren oder Geldstrafe. Strafbarkeit und Strafrahmen sind § 54 KWG nachgebildet. Wie § 54 KWG schützt § 82 die Effektivität der staatlichen Aufsicht sowie das öffentliche Vertrauen in deren Funktionsfähigkeit (Lendermann/Nemeczek/Schroeter/Bierschenk Rn. 7; so jew. zu § 54 KWG Fischer/Schäfer/Schulte-Mattler/Schulte-Mattler/Lindemann KWG § 54 Rn. 17; Schwennicke/Auerbach/Schwennicke KWG § 54 Rn. 1). Die Strafdrohung ermöglicht die Verfolgung von Verstößen auch durch die Staatsanwaltschaften mit deren weitergehenden Ermittlungsmöglichkeiten und Eingriffsbefugnissen. Der Strafrahmen entspricht dem anderer Vermögensdelikte und soll den Staatsanwaltschaften Anlass geben, Verstöße gegen die Erlaubnispflicht in gleicher Weise zu verfolgen wie Vermögensdelikte (so zu § 54 KWG Regierungsbegründung Zweite E-Geld-RLUG, BT-Drs. 17/3023, 114).

2 Strafdrohung und die Möglichkeit der strafrechtlichen Verfolgung ändern nichts an der Befugnis und ggf. der Pflicht der BaFin, nach § 5 Abs. 2 gegen verbotene Geschäfte vorzugehen und ihre Maßnahmen mit den Mitteln des Verwaltungszwangs nach § 17 FinDAG durchzusetzen (Lendermann/Nemeczek/Schroeter/Bierschenk Rn. 3).

3 Abs. 1a wurde durch das Bankenrichtlinienumsetzungs- und Bürokratieentlastungsgesetz (BRUBEG) v. 25.3.2026 (BGBl. 2026 I Nr. 81) mWz 31.3.2026 eingefügt. Die Strafbarkeit der Tätigkeit als Datenbereitstellungsdienst ohne Zulassung dient der Umsetzung von Art. 70 Abs. 1 UAbs. 1 S. 1 und Abs. 4 lit. b MiFID (Regierungsbegründung BRUBEG, BT-Drs. 21/3058, 301). Eine gleichlautende Strafnorm enthält der ebenfalls durch das BRUBEG eingefügte § 54 Abs. 1 Nr. 3 KWG.

II. Verbotene Tätigkeiten (Abs. 1)

1. Nach Abs. 1 verbotene Tätigkeiten

4 **a) Erbringung von Wertpapierdienstleistungen ohne Erlaubnis nach § 15 Abs. 1 (Abs. 1 Fall 1).** Wertpapierdienstleistungen iSv § 2 Abs. 2 S. 1 Nr. 1–10 dürfen nur mit Erlaubnis nach § 15 Abs. 1 erbracht werden (→ § 15 Rn. 6 ff.). Abs. 1 Fall 1 bedroht die Erbringung von Wertpapierdienstleistungen iSv § 2 Abs. 2 S. 1 Nr. 1–10 ohne Erlaubnis nach § 15 Abs. 1 mit Strafe.

5 Ist eine Erlaubnis nach § 15 Abs. 1 nicht erforderlich, weil das Unternehmen zulässigerweise aufgrund einer Erlaubnis nach § 32 KWG oder einer Übergangsvorschrift tätig ist, dann ist der objektive Tatbestand von Abs. 1 Fall 1 nicht erfüllt.

6 **b) Erbringung von Wertpapiernebendienstleistungen iSv § 2 Abs. 3 Nr. 1, 2 oder 4 ohne Erlaubnis nach § 15 Abs. 1 (Abs. 1 Fall 2).** Wertpapiernebendienstleistungen iSv § 2 Abs. 3 Nr. 1, 2 oder 4 dürfen ebenfalls nur mit Erlaubnis nach § 15 Abs. 1 erbracht werden. Vom Erlaubnisvorbehalt erfasst sind das Depotgeschäft (§ 2 Abs. 3 Nr. 1), die Gewährung von Krediten für die Durchführung von Wertpapierdienstleistungen (§ 2 Abs. 3 Nr. 2) und Devisengeschäfte im Zusammenhang mit der Erbringung von Wertpapierdienstleistungen (§ 2 Abs. 3 Nr. 4). Die übrigen Wertpapiernebendienstleistungen aus dem Katalog in § 2 Abs. 3 unterliegen nicht der Erlaubnispflicht nach Abs. 1. Abs. 1 Fall 2 bedroht

die Erbringung von Wertpapiernebendienstleistungen iSv § 2 Abs. 3 Nr. 1, 2 oder 4 ohne erforderliche Erlaubnis nach § 15 Abs. 1 mit Strafe. Der objektive Tatbestand von Abs. 1 Fall 2 ist auch hier nicht erfüllt, wenn eine Erlaubnis nicht erforderlich ist, weil das Unternehmen zulässigerweise ohne Erlaubnis oder mit Erlaubnis nach § 32 KWG oder einer Überleitungsvorschrift tätig ist.

c) Erbringung von Nebengeschäften ohne Erlaubnis nach § 15 Abs. 1 (Abs. 1 Fall 3). Nach § 15 Abs. 1 dürfen auch Nebengeschäfte, dh eingeschränktes Verwahrgeschäft (§ 2 Abs. 4 Nr. 1) und die Drittstaateneinlagenvermittlung (§ 2 Abs. 4 Nr. 2) nicht ohne Erlaubnis erbracht werden. Abs. 1 Fall 3 bedroht auch die Erbringung dieser Geschäfte ohne eine erforderliche Erlaubnis nach § 15 Abs. 1 mit Strafe. 7

d) Anschaffung oder Veräußerung von Finanzinstrumenten für eigene Rechnung ohne Erlaubnis nach § 15 Abs. 3 (Abs. 1 Fall 4). Abs. 1 Fall 4 soll Verstöße gegen die Erlaubnispflicht aus § 15 Abs. 3 sanktionieren, die eingreift, wenn **neben** Wertpapierdienstleistungen iSv § 2 Abs. 2 das **Eigengeschäft iSv § 15 Abs. 3** betreibt (→ § 15 Rn. 21). Eine entsprechende Erlaubnispflicht für die Erbringung von Eigengeschäft durch Kredit- und Finanzdienstleistungsinstitute neben Bankgeschäften iSv § 1 Abs. 1 KWG und Finanzdienstleistungen iSv § 1 Abs. 1a S. 2 Nr. 1–5 und 11 KWG enthält § 32 Abs. 1a S. 1 KWG iVm § 1 Abs. 1a S. 3 KWG. 8

e) Betreiben des Eigengeschäfts ohne Erlaubnis nach § 15 Abs. 4 S. 1 (Abs. 1 Fall 5). Der Erlaubnis nach § 15 Abs. 4 S. 1 bedarf, wer das Eigengeschäft als Mitglied oder Teilnehmer eines organisierten Marktes oder eines multilateralen Handelssystems oder mit einem direkten elektronischen Zugang zu einem Handelsplatz oder mit Warenderivaten, Emissionszertifikaten oder Derivaten auf Emissionszertifikate betreibt, und zwar unabhängig davon, ob zusätzlich eine Erlaubnis nach § 15 Abs. 1 für die Erbringung von Wertpapierdienstleistungen, Wertpapiernebendienstleistungen oder Nebengeschäfte erforderlich ist (→ § 15 Rn. 23 ff.). Eine parallele Erlaubnispflicht für Kredit- und Finanzdienstleistungsinstitute, die aufgrund Erlaubnis nach § 32 Abs. 1 KWG tätig sind, enthält § 32 Abs. 1a S. 2 KWG. 9

Abs. 1 Fall 5 erfasst die Fälle, in denen ohne eine nach § 15 Abs. 4 S. 1 erforderliche Erlaubnis gehandelt wird. Ist eine Erlaubnis nach § 15 Abs. 4 S. 1 nicht erforderlich, dann ist der objektive Tatbestand von Abs. 1 Fall 5 nicht erfüllt. 10

f) Vertrieb eigener Finanzinstrumente ohne Erlaubnis nach § 15 Abs. 6 S. 1 (Abs. 1 Fall 6). § 15 Abs. 6 S. 1 verlangt für Wertpapierinstitute mit Erlaubnis nach § 15 Abs. 1, die eigene Finanzinstrumente vertreiben wollen, eine zusätzliche Erlaubnis, sofern der Vertrieb nicht als Erbringung einer Wertpapierdienstleistung gilt oder von einer Erlaubnis für das Betreiben des Eigengeschäfts nach § 15 Abs. 3 erfasst wird (→ § 15 Rn. 36). Eine entsprechende Erlaubnispflicht für Kredit- und Finanzdienstleistungsinstitute enthält § 32 Abs. 1a S. 4 KWG. 11

Abs. 1 Fall 6 bedroht Handeln ohne eine nach § 15 Abs. 6 erforderliche Erlaubnis mit Strafe. 12

2. Erbringen

Das **„Erbringen"** von Tätigkeiten iSv Abs. 1 setzt voraus, dass diese in erlaubnispflichtigem Umfang erbracht werden, dh nach § 2 Abs. 1 entweder gewerbsmä- 13 ßig (Grundtatbestand) oder in einem Umfang, der einen kaufmännisch eingerichteten Geschäftsbetrieb erfordert (näher → § 2 Rn. 5 ff.). Für den Grundtatbestand von § 1 Abs. 1 S. 1 ist wiederholtes Erbringen von Tätigkeiten oder wiederholtes Tätigen von Geschäften oder Handeln in Wiederholungsabsicht erforderlich (vgl. → § 2 Rn. 6 ff.). Maßgeblich ist nicht die Gewinnerzielungsabsicht des einzelnen Tatbeteiligten, sondern die Erlaubnispflicht des Betriebs als Ganzes (so zu § 32 KWG BGH NStZ-RR 2003, 55 = wistra 2003, 65).

3. Ohne Erlaubnis

14 **„Ohne Erlaubnis"** handelt der Täter, wenn zum Tatzeitpunkt keine Erlaubnis erteilt ist (oder nach einer Übergangsvorschrift als erteilt gilt oder fortbesteht) oder eine bereits erteilte Erlaubnis weggefallen ist. Unerheblich ist, ob eine Erlaubnis erteilt werden müsste oder ob ein Erlaubnisantrag bereits gestellt ist (so zu § 32 KWG Fischer/Schäfer/Schulte-Mattler/Schulte-Mattler/Lindemann KWG § 54 Rn. 20). Notwendig ist, dass eine Erlaubnis nach § 15 Abs. 1, 3, 4 S. 1 oder 6 S. 1 objektiv erforderlich ist. Wird aufgrund einer Erlaubnis nach § 32 KWG oder einer aufgrund von Übergangsvorschriften als erteilt geltenden Erlaubnis gehandelt, dann liegt kein Handeln ohne Erlaubnis vor.

15 Kein Fall von Abs. 1 ist auch der **Verstoß gegen Auflagen zur Erlaubnis** nach § 15 Abs. 8 (Lendermann/Nemeczek/Schroeter/Bierschenk Rn. 38; so jew. z. § 32 Abs. 2 S. 1 KWG Fischer/Schäfer/Schulte-Mattler/Schulte-Mattler/Lindemann KWG § 54 Rn. 18; Beck/Samm/Kokemoor/Rosinus/Wiesner-Lameth KWG § 54 Rn. 31), da dann grundsätzlich erlaubte Tätigkeiten erbracht werden.

16 Das Erbringen erlaubnispflichtiger Tätigkeiten ist bei Aufhebung einer Erlaubnis nur iSv Abs. 1 tatbestandsmäßig, wenn die Aufhebung der Erlaubnis bestandskräftig oder sofort vollziehbar ist (so zu § 54 KWG Fischer/Schäfer/Schulte-Mattler/Schulte-Mattler/Lindemann KWG § 54 Rn. 18). Ist Sofortvollzug nicht angeordnet oder hat das Gericht auf Antrag gem. § 80 Abs. 5 oder 6 VwGO die aufschiebende Wirkung von Rechtsbehelfen wiederhergestellt, ist keine Strafbarkeit nach § 82 gegeben (so zu § 54 KWG Schwennicke/Auerbach/Schwennicke KWG § 54 Rn. 7).

4. Täterschaft und Teilnahme

17 Taugliche **Täter** einer Straftat iSd § 14 StGB können nur Personen sein, die das fragliche Unternehmen leiten und damit die Geschäfte betreiben. Dies sind bei einzelkaufmännisch betriebenen Wertpapierinstituten der Inhaber, bei Instituten in der Rechtsform der Personenhandelsgesellschaft die vertretungsberechtigten Gesellschafter (§ 14 Abs. 1 Nr. 2 StGB), bei Wertpapierinstituten in der Rechtsform der juristischen Person die Mitglieder der vertretungsberechtigten Organe (§ 14 Abs. 1 Nr. 1 StGB), darüber hinaus diejenigen Personen, die rechtsgeschäftlich beauftragt sind, den Betrieb ganz oder teilweise zu leiten, oder denen Aufgaben übertragen sind, die von den Geschäftsleitern des Instituts wahrzunehmen sind, soweit diese die übertragenen Aufgaben tatsächlich übernommen haben. Auf die Rechtswirksamkeit der Beauftragung kommt es nicht an (§ 14 Abs. 3 StGB; so zu § 54 KWG Fischer/Schäfer/Schulte-Mattler/Schulte-Mattler/Lindemann KWG § 54 Rn. 23).

18 Sonstige Mitarbeiter eines Unternehmens können nicht Täter, sondern nur Teilnehmer (Anstifter, Gehilfen) einer Straftat nach § 54 sein (Lendermann/Nemeczek/Schroeter/Bierschenk Rn. 46; so jew. zu § 54 KWG BGH WM 2012,

1333 (1335) = NJW 2012, 3177 Rn. 19; BGH NJW 2017, 2463 Rn. 16; Fischer/Schäfer/Schulte-Mattler/Schulte-Mattler/Lindemann KWG § 54 Rn. 23; Luz/Neus/Schaber/Schneider/Wagner/Weber/Redenius-Hövermann KWG § 54 Rn. 2).

Die Strafdrohung richtet sich nur gegen das betroffene Institut und seine Mitarbeiter, nicht gegen den an der Verwirklichung des jeweiligen Tatbestandes beteiligten **Kunden** (Lendermann/Nemeczek/Schroeter/Bierschenk Rn. 47; so jew. zu § 54 KWG LG Essen WM 1992, 1224 = NJW-RR 1992, 303 = WuB I L 1 § 32 KWG 1.93 Nassall; Beck/Samm/Kokemoor/Rosinus/Wiesner-Lameth KWG § 54 Rn. 51; Reischauer/Kleinhans KWG § 54 Rn. 2), da es sich um einen Fall der sog. notwendigen Teilnahme des Geschädigten handelt. 19

5. Vorsatz

Nach Abs. 1 strafbar ist die vorsätzliche Begehung, dh das Handeln in Kenntnis aller Tatumstände. Betreibt der Täter ohne Erlaubnis Bankgeschäfte, dann handelt er vorsätzlich, wenn er alle Tatbestandsmerkmale kennt, aus denen sich die Erlaubnispflicht ergibt, und wenn er den Bedeutungssinn des erlaubnispflichtigen Geschäfts als normatives Tatbestandsmerkmal zutreffend erfasst (sog. **Parallelwertung in der Laiensphäre**) (so jew. zu § 54 KWG BGH WM 2012, 1333 (1336) = NJW 2012, 3177 Rn. 21; BGH WM 2018, 787 (791) = NJW 2018, 1486 Rn. 34; BGH WM 2018, 2038 (2039) = NJW 2018, 3467 Rn. 9 ff.; BGH WM 2019. 2304 (2307) = NJW-RR 2020, 112 Rn. 30; BGH WM 2020, 1201 Rn. 19; LG Berlin Beckmann/Bauer § 54 KWG Nr. 2; Beck/Samm/Kokemoor/Rosinus/Wiesner-Lameth KWG § 54 Rn. 60). Die richtige rechtliche Beurteilung der normativen Tatbestandsmerkmale gehört dagegen nicht zum Vorsatz (so jew. zu § 54 KWG BGH WM 2012, 1333 (1336) = NJW 2012, 3177 Rn. 23; BGH NJW 2017, 2463 Rn. 21; WM 2019, 2304 (2307) = NJW-RR 2020, 112 Rn. 30). Für bedingten Vorsatz reicht es aus, dass der Täter es für möglich hält, erlaubnispflichtige Tätigkeiten zu erbringen und dies billigend in Kauf nimmt (so zu § 54 KWG BGH NJW-RR 2011, 347 und BeckRS 2010, 30647). 20

Irrt der Täter in Kenntnis der objektiven Umstände über die Erlaubnispflicht eines konkreten Geschäfts, dann stellt dies einen **Verbotsirrtum** (§ 17 StGB) dar (so jew. zu § 54 KWG BGH WM 2012, 1333 (1336) = NJW 2012, 3177 Rn. 23; BGH WM 2017, 1501 (1502) = NJW-RR 2017, 1004 = NZG 2017, 1188 Rn. 10; BGH WM 2018, 1639 (1642) = BKR 2018, 510 = ZIP 2018, 1678 = NJW-RR 2018, 1250 Rn. 24; BGH WM 2019, 1780 Rn. 27 ff.; 2020, 1201 Rn. 19; 2021, 2456 Rn. 20; Hennig WuB 2019, 126 (zu BGH WM 2018, 2038); Fischer/Schäfer/Schulte-Mattler/Schulte-Mattler/Lindemann KWG § 54 Rn. 27; Beck/Samm/Kokemoor/Rosinus/Wiesner-Lameth KWG § 54 Rn. 61, 63; aA (Tatbestandsirrtum nach § 16 StGB) OLG Oldenburg wistra 2014, 114 (115); Rinjes wistra 2015, 7 ff.; zweifelnd bei Irrtum über Genehmigungserfordernis BGH WM 2018, 2038 (2039) = NJW 2018, 3467 Rn. 9 f.). 21

Hat die BaFin in Kenntnis aller äußeren Umstände gegenüber dem Täter die Merkmale eines erlaubnispflichtigen Handelns verneint, dann hat das Gericht gleichwohl selbständig zu beurteilen, ob erlaubnispflichtige Tätigkeiten ausgeführt werden, da die Rechtsauffassung der BaFin die Zivil- und Strafgerichte nicht bindet. Allerdings wird dann in der Regel ein unvermeidbarer Verbotsirrtum des Betroffenen vorliegen (so jew. zu § 54 KWG BGH WM 2012, 1333 (1336) = NJW 2012, 3177 Rn. 23; BGH WM 2017, 1501 (1502 f.) = NJW-RR 2017, 22

1004 = NZG 2017, 1188 Rn. 16 f.; BGH WM 2018, 1639 (1643) = BKR 2018, 510 = ZIP 2018, 1678 = NJW-RR 2018, 1250 Rn. 31; Fischer/Schäfer/Schulte-Mattler/Schulte-Mattler/Lindemann KWG § 54 Rn. 27; zu den zivilrechtlichen Folgen → Rn. 23). Ein strafausschließender unvermeidbarer Verbotsirrtum liegt auch dann vor, wenn das Unternehmen eine Stellungnahme der BaFin erst nach Aufnahme der Geschäftstätigkeit erlangt (so zu Negativattest nach § 4 KWG BGH WM 2017, 1501 (1502 f.) = NJW-RR 2017, 1004 = NZG 2017, 1188 Rn. 16 f.) oder wenn die BaFin zu einem späteren Zeitpunkt ihre Rechtsauffassung ändert und dies dem Unternehmen mitteilt (BGH WM 2017, 1501 (1502 f.) = NJW-RR 2017, 1004 = NZG 2017, 1188 Rn. 16 f.).

23 Hat sich der Täter auf anwaltlichen Rat verlassen, dann liegt ein unvermeidbarer Verbotsirrtum nur dann vor, wenn die Auskunftsperson verlässlich ist, der Inhalt der Auskunft eindeutig unrechtverneinend ist und wenn bei komplexen und schwierigen Rechtsfragen ein detailliertes schriftliches Gutachten eingeholt wurde (so jew. zu § 54 KWG BGH NJW 2017, 2463 Rn. 29 f.; Beck/Samm/Kokemoor/Rosinus/Wiesner-Lameth KWG § 54 Rn. 62).

24 Der Versuch des § 82 ist nicht strafbar, da es sich um ein Vergehen handelt und eine Versuchsstrafbarkeit nicht ausdrücklich angeordnet ist (§ 23 Abs. 1 StGB) (Lendermann/Nemeczek/Schroeter/Bierschenk Rn. 52).

III. Unerlaubte Datenbereitstellungsdienste (Abs. 1a)

25 Nach dem durch das Bankenrichtlinienumsetzungs- und BürokratieentlastungsG (BRUBEG) v. 25.3.2026 (BGBl. 2026 I Nr. 81) gilt die Strafdrohung nach Abs. 1 auch für die unerlaubte Dienstleistung eines Datenbereitstellungsdienstes.

26 Datenbereitstellungsdienst ist in dem ebenfalls durch das BRUBEG eingefügten (ersten) § 2 Abs. 39 definiert. § 2 Abs. 39 verweist für Datenbereitstellungsdienste auf die Definition in § 2 Abs. 40 WpHG. Danach sind Datenbereitstellungsdienste

27 – ein **genehmigtes Veröffentlichungssystem** (§ 2 Abs. 40 Nr. 1 WpHG) (näher → § 78d Rn. 4 ff.), sowie

28 – ein **genehmigter Meldemechanismus** (§ 2 Abs. 40 Nr. 2 WpHG) (näher → § 78d Rn. 4 ff.).

29 Datenbereitstellungdienste bedürfen nach Art. 27b Abs. 1 UAbs. 2 MiFIR (VO (EU) 600/2014) der Zulassung der BaFin als zuständiger Behörde, wenn das Unternehmen seinen Sitz oder eine Niederlassung im Inland hat oder grenzüberschreitend im Inland tätig wird. Zum Tatbestandsmerkmal des „Erbringens" oben → Rn. 13, zu Sitz oder Niederlassung im Inland → § 1 Rn. 6 ff., zu grenzüberschreitenden Tätigkeiten „im Inland" → § 1 Rn. 99 ff.

30 Unerlaubt ist ein Unternehmen tätig, wenn eine Erlaubnis weder erteilt ist noch nach etwa geltenden Übergangsvorschriften als erteilt gilt (oben → Rn. 14 ff.).

31 Zu Täterschaft und Teilnahme näher oben → Rn. 17 ff., zum Vorsatzerfordernis näher oben → Rn. 20 ff.

IV. Fahrlässige Begehung (Abs. 2)

32 Bloß fahrlässige Begehung iSv Abs. 2 kommt zB in Betracht, wenn der Täter sich vor Aufnahme der Tätigkeit nicht über Erlaubniserfordernisse unterrichtet (so jew. zu § 54 KWG BGH WM 2005, 1217 (1218) = NJW 2005, 2307; BGH WM 2006, 1896 Rn. 24 = NJW-RR 2006, 1713 = WuB IV A. § 823 BGB 1.05

C. Fassbender/J. Liepe; BGH WM 2012, 1333 (1337) = NJW 2012, 3177 Rn. 32; BGHZ 197, 1 = WM 2013, 874 (878) = ZIP 2013, 966 = NJW-RR 2013, 675 Rn. 30 Winzergelder) oder irrig annimmt, nicht gewerbsmäßig oder nicht in einem Umfang zu handeln, der einen kaufmännischen Geschäftsbetrieb erfordert, da dann lediglich ein den Vorsatz unberührt lassender Irrtum über die Verbotenheit der Handlung (Verbotsirrtum nach § 17 StGB) in Betracht kommen kann (so zu § 54 KWG Fischer/Schäfer/Schulte-Mattler/Schulte-Mattler/Lindemann KWG § 54 Rn. 27). Eine fahrlässige Begehungsform kann im Falle des sog. Erlaubnistatbestandsirrtums in Betracht kommen, wenn etwa der Täter irrigerweise vom Vorliegen einer Erlaubnis ausgeht; in diesem Fall ist analog § 16 Abs. 1 StGB der Vorsatz ausgeschlossen.

V. Konkurrenz zu § 54 KWG

§ 82 gilt neben § 54 KWG, obwohl sich die Tatbestände teilweise überschneiden. 33

In den Fällen, in denen eine Erlaubnis nach § 32 KWG erforderlich ist, ist § 54 KWG einschlägig, bei einer Erlaubnis nach § 15 gilt § 82. 34

Erfüllt eine Tätigkeit gleichzeitig den Tatbestand einer Wertpapierdienstleistung (§ 2 Abs. 2) oder -nebendienstleistung (§ 2 Abs. 3) oder eines Nebengeschäfts (§ 2 Abs. 4) nach dem WpIG und eines Bankgeschäfts (§ 1 Abs. 1 KWG) oder einer Finanzdienstleistung (§ 1 Abs. 1a KWG), dann ist die Strafbarkeit nach § 82 vorrangig, wenn nach Maßgabe von § 15 Abs. 7 S. 2 WpIG, § 32 Abs. 1 S. 2 KWG der Erlaubnisvorbehalt nach § 32 KWG zurücktritt und nur eine Erlaubnis nach dem WpIG erforderlich wäre (Lendermann/Nemeczek/Schroeter/Bierschenk Rn. 15). Tatbestandlich liegt dann **Alternativität** vor, nicht Idealkonkurrenz. 35

VI. Zivilrechtliche Rechtsfolgen eines Verstoßes

1. Keine Nichtigkeit nach § 134 BGB

In der Rspr. zu § 54 KWG ist anerkannt, dass ein Verstoß gegen die Erlaubnispflicht aus § 32 KWG die **zivilrechtliche Wirksamkeit** von unter Verstoß abgeschlossenen Rechtsgeschäften unberührt lässt und § 134 BGB unanwendbar ist, da sich die Strafbarkeit nicht gegen den Inhalt seines Geschäfts oder seinen Vollzug, sondern nur gegen eine Partei des Geschäfts richtet (so jew. zu § 32 KWG BGH WM 1966, 1101 (1102); 1972, 853 (insoweit in NJW 1972, 1463 nicht abgedruckt); BGH WM 1978, 1268 (1269); BGHZ 76, 119 = WM 1980, 374 = NJW 1980, 1394; BGH NJW 1997, 1435 (1436) = WM 1997, 656; BGH WM 2011, 1168 (1170) = NJW 2011, 3024 Rn. 20; Fischer/Schäfer/Schulte-Mattler/Schulte-Mattler/Fischer/Krolop KWG § 32 Rn. 30; Reischauer/Kleinhans KWG § 54 Rn. 3; offengelassen für Einlagengeschäft iSv § 1 Abs. 1 S. 2 Nr. 1 KWG von BVerwG BKR 2011, 208 Rn. 26 (im Zusammenhang mit § 37 KWG); BGH WM 2005, 833 (835) = ZIP 2005, 753; BGHZ 226, 329 = WM 2020, 1728 (1729) = NZG 2020, 1264 Rn. 21 = WuB 2020, 546 Schwennicke (zu § 37 KWG)). 36

Im Falle eines bewussten Zusammenwirkens beider Vertragsparteien kann Sittenwidrigkeit des Geschäfts nach **§ 138 Abs. 1 BGB** gegeben sein (so zu Verstoß gegen Verfügungsbeschränkungen aus § 46 KWG BGH WM 1990, 54 (55 f.) = NJW 1990, 1356 = WuB I L 1. § 46 KWG 1.90 Sonnenhol)). 37

2. Schadenersatzpflicht nach § 823 Abs. 2 BGB

38 Ein Verstoß nach Abs. 1 kann nach § 823 Abs. 2 BGB iVm § 15 WpIG **schadenersatzpflichtig** machen, da die Erlaubnispflicht nach § 15 auch dem Anlegerschutz dient (Lendermann/Nemeczek/Schroeter/Bierschenk Rn. 65). Dass § 32 Abs. 1 KWG Schutzgesetz ist, ist in stRspr des BGH anerkannt (grdl. BGH WM 2005, 1217 (1218) = NJW 2005, 2307; BGHZ 226, 329 = WM 2020, 1728 (1732) = NZG 2020, 1264 Rn. 49 = WuB 2020, 546 Schwennicke und zuvor schon BGH NJW 1973, 1547 (1549) (obiter)). Die zugrunde liegende Überlegung, dass die bankaufsichtliche Erlaubnispflicht nach dem KWG dem Schutz des Publikums dient, gilt in gleicher Weise für die Erlaubnispflicht nach dem WpIG.

39 Ein die Strafbarkeit ausschließender unvermeidbarer Verbotsirrtum lässt auch die Schadenersatzpflicht nach §§ 823 Abs. 2 BGB iVm § 15 WpIG entfallen (so jew. zu §§ 32 Abs. 1, 54 KWG BGH WM 2012, 1333 (1336) = NJW 2012, 3177 Rn. 23; BGH NJW 2017, 2463 Rn. 17; WM 2017, 1501 (1502 f.) = NJW-RR 2017, 1004 = NZG 2017, 1188 Rn. 16; BGH WM 2018, 1639 (1642 f.) = BKR 2018, 510 = ZIP 2018, 1678 = NJW-RR 2018, 1250 Rn. 28).

§ 83 Bußgeldvorschriften

(1) **Ordnungswidrig handelt, wer vorsätzlich oder fahrlässig**

1. **entgegen § 5 Absatz 4 Satz 1 eine Auskunft nicht, nicht richtig, nicht vollständig oder nicht rechtzeitig erteilt oder eine Unterlage nicht, nicht richtig, nicht vollständig oder nicht rechtzeitig vorlegt,**
2. **entgegen § 5 Absatz 4 Satz 5, auch in Verbindung mit Satz 6, oder entgegen § 5 Absatz 5 Satz 6, Absatz 8 Satz 10 oder Absatz 9 Satz 3 eine Maßnahme nicht duldet,**
3. **entgegen § 20 Absatz 8 einen Geschäftsleiter bestellt,**
4. **entgegen § 21 Absatz 6 ein Mitglied eines Verwaltungs- oder Aufsichtsorgans bestellt,**
5. **entgegen**
   a) **§ 24 Absatz 1 Satz 1, Absatz 2 Satz 1 oder 4, Absatz 3 Satz 1, auch in Verbindung mit Satz 2 oder 3, oder entgegen § 24 Absatz 5, jeweils auch in Verbindung mit einer Rechtsverordnung nach § 14 Absatz 3 Satz 1 oder 3, oder**
   b) **§ 64 Absatz 1 oder 2 Satz 2, den §§ 65, 66 Absatz 1 Satz 1, § 67 Absatz 1 oder 2 Satz 1, § 70 Absatz 1 Satz 1, auch in Verbindung mit Satz 2, § 71 Absatz 1 Satz 1 oder Absatz 4 Satz 1 oder § 72 Absatz 1 Satz 1**

   eine Anzeige nicht, nicht richtig oder nicht rechtzeitig erstattet,
6. **entgegen § 28 Absatz 1 nicht sicherstellt, dass ein vertraglich gebundener Vermittler zuverlässig und geeignet ist und einen Kunden informiert und in Kenntnis setzt,**
7. **entgegen § 28 Absatz 2 einen Nachweis nicht oder nicht mindestens fünf Jahre aufbewahrt,**
8. **entgegen § 37 Nummer 1 eine Korrespondenzbeziehung oder eine sonstige Geschäftsbeziehung mit einer Bank-Mantelgesellschaft aufnimmt oder fortführt,**
9. **entgegen § 37 Nummer 2 erster Halbsatz ein Konto errichtet oder führt,**

10. einer vollziehbaren Anordnung nach § 49, § 54 oder § 68 zuwiderhandelt, oder

11. entgegen § 66 Absatz 2 Satz 1 oder § 76 Absatz 1 Satz 1 oder Satz 3 eine Finanzinformation, einen Jahresabschluss, einen Lagebericht oder einen Prüfungsbericht nicht, nicht richtig, nicht vollständig oder nicht rechtzeitig einreicht.

(2) **Ordnungswidrig handelt, wer eine Rückzahlung von Verbindlichkeiten aus Eigenmittelinstrumenten eines Großen Wertpapierinstituts, die nach Artikel 28 Absatz 1 Absatz 1 Buchstabe b, Artikel 52 Absatz 1 Absatz 1 Buchstabe a oder Artikel 63 Absatz 1 Buchstabe a der Verordnung (EU) Nr. 575/2013 des Europäischen Parlaments und des Rates vom 26. Juni 2013 über Aufsichtsanforderungen an Kreditinstitute und Wertpapierfirmen und zur Änderung der Verordnung (EU) Nr. 648/2012 (ABl. L 176 vom 27.6.2013, S. 1; L 208 vom 2.8.2013, S. 68; L 321 vom 30.11.2013, S. 6; L 193 vom 21.7.2015, S. 166; L 20 vom 25.1.2017, S. 3), die zuletzt durch die Verordnung (EU) 2020/873 (ABl. L 204 vom 26.6.2020, S. 4) geändert worden ist, voll eingezahlt sein müssen, an einen Inhaber der betreffenden Eigenmittelinstrumente leistet.**

(3) **Ordnungswidrig handelt, wer entgegen Artikel 5 Absatz 1 der Durchführungsverordnung (EU) 2017/1945 der Kommission vom 19. Juni 2017 zur Festlegung technischer Durchführungsstandards für Mitteilungen von und an Wertpapierfirmen, die eine Zulassung beantragen oder besitzen, gemäß der Richtlinie 2014/65/EU des Europäischen Parlaments und des Rates (ABl. L 276 vom 26.10.2017, S. 22) eine Mitteilung nicht, nicht richtig, nicht vollständig oder nicht rechtzeitig macht.**

(4) **Ordnungswidrig handelt, wer gegen die Verordnung (EU) 2019/2033 des Europäischen Parlaments und des Rates vom 27. November 2019 über Aufsichtsanforderungen an Wertpapierfirmen und zur Änderung der Verordnungen (EU) Nr. 1093/2010, (EU) Nr. 575/2013, (EU) Nr. 600/2014 und (EU) Nr. 806/2014 (ABl. L 314 vom 5.12.2019, S. 1) verstößt, indem er**

1. entgegen Artikel 38 Absatz 1 in Verbindung mit Artikel 37 Absatz 1 eine Meldung nicht, nicht richtig, nicht vollständig oder nicht rechtzeitig macht,

2. entgegen Artikel 43 Absatz 1 Absatz 1

a) liquide Aktiva über einen Zeitraum von mehr als einem Monat nicht hält oder

b) liquide Aktiva nicht hält und diese Handlung beharrlich wiederholt,

3. entgegen Artikel 46 Absatz 1, 2 oder 3, Artikel 47, Artikel 48, Artikel 49 Absatz 1, Artikel 50, Artikel 51 Absatz 1 oder Artikel 53 eine Offenlegung nicht, nicht richtig, nicht vollständig oder nicht rechtzeitig vornimmt oder

4. entgegen Artikel 54 Absatz 1 Absatz 1 Buchstabe b oder e in Verbindung mit Absatz 2 Absatz 1 eine Meldung nicht richtig oder nicht vollständig macht.

(4a) **Zuwiderhandlungen gegen die Verordnung (EU) 2022/2554 des Europäischen Parlaments und des Rates vom 14. Dezember 2022 über die digitale operationale Resilienz im Finanzsektor und zur Änderung der Verordnungen (EG) Nr. 1060/2009, (EU) Nr. 648/2012, (EU) Nr. 600/2014, (EU) Nr. 909/2014 und (EU) 2016/1011 (ABl. L 333 vom 27.12.2022,**

S. 1) durch Personen im Anwendungsbereich dieses Gesetzes können nach § 56 Absatz 5e und 6 Nummer 1 und 2 des Kreditwesengesetzes geahndet werden.

(5) [1]**Die Ordnungswidrigkeit kann in den Fällen des Absatzes 1 Nummer 3 Buchstabe a, Nummer 4, 6 und 7 und der Absätze 2 und 4 mit einer Geldbuße bis zu fünf Millionen Euro geahndet werden.** [2]**In den übrigen Fällen des Absatzes 1 und in den Fällen des Absatzes 3 kann die Ordnungswidrigkeit mit einer Geldbuße bis zu hunderttausend Euro geahndet werden.**

(6) [1]**Bei einer juristischen Person oder Personenvereinigung mit einem jährlichen Gesamtumsatz von mehr als 50 Millionen Euro kann abweichend von Absatz 5 Satz 1 eine Ordnungswidrigkeit**
1. **nach Absatz 1 Nummer 3 bis 5 Buchstabe a, Nummer 6, 8 und 9 und Absatz 4, sowie**
2. **nach Absatz 2**

mit einer Geldbuße bis zu 10 Prozent des jährlichen Gesamtumsatzes einschließlich des Bruttoertrags nach Satz 2 geahndet werden. Der Bruttoertrag nach Satz 1 besteht aus Zinserträgen und ähnlichen Erträgen, Erträgen aus Aktien, anderen Anteilsrechten und variabel verzinslichen oder festverzinslichen Wertpapieren sowie Erträgen aus Provisionen und Gebühren des Unternehmens im Geschäftsjahr, das der Tat vorangegangen ist, geahndet werden. [2]**Der Bruttoertrag nach Satz 1 Nummer 1 besteht aus Zinserträgen und ähnlichen Erträgen, Erträgen aus Aktien, anderen Anteilsrechten und variabel verzinslichen oder festverzinslichen Wertpapieren sowie Erträgen aus Provisionen und Gebühren des Unternehmens im Geschäftsjahr, das der Tat vorangegangen ist.**

(7) **Bei einer juristischen Person oder Personenvereinigung kann über Absatz 5 Satz 1 oder Absatz 6 Satz 1 Nummer 1 hinaus eine Ordnungswidrigkeit nach Absatz 1 Nummer 3 bis 5 Buchstabe a, Nummer 6, 8 und 9 und Absatz 4 mit einer Geldbuße bis zum Zweifachen des durch den Verstoß erzielten Gewinns oder verhinderten Verlusts geahndet werden, sofern sich ein solcher Gewinn oder Verlust beziffern lässt.**

(8) **Die Ordnungswidrigkeit kann in den Fällen des Absatzes 2**
1. **bei einer natürlichen Person über Absatz 5 Satz 1 hinaus und**
2. **bei einer juristischen Person oder Personenvereinigung über Absatz 5 Satz 1 oder Absatz 6 Satz 1 Nummer 2 hinaus**

mit einer Geldbuße bis zur zweifachen Höhe der durch den Verstoß erzielten Gewinne oder verhinderten Verluste geahndet werden, sofern diese sich beziffern lassen.

(9) [1]**Gesamtumsatz im Sinne des Absatzes 6 Satz 1 ist**
1. **der sich aus dem auf das Unternehmen anwendbaren nationalen Recht im Einklang mit Artikel 27 Nummer 1, 3, 4, 6 und 7 oder Artikel 28 Buchstabe B Nummer 1 bis 4 und 7 der Richtlinie 86/635/EWG des Rates vom 8. Dezember 1986 über den Jahresabschluß und den konsolidierten Abschluß von Banken und anderen Finanzinstituten (ABl. L 372 vom 31.12.1986, S. 1; L 316 vom 23.11.1988, S. 51), die zuletzt durch die Richtlinie 2006/46/EG (ABl. L 224 vom 16.8.2006, S. 1) geändert worden ist, ergebende Gesamtbetrag, abzüglich der Umsatzsteuer und sonstiger direkt auf diese Erträge erhobener Steuern,**

2. im Falle von Versicherungsunternehmen der sich aus dem auf das Versicherungsunternehmen anwendbaren nationalen Recht im Einklang mit Artikel 63 der Richtlinie 91/674/EWG des Rates vom 19. Dezember 1991 über den Jahresabschluß und den konsolidierten Abschluß von Versicherungsunternehmen (ABl. L 374 vom 31.12.1991, S. 7), die zuletzt durch die Richtlinie 2006/46/EG (ABl. L 224 vom 16.8.2006, S. 1) geändert worden ist, ergebende Gesamtbetrag, abzüglich der Umsatzsteuer und sonstiger direkt auf diese Erträge erhobener Steuern,

3. im Übrigen der Betrag der Nettoumsätze nach Maßgabe des auf das Unternehmen anwendbaren nationalen Rechts im Einklang mit Artikel 2 Nummer 5 der Richtlinie 2013/34/EU des Europäischen Parlaments und des Rates vom 26. Juni 2013 über den Jahresabschluss, den konsolidierten Abschluss und damit verbundene Berichte von Unternehmen bestimmter Rechtsformen und zur Änderung der Richtlinie 2006/43/EG des Europäischen Parlaments und des Rates und zur Aufhebung der Richtlinien 78/660/EWG und 83/349/EWG des Rates (ABl. L 182 vom 29.6.2013, S. 19; L 369 vom 24.12.2014, S. 79), die zuletzt durch die Richtlinie 2014/102/EU (ABl. L 334 vom 21.11.2014, S. 86) geändert worden ist.

[2]Handelt es sich bei der juristischen Person oder der Personenvereinigung um das Mutterunternehmen oder um eine Tochtergesellschaft, so ist anstelle des Gesamtumsatzes der juristischen Person oder der Personenvereinigung der jeweilige Gesamtbetrag in dem Konzernabschluss des Mutterunternehmens maßgeblich, der für den größten Kreis von Unternehmen aufgestellt wird. [3]Wird der Konzernabschluss für den größten Kreis von Unternehmen nicht nach den in Satz 1 genannten Vorschriften aufgestellt, ist der Gesamtumsatz nach Maßgabe der den in Satz 1 vergleichbaren Posten des Konzernabschlusses zu ermitteln. [4]Ist ein Jahresabschluss oder Konzernabschluss für das maßgebliche Geschäftsjahr nicht verfügbar, ist der Jahres- oder Konzernabschluss für das unmittelbar vorangegangene Geschäftsjahr maßgeblich; ist auch dieser nicht verfügbar, kann der Gesamtumsatz geschätzt werden.

(10) **Verwaltungsbehörde im Sinne des § 36 Absatz 1 Nummer 1 des Gesetzes über Ordnungswidrigkeiten ist die Bundesanstalt für Finanzdienstleistungsaufsicht.**

Übersicht

I. Vorbemerkung

1 § 83 soll nach dem Willen des Gesetzgebers Art. 18 Abs. 1 IFD umsetzen (Regierungsbegründung WpIG, BT-Drs. 19/26929, 158). Vorbild ist § 56 KWG, der für Kreditinstitute (§ 2 Abs. 18, dh CRR-Kreditinstitute iSv § 1 Abs. 3d S. 1 KWG) ausschließlich gilt.

2 Der Bußgeldkatalog des § 83 ist mehrfach erweitert bzw. geändert worden. Durch das KreditzweitmarktförderungsG wurden mWz 30.12.2023 in Abs. 1 die Nr. 3, 4, 9 und 11 sowie in Abs. 4 die Nr. 2 eingefügt. Abs. 4a wurde mWz 30.12.2024 durch das FinmadiG eingefügt und mWz 10.2.2026 durch das StandortförderungsG v. 4.2.2026 (BGBl. 2026 I Nr. 33) geändert. Abs. 1 Nr. 2 wurde mWz 31.3.2026 durch das Bankenrichtlinienumsetzungs- und BürokratieentlastungsG (BRUBEG) v. 25.3.2026 (BGBl. 2026 I Nr. 91) neu gefasst.

II. Verstöße gegen Bestimmungen des WpIG (Abs. 1)

1. Auskunfts- und Duldungspflichten (Nr. 1 und 2)

Nach Nr. 1 sind die Auskunftspflichten aus § 5 Abs. 4 S. 1, nach Nr. 2 die Duldungspflichten aus § 5 Abs. 4 S. 5 und 6 sowie § 5 Abs. 5 S. 6, Abs. 8 S. 10 und Abs. 9 S. 3 bußgeldbewehrt. Der Bußgeldrahmen beträgt nach Abs. 5 S. 2 bis zu 100.000 Euro. 3

2. Bestellung von Geschäftsleitern und Mitgliedern von Kontrollorganen (Nr. 3 und 4)

§ 20 Abs. 8 verbietet die Bestellung von Geschäftsleitern Kleiner oder Mittlerer Wertpapierinstitute, die nicht die Anforderungen an fachliche Eignung und Zuverlässigkeit nach § 20 Abs. 1 und 2 erfüllen oder die gleichzeitig Mitglieder des Kontrollorgans des Instituts sind (näher → § 20 Rn. 66). § 21 Abs. 6 enthält ein Bestellungsverbot für Mitglieder von Kontrollorganen, die nicht iSv § 21 Abs. 1 sachkundig oder zuverlässig sind oder die der Wahrnehmung ihrer Aufgaben nicht ausreichend Zeit widmen (näher → § 21 Rn. 46). 4

Verstöße gegen das Bestellungsverbot aus § 20 Abs. 8 sind nach Nr. 3, Verstöße gegen das Bestellungsverbot aus § 21 Abs. 6 sind nach Nr. 4 bußgeldbewehrt. Nr. 3 und 4 wurden wie § 20 Abs. 8 und § 21 Abs. 6 durch das KreditzweitmarktförderungsG mWz 30.12.2023 eingefügt. Hierdurch wollte der Gesetzgeber Art. 18 Abs. 1 UAbs. 1 lit. a und sowie Abs. 2 UAbs. 1 lit. d–f IFD sowie Art. 70 Abs. 1 und Abs. 3 lit. a ii MiFID umsetzen und eine „europarechtlich gebotene Bußgeldvorschrift" schaffen (Regierungsbegründung KreditzweitmarktförderungsG, BT-Drs. 20/9093, 153, 155). Der Bußgeldrahmen beträgt nach Abs. 5 S. 1 bis zu 5 Mio. Euro. Eine Parallele zu Nr. 3 und 4 findet sich im KWG nicht. 5

3. Anzeigepflichten (Nr. 5)

Nach **Nr. 5a** sind die Anzeigepflichten im Zusammenhang mit dem beabsichtigten Erwerb bedeutender Beteiligung an einem Wertpapierinstitut aus § 24 Abs. 1 S. 1, Abs. 2 S. 1 oder 4, Abs. 3 S.1 (ggf. iVm S. 2 oder 3) sowie aus § 24 Abs. 5 bußgeldbewehrt. Der Bußgeldrahmen beträgt nach Abs. 5 S.1 bis zu 5 Mio. Euro. 6

Die Bußgeldandrohung in **Nr. 5b** erfasst die Anzeigepflichten aus §§ 64 Abs. 1 und 2 S. 2, 65, 66 Abs. 1 S. 1, 67 Abs. 1 oder Abs. 2 S. 1, 70 Abs. 1 S. 1 (ggf. iVm S. 2), 71 Abs. 1 S. 1 oder Abs. 4 S. 1 sowie aus § 72 Abs. 1 S. 1. 7

4. Bestimmungen zu gebundenen Vermittlern (Nr. 6 und 7)

Nach § 28 Abs. 1 muss ein Wertpapierinstitut sicherstellen, dass ein vertraglich gebundener Vermittler zuverlässig und geeignet ist und seine Informationspflichten gegenüber Kunden informiert. Der Verstoß ist nach Nr. 6 iVm Abs. 5 S. 1 mit einem Bußgeld von bis zu 5 Mio. Euro bedroht. 8

Die Nachweise über die Erfüllung der Verpflichtungen aus § 28 Abs. 1 muss das Wertpapierinstitut nach § 28 Abs. 2 mindestens fünf Jahre aufbewahren. Verstöße 9 gegen diese Verpflichtungen sind nach Nr. 7 iVm Abs. 5 S. 2 mit einen Bußgeld von bis zu 100.000 Euro bedroht.

5. Verbotene Geschäfte (Nr. 8 und 9)

10 § 37 Nr. 1 verbietet die Aufnahme oder Fortführung von Korrespondenzbankbeziehungen mit sog. Bank-Mantelgesellschaften iSv § 1 Abs. 22 GwG. Ein entsprechendes Verbot enthält § 25m Nr. 1 KWG. Zuwiderhandlungen gegen § 37 Nr. 1 werden von Nr. 8 erfasst und nach Nr. 4 iVm Abs. 5 S. 1 mit einem Bußgeld von bis zu 5 Mio. Euro bedroht.

11 § 37 Nr. 2 verbietet die Errichtung und Führung von Konten für Bank-Mantelgesellschaften oder für Kunden von Bank-Mantelgesellschaften, wenn diese darüber eigenständig verfügen können (sog. **Durchlaufkonten** oder **payable through accounts,** Schwennicke/Auerbach/Auerbach/Spies KWG § 25m Rn. 8; Herzog/Achtelik KWG § 25m Rn. 3) näher → § 37 Rn. 5 f.). Ein entsprechendes Verbot enthält § 25m Nr. 2 KWG. Verstöße gegen das Verbot aus § 37 Nr. 2 sind nach Nr. 9 iVm Abs. 5 S. 1 mit einem Bußgeld von bis zu 5 Mio. Euro bedroht.

6. Zuwiderhandlung gegen vollziehbare Anordnungen (Nr. 10)

12 Nr. 10 bedroht Zuwiderhandlungen gegen vollziehbare Anordnungen zur Ausübung der besonderen Aufsichtsbefugnisse nach § 49, zusätzliche Veröffentlichungspflichten nach § 54 sowie zusätzliche Anzeige- und Meldepflichten aus § 68 mit Bußgeld in Höhe von bis zu 100.000 Euro (Abs. 5 S. 2).

7. Nichteinreichung von Finanzinformationen, Jahresabschlüssen, Lageberichten und Prüfungsberichten (Nr. 11)

13 § 66 Abs. 2 S. 1 verpflichtet Kleine und Mittlere Wertpapierinstitute quartalsweise zur unverzüglichen Übermittlung von Finanzinformationen an die BBank. Nach § 76 Abs. 1 S. 1 müssen Kleine und Mittlere Wertpapierinstitute in den ersten drei Monaten des Geschäftsjahres den Jahresabschluss für das vergangene Geschäftsjahr aufstellen und den aufgestellten sowie später den festgestellten Jahresabschluss und den Lagebericht unverzüglich bei der BaFin und der BBank einreichen. Nach § 76 Abs. 1 S. 3 muss der Abschlussprüfer den Bericht über die Prüfung des Jahresabschlusses unverzüglich nach Beendigung seiner Prüfung an BaFin und BBank übermitteln.

14 Die durch das KreditzweitmarktförderungsG mWz 30.12.2023 eingefügte Nr. 11 bedroht die Verletzung der Vorlagepflichten durch Nichtvorlage, nicht rechtzeitige Vorlage sowie Vorlage nicht vollständiger oder unrichtiger Unterlagen jeweils mit einem Bußgeld in Höhe von bis zu 100.000 Euro (Abs. 5 S. 2). Hierdurch wollte der Gesetzgeber die Einreichungspflichten effektiver durchsetzen (Regierungsbegründung KreditzweitmarktförderungsG, BT-Drs. 20/9093, 155). Die Parallelvorschrift für Kredit- und Finanzdienstleistungsinstitute ist § 56 Abs. 2 Nr. 11 KWG. Ab dem 30.12.2026 wird Nr. 11 durch das StandortförderungsG v. 4.2.2026 (BGBl. 2026 I Nr. 33) geändert und eine neue Nr. 12 eingefügt. Dabei handelt es sich um eine Folgeänderung der Streichung von § 66 Abs. 1 aufgrund der Einstellung des Millionenkreditwesens (Regierungsbegründung StandortförderungsG, BT-Drs. 21/2507, 215).

III. Rückzahlung von Verbindlichkeiten aus Eigenmittelinstrumenten eines Großen Wertpapierinstituts (Abs. 2)

Abs. 2 setzt Art. 18 Abs. 1 lit. g IFD um und gilt für Verbindlichkeiten aus Eigenmittelinstrumenten Großer Wertpapierinstitute, die nach Art. 28 Abs. 1 UAbs. 1 lit. b CRR, Art. 52 Abs. 1 UAbs. 1 lit. a CRR oder Art. 63 UAbs. 1 lit. a CRR voll eingezahlt sein müssen. Gemeint sind 15

- **Instrumente des harten Kernkapitals** iSv Art. 28 Abs. 1 CRR, deren Kapitalbetrag nach Art. 28 Abs. 1 lit. f CRR nur in einer Liquidation oder mit vorheriger Erlaubnis der BaFin verringert oder zurückgezahlt werden darf;
- **Instrumente des zusätzlichen Kernkapitals** iSv Art. 52 Abs. 1 CRR, die nach Art. 52 Abs. 1 lit. i CRR nur gekündigt, zurückgezahlt oder zurückgekauft werden dürfen, wenn die Zustimmung der BaFin nach Art. 77 oder 78 Abs. 4 CRR vorliegt, und
- **Instrumente des Ergänzungskapitals** iSv Art. 63 Abs. 1 CRR, die nach Art. 63 Abs. 1 lit. j CRR nur vorzeitig gekündigt, getilgt, zurückgezahlt oder zurückgekauft werden dürfen, wenn die Zustimmung der BaFin nach Art. 77 oder 78 Abs. 4 CRR erteilt wurde.

Verstöße gegen die in Abs. 2 genannten Bestimmungen sind nach Abs. 5 S. 1 mit einem Bußgeld in Höhe von bis zu 5 Mio. Euro bedroht. 16

Eine Abs. 2 entsprechende Bestimmung enthält § 56 Abs. 5 S. 1 Nr. 7 KWG, der die für Kreditinstitute und Finanzdienstleistungsinstitute geltenden Verbote der Verringerung, Tilgung oder des Rückkaufs von Instrumenten des harten Kernkapitals sowie der Kündigung, Tilgung, Rückzahlung oder des Rückkaufs von Instrumenten des zusätzlichen Kernkapitals, des Ergänzungskapitals sowie von sonstigen berücksichtigungsfähigen Verbindlichkeiten vor ihrer vertraglichen Fälligkeit aus Art. 77 Abs. 1 und 2 CRR sanktioniert. 17

IV. Mitteilungen zu Änderungen in den Mitgliedern des Leitungsorgans (Abs. 3)

Abs. 3 sanktioniert Verstöße gegen Art. 5 Abs. 1 DVO (EU) 2017/1945, wonach ein Wertpapierinstitut jede Änderung bei den Mitgliedern des Leitungsorgans vor deren Wirksamwerden der BaFin mitteilen muss. Die parallele Sanktion für die Verletzung der entsprechenden Anzeigepflichten bei Kreditinstituten und Finanzdienstleistungsinstituten enthält § 56 Abs. 2 Nr. 1f KWG. Mitglieder des Leitungsorgans meint hier die Geschäftsleiter. 18

Abs. 3 erfasst nicht den Vollzug der Bestellung eines Geschäftsleiters, der der Anzeigepflicht nach § 64 Abs. 1 Nr. 3 unterfällt, deren Verletzung in Abs. 1 Nr. 3b mit Bußgeld bedroht ist, sowie die Entziehung der Einzelvertretungsbefugnis eines Geschäftsleiters, die nach § 64 Abs. 1 Nr. 2 anzeigepflichtig ist und ebenfalls in Abs. 1 Nr. 3b sanktioniert ist. 19

V. Verstöße gegen Bestimmungen der IFR (Abs. 4)

Abs. 4 sanktioniert vom Gesetzgeber für besonders bedeutsam angesehene Verstöße gegen Bestimmungen der IFR, wobei die Verletzung der in Abs. 4 genann- 20 ten Bestimmungen nach Abs. 5 S. 1 mit einem Bußgeld in Höhe von bis zu 5 Mio. Euro bedroht ist.

1. Meldungen wegen Überschreitung der Obergrenze für das Konzentrationsrisiko und Überschreitung des Risikopositionswerts nach Art. 38 Abs. 1 IFR (Nr. 1)

21 Art. 38 Abs. 1 IFR verpflichtet Wertpapierinstitute zur unverzüglichen Meldung von Überschreitungen der Schwellenwerte für Konzentrationsrisiko und Risikopositionswert aus Art. 37 IFR. Nr. 1 sanktioniert die Verletzung dieser Meldepflicht.

2. Verpflichtung zur Haltung liquider Aktiva nach Art. 43 Abs. 1 UAbs. 1 IFR (Nr. 2)

22 Nach Art. 43 Abs. 1 UAbs. 1 IFR müssen Wertpapierinstitute jederzeit liquide Aktiva in Höhe eines Drittels ihrer nach Art. 13 Abs. 1 IFR berechneten fixen Gemeinkosten halten. Die durch das KreditzweitmarktförderungsG mWz 30.12.2023 eingefügte Nr. 2 sanktioniert Verstöße gegen diese Verpflichtung. Durch die Bußgeldbewehrung wollte der Gesetzgeber Art. 18 Abs. 1 UAbs. 1 lit. e und Art. 18 Abs. 2 UAbs. 1 lit. d–f IFD umsetzen (Regierungsbegründung KreditzweitmarktförderungsG, BT-Drs. 20/9093, 155).

3. Offenlegungspflichten (Nr. 3)

23 **a) Art. 46 Abs. 1, 2 oder 3 IFR.** Unter Nr. 3 fällt zunächst die Verletzung der Verpflichtungen aus Art. 46 Abs. 1–3 IFR. Art. 46 IFR statuiert Offenlegungspflichten von Wertpapierinstituten abhängig von ihrer Einstufung als Kleines, Mittleres oder Großes Wertpapierinstitut bezüglich
– Risikomanagementzielen und - politik (Art. 47 IFR);
– Unternehmensführung (Art. 48 IFR);
– Eigenmitteln (Art. 49 IFR);
– Eigenmittelanforderungen (Art. 50 IFR);
– Vergütungspolitik und -praxis (Art. 51 IFR);
– Anlagestrategie (Art. 52 IFR), und
– Umwelt, Sozial- und Unternehmensführungsrisiken (Art. 53 IFR).

24 Mittlere und Große Wertpapierinstitute müssen nach Art. 46 Abs. 1 IFR die in Art. 47–53 IFR genannten Informationen am Tage der Veröffentlichung ihres Jahresabschlusses offenlegen. Für Kleine Wertpapierinstitute, die Instrumente des zusätzlichen Kernkapitals (→ Rn. 15) emittieren, beschränkt sich die Offenlegung nach Art. 46 Abs. 2 IFR auf die in Art. 47, 49 und 50 IFR genannten Informationen. Hält ein Kleines Wertpapierinstitut die in Art. 12 Abs. 1 IFR genannten Bedingungen nicht mehr ein (näher → § 2 Rn. 351), dann gelten die Offenlegungsanforderungen für Mittlere und Große Wertpapierinstitute aus Art. 46 Abs. 1 IFR ab dem Geschäftsjahr, das auf das Geschäftsjahr folgt, in dem die Bedingungen aus Art. 12 Abs. 1 IFR erstmals nicht erfüllt wurden (Art. 46 Abs. 3 IFR).

25 **b) Art. 47 IFR.** Nach Art. 47 IFR iVm Art. 46 Abs. 1 und 2 IFR müssen Mittlere und Große Wertpapierinstitute sowie Kleine Wertpapierinstitute, die Emittenten von Instrumenten des zusätzlichen Kernkapitals (→ Rn. 15) sind,

bestimmte Angaben zu Risikomanagementzielen und Risikopolitik offenlegen. Nr. 3 erfasst auch die Verletzung dieser Offenlegungspflicht.

c) Art. 48 IFR. Art. 48 IFR verpflichtet nach Maßgabe von Art. 46 Abs. 1 IFR Mittlere und Große Wertpapierinstitute zur Offenlegung bestimmter Angaben zur Unternehmensführung. Nr. 3 erfasst auch Verstöße gegen diese Offenlegungspflicht. **26**

d) Art. 49 Abs. 1 IFR. Nach Art. 49 Abs. 1 IFR iVm Art. 46 Abs. 1 und 2 IFR müssen Mittlere und Große Wertpapierinstitute sowie Kleine Wertpapierinstitute, die Emittenten von Instrumenten des zusätzlichen Kernkapitals (→ Rn. 15) sind, bestimmte Angaben zu ihren Eigenmitteln offenlegen. Nr. 3 gilt auch für Verstöße gegen diese Offenlegungspflicht. **27**

e) Art. 50 IFR. Nach Art. 50 IFR iVm Art. 46 Abs. 1 und 2 IFR müssen Mittlere und Große Wertpapierinstitute sowie Kleine Wertpapierinstitute, die Emittenten von Instrumenten des zusätzlichen Kernkapitals (→ Rn. 15) sind, bestimmte Angaben zur Ermittlung ihrer Eigenmittelanforderungen offenlegen. Nr. 3 gilt auch für Verstöße gegen diese Offenlegungspflicht. **28**

f) Art. 51 Abs. 1 IFR. Art. 51 Abs. 1 IFR verpflichtet nach Maßgabe von Art. 46 Abs. 1 IFR Mittlere und Große Wertpapierinstitute zur Offenlegung bestimmter Angaben zur Vergütungspolitik. Nr. 3 erfasst auch Verstöße gegen diese Offenlegungspflicht. **29**

g) Art. 52 IFR. Art. 52 IFR verpflichtet nach Maßgabe von Art. 46 Abs. 1 IFR Mittlere und Große Wertpapierinstitute zur Offenlegung bestimmter Angaben zu ihrer Anlagestrategie. Nr. 3 erfasst auch Verstöße gegen diese Offenlegungspflicht. **30**

h) Art. 53 IFR. Art. 53 IFR verpflichtet nach Maßgabe von Art. 46 Abs. 1 IFR Mittlere und Große Wertpapierinstitute, die die Voraussetzungen aus Art. 32 Abs. 4 IFD nicht erfüllen, ab dem 26.12.2022 bestimmte Informationen zu Umwelt, Sozial- und Unternehmensführungsrisiken (ESG-Risiken) offen zu legen. Nr. 3 erfasst auch Verstöße gegen diese Offenlegungspflicht. **31**

4. Meldungen nach Art. 54 Abs. 1 UAbs. 1 lit. b oder e iVm Abs. 2 UAbs. 1 IFR (Nr. 4)

Art. 54 Abs. 1 S. 1 lit. b und e IFR verpflichten Wertpapierinstitute zur vierteljährlichen Meldung der Eigenmittelanforderungen und – nach näherer Maßgabe von Art. 54 Abs. 2 UAbs. 1 IFR – des Konzentrationsrisikos. Nr. 4 sanktioniert Verstöße gegen diese Meldepflichten. **32**

VI. Bußgeldrahmen, Bemessung erhöhter Bußgelder (Abs. 5–9)

1. Bußgeldrahmen (Abs. 5)

S. 2 legt den Regelbußgeldrahmen auf 100.000 Euro fest. Für die in **S. 1** aufgezählten Tatbestände (Abs. 1 Nr. 3–5a, 6, 8 und 9 sowie Abs. 2 und Abs. 4) gilt ein erhöhter Bußgeldrahmen von 5 Mio. Euro. Außerdem besteht für die nach S. 1 dem erhöhten Bußgeldrahmen unterliegenden Verstöße nach Abs. 6 die **33**

Möglichkeit, bei Wertpapierinstituten in der Rechtsform der juristischen Person oder der Personenvereinigung mit einem jährlichen Gesamtumsatz von mehr als 50 Mio. Euro die Geldbuße für die Ordnungswidrigkeit am Gesamtumsatz sowie dem Bruttoertrag zu bemessen.

34 Da die Bußgeldrahmen in S. 1 und S. 2 im Höchstmaß nicht zwischen vorsätzlichem oder fahrlässigem Verhalten unterscheiden, gilt § 17 Abs. 2 OWiG, wonach sich bei bloß fahrlässigem Verhalten der Bußgeldrahmen um die Hälfte ermäßigt.

35 Das Vorbild für die Bußgeldrahmen in S. 1 und 2 findet sich in dem seit 2013 geltenden § 56 Abs. 6 KWG. Die massive Erhöhung des bis dahin nach § 56 Abs. 5 KWG aF geltenden Bußgeldrahmens von maximal 500.000 Euro sowie für die erstmals geschaffene Möglichkeit, den jeweiligen Bußgeldrahmen für juristische Personen und Personenvereinigungen zu überschreiten, wurde vom Gesetzgeber mit den außerordentlichen staatlichen Maßnahmen zur Wiederherstellung der Finanzmarktstabilität nach der Finanzmarktkrise und dem gesteigerten Schutzbedürfnis vor Fehlverhalten im Finanzsektor begründet (Regierungsbegründung CRD IV-UG, BT-Drs. 17/10794, 98).

2. Erhöhter Bußgeldrahmen für juristische Personen und Personenvereinigungen (Abs. 6, 9)

36 **a) Bemessung an Gesamtumsatz oder Bruttoertrag (Abs. 6).** Abs. 6 soll nach dem Vorbild von § 56 Abs. 6a–6c KWG (die auf Art. 66 Abs. 2 und 67 Abs. 2 CRD IV zurückgehen) bei Verstößen nach Abs. 1 Nr. 3–5a, 6, 8 und 9 sowie nach Abs. 2 und Abs. 4 – für die nach Abs. 5 S. 1 ein erhöhter Bußgeldrahmen von 5 Mio. Euro gilt – der BaFin die Möglichkeit geben, den Bußgeldrahmen zu überschreiten und das Bußgeld auf bis zu 10 % des jährlichen Gesamtumsatzes des Wertpapierinstituts (unter Einbeziehung des Bruttoertrags aus Wertpapiergeschäften) festzulegen.

37 Der Wortlaut von Abs. 6 ist verunglückt und im Hinblick auf den auch im Ordnungswidrigkeitenrecht geltenden, aus Art. 103 Abs. 2 GG resultierenden **Bestimmtheitsgrundsatz** (vgl. etwa BVerfG NVwZ 2012, 504 Rn. 35) mehrfach unklar, so dass teilweise von der Unanwendbarkeit der Bestimmung ausgegangen wird (Lendermann/Nemeczek/Schroeter/Bierschenk Rn. 62). Im Einzelnen bestehen folgende Unklarheiten:

- Es ist nicht klar ist, ob die umsatzabhängige Geldbuße auch für die in Abs. 6 S. 1 Nr. 1 genannten Ordnungswidrigkeiten (Abs. 1 Nr. 3–5a, 6, 8 und 9 sowie Abs. 4) oder nur für die in Abs. 6 S. 1 Nr. 2 genannte Ordnungswidrigkeit (Abs. 2) geltend soll.
- Abs. 6 enthält – anders als § 56 Abs. 6a und 6b KWG – keine Kappungsgrenzen für die umsatzabhängigen Geldbußen; dies ist auch im Hinblick auf den **Verhältnismäßigkeitsgrundsatz** problematisch (vgl. Rogall in KK-OWiG OWiG § 30 Rn. 133).
- Nach Abs. 6 S. 1 Nr. 2 S. 1 und Abs. 6 S. 2 bemisst sich die Geldbuße nach dem jährlichen Gesamtumsatz. Auf welches Geschäftsjahr sich der Gesamtumsatz beziehen soll, wird weder in Abs. 6 noch in Abs. 9 – anders als in § 56 Abs. 6a und 6b KWG – festgelegt. Der Vergleich mit § 17 Abs. 4 OWiG sowie § 81c Abs. 2–4 GWB legt nahe, dass der Gesamtumsatz des der Entscheidung der BaFin vorausgegangenen Geschäftsjahres maßgeblich sein sollte. Dies hier nicht klarzustellen ist ein **Redaktionsversehen.**

- Nach Abs. 6 S. 1 Nr. 2 S. 1 und Abs. 6 S. 2 ist der Gesamtumsatz „einschließlich des Bruttoertrags nach Satz 2“ zu ermitteln. Dies nimmt den Wortlaut von Art. 66 Abs. 2 UAbs. 1 lit. c und 67 Abs. 2 UAbs. 1 lit. e CRD IV auf, die bereits in § 56 Abs. 6a und 6b KWG umgesetzt sind. Der Gesetzgeber hat dort den Verweis auf den Bruttoertrag weggelassen, weil die den Bruttoertrag umfassenden Positionen (Zinserträge und ähnliche Erträge, Erträge aus Aktien, anderen Anteilsrechten und variabel verzinslichen/festverzinslichen Wertpapieren sowie Erträge aus Provisionen und Gebühren) bereits im Gesamtumsatz enthalten sind, wie er in Abs. 9 S. 1 Nr. 1 näher definiert ist.
- Nach Abs. 6 S. 1 Nr. 2 S. 2 und Abs. 6 S. 2 ist jeweils der Bruttoertrag des Geschäftsjahrs maßgeblich, das der Tat vorangegangen ist. Für welches Geschäftsjahr der Gesamtumsatz zu ermitteln ist bleibt dagegen ungeregelt.

Auch für den erhöhten Bußgeldrahmen nach Abs. 6 gilt die Reduzierung auf die Hälfte bei bloß fahrlässiger Begehung nach § 17 Abs. 2 OWiG, da § 83 – anders als § 56 Abs. 6e KWG – die Geltung von § 17 Abs. 2 OWiG nicht ausschließt. 38

Der erhöhte Bußgeldrahmen nach Abs. 6 iVm Abs. 9 steht neben der Möglichkeit, im Fall von Aufsichtspflichtverletzungen nach § 130 OWiG nach Maßgabe von § 30 Abs. 2 S. 2 OWiG den Höchstbetrag der in § 130 OWiG angedrohten Geldbuße zu verzehnfachen (dies gilt als verfassungsrechtlich unbedenklich, wenn die wirtschaftlichen Auswirkungen der Tat erheblich sind, vgl. BeckOK-OWiG/Meyberg OWiG § 30 Rn. 96c; Rogall in KK-OWiG OWiG § 30 Rn. 132). 39

b) Ermittlung des maßgeblichen Gesamtumsatzes (Abs. 9). aa) Gesamtumsatz (S. 1). Abs. 9 entspricht § 56 Abs. 6d KWG. Auszugehen ist vom handelsbilanziellen Umsatzbegriff (§ 277 Abs. 1 HGB), wobei nach S. 1 folgende Modifikationen vorzunehmen sind: 40

Nach **S. 1 Nr. 1** sind bei Wertpapierinstituten generell folgende Umsätze zu addieren: 41

- Zinserträge und ähnliche Erträge auch aus festverzinslichen Wertpapieren (Art. 27 Nr. 1, 28 B Nr. 1 BankbilanzRL (RL 86/635/EWG));
- Erträge aus anderen Wertpapieren wie Aktien, anderen Anteilsrechten und nicht festverzinslichen Wertpapieren, aus Beteiligungen und aus Anteilen an verbundenen Unternehmen (Art. 27 Nr. 3, 28 B Nr. 2 BankbilanzRL (RL 86/635/EWG));
- Provisionserträge (Art. 27 Nr. 4, 28 B Nr. 3 BankbilanzRL (RL 86/635/EWG));
- Ertrag/Aufwand aus Finanzgeschäften (Art. 27 Nr. 6, Art. 28 B Nr. 4 BankbilanzRL (RL 86/635/EWG));
- sonstige betriebliche Erträge (Art. 27 Nr. 7, Art. 28 B Nr. 7 BankbilanzRL (RL 86/635/EWG)).

Bei **Versicherungsunternehmen** treten nach **S. 1 Nr. 2** anstelle der in S. 1 Nr. 1 aufgeführten Umsatzbestandteile die in Art. 63 VersicherungsbilanzRL (RL 91/674/EWG) folgende Umsätze zu addieren: 42

- gebuchte Bruttobeiträge (Art. 63 Abs. 1 lit. I Nr. 1 VersicherungsbilanzRL);
- verdienten Bruttobeiträge Art. 63 Abs. 1 lit. I Nr. 2 VersicherungsbilanzRL);
- Bruttoaufwendungen für Versicherungsfälle (Art. 63 Abs. 1 lit. I Nr. 3 VersicherungsbilanzRL);
- Bruttoaufwendungen für den Versicherungsbetrieb (Art. 63 Abs. 1 lit. I Nr. 4 VersicherungsbilanzRL), und

– Rückversicherungssaldo (Art. 63 Abs. 1 lit. I Nr. 5 VersicherungsbilanzRL).

43 Nach **S. 1 Nr. 3** gelten „im Übrigen" die Nettoumsatzerlöse iSv Art. 2 Nr. 5 BilanzRL (RL 2013/34/EU) als maßgeblich. Art. 2 Nr. 5 BilanzRL definiert als **Nettoumsatzerlöse** die Beträge, die sich aus dem Verkauf von Produkten und der Erbringung von Dienstleistungen nach Abzug von Erlösschmälerungen und der Mehrwertsteuer sowie sonstigen direkt mit dem Umsatz verbundenen Steuern ergeben.

44 Das grds. bei § 17 Abs. 4 OWiG geltende **Nettoprinzip,** wonach die mit den Bruttoumsätzen im Zusammenhang stehenden Aufwendungen einschließlich der Steuern abgezogen werden müssen (BGH NJW 2017, 2565 Rn. 32; Mitsch in KK-OWiG OWiG § 17 Rn. 119; Krenberger/Krumm OWiG § 17 Rn. 26; BeckOK-OWiG/Sackreuther OWiG § 17 Rn. 120; Fischer/Schäfer/Schulte-Mattler/Schulte-Mattler/Lindemann KWG § 56 Rn. 19 (zu § 56 KWG)), ist in Nr. 1 und Nr. 2 dahingehend modifiziert, dass nur die Umsatzsteuer und andere direkt auf die Erträge erhobene Steuern abgezogen werden dürfen, wobei S. 1 Nr. 3 auch den Abzug von Erlösschmälerungen zulässt. Im Ergebnis gilt damit nach S. 1 ein (modifiziertes) **Bruttoprinzip.**

45 Der Gesamtumsatz ist genau zu ermitteln. Eine Schätzung des Gesamtumsatzes erlaubt Abs. 9 – anders als etwa § 81c Abs. 5 S. 2 GWB – nicht, solange die maßgeblichen Einzel- oder Konzernabschlüsse vorliegen (**Abs. 9 S. 4;** so zu § 56 KWG auch Fischer/Schäfer/Schulte-Mattler/Schulte-Mattler/Lindemann KWG § 56 Rn. 21).

46 **bb) Konzernumsatz (S. 2–4).** Ist das Unternehmen, dem die Ordnungswidrigkeit zuzurechnen ist, Mutter- oder Tochterunternehmen einer Unternehmensgruppe, dann treten an die Stelle der auf Einzelbasis ermittelten Umsätze die Umsätze desjenigen Konzernunternehmens, das an der Spitze des größten Konsolidierungskreises steht **(S. 2).**

47 Stellt das nach S. 2 maßgebliche Unternehmen seinen konsolidierten Abschluss nicht nach den in S. 1 Nr. 1, 2 und 3 genannten Vorschriften auf, dann ist nach **S. 3** eine Pro-Forma-Rechnung anhand der nach S. 1 maßgeblichen Bestimmungen aufzustellen.

48 Nach **S. 4** können die nach S. 1 maßgeblichen Umsatzgrößen geschätzt werden, wenn weder für das maßgebliche Geschäftsjahr noch für das vorangehende Geschäftsjahr die erforderlichen Einzel- oder Konzernabschlüsse vorliegen. Welche Geschäftsjahre hier wirklich gemeint sind ist bis zur erforderlichen Klarstellung von Abs. 6 (→ Rn. 37) unklar. In vergleichbaren Vorschriften (§ 17 Abs. 4 OWiG, § 56 Abs. 6a und 6b KWG, § 81c Abs. 2–4 GWB) wird jeweils auf das dem Verstoß vorangehende Geschäftsjahr abgestellt, so dass hier dieses Geschäftsjahr und das diesem unmittelbar vorangehende Geschäftsjahr gemeint sein werden.

3. Einziehung der wirtschaftlichen Vorteile (Abs. 7 und 8)

49 **a) Einziehung der wirtschaftlichen Vorteile (Abs. 7).** Nach § 17 Abs. 4 S. 1 KWG soll die Geldbuße den wirtschaftlichen Vorteil des Täters aus der Ordnungswidrigkeit übersteigen; eine entsprechende Bestimmung enthält auch § 56 Abs. 7 S. 1 KWG. Beiden Bestimmungen liegt der Wille des Gesetzgebers zugrunde, dem Täter aus der Begehung der Ordnungswidrigkeit resultierende Profite wieder zu entziehen damit der Täter erkennt, dass sich die Tat „nicht

lohnt“, und andere potentielle Täter abgeschreckt werden (statt aller BeckOK-OWiG/Sackreuther OWiG § 17 Rn. 114).

Abs. 7 geht über das in § 17 Abs. 4 OWiG verkörperte Prinzip der Vermögens- 50
abschöpfung hinaus und erlaubt die Einziehung bis zum **Doppelten** des wirtschaftlichen Vorteils aus dem Verstoß; dies entspricht den Vorgaben in Art. 66 Abs. 2 UAbs. 1 lit. e und 67 Abs. 2 UAbs. 1 lit. g CRD IV, die in § 56 Abs. 6c S. 1 und Abs. 7 S. 2 Nr. 2 KWG umgesetzt sind. Die Geldbuße besteht insoweit teilweise aus der – zulässigen – Abschöpfung des erzielten Gewinns bzw. vermiedenen Verlusts **(Abschöpfungsanteil)** und teilweise aus einem Betrag, der der Ahndung bzw. Wiedergutmachung des begangenen Unrechts dient **(Ahndungsanteil).**

Die Einziehung der wirtschaftlichen Vorteile nach Abs. 7 ist auch dann mög- 51
lich, wenn der Einziehungsbetrag den nach Abs. 5 geltenden Höchstbetrag übersteigt. Dies gilt auch dann, wenn sich der Höchstbetrag aufgrund bloß fahrlässiger Begehung nach § 17 Abs. 2 OWiG halbiert (Mitsch in KK-OWiG OWiG § 17 Rn. 112).

Abs. 7 setzt voraus, dass sich der Vorteil aus der Ordnungswidrigkeit (definiert 52
als Summe des durch den Verstoß erzielten Gewinns oder verhinderten Verlusts) **beziffern** lässt. Die Regelung in § 56 Abs. 6c S. 2 KWG, wonach der wirtschaftliche Vorteil geschätzt werden kann, wurde nicht in das WpIG übernommen. Damit ist Abs. 7 praktisch nur anwendbar, wenn der Ordnungswidrigkeit ein Verhalten zugrunde liegt, das auf einen wirtschaftlichen Erfolg gerichtet ist. Eine Einziehung wirtschaftlicher Vorteile etwa bei Verletzung von Anzeigepflichten kommt daher nicht in Frage (so zu § 56 KWG Fischer/Schäfer/Schulte-Mattler/Schulte-Mattler/Lindemann KWG § 56 Rn. 18; aA (Schätzung immaterieller Vorteile möglich) Lendermann/Nemeczek/Schroeter/Bierschenk Rn. 63).

Abs. 7 lässt einen in der Höhe unbestimmten und zugleich nicht begrenzten 53
Ahndungsanteil zu, dessen Höhe der Täter nicht absehen kann. Dies ist unter Verhältnismäßigkeitsgesichtspunkten sowie im Hinblick auf den **Bestimmheitsgrundsatz** nicht unproblematisch (krit. zB Rogall in KK-OWiG OWiG § 30 Rn. 133).

b) Einziehung der wirtschaftlichen Vorteile bei verbotenen Rückzah- 54
lungen auf Eigenmittelinstrumente (Abs. 8). Abs. 8 enthält eine Sondervorschrift für die Abschöpfung von Gewinnen bzw. verhinderten Verlusten aus verbotenen Zahlungen auf Eigenmittelinstrumente, die Ordnungswidrigkeiten nach Abs. 2 darstellen. Auch hier ist – wie bei Abs. 7 – nur ein bezifferbarer Vorteil abschöpfbar. Ansonsten bleibt es bei dem Bußgeldrahmen von 5 Mio. Euro nach Abs. 5 S. 1.

Wie bei Abs. 7 ist auch bei Abs. 8 die unbestimmte Höhe des Ahndungsanteils, 55
dh des Anteils der Geldbuße, der über die bloße Vermögensabschöpfung hinausgeht, verfassungsrechtlich problematisch (→ Rn. 52).

VII. Zuständigkeit der BaFin für Verfolgung von Ordnungswidrigkeiten (Abs. 10)

Nach § 36 Abs. 1 Nr. 1 OWiG ist die durch Gesetz bestimmte Verwaltungsbe- 56
hörde sachlich für die Verfolgung von Ordnungswidrigkeiten zuständig. Abs. 10 bestimmt die BaFin als solchermaßen für die Verfolgung von Ordnungswidrigkei-

ten nach § 83 zuständige Stelle. Die Zuständigkeit der BaFin erfasst auch die Verhängung von Verbandsgeldbußen nach § 30 OWiG sowie von Geldbußen wegen Verletzung der Aufsichtspflicht nach § 130 OWiG (Lendermann/Nemeczek/Schroeter/Bierschenk Rn. 72).

VIII. Verletzung der Aufsichtspflicht (§ 130 OWiG)

57 Beruhen Pflichtverletzungen nicht unmittelbar auf einem Tun oder Unterlassen der Geschäftsleiter eines Wertpapierinstituts oder einer sonst in § 9 OWiG bezeichneten leitenden Person, sondern auf Handlungen oder Unterlassungen nachgeordneter Personen, die selbst nicht Normadressaten der durch die Handlung oder Unterlassung verletzten Vorschrift sind, dann kann eine Ordnungswidrigkeit nach **§ 130 OWiG** vorliegen, wenn eine **Aufsichtspflichtverletzung** der verantwortlichen Geschäftsleiter oder geschäftsführenden Personen iSd Vorschrift gegeben ist. Sachlich handelt es sich um **Garantiehaftung** der Geschäftsleiter für im Geschäftsbetrieb des Wertpapierinstituts begangene betriebsbezogene Gesetzesverstöße (Rogall in KK-OWiG OWiG § 130 Rn. 2, 84 ff.), die nach Maßgabe von § 30 OWiG dem Unternehmen zugerechnet werden.

58 Nach § 130 Abs. 1 OWiG handelt ordnungswidrig, wer als Inhaber eines Betriebes oder Unternehmens (oder als anstelle des Inhabers gem. § 9 OWiG handelnde Person) vorsätzlich oder fahrlässig Aufsichtsmaßnahmen unterlässt, die erforderlich sind, um Zuwiderhandlungen gegen Pflichten zu verhindern, die den Inhaber oder die an seiner Stelle handelnden Personen treffen und deren Verletzung mit Strafe oder Geldbuße bedroht ist (dazu näher Rogall in KK-OWiG OWiG § 130 Rn. 39 ff.). Voraussetzung für die Tatbestandsmäßigkeit der Unterlassung ist, dass durch gehörige Aufsicht die Zuwiderhandlung verhindert oder wesentlich erschwert worden wäre. Hierfür muss der Aufsichtspflichtige geeignete Maßnahmen ergreifen (Rogall in KK-OWiG OWiG § 130 Rn. 45; BeckOK-OWiG/Beck OWiG § 130 Rn. 46), wobei bei mehreren geeigneten Maßnahmen das mildeste effektive Aufsichtsmittel (Rogall in KK-OWiG OWiG § 130 Rn. 50) bzw. dasjenige ausreicht, das das Unternehmen am wenigsten belastet (BeckOK-OWiG/Beck OWiG § 130 Rn. 50). Auch muss das Aufsichtsmittel zumutbar sein. Aufsichtsmittel müssen nur ergriffen werden, wenn sie rechtlich zulässig, nicht mit überhöhten oder unverhältnismäßigen Kosten für das Unternehmen verbunden sind und das Betriebsklima nicht wesentlich stören (BeckOK-OWiG/Beck OWiG § 130 Rn. 53 ff.).

59 Die nicht verhinderten Gesetzesverstöße müssen **betriebsbezogen** sein, dh einen inneren Zusammenhang mit der spezifischen Tätigkeit des Täters oder der Art des Betriebes aufweisen. Taten, die ein Mitarbeiter lediglich gelegentlich seiner Tätigkeit im Betrieb begeht, werden nicht erfasst (BGHSt 57, 42 (45) = NJW 2012, 1237 Rn. 13; näher Rogall in KK-OWiG OWiG § 130 Rn. 89, 98 ff.). Außer Frage steht die Betriebsbezogenheit eines Verhaltens, das nach § 82 strafbar oder nach § 83 mit Bußgeld bedroht ist. Einer positiven Feststellung der Betriebsbezogenheit bedarf es nur, wenn es sich um Verstöße gegen nicht finanzmarktspezifische Regelungen handelt.

60 Ausreichend sind sowohl vorsätzliche als auch fahrlässige Verletzungen der Aufsichtspflicht durch Inhaber oder Geschäftsleiter. Erforderlich ist, dass der Täter die Gefahr einer betriebstypischen Zuwiderhandlung erkannt hat oder erkennen konnte (Rogall in KK-OWiG OWiG § 130 Rn. 119).

61 Der Bußgeldrahmen beträgt nach § 130 Abs. 3 S. 1 OWiG bei mit Strafe bedrohten Pflichtverletzungen eine Million Euro; bei Ordnungswidrigkeiten richtet er sich nach dem Bußgeldrahmen der nicht verhinderten oder erschwerten Ordnungswidrigkeit (§ 130 Abs. 3 S. 2 OWiG); ist die Aufsichtspflichtverletzung fahrlässig begangen, dann reduziert sich der jeweilige Strafrahmen nach § 17 Abs. 2 OWiG um die Hälfte.

IX. Konkurrenz zu § 56 KWG

62 Für Große Kreditinstitute hat der Gesetzgeber Abgrenzungsschwierigkeiten zwischen Sanktionen nach dem WpIG und solchen nach dem KWG geschaffen. In einer Reihe von Fällen gelten nämlich für Große Kreditinstitute nach § 4 S. 1 Verhaltensvorschriften des KWG, nicht aber die dazugehörigen Sanktionsbestimmungen in § 56 KWG (vgl. dazu insbesondere Lendermann/Nemeczek/Schroeter/Bierschenk Rn. 4 ff.).

63 § 4 S. 1 verweist für Große Kreditinstitute nicht umfassend auf die Sanktionsbestimmungen des § 56 KWG, sondern nur auf § 56 Abs. 2 Nr. 3 lit. b–d und f–n KWG sowie auf § 56 Abs. 4, 4a und 5–8 (wobei der Verweis auf § 56 Abs. 7 und 8 ein **Redaktionsversehen** ist, da diese Absätze mWz 9.4.2025 durch das G für dringliche Änderungen im Finanzmarkt- und Steuerbereich v. 28.2.2025 (BGBl. 2025 I Nr. 69) aufgehoben wurden).

64 Nach § 56 Abs. 2 Nr. 3 lit. b–d und f–n sowie Abs. 4, 4a, 5–6f KWG sanktionsbewehrt sind folgende, nach § 4 S. 1 für Große Wertpapierinstitute geltende Bestimmungen:

Für Große Kreditinstitute geltende Vorschrift im KWG	Sanktionsnorm im KWG	Verweis auf Sanktionsnorm in § 4 S. 1
§ 6a Abs. 1	§ 56 Abs. 2 Nr. 3 lit. b	ja
§ 10i Abs. 8 S. 1 Nr. 10 oder § 10j Abs. 9 S. 1 Nr. 1	§ 56 Abs. 2 Nr. 3 lit. c	ja
§ 12a Abs. 2 S. 1	§ 56 Abs. 2 Nr. 3 lit. d	ja
§ 25a Abs. 2 S. 2	§ 56 Abs. 2 Nr. 3 lit. f	ja
§ 25b Abs. 4 S. 1	§ 56 Abs. 2 Nr. 3 lit. g	ja
§ 25g Abs. 3	§ 56 Abs. 2 Nr. 3 lit. h	ja
§ 25g Abs. 5	§ 56 Abs. 2 Nr. 3 lit. i	ja
§ 26a Abs. 2 S. 1	§ 56 Abs. 2 Nr. 3 lit. j	ja
§ 45 Abs. 1 oder Abs. 5 S. 5–9	§ 56 Abs. 2 Nr. 3 lit. k	ja
§ 45a Abs. 1 S. 1	§ 56 Abs. 2 Nr. 3 lit. l	ja
§ 45b Abs. 1 S. 1 Nr. 1, auch iVm S. 2 oder Abs. 3, oder § 45b Abs. 1 S. 1 Nr. 2 oder 3, jew. auch iVm S. 2	§ 56 Abs. 2 Nr. 3 lit. m	ja
§ 46 Abs. 1 S. 1, auch iVm § 53b Abs. 3 S. 1 Nr. 8	§ 56 Abs. 2 Nr. 3 lit. n	ja

Für Große Kreditinstitute geltende Vorschrift im KWG	**Sanktionsnorm im KWG**	**Verweis auf Sanktionsnorm in § 4 S. 1**
EU-GeldtransferVO (VO (EU) 2023/1113	§ 56 Abs. 4	ja
VO (EU) 2021/1230 über grenzüberschreitenden Zahlungen in der EU	§ 56 Abs. 4a	ja
CRR	§ 56 Abs. 5	ja
InterbankenentgeltVO (VO (EU) 2015/751)	§ 56 Abs. 5a	ja
Art. 6 Abs. 2 S. 1 VerbriefungsVO (VO (EU) 2017/2402)	§ 56 Abs. 5b	ja
VerbriefungsVO (VO (EU) 2017/2402)	§ 56 Abs. 5c	ja
VerbriefungsVO (VO (EU) 2017/2402)	§ 56 Abs. 5d	ja
DORA (VO (EU) 2022/2554)	§ 56 Abs. 5e	ja
Bemessung Geldbußen	§ 56 Abs. 6–6f	ja

65 Zu den für Große Wertpapierinstitute nach § 4 S. 1 ebenfalls geltenden, aber nicht in § 56 Abs. 2 Nr. 3 lit. b–d und f–n sowie Abs. 4, 4a, 5–6f KWG aufgeführten Bestimmungen (vgl. die umfassende Liste in → § 4 Rn. 2) gehören zB

- Anzeigepflichten bei Begründung von Unternehmensbeziehungen nach § 12a Abs. 1 S. 3 KWG (Ordnungswidrigkeit nach § 56 Abs. 2 Nr. 1c KWG);
- Anzeigepflichten bei Millionenkrediten nach § 14 Abs. 1 S. 1 Hs. 1 KWG (Ordnungswidrigkeit nach § 56 Abs. 2 Nr. 1d KWG);
- Verstöße gegen Duldungspflichten bei Sonderprüfungen nach § 44 Abs. 1 S. 2 KWG (Ordnungswidrigkeit nach § 56 Abs. 2 Nr. 15 lit. a KWG), sowie
- Verstöße gegen Duldungspflichten bei Verfolgung unerlaubter Bankgeschäfte und Finanzdienstleistungen nach § 44c Abs. 5 S. 1 KWG (Ordnungswidrigkeit nach § 56 Abs. 2 Nr. 15 lit. a KWG).

66 Teilweise ist erwogen worden, im Fall eines fehlenden Verweises auf Sanktionsbestimmungen des KWG bei Verstößen gegen auf Große Wertpapierinstitute nach § 4 S. 1 anwendbare Bestimmungen des KWG zu prüfen, ob nach § 4 S. 2 ein Rückgriff auf die parallele Verhaltensnorm des WpIG in Betracht kommt, wenn deren Geltung in § 4 S. 2 nicht ausdrücklich ausgeschlossen ist (Lendermann/Nemeczek/Schroeter/Bierschenk Rn. 6). Mit dem auch im Ordnungswidrigkeitenrecht geltenden **strafrechtlichen Bestimmtheitsgrundsatz** (→ Rn. 37) dürfte ein solches Vorgehen kaum vereinbar sein.

67 Nach Art. 2 Abs. 2 IFD (umgesetzt in § 4) gelten für Große Wertpapierinstitute anstelle der Titel IV und V der IFD die im KWG umgesetzten Titel VII und VIII der CRD IV. Dementsprechend hat der Gesetzgeber in § 4 S. 1 klar zum Ausdruck gebracht, dass für Große Wertpapierinstitute (nur) die dort aufgeführten Verhaltensnormen gelten, nicht die Parallelvorschriften im WpIG. Ob eine auf einer Umsetzung von Titel IV oder V der IFD beruhende Bestimmung im WpIG, die für Große Wertpapierinstitute nicht gelten soll, ausdrücklich in § 4 S. 2 aufgeführt ist, ist unerheblich. Ein Rückgriff auf Parallelvorschriften des WpIG nur zum Zwecke der Ermöglichung der Sanktionierung eines nach dem KWG zu beurteilenden Verhaltens nach § 83 ist damit nicht zulässig. Nur der Gesetzgeber kann das **Redaktionsversehen** des unvollständigen Verweises auf § 56 KWG in § 4 S. 1 korrigieren.

§ 84 Öffentliche Bekanntmachung von Verwaltungssanktionen und -maßnahmen

(1) [1]**Die Bundesanstalt veröffentlicht auf ihrer offiziellen Website unverzüglich alle sanktionierenden, rechtskräftigen Verwaltungsmaßnahmen und Bußgeldentscheidungen (Sanktionen), die sie nach § 83 verhängt hat.** [2]**Zu veröffentlichen sind Informationen zu Art und Typ des Verstoßes sowie die Identität der natürlichen oder juristischen Person, gegen die die Sanktion verhängt wurde oder gegen die sich die Maßnahme richtet.** [3]**Die Informationen werden erst veröffentlicht, nachdem die betroffene Person über diese Sanktionen unterrichtet wurde und sofern die Veröffentlichung erforderlich und verhältnismäßig ist.**

(2) [1]**Wird gegen die Entscheidung, mit der die Sanktion erlassen wird, ein Rechtsbehelf eingelegt, so macht die Bundesanstalt auch diesen Sachverhalt und alle weiteren Informationen über das Ergebnis des Rechtsbehelfsverfahrens umgehend auf ihrer Internetseite bekannt.** [2]**Ferner wird jede Entscheidung, mit der eine frühere Entscheidung aufgehoben oder geändert wird, ebenfalls bekannt gemacht.**

(3) **Sofern einer der folgenden Umstände vorliegt, macht die Bundesanstalt die nach § 83 verhängten Verwaltungssanktionen oder -maßnahmen in anonymisierter Form bekannt:**

1. **wenn die Sanktion gegen eine natürliche Person verhängt wurde und die öffentliche Bekanntmachung der personenbezogenen Daten unverhältnismäßig wäre;**
2. **wenn die öffentliche Bekanntmachung laufende strafrechtliche Ermittlungen oder die Stabilität der Finanzmärkte gefährden würde;**
3. **wenn die öffentliche Bekanntmachung den beteiligten Wertpapierinstituten oder den betroffenen natürlichen Personen einen unverhältnismäßigen Schaden zufügen würde.**

(4) [1]**Die Bundesanstalt stellt sicher, dass nach dieser Norm veröffentlichte Angaben mindestens fünf Jahre lang auf ihrer offiziellen Website zugänglich bleiben.** [2]**Abweichend von Satz 1 sind personenbezogene Daten unverzüglich zu löschen, sobald ihre Veröffentlichung nicht mehr erforderlich oder verhältnismäßig ist, spätestens aber drei Jahre nach ihrer Bekanntmachung.**

(5) **Die Bundesanstalt unterrichtet die Europäische Bankenaufsichtsbehörde über alle im Einklang mit § 83 verhängten Verwaltungssanktionen und -maßnahmen sowie über alle gegen diese Sanktionen und Maßnahmen eingelegten Rechtsmittel und deren Ausgang.**

Literatur: Armbrüster/Bössel, „Naming and Shaming" als Instrument zur Ahndung von Rechtsverstößen, ZIP 2019, 1885; John, „Naming and Shaming" im Zeitalter der digitalen Plattformökonomie, BKR 2020, 335; Landwers, Behördliche Öffentlichkeitsarbeit im Recht:

Zulässigkeit, Möglichkeiten und Grenzen am Beispiel des Bundeskartellamts und der Bundesanstalt für Finanzdienstleistungsaufsicht, 2019; Nartowska/Knierbein, Ausgewählte Aspekte des „Naming and Shaming" nach § 40c WpHG, NZG 2016, 256; Reimer, Adverse Publizität: Der Pranger im Verwaltungsrecht, JöR NF 58 (2010) 275; Schmieszek/Langner, Der Pranger: Instrument moderner Finanz- und Wirtschaftsregulierung ? WM 2014, 1893; Uwer/Rademacher, Das verfassungsrechtliche Rückwirkungsverbot bei der Bekanntmachung bankaufsichtlicher Maßnahmen nach § 60 KWG, BKR 2015, 145.

Übersicht

I. Vorbemerkung

1 § 84 soll Art. 20 und 21 IFD umsetzen (Regierungsbegründung WpIG, BT-Drs. 19/26929, 158). Eine entsprechende Regelung enthält § 60b KWG, der nach § 4 S. 1 für Große Kreditinstitute gilt.

2 Grund für die Veröffentlichung ist nach Vorstellung des Richtliniengebers die Erhöhung der **abschreckenden Wirkung** der Sanktionen der BaFin sowie die Information von Kunden und Investoren (Erwägungsgrund 18 IFD; vgl. auch Erwägungsgrund 35 CRD IV sowie zu § 60b KWG Fischer/Schäfer/Schulte-Mattler/Schulte-Mattler/Lindemann KWG § 60b Rn. 2). Die Veröffentlichung von Verwaltungssanktionen hat gleichwohl keinen Strafcharakter, sondern ist eine Nebenfolge der Maßnahme bzw. verwirkten Ordnungswidrigkeit (Nartowska/Knierbein NZG 2016, 256 (zu § 40c WpHG)).

3 Der mit der Veröffentlichung üblicherweise verbundene Reputationsschaden für das betroffene Unternehmen kann einen nicht unerheblichen Grundrechtseingriff darstellen (dazu generell krit. Reimer JöR NF 58 (2010), 275 (289); Schmieszek/Langner WM 2014, 1893 ff.; Uwer/Rademacher BKR 2015, 145; Armbrüster/Bössel ZIP 2019, 885 ff. John BKR 2020, 335 ff.). Daher ist rechtspolitisch

zu überlegen, bei Veröffentlichungen den Gedanken der **Gefahrenabwehr** in den Vordergrund zu stellen und im Rahmen der Abwägung möglicher Nachteile für das Unternehmen nach Abs. 3 Nr. 3 den möglichen Reputationsschaden für das Unternehmen stärker zu gewichten als das bloße Bedürfnis, das Unternehmen oder die natürliche Person „an den Pranger“ zu stellen (von „digitaler Lynchjustiz“ bei Veröffentlichung von Verdachtsmeldungen nach § 18 Abs. 3 S. 1 WpPG spricht etwa John BKR 2020, 335 (337)).

II. Bekanntmachung (Abs. 1)

1. Zu veröffentlichende Entscheidungen (S. 1)

S. 1 setzt Art. 20 Abs. 1 S. 1 IFD um. Nach Art. 20 Abs. 1 S. 1 IFG sind „alle Verwaltungssanktionen und anderen Verwaltungsmaßnahmen, die [die zuständigen Behörden] nach Maßgabe des Artikels 18 [IFD] verhängt haben und gegen die keine Rechtsmittel eingelegt wurden oder keine Rechtsmittel mehr eingelegt werden können“ zu veröffentlichen. Dies umfasst nicht nur Bußgeldentscheidungen nach § 83 (so aber Lendermann/Nemeczek/Schroeter/Bierschenk Rn. 11), sondern auch weitere Anordnungen der BaFin, sofern sie **bestandskräftig** geworden sind. Zu den zu veröffentlichenden Anordnungen nach Art. 18 Abs. 2 IFD zählen insbesondere Unterlassungsanordnungen und Tätigkeitsverbote. Im Einzelnen erfasst S. 1 (wie auch § 60b KWG, vgl. Regierungsbegründung CRD IV-UG, BT-Drs. 17/10974, 97 (zu § 60b KWG)) insbesondere 4

- Untersagungen und Anordnungen im Rahmen der Anteilseignerkontrolle (§ 26 Abs. 1 und 2, § 27 Abs. 1 und 3);
- Erlaubnisaufhebungen (§ 19 Abs. 2);
- Verwarnung und Abberufung von Geschäftsleitern (§ 22 Abs. 1 und 4);
- Maßnahmen bei Gefahr (§ 79);
- Bestellung von Sonderbeauftragten (§ 80);
- Anordnungen im Rahmen der Abwicklung (§ 81 Abs. 2), und
- Bußgeldentscheidungen nach § 83; gemeint ist die Verhängung von Bußgeldern, nicht das Absehen hiervon.

Nicht unter S. 1 fallen 5

- Warnungen im Rahmen der Missstandsaufsicht nach § 5 Abs. 1 und 2; für deren Veröffentlichung gilt ausschließlich § 5 Abs. 3 S. 1 Nr. 1;
- Anordnungen zur Einstellung des Geschäftsbetriebs und Abwicklung unerlaubter oder verbotener Geschäfte nach § 37 Abs. 1 S. 1 oder 2; für deren Veröffentlichung gilt § 37 Abs. 1 S. 3, für Warnungen der Öffentlichkeit § 37 Abs. 4.

Bestandskräftig sind Anordnungen, wenn sie mit Rechtsbehelfen nicht mehr angegriffen werden können oder Rechtsmittel nicht eingelegt wurden. 6

Nicht nach § 84 zu veröffentlichen sind **vorbereitende Maßnahmen,** die der Sachverhaltsaufklärung dienen, und zwar unabhängig davon, ob sie als Verwaltungsakte zu qualifizieren sind, selbst wenn sie bestandskräftig geworden sind (Lendermann/Nemeczek/Schroeter/Bierschenk Rn. 14; so jew. zu § 60b KWG Regierungsbegründung CRD IV-UG, BT-Drs. 17/10974, 97; Beck/Samm/Kokemoor/Rosinus/Wiesner-Lameth KWG § 60b Rn. 4; Fischer/Schäfer/Schulte-Mattler/Schulte-Mattler/Lindemann KWG § 60b Rn. 8; Schwennicke/Auerbach/Schwennicke KWG § 60b Rn. 5). Ebenfalls nicht nach Abs. 1 veröf- 7 fentlicht werden darf ein (auch begründeter) **Verdacht** der BaFin auf Erbringung von Dienstleistungen ohne erforderliche Erlaubnis nach dem WpIG, da das WpIG (wie auch das KWG) die Veröffentlichung nicht ausdrücklich zulässt (Lendermann/Nemeczek/Schroeter/Bierschenk Rn. 14; so für Verdacht auf Verstoß gegen Erlaubnispflicht aus § 32 Abs. 1 KWG VG Frankfurt a. M. BeckRS 2020, 12544 Rn. 11).

8 Die Veröffentlichung von **Verdachtsmeldungen** bedarf einer ausdrücklichen Ermächtigungsgrundlage, wie sie zB in § 8 Abs. 7 S. 1 ZAG oder in § 18 Abs. 3 S. 1 WpPG enthalten ist. Sie setzt dann konkrete Anhaltspunkte für einen Verstoß voraus, die sich zu einem dringenden Tatverdacht iSv § 112 Abs. 1 StPO verdichtet haben müssen, sowie die Möglichkeit eines spürbaren Schadens für potentielle Anleger (so jew. zu § 8 ZAG VG Frankfurt a. M. BeckRS 2020, 12544 Rn. 21; Casper/Terlau/Gerhardus/Feld ZAG § 8 Rn. 65; aA Tiemann in Schäfer/Omlor/Mimberg ZAG § 8 Rn. 81 (Anfangsverdacht ausreichend)).

2. Inhalt der Offenlegung (S. 2)

9 S. 2 geht auf Art. 20 Abs. 1 S. 2 IFD zurück und verpflichtet die BaFin zur Offenlegung von Art und Typ des Verstoßes sowie zur Identität der natürlichen oder juristischen Person, die Adressat der Anordnung oder des Bußgeldbescheids ist. Die Erforderlichkeit entsprechender Angaben in Bußgeldbescheiden ergibt sich aus § 66 Abs. 1 Nr. 1 und 3 OWiG (Lendermann/Nemeczek/Schroeter/Bierschenk Rn. 17).

10 Nicht nach S. 2 offenzulegen sind Nebenbeteiligte, die nicht Adressaten der Anordnung oder Bußgeldentscheidung sind, wie Mitarbeiter (Lendermann/Nemeczek/Schroeter/Bierschenk Rn. 18);

3. Unterrichtung der Betroffenen, Verhältnismäßigkeit der Veröffentlichung (S. 3)

11 S. 3 nimmt den Wortlaut von Art. 20 Abs. 1 S. 3 IFD auf.

12 **a) Unterrichtung der Betroffenen.** S. 3 verlangt zunächst, dass die Betroffenen vor der Veröffentlichung von den zu veröffentlichenden Maßnahmen oder Sanktionen zu unterrichten sind. Eine besondere Art der Unterrichtung schreibt S. 3 nicht vor. Zweckmäßig wird es sein, wenn die BaFin den Text der beabsichtigten Veröffentlichung den Betroffenen vorab im Wortlaut zukommen lässt und ihnen den beabsichtigten Zeitpunkt der Veröffentlichung nennt, wobei eine Möglichkeit zur Rückäußerung bestehen muss (Lendermann/Nemeczek/Schroeter/Bierschenk Rn. 21).

13 **b) Verhältnismäßigkeit.** S. 3 verlangt außerdem, dass die BaFin vor einer Veröffentlichung deren **Erforderlichkeit** und **Verhältnismäßigkeit** prüft. Anhaltspunkte für die erforderliche Abwägung enthält S. 3 nicht.

14 Seitens des Betroffenen geht es im Wesentlichen um die **Vermeidung von Reputationsschäden,** die mit der Veröffentlichung verbunden sein können (VG Frankfurt a. M. BeckRS 2020, 12544 Rn. 21 (zu Verdachtsmeldung nach § 8 Abs. 7 S. 1 ZAG); Reimer JöR NF 58 (2010), 275 (289); Schmieszek/Langner WM 2014, 1893 ff.; Uwer/Rademacher BKR 2015, 145; Armbrüster/Bössel ZIP 2019, 885 ff.; John BKR 2020, 335 ff.). Sind solche Schäden **unverhältnismäßig,** kann die BaFin nach Maßgabe von Abs. 3 Nr. 3 zu einer **anonymisierten Veröffentlichung** verpflichtet sein.

15 Dem Interesse des Betroffenen an der Unterlassung der Veröffentlichung oder einer Veröffentlichung nur in anonymisierter Form ist das Interesse an der **abschreckenden Wirkung der Veröffentlichung** der jeweiligen Sanktion (→ Rn. 2) gegenüber zu stellen. Außerdem ist zu prüfen, ob eine **Information** der Öffentlichkeit, insbesondere **potentieller Kunden oder Anleger** des Unternehmens, zu Zwecken des Kunden- oder Anlegerschutzes erforderlich ist.

16 Bei der Abwägung sind die Bedeutung des einer Anordnung zugrunde liegenden Verhaltens sowie die Schwere des durch eine Bußgeld sanktionierten Verhaltens sowie die hiervon ausgehenden Gefahren zu berücksichtigen. Reicht zur Behebung eines Verstoßes eine **Verwarnung** (§§ 22 Abs. 4, 62 Abs. 3) aus, dann wird eine Veröffentlichung einer solchen Verwarnung typischerweise nicht erforderlich und verhältnismäßig sein.

III. Bekanntmachung von Rechtsbehelfen und Änderungsentscheidungen (Abs. 2)

1. Rechtsbehelfe

17 Abs. 2 setzt Art. 20 Abs. 2 IFD um, wonach die BaFin auf ihrer Webseite Informationen über den Stand und des Ausgang von Rechtsmittelverfahren veröffentlichen muss. Allerdings sieht Art. 20 Abs. 2 IFD eine solche Veröffentlichungspflicht der BaFin nur vor, wenn nach Maßgabe von § 84 auch die Veröffentlichung nicht rechtskräftiger Entscheidungen zulässig wäre, was Abs. 1 aber nicht erlaubt (so auch Lendermann/Nemeczek/Schroeter/Bierschenk WpIG § 84 Rn. 25). Insofern kann Abs. 2 nur für die Fälle gelten, in denen aufgrund der Bestandskraft der Entscheidung ein unzulässiger Rechtsbehelf eingelegt worden ist oder in denen der Einspruch später zurückgenommen wird (Lendermann/Nemeczek/Schroeter/Bierschenk WpIG § 84 Rn. 26); auch solche Rechtsbehelfe sind folglich zu veröffentlichen.

2. Änderungsentscheidungen

18 §§ 48, 49 VwVfG ermöglichen auch nach Eintritt der Bestandskraft die Änderung von Verwaltungsakten. Erfolgt eine solche Änderung, dann ist diese nach Abs. 2 ebenfalls zu veröffentlichen.

IV. Bekanntmachung in anonymisierter Form (Abs. 3)

19 **Abs. 3** lässt lediglich eine **anonymisierte Veröffentlichung** zu, wenn einer der Fälle in Nr. 1, 2 oder 3 vorliegt.

1. Verletzung des Persönlichkeitsrechts (Nr. 1)

20 Nr. 1 verlangt eine anonymisierte Veröffentlichung bei Verletzung des Persönlichkeitsrechts natürlicher Personen oder Unverhältnismäßigkeit der Veröffentlichung personenbezogener Daten. **„Personenbezogene Daten"** sind nach Art. 4 Nr. 1 DS-GVO alle Informationen, die sich auf eine identifizierte oder identifizierbare natürliche Person beziehen. Nr. 1 entspricht dem Grundsatz der Datenminimierung (Art. 5 Abs. 1 lit. c DS-GVO) und steht in einem Wertungswider-

spruch zur grundsätzlich zulässigen Veröffentlichung personenbezogener Daten nach Abs. 1, der vor dem Hintergrund der Vorgaben der DS-GVO schwer erklärbar ist.

21 Nr. 1 verlangt in jedem Fall eine Interessenabwägung (so jew. zu § 60b KWG Beck/Samm/Kokemoor/Rosinus/Wiesner-Lameth KWG § 60b Rn. 11; Fischer/Schäfer/Schulte-Mattler/Schulte-Mattler/Lindemann KWG § 60d Rn. 15). Eine Anonymisierung kann geboten sein, wenn kein schwerwiegender Verstoß vorliegt und die Veröffentlichung die Reputation eines betroffenen Geschäftsleiters erheblich schädigen kann (so jew. zu § 60b KWG Fischer/Schäfer/Schulte-Mattler/Schulte-Mattler/Lindemann KWG § 60d Rn. 16; Beck/Samm/Kokemoor/Eckner KWG § 60c Rn. 21; Luz/Neus/Schaber/Schneider/Wagner/Weber/Redenius-Hövermann KWG § 60b Rn. 9). Unabhängig davon werden Persönlichkeitsrechte idR der Veröffentlichung von Privatanschriften von Beteiligten sowie von personenbezogenen Daten wie Beruf, Familienstand, Geburtsdatum und -ort sowie Staatsangehörigkeit entgegenstehen (Lendermann/Nemeczek/Schroeter/Bierschenk Rn. 18).

2. Gefährdung von laufenden strafrechtlichen Ermittlungen oder der Stabilität der Finanzmärkte (Nr. 2)

22 Nr. 2 verlangt eine anonymisierte Veröffentlichung, wenn die öffentliche Bekanntmachung laufende strafrechtliche Ermittlungen oder die Stabilität der Finanzmärkte gefährden würde. Eine **Gefährdung der Finanzmarktstabilität** ist zu befürchten, wenn die Bekanntmachung zu erheblichen Beeinträchtigungen der Liquidität auf den Märkten führen kann (so zu § 60c KWG Beck/Samm/Kokemoor/Eckner KWG § 60c Rn. 23), ein Fall, der kaum praktische Bedeutung erlangen dürfte (Lendermann/Nemeczek/Schroeter/Bierschenk Rn. 33; so jew. zu § 60b KWG Beck/Samm/Kokemoor/Rosinus/Wiesner-Lameth KWG § 60b Rn. 11; Fischer/Schäfer/Schulte-Mattler/Schulte-Mattler/Lindemann KWG § 60b Rn. 18).

3. Unverhältnismäßiger Schaden für Wertpapierinstitut oder natürliche Person (Nr. 3)

23 Nach Nr. 3 ist eine anonymisierte Veröffentlichung auch geboten, wenn der Schaden der Veröffentlichung für ein beteiligtes Wertpapierinstitut oder eine beteiligte natürliche Person **unverhältnismäßig** wäre; gemeint sind sowohl wirtschaftliche Schäden als auch Reputationsschäden für das Wertpapierinstitut und den Betroffenen (Lendermann/Nemeczek/Schroeter/Bierschenk Rn. 36; so zu §§ 60b und 60c KWG Beck/Samm/Kokemoor/Eckner KWG § 60c Rn. 21; Luz/Neus/Schaber/Schneider/Wagner/Weber/Redenius-Hövermann KWG § 60b Rn. 7).

24 Nr. 3 regelt einen Sonderaspekt der bereits nach Abs. 1 S. 3 gebotenen Verhältnismäßigkeitsprüfung. Eine unter Verhältnismäßigkeitsgesichtspunkten überhaupt nicht gebotene Veröffentlichung etwa von geringfügigen oder nur mit Verwarnungen geahndeten Verstößen ist nach Abs. 1 S. 3 generell nicht zulässig. Sind die Verstöße nicht nur unerheblich oder sind sie Gegenstand von Bußgeldern nach § 83, dann ist in einer zweiten Stufe zu prüfen, ob eine Veröffentlichung wegen Nr. 3 nur in anonymisierter Form zulässig ist.

V. Dauer der Veröffentlichung (Abs. 4)

Nach **S. 1** müssen Veröffentlichungen auf der Webseite der BaFin nach Abs. 1 mindestens für die Dauer von fünf Jahren ab Bestandskraft der veröffentlichten Maßnahme vorgehalten werden. Eine Höchstfrist sieht Satz 1 nicht vor. Die Frist beginnt mit der Bestandskraft der Entscheidung bzw. Rechtskraft der Bußgeldentscheidung (Lendermann/Nemeczek/Schroeter/Bierschenk Rn. 37). 25

S. 2 verlangt die Löschung personenbezogener Daten iSv Art. 4 Nr. 1 DS-GVO, deren Bekanntmachung nicht mehr erforderlich ist, nach drei Jahren; dies entspricht den Grundsätzen der Datenminimierung (Art. 5 Abs. 1 lit. c DS-GVO) und der Speicherbegrenzung (Art. 5 Abs. 1 lit. e DS-GVO). Vorbild für S. 2 ist § 60b Abs. 5 S. 2 KWG, der seinerseits Art. 60 Abs. 3 S. 2 Vierte EU-GeldwäscheRL (RL (EU) 2015/849) umsetzt (Regierungsbegründung G z. Umsetzung der Vierten EU-Geldwäscherichtlinie, zur Ausführung der EU-Geldtransferverordnung und zur Neuorganisation der Zentralstelle für Finanztransaktionsuntersuchungen v. 23.6.2017, BT-Drs. 18/11555, 178). 26

Abs. 4 löst den Widerspruch zwischen den Fristen nach S. 1 – Löschung frühestens nach 5 Jahren – und S. 2 – Löschung bereits nach 3 Jahren – nicht auf. Eine mögliche Lösung wäre eine nachträgliche Anonymisierung der bereits veröffentlichten Daten und Vorhaltung nach S. 1 nach Ablauf der Frist aus S. 2 nur noch ohne Daten, die auf den beteiligten Personen und Unternehmen hindeuten. 27

VI. Unterrichtung der EBA (Abs. 5)

Abs. 5 verpflichtet die BaFin, die EBA über alle Bußgeldentscheidungen nach § 83 zu unterrichten. Über sonstige Verwaltungsmaßnahmen ist die EBA nach Maßgabe der jeweiligen Ermächtigungsgrundlage zu unterrichten. Eine Unterrichtung der ESMA sieht Abs. 5 nicht vor, obwohl das WpIG teilweise auch Informationen der ESMA vorschreibt (zB bei Aufhebung oder Erlöschen der Erlaubnis nach § 19 Abs. 5). 28

VII. Rechtsschutz

Die öffentliche Bekanntmachung ist schlichtes Verwaltungshandeln der BaFin und kein Verwaltungsakt (Lendermann/Nemeczek/Schroeter/Bierschenk Rn. 43; so jew. zu § 60b KWG Beck/Samm/Kokemoor/Rosinus/Wiesner-Lameth KWG § 60b Rn. 12; Fischer/Schäfer/Schulte-Mattler/Schulte-Mattler/Lindemann KWG § 60b Rn. 19; Schmieszek/Langner WM 2014, 1893 (1900); Uwer/Rademacher BKR 2015, 145 (149); aA Reischauer/Kleinhans/Eckner KWG § 60c Rn. 26). 29

Gegen eine Veröffentlichung ist Rechtschutz im Wege der allgemeinen Leistungsklage in der Form der Unterlassungsklage statthaft. Einstweiliger Rechtsschutz kann nach § 123 VwGO beantragt werden (Lendermann/Nemeczek/Schroeter/Bierschenk Rn. 43; so jew. zu § 60b KWG Beck/Samm/Kokemoor/Rosinus/Wiesner-Lameth KWG § 60b Rn. 12; Fischer/Schäfer/Schulte-Mattler/Schulte-Mattler/Lindemann KWG § 60b Rn. 19; Schmieszek/Langner WM 2014, 1893 (1900); Uwer/Rademacher BKR 2015, 145 (149)). 30

§ 84a Bekanntmachung von Maßnahmen und Sanktionen wegen Verstößen gegen die Verordnung (EU) 2022/2554

(1) **Die Bundesanstalt macht Entscheidungen über bestandskräftige Maßnahmen und unanfechtbar gewordene Bußgeldentscheidungen, die wegen Verstößen gegen die Verordnung (EU) 2022/2554 oder die jeweils darauf basierenden delegierten Rechtsakte erlassen wurden, auf ihrer Internetseite unverzüglich bekannt.**

(2) **In der Bekanntmachung benennt die Bundesanstalt die Vorschrift, gegen die verstoßen wurde, und die für den Verstoß verantwortliche natürliche oder juristische Person oder Personenvereinigung.**

(3) **Ist die Bekanntmachung der Identität einer von der Entscheidung betroffenen juristischen Person oder der personenbezogenen Daten einer natürlichen Person unverhältnismäßig oder würde die Bekanntmachung laufende Ermittlungen oder die Stabilität der Finanzmärkte gefährden, so**

1. **schiebt die Bundesanstalt die Bekanntmachung der Entscheidung auf, bis die Gründe für das Aufschieben weggefallen sind,**
2. **macht die Bundesanstalt die Entscheidung ohne Nennung der Identität oder der personenbezogenen Daten bekannt, wenn hierdurch ein wirksamer Schutz der Identität oder der betreffenden personenbezogenen Daten gewährleistet ist, oder**
3. **macht die Bundesanstalt die Entscheidung nicht bekannt, wenn eine Bekanntmachung nach den Nummern 1 und 2 nicht ausreichend wäre, um sicherzustellen, dass**
   a) **die Stabilität der Finanzmärkte nicht gefährdet wird oder**
   b) **die Verhältnismäßigkeit der Bekanntmachung gewahrt bleibt.**

(4) [1]**Eine Bekanntmachung nach Absatz 1 ist spätestens fünf Jahre nach ihrer Bekanntmachung zu löschen.** [2]**Abweichend von Satz 1 sind personenbezogene Daten zu löschen, sobald ihre Bekanntmachung nicht mehr erforderlich ist.**

I. Vorbemerkung

1 Die Vorschrift ist durch das FinmadiG eingefügt und zum 30.12.2024 in Kraft getreten. Sie dient der Umsetzung von Art. 54 DORA (BT-Drs. 20/10280, 174) und ergänzt § 84, wonach die BaFin zur Erfüllung jedenfalls generalpräventiver Zwecke durch **„naming and shaming"** (Lendermann/Nemeczek/Schroeter/Bierschenk § 84 Rn. 1) rechtskräftige Verwaltungsakte und Bußgeldentscheidungen, die sie nach § 83 verhängt hat, unverzüglich auf ihrer Internetseite zu veröffentlichen hat (zu Art und Umfang entsprechender Verwaltungsakte, Maßnahmen und Bußgeldentscheidungen → § 84 Rn. 4 f., 7).

II. Bekanntmachung/Inhalt (Abs. 1, 2)

2 Die Bundesanstalt macht Entscheidungen über bestandskräftige Maßnahmen und unanfechtbar gewordene Bußgeldentscheidungen, die wegen Verstößen gegen die Verordnung (EU) 2022/2554 oder die jeweils darauf basierenden dele-

gierten Rechtsakte erlassen wurden, auf ihrer Internetseite unverzüglich bekannt (Abs. 1) und benennt hierbei die Vorschrift, gegen die verstoßen wurde, und die für den Verstoß verantwortliche natürliche oder juristische Person oder Personenvereinigung. Die Anforderungen entsprechen den formalen Anforderungen an den Bußgeldbescheid als solchem (§ 66 Abs. 1 Nr. 1 und Nr. 3 OWiG); Lendermann/Nemeczek/Schroeter/Bierschenk Rn. 17. Eine Unterrichtung des Betroffenen vor Erlass der Maßnahmen sehen § 84a und Art. 54 DORA (anders als § 84 Abs. 1 S. 3) nicht vor. Die Unterrichtung und Einräumung einer Gelegenheit des Betroffenen zur Stellungnahme wird allerdings dennoch im Regelfall aufgrund des Verhältnismäßigkeitsgrundsatzes geboten sein (siehe hierzu im Rahmen von § 84 → Rn. 13 ff.)

III. Ausnahmen (Abs. 3)/Rechtsschutz

Abs. 3 sieht entsprechend den Vorgaben des Art. 54 Abs. 3 DORA Ausnahmen 3
von der Unverzüglichkeit der Bekanntmachung (Nr. 1), der Vollständigkeit der Bekanntmachung im Hinblick auf den Schutz der Identität/personenbezogener Daten eines von der Bekanntmachung Betroffenen (Nr. 2) und schließlich dem Erfordernis der Bekanntmachung als solcher vor, sofern selbst eine zeitlich verzögerte oder inhaltlich eingeschränkte Bekanntmachung nach den Nr. 1 oder 2 nicht sicherstellen würde, dass die Stabilität der Finanzmärkte nicht gefährdet würde oder die Bekanntmachung (anderweitig) unverhältnismäßig wäre (Nr. 3). Zur Durchsetzung der Rechte der von einer potentiellen Bekanntmachung Betroffenen nach Abs. 3 Nr. 1 und 2 kommt vorbeugender Rechtsschutz nach § 123 VwGO in Betracht.

IV. Löschung von Daten (Abs. 4)

Eine Bekanntmachung nach Absatz 1 ist entsprechend der Vorgabe in Art. 54 4
Abs. 6 S. 2 DORA spätestens fünf Jahre nach ihrer Bekanntmachung zu löschen. Personenbezogene Daten sind nach Abs. 4 Satz 2 gemäß den Grundsätzen der Datenminimierung (Art. 5 Abs. 1 Buchst. c DS-GVO) und der Speicherbegrenzung (Art. 5 Abs. 1 Buchst. e DS-GVO) schon vorher zu löschen, sobald ihre Bekanntmachung nicht mehr erforderlich ist, um den Zweck der Bekanntmachung (→ Rn. 1) zu erfüllen.

§ 85 Beteiligung der Bundesanstalt und Mitteilungen in Strafsachen

(1) [1]**Das Gericht, die Strafverfolgungs- oder die Strafvollstreckungsbehörde hat in Strafverfahren gegen Inhaber, Geschäftsleiter oder Mitglieder des Verwaltungs- oder Aufsichtsorgans von Wertpapierinstituten oder Investmentholdinggesellschaften sowie gegen Inhaber bedeutender Beteiligungen an Wertpapierinstituten oder deren gesetzliche Vertreter oder persönlich haftende Gesellschafter wegen Verletzung ihrer Berufspflichten oder anderer Straftaten bei oder im Zusammenhang mit der Ausübung eines Gewerbes oder dem Betrieb einer sonstigen wirtschaftlichen Unternehmung, ferner in Strafverfahren, die Straftaten nach § 82 zum Gegenstand haben, im Falle der Erhebung der öffentlichen Klage der Bundesanstalt zu übermitteln:**

1. die Anklageschrift oder eine an ihre Stelle tretende Antragsschrift,
2. den Antrag auf Erlass eines Strafbefehls und
3. die das Verfahren abschließende Entscheidung mit Begründung.

[2]Ist gegen die Entscheidung ein Rechtsmittel eingelegt worden, ist die Entscheidung unter Hinweis auf das eingelegte Rechtsmittel zu übermitteln. [3]In Verfahren wegen fahrlässig begangener Straftaten werden die in Satz 1 Nummer 1 und 2 bestimmten Übermittlungen nur vorgenommen, wenn aus der Sicht der übermittelnden Stelle unverzüglich Entscheidungen oder andere Maßnahmen der Bundesanstalt geboten sind.

(2) **[1]In Strafverfahren, die Straftaten nach § 82 zum Gegenstand haben, hat die Strafverfolgungsbehörde die Bundesanstalt bereits über die Einleitung des Ermittlungsverfahrens zu unterrichten, soweit dadurch eine Gefährdung des Ermittlungszweckes nicht zu erwarten ist. [2]Erwägt die Staatsanwaltschaft, das Verfahren einzustellen, so hat sie die Bundesanstalt zu hören.**

(3) **[1]Werden sonst in einem Strafverfahren Tatsachen bekannt, die auf Missstände in dem Geschäftsbetrieb eines Wertpapierinstituts hindeuten, soll das Gericht, die Strafverfolgungs- oder die Strafvollstreckungsbehörde diese Tatsachen ebenfalls mitteilen, soweit nicht für die übermittelnde Stelle erkennbar ist, dass schutzwürdige Interessen des Betroffenen überwiegen. [2]Dabei ist zu berücksichtigen, wie gesichert die zu übermittelnden Erkenntnisse sind.**

(4) **[1]Der Bundesanstalt ist auf Antrag Akteneinsicht zu gewähren, soweit nicht für die Akteneinsicht gewährende Stelle erkennbar ist, dass schutzwürdige Interessen des Betroffenen überwiegen. [2]Absatz 3 Satz 2 gilt entsprechend.**

Literatur: Wollweber, Iustitias langer Arm – Analyse und Kritik des Justizmitteilungsgesetzes, NJW 1997, 2488.

I. Vorbemerkung

1 § 85 entspricht weitgehend § 60a KWG. Wie § 60a KWG soll § 85 eine umfassende Information der BaFin über Strafverfahren gegen Inhaber, Geschäftsleiter oder Mitglieder des Verwaltungs- oder Aufsichtsorgans von Wertpapierinstituten oder Investmentholdinggesellschaften sowie Inhaber bedeutender Beteiligungen an Wertpapierinstituten oder deren gesetzliche Vertreter oder persönlich haftende Gesellschafter gewährleisten, wenn diese Strafverfahren Rückschluss auf die fehlende persönliche Zuverlässigkeit oder fachliche Eignung dieser Personen zulassen könnten (Regierungsbegründung JustizmitteilungsG, BT-Drs. 13/4709, 35 (zu § 60a KWG)) sowie zur Prüfung von Maßnahmen nach dem WpIG (Regierungsbegründung WpIG, BT-Drs. 19/26929, 158).

2 § 85 verdrängt – wie § 60a KWG – die Auffangregelungen in §§ 12 ff. EGGVG, die allgemein Mitteilungen in Strafsachen regeln (Lendermann/Nemeczek/Schroeter/Bierschenk Rn. 13; so jew. zu § 60a KWG Fischer/Schäfer/Schulte-Mattler/Schulte-Mattler/Lindemann KWG § 60a Rn. 2; Beck/Samm/Kokemoor/Rosinus/Wiesner-Lameth KWG § 60a Rn. 1; Erbs/Kohlhaas/Häberle KWG § 60a Rn. 1; Luz/Neus/Schaber/Schneider/Wagner/Weber/Redenius-Hövermann KWG § 60a Rn. 1). Anders als § 8 Abs. 2 KWG

enthält das WpIG keine besondere Regelung über Mitteilungen in Steuerstrafverfahren.

II. Mitteilungspflichten

1. Mitteilungspflichten bei berufsbezogenen Straftaten (Abs. 1)

a) Voraussetzungen und Umfang (S. 1). Unterrichtungspflichten nach Abs. 1 bestehen im Fall berufsbezogener Straftaten von Inhabern, Geschäftsleitern, Mitgliedern von Kontrollorganen sowie Inhabern bedeutender Beteiligungen (Lendermann/Nemeczek/Schroeter/Bierschenk Rn. 20). Hierzu gehören alle Vermögensdelikte, die eine Schädigung von Kunden oder Anteilseignern eines Wertpapierinstituts zur Folge haben (Lendermann/Nemeczek/Schroeter/Bierschenk Rn. 20; so zu § 60a KWG Beck/Samm/Kokemoor/Rosinus/Wiesner-Lameth KWG § 60a Rn. 7; Schwennicke/Auerbach/Schwennicke KWG § 60a Rn. 4), sowie Straftaten nach § 82 (Lendermann/Nemeczek/Schroeter/Bierschenk Rn. 21). 3

Mitteilungen nach S. 1 setzen eine Anklageerhebung oder einen Antrag auf Erlass eines Strafbefehls voraus, wie sich aus S. 1 Nr. 1 und 2 ergibt. Die Mitteilung der Einstellung eines Verfahrens nach § 170 Abs. 2 StPO ist nach S. 1 nicht zulässig (Lendermann/Nemeczek/Schroeter/Bierschenk Rn. 18). 4

Mitteilungen nach Abs. 1 S. 1 sind auf die Klageschrift, den Antrag auf Erlass eines Strafbefehls oder die das Strafverfahren abschließende Entscheidung (Urteil, § 260 StPO, Einstellung des Verfahrens durch das Gericht, §§ 153a ff. StPO) zu beschränken. Mitteilungen aus den Ermittlungsakten, die nicht Eingang in die Anklageschrift, den Antrag auf Erlass des Strafbefehls oder die gerichtliche Entscheidung gefunden haben, sind nicht zulässig (KG BeckRS 2015, 16046 (zu Übermittlung von personenbezogenen Daten an das Kraftfahrbundesamt); Lendermann/Nemeczek/Schroeter/Bierschenk Rn. 18). Allerdings kann der BaFin ein Akteneinsichtsrecht nach Abs. 4 zustehen (Lendermann/Nemeczek/Schroeter/Bierschenk Rn. 18). 5

b) Information über eingelegte Rechtsmittel (S. 2). Ist gegen eine gerichtliche Entscheidung ein Rechtsmittel eingelegt, dann ist die übermittelnden Stelle nach S. 2 verpflichtet, hierauf hinzuweisen. 6

c) Eingeschränkte Mitteilungspflichten bei bloß fahrlässiger Begehung (S. 3). S. 3 schränkt die Übermittlungsberechtigung bei bloß fahrlässig begangenen Straftaten ein. Hier ist die Übermittlung nur zulässig, wenn aus Sicht der übermittelnden Stelle Maßnahmen der BaFin unverzüglich notwendig sind. Maßgeblich für die Beurteilung ist der Kenntnisstand der übermittelnden Stelle (so zu § 60a KWG Fischer/Schäfer/Schulte-Mattler/Schulte-Mattler/Lindemann KWG § 60a Rn. 6). 7

2. Mitteilungspflichten über Ermittlungen wegen Straftaten nach § 82 (Abs. 2)

Bei Verdacht auf Straftaten nach § 82 ist die BaFin außer nach Abs. 1 über die Klageerhebung nach Abs. 2 **S. 1** vorab auch über die Eröffnung des Ermittlungsverfahrens zu unterrichten. Die Vorverlagerung der Unterrichtungspflicht in § 60a Abs. 1a KWG, der Vorbild für Abs. 2 ist, sollte Schwachstellen bei 8 der Zusammenarbeit zwischen Strafverfolgungsbehörden und BaFin beseitigen. Bereits der **Anfangsverdacht** einer Straftat sollte der BaFin Anlass bieten, für die Solvenz eines Unternehmens relevante Beschuldigte einer genauen Prüfung zu unterziehen (Regierungsbegründung 4. FinFöG, BT-Drs. 14/8017, 130 (zu § 60a KWG); Lendermann/Nemeczek/Schroeter/Bierschenk Rn. 23). Eine Unterrichtung muss nach S. 1 Hs. 2 unterbleiben, wenn und solange dadurch eine Gefährdung des Ermittlungszweckes zu erwarten ist. Hierüber entscheiden die zuständigen Staatsanwaltschaften im Einklang mit § 478 Abs. 1 S. 1 StPO alleine.

9 Die Pflicht zur Anhörung der BaFin im Falle einer beabsichtigten Einstellung des Ermittlungsverfahrens nach **S. 2** soll einen Abgleich der Erkenntnisse der BaFin mit den Ermittlungsergebnissen der Staatsanwaltschaft ermöglichen (Regierungsbegründung Zweite E-Geld-RLUG, BT-Drs. 17/3023, 115 (zu § 60a KWG)). S. 2 gilt unabhängig davon, auf welche Art das Verfahren eingestellt werden soll (so zu § 60a KWG Beck/Samm/Kokemoor/Rosinus/Wiesner-Lameth KWG § 60a Rn. 9).

3. Mitteilungspflichten bei Anhaltspunkten auf Missstände (Abs. 3)

10 Abs. 3 regelt Unterrichtungspflichten gegenüber der BaFin in Verfahren gegen Dritte. Diese bestehen, wenn Anhaltspunkte für **Missstände** (iSv § 5 Abs. 1 S. 3, → § 5 Rn. 9 ff.) vorliegen. Maßgeblich ist der aktuelle Kenntnisstand der übermittelnden Behörde, die zu weiteren Nachforschungen vor einer Übermittlung nicht verpflichtet ist (Lendermann/Nemeczek/Schroeter/Bierschenk Rn. 31; Fischer/Schäfer/Schulte-Mattler/Schulte-Mattler/Lindemann KWG § 60a Rn. 6).

11 Abs. 3 verlangt nicht als Voraussetzung für die Übermittlung, dass die übermittelnde Stelle ein zeitnahes Eingreifen der BaFin für erforderlich hält. Eine entsprechende Passage in § 60a Abs. 2 S. 1 KWG wurde durch das RisikoreduzierungsG v. 9.12.2020 (BGBl. 2020 I 2773) gestrichen, weil der Gesetzgeber sie für „subjektiv auslegbar" hielt und eine unnötige Einschränkung von Übermittlungen an die BaFin befürchtete (Regierungsbegründung RisikoreduzierungsG, BT-Drs. 19/22786, 168 (zu § 60a KWG); Lendermann/Nemeczek/Schroeter/Bierschenk Rn. 30).

12 Eine Übermittlung ist nach **S. 1** nur dann zu unterlassen, wenn bei der erforderlichen Abwägung die Interessen des Betroffenen **überwiegen** (Lendermann/Nemeczek/Schroeter/Bierschenk Rn. 31; so jew. zu § 60a KWG Fischer/Schäfer/Schulte-Mattler/Schulte-Mattler/Lindemann KWG § 60a Rn. 6; Luz/Neus/Schaber/Schneider/Wagner/Weber/Redenius-Hövermann KWG § 60a Rn. 4; krit. Wollweber NJW 1997, 2488). Maßgeblich sind der ermittelnden Stelle erkennbare Umstände (Luz/Neus/Schaber/Schneider/Wagner/Weber/Redenius-Hövermann KWG § 60a Rn. 4; Wollweber NJW 1997, 2488).

13 Nach **S. 2** ist bei der Abwägung die Belastbarkeit der zu übermittelnden Informationen wesentlich mit zu berücksichtigen (Lendermann/Nemeczek/Schroeter/Bierschenk Rn. 31; so jew. zu § 60a KWG Beck/Samm/Kokemoor/Rosinus/Wiesner-Lameth KWG § 60a Rn. 11; Fischer/Schäfer/Schulte-Mattler/Schulte-Mattler/Lindemann KWG § 60a Rn. 7).

III. Akteneinsichtsrecht (Abs. 4)

Das Akteneinsichtsrecht nach **Abs. 4** soll der BaFin ermöglichen, bereits vor Abschluss des Ermittlungs- oder Strafverfahrens über die Notwendigkeit von Maßnahmen zu entscheiden. Eine Verweigerung der Akteneinsicht ist nur in begründeten Ausnahmefällen möglich sein (Regierungsbegründung 4. FinFöG, BT-Drs. 14/8017, 130 (zu § 60a KWG); Lendermann/Nemeczek/Schroeter/Bierschenk Rn. 33). Eine Akteneinsicht nach S. 1 kann verweigert werden, wenn schutzwürdige Interessen des Betroffenen **überwiegen.** Bei der Interessenabwägung ist nach **S. 2** auch die Qualität der Ermittlungsergebnisse zu berücksichtigen. **14**

Wird der Antrag auf Akteneinsicht abgelehnt, dann ist dagegen ein Antrag auf gerichtliche Entscheidung nach §§ 23 ff. EGGVG statthaft (Lendermann/Nemeczek/Schroeter/Bierschenk Rn. 35). **15**

Kapitel 10. Übergangsvorschriften

§ 86 Übergangsvorschriften für bestehende Wertpapierinstitute

(1) [1]**Unternehmen, denen bis zum 26. Juni 2021 die Erlaubnis nach § 32 des Kreditwesengesetzes für das Finanzkommissionsgeschäft nach § 1 Absatz 1 Satz 2 Nummer 4, das Emissionsgeschäft nach § 1 Absatz 1 Satz 2 Nummer 10, die Finanzdienstleistungen nach § 1 Absatz 1a Satz 2 Nummer 1 bis 5 oder 12 oder für das Eigengeschäft nach § 32 Absatz 1a Satz 1, 2 oder 4 des Kreditwesengesetzes erteilt wurde oder für die eine Erlaubnis nach § 64e Absatz 2, § 64i, § 64n, § 64p oder § 64x Absatz 1 bis 5 des Kreditwesengesetzes als erteilt gilt, gilt die Erlaubnis nach § 15 für jene Geschäfte als erteilt.** [2]**Die bisherige Erlaubnis nach § 32 des Kreditwesengesetzes wird insoweit gegenstandslos.**

(2) **Erlaubnisanträge nach § 32 des Kreditwesengesetzes durch Wertpapierinstitute, die bis zum 26. Juni 2021 bei der Bundesanstalt eingegangen sind, werden als solche nach § 15 behandelt, sofern eine Erlaubnis nach § 32 des Kreditwesengesetzes vor Inkrafttreten dieses Gesetzes nicht mehr erteilt werden kann.**

(3) **Unternehmen, die das Kryptoverwahrgeschäft zusammen mit anderen nach § 32 des Kreditwesengesetzes erlaubnispflichtigen Geschäften ausschließlich bezogen auf Rechnungseinheiten oder Kryptowerte betreiben und denen bis zum 26. Juni 2021 eine Erlaubnis erteilt wurde oder die bis zum 26. Juni 2021 einen Erlaubnisantrag nach § 32 des Kreditwesengesetzes gestellt haben, werden weiterhin als solche des § 32 des Kreditwesengesetzes behandelt.**

(4) [1]**Für Unternehmen, denen bis zum 26. Juni 2021 die Erlaubnis nach § 32 des Kreditwesengesetzes für das Depotgeschäft nach § 1 Absatz 1 Satz 2 Nummer 5 des Kreditwesengesetzes erteilt wurde oder für die diese Erlaubnis nach § 64e Absatz 2, § 64i, § 64n, § 64p oder § 64x Absatz 1 bis 5 des Kreditwesengesetzes zu diesem Zeitpunkt als erteilt gilt, gilt die Erlaubnis nach § 15 Absatz 1 für die Wertpapiernebendienstleistung nach § 2 Absatz 3 Nummer 1 unter den in § 15 Absatz 2 genannten Voraussetzungen ab diesem Zeitpunkt als erteilt.** [2]**Die bisherige Erlaubnis nach § 32 des Kreditwesengesetzes für das Depotgeschäft wird zugleich gegenstandslos.**

Literatur: Klingmann/Stuckbrunn, Das Eigengeschäft nach WpIG und KWG und seine Erbringung durch Drittstaatenunternehmen, BKR 2021, 620.

I. Vorbemerkung

1 § 86 enthält Übergangsvorschriften zum WpIG. Weitere Übergangsregelungen finden sich in Art. 57 ff. IFR, wobei nach Art. 57 Abs. 3 und 4 IFR für die *Kapitalanforderungen* nach Art. 11 IFR eine *Übergangsfrist von fünf Jahren* gilt. Die Kapitalanforderungen gelten unmittelbar, wenn der Umfang der Erlaubnis des Wertpapierinstituts nach dem 25.6.2021 erweitert wurde (Art. 57 Abs. 5 IFR).

Nach § 86 tritt der Erlaubnisvorbehalt nach § 32 KWG hinter die Erlaubnis nach § 15 KWG zurück, sofern ein Unternehmen Wertpapierinstitut iSv § 2 Abs. 1 ist. Hierdurch sollen die nicht systemrelevanten Kleinen und Mittleren Wertpapierinstitute von dem grds. auf Kreditinstitute zugeschnittenen Aufsichtsregime des KWG und der CRR dispensiert und durch die Unterstellung unter IFD/IFR entlastet werden (Regierungsbegründung WpIG, BT-Drs. 19/26929, 159). **2**

II. Überleitung von Erlaubnissen nach dem KWG

1. Unternehmen erbringt nur Wertpapierdienstleistungen iSv § 2 Abs. 2 Nr. 1–10 (ggf. iVm Depotgeschäft iSv § 2 Abs. 3 Nr. 1)

Abs. 1 behandelt nach § 32 Abs. 1 KWG erteilte oder nach Maßgabe von §§ 64e Abs. 2, 64i, 64n, 64p oder § 64x Abs. 1–5 KWG als erteilt geltende Erlaubnisse als Erlaubnis nach § 15 Abs. 1 WpIG, wenn Gegenstand der Erlaubnis nach dem KWG (nur) Bankgeschäfte oder Finanzdienstleistungen waren, die zugleich Wertpapierdienstleistungen iSv § 2 Abs. 2 oder Wertpapiernebendienstleistung iSv § 2 Abs. 3 Nr. 1 sind. **3**

Tätigkeit	**WpIG**	**Einstufung nach WpIG**	**KWG**	**Einstufung nach KWG**
Finanzkommissionsgeschäft	§ 2 Abs. 2 Nr. 1	Wertpapierdienstleistung	§ 1 Abs. 1 S. 2 Nr. 4	Bankgeschäft
Emissionsgeschäft	§ 2 Abs. 2 Nr. 2	Wertpapierdienstleistung	§ 1 Abs. 1 S. 2 Nr. 10	Bankgeschäft
Anlagevermittlung	§ 2 Abs. 2 Nr. 3	Wertpapierdienstleistung	§ 1 Abs. 1a S. 2 Nr. 1	Finanzdienstleistung
Anlageberatung	§ 2 Abs. 2 Nr. 4	Wertpapierdienstleistung	§ 1 Abs. 1a S. 2 Nr. 1a	Finanzdienstleistung
Abschlussver-mitt-lung	§ 2 Abs. 2 Nr. 5	Wertpapierdienstleistung	§ 1 Abs. 1a S. 2 Nr. 2	Finanzdienstleistung
Betrieb eines multilateralen Handelssystems	§ 2 Abs. 2 Nr. 6	Wertpapierdienstleistung	§ 1 Abs. 1a S. 2 Nr. 1b	Finanzdienstleistung
Betrieb eines organisierten Handelssystems	§ 2 Abs. 2 Nr. 7	Wertpapierdienstleistung	§ 1 Abs. 1a S. 2 Nr. 1d	Finanzdienstleistung

Tätigkeit	**WpIG**	**Einstufung nach WpIG**	**KWG**	**Einstufung nach KWG**
Platzierungsgeschäft	§ 2 Abs. 2 Nr. 8	Wertpapierdienstleistung	§ 1 Abs. 1a S. 2 Nr. 1c	Finanzdienstleistung
Finanzportfolio-verwaltung	§ 2 Abs. 2 Nr. 9	Wertpapierdienstleistung	§ 1 Abs. 1a S. 2 Nr. 3	Finanzdienstleistung
Market-Making	§ 2 Abs. 2 Nr. 10a	Wertpapierdienstleistung	§ 1 Abs. 1a S. 2 Nr. 4a	Finanzdienstleistung
systematische Internalisierung	§ 2 Abs. 2 Nr. 10b	Wertpapierdienstleistung	§ 1 Abs. 1a S. 2 Nr. 4b	Finanzdienstleistung
Eigenhandel für andere	§ 2 Abs. 2 Nr. 10c	Wertpapierdienstleistung	§ 1 Abs. 1a S. 2 Nr. 4c	Finanzdienstleistung
Hochfrequenzhandel	§ 2 Abs. 2 Nr. 10d	Wertpapierdienstleistung	§ 1 Abs. 1a S. 2 Nr. 4d	Finanzdienstleistung
Depotgeschäft	§ 2 Abs. 3 Nr. 1	Wertpapiernebendienstleistung	§ 1 Abs. 1 S. 2 Nr. 5	Bankgeschäft
Drittstaateneinlagenvermittlung	§ 2 Abs. 4 Nr. 2	Nebengeschäft	§ 1 Abs. 1a S. 2 Nr. 5	Finanzdienstleistung
Eigengeschäft	§ 15 Abs. 3	fehlt	§§ 1 Abs. 1a S. 3, 32 Abs. 1a S. 1, 2 oder 4	Finanzdienstleistung

4 Die von Abs. 1 erfassten Unternehmen waren bis zum Inkrafttreten des WpIG entweder **Wertpapierhandelsbanken** iSv § 1 Abs. 3d S. 5 KWG aF oder **Wertpapierhandelsunternehmen** iSv § 1 Abs. 3d S. 4 KWG aF. Der vom KWG seit dem CRD IV-UG verwendete Überbegriff der CRR-Wertpapierfirma (§ 1 Abs. 3d S. 2 KWG aF) ist weggefallen und auch in § 1 Abs. 3d S. 2 KWG durch den Begriff des Wertpapierinstituts ersetzt worden.

5 Aufgrund der **Fiktion** nach Abs. 1 gelten für die erfassten Unternehmen ausschließlich das WpIG und die IFR, soweit nicht nach § 4 S. 1 Bestimmungen des KWG sowie die CRR gelten. Ein feststellender Verwaltungsakt der BaFin ist nicht erforderlich (Lendermann/Nemeczek/Schroeter/Lendermann/Nemeczek Rn. 6). Abs. 1 verlangt auch keine weiteren Mitwirkungshandlungen der betroffenen Unternehmen wie Erlaubnisanträge oder Anzeigen der Fortführung von Geschäften (Lendermann/Nemeczek/Schroeter/Lendermann/Nemeczek Rn. 7).

2. Keine Geltung für Kreditinstitute, die Bankgeschäfte iSv § 1 Abs. 1 S. 2 Nr. 1–3 oder Nr. 5–9 KWG betreiben

Abs. 1 erfasst nicht Unternehmen, die andere Bankgeschäfte als das Finanzkommissionsgeschäft, das Emissionsgeschäft oder das Depotgeschäft betreiben oder die Bankgeschäfte wie das Kreditgeschäft erbringen, ohne dass diese im Zusammenhang mit Wertpapierdienstleistungen stehen. Wie in § 32 Abs. 2a S. 1 KWG klargestellt wird, sind diese Unternehmen Kreditinstitute iSv § 1 Abs. 1 KWG und benötigen weiterhin eine Erlaubnis nach § 32 Abs. 1 KWG, soweit eine solche Erlaubnis nicht durch Übergangsvorschriften in §§ 64 ff. KWG fingiert wird. IFD, IFR und das WpIG gelten jedenfalls für CRR-Kreditinstitute nicht (Lendermann/Nemeczek/Schroeter/Lendermann/Nemeczek Rn. 4; Klingmann/Stuckbrunn BKR 2021, 620 (621)). Dies gilt auch dann, wenn solche Unternehmen Finanzdienstleistungen iSv § 1 Abs. 1a S. 2 KWG erbringen, die zugleich Wertpapierdienstleistungen nach § 2 Abs. 2 Nr. 1–10 KWG sind. Auch dann gilt für Kreditinstitute weiterhin ausschließlich das KWG (Regierungsbegründung WpIG, BT-Drs. 19/26929, 159; Lendermann/Nemeczek/Schroeter/Lendermann/Nemeczek Rn. 4). **6**

3. Keine Geltung für Finanzdienstleistungsinstitute, die Finanzdienstleistungen iSv § 1 Abs. 1a S. 2 Nr. 5–9 KWG erbringen

Abs. 1 gilt auch nicht für Unternehmen, die Finanzdienstleistungen iSv § 1 Abs. 1a S. 2 Nr. 6–11 KWG erbringen, die **nicht** zugleich Wertpapierdienstleistungen nach § 2 Abs. 2 Nr. 1–10 WpIG sind, oder das Eigengeschäft iSv §§ 1 Abs. 1a S. 3, 32 Abs. 1a S. 1, 2 oder 4 KWG betreiben, ohne zugleich Wertpapierdienstleistungen nach § 2 Abs. 2 Nr. 1–10 WpIG zu erbringen. Dies sind: **7**
- qualifiziertes Kryptoverwahrgeschäft (§ 1 Abs. 1a S. 2 Nr. 6 KWG),
- Sortengeschäft (§ 1 Abs. 1a S. 2 Nr. 7 KWG),
- Kryptowertpapierregisterführung (§ 1 Abs. 1a S. 2 Nr. 8 KWG),
- Factoring (§ 1 Abs. 1a S. 2 Nr. 9 KWG),
- Finanzierungsleasing (§ 1 Abs. 1a S. 2 Nr. 10 KWG), und
- Anlageverwaltung (§ 1 Abs. 1a S. 2 Nr. 11 KWG).

Betreibt ein Unternehmen auch nur eine Finanzdienstleistung, die nicht gleichzeitig Wertpapierdienstleistung nach § 2 Abs. 2 Nr. 1–10 WpIG ist, dann ist das Unternehmen nicht Wertpapierinstitut nach § 2 Abs. 1 KWG, sondern (weiterhin) Finanzdienstleistungsinstitut iSv § 1 Abs. 1a S. 1 KWG (Regierungsbegründung WpIG, BT-Drs. 19/26929, 159). **8**

4. Keine Erbringung von Kryptoverwahrgeschäft iSv § 1 Abs. 1a S. 2 Nr. 6 KWG durch Wertpapierinstitute (Abs. 3)

Zu den für Wertpapierinstitute nach § 2 zugelassenen Tätigkeiten gehört nach Abs. 3 nicht das Kryptoverwahrgeschäft. Dieses war Finanzdienstleistung iS v. § 1 Abs. 1a S. 2 Nr. 6 KWG aF, ohne zugleich Wertpapierdienstleistung (§ 2 Abs. 2), Wertpapiernebendienstleistung (§ 2 Abs. 3) oder Nebengeschäft (§ 2 Abs. 4) zu sein. Unternehmen, die das Kryptoverwahrgeschäft betrieben, sollten daher weiterhin ausschließlich dem KWG unterliegen. Sie sollten Kreditinstitute sein, wenn das Kryptoverwahrgeschäft neben anderen Bankgeschäften betrieben wird (§ 32 Abs. 2a S. 2 KWG aF), ansonsten Finanzdienstleistungsinstitute (§ 1 Abs. 1a S. 1 KWG). Seit der Änderung von § 32 Abs. 2a S. 2 KWG durch das FinmadiG **9** gehört das qualifizierte Kryptoverwahrgeschäft iSv § 2 Abs. 4 S. 1 Nr. 3 bzw. § 1 Abs. 1a S. 2 Nr. 6 KWG nF zu den Wertpapierinstituten erlaubten Nebengeschäften (→ § 2 Rn. 204 ff.). Dem Vorrang der Erlaubnis nach § 32 entspricht auch § 15 Abs. 7 S. 1, wonach einer Erlaubnis nach § 15 nicht mit einer Erlaubnis nach § 32 KWG kombiniert werden darf.

10 Eine Anpassung von Abs. 3 an die Änderung von § 1 Abs. 1a S. 2 Nr. 6 KWG, durch die an die Stelle des Kryptoverwahrgeschäfts das qualifizierte Kryptoverwahrgeschäft getreten ist, sowie die Einfügung von § 2 Abs. 4 S. 1 Nr. 3, durch die das qualifizierte Kryptoverwahrgeschäft zum erlaubten Nebengeschäft der Wertpapierinstitute geworden ist, hat der Gesetzgeber bislang nicht vorgenommen. Der Inhalt von Abs. 3 ergibt sich aber ohne weiteres bereits als § 32 Abs. 2a S. 2 KWG nF.

5. Überleitung von Erlaubnissen für Depotgeschäft (Abs. 4)

11 Abs. 4 geht auf den Finanzausschuss zurück. Die kryptisch formulierte Bestimmung soll die Klarstellung enthalten, dass Wertpapierinstitute, deren bisherige Erlaubnis nach dem KWG das Depotgeschäft nach § 1 Abs. 1 S. 2 Nr. 5 KWG umfasste und die nach Abs. 1 künftig als Erlaubnis nach § 15 gilt, auch das Depotgeschäft iSv § 2 Abs. 3 Nr. 1 als Wertpapiernebendienstleistung weiter betreiben dürfen. Hierzu sah sich der Gesetzgeber veranlasst, weil die Wertpapiernebendienstleistung der Verwahrung und Verwaltung von Finanzinstrumenten iSv Anhang I Abschnitt B Ziff. 1 MiFID nur eine Schnittmenge mit dem Depotgeschäft nach § 1 Abs. 1 S. 2 Nr. 5 KWG darstelle und damit ein „Weniger" zum bisherigen Erlaubnisumfang bedeute (Beschlussempfehlung + Bericht Finanzausschuss z. WpIG, BT-Drs. 19/28480, 224).

III. Bereits vor dem 26.6.2021 eingegangene Erlaubnisanträge (Abs. 2)

12 Abs. 2 stellt klar, dass vor dem Inkrafttreten des WpIG gestellte Erlaubnisanträge als solche nach dem WpIG behandelt werden, wenn die Geschäfte und Dienstleistungen, die Gegenstand des Erlaubnisantrags waren, mit einer Erlaubnis nach § 15 betrieben werden dürfen. Die Vorschrift hat aufgrund Zeitablaufs keine Bedeutung mehr.

§ 87 Übergangsvorschrift zum Finanzmarktdigitalisierungsgesetz

§ 78 Absatz 1 Satz 3 Nummer 5 ist erstmals anzuwenden auf Rechnungslegungsunterlagen für ein nach dem 31. Dezember 2024 beginnendes Geschäftsjahr.

Stichwortverzeichnis

Die fett gedruckten Ziffern bezeichnen §§,
die mageren Ziffern bezeichnen Randnummern.

Stichwortverzeichnis

Stichwortverzeichnis

Stichwortverzeichnis

Stichwortverzeichnis

Stichwortverzeichnis

Stichwortverzeichnis

Stichwortverzeichnis

Stichwortverzeichnis

Stichwortverzeichnis

Stichwortverzeichnis

Stichwortverzeichnis